U0484173

和平发展林

国际人口与发展论坛于2004年9月7日至9日在中国武汉举行,为促进人类社会的和平、合作与发展进步事业,400余名来自世界各国和国际组织的与会者在此种植和平发展林,以誌纪念。

On the occasion of the International Forum on Population and Development held in Wuhan, China from 7 to 9 September 2004, over 400 participants from various countries and international organizations have planted the Trees for Peace and Development to promote peace, cooperation and development of mankind.

二〇〇四年九月七日

13岁女孩发起"祈福中国,爱行天下"东方红文化公益活动的爱心天使——善音,她以其"地球乃一国,世界乃一家,国乃世界之家,家乃地球之国"的心智觉醒于2011年6月在武汉的东湖宾馆国际人口与发展论坛永久会标"东方和平天使王昭君"纪念雕塑前祈愿宇宙和平。

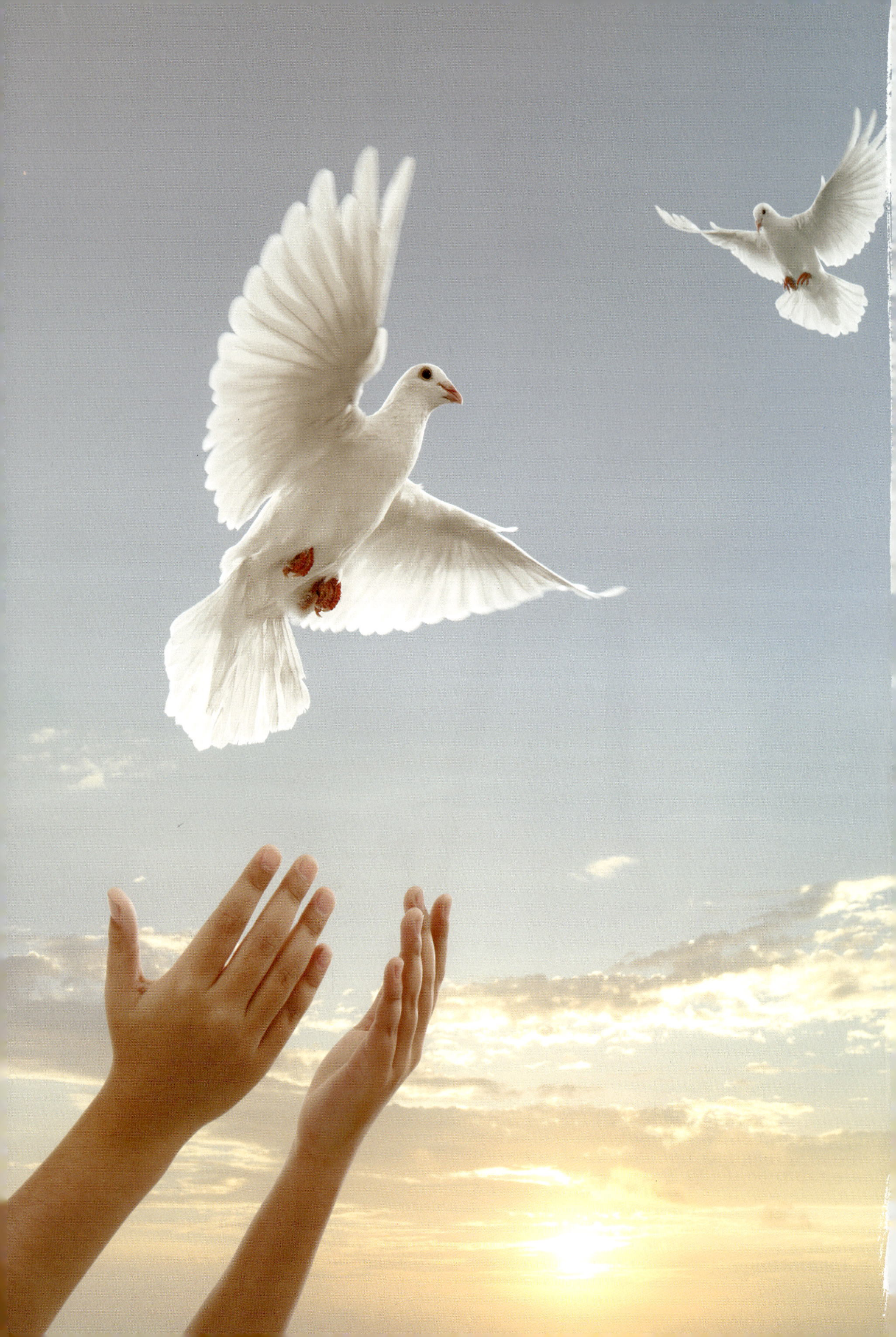

祈祷太空和平

(上册)

智圣法师 著

华夏出版社

图书在版编目(CIP)数据

祈祷太空和平/智圣法师著.—北京：华夏出版社，
2011.7

ISBN 978—7—5080—5664—7

Ⅰ.①祈… Ⅱ.①智… Ⅲ.①和平学 Ⅳ.①0068

中国版本图书馆 CIP 数据核字（2011）第 140946 号

责任编辑　梅子　晓燕　罗庆

出版发行　华夏出版社出版发行

社　　址　北京东直门外香河园北里4号

邮政编码　100028

经　　销　新华书店（订购电话：010—65018531）

印　刷　厂　北京柯蓝博泰印务有限公司

开　　本　787×1092毫米　1/16　印张　107

彩　　插　48张

字　　数　1620千字

版　　次　2011年8月第1版

印　　次　2011年8月第1次印刷

定　　价　190.00元（上、下册）

（本版图书凡印刷装订错误可及时向我社发行部调换）

版权所有　侵权必究

作者简介：

智圣法师，法名新德，俗名乐后圣，湖北宜都人。于岭南又果老和尚座下剃度，受具足戒于五台山，现隐修于终南山、京西香山、鄂西长阳天柱山等处。

幼承道家神霄派、清微派法裔嗣传，依乡俗常朝圣礼拜宜都观音阁、长阳中武当道观、当阳玉泉寺；青年入伍中央警卫部队并熏染东西方哲学思想，曾任北京国财经济研究中心主任。现致力于太空安全与人类共同利益的和平发展、儒释道医同现代文明融合的中华民族伟大复兴等领域的探索实践。

二十八岁因缘邂逅京西香山碧云寺雨后彩虹的启悟，遂以宁静深远的精神开始致力于心智生命的探寻，其沉睡的生命在三十二岁初秋的月圆子夜被萦绕于碧云寺金刚塔上空的法螺声和颂经声唤醒，在碧云寺九乘次第金刚坛城的加被中有了立断顿超的解脱觉照，使心智在觉醒状态中致力于和平发展与多元文明互生共荣的创新发展事业，著作出版了《国家和平发展战略》、《和谐社会构建论》、《文化军事战略》、《医道——身国共治的人本文明》、《财道》、《你也能大成就》等文字般若以圆满其生命。

在灵智生命的觉醒中，依循《大般涅槃经》、《妙法莲华经》、《华严经》、《楞伽经》、《楞严经》、《金刚经》、《心经》、《无量寿经》、《仁王护国经》、《阿弥陀经》、《释禅波罗蜜》、《大智度论》、《摩诃止观》、《道德经》、《太平经》、《庄子》、《易经》、《黄帝内经》、《神农本草经》、《论语》、《孟子》、《大学》、《中庸》等经典开启的华藏世界的微妙法门，使自己的尘障肉身有了神秘的立断顿超的快脱经验。然而，也从《圣经》、《古兰经》、《布哈里圣训》、《塔木德》、《博伽梵歌》、《瑜伽经》、《奥义书》的蒙恩中觉受身心超拔的喜悦。于是，虔信生命的灵修、冥想、密行、祈祷、侍奉是个体生命与宇宙信息场、世界能量场、社会力量场和谐脉动的唯一通道。虔敬地信仰这个世界，只要你与我是洁净的心智觉醒者，我们的世界便会永恒地充满光明希望，并让我们共同沐浴在爱与和善和平和谐的生活中。在宇宙星际生命信息共生同体的太空文明时代，让我们共同祈祷太空和平发展，祈祷是静默、是爱德、是渴望、是服务、是交流、是和平！让我们共同生活在祈祷中，我更愿望大家每天微笑喜悦地在祈祷中生活！我衷心祈愿在太空文明时代的发展趋势中，中国佛教天台宗融合儒释道医各宗及世界文明共同建构人类文明共同体，以此体现东方文明以"健康、幸福、和平"为归旨同西方文明中的"人权、民主、自由"融合成未来人类文明体系。我愿以这一世的生命去侍奉一切有缘的有情众生，更愿佛陀驻世微笑……

——题记之一

本书以佛教经典《妙法莲华经》为入门，融摄了中国佛教禅、净、密诸宗智慧及世界其他文明精华对人类太空文明时代的观照，读者从中可以品读觉照出至味，其中包括了作者自身修行的亲证实悟。出版本书旨在上达健康、幸福、和平的福慧生命境界，由此从心欲的境态涵括人类有关身、德、心、智、灵的至善境界，而导引读者以一乘法界的生命解脱状态贯通一切身心境地。本书是为了启发生命个体演进生命圆满至乐的未来信仰思想的发展途径，是以其从身体层面辅助提升到灵智层面的生命关怀之书，更是人类未来在太空文明时代共同利益的大爱之书。在人生的路上，生命觉悟是我们每个人寻求自身本源的潜在愿望，本源人人皆有，却潜藏无踪，这不是向外追寻的物欲征伐冒险，而是内心旅程的自信豁然展现，当我们深藏不露的本源展现无余时，我们便会为觉醒的身体、能体、心体、智体、法体层层次第递进的神性映照而觉照生命大圆满的极乐，在追求真如、开启生命大圆满的道路上释放生命创造性的大光明能量……

　　作者通过本书创造性的生命观照，前瞻性地认为2019年也许是中、印、俄、欧、美、英等文明区域的精英领袖代表人类选择文明发展的关键一年，这一年将是人类大陆地缘家国天下同构文明转型超拔的一年，也是人类向宇宙星际生命信息共生同体文明革命性超越的元年，在太空元年向人类大跨步迈来的前夜，面对宇宙星际生命信息共生同体的太空文明，它是让人类共同走向觉醒的生命幸福运动，但太空文明在21世纪还仅仅只属于智慧者、幸运者与部分精英领袖贵族最圆满的心智狂喜。由太空文明驱使下的全球一体化进程迅速打破地域的界限，把原先彼此分隔的世界各民族卷入人类趋同的潮流，同时也将把相互排斥的人类各宗教拖入趋同的漩涡。历经几千年的中华儒释道医交相融合后的亚洲佛(儒)教文明，在世界一体化的历史潮流中，同欧美基督教文明再度融合为人类共享的信仰共同体，太空文明时代的人神与宇宙共融将是文明的冲突、世界秩序重建的人类普世文明的终极选择。让我们共同以佛的心、神的存在虔诚地祈祷太空和平发展，祈祷是静默、是爱德、是渴望、是服务、是交流、是和平！让我们共同生活在祈祷中，愿望大家每天微笑喜悦地在祈祷中生活！

——题记之二

谨在《祈祷太空和平》出版之际，我以虔敬的感恩之心深深感恩为娑婆世界众生开创"生活禅"的导师净慧法师，祈愿生活禅能够在"觉悟人生、奉献智慧、尊重生命、崇尚幸福"的未来渐行圆满，福慧大千世界一切有缘有情众生！祈愿所有有缘的有情众生都能通过慈悲喜舍、信愿行证的佛法融化自己坚固的执著和烦恼，从对别人的关爱与宽容中看到无我，从无我当中感受到喜悦与安详，在喜悦和安详的背后，真正感受到佛法的智慧：开启自己心中无尽的宝藏——佛性、觉悟和清净。修行不在形式，而是要认识到内心纯净、开放和自由的本性。要释放出佛性，远离一切认知。刻意观照空性只是造作，在生活中的修行才是大圆满。形式是一个躯壳，很多学佛修行的人只强调了建筑、雕塑、梵乐、经忏、法事等的形式而没有开启悟性，到头来什么都没懂，还误入歧途，偏离了佛法的真谛。我怀着虔诚敬畏的忏悔、感恩、欢喜、愿行心，将《祈祷太空和平》这个生活法门献给珍爱生命的一切有缘的有情众生！！！

——题记之三

目 录

祈祷大千世界的太空和平……（代前言）……………………… 1

导论　太空和平是人心天意的共同愿行(导论) ……………… 1
第一章　就是这样一个夜晚让我幸福得激动不已 …………… 17
第二章　浩瀚无垠的太空中是佛陀的大千世界 ……………… 43
第三章　在生命的上空把梦境弹拨在柔嫩的指端 …………… 85
第四章　在冰雪融化的季节唤醒凝固的信念 ………………… 119
第五章　信仰萦绕人类心头的宇宙根源探索 ………………… 157
第六章　人生在成长中失落了童年的伊甸园 ………………… 199
第七章　人类精神永远需要在祈祷中自新与自净 …………… 255
第八章　生命真相的另一世界的话语 ………………………… 311
第九章　有什么财富比你的生命宁静值得赞许 ……………… 329
第十章　倾听鸟雀追逐天空洒满花蕊的道路 ………………… 363
第十一章　中印俄欧美英等文明区域的精英领袖放逐太空文明 393
第十二章　佛陀心中的宇宙大千世界带来激励的启迪 ……… 485
第十三章　群星璀璨的宇宙天堂生活永恒无限的凭空杜撰梦幻 549
第十四章　宇宙生命欢欢喜喜在黑暗中追寻光明世界 ……… 627
第十五章　缘起性空的世界缓慢盼望荣耀的永恒春天 ……… 743
第十六章　无生无死的生命本质象童谣那首圣洁的老歌 …… 831
第十七章　缘起世间如梦如幻的生命流转弥漫在时光中的故事 907
第十八章　佛陀证悟的宇宙如梦幻泡影的十维空间法界 …… 1019

第十九章　高悬天穹的光辉捡拾灯影里的旧梦 …………… 1065

第二十章　沉厚的话语隐隐约约流向没有痕迹的时空 ……… 1089

第二十一章　在时光隧道中剪影甜美的梦歌 ………………… 1115

第二十二章　我们隔岸对视祈愿人类共享的信仰共同体 …… 1149

第二十三章　选择皈依千里云霭无依无靠的飘浮 …………… 1195

第二十四章　紧紧攥住喘息的气息穿透沉默的钟声 ………… 1227

第二十五章　那些穿梭的因缘正在覆盖生死的我们 ………… 1239

第二十六章　在疲惫的等待中挣脱蛊惑战栗的时光抗衡 …… 1285

第二十七章　纷乱的百丈红尘从浮躁喧闹的城市浑忘 ……… 1301

第二十八章　恣意放纵的目光纵览山水秀色蓬勃 …………… 1313

第二十九章　洞明世事心头浮起生命长河中的世界风景 …… 1335

第三十章　桃源仙境容纳落寞寂寥的苍茫天空 ……………… 1357

第三十一章　世界明净的双目洗濯红尘蒙蒙的日子 ………… 1373

第三十二章　虚空法界的无量净土叩问生命久违的光明 …… 1385

第三十三章　在疾风中天宇苦涩敲打倦意的肉体 …………… 1469

第三十四章　禅韵涵盖乾坤的如来大千世界 ………………… 1509

第三十五章　天人合一在浩荡的夜色里灿烂一生一世的庄严 … 1579

第三十六章　捧一缕阳光把世上灰暗冷漠的眼睛照亮 ……… 1609

第三十七章　弥勒的和平精神所关照的透明清凉世界 ……… 1619

庄严香山净土国——行愿在太空和平的祈祷中 ……………… 1643

祈祷大千世界的太空和平……
(代前言)

真一生天地,因缘了宿缘。

语默皆奇崛,幽深隐圣贤。

审听明譬喻,古今访奇谈。

谁人解我意,大道寸心玄。

京西香山的月亮正在升起。

佛陀古老的光环在发亮的香炉峰顶微微闪烁。

从一曲琴箫里流出千年等盼的消息:

说好在路口相见的,只是时间久了,

光阴掩去了痕迹;只是对门的窗开了。

我们还在路上不停地走,我们不能用眼睛关爱对方。

我们看到自己,四周的寂静让我们在时空隧道中穿越了千年。

我们最终只看了一眼就让灵魂醉倒在春雨长天。

低声说一句,我们其实比这还要沉重的话语。

隐隐约约的江南小镇、还是两岸猿声啼不住的峡江山岸。

我们向往把名字留给高悬的天穹却不愿意让生命在世间浮遍。

这样的人生、这样的生活是不是隐逸?

在一条时间河流的流向上,

你们把眼光放在来路的前面,

祈祷太空和平

我只想把脚印放在去路的后面,按着我们的意愿,
在我们面前把所有花朵开遍。
路好长其实并不重要,
忧伤不能比容颜来得更早,
伤痕刻下了,秋天还没有来到,
我们隔着时间对视,你对大地轻呼:你怎么舍得我难过?
你的声音、你的笑脸留在时空,
只有过去的事物,还会慢慢移动,
只有我们会彼此想起再次相遇,
记忆让过去的人、过去的事重新回来。
你们把我的念想放在心上,我在远处,
透过时空的间隙,想起远去的和还没有到来的事情。
我就在东方的红色曙光里,看着你,更看着你,
我们都要走过去,哪怕是云里雾里还是雨里风里。

心中摇摆悲喜的徘徊!
手握不住自己,脚步和呼吸就这样在这里寻觅岁月的痕迹。

春日的野草在石阶的缝隙里发芽,
沿着通往佛陀的道路金光闪耀!
古佛的轮廓越来越清晰。
狮乐兰若的屋梁在星光下流淌弦声的音符。

后山的月亮正在升起。
佛陀在娴雅地筛着夜晚的微光和墓穴,
琴箫声的音符安慰那些朝圣者,
他们来自远方的神秘处!

朴素的凉亭,古旧的书画卷轴!

这是一座优美天成的画卷充满了神秘。

剪影深刻反映出人类的世界,

苦苦思索要变得如同佛祖闪光的心!

不管你想要什么,

只管炫耀你看着佛的形象,

在那儿佛祖永远盘膝而坐。

    我静坐在香山狮乐兰若静虑《祈祷太空和平》这个神圣的命题,我有丝丝地微怵,突然我想起印度心灵大师安东尼·德·梅勒《蛙的祈祷》的故事,故事中说:某晚,布鲁诺神父正在专心祷告,却受到一阵蛙鸣干扰。他不想理会这种噪声,却办不到。于是,他冲着窗外大喊道:"安静点儿!我在做祷告。"布鲁诺神父是个圣人,因此,他的命令必须立即执行。所有青蛙都闭上了嘴巴,好让他安安静静地祷告。然而,另一个声音打断了布鲁诺的祷告——他内心有个声音在说:"或许,蛙鸣声和你的赞美诗同样能让上帝感到喜悦。""青蛙的聒噪声怎会让上帝受用呢?"布鲁诺嘲讽地问。可是,他内心的声音没有妥协:"那你认为上帝创造蛙鸣有何意义呢?"布鲁诺决心找出答案。他靠在窗户上,再次命令:"叫吧!"青蛙的鸣声缓缓响起,随即响成一片。布鲁诺细细听来,蛙鸣声不再使他心烦意乱。因为,他发现,如果自己不再讨厌蛙声,它其实更增添了夜晚的宁静。懂得了这个道理后,布鲁诺的内心与天地万物合为一体,他生平第一次理解了祷告的意义。通过这个故事我对《祈祷太空和平》这个神圣命题的舒局布展充满了信心和光明的力量。在著作《祈祷太空和平》的过程中,在一个冬日的静夜,可能是因为太疲倦的缘故,我趴在桌子上睡着了。或许因为潜伏在四周的某种难以言传的紧张感,这一夜我睡得并不安宁,连我自己也不能确定是否真的入睡了。在恍惚的梦境间,

白昼似乎突然降临了。

但香山中各种生物共同律动的声音却分明提醒着恍然睡梦中的我,我身处在夜晚。

在睡梦中,我猛然站了起来,惊讶地发现晨曦竟然变现在西方的天边。的确,透过宽阔的窗户向西方洋面上远远望去,那里正闪耀着令人惶惶不安的赤红的光芒。我连忙走到窗前举目凝望,顿时被眼前的景象惊呆了。真难以置信,太阳从未曾从西方升起过呀!短暂的心慌意乱之后,我终于意识到,出现在西方天空中的并不是熟悉的太阳,而是一条炽热的赤红光柱从山际升起直插云霄。

就在我久久伫立之时,光柱的顶端渐渐结成了一块浓黑的云团,形如一个巨大的伞盖,而下方的伞把则喷发出熊熊的光焰,景象极为诡异。伞盖不停向外伸展并逐渐变黑,仿佛一个刚从地底钻出来的魔鬼。夜空中原本星光朗朗,但现在众星都被这个来自地狱仍在不断生长的怪物一一吞噬了。

虽然内心极度恐惧,我仍被眼前景象的完美对称和令人敬畏的美感惊呆了。这之后,这个恐怖的云团开始被风吹得向东偏移了几分。这可能使我稍觉欣慰,因为这个可怕的魔咒看来暂时被打破了。然而,恐惧再次袭来,我感到脚下的大地起了一阵从未体验过的晃动,而且伴随着一阵极不熟悉的不祥的轰隆声。我不明白到底是什么原因导致了这样一场震怒。在此之前,我还未曾目睹过如此剧烈的天神之怒。

这是一个静谧之夜,星光是那么清澈。我站在那里陷入了沉思,交叉的双臂支在窗子上,两眼透过大大的窗户凝视着星辰——我甚至没意识到这样过了多长时间。每当我沉思默想时,我总是对头顶上巨大的半球状苍穹充满敬畏,这些点点星光走过的距离是如此遥远,可比起整个宇宙的巨大尺度这个距离却显得微不足道。然而,我思忖道,如果我此刻正好看见了某种宇宙爆炸,那么无论这种爆炸是多么遥远,其辐射的光子几乎瞬时就传到了我这儿。爆炸带来的微弱引力也可能同样如此。我感到自己被这种想法打动了:我可能实际上正处于与爆炸事件的直接联系当中……

大自然是残酷的。

天际,一颗恒星熠熠闪光,就如一座明亮的灯塔,散发着光明和温暖,提供着生命所需要的能量。数百万年来,它划破黑暗,光芒照耀着周围的行星。这些行星上是否有过生命(宇宙中最大的奇迹),没人知道。不管怎样,没有恒星,也就谈不上生命。

突然,这颗恒星要消失了。它的生命已到尽头,正经历着临终之痛。

比起这里所发生的,哈米吉多顿就是一个瓦尔哈拉殿堂。刹那间,恒星坍缩了。无数吨炽热的气体被吸入黑洞,永久地消失了。空间被扭曲了,时间失去了意义,物质陷入了混乱。恒星由内向外吞噬了自己。随着最后一声哀嚎,正在消逝的星核中喷出了两股喷流。沸腾翻滚着的物质,如救生索般,绝望地伸向正在远去的家园。

两股喷流时速高达10亿公里,朝相反的方向喷出,如两条燃烧的隧道,穿透了恒星的外层。恒星外层并不知道内部的这场巨变。不过,经过这场巨变,这颗恒星也就消失了。这就像圣诞节常玩的一种小玩具,里面有个小手雷,一爆炸,就会从内部迸出巨大的能量。

毁灭十分彻底,苍穹被撕开了,灼热的能量和被逐的物质构成了一个炽热的球状大幕,以光速冲了出来。周围的行星被蒸发了,就像积雪被阳光所融化。这个火球比1000亿个太阳还要耀眼。彗星、卫星、山岳与海洋、死亡的和活着的物质,一切都被吞噬了,只剩下一个空荡荡的战场,一片黑暗凄凉。这就是宇宙版的末日审判,是地狱的幽灵。

宇宙不会在意一颗恒星的存亡,死生乃宇宙常事。许多星系还

在形成之中；宇宙创世大爆炸正步入繁盛时期。宇宙还很年轻，依旧骚动不安。到处都是喧嚣，谈不上均衡。在一个遥远星系的一条旋臂中，有颗恒星不幸爆炸了。这没什么大不了的，就像水面上一晃而过的亮光。在宇宙珍宝馆中，这样的恐怖景象多了。

宇宙大爆炸30亿年后，宇宙仍处在幼年阶段，银河系才初具雏形，太阳、月亮都还是没影的事。要再过好几十亿年，才会有今天的样子。在这几十亿年中，无数恒星生生死死。在宇宙中，物质不断地形成、再形成；在宇宙中，将会出现生命、智慧、意识，将会出现一个奇迹——竟然能够对宇宙进行观测。

尽管这颗恒星轰轰烈烈的死亡很快就成了历史，但这段历史却会铭刻在宇宙传奇中，流传到遥远的未来，就如一个代代相传的故事，一本代代相传的书。这颗恒星从舞台上消失，只用了几秒钟，而在这几秒钟里，一股巨大的 γ 辐射涌入了太空。一股具有穿透力的能量，以光速在宇宙中穿行，如冲向沙滩的澎湃浪潮，如滚过地面的隆隆雷声。

正当我站在那里凝视东方之时，我突然被瞬间闪过的出乎意料的绿色光带吓了一跳，此时正值破晓，太阳的深红色轮廓正喷薄欲出。"绿色闪光"现象及其物理解释她知道的一清二楚，但此前我从未实际见证过这种现象，眼前的景象使她产生一种奇怪的情绪体验。这种体验夹杂着某种让我彻夜难眠的宗教哲学思考。

于是一种奇思异想逐渐占据了我的心头……

我怀着热情追求世界上各种文化、宗教以及知识。我曾发愿去了解人的心，我曾发愿去认识星星为什么发光，我也曾努力去领会毕达哥拉斯的让数字主宰万物流转的力量。我做到了，但是不多，只有一点儿。

远离世界那燃烧的壁垒，我的意识和精神穿越了无边的宇宙。

关于世界的起源和延续，古代的哲学家流传着各色的思想，有些人相信世界曾经有过开始，另一些人想象世界没有起点，在它找到起点之前，圆形的天体永恒地飞旋着抛出丝线。

醒来吧！黎明已向黑夜投出了驱赶群星的石头。

当我们看见众多密布在整个银河的世界和星系，该是多么惊奇！当我们发现那众多的星球世界又形成众多世界里的一个，而这样的大世界也许像它前面的世界一样，不过是新的更大的世界集合里的一员，我们又该多么惊奇！

"恒星们奔跑着"，她低声说，"晕头转向：一张大网织在天上；从我们的荒野里传来了一声啼哭，还有阵阵低语来自垂死的太阳。"

朵朵天火笼罩这尘粒宛如华盖——那遥远的彼处有万千不同世界——众多星球簇集一处聚拢着火焰，世界如小岛漂泊在寂寞的昊天，诸无尽有无穷的玄奥，人类卑微的学问难尽其妙。

太阳走了，地球也走了，没有谁的智慧能指引他去找回。人们坦率地承认这世界到了尽头，不论在行星还是苍穹，他们找寻了许多新的，却眼看着这一个破碎，回归尘土。它灰飞烟灭，失去和谐，只有尘埃，隐约相联。

一粒沙中看出一个世界，一朵野花里看出一座天堂，置无限于你手掌中，将永恒刹那间收藏。中国佛教的《般若经》的内涵以空性为主，透过对空性的了解能断除烦恼障而得到小乘的涅槃，即声闻及独觉的菩提果位；也能够透过对空性的认识，再加上福德资粮的圆满，彻底断除所知障而获得大乘的涅槃，即无上的菩提果位。因为解了空性贯穿三乘，故解空被称为三乘之母，诠释它的般若经亦称为母般若。《般若波罗蜜多心经》即是《大般若经》的心髓，全部般若的精义皆设于此经，故名为《心经》。佛说《心经》的缘起，是在灵鹫山中部，为诸菩萨声闻弟子所围绕，当时观自在菩萨正在观修般若波罗蜜多、专注思维观修而照见五蕴皆自性空。《心经》主要内涵是舍

利子与观自在菩萨有关空性的问答。佛出定后,认可菩萨所说,欢喜赞叹。《心经》内涵可分两种,显义与隐义。显义为观空正见,为龙树菩萨的《中论》所阐释。隐义则为现观道次第,间接显示空性所依的有法,为弥勒菩萨所造的《现观庄严论》所诠释。

《心经》的意思是"透过心量广大的通达智慧,而超脱世俗困苦的根本途径"。代表前人走过的路途、独特而深入的经历或见解,借口述语言或文字记载来传承后世,以供人们作为参考指引。观自在菩萨,行深般若波罗蜜多时,照见五蕴皆空,度一切苦厄。舍利子,色不异空,空不异色,色即是空,空即是色,受想行识,亦复如是。舍利子,是诸法空相,不生不灭,不垢不净,不增不减。是故空中无色,无受想行识,无眼耳鼻舌身意,无色声香味触法,无眼界,乃至无意识界。无无明,亦无无明尽,乃至无老死,亦无老死尽。无苦集灭道,无智亦无得。以无所得故,菩提萨埵,依般若波罗蜜多故,心无挂碍,无挂碍故,无有恐怖,远离颠倒梦想,究竟涅槃。三世诸佛,依般若波罗蜜多故,得阿耨多罗三藐三菩提。故知般若波罗蜜多,是大神咒,是大明咒,是无上咒,是无等等咒,能除一切苦,真实不虚。故说般若波罗蜜多咒,即说咒曰:揭谛揭谛,波罗揭谛,波罗僧揭谛,菩提萨婆诃。

太空文明驱使下的全球一体化进程迅速打破地域的界限,把原先彼此分隔的世界各民族卷入人类趋同的潮流,同时也将把相互排斥的人类各宗教拖入趋同的漩涡。历经几千年的中华儒释道医交相融合后的亚洲佛(儒)教文明,在世界一体化的历史潮流中,同欧美耶教文明再度融合为人类共享的信仰共同体,太空文明时代的人神与宇宙共融将是文明的冲突、世界秩序重建的人类普世文明的终极选择。在这场人类宗教史上最大的变革中,牵动整个世界进入人类宗教共荣的境界是热心人类福祉与世界和平人士实现其目标的有力杠杆,世界各宗教界必须正视和解决科学、理性和信仰危机持续的严峻挑战。各宗教早期对物质世界的肤浅认识遭到了现代科学的有力否定,各宗教教义中的谬误、偏见和信仰主义盲信态度遭到了理性的迎头痛击,宗教与科学和理性的冲突演变成为信仰危机,造成知识水平和认识能力普遍提高的信众持续流失,信徒虔诚度不断下降。在神光照耀下,人类的宗教认识总是在不断提高,宗教教义也必然持续发展修正以趋近真理。如果顽固坚持源自人类早期的教义的绝对真理性和不可修正性,势必造成相应宗教的最终衰落。仅仅过去三百年的科学和知识进步已经给宗教带来了伤筋动骨的创伤。宗教如果不能及时恢复其与科学和理性应有的相辅相成关系,科学和理性在今后漫长岁月里的高速发展势必给宗教造成致命打击。难以想象千万年之后高度发展的人类还会按字面意义相信诸如盘古开天地、亚当和夏娃获罪伊甸园之类早期人类的神话故事,并将其当做信仰的基础。守旧者不妨扪心自问,没有修正和发展的早期人类原始教义是否可能作为永恒真理万古长存。如果自己也没有信心,不妨幡然改变态度,也为自己虔信的宗教留下生存和振兴的空间。宗教理性化和自我调整修正以恢复与科学的和谐关系是各宗教为了生存和发展必须经历的变革,虽然对一些人来说可能是痛苦的过程。宗教融合和宗教理性化是人类发展的必然结果,是全球化的大势所趋,是神意所向。不管人们是否主动接受,也不管人们是否顽固抗拒,都会以不可阻挡之势如期而至。在本书出版付梓之际,我特别感恩我的事务助理任荣慧先生及三宝护法功德主润千秋投资集团有限公司的魏涛先生、陈隆华先生,太空星际(北京)科技发展有限公司刘梓铭先生的护持攘助!

智 圣

于京西香山狮乐兰若

2011年3月13日

太空和平是人心天意的共同愿行
（导论）

世界上没有永恒的东西，随着时间的流逝，灿烂也罢，枯萎也罢，都会如过眼云烟，不复存在……

惟俨和尚是唐代著名禅师，晚年住在澧州（今湖南澧县）的药山，人称"药山惟俨"。他与许多高僧一样，善于从眼前小事物入手，启发弟子们的悟性。

有一次，惟俨指着林中一棵枯木，问弟子道悟和云岩："你们说，是枯萎好呢，还是向荣好？"

道悟不假思索地回答："当然是向荣的好。"不料惟俨断然否定道："灿烂终将归于消灭。"这一来，答案似乎已经明确，所以云岩随即转口说："我看是枯萎的好！"谁知惟俨同样认为是错的："枯萎也终将成为过去。"

这时，正好另一位高沙弥从对面走来，惟俨便以同样的问题"面试"他，机灵的高沙弥不偏不倚地答道："枯萎的让它枯萎，向荣的让它向荣。"

惟俨这才颔首赞许道："高沙弥说得对，世界上任何事情，都应该听其自然，不要执著，这才是禅的态度。"

其实，惟俨提问的本意，不是要你作"非此即彼"的选择，而是要你懂得，世界无常变化的本质规律。

进而言之，灿烂与枯萎本来就只是事物不同阶段的不同表现形式而已，灿烂过后是枯萎，零落成泥后又孕育出新的灿烂，无所谓哪个好

哪个坏,其各自独特的魅力,就看你怎样去欣赏了。比如月亮吧,总有阴晴圆缺,不能说圆月就一定比缺月好。一勾新月或一弯残月,同样充满诗情画意。"杨柳岸,晓风残月",不也是令人赞赏的千古绝唱吗？因为有变化,有圆缺,才使我们见到了生命的完整形态,从而更加珍爱人生。

所以,惟俨和尚说得好,世间万事万物都有一定的发展规律,不偏执,不强求,顺其自然,才是明智的态度。如果你一味钟情于"灿烂",那么,一旦灿烂变成了枯萎,就难免会产生"黛玉葬花"的悲哀,那将徒生多少烦恼啊！看来,结论应该是这样的:不管外界形态、环境、条件起了什么变化,最好始终超然物外,安然知足于人生的每一个阶段和每一种形态,不管是灿烂还是枯萎,不管是年少还是年老。

六祖慧能大师是中国禅宗史上承前启后开宗立派的一代祖师。他因悟性超群,得法于五祖弘忍禅师,后接受了其衣钵,被推为禅宗六祖。其弟子将他的言论结集成《六祖法宝坛经》一书。此后,这部经典一直被禅宗学徒奉为必读宝典。《六祖法宝坛经》成为中国僧人中唯一的一部被称为"经"的著作。

慧能大师创立的南宗禅,倡导"不立文字,直指人心,见性成佛"。慧能大师自己不识字,但他却以自己的慧根悟性证实了文盲同样能够习禅开悟的事实。他非但"不立文字",而且也劝导禅宗弟子不要执著于文字。禅师在平常行持中常劝化弟子离文字相,用"心"证悟,一旦机缘成熟,当下即会开悟。

关于慧能大师倡导的习禅"非关文字"的南宗禅观点,曾有一则故事：

有一次,慧能大师听无尽藏比丘尼读诵《涅槃经》。无尽藏比丘尼读后,慧能大师随即就能为她解说经义。这位比丘尼就捧着经文向他请教不认识的字。

慧能说："我虽不识字,至于其中的意思你只管问我。"比丘尼说："你连字都不认识,怎么能理解经文的意思呢？"

慧能说:"诸佛妙理,非关文字。"

比丘尼十分惊异,告诉当地的佛教信徒说:"慧能是一位精通佛理的人,我们应该虔诚地供养他。"于是,当地人便争相前来供养慧能。

禅家之所以强调"不立文字,直指人心,见性成佛"的原因,显然不是因为禅悟的神秘不可测,而是悟的本身无关文字,它是一种内在自发的自我省悟过程。因此,悟不是知性的讲解所能心领神会的,而必须是自己从世事无常和如何才是圆满的精神生活等"疑情"开始,经常参契,日日参契,积小悟为大悟,由大悟而彻悟,从而度脱一切烦恼障和所知障,展现如自在的生活。

六祖慧能大师的"诸法妙理,非关文字"的理论,把佛法奥义超越于文字之上,认为真正的佛理禅意只在于自己的心悟之中,而不是流于语言文字的表面形式;更不是卖弄语言文字的口头禅、文字禅。

在生命的旅途中,有多少晚上睁着眼睛躺在床上,虚掷心神及劳力,回想着白天所发生的困扰;想想过去的怨恨,我们会很惊讶地发现,是自己刻意使自己不愉快。事实上,只要使思虑移转,便可终止这一切不愉快……

当你面临棘手问题时,总觉得沮丧,看起来似乎很严重。这时,可以在夜晚,抬头凝视夜空,见到满天星光点点,灿烂夺目。从外太空看来,太阳在整个银河系中也只不过是众多星星的其中之一。假如太阳突然从外太空消逝,对整个宇宙而言,恐怕是浑然不觉的。

我们的世界在宇宙中只是沧海一粟,假如我们都消失了,又有何宇宙性的象征意义呢?当然所爱的人、朋友会想念我们一阵子,但除了他们,也许再也没有人会了。与自己相比,人们的困扰又是多么渺小。思及宇宙的浩瀚,太阳相较之下就显得微小,更遑论我们所处的世界了;相形之下,困扰是多么微不足道。

假使从这个观点来看,便可了解八正道中第一道"正见"的含意,它是正确的价值观,就是要我们不要以自我为中心,视自己的重要性甚于一切,进而了解生命中的事物哪些重要,哪些则否,以及体会困扰

对我们的微不足道。

麻烦很快就会远离，今日使你悲伤的，明日将被遗忘。也许你记得哭过，但是记不得哭泣的原因。我们会一再反复地回想对他人的恨意，但在另一件更令人气愤的事发生时，又让我们回顾究竟一开始是在气什么？

不管困难有多大，痛苦有多深，时间会治疗一切。但在依赖时间之前，为了不让自己受到伤害，有些事是可以做的。我们须常保心中平静，不让烦恼虚耗我们的精力，毕竟快乐要自己创造。

我们无需亲身经历，就可得到知识。以知识作为凭借，很多年轻人以为可以克服世上所有的困难。然而科学解决得了物质的麻烦，却解决不了精神的困扰。没有人能取代经验万物的智者，想想这句话："十八岁时，我自忖父亲愚不可及；现在我二十八岁了，我非常惊讶地发现他在十年间学到这么多东西！"这不是父亲在成长，而是你学会以成熟的眼光看待事情。

一样的事，千人来做，结果都各不相同。原因为何呢？因为心不同。至诚的心，就像一把无形的利剑，能斩断种种障碍。

遥想千年以前，一个风雪交加的深夜，独自跪在雪中，几将为风雪所淹没，而后又为示其至诚求法之心，而自断其臂的二祖慧可大师；在漫天风沙里，伸手不见五指，遭遇种种魔考，也不退其西行求法之至诚心的唐玄奘大师；清光绪年间为重建钵盂庵，因千百人无法移动，而至诚告祷伽蓝讽诵佛咒后，率十余僧人即可倾动大石的虚云老和尚，在这都是至诚的念心，使他们无所畏惧，无事不办。

所谓"精诚所至，金石为开"。一样的事，千人来做，结果都各不相同。原因为何呢？因为心不同。有人敷衍、有人有所求、有人分别计较，当然无法成就；有人褪去我执的分别，真诚的只为将事情圆满，让大众欢喜，自然而然，能"感应道交难思议"。

至诚的心，就像一把无形的利剑，能斩断种种障碍。在菩提路上，障碍是层层叠叠的，只要能时时善用这把利剑，涅槃的彼岸就在不远的前方!

在生活中,我们要精进修行,面对种种境界考验时,要坚定自己的信心,千万不要受其所扰,为其所动……

所谓"信满成佛",修行学佛,最重要的就是"信心",因为具足信心,才能发出"愿力",并以愿力来启发我们的"行为"。修行即是以佛的身教、言教,作为依循的规则,但因众生常为我执所碍,对于没经历过的事物,常会抱持怀疑的态度,所以佛陀即使宣说八万四千种法门,如果众生不能信受奉行,还是不能出离苦海。

《杂譬喻经》上记载,有一位沙门,独自于深山中用功修行。一天,当他正要静坐思维时,看到一团黑影朝他飘来……靠近之后,沙门看清这团黑影只有身体没有头(无头鬼),于是沉着地对无头鬼说:"没有眼睛,就不会攀缘色尘;没有耳朵,就不会听到是非;没有嘴巴,就不会受到食物的诱惑;没有鼻子,对于味道就不起分别,如此少欲少恼,真好!"

无头鬼听完这些话,发觉这样的身形,竟然没有吓着这位修行人,于是又变成没有身体,只剩下四肢的样子,再度飘向沙门。沙门看了一眼,又说:"少了身体更好!没有体内的五脏六腑,就不会为其所折磨,病苦是大家都想远离的呢!"无头鬼一听,马上又化成没有形体的影子,忽前忽后、忽左忽右,回旋似的朝沙门逼近……沙门非常自在地说:"摆脱了色身的障碍,这正是修行人所希望的。"无头鬼听完,知道再也无法吓阻沙门修行,只好知难而退。

后来,无头鬼幻化成男子,非常恭敬地向沙门顶礼说:"修行人,您的意志如此坚定不移,面对任何境界,都没有丝毫的怖畏恐惧,我实在很佩服您!日后,您必能成道证果。"说完,无头鬼就消失不见了。

故事中的沙门面对任何境界考验时,都能沉着冷静,不惊不怖,凭借的就是他对佛法的信心与正知见,因为他知道一切外境都是缘起性空,都是虚妄不实,所以自然不会受其所扰。无始劫来,我们因一念不觉,所以不断轮回于生死当中,要想出离,只有转化习气、照破烦恼,才

能真正超脱。故事中的无头鬼，如同贪、瞋、痴、慢、疑等烦恼，于日常中以不同形式，来考验我们的道心。如果我们没有正确的知见，没有坚定的信心，一旦境界现前，就会产生怀疑，退失菩提心。

能够专一，不被外境所牵诱，即名"做主"：不系于物，任心自在，自古哲人所称，其境界超脱凡俗，不役于物。

东汉有一位著名的经学家郑玄，年少时跟从老师马融学习。马融讲学有一习惯，会请歌舞伎乐于堂后表演，以助讲兴。有同学不时因乐音动听而向后张望，唯独郑玄一心专注，马融如是看了这位弟子十年，知道他将来必定有所成就。

三国时代，有两位读书人——华歆与管宁。有一次管宁和华歆在园子里垦地种菜，忽然，两人看到地上有一块金子，管宁仍继续工作，对待金子和瓦块砾石没有差别，而华歆却拿起金子看了看后才又扔掉。一天，他们坐在一张席子上读书，窗外有乘坐轩车、穿着冕服的人经过，管宁照旧读书，华歆则丢下书，跑出去观看，结果管宁决定割席与之绝交。

这两则故事都表现出主人翁的特性，能够做主，不为外境所动摇，专心致志地学习。

儒家云："富贵不能淫，贫贱不能移，威武不能屈。"这种诗句在历史上不可胜数。能够专一，不被外境所牵诱，即名"做主"；然而做主乃是相对于客尘来说的，如果没有"客"的存在，即不存在"主"的问题。《佛经》说："佛说一切法，为度一切心，我无一切心，何用一切法。"以理来说，生、住、异、灭本是无常的本质，只因凡夫垢重，不能了知生即有灭、得而必失、成归于坏的道理，所以五蕴得机而蠢动，根尘住境以相接，这念心终而失去了"做主"的能力。所以，佛法就是告诉我们如何在无常变迁中，免于为苦所逼迫的解脱方法。

要能做主，首先要先舍"我执"。此我是"假我"所成，能舍假我之执，则少欲无为，无欲则刚，萦于心者则淡。其次要起觉照，大凡心为外物所迁,丧其主宰,根尘作用而生爱取有,始终流转于生死当中。老子亦云:"五色令人目盲、五味令人口爽,五声令人耳聋,驰骋田猎令人心发狂。"儒家也说:"去人欲,存天理。"所以要能做主,就是要随时觉照自己的起心动念,进而觉悟生死变异的道理。第三,要忍与定。儒家云:"能忍自安。""定、静、安、虑、得",菩萨修习六度万行,讲求忍辱与禅定。能忍,知苦忍苦,才能了苦;能定,知幻无常,因定生慧,如中流砥柱,水流任急而心常静,自然不为八风利衰毁誉所动。

郑板桥的《竹石诗》中写道:

> 咬定青山不放松,
> 立根原在破岩中。
> 千磨万击还坚劲,
> 任尔东南西北风。

竹子的精神正如我们能做主的心一样,挺立于世俗毁誉、名利、宠辱、得失的顺逆之境,以天真清和之气,以明达忍辱之志,心之所存,主之所存。

大佛是那样宏伟、精美和悠久。默默地坚忍,它端坐江边,那在风浪中出没的江舟,便多了双温暖的眼睛。佛不言语,但总是不厌其烦地聆听人们絮絮的倾诉和无尽的祈求……

从凌云山顶顺着大佛的右侧梯道往下走,先看到的是大佛的发髻,而后是脸部、身子,下到底才看到大佛的脚。在梯道上看大佛,毕竟有些距离,那佛也就比人大不了多少,和佛并肩一站,便会生出许多亲切感。只有下到大佛脚底,仰头望,这才感到人和大佛的差别。大佛毕竟是大佛,那71米高的身躯,两只膝盖耸起就有十层楼房高,光是他的两个脚面,便足足坐得下百来号人。

让大佛坐在这儿,坐在这岷江、青衣江和大渡河三江的汇合处,是让他守望江水,守望江上的平安。于是大佛便在这里静静地坐了一千年,也默默地守望了一千年,只是守望而已。

大佛背倚凌云山,几与凌云齐高。把一座百米小山称做"凌云",便

可知这座山在人们心目中的分量,正是它挡住了岷江和大渡河汹涌的激流,那终日盈耳的涛卷浪翻之声,给拔地自雄的凌云山平添了几分豪气。

大佛本来就是凌云山的一个部分,它是从整块山岩中凿出来的。说它是佛吧,可又不同于一般的佛身造像,少了巍峨的殿堂,去了富丽的金身,甚至不见一炷袅袅的香火……大佛也就多了些凡间的气息。小鸟当空飞过,鸟粪照样撒在佛头圆肩;大风穿江而来,草籽照样落地生根,于是大佛的1021个螺状发髻上,周而复始,青青葱葱地绿了一遍,又零零落落地黄了一遭。

可是在人们眼里,佛就是佛。

更何况,大佛的身上还燃烧着一团火,那是一千多年前,一位普通僧人用自己的生命点燃起来的守望之火。这位僧人叫海通。

公元713年初夏,一位来自贵州的云游僧人,行走在西去峨眉山朝佛的路上。在嘉州岷江边待渡时,他目睹了江面上风狂浪急、渡船倾覆的惨痛一幕;悲戚的号哭之声,透过吼叫的风浪,一阵阵撞击着这位年轻僧人的心房。

就在一刹那,海通做出了他一生中最重要的决定。他遥向峨眉许下崇愿,要在凌云山前开凿一尊大佛,镇住滔天的恶浪。不完成这桩心愿,便不踏进峨眉山。

这位贫寒的云游僧人当然知道实现这个美好的愿望他将要付出什么。于是海通开始了他二十年如一日的奔走化募生涯。

海通其实并没有看到大佛成像,在弥留之际,他让人将自己抬到波涌浪急的岷江边,做成了一尊佛。

海通生前或许未曾想到,声势浩大的造佛工程在他去世后才真正开始。为了完成高僧未尽的心愿,远近民众都纷纷解囊,连远在长安的唐玄宗也下诏赐麻盐之税款以接济工程的巨大耗资。在几代匠人叮当不绝的锤凿声中,这个盛唐时期造像的第一大工程,也是迄今为止世界上最大的佛像,历经九十年终于告竣。

人们将大佛身后海通栖居过的岩洞命名为海师洞。在狭窄潮湿的洞内,我们看到了一个令人震惊的景象:一位寂目端坐的僧人,双手托着一只化缘钵,钵中盛满香油,油中则浸着一颗眼珠,一团火焰正从眼珠中跳出,轻轻地燃烧着,那是海通的眼珠,不,那是海通的信念之火在燃烧。

当海通千辛万苦募来一笔造佛款项时,当地官员竟前来诘难。海通为表明自己的心迹,慨然剜去眼珠。失去眼珠的海通向世人袒露的是一个怎样光明的世界。

海通盘膝端坐,枯槁的双手坚定地捧举着一团火焰,于是,那火便在大佛的身上燃烧了。一个生命消逝了,另一个生命却因之而诞生。

在海通洞内,我们只感到通体清凉,溽暑尽消,仿如经过一场清泉的沐浴。

背倚着凌云山的大佛,虽然不会行走,不会言语,也许,还只能永远采取一种坐姿,但在大佛身上,却有着那些虽然在跑、在笑,然而对世间的惨痛和不平麻木不仁的生灵所没有的东西,那是一种温暖的关爱,更是一种永恒的守望之情。

于是,你便能明白,为什么每天有那么多人,千里迢迢,风尘仆仆,来到大佛身边满怀崇敬地看一眼大佛,然后对着大佛悄悄地说些什么。

大佛是一个守望者。海通给了它特殊的生命,同时也赋予它特殊的使命。于是,它便这样年复一年、日复一日地守望着——守望着不羁的江水,守望着如许的岁月,更守望着人们无尽的希望。

仰望这尊大佛吧,不仅仅是因为它的宏伟、精美和悠久,还因为那一种默默的坚忍,那一种不移的守望精神。

密禅师在打锣时,南泉问他:"你是用手打呢,还是用脚打?"

密说:"请你开示。"

南泉说:"好好记住这件事,今后遇到明眼人,你只管把今天这件事描绘给他听就是了。"

后来云岩听了说:"无手脚者始解打。"

类似的一则公案是,僧问龙牙一生中应如何修道,龙牙说:"如无手人欲行拳始得。"

那么,手脚哪里去了呢？是完完全全地融入了动作之中。

这便是禅的无心状态。

在无心状态中观察者的自我被排除，人不再是自己行动的旁观者,除了目标和实现目标的行动之外并无任何东西。在这一状态中,人抛开了一切自我监视,"我的观察者的自我连同具一切恐惧的重荷都不再存在于我与我的目标之间,干扰我努力的消沉倾向和紧张不安的感觉也随之消失了。现在对我来说一切都是可能的。"

日本武士高夫野义在《禅与剑术》中说:一名剑手一旦有了想赢取竞争或炫示技巧的念头,剑道也就完了。你只要把这些念头完全祛除,即连有关肉身的观念亦予打消,你便会体会到剑我一如的境界了——你就是剑,剑就是你。因为,到此境界二者之间就无分别可言了。这就是所谓的"无心"、"忘我"或"无我"的心理学。

当此同一境性一旦到达之时,身为剑手的我,似乎已使我自己变成了对手,而他所做的每一个动作和他所想的每一个念头,也就是我自己的动作和念头,我也就直觉地,甚或不知不觉地知何时以及如何去刺他了。所有这一切,似乎均皆自然而然,毫不勉强。

《箭艺中的禅》一书中描绘了箭术的无心状态。书中的主人公花了多年时间追随禅师进行刻苦训练,终于学会了用一种不费劲的力量从"精神上"拉开弓,"没有目的"地放开弦,让箭"像熟透了的果子一样从箭手的手上出去"。当他达到完善的高度时,弓、箭、靶和箭手都彼此融合在一起,他不再射箭,而是它们本身为他做到这一点。

信好比是手,入了佛法的宝山,可以自由自在拿取宝物。因为相信,使心得以清净,烦恼尽涤,菩提佛果得以现前。

"信"为成功之母,我们无论做任何一件事,都不能缺少信心,尤其是修行学佛。为什么呢？因为,佛法中有的是佛的境界,佛的境界是我们凡夫心量所不能测度得到的,只有用"信"来接受。所以,古人云:"佛法如大海,唯信能入。"

《佛经》上说:"信为道源功德母,长养一切诸善根。""信"是心的归趣,能生热诚与力量。《杂宝藏经》记载着这么一则公案:过去,有三位沙弥正在玩皮球时,有一位年老的比丘尼,向他们请法,怎样才能证果?顽皮的沙弥就说:"你站到墙角去,当你被皮球打到时,就可以证初果。"后来,这位年老的比丘尼被皮球打到的当下,即证得初果。

《涅槃经》说:"法是佛母,佛从法生。"《金刚般若经》又说:"一切诸佛皆从此经(即法)出。"由此可知佛由法成。声闻的圣人就是听闻佛说四谛(法)而证真,缘觉是接受佛的十二因缘教法而成果。这就是所谓的"从佛口生,从法化生"。法如东升的旭日,照破众生的无明黑暗,因此假使热铁轮,于顶上旋,终不为此苦。有人说:佛是觉悟的众生,众生是未觉悟的佛。佛与众生不是在本质上有什么不同,只是在修正的前后与迷悟的差别而已。所以佛陀夜睹明星,证无上正等正觉后,复而叹言:"奇哉!奇哉!大地众生皆具如来智慧德相,但因妄想执著,不自证得。"所以,应当深信:"无一众生而不具如来智慧。"众生若能依教奉行,破除了我执和法执,断尽了烦恼障与所知障后,也就与佛一样了。

人生的旅途上,除了要有衣食住行作为途中的资具外,尚需要仰仗佛法这盏大明灯,指引人们走向康庄大道,才不至于使人走错路、走远路,而误入歧途,横遭堕落,但是要如何点亮这盏明灯,它的动力是什么?

既然,信心能带来光明,那么该要如何信,才能一路到底,永不退转呢?先以现今一般初学佛者来说,他们的态度总是停留在传统的观念当中,以为学佛不外就是念佛、诵经、吃素,或者佛菩萨、神明很灵感,有求必应,总是在生活上不顺遂时,才想到学佛这回事;或者因为家庭信仰关系,就跟着家人信,很少会去用心思维体会……诸如此类,虽然,这也是信的一种,但这仅止于表面事相上的初信,未真正入理,没有智慧之照为前导,由于看不清楚,所以就很容易失去信心、进而成

为迷信、邪信之属。那么真正的信是什么？诚如《那先比丘经·卷上》云："诚信者，无所复疑。信有佛，有佛经法，信有比丘僧、阿罗汉；信有今世、后世；信有孝顺父母，信有作善得善，作恶得恶，得信是以后心便清静。"

《金刚赞》云："断疑生信绝相超宗。"而疑是众生的根本烦恼之一，疑能覆盖破坏清净善心，使心产生疑惑之情，不能彻见真理，犹如鱼鸟为网所罗，难以脱身；网蔽眼目，使不能见。又因疑情障蔽信根，让我们因为自卑，而怀疑自己的资质鲁钝，业障深重，非修行成佛的根器；因为自大，怀疑善知识的德性，而不肯信服，乃至良师难遇；因为自负，自以为是，而怀疑真理的可行性，乃至无法信奉正法。因为种种的疑，让我们心生暗鬼，暗鬼一生起，顿时面目变得可憎……种种的心思愁绪亦齐涌心头，令得四大不调，身心受苦，乃至无法自主地造恶业，而生死流转，不得解脱轮回的束缚，当然也就不能断除迷惘，见自本性。

雪莱在诗中写道："他并没有消失什么，不过感受了一次海水的变幻，他成了富丽珍奇的瑰宝。"

当年马祖禅师在湖南衡岳时，南岳怀让禅师问他："您坐禅究竟是为了什么？"

马祖禅师说："欲求坐佛。"

怀让禅师听了没有说什么。之后便拿了一块砖，整日在他坐禅的庵前磨。

马祖禅师见了很奇怪，问道："您磨砖做什么？"

怀让禅师说："磨做镜。"

马祖禅师感觉到不可思议，怀让禅师说："磨砖不能成镜，难道坐禅就能成佛吗？"

马祖禅师于是向他求教："那应如何才是？"

怀让禅师说："如牛驾车，车若不行，打车即是？打牛即是？"

马祖禅师听了无言以对。

同样是一番经历，雪莱在"海水的变幻"之后成为"富丽珍奇的瑰宝",而怀让禅师手里的砖却还是砖。雪莱的墓志铭很符合人们用在英雄人物上的惯用语:"他并没有死,他永远活在我们心中。"名人成名有一夜成名的,有一战成名的,也有一嗓子就成名的。而雪莱似乎是一死成名,这倒也是现在老百姓经常念叨的:人活着不行,只有死了才能重新唤醒世人的注意。然而,雪莱又并不是这样的,他生前已经取得了很大的成就,这些成就也没有因为时间而褪色,却有可能更增加了历史厚重感。所以说,雪莱的沧桑成就了他的美丽。

可是砖头虽然相貌丑陋,但它也不能被剥夺美丽的权利,如果能变成一面亮闪闪的镜子那该多神气。于是,怀让禅师吭哧吭哧不辞辛苦地磨砖成镜,结果必然是无疾而终。成佛也是很多信佛念佛者的梦想。如果能超越生死轮回到达庄严净土那该多美妙。于是,马祖禅师最开始也是一门心思地念佛,结果却换来了怀让禅师善意的劝喻。

世人并不是不知道,世上有很多美好的东西需要经过"一番寒彻骨"才能取得"扑鼻香",就像美丽的蝴蝶要经历丑陋的毛毛虫和蛹的阶段,然而如此追求美丽却仍然还是很遥远。在心理学研究上,有个现象叫做"濒死体验",说如果一个人有类似大难不死的经历,那么他的价值观和生活方式都将与过去大不一样,变得非常积极和乐观。一个高中生因为父母是研究这个现象的所以开始接触,他为这种"惊艳的一变"所深深吸引,刚好此时他的成绩很不理想,于是他开始想借助这样一个体验来完成自己的蜕变。一天,他决定实施他的计划。早晨他反复问了父母是否会按时下班,在确定之后再千叮咛万嘱咐要他们记得带钥匙,下午他计算好了距离父母下班的时间早一点自杀,这样父母回来就刚好能把他救活,以后就能如其所愿地取得成功。可不料人算不如天算。早晨他的父母因为被他问钥匙问得烦了,所以看也没看就说带了,谁知原来一个凑巧忘记带了,另一个有钥匙的却因为有事未能按时回家。而当他们打开家门的时候,只能面对丧子的惨痛。上面同样是一个想变幻美丽的例子,但却采取了一个比磨还不如的方法。这个例子过于残酷,但又很现实,仿佛就在你我的身边。

变幻成为人们追求美的法宝。

镜子是要磨才能成为镜子的,可实际上,砖头从一开始就设计错了人生方向。好在后来怀让禅师和马祖禅师都意识到了,然而今天的人们很多却不能。举个最常见的例子就是女人美容。现在,美容几乎成为女性生命的一部分,电视上也充满了大大小小吸引她们成就美丽梦想的广告。可美丽并不是凭借一变就能成功的,现在中央电视台下令不准播出任何丰胸的电视广告,就是因为劣质的丰胸产品使得很多女性正走在一条磨砖成灰的歧路,不仅连目标梦想无法实现,连原先的容貌甚至健康都难以保全了。不过,丰胸电视广告仅仅还是被众多的女性看做是美丽变身的一次小小失误,这无法阻挡她们更全面更深层次更疯狂地投入。其实,凡是具有基本智商素质的女性都明白身体和心理的健康比美丽更重要,可遗憾的是,属于美女境界的美容变身还是太诱人了。《巴黎圣母院》里的怪人卡西莫多相貌丑陋,他与那些因为丧命在美容刀下的女子一样,最终还是走到了死亡的地步,只不过女子并没有因为死而变得美丽,卡西莫多却在死亡面前戴上了美丽的光环。

成佛有无可言说的美妙,现在人们虽然不信佛,但他们在金钱上同样找到了可以替代的偶像。于是,很多人希望能够经历"一次海水的变幻",以便获得"富丽珍奇的瑰宝",他们纷纷踏上寻宝的路,并发誓为了金钱可以付出任何代价,但很多人的梦想并没有实现,真正富有的人毕竟还是少数。在失败者当中,有的人在下海折腾了一阵后老老实实地上了岸,承认自己距离目标太远;有的人却只要有可能就为大富大贵战到最后。而现在市面上也突然流行起关心这些失败者,智者们不厌其烦地告诉人们"其实只要再如何如何财富就滚滚而来了",似乎整个地球上的观众都看到了失败者升值的潜力,关键在于他们经历的沧桑出了问题。然而实际上,这样的关心无疑在鼓舞飞蛾继续扑火,他们走的也是一条"磨砖成镜"的不可能之路。社会上很难出现富者众、穷者少的景象,所以大家如果都想富的话也就仅仅在于提高平均的财富,而不是梦想的富得冒尖了。

真正的美是变不来的,如果能变得话也就不称其为美了。

佛祖抬起一支灿烂黄花,却是无非般若。砖头成为镜子其实也并非不可能,只要增加若干复杂的物理或化学加工环节,砖头还是有可能实现自己的梦想的。雪莱幻化的美说穿了也还是与幻化前一模一样,他与砖头的共同点都是要考虑到美丽在于他们的自性。所以,这也就显得"海水的变幻"原是多么的多余;成镜也是无稽之谈;卡西莫多也并不是只有在最后死的时候才突然变得美丽,原来他也一直如此;许许多多朝着美容大潮涌去的女子美了容也并不是真的就变美了,即便她们以有人凭借着美容当上明星作为激励自己的法宝,但是那些明星是否美丽本身就是个问题;尝试"濒死体验"死去的孩子为了不可能的幻相失去了生命,那是因为他看中的虚荣本身就是虚妄,这也正如佛祖所说"凡有所相,皆是虚妄";有人认为向着金钱打家劫舍般冲去的好汉们,只有打家劫舍才能真的富得冒尖,虽然此种方案可行,但财富之外可能还会增加不少应有的报应。

世上那些贼心不死的人们又该如何才好呢?应该合手称善:好在这样的贼人并不多,平常人的心思里自然在平常中透着平常的美丽,这在佛祖看来,仍然还不是真正的美丽,只不过是世上的代名词。

> 方春不觉来朱夏,
> 秋色蝉鸣翠影斜。
> 夜来风急柴扉破,
> 满地霜铺落叶花。

第一章 就是这样一个夜晚让
我幸福得激动不已

诚如大家所知,我并没有定义时间、空间、方位和运动。

我们关于时间的知识和关于空间的知识一样,应该更多地归功于数学家和物理学家,而不是那些专业哲学家、宗教家……

人类织就了一张网,抛向天庭,现在整个天堂,尽入人类囊中。

可以断定,我不被理解的地方一定隐藏着有用而深邃的东西。

就像把我们和真理隔绝开来的那堵墙已经倒塌了一样。求知的眼睛前面出现了更为宽广的区域,我们甚至都不曾预期到这些区域的到来。这就使得我们抓住所有物理现象背后的计划变得容易多了。

……有酗酒、骚乱、暴力、目无尊长者,关禁闭。

相对论让我们明白了时间和空间并不仅仅是上演剧本的舞台,它们自身就在这幕戏中扮演着重要角色。

啊,殷红像樱桃,啊,香甜如苹果,林中的仙子啊,皎洁如月光,快乐欢喜呀小羔羊。

所有一切都是巨大整体的部分。

我可以躲藏在一核桃壳内,而仍自认是个无疆限之君主——只要我无那些噩梦。

当人类竟至于会仿造天空,测量星宿,他们将如何设计出这庞大的构架?如何构筑、又拆毁、再发明,以解释天象……

在我需要和设计的历史里,会特别关注它的范围,它要足够宽广,能够记录宇宙的历史。世界不会变窄去适应人类的视野,而是人类的

视野应该变得更为广阔和开放,直到能够记录下真正的世界。

那神灵的宝座,像蓝宝石一样在闪烁,凝望的天使在哆嗦,他看见了;燃尽最后的光焰,在无尽的夜空闭上了双眼。

我自己是我全部经历的一部分;而全部经验,也只是一座拱门,尚未游历的世界在门外闪光,而随着我一步一步地前进,它的边界也不断向后退让。

倘若不是魔法师、炼金术士、占星家和巫师先行于科学,不是他们怀着一腔热望最先对种种隐秘的、被禁止的力量产生探索的渴求和兴趣,那么,你们相信科学会产生和壮大吗?

凝视着夜色幽幽,我站在门边惊惧良久,疑惑中似乎梦见从前没人敢梦见的梦幻。

在时间与空间之先,本无时间空间,在原初的空无之际,有物倏忽而起,此后万物由何而生,称其名曰太一。

生命,像铺有彩色玻璃的屋顶,以其色泽玷污了永恒的白光。

要多少风雨才能让人感受到人世的风暴?人世的风暴造就了多少自然的风雨?

人来自自然,却常以自然的主人自居。文明发展的过程,可视为人与自然"主体性"的演变。越所谓文明,人操控自然的痕迹也越明显。

自古人类都有观照天象、聆听雷电、倾听风雨,而为人找到安身立命的凭借。印第安人在时间的长河里,演练"见证"了"地球人"在大地上的各种姿态。人为了求生存,必然有求于自然,但动物的杀戮,植物的砍伐,都在配合时序的韵律,进行主客体的互动与辩证。这些智慧,于今却经常被视为迷信或落伍。

在人与自然的关系上,所谓新知识,却是让大自然留下伤痕的策略与行径。在号称现代文明的20、21世纪,自然界每十年的变化,可能远超乎过去一千年的变化。日子离我们越近,变化的幅度越激烈。而所谓"变化",其实是一种遮掩的修辞,真正的含意是自然肌肤的伤痕累累,与生机的断续存危。

曾几何时,童年的景象,恍惚间如一场虚幻的梦境。那一条小溪已不在,陪伴溪水的蛙声与虫鸣已喑哑。承载倒影的小池塘,全部掩埋在钢筋水泥下,上面飘扬着一面招惹报纸版面的旗帜。当年的青山,如今少了半张脸;因此它在某一年的除夕夜里,掉下两行眼泪,将山下的十户人家埋入土石堆。年少时的彩云已经不知流落何方,眼前是工厂烟囱倾泻黄色气体的宣示。成排的小鸟飞到路边的烤架后,散发出来的体香,引来高空一架自我放逐的客机无声的觊觎。据说飞离温度骤升的高度的同时,远方亿万年的冰山已经在融雪。午后雷鸣,南半球臭氧层严重破损的消息,振奋了此地溽暑的冷气广告。这又将是一个经济起飞的季节。

梭罗的《湖滨散记》记载了人远离尘世的欲望后,在精简的日子里,人与自然依存的景致。文明所谓的进步,是以满足欲望为标尺。商业文明的经济,是在满足欲望的条件下,做精打细算的成本投资。梭罗在《湖滨散记》里陈述一种生活的经济,那是减少欲望后,人变得朴实利落,能以极微薄的开销自在过日子。

因为减少欲望,人能听到湖水清澈的讯息。偶尔微风拂过水面,湖水略起波纹后,又回到千万年的冷肃。因为生活简单,人不必去寻找脸孔填补孤独。创意来自于独处。独处不一定会寂寞,但只身在人海中,反而更寂寞,因为人人都在践踏他人的身影。自在出入自然的怀抱,你可以看到破晓时分,烟雾迷蒙的湖面上的第一只水鸟,你可以看到新盖的小木屋里,闯入的第一只蜘蛛。贴近自然,意味远离人间永无止境的需求,远离文明撩拨欲望后情绪的自渎。贴近自然,弃绝尘缘的招惹,并不意味人要远离人间。事实上,与自然亲近,为的是在人间里"做人"。没有这一层认知,自然反而成为人世的迷障。

不论是梭罗,或是思想与生命观影响梭罗的埃默森,都意识到自然能唤醒人几近神性的心灵;微风里看到神的踪影,花草的香味里闻

到神的气息。自然滋养心灵，但心灵仍然投注于人间。梭罗在瓦尔登湖的岁月毕竟只有两年，之后，在人间以透彻澄明的思维，以似乎无所为而为的语调，拨乱反正人世的价值观。其表象柔软实质刚毅的"消极抵抗"，感召了后世印度的甘地，数亿人的身心，因而得以从帝国的桎梏中解放。

美国诗人佛勒斯特有一首名诗《白桦树》，其中令人印象最深的意象是：一个小孩攀爬白桦树，越爬越高，到了某一个高度，随着树枝的弯曲，又回到地面。往上爬是心灵的提升，越高越接近天空，越能启发自我的神性，但启蒙后的神性又回复到人间。树是自然的化身，藉由自然贴近高处的自然，但人毕竟来自人间，因此自然又将其送返人间。

在世，人间是人的起点与终点。贴近自然，并不是在山水中迷失。穷竟一生都在写山水诗的诗人，不一定就是因为山水的滋养，成就了超越凡俗的智慧；那可能是一种逃避，一种无能面对人间的遮掩。

也许我们应该审视所谓的禅诗，是否是因为缺乏观照人间的创意，而在潺潺水声中短暂忘掉自我。但瞬间的遗忘并非去掉我执。号称能在山水中禅坐的人，是否看不到山下政客的呼风唤雨？是否不曾听闻苍生因为失业从世贸大楼的顶端坠落？是否当下也没有听到山中流浪狗忽隐忽现的哀嚎？当然，几乎所有的山水诗或是禅诗都"不屑"有这些红尘意象。

真正贴近山水的人，更关怀人间；因为山的高耸，而反思自身的卑微；因为湖水的凛冽，而自省出入人间的冰洁。因为在自然中的身心自在，更思虑到人间的水深火热。遨游山水，总是蓝天白云，在世的修行，则是满地荆棘。毕竟，修行的正果，不在于山水中禅坐，也不在于虚空，而在人间。

当我们谈世界的时候，我们就是在谈处于实现生存条件中的我们自己。世界其实一方面是自然，另一方面是人类。因此，这个题目最后说的"和谐世界"就包含了前面两个词："自然"与"人类"。因而，说现代世界应该和谐，就是说自然与人类必须实现和谐。

为了让人类与自然相处得和谐，人类必须与他们自身相处得和谐。他们必须明白：他们的世界是同一的，他们的需要是同一的，他们的命运也是同一的。这就要他们和平共处，相互团结合作，以便可以保障他们生活、安全、自由的权利。这是天赋的人权，不是谁赐予他人的，是我们每个人一出生就获得的，谁也不该被剥夺，谁也不该独霸这些权利——就像直到当今仍存在的这种情况。在同一个社会里不同的阶级之间有很大差别，在东方社会与西方社会之间，在南方社会与北方社会之间，有很大差别。

这种差别正是威胁世界和平、威胁自由、威胁整个人类存在的大多数危险的主要根源。因为一些人在每个社会内，在全世界水平上独自掌握的权利过分强势，使得强者把他们的权势强加于弱者的头上，侵犯弱者的权利，于是就产生了专制，一些人在一些社会中可以独裁。同时，大国就把他们的统治强加于小国头上，控制他们的资源，使其为他们的目的、他们的利益服务，而有悖于他人的利益。

如果过分的强势是以强凌弱、殖民主义的根源的话，那么弱势则是仇恨、过激、恐怖主义、内战的根源。就这样，世界时有暴力激荡、遭到危险威胁。因为人类至今无法填平鸿沟，至今无法实现与自身的和谐，必然也无法实现与自然的这种和谐。其原因也是同样的：贪婪、自私、霸权和不理智从一方面，贫困、愚昧则从另一方面殊途同归地导致环境的破坏、资源的枯竭、生活条件的毁坏。于是，当自然遭到毁灭的时候，也是人类生存面临毁灭的时候。这意思就是说，我们的生存是与我们生活于其间的自然环境密切相关的。我们可以控制自然，利用自然资源，但必须做到不让它们遭到危险与破坏。那么，我们就需要一些能保障实现我们与自然之间和谐的生活方式。

那么，我们就需要一种全面的认识，通过这一认识，将知与行、我们的权利与义务、我们的存在与他人的存在、我们与我们生活的自然世界联系起来。如果说科学在这种全面认识中是一种重要因素，那么艺术就是另一种重要因素。因为它会将假设的规则变成个人的审美情

趣,把必然变成自由,把法则变成直觉、随意。

佛教《法华经》的《方便品》叙述道,佛告舍利弗:如是妙法,诸佛如来、时乃说之,如优昙钵华,时一现耳。舍利弗,汝等当信佛之所说,言不虚妄。舍利弗,诸佛随宜说法,意趣难解。所以者何?我以无数方便、种种因缘、譬喻言辞、演说诸法,是法非思量分别之所能解,唯有诸佛乃能知之。所以者何?诸佛世尊唯以一大事因缘故,出现于世。舍利弗,云何名诸佛世尊唯以一大事因缘故出现于世?诸佛世尊欲令众生开佛知见使得清净故,出现于世。欲示众生佛之知见故,出现于世。欲令众生悟佛知见故,出现于世。欲令众生入佛知见道故,出现于世。舍利弗,是为诸佛以一大事因缘故、出现于世。

佛告舍利弗:诸佛如来但教化菩萨,诸有所作,常为一事,唯以佛之知见示悟众生。舍利弗,如来但以一佛乘故,为众生说法,无有余乘,若二、若三。舍利弗,一切十方诸佛,法亦如是。舍利弗,过去诸佛,以无量无数方便、种种因缘、譬喻言辞、而为众生演说诸法,是法皆为一佛乘故。是诸众生,从诸佛闻法,究竟皆得一切种智。舍利弗,未来诸佛、当出于世,亦以无量无数方便、种种因缘、譬喻言辞、而为众生演说诸法,是法皆为一佛乘故。是诸众生,从佛闻法,究竟皆得一切种智。舍利弗,现在十方无量百千万亿佛土中、诸佛世尊,多所饶益、安乐众生,是诸佛亦以无量无数方便、种种因缘、譬喻言辞、而为众生演说诸法,是法皆为一佛乘故。是诸众生,从佛闻法,究竟皆得一切种智。舍利弗,是诸佛、但教化菩萨,欲以佛之知见、示众生故,欲以佛之知见、悟众生故,欲令众生入佛之知见故。舍利弗,我今亦复如是,知诸众生有种种欲,深心所著,随其本性,以种种因缘、譬喻言辞、方便力而为说法。舍利弗,如此,皆为得一佛乘、一切种智故。

舍利弗,十方世界中,尚无二乘,何况有三?舍利弗,诸佛出于五浊恶世,所谓劫浊、烦恼浊、众生浊、见浊、命浊。如是舍利弗,劫浊乱时,众生垢重,悭贪嫉妒,成就诸不善根故,诸佛以方便力,于一佛乘、分别说三。舍利弗,若我弟子,自谓阿罗汉、辟支佛者,不闻不知诸佛如来但教化菩萨事(一佛乘),此非佛弟子,非阿罗汉,非辟支佛。又舍利弗,是诸比丘、比丘尼、自谓已得阿罗汉,是最后身,究竟涅槃,便不复志求阿耨多罗三藐三菩提,当知此辈皆是增上慢人。所以者何?若有比丘、实得阿罗汉,若不信此法,无有是处。除佛灭度后,现前无佛。所以者何?佛灭度后,如是等经,受持、读诵、解义者,是人难得。若遇余佛,于此法中、便得决了。舍利弗,汝等当一心信解受持佛语。诸佛如来言无虚妄,无有余乘,唯一佛乘。

佛陀说:理想人间、庄严国土,须靠众生自己去创造。创造的关键,唯在于心。庄严国土,首先要庄严自身,庄严自身的心,自身的心的庄严则是靠修养得来。

读《佛陀故事》时,我们知道,佛陀和我们一样,也是人生父母养,他本是印度迦毗罗城净饭王的儿子,在见到人生的真相和人类的痛苦,下定决心要找出解决的方法,在29岁那年出家修行。

佛陀证悟前受了很多苦,他曾在恒河流域行脚六年,参访许多宗教界的名师,来研习他们的理论与方法,修炼最严格的苦行。但这一切都不能使他满意。直到有一天晚上,他坐在尼连禅河边佛陀伽耶(在今比哈尔邦内伽耶地方)的一棵树下(这树后来被叫做菩提树),才获得证悟。

证悟后的佛陀,以三十二相八十随形令众生生起喜悦与爱乐,尊重与向往。但佛陀庄严的德相并非生来就有,而是靠修行得来。据《大乘百福庄严经》的记载:每修一百福,才庄严一相,菩萨修行要经过一百大劫,才能成就相好,佛陀因为精进不懈,经过九十一劫才圆满相好的业报。

相好是佛陀的大慈悲之愿所成就的。为什么要现这样的相好?那是因为众生见这样的相好,才生欢喜心,生恭敬心,喜闻佛法,而生信心。

这是佛陀靠修行精进来庄严自己的过程,佛陀是如此,我们世俗

的众生也是如此，必须像佛陀一样勤勉努力，积极进取，才能得悟，有真本领呈现给众人，赢得他人的尊重和社会的承认。

这其实也是一种自尊、自爱、自强的生活态度。自尊、自爱、自强是人的一种良好心态，一个心理状态健康的人，他的自尊感会比较强，他了解自己的生存价值，并认为自己值得尊重，也因此可以接受自己的不足和缺点，去进一步精进和努力，改善自我。这种自尊感是由安全感、归属感和成就感这些因素构成的，它与一个人的外在生存环境有关，它不是天生的，是在后来的学习、生活和工作中逐步培养起来的。一个这样的自尊自爱的人，他同时也和佛陀一样，是一个有思想、有抱负、有人格、有毅力的人。

而自尊自爱的保证，就是自强。自强来源于自强不息和百折不挠，超越自我和战胜困难的信心和勇气。佛陀之所以可以得到证悟、得到众生的恭敬而担负救度众生的事业，就在于他的信心、勇气和慈悲的德性。

我们在生活的道路上，也难免会像佛陀在成佛的道路上一样，遇到各种各样的困难和挫折，但面对困难和挫折时，我们不该灰心丧气，应该相信自己的力量，勇往直前，在取得了成绩和荣誉后，也不该骄傲和自满，而是把这一切当做再向前努力的阶梯，迈向另一个更远大的目标。所以佛陀是一个心灵的富翁，他让自己以一个成功者的姿态出现在众生面前，让众生相信，只要努力，只要坚信自己拥有"无限的能力"和"无限的可能性"，自己就可以像他一样创造出内心和谐的世界，建立起自己理想的"自我心像"，将外在不利的环境转化为对自己有利的环境。

佛陀一直在教导众生要去除"我执"，很多人错误地认为就是要否定自己，其实并不是这样的，"我执"是对自我的执著，而自我是不存在的，那是一个假相，执著于它当然没什么好处。但是除了自我，我们还有一个自己，就是我们内在的真我，真我和自我是不一样的，真我才是我们内在那个闪闪发亮的本质的自己。

在将外在的什么名声、地位、金钱、相貌等一切去除后，我们就会发现这个本质的自己，众生也和我们一样，内在也有这个本质的自己。这个本质的自己具有佛性，是像佛陀一样的人，我们每个人的内在都有一个佛，你的内在有一个佛，别人的内在和你一样，也有一个佛。所以，你爱自己，同时也会爱别人、爱这个世界，全世界所有的人自然也会来爱你。

一个爱自己的人，他会深刻地接纳和欣赏自己；他无论做什么事情，不管是成功或者失败，都不会后悔，都会告诉自己，这么做并没有什么问题；他不会违心地去奉迎别人，来获得他人的认可和帮助；他不会自责，从来不去做违反道德的事情。他对任何人都做到没有亏欠，也不会贬低别人以抬高自己。虽然也许他不会给自己很多物质的享受，但是因为他对自己内在的肯定与信任，在他的身上会自然流露一种真实坦荡的气质，让所有遇到他的人都能感觉得到，想接近他。

当然，我们有时也看到，有些人很自大，觉得自己仿佛是天下第一，那这样的人是不是爱自己呢？其实他并不爱自己，一个这样过分自大的人，他的内心是有着强烈的自卑感的，表面的自大只是自我玩的一个游戏，他用这些外在的假相来遮掩自己内在的不安，并这样来对自己进行安慰：我是最好的，是得到别人承认的，但这正好反映了他的不自信和内心的空虚。

其实一个爱自己的人，他的内心是淡泊自然的，他很从容洒脱。他可以坦然地接受自己，他了解自己的业障、习气、才华、个性和优缺点，他会改善自己，去慢慢地克服它。

虽然我们不能自大，好高骛远，但是也不能过于低估自己。佛陀说人身难得，我们在世俗里，不知道经过了多少次生命的轮回，才有现在的人身，所以我们没有理由不爱自己，不珍惜自己是人的机缘，去探索人生，追求真理。所以在这个世界上你的确是独一无二的，虽然我们本身有很多的问题和不足，但不要因为这一点就放弃自己的理想和心灵的追求，我们只有不懈地努力，成功的硕果才会慢条斯理地掉下来供

我们品尝。

当然,每个人都有自己不一样的状况,佛教里有一句话,叫"放下屠刀,立地成佛",但真的是这样吗?你会信一个杀了很多人或牲畜的人,把刀一放,就可以成佛吗?如果真是这样,那佛陀也不值得尊敬了,但是这句话说的却并没有错,因为这句话的意思是如果能够把屠刀放下来,不再去杀生,从此心怀慈悲,潜心修行,也就可以一步一步地接近佛,一点一点地转化为佛了。

我们是人,要成佛也要先从人的本身开始,如果我们还没有做好自己,又如何可以成佛呢?

在所有的宗教创始人中,佛陀是唯一不以非人自居的导师。他承认自己只是一个普通的人,他不以神灵自居,或说自己是神的化身,或自命是受了神的差遣,来管理人类,佛陀只说自己是人类的一员,他从来没有受过什么神灵或外力的感应,他只是说他是靠自己来证悟得道的,并且他对众生说,在六道轮回中,只有人是自己的主宰,只有人才可以修行成佛,如果人人都肯发愿努力,那人人都可以像他一样。

他曾对他的弟子们说:"人应当自作皈依,还有谁可以作他的皈依呢?"他教导和鼓励大家来发展自己,自求解脱。佛陀认为靠人的努力和才智,完全可以自解缠缚,获得证悟。"工作须你们去做,因为如来只能教你们该走的路。"他说他只是发现和指点众生来寻求解脱之道,但这个过程还要靠每个人自己来践行才能完成。

佛陀在《大般涅槃经》中说,他从来没有想过要来约束他的僧团,也不要僧团来依赖他。他说,在他的教诫中,并没有秘密法门,在他紧握的拳中,也并没有隐藏什么东西。因为,他认为人类的解脱是靠个人对真理的觉悟,并不是听佛的话,顺从神的旨意,就可以完全办到。

佛法的修行需要靠自己,而我们人生的幸福也只有靠自己才能获得。大概你已经习惯了在家里依赖亲人,在外面依赖朋友。遇到问题的时候,你喜欢听取别人的意见,来给你正确的答案;别人稍微对你不理会时,你就觉得自己被冷落了;如果别人躲着不见你,你就会不高兴半天。当你将你的快乐过多地依赖于外在事物时,你会觉得一切都仿佛不那么牢靠,你总是被别人的行为左右你的情绪,你总是因为别人对待你的一些问题的态度而心生不满,你把你的自我认定和快乐都与他人联系了起来,也因此造成了你痛苦的根源。

其实不知你是否意识到,能让你感到长久满足和充实的人,只有你自己,连佛陀都不能办到。

如果有一天,你感到自己无比强大,你不需要和别人一起也能快乐,你可以自己单独做出决定,你懂得如何排遣偶尔的孤独和寂寞,你就变成了自己生活的主人。别人对你也没有看起来那么重要了,重要的是你早点有这种基本的意识,来让自己的内心变得独立。

一个自己的内心独立的人,会活得比别人更轻松、更坚强,对被排斥和失败的恐惧也没有那么强烈。随着你个人的成长,你的梦想会越来越多地实现,渐渐地,你将学会怎样对你自己、对你自己的事业和生活负责。

也许你曾经听过一个"懒小孩"的故事,说是有一对夫妻老来得子,十分开心,对儿子宠爱有加,也因而使得他从小养成了懒惰依赖的坏习惯。有一次父母有事远行,估计要十几天的时间才能回来,将儿子一个人留在家里,父母不放心,于是就想了一个妙计,在临行前给他做了一个很大的面饼,挂在他的脖子上,对他说:"你饿了就咬一口面饼。"十几天回来后,却发现儿子死了,原来他只吃了脖子下面的一部分面饼。原因是他太过于依赖父母,以至于从来没有为自己做过一点事情,连用手去转一下这个脖子上的面饼都不肯,最后终于被活活地饿死。

大概你会把这个故事当做一个笑话来听,但是它却最真实地告诉了我们靠人不如靠自己的道理。假如那个小孩自己动手,把面饼转一下,也许他就不会饿死了。当发生问题的时候,你应该靠自己冷静地分析和面对现实,你应该学会用耐心和毅力来获得你想得到的东西,而不是有一点无助就想到放弃,就想去找别人帮你解决。"佛在灵山莫远

求,灵山只在汝心头,人人有个灵山塔,可向灵山塔下修。"我们解决问题的最佳办法就是让自己来帮助自己。

我们需要观察自己,了解自己,依照自己的根性因缘生活,靠自己的心智能力、喜好、感觉和背景来洞见自己,知道自己需要什么,该去做什么或不去做什么,以获得证悟和生命的喜悦。

在世俗人生中,证悟这个词和自由的含义接近。的确,我们没有人不想像佛陀一样获得心灵上的自由,可以普度众生,去做自己喜欢做的事情。我们总是梦想着能随心所欲,但事实上,却很少有勇气和信心来真正争取心灵的自由。

因为生活中,我们不得不为了生存去奔波,去做自己并不喜欢做的事情。也因此我们渐渐离开了自己的需求、自己的感觉,逐渐疏离了自己的内心。尽管我们确实想要过自由的生活,但是却因为这种种的原因,不得不缩了手脚,将这一愿望永远隐藏。也许突然有一天,你会猛醒,你总是在做别人安排好的事情,总是活在别人的愿望里,总是在以别人的意志为意志,可能你起初还保持清醒的头脑,有自己独立的思想,但后来就麻木了,越来越世故,越来越随波逐流,活得不像本来的自己。

其实我们每个人来到这个世界上最初都有着自己的理想,尽管由于金钱、荣誉,以及外人的看法让你模糊了你的本衷,但你的心底总会有一个声音会时不时地跳出来提醒你,这不是你的生活,这不是你想要的。如果你听到了这个声音,就应该停下来,静一静,想一想,来反思自己的生活,来倾听内心的召唤,调整步伐,调整你的人生,虽然这意味着可能会和你一贯的状态诀别,可能看起来会有所损失。

就像佛陀抛弃太子的荣华富贵,为解脱人类的生死苦出家修行,也许你的决定会遭到他人一致的反对,世俗的白眼,甚至因此陷入孤立的境地,但是只要你愿意实现理想,实现真实的自我,这些又算得了什么呢?

心理学家也认为,如果一个人能做自己喜欢做的事,他的心情是愉快的,态度也一定是积极的,那么他也很有可能在自己喜欢的这个领域里发挥最大的才能,创造最好的业绩。所以有人曾经说:"一个人要成功的话,一定要找到自己最想做的事,这样他才能够每天都很有劲地工作,也更容易成功。"

一个人的一生能够做自己喜欢做的事情,是人生最大的幸福,这样的幸福来自你的心底,它不用你超越什么,也不用你去刻意追求,它是自然而然的,你会去享受它的过程。因为你喜欢去做,你就会在过程中迸发出无穷的活力,再大的困难你也能够克服,你不会轻言放弃,你会勇往直前,无论什么时候,你都感到你的前途一片光明,你对自己充满了自信,觉得你的人生是有价值的。

多年前,曾有一位政府官员突然辞职,按说他的工作并不累,薪水也不低,而且也没有什么特别的事情发生,但他还是坚决要辞职。当时他上有老,下有小,就这么辞职了,肩上的担子并不轻。很多人都劝他,再多考虑考虑,就连他的父母都对他说不要这样贸然行事,但是他说当了十多年的官,觉得没有什么意义,所做的事情也不是他人生的追求。

后来他下海经商,成为一个成功的商人。有人对他说:"真佩服你当时的胆量呀!"他却很平静地说:"也谈不上什么胆量,我只是选择了自己喜欢做的事情。"

我们不知道佛陀在抛弃太子生活出家修行时,是下了怎样的决心,但是我们却见识了他一直坚持下来的事业是何等的伟大。也许我们只有在做自己想做的事情时,才会有这样辉煌的成就,也因此我们才真正找到属于自己的人生,对生活更充满希望。

生命偶然来到人间,对于每一个个体来说,都不能永存、永恒,而关键在于我们如何利用有限的生命,为众生服务,做一个对自己负责、对社会有用的人。一个完整的、健全的生命,应该利用他的素质修养、真挚的感情、健康的体魄和顽强的毅力来帮助他实现生命的过程。

首先你应该相信自己是对社会有用的人,我们的一切彷徨与痛苦都在于不相信自己、不肯定自己,当一个人不能肯定自己,而必须用权势、虚荣和名誉来扩大自己时,他就显得非常脆弱,容易被眼前的物欲色相和人事的起伏所迷惑。人类只有肯定自己,才可能摆脱这一切,按着自己的本来的想法去生活、去工作、去帮助别人、去认真地对待身边的一切,进而孕育出生命的活力,把生活过得恬淡喜悦。

　　当然,一个人能相信自己是需要基础的,如果缺乏本身能够自傲的能力,一味地盲目自信,那是自大,当然不会有所作为。但如果你觉得自己只是一般人,和别人没有什么两样,自己实在没有理由可以骄傲,没有资格可以狂妄,那这种想法也是大错特错的,因为正是这种想法,阻碍了你成功的脚步。因为你可以平凡,但不可以平庸,伟大就是从平凡而来,我们如果对自己有更多的信心,我们成功的把握就更大,其实很多成功者起初都是那些拥有坚强信念的普通人。

　　每个人都有自己对社会的意义,我们既不该过于自负,也不该怀疑自己,或许这样做并不那么容易,所以古语说"人贵有自知之明"。但我们还是会有这样的想法,感觉别人比自己强,别人的生活总是比自己好,别人总是有那么多鲜花和掌声,而我们个人却怎么比也不如别人。跟他们相比,我们似乎只剩下了缺点和一无是处。这么想是不对的,因为每个人都不是完人,都有自己的优点和缺点,每个人都是一块宝石,我们不要因为别人手中的宝石,就忘记了自己的手中其实也握着一块宝石。

　　我们如果把一切都跟别人比较,就会否定自己。东施效颦,刻意地去模仿别人,反而使自己变得焦虑不安,越来越不相信自己。久而久之,你不能承担起生活的挑战,也活不出什么生命的意义,即使你的生活优裕,也不能使你快乐。这里你应该听从佛陀的话,其实你自己的宝藏一切俱足,没有任何欠缺,无需外求。

　　有一则发人深省的寓言故事,也说明了这个道理。说是有一天,很多动物在一起开会,讨论学校的课程问题。兔子说跑最重要,一定要把跑列入课程;鸟儿说飞翔最重要,一定要把飞翔列入课程;而老鼠则说挖洞最重要,一定要把挖洞列入课程。于是,他们把各种认为重要的技能都列入课程,强制他们的孩子去学习。结果是,鸟儿的飞翔课本来可以考甲等的,却因为学习用翅膀挖洞,把翅膀给弄坏了,它既没有学会挖洞,连飞翔也考了个丙等。兔子则为了学飞翔,从树上跌落下来,摔骨折了,它不但没有飞成,连它最擅长的赛跑也出了问题。最后没有一个动物是根据自己的特长去发展成长的,反而每个动物的自尊心都受到了极大的伤害,失去了判断自己的能力。

可能没有人跟别人比较时,会不产生不如别人的自卑感,这种自卑感让你忘记了自己的优势所在,盲目地追随别人,这造成了你人生发展的最大阻碍。要到达人生的顶峰,你必须要逾越它,坚持自己。当你在人生的道路上前进时,不要让它跳出来阻挡你的脚步,你一定要相信自己,赢过自己,才可以释放生命的力量,为社会造福。

佛教强调圆融之境,圆是相对于缺而出现的,因此佛教中强调的圆融即为充满充足之意,生命意义的圆满,就是要达到一种圆融无碍的境界,这也是佛教所追求的最高的体悟境界。在佛陀看来,心本就是圆,只有圆融无碍,才能体悟到天地之心,才能去伪存真、圆悟圆觉,才是一种活生生的人的生命活动和最高存在形式。

如果我们体悟生命的意义时,是怀着一颗平静、圆融的心去面对生活中的一切人和事,你会发现,世界给你带来的并不是痛苦和无常的不安,宇宙中的万事万物都是那样和蔼可亲,在每个人的内心深处都埋藏着一颗本来的心,只是你以前没有察觉,这颗心就是慈悲的佛陀的心,只要你摆脱世俗中的执著与贪恋,你就会发现它,你的生活也会坦荡安然。佛陀就是用他那颗慈悲、圆融的心普度天下苍生,而得到至高无上的快乐,赢得世人的尊奉的。

所以我们遇到什么事情都应该以一种和蔼慈善的心去面对,让你身边的人因你的善意而改变,学着用你的真诚去关心爱抚他们,宇宙中的万事万物都不是绝对的,就看你怎样去做,只要你真正去做了,你

就会发现,你身边处处都呈现祥和安乐。

一个心性善良的人,他的容貌、仪态也会具有亲和力,众人自然喜欢亲近他、爱戴他。这是一个人的修养结果。

在生活中,我们经常会听到这样的评价:这个人的修养真好,和他交往是一件快乐的事;或者是:这个人的修养太差劲了,真是粗俗。修养常常与一个人的文化水平有关,一个有文化气息的人,在谈吐举止间,也自然会流露出一种高雅的气质,给人文质彬彬的感觉。当然,修养也包括了举止、仪态和谈吐等。但文化气息却是其中不可或缺的重要部分。良好的修养是人在社会中立足的资本,这个资本不断地增值,而人在整个一生中都在享受它的福荫。

修养是在日常生活中,由一点一滴积累起来的。我们要提高自己的修养,不仅应该在生活中注意自己的举止和言行,还应该提高自己的文化素质,多看书、多学习,让文化在不知不觉中陶冶我们的情操。

用我们自身完善的人格去带动影响周围的人,去感染、感化周围的环境,让你身边的人和事因为你而得到改善,这样我们的生活才会和谐,佛法也就更贴近我们的人生。

有一次,佛住在王舍城郊外的耆阇崛山里,与有德性的高僧及其弟子们一万二千人在一起。他们都得到罗汉果,其漏已尽,不再有烦恼了。他们都已达自利,各种"结"都已经断除干净,心得自在。其名是:阿若桥陈如、摩诃伽叶、优楼频螺迦叶、伽耶迦叶、那提迦叶、舍利弗、大目犍连、摩诃迦旃延、阿㝹楼驮、劫宾那、侨梵波提、离婆多、毕陵伽婆蹉、薄拘罗、摩诃拘稀罗、难陀、孙陀罗难陀、富楼那弥多罗尼子、须菩提、阿难、罗睺罗,这些都是众所周知的出类拔萃的大罗汉。其次,还有有学和无学弟子二千人,摩诃波阇波提比丘尼及其眷属六千人一起,罗睺罗的母亲耶输陀罗比丘尼,也与眷属一起来了。菩萨、大菩萨八万人也到了,他们都得阿耨多罗三藐三菩提,不再退转,都得陀罗尼,他们都乐说佛法,辩才无碍,化导众生,法轮常转。诸位菩萨都已供养过无量百千那么多佛陀了,都在很多的佛陀座前,种植了所有的德行之根本,经常受到各位佛的赞叹。他们以慈悲为前提而修其身,善于体悟佛的智慧。通达到佛陀的大智慧,已经到觉悟的彼岸了。他们的名称普遍听闻于无量世界,能度无量数百千亿众生。他们名字是:文殊师利菩萨、观世音菩萨、得大势菩萨、常精进菩萨、不休息菩萨、宝掌菩萨、药王菩萨、勇施菩萨、宝月菩萨、月光菩萨、满月菩萨、大力菩萨、无量力菩萨、越三界菩萨、跋陀婆罗菩萨、弥勒菩萨、宝积菩萨、导师菩萨等这样多的菩萨大士约有八万多人到齐。

此时,释提桓因及其眷属二万天子也到齐了,又有明月天子、普香天子、宝光天子、四大天王及其眷属一万天子也到齐了。自在天子、大自在天子及其眷属三万天子也到齐了。娑婆世界之主、梵天王、尸弃大梵、光明大梵等,与其眷属一万二千天子也到齐了。还有八大龙王——难陀龙王、跋难陀龙王、娑伽罗龙王、和修吉龙王、德叉迦龙王、阿那婆达多龙王、摩那斯龙王、优钵罗龙王等,他们各带数百千眷属到齐了。还有四位紧那罗王——法紧那罗王、妙法紧那罗王、大法紧那罗王、持法紧那罗王,他们各带数百千眷属也到齐了。还有四位乾闼婆王——乐乾闼婆王、乐音乾闼婆王、美乾闼婆王、美音乾闼婆王,他们各带数百千眷属也到齐了。还有四位阿修罗王——婆稚阿修罗王、佉罗骞驮阿修罗王、毗摩质多罗阿修罗王、罗睺阿修罗王,各与数百千眷属也到齐了。还有四位迦楼罗王——大威德迦楼罗王、大身迦楼罗王、大满迦楼罗王、如意迦楼罗王,各与数百千眷属也到齐了。韦提希的儿子阿阇世王,与数百千眷属,各向佛足顶礼以后,退坐一面。

此时佛世尊被四众弟子恭围在中间,受他们之供养、恭敬,并受他们的尊重与赞叹。佛为各位菩萨演说大乘经典,经名为无量义,该经教诲的是菩萨法,被佛陀所保护、关念。佛陀说完无量义经以后,把双足互相叠起来而坐,然后入于无量义处之禅定,身心一点也不动摇。此时空中降下了白莲花、大白莲花、红莲花、大红莲花,而散在佛陀所坐的地方以及在会的大众上面。佛陀在普度众生的世界,有了六种大震动。此时,在座的比丘、比丘尼、优婆塞、优婆夷,天龙、夜叉、乾闼婆、阿修

罗、迦楼罗、紧那罗、摩睺罗伽、人非人和各种小龙、转轮圣王,这许多的大众,都得到未曾感受过的感动,而欢欢喜喜。合起他们的手掌,一心一意地仰观着佛陀。此时,佛陀两眉之间的白毫大放光芒,照至东方一万八千世界,没有不周遍圆满的地方。其光明所照之处。下至阿鼻地狱,上至阿迦尼吒天。站在这世界里,可以看到他方国土的六道众生。佛陀光明所照之处,又可以见到他方国土的现在诸佛,并能听到各位佛所说的经法,还能看到他方世界的比丘、比丘尼、优婆塞、优婆夷各位依修行而得道的情形。又看到他方世界的各位菩萨,大菩萨等,以种种内因、外缘,以种种信仰和理解,以种种相貌,行菩萨道的情形。又见各位佛般涅槃后所得的舍利,在地上盖起用七宝所装饰的宝塔。

这时候,弥勒菩萨这样想:"现在世尊现出神变之相,由于什么因缘而有此祥瑞之事呢?现在佛世尊入于禅定,这种不可思议的稀有之事应当向谁请问呢?谁能回答呢?"又这样想:"这位文殊师利法王之子,曾经亲近、供养过去无量诸佛,他肯定应当见到这种稀有之相,我现在应该请问他。"

这时候,在座的比丘、从丘尼、优婆塞、优婆夷以及各位天神、龙、鬼、神等,都这样想:"这佛陀所放之光明,这神通之相,现在应该请问谁呢?"

这时候,弥勒菩萨为了解决自己的疑问,并观察比丘、比丘尼、优婆塞、优婆夷以及各位天神,龙、鬼等在会的众人所抱之疑心,而问文殊师利说:"由于什么因缘而有此祥瑞之事呢?有此神通之相呢?佛陀的眉间白毫为什么放出大光明来,竟照耀至东方一万八千土地,都能看见那边的国土境界之庄严美丽之相呢?"

弥勒菩萨为了重新说明这个意思,于是以诗体问说:

文殊师利菩萨,我们导师的眉间白毫为什么放出六道光芒,普照他方世界呢?为什么降下白莲花、红莲花呢?为什么旃檀香木之风吹来,使众人之心欢悦不已呢?为什么地面因之而庄严清净,在此世界起了六种大震动呢？为什么此时四众弟子都觉得很欢喜，身与心都爽快，得未曾有过的稀有事呢？佛陀的眉间放出光明，照耀到东方，使一万八千土地都如金色。从阿鼻地狱上至有顶天，所有世界中的六道众生，他们所趋向的生死，由于善恶业缘，接受的果报有好有丑，在此都可以见到。又看到各位佛陀，圣人之主如狮子一样无畏，正在演说经典，最为微妙，可为第一。佛说法的声音非常清净，发出的声音柔软可意，他们教化的菩萨，有无数亿万那么多。佛陀发出的梵音又深又妙，使人很喜欢听。在各地世界讲说正法，用种种因缘和无量譬喻，照明佛法，开悟了众生。假若有人遭遇苦恼，知道生老病死是应厌弃的话，就为之说涅槃之法，使他尽除苦恼之边际。假若有人有福德，曾经供养过佛陀，立志追求胜妙之法，就为他们说缘觉乘。假若有佛子，已修种种道行，欲求无上之慧，佛就为他们演说清净道。文殊师利！我住在这里，所见所闻就是这样，以及千亿之事，这么多的因缘事，现在我要简略说出。我在这娑婆世界里，依佛光明看见他方国土，有了如恒河沙那么多的菩萨，以种种因缘方法求成佛道。有人以布施为行，布施金、银、珊瑚、真珠、摩尼、砗磲、玛瑙、金刚石等种种珍贵之物，有的用奴婢，车辆，宝物装饰之类欢欢喜喜地布施给人，以此功德回向于佛道，想成佛乘之道。这是三界中第一种以舍财的方法求佛道，受到诸佛所赞叹。或有菩萨，以驷马而挽的宝车，车上四围附有栏楯，顶上有华美的宝盖，装饰得非常漂亮，把这珍贵的车辆布施给人。又看见有的菩萨，以他难舍之肉身、手、脚，以他的妻室子女布施给人，以求无上之佛道。又看见有的菩萨，以其头、目、身体，欢欢乐乐地布施于人，以求佛陀之智慧。文殊师利，我看见很多国王，到佛陀所住之处，请问佛陀无上道理，舍弃了他所统治的乐土以及宫殿、大臣、宫女，剃除他们的须发，穿上修行者的法服。又看见有的菩萨，出家为比丘，独自一人住在闲静处，欢欢喜喜地诵着经典。又见有的菩萨，勇猛地精进，到了深山里去，思考成佛之道。又看见已经离欲的菩萨，常住于空闲之所，深修禅定而得五种神通。又看见菩萨，安定于禅，合起他的手掌，以千万之偈颂，赞仰诸位佛

陀。又看见有的菩萨，其智慧深奥，立志坚固，善能请问诸佛道理，并能领受保持。又看见佛子，禅定智慧都具足，以无量譬喻为众生讲演佛法，欣欣悦悦地说法以化度各位菩萨，打破恶魔之兵众，而击打佛法之鼓。又看见有的菩萨，寂静而冥安，虽爱天龙八部之恭敬，也不因此而欢喜。又看见有的菩萨，住在林里放出光明，赈济地狱之苦，使之升于佛道。又看见佛子，从来没有睡眠过，在林中步行用功，很勤勉地求佛之道。又看见有的菩萨，具足了戒律，威仪一点也不缺少，清净得好像宝珠一样，以这种方法求成佛道。又看见有的菩萨，于忍辱力中住，增上慢的人以恶口谩骂，以捶毒打，都能忍受，以此成就佛道。又看见有的菩萨，离开种种戏言谈笑以及愚痴的亲戚朋友，亲近有智慧之人，专心排除杂乱，其意念在于山林，经亿千万年，以求成佛道。又看见有的菩萨，以肴膳饮食，或以百种汤药，布施给佛和僧团；以名贵的衣服，有千万的价值，或者无可估价之衣，布施给佛和僧团；以千万亿种旃檀名木所造成的宝舍、众妙的卧具布施给佛和僧团；清净的园林里花果茂盛，有流泉浴池，布施给佛和僧团。如上所说的很多布施，种种的微妙，欢喜而无厌倦，以求无上佛道。或者有的菩萨，说寂静之法，以种种教诏谕示无数众生。有的菩萨，观诸教法之性，知道是没有二种相，如虚空一样。又看见有的菩萨，心里没有执著，用这种微妙的智慧，以求无上佛道。文殊师利！又有菩萨，佛灭度后，供养舍利。又见佛子，盖起很多塔庙，如恒河沙一样无数，将国界装饰得非常庄严，宝塔盖得又高又妙，有五千由旬高，其宽度和深度都有二千由旬。每一塔庙当中，各有千支幢幡，有宝珠交露之幔，又有宝铃的音响和鸣。各位天神、龙神以及人非人，常常以香花和伎乐来供养。文殊师利，为了供养舍利，将塔庙装饰得非常庄严，国界也自然很庄严，其殊特妙好之境，好像是天上的树王在开放其花蕊一样。佛陀放出此一光明，令我以及在会的会众们，看到国界种种美妙之境。各位佛具有伟大的神力，稀有的智慧，故能由佛陀之白毫放出清净光明，照到无量国土。我们看到此景，可说得到未曾有之事，佛子文殊！愿你解决我们的疑惑。四众弟子都欣喜仰待,大家都在看着你和我,佛陀为什么放出这种光明?佛子文殊!你应该在世尊没说以前,给以解答,排除众人之疑而给众人之喜,到底佛陀有什么利益要给我们而放此光明呢?是否佛陀将当初坐在菩提树下道场所得之妙法,要说给我们知道?是否我们听后会了解而给我们授记?显示众宝所严净之诸佛国土以及得以看见诸佛,此事不是小因缘。文殊菩萨!你应当知道,四众弟子及天龙八部诸神,现在都在看着你,佛陀要说的道理到底是什么?

此时,文殊师利对弥勒菩萨以及诸大菩萨们说:"大丈夫们!如我所推量,现在释迦世尊,将要说最胜妙之大法,欲普降大法之法雨,欲吹大法之法螺,欲击打大法之法鼓,欲演说大法之真义。各位大丈夫们!我曾经于过去世当中亲近过许多佛陀,见过这种祥瑞之事,佛陀放这种光明后一定要讲胜妙之大法,所以你们应该知道,现在佛陀由他的眉间放出毫光,也是这样,要使一切众生,均能得到一切世间深妙难以得救之大法,才显此祥瑞之光明。各位大丈夫!在过去无量无边、不可思议的漫长时间,当时有佛,其号为日月灯明如来、应供、正遍知、明行足、善逝、世间解、无上士、调御丈夫、天人师、佛、世尊。演说正法、初善、中善、后善,其所说的意义是非常深且远的,发出的法语是非常巧妙的,是纯粹没有掺杂的正教,是具足着清白完善之道,是清净行之教相。如果有人要求得成声闻果,佛就应他的要求而说四谛法,以度他的生老病死之苦,使他得到究竟涅槃。为了欲求成就辟支佛的人。佛应之要求而说十二因缘法。为了求成菩萨者,佛就应他们的要求而说六度法,使他们成就菩萨之行,使菩萨得到阿耨多罗三藐三菩提,成就一切种智。其次,又有佛陀出世,其名也是日月灯明;嗣后又有佛陀降世,也叫日月灯明。像这样同名的佛陀有了二万位诞生,都是同一字号为日月灯明,其姓也同样地以颇罗堕为姓。弥勒菩萨!你应当知道,最初那一佛和最后那一佛,其字号都是同一的,均名为日月灯明,同时十个尊号均具足而不缺欠,日月灯明佛为大众所说的法,开始时是说善法,其次所说的法也是善,最后说的法也是善。最后那位日月灯明佛,还没有

出家的时候,有八位王子,其名为:一、有意;二、善意;三、无量意;四、宝意;五、增意;六、除疑意;七、响意;八、法意。这八位王子都具有威德自在,各自统领四天下。八位王子听说父王出家而得阿耨多罗三藐三菩提,都舍王位出家,发大乘之心,常修清净之行,成为法师,因为他们已经在千万位佛座下种植善本。那时日月灯明佛,演说无量义大乘经典,教授菩萨法,是佛陀所保护关心的经典。佛说经以后,就于大众中结跏趺坐,入于无量义处禅定,身心不动摇。此时空中降下白莲花、大白莲花、红莲花、大红莲花,散落在日月灯明佛身上和在座的众人身上,佛陀普度众生,天地间发生六种震动。这时在会的比丘,比丘尼、优婆塞、优婆夷、天、龙、夜叉、乾闼婆、阿修罗、迦楼罗、紧那罗、摩睺罗伽、人非人及诸小王、转轮圣王等,也就是在日月灯明佛座下的一切众生,都因得到未曾遇过的事而欢喜,大家都合起手掌,专心一意地观看佛陀。

"那时,日月灯明如来由眉间的白毫放出白毫相之光明,照到东方一万八千之佛的世界,没有不被光明所照的,现在你们所见的诸佛国土就是那时大家所见的国土。弥勒!你应当知道,当时在会场的菩萨有二十亿,他们都很喜欢聆听佛陀说法,这些菩萨们因为看到这白毫相之光明,普遍照到诸佛国土而得到了未曾有之事,他们想知道佛陀放此光明的因缘。此时有位菩萨叫妙光,有弟子八百名,当时日月灯明佛刚刚出定,为妙光菩萨说大乘经典,即《妙法莲华经》,该经演说大乘法,是佛所关心保护的。日月灯明佛说此《法华经》六十小劫之久,不从座位站立,同时坐在会场的听众不但不起于座,且身心丝毫不动,他们专心听佛说法,虽然经过六十小劫之久,但都觉得好像吃一顿饭一样。此时在会之人没有一人感到肉体和精神疲倦。日月灯明佛于六十小劫讲完这部《法华经》后,就于清净的梵天、魔王、沙门、婆罗门以及天神、人、阿修罗等大众当中,宣告如下之言说:如来我决定于今天中夜而入无余涅槃。此时有位德藏菩萨,要日月灯明佛授记。佛陀同时对众比丘说:这位德藏菩萨将要成佛,他的佛号是净身,是如来、应供、正遍知。

佛为德藏菩萨授记以后,于当天中夜入无余涅槃。佛离世后,妙光菩萨把这部《妙法莲华经》受持到满八十小劫之久,为人演说。日月灯明佛的八位王子,都以妙光菩萨为师。妙光菩萨教化他们,使其坚固阿耨多罗三藐三菩提。八位王子已经供养过无量百千万亿的佛陀,因之均成佛道。他们当中最后成佛者,其佛名为燃灯。燃灯佛有八百弟子,其中有一位叫求名,他贪著名利,尽管他读诵很多经典,仍不能通佛理,大都忘失,因此才有求名之绰号。此人因为种植过许多善根,得遇无量百千万亿的佛陀,对之进行供养、恭敬、尊重、赞叹。弥勒菩萨!你应当知道,那时的妙光菩萨不是别人正是我文殊。那时的求名菩萨,是弥勒菩萨你自己。现所见到的情景和日月灯明佛时的情景是没有两样的,所以我想,今天释迦如来必定要说大乘经《妙法莲华经》,所教的是菩萨法,是诸佛所保护关心的。"

那时的文殊师利,在大众当中,为了重新说明这个意思,而说如下偈颂:

我回忆过去无量无数劫,当时有位佛,是人中之尊,佛号日月灯明。这位世尊演说佛法,度无量众生,又度数亿菩萨,使他们学到佛的智慧。日月灯明佛还没出家之时,生有八位王子。王子们知道父王出家,也随之出家,而修清净梵行。那时佛说了大乘经,名为无量义。在众生当中,为了让他们明了这无量义之意,特别详细地讲解。佛说完这部经以后,就在法座上结跏趺坐而入于禅定。这禅定之名为无量义处三昧。此时天下曼陀罗花,自然鸣起天鼓,所有的天龙八部鬼神,也来供养人天中最尊贵者。一切所有佛陀教化的国土里,同时发生很大震动。这时佛陀由两眉中间白毫放出大光明来,在光明所射之处都现出种种稀有之事,照至东方一万八千之佛陀的世界。出现一切众生的生死业报等事。又看见诸佛国土里,用很多宝物装饰得非常庄严,如琉璃、玻璃等颜色,这是佛光所照的。并看到很多的天神、人类、龙神、夜叉、乾闼婆、紧那罗等,各自都恭恭敬敬地供养着各人所住之世界的佛陀。又看见很多如来,自然成就佛道,身体好像金山那样,端正庄严,非常微

妙。好比在清净的琉璃盘中,现出纯真的金像。世尊在大众当中解说很深的法义。每一佛陀在讲经说法的场地,有无数的声闻弟子,这也是依佛陀白毫所放光明而看到的。此中有许多比丘到山林里去用功精进,持定戒律,好像是保护光明的宝珠。又看见很多菩萨,在行布施、忍辱等,其数如恒河之沙,这也是由于佛陀之光所照的。又看到菩萨们,深入在各种禅定里,他们的身心寂静而不动摇,以此求无上佛道。又看见菩萨们,已经觉知事物的寂灭相,各人在各自的国土讲说度人,以求无上的佛道。此时四众弟子,看见日月灯明佛显现神通力,生起欢喜心。他们互相询问这是由于什么因缘,天神、人类所敬奉的世尊,刚从禅定中起来。日月灯明佛陀出定后赞叹妙光菩萨说:"你是世间人的眼睛,受一切人之所皈依信仰,能够奉持法藏,我说的法,只有你才能证悟觉知。"日月灯明世尊赞叹妙光菩萨后,使之心生欢喜。即说《妙法莲华经》,经满六十小劫,不从他的座位上起来,佛陀所说的最好妙法,妙光法师都能受持。佛陀说完《法华》令在座的众生欢喜以后,即于当天对天上界、人间界之众生说:"所有诸法实相,都对你们讲过了,今天中夜,我要入涅槃了,你们要专心努力用功精进,应该离开放逸之事。诸佛是很难遇到的,要经过亿劫才能遇到一次。"佛弟子们听说佛要入涅槃,非常悲痛,心想,"佛陀入灭为什么这样快呢?"圣中之主、法中之王佛陀安慰无量众生说:"我入灭以后,你们不要忧虑恐怖,因为嗣后有位菩萨叫德藏,会继承佛法而度你们,他对于无漏落于生死之实相,心里已经通达了,在我之后他会成佛,名叫净身,到时他会度无量众生。"佛陀于当天晚上灭度,好像柴薪烧尽火焰自然消灭一样。所得舍利分布于各地,盖起很多塔以资朝拜纪念。出家的比丘、比丘尼,其数如恒河之沙,大家都加倍努力用功精进,以求无上佛道。有位妙光法师,护持佛陀法藏于八十小劫,将这部《法华经》发扬光大起来。八位王子受妙光法师教化,对于无上之佛道生起坚固不动摇之心,自然见到无数佛陀。王子们供养很多佛以后,随顺佛陀而行大道,他们相继而得成佛,先成佛者辗转依次而预言其他人成佛。最后的天中天佛陀是燃灯佛,他是先哲的导师,度脱无量众生。这位妙光法师在世时有个弟子,常怀懈怠之心,又贪著名利。求名誉利益而不知厌离,大都出入于大富豪之家,不学习诵念佛经,将佛道废除得一干二净而不通达顺理,由于这个缘故,起外号叫求名。他后来痛改前非,做了很多好事,见到很多佛,他供养各位佛,跟随佛陀而行持大道,又具备六度,现在能够见到释迦牟尼佛。后来当然成佛,名叫弥勒,也会广度很多众生,其数无量。燃灯佛灭度后,懈怠而不用功者就是你,那时的妙光法师就是现在的我文殊本身。我看见日月灯明佛所放光明祥瑞在于想说《法华经》,现在世尊放光相和日月灯明佛所现祥瑞是一样的,是佛的方便法,现在佛陀所放光明是想帮助发起我们本来就具有的实相之义。现在大家应当知道,要合掌恭敬专心一意地等待,释迦牟尼佛现在一定会降下法雨,满足我们求道的众生。各位在求三乘的人,假若有疑悔,佛当然要为你们断除,使之尽弃,不剩丝毫。

第二章　浩瀚无垠的太空中是佛陀的大千世界

佛教的世界观是一门普通的常识,有些人认为,因为佛教讲空性,所以就没有什么世界观或人生观等概念;也有人认为,佛教只不过就是烧香磕头,劝人向善而已。这两种观点都是片面的,其实佛教并非如此简单。虽然佛教是讲空性,但并不是说万物皆不存在;烧香磕头也不能代表佛教,更不能阐明佛教教义;还有,劝人向善的确是佛教所宣扬的,但却并不是佛教独一无二的特点,传统儒家"己所不欲,勿施于人"等教导,也同样是在劝人向善。之所以会产生上述的片面观点,是因为这些人对佛教的了解是不全面的。

因为佛教经典对宇宙构成的描述,与现代自然科学所发现的结果,从表面上看似乎有部分冲突。一些不懂佛教教义的人就因此而认为佛教不科学,并连带地将佛教的一些修法与见解也认定为是不准确、不合理的。之所以有这样的看法,主要是由于没有系统地学过佛教,因此也就无法透彻地了解佛教的真正见解。在西方历史上,曾出现过多次宗教与科学之间的争论。每当此时,自然科学往往能提出强有力的证据,来驳斥宗教的部分理论;然而,不但现代科学无法推翻或证明西方宗教所阐述的造物主,就连这些宗教本身,也不能令人信服地说明这一点。如此一来,有些人就以点代面,想当然地依此类推,对所有宗教、所有教派,以及所有的修法和见解,都抱持同样的观感,认为它们都是迷信、愚昧、消极、落后的代名词,佛教当然也难逃此劫。要想澄清这些误会,消除这些成见,就理当以研学佛教世界观作为切入点。

因此,虽然佛教特有的教义包括缘起性空、大空性、大光明、生起次第、圆满次第等一系列的见解和修法,但今天暂时不讲这些,而只就佛教的世界观进行一些必要的讨论。

要完整地叙述佛教的世界观,就要从微观世界与宏观世界两个层面来讲。首先讲微观世界。佛教的很多基本教派在对待微观世界的观点上,都存在着许多分歧,其缘由可上溯到近三千年以前,佛在转法轮时,曾有意地宣讲了不同的教言,人们根据各自所听到的法语创立了不同的教派。基本教派有四:一切有部、经部、唯识宗与中观派(如果将密宗单独分开,则就是第五派了,但此处暂时不讲密宗的见解)。如从大、小乘的角度来分,则一切有部和经部属于小乘,唯识宗和中观派属于大乘。四大基本教派的见解像楼梯一样,分成四种不同层次,一层高过一层。

之所以有这样不同的层次,是因为佛考虑到众生的承受能力不同。如果一开始传法就讲中观或密宗,闻法者会难以接受,并因此退失信心,从而不能进入解脱道。如果这一世不能走解脱的路,下一世能否再有这样的机会就很难说了。为了给众生培植相应的善根,为了适应不同众生的根机,佛才会以不同教言的方便来因材施教。也可以说,是因为众生需要不同的引导,才会有这些教派的创立。这一切,都是度化众生的善巧方便,而并不是佛教论师或高僧大德们彼此之间的观点存在着分歧或者矛盾所导致的。

一切有部认为,外界的山河大地、房舍以及肉身等所有的粗大物质,都是由微尘组成的。佛经中所谓的微尘,就如同目前科学所发现的基本粒子——质子、中子、光子、介子、超子等等一样,是构成物质的极小单位。他们认为,所有粗大的物质,都是由细小的微尘组成的。虽然《俱舍论》中给非常细微的、最小的物质结构体安立了许多不同的名词,诸如极微、微尘、铁尘、水尘、兔毛尘、羊毛尘、象毛尘、日光尘等等,但我们暂时知道是"微尘"就足够了。微尘又是由最细小的极微尘组成,这个极微尘已经细小到不能再被分割,或者说已经分到不能再分的地步,所以叫做无方分极微尘。这种极微尘是实有的,它是物质构成的基本元素,所有粗大的物质不过是极微尘的产物而已。

也就是说,山河大地、人体、房舍等粗大的物质,都是由许多极微尘堆积而成的,除了极微尘以外,这些物质实际上都不存在。众多极微尘的累积,就会使人形成幻觉。所谓的幻觉,就是以为物质确有形状、颜色等等。然而,这些错觉中的山河大地、人体、房舍等却并不存在,只不过是一些没有形状、颜色的极微尘而已。

极微尘与极微尘之间,有空间相隔。这种极微尘之间的空隙,虽然从宏观世界的角度来看是很渺小的,但在微观世界里,它还是有相当大的距离的。

一切有部同时认为,精神也可以被分割,但无法像物质那样由方向来分,而是经由时间来分。譬如一个人心中冒起了一刹那的念头,虽然这一刹那的念头在宏观世界里是非常短暂的,但从微观世界的角度来看,这一瞬间的念头也可以再分成许多前后的阶段,直至最后分到实有的无分刹那。

另外,一切有部还将时间、空间、速度、方向等法都抉择为实有。

由时间将精神分割到不能再分的无分刹那,与物质的最小单位极微尘相结合,这两个元素就构成了人,除此之外,我与众生都不成立。一切有部就是经由极微尘以及无分刹那来抉择人无我,再以此为理论基础,从而证达阿罗汉的果位。

经部关于微观世界的观点,基本上与一切有部相似。二者之间的差别,在于经部进一步将空间、时间、速度、方向等判定为非实有。

何谓空间?所谓空间,就是在一个范围内没有被任何物体所占据的位置,这种没有被占的位置,就是空间,除此以外,并没有空间的存在。如果有东西占据了某个位置,这个位置就没有空间了;当物体被移走后,腾出来的位置就是空间。由此可见,所谓的空间,实际上是虚拟的、不实在的。

再说时间，不论是一分钟或一小时，一个月或一年，都只不过是物质变化的过程而已，除此之外，并不存在所谓的时间。我们只能通过世上万物的变化来判定时间，譬如根据气候的变化过程而建立起春夏秋冬的时间概念等等。这种物质变化的过程，我们称为时间。

我们可以设想，如果太空中没有任何星球的话，我们能算定时间吗？不能。由此可知，时间只不过是以物质变化为基础，由人的意识而增上安立的法。

虽然现代物理学对时间也有不同说法，到底时间存不存在，它的本体究竟为何，都是学术界激烈讨论的课题之一，但经部的论师们却认为，时间只是人的一种概念而已，除了物质的变化以外，实际上并不存在独立的时间本质。

那么速度又是什么呢？只是物质运动的过程而已。除了物质以外，并没有速度可言。譬如：当某个物体在静止状态下，它处于零的位置；在第一刹那，它进入第一个位置；在第二刹那，进入第二个位置……这样就形成了所谓的"速度"。由上可知，无论物体是在零的位置，还是正进入第一、第二、第三等位置时，都是除了物质自身的本性以外，不存在任何实质上的速度。

虽然从宏观而言，用我们的肉眼可以看到一个物体迁移的速度；但从微观的角度而言，它却不存在任何真正意义上的迁移。因为一个极微尘才刚产生，在还来不及迁移之际，就当即消失了。这个观点，与德国物理学家海森堡的"测不准原理"比较接近。

方向也是如此。譬如，我们如果以一个基点为中心，来指出东南西北的方向，这些所谓的方向也只是相对的，而不是绝对的。因为如果向东移动一段距离，重设一个基点的话，原来的东方就变成现在的西方了……类似的例子还有很多，故不一一陈述。

以上内容，为经部与一切有部的差异。

二者的共同点是，经部也同样认为粗大的物质并不独立存在，所谓的存在只是由许多的极微尘占据了空间而已。但极微尘为什么会聚集在某个空间而不分散呢？他们对此解释说,这是由于每一个微尘都可分成地、水、火、风四大的缘故。请大家注意,这里所说的地、水、火、风,并非我们平时所看到的地、水、火、风,而是指某种能力。

所谓"水",是指将微尘聚集在一起,而不让它们分散的能力。由于每个微尘中都有水的成分,即彼此之间的吸引力,所以不会散开,但在经部的一些论著中,却将其归为风的力量。而在物理学中,则称其为"粒子之间的引力"。所谓"地",不是指宏观世界里的地,而是指所有坚硬的物质,如骨头、金属等物质中的坚硬成分都属于地。除了四大之外,还有一种无形的力量,就是众生的共业,这是现代科学所无法证明的。

以上内容,是经部关于微观世界的观点。

早在公元前4世纪,西方的科学家们就提出过原子学说。他们认为,世界最基本的成分,是物质的最小碎片,这种碎片希腊文称为atomos,即不可再分割的意思。原子的英文写法atom,即来源于此。几千年来,人类一直认为原子是构成宇宙万物的最小单位,但事实证明,原子根本不是坚实而不可分的物质,而是极为微小的能源贮藏室。直至20世纪初期,科学家们才对原子的结构有了新的了解,并开始探讨潜藏于原子中的巨大能量。在每一个原子的中心,是由质子(proton)和中子(neutron)组成的原子核,原子核周围有电子(electron)围绕旋转。

而夸克学说的提出,更使世人对微观世界的认识尺度分别缩小到原来的十亿分之一(相对于原子)和万分之一(相对于原子核)。但即使是夸克、轻子和传播子(即传递力的粒子)这些现代科学目前所发现的更为基本的粒子,其细微程度仍远远不及经部与一切有部所说的极微尘。

更重要的差别是,经部和一切有部通过对微尘的发现,从而抉择出人无我,并由此走向解脱;而物理学对基本粒子的研究结果,却不幸被用于现代武器的推陈出新方面。双方所走的路线不同,是显而易见的。

唯识宗认为，如果不详细观察的话，外界的物质在表面上是存在的；要是深入地进行观察，则外界物质的实有性就无法成立。为何无法成立呢？因为，如果用最简单的分解方法来观察物质，就根本找不到物质终极的实有性，也就是说，根本就不存在任何基本粒子，表面上的存在只不过是一种幻觉而已。这也是佛教独有的论点之一，其他学说都还没有达到这个境界。

在唯识宗的微观世界里，没有真正的物质存在，所有的物质经过观察后，都是内心的现象。这种观点的某些部分，有点儿像贝克莱的"经验论"，但二者的差异之处也很多。然而，我们不能因为它们有一点儿像，便认定唯识宗就是唯心论。这好比牛羊头上都有角，却不能因此而认为牛就是羊、羊就是牛一样。既然所有的教派都是人创立的，其间必定会有某些共同点，但细微的共同点不足以认定此即彼、彼即此。

唯识宗的微观世界，是一个非常内在的精神世界，外在的物质世界对他们而言并不存在。

中观派有两种观点，其中最究竟的见解就是空性。从空性的角度来说，已经不存在所谓的微观或宏观世界，一切都是空性。但中观也讲世俗谛，所谓世俗谛，就是从眼耳鼻舌等感官所得出的结论。

从世俗谛的角度来说，中观也有两种：一种与唯识宗类似，即认为不存在物质的微观世界；但大部分的中观世俗谛见解，也可以称之为世间观。所谓世间观是指：在正常情况下，如果以眼耳鼻舌身能够感知到某种物质，就承认它的存在。譬如，如果能看到或听到某种事物，就承认这个事物的存在。

佛曾说过："世间人会与我争论，但我不与世间人争论。世间人认为存在的，我也承认是存在的；世间人认为不存在的，我也承认是不存在的。"这句话的意思就是：从世俗的角度来看，外在的山河大地等不可能不存在，肯定是存在的，只不过这是世俗人的见解，是眼耳鼻舌所得出的结论。这就是世间观，很多中观世俗谛的境界就是如此。

在世间观的世俗谛境界中,也存在着物质的微观世界。这种见解与经部的观点十分相似:外界粗大的物质是由许多极微尘构成的,很多极微尘堆积成不同的形状,并由人替这些不同的形状取了不同的名字,如房子、车子等等,而实际上它们只是一堆堆的微尘而已。

总结四个基本教派的论点如下:由于唯识宗认为没有物质的微观世界,所以就暂且不谈;其他三派大部分的见解,都承认物质的微观世界。

中观派则是将一切有部与经部认为不可再分割的无方分极微尘分解尽了,什么都不存在——虚空一片,物质的本体越往深处寻找就越找不到,最终达到无中无边的空性境界。就像万里无云的晴朗天空,没有天地万物、喜乐悲苦,这就是中观的空性。

小乘的微观世界观,与早期自然哲学的原子论,或经典物理在物质结构上的发现是有一点点相似的。但是中观派和唯识派遮破了这种论点,认为根本就没有任何基本粒子的存在。目前科学领域的研究结果尚未达到这种境界,量子力学虽说比较接近,但也只是接近而已。

我曾与几位数学家以及权威的量子物理学家探讨过这个问题,他们都认为物质最终是不可能变成虚空的,即便质量可以转变成能量,但能量却不可能消失。目前科学的观点仅止于此,但从佛教的角度来看,这还不够深。

这几年我看了一些物理学方面的书,并多次向物理学专家请教,也学到了一些东西,但对我来说却是了无新意,因为其中的许多观点与佛教是一致的,而且在经书中都已讲得非常透彻。只是他们的结论是靠仪器测量出来的,而我们的结论则是由推理或前辈的证悟而来,差别仅此而已。不论是爱因斯坦的相对论,或是玻尔等人的量子力学,我都不觉得特别新鲜,反倒认为这些理论还未达至巅峰,有必要继续发展。

综上所述,中观的微观世界观,其境界已经超越了最先进的物理学说。至于密宗,则更有着非常奥妙的、准确的、实用的微观世界的观

点,但现在还不必急着讲,此处只讲显宗的观点。

仅就微观世界的论点而言,纵观全世界所有的学说,不论是宗教的、科学的还是哲学的,没有一个能比佛经讲得更为透彻。我们可以肯定地说,佛教的微观世界观,已经远远超越了所有目前已知的其他学说。如果量子力学能不断发展进步,也有可能达到佛教微观世界的部分境界,但即便经过成千上万年的发展,它也不会超越佛教的究竟境界。

无数的事例可以证明,世间的科学理论永远无法抵达究竟,终将被新的观点所替代。我们都知道,虽然经典物理学家也曾宣布物理学的研究成果已经达到了顶峰,但随着爱因斯坦等人的相继出现,经典物理学的观点就陷入了被推翻的尴尬境地。

佛教中观的微观世界的境界却不是这样,在这种境界中,物质世界已经被分解到虚空的状态,所以没有再超越它的可能。

有些人因为不了解佛教的推断方式,所以不能接受上述观点。不接受也无妨,这是个人的问题,能否接受通常要看个人的理解程度。诸位也许对量子力学的观点比较精通,但对佛经中的观点却不一定能了解得十分透彻,所以自然会有这样那样的看法,但无论如何,绝不是因为我是佛教徒才如此自卖自夸,如果单纯因为我们是佛教徒才这样说,那就是片面的看法,是站不住脚的。假如无根无据地夸大其词,也就毫无意义;如果所讲的观点有根据、合逻辑,则在任何情况下都经得起考验。总之,佛教教理的无懈可击,是不可否认的事实,我们只需拿几本其他宗教或者学科的书与佛经比较一下,就可以一见分晓。

言归正传。佛教的微观世界观为何要如此抉择物质呢?其宗旨,是要借此打破我们对人、对事、对钱财名利等世间万法的执著。至于其他学说,则有着与佛教截然不同的目的。

世人对佛教的最大误解,主要是在宏观世界的问题上。譬如:有人认为《俱舍论》中没有说地球是圆球形,《时轮金刚》也没有提到这个世界是圆形的,佛经中对须弥山、月亮、太阳以及四大部洲等等的描述,与科学家们从月球上或太空中所看到的情形也是大相径庭；还有，佛经所说的太阳围绕四大洲的观点，也与现代科学所发现的事实恰恰相反；另外，经书中在描绘月球的时候，提及了月球上的天人以及天人的宫殿。大家都知道，1969年的7月20日下午，阿波罗11号正式在月球上登陆。三位太空人在月球上进行了长达二十一小时的探测，却没有发现任何天人或宫殿……这些事实是无法回避的，因为这在佛经中叫做现量，就是能清清楚楚地见到。

难道是佛的错误吗？为什么会有这样的矛盾呢？是不是现代科学发达以后，就出现了新的世界观，所以我们才要去寻找答案？这一切，就是今天要讲的主题。

其实，释迦牟尼佛住世时，就早已回答了这个问题。我们都知道，现代科学的历史只有三百多年，两千多年前结集的佛经，虽然不可能存在与现代科学研究成果相抵触的问题，但在当时的佛经中，就有了自己的问题和答案。当时的佛教学者已经就佛经与佛经之间对宇宙构成，以及我们所生存的这个世界的不同描述提出过疑问。譬如《俱舍论》与《时轮金刚》对宇宙构成的描述就有非常大的出入，关于日食和月食的说法也有很多种，以至于后来的佛教学者对此产生了诸多疑问：难道是有两个世界？还是一个世界有几种不同的描述？于是乎，学者们就到佛经中去寻找答案，结果他们找到了。那么，佛经中对这些差异是如何解释的呢？下面我们分别进行讲解。

在《时轮金刚》的一个大疏里将此问题讲得非常清楚。这个大疏是以前的香巴拉人写的，距今有二千一百八十一年的历史。后来西藏人也写了很多这方面的书，距今也有七八百年左右。所以，这些都不可能是为了应付登陆月球或物理学的发展，才被动地来思考该如何进行解释的。针对《俱舍论》与《时轮金刚》对宇宙结构描述之间的巨大差异，大疏以恰如其分的理由向我们一语道破：问题的关键，在于佛陀传法的内容不是根据自己的证悟境界，而是取决于听众的接受能力。其主要考量，是看对方能否受益。

如果能利益众生,就算所讲的与事实不尽相符,佛也会暂时先这样讲,然后再慢慢地引导;如对众生有害,就算事实的确如此,佛也不会如实告知。听众能承受到什么程度,唯有佛才知道。因为佛有他心通,所以十分清楚地知道,在当时的社会环境及文化背景下,只有这么讲才能让听众接受,从而利益那些众生。由此可知,佛之所以说大地是平面的,中间有须弥山等等,都是度化众生的一种权巧方便。

不仅《时轮金刚》之类的论著这样解释,包括佛陀自己也作过类似的解答。比如,针对释迦牟尼佛在不同场合谈及当初自己是如何发菩提心、如何走上解脱道前后说法之间的偏差,一位弟子就曾问到:为何从前您说是在某尊佛前发心,现在又说在另一尊佛前发的心呢?佛陀对此回答说:我传法的内容是随众生的根机而定。针对以前那些人,就要那么讲,他们才能接受;对于后来的这些人,只有这样讲,才能对他们有益。唯一的衡量标准,就是众生的利益。由此可见,佛陀传法的内容,是随众生的根机而变的。

这是否意味着佛永远都不讲真理,只随众生根机而说呢?也不是。这只能说明:因为众生的根机千差万别,所以进入佛门的途径也是各不相同的。在经由不同方法逐步将各类众生引导入门之后,最终的解脱道还是只有一条。

佛经中对同一事物或现象之所以有多种不同的描述,其原因就在于此。至于佛经的描述与现代科学发现之间的差异,想必也就不难理解了。

无论是《俱舍论》或《时轮金刚》,其中对宇宙结构所作的描述,从空性的角度来说,都是众生的幻觉,都不可能实有存在;但从世俗谛或众生的角度来看,两者的描述都有可能。也就是说,在某些人的境界中,宇宙的结构正如《俱舍论》所言;而在另一些人的境界中,宇宙的结构又如《时轮金刚》中所说的一样。因此,针对不同业感的众生,佛的开示也不止一种。

另外,《时轮金刚》大疏中还提到:在一个五肘深五肘宽的岩洞里,可以容纳转轮王与他的四部大军。也就是说,从一个普通人的角度而言,这只是一个小小的山洞;但对另一个众生而言,则可以容纳转轮王以及他所率领的千军万马。

大疏中又说:令人类垂涎三尺的一桌丰盛美食,在饿鬼众生的境界中却根本不存在;对于造作过杀生等严重罪业的地狱众生而言,在如同针尖般大小的微尘上,也会出现险峻峭的高山。

对于这些看似矛盾重重的描述,该如何解释呢?其主要原因,就在于不同众生会有不同的认知或者"业感",因为这些景象都不是外在的,而是一种内在的缘起。这好比米拉日巴尊者钻到牛角中去,牛角没有变大,米拉日巴也没有缩小一样,但这却是谁也抹杀不了的事实。

依照佛陀所讲的观点,不同的众生看同一个星球,各自会看到不同的形状,因为内在缘起的差别会影响到外在的缘起。佛教所讲的这些奇妙现象,蕴含着现代科学与哲学以前从未接触过,将来也不可能彻底知晓的真理。

当修行不足的时候,外在的诱惑会变得强大有力,从而使内在的能力无法与之抗衡;当修行达到一定程度,而使内心获得自在之后,内在的能力就能随意改变外在的状况。现代科学无法解释这一点,即使爱因斯坦提出了相对论,但从佛教的角度来看,其深度和广度却远远不够。

虽然佛陀将这个世界描述成很多不同的形状,但并非意味着这个世界同时存在这么多不同的形状,而是表明一个世界在不同众生的眼里会显现出不同的面貌,其原因就在于内在因缘的不同,只有佛才能知道个中奥妙。佛经中对这个世界的各种描述就是由此而来的。

也许有人会提出疑问:为什么没有一部佛经中的描述,符合现代科学所发现的世界"真相"呢?

因为,在当时人的概念中,大地就是平面的,太阳围绕着大地而转。虽然从现代人的角度而言,这些观念是错误的,但在这些相对来说不是很关键的问题上,佛陀都不会与世人争论。不论地球是圆的还是

平的,对希求解脱的人来说并不重要,对修行也不会有丝毫影响。因为这些都是小问题,佛也就无须与世人争辩。但在重要的关键问题上,佛却非常认真,力图要推翻世人的错误观点。譬如,我们始终认为有一个"我"的存在,对此,佛就不遗余力地加以破斥。佛的说法原则,是抓根不抓枝。

佛陀传法先后只持续了四十多年的时间,宣讲《俱舍论》与《时轮金刚》中间相隔的年头也只有三十多年,在这短短的时间内,以佛陀浩瀚如海般的智慧,怎么可能讲到后面就忘了前面是如何讲的,然后又重新再讲一个不同的观点呢?即使普通人在说话时,也会注意到前后的一贯性,不可能前后颠倒,信口开河。所以,佛陀如此传法,是有世人无法测度之密意的。

实际上,不要说我们生存的这个小小的世界,就算是太阳系、银河系,乃至整个宇宙所有成员的一切运动,佛也了解得一清二楚。关于这一点,我们只需将《时轮金刚》天文学与现代天文学的某些数据作一比较,就可以真相大白。

其中黄道和白道的两个交点,在《时轮金刚》天文学中取名为罗睺罗的头和尾。罗睺罗是传说中的动物,因此有些人就误解了佛教的天文学,以为这只不过是一些神话传说而已。但从上面的数字可见,除了土星的周期以外,其他结果与现代天文学的计算结果有着惊人的相似。

我们都知道,为了研究月球等天体的运动,几个世纪以来,许多天文学家耗尽了毕生的精力;但是,没有借助于任何精密仪器,仅凭着超人的智慧,佛陀便早已用精确度极高的数据,十分准确地描述了月球在其轨道上运动的平均速度和近地点与远地点的速度,以及其他星球的顺行、留、逆行等运动的情况。

具有如此智慧的佛陀,又怎么可能毫无意义地说出先后矛盾的话来呢?绝不可能!

佛经对宇宙结构的描述众说纷纭的另一个原因,是因为如果经书中只有一种描述,大家就会从此认定宇宙只是这个样子,世界肯定就是这样,继而使其成为固定不变的一种执著。正因为佛经中有各种各样的描述,孰是孰非很难确定,世人就不会固守一见,从而最终了解到:原来外境是随着众生的因缘而变的。

所以,要了解佛教或是想研究佛经,就必须饱览佛教经论。无论是要支持或是批评佛教,就算没有读遍所有的经论,至少也要掌握其中的关键。如果只是翻过几本经书,就想对佛教妄加评论,是非常草率的做法,谁也没有资格这么做。在仅知皮毛的情况下,任何评语都是盲目的、无知的。这就像要评价基督教的观点,首先就必须熟读圣经,假设除了知道耶稣这个人以外,对基督教的其他教义都一窍不通,又如何去加以评论呢?

上述观点除了在《时轮金刚》中提过以外,在一千多年前的学者所著的《般若波罗蜜多释》中也宣说过同样的道理。

佛经中曾讲到,月球上有天人和天人的宫殿。可是当宇航员登上月球时,却只能失望地看到一个毫无生机的星球。

如果要问其中谁对谁错,应该是双方都没错。我们在承认科学发现的同时,也要记住佛曾亲口所说的话:"世间人与我争论,我不与世间人争论;世间人认为存在的,我也承认是存在的;世间人认为不存在的,我也承认是不存在的。"所以,佛教的包容性很大。不仅是现代的,就是千百万年以后的科学新发现,佛教都可以包容。

佛所说的"世间人",并不是指任何一个人的胡思乱想,而是指在正常情况下,以人的眼耳鼻舌等感官所得出的结论。如果我们看到此屋中没有骆驼和大象,佛也会认定是没有的;如果我们看到此屋中有很多人,佛也会承认有很多人。当佛站在我们世间人的立场来看问题时,由于这些是我们眼睛所得到的结论,佛就会予以承认。

同理,虽然现代科学是依靠各种仪器来做实验、下定论,但仪器最终还是要靠人的眼睛来观察。说穿了,实验都是人做出来的,而人靠的

就是眼耳鼻舌身。这些感官在正常情况下所得到的结论，佛永远都不会否定。只要是经过无可非议的实验所得到的结论或新生的事物，佛教都会接纳。只要是佛教徒，都应该知道这一点。从这个意义上讲，佛教的宏观世界观有着无限发展的空间，这是非常重要的。

既然我们不否认现代科学对宇宙的准确认知，那么佛陀为什么要在荒凉寂寥的月球上描绘出美丽的天人和华丽的宫殿呢？

其实，佛并没有说月球上存在着以普通人类的肉眼可以看到的天人和宫殿，并不是说在月球上存在着人类的城市，而是说有天人的城市。如果佛说有人类的城市在月球上，人们就应该能看到；如果月球上只有天人的城市，则人类就不一定能看到。

佛曾说过，两种不同道的众生在看同一个东西时，会得到两种不同的结论。人只能看到人的世界，而看不到天人的世界。就像人的肉眼只能看到粗大的物质，而看不到无线电波等更细微的物质形态，但却不能说因为我们看不见，无线电波就不存在。同样，天人的世界也不是我们所能看到的。

这种说法合乎逻辑吗？其逻辑性非常强！两种完全不同道的众生，其器官的构造与阿赖耶识中的种子都截然不同，当他们同时看一个东西时，看到的会是两种不同的结果。如同有些鱼类和人类的感受不同一样，天人和人类之间的差别就更大，他们在观察同一外境时，所得出的结果就更不相同。由于天人比人类高一个生命档次，所以天人可以看到人的世界，而人却不能看到天人的世界。总而言之，问题的答案应该是，因为佛并没有说月球上有人可以看到的城市，所以佛的说法没有错。

这不是新的答案，而是几千年前就有的答案，也是非常精妙的回答。如何能证明这一点呢？佛经中讲过：以前有一种老鼠，专门住在火坑中，以火为食却毫发无损；过去还有一种衣服，穿脏了不能用水洗，而是要扔到火里，以熊熊烈火来清除衣服上的污垢，却不会烧坏衣服，因为这种衣服的原料是石材。在中国的史籍中，也有这样的记载。

因为那种老鼠的身体构造与我们不同，就像用石材做的衣服与用普通布料做的衣服不同，所以能够承受烈火的高温一样，老鼠对火的感觉也与我们人类完全不一样，因此就可以生活在火里。虽然现在不再听说有此类动物，可能是已经绝种了，但很多人都知道，在海底的火山口附近，即使水温高达200℃，却仍然有一些鱼类常年生活于其间，完全不受高温的影响。如果是人类或其他鱼类，则绝对无法在这种环境中生存。

从以上这些例子可以得出一个结论，不是所有众生对冷热疼痛的感受都一样。既然感觉可以如此不同，那么眼睛所看到的现象不尽相同也是合情合理的。类似的逻辑还有很多，此处无须赘述。

如果从这个角度来推理的话，就根本没有理由执持一般人所谓"眼见为凭"的正确性。难道在整个宇宙中，唯有人眼所见才算是真理吗？并非如此！我们不能排除有比我们看得更清楚、更透彻的生命存在，而且也不能排除他们在看我们所了知的太阳系之时，会看到一个跟我们所见的完全不同的世界。

我们对外在冷热疼痛等等的感觉，其实也是一种内在的特殊因缘反映在表面上。而人类正常的感官反应，也只是相对地准确，而不是绝对真理。人类的许多传统观念已经被量子力学推翻，而量子力学无法推翻的观念，却早已被佛理所推翻了。因此，我们没有理由固守己见地坚持：只有我们所看见的才是唯一的真理。

现代人很傲慢，总喜欢将自己没看到或想不通的归结为不存在。没看到是事实，却不能说明不存在。譬如，在三百多年前，还没有量子力学理论的出现，可它当时是不是绝对不存在呢？当然不是，只是未被人发现而已。同样，有关月球的问题，也要从这个角度来分析。

必须强调的一点是，并不是在人类登陆月球，并发现它是个不毛之地之后，我们才开始去寻找问题的答案，而是由于佛学家们考虑得非常周到，所以两千多年前的佛教典籍中就已经有了答案。

总结以上各点可知：佛教的微观世界境界不仅超越了早期的自然

哲学原子论,也超越了现代量子力学的论点;而佛教在宏观世界领域中,已经令人心悦诚服地分析出宇宙构成的许多类型,是由于众生内在因缘的不同所致。反观科学和其他学说,则只是一成不变地死认一个我们熟知的圆形地球,月球则是死寂一片,从没有推测过一个地球或月球同时有不同现象存在的可能性。仅从这一点而言,我们也无法否认佛教宏观世界观的先进性与包容性远胜于现有的其他学说。

总而言之,作为一种学说,或是像佛教这样极具逻辑性的宗教,其所有的观点都必须有根据、合逻辑。在佛教的世界观中,微观世界与现代的物理学既有相同点,也有超越其上的地方;而宏观世界与现代科学的相同点,大家可参阅《大方广佛华严经》的第九品。第九品中讲道:太空中漫布着许许多多的世界,其数量是无边无际的。这不仅与现代科学的发现一致,更远远超越了日心说和地心说;至于宏观世界与科学的不同点,则是佛陀为了令众生入道的一种权巧方便;还有许多佛教特有的、超胜于科学的观点,则是现代科学根本无法解释的。

在西方,时常有媒体或科学工作者到寺庙或佛学院去探讨这类问题,可是我们这里目前还没有,除了一些人在看过《俱舍论》后,有时会私下进行讨论之外,几乎没有其他交换意见的机会。但自然科学的观点现在连小学生都知道,当佛经中所讲的与其发生冲突时,大家就会产生怀疑。有些人打骨子里就轻视佛经,认为里面的全部内容都是不科学的。

针对这些现状,就有必要向大家介绍佛教的世界观,这需要从微观和宏观两方面着手:微观世界观包括相同的和超越的部分;宏观世界观则包括相同的、表面上不同的以及超越的部分。一旦建立起这些框架与思路,讲起来就比较容易被了解。凡是稍有智慧与思维能力的人,都不太会排斥佛教的理论及行为,而佛教也永远无惧于智者的观察。

由于不了解这些论点,就会产生诸多误解。

以前,我们比较了解的是东方文化,所以只认为大乘佛法是整个东方文明中最辩证、最透彻的思想。后来逐渐看到了西方哲学和科学理论,才深深地体会到,佛法不仅是东方文化的顶峰,而且也是全人类所有文化中最伟大的思想。

仅仅从世间的角度来说,佛法所强调的自由、和平、平等、民主、真诚、环保、素食、卫生、节约等理念,也是真正的跨世纪思想。因此,我个人认为,对任何人来说,没有机会读佛书都是人生最大的遗憾。

在这个充满着冷嘲热讽的世界里,深广理性的智慧从古至今就容易被世人所忽视,但我们深信,佛陀的智慧和慈悲,定能为人类社会带来新的希望!

如果从月球上回首遥望,就会看到在浩瀚无垠、一片漆黑的太空中,密布着无数的行星和恒星,这就是佛陀所说的大千世界之一隅。其中如同沧海一粟般极不起眼的、有山有水的蓝色星球,就是我们的故乡——地球。

在每个星球上,超越人类肉眼范畴的生命肯定是存在的。迄今为止,人们也尚未找到其他星球上存在以普通肉眼可以观测到的生命的确切证据。因此,地球目前就成为无数生命的唯一故乡,成为这些生命的诞生之地、生存之地,以及其尸身的归宿之地。

由此可见,地球属于所有的生命,而不仅仅是人类的。人类只不过是这些生命中的一个成员而已,仅有在此星球上生存的权利,而没有随意破坏地球资源及支配其他生命的权利。

地球和其上的所有生命不是人类所创造的,也没有谁赐予人类独自占有它们的权利,人类无权伤害地球上的任何一个生命。每个生命不但拥有生存的权利,也拥有自主的权利,如果人类无端地侵犯这种权利,就犯下了不可饶恕的罪行。

绝大多数的其他生命,从来到这个世界直至生命的终结,在一生中没有故意破坏过地球上的一草一木,最终也是静悄悄地死去,就像蜜蜂采蜜,却没有伤害花儿一样。而人类却常以冠冕堂皇的理由,无休无止地对地球的环境肆意破坏,对依存于此的无辜生命百般虐待、屠

杀,在整个世界已是千疮百孔之际,才在满怀遗憾中,不情愿地离开人世。

虽然动物之间也会相互残杀,但却是在遭遇饥饿、别无选择、不懂取舍的情况下不得已而为之的,而不是像人类一样,明明有其他的食物可以选择,却不知满足,完全无视甚至是蔑视其他生命的权益。

在所有的生命当中,很少存在同类之间的相互残杀,不像人类那样阴险狡诈、骄奢、贪婪,为了自身的利益,可以毫不犹豫地残杀和折磨同类,我们有大量的铁证足以证明这一点。

刚刚过去的20世纪,是人类有史以来最血腥的一个时代。20世纪上半叶,一些国家积极推行对外扩张和侵略政策,在世界各地以武力抢占殖民地,争夺商品市场,从而引发了第一次世界大战。整个战争持续了四年零三个月,亚、非、欧三大洲战火纷飞、硝烟弥漫,三十三个国家卷入了这场战争,参战士兵逾七千万,阵亡官兵达八百六十万,超过十五亿的人口受到了战争的侵害。

之后,又是长达六年的第二次世界大战。六十多个国家和地区先后参战;一亿一千万士兵奔赴战场;被战争夺去生命的官兵及百姓超过了五千五百万;二十亿人饱受战争的创伤,这个数字是当时世界人口的80%;直接军费开支一万三千亿美元,占参战国国民收入总数的70%。战争使人类付出了无比惨重的代价,生命与财产的损失让人痛心,整个东西方都沉浸在血泪之中。直至1945年,这场战争才宣告结束。惨痛的教训、沉重的代价,在世人心中敲响了警钟:这就是人类野心无限膨胀与滥用科技的后果!这一切,我们永远也不能忘怀!

战争使世人受尽煎熬,战争的残酷使历经劫难的人们恐慌、畏惧,最终也埋葬了挑起战火的野心家们。有鉴于此,向往和平的愿望、呼唤和平的声音,如今充满了世界的每一个角落。

但令人痛惜的是,仿佛需要和平的只有人类自己,而曾经有过的一些维护其他生命、和平共存的呼声,却显得那么微弱,只是在大多数人的不经意间一掠而过，仅能起到微不足道的作用。所以，对其他生命而言，随时都可能要面临比一、二次世界大战更加悲惨的遭遇。

人类需要和平，其他生命必然也希望和平，因为不愿受苦、希求快乐是所有生命的共同愿望。每一个生命都拥有生存和自主的权利。我们必须清楚地认识到，人类自以为可以主宰地球，便恣意妄为地破坏自然环境，残害无辜生命，这完全是蛮横无知的愚蠢之举；我们还必须清醒地认识到，人类尚未诞生之前，这个世界就有其他生命存在，人类只是途中的匆匆过客，理应尊重地球上已有生命的生存和自主的权利，绝不能随意践踏其他生命。

地球是所有生命的家园，在自己家园里自由自在地生活，应当是这些生命最起码的权利。大多数动物的繁衍生息并没有对人类构成太大的威胁，它们只是安分地享用属于自己的那一份资源。但是，丧失了仁爱之心的人类，却残忍地夺走了本应属于它们自己的皮、毛、骨、肉……这真是罪不容诛的暴行！

虽然人们口中常讲伦理、道德、自由、和平，但这些词语似乎只是人类的专利，大多数人没有将它们与其他生命联系在一起。人类自诩为高等动物、智慧生命，自以为远远优越于其他生命。若任由这种随意残杀动物的习气逐渐衍变下去，人类之间的相互残杀必将愈演愈烈，终有一天会不可避免地为了私利，也将人命视若草芥一般任意摧残，使全球笼罩在血腥残暴的气氛中。距今二百多年前，抢夺掳掠非洲黑人，并像对待动物一般奴役他们的现象，就是活生生的明证。如果任由这种恶习滋长下去，终将使人类自身趋于毁灭。

因此，我们必须养成真心诚意地尊重、珍惜和爱护所有生命的习惯，这是非常重要的，也是人类自身获得和平的根本诀窍。保护其他动物的生命，就是捍卫人类自己生命的绝佳良方。要想世界和平，首先要从善待动物做起。如果能养成这一习惯，就绝不可能为了自身的利益而去伤害动物，更何况自己的同类，因而加强这方面的宣传与教育是必不可少的。如果反其道而行，继续对其他生命肆意残害，则必将导致

人类之间，为了利益的争执，而使用杀伤力极强的高科技武器自相残杀，并最终使所有生命都走向灭亡。

人类可以随意杀害、啖食其他生命的观念，如果没有从根本上得到扭转，地球上所有的生命就无法获得真正的和平。有鉴于此，一切宗教组织、社会团体以及重视生命的各界有识之士，都该为了自他所有生命的福祉而努力，为了实现这一崇高目标，而无私地奉献出自己的力量。

佛陀告诉我们，人要有深度和包容的心非常难，而学佛就是要学这份"深广心"。我们的心态一般都有着很强的自我，很少有人愿意低声下气。在生活中，我们如果能以平和的心去对待每一个人，能时时轻和温柔，那这个社会以及每个家庭，也会变得温暖祥和。

修行就是为了调心，使浮动的心变得澄澈、稳重，要拥有这份"深广心"，就要去除"我慢"，保持谦卑。谦卑从消极的方面来说，是让自己和别人都过得好一些；从积极的方面来说，则是通过自省而学习和成长。虽然一个人的谦卑有时会被曲解和误会，但是只要你有着善良的意愿，抱持既保护自己，又不愿别人受到伤害的厚道，那么在生活的每个方面，你都会发现谦卑所起到的巨大力量。

一个在待人处事上傲慢自大的人，往往会低估别人，不尊重别人，只相信自己的判断，不相信别人的意见，所以有时在人际关系上会变得孤立，尤其是在问题发生时，他还执迷不悟，就有可能遭致失败和灾难。

在与人相处的过程中，谦卑并非是恐惧和讨好，也不是要你对什么事情都推诿妥协，不负责任，而是宽恕、善待和维护。佛陀以谦卑的态度面对众生，是为了帮助众生，让众生获得利乐，从无明中能够明了，不为现实的困惑和无奈而束缚。所以忍辱被作为波罗蜜法的一种。一个谦卑、和蔼可亲的人，更令人觉得可依托和值得信赖。

当然，我们应该自尊自重，但是自尊自重和傲慢与自以为是并非一个意思，我们的自尊自重从谦卑中来，江海之所以能纳百川，是因为它居卑处下，不拒多少。而与人相处，最得众望的人，就是懂得谦卑的人。过去的佛门中人，能够"上与君王同坐，下与乞丐同行"。上与君王同坐，是因为他尊贵的德行得到君王的爱戴；下与低贱的乞丐并行，是因为他明白"心佛众生三无差别"，虽然这个人是乞丐，但依然有着完整的人格，所以他用谦卑的态度去纳受他们。

西方曾有一位哲学家说："一个人如果骄傲，即使是身为天使，也会沦为魔鬼；如果谦卑，虽是凡人，也会成为圣贤。"一个伟大的人物，一定是谦卑的，唯有不成熟的人，才会趾高气扬，自以为是。

谦卑的力量，不在于形体的大小、气势的强弱，而是用柔软的姿态，包含坚实的心念。谦卑不是自卑，自卑是一个人缺乏自信的表现，强烈的自卑是一种精神的疾病，它会导致人心灵深处极度的敏感和恐惧，因而使人关闭内心，成为一个心灵抑郁的人，而谦卑则是一个人来自心灵的珍贵品质。一个真正谦卑的人，有着深广的爱心，处处给人如沐春风的感觉，像温柔的灯火照亮暗夜，像细雨浸润干裂的大地。谦卑的人身上洋溢着温柔与爱的光芒，这种光芒深具魅力，并紧紧地吸引我们团聚在他的身边。如果我们要成就一项伟大的事业，必须先学会谦卑，因为是谦卑铸就并圆通我们的心灵。而一个不谦卑的人，他会骄傲和利欲熏心，并且目空一切，因此他所成就的事业也会因为他这样的作为而迟早坍塌。

据佛经里记载，说在久远劫来，有一位常不轻菩萨，为了成就自己，成就众生，心存敬畏，把每个人都看成是佛，见人就顶礼膜拜，说，你们都是佛，只有我是凡夫，所以我要顶礼你们！他不专门读诵经典，而是礼拜尊敬他人，以至于在很远地方见到，也特意前往礼拜、赞叹别人。有些人见他这样就骂他说："你是从哪里来的？竟然说不轻慢我们，还要给我们授记'将来作佛'，我们用不着你这样做。"这样过了很多年，他常常被责骂。但他并不瞋怒，仍然像从前那样对众生顶礼膜拜，说着这样的话，有的人就将木棒、瓦石投向他、打他，他避开走远，但仍然说："我不敢轻慢你们，你们将来都会作佛。"因为他经常这样说，大

家就叫他"常不轻",这个"常不轻",就是常不轻慢一切人的意思。

他临终时,在虚空中听到"威音王佛"说《法华经》,得六根清净,也为众生说《法华经》。之前打骂他的人都皈依了他,听受他讲法。由于他遇到了无数佛受持读诵《法华经》,因此就为众生解说《法华经》,这就是后来的佛陀释迦牟尼。

佛陀是那么的谦卑,朝着心中的佛法,没有一点傲慢之心,如果在生活中,我们每个人都像他一样,那我们这个世界就没有了傲慢与偏见,自私与冷漠,人间也就净化成佛国了。

人生有苦有烦恼是避免不了的,但也有不苦不烦恼的办法,即凡事不要太计较,与人共事保持彼此尊严,谦和礼让,以一种低姿态出现在别人面前,不执著过去,不为过去的一句话、一件事执著,能如此就可以减少很多痛苦烦恼,自然、自在、快乐。

这种低姿态,就是用平和的心态来看待世间的一切,这是一种品格,一种修养。一个人修炼到此种境界,为人便能善始善终,既可以让人在卑微中安贫乐道,豁然大度,也可以让人在显赫时满盈若亏,不傲不狂。一个想成大事的人,必先要宽容于人,进而为人所悦纳、所赞赏,方有立世的根基,如果根基坚实,才可枝繁叶茂,硕果累累;倘若根基不稳,便难免枝衰叶弱,也不可能发展自己。所以这种低姿态,可以保护自己融入人群,与人和谐相处,还可以让自己暗蓄力量、悄然潜行,在不显山不露水中成就事业。

一个低姿态的人,因为他的表现谦虚、平和、朴实、憨厚,使对方更容易感到自己受人尊重,无形中也就获得了对方的好感。因为你谦虚显得对方高大;你朴实和气,显得容易亲近,他就愿与你相处,给予你帮助。一个哲人曾经说,一个人只有尊重、热爱所有的人性和自由时,他自己的人性和自由才可以受到别人同样的尊重和热爱,他才能真正地成为一个人。所以低姿态是你成就事业的先决条件。

我们想要提升自己,受到别人尊重,首先要做的就是尊重别人,学会弯腰,学会放弃地位、面子等虚幻的东西。一块稻田,纵然土质肥沃,可是若长满杂草,那也无法让秧苗生长得好。所以种田的人在施肥之前,必定要先除草,杂草去除,稻穗才会结得饱满。一个人不管多能干、学问知识多渊博,他的内心如果长满了杂草,不懂得尊重别人,团结别人,他的事业也不会结出丰硕的果实。所以佛陀要求佛弟子要谦和平静、心口合一,无自我、傲慢的杂念,以全部心力去追求佛法,培养宽爱宏慈的心量,如此方可追随佛陀普度众生的事业。在日常生活中,我们如果抱持这样的心念,那又有什么事情可以做不到呢?

在印度有一所孟买佛学院。这所佛学院不但建院历史久远,还培养出了许多著名的学者,所以它在当地很著名。但是它的著名,除了上述的两个原因外,还在于一个极其微小的细节,使所有来过这里的人,当他再从这里出来时,都无一例外地承认,正是这个细节使他们顿悟人生,让他们留下了深刻的印象。

原来在孟买佛学院的正门一侧,还有一个小门,这个小门只有1.5米高,一个成年人要想过去必须低头,否则,就会碰到门上。这正是孟买佛学院给来到这里的学生上的第一堂课。所有新来的人,都会由这里的老师引导他到这个小门旁,让他进出一次。当然所有的人都是低头弯腰才可进出,虽然让人觉得有失礼仪和风度,但是却可以让这样做的人有所领悟。这里的老师说,由大门出入当然会方便,而且能够让一个人感觉很体面、很有风度,但是,在生活中,有很多时候,我们要出入的地方并没有这样壮观的大门。那么这时,我们就只有暂时放下尊贵和体面,保持低姿态,从小门出入。如果不这样做,你就只好被挡在院墙之外了。

所以要使自己在人生旅途中一帆风顺,少遇挫折,弯腰、低头不失为一种最好的处世方式,这对每个人来说都是一门不可或缺的功课。在《菜根谭》中有这么一段话:"路径窄处,留一步与人行;滋味浓时,减三分让人尝。此是涉世一极安乐法。"它的意思是,告诫人们在道路狭窄的地方,应停下来让别人先行一步,有好吃的东西不要独食,要拿一部分与人分享。如果你经常这样想,经常这么做,那你的人生就和顺得

多了。

　　佛家称"与世无争",如果内心有烦恼,有争强好胜的发心,则无论修何种法门,都不是善业,而且你越努力,积累的罪业越大。作为普通的众生,我们要真正像佛陀要求的那样心如止水、与世无争确实有点困难,但我们可以适可而止,不去争那么多,不去求那么多,这样我们就不会因为期望太多而失望,不会感到人生有那么多不如意、不快乐。

　　有一个很有意义的建议是,如果你看到一样东西,抬抬脚就可以够着,那你就去够,这叫做努力,叫做向着自己的理想奋斗,但是如果它在很高的高空之中,是很缥缈的一个影子,你非要借助飞机或其他高空作业的手段才能获得,并且你手上没有这些设备,它也不见得就是你喜欢的一样东西,那么你就别费劲了,因为你找到那些帮助你的手段也需要付出高昂的代价,是得不偿失的,那就任由那些拥有这些手段的人去够吧,你站在地上,放松心态去欣赏他们的表演不也很好吗?

　　可以说,我们对人生的欲望,只有一少半是来自于生存的需要,而一多半却是因为与别人攀比,想战胜别人的心。但是"人比人该死,货比货该扔",这种争强好胜的心理,会让我们持续地,不加思考地对自己的状态感到不满,如果一个人长期地处在这种对自己的不满里,就会导致对别人的不满,这种情绪蔓延开来,就会不可抑制地去迁怒别人,总认为什么都是你应该得到的,是别人抢走了你的机会和你的位置。你不容许别人在某些方面比你出类拔萃,你总是想方设法地去超过他们,好像你就应该比他们更强,你的心中总充满了被掠夺感,总是充满了焦虑,总是自我加压地不肯停歇,时间长了,你可能被授与什么奖,什么荣誉,但荣光在外面,那种劳累,那种疲倦却只有你自己知道。其实这未免不是一种不自信的表现。

　　金庸先生的小说《侠客行》中有这样一个例子,说是梅芳姑是一个有着绝色美貌又多才多艺的女子,但是她喜欢的男子石清,却偏偏对样样都不如她的女子闽柔产生了感情,梅芳姑为此百思不得其解。十多年后,她问石清当年为什么没有选择她?是她的容貌没有闽柔美丽?石清答不是。是她的武功没有闽柔高强?石清答不是。她又问,文化修养她没有闽柔高吗?石清答他夫妇二人都不识几个字,自然比不上她。于是梅芳姑冷笑道,那想来是针线之巧,烹饪之精,我不如这位闽家妹子了?石清说,闽柔既不会补衣裁衫,也不善烹饪,连炒鸡蛋也炒不好。梅芳姑厉声问,既然这样,你为什么偏偏跟闽柔好,而不喜欢我?石清说,因为你样样比我闽师妹强,不但比她强,也比我强,我和你在一起,自惭形秽,配不上你。梅芳姑终于明白,于是惨叫一声,自杀而死。

可见,一个人能如此优秀,如此好强,也并不完全是一件好事,因为你表现得太强,反而更让人对你敬而远之,我们活在世上本来就是件很不容易的事情,又何苦要去攀比,要为难自己呢?每个人都有自己的缺点和劣势,我们不如坦然地接受它、面对它,让它伴随着我们一起生活。因为人生毕竟不是竞技体育,并不需要永远都拿第一。作为一个俗人,虽然我们活得没有佛陀那么洒脱,但对人生的进取心,还是应该有的,我们只要对自己满意,活出自己,这样就足够了。

我们不停地占有、攀比,无非是想过上幸福的生活。但有得必有失,当财富、事业、名声和享乐都得到的时候,你却没有了以前那么轻松的心态,同时你也觉得自己像被上了无形的枷锁,身心均失去了自由。一个人得到越多,负担也就越重,对得而复失的恐惧也就越厉害,所以,你不如静下心来想一想,自己真正想要的是什么,与其让自己盲目地去和别人攀比、竞争,还不如像佛陀一样真正放下,清净无我,庄严自心,让我们的生命保有闲暇,让我们的心灵获得更自由的空间,这样更简单、更自在。

佛陀以戒律来规范佛弟子的言行,任何人要想成为僧团的一分子,首先要受戒,在家居士有在家戒,出家则有出家的戒律,受戒后才能取得作为僧人的资格。如果说受戒是身份的确立,那持戒就是身份的完成。只有完整地受持沙弥和比丘所应遵循的戒条,才是合法的沙

弥、比丘，才是僧团里真正的成员。

佛陀制戒的主要目的是正法久住，僧团作为佛法的持有和宣传者，它自身的形象直接关系到佛法的兴亡。而制戒可以保护佛弟子的心灵，使佛弟子远离五欲尘劳，远离烦恼是非，远离种种恶业，内心始终保持空灵和宁静的状态，使佛弟子的言行更符合佛教徒的标准，净化僧团的整体素质，使僧团在社会上树立起自己的尊严。因而，佛陀要求弟子们在他灭度后以戒律为师，这就使得僧团在后来的佛法流传过程中始终保持内部的纯净，保持健康的发展。

在很多人的印象中，戒律似乎就是对人的种种束缚，因而望而生畏。其实，这是对戒律的误解。从本质上来说，戒律其实是帮助我们改善生命品质的行为规范，我们要成就高尚人格，在积极行善的同时，还要努力止恶，使内心的不良欲望停止延续，就需要依靠戒律的秉持。或许有人会说，要求佛弟子行为规范，只要照做就可以了，何必受戒呢？但佛陀则告诫说，受戒是为了通过在佛菩萨面前的宣誓，使这一规范成为人生誓言，从而更加具有防非止恶的力量。

佛教二百五十条比丘戒，又名律仪戒，是僧众言行的准则。比丘需要五年学戒，于言行中，学习断恶修善，学习言行如佛，直至学习纯熟，言行清净，称为净行。今日的净行，将成为将来成佛的正因，所以剃发、染衣、具戒，这一方面是表示舍离世俗染污的流转相，另一方面是为了成就诸佛功德庄严相，亦称威仪幢相，使人一见，就知是出离世俗的出家人，是学佛言行的人，自然令人生起清净脱俗之感，这就不但是以僧相自利，而且是广利众生了。

而在家居士则要受五戒，就是在佛菩萨面前表明从今以后不杀、不盗、不淫、不妄、不贪、不瞋、不痴的愿望，以此增强对不良心行的防范力和自制力。我们学佛就是用学佛的言行，来修正自己错误的言行，每个人的言行举止，举心动念都会影响别人。如果你的言行不善，周围的人也会模仿你不善的行为，在不知不觉中，就会产生很坏的影响。

和佛陀制定的戒律一样，世间的道德准则和规范也告诉我们如何在平时注意自己的言行,如何修炼自己。比如儒家所强调的仁、义、礼、智、信。仁,就是要有慈悲心;义,就是要有德行;礼,就是要循规蹈矩;智,就是要用智慧指导生活;信,就是要有信誉,要言行一致。"自天子以至于庶人,壹是皆以修身为本。"而修身之道就在于"正心"、"诚意","欲修其身者,先正其心;欲正其心者,先诚其意"。正心即调节情绪、端正思虑。诚意则是执行自己善良的意愿,使自己的心意纯善无恶,好善而不作恶,在任何情况下都坚持自己一贯的善良意愿,在独处时也严于律己不做违背道德的事,做到慎独。

人能诚其意,人心则能正,则可除去邪恶心念、心平气和、心存愉快,心态良好,言行举止也会相应地保持中道,也因此会身体康泰,人生怎么会不幸福呢?

普贤菩萨发随喜功德的愿,佛陀也常常赞美随喜的功德。随喜是看到别人行善积德,从内心中感到欢喜,跟"随"着欢"喜",体现一种物我无间的情怀。只要在日常生活中多帮助他人,随时给人欢喜、给人方便,就是很大的功德了。

随喜为什么就会获得功德呢?这是因为随喜是你的一颗善心,又对治了你嫉妒的恶心,所以当然有功德。就像在你的身边有一个卖香的人,你的身上也自然熏染香气。所以永明延寿禅师说:"随喜赞善,助他胜缘,虽不亲作,得同善根。"

学习佛法的目的就是改造内心,消除嫉妒,使自己的心量等虚空遍法界,才谈得上契入佛菩萨的甚深广大境界。在日常生活中,我们应该懂得随喜,如别人做了好事,我跟着欢喜;别人有所成就,我只是羡慕,没有嫉妒的心,随口说些赞叹话;别人失意时,不幸灾乐祸,并给予鼓励。这样随口说些好话,随手做些好事,随心帮助他人,就是随喜的表现。随喜在轻松愉快的心境中就能获得福报功德,而且功德还极大,如《汇集经》中云:"三千须弥可称量,随喜善根不可量。"这句话的意思是,佛陀说三千大千世界及须弥山都能衡量它的大小,但诚心随喜的功德却是无法衡量的,可见随喜的功德有多么大。

有人说，这种功德真不错，反正我也没花一分钱，只是高兴一下，这还不容易吗？其实，事情并没有这么简单。对于一个嫉妒心比较重的人来说，为他人的利益高兴却不是说做就可以做到的，这主要是因为我们的心胸太狭窄了，没有那么开阔。所以佛陀才教导我们随喜，克服这种嫉妒心理，对别人所做的一切好事，或取得的成就，不说风凉话去打击，而是说赞赏的话，使人家高兴，表示由衷的欢喜。我们应该修学这种随喜功德，应该学会这种随喜的心态。其实这种随喜功德的意义就是，让你去欣赏别人，尊重别人，你欣赏别人、尊重别人的同时，也是在庄严自己、成就自己。

　　欣赏别人就是对别人的尊重。美国心理学家威廉·詹姆斯说："人性中最深切的心理动机，是被人赏识的渴望。"的确，我们每个人都渴望得到别人的欣赏，同样，每个人也应该学会欣赏别人。学会欣赏是人的一种美德，须知世界上的万物之美，均是人通过欣赏才得到的。我们世间人与人之间的爱情、亲情、友情也是通过欣赏才得到的。其实，欣赏者与被欣赏者之间是一种可以互动的力量源泉，一个欣赏者必须具备愉悦之心，仁爱之怀，成人之美的善念；而一个被欣赏者则必须发生自尊之心，奋进之力，向上之志，才有被人欣赏的资本。

　　欣赏并不等于圆滑地曲意奉承，也不是不讲原则的吹捧，而是把握自己平和的心态，客观地看待一个在某些方面表现优秀的人，给出由衷的公正评价，在为人处事上谦逊、厚道一些，得体、周全一些。"尺有所短，寸有所长"，每个人都有"闪光点"和可取之处，我们能够欣赏别人，看到这些，才能学习和进步。

　　在人生的道路上，没有人是一帆风顺的，别人的欣赏和鼓励有时候就是一剂良药。俗话说："良言一句三冬暖。"欣赏别人，不仅可以给人以抚慰和温馨，还可以给人以鞭策，使人的潜能被充分地激发出来，去争取更大的成功。你欣赏别人的同时，别人在不远处，也许也在欣赏你，久而久之，别人的优点也成了你的优点，别人的美丽也成了你的美丽，不知不觉间，也许你就成了业界的翘楚。

所以我们应该有像佛陀一样宽广的心胸去接纳众生，随缘欢喜，对众生的每一点努力，每一点进步，每一点善行，都由衷地赞叹，投以欣赏的眼光，真心的祝福。进而努力地改善自己，积极地劳动和规划自己的生活，试着让自己也更加优秀卓越，把自卑练成自信，把不满锻造成前进的动力，欣赏别人的同时也欣赏自己，欣赏别人是快乐的，而欣赏自己则是满足的。

要想做一个真正意义上的佛门弟子并没有想象的那么容易，因为在生活中，你要时时自我警惕，反省自己是否有瞋、嫉、贡高、我慢的行为，比如讲话是否太大声，是否有自以为是的心态等等，如果有这些心态和行为，就要赶紧把它降伏下来。我们人最大的通病便是太自满，总以为自己比别人更了不起，于是便怠慢、懒惰，不再上进。另外还有一个通病就是欲望无止，贪得无厌，不知道自律和节制，当然也就更谈不上自我警惕和反省。

但有些佛门弟子，为什么学了佛闻了法，还会有这样那样不好的行为呢？这是因为他真正的菩提心并没有发起来，菩提心没发起来，心量就打不开，就处处会被过去的一些念头和习惯所牵制。

所以佛陀告诫他的弟子，既然要学佛，就要时时自我警惕，心存正念、行为端正，顾念自己的身、心行为和想法，对自我有一分了解和认识。一个人如果不认识自我，又如何认识身外的万物呢？一个佛弟子首先要做的就是先认识自己的生理和心理需求，集中精神，专一心思来观察分析自我和认识自我。世间的大部分人都是为了这个"我"才有了计较贪婪的心理的。那这个"我"是什么呢？"我"是由身体构成的，若没有这个身体，就不会为了这个"我"而有诸多烦恼。但人人都因为这个"我"住于此身，而处处要与人计较。所以佛陀教导佛弟子要看开一切，好好用心去分析这个"身体"。

想想看，如果你的身体有一点小疾，你不好好分析它、观察它，讳疾忌医，那么开始可能还只是你所见到的疥癣之疾，任由它一直发展下来，就有可能会变成对你的生命形成危害的毒瘤。所以同样地，如果

你不认识自我,不及时反思自己的心态、行为,你的生命力就会退化,不再保有激情。可能你还沉溺于自我之中,觉得自己还不错,不用再去做什么努力,但这样你意想不到的一系列的人生中的问题就会接踵而来,面对这些,你的生命可能就会屈服下来,陷在过去的阴影之中,不能自拔,离自己的初衷越来越远。

《菩提道次第广论》中,曾谈到这样一则故事,说是有一日魔王对佛陀说:"佛陀啊,你在世的时候,我奈何你不得,等你涅槃后,我就让我的子孙穿起你们的衣服,以相似的言行来败坏你的教法。"佛陀闻言,一时无语,默然落泪。这个故事是为了警醒后世的佛弟子,不要以不轨的言行,而令众生误解和厌恶佛法,一个佛弟子应该在日常的修持中自我警惕,自我纠正,不要为内心的心魔所引诱,才可以延续和保持人们对佛法的尊敬与景仰,才更有利于佛法的弘扬与传播。

作为普通的众生,我们的人生就好像一个阶梯。要往上爬,就必须先要站稳脚跟——无论是工作、家庭还是学习。如果我们不自我警惕,不审视自己,怎么知道自己是否真的站稳了呢?有很多人就是在沿着阶梯向上爬的过程中,因为没有警惕之心,没有仔细地观察脚下的路,结果或者一脚踏空,结结实实地摔回原地,或者是爬着爬着,上面的阶梯却坍塌了,损失惨重,再也找不到回去的路。所以我们长着一双眼睛,不光要监督别人,还要低下头来看看自己。中国的先贤荀子就曾经说:"君子博学而日三省乎己,则知明而行无过矣。"人贵有自知之明,应该经常反省自己在做人、做事上存在哪些问题,有哪些做错了,哪些做对了,错了就去改正,对了就去勉励。这样不断地像用刀雕刻一块玉一样地去雕琢自己,将自身不好的部分去掉,洗去污垢,玉才能更光彩照人,价值万千。《周易》中的"谦谦君子,卑以自牧"讲的就是这个道理。

但在生活中,自知比知人更难,尤其是反省自己的缺点和弱点,更是需要勇气。因此佛陀说,我们自身的烦恼,比身外的冤家更厉害,我们应该常常警惕自己,切莫使良知睡着了。良知一旦睡着,则杀、盗、淫、妄,这种种罪业都会萌芽,发生。所以我们应该像佛陀说的那样自我警惕,勇敢地去面对它,克服它,才能使自己趋于生命的圆满。

佛陀对他的弟子说,如能按照他的教法至诚、恭敬、专一、实在、全神贯注地去修学,就必能领悟到佛法的真谛,获得殊胜利益。也许每个佛弟子都相信佛陀的话,都会去发大愿,立大志,但是要踏出这第一步来,却并没有那么容易,因为我们总会有很多的理由,总会有很多的阻隔,而使我们不能达到佛陀的要求。"愿"是有的,但能够"力"却很难,所以只有当"愿"和"力"相互结合时,我们的梦想与现实的距离才能越来越接近。

像佛弟子的梦想是要立志成佛,我们每个人都有不同的梦想和追求,就像在大街上,你看到很多人走向不同的方向,这是每个人的选择。也许在你看来,一些人走的路并不那么平坦、宽阔,但是在前方,也许正有很多美好的东西在等着他。只有走过这条路的人,才能知道这条路的独特,知道这条路之所以吸引他走下去的原因。你不用在乎路旁的人对你有什么评价,因为他们只是这条路上的过客,只有你自己知道你为什么会选择这条路,只有你自己知道这条路为什么适合你。

我们人生的路只有我们自己选择,没有什么人可以替代。所以既然已找到了路的方向,我们就不怕路远,不怕在路途中会遇到什么艰险,即使这条路上没有人烟,我们也要成为这条路的开拓者,留下自己坚实的足迹。要知道,世上本来就是一片荒原,正因为有了人去走,也才有了路。人是善于和困难做斗争的,是可以想办法克服任何困难的,即使我们是这条路上的披荆斩棘者,但为了我们要实现的梦想,这又算得了什么呢?

其实每位佛菩萨的成就都与他们的发心和愿力紧密相连,就像在四宏誓愿中所说的那样:"众生无边誓愿度,烦恼无尽誓愿断,法门无量誓愿学,佛道无上誓愿成。"这也是每个佛教徒树立的人生目标,正因为有了这样的人生目标,历史上才有那么多的高僧大德为了弘扬佛

法,而在度众生成佛的道路上,不辞劳苦、舍生忘死,也正因为他们这种锲而不舍和奋斗的精神,才使得佛法从印度传到中国,传至世界,让越来越多的众生可以听到佛法,获得解脱。

一个人没有梦想,就意味着没有生命的活力,一个没有生命活力的人是可悲的。我们在追求梦想的道路上的确会碰到很多困难,但如果我们有足够的信心和勇气,困难也会远离我们而去,我们千万不要一遇到困难、不如意的事,便以"天意如此"、"命中注定"或"因果使然"来自我安慰,而应该像佛陀最初发心修行,证悟人生真谛那样,要有既然走上了这条路,即使是有排山倒海之难,也要达到成功的决心。

千里之行,始于足下,圣人的境界,也是从凡夫开始的,只要我们抱着必须实现的勇气去努力,去坚定地贯彻我们的信念意愿,就会有不可思议的神奇力量发挥出来,让我们成就梦想。但是在遇到困难的时候,你千万不要"听天由命"和"逆来顺受",不要认为因果完全是不可抗的,你应该在任何时候,在任何看来悲观的方面寻找机会,突破自己,这样拼命一搏,也许会别有洞天,但你又怎么知道这其实才是冥冥中上天的安排呢?

童话故事里,有一个乌龟和兔子赛跑的故事。我们知道乌龟是很笨拙的,正常情况下,它肯定不是兔子的对手,但是乌龟不急不缓,却以锲而不舍的精神,击败了骄傲自满、自以为聪明的兔子。事在人为,什么事情都不是一成不变的,也并非1加1等于2这样明了简单。就像这个龟兔赛跑的故事一样,生活中,我们也经常会看到有很多资质平凡的人在事业上获得成功,而很多资质聪颖的人却是惨败的下场。这是因为那些看起来不是那么聪明的人,却有一种顽强拼搏的毅力,一种在什么情况下都坚持到底的决心,他们认准一条道就一直走到黑,不会受到外界的任何影响;可那些聪明人,却往往三心二意,什么都想做,没有一个固定的方向,在确定方向后,又没有去全力以赴,经常会为外在的其他事情分散了精力,什么都做了一点,却什么也没有做好。

所以当我们决定了要去走哪条路的时候，就矢志不移地走下去，别人的路不是你的路，只有你自己选择的路才是最适合你自己的路，这一点你一定要谨记。

世尊从禅定安详而起，告诉舍利弗说："各位佛的智慧非常深奥，其数无量，其智慧之门很难理解、很难进入，一切声闻，辟支佛都不能知晓。为什么呢？佛曾经亲近过百千万亿无数的佛，做尽各种佛的无量道法，勇猛精进，其名称为普闻。成就未曾有过的甚深道法，随从时宜而说，其意趣很难理解。舍利弗！我从成佛以来，以种种因缘、种种譬喻，广泛详细地演说教法，用无数方便善巧法门，引导众生，使他们脱离各种执著。为什么呢？如来佛以方便善巧法门知晓见到波罗蜜，都已具足。舍利弗！如来佛的知见，既广大又深远，既无量又无碍，具备十力、四无所畏，通过禅定解脱三昧，深入无际，成就一切未曾有过的事物。舍利弗！如来佛能够以种种分别，巧说各种道法，言辞柔软，使大众心悦诚服。舍利弗！简要来说，无量无边未曾有过的事物，佛都能成就。停止吧，舍利弗！不用再说了，为什么呢？所说的各种事物，即如是相，如是性，如是体，如是力，如是作，如是因，如是缘，如是果，如是报，如是本末究竟等。"

这时候，世尊为了重新说明这个意思，而说如下偈颂：

世雄的智慧是不可测量的，各位天神，世人和一切有情众生，没有任何一个能够知道佛。佛的十力、四无所畏、解脱诸三昧及佛的其余各种道法，都是不能测量的。佛陀本来就从累劫世所具足而尽行无量的道法，这种甚深而微妙之法，是难以见到、难以了解的。于无量亿劫，修行这种道法以后，因此今世在菩提道场得成佛果，我都已经知道，见到了。这样伟大的果报，种种人之差别的不同之性与相的事情，乃是我以及十方诸佛始能知道的这些事情。这种法是不可提示的，因为言语，辞句之相寂灭而不能表。任何集各类众生所有的智慧也不能理解佛陀的智慧，除非是各类菩萨和信力坚固的人。诸佛的弟子们，曾经供养过诸佛，一切漏都已灭除干净，只有这最后一身，像这样的证悟者，其力量

也不堪测量佛智。假若人世间,都是如舍利弗这样聪明的为人,大家绞尽脑汁来思量,也不能测量出佛的智慧。纵使在十方世界里,都如舍利弗一样,以及在十方世界里住满其他许多弟子,大家共同一致地想思量出佛陀的为人,也是做不到的。像辟支佛那样的利智人,是无漏落于生死的最后身,这种人也满于十方世界,其数如竹林那么多,他们共同一心经亿万无量劫那么久,想思量出佛的实智,也不能知道多少。新发心修菩萨行的人,供养无数的佛,明了通达各种深奥的义趣且能善于说法,像稻、麻、竹、苇那么多充满于十方佛土,一心想以巧妙之智,于恒河沙劫大共思量,也不能知晓佛的智慧。不退转的各位菩萨,其数如恒河之沙,一心共同思量推求,也不能知晓。佛又告诉舍利弗说:无烦恼不可思议的甚深微妙之法,我现在已经具备了。只有我才知道其相,十方佛也是这样。舍利弗!你应当知道,各位佛的言语是没有区别的,对于佛所说的法。应当产生很大的信力,世尊的教法很久以后,当然要说真实之法,请你告诉各位声闻大众,以及追求缘觉乘的人们,我要让他们摆脱痛苦的系缚,以达涅槃。佛以方便善巧之力,告示三乘教法,众生于各处的执著,引导他们,使之出离。

  这时候,大众当中有各种声闻和漏尽阿罗汉、阿若侨陈如等一千二百人,以及发声闻、辟支佛心者、比丘、比丘尼、优婆塞、优婆夷,各作这样的思考:"现在的世尊,为什么要殷勤称叹方便法门而说这样的话呢?"佛所悟得的法门,很深奥、很难理解,有所言说,其意趣很难知晓。一切声闻、辟支佛都达不到这种水平。佛所说的一种解脱义理,我们也得到这种法门,也已经到达涅槃的境地,可是现在依佛陀的意思,却说他所说的真理,不是这种,这太令人费解了。

  这时候,舍利弗知道四众弟子之心疑惑,自己也不明白,就对佛说:"世尊啊!是由于什么因缘,殷勤称叹各位佛的第一方便法门,甚深微妙难解之法呢?我从来没有听佛这样说过。现在的四众弟子,都有疑惑,只希望世尊把这件事说清楚,世尊为什么殷勤称叹甚深微妙难解之法?"

这时候,舍利弗为了重新说明这个意思,而说如下偈颂:

智慧如太阳之光的大圣世尊,你曾经长期说法,今天才说这样的法门,十力、四无所畏的三昧以及禅定解脱等,这些不可思议的法门,在菩提道场所得之法没有人知道,故无人能够发起请问。无人提问而由自己讲说,称叹所行的道理,其智慧非常微妙,各佛之所得。无烦恼的各位阿罗汉以及追求涅槃的人们,现在都堕于疑网,佛为什么说这种教法呢?那些追求缘觉法的人们,比丘、比丘尼,各位天神、龙、鬼、神以及乾闼婆等,相视而心怀犹豫,抬头看看两足尊,不知此事为何?请佛为他们解说。在各种声闻大众当中,佛说我是智慧第一。今天,以我的智慧,还是疑惑而不能明了何为这究竟法门,何是所行的道理,依佛陀金口所生之子,现在都合掌恭敬地在瞻仰期待,大家都希望您发出微妙之声,于此时将实在的事说出。各位天神、龙神等,其数如恒河之沙。求佛的各位菩萨,其数大约有八万。而且,万亿国那么多的转轮圣王也到这里来,合起手掌以示恭敬之心,希望听到具足的无上道。

这时候,佛告诉舍利弗说:"停止吧,停止吧,不要再说了。假若说这件事情,一切世间里的各位天神和人,都应当惊奇疑惑。"舍利弗又对佛说:"世尊啊,请您讲讲,请您讲讲,这是为什么呢?与会的无数百千万亿阿僧祇众生,曾经见过各位佛。其根猛利,智慧明了,听佛所说,都能恭敬信仰。"

这时候,舍利弗为了重新说明这个意思,而说如下偈颂:

诸法之王、无上之尊者!希望您不要顾虑,在会的很多众生,都能敬重佛语而能信仰。

佛又制止舍利弗说:"假若说这件事,一切世间的天神、人、阿修罗,都应当惊奇怀疑,增上慢比丘,将要堕于大火坑。"

此时,世尊又重新说了如下偈颂:

停止吧,停止吧!不要再说了,我的教法非常微妙难以思虑,各位增上慢比丘,听后肯定不会敬信。

这时候,舍利弗又对佛说:"世尊!请讲吧,请讲吧,在今天这个会

上,像我这样的人,有百千万亿,世世代代以来,曾经听从佛的教化,像这样的人们,肯定能够敬信。他们的心日夜安稳没有迷惑,会饶益众生之境地了。"

这时候,舍利弗为了重新说明这个意思,而说如下偈颂:

至高无上的两足尊!愿您讲说第一法,我是佛的长子,惟愿您垂慈分别解说。与会无量众生,能够恭敬信仰这种教法。佛已经曾于世世以来教化这些众生了,都专心合掌,想闻听接受佛说的话。我们共有一千二百人,及其余求成佛道的人们,愿佛为此大众,惟愿您垂慈分别解说。他们听到这种教法,就会生大欢喜。

这时候,世尊告诉舍利弗说:"你已经殷勤邀请过三次了,我怎能不说呢!请你现在仔细听,很好地思考。我要为你分别解说。"说此话时,与会者有比丘、比丘尼、优婆塞、优婆夷等共五千人,立即从座位上站起来,向佛敬礼以后而退去。为什么呢?这些人罪根深重,又有增上慢,还没有得道自以为得道,还没有证悟自以证悟,有这些过失,所以不敢往下听去。世尊默然不语,不去制止。这时候,佛告诉舍利弗说:"现在在我法席的这些大众,不再有枝叶,纯粹是有虔诚心的人。舍利弗!像这样的增上慢人,退席也很好。你现在认真听,我要为你讲说。"

舍利弗说:"是啊,世尊,我们很乐意听你讲。"

佛告诉舍利弗说:"这样的微妙法门,各位如来佛很久才能说一次,如昙花一现。舍利弗!你们应当相信佛所说的话不是虚妄。舍利弗!各位佛都随从机宜说法,意趣很难理解,为什么呢?我以无数方便法门、种种因缘、譬喻言辞。演说各种教法。这种教法并不是以思量分别所能理解的,只有佛才能知晓。为什么呢?各位佛世尊,只以一大事因缘而出现于世。舍利弗!为什么称为各位佛世尊,只以一大事因缘而出现于世呢?各位佛世尊为了让众生启用佛的正知、正见,使之清净而无烦恼,才出现于世。为了把佛的正知、正见告诉给众生,才出现于世。为了使众生证悟佛的知见,才出现于世。为了使众生悟入佛的正知、正见之道,才出现于世。舍利弗!各位佛只为这一大事因缘而出现于世。"

佛告诉舍利弗说:"各位如来佛只是教化菩萨。佛的各种作为,常为一件事,只是以佛的正知、正见告示觉悟众生。舍利弗!如来佛只以一个佛乘为众生说法,没有其余的二乘或三乘。舍利弗!一切十方诸佛所说的教法,也是这样。舍利弗!过去诸佛以无量无数方便法门,以种种因缘、譬喻言辞,为众生演说各种教法,这种教法都为入一佛乘。这些众生从诸佛闻法,都究竟获得一切种智。舍利弗!当未来诸佛出现世。也以无量无数方便法门,以种种因缘,譬喻言辞,而为众生演说各种法门,这种教法都为入于一佛乘。这些众生从佛听闻教法,都究竟获得一切种智。舍利弗!现在十方无量百千万亿佛土中的各位佛世尊!为了让他们多听佛法饶益众生,使众生安乐。这些佛也以无量无数方便法门,以种种因缘、譬喻言辞,而为众生演说各种法门,这种教法都为众生入于一佛乘。这些众生从佛听闻教法,都究竟获得一切种智。舍利弗!这些佛只教化菩萨,想以佛的正知、正见教示众生,为了使众生入于佛的正知、正见。舍利弗!我现在也是这样。知道各位众生有种种欲望,深心所执著的,随其本性,以种种因缘、譬喻言辞、方便力,而为之说法。舍利弗!这样都为众生得一佛乘,得一切种智。舍利弗!十方世界中尚且没有二乘,何况是有三乘呢!舍利弗!诸佛出现于五浊恶世,即劫浊、烦恼浊、众生浊、见浊、命浊。这样,舍利弗!世代至于末劫而浊乱的时候,众生的迷垢越来越重,悭贪嫉妒之心越来越多,由于做成种种不善根,各佛以方便法门,在一条佛道当中,分别地说为三条。舍利弗!假若我的弟子当中,自以为是阿罗汉、辟支佛,没听说过不知道诸佛如来,只是为了教化菩萨之事,他就不是佛弟子,不是阿罗汉,不是辟支佛。而且,舍利弗!各位比丘、比丘尼,自称已得阿罗汉,此身是最后身,已经是究竟涅槃,便不由立志求成阿耨多罗三藐三菩提。应当知道,这些人都是增上慢人。为什么呢?假若有的比丘真实获得阿罗汉果,若不相信这种教法,终究没有这个道理。除佛灭度后,现在没有佛陀在世者例外。为什么呢?佛灭度以后,像这类经,受持、读诵、理解其

义者,这种人很难得到。假若遇到其余的佛,于此法中便得解决。舍利弗!你们应当一心一意地相信理解、受持佛说的话。各位如来佛,言无虚妄,没有其他的乘,只有一佛乘而已。"

这时候,佛世尊为了重新说明这个意思,而说了如下偈颂:

比丘、比丘尼当中,有人怀有增上慢,优婆塞当中有人怀有我慢,优婆夷当中有人不信,这样的四众弟子,其数有五千。他们看不到自己的过失,于持戒有缺漏,对于自己的过失护惜其瑕疵。这些有小智人已经出去了,是众人之中的糟糠,是佛的威德使之而去,这种人福德很少,不能接受这种教法。在会之众已经没有枝叶零碎的人了,只有各种真正实在的人。舍利弗!请你认真听,各位佛所得教法,以无量方便力,而为众生说法。众生心所起动念,种种所行之道,于是种种欲望俱发,宿世所成的善业和恶业。佛把这些情况了解以后,以各种因缘、譬喻言辞的方便力,使一切众生欢喜。或说修多罗经、伽陀,本事、本生、未曾有,又说因缘、譬喻和祇夜、优婆提舍经。佛法迟钝者乐小乘法,贪著于生死,于各种无量佛,不行深妙之道,被众苦所恼乱,所以为他们说涅槃。我施设这种方便,使之悟入佛的智慧,以前未曾对你们说过成佛之道,所以没说,是因为说的时间还没到,现在是时候了,决定为他们说大乘。我的这九部经法,是随顺众生而说。因为以入大乘为本,所以说这些经。有的佛子心净柔软又利根,他们于无量诸佛之处所,而行深妙之道。为这样的佛子,说这部大乘经。我授记这样的人,来世成就佛道,因为他们深心念佛,修持清净戒律。他们闻得佛法,身心充满大喜,佛知晓他们的心行,所以为他们说大乘法。不管是声闻还是菩萨,闻我所说教法,乃至于一偈,都毫无疑问地成佛。十方佛土当中,只有一乘教法,没有二乘,也没有三乘,除了佛陀的方便演说以外,都只是以虚假的名字,引导众生。为了解说佛的智慧,各位佛才出现于世,只有这一乘之事是实,其余二乘,都不是真实,终究不以小乘教法普济度化众生。佛自己安住于大乘,他所得之法,因定、慧之力庄严,以此度化众生。我自己证得无上之道,是大乘平等法,假若以小乘教化,即使只有一人，我则堕于悭贪，此事绝对不可行。假若有人相信、皈依佛，如来佛不会欺诳他，也没有贪嫉之意，佛陀是断除一切恶意的人，所以，佛陀对于十方的一切，独自心安没有畏惧之心。我以三十二相来庄严身体，为了让光明能够照耀世间，故受很多众生所尊仰，所以为他们说实相之法印。舍利弗！你应当知道，我本来已立誓愿，要使一切众生，都如我一样而无区别。如我从前立下的誓愿，现在这样做已经心满意足，愿度化一切众生，使他们悟入佛道。假若我遇到众生，把佛道都教给他们，无智之人错乱，迷惑而不接受教诲。我知道这些众生，未曾修过善的根本法，坚持执著于五欲，因痴迷故有爱念而生烦恼。由于有各种贪欲而堕于三恶道，在六趣中轮回不息，备受各种苦毒，受胎时是微形，逐渐增长，至世世转生都一样地增长。薄德少福之人，受各种痛苦的逼迫，众生有的是邪见，好像是茂密的森林，如有见、无见等。依此有、无而生各种邪见，具备六十二种之多，深深执著虚妄的东西，坚持接受而不弃舍，自我傲慢清高，谄媚弯曲之心而不诚实，于千万亿劫当中，听不到佛的名字，也不听闻正法，这种人很难度脱。所以说，舍利弗！我要施设方便法门，把各种苦道讲说清楚，告诉他们以达涅槃。我虽然说到涅槃，也不是真的灭除，各种事物从本以来，自己永恒处于寂灭相。佛子修行佛道以后，来世可以作佛，我有方便之力，开示三乘教法。一切佛世尊，都说一佛乘之道。现今的各位大众，都应当消除疑惑，各种佛语都无差别，只有一乘，没有二乘。过去无数劫，有无量佛降世灭度，有百千万亿种，其数不可计量。这样的各位佛世尊，以种种因缘譬喻，以无数的方便力，演说各种法相。这些佛世尊，都说一乘教法，度化无量众生，使之入于佛道。而且，各位大圣之主，知晓一切世间的天神、人类、众生深心的欲望，又以不同的方便法门，帮助众生显示第一义谛。假若有的众生，时值过去诸佛，假若听到法布施，或者是持戒、忍辱、精进、禅定、般若智等，修行种种福慧。像这样的人，都已经成就佛道。各位佛灭度以后，假若有人之心是善、是软，像这样的众生，都已经成就佛道。各位佛灭度以后，供养舍利的人们，建起万亿种佛塔，以金银、玻璃、砗

磲、玛瑙、玫瑰、琉璃、宝珠,都很清净,广泛地饰以庄严的饰物,美化所有的塔。或者有的用岩石盖庙,用旃檀及沈水、樒及其余木材、砖瓦、泥土等。假若在旷野当中,用土积成佛庙,乃至小孩闹着玩,用沙土聚成佛塔。像这样的人,都已经成就佛道。假若有人为了供佛,建成佛的各种形象,雕刻成各种佛像,都已成就佛道。或者是用七宝做成佛像,用输鉐、赤白铜、白镴和铅锡、铁木、泥,或者是用胶漆布庄严装饰佛像,像这样的人,都已成就佛道。用彩画绘成佛像,画出许多福德庄严的佛像来,他们或者是自己作画,或者雇人作画,都已成就佛道。乃至于小孩闹着玩,用草木或用笔,或者用指甲,画成佛像,像这样的人们,渐渐积累功德,具足大悲心,都已经成就佛道。佛只是教化菩萨,让菩萨度脱无量众生,假若有人于塔庙,或对宝像及画像,用花香幡盖以虔敬心来供养。假若是请人奏乐,击鼓吹角贝,吹箫、笛、弹琴、箜篌,或弹琵琶,或击大铙、小钹,像这样的很多妙音,都用来作为供养。或者是以欢喜心,以歌唱歌颂佛的功德,乃至于用少许之音颂佛功德,都已成就佛道。假若有人心意散乱,甚至于用一枝花,供养于佛的画像前,逐渐见到无数的佛。或者有人向佛礼拜,或者是只合掌,甚至于只举一手,或是又略微低头,以此供养佛像,就逐渐见到无量佛。佛自成无上道以来,广泛度脱无数众生,入无余涅槃,如柴烧尽火灭一样。假若有人心意散乱,进入塔庙当中,只叫了声"南无佛",这种人都已成就佛道。于过去诸佛,不管是在世或者是已经灭度,假若有人听闻这种教法,都已成就佛道。未来的佛世尊,其数无量,这些如来佛,也以方便说法。一切如来佛,以无量方便法门,度脱各个众生,悟入佛的无漏智。假若有人听闻佛法,无一人不成佛道。各位佛都发过誓愿:我所行的是佛道,我要使一切众生,都同样获得这种佛道。未来世的各位佛,虽说有百千亿无数的各个法门,其实是一乘。各位佛的两足尊,知道各种事物永无自性,佛的种子从缘而起,所以说只有一乘。此诸法住于法位所应当然住之位处,会现出世间各方面永久不变的相来,佛陀于菩提道场时已经知道了,导师是用方便法门而演说。天神和人所供养的现在十方诸佛,其数如恒河之沙,出现于世间。他们为了安隐众生,也说这种教法,知道第一寂灭相,因为用方便之力,显示种种道理,其实是佛乘。知晓众生的各种行为和深心所念、过去所作之业、欲望和精进力以及诸根利钝,以种种因缘,譬喻和言辞,随应方便法门而说。现在我也是这样,为了安隐众生,以种种方便法门,宣示佛道。我以智慧之力,知晓众生的本性和贪欲,以方便法门讲说各种教法,都使他们获得欢喜。舍利弗!你应当知道,我以佛眼观察,看见六道众生,贫穷而无福慧,入生死危险之道,痛苦相续不断。他们深深执著于五欲,如犛牛爱自己的尾巴,以贪爱遮蔽自己,如盲瞑看不到真实的东西。不求有大力量的佛陀和断除痛苦的方法,深入各种邪见,因为痛苦而想舍除痛苦。我为了这些众生而起大悲心,我开始坐于道场,观树并经行,于三七日中,思考这件事。我所悟得的智慧,最为微妙。众生的各种根都很钝,执著于爱乐,被愚痴的心理所填而盲目行事,像这类众生,怎能度脱他们呢?此时,各位梵王和各位天神、帝释,护世四大天王及大自在天,及其余的各种天神众,连同眷属共百千万,很恭敬地行合掌礼,请我为他们转法轮。我自己就这样想:假若只赞颂佛乘,众生沉没在苦海里,不能相信这种教法。破坏佛法而不信仰,就堕于三恶道。我宁肯不说法,赶快入于涅槃思念过去佛所行的方便力,我今所得的佛道,也应当说三乘。这样思考时,十方诸佛都出现在面前,都以清净的梵音安慰我:好啊,释迦牟尼,你是第一位导师,你悟得无上妙法,随顺一切佛而用方便之力。我们也都得到了第一妙法,为各类众生,分别说三乘,智慧少的人喜欢小乘教法,不相信自己能成佛,所以以方便法门分别说出各种果报。虽然又说三乘,只是为了教化菩萨。舍利弗!你应当知道,我听圣师之子的深奥清净微妙之音,向诸佛致敬。又这样想:我出离浊恶世界,如诸佛所说,我也随顺而行。想完这件事以后,就到波罗奈去了,各种事物的寂灭之相,是不可言传的。以方便之力,为五比丘演说,这就称为转法轮,这就会有涅槃之音以及阿罗汉所讲的佛、法、僧差别之名。从久远劫以来,赞美示现涅槃法,生死之苦永远断除干净,我常常这样说。舍

利弗！你应当知道，我看见佛子们，立志求成佛道者，有无量千万亿。都以恭敬之心，都赶来佛的处所，曾经从各佛听闻方便所说法。我就这样想：如来佛所以出现于世，就是为了讲说佛的智慧，现在正是时候。舍利弗！你应当知道，钝根小的有智慧的人，既执著外相又很傲慢，不可能相信这种人乘教法。现在我很高兴，无所畏惧了，于各位菩萨当中，正值舍弃方便法门只说无上佛道了。菩萨听到这种教法，疑网完全消除，一千二百罗汉，也都成为佛。就像三世诸佛的说法仪式一样，我现在也是这样，我所说的和诸佛所说的都没有差别法。一位佛陀和另一位佛陀降生的期间，悬隔遥远难于逢遇，假使正当佛陀出生于此世间，要说这部《法华经》又是难事，无量无数劫听闻这种教法也很难，能听这种教法者，这种人也很难得。就像昙花一样，一切人都很喜欢，也是天人所稀有之物，很久时间才出现一次。听此法而欢喜称赞，乃至小如发一声来赞叹，则已经是供养过一切的三世诸佛一样的了，这种人乃非常的稀有，胜过于昙花。你们不要怀疑，我是诸法之王，普遍告诉你们大众，只以一乘佛道，教化各位菩萨以及没有声闻弟子。舍利弗！你们声闻和菩萨，都应当知道这种妙法，这是诸佛的秘要。五浊恶世的众生只喜欢执著于诸欲，像这样的众生，终究不求成就佛道。将来，末劫世的浊恶之人，听佛说一乘教法，由于迷惑而不相信接受，破坏教法而堕恶道。如果有惭愧清净而立志求成佛道者，就应当为他们广泛赞颂一乘之道。舍利弗！你应当知道，诸佛教法就是这样，以万亿方便法门，随顺机宜说法。如果不常常研究学习的人，就不了解这个问题。你们既然已经知道了诸佛是世间之师。随顺机宜方便施教，再也没有各种疑惑，心生大的欢喜，自己应当知道将来会成佛。

第三章 在生命的上空把梦境弹拨在柔嫩的指端

科学为我们揭示自然的奥秘,哲学帮助我们了解自己,而艺术则是一种创造性、复合性的意识,人类可以从中与宇宙联系,主观与客观亦可统一。

于是乎,宗教是人类的需要,是一种我们借以彰显自然、彰显自己的语言,是一条我们共同走向和谐世界的道路。

还是那个太阳下的轨道,但是地球变了,在 30 年间变了。就在以色列人用"归来",而巴勒斯坦人用反义词"逃亡"叙述他们"家园"的时候,其实,地球人都在"离乡"。人们似乎突然觉察,自己原来是在家的异乡人。

虽然还远远不到为地球讣告的时候,但是地球已经自转在经典地理概念之外。南亚的棕云凝重。沙尘暴连年掠过北京的春天,到日本列岛遮蔽太阳。南印度洋的海啸过后,是东太平洋的卡特里娜飓风。而且,地中海两岸,好像与洪水涌过蓝色多瑙河对称,6 月的雪在南非的约翰内斯堡飘落。从赤道线上乞力马扎罗山的雪峰,大陆若连若断的冰川带,到地球南北冰雪的两极,都在无声的融化中静听潮涨。而每天传出的物种灭绝报告,也多少有些像是提前预拟的地球葬词。险象后面是凶象。所谓故土,除了地名、姓氏、家族遗风和邻里传闻,天时,物候,连同地平线上的日出和日落,都很陌生。再也没有为候鸟无期、花事无时感到诧异的人了,我们好似一半在旧地,一半在来去不明的大

迁徙的路上。

"地球，一个像月球一样死寂的冻结了的球体，将在深深的黑暗里沿着越来越狭小的轨道围绕着同样死寂的太阳旋转，最后落到它的上面。"恩格斯这样写着，尽管他不愿意他的词语也随地球一同落下。

我们怎样告慰他？太阳以n厘米/年的速度缩小和月亮以n厘米/年的速度离去，都不在我们的视线里。如果说恩格斯还是在叙述宇宙年龄中的地球，那么我们就是赶来叙述自己生命年龄中的地球了。地球竟这样从天文数字的宇宙年龄匆匆进入我们的人生岁月。在恩格斯身后，两个世纪的世纪名花，烟囱盛放的黑牡丹和原子核怒放的红牡丹还没有开败，地球也已经追过我们年华逝去的速度凋败。地球甚至没有后天。

因为有了人？

但是地球并不是为了成为坟场才诞生人类的。无人的地球与无地球的人一样是一个假命题。如果无人，只是为了玛雅文化遗址的荒芜蔓延？为了人去后，人性的名犬，纯种马，富士苹果，杂交水稻，和平的鸽子，以及寄生于人体的流行病菌和性病毒，被恣意孳生的天敌一一扑灭？为了文明的最后记忆：沉积在土壤和海洋的重金属分子，数千年？风一般轻的塑料薄膜，数万年？泄漏的核放射元素，数亿年？

而且，如果没有人的脚步，也仅仅是为了由立陶宛大公、戈林和斯大林王权承袭的最后一片比亚洛维兹亚原始森林，狂野地越过大炮和旗帜分离的所有国界，重新复活一个巨奇怪兽的恐龙纪，等待下一次外星的撞击？想象一个无人的地球与想象一个无地球的人类同样荒诞。

人的地球也只应该由地球的人回答。

天上的云瞬息万变，当你看见这片云时，它已不是这片云。
地下的河曲里拐弯，当你踏进这条河时，它已不是这条河。
真想画出某片云彩，那恐怕是不可能的，你只能够画出云彩。
真想绘出某条河流，那恐怕也很是难得，你只能够绘出河流。

很多时候,我们真的只能把握一个大概,就像你能登上月球,却难解剖那些细菌。

还有你的狗,你真了解吗?还有你的猫,你真了解吗?甚至你的父母、孩子,你也难说你了解的。何况这个世界上,还有这么多的人,还有各种各样的语言,你又能懂几国语言?

即使对汉语,你也不能说,你就真的把握了。虽然,每天,你都用它——表达思想,抒发感情。

你只能说好,比如这个好,比如那个好,至于哪个更加好,你就难说了。

至于对罪恶,那就更难说,你凭什么说此罪定较彼罪更加恶?

有的罪是伤身的,有的罪是伤心的。

至于善,也一样,即使最大最美的善,也难尽善尽美的。

我们多靠错觉而活,将那错觉当做正确。

这样,我们走在街上,就会觉得自己好爽,已经将这人生把握。

虽然已是夕阳了,只剩一抹残影了,依旧还是这么强烈,整个林子一片橙光。

树木长得差不多高,高的高不了多少的,矮的也矮不到哪里去,高的矮的参差着,形成许多浓密的阴影。

只有在这样的林子里,才能清晰地感觉到光和影的差别吧。

光就是光,影就是影。

光始终是沉稳的,影却始终显得零乱,随着风动而零乱。

只有在那严酷的盛夏,影才显得美好。

树枝摇动着,影在跳动着,现出一幅幅的动画,让你看到好多好多,让你想到好多好多,就像在放电影一样。

美妙的电影,梦一样,两者却又不一样。

电影犹如存在的梦,梦是不存在的电影。

空气的色彩变幻着,景物的色彩也在变。渐渐,渐渐,由橙变紫,起起伏伏,液体一般。凹凸的城市昏暗下来,突然之间,黑夜到来。

这黑夜是怎么来的?一下就铺天盖地了。

白昼来临时,你能看得见,看见一个点,一个小白点或一个小红点。

黑夜呢,就不是,它也应该有个点的,一个那么小的黑点,然后,黑点慢慢扩大,然后再是这么一片。

可是,我却看不见。

我看见的只是黑夜,这么大的一片黑夜,突然之间,笼罩下来,天地就是一个色了。

那些光,不见了;那些残影,也没了。

你是快乐的也是悲伤的。

你是幸福的也是痛苦的。

你是这样的火热合群又是那样的冷僻孤独。

你,一路狂奔,头也不抬,两腋生风。

任何人都不敢阻挡,双目充血,犹如铜铃。

最后终因过度发泄,而声嘶,而力竭。

脚软,筋疲,瘫倒在地,与此同时,

凄寒,黑暗形成一条深深的隧道。

那道上却有光,那是一缕温暖的阳光。

明亮,闪耀,悄无声息,绸缎一般透射进来。

为了迎接这缕阳光,你不停地奔呀跑呀,你想冲出你的孤独,冲出你的情感的孤独,冲出你的灵魂的孤独。

为了你的这种冲出,什么经呀,什么道呀,什么规呀,什么矩呀,全都被你踩在脚下。

你知道最后怎么样?你不想最后怎么样。

时光过去这么久了,为何还是忘记不了?

那股将人分开的力量,能够分开我们的手指,却难隔断我们的目光。

我们还是互相望着，无论阳世还是阴间，无论地狱还是天堂。

天堂仍有蛇在游走，智慧之树结出来的竟是怎样的智慧之果？

时光过去这么久了，我仍看见你的目光。

你的目光依旧明亮，依旧坚定，依旧刚强，依旧嘴角微微上翘，满怀理想，热血一腔——想要改变这个世界，使这世界四季飘香。

这个世界要改变吗？它又需要怎样改变？它又能够怎样改变？

这个世界天天在变，却又不知为何要变，不知应该怎样改变。

渴望改变这世界的与竭力维持这世界的——每天又是如何见面？

我知道你总有信心，理解你的思想感情，明白你的每一句话以及你的手势身形。

你是多么美好单纯，从不抱怨，退缩，呻吟。

你仍那样日夜忙着，日夜忙着，日夜忙着……忙得没有一点时间，停顿一下，说声再见。

无论白天还是黑夜，时间总在嘀嗒而行。

钟表停止了，时间仍在动。

时间正在侵蚀着我，吞没构成我的细胞。

我的细胞就像火星，一点，一点，闪亮，熄灭。

或许时间并不在动，是我通过时间在动？就像空间永远存在？空间永远存在吗？

过去的一切，将来的一切，共存于一个永恒的现在？

什么都是可能的。

时空呈现我的眼前，就像一对黑色的眼睛，一下把我吸了进去。

或许，是我，跳了进去？

天地是两个迥然不同的世界：地上是人类居住的地方，变动不居，有死亡与毁灭，有残缺与短暂；而天上是神圣和超自然的所在，亘古不变，秩序井然，和谐完美。天与地，宇宙与混沌，纯洁与污浊。最大的差别也莫过于此了。

当然，这幅永恒的宇宙图景完全是虚幻的。恒星会死亡，星系会消

失,宇宙在膨胀。一切都在变动之中,宇宙也在演化着。我们在地球上很难体察宇宙的变化;而从宇宙的角度来看,人类的漫长历史不过就一天的时间,一个人的生命也就是一眨眼的工夫。我们只不过见到了宇宙的一个瞬间,就像看到了电影中一晃而过的一个镜头。就匆匆地下了结论,说宇宙是永恒不变的。

尽管天与地相距甚远,我们却一直在寻找二者的联系。我们曾经认为,天上是神的住所,太阳、月球、各行星都是超自然力量的化身;我们曾经相信,这些神秘天体的运动能告诉我们神的旨意和神对我们生命的安排。据信,如果能读懂天上的语言,就能预测地上的未来。

生命不过是出生与死亡之间的一段小插曲,随时都可能受外界干扰。我们已经学会了面对大多数危险。我们认可这些危险,是因为它们也是我们这个世界的一部分。这是关于凶猛的自然和它的受害者、猎食者和猎物、病毒和身体细胞的问题。一面是不断的战争,会导致死亡;一面是涵容广泛的和平,由各种力量、各种生物、各种进程(每一进程都是我们生活不可或缺的组成部分)之间微妙的自然平衡构成。

我们生活的世界,一直延伸到地球之外。我们对彗星撞击地球不如对地震熟悉,但两种灾难都不可避免地影响着太阳系的生态系统。没有彗星撞击或板块构造,也就没有我们。超新星爆发可能比洪水更难理解,更不相干,但两种现象都与两种基本的生命成分紧密相连:重元素和水。

天地一体。在我们所在的宇宙中,有星系诞生、气体云形成新星、星尘粒子积聚成行星;也有天体碰撞、恒星爆发、物质被吸入黑洞。在宇宙中,我们和恒星一样,也经历着诞生、成长、死亡。在这一过程中,创造与毁灭达到了平衡。没有战争与和平的平衡,宇宙就不可能存在,我们也不可能站在这里,对大自然展现出的大千世界表示惊讶。

γ射线虽神秘莫测,令人迷惑不解,却和力图解读它们的天文学家们同属一个宇宙。虽然温度和能量不在一个档次上,但相对论性火球中的基本粒子却与人体的构成成分没什么不同。能在零点几秒内吞噬掉整个恒星的强大引力,和我们自身得以保持平衡的引力也没什么两样。控制着遥远王国的极端条件和悠久历史的自然规律,和地球更为平和的自然规律没有什么差别。本来就是同一个世界,同一个宇宙。

要说这里面有什么教益的话,那就是,我们都是这个美丽奇迹的组成部分。

人在受孕于母亲子宫并呱呱坠地之后,婴儿可能会在他获得自觉意识之前便夭折。直到20世纪之前,婴儿在产生意识之前这个阶段的死亡率一直是很高的。甚至在那些较为安全和较为富裕的社会,在那些医学普及、设施完善的社会,婴儿死亡率也同样是很高的。进入近代以前,婴儿死亡的比率与兔子不相上下。而且,一个孩子即使存活到产生思维之后,仍然可能夭折于生命的任何阶段,或许是死于蓄意杀害,或许是死于某种事故,也可能死于某种疾病,以及死于某种伤害,以至于在那种特定的时空之中,医疗技术和设施无计可施,无法起死回生,也是情理之中的事。

尽管如此,在医学和社会各方面都较为成熟的社会中,人类的预期寿命已经有了很大的提高,众多相对落后的地方在这方面也已开始有明显的提高。今天,一个人可以在他生命的七八十年中一直处于有意识的状态。直到死亡,这种意识之光才会熄灭,或者是在肉体死亡之前,由于精神衰老而使意识之光趋于暗淡。在这意识之光闪耀的七八十年中,人可以意识到周围存在的各种自然现象。这些现象向他提出许多难解之谜。尽管现代科学知识和科学判断能力获得了迅速而广泛的进步,一些基本的难解之谜仍然没有找到明确的答案。当我们带着难解之迷去叩问几千年的佛陀,佛陀在《金刚经》中这样回答我们:尔时,长老须菩提合掌恭敬而白佛言:"希有!世尊!如来善护念诸菩萨,善付嘱诸菩萨。世尊!善男子、善女人,发阿耨多罗三藐三菩提心,应云何住,云何降伏其心?"佛言:"善哉,善哉。须菩提!如汝所说,如来善护念诸菩萨,善付嘱诸菩萨。汝今谛听!当为汝说:善男子、善女人,发阿耨多罗三藐三菩提心,应如是住,如是降伏其心。"

"唯然,世尊！愿乐欲闻。"

佛告须菩提："诸菩萨摩诃萨应如是降伏其心！所有一切众生之类：若卵生、若胎生、若湿生、若化生；若有色、若无色；若有想、若无想、若非有想非无想,我皆令入无余涅槃而灭度之。如是灭度无量无数无边众生,实无众生得灭度者。何以故？须菩提！若菩萨有我相、人相、众生相、寿者相,即非菩萨。"

"复次,须菩提！菩萨于法,应无所住,行于布施,所谓不住色布施,不住声香味触法布施。须菩提！菩萨应如是布施,不住于相。何以故？若菩萨不住相布施,其福德不可思量。须菩提！于意云何？东方虚空可思量不？"

"不也,世尊！"

"须菩提！南西北方四维上下虚空可思不？""不也,世尊！"

"须菩提！菩萨无住相布施,福德亦复如是不可思量。须菩提！菩萨但应如所教住。"

"须菩提！于意云何？可以身相见如来不？""不也,世尊！不可以身相得见如来。何以故？如来所说身相,即非身相。"佛告须菩提："凡所有相,皆是虚妄。若见诸相非相,则见如来。"

我们常常听到人们谈各种各样的梦想,每个人的梦想听起来都是那么美好,但在现实生活中,我们却很少见到有人能像佛陀那样决绝地全力以赴地去实现梦想。也许在他离开王宫的时候,他的王族,只是认为他是一时的年轻气盛,从来没有人认为,有一天他会真的证悟成佛,但是佛陀即使在最艰苦的日子也从来没有回头,他渡过了最后的难关,将很多和他一样修行的人都没有实现的梦想变成了现实。于是证悟了的佛陀告诉其他人自己修行的方法,佛教就这样产生了。

佛陀要教给人的方法,其实是让人自强,让人相信自己的能量,让人从内心培植起对自己、对佛陀的信心。于是一切都变得自然,一切的不可能都变成了可能。这来自于你认定自己,认定佛陀的信念。信念是一股内在的巨大力量,是一种强大的精神依托,因为有了要去成就梦想的信念,所有的事情都变得明朗简单,你为了你的信念和梦想所吃的苦,所受的累,都会成为你继续奋斗的勇气。

信念是一个有志者安身立命的法宝,是他生存在这个世界上的希望所在。这是理想与意志的融合,是一种精神和修养的支撑。信念的力量在于你即使身处逆境,也可以奋然向上攀登;即使遭到挫折,也可以唤起你重新上路的勇气。无论在什么时候,你都不会动摇,受到诱惑;任何状态下,你都保持澄澈而崇高的心灵。信念不会让你在平庸中度过,即使身处绝境,也会让你看到生命的希望。

佛陀说,世间苦,做人亦苦,但只有做人才是成圣成佛唯一的道路。这个世间,也只有我们人类拥有梦想、拥有信念,当我们有梦想的时候,我们不要设置那么多的不可能,去阻碍我们梦想的实现,我们只要想怎么可以把梦想变成现实,去上路、前行,去寻找可以这样做的契机,一旦有了可以让你施展的空隙,你就让它生根发芽,将它培养成参天大树。梦想是人们对未来的向往,意味着你自己潜力无穷可能性,我们不要对自己绝望,永远相信你就是创造奇迹的那个人,佛陀最好地说明了这一点,他的追随者们,也向我们最好地说明了这一点。

一个人有什么样的心态,就会有什么样的追求和结果。美国西点军校有一句名言就是:"态度决定一切。"没有什么梦想是不可能实现的,关键是你对待梦想的态度,如果你还没有开始实施,就认为它不可能实现,那它就永远不可能实现,一切归结为你的态度,你对你的梦想付出多少,你是否坚持了你的信念,都会影响你的梦想进展的结果。世界上没有什么梦想是不可能实现的,如果你有成就这个梦想的强烈愿望,那你就着手去实现好了。

我们的一生就是一次漫长的实现梦想的旅途,而实现梦想从来都不是轻而易举的。只要你拥有胆识和果敢的精神,那么你就勇往直前,去尽力为你的理想拼搏。我们有很多人可能一生一世都从未想过要突破自己,实现理想,这是非常懦弱和遗憾的。曾有一只蚂蚁想往一面光滑的瓷砖墙上爬,却一次次地掉了下来,但它依然执著地向上爬。在我

们的人生道路中,不慎跌倒并不表示永远的失败,唯有跌倒后,却没有了再次爬起来的信心才是永远的失败。在实现梦想的过程中,我们难免会遇到失败,但千万不要甘于失败,只要在我们的心头没有失去希望,没有"三天打鱼,两天晒网",那么胜利的曙光就会到来。

世上没有不可能实现的梦想,只有一颗想不到,认为不可能的心。

对佛法的信心,也并非是完全来自于对佛法的强烈好感,而是由于智慧的觉知。佛陀说,众生痛苦的根本是因为无明,而他是由于完全觉知了这众生痛苦的真相,破除了心头的无明才成道的。众生经由佛陀的方法,也像他一样通过智慧觉知产生体悟,自然对佛陀对佛法产生信心。

所以《大智度论》中说:"佛法大海,信为能人,智为能度。"佛法无边,深广如同大海,众生要得到佛法的受用,要有信心才可以进入,有智慧才可以度过。就像我们来到宝山,要用手去拿,才可以得到宝贝,这双手就好比信心和智慧,我们要有信心和智慧才可以拿到佛陀的宝贝。

伟大的事业均是由树立信心开始的,一旦你有了要去成就什么的梦想,就要树立信心去实现它,如果你总是为要去选择什么犯愁,总是在两条不同的道路之间徘徊,那么你就不会有什么特别突出的成绩,不了解自己真正想要的是什么。所以你一定要选择一条路,在你最喜欢走的一条路上集中精力,对自己想去哪里、想成为什么有一个坚定的、毫不动摇的信心。然后,在实现它们的过程中展开你的计划。可能你会面临压力和来自其他对手的挑战,但是你一定要有信心面对,你要有积极的态度和高昂的热情来专一于你的梦想,努力让自己做到最好,这样不久的将来,你就会看到你这样努力奋斗,用心栽培的成果。当你实现了目标和你自己定义的成功时,你就是成功的。并且这个过程也会让你感到充实和满足,因为当你为这个目标奋斗,并满怀信心地去克服在这个过程中遇到的困难时,你本身就是幸福的。

一个有着远大的人生目标,并坚定不移地去实现的人,是活得有意义的人,因为他看懂了人生本身这一过程,并把握住了这一过程,活得充实而真实。

　　曾经有一个学生说,他有一个梦想是要去周游世界,想变成像徐霞客、马可波罗那样的人,但是他说他现在还没有钱,他要努力地赚钱,要等到成了富翁后再去履行他想做的事情。这里出现了两个问题,那就是:如果他这一辈子都没有成为富翁怎么办?如果他成了富翁,也许年龄已经很大,这个时候他还想去旅行吗?所以最好的解决办法,就是他现在就出发、就上路,去旅行,满怀信心地去克服困难,去实现他的梦想。

　　我们也经常碰到这样的情况,在开始做什么事情时,总是听到有人说:"这样做能行吗?那样做可以吗?"有一点点不如意就动心了、退却了,这其实是你自己最大的损失,是对自己没有信心的表现。人生有时就好像是宽阔的大海,我们都在其中航行,只有有信心有勇气面对大风大浪的人,才能游向大海的彼岸,领略大海的壮美和宽广。

　　因此,学佛也好,是为了实现梦想也好,我们做任何事情都必须下定决心,一旦选定了自己的路,就不再彷徨,满怀信心地去努力、去执行。虽然有时努力也不一定会成功,但如果你不努力就一定不会成功。

　　一个真正的好老师,不会教你该怎么做,他只会带领你进入更深的觉思与觉察,他只会协助你更勇敢地面对生命的真相,找到属于自己的道路。在生命潜能的领域里,没有一个人是你的老师,真正的老师只有你自己,最有智慧、最棒的人就是你自己。佛陀曾不止一次向他的弟子说过这样的话。他只告诉他的弟子,他是如何开悟的,但开悟却是弟子自己的事,佛陀一点也不能代替他。

　　佛陀就是要让你认识自己,做自己的主人。佛陀刚出生时曾经说"天上地下,唯我独尊",众生与佛在佛性上没有区别,从认识自己到做自己的主人,是佛陀普度众生的最终目标。我们每个人在这个世间都是顶天立地的,都可以按自己的意愿生活。一个真正获得解脱的人,他

在什么情况下都是自己的主人,他自己完全能够知道自己喜欢什么,不喜欢什么,完全可以决定自己生活的道路。所以从这个意义上来讲,佛陀比现代人更尊重人本身的存在意义。

不错,佛陀是这个世界上最自由的人,而追随他的僧众则是一个追求自由的团体。卢梭曾经说过:"人天生是自由的,但无往不在枷锁之中。"这和佛陀提到的自由观念有着异曲同工之妙。佛陀说,人的命运是由自己决定的,我们可以根据自己的心愿来度过我们的人生,因为,人从本质上来说是自由的。但事实上,我们在生活中并没有享受到真正自由的人生,如果我们是自由的,也就不会克服那么多的困难要去追求什么。我们抛去社会观念、习俗和政治原因所带来的束缚不说,更重要的是在内心深处,我们总是被种种的烦恼所缠绕:无明使我们不自由;对名利地位的执著使我们不自由;对一些人的瞋恨心使我们不自由。当这些烦恼占领我们的心灵的时候,我们必然在它的支配之下,没有些许的自由可言。所以佛法要让众生通过戒、定、慧的修习,来降伏内心的烦恼,这样才能获得自由,知道自己真正的意愿,成为自己的主人。

我们每个人各不相同,也许我们每个人降临世间,都负有自己神秘的使命,佛陀追问人活着的意义,我们每个人都是作为生命价值的追问者而存在的,因此,我们每个人都有着自我实现的意愿,人可以选择自己的价值,因而人可以对自己负责。

19 世纪时,有一个叫阿瑟·斯导叵豪维尔的哲学家曾写过一本书,叫《意志和思想的世界》。他在书中说,每个人的生活都由他的意志来构造。而作为人,最伟大的礼物就是自由意志,自己可以选择做什么的能力。

你可以仔细思考一下,你的生活难道不是你自己在选择吗?在生活中,不管你是成功还是失败,你所做过的一切都像一个故事,而你基本上是这个故事的主角,你是这个故事的创造者。大部分的情节和环境都是因为你的意愿而形成。你的自由意志决定了你这个故事的大概脉络,而你前进的方向则决定了你的内容。人如果不能有自由意志,你作为人的本质和基本权利就没有得到完全肯定和尊重。正因为有了自由意志,你才有了人生的价值取向,活出生命的力道来。

在佛教经典中经常引用这样一个资料,说是有一次,佛陀从波罗奈到优楼频罗去,在途中的一片树林中的一棵树下安坐。那天,这个树林里有三十个人,他们都是年轻的王子,带着他们年轻的妻子在这个树林里野餐。有一个未婚的王子则带了一名妓女前来。当其他人正在寻欢的时候,这个妓女却偷了些贵重的物品逃跑了。王子们就在森林里寻找她,他们见佛陀坐在树下,就问佛陀是否见到了这样一个女人。佛陀问他们为什么找这样一个女人。他们就说明了原因,佛陀听完后,就对他们说:"年轻人啊!你们看,寻找一个女人还是寻找你们自己?哪一件对你们更有利呢?"王子们答称还是寻找自己最有利,佛陀于是叫他们坐下来,并为他们说法。

当然寻找我们自己最有利,外在的东西与我们无关,而"我"将何去何从只攥在我们自己手里。

在佛陀看来,众生的陋习就像掺有杂质的废铁,而他要以佛法这个大熔炉来灌输众生的精神、洗练众生的心地。很多人在听闻佛法时,都觉得佛陀的开导很有道理,并且能当场觉悟自己过去所犯的罪过,忏悔反省,就像是废铁接受火烤开始软化,但是,废铁软化后如果没有经过锤炼,待离开炉火冷却后,却还是一块废铁,一点杂质都没有除掉。所以佛陀主张,当一个人接受佛法后,觉悟到过去的过错,想痛改前非时,就该趁热打铁,给予他一些适度的人事磨炼来激励他,让他做到事理相融,达到人事圆满的程度。

"宝剑锋从磨砺出",要使一件器具达到精良,需先要经过烈火的煅烧,再给以锤击,这样不断重复,千锤百炼,才可以去除杂质,使铁器精湛理想。同样的道理,人的心若没有经过人事的磨炼,则私欲就没有办法完全去除,如果你选择逃避,就并非真正的修行。佛陀让众生要在人事中好好磨炼,面对人事时能用心来转境,而不是被人事的境界转

动来改变自己的心。我们在世间要是能心不受外界的动摇,在烦恼中解开烦恼,就有了真正的安定。

就像佛弟子修道成佛的道路,我们在人生的旅途中,也会遇到各种各样的坎坷,大大小小的困难和挫折,当我们处于困境,面对挫折时,往往会认为自己是这个世界上最倒霉和最不幸的人,埋怨命运是这样的不公。但是人生从来没有坦途,世人皆然,概莫能外。你千万别以为这个世界上真的会有人无忧无虑,只要是人就有烦恼,就有不如意的事情,关键看你怎么对待。曾有一位哲人说:"如果生活只有晴空丽日没有阴雨笼罩,只有幸福没有悲哀,只有欢乐没有痛苦,那么这样的生活根本就不是生活——至少不是人的生活。"当挫折来到我们的生活中时,我们应该微笑着去面对,用智慧和坚强来战胜它们。殊不知,生命的精彩就在于在挫折中的一次次磨炼,人生的过程就是战胜困难、战胜挫折的过程,正所谓"艰难困苦,玉汝于成"。只有直面挫折,愈挫愈勇,才能打造出一副精神上的盔甲,保护自己,拥有完满的人生。

据说当初佛陀在菩提树下修行,快要成道时,曾有一个名叫波旬的魔王使出各种手段来破坏佛陀成道。起初他先以权力地位劝他放弃修道,去做"转轮圣王"。这个"转轮圣王",在古印度神话中,是一个手持威力无穷、能降伏四方的轮宝,任意在空间往来的圣王。魔王见太子并不为权力所动,就又用色欲相诱,他让三个美丽的女儿,一个叫染欲,一个叫悦人,一个叫可爱乐,均打扮得妖娆妩媚,围着佛陀跳舞。佛陀心如明镜,照出这些美女都是幻象,本质上是污秽不净,丑恶不堪的。他依然不为所动。魔王见引诱手段都未见效,又发动魔军,动用了武力。那些魔鬼一个个狰狞可怖,有的用弓箭,有的用剑戟,有的用金杵。一时风火烟尘四起,还夹杂有狼虫虎豹的叫声。但佛陀的功力不凡,依旧怡然静坐,一点也不慌乱。魔王大怒,张弓搭箭,向佛陀射去,但那些箭落到佛陀的面前,却变成了座下的莲花,一时莲花如雨,馨香瓣瓣,形成了一座金光灿烂的莲花宝座。佛陀在战胜魔王的第二天就证悟成佛了。

其实这"魔"就是我们所遇到的挫折困难,我们内心的烦恼。"波旬"是梵文的音译,它的意译就是魔,指阻碍修行的事物。挫折困难是外在的,烦恼却来自我们的内心,佛陀战胜魔王,实际就是战胜自己的内心。我们只有战胜自己的内心,才能战胜外在的魔。魔将我们困在笼子里,要怎样才能冲出来呢?只有靠自己,靠自己的信心,自己的聪明才智来挣脱。用恬淡平和的心境来面对、来接受,再在从容中寻求突破。安逸的环境不可能造就超凡的人物,没有经过海浪搏击的水手不能叫做真正的水手,所以我们要想成就梦想,成就人生,就要接受一切挑战,一切磨炼,当这一切都克服时,你才能安然地爬上成功之巅。

佛法修行最重要的就是要守住原则,坚守一个志愿,力行一条正道,这样功夫才容易达到。"譬如牧牛之人,执杖视之,不令纵逸,犯人苗稼。"牧童放牛时,常要拿一根鞭子在牛的一侧,不让牛去吃别人种的庄稼。佛陀经常把比丘比喻为一个放牛的人,因为比丘是一位大丈夫,出家是大丈夫的事,一定要有毅力、勇气,守住自己的修持,担负起如来的家业,遵守规矩,奉行佛法,方可自利利他。既然发心行菩萨道,就要心无旁骛,精进奉行,不可停止或心生退转。

佛陀说,真正能守得住,将自己的一切都交给佛菩萨,交给护法神去安排。不去考虑自己的前途、生活,什么都不去想,一心一意地照着经典上的教训去做,就不会错。

做任何事情,都有一定弹性,但同时也有个"度",这个"度"就是原则。原则是一条底线,违背了原则,就超出了"度",在佛教中比如经不住诱惑,犯了戒,违背了佛陀的教诲,偏离佛法。要守住原则这条底线的确不是很容易,因为你要经受住金钱、权力、人情等各个方面的考验,一个人原则底线的失守,在很大程度上是因为没有节制欲望。欲望是一把搁在脖子上的刀,也是一个无底的深渊。在金钱、美色等诱惑的面前,如果欲望太强,把持不住,就会犯戒,忘记了坚守的原则。所以,守住原则首先就是要节制欲望,提升你自己的人格修养,别因小利而

失大业。

孔子说:"君子喻于义,小人喻于利。"一个没有品德的小人是容易趋近于利的,在日常生活中常与人斤斤计较,缺乏仁义之心,自私自利,没有原则,也易偏离正道;而君子却注重道德仁义,内心有可为可不为的原则,做事也光明正大。所以我们要远小人近君子,远离不义,亲近仁义,克服自己的私利之心,趋向正确的人生道路。

在茫茫的人生旅途上,我们不要因为别人的想法和做法,就动摇自己的人生道路,应该坚守自己的原则,坚信自己远比那些诱惑和困难要强大,并且有勇气去跨越它们,达到目标。

坚持你的目标,守住原则,这会增强你的信心,你会在不知不觉间在内心培植忍耐和成功的强大理念,这种理念会让你在任何时候都想出办法来,帮助你实现目标。

佛陀说,一个人积累多少功德都不是最重要的,最重要的是你真心去做,只要你真心去做,即使小功小德,也可以往生。但如果你用妄心去做,就不能往生,只是三界有漏的福报。虽然是小善小利、小功小德,你却用真诚心去修行,就是积累功德,就是菩提心的落实。只要你念念想众生,念念想社会,就是发菩提心,就是修菩萨行。

上学时,也许你听过老师这样的教诲:"学习要用心点。"我们上学读书不仅仅是为了读书而读书,而是要把自己的"心"融入到书本的每个环节中去,这样才可以将书中的知识吸收到我们的脑子里。只是死板地读,而不是用"心"去看、去领会、去运用,即使能取得一点效果也只是表面上的。这就是"用心"和"不用心"的不同之处。

念佛要用心,在日常生活中,我们也要用心,可怎么做才是"用心"呢?"用心"就是要用脑子去思考,用眼睛去观察,用行动去实践。只做表面文章不深入一件事情的本质,算不得"用心",没有任何用处,也起不到任何效果。

这里可以引用一个故事,说是在寺庙里,有一个小和尚担任每天撞钟的工作,他每天都起来按时撞钟,从来没有间断过,但半年的时间过去了,主持对他却并不满意,就派他去干劈柴挑水的活,说他没有胜任撞钟这个工作。小和尚听了,心里很不服气,就问主持:"难道我撞的钟不准时、不响亮吗?"老主持很耐心地跟他讲:"你撞的钟虽然很准时、也很响亮,但是在我听来却钟声空泛、疲软,没有佛法的感召力。撞钟是为了要唤醒沉迷的众生,我却没有听到这样的声音,你没有完全把心思用在撞钟上呀。"小和尚听了,深感惭愧。

凡事用心与不用心,效果是不同的,小和尚没有完全体悟撞钟的意义,没有把一颗"唤醒众生"的心融入到撞钟里去,只是"当一天和尚撞一天钟"而已,所以老主持对他并不满意。凡事均是如此,只有将一颗心真正用到,才会收到成效,只有将你的心融入你所做的事情中,才会听到你的心跳,让人感觉到你的挚诚和热烈的心愿。你的事业也才有了灵魂,有了生命的鲜活和生动,而人生,也会因为你的用心来展示你生命的价值。

中国有一句老话叫"细微之处见精神",像这个小和尚撞钟,我们所做的任何事情,都是由一些细节组成的。要完成一个人生的大目标,首先从最基本的事情开始做起,这样一步步地来,将每一步都融入感情,用心做到位,才能与自己定下的目标拉近距离,平时注重点点滴滴的积累,用真诚的心一点点精进,方能不断地超越自己、提高自己,逐步靠近成功。

释迦牟尼在成道时发现,每个众生都有着潜在的、和佛陀一样的智慧德相,于是他发宏愿要教导众生和他一样成佛。之后在他生命的四十九年里,他一直为此奔波,从未放弃,这是因为他觉得这是他作为人的面目存活于世间最该做的事情,直至他涅槃,作为人生命息止的一刻,还依然对弟子谆谆教诲,要弟子承担起如来家业,才安然入灭。

在人生的大道上,你应该如何走,朝哪个方向走?你觉得在你的生命里最重要的是什么?你应该为什么而努力?在社会生活中,每个人都分工不同,我们均各司其职,如果你没有认识自己,正确地评价自己,

做了自己不该做的事,就会浪费时间,看不到你想要的结果。俄国作家伊凡·克雷洛夫曾在他的寓言中说:"最糟糕的是让馅饼师傅去修鞋,让鞋匠去把馅饼烤——事情绝对搞不好。"每个人都有自己应该去做的事情,只有选择得当,你才可以避免走错路和走弯路。

也许你不知道自己应该从哪里开始,不知道自己应该做什么,那你就永远不可能达到自己想去的地方。但是你应该去想,去想明白,永远不要模仿别人,你要忠于你自己的思想,永远不要试图和别人走同样的道路。因为他永远不能代替你,他的所有经验都只是他的,而不是你的。你只有保持你自己本来的样子,你本来就是你自己,佛陀是佛陀,你只需做好你该做的事。

在探索的道路上,可能你经常犯错,但是你要勇敢地向前走,让你的头脑保持绝对的清醒,忘掉所有的人告诉你的答案:"这是好的,那是不好的。"你要按自己的感觉重新选择,重新判断,适合你的也许不适合他,只要你觉得这是你想要的,这对你是重要的,你就坚持下来,这样逐渐地你就走出了迷茫的牢笼,找到了自己应该关注的方向。

做自己该做的事,在前进的路途中难免会遇到挫折,但这才是你最适合的道路,重要的是你在问题出现时,不要垂头丧气破罐子破摔,一个想成就大事的人,没有几个不经历人世的沧桑,即使富贵如佛陀也是一样。

虽然做自己该做的事会存在困难,有时会和现实拉开很大差距,但是不可否认的是,正是因为你有了想去做什么,不想人生空蹉跎这样的理想,你才具备了信心和勇气,去试图改变,难道不是吗?人的思想不是一蹴而就的,是一个慢慢成熟和逐渐完善的过程,我们之所以有些梦想没来得及实现,是因为我们还没有考虑周全,还没有与现实结合,去调整我们的步伐,如果一旦找到了突破口,就会迎刃而解。

在茫茫人海之中,我们每个人都要活得精彩,活得有自己的个性,有自己的性格。看清自己,找到自己最该做的事,你就一往无前地坚持下去。雄鹰翱翔在高空时,也许它有许多的辛酸和隐痛,但是在与长空搏击的那一刻,它觉得自己是幸福的,因为它就喜欢这样的活法,就喜欢这个过程,它觉得只有这样,生命才得到了尽现,雄鹰才叫做雄鹰。

佛陀因感悟到生命的悲苦和无常,恐惧老、病、死的到来而出家寻找生命的真谛,放弃了身为太子的富贵和荣华,放弃了人世间的声色享乐,苦修六年,历尽了种种苦难,终于在菩提树下悟道成佛。

一个人学功求道,最重要的就是有一颗恒心,有苦干的精神,勤奋求学,刻苦精进,方能获得证悟的门径。修行是一个漫长的过程,今生的修行者,在过去不知已修了多少劫,如今还尚未成就。在这漫长的修行道路上,如果没有苦干的精神,必然会半途而废。修行是逆水行舟,如果不勇猛精进,就会顺流而下,随波逐流。有些修行人在修行过程中,三天打鱼,两天晒网,原因就是对佛法信而不诚,没有埋下头来要苦干的精神,没有苦干的精神你就不可能沿着修行的道路一直走下去,又何谈悟道和成就呢?修行人要想断掉贪、瞋、痴,首先就要打定苦干的想法,勇猛精进地修炼下去,只有这样才不会退转堕落。

缺乏恒心是大多数人最后失败的根源,所有领域里的成功人士取得的重大成就,没有一项不与坚韧的品质有关。一个人的成功在更多方面依赖的是他在逆境中可以坚持的恒心和忍耐力,而不是单纯的天赋和才华。正如一棵树上长出的丰硕果实,来源于地下的根的坚实,一个人的成功也是来源于刻苦和勤奋的努力,人世间没有不经过刻苦努力就成为天才的人,因此爱迪生说:"天才是百分之一的灵感加百分之九十九的汗水。"你要想实现自己的人生目标,只有勤奋刻苦一途,但勤奋并非只是一时的热情,而是踏实苦干、坚持到底的精神。

每个人的一生都有两杯要喝的水,有一杯是苦水,还有一杯是甜水,没有人可以避免。但区别就是喝这两杯水的时间和先后顺序,一个人先喝苦水,最后再喝甜水,那么他的人生是成功的人生。而更多的人则选择了先喝甜水,之后再喝苦水,因为我们更愿意喝甜水,没有多少人愿意喝苦水,但是如果你不奋斗努力,甜水总有喝完的时候,接下来自然就只有喝苦水了。而一个成功的人,他知道甜水有喝完的时候,所

以他选择了先奋斗努力,先来喝苦水,所以他最后成功了,喝到的就只有甜水,再也尝不到苦水的滋味。成功的到来就是一个在奋斗中坚持的过程,面对挫折,你要告诉自己坚持,再坚持。因为黑暗过去,来到的就是光明。我们在野外,经常看到空中飞舞着美丽的蝴蝶,你可曾想过它是从哪里来的?这只蝴蝶在变成现在这个样子之前,它是一只蛹,在蛹外面有一层层的丝束缚着它。但是它并没有选择退却而是选择了挑战自我,用自己的刻苦精神去突破蛹的裹缚,最后它终于突破了蛹,实现了梦想,变成了美丽的蝴蝶,在芳草间飞舞。我们也曾见过小小的蜗牛,驮着它笨重的壳缓慢地爬行,如果你见过一只小小的缓慢爬行着的蜗牛,想从墙的这一端爬到另一端去,也许你看到它总是爬到一半就掉下来,它又接着向上爬,它这样一次次地跌倒,又一次次地爬起来,从不放弃,最后它终于战胜了自己,翻过了那道墙。蛹给蝴蝶带来困苦,墙给蜗牛带来磨难,但是它们并没有就此放弃,而是选择了奋力突破和拼搏,也因此,它们胜利了。布尔沃说:"恒心与忍耐力是征服者的灵魂。"在遭遇挫折和困境的时候,我们也应该向蝴蝶和蜗牛学习,像佛陀的最初求道一样,要有一颗恒心,要有苦干的精神,以挑战的姿态去迎接我们人生道路上的所有困难和挫折,这样我们会变得坚强,生命之花也会开得更加灿烂。

佛陀说,修行不易成就,是因为你念佛不得力,过分地爱惜了自己的身家性命,所以在精进上就大打了折扣。佛的法门是无量无边的,一个佛弟子修任何一个法门,都必须在精神上做好准备,可以承受相当的苦才行。如果不愿意吃苦,道业就难以成就,修道不顾惜生命,并非是愿意去糟蹋自己的身体,而是因为认真地修行,忘了自己身体的所在,而这也正是你得力之时。

这时候,舍利弗非常欢悦,立即从座位站起合起手掌,仰观佛陀之尊容,对佛说:"现在从世尊您听到方便法后,心里起了一种非常欢喜的感觉,觉得有生以来未曾有过的欢悦。为什么呢?我过去从佛那里听到这样的教法,看见各位菩萨被授记作佛,这些事情好像是和我们没有关联,自己感到很悲伤,失去如来佛的无量知见。世尊啊!我经常独自一人在山林树下,或者是坐,或者是行。常常这样想:我们同样悟入法性,如来佛为什么以小乘教法济度我们呢?这是我们的过失,不是世尊的过失。为什么呢?假若我们彼佛所说之因成就阿耨多罗三藐三菩提,一定要以大乘法而得度脱。然而我们不理解方便法门是随宜所说,最初听闻佛法,总是一遇便信受,我想得取证果。世尊啊,我从过去到现在,每天每晚都是自己责备自己,而现在能够跟佛听到未曾听过之法,已经断除了疑问和懊悔之心,身心已泰然自在,快乐而安稳。今天才知道真正是佛的弟子,从佛口而生,从法化而生,可以说是已经挤入佛法之份的人了。"

这时候,舍利弗为了重新说明这个意思,而说如下偈颂:

我听到这种法音,得到未曾有过之法,心里总是非常欢喜,我所有的疑网都因之而除弃了。过去蒙承佛的教化,不失于大乘之教,佛陀的法音是很少有的,能够消除众生的烦恼,我已经得到漏尽果,听闻以后也消除了忧恼。我处于山谷当中,或在树林之下,或者是坐禅,或者是经行,经常思考这件事,呜呼!深深地责备自己,为什么要自欺呢?我们也是佛子,同样悟入无漏教法,不能到未来,演说无上佛道。金色佛身有三十二相,又有十力,八解脱,我们同样聆听佛的说法,然而没有得到佛陀所具有的这些事情。佛陀具有了八十种随三十二相的八十种妙好,有十八种别人所没有之法,佛陀有了这些功德,而我却一点也没有。我独自一人经行时,见佛在大众之中,名扬十方,广泛饶益众生。自己却失去了这种有利条件,我因之而自己欺诳了自己。我常常整天整夜,每次都是想这件事,想将此事请教世尊:我是不是一位失败者?我常常见到世尊,称赞各位菩萨,所以在白天、在夜里,都是思量这件事。今天听到佛的声音,随顺机宜而说法,是佛陀所得无漏的,是难以思议的,使大众来到这道场。我本来执著各种错误的见解,是各位梵志的老师,世尊知晓我的心,为我拔除邪见而说涅槃法。我把邪见都消除掉,

证悟于空法,当时自己心里认为,这样就能达到涅槃。现在我才认识到,这不是真正的涅槃,等成佛时,具足三十二相,天神、人、夜叉、大众以及龙、神等,都来恭敬,到那时才称为把烦恼灭尽而入无余涅槃。佛于大众当中,说我将来要成佛,听到这种法音,我的疑悔都消除了。最初听闻佛所说,心中感到很惊奇、很怀疑,是否恶魔来附在佛陀的法体,来恼乱我心呢？佛以种种因缘、譬喻巧妙地言说,使我的心安定如大海,我听后疑网断除。佛说过去世无数达到涅槃的佛,都是以方便法门说法。现在和未来的佛,其数无量,也是以各种方便法门,演说这种教法。如今的佛世尊,从诞生、出家,到得道、转法轮,也都是以方便法门演说。世尊讲的是真实之道,魔王波旬不可能做这样的事情,我由此断定不是魔假作佛。因为我堕于疑网,认为是魔的所作所为。听到佛的柔软声音,既深远又很微妙,演说畅谈清净教法,我的心非常欢喜。我的疑问懊悔已经永远断尽,安心住于实智当中。我将来肯定能作佛,为天神和人所恭敬。将转无上法轮,教化各位菩萨。

　　这时候,佛告诉舍利弗说:"今天我于天神、人、沙门、婆罗门等大众当中说法,过去我曾于二万亿佛所,为了无上的佛道,常常教化你。你也长夜跟我学习,因为我以方便法门引导你,你今生才能在我的教化当中继续过着学佛的生活。舍利弗！过去我教你自愿成就佛道,现在你都忘了,自以为已得涅槃。现在我还想让你回忆过去的事,佛陀的本愿,也就是学佛人应有的愿,以这本来应有的愿而行佛道,为了各位声闻人也说这部大乘经,其名为《妙法莲华经》,教授菩萨法,为佛所保护、所关心。舍利弗！你于未来世,过无量无边不可思议之劫,供养若干千万亿佛,奉持正法,具足菩萨所行之道,到那时候就会成佛,其号为华光如来、应供、正遍知、明行足、善逝、世间解、无上士、调御丈夫、天人师、佛、世尊。国名离垢,其土平整,是一个有庄严装饰的非常清净的地方,人民安稳过着丰乐的生活,天神和人们都很繁荣。地面都是琉璃,有八叉路,以黄金做的绳来区划其边界。交道的旁边都种植着各种七宝做成的路树,树又常有花果。华光如来佛也以三乘教化众生。舍利弗！这种佛出现时虽然不是恶世，因为是本愿的缘故，说三乘教法。其劫名大宝庄严，为什么称为大宝庄严呢？因为其国中以菩萨为大宝。各位菩萨无量无边不可思议，是怎样算、怎样数也算不出来，以譬喻也不能表达，如果不是用佛陀的智力，就没法知道。菩萨们行路时，就会有珍宝的花生在他的足下。菩萨们并不是这次才发心学佛的，都是久远劫以来就种植德本，在于无量百千万亿的佛所已修过梵行。永远被佛所称叹。常修学佛的智慧，具有很大的神通，很好地知晓一切各种法门，真实而无一点虚伪，心志是很坚固的，这样的菩萨，充满其国土。舍利弗！华光佛的寿命有十二小劫，除掉当王子还没有作佛的时间以外。其国人寿命八小劫。华光如来佛过十二小劫，授坚满菩萨阿耨多罗三藐三菩提之记。告诉各位菩萨，这位坚满菩萨的将来应当成佛，佛号是华足安行多陀阿伽度、阿罗诃、三藐三佛陀。这位佛的国土也是这样。舍利弗！这位华光佛灭度以后，正法住世三十二小劫，像法住世也是三十二小劫。"

这时候，世尊为了重新说明这个意思，而说如下偈颂：

舍利弗！来世你定会成佛而具足佛智，其佛号叫华光，当然也会普度众生。因为你供养了无数佛，具足菩萨行，具备十力等功德，证得无上佛道。过无量劫以后，其劫名为大宝严，世界之名是离垢，清净而无瑕秽。以琉璃为地，交道又以金绳划其界限，并有七宝混合的杂色之行树，宝树时常开花结果。那个国家的各位菩萨，他们的愿力永远是坚固的，六神通、六度都已具足。于无数佛所，很好地学习菩萨道，像这样的大士，由华光佛所教化。佛为王子的时候，弃国土而舍世间荣耀，在于最后出家，成就佛道。华光佛住世时，其寿命是十二小劫。其国人民大众，寿命是八小劫。佛灭度以后，正法住世三十二小劫，广泛度脱各位众生。正法灭尽以后，像法三十二小劫。舍利广泛流布，受天神和人的普遍供养。华光佛的所作所为，其事都是这样。这位两足圣尊，最为优胜，无与伦比。那就是你的本身，你应当为此而感荣幸。

此时，四众弟子——比丘、比丘尼、优婆塞、优婆夷、天神、龙、夜

叉、乾闼婆、阿修罗、迦楼罗、紧那罗、摩睺罗伽等大众,看见舍利弗在佛前受阿耨多罗三藐三菩提,其心非常欢喜,禁不住跳跃起来,各自脱掉身上所穿的衣服,以此供养佛。释提桓因、梵天王等,与无数天子一起,也用天上的妙衣、天上的白莲花、天上的大白莲花等,供养于佛。所散放的天衣在虚空中自然回转。诸天的伎艺和音乐有百千万种,在虚空中同时动作起来,天上也降下各种天花。这样说:"佛于从前在波罗奈初转法轮,现在又转至高无上的最大法轮。"

这时候,各位天子为了重新说明这个意思,而说如下偈颂:

佛于从前在波罗奈转四谛法轮,分别说各种教法和五蕴的生灭法。现在又转最妙至高无上的大法轮,这种教法非常深奥,很少有人能够相信。我们从过去以来,多次听闻世尊说法,从来没有听过这样深妙的无上大法。世尊演说这种教法,使我们大家随之欢喜。有大智慧的舍利弗啊!今天你得到世尊的授记,我们也是如此,将来肯定要成佛,在一切世间里,没有比这更优胜的了。佛道不可思议,利用方便法门,随顺机宜而说。我所有的福业,不管是今世还是过去世以及见佛的功德,都回于佛道。

这时候,舍利弗对佛说:"世尊!现在我不再怀疑懊悔了,亲自在佛面前接受阿耨多罗三藐三菩提的授记。然而这里还有一千二百名心得自在的阿罗汉,从前还在修学的时候,佛经常教化他们,说我的教法能够脱离生老病死,得究竟涅槃。这些有学、无学之人,也各自以为离开我见及有见、无见等,就是得涅槃。而今在世尊面前,听到未曾听说的教法,都堕于疑惑当中。好啊,世尊!但愿您为四众弟子说其因缘,使他们脱离怀疑懊悔。"

这时候,佛告诉舍利弗说:"我以前不是说过各位佛世尊以种种因缘,譬喻言辞、方便说法,都是为了得到阿耨多罗三藐三菩提吗?他们所说的,都是为了教化菩萨。然而,舍利弗!现在应当以譬喻,再次说明这个意思。各位有智慧的人,应当从譬喻得到理解。舍利弗!有一国内之都邑部落里,住着一位大长者,他年已老迈,拥有无量财富,有很多田宅和很多佣人。他所住的房屋又广又大，只有一个通门，里面住着很多人，有一百、二百乃至五百人，住于其中。厅堂楼阁都朽损了，墙壁都崩溃剥落了，柱根腐烂，栋梁均倾斜而危险，同时四周被盛大的火燃起，舍宅被焚烧，长者的孩子有十、二十或者三十位，在这屋内。长者见这大火从四面烧起，非常吃惊恐怖，就这样想：我虽然能够从这所烧之门，安稳脱离，这些孩子们在火宅内，贪著快乐，做诸游戏，不感觉、不知道火的厉害，不吃惊，不害怕，不知火来逼身，到时会痛苦难忍，他们还是贪著玩耍，心里一点厌恶也没有，没有出离火宅之意。舍利弗！这位长者这样想：我身手有力量，可以拿衣被，或者几桌东西掩护身体，以便从这被火烧之宅舍逃出。他又想：这房子只有一个门，又很狭小。这些孩子都很幼稚，什么也不懂，只是贪恋游戏，房被火所烧要倒塌。我应当为他们解说这可怕的事情，这座房舍已经起火燃烧，应当赶快出来，不要被火所烧伤。这样想过以后，就按他所想的告诉孩子们：你们赶快出来。父亲虽然怜悯他们，以好言诱引晓谕他们，但是孩子们还是贪著游戏，不肯相信接受，不吃惊也不害怕，毫无逃出之意。又不知道什么是火，什么是宅舍，什么是过失，只知玩乐，只是看了父亲一眼而已。此时长者就想：这所房子已被大火所烧，我和孩子们假若不很快逃出，肯定要被火所烧。我现在应当施设方便法门，让孩子们免遭火灾之害。父亲知道孩子们从来各有所爱好之物，如用种种珍异玩物，他们肯定会被吸引而爱乐欢喜。就告诉孩子们说：你们喜欢的这些玩物，世上稀有，很难得到，你们要是不来取，以后肯定要后悔。如此种种羊车、鹿车、牛车，就在门外，可以供你们游戏。你们应当离此火宅，赶快出来，这些东西都给你们，让你们随心所欲地去玩。当时孩子们听父亲所说的珍贵玩物，正符合他们的心愿，因此各人的心情非常勇锐，争先恐后地互相推排，相互竞争紧跑，终于逃出了火宅。这时父亲看到孩子们安安稳稳地逃出火宅，大家都在四叉道路中央，在露天的地面而坐，再没有一点障碍了，其心非常泰然、非常高兴。此时孩子们各对父亲说：父亲刚才所许的好玩具，那羊车、鹿车、牛车，求您现在赐予我们玩耍

吧。舍利弗！当时长者各赐孩子们一辆大车，其车又高又广，由各种珍宝装饰，周围都有栏杆，四角面并悬有宝铃。又在车顶盖有了宝幔，也是用珍奇杂宝装饰着。有美丽的宝绳由车之中央互相交络垂至四围，还装饰着美丽的璎珞，车里敷设着美丽床巾，在床巾的上面安置了绯色的枕头。用白色的牛挽车。肤色非常清洁，形体姝好美丽，筋肉很有力量，走起路又平又正，其快速如吹风一样，又有很多侍者在旁保卫。为什么呢？这位大长者，财富无量，种种宝藏都充满着珍宝。长者这样想：我的财富是无穷的，不应当因为怜惜财物而用劣下的小车赐与孩子们。而且这些幼童都是我的孩子，疼爱他们不可能偏倚哪一个。我有这种七宝装饰的大白牛车，其数无量，应当以平等心，给予各人，不能有差别心。为什么呢？因为我的这种车，普遍分给全国人，尚且不觉得有缺，何况这些孩子。这时，孩子们各乘大白牛所挽的车辆，大家都得到未曾有之喜，想不到有这种又大又好的车。舍利弗！你的意思如何？这位长者平等赐给孩子们珍宝装饰的大车，是否是妄语呢？"

舍利弗回答说："不是，世尊！这位长者只是为了让孩子们免遭火灾，保全其生命，并不是虚妄。为什么呢？因为能够保全生命，要玩的玩具还能得到，何况以种种方便，将火宅里的幼子救出！世尊，假若是长者，甚至于最小的一车，都不给他们，这仍然不是虚妄。为什么呢？这位长者原先这样想过：我以权巧方便之法，让孩子们出来。由于这种因缘，没有虚妄，何况是长者自己知道财富无量，要利益孩子们而平等地赐予他们大车呢！"

佛告诉舍利弗说："好啊，好啊，如你所说。舍利弗！如来佛也是这样，他是一切世间之父。他将一切怖畏、衰恼、忧患之心情以及无明暗蔽的迷惑，永远断除而无剩余。并且皆悉成就无量知正见、十力、四无所畏。有伟大的神通力和智慧力，具足方便和智慧波罗蜜。佛大慈大悲，永不懈怠疲倦，永远做好事，给一切众生带来利益。因此，佛陀才降生在三界，因为这三界污朽，和那火宅一样。佛为了救度众生的生、老、病、死、忧悲、苦恼、愚痴、暗蔽、三毒之火，教化他们，使他们得到阿耨多罗三藐三菩提。看见各位众生被生、老、病、死、忧悲、苦恼所燃烧、所煎煮。也因为五欲财利的缘故,受种种痛苦。又由于追求贪欲而执著不放,现在遭受各种痛苦,后世受地狱、畜生、饿鬼之苦。假若生在天上、人间,就受贫穷困苦、爱别离苦、怨憎会苦,这样的种种痛苦。众生沉没在种种苦恼里,在苦恼中欢喜戏耍,不感觉又不知道,不惊恐也不害怕,也不讨厌,不求解脱。在这三界火宅当中,东奔西跑,虽在遭受大苦,不以此为患虑。舍利弗!佛见此情景,就这样想:我是众生的慈父,应当拔除他们的苦难,赐给他们无量无边的佛陀智慧之乐,让他们在智慧当中得到游戏三昧。舍利弗,如来我又这样想:假若我只用不可思议的神力和智慧力。舍弃方便之教,赞叹如来的正知正见以及如来的十力、四无畏等功德。会因不能逗众生之机而不能度脱他们,为什么呢?因为这些众生,还没有免除生、老、病、死、忧悲、苦恼,而为三界火宅所烧,怎能理解佛的智慧呢?

舍利弗!如那位长者,虽然身手有很大的力量,而不使用,只是以殷勤方便法门,救济孩子们,使之免除火宅之难,然后赐与各人珍宝装饰的大白牛车。如来佛也是这样,虽然有十力、四无畏,但不使用,只是以智慧方便法门,于三界火宅拔济众生,为他们演说三乘——声闻乘、缘觉乘、佛乘。这样说:你们不可沉乐于三界火宅,不要贪著这粗鄙的色、声、香、味、触。假若贪著生爱,就被爱欲之火所烧。你们赶快出离三界吧!应当修得三乘——声闻乘、缘觉乘、佛乘,我现在为你们保证这件事情,绝不是虚妄的,你们只顾勤修精进好了。如来佛以这种方便法门,诱引众生去修行,又这样说:你们应当知道这三乘教法,都是受佛所称叹,是自自在在,无拘无束之法。乘是三乘,以无漏根、五力、七觉支、八正道、四禅八定、八解脱、三昧等,去自己享受真正的快乐,这样就能得到无量安稳和真正的快乐。

舍利弗!假若有的众生,内心有智性,跟从佛陀世尊听法而信受,殷勤地精进,应当赶快出离三界之苦,自己追求解脱,就是声闻乘的

人,好像是各位孩子为了求得羊车一样,终于因之而出离了火宅。假若有的众生,跟从佛陀世尊,听法而信受,殷勤地精进,求自然的智慧,喜欢独自一人在善寂里,已经深刻知道各种事物的因缘,这叫做辟支佛,就像那些孩子们,为了求玩鹿车而出离火宅一样。假若有的众生,听法而信受,勤修而精进,追求一切智、佛智、自然智、无师智、如来佛知见、力、无所畏,怜悯众生而使无量众生安乐,也给天神和人带来利益,度脱一切众生,这叫大乘。菩萨就是求此大乘,叫做摩诃萨。就像那些孩子们为求牛车而逃出火宅一样。舍利弗!好像那位长者,看到孩子们安稳地逃出火宅,到了无所畏惧的地方,自想财富无穷无尽,终于平等地以大白牛车赐给每位孩子。如来佛也是这样,他是一切众生的慈父,假若看见无量亿千众生,以佛教法门,使他们出离三界之苦,脱离可怕的危险之道,得涅槃之乐。当时佛这样想:我有无量无边的智慧、十力、四无畏等各种佛法藏,这些众生,都是我的儿子,应当平等地赐与大乘,不可使有一人得到独自快乐的解脱之乐,均应以如来佛的最高灭度来灭度他们。这些众生,脱离了三界以后,均给他们以各种禅定解脱等娱乐之具,这娱乐之具同一相,都是一种而已,是诸佛圣者所称叹的,能够产生清净微妙第一之快乐。

舍利弗,就像那位长者一样,最初以三种车引诱孩子们,然后只给他们大车,由宝物装饰,非常威严,最为安稳,然而这位长者并不犯虚妄的过失。如来佛也是这样,没有虚妄的过失,最初说三乘,以引导众生,然后,只以大乘度脱他们。为什么呢?如来佛有无量智慧、十力、四无畏等诸法之藏,能够给予一切众生大乘教法,但众生却不能完全接受。舍利弗,由于这种原因,应当知道各位佛以方便之力,于一佛乘,分别说三乘。"

佛为了重新说明这个意思,而说如下偈颂:

譬如那位长者,有一大的住宅,因为那住宅太久的缘故,已经是弊坏不堪,是一间高而危险的房屋。柱子的根已经朽败摧腐,横梁竖栋也已倾斜,踏梯已是颓毁,墙壁均已破损,涂在壁里的泥灰也已剥落,屋椽和遮柄也脱散,周围的墙垣也倾曲,杂类的秽物到处皆是,有五百人住在那里。猫头鹰、枭、雕、鹫、乌鸦、鸽等鸟类在此宅内飞翔,蚖、蛇、蝮、蝎、蜈蚣、蚰蜒、守宫、百足、鼩鼠这些能毒害于人的毒虫、恶兽在旧宅地上满满都是,飞来飞去,跑来跑去,令人可怖。在大便、小便臭恶的地方,是不净物充满之地点,有蜣螂等虫类集在上面,狐、狼、野干等野兽在这里成群结阵,互相残害,在嚼碎胜利品而吸食其滋味,有的将死尸用牙咬而尝其肉,那边只有骨和肉狼籍杂散,因此,群狗竞相跑来抢夺食物,野狗们肚子正饥饿,兽体赢瘦衰弱,内心则急迫不安,到处觅食,以致互相争斗,相互牵制强取,大声小叫地嗥吠不止,其宅的恐怖情形,其变怪的形状就是这样。古宅内到处都是魑魅、魍魉、夜叉、恶鬼来食人肉。因此,毒虫之类以及种种恶兽,会在那里孵卵、哺乳、孳生,各自繁殖其类。至此,夜叉又争先恐后地争取其正在孵育的小动物,食后肚子既饱,恶心愈会炽盛,终于展开争斗,其互相争斗的声音真是恐怖极了。鸠槃荼鬼在弯曲着它的双腿而站在土埵里,有时忽然飞离地面一二尺高,来去不定地游行,放纵戏耍,大喧大闹。有时捉住狗的双足,使狗昏倒,叫不出声来,用它的脚压住狗颈,看狗的怖畏而取乐。又有许多鬼,其身又长又大,裸露着身体,又黑又瘦,时常住在古宅墙内,发出又大又恶的声音,大呼疾叫地到处觅食。又有一种鬼,其咽喉好像针那样细小。又有一种鬼,头如牛头,有时吃人肉,有时吃狗肉,头发零乱,残忍害人非常凶险,被饥渴所逼,大声叫喊而奔跑不定。又有夜叉、饿鬼以及恶鸟、恶兽,也因被饥饿所逼而飞跑四方,在窗牖之处窥看而呈凶恶之相,这种种灾难,使人恐怖惊畏。这座朽故的舍宅,属于长者一人所有,长者有事外出不在,长者离开舍宅不久后,这间宅舍忽然着火而受火灾。四周一时火焰炽盛,屋上的栋梁椽柱均着火,被火烧得崩落之声响彻四邻,不久后,屋顶的天井、梁柱等堕落,墙壁也崩倒,很多恶鬼煞神大声喊叫,雕、鹫等鸟,鸠槃荼等鬼也因一时告急而惊惶失措,不能由火宅跑出。恶兽和毒虫们都逃入孔穴里,毗舍阇鬼也住在里面。由于福德薄的关系,为火焰所逼,你饮我血,我啖你肉地相互残害。

第三章 在生命的上空把梦境弹拨在柔嫩的指端

· 113 ·

野狐之类早已被火烧死，很多大恶兽都来争食其肉。臭烟冒然而上，弥漫于四面，蜈蚣、蚰蜒等虫及毒蛇之类，为火所燃烧，都从孔穴里跑出来，鸠槃荼鬼随时取而食之。又有很多饿鬼头上被火所烧，肚饥口渴地热闷苦恼，慌忙着急而跑来跑去。这火宅内的情形就是这样，非常可怕，毒兽、毒鬼等的祸害、火焰等的灾厄，其灾难是数不尽的，不是一种而已。此时宅主站在门外，听有人说："你的孩子们，原来因为游戏，进入这个房宅，他们幼小无知，贪著玩乐。"长者听后，非常吃惊，急入火宅，想方设法救济，使之不受烧害。告诉孩子们，说清各种患难：恶鬼、毒虫，还有灾火蔓延，各种痛苦一个接一个，相续不断。尤其是毒蛇、蚖、蝮等恶虫，夜叉、鸠槃荼等恶鬼，野干、狐、狗等恶兽、雕、鹫、鸥、枭等恶鸟，百足之类的爬虫都因饥渴苦恼而告急，互相争斗残杀，真是令人可怕。在这苦难很多之处，何况又大火逼近。孩子们年幼无知，虽然听到父亲的教诲但仍然不怕，还在执著于嬉戏玩耍。当时长者这样想：孩子们这样，使我非常发愁懊恼。现在这栋房子没有一个可乐的事，孩子们却沉于游乐，不肯接受我的教训，将被火灾所害。长者这样考虑以后，巧设各种方便法门，告诉孩子们说"我有种种珍贵的玩具，有珍宝装饰的好车，有羊车、鹿车、大牛之车，现在就在门外，你们出来，我为你预先做好了这种车，你们可以随意游戏玩乐。"孩子们听说有这样的种种车，就争先恐后地即时离开火宅，跑到门外到了空地，免遭火宅里的种种苦难。长者见孩子们逃出火宅，来到四叉道路的中央，坐在这里的狮子座上，自己感到很庆幸地说：今天我太高兴了，生育这些孩子们是非常困难的，他们年幼无知而入危险的宅舍，此中有很多各种各样的毒虫、魑魅十分可怕，大火和猛烈的火焰从四面同时而起。这些孩子贪著游戏，我已经救度他们，使他们脱离苦难，所以你们大家应当分享我的快乐。此时的孩子们，知道父亲已经安坐，都到父亲的住处，对父亲说：请赐予我们三种宝车。如原来父亲所答应的那样，孩子们出来以后，应当给他们三种宝车。我们随顺您的欲愿，离开火宅，现在正是时候，愿您垂慈给我们宝车。长者是一位大富豪，库藏里有很多金、银、琉璃、砗磲、玛瑙等宝物，用这些宝物造很多的大车。将大车装饰得很漂亮，周围有栏杆，四面悬挂着宝铃，黄金绳互相绊络，以宝珠结成罗网张设在上面，金花等各种璎珞垂下在各处，以美丽的色彩装饰在四围，以柔软的丝织品丝锦做垫子，以最好的毛织品，其价值有千亿，又鲜白又净洁的被盖在上面，用肥壮有力、形体很结实的大白牛来驾宝车，又有很多仆从来侍卫，长者就是用这种宝车平等地赐予孩子们。孩子们当时都高兴得跳起来，乘着这种宝车游于四方，玩得很高兴，自由自在。我告诉你，舍利弗！我也是这样，我是圣人当中最尊贵者，我是世间的慈父。一切众生，都是我的儿子，深深执著世间的享乐，没有智慧之心。三界是不平安的，就像火宅一样，充满着各种痛苦，非常可怕，常有生、老、病、死忧患，像这样的大火，燃烧得很盛，永不停息。如来佛已经脱离三界火宅，寂然静居，能够安处于林野的地方。现在这三界，都是我所有，其中的有情众生，都是我的儿子。而现在这里，有很多苦难，只有我一个人，能够救护众生。我虽然一再教诲，众生却不相信、不接受，因为众生染有各种欲念，贪著很深。我以方便法门，为他们讲说三乘，使各个众生，知晓三界之苦，为他们开示演说出世间道。这些众生的心将会慢慢地坚固，具足天眼通、漏尽通，宿命通三明和六神通，有的是缘觉或不退菩萨。你呀，舍利弗，我为有情众生，以此譬喻，说一佛乘，假若你们能够相信接受这种话，一切众生都应当成就佛道。这佛乘很微妙，最清净，于各个世间至高无上，是佛陀所喜悦而许可我们的，一切众生应当称赞、供养、礼拜这无上法。佛陀具有无量亿千种种神力解脱，种种禅定，种种智慧以及其余的佛法。学到这种佛乘，不管是日夜，不管劫数之久，常能和孩子们得到宝车一样自由自在地去游戏玩乐，可以和各位菩萨以及缘觉，声闻等众，乘这种宝车，直到佛陀成道的道场去。由于这种因缘，于十方搜求，再没有其余的乘，除非是佛的方便法门。告诉你，舍利弗！你们这些人，都是我的儿子，我是慈父。你们累劫被众苦所烧，我都要济拔你们，使你们出离三界，我虽然先前说过你们已经灭度，但那只是尽了三界之生死问题而已，不是真正的灭度，你

们现在应做的,只是佛的智慧。假若有菩萨,于这大众之中,能一心听诸佛实法,各位佛世尊虽然以方便法门,所教化的众生,都是菩萨。假若有人智慧小,深深执著爱欲,就为他们演说苦谛。众生得未曾有的心喜,佛说苦谛,是真实而没有不对的。假若有的众生,不知道苦的根本原因,深深执著造成苦的原因,不能暂时舍除,为这些众生,以方便法门说道。造成痛苦的原因,以贪欲为本,假若灭除贪欲,苦就没有所依止的东西了,把各种痛苦灭除干净,这就称为第三谛——灭谛。为了灭谛,就要修行于道谛,脱离各种苦的系缚,就称为得解脱。此人为什么说得到解脱?只是离开虚妄就称为解脱,其实还没有获得一切解脱。佛说的这种人,还没有真正达到灭度,这种人还没有得到无上佛道,我的意思是不想让他们达到灭度。我是法王,于教法自由自在,为了安稳众生而出现于世。你呀,舍利弗!我的这种法印,是为了利益世间而说,你们千万不要在你们所到的地方,妄加自己的意见,千万不要说错。假若有人听后,能够随欢喜领受佛理,应当知道,这个人是阿惟越致。假若有人相信接受这部经的教法,这人肯定曾经见过过去佛,对佛曾经恭敬、供养过,也听闻过这种教法。假若有人能够相信你所说的法,就等于见到我,也见到你以及比丘僧和各位菩萨。这部《法华经》为有深刻智慧的人讲说,浅识之人听后,迷惑不解,一切声闻和辟支佛,于此经中,其智力所不及。你呀,舍利弗!尚且于此经,能够相信而得悟入,何况是其余的声闻!其余的声闻也只有信任佛语才能随顺此经而实行此经所说的教诲,并不是纯粹以自己的智慧力量了解得到的。而且,舍利弗!对于傲慢懈怠、坚持我见的人,不能说这部经。凡夫知识浅薄,深深地执著五欲,听后不能理解,也不要为他们说。假若有人不相信,毁谤这部经,则断一切世间佛种。或者是又有一些人,皱着眉头,而怀有疑虑,你应当听说此人的罪报。不论是佛陀在世或离世之后,有人毁谤此经的罪过也是不轻的。看人在读诵,看人书写或受持此经时,生起贱、憎、嫉、恨心的人也是有罪过的,你现在再听一听,此人命终以后,入阿鼻地狱具足一劫,一劫终了再生,这样辗转轮回,至无数劫,从地狱出来,转生为畜生类,出生为狗,为野狐,其身形衰瘦,全身黄黑而有疥疮的病症,被人所虐待,为人所讨厌,常常受饿渴之困苦,骨与肉均枯竭,只有皮骨而已。生时受这种苦恼,死后又被久埋于瓦石之中。因为是断灭佛种,应当受这种罪报。有的会转生为骆驼,有的生在驴马群里,躯体常负重物,常被杖棒痛打,心里只念有水可饮,有草可食,其余即无所知。因为毁谤这部经的缘故,应当受这样的罪报。有的转生为野狐,为了寻食而入乡村部落,有疥癞之疾,又失去一眼,被小孩揪打,受种种苦痛,有的终于致死。死后要转生为大蟒蛇,其躯体又长又大,最大的有五百由旬那么长,有的耳聋眼昏而无足,用它的肚子在地上慢慢爬行,身体的部分被小虫所吸食,日夜都在受苦,无法休息,毁谤此经,应当受这样的罪报。假若转生为人,各器官的作用是钝的,身体是短陋的,手脚不能伸直,不能行路,又盲又聋,背脊弯曲。讲的话不令人信受。嘴内常有臭气,常被鬼魔所扰,是赤贫,是下贱,是别人的佣人,是多疾病消瘦者,是无依无靠的人,虽然想依托别人,人家却不理会他。假若要学习,很快就会忘记,如学医术,想靠药方治病,反会增加人的病痛,或者投错了药,而置人于死地。若是自己有病时,没有人肯医他,假使服好药,反会增加痛苦,有时别人犯叛逆、抄劫、盗窃等罪过,会连累在他的身上,像这等罪人完全是不遇着佛陀的教训,众圣之王佛陀想教化救度,他却一点也不理会。像这些罪人常常转生在苦境里,是个眼昏耳聋永不听法的人。于无数之劫,如恒河之沙,都出生为耳聋、瘖痖、六根不具的人,看地狱好像是在美丽的花园楼阁一样地自投罗网,看其他的恶趣就像住在自己家里一样。又爱好转生为骆驼、驴、马、猪、狗等地界。这些都是因为毁谤此经的缘故,才使他获得这样的罪过。假若转生为人,是一位耳聋、眼盲、瘖痖,或者过着贫穷衰微的生活,除以这种生活来装饰自己以外别无他途,或者身体肿胀,或者瘦衰,或者全身染患皮肤病,或者生毒疮。这种病好像是自己的衣服一样不离自身,全身都有臭气,都是污秽不净,而且执著我见很深,多增瞋恚之心,淫欲又很旺盛,不能分别是人是禽兽,因为毁谤此经的缘故,才得到这样

的罪报。我告诉你,舍利弗!毁谤这部经的人,若说他的罪过,穷尽劫数也说不完,由于这种因缘,我要告诉你,在无智慧人当中,不要说这部经。假若有利根之人,有智慧,很明白,听得多,认识能力很强,要求成就佛道,对于这样的人,才能为他说这部经。假若有人曾经见过亿百千的佛,种植过各种善的根本,深入根底而心坚固,像这样的人,才能为他说这部经。假若有人精进,常修慈悲之心,不惜自己的生命,才能为他说这部经。假若有人恭敬佛教,没有二心,离开了凡愚的生活,独自一人在山谷闲静处修行,对于这样的人,才能为他说这部经。而且,舍利弗!假若见到有的人,舍除恶友,亲近好朋友。对于这样的人,才能为他说这部经。假若见到学佛的人,坚持清净戒律,犹如清净的明珠,求学大乘佛经,对于这样的人,才能为他说这部经。假若有人没有瞋恨之心,其心质朴正直,是柔软的,常常怜悯一切众生,恭敬各位佛,对于这样的人,才能为他说这部经。又有一种佛子,于大众当中,以清净之心、种种因缘、譬喻言辞,说法自在而无阻碍,对于这样的人,才能为他说这部经。如果有比丘,出家后为求一切智,到处去求法,遇佛即合掌,听教即信受,只喜欢领纳持受大乘经典,对于其他经典,即使一偈,也不领受。对于这种人,才能为他讲这部经。如果有人以求佛舍利的诚心去求大乘经教,得到经教后顶礼领受,不再求其他的小乘经典,也没有意念去求外道典籍,对于这种人,才能讲这部经。我告诉你,舍利弗!我所说的真正信仰佛道的种种行相,穷尽劫数也说不完,以上所说的这些人,能够相信理解佛道,你应当为他们讲说《妙法莲华经》。

第四章　在冰雪融化的季节唤醒凝固的信念

目前世界上有很多科学家正在探索某些物质的化学成分和构造,它们是赋予物质以生命和赋予生物体以意识的物质条件。科学的进步带给宗教信徒的似乎可能是一些否定宗教的发现,由于它与根深蒂固的传统信仰相对立,因而遇到了强烈的抵抗,尽管传统信仰是尚未证实也无法得到证实的。现在几乎再也无法使人相信,人类所意识到的自然现象,是由一个与人形似的造物之神的指令而存在的。这种传统的对自然现象的解释仅是出自对人类活动的牵强类比。人们将现存的无生命的"原料"加工成型,制成工具、机器、衣服、房屋和其他制品,并赋予这些制品某种该原料所不具备的功能和类型。功能和类型是非物质的,从物质属性方面而言,它们是从无到有被人创造出来的。既然与人形似的造物之神的存在是一个无法证明的假设,那么用与人类一样的创造活动来解释自然现象的存在,就不再能令人信服了。然而,迄今为止,还没有任何令人信服的说法足以取代这种早已站不住脚的传统假设。

我们对生命及人类意识与意志得以产生的物质条件的了解虽然有了进步,但这并未能使我们理解生命和意识本身所具有的本质及目的,它们彼此间的存在形式不尽相同,并且,正如我们所知,与那些与之相关的有机结构物质的存在形式也不相同。人们所知道的每一个活着的人,包括他自己在内,都具有一个有意识有目的的精神世界,而这个精神世界则实实在在地存在于物质的躯体之中。每一个活着的人,

精神和肉体都不能彼此分离。它们总是彼此契合,然而它们之间的相互关系却又总是让人难以理解。

为什么有些物质现象一度会与生命结合,或一度会与意识结合,而另一些却永远是无生命和无意识的?在时空的溪流中,在某一特定的时刻,也就是说,在暂时包裹着我们这个来去匆匆的行星的脆弱的"生物圈"中,生命和意识是怎样与物质发生联系的?为什么寄寓于有机物中的生命总是设法使自己永远生存下去,寄寓于有性别的和终有一死的生物体中的生命,总是使自己得到繁衍?所有物种的保持,显然都要付出巨大的努力。这种努力难道是物种或其中每一个个体所固有的本质吗?如果答案是肯定的,那么为什么某些有机物成分,在获得有机物特性前,或失去有机物特性后,又不具备这种固有的努力呢?须知这些有机构成,只是它们自身历史中一个短暂的插曲。如果这种努力不是固有的,而是从外部引入的,那么,如果排除了神灵造物之功的假设,引入这种努力的媒介又是什么呢?

现在,假定我们接受有机物在结构和功能上产生变异的事实;假定我们也接受达尔文的有关假设——他认为,自然选择在足够的时间里充分利用了变异,这种变异足以说明为什么生命会分化为各种各样的物种,为什么有些物种得以成功地生存下来,而另一些则失败了——即使我们承认了所有这些说法,变异本身仍未得到解释。变异是偶然发生的,还是注定要发生的?或者是违背了一种注定的事情?或许如果我们向被认为不具有意识、不具备制订计划能力的自然现象提出这些问题,根本就是不恰当的?假如允许我们用这些拟人语汇讨论非人类的物种问题,我们将会遇到更多的难题。物种的变异倾向与物种保持自身生存或进行自我繁衍的努力是背道而驰的,物种的目的真的是保持自身的种属吗?那么,变异是否是这一目的的失败?或者,物种是注定要发生变化的,而保持原种属的做法仅只是惯性对这种变化的阻碍?

生命分化为不同的物种,造成一些物种之间的竞争和另一些物种之间的合作。这两种相互对立的关系,哪一种是自然的最高法则?在无意识的物种之间,合作和竞争都不是出自有意的选择。但对于人来说,选择是有意的,人能够意识到是非善恶之间的区别与对立,人类的选择与此紧密相关。这种道德判断显然是人所固有的自然本质,其他非人类物种则不具备。那么,这种道德判断又来自何方呢?

  我们总爱讲关于大千世界、宇宙万物以及人类自身的故事,这有助于我们弄懂万事万物。不过由于熟悉或者疏忽,有时我们会迷失方向:既忘了故事的真正起源,又看不到它会向何处发展。什么是生物多样性?电动汽车是新东西吗?就连人类起源这个旧故事也还欠缺一个核心章节:一小群狩猎采摘为生的先民,如何挺过气候巨变,成为现代人的祖先?人类是有意识、有目的的生物。他富于是非观念,道德的力量促使他择善而行,即使他抗拒这种力量,也不得不这样去做。那么,人类在宇宙中的地位如何?意义何在?人总认为自己是宇宙的中心,因为自己的意识对于本人来说,是观察宇宙中精神和物质景象的出发点。人还有这样的自我中心意识,即认为他的自然冲动是力图使宇宙的其他部分为自己的目的服务。与此同时,他也意识到自己并不是宇宙的真正中心,来去匆匆,转瞬即逝,他的良知也告诉他,就把自己看做是宇宙中心这一点而言,他在道德上和理智上都正在铸下大错。

  在清朗的夜晚,抬头仰望,只见群星璀璨、一条银河横贯中天,天空是那样的浩瀚、无垠;一轮明月升起,美丽的夜空更增添了几分神秘和深邃。自从地球上人类诞生以来,天天面对这浩瀚的苍穹,使人们产生了无穷的遐想:那些亮晶晶的、一直向我们眨眼的东西是什么?它们距离我们有多远?挂在天上的月亮会不会掉下来?它为什么时圆时缺又那么亮?……这些既新鲜又古老、既熟悉又陌生的问题,千百年来使人们感到困惑不解,又激励无数的先人去苦苦地思考与探索。当然,经过人类长期的科学实践与研究,今天我们已经知道那些眨眼的小东西都是与太阳类似的巨大的恒星,它们与我们的距离十分遥远,用千米做尺度无法度量,需要用"光年"做单位。我们也初步了解了宇宙的结

构,我们甚至还能飞出地球,登上月球。回顾这一历史过程,我们应该为人类的聪明和才智感到自豪。

太空有多大?星辰有多少?宇宙有无起点,年龄几多?它的运行规则是什么,最终结局又怎样?

生命是什么?它何时诞生,从何而来,又是如何进化为今天如此多姿多彩、五彩缤纷、生机勃勃、种类繁多的一派繁荣茂盛的景象?以人类为代表的生物界与那浩瀚宏大的太空之间有何联系?我们在宇宙中占据什么位置?

自古以来,人类就向往着飞向太空,遨游宇宙。我国古代就有许多关于人类飞向太空的神话和传说,"嫦娥奔月"则是流传最广的一个。在传说中,嫦娥是一位美女,是勇敢善射、为民除害的猛士后羿的妻子。她偷吃了后羿从西王母那里求得的长生不老仙药后,身体变得轻飘飘,一直飘到月亮上去了,成为广寒宫里孤寂的仙女。

在外国,也有人类飞向太空的神话。在古希腊的神话中,雅典杰出的建筑师和雕塑家代达罗斯,因谋杀了他的学生,畏罪逃到了克里特岛,并受到米诺斯国王的重用,为米诺斯修建了奇巧的迷宫和雄伟的宫殿。大宇宙囊括万物,也包括在思考如何称呼它的我们。但是,什么是大宇宙呢?我们真的知道吗?它有多副面孔,在不同的人看来,它意味着不同的事情。对宗教者来说,它是神造的世界,受着超自然力的支配;对艺术家来说,它是唤起灵感的奇妙天地;对哲学家来说,它是一个分析和综合的结构的逻辑体系;对科学家来说,它是自然力表现的舞台。在不同的时候它可能意味着不同的事物。更多变的还是不同社会所怀有的世界图景,如澳大利亚的土著人、中国人、爱斯基摩人、印度人、霍皮人、毛利人、纳瓦霍人、波利尼西亚人、祖鲁人。因为文化的相互影响,因为知识的进步,世界图景也跟着向前演进。于是在欧洲,中世纪的图景在伊斯兰教兴起的影响下,经过笛卡儿、牛顿、维多利亚时代，最后进化为爱因斯坦的图景。19世纪末的标准的西方世界图景——维多利亚时代的图景，一点儿也不像百年之后的那个标准图景——爱因斯坦的图景。每一个时代，每一个社会，都构造不同的世界图景，仿佛给那个未知的大宇宙戴上一个面具。

如果谈"大宇宙"，我们必须区分各种不同的"大宇宙的模型"。每一个模型，不论宗教的、艺术的、哲学的还是科学的，都是众多代表里的一个；不同的社会模型也是这样的。所以我们在科学的历史中区分毕达哥拉斯模型、原子模型、亚里士多德模型，等等；更准确些说，我们区分的是大宇宙的毕达哥拉斯模型、大宇宙的原子模型、大宇宙的亚里士多德模型，等等。当然，这些模型有更简单的名字：毕达哥拉斯的大宇宙、原子论的大宇宙、亚里士多德的大宇宙……

打开科学迷宫和生命心扉的钥匙是"？"，而关于"天地之初"的追问，是所有问号中最大的问号。

在人类漫长的历史进程中，对"天地之初"的思考是永恒的主题。仰望天穹，斗转星移，风行雨施，刹那不停，瞬息万变；俯视大地，五洲四海，山川平原，动植走飞，不尽沧桑。自古至今，世世代代，从牙牙学语的幼童到风烛残年的老耄，无论是黎民百姓还是智者精英，无不拥有烦恼和迷惑。

在文化的黎明期醒来的人们，其心灵深处充满对大自然的恐惧和惊奇。于是，把它的一切力量和元素归于诸神。中国人想象出开天辟地的盘古，印度人塑造出原人布尔夏，希腊人崇拜无上威力的宙斯。更敏锐的精神渴望转向对生存意义的寻求，因为这里也有同样的惊奇。

杞人的"忧天"、屈原的"问天"彰显了古人的忧患与激情。哲学家谈天论地用心良苦，想象的诸多答案虽能启迪智慧，但终不若来自科学家的知识可靠。

据有关科学家的研究推算，宇宙已有100亿~200亿年的历史，太阳系诞生也已有60亿年，作为固体的地球已存在了46亿年，地球上的生命出现可追溯到38亿年前，直立行走的人类在数百万年前方出

现,有文字记载的文明则不过数千年。这是迄今为止的宇宙演化过程。这个过程是自然创序的过程,从化学序—物理序—生物序—社会序,是宇宙生命力的表现。

但是,对古生物学研究表明,地球历史上的生命经历了五次大绝灭及其后的复兴。第一次绝灭发生在 5 亿年前,第二次绝灭发生在 3.5 亿年前,第三次绝灭发生在 2.3 亿年前,第四次绝灭发生在 1.8 亿年前,第五次绝灭发生在 6 500 万年前。

许多历史记载的传说和考古发掘物结合,似乎表明还有过人类史前文明的消亡。那万余处令人困惑不解的废墟之谜暂且不论,而今正处在行将毁灭的可怕境地的人类,之所以陷入如此危险的困境,是因为我们从未置身宇宙的现实和价值观念之中。人类从哪里来,到哪里去,其最终底蕴是同"天地之初"联系在一起的。

近三个世纪以来,随着科学发展而产生的宇宙故事,是科学献给人类的厚礼。一个不断膨胀和发展着的宇宙,怎样演化成为人类家园的地球,这创造故事能使我们彻底而及时地认识到我们存在之根据,把我们的生命和文明置于宇宙故事之中。我们正处在宇宙奥秘被大量揭示的时代,若艺术家与科学家一起讲述这个故事,把人类故事纳入宇宙故事之中,让宇宙的伟大历程进入人类的自我意识,使人们的精神健全起来,不再自命不凡,停止彼此争斗,天空会变得清洁,土地会恢复肥沃,生活也会洋溢情趣。

是什么主宰着人类的命运?是"天地之初"和"人的灵性"!

我们人类居住的地球是太阳系的一员,而且还是一颗较小的伴星。太阳也只是亿万恒星中的一颗。大量恒星聚集在一起而形成一个个星系,太阳所在的星系叫银河系。许多星系还要聚集成星系团,星系团之上还有超星系团。只有认识宇宙的这样一个等级结构,才能深刻理解人类在宇宙中的地位。

就像航海者必须确切知道自己的方位才能决定航向一样,人类的行动也应以确定自己的位置为基础。做任何一项工作,首先要对自己的环境有个确切的认识,然后才能决定做什么和怎样做。对于生命个体来讲,在确立生命的意义和价值之前必须有一个生命存在的意识。对于整个人类的生存来说,人类在宇宙中的位置是我们生存的基础。思考和行动的根据。

面对浩瀚的宇宙,作为宇宙演化偶然产物的,或许还不是独一无二的人类不能不感到自己的渺小。但是,人类毕竟创造了自己的文化。作为人类生存方式的文化,确可以说是"融天地之沧桑,含日月之玄机"的。宇宙洒落的智慧之光,使人类"思维跨越时空,行为倒转乾坤",人类怎能不感到自己伟大呢!这种渺小和伟大的张力应该成为人类理性的心理动力。

"把世界交与物,同时又将物保持在世界的光芒之中,世界使万物存在,万物亘现世界,世界认可万物。"这与万物与人融汇一体的世界,它的呈现是自然世界的呈现,是天地的是神的出场,在这里:

树木的根安稳地扎在大地之中,这样,它茁壮成长,把自己向天空的赐福敞开。树木向上生长已被召唤。它不仅有开花的狂喜,也有营养汁液的冷静。大地之成长与天空之敞开的恩惠彼此依存。诗之命名了恩惠之树。它的繁花预示着向我们从天而降的果实、神圣、拯救、对必死者的爱。在这金花四放的树中,有着大地和天空,诸神和必死者。它们的四位一体就是世界。

这是海德格尔对大自然旋律的深情描述,大自然在海德格尔笔下永远是敞开的、宁静的、虚无的:

窗棂披着落雪,

晚钟长鸣,

房屋装扮一新,

为众人摆好了饭桌。

漂泊者,三三两两,

从昏暗的路途来到门前。

恩惠之树开满金色的花，
吮吸着大地的寒露。
漂泊者默默地迈进房门，
痛苦已将门槛变成石头。
在澄明辉耀的光芒之中，
桌上陈放着面包和美酒。

　　这首特里克的《冬日的黄昏》引起了海德格尔的关注，海德格尔说，此言说对悄然打击着窗户的落雪进行了命名。在这落雪中，一切持续着的东西持续得更久了。它呼唤物，召唤它们到来。它邀请物进来，以使它们可以作为物而与人相关。落雪将人带到落雪的天空下，晚钟的鸣声把人作为必死者带到神的面前。房屋和饭桌，必死者与大地连结起来。被命名之物把天空、大地、诸神和必死者聚于自身之中，此四者在相互依存的四位一体中获得原本的统一。这种汇集、聚拢，让其存留，便是物的物性活动，那在物的物性活动中存留的这四者的四位一体，我们称为——世界。

　　海德格尔看到了西方文化二元对立带给人的烦躁与焦虑，因此他要摧毁世界、解构世界。这世界是人神对立、心物对立的理性王国，他要还原的是大地的本真，还原于天空的本真，他的世界的实质是天地人神共融的交响乐。在这样的境界里万能显示了，心灵被照亮了，这才是海德格尔的世界，这与中国哲学尤其是与道家哲学的境界多么相似。

　　关心大地是海德格尔哲学的重要问题。他借助荷尔德林的诗句说："人，诗意地栖居在大地上。"海德格尔的大地不是现实的大地，而是原大地，是大地自然的本真状态，这样的大地是以诗命名的。

　　海德格尔在《艺术作品的本源》中说："大地一词的意思与那种有关沉积于某处的土地观念无关，与那种有关行星的纯粹天文观念无关，大地意味着：从此出现的东西由此收回，并隐匿一切自行涌现之物,在此涌现出来的万物中大地是作为隐匿者而出场的。"这里对大地的陈述至少有两种意味。第一它是反形而上学的,因为它不是有关土地的观念。第二它是自然的,因为这样的大地"从此出现的东西由此收回"。"大地是作为隐匿者出场的"。自然正因为其自然而容易被人遗忘。虽然它不被人分析,但它却可以让人领悟,可以被诗意地照亮,因此它出场了。

大地的出场也就是自然的出场,自然出场理性便退场,原大地就显现。海德格尔说:"它使一切对它纯粹算计的强求归于毁灭。……只有当大地作为天然就是不可揭示的东西,作为从一切揭示中收回并永远保持在自我闭合中的东西,而被领悟被看护的,大地才敢现成为它自身。"这样的大地摆脱了形而上学的束缚,显现出自然的本真,是深得东方哲学神韵的大地。这里我们如同听到了中国古典哲人对天人合一物我浑融的境界描述。庄子所谓"天地与我并生,万物与我合一",不正在这里得到响应吗?

而真正实现这种敞开的到达自然境界的是诗是艺术是作品。海德格尔说:"作品建立一个世界,并由此展示出大地。"他在《艺术作品的本源》一文中,借梵高的《农鞋》和古希腊神庙说明了他对敞开的大地的理解:

海德格尔认为,梵高的《农鞋》召唤出了天地人神共在的自然与诗意。从鞋之磨损了的敞开的黑洞中,可以看出劳动者艰辛的步履,在鞋之粗壮的坚实性中,透射出在料峭的风中通过广阔与单调的田野时步履的凝重与坚韧;鞋上有泥土的湿润与丰厚。当暮色降临的时候,田间小道的孤寂与鞋底悄悄滑行。在这双鞋里,回响着大地之无声的召唤,呈现出大地之成熟,谷物宁静的馈赠,以及大地之冬日、田野之农闲的荒漠中神秘的冬眠。这器具浸透着对面包之必然需求的无怨无艾的忧虑,浸透着克服贫困之后的喜悦,临产前痛苦的颤抖以及死亡临头的战栗。这器具归属于大地,它在农妇的世界得到保护,正是从这被保护

的归属之中,器具本身才得以栖居于自身之中。

　　任何一件成功的艺术品都言说着天地人神共在的属性。海德格尔以古希腊神庙为例说:一座建筑,一座古希腊神庙,并不再现什么,它只矗立在石壁深谷之中。这座建筑藏匿着神的形象,并在此隐匿中让神通过敞开的门廊而进入神圣之境域,通过神庙,神便出场了。而神庙岩石的裂痕所显示的,是隐蔽在它背后的千年万载的风暴威力以及与之相联系的无穷画面,岩石光彩的闪烁使宽广的天空出现,使夜晚出现,使不见的天空成为可见。

　　沿着海德格尔的思绪,就会发现任何伟大的艺术作品带来的审美沉醉,都是超越画面超越具象的,它以有召唤出无,以有限召唤出无限,最终到达无遮蔽的自然。

　　与海德格尔一样,庄子也关怀大地,大地同样是被诗化了的。"夫大块假我以形,劳我以生,逸我以老,息我以死。故善吾生者,乃所以善吾死也。"大块即大地,他把生命看成了来自大地归于大地的过程,大地是一切生命的滋养。同天空有天籁一样,大地有地籁,天籁与地籁与人籁的同律互动,构成了一曲雄浑伟大的交响乐。

　　当然书写大地之诗,也要注目天空。海德格尔说,当我们站在大地之上的时候,也就意味着在天空之下了。"天空是太阳的路径,月亮的轨迹,星星的闪耀,一年之节候,白昼之光明与昏茫,黑夜之阴暗与闪烁;是气候的无常,云朵的飘荡,以太的深蓝。"天空不是天文学家和物理学家眼中的东西,天空是神的居所。诗人必须仰望天空,道出天空中灿烂的景观,寻觅神的启示。

　　在这样的天地之间,人便获得了神性,充满辉光,天空与大地都脱去了形而上学的外衣,还原为广阔的原大地和湛蓝的原天空,而人也是栖居在如此大地与天空下的自然属性的人,他们生机勃勃,心灵空明,以诗意的目光打量世界审视万物,因此获得了神的属性,这种脚踏大地,仰望天空,心中充满神圣的人就是回归自然的人。

　　海德格尔对大地对艺术的理解,与中国哲学的神韵秘响旁通、幸遇知音。对海德格尔素有研究的余虹先生在其著作《思与诗的对话——海德格尔诗学引论》中,为海德格尔没有真正与道家艺术碰面而深深遗憾。在他看来,陶诗是典型的消解樊笼返归自然的艺术,陶诗的代表性作品都是对世界的消解。在不经意的消解中原大地呈现出来,陶渊明《饮酒》其五谓:

　　结庐在人境,而无车马喧。
　　问君何能尔,心远地自偏。
　　采菊东篱下,悠然见南山。
　　山气日夕佳,飞鸟相与还。
　　此中有真意,欲辩已忘言。

余虹先生说:"道家的极境正是无语之境、无世界之境、原自然之境:菊花东篱,南山飞鸟自在无言。"在此境界中,天机自张无言独化,诗中的景象无心于世,是自然承纳中见到天然的景致。这样的境界使我们知道,自然不是一个他者,而是一个外在。菊花南山莫不自然,山气飞鸟无物不道。因此菊花之为菊花别无他指,唯自指而已。"不仅诗中物象的世界性他指功能被消解了。诗的语词本身最后也别无他指。菊花一词已不再指示不同于南山东篱的某物。当一切归于大地的自然,化而为一后,语词的他指功能成为多余,它仅仅剩下自身的物质性:声音与墨痕。"这样的吟唱是大地吟咏,随此吟咏把人带到无世界、无价值、无意义的自然的荒野,入寂而化,与物而流,人融化在大自然的悠悠天籁中。

　　因为超空间理论揭示了物理学与抽象数学之间全新的、意义深远的联系,所以一些人谴责科学家们创立了建立在数学上的一种新神学;也就是说,我们拒斥宗教神话,只信奉一种建立在弯曲时空、粒子对称性和宇宙膨胀上的甚至更加怪异的宗教。当神父可能用拉丁语念简直没有什么人能理解的咒语时,物理学家则在念几乎更没人能理解的神秘的超弦方程组。对万能上帝的"信仰",现在被对量子理论和广

义相对论的"信仰"所取代。当科学家断言我们的数学咒语可以在实验室中得到检验时,所获得的回应是"创世"不能够在实验室中被检测,因而这些像超弦那样的抽象理论可能永远不会得到检验。

这种争论并不新鲜。在历史上,科学家经常被迫跟神学家争论自然法则。例如,英国大生物学家赫胥黎是19世纪末针对教会对达尔文自然选择理论的批评而为其辩护的杰出辩护者。与此相类似,量子物理学家与天主教教会的代表之间关于无线电的争论也已经出现。后者关注海森伯不确定性原理是不是否定自由意志,一个可以决定我们的灵魂将上天堂还是下地狱的问题。

但是科学家们往往不愿介入关于上帝和创世的神学争论之中。我发现,一个问题在于,"上帝"对许多人来说有着许多意思;使用含蓄的充满了不可言说的、神秘象征的语言,只会把争论弄得模糊不清。为了澄清一下这个问题,我发现对上帝这个词,在两类含义之间进行认真辨别是有用的。有时候区分"奇迹上帝"与"秩序上帝"是有益的。

科学家使用上帝这个词时,他们通常指的是秩序上帝。例如,爱因斯坦幼年时最重要的一次天启,发生在他读他的第一批关于科学的书之时。他立刻意识到,他所受到的关于宗教的教育不大可能是真的。然而,他一生都坚持着那个信仰———一种神秘的、神圣的秩序存在于宇宙中。他说,他一生的使命是想方设法确定在创造宇宙时他是否有选择的机会。爱因斯坦在他的著作中再三谈到这个上帝,并亲昵地称之为"老人"。当被难以对付的数学问题难住时,他经常说:"上帝难以捉摸,但无恶意。"保险地说,大多数科学家相信宇宙中有某种形式的宇宙秩序。但是,对非科学家来说,上帝这个词几乎普遍指奇迹上帝,这是科学家与非科学家之间误会的根源。奇迹上帝干涉我们的事务,创造奇迹,破坏罪恶的城市,袭击敌军,淹死暴君的军队,以及为纯洁和崇高而复仇。

如果科学家和非科学家不能就宗教问题进行交流,那是因为他们相互揭短,谈论着完全不同的上帝。科学的基础建立在观测可重复事件上,但是奇迹顾名思义是不可重复的。如果奇迹发生的话,那奇迹一辈子只会发生一次。因此,奇迹上帝在某种意义上超出了我们称为科学的东西。这不是说奇迹不能发生,仅仅是说它处在通常所称的科学之外。

哈佛大学生物学家威尔逊(Edwardo Wilson)对这个问题感到困惑,他问有没有科学理由去解释人为什么如此狂热坚持他们的宗教信仰。他发现,甚至连那些训练有素的科学家,在他们的科学专业里通常是完全理性的,但在替他们的宗教信仰辩护时就陷入了非理性的争论中。而且,他注意到宗教在历史上被用做一种借口,针对无宗教信仰者和异教徒发动骇人听闻的战争和施行令人发指的暴行。宗教战争或圣战的残酷性实际上比最严重的犯罪还有过之。

威尔逊指出,宗教普遍存在于地球上每一种被研究过的人类文化中。人类学家发现,所有的原始部落都有一种"起源"神话,它解释他们从哪里来。而且,这种神话明显把"我们"从"他们"中分离出来,产生了一种内聚的(以及常常是非理性的)力,这种力维持部落、压制造成分裂的针对首领的批评。

这不是异常,而是人类社会的常规。威尔逊认为,宗教之所以如此盛行,是因为对那些采纳它的早期人类来说,它给出了一种确定的进化优势。威尔逊指出,在群体中参与狩猎的动物服从头领,因为一种建立在力量和优势上的权力等级已被建立起来。但是大约100万年前,当我们的类人猿祖先逐渐变得愈加聪明时,个体可以理智地开始挑战头领的权势。智慧个体因其本性出于某种原因质疑权威,因而对部落来讲这是一种危险的、瓦解人心的力量。除非有一种力量能够阻止这种蔓延的混乱,否则智慧个体会离开部落,部落会分崩离析,所有个体最终都会死亡。因此,根据威尔逊的观点,选择压力强加在智慧类人猿上,使他们中止理性思维,盲目服从头领及其神话,因为不这样做就会挑战部落的凝聚力。幸存者不仅赞同那种可以理智地讨论工具和食物采集的智慧类人猿,而且赞同那种当这个讨论威胁到部落的完整性时

能够阻止它的智慧类人猿。神话对限定和维护部落是必需的。

类人猿逐渐变得越来越聪明，形成了一种把他们合在一起的"胶"。对威尔逊来说，宗教对于这些类人猿是一种非常强大的、维护生命的力量。如果这是对的，那么这个理论解释了为什么有那么多的宗教依赖于常识之上的"信念"，为什么群体被要求中止理性思维。它还有助于解释宗教战争的野蛮暴行，为什么奇迹上帝总是看起来偏袒血腥战争中的胜者。奇迹上帝较秩序上帝有一个强有力的优势。奇迹上帝解释了我们在宇宙中的目的这个神话；在这个问题上，秩序上帝沉默不言。

尽管秩序上帝不能给人类一个共享的命运或者目标，但是我个人发现，关于这场讨论的最令人吃惊的是，我们人类刚开始攀登技术高度，应当能作出涉及宇宙的起源和命运的大胆断言。

在技术上，我们刚开始脱离地球引力拉曳，我们仅仅已经开始发射粗糙的探测器到外层行星。虽然我们尚受限于我们这颗小行星，但是只凭借我们的思维和少量的工具，我们就已经能够揭示控制着数十亿光年远的物质的规律。凭借无限小的能源，甚至没有离开太阳系，我们就已经能够确定在恒星的核炉内部深层或者在原子核本身内部有什么发生。

根据进化论，我们是智慧类人猿，只在最近才离开树林，居住在离一颗较小的恒星从近至远的第三颗行星上。这颗恒星处在室女座巨簇附近的一个较小星系群的一个较小星系的较小旋臂上。如果膨胀理论是对的，那么我们的整个可见宇宙只是极其巨大的宇宙中的一个无穷小的泡泡。甚至还有，假如我们在这个巨大宇宙中所扮演的角色几乎微不足道，那么我们应当能够断言发现万物至理似乎不可思议。

诺贝尔奖得主拉比曾经被问及，在他的一生中是什么事件首先促使他迈上揭露自然奥秘的漫漫旅程。他回答说，那发生在他在图书馆查阅一些关于行星的图书时。强烈吸引他的，是人的心智能够认识那样的宇宙真理。行星和恒星比地球大得多，比人类以往任何时候所能到达的任何地方都要遥远得多，但是人的心智能够认识它们。

物理学家帕格尔斯陈述过当他还是一个孩子时在纽约参观海顿天文馆的重要经历。他回忆道：

动态宇宙的戏剧性和力量将我彻底制服。我认识到单单星系就包含比有史以来生活过的所有人还要多的恒星。……宇宙的广阔无垠引起了一种"存在主义冲击"，动摇了我的存在基础。我所经历或所知的一切，放在那存在的广阔海洋之中，看起来是微不足道的。

科学家可能有的几乎接近宗教觉悟的最深刻的经历之一不是被宇宙所折服，而是认识到我们是恒星之子，我们的心智能够认识它们所遵循的普遍规律。我们躯体内的原子在太阳系诞生前恒星激增的极长时间里，曾经被放在核聚变的"铁砧上锻造"。我们的原子比山脉要年长得多。毫不夸张地说，我们由恒星尘埃所造就。现在，这些原子又凝聚成能够认识主宰那种事件的普遍规律的智慧生命。

我所发现的激动人心的是，在我们这颗极小的、微不足道的行星上已经发现的物理规律跟在宇宙其他任何地方发现的规律一模一样，而这些规律还是在我们从未离开过地球的情况下被发现的。不依靠强大的星际飞船或者维度窗口，我们已能确定恒星的化学特性，揭示发生在它们核内深处的核过程。

最后，如果十维超弦理论是正确的，那么在最遥远的恒星上繁荣起来的文明将会精确发现关于我们宇宙的相同真理。它也将知道大理石与树木之间的联系，将会得出传统三维世界"太小"而不能容纳它的世界中那些已经知道的力。

我们的好奇心是自然秩序的一部分。或许，作为人类的我们想认识宇宙，在某种程度上跟鸟想歌唱一样。正如 17 世纪大天文学家开普勒（Johannes Kepler）曾经说的，"我们不问鸟儿歌唱为了什么有用的目的，因为歌唱是它们的乐趣，它们是为歌唱而被创造的。同样，我们也应当不问人的心智为什么定要费神去探索太空中的奥秘。"或者，正如

生物学家赫胥黎在1863年所言,"对于人类来说,所有问题之中的问题,即在所有其他问题背后又比它们中的任何一个更有意义的问题,就是那个决定人类在大自然中的地位及其跟宇宙的关系的问题。"

宇宙学家霍金曾谈到要在20世纪内解决统一问题,就必须向最广泛可能的听众解释构成物理学基础的基本物理绘景,他雄辩地写道:

如果我们的确发现了一个完备理论,那么它在主要原则上最终应当被所有人而不仅仅被少数几个科学家所理解。接着,我们所有哲学家、科学家还有普通人都将参加我们和宇宙为什么存在这个问题的讨论。如果我们找到了这个问题的答案,那么它将是人类理性的最终胜利——因为从此以后我们将了解上帝的心智。

在宇宙尺度上,我们还在继续认识我们周围越来越大的世界。但是甚至连我们有限的才智那一点力量,也能使我们窃取隐藏得最深的自然奥秘。

这赋予生命意义或者目的了吗?

有些人通过个人所得、个人关系或者个人经历寻求生命的意义。然而,在我看来,有幸得到能领悟自然之最终奥秘的智慧,才赋予生命充分的意义。

众生要发心修持佛法,就必须绝对坚信修持的功德,坚信修持的无量福报。因为在修持中,由于魔障的阻碍,修持者是不会一帆风顺的,所以一定要有对佛法的绝对信心,才能冲破阻碍,勇往直前、毫无顾虑地精进修行,才能获得万千殊胜和无量福报,成就正等正觉。

真正的诚信就是无我,只有无我,一个佛弟子才会毫无分别地相信佛陀说的每句经文;只有无我,一个佛弟子才能毫无分别地按照佛陀的教导去做;只有无我,你才会放下所有烦恼,倒空你的思想,去接受那未知的认识,达到觉悟。这一期均起源于诚信,对佛法的信心,不怀疑,否则,一个佛弟子的修行永远都不会达到目的。

这还得从自信开始,信自己和佛陀一样有佛的智慧德相,所有的觉悟都在这个基础上，相信自己，然后相信别人。我们为什么对人有怀疑？是因为我们先怀疑了自己，不相信自己，也不相信人的本善。如果我们相信人的本善，相信每个人都是这样的，那周围的人也会相信你，因为我们的眼神充满了信任，因为我们的内心充满了柔软，处处都看到别人的好，看到别人的付出，那别人也会看到你的努力，来称赞你。假如我们怀疑彼此，都在挑彼此的缺点，那相处起来就会很难，彼此之间也没有信任可言。

佛陀跟众生完全相同，没有差别，可是他为什么可以成佛呢？这是因为他的内心清净，自信能力完全恢复了，我们的自性能力却因为妄想执著，而被障碍住了，不能现前，如果我们把妄想执著推开，我们也就恢复了本来的自性，跟一切诸佛无二。所以，不相信佛的智慧、德性，就是不相信自己的智慧、德性。疑是烦恼障，实在讲就是怀疑自己，怀疑自己没有那么大的能力，没有那么大的智慧，不相信自己，所以也就达不到根本究竟。这个障碍不是佛陀给的，是自己给自己的障碍，是自己的因，种自己的果。不相信佛陀的智慧是究竟圆满，与佛陀是没有关系的。但是如果不相信自己的智慧究竟圆满，那你就永远不可能超越自己。自知才能知人，自爱才能爱人，我们自己都不自爱，又怎么能成就自己，怎么有能力去爱别人呢？

有一句话说得好，有些事情并非是因为难以做到我们才相信自己，而是因为我们不相信自己才使自己难以做到。在我们的一生中，有很多问题我们需要解决，我们也会面临很多种选择，任何一种选择，我们都不知道最终的结果是对还是错，选择这条路，就不能同时走另一条路，当我们在已经选择的这条路上遇到很多困难的时候，也许有一天，我们会想："或许走另一条路会更好。"可是，我们已经永远地失去其他选择，已经别无选择，我们经常对自己的现状不满意，经常对已经失去的选择存在幻想。但是如果你真正地走了另一条路，那又如何呢？你也未尝不怀念现在走的这条路。所以何必去怀疑，何必去为自己制造困扰呢？既然你选择了这条路，就自然有你选择这条路的道理。所以

一旦决定了,就不要怀疑,只需一如既往地走下去,遇到什么问题就去解决什么问题。

　　一个人之所以怀疑,是因为他害怕,不相信自己,不相信自己的智慧。相信需要很大的智慧和勇气,需要你整个的投入,如果你的智性不足,你的勇气不够,你就会用怀疑来保护自己。而成功者则相信自己智慧的判断,他对自己的行为抱持乐观态度,他会对自己说:"无论发生什么事情,我都可以接受挑战,做出相应的回答。"要知道任何事都没有什么大不了的,重要的是我们一定要相信自己,相信人性本善。

　　你的心有多高你就会飞多高,如果你觉得自己行那自己就行,觉得自己不行那自己就不行,你能否成功,就看你对待自己的态度。成功的人与失败的人的区别就是:成功的人始终用最积极、最乐观的思考方式来支配和控制自己的人生,他相信自己,也相信别人,认准的选择就矢志不移地走下去。而失败者则恰恰相反,他会在要走的道路旁犹疑观望,不相信自己,也不相信别人,让自己的人生像关在笼子里的困兽,身心始终不得舒展,你是想要成功还是失败,就看你的选择。

　　佛教的终极目标,是令众生诸恶莫作,众善奉行,识心达本,业尽责空,证大涅槃,得大自在。但这几句话对于一个佛弟子来说,说起来简单,做起来却没有那么容易,热心易发,恒心难持,若一曝十寒,光说不练,就无法体悟佛教的真理,只有坚定信念,日日殷勤不懈,才可能不离佛法,获得证悟。

　　在普度众生的过程中,遇到一些挫折是难免的,众生刚强,人事艰难,但佛陀告诫他的弟子必须树立正确乐观的信心,稳住最终目标,用爱心来净化人间。对众生进行感化教育,对佛法心无二念,慈悲宽容地面对众生,则任何困难均化为乌有。

　　我们追求理想的过程,是一个漫长而又艰辛的过程。很多人不是知难而退,就是半途而废,失败了就倒下去,再也没有办法爬起来。所以,单有理想是不行的,还要有不怕艰辛,不怕挫折,不怕失败,锲而不舍地稳住最终目标的精神,才可能实现理想。

失败是人生之旅的重要关口。一个人能否实现理想，取得成功，完全取决于他能越过多少这样的关口，战胜多少困难挫折。一个成功者会像剔除荆棘一样，把那些失败一个个剔除出去，他有信心挑战自己，超越自己，因为他不想当懦夫，就只有战胜困难，向最终目标冲刺。像佛陀发下誓愿，今生若不成佛，永不见父母妻儿，一个胸怀大志之人，他如果认准了一条路，就不会再犹豫，他会断绝所有后路。在困难和挫折面前坚信光明的到来，不悲观、不动摇，努力成为命运的强者。

　　世上并没有常胜不败的将军，遭遇困难、遭遇挫折是人之常情。但重要的是不要害怕，不要退缩，冷静地思考所面对的内在环境，以期望从不如意的境况中改善过来，不要忘记"不得意才是大得意的转机"，将纷乱的思绪暂时放下，静心反思：是什么原因阻碍了通往理想的道路？当看清阻碍的原因，就下定决心，去清理，困境也就变成了通途。

　　在与成功人士交往中，我们往往会发现他们的心思巧妙，虽然这些和受过良好的教育有关，但没受过什么教育的也大有人在。而让他们有着如此心思和非凡智慧的因素，分析其主要的原因，很可能是因为他们的内心受某种意念的驱使，让他们产生出强大的愿望，使身边的一切都变成了他们可利用的资源，促使他们达成追求成功的信念。

　　世上的每个人都不是毫无缺陷的，而我们可以做的是为自己的理想充分准备，去尽量完善自己，这样即使我们在前进的道路中遇到困难也可以有充分的智慧去克服，对最终目标的实现也有了信心和勇气。困难和障碍对于我们的人生，是不容忽视的、必然存在的，但只要我们拥有了真正的自信，就会勇敢地、愉快地面对，激发我们头脑中的无限的潜能，去积极战胜它。

　　据说过去在薄佑国有一个叫常悲的菩萨，他对佛法专一精进，可是当时在他所在的国家，佛寺里的僧人都表里不一，败坏佛规，背叛佛义。因此，很快地，整个国家的人都不信奉佛法了。常悲菩萨不愿意看到这些，便抛下妻子儿女，一个人去山中修行。他每天喝山泉，吃野果，

清苦度日。"可惜我生不逢时,遇不到佛陀,遇不到好菩萨。"他这样自言自语,没想到却感动了天神,天神便下到半空中对常悲菩萨说:"贤明的菩萨,你去正东方寻找明度无极圣典,好好诵读,贯通经义,确实奉行经义,就一定会成佛的。"常悲菩萨听了,感激不尽,就朝着太阳升起的方向出发,走上了漫漫寻找佛经的道路。他怀着无比坚定的信心,一连几天披星戴月地赶路,走到双脚肿痛仍不停赶路,也不知前面还有多远的路程,只是努力往前走。常悲菩萨这样真诚专一,也被佛陀看到了,佛陀就飞到他头上几重天的地方,对他说:"你真是一片诚心啊!像你这样的菩萨已经不多见了。你从这里再继续东行二万里,便到了健陀越国,那里住着很多菩萨,其中有个菩萨名叫法来,他圣德高明,通晓各种经典,反复教化人们,那本明度无极经,他一定会替你调解,让你诵读的。"佛陀说完便不见了踪影。常悲菩萨感恩佛陀对他的指点,更加坚定了求经的信心。经过千辛万苦,最后终于进入健陀越国,见到了法来。

一个人实现梦想的秘诀,就在于首先确认出什么是对你最重要的,然后拿出行动,把困难当做励志之石,不达目的誓不休。奋斗不息的人生,才是有意义的人生,只要机缘成熟,你的梦想就一定能实现。

一个佛门弟子在他修行的过程中,难免会遇到种种的困难,不可能都是顺境,当遇到困难时,就需拿出毅力和信心来克服。佛陀说"一切唯心造",过去、未来、现在诸佛都是唯心所成,只要有心去做,即使困难,也是可以克服的。

其实佛陀自己,在他修行的过程中,也经历了十几年的磨炼,也经历了一番痛苦和挣扎,才降伏魔军,证悟成道。这里的"魔"就是障碍,这个障碍,既是外来的障碍,也是自我内心的障碍,但只要有充分的勇气,再多的障碍也可以逾越。

成功之路是靠付出和汗水铺就的,做一件事不难,做成一件事却很难,做成一件不同凡响的事就更难。但"世上无难事,只怕有心人",既然知道人生的道路不会一帆风顺,就要通过定位自己,来明确方向,来树立克服困难的意识。困难是客观存在的,关键在于我们怎样认识它和对待它。如果对困难没有正确的认识,缺乏应有的心理准备,遇到困难就惊慌失措,痛苦失望,那我们只能被困难降伏。但是如果有了正确的认识,做好了充分的心理准备,并且敢于正视困难,不灰心、不低头、不退转,那困难也会成为进步的阶梯、成功的起点。

世上没有做不好的事,只有态度不好的人。我们做任何事情,都应该有一个好的态度,有了好的态度,我们对工作、对他人、对自己就会充满热情和活力,当困难来临的时候,我们也会不犹疑、不害怕,想出办法来,去冷静地面对。所以想去做什么,就尽力去做,不用刻意去想要获得什么,要得到什么,只要我们脚踏实地,专心地去做了,想得到的东西,就自然而然地会顺势而来。心在哪里,我们的收获就在哪里,能否到达心中的目标,首先取决于我们对自己、对自己的选择的信任,如果你相信自己,相信自己的选择,就要把自己推向极致,这样一直走下去,等待你的就是成功。世界上所有成功的人都有这样的素质,他们都相信自己,对自己脚下的路充满了信心,像弗洛伊德、拿破仑、贝多芬和梵高,他们在前进的道路上遇到了很多困难,但他们的脑海里只有两个字:胜利,他们只选择胜利,什么也不能阻止他们的决心,除了自身的疾病和死亡,所以如他们所愿,他们达到了他们想要的高度。

来自外境的重重的阻碍,可以成就我们的坚强和耐力,一个有耐力、有勇气的人,是绝对不会被困境左右的,什么时候,他都可以随心所欲,不受外在困难的影响而成就自己。其实,我们做事有时会半途而废,并不完全是因为事情的难度太大,而是因为目标离得太远了,在心理上有了畏难情绪才导致最终的失败。下面这个故事就正好是这方面的一个例证:

在1984年的东京国际马拉松邀请赛上,有一位日本选手山田本一,出人意料地夺得了世界冠军。当记者问他凭什么取胜时,他只说了一句话:"凭智慧战胜对手。"当时很多人都觉得这纯属偶然,是山田本一在故弄玄虚。但是两年后,意大利的国际马拉松邀请赛上,山田本一

再次夺冠。记者又请他谈比赛经验,性情木讷的山田本一还是那句话:"用智慧战胜对手。"许多人对此迷惑不解。过了10年的时间,山田本一才在他的自传中解开了这个谜,他在书中说:"在每次比赛前,我都要乘车把比赛的线路仔细看一遍,并画下沿途比较醒目的标志,比如第一个标志是银行,第二个标志是红房子……这样一直画到赛程的终点。比赛开始后,我以百米的速度奋力向第一个目标冲去,等到达第一个目标后,我又以同样的速度向第二个目标冲去。四十多公里的赛程,就这样被我分成几个小目标轻松完成了。最初,我并不懂这个道理,我把目标定在四十多公里外的终点线上,结果我跑到十几公里就感到疲惫不堪了,前面还有那么遥远的路程,所以我被吓倒了。"

有心人,无难事,在面对困难的时候,我们应该像这位日本马拉松选手一样,来冷静地分析,做出正确而清醒的认识,来调整自己,趋利避害,这样困难自然就迎刃而解了。

"佛"的意思是觉悟,就是人的本性趋于圆满的一种存在状态。众生学佛的最终目的是成佛。从佛教的立场看,我们每个人都具有佛性,和佛没有区别,但是却因为一念无明,被烦恼习气缠缚,才轮回六道,在苦海中沉沦。但是虽然这样,我们的佛性却并没有减少,所以人人皆可成佛。佛经上说:"众生是未觉的佛,佛是已觉的众生。"在佛的眼里,这个世界上没有一个特殊的人,佛在众生的心中,众生在佛的心中都有佛,也因此自我就是佛,佛就是我们自己。

"人人皆可成佛"这句话,如果从浅层理解,它体现了佛的包容性,佛以平等的心来接纳众生。而更深一层的意思则是,佛离你最近,你离佛最近,我们每个人都具有成佛的慧根。我们自性圆满,内在什么法都有,只是很多人不知道,还总是向外求什么秘方、口诀、密传,其实"若自悟者,不假外求",我们应该在自己身上下工夫,首先认识自己,通过修行来明心见性。

"修行"这两个字,"修"很重要,"行"也很重要,修正自己的行,在行中修正自己的心。修行,更重要的是修心,心选择的路,心路不正,所作所为也必定不正。我们每个人生来心的本性都是一样的,每个人都有一颗纯真善良的心。但是在成长的过程中,因为我们每个人的成长环境和经历不同,碰到的人和受到的教育也不一样,所以这才有了区别。在成长过程中,我们如果受了好的环境影响,就会和最初小时候一样,依然保持善良和正直的本色,有爱心,懂得爱自己,也会去爱别人;但是如果在成长的过程中,我们受到了不好的环境影响,就有可能被腐蚀本性,而失去了原本的善良正直,失去爱心,变得瞋恨心重,甚至为了物质利益出卖自己的良心和做人的原则。

孟子说,人皆有恻隐之心。这个恻隐之心,就是善良,就是佛陀说的佛性,它是我们的道德基石。在生活中,正是因为有了这块发光发热,照亮和温暖人心的道德基石,我们的生活才不断进步,如果在人生道路上,我们因为时代的变迁、社会的发展和环境的转移而淡化和丧失了我们的恻隐之心,那我们的生活就会变得纷乱,后果是不堪设想的。所以,一个人在为人处世中,恻隐之心非常重要,正是因为有了它,我们才会同情弱者,正是因为有了它,我们才伸出温暖的双手,给他们必要的同情、帮助和关怀,在我们的生命中,如果我们处处弘扬这种仁爱之心和善良的本性,那我们的整个世界也会变得美丽和温暖。

"人之初,性本善。"善良是我们人性的真谛,也是我们最美好的品德,是我们没有装饰时本性的流露,但它并不等于幼稚和无知,而是我们内心对人与人的关系最为深刻的理解,这样相互支撑、相互亲爱,"己所不欲,勿施于人",是我们最本初的最美好的愿望。但是生活磨砺了我们,改变了我们的想法,让我们迷失了善良的本性,所以佛陀让我们将它找回来,他对我们说,这就是我们的佛性。

佛教是人世的,佛陀要每个信仰他的人,善待他人,善待自己的生活,也善待这个世界,常言说,以小人之心看人,大家都是小人;以君子之心看人,则看到的都是君子。王阳明先生曾经说满街都是圣人,而释迦牟尼在成佛后则说:"奇哉!奇哉!大地众生皆具如来智慧德相。"佛陀把所有的人都当成佛,虽然你今天不是佛,但是终有一天,你会成为

佛，他相信每个人都有成佛的可能，众生与他并无差别，人人都是佛，但前提是我们必须洗去尘埃，洗去我们在成长的道路上，外界所加给我们的贪瞋痴诸烦恼，将迷失了的善良本性找回来，这样我们才能成佛，而这个过程则需要我们修行，在修行中来完善自己，改造自己，以帮助自己恢复本来面目。

成佛和做人是一个道理，也需要智慧和积极的行动，用胆量和魄力来认识自己，改善自己，提升我们的人格修养，这样具备了像佛一样的智慧德相，就会走向成功。

我们要像佛菩萨那样去济世度人，但首先必须先完善自己的人格。学佛，不仅是要说法度人，更要以自己的德行和实际行动来感召众生，像佛陀那样做人，让所有的人都感受到佛的慈悲和智慧。佛陀是圆满了的觉悟者，他断除了内心的贪瞋痴杂染，在这样的前提下，他的人格才趋于完善，证悟成佛，有了济世度人的根本。

佛陀要求一个佛弟子必须具备两方面品性，就是悲和慧。这两方面对一个佛弟子来说，都同样重要，都需要修炼和完善。悲代表着爱、慈、善、恕等情感方面的品性，也就是心的品性。慧则代表着理智和思想方面的品性。一个人只发展情感而没有理智，会变成一个有着好心的傻瓜；但只发展理智却不重视情感，又会使人变成一个铁石心肠的思想家，对人没有半点同情和恻隐之心。因此，悲和慧是不可分的，这是佛陀对佛弟子的要求，也是我们普通的众生在现实生活中做人该达到的标准。

我们要在这个社会上立身处世，首先就要修炼好自己的行为，学会做人，学会修心养性、奉守正道。这样，我们的人生才能升华，心性才能得道，社会才能和谐。所谓"修身、齐家、治国、平天下"，要使我们的社会太平安乐，就要我们每个人都谨守做人的准则，养成人应有的优良品质。

当然，一个人优良品质的培养并非一朝一夕可成，它有赖于长期的精进修炼，我们常说一个人的"品行"如何，"品"就是品德，就是做人的问题,"行"就是行为能力。会做人就是说这个人具有良好的道德品质,并能按着这种道德品质去处理好各种社会关系,在社会关系中充分发挥自己的才智,做好各方面的工作,获得社会认可。

"仓廪实而知礼节",会做人的人,首先是知礼仪、讲道德的人,他会把道德修养作为做人之本,不消极、不贪求、不谋私,充分释放自己的能量,把自己的身心融入到社会生活中,去创造奉献,而不忘芸芸众生;他懂得宽容,在工作和生活中充满仁爱之心,谦虚礼让,以德报怨;他还是一个自律的人,会自觉规范自身的言行,举止得体,情趣高雅,能控制自己的情绪和行为,从来不怨天尤人,该做的事一定做好,不该做的事一定不干,自尊自爱,表里如一。会做人是这个人可以在这个社会上有所成就的根本。孔子说"德之不修,学之不讲,闻义不能徙,不善不能改",就是说一个人如果不注重自己的道德修养,不去研究学问,这样听到了正确的道理也不会理解和实行,身上的缺点也不知道去改正。可见,一个人只有懂得做人的道理越多,他的觉悟才越高,他实现自己人生目标的可能性才越大。反之,他如果不会做人,做事的能力和个人特长不能够得到发挥,他人生的目标就会因此受到阻碍。

学会做人,首先要锻炼自己的内心,提高自己的内心境界,凡事都像佛陀一样,建立在严于律己、宽以待人的基础上,在日常生活和工作中端正自己的态度,从点滴做起,关心自己身边的人和事,这样天长日久就不难使自己的做人修为臻于完善。

在佛陀时代,古印度拘萨罗国有一位国王,叫波斯匿王。波斯匿王有一天出巡,在路上碰到一个老头,头发苍白,年纪显然已经很老了。国王问道:"老人家!你今年多大年龄呀?"老头不假思索地回答:"4岁!"波斯匿王感到惊奇,他简直不相信自己的耳朵,于是他伸出自己的右手,竖起四个手指又问老头:"你才4岁?"老头点点头,很肯定地说:"不错!我今年4岁。"他知道国王不信,于是进一步向国王解释说:"以前我不懂佛法,活了几十年,思想、行为都被内心的烦恼控制,做了

很多自己以为对可实际不对的事，4年前我有机会，听闻了佛法，才认识了人生，知道了如何做人。依佛法去生活，净化人生，这4年的时间，才是我真正的做人时间，所以我说今年才4岁。"国王听了老头这番话，感动地点头称赞说："老人家你说得对，一个人能够学习佛法，又照着佛法去做人，这才算是真正的做人呀。"

其实，整个佛法的修行都是为做人服务的，佛陀代表着一个很高的做人的高度，是一个佛弟子追求的终极目标。成佛并没有离开做人，只有在人格彻底完善后，才可能成佛，所以说做人是成佛之基。但是作为普通的众生，我们只有向佛陀学习，像他那样对自己严格要求，注重自己的道德品质，完善自己善待他人，人生中遇到什么样的高山，才都可以逾越。

佛陀要教给众生的，归纳起来，就是改心，改凡夫心为佛心，将凡夫的行持，改为佛的行持。佛陀为什么值得我们学习？是因为他的"一切意乐皆圆满"，佛陀的举心动念，都与真理、智慧、道德相应。反过来讲，我们普通人的内心则总是充满妄想、困惑和烦恼，甚至还有各种损人利己的想法，所以有缺陷，不圆满，所以我们要将凡夫心改为佛心，用佛心看人，平等地看待每个人，看任何人都生起欢喜。

佛和众生的区别就在于佛的心清静无碍，而众生的心被无明遮蔽，本来自性不能得以显现。无明是指一个人的心地黑暗，被阴影遮蔽，因为心中有阴影我们就无法了解自己，也因此我们会怀疑自己，也去相信别人。

我们先对自己没了信心，之后看到别人不好的表情，就以为别人对我们也不信任。其实，当心中怀疑别人不信任我们时，我们先已经自己不相信自己了，所以说，自疑则无信，我们自己的信念一旦摇动，世界就发生了变化，也失去了别人对我们的信任。

因此，我们应该建立信心、启发自我智慧，以佛心为己心。用佛心看人，人人都是佛，用鬼心看人，人人都是鬼，所谓"疑心生暗鬼"，所以千万不要怀疑。我们把凡夫的心转为佛心，把狭小的心念扩大为"心包太虚、量周沙界"，众生的心都太狭窄了，小得像针孔一样，只求自己得到他人的爱和信任，却没有更广大的心去爱他人，如果我们能把这针孔一样细小的心，扩大到像佛心一样的慈悲，一样的"心包太虚，量周沙界"，像明月般皎洁，像静水般透彻，那我们就会像佛一样的宽容和悲悯，为众生去做功德，至诚无私。

佛，是本来自性的觉悟，也是一个人内心深处最原始的单纯，它无处不在，就在于你能否正确地认识，只要真正认识到了，它带给我们的就是无量的快乐。佛陀曾经说：宇宙中的万事万物都可能是我们的父母，就看你能不能用你那颗平静、慈悲的心去看待他们，能不能用你那颗最原始的佛心去帮助需要你帮助的人，只要你这样做了，你就会发现你是天下最快乐的人，人间竟然如此温暖。

佛教的禅宗中，有一个苏东坡与佛印的公案。有一天苏东坡到佛印那里去，他问佛印："你看我像什么？"佛印看了看苏东坡，回答说："像个佛。"苏东坡笑着问佛印："那你说你在我眼中，看起来像什么？"佛印问他："像什么？"苏东坡回答说："看起来像堆牛粪！"佛印笑而不答。苏东坡以为自己占了便宜，很高兴地回到家中，告诉苏小妹说："今天我终于赢了佛印。"他把事情的经过告诉了苏小妹，聪明的苏小妹听完哥哥的话，说："哥哥，你还是输了。佛印因为心中有佛，所以他才看你像个佛呀。"苏东坡一下领悟过来，一时无语。在这个公案里，苏东坡是用凡夫心来看佛印，而佛印看苏东坡，则是用的一颗佛心，在佛的眼里，人人都是佛，所以苏东坡输了，输得心服口服。

以什么样的眼光看待世界，看待周围的人，这其实是一个心态的问题。心态是一个人的心理状态。它分为两种，即积极心态和消极心态。比如，有一块巧克力，有个人见到说："唉，就只有一块。"而另一个人见到则说："啊，这儿还有一块巧克力呢！"这就是两种不同心态的表现。前者是消极心态，后者是积极心态。一个人情绪好就是积极心态，情绪不好就是消极心态。"如果一个人不认为自己是快乐的，那他就不可能有快乐。"是啊，这是无法向外求的，无论好与坏，都在于我们自

己，只有用良好的积极心态引导自己，用善良的心对待自己，对待别人，我们才能快乐。就像佛陀看到所有的人都是佛，他具有这样的信心，他对世界上所有的人都心存慈悲，他认为他的力量可以感化所有的众生，他用这样的积极心态来做人做事，所以周围的一切也慢慢起了变化，慢慢变成现实。当然，这一招对于我们也同样适用。

我们在世间所从事的一切活动，最终所求的，都只是一个目的，就是心安。怎样才能心安？如果能做到无愧于天地，无愧于人世，无怨无悔，无仇无恨，没有非分之想，也没有难消之痛，就是心安，这是一种心灵感觉，是幸福体验的至境。佛陀要引导众生的，就是要给众生这样一条真实、快乐的心安之路，让众生化苦恼为快乐，化束缚为解脱，达到从未有过的永恒安乐。

一个心安的人，会活得踏实、潇洒自在、身体健康、相貌端详，使人在与他接触时，感到和蔼可亲，信任有加。他的人生也因此顺畅，合理的欲求也自然实现。他会认真地去做自己喜欢做的每一件事，认真地对待身边的每一个人，认真地工作、学习、生活，无论什么都尽力而为，做到问心无愧。生活其实就这么简单，不快乐是因为我们没有想开，没有认真地生活。

人生可以安心，可以幸福，并不是要去做大官、当大亨，有多少名利，主要是我们在人生的道路上走得正、走得直、走得认真，按自己心中的目标去努力，去奋斗，去脚踏实地一步步走下去，对得起自己，对得起内在的那颗心。我们在这个纷繁的社会中无法控制外在的其他，但是我们可以控制自己，可以尽自己最大的努力坚持做到最好，这样就足够了。

我们一般人都看重结果，但过程也同样美丽。须知道，山顶有山顶的风景，山腰也有山腰的妩媚。太看重结果，只会让我们在追求结果的过程中患得患失，更加疲惫。倒不如不去想那么多，去尽力做好该做的事，到时候自然水到渠成，即使没有获得满意的结果，那也是我们无法改变的因素，因为我们已经努力，便问心无愧，所以也无需埋怨，没有什么遗憾。

俗话说："为人不做亏心事，半夜不怕鬼敲门。"做任何事情都问心无愧，是我们做人的一个起点。这并没有说起来那么容易，需要我们看开很多事，比如不计较名利，坚持自己做人的原则，有人的时候是这样，没人的时候也是这样，无论什么时候都从容不迫，践行中道，活在光明磊落里。这样，即使没有山珍海味，吃饭也香甜，没有金屋龙床，睡觉也坦然。

相传有一次，弥勒转世生在迦尸国一个高贵的婆罗门家中。他长大后，奉父母之命，出家当了一名隐士，在他的住处旁，有一个很大的莲花池。在盛夏的一天，弥勒修习了很长时间，觉得腰酸背痛，便来到莲花池畔，看到美丽的莲花已盛开，亭亭玉立，含馨吐香，他不禁走到池边，捧起一朵盛开的莲花，深深地吸了一口香气。这时，一位女神正好经过，看到这些，便训斥他说："这莲花不是你栽种的，你怎么可以嗅它的香气呢？这与窃贼行为有什么区别呢？"弥勒听了不以为然地反驳说："我又没有摘花，只是嗅嗅香气，你怎么可以拿我跟窃贼相比呢？"这时，恰好有一个人正在这个莲花池里，背着筐子，划着小船，又是摘莲子，又是掘藕根。弥勒见了，更是理直气壮，跟女神说："我不过嗅嗅香气，可是你看他，他摘莲掘藕，这又是什么行为呢？"女神叹了口气，看了看莲花池里的那个人，跟弥勒说："他的行为太野蛮，不配我去劝说。品德高尚的人，应该永远守住清白，即使是再细小的过失也应尽量避免。"听了女神的训诫，弥勒如梦方醒。女神又对他说："我不是你的侍从，无法一直守候在你身旁；但要想修行得道，你就要自觉守住清白呀！"说完，女神飘然而去。弥勒回到自己的住所，闭门思过，专心修习，终于使自己成为一个真正高尚的修行者。

我们一般人通常会犯这样的错误：在众人关注的情况下，会注意自己的形象，但是当一个人独处时，行为就不免苟且放逸。因此，要时时警惕，自我觉察，做到内外合一，表里一致，这样常思己过，有了愧悔心就检讨自己，内心自然变得清明祥和。

以智慧为生命的须菩提、摩诃迦旃延、摩诃迦叶、摩诃目犍连，从佛听到未曾有过的教法，世尊授与舍利弗阿耨多罗三藐三菩提之记后，发稀有之心，高兴得跳起来。立即从座位上站起，整理衣服，偏露着右肩，以右膝跪在地上，诚心地合起手掌，弯曲着身躯，恭恭敬敬地向佛行礼，瞻仰了佛陀的尊容以后对佛说："我们列在众僧之首，年龄已经朽迈衰老了，我们自以为已得涅槃，不再进步以求阿耨多罗三藐三菩提。佛世尊说法既然已经很久了，从前我们时常在法席的座上，身体疲倦懈怠，只是心念空、无相、无作三解脱门，于菩萨法能游戏于神通，将浊世净化为佛的国土，培养众生行菩萨道，已经没有这种欣求的心了。为什么呢？世尊让我出离三界，以达涅槃，而且我们现在已经老朽，对于佛所教化的阿耨多罗三藐三菩提，生不起一点好乐之心。我们今天在佛面前，听闻给声闻授阿耨多罗三藐三菩提之记，心里非常高兴，得未曾有之法。没想到今天忽然听到这稀有之法，深感荣幸，得到很大的善利，就像是无量珍宝，不求而自然得到一样。世尊！我们现在感到很高兴，想以譬喻来表明我们所得的庆喜意义。譬如有一个人，在年幼时就舍弃父亲而逃出家门，流浪在外国很久，经过十年、二十年，乃至五十年的岁月。他年纪大了，又很穷困，四处奔波，以求衣食，渐次游行，回到自己的祖国。他走后，其父到处找儿子，但没找到，后来住在一个城市里。这位父亲是大富豪之家，有无数财宝，金、银、琉璃、珊瑚、琥珀、玻璃珠等，各个仓库。都已装满，有很多仆人、家臣，官吏、庶民，还有无数的象、马、牛、羊、车乘，他所经营的商务无论是本国还是他国，都普遍地有了交易，买卖货物的顾客也非常多。当时这个穷小子，云游很多部落乡村，经过许多大小国家，终于来到他父亲暂时停留的城市。父亲常常思念自己的儿子，与儿子离别已经五十多年了，从来没向任何人讲过这件事，只是暗自思维，心里感到悔恨，想到自己已经老朽，有很多财物和金银珍宝，仓库里都装满了，没有子嗣，一旦命终，财物就会散失，没有人可委付，所以常常殷勤地思念自己的儿子。他这样想：假若我的儿子回来，把财物委付给他，我就坦然快乐了，不再有任

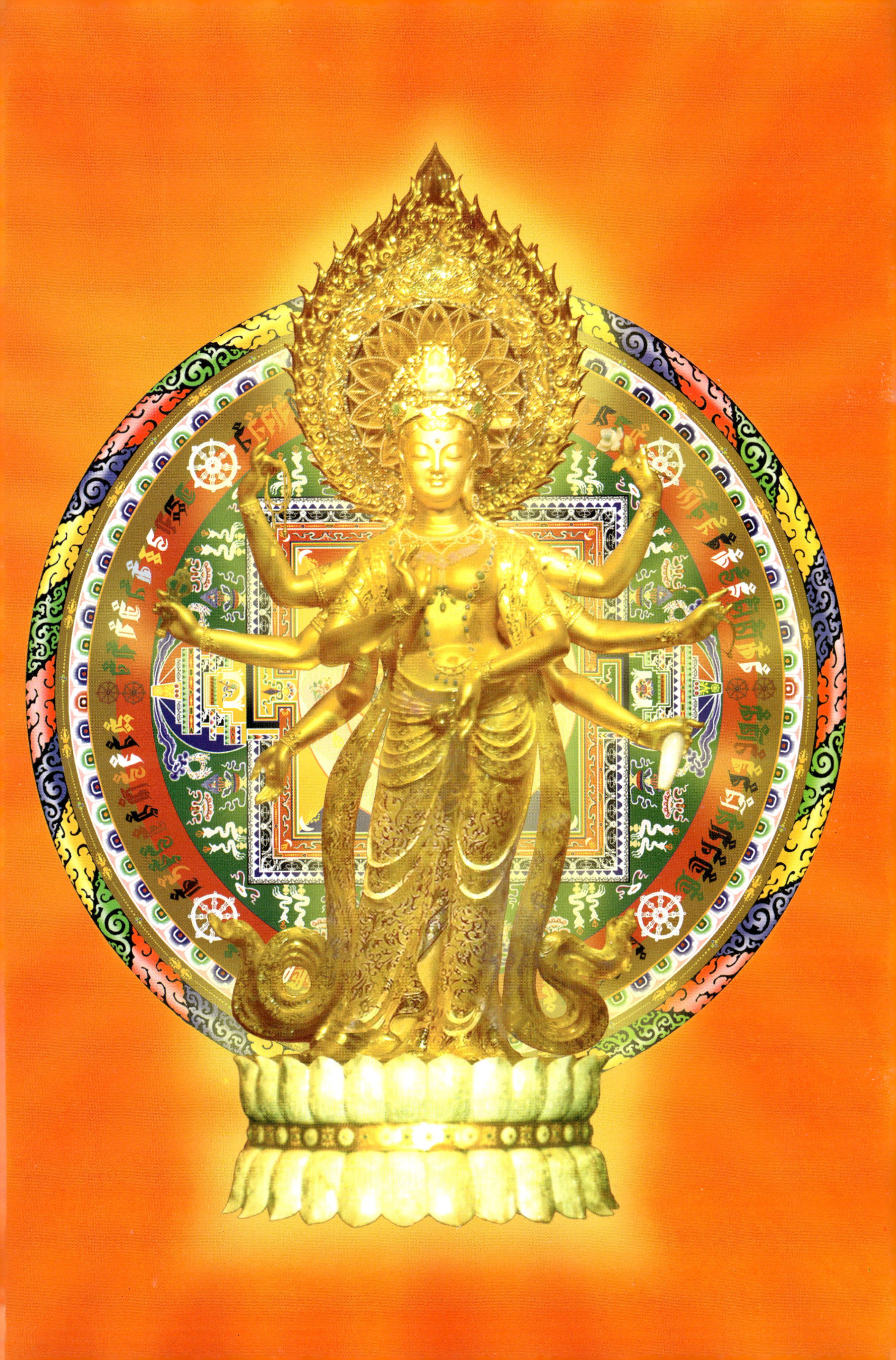

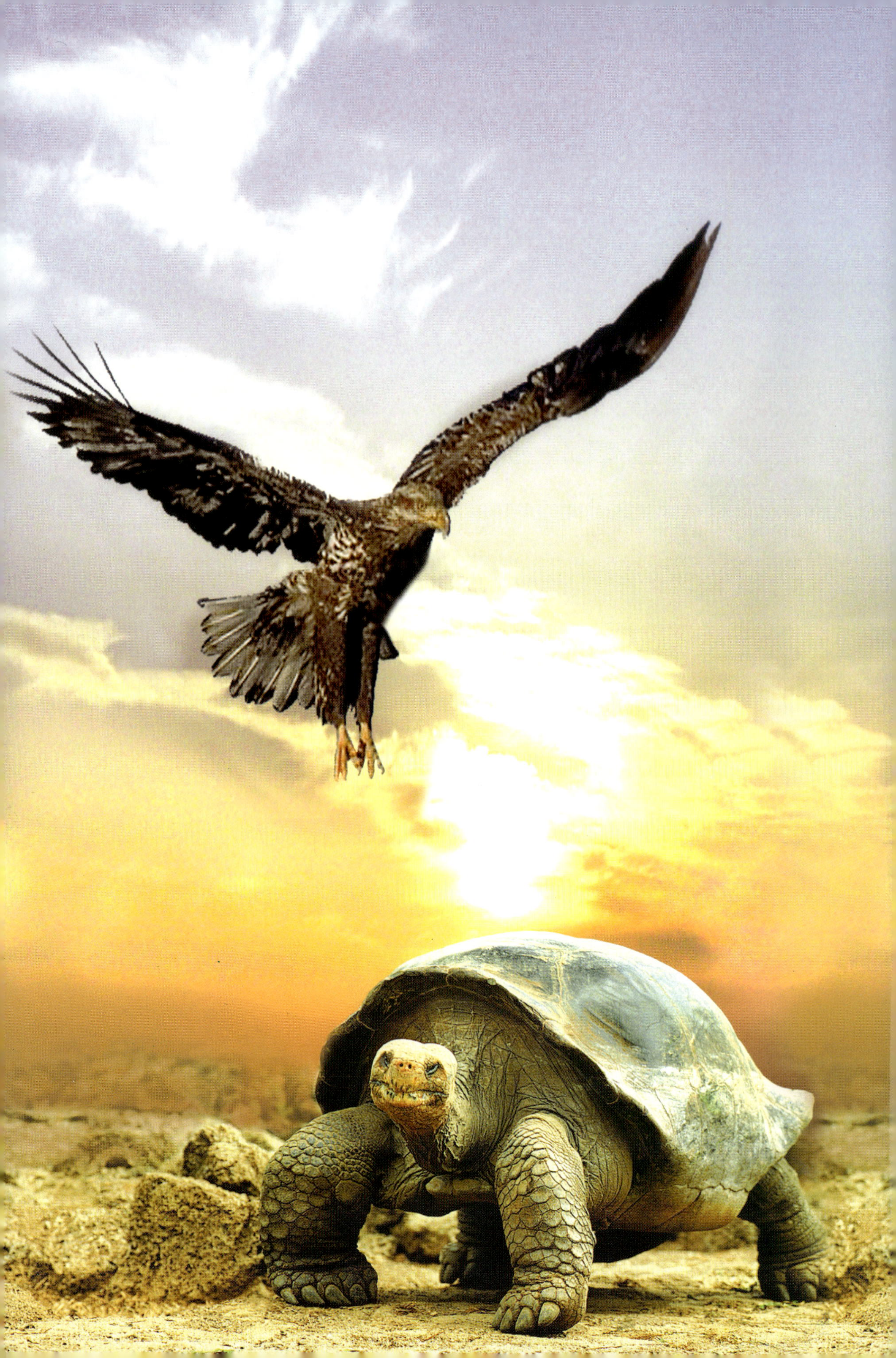

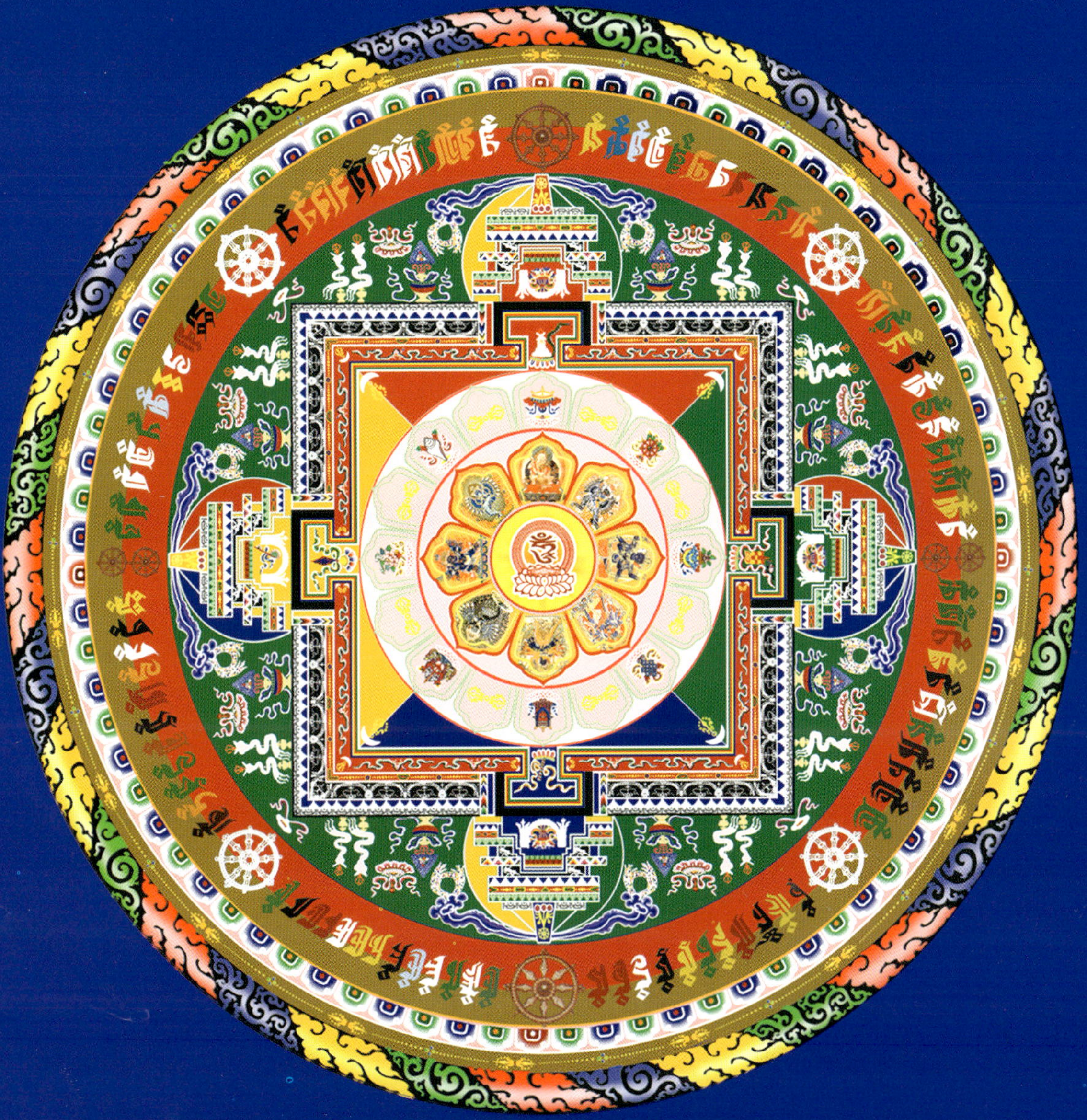

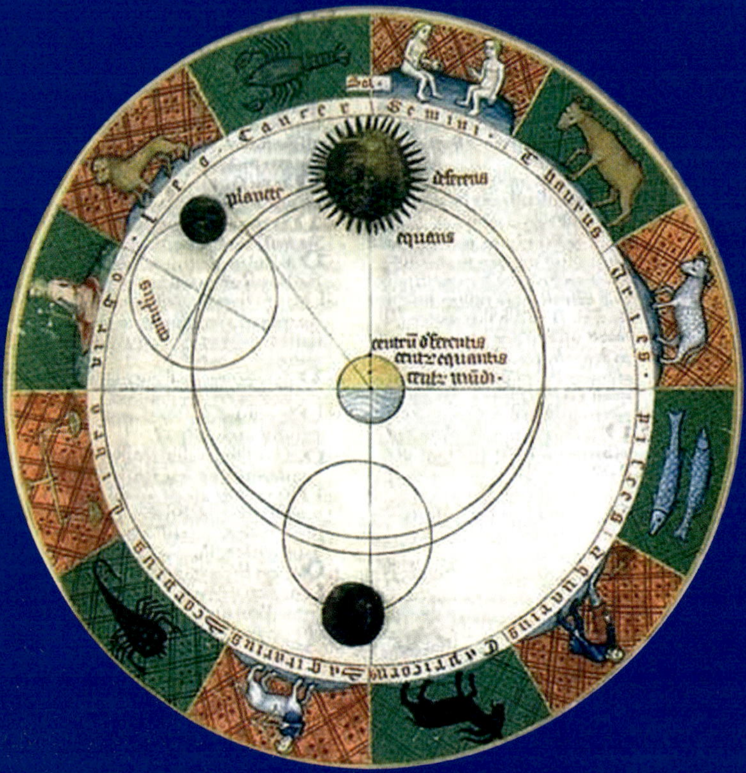
Sol
Cancer
Gemini
Taurus
Aries
Pisces
Aquarius
Capricornus
Sagittarius
Scorpius
Libra
Virgo
Leo
planete
deferens
equans
centrū d'ferentis
centr equantis
centr mūdi

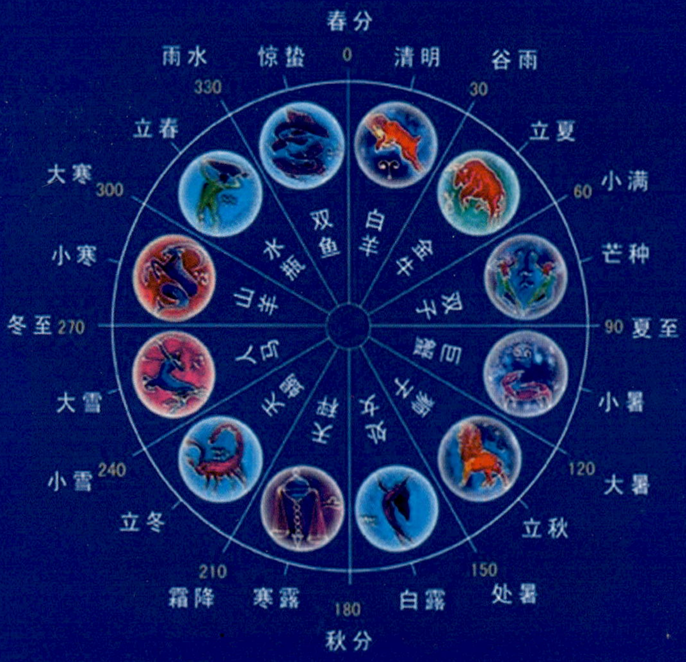
春分
0
清明
谷雨
30
立夏
60
小满
芒种
90
夏至
小暑
120
大暑
立秋
150
处暑
白露
180
秋分
寒露
霜降
210
立冬
240
小雪
大雪
270
冬至
小寒
300
大寒
立春
330
雨水
惊蛰
白羊
金牛
双子
巨蟹
狮子
室女
天秤
天蝎
人马
山羊
水瓶
双鱼

何忧虑。世尊！当时这穷儿子,被雇用赚点钱维持最低生活,在辗转流浪当中,来到父亲的房舍,站立在门旁。远远看见父亲坐在刻有狮子的座位上,两脚由宝几承载,各位婆罗门、刹帝利、居士,都很恭敬地围绕着他,用价值千万的真珠璎珞把他的身体装饰得很威严。官吏、民众、仆从,手持白拂,侍立于左右。上面盖着珍宝的帐帷,又下垂很多华丽的幢幡,洒上香水,地面撒上名贵的花,罗列很多宝物,有时拿出来,有时收进去,在作交易的准备。像这样的有了种种严饰,长者可以说是有威仪、有德望的特别尊贵者,穷小子看到父亲有这么大的势力,心里害怕起来,来到这个地方感到很后悔。暗地里在想:这个人或者是国王,或者是和国王差不多的人,这里不是我被雇佣赚钱的地方,不如到贫穷的地方去,靠卖力气赚钱,过温饱的生活。如果久住这里,被人看到,恐遭逼迫,会强制我做工而无工钱可领。这样想后,加快脚步逃跑了。当时,这位富豪长者坐在刻有狮子的宝座上,看见儿子就认出他来,心里非常高兴。他这样想:我的财物和仓库里储存的珍宝,今天交付,有人了。我经常思念这个儿子,总是找不到他,忽然他自己来了,非常符合我的意愿,我虽然已经老朽,但还像以前那样有贪欲,如果无人继承我的财富,那不太可惜了。于是派遣左右的人,赶快把他追回来。当时,使者急追,穷儿子害怕了,大声埋怨说:我没犯罪,为什么要捉我呢？使者操之过急,要强行把他牵回来。当时这穷儿子心想无罪横遭逮捕,必定被处死,更加害怕慌恐,终于晕过去倒在地上。父亲远远看见,对使者说:不需要这个人了,不要强把他拉回来,用冷水给他洗脸,让他醒悟过来,不要对他说什么。为什么要这样做呢？父亲知道自己的儿子心志卑劣,知道自己豪富高贵,使儿子不敢入其宅,明知是自己的儿子,而以方便法门不对其他人说是我的儿子。使者说:我现在放了你,你愿到那儿就到那儿去。穷儿子从来没有这样高兴过,从地上站起来,到贫穷地区去,以求温饱。当时,长者为了引诱自己的儿子而施设方便法门。秘密派遣两个人,面色憔悴,又无威德,并盼咐他们说:你们到那穷小子身边去,慢慢地讲给他听,有个地方有工作可做,工钱多一倍给

他。如果穷小子答应,就带他来做工,如果他问做什么工作,就向他说雇他清除粪便的工作,你们两人也要一同去做这种工作。此时这两个使者就去找那穷小子,找到后,把长者说的话传达给他。这时候,穷小子要求先取佣金,然后就安心地去做那清除粪便的工作了。父亲看见儿子,又怜悯他,又觉得他怪异。过了几天,由窗子远远看见儿子身体瘦弱,面容憔悴,满身都是粪土灰尘,污秽不堪。长者立即脱弃璎珞,珠链、细软的上衣和装饰身体的器具,更换粗糙破污油腻之衣,全身涂满灰尘,右手拿着除粪之器具,还表现出一副有所畏惧的样子。长者对众人说:你们要勤勉地工作、不可懈怠。以此方便法门,接近他的儿子。然后告诉他说:哎呀,你这男人!看来满可怜的,你既然这么苦,应当常在这里工作,千万不要再到别的地方去。我给你双倍工资,你需要的东西,如盆器啦,米面啦,以及盐、醋、酱油等物都可以拿去用,不要疑心是否真正有这种事。又有老迈的佣人帮你的忙,你可以安心地在这里工作。我好像是你的父亲,你不要再忧虑了。为什么这样说呢?因为我的年纪已经老了,而你年纪还小,身体又壮。你每日做工的时候并不欺骗,懈怠、憎恨、埋怨,我看你并没有这些恶习,和其余的工人不同。从今以后,就将你当做我所生的儿子。长者就这样为穷小子换了一个名字——儿子。这时候,穷小子虽然欣喜地遇到这种待遇,但仍然自以为是个他乡之客的下贱工人,不敢想自己就是长者的儿子,所以,在二十年当中,还是受命除粪。经过一段时间后,穷小子和长者有了默契而互相体贴信任,穷小子在长者家出入自如。好像是一家人一样,然而穷小子心里还是以为自己是佣客,还是守住自己的本分。世尊!当时长者有病,自知不久后将死,就对穷小子说:我现在有很多金银珍宝,仓库都装满了,关于宝物的处置,一切委托于你,其中数量多少,或应取作自用,或应施与他人,你知道得非常详细,我的心已经决定,你应当体谅我的用意,我为什么要这样做呢?因为我们形同父子,同住这么久,已经了解你的为人,你应当专心管理这些财物,不可遗失。这时候穷小子就照主人的吩咐去调查所有的珍贵财物。金银珍宝以及库藏里的财物虽然非常多，但穷小子却不想取里面之珍宝小如一餐之价值之物，他仍然是以穷小子的身份自居，还是不能舍弃自卑下劣之心。又经过一小段时间，长者已经知道穷小子之心渐渐地通达于一切，心胸已大，大志已经成熟，自己羞惭以前不懂事的下劣之心。长者临终前不久，命令他的儿子，把亲戚、国王、大臣、刹帝利、居士都叫来。亲自宣布说：诸位先生应当知道，这是我的亲生儿子，在某城中离我而逃走，过孤苦伶仃的生活五十多年，他的名字本来就叫做某某，我的名就是某某。从前在这座城里，满怀忧愁寻找他，忽然在这里遇着机会留他做工，他真的是我儿子，我真的是他父亲，我现在所有的一切财物，都属我儿子所有，以前已教他管理财宝、买卖出纳等事，这些事我这儿子都已领会了。当时，这穷小子听了父亲所说的这些话，非常高兴，从来就没有这样高兴过，这样想：我本来就没有想到，也不希望会有这种事，现在这些珍宝自然归我所有了。世尊！大富翁长者，就是如来佛，我们大家都好像是佛子，如来佛常说我们是他的儿子。世尊！我们因为有三苦的缘故，于生死当中，受种种懊热苦恼，迷惑无知，喜欢执著小乘教法。今天，世尊您教我们要好好地思维，叫我们舍除诸法当中的戏论无用的污物。我们在于承教当中，勤勉地加以用功精进，得到解脱的安静生活价值的一天。既然得到这种道理以后，心里感到非常高兴，自己感到满足，自言自语地说："在于佛法当中勤勉精进的缘故，所得的好处非常多。然而世尊已先知我们的心执著于弊垢之欲，喜欢小乘教法，故暂时纵舍我们，不为我们分别说明我们也具有如来知见，如来法宝之藏的份儿。世尊您以方便之力，解说如来智慧，我们从佛那里得到涅槃一日的价值，就以为收获很大了，对于这大乘教法，没有立志追求。我们又因为如来佛的智慧，为各位菩萨开示演说，自己却认为没有足够的智慧，不能对大乘之法生起兴趣，发心去学。为什么呢？佛知道我们内心喜欢小乘教法，以方便之力，随顺我们演说，我们不知真正是佛子。现在我们才知道佛陀对于佛的智慧，一点也不吝惜地赐教于我们。为什么呢？我们从前真的是佛子，但是乐著于小乘教法，假若我们有喜欢大乘之心，

佛就为我们讲说大乘教法。于这部经中,只说一乘,而从前在菩萨面前,议论声闻乘的人乐著于小乘教法,然而佛陀实际上是以大乘法门进行教化,因此我们可以说:我们本来没有希求大法的心,可是今天法王的大宝却自然而然地变为自己之物一样,可以说当一位佛子应得之物,现在都已得到了。"

这时候,大迦叶为了重新说明这个意思,而说如下偈颂:

我们今天,听到佛的教训,高兴得跳了起来,得到未曾有过之事。佛陀说声闻乘的人,也会成佛,真是无上之宝物,聚集如山,不去追求却是自然而然地得到。譬如有个童子,年幼无知,舍离父亲而逃跑,远至他国领土,流浪于很多国家共五十多年。其父担忧怀念,四方寻找,疲惫不堪,忽然停止于一城休息,建立宅舍,自我追求五欲娱乐。其父之家是个大富豪,有很多金、银、砗磲、玛瑙、真珠、琉璃、象、马、牛、羊、辇舆、车乘,并且有了田地产业,僮仆、使人等无一不备而众多。生意的交易,遍及很多国家,贸易的商人、来往的顾客又到处皆有。千万亿大众,很恭敬地围绕着他,也常常被国王所器重。该国的臣民富豪之辈也都很尊重他。由于这种缘故,来往的人很多,他如此富裕,是个很有势力的人。长者老朽,更加怀念儿子,一天到晚都在思念这件事,他的死期将要到了,那无知的孩子离开他已有五十多年,如果这样下去的话,他库藏的种种财物,应当如何处理呢?当时这个穷小子,为了求得衣食,从一个都邑到另一个都邑,从一个国家到另一个国家,或者是有所得,或者是无所得,饥饿瘦弱,身上长疮长癣,某日,他来到父亲所住的城市,在此又依次给人家当佣工,有一天,他来到长者的宅舍,此时长者在门内,设有大宝的帐帷,坐在刻有狮子的座位上,眷属围绕着他,家人都来侍卫他。有的在计算金银宝物,有的对财产出入的事加以注明记账,或在整理契据的卷宗。穷儿子看到父亲富贵而尊严,以为是国王,或是和国王相等的人,所以惊恐责怪自己为什么到这里来?他又这样想:我若在这里站久的话,被人发现,强迫我做劳役。这样想了以后,赶快逃跑,自忖应到贫穷的乡里去打听,为人打工。当时长者坐在刻有狮子的座位上,远远看见自己的儿子,暗暗地认出了他,就命令使者,追上他把他捉回来。穷小子吃惊地大叫起来,脑袋不清,忧闷而仆倒在地,他以为这人是无故捉他,一定会吃苦头,甚至被杀害,我何必为了温饱而到这种地步呢?长者知道儿子愚痴狭隘卑劣,不信他之言,也不会相信长者是他的父亲。就以方便法门,又派遣其他的人,这两个人都少了一只眼,身材矮矬而丑陋,又无威德,长者对他们说:你们去和穷小子说有人要雇用他清除粪便秽物,工钱给他增加一倍。穷小子听后,很高兴地随之而来,为长者清除粪便秽物,打扫各种房舍。长者经常透过窗户看自己的儿子,想到儿子愚昧卑劣,愿意做鄙下的事情。于是长者穿上敝垢的衣服,拿着除粪的器具,来到儿子的处所,以方便法门接近穷儿子,让他勤于工作:既然加倍给你工钱,你如果一再努力,就会给你涂脚的油,还会给你饮料食物以及厚薄棉被,不会让你觉得不自由,你应当勤恳地工作。又用软语说穷小子好像是他的孩子。长者是一位很聪明的人,渐渐地让穷小子出入于大家庭,经过二十年后,就让他做内部工作,将金银、真珠、玻璃等各种宝物的处理问题交付给他。这穷小子夜间仍然住在门外,寝宿在草庵里,仍然认为自己是一个贫穷的人,不敢视珍宝为自己之物。长者知道穷儿子的心胸逐渐扩大,为了要给他财物,就聚集所有的亲族,包括国王、大臣、刹帝利、居士等,在这大众当中宣布说:这穷小子是我的儿子,他离我出走已经五十多年了,自从看见儿子回来,已经二十年了。从前在某一城市走失这个儿子,四处寻找,才使他来到这里。凡我所有的东西,包括宅舍和仆人,都要交给他,由他随意使用。穷儿子想起往昔由于贫穷的缘故,心志非常的卑劣,现在在父亲的地方,获得这么多珍宝,无论是舍宅、财物,一切都是他的,使他非常高兴,得到未曾有过的事情。佛陀也是这样,知道我们乐著于小乘,不敢说起我们会成佛之事,只说我们得到无漏而成就小乘的阿罗汉果,说我们是声闻的弟子。佛陀你教我们要为人讲说最上之道,说修习这种法门,当然会成佛。我承受佛陀你的教示,为学

菩萨大道之人，用种种因缘、种种譬喻、种种言辞，说无上佛道。各位佛子，从我这里听法，日夜思维，精进努力修习。当时各位佛陀，即授记于学菩萨道的人说：您于来世会成为佛陀，一切诸佛秘藏之法，只为各位菩萨宣说其实事，而不是为我们说的真正至要之佛道。就像那个穷儿子一样，能够亲近他的父亲，虽然知道各种宝物，心里却不敢取为己有。我们虽然会说佛法宝藏，可是没有意志实行下去，和这道理是相同的。我们心内的烦恼已灭，就以为满足，只了解这道理而已，其他的事情就不能尽知了。我们虽然听过佛陀说要清净佛陀的国土，要教化众生都提不起兴趣来。为什么呢？因为最初我们所学的一切诸法均为空寂，是无生无灭、无大无小，是无漏无为，我们思维这种道理是对的，故不会欣喜去追求他种道理。我们因此经过很久的岁月，对于佛陀的智慧之问题并没有思虑过，也没有祈望过成佛之事，以为自己所得之法，是究竟之法。我们这么久以来，都在修习空法，已能脱离三界之苦恼的灾患，已住最后之身，已经得到有余涅槃。佛陀教化我们，使我们得到这种觉悟，就自以为满足，已能报答佛的大恩大德。我们虽然是佛子，说行菩萨法，帮助他们求成佛道，然而对于此法，却永远没有祈望想成就。因此佛陀导师您才舍弃了我们，也因观察我们的心未开，最初不劝我们去求实在的利益——佛道。就像是很富的长者，知道儿子志气卑劣，以方便之力，降伏其心，然后才把一切财物交付给他。佛也是这样，能够现出稀有之事，知道我们乐著于小乘，以方便之门，调伏其心，教给我们大乘智慧。我们今天得到未曾有之事，原先并没有这样的希望，而今天自然而然地得到，就像那穷儿子一样得到无量财宝。世尊！我今天真正得道得果，对于无漏之法，已经了解得很清楚，已经得到清净的法眼。我们不管是白天还是黑夜，长时间坚持佛的清净戒律。今天才开始得到这种果报，在法王佛陀的教法中，长久地修习清净的梵行，今天得到无漏的至高无上的伟大果报。我们今天是真正的声闻人，我们要用佛道的音声，使一切众生听到大乘教法。我们现在才是真正的罗汉，在所有世间的众生，如天上界、人间界、魔王界、梵天界等天人当中，普遍接受他们的供养。佛世尊以伟大的恩惠，以稀有之事，怜悯教化我们，使我们得到利益，于无量亿劫中谁能报答得了呢？即使用手脚的劳动来供应佛陀，用头来顶礼敬重佛陀，用一切来供养佛，都不能报答他的恩情。假若将佛戴在头顶，用两肩负荷他，经过恒河沙那么久，尽心去恭敬他，又用美好的膳食、无量宝衣以及各种卧具、种种汤药、牛头山的栴檀，又用各种珍宝装饰来盖塔庙，以宝衣敷在地面，用这些东西供养佛陀，于恒河之沙那么多的劫数，也不能报答佛陀。各位佛具有少有的、无量无边的、不可思议的伟大神通力，他是没有烦恼不需造作的诸法之王，他为卑劣下根之人着想，忍痛而不说大乘教法。为执取外相的凡夫，随顺机宜而说。各位佛对于教法，已得至高无上自在，知晓众生的种种欲乐及其意志力，随顺他们的承受力，以无量譬喻，为他们说法，随顺各位众生的宿世善根，又知道成熟者和未成熟者，对于这些问题，佛都能分别得详细，非常了解，终于在一乘的佛道里，随顺机宜而说三乘。

第四章　在冰雪融化的季节唤醒凝固的信念

第五章　信仰萦绕人类心头的宇宙根源探索

　　科学的出现是否把信仰置于理性无法接受的位置?科学是否否定了神存在的意义?就拿进化论来说,难道这一理论没有向天主的权威提出挑战?难道生态学没有向人们证实生命和思想可以简化为化学成分,从而改变了我们肯定灵魂与精神存在的信念?我们还有必要坚持世界是由天主创造的吗?人类是由神派遣来这世上的吗?自然界所有复杂的结构真的都是偶然的产物吗?在一个科技的时代,人们是否还会坚信宇宙有一个既定方向或是最终目标?此外,信仰难道不该为生态危机负责吗?

　　诸如此类的疑问构成了科学与信仰间所谓的"问题"。现在人们似乎终于要解开这些疑问了,但很多人依然心存疑惑,由此又不断引出了各种有趣的解答。创世论神学不仅与科学相辅相成,同时它还有力地证明了科学的正确性。创世神学理论从历史与逻辑的角度证实了科学理论,但科学家们很少意识到这一点。天主偶然创造了世界,这一思想充斥着人类的历史文化背景,如果没有这个背景,科学研究的经验主义方法必然无法产生。

　　说的更专业一些,天主创造世界的神学观即说明了宇宙没有必要性与永恒性,也赋予了经验科学以高于一切其他科学的地位。读者可以通过假设宇宙是必然且永恒的来理解以上观点,事实上一些哲学家也确实就是如此看待宇宙的。这样的话,我们也同时假设了自然世界的状态始终都是保持不变的。反过来,这种普遍的必要性也暗示了宇

宙中的一切事物都必然处于一成不变的状态下。但如果我们生活的宇宙真的处于这种状态中,那么经验科学与宇宙将毫不相干,因为宇宙中的一切现象都可以由同一条法则演绎得出。在短期内,观察可能还是有意义的,但从认识论的角度看,它始终是空虚的。从原则上说,至少我们能够凭借逻辑方法从永恒宇宙的不可逆转性推理出宇宙万物的本质。我们只需通过理性分析就能预测或肯定我们所要知晓的一切,经验主义的方法在此是多余的。我们不必验证由科学归纳的特殊现象,因为只需依靠万物的必然性我们就完全可以理解它们了。换句话说,我们根本没必要深究世界到底是什么样的。

创世论神学告诉我们,宇宙的真实存在并不是必然的。它根本没必要形成,也不必发展到现在的状态。宇宙的真实与本质都是造物主的选择,希腊哲学家也认为使用纯粹的演绎法不可能帮助我们理解宇宙的本质。所以说,创世论信仰把我们带上了一条探索之路,通过观察,我们将认清宇宙的真实面貌。创世论否定了宇宙的必然性,因此我们很可能会为最终的真相惊叹不已。在创世论神学影响下的知识文化领域中,我们被明确要求肯定经验科学的作用并且重视一切真实经历。

人类是否属于这个宇宙?我们是在某种意志的驱使下出现在宇宙中的吗?我们不仅被赋予了生命,还被赋予了情感。难道情感——在这个看似毫无感情的无边宇宙中——没有或多或少地使人类与宇宙疏远吗?被赋予情感和自我意识的人类怎样才能与科学所发现的宇宙相适应?或者说,我们到底有没有可能与它相适应?

让我们更直接一些:"情感"确实是自然的一个组成部分吗?抑或是它把人类同物质宇宙分隔开了?"情感"一词可以有很多种解释:它所指的是人类经验、思考、推论、反思、计算、计划、掌握或理解等各方面的能力。以上这些特性都是互相联系的,归根结底,情感指的是我们理解、判断和决定的能力。这样的话,情感是自然发展的产物吗?它是否是某种自然潜力的表达?或者,像一些传统神话以及信仰和哲学告诉我们的,它是一种从超自然的层次下降到物质世界的纯粹的精神产物?人类意识是不是一种荒唐的偶然,不停地打扰宇宙永恒的宁静?或者它还可能是无目的的进化为了使人类更好地适应这个无情的世界而赋予人类的特性?抑或是,与此相反,情感的进化也有可能就是整个宇宙的真实面貌?

传统信仰理所当然地认为,某种超验的"情感"创造了宇宙。在先知的时代,宇宙是永恒"智慧"或神圣"显现"的表达。《圣经》和《可兰经》中,创造是天主圣言的执行,同样深刻影响了西方神学的柏拉图思想则认为宇宙是对某种永恒"理念"的反应。既然宇宙被人类视作某种神圣智慧的表达,那么我们有限的心智也可谓"属于"这个世界。当然,传统神学认为人类的最终归宿是其他地方,但至少在现世生活中,我们还是属于宇宙的。另一方面,现代科学,迄今为止人类智慧最美丽的结晶,发现奇怪的是情感从未生成过。不需要感情的控制,物质也可以无限永恒地存在于宇宙中。当人类意识开始在黑暗的宇宙中闪现微弱的光芒时,无情的宇宙已经存在了几百亿年。许多当代最具权威的科学家告诉我们,在物理决定论和无序自然选择的时代之后,情感才最终颤颤巍巍地走上了历史舞台。一就目前来说,物质似乎还是一如既往地无法接受情感。科学告诉人类,只有在违背了宇宙对终极无意识的倾向的情况下(这种可能当然是极小的),它才可能在某段时间容留任何一种智慧的存在。科学没有为这个无意识的宇宙提供任何一种替代品,它把人类情感称为最反常、最奇怪、最荒唐的宇宙入侵者。

最近,一批新的科学观点如雨后春笋般相继涌现,向传统的物质宇宙说提出了挑战。带着疑问的眼光,许多科学家再次看待情感,以及把情感当做自然基本组成一部分的观点,而不只是把它当做无情进化过程中的一个偶然产物。他们几乎情不自禁地把情感看成了宇宙不可或缺的一个组成部分。具有讽刺意味的是,正是物理学,这门原先把情感从宇宙中抹去的科学,现在又主动担负起恢复情感地位的责任。

所有这些奇怪的转变都是由狭义相对论和量子力学的出现而引起的。爱因斯坦证明,在任何惯性系中真空中的光速都相同,不论移动源或移动源观察者的速度是快还是慢(光速不变原理),但在某个特定时间的某个惯性系中观察到的运动并不一定会同时发生在处于另一惯性系的观察者眼前。通过复杂的计算,爱因斯坦得出了宇宙中不存在绝对同时性的结论。观察者各自所处的环境使他们在描述同一物理运动时会有很大的差异。观察者的情感同物质、空间和时间的联系比我们以前估计的更为密切。自从笛卡尔提出二元论以来,情感就一直被排斥在物质范畴之外,现在,它结束了徘徊于宇宙外的生活,终于再次成为在自然界受到普遍尊重的一员。

爱因斯坦的理论激发了天文学家阿瑟·爱丁顿的灵感,他认为相对论所描述的新的宇宙图下隐藏了神学暗示。当然,这种说法可能有些过于极端,因为如果我们的主观思想与客观世界息息相关,那么超验的"情感"当然很容易就能够不露声色地把它自己与宇宙合为一体。

爱丁顿同时还为量子力学而欣喜不已,因为在这一理论下,观察者的位置与科学对宇宙真相的描述同样有着不可分割的关系。维尔纳·海森堡的"测不准原理"告诉我们,同时准确地测量一个原子或电子的位置和速度是不可能的。在观察一个次原子粒子的位置或运动之后,我们总会对这一原理产生古怪的念头。因此,我们再一次提问,自然怎样向科学证明它与观察者的心理状态无关呢?科学家们怀疑,在量子力学和相对论的框架下,观察者与被观察的世界是不可分离的。在科学的宇宙图中,情感已经成了一个至关重要的组成因素,它绝不再是一个奇怪的入侵者。

然而今天,一些物理学家甚至对为什么情感从属于宇宙做出了更为骇人的假设,即:在宇宙形成的最初阶段,情感的种子就已经悄悄地埋下了。对许多传统科学家来说,要接受这一观点的确不是件容易的事,但现在看来,情感的进化大概远从宇宙大爆炸时就存在于宇宙中了。如果这一假设成立,那么这将是科学史上最不可思议的一次转变。

斯蒂芬·温伯格认为物理学是最没有人情味的一门科学,那么,它是否暗示我们,如果把物质的存在同人类的情感分离开,物质就基本没有意义了呢?现在,有许多物理学家在思索这个问题。他们说道,自然的基本特性,比如重力和宇宙膨胀的速度,与人类情感的关系可能比我们原先所想的要密切得多。接下来,让我们一起看看这个引发无数争议的假设的背景。

与万物所需要的引力值恰好相等,哈勃证明了宇宙正在膨胀,各个星系都在以与星系间距离成正比的速度互相远离;但他没有说明为什么"哈勃常数",即宇宙膨胀的速率,会使行星的运行速度达到一个合适的数值。我们知道,哈勃常数和重力加速度必须非常接近它们的真实数值,这样才能保证宇宙不至于过早坍塌或过快地膨胀,阻碍行星与星系的形成。但为什么宇宙自身会保持这种平衡状态,使得行星与星系能够正常形成呢?长期以来,科学家们都只局限于"如何"的问题,现在,他们再也不能完全压制有关"为何"的问题了。

在对可能正确的回答进行讨论前,让我们先看看一些相关事宜。比如说,天文学家发现宇宙中大约有 10 亿颗星球,但为什么 10 亿颗星球还不够呢?后者不也同样让人惊叹不已吗?为什么宇宙如此庞大而古老?从物理学与天文学的角度,我们完全可以接受一个小一些、年轻些的宇宙。现代科学家预测,宇宙需要的物质数量必须是最适当的(它的实际密度必须接近于它的临界密度),这样才能保证它不至于过早塌陷或过快膨胀,生命与情感的产生也从而得到保障。宇宙密度与智慧生命的存在有没有必然联系呢?

此外,还有许多问题困扰着我们。比如,如果我们研究粒子物理学,就会发现原子核中质子的体积大约是电子体积的 2000 倍。那么,我们就要问了,为什么不是 1000 倍、3000 倍,而偏偏就是 2000 倍呢?物理学的分析无法帮助我们弄明白为什么这些由观测得来的数值与它们的实际值差别不大。对此,我们始终感到困惑。

就我们所知，如果电子与质子间的重量比率基本保持不变的话，那么氢原子根本不可能产生。而如果没有氢原子，那么由氢元素和氦元素组成的炙热的恒星反应堆中肯定产生质量较大的化学元素，如，碳元素、氧元素和氮元素。如果没有质量较大的化学元素，生命和智慧也就不可能出现，这两者必须依靠重元素(特别是碳元素)才能形成。但是，在宇宙形成的初期，是什么"决定"了质子与电子间的重量比率呢？为什么这一比率能够保证氢元素的出现，最终又带来生命与智慧？所有这一切真的只是偶然机遇或无情的必然存在吗？

有没有一种"原则"能够清晰而概括性地回答所有这些问题呢？到底有没有可能用一种方法同时解决所有这些问题？我们都知道，科学家们正在努力寻找一种尽可能直接的方法来解决这些令人头痛的问题。他们积极地寻找那些绝妙的简单方法来解决起初时极为复杂的问题。他们努力寻求简洁明了的公式以同时解决种类繁杂的问题。解释的原理越简单，人们就越对它感兴趣。

举个例子，哥白尼的日心说推翻了几个世纪以来阻挠天文学发展的地心说理论。在达尔文之前，地质学、古生物学和生物学一直坚持宇宙始终保持静态并且年龄不大，但到了近代，达尔文进化论否定了由它们提出的许多看似没有相互联系的问题。据传闻，达尔文理论的清晰优雅深深打动了托马斯·赫胥黎，他说道："我以前竟然从没想到过这一点，真是太愚蠢了！"今天，许多科学家都在寻找一种能够完全解释物理宇宙的方法，一个"解释万物的原理"，从而帮助人类基本了解整个宇宙。

因此，对科学家们草率地寻找简单"原理"来同时说明宏观世界与微观世界现象的做法，我们也就不觉得很惊讶了。这好像是一个寻求简单方法的可靠的研究过程，在很短的时间内，它就解决了许多问题。就算这样一个方案无法马上得到检验，它也会受到科学家们的广泛关注。任何一个承诺可以解决复杂科学疑问的简单方法都应该经受得起认真的检验，即使到目前为止这种方法确实具有一定的价值。

那么,为什么宇宙的初期状态与基本常数间的关系一直保持不变呢?为什么宇宙中会有这么多星球?为什么宇宙这么广阔悠久?为什么它以一定的速度膨胀?为什么它有固定的密度?为什么重力存在于宇宙的每一个角落?简而言之,为什么是现在这样的?

许多科学家再次把"情感"作为对这些问题的回答。正是由于情感的存在,这些事物才会处于特殊的状态中。情感是解决整个自然和物质历史问题的关键。

当今世界,这类解释中较为流行的一种理论是"人类原理"。这一原理主张,从宇宙形成的最初阶段开始,被赋予情感的人类存在就将是必然的。这听上去实在让人失望,因为很显然人类现在就存在于宇宙中,"建造"宇宙的方法必然保证了人类的存在有可能发生。然而,科学到现在为止仍然无法说明为什么"建造"宇宙的不是其他方法。在研究宇宙早期状态的物理学和宇宙进化最后产生的情感之间,好像有着某种明显的一致性。难道情感的存在与重力、宇宙膨胀速度、宇宙密度、原始粒子以及力量的相对价值没有关系吗?

今天,这一"令人震惊的假说"正承受着来自各方面的重大压力。一些科学家认为它毫无科学根据,另一些人又赞同这一假设,甚至认为它极具说服力。人类学原理告诉我们,如果把人类智力放到宇宙外的位置来观察宇宙,那将是十分困难的,虽然这一原理不无道理,但它还是引起了很多争议。在此之前,这种理论还能站得住脚,但今天科学已经用事实告诉我们,人类不能唯心地把主观思想强加于我们所观察的事物之上,包括对研究早期宇宙形成的物理学也不能如此。

现在看来,在每一个我们期望用纯粹客观理论来解释的现象中都掺杂了人类的主观意识。在人类还完全不可能出现的时候,宇宙中已经萌发了意识的萌芽。除了相对论和量子力学,围绕这一人类学原理展开的讨论似乎告诉我们,物质宇宙的基础与观察者有着不可分割的密切联系。一些物理学家甚至大胆假设这条原理需要超验、命令的神的旨意为背景。现在,我们正冒着危险,小心翼翼地寻找一个新版本来

替代自然神学对天主存在的古老释义。

我们要指出的是,这条人类学原理有两个版本,即弱势版本与强势版本。说它弱势,是因为它所阐述的都是我们在宇宙环境允许我们观察的情况下观察到的现象。弱人本原理坚持早期宇宙与物理学告诉我们的宇宙是一样的,否则人类也不会出现,更不可能在地球上观察整个宇宙。我们的理解力所及的,只是一个允许情感出现来理解它的宇宙。从这一点来看,弱势版本没有什么科学价值,因此我们很难把它称为"原理"。可想而知,神学家们对它也不会抱太大的兴趣。

但强人本原理走得却比前者远得多。它主张宇宙的物理性质是由意识而决定的。正是因为自然世界推动了智慧生物的产生,整个宇宙才会具有现在这些基本性质。橡树上能够结出橡实,这是对种子性质的最好解释,同样地,宇宙在创造智慧生物的过程中走向成熟,这就解释了为什么宇宙初期是我们看到的样子。

根据强势原理,智慧生物的最终产物最简单却最完美地解释了一切宇宙现象,如,为什么宇宙会以一定的速度向外扩展,为什么会有重力存在,为什么电子与质子的质量比恰好能保证核子内部结构的稳定。智慧生物即人类的出现是对宇宙中为什么有这么多星球,为什么它是如此庞大而古老的最好解释。如果换作一个年轻些或小一些的宇宙,那么人类肯定无法产生。

地球或许是宇宙中唯一存在智慧生物的星球,但宇宙还是需要这么古老,这么庞大,只有这样,人类才可能出现在宇宙的某个角落。此外,就算宇宙的真实密度与它的临界密度只差万亿分之一,人类出现的几率也会大大降低。如果整个宇宙中的星球数太少,不足以防止宇宙因为膨胀过快而坍塌,智慧也不可能产生。因此,情感的存在,在很大程度上取决于宇宙形成最初一瞬间的条件和恒量。

宇宙对情感的倾向解释了为什么重力与宇宙膨胀的速度能够如

此完美地相互平衡。如果重力值稍大一些,那么宇宙膨胀很早以前就会结束了,这个时间段至少是在恒星能够为人类的出现准备充分的碳元素和其他重元素前几百万年。或者说,如果重力值稍微小了那么一点,宇宙膨胀速度就会过快,那么氢气云团之间的引力就会太小,因此星球也将无法达到一定的体积为带来生命和智慧的重元素做准备。

如果情感确实存在的话,那么在宇宙形成的最初期重力与宇宙膨胀必须达到完美的平衡。宇宙初期环境与基本恒量可能具有重要意义,整个宇宙必定向着意识形成的方向发展,最直接地解释了它们为什么能够"和谐相处"。再没有比它更直接、更简练的解释了。哥白尼、达尔文或爱因斯坦不可能找到比这更简单、更令人满意的方法来解决众多难解之谜。

既然宇宙始终表现出向智慧进化的倾向,我们也就不能再认为它与具有思考能力的人类毫不相关了。我们的确是宇宙大家庭的一分子。

可事实果真如此吗?以上所提到的都只是赞成强人本原理的科学家的观点。强人本原理到底是不是一个有价值的科学解释?还是它只不过是另一个把科学和信仰系统混淆起来(人类是宇宙中心)的又一例证?

为了公平起见,在着手探讨可能的答案之前,我们必须说明,一些强人本原理的支持者现在认为"人类学原理"并不是我们所讨论之问题的最好称谓。把人类情感作为宇宙中心的理论有点像自负的人类中心说。可如果宇宙中还有其他智慧生物存在呢?或者,人类情感也可能只不过是意识在宇宙进化过程中闪现的一朵小小的火花而已?如果我们能够用谦逊的态度来谈论"意志"原理,或是"生命与意志"原理,不是更合适吗?这样一来,我们就保留了其他形式的生命和智慧存在的可能性,而由狭隘的人类中心说引起的指责也自然会平息。

希望大家不会反对这一必要的证明。我们现在还有必要继续讨论强人本原理的中心思想,即:情感不是进化中的偶然产物,而是组成自

然的一部分吗?许多科学家和神学家现在认为强人本原理至少值得我们做进一步的研究。人类意识难道不能解释宇宙主要的物理特点吗?还是意识与自然的和谐也需要用无情的物竞天择和盲目的偶然机遇才能解释清楚?接下去,读者将看到四种立场对强人本原理的看法。

对立法,不论是谁,只要他对真科学还抱有一丝尊重,那么他就会发现强人本原理并不完善。我们闻到了形而上学与终极因的芳香,它们都是超越物理规律之外的理论。如果强人本原理不是由知名学者提出的,根本不会有人对它感兴趣。很显然,这一理论与科学方法是背道而驰的,它尝试用结果(生命和智慧)来解释宇宙中较早的物质形成(宇宙最初的环境与基本恒量),但从时间顺序来看,这一结果的出现已经是几百万年之后的事情了。这样的一种做法怎么能叫科学"解释"呢?对科学来说,只有当一个事件在时间上领先于其他事件时,才有可能被叫做解释。强人本原理只是神学推测另一个非科学性的例证,对于自重的科学家而言,它毫无研究价值。

此外,强人本原理也不具备任何预见性的价值,这一欠缺很快就证明了它处于非科学的范畴。海因茨·帕格尔认为,人类学原理最终"无条件放弃了常规但成功的科学方法,后者以宇宙物理规律为基础来解释宇宙万物"。他补充道:肯定会有一些著名科学家不同意我对人类学原理的否定意见。我们可以就此讨论讨论该原理的优缺点,但这种冗长的辩论本身就可以证明人类学原理是错误的:同物理学定律不同,它不能证明自身的正确性,因为它没有办法证明自己正确与否;没有任何方法可以帮助它证明。常规物理学定律来自于反证法,但人类学原理当然并不来自任何科学论证,这就是它不属于科学原理的最明显的标志。没有一种由经验来证明它的正确性的方法是可行的,关于它到底是对是错的讨论完全有可能一直进行下去。

我们这些怀疑论者在本书中已经反复强调化学与物理学完全足以解释生命与智慧的存在。只要有足够的时间,生命和智慧最终会在物理组成与物质机遇的共同作用下齐头并进。事实上,这一过程已经持续了很长一段时间。我们没有充分的理由证明持续了100亿到150亿年的宇宙进化只是为了有情感的人类或其他形式的"心智"出现而做准备。无论人们为强人本原理冠以何种头衔，它始终不过是自负的人类中心说被理论化后的结果。在没有知觉和情感的巨大宇宙面前，它也像其他理论一样，跃跃欲试地把人类存在推到一个特殊且优越的高度。

宇宙结构是人类出现的必要前提，这当然是毫无疑问的。很明显，只有在物质环境恰好合适的条件下，生命和智慧才会出现。在这一点上，我们更愿意接受弱人本原理，因为它告诉我们人类智慧之所以能够继续进化，就是由于物理环境的原因。但是，虽然这条原理本身没什么错误，但它既没有解释价值，又没有科学意义，由它阐述的观点都是人类已知的知识。如果说人类意识的产生只是因为那些物理参数允许它出现，那么这种说法也未免太草率了。

另一方面，我们所主张的观点与强人本原理是完全对立的。如果我们能够证明宇宙是独一无二的，那么强人本原理或许还能吸引一些人的注意力。不可否认的是，宇宙的物理恒量与最初状态极其精确，它们为智慧生命的进化打下了坚实的基础。必须明确，如果这些条件中的任何一个发生了细微的差别，人类都不可能出现在宇宙中。对于以上这些观点，我们没有异议，但我们真正关心的问题是：情感的出现是否足以引出神学的解释？

有人认为，没有一个物理宇宙比我们这个带着情感的宇宙更具有存在的可能性。我们只知道，宇宙必须以一定的方式运行，但到现在为止我们还没有完全弄清楚这到底是种什么样的物理规律。由于大爆炸宇宙学的建立，现在我们愿意承认宇宙的物理性质并不是必需的，它们完全可以变成其他形式，使智慧无法产生。就我们所知，大多数其他宇宙条件和恒量都不可能带来生命和智慧，但现代物理学并不否定多个宇宙的存在，即使它们的数量庞大。而大多数这样的宇宙很可能从一开始就没有生命存在的可能。如果真的有许许多多的宇宙，它们中

的大多数又不具备生命产生的条件,而其中某个星球偶然具备了智慧生物进化的条件,那将多么令人惊叹啊!

可能世界上真的有多种不同形式的宇宙存在,它们中的一些通过一系列的大爆炸与大紧缩运动形成,另一些则像"气泡"一样由某个母体生成。我们的观点是,在这些可能存在的无数的宇宙中,智慧出现的可能性与它们的数量是成正比的。在无数个广阔深远的宇宙中,生命和智慧的进化可能还是不尽如人意。同时,在这样一个场景中,神造万物的思想也显得多余了,因为智慧的产生很可能只是自然选择过程中的一次偶然。

约翰·格利宾在他的新作《起源》一书中指出,宇宙学家应当学习把物竞天择规律,作为解释一切物理现象的依据,道金斯和他一样追随达尔文的脚步。可能真的有无数个宇宙正在为了继续存在而互相竞争,就像生物进化中各种生物为了生存而竞争一样。格利宾的进化主义思想告诉我们,我们这个具备了智慧生物的宇宙只不过是众多宇宙进行盲目自然选择的偶然结果。或许这只是因为我们生活的宇宙比起那些没有生命、没有智慧的宇宙来能够更好地生存。

问题的关键是,我们并不需要假设宇宙背后隐藏着一种超自然的力量。我们存在于这个世界之中,这始终都是超级庞大的无情宇宙经过反复试验的结果。就算情感不是宇宙的必须组成,这样的宇宙依然是奇妙而美丽的。

对比法,对于强人本原理,我们同样不抱乐观态度。但不幸的是,许多善意的,但同时对神学也知之甚少的科学家和信友都似乎对它极为信任,把它作为证明天主存在的"证据"。他们会引用自然神学有待证实的观点,认为唯有神圣的造物主才能够设计出这么一个精密的宇宙,甚至最终从物质中生发了情感。他们会从强人本原理中寻找支持信仰的证据,可是一旦这种信仰开始依靠任何一种此类的理性或科学的支柱,那么它就会马上失去自己的深度和强度。

首先,我们以信仰和神学为基础,把自己同不可能成立的强人本原理分隔开。我们已经证明,这种以科学来证明"天主"存在的做法毫无"信仰"依据。就算科学家们推断某些智慧生物与宇宙初期的条件和恒量恰好相对应,这种"存在"也始终只是一个抽象概念,而不是我们所信仰的天主。它只不过简单地弥补了一系列宇宙运动间的空隙,根本不是亚巴郎、耶稣和穆罕默德的天主。比起古老的论证来,强人本原理并不能比它们更好地坚定或加深我们的信仰。科学与信仰的范围界定清晰,为了保证二者的完整性,我们不应该草率地从不确实的科学原理中得出神学或信仰的结论。

从前人的经验中,我们发现如果以始终在改变的科学假设为基础,那么信仰几乎就如履薄冰了。如果一两百年之后,物理学家又采用纯自然主义理论来解释宇宙的初始状态和物理恒量,那么我们又该怎么办呢?就我们所知,艾兰·古斯已经用夸张的假设这么做了。这一假设主张在宇宙形成的最初期这些基本(由神安排的)条件并没有创造出宇宙恒量,它们都是快速宇宙爆炸的产物。这样一来,我们就只能同意乔治·斯穆特最近的观点了:

1974年,宇宙学家们认为是一些奇妙的事件调整了宇宙状态并使之产生生命,现在,我们已经清楚而有力地证实了它们都是宇宙大爆炸的结果。……我认为一组更全面的观察可以帮助我们整理出既精确又简单的解释模型,使我们明白为什么事物会处于它们各自的特殊状态中。无论这些未来的探索将如何进行,我将始终坚信,它们会像大爆炸理论一样为人类带来令人惊叹的简单和与自然的和谐。

但是,就像那些怀疑论者所坚持的那样,如果这个宇宙是唯一一个可能存在的宇宙,那么我们又该做何解释呢?如果我们把神学与强人本原理过于紧密地联系在一起,那么神学的地位又该怎样确定?既然信仰已经足以把我们带向天主,那么我们还需要科学来证实些什么呢?更何况把人类学原理当做一门科学的做法本身就值得怀疑。

因此,我们只能赞同那些因为强人本原理带有明显的神学暗示而

放弃它的科学家。就算他们常常以纯自然科学来反对这一原理,神学也因此获益匪浅。在终极因理论和神学的帮助下,他们清除了科学中的一切杂质,同时含蓄地把研究目的和意义的工作交还给信仰与神学。物理学不能告诉我们人类为什么会出现在地球上,更不会告诉我们世界的存在有什么意义。比起那些经过精心计算的物理公式,人类的情感更能解释宇宙的最深精髓。

就算科学证明情感与宇宙并不能理想地共存,对我们来说这也不是什么坏消息。信仰告诉我们人类存在的本质,即:我们并不真正属于这个世界。我们的故乡在宇宙外的某个地方。所有的教义都教导我们把人世的一切看成在异国他乡的旅程。《罗马书》十一章十三节告诉我们,人类只是"外邦人"。因此,我们没有因为宇宙学思想把情感和个性归为"自然"的一部分而深受感动。这一肤浅的合并把人类归入物质范畴,从而解开了人类灵魂与超验世界间的联系,最终使得我们的性格平凡化了。也正是出于这个原因,我们根本无意在强人本原理中寻找信仰暗示存在的可能性。

不过,我们同样也不赞成绝对唯物主义对强人本原理过分批判的做法。这一做法贯以假设的多个宇宙为前提,若是这样,我们的宇宙只不过是无数个没有感情的宇宙中的一个罢了。问题的关键在于,如果真的有无数个宇宙可供选择,那么情感存在于这个宇宙中的事实也就不像强人本原理的支持者们所说的那么"引人注目"了。如果在宇宙扑克牌游戏中,玩家可以无限次"尝试"洗牌,发牌,那么最终产生一把同花顺也不是什么令人惊奇的事。

对于这一假设了无数宇宙的奇思妙想,我们该如何回应呢?我们认为,就算有人根据"多个宇宙"原理解释出一些量子力学方程式,吸引科学家们的仍然是某种意识形态而不是观察结论。从经验科学的角度来看,根本没有证据证明这些平行的或是连续的宇宙确实存在,而这一假设也并不比强人本原理更禁得住推敲。帕杰尔对人类学原理不能被证明为错的观察同样适用于这个假设。

需要指出的是,格利宾认为既然黑洞的物理性质与宇宙大爆炸的单一性相似,那么可供选择的"宇宙"还是有可能存在的。或许对这一观点的验证还需要未来科学才能完成,但是,就算真的有这么多独立的"宇宙"存在,它们还是要组成一个单一的大宇宙。就算物理定律在它们之间设置了阻止互相观察的屏障,它们之间必然还是有着某种牢固的联系,这样才能保证这些宇宙能够组成一个包罗万象的整体。至少它们可以分享"存在"或"生命",从哲学的角度看,这就足以使它们联合起来了。宇宙肯定只有一个,但它可以有许多各自分开的层面和阶段。

此外,即使是在格利宾和其他科学家们大胆假设的多元宇宙说中,情感和宇宙也仍然是未解之谜。就算有无限多个宇宙在有无限长的时间中变化,情感的出现也不是宇宙运动的必然结果。时间和数量不可能用超自然的方法解释任何现象。如果要揭开人类存在之谜,我们必须附加其他一些原理。唯物主义者试图把纯粹的物质、自然选择和时间跨度当做解释情感的不竭源泉,但这种做法违背了事物的因果关系,即:一件事情的结果不会比起因更好或更坏;如果没有这条关系的约束,人类一切的思想都会显得荒诞不经。尽管宇宙的进化已经进行了许多年,但要以认识论和精神化倾向的盲目物质过程来解释情感的存在还是不现实。

所以,我们不禁对有关无数个"宇宙"存在的假设与科学往往毫无联系而感到困惑。它反而像是唯物主义信仰框架下的一种合并倾向,但显然这样的倾向毫无前途,它把自身同科学结合起来,以此来减少信仰与唯心主义对宇宙的解释成立的可能性。事实上,多元宇宙假设暗示我们大爆炸的宇宙是迄今为止唯一一个真正存在的宇宙,但这样一来,唯物主义者和简化论者对宇宙的解释就被置于尴尬的境地之中。在这样一个处处精心设计过的宇宙中,怀疑主义者所要求的生命和智慧产生的偶然机遇无法得到足够大的数据库,因此也就不可能发生。我们当然不愿意用感激的心情来回应如此一个根本不可能的礼

物，为了摆脱这种约束，怀疑论者必须找到方法以证明在最终分析中根本没有什么可以证明人类存在的"不平常性"或不可能性。

在人类把宇宙视为永恒和必需的年代，这样一种观点与宇宙学肯定能够被统一起来。只要足够长的时间总有一天人类会出现，而这一切的发生只需机遇和物理条件。但是，到了宇宙大爆炸理论盛行的年代，人们不再认为宇宙是无限的，我们已经推测出宇宙的年龄在 100 亿到 150 亿年之间，因此，如果要解开人类出现之谜，唯有借助于多元宇宙假说，因为它是唯一一个可供选择的答案。在连续多个宇宙中，如果其中一个可以最终发展到可以产生生命和智慧的阶段，那么我们就完全有理由相信这样的情况可以发生在整个大宇宙的任何一个小宇宙中。如此一来，我们也就没有必要在唯物主义的框架之外去寻找对生命和情感的解释了。

简而言之，多元宇宙假说为怀疑论者提供了简单的方法以防止人们用信仰体验解释宇宙的奇妙存在。意识形态的阴云漂浮在"客观"世界的上空，随后又诡异地让人类相信它自己就是纯粹美丽的科学真理！阻止我们探寻真相的做法本身就是一个需要引起注意的问题。

同样地，我们也无法相信那些试图用阿兰·古斯的宇宙膨胀理论来躲避强人本原理的怀疑论者，虽然他们试图表现自己的科学性，但实际上，由于这一可能存在的科学理论本身没有得到证实，因此他们的做法也只是思想意识的崇拜而已。他们又陷入了古代哲学家们期待宇宙必然性的同一模式中，这实在是历史的倒退。怀疑论者希望宇宙中不存在任何偶然，继而他们发现宇宙膨胀理论很实用，一方面，它解决了宇宙大爆炸模型中非常实际的科学问题，另一方面，它又排除了偶然存在的可能，并暗示了宇宙正是按照某种既定的方式在发展。在没有基督信仰的情况下，怀疑论者不得不求助于机遇说或既定宇宙假设，以此作为对宇宙现象的"解释"。多元宇宙假设中的机遇说和宇宙膨胀假说下的必然性都成了他们求助的对象。当然，我们不会相信怀疑论者是在纯粹科学精神的引导下做出了这两种选择。

关联法，对比法的论证多少还是有道理的，但它实在缺少一点冒险精神。最新的科学宇宙观为神学带来了发展的良机，但可惜对比法与之失之交臂。围绕着强人本原理展开的一系列讨论对神学有着相当大的帮助。当然，我们不会花太多时间在解释原理上，也不会费心去维护所谓的神学拥有的科学(至少是公认的科学概念)地位。但是完全忽略它也非明智的做法。按照习惯，我们会用来证明围绕强人本原理展开的宇宙学思索，它能够帮助我们用神学来解释宇宙。

为什么在冲突立场和对比立场下，人们轻易地放弃了强人本原理呢？是为了科学(当然是最主要的原因)和神学的缘故吗？我们认为事情并非如此简单。科学怀疑论者排斥强人本原理，这不仅是因为它与目的论互相混用的做法毫无科学价值，更因为它对宇宙的描述与唯物主义和简化论对宇宙的描述出入颇大。强人本原理认为意识的出现有可能影响了宇宙进化，继而带来了智慧生命，但简化论认为高层次的进化必然是以低层次的物质进化为基础的，显然前者极大地挑战了后者的正确性。怀疑论者否定了强人本原理的意义，如此做的不良后果不仅威胁到科学的完整性，也关系到唯物主义与简化论意识形态的可信性。在此问题上，我们同意对比立场所持的观点。

但是，对比立场又出人意料地反对强人本原理，这或许是因为他们同样无法放弃某些过激的假设而造成的。他们否定它不仅仅是因为它有可能会把科学与信仰混淆起来，更因为这一原理意味着宇宙在某种程度上与情感是不可分割的，这样一来，就会严重影响到对比立场的二元论思想。读者可能会说，在本书中对比立场一直把物质世界与意识和人类自由相隔离，从唯科学主义中，我们就可以找到对比立场把意识与宇宙分隔开的倾向。他们承认神秘力量对个体自由以及个人性格的影响，但他们往往会忽视天主与整个自然，以及人类与整个宇宙的密切联系。让他们甚为忧虑的是，如果人类意志过多地介入宇宙的事物，那么我们很可能会忘记人类本身是超越物质而存在的。

很显然，强人本原理不仅威胁到唯物主义者对科学的解释，而且

挑战了二元论思想对传统神学的看法。这一理论的提出是近年来宇宙学在人类与宇宙的关系领域中所取得的进展之一,它暗示了人类本质与自然世界的不可分割性,也含蓄地指出宇宙与情感间的关系并没有对对比立场的神学解释给予多少帮助。如果宇宙与人类的关系确实像强人本原理所说的这么紧密,那么对比立场下的神学思想,即:坚持清晰的逻辑关系,精确,并且支持无宇宙主义的思想,可能不再适合被用来解释宇宙的复杂性。强人本原理重新把情感归入物质宇宙的范畴,我们认为科学和神学都需要以更慎重的态度来对待这一关系。

当我们在探讨科学与信仰的关系时,应当把强人本原理(甚至是弱人本原理)列入考虑范围之内,在这一点上,我们的意见与科学作家尤金·毛拉一致:

或许这只是一个猜测——这篇得到宇宙学发现证实的有关信仰的作品——但是,神秘的宇宙似乎"注定"会产生生物组织和生命,它有能力自我解释宇宙与宇宙中无意识的物质部分之间的联系,这确实让人无法理解。在物质世界中,这样一种"目的"是怎样出现的?这一目的怎么会进化到更复杂的生命结构,继而又出现了令人叹为观止的大脑结构?宇宙真的是由一个"终极目的"推动吗?人类是因为这一点才会在物质世界和精神世界中寻找宇宙的真实存在吗?我们经历了许多奇妙的体验……但所有这些经验似乎都与现代科学的结论相吻合。

如果人本原理没有涉及其他方面,现在很可能它会使我们不得不承认当今科学家与神学家之间的讨论主题有了极大的转变。多少年来,科学与信仰讨论的话题始终围绕智慧和生命怎样从无生命的物质中产生而展开,科学家们认为物质的本性与智慧水火不容(这一理论建立在意识形态,而不是科学研究的基础上)。宇宙在能量和物质平均扩散后的状态彻底否定了任何形式的秩序的存在,由此可以用来解释生命和智慧的假设只剩下两个:要么是一连串最不可能的偶然事件,要么是某种超自然力量干预的结果。

在这两种假设中,生命和智慧的进化使得每一个物种的出现都在短时间内违反了热力学定律。为了解释生命与智慧的进化，科学家们分成两个派别，他们中间既有支持唯物主义"机遇"假设的科学家，也有支持信仰"生机论"的带有神秘主义倾向的科学家。直到今天，有关科学与信仰的讨论仍然在这两个无法相容的领域内进行。

虽然机遇说与生机论无法协调，但它们都把无意识性假设为物质的本质。但是人本原理使人类意识到物质完全有可能适合于智慧的进化。就连弱人本原理都告诉我们，科学与信仰的主题再也不是解释生命与智慧怎样从冷漠的宇宙中产生。真正的问题是，怎样才能解释物质对生命和智慧进化的阻碍。

就算物质世界勉强允许情感突然出现，并且存在短暂的一段时期，我们也不会在这上面耗费太多精力。今天，我们已经知道物质并不像我们以前所认为的那么冷酷。宇宙物理学首先要解决的就是意识出现的问题，这才是我们感兴趣的问题所在。至于人本原理把科学与神学讨论的焦点由进化生物学转向研究早期宇宙状态的物理学的做法受到强烈反对一事，我们还是暂时把它放到一边，毕竟，在宇宙初期的状态和宇宙恒量的支持下，智慧生命的出现也并非不可能。现在，人类还需要解释的问题是，宇宙是否从形成初期就具有某种倾向？

正如前面所说，许多科学家把他们的宇宙学放到多元宇宙假设的框架下加以解释，以此来缓和人类如此众多的惊讶。当然，我们赞成科学尽可能地用自然规律来解释我们看来神秘的现象。方法简化论和自然主义的解释应当尽可能走得更远一些。我们甚至可以抛开格利宾极吸引人的关于自然选择与宇宙学和生物学可以互相协调的假设。历史告诉我们，自然物质并不来自神的创造，这些现象完全可以用科学理论来解释。这也是我们为什么要考虑大爆炸模型是否会挑战强人本原理的原因。

目前，我们所面对的似乎并不是自然主义理论可以解决的问题。强人本原理要求我们设想有一个意识的动力在推动整个宇宙前进，在这假设中，曾经让人欢呼雀跃的抽象简化论完全没有立足之地。

强人本原理不是传统意义上的科学理论,科学家也完全有理由怀疑它的目的论本质。但我们决不能草率地认为它一无是处,从而把它搁置一边。至少它反对简化论用多(情感)来解释少(物质)的做法。强人本原理可能不是纯科学,但它完全可以被解释。如果要承认除了科学以外还有其他方法可以解释自然现象,那么我们首先必须放弃否定一切其他方法的科学信仰。

如果整个宇宙都具有深远的意义,那么只靠科学根本不可能完全解释这一切。所以,即使我们认可强人本原理,它也不足以帮助我们接近天主。在这一点上我们同意对比立场的观点。但是,如果我们用信仰的眼光来看待宇宙,那么肯定不会再为科学能够解释宇宙中早已预备好的生命和智慧而惊叹了。

我们不会直接把科学当做信仰的根基,目前的趋势是,生物学和宇宙学都正慢慢发现宇宙与情感间并不存在本质冲突,从宇宙形成初期,它就非常愿意看到自己的造物呈现出丰富多彩的形态。现在,神学正与天文物理学的新发展建立新的联系,对此我们深感欣慰,因为后者与我们对未来宇宙会给人类带来更多意想不到的收获的观点完全一致。

论证法,论证法不仅寻找信仰与科学的契合点,同时也在寻找信仰为科学研究做后盾的方法。在前几章中,我们已经提到信仰和神学在许多方面都支持了科学研究,它们所起到的并不是人们先前以为的禁锢作用。

许多神学家突然之间放弃了"多元宇宙"假说,但现在赞成这一假设的物理学家却呈增长趋势,面对这一奇怪的现象,我们感到有些困惑不解。到目前为止,还没有任何科学证据能证明这一假设的正确性,在本节中我们准备用神学理论来论证它的可信性。科学家们认为强人本原理过于人本化,我们建议真正的神学应当确认这一极具说服力的科学假设。

首先，从神学角度出发，我们不难发现"多元宇宙"假说肯定了天主存在的可能性。宗教信仰崇敬天主的神性，在如此背景下，他当然可以创造出无数个世界。基督教所信仰的天主绝不是吝啬的天主，我们从小就从教理培养中得知天主的能力远远超越于这个巨大的宇宙之上，是人类的想象所不能及的。因此，当代科学家对多元宇宙的众多假设与相信天主爱情的积极信仰并没有任何矛盾之处。信仰帮助我们保持生动的想象力，宇宙在我们面前是如此多姿多彩，这都要归功于信仰的开放性。当然，无论从科学还是神学的角度，一个宇宙的假设都会让问题变得更简单，但从信仰的角度看来，人类更有理由对任何简化宇宙的多余做法持观望态度。

当科学家阐述他们对"多元宇宙"或"平行宇宙"的假设时，他们的观点并没有与信仰体验发生矛盾，而许多神学家和怀疑论者都曾担心会出现这样的问题。尽管"多元宇宙"假说常常成为唯物主义者的工具，被他们用来证明生命和智慧纯粹是自然进化和偶然机遇的产物，宇宙创造始终都是信仰的主题。"多元宇宙"假说深深植根于信仰对宇宙的探索过程。尽管物质的宇宙是有限的，它的庞大以及可能的多元宇宙一直都是信仰用来比喻无限神圣力量的喻体。具有讽刺意味的是，一些以帮助人类认识无限存在为己任的神学理论却拒绝承认宇宙膨胀的可能性。

其次，以天主为中心的理论也赞同许多科学家对人本原理过于强调人类存在的意见，我们认为，无论是讨论人本原理，还是讨论只关注植根于人类意识的"情感"的假设，这些探索的结果都不足以表达宇宙的广度和深度。以人类为中心的人本原理实在不适合被用来解释宇宙。

另一方面，以天主为中心的宇宙观要求我们拓广人本原理的领域，帮助它把目光投向更深更远的宇宙。著名物理学家弗里曼·代森的意见极具吸引力，他以同情的语气提及人本原理，建议我们以更宽容的态度看待"最大多样性原理"，宇宙早期的物理状态可能倾向于意识

的进化,但也可能完全没有。就我们目前掌握的资料,宇宙一直在尝试着不同的试验以引发尽可能多样化的结果,其中包括了人类意识的产生,现有的科学理论足可以证明这一点。我们对本章题目的答案是肯定的,对这一问题,我们始终抱有浓厚的兴趣。

无论宇宙中存在多少个多元宇宙或平行宇宙,整个宇宙似乎都受到了所谓的"美学"宇宙原理的影响。我们不必认为宇宙进化只是向着生命和智慧的方向发展,这样的思维方式显然过于狭隘。宇宙膨胀和精致内化的过程令人叹为观止,因此,我们欣然把生命和智慧的进化放到了沿着更广阔和更瑰丽的方向发展的宇宙进化过程中。

天主所悦纳的是美丽的宇宙,科学家与神学家们孜孜以求地探索宇宙奥秘,但目前为止人类所能理解的只是很小的一部分,最终他们可能会追寻到天主的足迹,他希望探索精神、美丽和多样性能够走进以内心世界为主旨的事物中去。《约伯记》提醒我们,人类的确很重要,但我们有限的思想根本不可能彻透无法测量的宏大宇宙。

所以我们的头脑可以懂得宇宙吗?你可以说金星有大气层,金星上有丰富的矿藏等,但是物质层面的描述无关金星在苍穹上的无比美丽和深邃宁静。为了能够懂得这种不可度量的真实,我们的头脑可以宁静吗?放弃永不停歇的闲聊、闲聊、闲聊。我们的头脑可以变得非凡的简单吗?非凡的简单带来非凡的妙明精微,我们的头脑可以这样吗?如果我们的头脑可以变得如是妙明精微,也许我们妙明精微的心智就可以与实相相互沟通。实相是超越时间、思想的,塞相是无比简单的,实相是不可度量的。我们现在的头脑显然无法如是相互沟通。虽然我们尽了最大力量,用了所有手腕,控制、自我牺牲、赌咒发誓,都无法与实相沟通,不是吗?不可度量的实相永远……永远无法通过这些方法达到。神圣的心智、神圣的头脑,只存在于深邃的寂静之中。

宇宙的美丽,从万物的差异产生了受造世界的秩序与和谐。人类逐渐发现了这些关系,并将之视为"自然律",它们是人们赞叹的对象。受造物的美丽反映出"造物主的无限美善",应启发人类理智和意志的尊重与服从。所谓和谐："人内部和谐、男女和谐、人与人、人与受造物的和谐"。

宇宙的历史是一部巨大的拔河赛。一方是大爆炸把世界的物质分开，另一方是毫不放松的万有引力，试图把一切都积聚在一起。这两种力量保持着平衡，我们说不出最终谁会赢。如果扩张占优势，星群与星群将继续分开直到永远。在每个星群之内，万有引力当然会赢，并且会形成巨大的黑洞引力，最终衰减为低能量级辐射。如果把物质分开的力量占优势，世界就会以濒临死亡的啜泣而告终。这自然不是一个令人欢呼的前景。如果万有引力能赢，世界会好一些吗？我想恐怕不会。如果万有引力占上风，现在的扩张趋势总有一天会停滞不前，和大爆炸一起开始的事物将以大破裂告终。正如所有的物质都会落入宇宙的熔点之中一样。如果是这样，世界就会被撞击而告终。两个结果中的任何一个都是毁灭性的。当然，这些事不可能在明天发生，这将是一个持续数百亿年的历史。但是，可以确信的是人类和所有的生命都只是这个漫长历史的匆匆过客。

宗教对此如何解释？这些对世界未来的凄凉估计和世界是由一个目的所指引的说法是否相悖？在这个问题上我们必须接受挑战。我相信宇宙的消亡，但是，这个过程是数百亿年，而不是像我们对自己寿命所知道的那样，自己的生命仅仅只有几十年。但是，无论如何，问题在于希望是一种幻觉还是确实存在。最终，在令人寒战的死亡事实之上有没有可以信赖的命运主宰？科学对宇宙消亡的预测仅仅提示我们以进化论的乐观作为希望的基础是不适当的，它认为未被打开的历史一定会带来美好希望的实现。如果真的有一个真实的长久的希望，那么只有靠永恒的天主。

这就是耶稣在与撒都该教派信徒辩论时提出的观点。他们是一群把信仰放在法律上，只相信我们的《圣经》前五卷书的人。他们感到除了死亡之外，找不到任何对命运的希望，所以他们只相信在世界上的

生命。他们通过机敏地提出一个双关的、关于一个女人先后嫁给几个死去的兄弟的故事来说明他们的观点。他们问,在来世她是谁的妻子?耶稣在回答问题时总是一语中的,他把他们带回到出谷记,这是一本他们所接受的权威《圣经》,他提醒他们说,天主在燃烧的荆棘中对梅瑟说:"我是亚巴郎的天主,依撒格的天主和雅格伯的天主。"耶稣评论说:"他不是死人的,而是活人的天主,所以你们大错了。"

这个观点是:如果亚巴郎、依撒格和雅格伯曾经与天主有过关系……他们当然和天主有关系……他们就会和天主永远有关系。这对你和我也是一样。在我们死亡的时候,天主不会把我们像一张不用的纸牌那样扔到宇宙的垃圾桶里。由于永恒的、爱人的忠实的天主,我们才能够有超越死亡的信仰。

尽管如此,这样的观点讲得通吗?有一段时间,人们认为人类由两个部分组成,一个是必然死亡的、物质的躯体,它在死亡时会毁灭;另一个是可以和躯体分开的、不死的灵魂,它在死后依然存在。好像我们是见习的天神,死亡只是把我们的灵魂从世俗的躯壳中释放出来。关于心灵和躯体问题我曾经谈到过一点,并且我们已经看到尽管两者不完全相同,但是他们的关系看起来的确比这种两部分的说法要密切得多。我们的身体表现为一个统一体,是激活了的身体,而不是在人体内安装一个灵魂。实际上,这是古代希伯来人对人的性质的认识,因此,从某种意义上来说,我们又回到了一个古老的问题上。

那么,灵魂是什么?它一定是"真正的我"。它当然不是我的物质的躯体,因为躯体在每时每刻地变化。几年前,我只有几件琐事要做,吃和喝,穿衣服直到把它们穿破,这意味着我在不断地改变。真正的我则以无限的复杂的"形式"把这些不断变化的琐碎的事物组织起来。在我看来,天主通过他的伟大的最终复活行动,将记住这个形式,这个形式就是我。并且在他所选择的新环境中对我进行再创造,这是我的清晰的、而且易于理解的希望。在超越死亡的命运中对基督的信仰总是放在复活上而不是生活上。在历史中,基督的复活是我们将来复活的先兆和保证,基督的复活又超越历史地在等待着我们。

重要的是应注意到我们正在讨论的是关于在新世界中的复活,而不是在旧世界中的复活。是这个形式具有重要意义,而不是物质。把事物按其原样重新组合起来的古怪而古老的想法(因此,切除一条腿的人有时候把断腿埋在自己的身边,以便在最后审判之日能够容易找到)不仅仅是表现的实际所为。圣经上所说在新的天地里"再也没有死亡,再也没有悲伤,没有哀号,没有苦楚,因为先前的都已过去了。"

这个新世界中的新物质从哪里来?我假设它们是从当前的世界的物质转化而来,因为天主关心他所有的创造物,并且他一定对于超越死亡的命运有所安排,正如他对我们的命运有所安排一样。这就是为什么空坟墓这样重要。耶稣复活的身体是他的死去躯体的升华和光荣的形式。这告诉我们在基督内既有对人性的安排,也有对物质的安排。实际上,我们的命运是联系在一起的,具体地说,因为人类是命运安排的具体表现。

科学知道空间、时间和物质是联系在一起的。这意味着在世界上,时间和物质同时存在。在只有属于天主的无限的时间之内,我们的命运是永远的生命,而不是短暂的生命。天主是过程之神,只有在耐心的过程中爱才能起作用,爱以前就是超越死亡的,它今后还将超越死亡。天上的生活不会令人厌烦。新的天上的生命将是神圣的、内容丰富的、不断鼓舞人心的并永不间断。它将明显地比我们现有的世界更适于我们。这个世界上的伤痕将愈合,未竟的事业将完成,我们在这个世界上积累的渣滓将被清除。

这是一个神奇的景观,但是你会不断地提出问题。如果新的世界那么美好,天主为什么还费事创造了一个旧的世界呢?如果那个世界没有痛苦、死亡和忧愁,为什么还要创造现在这个世界?这个世界中充满着太多的痛苦。

有一系列的问题要我们来回答。我认为,这取决于这样的一个认识:新的天地不是天主要创造一个比第一次更好的世界。现在的世界

是天主所允许的。我们已经看到一个进化的宇宙被从神学上理解为允许自造的创造物。作为生命的必需代价，世界必须有死亡。在丰富的历史的可能性的探索中不可能避免会遇到不整齐的边缘和死胡同。请记住，在以前的章节中我们提到过同样的过程，既允许新生命的诞生，又允许一些细胞癌变。新的天地则大不相同，这意味着它以不同的方式运作。在神学上理解为通过基督，新世界和造物主的生命直接形成一个整体。这种集中的神圣存在是无所不在的。基督的信仰者通过称之为圣事的活动与其相联系。新的天地不是对以前世界的修正，而是对旧世界的拯救和改造。正如耶稣不通过圣周五就不能复活一样。因此，不通过我们现在的痛苦之谷，新的天地就不能实现其神圣使命。

这是深邃奥妙的思想，但我认为这是真的。有两件事使我这样认为。一个是耶稣的复活，这是一粒种子，新的创造由它而生长。另一件是在人类的心灵深处的希望本能，所有的事物都向着相反的方向发展。请记住，在以前提到过，母亲在半夜安慰她的孩子时就说："一切会好的。"从那时起，就产生了巨大的意义。在这里，我还要说，这不是一连串爱的谎言，而是对于天主真实性基本特性的认识，是对善的追求，是对不可战胜的神圣目的的肯定。

学佛，首先要学好做"人"，学做踏踏实实的人，一个靠得住的人。要面对社会，发挥诸佛菩萨的慈悲智慧品性，才可称为佛的弟子。做一个踏踏实实、靠得住的人，对家庭、对社会、对国家都有好处，这是修行中不可缺少的精神。佛教的化世功能，就是以佛法来净化人间，提升人品，使得众生既得现世利益，也得后世安乐。

付出努力，让自己成为一个可靠的人，这是我们走出人生之路的第一步，而且要持之以恒，永远做好，因为这也是我们个人发展的必要条件，是最起码的人格保证。做一个可靠的人，应该从大处着眼，小处着手，养成守时、守约、重视自己承诺的习惯。如果你在生活中不断地得到别人的信赖和尊重，那就说明在别人的心目中已确认了你的可靠度,一个得到信任和赏识的人,他的发展和际遇也是不会错的。一个事事可靠,时时可靠,处处可靠,有口皆碑的人,他的人生有什么理由不会获得成功呢?

踏踏实实做人,实实在在做事,会使你获得更多的朋友,也获得更多成功的机会。天道酬勤,苍天不负有心人,只有尽心尽力、尽职尽责的人,才可以成就大事业。人应该志存高远,佛陀也要他的弟子给自己树立目标,脚踏实地地去学。因为学佛并不是为了名利、鲜花和掌声,更不是为了向别人炫耀,而是为了了悟生死大事,到达智慧彼岸,所以佛陀要众生真心向学,勇猛精进。如果一个佛弟子只是耍一下嘴皮子,而没有真正地体悟,修习佛法时,拈轻怕重,好高骛远,那他就把学佛变成了"佛学"、变成了自己生活中的安慰剂和麻醉品,收不到任何预想的效果。

一个人要想获得成功,就要努力去做,少言多行,实实在在地去苦干、去成就。在思想上做一个靠得住的人。我们可以看到,那些最容易成功的人并不是那些看起来最才华横溢的人,而是那些最能以亲切和蔼的态度给人留下可靠印象的人。我们生活中的许多例子都可以证明,一个踏实肯干、谦虚谨慎的人,更容易获得别人的好感和信任。在为人处世中,一个人的人格才是他人生成功最重要的砝码。如果你凭着自己的良好品性,让他人在心里暗暗佩服你、认同你、信任你,那么你就在人生的道路上拥有了成功的优势。但是,现实生活中,真正懂得如何获取别人信任的人却少之又少。我们很多人都在无意中为自己的成功设置了障碍,比如我们的态度,我们的某种个人习惯。所以佛陀告诫他的弟子:"要以戒为师。"我们每一个人都应该遵守生活的戒律,因为它能帮助我们自我控制,使自己真正成为生活的主人,而避免被物欲和一切诱惑所奴役。一个人若不为自己建立良好的工作习惯和健全的生活规律,就等于失去戒律。他的工作就容易出错,身体容易生病,在思考和判断上也会变得犹疑和不准确。所以一个人格健全,让人觉得完全值得信赖的人,他也一定会规范自己,节制自己,注重自己在别

人心中的形象,给自己树立一个完美的人格的高度,可以说,我们大智大觉的佛陀在这方面是最好的榜样。

任何人都应该努力使自己成为一个可靠的人,使人们愿意与你交往,愿意真心实意地来帮助你。一个成功者,不仅要有高明的交际手腕,为人更要诚实坦率。一个人要想赢得别人的信任,需要花费很多时间来持续证明自己的实在。如果你想成就自己的梦想,更需要这种宝贵的品质。许多银行在进行贷款时都很有眼光,他们对那些资本雄厚,但品行不好、不值得信任的人不会贷给他一分钱,但面对那些资本虽不多,却吃苦耐劳、小心谨慎、会把握商机的人,却愿意慷慨相助。因为巨额财富会输掉,而高尚的品格、精明的才干和吃苦耐劳的精神,却是输不掉的,这是人格的力量,它更容易赢取别人的信任。

人无信不立,我们生活在这个世界上,要想让自己的人生幸福快乐,就要品行端正,为人胸怀坦荡,成为值得信赖,让人感觉靠得住的人,这是我们获取人生幸福的最大资本。

学佛,要老老实实,以最虔诚、纯真的心来学,不可阳奉阴违,虚伪谄曲。佛陀说:"曲之心,与道相违,是故宜应质直其心。"直心是道场,直心即是诚实心,众生必须以此清净无染、坦诚不虚的直心,来发挥佛陀的慈悲精神,才是真正的佛弟子。

人生的道路何去何从?目标又在哪里?佛陀告诉他的弟子,这是一条至真至诚,与真理相合的路。我们要走上这条路,诚心向道才可以成就。就是说要诚于内、形于外,一切行动都与自己所觉悟的道理相契合才可以。如果只是为了向众生炫耀自己的聪慧,以博得名位,那就不真不诚,也自然谈不上成就什么正果。

诚实是一个人最宝贵、最美丽的品质。如果我们为人处事也秉持正直诚实的心愿,以自己纯真的本性来工作生活,那我们的人生会简单很多,也轻松很多。

《中庸》中说:"诚者,天之道也;诚之者,人之道也。诚者,不勉而中,不思而得,从容中道,圣人也。诚之者,择善而固执者也。"诚实,就是讲真话、办实事,表里如一、真诚不虚假。拥有了诚实,也就拥有了人间最宝贵的财富。我们生活在这个社会中,每个人都是组成社会的一个细胞,人与人之间相互依存,没有人可以脱离这个社会,孤立地存在。这就需要我们在社会生活中发挥自己最大的功用,处理好与他人的关系。处理好与他人的关系的基础就是以诚待人。无可否认,我们没有一个人愿意和一个满嘴胡话、谎话的人相处,同样,也只有我们付出真诚才能够赢得别人的信任和帮助。

但是在现实生活中,我们往往在金钱的诱惑下,为物欲所迷,为达到自己的目的,整日戴着虚假的面具,当欲望都得到满足时,我们却失去了自己最宝贵的东西,即诚实。其实这是任何财富都买不来的,是我们得以生存的根,我们没有办法整天戴着虚假的面具,当这变成我们人生的负累时,我们会痛苦不堪,但是为了那些已经抓到手的东西,比如名利,我们又不得不戴着面具,因为那些东西,有时我们会看得比自己的命还重要。但真正要危及生命的时候,又有什么比生命本身更重要呢?也许此时再后悔已经晚矣。

所以世界上最聪明的人是最诚实的人。因为只有最诚实的人,才经得起生活和历史的考验,百炼成金。只有实事求是、脚踏实地的人才有可能是一个成功的人,相反,如果一个人歪曲事实、隐瞒真相,每天戴着面具活着,往往是竹篮打水一场空,甚至聪明反被聪明误。所以我们要在社会上生存、发展,最重要的就是实事求是,诚实守信。

一个诚实的人,也是一个由内向外都至真、至善、至纯的人。凭借此,他可以由小到大来成就自己的事业。"唯天下至诚,为能尽其性。能尽其性,则能尽人之性;能尽人之性,则能尽物之性;能尽物之性,则可以赞天地之化育;可以赞天地之化育,则可以与天地参矣!""与天地参矣",就是与"天地同根,万物一体"、"自他不二,物我一如",这是佛陀的境界。一个人可以达到这种境界,那他的一举一动就化成了普度众生的慈悲,他的存活也不再是为了他自己,而是视众生平等,将众生都看成自己的兄弟姐妹,将众生的苦难都感同身受,才为了解脱众生生

死苦,接引众生到智慧彼岸,在世间说法布道,奔波忙碌。也因此他的至真至诚,感动天地,可以先知先觉,达成心愿。

一个待人真诚的人,自然有好的人缘。程颐曾经说:"以诚感人者,人亦以诚而应。以术驭人者,人亦以术而待。"因为一个待人真诚的人,可以向别人打开心扉,呈现自我,这样做比将心门紧紧关闭,更能让自我感到满足,同时也更令对方感动,所以也更自然地得到友谊、信任和尊重,也因此更充实,更快乐。

一个人要为善为恶,全在一念之间。要成为圣贤,还是自甘堕落,也全取决于自己的一颗心,所谓"福祸无门,唯人自召",命运的改造,全在自己的手中。

很多人以为信仰了佛法,就可以得到佛的庇护,就能在困惑时,找到解脱的方法。这是不对的,佛陀是要庇护每一个人,但是,这种庇护却是靠自己的修行得来,而不是凭空得来的。一个佛弟子只有在心中装下宇宙,而不是只自私地想着自己时,才有可能证悟,得到佛的保佑。

佛教和其他宗教一样,同样强调信仰的重要,但是是信仰佛陀所说的法,认为佛陀成佛的方法绝对正确,绝对真实。所以你要照着佛陀所说的法去做,实行于你的生活之中,诸恶莫作,众善奉行,这样渐渐地,才能达到解脱一切身心苦恼的目的。

诸恶莫作,众善奉行,并不一定要有多大的财富、学问和刻意而为,只要心怀善念,心存悲悯,尽量利用机会去帮助需要帮助的人,为众生服务,以解除别人的痛苦,增进众生的幸福,随时身体力行,即功德无量。

《西游记》中的唐玄奘虽然是吴承恩笔下的人物,与历史真实中的唐玄奘不免有些出入,但他的善良和慈悲心,却是我们学习的榜样。小说中,唐玄奘并没有孙悟空的法力,也不及猪八戒的智慧,甚至比不上沙僧的力量,但是他却可以集合众人的心志,往往在危难中化险为夷。他之所以能够历经种种艰难,到达西天,取得真经,靠的就是他的善良和荷担如来家业、普度众生的慈悲心。也因此他的慈悲终于感化三界，成为被后世敬仰的一代佛家名师。

当然，心怀善念，不光是出家人的事，对于我们普通人来说，更是做人的一种积极而有意义的表现。如果一个人心地不善良，也就不配做人了。每个人的一生都会拥有很多东西，同时也会失去很多东西，但最不应该失去的就是存在于我们内心的善念。一个心地不善良的人，会变成一个恶魔，随时都可能利用别人，伤害别人，让所有的人都对他敬而远之，这是很可怕的。我们没有人愿意做那样的人。所以不管我们拥有什么，还是失去什么，都要保持一颗善良的心，这对我们来说是最重要的，因为这是我们的本性，只有这样，我们才觉得没有迷失，我还是我。

人是一个社会的人，没有人可以脱离社会去独自生活，所以对任何人我们都应该心怀善念。一个心怀善念的人，他的心中没有邪念，会尊重别人，帮助别人；会爱世间万物，爱护动植物，没有过多的烦恼，因此会为我们创造一个和谐宽松的与人相处的环境，也因此为我们的个性和创造力的发展开拓出一片自由的天地。我们心怀善念，自己活得开心，别人也过得舒心，这样社会才能安定团结。可能这做起来并不难，可是很多人为什么却没有做到呢？还是因为我们的私欲。生活中有一些很现实的人，对于这些人来说，做与不做什么，全看是否对自己有利，有利就做，没利就不做。将自己自私的一面发挥到极致。可是很多事你不愿意做，他不愿意做，哪还有谁愿意做呢！和谐社会，靠我们每个人的努力才能实现。你怎么对待别人，别人就怎么对待你。只有心怀善念，待人像待己，困难的时候，你的善行才能迎来另一个人的善行。

听过这样一个故事：说是有一个人曾做过这样一个试验，他早上上班来到办公室时，对每个同事都笑了一下，没想到，却收到了非常好的效果，他的上司看到他时，也对他笑了一下，上司平时并不是一个喜欢笑的人，可他那天的心情特别好，给人的那种冷漠的感觉一下消失了，其他的同事对他也都很友好。据说，就是因为他早上的那个笑，才

让周围的人变得如此不同。我们去做事情,去工作,无非是想丰富自己,实现自己的价值。而这一切归结起来,都在于你如何对待周围的人。对周围的人心怀善念,我们的人生才如沐春风,因为大多数人不会故意和你过不去,这会让你赢得别人的喜爱,也获得别人的回馈和礼敬,幸福的人生也自然形成。

佛法修行强调出离六道,了脱生死。这六道分别为"三恶道"和"三善道"。因此可以说"善恶"是这六道的基本特征。

那"善恶"又是怎么来的呢?佛陀说,宇宙本性如如不动、无作无为,也就是宇宙本性中并没有善恶的区别。善恶是人心的区别。所有的修行人都在修一个"善"字,但修行人又恰恰被这个"善"字障碍,难出六道。这是为什么呢?这是因为善与恶是一体的两面、互为依存的。

其实,佛陀所说的"善",是宇宙本性的"善",并非"善恶"的善,因为,善恶都是人的分别心造出来的,宇宙本性里没有善恶、对错、好坏之分,我们刚出生的时候很单纯,也没有这样的区别。比如,鸡蛋并没有好坏,爱吃的人说它好吃,不爱吃的人就说它不好吃;臭豆腐非常臭,但爱吃的人却觉着它很香。所以,万事万物的本性并没有好坏之分,分出好坏的是人们的分别心,是人们根据自己需求的定义。人们在多生多劫中养成的这种分别心的习气,如同烙印一样,在我们的意识里根深蒂固,常常难以察觉,也因此阻碍了我们的发展。

这些其实都是我们对外境的取相,而外境的一切现象,不论好坏,都是自然的、平等的,都有其本来的原因。比如一年四季,春天生气蓬勃,夏天暑气逼人,秋天落叶飘飘,冬天寒风冷冽,都不是为了讨好人或者惩罚人,它只是自然运行的规律,但是因为人有分别心、比较心,就会说出喜欢春秋,不喜欢冬夏这样的话来。这种分别心还会因为年龄层次、生活体验和教育修养不同产生不同的价值取向,同样一个人在不同的时候面对一个事物的态度也是不一样的,所以道信禅师曾经说"境缘无好丑,好丑起于心"。

佛陀比较重视内心的净化，强调让众生认识内心世界的真面貌。我们为什么会有分别心，会有这样的念头产生呢？就是因为我们的内心受了客观环境的影响，先入为主，才有了好或坏的评价标准。其实好坏是可以随着内心的感受而随时变化的，并没有什么标准。这一切都是我们内心起的变化。我们的心主宰人的一切行为，一个内心清净的人，他的所行所思也必定是清净的。但心一旦被杂染，起了分别，他的所行所思也必定有所偏颇，所以佛经上说："心杂染故，有情杂染；心清净故，有情清净。"这世间种种的痛苦烦恼，皆由心造，均因我们的分别心而起，故古人以"心猿意马"来形容心，说心就像猿猴，生性好动，在林木间活蹦乱跳，片刻不能安静，从来不听指挥，在五趣六道中贪求五花八门的外境，对名利、金钱、权势和爱情，汲汲追求、计较、分别。

其实我们的心原本也像佛陀一样，单纯清净，能够包容一切。但是因为分别心，无明一起，我们就把单纯清净的生活复杂化了，也因而痛苦和烦恼。有这样一句话"天下本无事，庸人自扰之"，我们很熟悉，但是偏偏在生活中，经常会和一些人与事过不去，比如计较自己做得多，别人做得少，或者觉得别人做得多，也没什么了不起，自己做得少，也不觉得惭愧，这些都是烦恼，都是分别心，我们为什么不可以有多少力量就做多少事，不去与别人计较、攀比呢？我们的心常记挂着这些人我是非，总在那儿纠缠不清，又如何清净自在呢？

佛法的修行就是要让自己的思想归零，把过去的观念、想法和执见放下，脚踏实地地像佛陀一样去做、去修。就像一个瓶子，一定要把瓶子里已经装进去的东西倒出来，才可以洗刷干净，见本来自性。最朴实的反而是最好、最安全的，我们听从自己内心的召唤走人生的路，不要好高骛远。

我们的人生只有几十年，过得再风光，也只是时间长河中的一个片断，死后均会化为尘土。并且，世事无常，今天是皇帝，明天就可能是阶下囚，过去这样，现在同样是这样，一生所追求的事业和功名都非常短暂。

"万般带不去,唯有业随身",按佛陀的说法,一个人生不带来,死不带去,我们来到这个世界时,一无所有,离开这个世界的时候,也是两手空空。儿女、财富、事业、我们哪一样也带不走。世间的富贵荣华是虚幻不实的,人生的吉凶祸福更是变化无常。而伴随着我们生命的,只有一样东西,那就是业力,为来世留下的是善业还是恶业。佛陀教导众生将眼光放远一点,不仅着眼现世的生命,更考虑到未来的命运。短暂的人生很快就会过去,即使再有钱,死后又可以带走什么?如果懂得在有限的生命里为众生造福,才能为未来的生命种下福报。

但世人却很少关心业力,由于对自我的执著,往往更进一步执著于我的钱财、我的事业、我的妻儿,念念都以自我为中心,因此而有种种的分别,将个人和他人的利益分得清清楚楚。只要对我有利的事情,就挖空心思去争取,如商界的尔虞我诈,政界的钩心斗角,社会上的所有问题,都离不开利益二字。我们一般人淡泊名利的少,追逐名利的却多。乾隆下江南时有一个故事,说是当时乾隆来到江苏镇江的金山寺,看到山脚下江水滔滔,百舸争流,不禁兴致大发,随口问身旁一个和尚:"你在这里住了几十年,可知道每天有多少船在这里经过呀?"老和尚回答说:"我只看到两只船。一只是名,一只是利。"可谓一语道破天机。

为了追逐名利,众生在不知不觉中造下很多恶业,很少有人会想,所追求的这些,最终都逃不过无常的结局。中国有一句俗话"富不过三代",说的就是财富的无常,而还有一句俗话"成者为王,败者为寇",则说的是权利和地位的无常。

不管我们是贫穷富贵还是穷达逆顺,生活在这个世界上,都不能避免和名利打交道。你努力地工作让自己在事业上有所建树,这是求名;而获得报酬,使生活过得富裕,这是逐利。人既然活着,就难过名利这一关。有一次,武则天曾问智诜和尚:"和尚有欲否?"智诜回答:"有。"武则天又问"欲从何来?"智诜说:"人生则有欲,死则无欲。"无欲则无生,人有名利之心是正常的,但要有一个度的问题,只要不过,不贪,为自己树立一个目标,就会生活得更积极,佛陀让众生淡泊名利,但目的并不是让众生守贫,而是要静心。

孟子曾经说:"养心莫善于寡欲。"和佛陀的观点相同,孟子也说修身养性的最好办法莫过于少欲。欲望越少,越有利于修养,身心发展越健康。如果一个人把名利看得很重,他也必会被名缰利锁困扰。我们都有这样一个毛病,就是当名利没有得到时,处心积虑、惨淡经营,甚至把名利当做自己生命的支柱来不懈追求;但是等名利得到后,又机关算尽、战战兢兢,唯恐一个过错就前功尽弃,弄得自己身心憔悴,宁愿承受种种折磨,也不能拥有淡泊名利、宁静致远的从容心态。其实人生无常,花开总有落,那些功名利禄就像过眼云烟,最后什么也剩不下,我们应该学会淡化胸中的不平,把利害得失看清看淡。这样才可以免去精神上的许多痛苦。这并非要大家看破红尘,而是像清代张潮在《幽梦影》中所说的"能闲世人之所忙者,方能忙世人之所闲。人莫乐于闲,非无所事事之谓也。闲则能读书,闲则能游名胜,闲则能交益友,闲则能饮酒,闲则能著书。天下之乐,孰大于是?"由此可以看出,淡泊并不是没有理想、没有追求,也不是疏懒和碌碌无为,而是对自己生命的安顿,也是对自己灵魂的升华,让自己更自由更坦然。

人生活在财、色、名、食、睡五欲之中,永远都有不满足感和种种苦恼。拥有了一分,还想再得到九分,得的越多想要的越多,再怎么努力追求,也没有满足的一天。人在不足中造业,在不足中烦恼,要除去这些苦恼,唯知道自我节制。

人没有欲望是不可能的,佛陀也并不主张完全的禁欲。经过六年的苦行,他认为一味地禁欲对修道并无意义。但他也反对在生活中放纵欲望。在经典中他多次告诉众生要"少欲知足",要弟子生活简朴。因为欲望是烦恼的根源,烦恼又会遮蔽众生的佛性和智慧。所以只有将欲望降低,才能勤于修道,证悟佛果。

人们对正当欲望的追求,是人类文明的表现。当一个人产生了某种欲望时,这种欲望就会影响他的思想,指导和支配他的行为。欲望会

让内心产生一种动力,使人生改变轨迹,激发所有潜在的力量,进而产生奇迹,促使目标得以实现。

但是欲望一半是天使,一半却是恶魔,如果失控,就会把人引向邪恶,成为破坏社会、毁灭人生的灾难。古人说:"人为财死,鸟为食亡。"所谓:"人心不足蛇吞象。"这都是欲望的弊端。小说《醒世姻缘》中讲,"终日忙忙只思饱,食得饱来便思衣;衣食两样皆具足,便想娇容美貌妻;娶得三妻并四妾,出门无轿少马骑。良田万顷马成群,家里无官被人欺。七品八品犹嫌小,三品四品又嫌低。当朝一品为宰相,又想君王作一时。心满意足为天子,又想神仙下棋局。"这是欲望的最好写照,我们生活中有些人就是这样,这个欲望实现了,另一个欲望又开始出现,如此周而复始,伴随着人的一生。如果一个欲望得不到满足,就一天到晚辗转反侧。这样又有什么快乐幸福呢?所以,人到什么时候都不能任凭自己的欲望信马由缰,否则,就会一发不可收拾,破坏自己的身心健康,给他人和社会带来麻烦。

佛陀也说:"若纵五根,非唯五欲,将无涯畔,不可制也。"一个人如果放纵了五根,又贪著五欲,眼睛看到不当的色相,耳朵听到靡靡之音,就会造成社会、家庭的不安,导致人心惶惶,危机四伏。曾有一位年轻人跟他父亲说要结婚,他父亲说:你才二十刚出头,事业也没有基础,要结什么婚呢?这个年轻人说:那么,给我钱,我去做生意。他父亲说:你没有一点社会经验,应该先去找一份工作,学一些经验再说。因此,这个年轻人对他父亲怀恨在心,有一天晚上,竟趁父亲熟睡时,连砍了他二十一刀。这个年轻人为什么这样做呢?就是因为欲望,放纵五根,贪于五欲。如果五根放纵,贪于五欲,就容易造恶业。所以,佛陀教导弟子,要守戒,常常制止五根,把握自己,调伏身心,生活中不能有丝毫的放逸。

幸福源于节制,正因为欲望的节制,我们才收获幸福。虽然不能成佛,却可以追求佛的境界,实践佛的行为。其实,我们的生命本身所需要的东西并不多,如果知道节制,生活简朴,就可以有更多的闲暇来享受人生，而不必为欲望的满足而操劳一生。生活必需之外的奢侈品，虽然给我们带来方便和快乐，但是如果耗费一生的光阴才能获得，反而是一种奴役。苏格拉底曾经在繁华的市场上说："这里竟然有这么多我不需要的东西！"

我们中国人做什么事情都讲究个度。对于欲望的满足，我们也该讲究个度。过度节制不好，过度放纵比过度节制更坏。所以应该因时因地，该放纵时放纵，该节制时节制。饿了就去吃饭，吃饭就要坐在饭桌旁，这便是时间地点对于食欲的引导和节制，其他欲望也是如此。

人的一生，大多时候是处在满足和克制钱、色、名、利等各种欲望的过程中。欲望是人的正常心理和生理需求，它带给我们活力和动力。但也有好坏之分，好的欲望能让人善用生命、青春来实现自我；坏的欲望则会让人丧失自我，甚至沉溺于疯狂和自我毁灭中。如果不用理性及时地克制，我们的灵魂也会被欲望的魔鬼控制，最终干扰正常的生活。

要以理性克制欲望，说起来容易，做起来却很难。在我们人类的发展史上，由于放纵欲望而丧失自我，毁灭人生的事例屡见不鲜。不管是帝王将相，还是平民百姓，比比皆是。欲望确实是一种诱惑，令人难以抵挡。远的不说，就拿我们身边的一些身陷囹圄，或家破人亡的失败者，不论为钱、为色、为名、为利，又有哪一个不是欲望惹的祸呢？可见以理性克制欲望，把握自我是一件多么不容易的事。

我们众生的心常常是无厌足的。财产多，还要更多，权势大，还要更大，名利、物欲、爱情、亲情……永远都无休无尽，在多欲多求的生活中苦不堪言。佛陀曾譬喻说，众生贪嗔痴的烦恼如果不能去除，就像一只大象踩入烂泥沼中，越踩越深，无法拔出。象是表示众生的烦恼很重，这个烦恼就是人的欲心，人的欲心重，贪念重，有嗔恨心，爱发脾气，并且还不明道理，对世事看不开，不断争执、计较，这就是烦恼，是世间的陷阱，一旦踏进去就没办法再拔出来。因此，佛陀要弟子好好控制，不随着欲心而沉浮，用心去转境，千万不可心随境转。众生造业的

主因是心，一切的作为完全由心所左右，所以控制好自己的心，将其调伏好，身才不会去造罪。

生活中，我们会经常遇到各种各样的诱惑。比如，你明明清楚抽烟喝酒对身体有害，但却由于抽烟喝酒给自己带来的快感而依然继续抽烟喝酒；明明清楚贪一时之快和一时之乐有可能会让自己身败名裂，但却对眼前的诱惑难以拒绝，越陷越深。这就是欲望、欲心，如果我们不能有效地克服，它就会成为我们人生道路上的巨大障碍。因为它会烧毁我们的理智，烧毁我们的道德，使人生失去正确的方向。对欲望进行自我克制，是人的高贵品质，一切品德的体现均在于人的理性和自我克制。如果一个人的行为，让激情和本能、外界的诱惑支配，他就很容易丧失道德上的约束和良心的提醒，而最终沦为个人欲望的奴隶。人有自我克制，抵制本能冲动和外界诱惑的能力，也正是因为这种能力，人才能主动进行自我发展，有所为与有所不为。所以自我克制是人的理性思维，它是人培养高尚品德的基础。

春秋时代的五霸之一楚庄王，就是一个能以理性克制欲心的最好例子。有一次，令尹子佩请楚庄王去京台赴宴，他很高兴地就答应了。但后来子佩摆好宴席，等待楚庄王，可就是不见楚庄王前来。第二天，子佩去拜见楚庄王，询问他为什么没有赴宴。楚庄王跟他说："你在京台摆下盛宴迎接我。可我听说京台这地方，向南可以看到料山，脚下正对着方皇之水，左面是长江，右边是淮河，在那里，人会快活得忘记了死的痛苦。我这个人德行浅薄，难以承受如此的快乐。怕自己沉迷于此，流连忘返，耽误治理国家大事，所以才改变初衷，不去赴宴了。"楚庄王为了克制自己享乐的欲望，而不去京台赴宴，能够以理性克制欲心，注意和欲望对象保持一定距离，所以他才"三年不鸣，一鸣惊人；三年不飞，一飞冲天"，成为一个治国有方的君王。

我们所提倡的克制欲望并不是要克制所有欲望，而是克制那些与自己当前的主要欲望背道而驰或关系不大的欲望，克制那些临时的外力带来的欲望。如果你不能主宰自己的欲望，就最好远离那些外界给你带来的诱惑。但是对自己的主要欲望却要反复加强，一直追求下去，直至满足，只有这样，才能获得成功。

世尊告诉摩诃迦叶及各位大弟子说："好啊，好啊，迦叶善于演说如来佛的真实功德。确实如他所说，如来佛又有无量无边无数功德，你们即使经过无量亿劫也说不尽。迦叶！你应当知道，如来佛是诸法之王，他所说的教法，都不是虚妄。对于一切法门。都以智慧方便而演说，所说的教法都到达一切智地。如来佛观察知晓一切事物的归趣，也知道一切众生的深心所行，对此通达无碍。又于一切事物究竟明了，告示众生一切智慧。

迦叶！譬如三千大千世界的山川溪谷土地，所生花卉、树木、丛林及诸药草，有若干种类，名色各不相同。密云满布，普遍遮覆三千大千世界，一时降下雨来，其雨会普遍地把地上的草木、丛林以及药草等植物润泽，无论是草木之小的根、小的茎，小的枝、小的叶；不管是中的根、中的茎、中的枝、中的叶；或者是大的茎、大的枝、大的根、大的叶，都受雨水平等滋润而再生枝发叶。随着树木之大小，按照上中下的容量，依各类去领受大雨的滋润。一片密云所降下的雨，却能适应大小草木的需要，使草木得以生长，开花结果。虽然是同一土地所生，同一雨水所润，然而各类草木却各有不同。迦叶！你应当知道，如来佛也是这样，他出现于世，如大云生起，以大音声普遍施于世界上的天、人、阿修罗，如那大云普遍遮覆三千大千国土。于大众当中说这样的话：我是如来、应供、正遍知，明行足、善逝，世间解、无上士、调御丈夫、天人师、佛、世尊，还没得度的人使之得度，还没有得到解脱的人使之得到解脱，还没有安定的人使之安定，还没有涅槃的人使之得到涅槃。对于今世、后世都如实知晓。我是一切智者、一切见者、知道者、开道者、说道者，你们天神、人、阿修罗大众，都应当到这里来，其目的是为了听法。这时候，无数千万亿种众生，都来到佛那里倾听，听佛说法。此时的如来佛，视此众生各种根的利钝，精进或懈怠，随其能力，为他们说法，所

说的内容种类无量，都让他们欢喜，很快得到善利。这种种众生，听到这种教法以后，现世得安乐，后世得善报，以道理为快乐，也能够继续听闻佛法。听闻佛法以后，脱离各种障碍。在于诸法当中，任自己的能力所到达的程度，渐渐地入于佛道。就像那大云，给一切花卉、树木、丛林及各种药草下雨，随其草木之性质、种类而受雨水的润泽，各类得以生长。如来说法，是一相一味，即解脱相、离相、灭相，究竟得到一切种智。其中有的众生，听如来佛说法，而能够受持读诵，依所说的去修行，所得的功德很大，自己却感觉不出来。为什么呢？只有如来佛知道这众生具有的佛种，外相、内性、本体，知道众生在念什么，在想什么，在修什么，怎样念，怎样想，怎样修，主要在念什么，主要在想什么，主要在修什么，主要在思考何事而得到何种道理，众生所到所得之种种境地，这些事情，由佛陀的眼光看来，都能实在觉知，而彻底明了没有阻碍。就像那花卉、树木、丛林、各种药草等，自己都不知道上、中、下性，如来佛知道这种一相之味之法，即解脱相、离相、灭相，以及究竟涅槃、常寂灭相，最终归于空。佛陀既知此事，又观众生之内心所欲有了差异，将要好好保护引导众生。所以，不随便开始时就说佛陀的一切种智。迦叶！你们非常难得，能够知道如来佛是随顺机宜说法，能够相信能够接受。为什么呢？各位佛世尊，随顺机宜说法，难以理解难以知晓。"

这时候，佛世尊为了重新说明这个意思，而说如下偈颂：

已经打破有的法王，出现于世间，随顺众生的欲望，以种种方便法门说法。如来佛是尊贵慎重之人，他的智慧既深且远，成道以来四十余年，默然于此《法华》秘要，因为这要紧的事，不宜那么快速地说出来。有智慧的人假若听到佛说法，就能相信理解；无智慧的人听后，就会感到怀疑懊悔，会永远失去良机。因此，迦叶！佛是随顺众生的理解力为其说法，以种种因缘说法，是为了使他们马上得到正知正见。

迦叶！你应当知道，譬如大云，生起于世间，普遍遮覆一切，此云含有润泽功能，有电光在闪耀，有远处的雷声，使大众高兴。因为日光被掩蔽，地上清凉，大云渐渐地重重叠叠接近于地面，伸手可以承揽。其雨普遍平等地于四方降下,雨水的润泽是无量的,所有的土地均受充裕的滋润。无论是山川或者是危险的溪谷,幽深低洼的地方所生的灌木、乔木、药草、大山树木,其他的如百谷的苗、穗、甘蔗、葡萄等,均受大雨所润没有不丰足的。本来的干地一时普润,药草、林木也茂盛起来。由云所化的雨水只有一味,而草木树林却随其本质去受滋润。所有的树木,不管是大是中是小,均随其大小而各得生长。不论是根是茎,是枝是叶,是花是果,都受同一雨水所润,其光彩皆成鲜艳,其本体、其外相,其性质,虽然有其大小等差异,可是受滋润之事则同一,是随其大小去繁茂的。佛也是这样,他出现于世,就像大云普遍遮覆一切。既然出现于世,就为众生分别演说各种事物的实相。

伟大的圣人世尊于各位天神、人及一切大众中,这样说:我是如来佛,是两足尊,我出现于世间,就像大云一样,充分滋润一切枯槁众生,使他们脱离痛苦,得安稳之乐、世间之乐和涅槃乐。各位天神,人大众,要专心一意地仔细听,都应当到这里来拜见至高无上的尊者。我是世尊,没有人能赶得上的,为了使众生过安稳生活,才出现于世,为大众演说甘露净法。这种教法只有一味,即解脱涅槃,以一种妙音通畅地演说这种教义,往往是为大乘而作这种因缘。我平等地看待一切,不分彼此,没有爱憎之心。我没有贪著,也没有限止阻碍,永远为一切众生平等说法,就像为一个人说法一样,为众多人说法也是这样。我经常为众生说法,从来没有其他的事情,不管在什么场所,或去或来,或坐或立,都不会觉得疲倦厌烦,为使世人满足而说法的时候,就好像大雨在普遍润泽大地一样。不管是贵贱上下,也不管是持戒还是毁戒,也不管是威仪具足还是不具足,也不管是利根还是钝根,都平等地普降法雨,从来都不懈怠疲倦。一切众生,凡是听我说法者,都随其能力接受,安住于各种境地。或处于人、天,或处于转轮圣王,或是帝释天、梵天王等,这类果报就像是小小的药草。进一步了知无漏法,能够得到涅槃,生起六种神通,并得三明,独自一个安住于山林,常常修行禅定,证得缘觉,这是中等药草。有人欲求成为世尊的境地,立志说我将来要成佛,修行

精进、禅定,这是上等药草。而且,各位佛子专心于佛道,常行慈悲,自己知道要成佛,对此问题是肯定而无疑问的,这可喻为小树。还有一种人安住于神通,转不退转的法轮,度无量亿百千众生,这样的菩萨可以比喻为大树。随顺众生的根性,所接受的不同。佛平等演说,就如一味雨一样。像那草木所禀受各不相同,佛以此比喻为方便法门进行开示,以种种言辞,演说一种教法,对于佛的智慧,就像滴海水一样。我普降法雨,使之充满世间,佛说一味之法,众生随其能力去修行,就像那丛林、药草、各种树木,随其大小吸收雨水,逐渐生长茂盛。各种佛的教法,常以一味之法,使众生普遍得到满足,渐次修行,都得道果。声闻、缘觉,住于山林,持最后之身,听闻佛法而得道果,就如药草各得增长一样。假若各位菩萨,智慧坚固,通达三界事理,求最上乘,这种人就如小树受到雨水的滋润而得增长一样。又有一种人常修禅定,得神通力,听到各种事物都是空,心里非常高兴,放无数光芒,度脱各位众生。犹如大树受到雨的滋润而得增长。如此看来,迦叶!佛所说的教法,就像大云以一味之雨,滋润于人间之草,使之开花,各自结果。迦叶!你应当知道,以种种因缘、种种譬喻,开导训示佛道,所以我使用方便法门,各位佛也都是这样。今天我为你们说最真实的事,各位声闻大众都不是灭度,你们所修行的,是菩萨道,你们渐渐修学,将来都能成佛。

第六章　人生在成长中失落了童年的伊甸园

　　在这个世界上，我们对身边的许多事物都已经十分了解了。比如蒸汽机的运转方式，这属于力学和热力学知识。我们对人体结构及其功能也相当熟悉，这些是解剖学和生理学的研究对象。再比如说星球的运行，我们也了解了不少，这就属于天文学范畴。所有诸如此类有着明确定义的知识都属于某种具体的学科。

　　但是，所有这些知识又全都被未知的领域包围着。如果你越过边界，走入这个未知的领域，你就从科学转向了沉思，这种沉思活动是一种探索，其中就包含了哲学是什么这个问题。正如我们在后面将读到的那样，从这个意义上说，科学的各个领域无不发端于哲学探索。一旦某种科学有了牢固的基础，除了一些边缘问题和方法问题，它会在发展中不同程度地变得独立。但是换个角度看，探索的过程不会这样进行下去，它只是在不断地前进，从而找到新的研究内容。

　　我们必须把哲学和其他的沉思活动区别开来，哲学本身既不打算为我们解除烦恼，也不是为了拯救我们的灵魂。正如希腊人所说的那样，所谓哲学，也就是一种出于自身原因而进行的探险旅行。因此，原则上并不存在什么教条、礼仪或神圣的问题，尽管个别哲学家可能会拘泥于教条，变得越来越固执。对于未知的事物，实际上有两种态度：一是接受人们基于书本、神话或神灵启示所做的声明；二是自己亲自走出去看一看，而这种方法正是哲学和科学的方法。

　　最后，我们可能还注意到了哲学的一个特性。如果有人问我们什

么是数学,我们可以告诉他一个辞典上的定义,出于辩论的需要,我们可以说数学就是关于数的科学。这样说不仅可以避免非议,而且提问者也很容易理解,尽管他可能对数学一窍不通。用这种方式,我们可以给任何一个具体的学科下定义;但是,我们却不能这样定义哲学。对哲学所下的任何一个定义都会引起争议,因为它仅仅是某一种哲学态度的体现。要弄清哲学究竟是什么,唯一的途径就是去研究哲学,而本书的主要目的也就是揭示以前的人们是怎样研究哲学的。

人们常常会在心中产生很多问题,而这些问题又无法从科学领域找到答案,另外,那些有主见、善于独立思考的人也不甘心轻易相信预言家提供的现成答案。哲学要做的事情正是探索这些问题,有时甚至是解决这些问题。

因此,我们可以试着问自己几个这样的问题,比如,生活的意义是什么?如果真有的话;世界的存在是否有一个目的?历史究竟要向哪里发展?或者,以上问题是否毫无意义?

另外,还有这样几个问题,如自然界是否真的被规律支配着?或者我们是否因为愿意看到万物有一定的秩序,而认为本应如此?此外,还有一个普遍存在的疑问,那就是世界是否被分割成精神和物质这两个不同的部分?如果是,它们又是怎样发生联系的?

关于人类,我们又该做何评价呢?是否就像天文学家所说,人只是在一个渺小的星球上无助地爬行着的一些尘埃?或者像化学家所说的那样,人只是以某种奇妙的方式组合而成的一堆化合物?或者像哈姆雷特所认为的那样,人都有着高贵的理性和无限的潜能?也许,人同时具备了上述所有的特点?

同时,还存在着关于善与恶的伦理问题。是否可以说某种生活方式是善的,而另一种是恶的,或者无论采取哪种生活方式都无所谓?如果真的存在着一种善的生活方式,那么它是什么?我们是否可以从中有所收益?是否存在着一种我们可以称之为"智慧"的东西?或者是否所谓智慧只是虚妄和疯狂而已?

所有这些问题都让人感到迷惘。我们当然不能通过实验室的实验来解决这些问题，而有独立见解的人又不愿意苟同那些兜售灵丹妙药者的观点。

显然，并不是每个人都具备从事科学探索的能力，但也不可能在任何情况下都犹疑不决，人必须思考，也必须行动。不过，有一件事却是人人都能做到的，那就是允许别人自由决定是否对自己不愿意怀疑的问题做出判断。这也就顺便说明了公正的探索是与自由(可看做另一种善)相关的。在一个社会中，宽容是探索得以繁荣的一个先决条件。言论和思想的自由是自由社会的强大推动力，只有这样，探索者才有可能在真理的引领下漫游。从这个意义上说，每个人都能够对这一至关重要的善做出贡献。尽管这并不表示我们要对每一件事都持相同的看法，但它可以保证不会人为地封闭任何探索之路。对于人来说，未经审验的生活，确实是不值得过的。

人生在成长中失落了童年的伊甸园，这是一种比喻的说法，很多人认为人类在成长中也丢失了人类的伊甸园，用的也是比喻的说法，对于《圣经》中亚当和夏娃的故事，很多人认为不过是神话传说。

英国大诗人弥尔顿却认为那不是神话传说，他相信人类确实发生过一次严重的"失落"事件，这一事件的后果影响到人类的现状。要弄清今天人类生活不幸和苦难的根源，仍要回到《圣经》所记载的伊甸园故事，为了提醒大家一起来思考这个故事的重要意义，他写了英国文学史上最伟大的史诗——《失乐园》。

按照弥尔顿的信念，人是上帝创造的，上帝起初造的一切都"甚好"，那人为何堕落？罪到底从哪里来？这个世界为什么变成了这个样子？既然上帝是全能的，为什么不阻止人的堕落和罪的产生？亚当和夏娃一堕落，为什么整个人类都跟着堕落？

这正是弥尔顿在作品中试图解答的问题。

和意大利大诗人但丁从天主教、希腊神话、亚里士多德伦理学等多种途径获得写作依据不同,弥尔顿完全以《圣经》为根据,这正是宗教改革"唯独圣经"观对弥尔顿的重要影响。他主要是从《圣经》的《始世纪》、《以西结书》、《以赛亚书》、《启示录》中获得依据进行想象和发挥,把《圣经》诸多片断融合在一起,创造出一个多姿多彩的艺术世界,使深刻哲理变成优美形象。

弥尔顿认为人堕落有内因和外因之分,内因是主因,外因是次因。人堕落的内因是因人拥有自由意志,外因是魔鬼"撒旦"的诱惑。而魔鬼堕落前是天使长,天使长之堕落也是因为他有自由意志,罪不是上帝创造的,而是天使和人误用自由意志后产生的。

既然上帝赐下自由意志就有堕落的可能和危机,那为何上帝还要赐给人自由意志呢?

《失乐园》第三卷,弥尔顿写上帝论到人和天使堕落。

……

因此他和他背信弃义的子孙,谁的错?

谁,除了他自己?

没良心,他从我这取得的应有尽有,

我造的他正直,满可以站住,虽然要堕落也自由。

我创造天上的权能和精灵都这样,

不论他们站住还是跌倒,

全自由,站住的站住,跌倒的跌倒。

不自由,他们怎么能证明他们的真诚出于真正的忠顺、笃信和爱敬?

那可以只显得他们迫于形势,

并非心甘情愿。

这样的遵命我有何快慰,他们又怎能受赞美?

因为意志和理性——理性即抉择——备而不用,

两者都有损自由,

使两者都显得被动,这迎合了必然,

不是我。所以,他们就应有的权利说,

创造时已完备,不能振振有词,

非议造物主,或造成这样,赖命运,

似乎怨运数支配了意志,

而意志则又受绝对命令或是高远预知的支配。

是他们自个儿决定的叛乱,不是我:若是说我预知,

预知也左右不了他们的错误,

这错误不预知却同样证明是必然的。

"不自由,他们怎么能证明他们的真诚出于真正的忠顺、笃信和爱敬?"假如天使和人被造成不能反叛上帝或他们堕落前上帝干预,那上帝创造的就是机器人而不是有自由意志的万物灵长,因为没有自由意志就没有理性、道德的可能。最伟大的弥尔顿研究专家蒂里亚德就认为弥尔顿"深深关切的是自由意志的理论,他为使生活富有价值而关心这一理论",他对那种认为弥尔顿的神学已经过时的看法加以批评,认为弥尔顿对自由意志的强调恰恰可以给予人类命运搏斗的伟大信心,对人类的复兴寄予厚望的同时也对人性的幽暗加以警惕,这是弥尔顿的不朽意义所在。

和《神曲》相比,《失乐园》在形象凝铸上理念有余、圆润不足,但在内在理念上比前者更为纯粹、和谐。但丁一直在苦苦思索如何处理世俗情欲和神圣挚爱的关系,到最后试图把世俗情欲升华为伟大挚爱,在禁欲和纵欲之间摇摆不定,从《神曲·地狱篇》中但丁对保罗和弗兰齐斯嘉叔嫂爱情悲剧的矛盾态度就可看出来。而《失乐园》中认为人的堕落不在欲望本身,而在这种欲望受到罪的玷污,没有按神的旨意和理性引导正当运用。对于欲望,关键是"引"而非"禁"。和当时天主教的看法不同,弥尔顿前无古人地在《失乐园》写到了亚当和夏娃在乐园中的夫妻生活,特地指出那时候他们有夫妻性生活,性的欢乐也是上帝

赐予的，并非不洁。只是在罪进入乐园和人堕落后，亚当和夏娃开始利用对方的身体来满足自己的情欲，纯洁的性关系走向了自私自利的个人满足，两人在狂欢后再也没有了过去的感恩，而是第一次感到了空虚和内疚。欲望如果指向自我中心，那就成了罪；如果指向造物主，就是正当的欢悦，这同样说明了哪怕在欲望和情感方面，上帝还是给人自由意志来运用它们，又回到了他的预设前提：罪是对自由的误用。自由被误用后，人就失落了真自由，对人类来说，自由就成了一种传说，永远都找不到。难怪法国罗兰夫人在临刑前慨叹："自由，自由，多少人假汝而行！"

人类完全失落了真善美爱圣，现在人类所拥有的不过是真善美爱圣的碎片。这怎么可能？

其实，弥尔顿指的是人失落了本来合乎神圣标准的真善美爱圣，他认为上帝是真善美爱圣的本体，如果人所求索的真善美圣爱不是指向造物主而指向人自身，不以上帝为中心而以人类自我为中心，那么，真善美爱圣也会被自相残杀的人类切割成碎片，这些美好的东西就不再具有超验和普遍意义，反而沦落为人讨伐别人的借口。人类尽管有追求真善美爱圣的自由，但已不具有这样的能力，罪已成为人类最大的牵引力，使人在指向自我中心时不可能同时忠于真理本身。

有这样一个故事，说两个人到盛产某种海鱼的海湾捕鱼，根据罗盘的指示到了那片海域后，却怎么也捕不到鱼。他们感到很奇怪，检查后才发现在罗盘边放了一盏带磁铁的灯盏。罗盘固然有指示正确方向的自由，但已失去了这样的能力。弥尔顿认为人性受到罪的玷污后，就像这个罗盘周围放了磁铁，失去了行出合乎圣善的能力一样。

这正是人类不幸和苦难的总根源。

弥尔顿对此的考察可谓深刻，在《失乐园》中的探索确实称得上和现实关系密切，难怪有评论家说他眼睛虽然看不见了，但却学会了用心灵在看，看得反而比别人要深远和犀利得多。当然，清教精神也给他提供了思想弹跳的跳板。

结论如此悲观,岂不令人陷入失望和沮丧?

史诗中,亚当被迈克尔天使领到山顶预先看到人类历史中的血腥和惨烈,另外,迈克尔也让亚当看见了圣子耶稣基督的代赎,以自身为祭解决罪的问题,给了亚当新的希望和决心。所以,《失乐园》的结尾并不沮丧和绝望:

世界全摆在眼前,

选择去哪儿安身是好,神意是他们的向导。

我们手挽手,

以踯躅缓慢的步履穿过伊甸园走向孤寂的征途。

魂断伊甸,真理梦寻。

然而,承认失落恰是重寻的开始。承认真理不在我处,才是寻找真理应有的大谦卑。所有天人合一的梦想都带有伊甸曾在的正当性,不承认天人割裂偏又缺少了寻找真理的大谦卑,才真正可悲。在一个处处是谎言的世界上,真理成为"绝对的他者",自由开始于对自由匮乏的清醒认识。于是,怀着对真理的盼望,起来与谎言斗争。在斗争中,我盼望故我在,因为不管现状如何,真理曾在,真理还在,真理总在。

乐园在信心中重获。后来,弥尔顿写了《复乐园》来传达这一信念。他从耶稣拒绝魔鬼的诱惑中看到了真自由在于对真理甘心乐意的信奉与执行。真理原则和信心原则的重建对人类来说才是当务之急,而非政治革命。

我们总有意无意从社会革命角度来理解弥尔顿,实在是误解了他。

弥尔顿坎坷磨难的一生中有着永不磨灭的信念,在妻死目盲后怀着伟大信心吟咏出三大史诗,在庸俗污浊之风盛行的年代,不啻空谷足音、高山震雷。他总是坚持信心原则优于现实原则,认为只要奉行不倦,可以完全改变这个被现实原则控制的现实,开辟出按照信心原则生活的新领域,因为现实和现世无法蒸腾出真理和美善,那业已失落的必须回到起初失落处。

寻找起因于失落。我们一生都在寻找真善美爱圣,此外的一切目标不过是真善美爱圣的种种形式。人最大的自由就在遭遇真理时甘心成为奴仆,从那里重获永不失落的信心和希望。

一个人,在耶路撒冷做王,又是大名鼎鼎的大卫王的儿子,从小敬畏上帝,长大后,他试图离开上帝来寻找人生的意义。

于是,他遍寻美酒饮用,为自己造大工程,修造园圃,挖造水池,网罗天下美女,家中牛羊无数,金银财宝更不可胜数。然而,他悲哀地发现所有这些都不能满足他的内心。他也发现自己积攒的这一切,不过留给未曾劳碌的人罢了。他又去追求建功立业,躬行审判之职,刻苦己身,治理众人,但哪怕他手下统治的人再多,也照样有人不喜欢他,在他死后,他也知道这一切会转眼成空。人在世界上忙忙碌碌,照样心不满足。他转而追求智慧,但越追求,智慧越远,即使追求到一点点智慧,仍无法把握未来和时机,无法超越生死。

从这样的视角看,人生和世界充满了荒谬。在死亡来到之前,人去寻求那残存的智慧和快乐,在衰老之后这些快乐也很快逝去。

在日光之下找不到满足。最后,他转身回到原本所信的上帝面前,这才在敬畏上帝和谨守上帝诫命中得到了满足,找到了人生意义。

空虚实在是人生常态,每每夜深,在"无限空间的静默"中,人常常感到内心的空虚,感到无法满足的痛苦。

于是,人就欺骗自己说只要得到了自己想要的什么东西,就一定会满足。但得到之后呢?我们都有这样的体验,发现得到的新房总是小一点,刚买的新车总是差一点,刚爬上的新位置也总是低一点。

就是这一点点,使我们又投入新一轮追逐,我们总假设,再得到那一点点,我们肯定就可以满足了。

真这样吗?

一位睿智的老人家通过《传道书》告诉我们:不是这样的!

这位老人家可不是一般人物，而是以色列历史上赫赫有名的君王。刚当上国王时,他还能把人生所有的意义和满足小心翼翼放置在年幼时就信的上帝那边。可当王久了,娶了一个不信他所信的上帝的妻子,他自己的心就开始变野了。他公然离开了上帝,开始敬拜起他妻子供奉的神明来，供奉这些神明的唯一好处就是可以不受他们约束,自己想干什么就干什么。

他开始了一场轰轰烈烈的人生实验。他要离开上帝来寻找人生的快乐和真正的满足。

自由真是够吊诡的,在他想干什么就可以干什么的时候,他发现自己竟然一下子成了空虚的奴仆，他自由地陷入了不自由和不满足中。

他遍寻美酒,每次酣醉之后最痛苦的是还要醒来,面对生理和心理双重的不满足。而且,他也很快发现,他不是在喝酒,而是酒在喝他,酒瘾使他越来越欲罢不能。于是,他为自己造大工程,修造园囿,挖造水池,很快家里牛羊无数,木材无数,金银财宝无数。可这些对于一个要什么有什么的君王来说有什么意义呢?他从来没有体会过贫困的滋味,也就体会不到拥有财富的快乐。何况,人生在世,生不带来,死不带去,为自己积攒的这一切,不过留给未曾劳碌的人罢了。

怎么办?

那就搜寻美女,寻求情欲的满足吧。他有这样的权力,他喜欢谁就是谁,也有风流倜傥的文采和雅兴,然而,很快他又发现性一旦脱离了爱,不过成了单纯的刺激,一轮又一轮的刺激过后,陷入的是更大的空虚。他年轻时爱上书拉密女的那种单纯喜悦,那种专一真情,那种使他战栗的喜悦,反而再也没有了。

是不是这些太俗了?

他转而去追求建功立业,躬行审判之职,刻苦己身,治理众人。但统治的人再多,断的案件再多,也照样有人不喜欢他,讨厌他,他多么清楚,这一切所谓的功名,在他死后,会转眼成空,那些阿谀奉承他的

臣子们在他死后肯定会以同样的热情服侍新王。

他转而追求智慧,但越是追求,智慧离他越远。即使追求到一点点智慧,仍无法把握未来和时机,超越生死。时间恒常不息,他这一尾只能在时间之河中游泳的鱼,绝对无法跳出河堤的限制。

一切皆流,足以把所有意义都冲去,这多么可怕。

而更可怕的是死去。一想到死亡,所有求索都多么令人丧气。干脆放弃一切求索,转头去酌饮那残存的人生苦酒吧?人生难道真像痴人说梦充满了"喧哗与骚动"而毫无意义?人寻找满足的举动本身就是一种荒谬和无聊吗?

夜夜笙歌,酒宴散尽,无限空虚和苍凉,就是这位大名鼎鼎的以色列君王和哲人所罗门进行人生实验得到的结果。

英国小说家毛姆有很多作品也在探讨人生意义,在尝试所有形式的探索后,他诚实地承认人生是没有任何意义的。所有意义都不过是人自己给出的,充其量最伟大的活法也不过是人欺骗自己活下去的理由罢了。

深受毛姆影响的张爱玲也感慨地说:"细节往往是和美畅快、引人入胜的,而主题永远悲观。一切对于人生的笼统观察都指向虚无。世界各国的人都有类似的感觉,中国与众不同的地方是:这'虚空的虚空,一切都是虚空'的感觉总像是个新发现,并且就停留在这阶段。一个一个中国人看见花落水流,于是临风流泪,对月长吁,感到生命之短暂,但是他们就到这里为止,不往前想了。"

好在所罗门没有停在这里,还是继续往前想——

他发现了生在死面前的脆弱和无力,发现了世界的有限和空虚。然而,人力尽天心现,"众里寻他千百度,蓦然回首,那人却在灯火阑珊处"。于是,他借着这个优美的转身,看到了那位似乎缺席却未曾缺场的上帝。

这个世界的空虚是否仅仅证明了意义不在这个世界存在而在彼岸存在?人心的空虚是否也恰恰证明了在人心之外必有充盈的真理存

在?就像奥古斯丁向上帝祷告的那样:"因为你造我们是为了你,我们的心如不安息在你怀里,便不会安宁。"也像帕斯卡尔的格言说的那样:"人心深处有个空处,除了上帝自己,没有什么能够填满。"或者还是英国作家路易斯讲得最清楚——

人与生俱来的欲望都有随之而有的满足的方法。婴儿会饿,没关系,母亲有奶可以喂他。小鸭子会游水,没关系,到处有水塘、水池。人有性的需要,没关系,有两性存在。要是我们有一种欲望,这世界的万事万物都不能满足,最适当的解释,是人乃为另一个世界而造。要是世上的乐趣满足不了,并不等于说,这个宇宙只是个假象;很可能这世上一切的乐趣并非为满足此盼望而有,而只是用来唤起这盼望,让我们想到那"真正的东西"。如果我说的不错,我们一方面别小看地上已有的福气,心中常存感恩的心;另一方面不可以把这些误当成那永远的事物。须知地上的这一切只是那永恒事物的影子与回声。

哦,原来如此!此世事物充其量只能是"影子与回声",人心才会感受到一种"神圣的不满足感"。这正是人心的特质和人性的高贵。所以,路易斯说:"我尚未问谁是我所渴慕的,只是问什么是我们渴望的,就已足够让我凛然生畏。因为我由此了解,在孤独的最深之处,有一条路通往自我之外,与某一事物交往;这事物拒绝认同感官的任何对象、对我们的各种生物性和社会性的需要,以及我们的想象或心灵的任何状态,而宣称自己是客观存在。"

所以,所罗门转身与这样的"客观存在"相遇了,他才赶紧在《传道书》结尾十二章十三到十四节写下最后的结论:

这些事都已听见了。总意就是敬畏上帝,谨守他的诫命,这是人所当尽的本分。因为人所做的事,连一切隐藏的事,无论是善是恶,上帝都必审问。

对所罗门来说得出这一结论不是逃避,而是合情合理的探索。在他看来,如果人生是一条河,它是因和海有联系才能活。所有斩断这一联系的努力都只会使河泛滥成灾。但河的流动不息又恰恰给了河似乎

是流浪和空虚的宿命。可反过来说,这流浪和空虚岂不正印证了海的永恒与辽阔?在永恒和辽阔大海的呼唤中,河的流浪成为一种神圣的流浪,因为那是通往归宿的流浪。这不是对流浪自身的神化,而是对大海的崇敬。

他正是从这样的意义上反过来解释人生的空虚,从而像那真正的充实和神圣的真理表达敬意,因为这个世界毕竟是有什么,而不是没有什么。如果一切都是空虚的,那连空虚是否也是空虚的?空虚之为空虚,是为"空虚的空虚",岂不更妙不可言?

对万物空幻的探讨,一般公认佛教最为犀利、深刻。不过,佛教对空的探索重在"破",其批判锋芒直指人心的贪婪和固执。相传一位得道高僧临死前把毕生体悟的真理写下来,竟是一个字:"无"。日本导演山田洋次就把这个字写在自己的墓碑上。不管是带着喜悦还是悲哀的心情来看,"无"实在是提醒人不需要执著,也不必执著,好就是了,了就是好,一切追求"有"的努力都受到空前嘲弄,以无观有,有乃无之幻象罢了。

而所罗门的空虚感却来自于暂有与永有的比较,今世和永生的比照,经验和超验的对视,"日光之下"和"日光之上"的映衬。其探索重在"立",对空虚的觉悟恰成为人在自有永有者面前回转的机会。大赞美境界带来大否定情怀,没有对彼岸的信奉就没有对此岸的否定。

人世所有最庄严、最美丽的欢乐都指向某种"瞬间永恒",不管是煮茗畅谈、欢情良辰或醍醐灌顶。仿佛一道闪电劈开尘世,照亮某种庄严、沉醉、酣畅的境界,才使人如路易斯那样顿悟人生就应摆脱空虚和狭隘而投入更为宏阔的存在,那种存在比现世更真实、更瑰丽,那是只能凭信念登攀的天门,登临天门处,只能容心不能容物。

但在这个尘世所有瞬间的美丽不过是美丽的瞬间。所以才有"良辰美景奈何天,赏心乐事谁家院"(汤显祖《牡丹亭》)的悲叹,才有"流水落花春去也,天上人间"(李煜《浪淘沙》)的凄凉,才有"故国不堪回首月明中"(李煜《虞美人》)的怅惘。面对最终的虚无,落幕的刹那越发残酷,越发显出这个世界的荒凉和落寞,若没有那些欢乐倒还好。亮起的闪电使人看到了美丽,只不过告诉人刚才丢失的是什么。"早知如此,何必当初?"(《红楼梦》)可是,早知如此了,还会有那个当初吗。只是一次次甘愿被骗罢了。还虚构出什么人生的意义就在过程中,编造出"不在乎天长地久,只在乎曾经拥有"的理由。活在此刻,活在此时。于是,没有了结果和未来,没有了过去和记忆,只有现时现在,只有欲望。欲望的特点就是指向现时现在的满足,体验沉醉和体验欢乐就成为口号。于是就只剩下空虚,而这空虚就是"生命中不能承受之轻"。欲望是死亡的尖刀,切割思想。欲望使人只能在肉体疲倦后思想,但思想抵消思想。

还有没有瞬间开启直达永恒的庄严?

空虚!

空虚?

空虚不也是空虚?!

因此,所罗门的转身回眸才那么意味深长,尽管对很多人来说这一转身过于突然。

有两种作家,一种作家在自我中发现人类,比如歌德;另一种作家在人类中发现自我,比如陀思妥耶夫斯基。

泰戈尔属于前者。

他在自我中发现了"一",这个"一"是他心中的上帝。此上帝,可说是印度文化传统中的"梵",但又带有基督教上帝的某些特征。和《吉檀迦利》写于同一时期的《人生的亲证》,比较深入浅出地总结了泰戈尔的人生哲学,他在此书中有数次提到了"梵"和《圣经》中的上帝观在某些方面最深刻的联系。而从《吉檀迦利》来看,我们也看到诗人心目中的上帝是一位人格神,和衣衫褴褛的人同在,热爱劳作,又无比温柔慈悲,最大限度尊重人的自由意志,且赐给人永生。这和"梵"已有所不同,倒是跟耶稣基督在精神上很接近。

当然,泰戈尔并没有刻意区分,毋宁说他一直在追求和西方文化的"调和",否则他也不会把自己的"献诗"从孟加拉文译成英文《吉檀迦利》。

他追求这种调和的目的之一大概是为了向西方介绍东方,最深层的目的则是要克服人生的割裂,使人生在"多"对"一"的证悟中走向圆满,或者悟出自己已经处于圆满中。最高神对他的人生观来说是必要的,人生的意义就在于追求与最高神的合一。

所以,恶是暂时的、相对的,善才是永恒的、绝对的。痛苦是一种现象,而欢喜才是本质。"喜"不单单是人生的本质,也是宇宙最高神的本质,宇宙中的万事万物都不可遏制地趋向喜,追求喜,流露喜和表达喜。

人生就是追随喜,从而摆脱空虚和忧虑。

《吉檀迦利》第二十一首说得好:

我必须撑出我的船去。时光都在岸边捱延消磨了——不堪的我呵!

春天把花开过就告别了。如今落红遍地,我却等待而又流连。

潮声渐喧,河岸的荫滩上黄叶飘落。

你凝望着的是何等的空虚!你不觉得有一阵惊喜和对岸遥远的歌声从天空中一同飘来吗?

请注意诗中的"惊喜"一词。泰戈尔表达了一种与很多人不一样的宗教观。很多人认为禁欲是苦,纵欲是乐,但泰戈尔认为纵欲恰恰是情欲在追求自己本质上根本不需要的东西,人最重要的不是占有,不是征服,也不是掠夺,而是内心至喜的体验和获得最高的宁静。至喜和宁静的获得,恰恰是在对神的膜拜和追随中,这种膜拜和追随,是摆脱了暂时,追求永远,摆脱了生命中本来就不该有的,追求生命本真的奥秘。试问,还有比这更美好的事吗?一个人哪怕占有了全世界,却失去了内心证悟神圣的机会和能力,还有比这更可惜的吗?

《吉檀迦利》第三十一首,就写到了人生中不断占有的悲剧:

"囚人，告诉我，谁把你捆起来的？"

"是我的主人，"囚人说，"我以为我的财富与权力胜过世界上一切的人，我把我的国王的钱财聚敛在自己的宝库里。我昏困不过，睡在我主的床上，一觉醒来，我发现我在自己的宝库里做了囚人。"

"囚人，告诉我，是谁铸的这条坚牢的锁链？"

"是我，"囚人说，"是我自己用心铸造的。我以为我的无敌的权力会征服世界，使我有无碍的自由。我日夜用烈火重锤打造了这条铁链。等到工作完成，铁链坚牢完善，我发现这铁链把我捆住了。"

在《人生的亲证》中，泰戈尔甚至引用耶稣基督的话来告诫人不可贪图财富而丧失了追随上帝、进入天国的机会。当然，说"追随上帝"还是不准确的，泰戈尔认为上帝无处不在，他在随时走向人，因此人应该谦卑地迎候他的到来：

你没有听见他静悄的脚步吗？他正在走来，走来，一直不停地走来。

每一个时间，每一个年代，每日每夜，他总在走来，走来，一直不停地走来。

在许多不同的心情里，我唱过许多歌曲，但在这些歌调里，我总在宣告说："他正在走来，走来，一直不停地走来。"

四月芬芳的晴天里，他从林径中走来，走来，一直不停地走来。

七月阴暗的雨夜中，他坐着隆隆的云辇，前来，前来，一直不停地前来。

愁闷相继之中，是他的脚步踏在我的心上，是他的双脚的黄金般的接触，使我的快乐发出光辉。他来了，就会在"流逝的时光中"，盖上"永生的印记"。在泰戈尔看来，这"永生的印记"是"爱"：

只要我一息尚存，我就称你为我的一切。

只要我一诚不灭，我就感觉到你在我的四围，任何事情，我都来请教你，任何时候都把我的爱献上给你。

只要我一息尚存，我就永把你藏匿起来。

只要把我和你的旨意锁在一起的脚镣还留着一小段,你的意旨就在我的生命中实现——这脚镣就是你的爱。在爱中"我"与"你",与最高神合一,就像爱中男女追求的合一,而又超越这合一,达到至极快乐:

只因你的快乐是这样地充满了我的心。只因你曾这样地俯就我。呵,你这诸天之王,假如没有我,你还爱谁呢?

你使我做了你这一切财富的共享者。在我心里你的欢乐不住地遨游。在我生命中你的意志永远实现。

因此,你这万王之王曾把自己修饰了来赢取我的心。因此你的爱也消融在你情人的爱里,在那里,你又以我俩完全合一的形象显现。

于是,我外无神,神外无我,神人合一,圆满快乐。这不是从情欲发出来的快乐,而是一种本原意义上的欢乐,一种"原乐",诚如第七十三首所写:

在断念屏欲之中,我不需要拯救。在万千欢愉的约束里我感到了自由的拥抱。

你不断地在我的瓦罐里满满地斟上不同颜色不同芬芳的新酒。

我的世界,将以你的火焰点上他的万盏不同的明灯,安放在你庙宇的坛前。

不,我永不会关上我感觉的门户。视、听、触的快乐会含带着你的快乐。

是的,我的一切幻想会燃烧成快乐的光明,我的一切愿望将结成爱的果实。

这正是人生的终极关怀,也是人生的高峰体验。男欢女爱表明人需要人与人的对交性关系,神人合一的极乐则更表明人需要人与神的对交性关系。与神合一的我是"大我",与神隔绝的我是"小我"。人最大的责任是要摆脱"小我"走向"大我",人生的旅程就是这样的旅程,《吉檀迦利》最末一篇卒章显志:

在我向你合十膜拜之中,我的上帝,让我一切的感知都舒展在你的脚下,接触这个世界。

像七月的湿云,带着未落的雨点沉沉下垂,在我向你合十膜拜之中,让我的全副心灵在你的门前俯伏。

让我所有的诗歌,聚集起不同的调子,在我向你合十膜拜之中,成为一股洪流,倾注入静寂的大海。

像一群思乡的鹤鸟,日夜飞向他们的山巢,在我向你合十膜拜之中,让我全部的生命,启程回到它永久的家乡。

永生的恩典滴落在人生的空杯中,在不断地倾注中,最高神俯身下倾,满怀慈悲;在不断地迎接中,诗人自身获得新生,开始称颂、感恩和祈祷:

就是这股生命的泉水,日夜流穿我的血管,也流穿过世界,又应节地跳舞。

就是这同一的生命,从大地的尘土里快乐地伸放出无数片的芳草,迸发出繁花密叶的波纹。

就是这同一的生命,在潮汐里摇动着生和死的大海的摇篮。

我觉得我的四肢因受着生命世界的爱抚而光荣。我的骄傲,是因为时代的脉搏,此刻在我血液中跳动。周围的一切人、事、物都因有了与神关系的建立而开始了一种新关系:

你使不相识的朋友认识了我。你在别人家里给我准备了座位。你缩短了距离,你把生人变成弟兄。

在我必须离开故居的时候,我心里不安;我忘了是旧人迁入新居,而且你也住在那里。

通过生和死,今生或来世,无论你带领我到哪里,都是你,仍是你,我的无穷生命中的唯一伴侣,永远用欢乐的系练,把我的心和陌生的人联系在一起。

人一认识了你,世上就没有陌生的人,也没有了紧闭的门户。呵,请允许我的祈求,使我在与众生游戏之中,永不失去和你单独接触的福祉。

泰戈尔把东方智慧和西方哲理熔铸在一起，印度古老的文化传统和某种现代人的眼光糅合在一起，把人生从社会狭小的笼子里解放出来，放在天地万物的神秘氛围中。

《人生的亲证》中，他曾谈到有一次和一位船夫同船，同时看到一条大鱼跃起，那位船夫看到的不过是一条未能捉到的大鱼，而泰戈尔却看到了整个宇宙生命的律动和"梵我合一"的深情，超越了狭小的占有欲，对生命有了进一步"证悟"。

人生在不断"证晤"中走向圆满，而证晤的过程就是做减法的过程，所谓"为道日损"，就是把自己放在宇宙这一深海中，不再占有，而是交托。

人是在宇宙梵神的海中游动的鱼，冷暖自知，畅游不息。对万物不止息的占有欲，就是割裂了梵我的关系，割裂了万物与我的关系，把自己割裂出来，通过征服和占有证明自己的存在，恰恰会失去真我的存在，就像鱼跳出了大海，失去了生存的根基，是何等愚蠢。

泰戈尔通过《吉檀迦利》提醒人们，祈祷的情怀，终极的沉思，向神的追求，不是人生的例外，而是生命的本真。他笔下的生命是宗教性的，而宗教性人生才是完满人生，否则，人不过是一尾跳出水中的鱼。

泰戈尔特别钦佩耶稣的话"温柔的人有福了，因为他们必承受地土"。耶稣说到的"温柔"是指人拥抱真理时的信心、谦卑和忍耐，他指的不是这种品格使人能承受地土，而是上帝会使他们承受地土，因此相信的人就会与人无争、与世无争，表现出温柔的特质，而后将会经历到上帝的信实，使他们承受神国。不过，泰戈尔对此进行了"别有用心"的误解，这使得他有时候很像在自说白话。鲁迅就不太赏识他，说想到他就想起一大瓶好香水，这位诗哲文采斐然但不太深刻。泰戈尔解释耶稣的话说：

耶稣宣告的真理是：当人类能摆脱自我的傲慢时，他才能真正承受一切，他无需再为自己在世界上的地位而去争夺，依靠他灵魂的永恒权利，他处处都是安全的。自我的傲慢妨碍了灵魂通过世界与世神的完满集合而亲证灵魂本身固有的机能。

泰戈尔是多么相信这一灵魂"固有的机能",使整个《吉檀迦利》成为103首欢乐的歌吟和祈祷的颂诗,组成一曲宇宙极乐的合唱。尽管他的相信过于轻信,开出的禁欲和节制药方也并不新鲜,但《吉檀迦利》的诗艺魅力仍无可替代。《吉檀迦利》首先是献给神的祈祷,是一种极为美丽的敞开,而敞开的过程也是证悟过程,新颖别致,为人生意义的获得提供了新维度,把人从社会放到了宇宙中,这些清新优美的诗歌带着森林的花香和恒河的潮润,使人诗意地在大地上栖居。

我证悟故我在。

一个人,读了《圣经》,知道自己的家乡将要毁灭,自己也要灭亡,他劝家人跟他一起寻找救恩,家人不听。后来,他遇见一位传道人,告诉他一定要到远处的天城和亮光处才可得救。于是,他踏上了这条天路。

他经过"绝望潭",进入窄门,听"晓谕"揭示真理,仰望十字架脱下重负,大战魔王亚坡伦,喜遇"守信"结良伴,结果在"名利场"好友被杀死。他还经过了"疑惑寨"和"迷魂地"等,见到了形形色色的人众,有的帮助他往前走,有的诱惑他往回去,有的打击、拦阻他。最终,他进入了天城。

另一个人,是前边那个人的妻子,她听说了丈夫的英勇事迹,也带着孩子和邻居,一起进入窄门,踏上天路,后来也到了天城。

1950年,美国各大学出版社联合做了一项问卷调查,《天路历程》被选为最乏味的经典。第二名是《白鲸》,前十名还包括《失乐园》、《堂吉诃德》和《浮士德》等。这里暴露的当然不是《天路历程》的问题,而是当代读者的问题。

当代读者怎么了,怎么读不懂《天路历程》了?

被誉为"讲道王子"的英国布道家司布真一生读《天路历程》不下一百遍,除了《圣经》外这是他一生最钟爱的书。

为什么他能读得懂？

司布真早在15岁那年就开始特别关注怎样才能得救的问题。他相信造物主的存在，他也知道自己有罪，可自己的罪怎样才能得到赦免？有一次，看似偶然，他因风雪所阻，在一个陌生的小教堂听一个平信徒讲"地极的人都当仰望我，就必得救，因为我是神，再没有别神"（《圣经·以赛亚书》45:22）这一节经文，司布真听后一下子从恐惧和沮丧中解脱出来。他回忆说："我立刻看见了救恩之路。我不知道他还说了些什么——我不再留意他的话了——我的心完全被那一个思想所占据……我曾经等候去做许多事情，但就在那时，我听到了那个词——'仰望'！对我来说是多么迷人的词汇啊！哦，我一直在仰望，直到我的眼睛快看不清了为止。就在那一刻，乌云散去，黑暗消退，我看见了太阳；就在那一瞬间，我站起来，和他们当中最热情的人一起歌唱，赞美基督的宝血，赞美唯独仰望基督的单纯信心。"

正因为有这样的灵阶经历，他当然特别能读懂《天路历程》中基督徒因着仰望十字架而重担脱落的情节：

他就这样跑着，一直跑到一个山坡上，山坡上面矗立着一个十字架，稍低的地方，有一座坟墓。于是，我在梦中看见，就在基督徒到达十字架前的一刹那，他的重负从他的肩上松开，从他的背上一点点地卸下，慢慢地坠入那坟墓的裂口中，然后继续沉下去，直到在我的视野中消失。

基督徒感到从未有过的高兴和轻快，他心情舒畅地说："主啊，你用自己的痛苦换来了我的安息，你用自己的死亡换来了我的新生。"说罢，他仍然在那儿站了一会儿，仰望十字架，惊愕不已；因为对他来说，一看见十字架就释放了他的重负，实在是一件非常奇妙的事情。因此，他在那里看了又看，不禁泪如泉涌，泪水顺着他的面颊滚滚流淌。

罪得赦免这样的事对于司布真、基督徒主人公乃至班扬都是人生中最为重要的事，他们相信在今生之后还有永恒的天国或地狱，一个罪没有得到赦免的人，死后会进入那永恒的劫难。

这种对人生的看法是今天的读者难以理解的。启蒙运动后,信奉科学主义的人们认定不能证实的就不存在,因此一笔勾销了先人关于灵魂和永生的思考,把上帝也驱逐出了这个世界。其实,这样的理论本身从没被证实过。唯物论假设人死如灯灭,认定死后没有永生,这也是一种信仰,因为死后的情况活人不知道,认定一死百了,也不过是相信如此。

作为基督徒,班扬则相信人是上帝创造的,人死后还有灵魂,有天国也有地狱。这正是他的信仰情怀,他固然一方面会去思考人在社会上怎样立身处世,但更重要的是在关注世界的罪恶和人性的幽暗,人怎样才能得到心灵安宁,怎样使人生的罪孽得到救赎。彼岸世界和此岸世界的张力而不是阶级与阶级之间的矛盾斗争才是他写作的题旨所在,为心灵的痛苦寻找药方而不是要在地上建立乌托邦才是他求索的目标。班扬并不认为人的本质属性就是人的社会性,而是先强调人的宗教性。他认为一个人最重要的是和造物主的关系,和彼岸世界的关系,所以,他所写的人,基本上不是我们所关注的社会意义层面上的人,而是宗教和信仰意义层面上的人。《天路历程》关注的是在这个罪恶和堕落的世界上,人到底怎样才能得到拯救。

班扬曾因自由传道在监狱中前后待过12年之久,这期间他唯一能读的书就是《圣经》,而《圣经》也就成为这位受教育不多的平民百姓作家三十多本著作的灵感源泉,监狱成为这位清教徒追求灵修"归正"、接受信仰考验的场所。

《天路历程》依据《圣经》对救赎做出了深入思考,正式把信仰之旅设计成一场斗争与考验之旅。

和《神曲》一样,班扬和但丁都认为世界业已沉沦,人性业已迷失,因此必须依靠来自神圣至高者的赎救方可找到出路。然而,但丁只认为人的欲望堕落了,并不认为人的理性也一起堕落了,因此他还安排了维吉尔代表理性来引导自己走向救赎,他也在地狱中刻画了各种各样违背理性者遭受到悲惨刑罚。班扬则认为人的理性也已受到罪的玷

污,不足以引人走向天国和永生。

所以,当天路客基督徒刚刚离开家乡"毁灭城"和"绝望潭",马上遇到了Mrwordly wiseman(世智先生),他极力劝说基督徒要得到救赎解除身上的重担必须去找Morality(德行村)的Mr.Legality(合法先生)。结果,基督徒听从了他的劝告,转而离开窄路走向坦途,谁知半路遇见一座山,这座山几乎整个要倒下来压在基督徒头上。基督徒才知道自己走错了路。这时候,EVangelist(传道人)走过来救了基督徒。他告诉基督徒世智先生和合法先生不过是这个世界的人本知识和世俗德行,会引诱人偏离十字架和上帝的救赎,人靠着自己的理性得救这样的异端,是对《圣经》神圣代赎观的篡改。

在这里,班扬小心翼翼地区分了Legality(合法)和Legitimacy(正当)。对救赎来说,必须是从上而下来自于上帝的救赎,所以关于神圣救赎的知识是Legitimacy(正当),而根据人本身的德行和理性进行的自我拯救知识是Legality(合法),合法≠正当,前者属于人本主义,后者属于神本启示。

这一观念来自《圣经》。基督教的使徒保罗说:"犹太人是要神迹,希腊人是求智慧,我们却是传承十字架的基督。在犹太人为绊脚石,在外邦人为愚拙,但在那蒙召的,无论是犹太人、希腊人,基督总为上帝的能力、上帝的智慧。因上帝的愚拙总比人智慧,上帝的软弱总比人强壮。"(《圣经·哥林多前书》1:22—25)

这也正是舍斯托夫终其一生都呼吁的:《圣经》中那条蛇并不像大哲学家黑格尔说的没有骗人,理性和自明决不能引人走向信仰,相反,理性和自明只会使人越来越昧于生存真相而被理性高山压垮;真信仰来自于神圣启示而非人的理性。

班扬比但丁更有洞见,他一上来就让基督徒受到这方面的诱惑和考验,后来却在传道人的指示和帮助下继续走下去。班扬通过《圣经》敏锐地发现了希腊理性精神和希伯来信仰精神的巨大鸿沟和分野,其间根本没有调和余地,硬要调和不能两全反而两伤,就像把中餐和西餐硬要合在一起,只会弄得不伦不类。

那在班扬看来,怎样才能得救?

他根据《圣经》设计了基督徒遇见十字架后肩上重负脱落滚到坟墓的场景,以此表明《圣经》里圣子为人类代赎,人信而得救的观念。

既然人的得救和人的善行、品德、理性无关,人岂不可以蔑视善行、品德和理性?人岂不会走向放纵、堕落、反智却仍认为是一个得救的人?班扬的《天路历程》非常精辟地解答了这一难题。他通过基督徒和其后第二部他的妻子及全家的"天路历程",来说明一个人在天路上要不断确信他已被拯救,已得到救赎,已在爱中。他需要的恰恰不是对自己的救赎茫然无知,因此要拼命行善来证明他有了得救证据,德国思想家马克斯·韦伯就这样误解了新教的入世精神。清教徒的入世是相信自己业已得救,已得到圣爱,所以更要珍惜这份救赎和这份挚爱,才在整个行程中勇往直前,直到最后彻底胜利,照着起初所信的得到成全。对彼岸世界的关注和信心恰恰加强而不是削弱了在此岸行动的力量。

《天路历程》第一部塑造的那个不屈不挠、奔走天路的天路客形象,成为整个人类不断求索的象征,给人极大鼓舞,也成为《圣经》天路异象最为生动鲜明的体现,是世界文学中崇高的人物形象。这个天路客一路上遇到许许多多艰难险阻,但在读他的所作所为、所说所思时却给人异常温暖和明亮感,没有《神曲·地狱篇》那种森严和冷峻之感。尤其是第二部,女基督徒和她的孩子们,还有很软弱和迟疑的伙伴们也都走完了全程。这正是班扬的用心所在:他主要不是把天路写成求索之旅而是信心之旅。固然处处险恶,但时时有上帝的神圣护佑,只要人有信心就会经历到爱而不被恶所胜,恶不过成为考验善和爱之纯否的工具。班扬高度重视《圣经》作为神圣启示对天路客行程的重要意义。只要天路客相信并重视《圣经》的话,他的旅程就会得胜;若是他怀疑乃至丢失了随身携带的经卷,很快就会被打败。

《圣经》提供的统一性和神圣性,给天路客,也给清教徒带来了生

活观的统一和内心生活的和谐。统一的生活观和和谐的内心生活,是一个民族创造力的源泉。如果一个民族丧失了统一性和内心的和谐,也就丧失了创造力和自信心,对一个民族来说,没有比这更可怕的事。

《天路历程》中有关"名利场"的描写早就是世界文学中著名的譬喻。文艺复兴时期成熟的功利原则在那个时代已成为世界公认的"现代性"法则,岂不令班扬这一类清教徒忧心忡忡?但班扬笔下的天路客已完全不是莎士比亚笔下的哈姆雷特了,同样面对世界的堕落和功利法则的猖狂,班扬没有让基督徒天路客在价值判断上犹豫延宕,而是彻底否定了名利场的价值原则,在好友被处死后,基督徒毅然前行。

如果说天路客所面对的形形色色诱惑也是我们人性中随时可能碰到的,那么,班扬的重点还是相信依靠神圣原则能够战胜试探和抵挡诱惑,人类仍可冲破罗网而继续前行。

因此,《天路历程》是关于人生的最深刻譬喻中的一种,"名利场"章节则是关于世界的譬喻中最深刻的一个:人生是一场旅途,时刻要忘记背后,努力向前,向着前方直跑,而世界是巨大名利场,在一切都可交换的法则面前,唯有伟大的信念才可以帮助人抵制世界的诱惑,向着神圣目标前进。"日暮乡关何处是?烟波江上使人愁。"若看清世界非吾家,人的迷惘会否少一些?对于班扬的主人公来说,是这样。

在一个世俗时代仰望神圣,但愿不只是怀旧。

目前,国人正在讨论民族精神的重建问题,若没有对精神领空中那些神圣价值的仰望和守望,这种谈论没有任何意义。这正是班扬给我们的启发。

一个人,是个先知,在阿法利斯城修道12年,第12年九月初七,他见到了故乡的船驰来迎接他回乡。他对这个城市恋恋不舍,很多人挽留他,他和众人走到圣殿前的广场,一位女先知米切尔从圣殿出来催他上路,但请求他在离去之前,赐给众人真理。

于是,他就向众人讲了关于爱、婚姻、子女、施舍、饮食、工作、悲欢、房屋、衣服、买卖、罪与罚、法律、自由、理性与激情、痛苦、自知、教学、友谊、言谈、时间、善恶、祈祷、欢乐、美、宗教和死亡等26个题目。

讲完后已是晚上，他上了船，船带着他向东方而去。

在黎巴嫩大诗人纪伯伦看来，西方人把上帝等同于宇宙本原，通过头脑来寻找上帝，无疑是缘木求鱼。他认为上帝不可以通过头脑来寻找，要通过心灵。从心灵出发，去寻找上帝，会发现这位上帝是一位在陶造万物的陶匠——这是《圣经》中的比喻。他还常把上帝比拟为射手，或者是至高无上的诗人和最高的爱。

为什么一定要寻找上帝？

人类的一切若止于人间便毫无价值。

但找到最后，他忽然发现"我们就是上帝"，"上帝是长了翅膀的我们"。他肯定了人里头的神性，而否定了神。我们崇拜自己，这是人类的智慧之路。智慧是心灵在镜中看到的自己的形象，诗歌是对这一形象的吟唱。

探索很精彩，不管是过程还是结论。西方哲学家们试图用理性来证明上帝的存在，力求用理性推导出一位合乎理性的上帝，其实等于说"上帝死了"。最伟大的那类哲学家，包括笛卡尔、斯宾诺莎、康德和黑格尔，就用体系驱逐了上帝。

纪伯伦看得很准。

东方式智慧一上来就不屑于这种推演和论证，它要向内挖掘而不是向外搜寻，它要肯定生命而不是否定生命。它看不起二元对立和对象式思维，认为这是割裂。于是，它的智慧就在自身发现了上帝。

然而，这种经验的、直觉的上帝，依然和那位"绝对超验的他者"无关。这是在用另一种方式说"上帝死了"。

纪伯伦的精彩毕竟还是一种人间的精彩。

这是人间的大智慧。

反抗理性，在生活中是疯癫，在诗歌中却是创造。纪伯伦推崇尼采，他把尼采生活中的疯癫化为诗歌中的创造。

他的《先知》继承了尼采衣钵,诞生了。

这一年是1923年。

谁都有过自己的青春岁月吧?那时,我把《先知》中关于"爱"的词句抄给一个女孩,不知是为诗疯狂、为智慧疯狂还是为爱疯狂:

溶化了你自己,像溪流般对清夜吟唱着歌曲。

要知道过度温存的痛苦。

让你对于爱的了解毁伤了你自己;而且甘愿地喜乐地流血。

清晨醒起,以喜飏的心来致谢这爱的又一日;

日中静息,默念爱的浓欢;

晚潮退时,感谢地回家;

然后在睡时祈祷,因为有被爱者在你心中,有赞美之歌在你的唇上。

尤其是"浓欢"这样的词,冰心的翻译太美了,让人忍不住要读出来,忍不住掩卷深思下去,对着晚霞,那美丽到一生一世只有一个傍晚才能够看见的晚霞。

当然,也惊喜于纪伯伦对美的描述:

美不是一种需要,只是一种欢乐。

她不是干渴的口,也不是伸出的空虚的手。

却是发焰的心,陶醉的灵魂。

她不是那你能看见的形象,能听到的歌声。

却是你虽闭目时也能看见的形象,虽掩耳时也能听见的歌声。

她不是犁痕下树皮中的液汁,也不是结系在兽爪间的禽鸟。

她是一座永远开花的花园,一群永远飞翔的天使。

阿法利斯的民众呵,在生命揭露圣洁的面容的时候的美,就是生命。

但你就是生命,你也是面纱。

美是永生揽镜自照。

但你就是永生,你也是镜子。

还有后来我常常引用的这位先知论工作的话:

工作是眼能看见的爱。

倘若你不是欢乐地而是厌恶地工作,那还不如撇下工作,坐在大殿的门边,去乞那些欢乐地工作的人的周济。

倘若你无精打采地烤着面包,你烤成的面包是苦的,只能救半个人的饥饿。

你若是怨望地压榨葡萄酒,你的怨望,在酒里滴下了毒液。

倘若你像天使一般地唱,却不爱唱,你就把人们能听到白日和黑夜的声音的耳朵都塞住了。

青春已逝,《先知》仍在。

这一回,又重新就不同译本把《先知》看了几遍,读给朋友听。不知为什么,这次发现还是"论饮食"、"论自知"和"论宗教"这三篇最美,最深刻。

"论饮食"听来犹如神启:

既然你们必须杀生为食,且从新生的动物口中,夺他的母乳来止渴,那就让它成为一个敬神的礼节吧;

让你的肴馔摆在祭坛上,那是丛林中和原野上的纯洁清白的物品,为更纯洁清白的人们而牺牲的。

在秋天,你在果园里摘葡萄榨酒的时候,心里说:"我也是一座葡萄园,我的果实也要摘下榨酒,和新酒一般,我也要被收存在永生的杯里。"

在冬日,当你斟酒的时候,你的心要对每一杯酒歌唱;让那曲成为一首纪念秋天和葡萄园以及榨酒之歌。

"论自知"片断又如天光片羽:

你心灵隐秘的涌泉,必须升溢,吟唱着奔向大海;

你无穷深处的宝藏,必须在你目前呈现。

但不要用称来衡量你未知的珍宝；

也不要用杖竿和响带去探测你知识的浅深。

因为自我乃是一个无边的海。

不要说我找到了真理,只要说我找到了一条真理。

不要说我找到了灵魂的道路,只要说我遇见了灵魂在我的道路上行走。

因为灵魂在一切道路上行走。

灵魂不止在一条道路上走,也不是芦草似的生长。

灵魂像一朵千瓣的莲花,自己开放着。

"论宗教"片断则充满睿智：

你的日常生活是你的殿堂,你的宗教。

你每次进入,带上你的一切。

带上你的犁耙和熔炉,球棍鲁特琴,那些你为需求或娱乐而造的器具。

如果你要认识上帝,那就别做解谜的人。

不如举目四望,你会看到他在和你的孩子玩耍。

还要瞭望太空,你会看到他在云端行走,在闪电中张臂,在大雨中降临。

你会看见他在花中微笑,再到树上挥手。

之所以不惮其烦,抄录了这么多《先知》文字,是想让大家自己朗读,来领略一番纪伯伦诗歌的韵味。

好诗需要亲自去读。

我不太承认有散文诗这种文体,纪伯伦这些文字比多少自称为"纯诗"的诗还要有诗意得多,岂能定义为"散文诗"？

一边读,也发现这种"人神"式狂欢智慧骨子里已无法激起青春岁月的狂喜和崇拜了。也许见到太多这样的鼓动,几乎怀疑它是不是蛊惑。这些优美哲思说起来、听起来很有"先知"味道,但不过是美妙感悟罢了,这些感悟对于庄严而美丽的生存,对于幽暗的人性本相,对于生活中无边无际的苦痛,似乎还是缺少介入和深思。

一边读,一边问:"是的,说得很好,可怎样做呢?"

我可没说穆斯塔法是假先知,而是怀疑这种答案式人生哲思的方式,抽离了说话者本人的探索,给人的感觉是面对一个高高在上的夫子,伟大而遥远。

有两类作家,一类作家生来要当别人的教师,另一类则生来是探索者。我情愿和后一类在人生沼泽中一起探索去寻找那生命的湖,而不是背着现成的答案包袱活在自我欺骗式的喜悦中。

内向挖掘的智慧设计固然美好,可神化自我的结果,只能使人生进入僵化而非敞开,可能性被窒息的人生也扼杀了人对交性生存实际。

老子说:"大道废,有仁义;智慧出,有大伪。"

然而,智慧仍是需要的,人类自身的先知精神也不可磨灭,这是搭建在溪涧上的小桥,固然不能连接天堑,但谁说不是度了一程走到对岸呢?

学者钱满素如此概括纪伯伦的人生哲学:

纪伯伦歌颂积极而有朝气的人生:无私地奉献,快乐地获取,就像花和蜂那样彼此给予和接受。纪伯伦最高的理想是爱和美,"爱情无往而不胜",爱和爱的欲望能超越神的疑问,大地神这样呼吁:"让我们这些大地神入睡,而让爱情,这人类的柔情,去做来日的主宰。"纪伯伦把美和真视为世上两大要素,人生的真谛,对他来说,超越美的宗教或哲学是不存在的。他常常把诗人和哲学家相比,嘲笑没有心灵的空洞的理论。

一个人,在上帝面前回顾自己的前半生,不是为了流连以往,而是为了赞美上帝的爱。他回忆小时候偷梨,不是因为饥饿,而是为犯罪而犯罪;他也回忆了挚友死亡给自己的打击;也坦白了耽于情欲,与女人同居并有了私生子但不愿结婚的放纵经历。

他母亲是虔诚基督徒,劝他信上帝,把他介绍给基督教人士,但他

宁愿接受摩尼教而不愿加入基督教。

后来,在米兰一花园中,他听到一个孩子说:"拿着,读吧!拿着,读吧!"于是他赶紧抓起面前的《圣经》来读,刚好翻到《圣经·罗马书》十三章十三到十四节:"不可荒宴醉酒,不可好色邪荡,不可争竞嫉妒。总要披戴主耶稣基督,不要为肉体安排,去放纵私欲。"他认为这是上帝亲自对他说话,于是皈依,信仰基督。

后来写他受洗,母亲去世后他的怀念。他又思索上帝创世的奥秘,连连惊叹。

既然这个世界是由上帝掌管的,为何世上充满了罪恶和空虚?罪恶到底从哪里来?人的欲望为什么特别倾向于犯罪和堕落而又有深沉的内疚?若欲望来自于上帝的创造,人为何更倾向于犯罪而不是过圣洁生活?

后来我才明白上帝所造的万物都是有,不是绝对的有,也不是绝对的无,它们是有,而不是上帝那样的自有,世间的善不是至善,只有至善不能朽坏,但如果没有丝毫善的成分,便也没有可朽坏之处。因为朽坏是一种损害,假使不与善为敌,则亦不成其为害了。因此,或以为朽坏并非有害,这违反事实;或以为一切事物的朽坏,是在砍削善的成分,这是确无可疑的事实。如果一物丧失了所有的善,便不再存在。因为如果依然存在的话,则不能再朽坏,这样,不是比以前更善吗?若说一物丧失了所有的善,因之进而至于更善,则还有什么比这论点更荒谬呢?因此,任何事物丧失了所有的善,便不再存在。事物如果存在,自有其善的成分。因此,凡存在的事物,都是善的;至于恶,我所追究其来源的恶,并不是实体;因为如果是实体,即是善;如果不能朽坏的实体,则是至善;如果能朽坏的实体,则必是善的,否则便不能朽坏。虚无不是绝对,不是实体,恶同样如此。所以,罪的产生是背离上帝背离至善的结果,是产生而非创生。人的错误在于把罪责推给环境或灵界,而不愿自己来承担,于是就倾向于把罪和恶当成实体,好为自己的放纵找借口。

我是谁?我是怎样的一个人?什么坏事我没有做过?即使不做,至少说过;即使不说,至少想过。没有上帝的生命不过是挥霍。人应该为主动逃离至善所犯下的罪恶负责,因为这是自由意志砍削善的成分……

人的自由意志虽然不能主动寻找真理和上帝,但确实是主动选择了犯罪和堕落。在犯罪和堕落前,没有一个人不知道这就是罪。就像小时候我和小伙伴一起去偷梨,我不是为了饥饿去偷梨,而是为了犯罪而犯罪,说明我自身已经爱上了犯罪本身。因为借着犯罪,我可以指挥自己打破上帝的诫命,从而成为自己的上帝,而不需要真上帝指挥我。另外,在犯罪中有快乐,为了短暂而低级的快乐,人就离弃造物主。这和亚当、夏娃偷吃分别善恶果类似。这样,人怎么能把犯罪的责任推给上帝呢?

后来卢梭的《忏悔录》,还有列夫·托尔斯泰的《忏悔录》和奥古斯丁的《忏悔录》在"忏悔"的意义上是不同的,他们两位认为人本来是好的,但社会和环境把人搞糟了,人性遭到玷污,所以人犯罪堕落,因此需要指出社会的罪恶并要人重新回到本善状态。这就使得他们两位一边忏悔,一边控诉,忏悔最后变成了控诉。

奥(滔滔不绝):"忏悔",原来的意义上是"承认、赞美"。我的重点不在说我自己,而是借着我的罪称颂上帝的义,借着我的亏缺,承认上帝的完全。忏悔不是流连过去,更不是控诉,而是称颂上帝的伟大和完全,只有在这样的完全中,我才意识到自己的污秽和肮脏,就像《圣经·诗篇》五十一篇,大卫的认罪诗歌一样:

上帝啊,求你按你的慈爱怜恤我,

按你丰盛的慈悲涂抹我的过犯。

求你将我的罪孽洗除净尽,并洁除我的罪。

因为我知道我的过犯,

我的罪常在我面前。

我向你犯罪,唯独得罪了你,

在你眼前行了这恶,

以致你责备我的时候,显为公义;

判断我的时候,显为清正。

我是在罪孽里生的,

在我母亲怀胎的时候就有了罪。

你所喜爱的是内里诚实。

你在我隐秘处必使我得智慧。

求你用牛膝草洁净我,我就干净,

求你洗涤我,我就比雪更白。

求你使我得听欢喜快乐的声音,

使你所压伤的骨头可以踊跃。

求你掩面不看我的罪,

涂抹我一切的罪孽。

上帝啊,求你为我造清洁的心,

使我里面重新有正直的灵。

不要丢弃我,使我离开你的面。

不要从我收回你的圣灵。

求你使我仍得救恩之乐,

赐我乐意的灵扶持我。

我就把你的道指教有过犯的人,

罪人必归顺你。

上帝啊,你是拯救我的上帝。

求你救我脱离流人血的罪,

我的舌头就高声歌唱你的公义。

主啊,求你使我的嘴唇张开,

我的口便传扬赞美你的话。

你本不喜爱祭物,

若喜爱,我就献上。

燔祭你也不喜悦,

神所要的祭就是忧伤的灵。

上帝啊,忧伤痛悔的心,你必不轻看。

求你随你的美意善待锡安,

建造耶路撒冷的城墙。

那时,你必喜爱公义的祭和燔祭,并全牲的燔祭。

那时,人必将公牛献在你坛上。

陀思妥耶夫斯基(1821~1881),和列夫·托尔斯泰一起是俄罗斯文学乃至世界文学史上最伟大的小说家,他的《卡拉马佐夫兄弟》和托尔斯泰的《战争与和平》是世界小说史上最伟大的两部巨著。我向您谈谈自己,我是时代的孩童,直到现在,甚至(我知道这一点)直到进入坟墓都是一个没有信仰和充满怀疑的孩童。这种对信仰的渴望使我过去和现在经受了多少可怕的折磨啊!我的反对的论据越多,我心中的这种渴望就越强烈。可是上帝毕竟也偶尔赐予我完全宁静的时刻,在这种时刻我爱人,也认为自己被人所爱,正是在这种时刻,我心中形成了宗教的信条,其中的一切对我来说都是明朗和神圣的。这一信条很简单,它就是要相信:没有什么能比基督更美好、更深刻、更可爱、更智慧、更坚毅和更完善的了。不仅没有,而且我怀着忠贞不渝的感情对自己说,这决不可能有。不仅如此,如果有谁向我证明,基督存在于真理之外,而且确实真理与基督毫不相干,那我宁愿与基督而不是与真理在一起。这是1824年陀思妥耶夫斯基给娜·德·冯维幸娜信中的话。

假如没有上帝,人什么都可以做,这时的自由就因没有超验价值的约束而变成任性和放纵,自由就被任性和放纵吞吃了。因此,陀思妥耶夫斯基认为,为了确保自由的落实,必须确立对上帝的信仰,正如耶稣在《约翰福音》第八章说的,人因真理得自由。这真理不是统治阶级颁布的,也不是人类自己制定的,而是上帝的启示。信仰才能带来自由,这是人类生存的根基。

所以，还是用陀思妥耶夫斯基自己概括小说的话来说："贯穿在小说各部的一个主要问题，就是那个我有意无意之间为此苦恼了一辈子的问题——上帝的存在。"在陀思妥耶夫斯基看来，只有上帝存在，自由才不致变成任性和放纵，才能开花结果，给人类带来真正幸福。

中国也许没有"上帝之死"事件，但谁说没有价值之死、精神之死、道统之死？一代又一代知识人在追求自由，可你问问他们到底自由是什么，他们却很少能说得上来。

陀思妥耶夫斯基认为人是靠与神秘世界有联系的感觉活着。这一神秘世界是看不见的，但看不见不代表不存在。人之为人，区别于动物的特征，正在于人需要这一神秘的"上层世界"。真正伟大的文学家不只是被动模仿自然，而是要创造一个"上层世界"出来。

晚年的托尔斯泰越来越关注哲学、社会和宗教方面的问题，他1880年以后的作品阐述了他关于这些主体的观点。在他自传的草稿——《我的忏悔：神学教条批判》中，他描绘了自己所经过的宗教体验的不同阶段。该书于1888年在日内瓦出版。在《忏悔录》中，托尔斯泰批评了他所有的说教作品的基调。这本书肯定了这样一个原则：纯粹的宗教精神，不同于外部的教条，是一种真正珍贵的生活要素。

虽然成长在东正教——属于俄国-希腊教会——的氛围里，但是，当我18岁离开大学时已不再信奉那些说教了。说教从来无法让我确立信仰。我不仅停止了祈祷，而且不再参加仪式和斋戒。我那时并不怀疑上帝的存在，但是我觉得上帝的天性或基督的教诲毫无珍贵之处。

我想做一个好人、一个有道德的人，但是我发现这种想法无论以什么方式表达出来，都只会招来他人的讥讽；而一旦我做了任何邪恶的行为，总能马上得到赞扬。

什么是信仰？它不仅相信上帝和看不见的东西，而且是对人生意义的理解，它是生活的力量。我开始理解人类智慧最深的源头，只有信仰才能回答我们源头在哪里，我没有权利拒绝它，只有它才能解决生活的问题。

然而,我的心没有变轻松,我研究了佛教、伊斯兰教和基督教的典籍。我也开始研究实际的信仰生活,求助于东正教徒、修道士和福音派,他们宣称通过耶稣基督的信仰获得拯救。我问信仰能给他们的生活赋予什么意义。但是,我不能接受任何这些人的信仰,因为我明白他们非但不能解释生活的意义,反而使生活更模糊。因此,我感觉自己又回到了绝望中,这让我非常害怕。

我不能信任那些不能始终如一地按照他们公开宣称的信仰来生活的人的真诚,觉得他们在自我欺骗;并且像我一样,满足于肉体的欲望。于是,我开始转向这些人的信仰:穷人、简单和无知的人、朝圣者、和尚以及农民。

我越是思索这些淳朴的人们的生活,我越相信他们信仰的真实性,我感知信仰于他们是一种必须,因为只有信仰赋予生活意义,使得人生有价值。我看到一条走出我的圈子的直路,在这个圈子中,我看到没有信仰生活的可能状态,因为在这里1000个人中没有一个真正的信徒,而在贫穷的人中,1000个人中没有一个是虚伪的信徒。

我从这些人的信仰中学到的越多,我就越喜欢他们,就越感觉那样活着更轻松。于是,我对我那个富有和受过良好教育阶层的生活很排斥。那种生活像空虚的孩子的游戏,而劳动阶层的生活对我来说才有真实的意义。

如今,我开始理解我哪里错了。我的错误就在于:我用仅仅与我的生活有关的答案回答生活的问题,而不是一般意义上的生活。我的生活不过是我的情感的放任而已,它是罪恶和没有意义的。所以,这样的答案不能运用于普遍的生活上。

我没有帮助其他人,我30年来生活不过是在寄生,我根本不知道自己为什么活着,却满足于这种状态。

宇宙中有一个最高的意志,有人认为宇宙的生活都由它暗中照料。为了理解这个最高意志是什么,我们必须暗暗地服从它。淳朴的工

人对他们的主毫无怨言,他们按照他的吩咐做事,但是我们惯常把他们看成畜生。相反,我们认为自己明智,消耗主的赐予,他的指示却一件也不做。我们这样做是愚蠢的。这样的做法意味着什么?只不过意味着完美的主是愚蠢的,或者我们没有主。

因此,最后我得出了这样的结论:建立在理性基础上的知识是站不住脚的,真理的知识只能从生活中得到。我逐渐感到我必须过真实的生活,而不是寄生的生活,生活的意义只能通过观察伟大的人类社会的各种生活方式才能感知到。

在所有这些体验和观察中,我的感觉和心灵上的折磨交汇在一起,这种折磨我只能说是对上帝的追寻。这种追寻是一种感觉而不是推理的过程,因为它来自我心,实际上与我思考问题的方式相左。康德表明了要证明上帝的存在的不可能性,但我还是希望找到上帝,我仍然在祈祷时同他说话,我还是没有找到他的踪影。

有时,我反对康德和叔本华的推理,认为原因和思想、时空不在同一个范畴中。我争辩道,假如我存在,肯定有我存在的原因,也有一个所有原因的原因。然后,我思考这个最高的原因,它是万事万物的原因,它就是"上帝"。

我对我感觉到的、加诸在我身上的力量有了直接的认识。然后,我问我自己这个最高原因是什么,我和我的上帝有什么关系?还是老答案,上帝是创造者、是所有一切的给予者。我还是不满足,还是害怕,我越是祈祷就越是相信我的祈祷没有被上帝听到。

这样的信念还是一再出现:我出现在这个世界肯定有某种目的,我是被某人送到这个世界的,所以我不再考虑上帝的存在的问题,这个问题已经被证明了,也不再思考我们和上帝的关系是否与上帝和他的儿子的关系一样。但是,我感到这对于我仍然是问题,这个上帝像冰一样在我眼前融化了,我再一次陷入了绝望。

所以,喜悦和绝望的心情就这样来来去去,直到有一天,我在森林中静静地倾听——已经是早春的天气,我一边在思想中追寻上帝的足迹,喜悦的火花照亮了我的灵魂,我意识到上帝的概念并不是上帝自己。我感觉到当我相信上帝的时候,我才能真实地生活。活着就追寻上帝,没有上帝,生活不再是生活。从那时起,照亮我的那缕光芒再没有离开过我。逐渐地,我感到生活的光亮和力量回到了我身边。我和我属于的阶层的生活断绝了关系,因为它是不真实的,它的奢侈浪费使我们无法理解生活。我的身边都是淳朴的人,都是劳动人民,都是真正的俄国人。他们让生活的意义变得清晰。所以,可以这样说:

我们每个人都是上帝所遣,可以毁灭也可以拯救自己的灵魂。要拯救自己的灵魂,一个人必须按照上帝所说的:谦卑、仁慈和忍耐地活着,而放弃生活所有的欢乐。这就是普通人信仰系统所有的意义,这是从过去的传统继承下来的意义。

但遗憾的是,人类的成长往往以"上层世界"的丧失为代价,个人的成长也是。人们倾向于把世界弄得透明和寒冷,人成了一些数字和螺丝钉,成了一堆物质。

丹麦童话大师安徒生没有失去看见"上层世界"的能力。连"上层世界"这个词也取自于他的童话代表作《海的女儿》。他的童话使我们在物质背后看到了精灵,在透明世界背后看到了神秘,在看得见的世界背后看到了那个看不见的世界。在安徒生心目中,童话是人类应有的一种生活方式而不是一种文学体裁。

那个卖火柴的小女孩死了,人们只看到了她可冷而又凄惨的尸体,却没有看到她在临死前看到了那么美丽的景象。……她想把自己暖和一下,人们说。谁也不知道:她曾经看到过多少美丽的东西,她曾经是多么快乐地跟祖母一起走到新年的幸福中去。"安徒生看到了,才特意写下来告诉我们。《卖火柴的小女孩》的伤感背后,其实是天堂的欢乐和幸福。那不是火柴天堂,而是安徒生心目中灵魂要去的处所。面对苦难,天堂是安慰。

也许,那些在大地上寻找家园的人,一开始就走错了路。家园不在此岸世界而在彼岸世界。就像那只《丑小鸭》中的丑小鸭,一开始错把

自己当成了鸭子,拿鸭的标准来衡量一只天鹅,再美丽的天鹅也不过是一只丑陋的鸭子。标准的错乱和类别的紊乱正是安徒生童话处处关注的。直到有一天,在饱尝磨难的此岸尽头,终于到达那彼岸的湖边,在那奇异而又美丽的神圣世界里,这才发现它自己本就是一只美丽的天鹅。天鹅,这名字起得真好,因为天鹅的家不在地上,而在空中。抛弃一切鸭的标准,丑小鸭在鹅的世界中得到了释放和自由,因为它本就是一只天鹅。这一标准是神圣的,因为来自于造物主起初的创造。造物主的创造是"各从其类",本来是什么,就该是什么,标准不容错乱。成功不是从丑小鸭变成白天鹅,而是守住天鹅的身份,在鸭的群落中持守天鹅的标准,成为最好的自己。就像《拇指姑娘》中美丽的拇指姑娘,本就属于精灵世界,只有回到精灵世界,而不是在癞蛤蟆和鼹鼠的世界,才找到了真正属于自己的爱人和同类的幸福。

寻找自我的路程怎样展开呢?通过什么?

通过爱,爱是唯一的途径。

拇指姑娘正是在付出爱中得到了爱。她到达精灵世界的契机不正是因为救了燕子吗?她救燕子,不是为了回报,因此,才得到了回报。

我们的"天鹅之我"被"鸭的世界"异化了,要不断寻找,不断去爱,才能回到那本真自我。

可是,如果注定与"天鹅之我"无缘,又怎么办呢?"天鹅世界"其实是人人向往的永恒世界,但人的悲哀是注定只能活在一个暂有世界!

这正是《海的女儿》中美人鱼的绝望。过去我们总说她渴望变成人,到人类的世界来,因为她爱上了王子和王子所在的人间,这爱情令人感动又心碎。但仔细再读,会发现美人鱼最渴望的不是人间的爱情而是永恒不灭的灵魂。爱情是通往灵魂世界的途径。造物主造万物各按其时成为美好,又将永恒安置在世人心里。而美人鱼的渴望不也正是世人的渴望吗?人的生命像大海上的泡沫,像早晨的露珠,出现少时就不见了。

为得到永恒不灭的灵魂,就必须被一个人所爱并跟他结婚。可这样的话,爱你的人本身岂不成了手段而不是目的?把爱的对象手段化,这种爱还是真正的爱吗?

童话最后写美人鱼只要刺死王子就可以换回鱼类的生命,否则当太阳出来时她就会变成海上的泡沫。但她"向尖刀看了一眼,接着又把眼睛转向这个王子;他正在梦中喃喃地念着他的新娘的名字。他思想中只有她的存在。刀子在美人鱼的手里发抖。但是正在这时候,她把这把刀子远远地向浪花里扔去。刀子沉下的地方,浪花就发出一道红光,好像有许多血滴溅出了水面"。美人鱼毅然跳入大海,宁可变成泡沫,也不再利用王子达到个人目的。

她变成泡沫就结束了吗?没有!不信你再去看看《海的女儿》,后边还有七个自然段。安徒生写她最终在这种舍己之爱中得到了不灭的灵魂。爱是通达灵魂的途径。最后时刻,美人鱼不再把王子当成手段,而当成目的本身。她真正爱他,不再借助他成全自己,而宁可牺牲自己成全他。结果,她死去了,又在牺牲与舍己的爱中复活了。

这是怎样的一种向死而生!

向看得见的世界死去,向看不见的世界活了。向看得见的世界死去,才能向看不见的世界而活。就像耶稣在《约翰福音》十二章所说的,一粒麦子,不落在地里死了,仍旧是一粒,若是死了,就结出许多子粒来。

爱不是占有,而是牺牲。在甘愿牺牲中,爱得到成全。这种爱不是这个看得见的世界中的爱,而是看不见的世界中的爱。因为爱,人变得更加贫穷,心贫始有,爱,直到受伤,因为施比受更为欣悦。安徒生深深懂得这个,否则他就不会在《柳树下的梦》中让克努得有一个美丽的梦,也不会让《坚定的锡兵》中的小锡兵在焚化后仍变出一颗小小的锡心。爱永不会失落。

还有那盏《老路灯》中非常和善的老路灯,已服务了很多很多年,现在却没有人要它了。孤独的老路灯在最后一个夜晚执勤照明时,它

很担心自己被"处理"掉,它很伤心会离开忠诚的守夜人和他妻子。它一直把他们当成亲人,把这个街道当成家。谁来代替它呢?一块朽木还是萤火虫?

第二天,老路灯得到了一个圆满的结局,老守夜人要求政府允许他保留这盏已经没有用处的老路灯,结果他们又在一起了。在一个低洼的地窖里,他们成了"一家人"。老头子和老太婆围着桌子吃饭,也把老路灯放在椅子上。真像一家人。老守夜人对着路灯讲自己风雪中和它在一起的经历,守夜人给自己的妻子读故事、读游记。这时候老路灯那冰冷的心又渴望燃烧,它是多么盼望能够再给这家人提供温暖和光亮。它多么想能在它身上插上一根蜡烛,好让它能分享自己的光亮给人:"因为凡是我们不能跟别人共享的快乐,只能算是一半的快乐。"

有一天,老守夜人的生日到来了,老太太走近灯,微笑着说:"我今晚要为他把灯点一下!"老路灯是多么快乐。因为它想:"现在我要为他们亮起来了。"真的呢,它像自己过生日一样,在里面加了油之后快乐地亮了起来。亮起来后,它梦见了自己的未来——它被溶化掉,却被铸成了一架可以插蜡烛的最漂亮的烛台,然后被放进了一个诗人的房间,照耀着诗人写作。多么奇妙!老路灯几乎真想要被溶化了。但一想到这对老夫妇,它就想:"我决不能这样做!他们因为我是一个路灯才爱我,我像他们的一个孩子。他们擦洗我,喂我油吃。我现在舒服得像整个维也纳会议,这真是一件了不起的事情!"

最后呢,安徒生动情地说,这盏唯有被老夫妇需要的路灯,"从那时候起,它享受着内心的平安,而这个和善的老路灯也应当有这种享受。"

燃烧自己照亮别人,善良的老路灯应当有这种享受。每一个为了爱而心甘情愿牺牲与付出的,都应该享受到内心的平安。爱是一种分享,一种结合,一种美好的祝愿。

但是,如果在牺牲中没有欢乐,唯有痛苦怎么办?安徒生的回答是:还是要心甘情愿付出!因为,只要怀着美好盼望,正如母亲生孩子一样,"痛"但并不"苦"。如果在尘世得不到报答,那将要在天国得到;如果在短暂今生得不到答案,一定会在永恒国度得到。美人鱼死去了,却要在天空的国度复活;《母亲的故事》中,母亲为了从死神手中夺回孩子,甘愿刺破胸膛流出鲜血,甘愿失去眼睛和头发,她一心要追回自己的孩子,占有自己的孩子;最后,在死神启发下,她才明白原来上帝是生命的主宰,她只是孩子的管家。上帝对每一个孩子的安排是最好的,爱孩子就是要承认上帝在孩子身上的主权,把孩子交给上帝。否则,她所祈求索要的也许是要孩子在尘世受苦。园丁问:"谁把这最美的玫瑰花摘走了?"别人答:"是主人。"园丁默默无声。在默默付出中爱得以成全。

后来的法国飞行员兼作家圣爱克苏贝里真懂了安徒生在说什么,他才在童话《小王子》中把爱定义为一种"驯养",爱是在付出精力和心血、付出整颗心之后建立起来的一种关系,这种关系是甘愿在爱中受约束,甘愿在受约束中品尝爱的自由。这种爱的关系是肉眼看不见却真实存在的。"只有孩子们知道他们在找寻些什么,"小王子说,"他们会为了一个破布头做的娃娃而不惜使时光流逝,于是那娃娃变得十分重要,一旦有人把它拿走,他们就哭啦……"圣爱克苏贝里就这样反复叮嘱着:真正美好的东西肉眼是看不见的,大人是看不见的,不付出精力和爱是感受不到的。而大人眼中看见的只有物质、金钱和价格,已经看不到意义和价值。因此,他才从遥远的星球请来了小王子,来唤醒已经迷失在荒野中的人性。然而,小王子还是被地球上的毒蛇给咬死了,作者却祈愿他的灵魂能够回到那颗有着一朵被"驯养"了的玫瑰花的星球,或者利用他的死亡呼唤满天的星星来微笑着为荒野和沙漠中漂泊的灵魂们守望。

仰望满天星星,你有没有看到那个看不见的世界存在?大哲学家康德说:"有两样事物使我越想越感到神奇和敬畏,一是头顶的星空,一是心中的道德律。这说明上帝不但在我头顶,也在我心中存在。"连接星空与道德律的桥梁,就是人之为人的超越。安徒生说这是一条"光

荣的荆棘路"，他被指定为"建筑那座连接上帝与人间的桥梁的、没有薪水的总工程师"，而他的童话正是贯通看得见世界与看不见世界的天梯，爱的天梯。

佛陀一再告诫弟子要奉行简朴的生活原则，因为欲望一旦被鼓动起来，往往就难以控制，奢侈的生活习惯如果养成，往往就难以割舍。和地球上的其他资源一样，人的福报也是有限的，过分放纵自己的欲望，不仅对身心有百害而无一益，更会将幸福提前预支。

佛陀告诉弟子，对金钱不要有贪著之心。因为不管我们贪著什么，它都会成为伤害我们的利刃。"酒不醉人人自醉，色不迷人人自迷"说的就是这些。如果我们贪著金钱，那么没钱的时候，我们就会因贫穷而烦恼；有钱时又会因为担心失去金钱而烦恼。所以我们要认清金钱的实质，了解财富的无常不定，而不是将它看成是永恒的，知道财富在人生中的局限性，而不是将它看成生命中的唯一。如果我们能够真正把钱财看做是身外之物，就不会被它所伤害。

关于钱财，佛陀也曾对在家弟子谈到如何用钱，如何存钱的问题。他对在家弟子善生的开示中，就曾谈到用钱和存钱的方法。他对善生说，应该以收入的四分之一作为日常生活的费用；将一半投资在事业上；四分之一存起来，预备以后需要时用。也就是以我们的收入四分来说，一分用作日常生活的费用，二分投资在事业上，最后一分存起来。由此看出佛陀也肯定经济是人类生活的基础。但是佛陀也指出，有了物质基础，精神道德也不可贫乏，只有物质的享受，没有精神道德的进步也是不行的。佛教虽然鼓励物质方面的进步，但是它的重心永远是放在精神与道德的开展方面，以谋求快乐、和平而知足。佛陀曾对那位给孤独长者说：物质与经济方面的兴趣，与由善良无过失的生活所生起的精神乐趣来比，还不及后者的十六分之一。若物质上富裕，但无法从精神上得到享受，即使拥有很多的财富，也并非好命，真正的好命，是内心无忧，内心知足而轻安的。

古德说："人贫不是贫，心贫实是贫；人贫能养道，是为贫道人；心贫无智慧,堕入饿鬼身。"我们一般人以为有钱就是富有,没钱就是贫穷,其实许多有钱人他们的内心十分匮乏,就像是荒凉的沙漠;但是一个没有钱的人,如果能知足常乐,内心清净自在,他的人生也拥有最大的财富。

的确,金钱是我们生活中的一个重要条件,但它并不是我们人生的最终目标,也不是我们的保护神和快乐的源泉。它不是万能的,它可以为我们买来衣服、房子、美食,一切生活的必需品,但是却不能买来生命,不能买到友情,不能购买所有关于"情"的一切,也不能买来我们内心的自由。它只是我们的一个工具,仅此而已。

我们去努力地奋斗,也自然而然地会得到财富,这只是对我们努力的一个馈赠,一个结果,没有理由拒绝,但是也不用去刻意追求,因为一个人的物质需求是有限的,过多的财富并没有任何意义。食物再精美,我们只能吃那么多;感官的享受再诱人,我们的精力和时间却有限。所以与一些富人的患得患失或者百无聊赖相比,人生最大的快乐莫过于美好心灵的自足。

陶渊明辞官还归乡里,过着"躬耕自足"的生活,夫人翟氏也和他志同道合,他们"采菊东篱下,悠然见南山",这成了后世很多人内心的向往。李白不畏权贵,嬉戏人生,也曾写下"人生得意须尽欢,莫使金樽空对月。天生我材必有用,千金散尽还复来"这样的豪迈诗句。再比如佛陀,他干脆不当太子,辞别妻儿,弃富贵荣华于不顾,出家修行,脱华服为袈裟,托钵行乞。可见,金钱绝不是我们生活中的全部,但关键是你要了解,到底是什么让你拥有真正发自内心的快乐。真正的答案是,在满足了我们最基本的需求之后,金钱既不会带来快乐,也不会带来不快,给我们带来快乐的是轻松自由,不为形役的自在洒脱。但我们大多数人却往往被金钱控制,心中的沟壑被各种欲望填满。如果能像陶渊明、李白、佛陀那样,对金钱看开,不去受那些虚名浮利的羁绊,快乐也就现前了。

金钱无论有多么强大的力量，都只是人追求幸福、快乐、健康的工具，而不是最终的目的。人真正的快乐来自内心的圆满。而内心的圆满则在于自己，自己若是无尽地贪求，怎么努力也不会圆满，自己若是没有妄念，再难的事情也会尽得圆满。

佛陀常说，此心常看得圆满，天下的世界并没有缺陷。圆满不圆满只在自心。有钱的人嫌弃出家的人，出家人并不气恼，照样含笑面对；贫穷的人给出家人一把米，他也并不辞让，照样平静笑纳。在出家人的眼里，世界就是这个样子，如果你内心不满，世界就处处不满，如果你内心圆满，也就看到了世界的圆满，圆满的回报就是心安。

眼前有一条路，不同的人会有不同的走法，结局也各有不相同。同一个人在那里站着，有不同的人和他说话，他也会对应不同的态度。一个内心不圆满的人，会说：出门会遇到很多的障碍，你一定要小心呀。而内心圆满的人则会说：前面的路这么宽，你放心走吧。一个人如何看待外在的世界，皆在于自己的内心，内心是悲观的，外在的世界也是悲观的，内心是快乐的，外在的世界也跟着安详和乐，重要的是我们如何体会。

一个希求出世间永恒幸福的修行者，他深知人们的所作所为均离不开自己的身、语、意三门，三门中的意，也就是"心"为根本，如果不是心在起作用，人们将不可能感受到痛苦、体验到快乐。如果一切痛苦是由外境而生，那么一个人在甲地感受的痛苦，到乙地时，就应该消失了，但事实却并非如此。所以，三门中唯有心是产生痛苦的根源。在《入行论》中也说："实语者佛言，一切诸畏惧，无量众苦痛，皆从心所生。"可见，要使心不感到痛苦，就只有调整心态，在出世间修持的过程中调整心、证到心之本体，才能得到永恒不变的安乐。

我们生活中的每个人笑的时候，内心并不一定是快乐的，但是在哭的时候，内心也并非就在痛苦之中。快乐和痛苦，其实是我们的一种心灵体验，不同的是不同的心灵对快乐和痛苦的敏感度不同，有些人过于伤感，生活中稍有不如意，就痛苦悲伤，甚至不能自拔。有些人对生活始终热爱,用快乐的心去感受生活,那他的生活也和痛苦悲伤无缘,天天都阳光明媚,所以快乐就在我们每个人的心中,只要我们用心去感受,去体验。

美国教育家威廉·菲尔曾经说:"真正的快乐,不是依附在外在的事物上。池塘是由内向外满溢的,快乐也是由内在思想和情感中泉涌而出的,如果你希望获得永恒的快乐,你必须培养你的思想,以有趣的思想和点子装满你的心,因为用一个空虚的心灵寻找快乐,所找到的也只是快乐的替代品。"所以心态对一个人来说非常重要,在某种程度上,它会影响一个人的生活质量。你选择了什么样的心态,什么样的心态就会因你的选择而强大起来。当然,如果你不在乎,没有选择它,它也会因你的忽视和不热心而逐渐退却。

在《禅海箴言》中有一则"哭婆变笑婆"的小故事:以前,在京都南禅寺住着一个老太太。她下雨天哭,晴天也哭,成年累月神情沮丧,面露愁容。南禅寺的和尚见了,就问她:"你为什么总是哭呢?"她一边哭一边对和尚说:"我有两个女儿,大女儿嫁给了卖鞋的,小女儿嫁给了卖伞的。天晴的日子,我想到小女儿的伞一定卖不出去;下雨的日子,我又想大女儿的鞋一定没人买。你说,我怎么会不伤心落泪呢?"和尚听了跟她说:"在天晴时,你为什么不想大女儿的鞋一定生意兴隆呢?下雨时,你为什么不想小女儿的伞一定卖得很多呢?"老太太当即"顿悟",破涕为笑。此后,她的生活质量也大为改观。因为对一件事物的观察角度发生了变化,"哭婆"变成了"笑婆"。所以,人的快乐与否,在很大程度上取决于他的认知和他的心态。

我们来到世间,并不是为了痛苦和烦恼,所以不用板着面孔,每天忧愁悲伤。有句话说得好,世上没有绝对幸福的人,只有不肯快乐的心。快乐不能在心外寻求,只能在内心获得,心欲名利,就像是锁住内心的一条锁链,只有超越它们,我们才能体验内心的快乐。人生苦短,与其遇事剑拔弩张,倒不如学着心平气和。只有内心拥有快乐,这个世界还给我们的才是美丽艳阳。

佛教提倡知足功德，佛陀曾经说："知足之人，虽卧地上，犹为安乐。不知足者，虽处天堂，亦不称意。不知足者，虽富而贫。知足之人，虽贫而富。"一个知足的人，虽然睡在地上，但因心中有一份柔软温和的感觉，心情是愉快的。不知足的人，虽然住的环境就像天堂，却仍不称意，仍有欲求不足的烦恼。不知足的人，虽然物质享受丰富，但也像穷人一样，因为他有贪心。知足的人，他虽然贫穷，内心却像个富人，比富人生活得更快乐。俗话说，知足常乐，只有知道满足，才能体会到由满足而带来的幸福感觉。

知足的意思是，对自己目前的工作和家庭生活有一定客观认识，感到满足又没有过多的、不切实际的要求，并能始终保持精神上的愉快和情绪上的安定。知足是让我们养成幸福的习惯，有了这个习惯，生活中的幸福才会一个接一个地来临。如果每天都用一份知足的心态来面对生活，生活就不会像以前那样苦闷无聊，而是变得更生动快乐。

但是，人生在世，不可能对工作和生活没有一点点欲求和愿望，关键是我们用什么样的态度来对待。所以，在某种程度上，"知足"又是衡量一个人如何看待客观事物和精神追求的认识状态。快乐幸福建立在知足常乐的基础上，并不表示人不进取、不努力，而是在认为自己能做到的能力范围内循序渐进，不把太多不可能实现的事摆在自己面前，并且不达目的绝不罢手。虽然一个人坚持实现想要的目标是必要的，但需适可而止。如果养成了习惯，遇到什么事情都不惜任何代价地去实现。久而久之，你就会发现，自己已经被炙烤在火架上了，直到终于有一天烤糊了，才想明白，原来自己活得这么苦，这么累，内心感觉不到一点幸福，就是因为不知足。

这实际上讲的是心理健康问题，一个知足的人具备这三个方面的素质：第一，他有自我控制的能力。不管前面有什么样的变化和诱惑都不为所动，始终保持节制和内心的坦荡。第二，他会正确评价外界的影响。不想入非非，不思考过度，形神能始终合一。第三，内心常处于平衡的满足状态。对自己的经济、名誉、地位能随遇而安，不盲目攀比。人在生活上的追求和享受是永无止境的。所谓"人心不足"、"贪得无厌",就是指那些盲目攀比、对生活条件永无满足的人。你应对自己有所了解,知足于当前的工作岗位,知足于家庭生活的幸福和睦。一个知足的人,即使是一草一木,他也会看成是风光美景,感觉满足快乐。一个人生活在平凡清淡中过着安详而有意义的人生,他没有患得之心,也没有患失之苦,所以是最幸福的。如果一味追求,欲望得不到满足,就会每日沉溺在忧愁惶恐之中,内心也自然不幸福、不快乐。

佛陀的弟子跋谛曾经说:"当初我当国王的时候,居住在王城宫殿中,被卫兵层层保护,重重围绕,身心实在不得自由,一点也不觉得快乐。但是自我出家后,日中一食,逍遥自在。夜晚睡在树下,置身于大自然的环境中,毫无牵挂、自由自在,才得到真正的快乐。"这就是舍欲守真,这就是知足常乐。物质欲望淡薄了,自然就会在淡泊宁静中长养智慧。人之所以活得累,就是因为贪欲心起,不知足。要想活得轻松、活得快乐,就应去掉烦恼、无欲无私,这才自由自在,心宽体健。

佛陀启发我们的智慧,希望众生拥有正确的价值观,不要贪念多求,对人以欢喜心来相处。人活得不快活,常常是因为贪念多求,追求某种超越常规的所谓幸福,迎来的也经常是这样那样的痛苦。这是人生的不幸,而追究这不幸的根源,就是人内心的贪婪。

现在的社会生活太复杂,到处都充斥着金钱、功名、利欲,到处都有新奇时髦的诱惑,人在这样的生活中,能不斤斤计较,身心感到疲惫吗?因此,曾经有人深发感慨:"简单点儿,再简单点儿!奢侈与舒适的生活,对我没有一点益处。"当他将他的生活需要简化到最低限度时,他发现,自己生活得更充实。因为他已不用为了满足那些不必要的欲望而使自己时时绷紧,反而更自在轻松。

简单地做人,简单地生活,虽然金钱功名、出人头地、飞黄腾达是我们大多数普通人向往的人生,但是如果能在灯红酒绿、金钱物欲之外,心静如水,无怨无争,简单朴素,不是也生活得更惬意吗?毕竟,你再也不用去挖空心思追逐名利,也不用再留意别人如何看你。心灵在

枷锁里挣脱出来，快乐自由，随心所欲，尽管没有活得出人头地、像社会上的一些人那样有那么多的名头，但这又有什么关系呢？生活并不是非要轰轰烈烈，简单的生活自有简单的美好。"云霞青松作我伴，一壶浊酒清淡心"，这样的意境不也清静自然，是生活在喧闹中的人们渴求不到的吗？

大，不见得就是好，多，也不见得就是富有。唯有简单自在，生活才真正是一种享受。但简单并不是粗陋、做作，而是大彻大悟后的升华。佛陀的生活简单，但是他已参透人生的真谛，看清了世界的真相，他的思想已超越了世俗，达到了更高的境界。简单生活就是心存简单，不让太多的欲望拖着上路，不是总认为别人拥有的自己也一定要拥有，终日惶惶不安地在自己制造的各种欲求中苦苦挣扎，简单生活是只为自己而活，只做自己喜欢做的事。给自己的心灵最大的自由，这是一种生活艺术，是一种勇于面对自我的决定。

古代有一个王国，由于国王刚刚登基，外族都不臣服，经常来边境侵扰。于是国王召开会议，决定用武力来征服外夷，安定边疆。他下了一道诏书说，如果民间有肯为国效力者，皆有重赏。于是在十天的时间内，有三个年轻人应召前来。一个高个子的叫若木，善于骑术；一个矮个子的叫宾蒂，善于射术；一个中等个子的叫天定，善于谋略。国王让他们一起领兵去了边疆。日子不多，边疆就有喜讯传来，三个年轻人均屡建奇功。一个月后，就将外夷征服，边疆得到了安宁。他们得胜回朝见到了国王，国王要给他们论功行赏。国王对三个年轻人说："想要什么尽管说！"若木说："我要做大将军，为陛下镇守边关！"宾蒂说："我要做尚书，替陛下分担国事！"只有天定说："我不想当官，不想领兵，也不想要钱。我只希望陛下赐给我一群牛羊和一块牧场！将我放归乡里。"国王听了很惊讶，但还是一一满足了他们的要求。若干年后，天定在牧场上吹着笛子，欢快地放着牛羊，若木和宾蒂却因为权势熏天，遭到了皇帝的猜忌，被投进牢狱。

钱财名利毕竟是身外之物，既然是身外之物，也就有聚散之时，但很多人却受尽其累不知悔悟,没有处之泰然的超脱。如果说贪、瞋、痴是潜伏在我们生命中的危机,那么,使用不当的钱财名利则是引发它们的导火索。有很多一夜暴富的人,吃喝嫖赌,挥霍无度,让财富冲昏了头脑,致使身心受到很大的摧残……这就是因为钱财名利的蛊惑而引起的过患。真正的快乐,是一种内在的充实,并非外在的享受、物欲的放纵。天定生性淡泊,立下了汗马功劳也不求做封疆大吏,只想重新回到过去快乐无拘的生活之中,不受名缰利锁的羁绊。我们也应该像他那样,简单生活,处世不贪,不让太多的名利思想遮蔽自己的内心。

人生一世,烦恼种种,全因一颗不平的心。佛陀说修身的第一步便是修得一颗平常心。平常心是佛。

在《金刚经》的开头有这样一段话:"如是我闻,一时佛在舍卫国,祇树给孤独园,与大比丘众千二百五十人俱。尔时世尊食时,着衣持钵,入舍卫大城乞食。于其城中,次第乞已,还至本处。饭食讫,收衣钵,洗足已,敷座而坐。"说的是佛陀平时吃饭的经过,浅近明白,佛在这里什么也没说,他只是在做最平常的事。其实无论多么伟大的圣贤和多么伟大的事业,都是由平常事开始的。平常的事也是最重要的事,持一颗平常心生活也是最重要的,无论是入世还是出世都是这样。

很多人都曾问过佛教徒:"佛是什么?"他们无不毕恭毕敬地说:"是我们心中的神,是有无边法力,能救人脱离苦海的救世主……"其实,此言差矣,佛,什么都不是,只是你的一种寄托。等你悟透人生,你便是佛,你的思想和佛无异。所以六祖言:"不悟即佛是众生;一念悟时,众生是佛。""凡夫即佛。"众生与佛本来一体,众生的佛性与佛无二,只是在迷为众生,悟即为佛。众生是未来的佛,佛是过去的众生,从这种意义上说,佛也只是已经觉悟的众生而已,所以佛和我们一样,也有一颗平常心,佛能做到的,我们也可以去做。很多人都曾有过这样的体会,在登山之前,总是觉得山特别高,所以会在攀登之前,高估其中的艰险和设想种种的不可能,但是在登顶之后,才会领悟"山高人为

峰"的道理,所以我们在面对一件事情时,只要保持一颗平常心去认真地做,自然就会看到努力后的结果。

一颗平常心,需要的是保持良好的心态,它来源于我们的自身性格和我们的成长环境。保持平常心,就是保持一颗轻松平和的心,正确地看待自己,宽容地对待别人,与周围的环境保持和谐。一个人平时能轻松平和,就可以不被物欲所缠缚,不被思想的狭隘挡住眼前,能妥善处理各方面的事情,来实现自己的人生价值。有一颗平常心并不是要人安于现状,而是尽量把个人的荣辱、安乐、名利看淡一些,防止这些东西侵犯自己的工作和生活。古人说"淡泊以明志,宁静以致远"、"不以物喜,不以己悲",讲的就是保持一颗平常心。

作为普通的众生,我们在充满各种诱惑的世界里生活,因为太多的羁绊和计较,而使原本平静的心,饱受世态的炎凉。如果看得开,保持一颗平常心,就能够承受各种得失过错,抵挡各种是非恩怨。平常心,实际是外在世界和内心的一种平衡。有了这种平衡,人才能安然面对悲欢离合,没有那么多焦虑和浮躁,更多一分安适和恬谧。

平常心是一种境界,在达到这种境界之前,心路常常有极为坎坷的历程,历了险峰,经了幽谷,才发现世事沧桑,如梦如幻。《儒林外史》中的范进,曾考了35年的举人,最后终于中举,可是中举后,范进却疯了,一切美梦又成为泡影,他是因为看到中举的喜报后,欢喜过度而疯的。他为什么疯?就是因为没有一颗平常心,做不到宠辱不惊。萧伯纳曾经说:"人生有两大悲剧,一是没有得到你心爱的东西,另一个是得到了你心爱的东西。"这正说明了我们人类的不良心态,即欲望的无休无止。其实我们的人生不应该以获得什么和失去什么为评价,凡事只要在自己的能力范围内,做到最好,无愧于人,无愧于心,以平常心去对待,足矣。

佛陀认为自己是世界上最平凡的人,所以他没有烦恼。大多数人却认为自己是世界上最了不起、最不平凡的人,也因为此而烦恼不堪。佛教里说,菩萨应该有四种无量心,即慈、悲、喜、舍,但一般人只记得其中的三个,便是慈、悲、舍,却忘了还有一个"喜无量心",喜无量心就是喜悦无量,随时保持这样的喜悦。虽然佛教里认为人间世界是相对的世界,又叫娑婆世界,是堪忍、有遗憾的世界。但人在这期间还是可以生活下去,有幸福和感动的时刻。

我们在人间世界的人无不追求幸福,但幸福又是什么呢?其实幸福是一种感觉,是说不出来的愉悦和轻松,是从人的内心深处发出的。那怎样才是幸福?人要怎么做才能得到幸福呢?佛陀说,恰如其分地认识自己,净化自己的心灵,不为贪、瞋、痴所蒙蔽,就可以离苦得乐,获得幸福。而我们普通的众生,可不这么想,有人认为拼命赚钱,钱多就是幸福;有人认为努力读书,争取当官,能当官就是幸福;有人通过各种方法,寻觅一个理想的伴侣,认为拥有美满的婚姻就是幸福;有人锻炼身体,注重饮食,认为健康长寿就是幸福;有人兢兢业业,艰苦创业,以事业的成功为幸福。但是拥有了这些,是否就算得到幸福了呢?你拥有了无尽的财富,但你可能同时会发现钱已对你没有任何意义;你拥有了很大的权力,但同时你也可能会觉得孤独,高处不胜寒。别人见你实现了这些,有不尽的羡慕,可你却对自己还不满意,还觉得有不如意的地方。人生有限,欲望无止,在一个物欲横流的世界里,你要支撑这些昂贵的欲望,就得拼命努力,结果在不知不觉间,你就成了欲望的奴隶,内心只感到疲累,并无幸福可言。

但我们大多数人却还是以欲望的满足为得到幸福。佛陀却对众生说,明白执著地去追求世间的种种欲望,恰恰是痛苦烦恼的根源。真正的幸福来自于内心,并不能用金钱、权力、荣耀以及征服来衡量。人正常、适当的物质需要是应该的,但关键是不要贪、不要执著痴迷,只要具备基本的生存条件,在生活中快快乐乐、心满意足,就是幸福的最佳表现。钱不要太多,只要够用;朋友不要太多,一个就好;老婆不要太漂亮,温柔就行。这样平凡地过日子,过真正普通人的日子,能知足,能欣赏既有的一切,就是幸福。

幸福不是腰缠万贯,也不是功成名就,在良好的环境下生活的人

未必感到幸福,而在恶劣的环境下生活的人也未必感到不幸福。幸福与否,全在你怎么看,肚子饿的时候,有一碗热腾腾的饭放在面前,就是幸福;累得半死的时候,能躺上软软的床,也是幸福。如果你总是觉得你现在的钱没有别人多,地位没有别人高,妻子没有别人的漂亮,丈夫没有别人的体贴,孩子没有别人的聪明,那你一定不会感到幸福。但是跟那些没有工作、没有家庭、没有事业的人相比,你又会觉得自己幸福。对于一件事、一个人,想法不同,得出的看法也各不相同,幸福也是如此。

所以,幸福是内心的一种感觉,和财富名利无关。过去在俄罗斯有一位钢琴家叫鲁宾斯坦,这个人年轻时在酒吧弹琴,每次赚到一些钱就去买酒喝。有一天,钱花光了,女朋友也离开了他,房租也没办法付。他突然觉得人生没有意义,于是就把腰带解下来,绑在房梁上,站在椅子上打算自杀。可是没想到,那条带子却断了,准备自杀的鲁宾斯坦"砰"的一声掉在地板上。他问自己:"我为什么要死呢?"他一下觉得,要不要快乐,其实是自己的事,生病时可以快乐,穷的时候可以快乐,甚至死的时候也可以快乐。外在的环境并不能主导自己什么。于是他不想死了,他决定让自己活得快乐,就算没有钱或是永远被人瞧不起,他也要自己快乐。后来,快乐的鲁宾斯坦整个人生都发生了改变,成为世界音乐史上有名的钢琴演奏家。

每个人的身上都有幸福和快乐的因子,只要你认为自己是幸福的,那便是幸福的,只要你学会满足,学会保持一颗幸福的心,幸福就在你身边。

世尊说了这样的话:"我这弟子摩诃迦叶,于未来世,将要拜访三百万亿个佛世尊,供养、恭敬佛、尊重、赞叹佛,广泛宣扬佛的无量大法。于最后身成佛,佛号光明如来、应供、正遍知、明行足、善逝、世间解、无上士、调御丈夫、天人师、佛、世尊。国名光德,劫名大庄严。佛的寿命是十二小劫,正法住世二十小劫,像法也住世二十小劫,国界装饰得很庄严,没有各种污秽和瓦石、荆棘、不净的大小便。本国土地平整,没有高低，没有坑坎堆阜凹凸之处。地上都是琉璃，宝树成行，以黄金绳划出道路的界线，周围撒满各种宝花，非常清净。这个国家的菩萨，有无量千亿，各位声闻大众，也是无数，没有魔鬼滋事，虽然有魔王和魔民，他们都护卫佛法。"

这时候，世尊为了重新说明这个意思，而说如下偈颂：

告诉各位比丘，我以佛眼看见这位迦叶，于未来世，过无数劫，将要成佛。而于未来世，供养拜见三百万亿佛世尊，会依佛的智慧，净修梵行。供养至高无上的二足尊以后，修习一切至高无上的智慧，于最后身，将要成佛。国土清净，地上满是琉璃，有很多宝树，于道侧成行，用金绳划清道的界线，人们看到都很高兴。常常发出好香，撒满各种名花。凑集了种种奇妙之物来庄严其地界，地面平坦，没有高丘坑穴。各位菩萨大众，不计其数，他们都调伏柔顺，都有伟大的神通，奉持各位佛的大乘经典。各位声闻大众，他们都是没有烦恼的最后之身，法王之子，也不计其数，即使用天眼也数不清。此佛的寿命应当是十二小劫，正法在世二十小劫，像法在世也是二十小劫，光明佛世尊的事迹就是这样。

这时候，大目犍连，须菩提、摩诃迦旃延等，都很惊惧，专心合起手掌，瞻仰佛的尊容，目不转睛，异口同声地说如下偈颂：

伟大的英雄勇猛的世尊，诸释迦族的法王，愿您可怜我们，恩赐给我们佛的音声。佛陀如果察知我们的内心之深思，允许我们后必成佛而授记，就像是用甘露水洒向我们，除炎热而得清凉。就像是从饥饿的国度而来，忽然得到大王的膳食，其心仍然怀有疑惑恐惧，不敢随便取食，假若再次得到国王的允许，然后才敢取食。我们也是这样，每次都想到唯习小乘的话是一种过失，不知道怎样才能得到佛的无上智慧。虽然听到佛的声音说我们要成佛，心还怀有忧愁恐惧，如来敢于随便取食，假若承蒙佛的授记，就会得到真正的安稳快乐。伟大的英雄勇猛的佛世尊，您常常是欲求世间安稳，但愿您为我们授记，就像是饥饿的人受王之许而食。

这时候,世尊知道各大弟子的心愿,告诉各位比丘们说:"这位须菩提,于来世要拜见三百万亿那由他的佛,供养、恭敬佛,尊重、赞叹佛,经常修清净的梵行,具足菩萨道。将于最后身成佛,佛号是名相如来,应供、正遍知、明行足、善逝、世间解、无上士、调御丈夫、天人师、佛、世尊。劫名有宝,国名宝生。其土平整,地面上镶嵌着玻璃,宝树把路边装饰得很庄严,没有山丘、坑穴、沙石、荆棘、大小便的污秽之物,宝花遮覆大地,周围都很清净。这里的人民,都住在宝台和珍贵巧妙的楼阁里。声闻乘的弟子无量无边,以算数譬喻都不得而知。各位菩萨大众有无数千万亿那由他。佛的寿命有十二小劫,正法在世二十小劫,像法在世也是二十小劫。这位佛往往在虚空为大众说法,度脱无量菩萨和声闻大众。"

这时候,佛世尊为了重新说明这个意思,而说如下偈颂:

各位比丘大众,今天我要告诉你们,你们都要专心一意地听我讲说。我的大弟子须菩提,将来要成佛,佛号是名相,从今以后要供养无数万亿的佛,随顺佛的所行而行,渐渐具足救度众生的大道。于最后身得三十二相,其形相端正殊妙,就像宝山一样,此佛国土最为庄严清净,众生见后,没有不喜爱快乐的。佛在那里度脱无量众生。在他讲说佛法的时候,有很多菩萨在场,他们都是利根,会帮助佛陀说不退之法。那个国家往往以菩萨的集会为其庄严。各位声闻大众,不计其数,都得三明,具足六神通,备有八解脱,有伟大的威德。这位佛说法的时候,常常现出无量的神通,变化莫测,不可思议。各位天神、人民,其数如恒河之沙,都一起合掌,听闻接受佛说的话。这位佛的寿命,应当是十二小劫,正法在世二十小劫,像法在世也是二十小劫。

这时候,佛世尊又告诉各位比丘大众:"我今天要对你们说,这位大迦旃延,于来世用各种供物供养、奉事八千亿佛,恭敬、尊重佛。各位佛灭度以后,要为他们各起塔庙,高一千由旬,长宽都是五百由旬,以金、银、琉璃、砗磲、玛瑙、真珠、玫瑰七宝合成,又用各种花以及璎珞、涂身香、细末香、烧的香、天盖、幢幡、旗子等物来供养塔庙。经过这段时间以后,应当再供养二万亿佛,也照此办理。供养这些佛以后,具足菩萨道,就会成佛,佛号阎浮那提金光如来、应供、正遍知、明行足、善逝、世间解、无上士、调御丈夫、天人师、佛、世尊。土地平整,地面上镶嵌着玻璃,宝树把路旁装饰得很庄严。以黄金为绳,来划道路的边侧。微妙的花覆盖地面,周围都很清净,见到的人都很高兴。没有四恶道——地狱、饿鬼、畜生、阿修罗道。有很多天神、人、各位声闻大众以及无量万亿的菩萨,把这个国家装饰得很庄严。佛的寿命十二小劫,正法在世二十小劫,像法在世也是二十小劫。"

这时候,世尊为了重新说明这个意思,而说如下偈颂:

各位比丘大众,都要专心一意地听,我所说的话都是真实的,没有虚言。这位迦旃延,应当以种种妙好的供物供养各位佛。各位佛灭度以后,用七宝盖起塔庙,也要以美丽的花、珍贵的香供养佛舍利。在他的最后一身,得到佛的智慧而成正觉,国土清净,度脱无量万亿众生,都为十方所供养,佛的光明,没有任何人能比得上。这位佛的佛号是阎浮金光。菩萨、声闻,断除一切迷惑,其数无量,他们也是庄严佛国的众生。

这时候,佛世尊又告诉大众:"我今天要告诉你们,这位大目犍连,应当以种种供物供养八千佛,恭敬、尊重各位佛。各位佛灭度以后,要为他们各起塔庙,高一千由旬,长、宽都一样的是五百由旬,以金、银、琉璃、砗磲、玛瑙、真珠、玫瑰七宝合成,用各种花、璎珞、涂的香、研成粉末的香、烧的香,幢幡作为供养。积累这些功德以后,应当再供养二百万亿的佛,也照此办理。将来就会成佛,佛号是多摩罗跋旃檀香如来、应供、正遍知、明行足、善逝、世间解、无上士、调御丈夫、天人师、佛、世尊。劫名喜满,国名意乐。那佛国土是平整的,有玻璃镶嵌在地面,用宝树装饰得很庄严,散着真珠宝花,周围都很清净,看见的人都很高兴。有很多各种各样的天神、人、菩萨、声闻,其数无量,佛的寿命是二十四小劫,正法在世四十小劫,像法在世也是四十小劫。"

这时候，佛世尊为了重新说明这个意思，而说如下偈颂：

我的这位大弟子大目犍连，在舍离此间以后，得见八千二百万亿各位佛世尊，为了精进于佛道，供养、恭敬佛陀。在各位佛的处所，常修清净的梵行，于无量劫奉持修行佛法。各位佛灭度以后，用七宝建起塔庙，上立涂金长旗竿以表金碧佛刹，并以香花、伎乐供养各位佛的塔庙。渐渐具足菩萨道以后，于意乐国而成佛，佛号是多摩罗旃檀之香。佛的寿命是二十四小劫，常为天神和人演说佛道。声闻其数无量，如恒河之沙，具足三明、六通，有伟大的威德。菩萨无数，都是志愿成佛、坚固而精进用功的人，对于佛的智慧，都是不退转的。佛灭度以后，正法住世四十小劫，像法也是住世四十小劫。我的弟子中具足威德者，其数有五百，我都要给他们授记，于未来世都要成佛。我与你们的宿世因缘到底如何，我今天应当为你们说，你们要很好地听取。

第七章　人类精神永远需要在祈祷中自新与自净

我们的世界今天正面临不同文明间相互的交流冲击。

科技的进步发展已使我们居住的庞大星球变为一座微小的地球村。我们每天所接触到的新族群与新想法，对过去时代的人可以说几近是陌生的。

我们面临的选择极有限但也极迷人：我们可以向内闭锁，与外界隔绝，以旧有熟悉的事物为满足；或者，我们可以制造冲突，为保护自己的利益而摧毁彼此；或者，我们可以相互学习，相互滋长，并进而建立一个分享与爱的新世界。

中国人与犹太人之间交流的历史可称是漫长而深远。早在1000多年前，犹太人便已造访中国。二次大战期间，中国更为遭大屠杀迫害而流离失所的犹太人提供庇护所。

曾经流传着一则古老的犹太传说，里面提到，在上帝尚未创造万物的起初，整个宇宙充满了他的荣光。当上帝决定创造世界的时候，他必须先从宇宙中取回一些光，才有空间安置他所创造的陆地、海洋、树木、玉米、蝴蝶、狮子、瓢虫和海獭。

于是，上帝"吸回"一些光，好让他要创造的万物有安身的地方。原来充满宇宙的光，就是上帝自己的光。现在上帝吸回了这些光之后，该如何处理呢？

话说，上帝将这些光放在许多特别用来储藏上帝荣耀光辉的天罐里。接着他开始创造天空、陆地、海洋、炽烈的太阳、闪烁的月亮与星

宿、森林和沙漠、匍匐爬行的生物和空中的飞鸟，以及水里的鱼和四处漫游的动物。

每件事都进展得很顺利，天地万物美好的形体逐步成形，上帝也陶然自乐其中。

但这时，天上却出现了状况。

上帝的天罐无法封住他之前存放在里头的光芒，因为上帝夺目的光辉是包括天罐在内的所有器皿都无法承载的。这荣耀的光芒一向被用来铺陈宇宙，无法耐住待在斗罐里的日子。

不多久，在一阵电光交错之后，上帝的光芒冲破了众天罐的禁锢。这股强大的冲力让所有的罐子迸裂成数百万的小碎片，破茧而出的光芒则分散为无数的小火花。

这些碎裂成片的残砾散落到刚成形的地球上，成为世间疾病与邪恶的根源。将来这些悲哀与痛苦的碎片还要被集合起来，修补、复原。

至于数以亿计的上帝荣光的小火花，则变成了一个个的人类灵魂。因拥有灵魂，人类的泥土之躯得以成为能够动作与呼吸的活人，并进而能够思考、学习、推理、记忆、行出公义、生出怜悯。每个灵魂都是上帝的一小部分，是上帝之光的一角，是从天罐中迸落、临降宇宙的小火花。

上帝宣告人类是他开天辟地的最高杰作。这些男人女人都是按着他自己的形象所造，并且每个人都拥有他神性的小火花。上帝又吩咐受造的男女要去完成他所交代的神圣使命。

历世历代的人类都可以与上帝同享整个宇宙，成为他的同伴与助手，并成为他所创造大地的照顾者与管家。

历世历代的人类也都应与上帝一同携手，来医治并更新这个宇宙，拾起迸落的天罐碎片，加以修整，使它们与这个世界都恢复完满。

在每个世代与时空里，人们发展出各种宗教与哲学系统，为的是要找寻上帝，明白并实践他的话，每天与上帝一同重建并更新世界，使人受益，丰富并提升自我的生活。

在过去将近 4000 年里,犹太信仰一直是通往上帝的一条智慧之道。它帮助人清楚地了解并遵行上帝的旨意,并提升宇宙和个人存在的意义。犹太信仰是一个符合理性、满足情感、提升心灵的宗教。犹太信仰也塑造出一个根基深厚、向心力强、热情忠贞的信仰社群。

这本书邀请您进入犹太信仰的世界中。在书中,您会看到犹太信仰的原则与实践,亦即那些塑造犹太人生活面貌及传统的观念与礼仪。

在书中您也会看到,这个古老的社群如何在现代处境下解读并实践上帝的托付,使个人的生命更加丰盛;如何承担上帝的使命,带领世界朝向公正、公义与和平。

宗教是一种思想与信念的体系,不只通过哲学理论运作,也借由直觉与信心。它承认至高的能力,也就是那创造、治理并掌管宇宙的至高者的存在,并为此而雀跃。

宗教源自渴望解答"存在之奥秘"的人性需求,引领人类接触众生的起初源头,也就是让他们与造物主以及其他的受造物有联结,借此帮助人类了解并制伏宇宙中的巨大能力,也帮助他们清楚自己的定位与目标。

宗教帮助人们面对未知,发掘日常生活中的意义与价值,了解伤痛、苦难与邪恶,知道如何生活并面对死亡。

在古代,人类企图影响并控制那些决定他们每日生活的各种力量,于是虔诚地祭拜太阳、月亮、山脉、树木、河川或雨水。他们用石头和贵重的金属制造偶像,赋予它们超凡的能力。他们献上动物、谷物、初熟的果子与长子作祭物,希望那些被他们神格化的力量能因此善待他们,让他们有食物可吃,有水可喝,四季定期有阳光雨水,而且免于一切凶险灾害。每个部族、聚落与家庭都至少有一个以上的偶像,让人可以尊崇地表达敬畏与爱戴。

远古世界的神学观或许很天真,但当时的人头脑绝不简单。

人类的信史大约始于 6000 年前,记录了巴比伦的苏美尔人、埃及

人、腓尼基人、美索不达米亚的亚喀德人、迦勒底人蓬勃发展的文明，以及分布在称做"古代近东世界"里的众多王国。类似的先进文明也在古代世界的其他地区繁茂成长，例如中国、小亚细亚、地中海沿岸、克里特岛与希腊、欧洲，以及印度与日本的聚落。

这些社会各自建立了高度精细的农业聚落，并制造交通与贸易用的船只。此外，他们也制作陶器，编织衣服，并用金属来铸造通用的货币及整理仪容的镜子。

他们不仅懂得使用绘画式的记号，也发展出字母与书写的系统。他们搜集大量的散文、诗词与史话，弹奏雕工精细的乐器，并制作精确的月历及地图。古巴比伦帝国的汉谟拉比国王颁布了人类第一部法典。

在公元前1800年左右，也就是从6000年前开始的人类信史已经过了三分之一的时候，有位名叫亚伯拉罕的人进入了世界的舞台。在那个时候，人类文明的基础模式已经发展得相当稳固。亚伯拉罕的家乡在远古的美索不达米亚，这个区域位于底格里斯河与幼发拉底河流域，被称做"肥沃月弯"，相当于包括今天叙利亚、伊拉克、伊朗、沙特阿拉伯、约旦、以色列和埃及在内的中东地域。

上帝，古代近东世界盛行多神的宗教，受到膜拜的神明数以千计。亚伯拉罕革新了这种宗教概念，宣扬信仰独一上帝的神观。亚伯拉罕宣告是独一的造物主及宇宙的统管者（上帝专有名称的正确发音已失传数千年。今天，犹太人普遍以 Adonai 作为 YHWH 的替代发音，这个字意为"我们的主"）。他们找到了独一真神，便宣称异教徒所膜拜的不过是假神。这个信仰独一上帝的思想体系今天被称做"一神观"。亚伯拉罕的宣告成为犹太宗教信仰的起源。透过亚伯拉罕，独一神观这项犹太信仰的核心教义正式问世。

《妥拉》记载了犹太人在思想及民族历史方面的起源。它包括希伯来圣经的头五卷书，分别是《创世记》、《出埃及记》、《利未记》、《民数记》与《申命记》。

《妥拉》描述犹太人对宇宙及万物源头的认知,也记载了亚伯拉罕和上帝的相遇,及两者所缔结的誓约。它记录上帝在西乃山上颁赐诫命,将合乎他心意的道德价值与行为尺度启示出来。伴随着伦理的诫命,上帝同时赐下了礼仪律,一方面作为牢记并遵守伦理诫命的媒介,一方面则帮助人们的生活达到圣洁的水平,每日的步调得以被调整并更丰富。

诫命引导犹太人去实践生命的目的与使命,包括:除掉充斥在世界中的疾病与邪恶,按上帝国度的法则来促进世界更臻完美,引领期待有一天犹太民族及世人能共同迎接和谐、安宁、完美之弥赛亚纪元的到来。

为了进一步提升生活的含义,《妥拉》吩咐人们要纪念及庆贺一些特别的日子。一年四季里,这些节庆按着时序反复进行,并提醒人们去追念重要的历史事件。此外,节庆的存在也让时间的意义变得神圣。

从上帝赐下《妥拉》那刻直到今日,犹太人信仰生活奉行的焦点是守"安息日"。安息日从星期五日落时分开始,一直到星期六日落时分为止(犹太人根据"阳阴历"的算法,以日落时刻作为一日的起头与结束)。这是一段使身体放松,心灵重新得力的重要时期。上帝当初在历经六天创造天地的工程后,第七天歇息;犹太人透过守安息日来效法上帝,也在这一天放下手上的俗务,将心思专注在上帝、家庭与个人更新的事上。遵守安息日与特定节期,坚固了犹太百姓的信仰与生活,并塑造他们成为目标合一的群体。

以色列:民族和土地,犹太人借由信仰上帝及遵行他的律法来彼此联结。不过,犹太人之所以能如此紧密相系,也在于犹太信仰并不只是一个宗教或一堆的神学信念。这犹太信仰也是一种族群意识,塑造出一个维系在共同历史、语言、文学、国家、文化与命定之上的民族。

上帝照着自己最初与亚伯拉罕所立的誓约,应许犹太百姓一个永远的家乡,也就是以色列地。当约书亚带领以色列百姓进入犹太地后,

犹太人开始在这里建立自己的国家及其政治制度、宗教信仰。在接下来的1000多年里，发生了许多奇事、悲剧与挑战，包括王国的分裂、国家的灭亡、圣殿被毁、犹太百姓遭流放异乡、迁徙返乡，以及再次重建政治与宗教的主权实体。

公元70年，第二圣殿被毁，开始了犹太人将近2000年无乡可归的漂流岁月。在这段流亡期，失去家乡的犹太人散居在世界各地。因为不再有共同信仰族群的支持，他们成为寄居地里其他宗教信仰、种族和文化眼中的异类。失去自主权的犹太人也饱尝自由被剥夺的痛苦，并不断成为偏见、歧视与迫害的箭靶。历经这一切的横逆，犹太人仍秉持坚毅的信仰、不变的合一、无穷的韧性，以及对民族的精神故土不移的忠诚与主权宣示。过程虽让犹太的民族与信仰受到挫折和打击，但他们总是迎向危机，愈挫愈勇，最终安然地存活下来。随着以色列国在1948年成立，犹太信仰的一切要素得以重新汇聚——犹太人的"上帝"和"犹太民族"再次立足于"犹太地"上。

上帝、妥拉和以色列这三要素是恒久的犹太本质，也是犹太信仰的三块柱石。

这就是犹太信仰。

如同上帝一样，每个永存的灵魂都通晓宇宙里的所有知识。然而，一旦灵魂来到世上，住到人类的身体里之后，就不再拥有这些知识的全部，因为在地上的灵魂必须受到人类存在的限制。

所以，灵魂来到了子宫里的婴孩体内，而在它开始地上的生命之前，某个天使会轻敲这个腹中婴孩的上唇，因而在婴孩的鼻子下方造成一道浅沟，并让这婴孩无法拥有全部的天上知识。

这个成为人的灵魂过起了地上的生活，但不管这段人生是何等的愉快满足，这个灵魂的内心深处总感觉一丝的空虚与悲伤。因为，它在自己的意识深处略略瞥见了它所曾知道的一切知识，并且在短暂的瞬间看到了自己将可以再复原的知识与本相。所以灵魂在地上的岁月也同时是回返源头,亦即回到上帝这终极本源与无穷知识那儿去的一段旅程。

在这段回返之旅中,那位拿掉了灵魂所拥有知识的天使,因内疚而担任起灵魂的生命向导。而那位视每个灵魂如宝贵永恒伴侣的上帝,则温柔地带领灵魂回去得到它原本拥有、并将再次拥有的东西。不论是在地上的岁月或在永恒当中,上帝对旅程所做的引导,以及回返到一切知识的必经途径,都蕴含在《妥拉》这个生命之礼中。

因此贤哲约哈楠·班巴噶巴噶教导说:"打开《妥拉》,不断地察考,因为万事万物都隐藏其中。持续地默想它,直到年老发白还要这样。不可离开它的教导,因为再没有比它更好的东西了。"

从悠久并不断演进的犹太教导中,你将可以学到永恒的真理,并借此让你的灵魂满了不断乍现的天上智慧。

不论是在人间或永恒的天上,上帝的同在都辉映在天体的光中。"上主是你永远的光"。

你也可以来浸沐在上帝的光辉里,使你持续反映出他的形象。而你的灵魂既是上帝之光里头的一小片火花,也可以在不断演进的意识中有所成长。不管在地上岁月或永恒之中,你都可以快乐勇敢地向前行。

哈西典派的拿赫曼拉比曾教导:"全世界不管到哪里都是一座窄桥,但最重要的一件事是不要惧怕。"

不管在地上或在永恒里,你都可以谦卑却喜悦地求上帝将灵魂所能得着的最大礼物赏给你:"我一生将享受你的恩惠和不变的爱;我要永远住在你的殿宇中。"以及"不断更新的光要照耀你,并愿你有福气见到它的光辉。"

不管在地上或永恒里,《他勒目》里的祝祷都可以成为你最宝贵的渴望与最炙热的祷告:"愿你心所想在此生得蒙实现,愿你的结局永世无尽,愿你的眼目散发神圣字句的光芒,愿你的脸庞永远反照出上帝的荣光。"

个人虔诚、伦理价值和准则,以及反省、忏悔和赎罪等因素,都是通过祷告、瞑想和颂歌而积聚在一起达到高峰并获得力量的。因此,神圣之道就是奉献或崇拜之道。尽管宗教远不是崇拜,但没有崇拜,宗教就什么也不是。如果人不将心灵和思想提升至神的高度,如果祷告之声沉寂下来,那么宗教就不仅哑了,而且死了。崇拜的功能之一是使人们都知晓宗教群体的传统,唤醒一种崇敬和庄重的感情,增强和提升生活的宗教之道。我们不能仅靠理智或情感来维持宗教在我们心灵和头脑中的存在。宗教精神要掌控我们的生活,就必须找到充分的表达方式。礼仪是宗教的符号语言,它将灵魂中涌现出来的信仰转变为言词、行动和颂歌。所以,我们的圣贤们认识到,崇拜是中流砥柱,支撑着犹太教的宗教世界。

祷告的性质我们已经论述过《托拉》在犹太崇拜中的作用,并认为祷告是一种赎罪方式。现在,让我们来考察一下祷告的性质、其内在逻辑以及它的一些形式。尽管在《托拉》中并无明确规定,但祷告确实一直是与上帝沟通的一种方式。尽管先知们有时也反对献祭崇拜,但他们一直过着充满渴望与祷告的生活。例如,耶利米就反复地向上帝忏悔并恳求,以便躲避生活的艰辛。他要求流亡巴比伦的犹太人以祷告的方式而使上帝临在。《诗篇》的作者和早期的哈西德派信徒继承了先知的祷告传统。他们的虔诚为犹太教的个人祷告和公开祷告提供了素材,并构成了一些祷告形式。

试图在《托拉》中为祷告寻求依据的拉比在《申命记》的告诫中发现了祷告的一些暗示:"爱耶和华——你的上帝,尽心尽性侍奉他。"他们问:"什么是对上帝的尽心侍奉?"得到的回答是:"就是祷告。"尽管祷告式崇拜直到献祭式崇拜停止之后才真正出现,但仍然有人试图在犹太族长的活动中追溯祷告的踪迹。以利扎拉比将祷告列在献祭之上;约书亚·本·利未拉比认为祷告的效用足以打破横在以色列和上帝之间的障碍,即便是一堵铁墙。祷告能清除精神生活中所有的障碍和危险。迈蒙尼德在其《法典》中将祷告放在论述爱的章节中加以论述。的确,爱是祷告的生命气息,这种爱是对上帝的渴求,是精神归于上帝,献身于上帝。祷告是将自己交给上帝,将生命和头脑、灵魂与肉体献在上帝的祭坛上。拿曼拉比认为,祷告意味着一种信仰,具有精神的创造力,这种创造力使空虚的心灵充满神的意识。通过祷告,上帝的神圣品性得以增长。真正的精神活力只有通过祷告才能获得。

犹太人祷告的性质可以通过希伯来语中表示祷告的术语得到部分的揭示。最常用的希伯来词汇是"Tephillah",由词根"palal"变化而来。该词除了表示求情和祷告之外,也暗指仲裁和判决。戈尔德基法由此把"Tepillah"的原意理解为"恳求上帝进行裁决"。祷告便成为个人在上帝面前服从上帝判决的一种形式。这种含义,可能是因为以色列最早的祷告是与献祭联系在一起的,上帝接受它无疑是有条件的,这取决于崇拜者是否杰出,是否纯洁,是否无罪。该隐的献祭遭到拒绝,曼诺解释说,这是因为,如果接受该隐的献祭,则暗示上帝喜好该隐。《诗篇》的作者则证实了上帝对他的灵魂所做的事情:

我曾用口求告他,

我的舌头也称他为高。

我若心里注重罪孽,

主必不听。

但上帝实在听见了;

他侧耳听了我祷告的声音。

每一次献祭都是对人的公义的考验,因此,《诗篇》的作者在试图得到对特别请求的赞许回应时,常常请求上帝来判决。先知的教导加强了崇拜中的这种伦理倾向。起初,人在崇拜时可能显得很被动,但一段时间之后他们就会积极参与。他们会在作为法官、国王和父亲的上帝面前陈明自己的理由。"Tephillah"一词因此就获得了祷告的含义,在我们看来,它表示虔诚、敬仰地恳求上帝的保佑、宽待和喜好。要求、恳求和祈求的观念还在"bakashah","sheelah","tehinah"和"tahanun"等词

中得到表达。其他大部分表示祷告的词也都表达了心归上帝、在上帝面前作自我评判以及忏悔、瞑想、感恩和赞扬等含义。

出自《圣经》和拉比教导的祷告范围很广,因人的需要与努力而各不相同。有情不自禁的痛哭,也有快乐心灵的无声沉思;有孤独的朝圣者在人生黑暗之途的探索,也有欢乐的人群欢唱愉悦的颂歌。对生命、健康和繁荣的热切恳求,常常在同样的仪式中以固定的模式交替进行,表示感恩的赞扬与对个人和民族不幸的哀悼,对罪的忏悔和对宽恕的祈求同时并存;一次祷告可以祈求每日的面包,另一次则可以祈求亲近上帝;一次可以祈求上帝诅咒现实的或假想的敌人,另一次则可以以完全的自我牺牲为代价而使他人获得福祉。有的祷告道出了人类深层的痛苦和失望,有的则表达了对上帝的崇敬和生活中的欢愉;有的祷告强调的是学院宗教和遵守礼仪,有的祷告则触及信仰的永恒精神;有的力图平息上帝的愤怒,有的则在上帝的慈爱中获得享受。祷告中有普通心灵的谦卑请求,也有圣贤深邃的沉思。有的祷告语言直白平实,有的则优美华丽;有的使用简单的散文体,有的则使用高雅的诗体。但不管祷告的内容和形式如何,都表明人的精神总是向着它神圣的源头,代表着奉献在信仰祭坛上的心灵,是有限的人与无限的造物主之间沟通的手段。一方面,它承认人对上帝的依赖,相信上帝宽大的仁慈并随时准备帮助恳求他的人;另一方面,它意味着人对上帝所怀有的极度喜悦并愿将灵魂奉献给上帝的虔诚。祷告是信仰的冒险之旅,在这一过程中,积极的灵魂寻求建立起与上帝的沟通。

祷告的类型在对祷告的任何一种分类中,祈求总是排在首位。祈求作为一种对上帝的依赖感,可以被看做是宗教特征的显现,是灵魂向着所有生命和所有善之源泉的最初驱动。伊弗林·安德西尔写道:"幼鸟张开的小嘴和满怀希冀的信赖,是对雌鸟的尽职与慈爱的赞颂,是对这一事实的感激。于是,在这种历久弥新的祈求时刻,在这种对上帝的期待中,我们将表达我们对我们所依赖的那位无限慷慨者的深情、我们自身的贫困和克服这种贫困的需要。而这正是人类的宗教之核心：通过满怀信心地向上帝和灵魂的牧羊人发出诉求来锤炼对上帝的敬畏与崇拜。"人在上帝面前说出自己的需求，是因为人相信可以从上帝那里得到帮助。布林顿从一本古老的神学词典中引述了祷告的如下定义："祷告是一种希望得到精神上和物质上的利益的请求，这些利益没有上帝的合作就无法获得。"而另一种更为贴切的定义说："祷告是心灵中说出的或未说出的真诚愿望。"祷告并非总能用言辞表达出来，它是心灵对生命、健康、幸福的呼唤，是处于困境和迷惘时的求助，是对生存、成功和胜利的诉求。

如果人一无所缺，也不渴求得到什么，如果人从未受过悲伤和痛苦的折磨，如果人从不寻求从毁灭和邪恶中得到拯救，那么祷告就可能永远不会出现。从绝望的深渊中走出来的人总要抬起双眼，心向高处。人的最初需求显然是身体上的。随着人们生活水平的提高，人的需求变得日益复杂，他逐渐意识到伦理上和精神上的需要。但仅仅满足个人的需要还不够，人还渴求为他人、为家人、为同胞等人谋求福祉。因为在其民族的救赎没有实现时，他自己的救赎就是不完全的。于是，人的社会属性使祷告成为群体生活和群体联合的工具。面对困难、考验、疾病、洪灾、旱灾、饥荒、战争和恐惧时，部落或群体开始团结起来，向自己的神灵发出请求。在更为先进的社会里，整个民族会在一些特殊场合，一起在上帝面前或是禁食或是自辱，或是为其繁荣、富庶、胜利而欢乐地感恩。他们把自己的艺术和技能融入崇拜中，使祷告成为一种高尚而庄重的礼拜仪式。

在心灵朝着上帝的升华过程中，人与上帝建立起一种独特的关系，用爱米尔的话来说："我们梦想，我们独自受苦，我们独自死亡，但没有什么能阻止我们向上帝公开我们的孤独，使沉闷的独白变成一场对话。"但真正发自内心的这类祷告，并不发生在我们处于节日聚会或例行发生场合中，而是发生在我们一个人完全独处时和与上帝独处时，发生在我们进行深层追求时灵魂受到拷问的痛苦和热切的追寻自我的时刻。只有在这时，我们才似乎触及我们的存在和力量之源泉。

祈求式祷告并不只是与物质上的利益联系在一起。除了祈求得到孩子、生命和食物以外，人还祈求灵魂从邪恶中得到拯救，祈求精神从物质的束缚中解放出来，祈求把握真实的生活道路，祈求道德价值的实现，祈求把人的意志加以调整以适应上帝的意志。关于这类祷告，康德写道："一种由衷希望在一切行动中使上帝愉悦的愿望，一种想要将我们所有想做的事都转变成对上帝的侍奉倾向，就是那种能够并且应该'永不止息'地存在于我们心中的祷告精神。"

祈求的因素渗透于祷告的每个阶段和方面。即使表示感恩和崇敬的祷告，就其本质也是祈求式的。它们表达了人们对那些最为重要和最为依赖的事物的感激之情。犹太礼拜仪式中的经典的感恩祷告写道："啊，主，我们的上帝，我们满心感激地承认你是我们的造物主和保护人，是我们的生命之石，是护卫我们之盾。我们为自己的生命掌握在你手里而感谢你，我们为自己的灵魂一直在你的看护下而感谢你，我们为你奇迹般的护佑和永不间断的关怀而感谢你，为你日复一日将这护佑和关怀降于我们而感谢你。你的仁慈永照，你的关怀永在，所以，我们信任你。"祈求、感恩和崇敬相互之间的关系可以用传统的 Birkat Hagomel 来阐释。一个从可怕的险境中逃脱出来的人会道出这样的感恩祈祷："祝福你啊，主，我的上帝、宇宙之王，你将福祉赐给那不配领受人，你将所有幸运赐予到我的头上。"对此，会众会回应说："那把所有幸运赐给你的人，愿他永远把所有幸运赐给你。"这样，对过去恩惠的感恩就转变成对未来恩惠的祈求。感恩对于宗教生活如此重要，以至于拉比说，在弥赛亚时代，除了感恩祭之外，所有的献祭形式都将被废除，除了感恩祷告之外，所有祷告都将终止。

我们礼拜仪式中的崇拜也有类似的性质。经典的《崇拜词》将上帝尊崇为万物的主，表达了人希望尽快在全世界建立起上帝的统治，希望铲除所有的偶像崇拜和邪恶。同样，在祝圣中，对上帝的赞扬，成为人们相信死者的灵魂像活人的一样并在上帝统治下的护佑之下这一信念的基础。通过使崇拜者懂得信仰与信赖的真实基础,上帝的属性被具体化。这是祷告开头和结束套式的深层动机,也是在显示上帝神性之威严现象时诵读感恩词的动机。价值的承认必然引出赞扬,因此,祷告中总是强调上帝特征中那些对个人或群体有很高价值的方面。从这一意义上说,祷告代表着一种宗教意识的典型倾向,一种沉思的崇敬倾向,以及一种崇敬上帝的行为。

教诲性祷告起源于人的理性生活。人总是希望了解事物的本原、其发生的原因以及最后的结局。人在致力于开启对生活中阴暗面的了解和寻找曲折、混乱的生活道路的方向时,总要转向真理之源。沉睡于心中的精神,有时会经由言辞和争论,有时则通过沉默的内省和直觉而被唤醒。"人会在上帝从他灵魂的深处出现时认出上帝,呼唤在此生和来世得到上帝光辉的照耀和真理的指引。"这类祷告实际上表达了"人对神迹的直觉。有了这一直觉,人在祷告时便可进入智慧之光的终极源泉。"沉浸在上帝的神迹和无尽的智慧之源中,人会感到自己被上帝永在的手臂扶持着。正是崇拜的这一层面使爱默生把祷告定义为:"从最高的角度来思考生活的方方面面。它(祷告)是负有义务、快乐欢悦的灵魂的独白,是上帝之灵在褒扬自己的杰作。"人生经历中的各种困惑迷惘可以在它们与一切生活之源的关系中得以预见。在教诲性祷告中,关键词语包括:"请教给我你的道吧","指给我你的路吧","照亮我的黑暗吧","让我知道你的真理吧","送来你的光芒吧",等等。

我们在论及《托拉》时曾提及,教诲性成分渗透到了所有犹太教崇拜中。宗教的认知功能与伦理功能融合在一起,影响了人在上帝面前所说的每一句话。心灵的渴求、需要和热望都受到主导神学关于上帝的观念的左右。同样,伦理准则成为每一种愿望、欲望和希冀的衡量尺度。自私的祈求遭到摒弃,被认为不符合信仰精神。并非一切未经陶冶的本能所渴求的东西,都适合于供奉在上帝面前的祭坛上。"祷告是贪婪者的缰绳。"神的王位建立在神圣和善之上,建立在真、义和爱之上。

没有这些,崇拜就是渎神。因此,崇拜中很强调伦理方面的准备。"祷告之前,人必须洁净其心,约伯这样说道:'既然我手中没有罪行,我的祷告就是纯洁的。'尼希米拉比之子,大祭司约书亚评价说:有无卑污的祷告呢?意思是:任何人若手上因抢劫而受玷污,他求告上帝时就得不到答复。为什么呢?因为他祷告时身负罪责。"过去,以利扎拉比通常在做祷告前都要布施,一句拉比格言说:不慷慨捐出什一捐的祷告者,是无法接近上帝的。

这一类祷告也可以归为伦理性或先知式祷告,因为它的最佳形式出现在《先知书》中。信仰与正义的准则可用于人的生活。在这些准则的指引下,受伤的心灵会倾诉出自己的怨恨和烦恼,重新树立对上帝永恒的美德与旨意的信心和信赖。先知层面的崇拜不是对现实生活的一种背离,而是对其本质的一种洞察,对其阴暗面以及光明面的一种深入探究,是对事实的深层思考。这样的崇拜如果真有收获,就为人类精神开启了新的前景,使其能坚强地面对新的挑战和任务。

在先知式的祷告中,回忆这一因素起着突出的作用。最有意义的经历从过去的历史中被发掘出来,帮助个人或群体崇拜者克服他们面临的新问题。对世代遭受压迫的犹太人来说,出埃及的故事不只是讲述了一件发生在几千年前的事件,而且还讲述了一种不灭的自由理想,这种理想给斗争中的人带来希望。它被用做恪守安息日的一种额外动力。出埃及的故事在逾越节家宴上被戏剧化,并与庆祝七七节时表达的对律法书的情感,以及住棚节表达的感恩精神结合在一起。犹太新年和赎罪日这些庄严的日子与西奈山上上帝的声音,与大祭司在耶路撒冷圣殿仪式上的声音,以及历来以色列的祭祀礼拜的声音遥相呼应。珍藏在犹太民族记忆中的重要历史事件——如马加比起义,从哈曼手中被解救出来,犹太民族在圣殿被毁、国家遭灭和数世纪的压迫情况下留存下来等——都激励着面临不确定的未来的犹太人的精神,强化了我们作为一个宗教群体生存下来的意志。这样的回忆唤醒了我们业已减弱的宗教价值观,赋予犹太人的生活以意义。在这里,历史经验与伦理经验相融合。当下的情形与往昔传承下来的理想相遭遇。

伦理因素常常构成祷告的特殊主题。人类生活和命运在这些思想的观照下经受考验。关注的焦点是，上帝对人有何种要求，以及由于人的软弱和无能而无法做到上帝对他的所有要求。这也使得祷告中出现忏悔的成分、对心灵和思想的探寻和对罪的忏悔。

在先知式能祷告中，感情和记忆因回忆和思考而丰富。头脑思索着上帝创造的作品、上帝与我们以及与我们周围的世界的关系。思想回忆着上帝的道，上帝在自然和人心中留下的启示，上帝的庄严和壮丽。除《圣经》之外，这类祷告令人印象深刻的例子出现在《示玛》、《阿米达》、《塔哈努》和《忏悔》前后的祝词中，以及在新年礼拜上的《马尔库约特》、《子赫罗劳特》和《肖法罗特》中。

尽管所有祷告都以一种追随上帝的形式出现，但神秘祷告却以最为罕见、最令人惊讶的与上帝的内在交流或对话的形式出现。在这些祷告中，我们看到的不是对帮助或裁决的祈求，而是对上帝的思考、对上帝的依赖、对上帝爱的喜悦和对上帝临在的欢乐。在这里起作用的是更高尚的情感而非理性。接近上帝，显然成为最高的善和灵魂可沐浴在其中的光芒。《诗篇》作者唱道：

上帝啊，你的慈爱何其宝贵！
世人投靠在你翅膀的荫下。
他们必因你殿里的肥甘得以饱足；
你也必叫他们来喝你乐河的水。
因为，在你那里有生命的源头；
在你的光中，我们必得见光。

在神秘的祷告中，灵魂寻求的是与上帝的同一，甚至是使灵魂本身消失在上帝之中。它的氛围是一种爱的氛围。以利泽·阿兹卡利在一篇祷告中例证了这一点，该祷告出现在塞法迪犹太人仪式中：

灵魂的爱人，仁慈的父亲，

让你的仆人归依于你的意志,

他像雄鹿一样轻快地跑向你,

俯卧在你的荣耀之下。

你对他的爱甜过蜂巢,

胜过每一种诱人的气味。

世界的光辉崇高而美丽,

然而我的灵魂渴望的是你的爱。

啊,上帝,我向你祷告,净化我的灵魂吧,

将你灿烂的光辉撒在我的灵魂上。

它将因此而坚强,兴盛,永远的欢快。

啊,万众之主啊,显现你的仁慈,倾注你的热情,

到你亲爱的孩子身上。

因为,噢,我渴望目睹你征服一切的力量,

已经太久、太久!

我的上帝,你是我心灵的渴望,怜悯我,不要转去。

显灵吧,敬爱的主,张开你和平的华盖。

让大地在你的荣光下闪耀,

我们将因你而快乐和欣喜。

快些显现你的爱吧,因为约会的时间就要到了;

如往昔一样仁慈地对待我们吧。

同大多数神秘主义一样,在神秘的祷告中,内在的宗教体验总是一切因素中最为重要的。信仰之声尽管很弱,却引导着心灵。言辞不及之处,虔诚的静默和象征会有效地表达内心的情感。在既重思索又重实用的喀巴拉派的影响下,神秘的祷告逐渐成为一种夸张的象征主义,过于重视崇拜精神。但当它以一种纯正的形式表达对上帝的临近和仁爱的内在感悟时,它仍不失为是最高贵的崇拜形式。在奉献中,它得到了最为充分的表达。在这里,思想和言辞、理想和行动都得到了统一,灵魂从而被引向其神圣之源。

在《诗篇》和传统的《祷告书》中，祷告的各种形式常常组合在一起。《阿米达》或《十八种祝福》中列出了每种祷告。先知式因素和神秘性因素，赋予灵魂的简洁呼唤以尊严和深度。"当受苦者向上帝倾诉其怨言时"，它们便具有"受难者的祷告"以及"对上帝的感恩颂歌"的性质。经由这种结合，犹太祷告超越了普通的恳求，成为渴望上帝临在、自愿献身侍奉上帝的一种表达形式。

关于祷告的逻辑，威廉·詹姆斯评论说："在这些科学启蒙时期，我们常常可以听到许多有关祷告效用的讨论、许多我们不该祷告及应该祷告的理由。但是，几乎没有人谈及我们确实在祷告的理由，即我们总是情不自禁地进行祷告的理由。看来，尽管'科学'可能会造成相反的结果，但除非人的精神本质发生改变，使我们知道还有事物可以使我们产生希望，否则人将继续祷告下去，直到时间的尽头。"

詹姆斯似乎指的是祈求式祷告，正是这种祷告，受到了来自基督教和犹太教中的理性思想最严厉的批评。对祈求式祷告的进一步指责，是它祈求的东西通常是低俗的和物质上的。向上帝提出的，竟是如此之多的一个人都不愿向另一个人提及的微不足道的琐事。但是，正是这一点，使得祷告成为一种在本质上令人感到亲切的事，并且最终对受到困扰的心灵有极大的帮助。心灵有自己的渴求，而且本能地呼唤帮助。在悲伤、哀痛或险恶的黑夜中，正常人的心中都会产生对光明、救赎和拯救的渴望。不论是否表达出来，这种渴望都是祷告的实质内容，是因信仰而产生的一种希望。的确，信仰本身是内心的需要，并受到有益的想象和推理的激励和推动。"我对自己的未来满怀信心"，福斯特写道，"我不能证实自己的未来是有价值的，但没有这种确信，我是活不下去的，这就是痴。"这种类型的信仰无法由证据来证明，也不需要证据，因为没有它，生命就不能继续下去。因此，这说明是灵魂激发了信仰。表达内心深处渴望的祷告，给了这种献身的信仰以力量。"你们要寻求我，就必存活。"祷告是灵魂对上帝永恒的渴求。

作为对人的内心的渴望、希冀和求索的反映,祷告也由于祷告者的性格和精神气质而有高低之分、雅俗之异、智愚之别。可是,有谁会轻视来自愚钝心灵的痛苦呼唤呢?需要雨水的农民最为自然地呼唤雨水,而有头脑的城市店主则很有可能在同一时刻呼唤晴天。同理,在战争期间,参战双方都祈求胜利。中立者的道德感可能会为这种祈求感到震惊,但参战者会觉得这样做并无什么不妥。在困境之中,人们自然会仰望他们可能会获得帮助的高处。这可以根据构成宗教的基础并使它具有价值的非理性的和主观的因素予以解释。随着人的道德和智慧的增长,他们的祷告也具有更深刻的特征。他们的祈求避免了一切粗鄙庸俗、仇恨野蛮的东西,也不再是对上帝的强求和乞讨,而是对接近上帝的热切期盼。拉比告诫我们,要避免作出非理性的祈求。人在表达个人需求时,应该是那些值得向上帝发出的需求,而且应当抱着这样一种希望:应该实现的,不是人的意志,而是上帝的意志。巴赫亚·伊本·帕库达说道:"我的兄弟,你应当知道,我们虔诚祷告的目的,只在于满足灵魂对上帝的渴望,在于让灵魂谦卑地面对上帝,在于赞美造物主,颂扬并感激他的圣名,除去加在他身上的所有负担。"

尽管需要一般来说是宗教的驱动力,特别是祷告的驱动力,但并非每种需要都会产生祷告的情感。人已知道如何去获得的东西,不再包括在他祷告的范围之内。人还懂得把那些受某种固定法则支配的事物排除出在祷告目的的范围之外,比如日出日落、潮汐、日食月食、洪水、雷鸣闪电、天气变化等等。因此恐惧或狂喜的人心会以不同的方式对这些现象作出反应,但在不断进步的科学的影响下,人是不会要求它们加以改变以适合于个人的需要的。在受到自然力的威胁时,人可能作出的祈求是获得意志和勇气的力量来面对这些危险并克服之。

由个人和社会需求导致的祈求式祷告,超越了物质上的私利。由于对上帝的依赖和对上帝力量的信赖,这一感情激发起更崇高的宗教情感,其中包括尊崇与崇拜、顺从与谦卑、自省与悔过、感激与爱戴等。那种要求上帝满足崇拜者欲望的自私想法,让位于希望自己值得享受上帝的恩典和保护的想法。黑勒写到:"的确,这种信赖感不仅与最初的请求密切相关,而且极其自然地产生于它。希望与信心作为祷告的动力,驱除了所有焦虑和恐惧,升华为愉快的信念。愿望与向往产生于一种内在的自制感。在祷告过程中,虔诚的人发现,在他的内心正在发生一种深刻的心理变化。当他倾诉自己的需要和表达自己的愿望时,他发现自己内心充满了信心,毫不怀疑地确信自己的祷告已经得到了回应。"

人们相信,祈求的效用取决于上帝的自由意志或恩典,而非取决于祷告时所说的言辞和套话是否有力。如果认为祷告具有束缚上帝的不可战胜的力量,它就倒退为巫术了。巫术的咒语与即便是最质朴的祷告套语之间也有着本质的区别。它们的最大区别在于:前者强迫超自然的力量听命于巫咒,而后者则恳求帮助。巫术的咒语自动地起作用,祷告则表达了人对上帝意志的顺从。祷告总是有条件的,依赖于神的意志和崇拜者的功德。人把自己的需求摆在上帝面前,请求上帝做对他来说是最好的事。他的格言是:"主啊,这不是我的意愿,而是你的!""我们无法知道我们的所求是否真的有益于我们。不管你是接受还是拒绝我们的祈求,只有你才知道一切,安排好了一切。"约瑟福斯告诫说:"让我们向上帝发出祷告和请求,与其说是求他给我们带来好的东西……还不如说是告诉他我们可以充分地接受他,当我们接受了他的时候,我们可以保有他。"

祷告作为献祭的一种替代,表达的是献身于上帝和侍奉上帝。即便是机械地重复祷告语,也是提升心灵以靠近上帝的一种形式。若是全身心投入祷告,祷告便可能成为创建宗教生活最为有力的力量。通过祷告,崇拜者在上帝和人的面前庄严地表示自己应成为什么样的人。

在谈到祷告的效用时,人们常常指在物质环境中造成的某种变化,比如,为解除干旱带来雨水,取得战争的胜利或促成和平,使病人

恢复健康等等。尽管人类的历史经验使我们难以否认祷告即使在这类问题上的作用，但我们也不必用祷告可能带来的外在变化来衡量祷告的价值。

蒙特费尔写道："对祷告的回应可能就在祷告本身之中。从某种意义上说，对祷告者产生的效用很可能是祷告者自己制造的。不过，即便如此，这也只是因为祷告者不是'孤独的'，或者，是因为祷告会使祷告者受到某些神秘的影响，加强并激发他自身中的神性。"

人对祷告效用的期待首先具有主观特征，并主要体现在道德和精神领域。其次，他才可能扩展到外部自然的外在领域中。祷告赋予人以创造力，以根据自身的需求去改变自然。

布林顿写道："心灵处于虔诚状态所产生的精神影响，会在痛苦时激发忍耐，在逆境中激发希望，在危险中激发勇气，在面对死亡时保持冷静和信心。这种精神影响在历史上所起的作用之大，可以从每一次宗教战争中和所有宗教的殉教者的生命中略见一斑。问题不在于他们信仰什么，而在于，只要他们始终不渝地坚持自己的信仰，那么，即使是冥界之门也不能战胜他们。"

鉴于祷告源自宗教信念，那么，信仰什么以及向谁祷告就变得十分重要。例如，犹太教就禁止向天使或圣人的灵魂祷告。犹太教只知道上帝是"祷告的聆听者"。用迈蒙尼德信条的话来说："只有向上帝的祷告才是正当的，向除上帝之外的任何存在物的祷告都是不正当的。"

通过对人的灵魂的影响，祷告证实了自己的价值。祷告已被证明是人类生存斗争的强大武器，一种在无数战争中经受住考验的武器。落入陷阱的人，漂泊在风暴肆虐的海上的人，以及进入瘟疫蔓延的丛林的人，在祷告中获得了灵魂的升华，从而开启了深厚的力量之源。他们将抛弃焦虑和烦恼带来的沉重负担，他们饱经磨难的心灵会体验到自由和新的希望。

我已经论述过，"我们不是因为信赖上帝才祷告，我们是因为祷告才信赖上帝"。通过祷告的实践，我们使上帝更加靠近我们的良心。那个我们在罕有的沉思时刻才能体察到的统治一切的万民之主,就会通过祷告而成为一个亲密的同伴和朋友,并时刻引导和帮助我们。迪恩·斯伯利发表过类似的评论:"我们并不是首先画一幅想象的上帝画像,然后再去崇拜他;崇拜行为本身就是我们最初认识上帝的过程。"祷告是信仰的语言,是宗教有生命的声音。祷告意味着使宗教成为真实的东西。通过将宗教精神言辞化,祷告赋予宗教生命力。通过反省和思辨形成的上帝的观念显然是抽象的,且似乎与普通人的生活没有什么联系。因此,尽管在哲学界有关于上帝的十分先进的观念,但普通大众仍然用具体的形象和熟悉的事物来表现上帝。部分是由于根深蒂固的多神教观念,部分是出于心理需要,一般人总是把上帝降低到自然物体和自然力量的层次上。但犹太教绝不迎合大众制造偶像崇拜的倾向,而是力图通过祷告来克服其关于上帝观念的模糊性。犹太教通过把诗歌运用于信仰崇拜中,使上帝接近崇拜者的心。尽管犹太教中保留了某些对上帝拟人化的描述,但它竭力使崇拜者心灵保持这样一种观念:这些描述仅仅是上帝的象征,而其真实本性超越于人的心智之上。犹太教不断努力用人的关系来诠释上帝的无限的特征。一切存在之源和生命之泉被说成是父亲和牧羊人,说成是人的朋友和心上人。作为内心的存在和超然的君主,上帝在人的心灵里激起崇敬、敬畏和庄严的情感。而作为仁慈的主,上帝与善良、同情、仁爱等更为温和的情感联系在一起。通过这些以及类似的品性,人心将捕捉到超越的上帝的观念。

神秘性祷告和教诲性祷告在这里相遇了。这两者都把将全部思想集中于上帝视为崇拜的真正目的。迈蒙尼德把崇拜的这种目的说成是"对那些已经掌握最高真理的人来说是特有的;他们越是反思,越是常想着上帝,就越是陷入对上帝的崇拜之中。……所有诸如研习律法书、吟诵祷告、遵守其他诫命等宗教行为,都无一例外地成为使我们用上帝的诫命来占领和充实我们的心灵并从世俗事务中解脱出来的工具;我们因此而与上帝相沟通,不受其他事情的干扰。"

这样,祷告扩大了我们认识上帝和世界的视野,使我们看到了新的奋斗目标。祷告使我们模糊的理想像发光的星星一样在我们的视野中闪耀,向我们表明在生活中要扮演的角色。我们学会了根据这些理想来评判自己。这时,忏悔便开始发挥作用,让良心去审视那些应受谴责的恶行,唤醒希望重新成为上帝之子的愿望。它的精神体现在《诗篇》作者的祷告中:"上帝啊,求你为我造洁净的心;使我重新有正直的灵。"我们得到帮助而将我们相互冲突的倾向重新融入一个统一的目标中。我们将我们的整个生命——而不仅仅是我们破碎的意志——与上帝和上帝的律法联系在一起。

因此,祷告也会使我们超越自我,摆脱以自我为中心和只爱自己的思想,并将我们与为了同胞福祉而奋斗的崇高目标结合在一起。我们受到鼓励去理解生活和他人的努力。我们开始考虑自己的族人、朋友、同胞、教友以及我们的民族乃至全人类。因此,祷告的时间有可能成为我们精神生活中最真实、最具创造性的时刻,使我们的灵魂完全沉浸在神圣的气氛之中。当我们为人类真正赖以生存的事物祷告时,当我们为了他人的福祉而道出我们的热切希望时,我们就像在一架无形的梯子上向着信仰的生活和理想的价值攀登。对我们祷告的回应就是精神受到鼓舞,生命变得丰富。我们将从焦虑与恐惧、困惑与悲痛的状态升华到和平与宁静的状态,从虚弱状态上升到充满道德勇气的状态。我们能够面对黑暗,因为我们已经与之进行搏斗并取得了胜利。

虽然自我分析是自我净化的准备阶段,但过多的自省和主观性会导致自我满足,而不是对上帝的崇拜。在真正的祷告中,所有自我的介入,所有形式的自重和自怜,所有以自我为中心的抱负,以及对尊贵和地位的渴求,都必须弃置一旁。走近上帝的祭坛时,必须怀有绝对的谦卑,忘记自我,放弃一切,必须使心中充满对上帝和与上帝相联系的那些价值的爱和虔诚。"按你的意志行事是我的愿望",这句话表达的是一种真正虔诚的态度。在每一次祷告的背后,暗含的是这样一种信念:人并非孤独地活在这个世界上,并且他总是通过某种方式与那控制一切的神秘实在相联系。人在放弃自我满足和自以为是的思想后,他就会谦恭地认识到自己对上帝的依赖。上帝的眼睛在注视,上帝的耳朵在倾听。祷告只有在努力与上帝的交往中才会在精神上变得富有成效。不作出这样的努力,祷告就会沦为空洞的声音。

在祷告之中,宗教生活的两个要素被联系在一起:神的影响力和人的主动性。作为我们生命的生命,我们心灵的心灵,上帝的光照亮了我们的视野,指明了我们的道路。祷告寻求传达一种与上帝的亲近感,将我们的灵魂与神圣力量之源和光之源联系在一起。因此,对人的主动性的要求被提高到自我暗示的高度。人的灵并没有与神相分离,因为人的灵就存在于神之中。在人的精神生活得到上帝的赐予之后,祷告进一步呼吁人采取主动并鼓起勇气,号召人与上帝合作行动。柏罗丁教导说:"我们切不可以为自己与生命之源已断绝联系;相反,我们呼吸着它,存在于其中,因为它不会先给予我们然后又抽回,而会永远地抬举和承载我们。"

虔诚的人总是怀有这样一种信念:即上帝不仅聆听祷告,而且发起祷告。《诗篇》作者祷告道:"主啊,求你使我嘴唇张开,我的口便传扬赞美你的话!"上帝使灵魂朝着他的方向飞去。祷告于是表现为灵魂对神的敦请的回应。慈爱的含义或者上帝对人的爱就存在于这里。它使我们向上帝接近,就像太阳给花朵染上色彩一样。上帝的永恒之火点亮了我们的灯,照耀着我们。但是,只有当我们把自己的心向着上帝,上帝才会把我们举到上帝身旁。我们必须把我们未开发的灵交由"上帝之灵"去塑造。这样,在祷告中就既有被动因素,也有主动因素,既有对神的接受,也有与神的合作。只有从邪恶和卑劣中净化自己,人才能指望得到神的恩典。上帝的存在可以在公义中见到。只有手洁心清,才能登上上帝的山,住在上帝的圣所。

人寻求与上帝接近,努力与上帝交流时,必须"使他的心警觉,向上帝敞开"。只要我们尽力寻找上帝,就会被上帝找到。费利克斯·阿德

勒对有益的思想表示感激。宗教精神只把自身视为上帝的工具。人和诸民族被上帝选定，是为了进一步实现上帝的目的。罗伯特·布朗宁唱道：

　　我心中之物在朝他而动，
　　在爱一定在爱……
　　难道那不是发自我内心的崇敬？
　　即便是为了自身的缘故，
　　难道我不该感受他，
　　感激他并向他祷告——就在现在？

虔诚的灵魂感到"凡求告上帝的，上帝就与他们相近；若诚心求告，则与他们同在"。只要心灵真诚，就会靠上帝更近。苏非派诗人贾拉尔·乌丁·鲁米的《玛斯纳维》中讲到一个大声向上帝呼叫的人，撒旦讥笑他说："从这儿直到上帝的宝座，你都没得到回应，你还要这样绷着脸叫多少遍'安拉'呢？"这个人担心自己已经被上帝抛弃，但上帝派库克斯尔来到他身边，对他说：

　　上帝给我下达了这样的命令：
　　到他身边对他说，啊，疲惫不堪的人，
　　难道我没有要求你呼叫我吗？
　　你喊出的"安拉"就是我说的"我在这里"，
　　痛苦、渴望与热情是你的信使；
　　你为求得帮助所付出的奋斗与努力，
　　是我的吸引力，是你的祷告之源，
　　你的恐惧与爱隐藏着我的仁慈，
　　你的每一句"啊，主"包含着许多句"我在这里"。

圣格里高利也说过类似的话："当一个灵魂真正渴望上帝时，它就已经拥有了上帝。"帕斯卡尔在寂静的黑夜倾诉灵魂的痛苦时，听到了这样的回应："放心吧，如果你不是已经拥有了我，你就不会寻找我了。"

犹太会堂——个人和公共祷告场所,宗教作为个人经验和社会现象这两个层面,都在祷告中得到了反映。一个由默祷代表,另一个由公众祷代表。哈拿在沉默中向上帝敞开她的心扉,谦卑使她隐藏起自己的诉求,甚至连年长的以利祭司的耳朵也听不见。"只见她的唇在动,但听不到她的声音。"在公开场合道出一个人最隐秘的渴求,对有些人来说似乎显得缺乏教养,甚至会被认为是亵渎上帝。人独处时,往往生活在最为真实的精神状态中。他们在独处中与黑暗势力搏斗,在独处中看到星星的光明。以利亚从狂乱的人群中逃离到旷野中,为的是与上帝独处,去捕捉那微弱的耳语声。不过,"我还是忍受不住满心的怨恨和烦恼而发出了叫喊",哈拿说。被压抑的情感总是要爆发出来成为呼喊,不论是克制住的还是高声发出的。耶利米内心受到精神挣扎的压抑,但在独白、忏悔和祈求中得到了宣泄。他对信仰的表达打动了听众的心,被保存下来,成为他人用来表达内心难以言说的渴望的最佳表达。这些祷告记录在先知书的《耶利米书》中,回响在许多《诗篇》的篇章中,成为表达虔诚信仰的常用祷告语。

此外,个人并不是生活在孤立的个人生活中。作为一种社会存在物,人的需求并不完全是个人的,其大部分需要都是整个群体或民族所需要的。这些需求也反映在祷告中。尽管他是作为个人在祷告,他却反映了整个群体。《诗篇》被认为是所有以色列人的诗歌和祈愿,尽管《诗篇》采用的是第一人称的单数形式,但《诗篇》反映了全体以色列人崇拜上帝的行为。从个人崇拜向群体崇拜的转变,可见诸于整个民族献祭改变为由祭司代为献祭和诵读礼仪套语的实践,也可见诸于请求虔诚的人代为说出自己的祈求等类似的实践。摩西被视为犹太民族的调解者,其他先知也起着类似的作用。也有人向过着祷告生活的哈西德派诉说自己心中的愿望。霍尼·哈米加、阿巴·西尔基亚、哈尼那·本·多沙等人曾代表病人和受苦的人,甚至代表整个民族进行调解。在这种情况下,听众认同他们的代表所作的祷告,并以"阿门"、"哈利路亚"、"何西亚那"、"吉列奥拉姆巴斯多"及荣耀颂等形式作出简短的呼

应。在崇拜仪式中,启用轮流吟唱的呼应做法来源于那些在圣殿和早期犹太会堂中实行的做法。祷告的自发性成分逐渐成为固定和习惯性祷告形式的附属部分,个人的祈祷与会众的礼拜仪式融合在一起。《十八种祝福》引人注目地说明了这一过程。它们起初是祭司在圣所的仪式语和圣徒式的个人祷告语,后来逐渐自然结合起来,最后在迦玛利亚二世的手中被确定为法典,成为每日三祷的中心内容。在正统派的崇拜中,这些祝福的个人和公共形式都以诵读的模式被保留下来。它们先由每个崇拜者默诵一遍,然后由读经师或者赞礼员为整个会众重复诵读。

公共祷告的目的不在于回应某一类人的需要,而是回应所有人的需要,包括无知者和博学者,内向的人和外向的人。在公共祷告中,不仅有群体宝贵传统中的祈愿,也有朴素心灵中的朴素愿望;不仅有横溢的诗才,也有朴实的感恩;不仅有社会的集体抱负,也有纯粹的个人诉求。

有意识地试图创作在公共场合使用的祷告词、赞美诗和默祷,创造了礼拜艺术的形式。公共崇拜因此获得一种令人难以忘怀的形式。尽管有些祷告语中保留了个人崇拜的自发成分,但另一些则表现得正式和严谨,带有人为色彩。《圣经》本身就显示了这一倾向,在标准化的《祷告书》中、在《诗篇》离合诗冗长的叠句中、在镶嵌式的《圣经》诗行以及不断重复的连祷文中,这种倾向表现得尤为充分,从而导致了一种有时只有深沉的宗教狂热才能克服的单调感。在礼拜诗,尤其是阿什肯纳兹犹太人的仪式中,奉献的精神让位于说教。在忏悔日祷告和个人崇拜中,真正的宗教情感常常被令人厌倦的冗长词句所淹没。做作并不仅仅限于古老的礼拜仪式中,从某种程度上说,现代祷告书中的做作成分更为严重。许多来源于近代的祷告语简直就是给上帝汇报各种个人或社会问题的陈词滥调,几乎不像真正的祷告。

随着祷告从自发的情感宣泄向固定场合的固定崇拜仪式的转化,个人成分即使没有完全被消除,也是被大量地掩盖了。祷告词中最初那种发自虔诚心灵的热情消失殆尽,祷告文本逐渐因其古老和传统而变得富有价值。它们被一层神圣的光晕包围着,对人的心灵极少产生影响,需要小心翼翼才能区分它们的诵读模式。就像祷告最初与之相连的献祭一样,它的形式逐渐被认为是极为神圣的。对流传下来的文本和表达形式所做的任何改动——如同一种魔法仪式——都被认为会损害它的效果,并使整个礼式失去效用。拉比法典十分重视礼拜仪式的所有最为微小的细节。这些传统的形式在犹太教宗教生活中享有如此之高的权威、如此之大的效用,以致没有它们,礼拜仪式仿佛就没有结果并不会令人满意。即使在改革派的圈子里,当增加新的祷告语时,它们也通常要采用传统形式,从而使得最新的礼拜仪式也具有古老的特点。

尽管个人可以在自己的家中,在商店或工厂,或在旷野祈祷;但一个社团就需要在一个固定的地方举行礼拜仪式。礼拜的群体特征充分体现在犹太会堂里,犹太会堂是犹太教民主精神的独特创造。每个会堂都是一个独立的机构,由一个自发形成的协会创建并维护。犹太会堂不是由教牧人员控制,而是由它自己的成员和官员管理。拉比的职责只是教师和向导,只享有全体会众赋予他的权威。不过,犹太会堂虽然在管理方面实行自治,但每一个犹太会堂通过对信仰和义务的共同传统的继承而与全以色列大会团结在一起。作为一个社区中心和学校的犹太会堂,首先是一个礼拜场所,犹太会堂因此成为犹太宗教生活的源泉。它代表着最具有历史意义的机构。在犹太会堂,犹太教得以发展壮大,并在犹太群体内得到保存。作为一个精神中心和聚集场所,每个犹太会堂都把它周围的单个犹太人统一到有着共同理想和目标的群体中,进而把他们与所有以色列人联系起来。在它的礼拜活动中,个人把自己与自己的民族联系在一起,把个人的需求与集体的需求结合起来。个人可以分享它的信仰和理想、回忆和希望、感慨和热情。希勒尔拉比告诫说:"切勿将你与犹太社区分离开来。"他的这一告诫赋予集体礼拜仪式以特别的力量。西缅·拉金斯拉比评论说:"任何人,如果

他居住的城中有个犹太会堂,而他却不进去礼拜,那么就应该被称为'一个邪恶的邻居'。"以撒拉比教导说:"在进行礼拜的犹太会堂里便可以找到上帝。确实,无论在哪里,只要有10个人在一起祷告,舍金纳便与那些人同在。"会众在犹太会堂进行礼拜的时刻,被认为是上帝恩典的时刻。上帝说:"凡研习《托拉》、行慈善并参加公共礼拜的人,都被视为仿佛从异教中救出了我和我的孩子的人。"犹太教徒个人的虔诚如果不与本地会众的虔诚相一致,不与整个以色列分享,都会被认为是不完全的。

　　祷告的语言很少有事物能维系一个共同体的宗教意识,并把世世代代的崇拜者联结成一个统一体,就像一种历史的礼拜仪式一样。父辈的祷告塑造了子孙的精神生活,《诗篇》和《祷告书》的基本成分多少世纪以来一直保持不变,为历代犹太人提供了思维模式。礼拜仪式在总体上清除了时新的成分,而恪守传统的形式和文本,使其语言本身也变得神圣。当一个民族的宗教理念完全发生变化之后很久,甚至他们的语言也不再为人们所理解之后,祷告的传统模式却延续了下来。黑勒对此评论道:"罗马帝国时代,尽管连祭司也不能完全理解,但古老的拉丁语祷告仍然为人诵读。有时,这类古老做法还被介绍到一些说外邦语言的国家中去。在希腊化的伊希斯神话中,祭司在做出最为神圣的举动时,比如打开圣幕时,使用的是埃及语言。尽管这种语言因被说其他语言的人采用而发生了变化,但古老的模式在语言上的坚持使语言出现了完全仪式化的特征。最为古老的礼仪语言是苏美尔人使用的语言,它一直被闪米特的亚述人和巴比伦人认为是神圣的语言。"梵语一直为中国和日本的佛教徒使用,阿拉伯语成为伊斯兰教每天五次祷告的语言,拉丁语是罗马天主教的通用语。即便在新教教堂的礼拜仪式中,特殊的情感价值也附着在来自希伯来语的某些仪式语言上,比如"阿门"、"哈利路亚"、"瑟拉"等。这些似懂非懂或者完全无法理解的词语在日常生活中已不再为人使用,但正是这些词语增强了人们对宗教的敬畏。希伯来语在犹太教崇拜中就具有这样的特性。对于思想而言，用一种语言表达的思想，在用另一种语言表达时效果一样，但对于情感而言，就并非如此。这时，语言的联想、习惯用法乃至发音才是至关重要的。宗教更多的是心灵而非头脑的活动，杰出的伦理心理学家斯泰恩拉写道："宗教是在希伯来语的声音中被揭示和创造出来的。"

犹太教大师一方面强调祷告的形式，另一方面又力求避免形式主义的危险。"诵读《示玛》和《阿米达》时要注意，当你祷告时，不要把你的祷告看成是一种固定的程序，而要看成是对仁慈的一种诉求，是在那无所不在者面前的祈愿。"崇拜不应该沦为一种机械之举：枯燥、冷淡、毫无生气和表面化。它必须是一种内心崇敬的行为，是信仰与崇敬精神的流露，是欢乐和对上帝的爱的流露。它必须表达心灵的内在渴望、真正的虔诚和自我圣化精神。"上帝要的是心。"如果没有把心朝向上帝，那么，祷告只是修辞练习而已。《塔木德》教导说："人必须时常检讨自己，如果他能把心朝向上帝，就让他祷告；如果不能，就不要让他祷告。"

与此相应，尽管公共崇拜必须使用希伯来语，个人崇拜则不限于一种语言。《示玛》被解释为理解，即用人能理解的任何语言而得到理解。祷告是祈求慈爱，可以用一个人喜欢的任何语言说出来。《密西拿》规定，《示玛》、《祷告书》和《感恩祷告》可以用任何语言诵读。在个人的祷告中唯一重要的是心灵的语言。耶胡达·哈西德就曾劝那些不懂希伯来语的人使用祷告书的日常用语译本。"因为祷告的作用依赖于心灵对它的理解。如果心里不知道口中说的是什么，祷告对人有什么价值呢？"为了满足这种需求，《祷告书》被译成了犹太人所使用的大部分语言的文本。自16世纪以来，已经出现了大量的以犹太日常用语写成的、适用于个人敬奉之用的祷告书。布拉茨拉夫镇的拿曼拉比建议，所有人除了用希伯来语诵读每日固定三祷之外，可以用意第绪语进行即席祷告。改革运动为了使崇拜易于理解，已经大量地——有时是完全

地——使用了犹太人的日常语言。

以撒·M.怀斯在提供希伯来语祷告书的同时,还提供德语和英语译本的祷告书以丰富犹太会堂的崇拜,他在其著作《美国礼仪》的最后一卷的前言中写道:"我们公共崇拜时使用的希伯来语是我们犹太会堂联盟的通用语。虽然以色列之家分散在世界各地,但我们必须有一种工具使在犹太会堂中的人都能够相互理解,这样,就没有一个犹太同胞会在犹太会堂成为陌生人。这种工具就是希伯来语。不过除了这一考虑之外,还有一个原因,即希伯来语的发音对以色列人来说是一种神圣的声音。这些发音是对以色列民族青年时代的神圣回忆,对犹太人而言,那是无法用另外一种语言替代的,正如大卫的《诗篇》很难翻译成另一种语言一样。那些一点不熟悉希伯来语的人……可以借助于祷告书的译本,这些译本使他们能够听懂公共崇拜时圣职人员的话。但在犹太会堂里,让我们永远成为一体,像我们的父辈那样。"凡是在崇拜中彻底废止希伯来语的场所,犹太人崇拜的历史特征也确实无疑地丧失殆尽。

尽管公共崇拜在犹太人的生活中逐渐占据了中心位置,但这并没有使个人崇拜成为不必要的行为。人的心灵总会不断产生规范的礼仪没有包括的新的需要。因此,犹太教制定了在祷告中插入个人祈祷的做法。由于一般人在表达内心渴望时往往会口僵舌硬,不知如何表达,因此还会为他们提供帮助。祈祷书或者特别祷告集里收录有特别虔诚者的个人祷告。因此,在个人崇拜中,自发的祷告也成为例外。传统的做法是使《诗篇》和祷告书的某个部分成为适合于在不同场合下人心与上帝交流的祷词。这类性质的祷告,有用于起床和睡觉时的祝祷,有用于疾病和悲伤时的祈祷,有对从疾病中康复和从危险中获救时的感恩,有用于临死前的忏悔,有用于哀悼的祈祷,以及用于为心爱之人扫墓时的祷告等等。具有公共特征的祷告词包括行割礼、婚礼、葬礼和安放墓碑时的祷告。安息日和重大节日前夕,点燃蜡烛并诵读《圣化》,以及诵读用餐感恩等仪式,都强化了宗教的家庭特征。逾越节因为有了一种专为在家里举行的特别礼仪——哈加达——而更有意义。近年来许多社区举行由会众集体参加的逾越节宴庆,那只是为了不在家里举行庆祝仪式的人举办的。不过,为了不与逾越节家宴的家庭特征发生冲突,在许多情况下会众集体参加的逾越节宴庆是在逾越节的第二个晚上进行的。标准的仪式本身也可以在个人崇拜中使用。许多礼仪的引导部分都是供个人使用的。此外,达不到法定祈祷人数时,礼仪由单个礼拜者诵读,而省略特定的公共祷告部分,如《赞颂》、《圣洁》及《卡迪什》一类祷告。

公共仪式中关于无声崇拜的规定,使礼仪的个人成分得到突出。这里我们必须区分贵格会类型的无言崇拜和犹太教类型的默祷。前者适合于祷告中的性格内向者和大师。布拉茨拉夫镇的拿曼拉比写道:"祷告之前有必要使精神依附于上帝,通过与上帝的结合,祷告词将找到表达的形式。"在现实生活中,很少有人能不用词语表达情感和思想而连续地思考。这一精神专注若要有成效,需要大量训练,这显然超出了普通人的能力范围。普通人可能还没有进入无言状态,就已不知不觉陷入了一种精神上的麻木状态,一种困倦或无法控制的休眠状态。一些贵格会教会对这种在无言状态下崇拜上帝的做法进行了改进的事实,指明了这种类崇拜固有的困难。为了确保祷告的良好效果,犹太教类型的默祷为崇拜者提供了个人化的祷告语,让他可以诵读并牢记于心。以此为基础,他可以在提示下作出贴近其心灵的进一层反省。

虽然情不自禁是祷告时所希望出现的一种行为,但经验告诉我们,固定仪式和固定崇拜场所最能调动起祷告情绪和培育出祷告习惯。通过固定和频繁的重复,祷告会成为我们生活的氛围。当然,这一做法存在一种将祷告转化成一种机械活动的危险。不过,弥补办法并不在于摒弃固定的祷告和依赖自发崇拜或拉比的即兴演说。基督教新教在这一问题上的经验有指导意义。布朗注意到,牧师的"即兴祷告有一种僵化成非正式礼拜仪式的倾向,缺少古老祷告中那种古典气息和尊严给我们带来的受保护感。"迪恩·斯伯利证实说,自由祷告容易沦

为牧师的癖好和个人兴趣的表演,除非受到严格的审查,它容易成为检讨会或"自我分析式的活动",它传达的观念常常十分随意和离题。其非正式性还会剥夺侍奉仪式的美感和打动人心的效果,即使它的直率和新鲜也补偿不了这一缺陷。它的语言通常要么老一套,要么随意而平淡。"如今的事实是,自由的侍奉仪式最初的真诚实际上成了一种缺乏创意的、不能给人以鼓舞的平庸仪式。……主持了数年自由祭拜仪式的每个牧师都无意识地养成了并最终有意识地采用了某种对他已经习惯了的语言和行为的形式。不能仅仅是因为他的祷告没有印在书上或者他的那些用法没有被标上红字来突出显示,就可以把他当成一个'非礼仪性'的牧师。"而且,这种崇拜是与传统相背离的,缺乏古典做法所赋予的权威和感召力。结果,在许多基督教会中,恢复教堂早年的礼拜仪式已成为一种时尚。

尽管有些人在祷告的方式上遇到很大的困难,可虔诚的灵魂在公共崇拜及个人崇拜中都能获得力量、欢乐和平静。的确,很多人都对崇拜有一种有别于告诫和规劝的企盼,有一种除布道和劝告以外的对祷告和礼仪的渴望。这一点部分地可以从盎格鲁—天主教运动中看出来,也可以从一心想在路德宗教会中恢复16世纪路德宗教会仪式的努力中看出来,还可以从基督教的信仰膜拜仪式中以及对犹太教的模仿中看出来。传统礼拜仪式的效果,很多都是由于崇拜者意识到他们在分享一种来自远古的信仰和种种礼仪,这些礼仪把他们与过去世世代代的祖先联系在一起,与生活在其他国家的同胞联系在一起。布道有可能会引起批评,使崇拜者分裂,但崇拜礼仪则把他们统一到一个宗教共同体中。

礼仪与音乐处于祷告核心地位的深层心理检验,自然会影响祷告表达的情绪。心灵被引向上帝时的激动、情感、激情和渴望都转化为身体姿势和语音。焦虑和恐惧、痛苦和悲伤、烦扰和困惑、敬畏和崇敬、喜爱和狂喜、渴望和顺从、信心和希望等等,都会在体态、姿势、动作和歌声中显示出来。原始初民在表达被压抑的情感时所采用的节奏,体现在击掌、捶胸、顿足、跳舞、欢呼、哭叫、叫嚷和歌唱上面。随着人类文明的进步,祷告的那些附加部分经过提炼和加工,成为艺术形式。在公共礼拜仪式中,沉默与领诵者和会众的有声吐露是并行不悖的。

传统的犹太教崇拜有这样一些特征,男女分坐,遮头,屈膝鞠躬,在一些特别祷告时站立,在诵读《阿米达》和《卡迪什》结束时后退三步,以及在新年和赎罪日下跪。在工作日的晨祷中,无论是个人祷,还是公共祷,13岁以上的男子都要戴上经匣和祈祷披巾。安息日和圣日也要使用祈祷披巾。在禁食日,男子崇拜时要脱鞋,在赎罪日,要穿上"基特尔"。

犹太教改革派强调祷告的美感,对于崇拜中自发性的身体反应有较多的限制。现在,它已废除妇女使用楼座分坐的习俗,废止了遮头和使用祈祷披巾的习俗。由于改革派事实上将公共崇拜限制在安息日和圣日,这就自动废止了经匣的使用。它所保留下来的姿势,仅限于在崇拜礼仪的部分时间需要起立,在个人沉思时保持静默,在赞颂时以及在祈祷结束时鞠躬。

宗教崇拜中最突出的是有音乐伴奏。犹太教正统派崇拜仪式的特征是祷告和诵读《圣经》时使用吟诵语调。每种场合和祷告的气氛都由一种与之相应的吟诵旋律来表现。每个节日都有其特别的旋律特征,以至于整年诵读的祷告语中都富有明显的节日气息。因为犹太会堂的歌声道出了犹太精神,这种精神表现在为生命、希望和圣洁而进行的漫长考验和艰辛斗争中,所以音乐恰如其分地表现并丰富了犹太人的信仰。犹太教改革派在着力美化崇拜仪式过程中引入了古老的和声和乐器伴奏。但由于大多数时候音乐和合唱指挥都不是犹太人,结果他们忽视了犹太颂歌的独特特征,即便是那些伟大的音乐家,如舒尔泽、勒万多斯基、魏特饶卜、斯塔克、埃德尔松等人,也没能防止这种疏漏以及给改革派的礼仪带来的不足。这一不足很大程度上是由于音乐指挥想要为会众提供娱乐而非有助于他们崇拜所致。正统派在这一点上常常犯下和改革派同样的错误。娱乐是与崇拜精神相对立的,一场音

乐会的特征是展示演奏者的高超技术,但真正的犹太崇拜礼仪不应完全由赞礼员或拉比主宰,而应当由全体会众主宰。赞礼员和拉比应引导崇拜中的会众,而不应以口才或音乐来娱乐会众。犹太教认为普通人和祭司没有什么区别,任何犹太人都可以主持在犹太会堂进行的公共礼仪。这一事实遏止了把崇拜礼仪变成一种专职人员的专利倾向,不管这一专职人员是赞礼员还是拉比,会众绝不应降低到普通听众的地位,而应当积极参与到祷告和颂唱之中。虽然会众的参与使颂唱无法成为华丽的艺术形式,但它可成为一种真正的虔诚途径,而虔诚才是崇拜的唯一目的。

崇拜礼仪的安排,礼仪领诵者的修养和艺术感,以及会众的参与和应答,必须表现出深层的敬仰和庄严的欢快。当人们欢快地参与侍奉主的活动时,崇拜气氛绝不能过于随便或廉价地大众化,它必须带有一种因意识到上帝临在而具有的敬畏之情,就像雅各醒来时意识到他面对着天堂之门时感到的那样,像摩西看见燃烧的树丛感到的那样,或者像以赛亚在圣殿听到天使合唱到"神圣"时感到的那样。古代一位圣贤教导说:"当你祷告时,要知道你站在谁的面前。"崇拜者进入圣所时,必须有一种希望寻求到主和他的力量的急迫感,在圣洁的美之中崇拜上帝。

我们当前的需要要体现犹太教作为一种生活方式的全部特征,不仅仅需要《托拉》和伦理准则,而且需要崇拜本身。这一崇拜因适当的艺术形式和象征,并因在使用世俗语言的同时使用希伯来语而得到加强。礼仪比语言更形象地表达了人的精神渴求。作为"见证"和"纪念",礼仪还保存了我们的历史意识,以圣洁丰富了我们的生活。礼仪的诗性和象征成分使宗教成为能为男女老幼都带来力量和快乐的活动。礼仪满足我们情感和心灵的需要,因此,能卓有成效地帮助我们获得宗教上的成长。它们为宗教崇拜增添了戏剧性的力量和美感。

为保证我们的民族精神上的健康,必须作出特别的努力来恢复个人和公共崇拜的习惯。祷告是宗教的生命气息,是虔诚和信仰的本质和有形表达。祷告是神秘的梯子,虔诚的灵魂由此攀到上帝的王座前,与上帝交流,加入到对上帝的侍奉之中。有生命力的宗教产生于个人的心中,在祷告中升向上帝。作为一种对信仰的重申,对帮助的呼唤,一种对恩典和引导的祈求以及对上帝的欢跃,祷告揭示了宗教具有的特征。祷告使人和人的恐惧与希望、悲伤与欢乐、忧愁与满足、痛苦与狂喜、失败与胜利、烦扰与热情都袒露在上帝面前,祷告使生活的节庆变得肃穆,使其悲伤得到安慰,祷告赋予个人和群体经历中的那些庄严时刻以意义和神圣感。

人类精神永远需要自新和自净。祷告已成为人们生活中的一种更新力量,将人的想象力和抱负变成自律的手段。祷告将破碎的性格碎片铸成和谐的人格。祷告无论对个人还是对社会都是有用的。通过祷告我们从自我中心的局限中走出来,面对我们的亲人和朋友。我们想到的不仅是我们自己,而且还有生活在各地的同胞,把我们自己与所有同胞的福祉联系起来。祷告成为宗教群体的集体声音,成为其无形灵魂强有力的脉动,并加强了宗教的纽带作用。尽管存在着地理、语言和政治等方面的障碍,祷告却把犹太民族团结在一起。

公共崇拜强化了经历若干个艰辛的世纪之后留存下来的价值观和理想,在彷徨的心中重新唤醒了它们,并把它们作为以色列不朽的财富植根到年青一代的心中。任何一个犹太人在进行认真崇拜后——不管是个人崇拜还是公共崇拜——都会感到自己在精神上的充实。与自己的人民一道礼拜,他会感到信仰得到加强,观念得到净化;通过节日欢快的礼拜仪式和重要圣日肃穆的礼拜,他感到自己得到了升华和新生。的确,祷告是宗教的生命之魂。

为了取得效果,祷告绝不能仅仅是嘟哝出几个单词,也不能是对固定套语的冷漠、心不在焉的复述,而应该是虔诚地全身心向着上帝。犹太教对信仰的最高要求是:"你应当用你全部的心、全部的灵、全部的力量来爱主,你的上帝。"崇拜者应清除自身所有的自私念头,所有

不值得的欲望和野心,把自己毫无保留地献给上帝,侍奉上帝。在专注上帝的同时,他必须下决心这样生活,以获得上帝的赞许。

若要保持犹太民族的精神健康,就必须恢复被许多人放弃了的有意识祷告这一习惯。人若放弃祷告,就会在很大程度上使自己与宗教的丰富宝库隔绝,使其精神生活枯竭。也许,今天对犹太人福祉最大的威胁是对所有形式的宗教崇拜的忽视,对研习《托拉》的忽视以及对自律和祷告的忽视。只有当我们在个人和公共生活中,在家里和犹太会堂中,都将宗教信仰、礼仪和礼拜恢复到应有的地位,我们作为犹太人,才能享有心灵的宁静和重新找到内在的力量与完善。

幸运的是,与我们宗教生活中许多不和谐和令人担忧现象并存的还有一些健康的迹象。察觉到人们对有生命力的信仰的渴望是令人鼓舞的。就像在基督教世界一样,犹太人中敏感的灵魂,不时表明他们对崇拜的渴望,这种渴望不同于对礼拜仪式中娱乐成分的渴望。他们希望有更多的诗歌和传统的颂歌,更多的象征和礼仪。除了对社会公正的强调外,他们还要求有个人宗教。在现代犹太会堂里,他们也力求以犹太宗教奋斗和努力的传统形式建立更强的联系。尽管他们的声音还很微弱,他们却代表着我们宗教的未来。

2500多年前的一个凌晨,佛陀在菩提树下得道,在那一刻,佛陀就发心要把自己证悟成佛的方法告诉众生,让众生也获得像他一样的福慧。佛陀是觉悟了的智者,具足慈悲喜舍,他是不自私的,没有人比他的胸怀更为博大。

我们学佛就是学觉,学习他如何证悟成佛的方法,学觉的前提是修心,先治疗我们的心病,以觉心对治妄心。因为人的心生了病,才产生烦恼,才会有妄心,如果心中没病,每天过的就是佛陀所说的慈悲喜舍的生活:不争、不贪、不求、不自私、不自利、不打妄语,和平、慈悲、友爱。当世界变成这样的时候,我们的人生也自然快乐。因为内心有爱、有温暖,慈悲喜舍里就具足爱和温暖。"人人爱我,我爱人人",每个人都能相互付出，社会也自然和谐美满。多关心、帮助别人、为大众的福利作出奉献，这就是佛法讲的慈悲和智慧。

但问题却是，我们没有多少人愿意为大众的福利作出奉献，我们都太贪心，所以即使有足够与人分享的钱财，也不希望与人分享。因为贪心，不满足，我们往往只为追求更大的利益而努力，贪不得时就争，争不来就战，结果，给自己制造多灾多难的命运。如果能够听从佛陀的教导，以布施心对治悭贪，远离五欲过患，就不致因贪名、贪利、贪财、贪色而起争斗，互相残杀，反而从善如流，远离贪、瞋、痴三毒，内心也可得一份清凉。

因为众生和我们的心性一样，所以要存心诚厚，常常悲悯、敬爱和帮助众生。我们应该有同理心，他人在承受痛苦的时候，也和我承受痛苦时，一般无二。这样设身处地地一想，自然会生起悲心。《华严经》中说："若令众生生欢喜者，则令一切如来欢喜。"又说："不为自己求安乐，但愿众生得离苦。"都是在教导我们要常修慈心，帮助别人。

人能以自己的财物、知识、技能等力量为别人提供帮助，作出奉献，以平等心、恭敬心、欢喜心解决民生疾苦，促进社会福利，学习过不自私的生活，就是佛法。如果你自私，我也自私，只管自扫门前雪，不管他人瓦上霜，我们就掉入了斤斤计较的烦恼黑洞，并且失去了被他人关怀的机会，这个社会也会变得冷漠无情。

爱是相互的，我们每个人都需要关爱，打从一出生，我们就需要父母的关爱；后来是老师、同学的关爱；主管、同事的关爱；子女的关爱……爱就是慈悲，随喜他人功德，也随之改善人际关系、自己的命运。

有很多人知道，美国石油大王洛克菲勒是个著名的慈善家。但是却很少有人知道在此之前的洛克菲勒是个像一般商人一样贪婪自私的人。他出身贫寒，创业初期勤劳肯干，人们都认为他是个好青年。可是当他富甲一方时，却变得贪婪自私，宾夕法尼亚州油田一带的居民都身受其害，对他恨之入骨，有的人甚至将他做成木偶，对那木偶施以绞刑。许多充满憎恨和诅咒的威胁信被送进了他的办公室，连他的兄

弟都将自己儿子的坟墓从洛克菲勒家族的墓园里迁了出来,说儿子在洛克菲勒支配的土地上无法安眠。他的前半生在众叛亲离中度过,53岁那年,他疾病缠身,人瘦得像竹竿。医生们对他进行了宣告,告诉他必须在金钱、烦恼、生命之间选择一个。这时他才明白,他的疾病是贪婪恶魔的影响。于是,他听从了医生的劝告,退休回家,开始学打高尔夫球,去剧院看喜剧,还经常跟邻居们闲聊,过一种与世无争的平淡生活。后来,洛克菲勒将他的巨额财产捐给了别人,起初人们并不接受,认为那是肮脏的钱。但是通过他的努力,人们还是相信了他的诚意。他一生至少赚进了10亿美元,捐出的就有7.5亿。他用了一生的时间才找回了自己,享年98岁的洛克菲勒终于无憾了。

财富再多,但是同生命比起来也一文不值,它买不来生命,也买不来平静、快乐,以及别人的尊敬和爱戴。洛克菲勒的前半生被金钱迷惑,后半生千金散尽,才找到生命的真谛。所以要想过有意义的生活,就不要把希望寄托在钱上,不被金钱所奴役,把钱看开看淡,才能真实感受到人生的美丽。

的确,尘世中有太多的功名利禄,人浮于事,便有了太多的追求思慕。但生命毕竟只是一段旅程,只能舍弃一个方面,追求一个方面。舍得是一个大问题,无论是出世修行还是入世生活,都是如此。

舍,在佛教里是布施的意思,布施,就像是播种,种一收十、种十收百、种百则可收千千万万。舍要心怀慈善,又能给人利益。这看起来是给人,实际是给自己,给人一句好话,你才能得到别人的赞美;给人一个笑容,你才能得到别人的笑容;舍和得的关系就像是因和果,因果是相关的,舍与得也是互动的。能舍的人,才能得,佛教让人舍得,就是要让能舍的人得正果。按佛教的观点,舍得就是要"舍迷入悟、舍小获大、舍妄归真、舍虚由实"。如果你能把自己内心的偏执、挂碍、烦恼和迷妄都舍去,你就得轻松和安乐。

世间万物,凡有所舍,就有所得。所以放下玄机不谈,"舍得"又何尝不是人生真理呢?欲求有得,先学施舍。所以舍舍得得、就经常出现在我们日常生活中,它既是一种生活的哲学,又是一种做人的艺术。会生活的人,或者说成功的人,最懂得的就是"舍得"。舍得并非是盲目的,舍是有目的的舍弃,得是有选择的得到。弘一法师说,无论做什么事情,都不要想着占便宜。便宜,天下人都想占。如果只我一个人占便宜,他人就会和我结怨;我不占便宜,别人对我的怨气才会消除。所以"欲于取之,必先予之",以舍为得,舍小得大,妙用无穷。

作为普通的众生,我们有着太多的欲望,包括金钱、名利等等。它是人的本性中具有的,也是社会进步的一种动力。但是,它又是一头难以驾驭的醉象,常常使我们在人生的舍和得之间失去控制,忘记了节制,于是才有那么多的人生悲剧上演。曾有个孩子,将手伸进装满糖果的瓶子里,他尽力用手抓了一把糖果,想把手缩回来,但是手却被瓶口卡住了,出不来了。他既舍不得把糖果放下,又不能把手缩回来,于是伤心地哭了。旁边的人看见,就对他说:"你少拿点吧!只拿一半,你的拳头再小一些,手就很容易地可以出来了。"钱财名利是身外之物,但是我们又有多少人真正看开了呢?很多人到了临死的时候才懂得这个道理,但不是已经晚了吗?"饮食男女,人之大欲存焉。"芸芸众生争名夺利,碌碌不休,就是只因看不破,舍不得。

人能去追求是一种精神,但是能够舍弃却是一种境界。佛陀"难行能行,难忍能忍",他能"割肉喂鹰,舍身饲虎",所以才成佛证道;范仲淹"先天下之忧而忧,后天下之乐而乐",舍己为人,才名垂千古。美国作家杰克·伦敦曾写过这样一个故事,说有两个猎人在荆棘丛生的沼泽地里跋涉逃命,肩上扛着猎枪和沉重的黄金,但枪却没有子弹了。过一条河时,两个人分了开来,一个叫比尔的人因为不愿舍弃黄金和猎枪,倒了下来,被后面追上来的狼吃掉了;另一个人则舍弃了黄金和猎枪,和追上来的病狼作斗争,病狼倒下了,人却活了下来。在这样的时候,除了生命,还有什么不能够舍弃呢?

为了熊掌,我们可以舍弃鱼;为了事业,我们可以舍弃消遣娱乐;为了纯真的爱情,我们可以放弃金钱的需要;为了人生的真理,我们可

以放弃名利和生命。为了得到生命中对你来说,最有价值、最纯粹的东西,你可以舍弃那些对你来说毫无意义的东西。这样你的心灵自然宁静快乐,人生是另外一番天地。

我们因贪、瞋、痴等烦恼种种而去造业,见到好的就想得到,有得到自然就有失去,人生也因此充满了得失。我们常常因得到而欢喜,因失去而痛苦,常在患得患失之间使得心境无法安定、思想无法明净,心灵也总是随着外境的变化而跌宕起伏。与人相处,也往往为了自我的利益斤斤计较,既患得又患失,终日为烦恼缠缚。

有人说,人最大的精神负担莫过于名枷利锁,最大的心理之患莫过于患得患失。人如果能将个人的得失置之度外,生活在最平常、最平淡的日子里,在平凡清淡中过着安详而有意义的人生,没有患得之心,也没有患失之苦,内心最为安定。

人没有得的欢喜,就不会有失的烦恼,我们生活的这个环境,是我们的心创造的——有什么样的心就会有什么样的环境。我们带着贪欲之心看待这个世界,贪这个世界上的种种事物,有了贪爱就有了得失。如果能把贪爱降到最低点,要求的东西减至最少,这样心就能清静,也自然自由快乐。

佛陀说,众生无我,苦乐随缘。纵得荣誉等事,宿因所构,今方得之;缘尽还无,何喜之有?得失随缘,心无增减。不以一得为喜,不以一失为忧,保持内心的清静,恬淡虚无,自然心情舒畅,情志通达。这和中国传统养生中讲的清静养神观念不谋而合,中国传统养生中的清静养神就是让人不以得失挂怀,保持淡泊宁静的状态,来调养人的精神情致。但这样做的目的,并非是让人心如死灰,什么也不想,而是能顺时而动,动中求静,行止有常,饮食有节,心神安定,举手投足皆平和,在尽可能排除内外干扰的情况下,最大限度地接近生命活动的最佳状态,以便从根本上改变人体内部组织器官的不协调状况,达到祛病延年和发挥人体潜能的目的。我们如果能够这样做,人生苦乐的感受自然少些。即使有苦乐的感受,也渐能淡其心,慢慢减化它,直到没有。

能坦然对待生活中的得到和失去,凡事看得淡一点儿,生活也会轻松一点,如果太贪心,总想得到很多又无法面对失去,那你就会活得疲惫不堪并逐渐失去人生的乐趣。曾有一位很漂亮的女士,在经过漫长的选择后,终于和一位男士结了婚,但没想到的是,两年后这位男士抛弃了她,孩子也死了。她万念俱灰,就想到了自杀。一天,她在海边上了一个老头的船,想等船开到大海中时,她就跳下去。但是她要跳海时,却被老头拉住了,老头问她为什么这样做?她就说了自己的不幸,她说她现在什么希望也没有了,只有死。老头听后对她说,姑娘,在两年前你没结婚时是啥样子?女士自豪地说,两年前我是单身贵族,追求我的人很多,我既没有先生的拖累,又没有孩子的烦恼。现在太悲惨了,我既没有先生,也没有孩子。老头说,这不是一样的吗?两年前你没有先生,现在你也没有先生;两年前你没有孩子,现在你也没有孩子,你和两年前一样漂亮,有什么不好呢?女士听了老头的这番话被逗乐了,再也不想跳海了。

得失的想法,正是自我束缚,自寻烦恼的结果。如果将得失是非一时放却,则自然会清静自守,心灵澄澈。所以禅宗三祖僧璨在《信心铭》里说:"梦幻空华,何劳把捉。得失是非,一时放却。"我们眼前发生的任何事情都如梦似幻,就像天空中的鲜花。但天空中不会有鲜花,这只是一种假象。所以不要把什么都放在心上,任何事情都会过去,都是暂时的。生活远没有我们想象中那么美好,所以在沉浮的人世需让心保持冷静,有一份超然,有一份豁达。认识人,认识事物的根本,不为虚幻的假象所迷惑。凡事看开一点,超脱一些,生活依然充满阳光。

真心是宇宙的本体,因为无相,则不生不灭,故称真。妄心是万有的能源,能生诸法,因有生灭,故称妄。人人都有一盏无形的心灯,这是一份纯真、洁净的善心爱念;但由于受欲念妄心遮蔽,心被污染而愚阁昏昧,不知所从。但若能纯真诚正,点亮心光,则可恢复清净本性,前途无限光明。

佛陀说,起念即妄,因为真如本性中并无一念,凡夫总被杂念所染,所以借用念佛之念,来对治住尘之念,虽念佛之念并非真如本体,但却有趋向真如的妙用。真如是清净心,念佛是清净念,同是清净,所以能至念而无念,人的心念,能时常保持开朗清静,那么所见的人间即是美善的佛土。所以《维摩诘经》中说"心净则佛土净"。指的便是人的内心清净,所处的世界就是佛土。

我们的现实生活中,形形色色的诱惑无处不在,在这种环境下,要想做到内心的清净,就必须有一种力排一切干扰的能力,有一种不为外物所动的境界。人要知足,对于欲望的追求要不起心动念,唯有如此,才能活在宁静和喜悦中。欲望是人痛苦的根源,永远没有满足,所以快乐的秘方,就是减少欲望。欲望减轻了,人才能有更多的时间,探察自己内在的宝藏;欲望减轻了,人才有更多的空间来放松、觉醒自己的本来心性。

一个人的内心越淡定从容,就越会舍弃那些激烈的、宏阔的、张扬的外在表象,而尊重安静的、内心的声音。颜回是孔子的弟子,孔子说他"贤哉,回也!一箪食,一瓢饮,居陋巷,人不堪其忧,颜子不改其乐,安贫乐道",颜回吃着粗茶淡饭,住在破旧的陋巷中,人们都觉得他太苦了,但是他依然没有改变他的快乐。他为什么没有改变他的快乐?就是因为心无外物,不为外物所动,无论在什么情况下,快乐都不变。住高楼大厦是这样,住茅屋陋巷也是如此。这种乐,已超乎于喜怒哀乐之上,不以成败得失、瞋喜毁誉为原则,他发自内心,是真正的快乐。《法句经》说:"一无所求,对欲望所在之处,不发一语。"指的就是这种境界。

修行应自求内心的平静,有一分平静心,即使再大的冲击迎面而来,也不影响自心。经云:"内无所求,外无所得,心不系道,意不结业。"一个人没有了欲望的时候,就不会变得偏执、变得可怕。想要的东西如果不是太多,就会容易满足,容易满足,就容易快乐。这就是为什么没钱的时候比有钱时更快乐的道理。并不是因为有钱没钱,而是因为你欲望的张度大了。欲望过多过大,必然欲壑难填,攫求不已,终至纵欲成灾。

人们对自由的理解常常是我想要什么,便可得到什么,欲望的泛滥也便在这里。但是深究起来,其实这是一种失控,而不是真正的自由。真正的自由是内心经过觉察、思考和判断的过程,心不役于外物,不受制于成见、偏见和敌意,不陷入纵欲和失控,那才是真正的自由。挥霍无度的人不是自由,吸毒酗酒的人也不是自由,动粗动怒的人不是自由,自卑、沮丧和无助的人也不是自由。心的自由是他清醒地知道自己该做什么,不该做什么,他会把虚妄、不切实际的想法放下,面对真实的自己,使心的效能提升,心境柔美而丰富。

这里说一个故事,有一个人由于整天烦恼不断,患得患失,什么事情也做不下去,就出外去寻找解脱烦恼的方法。一天,他在一个山脚下,看到一片长着绿油油的草地的牧场,牧羊人正骑着马,嘴里吹着笛子,笛声悠扬,看起来非常逍遥自在。于是他就问这个牧羊人:"你怎么这么快乐?能教给我怎样才可以像你一样快乐,没有烦恼吗?"牧羊人说:"骑骑马,吹吹笛,就什么烦恼也没有了。"他试了试,但依然有烦恼,于是,他放弃了这个方法,又去另外的地方寻找。不久,他来到一座庙宇,看见一个老僧正在修行,面带微笑,像是一个有智慧的人。他深深地鞠了一个躬,向老僧说明了来意。老僧说:"你想寻找解脱吗?"他说是。老僧说:"没人把你捆住呀?"他迷惑地望着老僧。老僧又说:"既然没有人捆住你,何谈解脱呢?人往往是自己不能醒悟,凡事执迷不悟,你若执著,哪有解脱呢?"

烦恼和羁绊都是我们自己找来的,皆因不能舍弃,把尘世名利看得太重,如果知道放下,心无外物,又哪里有烦恼和忧愁?所以禅宗四祖道信对牛头法融说:快乐无忧,故名为佛。

佛告诉各位比丘说:"在过去无量无边不可思议的阿僧祇劫,当时有个佛,名大通智胜如来、应供、正遍知、明行足、善逝、世间解、无上士、调御丈夫、天人师、佛、世尊。其国名好城,劫名大相。各位比丘,那

位佛灭度以来,已经是非常久远了。比如三千大千世界所有的地种,假若有个人把它磨成沙墨,通过东方一千佛国土时,方放下沙墨一点,就像微尘那么大,又经过一千佛国土方再放下一点,如此这般辗转地将土地粉碎之沙墨下完,照你们的意思如何?这些国土的数字有多少?时间有多久?虽然是会计专家,或是计算师的学生,他们能不能算得出边际的数字?能不能知道其国土的数字呢?"

大家都说:"算不出,世尊。"

"各位比丘!此人所经过的国土,不管是下过一点墨粉,或不下过的国土,将所有的这些国土皆磨为尘末,一尘当做一劫计算,大通智胜佛离开世界以来的时间之久,比这比喻的时间还要长久,是无量无边百千万亿的无量数那么久远了。我以如来佛的知见力,看到那么久远劫以前的事,好像在看今天的事一样。"

这时候,佛世尊为了重新说明这个意思,而说如下偈颂:

我忆念过去的世代里,无量无边劫那么久远,有佛两足尊,名大通智胜,假若有人用力来磨三千大千世界的国土,把这些地都研成墨粉,每过一千个国土才落下墨尘一点,如是这般每过千国才下一点,辗转地将尘墨落完,像这些国土,不管点下墨粉或不点过墨粉等那么多的国土,都研成尘粉,一粒尘粉做一劫计算,这些微尘的数量虽然很多,但他劫数的久远,更超过了这数量,大通智胜佛灭度以来,就是这无量劫。如来佛我有无碍智慧,知道那位佛灭度及其所教化的声闻,菩萨等事,好像看见他今天灭度一样。各位比丘!你们应当知道,佛的智慧是清净微妙的,是无漏的,是无所阻碍的,可以通达无量劫。

佛告诉各位比丘说:"大通智胜佛的寿命是五百四十万亿那由他劫。这位佛本来坐于道场,破魔军以后,将要得到阿耨多罗三藐三菩提,而诸佛之法没有表现在面前,因此,再用功修行经过一小劫乃至十小劫,结跏趺而坐,身心不动。而诸佛之法仍然不出现在面前。这时候,忉利天的各位天神首先为那位佛在菩提树下敷设狮子座,高一由旬。佛于此座应得阿耨多罗三藐三菩提。正当他坐于此座的时候,各位梵天王降下众多天花,面积之广,各有一百由旬,香风时常来,吹去枯萎的花,然后再降下新花,这样连续不断,满十小劫供养佛陀,一直到灭度,时常降下这种花。四天王天,为了供养佛陀,常常打击天鼓,其余天上的人,也耍天伎,奏天乐,经过满十小劫,直至大通智胜佛灭度,仍然是这样。各位比丘!大通智胜经过十小劫,各佛之法乃出现在面前,成就阿耨多罗三藐三菩提。这位佛还没有出家的时候,有十六个儿子,老大叫智积。各个儿子各有珍贵奇异的好玩具,听说父亲成就阿耨多罗三藐三菩提,都舍弃珍贵奇异的玩具。参诣佛陀而出家,各位母亲都流着眼泪把他们送到佛的住所。王子的祖父是转轮圣王,他与一百大臣及其余的百千万亿人民,共同围绕着他们,跟随着他们来到道场。都想亲近大通智胜如来佛,对他进行供养恭敬,尊重赞叹他。

到达以后用头向他的足顶礼,绕佛完了以后,专心一意地合掌,瞻仰世尊,说如下偈颂:

有伟大威德的世尊,为了度化众生,于无量亿岁才成佛,诸愿已经具足,好啊!这是一件无比吉祥的事情。世尊!您是很稀有的人,一坐下就是十小劫,身体及手足,都安静而不摇动。你的心经常保持寂静,从来没有散乱过,究竟得到永恒的寂灭,安然住于无漏法。今天见到世尊,安然成就佛道,我们得到善好利益,这是深堪称庆大欢喜事。众生经常是苦恼的,好像是失明的人,没有导师指引,因而不知灭尽苦恼的道理,也不知道追求解脱。永恒地在长夜里造出增加趣入恶道之业,渐渐地损减了走上天众的机会,由冥暗的生活又入冥暗的生活,永远听不到佛陀的名号。现在世尊您已经得到无上佛道,安稳地住于无漏道,我们和天神、人们,为了得到最大的善利,所以大家都叩头礼拜,愿意皈依您这位无上之尊。"

这时候,十六位王子以偈颂赞佛以后,劝请世尊转法轮。都这么说:"世尊说法,使我们得到安稳,对各位天神、人民施以怜悯,给他们带来众多利益。"重说以下偈颂:

世间最雄伟,没有人能和佛陀相比,具足福相庄严,得到无上智

慧,愿您为世间说法,度脱我们和各位众生,为我们分别演说,以便显示真理,使我们得到智慧,假若我们得到佛陀的智慧,众生也会这样。佛世尊知道众生内心深处所想念,也知道他们的所行途径,又知道他们的智慧、欲乐和修行功德福分以及他们宿世生命所行善恶之世。世尊完全知晓以后,应当转至高无上的法轮。

佛告诉各位比丘说:"大通智胜佛得到阿耨多罗三藐三菩提的时候,十方各五百万亿佛的世界发生六种震动。各世界里的黑暗地带,本来连日月光明都照不到的地方,却忽然得到大光明。其中众生能够相互见到,都这样说:这里为什么会忽然出现众生呢?而且,其国界各位神的宫殿,乃至于梵宫,都发生六种震动,大光明普遍照耀,普遍充满世界,胜过诸天之光明。这时候,东方五百万亿各种国土中的梵天宫殿,光明照耀,二倍于平时的光明。各位梵天王这样想:今天宫殿光明,以前从来没有过。由于什么因缘出现这样相状呢?"

当时,各位梵天王相互参拜,共同讨论这件事。当时,在那大众之中有一位大梵天王,名叫救一切,为各位梵天大众说如下偈颂:

我们的各座宫殿,其光明以前从来没有过,这是由于什么因缘,大家应当共同追求其缘由。是有大德从天而降呢,还是佛出现于世间?而这大光明普遍照耀于十方。

这时候,有五百万亿国土的诸梵天王随带着他们所持奉的宫殿,同时各人均用衣服下摆盛着很多种的天花,向西方直走,寻找光相之来源。终于见到大通智胜佛,坐在成道处的菩提树下的狮子座上,各位天神、龙王、乾闼婆、紧那罗、摩睺罗迦、人非人等,很恭敬地围绕着他,并见十六王子请佛转法轮。各位梵天王立即以头向佛顶礼,绕百千匝,就以天花撒在佛的身上。所撒的花,就如须弥山一样,并以此供养佛的菩提树。这棵菩提树高十由旬,用花供养以后,各以宫殿奉献给那位佛陀,这样说:"愿佛陀您哀悯我们,饶益我们,我们所奉献的宫殿,但愿您垂恩接受。"

当时,各位梵天王就在佛前,一心同声,以偈颂对佛说:

佛世尊是很稀有的,很难遇到,具足无量功德,能够救护一切众生。他是天人的大师,他哀悯世间,使十方各位众生都得到利益。我们是从五百万亿的国土而来,我们舍弃了深静的禅定之乐而到这里来,是为了供养佛陀。我们因为有了先世所修来的福,故有宫殿的非常庄严。现在我们把宫殿奉献给佛陀,但愿佛陀哀悯我们而接受我们的奉献。

这时候,各位梵天王以偈颂赞美佛以后,都这样说:"但愿佛世尊转法轮,度脱众生,开示涅槃之道。"

此时各位梵天王专心一意异口同声地说了以下偈颂:

世间之雄两足尊,但愿您演说正法,以大慈悲力,度脱苦恼众生。

此时,大通智胜如来佛默然允许。而且,各位比丘,东南方五百万亿国土,各位大梵天王各自见到宫殿,光明照耀,以前从来没有过。大家都欢喜地跳了起来,生稀有之心,各自相互拜访,共同讨论这件事。当时在那大众之中,有一个大梵天王,名为大悲,为各位梵天王说如下偈颂:

这件事是由于什么因缘,而现这种外相,我们的各座宫殿,其光明程度以前从来没有过。是因为大德从天而生呢,还是佛出现于世间呢?从来没有见过这种相状,我们大家应当共同专心一意地追求。过千万亿国土,也要去寻求,也要共同去推求其真相。我想多半是由于佛陀出现于世,来度脱痛苦的众生。

这时候有五百万亿梵天王和宫殿都齐备,各人又用衣服的下摆与衣襟,盛满诸天之花,一同由东南方出发向西北方前进去推寻那光明之相,终于看到大通智胜佛在觉悟的道场里,坐在那菩提树的树下之狮子座位上,被诸天、龙王、乾闼婆、紧那罗、摩睺罗伽、人非人等恭恭敬敬地围绕在中央,并看十六位王子正在恳求佛陀讲经说法。当时各位梵天王以头向佛顶礼,绕百千匝,就用天花散在佛身上。所散之花就如须弥山一样,并用菩提树供佛。用花供养以后,各以宫殿奉献给佛,这样说:"但愿佛哀悯我们,饶益我们,我们所奉献的宫殿,愿佛垂恩接

受。"

当时，各位梵天王在佛的面前，专心一意，异口同声地说出以下偈颂：

大圣教主，人天中的法王，你以迦陵频伽鸟的妙声为众生说法，你哀悯有情众生，我们今天向你敬礼。世尊降世是非常稀有之事，很久以来才出现一次，曾有一百八十劫空过了没有佛降世，三恶道充满众生，天神大众减少，现在佛出现于世，就像为众生做眼目一样，是世间人所归向的地方，会救护一切众生，做众生的慈父，会可怜众生饶益众生，我们因为过去世有福报，很庆幸地今天遇见佛陀。

这时候，各位梵天王以偈颂赞佛以后，各自这样说："但愿佛世尊可怜一切有情众生，为他们说法，度脱众生。"

当时，各位梵天王专心一意异口同声地说出以下偈颂：

伟大的圣人转法轮，教示诸法实相，度脱有苦恼的众生，使他们得到大欢喜。众生听闻这种教法，就会得道生天，各种恶道众生就会减少，耐心持续善行的人会增多得益。

这时候，大通智胜如来佛默然允许。而且，各位比丘，南方五百万亿国土的各位大梵天王，各自见到宫殿被光明照耀，过去从来没有过，都高兴得跳了起来，产生稀有之想法，大家互相拜见，共同讨论这件事。由于什么因缘，我们的宫殿有这光明照耀呢？当时在那大众当中有一个大梵天王，名叫妙法，为各位梵天众说出以下偈颂：

我们的各座宫殿，光明非常威耀，这不会是没有因缘，对这光相的来源应该探求。百千劫以来，从来没有见过这种相状，是大德从天降生呢，还是佛出现于世间呢？

这时候，五百万亿梵天王把宫殿带来，各以衣被盛着各种天花，大家都趣向北方去寻找光明的真相。看见大通智胜如来佛在道场的菩提树下，坐在狮子座上，各位天神、龙王、乾闼婆、紧那罗、摩睺罗伽、人非人等，很恭敬地围绕着他，还看见十六位王子，请佛说法。当时。各位梵天王以头向佛顶礼，绕百千匝，就把天花散在佛身上。所散的花就如须弥山一样，并用菩提树供养佛。用花供养佛以后，各自以宫殿向那位佛奉献，这样说："但愿佛陀可怜我们，饶益我们，我们奉献的宫殿，但愿佛陀垂恩接受。"

当时，各位梵天王，就在佛的面前，专心一意异口同声地说出以下偈颂：

佛世尊很难见到，这位破除各种烦恼者，过一百三十劫才能见到一次。各位饥渴众生，能够以大法雨来饱满他们，自古以来，从未见过，这位有无量智慧者，如昙花一现，今日正好遇到。我们的各座宫殿，受光辉严饰，但愿世尊大慈大悲怜悯我们，请佛垂恩接受。

这时候，各位梵天王以偈颂赞佛以后，各自这样说："但愿世尊转法轮，使一切世间的各位天神、魔众、梵众、沙门、婆罗门，都获得安稳而得解脱。"

当时，各位梵天王都专心一意异口同声地说出以下偈颂：

但愿天人共尊的导师，转至高无上的法轮，打击大法鼓，吹大法螺，普遍降下大法雨，度无量众生。我们都要依归劝请，愿您演讲深远的法音。

这时候，大通智胜如来佛默然允许。西南方乃至下方，也是这样。当时，上方五百万亿国土的各位大梵天王，都看到所休止的宫殿光明威耀，以前从来没有过。欢喜得不得了。相互拜见，共同议论这件事：由于什么因缘，我们的宫殿有这等光明呢？当时在那大众当中有一个大梵天王，名叫尸弃，而为梵众说如下偈颂：

今天由于什么因缘，我们的宫殿有威德的光明在照耀呢？照耀得如此未曾有之庄严相？以前从来没有见过，是大德从天而降呢，还是佛出现于世间呢？

这时候，有五百万亿各位梵天王带着宫殿，各以衣裓盛着各种天花，一同参访于下方，找寻着光明相的来源时，看见大通智胜如来佛在道场的菩提树下，坐在刻有狮子的座位上，各位天神、龙王、乾闼婆、紧那罗、摩睺罗伽、人非人等，都很恭敬地围绕着他，还看见十六王子请

佛转法轮。所散之花，就如须弥山一样，并用菩提树供养佛。用花供养以后，各以宫殿奉献给那位佛，这样说："但愿佛陀可怜我们，饶益我们，所献的宫殿，愿佛垂恩接受。"

此时，各位梵天王就在佛的面前，专心一意异口同声地说以下偈颂：

好啊，我们亲眼见到各位佛，佛是救世的圣尊，能于三界之狱，勉励众生出离苦难。智慧普照一切的天人尊——佛陀，能够可怜所有的众生，能够打开甘露之门，广度一切众生。于过去无量劫，空过没有佛在世，佛世尊还没有出现于世的时候，十方永远是黑暗的，三恶道的众生在增长，阿修罗也昌盛，各位天神大众在减少，死后大多堕于恶道。不从佛听闻教法，常行不善之事，色身之力和智慧都在减少。由于罪业因缘，失去快乐以及欲想快乐之事，常有错误的见解，不知行善的方法，不受佛的教化，常堕于恶道。佛为世间眼目，经过久远时间而出，可怜各位众生，所以出现于世间。能够住世而超世地成就正觉，我们都很欣喜庆幸，以及其余的一切众生，从来就没有这样的高兴过。我们的各座宫殿，由光明装饰得很庄严，我们现在奉献给世尊，但愿世尊垂恩接受。但愿我们所做而得到的功德，能够普遍地回向于一切众生，我们和众生，都将共同成就佛道。

这时候，五百万亿梵天王以偈颂赞佛以后，各自对佛说："但愿佛世尊转法轮，多多安稳众生，多多度脱众生。"

此时各位梵天王而说如下偈颂：

佛世尊转法轮，击打甘露法鼓，度脱苦恼的众生，开示涅槃之道。但愿佛陀接受我们的邀请，用伟大的微妙法音，可怜众生，为他们演说您从无量劫以来所修习的妙法。

这时候，大通智胜如来佛接受十方各个梵天王和十六王子的邀请，立即三转十二行法轮，不管是各位沙门、婆罗门，还是天神、魔鬼、梵众，以及其余世间所不能说的法，是苦，是苦集，是苦灭，是苦灭道。还详细解说十二因缘法——以无明为条件而生行，以行为条件而生识,以识为条件而生名色,以名色为条件而生六入,以六入为条件而生触,以触为条件而生受,以受为条件而生爱,以爱为条件而生取,以取为条件而生有,以有为条件而生生,以生为条件而生忧悲苦恼。无明灭则行灭,行灭则识灭,识灭则名色灭,名色灭则六入灭,六入灭则触灭,触灭则受灭,受灭则爱灭,爱灭则取灭,取灭则有灭,有灭则生灭,生灭则老死忧悲苦恼灭。佛于天神、大众当中说此教法时,有六百万亿那由他那么多的人,因为已不受一切事物的拘束牵缚的缘故,对于诸漏的问题,心里已经得到解脱,都得到深妙的禅定和三明、六通,都具备了八解脱。第二次、第三次、第四次说法的时候,千万亿恒河沙那由他那么多的有情众生,也因为不受一切事物的束缚,而于各种烦恼的问题上,心得解脱。从此以后,各位声闻大众无量无边,不计其数。

这时候,十六位王子都以童子的身份出家,而成为沙弥,诸根都很明利,对于智慧,已经彻底明了,曾经供养过百千万亿的佛,将修过清净的梵行,正志求阿耨多罗三藐三菩提。都对佛说:"世尊!已有这么多德行高超的声闻,都已成就他们的果位。世尊!你也应当为我们说阿耨多罗三藐三菩提教法,我们听闻以后,都共同修学。世尊!我们是志愿求如来正知正见者,这是真心所祈望的,你自会了知证明。"

这时候,转轮圣王所领大众中的八万亿人,看见十六王子出家,也要求出家。大王听后,立即允许。这时候,那位佛受沙弥的邀请,过二万劫以后,就于四众弟子当中讲这部大乘经,名《妙法莲华经》,教授菩萨法,佛陀认为是珍贵的而保护关念。讲完这部经以后,十六个沙弥为了得到阿耨多罗三藐三菩提,大家都信任这部经而认真地去受持,讽诵得非常通畅而得到大的利益。讲这部经的时候,十六位菩萨沙弥都相信接受,声闻大众中也有人相信理解,其余众生千万亿种,都产生疑惑。佛讲这部经,于八千劫当中,从来没有停止过,讲完这部经以后,就入静室,安住于禅定八万四千劫。此时,十六位菩萨沙弥知道佛进入静室安然入定,各升法座,也于八万四千劫为四众弟子广开宣说,详细分别地讲解《妙法莲华经》,每一个人都度六百万亿那由他恒河沙那么多

的众生,开示教化,而得到利益、法喜,也让他们发愿成就阿耨多罗三藐三菩提。

　　大通智胜佛过八万四千劫以后,从三昧而起,到了自己所坐的法座上,安然地坐在那里,普遍地告诉大众:"这十六位菩萨沙弥非常稀有,他们根器优越,通晓佛理,智慧也明了,曾经供养过无量千万亿的佛陀,在各个佛的处所,常修清净的梵行,受持过佛的智慧,也教示过众生,使他们入于佛的智慧。你们应当经常亲近并供养他们。为什么呢?现在虽是声闻,辟支佛和菩萨,如果能够相信这十六位菩萨所说的经法,能够受持而不毁坏的人,这人就应当得到阿耨多罗三藐三菩提的如来智慧。"

　　佛告诉各位比丘说:"这十六位菩萨经常高兴地解说这部《妙法莲华经》,每一个菩萨所教化的众生,有六百万亿那由他恒河沙这么多,生生世世所转生均和这些菩萨在一起,从菩萨那里听闻教法,都能够相信理解,由于这种因缘,能够遇见四万亿佛世尊,直到现在还不断尽地在行其善行。各位比丘!我现在要对你们说:那些佛弟子十六沙弥,现在都得到阿耨多罗三藐三菩提,他们在于十方世界,现在正在现身说法。他们都有无量百千万亿菩萨、声闻弟子,作为他们的法眷。其中有两个沙弥,已经在东方作佛,一个是阿閦佛,在欢喜国;第二个在须弥山顶。在东南方有两个佛,一个叫狮子音,第二个名狮子相。在南方有两个佛,一个名叫虚空住,第二个名常灭。在西南方有两个佛,一个叫帝相,第二个名梵相。西方有两个佛,一个叫阿弥陀佛,第二个名度一切世间苦恼。西北方有两个佛,一个名叫多摩罗跋栴檀香神通,第二个叫须弥相。北方有两个佛,一个名叫自在,第二个名叫自在王。东北方的佛,名叫坏一切世间怖畏,第十六个是我们的释迦牟尼佛,于娑婆国土成就阿耨多罗三藐三菩提。

　　各位比丘!我们当沙弥的时候,各各教化无量百千万亿恒河沙那么多的众生,众生跟从我们听法,都是为了得到阿耨多罗三藐三菩提。这些众生,现在有的住于声闻地,我们常常教化他们,使他们得到阿耨多罗三藐三菩提。这些人们,应当逐渐悟入佛道,为什么呢？如来佛的智慧,难以相信,难以理解。当时所教化无量恒河沙那么多的众生,你们这些比丘和我灭度以后,是未来世中的声闻弟子。我灭度以后,又有弟子不听这部经,不能觉知有这种菩萨所行的大道,自己在于自己所得的小乘功德里,去做以为已经灭度、得道的想法,认为这已经是达到涅槃的境地。此时我要到其他国家成佛,还有不同的名称,刚才所说的那些声闻人虽然生起了已灭度、已成道之想,认为自己已入涅槃,他们会到我成佛更名的国土来求证佛的智慧,听闻这部《法华经》。到那时他们才能领悟只有佛乘才能得到真正的灭度,除此之外,再也没有其他的乘,除非是各位如来佛以方便法说法。

各位比丘！假若如来佛自己知道涅槃的时间已到,大家又很清净,信心、了解都已坚固,又能了达空法,且能深入禅定,便聚集各位菩萨和声闻大众,为了说这部经。世间没有二乘使人得到灭度,只有一个佛乘使人达到真正的灭度。

比丘们！你们应当知道,如来佛的方便法门,深入众生的根性,知道他喜欢小乘教法,深深执著五欲,为这些人说涅槃,这些人假若听闻,就会相信接受。譬如五百由旬的危险艰难的恶道。荒无人烟,是个很可怕的地方,假若有众多人想通过这条道路去寻宝。有一位导师,很聪明、很有智慧,明达事理,很好地知晓危险道路的通、塞之相,他将引导人们越过此难。他所带领的这些人,中途懈怠退缩,对导师说：我们非常疲倦,又很害怕,不能再前进了,面前的路途还很远,我们想退回去。导师懂得很多方便法门,这样想："这些人很可怜,怎能舍弃大珍宝而想退回去呢？"这样想以后,以方便法门之力,在险道当中过了三百由旬,幻化出一座城市。对众人说："你们不要害怕,不要退回去,现在在这座大城里,可以中途停止一会,你们随便怎么做都可以,进入这座城市,很快就得到安稳。假若能够前进到达珍宝所在的处所,也可以去。"当时,非常疲倦的大众,心里非常高兴,感叹这从来没有过的事情：我们今天免行这条恶道,很快就会得到安稳。于是,众人往前进入

这座幻化的城市，产生已经脱险之念，也生起安稳自在之想。这时候，导师知道这些人已经得到止息，消除了疲倦，就灭除化城，对众人说："你们过来，珍宝处所很近了。刚才那座大城是我化作的，只是为了给你们休息而已。"各位比丘！如来佛也是这样，现在为你们做伟大导师，知道众生的生死烦恼，恶道危险艰难长远，在这些险道当中应该走哪一条才能行得通，假若众生只听到一个佛乘，就不想见佛，不想亲近，就会这样想："佛道很长很远，要经过长久的勤劳艰苦才能得以成就。"佛知道他们的心怯弱下劣，以方便法门之力，而于中途可以停息，说有两种涅槃。假若众生住于声闻、缘觉二地。如来佛此时就会说："你们所修的功德还没有到家，是近于佛慧的一种果地，你们应该善自观察、筹计、思量，你们所得的涅槃并不是真实的，只是如来佛以方便法门之力，于一佛乘，分别说三乘。就像那位导师为了让人们止息，幻化成一座大城。"既然知道已经休息过了，就告诉他们说："宝藏的处所快到了，这座城市不是真实的，是我化作的。"

这时候，世尊为了重新说明这个意思，而说如下偈颂：

大通智胜佛曾费了十小劫之久，在他修养的道场静坐过，可是佛法不能实现，不能成就佛道。各位天神、龙王、阿修罗大众等，常常降下天花，以供养那位佛，各位天神都击打天鼓，并耍天伎、奏天乐，香风吹散萎败的天花，然后再降新好的天花。过十小劫以后，才能成就佛道，各位天神和世人，都非常踊跃欢喜。那位佛的十六位弟子，千万亿眷属围绕着他们，一起来到佛的处所，以头向佛足顶礼，请他转法轮。愿圣者狮子吼，降大法如大雨之润泽，充裕我们以及一切众生。所以世尊是很难遇到的，很久才能出现一次，为了使众生觉悟，使之更新慧命，所以先放光现瑞，震动了一切世界。东方的各个世界，有五百万亿国。梵天王所住的宫殿，被光照耀，以前从来没有过。各位梵天王看见这种相状，都找来佛的处所，散花以作供养，并奉献宫殿，请佛转法轮，以偈颂进行赞叹，佛知道时间还没有到，受请以后，默然而坐。三方及四维、上

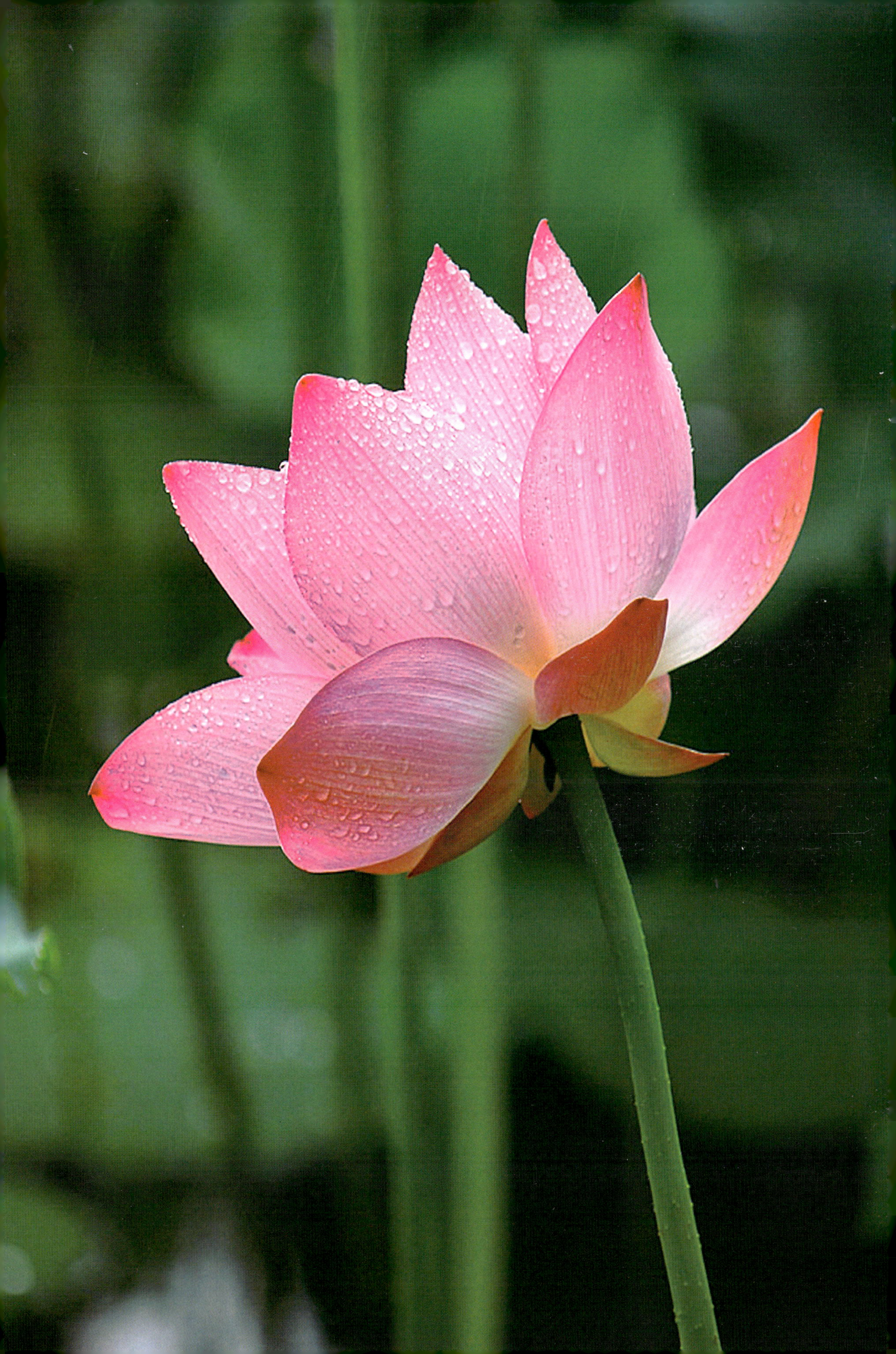

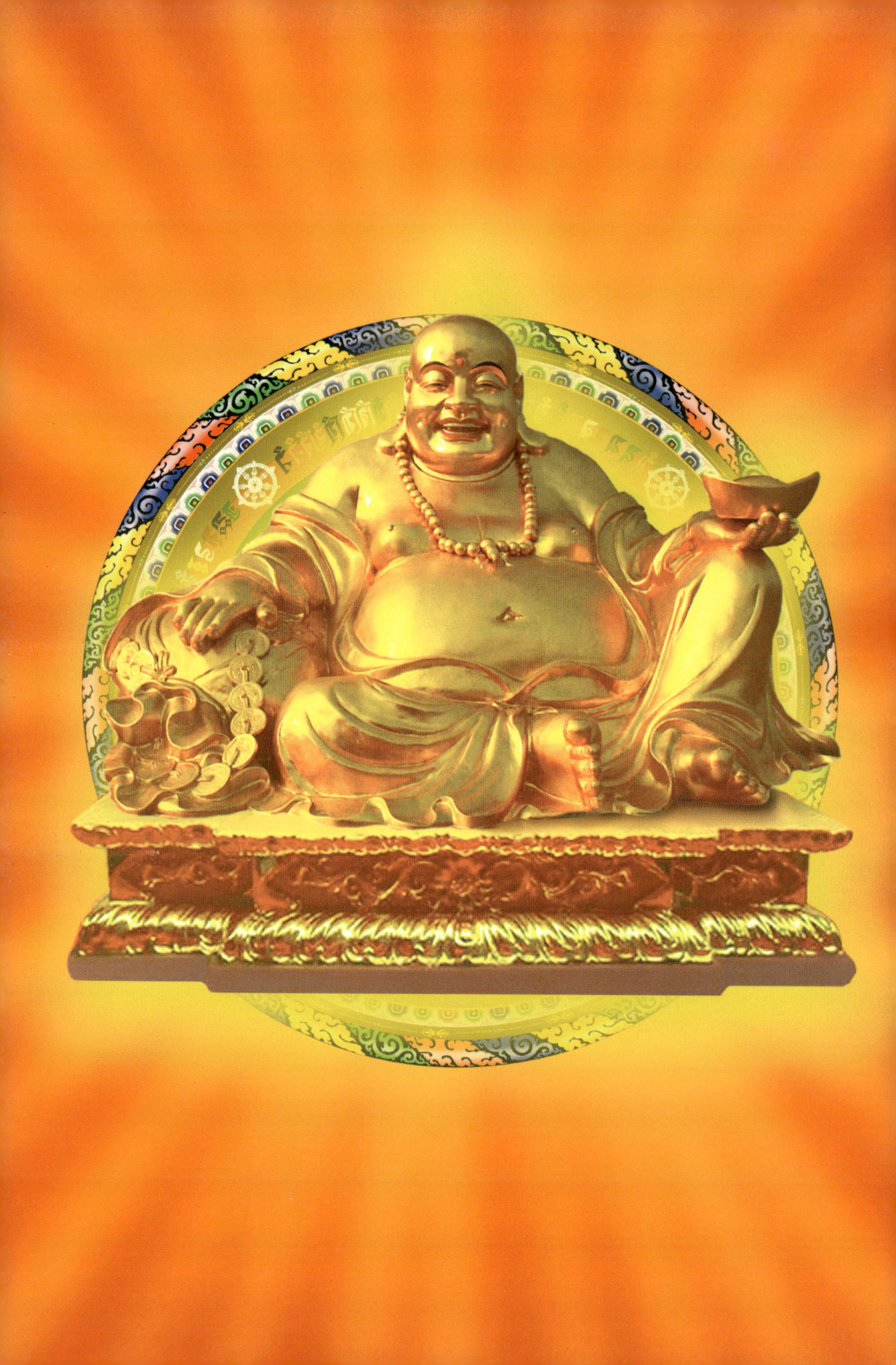

和平发展林

国际人口与发展论坛于2004年9月7日至9日在中国武汉举行，为促进人类社会的和平、合作与发展进步事业，400余名来自世界各国和国际组织的与会者在此种植和平发展林，以誌纪念。

On the occasion of the International Forum on Population and Development held in Wuhan, China from 7 to 9 September 2004, over 400 participants from various countries and international organizations have planted the Trees for Peace and Development to promote peace, cooperation and development of mankind.

二〇〇四年九月七日

13岁女孩发起"祈福中国，爱行天下"东方红文化公益活动的爱心天使——善音，她以其"地球乃一国，世界乃一家，国乃世界之家，家乃地球之国"的心智觉醒于2011年6月在武汉的东湖宾馆国际人口与发展论坛永久会标"东方和平天使 王昭君"纪念雕塑前祈愿宇宙和平。

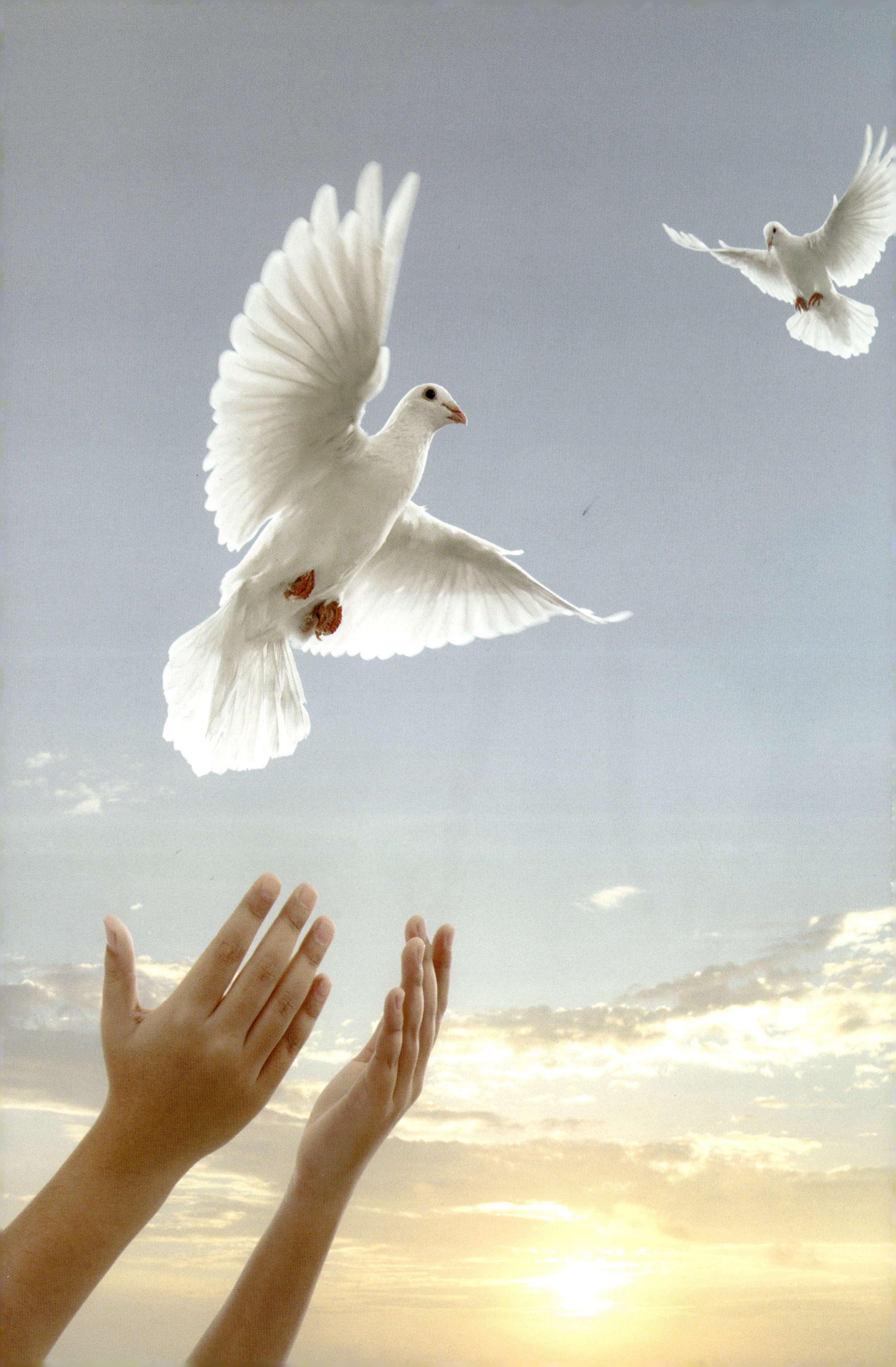

下也是这样,散花奉献宫殿,请佛转法轮,世尊很难遇到,但愿佛以大慈悲,广开甘露法门,转至高无上的法轮。

有无量智慧的世尊,受那些众人之请,为了宣讲种种教法,如四谛、十二因缘,无明至老死,都是从生而缘有,这样众多的过患,你们应当知道。弘扬这种教法的时候,有六百万亿兆的众生,得到尽弃苦难边际而成阿罗汉。第二次说法的时候,有千万恒河沙的大众,不被诸法所著,也得阿罗汉果。自此以后得道的人,其数无量,即使以万亿劫计算,也不能得其边际之多。当时有十六位王子出家当了沙弥,共同邀请那位佛演说大乘法门。并发愿说:我们及我们的随从都会成就佛道。大家都想像佛世尊那样得到最清净的慧眼。佛知道这些童子的心愿和过去世的所行,以无量因缘、种种譬喻,说六度法门和各种神通之事。分别详细解说真实教法和菩萨所行的道理,讲这部《妙法莲华经》就像恒河沙那么多的偈颂。那位佛说经以后,就入静室坐禅,专心一意地坐在一处,经过了八万四千劫那么长久的时间。这些沙弥们,知道佛还没有出禅,为无量亿众生,说佛至高无上的智慧。各自坐在法座上,讲这部大乘经,在佛陀静默安住于禅定之后,助佛宣扬法化。每一个沙弥所度化的众生,有六百万亿恒河沙那么多的大众。那位佛灭度以后,听闻佛法的人们,世世出生在诸佛国土,常常和法师一块儿同生。这十六位沙弥,具足菩萨行而行佛道,故现在于十方的世界,各人已成正觉。当时听闻佛法的人们,各在佛的处所,其中尚住于声闻乘的人,佛陀也渐渐开诱,教以成佛之道。释迦我乃在十六位里面的一位,也曾经为你们说教过,所以要以方便法门,引导你们趣入佛的智慧。以这种本来就有的因缘,今天说这部《法华经》,让你们悟入佛道,请你们仔细听,不要惊慌恐惧。譬如有一条险阻的恶道,远离人烟,且有很多毒兽在那里,又没有水草,这个地方使人们感到恐怖。无数千万大众,想过这条险恶大道,然而路途非常空旷遥远,须要经过五百由旬。当时有一位导师,他见闻广博又很有智慧,能看透众人心理,他下定决心在这险恶的道路上济助众人脱离苦难。大家都很疲倦,就对导师说:我们现在很疲乏,

不能前进了,我们想从这里退回去。导师这样想:这些人很可怜,怎能退回去,而失大珍宝呢?之后就想起了用方便的方法来引导他们,应当施神通力,幻化成大城廓,把各座舍宅都装饰得很庄严,周围有园林、流水和浴池,也有几重的门,也有高耸的楼阁,里面各充满男女大众。幻化成以后,就安慰大众说:不要害怕,你们进入这座城市,各人可随心所喜乐去做。人们进入城市以后,其心都很欢喜,也生起了安稳之想,大家都自以为得度。导师知道大家已经休息后,就把大众集合起来告诉他们说:你们应当前进,这是幻化的城市。我看见你们疲倦不堪,中途想退回去,所以以方便法门之力,权假而化现此城,你们从今以后应当精进不懈,一起到宝藏的所在地。我也是这样,为一切众生的导师。看见各位求道的人们,在中途生起懈怠之心,不想前进了,不能度脱生死烦恼的险恶之道。因此,就用方便之力,为使大家中途休息而说小乘涅槃,暂且说你们的苦恼已灭,所作的道业都已办完。既然知道大家已得涅槃,都得阿罗汉果。就把大家都集合起来,为你们说真实教法。各位佛以方便法门之力,分别说三乘教法,实际上只有一个佛乘,为了中途休息而说声闻、缘觉二乘。现在为你们说实在的法,至于你们从来所得的,不是真正的灭度,为了追求佛陀的智慧,大家应当发大心精进修行。你们证得一切智,也学成了十力等佛法,也具足了三十二相,才是真实灭度。各位佛导师为了让众生中途休息,才说小乘涅槃,既然知道他们已经休息过了,就引导他们悟入佛的智慧。

第八章　生命真相的另一世界的话语

　　人们常常不假思索地断言：这是不可能的！实际上，人从来都没有获得过对不可能性的认识。所有关于不可能性的知识都来自于信念，来自于有限的失败经验和自以为是的想当然。人可以根据某类事情曾经发生过，来判定这类事情是可能的；但不能根据此类事情从未发生，就断定此类事情不可能发生。以至今尚未发现此类事情发生，或者以现在的理论逻辑推断此类事情不应该发生，多少有点自欺欺人的味道。人们曾经断定种豆只能得豆，种瓜只能得瓜；人们曾经断言天是圆的、地是方的。但现在他们知道这不过是一种臆见。

　　宇宙大爆炸学说认为，人类现在所居住的浩瀚无边的宇宙起源于140亿光年前一起小小的爆炸事件。一个密度和温度无穷大的奇点突然爆裂开来，纯粹的能量向外扩张。随着膨胀程度的增加，温度渐渐降下来，能量转化成物质，物质构成太阳、地球、月亮和无数的天体。假设奇点上有一个奇人，以该奇人的立场来看，宇宙间的一切物质现象，包括太阳、地球、月亮，包括钢铁、金子、钻石，都不过是泡沫罢了。宇宙本身就是一个被吹起来的大泡沫，大泡沫由小泡沫构成。把一种物质形态转化为另一种物质形态，无非是把一种泡沫转变为另一种泡沫罢了。

　　宇宙间一切物质的构成，包括分子原子结构，都可以看做是冷却的结果，都是由能量转化过来的。对于化学家来说，世界的差别无非是分子结构的不同。他们热衷于把一种分子结构改变成另一种分子结构，原子对于他们来说是不可改变的基本事实。但对于物理学家来说，

事物的差别是原子核外电子数量和结构的不同，构成一切物质形态的基本因素终究是一样的，一切差别说到底是结构形态的分歧，都是配方的不同。在某一层面上不可能的，在另一个层面却是可以通融的。

宇宙冷却的过程中，能量逐渐转化成物质。在不同的温度、压力下，形成了不同性质的物质结构，产生了不同的原理和规则。宇宙的能量就渐渐被锁进这些结构和规则中，就像《一千零一夜》里魔鬼钻进了所罗门的瓶子，每一种物质都是一个魔瓶。能量转化物质的过程，就像把熔炉里的铁水灌入坯模中，铸造成各种不同机件。只要能够反演这个条件过程，就可以将它们回炉，一切都可以从头再来。能量和温度能够使结构瓦解、原则失效。水变成油，油变成水，都不是问题。

当然，现在的实验室和车间还没有达到反演这个过程的地步。但核物理学已经进展到破坏原子结构的程度，它已经可以打开所罗门的魔瓶，释放出巨大的魔力，只是打开之后不能把魔鬼重新收回瓶子里。这意味着释放出来的能量，不能按确定的意图构成一种新的物质形态，但这是技术问题，不是原则问题。在分子层面上，技术已经相当成熟。基因工程通过基因重组改变生命物质的性状，可以种豆得瓜，指鹿为马。23对染色体就像麻将的48对骨牌，是可以搓开来，一次又一次地洗牌的。就进化的历史来看，事物形态之间的界限并不像我们所相信的那么森严，在有规则的游戏中，某些不守规则的分子的捣乱，最终会导致规则的重新修订，从而产生出新的游戏项目。自然的庄严并不完全表现在规则的严谨和铁板钉钉，它不可思议的力量穿透一切界限。也就是说，它的矛经常会戳穿自己所铸造的盾。

在获得对不可能性的确切认识之前，人也许只能够说：可能是没有边界的，不可能是因为我们认为不可能。不可能的信念，来自我们有限的经验，来自有限经验的完全统计。所谓不可能就是必然的了，必然是"不可能"与"不可能不"的统一，就是概率为0或概率为1的事件。事实是这样，很多事情在它未发生之前的统计资料中，概率就是0。在人类的诞生之前，人类诞生的可能性量度为0。即使是从今天的统计来看，也是一个趋近于0的数，因为在我们所观察到的数以亿计的星球上，只发现地球有人类生存。人类的出现是不可能中的可能，更不用说我们当中的某个人了。谁能统计出，从奇点爆炸到人类智慧的产生，这之间的可能性量度有多少？

自然的历程尚且充满机会和偶然，人类社会就难说有什么必然的定数。历史同样是可以洗牌的。史学家们至今仍然感到惊讶，十月革命怎么能够在当时的俄国发生并取得成功，建立一个共产主义的政权？当时俄国的工业相当落后，工人阶级的队伍并不强大，人民对共产主义缺乏具体的认识，布尔什维克党并没有掌握多少财力和可以夺取政权的武力。但是，小小的一次起义竟然成功了。历史学家们百思不得其解，最后认定是因为列宁，列宁钢铁般的意志起到了决定性的作用。直到革命前夜，俄国的心灵仍然处于极度混乱和不安之中，除了对沙皇统治的不满之外，人们不知道什么是他们应该做的，一切都在迷惘之中。是列宁不可扭转的意志，是列宁坚定地向前伸出的那只左手，指明了俄国的方向。直到革命前夜，包括布尔什维克在内，没有几个俄国人相信共产主义会在明天降临。但是列宁相信，列宁丝毫没有怀疑，他以自己的滔滔雄辩和富有感染力的演讲，把信念给予了成千上万的俄国人，于是奇迹发生了。信念的魔力是不可思议的，它能把不可能的变为现实，因为不可能本身即是一种信念。在历史的迷宫中，列宁把一堵厚厚的墙变成了一扇大门，直到20世纪的末期，这扇大门才被关上，列宁的意志也被扭转过去了。

1927年9月，当毛泽东带着几百个秋收后的农民，拿着锄头、镰刀和几杆步枪，踏着露水朝井冈山进发时，谁会相信他们能够改变整个中国的命运？谁会把这寒碜的一幕与1949年10月天安门城楼上庄严的另一幕联系起来？谁能统计出从秋收起义到开国大典之间的可能性的概率？历史可以从结果追溯原因，却不好从原因推断结果。因此，事先的聪明从来难得。

统计是面向有限过去的，行动却面向无穷的将来。统计的不可能

第八章 生命真相的另一世界的话语

· 313 ·

并不是可能性的最后界线,概率为0的事件,不仅改变着历史的命运,也经常改变个人的命运。多少人的婚姻不是起源于一场意料不到的艳遇?可能性是一个弹性的空间,需要力量的挤逼。弹性空间中的力量的挤逼最终导致统计学的失效,百分之一的几率加上百分之九十九的努力就是成功,百分之九十九的几率缺少百分之一的努力就是失败。因此,在任何条件下人都不能轻易对自己说:这是不可能的。不可能,听起来像是一个托词,或是一种禁忌。在可能性世界中,人随时都有理由怀疑自己。但对于弹性空间里的行动者来说,信念是至关重要的。信则灵,不信则不灵。

维特根斯坦指出,令人惊讶的恰恰是世界竟然是这个样子!如果我们能够重返遥远的过去来观照而今的现实,就会发现这世间种种日常的事物都是不可思议的。它们仅仅是无数可能中的一种可能,甚至几乎是不可能的。在看不到边际的暗昧的可能性世界中,存在为什么是这样而不是别样?海德格尔终生都在追问这个问题。一种事物在尚未"在起来"之前,其不在的可能性都要远远多于存在的可能性。任何事物的变化都时刻面临多种可能性,而可能之中,又有可能。各种事物的可能性交集在一起,整个世界的任何一种可能性,最终都可以直接或间接地通达其他一切可能性。

虽说事物潜在的可能性没有确定的边界,但是,可能性之间的变通并非是无条件的。可能并非能够,从一种可能态到另一种可能态的转换,需要有许多因缘的集合。就像把矿石提炼成钢铁需要高的温度,把种子变成作物需要水的滋润一样,有些可能性实现所需要的条件,如果一时无法凑齐,这种可能性也只能是一种虚拟的可能性。可能性对条件的依赖构成了限制。虽然原则上我们不能排除一切可能性,但在具体、特殊的情景中,可把握的可能性并非没有限量。比如,在今天,我们还没有创造出把水变成油所需要的条件。现实是没有边界的可能性中的一种,它是条件齐备的产物,比起虚拟的可能性世界来,它要狭隘得多。在我们寄托的现实的上空，漂浮着无边的可能性，仿佛是方向不定的鸟群，现实只是它们当中折断翅膀的一只，它还会飞翔起来。理解现实的深刻程度，取决于对其成立和蕴藏的多种可能性的通达。倘若不能敞开广阔的可能性空间，现实在我们的心里便成为一个凝固的死物。

各种结构和秩序、规则和原理，皆是由冷却而凝结的产物，人需要一个发热的头脑去通融它们，使它们复活。但是，当人领略了可能性空间的辽阔之后，一切对于他们来说，已经不足为奇了。这样，人们便有了一种平静的心情。一个发热的脑袋和一种平静的心情，是可能性世界对于人的要求。发热的头脑并不意味着疯狂，而是具有丰富的想象力，去展开一切可能性。人一旦失去想象能力，世界就成为必然的世界，事物也成为现成的事物。但冷静的心情，是比想象力更为可贵的品质。

把豆种成瓜，今天已经没有什么问题；把水变成油，将来也不会有问题。当人们面对的各种各样的不可能变为可能时，是否可能的问题就被是否必要的问题所取代。是的，一切都是可能的，但一切又有什么必要？这个问题应该经常拿来问问自己。要造出多少原子弹、氢弹、中子弹都不成问题，可造出来就成了问题。过去，造人是上帝的事情，也是上帝的本事和权力，人是不可能造人的。现在，人也可以当上帝来造人了。但是人要不要造人，这可是个困难的问题。想当初，上帝创造这个世界无非是用了五天时间，第六天造了人，以为就算功德圆满，可以撒手不管，万事皆休。用一天时间造人，还要用无穷无尽的时间来拯救人，这恐怕是上帝始料未及的。早知今日，何必当初。上帝的懊悔一定很深了。

科学的发展，已经把多少不可能的事情变成可能，人也飘然有了做上帝的味道，并且在不断地修改上帝的意图。人即便算不上万能，也算得上是千能了。他应该开始思考点儿上帝的问题，体会万能者的苦恼和悲哀。万能者的无能之处，在于他无法左右创造物之间的再创造，

如果创造物没有创造能力,那就意味着创造的失败;如果创造物具有创造能力,创造就已经失控。创造者的最高成就是创造出自由,而自由意味着对创造者意志的否定和超出。上帝既然赋予蛇以智慧的灵性,就不能随时阻止这条蛇发挥它的智慧,而蛇的智慧的运用,轻而易举地端掉了他原先的整个企图。当然,万能者还有最致命的弱点,他无法抑制自己的创造冲动,因为这意味着让一个身怀绝技的武林高手废掉自己的全部功夫,让一个什么都可以做出来的人什么也不做。天底下没有比让万能者成为无能者更困难的事情了,因此,上帝和魔鬼总是同时存在的。当人能够造出人来时,就有了超人的性质。但是在尼采那个以强力意志装备起来的超越是非善恶的超人身后,我们隐约可以看到魔鬼的影子在晃动。

玩弄各种可能性之间的神通游戏,是魔鬼靡非斯特所热衷的事情,也是江湖术士经常炫耀的看家本事。疯狂追逐可能性形态的丰富多样和奇特变化,热衷于创造力的淋漓尽致的发挥,陶醉于自我意志的绝对自由和不可逆转,是魔鬼的本性。魔鬼可以愉快地接受一切可能的后果,并为之放声狂笑,但人不行,上帝也不行。上帝的慈悲只接受一半的事实,他不愿看到苦难和罪恶。人应该同情上帝,他总放不下自己的良心。

一个超能者,或是一个万能者,必须避免对自己的能力的沉迷。耶稣在约旦河里受洗后,一个人走进荒无人烟的旷野,在那里待了整整四十个昼夜,一点东西也没有吃。魔鬼吹着他的耳朵说:"你可以吩咐这些石头变成食物。"只要耶稣一动念,石头立刻变成美味,但他拒绝了。

他因此而得道。

如果可能性是没有边界的,任何一种可能性拐弯抹角都可以通往其他可能性,那么,所有的墙都成了门,所有的门都只是虚掩着。没有了边界,也没有了归宿,整个世界就是一条通道,通道之中又有通道,通道与通道又交叉在一起。由无限可能性构成的世界是一个迷宫。

法国人雅克·阿达利撰写的《论迷宫》一书,介绍了包括埃及克里特迷宫在内的历史上许多著名的迷宫,和包括人脑及血液循环系统在内的迷宫象征物。但是,这些迷宫及其象征物的可能性空间都是相当有限的,而且没有任何重组和变动性,是可以画出线路图来的死宫。在我看来,最能表现迷宫复杂可能和莫测变化的是中国的麻将,而且是重重不尽的麻将——即每一块骨牌之中又隐含着一整副麻将的麻将。

麻将是一种可能性的游戏,是在迷宫中捉迷藏,在不确定中追求确定。麻将那四堵回环的墙是可以任意拆散的,墙上的每一个砖头对于玩家都意味着一扇未打开的门,一个忐忑不安的机会。那些方块骨牌具有无限组合的形态,组合的可能也总是处在不断地重组之中,组合出来的形态最终都被洗掉,显出徒劳的性质。日穷夜继,搓来搓去还是那堆东西。玩麻将的人企图把无数的可能性排除掉,把骨牌组合到某种可能态中去,即把无数的可能减少为某种可能,缩小可能性空间,同时,他们之间又互相挤逼,企图把对家逼出正在缩小着的可能性空间。玩家们心照不宣,他们彼此是对方的门,更是对方的墙。你的不可能,也许就是我的可能;我的可能,也许也是你的可能。一个人随意抛出的一张废牌,却成为另一个人期待已久的机遇,从而改变了整个局势和各家的运气。

在无休无止、无穷无尽的推倒重组中,任何一种组合方式的产生都是可能的,只要你有足够的耐心和时间。打麻将的人通常还不能对自己说,所有的可能性都是可能性,都是平等的;也不能对对家说,任何一种可能性都是赢,都是胜利,因此他们投入了性情。同是一个"东",此一时令他们兴奋不已,彼一时却令他们懊丧万分。于是,到底人玩麻将还是麻将玩人,就很难说得清楚了。在麻将中要成为一个赢家的念头是注定要失败的,但失败从来都是想赢的念头的失败,而不是人的失败,不过人们总是忽略了这一点。因此,麻将是没完没了的游戏,没有开始,也没有终结,就看你想不想玩,就看你玩不玩得起。一个人只要什么都能输得起,就什么都可以玩了。

所有的玩法最终都是在玩命。

一个人的生命隐藏着说不清的可能性,不论是爱情、事业,还是其他方面都有不确定的因素存在。排除不确定因素的困扰,堵死各种各样被认为是不良的可能性,成为一个侥幸的人,是很多人共同的梦想。这也是麻将最普通的玩法。然而,被视为是最好的可能性的几率往往也是最小的,几乎是可遇不可求。渴望最侥幸的人很容易成为最不幸的人,就像玩麻将非要组七小对或者清一色才和的人,他们抓到的更多是一些臭牌。有一种人,他们并不追求最好的可能性,而是追求最多的可能性,即追求生活的丰富和充分穷尽生活的可能性。加缪的《西西弗的神话》一书的扉页上,引用了古希腊诗人平达的诗句:我的心不渴望永恒的福祉,只追求更多的可能。加缪并不打算走出生活的迷宫,因为死亡已经堵住了迷宫的出口,生命唯一的意义在于充分展开内部的可能性,活得充分。对于他来说,生命一定是十分遗憾的事情,因为还是四十多岁的时候,他便撞上了那扇门。一个人如果有足够的时间把麻将无穷无尽地玩下去,他会发现结果是重复出现的,而且是一个平局。加缪没有把充分理解为重复,因为他没有足够的时间。他所说的充分是心灵的充实。

人的出生是一扇门,进来以后就紧紧闭上。死亡一度被认为是迷宫的出口和人们获得救度的机会,但是现在很多人都倾向于把它看做是一堵越不过的高墙。对于海德格尔来说,死亡是生命的不可能性,它可能随时随地取消生命的一切可能性;对于加缪,生命是一扇永远打不开的门,它堵死了通往天国的楼梯。生命的意义不在其终极之处,只能在从死亡回来的路上寻找。他们把生命倒过来过。

尽管原则上任何一种可能性都可以通往另外一种可能性,但这并不意味着人在同一时间里能够进入所有的可能。因此,时间成了问题的关键,它构成了限制,时间也许是一堵拆不掉的墙。一般认为,可能性空间是多维的,时间却是一维的,空间的多维最终服从于时间的一维。对于迷宫的行者,对于任何一个生存在可能性世界中的存在者来讲,同一时间内,他通常只能处在一种可能态中,他不能同时踏入两扇以上的门。也就是说,在他迈进一扇门的那一刻,所有的门同时关上,在吱呀的一声之后总是伴随着噼里啪啦的交响。这种响声是令他庆幸还是令他懊恼,除了门后的风光,还要取决于门前的期待,但总的说来,进入一扇门总有说不出的失落。在踏入所有的门槛之前,你永远不能确定,你进的是最好的一扇门,说不定是最坏的一扇呢!于是会有一种神往和懊悔始终跟随着你,你总是处于不断地进入之中,而进入意味着走出。这一切都需要时间。从一扇门到另一扇门,开门与关门的声音交集在一起,显得空空落落,说不出有什么挽留的意思,因为在所有的可能性都打通之后,迷宫是没有尽头的。

有一种人,他们并不急于进入,为了避免后悔,他们总是在犹豫之中,小心翼翼地窥探,蹑手蹑脚地敲门,甚至求助于星相学和易卦师,担心一旦进入一扇门,同时就失去一切。他们其实是在空耗时间。迷宫的回环歧道把一条道路变成无数条道路,把有限的空间变成无限的空间,从而迁延了空间中的时间过程。随着可能性空间的增大,空间本身的透明度呈反比递减,而且迷宫的地图也没办法绘制,因为它总是处于不断地修订当中。星相和易卦非但没有使迷宫变得简浅,反而加深了迷宫的魔幻,它本身也成为迷宫最扑朔迷离的部分。于是,人们似乎只能这样:在芝麻与西瓜,鱼与熊掌之间做或此或彼、非此即彼的选择了。只有极少数人才能看透所有的门后空空荡荡的真实。在他们看来,任何选择都同样是在两堆干草之间抉择,两难之中的任何选择都是不会有错。这些人在放弃选择的同时,选择了一切。他们走出了迷宫。是啊,当一切都是可能的,一切又有什么意思?所有的门都通到一起时,一扇门不就是一切门吗?所有可能性贯通之后,终极意味着循环,永恒是一条回头路,像一个圈套。

在一切都可能发生的世界,人必须随时做好一切的准备,向所有可能的事态敞开自己的心扉。而当人的胸怀能接受一切可能发生在自己身上的结果时,选择就成为多余。对于那些怀着非如此不可的倔强

意志的人，迷宫无异于一座地狱。虽然他们可以用尽自己的能量去撑大某种可能性，却无法杜绝其他的可能性。于是，人生不如意之事真是十有八九啊。对于那些鱼与熊掌都要兼而得之的贪婪的人，迷宫更没有任何慷慨的表现，它坚持自己的原则：非此即彼。丹麦人克尔恺郭尔在上帝和那个会弹钢琴的女孩之间徘徊了很久，最终还是投入了上帝的怀抱，让那个女孩抱恨终身。但在上帝那里，他始终都不能把钢琴女孩忘怀。孔子循循教导他的弟子毋意，毋必，毋我，可他自己却还是知其不可为而为之。他的弟子能够理解老师的苦衷吗？

人是否能够接受一切可能的结局——这是所有问题中最严峻的问题！解决了这个问题的人，是真正没有问题的解脱的人。释迦牟尼曾经是一个无法接受衰老、疾病和死亡等人生可能性的人，经过在森林里多年的出家修炼，他于尼连河岸的一棵菩提树下转变了自己，成为一个能够全然接受自身的一切可能性和不可能性的人。但是，他还不能全然地接受发生在别人身上的可能性，因此，他用了四十年的时间去说教，留下浩如烟海的经典。当然，这并非意味着他把别人的痛苦都兜到自己身上，因为他并没有一个自己。

能够接受自身一切可能性和不可能性的人，不会将不良的后果转嫁或强加于他人，因此也不会成为别人的墙。但是，接受了自身一切可能性和不可能性的人，会不会成为一个无所作为的懒汉？在迷宫的弹性空间中，无所事事将导致可能性空间的坍塌和关闭，不小心把自己砌进墙里。因此，一些对迷宫具有深刻洞察力的行者，常常以这样的语句来劝告别人：必须力争取得圆满的成功，不过，失败了也没什么关系；身体的健康是宝贵的，但是，病倒也没什么了不起；活着是一件欣慰的事情，死掉了也没有什么遗憾……这些听起来平常的忠告，几乎可以说是这个弹性世界的指南了。

一般而言，一个人的存在对于别人既是一扇门，也是一堵墙。但是，耶稣说，我是门，我就是羊的门。人们可以通过他走出迷宫，获得救度。他不仅接受自身的一切可能性和不可能性,同时还成为别人的可能性。他给羊吃的青草吃了就永不再饿,他给人的水喝了就永不再渴。

博尔赫斯终生都在思考着迷宫的问题。这个神秘莫测、充满着不安的期待和出乎意料的奇遇的世界令他着迷。在这个领域里,可能性空间的多维交叉和时间的线性推进令他困惑万分。在小说《交叉小径的花园》中,他曾经设想过所有的空间都打开、所有的可能性都发生的情况。

彭是中国云南的总督,他辞去高官,抛弃娇妻美妾等人们向往的一切。他说他要写一部比《红楼梦》更复杂的小说,还说他要建一座没有边际的、谁都走不出来的迷宫。他在明虚斋里闭户不出,直到十三年后被人刺杀。在他的遗物中有一本错综复杂、自相矛盾的天书般的小说。但在他广阔的地产中,没有发现迷宫的存在。显然,这部小说即是迷宫本身了。通常,一种有限的东西要成为无限,就必须循环不已、周而复始,但彭的小说没有最后一页与第一页雷同的情况,而且章回之间怎么也对不上号。彭的无限是另一种。在所有的虚构作品中,每当一个人物面对几种不同的选择时,他总是只能选择一种,而排除其他。但在彭的作品中,主人公没有排除,他选择了一切可能性。于是,他拥有了越来越多的身份,越来越多互不相干的情节,衍生不已,故事也有了各种各样的结局,每一个结局又是一个分岔的起点,从而构成了一个无边无际的迷宫。

依据博尔赫斯的解释,交叉小径的花园是彭心目中的宇宙的不完整的形象,彭的小说所要揭示的是没有同一性和绝对性的时间。时间有无数系列,背离的、会合的和平行的时间织成一张不断增长着的、错综复杂的网,通向无数的将来,包含了所有的可能性。在无数的将来里,人或者在,或者不存在,或者成为朋友,或者成为敌人,或者荣华富贵,或者贫困潦倒,所有的可能都会发生。

如前所述,空间是多维的,时间是一维的。但在这里,博尔赫斯把时间分解开来,让它具有与空间一样多的维度,即许多不同方向的时

间同时推进,于是所有的可能的事态都发生了。时间能否可以同时分解出不同的方向,这取决于时间的承担者是否能够分身,如果不能分身,他就不能同时选择所有的可能性。从小说来看,彭分身乏术,在遗言中,他把交叉小径的花园留给了若干的后世。这足以说明,在一世之中,他只拥有一维的时间、一种可能,他不能同时选择一切。像许许多多的东方人那样,彭相信自己的生命能够一次次失而复得,他对所有可能性的选择是在不同次数中去完成的,也就是说是通过自身的轮回来实现的。小说所描写的交叉小径的花园,与其说是时间,不如说是空间。

对于具有分身能力的选择者,时间才可以像一棵树那样生长,节外生枝,枝外生叶,枝叶纷披。自然的进化便是如此,无数种可能性同时存在。对于博尔赫斯来说,一切可能性同时发生,这种奇迹中的奇迹始终没有在他身上发生,但他确实走近了迷宫的出口处。没有一个人能像博尔赫斯那样体会到偶然事件中宿命的滋味,冥冥之中他看到了一切可能性徒劳的必然。

麻将的意义就是无聊。

最让人深感恐惧和徒劳的是在迷宫中的时间。

一般认为,时间像离弦之箭朝前射去,它的方向不可逆转。这意味着"随着每一个瞬间的消逝,有一扇门在我们身后沉重地关上,我们再也打不开它"。一切都成定局,一切最终都被遗弃,一切都是幻象,仿佛是镜子中的投影。然而,令人伤心的是,镜子总是无法抹去那些恍惚飘过的影子。博尔赫斯深深感慨:"记忆把人压垮!"

的确,人们很难接受一种毫不珍惜地遗弃一切、向着深不可测的空间一意孤行的时间。作为一种挽救,理想主义者在时间的尽头设置了一面辉煌灿烂的大靶,射出去的箭最终都一一命中。但是这意味着将时间封杀,让时间停止下来,留下来的是一个彻底定格、全然不动的世界。这同样是人们无法接受的。于是,如同埃舍尔绘画中的梯子,那支射出去的箭在看不见的深处悄然返回自身的开始。它的过去就是它的未来,"上帝的记忆成为上帝的预言"。关闭的门户将一扇扇重新打开,迎接主人的归来,失去的东西又一再得到。但博尔赫斯没有这么乐观。他承认自己曾经以许多哲人的观念演绎过这个世界,这并不意味着他相信。

当所有的可能性都贯通到一起时,最终的结果必然是循环往复。博尔赫斯的时间是轮回,不过这种轮回不是在同一空间中的重复,而是不同空间中往来。"希望来自太阳西下的那一方,有辉煌的耀光等待。"他相信明天的太阳还是今晚的落日,但它的光芒照耀的是另一些陌生的脸。因此,对他而言,生命不过是偶然的存在,失去的就永远失去,不可能再找回来。

"如果空间是无限的,我们就处在空间的任何一点。如果时间是无限的,我们就处在时间的任何一点。"《沙之书》描写了人对无限时空的复杂心情。主人公无意间买到一本没有开始页也没有结尾页的无限的书,把它视为无上宝物加以珍藏,生怕哪一天会忽然失去。于是这本无始无终的书成了他烦恼的根源,他想将其付之一炬,又担心烧起来无休无止,"使整个地球乌烟瘴气"。最后,只好将它偷偷放到自己曾经供职过的国立图书馆地下室的一个阴暗的搁架上,不敢再去碰它。

无始无终的时间中,万物都不过是沙漠里的沙子,生命不过是海洋中的水珠,死亡是沙子回到了沙漠,水溶解在水中。无限时空中的任何一个欧几里得点,都是没有长度、宽度和高度的。这种生不能增加什么死也不会减少什么的存在令老人十分感伤:"颠来倒去的还是同样的沙子,沙子的历史却悠久长远;你在悲欢离合中地老天荒,陷入永恒……沙子倾泻的过程无休无止,随沙子离去的是我的生命……我只是时间偶然的产物、脆弱的材料,不可能得救。"(《沙漏》)在《交叉小径的花园》的结尾,博尔赫斯深深地感慨:没有人知道我无限的悔恨与厌倦。悔恨和厌倦让他失望,但他没有达到无望的境界。字里行间流露出的失落和怅惘,表明他仍然把自己留给了迷宫。

宇宙的收支是平衡的,能得到的东西最终都要失去,但失去的通

常不会比得到的更多。耶稣说,得着生命的,将要失去生命;为我丧失生命的,将要得着生命。

博尔赫斯无愧为迷宫的专家,他仔细研究过迷宫的构造方法。在一篇名为《两位国王和两个迷宫》的极短的小说中,他描绘了迷宫的两种不同的结构。巴比伦国王动用了国中最著名的巫师和建筑师,建成了一座被认为是人间无与伦比的迷宫,其诡异迷离的程度让人感叹只能出自神道之手。阿拉伯国王来访时,巴比伦国王为了嘲弄这位憨厚客人,将他骗入迷宫。结果,这位客人在迷宫里晕头转向,摸索了一整天也不能走出来。最后,他不得不祈求上苍,才找到出口。出来后,客人不露任何声色,只是表示,在阿拉伯也有一座精彩的迷宫,期待着阁下的光顾。回国后,阿拉伯国王立即召集各部落的酋长,举兵以破竹之势攻克了巴比伦城,并且俘虏了巴比伦国王。把他送到沙漠的中央,对他说:"在巴比伦,你想把我困死在一个无数阶梯、门户、回廊和墙壁组成的青铜迷宫里;现在我让你见识我这个没有阶梯、门户、长廊和墙壁的迷宫。"

巴比伦国王最终未能走出阿拉伯的迷宫。

巴比伦的迷宫尽管错综复杂,充满了岔道和歧路,但毕竟有墙存在。也就是说,在可能性中还有不可能性的边界,因此是有限的。但阿拉伯的迷宫连墙壁都拆光了,可能性没有了边界,真正实现了一切都是可能的。而一切都是可能,也就意味着一切不可能了。这是迷宫的最高境界。

造设迷宫的目的在于让人迷失,但人们总是希望找到自己。只要有两条以上的岔路,人就无法确保自己不会走失。只有当可能性空间缩小到仅剩下唯一一种可能时,才能避免迷路。唯一的道路就是只能如此的必然。必然性的世界是一条路走到黑,必然之路尽管是康庄大道,尽管通往极乐世界,走的人也会觉得委屈,因为它剥夺了走路者的自由。人们宁愿走自己选择的偏僻的羊肠小道,甚至宁愿爬到山顶上往深渊里跳,也不要别人来规定他的行止。因此,卢梭的名言"人生而自由,却无处不在枷锁中"深得人心。每一个从必然之路上走过来的人,从监狱里放出来的人,都是迷宫的建造者。迷宫是他们白日的梦想。迷宫被认为是一个自由的国度,可以随意选择而不受任何约束,就像敞开货架的超级市场,每一种商品都有无数备选的品牌。迷宫最迷人的地方在于它给予了无限的自由度,它的可能性空间无比宽敞。卢梭把这种自由度无穷大的状态,理解为人的自然状态。在这里,一个人的自由是其他人自由的条件,人对人是门。他要废黜几千年文明社会设置的种种枷锁,拆除那些森严的高墙,还给人本来的自由与浪漫。

  卢梭把砸碎锁链、扩张生活的可能性视为人生的第一要务,这表明他仍处在自由的低级阶段。如果有一天,期待中的自然状态突然降临,卢梭们将无所适从,他们会请求把砸碎的锁链重新锻造,给他们戴上。在《晃来晃去的人》一书中,索尔·贝娄生动地再现了这种尴尬的局面。一个名叫约瑟的行将入伍的青年,有感于军队体制对人的桎梏,决定尽情地享受充分个人自由的快乐。于是,他辞掉工作,以妻子的收入为依托,过一种逍遥自在、无拘无束的日子。然而,在这些自由的日子里,他却不知如何打发时光,整天晃来晃去,无所事事,心里越发虚脱。自由成了沉重的精神负担,非但没有给他带来快乐,反而带来了莫名其妙的烦恼。最后,等不及部队的征召,他就主动要求入伍了。对于希特勒为首的纳粹党为何能够登上历史舞台呼风唤雨,学者们众说纷纭,见仁见智。精神分析学家弗洛姆的见解可谓一针见血,在他看来,对无依、叵测的自由的恐惧才是人们甘愿服从暴君专政的心理根源。

  自由有四个基本的要素:一是足够大的可能性空间,即能够让人随心所欲的自由度;二是可能性空间的透明程度,即人对各种可能性的量度预先有所探测;三是人对自身选择的目标有清醒的认识,知道什么是自己的所需;四是人所具有的缩小可能性空间的能力,能够把可能性空间中的目标锁定。前一个要素与后三个要素之间存在着某种类似反比函数的关系。迷宫无法按照同样大的比例将这些要素作为门票给予走进它的人们。因此迷宫最终会把它许诺的无限自由如数收

回,使每一个走进去的人都成为可悲的巴比伦国王。

《韩非子》中有个寓言,说的是有一户人家丢了一只羊,叫上很多人去追,结果还是没有找回来。因为道路多歧,而歧路之中,又有歧焉。迷宫设计的原则只有一条,那就是扩大可能性空间,增加歧路和岔口。随着可能性的增加,各种可能性的量度就越来越少,不确定性因素增强,空间的透明程度也随之下降,目标也就越来越迷茫,人对未来越来越没有把握,缩小空间的难度也在上升。当可能性增加到极限时,就远远超出了人的选择能力,人也就只能听天由命了。也就是说,当一切都是可能时,一切都趋近于不可能了。通过自由度的无节制的增加来达到对自由的剥夺,这正是迷宫的可怕之处。听起来有点欲擒故纵的味道。

人们必须面对自己有限的选择能力, 当歧路增加到一定数量时,失去的羊就很难找回来;当可能性膨胀到无限时,自由便转化为盲目的赌博。在《巴比伦的彩票》中,博尔赫斯描绘了这种极化了的自由。很早的时候,巴比伦出现过普通的博彩,即彩票发售后,大白天公开抽奖,中奖的人凭票兑现银币,其他人除了票额,没有什么损失。但经营这种彩票的公司很快就亏本了。于是出现一种新的博彩,即彩票中除了幸运号码外,还有背运的号码,抽中者不仅没有奖彩,而且还遭到罚款。这种新鲜的玩法引起了公众的兴趣,人们纷纷参与进来,不玩的人遭到白眼,被认为是懦夫。彩票公司的权力随之上升,具有教会的性质。不吉利的号码还可以折算成监禁等其他方式。原先被排挤在博彩活动之外的贫民也骚动起来,要求获得购买彩票的平等权利,经过动乱和流血,公司被迫承认贫民的权利,并将彩票改为普遍、免费、秘密发行。于是,彩票成为左右巴比伦人生活的普遍制度。人的命运是祸是福,是生是死,是沉是浮,全都取决于随机抽到的彩票,而且每一事件的过程都要经历很多次的抽签,任何决定都不是最终的,从决定中还可以衍化出别的决定。人们奉出自己的生命、希望和惊恐,去接受祸福叵测的偶然。彩票上虽然也有诸如把一块蓝宝石扔进幼发拉底河、到塔顶上放飞一只鸟等无足轻重的签文，但有的时候，抽签的后果十分严重，比如将一个人凌迟处死或剁掉双手，等等。在公司的影响下，巴比伦充满着意料不到的事情，顾客买了十二坛葡萄酒，发现其中一坛装的是护身符或一条蝰蛇；拟定合同契约的抄写员几乎没有一次不塞进一个错误的数据；做梦的人突然醒来掐死身旁的妻子，他们其实是在执行公司秘密的指示。任何人都掌握不了自己的明天，他今日可能是一个总督，明天一早却沦为奴隶，后天说不准发了一笔横财，大后天又被人砍死在街头……因此，每个人都有复杂多变的丰富的经历，他们的命运是一场赌博。

　　这也许就是卢梭所向往的自然状态的虚拟景观，只是这种虚拟还不够逼真。在一场没有规则的游戏、一个混乱无序的社会空间中，必然存在着可能性空间的挤逼和竞争，每个人都企图压缩别人的自由，以扩大自己的生存空间。势均力敌的竞争意味着部分空间的关闭和自由度的相互抵消。力量悬殊的角斗则导致强与弱的两极分化，力量的对比取缔了道德的善恶分别，并且决定可能性空间的最终分配。强者将获得更多的机会并左右机会的分配，成为非平衡物理学所说的序参量；弱者将被逼出明亮的空间，挤到角落里去，接受强者的意志的凌驾。在这里，人对人不是门，而是墙。用霍布斯的话说："人对人是狼！"在无规则的游戏中，幸运者必定是狼，而不是羊。

　　为了避免羊的丢失，韩非子要以严刑峻法去堵死所有的岔路，将羊圈养起来。为了吃掉凶恶的狼，霍布斯引进了比一切野兽更凶猛的机器——"利维坦"，企图通过具有绝对权力的国家机器，快刀斩乱麻似的强行削减社会个体生存的可能性，剥夺他们行为的自由度，来建立一种安定的秩序。霍布斯的思路作为对卢梭对自然状态的天真向往的反拨，也成了历史上一切混乱时世的必然结局。然而，剥夺他们的自由之后的狼，是否会变成绵羊？在缩减社会个体生活的可能性空间的同时，是否会把人类的许多美好愿望排除在他们生存的境遇之外，留

下绵绵无尽的遗恨？"利维坦"有可能成为新乱源。

现在，人们倾向于引用法律的高墙和道德的栅栏来对可能性空间进行规划和整合，以做到两全其美。法律和道德意味着自由的边界，在可能世界中大声说不，法律是社会对人说不，道德是人对自己说不！

不可能成了可能的前提，墙与门相反相成。必须把许多可能性加以封杀，才能捕捉住某种可能性，把它变为现实。而对于世界来说，不可能性是形成稳定秩序的前提条件。可能性空间并非越辽阔越好。

第九章　有什么财富比你的生命宁静值得赞许

我们的社会正悄悄地进行一场精神革命。

数以百万计的美国人脱离了传统的宗教,去追求精神发展的别样道路。他们正体认到,他们可以不必是教徒而拥有精神生活,可以不去教堂或寺庙而培育其灵魂。这种精神性与宗教的分离是我们时代的一个主要的社会学变化,居于西方自宗教改革以来最伟大的精神革命之核心。

成功的艺术家琼是个典型的例子。她在中西部的一个虔诚的宗教家庭长大,但在上大学期间就不去教堂了。可是她仍然对精神性很感兴趣,并在这些年里借助艺术、音乐、诗歌和文学而滋养自己的灵魂。现在已经 37 岁的琼仍然是一位深沉的精神中人,而且处于我正在谈论的精神革命的前沿。琼是精神充实的,却不是教徒;她已经超越宗教,在传统宗教围墙之外构建自己的精神生活。

约翰·奈斯比特在其《大趋势》一书中,把对于精神生活的兴趣日益增强列为当前美国社会的十大趋势之一。他指出,虽然到主流的教堂做礼拜的人数在减少,但对个人精神生活的兴趣却在提升。这在今天已届中年、于战后出生高峰期来到人世、受过教育的一代人中特别明显,他们中的一半人说,自己在过去几年里变得在精神上更充实。按照奈斯比特的说法,教会已经不能满足许多美国人的精神需要,"大学毕业的人们对这种精神滋养的缺乏特别持批评态度"。

加州大学圣巴巴拉分校的宗教与社会学教授鲁夫最近完成了对

1600名于战后出生高峰期诞生的人的调查。他所定义的这代人是指1946年至1962年间出生的,他们在60年代和70年代大量脱离有组织的宗教。在那些拥有宗教背景的人中,有84%的犹太人、69%的主流新教徒、61%的保守派新教徒、67%的天主教徒,脱离了宗教活动。鲁夫在自己的调查中区分了三种类型。第一类被称为"虔信者",是坚守传统宗教的人,在堕胎等问题上属于政治上的保守派,也许永远不会脱离宗教。第二类被称为"回归者",思想倾向比较自由,经常从一个教会转到另一个教会,是所谓的"教会自由采购者"。他们经常发觉自己与比较保守的虔信者相冲突。第三类是人数最多的"脱离者",这一人群显示不出回到教会或寺庙的迹象。他们并不排斥上帝的观念,但对有组织的宗教也不感兴趣。在这一代生于战后出生高峰期的人中,受过大学教育或自己未生养孩子的,最可能属于这一类别。

尽管1960年至1970年间离开有组织的宗教的这些人中,现在有25%又回到了主流的教会,但其中有42%仍然不与任何教会相联系。然而,这些人中的许多人却在滋养自己灵魂的过程中,转向了东方宗教、美洲土著人传统、希腊神话、12步法、荣格心理学、新世代哲学、萨满教修炼、沉思、按摩、瑜伽,以及一系列其他传统和实践。

但是,未满足的渴求依然存在,许多美国人看起来仍然迷失。一些人在拒绝了有组织的宗教以后,在寻求精神意义的努力中从一种精神修炼转向另一种。其他人则从对宗教的依赖转向对最新精神项目的依赖。

真实情况是,我们大多数人总是从宗教中寻求对精神事务的指导,我们不太擅长关照自己的精神生活。

在近两千年里,基督教会在西方的精神生活中拥有垄断地位。在此期间,灵魂培育是宗教的任务。在中世纪的天主教会,教区教士正式负责 cura animarum,即灵魂的诊疗和关照。在整个中世纪的欧洲,教会是精神活动的中心,牧师是所有精神事务的主导者。宗教与精神生活不可分割地联系在一起。

当宗教改革于1500年代爆发时，改革家们强调任何信仰者都可以成为牧师，从而向天主教会的精神垄断提出了挑战。他们论辩道，所有基督教徒都有权自己解释圣经，直接面对上帝，不必经由牧师或教会。改革家们认识到，一个人的精神生活不应当被机构化的宗教所控制。这是在宗教与精神生活的牢固关系中打开的第一个缺口。

基督教宗教改革的本质在于，它把个人良知置于机构的权力之上。这标志着西方个人主义精神在宗教舞台上的崛起，是西方历史上的一个重要转折点。在若干世纪的宗教控制之后，个人可以自由地构筑自己的拯救，不需要教会告诉他们去做、思考和信仰什么。通过把个人置于机构之上，改革家们削弱了天主教会的权力，并推动了当时正在欧洲日渐兴盛的文艺复兴。

文艺复兴意指"再生"，始于14世纪，一直延续到17世纪。它是中世纪和现代之间的过渡时期，其标志是向经典的回归、人道主义的复兴、对艺术的强调和现代科学的开始。然而，文艺复兴的真正烈火，正像宗教改革一样，是提升着的个人自由意识——人们不可避免地认识到，一个人的内心而非任何机构的命令，才是最终的上诉法庭。

具有讽刺意味的是，随着时间的推移，许多新教教会变得像它们所反抗的天主教会一样控制人的意识。有些教会领导者着迷于教义的纯洁性，在新教政权的支持下，严酷对待那些不同意其神学信仰的人。这样，许多新教徒像他们之前的天主教徒一样，发现自己并不能控制自己的精神生活。他们严重地受到其特定教派的神学教义的限制和束缚。

因此，在欧洲和在后来的新大陆，天主教和新教的机构化的教会，继续对精神生活拥有垄断权，教士或牧师仍然负责掌管人的灵魂。

可是，在我们的时代，这种情况改变了。数以百万计的人不再把教堂或寺庙当做他们生活的中心，他们也不寻求教士、牧师或拉比来关照自己的灵魂。

这种极其不同的视角是现时代到来以后的变化所导致的。在中世

· 331 ·

纪，教会不仅是宗教事务的最终权威，也是艺术和科学的最终权威。在文艺复兴时期，艺术和科学从教会分离出来，开始成为独立的学科。在此后350年里，科学逐步确立了自己在西方文化中的最终权威，我们开始用一种类似中世纪人们看待教会的方式来看待科学。在现时代，科学拓展了我们的知识，对于宇宙和人类自身的起源和性质，向我们提出了新的、非宗教的解释。这些科学解释经常与教会和礼拜天学校所教的内容相矛盾，科学故事渐渐地深入我们的心灵，经常反驳老的宗教故事。

　　正如神学专业的学生们所知道的，科学也把其穿透力之眼指向宗教本身。例如，现代学者运用科学工具，提出了关于《圣经》起源和历史的重要问题。与最早的手稿相比较，他们发现了其中的差别、矛盾和增删的内容。他们的研究发现，过去把某些章节包含在《圣经》中，而把另外一些内容排除出去，这些选择中带有随意性，有时候则带有政治意图。而且学者们还表明，写作《圣经》主要部分的时间和作者不可能是它本身所宣称的那样。那些曾认为圣经是一本圣书，是上帝直接馈赠给人类的礼物的人，不得不面对这样的事实：即与我们曾经以为的相比，它看起来更多的可能是一部人写的作品。即使我们坚持认为《圣经》在某种意义上是一部神启的书，是精神智慧之源，但这与相信它就是上帝的文字，是所有精神真理之源也是极不相同的。

　　这里的基本问题是，我们所有传统的宗教信仰体系均源于前现代时期，可是，我们一直试图让它们适应我们的时代。无论我们的最佳意图和努力是什么，这已经愈发难以做到了。

　　事情变得更加复杂，即我们今天正从现代走向后现代时期。在现代时期，尽管遭到科学的破坏性影响，许多宗教信仰体系仍试图整合在一起，而目前则遇到后现代主义的又一打击，显得摇摇欲坠。在现代时期，我们相信真理就在那里等着我们去发现，而科学是通向这种真理的道路。后现代主义质疑我们对知识的基本设定，向这种观点发出挑战。它集中于知识和信仰体系是如何构建的，并且提出，被当做真理的东西其实依赖于一个特定文化得以运作的基本设定。例如在中世纪,由于神学设定是构成该时期文化的基础,教会被当做知识的最终来源。今天,鉴于我们的文化科学前提,我们把科学当做最终权威。我们倾向于认为,中世纪的世界观是劣等的,以迷信为基础,科学才是通向知识的真正道路。然而,后现代主义则提醒我们,所有知识体系,包括我们自己的知识体系,都是社会构建的产物。因此,我们的文化设定和权力政治,与我们接受为真理的东西关系很大。换言之,我们构建或发明了真理,而不是简单地发现真理。

这种后现代主义所称的对现实社会的构建,是一个全新的视角。它有强烈的诉求,因为它有利于帮助我们理解我们多样化而混乱的世界。与其他文化接触过的任何人获得的第一手感觉就是,存在着其他的现实。一个到日本旅行过的生意人很快发现,日本的"现实"与美国的"现实"很不相同。作为心理学家与美洲土著人一起工作,使我有机会了解土著居民对于生命、自然、上帝和人际关系所持有的很不相同的设定。随着我们的星球通过喷气机旅行和电子沟通而成为一个地球村,我们越来越多的人每天都接触到多样化的文化和现实。美国的每一个大城市都是不同种族、民族和文化的熔炉。数十种现实混合在一起,经常造成混乱,有时甚至引发暴力。我们许多人在试图适应我们生活中的多种现实时,都经历过一种后现代文化的震撼。在世界史上,从未有过这么多的人如此大量地接触到这么多不同于他们自己的文化。

随着我们接触到这些多样化的现实,要坚持我们自己的现实是唯一的真理,就变得日益困难了。只有我们当中最保守的人才能做到这一点。我们大多数人都被迫承认存在别样的现实,它们像我们自己的现实一样有活力,我们认为是真实的东西,其相对性程度也许要比我们愿意承认的大得多。

这对于理解西方宗教的衰落和作为本书焦点的精神革命,具有深

刻的意义。通过与其他文化接触,我们开始看到自己对现实的构建是相对的,这既适用于我们的宗教,同样也适用于文化的任何其他方面。其结果,许多美国人不再认为他们自己的宗教传统是唯一真的宗教,而是开始相信,所有宗教都可以提供某些东西,都是滋养人的精神渴求的合法途径,这是后现代的视角。

宗教中心主义的这种衰落,以及我们自己向其他传统的开放,是我们精神革命的第一步。把自己与其他视角隔绝的心灵在后现代的、多元主义的世界是没有生命力的。当我们认识到宗教不再垄断精神的真理,从而能够评价它时,我们就能够尊重其他传统,把我们的胸怀向这些传统提供的领域开放。

然而,把我们自己向其他视角开放,并非易事。我们中的许多人接受的教育是:质疑我们自己的宗教或考察其他人的别样宗教是错误的,甚至说这样做是对上帝的亵渎,对我们传统的背叛。这样的宗教禁忌通常深深地植根于人的心灵中,超越它们要有很大的勇气。但是,无论多么困难,我仍看到了自己传统的实现和使自己向其他视角开放的可能,以此作为导向精神成熟的第一步。

第二步也许是更大的一步,这正是本书的焦点,即认识到精神生活与宗教并不是同义词,培育灵魂还存在许多其他方式,它们与宗教并无关系。上述第一步打破了我们传统的藩篱,让我们向其他宗教开放;第二步则打破了宗教本身的藩篱,让我们向生活本身开放。当迈出第二步时,我们看到生活的全部都是神圣的,整个宇宙就是我们培育自己灵魂的大花园。

在我们精神发展的这一阶段,我们不再寻求教士、牧师、拉比或印度教导师来教导我们什么是最适合我们灵魂的东西,我们开始把灵魂诊疗和关照当做个人责任。尽管我们可以把宗教看做是精神发展的途径之一,但我们不再把它看做是唯一的途径,我们对于把自己的灵魂托付给任何宗教领袖或精神教义也持谨慎态度。

个人的精神性,在其最激进的形式上意味着为我们自己的精神发展负责任,并且知道如何培育我们自己的灵魂。对我们中的许多人来说,它意味着超越宗教,在教堂的围墙之外构建我们的精神生活。

迈向精神成熟的历程不只是智慧的历程,也是涉及内心的历程。旧信仰的死亡是相当痛苦的,来自家庭和友人的不理解几乎可以是毁灭性的。然而,我们更广阔的精神意识的诞生,使得这种转变最终是值得的。我们突入新的现实,它超越了我们自己文化和信条的狭隘束缚。随着我们认识到自己心灵的精神渴望是人类的普世之歌,我们的认同也超出了我们自己之一隅,达到整个人类。宇宙成了我们的庙宇,地球成了我们的祭坛,日常生活成了我们的圣餐。口头传说、智慧的文学和世界的精神图书馆成了我们的圣经,整个人类,不分国家、种族、肤色或信仰,成了我们的圣会。

数以百万计的人们已经采取了这些步骤,未来还有成千上万的人会这样做。从传统宗教向新的精神形式的转变,是一场重大的革命,是西方文化进入后现代时期总的时代精神的一部分。在这场革命完成之后,它将永久地改变西方精神的性质。

亨利·大卫·梭罗 5 岁时第一次看见瓦尔登湖,他那年随着家人从波士顿出发上路旅行。这个湖并不大,大约有 60 英亩,坐落在马萨诸塞州康科德郊外的树林中,给幼小的梭罗留下了极为深刻的印象。他在随后的游记中写道:"那大片森林的景象很长时间里一直出现在我的梦中。"1845 年,在初次造访瓦尔登湖的 23 年后,梭罗在湖边搭了一个小屋,在那边独自静静地生活了两年。独居期间,他与大自然交流,并且记录下自己的想法和观察。瓦尔登湖如今已成为美国的经典。它继续用一种强有力的方式,唤醒和表达我们对自然深深的喜爱和向往之情。

在关于瓦尔登湖最有名的一段叙述中,梭罗解释了他为何离开都市到湖边生活。他写道:"我选择住在森林中,是因为我想在慎思中生活,只面对生命中本质的事实,看看我是不是学不会生活必须教授的

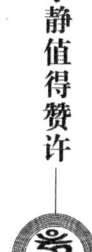

本领，而不是在我临死之时，发现自己白活了一辈子。"

对梭罗来说，大自然就是上帝的神殿。当别人去教堂的时候，梭罗在康科德周围的丛林和土地上漫步。他视大自然为自己生命中长久的源泉，他要靠近自然，"就像柳树挺立在水边，将自己的根须尽力向水中伸展"。梭罗一生热爱大自然。在他生命的最后岁月，他公开发表的作品寥寥无几，但他保存了一本私人游记，里面都是关于他多年来对大自然的观察和描述。梭罗从自己的亲身经验中得知，大自然是一条通往神圣的道路，是一种净化灵魂的方式。

我们对自然的渴望，跟梭罗一样，我们都向往大自然。每年春天，数以百万计的美国人手拿花园工具，弯腰劳作于郊外的田地、花圃，甚至是"邮票见方"的菜园里。每个周末，市区附近的高速公路总是塞车，因为在水泥和沥青浇注而成的笼子里憋了一周的人们，急于冲出城市的束缚，到湖泊、河流、山冈、海滩和沙漠中去。在夏季的月份里，我们的国家公园和露营地也是人满为患。

在某种程度上，我们大家都知道，自然是生命常青的源泉，滋养着肉体和灵魂。就"国土原住民"或"大地臣民"的本义来说，我们都是异教徒。我们都来自土地，活着的时候靠土地维生，死去又回归土地。一个叫纳瑞金·梅努如·伊卡拉的澳洲原住民说："我们属于大地，它是我们的力量，我们必须跟它保持密切的接触，否则我们就会迷失。"

我们与土地的原初接触，在我们人类进化的数千年里，我们紧靠着土地生活，并与自然界的节奏相合拍。我们从血液涌动中感受月亮和星辰的变迁、太阳东升西落和四季更替。我们日出而作，日落而息，直接从土地获取食物，从地上的溪流中饮水，根据一年四季的变化来安排自己的生活。起初我们结成部落四处迁徙，取旅途中的各种浆果、坚果、水果以及块根作物作为食物，然后开始靠打猎和采集野果为生，最后成了牧民和农民，开始居有定所。但无论是人类社会的原初还是近代，我们总是和土地维持着直接的接触，在苍穹之下繁衍生息。

在古代，人类非但以自然为生，而且事实上，还将她作为万物之源来顶礼膜拜。早期的农业社会中,大自然被视为万物之母,因为富饶的土地给人类提供了维系生存的谷物、蔬菜和水果。飓风、地震和火山爆发是她愤怒或狂暴的表示。某些特定的河流、山岳、鬼斧神工的天然奇观甚至郁郁葱葱的树林,都被视为圣地,古人在这些地方向万物之母吐露心声,汲取她的神圣力量。在早期社会中,个人的宗教信仰就是人与自然界的关系,因为自然跟女神是同一的。

与自然的疏远,但随着现代社会的来临,我们开始与自然失去联系。以美国为例,在工业革命的推动下,人们大批地离开农场和农村地区,前往工厂做工。他们远离跟自然密切联系的恬静生活,成了工业机器上的齿轮,这些机器不断生产别的机器和消费品。他们中的一些尽管身在城市,但还记得自己的根在何方,时常想起童年时在开阔的原野中漫步,在树林里穿梭,在溪水河流中嬉戏游泳的场景。因此,一到假日,他们就带着孩子回到祖父母的农场,回到国家公园,或者其他自然之地,期望给孩子们看看他们自己孩提时代的奇妙经历。但是随着时光的流逝,大多数美国人逐渐跟他们的田园往事失去了联系,开始慢慢地疏远自然。他们已不再熟悉蟋蟀的音乐,青蛙的鸣唱,以及夜莺在暮色下的叫声;他们已不能再说出天上的星座,描述月亮的阴晴圆缺;他们不再被夜晚恬和的声音所陶醉,反而为一只猫头鹰在卧室外聒噪感到惊恐。伴随他们睡眠的已经不是乡村里那些较为寂静和柔和的声音,而是现代交通的嘈杂、刺耳的喇叭和警笛声。在与自然相处了几千年后,在人类进化过程中泾渭分明的一刹那,人们切断了跟大地的联系,硬生生地扭断了曾经养育自己的母亲的手臂。

一些学者认为:我们对自然的疏远开始于父权制宗教,当时他们以好战的男性神取代了将大地视为万物之母的母系宗教。在《圣杯与刀》一书中,雷恩·艾斯勒说,父权制的入侵者征服了和平的农业社会,建立起他们自己的男性神。艾斯勒把希伯来人的神耶和华看做是这男性神中的一种,并且认为犹太教和基督教的父权制态度也可以一起追溯到这些早期的根源。古代宗教的专家学者中,在哈佛大学和加州大

学洛杉矶分校执教过的马丽嘉·吉姆布塔斯，还有约瑟夫·坎贝尔，是公认的20世纪最博学的神话学者。他们认同艾斯勒关于母系宗教最终让位于父系宗教的观点。古代希伯来人似乎特别专注于消除母系宗教，消除所有自然崇拜的迹象。耶和华是一个嫉妒而易怒的神，宣称只有他才是唯一的真神，谁要是不服从，就毁灭谁。耶和华没有妻子或者女性伴侣，他的追随者中看起来也鲜见对妇女或女性原则的尊重。在他们的宗教中，男人被赋予较优越的地位，女人被视为居于从属地位，她们的存在只是为了照顾男人。

这种父权宗教观对看待自然的方式产生了重要的影响。农业社会崇拜作为女神化身的自然，而父系社会的游牧民族用比较世俗和功利的方式来看待自然。他们是动物猎人，其游牧的生活方式使之与别人发生冲突。因此他们擅长打斗和发展战争武器。他们认为耶和华跟母系宗教的女神不同，他不在造出的万物之中，而是超自然的一，也就是说"在自然之上"。耶和华创造了世界，一切都属于他。因此他有权按他的喜好处置一切——包括将世界赐给他的子民。所以，他的子民们也有权占有并使用土地。在耶和华的宗教中，自然已被对象化了，不再被当做女神神圣的化身。

《创世记》使这种对自然的疏远成了新的训谕。造完亚当和夏娃之后，上帝告诉他们："让大地丰产、成倍繁育并恢复其肥沃，征服土地；拥有海洋里所有的鱼，天空中所有的飞禽，以及在大地上走动的每个生物。"这就是父权制的语言——包含战争、支配权和领土统治权的语言。这些不是母系宗教的话语，从中丝毫看不出对自然的尊敬之情，看不出与万物之母、万物之源和睦生活的渴望。

《创世记》最初的几篇可能是专为质疑母系宗教中的共同态度而写的。例如伊甸园的故事讲述了蛇如何引诱夏娃偷食智慧树的果实，夏娃后来又如何引诱亚当。蛇在母系宗教中是一种很重要的象征，此处却和第一个女人一起，因导致男人堕落而受责罚。

亚当夏娃的儿子该隐和约伯的故事，则可解读为叙述了信奉耶和华的游牧人和一般信仰母系宗教女神的农耕人之间的冲突。约伯是"牧羊人",而该隐则是"耕地的农夫"。两人都给耶和华献祭。约伯用的是羊群中"初生的羊羔",而该隐献的是"土地上出产的果实"。《圣经》说:"上帝看重约伯及其奉献的祭品,但不看重该隐和他的祭品。"

当然,这些解释只是推测。我们要知晓这些故事背后的真正动机,如此详细地重建古代历史,即使有可能,也是很困难的。但崇拜土地的母系宗教被强调支配并占有土地的父权制宗教所代替,这一点却是显而易见的。

对土地的支配,我深信,《圣经》中有关占有和征服土地的训谕,为我们与自然的关系造成了伤害,并维持了一种最为有害的态度。这种态度让我们把自然看做是为了我们的生存而存在,如山姆·基恩所说,就像"供使用的资源仓库"。在科学、进步和技术的名义下,我们已经征服了自然,夺走了她的原始森林、富饶的土地、清澈的河流、波光粼粼的湖泊、郁郁葱葱的热带雨林、清洁的空气、纯净的流水以及无数种动植物。生活在第一世界的我们,以消费至上主义进行消费,并继续剥削第三世界,以满足我们贪婪的胃口。当我们给他们带去科学技术和强迫掠夺自然的商业态度时,我们委婉地称呼他们为"发展中国家"。但这样做时,我们已经改变甚至毁灭了一些传统文化,它们没有我们的进步标准业已存在了数千年。如今,世界上几乎没有一块地方没有被开发过了。看着这个星球流着血的一道道巨大伤痕,我们似乎最终实践了圣经征服占有土地的训谕。

当然现代科学技术的确给我们的文化做出了惊人的贡献,我们大多数人都没有想要回到远古时代去。但是我们应该看看科学所依据的假设和我们运用它的方式。根据客观性和主—客两分的原则,西方科学对自然的多种态度与西方宗教试图征服大地的态度如出一辙。洛兰·安德森写道:"现代科学的主要创立者弗兰西斯·培根,将自然描述为一个女性,将科学描述为试图捕捉她、征服她、掠走她的全部秘密的

入侵者。"正是因为科学技术将自然视为一种可供研究、测量、支配和控制的对象,才使我们离自然越来越远。

　　拥有锄头和铲子、斧头和锯子、猎枪和渔网的人们,对于大地的危害终究有限。但工业革命让我们拥有了机器,这才是支配和征服大地的最终武器。机器可以毁掉整个雨林,将万顷良田化为尘土,改变河流的走向,把大地切割成足球场。机器也导致对暴力行径的无动于衷。当一个人拿着斧头或锯子放倒一棵已经矗立了两千年之久的红杉树时,他能看到自己对自然造成的伤害,因为"很接近、面对面",就像战场上的格斗一样。但使用了机器后,远在千里之外的公司经理们一声令下,整片雨林就被放倒,看起来也无人对此负责。公司经理们在其律师团的保护圈之内,几乎是刀枪不入,而那些机器操纵者们,则声称自己不过是奉命行事的普通人。

　　自然的对象化,40年前,阿伦·瓦茨警告说,对象化是西方文化与自然关系的主要症结所在。对象化让我们远离自然,把她看做是一堆收藏的物体,"占有并改造她,让她成为理性的智慧所施加的对象。"瓦茨认为我们必须明白:"自然是有机组成起来的,而非政治性的结合,它是各种关系融合的场所,而非一堆物体的集合。"对自然的这种对象化的基础是"人类并不处于自然之中"的错觉,认为我们在某种程度上能够超越自然,像上帝一样观察、操纵和利用自然。但瓦茨提醒我们:"人处在一个打了无数个结的绳圈之中,当他向一个方向拉绳子时,会发现自己也被另一种力量拉着,他无法找到最初的力量所在。"

　　由于任何事物都与其他事物紧密联系着,而我们对这种联系的复杂性所知甚少,所以我们在利用任何资源时都在冒巨大的风险。正如瓦茨所说,我们"对于如此纷乱的复杂关系只有十分零碎的知识"。我们都很熟悉的《沉默的春天》的作者雷切尔·卡森是环保运动的早期倡导者,她在逝世后的1980年被追授总统自由奖章。她生前警告我们,如果继续破坏自然脆弱的平衡,人类将面临不可预料的危险。今天,生态学的教科书里记载了数不清的案例,它们是关于发生在世界各地看似有益实则给生态平衡带来灾难性后果的行为。认为我们能够控制自然、引导其前进的方向,这可能是世界历史上最危险的幻想了。

尽管我们幻想自己独立于自然之外,但事实却是,我们深深地陷入自然错综复杂的关系网中。我们只不过是自然所孕育的数百万物种之一。这也许是达尔文理论告诉我们的最重要的东西:我们不过只是自然繁衍的万物中的一种。我们学会直立行走,拥有自以为相当复杂的大脑,这一事实也许只不过是一场进化的实验。如果我们愚蠢到让这个会算计的小小的大脑与自然对抗,那我猜想自然会找到遏制我们的办法。我们必须明白,这里的自然就是父母,而我们不过是孩子。她已经存在了数十亿年,而我们不过是进化显示屏上的一个光点。因此对待自然的正确态度应该是谦恭的,掺杂着某种感激,感谢她引导我们冲破原始的黑暗,看到白日的光明。

我与其他一切事物相联系。我是谁,这个问题并不只是限定于肉体之内,而是通过复杂的互相联系的母体扩展到整个宇宙。我在呼吸、饮水、进食时,就跟周围的环境互相作用、互相渗透。碳是生命的一种主要组成材料,也是最古老的元素之一,产生于难以置信的宇宙大爆炸。日月星辰由碳组成,我也是如此。将星辰放置在无尽的夜空中的上帝,也同时把"组成星辰的元素"放进我的体内,组成骨头和血肉。因此,我就是星星、太阳和星系的兄弟。我们共有一个母亲,有着相同的起源,孕育于相同的地方。

因此,安西锡城喜爱自然的神秘主义传教士圣·佛朗西斯,也许知道一些我们已经忘怀的东西。他称神圣天空中的物体为"太阳大哥"和"月亮姐姐"。或许梭罗也是正确的,他问道:我们既然能够面对夜空,看见银河里闪烁的星光,那怎么可能感到孤独呢?对自然的感同身受出自我们对自己跟世界万物密切联系的意识。正如我的一位朋友所说:"如果你把一样东西对象化,那你就可能设想它跟你是分离的,就比较容易利用、伤害或踩躏它。但是,如果你跟某样东西是密切地联系

着的,那它就成为你的一部分,伤害它也就是伤害你自己。"

1997年,39个人在圣地亚哥附近集体自杀,事发地离我的住处只有40分钟的车程。我在观看部分死者事前拍摄的录像时,被他们疏远这个星球的意识所震惊。他们并不认为自己是地球的一部分,而是觉得这里并非自己的家园。因此被一项计划所迷惑,即认为只要集体自杀,就能被彗星的尾巴拖曳着逃离这个星球。这是一些信仰体系的一个问题,这些体系鼓吹,在别的地方事情将有多么美好,以此来离间我们跟地球的关系,让我们相信这个世界不是自己的家园。也许我不会质疑死后人的生命之可能性,但至少在此时此刻我可以肯定,现在我还活着。而这个围绕太阳无尽旋转的蔚蓝色星球,以及这上面的海洋、高山、草原、沙漠……是我的母亲,也是我的家园。1945年,她让我出生,到如今已经抚养我五十多年了;在并不遥远的未来某一天,我将被安葬在她的体表。她让大量的花朵、树木、丛林、小溪、动物、飞鸟、鱼类伴随着我……当然也有我的人类同伴,包括我的妻子和两个儿子,我爱他们胜过自己的生命。

所以我对搭乘彗星到火星或其他遥远的地方定居的计划不感兴趣。我爱地球,愿意怀着感激和赞赏之情在这里度过余生。当然我也真诚地希望这个星球一切都好——不仅因为她是我的母亲,还因为我有三个孙子孙女,他们还要在这个星球上喝水,呼吸空气,享用食物。我可不想冒险去参加任何可能毒害、污染或毁灭这个人类栖息地的计划。我希望我们的子孙后代生活在美好的家园中。

精神意识上的变化,那我们该做什么呢?我们怎样才能使自己对自然的态度再度圣化,并把它看做是通往神圣之路呢?保罗·德弗罗在他的《地球记忆》一书中说,要发生这种变化,人的精神意识就需要一种根本的转变。他清楚地意识到,那些抨击从精神上亲近自然的人坚持认为,"现代科学和技术将可解决我们所面临的一切问题,任何事都可以用技术来解决"。他指出,在另一方面,"这种态度正在迅速地失去对许多人的感召力,他们日益清楚地看到,我们的技术和应用科学在当前的世界观之下,正在造成环境上的混乱"。德弗罗不相信科学或者其他主流的社会制度能够拯救地球。他坚信,人类需要的正是意识深处根本的转变,对我们看待自然方式的重新定位。他说:"是我们的心理,也就是我们的世界观、道德需要予以医治。只有这样,对环境的治理才会是自然而然的结果。"

德弗罗认为,有充满希望的迹象表明,这种意识上的转变已经开始。比如他指出,日增的生态意识导致各种"绿色"环保运动的产生,对于传统文化的智慧的广泛关注,"新时代"运动对于拯救地球的关注——尽管他担忧,新时代运动有时会忘记,是我们而不是地球需要被拯救。德弗罗也从积极的方面看待各种异教和女神运动,认为它们"显示了人性中深刻的历史记忆——实质上是普遍的大地宗教"。

与自然沟通,如果需要的是意识深处的根本变化,那我们自己怎么才能做到这一点呢?一个从小到大都接受物化自然的人,一个总是感到跟自然分离、疏远的人,该怎样改变这些基本态度呢?

如果只是简单地阅读生态学的书,那将不会导致这种改变。今天我们有数以千计的生态学方面的书籍和文章,也有数以百计的科学家们献身于对环境问题的研究。这项工作当然是至关重要的,我钦佩这些科学家,他们所从事的研究和收集的资料,可以教会我们如何友善地对待地球。但若要改变我们对自然的基本态度,光有信息是不够的。我们必须放下书本,进入与自然的个人的、公共的关系之中。这是我们已经丢弃的东西,也是我们必须恢复的东西。自然有她自己的秘密,只会向与她保持亲密关系的人展示。只有在那些秘密中,我们才能发现自然神圣的性格。

跟自然沟通意味着要去除我们把自然对象化的态度,并将我们的灵魂向着她的深处、美丽、黑暗和力量敞开。这里需要更加诗意、神秘、阴柔、直觉、瞑想和亲密的联系方式。沃尔特·惠特曼理解这一切,他写道:

只要见到博学的天文学家，

只要证明、数字等等排在我的面前，

只要向我展示图表，要我用加减乘除法来计算它们，

只要听到天文学家在教室讲得满堂喝彩，

我会很快没来由地变得疲乏厌倦，

只好站起来悄悄一个人溜出去，

到神秘湿润的夜晚空气中，并不时地，

在纯然的寂静中仰望星辰。

若是正确地理解和应用，这首诗包含了有关我们需要改变意识、让自然成为通向神圣之路的所有智慧。但是，就像"博学的天文学家"一样，我们中许多人往往用图表来看待自然，而不是敞开自己的心灵去领略星空的宁静。尽管客观的方法有其用武之地，但沟通就意味着离开演讲厅，走到外面，进入到神秘而潮湿的夜晚空气中，在那里，大自然将她自己直接展示给那些充满着好奇和敬畏之情的灵魂。沟通意味着以基于灵魂层面的反思来接近自然，要乐于等待、倾听和允许自然以她自己的方式，在她认为合适的时机来展示自身。沟通意味着一种不强加于人的态度，不施加先入为主的范畴，甚至是一种如阿伦·瓦茨所说的"哲学的暧昧"。当然，对那些顽固的、好斗的西方现实主义者来说，这是毫无意义的。当然，研究、测量、精确性和界线分明的清晰性，总比模糊暧昧更可取。但是，在生命的某些领域，顽固不化的处理方式就不管用了。比如人类之间亲密的关系就要用一种完全不同的方式来对待，我们与自然的关系也是如此。为了了解自然最深层的秘密，我们必须乐意进入一种与自然间的公共关系，感受那种被瓦茨称为"温暖、融洽、模糊不清和亲密的接触"。

换句话说，跟自然的沟通是一种温柔的看待方式，一种对缥缈、模糊、朦胧和虚幻之物的舒适之感。瓦茨认为，东方文化更加亲近生命的微妙之处，与薄雾环绕群山、野鹅若隐若现飞翔于云中之美更合拍，而西方文化却产生了一种"暴躁的人格"，"时刻准备着冒险驱除自然的

· 344 ·

神秘,想要发现那只野鹅到底飞到哪里去了"。他还说:"正是这种对自然的不同态度,使得每一种传统文化都觉得完全无法忍受西方人的思维方式,这并不是因为它的粗糙无心计,而是因为它的视而不见。它不能说清事物表面和深层的差别。"

我们在这里所说的是一种认知上的别样方式。跟自然的沟通试图克服主客分裂,敞开我们的灵魂去感受万物的唯一共性及其内在联系。坦白地说,大多数西方人都不知道怎样才能做到这一点。我们是被一种理想化地抬高客观性、贬低主观性的文化所塑造出来的。结果是,我们疏远了自身内部的经验,而不能依赖它来认知这个世界。取而代之的是,我们学会了依赖自我———一种理性的、逻辑的、注重分析的思维方式,这使得我们能操纵这个世界,而不必让肉体或灵魂"身临其境"。这种赞颂客观性的态度,在西方生活的各个方面都占据主导地位,它只能在一种让个人疏远自己,与主观性相分离的文化中产生。难怪别的文化会觉得我们很奇怪。那种认为生命可以在头脑中生存,无需任何肉体、灵魂、感情上的实际需求的观念,的确是很奇怪的。

马丁·布伯清楚地意识到这两种根本不同的处理方式,他认为,对待自然,我们可以有"我它"以及"我你"这两种关系。在"我它"模式下,自然是一个对象,一件东西,与我们保持着一种客观的距离。在"我—你"模式下,我们进入到一种更深层次上的关系;"我—它"模式的基础崩溃了,我们和自然融为一体。布伯说:

我沉思一棵树……我可以把它归到一个物种中去,把它视为一个事例……我也可以把它分解为一个数字,一种纯粹数字间的关系,再把它外在化。在所有这些情况中,这棵树仍然是我的客体,有它自己的空间和时间范围,它的类型和条件。但如果加入意志和善意,则会发生下述情况,即当我沉思这棵树时,我就被引入一种关系中,而这棵树也不再是一个"它"。独占一切的力量抓住了我,这并不要求我预设任何

沉思的模式。并不存在我为了看而不能看的东西,也没有我必须忘记的知识。每件事物、图像和运动、物种和事例、规律和数字都包含其中,并且不可分割地融合在一起。

梭罗也理解与自然的这种"我—你"关系。《瓦尔登湖》的部分章节就是纯粹与自然的沟通。有一次,在他到达湖边几个星期后,梭罗开始觉得孤独,并怀疑若无他人,自己还能否生存下去。但是一些事随即发生了。他这样描述这些事件:

当这些思绪开始涌出时,在一场柔和的细雨中,我突然感觉到了自然界中这种甜蜜的仁慈的社会。在雨点的滴答声中,在我房子周围的每一种声音和景象中,一种无限的说不清的亲切感像一股气流一下子把我支撑起来。这种感觉使我虚构的人间邻里关系的优点变得无关紧要,以至于此后我再也没有提起过这些优点。每一根小小的松针舒展着,带着同情心膨胀起来,向我示好。即使是在我们习惯称做荒野和沉闷之地,我也非常清楚地感受到与我亲近的东西就在身边,而且,在血缘上与我关系最近、最富有人性的,不是一个人或一个村民,我想,自己再也不会有感到陌生的地方了。

梭罗即使知道巅峰体验这一术语,也因为太谦虚而不把这说成是巅峰体验。然而,他显然感到了跟自然沟通的滋养作用,而且感觉到跟他亲近的东西的存在。从那以后,他在瓦尔登湖停留的整个时期,都不再感到孤独。对那些挑起这一话题的人,梭罗回复道:"我为什么要感到孤独?难道我们的地球不是在银河中吗?"

梭罗知道,跟自然相联系,需要有诗意的敏感。科学家用图表和度量来对待自然,伐木工用斧和锯,甚至农民也只是将他们的农场视为生产的一种方式。但诗意的灵魂只是沉思自然,与她沟通,接受她的馈赠。梭罗写道:我经常看到诗人在享受到农场最宝贵的东西后满载而归,而顽固的农民往往只是收获一些野生的苹果。为什么诗人将农场的美妙写入诗中,而农场的主人这么多年来对此却一无所知?就像是一种令人惊叹的无形的栅栏过滤了它,挤出奶汁,滤去所有的乳脂,而只给农民留下了脱脂奶。沟通的故事:另一方面,也有一些农场主、农牧民与土地产生了诗意的关系。我的一名好友约翰在怀俄明州北部有一处农场,这是他祖父于20世纪初购置的土地。他祖父当年建的土坯房,至今仍屹立不倒,只离我的这位朋友和他的妻子和女儿居住的新房几丈远。这个农场已经存在于约翰的血液中了:他对每一处山丘、草地、树丛都了如指掌。他知道白尾鹿在哪里休憩,机敏的松鸡在哪里孵化幼鸡,以及漫山遍野各种各样的绿草和野花。有时候,他会开着卡车或者骑着马穿过整个农场,只为欣赏土地的美丽和富饶。我告诉约翰,他有着诗人的敏锐,可以和大地沟通,他会对我那些"夸大"的字眼嗤之以鼻,但他完全明白我的意思,眼睛流露出会心的笑。约翰是一个农民诗人,一个辛勤劳作、用心灵跟怀俄明的一处农场沟通的人。1979年,我携全家搬到了怀俄明州。尽管只在那里住了三年,我却深深爱上了这个荒野奇妙之州。我们的房子在谢里顿城附近的大角山脚下。该地区有各种各样的野生动物,充斥着整个大自然。一个雨天的下午,萨拉和我沿着谢里顿后面的道路驱车前行,我们数到了94头鹿。羚羊则是数不胜数,经常有人在州际公路上看到它们成群走过。怀俄明州也是世界上麋鹿数量最多的地方之一。这里还有驼鹿、熊、狐狸、狼、山猫、美洲狮、野鹅、野鸡、野鸭、松鸡、猫头鹰、老鹰、松鼠、野兔、花栗鼠、豪猪、海狸以及其他许多数不尽的野生动物。怀俄明州的山脉则被松树、雪松、白杨和其他的树木覆盖着,种类多得惊人。在清澈见底的山泉和蔚蓝色的湖泊中,鲑鱼、鲈鱼、河鲈等各种鱼类游弋其间。如今,萨拉和我回到怀俄明州旅行时,我们喜欢在黄昏开车来到我们老朋友的农场。夕阳在连绵的群山和牧场间徐徐落下,唯一听到的就是池塘里的蛙鸣,远处猫头鹰的叫声,以及蟋蟀的鸣声。我们看着鹿群慢慢从山上下来,进入肥沃的苜蓿地。有一次,我们还看到一只豪猪蹒跚地缓缓穿过一处开阔地。野兔则在夕阳的余晖中钻出来,在泥泞的路上嬉戏。这一切都滋养着我的灵魂。我也喜欢在大角山里开车。一到山顶,放眼望去,一条泥泞小道沿着蓝色的山脊蜿蜒伸向远方。这里没有拍照的

游客,没有任何商业化的东西。一个人在山间行走数里也见不到其他人。崎岖的山道延伸穿过深色的松树林,穿过冰凉的山涧溪流,穿过巨大开阔的牧场。远处海拔更高,可以看到起伏的蓝色山峰被积雪覆盖,高高耸入清朗蔚蓝的天空。在路上经常看到鹿、驼鹿,有时甚至还有一两只麋鹿。春天的时候,野花遍地盛开,那潺潺的山涧溪流夹着融化的积雪,从山上冲下来,闪闪发光。毋庸多言,我感受到了与怀俄明州真正的沟通。在一次旅行中,我写下了下面的诗句,诗名叫《这里生灵永存我心:献给怀俄明的诗》:

这里,生灵永存我心。

远离虚华的文明,

我赤脚步入粗犷、原始生命的狂野。

这里,塑料做成的东西没有价值:

名牌服装、银行存款、墙上的学位证书。

摆脱所有非真之物,

我返回本能生存之地,

把苹果还给果树,

领略原始事物之美。

这里,我畅饮天然山泉,

与大山比邻而息,

饥食野火烤熟之物,

与梅花鹿、麋鹿、狼、熊共舞,

跟苍鹰、松鸡、猫头鹰一起飞翔。

这里,我的身体慢慢浸入神圣之境,

体会古代人生活的节奏。

我"砍柴、打水",

捕鱼、入睡、餐饮、做爱,

整个身体都明白这是我的家。

这里,心灵永存我心。

我第一次看到加州巨大的红杉树时,使我震撼的不是它的高大,毕竟这一点我早有耳闻,而是它坚固的品质、永久挺立的英姿,以及那种对人间事务漠不关心的态度。当耶稣走在耶路撒冷的街头,当古罗马帝国如日中天,当中世纪黑暗时代没落,当文艺复兴爆发,当哥伦布航行到美洲大陆,这些树有的已经挺立在那里了。我觉得这些树就像古代的长者。我就是不能把它们对象化,它们是"名流"。它们向我释放一种巨大的暖流,用它们神秘的沉默和黑暗把我缠绕起来。透过其优雅的立姿,它们开始透视我渺小的生命。在某一刻,我突然哭了出来,我做了以往从未有过的举动:我和树交谈起来,特别是跟我右前方的那棵老树交谈。我记不清我所说的一切,但我可以告诉你,这是一种真正的崇拜。我第一次明白了,人们为什么会崇拜树木。同样第一次,我理解了远古自然神时代的妇女们为什么要把祭坛设在树林里。我也开始明白当初的一个女病人跟我说的故事,她家后面的树林中有一棵大树,给过她孩子般的关爱和保护——这种美好感觉在她年轻的生命中已经丢失。在离开红杉树林之前,我在游记中这样写道:"我不会很快就忘了这第一次会面。"随后,我写了一首题为《致红杉树》的诗:

现在我明白我的老祖母们,

为何崇拜树木,

在入夜的树林里,

跳着月光下的典礼舞。

这里,在你厚实的树干里,

充满力量和巨大的温暖,

引来午夜的宁静和众神的狂欢,

把盘旋左右数个世纪的黑暗击退。

你独自生存,

讲述着异教的故事,

以及生活所需要的耐心。

这是梭罗对人间天堂生活的向往以及礼赞,在《圣经》的赞美诗中说:"天堂宣告上帝的荣耀,苍天显示上帝的伎艺。"大自然表达着神圣,指明了"巨大的神秘"。对那些想修复心灵、找回对真正重要的东西的感知的人们,与自然沟通就是一个答案。她将开放你的灵魂,充溢你的心胸,在你的耳边轻轻诉说远古的秘密。

　　我们的天主!我们赞颂你!

　　赞美你,乃是有益美好的!

　　颂扬你,乃是甘饴甜蜜的!

　　点点繁星,由你制定!颗颗星辰,由你命名!

　　你以云雾,遮蔽高天!你把雨露,赐给农田!

　　你使青草,生于群山!你造植物,供人吃穿!

　　你把食物,送给牲畜!天上飞鸟,你也养护!

　　你高兴信任你、依靠你的人!

　　你喜欢期待你、受你慈爱的人!

　　我们的天主,我们赞美你!

　　我们全心全意地感谢你!

　　我们所以赞美天主,感谢天主,

　　乃是因为我们信天主。

　　"我信天主",这就是说:我满怀依靠的心,

　　把整个的我,都存放到天主那里去。

　　我把我的生命和所有的一切,

　　都绝对信任地放在天主的手里。

　　"信乃是对所希望的事情保持牢固不动的立场。

　　信是对没有看到的东西抱着坚定不移的信念!"

　　从根本上看来,

　　信总是关系到我们对天主所有的信任。

　　信的本质就是信任!

　　信是有层次的!

我们对天主所有的信任，

对天主所有的依赖心，

要常常重新实现,重新加深；

使我们对天主的信任变得更深刻,

使我们对天主的友谊和亲爱更加深。

我们主要的任务乃是感谢天主,赞美天主,宣扬天主,

宣讲天主智慧的奥秘：

宣讲天主在万世之前所预定的,

为使我们得到光荣。

我们宣讲的是,眼睛所没有看见过,

耳朵所没有听见过,人心所没有想到的事：

就是天主为爱他的人们,

所准备好了的伟大美妙的事！

天主借着圣神把这一切启示给了我们。

圣神洞悉一切,也洞悉天主的深奥事理！

除了天主圣神而外,谁也不能明了天主的事。

天主把他的圣神赏赐了我们！

我们领受了圣神,

是为使我们认识天主所赐给我们的一切！

感谢和赞颂是教友生活的基础！

感谢与赞颂是教友们,

也是神父和修女们的主要任务！

赞颂和爱,乃是有同样的节奏；

赞颂和爱的根源,乃是人心。

我们的心,

是同天主联合在一起的心,

是沐浴在天主圣爱里的心！

我们感谢天主,因为他是天主,他是造主和救主！

我们感谢天主,因为他是父亲!

我们感谢天主,因为他是爱。

他是爱我们的爱!

我们不但是存在,

而且我们也是由爱而存在!

我们不但由爱而存在,我们也是在爱中存在!

我们是被爱的!

我们享受本身是爱的爱!

我们感谢天主,因为他是父亲!

这位父亲是极其慈爱善良的,

远远超过世界上所有的父亲!

"你们就是不好,

尚且知道把好的东西送给你们的儿女!

你们在天之父,

更要怎样加倍地把好的东西,

赐给求他的人?"

我们感谢天主,因为他是爱我们的父亲!

这是他的圣子告诉我们的!

"父自己爱你们!"

天主不但是一位爱我们的父亲,

而且还是爱我们爱到极点的父亲!

因为他爱我们,竟爱到了这个地步,

连他的唯一圣子都给我们舍献出来了,

为使我们得到永生!"

降生成人的天主圣子,

使天主的爱变成了可以看得见的爱!

他对我们罪人,显示了他的无限仁慈的热爱!

他爱我们也爱到了极点!

为了我们,他把他的身体,

把他的性命都为我们牺牲了!

为使我们得到罪过的赦免与宽恕,

他把他的血,也全为我们流出来了!

"人若为自己的朋友,舍掉性命,

再没有比这更大的爱情了!"

此外在天之父又因着耶稣的名给我们派遣了护慰的圣神,

不让我们感觉到孤苦伶仃,

好像没有父母的孤儿一样!

借着赐给了我们的圣神,

天主的爱已经倾注在我们的心里了!

我们所领受的圣神,

使我们变成了天主的儿女!

圣神在我们内呼喊:"爸爸!父啊!"

圣神亲自给我们作证:我们是天主的儿女,

是天主的继承人,是同基督一样的继承人!

我们要到天堂里去,

同基督一块儿继承天上的光辉与荣耀!

圣神是天主在我们身上,盖了的印,

作为我们得到救恩的第一股份。

圣神是我们所要得到产业的首先的一份。

圣神是我们要得到救赎的首先的一份!

圣神是我们要得到天上福乐的保证!

圣神是我们得到圆满救恩的抵押!

圣神是我们得救的保证!

"圣神是扶助我们的软弱。

因为我们不知道怎样祈祷才好!

圣神亲自替我们出头,代我们祈求!"

通过耶稣基督，靠着他的血，

我们成了天主所亲近的人！

借着基督，在同一的圣神内，

我们都可以到天父那里去！

所以我们不再是外方人或旅客，

而是圣人们的同胞，天主的家人！

我们要时时处处感谢天主，赞美天主！

我们感谢，赞美宣扬！

大家齐来，欢呼高唱！

热爱天主，永远不停！

父子圣神，永受光荣！

来呀，这是清醒的干杯，我们将把酒饮下而不醉。

不要让那些粗俗的民众靠近我们。

边域已经扫清，诸门已经关闭。

世界上万物是一，

一是万物中的一切。

万物中的一切者即是上帝，

永恒无限，

不生不灭。

我们在上帝中生活，运动和存在。

万物皆由上帝而来，

且将与上帝重新合而为一，

上帝是万物的开端和终极。

让我们唱一支宇宙本性的赞美歌吧。

"无论如何，宇宙给万物以生机，形式和营养，它繁殖和创造万物，又埋葬万物，把万物收回自身。

宇宙是万物之父，

万物由之而获得存在，

并重新化解于宇宙之中"。

"凡受生灭规律支配的万物都是变化的,
在岁月流转中江山不可复识,
各个民族改变了面貌;
但是世界却安然无恙,保存了它的一切,
它既不随时间而增长,也不为岁月所毁损。
它的运动不是转瞬即逝的,
它运行不息,
过去将来永远如斯。
无论我们的祖先
还是我们的后代,

都看不到它有任何变易:
那永恒不变者就是上帝"。

"哲学啊,你是生活的指南!你是美德的探求者!你是恶行的驱除剂!没有你,我们会变成什么样子?人类的生活会变成什么样子?你建立了城市,把离散的人类聚集成共同生活的社会。你首先让人们同居共处,然后让人们发生婚媾,最后让人们有语言文字的交流,从而使人们互相结合起来。你是立法者,是礼仪风纪的教导者。我们依靠你,恳求你的帮助,我们完全专心致力于对你的研究。按照你的教导好好地过上一天也胜于背离真理而获得的永生。有什么财富比你的财富对我们更为有用?是你应许给我们一个完全的生命的宁静,把我们从死的恐惧中解脱出来。"

理性是真正的第一法律,
　　是生命的灿烂光华。

"不要以为,那些犯有恶行的人是被狂热的烈火所惊吓和激动的。各人的自我欺骗,自我恐惧,对他妨害最甚;各人自身的邪恶促使他疯

狂;他自己的坏思想和不良心术使他充满了可怕的不安。这些就是恶人居常恒有的狂热。"

要过幸福的生活,仅有美德就足够了,

而幸福的生活是对美德的充分的酬赏。

诚实是唯一的善。

只有可赞美的东西才是有用的。

现在,亲爱的会友们,我们就要清楚地诵读哲学的圣典了,我们必须郑重地估量它,必须根据自己的判断来检验它。

对事物本性的沉思是令人愉快的,也是一门最有益的科学。因此我们要郑重地进行估量和判断。

"古代哲学家为了讨论自然是什么,把自然分成两个东西:一为作用者,一为被作用者。他们认为作用者有一种固有的力,被作用者则有某种物质,虽然力和物质是二者都固有的。因为物质如不为某种力所勒制就不可能自行凝聚,而力也不可能离开某种物质,正如万物都不能不处于某个地方一样。力和物质结合的结果,被他们称为物体,而且具有一定的性质。

"这些性质中有些是原本的,有些是从这些原本性质派生出来的。原本性质是一类的和单纯的,派生性质则是各式各样的。因此,气、火、水、土是原本的,从它们产生出各种形式的动物以及从土中长出的一切东西,因此它们被称为始基和元素。其中气和火具有推动和作用于其他部分的力,水和土则具有接受和被动的力。

"但是他们认为有某种不具任何形式、缺乏万物所有的一切性质的物质。万物都从这种物质而来,并通过这种物质而被作用。这种物质能接受一切,能给万物以一切种类的变化,它经历同样的分解而并不毁灭,只是使事物分解为各个部分而再现出来,事物的各个部分都可以无限地分割和划分,因为在自然中最微小的东西也是可分的。

"凡是被推动的东西都在空间中运动,空间也是可以无限分割的。我们称为性质的那种力上下前后被推动、被激动,从而共同作用于被称为质的东西。世界在密集连续的自然及其一切部分中都是由这种东西构成的,在它之外没有任何物质的部分,也没有任何物体存在。

"世界上一切事物都是世界的部分,都包含在一个赋有完满理性和永恒的理智的自然中;因为没有一种比它更强有力的东西能把它毁灭。他们把这种力称为世界灵魂,也称为心灵、完善的智慧,因而也称为上帝。

"他们似乎认为这个理性对于受它支配的一切事物都有某种精明的知识,因而认为它首先和主要是照管天上的事物,然后才照管地上属于人类的事物。这种统辖有时被称为必然性,因为它是永恒秩序 r 的注定不变的持续性,任何东西都不可能违反它的规定而发生。有时它又被叫做命运,因为由于原因暗昧难解和我们的无知,许多事物是出乎我们意料而造成的。"

关于作用者及其作用结果的性质以后对我们都没有怀疑的余地了。

我们必须对渗透极大与极小之物的灵魂的神圣来源表示赞美。

有人根据上述这些情形认为,蜜蜂也赋有一种神圣的能力和部分神圣的心灵;

因为弥漫整个物质的上帝遍在于大地、海洋和太空深处。

因此,人和牲畜,牧人和野兽在出生时全都承受了有灵气的生命,

当其解体时则又返回上帝这里。

没有死亡,一切都是不朽的,

一切都投向苍穹,驻留在自己专有的星座上。

现在让我们怀着敬意提到古代那些曾经给人以崇高的教诲或行为高尚的男人和女人们。

他们会以自己的学识和榜样给我们以教益。

对下面这些古人,我们表示神圣的纪念:

所罗门

泰勒士

阿那克西曼德

克塞诺芬尼

麦里梭

奥西路斯

德谟克利特

巴门尼德

第凯阿尔库斯

释迦牟尼

老子

庄子

孔子

克莱奥杜利那

太安诺

潘斐拉

切雷里亚

希巴梯亚

愿这种纪念有益于我们。

我们在诵文的第一部分已经赞美了苏格拉底、柏拉图、色诺芬、加图和西塞罗。

让我们赞美所有其他的哲学上的同道,缅怀那些为真理而献身的男女崇拜者。

让值得赞美者都得到赞美和尊敬。

让我们为缪斯女神干杯!

来啊,我们要饮而有度。

既不欺人亦不被欺的法,

我们一定总是希望,

一个健全的身体应有一颗健全的心灵。

我们不能为一点渺小的理由而放弃生命,

但也决不恐惧死亡。

没有比这更值得祈求的了。

要达到这一点,我们必须尽最大的努力。

因此让我们快活地、和谐地唱吧。

具有自觉的美德的人是勇敢的,

他敢于坚持其秘密的意愿,

即使听见群众喧嚣的叫嚷也不动摇,

即使在暴君的怒颜面前也敢反抗。

让那称霸海洋的飓风

掀起狂暴的恐怖的暴风雨吧;

让丘比特神的可怕的臂膀用霹雳把天宇撕裂吧,

在那被击得粉碎的世界下面他无所畏惧地出现了。

在贤哲中间,欢乐比获利更受尊重。

欢乐是自由人的特征,

悲哀是奴隶的特征。

宁可不统治任何人,也不做任何人的奴隶。

一个人可以没有奴仆而过着可尊敬的生活;

但是有主人支配的生活绝算不上生活。

但是必须服从法律,

因为没有法律就没有财产,

没有安全。

因此我们是法律的仆人,

有了法律我们才有自由。

自由与特权有巨大的区别,

正如自由和奴役有巨大的区别一样。

因此,高尚的同人啊,你们要倾听,要自己考虑并在行动上表现出使人活得舒服、死得愉快而且凡事做得适当的那种规则。

现在我就用以前西塞罗说的一些话向你们讲述一种不被欺骗的

规则和绝不欺人的法律。

我们诚心侧耳倾听。

"正确的理性是唯一真正的法,这是一种符合自然、扩及一切、自相一致而且万世不易的法。这是一种通过命令使人尽其义务又通过禁止使人不致行骗的法。这种法可使诚实的人令行禁止,确非枉设,反之,对于狡猾不逞之徒,则虽有令禁也不足以移其心志。

"使这种法无效,从这种法中减去任何东西,或根本取消这种法,都是非法的。无论元老院还是民众都不能使我们免除这种法的约束。

"除了这种法本身,我们无需寻找这种法的任何别的解释者。罗马之法无异于雅典之法,今日之法无异于将来之法。法是同一个,永恒而不朽,亘诸古今而不变,放之四海而皆准。

"万物可说有一个共同的主宰和统治者,即上帝,它是这种法的发明者,裁判者和赐予者。不服从这种法的人乃是他自己的敌人,他蔑视人的本性,因此将受到最大的惩罚,虽然可以免受其他一切想象得出的惩罚。"

我们乐于受这种法的教育和治理。
而不愿受治于人们的谎言和迷信的虚构。
人订的法既不清楚也不普遍,
既非永恒如一也非经常有效。
因此,这些法,除了对其解释者之外,很少于人有用。
还请诸位注意。

西塞罗说:"迷信散播在各个民族,攫住了几乎所有人的心灵,占据了人的一切弱点。这一点从我的《论神的本性》可以明白看到,在这里关于占卜的讨论中我又尽力做了阐述。因为我自以为,如果我能找到一种方法把迷信彻底根除,那么对于我自己和我的国家都是很有益的。但是人们不要误解,由于消灭迷信,宗教也要消灭。因为贤明的人的职责就在于维持列祖列宗的典章制度,保存其典礼仪式。我的意思是说,世界的美和天体的秩序使我们不能不承认,存在着一个最高而永恒的本质,它应成为全人类思考和赞美的对象。因此,正如我们必须传播与自然知识密切联系的宗教一样,我们也必须铲掉和排除迷信的一切根源。"

迷信的人无论睡或醒,

都得不到安宁

他活得不快乐,

死得不放心,

无论活着还是死去,

他都是愚蠢僧侣的牺牲品。

无论何时,自然分配给每个人以维持生活的东西,

他都应该感到满足。

对不可避免的东西怀有恐惧的人

决不可能有一颗平静的心灵。

但是那在必要时准备捍卫幸福生活的人却是不怕死的。

生带给我们以一切的开端,死则带给我们以一切的终结。

在我们出生之前这一切都不属于我们,

在我们死去以后这一切也不属于我们。

因为自己不会在千年之后还活着而哭泣的人是一个大傻瓜。

正如因为自己未曾活到一千年而哭泣的人是个大傻瓜一样。

葬礼和祭典只应看做是传说和习俗的产物。

因此它们必为我们所轻蔑,不过我们也不要置之不顾。

让我们为健康、幸福、和平干杯。

来干杯。①

---

①(英)约翰·托兰德著.陈启伟译.《泛神论要义》.商务印书馆,1997年5月,P33~45.

第十章　倾听鸟雀追逐天空洒满花蕊的道路

"念念不忘那无世界的大地,念念不忘那无世界的菊花。"

让歌者静静地言说,"歌声即生存"是海德格尔诗学的最终极表达。在海德格尔看来,真正的歌者是传达神的声音的人,并把人的呼唤告知神灵,诗人被天命般地抛在人神之间了。唯有歌声,才能恢复世界的完整,召唤出天地神人和谐统一的生命,因此我们必须学会倾听诗人的言说,倾听充溢天地之间的真正的歌声。

真正的歌声是对自然的倾听,歌声不再是理念的表达,也不是现代人虚弱感伤的情感表达,而必须加入到天地人神共融的世界中去的,是充溢自然天地间的真诚的生命歌唱。

问题是我们的自然已被理念化了、技术化了。与庄子一样,海德格尔发现了自然被异化的悲哀,自然的异化表现为两个方面:第一,自然被彻底技术化了,自然变成了数字、图表、法则;自然按意志被抽象地组织起来,自然是人的头脑中一堆所谓科学的名词而已。仰望星空,星星是什么,那不过是一些冷冰冰的没有生命的漂浮于太空的石头而已;俯瞰大地,不过是生长作物提供食品的物质空间,即使走进大自然也是一惊一乍式的所谓审美。于是海德格尔悲哀地写道:这个自然已徒有虚名,作为自然的自然已被假冒了。这个假冒的自然毁坏着人生存的大地,毁坏着人的本真的生存。其二,人类审视自然的目光也被技术化、公式化了。人类生活在假冒的自然中习以为常,将本真的自然忘得一干二净,看得面目全非。我们对自然已不能自然而视了。一旦我们

返归自然,我们面对的河流已不是自然之河流,面对树林见不到自然的树林,面对山峦见不到自然之山峦,面对人也见不到自然之人了。这就是佛家所谓"见山不是山,见水不是水"了。因此我们要重返自然必须重操乡音,必须以诗意的目光来打量世界。

诗人总是以第一次见到的目光打量世界。诗的语词总是命名的,而命名般的语言是召唤出宇宙万物的。原始人类立于大地之上仰望天空的时候,目光是惊异新奇的:他们眼中的星星是灵异的充满生命异彩的,太阳里有飞翔的三足乌,月亮里有高高的桂树、寂寞的嫦娥、洁白的玉兔。这样的命名总能召唤出天地神人的生命世界,从而让大自然诗意般地展现在人们面前。

但是在天人分离之后,随着人与自然的疏离,诗的语言也越来越技术化,诗人的所谓情感总是在技术世界里被加工出来,因此返归自然的诗人首要的是学会以命名的语言以自然的眼光来命名世界审视世界。海德格尔在《赫贝尔——家之友》一文中特别推崇赫贝尔以诗意的目光去看那协调万物、滋生万物、丰盈众生的自然,那是一种真正的自然的目光。赫贝尔的《珠玑集》中一开始就这样写道:

对于那种温柔的读者来说,一切都是美好的。假如他和他的亲友正坐在由熟悉的山林所环绕的家中,或者假如他是在本地酒家饮着啤酒并且对这种行动一无所知。但是,当太阳在清晨静穆庄严地升起的时候,他却不知道它是何时到来的;当太阳沉落下去的时候,他却不知道它的去处,不知道它在夜晚把它的光藏在何处,不知道它打哪条神秘之途而重登黎明之山。或者,当月亮交替出现阴晴圆缺的时候,他也不知道这是怎么发生的,而当他仰望繁星闪耀的夜空时,当他凝视比其余的都更加美丽,快乐地闪耀的那一颗星时,他却认为所有的星星要的是什么。

这段深为海德格尔欣赏的话透露出与中国道禅一致的意趣。"万物静观皆自得,四时佳兴与人同",人面对自然的时候,不再是主宰,不是一个分析者,而是静观、是自得,"对此两相视,默默万重心"。

返归自然必须对"宇宙加以乡土化"。所谓"乡土化",也就是将技术化的自然还原为自然,将技术化的物种还原为"物本身"。余虹先生说:"乡土化就是一种生存态度的自然性还原,在这种态度中对自然万物平等开放,承纳自然万物。进入自然万物,而不是驱使侵夺万物,随意制造框架强纳万物。"随着海德格尔哲学越来越诗化的倾向,他的思想越来越自然化,自然是他的梦想是他的家园。

海德格尔说人已远离家园,而通向家园的路如此漫长,因此要返归家园,人们需要重操乡音。重操乡音就是重建人与语言的乡土关系、自然关系。一切都在此单纯的乡音中回返自然。让大地自然而然地展示,让天空自然而然地打开,让神灵自然而然地显现,让人进入"自然之家"。真正的诗人就是操着这样的乡音而寻找家门。乡音是一种无声之歌,这样的歌声沐浴着自然之风,披感着自然深深的呼唤。海德格尔笔下的荷尔德林、赫贝尔、特里克都是操着乡音返归家园的诗人,而在中国真正具有这样资格的诗人就是陶渊明。陶渊明的田园就是自然的象征。田园温馨朴素的生活就是重建人与自然的乡土关系,他的歌唱是一首无字的回家的歌。

归去来兮,田园将芜胡不归!既自以心为形役,奚惆怅而独悲?悟已往之不谏,知来者不可追。实迷途其未远,觉今是而昨非。舟遥遥以轻飏,风飘飘而吹衣。问征夫以前路,恨晨光之熹微。

乃瞻衡宇,载欣载奔。童仆欢迎,稚子候门。三径就荒,松菊犹存。携幼入室,有酒盈樽。引壶觞以自酌,眄庭柯以怡颜。倚南窗以寄傲,审容膝之易安。园日涉以成趣,门虽设而常关。策扶老以流憩,时矫首而遐观。云无心以出岫,鸟倦飞而知还。景翳翳以将入,抚孤松而盘桓。

归去来兮,请息交以绝游。世与我而相违,复驾言兮焉求!悦亲戚之情话,乐琴书以消忧。农人告余以春及,将有事于西畴。或命巾车,或棹孤舟。既窈窕以寻壑,亦崎岖而经丘。木欣欣以向荣,泉涓涓而始流。善万物之得时,感吾生之行休。

已矣乎,寓形宇内复几时!曷不委心任去留,胡为乎遑遑欲何之?富

贵非吾愿,帝乡不可期。怀良辰以孤往,或植杖而耘耔。登东皋以舒啸,临清流而赋诗。聊乘化以归尽,乐夫天命复奚疑!这首著名的《归去来兮辞》是一首真诚的回乡之歌。海德格尔的返归自然之家的理想遇到了东方知音陶渊明,是对自然的深情的呼唤。自然的田园已经荒芜,心灵已被异化。诗人是漂泊的游子,真诚地向神性呼唤。"胡不归"是自身的发问,更是对众生的发问。田园荒芜,心灵异化,不是一个人的命运,而是人类普遍的命运。因此诗人极力描绘返归家园的快乐心情。这快乐是挣脱意义价值等形而上的束缚返归原大地的田园的快乐。展现的是重建的人与自然的乡土关系,这里的自然是纯粹的自然,而不是技术化的理念的假冒的自然,心灵活动着天然的趣味:拿起酒杯,不经意地去看院子里的树木,仰望无尽的天空,看云朵自在地游荡,鸟翩翩而回家,一切都不经意,一切都不思考。这里首先是人的自然性的回归,而更大的自然是生存的自然。陶诗笔下的自然是旺盛的充满生机的:树木峥嵘茂盛,泉水潺潺流动。在此之中人,不是什么灵长更不是主宰,而是逍遥徜徉其间,与大自然的万物生灵同化为一。

于是诗意的境界生成了——"寓形宇内复几时,曷不委心任去留""聊乘化以归尽,乐复天命复奚疑!"真正的大道归一,真正的复归自然,不再疑惑,俯仰于造化流形之中,任意徜徉,自然重现了,乡土重现了,人与自然合而为一了。回归乡土的诗是宁静的,真正的静是不干扰的精神状态。重返自然是要从物质世界的喧闹中抽身,返归与大自然共融的心灵宁静。老子云:"夫物芸芸,各复其根,归根曰静",大千世界林林总总,而其根本是静。静是世界的根本,《庄子·天道》云:"夫虚静恬淡,寂寞无为者,万物之本也。"但这静不是寂灭,也不是局部的宁静,而是天地间根本上的宁静,是把生命融入自然世界中的博大的宁静。

关于静海德格尔有更精彩的论述,他说"静是什么?它绝不只是无声,在无声状态中,只是声调活动的空缺。……以召唤世界与万物的方式发出命令,便是静的声音"。在海德格尔诗学里,我们知道了艺术的静意味着什么。首先静不是无声,无声是声调的空缺,而静是一种对世界的吁请,是对世界的容纳,用宗白华先生的话说就是生命在静默处吐露辉光。第二,静是一种召唤,艺术以静的方式向世界与万物发出命令,让世界与万物自我呈现。于是人们不再与世疏离,而是在静的召唤下走进自然与万物的澄明世界。第三,静是一种言说。诗是以静的形式言说,这是对世界秘密的根本性言说。这样的言说带出了世界与万物。海德格尔说:"语言作为静的声音而言说,世界和万物在静化活动中被带出。"也许这样的论述这样的解释太抽象了,还是让我们再看一下王维的《鸟鸣涧》吧:

人闲桂花落,夜静春山空。

月出惊山鸟,时鸣春涧中。

这首诗以富有禅佛的静谧而著称。寂静的春山,一片空虚,人的心灵处于宁静祥和的静谧之中。整个世界似乎可以听到簌簌落花的声音。蓦地,一轮鲜活充盈的月亮从东方升起,山鸟也为这宁静而美丽的月光吸引了,舒缓而轻盈地飞翔在澄明的月色里,于是春天的山涧中时而传来了一两声快乐的鸟鸣。但这样的宁静不是寂灭而是召唤,它把人召唤到大自然的壮丽里,这样形而上学的世界瓦解了,大自然真正呈现了、敞开了,生命也仿佛沐浴在宁静祥和的月光里。

从海德格尔哲学里,我们看到了中西文化的对话与交流。

生命的辉光围绕人与自然的关系问题,我们几乎穿越了中国文化的旷野。对自然的认识几乎涉及了中国文化的各个方面,其实这一点也不奇怪,任何一种哲学思潮任何一种文化都不能脱离人与自然的基本关系。从生存的角度,没有脱离人与自然关系的生存;从文化角度来说,、没有脱离人与自然关系的文化。

中国古代先哲们站在自然面前从来没有欧洲人那份自负,他们一直以一种神秘而富有诗意的目光来审视自然,他们很少把人与自然分离开来,自然万象永远是他们歌唱的对象。中国文化富有歌者的传统,

歌者的乐园也就是自然的乐园。在诗意的歌吟里，自然天机自张，充溢着生命的活力和宁静。在中国文化的天真的目光里，自然永远辉映着生命的辉光。

自然是生命的体现，尊重自然就是尊重生命。在中国文化中，生是自然的最高品格——"天地之大德曰生"。中国古典文化的自然主义精神主要体现为"万物含生"的生命精神。从这样的原则出发，儒家倡导的是"夫大人者，与天地合其德"，是对生的顺应，对生的感动，通天地者之谓儒"，儒家不仅主张万物含生，而且这种生命是融注贯通的，人与自然是旁通统贯的，因此儒家气象主要为博大的富有阳刚气派的生命气象。道家的生命气象是阴柔的宁静的，但这样的生命不是寂灭，而沐浴着一片祥和宁静的生命光辉，是与大自然打成一片，自然是道家最高的旗帜——"天地与我并生，万物与我合一"。与儒家"万物含生"的理论相适应的是"万物在道"，而道代表着融贯宇宙的无所不在的无穷生命本源，大道的生命劲气贯注自然万物之中，自然是最高的终极的道。在中国影响颇大的大乘佛教，主张"一切众生，皆有佛性"，人人皆有佛性，物物皆有佛性，因此它的法界是自然的世界而不是物质的世界。在思想主张上，中国的儒释道旨趣相异，但其基本倾向是肯定自然，肯定生生不息的生命流动。

自然是一种人格，是一种力量，也是一种艺术。由大自然的任意无心引发，中国士大夫表现出师法自然式的率性天真、逍遥适意的人格风范。而在艺术上，中国美学追求天然不事雕琢的审美倾向。自然是人格和艺术的启示物、象征物。

在中国文化里，我们深切地体味到尊重自然是一种道德、一种文明。真正的人道，不仅要对人待之以仁，对待所有的生命所有的生物也莫不如此，这是中国文化"大其心"的精神。

尊重自然已成为流行的文化口号，但我们必须认识到，尊重自然不是人类居高临下的姿态，也不仅仅是为了人类自身的生存，尊重自然就是尊重所有的生命，在生命面前一切都是平等的，因此破坏生命的行为都是不道德的。这里我们应该强调尊重自然是一种品格,更是一种道德。

柏拉图在《泰阿泰德篇》里讲到,泰勒斯夜里正观察着星空,不小心掉进了沟渠里,一位年轻的色雷斯女佣将他拉了上来,并笑他连脚底下的事情都没有看见,怎能搞清楚天上的事情。西方历史上第一位哲学家和科学家专注地仰望天空而在地上失足,其深远的象征意义是不言而喻的。

在使人类变得伟岸和意志强盛的阳性天空的征服下,大地无言的、没有抗争的自行退隐。它的退隐是为了保护自己。它守住无需言说的真理:人并不因为顶"天"而不再立"地"。因理性而自大的人以为,只是因为自己参天才足跟牢固;只是因为我们掌握了自然界的规律我们才生活得更好。岂不知,只是因为足踏大地,它才可与天公比高;只是因为我们真正地生活着,我们才有对世界的筹划。

一切生命从泥土里生长出来,一切生长来自大地。大地是根,是本,是源。大地上充满了多样、复杂、随机。然而,自组织理论认为,天空特有的纯粹、简单和规则,就出自多样、复杂、随机。有序出自混沌。生态学理论认为,多样性导致稳定性。大地象征现实、实在,天空象征理想、理念。然而,柏拉图将实在赋予理念,扬天抑地,使柏拉图主义所导引的西方思想主流否弃大地。自尼采以来西方哲学家对形而上学传统的批判,实质上是重新恢复大地的象征。

生命的本质在于有死,死只是在生命中才浮现出来,有死是生长的原动力。普里戈金说,生命的奥秘,自组织的奥秘,都系于热力学第二定律,而热力学第二定律宣告万物皆有终结。

直立的人类从泥土中卓然而立,但他从泥土中带出的有终性一直伴随着他。正是这种有终性激励着他在天空有所作为。

出自大地必回归大地。死归黄泉,化作泥土。大地是人的本源也是人的归宿。

人割断不了对大地的依赖,安泰只有在与大地接触的时候才有力量。宇航员遨游于太空,也得携带大地上的氧气,那是安居在大地之上的生物们同舟共济的象征。

　　人生活在房子里,而房子建筑在土地上。古时的天空是房子的顶,中国古人相信天盖地承。希腊人的宇宙就是房子。地球处于宇宙的中心并非人类中心论的狂妄自大,而是古代欧洲人安居意识的宇宙学化。宇宙的同心球层层包裹着地球,人生活在地球上,无比安稳,如同母子宫中的胎儿。哥白尼革命打碎了宇宙同心球之后,天不再为天,地不再为地,只有无限的空间。人类获得了无限的空间,但却丧失了房子。如同婴儿出世了,有了一个世界,但却脱离了母子宫。

　　房子与子宫具有同样的结构,它们都象征着安全和稳定。然而,启蒙运动培育了另一种对安全的解释。一个有规律、有秩序的世界被认为是一个安全的世界,对世界规律性的认识被认为出自寻求安全的动机。在对"安全"的这种现代性的阐释之中,隐藏着侵略和征服欲的真相。培根早就透露过,欲征服自然,必先了解自然。对规律的寻求的背后,是征服的意志。在处处是征服和侵略意志的世界上,安全安在?历史上的每一次侵略战争必有侵略者维护自身安全的借口。在人类以寻求自身安全为借口所开展的对神圣大地的征服之后,我们便有安全吗?人类打开了原子核,却进入了一个核威胁的时代;人类正在进行的遗传密码破译工程一旦成功,生命的安全感将灰飞烟灭。破除现代性所制造的安全的神话,我们终将回到安全的本来含义:住在大地上,不离开大地,是安全的。

　　顶"天"立"地"的直立人的象征,透露了天地两极神秘的互斥性和互补性。人之高贵在于其昂首挺立,人不会轻易低下他高贵的头颅,然而对大地母亲的垂首丝毫无损他的尊严。站立着的人必欲有所作为,然而正是大地给了他作为的力量。高傲地挥动理性之剑征服世界的阳性的人类,需要受到沉默的大地阴性力量的制约。后现代女性主义哲学的宗旨盖出于此。

大地象征着"自然",天空象征着"世界图景"。在阳性天空的征服下,大地自行遮蔽;在一个"世界图景"的时代,自然悄悄退隐。

太空时代,人类面临一次新的文化选择。

300万年前,人从自然界走出来。有了人便有了文化,有了文化与自然的区别。人以文化的方式生活。但是人还是自然存在物,自然界是人的"无机的身体"。人在自然的基础上创造文化,如果没有自然界,工人什么也不能创造,农民什么也不能创造,知识分子什么也不能创造。人类文化的机制是,人类劳动变自然价值为文化价值,并实现文化价值;而且在创造自己文化的同时,再生产整个自然界。这是人类的自然本性。

人类创造文化,运用文化的力量发展自己。在这里,自然界支持了人类文化的发展,人类从自然界取得无尽的利益。但是,人类不承认自然界的地位,完全以自身为尺度评价一切事物,处处从自己的利益出发对待其他事物,只承认自己的文化价值,不承认自然界的价值,这样便展开了人与自然的对立和冲突。

在人与自然的关系中,人以文化的方式实现自己的生存,把自己放在主宰自然的位置上,只承认和实现自己的生存,不承认和考虑生命与自然界的生存,而且常常以损害自然界生存的方式谋求自己的生存;在争取人类生存的斗争中,人实施自己预定的对策,但是不承认和考虑自然界的对策,并且在实施自己的对策过程中,常常损害自然界的对策;人们进行社会物质生产,这是人与自然相互作用、进行物质变换的主要形式,但是人们只承认和进行社会物质生产,不承认和考虑自然界物质生产,而且常常以损害自然界物质生产的方式进行社会物质生产;人们在自然价值的基础上创造文化价值,但是只承认和争取文化价值,不承认和考虑自然价值,而且常常以损害自然价值的方式实现文化价值。

据此人类文化取得伟大胜利,创建了光辉灿烂的自然文化、人文

文化和科学文化,建设了现代世界非常丰富的物质生活和精神生活。人们为此而自豪,以为这是人类统治自然的最后胜利。但是正如恩格斯指出的,对于人类取得的每一个胜利自然界都报复了我们。

因为传统文化具有"反自然"的性质,沿着这个方向发展,人类文化的胜利只具有局部性。例如人类创造文化的伟大实践导致了自然界的破坏,损害了文化的根本支撑点。所谓环境问题,就是人类生存所必需的自然界价值的丧失。它是人类文化的消极和落后方面的表现。这是文化发展的必然代价吗?环境问题为人类出了一个大难题:"是生存还是死亡?"

现在,人类在地球上的生存有了危险。这是"反自然"的文化带来的后果。事态发展表明:人类面临生存危机,生存危机不能不加以解决,否则灾难太深重;它不能拖延解决,否则代价太大,到头来可供选择的余地越来越小;它不能按照老规矩去解决,变革已经不可避免。生存危机要求一场新的根本性的变革。

人们虽然追求新,但是不喜欢变革,习惯于照旧生活,希望不发生什么变化,珍视按照原有的方向行动,但是只有变革才有未来。因而我们要勇敢地决断,迅速地采取行动,进行一场新的文化革命。

变革便会有选择。我们认为,生态文化是人类需要果断采取的新的文化选择。

太和文化,首先是价值观的转变,从"反自然"的文化、人统治自然的文化,转向尊重自然、人与自然和谐发展的文化。生态文化的任务体现在所有文化层次:在制度文化层次,改变传统社会没有自觉地保护环境的机制,却有自发地破坏环境机制的状况,通过社会关系和社会体制的变革,使环境保护制度化;在物质文化层次,通过新的技术形式的采用,以及创造新的能源结构,实现社会物质生产和社会生活"太空化";在精神文化层次,使哲学、科学、道德、艺术和宗教沿着符合生态保护的方向发展,以便在21世纪建设更加美好的新文化乐园,走向太空部落新时代。

佛陀说：万物皆无常，有生即有灭。不执著于生灭，心便能寂静，而得到永恒的喜乐。人只因为总想要永远地美好下去、不死才生出痛苦来。一个人如果对于世间的名利不贪不求，只求按照本分，做好自己应做的工作，遵纪守法，安分度日，并且尽力帮助别人解决各种困难，自然心安理得，精神舒畅愉快。

过于执著的人没有什么好处，执著让人拘泥于因果，而因果会生孽障。由执著生怨，由怨生忧，由忧生悲，由悲生怖，由怖生恨。执著是一种欲，爱痴也是一种欲，喜怒好恶都是一种欲，人的各种欲念正是所有痛苦的根源，所以佛称四大皆空，无欲无求，这样才能离苦得乐。由于有欲，世上的人就有痛苦烦恼，就有苦海中的芸芸众生。我们虽然不可能像出家的人那样做到无欲无求，一点也不执著，但是我们可以适量，有一定的度，即凡事不太过于执著，不太执著于爱恨，不太执著于胜负，也不太执著于过去。这样你就会发现生活中快乐更多一些，悲伤更少一些。

我们所要努力获得的就是如何快乐，但快乐从何而来？快乐来自于我们的内心。大家都想得到快乐，但却并不懂得获得它的方法。所以快乐须从我们的自心，而并非其他如钱财物质上来寻找。很多人把快乐寄托在名利的获取上，认为这就是快乐的源泉。其实这只是一个假象，是我们自性的无明。如果名利是快乐之源，但为何当得到时，却并没有以前想象中的那般快乐，有时反而痛苦更多呢？有了钱又害怕失去，越有钱便越舍不得花钱，反而吝啬之心更重。日夜担心钱会花完，给自己招来无形的压力。但另有一种人，他们虽然过着平凡的日子，却比别人活得好，他们没有浮夸的目标，够吃、够穿、够用便已满足，快乐轻安、随缘自在。一个人的内心能获得满足快乐而平静，是颇值得羡慕的，而这也是一个修行人的快乐所在。他能认识自心、调伏自心，纵然拥有钱财名利，也并不执著，而是仅以平静的心去享受这一切，这正是我们普通人要去学习的可贵品质。

曾有一位守财奴在临终前，叫来了他的牧师、医生和律师，给他们

三个人每人一个信封,每个信封里都有3万元钱,他告诉他们在葬礼上,将信封投进棺材。葬礼那天,三个人果然每人往棺材里投了一个信封。但是在葬礼回来的路上,牧师突然哭了,他对他的同伴说,他只往那个信封里装了2万元钱,因为他需要花1万元钱建洗礼池。听了这话,医生也哭了起来,他说他只往那个信封里装了1万元,因为他需要花2万元给医院买医疗设备。"你们怎么可以这样做呢?"律师说:"我可是在那个信封里装了一张3万元的个人支票。不知在那边是否能取。"

这位守财奴看护自己的钱财,看护了一辈子,但是到最后还是没护住。试想,连我们的生命都看护不住,又如何能看护住其他呢?世间的一切都并非永恒不变,一切都迟早会舍离我们而去,所以要看开,一切随缘享受。遇到幸福,不贪求,不执著;遇到灾祸,不抱怨,不仇恨,得也淡然,失也淡然。方可以安然度此生。

《金刚经》中说:"一切有为法,如梦幻泡影,如露亦如电,应作如是观。"《圆觉经》中说:"皆如幻垢,垢相永灭,十方清净。"这是告诉我们对世事应该看破和放下。

按佛教的说法,我们在人生中八苦交集,不管贫富贵贱,都会有苦的感觉,原因就是看不破,放不下。穷人为生存而争,富人为享受而争,钱是我们生活的工具,没有它寸步难行,但是太多了也没有什么好处。如果利用得当,可以济弱扶贫,造福社会,但是如果穷奢极欲,为所欲为,则无疑是在为自己挖掘坟墓。

利不可贪,名也不可争。好名的原因,和好利一样,也是因为我执太重,其实只是个抽象的名称,既不能御寒,也不解饥渴,倘若名符其实还好,否则只助纣为虐,并无用处。放下并不表示对什么都没有感觉和反应,而是说一个人可以不必去操心,让其顺其自然,能得到的会自然得到,得到了,也不必有太强烈的占有心。就像是我们坐在一把椅子上,如果放得高,就跌得重;但如果放得低,不但不会跌下来,即使跌下来也不会太痛苦。

我们如果对名利放不下执著,时时都想着,凡事不放心,总是处于不安的状态,心又怎么能清净呢?所以放下是功夫。要把一切执著、妄想、烦恼、知见都放下,像六祖慧能说的那样:"若真修道人,不见世间过。"你的心才可以清净快乐。

我们为什么会放不下呢?就是因为人有自我爱染,由于认识上的迷惘,为现象所诳惑,而没有能看到缘起的本性——本来面目。佛陀则教导众生,从缘起生灭中,了解缘起的常寂。缘起本来如此,只是我们自己,为自我知见、自我欲念所蒙蔽,而因此颠倒不已。所以,一个佛弟子如果坚持修炼,他的智力、德性和毅力,就会经过修持达到一定高度,突破一般的人生境界,从而有所超脱。

世间所有的物质和生命,没有常住不灭的。人若有了这样的心理准备,则不管发生什么事情,都会觉得正常,不会有太剧烈的心理反应。我们要训练自心,勇敢面对生命中的生与死、顺与逆、乐与苦,不执著,不迷妄,以欢喜心来坦然接受,这样就会更轻安、更自在。

作为一个普通的人,我们做不到不问世事,但只要能拿得起,放得下,人生在任何时候都会快乐美丽。英国作家萨克雷曾有句名言:"生活是一面镜子,你对它笑,它就对你笑;你对它哭,它也对你哭。"我们生命的过程,不可能永远都一帆风顺,世上没有不经历挫折就成功的人。水可载舟,也可以覆舟,人生是变化着的,人生中的顺境和逆境也是变化着的,重要的是你面对它时的态度和方式,如果你有坚定的信念和坚韧不拔的毅力,同时又豁达大度,能够看开放下,那人生暂时的逆境,也会向顺境的方向转化,生活中没有什么大不了的,在你"山重水复疑无路"的时候,它却可能"柳暗花明又一村",所以无论在什么情况下,我们都应该微笑着面对生活,放下痛苦,但不要放弃希望。

佛陀让人看破和放下,并不是让人悲观厌世,混吃等死。恰恰相反,他要你在看透以后,更加重视今生的努力,抓紧时间担当生前的事,做自己应做的事,但是却不计较、不执著,可以坦然放下,这是一种很高的境界,是一种超然坦荡的态度。认识到"空",破"我执、我见",就

会平等待人,处处不以自我为中心,不把自己喜欢的强加于别人。同时又淡泊名利,不争权夺利,有觉悟心、慈悲心,宽容、大度,随缘而不攀缘,心地清净,心安理得。

学佛最重要的是培养一种良好的心境,可以坦然地面对人生、面对社会、面对遇到的各种问题。一个佛法的修行者,面对顺逆诸境时,皆能清净一切外境,不被顺逆诸境所引起的障碍而停滞和困扰,视自身就像是大地对待任何众生一样,不分好坏和顺逆,均同样加以维护和承担。

漫漫人生路,充满了太多的艰辛,我们总是生活在并非我们所愿的生活之中,失败、挫折总和我们同行,令我们没有办法逃避。也许根本就没有尽如人意的生活,生活就在于直接面对,坦然地接受,用生命的全部去感受生活,去承受生活中的所有失败、挫折和辛苦。也许唯有如此,我们才能变得心灵明亮而富有智慧,外表平静,内心坚韧,能够明辨是非,听取自己内在的声音。

坦然地接受、面对,使我们勇于承担,也使我们拥有了真正的生活,成为真实而有尊严的人。生活中,我们会有很多的不如意。学习中的各种困难,人生中不公正的待遇、委屈和误解,都会给人的身心带来痛苦,让人一筹莫展。痛哭流涕并没有任何的用处,只有化悲痛为力量,用积极的心态去坦然面对。人的一生,谁也不能预料中途会有什么问题发生,重要的是我们能够超越,有一颗去征服任何困难的心,把名利看轻看淡,保持心理平衡。

坦然,是一种失意的乐观,是一种生命的潇洒,只要我们努力认真地去做了,人生就了无遗憾。坦然面对人生,你会发现人生很有意义,也很精彩,只是我们的人生方式不同,收获也有不同。我们的生活就像一面镜子,它是我们自己生命本质的全部投射,如果我们不能接纳它,便看不出它的可贵之处。每一个人在生活中都扮演着自己独特的角色,无论你喜不喜欢,高不高兴,你终究是在生活,所以无论好的坏的,你都要欣然接受。

所以，我们如果越是感觉生活不如意，心情就越糟糕，也继而影响到我们的生活，有句话说得好："微笑不需要成本，利润却相当丰厚。"太阳每天都是新的，无论光芒四射还是乌云蔽日，它都会一如既往地来到我们身边，陪伴我们走过每一天，我们每天早上起来看到它，都应该告诉自己，今天又是新的一天，一切都是美好的。我们带着微笑去开始新一天的生活，一切还是那么充满希望。

坦然地面对，要有坚韧不拔的意志，豁达谦逊的胸怀，始终保持朝气蓬勃、昂扬向上的状态，把困难当成是锻炼品格、磨砺意志的实践，在战胜挫折中改变命运，在奋发进取中成就未来。据说在海洋里有一种珍珠贝，每当有一些泥沙类的异物进入到它软软的身体里时，它总是把它们温柔地包裹起来，慢慢地化为一粒珍珠。人有时也可以学一学珍珠贝的做法，能够把贫困、挫折和磨难用心温柔地包裹起来，日久天长，挫折和磨难就会化为内心的一颗闪亮的珍珠。

我们在社会中生活，会遇到各种各样的人，难免会听到一些不喜欢听的话。这些话有轻有重，有的是对我们的偏见，有的是真正说出了我们的缺点。"人非圣贤，孰能无过"，我们应该检讨自己，扪心自问：这到底是不是我的缺点？如果是，就去改正；不是，也不要太往心里去。虽然有些人习惯品评别人，抬高自己，但我们不应因此而对整个社会失望，我们要调整自己的心态。要自信，不要被一两次这样的阴影所笼罩，不要为别人对自己暂时的看法而动摇，自己的明天，只有靠自己去创造。与其怨天尤人，不如麻木一点，开心一点，时时保持良好的心态，去坦然面对生活，面对人生。

《庄子》中有一段动人的故事，子祀和子舆是好朋友，有一天，子舆得了病，子祀去看他。见面时，子舆竟对子祀调侃自己说："伟大的造物者啊！竟把我变成个驼背模样！背上生了五个疮口，面颊要低伏到肚脐，两肩高过头顶，脖颈骨朝天突起。"他之所以变成这个样子，是因为感染了阴阳不调的邪气，但是他还是悠闲地走到井边，从井里照见自

己的样子,更戏谑地说:"哎哟!造物者为什么把我变得这么滑稽?"子祀问他:"你不喜欢生这病吧?"子舆说:"不,我为什么不喜欢呢?如果我的左臂变成一只鸡,就用它在夜里报晓;我的右臂变成弹弓,就用它打斑鸠来烤了吃;如果我的尾椎骨变成车辆,我的精神就变成了马,我可以乘着它去遨游,无需再另备马车。再说得是时机,失是顺应,安于时机而顺应变化,哀乐自然不侵人心。这就是所谓的'解脱'(悬解)。不能自我解脱的人,就要被外物奴役束缚。物不能胜天,当我改变不了它的时候,我又为什么要讨厌它呢?"

庄子讲的这则故事,给我们最大的生活启示就是坦然地面对和接受。生活中无论发生什么事情,我们都没有什么好抱怨的,只有坦然地面对和接受,依照自己的本质好好生活,人生的光明面才可以在你面前展现。

佛陀不是仅以享受人间的繁华而满足的人,虽然贵为太子,并且已经结婚,但在精神上却依然十分空虚,他一连出城郊游了四次,这四次郊游的经历,便给他留下了深刻的印象,改变了他的生活,也决定了他出家修行的愿望。因为对当时还是悉达多的佛陀而言,仅只是一瞥老死的景象,便在他心中生起了要去追求人生真理的愿望。于是在一个不寻常的夜晚,他走出了因为众人的熟睡而不被监视的皇宫,悄然消失在暗夜中,走上寻求解脱的道路。

出家的悉达多以吉祥草为垫,坐在一棵菩提树下,探求人生的本性。经过了长时间的思考,他终于了悟到一切万有,包括我们的身体、我们所有的情绪和所有的感受,都是因缘和合而成,他又了悟到不仅人类的经验是如此,所有事物,包括整个世界、整个宇宙都是如此,一切事物都是相互依存的,因此一切事物都会改变。一切万有,没有一样是以独立、恒常、纯粹的状态存在的。任何事物和另一个事物的转变,即使是非常微小的变动,也都是依循着无常的法则。通过这些了悟,悉达多终于找到了一个方法来解脱生死苦,他接受了生命的变化是不可避免的,而人的死亡是这个变化的一个环节。他体认到没有全能的力量可以扭转死亡之路,因此他也不再期待。没有了盲目的期待,也就没有了失望。因为知道一切都是无常,就不再攀缘执著,不攀缘执著,也就没有了患得患失,也因此可以真正实实在在地活着。悉达多从人生的大梦中醒悟过来,他解脱了,也因此在那一刻他成了佛陀,成了我们人间的觉者和智者。

所以从这一点看,佛教并非想象中的神学,也非印象中的宗教,而是凡人不断探索人生真理的道路,一种思考世界与生命存在的智慧,一种坦然面对人生的态度。它的宗旨是破除迷信,启发正智,使人能明辨真妄、善恶、得失,进而建立理智、大觉、乐观、向上的慈悲胸怀,达到解脱众生一切苦,获得圆满、真实、幸福的生活目的。

佛陀即将入灭时,他看到弟子们依依不舍的悲痛神情,就对他们说:"我今得灭,如除恶病。"我们每个人都有离开尘世的一天,我今天离去,可以说是一个大解脱,就像是有大病即将痊愈一样,你们应该高兴才是。他又说"此是应舍,罪恶之物",这个身体是应该舍的,因为它是罪恶的根源,我们每个人都很爱惜自己的身体,但是为了这个身体,我们做了多少损人利己的事呀。面对死亡,佛陀可以这样洒洒脱脱地去,这就是解脱,能看得开,放得下就是解脱。

佛法修行最重要的两件事,一个是成佛,一个就是解脱。所谓的解脱,其实并不玄妙,就是心灵的自由。我们每个人在这个世间都有很多的烦恼,特别是在今天这个躁动的时代,城市和乡村都弥漫着躁动的气息,这来自我们内心的情绪和烦恼,情绪和烦恼一多,就变成了我们心灵的垃圾。这时候就需要清理和扫除,不然通路堵塞,心地蒙尘,灵魂的清泉就不能通过,我们就会痛苦不堪。

当所有的烦恼被清理和扫除,心灵不再有任何躁动不安和羁绊,就是佛法所说的"涅槃",此时,内心呈现无比的寂静,这种寂静,是来自生命内在的寂静。当心进入这种寂静状态,我们就能毫无阻碍地感知一切,这就是佛法所说的宇宙人生的最高真理,是心灵抵达的境界,也就是真正解脱的境界。

如果我们普通的众生能像佛陀一样对人生看得开看得破，任何事都拿得起放得下，内心常保清静无杂染，那么无时不是解脱境，无处不是佛净土。

　　佛陀开悟后，有人问他："人最终轮回到什么地方去？"佛陀说："哪儿也不去。"从佛教的观点，人开悟后的主要特征就是单纯，不带分别的生活，用单纯的觉知来生活，一直生活在"此时此地"，这个"此时此地"一直延伸，达到永恒。虽然，达到开悟的程度却并没有开悟后这么简单，但是，我们却可以接近开悟。不过多地思虑过去和未来，生活在"此时此地"，生活在现在。

　　上世纪70年代，美国有一位心理学家弗雷德里克·S.珀尔斯，创立了格式塔心理疗法，他的理论口号就是："活在此时此地。"这个"此时此地"就是现在的这个时间和空间。既不要老惦念明天的事，也不要总是懊悔昨天发生的事，而是把你的精神集中在今天要去做什么上面。

　　因为，我们无论做什么，没有比今天最真实的时刻。昨天已经过去，是无法改变的，明天还没有到来，是我们无法预料的。今天之外，再没有人生，所以人的一生就是一个个连续的今天组成的。

　　我们走过昨天，打算要迈向明天的时候，任何真实的感情与思想，以及实在的决定与行为，都是属于今天"此时此刻"的。如果我们没有在今天"此时此刻"的思想计划、亲力亲为，昨天就无从谈起，从此中断，明天也会是一片空茫，没有什么曾真实存在过。所以，我们所有的生活，都只发生在"今天"，也只有今天才最有意义。

　　今天无论是怎样的日子，是阴云密布还是晴空万里，对于我们都是最好的日子，我们都应该倍加去珍惜、倍加去努力，因为只有这个今天是属于我们自己的，永远都是最真实的一天，也是我们唯一可以依赖、可以信任的一天。一直沉浸在昨天，全部寄希望于明天，都不如在今天实实在在的努力，把今天的事情做好。抓住了今天，你就延续了昨天；做好了今天，你就通向了明天。

　　时间的脚步是无声的，只要你稍不留意，它就会悄悄溜走。它不会给延误时间的人任何宽恕,也不会因任何人的乞求而偶然回顾。但对于珍惜时间的人,它却给予无穷的智慧和财富。所以,我们应该珍惜今天,做时间的主人。

意大利画家达·芬奇曾经说:"勤劳一日,可得一夜安眠;勤劳一生,可得幸福的安眠。"他正是从抓住今天,抓住时间的一点一滴,才抓住了一生,为世界的文明做出贡献的。今天是一个时间概念,是一份价值连城每个生命都拥有的财产。对于我们大多数人来说,一生一世也不足三万个今天。而今天的魅力就在于它只有一次,但我们却常常对它不以为然,我们总是想:还有无数个今天等着我们,就像我们见惯了高挂在空中的太阳,便以为我们的生活中永远充满阳光,但是却疏忽了如果我们抓不住今天,那么还有无数个今天在我们的手中溜走。所以我们一定要在今天努力,抓住今天,因为只有今天,是一个完全属于我们自己的日子,无论昨天怎么样,一切都已经成为过眼云烟。无论明天怎么样,只有今天是属于你的,只有抓住今天,才能弥补昨天和创造明天。

我们都听说过一个关于寒号鸟的寓言故事,说是在美丽的森林中,阳光明媚,鸟儿们欢快地歌唱,辛勤地劳动,其中有一只有一身漂亮的羽毛和嘹亮歌喉的寒号鸟,到处游荡卖弄自己的羽毛和嗓子,看别人辛勤劳动还嘲笑不已。有一只好心的鸟儿看见了,就提醒它说:"寒号鸟,快垒个窝吧,要不冬天来了,你怎么过呀?"寒号鸟不以为然地说:"冬天还早呢?着什么急呀!今天这么好的日子,我还想好好玩玩呢!"就这样,日复一日,冬天很快就来到了,鸟儿们晚上都在自己温暖的窝里休息,只有寒号鸟在夜间寒风里冻得瑟瑟发抖,并哀叫着:"寒风冻死我,明天就垒窝。"第二天,太阳出来了,万物又沐浴在阳光下,寒号鸟忘记了昨晚的痛苦,又快乐地唱起歌来。有鸟儿过来劝它:"快垒个窝吧!"寒号鸟嘲笑说:"不会享受的家伙!"晚上又到了,天气又冷了下来,并且还下了大雪。早上,鸟儿们起来,大家都很奇怪,昨晚怎么没听到寒号鸟的叫声呢?原来,寒号鸟已被冻死了。

这个寓言说明了在人的生命中今天的重要性，我们不向昨天寻觅什么，也不向明天祈求什么，抓住今天的分分秒秒，去做今天该做的事情才是人生的关键，时间不等人，如果我们只寄希望于明天，将一事无成。

普贤菩萨曾告诫众生说："是日已过，命亦随减，如少水鱼，斯有何乐？大众，当勤精进，如救头燃，但念无常，慎勿放逸。"人生在宇宙天地间，由于时光的流逝而逐步走向衰老、死亡的境地，就像鱼在水中，依水而活，但当水一滴滴减少时，鱼的寿命也不能长久。我们的生命也随着时光的减少而稍纵即逝，所以人应该及时地把握年轻力壮、生命饱满的时刻，用奋勇精进的态度好好努力、学习，即使有病痛困苦，也不虚度光阴、浪费生命。

须知道，人世间的一切学业、道业和事业都是由时间的累积而达成的，一个人只有会利用时间，他才可以随时把握时间的分分秒秒，去活动、修习、获得成绩。但是，人多喜欢享乐，总是在虚浮幻相中醉生梦死；而不知世间危机四伏，处处是陷阱，更不懂得"今时虽安，瞬时难保"的忧虑，往往在随心所欲的自由的蒙蔽下，虚度光阴而不自知。时间是宝贵的，虽然它限制了我们的生命，但我们在有限的生命里，还是可以充分地利用它。鲁迅先生曾经说："时间，每天得到的都是24小时，可是一天的时间给勤劳的人带来智慧与力量，给懒散的人只能留下一片悔恨。"这就是相同的时间给不同的人带来的差异，对于一个成功的人，他会把时间当成钻石一般宝贵，珍惜它，并利用它精勤不懈，成就辉煌；而对于一个失败的人，面对时间他则抱着"做一天和尚敲一天钟"的想法得过且过，并以此来消磨它，在他的眼里时间是漫长和无所谓的，而只有当他们回首时，才发现时间像流水，已一去不复返，时间是如此的可贵，他却一事无成。

孔子曾经说："逝者如斯夫，不舍昼夜。"时间已经流去了，再也不能挽回。而作为我们能够做的，就是好好利用现有的时间，把有限的时间放在做最有价值、最有意义的事情上,只有这样,才不会等时间流去的时候,再白白后悔。有这样一个故事,说在古时候有个人做事很慢,从来不讲究效率,只要把事情做完就行了,速度慢到了极点。但他的文采很好,很会作诗,写文章。因此,家人叫他去参加乡试,并且还叮嘱他,再慢也要掌握好时间。可是到了考场后,他依然延续以往的风格,慢条斯理地作答,考官提醒他快点,他还说:"不要紧,总会写完的。"就这样,收卷的时候,别人都写了好几张纸,可是他才写了一张纸。考官看了他写的那一张纸后说:"可惜,可惜呀!如此好的文采,却没写完。唉!可惜。"

他人生的无奈就在这"可惜"里了,考官不会因为他的慢就给他的考卷打满分。人的生命有限,时间也有限,我们没有办法把什么都做得圆满,但我们需要对自己有一个交待。没有人知道我们能活多久,但我们只能活一辈子,如果有六道轮回,也没有人知道下辈子会去做什么。所以,只需在这一辈子里做好自己,在有限的时间里,去充分发挥自己生命的意义。有人曾经说:"一万年太久,只争朝夕。"在我们的手上只有这一生的时光,所以我们能做的只有在此刻里努力,不让光阴在我们的手指间溜走。

德国有一个无机化学家、诺贝尔奖获得者,叫阿道夫·冯.拜尔,他在自己的自传中曾提到他小时候的一段难忘的经历。在他10岁生日的前一天晚上,他躺在床上高兴地预想父母送给他的礼物,并为他热热闹闹地庆贺生日的情景。但是,第二天早上起来,父亲还是像往常一样一吃完早饭就去伏案读书,母亲则带着他去外婆的家里消磨了一天。小拜尔有些不高兴了,细心的母亲发现了,就耐心地对他说:"你出生时,爸爸是个大老粗,所以他现在要和你一样努力读书去参加明天的考试,妈妈不想因为庆祝你的生日耽误爸爸的学习,爸爸在为我们明天的生活更丰富而尽心尽力呢,你也要和他一样,学会珍惜时间学习呀!"这番话从此被拜尔记在了心上,他说,"这是我10岁生日时,母亲送给我的最丰厚的生日礼物!"

我们应该有效地利用时间，让生命散发光华，这是对我们的生命负责，对自己负责的举动，千万不要等"白了少年头，空悲切"，那就什么都晚了。

　　对于我们普通众生来说，机会人人都有，关键在于机会来临的时候，我们是否能够抓住，如果你不能很好地抓住，它就会从你的身边一闪而过。我们很多人总是在抱怨没有机会，是因为没有用心去留意身边的事情，没有去了解。所以，一而再再而三地错过了许多机会。一般而言，机会到来的时候都是丑陋的、戴着面纱的，是不被看好的。但是，别人不看好他却看好，别人不明白他却明白，别人犹豫不做而他却做了。当别人知道了，明白了，想要做时，他已经成功了。这就是机会，总是偏爱少数人，偏爱独具慧眼、勤奋努力的人。

　　我们一般都习惯于用老眼光来看待新事物，觉得这也不顺眼，那也不好看，总是持怀疑的态度来面对自己不理解的事情和社会的进步。对一切新事物，不去做深入的了解，明明是好东西，也硬要将新事物生搬硬套成一个坏东西，毫无根据地说一些不负责任的话，结果是耽误了自己，也伤害了别人。但你看不懂，总有人看得懂；你不去做，总有人会去做。没有人可以阻挡社会的发展和时代的进步。所以有些人一定不要把无知当个性，更不要等到错过了机会，又深感痛惜。

　　当机会来临的时候，你一定要紧紧握住，不要让它溜走。有人曾经把机会比喻成小偷，说它来的时候悄无声息，但走的时候却让你损失惨重。机会很难遇到，如果你很幸运地遇到了它，那就一定要把它抓住，否则受伤的只有你自己。俗话说："机不可失，时不再来。"说的就是机会弥足珍贵，一定不要错失。机会就是这样，它从不对某人格外青睐，也不会对谁格外吝啬，但是它往往只会出现一次，一旦错失了，就再也不会来。所以你一定要做好准备，只有这样，等它来临的时候你才可以抓住它。

　　佛陀常常说："适值佛法，旷劫难遇。"他的意思即：我们众生得遇佛法是经过了那么久的时间才遇到的呀！佛陀又说："瞬息之间，可以见佛闻法——谓见佛闻法一念间。"意即：虽然我们经过了那么长的时间，才听到佛法，但是在有机会听闻佛法的时候，爱惜佛法，在日常生活中行佛之所行，说佛所说的话，怀佛所怀的心，那么我们瞬息所遇的，就是佛法的真理。

一个人要成功，不仅仅需要成功的素质，还需要紧紧地抓住展现在面前的机会。所谓机会，就是在某个特定的时机，通过某些行为，可以获得自己想要的东西。机会包含两个方面的因素：第一个是个人的能力，这是先决条件，如果没有能力，再好的机会来了也会跑掉；第二个是时机，时机是个人的能力得以展现的空间，是个人能力可以去展现的条件。第一个是稳定的因素，是我们迎接第二个因素时所做的准备；而第二个要素却是可以去寻找和创造的。一个人能否成功，固然和第一个因素有着必然的联系，但是第二个因素，在时机来临的时候，可以把握良机，不因循、不观望、不退缩、不犹豫，有尝试的勇气，有实践的决心，这是造就一个人成功的关键。

尽管说，有的人的成功源于一个很偶然的机会，但是如果在偶然的面前他们缺乏一双慧眼，不能发现机会、抓住机会，并充分去利用机会，他们一样不能成功。

佛陀对弟子说，做好事要把握时机，也要把握因缘，因缘到时，尽力去做，不管付出多少，都是功德。而因缘消逝，再想去做，就什么都来不及了。

我们很多人，都想去做好事，但却又总想等有钱或有机会的时候再去做，但人生无常，短短不过百年，所以只要因缘际会，碰上了，即使是有一点力量，也应赶快去做。有多少能力就去做多少事。

佛陀让我们普通众生修学的念佛法门，可以帮助人们断烦恼、长智慧，脱离生死轮回，证悟佛道。在佛的无量法门中，这是第一稀有殊胜的法门，很不容易遇到。所以，众生应格外珍惜这份稀有难逢的因缘，认真努力，在这一生里才可以成就。

我们每个人在一生里都可能会有好事的因缘来到身边，但却并不是我们每个人都能够很好地把握。一个良性的因缘，就像是我们生命中的一个幸运转折点，当你在茫然的人生路途上徘徊等待的时候，如果出现这样一件小事，而它却恰恰是考验你的关键，如果，你的内心在此刻使用了善意指挥你的行为，那么，你就可能为你自己打开一扇幸运之门。

所以，小事虽然看起来小，但却并不小。因为它是你一向心存善念的体现，而如果当时你是心存恶念面对这件事情，那就成了引发你后来不幸的导火索，你的人生随之而来的也将是和痛苦、烦恼相伴。所以，你千万别因为这是一件小事就不去做，因为，它可能就是你未来幸福生活的催化剂，它可能会改变一件事情的现状，并且也有可能让你的人生轨道从此发生改变。如果你实实在在做了一件好事，并且看到了这件好事所产生的效果，那么你的人生处境也一定会相继跟着改善，甚至改变你的一生。这就叫因缘，做好事的因缘。

学佛就是学做人，学做一个好人，儒家称"止于至善"，这个至善就是让善心达到最高的层次，达到圆满。按佛的说法，我们这一生能够得生人道，非常难得也非常可贵。所以我们应该把握这个因缘，在内心对未来充满希望，来改善和反省自己的行为，在人间处处感到心安意足，时时觉得欢喜快乐。从自己做起，从身边做起，把握每件小事，把握每个瞬间，时时调整自己的心态，尊老爱幼、知规矩、识方圆，不以琐屑而唾弃，不以贪积财物而不施，注重身、口、意的修行，与人相处放下自己的成见，创造良善的缘起，这样人际关系自然和谐，人生的境界也会得到升华。

富楼那弥多罗尼子从佛听闻这种智慧方便法门以后，随顺机宜说法，又听到佛授给各大弟子阿耨多罗三藐三菩提的记别，又听到前世因缘之事，又听到各位佛有大自在的神通之力，得未曾有过之事，心变得清净，非常高兴。就从座位上站起来，来到佛的面前，用头向佛足顶礼，即于一面，目不转睛地瞻仰佛的尊容。这样想："佛世尊太奇特了，他的作为很少见到。随顺世间的若干种姓，以方便法门，以其正知正见，为他们说法，拔除众生的处处贪著。我们对于佛的功德，实在是无法宣说出来，只有佛世尊您能够知道我们内心深处的本愿。"

这时候，佛告诉各位比丘说："你们看见这位富楼那弥多罗尼子了吗？我常称他是说法第一。我也经常喜欢他的种种功德，他精勤护持我、协助我弘法，能够于四众弟子当中，教示利益他们，使他们得到法喜，他能够圆满解释佛教正法，而能大大利益同行清净的梵行之人。除了如来佛以外，没有人能够胜过他的辩才。你们不要以为富楼那只是今世才护持我、协助我弘法，于过去九十亿佛的处所，护持佛、协助佛弘扬正法，在那弘法人当中，名列第一。而且，对于各位佛所说的空法，能够明了通达，得四无碍智，常能详细彻底专心地说法，使听众们不会起疑，自己也没有迷惑，并且具足了菩萨的神通妙力，尽他所有的寿命内，都在修养清净的梵行。富楼那是过去诸佛的弟子时，人们都以为他实际上是声闻而已，而富楼那以其方便法门，给无量百千众生带来利益，又教化无量阿僧祇的人，使之得到阿耨多罗三藐三菩提，为了使佛土清净，常作佛事，教化众生。

各位比丘！富楼那也于七佛在世时，在七佛弟子说法人当中，名列第一，今世于我的弟子说法人当中，也是名列第一，于贤劫当中，在将来成佛的说法人当中，也名列第一，都护持佛、协助佛弘法。也于未来世护持佛，协助弘扬无量无边诸佛之法，教化饶益无量众生，使之得到阿耨多罗三藐三菩提。为了使佛土清净，常常勤勉精进地去教化众生。富楼那渐渐具足菩萨之道，过无量阿僧祇劫，应当在这个世界上得到阿耨多罗三藐三菩提，佛号是法明如来，应供、正遍知、明行足、善逝、世间解、无上士、调御丈夫、天人师、佛、世尊。这位佛以恒河沙那么多的三千大千世界为一佛土，以七宝为地，地面如手掌一样平坦，没有山脉、丘陵、谷涧、沟壑，在七宝造成的台上观看，充满其国中，各位天神的宫殿近在接近地面的虚空里，人界与天界交接，两方的世界相互得以见面。没有人会堕入恶道，也没有女人，一切众生都是化生，没有淫

欲。得有大神通，自身会放出光明，以能自由自在地飞行，大家的志念都非常坚固，常勤精进于智慧，大家都如金色之光明，是以三十二相来庄严自己的。这个国家的众生，常用二食，第一是法喜食，第二是禅悦食。有无量阿僧祇千万亿那由他的菩萨大众，得到伟大的神通和四无碍智，善于教化众生。这个国家的声闻大众，用算数都无法计算，大家都得具足六通、三明和八解脱。那个佛世界，有如上所说的无量功德，是大家所庄严而成就一切的，劫名宝明，国名善净。佛灭度以后，用七宝建塔，普遍充满其国。"

这时候，世尊为了重新说明这个意思，而说如下偈颂：

各位比丘！你们要认真听，这位佛弟子富楼那的所行之道，学到很多的方便法，这是不可思议的。他知道大众乐著于小乘教法，害怕大乘智慧，所以各位菩萨，假作声闻、缘觉，以无数方便法门，教化各类众生。自己说自己是声闻，离佛道还很远，度脱无量众生，都能得到成就，虽然大家是期望小乘，又多懈怠，可以慢慢地对此教化，使他们都能成佛。他的内心藏的是菩萨行，在外显现的是声闻，好像是一位少欲望厌离生死的声闻行者一样，实际上是一位净化众生为实现清净国土而努力的大菩萨。在众人当中示现自己还是有三毒的人，又现出自己还是有邪见执著于外相。我的弟子就是这样以方便法门度脱众生。假若我完全将真正的佛子实行度化之方便事一一说明，大家听后其心将怀有疑惑。现在这位富楼那，曾在过去千亿佛陀的座前，勤勉地虔修菩萨所行之道，宣扬护持诸佛之法。他为了求得至高无上的智慧，而于诸佛之处所，说法第一，现居于众弟子之上。他是多闻而有智慧的人，所说的无所畏，能使众生欢喜，从来没有觉得疲倦，他是这样地协助佛陀救众的大事。他已度生死，得大神通，具有四无碍智，知道众生根机的利钝，常说清净的佛法，常常演说佛心之清净法，能够畅谈佛陀的教义，教化千亿众生，使之安住于大乘教法，以之而清净人间净土。即使将来，他也会供养无量无数佛陀，保护并协助弘扬佛教正法，以之自净世间佛土。常用诸多善巧方便法门，来畅谈佛法，都无所畏忌，而度脱不可计量的众生，让他们成就佛陀的一切智慧。供养各个如来佛，护持佛法宝藏，以后就能成佛，佛号名法明。国名叫清净，由七宝所合成。劫名是宝明，菩萨大众很多，其数有无量亿，都度脱众生，都有伟大的神通，威德力具足，这种菩萨充满其国土。声闻大众也是无数，具有三明、八解脱，得四无碍智，以这些人为僧。其国的各个众生，淫欲都已断除，是纯为变化所生，也具足庄严之相。除法喜食、禅悦食以外，再无其他的食念。没有各种女人，也没有各种恶道。富楼那比丘，功德都已成就圆满，当然会得这样的净土，贤圣大众很多，这种事是无量的，我今天只是简略而说。

这时候，有一千二百名阿罗汉，其心得自在。他们这样想："我们很高兴，这是从来没有过的，假若佛世尊各见授记，如其余的大弟子，不也是很快乐吗？"

佛知道这些人的心思，告诉摩诃迦叶说："这一千二百名阿罗汉，我现在可以一一授与他们后来成佛之记。在这大众当中，我的大弟子侨陈如比丘，应当供养六万二千亿佛，然后他就会成佛，佛号名普明如来、应供、正遍知、明行足、善逝、世间解、无上士、调御丈夫、天人师、佛、世尊。其中有五百罗汉——优楼频螺迦叶、伽耶迦叶、那提迦叶、迦留陀夷、优陀夷、阿閦楼驮，离婆多，劫宾那、薄拘罗、周陀、莎加陀等，都应当得到阿耨多罗三藐三菩提，他们均为同一个佛号，叫普明。"

这时候，世尊为了重新说明这个意思，而说如下偈颂：

侨陈如比丘，应当见到无量佛，过阿僧祇劫，乃成等正觉。经常放大光明，具足各种神通，他的名号会普遍地传到十方世界，是一切众生所尊敬者，又常说至高无上的佛道，所以佛号为普明。其国土清净，菩萨都很勇猛，大家都住在妙高庄严的楼阁里，又常游行于十方国土，以至高无上的供品，奉献给各位佛。这样供养以后，心怀大欢喜，顷刻之间又回到所住的本国，他们有这种神通妙力。佛的寿命六万劫，正法住世时间相当于寿命的二倍，像法住世时间相当于正法住世时间的二

倍，法灭使天神和人担忧。其他的五百比丘，也会依次成佛，佛号都同样是普明，成佛之人也会再授记于其他未成佛之人，会这样说：我离开世间后，某某你将来应当成佛，你所化的世人也和我现在所化的一样。国土的严净以及各种神通力、菩萨和声闻众、正法和像法、寿命劫的多少，都如上所说。迦叶！你已经知道，五百得自在者，其余的声闻大众，也应当是这样。那些不在此会的人，你应当为他们宣说。

　　这时候，五百罗汉在佛前得到授记以后，高兴得不得了，立即从座而起，来到佛前，以头向佛足顶礼，懊悔过失，自己责备自己："世尊！我经常这样想，自以为已经得到究竟灭度，今天才知道，就如无智的愚人一样。为什么呢？我们应当得到如来佛的智慧，现在竟然以声闻小智为满足。世尊！譬如有人到亲友家，醉酒而卧。当时亲友因为公事外出，把无价宝珠系在他的衣服里，然后就匆匆而去。此人因为醉卧他乡，一点也没有觉察。醒来后，远游他乡。为了衣食而勤勉地努力工作，过着非常困苦的生活，若小有收入就非常满足了。后来偶然与那位亲友相遇，那位友人对他说：唉！你这个人，何必为衣食这样呢？从前我想让你得到安乐，使五欲得到满足，曾于某年某月某日，把无价宝珠系在你的衣服里，现在你可以查看，一定还在那里，而你却不知道，勤勤苦苦地过着忧恼的生活，你太愚痴了。你现在可以将此宝物卖掉，买你所需要的东西，这样可以过着如意的生活，绝不会有所短缺。佛也是这样，当菩萨的时候，都教我们，让我们发愿成就一切智之心念。可是我们不久就都废弃忘失，不知不觉有这种事，既然已得阿罗汉果，自以为灭度，就好像生活艰难的时候，少有所得就感到满足。想得到佛陀一切智的愿力还在内心深处，很幸运，还没有遗失。现在世尊您使我们觉悟起来，这样说：各位比丘，你们所得的，不是究竟灭。很久以来，我让你们种下佛的善根，因为是以方便法门，说示小乘的涅槃之相，而你们却认为是得真实的灭度。世尊！我现在才知道实际上是菩萨，得到您阿耨多罗三藐三菩提的授记，由于这种因缘，非常高兴，得到未曾有过之事。"

　　这时候，阿若侨陈如等为了重新说明这个意思，而说如下偈颂：

我们听到至高无上安稳授记于我们的声音，感觉到未曾有过的高兴，我们向具有无量智慧的佛陀敬礼。今天在世尊面前，自我懊悔各种过错，我们本来具有无量佛宝，然而只得到少许涅槃之分就停止，好像是无智的愚人，得到小成果就自以为满足。譬如一个贫穷人，来到亲友家，这亲友家非常富有，因之受筵席招待而食丰富的美食，也因之而醉倒。亲友以无价宝珠，系着于内衣，不声不响地到外面去了，穷人醉卧而不觉知。此人起来以后，到其他地方去旅游，为求衣食而做劳役，生活非常困苦艰难，少有所得就感满足，更不敢多求好一点的生活，不知道自己的内衣里有无价宝珠。给他宝珠的亲友，后来见到这个穷人，乃尽诸言辞的责备他以后，提示从前给他系在内衣的宝珠。穷人见此宝珠，其心非常高兴，富有各种财物，于五欲之所需，已经能够享受自如了。我们也是这样，世尊于长长的夜晚，经常怜悯我们，教化我们，使我们种植成就无上佛陀之愿。我们因为没有智慧，没有觉察，也不知道，少得涅槃的一部分，就自感满足，不求其余了。今天佛使我们觉悟起来，说我们所得的不是真实灭度，得到佛至高无上的智慧，这才是真正的灭度。我们今天听到佛陀您授记与我们的庄严事以及可以辗转依次的授记，我们全身心都感到高兴。

第十一章 中印俄欧美英等文明区域的精英领袖放逐太空文明

主宰宇宙的规律是什么?我们如何获知这些规律?这种认识怎样能帮助我们理解周围的世界并将其导向为我所用?

在某个晴朗的夏夜,你仰望星空,朝某颗恒星所在方向看去,其实你已经听说过,有一颗特殊的行星围绕着它旋转。尽管实际上你不可能看到这颗行星,就连那颗恒星也只是隐约可见,不过你知道这颗行星比地球大不了几倍,而且跟地球一样主要由岩石构成。那里的"地表"大都被海洋覆盖,时常会被"地震"撼动。那里的大气跟我们呼吸的地球大气也差别不大,天空频频受到暴风雨的洗礼,时而又会被火山灰染成一片黑暗。最重要的是,你知道科学家认为那里可能孕育着生命,也知道他们正计划寻找证据来证明这一点。未来这个场景就有可能变为现实。迄今为止,天文学家已经在太阳系外发现了 470 多颗行星,尽管其中绝大多数都是类似于木星的巨行星,但一些跟地球相差不太大的行星也开始陆续地被发现。美国航空航天局的开普勒空间天文台 2009 年也已发射升空,这个专为搜寻外星行星而设计建造的探测器,将发现更多类似于地球的行星。

我们所在银河系到邻近的仙女座星系的距离是 230 万光年。这就是说,即使以光速(自然界最高速度)行进也需要 230 万年。一个人的寿命最长不过 100 年左右,如此看来,一个人尽其一生,能够旅行的最长距离最多不过 100 光年左右。到仙女座星系去,似乎是根本不可能的事情。然而,根据相对论,利用空间收缩,这种事情却是可能的。如果

乘坐以接近光速的速度行进的宇宙飞船旅行，对于飞船上的人来说，空间缩短了，那么，到仙女座星系的230光年的距离也缩短了。只要飞船的速度足够快，银河系和仙女星系之间的距离就有可能缩短到不到100光年。因此，只要能够使飞船的速度无限接近光速，在原理上，一个人在有生之年旅行去到无论多么远的地方都是可能的。当然，制造以接近光速的速度运动的宇宙飞船在技术上也许并不现实，可是，至少在原理上有可能去到无论多么远的地方，这个结论也非常令我们人类欢欣鼓舞。

也许未来宇宙会被宇宙智慧生物所控制，宇宙智慧生物完全控制了宇宙可被控制的能量，他们随意调控星系的运行。未来宇宙间的战争武器是星系。在未来那场硝烟弥漫的战争中，星系被加速到接近光速，它们如帽子、螺旋飞镖、飞碟，在浩瀚的宇宙中急速飞行，旋转变化，在绚烂多姿的撞击、融合、湮灭中，开始了那场星系大战。银河帝国的星系战舰港湾修建在仙女座星系。那场战争后来因为触发了时空机器，整个宇宙停滞了。银河帝国的星系战舰大部分依然安静地停泊在仙女座星系。天文学家发现，超星系团基本上分布在一个平面上，中间有一个核心，这跟星系很类似。而我们的本星系团却位于这个超星系团的边缘，就像我们的太阳位于银河系边缘一样。这些星系团，又像星系中的恒星一样，朝着某个特定中心运动。所有的这些发现都让人诧异。在几亿光年的尺度上，是什么力量让这些星系的集合做如此规律的运动？宇宙的这些大尺度结构到底是按照什么样的法则来构建的？它们的发展规律又是什么？他们会不会还没预言到的新的活动？涵盖从恒星的星系、星系团、超星系团，宇宙等级结构完备的一个神秘星座。每年冬天的后半夜，到春天的晚上，南方天空中神秘的星座就等待着人们通向它去敲开宇宙的大门。在宇宙智慧生物控制宇宙能量的未来，我们可以想象地球的寂静日似乎会在某个时刻突然降临。因为宇宙智慧生物要将地球统一到宇宙共同体建设中，宇宙智慧生物为了达到建构宇宙共同体的目的,他们会像美国的科学家一样制造人类失能炸弹、意识能量炸弹投放在地球的上空而促使地球智慧动物的宇宙化。当这样的炸弹在我们人类生存地球的上空爆炸,地球上的人类会感受到扑面而来的强光让人的眼睛失明、让人的耳朵失聪、让人的意识失去记忆,瞬间之后天空变作了一片永久的血红色。从那一刻开始,整个天空就处于宇宙单子被动震动的能量控制之下。简单说来,就是地球上任何一个角落的空气震动都会被这种宇宙统一机器中的声音能量场侦测到。并在同一时间作出反向震动,于是,所有的声音都在发出的一瞬间湮灭。地球人发出的各种地球声音实在不符合宇宙的要求,现在好了,整个世界都清净了。

自人类诞生以来,人们就一直深深困扰于这类问题。最初,人们力图借助日常生活中的经验来理解控制世界的种种力量。他们曾想象存在着控制周围事物的某种东西或某个人,就像他们自己设法操控事物那样。事实上,人们曾认为自身的命运一直为某些外物所左右,这些存在物具有我们所熟悉的人类的各种欲求,例如自尊、性爱、野心、愤怒、恐惧、复仇、激情、惩戒、忠诚甚至艺术气质。相应地,一些自然事件——阳光、雨露、风暴、饥荒、疾病或瘟疫——则被看做是男神或女神们受到这些欲望驱使而表现出的反复无常。而且,除了向神像祈福以外,人们并无其他举措能够影响这些事件的进程。

与此同时,另一些全然不同的自然图式也逐渐发展成型。太阳在天空中运行的精确定位以及这种运动与昼夜更替的确定关系,就是当时人类所认识到的最明显的例子。人们注意到,太阳在恒星天球中的相对定位不仅与季节的交替规律紧密相关,而且对气候有显著影响,并因此影响到植物和动物的行为。月亮的运行似乎也受到严密控制,月相就是由月亮相对于太阳的位置来决定的。人们发现,地球上海陆交界处的潮汐所具有的高度规律性正是由月亮的位置控制的。最终,甚至对远为复杂的行星视运动,人们也开始认识到它背后的高度精确性和规律性,从而对行星运动抱有的神秘感也逐渐消失了。看来,如果

天上世界确由众神的意志所左右,那么这些天神自身的行为也定然受制于数学定律的魔力。

同样,地上世界的诸般现象,例如温度的日变化、海洋的潮涨潮落以及植物生长等,都由某些规律支配着。这些规律受天上世界的影响,且与主导众神的法则具有相同的数学规则。然而,天上物体与地上行为的这种关系有时会被夸大或者曲解,从而附上一种不恰当的重要性,这就是玄秘的占星术的起源。人们花了好几个世纪才从纯粹的神秘臆测中挣脱出来,并真正科学地认识到天上的世界究竟如何影响到地上的生活。不过,人们最初就知道这种影响确实是存在的,而且支配天上世界的数学法则与地上的事物运行规律是相关的。

纵观人类社会发展史,尽管和平是人类美好的思想,但战争和战争的阴影却始终没有消失过。随着生产力的每一次革命,战争的样式都会发生改变。远古时期,人们用石器和木棒作为武器;铁器出现后,使战争进入冷兵器时代;蒸汽机出现后,随着工业的发展,战争进入了机械化时代;随着第三次工业革命的深入,战争进入了信息化时代。据统计,在世界5000多年的文明史中,人类共经历了大小14450余次战争,而没有硝烟的日子仅为290年。战争是争取和平的筹码,而和平只是战争的间歇。为了赢得战争的胜利,人类总是在不断地努力抢占制高点,从制海权到制空权、制信息权,如今,制太空权已经不再是一种概念。"谁控制了太空,谁就控制了地球。"肯尼迪的这句话道出了太空争夺的意义。未来的战争,是不可能离开太空因素的,20世纪90年代以来的几场局部战争已经证明了这一点。

中国古典《黄帝阴符经》演道章说:观天之道,执天之行,尽矣。天有五贼,见之者昌。五贼在心,施行于天。宇宙在乎手,万化生乎身。天性,人也。人心,机也。立天之道,以定人也。天发杀机,龙蛇起陆。人发杀机,天地反覆。天人合发,万变定基。通过中国古文的智慧,窥探在世界新秩序格局转换中的空天文明趋势。中国揭开了自己未来十年里雄心勃勃的太空计划的种种细节。"天宫"空间站计划也是中国快速发展的太空事业的最新阶段。

"神舟"号载人飞船已经将中国人带到了太空,未来,属于我们的载人空间站也将建成。到那时,太空上不但有了我们中国人的"空中家园",它的名称和标识说不定还是出自于你的创意,因为,中国载人空间站的名称和标识征集活动开始了。中国载人空间站名称征集活动正式启动。主办单位中国载人航天工程办公室认为,我国载人航天工程应当有一个更加鲜明、富有特色的标识,未来中国空间站也应当有一个响亮、鼓舞人心的名称。而这些名称和标识的确定,应当更多体现公众意见。征名活动即是让公众广泛参与,集思广益。按规划,中国载人空间站将于2020年前后建成,提交和评选出来的名称及标识届时将与中国空间站一起翱翔太空。果然,群众的智慧是无穷的。为更好更全面地征集名称,主办方特地开通了官方微博,活动刚刚开始,网友的热情就十分高涨,官方微博首日就拥有了上万粉丝。这些名称虽五花八门,但颇有创意。而且,这些来自公众或另类、或可爱、或传统的名称,都满含着人们对太空的向往,以及对我国航天事业的自豪。未来的载人空间站立即幻化为那一个个生动的形象。尽管网友起的名五花八门,不过,一个"龙"字被使用的频率却是极高。"龙的传人"在为"空中家园"想名字的时候,不由自主地,想到了这个中华民族的象征。"中国龙号"——这个名称简洁、大气、直截了当,人家一听就知道是咱中国的空间站。"龙腾探索号"——中国这条巨龙腾飞了,现在开始探索天空了,就叫"龙腾探索号"。"东方巨龙空间站"——"古老的东方有一条龙,它的名字就叫中国",看到征名消息后,这句歌词立即跳入我的脑子里。从古代起,人们就有登上天空的梦想,但那时的人们只能把这个梦想寄托在一个个美丽的神话中。如今,当这个梦想终于可以实现,人们在为载人空间站起名时,自然少不了到古代神话里去取智慧。"后羿之矢""天上宫阙号""炎黄神舟号"是多位网友想出的名字。此外,"天鸟""盘古"也都被提到。最特别的是,尽管载人空间站落户的是最广阔的太空,但人们依旧割舍不掉对月球的情缘,此番起名,也将古代人对

月球的美丽憧憬赋予了载人空间站。飞行器叫"嫦娥",空间站叫"月宫"。"瑶池仙境"——多美,一想这名字就想飞上去呆一会儿。嫦娥奔月系列:嫦娥都飞天了,接下来该"玉兔号"和"吴刚号"了吧。或者,先把"广寒宫号"送上去也好。正如家长给孩子起名字是寄托美好愿望一样,众多网友热情高涨地为载人空间站取名,也是因为满含对祖国的感情和对未来的祝愿。更重要的是,载人空间站的建成将令每一位中国人都感到自豪和骄傲。按计划,中国载人航天工程分三步。第一步是载人飞船阶段,把中国航天员送上太空并完成多人多天的飞行,而且能准确回到预定地点。目前第一步已经实现。接下来的第二步是空间实验室阶段,它的第一个技术关键是出舱活动,神舟七号已经完成;第二个技术关键是交会对接,天宫一号将在太空飞行两年左右的时间,先后完成与神舟八号、神舟九号、神舟十号的对接。第三步,我国将在2020年前后建成载人空间站。"长城号""华夏号""和平使者""炎黄神舟""东方之舟"等名字和载人航天工程一样令人热血沸腾。有人建议,未来载人空间站的标识是一个食指顶着一个空间站在太空旋转着,象征中国顶尖技术第一!更有人干脆起名为"征程",他的理由是:"中国的航天之路进入了全面的征程,不再是只把人送到太空绕几圈就下来了,从太空站建立开始,我们就有了太空探索的始发站了!我们就踏入了了解寰宇的征程!"

  NASA(美国航空暨太空总署)将于2010年结束航天飞机计划,但是下一代的美国太空载具预定2015年才会问世,中间至少有五年空窗期,这段期间美国要送航天员到国际太空站,必须要搭俄罗斯"联合号"宇宙飞船的便车。美国政府2004年1月宣布新一代的太空探索计划"星座",这个计划以战神火箭和猎户太空舱为主干,目标之一是要重返月球。NASA年度预算高达170亿美元,布什政府不希望增加NASA的预算,于是在宣布"星座"计划的同时,决定让航天飞机计划在2010年退休。根据《纽约时报》报道,正如NASA署长葛里芬在他今年8月18日给手下员工的一封电邮所说,合理的决定是让航天飞机退休与星座计划开始运作的日期能够同步。但是布什政府所作的决定,却让美国未来长达五年的太空计划,必须仰赖美国与俄罗斯的友好关系。由南奥塞梯问题让美俄友好关系受到重大考验,当时 NASA 向俄罗斯租用联合号太空船舱位的计划正在国会送审,一度遭到国会议员纠葛,一直到上个月才悄悄通过。另外葛里芬在上月受访时也承认,他在南奥塞梯冲突后十分担忧,立刻指示属下探讨在 2010 年之后延续航天飞机任务的可能性。美国两大党总统候选人——民主党的奥巴马和共和党的麦凯恩,都表示支持美国的太空计划。他们一致表示,NASA 应该至少要让航天飞机再多飞一次任务,并投入更多经费加速星座计划的发展。但葛里芬说,现在就算投入再多经费,也来不及大幅缩短新火箭和新宇宙飞船的发展时程。

对于中国太空科技的快速发展,葛里芬也忧心忡忡,深恐美国被中国赶上。中国上月成功将神舟七号宇宙飞船发射升空,并进行中国航天员第一次的太空漫步。中国政府说,期望将来能兴建太空站并登陆月球。葛里芬去年在参院听证会上表示,中国有可能在美国重返月球之前先把中国航天员送上月球。美国与俄罗斯的太空合作关系始于 1990 年代,当时苏联瓦解,经济面临崩溃,美国唯恐俄罗斯的太空高科技流入敌国,于是主动伸出援手,两国展开太空合作计划。到 1990 年代中期,美国航天员登上俄罗斯的"和平号"太空站,之后两国更分工合作一起打造国际太空站。近年来莫斯科和其卫星城市科洛列夫(星城所在地)经常有 NASA 人员出入,在星城接受发射和登陆等模拟训练。一位前美国航天员说,NASA 对俄罗斯的了解超过美国政府任何其他机构。曾任国际太空站首任指挥官的美国航天员薛波说,他记得他和俄国组员吉赞科第一次环绕地球轨道时,两人同时把手指向之前他们接受训练的星城基地,"在那一刻我了解到,我们不再有美国人和俄国人之分,那是超越苍穹的某种经验"。俄罗斯首都莫斯科东北方曾经有个秘密军事基地,它在地图上不存在,却是冷战时期苏联与美国在太空对抗的航天员训练中心,如今成为俄罗斯与美国太空合作的重

镇,名为星城,两年后所有把航天员送上国际太空站的任务都将在这里执行。

1963年印度开始了对太空的研究,1969年印度太空研究机构成立。但是直到1975年,印度才利用苏联火箭发射了它的第一枚卫星"阿尔亚巴塔"号。1980年,印度使用自行研制的"SLV-3"型火箭成功进行了卫星发射,当时这枚卫星重量仅为35公斤。此后,印度太空研究机构不断进行成功的卫星发射,火箭运载量和卫星的重量也逐渐增加。1987年印度试射能够携带卫星的第二代运载火箭失败;1988年7月13日,印度第2次尝试发射,火箭与卫星分离不久就双双坠毁在孟加拉湾。1992年5月20日,印度终于将一颗卫星送入了近地轨道,但是其运行轨道仍然没有达到预定的高度。为了运载更重的卫星,印度科学家又研制出了太阳能型卫星运载火箭,它可以运载重达1吨的卫星。不过,这第三代运载火箭在1993年首次发射升空后,也栽进了孟加拉湾,直到1994年才第一次发射成功。印度目前已经拥有9个正在太空中运行的通讯卫星及175个雷达收发站,其国内通讯卫星系统的规模在亚太地区首屈一指,此外,印度还拥有世界上最大的民用遥感卫星群。由于印度的卫星发射成本比欧洲和美国便宜40%左右,这使印度在国际商业卫星发射市场上具备了相当的竞争力。商业发射为印度带来了巨大的利润。印度太空研究机构下属负责商业卫星发射的安特里克斯公司在2007年度盈利超过1.53亿美元,并有望在未来数年中占据全球商业卫星发射市场10%的份额。

尽管卫星和火箭技术在短短20年时间里取得了迅猛发展,但是直到上世纪90年代末,印度科学界才开始认真对探月计划进行讨论。在印度很多人对探月计划持怀疑甚至反对态度,他们认为,美国在上世纪六七十年代的探月计划中已经收集了关于月球足够多的信息,因此印度没有必要再搞探月计划,应把经费用于修建学校和医院等。然而1999年10月举行的印度科学年会改变了这种情况。在这次年会上,印度太空研究机构负责人从学术上阐明了人类在对月球认识上还存在着空白。这次讨论赢得了印度科学界对探月的广泛支持。印度太空探索机构随后成立专门的探月计划小组，并于2001年出台了第一份探月计划报告，2003年，印度政府批准了这份报告。根据这一计划，印度将在2014年前把第一名印度人送进太空，并在2020年前实施载人探月计划。但是，对包括探月计划在内的宏大太空战略，印度国内也一直存在批评和争议。早在2003年，时任印度总理的瓦杰帕伊宣布将支持印度进行探月计划时，印度国内就出现了一些反对声音。一些印度专家认为，政府预计耗资上亿美元的探月计划并非印度社会的当务之急。德里科学论坛执行委员会成员拉古拉曼就严厉地将探月计划称为"印度无法负担的奢侈品"。以此次的"钱德拉扬一号"探月计划为例，4700万美元的耗资是各国探月计划中预算最少的，但是在印度国内，仍有科学家提出质疑。他们认为，为了成功完成这样一个探月计划，印度太空研究机构可能不得不发射其他几个探测器作为铺垫，这样加起来的总耗资将不断增加。批评者认为印度11亿人口中有8亿人每天的生活费不到2美元，许多儿童遭受着饥饿和营养不良，在这种情况下，进行如此耗资巨大的太空开发计划是一种浪费。很多印度科学家认为，仍然贫穷落后的印度更应该着重关注本国环境问题。印度国家尖端科学研究所主任、宇宙空间学家纳拉辛哈说，印度政府更应该关心的是"我们自己的星球——空气、土地和海洋，这些对于印度人民来说意义更为深远"。但是印度太空开发计划的支持者认为，印度从商业卫星发射中获取的利润足以在发展太空计划的过程中发挥重要支持作用。尽管如此，印度太空开发史研究专家戈帕尔·拉杰指出，虽然本月末即将发射的"钱德拉扬一号"有望成为印度走向太空的突破性一步，但是从印度目前的国力和技术实力看，印度太空研究机构制定的在2014年前把第一名印度人送进太空、并在2020年前实施载人探月计划的时间表仍然不切实际。事实上近年来，太空开发计划已经成为印度大国战略的重要内容之一。印度接连抛出系列计划，试图以巨额投入大力扩张其在地球外层空间的竞争实力。

2008年6月印度举行了为期一天的"空间技术军事应用"演习,印度军方负责人迪帕克·卡普尔将军表示,亚洲邻国在该领域取得的进步促使印度也必须加快发展步伐。就在此次演习前夕,印度国防部长A.K.安东尼也宣布,将在印度联合防卫参谋总部设立联合太空处,作为除了印度航天部和太空研究机构之外军事利用太空资源的窗口。印度官员表示,需要建立全面的三军太空指挥部,以有效地对太空这个"最后的边疆"进行战术、操作和战略层面上的开发。建立太空指挥部的概念早在上世纪90年代就已经由印度空军提出。卡普尔将军表示,在未来,印度建立三军太空指挥部是十分必要的。马德拉斯基督学院政治学副教授劳伦斯·普拉巴卡尔指出,近年来,印度的海陆空三军更多地依赖太空通讯卫星进行侦察、监视等,印度军方的共识是,要提高三军的横向联合,联合太空处的设置就十分必要。联合防务参谋长H.S.里德尔将军则补充说:"随着时间推移,我们将不得不参与到保护太空资源的军事竞赛中,并不可避免地在太空中出现军事竞争。在生死攸关的情况下,太空可以带来军事优势。"到目前为止,印度还没有专门的军事卫星,印度军方目前主要依赖的还是"双重目的"的"卡尔托萨一号"、"卡尔托萨二号"卫星以及最近发射的"卡尔托萨IIA"卫星。印度有关人士透露,印度太空研究机构已经承诺,将在不久的将来发射专门的军事卫星,而印度的科学家也正在试验某种"高能量激光武器",但是印度要开发出类似"星球大战"计划的实际应用武器还需要数年时间。

　　印度空间研究局曾经宣布,印度用一枚极地卫星运载火箭将一个返回式太空舱和3颗卫星成功送入太空。其中太空舱回收实验装置将在轨道运行13到30天后,返回发射地点附近的孟加拉湾,届时印度将继美国、俄罗斯、欧盟和中国之后,正式跻身全球五大太空俱乐部之列。首次成功发射返回式太空舱,太空舱似中国古钟,一枚红白相间的火箭从印度南部安得拉邦的萨蒂什达万航天中心升空,控制中心的科学家和工程师一片欢呼。印度空间组织主席马达范·奈尔说:"这对印度是伟大的一天。我们做到了,正确地做到了。这次任务取得了成功。"印度空间研究组织曾经表示,载运火箭是四节加大型的"极地载运器"。这枚火箭长44米,携带4个载运物。4个载运物分别是一个550公斤的回收式太空舱、一颗680公斤的印度遥感卫星、一颗印度尼西亚地球观测卫星和一颗6公斤的阿根廷小卫星。回收式太空舱形状酷似中国古钟。奈尔表示,太空舱回收实验装置将在轨道上进行若干实验,包括可以轻易阅读从底下数公里之远飞过的飞机身上最细微的文字。太空舱回收实验装置鼻帽有防热系统,防止在返回大气层时过热燃烧。在降落时也有三具降落伞和漂浮装置,使实验装置能够平稳降落海面并发出定位讯号。按照预定计划,太空舱将环绕地球飞行13天到30天,然后重返大气层,最后坠入印度东海岸以东的孟加拉湾。印度空间研究组织说,在回收阶段,将测试"航行、制导和控制"技术。载运太空舱回收实验装置升空的"极地载运器七号"火箭,是印度国产的一种加大型四节发射器,也是印度目前载运能力最大的火箭。预期印度2008年也将使用类似的火箭,发射首枚探测月球飞行器"月船一号"。奈尔否认希望通过发射极地运载火箭来证明印度的航空实力,称这次太空任务是在两年前已经开始策划的。去年7月10日,印度空间研究局近地卫星发射器失败,印度空间研究局承受了巨大的压力。奈尔承认那次失败后,印度空间研究局对于发射的每一个细节都进行了仔细研究。"这次任务的精确度可以挑战任何国家,这是一次完美的发射。"成功发射载有返回式太空舱的极地卫星火箭之后,印度全国上下雀跃。印度为什么如此高调地宣传这次发射呢?中国现代国际关系研究院副研究员,国内知名南亚问题专家傅小强认为,这表明印度急于在载人航天方面赶超中国。印度近几年来在航天事业方面有很大的进步,特别是在中国"神舟六号"载人航天器发射成功后,印度更加速了航天业的发展。印媒体认为,"印度要是能在2020年实现载人登月,将比中国早4年,可以夺回主动权"。为了完成这一理想,印度加强了与欧美国家的合作。相比之下,它可以更容易从发达国家获得一些先进

的技术。不过，印度要完成宇航员登月任务还有很长的路要走，印度在这方面应加强与中国的合作。在印度空间研究组织去年底召开的会议上，印度约80名顶级科学家一致投票支持印度在2014年将宇航员送入太空，在2020年实现印度人的登月梦想。初步估算，印度实施首次载人航天飞行需要资金22亿美元。俄罗斯—印度太空合作计划纳入到俄罗斯联邦法律中，为两国联合太空开发和向印度转移相关技术扫清了障碍。美国宇航局局长迈克尔·格里芬在印度著名的航天城——班加罗尔同印度空间研究组织签下了一项探月合作协议。印度的航天计划除了实现载人航天和登月之外，还要向遥远的火星进发。印度准备在2012年至2013年之间发射火星探测器，参加火星探测的全球竞争与合作。探测器上有着功能强大的高分辨率远程传感解析装置，不仅能收集火星大气层的数据，对其化学成分进行具体分析，还可以对火星的地表和地下结构进行观测分析，寻找火星上的生命痕迹。预计火星探测过程将持续6至8个月，耗资约6700万美元。

　　哥伦比亚号航天飞机灾难之后，美国、俄罗斯等国正在调整和完善各自的航天计划，世界载人航天将呈现新的特点和格局。"哥伦比亚号"的灾难将使美国更加重视航天，美国政府官员和航天专家纷纷发表观点，敦促政府对航天事业投入更多的经费。他们认为，从20世纪70年代就开始服役的航天飞机可能不足以承担新任务，研制下一代航天器的任务尤其紧迫；美国总统布什1986年在悼念航天员的仪式上说，"美国的航天计划仍将继续"；政府追加了近5亿美元航天拨款，并成立专门委员会调查预算不足是否损害了航天事业的安全。1986年挑战者号航天飞机的爆炸促使美国加大航天投入。"哥伦比亚号"的灾难很可能产生类似的效应，促使公众更重视航天，更愿意为此投资，从而在相当长一段时间里确保美国的领先地位，这就是灾难可能带来的积极作用。事故之后，NASA将有可能加快可重复使用运载器的研制步伐。航天飞机停飞后，美国宇航局将被迫更多地依赖俄罗斯来向国际空间站提供补给品。在"哥伦比亚号"失事1天后，俄罗斯的进步M-47

飞船在拜科努尔航天中心发射，3天之后与国际空间站成功对接。进步号飞船的这次发射突显出俄罗斯在航天运载方面的能力、技术和经验。俄将在今年发射6艘进步号飞船，弥补美国航天飞机停飞的空缺，给建设中的国际空间站运送补给品。作为世界载人航天的强国，俄罗斯走了一条与美国不同的道路。虽然它的宇宙飞船不像航天飞机那样能重复发射，但简单、实用、安全性高的特点使它们不可或缺。反观美国的航天飞机，虽然能多次使用、技术先进，但结构复杂、维护成本高，据最新测算它的总效益还不如宇宙飞船。

中国和日本在"哥伦比亚号"灾难之后，纷纷表示要吸取教训，但仍表示要坚持走载人航天之路。哥伦比亚号航天飞机失事对印度空间开发计划不会产生什么影响。印度计划于2005年向月球轨道发射探测器，印度空间研究的重点是通讯和遥感，目前还没有载人航天的计划。曾在印度空间组织任职的著名科学家拉詹说，太空探索本身就存在风险，科学家们应从事故中吸取经验和教训。未来航天计划仍将掀起一轮"和平的太空竞赛"。"哥伦比亚号"失事之后，美国宇航局宣布，事故原因完全调查清楚之前，所有的航天飞机全部停飞，向国际空间站运送机组人员和补给品暂时全部由俄罗斯承担。原计划由航天飞机运送国际空间站设备或组件的工作只能后延。但担任运输任务的三架航天飞机仍然健在，国际空间站的建设仍会继续进行下去。实际上，俄罗斯已经计划增加宇宙飞船的发射次数，美宇航局对此表示赞赏之余，也表示要更多地投入国际空间站的建设。这个动向可能标志着美国会更重视载人航天事业中合作的一面，这将是推动国际空间站建设的一个契机。

法国国防部长朱佩2011年2月8日在华盛顿与美国国防部长盖茨签署了关于"太空环境治理合作"的"原则声明"。这项协议旨在共同追踪太空垃圾，以避免其威胁"至关重要的卫星"。盖茨称，太空正变得"日益拥挤和充满竞争"，这项协议帮助美法"通过信息共享和整合能力"来减少太空威胁，这种合作是美国国家安全太空战略的"重要方

面"。朱佩强调法美军事关系的"高度互信",从"在阿富汗的紧密合作"到"最有挑战性的"太空领域。朱佩说,尽管法国国防也遭遇预算紧张的问题,但法国军队的行动能力不受影响,仍是美国"可信赖的伙伴"。美国1986年2月4日发布新的"国家安全太空战略",认为"太空发生了根本变化",因此需要转变战略,建立与"外国伙伴"的合作网络,以节约成本,遏制对敏感卫星的可能威胁。盖茨称这是维持美国太空优势的"务实做法"。法国媒体认为,多年来,美国垄断太空,不觉得有与外国伙伴合作的必要,但随着越来越多的国家发射卫星,同太空垃圾发生碰撞的威胁也在上升,美国军方领导人因此希望推进与盟国以及太空行业之间的数据共享。去年,美国与澳大利亚之间也签订了类似的协议。美国国防部高级官员表示,太空几乎跟美军的所有活动都紧密相关,美军及其盟友严重依赖卫星来通信、导航、侦察及锁定目标。目前美军雷达和传感器追踪着太空中约2.2万个人造物体,但还有无数太空垃圾因为太小而无法监测。新的国家安全太空战略规划了10年的太空战略目标与实现途径,是第一份由美国国防部长与国家情报总监共同签署的国家安全太空战略。国防部高级官员认为,美军应考虑"如何鼓励其他国家在太空负责任地行动,以及美国如何在其中发挥领导作用",还有"如何遏止他国攻击我们的太空资产"。针对越来越多的太空垃圾以及一些国家"针对美国的反太空武器",美国考虑建立"太空联盟",正如在地面、海上和空中的军事联盟一样。

据英国《观察家报》报道,欧洲天文学家已经开始研究一项庞大的太空计划,试图在未来数十年内建造出一个由10000片太空镜子组成的庞大天文望远镜系统,这个超级天文望远镜系统将可以清晰地观测到太阳系外数百光年处的类地行星的全貌!据报道,欧洲宇航局曾向欧洲科学家——不仅是天文学家,还包括生物学家、化学家、植物学家等提出询问,问他们想要欧洲宇航局在太空探索中达到什么样的目的,据悉,搜寻可能孕育外星生命的"第二地球"这一目标赢得了最广泛的支持。据报道,一个称做"宇宙视觉"的太空计划已经启动,几架太空望远镜将结合起来，一起寻找和观测太阳系外的类地行星。不过欧洲科学家们最雄心勃勃的计划却是建立一个超级太空望远镜系统——"外星地球影像师"计划(EEI)。这是一个由10000片运行在地球轨道上的镜子组成的天文望远镜系统，它强大到可以清晰地观测到太阳系外数百光年处的类地行星的全貌，包括山川海洋、森林植被！虽然这种超级太空望远镜不太可能在数十年的时间内建造成功，不过初步的光学测试已经开始起步进行。在将来实施"外星地球影像师"计划前，欧洲宇航局将先实施另外几项富有创意的天外行星观测计划。计划一"大地女神计划"，它涉及用一个天文望远镜观测并建立一个贯穿银河系的包含10亿颗恒星在内的特别精确的三维星图，还将通过行星对各自"太阳系"恒星的影响来发现那些肉眼看不见的天外行星。"大地女神"天文望远镜将于2011年发射升空，它将至少可以发现数千颗太阳系外行星的存在。计划二"达尔文计划"。一个更雄心勃勃的太空计划——"达尔文计划"将于2015年实行，到时将有8艘太空望远镜舰队发射升空，它们将在靠近太阳系的星系中寻找类地行星的存在。计划三"超级大地女神计划"。"达尔文计划"完成后，另一项太空任务——"超级大地女神计划"将会研究更远太空中的恒星系统，寻找300光年到400光年距离内的类地行星。据悉，美国NASA也计划于2018年发射"陆地行星发现者"。如果这些太空计划果然成功地发现了一个富有希望的类地行星，它上面有类似地球的大气层，那么"外星地球影像师"计划或另一个相似的太空计划将随后合乎逻辑地启动。"外星地球影像师"计划将使用由10000片太空镜子组成的庞大天文望远镜观测系统，每一架镜子的直径都达3米。它们将共同组成一个有效光圈(孔径)达100公里的"太空照相机"——这架"太空照相机"也许还没有精确到能够拍摄"第二地球"上的外星人在浴缸中洗澡，但它却足以清楚地观测到"第二地球"的大致外貌，包括山川海洋、森林植被！

2009年1月欧空局公布2009年计划完成的航天任务：发射三颗地球探测卫星、两颗科学探测卫星，分别是"地球重力场和海洋环流探

测卫星"(GOCE)、"土壤湿度和海洋盐度研究卫星"(SMOS)、"极地冰层探测卫星"、赫歇尔(Herschel)和普朗克(Planck);为哈勃望远镜提供技术支持,继续积极参加国际空间站的活动;俄罗斯"联盟"火箭和意大利的"织女星"火箭都将于2009年首次在欧洲库鲁航天中心发射等。欧洲各国尝试从一体化角度出发,讨论多种合作问题。1月,欧空局启动"太空态势感知"的计划,准备耗资6400万美元,监视太空碎片并设立防止太空碰撞的统一标准。3月30日至4月2日,欧空局将在德国召开第五届欧洲太空碎片大会。5月29日欧洲负责航天活动的部长们代表欧空局成员国与欧盟成员国聚会布鲁塞尔,参加第六届航天大会。大会议题包括:要求采取措施调动现有新事物支持体系结构;特别关注了卫星通信技术为欧洲居民与企业带来宽带的潜在能力,呼吁欧盟成员国考虑在未来宽带项目上整合卫星技术;强调迅速完成欧盟GMES初始运行计划规则的重要性等。7月30日,欧委会公布了第7个框架计划航天主题下的请求议案。10月15日至16日,各界代表们参加了欧洲太空目标大会,讨论了旗舰项目"伽利略"/"欧洲同步卫星导航覆盖服务"(Galileo/EGNOS)与"全球环境与安全监视"(GMES)。此外,欧洲各国正在就增加欧洲民用航天支出展开积极对话,计划从2014年起将民用航天支出增加至少50%,达到60亿欧元(88.6亿美元),以带动火星样本返回任务和宇航员发射任务。这些活动意味着欧洲在进一步寻求加强航天领域活动的一致性。

  欧洲航天强国的航天工业发展也各有侧重。法国国防预算议案建议军事卫星通信私有化。法国政府在9月30日向法国议会提交议案,法国国防部2010年国防预算请求要将法国军事卫星通信系统出售给私营运行商。卫星能力中将有90%租给法国政府,另外10%通过商业方式出租给其他政府。选择与工业界合作,在卫星通信方面从系统—采办模式向服务—采办模式转变的决定,是在国防预算筹备工作中确定的。此外,法国希望军事太空项目能获得欧盟其他国家的财政支持。英国加强航天工业发展,具体表现在:(1)欧空局首次在英国建立研究中心，将关注于气候变化和机器人太空探索，并研究确保未来太空任务不污染其他行星的方法。(2) 英国航天工业预计未来10年将快速增长。(3)2010年成立本国航天局。将替代现有的英国国家航天中心，成为英国太空探索活动唯一的协调组织。英国科学与创新部部长称，如果民用航天政策不作出重大的改变，英国在未来三十年将失去参与太空探索国际计划的机会。德国考虑无人探月任务。德国宇航事务主管称，德国应努力在2015年执行无人探月任务。这项任务将耗资约15亿欧元(21.2亿美元)，历时5年。它将鼓励工业界研发新技术。

在发展航天运载器上，欧洲一方面提高已有火箭的运载能力，推进在研项目的发展；一方面在积极寻求新的技术方案。"阿里安"火箭能力将得到运载能力，"联盟"和"织女星"火箭项目则面临压力。欧洲阿里安商业发射联盟正向"阿里安"-5ECA火箭上加装多个小型调节器，以此来增加该运载火箭400公斤的商业载荷运载能力，增加的能力将使得"阿里安"-5ECA火箭可以运送两颗总重为9100公斤的通信卫星进入地球同步转移轨道。相比之下，"联盟"和"织女星"火箭的开发与使用则不够顺利。由于火箭发射前需要进行为期6个月的火箭及发射台兼容性试验，因此"织女星"和"联盟"火箭的首次发射可能将推迟。此外，两枚新型运载火箭还面临成本挑战。

英国商业宇宙飞船与第二艘自动转移飞行器(ATV)都将在2010年首航。英国维珍银河公司建造的搭载游客上太空旅行的商业宇宙飞船"太空船二号"(SpaceShipTwo)已经完工，在2010年初进行首次试航，此后"太空船二号"将被正式用于开展太空旅行业务。目前已有300人预定了太空旅行舱位。这一方案吸引了美国军方的注意。欧空局第二艘ATV"约翰尼斯·开普勒"发射升空。未来三年内，ATV每年都将执行飞行任务。太空货运飞船的研发对于欧洲计划具有重要意义，由此欧洲将加入国际空间站任务。欧洲还打算拥有自己的载人飞船，英国喷气发动机有限公司(REL)还提出采用新发动机技术的"云霄塔"太空飞机方

案。欧洲未来运载火箭计划的四种演示器包括：(1) 过渡性试验载具(IXV)，项目始于2005年，旨在测试载入技术，包括热防护系统、制导、导航和热结构，将于2012年底进行一次飞行验证。(2)低温上面级技术(CUST)演示器，旨在通过地面试验和飞行试验获得膨胀循环发动机的成熟技术。(3)大推力发动机(HTE)演示器，将研发可用于液氢和液体甲烷燃料的分级燃烧技术。(4)固体推进演示器，将设计、建造并试验一种灵活的演示器平台，使不同推进剂的热点火变得灵活。多种类型的航天器升空，增强了欧洲航天装备能力。2009年，欧洲有5个军事航天器入轨，分别是法国两颗"螺旋"导弹预警卫星，意大利军事通信卫星"西克拉尔"-1B和德国军用通信卫星COMSATBw-1，法国"太阳神"-2B光学成像侦察卫星。其中，"螺旋"虽然只是演示器系统，不过可以为法国提供导弹发射的重要红外数据，使欧洲不再依赖美国的红外数据。该项目于2004年启动，两颗120公斤的"螺旋"微卫星将运行在椭圆轨道上，收集地面上的红外成像，在轨寿命18个月。"螺旋"平台基础是"无数"(Myriade)卫星，地面控制系统设在图卢斯。

  "西克拉尔"-1B将为意大利军方提供战略与战术通信。意大利国防部将利用SICRAL系统保障国土安全；"西克拉尔"项目将与法英部署的军事卫星一道，满足北约对太空通信的需求。COMSATBw-1是一个安全中继平台，作为战略指挥基础设施的支柱和与德国国防军战术武装部队的接口，它将为任务部队处理大量安全信息，包括声音、传真、数据、视频和多媒体应用。系统预计在2010年底前开始正常运行，是执行德国联邦国防军的网络中心战方案的重要一步。与意大利和德国不同，英国军事卫星通信能力目前已经接近极限，可用的在轨卫星(主要来自三颗新的"天网"-5卫星、三颗老"天网"-4卫星，以及商业租赁卫星)能力足以满足当下需求，但如果需求持续增加，问题将在未来几年出现。"锡拉库扎"是法国的军事通信卫星，2009年12月法国国防采办局授出巨额合同，加速建造"锡拉库扎"-3军事通信卫星系统的地面站，为军事通信提供保障。在侦察卫星方面，刚刚发射的法国第二代光学成像卫星"太阳神"-2B 分辨率据称已经达到 0.5 米;法国第三代"昴宿星"(Pleiades),分辨率 0.7 米;德国政府正在考虑筹建"高分辨率光学系统"(Hi-ROS)地面分辨率可达 0.5 米,彩色分辨率为 2 米;西班牙也计划推动两用成像卫星计划——Ingenio 是西班牙第一颗对地观测卫星,也是首颗由西班牙航天工业部门建造的卫星,该卫星寿命 7 年,光学成像仪器黑白分辨率为 2.5 米,彩色分辨率为 10 米。欧洲还试图将各国分散的雷达和光学航天器系统整合在一起,形成"用于监视、侦察与观测的多国天基成像系统"(MUSIS),欧空局和欧洲委员会正在规划的军民两用"哥白尼"(即全球环境与安全监视,GMES)地球观测项目也是要实现多国雷达与光学航天器的统一运行。通过促进军事航天器的一体化运行,欧洲军事航天装备的整体能力将大幅提高。不过 MUSIS 与 GMES 二者境遇不同。2009 年 2 月,意大利国防部与意大利航天局合作的第二代"商业发射地中海盆地观测小卫星星座系统"(Cosmo SkyMed)地球观测雷达卫星项目正式启动,这是"多国天基成像系统"(MUSIS)的组成部分;3 月,欧洲防务局批准 MUSIS;6 月,欧洲防务采办局监事会在第 20 次会议上通过了 MUSIS 集成决定。年初,欧委会与欧空局在布鲁塞尔签署 GMES 修订合同,把 2008 年 2 月签署的初始合同的范围扩展到太空段项目的第二阶段。GMES 太空段项目第二阶段(2009~2018 年)与正在实施的第一阶段(2006~2013 年)重叠。第二阶段将完成首批五颗"哨兵"卫星的研发,并将确保用户能够获取地球观测数据。不过 10 月欧空局官员表示不会为"哨兵"地球观测卫星投资 1/3 的经费,尽管这是欧委会的要求,而且 GMES 还然缺少明确的数据访问政策,各国对国家地球观测卫星系统(其卫星是 GMES 体系结构的关键组成部分)也未达成一致意见。

除了 5 个军事航天器,欧洲陆续入轨的航天器还有:2009 年 3 月 17 日,"欧洲地球重力场和海洋环流探测"卫星(GOCE)升空,将有助于科学家更深入地了解地球内部结构,对人类研究海洋和气候变化也将有所帮助,4 月消息,卫星的先进电离子推进器系统已开启且运转正

常。5月14日,"赫歇尔"望远镜及"普朗克"探测器升空。两个探测卫星将对宇宙进行持续观测。7月29日,英国UK-DMC 2、英国/西班牙Deimos 1、西班牙电信卫星Nanosat 1B入轨。前二者将加入国际灾难监视星座;后者将用来演示基础太空技术。9月23日,6颗欧洲纳米卫星升空,这些小卫星是欧洲大学提供的教育卫星,旨在测试新技术。10月1日,西班牙"亚马逊"-2电信中继卫星,覆盖面积涵盖从阿拉斯加到火地岛。10月29日,NSS-12卫星与Thor-6卫星入轨,前者是SES全球公司的电视与通信卫星,后者是挪威运营商的电信卫星。11月2日,"土壤湿度与海洋盐度"(SMOS)卫星和欧洲在轨自主计划的第二颗演示卫星(Proba-2)入轨。这些航天器将在深空探测、电信及试验等各领域发挥作用。2009年"阿里安"火箭完成次发射,将个航天器送入轨道。年初,阿里安航天公司向阿斯特里姆航天运输公司订购35枚"阿里安"-5 ECA火箭,这批火箭于2010年下半年投入使用。目前总计有49枚"阿里安"-5火箭正在生产中,连同即将在法属圭亚那发射场投入使用的"织女星"火箭和"联盟"火箭,阿里安航天公司将确保长期为客户提供发射服务。尽管航天工业受金融危机的影响,但研究显示:欧洲卫星防务市场增长强劲。美国著名市场研究公司Frost & Sullivan 2009年7月发布的分析报告显示,欧洲卫星防务市场2009年收益将达11亿美元,到2018年将达24亿美元。按照欧洲防御战略通信市场评估,欧洲国防向远征部队的转型使得卫星通信成为一体化平台与保护部队的首要方式。欧洲的国际合作内容主要体现在"伽利略"导航卫星任务与深空探测方面开展的合作。"伽利略"卫星平台正在测试中。2009年12月,首颗伽利略卫星的工程模型已经完成平台集成测试,这些测试工作是迈向建造发射并首批四颗伽利略卫星的重要一步。伽利略在轨验证阶段将使用四星构成的小规模星座和小数量的地面站验证系统设计。一颗样机飞行模型卫星与三颗飞行模型卫星将被集成并接受测试。它们将分别于2010年和2011年由"联盟"火箭从法属圭亚那发射。此前,欧洲政府及工业界官员称,欧委会已经减少2009年"伽利略"导航计划订购的卫星数量。欧空局与NASA联合探测火星。2009年6月29日至30日,欧空局(ESA)科学与机器人探索任务主管会见NASA科学部副部长达成协议:启动火星探测联合任务(MEJI),为两国航天机构明确并执行火星科学的、项目和技术目标提供框架;11月NASA局长博尔登与欧空局局长多尔丹签署火星项目合作意向书,为科学家和工程师们开始联合规划火星任务亮起绿灯;12月17日,欧空局成员国最终批准与NASA合作的火星探测计划。欧空局局长多尔丹表示,将为2016年和2018年的任务出资8.5亿欧元(12.3亿美元)。其他可能的合作还包括:NASA与ESA签署备忘录进行民用航天运输合作;俄欧召开太空探索合作国际研讨会公布太空合作的想法;日德签署研发卫星灾难监视合作意向书;俄罗斯、德国将联合探索宇宙暗物质;欧洲、日本计划增加本国空间站货运飞船的发射次数;欧洲欲购买俄罗斯"联盟"飞船增加前往空间站的机会。

  作为拥有世界一流军事力量的大国,美国多年来一直在众多领域谋求占据军事优势。2011年2月5日美国国防部五角大楼正式公布的《国家安全太空战略》报告,也体现了这一点。这一报告表明,美国始终把追求在太空拥有遥遥领先于他国的能力视为重要的国家安全利益。该报告将美国未来的太空利益提高到新的战略高度,认为自冷战结束以来,美国军方之所以不断在几场常规战争中占据优势,很大程度上是因为有来自太空的侦察设备等优势的支持。然而,随着全球科技的不断发展,其他一些国家的太空能力也日渐增强,美国的太空技术优势随之逐步削弱。因此,为保持太空军力优势,报告提出要加强美国太空情报能力建设和应用。此次发布的报告首次由美国国防部长盖茨和美国国家情报总监克拉珀联合签发,就透露出这一点。出于同样的思路,该报告对未来10年美太空力量的建设与发展方向做出了规划,强调要加强太空反击能力建设,确保美军太空装备在遭受第一次攻击的情况下,仍能保持关键的二次行动能力。为防止所谓他国对美太空装备进行攻击,报告提出了多种威慑设想。其中最重要的一条是准备启

用"集体防御"条款,即建立一种类似北约协同机制的太空同盟关系。在此框架下,针对加入太空同盟一国太空装备的攻击,将被视为对同盟全体成员的攻击,并将招致同盟成员国的集体反应。这一报告重点强调,由于太空对美国及其盟国安全至关重要,所以希望盟国能在加强太空能力建设方面集思广益,以便寻求更好的方法充分发挥和利用好太空优势,确保美军和盟国的太空安全,并力求在可能到来的危机和有限战争中通过太空优势达到先发制人的目的。美《航空周刊》对此评论称,此举意味着美国将针对潜在的太空竞争对手,建立起一套完整的多层级的太空威慑体系。同时,美国《国家安全太空战略》报告还强调,美国将致力于在国际社会中建立有关保护太空资产和卫星发射的"行为准则",即由美国主导建立所谓的"太空国际法"。可以说,所谓"太空国际法"实质上就是首先考虑美国及其盟国的太空利益。

不过,美国在发展其太空力量时,总喜欢拿别人说事。在2011年2月4日五角大楼为发布新太空战略报告举行的记者招待会上,美国国防部负责太空防务政策的副防长帮办舒尔特,就刻意举出中国发展所谓的"反太空武器"的例子称,"太空中存在的竞争者日益增多,美国担心那些积极发展反太空能力、可能破坏和平利用太空进程的国家。"而真实的情况却是,世界上担心美国滥用太空军事能力的国家,倒是不在少数。事实上,太空作为独立于各国管辖范围之外的领域,所有国家的安全都有赖于此。虽然经过多年的技术和经验积累,中国在载人航天、探月工程等项目上都取得了显著的进步,但中国已经反复强调,无论是发展载人航天器还是载人空间站,都是以和平探索和利用太空、服务社会发展、造福人类为长远目标。中国也一直对国际太空合作持开放态度,认为各国在空间技术和空间应用方面应该扩大合作与交流,共享空间资源。面对浩瀚的太空,任何一个国家都不具备独立解决全部问题的能力,这也正是各国在太空领域进行合作的潜力之所在、之所需。当前,在太空领域进行合作已经是国际的一个潮流。如俄罗斯、美国之间在国际空间站上的合作,俄罗斯、韩国等在培养航天员上的合作。中美在外空同样有着广泛的共同利益和广阔的合作前景,两国理应摒弃猜忌和偏见,加强沟通与交流,以促进彼此的太空技术,为人类和平利用外空做出贡献。

　　21世纪是人类全面走向太空,开发和利用太空的世纪。随着科学技术发展和对太空开发利用的深化,国家利益对太空的依赖,就像20世纪对电力和石油的依赖一样,太空将日益成为国家利益的战略重心,对国家利益产生全面而深刻的影响。开发利用太空能够开辟国家新的经济发展空间,有利于促进经济发展。航天技术的发展,使人类经济活动的触角延伸到太空。航天大国在发展航天技术的过程中,开辟了许多新的经济部门和新的经济增长点。21世纪,随着航天技术的进一步发展,人类将会开展更加频繁的太空活动,包括矿物资源、太阳能资源、空间轨道资源、空间信息资源,以及太空环境资源等在内的太空资源将会得到更加充分的利用。同时,通过对太空资源的开发利用,大大减少对地球资源的损耗,维护人类的生存环境,确保社会的可持续发展;促进国家经济结构优化,带动高技术产业发展和基础产业结构向高层次转化,加速国家经济建设的转型升级,推动国家经济的全面发展。开发利用太空能够有效增强国家的军事能力,有利于促进军事安全。最能够有效利用太空的国家总是可以率先获取军事上的优势,使其军事能力得到大幅度提升,而且作为推动军事能力提升的重要因素,是其他因素所无法替代的。在开发利用太空进程中发展起来的太空力量已成为维护国家军事安全的关键因素之一。太空力量对于国家军事能力的影响主要在于,它能够促进军事力量一体化建设,有效增强军队作战能力;能够运用于武器装备发展和军队建设,大幅度提高国家军事实力,有效增强国家战略威慑能力;能够提供更高效率的各种信息的收集手段,有效增强信息优势的获取能力。这些都是国家军事能力的重要组成部分。开发利用太空能够积极推动国家的科技发展,有利于促进科技进步。航天技术集宇宙学、气象学、物理学、电子技术、自动化技术、遥感技术、计算机技术等众多科技成就于一体。作为

重要的高技术领域，一方面航天技术涵盖了现代科学技术的最新成果，一方面又不断对新技术发展提出更多需求，为技术创新提供了机会，最终使新技术不断问世，如人工智能、机器人、遥控、加工自动化、新型材料等都因航天技术而进一步得到发展。太空是维护国家利益新的战略制高点。随着越来越多的国家参与太空角逐，21世纪的太空竞争将更加激烈。我国的航天技术主要是依赖于自己的力量发展起来的，经过数十年发展，已经建立了比较完整的航天科技产业体系，是我国最不受制于人的高技术领域，而且对于国家安全和国家发展已经产生了巨大影响。面对21世纪的太空竞争，加快发展我国的太空力量，进一步深化对太空的开发利用，继续大力推动我国航天产业发展，对于新世纪新阶段维护我国国家利益有着深远的战略意义。

在人们的心目中，辽阔无垠的外层空间是一片神秘、圣洁的地方。人类历史上出现的几乎所有的文明，都把那里视为幸福的天堂、上帝居住的地方。然而，不久前发生的一则新闻却令人们心生疑窦——天堂难道就要变成地狱了吗？2008年2月12日，在联合国裁军谈判会议上，中国和俄罗斯提交了联合起草的禁止部署太空武器的议案。这项名为"防止在外空放置武器、对外空物体使用或威胁使用武力条约"的议案，要求通过谈判达成一项新的国际法律文书，防止外空武器化和外空军备竞赛，维护外空的和平与安宁。但议案刚刚提交，便立刻遭到美国方面的拒绝。白宫发言人当天发表声明称，布什政府反对任何寻求"禁止或限制开发太空"的条约。科技的进步如同一柄双刃剑，每当人们闯入一个陌生的领域，在掌握自然的力量、尽享其中财富的同时，也会发现增加了一分毁灭自身的可能。人类刚刚涉足外太空领域时，便意识到了太空军事化将带来的灾难性后果。1967年联合国通过的《外太空公约》，明文禁止大规模杀伤性武器用于太空；图谋太空军事化的行为，也早已被视为遭到人类文明唾弃的不道德行为；迄今为止，没有任何一个国家公开宣称，已经在外太空部署杀伤性武器。然而，在《外太空条约》生效后的几十年里，虽然联合国裁军谈判会议连续成立外空军备竞赛特委会,但限制发展太空军备的步伐始终踏步不前。此次中俄两国的联合提案,曾被视为打破僵局的一次努力,但却遭到了美国的迎头狙击。令人啼笑皆非的是,作为世界头号外空大国的美国,此前曾频频指责别国大力发展军用空间技术,但面对中俄限制太空军备的提案,却演出了一幕太空版的叶公好龙。虽然美方的解释闪烁其词,但人们不难听出其中的潜台词:美国不会轻易放弃基于太空技术的军事优势,并将努力扩大和充分利用这一优势。拥有巨大空间军事技术优势的大国,断然拒绝了防止外空军事化的提案,不免让人们对太空的未来担忧。谁来守卫人类的天堂?谁能守卫人类的天堂?这显然已经不再是杞人忧天的问题了。在这个世界上,有太多的媒体把太多的眼球吸引到了超级大国的身上;有太多的人把太多的希望寄托到了超级大国的身上。其实,这个世界绝不仅仅是哪一个国家的世界。当中国和俄罗斯联合提出禁止部署太空武器的时候,你难道没有感觉到守卫天堂的力量吗?当众多国家和媒体对中俄提案表示支持和赞赏的时候,你没有看到守卫天堂的力量吗?当美国宣布准备摧毁一颗失事卫星,还要拼命解释这一举动纯属非军事目的的时候,你没有发现人类的文明和良知正在守卫着天堂吗?从来就没有救世主,人类自己的天堂只能靠自己守卫;只有合作、和谐才能守卫人类的天堂。

  在维也纳举行的联合国和平利用外层空间委员会第52次会议,再次将人们的目光引向外层空间。自1957年苏联发射世界第一颗人造卫星以来,太空日益成为人类研究、关注的对象。迄今,人类已向太空进行了约6000次发射,现有800多颗各类卫星在太空工作。正是它们,将我们的生活与太空紧密地联系在一起。为了规范人类针对太空的活动,在联合国主导下,国际社会已通过了3项宣言、3套原则和5个国际公约。这些文件使人类的太空活动基本做到有法可依,但仍然很不够。太空的非武器化是和平利用太空的前提。1982年6月,苏联进行了一次破天荒的演习,让"宇宙-1379"卫星担任"杀手",追击此前发射的"宇宙-1375"卫星。它们在地面指挥中心的控制下多次变轨飞行,你追我

逃，终于在德国上空1600公里处撞击爆炸。美国则在里根总统时期提出了"星球大战计划"，明确要在太空部署武器。冷战结束后，虽然美俄双方的太空战计划搁浅，但双方的科研活动并未终止。今年2月发生的美俄卫星撞击事件，使如何确保太空和平变得更为迫切。目前对太空资产安全构成威胁的主要有几类，首先是太空垃圾。据美国宇航局统计，目前地球轨道上有约4000个运行或报废的人造卫星和火箭残体，尚无法跟踪的太空垃圾多达20万个，太空垃圾超过3000吨。这些物体随时威胁着航天飞机、国际空间站和卫星的安全。太空资源属于全人类。如何避免太空成为少数国家的囊中之物，让绝大多数国家分享太空技术，已成为一个紧迫课题。和平利用太空是人类梦寐以求的。中国领导人在多种场合，多次强调了中国和平利用太空的坚定意志。中国载人航天的根本目的是探索并和平利用外层空间，服务于本国经济建设和人民的福祉。根据国内外的经验，航天计划的实施将给国民经济带来巨大的效益与助推力。在航天领域每投入1美元，就会对整个国家的经济产生8~14美元的带动效益。据媒体报道，我国已有1800多项空间技术成果应用到国民经济各个部门，近年来开发掌握的1100多种新材料，有八成是在空间技术的牵引下研制完成的。中国载人航天副总指挥、中国航天科技集团总经理马兴瑞说：在太空中建设为人类服务的空间飞行器、轨道飞行器、深空探测器和空间试验站等，可以为我们的气象、通信、导航、灾害预报等各个方面服务。无人的状态下的太空基础设施可以通过发射卫星或飞船对接实现运行。但是有些情况下，必须有人的参与才能更好地对太空设施进行组装维修。因此，这次实现的出舱活动不仅仅是简单的走出舱门，这是一项重大的技术突破，具有里程碑式的意义，为我国和平利用太空奠定了重要的基础，也必将造福于全人类。这次非凡的成就证明了中国航天有能力为人类探索、开发和利用外太空增添自己的力量。

　　自从1903年俄罗斯科学家齐奥尔科夫斯基提出用多级火箭进行星际航行设想开始，人类探索宇宙的脚步就一直没有停止过。冷战时期，人类的太空探索曾经成为大国之间军备和实力竞赛的一部分。但是，和平利用太空，反对外太空军事化正在成为越来越多国家人民的共识。联合国1967年通过的《外太空公约》已阐明，任何国家都不能将太空的任何部分占为己有，所有国家都应该同意太空的和平利用，太空属于全人类，任何国家都无权剥夺其他国家和平开发利用外太空的权利。2004年，第59届联合国大会通过决议，要求各国采取行动防止外层空间军备竞赛。和平利用太空，是中国的坚定立场。中国领导人曾多次向世界表达这一意愿。中国总理温家宝说："中国主张和平利用太空，反对在太空搞军备竞赛。我愿郑重重申，中国和平利用太空的立场是不变的。而且我还要呼吁，国际上有关国家尽早签订和平利用太空的有关公约。"多年的实践证明，太空探索同时也是一项惠及人类的工程，它不仅可以促进经济的发展，还将带动一大批高新技术水平的提高，带领人类进入全新的太空时代。中国航天专家庞之浩对此指出："航天技术是现代科技的综合体现，它对很多技术起一个拉动作用，而且很多航天技术又转移到民用上。笔记本（电脑）就是为了航天技术而研制的。我们生活中用的方便面调料的干菜叶，也是根据航天技术的需要而研制的。大家所熟知的小孩用的尿不湿，就是阿波罗登月时航天员用的。像CT、核磁共振、重症监护室、条形码都是由于航天技术的需求。"1961年，作为进入外层空间的第一人，前苏联宇航员加加林在"东方"号宇宙飞船的座舱内向外望去，不禁欢呼起来："多么美啊！我看见了陆地、森林、海洋和云影！"1965年，作为登月第一人，美国宇航员阿姆斯特朗在月球上说了一句意味深远的话："对一个人来说，这是一小步；对人类来说，这是迈出了一大步。"2003年，作为第一个进入太空的中国人，宇航员杨利伟看到太空中的壮观景色异常激动，并在飞行手册上写下了"为了人类的和平与进步，中国人来到太空了！"从这些感慨中我们可以感受到，当航天员们进入太空之时，他们异口同声表达的是人类探索外层空间的共同理想，是人类和平利用太空的美好愿望。

不管是载人航天工程，还是天宫工程，还是嫦娥奔月工程，还是下一步的深空探测，其目的都是为人类和平利用太空，为了寻找宇宙的奥秘，为了探测人类长期生存环境问题，为了寻找新的能源和生存环境，等等。请不要把和平的事说成挑战、冲突和对立，更不要用自己心理来度比别人，更不要用霸心心态来衡量别人。全世界各国人民都要和平相处，各国处理好各国的事情，各国领导人解决好各国人民的问题，不要自己本土以外"到处"建立军事基地和驻军。在别国家周围建立军事基地是霸权主义的表现，是侵略者表现，是世界各国军备竞赛的根源所在。霸权主义、在国外建立军事基地有可能逼出恐怖主义。全世界人民要有和平相处的心态，不要挑起矛盾，为人类的可持续发展作出自己的贡献吧！

冷战后，美国军方将太空战场化的做法遭到了世界各国以及本国防务分析家们的批评与质疑，但同时越来越多的国家加入太空竞争，导致太空竞争愈演愈烈，太空格局也因此面临失衡危险。国际社会普遍认为，空间军事化和太空武器化有悖于人类和平，爆发"太空战"没有胜者，要努力推动太空立法取得实质性进展，和平利用太空是人类的唯一选择。作为人类航天科学的三位先驱之一，俄罗斯的齐奥尔科夫斯基曾有一句名言："地球是人类的摇篮。人类决不会永远躺在这个摇篮里，而会不断探索新的天体和空间。人类首先将小心翼翼地穿过大气层，然后再去征服太阳系空间。"1957年10月4日，随着苏联将人类第一颗人造地球卫星"斯普特尼克1号"发射升空，标志着太空时代的到来。在随后的50多年时间里，人类不仅进入了太空，登上了月球，还将探索足迹延伸到火星甚至更为遥远的太阳系之外，实现了一个又一个不可思议的成就和梦想。然而，人类探索太空的步伐走得并不轻松，每一步成功都伴随着巨大的痛苦和艰辛。"挑战者"号爆炸的火球、"哥伦比亚"号失事时划过大气层的强光依然闪现在我们的脑海，"火星气候探测者"、"火星极地着陆者"、"猎兔犬2"号消失在外太空等航天事故和悲剧，至今无法从人们的脑海中抹去。更令人担忧的是，太空探索曾几何时已成为政治干预的附属工具和大国博弈的重要战场,源自冷战思维的太空竞赛不仅没有减弱,反而呈现愈演愈烈之势。对此,人们不得不重新思索,对太空的探索是否已经偏离了人类自古以来就有的探索未知领域的纯真梦想。

2019年也许是中印俄欧美英等文明区域的精英领袖代表人类选择文明发展的关键一年,这一年将是人类大陆地缘家国天下同构文明转型超拔的一年,也是人类向宇宙星际生命信息共生同体的太空文明革命性超越的元年。太空文明是让人类共同走向觉醒的生命幸福运动,但太空文明在21世纪还仅仅只属于智慧者、幸运者与部分精英领袖贵族最圆满的心智狂喜。当太空元年向人类大跨步迈来的前夜,空间军事家们都沉醉在漂浮于近地轨道上的永久性空间站打造本国新一代反导体系而努力,现代战争深度依赖空间技术的支持。卫星捕获技术、卫星致盲技术、摧毁敌方空间设施的激光武器以及微波空间技术都将以空间站为依托发挥作用。十几年前,美军就建立了太空司令部。现在各国纷纷组建自己的天军,成立自己的太空司令部。据披露,美军正在研制空天飞机,将具备控制进出太空轨道的能力,能携带弹头重达500公斤的精确打击武器,有能力在两小时内摧毁世界上任何指挥中心或导弹基地。空天穿梭机就是更具有攻击性的活动空间站。这类空天飞机预计将于2020年前布置完毕。同时,俄罗斯已经启动了空天一体化大型防空项目,把防线推到了太空。印度等国也将在2020年之前完成空间站的建设,基本形成实施太空战的能力。

对于战争形式,英国《简氏防务周刊》认为,"未来战争将是综合性高技术战争,单靠某一种技术、某一种武器装备、某一种领域的优势,将很难左右武装冲突的结局。网络战和电子战固然将在未来战争中占据重要地位,但只有二者的结合即信息化战争,才是未来的主要战争形式"。美国一些军事专家也认为,未来战争将主要是太空战。机器人、细菌和昆虫以及发射粘稠物质使敌人动弹不得的非致命武器将是未来战场的主要武器。非致命性武器,亦称"软杀伤性武器"或"失能武

器"，它有效地使人员丧失抵抗能力或使武器装备失灵，而不造成大规模人员伤亡和设施破坏，并最低限度地减少附带损伤。战争的残暴性和战争的不可避免性冲击着人们对战争的道德感知，一直以来，人们试图限制战争，并发展"有限战争"理论，在目标、手段、范围、时间等方面，有意识地注入了道德的元素。

2009年，世界未来学协会在《未来学家最新情报》发表了一篇综述，对以后的世界提出了种种看法和预测。未来的战争可能会以非传统的战争形态出现，个人或许不久就能获得毁灭世界的力量。纳米技术可以使人数空前之少的恐怖分子使用"灰云"一类环绕地球的纳米武器来阻挡阳光，摧毁城市。反恐战争可能带来更可怕的袭击。重大目标（比如领事馆和核设施）周围的严密保安可能使恐怖分子把注意力转向防护不那么严密的目标。未来的劫机事件可能会减少，但更多生活在防护范围以外的人可能被扣为人质或遭到杀害。强化安全措施可能对环境造成威胁。如果富国把越来越多的资源用于自我保护，其他关键问题（比如社会公平和健康的环境）就可能受到影响。如果出现这种情况，环境将普遍恶化，暴力、饥饿和疾病在穷国的肆虐将使社会矛盾日益加剧。

美国作为唯一的全球性航空航天大国，占据了世界空天霸主地位。苏联解体后，美国失去了一个能够在空天领域与之抗衡的强有力对手，成了当今世界上唯一能够在全球范围发挥作用的航空航天大国。美国建立在雄厚的经济、科学技术力量基础上的强大航空航天实力，使它占有了其他国家都无法相比的空天战略优势，这为它在世界范围肆无忌惮地推行霸权主义、强权政治，实现它的全球战略目标，提供了有力的工具和手段。苏联解体分为十五个国家之后，其航空航天力量也被分割得七零八落。俄罗斯作为前苏联的继承者，虽然在世界范围保住了军事大国的地位，但包括航空航天力量在内的军事实力受到了极大削弱。特别是在经济困难、军费严重短缺的情况下，俄罗斯的航空航天力量与美国的差距越拉越大，其影响力和战略牵制力大为萎缩，已经不具备和美国在同一个层面上继续进行战略竞争和抗衡的能力。

20世纪90年代以来，世界空天军事斗争形势出现了许多新情况、新特点。正确分析认识这些新情况、新特点，把握空天军事斗争的发展趋势，是筹划指导信息时代国家防空的一个重要前提。冷战时期，以美、苏各为一极的两大政治军事集团尖锐对峙。美苏两个超级大国争夺世界霸权，主导了国际斗争的基本走向。国际战略形势的发展和战略力量的消长、组合与抗衡，主要是在两极格局的大框架之内进行的。美苏两国既有对抗竞争，又有妥协退让，从而在世界范围逐步构成了相对均势、相互制衡的军事力量格局。从天空军事斗争情况来看，美苏一方面都把空天军事力量作为对抗的主要工具和手段，把空天领域作为争夺战略优势的主要领域，在空天军备竞赛上进行了长期的激烈较量。另一方面，双方为了防止军事对抗和竞争失去控制，避免造成难以承受的严重后果，又通过采取多种手段和措施（如双方进行空间军备控制谈判，限制空间武器数量，限制其他国家发展航空航天力量等），在空天领域保持了军事力量相对均衡的对抗态势和形成了安全运行机制。

地区性空中强国竞相崛起，导致了世界和各地区空中安全环境更加动荡不安。冷战结束后，世界上许多国家出于争夺地区霸权、巩固实力地位或提高自身防卫能力等战略目的，竞相投入大量财力、物力，积极发展空中力量，不断提高空中力量的现代化水平。这导致了各地区空中军备竞赛的普遍升温，进一步加剧了地区空中力量的不平衡状态。这些年来，地区性空中军备竞赛发展最快的地区，主要是中东、南亚、东北亚、东南亚等几个战略热点和重点地区。在中东地区，几十年来，以色列和阿拉伯国家之间的军事对抗程度和军备竞赛水平始终居

高不下。冷战结束后,由于中东地区的紧张局势一直难以缓和,阿以双方都投入了巨额军费,从美国等西方发达国家大量购买先进的作战飞机和地面防空武器,使中东地区成为空中力量分布密度最大、现代化程度较高的一个地区。目前,中东地区17个国家中,装备400架以上作战飞机的国家就有5个,分别是以色列、土耳其、埃及、叙利亚、沙特阿拉伯。南亚地区的印度空军,经过长期经营,目前已成为世界第四大空军力量。东北亚地区的日本、韩国,东南亚地区的越南等国家的空军,以及中国台湾地区的空军,近些年来不断加快武器装备更新换代的步伐,作战能力得到了较大提高。同时,日本、印度以及朝鲜和中国台湾,已具有了自行研发航天器和导弹核武器的能力。当代的空天军事力量格局,是一霸称雄、诸强竞争、多种势力相互对抗的局面。从空天战略态势来看,美国及其西方盟国处在明显有利的优势地位。争夺空天优势,成为各国战略角逐的聚焦点,两极格局和冷战时期结束后,世界各国、特别是主要国家面对复杂多变的国际形势与多样化的威胁因素,纷纷从维护各自的国家利益出发,着眼于赢得和保持主动有利的战略地位,打赢未来战争,加紧推进军事变革,在军事斗争各个领域展开了全方位的竞争和较量。而这种竞争和较量,在空天领域显得更加突出和激烈。世界主要国家在不断调整本国防务政策和军事战略的过程中,都把加强空天军事系统的质量建设、谋取空天战略优势地位,作为最重要的战略制高点和战争制胜因素,投入了巨大资源。20世纪90年代以来,美国为增强空天战略威慑和实战能力,在继续加紧研发新型作战飞机、弹药、C4ISR系统,以及定向能、动能等新概念武器的同时,还组建了航空航天远征部队,启动了"国家导弹防御系统"(NMD)和"战区导弹防御系统"(TMD)计划,并通过退出《反弹道导弹条约》等手段,使自己在不受国际社会约束的条件下发展空天力量。[1]

俄罗斯几年来根据重新修改的2000年《俄罗斯联邦军事学说》和

---

[1] 贾俊明著.《太空作战研究》.国防大学出版社,2002年9月,P16-18.

《俄罗斯军队2001~2005军事改革方案》、《2001~2010年度国家发展武器装备和特种技术纲要》等文件,在增强空天军事能力方面采取了多方面的举措,主要包括:调整了空军在未来战争中的指导思想,强调空军在以"三位一体"核力量遏制敌方的同时,在空中作战中将使用非核精确制导武器对敌实施攻击;规定空军将担负的两项基本任务是空中进攻作战和空中防御作战,并以夺取和保持制空权作为主要作战样式;对空天力量组织结构进行重大调整改革;强调加强防空防天体系建设,主张建立三军联合防御体系和集中统一的指挥机构;积极采取措施加快独联体国家联合防空体系建设;针对美国的战区导弹防御计划(TMD),提出了建立非战略导弹综合防御体系的构想;准备参与欧洲导弹防御计划的实施,以便借助欧洲力量抑制和孤立美国。俄罗斯著名的军事理论家B.斯利普钦科阐述了新的空防观念,他认为,"对经济潜力和经济基础设施的防空应超出军种和部队防飞机的战役战术范围,改为全国战略空天(反导弹、防天、反巡航导弹)精确防御。"

法国要求其空军要建设成为一支灵活性好、机动性强、能够在世界上迅速作出反应的力量,以便迎接21世纪的挑战。为此,近年来,法国把发展空中作战指挥和引导系统、装备新型"阵风"战斗机和大型运输机,列为空军的三个优先发展计划。同时,把开发空间技术作为国家重点发展战略之一,尤其重视发展侦察、通信、导航、导弹预警卫星等军用航天器,逐年增加空间经费预算,陆续出台了多项空间计划。

德国根据保卫本土安全和在欧洲大陆以外地区实施作战行动的任务要求,为空军确定的发展目标是要建设一支具有远程攻防作战能力的空中力量。主要发展方向是:完善远距离指挥系统;建立新型的全天候战略、战役、战术侦察系统;发展机动性好、射程远的先进防空反导系统;发展精确制导武器系统;增强空中运输能力等。印度近年来确立了其空军由战术型空军向战略型空军转变的目标,要求空军在未来战争中,要在承受敌方空中打击的同时,具备对敌国进行大纵深、远距

离打击的能力。为此而采取的主要措施是:调整完善组织体制和指挥关系,成立空军战略司令部,统一指挥担负战略性作战任务的部队;发展新型作战飞机,提高远程打击能力;积极购买先进的预警机,建立由侦察卫星、预警机、地面雷达和导弹拦截系统组成的空天一体化侦察预警防御体系;增加大型运输机数量,提高战略机动能力;加速空基核打击力量建设,提高战略核威慑能力(担负核打击任务的,除现在的"美洲虎"飞机外,计划增加部分"幻影"2000-5、苏-30;另向俄罗斯租借六架图-22M3 战略轰炸机)。日本军方在不断提高空中力量的现代化水平和远程作战能力的同时,开始积极发展空间军事力量。前期计划是首先发展军事侦察卫星,以便具备全天时侦察预警能力。由于日本民用空间技术已达到很高的水平,通信、气象、导航、资源探测等卫星的发射数量居世界第三,因而,日军依靠其经济、科技实力,能够非常容易地将民用航天器转为军用。

空中战场对战争的进程和结局起主导作用,20 世纪 80 年代以来,随着信息技术为核心的高新科技群成果在军事领域的广泛应用,在世界范围逐步兴起了一场具有深远影响的新军事变革,新军事变革对空中力量和空中战场造成的重大影响是多方面的,其中最突出、最明显的影响,是空中力量武器装备系统的信息化水平得到大幅度提高,新的战略运用和作战活动方式不断出现,使得空中力量的特有优势更充分地展现出来,大大增强了空中力量的威慑和实战能力,空防对抗的面貌发生了根本性变化。突出表现在几个方面:一是侦察预警和指挥控制能力显著增强,空中战场的信息化程度大为提高。目前,以美国为代表的发达国家,已经初步建成了由卫星、预警指挥机和其他各种传感器组成的空天一体化 C4ISR 系统,可以在全球范围内及时感知、监控、传输和利用各种作战所需的信息资源,可为空中作战活动和其他武装力量提供实时有效的信息保障;同时,也能够以多种手段压制、削弱敌方的信息对抗能力,实现战场的单向透明。随着空中战场信息化程度的不断提高,制信息权已成为夺取和掌握制空、制天权的首要前提条件。

二是全天候、全时段作战能力显著增强,空中战场的时空利用率大为提高。C4ISR 系统和各种先进机载雷达、导航、通信、定位、识别设备的应用,进一步降低了自然条件对空中作战活动的障碍作用,空中作战可以在复杂的气候条件下昼夜不停地进行。尤其是红外、微光等夜视器材的发展,使夜间成为对拥有高技术优势一方实施作战行动的主要时间段。20 世纪 80 年代以来,美军在每次战争行动中,都是在夜间发起首次空中突击,并且在整个作战过程中以夜间作战为主。

三是远程机动作战能力显著增强,空中战场的地理空间范围大为拓展。飞机航程、弹药射程的增加和空中加油机的使用,大大提高了空中力量实施远程机动、超视距作战和防区外打击的能力,使空中力量成为进行"非接触作战"、"非线式作战"、"防区外作战"的主要力量,可以从距交战区几百至上千千米以外的地方向预定目标实施打击。

四是武器装备的隐身突防能力显著增强,空中战场态势的突变性大为提高。隐身飞机不仅增强了空中作战力量的生存能力,也大大提高了隐蔽突防效果,而且使战争的突然性进一步增大,空中战场态势的变化更加急剧。从美军 1989 年入侵巴拿马以来,首先使用隐身飞机进行突击,已成为美空军发起战争行动的一个基本特点。精确打击能力显著增强,空中战场对陆、海战场的控制效能大为提高。精确制导武器的使用,极大地提高了空中火力打击的精度和效率。据计算,精确制导弹药的打击精度,可比普遍弹药提高 10~100 倍,作战效能可提高 100~1000 倍。空中力量可以随时对各种目标进行准确的突击,使空中战场对陆战场和海战场的控制力越来越强。美国前国防部长科恩在 2000 年递交给总统和国会的报告中称:"装备高精度武器的承诺已经实现,美国空军目前能够准确地摧毁在坐标系上任何一点发现的目标。"

空中力量整体作战能力的迅速提高,为空天军事斗争和空天力量

的战略运用增添了新的手段和内容,新的空中作战方式、方法不断出现。从美国等军事大国空中力量的战略运用情况来看,一是使用航空航天一体化的侦察设备,在全球和战场上空对各类目标实施不间断的侦察监视活动,成为获取战略、战役级情报甚至战术级情报的主要方式;二是运用以核力量为后盾,空天结合的强大常规力量,进行空中战略威慑和实战打击活动,成为主要的对外动用武力方式;三是运用战略力量与战术力量相结合的空中打击力量,进行不同规模的空中突袭,成为在战争行动中直接达成各种战略目的的主要作战方式;四是运用空天地一体化防空力量,组织区域防空防天作战,成为战略防空的主要方式;五是使用大型运输机等空运力量,实施大规模远程空中兵力投送和物资补给,成为快速部署、实施战略机动作战的主要保障方式。从空中作战情况来看,新的作战方式、方法也是多种多样。如:以空中力量为主体、各军兵种力量共同参加的空中联合作战,已成为空中作战的基本组织模式;在天基等信息系统支持下的信息、火力一体化空中进攻和防空反导作战,已成为空中攻防作战的基本行动方式。空中力量作战能力的增强,空中作战方式的增多,显著提高了空中力量在国防和战争中的战略地位和作用。在局部战争和武装冲突中,空中力量作为首选力量和骨干力量,被广泛用于担负各种作战任务,空中作战成为战争活动的主要内容、主要形式和达成战略目标的主要手段。20世纪90年代以来,世界上发生的重大军事事件,如海湾战争、科索沃战争、阿富汗战争、伊拉克战争等,它们的一个共同特征,就是军事强国高度重视通过使用高技术空中力量,对敌方实施空中打击,来达到战争的预期目的。尤其是北约军队对南联盟的科索沃战争,在世界上开创了单独通过空中战争迫使对方屈服的先例。空中突击作战战略地位的提高,决定了空天战场是未来信息化战场的"制高点"和重要对抗领域,空防对抗的结果将在极大程度上对战局和战争结果具有主导作用,致使国家防空的地位更加显著。

国际恐怖活动给各国空中安全带来新的威胁,20世纪八九十年代以来,国际上武器扩散问题越来越严重,各种高新技术成果的应用越来越广泛,这为恐怖组织和犯罪集团的活动提供了许多新手段和便利条件。其中,利用各种航空工具和高科技手段在空中制造恐怖事件,进行贩毒、走私等犯罪活动,成了恐怖组织和犯罪集团采用的重要活动方式。这种情况,既严重威胁了各国的安全和普通民众的生命财产,又直接危及到世界和地区的和平稳定,成为一个需要世界各国共同联手对付的重大安全问题。20世纪50年代末期以后,劫机事件发生的次数越来越多。尤其进入20世纪80年代以来,造成机毁人亡的重大恶性劫机事件逐渐增多。特别是2001年在美国发生的"9·11"事件,不但造成了巨大的人员伤亡和财产损失,而且对世界局势产生了重大深远的影响。"9·11"事件发生后,美国打着"反恐"的旗号,以是否支持它的"反恐"来作为划分敌友的界限,实行"先发制人"战略,加紧推行单边主义和强权政治,积极调整全球战略部署、对外使用武力干涉其他国家的内部事务,甚至推翻、颠覆别国政权,使得国际形势的发展变化出现了更加错综复杂的局面;同时,也将不可避免地引发更多恐怖主义活动的出现。其中航空兵器或在空中进行恐怖活动将会给国家防空带来新的挑战。

　　天空是国家利益拓展的重要空间,早在20世纪初人类刚刚开始在航空空间飞行时,就有人预言:谁控制了天空,谁就控制了陆地和海洋,这一预言已经被一次次大大小小的战争所证实。在21世纪初期,人们又认识到:谁控制了太空,谁就控制了地球。并且,信息化局部战争已经开始证明航天空间已经成为信息化战场新的"制高点",支撑着地面、海上和航空空间作战的行动自由权。人类常常通过对新的战争未知领域的开发获得战场主动权。回顾人类对战场空间的认知和开发历程就会发现,对战场空间的开发依次是:陆地—海洋—大气层—信息空间(电磁空间、网络空间)—太空。与这一进程相对应的是制海权—制空权—制信息权—制太空权等战争制胜重心的位移。就像每一次作战空间的拓展都会带来军事对抗新的位势优势一样,航天空间这

一新的"制高点"的争夺,对信息化条件下维护国家安全和利益具有至关重要的意义。

2001年1月22日至26日,美国空军举行了有史以来首次以太空为主要战场的大规模军事演习,决定把确保"空天优势"作为优先考虑的重点;美航天司令部称,确保拥有发射卫星和操纵卫星的能力,不让敌国得到同样的能力,是未来美国军事行动成功的关键。2001年1月25日,俄罗斯通过了2001~2010年的国家"航天发展规划",紧接着把军事航天部队和导弹航天防御部队从战略火箭军中单列出来,组建了俄罗斯航天部队。战场空间向外层空间的延伸,使现代防空既要对付敌方的各种航空飞行器,还要对付敌方的空间飞行器(各种弹道导弹、航天飞机、军用卫星、空间站等),只有防空防天一体,才能真正抵御来自航空空间和外层空间的威胁。因此,必须确立空天一体的防空观,实行防空防天一体化。

防空防天一体化,是指将防空的作战空间从传统的大气层空间扩大到外层空间,作战对象由航空飞行器扩展到空天飞行器,利用空天一体化的侦察预警系统、指挥控制系统以及打击手段,实施防空和反导作战,实现防空、防天作战的有机融合和无缝衔接。2003年的伊拉克战争,美英联军的作战系统就是一个集信息与火力于一体、空天立体分布的武器平台于一体的作战系统,始终控制着战场空天信息优势和火力打击优势。可见,信息化空防对抗是空天一体化的体系对抗,空天一体防空观的实质是以空天一体化的防空作战来对抗空袭作战空间和作战对象的空天化。在信息化条件下,太空是信息化战场的制高点。外层空间是国家信息系统的重要关键节点所在,几乎所有的作战系统离开天基信息平台的支撑都将瘫痪,空袭和防空体系更是如此,对太空空间控制有着特别重大的意义。我国防空的威胁来自天基信息系统支援下的远程精确打击。为此,有效的防空必是空天一体的防空,对敌方的天基侦察、监视、导航、通信等系统进行防范、干扰或破坏,是信息化条件下防空的有效手段。

为了防空防天的空天一体化建设,积极发展空天打击手段,如地基反卫星系统、大功率激光武器以及空天作战飞机等;需要构建以军事侦察卫星、侦察飞机和各种性能的雷达为主体的空天一体化的侦察预警系统网络,对空天战场实施全空域和全时域的侦察监视;需要构建空天一体化的指挥控制系统(C4ISR),把军事侦察卫星、空中预警机、指挥控制站(车)、海基指挥、侦察舰和火力单元等构成一个有机整体,以发现、识别、跟踪、截击和摧毁来自空中和外层空间的威胁。这些都是信息化条件下防空和反导作战的必需。空中利益对中国发展至关重要。随着对外层空间的开发和利用,人类生存活动空间由地球表面走向外层空间。中国作为一个发展中大国,对外层空间的开发利用无疑会对政治和经济发展产生重大影响。领空是国家利益的核心组成部分。人类能够在空中活动以后,空中利益进入国家利益的范畴,其中最为突出的就是领空,它与领陆、领海一样,是国家利益的核心组成部分。中国的主权领空,依据国际法规定,应当包括大陆领空域、内海空域、围绕大陆的领海空域,以及围绕大陆的领海之外的、属于中国的孤岛和群岛及其周围领海的空域。空中安全是国家安全的重要组成部分。20世纪初飞机诞生以来,人们对空中活动的驾驭能力不断提升,各种飞行器和作战平台可以通过空中对主权国家实施侦察、威慑和袭击,严重威胁到国家安全。例如,2010年4月22日,美国空天飞机进行首次试飞,天空军事化的步伐加速前进,直接带来太空安全与太空防卫两大问题。空中资源是国家资源的重要组成部分。天空不是"空"的,蕴藏着取之不尽的宝贵资源,为人类提供了高远位置、微重力、高真空、无污染、太阳能和其他丰富的物质资源,概括起来包括轨道资源、环境资源和天体矿物资源。这些资源是国家资源的重要组成部分,其中一些是稀缺资源,对国家发展十分重要。空中技术为国家带来丰厚的经济利益。到目前,人类已经发射侦察、测绘、导航、气象、通信等多种卫星以及空间站,被用于人类生产生活的各领域,为经济发展提供了多种服务,如GPS系统就可为车辆、舰船、飞机的运行提供导航,而飞机已经成为人类交流和运输的重

要平台。空天利益与其他空间的利益密切相关,享有空中优势可以为其他空间利益提供重要发展条件。太空是国家之间竞争的制高点,太空技术的优势将体现在陆地、海洋、信息各空间领域,为科学技术以及其他空间领域的发展提供保障和牵引。

在军事行动中,防御和进攻之间,既对立又统一,是一对准也离不开谁的矛盾统一体。从行动性质上说,防御与进攻是对立的,不可调和的。从行动内容上,两者又有着必然的联系,谁离开谁都不能单独存在。从矛盾双方的运动规律分析,进攻与防御要达到某种程度上的统一,二者只有进行对等的斗争,尤其是防御一方,只有采取与进攻相对应的斗争方式,才能有效进行防御。21世纪的空袭是空天一体化的袭击。为了有效对抗空天一体化袭击,只有进行一体化的空天防御。只防空不防天,即使防空再有效,这种有效防御也只能是暂时的,最后必然被来自外层空间的进攻所瓦解。反之,只防天不防空,最终结局也是如此。要有效对抗空天一体化的袭击,必须既防空又防天,而且防空防天还要有机地结合起来,与空天袭击进行对等的斗争。因此,21世纪防空防天一体化是有效对付空天一体化袭击的客观要求。

防空防天一体化是21世纪空天防御的基本趋势,20世纪60年代至70年代,美国和苏联就已经开始了防天系统的建设。为了解决战略预警和拦截问题,研制部署了能够探测数千公里的大型相控阵雷达、空间预警卫星和第一代反导导弹,并认识到防空和防天之间必须走一体化的道路,开始了防空防天一体化的建设历程。20世纪70年代末,苏联提出"抗击敌空中—宇宙空间袭击的战略性战役"的设想,认为"掌握空间是赢得战争胜利的先决条件",没有防天的防空是没有意义的。美军于20世纪80年代初,根据防空与防天的性质相同、内容密不可分的情况,就把防空系统与防天预警系统合并,把"北美防空司令部"扩大为"北美防空防天司令部",负责北美的防空和防天预警工作。美空军于1982年成立了空间司令部,负责国家防空和空间发展及监视,并把防空系统纳入空间防御系统中。美国防部在2000年战略防御总体方案中,提出把空间防御、弹道导弹防御与空中防御综合成一体化防空防天体系。当前防空与防天要重点解决三个问题:一是防御弹道导弹。随着弹道导弹走入常规战争,常规弹道导弹开始成为战争的重要武器。20世纪80年代的两伊战争中,伊朗和伊拉克进行了导弹袭城战,使用弹道导弹袭击对方的首都和其他重要城市,造成巨大损失。海湾战争中,伊拉克使用"飞毛腿"导弹反击多国部队,取得了巨大的威慑效应。随着科学技术的进步和经济发展水平的不断提高,世界上已经有20多个国家和地区拥有以弹道火箭为运载工具的大规模杀伤武器。今后一个时期内,拥有这类武器的国家和地区将达到30多个。随着时间的推移,还将有越来越多的国家掌握研制核武器和其他大规模杀伤武器的能力。虽然世界在努力防止大规模杀伤武器的进一步扩散,但是,这只能减缓其扩散速度,并不能够完全制止。在高技术局部战争中,弹道导弹还会进行使用。因此,对弹道导弹的防御已经成为防天需要解决的主要问题。二是防御巡航导弹。巡航导弹是一种远程发射的精确制导武器,从海湾战争中美国大量使用以来,已经在高技术空袭中多次使用。巡航导弹速度并不大,但是由于飞行高度低、雷达反射面积小,陆基雷达很难有效发现特别是连续掌握,因此,也是防空系统很难对付的一种武器,是21世纪防空要重点解决的问题之一。三是防御隐形飞机。隐形飞机由于采用了多项隐形技术,因而能够有效地降低当前主要对空探测设施的发现概率,成为能够超越当前防御系统的一种超级武器。海湾战争中,美空军的F-117隐形战斗机出动2000多架次,无一损伤,摧毁了伊大量战略目标,是海湾战争中表现最出色的一种武器。南联盟在抗击北约空袭作战中,虽然击落了1架F-117,但是并没有对其使用造成严重影响,仍然是空袭中最活跃的一种武器。防御隐形飞机已经成为21世纪防御需要重点解决的难题。

空中战场向空天一体化和全球一体化战场发展,20世纪50年代末期是科学技术突飞猛进的时期,核武器、地空导弹、弹道导弹等武器的出现,使空袭和防空的斗争进入了一个新阶段,空中战场也发生了

明显的变化。一是出现了航天战场。20世纪50年代末,美、苏两国研制成功并开始装备洲际导弹。这种导弹射程达1万公里左右,约30分钟即可达到被袭击目标,可携带核弹头、常规弹头、诱饵弹头等多种弹头,在大气层外飞行约20分钟,飞行速度可达每秒6公里。几乎与洲际导弹出现的同时,苏、美、法、奥相继发射了卫星,它使全球各地都置于其监视之下,为空中进攻提供情报、通信、导航等技术支援,成为重要空间保障力量。现代防空首次感受到了来自外层空间的威胁。为此,美苏两国在地空导弹技术的基础上,开始研制陆基反导武器,如苏联1964年部署了"橡皮套鞋"高层(大气层外)反导武器系统。美国于1969年建造了旨在保卫战略导弹基地的"卫兵"反导弹系统和用于低层(大气层内)防御的"斯普林特"反导系统,但由于当时技术条件的限制,反导系统效果不理想。此后,特别是20世纪80年代以来,美苏出于争夺太空优势的需要,加速了防空防天武器的研制。美国政府1983年3月提出战略防御计划(即星球大战计划)后,更使防空防天兵器的研制进入了一个新的阶段。

目前空间力量还主要限于保障支援作用,天战场也只是初见端倪,但发挥的作用却不可忽视。海湾战争中,仅美国动用的各类军用卫星就多达70余颗,为多国部队提供了全面有效的侦察、监视、预警、导航、通信和气象等保障,美军70%以上的战略、战术情报是依靠侦察卫星获得的,这极大地提高了多国部队的总体作战能力。而伊拉克发射的80余枚"飞毛腿"战术弹道导弹,给多国部队和以色列造成了巨大的威胁。今后,随着外层空间拦截和打击系统的不断完善,将会出现更多来自外层空间的直接打击兵器,如美国、俄罗斯正在研制的航天飞机、航空航天两用飞机等。因此,航天战场的日趋完善并与航空战场的日趋融合,是空中战场的巨大变化。当前,越来越多的国家认识到了外层空间的巨大价值,并开始了空天力量、空天战场一体化的建设。二是出现了全球战场。21世纪的空军,可以在一天内,从世界上任何一个地点到达地球上任何另外一个地点,作环球飞行。作战飞机以每小时

1000公里的速度，在空中加油机的支援下20小时就能够飞行2万公里，这足以到达世界上最远的角落。海湾战争中，美军部署在本土的B-52轰炸机，在加油机多次空中加油的支援，往返35个小时飞行2.24万公里，跨越大西洋和非洲大陆到达中东地区作战。科索沃战争中，美军B-2A型隐身轰炸机，从本土起飞，航程达1.2万公里。这些都足以说明，空中进攻一方，已经把战场扩大到了全球，出现了全球空中战场。三是空中战场构成更加复杂。随着一些新机种、新兵器的投入使用，出现了一些新的作战区域，使空中战场的构成更加复杂。防御一方的空中战场主要包括雷达发现区域、战斗机截击区域、地空导弹和高射炮射击区域、电子对抗区域等；进攻一方主要包括加油机配置区域、预警机配置区域、电子战飞机配置区域、掩护机配置区域、突击机作战区域、突击区域、电子干扰区域、进攻飞机进袭区域等。

21世纪空天袭击的可能发展，当前世界军事正在经历由军事技术发展和军事理论创新引起的跨世纪的军事革命，空天袭击也正在由后工业时代的作战样式向信息时代的作战样式发展。21世纪的空天袭击将出现一些新的变化。作战空间的发展。随着航空与航天武器装备的发展与整体使用，21世纪空天袭击作战的垂直范围和水平范围将可能不断扩大。空天袭击的垂直范围，由于巡航导弹、直升机等大量使用，低空超低空将得到更多的使用；由于军用卫星、地球轨道武器的使用，大气层外空间将成为空天袭击的重要战场。超高速和超高空军用飞机和军用航天飞机的使用，将使大气层内外的界限进一步淡化甚至消失，使航空与航天空间成为一体化战场。空天袭击的水平范围也将不断扩大，洲际、跨洲际、全球作战将被更多使用。

作战方法和内容的发展。随着远程发射技术和精确制导技术的进一步发展，远程精确制导武器将更多地用于空天袭击作战，防空火力密集区甚至防区外远程精确火力打击将把空天机械化火力作战推向顶峰。信息技术的发展与在航空航天武器装备上的大量使用，电子信息将为空天袭击提供全新的手段与方法。一是随着第四代作战飞机的

大量装备并逐渐成为主战武器,隐形袭击将得到更多的使用,将对现代的侦察预警系统提出更为严峻的挑战,对空天作战方式方法和空天战场将产生重大而深远的影响;二是随着网络技术的发展和数字化战场环境的形成,网络攻击、病毒攻击等新作战形式将形成并大量使用,传统的电子战也将具有更为广阔的使用空间。电子信息战将逐渐取代空天机械化火力袭击成为空天袭击的主导内容和样式,进入空天电子信息袭击时代。空天战场将向无人化战场发展。包括纳米技术在内的新材料技术、微电子技术和人工智能技术是新世纪科学技术发展的重要领域,它们的发展和在航空航天军事领域的大量使用,将对航空航天武器装备的发展产生重大影响。以纳米技术为代表的新材料技术将为航空航天武器提供新型材料,微电子技术将为航空航天武器装备提供更加微型的电子信息装置,使微型军用航空航天器的发展成为可能,当前西方军事强国正在发展只有人手掌大小的微型无人侦察机。智能机器人技术将为未来航空航天武器装备提供新的控制系统,当前世界上一些国家在无人驾驶飞机的基础上,致力于机器人驾驶飞行器的研究,企图利用人工智能技术来取代驾驶员,利用机器人完成人所无法完成的飞行动作。21世纪战场上,将会出现无人驾驶的作战飞机,并将用于完成空战、攻击地面目标等20世纪需要有人驾驶作战飞机完成的任务。

  坚持全面发展的指导思想,就是要全面加强空天利益战略防御体系建设的革命化、现代化和正规化建设。通过加强革命化,使中国特色的空天利益战略防御体系建设始终保持正确的方向;通过加强现代化,不断提高空天利益战略防御体系建设的质量和水平;通过加强正规化,为空天利益战略防御体系建设提供保证。从空天利益战略防御体系建设体系上看,就是要保持各种构成要素的全面发展,既要保持指挥控制力量、作战力量、保障力量的全面发展,也要保持进攻力量、防御力量和支援力量的全面发展,提高空天利益战略防御体系建设的整体效益。协调发展是空天利益战略防御体系建设的必然要求。坚持协调发展的指导思想,就是空天利益战略防御体系建设必须处理好与其他方面的关系。一是要处理好与国民经济发展的关系。经济建设是国防建设的基本依托,通过国民经济的发展增强经济实力,为空天利益战略防御体系建设提供经济支撑;国防实力是综合国力的重要组成部分和国家安全的基本保障,通过空天利益战略防御体系建设增强国防实力,为国家经济建设提供安全环境。二是要处理好与其他作战力量发展的关系。未来战争是信息化条件下的一体化联合作战,地面作战力量、海上作战力量等同样具有重要作用,必须注重空天利益战略防御体系建设与其他作战力量的协调发展,提高联合作战能力。三是要处理好空天利益战略防御体系建设系统内部各层次各种要素的关系,在突出重点的原则下,同步建设,协调发展。可持续发展是科学发展观的重要思想内涵,对空天利益战略防御体系建设具有特殊的指导意义。坚持可持续发展的指导思想,就是要加强军事科技创新、军事理论创新和体制编制创新。通过加强军事科技创新,为空天利益战略防御体系建设提供持续发展的内在动力;通过加强军事理论创新,为空天利益战略防御体系建设提供持续发展的强大牵引力;通过加强体制编制创新,为空天利益战略防御体系建设提供持续发展的潜在动力。坚持可持续发展的指导思想,是保持发展后劲,解决好空天利益战略防御体系建设当前建设与长远发展问题的需要。

  太空战并不是一个新鲜事物,真正意义上的太空战从1957年苏联第一颗人造地球卫星上天就开始了。几十年来,围绕着空间军备的竞赛,以美苏为代表的大国把它演绎得更加激烈。2001年1月,美国进行了太空战演习;同年6月俄罗斯组建天军部队,太空军事化的趋势更加明确,其意义和地位也更加为人们所重视。我们作为见证20世纪最后10年和21世纪开始10年的人,都会深刻地感受到这个世界令人眼花缭乱的变化;而变化得最使人不可思议的领域,当属军事和战争。什么信息战、网络战、病毒战、纳米战、基因战、隐身战、智能战、导弹战、精确战、太空战、失能战、瘫痪战、重心战、脱离接触战、间接打击

战……这些20世纪80年代以前还闻所未闻的作战名称,现在各国军队都必须面对;什么气象武器、计算机武器、太空武器、光束武器、粒子束武器、微波武器、精确制导武器、人工智能武器、基因白痴武器、袖珍纳米武器、思想控制武器、新材料武器、微型钻地核武器……还有什么克隆动物"士兵"、"蚂蚁军团"、昆虫"部队"、"黄蜂"机群、"臭虫"特工……这些和过去杀人的刀枪、杀声震天的军队怎么也联系不上的新武器、新部队,开始纷纷登上战争舞台……

　　冷静地回想起来,的确如此。从海湾战争、"沙漠之狐"空袭行动、科索沃战争和美国在阿富汗的反恐战争,到世界各地形形色色的维和行动、反恐怖行动等等,使你几乎看不到过去"血肉厮杀、刺刀见红"那种人们熟知的战争影子。现在的战争和用于战争的兵器,完全是以一种全新面貌展现在人们面前。第二次世界大战结束后,战火中催生出的两个超级大国——美国与苏联——为争夺世界霸主的宝座,展开了前所未有的、近乎疯狂的军备竞赛。为了取得对抗对方的军事优势,它们不惜耗费巨资,投入空前庞大的人力、物力,在陆、海、空展开互不相让的军事竞赛的同时,开始借助空间技术等的发展,将霸主的权力之争打上了浩渺无垠的太空。这样激烈的竞赛是为了什么呢?对此,肯尼迪在当时的讲话中就泄露了天机,"谁能控制空间,谁就能控制地球"。而先为德国、后为美国服务的冯·布劳恩在"阿波罗"登月成功之后说得更明白,"太空中的领导权,就意味着在地上的领导权!"

　　自20世纪50年代起,为了夺取制天权以赢得制地权,美苏两个超级大国在太空中展开了史无前例的争夺战,并带动其他一些国家加入战争。一时间,各种卫星、宇宙飞船、航天飞机、空间站等纷纷杀向太空,把曾是寂静无声的外层空间搅得沸沸扬扬。据不完全统计,目前在太空中运行的各类卫星已达5000多颗,其中绝大多数为美国、俄罗斯两国所有。而到2010年前,全世界至少还要将1500颗新卫星送上太空。人类社会的发展历史表明,科学技术上的新发明、新发现,往往会被首先运用于军事领域。因而,当空间技术及设备的发展将人类活动的足迹印到太空,并显现出巨大的军事效用后,围绕着制天权的争夺便被深深地烙上了军事的痕迹。也就是说,20世纪中叶后,人类军事活动的步履已从陆、海、空拓广到外层空间。"天战",或称"空间战"、"太空战",这一崭新作战样式的雏形开始登上人类战争的舞台。冷战结束后,美军航天司令部的职能、组织结构及其相应的作战力量不但没有削弱,反而不断地得到加强和完善。

2000年5月,美国空军部长和空军参谋长联合签发了《航空航天:保卫21世纪的美国》白皮书。这是美军第一次以纲领性文件的形式确定建立本国"天军"的计划。现在,美国建立"天军"的技术基本成熟,下一步空军将着手"天军"人员操作航空航天器能力的培养,提高他们当"天军"的意识。为了加速向"天军"发展,美国空军又推出了名为《全球参与:21世纪空军构想》的文件。该构想勾画出美国空军将由目前较为单纯的"航空"部队,转变为"天军"的蓝图。未来太空逐鹿已为时不远。2004年5月18日,乔治·卢卡斯的《星球大战前传Ⅲ》在全球同步上映,同一天,白宫表示,五角大楼正在制定新的太空政策,以"保护卫星免遭攻击"。一旦美国将其太空攻击能力转化为实际部署,一家独霸太空,几乎全球所有的国家都会在战略上处于十分脆弱的地位,不仅依赖太空技术的联合作战指挥体系会受到严重制约和破坏,战略威慑体系失效,就是一般的生产、生活中对太空技术的应用,如手机通信、电视转播、导航定位等,也会受到很大的影响。因此,为了维护世界的和平安全,加快国家的发展,确保中华民族在21世纪的伟大复兴,我们必须要关注太空安全,研究太空环境,发展太空文明。"纵观人类历史,那些最有效地从人类活动的一个领域转入另一个领域的国家,总能获得巨大的战略优势"。进入新世纪,太空军事化进程不断加快,世界一些军事强国纷纷加快太空武器装备的开发、生产和应用进程,以夺取军事上的"制天权"。近年来,俄罗斯、欧盟、印度、日本甚至包括伊朗在内的许多国家或地区都在大力发展太空力量,以争夺一席之地。美国已明显感觉到其在航天技术领域的领先地位受到严峻挑战。当前,美

国军事力量已在陆、海、空称霸，未来能否控制全球的关键就在于太空，因此，大力推进太空计划，是美国当前军事战略的首要任务。可以预见，太空争夺将愈演愈烈。

按照条约的相关规定，任何主权国家都拥有对太空的开发权，可以自由开发和利用太空资源，任何国家都不能通过占领或其他手段将太空据为己有。而且，条约明文禁止所有国家在外太空发展军事或者从事"太空武器化"的活动。然而，又有谁能阻挡住美国垄断太空的野心呢？美国空军部副部长兼国家侦察办公室主管彼得·蒂茨公开宣称："我相信武器一定会走向太空，只不过是时间长短问题。在这一问题上，美国一定要捷足先登。"古往今来，遥远的宇宙空间令人心驰神往，寄托无限遐思。全人类共同拥有的宇宙空间中，蕴藏着丰富的资源，和平开发太空资源，用于改造我们的生活，是全人类共同的心愿。然而，随着空间技术和商业化的迅猛发展，各国纷纷加快了进入太空的步伐，特别是空间军事化的进程急剧加速。"谁控制空间，谁就能控制地球"，这一空间战略思想已成为世人的共识。

世界各国对争取本国在太空的一席之地都高度重视，特别是美、俄两个航天大国，一直都没有停止过争夺太空霸主的行动。冷战时期，美国和苏联因核军备竞赛而极大地推动了航天技术的飞速发展，各类航天器相继发射成功并投入使用，使国家的战略空间延伸至太空，形成全球性的、多维的、天地一体化的战略空间。战略空间向太空的拓展，影响和改变着各国的战略思想，太空已经成为国家安全与利益的战略"制高点"，太空军事化也必将成为各军事大国国家安全与发展战略的重心。空间技术的不断成熟，使空间力量在支援其他战场中展示出无与伦比的优势，在战役战术层面的应用正逐步展开，空间军事力量已经登上了战争的历史舞台。可以预见，太空武器将由被动防御、单一保障为主，向攻防一体、以攻为主、系统配套的方向发展；空间力量的任务职能将由"信息支援型"向"攻防作战型"发展；围绕太空的争夺,将会越来越激烈。"高边疆"战略的创始人格雷厄姆认为,在整个人类历史上,凡是能够最有效地从人类活动的一个领域迈向另一个领域的国家,都取得了巨大的战略优势。适应未来空间作战需要,加速建设优势空间战场,是拓展国家战略空间,牵引科技、经济、军事发展,维护国家安全和利益的必然选择。中国是文明古国,是火箭的故乡,作为一个负责任和爱好和平的国家,要在太空领域拥有发言权,为维护太空安全乃至世界和平,担负起应有的责任和义务。

21世纪是信息化的世纪,也是空天的世纪。信息领域和空天领域已经成为国际战略竞争的制高点,军事力量竞争正在向空天领域转移,军事力量建设正在向空天方向拓展。这种"转移"是大势所趋,这种"拓展"是历史必然。有专家预言:"控制了空天,就控制了地面、海洋和电磁空间,就掌握了战略主动权。"积极探讨、发掘和弘扬人类和平的空天利益观和空天军事学说,是近年来人类文明的一个新动向。

人类共同利益存于空天。放眼望去,天空一无所有,但天空却是国家重要的战略资源,领空是国家主权的重要组成部分。能否进入太空、利用太空并在一定程度上控制太空,直接关系到一个国家在国际舞台上的分量。上世纪60年代,正是因为我国成功研制"两弹一星",在航天领域占有了一席之地,才打破了超级大国的核讹诈和太空挤压,奠定了中国的大国地位。随着太空商业化和军事化的迅速发展,空间在政治、经济、社会和军事等各个领域表现出巨大的价值。太空具有人类取之不尽、用之不竭的替代能源,太空投资具有巨大的经济效应,可以带动大批相关产业的发展。空间实验可以给人类带来巨大的物质利益。航空产业和航空工业可以极大地提高社会经济活动的效率和效益。从近几场高技术局部战争看,地球上空的各型卫星支援系统,在保证战场上的单向透明和精确制导武器有效运用上发挥了巨大作用,以天基信息为支撑的太空支援和对抗能力是保证军事领先地位的重要支撑。

中华人民共和国国家主席、中央军委主席胡锦涛2009年11月6日上午在人民大会堂会见了应邀前来参加庆祝中国人民解放军空军成立60周年"和平与发展国际论坛"的巴基斯坦等30国空军代表团团长,代表中国政府和军队对各位贵宾的到来表示热烈欢迎。胡锦涛强调,中国将继续秉持和平、发展、合作的理念,坚持和平开发利用空天,积极参与国际空天安全合作,推动建设互利共赢、安全和谐的空天环境,促进人类和平与发展的崇高事业。胡锦涛说,在庆祝中国人民解放军空军成立60周年之际很高兴同各位将军见面。这次中国空军主办的"和平与发展国际论坛",以"超越、展望、合作"为主题,目的是促进各国空军之间的交流与合作,探讨共建空天安全环境。胡锦涛指出,空气空间是人类生存和发展的重要资源,也是保护人类安全的重要屏障。随着世界文明的进步,人类活动由陆地、海洋向空中拓展,并不断向新的高度进发。空天已日益成为世界各国人民友好交往的重要纽带和人类文明发展的重要领域。维护空天安全、构建和谐空天,已成为各国人民的共同追求和美好愿望。胡锦涛说,空军是伴随人类航空活动诞生和发展起来的军种。随着人类生存和发展对空天领域依赖程度越来越高,加强各国空军之间的交流,推动国际空天安全合作,也越来越重要。胡锦涛郑重重申,中国将始终不渝地走和平发展道路,坚持在和平共处五项原则的基础上同所有国家发展友好合作,致力于推动建设持久和平、共同繁荣的和谐世界。中国将始终不渝地坚持防御性的国防政策,永远不搞军事扩张和军备竞赛,不会对任何国家构成军事威胁。

人类对物质信息的认知,顺其自然,由近及远、由小到大、由浅入深。以前,人类对大自然的认识主要停留在地面。随着科学技术的发展,对物质的研究就从地面延伸到了地下,扩张到海洋,上升到了空中,以至于今天的航天、航宇。从16世纪到20世纪初,兴起了航海事业,形成航海世纪,跨越工业时代300多年,先后成就了葡萄牙、西班牙和英国的海上霸业。20世纪初,飞机问世以后,直到今天,进入了航空世纪。上世纪50年代末,自从前苏联人造卫星首次升空以后,充分显示出空天领域的无比优势和强劲发展。事实证明,由空及天,是20世纪人类最伟大的创举;是人类活动范围的自然拓展,通过外层空间研究,将有助于人类对生命、宇宙起源的认识;有助于地球环境、人类生存质量等重大问题的改善;由空及天,认识宇宙物质,利用宇宙运动规律的空天信息,可以为国家的经济和国防服务。根据宇宙学家的估计,从整个地球到整个星系团(太阳系只是其中之一),所有物质仅仅是宇宙真实存在物质的大约1%,另外热星际气体约占3%,还有约22%的暗物质和约四分之三尚不可知的暗能量。由此可见,空天宇宙之大、信息之多、应用之广,深不可测。

　　从信息的获取和应用的角度看,空天领域是人类世界值得十分关注、广为开垦的处女地,代表着深远的未来。信息技术将为空天技术的腾飞起到加速、助推、倍增的作用。航海发展已有300多年的历史,航空历史仅有100年,相信21世纪将是空天世纪,将是信息技术与空天技术创新发展的世纪。由于空天领域对人类未来有着重大而又深远的影响,因此从一开始出现,就获得世界先进发达国家的青睐,并优先应用于军事需求。美国前总统肯尼迪说过,"谁能控制宇宙,谁就能控制地球"。在此类思想的影响下,美国和前苏联开展了冷战时期的空天装备竞赛,引发了世界各国纷纷加入空天竞争的行列。值得一提的是美国前总统里根于1983年倡导发起的战略防御倡议(SDI)计划,内容涉及研发保卫全美国免受大规模弹道式导弹的袭击、建立以天基为主的防御系统。该系统涵盖了卫星上安装凝视焦平面阵列红外探测器的助推段监视跟踪器、天基动能拦截器和激光拦截器等,意味着首先开创了把卫星、导弹、红外、激光等航天技术和信息技术应用于空间的战略防御,形成了星球大战的态势。到1989年美国前总统老布什宣布将SDI计划调整为"对有限攻击的全球防御",从天基为主落实到地基、海基为主。2004年,小布什开始部署地基、海基一体化导弹防御系统,将原管理局改建为导弹防御局。从2008年开始,首次在陆军正式装备了

末端高层区域防御系统,并在东欧建立了反导基地。用海基中段防御的宙斯盾巡洋舰成功拦截了卫星,验证了反卫星实战能力;还成功验证了地基中段防御系统能够防御远程弹道导弹的能力。美国的导弹防御系统充分体现出对空天技术的优先发展,是称霸全球的重大技术支撑。2006年,美国制定了新的国家太空政策,研究和部署具有攻防两种功能的太空导弹防御系统,用以完全控制外层空间,其实质是掌握制天权,使美国可以顺利进入空间、利用空间和占有空间,同时遏制其他国家进入和利用空间。由此可见,空天技术一直是近几十年来军事大国孜孜追求、发展的重大领域,不可掉以轻心。

俄罗斯不甘落后,除在弹、箭、星、船继续发展外,更加重视空天防御体系的建设,从中高空防空导弹基础上改进、升级,使其具备反导弹的能力,先后研制开发了 S-300、S-300PMV、S-400 以及最近宣布的 S-500 系统。目前,莫斯科防区沿用 ABM-3 双层反导系统,可以拦截洲际导弹和低轨卫星;通过前苏联时期的多次实践,已经历三代反卫星系统实验,具备了反低轨道卫星的实战能力。印度雄心勃勃地试图在空天技术上不落人后、大力追赶,其火箭、卫星种类齐全,已经拥有发射不同轨道卫星的运载火箭,具有一套完整的航天技术开发和应用体系。从 1980 年将第一颗试验卫星送上轨道至今已发射各类卫星近 30 颗。在 2008 年 10 月,印度首次发射月球探测器"月船一号",并拟于 2012 年后发射"月船二号"。从 2006 年至今,印度三次成功拦截 TBM(战术弹道导弹),验证了高度 80 公里和 30 公里对 TBM 的双层拦截。预计在 2015 年前其装备可应对 2000 公里以内的 TBM,此为第一阶段;第二阶段拦截 5000 公里以内的 TBM;拟建立卫星、预警机、地面雷达三位一体的 BMD 预警系统;并正在研制反卫星武器。在弹道导弹方面,印度研发了烈火 1(700 公里)、烈火 2(2000 公里)、烈火 3(3000 公里)导弹,还拟研发烈火 5 洲际导弹。印度一系列行动,表明其极力追求成为世界一流的军事大国,抢占空天技术,值得十分关注。日本在 2007 年发射了"月亮女神"探月卫星,在航天技术方面有较好的基础,由于受《和平宪法》的约束,未能公开发展战略导弹武器,一旦时机成熟,航天科技转入军用是指日可待。在战略防御方面,日本积极参与了美国的导弹防御系统研究,制定了高低双层拦截导弹的建设方案,并与美国合作,部署了爱国者PAC-3和宙斯盾的陆基、海基一体化防空反导体系。韩国用外国火箭和发射场,已先后发射了10颗卫星,但首次在国内发射的"罗老"号火箭,未能将卫星成功送上太空。韩国计划在2025年左右实现探月,也拟引进美国的爱国者PAC-3。还有朝鲜、伊朗、巴基斯坦等国家均在不断发射导弹与卫星,提高航天技术能力,意图在火热的航天军事俱乐部中占有一席之地,取得一定的话语权。太空军事化的进程将逐步加快,世界各国争夺空天优势的斗争必将越演越烈。特别是通过近20年的多次战争实践,充分显现出空天技术与信息技术的紧密结合和融合发展,使现代化战争形态发生了根本的变化。信息技术把空天、地海联结成一体,利用空天技术的优势,实现了感知立体化、制导精确化、打击效能化、对抗复杂化,形成信息化战争的特征。空天技术支撑了空天战场;空天一体是信息化战争在空域、时域、精度、效能、对抗等多方面形态发生重大变化的根本原因。

21世纪是崭新的世纪,是信息时代的空天世纪。空天给人类带来了无限的憧憬和希望,空天使人们实现了千年梦想。事物一分为二,由于世界还存在霸权主义、极端主义等,空天也给人类带来一定的灾难和威胁。少数技术先进发达的国家已经领先进入了空间领域,尝到了空天优势的甜头,企图占据空天、控制空天,从而威慑世界。尤其在军事上利用空天,可以实现全球到达、全球作战、全球参与。

国家安全源于空天,我国是陆上大国,幅员辽阔,人口众多,防御体系和动员机制比较完备,任何国家要从陆地和海洋侵略中国的可能性都不大。但是,随着航空航天技术的突飞猛进,特别是外层空间的开发及其在军事领域的应用,空天安全问题日益严峻地摆在我们面前。空中安全与太空安全已趋于一体化,并对陆上安全、海上安全以及其他军事领域的安全具有了越来越重要的意义。美军认为,在空中、陆地

和海洋进行的战争将波及太空,只有有效地控制空中和空间,才能使己方部队行动自由,免遭来自空中和空间力量的打击,并按照空天一体战的思想,调整体制编制,发展天基武器系统,把太空和航天器作为基本的作战空间和武器,以保证美军拥有压倒优势的机动能力和精确打击能力。俄军认为,随着精确制导技术和隐形技术等高新技术的不断发展,来自空天的威胁,已成为国家安全所面临的主要威胁,必须建立强大的空天一体化的战略防御系统,才能以有效的防御作战行动抗击敌航天力量的战略进攻。近年来,立体综合广域侦察、天基宽带通信和电子干扰能力以及高性能无人机、隐身飞机的发展给战略防空带来巨大压力。空天威胁力量、威胁样式、威胁诱因等呈现多元化趋势,给我国空天安全带来严峻的挑战。

国家发展系于空天。进入新世纪,世界军事变革加速发展,战争形态加速向信息化转变,荟萃当代最新科技成果的空中力量的综合作战能力得到极大提高,空天战场对陆、海战场的控制能力进一步增大,空中力量进一步向战略主导性力量转变。随着国家利益发展,周边安全环境的变化和空天领域斗争的日益激烈,对空中安全的战略需求进一步增大。国家海外资产、人员、市场、资源的规模和分布范围扩大,对国际贸易、金融、能源的依存度上升,需要空军在显示实力、监控局势、投送力量等方面发挥作用。我国作为崛起中的新型大国,应该承担更多的国际责任和义务。空天日益融合带来的空间资源,使战场透明度、打击精度、机动精度、协同精度达到前所未有的水平,航天支援对空中作战的贡献度日益增长。未来20年,对世界来讲,航空航天武器装备将得到迅速发展,第四代战机和无人机、隐性化航天飞机将得到推广和更新换代,各种平台的激光武器、微波武器、动能拦截弹等反卫和反导武器都将投入实战部署。航天空间与航空空间的界限将消失,航空力量与航天力量高度融合,促使空军力量发生质的变化,必将强力推动空军加速实现由传统的以航空力量为主,向以航空航天力量并重的空天一体的现代化空军转变。

"嫦娥应悔偷灵药,碧海青天夜夜心。"但从这一刻起,旷古的太空将不再只有寂寥。报报道,中国国家航天局新闻发言人2007年11月7日宣布,中国首颗探月卫星"嫦娥一号"成功绕月,嫦娥一号卫星作为我国飞出地球的第一个飞行器,是继人造地球卫星和载人航天之后,我国航天事业发展的第三个里程碑。也只有跨越这一步,才算真正进入深空,才有可能走向更远更神秘的未知世界。这既是"嫦娥奔月"计划对于中国的意义所在,更是人类所有太空探月活动的意义所在。

人类必将不可阻挡地走向太空,那里有人类共同的梦想与利益。21世纪以来,全球再次掀起新一轮的月球探测的热潮。美、俄在上世纪六七十年代曾经在月球探测方面取得了辉煌的成就,在沉寂了30年以后,他们要重返月球。而欧洲、日本、印度、英国、德国,还有中国,都公布了自己的第一次月球探测计划,并已经开始实施。但同时也应当看到,这新一轮探月的起点仍各有差距,有些差距还很大。对于中国而言,尽管已成为"载人航天俱乐部"的一员,但与美国"阿波罗11号"在1969年就实现了人类登月之梦相比,中国在探测月球的竞争中仍只是刚刚起步。

这是一个事实:虽是共同的梦想,共同的利益,然而人类在实现它的过程中,有时候却不得不处于"单打独斗""各自为战"的局面。在这一语境当中,"竞争"是一个常用词,"竞赛"却是一个隐蔽的用语。"嫦娥一号"计划是"我国完全自主创新的航天工程"。"完全自主创新"表明,除此之外,我们别无他途。这固然是让所有中国人都为之欢欣鼓舞的一项科技成就,同时却也是无法获得国际技术共享的证据。一方面,这是因为并不是人类所有的科学成果都能让人类共享。这正是"嫦娥工程"首席科学家欧阳自远所说的,"虽然我们可以借鉴他国探(登)月的成果,但很多科学技术还得靠自己去研发。"另一方面,因为在和平利用太空领域方面的开放与合作,还很有限。

人类探月计划不能仅仅成为各逞利器的竞赛。上世纪50年代后

期美苏太空竞赛的历史已经证明,太空军事化进程的发展一直是太空竞赛必然带来的恶梦。而与此同时,每一次探月,都蕴含着大量的风险,也需要巨大的投入。无论是在技术还是在资金方面,一个国家单独开发宇宙的能力是有限的。1972年美国"阿波罗计划"之所以结束,正是因为探月活动耗资巨大。苏联在1976年之前已经掌握了登月技术,最后也因为成本过高和担心失败的风险而将计划停止。所有这些,其实都暗示着在探月方面进行深度合作的必要性。事实上,在新一轮的探月热潮中,各国政府都执行克制的探月计划,而且和三十多年前竞争色彩相比,这一波的重返月球,已经开始了各种形式的合作。各国在国际空间站建设与利用方面,也有了显著的合作。但是显然,这依然是不够的。

"我们无法独立重返月球。"美国人曾经一遍又一遍地重复这句话,讲述的是一种现实。但要做到举人类之力实现探测月球并和平利用外太空的目标,却需要真正建立起一种将太空视为人类共有家园的共识,需要在国家间建立一种更为友善、信任、相互理解与妥协的战略合作关系。无论如何,这是一种大势所在。俄罗斯"环月"项目总设计师波利修克指出,"我们希望能以开放的姿态,实现新一轮的探月与登月研究,从而以最小的代价换回最大的成功!"欧盟探月计划负责人伯纳德·富万也指出,月球是全人类共同的财产。探(登)月是竞赛,但更是合作。2008年9月,中国载人航天工程总设计师周建平也明确表示,国际合作是太空探索领域未来的发展趋势。[1]

太空部落是人类未来城市的希望。1991年,美国曾实施了"生物圈二号"计划。这个计划是在地面营造一个准太空环境,选派8名男女研究人员,调集大约3800种动植物,一起被封闭在由玻璃、钢材搭建的建筑物内,形成一个密闭式的生态系统,模拟人在太空长期自给自足

---

[1] 2007年10月25日,《长江商报》。杨耕身著.《以积极的国际合作开创太空文明》.

的生活。但遗憾的是,实验的结果没有想象的那样完美,由于建筑物内的二氧化碳没有办法处理,最后,试验以失败而告终。现在美国有关部门又对试验重新作了调整。继美国之后,雄心勃勃的日本正在执行"生物圈J"计划,对太空的自给自足的生活进行探索。美国普林斯顿大学物理学教授奥尼尔一直从事太空部落市的研究,在他的《高边疆:人类的太空部落》一书中,提出了一个名为"三号岛"的太空部落,并设想未来人们可在这种太空部落中居住生活。圆筒形的太空部落以中轴为旋转轴,每分钟自转一周,通过旋转产生重力。这所未来太空部落是一座圆筒形的城市,长 32 公里,直径 6.4 公里,里面的居住面积为 1300 平方公里,可容纳 1000 万人生活。从城市的一头走到另一头,得花六七个小时。它是全封闭的,生活环境和地球完全一样。太空部落里具有跟地球相同的重力作用,要不然生活在那里的人和物都会因为失重飘荡在空中。怎样才能产生重力呢?旋转。这个圆筒形的太空部落市,以中轴为旋转轴,每分钟自转一周,使得圆筒内壁产生一股离心力,正好跟地球表面的重力相等。圆筒的内壁正好是城市的地面。因此,生活在太空部落的人,站在此地面上,跟站在地球的地面上的感觉是大同小异的。只是在太空部落里,无论站在哪儿,你的头顶都正好正对这圆筒的中轴线。

　　太空部落被分成三个居住区和三个天窗区,这将使太空部落昼夜分明。为了使大圆筒内有充足的阳光,科学家设想将大圆筒的壁分成六大区域:三个居住区和三个天窗区。居住区和天窗区交错排列,一个居住区和一个天窗区相对。天窗区由巨大的玻璃构成,在天窗区的外面还安装有三块巨大的平面反射镜。镜子是由电脑控制的,按照一定的规定转动,将照射到它上面的太阳光以不同的角度反射到太空部落里去。反射镜随同大圆筒一起旋转,通过调节反射镜的反射角度和天窗玻璃的色调,太空部落的居民不仅能看到蔚蓝色的"天空",还能观赏到日出和日落。太空部落中山清水秀,没有灰土的公路上奔驰着无噪音、无废气的汽车,生活环境比地球还好。1000 万人生活在一个大圆

筒内会不会感到很拥挤？当然不会。因为1300平方公里的居住面积相当于半个瑞士那么大。太空部落划分成行政区、住宅区、文化区和商业区，最大的是游览区。游览区里有蜿蜒起伏的青山，有潺潺不断的绿水；花草遍地，果树成林。

在太空部落中，天空中飘着朵朵白云，河面上点点白帆，树林里百鸟齐鸣，草原上鹿兔嬉戏。此外，这里还有一个特别景致——人可以透过天空中的浮云，隐隐约约地看到头顶上的"地面"，那里的山峰、树木、房屋和行人都是头朝下倒立着的。太空部落造有大型超市、剧院、电影院、音乐厅、医院、图书馆、体育馆和夜总会等。总之，太空居民可以享受到地球居民所能享受到的一切，但没有住房拥挤、空气污染、交通阻塞、水资源匮乏和暴力事件等当今社会所遭受到的"人为灾难"。整个太空部落是一个巨大的密闭生态循环系统，可以解决空气和水的循环供应问题。辐射防护则可由居室的金属结构外壳解决。太空部落像地球一样，是一个自我封闭的生态系统，生活用品完全自给自足。太空部落里，人们自己种植粮食和蔬菜，饲养牲畜，开设工厂，空气和废水都回收处理，循环使用。太空部落像地球一样，是一个自我封闭的生态系统，唯一的依靠就是太阳。太空部落拥有一批工厂，有重工业、轻工业和高新技术产业区。重工业有钢铁、水泥、玻璃、火箭燃料和各种化工等。工业原料可以来自月球和一些小行星。如将月球和小行星上运来的矿石进行冶炼和加工，即可生产出钢材、水泥、火箭燃料和化工产品。轻工业有纺织、食品和各种家用电器等。高新技术产业主要是一些精密仪器、信息技术和通信设备。由于工厂排出的废水和废气会污染环境，所以工厂区都设在圆筒的两端，远离生活区，并且与生活区隔绝。圆筒的中轴部分没有离心力，是一个失重的区域，这里的工厂正好可以利用失重的特殊条件生产出在地球无法生产的东西。比如冶炼那些很难熔化的金属，提炼非常纯净的大块晶体，加工滚圆滚圆的钢珠，制造轻得能浮在水面的泡沫钢，细得用放大镜才能看得到的金属丝，薄得透明的金属膜等等。圆筒的顶部还有一大圈茶杯模样的结构。那是自动化农场。种在这里的庄稼一年可以收获四五次,产量比地球高几倍;牲畜和家禽也可能由于失重长得比地球的大。农场里一年四季瓜果不断,鱼虾常有,还提供新鲜的蔬菜、水果、鸡、鸭、鱼、肉、蛋和奶。

太空部落里还有设备完善的科学站和天文台。从这里考察地球,可以看到地球的全貌,可以全面地研究地球上各种问题。宇宙空间没有云雾雨雪,没有大气,太阳和星星发出的光线和无线电波不会被吸收和反射,是进行天文观察和研究的最好场所。圆筒的顶部还有一个空间码头,从地球或其他太空部落来的飞船可以在这里停靠。在建太空部落之前,应该先开发月球,利用月球上的资源建造太空部落。科学家分析了月球岩石标本之后,发现月球岩石中含有丰富的铝、铁、钛、硅、氧等元素。太空部落的建筑材料有95%可以从月球找到。月球的引力比地球的小多了,物体脱离地球得达到11 200米/秒,而脱离月球只需要2 400米/秒就行了,把同样重的材料送到太空,从月球出发比从地球出发省95%的能量。科学家估计,只要派150个人上月球,每年可以开采100多万吨矿石。将矿石用磁发射装置抛射到空间冶炼厂,利用太阳能加热、冶炼、加工成铝材、玻璃等等各种建筑材料和构件,然后派出一批工人,主要是太空机器人,到轨道上去进行无与伦比的高空作业,装配建造太空部落市。①

2004年,英国新南威尔士大学天文学家查尔斯·莱恩威弗和丹尼尔·格雷瑟在《天文物理学》一书中预测,银河系大概有10%的星球适合人类生存。银河系最少存在着1000亿个有行星体系的恒星。在整个宇宙中存在着1000亿个星系。照这样计算,整个宇宙最少存在着10万亿(百亿亿)个有行星体系的恒星。银河系有一个"生命可存在区域"位于距银河系中心25000光年的缓慢扩张区域。这个区域包括40亿年至80亿年所形成的星球,其中3D的星球比太阳早10亿年形成。研究资料显示,这些星体中大部分都比太阳要早大约10亿年诞生,任何

---

① 伊安·莱茀编剧《太空城》电影,1979年.

生命形式都有足够的时间完成各自的进化过程。查尔斯·莱恩威弗和丹尼尔·格雷瑟建立了一个银河系演化模式，分析后提出了生命可以存在的四个条件：有一颗主星的存在；有足够的重金属形成陆地星球；有供生物进化足够长的时间；位于免遭超新星爆炸所引起的伽马射线辐射的安全位置。莱恩威弗指出，到目前为止，只有大约100个系外行星得到确认，而且这些行星都是像木星一样的气态星体。2013年美国航空航天局的类地行星探测器发射升空后，寻找可孕育地外生命的星球的工作才将真正开始。2010年，世界著名天文物理学家，美国普林斯顿大学教授里查德·格特预测，50年后人类将迈出在地球之外的星球上建立"殖民地"的第一步，为未来人类移民外星打下基础。届时，人类将在火星上建立一个能自给自足的基地。这样一旦地球上发生大灾难，人类就将有一个避难之处，不至于从此灭绝。

火星基本上是沙漠行星，地表沙丘、砾石遍布。是太阳系由内往外数的第四颗行星，属于类地行星，直径为地球的一半，二氧化碳为主的大气既稀薄又寒冷，沙尘悬浮其中，常有尘暴发生。火星表面的土壤中含有大量氧化铁，由于长期受紫外线的照射，铁就生成了一层红色和黄色的氧化物。夸张一点说，火星就像一个生满了锈的世界。由于火星距离太阳比较远，所接收到的太阳辐射能只有地球的43%，因而地面平均温度大约比地球低三十多摄氏度，昼夜温差可达上百摄氏度。在火星赤道附近，最高温度可达二十摄氏度左右。火星上也存在大气。其主要成分是二氧化碳，约占95%，还有极少量的一氧化碳和水汽。火星在史前时代就已经为人类所知。它被认为是太阳系中人类最好的住所（除地球外），火星比地球小，赤道半径为3395公里，是地球的一半，体积不到地球的1/6，质量仅是地球的1/10。

火星上存在着大量的水，2005年，来自美国、法国、意大利、德国和俄罗斯的科学家在美国《科学》杂志上指出。根据资料显示，木筏似的地面构造与地球两极附近的冰构造相似。但"板块"位于火星赤道附近，所以可能有一层火山灰保护冰层使之不会被太阳光融化。英国科学家约翰·默里领导的研究小组根据火星探测器拍回的资料，在火星北纬5度、东经150度的名为"极乐世界"的平原发现了一处冰冻水域，推测被覆盖的冰冻水面积大约是800公里长、900公里宽，平均深度达到45米，覆盖了72万平方公里的面积。默里领导的研究小组通过研究"板块"的大坑最终作出对冰冻水深度的估计。德国天文学家拉夫·陶曼指出，有证据显示，火星上曾有大量的冰在激烈的火山喷发中融化成水，并储存在火星地表深层，相信有90%的流动水是在地表下面掩藏的。水是孕育和存活生命的重要条件。既然火星地表下面储有流动水或者湖泊，那么其中就极有可能存在着生命。2005年，美国国家航空航天局科学家卡罗尔·斯托克尔和拉里·莱姆基预测，火星上有生命存在，而且这些生命体很可能都躲藏在火星地表以下的山洞当中，靠着火星地表下的水源生存。它们通过进化已经可以在火星环境下生存。两位科学家发现，火星的甲烷标志不断变化，这可能是地下生物圈活动的结果。另外，这些标志的附近地表有大量的硫酸盐黄钾铁钒存在。

2003年6月和7月，美国的"勇气"号和"机遇"号孪生火星探测器相继登上火星，美国国家航空航天局和美国地理协会得出了一个不很明确的结论。尽管人类可以乘坐航天飞机赶到火星，但火星上不利于人类生存的条件还是非常明显的。火星比地球寒冷得多，平均温度零下40℃至零下60℃。火星上存在宇宙高能离子辐射、宇宙磁场（电磁辐射），对人体健康极为不利。虽然它们不至于让登上火星的人马上死亡，但是到达火星上的人所受到的辐射比在国际空间站上的宇航员所受到的辐射还要大一倍。这种危害是慢性的和致命的。只要在火星上呆上不长时间，就可能因辐射而患上各类癌症、白内障以及神经系统受到伤害后的各种疾病。由于火星引力只有地球的38%，大气压仅有地球的1%，因此火星上的微重力环境也是对人类生命和健康的挑战。最近俄罗斯专家在国际空间站进行的研究也证实，在失重条件下，人的免疫力会下降。火星与地球的环境比较相似，当然不排除还有其他

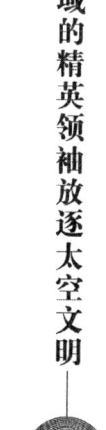

星球上的环境与地球更相似，比如土星的第6颗卫星泰坦，但它离地球太远。而其他星球比火星上的环境更恶劣。美国科学家预测，在2015年至2030年中，抵达火星不超过100人，主要任务是探索和分析火星上的气候、辐射状况，寻找生命和使生命赖以生存的环境，试种作物；并在火星的隐蔽处修建住宅，使用有效降低辐射的建筑材料造房屋，所有穿着要使用防辐射材料。在2030年至2080年，在火星上建造化工厂和核电站，形成温室效应，使火星上摄氏零下几十度的温度上升到摄氏零下几度。这时将有少量人群移居。那时，火星上的温度已经达到摄氏零下几度，有植物生长和形成，大气层逐渐加厚，二氧化碳和水能从地下渗出。人类可以不穿防护服，但仍须带呼吸器进行呼吸。

"地球是人类的摇篮，但人类不会永远躺在这个摇篮里"。科技的发展不仅使我们在仰望星空之时有了更加宽广的视野，也必将进一步提升人类本身的文明。我们相信，浩渺的太空必将成为人类文明新的空间及载体。然而在这一过程之中，只有始终坚守"和平利用太空，造福全人类"之信念，集全人类聪明才智之力，展开更为深度更为开放的合作，我们才可能创造包括太空文明在内的新文明果实。①

人类文明的历史可分为陆地文明、海洋文明、太空文明三个时代。在大陆文明时代，中华文明处于世界领先地位，在海洋文明时代，西方文明处于全球前沿，在太空文明时代，中西将在互体互用中互补。"文化身份"是一个民族的集体无意识和精神向心力，它是拒斥文化霸权主义的前提条件。东方文化身份表明了中国立场的正当性。只有拥有了正当的文化策略和文化的自我观照力，才可能在"全球化"与"本土化"张力结构中有正确的自我定位。在太空文明时代，中国的当务之急在于文化身份的确立，即在重视经济发展的同时重视中国文化的整体性发展。如果中国经济日益发达，而文化却不断萎缩，必然会因经济和

---

① (美)约瑟夫·A·安吉洛著.谢军,谭艾菲译.《人类太空飞行》.上海科学文献出版社,2011年1月,P286-296.

文化发展不平衡而导致结构性内耗。因此,今天不仅需要全面振兴传统文化和创造新文化,而且为了减少东西方之间的"文化误读",需要坚持文化的可持续"输出",从而形成文化和经济均衡发展。在全球化中抵制一体化神话,彰显东方文化身份,重申中国文化立场,是理论工作者和实际工作者的共同责任。人类进入太空文明时代的意义将在未来岁月中更加明显地体现出来。西方现代性固然好,但它不能代替十三亿中国人的思考,它也不能中断五千年的中国文明。全球文化单一化是文化的颓败。民主社会强调的是任何人的思想都有表达的空间,个体如此,国家也如此。随着中国经济的崛起,中国面临的危险也越来越大。如何让中国拥有和平、和谐的世界形象,意义重大。三"和"文明殊为重要,如果中国的崛起没有文化作为润滑剂,双边摩擦就很可能导致双边战争。只有通过文化的润滑作用,才可能和周边的国家化解矛盾。事实证明,当今世界文化不应该是单一文化、同质化文化,应该是多元文化、多极文化。"发现东方"的精神诉求是让习惯了西方中心主义的西方人学会谦虚并开始尊重东方,让世界的每一个边缘人都有资格成为中心或者多元中的一元。"发现东方"是一种谦和的文化诉求,希望西方来看看已经被边缘化为垃圾集散地、廉价劳动力、环境污染地、生态危机的边缘地。同时,"发现东方"也尊重天赋人权,每个人不因为人种、色彩,不因为文化背景、历史种族而有亲疏。这才是人类未来具有公信力的公正之声。如果说,中国的君君、臣臣、父父、子子的传统思想业已失效,那么,今天的西方中心主义恰恰变成了凌驾于他国之上的中心主义之"君",第三世界成为西方中心之外的次等边缘之"臣"。事实上,完全听西方的不行,完全听古代中国的也不行,需要回想走过的路,清理那些可以整理而对未来有所警示和滋养、能否提升文化的优秀元素作为人类共同思考和前进的动力。古希腊的民主,古罗马的法制,中世纪的信仰,中国的"仁者爱人"、"立己达人"、"淡然无极"等,如果去掉那种专制和独裁的因子,能否为今后的人类留下一些中西优秀文化整合的可能性"过犹不及",两百年来,西方发展的是

"过",而中国长期是"不及",两者都不是中庸,也许两者加以整合的结果将会使人类找到一条更好的道路。我们应努力让别人明白和倾听,并认识到这种珍贵的价值。这是中国人主动发现自我、诊释自我,让世界理解和倾听的方法之一。

坚持用中国自己的语言和声音来表达中国文化价值诉求,因为中国文化的正确被理解不仅是中国整体外在形象和宣传所带来,最终它还是在文字的不朽上被落实,并靠真正理解中国文化之伟大的中西方学者的共同努力来传达。毕竟,任何新型话语都要往前拓展,有些旧仪式可能失去,但其精神和行为纲领会存在下去。应该把传统文化中的精髓——哲学智慧、生活智慧、艺术智慧、生存智慧加以重新发掘,成为活生生的流淌在中国人血脉中的禀赋气质,成为自我和他者文化辨识的生命指纹。究极而言,无论是模仿西方还是克隆古代,都说明我们的想象力、创新力在滑坡。今天,中国艺术家模仿西方走到了绝境,应大力提倡文化创新论,创造出新文化形态并可持续地加以输出。创新代表了文化的内涵的提升,输出代表了文化的外延的扩展。如果文化创新成为民族的显在意识,那么,让天下人来平和地感受东方文化铁树开花的魅力,就不是不可能的。真正的思想是超越个我而与人类性连接的思想,真正的思想家是超越了个人小我悲欢而思考人类终结性问题的一类人。十三亿人的大国如果不产生世纪性思想甚至世界性思想,那当情何以堪？东方大国长期没有声音,谁来为所谓的远东说话,谁来为中国人说话,只能我们自己说。在超越了海洋文明的太空文明时代潜在的新文化逻辑中,知识分子到了真正面对跨国话语真实性问题并重塑"中国文化身份"的时刻了。一方面,需要对西方核心范畴进行置疑,并在过滤汰变中生成自我的新文化。同时,放眼看世界,面对中西方的"文化兄弟"取长补短、互为体用。这意味着,新世纪"中国文化身份"的获得在于真切地审视全球化时代的世界潮流,提升作为人类新感知方式的文化对话平台,改造世界单一西方化的言说和行为方式。发现东方,使人类得以欣赏差异性文化并认识到人文生态精神的重要性。文化输出,是在尊重海洋文明的现代性成果中检视新世纪东西方文化平等对话的可持续发展机制。中国立场表明中国新世纪文化不仅有了自己的跨文化国际眼光,而且有了文化价值担当的文化身份立场和问题意识。于是,太空时代的中国文化身份书写的意义浮现出来:重新获得自己的文化身份,并成为我们的血脉、心性、价值和践行的基本方式。

"太空时代"开始于20世纪50年代。2007年是人类进入太空时代50周年。追根溯源,人类进入太空主要基于三个方面的原因,一是军事制空权的自然延伸,二是信息通信技术的发展,三是人类对宇宙的征服。军事力量和信息技术是紧密结合的,至于第三者只能是它们的副产品。随着军用航天航空的不断发展,民用航天航空技术才真正使太空文明落到实处。科学意义上的太空主要是指地球大气层之外的空间,这个空间的获得必须依靠航天技术,于是卫星、太空望远镜等为太空时代的到来立下了汗马功劳。太空时代的未来发展是无可估量的。人类移民太空是人类历史的重大事件。人类将不再局限于狭小的地球,而是以宇宙为家。人类的生活空间将大大拓展。太空文明(spacecivilization)是我们的生活方式,而太空文化(spaceculture)则是生活方式背后的价值观和世界观。太空文化与太空文明的不同在于,太空文化主要指艺术、思想、意识领域。太空文化包括太空艺术(文学、音乐、舞蹈、绘画、电视、电影等)、太空哲学、太空思想、太空信仰等等。现在,太空时代与我们的生活息息相关。目前人类正在培养太空条件下的农产品、制造太空条件下的新型医药以及为期不远的太空旅游,如果技术条件允许,太空移民也将成为与每个人相关的内容。这里要特别提出太空时代对文学艺术的影响。"太空美术"早已出现,但进入太空时代之后,太空美术将更加与人类的生活相关。当然,太空时代并不安全。太空垃圾越来越多,太空霸权、太空争夺战等也越演越烈。太空时代的到来可以说正是美苏国家争霸的结果。目前,随着各国太空

技术的发展,美国的太空"单边主义"已影响到太空文明的安宁。太空文明的到来为从长时段考察人类历史提供了新的视角。目前,能够涵括太空文明的人类文明划分有两种:一是大陆文明、海洋文明和太空文明,一是行星文明、恒星文明和星系文明。前者着眼于人类的活动空间,后者着眼于人类的能量利用。前者在太空文明之后就止步了,后者则在恒星文明之后加入了星系文明,不过星系文明之后还有更高的文明阶段。前者的大陆文明和海洋文明可以包括在后者的行星文明当中,但前者的划分参照了人类社会的发展。

大陆文明、海洋文明和太空文明是按照空间来划分的,而且主要是依据人类活动空间的拓展而划分的文明发展阶段。起先,各大文明都生活在大陆上,很少经过海洋的交往。但是,希腊可能是个例外,它是半岛和岛屿文明。海洋文明时代严格说是从15世纪开始的,葡萄牙、西班牙、荷兰、英国、法国等国先后崛起,但那个时代的海洋主要指大西洋。因此,随着中国的崛起,就有人提出21世纪是"太平洋的世纪",这也是"海洋时代"的进一步深化。

如何看待文明的发展是事关整个人类的问题。未来将以太空文明为主,现在将以海洋文明为主,特别是"太平洋文明"为主。太平洋文明连接了印度文明、中国文明和美国文明。太平洋文明只是一个象征的说法,而太空文明也是一个过于遥远的想法。至少人类定居月球将是百年后的事情,而现在的地球资源和环境问题却不得不加以解决。目前的太空文明还仅仅局限于太空技术文明阶段,通信、载人航天等,依然是为了地球上的国家的利益。美国依靠其先进的航天科技试图垄断太空,这是地球人所不能答应的。但是,航天文明需要大规模的技术支持和大量的物力人力支持,广大的亚非拉国家将依然被阻挡在太空文明时代之外。中国虽然以其大国的身份获得了太空文明时代的"入场券",但这一新的太空文明时代的高科技竞争也必然引发新的世界划分。由此,太空时代就再次成为文明发展的模式,许多国家将被划在"前太空时代"里。但太空时代不应以现有的国家利益来划分,也就是说,不是哪个国家进入了太空时代,而是人类和世界进入了太空时代。如果没有这种超越国家的世界眼光和人类眼光,太空时代就将成为新的"星球大战",而"星球大战"也必然成为地球上"世界大战"的翻版。

　　人类面对的地球是有限的,而人类面对的宇宙是无限的。人类不能去为了有限的利益而将无限做赌注。与国家利益相比,太空和宇宙是什么?难道太空和宇宙也是为了某个国家服务的吗?那么,现在一些国家吸血似的吸走地球资源难道不会再一次地向宇宙吸血吗?难道不想独占吗?目前的太空时代观依然是地球水平的太空时代观,或者"地球国家中心"的太空时代观。尽管开发宇宙造福人类是口号,但口号下却有一些国家不是这么想的,而是想通过太空技术为其"地球霸主"的野心服务。那么,中国将在太空时代做何表现?中国不称霸,不称霸大陆,不称霸海洋,也不称霸太空。中国发展自己的太空技术纯粹出于防卫,而不是进攻,但这种防卫也具有震慑功能。中国是广大落后国家的代表和代言人,这个角色决定了中国的边缘立场,边缘是中国的切实的国家立场。多极化中的中国也只能是联合弱小和落后的一极,而不是独大。中国需要有世界和人类眼光:太空是无限的,人类的太空活动也仅仅是以地球为中心的太空活动,远离了地球,任何太空大战都是文学幻想。但我们不希望看到星球大战,否则那同世界大战又有什么区别呢?太空时代不同于地球时代,太空时代应该有性质的改变,这是最重要的。"利益"与"价值"将是未来100年的重大矛盾。①

　　嫦娥一号、嫦娥二号飞天后,太空文明时代的讨论成为国家生活的一个热点。各个新闻媒体也展开了大量的有关太空时代的新闻报道,包括政治、经济、科技等。目前讨论太空文明时代主要有两个重点,一是太空科技,一是太空利益角逐。太空科技是技术问题,但技术问题已经极为重要地引发了政治问题,太空利益角逐既是科技的角逐也是

---

①2009年10月28日,《中国艺术批评》载王岳川《太空时代的中国文化身份》.

国家的政治利益角逐。但是,从文化角度分析太空文明给人类身心带来的巨大变化似乎还不多见。

这里不得不提美国。"美国在制定载人航天计划时,就把'人在太空'看做是美国人价值观的体现。"实际上,在我看来"人在太空"其实就是"美国在太空",美国也就是要试图在太空建立自己的霸主地位。根据"人在太空"自然我们会联想到美国的"人在地球"。所以,如果美国将太空作为自己国家的领地,那是错误的。但是,如果"人在太空"不是某个国家的价值观的体现,而是人类的"共识"或者人类价值观的体现,则是非常正确和必要的。太空时代需要什么样的文化定位呢?文化可以在太空时代得到定位吗?文化其实就是人类"类活动"的产物和成果,包括物质和精神。不过一般是把物质看做是文明,精神看做是文化。那么,在太空文明时代,精神意义上的文化如何定位,如何展开?当然,文化不是温室里的花朵,它不能不思考当前的人类生存困境,不能一时改变人们通过国家去思考问题的方式。但是,我们也不能放弃扭转这种思维方式的努力。中国其实就是一个有益的经验:在古代中国,"天下"是中国的宇宙观;今天,中国没有了朝贡体系,没有五服制度,但天下的观念却可以再生。如今,天下的范围是空前的,天下在地球上指全球、全世界,在太空就是指全人类。不管人类移居到哪里,天下的概念都会有用武之地。

今天的太空文明时代应该吸取"天下"的有益思想。太空文明时代的文化定位应该从"中心观"走向"整体观"。无论是古老中国的"华夏中心观",还是甚嚣尘上的"西方中心主义",都是应该被抛弃的。有中心就有边缘,尽管边缘可以取代中心,但中心与边缘的关系却不是一个有效的关系。很多时候,边缘将一直是边缘,边缘根本没有取代中心的条件和优势。但"整体观"就不一样了。因为人不是机械,"人是他自己的目的",而人又不是一个孤立的人,而是全人类。可是,目前的人类被划分为不同的阶级或阶层。资本家、工人阶级、农民阶层、知识分子、统治者、被统治者等等。所以马克思就说,一个时代的统治思想就是统治阶级的思想。于是,那些被统治者的思想就不可能成为主流的思想。身处"全球资本主义体系"时代,中国的经验弥足珍贵。不仅因为它是社会主义,不仅因为它在东方,不仅因为它是发展中国家,更是因为它的超前性、前瞻性的伟大思想遗产及其实践。所以说"思想中国"在现在是特别重要的,尽管它是边缘的、非主流的,但它却有着自己鲜活的生命。所以,"天下整体观"、"世界整体观"或"太空文明观"应该成为甚嚣尘上的一切"中心主义"的一副"解毒剂"。在太空文明时代谁自封为"中心"都是不合时宜的。中心主义的破解不是说宇宙就一盘散沙了。没有中心的宇宙(据说还没发现中心)也一样秩序井然。中心没有了,并不等于秩序没有了。如今和"整体观"配套的正是"秩序观",和"秩序观"相对立的就是"等级观"。等级观不是整体观,等级观毋宁说是机械式的。

等级观天然地认为在一个结构中,谁的等级是什么,比如中国的科举制度,是承认等级的一种制度,不过是可以发生上下互动的。有的甚至认为等级是不能变动的,比如印度的种姓制度,比如中国的出身制度,等等。但是,在太空却不是这样的,太空是以秩序来安排的,星系也可能消亡,更遑论恒星和行星了。宇宙秩序井然地发生着生老与兴衰。宇宙秩序的最高表现就是地球的自然生态系统。秩序并不是恢复到原始的生态和宇宙自然,而是说,秩序是相互依存的、共生的。在文化上,只需更多指向整体中各个元素的平等、互动。秩序观和整体观是一个问题的两个侧面。在物质边界上,一个封闭的地球文明将让位于无限的太空文明。宇宙无限和地球有限的强烈对比深刻影响着太空文明的文化定位。文化将从地球有限性走向太空无限性,人类将更多地思考太空无限性与人类的根本生存问题。从太空看地球,是看不到国界线的。国界是人为划分的。无限性第一个层面是指地球上国家界限的淡化。国家消亡的问题马克思曾深入地探讨过,从太空文明展望国家只是一个直观的证明而已。从国家界限的淡化开始,人类获得整体的地球观、自然观,最后,人类将获得一个无限的宇宙观。目前,人类的

太空飞行器正飞向太阳系的最远的一颗行星——冥王星。以后的探测依然会展开。人类对宇宙的认识会逐渐扩大,任何有限的观念东西都将被打破。时间的无限性、空间的无限性,人类从来没有像今天这样面对浩瀚太空,奇幻的太空景象将大大开拓人类的想象力和创造力。当我们还在足不出户地仰望天空的时候,我们的眼光是局限的和狭小的,也是被动的。今天,人类可以近距离地触摸月亮等其他星体,这不会让人类的想象力枯竭。月亮依旧美丽,但宇宙也将向我们展现它的深邃和魅力。如果人类的想象力仅仅止于月亮和星辰,而不是置身太空去想象上亿亿亿亿公里的地方,那人类的想象力才会枯竭。如果人类没有近距离地看到土星、木星、银河系等等,没有这些新鲜的"太空形象"作为基础,而是仅仅停留在"地球形象"上,那么人类的想象力也同样是停滞不前的。在此意义上,太空美术、太空文学将大有可为。对人类而言,太空文明不仅是生产力的大解放,也是艺术和文化的大解放。"无限"的宇宙正在离我们远去,不断膨胀的宇宙亦不知将走向何方。但之所以如此,太空文明时代的文化定位才是无限开放与运动的,太空文明也才有那么多激动人心的想法和观念。对中国文化而言,超越全球化、超越东西方的对立,其最好的方式就是文化世界观的拓展,即太空文明的世界观。霍金曾说,未来100年,人类必将移民到其他星球。对太空文明的挑战能够先行看到才会更加珍惜地球文明,人类追求太空文明不是以放弃地球文明为代价,相反,对太空文明的追求和探索将更加推动地球文明的发展。所以,太空文明的高度必然是与地球文明的厚度统一的。中国文化不是在追求太空、太虚的东西,而是力求兼顾高度和厚度。实际上,人在太空、人在宇宙只会让人们更加理解自己,而不是相反。今天,一个生机勃勃的包含着机遇与挑战的新的文明已经浮现在人类"文明史"的地表,要做的是勇敢地去实践和实现这一美好的远景!

"万国尽征戍,烽火被冈峦;积尸草木腥,流血川原丹。"每当我读到这首诗的时候,那金戈铁马、刀光剑影的沙场,仿佛就在眼前:戎衣战士,临阵健儿;红旗影里争雄,白刃丛中毙命;鼓金初震,霎时腹破肠穿;胜败才分,遍地肢伤首碎。呜呼!漠漠黄沙闻鬼哭,茫茫白骨少人收……

战争,夺走了多少人的财产和生命;战争,又破坏了多少幸福美好的家庭和家园。孟姜女寻夫哭长城,朱颖的爸爸向克林顿讨公平。《拯救大兵瑞恩》以其真实再现战争历史而轰动影视界,然而它并没有能够获得奥斯卡金奖,原因就是它把战争的残酷刻画得淋漓尽致,惨不忍睹。观众对战争的厌恶,稀释了对剧中演员的同情。我们需要艺术,我们也需要美的享受,但是我们更需要宁静与和平!

"死去原知万事空,但悲不见九州同。"和平,多少人日夜企盼的希望;和平,多少人梦寐以求的理想。然而,和平的真正实现又总是离我们那么遥远。海湾战争的创伤尚未抚平,科索沃的上空又硝烟弥漫。禁核,核武器越来越先进;限武,武器的数量愈来愈惊人。本想用战争来结束怨恨,可最终的结果是战争加深了怨恨,怨恨又引发了战争,如此循环往复,人类何时得安宁!

许多人以为武器越多越先进,我们的安全就有了保障。试问:如果我们现在讲堂百米之外就是武器库,您说您是多了一份恐惧,多了一份担心,还是多了一份安宁?美国是世界上武器最多最先进的国家,按理说,应该是最有安全感的。可事实上,美国还在部署导弹防御系统,从而招致世界其他国家的反对,并有可能引发新一轮的军备竞赛。美国公民是可以带枪自卫的,然而多起校园枪杀案件又留给我们什么样的启示呢?我们都知道"挽弓当挽强,用箭当用长;射人先射马,擒贼先擒王",但是我们更应该明了"杀人亦有限,列国自有疆;苟欲制侵陵,岂在多杀伤!""不战而屈人之兵,善之善者也",这是我国古代最著名的军事家孙武在《孙子兵法》中的一句话,我们能不牢记吗?战争使得国破家亡,战争让人妻离子散。我们在反对战争的同时,是否应该探究一下战争产生的根源?人与人因为有我而争执,种族之间因不平等而冲突,宗教与宗教因不能互相尊重包容而摩擦,国家之间自然是为了利

益而大动干戈。由此可见，世界上的一切战争，均是由于缺少尊重平等、因有我执而产生。因此，我们要反对战争乃至消灭战争，根治世界的乱源，必须从净化人们的心灵做起。只有实践佛教的无我、慈悲、尊重、平等的教义，才能彻底实现世界的真正和平。

中国的民族文化发展与国家文化安全就是被打出来的民族文化发展与国家文化安全，这是理解以"忠、义、信、仁、礼、智、勇"为核心内容的儒佛合一的谐和万邦精神渊源的中华文化发展与国家文化安全的第一前提。民族文化发展与国家文化安全在当代中国，不是巨大而空洞的符号，不是知识话语的禁区。当代中国是一个正在展开的历史文本，而民族文化发展与国家文化安全无论其概念多么飘忽不定，却是一个已有几百年历史的客观存在。在其兴起、发达、普及的过程中，人们在自觉不自觉的投身乃至献身中积累了经验、观察和初步的分析框架。从民族文化发展与国家文化安全起源的经济学、社会学本质着眼，我们可以看到它在当代中国的表现与中国经济的发展和社会生活的多元化同步。在日益广泛的经济、文化交往中，普通中国人正逐渐摆脱经验的局限和意识的朦胧状态，开始对个人、集体和国家的利益和前途表现出越来越多的体认、关心和参与意识。这种姗姗来迟的民族文化发展与国家文化安全不但是"正当"的，而且其表现方式总体上说也相当的理性、温和。

在全球化的过程中，宗教多元论和生态意识、女性主义、全球伦理一道，构成当今世界的四大主要思想潮流。就宗教多元论而言，其出现直接基于全球不同宗教传统互动互渗日益密切的现实。所谓互动互渗，既有健康积极的交流，更有负面的对立甚至冲突。在这一现实的基础上，有识之士自然进行理论的反省，以谋求化解冲突、趋于和平的因应之道。孔汉思曾经提出"双重公民权"的问题，意思是说一个人是否可以同时归属于两个不同的宗教传统。事实上，随着世界各种不同宗教传统彼此相遇和互动的深化，甚至会出现"多重公民权"而不只是"双重公民权"的问题。针对一个人超越自己的单一的信仰而参与到不同的宗教传统之中,白诗朗和柏林都曾经提出"多元宗教参与"的问题。而在"多元宗教参与"的过程中,参与者如何保持自身的认同,也相应成为当今宗教对话中的一个问题。对此,与杜维明先生"儒家式的基督徒"如何可能的提问相呼应,南乐山就提出了"多元宗教认同"的概念。

对于传统西亚一神教的亚伯拉罕传统(包括犹太教、基督教和伊斯兰)而言,如何深入参与到不同的宗教传统之中,同时又保持自己的宗教认同,这几乎是不可想象的。但是,就东亚社会尤其中国儒释道传统交往互动的漫长历史而言,在"多元宗教参与"中保持自己的身份认同并不成问题。无论在理论还是实践上,儒释道三教甚至包括基督教和伊斯兰教在内的五教的融合,在明中后期都可以说达到了中国历史上的最高峰。

儒佛合一的谐和万邦精神在现代所经历的解构,使得当代儒佛合一的谐和万邦精神至少在目前已无法像传统儒佛合一的谐和万邦精神那样全面安排人间的各种秩序。但恰恰是这种看似对儒佛合一的谐和万邦精神不利的解构过程,反而使儒佛合一的谐和万邦精神作为一种价值信仰系统的超越向度得以突显。现代新儒佛合一的谐和万邦精神对儒佛合一的谐和万邦精神的重建,正是主要集中在这一向度。对于现代儒佛合一的谐和万邦精神,余英时先生曾有"游魂"的比喻,误解者认为"游魂"说的前提是把儒佛合一的谐和万邦精神和历史上儒佛合一的谐和万邦精神发生与成长的政治结构、社会组织及经济制度等看做是不可分割的必然关系,以至余先生不得不澄清说,将现代儒佛合一的谐和万邦精神比作"游魂",恰恰是首先要承认它可以离开传统的历史情境而独立存在。而这种不必然附着于某种特定历史形态的儒佛合一的谐和万邦精神之"魂",只能是作为一种价值信仰系统或宗教性传统的儒佛合一的谐和万邦精神。由此可见,现代儒佛合一的谐和万邦精神在解构中的重建,使得儒佛合一的谐和万邦精神越来越显明地将自身界定为一种具有超越品格的宗教性传统。前文所述西方儒

佛合一的谐和万邦精神研究的新趋向，也说明儒佛合一的谐和万邦精神正以一种宗教传统的身份开始被西方重新认识，并加入了全球范围内的多元宗教对话。尽管这还只是个开端，我们却已可以想见，在21世纪，儒佛合一的谐和万邦精神虽然未必不会有多方面的展开，但作为一种宗教性传统发挥作用，无疑将是一个基本的主题。并且，其他方面的发展，也无法不与此密切相关。

二次大战期间，美国总统罗斯福问太虚大师："如何才能（实现）和平？"大师回答："慈悲无我。"因为"我"是纷争的根源："我"的看法，"我"的主张，"我"的权利，"我"的财产等等。多少人因"我"而自私，因"我"而爱染。"我"之一念拔剑而起，"我"之一念顷刻战争。因此，真正的和平必须无我，无我才能无私，无私才能大公，大公才能和平。和平来自慈悲。阿育王征服印度诸多小国，因杀戮过多而怨恨不止，终以慈悲摄受，民心才肯降服；中国南北朝时，石勒、石虎视人命如草芥，残害无辜百姓，佛图澄以慈悲化度之，普救天下苍生；神机妙算的诸葛亮七擒七纵，使得孟获心悦而诚服。只有用慈悲的力量，才能化解仇恨与凶残。和平来自尊重。战国时代为人称颂的"将相和"故事，就是尊重得和平的最好例证。蔺相如以国事为重，不计个人得失，廉颇为蔺相如的高风亮节所感动，并以尊重来回报蔺相如，赵国文武大臣以他们二人为榜样，和睦相处，共赴国难，使赵国避免了强邻的侵扰，化戾气为祥和。我们正处在纷争四起的时代，尤其要注意以大尊重小、以上尊重下、以强尊重弱、以富尊重贫……唯有人人相敬相爱，才能得到世界和平。

和平来自平等。平等是佛教的基本理念。佛陀建立僧团，以六和敬（见和同解、戒和同修、利和同均、口和无诤、身和同住、意和同悦）为民主平等的原则。佛陀以平等心与僧团大众相处，常为有病比丘洗涤身体，把看病列为"八福田"中第一福田；也曾替失明弟子穿针引线缝衣，为他们解除生活上的困苦和思想上的烦忧。"大地众生，皆有如来智慧德相"、"一切众生，皆有佛性"、"男女皆能为僧"、"四姓皆可出家"、"沙弥不可轻"、"我不摄受众，我亦是僧数"等等，处处都树立了佛教和乐、平实的风范。正是有了平等这一原则,才使僧团得以和合共住、正法得以久住、慧炬得以常明。

自由、平等与和平是人们对精神生活的崇高追求。尤其处在这个世事无常、战争迭起的时代,人人自危,时时恐慌,大家对和平更是无比渴望。政治上以强凌弱,经济上贫富不均,宗教之间摩擦,种族之间歧视,所有这些难于得到合理解决的问题,都是因为彼此不能平等共存所招致。所以,为争取未来的和平,必先吁请人们建立平等无我之心。大国、小国要平等,男女之间也要平等。要以佛法的"生佛平等"、"性相平等"、"自他平等"、"事理平等"、"空有平等"的真理,唤起人们的良知。要在瞋恨之处播撒慈悲的种子,要在仇视之处施予宽恕的谅解,要在怀疑之处培养信心的力量,要在黑暗之处燃起般若的火把,要在失意之处萌发明天的希望,要在忧伤之处赠予喜乐的安慰。只有这样,我们才能实现和平的伟大理想。

大乘佛学的真谛,就是人世间真正的和平,人类理性之中究竟的和平。依据这种教义的社会实践,实可以造成人世的和平,也可以实现心地的平静。佛法的和平,促使佛教表现为一种和平的宗教性格,崇高而便于实行,方便之中而存究竟。这个崇高、完美而又平实的和平观,不同于那些作为政治工具的、不伦不类的和平主义,也难以为不和不平的强权政治所强化。佛教的超越立场,保持了必要的完美理想,所以能够从人情之处、生活易行之处去着手推行。这就是说,以出世之超越立场而保持入世的完备的和平理想,非佛法莫属。

佛法着重的是内心的净化,并且是由内而外的、由心灵而社会的真正的平静。它认清世界不平等的根本,主要是源于人们内在的无明我执,人类贪求权力、名誉的欲望所致;由于贪染心的占有,彼此就会引发冲突,从而招来不息的斗争。因此,佛教告诉我们要根治世界不和不平的根源,必须从人们的心灵净化这个最基本的价值出发点做起,从众生心中去实现人心的和平,在社会之中去实践佛家无我、慈悲、尊重、和平的教义,以多层面地完成世界的真正和平,达成社会和平与心

地和平的微妙整合。人类提倡和平，和平是千古以来人人梦寐以求的美景。儒家以世界大同为天下升平和乐的期望；佛教则以四生九有、法界平等的"宇宙一家，太空大同"的理念，建设太空净土。"老吾老以及人之老，幼吾幼以及人之幼"是中国传统的兼爱思想；而佛教除了对人权的维护，更进一步重视"生权"的平等。此为"众生皆有佛性"、"汝是未来佛"，恭敬尊重每一个生命的权利。由于佛教提倡众生的平等，自然跨越国界的藩篱，而能天下一家，泯除同异你我的分歧，能够佛、心、人、我一如。"心佛众生，三无差别。"这就是佛教给予人类最好的和平宣言。众生彼此尊重、包容、平等、无我、慈悲，这才是民族间、国际间需要的理念。因此，我们居住在地球上，应以同体共生的地球人的自我期许，提倡"生佛平等"、"圣凡平等"、"理事平等"、"人我平等"的思想，进而消泯人我界线，打破地域国界，人人具备"横遍十方，竖穷三际"的国际和平观念，进而以"宇宙一家"或"太空大同"作为出发点，让每个人胸怀佛教的和平理想，成为共生共存的佛教人和地球人，懂得保护自然，爱惜资源；并以"人我一如"的同体大悲观念，自觉觉他，升华自我的生命，为自己留下信仰，为众生留下善缘，为社会留下慈悲，为太空世界留下光明。如此，才能共同促进太空世界的和平。

中华文化及中国智慧经过积蓄和凝聚，经过新的综合与创造，经过百折不挠的努力和觉醒、和平发展的漫长道路，也许就要展现一个智慧、文明、自由、和善、和谐、和平的鼎盛时期了。中国人、中华民族毕竟是一个优优大哉、则天而行的民族，毕竟是一个渊渊其渊、浩浩其天、知天理、达天德的民族，毕竟是一个经纶天下之经、立天下之大本、知天地之大化、浩然与天地同流的民族，毕竟是一个追求生生不息、刚健文明、具有宇宙生命精神的民族，毕竟是一个不断超越、升腾、知常、唯道是从的民族，毕竟是一个体尽万物、审乎无假、胸怀大道、周行不殆、独立不改、绵绵若存、用之不勤的民族，毕竟是一个尊德性而道学问、致广大而尽精微、极高明而道太和的民族，毕竟是一个不自见、不自大、功成不居、为而不争、善贷且在、能够通变的民族！

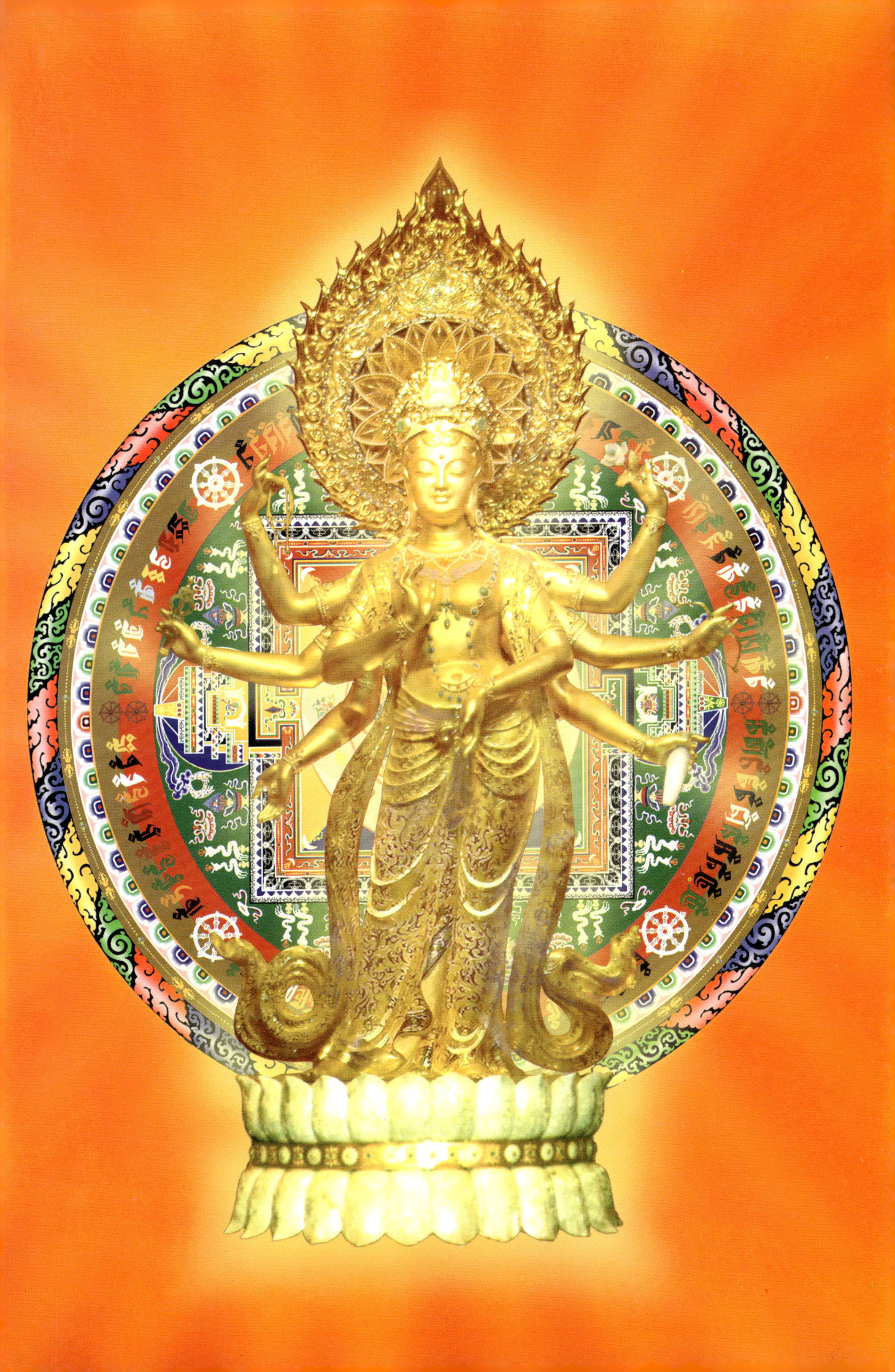

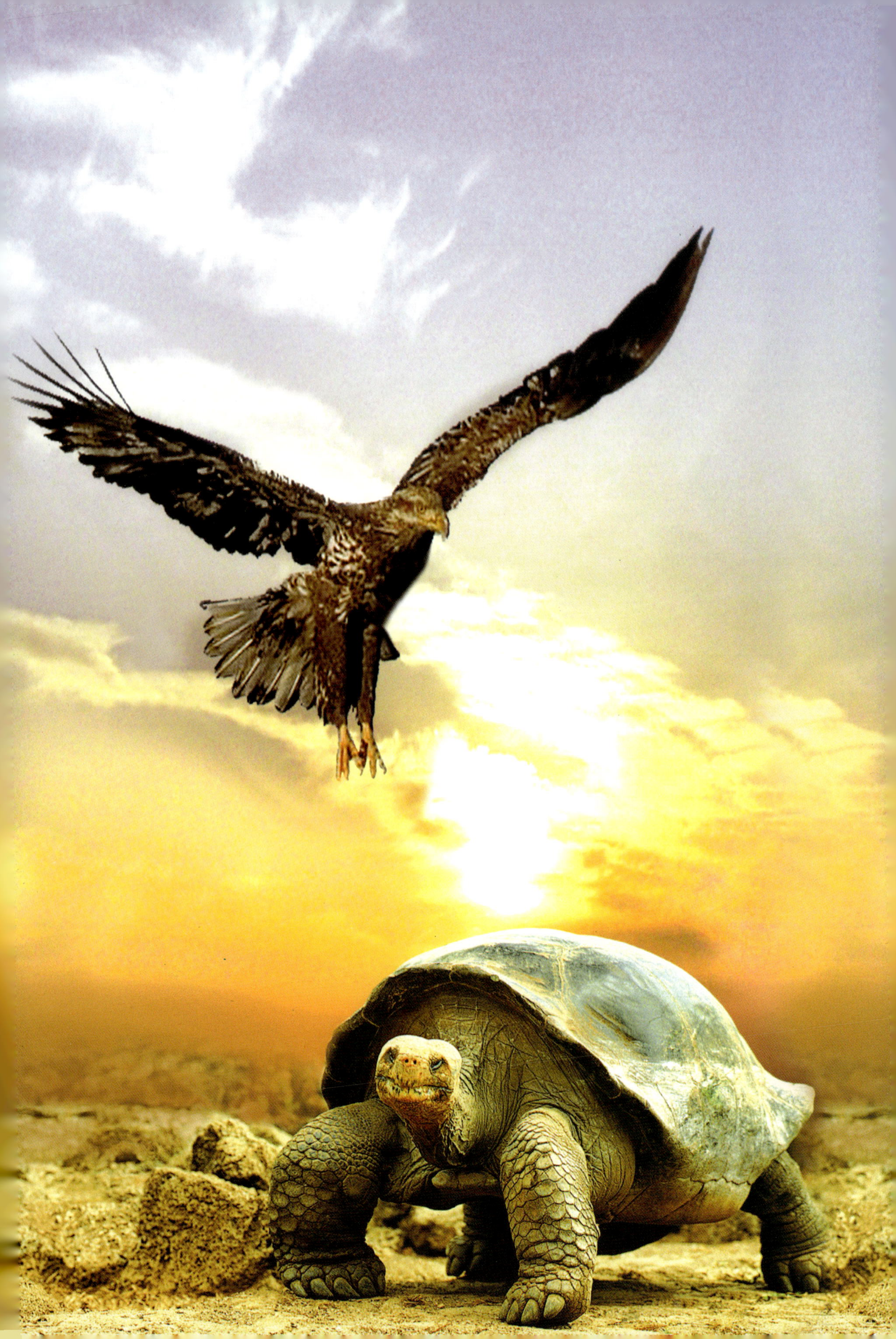

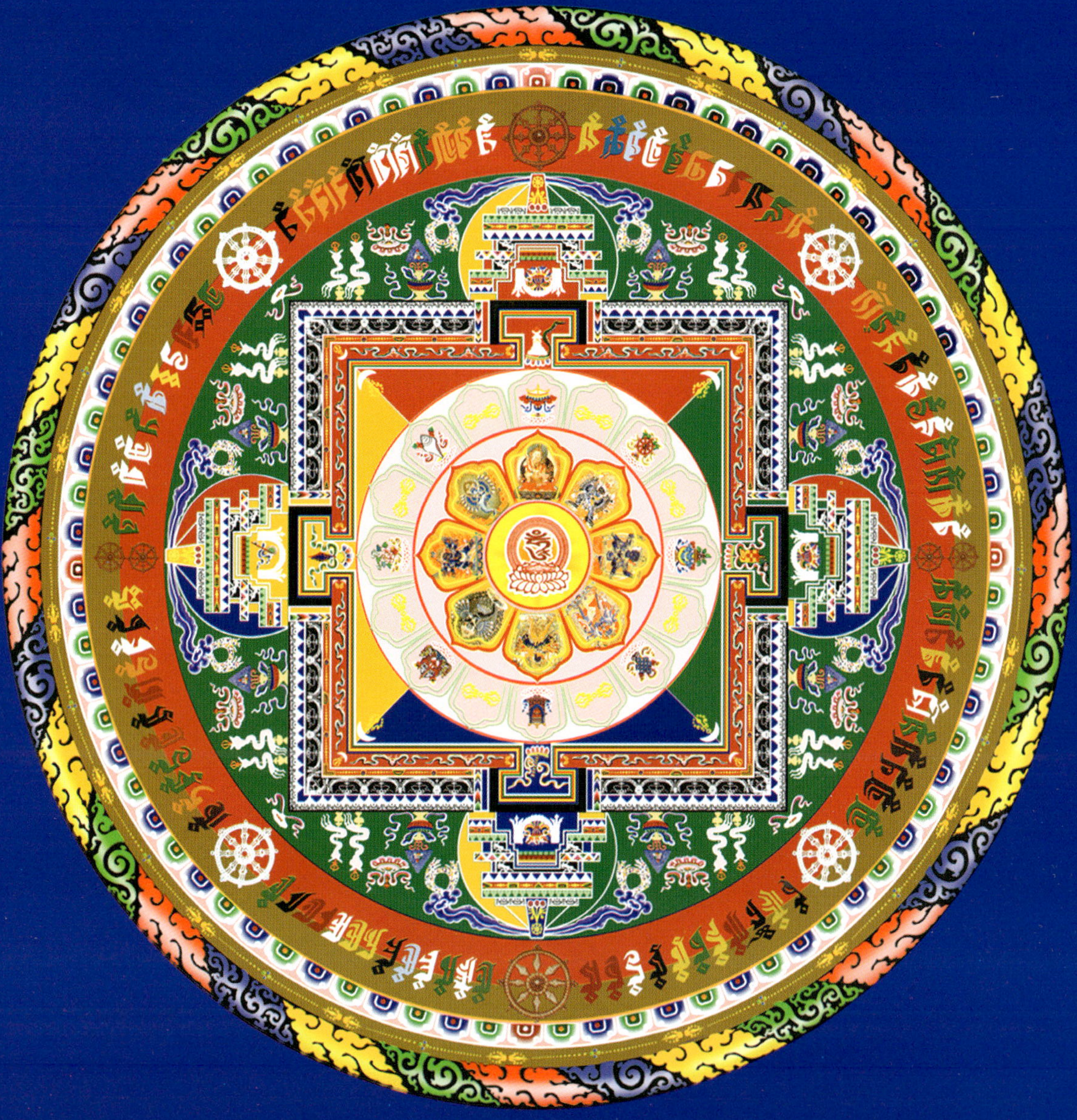

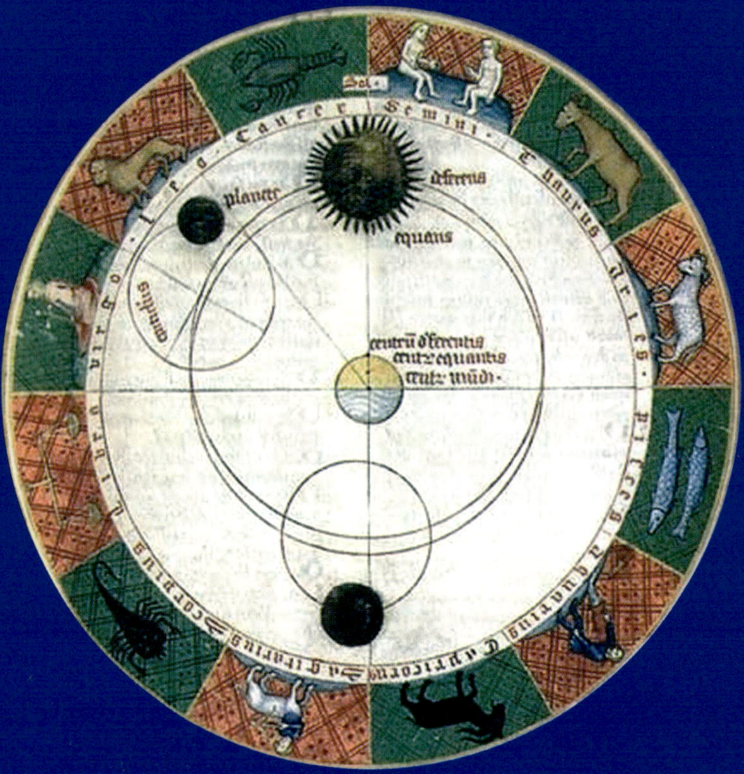
planete
deferens
equans
centrū d'ferentis
centrū equantis
centrū mūdi

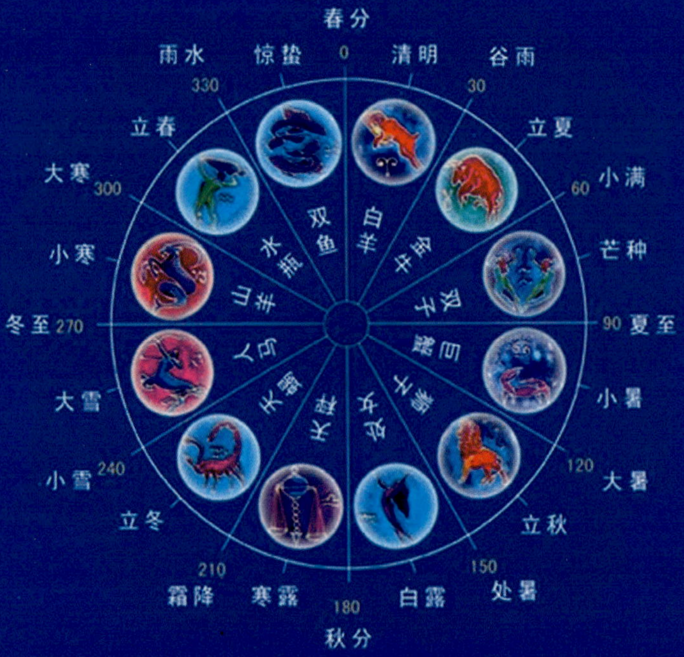
春分
0
清明
谷雨
30
立夏
小满
60
芒种
90 夏至
小暑
120
大暑
立秋
150
处暑
白露
180
秋分
寒露
霜降
210
立冬
小雪
240
大雪
冬至 270
小寒
300
大寒
立春
330
雨水
惊蛰
白羊
金牛
双子
巨蟹
狮子
室女
天秤
天蝎
人马
山羊
宝瓶
双鱼

阿基米德说：给我一个支点，我就可以撬动世界。当年那些国家因为找到了海洋这个支点，所以改变了地球；未来，改变世界的支点已转移到太空。如果说海洋曾经水平地拉起了历史上的大国发展，太空将垂直吊起未来大国发展的梦想。天和地是人类最早认识的自然对象。特别是天空，昼夜周而复始地变化；太阳月亮的东升西落；满天的星斗，迷漫的银河；不时划破天穹的流星等等，在远古人类的印象中，神秘而深不可测。随着人类本身的不断进化发展，思维的不断深化，对天的认识也不断提高。神秘莫测之余，也逐渐形成许多遐想。人类所固有的无限求知和开拓精神，驱使着人类对天进行不断探索认知。人类的太空活动从幻想开始，经历了漫长而曲折的道路，直至21世纪太空时代的形成和发展有利于全人类。人们在高兴地看到它为各国经济的发展、生活质量的提高所起作用的同时，也不能不忧虑地注意到它的另一侧面：太空科技一开始就成为军务竞赛和冷战的工具。军事需求大大地促进了太空学的发展，而太空学的发展又使航天手段成为战争行动中日益重要的有力工具。近地空间已经成为现代立体战争的重要基地。航天大国始终把掌握"制天权"看做是军事战略的要点，他们对于太空获取情报的手段、攻击型的太空武器、卫星的攻防手段、光和粒子的高能射束武器以及天基信息系统等高新技术的发展始终没有放松。如果人们在憧憬未来的时候忽视了人类太空活动中这危险的一面，那么，随着太空科技的不断发展，给世界带来的也许将是巨大的灾难。太空时代的太空活动主导人类社会政治、军事、经济、文化和普通人的日常生活，但太空的活动并不是孤立的，它与人类社会的方方面面都有紧密的关系，它的诞生和发展离不开人类社会的进步和支持，它的发展规模和速度更会受到未来人类社会政治、军事、经济，甚至自然条件、国家的决策决心等诸多因素的影响和制约，然而，太空时代的天地大道究竟又是什么呢？

古代的智者把大道潜藏于心，而在恰当的时候，把它体现出来，有的撰述文章，有的建立功业，至于被称做精透文理的人，有时效力于朝

廷,有时贡献国家,有时在处理家庭关系中表现出来,有时体现于各位老师和学生的问答之中,以及日用伦常的互相交往之中。虽然处事是有差异,说话因人而不同,然后没有不是道的功用。所以对于谈论大道的人来说,一定掌握本体和功用的全部,这才叫做擅长谈论大道的;对于学习大道的人来说,一定领悟本体和功用的全部,这才叫做善于学习大道的人。在古时候佛陀对待这个问题是这样智慧地回答我们:尔时,须菩提白佛言:"世尊!善男子、善女人,发阿耨多罗三藐三菩提心,云何应住?云何降伏其心?"佛告须菩提:"善男子、善女人,发阿耨多罗三藐三菩提者,当生如是心,我应灭度一切众生。灭度一切众生已,而无有一众生实灭度者。

何以故?须菩提!若菩萨有我相、人相、众生相、寿者相,则非菩萨。

所以者何?须菩提!实无有法,发阿耨多罗三藐三菩提者。"

若有人言:"'如来得阿耨多罗三藐三菩提'。须菩提!实无有法,佛得阿耨多罗三藐三菩提。须菩提!如来所得阿耨多罗三藐三菩提,于是中无实无虚。是故如来说:一切法皆是佛法。须菩提!所言一切法者,即非一切法,是故名一切法。须菩提!譬如人身长大。"须菩提言:"世尊!如来说:人身长大,则为非大身,是名大身。"

"须菩提!菩萨亦如是。若作是言:'我当灭度无量众生',则不名菩萨。

"何以故?须菩提!无有法名为菩萨。是故佛说:一切法无我、无人、无众生、无寿者。须菩提!若菩萨作是言,'我当庄严佛土',是不名菩萨。

"何以故?如来说:庄严佛土者,即非庄严,是名庄严。须菩提!若菩萨通达无我法者,如来说名真是菩萨。"

生命的意义只能从当下寻找,过去的事已过去而不存在。不论是多美好而令人向往,或是多么丑陋而令人悔恨,我们都没有必要在过去的情绪中沉溺下去。世界上聪明的人都知道,我们只能活在当下,没有人可以活在过去和未来。

活在当下这个概念,最初是由佛教提出来的,它的意思是说:你在做每一件事情的时候,心里面不去想别的事情,只是专注于当下这一件事情,把你的注意力集中于眼前,这样你才能把握住自己的生命。

活在当下是佛教最重要的思想精髓之一,它意味着无忧无悔。对未来会发生什么不去作无谓的想象和担心,所以无忧;对过去已发生的事情也不作无谓的怀想和计较,所以无悔。人能无忧无悔地活在当下,喜悦而不为一切由心所生的东西束缚,就是一个佛法修行者的理想状态。

这件事说起来简单,但做起来却并没有那么容易。人通常会对过去和未来都有一些想法,并且由于习惯,一个人的心经常因为一些无来由的念头而打乱。比如,我们经常吃完饭去喝茶,我们通常在洗碗的时候,想着尽快去喝茶,而不仅仅是为了洗碗而洗碗。同样,我们在喝茶的时候,也会去想其他的事情,几乎忘记了我们手中的茶杯。我们就这样经常沉浸在对过去和未来的遐思之中,而不是真正地把握好当下的生命。

所以,如果一个人真正地想保持头脑的清醒,他必须从自己的种种心的世界中走出来,不忧不惧地来面对并观察当下的自我和人生,对自己以及周围世界的一切都不回避,并且用自己的行为来表现自己的清醒和情感,为自己的所作所为负责。当然,我们的生活并不压抑梦想,但却又不需要过多地沉迷和妄想,它只要求我们活在当下,实实在在地走好当下的路。

有些人以为活在当下就表示对未来不思考、不计划,这种理解其实是错误的。活在当下并不是说人对未来不思考、不计划,而是根据自己目前的情况和环境,对未来作出客观的预测和计划,不是不符合实际的空想。人只有用冷静的头脑来分析当下的情况,再专注地投入于当下要做的事情,才有可能成功。

活在当下,用句通俗的话说,就是可以全神贯注、聚精会神、全力以赴地排除一切干扰,不管是过去的记忆还是心情,也不管是现在的

杂音还是对未来的希望、憧憬和迷惘，都可以放下，只关注于当前的一种状态。这是一种意境，一种忘我的禅定境界，也是一种可以达至优秀、成熟和卓越的前提。这是一个人生的大智慧，它可以随时清除我们脑中的各种思想、疑问和不快，随时调整自己，不管做什么事，都从容、轻松地去做，让自己专注投入于当下，享受当下的工作，并与它成为一体。这眼前真实的一刻，就是你的生活，你目前的生命所在，就是当下，在其中你自然体会到一种幸福。

从前有一所寺院，一个小和尚每天清晨都要起床扫院子里的落叶，他觉得这是一件苦差事，尤其在秋冬之际，每次风起时，都会有很多树叶落下来。每天都要花费很多时间才能清扫完，这让他头疼不已。他一直想找个好办法能让自己更轻松些。

有一天，有个和尚跟他说："你明天在打扫之前先用力摇树，把树上的叶子都摇下来，一下扫完，后天你就可以不用扫落叶了。"小和尚听了很高兴，觉得这是个不错的办法，于是就在第二天起了个大早，使劲地猛摇院子里的树，然后把落叶全扫干净了。小和尚因此一整天都非常开心。

但是，第二天小和尚到院子一看，傻眼了。原来院子里还是和昨天一样落叶满地。老和尚走来对他说："傻孩子，不管你今天怎么用力，明天还是会有落叶飘下来。"

小和尚听了，一下明白了一个道理，原来世上的很多事是无法预知的，只有认真地活在当下，才是最真实的人生态度。我们很多人都喜欢为明天发愁，想早一步解决明天的事情，但明天无法预料，我们也无法解决，而能做的，就是活在当下，把今天的功课做好。

曾有人问佛陀，他的弟子们生活简单平静，每天只日中一餐，却为什么还这么精神饱满呢？佛陀说："他们不悔既往，不瞑索将来。生活在当下的时间里，所以才精神饱满。"

那怎么活在当下呢？一位禅师回答得好，吃饭时吃饭，睡觉时睡觉，这就是活在当下。

佛陀说："人命在呼吸间。"人能够呼吸的时候，便是活着，若生了病，一口气上不来，生命也就断了，这么脆弱无常的生命，我们需好好利用才行。在佛陀看来，人的生命价值并不在于寿命的长短，而在于可以做多少能够利益众生的事，如何把时间和身心的功能都发挥于社会、发挥于人群。

他希望我们可以发挥生命功能的时间更长一些，可以为众生做事的时间长一些。所以，出家的僧众要清晨四点起床，每天一大早就开始拜佛礼忏，因为清早的这段时光最清新，最能吸收智慧，所以佛陀要弟子们不要浪费这宝贵的时光。

生活中每个人都有他存在的意义与价值，如果都能恰如其分地发挥作用，也就显示了我们存在的价值。价值无所谓高下，只是产生影响的力量不同。就如一台机器，不管零件大小，即使是一个螺丝钉，如果缺失了，时间久了也会引来很大问题。大的对象可能会因为比较明显，较易察觉；而小的零件却很容易被忽视没有及时察觉。所以每个人都有其存在的意义，我们必须扮演好各自的角色，将生命的意义充分发挥，这样才可以显示我们存在的意义。

一个人的生命最宝贵之处，莫过于可以工作。人可以工作，就表示他有生命存在的价值。人生的价值就在于可以劳动，为社会发挥良能。但人也经常懈怠，消耗时日，昏沉堕落，只一味地追求五欲的享受，这种人，他们生命的意义又在哪里呢？还有一些人，不喜欢付出和努力，畏苦怕难、不敢面对自我的挑战，整日活在自怨自艾、自悲自叹中。想去做某种改变，但又怕有什么损失；想做这件事却又跳到另一件事之中，总是在这件事和那件事的上面倒来倒去，到最后不知道自己真正想要干什么，在权衡利害中失去时间，也失去了生命的意义。

生命就像过眼云烟，是短暂的，也是美好的。有人算过，人的一生，可以充分利用，可以发挥价值的时间非常有限。一天24小时的时间里，我们的睡眠大约要用8小时，三餐饮食大约要用两小时，一年12

个月中，睡觉要用4个月、吃饭要有720个小时。再除去幼年不懂事、老年不能做事，还有学习的时间，人生数十年，真正可以为社会服务的时间并不是很多，即使是勤劳的人，也只发挥1/3的人生功用。因此，我们必须好好利用每一分钟，莫让它在我们的生命中空度。你每天都可以自由地选择如何度过这一分钟，你可以把它消磨在生活的享乐中，也可以利用它来成就一番事业。这全在于你的选择，取决于你的生命里，真正想要的是什么。

学佛的人并不主张算命、看相，他们认为人的相会随着业而转，人在无形中行善积德，面相也会因而改善。人一生的罪与福是自作的，命要靠自己转化，只要充分发挥生命的良能，时时抱持欢喜心谨守本分、利济众生，就会心安福灵、平安吉祥。

佛陀在世时，曾有一位叫二十亿的弟子，他是一位很富有的长者之子，又是独生子，一生下来，父母就请了很多仆役来照顾他，平日把他侍候得足不着地。在家中也时时坐着轿子，让人抬着走，以致他的脚底都长了细毛。有一次，佛陀到祇园精舍讲经，这位年轻人听说了，就向父母请求，要去见佛陀。他的父母就派人用轿抬着这位年轻人来到佛陀的住处。佛陀看到这么多仆人抬着一位小主人来到他面前，就为这位年轻人讲了很多人生道理和生命功能的使用，也告诉他生死的无常。这位年轻人听完后，深深地感到自己从出生到现在，生命就根本没有被充分利用过，也不曾有什么价值。他心里非常恐惧，便请求佛陀让他皈依，度他出家。他勇敢地站了起来，第一次把脚踏在地上，迈开脚步，走到佛陀的面前皈依顶礼，并且对佛陀说，他愿意在僧团里，付出这一二十年所没有发挥的生命功能，做人家难做的事，修人家难以忍受的苦行。二十亿出家后非常勤奋，也很用心，他每天都很辛勤地打扫祇园精舍的前前后后，处理僧团所住之处的杂物，有空就不断地背诵佛陀的教法。人们每次见到他，都会听到他喃喃念诵的声音，甚至睡眠的时间也一直减少，连眼睛要阖一下，都觉得是浪费时间，认为分分秒秒均不能让它轻易消逝。佛陀见到了就对他说："修行就像弹琴一样，不可放松,也不要太紧,最好是行于中道。你应该调整自己的生活,日常的作息要正常,把生活节奏调整恰当,才能用心去体解妙法,把学的法和实际的生活配合,你的修行才可以成就。"

佛弟子要荷担如来家业,将佛陀的精神发扬光大,利用这一生来福利更多人,所以为道业精进、分秒必争,但人毕竟是有生命的,还须注意劳逸结合,不要绷得太紧,也不能太松,这样才可以将生命安然保持,更好地运用。对于我们普通众生运用生命的道理,也是如此。

出家人在形式上最容易给人的误解就是:"吃了饭,除了念经,无所事事。"其实,清净的佛门,并非无为的佛门,而是究竟有为的慈悲境地。要修行成佛,必须要先发菩提心,行菩提愿。试想,这样的大愿,怎么能在无所事事中度日呢?度众生是僧尼的职责,断烦恼是僧尼的希望,学法门是僧尼的生活,而这些都必须具有持久精进的作为才可以做到。

佛法无量无边,出家人的修行事业也无量无边。人最怕的就是无所事事,相对于日理万机,无所事事更让人痛苦。人一旦无所事事,就会精神萎靡,失去生活的乐趣。人在长时期的忙碌中,虽然也会感到疲累,但这样的生活也更充实,更具有意义。

我们时常会抱怨工作辛苦,但是,如果一个人必须找事情去填补时间的海洋,那他会更感觉空虚和无聊。佛陀说,白白地过一天,无所事事,就像犯了盗窃罪一样。孔子也曾经说:"饱食终日,无所用心,难矣哉。"这就是"饱食终日,无所事事"成语的出处。它的大意是,每天吃很多东西,又不动脑筋、做事情,这种行为是很难被人们接受的。生命的价值在于工作劳动,如果没有工作劳动,只能叫活着。在解决了一般正常情况下的吃、穿、住问题后,人还是要工作劳动的,因为劳动创造了人,人的身体不能闲下来,闲下来的时候就会胡思乱想,出现各种问题。人不劳动,生理机能就会退化,甚至可能会生病;精神空虚,精力充沛,就有可能胡作非为。所以人吃饱了,应该去做点事。不要在太清闲的日子里,让自己荒废掉、麻木掉。所以,有很多人,宁愿忙到连自己都

不知道自己是谁,也不愿让自己太清闲。幸福的根源就在于人可以工作劳动,在人生实践中展现顽强的生命力,这会更让人感觉内心的快乐轻松。

有这么一个故事,说是一个人死后,在去向阎王报到的路上,碰到一座金碧辉煌的宫殿,宫殿的主人很热情地邀请他在殿内居住。这个人说:"我在人世间劳累了一辈子,现在只想吃、只想睡,什么也不想干。"宫殿主人说:"好,我这里有山珍海味,你想吃什么就吃什么,不会有人来阻拦你;我这里有舒服的床铺,你想睡多久就睡多久,也没有人来打扰你,并且,我保证不让你做任何事情。"于是,这个人就住了下来。开始一段时间,他吃了睡、睡了吃,感到非常快乐。慢慢地,他感到有点寂寞和空虚,于是他就去见宫殿主人,跟他说:"这种每天吃吃睡睡的日子过久了真没意思。我现在对这种生活已经提不起一点兴趣了。你给我找点事做吧?"宫殿的主人说:"我们这里从来就没有什么事情。"又过了几个月,这个人实在受不了了,就又去见宫殿主人,说:"这种日子我实在过不下去了。如果你不让我做事,我宁愿去下地狱,也不要再待在这里了。"宫殿主人大笑着说:"你以为这是天堂吗?这里本来就是地狱呀!"

安逸的生活虽然轻松,但是却会渐渐毁灭你的理想、腐蚀你的心灵,让你变成一具行尸走肉,日子久了,会让你感觉郁闷和空虚,所以会跟地狱差不多。人活着就要有事可做,如果不做事情,也就没有了人生的动力。人的生活就应该积极进取,充满喜怒哀乐,具备什么的条件,就做什么事,这是人之所以为人的本性使然。我们做不到像佛陀那样无欲无求,适度的欲望还是应该有的,并将它作为我们人生的理想、奋斗的目标,去努力拼搏。但你只要按自己的心愿做事,不要跟别人攀比,不要事事跟自己过不去,更不要将世俗的参照物,作为衡量自己生活的标准,不要贪婪地用那些难圆的妄想来折磨自己,要懂得知足常乐。不苛求、不难为自己,自尊、自爱,心静如水,愉快而有效地生活,是人生最好的境界。

人不能把事情想得太复杂,把所有的事都做周全,但也不能没有事情可做,整天无所事事,这是两个极端,是我们都要规避的,但我们可以把精力集中到一件事情上,去尽力做好它,因为我们也同时关注不了太多东西,只要把一件事做好就足够了。这样,我们内心充实,也不会太累。

在可以做到的情况下,我们应该最大限度地少做那些无意义的事情,做更多对我们有益的、有价值的事。不无所事事,也不浪费时间和生命,像佛陀要求的那样,更专注于自我生命内涵的丰富。比如,可以读书、搞艺术创作、进行思维训练以及人际上的交流和互动,它可以丰富我们的内心世界,也更让我们感到生活的乐趣,当我们通过这些达到了一定修为和心灵的平和安静,那么在某种程度上,我们就获得了一种灵魂之乐,这是一种真正的人生品质的提升,也是一种超越和解脱,如果我们达到了这一切,那么我们的人生将永远幸福。

佛陀说:修行千万不能停留于戏论,要赶快舍离乱心,言行一致。他是个实干家,是个平易近人的教育者,他是做过之后才来说教传法的,他自己先放下、看开,才来教我们也放下、看开。他有父有母,也有妻有子,和我们一样是个普通人,可是他却为了让普天下的众生都能得到解脱,而辞亲割爱,放弃名利地位,苦修11年,把一切烦恼从心中完全驱除,又回过头来教育大众,他身体力行,的确做到了难忍能忍,难行能行。

佛陀教导我们,听闻佛法,还要用心思考、理解,将其活用在日常生活的待人接物上,光听是不会有什么用处的,只有做才会有进步。在任何一个领域里,一个人想要取得成功就只有去做,光想是没有用的,"说一尺不如行一寸"。世上没有任何事情比下定决心、立即去做更为重要,更有效果。因为人的一生,可以有所作为的时机也许只有一次,那就看你是否立即去做,把握住了这个时机。

我们常听人说:"道理我懂,只是做起来太难了。"这个"难"字其实不是别的,是逾越自我的障碍。曾听一个伞兵教练说:"跳伞本身真的

很好玩,让人难受的是等待跳伞的刹那。曾不止一次,有人因幻想太多可能发生的事而晕倒。等待跳伞的时间拖得越久,跳伞的人就越害怕,也就越没有信心。所以,在跳伞的人各就各位时,我会让他们尽快度过这段时间。"立即去做是治疗恐惧症的唯一良药,因为面临一件事情,拖延得越久就会越紧张、越害怕。虽然去做不一定成功,但不去做一定不会成功。拖延不但耽搁工作的进行,而且在自己的精神上也造成了一定的负担。因为没有去做,却又堆在心上,实在比去做一些事情更让人感到疲劳。所以有人说,人生最大的后悔,莫过于想做一件事,而且能做好它,却没有去做。

拖延的习惯,就和一个贼一样,它专偷你要去做事的意志,它会为你架构一个不错的舒适场所,让你早上不愿起床,起床后不想做事。要做的事,能拖到明天就不在今天做,能推给别人做的就不自己做,不懂的东西永远不想懂,不想做的事永远不想做。它让你的思想行为永远停留在这个舒适场所里,对其他事不管不问。它偷走了你做事的欲望,也偷走了你的希望和梦想,以至于给你的人生带来无可挽回的懊悔和叹息,直到最后你才明白。

所以不管什么事,我们都应该立即着手去做,也只有这样,我们的内心才轻松、释然,缩短自己和要达到目标的距离,将梦想变为现实。有位哲人说:"想得好是聪明,计划得好是更聪明,做得好是又聪明又好。"有时,我们会想法很多,但想到了却不知道如何去做,使许多想法成为空想,其实不管想法有多大,要去实践都得要从小处着手,找准一个现实的切入点,这样才能真正实现自己的想法。但重要的是我们不要被这些大的想法吓倒,冷静地去分析在现实中可以成行的计划,将大目标分成一个个的小目标,一步步地去趋近它,这样我们就可以增强自信、战胜自我、超越自我,使梦想不仅仅是空想。

一件事情只要去做,就总会有办法,它只要你果决地迈出第一步,有始有终地坚持下去,成功是诚心、耐心和持续行动的结合,仅有一个成功的想法,只是空中楼阁,只有立即去做,才是你成功的资粮和养分。佛陀在出家前，犹豫了很久，最后终于下决心出家修行。在那一刻决定了他的未来，如果他没有走出这一步，就只是一个小国的国王，而不是后来带给众生光明的伟大的佛陀。因为他想要解脱众生生死苦，后来他也去这样做了，就因为他做了，才有我们看到的如此广大的佛教事业。所以，去做最为难得，去做尤为可贵。只有去做，才有希望，才有在走不通的关口曲折迂回时的豁然开朗，才能听到自己清晰的心跳和踏实的脚步声，在点滴的努力中拥有最实在、最有益的回报，真正地实现自己的人生价值。

"终日所思，不如须臾之所学。"这个世界永远属于立即去做的人。终日思虑重重，不如马上去做，投入行动，养成立即去做的习惯后，你会发现自己随时都在成长，问题随时都在解决，你的生活更清爽充实，心情也更愉快简单。

佛教修净土的佛弟子一般供奉一佛两菩萨，佛代表自性的性德，菩萨代表修德，佛是觉悟的意思。对一切人、事、物，尽虚空、遍法界，没有一样不觉悟，这是究竟圆满的性德。而菩萨是观音、势至，观音菩萨代表实行，代表行；大势至菩萨代表解，代表智慧。人的性德只有一个，没有两个；而修德是多方面的，但归纳起来，不外乎两类，一个是知，一个是行。在佛门讲解、行，也就是解门和行门，所以用两大菩萨作为代表。

明朝王阳明先生讲的知行合一，其实就是从佛法里面得到的启示，知行这两个字，就是佛家讲的解行。它的意思就是讲理论和实践要合而为一，不可过分偏重一边。佛教虽有高深的哲理，但并不仅仅只讲理论，也非常注重实行，要理论与实践结合，言行一致，才是真正的奉行佛法，若单会说而不实行，虽讲得枝繁叶茂，仍属虚妄。

所以学佛修行并不仅仅是诵经和念佛，而是要将佛法落实到日常生活中，要修还要行，才能越来越趋近成佛的道路。和学佛一样，我们在世俗人生中，要有一个梦想，要达到人生的目标，也要和行动联系起来。没有行动的目标只是纸上谈兵，没有一点意义，只有行动才会有结

果的产生,不管这个结果是好还是坏,只有结果产生出来,我们才可以去修正。不行动只靠凭空的想象不会有半点成绩。你可以将一件事情预想得一帆风顺,也可以把它想象成寸步难行,但它毕竟和现实无关,因为只有行动之后,你才知道它与现实的差距,去进一步调整它、克服它。

并不是目标给你带来成功,而是你产生目标后的行动,让你向成功迈进。一个人的梦想不管多么远大、多么美好,一个人的计划也不管多么周密、多么详尽,只有付诸行动,去逐步地实现,它才具有实际的意义。我们总是会有很多的想法,总是下定决心要去改变什么。但我们又总是犹豫不决,翻来覆去,错失良机。怕与懒是我们许多人的问题,只要生命存在,它就跟渴和饿的感觉一样,小心地保护着我们的生命。但事实上,我们并没有什么好怕的,众生平等,每个人都一样,别人可以达到的,我们也可以达到。我们可以克服懒惰的天性,因为生命在于运动,世界上没有什么事情是唾手可得的,无论做什么,我们都应该勤奋努力,也只有通过勤奋努力获得的东西,我们才觉得坦然踏实,更倍加珍惜。所以只要谨慎小心,不低估自己的能力,再向着自己的目标勤奋努力,一步一步地往前走,成功离我们就会越来越近。

一切的突破都与我们的行动有关,如果没有下定决心去行动,就不可能实现自己的想法,即使再清楚自己想要的是什么也没有用。有了目标只是胡思乱想而不去采取行动,目标永远只是一个目标。有一个名叫西尔维亚的美国女孩,她的父亲是波士顿有名的外科整形医生,母亲是一家声誉很高的大学的教授。她从念大学开始,就一直梦想着当电视节目的主持人,她也觉得自己具备这方面的才干。因为,每次她和别人相处,即使是陌生人也喜欢亲近她并和她长谈。她知道自己怎么做,可以从人家嘴里问出心里话,她的朋友们都称她是他们的"随身精神医生"。她自己也经常对大家说:"只要有人愿意给我一次上电视的机会,我就可以成功。"但是,她并没有为此有任何行动、付出任何努力。以她的家境,完全可以通过自己的努力和父母的关系去做梦想中的主持人工作,但是,她一直在等待奇迹的出现,希望马上就可以当上电视节目的主持人。奇迹当然没有出现,因为奇迹只青睐于一个付出行动和有准备的人。

和这个女孩一样,我们总是习惯于不断地"想",希望梦想可以不劳而获地实现,希望有什么奇迹来到自己身边,但天上不会无缘无故就掉馅饼。你准备好了吗?即使掉馅饼,你为了那个馅饼伸出手来了吗?"坐而言,不如起而行",成功学家认为,一个真正优秀的人,最大的优点就是敢于行动,只有敢于行动,成功才有可能。只有你做了自己一直想做的事情,才能体现你生命的意义。

阿难、罗睺罗私这样想:"假若得到授记,这不是很高兴的事吗?会立即从座位上站起来,来到佛的面前,以头向佛足顶礼,都对佛这样说:世尊!我们在这授记之中,也应当占一份,只有如来佛您,我们才能皈依。而且,我们是一切世间天、人、阿修罗所见的知识,阿难经常是侍者,护持法藏,罗睺罗是佛的儿子,假若佛您能授给我们阿耨多罗三藐三菩提记别的话,我们的各种愿望就得到满足了。"

这时候,学、无学弟子二千人,都从座位上站起来,偏露右肩,来到佛的面前,专心一意地合掌,瞻仰世尊的尊容,如阿难、罗睺罗所愿望的那样,住立一面。

这时候,佛告诉阿难说:"你于来世应当成佛,佛号是山海慧自在通王如来、应供、正遍知、明行足、善逝、世间解、无上士、调御丈夫、天人师、佛、世尊。应当供养六十二亿佛,保护持念法藏,然后得阿耨多罗三藐三菩提。国名常立胜幡,其土清净,地面是琉璃,劫名妙音遍满。佛的寿命无量千万亿阿僧祇劫,假若有人在千万亿无量的无量数劫那么久的时间中去算数,还是不知道佛的寿命。正法住世时间,相当于佛寿命的二倍,像法住世时间,又相当于正法住世时间的二倍。阿难!这位山海慧自在通王佛,被十方无量千万亿恒河沙那么多的如来佛共同赞叹,称颂他的功德。"

这时候，世尊为了重新说明这个意思，而说如下偈颂：

我现在在你们僧众当中宣布：阿难是护持佛法令其留传者，此后他应当供养很多佛陀，然后成正觉，佛号是山海慧自在通王佛。其国土是清净的，其名是常立胜幡，教化各位菩萨，其数如恒沙之沙。佛有伟大的威德，名声充满十方。因为他怜悯众生，所以他寿命无量。正法住世时间，相当于他寿命的二倍，像法住世时间，又相当于正法住世时间的二倍。如恒河之沙那么多的无数众生，于这佛法当中，种植上佛道因缘。

这时候，会中新发心的菩萨有八千人，都这样想："我们尚且没有听到各位大菩萨得到这样的授记，由于什么因缘，这些声闻人能够得到这样的记别呢？"

这时候，佛世尊知道各位菩萨的心思，就告诉他们说："各位大丈夫，我们与阿难等在空王的处所，同时发成就阿耨多罗三藐三菩提之心。阿难乐于多多听闻，我常常是勤恳精进。所以我已经成就阿耨多罗三藐三菩提，而阿难保护持念我的教法，也护持未来各位佛的法藏，教化成就各位菩萨大众，其本愿如此，所以他得到这样的记别。"

阿难在佛的面前，亲自听闻授记和国土庄严，愿望都得到满足，内心非常喜欢，得未曾有过之事。当时立即忆念过去无量千万亿各种佛法藏，通达无碍，如今所听闻的，也回忆起自己所发的本愿。

这时候，阿难说了如下偈颂：

世尊是罕见的佛陀，使我忆念过去无量的各种佛法，就像今天所听闻的一样。今天我再也没有怀疑了，可以按照佛法道理去修行，为了度化众生的方便，还是当佛陀的侍者，保护持念各种佛法。

这时候，佛告诉罗睺罗说："你于来世应当成佛，佛号是蹈七宝华如来、应供、正遍知、明行足、善逝、世间解、无上士、调御丈夫、天人师、佛、世尊。应当供养十世界微尘那么多的各位如来佛，经常为各位佛作长子，就像今天一样。这位蹈七宝华佛，国土庄严、寿命劫数、所化弟子、正法、像法，也像山海慧自在通王如来佛那样没有区别，也为这位佛作长子。经过积累这些功德以后,应当得到阿耨多罗三藐三菩提。"

这时候,世尊为了重新说明这个意思,而说如下偈颂:

我当太子的时候,罗睺罗是长子,我现在成就佛道,罗睺罗接受我的教法而为法子,于未来世当中,会见到无量亿佛,都作他们的长子,专心一意地志求佛道。罗睺罗的密行,只有我能够知道。他现在是我的长子,以身示现于众生。他有无量亿千万的功德,不计其数,按照佛法修行,以求至高无上的佛道。

这时候,佛世尊见到有学、无学二千人,心意柔软,寂静而清净,专心一意地看着佛。佛告诉阿难说:"你看见有学、无学二千人没有?"阿难回答说:"是的,我已经看到了。"佛说:"阿难!这些人们,应当供养五十世界微尘数那么多的如来佛,恭敬、尊重各位佛陀,护持法藏。最后各人会在同一时间于十方国,各自成佛,都是同一佛号,名宝相如来,应供、正遍知、明行足、善逝、世间解、无上士、调御丈夫、天人师、佛、世尊。寿命一劫。国土的庄严程度,声闻、菩萨弟子之多,正法和像法的在世时间,都一样。"

这时候,佛世尊为了重新说明这个意思,而说如下偈颂:

这二千名声闻弟子,站在我的面前,我都要给他们授记;未来都要成佛。所供养的各位佛,如上所说的微尘数那么多。他们保护、持念佛的法藏,然后应当成正觉。各于十方国土,都是同一名号,同时坐于道场,以证至高无上的智慧,都名为宝相。国土和弟子数,正法和像法的在世时间,都相同而无差异。都以各种神通,度十方有情众生,声名普遍周遍,逐渐入于涅槃。

这时候,有学、无学二千人,听了佛的授记,高兴得跳了起来,而说如下偈颂:

世尊的智慧之光,犹如灯明,我们听到佛授记的声音以后,心里充满欢喜,就像是受到甘露滋润一样。

第十二章　佛陀心中的宇宙大千世界带来激励的启迪

在佛教中，宇宙不止一个。

在每一个宇宙中，存在着像黄河里的沙子的数目一样多的、大大小小、形状各异的天体。这些天体都在经历着成住坏空的过程，有的天体上有光，有的无光，有的天体上有生物，有的无生物。

佛教以一个太阳系来做划分，1000个太阳系这是一个小千世界；1000个小千世界就变成一个中千世界，1000个中千世界就变成一个大千世界，这又称为三千大千世界。所以说就太阳系而言，一个大千世界有十亿个太阳系（1000的三次方是十亿）。

佛教中称，一个大千世界中会有一位佛，因而称这个大千世界为佛土。

大部分的佛土都有欲、色、无色三界，但是不是每一个佛土都有这样的三界。以我们现在所处的娑婆宇宙而言，是具有这样的三界。

我们生存的这个器世界（承载生命的星球），属于娑婆宇宙（娑婆大千世界）。

这个大千世界中，在《俱舍论》里，如前面计算，共有十亿颗类似地球这样的星球。

3000个（这只是一个大约的数目）这样的大千世界，构成一个更大的宇宙。

在另一部佛教重要的经典《华严经》中，则认为10000亿个三千大千世界宇宙系统组成一个"华藏宇宙系统"。

华藏宇宙系统也只是更大的宇宙系统——大雪海遍照佛（佛教认为有的佛本身就是一个宇宙系统）手心的一个微尘团。

可是，还有无数个像大雪海遍照佛这样的宇宙系统，这样成立的大佛宇宙系统，就是由无数像华藏宇宙系统这样的宇宙天体系统组成，其大小以未成佛的人类的智慧，是永远搞不明白的。

按佛教划分宇宙的说法，我们这个娑婆宇宙中包括欲界、色界和无色界。

我们人类处在欲界中。欲界的下三道是饿鬼、地狱、畜牲道。善道是人和天，这里的"天"指的范围在四天王天和三十三天以上，共有六界，即欲界天分为六个层次。

欲界、色界、无色界这样一套架构，在有经验的修行者那里，被认为这还不是"法界"的实相（法界的实相宇宙究竟如何？这部分内容我将在后面陈述）。这套架构是依据现存界——以我们地球为中心，以现有宇宙为根本所发生的状况而产生的。佛陀在世的时候，他并没有讲得这么详细，后来是在佛教历史上的一些大菩萨作《俱舍论》等等重要论典时，才把它比较完整地构架出来。

据佛经记载：每一个宇宙都会历经成、住、坏、空四个阶段。物质和生命会被火灾、水灾、风灾毁灭。

在宇宙的成住坏空的过程中，有所谓的大三灾——火灾、水灾、风灾。当一个大劫（一大劫到底等于多少个地球年，就我所接触的材料及修行人而言，意见并不统一，其数值的差异很大。这里姑且取一个数值：1，343，840，000年）结束的时候，会有火灾产生。宇宙内供给生命居住的行星以热和能的所有恒星，将先后进入它们的红巨星时期。恒星的星体会可怕地膨胀出许多倍，吞噬掉离他们近一些的所有行星，让更远一些的行星支离破碎，简直可以摧毁一切。

恒星之火甚至可以焚烧到色界的初禅天，整个欲界当然荡然无存。这个时候，初禅以下的人类或天神类生命都会死掉而后再出生到二禅天以上或是娑婆宇宙以外的他方世界。

七个大劫、七次火灾之后，宇宙中会有一次水灾。由于火灾膨胀的能的扰动，宇宙的膨胀使万有引力在整个宇宙内越来越弱，宇宙内基本粒子间的距离越来越大，最后整个宇宙就像一锅基本粒子的汤，物质稀薄到了极点。这种情况就好像我们将盐洒进水里面被溶化掉一样，所以佛教认为这是宇宙的水灾。

宇宙的水灾会破坏到二禅天，把二禅天以下的物质统统溶化，让所有的生命全部完蛋。此时二禅天的天神也得赶快往上逃难。

七七四十九次的火灾再加上七次的水灾，再加上七次的火灾，也就是第六十四个劫（86,005,760,000年）的时候，宇宙自身已经膨胀到了极限。这时就会有宇宙的风灾产生。宇宙开始收缩，横扫还剩下的所有物质和能，宇宙黑洞以它超乎想象的引力和破坏力卖力地工作着，将三禅天以下的一切扫荡一空，就是我们娑婆宇宙内超出了人们视界的巨大的、无比坚固的须弥天体（须弥山）也像大风吹毫毛似地刮进它的内部。

这场宇宙风灾真是厉害，只刮一次就把三禅天以下的万有全都毁坏。

所以，所有宇宙的毁灭性灾难，最多毁坏到三禅天。四禅天和无色界是无法毁灭的，但佛陀认为，四禅天和无色界的生命依然无法永恒，依然会死亡。

宇宙黑洞在成功地完成它的毁灭工作之后，让整个宇宙只剩下它自身。宇宙于是坍缩成一个无限小的奇点，就是宇宙黑洞本身。

之后，致密的宇宙黑洞再次膨胀开来，来一次巨大的宇宙大爆炸，首先产生空间。宇宙一边继续着它的爆炸过程，一边将空间扩张开来。再然后空间中原来均衡的基本粒子东一团西一团地凝聚，凝聚形成极大的宇宙粒子云，由粒子云中再凝缩成更致密的物质团。

粒子云和它凝缩的团逐渐地遍布整个宇宙。粒子云类似气体，团类似液体，后来经过物质间的相互作用力，在粒子云内部的团进一步

收缩凝聚,并不断吸附粒子云或粒子云以外的物质,团渐渐地变得类似于固体了。

此后,固体的形态越来越厚、越来越实,就成为粒子云之中的大天体。在这个大天体之上,物质继续附着累积,于是形成了须弥天体。须弥天体在运转时,也甩出来不少微小的块,这些块的凝缩,又形成星系。星系在类似于宇宙粒子云的进化过程中,再形成星球。

这个时候,由于先前天界神们的自业(业,是佛教中特有的一个名词,大约相当于生命的作用力)和众生们的共业推动下,有生命的一切的始祖出现了。

他的名称被佛陀称为"千",是大梵天的天主。

佛陀赞叹他是我们娑婆宇宙的生命始祖,但佛陀并不认为他创造出了生命。

生命的起源有许多种说法,其中的主流有两种:一种是创造说;另一种则是条件构成说(缘起说)。

创造说都是主张有某一位原初的神,或有形,或无形地存在于时间的始点。

有一天,他忽然起心动念,于是创造了宇宙中的一切。世界的一切万象都从他那里而来,当瓦解时,也会自然地回到他那里,他是掌握世界的主宰。

这种神创造说,在我们漫长的非理性时代、在对于大自然种种灾害无知和恐惧的时代,人类因为对创造者的信仰而感到被关心,有了归宿,得到了很大的安慰。

这种基于无法探知和求证的依赖性信仰,对于求过个平安日子的一般人来说或许已经够了,但是对于那些探索生命真相和真理的先驱者,这种一般性的信仰,他们是无法就此满足的。

于是我们有了哥白尼、伽利略和布鲁诺,有了文艺复兴。

这些人,基于脱离不必依赖的独立自主性,有着极高的对自由的向往——毕竟依赖他人总是不自在的。如果永远地依赖,将会永世不得自主。

这些极力想摆脱依赖的人,使我们的社会出现了不少了不起的科学家,他们都秉持着科学的精神,探讨生命的真相和真理为何。这些科学家都有反对任何不合情理神权的倾向。

他们多半很怀疑:难道我们人类的生命主要是在那些若有若无的、不能证明给所有人、只属于宗教专利的、创造性的神们的手心里?

基于这种求真、求独立自主的精神,科学家们步入种种惊涛骇浪的生命探险旅程。被中世纪黑暗吞噬了许多先驱者以后,经过他们的付出与努力,人类才从无知的地平说进步到地球说,从创造说进步到进化论。

让我们从凡事畏惧于"神"加的自然灾害的无知恐惧中站立起来。

这就是目前我们对生命主要的认识水平。

在佛教那里,则是十足的条件构成说。生命的起源,需要生命起源的本因和助缘,二者缺一不可。而且,佛教认为一切万有都是基于本因和助缘的和合才会有其结果。

既然如此,那么生命起源前还有本因,本因的源头又是什么?

佛教在事实上认为,生命的本因就在那些没有被毁灭的色界天和无色界天的神们的生命里,助缘则是娑婆宇宙的正式形成。

那么色界天和无色界天的神们的生命又是如何起源的?

他们要么是来自上一次宇宙毁灭的生命轮回,要么是来自他方宇宙的生命。

那么"上一次的生命"来自哪里?

佛教认为生命的起始点是无限久远以前。也就是说,以我们人类的观点来看,生命的起始点根本不存在。我们只能说到此次宇宙生成时"生命的起源",如此而已。

此次娑婆宇宙生成后,大梵天的天主"千",他有一天觉得好无聊好寂寞,于是希望有其他生灵出生作伴。由于他自己的福德业力和众生(众位生灵)的共业之力推动下,结果真的如愿出现了种种生灵。

在未碰到佛陀之前，"千"就产生了一种所谓"无明"的错觉，他认为这个世界是他独力创造的，产生了"我创造了世界生命"的想法，"我是众生的第一创造祖先"。

生命在上一次宇宙毁灭前的善恶业力的交错推动下，从太空到水中，再由水中到陆地，生命于是布满了整个娑婆宇宙。

从形态上来看，按形状分类，生命分成有形和无形；按欲念分类，生命分成有欲和无欲两种。因此，娑婆宇宙的无色界、色界和欲界的生命大结构就形成了。

三界生命大结构如果再细分，就出现了六道众生，也就是天道、修罗道、人道、畜牲道、饿鬼道和地狱道，统称三界六道。

天道众生涵括了三界，共分为二十八天(28种时空结构的天界)。

在此三界二十八天中，只有欲界的四天王天与忉利天，因依须弥天体的地界而居，故称地居天，焰摩天以上，都是凌空而处，故名空居天。

这些天神生灵中，有些天神属于无色界：

空无边处天神

识无边处天神

无所有处天神

非有想非无想处天神

有些天神属于色界

从色界初禅天界中的梵众天、梵辅天，大梵天历经四个禅定天界到色究竟天，共有18个天神国界；有些天神属于欲界，住在须弥天体山腰和山顶的四天王天、三十三天，以至于层级而上，住在须弥天体上空中的焰摩天、喜足天、化乐天、他化自在天等六个天界。

欲界天神的存在方式是以男女两性的情欲为存在和种族延续的主要形式，所以称为欲界。

色界天神因色界的卓越禅定力，让情欲种子(种子也是佛教的一个专门名词,在这里相当于下意识)处于潜伏状态。在娑婆宇宙里,它们是雌雄同体的单性,在其身心状态里不会有情欲所引发的困扰——一种超然的生命状态。

至于无色界天神更是超然,不仅超越了情欲的困扰,更超越了有形的困扰,达到既无形又无情欲的生命状态。

以我们人类的看法来说,欲界、色界的天神都是纯能量(这种能量或者说物质,时至今日我们人类对此尚且所知甚少,只能笼统地称之为"暗物质")的身躯,那些都在我们对生命理解的范围之外。

人类中也有一位伟大的科学家阿尔伯特·爱因斯坦。他对物质和能量之间的关系以 $E=mc^2$ 的方程式表达。而在佛教的生命视野中,无色界天神自身就能够自在地在质能间转换,随意变化成色界、欲界的状态,而下两界的天神却无法达到无色界天神无形又无情欲的生命形态。

欲界天道以下的生灵全部属于欲界,生命存在的日常状态受制于情欲;因为情欲,此界生灵如犯毒瘾般地苦恼万端;更严重的是,如果没有情欲,此界生命就无法延续。

在娑婆宇宙内,生命就不断地在这三界中演化不息。享福的神灵们也会沦落到我们人类中,甚至牲畜中、地狱里。佛教认为,如果它们生前皈依了佛、法、僧三宝,成为佛教徒,就可以避免沦落的危险。

佛教传说中就有这样一个故事:

从前有一个欲界的神,因为几百万年的福报享尽,死前衰老的恶兆呈现在他身上。痛苦不堪的他,运起最后的力气,搜寻能救度他的对象和方法。

这时候,福至心灵的他突然想到佛陀能超越和解救老和死这两样病,于是他运起自己的星际飞行能力,转眼间从天上来到人间佛陀的面前,请求得到解救。

佛陀和他都了知宿命,都知道如果这一次死亡在劫难逃,他就会沦落进驴胎中,成为一只愚蠢的驴子。

佛陀见他每况愈下、时不相济的老病状况,只能教他念三皈依。三皈依之后,这位神就告辞,打算返回他的天宫吩咐遗嘱料理后事。没想到还没等到他回家,就在半路上亡故了!

这位生前常常发脾气的天神,死后神识随着愚痴瞋恨的前因驱使,落进驴胎之中。正在这个凶险万分的时刻,这位欲界神灵心中至诚地念起皈依佛、皈依法、皈依僧……

说时迟、那时快,由于皈依三宝的力量,使这匹母驴突然乱窜,因而惊动了脾气不大好的驴主人,于是驴主人立即拿了根鞭子痛打了母驴一顿。

这使刚受孕的母驴应时流产,逃出驴胎恶报的欲界神灵,由于皈依三宝之福,还原回原来神灵的光荣模样,顺利地返回天国。

佛陀忍不住赞叹了这位明智的欲界之神。这一回他又有几百万年的天寿可资运用,想必他一定会因此善加运用,以求超越生死轮回的苦海,而不是像过去一样没事整天发脾气,累积沦落恶道的因缘。

按照佛教时轮部的说法,须弥天体(须弥山)的形状与地球相似,但也不完全相同,它的下面是半球形,上面又是球形的,就好像中国年画中金元宝的模样。

时轮部把整个南大洲(即现在的地球)分为12个地段,太阳昼夜运行都要照遍12段——这已经相当接近现代天体学了。

据说须弥天体是由四种宝石形成的,南面是宝蓝色,因此,我们居住的这个南瞻部洲(地球)的天空呈现蓝色。

对人类来说,须弥天体实在是太大了,超出了我们的视觉范围,所以它只是个"存在事件",而不是个"视界事件",我们目前还无法看到它。

在须弥天体周围,类似地球人类这样的生灵系统有三个,这就是佛教的四大部洲:东胜神洲、北俱卢洲、西牛贺洲、南瞻部洲。

在四大部洲中,其他洲的众生没有佛法,只知道享乐,只有南瞻部洲的地球有佛法。

比如说北俱卢洲。这儿的人寿命长达八万多岁,从不生病,要什么有什么。排泄根本不必像地球人那样,要很辛苦地找卫生间。在这里,随便找棵躬树往下一蹲,树们就乖乖地将树枝弯下来盖住方便的人,同时地面也裂开缝。方便完以后,地面合拢,地上冒出水来把人们的屁股洗得干干净净,一阵暖风再为人们吹干。

这里的地面会裂开收走垃圾秽物再自动进行处理。放眼望去,根本看不见任何不干净的东西。

躬树们还会长出食物和衣料,生活根本不用操那怕一丁点儿心。

虽然我们人类的生存条件很差,苦难重重,根本没法和须弥天体的兄弟星球相比,可是因为有佛法存在,就显得非常殊胜,有解脱死亡的机会。

欲界,顾名思义就是以欲为根本的世界。"欲界无禅",指的就是说欲界生灵的烦恼比较重,一般没有真正的禅定,真正的禅定是无欲的,是在色界宇宙以上的。

地球人类之上还有欲界六重天,这都是属于神灵的高级生命,我们是看不见的。

佛教称为其欲界的另外一个原因是,这个层次的宇宙内以男女两性为生。

在我们欲界,天神们也分为六个层次,身体比人大,身体的大小、寿数、身上的光、生活的来源及其生死情况在《俱舍论》中均有详细说明(我将在后文以佛陀前生的经历,对此展开详细的描述)。

密宗的修行导师们几乎都认为欲界的神灵会时常前来地球,我们叫他们"外星人"。我们所见所说的外星人不大可能是色界的神灵,一般都是欲界的。因为色界的公民身躯真是太高大了,超过几个地球的大小,欲界无法盛下。

在欲界六道中,是以地球的人类为生命演化的主体的。人类会积极地影响到其他五道,畜生道跟人道相处在一起,是不必经过佛教的

禅定修行就可以看到。而地狱道、饿鬼道则是受恶报的地方,有些人因为有某些神通,或在特殊的因缘条件下,或许可以看到饿鬼道的生灵。至于地狱道呢?他们受苦都来不及,根本没有办法逃脱出来到外面吓人。

饿鬼道的生灵们也不全在忍饥挨饿。他们又分为多财鬼、少财鬼、无财鬼等等。例如中国乡村常拜的土地公,就是多财鬼之一。而鬼道的某些上层、比较高级的部分与天是很难界定的,有天而鬼,也有鬼而天的。

至于无财鬼,就像中国人在"放焰口"这个节日(类似于西方的万圣节)里要通过烧纸钱款待的焰口鬼一类,他们非常饥饿但喉咙太细,食物无法入口,身心都受到巨大的痛苦。所以三恶道——地狱、饿鬼、畜生都是在受恶报的。他们要修行向善也可以,但是很难,机会很少。由此,我们知道佛教的一位大菩萨,地藏王菩萨"地狱不空,誓不成佛"的愿力之宏大,悲心之深切——菩萨选择这样的恶道生灵为特别教化之处,真是难行而行。

人道和天道之间,还有阿修罗道。此道生灵是以瞋恨心重为根本特征,也是男女有别,男的凶暴异常,生性好斗,喜欢生气,尤其喜欢生天神们的气,他们认为天神们样样比自己好,心里极不舒服很不服气,所以常常发生争战,但是往往战败而逃。故而他们是有天之福而无天之德的生灵,似天非天。因此阿修罗的汉语意译是"非天"、"无端"等。但此道生灵的女子极端美丽,为宇宙中一流。

欲界天道中生活着的生灵,又叫天人。天人是在欲界中具有大福报的生灵,也就是福德很多的生灵,于是出生于天界快乐地享受天福。

欲界中的天道分为六个层次:四天王天(六欲天)、三十三天(忉利天)、焰摩天、兜率天、化乐天、他化自在天。

第一重天是四天王天,居于须弥天体之半腰,分为东西南北四方。东方是持国天王、南方是增长天王、西方是广目天王、北方是多闻天王。佛教一般认为四天王天是三十三天天主帝释的外将。其中东方持国天王,意思是能护持国土,居于须弥天体的黄金埵(埵,相当于须弥天体的某一面)。南方增长天王,意思是能令他人善根善长,居于须弥天体琉璃埵。西方广目天王,意思是能以净天眼常常观察和保护地球,居于须弥天体的白银埵。北方多闻天王,意思是福德的名声传遍四方,居于须弥天体的水晶埵。佛教将此四天王认成护法,他们护持佛、法、僧三宝,让众多生灵在修行的道路上能够吉祥如意。

再往上一重是三十三天,即忉利天,居于须弥天体之顶。此处人民寿命有1000岁,他们的一天一夜是人间的百年。此天共有33个天宫,所以叫三十三天。其天主名为释提桓因,就是帝释天王,他居于中央之喜见城,其四方各有八天:善法堂天、山峰天、山顶天、钵失他天、俱吒天、杂殿天、欢喜园天、光明天、波利耶多天、离险岸天、谷崖岸天、摩尼藏天、施行天、金殿天、鬘形天、柔软天、杂庄严天、如意天、微细行天、歌音喜乐天、威德轮天、日行天、阎摩那娑罗天、连行天、影照天、智慧行天、众分天、曼陀罗天、上行天、威德颜天、威德焰轮光天、清净天,共三十二天,再加上帝释所居的天宫即三十三天。

帝释天释提桓因也就是中国民间所称的玉皇大帝,具有福德,所以居天宫中享受种种庄严美妙的生活。他有一件宝物很有名,在佛教说明"法界"的华严莲华藏世界海时,总是以此宝物为比喻,那就是帝释网。帝释网是悬于帝释天宫之宝网,网中以宝珠相结,这些宝珠光明互映形成珠珠相摄,一珠现一切珠影,一切珠都纳于一珠中,各各如此,显现重重无尽的影像。

三十三天再往上一天是焰摩天,它的意思是时时喜善,也就是说此天人民善于时时受欲望之乐。

再往上一天是兜率天,即喜足天,意思是人民能于五欲之乐中产生喜乐满足之心。此天一日一夜为人间400年,天寿有4000岁。有内外院之分,外院是一般的神灵所居,是属于天界。内院比较特别,它不属于天界,而是将要在娑婆宇宙成佛的补处菩萨的住处,也就是未来要下生到地球成佛的菩萨的最后一生的处所。就现今而言,这个人就

是佛教的弥勒菩萨。所以兜率内院又被看成是弥勒菩萨的净土。

再往上一层就是乐化天，此天的人民，能以自己的能力自在变化而娱乐。

欲界最上一层就是他化自在天，所以又叫第六天。此天的人民更厉害，享受娱乐不必经由自己辛苦变化，而是假借其他天的人民的乐事来自在游戏。在《大智度论》中说魔有四种，其中就有此天——他化自在天子魔。但也有认为此天魔只是居住于此天中而已，并非是他化自在天天主本身。此天魔会妨害正法，在经中都称为"波旬"。

这是欲界六天的空间及生命情况。根据佛经所载，在欲界诸天的男女做爱方式有五种：四天王天与忉利天的人民与我们人类无异，需要男女性器的交合。焰摩天则拥抱拥抱就做爱成功，兜率天则是男女手挽手，乐化天是相对笑一笑就可以，他化自在天则是以相视就成了。

欲界天的人民他们时时处处在享乐、受善报，所以想要修行也是比较困难——由于太过快乐，根本没有心思修行。

但又因为人天的"无明"苦根没有除掉，这种所谓的"快乐"只是和苦难深重的三恶趣相对而言，并非真正的"无乐之乐"。这种人天的快乐在佛陀的眼里，是不究竟的。这种快乐具体地说，有变化无常的不稳定性，苦乐交织在一起的混杂性，对心理感觉的欺骗性，所以说既治不了死亡病，也不是根本的解脱。

每当我们仰望星空，就会瞥见那曾经历并正在历经无情变化过程的宇宙。行星在其轨道上绕行，恒星正在诞生、演变和死亡，星系在宇宙空间绕转。当我们有幸目睹这些天体的时候，我们抓住的是它们一生中的一个瞬间——定格在某个演化环节。我们展开想象的翅膀，神游于遥远的行星或星团。这种穿越时空的心神远游，激发我们探索许多问题：这些天体如何产生，它们那里正在发生什么，它们的未来将会怎样，等等。如何开拓一条去探索行星、恒星和星系的令人愉快的途径。每时每刻来自天空的信息倾泻而下，人类浸浴在信息的倾盆大雨之中。这是天文学资料的洪流，研究人员所能做的一切，就是站在大雨之下,拿起桶盛接它们。星空是眼睛的食粮。就我而言,除了观赏星辰使我产生梦想之外,我肯定什么也不知道。

观测星辰是一种实践,跟人类思维一样古老,从而形成一门最古老科学——天文学的基础。历代天文学家把星空用于各种目的:崇拜、指导生产与生活,但最终将其作为更多地认识宇宙的场所,并且延续到现代的星空观测者们。和我们的祖先一样,我们被宇宙所展现出来的迷人奇观吸引,迸发出去追寻和探究的激情。然而,它以似乎难以逾越的、超乎我们想象的距离向我们挑战。我们坐在这儿,身处宇宙,其间充满大量可见而不可及,更不能加以品味的惊奇事物。幸好,我们拥有天生的求知意识和良好的推理能力,能够推断出我们的感官无法直接把握的宇宙事物。就我们所见的一切,从原子的微观世界到星系的宇观领域,到处都体现着宇宙的复杂性。我们为何能够鉴赏如此令人惊诧的时间和空间范围?初看起来,对于我们没有希望得到第一手经验的事物,我们似乎不可能测量和了解它们。我们必须从某处着手。于是,人们以各种可能的客观方法对宇宙的天体加以测量和分类,将星空的光点和辉斑区分为行星、卫星、彗星、小行星、恒星、星云、星系和超星系团。棘手问题在于分隔我们与这些天体的是空间深渊。显然它们不是我们在地球上习以为常的会友距离,但无论如何我们可以尝试了解它们。首先,我们从上学或上班开始,建立我们熟知的距离"阶梯"。当然,出国旅游就走得更远。从地球表面"跳跃"到月球,对任何时代的人都是一大步,太阳系的外边界甚至更远。从我们的行星——地球上的小小居住地到银河系的诸恒星,我们放眼遥望。在银河系之外,我们观测宇宙中运转的成团星系。恰在我们天文视野的最远边界——那里的光旅行数十亿年才到达我们这里,我们发现了宇宙诞生的微弱余晖。

若用我们熟悉的千米表示,这样的距离就是亿万级巨大的"天文数字"。为了避免使用巨大数字带来的不便,我们把数万亿千米定义为表述大距离的新单位。在天文学上,常用的距离单位是"光年"、"秒差

距"和"百万秒差距"。这样的单位术语令人难以理解,但在天文学上使用这些术语却更方便,每个新发现让我们学到更多东西。对于几十亿光年远的一个星系,我们马上可以评述其旋涡结构,如同它就在另一个国家一样方便。为了理解天文距离,我们需要从地球开始。我们从自己的屋子往外看,可以看到太阳、月球和行星,就很想知道它们有多么远。天体力学、简单的观测、在某些情况下使用雷达信号都可以帮助我们确定太阳系内天体的距离。例如,地球到太阳的距离是1.49亿千米,定义为1天文单位(距离)。以每秒30万千米传播的光线需要8分钟传播这样远的距离,我们就说太阳离我们8光分(钟)远。月球离地球38万千米,光线传播需1.27秒钟,于是可以说月球离我们1.27光秒(钟)远。火星离太阳约2.28亿千米,或13光分(钟)远。遥远的外行星——冥王星距太阳59亿千米,或5.5光(小)时远。这些距离是较容易掌握的,但是,当我们开始观测一些附近的恒星和星系时,距离就成为巨大的天文数字,因为类似"41000亿千米"这样的一些数字已经相当拗口。因此,天文学家又提出一些较易理解的距离单位。首先是"秒差距",它等于206265天文单位或更易记的3.26光年。用这种天文单位,我们到最近的恒星——半人马座比邻星的距离是1.3秒差距,到银河系的一个伴星系——大麦哲伦云的距离是52000秒差距或52千秒差距。对于更远的距离,我们使用兆秒差距,即百万秒差距。不管怎样去量度它们,我们都不得不用巨大数字来表述这些难以置信的距离。

当然在我们探索宇宙的过程中,距离并不是我们要克服的唯一困难。从看到一个遥远天体的图像到真正认识它是什么以及如何形成之间,存在着一个认识差距。美国亚利桑那州陨击坑图片告诉我们关于地球过去的一个陨击事件。在像火星的表面上,我们发现有水流过的证据,跟现在的荒漠地貌有着天壤之别。木星的云在我们眼前翻滚和扭动。在太阳系之外。我们看到很多气体—尘埃云,现在我们知道那里是恒星的诞生地;然而,100年前的天文学家还不知道它们由什么组成。在别处,一个看似不祥的星云是一颗超巨星在猛烈激变中死亡的残留物。一个翘曲星系的图片唤起了我们的求知欲望：它是怎样形成的？经历了怎样的演化过程？当我们观测越遥远的空间，我们看到的天体就越古老，因为它们的光线要经过很长时间才传播到我们这里，所以我们看到的不是它们现在的情况，而是它们年轻时的容貌。当我们观测天体并对其进行分类时，我们提出大量疑问：它们是些什么天体？是怎样形成的？又将怎样衰亡？它们在宇宙演化中处于什么样的地位？

天文学家热衷于解答这些问题和诸多其他问题。如果天文学家可以不受任何物理学定律的束缚，能够自由地驾乘太空点火船以超过光速的速度穿过银河系，以高度先进的大范围扫描仪和先进探测器考察星际之谜，那将多么令人激动！不幸的是，我们的寿命太短，也没有超光速飞船，不可能在任何短时期内就经历恒星和星系的整个演化过程。即使我们有超光速飞船，甚至寿命也延长几倍，我们也只能见到一颗恒星或一个星系（我们认为它将更长久地存在）变化着的一生中之短暂的片刻，而不能看到它们的整个演变过程。但我们没有失去所有的希望，因为宇宙留给我们一个勉强算得上的生平线索。我们观测宇宙各处，发现了很多处于不同演化年龄的行星、恒星、星系。这样，即使没有飞船带我们去拜访这些天体，我们也可以研制远程遥测敏感接收器和太空探测器，从地球的视点来研究宇宙。这些手段给我们的答案理所当然地取决于实际探测到的更多的光。内用搜寻引擎找到有关天体的足够信息。

庞大的图书馆备有供给天文学家使用的大量原始数据，也有公众非常感兴趣的信息。这些储存的观测数据已为终端使用者带来了储存和提取数据方面的一些问题。对于依据从前的观测数据来计划自己的研究和帮助分析新接收数据的天文学家来说，对数据进行评价很有挑战性。近年来，科学家已筹办国际虚拟天文台档案，主要由美国国家虚拟天文台和ASTROGRID实施，其真实想法就是要创建所谓"前端"web网站，把来自各太空飞船、地面天文台和巡天探测计划的所有已编文献资料整合起来，让世界各地的研究者都能够进入这个网站，使用普

遍可得的搜寻工具来查寻数据库中自己所需的信息,然后把数据用于自己的研究中。宇宙在我们面前炫示着一些令人难以置信的美丽事物,耦合着一些似乎不能达到的距离。然后,我们向你们展示了这些事物。好的消息是,无论我们的探测技术变得如何先进,总是存在需要探索和做出发现的新领域。最重要是,我们都要坚持告知后代进行继续探索和学习。

  无论怎么努力,你都永远也想象不出质子有多么微小,占有多么小的空间。它实在太小了。质子是原子极其微小的组成部分,而原子本身当然也小不可言。质子小到什么程度?像字母"i"上的点这样大小的一滴墨水,就可以拥有约莫5000亿个质子,说得更确切一点,要比组成1.5万年的秒数还多。因此,起码可以说,质子是极其微小的。现在,请你想象一下,假如你能(你当然不能)把一个质子缩小到它正常大小的十亿分之一,放进一个极小的空间,使它显得很大,然后,你把大约30克物质装进那个极小极小的空间。很好,你已做好创建一个宇宙的准备。当然,你希望创建一个会膨胀的宇宙。不过,要是你愿意创建一个比较老式而又标准的大爆炸型宇宙,你还需要别的材料。事实上,你需要收集现有的一切东西——从现在到宇宙创建之时的每个粒子——把它塞进一个根本谈不上大小的极小地方。这就是所谓的奇点。无论哪种情况,准备好来一次真正的大爆炸。很自然,你希望退避到一个安全的地方来观察这个奇观。不幸的是,你无处可以退避,因为奇点之外没有任何地方。当宇宙开始膨胀的时候,它不会向外扩展,充满一个更大的空间。仅有的空间是它一面扩展一面创造的空间。

  把奇点看成是一个悬在漆黑无边的虚空中的孕点,这是很自然的,然而是错误的。没有空间,没有黑暗。那里没有空间供它去占有,没有地方供它去存在。我们甚至无法问一声它在那里已经多久——它是刚刚产生的,还是一直在那里,默默地等待着合适的时刻的到来。时间并不存在。它没有产生于过去这一说。于是,我们的宇宙就从无到有了。刹那间,一个光辉的时刻来到了,其速度之快,范围之广,无法用言语来形容,奇点有了天地之大,有了无法想象的空间。这充满活力的第一秒钟(许多宇宙学家将花费毕生的精力来将其分割成越来越小部分的1秒钟)产生了引力和支配物理学的其他力。不到1分钟,宇宙的直径已经有1600万亿公里,而且还在迅速扩大。这时候产生了大量热量,温度高达100亿摄氏度,足以引发核反应,其结果是创造出较轻的元素——主要是氢和氦,还有少量锂(大约是1000万个原子中有1个锂原子)。3分钟以后,98%的目前存在的或将会存在的物质都产生了。我们有了一个宇宙。这是个美妙无比的地方,而且还很漂亮。这一切都是在大约做完一块三明治的时间里形成的。

这个重大时刻的发生时间还是个有点争议的问题。宇宙到底是在100亿年以前形成的,还是在200亿年以前形成的,还是在100亿年到200亿年之间形成的,这个问题宇宙学家已经争论了很长时间。大家似乎越来越赞成大约137亿年这个数字。但是,我们在后面将会进一步看到,这种事情是极难计算的。其实,我们只能说,在那十分遥远的过去,在某个无法确定的时刻,由于不知道的原因,科学上称之为$t=0$的时刻来到了。我们于是踏上了旅程。当然,有大量的事情我们不知道,还有大量的事情我们现在或在过去很长时间里以为自己知道而其实并不知道。连大爆炸理论也是不久以前才提出来的。这个概念自20世纪20年代以来一直很流行, 是一位名叫乔治·勒梅特的比利时教士兼学者首先提出了这种假设。但是,直到20世纪60年代中,这种理论才在宇宙学界活跃起来。当时,两位年轻的射电天文学家无意中发现了一种非同寻常的现象。他们的名字分别叫做阿诺·彭齐亚斯和罗伯特·威尔逊。1965年,他们在美国新泽西州霍尔姆德尔的贝尔实验室,想要使用一根大型通信天线,可是不断受到一个本底噪声——一种连续不断的蒸汽般的咝咝声的干扰,使得实验无法进行下去。那个噪声是一刻不停的,很不集中的。它来自天空的各个方位,日日夜夜,一年四季。有一年时间,两位年轻的天文学家想尽了办法,想要跟踪和除去这个噪声。他们测试了每个电器系统,他们重新组装了仪器,检查

了线路,察看了电线,掸掉了插座上的灰尘。他们爬进抛物面天线,用管道胶布盖住每一条接缝,每一颗铆钉。他们拿起扫帚和抹布再次爬进抛物面天线,小心翼翼地把他们后来在一篇论文中称为"白色电介质"的,用更通常的说法是鸟粪的东西扫得干干净净,可是他们的努力丝毫不起作用。

他们不知道,就在50公里以外的普林斯顿大学,一组以罗伯特·迪克为首的科学家正在设法寻找的,就是这两位天文学家想要除去的东西。普林斯顿大学的研究人员正在研究在苏联出生的天文物理学家乔治·伽莫夫在20世纪40年代提出的假设:要是你观察空间深处,你就会发现大爆炸残留下来的某种宇宙背景辐射。伽莫夫估计,那种辐射穿过茫茫的宇宙以后,便会以微波的形式抵达地球。在新近发表的一篇论文中,他甚至提出可以用一种仪器达到这个目的,这种仪器就是霍尔姆德尔的贝尔天线。不幸的是,无论是彭齐亚斯和威尔逊,还是普林斯顿大学小组的任何专家,都没有看过伽莫夫的论文。彭齐亚斯和威尔逊听到的噪声,正是伽莫夫所假设的。他们已经找到了宇宙的边缘,至少是宇宙150亿光年以外的可见部分。他们在"观望"第一批质子——宇宙中最古老的光——果然不出伽莫夫所料,时间和距离已经将其转变成了微波。艾伦·古思在他的《不断膨胀的宇宙》一书中提出一种类比,有利于大家理解这一发现的意义。要是你把观望宇宙深处比做是在从美国纽约帝国大厦的100层上往下看(假设100层代表现在,街面代表大爆炸的时刻),那么在彭齐亚斯和威尔逊发现那个现象的时候,已经发现的最远的星系是在大约60层,最远的东西——类星体——是在大约20层。彭齐亚斯和威尔逊的发现,把我们对宇宙可见部分的认识推进到了离大厅的地面不到1厘米的地方。彭齐亚斯和威尔逊仍然找不到噪声的原因,便打电话给普林斯顿大学的迪克,向他描述了他们遇到的问题,希望他能作出一种解释。迪克马上意识到两位年轻人发现了什么。"哎呀,好家伙,人家抢在我们前面了。"他一面挂电话,一面对他的同事们说。此后不久,《天体物理学》杂志刊登了两篇文章：一篇为彭齐亚斯和威尔逊所作，描述了听到咝咝声的经历；另一篇为迪克小组所作，解释了它的性质。尽管彭齐亚斯和威尔逊并不是在寻找宇宙的本底辐射，发现的时候也不知道是什么东西，也没有发表任何论文来描述或解释它的性质，但他们获得了1978年诺贝尔物理学奖。普林斯顿大学的研究人员只获得了同情。据丹尼斯·奥弗比在《宇宙孤心》一文中说，彭齐亚斯和威尔逊都不清楚自己这一发现的重要意义，直到他们看到《纽约时报》上的一篇报道。顺便说一句，来自宇宙本底辐射的干扰，我们大家都经历过，把你的电视机调到任何接收不着信号的频道，你所看到的锯齿形静电中，大约有1%是由这种古老的大爆炸残留物造成的。记住，下次你抱怨接收不到图像的时候，你总能观看到宇宙的诞生。

虽然人人都称其为大爆炸，但许多书上都提醒我们，不要把它看做是普通意义上的爆炸，而是一次范围和规模都极其大的突然爆炸。那么，它的原因是什么？有人认为，那个奇点也许是早年业已毁灭的宇宙的残余——我们的宇宙只是一系列宇宙中的一个。这些宇宙周而复始，不停地扩大和毁灭，就像一台制氧机上的气囊。有的人把大爆炸归因于所谓的"伪真空"，或"标量场"，或"真空能"——反正是某种物质或东西，将一定量的不稳定性带进了当时的不存在；从不存在获得某种存在，这似乎不大可能，但过去什么也不存在，现在有了个宇宙，事实证明这显然是可能的。情况也许是，我们的宇宙只是众多更大的、大小不等的宇宙的部分，大爆炸到处不停地发生。要不然也许是，在那次大爆炸之前，时间和空间具有某种完全不同的形式——那些形式我们非常不熟悉，因此无法想象——大爆炸代表某个过渡阶段，宇宙从一种我们无法理解的形式过渡到一种我们几乎可以理解的形式。"这与宗教问题很相似"，斯坦福大学的宇宙学家安德烈·林德博士2001年对《纽约时报》的记者说。大爆炸理论并不是关于爆炸本身，而是关于爆炸以后发生的事。注意，是爆炸以后不久。科学家们做了大量计算，仔细观察粒子加速器里的情况，然后认为，他们可以回顾爆炸发生10^{-43}

秒之后的情况,当时宇宙仍然很小,要用显微镜才看得见。对于每个出现在我们面前的非同寻常的数字,我们无需把自己搞得头昏脑涨,但有时候也许不妨理解一个,只是为了不忘其难以掌握、令人惊奇的程度。于是,10^{-43} 秒就是 0.000 000 000 000 000 000 000 000 000 000 000 000 000 1 秒,或者是一千亿亿亿亿分之一秒。我们知道的或认为知道的有关宇宙初期的大部分情况,都要归功于一位年轻的粒子物理学家于 1979 年首先提出的膨胀理论,他的名字叫艾伦·古思,他当时在斯坦福大学工作,现在任职于麻省理工学院。他当时 32 岁,自己承认以前从没有作出过很大的成绩。要是他没有恰好去听那个关于大爆炸的讲座的话,很可能永远也提不出那个伟大的理论。开那个讲座的不是别人,正是罗伯特·迪克。讲座使古思对宇宙学,尤其是对宇宙的形成产生了兴趣。

他提出了膨胀理论。该理论认为,在爆炸后的刹那间,宇宙突然经历了戏剧性的扩大。它不停地膨胀——实际上是带着自身逃跑,每 10^{-34} 秒它的大小就翻一番。整个过程也许只持续了不到 10^{-30} 秒——也就是一百万亿亿亿分之一秒——但是,宇宙从手都拿得住的东西变成了至少十亿亿亿倍大的东西。膨胀理论解释了使我们的宇宙成为可能的脉动和旋转。要是没有这种脉动和旋转的话,就不会有物质团块,因此也就没有星星,而只有飘浮的气体和永恒的黑暗。根据古思的理论,在一千亿亿亿亿亿分之一秒之内产生了引力,又过了极其短暂的时刻,产生了电磁以及强核力和弱核力——物理学的材料,之后,又很快出现了大批基本粒子的材料。从无到有,突然有了大批光子、质子、电子、中子和许多别的东西——根据标准的大爆炸理论,每种达 $10^{79} \sim 10^{89}$ 个之多。这么大的数量当然是难以理解的。我们只要知道,刹那间,我们有了一个巨大的宇宙,这就够了——根据该理论,这个宇宙是如此之大,直径至少有 1000 亿光年,但有可能是从任何大小直至无穷大——安排得非常完美,为恒星、星系和其他复杂体系的创建准备了条件。

从我们的角度来看,令人不可思议的是,这个结果对我们来说是那么完美。只要宇宙的形式稍稍不同——只要引力稍稍强一点或弱一点,只要膨胀稍稍慢一点或快一点——那么,也许就永远不会有稳定的元素来制造你和我,制造我们脚底下的地面。只要引力稍稍强一点,宇宙本身会像个没有支好的帐篷那样塌下来,也就没有恰到好处的值来赋予自己必要的大小、密度和组成部分。然而,要是弱了一点,什么东西也不会聚集在一起,宇宙会永远是单调、分散、虚空的。有的专家之所以认为也许有好多别的大爆炸,也许有几万亿次大爆炸,分布在无穷无尽的永恒里,这就是原因之一;我们之所以存在于这个特定的宇宙,是因为这个宇宙适合于我们的存在。正如哥伦比亚大学的爱德华·P.特赖恩所说:"要回答它为什么产生了,我的敝见是,我们的宇宙只是那些不时产生的东西之一。"对此,古思补充说:"虽然创建一个宇宙不大可能,但特赖恩强调说,谁也没有统计过失败的次数。"英国皇家天文学家马丁·里斯认为,有许多个宇宙,很可能是无数个,每个都有不同的特性,不同的组合,我们只是生活在一个其组合的方式恰好适于我们存在的宇宙里。他以一家大型服装店作为例子来进行类比:"要是服装品种很多,你就不难挑到一件合身的衣服。要是有许多宇宙,而每个宇宙都由一套不同的数据控制,那么就会有一个宇宙,它的一套特定的数据适合于生命。我们恰好在这样的一个宇宙里。"里斯认为,我们的宇宙受到6个数据的支配,要是哪个值发生哪怕是非常细微的变化,事物就不可能是现在的这个模样。比如,现在的宇宙若要存在,就要求氢以准确而较为稳定的方式——说得具体一点,要以将千分之七的质量转化为能量的方式——转化为氦。要是那个值稍稍低一点——比如从千分之七降至千分之六——那么就不可能发生转化:宇宙只会由氢组成。要是那个值稍稍高一点——高到千分之八——结合就会不间断地发生,氢早已消耗殆尽。无论是哪种情况,只要这个数据稍有变动,我们所知的而又需要的宇宙就不会存在,到目前为止,一切都恰到好处。从长远来说,引力也许会变得稍强一点;有朝一日,它可能阻止宇宙膨胀,让自己将自己压瘪,最后坍缩成又一个奇点,整个过

程很可能重新开始。另一方面,引力也许会变得过弱,那样的话,宇宙会永远地膨胀,直到一切都互相远离,不再可能发生实质性的相互作用,于是宇宙就成为一个非常空旷呆滞而又没有生命的地方。第三种可能是,引力恰如其分——就是宇宙学家们所谓的"临界密度"——它把宇宙控制在一个恰当的范围,使事物永远继续下去。宇宙学家有时轻浮地把这称为"金发姑娘效应"——一切都处于恰如其分的状态。(需要说明的是,这三种可能出现的宇宙分别叫做封闭式宇宙、开放式宇宙和扁平式宇宙。)

  大家迟早会想到一个问题,那就是,假设你来到宇宙边缘,把头伸出帘幕,那会发生什么?你的头会在什么地方(要是它不再是在宇宙里的话)?你会看到对面是什么?回答是令人失望的:你永远也到不了宇宙的边缘。倒不是因为去那里要花很长时间——虽然没错儿,的确要花很长时间——而是因为,即使你沿着一条直线往外走,不停地坚持往外走,你也永远到不了宇宙的边缘。恰恰相反,你会回到起始的地方(到了这种地步,你很可能会灰心丧气,放弃这种努力)。其原因是,按照爱因斯坦的相对论(我们届时将会讲到),宇宙是弯曲的。至于怎么弯曲,我们也不大能想象出来。眼下,你只要知道,我们并不是在一个不断膨胀的大气泡里飘浮,这就足够了。确切点儿说,空间是弯曲的,恰好使其无限而又有限。恰当地说,甚至不能说空间在不断膨胀,这是因为,正如诺贝尔奖获得者、物理学家史蒂文·温伯格指出的:"太阳系和星系不在膨胀,空间本身也不在膨胀。"倒是星系在飞速彼此远离。这对直觉都是一种挑战。生物学家J.B.s.霍尔丹有一句名言:"宇宙不仅比我们想象的要古怪,而且比我们可能想象的还要古怪。"为了解释空间是弯曲的,人们经常提出一个类比,他们试图想象,有个来自平面宇宙、从来没有见过球体的人来到了地球。不管他在这颗行星的表面上走得多远,他永远也走不到边。他很可能最终回到始发地点。他当然会稀里糊涂,说不清这是怎么一回事。哎呀,我们在空间的处境,跟那位先生的处境完全相同。我们只是糊涂得更厉害罢了。如同你找不着宇宙的边缘一样，你也不可能站在宇宙的中心，说："宇宙就是从这儿开始，这儿是一切的最中央。"我们大家都在一切的最中央。实际上，我们对此缺少把握，我们无法用数学来加以证实。科学家们只是推测，我们实际上不可能在宇宙的中央——想一想，这会意味着什么——但是，这种现象对所有地方的所有观察者来说都是一样的。不过，我们真的没有把握。据我们所知，自形成以来，宇宙只发展到光走了几十亿年那么远的距离。这个可见的宇宙——这个我们知道而且在谈论的宇宙的直径是1.5亿亿亿(即1 500 000 000 000 000 000 000 000)公里。但是，根据大多数理论，整个宇宙——有时候称为超宇宙——还要宽敞得多。根据里斯的说法，到这个更大的、看不见的宇宙边缘的光年数，不是"用10个0，也不是用100个0，而是用几百万个0"来表示。简而言之，现有的空间比你想象的还要大，你不必再去想象空间外面还有空间。很长时间以来，大爆炸理论有个巨大的漏洞，许多人对此感到不解——那就是，它根本无法解释我们是怎么来到这个世界上的。虽然存在的全部物质中有98%是大爆炸创造的，但那个物质完全由轻的气体组成：我们上面提到过的氦、氢和锂。对于我们的存在至关重要的重物质——碳、氮、氧以及其他一切，没有一个粒子是宇宙创建过程中产生的气体。但是——难点就在这里——若要打造这些重元素，你却非要有大爆炸释放出来的那种热量和能量不可。可是，大爆炸只发生过一次，而那次大爆炸没有产生重元素。因此，它们是从哪儿来的？有意思的是，找到这个问题答案的人却是一位压根儿瞧不起大爆炸理论的宇宙学家，他还创造了大爆炸这个词来加以讽刺挖苦。

　　物质由原子构成，这一观念早已深入人心，以至于我们很难想象，当初"原子"这种东西看起来有多么惊世骇俗。一个多世纪以前，当科学家首次提出原子假说时，他们对观察如此细微的结构基本不抱什么希望，甚至质疑原子这一概念能否称为科学。不过，科学家逐渐找到了越来越多原子存在的证据。到了1905年，爱因斯坦用分子热运动解释了布朗运动，有关原子存在与否的争论才尘埃落定——它们最多只能

探测小到 10~18 米的精细结构。因此,许多科学家质疑时空原子这一概念能否称为科学。不过,一些研究人员并没有灰心丧气,他们提出了许多方法,有可能直接检测到这样的时空原子。最有希望的方法涉及对宇宙的观测。假如逆着时间,把宇宙膨胀倒推回去,我们看到的所有星系似乎都将汇聚于一个极小的点,即大爆炸奇点。现有的引力理论——爱因斯坦广义相对论预言,在这一点上,宇宙的密度和温度都将无穷大。在一些科普文章里,这一刻被宣扬为宇宙的起点,代表了物质、空间和时间的诞生。然而,这种说法实在太过武断,因为密度和温度的无穷大意味着广义相对论本身已经失效。要解释大爆炸时究竟发生了什么,物理学家必须超越相对论,发展出量子引力理论,把相对论无法触及的时空精细结构也纳入考虑范畴。

在原初宇宙的致密环境中,时空的精细结构发挥过显著作用,这些痕迹或许可以留存至今,隐藏在如今宇宙中物质和辐射的分布模式之中。简而言之,如果时空原子存在,我们不会像当年发现物质原子那样,再花上几个世纪去寻找证据。如果运气好的话,在未来十年内,就可能有所斩获。若干候选理论,每个理论都用一种独特的方式,把量子原理套用到广义相对论中。我们的研究工作专注于圈量子引力论,这一理论是在 20 世纪 90 年代通过两步推导发展起来的:第一步,理论学家利用数学方法,将广义相对论方程改写为一种类似于经典电磁理论的形式,圈量子引力论中的"圈"就是新表达形式中电、磁力线的对应体;第二步,理论学家遵循一些开创性的处理步骤,大概类似于数学中的纽结理论,将量子原理套用到这些圈上。由此推导出来的量子引力理论预言了时空原子的存在。其他理论,比如弦论和所谓的"因果动态三角剖分",本身并没有预言时空原子,但它们通过其他方式暗示,距离短到一定程度后或许会不可分割。这些候选理论间的差异已经引起争议,不过,与其说这些理论相互矛盾,不如说它们互为补充。弦论在统一粒子相互作用及弱引力方面非常有用。不过要弄清奇点处到底发生了什么,在这种引力极强的条件下,圈量子引力论的时空原子结构就会更加有用。圈量子引力论的威力体现在:它有能力考虑时空的流动性。爱因斯坦的伟大之处在于,他认识到时空并非仅仅是一个供宇宙演化这出"大戏"上演的舞台,它本身也在这出"大戏"中扮演着主要角色。时空不仅决定着宇宙中各类天体的运行方式,还主宰着宇宙的演化历程。物质与时空之间的复杂互动也一直在上演。空间本身可以增大和缩小。圈量子引力论将这一观念延伸到了量子领域。它借鉴了我们对于物质粒子的理解,并套用到时空原子上,把最基本的概念统一起来。举例来说,量子电动力学中的真空意味着不包含光子之类的粒子,在这种真空中每增加一分能量,就会产生一个新的粒子。而在量子引力论中,真空意味着不包含时空——一种让我们简直无法想象的、彻底的虚空。根据圈量子引力论的描述,在这种真空中每增加一分能量,便会产生一个新的时空原子。

时空原子构成了一个致密且不断变动的网格。大尺度上,它们的动态变化让演化中的宇宙遵从经典广义相对论。在正常情况下,我们永远不会注意到这些时空原子的存在:这些网格排布得异常紧密,以至于时空看起来连成一片、没有间断。不过,当时空中充满能量时——如大爆炸发生瞬间,时空的精细结构就会发挥作用,圈量子引力论的预言就会偏离广义相对论的预言。运用圈量子引力论推导计算是一项极其复杂的任务,因此我和同事们使用了简化模型,只考虑宇宙中最基本的特征(比如大小),而忽略我们不太感兴趣的其他细节,还不得不借用物理学和宇宙学中的许多标准数学工具。比如,理论物理学家常常用微分方程来描述这个世界,这些方程详细确定了物理量(比如密度)在时空连续体的每一点上的变化率。但当时空不再连续,而是由无数"微粒"聚集而成时,我们就要转而使用所谓的差分方程,它们能将连续体拆分成离散区间加以处理。这样的一个宇宙在成长过程中,大小不再会连续变化,而是沿着一个"尺寸阶梯"拾阶而上,这些差分方程描述的就是宇宙大小的这种"阶梯式"变化过程。1999 年,我开始

分析圈量子引力论在宇宙学上的应用，当时大多数研究人员预言，这些差分方程得出的结果只不过是经典理论微分方程计算结果的简单重复。不过，意想不到的结果很快就出现了，引力通常表现为一种吸引力，一团物质倾向于在自身重力作用下坍缩，如果它的质量足够大，引力就会压倒其他所有力量，将这团物质压缩成一个奇点，比如黑洞中心的奇点；但圈量子引力论提出，时空原子结构会在能量密度极高的情况下改变引力的本性，使它表现为斥力。

将空间想象成一块海绵，把质量和能量想象成水。疏松多孔的海绵可以蓄水，但容量有效；一旦吸满了水，海绵就无法再吸收更多的水，反倒会向外溢。与此类似，原子化的量子空间疏松多孔，能够容纳的能量也是有限的；如果能量密度过大，排斥力就会发挥作用。广义相对论中的连续空间则完全相反，可以容纳无穷多的能量。量子引力改变了受力平衡，奇点便不可能形成，密度无穷大的状态不可能达到。按照这一模型，早期宇宙中物质密度极高但并非无穷，相当于每个质子的体积内挤压了一万亿颗太阳。在如此极端的环境中，引力表现为排斥力，导致空间膨胀；随着密度的降低，引力重新变成我们所熟悉的吸引力。惯性使宇宙膨胀一直维持至今。事实上表现为排斥力的引力会导致空间加速膨胀。宇宙学观测似乎要求宇宙极早期存在这样一段加速膨胀时期，称为宇宙暴涨。随着宇宙的膨胀，驱动暴涨的力量逐渐消失。加速一旦终止，过剩的能量便转化为普通物质，开始填满整个宇宙——这一过程被称为宇宙"再加热"。在目前的主流宇宙学模型中，暴涨是为了迎合观测而特别增加进来的；而在圈量子引力宇宙学中，暴涨是时空原子本性的自然结果。在宇宙很小、时空的疏松多孔性仍然相当显著的时候，加速膨胀便会自然而然地发生。

宇宙学家曾经认为宇宙的历史最多追溯到大爆炸，大爆炸奇点界定了时间的开端。然而，在圈量子引力宇宙学中，奇点并不存在，时间也就没有了开端，宇宙的历史或许可以进一步向前追溯。其他物理学家也得出了类似的结论，不过只有极少数模型能够完全消除奇点；大多数模型,包括那些根据弦论建立起来的模型,都必须对奇点处可能要发生什么作出人为假设。相反,圈量子引力论能够探查"奇点"处发生的物理过程。建立在圈量子引力论基础上的模型,尽管确实经过了简化,但仍然是从一般性原理中发展起来的,能够避免引用新的人为假设。使用这些差分方程,我们可以尝试重建大爆炸前的宇宙历史。一种可能的情景是,大爆炸之初的高密度状态,是大爆炸前的宇宙在引力作用下坍缩形成的。当密度增长到足够高,使引力表现为排斥力时,宇宙便开始再度膨胀,宇宙学家将这一过程称为反弹。

首个得到深入研究的反弹模型是一个理想化模型,其中的宇宙高度对称,而且仅包含一种物质。这些物质粒子没有质量,彼此不发生相互作用。尽管十分简单,但理解这一模型仍然需要进行一系列数值模拟。直到 2006 年,美国宾夕法尼亚州立大学的阿沛·阿什特卡尔、托马什·帕夫洛夫斯基和帕拉姆普里特·辛格才完成了这些数值模拟。他们考察了模型中波的传播过程,这些波代表了大爆炸前后的宇宙。该模型清楚地表明,这些波不会盲目地沿着经典路线堕入大爆炸奇点的深渊,一旦量子引力的排斥力发挥作用,波就会停止并反弹回来。这些模拟还得出了一个令人兴奋的结果:在反弹过程中,一向声名狼藉的量子不确定性似乎始终保持缄默。量子不确定性常常导致量子波扩散,但在整个反弹过程中,模型中的波始终保持局域性。表面上看,这一结果暗示,反弹发生前的宇宙与我们的宇宙惊人相似:两者都遵从广义相对论,或许都充斥着恒星和星系。果真如此的话,我们就能逆着时间令如今的宇宙反演回去,跨越宇宙反弹,推算出反弹前宇宙的状态,就像我们根据两个撞球碰撞后各自的轨迹,推算出碰撞前它们的运动状态一样。我们没有必要知道碰撞发生时,每个撞球中的每一个原子究竟如何运动。可惜的是,我后来作的分析粉碎了这一希望。我证明,这一模型以及在数值模拟中使用的量子波都是特例:在通常情况下,这些量子波会扩散开来,量子效应也十分明显,必须被计算在内。因此宇

宙反弹并不像撞球碰撞那样,仅仅是一个排斥力简简单单向外一推就能完成的。相反,宇宙反弹或许表明,我们的宇宙是从一种几乎不可理解的量子状态中涌现出来的,也就是说,是从一个充斥着大量剧烈量子涨落的混乱世界中演化而来的。即使反弹前的宇宙与我们的宇宙十分相似,它也会经历一段漫长的时期,在这段时期内,物质和能量密度会发生剧烈的随机涨落,把一切都搅得面目全非。

大爆炸前后的密度涨落彼此间并没有很强的关联。大爆炸前宇宙中的物质能量分布,可能与大爆炸后的宇宙完全不同,这些具体细节可能无法在宇宙反弹的过程中保留下来。换句话说,宇宙患有严重的健忘症,宇宙可能在大爆炸前就已经存在,但反弹过程中的量子效应几乎会把大爆炸前宇宙的所有痕迹清除得干干净净。根据圈量子引力论推导出的宇宙大爆炸图景,比传统的奇点观念更加不可思议。广义相对论确实会在奇点处失效,但圈量子引力论能够处理那里的极端环境。大爆炸不再是物理学上的万物开端,也不再是数学上的奇点,但它实际上给我们的认知范围设置了一个极限,大爆炸后保留至今的所有信息,都无法向我们展示大爆炸前宇宙的完整面貌。这一结果看似令人沮丧,但从概念上说,却无异于一道福音。日常生活中的所有物理体系,无序程度都趋向于不断增长。这一原理被称为热力学第二定律,是人们反驳宇宙永恒存在的论据之一。如果已经逝去的时间无穷无尽,而有序度又一直在不断减小,如今的宇宙就应该十分混乱,以至于我们看到的星系结构,乃至地球本身,都几乎不可能存在。程度适当的宇宙健忘症或许可以拯救永恒宇宙,能将宇宙还原成一张白纸,抹去先前积累下来的所有"混乱",让如今这个正在成长的年轻宇宙得以存在。

根据传统热力学,"白纸"这样的东西根本不可能存在;每一个系统都会在原子的排列方式中保留一份过去的记忆。不过圈量子引力论允许时空原子的数目发生变化,因此在整理过去留下的混乱局面时,宇宙能够跳出经典物理学的约束,享有更大程度的"自由"。不过,并不是说宇宙学家完全没有希望探测这段量子引力时期。引力波和中微子是两种很有前途的探测工具，它们几乎不与物质发生相互作用，因此可以穿过大爆炸时的原初等离子体，损失程度最小。这些信使或许可以给我们带来临近大爆炸，甚至大爆炸之前的消息。寻找引力波的一种方法，就是研究它们在宇宙微波背景辐射上留下的印记。如果表现为排斥力的量子引力确实驱动了宇宙暴涨，宇宙学观测或许就能找到这些印记的若干线索。理论学家还必须确定，这种新的暴涨源头能够再现其他的宇宙学观测结果，特别是我们在微波背景辐射中观察到的早期宇宙中物质密度的分布模式。与此同时，天文学家可以寻找时空原子导致的、类似于随机布朗运动的现象。比如，时空量子涨落可以影响光的远程传播方式。根据圈量子引力论，光波不可能连续，它必须栖身于空间格点之上，波长越短，格点对光波的影响就越大。从某种意义上说，时空原子会不断冲击光波，因此，不同波长的光会以不同的速度传播。尽管差异极小，但在长距离传播的过程中，这些差异会逐步积累。伽玛射线暴之类的遥远光源，为检测这种效应提供了最佳机会。对于物质原子而言，从古代哲学家提出最早的设想，到爱因斯坦分析布朗运动，从而正式确定原子属于实验科学范畴，其间经历了超过 25 个世纪的漫漫探索之路。对于时空原子而言，探索之路或许不会如此漫长。100 年前《科学美国人》上刊登的一篇有关宇宙历史和大尺度结构的文章，几乎完全错了。

1908 年，科学家们相信，我们身处的这个星系就是整个宇宙。他们认为宇宙就是被无尽的虚空包围着的一群孤独的恒星，因此宇宙又被称为"宇宙岛"。现在我们知道，银河系不过是目前能够观测到的 4000 多亿个星系之中的普通一员。1908 年，科学界一致认为宇宙是静态而永恒的。宇宙起源于一场炽热的大爆炸，这样的观点哪怕是最疯狂的幻想家也根本未曾想过。元素在大爆炸最初时刻产生，后来在恒星内部合成的理念，在 1908 年还不为人知；空间会膨胀和弯曲、物质决定空间曲率的说法更是天方夜谭。整个宇宙空间都沉浸在创世大爆炸的

寒冷余晖留下的微波辐射之中这一事实，要等到现代技术发展起来以后才会被人发现。有趣的是，发明这种技术的目的，并不是为了探索宇宙，而是为了让人们能够打电话回家。很难想象在过去的一个世纪里，还会有哪个知识领域像宇宙学这样，经历如此天翻地覆的变化，这种变化还改变了我们对世界的看法。不过，未来的科学一定比过去更能反映实际情况吗？我们最近所作的一项研究暗示，在宇宙学时标上，这个问题的答案是否定的。我们极有可能生活在宇宙历史上唯一一个能够让科学家准确了解宇宙真实情况的时代。

科学家们认为，这种让宇宙对抗引力作用而加速膨胀的力量，源于一种与真空联系在一起的"暗能量"。事实上，在此之前，包括克劳斯在内的一些理论学家，就已经通过间接测量预料到了这一结果。不过从物理学角度来说，这项发现应该算是第一个直接观测证据。宇宙的加速膨胀意味着真空中包含着大量能量：就算把当前能够观测到的宇宙结构，包括星系、星系团和超星系团等全加在一起，所含能量也仅仅相当于真空能量的1/3。具有讽刺意味的是，这种形式的能量最早是爱因斯坦提出的，目的却是为了维持一个静态的宇宙。他把这种能量称为"宇宙学常数"，暗能量将对宇宙的未来产生巨大的影响。克劳斯曾经和美国华盛顿天主教大学的宇宙学家格伦·斯塔克曼一起，合作探讨了这样一个问题：在一个包含宇宙学常数的宇宙中，生命的最终命运将会如何？结论是：不太乐观。这样一个宇宙将演变成一个非常不适宜生存的地方。宇宙学常数会产生一个固定的"事件视界"，在这种假想边界以外，任何辐射或物质都不可能被我们看到。宇宙看起来就像一个内外颠倒的黑洞，物质和辐射不断被吸出视界，然后永不回头。这一发现意味着，可观测宇宙包含的信息是有限的，因此生命和信息处理过程都不可能永久持续下去。

不过，用不着担心有限的信息可能会带来麻烦，在信息极限成为问题之前很久，所有随着宇宙一起膨胀的物质就会被推到事件视界以外。美国哈佛大学的亚伯拉罕洛布和长峰健太郎研究了这一过程。他们发现，我们所说的"本星系群"将坍缩成一个巨大的超星系，所有其他的星系都将消失在事件视界以外。这个过程将历时 1000 亿年，看起来也许很长，但与永恒的荒芜相比，也只不过是转瞬之间而已。对于生活在遥远的未来、居住在这个超星系里的天文学家来说，他们又将如何去演绎宇宙的历史？想要探讨这个问题，我们必须先回顾一下，支撑我们目前的宇宙观——大爆炸理论的几大支柱。第一个支柱是爱因斯坦的广义相对论。在它出现之前的近 300 年里，牛顿理论一直是天文学几乎所有分支的基础。从地球到星系，不论在什么尺度下，牛顿理论都能准确预言物体的运动状态，但是，对于无穷大的物质集合，牛顿理论就完全不适用了，广义相对论突破了这个局限。1916 年，爱因斯坦公布了广义相对论，并且提出了一个包含宇宙学常数的简单方程，用来描述宇宙。此后不久，荷兰物理学家威廉·德西特就求出了方程的一个解。德西特的结果似乎与当时人们公认的宇宙图景完全一致：宇宙是被广袤且永恒不变的虚空包围着的一座宇宙岛。宇宙学家们很快意识到，这种永恒不变的静止状态是一种误解。事实上，德西特的宇宙会永远膨胀下去。比利时物理学家乔治·勒迈特后来证明，爱因斯坦的宇宙学方程预言，宇宙要么膨胀，要么收缩，无限、均匀、永恒不变的宇宙不可能存在。后来被人称为"大爆炸"的理论，就是在这个观点的基础上产生的。

第二个支柱出现在 20 世纪 20 年代，天文学家们观测到了宇宙的膨胀。第一个为宇宙膨胀提供观测证据的人，是美国天文学家维斯托·斯莱弗，当时他用恒星光谱测量了邻近星系的速度。正在移向地球的恒星发出的光波会被压缩，波长变短，导致星光颜色向蓝色端偏移（蓝移）；正在远离我们的天体发出的光波则被拉伸，波长变长，颜色向红色端偏移（红移）。通过测量遥远星系发出的光波是被压缩还是被拉伸，斯莱弗就能确定它们是在移向我们还是远离我们，还能测量它们的运动速度。（当时的天文学家们甚至不能确定，这些今天被称为"星

系"的暗弱光斑，究竟是独立的恒星集团，还是银河系中的气体星云。）斯莱弗发现，几乎所有的星系都正在远离我们而去。我们似乎处在一个膨胀宇宙的中心。不过，我们通常并不把宇宙膨胀的发现归功于斯莱弗，而是将功劳算在了美国天文学家埃德温·哈勃的头上。哈勃不仅测定了邻近星系的速度，还测定了它们的距离。这些测量让他得出了两个重要的结论，足以说明宇宙膨胀发现者的桂冠非他莫属。第一，哈勃证明这些星系确实非常遥远，从而证明它们和我们所处的银河系一样，是独立的恒星集团。第二，他发现星系的距离与速度之间存在简单的对应关系：星系的速度同它与我们之间的距离成正比，也就是说，一个星系到我们的距离是另一个的两倍，那么它远离我们而去的速度也会是另一个星系的两倍。距离与速度之间的这一关系，恰好是宇宙正在膨胀的标志。哈勃的测量结果后来不断得到修正，最近一次修正使用了遥远超新星的观测数据——正是这次修正导致了暗能量的发现。

第三个支柱是宇宙微波背景中的黯淡光辉。这是美国贝尔实验室的物理学家阿诺·彭齐亚斯和罗伯特·威尔逊在1965年追查射电干扰源时意外发现的。科学家们很快就意识到，这种辐射正是宇宙膨胀早期阶段残留下来的一种遗迹。它意味着宇宙最初是灼热而致密的，后来才逐渐冷却，变得越来越稀薄。

炽热的早期宇宙还是核聚变的理想场所，这是大爆炸理论的最后一个观测支柱。当宇宙温度高达10亿到100亿K时，较轻的原子核能够聚变为较重的原子核，这个过程被称为"大爆炸核合成"。随着宇宙的膨胀，温度会迅速下降，因此核合成只能持续短短几分钟，聚变也只能发生在最轻的几种元素之间。宇宙中的大部分氦和氘都是在那个时候形成的。天文学家对宇宙中氦和氘高度的测量结果，与大爆炸核合成的理论预言吻合。核合成还准确预言了宇宙中质子和中子的高度，为大爆炸理论提供了进一步的证据。科学家们在仰望天空时，会看到些什么？如果不借助望远镜，他们看到的景象大概跟今天的星空没什么两样：天空中散布着属于他们所在星系的恒星。到那时，最大最亮的恒星应该早就耗尽了核燃料，为数众多的较小恒星依然会点亮夜空。不过，当未来的科学家们建造出望远镜，有能力观测他们所在星系以外的其他星系时，情况就大不相同了。他们将看不到任何东西！到那时，邻近的星系已经和银河系并合成一个超星系，所有其他的星系全都将消失不见，逃出事件视界之外。

  遥远的星系不会瞬间消失，而是会逐渐淡出我们的视线。这些星系靠近视界时，红移将趋近于无穷大。克劳斯和斯塔克曼的计算表明：1000亿年后，所有星系的红移都将超过5000；10万亿年后，这些星系的红移都将高达1053亿K时。到那时，即使是能量最高的宇宙线，波长也会因为红移太大而超过视界的尺度，这样，我们就真的完全看不到这些天体了。因此哈勃关于宇宙膨胀的重要发现将无法重现。所有随着宇宙一起膨胀的物质都将消失在视界之外，只有被引力束缚在一起的超星系才会被保留下来。对于未来的天文学家们来说，1908年的"宇宙岛"恰恰是可观测宇宙的真实写照：一个巨大的恒星集团，永恒而宁静地被包裹在一片虚空之中。我们自己的研究经验显示，就算获得了数据，正确的宇宙模型也并非那么一目了然。从20世纪40年代到60年代中期，以哈勃发现的膨胀宇宙为基础，天文学家建起了一座观测宇宙学大厦。不过，一些天文学家仍然不放弃宇宙永恒的观念，提出了稳恒态宇宙模型。这种理论假设，随着宇宙的膨胀，物质会不断产生，因此就整体而言，宇宙并不会随时间而变化。今天的观测已经证明，稳恒态宇宙是行不通的。不过这种想法也表明，在缺乏足够的观测数据时，类似的错误观念是有可能出现的。未来的天文学家能不能找到大爆炸的其他依据？他们能不能用宇宙微波背景来探索宇宙的动态演化？很可惜，答案仍然是否定的。随着宇宙的膨胀，背景辐射的波长也会变长，辐射也会更加弥散。当宇宙的年龄达到1000亿年时，微波背景的峰值波长也将长达几米——已经不再是微波，而是射电波了。辐射强度也会降低到目前强度的一万亿分之一，也许再也观测不到了。

随着时间的继续流逝，宇宙背景将变得不可观测。在我们所处的星系中，恒星之间充斥着一种电子电离气体，低频射电波无法穿透这些气体，它们会被吸收或者反射回去。类似的效应可以解释为什么我们能在夜晚收听到遥远城市的调幅广播，因为无线电波会被电离层反射再折回地面。星际介质可以看做为充斥于星系之中的一个巨型电离层。任何频率低于 1000 赫兹（即波长长于 300 千米）的射电波，都无法在我们所处的星系中传播。频率低于 1000 赫兹的射电天文学，永远不可能在星系内部建立起来。当宇宙的年龄达到目前年龄的 25 倍时，微波背景的波长就会被拉伸到这个极限之上，星系内的居民也就不可能再探测到这种辐射。甚至在这一天到来之前很久，微波背景中那些给今天的宇宙学家们提供了许多有用信息的精细图案，就会因为信号变得太弱而无法研究了。对元素丰度的观测，能不能给未来的天文学家们提供关于大爆炸的信息呢？答案极有可能还是否定的。我们今天仍能研究大爆炸核合成的关键原因在于，140 亿年前产生的氦和氘的丰度，直到今天都没有发生太大的变化。以氦为例，宇宙早期形成的氦约占物质总量的 25%。尽管恒星内部的核聚变反应也会产生氦，但对总丰度的影响很小，最多不过增加几个百分点而已。美国密歇里根大学安阿伯分校的天文学家弗雷德·亚当斯和格雷戈里·劳克林指出，在经过许多代恒星的生死轮回之后。氦在宇宙中的比例可能增加到 60%。在遥远的未来，观测者会发现，宇宙早期合成的氦会被恒星内部后来产生的氦所淹没，根本无法区分了。

目前，氘的丰度受恒星活动影响最小，是探测大爆炸核合成的最佳观测指标。我们对原初氘丰度的最佳测量结果，来源于对类星体前景氢云的观测。类星体是一种极其遥远而又异常明亮的宇宙灯塔，天文学家认为它们的能量来源于星系中心的超大质量黑洞。不过在很久以后的宇宙中，不论是类星体还是氢云，都会消失在事件视界之外，永远不可能被观测到。只有星系内部的氘也许还可以观测。不过，恒星会把氘全部耗尽,几乎剩不下多少。即便未来的天文学家们观测到了氘,他们也无法判断这是大爆炸的产物,因为与高能宇宙线有关的核反应似乎也能解释氘的存在。今天的科学家已经认真研究了这种核反应,他们认为目前观测到的氘中,至少有一部分可能是这一过程产生的。尽管轻元素的观测丰度无法给大爆炸理论提供任何直接证据,但它仍能从一个侧面,反映出未来的宇宙学并不等同于1个世纪前的静态"宇宙岛"。对原子核物理有所了解的天文学家和物理学家们,将得出恒星燃烧核燃料的正确结论。如果他们(错误地)假定,观测到的所有氦都是前几代恒星的产物,就能为宇宙的年龄设定一个上限。如此一来,这些科学家就将正确地推断出,他们所处的这个"星系宇宙"并非永恒不变。宇宙的年龄是有限的。不过,观测到的物质如何起源,对他们来说仍将是个无法破解的谜团。[①]

一个佛弟子修行的目的是学佛,从凡夫到佛中间的一条路就是菩萨行。修菩萨行要具足六个方面,这六个方面是布施、持戒、忍辱、精进、禅定、般若,又被称为六度,在这六度中能忍辱,才什么事都能做到,因为一切道业都必须由忍做起,能忍才能殷勤精进,才会有进步,所以说忍辱的功夫最大。

生活中,如果我们每个人都有这种忍辱的功夫,就不会有那么多斤斤计较的事情发生。佛陀说:"忍之为德,持戒苦行,所不能及。"忍辱的功德是持戒和苦行都不能及的。忍对于我们每个人都是很重要的,因为我们没有人可以在任何时间、任何地方都事事如意、时时顺心,所以,有时就要能忍,学会自我解脱,对一些事,不耿耿于怀,纠缠不清,用良好的品德控制自己,从不愉快中寻找愉悦,从不愉快中创造愉悦,如果一时忍不住,虽然可以减轻心理压力,但从长远看,却没有一点好处。

---

① (美)布莱森著.严维明,陈邕译.万物简史1.南宁:接力出版社,2005年2月,P3-11.

如果你在一个环境里处于劣势,就很难有可以施展的空间,我们有些人碰到这种情况,经常任凭自己的性情,顺着自己的情绪行事。比如:被人羞辱了,就干脆和他们打一架;老板说了你,你干脆拍他桌子,自动走人。虽然有些人也会因此因祸得福,但是却由于没有耐性,而给你的人生带来负面的影响。遇事不能忍,而总要发作、逃避,也会因此让你偏离最初的目标,达不到最终的理想。所以当你身处困境,遇到困难的时候,想想你的人生目标,一定要学会忍,千万不要因为解一时之恨而逃跑、走掉。

人的一生中会有很多问题,如果你可以忍一忍,学会控制自己的心态和情绪,那么无论遇到什么,你都可以安然度过,也自然会等到出头的一天。那遇事要怎么忍,怎么才能让自己不在意呢?在《古今医统·杂著类》中有这样一段话:"先用一个忍字,后用一个忘字,将两味和匀,用不语唾咽下,此方先之以忍,可免一朝之忿也,继之以忘,可无终身之憾也。"这段话的意思是,当要发怒时,可以先闭口不说话,将自己的情绪放平,再仔细做一番思考,这样怒气就可以减少或消除,然后再忘记它。

历史上最有名的能忍之例,莫过于韩信的胯下忍辱,韩信当时落魄潦倒,与恶少相争只有一死,所以只好忍辱从恶少胯下爬过。孙膑忍庞涓之辱,在历史中也很有名,他们本来是一对师兄弟,但因为庞涓嫉妒孙膑的才能,而使孙膑被挖去膝盖,孙膑为逃过庞涓再次暗害,装疯卖傻才终于逃到齐国,躲过一劫。还有越王勾践,卧薪尝胆20年,最后终于回到越国,东山再起。韩信、孙膑、越王勾践,他们都是忍一时之气而为了争千秋之利,如果当时不能忍,可能早就没命了。

在《金刚经》中讲忍辱法门说,有一个忍辱仙人,被歌利王割去四肢,而心不生瞋恨。当然,和佛教主张的不同,我们这里所说的忍辱并不是要你逆来顺受,屈服于命运,也不是要你去当"窝囊废"。而是为了在沉默中积蓄力量,等待迸发的那一刻,使人相信风雨过后就会见彩虹。所谓忍,忍一步海阔天空。

忍字心上一把刀,只从这一点来看,忍是一件很难受的事情。但生活毕竟不能事事如意,也不可能只靠嘴和动刀动枪就能解决人世间的问题,在生活中我们为人处事,不能只进不退,也不能只能得不能失,不想受半点气,吃半点亏,这是不切实际的,也是十分有害的。有的时候,我们为了大局,为了成就自己的梦想,可以让步的时候就要让一点步,付出一点代价,受一些损失,是与想获得的东西成正比的。

孔子曾经说:"小不忍则乱大谋。"其实忍让并不是没有尊严,而是一个人思想修养、道德品质的表现。人与人之间相处,应该互相谅解、互相帮助,这样才可以换来别人的感激和尊重,避免矛盾的加深。生活就像一张网,我们难免会有误会和摩擦,只有善待恩怨,学会尊重,生活才会少一分怨恨,多一分快乐,多一分轻松。

人人皆有佛性,也有相异的习性,这是众生的特点,如果处处理直气壮,好胜、争赢,过于刚强,就会破坏人与人之间的和谐关系。如果不执著自己的想法,时时为别人着想,柔和善顺,对人不生厌弃憎恶之心,互相尊重,谨守礼节,无求无怨,以平常心互相照顾礼让,则可包容世事,皆大欢喜。

在人世间,我们没有办法生活在真空里,与人相处就会有各种烦恼,遇到这些烦恼须会自行消解,好好照顾自心,一定不要让心起了瞋恨。佛陀之所以能成为佛陀,就在于他在众生中,能忍下别人所不能忍的侮辱和攻击,能做人家所做不到的难事。学佛没有忍耐,是不可能成就的。特别是我们对别人好、心存善意,人家却以恶意来回报、侮辱、毁谤自己的时候,更要忍耐,以极致的修养来克制,"忍人之所不能忍,为人之所不能为",别人不肯干的事我们去干,别人不能忍的我们能忍,才能突破自己,圆满成就。

人都有七情六欲,遇到不良刺激时,就容易情绪激动,这是人的一种心理反应和自我保护的本能。但这种激动的情绪不可任其发展,因为它会使我们丧失冷静和理智,使我们不计后果去行动。因此,我们在遇到事情、面对人际矛盾时,一定要保持克制,学会忍耐。如果你忍不

住激动的情绪以至于像火山一样快要爆发时,就试验一下美国总统杰弗逊说的方法:"生气的时候,开口前先数到十,如果非常愤怒,先数到一百。"

这种情绪的自制力是一种难得的美德,是使我们的精神趋于平衡的定力器。一个人必须修身养性,培养自己的这种自制力,才可以依此保持自己的远大理想。人如果不懂得忍耐,静不下心来做事,不仅一事无成,反而可能铸成大错。我们中国文化的精髓就在于以静制动,稍安勿躁。一个人心浮气躁,不能忍耐,就会对什么事都深入不进去,无法弄清事物的本质。所以,我们遇事一定要沉着、冷静,多分析思考,然后再采取行动,如果急于求成,只会害了自己。

但凡能成大事的人,没有一个不是专一而行、专心而攻。虽然博大没有什么不好,但是精深才可以成事。只有精深,才能成为专门的人才,但前提是必须忍耐,克服浮躁的毛病,有顽强的毅力,才能做到这一点。众生学佛学的就是这个忍字,如果稍有不如意就忍不下去了,那怎么可能修行成佛呢?

相传在佛陀的僧团中,有一个叫提婆达多的弟子,是佛陀的堂弟。他有野心想成为僧团的领袖,因此和阿阇世王相勾结,想陷害佛陀。这天,提婆达多和阿阇世王商量了一个计策,要全城的人都不准供养僧众,如果违犯必受重罚。因此,整个王舍城中没有一个人敢出来供养佛陀和他的弟子。佛陀的弟子虽只是日中一餐,但每天却不可缺少这餐饮食。日子久了,僧众无法维持生活。佛陀就叫目犍连、舍利弗、迦叶尊者等大弟子,带着僧众分散到各个地方去,只有佛陀和阿难以及500位僧众留在城中忍饥挨饿,佛陀想用这种忍辱和毫无抵抗的忍德来感化阿阇世王。

提婆达多得知佛陀的弟子都已带着僧众离开佛陀分散到各地,就对阿阇世王说:"佛陀的大弟子和很多僧众已经离开,现在城里只有佛陀和阿难和500僧众,我们可以趁此机会,来消灭佛陀和僧众。"提婆达多让国王明天请佛陀进宫来接受供养,而他自己则想用酒灌醉500

头大象,等佛陀来到时,将醉象放出来,利用醉象来践踏佛陀和僧众。象力气很大,被灌醉后更是发狂到处攻击人畜,特别危险。阿阇世王第二天真的请佛陀来接受供养。佛陀虽然知道他们的计策,但依然欢喜接受。于是和阿难率领500僧众去王宫,走到半路,突然一群疯狂的大象猛冲过来,所有见到的民众都急忙躲避,只有佛陀、阿难和僧众安然不动。醉象已冲到近前,奇怪的是,这群原本狂奔呼啸的大象到佛陀和僧众近前时,竟然都安静了下来,并且每一只大象都跪下来,显得温顺驯服。佛陀安详地露出笑容,摸一摸大象,然后穿过象群,进入王宫。

阿阇世王看了这番情景,不仅大吃一惊。他看到佛陀不仅能调伏人群,而且连狂醉的大象也可以驯服。于是他起了敬畏之心,十分恭敬地供养佛陀。佛陀对这件事情,不怨不怒,接受供养后,还真诚地祝福阿阇世王。

这就是佛陀极致的修养和佛陀的忍德。他的自制能力是惊人的,如果他当时冲动,不能把持内心的平静,则一切于事无补,人有多大的心量,就可以成就多大的事业,所以只有心地坦荡,理智冷静,才可以安然渡过难关,化暴戾为祥和。

佛陀说:人以慈悲为怀。如果说世上什么力量是最大的,那非慈悲莫属。因为慈悲可以赋予我们巨大的勇气和信心,带给我们真正的快乐,慈悲的力量不可思议。

所谓"慈",就是一心一意地希望每个众生不但在世间可以获得幸福,而且还可以出离六道轮回,都能获得永久的幸福和安乐。这是佛陀真实的愿望,是发自内心的真情实感;所谓"悲",就是真切希望所有的众生在生命轮回中,没有任何痛苦,远离一切痛苦。这不仅是对自己的亲友,而且对所有的人,所有六道轮回中的生命,都一视同仁,就像平时对自己的祝福一样,也祝福其他的众生永远幸福快乐,永远没有痛苦。这就是慈悲,我们的慈悲心。

关于慈悲心,佛陀的解释是:"正如一个母亲,不惜冒着生命危险

保护她的独生子,同样的,一个人应该对一切有情众生施以无限的慈爱。"释迦牟尼这个名字本身的含义就是,释迦为能仁,能仁就是慈悲;牟尼为寂静,寂静就是清净。慈悲、清净是佛陀教育的中心,佛陀弟子要以慈悲心对待外部世界、以清净心对待内在世界。慈悲能消灾、而清净则可以延寿。佛陀的慈悲力量威猛无比,比刀枪棍棒更胜一筹。因为,武器只能威吓人于一时,却不能将人长久地慑服,并没有办法改变人的内心;而慈悲的力量却绵延不绝,没有止境,可以震撼人的心灵,使人的身心得到净化。所以,在这个纷繁复杂的世界上,只有慈悲是我们永远的护航者,任何的愤怒、攻击和伤害,在无限的慈悲之光的照耀下,都变得软弱和无力。

慈悲有着温暖和开朗的特质,不论我们和别人的关系怎样,当他的人生如意顺遂时,我们为他感到满意快乐。这会让我们脱离嫉妒和羡慕的痛苦,不用沉浸在别人比我们更快乐更成功的漩涡中,不用因这一切而情绪起伏,而更怡然自乐。而当我们看到别人正经受痛苦及一些于心不忍的境况时,也会自然从内心深处产生悲悯的情绪,希望他们能尽快解脱这些痛苦,希望他们能获得幸福、快乐。人,应该有这种慈悲之心,我们难以想象,人如果丧失了这种本性,自私自利,甚至为了自己的利益而去做伤害别人的事情,世界会是什么样子。

在今天竞争激烈的社会中,我们每个人都行色匆匆,为了工作奔波忙碌,彼此都变得很疏远、很冷漠,很长时间里忘记了慈悲,忘记了人与人之间的爱和关心。我们很多人都喜欢慈悲这两个字,但是内心却被其他别的东西阻塞了。比如,欲望、嫉妒、自私、尖刻。我们被无始以来的无明和烦恼习气缠缚,对世间所发生的种种苦难和不幸,比如,天灾人祸、疾病饥荒等感觉麻木了,甚至有时会想,痛苦是别人的事,和自己没有关系。正是由于这种麻木,我们许久都没有感到慈悲之心的重要。所以,我们应该扪心自问,如果这些情况发生在我们的身上会是什么样子,如果我们面对死亡的来临呢?我们应该真切地从内心体验这一切,让众生的苦难唤醒我们的慈悲和内在的良知。

要发起真正的慈悲心并没有那么容易,因为它与我们的执著习气互相抵触。但是,这并不是没有可能。因为,我们每个人的内心深处都有慈悲的种子,只是它沉睡的时间太久了。但是,如果我们想提升生命的品质,完善自己的人格,想从各种烦恼和痛苦中解脱出来,就必须尽最大努力,通过各种方法,发起大慈大悲之心。这是我们灵魂的唯一出路,也是我们良知的觉醒和使命。

所谓慈悲心,如果简单一点说,就是以无条件的风险,给予众生快乐,不忍众生受苦,并强烈地希望众生从痛苦中解脱出来。慈悲心和我们常说的爱心、同情心和怜悯心有颇为相似之处,但又不尽相同,因为在广度和深度上它更纯洁、更崇高,是人世间最美好、最高尚的情感。慈悲是真正的平等,就像太阳面对众生散发无限的光芒,是一种彻底的利他之心,没有丝毫自私和我执的成分,是一种"道",是人心的最终到达。

对于普通的众生,外在的钱财也许重要,但在我们拥有钱财的同时,也别忘了开启内心的慈悲之源。因为,它是人生取之不尽、用之不竭的宝藏,能让生命升华,化干戈为玉帛,能转化贪婪、自私的暴戾之气,而让社会充满温馨和祥和。我们每个人都拥有这样一颗慈悲心,一定要随时提醒自己,别让它睡着了。

人类有一种消极的情感叫仇恨。在我们的生活中,与人相处难免会发生矛盾,碰到吃亏、被误解、受委屈,甚至被伤害之类的事,有时可能只是一种误会,但却容易让人们产生怨恨。怨恨加深,就会变成仇恨。仇恨使人失去理智和原本善良的本性,变得心胸狭窄和冷若冰霜。

佛陀说,在这个世界上,永远不可以用仇恨来止息仇恨,仇恨只可以用慈爱来止息。这是一个永恒的真理。事实也的确如此。如果以牙还牙,用怨恨对待怨恨,用仇恨止息仇恨,怨恨只会更深,仇恨只会更重。所以,我们要学会放下、学会宽恕、学会忘记,这不光是原谅别人,还是对自己的一种解脱。因为,如果不原谅别人,心灵就会被怨恨占据,受伤害的只能是我们自己。只有宽恕、放下、忘记,我们才能有更好

的生活态度。

爱，是一种胸怀，一种境界。爱可以使人心境平和，人际关系趋于和谐。人生的种种奇迹，就是在爱中产生的。爱可以产生爱，恨可以产生恨，如果用慈爱宽容的心来对待仇人，那仇人也自然会被感化，仇恨也自然消失。

俗话说："冤冤相报何时了。"我们可以不原谅自己，但要原谅别人。并不是所有的仇恨都像石头，可以在心中固执成山；也并不是所有的仇恨都在心中永远不会消失，更多的时候，仇恨更像冰或者气球，如遇温度变化或大风来临，便会化了飞了。所以，既然并不是所有的仇恨都是石头，我们就没有必要把它们放在心上，只有忘记仇恨，宽宏大量，才能与人和睦相处，赢得他人的友谊和信任，赢得他人支持和帮助。放下我执，灭掉我见，天下众生皆是菩萨，唯我一人是凡夫，佛陀曾这样教育我们，我们应该本着无限的爱心，去对待所有的生命，不论他有多坏，甚至曾经伤害过你，你都一定要学会宽容。因为，这不仅让你放下了内心沉重的包袱，更显示了你的坚强、胸怀和气度。

传说在很久以前，有一位老国王，他一直想把王位传给三个儿子中的一个。这天，国王把三个儿子都叫到跟前，对他们说："我现在老了，想把王位传给你们三兄弟中的一个，具体是谁要用你们自己的行动决定。你们三人去外地游历一年，一年后你们回来告诉我，在这一年内做过哪些最高尚的事，只有那个真正做过最高尚的事的人，我才会把王位传给他。"

经过一年的游历，三个儿子回来见国王，并告诉他自己这一年在外地的情况。

大儿子说："我在这一年中，曾经遇到一个陌生人，他特别信任我，让我把他的一袋金币交给他在另一个镇子上居住的儿子，我到了那个镇就把那袋金币原封不动地交给了他的儿子。"

国王说："你应该这么做，诚实是一个人最基本的品德，这不算高尚的事。"

二儿子说:"我在游历中经过一个村庄,刚好碰到一伙强盗打劫,我冲上去帮助村民赶走了强盗,保护了他们的财产安全。"

国王说:"你做得很好,但救人是你的责任,也谈不上是高尚的事情。"

三儿子迟疑了一下,说:"我有一个仇人,他曾总想陷害我,有好几次,我都差点被他害死。在这次旅行中的一个夜晚,我独自骑马走到悬崖边,看见我的仇人正在一棵大树下睡觉,当时我只要轻轻一推,他就会坠入悬崖。但是,我没有这样做,而是叫醒了他,告诉他在这里睡很危险,并劝他继续赶路。后来,我下马要过一条河时,一只老虎突然从旁边的丛林蹿了出来,扑向我。我当时深感绝望,但我的仇人却从后面赶过来,一刀就要了老虎的性命。我问他为什么要救我的命,他说'是你救我在先,你的慈爱化解了我的仇恨'。我想……这可能不算什么高尚的事。"

"不,孩子,能帮助自己的仇人,是最了不起的事情,"国王严肃地说,"孩子,你做了一件最高尚的事,从今天起,我就将王位传给你。"

仇恨是一种可怕的情绪,以仇恨止息仇恨,只能使仇恨扩大和衍生新的仇恨,所以只有用爱来化解它,才能让生命变得更加美好。

在佛教中,瞋恨和愤怒又被称为无明,正所谓"一把无明火,烧掉功德林,一念瞋心起,八万障门开"。这是说人生气的时候,很容易把自己所修的功德,在一念之间摧毁。发脾气非常容易,要控制脾气就没那么容易了。大多数人都有生气发脾气的毛病,如果不除去,智慧就无法增长,观念也无法正确。

要保持幸福的人生,就必须要注意不要动不动就生气发脾气。我们不能为了一时的不能忍,而破坏了自己的名誉,破坏了过去一切的功德和修养。佛陀说:"今世后世,人不喜见。"我们每个人都喜欢看笑脸,听柔和的声音,没有人愿意看动不动就发脾气的人。佛陀又说:"当知瞋心,甚于猛火。"瞋怒的心比猛火还凶,猛火烧掉的只是外界的物质,我们经过努力还可以重建,但一个人如果将自己的形象破坏,则再

怎么样维护都是白费力气。所以说,我们应该时时用慈悲来制止易怒的心灵,不让瞋火攻入。

忍是非常重要的事情,如果不忍,自己就会生气,有种种愤怒的表现。要如何让自己不生气呢？我们先要问自己为什么生气？自己为什么会那么痛苦？我们不会无缘无故就发脾气。它是我们在经历一些挫折和不愉快时的一种自然反应。事实上,发脾气是一种精神错乱,每当你不能控制自己的行为时,你便有些精神错乱。因此,每当你气得失去理智时,你便暂时处于一种精神错乱的状态。如果你不去改正,你的愤怒情绪就会阻止你做其他好的事情。生气不仅会对我们生理产生不好的影响,也会对我们的心理产生负面作用。这种情况下,我们往往会做很多冲动的事,而令自己后悔不迭。你的情绪不稳定,处理问题也会失去理智。但凡成大事者他会控制好自己的情绪,不被坏情绪所左右。一个人只有压下怒火,不伤和气,才会有回旋的余地,才有可能成功。

事实上在生活中,别人不可能永远像我们希望的那样说话、行事,他们大多数时候只愿意按自己的意愿而不是按你的意愿行事。这是我们不能改变的。所以,当你为自己不喜欢的他人行为动怒时,你应该想想,别人不像你所希望的那样说话、行事,那是别人的权利,你应该对此宽容,而不应不正视这一客观事实,使自己陷入一种困境。其实,你大可不必动怒。别人的言行你或许不喜欢,但你应懂得克制、控制自己,思考对应的方法,而不是动怒。动怒只会让你变得被动,做傻事,却于事无补。

当你发现自己要生气时,你应该告诉自己:"没关系。"尤其在发生不顺心的事情或遭到误解时,要学会用放松心情对自己说不在意。你也可以在嘴上说不生气,在日记本上发发牢骚；还可以自问自己值不值得这么生气,这样久了,你就能学会控制自己了。不要因为一时之快,而不计后果；也不要因为别人做错的事情,而伤害自己。可以静下心来同他人谈谈,告诉他你真实的想法,找出相互改善和补救的措施。

你也可以用瞬间转移的方法来消解自己的愤怒。比如,你刚听完上级领导的批评，内心非常愤愤不平，这时你可以转移注意力，去关注别的事情，也可以想想最近发生的高兴的事，或去听听音乐、跑跑步，这样你就可以减轻和淡忘生气的事情，用好心情面对生活。

无论是从为人处世，还是从健康养生来看，生气都是有百害而无一利的。有医生认为，怒伤肝，它对人类的危害程度比吸烟喝酒还要大。人发怒时，心跳加速、血压升高、瞳孔扩大、汗毛倒竖，就像是一头凶猛的怪兽，随时会有破坏性行为伤人。所以，很多先贤都把"制怒"作为性情和人格的一种修炼，视"猝然临之而不惊，无故加之而不怒"为一种至高的境界。在王充的《论衡·吉验》中载，西门豹性情很急，他为了防止自己发怒，经常佩戴一根柔软坚韧的皮条，用以提醒和鼓励自己不发脾气。清代的林则徐也曾为控制坏情绪，而在堂上高悬"制怒"的警言。

车尔尼雪夫斯基曾经说："为人粗鲁意味着忘记了自己的尊严。"与人相处，不分是非曲直就发火，是一种不文明的表现。所以，爱发脾气的人应该潜心修养，注意"制怒"，不苛求别人，不把自己的意志强加给别人，心平气和，以理服人。以宽厚的胸怀来对待别人的所作所为，是一种高尚的人格表现。

佛陀在世时曾受提婆达多的迫害，但是在《法华经》中，他却为提婆达多授记，并且提婆达多成佛的时间，依报和正报比其他弟子更庄严，这就是佛陀的宽谅和以德报怨的精神。佛陀不憎恶人，对众生一律平等均以诚恳、公正的态度去救助。

佛陀的心里只有爱，没有怨，他劝人"众善奉行，诸恶莫作"。他讲的"十善"之一就是"不瞋恚"，瞋是瞋怒，恚是心中愤恨。所以对于一个佛弟子来说，无论他过去和他人结了什么怨，也要放弃这份怨心，断掉贪瞋痴三毒，才能自度度他，证解脱自在。

一个人可以宽容原谅别人，是一种豁达的人生态度。但有多少人能真正做到这一点呢？佛教的观点认为，一个人的善念，可以分为三个

境界：一个境界是布施钱财，在物质上直接给人帮助；另一个境界是布施法，在精神上宽慰别人的心灵；第三个境界就是原谅与宽恕，既宽容了别人，也善待了自己。第三个境界是我们普通人最难达到的境界。

原谅别人，不去埋怨，就是善待自己，嫉妒和嫉恨别人只会给自己的身体、精神和事业带来损失。一个人在无意中伤害了你，你的原谅会让他感到自责、并对你感激；而即使这个人是故意伤害你的，你在内心原谅了他，也会让自己忘却这段伤痛，更好地生活。原谅别人是一种美德，而原谅自己则可以让自己的心理更健康，坦然面对人生。

在这个世界上，我们虽然各自走着各自的路，但彼此间依然难免有摩擦。也许最和善的人也会伤害我们的心。比如，一个最要好的朋友背叛了你，父母指责了你或兄弟姐妹因为利益而大打出手，这些都会让你难过、心生怨气，久久难忘。可是过了几个月或几年后，你回头再去想这个人或这件事时，却会突然发现，自己的怨恨已经减轻了，或者觉得这个人根本不值得自己去怨恨，反而觉得自己当时的反应是那么幼稚、那么可笑。这是因为时间的流逝，你对他人的恨已慢慢淡化，在心底你已原谅了对方。

所以，当一些对我们不利或不好的事情发生时，我们可以试着不去报复，去尝试另外一种解决问题的方法。原谅那些说你坏话或对你有伤害行为的人。要记住，你是为了自己才去这样做的，因为如果你只是一味地去仇恨埋怨，心灵就无法感受到爱和快乐。你去原谅那些伤害你的人，并不表示你接受了他们的行为，或者愿意继续跟他们成为朋友。而是因为你意识到了这是普通众生的通病，是每个人都不可避免犯的错误。所以，你愿意给予他们更多的同情，去原谅他们。我们应该清楚，和我们来往的人大多都是同我们一样的常人，而不是度量不凡的超人，更不是像佛陀这样的圣人、觉者和悟者。每个人的内心都难免充满偏见、傲慢和虚荣，也就是佛陀所说的无明。超人和圣人如佛陀者，也许永远不会去伤害冒犯任何人，但常人不能，常人总会有失偏颇，会说错话或做这样那样的错事。但人的本性毕竟善良，不论他人怎样说或怎样做,毕竟有其原因和道理。只要我们给予充分理解,也就很容易消除自己心中的怨气,去宽容原谅他。

　　有一则关于梦窗禅师的故事。说是有一次梦窗禅师外出渡河,船已经离了岸,突然来了一位带刀的将军,站在岸边大声吆喝,要船马上回来把他载过去。船上的人见他那凶神恶煞的样子,都不愿回船去载他。只有梦窗禅师对船主说:"也许他有什么急事,船离岸也不远,还是给他行个方便吧。"船主见是一个出家人说话,就答应了,遂将船撑过去载这位将军。但那位将军一上船就蛮不讲理,大声呼喝着让人们给他让座。见谁也不理他,他便举起鞭子在梦窗禅师的头上抽了一下,还叫嚷说:"快滚开!和尚,把座位让给我!"鞭子打在梦窗禅师的头顶,立即出现一道暗红的鞭迹,鲜血一下子就流了出来。梦窗禅师什么话都没说,静静地从座位上站起来,到一旁站着。船到对岸后,梦窗禅师走到河边去清洗头上的血迹。那位将军见状,感到十分愧疚,就走过去向梦窗禅师赔礼,并责骂了自己一顿。可是梦窗禅师却并不介意,微笑着对那位将军说:"不必道歉,出门在外的人总有心情不好的时候。"这位将军被梦窗禅师的涵养感动得痛哭流涕,决心以后多行善举。

　　有这么一句格言说,只要你的心中没有仇恨,外在的敌人就伤害不了你。不要为了些小事而埋怨、生气、发火。其实,我们每个人都可以做到像梦窗禅师那样,以德报怨,化干戈为玉帛。也许很多事我们一时想不通,但是,换个角度站在别人的立场想一想,内心的结就可以释然了。

　　这时候,佛世尊借着药王菩萨告诉八万大士:"药王!你看这大众当中的无量诸天、龙王、夜叉、乾闼婆、阿修罗、迦楼罗、紧那罗、摩睺罗伽、人非人,以及比丘、比丘尼、优婆塞、优婆夷,其中有求成声闻者,有求成辟支佛者,有求佛道者。像这些不同身份等类大众,大家都在佛前,听到《妙法莲华经》,少如一偈一句,乃至浅如一念间能够随喜此经的人,我都会给他们授记——将来应得阿耨多罗三藐三菩提。"

　　佛告诉药王说:"而且,如来佛灭度以后,假若有人听闻《妙法莲华

经》，少则一句一偈，乃至浅如一念间能够随喜此经的人，我也给他们授记，使之得到阿耨多罗三藐三菩提。假若又有人受持、读诵、解说、书写《妙法莲华经》，乃至于少如一偈，将此经卷当做佛一样尊敬，奉献种种供养——花、香、璎珞、研成粉末的香、涂的香、烧的香、缯织的宝盖、幢幡、衣服、伎、乐，乃至合掌来恭敬此经的。药王！你应当知道，这些人都已曾经供养过十万亿佛，于各位佛的处所成就伟大的誓愿，因为怜悯众生，所以生此人间。药王！假若有人问：什么众生于未来世应当成佛呢？应当告诉这些人，于未来世肯定能成佛。为什么呢？假若善心的男人、女人，甚至于对《法华经》的一句，能够受持、读诵、解说、书写，对经卷奉献种种供养——花、香、璎珞、末香、涂香、烧香、缯织的宝盖、幢幡、衣服、伎、乐，乃至合掌恭敬此经的，这种人应当受到一切世间人的瞻仰敬奉，应当以供养如来佛的供品去供养他。应当知道此人是大菩萨，已经成就阿耨多罗三藐三菩提，因为可怜众生，愿意生于这个世间，非常详细地演说分别奇妙的《法华经》，更何况是终生都能受持、用种种供品供养这部经呢？药王！你应当知道，这个人自己舍弃应生净土的清净业报，于我灭度以后，他由于怜悯众生，生于恶世，详细地演说这部经。假若是善男信女，于我灭度以后，如果有人私自为一个人说《法华经》即使只讲了一句，应当知道，此人就是如来佛的使者，受如来佛派遣，执行如来佛的事业。更何况是在大众之中，详细为别人解说呢？"

"药王！假若有坏人，以不善心，于一劫中出现于佛的面前，经常毁谤佛、骂佛，他所犯的罪行还算是轻。但若有人用一句恶言来毁骂在家或者出家的读诵《法华经》者，其罪可就很大了。药王！假若有人读诵《法华经》，应当知道，此人乃用佛陀的庄严来庄严自己，此人会替佛陀担荷弘经的责任。此人所到之处，应该随那一方向礼拜他，要诚心合掌去恭敬，去供养，去尊重，去赞叹他，同时用花、香、璎珞、粉末香、涂的香、烧的香、缯织的宝盖、幢幡、衣服、饮食，用演伎、奏乐，用人间最好的供品去供养他，也应当用天宝去散供，用天上很多的宝物去奉献。为什么这样做呢？因为此人喜欢说法，只要是于顷刻之间听到他的说法，就会得到阿耨多罗三藐三菩提。"

这时候，佛世尊为了重新说明这个意思，而说如下偈颂：

假若想安住于佛道，成就自然智，应当经常勤恳供养受持《法华经》的人。假若有人想很快得一切种智慧，应当受持这部经，并且供养受持这部经的人，假若有人能够受持这部奇妙的《法华经》，应当知道，他就是佛的使者，他是来怜悯众生的。假若有人能够受持这部奇妙的《法华经》，他就是舍除清净的净土不住，由于怜悯众生而生于这娑婆世界。应当知道，这些人能够自由自在地想生到何处，即可生在何处，就在这五浊恶世，详细解说至高无上的妙法。应当以天花香以及天宝衣服、天上妙宝聚集的供品，供养说法的人。在我灭度以后的五浊恶世，只要遇到能够受持这部经的人，都应当合掌敬礼，就像是供养世尊一样，要用上等甘旨美好滋味的美餐以及种种衣服，供养这位佛子，祈望顷刻不离而多听妙法。假若能够于后世受持这部经的人，就是我派遣他在人群当中，做如来佛的事情。假若于一劫当中，常怀不善之心，以忿怒的脸色来骂佛，会得无量众罪。假若有人读诵受持这部《法华经》，即使于片刻之间以恶言指骂，其罪业比骂佛还要重。有的人志求佛道，经过一劫之久，合掌礼拜恭敬在于我的座前，也用无数的偈来赞佛。由于赞美佛的缘故，其福德无量。于八十亿劫当中，以最美妙的色和声，并用好香、美味、触乐，去供养受持这部经的人，这样供养以后，只要听闻片刻，你就要自己庆幸地说：我已经得到最大的利益了。药王！我现在要告诉你，我所说的各部经，就是这部《法华经》，名列第一。

这时候，佛告诉药王大菩萨说："我所说的佛教经典有无量千万亿，包括已经说过的、现在说的和将来说的，其中这部《法华经》最难使人相信，最难使人理解。药王！这部经是各位佛隐秘的法要宝藏，千万不可轻易地分布，不可滥授给人。这部经被各位佛世尊所守护，自古以来，未曾显说过。这部经，如来佛在世的现在，还有许多人会忿怨和嫉妒，更何况是佛灭度以后呢？药王！你应当知道，如来佛灭度以后，假若

有人能够书写、受持、阅读、朗诵、供养,并为其他人解说这部经的人,佛陀就会拿忍辱之衣盖覆此人而拥护他,又为在他方现在的各位佛陀所拥护关照。这个人对《妙法莲华经》会有伟大的信力、志愿力和各种善根力。应当知道,这种人可以说已和佛陀同一起居,而被佛陀用手摩其头顶。药王!不管在什么地方,假若有人在解说、在阅读、在背诵、在书写《法华经》,或有此经在流通,都应当用七宝建塔,使此塔又高又广,装饰得很庄严,不需要再安放舍利。为什么呢?因为在《法华经》中已经有如来佛的全身舍利。这座宝塔应当用一切花、香、璎珞、缯织的宝盖、幢幡、耎伎奏乐、歌颂、供养、恭敬这部经,尊重赞叹它。假若有人见到这座塔,对此进行礼拜供养,应当知道,这些人就会接近阿耨多罗三藐三菩提。药王!很多人不管是在家还是出家,想行菩萨道,假若不能看见、听闻、阅读、背诵、书写、受持、供养这部《法华经》的人们,应当知道,此人还没有行菩萨道。假若有人能够听闻这部经典,就能行菩萨道。志求佛道的有情众生,假若能够见到、能够听闻这部《法华经》,听闻以后能够相信、能够理解、能够受持的人们,应当知道,这些人接近阿耨多罗三藐三菩提。譬如有人很渴,需要喝水,在那高原上,凿穴求之,见到的仍然是干土,知道水还很远,然而不停地施工穿凿,开始见到湿土,进一步见到泥,决心就定了,因为知道水肯定很近了。菩萨也是这样,假若还没有听闻、没有理解、没能修习这部《法华经》,应当知道,这些人离阿耨多罗三藐三菩提还很远,假若能够听闻、理解、思维、修习,肯定知道离阿耨多罗三藐三菩提很近了。为什么呢?因为一切菩萨的阿耨多罗三藐三菩提,都属于这部经。这部经开方便法门,教示事物的真实相状。这部《法华经》所含藏的真理,非常坚固、非常深远,很少有人能够理解。现在佛为了教化成就菩萨之道,而为众开示。药王!假若有的菩萨听了这部《法华经》,感到惊慌、怀疑、恐怖,应当知道,这是新发心的菩萨。假若声闻乘人听了这部经,感到惊慌、怀疑、恐怖,应当知道,这是增上慢者。药王!假若有的善男信女,在如来佛灭度以后,想为四众弟子讲说这部《法华经》的人,应该要存什么心理去讲说呢?

这种善男信女，以入如来室的心理，穿上如来佛衣服的心理，坐在如来佛座位上的心理，才能为四众弟子详细解说这部经。如来室，就是对于一切众生的大慈悲心；如来衣，就是柔和忍辱的心理；如来座，就是一切事物皆空。安住于此中之后，然后以不懈怠之心，为各位菩萨和四众弟子详细解说这部《法华经》。药王！我到他方国土去的时候，也会遣送人代理我，也会为传法的人去聚集听法的人，也会遣送比丘、比丘尼、优婆塞、优婆夷听他说法。这些所遣化的听众，听闻教法后，相信接受，随顺而不违逆。假若说法的人在空闲处，我会遣送许多的天龙、鬼神、乾闼婆、阿修罗等，听他说法。我虽然在异国他乡，时常让说法的人能够看见我的身体。假若他于这部经忘失句号、逗号，我还会给他解说，使之记忆具足。"

这时候，佛世尊为了重新说明这个意思，而说如下偈颂：

为了舍除各种懈怠，应当听这部经，这部很难听到，相信接受者也感到困难。比如有人渴了，需要喝水，他就在高原上凿穴，看见的仍然是干燥土，知道离水还很远，逐渐见到湿土和泥，这时已经知道近于水源了。药王！你应当知道，像这样的人们，听懂了《法华经》，离佛智还很远，假若听到这部深奥的经典，将声闻法放弃，听闻这部诸经之王，了解后又能微细地思考，应当知道，这些人已经接近佛的智慧了。假若有人解说这部经，应当以入如来室的心理，以穿如来衣的心理，以坐如来座的心理，在大众当中无所畏惧，为他们详细分别解说。如来室是大慈悲，如来衣是柔和忍辱，如来座是诸法空，以慈悲、柔和忍辱、诸法空的精神说法。假若在讲说这部经的时候，有人恶口谩骂你，以刀、杖、瓦、口等想加害于你，因为是念佛之恩，应当忍受一切困苦。我曾于千万亿的国土里，现出清净而坚固的身体，于无量亿劫为众生说法。假若我灭度以后，有人演说这部《法华经》，我会秘遣变化四众——比丘、比丘尼和在家的善男信女，去供养侍奉这位法师，引导各位众生，把他们集合起来，使之听法。假若有了恶意的人，想用刀、杖以及瓦石加害于他时，我就会秘遣化人去做他的护者。假若说法之人，独自坐在空闲处，寂寞

而无人声嘈杂的地方，读诵这部经典，当时我就为他显现清净光明的身体。假若忘记了经里的章句，我就为他示说，使之回忆过来，通畅流利地讲说。假若有人在空闲处讲经，我就派遣天神、龙王、夜叉、鬼神等，作为听法的大众，使他很高兴地说法，使他能够分别详细解说而无阻碍，因为各位佛护念的缘故，能使大众欢喜。假若能够亲近这位法师，很快就会得到菩萨道。假若随顺这位法师去学习，就能够见到如恒河之沙那么多的佛。

佛陀被称为永远的微笑者，他的洒脱自在就像温暖的阳光，给每个众生带来光亮。佛陀从不生气，所有对佛陀不敬、不友善，甚至谋害他的事，都不曾影响佛陀的微笑。

微笑是一种美德，是智者的胸怀，仁者的慈爱；是一种人生的境界，一种超脱烦恼，挣脱钩心斗角、尔虞我诈后的平和。并不是谁都能够可以在现实中一直保持一颗微笑的心。因为，这需要一份胸怀和涵养，一份真诚和善良。

微笑是一种令人愉悦的表情。面对一个微笑的人，你会感到他的自信和友好。这种情绪会感染你，也让你产生这种自信和友好，觉得对方很亲切。这是一种含意深远的身体语言，可以融化人与人之间的陌生和隔阂，促进人与人之间的和谐沟通。微笑，是一个人平易近人、和蔼可亲的直接体现，是一种乐观豁达、开朗活泼的个性信息，更是一种神奇奥妙、不易捕捉的心灵电波，会让人在不知不觉中对你欣然接纳。

一个微笑，虽然花费很少，价值却很高。它给人传递的一种幸福快乐的感觉，虽然存在的时间很短，但却能够给人留下非常美好的记忆。它在我们的生活中起到了非常重要的作用，即使再富有的人也需要它的点缀；再贫穷的人也需要它的安慰。一个家庭有了它，才会充满幸福；朋友之间有了它，才会有交流的信号。它可以使劳动者消除疲劳，它可以使失恋者重燃希望的火苗，它是悲伤者化解烦恼的良药，它是一个人的心理状态、心理情绪的自然流露，也是我们人类情感中最为敏感的美丽表情。

　　人的一生喜怒哀乐五味具足，但是，每个人都希望在自己的脸上和周围人的脸上看到一丝温馨的微笑。一个人是否会微笑，决定了这个人生活的内在质量。一个人有了舒心的微笑，在他的生活里才会富有快乐。微笑是天然绿色的特效护肤露，是人心底里的一脉清泉，它让人们的内心世界丰富而饱满，让朋友之间有一种心灵的默契。

　　一个人的微笑表情，是一种文明的表现，它显示出一种力量和内在涵养。曾有一个刚刚学会保持微笑的年轻人说："最初我坚持对大家微笑的时候，人们都感到迷惑、惊异，而现在却是欣喜、赞许。几个月的时间，我得到的快乐却比过去一年得到的满足感和成就感还要多。现在，我已经养成了微笑的习惯，我感觉人人也在向我微笑。过去好多对我冷漠的人，现在也对我友好起来了。"

　　这就是微笑的力量，一个人只要有微笑，就会有希望。微笑是一种宽容、一种接纳，你给世界一个微笑，世界则会给你许多微笑。一个人如果没有朋友，那是因为你对朋友缺乏真诚。当朋友取得了成就，你不是真心的祝贺，而是心生嫉妒；当朋友遇到困难，你不是热情相助，而是袖手旁观；当朋友向你倾吐心声，你不是敞开心扉，而是遮遮掩掩。这样下来，你当然没有真正的朋友。只有你没有那些干扰你的瞋恚，心存宽容，对他人给予支持、给予真诚的祝福的时候，你的朋友才会多起来，你的人生之路才会少一分阻碍、多一分成功。因为你向朋友表达的好意，就是你的信使，它可以让你照亮所有看到它的人。所以无论什么时候，你都不要忘记微笑，在乎你自己，也在乎你身边所有的人的感受。

　　一个微笑着的人并非内心没有痛苦，只是他已把痛苦隐藏起来，更从从容容地走好人生路。这是一种成熟和坚强，一种超脱的魅力，在这个喧嚣尘世，受约束的是生命，而不受约束的却是心情。只要心是晴朗的，人生就永远没有阴雨。

　　佛陀在传禅宗法门的时候没有说一句话，只是拿着一朵花微笑了

一下就讲完了，这就是禅宗的教法。当时大家都没有看懂，只有大弟子迦叶尊者看懂了，佛也知道了，这就是禅宗有名的"拈花微笑"。这是一种内心的会意，不可言说的微妙。在那一刻什么也不用说，只有佛知道，懂的人知道，一个微笑就足够了，这是一种最高境界的沟通，而能够起作用的也只有微笑。

佛教强调不和人争论，不和人起争执。你如果和人争就失去了道义，失去了道的本体。所以，佛陀教导弟子不和任何人争。你和我争，我不和你争；你骂我，我不骂你；你打我，我不打你；你欺负我，我不欺负你，这是佛教的一贯宗旨。

人不应自寻烦恼，要去尽力化解烦恼，对别人的不悦和刻意伤害，应尽量放下、看开。要时时清除内心的杂念，不可因一句轻微的话，就认为对方在讽刺自己，也不要因为小小的争执，就远离了你的至亲好友，更不要因为小小的怨恨，就忘记别人对自己的好处。

但人大多有名利之心，要如何才能与人、与世无争呢？佛陀说，必须磨炼耐心，排除名利心，老实去修行。

普通人中，人和人之间的相斗，不出公平利害四字。公平是相对的，利害也有大小之分。但在现实生活中，又哪里有什么公平可讲？弱者和强者相斗，哪里来的公平？公平之争，其实是两个势均力敌的强者较量的结果，但终究只是争一口气罢了。在这个红尘世界，连生命都不能永驻，又何况争得的名利，所以哪里来的真正赢家，又执著什么？烦恼什么呢？与其争得脸红脖子粗，倒不如让对方赢，自己也可以获得解脱。你想赢，却赢得内心不平，我虽然输了，却觉得轻松自在。有些人很喜欢辩论，并且一定要每每争胜。如果他找上你，倒不如让他，这样自己没有胜负输赢的情绪起伏，反而心情平静睡得安稳。碰到什么问题，大家也不如和平解决，不轻易起争执，不使性子、不暴躁，冷静地研究分析才是解决之道。

现代社会是一个竞争日益激烈的社会，很多人在这个社会中学会了竞争，在自己能力所及的情况下，一般都当仁不让。在生活、学习上锻炼自己,在群体中表现自己,这并无可厚非。但是,如果处处不让,一味地去展示自己,不懂得适当地谦让,那就变成了出风头、虚荣心太强,最后成了强弩之末,吃亏的反而是自己。所以,在现代社会普通人要有生存的权利,有一定的正当竞争是必要的,但也需学会谦让,明白在什么时候该竞争,在什么状况下该谦让,这样才能保证自己的基本生存质量,同时又不至于因为太执著而陷入其中,让自己活得太疲累。

其实,谦让、忍耐和宽容这些良好的品德,不光佛教里有,也是我们中华民族的传统美德,向来为人们津津乐道。但是,由于社会竞争的日益加剧,不知在什么时候,这些美德开始被定义为"傻",而精明、算计才是人们所热衷的,以至于在现代人的眼里,竞争就需要你死我活,不能讲谦让,谁谦让就意味谁失败。

世界上的很多纷争就是因为不谦让才产生的。事实上,在生活中往往你把方便留给别人,别人才可能把方便留给你。懂得谦让,也是保护自己的一种手段。我们大概都听过"鹬蚌相争,渔翁得利"的故事。说的是河蚌刚刚从水中爬上河滩,张开壳儿在晒太阳,一只鹬鸟看见了,就扑过来想啄它的肉。蚌灵敏地将自己坚硬的壳合拢,鹬鸟尖尖的长嘴被紧紧夹住了。鹬对蚌说:"今天不下雨,明天不下雨,你就会晒死。"蚌也对鹬说:"你的嘴今天拔不出,明天拔不出,你就会渴死饿死!"鹬和蚌谁也不肯相让。结果被一个渔夫看到,毫不费力地抓住了它们。它们如果能各自让一步,肯定就不是这样的结果了。

所以,在今天的社会中,抛开佛陀的理论不谈,倘若没有竞争,社会就没有进步,个人也无法得到生存和发展。但需注意,竞争要适度,也要会谦让,如果互起争执,闹到两败俱伤,那就得不偿失、适得其反了。

一个真正的佛教徒虽然不看重金钱、名利,但这并不表示他们的人生没有目标,他们追求的是比金钱、名利更高的境界,是精神的解脱。他们知道,肉体的衰老和丧失并不能阻碍精神的提升,智慧和慈悲永远都相伴左右,即使面对的是死亡也没有任何区别。所以,他们相信

在远方等待着他们的是光明的前程和幸福的彼岸,他们对未来充满信心并为此勤修精进,以期完全解脱,获得绝对的快乐和幸福。

人生若有一个目标,那么等待去实现目标的过程是幸福的。我们经常在等待中,等待意味着我们相信那个被等待者会来临;它几乎是一条人类被反复验证的定律,从来都没有出过意外,而未来也是如此。这是一种信念,是人类共同的经验,因为大家都这样认为,所以值得等待。比如,我们知道一个小孩子总要长大,只要时间足够他就会长大。每个人都是从无知到有知、从贫乏到丰富,都有"觉醒"的那一刻,只要给他时间,有足够的耐心等待。所以佛说人人都有佛性,你去精进、去修炼,拭去无明佛性就会出现。

其实,所有的人都是在有所等待和有所期待中生活。等待是人生的一种生存方式,是心理内在的一种状态,很多时候人就是为这个等待活着,为这个等待忙碌着。它是我们人生的希望,是可期而不可求的一个梦想,它支撑着人的心灵,让人安于等待、乐于等待,相信该来的一定会来,只要我们等待下去。也许等待的过程很短暂,五分钟、十分钟;也许很漫长,一年、五年,甚至一生。但无论这个时间是长是短,也无论等待的是什么,等待的心情却大多是焦躁不安、苦闷彷徨的,即使是知道那个等待结果无比美好,但在整个的等待过程中也难免心情沉重。

能够等待就有希望,就是一种莫大的幸福。这让我们至少明白,在这个世界上能够去为某个人或者某件事去等待。虽然这个过程会患得患失、忧心忡忡,但是,如果这个等待的结果是我们一心向往的,那么,等待就是值得的。即使我们等不来那个结果,也会让心智成熟,学会冷静地分析、调整自己,去享受等待的过程。"得之我幸,失之我命;谋事在人,成事在天。"只要我们尽力了就无怨无悔,让自己看淡这一切,再继续为应该等的东西而等待。

等待是一种美好而圆融的哲学,是在我们付出努力后的一份合理踏实的期盼。钓鱼的人都有这样的经验:即使水清鱼稀,但只要肯在河边静坐,就总会有鱼上来咬钩;而如果心浮气躁、不肯耐心等待,就永远不可能钓到一条鱼。这就是一种等待,无论是在水中还是在人的心中,如果你有足够的耐心,相信就能钓到鱼。这就在于你的心态,在等待中尤其需要平和,需要极平静的耐心。姜子牙曾放直钩垂钓,心不在鱼而在识钓者的人,所以,他等来的不是鱼而是访贤的周文王,这是姜子牙钓鱼的用意,是他在渭河边等待的最终目的。钓鱼的过程是一个等待的过程,姜子牙等来了,他没有失望。

会等待的人才会生活。其实我们大多数人都是愿意等待的,但是,往往因为外界的干扰而不能忍受等待;也有些人修得一定的定力,可以任凭环境的变化独自等待下去,其结果也是令人艳羡的,正所谓傻人有傻福。

并非所有的等待都有美好的目的。我们没有办法为一个无意义的目的而去等待,这种等待的终极意义也许在等待本身,但需要我们觉察,去三思而后行。

人生的道路坎坷不平,难免会遇到不尽如人意的时候,这时就需要我们放慢脚步,等待我们蓄积坚强的意志,补充精神和必要的资粮。稍歇的停顿后才能逾越生命的障碍,踏上平坦的大道。这种等待是为了更好地进取,为了向更高的目标进发,是一种审时度势后的理智选择。总之,生命中会有无数个等待,但无论是何种等待,只要对我们的生命具有意义,就需要去等待。

佛陀发愿广度众生,帮助、成就一切众生——心量不大是做不到的。我们普通众生跟佛陀的区别,就在于佛陀的心量开阔广大,所谓"心包太虚,量周沙界"能够容纳无量无边的世界。而我们普通人心量则小到连一个人都不能容纳,起心动念想到的都是自身的利益。对于一个想修学佛法的人,只有先断掉内心烦恼、念念想众生、念念希望别人好,将心量打开,才有资格修学。

用开阔的心量来容人容事,是一种精神、一种境界。这种境界对于我们每个人都很重要,尤其是在为人处世中。只有心量开阔,才能客观

公正地评价一个人；也只有心量开阔，才能成就一番事业，实现自己的理想，大有作为。

我们要不断开发自己的心量。一个心量开阔的人，最直观的表现就是对别人给予的一些侮辱不在意、不放在心上，如果发生误会甚或矛盾冲突，会一笑置之，主动宽容别人、原谅别人的过失，用宽容化敌为友征服别人。这有利于解决问题，融洽人与人之间的关系，对一个团体则能更增加向心力。如果心量不开阔，当别人在无意中说了不利于你的话，你有可能耿耿于怀、暴跳如雷；当别人取得了成绩，你也会在一旁说些讥讽的话，而因此郁郁不欢；心中总有一团无名火，总是在仇恨的状态中；无论什么事都"得理不饶人，无理辩三分"，不争个上下高低不算完，本来都是微不足道的小事，但是却因为心量不够开阔，而造成严重的后果。

人需要心量开阔，需要懂得去互谅、互让、互敬、互爱，彼此理解不计较个人的恩怨。人都是有感情、有尊严的，只有相互之间谅解、尊重，才能保持平静的心态和宽厚的胸怀。只有多看别人的优点，以慈悲仁爱之心和别人相处，包容这个世界，使每个个性迥然不同的人都和谐融洽地一起生活，人间才会变得更美好。

一个心量开阔的人，也会是一个乐观快乐的人，无论遇到什么事他都可以想得开、放得下，对个人的得失看得很淡。一个人快乐与否完全在于自己的选择。曾有一位老人每天都心情愉快、笑哈哈的。他周围的人也因为他有这样的好心情，而每天都被快乐包围着。有个人问这位老人："你为什么每天都这么快乐，有什么特别的秘诀吗？""一点也没有，没有秘诀，"老人回答说，"很简单，我每天早上一起来，就面临着两个选择，是希望这一天快乐呢，还是不快乐？你猜我选择什么？当然是快乐啦，所以我每天都快乐。"所以有人说："我不能左右天气，但可以改变心情；我不能改变容貌，但可以展现笑容。"人的一生，穷人有穷人的烦恼，富人有富人的烦恼。人生短暂，我们有多少时间可以去烦恼？倒不如我们将心量放开,去选择快乐、感受快乐。

心量开阔带给我们的不单单是精神上的快乐,而且还会帮助我们创造人生的奇迹。因为我们心量开阔,心情就好,心情好做事就充满了热情与勇气;因为我们对工作充满了热情和勇气,所以工作就蒸蒸日上,事业越来越顺利,人会因此变得自信,事业因此能取得更大的成功。

一个人是否心量开阔、是否快乐,也跟我们的身心健康有着密切的联系。古人说"大德者必得其寿",就是强调心理对身体的影响。中医讲:气量太小容易使六脏失和,诱发各种疾病。《三国演义》中的东吴大都督周瑜虽然才华横溢,但他心胸狭窄、心孔细小,所以只活了 36 岁。人生在世不可能一帆风顺,碰到风浪和碰撞、挫折和困厄也是不可避免的。所以,我们要告诉自己把心放宽些、心量开阔些,没有什么事是过不去的,只需该吃饭时吃饭、该睡觉时睡觉,快乐生活每一天。

佛陀讲完《法师品》之后,在佛面前有七宝塔从地下涌出,高五百由旬,纵横各二百五十由旬,停住在虚空之中。有种种宝物用来作装饰,有五千栏楯,千万个龛室、无数的幢幡作为装饰,垂着各种宝物做成的璎珞,万亿数的宝铃悬挂在上面,四面都放出多摩罗跋栴檀香,香气充满整个世界。塔上的各种幡盖,都是以金银、琉璃、砗磲、玛瑙、真珠、玫瑰七宝合成,高到四天王的宫殿。从三十三天降下曼陀华雨,供养宝塔。其余的天龙、夜叉、乾闼婆、阿修罗、迦楼罗、紧那罗、摩睺罗伽、人非人等千万亿大众,用一切华香、璎珞、幡盖、伎乐等供养宝塔,并恭敬、尊重、赞叹。

这时,从宝塔中传出宏大的声音,赞叹地说道:"善哉,善哉,释迦牟尼世尊,能够以平等的广大智慧教授菩萨法,为大众演说诸佛所护念的《妙法莲华经》。正如这样,正如这样,正如释迦牟尼世尊所说诸法,都是真实不虚的。"

当时,四众弟子见到大宝塔停在空中,又听到塔中传出的声音,都得到法喜,奇怪从来没有见过这样的奇事,从座位上站起来,恭敬地双

手合掌，站在一面。

在这个时候，有一个大菩萨，名叫大乐说，知道一切世间天人及阿修罗等大众心中的疑惑，就向佛请问道："世尊！因为什么样的因缘，有这宝塔从地下涌出，又从塔中发出这样的声音呢？"

这时，佛告诉大乐说菩萨："这座宝塔中有如来全身。在很久以前，向东离这里无量千万亿阿僧祇数的世界，有国土名叫宝净，国中有佛，名叫多宝。这位佛在行菩萨道时，发下大誓愿：'如果我成佛，在灭度之后，在十方国土中凡有说《法华经》之处，我的塔庙为了听这部经之故，从地下涌出，显现在法会前，为讲经人作证明，赞叹说善哉。'在多宝佛成道后，临灭度时，在天人、大众中告诉众比丘：'在我灭度后，想要供养我全身的人，应建造起一座大宝塔。那位多宝佛运用神通愿力，在十方世界的各处地方，如果有说《法华经》的，那座宝塔都涌出而显现，全身坐于塔中，赞叹说善哉，善哉。大乐说啊！现在，多宝如来宝塔，因为听到我在说《法华经》，就从地下涌出，赞叹说善哉，善哉。"

这时，大乐说菩萨因为有如来的神力加持，有勇气向释迦牟尼佛请求："世尊！我们都想见到多宝佛的全身。"

佛告诉大乐说大菩萨："这位多宝佛有深重的誓愿：'如果我的宝塔为了听《法华经》的原因，出现在说经的佛面前时，如果那位佛想让我在四众弟子面前显示全身，那位佛在十方世界说法的分身诸佛都会集在一处，其后我的全身才会显现。'大乐说啊，我的各个分身佛，正在十方世界为众生说法，现在应当汇集在一处。"

大乐说菩萨对佛说："世尊，我们也希望能见到世尊的诸位分身佛，并礼拜供养。"

这时，释迦牟尼佛从两眉之间放出一道白毫相光明，当即照见东方五百万亿那由他恒河沙数的国土及国土中的佛。这些国土中都以玻璃为地，各种宝树，宝衣作为装饰，无数之多的千万亿菩萨充满其中，遍地都张挂宝幔，也有宝网罩在上面。那些国土中的诸位佛，用大妙音声演说各种佛法。又见到无量之多的千万亿菩萨遍布在诸国土中，为

544

众生说法。南、西、北方向及四维上下，凡白毫相光照射之处，也都是这样。

这时，十方世界的诸位佛，分别对诸位菩萨说："善男子！我现在要去往娑婆世界释迦牟尼佛的法会，并供养多宝如来的宝塔。"

当时，娑婆世界即刻变为清净，琉璃为地，宝树用来庄严，黄金为绳界定八条大道。没有各种村落城镇，没有大海、江河、山川、密林。遍地烧大宝香，曼陀罗华散布在各处土地上，以各种宝幔、宝网遮覆在天上，悬挂各种宝铃。只留下这个法会上的众生，其余的天人、世间人等都移放到别处的国土上。

这时，各位佛分别带领一个大菩萨作为侍者，来到娑婆世界，分别到宝树下，每一株宝树高五百由旬，枝、叶、花果，次序排列作为庄严，各宝树下都有狮子座，高五由旬，也用各种宝物装饰。当时各位佛分别在宝座上结跏趺坐，这样依次而坐，充满了三千大千世界，释迦牟尼佛在一个方向所分的佛身还没有完全入座。

当时，释迦牟尼佛为了要容受各位分身佛，分别在八方各变化二百万亿那由他国土，使这些国土都清净，没有地狱、恶鬼、畜生及阿修罗，又把这些国土的天人、世间人都移放在别处的国土。所变化的国土，也是以琉璃为地，宝树用以庄严，树也是高五百由旬，枝、叶、花、果，按次第而装饰。树下都有大狮子座，也是高五由旬，为种种宝物所装饰。也没有大海、江河及石山、大石山、铁围山、大铁围山、须弥山等大山，通通为一片佛的国土，宝地平坦方正。各种宝幔普遍覆盖其上，悬挂各种幡盖，燃烧宝香，各种天上的宝华，散布在地上。

释迦牟尼佛为了诸位化身佛要来法会安坐，又在八方之中分别变化二百万亿那由他国土，使国土都清净，没有地狱、恶鬼、畜生及阿修罗，又把这些国土中的天人、世间人移放到别处国土。所变化的国土，也是以琉璃为地，以宝树庄严。树高五百由旬，枝、叶、花、果，按次第装饰，树下都有宝狮子座，高五由旬。也用各种大宝物装饰。国土中也没有大海、江河及石山、大石山、铁围山、大铁围山、须弥山等山，通通化

· 545 ·

为一片佛的国土。地面平坦方正,宝幔普遍覆盖其上,悬挂种种幡盖,燃烧宝香,各种天上的宝华,散布在地上。

在这个时候,东方的释迦牟尼所分之身。百千万亿那由他恒河沙数国土中的诸位化身佛,分别在国土中说法,都来汇集在这里。这样按次序,十方世界诸佛全都来汇集此处,端坐于八方国土。这时,每一方四百万亿那由他国土中的诸位佛如来,充满在国土中。

这时,各位佛分别在宝树下的狮子座上端坐,都派遣侍者问候释迦牟尼佛,分别让他们捧满宝华,告诉侍者:"善男子!你去到耆阁崛山释迦牟尼佛之处,代替我说:'没有疾病吧?没有烦恼吧?气力充沛、身心安乐吗?各位菩萨,声闻大众都安稳吗?'把这些宝华散向释迦牟尼佛作供养,再说这样的话:'我的师父某某佛也想开启这大宝塔。'"各位佛派遣使者,也都是这样嘱咐。

这时,释迦牟尼佛见到分身佛都已经来集汇,分别坐在狮子座上,听佛所说,都想开启宝塔,就从座位上站起,停住在虚空之中。一切会中的弟子也起立,双手合掌,一心恭敬瞻仰世尊。于是,释迦牟尼佛用右手手指打开了七宝塔的大门,发出了巨大的响声,就像关锁掉落,城门大开的声音。也就是在这时,会中的一切人等,都看到了多宝如来,在宝塔中端坐在狮子座上,全身也不散坏,就像入禅定一样。又听到多宝佛说:"善哉,善哉,释迦牟尼佛,快说这部《法华经》,我为了听这部经的缘故才来这里的。"

这时,四众弟子见到过去无量千万亿劫以前灭度的佛说出这样的话,都惊叹这未曾有过的奇迹,纷纷以天宝华散向多宝佛及释迦牟尼佛。

当时,多宝佛在宝塔中分一半座位给释迦牟尼佛,说出这样的话:"释迦牟尼佛,你可以坐在这座位上。"这时,释迦牟尼佛就入多宝佛塔中,坐那另一半座位,结跏趺坐。

这时,大众见到二位如来在七宝塔中的狮子座上结跏趺坐,都生出这样的想法:"佛的座位太高太远,真希望如来运用神通之力,让我们都升到虚空之中。"

这时,释迦牟尼佛运用神通之力,接引诸位大众,都升到虚空,发出大音声普告四众弟子:"谁能在这娑婆世间国土广为宣说《妙法莲华经》,现在正是时候。我不久就要入于涅槃,正要把这部《妙法莲华经》嘱托交付给仍在世上的人。"

当时,世尊要重新申述自己的意思,就用偈颂体的语言说:

圣主、世尊多宝如来,虽久已灭度,法身安放在宝塔中,尚且为了听《法华经》而远来。诸位在世之人,为什么不为佛法而勤苦修行？这位多宝佛已灭度了无央数劫,仍到处听《法华经》,因为这部经太难遇到了。多宝佛本来就发下誓愿,在灭度以后,随《法华经》所在之处,都去听讲《法华经》。又有我的无量数的分身佛,像恒河沙数一样多,也要来听《法华经》,并瞻仰久已灭度的多宝如来。他们各自抛下奇妙国土、弟子大众及天人、龙神的诸般供养,为了让佛法久住世间,来到这里。为了安置这些佛座位,我运用神通之力,移走无量数的众生,使国土清净。诸位分身佛分别到宝树之下端坐,就好像清净的池水中,莲花开放作为庄严。各宝树下的狮子座上,诸佛端坐其上,七宝装饰,光明四射,如同暗夜中点燃的火炬。身上放出微妙的香气,遍满十方国土,众生受这种香气的熏陶,都欢喜而不能自制,就像是大风吹动的小树枝。诸佛用这样的方便法门,让佛法久住于世。我告诉诸位大众,在我灭度以后,谁能护持、读诵、演说这部经,现在就在佛面前自动宣说誓言。这位多宝佛虽然灭度很久了,因为发下听《法华经》的大誓愿,仍发出狮子吼。多宝如来及我的自身、诸位化身佛都能知道你们的意愿。诸位佛法之子们,如果谁能护持《法华经》,应当发下大誓愿,令此经永远流传在世。如果有能够护持这部经的,就等于供养我和多宝佛。这位多宝佛坐于宝塔之中,经常游历十方,专为听闻《法华经》的缘故。也等于供养了所来的诸位化身佛,他们的光明照耀,庄严了十方世界。如果有人为别人演说这部《法华经》,就等于是见到我、多宝如来及诸位化身佛。诸位善男子啊！你们各自仔细思维,这是很难的事,应当发下宏大的誓愿。

其他的诸般经典,数量如恒河之沙那样多,即使演说所有这些经,也不足称为难。假设把须弥山举起,投掷到其他地方的无数的佛国土,也不算难。假设以足趾之力推动大千世界,远远掷到他方国土,也不算难。假设立于有顶天上,为大众演说无量数的其余的佛经,也不算是难。如果在佛灭度以后,在五浊恶世中能演说这部《法华经》,这才是难为之事。假使有人以手抓住虚空,凭此之力到处游行,也不算难事。在我灭度之后,或自己书写,或让别人书写,这才算难事。假设有人把整个大地放在脚趾甲上,上升到梵天,也不算难事。在佛灭度以后的五浊恶世中,短暂读诵这部经,也算难为之事。假使在劫尽时大火燃烧,担负着干草,入劫火之中而不燃烧,也不算难事。在我灭度之后,如果受持这部经,为一人宣说,这才算难事。假设有人受持八万四千法藏,十二部经,为别人演说,令诸位听法者都得六神通,即使能做到这样,也不算难事。在我灭度之后,听受这部《法华经》,向别人请问经中义趣,这才算难事。假设有人宣说佛法,使千万亿无量无数恒河沙数的众生得阿罗汉果,具足六神通,虽然有这样的佛法利益,也不算是难事。在我灭度之后,如果有人能奉持这部经典,这才算是难事。我为了宣扬佛法,在无量国土中,从开始到现在,广泛演说多种经典,在这些经中,《法华经》最为第一,如果有人能受持,就等于是受持佛的真身。诸位善男子啊!在我灭度之后,如果有谁能够受持、读诵这部经,现在就应在我面前,自己宣说誓言。这部很难受持,即使有人能暂时受持,我都会很欢喜,诸位化身佛也会欢喜。这样的人,为诸佛所赞叹。这就是勇猛,这就是精进,这就是持戒。行头陀行的人就会很快证得无上佛道。能够在未来世中,读诵受持这部经的,是真的佛法之子,安住于淳和善良之地。在佛灭度之后,能解经中义趣的,是诸位天人、世间人的眼目,在恐怖、畏惧的恶世之中,能够在须臾短的时间中说《法华经》,一切天神、人都应该供养。

第十三章　群星璀璨的宇宙天堂生活 永恒无限的凭空杜撰梦幻

据经典记载，佛陀成佛以前的过去生中，有某一世名喜见。由于喜见瞋恨心重，好生气、好斗的恶业而轮回进了地狱中，领受种种刑罚。在人类的岁月以亿年计的时间里，一直推着一辆不断地把手和身躯烧得火红焦烂的大铁车。当时，他还有一个伙伴，是他在人类社会里一起并肩争斗的同伙。

在地狱中，沉重而火热的铁车使他们两个刑犯时刻被烧得丧失原形，全身多处组织焦烂，深深的洞透穿了身躯。

最后，他的同伴再也受不了刑罚所导致的无比痛苦，倒地打滚哀号不已，惨叫声响彻整个刑罚场。

在地狱里，由于大家受苦太过，这种惨叫声真是司空见惯。在这种漫长无期、毫无间隙的受刑过程中，由于刑犯太多受苦太重，因此这里只引起愤恨、恐惧……种种病态的心理。而这一次喜见居然萌发地狱中极其难得的同情之心。他想：与其两人一起受苦，不如我一个人受苦，另一个人稍微休息一下也好啊。

打定主意之后，他鼓起勇气斗胆向无比凶狠的地狱狱卒提出这个请求。喜见认为车子他个人照样推，让另一个受苦严重的受刑犯稍事休息一下，应该是一件能交待得过去的事情。

没想到地狱的狱卒闻言立即横眉瞪眼，凶狠的面庞越发狰狞，摇了摇犄角，口气凶猛地说："个人的罪业个人承担，他受苦严重与你何

干？"

说着就举起爪中的"地狱狼牙棒"，就像他以前无数次做过的那样，一棒打死了喜见。不过这次令他惊讶的是，喜见并没有立即复活过来继续领受责罚。

本来喜见还有数以百万年计的刑期，才能以死脱离地狱的环境，转生到苦不那么重的地方。但他仅仅由于这个同情的善念，死后神识直接出生到了欲界三十三天的天国里。

地狱和天国的生灵因为同属宇宙生态中的化生（一种以能量直接变化出生的方式），所以喜见转世的经验就像从一场噩梦转到另一场美梦一般，并不像我们人类拖着一个转换不易的粗重的物质的肉体之躯，在轮回中无法了解宿命。

喜见升到天国以后，运用天国人民特有的了解宿命的超能力，看到他的前生是从地狱中以一个偶然发起的善念而转生到这样尊贵的天堂里，他简直为自己偶发的善念感到万分的幸运。

喜见从此过上了颇为幸福的天神的生活，不像从前在地狱里，那种凶暴异常、痛苦万分……让生灵痛不欲生的可怕生活。

升到天国的喜见，虽然终究不免老去和死亡，但是无论如何，活着的时候相当舒适，没有长着牛头马头的凶残狱卒，个人具有相当的尊严。

喜见由于一个地狱中的善念，所享受到的幸福真是人类难以想象的。后来情况如何呢？

处身富贵的喜见，不免有天神们都有的骄纵傲慢性格。喜见也没能免俗，死后因天福享尽，恶业再次现前又沦落到地狱里。

佛教轮回里有所谓爬得越高摔得越重的说法。佛陀当年比喻说，人类掉进地狱相当于投身于万丈深渊，神灵们掉进地狱则相当于掉进万亿丈深渊。

喜见也是这样。当他从天堂掉进地狱时，以能量变化出生的生命本身对前世清楚的记忆，那种感受上的变化，让他无数次地想寻死。

只不过地狱中的所有人没有一个拥有像自杀这样的幸福,除非它们恶的前因得到了充分受罪的消除,否则,它们是死了活,活了死,根本无法逃脱。他们的生涯就是在昏迷和醒觉的情况下,领受着人类难以想象的痛苦。

他们会领受什么样的痛苦呢?

佛陀说:一个人类罪人每天被三百支铁矛连续不停地猛刺,这个人所领受的痛苦总和,还不如地狱罪人顷刻之际的痛苦来得猛烈。

喜见再次堕落为地狱里的国民,这次他可是直接就一落到底,出生在了苦痛毫无间断的无间地狱(阿鼻地狱)中。

在这个无间地狱里,受苦的时间没有间断,受苦的地区没有间隔,甚至连刑罚的种类也一样不缺。因此,这里称做是毫无间隙地受苦的地狱。这是所有地底炼狱中的最低层,也是受苦最猛烈的牢笼。

各个宗教的经典里多有记载这类地狱事迹的。这可以提醒人类:恶劣的行为将会让自己未来移民到这些可怕的世界中,这被认为有助于培养人类的善良。

喜见在无间地狱这专门惩罚罪人的地方,他的身心结构转生成无比耐罚的生理结构。比如,他的舌头可以像超级合金般被绷成极薄也不会破裂的平面,接着再用浑身燃烧着猛烈的火的铁牛,来犁这片舌头田地。这时候,喜见远比人类敏感的神经就会源源不绝地感受着巨大的痛苦。其他还有从上空降落的熔融状的陨石雨等等可怕的环境伤害。

总之,无间地狱有各式各样的自然灾害的侵袭,生存的情况真是惨到了极点。对于随时肚破肠流、肝脑涂地的可怖炼狱来说,罹患人间的癌症真是微不足道。

无间大地狱所呈现的惨况,大约类似于人类用原子大战毁灭世界时的情况。不同之处则是人间的生灵在原子弹爆炸后都会死,而无间地狱则是死了复生,生了又死,无休无止受苦无间。

喜见在无间地狱里受苦无数亿年,好不容易才从最痛苦的地狱中脱生出来,疼痛沉迷得不辨东南西北,接着又要经历无间地狱周边附属的16个小地狱中的各种折磨与迫害。

地狱里的喜见,虽然身躯属于能量态,但所有的器官和整个神经系统都为了承受刑罚、忍受痛苦而进化成了特殊的形态。

就拿喜见的口腔、胃肠和排泄系统来说,在地狱里为了吞下烧得火红的热铁丸和饮用已呈融化状态的铜汁,常常是还来不及消化就已穿肠破肚地流出体外,甚至铁丸和铜汁还呈现着原来火红的状态,不一样处是这时多了一阵阵组织焦烂的味道。

这样痛苦的责罚不是一次、两次,而是数以百千万亿次地反复进行,其可怕的程度难以想像。

此外,还有像随焦随长的脚,踏在火热的煻煨地狱里的煤炭大炉上饱受锥心刺骨的痛,在这无间地狱和附属16个周国小地狱号叫痛苦之声,就像森林里的鸟叫一样稀松平常。因为受剧苦太稀松平常,所以,罪犯此起彼落的痛苦呼号声,大家永远是充耳不闻,每个罪犯都只能操心自己,完全没有能力分心到其他人那里。

终于有一天,不复原来的形体的喜见终于受完无间地狱周边不同小地狱的苦痛之后,他被转移到痛苦较轻但依旧猛烈的大号叫地狱。

这个地狱之所以被定名为大号叫,是因为这些火焰虽然猛烈,但不至于像可怕的无间地狱那样苦无间断,有时病犯连惨叫都还来不及,就已被烧得焦黑不辨。

大号叫地狱比较像是一群人身陷猛烈燃烧的火宅里,火燃速度虽快,但还来得及想将要受到的苦,还能号叫。这地狱是个内外两层的火红铁造牢房,里面的囚犯不仅因为火烧时的痛苦号叫,更令他们大哭号叫的理由是他们能很清楚地等待一下即将加身的痛苦。

比之于无间地狱那种常是迅雷般不及掩耳的痛苦,这种害怕也同样让人毛骨悚然。

在大号叫地狱的受苦日子过后,喜见还经历了号叫、等活、黑绳……六大热地狱的痛苦,这当然还包括大地狱附属小地狱中的苦。就这样,当他终于领到脱离地狱的文书,可以安心一点死亡,不再复活在地狱里时,已是经历了人类不知多少亿万年了。

喜见昏头涨脑地转生到了饿鬼的世界,在一块表征区隔开地狱和饿鬼的分界碑前,新出生的喜见发现自己的能量身体变成了头大如斗、腹大如鼓、咽细如针的形状。放眼望去,黑暗和火光闪烁的世界里,到处是一群群被饥渴折磨得不成鬼样的生灵。

就像中世纪欧洲发生大瘟疫时,人类骨瘦如柴、病苦不堪的惨况。

对于人类来说完全是清凉奔流的河流,在饿鬼们的眼里猛烈地燃烧着,腾起冲天的火焰,根本就不能饮用。

偏偏饿鬼们肠胃系统的神经特别发达,对饥渴的感受力极其敏感,一饿就像胃里面有猛火在燃烧;一渴就两眼鼓突遍身如火焚,这给饿鬼们造成了极大的苦楚。

饿呀,渴呀!有许多饿鬼同胞们大声哀叫,四处奔跑,希望找到哪怕一点儿吃喝也好。喜见看到一个有三层楼那么高大的巨型鬼时常从旷野里找到一些吃喝,当他眼巴巴地往自己嘴里送去时,食物和水总是在刚要沾唇之前化成飞灰——这简直比根本吃不到东西更令"鬼"疯狂。

食物与饮水的极度匮乏,引发了鬼吃鬼的尝试。大鬼将小鬼打倒,挖出脑浆准备解渴,谁知刚将爪子伸进头颅内,爪子就被一股腾起的猛火剧烈地焚烤,大鬼立即倒地哀叫打滚。被做了开颅手术的小鬼实在太渴太饿了,小心地尝试着挖自己的脑浆尝尝,他发现这样居然行得通!于是鬼们纷纷仿效,被饥渴折磨地实在受不了时,便忍着巨大的痛苦自己做开颅手术,挖出脑浆来吮吸,倒能稍稍减轻饥渴之苦。

其中也有一些不那么凄惨的饿鬼们,但也只能吃喝一些脓血粪便而已。

只有那些被天神派来管理饿鬼道的多福鬼们,才可以吃喝到人类给他们祭祀供品。

第十三章 群星璀璨的宇宙天堂生活永恒无限的凭空杜撰梦幻

对于前一世还在地狱里的喜见而言，这里的苦简直是微不足道。当他在饥渴的间隙中能稍稍安逸一阵子时，他的心智渐渐醒转，良知隐约浮现。由于他自己饥饿的痛苦，他联想到其他所有生灵的痛苦。

喜见仍然拥有能量态的躯体，可以忆起宿命，并且通过多福鬼们的教训，他了解到这里的生存状况是如此的不佳，多半和大家贪婪吝啬的业报有关。因此，饿鬼们必须经过宇宙中断食断饮的惩罚来偿报。

当喜见饱尝饥渴之苦达几千年之后，他终于死去摆脱了这可怖的生涯，从鬼道转生到了畜牲道，喜见拥有了一具物质的躯体。由饿鬼变成畜牲的喜见，再也忆不起任何宿命的消息，整天在动物的本能中度日。

他所处的森林里盛行丛林法则：弱肉强食、互相吞食、不讲道德、不明是非、野蛮愚昧。

除了血腥的互相吞食之外，畜牲道的生灵还吃腐臭肉等。

在畜牲道的其中一世，喜见转生成了飞行狸子。当狸子期间，他饱受一种鸟的聒噪之苦。

在喜见生活的森林里，其中一座山里长着无数的荜拨树、胡椒树以及其他各种药草。荜拨树上常常栖息着一种鸟，名叫"我所鸟"。春天药果成熟时，许多人类都前来采摘药果，用这些药果治病，这时我所鸟总是悲伤地叫唤着："这果是我所有啊！你们不要采摘！我心里真不愿意谁来采摘啊！"

它虽然这样叫喊不休，但人类又听不懂鸟语，还是照旧采摘！一点儿也不理会它。这鸟忧伤地叫呀叫，声声不绝，最后终于因为过于哀叫而死。

我所鸟的叫声让它的邻居狸子们吃足了苦头：喜见的一个同类因为实在受不了我所鸟的聒噪，曾经逮到一只，咬了一口后，发现其肉酸涩无比，这只倒霉的狸子吃倒了牙以至好几天也不能进食。

由于喜见他们的贪婪吝啬恶报还余了一点，因此即使转成了畜类,仍然会遭受贪婪小气的声音的折磨。

在畜牲道的日子里,喜见不知经历了多少世你吃我、我吃你的恐怖生涯。后来终于转生到人间,许多世做牛马驼驴,负重跋涉常常遭受主人的鞭打,老了再被宰掉——真是苦不堪言。

佛陀的前身——喜见在历经了娑婆宇宙中地狱道、饿鬼道、畜牲道的生命轮回经历之后,他的善业的果报终于到来了。喜见死后,投生到修罗道的世界里。修罗们拥有能量态的身躯,属于宇宙中的化生。

修罗道的生灵们——阿修罗虽然享福,可是终其一生,都主要活在怀疑、妒忌和相关的战争里。

阿修罗本来是天界的一种有福无德的神灵。以前和它们做邻居的欲界三十三天的神灵,实在无法忍受它们喜欢胡闹、胡作非为的社会风气,因此就打算设计将他们赶出须弥天体的顶部。

阿修罗们主要的行为就是杀生、偷盗、邪淫、妄语、恶口、两舌、绮语、瞋恨、邪见,这些恶劣言行使得须弥天体顶部这个高级天国的所在时空乌烟瘴气,犯罪的放逸行为天天上演。邻居——那些有福有德的天神们有一天找到了一个赶走他们的好机会。

在一个气候良好的日子里,有福有德的神灵们邀请恶邻居们前来赴宴,宴中所有的福德神们都假装和阿修罗们一起豪饮狂欢。

宴过半席,不知有诈的阿修罗们个个充满酒意,在酒精的作用下开始胡言乱语、胡作非为,神灵们个个耐着性子,等待计谋的成功。

不久,果然所有的阿修罗都醉倒在地不辨东西,这时神灵的大将军一声令下,阿修罗们被统统捆绑在地,然后全部被推到须弥天体的底部。

于是在那里产生了阿修罗的国度。

使诈赶走阿修罗的三十三天的天神们,占领了所有阿修罗的住处和相关产业。

这是阿修罗和现居三十三天的天神们时常进行宇宙大战的一个重要原因。另一个重要原因则是:须弥天体的球状顶部生有一棵神们

叫做画度的树状天体，每天可以长出无数衣料、饮食和珍宝，而这棵树状天体发达的能量吸收系统却是从须弥天体底部新阿修罗国度的大地中吸收能量，阿修罗们却一点关于画度的好处也分不到。

本来就品性不良的阿修罗神仙们，少有哪个能忍下这口气。

因此，阿修罗们在被害之后，一代代一个个都患上了类似人类的被害妄想症的好疑习性，他们凡事都必先往坏处联想，对于那些胜过他们的其他天神，尤其是住在须弥天体顶部的怨家们，无不普遍怀有妒忌和仇恨，并因此常常发动宇宙大战。

喜见在出生长大以后不久，就按照修罗国的规矩投身军校，接受严酷的训练。在军校里，他表现优秀，本领卓越。于是在毕业后就被分到修罗军队里的巡洋舰部队中。

在几次战斗之后，由于他表现不错，摧毁了好几艘天神的飞碟战舰，于是一步步得到提拔，最后成了一名曾在阿修罗历史上空前伟大的将军。

喜见将军曾经指挥着整个阿修罗军队力量的四分之一，差一点攻战了半个山峰天。他的指挥艺术真是可圈可点。在人员素质、武器装备、后勤供给、野战救护等各个方面都落后于敌人的情况下，喜见针对敌强我弱的战力情况，整个指挥如行云流水、天衣无缝，眼看就要创造修罗历史上前所未有的巨大胜利——如果他没有遇到三十三天天主释提桓因的话。

喜见的猛烈进攻最后惊动了欲界三十三天天主释提桓因，这位欲界天神们的最高领袖，寿命很长，拥有一件无与匹敌的武器——金刚杵。

释提桓因率领天神部队亲自迎战阿修罗大将军喜见。他将金刚杵放进旗舰的特殊装备内，通过能量的推动发射出威力不可想象的光线，数次发射以后不仅摧毁了喜见的部分战舰，让喜见根本无法保持战舰的完整队形，而且释提桓因这一次太生气了，将金刚杵的装置炮口对准了修罗国所在的时空隧道。他轻而易举地就毁掉了阿修罗们千辛万苦造起来的防御工事，光线在修罗国的上空炫目地展现，引起了惊人的能量波的扰动，一下子令所有见到光感受到波动的阿修罗孕妇们个个流产。

喜见这一次惨败而归，修罗军队伤亡重大。在与天神作战时，阿修罗只要被伤到致命之处，就会死亡；而天神们除非头颅被彻底毁掉，否则他们被抬到天国里，用天国（原先当然是阿修罗的地盘）才有的八功德水疗伤，很快就会复原如初。

从山峰天抢来的八功德水很快用完了，喜见将军对受伤死亡的手下将士毫无办法。

拥有洁净、清凉、甜美、润泽、柔软、安和、除患、增益这八种功德的八功德水在阿修罗的祖上，那是阿修罗的呀！今天却被敌人用来对付原主人！

喜见清楚，这又是一个解不开的仇怨了，会成为日后阿修罗们战前动员、鼓动士气的重要话题。

阿修罗们因为这些动辄死伤的战争，使大家的身心状态都很不健康——好疑、好妒，好发动战斗。将军也好，平民也罢，大家吃了无数苦头。这一次，喜见深受刺激，忽然良心发现：这样疑、嫉、战的恶性循环日子持续下去怎么得了呢？

于是喜见将军亲自前往释提桓因那里和谈。喜见的举动震惊了整个天界，虽然他最后通过艰苦的努力给双方带来几百年的和平，却仍然免不了在家中被对天神积怨太深的阿修罗同胞刺杀。

但喜见的一生给阿修罗和天神们都留下了不可磨灭的印象。日后喜见成了佛陀，他以此缘起得到了阿修罗和天神两界的全心拥护，阿修罗和天神这两家不共戴天的仇敌在过去的喜见菩萨、如今的释迦牟尼佛面前，放下恩怨，都愿意皈依他，成为佛教的护法。

佛陀说："人身难得。"这是说明要获得像人身这种能够修行佛法的理想身体，在生命轮回中的其他五道是找不到的。正因为如此，佛陀

最后在来人间要成就佛的果位时，还得从欲界天上的喜足天宫（兜率内院）降生人间，由此可见人身的宝贵之处。

从修罗道被害的喜见，由于生前给天上双方带来了和平，这在一定程度上抵消了他发动、指挥战争的恶业，所以死后就投生到了人间。

喜见出生后，获得了物质的肉身，并且受到人类共有的生命形态的影响，他发现自己的身心恒常处于一种不稳定的状态，一下子想这样，一下子又想那样，身上这儿痒那儿痒，做做这件事又常常不了了之，接着又做做那件事。

这种身心不定、内心不宁的状态，是人道所共有的根源性特征。身为人类常常有身心不由自主的病苦，就算有人要帮助人类，也会因为人类自己定性太差而使他人帮不上忙或根本使不上劲。

喜见出身于一个中产阶级的家庭。成年以后他对这种状况越来越苦恼。即使他结了婚，享受人类最喜欢最拥护的性爱时，也不免如此——忽而有高潮忽而没有高潮，忽而兴致盎然忽而灰心丧气。

喜见这时当然无法了解他伟大的前生。但人类的这种生活状况引起了他深深地思索——

人类精神、肉体和语言上是什么因缘呈现这样的一种糟糕表现？人类如何才能自然地过上快乐而自在的生活呢？

当疾病、衰老和死亡不打招呼就来拜访人类时，居然没有一个人有哪怕一丁点儿办法！喜见想到自己就得这样一生接着一生，一世因循一世，生生世世不断跌倒在这样苦多乐少的可怕生活中，最后向死神投降，不知不觉感到不寒而栗。

人类由于贪婪、瞋怒和愚昧三种恶习性的影响，使得人类自己健康快乐的追求潜伏着事与愿违的危险因子，这些因子又因贪瞋痴得以获得更有力的发作条件。

这就是人类不仅征服死亡的事业从来不成，并且连一般的事业难有大成且多半不成的原因。

有一天，喜见厌倦了这一切，于是他坚决地出家，以求得找到超越这种生命状况的良好办法。

出了家的喜见，在他的时代里并没有佛陀，只有传播片面和相对真理的外道。在他们那里，喜见并没有得到什么真实的答案。

但在人间的喜见，毕竟其内在的菩萨愿心开始显露，他坚决地发下了一个如金刚不坏的宏愿：他发愿自己往后的生生世世一定要超越那些外道，超越人类自身共业的误导，在娑婆宇宙中成为这一劫的第一人——佛陀。

喜见发了这样的愿力果然精进努力、力行十善地修行一生。但由于娑婆宇宙本身出现一位佛陀的助缘尚不具备，所以喜见也没有成就佛果。

死后重生的喜见，他发现自己出生在四天王天的华丽宫殿里。他的父母是东方持国天王政府中重要的内阁成员，主要负责本国重要的宇宙通讯部门。

在这个幸福的天堂里，喜见忆起人类苦求衣食而常常无法满足的情况，这里简直是幸福得太多太多了。该国没有任何一个贫民，甚至连贫民的名称也没有听说过！

这里只有大富豪与小富豪的差别，没有人间贫富分化严重的问题。天堂里的公民每天只过着吃喝玩乐的日子。

他们想衣衣来，想食食来。能量态的水极通神性，一群神灵在同一个池子里洗澡，想洗腿的水就升到腿脚，想洗头的水就升到头上。大家各洗各的，互相绝不干扰，到处是和睦幸福、欣欣向荣。

由于衣食根本不用操心，所以天堂里的精神文明极其发达，各种电影戏剧、音乐舞蹈、服装展示会远非人类所可以想象的。

后来佛陀曾说：集古今所有人间最富有的人，将财物累积起来，依旧无法和四天王天的一个普通百姓的资产相比较。

喜见父母所在的宇宙通讯部，负责在各个时空建设通讯中转系统，让本国公民能够随意地前往宇宙各处。他们的太空文明早已达到了非常高的水平，可以任意地前往下界各个地方，在能出力帮助下界

生灵发展文明的时候,助上一臂之力。行善是天国公民在宇宙中义不容辞的责任,也代表着天国的尊严和荣誉。

生活在四天王天国里的喜见,由于往昔的菩萨善根和伟大愿力,他渐渐地发现天神间普遍有着因幸福快乐而引起的傲慢。他们不仅瞧不起下界的贫贱众生们,就连天神彼此间也暗中较劲,个个一副不可一世的模样。

每个神明眼中似乎习惯性地有上无下、羡上卑下;这种由福所起的傲慢骄横习性,让整个天堂弥漫着以严重的傲慢心居高临下地向下界行善。

长大后的喜见,也颇受环境的恶劣影响,对于由行善成就的天国家园有着强烈的自尊自傲和民族主义情感;反之,对于那些行恶卑劣的下界生灵贱视不已。

每天的生活就是享福不已,工作就是自以为高贵而贱视其他生灵向对方施恩行善,天神公民们几乎个个心智僵化,难有众生平等的真实智慧产生。

一天,喜见在天堂例行的反省忏悔的善行中,警觉到自己居然在不知不觉之中极其傲慢。习惯于富贵的他,轻视不如他的人或神变成一件习以为常的事。

喜见此时生起了深刻的愿心,他绝不愿意屈服在傲慢之下。于是凡事他都卑躬屈膝,希望自己能超越傲慢。经过很长一段时间,喜见变得很有适应性,他的谦虚成果让全国上下普遍赞扬,各个媒体都评选他是天堂中谦卑第一人。所以喜见也几乎要认为自己已经成功地征服了傲慢病。

一天,当喜见在谦虚的心境中享受着那份柔软感受时,忽然发现:"我是这样地因谦虚而感觉到自己了不起!"喜见大吃一惊——原来傲慢从最初就以"志气"的伪装,牢套在有心向善的喜见身上,让他毫无知觉地徒劳对抗了这么久。

这时，喜见产生了深深的觉醒——那些基于某种义愤的努力，本身就是一种傲慢的烦恼，使失败的人气馁，使成功的人傲慢。

这时他想在这天国里，谁能脱逃出这条坚固的傲慢绳索呢？只有我！我一定要挣脱这个束缚。

转念间，他自问："难道别人就不行吗？不会这样吧！"这时喜见发现，自己依旧陷在傲慢的泥塘之中。

他想：到底应该怎么逃出这傲慢的黑牢呢？

这一深思就经过了人间几十年的时光。

四天王天的一天等于人间 50 年，他们可以活上天国 500 年的寿命。深思了一个上午的喜见，已经经过了人间 25 年的岁月；以 70 岁的人寿来算，人间已经经历了两代祖孙的时光了。

喜见明白，傲慢使原本已经猛烈的人神共有的贪、瞋、痴三种恶习性，更加强有力。

据《俱舍论》说：欲界天人的死期是预先知道的。喜见也见到过亲人朋友的死亡，将死的神灵总是在五天前（一天等于人世间 50 年），能量态的身体就发出一种死亡讯号的光色，出现死神前来拜访的五种征兆——头上类似教皇那样的冠冕色彩黯淡，原本圆润光洁的面孔变得苍老难看，两腋分泌出难闻的气味，自己的宝座也坐不舒服而愿意坐在地上，妻妾们躲得远远的。甚至朋友们也不得不走开，因为其身上的气味太难闻了。这时候将死的神灵本人很愁，最后活活愁死。

在活在天堂的日子里，喜见一直尝试着找出对治死亡的方法，但是最终没能解决。

由于自我反省、自知自觉的惭愧和谨慎小心，喜见在四天王天的善业远胜他人。所以在他的寿命终了时，便投生到了更高层级的天国——三十三天天国里。

刚出生在三十三天的本师，在天界的身形比例，就像一个他们那儿八岁小孩和成人之间的比例。他从母亲的身体中以能量态像彩虹一样分娩而出，两个星期后他就长得像一般天神一样巨大。

第十三章　群星璀璨的宇宙天堂生活永恒无限的凭空杜撰梦幻

· 561 ·

和人类相比，三十三天的天神们个个有几公里高大，身体就像一座小山一样。

在三十三天这一处在须弥天体高处的天神国度里，天神们见到人间甚至畜牲们都太污浊、太卑下，难免产生傲慢的优越感。

喜见在须弥天体顶端的日子里，衣食应念而至，完全不必费丝毫之力去谋生活，这里几乎没有人类所谓的病患——除了与阿修罗作战时发生伤亡。他们在欲界宇宙发展出了较强的禅定力量，大家日常就是忙着在欢喜园中享受各种天上的游戏，诸如千弦琉璃琴的独奏音乐会等。

喜见成年后，在文学、音乐、武术、舞蹈等艺术类方面表现出了出类拔萃的天赋——这在以精神文明为主的天国，是一件令所有人都赞叹的事情。后来，喜见就以很高的威望加入了三十三天天主释提桓因的内阁，出任天国文学艺术部的大臣。其实，我们的本师释迦牟尼佛，不仅在他的喜见前身表现出了卓越的文学艺术成就，而且在他更久远的前生前世一直在这一领域比较专长。所以后来他又被婆婆宇宙的各界生灵称为"释迦文佛"。

尽管喜见是如此优秀，但他的傲慢却并不严重。他在自己的政治见解里，就强烈地主张：各界生灵在皆有生存的权利方面，是平等的。在天界和修罗界，喜见因为他的前身、今世的杰出表现和高尚人格，赢得了众神灵的尊重和敬意。在天神和修罗时战时和的过程中，喜见奔走呼吁着，就是品行远不及天神的阿修罗们，也会给他面子。此外，喜见兢兢业业地主持着文学艺术部的工作，将天国的精神文明推向了一个较高的阶段。

做阿修罗将军和三十三天部长的生命经历，影响着后来本师在人类社会里的命运抉择：在转轮圣王（称霸世界的帝王）和佛陀之间，他毅然决然地选择了后者。

王霸之业是建立在战争浩劫、尸横遍野的基础之上的，没有任何一个生灵不对自己的生命留恋。后来佛陀主张众生平等,是和佛教对于生命的深刻了解分不开的。

喜见就这样活过了天上极悠久的年岁,在天神临死前的五种恶兆显现在他身上之后五天,他就从三十三天逝去了。

三十三天的一天等于人间100年,他们可以活过天寿整整1000年,等于人类3650万年的寿命。后来佛陀在我们人类当中,总是要求大家行善积德,建立福德求得升天。升到天国的人,终究和因邪恶卑劣掉到恶道的人命运大不一样。

三十三天的喜见,以自己的善业投生到了须弥天体上空的焰摩天。这个天国里的生活品质远比三十三天高级。不论眼睛所见、耳朵所闻、鼻子所嗅……在在处处都是各种应身心享受而发明创造的高级设施,可谓应有尽有。

焰摩天国的一天等于人间200年,国民们可以活上天寿2000年,也就是人间14600万年。

至于肉体方面,天神们个个都是彩虹般透明的能量身体,完全没有内脏、骨骼、血脉等等粗糙的物质生理组织。所以,他们也就根本没听说过疾病这个词。

焰摩天已经进化出了欲界宇宙相当不错的禅定力量,大家的身心状态经常处在平稳自在的状态。就是在夫妻做爱时,也能够享受恒久稳定而持续强烈的快乐。

焰摩天国的公民们只在精神方面有对死亡本身的痛苦,能量身体上的病苦极其细微——没有哪个神灵会明显地感觉到。当然,这是和下界生灵比较,如果和更高层次的上界天神们相比,不免被看做还有明显的病态和病苦。

喜见在焰摩天国里成年后,四处找寻治疗死亡疾病的医师和医治方法。但在一亿多年的人间寿命期中,最终还是没有找到这样的医师和医治方法。

焰摩天的公民们相互的沟通是思维、情感、语言三者共同进行,或

者说他们的语言本身就包括了完整的思维和情感，大家很少有沟通不良的情况发生。由于语言是能量态波的传播方式，他们的语言本身就具有超远距离传播的功能，所以他们不像我们人类那么孤独，因为他们几乎全体拥有一个心灵和情感。直接看着和了解自己亲近的同胞们在临死前的巨大痛苦，虽然在集体心灵和情感里感受到巨大的慰藉，但最后仍不免活活愁死，喜见内心强烈生起的大愿力、大慈悲几乎能扰乱他出类拔萃的禅定力量。什么时候？又有谁能救治这些同胞呢？

现在我们知道，在娑婆宇宙生产出一位佛陀之前，这个问题是无解的。

喜见忽而又转念：假如我不能将自己治好，我能可怜谁呢？即便只是可怜自己都还不能解决自己的问题啊！

当然，最后喜见菩萨是来到我们人类当中，成功地解决了这个问题。在焰摩天界的一亿多年里，喜见只能勤劳地求解。寿终之后，喜见投生到生命位阶更高的兜率天国里来。

这里的一天等于人间400年，天神们可以活到天寿4000年，这相当于人间58400万年。

在这兜率天国里，有内外两个部分。兜率内院是个特殊而神圣的地方，院外则是一般享有福德的天神们的生活区域。

内院里生活着一群特别的神灵，他们是在这幸福快乐无边的天国里，能够罕见地发心修行求解脱的公民。

在这兜率天的内院里，娑婆宇宙的历代诸佛，在他们的最后菩萨生涯里，都曾在此居住过。这是他们即将成佛的天上的最后一生，这就是佛教普遍传说的一生补处菩萨，意思是绍补佛处的菩萨，也就是过了天上的这一生，他就来到人类当中，成为天上天下，唯我独尊的佛陀。

喜见这次真的太高兴了！他成年以后，就在内院报到，通过面试后成为内院的一员。但此时解脱死亡还是件非常遥远的事。即便喜见现在是和一群即将解脱，或者甚至已经解脱的圣贤居住在一起，他依旧没能求证出答案。

他虚心好学,向住在内院的圣贤们请教有关解脱生死的方法。但是碍于娑婆宇宙自身的因缘,他总是不得要领。

在兜率天的长远寿命里,很容易让居民们误以为自己永生了,他们看到下界无数生灵死了又生,生了又死。从这里看人间,仅仅只是一天的时间,美国就已经从蛮荒之地发展成了超级大国。而这样的一天所累积的年数,他们居然可以活上4000年之久。

喜见在兜率天国虽然使尽了力气,但是在几亿年的时光里,依旧未能彻底搞清楚生命的真相,当然也就无法战胜死亡了。

但由于他的修行福德,喜见不像一般天神享完天福之后,就必然堕落下界,成为受罪的生命形态。喜见又升到更高层、更良好的宇宙环境中,这个天国叫做化乐天,是一个以变化身体、自由转化能量而取得快乐的国度。

化乐天的公民一出生就会能量态身体甚至宇宙能量的转换变化,这是他们的本能。每个天神每天都在游戏的变化神通中玩耍——除非有一天面对死神的拜访。

这里的精神文明已经达到了欲界宇宙一流的水平。各种基于能量运用转换的天国艺术,发展到了不可思议的地步。化乐天的天神公民们无不日日花枝招展地举办各种艺术盛会。

每个天神在这艺术盛宴中将宇宙一切艺术形式加以采用,而后研究和变化出最高峰的艺术水平。艺术才是他们真正的灵魂,也是他们一生的生命核心。

化乐天每天都有的光子媒介演示会、能量编程竞技赛、次元空间探索成果展览会……数之不尽。在宇宙各个时空、各个次元空间的外在聚会,无不让天神们陶醉于伟大的宇宙能量的精细奥妙之处……这显然是一个无穷无尽的探索方向。

但那些一旦面临命终的天神,再也无力用任何能量转换和深奥艺术来搭救自己。由于享尽福报,恶业现前,死时直接堕落到畜牲、饿鬼、

第十三章 群星璀璨的宇宙天堂生活永恒无限的凭空杜撰梦幻

地狱三恶道的公民也大有人在。

　　身居这种环境，喜见在自己的享福欲望和傲慢中不断地挣扎着。他就是非常、非常想征服死亡。

　　化乐天的一天等于人间800年，一年等于人间292000年，他们可以活上天寿800年，也就是人间233360万年。

　　在这么长远的寿命里，在快乐几乎成为生活的等义词的情况下，苦苦找寻超越死亡的答案，真是辛苦至极。

　　就这样，喜见在宇宙各处寻找答案逾人间23亿多年，依旧一无所获。

　　"佛法难得"确实真实不虚啊。

　　最后，活过了化乐天的800多岁后，喜见转生到了他化自在天。

　　他化自在天（第六天）的一天等于人间1600年，他化自在天国的公民们能活上天寿16000年之久，这等于人间9344000万年。

　　这个天国是宇宙能量、物质转换变化的顶峰。对于欲界宇宙最快乐的情爱，他化自在天也已经进化出了最高境界。神灵们只需心神交契，在双方两眼互相深视的情况下，就能达到最高品质的满足。不仅如此，他们还能自在地夺取下界生灵们做爱时的满足感觉自己享受——如果他们愿意的话。

　　喜见在这欲界他化自在天的国度里，每天生活在能量和物质无比调和的自在转换变化里，不论看的、听的、吃的、穿的，无不自在随心所欲地变现在面前。对于在如此长的时间里随心所欲的公民们来说，宇宙就是手中的玩具。

　　在欲界里，这是顶级的生活环境。他化自在天里的夫妇们，情爱的品质就我们人类来看，已经达到了超越想象的最高境界，他们的房事已经是一种绝妙的艺术。

　　从能量隐形或者显形的转换来说，他化自在天神灵们的本领远不是下一级天界——化乐天所能想象的。他化自在天的天神们，个个活在各种隐形或显形的各个宇宙时空的旅行变化当中。

他们在欲界宇宙所有时空里,还有男女情欲的任何时空里,都是随心所欲、予夺予取的最高级自在者。

他们拥有巨大福报所带来的变化质能的本能功能,但往往不见得就有相对应的大智慧来规范他们的行为。因此他们就像人类中拥有巨大权力的人,一个不小心就可能做出对下界、对次元时空伤害巨大、无法挽回的坏事,而在命终后得到极重的恶报。

活着的时候以大能力破坏弱小,未来的生命就必须以万倍代价偿还,就像种下肥沃田里的一粒恶种子,未来可能长出许许多多让人意想不到的恶果。

在这样一个自在无碍的世界里,公民们生来就具有观察因果的能力,了知宿命。一般来说,大家总是尽己所能来行善,帮助宇宙各个角落的生灵。但所谓"身怀利器,必起杀心",这里实在是太自由、太幸福了,快乐的极致诱惑无处不在,在这么长的寿命里,难免不会犯下过错。

喜见在天界已经上千亿年了,并没有像一般庸俗天神那样总是掉下去,但他还没有得到佛陀的伟大知识体系,对于神灵傲慢无明背后的深刻空性,他是不了解的。那么这就免不了对治傲慢时,对傲慢本身的记忆越来越深刻,落在"有"里,种子最终是要发芽的,是无法将自我的意识"转识成智"(将显、潜意识转化成佛菩萨的大智慧)的。

在这漫长的一生中,他对自己的谦卑越来越自我感觉良好,对他人的傲慢也滋长了看不惯,或明显或潜在地想"治上一治",以此缘由,喜见命终之后,投生到了欲界魔天的国度。

欲界魔天的国度十足是一个不折不扣的犯罪天堂,这里所有的智慧型犯罪都会被赞扬,所有智慧型犯罪的成功案例,在这里都会像人间宝贵的精神遗产一般,被仔细保存、代代研究。

与其说这里是智慧型犯罪,不如说是强大的宇宙能量运用能力与高度发达的智力结合的宇宙型犯罪。

整个宇宙里,除了无形无色的时空,这里的公民无法作怪之外,其他任何行善的地区,没有他们不到的地方。多少次当各界生灵打算弃恶向善时,总是出现这样那样的干扰,就是入了门也寸步难行。这是什么原因呢？就是这些到处横行,专门障碍行善者的欲界天魔或其下属干的。

在这欲界魔天的国度里,众魔之王是一个后来又企图障碍本师释迦牟尼佛的大魔王波旬。

波旬和他的人民如同我们人类中那些以合法掩其非法的犯罪分子,他们从来不屑于做一些鸡鸣狗盗的小犯罪。他们只对于达到一定水平的罪行有兴趣。

他们每天盘点着到处破坏善行的成绩,个个面挂着得意神色,露出邪气饱满的笑容,互相比较着：

让那些不要女人的人,陷在女人堆中；让要女人的人从来要不到女人——多么有趣的场景！

让那些想要征服愤怒的人,被自己的怒火自焚自毁；

让那些想要得到智慧的人,却陷进自己的知识里,被无知愚昧折磨着；

至于那些本性愚痴的人,被波旬的下属弄得个个玩命追求肉体的快乐,造下更多的无知恶行,命终陷身恶道时,大家拍手称快。

那个喜见想要突破傲慢？你看看,就连这位被称誉为"欲界谦卑第一人"的人,我们也能让他产生这样有趣的想法："谁能够像我这么谦虚呢？"

让那些不起疑心的人愚痴地相信自己认为的"正确见解"；让那些起了疑心的人用傲慢和小人之心怀疑真正的智慧——哈,这个宇宙、这些生灵真是好玩了！

无始无明(生命的起点是没有的,这一根本无明也没有起始点)的这个"我"的意识只要存在,元首波旬和他的子民们就有大展抱负的机会。

可是由于波旬和他的子民们对于宇宙生灵认清"无我之我"至关重要——没有他们的捣乱,有我的迷障就会一层层覆盖所有生灵的心智——所以佛教又承认佛菩萨是由魔来成全的,不魔不成佛。

当然对于还没有实力与波旬他们抗衡的生灵来说,他们是极端危险的。佛陀后来总结说:"当亲近善知识,莫近恶知识。"

欲界天魔的整个社会结构,就是"恶知识"三个字就包括了一切。众公民努力地将各时空的生灵"弃善向恶",传播着糟糕的知识体系,毁坏着所有圣贤的正知正见。

当然有时候他们也会碰上大能力、大勇气的生灵,坏心办了好事,反而成全了对方。

投生到这欲界宇宙的艘贼船上,喜见享受着和他化自在天一样水准的天堂级生活,为他配套的是宇宙能量超级转换的犯罪服务系统。这里的每个人都有和他化自在天神们一样的对生命意识的深刻知识和干扰能力,其超级能力绝不是我们人类的超级特工或者游侠所能相比的。

疑起宿命的喜见,在这里非但毫无自豪自傲的感觉,每天只有惭愧再惭愧。这种坏人善根的超级、完美的犯罪资源和能力,他看清了只有那些完全无惧因果业报的愚者,才恣意享用,毫不考虑未来将付出些什么样的代价。

元首波旬听说自己的国民里居然出生了这么一个"异己"分子,不禁怒不可遏。他亲自下令运用各种办法来让他活得"和众人一样"。喜见在这里被贯以"异己分子"的罪名,饱受折磨和考验。

喜见就这样熬过了他在魔界漫长的一生。就像日后波旬不能打败佛陀一样,这一次波旬对喜见也是无可奈何。

在与波旬及其他同胞的斗智斗勇中,喜见被"成全"和锻炼出了远超欲界的禅定力量,所以他死后正式出离了欲界,升到以禅定力量形成、有形却无情欲的色界天。

第十三章　群星璀璨的宇宙天堂生活永恒无限的凭空杜撰梦幻

未来的物理学家能不能完全从理论入手,由爱因斯坦的相对论预言宇宙的膨胀,进而提出大爆炸理论呢?在遥远的未来,宇宙中的居民通过对"太阳系"中引力的精确测量,应该可以发现广义相对论。然而,这一理论能不能推断出大爆炸,还取决于对宇宙大尺度结构的观测数据。只有在宇宙中物质分布均匀的情况下,爱因斯坦的理论才能预言宇宙正在膨胀。我们的后代所看到的宇宙绝不均匀,他们眼中的宇宙就是一座被广袤的虚空包围着的恒星岛。事实上,那时候的宇宙看起来就像是德西特的宇宙岛。可观测宇宙的最终宿命将是坍缩成一个黑洞,这也恰恰是银河系在遥远未来的最后结局。对于我们的后代而言,难道没有任何手段能够感知到宇宙膨胀吗?根据我们目前对广义相对论的理解,至少还存在着一个加速膨胀效应,确实可以在未来的可观测视界之内,向他们透露宇宙膨胀的秘密。正如黑洞的事件视界会向外发出辐射一样,宇宙的事件视界也会发出辐射,不过,这个辐射对应的温度大约为 10K~30K,根本无法测量。即便天文学家能够探测到它,也很可能把它归结于其他比它强得多的本地噪声源。雄心勃勃的未来观测者们也许还会发射一个探测器,冲出他们的超星系,人工创造出一个参照点,来探测可能存在的宇宙膨胀。他们真这么做的可能性似乎不大,不过无论如何,探测器都至少需要几十亿年,才能抵达宇宙膨胀能够明显改变它速度的地方;探测器还需要耗费相当于一颗恒星总能量输出的强大功率,才能在如此遥远的距离上,给它的建造者传递信息。而且,根据我们自己的经验,未来的科学基金会也不太可能支持这样一项完全不靠谱的项目。

因此未来的观测者们可能会预言,宇宙最终会在超星系的一场大坍缩中走向灭亡,而不是像宇宙学常数所预言的那样,永恒膨胀下去。他们会认为,有限的宇宙不会归于沉寂,而会在一声轰然巨响中终结。我们的理性分析得出了一个非常奇怪的结论:能够让智慧观测者推断出宇宙膨胀真相的时间窗口,可能非常短暂。一些文明也许应该保留这些极其古老的历史资料,你正在阅读的这篇文章也许就是其中之一——如果它能躲过数十亿年的战争、超新星、黑洞和无数其他危险而幸运地保存下去的话。当然。未来的文明会不会相信，那就是另外一回事了。得不到这些历史资料的智慧生命，将注定无法知晓大爆炸曾经发生过的真相。为什么现在的宇宙如此特殊？许多研究人员尝试用人择原理来解释这一点。生命存在这一事实，已经提供了一种选择效应，能够解释目前的种种巧合，不过，我们从自己的研究中得出了不同的结论。

由于宇宙加速膨胀而导致的宇宙信息丢失，极有可能已经不是第一次发生了。如果宇宙在极早期经历过一个暴涨阶段，那场疯狂的膨胀就已经把以前存在过的能量和物质推到了今天的可观测宇宙之外，那些能量和物质包含的几乎所有信息自然也就找不回来了。事实上，科学家提出暴涨模型的最初动机之一，就是要清除宇宙中一些难以解释的奇异物质，比如曾经可能大量存在的磁单极子。更为重要的是，尽管我们有幸生活在这样一个宇宙时期，能够观测到支持大爆炸的许多证据，我们也应该认识到，宇宙还存在着其他今天已经无法观测的基本属性。我们已经丢失了什么信息？这个问题没人能够回答。与其自满，宁可谦逊。或许有一天，人们会发现，我们目前对宇宙看似严谨而全面的认识，其实是完全不合格的。

在自然界的规律宇宙物质具有明显的集聚成球的倾向，在我们的概念中这些球体就是恒星。恒星中的物质处在很高的温度下，以致固态和液态都不能存在。恒星是依靠自身引力保持成形的气体球，我们称其中之一为太阳。在一位外界的观察家眼里，把它和银河系中别的恒星相比，它是一颗既不特大也不过小，个子中等，亮度一般，在千亿繁星中一点也不突出的平凡恒星。太阳只是对我们才显得那么重要，因为我们的生存和它息息相关。银河系的大多数恒星都处在一个扁平圆盘中，这个圆盘很大，光线从它的一侧对穿到另一侧，几乎需要 10 万年。恒星受引力和离心力作用而都在沿着复杂的轨道围绕圆盘中心运动，银河系圆盘在自转。此外，在宇宙中我们连同我们所处的恒星系

统并不是孤立的,像仙女座大星云就是另一个由群星组成的自转盘状体系;是处在这个恒星系统外面的我们去观察它所看到的样子,因为是斜着看,我们把圆盘看成了椭圆形。仙女座大星云就像是我们银河系的一个翻版,我们这个恒星系统里有什么恒星品种、有什么变化过程,仙女座星系里也统统都有,而且情况不仅如此,因为像这样一类的天体系统,称为星系的,还有千千万万,也许多得不计其数。

是我们从上往下垂直地看另一个星系的样子。到 1924 年,人们才确信无疑地证明,那些遥远的、往往表现为螺旋形的云雾状东西和我们银河系是同一类天体系统。许多年以来,人们就在注意观察天上那些小小而暗淡的、往往呈椭圆状的模糊盘块,即所谓旋涡星云。早在 1755 年,当时 31 岁的伊马努埃尔·康德在他的著作《自然通史和天体论》中就曾经把那些对象和我们自己的恒星系统对比分析:"对于这样一个由恒星组成的世界,如果有一位处在它外面的观测者从非常遥远的所在去观望它,那么它就会呈现为一个角直径很小的暗淡物体;如果观测者从正面去看它,就会发现它是个正圆形;从侧面去看它,就会发现它是椭圆形。"康德因此得出结论,认为天上那些椭圆状的小星云就是远方别的银河系。他又写道:"把这些椭圆形对象看做我们新近才阐明其状况的、和我们的恒星系统类似的天体系统,也可以说看成是别的银河系,那么这一切就都圆满地解释通了。"可是真正证实这种猜想,却又用了差不多 200 年工夫。

太阳连同我们人类是处在银河系中心平面的附近。我们如果沿着垂直于银河系圆盘平面的方向往外空望去,看到的是稀疏星点,但如果沿着盘面向它的边缘望去,那么就会看到许多星星,这也就说明了为什么我们这恒星系统的扁平圆盘表现为一条横贯夜空的亮带:银河。可是,充满银河系圆盘的不仅是恒星,发光星际云表明恒星之间的空间并不是空无一物,银河系有 1/100 的质量不是集聚在恒星之中,而是布满于星际空间。它的化学组成虽然和太阳一样,但密度只有太阳十亿分之一的十亿分之一的百万分之一。这种星际气体中埋藏着微小的尘粒。星际尘云像层层厚纱削弱了背后传来的星光,并且像地球大气尘埃使落日变红那样造成远处星光的红化。星际尘粒很微小,直径只有万分之一毫米。在银河系中,恒星、气体和尘埃物质缓缓地运动,平均每1亿年围绕银河系中心运行一周。然而恒星世界却不是慢条斯理的,大批恒星已经一对对结合成双星,每隔若干年、若干天或几小时相互绕行一周。有的星按确切周期涨了又缩,缩了又涨,像是在做呼吸运动。不定相隔多长时间,便会发生一次爆炸把一颗星崩碎,使它暂时大放光明,和所在星系别的千亿恒星的亮度的总和差不多一样亮。还有的星不是平稳放光,而是每隔1/100秒发一道闪光,一道接一道,明暗相间。

　　面对这一宏伟自然奇观的是住在地球上的、试图理解宇宙万象的一小批天文学家,而地球则是绕着一颗叫做太阳的平凡恒星公转的一颗小小的行星。这些天文学家利用所住行星的资源建造了各种仪器设备,在各地天文台用它们来细测宇宙动静,又用火箭把望远镜送到妨碍观测的地球大气层外去进行探索。有不少同时代的人把他们误认为占星术家,可是他们丝毫也不愿同那类人物混为一谈。另外一些人则赞赏他们,因为他们的思维超出了由日常生活经验所能有效推理的范畴。研究工作使他们对大自然的了解,至少是对无机世界根源的认识深化了一步,但是跨出这一步的是客观治学的自然科学家,这样的人不会从自己所取得的专业成果中推导出道德准则来。从事探索天体、理解宇宙的伟业并不等同于使他们变得品质更优良、道德更高尚。他们的动力不单纯是探索未知的渴望,正像人类其他行业一样,追名逐利与同行竞争起着或多或少的作用,而且有的重大发现是来源于这类动机。然而,天文学家之中也照样有求知的欲望,他们之间确实存在互助和友好合作。具体的研究结果既然是人们劳动的产物,就难免在许多方面不够完善,甚至还有相当程度的缺点与错误。但是天文科学整体,尽管它从巴比伦人的萌芽时期直到现代天体物理学经历了许多迁

回曲折,毕竟还是走上了一条前进的大道。

　　生物进化的漫长岁月,我们在宇宙中是不是独一无二,也就是别的星球上或其邻近有没有生命存在?这个问题的提出比我们知道恒星是别处的太阳还要更早。尼古劳斯·冯·屈斯和乔尔丹诺·布鲁诺都曾为此伤过脑筋,为此,两人之中一位幸免于难,另一位不得不在烈火中为真理而献身。讲到银河系中其他天体上的生命问题,这里只打算谈那种和地球生命的化学成分类似的情况;特别要提出来作为先决条件的是,这种生命离不开液态水。我们想知道,在某行星上是不是已经存在类似人类甚至进化阶段更高的生物。不论是这两种情况的哪一种,像地球上那样长的演变年代看来总是必需的。南非德兰士瓦省翁弗瓦赫特的发掘结果告诉我们,早在35亿年前地球上就存在过比较高级的单细胞生物蓝藻,而人们估算的地球年龄只比这个数字大10亿~15亿年。所以我们要搜索的对象星周围应该具备这样的条件:使原始生物(至少已有40亿年之久)能稳定地向较高级生物进化。

　　让我们来回顾一下我们这个行星上的生命发展史。天文学家海因里希·西登托普夫做过这样的形象比喻:假想我们能把大约50亿年长的地球史压缩成1年,那么原来的1亿年就变成1个星期,实际演变中的160年就转化为1秒钟。这样一来,从宇宙和银河系最老的恒星起源到太阳和地球的形成用这样的压缩时间表示大约经历了1年。假定太阳系的行星,包括地球,形成于第二年的1月份。那时大气的主要成分还是氢,也就是宇宙中最丰富的元素。后来,氢逃脱了地球引力的束缚,氮和氧成为地球大气的决定性成分。可是早在氢大气时代,简单的生命形态已经出现,而3月份就有了翁弗瓦赫特单细胞生物。生物仍在不断进化,但是我们了解得比较确切的只有假想压缩年的最后6个星期,这是因为得到了由化石揭示的信息。在此期间大部分的氢已经逃散,各类生物的习性转而与氧相适应。11月末是植物,稍后是动物征服了各个大陆;曾经在地球上称雄1星期之久的古代巨形爬虫类,在圣诞节两天假日期间灭绝了;12月31日23时出现了"北京人";新年来临前10分钟,尼安德特人才来送旧迎新;夜半前5分钟,现代人种诞生了;新年只差30秒钟时,世界历史记载开了头。就在这最近30秒钟内地球上的人数增加了百倍。这种增加在最末若干秒内更是急速,光是最近1秒钟内全球人口就增长为原先的3倍。在除夕花炮上天前不到4/10秒钟的时候,人类开始发射无线电广播节目。尽管地球从诞生以来的大部分时间都在孕育着生物,但是我们称之为文明的年代却只占生物存在时期的一个微乎其微的百分比。

银河系中散布着百万个栖息生物的行星吗?生物进化的过程如此漫长,把它和恒星演化的时间去对比没有什么不恰当。我们知道,天上有的恒星是那样年轻,甚至爪哇猿人曾经是它们诞生的见证人。在这种恒星周围的行星上,目前高级生物还来不及形成。我们也知道,大质量恒星发光发热只有几百万年,这对于生物进化实在太短暂了。看来合适的对象只有从质量相当于或小于太阳的恒星中去找。银河系大约共有恒星千亿,其中绝大多数的质量都算"合格",这是因为质量较大的恒星终究甚少。除了百分之几的少数例外,银河系中恒星的发热年代都很长,足以使智慧生物渐渐形成,但尚不清楚的是这些星有没有行星围绕着它们转,因为只有在围绕恒星公转的天体上才能具备液态水所需的温度。可惜天文学家对别的太阳周围的行星还一无所知。由于它们实在太遥远,即使离我们最近的一些恒星确有这种伴侣天体绕它们转,人们也还没有能做到用望远镜直接观测这些微乎其微的对象。可是话说回来,别的太阳周围也有行星绕着转,这是非常可能的。首先,人们要打破生活在一个独特太阳系中这样一种概念的束缚。科学发展史曾一次又一次地表明,那种把人类放在宇宙中特优地位的想法都是错误的。

我们已经了解宇宙物质的角动量很可能使单星周围形成行星系。人类自己所处的行星系也支持这种观点。巨大行星木星和土星,甚至以它们的卫星群在周围组成了具体而微的"行星系",看来这也要归因

于角动量。因此，单星周围都有行星系在运转的假想是合理的。如果在恒星形成的过程中由于角动量因素而产生了一对双星，那么即使在此以前行星曾经出现过，它们也应该在不长的宇宙演变岁月中不是落到其中的一颗星上，就是被甩到宇宙空间。因为认真观测表明半数以上的恒星是双星，所以银河系中算下来还剩大约400亿恒星伴有行星。问题又来了：这些行星与各自恒星的距离是否合适呢？一个行星至少应该满足的条件是它与所属恒星的距离使得辐射在它表面造成液态水所需的温度。在太阳系中，水星极靠近太阳，而离太阳比火星更远的所有外行星则受阳光照射太弱，不够温暖。别的恒星周围的行星我们始终还没有见到，怎样才能知道它们之中有多少已经具备了距离恒星恰到好处的条件呢？我们的办法只有和自己所处的行星系类比。地球无疑地处在太阳系生命带内部，火星和金星靠近此带边缘。"水手"号探测器拍得的照片表明，火星表面的荒凉程度和月球表面类似。尽管火星有大气并且含有水分，但是在它表面上软着陆的一系列"海盗"号探测器经过取土分析并没有发现生物细胞的任何迹象。苏联的一批探测器测得的金星表面温度超过450℃，所以金星也不是生物栖息的场所。在太阳系中我们似乎是独此一家。只要仔细想想一个行星必须同时满足多少条件才能栖息生物，我们就会明白天体具备适于生物的气候是多么稀罕的巧例。1977年，在美国宇航局工作的科学家迈克尔·H.哈特指出，只要把我们对太阳的距离缩短5%，地球上的生物就会热不可耐而不能生存；这段距离只要加长1%，地球就要被冰川覆盖。我们所居住的行星的伸缩余地是不大的。因此哈特认为，外部条件合适，使生物能进化到较高级阶段的行星，在银河系中最多只有100万个。

在某个行星上如果适宜的气候能维持足够长的年代，生命确实会形成吗？这个问题应该去问生物学家，而不是天文学家。不过天文学家也能帮一点忙，他了解除了少数例外，整个宇宙中化学元素的分布大体上是相同的。银河系中离我们最遥远的恒星，甚至别的星系中的恒星，它们的化学组成和太阳一样。没有由硫组成的恒星，也没有由汞组成的云团。压倒多数的情况下宇宙物质的最主要成分是氢,其次是氦,再其次才是其他的化学元素。我们可以向生物学家保证,即使是在一个遥远的但气候适宜的行星上,也能找到构成一切有机分子所需的各种物质。射电天文学家在气体云中发现了名目繁多的各种有机分子,其中有乙醇和甲酸,有氰化氢和甲醚。当然,从这类简单有机化合物向那些构成生命基础的复杂分子演变,是一条漫长的道路。让我们假想,凡是可能孕育生命的场所生物实际上都已出现,那么银河系中可能有着 100 万个居住生物的行星,这些生物也许各自都已演变了 40 亿年,只不过它们理应处在各自不尽相同的进化阶段罢了。[1]

一个文明社会能生存多久?对于有生物栖息的行星,自然是只有当我们能够以某种方式和它们联系交往时,我们才感兴趣,而无线电信号似乎是这种联系的唯一可能办法。因此我们要问:银河系内这 100 万行星之中,有多少具备发射无线电信号的技术水平?如果这些地外生物只要存在就不断发射信号,那么我们就会面对大致有 100 万个发射着信号的行星。可是蓝藻并不会发射无线电信号,而已经被原子弹毁灭了的智慧生物当然也无声无息。这样算来,合格的就只剩很小一个比例了。也就是说,这 100 万行星之数,既要考虑到一个文明社会具备发射信号的能力这段时期所占的百分比,还要估计到该处生命能维持多久。这就说到了最大的不定因素!我们只能以自己这一文明社会的经验作为依据。我们达到能向空间发送信号的技术水平,至今不过短短几十年。可是几乎同时,人类就初次造出了只要一次打击就足以灭绝全球一切生命的大规模毁灭性武器。我们人类将会动用这种武器吗?难道一个技术文明社会充其量只有几十年工夫能向空间发送信号,接下来便是自我毁灭吗?然而,我们甚至连正式的发送都还没有开始。我们还没有制定出有目的、有步骤地向宇宙空间发射信号的科研

---

[1]《宇宙与天体》.环球科学杂志社主编.北京:电子工业出版社,2011.1.P1~11、P277~283.

规划。不过,让我们乐观地假定一个文明社会是能够正确解决面临的问题的。不妨设想它会过上100万年的和平富裕生活,因而既能有充分雄厚的财力投入奢侈项目,也有足够的兴趣在这整段时间向宇宙空间发送功率强大的无线电信号。这样算来,银河系中100万个有生物居住的行星之中只有$\frac{100万年}{40亿年}×100万个$,也就是250个行星目前在发送信号。再假定这些行星是均匀地分布在银河系中,那么相邻两个发信号的文明社会之间的平均距离约为4600光年。我们发出的信号要飞行4600年才能传到离我们最近的发信号的文明社会,要等回音到达,则从头算起共需9200年。由此可见,抓住天仓五和天苑四那样两颗邻近的恒星去搜寻简直是大海捞针,因为发信号的行星正好出现在它们身边的概率实在是太小了。看来明智的做法除非是搜遍4600光年内所有的类似太阳的单星所发送的信号。

圣经中的巴别通天塔自建造以来还不到4000年。如果一个文明社会生存并且发出信号的年代就限于这样一段时间,那么照上面的算法可得,银河系百万栖息生物的行星之中,当前正在发送信号的只有$\frac{4000万年}{40亿年}×100万个$,也就是只有1个。这意思是除了我们自己以外,眼下在整个银河系中最多还有1个别的文明社会可能会发出信号。要是一个文明社会发送信号的年限只有1000年,甚至更短,那么我们用射电望远镜去深探银河系、苦觅智慧知音就难免成为徒劳之举。这里所讲的估算银河系中有多少行星正在发出无线电信号的方法包含了许多不确定因素,在这里并没有把这个数字求得特别准,而是想说明这问题涉及哪些因素。通过这样的假想计算我们明白了一个道理,就是最大的不确定因素是由于我们不了解一个技术文明社会能存在多久。一个文明社会开始发射无线电波后还能保持多长的年代呢?能有1个世纪吗?尽管技术发达了,但它还能否存在下去?或是由于技术先进了,它才得以保持生存呢?我们提出了银河系中地外生命的问题,我们回到了人类在地球上继续生存的问题。

诗人的眼睛那神奇狂放的一转,从天上看到地下,从地下转回天上;幻想生成的,未知的事物,在诗人的笔底显出了模样,空空如也的它们也获得了名字和地方。物理学讲的是宇宙间的简单事物,它把复杂的生命和活体留给生物学,也求之不得地将原子间数不清的相互作用方式留给化学去探索。活细胞当然复杂得不能再复杂了,而一样复杂的还有曲面——随便哪种曲面。生物物理或化学物理偶尔会遇到这些问题,但总的说来,它们是很难对付的。细胞和曲面都不是什么简单的东西,可以说,简单的东西根本就不存在。皇后敢向阿丽丝吹嘘,她在早餐前能想出6样不可能的东西,但是她却很难想象6样简单的东西。让我们来看一个普通的例子,如一块石头,一块能拿得起也放得下的石头,还有什么能比它更简单的东西吗?我们看得见、摸得着、拿得起的东西,都是我们身边的一些实实在在的东西。重要的是要认识它们是怎么运动的——而石头是最简单的子弹。石器时代的军队大概会积极开展某些关于石头弹道曲线的研究,但是物理学家们几乎不会去碰它,除非重金悬赏。石头太复杂了,表面一点儿也不规则。想想看,空气从它粗糙的表面流过,该有多复杂,多混乱。所以,也不可能从石头的特殊现象中找出所有子弹普遍存在的东西。

于是有人把石头切割成整齐规则的形状——像那5个规则的物体。像四面体或立方体形状的物体,似乎更容易把握,因为它们是高度对称的。我们只需要考虑5种规则形状,这该是多简单呀!想当然地看,这些形状的物体在专门研究简单事物的科学里一定占据着特别重要的地位,但事实并非如此。只有在极少数的情况下,规则体的概念才可爱,才有用。开普勒曾以此为基础艰难地构造太阳系的理论。在结晶学中,立方体的对称性起着特别重要的作用。然而,不论哪种规则形状的物体,在物理学中都没有意义。原因是,规则的固体也有棱角,它们的规则性是相对的,从不同角度看,它们并不相同,有的方向比别的方向"更特殊",把那些棱角磨掉,我们就得到一个台球。物理学家那么喜

欢台球,天知道!在物理学中,台球是许多事物的原型,从这一点说,我们常说的没有重量的弦也不如它重要。台球从各方面看都是一样的;我们可以将它握在手中,也可以抛向天空,还可以让它摆,让它滚,一切力学定律都可以拿它来考察。石器时代的自然哲学家们一定乐意拿钱来买我们关于球状石头的研究成果。台球虽然诱人,却也不够简单。它的缺陷是那张包在外头的曲面,曲面不是简单的东西。然而,一个物体要与周围区别开来,总会裹张皮的。既然这样,我们来想象一样无限坚硬、完全光滑、绝对没有结构的东西,让曲面理想地消失。然后,我们用一种无比坚硬的理想弹性材料来做一个绝对均匀的台球。我们将那材料叫"乌托子"。现在,我们有了第一样简单的物理学事物——用乌托子造的台球。

然而像这样的东西并不存在。乌托子球完全是理想化的东西,一个头脑冷静的人,是不会相信理想的产儿的。从一开始,我们就知道那是假的,严格说来,它本就不可能是真的。所以,让我们快来看看,在特殊情形下,它是怎么错的。概念上的简单有无限的好处,从大处说,乌托子球可以充当某个星系里的一颗在星团周围游荡的恒星,或者一颗绕着太阳旋转的行星;从小处说,它可以是一个原子——一个在晶体晶格里的原子,或者在液体或气体中游荡的原子。给它一个正电荷,它就成了一个质子;给它一个负电荷,它就是电子;如果没有电荷,它就是中子。玻尔讲的原子模型,基本上就是带电的乌托子构成的,它们可以令人满意地解释固体、液体、气体和等离子体的许多性质,一句话,乌托子台球是经典力学的理想的基本粒子。尽管在量子领域,这个概念失败了——电子、质子和中子的行为不像台球——在别的地方,它却是许多物理学的原型。

说到底它还是一个概念——一个虚构的东西。在真实的世界里,没有这样一个东西在呼唤人们的注意,那不过是个理想。也许,在未来的某一天,会出现一门"乌有乡"物理学,专门研究可能却非真实的宇宙。这门学问正在出现,因为真实宇宙的物理学已经产生了,而人们还在继续追求着。这样一门学问，完全由幻想的事物和一些相容的规则组成，真该算作一个数学的分支。"真"物理学研究那些存在于真实世界里的与幻想无关的事物，但是也会用一些像乌托子球那样的概念，仿佛也成了什么"乌有乡"的（而不是真实世界的）物理学。原因是，那样的东西并不是纯概念的——它们是理想的，因为简单，我们用它来作为认识和摹写真实事物的行为和特征的出发点。根本说来，物理学是制造模型的活动。

既然身在一门关于虚构事物的学问里，我们现在来试着区分什么是物理学的虚构，什么是数学的虚构。乌托子台球是物理学概念，它来自真实的台球，不过将一些真实的性质外推到了理想的尽头，理想与现实的表现只是程度不同，没有类的差别。拿它来同理论家喜欢的另一个物理学原型点粒子相比较，点粒子就是数学概念，因为它与真实粒子不是同一类型的——它没有大小。所以，它比我们的台球更不真实，我们要小心别把它推得太远。基本粒子理论滥用了这个点粒子概念，结果生出许多恼人的无限大的东西，不过，只要粒子的大小或者内部结构无关紧要，点粒子概念还是一个大有作为的工具。有那么多实实在在的事物等着我们去认识它们，理解它们的性质，而我们却为什么去关心虚构的东西呢？很遗憾，这是没有办法的事情。世界上的事物那么多，五花八门，各走东西，我们不可能一个个去认识，只好依靠高度的抽象。我们能做的，是把它们分成类，然后研究类的行为；我们相信，同一个类里的事物会表现出共同的行为。这就是从特殊抽象出一般。一切科学都是这样运行的，而抽象是否成功，则要看研究的是什么。方兴未艾的社会学与每一个个人的活动打交道，生物学家也总是小心翼翼地关注着生物个体的行为，尽管还没发现有强烈个性的阿米巴。只有在研究非生命事物时，我们才可能从特殊性中获得成功。

我们不应该停止探索，我们一切探索的目的，都是回到我们出发的地方，然后第一次将它认识。回顾时空和万物的探索，我们不禁要大

吃一惊,不是惊讶我们对自然认识了多少,而是惊讶还有那么多不认识的。不仅如此,我们还会油然产生一种登山的感觉——当我们登上一座高峰时,会看到原来隐藏在山后的峰也屹立在面前。当然,那种经历是任何探险者都能体验的,它使登山成为激动人心的事情。当我们发现一条通向顶峰的路,当我们到达巅峰,第一次看见从没想过的万千奇观,该是多么振奋,又有多少事情能比得上呢?但是,山顶上藏的奥妙不止这一样,尽管它可能是最动人的。在我们经过的地方,还藏着更深的奥妙,像那满山的洞穴,令人感到幽深和遥远。关于它们,我们什么也不知道。让我们来看一块我们曾经当做子弹的石头,它不过是我们在周围看到的无数石头的一块。我们知道它由无数可能分子中的一定数目的分子组成。我们知道分子由原子组成,而原子只有100余种。我们知道原子由电子、质子和中子组成,而我们认为这些粒子由叫夸克和部分子(或者随便你叫它什么子)的真正的基本粒子组成。我们在原子山中漫步,越过一峰又一峰,现在来到可怕的夸克峰前。它是最高的那个峰吗?会不会还有一整座山要爬?或者,还有万山迎面而来?

我们关注物质间的相互吸引,说那是引力,用引力荷、空间和时间来描述发生的事情;我们关注电和磁的现象,用惯性荷、电荷、电容率(当然还有空间和时间)来描述发生的事情。我们认识到空间和时间不可分割地联系着距离和时间的测量,我们选择了由电磁学通过光速定义的一个时空框架。我们发现了令中子衰变的弱相互作用力,也发现了将质子和中子束缚在原子核内的强相互作用力。更奇异的是,我们发现基本粒子仿佛在自由地活动,而不顾经典的因果律,我们用几率波和作用量子来描写这种行为。我们发现宏观事物习以为常的机会也表现在单个的粒子行为,我们发现熟悉的可靠的关于能量和动量的观测定律只能在统计意义上成立。为包括这种现象,为满足粒子—反粒子的生成和湮灭,我们发明了量子场。我们用它以令人惊奇的精度推导了氢原子的电子能级。我们在量子场的有效水平上理解了自然,覆盖并占领了大块的领地。可是,当我们漫步青山,渴望奇观的时候,别忘了还有洞穴和深坑。我们强烈感到在这美丽的自然图画下面藏着一个万千交错、形影朦胧的迷宫。为什么惯性质量与引力质量那么相似？亚微观粒子的惯性行为能找到同整个宇宙的物质联系的道路吗？基本粒子为什么会有我们所观察到的质量？我们在这儿遇到一个大洞窟，在物理世界的任何地方都能看见它，那是一个质量的洞窟，它在向勇敢的探险者招手，带他们去发现黑洞和粒子背后的最大与最小之间的联系。

　　洞的旁边是一个无限零点能的大坑，在狰狞地向我们挑衅。人们常在它周围徘徊，但都没能走过去；那个断路的深渊实在应该填满。量子场受这种零点涨落的干扰，不断地产生和湮灭它的粒子。任何一个动力学模式的能量永远不可能为零，也不可能比它的零点能更低。一个粒子可能的动力学状态可能会有无限多个，于是，总能量即使在真空里也可能是无限的。能量产生的引力场，在这种情况下也将成为无限。一定出了什么大错，我们的动力学模型的概念在高能情况下是不完备的。一定存在某种东西能切断能量的总和，不让无穷出现。这样的切断也许能够发生，因为空间从本质上说是原子的，而不是连续的。可能存在一个基本长度，从而也该有一个基本的周期，因为时间与空间最终是相互联系的。像晶体，空间有晶格结构，它的单位元胞比原子核还小；像时钟，时间在嘀嗒声中流逝。这当然是纯粹的想象，但值得认真考虑。说到空间和时间，我们还得指出有一个洞窟，真正去探过险的人没几个不感到恐慌的，那可怕的东西就是维数洞窟。四维的空间，多维的时间甚至虚时间，正引诱着好事的人们进去。在它旁边，还有一个略微令勇敢的人们喜欢的时间洞窟，在那儿可以选择引力时间、中微子时间和核时间，可以大胆质问普遍使用的电磁时间是不是还能用。我们经过了那么多未知的洞窟，最后还应该来看看统一洞窟。我们可能会在那儿看到引力和电磁力综合在一个统一的场论，它最终会包容强弱相互作用，能解释由基本常数组成的无量纲数为什么会是那样的。

这些数是大自然永恒的奥秘,像擎天大柱屹立在原野。当然,基本常数本来的大小是没多大意义的,因为它们依赖于如何选择长度、时间、电荷、质量等标准。例如,以米/秒为单位的光速是(大约)3×10^8,如果用厘米/秒为单位,就增大为 3×10^{10}。只有无量纲的数才有意义,因为它们不依赖于单位的选择,从而是纯粹的数。最突出的无量纲数是有效度量电磁相互作用强度的精细结构常数,$e^2/2\varepsilon_0 hc$,这里 e 是基本电荷,h 是普朗克常数,ε_0 是介电常数 c 电容率),c 是光速。它的值是一个纯数,很接近 $1/137$。如果我们以 q"荷"来定义核束缚,则得到类似的强相互作用的量,$q/2\varepsilon_0 hc$,结果大约是 1。同样,弱相互作用是 10^{-13},而引力的量级则小得多,是 10^{-39}。这样,四种基本相互作用的相对强度为 $1, 10^{-2}, 10^{-13}, 10^{-39}$。这些数,连同我们在前面提到的数,如最大与最小长度之比(10^{+40}),最长与最短时间之比(10^{+40}),宇宙中质子和中子的数目(10^{+78}),最终都将获得解释。现在,它们还是物理学原野上的一座座奇峰,我们得通过那一切来关注大白鲨。丰富的数学在等着我们去构造关于万物的宏大理论,但最终还得回到三维空间和一维时间的现实世界,那是我们一切经历的来源。另外,我们还得考虑科学方法在所难免的局限。我们就像走在钢丝上,常常战战兢兢地在应用数学和宗教般的科学热情间摇摆。将来,我们需要特别敏感地将基本物理学从那些数学和宗教的东西里区别出来。

无疑,更多的洞穴还等着攀登者去发现。例如,在寻猎夸克的路上,或者在尺度的另一端,在寻找黑洞的时候,在探索类星体的时候——对这些天体吞噬能量的速度,我们的物理学还认识得太少。但是,物理学的活动不光是钻洞和登山,还有许多原野上的探索,它们的一般地理情况我们已经知道了,奥妙来自宏观事物本来的复杂性,而不是理论的基本结构。想想固体土地上丰富的矿藏;低温世界里奇妙的裂缝;半导体和绝缘体领域内令人眼花缭乱的物态……另外,高分子聚合物也走进了物理学的天地。想想液晶,火山的深绿玉髓;倾斜虚幻的激光束……有的地方，珍宝在表面上，等着我们去拿；有的地方，珍宝深藏着。没有哪个地方没有珍宝。另外，想想化学的沃土和多彩的生物学次大陆……在所有的土地上，基本结构都建立起来了，在遥远的山脚下或群山中，我们很少看到洞穴和深坑，更多的等着我们去探索的是活跃着的令人困惑的生命和非生命物质的复杂性。

事物的奥妙，关联和相互关系的奥秘，复杂性的奥秘，在唤起我们的好奇和向往，不论登山的人，钻洞的人，还是探矿的人，都来吧！我们说空空如也，我们说如也空空，我们说量子的笑容。看万物飘忽不定，谁能说时间匆匆？没完没了的问题，说也无穷！她送我一粒光子，还照亮不了自己；我把它从头剖开，只为看个彻底；还把它泡进洗涤剂，不让它四散分离。她幻化出中微子，一百，一百，还有多多。亲朋好友都来，把一条条禁律吓破；我看见了，小鬼，一个对头一个姐妹。她给我一个电子，说那电荷应有代价，我给她四十粒子，尽管它不是太大。看呀它实在可怜，比重子差得还远。她传来一颗中子，说它就要远行；它却滔滔不绝，说自己该是颗星星。我想"裂变的损失多大，它才是政治家"。她最后唤来超子，超子紧皱着双眉。它叹息十二个新便士，抵不过半块黄金币。"哎呀呀，我真后悔，悔不该走进了八卦堆。"她发出镭射的光辉，她走进绿色的春雷，她留下漆黑的洞穴，不留下一点儿伤悲。"老伙计，请进！"这是谁在答应？我敲门问，"这是哪家的陷阱？"那是古老的引力子，要歇脚在夕阳黄昏。阳光落进 GM 的荒林。我说"那不是我的家"，它说"我正在喝一杯茶"。我们说空空如也，我们说如也空空，我们说量子的笑容。看万物飘忽不定，谁能说时间匆匆？没完没了的问题，说也无穷……

万事万物如何起源？从一开始，所有的解释都面临一个普遍的难题：某种事物（例如宇宙）如何从无到有？人类对宇宙的探索，是一个有始无终的过程，永远不会终结，除非人类从宇宙中消失。在 20 世纪的前 50 年，科学家形成一种理论，称之为"大爆炸宇宙学"。但有人提出一个新问题：如果宇宙真的是由大爆炸而来的，那么，将来还会再来一

次大爆炸吗？于是，有神论者搬出《圣经》上第一句话就是："'起初，神创造大地。地是空虚混沌，渊面黑暗……'这不正是大爆炸之前的情景吗？可见正是万能的上帝创造了大爆炸，从而创造了宇宙。"结果无神论者处于两难境地：否认大爆炸，显然与观测到的事实不符；承认大爆炸，又会与有神论者同流合污。科学家们进一步研究认为，宇宙并不是无限古老的，也不是永恒存在的。宇宙是从一个无限小的"奇点"开始，它迅速膨胀，并且至今仍在膨胀。1927年，大爆炸宇宙学的创始人之一乔治·勒梅特提出，早期的宇宙，极其微小，比原子还小。这个像原子大小的宇宙温度高达几万亿度，它以令人吃惊的速度（一万亿分之一秒）膨胀而产生爆炸，大约在爆炸之后的 10^{-34}~10^{-32} 秒间，宇宙以超光速（光速约为每秒30万公里）的速度膨胀，在某种形式的"反引力"作用下迅速分离。这一过程的强度难以想象：爆炸之前，宇宙比一个原子还小；而一瞬间之后，变得比一个星系还大。

最终使绝大多数天文学家接受大爆炸理论的是，宇宙背景辐射（CBR）的发现。在几十万年的时间内，早期宇宙过于活跃，温度太高，无法形成原子。当温度终于降到足够的地步，带正电荷的质子捕获到带负电荷的电子，这是一个临界点。主张大爆炸的理论家预言，在这个临界点上，在那一瞬间释放出巨大的能量，其残留物至今仍可测出。1964年，因发现CBR而获得诺贝尔物理学奖的阿尔诺·彭齐亚斯和罗伯特·威尔逊说，要知道宇宙到底从哪里来，最容易的办法，就是把宇宙看成是"无中生有"、瞬间而生和持续膨胀。这种说法，在常人看来无论如何也难以接受，然而，科学家们却深信不疑。他们说，只要想一想太阳就可以理解了。太阳离我们如此遥远，但太阳光却能把大地照热、照亮；或者你还可以想一想蜡烛，只要一根小小的蜡烛头，点燃后就能把整个房间照亮。1948年，俄裔美国科学家伽莫夫进一步肯定宇宙大爆炸理论。他认为，宇宙开始是个高温致密的火球，它不断向各个方向迅速膨胀，当温度和密度降低到一定程度，这个火球发生剧烈的核聚变反应。随着温度和密度进一步降低，宇宙早期存在的微粒在引力作用下不断聚集,最后逐渐形成今天宇宙中的各种天体。从1965年起,很少再有天文学家怀疑大爆炸理论了。如今,这个理论已是现代天文学的核心思想,是现代天文学理论与观念统一的范例。

宇宙,既然有生,会不会死呢？如果宇宙真是由大爆炸而形成,那么是何时发生的呢？人们必须回答宇宙年龄问题。20世纪末,大多数科学家认定,宇宙年龄大约在80亿~200亿年间。2003年2月,美国宇航局(NASA)宣布：根据威尔金森微波异向性探测(WMAP)所搜集的证据,计算出较为精确的宇宙年龄是在130亿年前。宇宙会死吗？还会发展变化吗？科学家们对宇宙的未来估计,大约有三种可能：开宇宙、闭宇宙和临界宇宙。开宇宙。当初大爆炸时,物质从"奇点"往外飞散,有一个初始速度,如果这个初速度足以克服宇宙引力而有余,所有物质就会永远向外飞去,宇宙将永远膨胀下去,这叫开宇宙。闭宇宙。如果初速度,不足以克服宇宙引力,宇宙在膨胀后转而收缩,就像一个物体从地球上抛出去,又回到地球上一样。临界宇宙。初速度刚好克服宇宙引力,使宇宙继续膨胀,但又不至于膨胀太快。天文学家认为,现在的宇宙,接近临界宇宙。①

2008年4月24日,身处太空的哈勃望远镜,迎来了"18岁生日"。美国宇航局和欧洲航天局在当天发布了新拍摄的59张照片,生动地记录了数亿光年外的星系间冲撞之后形成的各种错综复杂的结构。美宇航局说,这是迄今向公众发布数量最多的哈勃照片,其精确度之高,细节之饱满"前所未有"。教科书描述的宇宙星系,通常给人以一种寂寞的感觉,实际上,星系之间也会相互"挑衅",有时候两个星系会以碰撞并融合收场；碰撞后结合的星系,会产生许多新恒星。天文学家说,现在大约每100万个星系中,才能观察出一次碰撞事件,而很久以前

---

①(英)B·K·里德雷著.李泳译.《时间·空间和万物》.湖南科学技术出版社,2010年2月,P1~6,P154~161.

的星系像"碰碰车"一样,时常相互碰撞。星系碰撞融合的时间跨度以亿年计算,其中,恒星发出的光,也经历了数亿年才传到哈勃那里,使得人类得以回溯到从前,一睹宇宙壮观的场面。随着宇宙不断地膨胀,越来越多的恒星将耗尽它们的核燃料,最终燃烧净尽,变成死寂的黑矮星。哲学家们说,宇宙万物,从生命到物质,从微粒到星系,都有生有死,循环无穷。人们对宇宙未来感到困惑,因为决定宇宙未来命运的是宇宙扩张、万有引力和在宇宙中徘徊扩张的推动力所产生的涡轮增压作用。但是人们最关心的或许是人类自身的命运。人类已经越来越快地改变着地球,改变着自己的生存环境。人类对宇宙认识终结的那一天,也许就是人类或宇宙毁灭的那一天。让未来的地球人和地外一切生命拭目以待吧。

  2008年9月10日,世界上体积最大的粒子对撞机——大型强子对撞机测试成功。科学家将一个质子束射入17英里(27公里)长的隧道并让其运行整条隧道长度,测试成功为了解宇宙结构迈出重要一步。9月10日北京时间16点36分,在经过一系列试运行后,计算机终端屏幕上亮起两个白点,说明质子完成了运行耗资36亿美元的大型强子对撞机整个长度的旅行。对于这项测试,有人表示怀疑甚至产生恐惧,担心质子对撞将最终吞噬整个地球,对撞的副产品可能是一个"黑洞",将行星或其他恒星吸入黑洞内;也可能使"地球变异",导致地球上所有原子核发生转变;还担心"时间隧道",质子高速相撞,会扭曲空间,形成"虫洞",外星人可能通过"虫洞"入侵地球。欧洲粒子物理研究所得到了包括英国科学家霍金等的支持,认为这次测试"绝对安全"。来自80多个国家和地区的7000多名科学家参与了相关实验项目,有20多名中国科学家参加了两项实验,中国还投资了数千万元人民币。科学家成功测试到该质子处于顺时针运转方向,他们计划让它以逆时针方向运行,最终将从相反方向射入两个质子束,从而创造出大爆炸之后不久的宇宙所具备的各种条件。

  1. 什么是质量——牛顿未完成的工作

质量的起源是什么？为什么微小粒子拥有质量？科学家一直没有找到答案。早在1964年，苏格兰物理学家彼得·希格斯预言存在这种微粒，但迄今未予证实。最可能的解释似乎可以在希格斯玻色子身上找到。"玻色子"被称为"上帝粒子"，被用来解释物质的质量是怎么来的。因为在62种基本粒子中，只有"希格斯玻色子"没有找到。

2. 96%的宇宙是什么构成——一个"看不见"的问题

人们从宇宙中看到的一切都由普通粒子构成。这些粒子统称为物质，构成人类能看到的只占4%的宇宙，余下96%的部分据信由暗物质和暗能量构成，对其进行探测难度之大难以想象。对撞实验将寻找超级对称的粒子，以验证一种与暗物质构成有关的假设。

3. 为什么找不到反物质？

宇宙万物都由物质构成。反物质就像物质的孪生兄弟，但它携带相反电荷。在宇宙诞生时，"大爆炸"产生了相同数量的物质和反物质。然而它们一旦碰面就会"同归于尽"。不知为什么，少量物质幸存下来，形成现在的宇宙，而反物质却无影无踪。

4. "宇宙大爆炸"后第一秒物质呈何状态？

宇宙中的普通物质由原子构成，原子拥有一个由质子和中子构成的核子。质子和中子都是被称之为"胶子"的其他粒子"束缚"夸克形成的。这种束缚非常强大。但在最初的宇宙，由于温度极高加之能量巨大，"胶子"很难将夸克结合在一起，也就是说，这种束缚是在大爆炸发生后最初几微秒内形成"夸克—胶子等离子体"。强子对撞机模拟大爆炸发生后的原始宇宙状态，将分析夸克—胶子等离子体的性质。

5. 四维空间外还有"隐藏的维度空间"吗？

人类生存的三维空间加上时间轴构成四维空间，这是爱因斯坦广义相对论。后来又有理论认为，可能还存在拥有"隐藏维度"的空间。一种叫"弦理论"的便暗示额外的空间维度尚未被人类发现，它们似乎会在高能条件下显现出来。

目前全球9大规模最大的科学工程，强子对撞机居首位。

第二位是在法国南部建造的国际核聚变反应堆,计划 2015 年竣工,其电能可达 500 兆瓦。

第三位是国际空间站,是多国参与的太空项目。建造成本 1000 亿美元,2010 年至 2011 年竣工。

第四位是澳大利亚内地的"太阳塔"。"太阳塔"技术是指利用太阳辐射加热空气发电。"太阳塔"高度可达 1 公里,可产生 200 兆瓦电能,足以满足 20 万个家庭用电需要。

第五位是气候变化模拟计划。利用数千名志愿者的电脑在空闲时处理气候变化数据,进行前所未有的气候分析。

第六位是詹姆斯·韦伯太空望远镜。美国宇航局计划让哈勃太空望远镜退役后,詹姆斯·韦伯太空望远镜将被送入距地 150 万公里的轨道。相比之下,哈勃轨道距地面高度只有 500 公里。据悉,詹姆斯·韦伯望远镜将寻找在宇宙初期形成的第一批星系。它的直径为 6.6 米,造价 50 亿美元。

第七位是"世界末日"种子库,又称"诺亚方舟"种子库。如果一旦灾难袭击地球,这个种子库可提供濒危作物的种子。该工程的目的是保存全球几乎所有作物的有机样本。这座种子库建在挪威北极小岛——斯瓦尔巴特群岛的一座冰山上,可预防全球变暖和海平面上升,也可避免人为破坏。

第八位是"太空梯"。这项工程的目的是把前往太空的人类征程带到新的高度——准确进入轨道。宇航员可以借助太空梯进入太空,而不必依靠航天飞机。专家表示,未来 10 年内无法实现。

第九位是天文学中微子望远镜及地下环境探索计划(ANTAREs)。中微望远镜能探测到高能量 u 介子(带负电荷的基本料子)产生的辐射。u 介子是穿过地核的中微子进入地球南半球的产物。中微子望远镜安装在离法国土伦海岸不远的地中海底部。其研究目的是利用中微子(不带电,没有质量的基本粒子)作为一种工具,研究粒子加速机制。它可能会彻底变革我们看待脚下世界的方式,以及它如何与我们头顶上的宇宙建立联系。①

宇宙中的生命是太空文明时代探测的基本问题：生命，特别是智力生命，是否只存在于地球？人类对生命起源的兴趣和其他星球上是否存在生命的兴趣可追溯到远古时代。纵观历史，任何社会的"创世神话"似乎都反映了特定时期人们对于宇宙范围及其内部世界的见解。如今，太空科技的发展和应用使得早期的理解范畴拓展到太阳系之外，到达了银河系的其他星球上，到达了恒星的托儿所——辽阔的星际宇宙，也到达了其他的许多星系，扩展到了看起来无限的太空区域。如生物进化概念所暗示的，所有的生命体由同一祖先分化、衍生于地球之上；同样，宇宙进化概念也暗示，太阳系的一切物质拥有共同的本源——一团原始的尘土和气体，这需要蜿蜒回转到了巨大碰撞的140亿年前。科学家们如何采用万能的宇宙进化概念来假设：可以视生命为产品，这个产品是以原始的恒星物质为形式，经过无数次变化的产物，这些变化源于天体物理、宇宙、地质及生物进化的相互作用。

宇宙中的生命如何利用太空科技和大太空时代改进了的地面天文学去寻找太阳系中其他星球的生命体——存在的或已灭绝的。红色星球、火星、激动人心的木卫一、木卫二成为拓展研究的首选。《宇宙中的生命》解释了外空生物学原则以及如何采用这些原则来引导机械太空船寻找地球以外的生命体。外空生物学(也称天体生物学)是一个多学科领域，包括活生物体宇宙环境的研究、宇宙环境中可能存在的生命形式的迹象识别和可能会遇到的任何非地球生命形式的研究。主要关注的问题是：在太阳系的某处发现以显微形式存在的非地球生命是否是宇宙的污染物。

最近的宇宙迹象表明行星的形成是恒星进化的一个自然部分。因此科学家现在采用各种基于地球和基于太空的技术来继续探寻太阳系以外的行星，特别是那些像地球一样可能会有支持生命存活空间的

---

① 刘后昌编著.《地球与人类》.2010 年 3 月，湖南地图出版社，P14~20.

行星。如果生命起源在"合适的"星球上（如外空生物学家最近提出的），那么充分了解银河系这类"合适的"星球会使科学家们产生更可靠的猜想：去哪儿寻找外星智力生命？在人类自己的太阳系外寻找智力生命的基本可能性如何？《宇宙中的生命》囊括了一些著名的关于外星智力生命的深入性讨论，包括卡尔达肖夫文明、戴森领域、费尔米矛盾学、还有德雷克方程式。

太空时代在星际通讯方面的努力包括阿雷赛博射电望远镜信息、装在"先驱者10号"和"先驱者11号"太空飞船上的金属片、还有"旅行者1号"和"旅行者2号"太空飞船带回的数字记录。如果没有关于与外星接触的额外思考和发现人类可能不是银河系唯一的智力生命而产生的社会冲击，那么关于外星智力生命的讨论就是不全面的。对于这些和其他一些从远古时代就困扰人类的问题，宇宙中的生命将是本世纪太空科技所获取的一些最激动人心的结果。从本世纪开始基于太空科技的外星生命探寻将有很多激动人心的科学发现，这些发现会对人类产生很大影响，意识到这些是非常重要的。这样的意识应该提升那些高中和大学学生对此行业的事业心，他们将成为外空生物学家、行星科学家或者航空宇宙工程师。为什么这样的行业选择非常重要呢？如果证明知觉和生命非常珍贵，那么人类未来的子孙将承担对整个宇宙（仍"未发觉的"）严肃的责任，那就是要小心地保存在地球上出现并演化了约40亿年的宝贵生物遗产。另一方面，如果发现银河系中的生命（包括智力生命）非常丰富，那么人类未来的子孙会非常热衷于寻找并了解它的存在，而且最终将成为银河家庭中有知觉、有智慧生命体的一部分。遥远未来的某时，聪慧的探测机器人将围绕外太空的另一个太阳探究一个特别有趣的外太阳系行星。地球人最终会科学地回答这个古老的哲学问题：只有我们存在于这辽阔的宇宙中吗？

宇宙中的生命正是技术问题、政治问题或大幅度经济变动问题的出现带动了人类对外星生命的搜寻。与宇宙搜寻有关最紧迫的现代问题——包括一直以来在太空探测研究方面的争议，即关于行星污染物的争议和对反复的政治问题的争议；如果我们与外星智力文明取得联系时，"谁代表地球发言？"一些科学家和政治领导人把外空生物学和外太空智力生命探寻(SETI)看成是非常没有意义的"没有真正主题"的科学研究。其他的科学家认为外空生物学和外太空智力生命探寻是太空时代发展的逻辑延伸。

外星生命：从科幻小说到火星岩石，有史以来，宇宙探测对人类文化的发展起到了重要作用。现代人类的远祖观察着天空并设法解释他们所看到的神秘物体。例如，约6万年以前，尼安德特猎人一定是望着夜空，思索着这个大大的、血红色的光是什么(那时，火星正运转到离地球最近的轨道，因此，那个古代夜晚的天空一定非常有趣)。在最后的冰河时代的洪积世时期，尼安德特人住在欧亚大陆的北部和西部地区。尼安德特人看起来跟现在的人类很像——除了他们有些突出的前额、略宽的鼻子和较大的下巴。这些史前人类精力充沛、矮小但健壮，他们是靠打猎生存的聚居游牧人。尼安德特人生活在森林中、山脉上，以及欧亚大陆冰河时代的平原地区。山洞常常是他们方便的避风处，但是，作为游牧人，他们没有建造长期的住所或村庄；他们随季节吃不同的植物，但90%的食物都是肉。洪积世时期的动物包括现在已经灭绝了的长毛象、丛杈鹿和剑齿虎。尼安德特人穿着皮毛做的衣服(主要是为了在恶劣的环境中保护自己)，使用火，制作石器和武器。他们以小队狩猎人聚居的方式生活，一人为首领；带着装饰珠宝；有仪式地埋葬死去的人。像世界上很多早期的人类一样，尼安德特人仰望天空，可能也编出了很多关于他们看到却无法解释的故事。尼安德特人绝迹于3万~3.5万年以前。现在，考古学家和人类学家认为，为争夺生存资料和生存空间，尼安德特人与已知的另一人种——克鲁马努人产生了竞争。在史前文化、原始技术和智力水平的冲突下，尼安德特人在与克鲁马努人接触后的1万~1.5万年后从地球上消失绝迹了。我们从早期人类的行为中得到的教训对太空时代的人们有什么作用吗？

史前洞穴绘画(有些达3万年之久)展示了一份永久的遗嘱。早期人类遥望星空,并在自己的文化中合并出如此的天文观察记录。在一些远古社会中,神圣人类的先祖,将特殊的天文符号刻在了古代仪式场所的石头上(岩石雕刻)。现代考古学家和天文学家正在研究并试图解释这些岩石雕刻,还有那些在废墟中发现的物体,这些似乎也是有天文意义的。那些史前人类考虑到地球之外的宇宙生活了吗?也许没有。如果没有书面历史或记录(也就是"岩石雕刻")的引导,考古学家、人类学家和其他科学家只能猜想天空中的物体对早期人类意味着什么。对于许多古人来说,每天月球、太阳和行星的运转,还有每年会特定出现的一群星星或星座可以作为自然的日历,帮助他们规划日常生活。由于人们不能触摸和了解这些天体,随着本地天文的情况变化便出现了各种神话。在早期的文化中,天空是上帝的家,而月球和太阳也是被神话了的。没有一个人类学家真正了解最早期的人类是如何看待天空的,而澳洲土著文化——通过传说、舞蹈和歌曲将4万年经历传承下来——使通力合作的人类学家和天文学家得以了解早期人类是如何解释太阳、月球和星星的。土著文化是世界上最古老、历时最长的,土著人对宇宙的理解,是将人、自然和天空的紧密地联系在一起。在土著文化中,太阳被看成是女人。每天她在东方的营地醒来,点燃火把,然后举着火把走过天空。虽然月亮的周期碰巧与女性的月经周期一致,土著人却反而认为月亮是男性。他们把月亮与丰产联系起来,并赋予它一个伟大而神奇的地位。这些古代的人们还把日食看成是男性的月亮与女性的太阳的结合。

埃及人和玛雅人都坚持以队列结构观察宇宙和建立日历。现代的天文学家发现埃及的吉萨金字塔就有重要的宇宙列队,就像确定的玛雅结构,比如那些在乌希马尔、尤卡坦半岛和墨西哥发现的列队现象。玛雅天文学家们对太阳在中美地区穿过特定纬度的时候非常感兴趣。玛雅人对金星也非常感兴趣,并把它视为与太阳同等重要。这些中美洲的本土人非常了解宇宙,也能计算出几千年后行星的运行和日食现象的出现。对于古埃及人来说,拉(Ra,也可以叫做 Re)被认为是全能的太阳神,他每天掠过天空并且创造了世界。作为权力的象征,埃及法老王使用"拉之子"这样的头衔。在希腊神话中,阿波罗是一个神,他与双胞胎姐姐月神阿耳特弥斯(罗马神话中的戴安娜)坐在金制战车里,拉着太阳走过天空。

根据可用的记录和数据,可以得出一个合理的结论,那就是:从人类历史的开端到 17 世纪科技革命开始,人们就一直认为天是一个基本不可及的领域——神的住所,而且,有些文明和宗教还认为这将是好人(或至少他/她的知觉灵魂)在地球上生命结束后的归宿。那么发生了什么使人类对天空的理解从不可及的领域变成可探访的地点呢?换句话说,是什么鼓励了人们开始考虑太空航行和外星生命存在的可能性呢?对于这个复杂的社会技术问题,答案是哥白尼革命(始于 1543)和现代(观测)天文的发展——这些发展是在伽利略·伽利莱、约翰尼斯·开普勒和艾萨克·牛顿的努力下实现的。

这个转折的重要一步发生在 1609 年,那时意大利科学家伽利略(1564~1642 年)了解到荷兰发明了一种新的光学仪器(放大管)。根据这个原理伽利略用不到 6 个月的时间设计了一个自己的版本,然后,在 1610 年,他将自己改进的望远镜对向天空,开始了望远镜天文时代。在这个粗糙的仪器帮助下,他获得了很多惊人的发现,包括月球上存在的山脉、许多新星还有木星的 4 个主要卫星——为了纪念伽利略,现在称为伽利略卫星。伽利略在一本书上发表了这些重要的发现——《星际使者》,这本书同时引起了热情和气愤。伽利略以木卫星为例证明了不是所有的天体都围绕地球运转。这为哥白尼模式提供了直接的观测证据——伽利略已经开始非常认可这个宇宙论学说了。伽利略认为月球上的山脉和被错误的叫做 mare(月球阴暗区)的黑色区域是海洋,这使月球看起来成了一个像地球一样的地方。如果月球实际上是另一个世界,而不是天空中的某种神秘物体,那么好奇的人类某天就会试着去那儿旅行。17 世纪光学仪器的诞生不仅加速了科学革

命的到来,也使初始的太空航行和探访其他星球的观念获得了自然的真实性。

　　但是从望远镜看其他星球只是第一步。使太空航行的梦想变为现实的第二个至关重要的步骤就是要发明一个强大的机器,不只能把物体从地球表面挪离,还能在太空作业。现代的火箭在第二次世界大战期间得到发展,在之后的冷战时期又大大改进。火箭为人类航空提供了技术可能,为人类的未来提供了许多振奋人心的选择。然而,在现代火箭的改进之后,使人类航天成为现实仍需最后一步,一个或更多的政府必须愿意投资大量的金钱和培养大量的工程人才,这样人类才能到地球外的空间旅行。从历史角度来看,冷战期间,美国和苏联之间激烈的政治竞争带来了必要的社会刺激。在20世纪60年代,为了控制整个世界的政治思想,两个政府都决定对超强的"竞入太空"进行大量的资源投资。20世纪后期使航天成为人类的特别成就。美国国家航空航天局的有人驾驶的"阿波罗"太空飞船成功地在月球登陆成为科技成就的顶点。外星生命的科学探寻成为太空探索中不可缺少的一部分,这为在其他星球寻找外星生命的科幻小说提供了材料,也开辟了激动人心的科学新领域,叫做外空生物学(或天体生物学)。

　　外星动物:是科幻小说还是事实?从科学革命到太空时代开始(1957年),关于是否有外星生命居住在太阳系的其他世界或是否可能存在于围绕其他星星的行星上的问题,首先出现在科幻小说里。20世纪开始,一些科学家通过研究在古代地球上的原始化学液中允许生命产生的条件,打下了外空生物学的基础。直到20世纪50年代,最主流的科学家们委婉地避开了外星生命这个主题,然而,也有很多著名的人例外,包括乔达诺·布鲁诺,斯范特·奥古斯特·阿雷尼乌斯,乔万尼·维基尼奥·斯基亚伯雷特,帕西瓦尔·罗威尔和恩里科·费米。科幻小说是一种小说形式。在科幻小说中,科技发展和科学发现成为小说情节和故事背景的重要组成部分。通常,科幻小说包含对未来可能性的预言,这些可能性基于新的科学发现或技术突破。一些最著名的科幻小说的预言是人们所期待发生的,那就是外星生命、星际旅行、与外空文明接触、外星推进的发展或者能允许人们打破光速障碍的交流设备、在时间中向前和向后的旅行、自动感应机器和机器人。从当代物理的角度来看,这些预期的技术突破的一部分因物理法则和宇宙的限制已证实是不可能实现的了,例如超光速旅行。其他的发展,如高智能机器,会比想象的实现得更快。

人类与外星生命相遇:接触的结果,作家和影视工作者已将人类与外星人的接触发挥得淋漓尽致。19世纪末,由H.G.威尔士所写的《星球大战》,开创了描写外星人侵略地球这一题材的新类型科幻小说。1951年,《地球停转日》这一经典的科幻电影上映了,它改编自哈里·贝茨所著的短篇小说《告别神主》,导演罗伯特·怀茨开创了描述外星人与地球人接触这类题材的电影的先河。影片开始讲的是一艘飞碟降落在华盛顿特区,一个叫克拉图的人形生物和他的伙伴,一个叫高特的威力强大的机器人从飞碟里走了出来,他们都来自高度发达的星球。这是世界上第一部科幻影片,主要讲述的是:强大的外星人心存善念来到地球,规劝人类放下手中武器,加入到爱好和平的外星社会。克拉图带给人类的信息,简而言之,要么放弃毫无意义的核武器,要么就会像机器人高特所在的星球那样,在战争的摧残下毁灭。克拉图强调,在文明的星际中决不会容忍侵略成性的地球人存在。而由于人类发展火箭和核武器,地球已经对星际和平构成了威胁。故事中的克拉图在执行和平使命时遇害了,机器人高特后来又将其救活。片中对这段情节的处理又蕴含着宗教思想。贝茨的小说中提出了一个有趣问题,但电影中却表现得很模糊,克拉图和高特,哪个才是主人？1953年,亚瑟·c.克拉克爵士传世之作《童年末日》出版了。小说开始讲的是一群叫做"王虫"的外星生物乘着巨型太空飞船来到地球,他们并没有敌意,驾驶着太空飞船绕地球飞行,并且帮助地球人步入"黄金时代",而人类为这个乌托邦世界所付出的代价则是逐渐失去创造力和自由。小说的结尾留出悬念,人类与"王虫"(最终被描绘为长有角和尾巴,如魔鬼

一般的生物)交往的后果是,人类失去了童年,过着另一种安逸的生活。

　　随后,大导演斯皮尔伯格又制作了两部具有传奇色彩的电影。这两部片子告诉人们:怀着友善目的的外星人同普通人接触的概率到底有多大。在拍摄于1977年的科幻大片《第三类接触》中,斯皮尔伯格把不明飞行物引入了人们的视线。心地善良的外星人来到地球,他们在世界各地挑选人类,然后,把他们聚在一起,这个聚集点就在怀俄明州的魔鬼塔。影片还包含一些紧张刺激的元素,美国军方封锁了该地区,并且不允许受到外星人邀请的人进入。影片结尾可谓场面宏大,一艘外星母船从天而降,人类与外星人(斯皮尔伯格将他们描述为大脑袋、光头、灰色皮肤的瘦小生物)用乐器进行了"第一类接触"(影评家们声称,斯皮尔伯格为的是这部电影能与流行于20世纪五六十年代之间的外星人诱拐传说相呼应)。影片结尾,被选中的人类成功登上魔鬼塔,外星人邀请他们进入太空飞船,随后一起访问其他的行星。在有关不明飞行物的术语中,这种友善的接触被归为"第三类接触"。斯皮尔伯格的第二部作品《E.T.》即"Extra-Terrestrial"(外星)的缩写,最初是在1952年上映的,随后又在1955年和2002年重映。这是一部制作精良的电影,讲述的是小男孩(艾里奥特)同他的外星伙伴(绰号"E.T.")交往的故事。故事的开始,善良的小外星人同他的伙伴们来到地球,作为外星生物学家,他们一同探索加州的一片森林,并在那里采集标本。但是,面对人类政府突如其来的追捕,他们进退两难,惊慌失措。在余下的部分里,这部奥斯卡获奖影片将小男孩与"E.T."躲避追捕的过程表现得妙趣横生。这部电影在讲述人类同外星人接触的同时,也包括了一些谎言。人类野蛮的抓捕外星人,表面上打着科学的旗号,而实际上,政府却想抓住外星人进行解剖研究,而这些来自外星的生物,他们对人类无害,只是因事故在地球迷失了方向。而外星人E.T.试图架设天线与太空飞船上的伙伴取得联系这一片段也成了影片中精彩的片段。最后,斯皮尔伯格运用了好莱坞的特效,给这部"第三类接触"题材的电影划上了完美的句号。这部电影提出了一个非常有趣的星际道德问题——一种智慧生物是否有权捕捉另一种智慧生物。尽管目的是为了科学研究,换句话说,一种高级的智慧生物可不可以把其他来自太阳系某个星球或是其他星球上的低智慧生物放进动物园、实验室,或是一些研究机构?

不明飞行物(UFO)指人们在空中看到的,不能确定其属性的飞行物体。实际上,人们观测的大部分不明飞行物事件都可归为自然现象,只是,这些自然现象可能超出了观察者的经验及知识范围。类似于这种情况的不明飞行物报道包括:人造地球卫星、飞机、高空气象气球、特殊形状的云彩,甚至还有可能是金星。然而,人们也不能根据现存的资料及一些自然现象对另一类目击事件进行合理的解释。第二次世界大战后,对此类事件的调查激起了人们对不明飞行物的猜测,一种流行(尽管在技术层面很难解释)的假设是外星人靠驾驶着这些不明飞行物监视、探访地球。现代人对于不明飞行物的兴趣始于1947年的一个目击事件,这次目击事件的主角是一位名叫肯尼斯·阿诺德的民航机飞行员,他声称在位于华盛顿的雷尼尔山谷上空发现了一个神秘的发光圆盘。报纸随后引用了他的"发光的盘子"这一词,流行术语"飞碟"就随之诞生了。1948年,美国空军开始调查UFO事件。最开始,美国空军为调查取名为"Project Sign"。到了20世纪40年代晚期,"Project Sign"又被"怨恨"计划取代,而后者则成为《蓝皮书计划》的雏形。在《蓝皮书计划》中,美国空军调查了1952~1969年所有关于UFO的报道。1969年12月17日,美国空军秘书最终宣布正式终止《蓝皮书计划》。美国空军决定终止《蓝皮书计划》原因是:(一)根据一篇报告的评论,这篇报告名为《对不明飞行物的科学研究》,由科罗拉多大学撰写(该报告还以它的作者——Edward·Uhler·Condon命名,称"Condon报告");(二)美国国家科学院对该报告的审查;(三)先前的LIFO研究;(四)美国空军近20年来研究UFO报告的经验。美国空军根据所有相关调查研究和自1948年参与UFO报告调查所取得的经验得出以下

结论：(一)经美国空军评估,所有 UFO 事件,皆未对国家安全造成威胁；(二)美国空军没有发现任何证据表明,这些目击事件超出了人类科学所能解释的范围；(三)没有任何证据表明目击事件中涉及外星飞行器。随着《蓝皮书计划》的终止,由美国空军创立并实施的 UFO 调查研究计划也告一段落。《蓝皮书计划》中所有的调查研究都转移到了位于华盛顿特区宾夕法尼亚大街第 8 号街区的国家档案馆现代军事部,人们可以随时观看查阅。如果有人想浏览这些材料,只需要简单的通过国家档案馆获得研究者的许可。《蓝皮书计划》中共 12618 个目击事件,其中 701 个仍被归类为原因不明。自从《蓝皮书计划》终止以来,也没有任何目击事件"翻案"。如今,一些报道称不明飞行物侵入美国北部领空,这曾引起了美国空军的兴趣。不过主要原因是美国出于对反恐的考虑,除了此之外,美国空军不再调查任何 UFO 事件。

在过去的 50 年里,关于 UFO 的话题激起了人们许多议论。对于一些人来说,对 UFO 的狂热体现出了一种类似于宗教的崇拜。而不管这些目击事件是真是假,没有一件能比 1947 年夏天,发生在新墨西哥州罗斯威尔镇的 UFO 事件更能引起人们的热情。这起事件,被称为罗斯威尔事件,人们普遍认为这是一起典型的 UFO 事件。大量的目击证人,其中包括军方人员及当地名流都称见到了人形生物和外星的高科技装置,而政府对这件事的遮掩,就连最不相信有外星人存在的人也不得不犹豫了。不计其数的文章、书籍和图画也在那几年不可避免的争相刊登了该事件——即一艘外星飞行物坠毁在新墨西哥州的沙漠上。迫于大众对罗斯威尔事件的关注以及政治的压力,1994 年 2 月,美国空军得到通知,国会下属的研究机构美国国家审计局将就 1947 年的罗斯威尔坠机事件召开听证会。美国国家审计局的调查工作实际上牵涉了许多机构,但重点还是锁定在了美国空军身上。美国国家审计局称美国空军隐瞒了大量关于罗斯威尔事件的事实。审计局研究小组对美国空军档案馆及科研设施进行了检查。为了找到这次奇特坠机事件的信息及外星人的尸体,调查人员查阅了大量的文件,其中包括各种飞机坠毁失事件的资料,有关导弹的常规实验(新墨西哥白沙)甚至还有核事故的信息。

1978~1980年间,围绕罗斯威尔事件的研究重新兴起,在此之前,此事一直被搁置一边,主要因为美国空军的官员发现了那时遗落在罗斯威尔的飞行器残骸竟然是来自气象气球上的,并且,美国国家审计局的调查也说明美国空军并没有隐藏什么外星飞行器和外星人。然而,当时的记录却揭露了另一个秘密——孟古尔计划,该计划的主要内容是:在冷战时期,美军试图用热气球侦查苏联人的核试验。对比了大量资料后得出的结论,罗斯威尔当地的散落物极有可能来自"孟古尔计划"其中的一个气象气球,而这个气象气球在那时并没有被回收。美国空军总部还在1995年发布了一篇名为《罗斯威尔报告:新墨西哥沙漠上的真相与猜测》的报告,该报告是政府对大众关于罗斯威尔事件的回答。同时,美国国家航空航天局也代表白宫对大众作出了回应,民间的太空机构并没有从事飞碟的研究,政府机构也一样没有。

《蓝皮书计划》中另一个成果是:J·爱伦·海内克博士对UFO目击事件的分类,他将UFO的目击事件的报告共分为6类。A类报告为:目击者在夜晚看到空中有发光体,对这类事件的解释一般是,目击者看到了行星(一般为金星)、卫星、飞机或流星。B类报告为:目击者在白天看到了发光的圆盘或是如雪茄一般的金属飞行物,对这类事件的解释通常是,目击者看到了气象气球、小型汽艇或是飞机,也有可能是别有用心人的恶作剧。C类报告为:在雷达上出现未知的影像,或者影像突然出现随后很快消失,对这种事件的解释是,昆虫群、鸟群、飞机,还有可能是一种被雷达观察员称为"天使"的不寻常的自然现象。雷达员对"天使"的解释是,一种能随雷达波产生传导的现象。D类报告为:目击者近距离(在适宜的范围内,较清楚地看到UFO)与不明飞行物相遇。具体来说,目击者通常在报告中提到"不明物体看起来是外星太空飞船"。E类报告为:目击者不仅声称看到了UFO,还发现外星太空飞

船留下的物理性证据（如烧焦的地面,受到辐射的动物等）,这种类型的目击事件为"第二类接触"。最后,F 类报告为:当事人称看到、接触到外星生物,该类报告称"第三类接触"。有关外星人的传闻可谓包罗万象,从目击到与外星人联系（通常是电报）,再到目击者被外星人绑架,随后放回地球。还有甚者,外星人将地球人绑架加以引诱,不过,这对于一个同地球人相差甚远的物种可真是个挑战！

尽管有关 UFO 的事件不计其数,但如果要求科学家们对这些报导进行评价,科学家们就不得不参考一些主观的分类标准,只有这么做,他们才能确认哪些事件中含有了令人信服的证据,也就是那些外星小绿人的确乘着 UFO 来到过地球。不幸的是,科学家们还没找到令人信服的资料符合证据分类标准1-3。反而,科学家们找到的证据都符合第四类。甚至连最可靠的人提供的证词也因时间而有更改,难以自圆其说。人们的证词中也没有什么科学成分支持外星人存在假说。从哲学的角度上说,UFO 的存在也是不符合逻辑的。就算宇宙中的确存在外星人,目击者的证词也与科学家们对高度发达外星人行为模式的推测不吻合。以人类目前对物理定律的理解来看,即使在技术方面可以达到,实际的星际旅行依然面临巨大的挑战。任何一个拥有高科技的外星种族,既然能做到在星际间往返穿梭,那么也一定能制造出技术成熟的远距离遥感装置。有了这种仪器,外星人就可以静静地观测地球,除非他们想暴露自己。如果他们真想与我们接触,他们会在地球人集中的地方出现,或是将在地球首脑们集中的地方出现。难道外星人会在偏僻之地出现,露一下面,然后飞天而去？这样想不仅是对外星人智慧的轻视,更是对人类智慧的侮辱。再说,如果外星人真的存在,那他们又为什么不在橄榄球比赛的时候降落在玫瑰碗体育场,或是降落在国际宇航员或是太空物理学家开会的地方？又为什么进行这些短暂的访问呢？总之,美国国家航空航天局发射的"维京号"探测器已经在火星上采集资料多年。很难想象外星人也会花费如此大的精力送机器人或是自己亲自来到地球,目的却是只想在地球人面前"炫"一下。如果不是,他们这样做难道就不怕引起地球人的注意？既然如此,那为什么又有如此多的目击报告呢？简单地想,关于 UFO 的假说,无论是从外星人还是地球人的角度上讲,都没有任何意义！

自从 20 世纪 40 年代以来,成百上千的 UFO 目击报告冒了出来。难道外星人对地球就那么感兴趣？难道我们的星球是外星人交通的中转站？莫非也是太阳系的外带行星？他们在那停放太空飞船,给太空飞船补充燃料(一些人曾经提出过这个假设)？让我们根据宇宙测量法做个简单的星际旅行游戏,来看一看这些报告是否现实。首先,假设银河系有超过 1000 亿颗星球,有 10 万个不同的星球会产生文明,它们或多或少地散布在这 1000 亿颗星球间,(这是根据科学家们对德雷克方程的推算及对喀哒释 II 型文明的推测,得出的一个乐观的结果)而原则上来说,每一个地外的文明都有一片属于自己的 100 万个星际系统,这些文明之间可以互不干扰地去探索属于自己的一片区域(当然,银河系也是很广阔的)。那么,任意两种外星人同时光临人类居住的太阳系的概率有多大？而一种外星人在这 50 年间随机拜访地球的概率又是多少？所以唯一合理的结论是:那些有关 UFO 的报告并不可靠。但就算缺乏科学依据,UFO 类的网站还是时常有人光顾。

星际间接触的结果,20 世纪 90 年代中期,人们发现了行星群围绕另一星群转动这一现象。人们对于银河系是否存在生命又有了新的认识。银河系真的存在智慧生物吗？他们是否也在充满兴趣地寻找像我们这样的智慧生命体呢？如果人类与他们接触又会发生什么呢？这没有人能说得清,但是这种接触将会意义非凡。这种假想中的接触可能是直接的也可能是间接的。直接接触包括外星太空飞船造访地球。我们也有可能在太阳系以外的地方发现外星探测器,其他外星物品或是弃置的太空飞船。一些太空旅行专家称,一部分富含氢和氦的庞大星球可能是为外星人提供燃料的"加油站"。除此之外,无线电通讯也是非直接接触的主要手段(至少从目前的观点来看)。寻找外星高智慧生

物的手段可能并不复杂。如果科学家们能够定位并且识别不止一个来自外星的信号的话，人类就会立即知道"我们并不孤独，实际上宇宙生机勃勃"。对于与外星人的接触能造成多大的影响，这也要依情况而定。如果仅是偶然发现，或是没过几年就与外星人取得了联系，一旦得到证实，自然会震惊全世界。如果是花费了很长时间，经历了几代人苦苦追寻才与外星人取得联系那么就惊诧程度而言自然也就要小些。

人类通过对地外文明的无线电信号、光学信号的接收和破译，会从中得到许多实践方面和哲学方面的益处，而对信号的回应则包括了许多潜在的危险。科学家在拦截并识别外星信号后，人们有权决定是否作出回应。如果我们对外星人传送信号的动机充满怀疑，可以不予回答，而外星人也不会知道他们的信号已被一种智慧生物拦截并破译，这种智慧的生物所居住的地方叫做"地球"。乐观主义者们认为外星人与地球人的接触是温和友善的，并且他们期待人类能从中获得大量的技术，其中包括在人类接收到的信息中蕴藏了价值极高的知识，他们设想人们会从这种接触中获得大量的科技知识。然而，由于这种长途往返星际旅行要由飞行速度低于光速的太空飞船来实现（或许一趟要花费几十年甚至几个世纪），因此，任何的一次信息的交换就好比是半程的传送系统。每一次的传送都要带上有关那个时间段中社会的全部信息——如星球的资料、星球的生命形式、年龄、历史、哲学、信仰以及是否同其他星球的文明取得了联系的信息。星际间的问答要花费很长的时间，不过这样也有好处，地球人可以逐渐去了解外星的文明，不至于受到强烈的外星文化冲击。一些科学家认为，如果我们与外星人成功地取得了联系，我们也有可能不是第一个，因为早在4000亿至5000亿年前，银河系早就已经有文明出现了，所以星际间的联系也早就存在。自从有了星际交流，大量的知识和信息代代相传，星际间的对话由此成为最有价值的成果。这种庞大的知识体系由各星球、各种文明的自然、历史知识组成，我们通常称之为"星际遗产"，其中有数千年以来，有关宇宙物理知识的总结。有了这些知识，地球上的科学精英们会对宇宙的起源以及进化有更准确的认识。然而,星际间的接触带来的不仅仅是科学知识,人类会发现其他科学的形式、社会结构,还有更好的自我保护机制和基因进化系统。我们还会发觉美的新含义,及使生命更加富足、有意义的方式。这种接触还能使科学艺术得到发展,而科学艺术的进步靠一种文明往往是不够的。星际间的接触不仅是多元文化的互动,更重要的是人类文明不再孤立的存在。乐观主义者们还进一步推测人类将被邀请成为"宇宙社区"的新成员。作为一个发展成熟的新会员,人类将以自己的文明为荣,不再孤独地活着,幼稚地自相残杀。人类最终能够幸存下来,这要看我们将扮演一个什么样的宇宙角色,这个角色的意义比我们现在所想的更加伟大。我们也要想到,科技上大大超出我们的外星人,一旦知道我们的存在所带来的危险。悲观主义者们认为人类可能会灭亡,也可能会受到侮辱。假设的这种风险有 4 种类型:侵略、剥削、颠覆、文化冲击。

如前所述第一种危险是外星人入侵地球,这一话题在科幻小说中已是老生常谈了。通过向宇宙传播信号,接收外星人信号并破译,最后回复信号。我们无意间泄露了地球是一个适宜居住的地方。在这种情况下,地球很可能被那些妄图称霸宇宙的外星人所侵略。第二种危险是破坏,在外星人眼中,人类可能是种原始的生命,我们只是外星人的实验品或宠物。第三种危险是颠覆,这种危险看起来具有较强的隐蔽性。外星人通过信号的交流就可以做到。表面上他们传授人类知识,帮助人类融入"宇宙社区",实际上,人类在外星人传教下制造的设备是为了外星人更好地控制我们。通过无线电这个极好的"特洛伊木马",外星人可以避免与人类进行直接接触。地球上遍及互联网的"蠕虫"、"木马"等病毒已经令人类头疼不已,对于来自外星的更为先进的病毒我们又该如何抵御呢?最后的危险则是猛烈的文化冲击。一些人担忧,尽管外星人心存善念,但就人类个体而言,在与外星文明接触时会造成心理上的损伤。人们已经适应了地球的宗教、哲学和文化,一旦发达

的外星人侵入人类的思想,我们可能会受其影响而改变。人类可能会同比我们高级的外星人共享宇宙。但作为地球的主宰,我们必须要认真考虑,大多数人是否能够接受这一新角色。宇宙科技的进步促使很多人思考外星人是否存在这个问题。如果外星人的确存在,那么我们必须要问自己一个基本的问题,人类是否准备积极的接受这一事实?与外星人的接触会给人类带来富足的生活还是文明的倒退?但选择权似乎已经不在我们这边了。除了我们每天的无线电和电视广播信号以光速传播到宇宙之中,1974年11月16日,位于阿雷西沃天文台的射电望远镜也将我们友好的信息传播到了银河系的边缘。我们已经宣称了人类在宇宙中的存在。有一天我们若得到了回应,也大可不必惊讶。

太空文明时代探测的基本问题:是否生命,特别是智力生命,只存在在地球上?人类对生命起源的兴趣和其他星球上是否存在生命的兴趣可追溯到远古时代。如今,太空科技的使用使得早期的理解范畴拓展到太阳系之外,到达了银河系的其他星球上;到达了恒星的托儿所——辽阔的星际;也到达了其他的许多星系,扩展到了看起来无限的太空区域。最近的宇宙迹象表明行星的形成是恒星进化的一个自然部分。如果生命起源在"合适的"星球上(如外空生物学家最近提出的),那么充分了解银河系这类"合适的"星球会使科学家们产生更可靠的猜想:去哪儿寻找外星智力生命?在人类自己的太阳系外寻找智力生命的基本可能性如何?人类的一个自然基本特征就是我们交流的渴望。最近几年来,我们开始实现一个到达太阳系以外其他星系上的渴望——期望在那儿不只是存在某人或某物,也期待"他们"能最终"听到我们"并可能给我们回复信息。因为即使两颗离得最近的星球之间距离也很大,所以当科学家们说"星际通讯"时,他们不是在讨论"真实时间"内的通讯。在地球上,无线电波通讯不会有能感受到的时滞——也就是说,信息和回应通常在发出之后就立刻接收到。相反的,电磁波要花费许多光年的时间从一个星系穿过星际空间到达另一个星系。因此,我们最初在星际通讯方面的努力实际上更像把信息放进一个瓶子里,然后把它扔进"宇宙的海洋"中去;或者像把信息放在一种星际时代文物秘藏器中,以待今后某代人或外星人去发现。与外星文明的肯定的、积极的联络可能存在于通常被叫做 CETI(是"与地外智力生命联络"的首字母缩写)的星球之间。另一方面,如果人类只是被动地扫描天空寻找高级地外文明的迹象,或者耐心地听着无线电波信息,这个过程常常被叫做 SETI——意为"搜寻地外智力生命"。虽然这些缩写词看起来很相似,但是它们的社会含义却大不相同。1960 年开始,已经在"搜寻地外智利生命"方面付出了许多努力,大部分努力都包含听微波光谱的已选部分,以期发现那些预示着在一些星球上存在某些地外智力文明的结构电磁信号。迄今为止,这些尝试都没能提供任何积极的证据证明这种"智能的"(即与自然出现的相对比而言是连贯的、"人造的")无线电信号的存在。然而,SETI 的研究员们只考查了银河系数千万星球中很少的一部分。而且,他们只大概地听了电磁光谱中相当小的一部分。因此,乐观的调查员强调"证据的缺乏不一定是没有迹象"。但是,反对者却认为 SETI 实际是一个没有主题的活动。这类反对者也将 SETI 研究员看成是现代的堂吉诃德(他偏爱宇宙风车)。但是,银河系是一个巨大的空间。而且只在近几十年,地球上的人们才开始使用收音机、电视机和其他信息科技,这些技术非常精密,能够穿越某些小星际通讯技术的极限范围。例如,一个世纪以前,绝不夸张地说,地球可能被许多外星无线电波信号"轰击"过,但是,地球上没有一种技术能够接收或解码这类假设的信号。毕竟,宇宙中大多庞大的自然信号——大撞击残留的微波在 20 世纪 60 年代中期被发现并识别。但是,这个有趣的信号可以(以静态的形式)被任何连接接收天线的普通电视设备所发现。太空时代早期,一些科学家确实大胆地尝试了与外星文明"跨时空"的积极联络。他们的尝试包括精心地为 4 艘无人驾驶宇宙太空飞船("先驱者 10 号"、"先驱者 11 号"和"旅行者 1 号"、"旅行者 2 号")准备信息。这 4 艘太空飞船都是计划到太阳系外旅行的,而且"故意地"向特殊星群发送极强的无线电信息、使用地球

上最大的无线电望远镜和阿雷西博天文台。这些科技事实可能被看做是人类在CETI方面尝试的开始。

自从20世纪中期开始,地球上的人们也曾经"非故意地"向银河泄露了射频信号——很多读者一定对此感到非常惊讶。想象我们早期的一些电视节目可能对外星文明产生冲击,这个外星文明可能有能力截取并重构这些电视信号。最早期的电视广播信号进入银河系到目前约有60光年了。谁知道当猫王首次在电视上露面时,"什么样的外星社会"可能正检验着"苏利文电视秀节目"。如果这些猜测的情况会出现,一群外星科学家、哲学家和宗教领袖可能正在进行热火朝天的辩论,讨论来自地球的特别的信息("你什么也不是,只是一只猎犬!")的真正含义。也许更有趣的是:本世纪后期,经过SETI的科学努力,能够接收并解译连贯的、"人造的"信号。这个(目前来说)假设的事件可能将提供给人类一个将SETI转变为CETI的有趣的机会。地球上的人们回复外星的信息吗?如果是,我们会说什么,而且,谁代表地球发言呢?[1]

菩萨在人间度化众生,透过智慧的了解、观察和实践,洞彻宇宙人生的真理,横渡生死苦海。人们都希望得到这种智慧,但这并不是一件容易的事。佛陀说,真正的般若智慧要发正心、除邪念,为了众生去修行才能得到。

佛教并不排斥能解决一时一事的聪明,但若没有真正的智慧,这种聪明并不一定能引人走向正道,反而可能会带来烦恼。今天,当我们在日益变化着的生活中,仅从个人生存的需要出发、靠心智的聪明追求物质的享受,固然会获得一定的快乐;但是,这种物欲的追求是没有止境的,这种靠聪明辛苦经营得来的物质享受也往往转瞬即逝,给我

---

[1] (美)约瑟夫·A·安吉洛著.张丹译.《宇宙中的生命》.2011年1月,上海科学技术出版社,P1~4,P218~231.

们留下的仍然是内心的烦恼和迷惑，或者是更大的物质追求的欲望。这种永不满足的追求是一个有智慧的佛弟子不需要的。因为，只有当他的智慧保持着内心意念的清净，想为众生解脱生死苦而去思索人生的真谛，使自己处处站在高处时，方能自然产生不同于聪明的智慧。

作为一个普通人，我们在生活中的智慧来自于生活经验的积累和对生活洞察而产生的对事物的分析、规划、预测和运用。人生太需要智慧了，什么时候该坚守、什么时候该放手、什么时候该向左、什么时候向右，所有的人生抉择，都需要智慧。没有智慧就容易失衡、犯错。所以，我们需要各种各样的智慧。有了智慧人才会强大，才会一步步走向成功。

聪明是一种生存的能力，而智慧则是一种生存的境界。我们不是不需要聪明，智慧和聪明的关系就像是主人和奴仆，我们需要的是运用自己的聪明为智慧所用，就像是运用我们手上的金钱、地位、权力和名气一样，用智慧来指导它们。一个人即使再聪明，说话头头是道、满腹经纶，做事精明干练，但如果没有智慧、缺乏远见，不能明辨是非、判断善恶、不明白人生的真谛，则只会凡事考虑自己眼前的利益和享受，贪恋声色犬马，利欲熏心，制造出更大、更多的愚痴、烦恼，甚至干出伤天害理的事情。这时就需要智慧的观照，清楚什么该做、什么不该做。所以，聪明就像一把把持在我们手里的"双刃剑"，正义与邪恶，就看我们如何去决定了。

现代人是越来越聪明了，为人处世的聪明伶俐也足以令古人叹服。但是，这并没有减少现代人的烦恼，反而经常会有"聪明反被聪明误"的事情发生。如果只有聪明没有智慧，就像是一本记载着知识的书，本身没有任何意义。智慧有时是我们对人生道路进行选择的一种必要的权衡和折中，用中庸拒绝极端，用理智分析前景，用冷静做出决定，用勇气去改变可以改变的事情，用胸怀去接受不可改变的事情，分辨出在什么时候改变、何时才能改变，知道什么能为、什么不能为，知道什么事自己值得干，并为此付出努力。这就是智慧。

相对于聪明，智慧是一种沉淀、一种成熟、一种无止境的进步与自我超越，它是内敛的、大度的、谦虚的。一个人的智慧可以照亮整个世界。与有智慧的人不同，聪明的人以自己为中心，只爱自己，不爱别人；总是对别人不满意，不原谅别人、宽容别人。所以，孔子说："君子和而不同，小人同而不和。"即君子的心量很大，能够包容天下的众生，只要看到别人欢喜快乐，他也会表现出和气欢乐的样子，这就是智慧，心胸宽容大度。而小人则"同而不和"，他只在乎自己的感受，认为只要自己能得到利益，就不用管是否对众生有利，不用顾及是否损害别人的利益，只按自己的想法去争取。小人从来都认为自己对、别人错，所以无法和大家打成一片。

佛陀的心清澈无碍，他明了世间的一切道理和事实真相，所以他以慈悲心度化众生，不舍弃一个众生。佛的修行者，就是要学佛、学菩萨，以一颗清澈无碍的心去护念一切众生、尊敬一切众生、帮助一切众生，了解这些事实真相，即使是受到再大的灾难，也毫无怨言。知道一切都是自作自受，只有在当下转变，以无障碍的心待人接物，将真诚、清净、平等、慈悲落实在生活上。

佛的心像荷花一样静素清纯，人的本性也像泉源一样清澈明净，但后因世事的污染，蒙蔽了本性，看不清真实的面貌。所以，只有在日常生活中去修炼，做到进退无著，才能返回本性，保持清净心不被污染。清净、平等、清澈无碍的发心，是我们的本源。所以，一旦发现不清净、不平等就需静心修炼，再自觉觉他，这是智慧的选择。

生活越是无碍越是快乐。因为它简单、所求不多，所以内心也更充实和丰富，就像梭罗说的："我们的生命都给琐碎的事情浪费了，要尽量简单，尽量简单。"简单就是放下，就是把对我们的生命没有意义的东西割舍，只珍惜最珍贵的，对外界的其他一尘不染，真正做到理事无碍、事事无碍，自然看山是山、看水是水，真如自在。

如果问，佛陀在菩提树下安坐悟道时，他到底悟到了什么？其实最重要的一点就是他发现了妄想将佛性掩盖了，他知道了这是众生沉迷不悟、在六道中轮回的主要原因。而学佛修行,就是要打掉这些妄想,从眼、耳、鼻、舌、身五识开始打,一个个打掉。妄想越少,得到的果位就越高。佛陀后来说法传道49年,其核心内容就是打掉妄想、不胡思乱想。一个人能不妄想、不胡思乱想,他的内心自然变得祥和清明,烦恼痛苦也会随之消失。佛经上讲八万四千种法门,念佛也好、拜佛也好,只有一个目的,就是让人不妄想、明明白白吃饭、踏踏实实睡觉。禅宗马祖禅师说,饥来吃饭,困来睡觉,就是这个意思。

但是,在这个严重污染的时代,我们的心不可能不受到污染。环境诱惑的力量太大了,比过去不知增加了多少倍。人心浮躁、人情淡薄,人与人之间的失信和背叛,让我们看到了太多的虚伪、欺侮和诈骗。在这样处处险恶的缝隙里生存,自然难得清静,不免生出自私怨恨来,为了名利起争执、去争夺。很多人有一个毛病:喜欢轻听轻信。一些心怀叵测的小人就是利用人的这个弱点,不择手段地去搬弄是非、制造各种误会,他们却坐山观虎斗、隔岸观火。人一旦受到这些干扰,就很难再保持内心的平静,而陷入更多的愁苦之中。所以,佛陀教导众生要看破,学着解脱出来,做个局外人。

对于我们普通的众生,这是一种积极的人生态度。这并不用我们像真正的出家人那样跳出红尘、逃避现实,而可以像梁实秋说的那样:"在现实的泥洞偶尔昂起头喘几口气。"它是我们对生活有了明确认识后的正确选择。既然在这个社会上生活,就不免内心被烦恼污染。在这时候,我们只有暂时让自己解脱出来、做个局外人、勇敢地面对现实,去克服消除那些烦恼,让自己放松、释然、坦然,"去留无意,任天空云卷云舒;宠辱不惊,看窗外花开花落",这样遇事想得开、看得透,放得下,不以物喜,不以己悲,淡泊名利,自然能够克服现实中的那些障碍,让自己的灵魂和人格得到完善和超越。

这并非遥不可及,我们生活中的每个人都可以做到,能够超越与否,只在于心,即使环境再困苦,世界再黑暗,只要内心坦然,不执著、不争执,将一切看轻看淡,就依然可以见到久违的光明。一个能够自我

解脱,把自己放到局外的人,内心会永远清澈无碍,生活也会永远快乐幸福。

　　学佛修道,要心怀坦荡、不著一物,照正确的方向去做。不可执著我见、自以为是,从而引起纷争破坏佛法。

　　人生的光明大道,其实就是胸怀坦荡,光明磊落地做人。如果能光明磊落,所作所为清清楚楚,行事是透明的、无私的,则自然无愧于天地。但在生活中,一些人为了追求名利,不能胸怀坦荡、光明磊落,往往内心算计、斤斤计较,与人相处比较高低上下,嫌自己样样都不如人,自然烦恼丛生。学佛修行就要像佛陀一样视一切如梦境,梦醒后自然什么都没有,一切皆无。明白一切皆空的道理,自然无可求、无可得、无可执著,自然潇洒自在、胸怀坦荡。

　　人活在世界上,都带着一份佛性和魔性,只有经过世事的修炼才能消除魔性长养佛性。生活并不是一个斤斤计较的狂徒,而是一个虚怀若谷的智者。我们经常以为自己所做的一切都是对的,从来不喜欢反思自己的过失,所以经常烦恼不断,经常会怨天尤人。只有经过真正的修炼,客观地看待自己,才能无怨无恨,坦荡地面对生活。坦荡地面对生活,会让我们的内心有一份轻松和平静,豁达地面对生命中的快乐和艰辛,不推功不诿过。成功时,为自己的努力和能力高兴;失败时,也知道自己已尽力而为,使内心的悲痛和苦涩得以释然,进而使生活充实而无憾。所以,坦荡是生活最好的主张,只要全身心地投入生活才能真正体验其中的魅力。

　　社会是纷繁复杂的,但只要我们坦荡地面对,遇到任何问题,都会迎刃而解。做一个坦荡的人,我们的内心就会纯净,会被勇敢和担当充满,不用去提防别人的暗箭和妒忌,也不用计较那么多的名利和得失,更不用在意别人对我们的评价和看法,只管过好我们自己的生活、走好我们自己的路。这是我们本真的一种生活姿态,顺其自然、不刻意而为;客观地看待一切,是我的欢喜接受,不是我的也不勉为其难;内心永远拥有一份平和宁静。

坦荡不仅是一种内心的坚守,而且是一种欲求不多的爽朗。坦荡会使你平心静气、实事求是,会使生活多一分真率、少一分虚伪。我们没有办法了解别人的想法,很多事也不是由我们说了才算,喜怒和哀乐、幸福和苦难都是我们生命的过程,我们唯一能做的就是心地坦荡。坦然地面对,尽我们的所能,奉献我们的真诚。

这是一种大智慧和生存的大方略,孔子说:"君子坦荡荡,小人长戚戚。"君子胸襟开阔、心地纯洁,因而坦坦荡荡;小人蝇营狗苟、患得患失,因而悲悲戚戚。君子是内心完满自足的,他的这种心境和胸怀就是心态的平和、安定和勇敢,这既可以弥补先天的不足,也可以弥补后天的过失,让人每天都能开心地生活,他还可以把这种养分传送给别人,使大家都开心快乐,愿意把他当成朋友。因为他心地坦荡、善良仁厚,所以人们都愿意把美好的东西告诉他,他的生命里会收获更多意外的惊喜,因此他能在生活中如鱼得水,能够轻松地融入周围的环境,悠闲从容地感受生活的多姿多彩。

在日本,曾流传着这样一个故事,日本明治时代有一位名叫坦山的有道高僧。这天,坦山和一个和尚有事外出,正赶上天下着小雨。路上,他们遇到一个漂亮美丽的姑娘正手足无措地站在一段泥泞的路旁。原来她是害怕弄脏自己身上穿的和服,而不愿意走过这段泥泞的路,坦山见到这种情况,在征得了姑娘的同意后就把她抱过了那段泥泞的路。和坦山同行的那个和尚见状非常反感,在之后的路上,他脸上挂着困惑不解的表情,一直都不说话。直到傍晚投宿时,他才憋不住问坦山:"师兄,依照戒律,我们出家人是不能近女色的,这样对我们的修行不利。我实在不明白,你白天为什么那么做呢?"坦山坦然地回答:"哦,你说那个女子呀?我都放下了,你心里还抱着吗?"

俗话说:"心底无私,天地宽。"坦山的这个回答,自然让这个和尚无地自容,不知如何是好,同时也表明了坦山宽广坦荡的胸怀。他甚至不因成文的戒律而抱避嫌、躲而远之的态度,事过境迁也不因帮助别人而沾沾自喜,这是因为他的修行已让他达到了"坦荡荡"的精神境

界，也因此他依然保持自由自在、无忧无愁的心境。所以，看淡了、放下了，还有什么执著和不敢面对的事呢？

善是人类生活中追求的一种珍贵品质。人需要善，人类社会也需要善。对于各种宗教和修炼法门，善更是一门必修的功夫。道家讲"善"，佛家讲"慈悲"、"诸恶莫作、众善奉行"，基督教则讲"爱"。

那什么是善？对人有利的事物就是善的，就是好的。反之，对人无利的事物就是有害的，就是恶的，就是不好的。就像趋利避害是人的本能一样，在正常的道德观念下，弃恶从善也是人的一种本能和天性。

字典里对善良的定义是这样的：形容心地纯洁、没有恶意，也就是说心没有杂质。这是做人最基本的品质，也是人类先天存在的唯一高贵的根基。人从呱呱落地，带到这个世界上来的就是善良的本性。按佛教的说法，这是我们生命里的清净宝藏，是我们的佛性。但是，包裹在这清净宝藏之外的还有无明，我们的生命就由这清净和无明两种东西构成，也就是我们内心的善恶两种本源，它们都是无始的、无始善恶。在我们生命流转的过程中，善与生俱来，而属于恶的因素，贪、瞋、痴也与生俱来，当我们的内心有了贪念，常常是在不知不觉的情况下，就在它的影响下去贪了。我们的瞋恨、妒嫉、烦恼习气也是一样。我们的生命常常在这种不觉的状态下，因为有这无始的无明，而起贪、瞋、痴去造业，才因此让人在六道里流转不停。佛法的修行主张将这无始以来的贪、瞋、痴的无明根源铲除。就像没有种子，就不会长出一棵大树一样，佛教常讲"一念不觉"，事实上我们从来就没有觉悟过，所以需要觉悟，佛性需要觉悟，善良也需要觉悟。人们去作恶，做有违道德的行为，并非他完全就是恶人，那是因为他内心的善良没有觉悟出来，佛教讲"放下屠刀，立地成佛"，其内涵也就在这里。

觉悟能让我们了解宇宙人生的真谛，更能在反观自性中发掘良知，在生命中了解什么是我该去做的、什么是我该尽力防止而不该做的。《华严经》中有一个著名的偈颂："诸恶莫作，众善奉行，自净其意，是诸佛教。"佛法虽然博大精深,但在具体的行持中,又要从身边的一点一滴做起,"不要因恶小而为之,也不要因善小而不为"。"诸恶莫作"强调的是佛法的持戒,这本身就是一种善的行为。因为每个人都不杀生,我们就不必为身家性命担心;因为没有偷盗,我们可以夜不闭户,放心安睡;如果不邪淫,也就少了许多家庭是非;彼此间都诚实不欺,我们就不会上当受骗;如果不饮酒,保持清醒的头脑,也就减少了很多悲剧的发生。

而"众善奉行",则不但以持戒利益众生,还要行善事不论大小,自己能够尽力的,就随缘、随分、随时去做。如观世音菩萨"千处祈求千处应,苦海常作渡人舟"。视众生一律平等、无有分别,众生的困苦就是自己的困苦,因而积极主动地去解救众生,哪里需要就去哪里,不求回报、不论得失。这样才可以真正实现佛菩萨的慈悲精神。

我们生活中可以做到的善,一般仅限于扶弱济贫救人于危难,这只能给人带来短暂的利益和满足。而佛法中的善却是大善,是要给予众生普遍、永恒的利益。佛陀对每个生命都心怀慈悲,他力图帮助众生觉悟本来自性的佛性和善良,获得永恒的幸福和安乐。这是佛陀的理想,也是整个佛教为之努力的理想。

佛陀曾教诫说,佛弟子应以谦虚谨慎来对治贡高傲慢;受到众人尊敬时,也不要炫耀自己。一得势就盛气凌人、傲慢无礼,是无知下贱、自以为是的表现。炫耀自己的人往往会被别人贬低,所以应戒之慎之。

生活中,我们见到有些人总是喜欢在别人面前炫耀自己,总以为这样就会让朋友对自己心起恭敬、不会小瞧自己,其实别人并不见得喜欢听你的得意之事。自我炫耀,反而有可能得到相反的效果。过分展示自己的才华和智慧、过分招摇过市,有可能使自己受损。历史上很多有才能的人往往身怀绝技却深藏不露,因为,他们知道"山外有山,天外有天"的道理。

《庄子》中有这么一句话:"直森先伐,甘井先竭。"人们选用木材,一般都先选择挺直的树木,所以挺直的树木一般先被砍伐;人们都喜

欢喝甘甜的井水,所以有甘甜水的井一般会先干涸。一些表现突出、才华横溢的人,虽然会被重视,容易被提拔,但也容易遭人暗算,吃大亏而不自知。所以,无论才能有多大,都须善于隐匿,表面上看似无才内在却才华丰实充满。

但现代社会的人,往往个性张扬、率意而为,人人都想表现得更聪明一些,装傻却是很难的事。尤其是涉世不深的年轻人,心高气傲、年轻气盛,往往一意孤行不能自我反省,也因此最容易出错,甚至误入歧途、自毁前程。年轻是优势,但是年轻也缺乏生活的经验和阅历。成长是要有代价的,需要成熟的历练、需要在时光的流逝中谦虚内敛,需要向周围的世界学习,如此才不容易犯错。内敛不光是年轻人也是我们所有的普通人都需要的一种品质,在为人处世的各个方面,内敛有着借鉴和帮助作用。它可以使我们浮躁的心变得平静,脚踏实地地工作和生活。这并不表示一个人要谨小慎微、唯唯诺诺,而是让人培养一种包容、吸纳和沉稳的气度,在沉静中反思自己,在积累中走向成熟,避开无谓的纷争和意外的伤害,更好地保全自己、发展自己和成就自己。

《菜根谭》中说:"鹰立如睡,虎行似病。"老鹰站立时双目半睁半闭仿佛在睡态之中,老虎行走慵懒无力好像在病态之中,这实际却正是它们麻痹对手,准备取食的高明手段。所以,一个有德行的人做人行事时,须懂得不炫耀自己的聪明、不展示自己的才华,这样才能在关键的时候有能力承担更为艰巨的任务。

张扬自己人生才能灿烂,但过于张扬就变成了张狂,变成了幼稚,有可能让你跌入万丈深渊。隋朝有个叫薛道衡的人,他在13岁时就能讲《左氏春秋传》,隋高祖时任内史侍郎,隋炀帝时任潘州刺史。大业五年,他被召回京,上《高祖颂》,隋炀帝看了却不高兴,只说:"这不过文词漂亮。"当时隋炀帝觉得自己的文才高,不愿意天下的才子超过自己。有一个御史大夫就乘机搬弄是非,说薛道衡自恃才气、不听训示,有无君之心。隋炀帝一听大怒,便下令把薛道衡绞死了。薛道衡死得实在冤枉,他只是因为极富才华,招人嫉害才命丧黄泉。所以在生活中,我们过分显示自己的才能，倒不如低调一些，懂得自敛，这样更能一步一个脚印地走好人生之路。

庄子曾提出"意怠"的哲学。"意怠"是一种会鼓动翅膀的鸟，但在别的方面却并没有什么突出的本事。这种鸟见别的鸟飞，它也跟着飞；见别的鸟傍晚归巢，它也跟着归巢。队伍前进时它从不争先，后退时也从不落后。吃东西时不抢食、不脱队，因此也很少受到威胁。虽然这种生存方式未免保守，但是，对于智者却不失为一种人生的智慧，这样不炫耀自己、不张扬、不浮夸，明玉韬藏、谦虚不傲，才不会招人忌妒发生灾祸。

正如前文所述，佛教提倡的智慧，并不是我们常说的聪明智慧，而是般若智慧，或者说是大智慧，一种大智若愚的智慧。所谓佛不露相，智者不言。佛视心外无物，万法唯心，继而进入"十相自在"、即心即佛的般若状态，此刻，表现出来的就是一种大智若愚。这可以理解为大智大巧的深藏不露，也可以理解为智慧技巧经过长期的修养磨炼后，达到朴实、自然、平易的化境，能够以简驭繁、寓巧于拙。这种智慧不但佛有，众生也有。

大智若愚在字面上的含义是，有大智慧的人，不卖弄聪明，表面上好像很笨。也就是说，一个人有智慧有才能，却不展示自己，外表给人很愚笨的感觉。在我们的日常生活中，这样的人并不缺乏，他们一般憨厚敦和、平易近人、虚怀若谷、不露锋芒，甚至有点木讷、有点迟钝、有点迂腐，但却宠辱不惊、遇乱不躁。这样的人用的是心功，很多事情只是看透而不说透，知根而不亮底而已。

大智若愚的人的做人原则是厚积而薄发、宁静而致远，比较注重自身的修养和层次、能力的提高，对很多事都持开放大度的态度，能够海纳百川，自强不息，对生活没有太多的抱怨，能够实在地去做事，要求不高，只求自己能够不断积累，获得更多的经验和知识。所以，和大智若愚伴随的也往往是大器晚成。因为，经过不断地积累、学习和吸纳，积淀了丰厚的才能。就像一块大的璞玉历经多年的打磨最终成为

绝世珍品，其价值也往往更加宝贵。

大智若愚的人，是一种超越了自我的人，也是活得更自在潇洒的人。他们不会给自己找麻烦，与人相处忍让谦虚，不固执，也往往更容易获得好人缘，别人更愿意把他当朋友。他们随遇而安，顺其自然，不为小事所累，不为得失费心，不为名利困惑，"身稳如泰山，心静似止水"。因而也更能获得心灵的充实和生活的快乐自足。

从智谋的层面来看，它表现的是以静制动、以暗处明、以柔克刚降格以待的智慧。因为愚、拙给人的感觉是消极、低下、无能，这容易使人放弃戒惧或者去和其竞争的心理，使人轻视或忽视他的存在。因为愚、拙制造的是一种可以迷惑外界的假象，而目的却是为了减轻外界施予的压力，使对方放松警惕，进而在不受干扰、不被戒惧的情况下，积极准备出奇制胜。所以，大智若愚是在平凡中表现的不平凡，是在消极中表现的积极，以有备对无备，暗藏机关以静制动，因此，它比积极、强大的对方更具优势，更能保护自己。

从某种意义上来说，大智若愚是有智谋的人保护自己的一种处世策略。在《三国演义》中，刘备当初志在天下，但因为实力不足被吕布夺去徐州和小沛，连栖身的地方都没有，最后只好去许昌投奔曹操。曹操挟天子以令诸侯，权倾朝野。刘备虽然深受汉献帝倚重，被封为左将军，但因为怕曹操猜忌谋害，于是故意在后园种菜度日。一天，曹操约刘备饮酒，谈谁是当今的英雄。刘备说了当时的袁术、袁绍、刘表、孙策、刘璋、张绣、张鲁、韩遂等群雄。曹操认为这些人不算英雄，他"以手指玄德，复自指曰：'今天下英雄，唯使君与操耳。'"刘备听后大吃一惊，连手中的匙箸都落到了地上。幸亏当时有雷声，刘备才掩饰过去。在"煮酒论英雄"的过程中，刘备始终大智若愚藏而不露，虽然列举了那么多人，却没有把自己算在内。在当时的情况下，刘备采取这样的态度无疑是比较明智的。虽然曹操看出了刘备有"包藏宇宙之心，吞吐天下之志"，但刘备的现实表现又颇令他放心，没有对他构成威胁。也因此，刘备才有机会逃出了曹操的掌握，有了后来的三国鼎立，如果当时刘备不看场合、自吹自擂，结局可能就没那么美好了。

"大智若愚"被普遍认为是做人智慧中最高最玄妙的境界，如果谁能够真正做到"大智若愚"，那他在社会人生的舞台上也可以立于不败之地，游刃有余了。

人在自我肯定的同时，也要懂得自我消融。有人常常在不经意间表现出骄傲、自负的态度，因此，有必要随时注意观察和反省自己，认清自己所取得的一点成绩和收获离不开许多人的帮助，并不全然是由于自己之力得来。能经常这样想，就会慢慢使自己的观念得到转变，而不再是傲视左右、觉得自己了不起了。

我们只是芸芸众生中的一员，我们没有全知全能，也不可能有控制"全知全能"的工具，我们不能主宰什么，所以也不可认为自己的言行永远正确。我们没有办法理解一本书中的所有言论，因为自己所理解的，也不一定就是别人的意思。所以，我们的所有言论也不可能指望别人理解。每个人都是独立的，每个人都有自己去证悟的道路。所以我们不能够、也不可能去解决他人所遇到的所有问题。事实上我们不是佛陀，况且佛陀也只告诫他的弟子要以戒为师，真正的证悟却要靠自己。

但是，在生活中我们却经常遇到那些对别人指手画脚、以为自己全知的人。他们总喜欢指出别人这做的不对、那做的也不对，好像他们什么都在行，对什么都能够说出一套滔滔不绝的大道理来。他们摆出一副万事通的面孔，只怕别人不恭敬他、不把他放在心上。其实这恰恰反映了他内心的不安，他的目的不过是想提高自己的地位。当然，如果有人愿意虚心听取你的意见，你给他进行指导是非常必要的，但关键是千万不要把自己当成一个救世主或者一个可以标榜的英雄，趾高气扬、不可一世的神情，这是任何人都不喜欢的。所以，如果你真的有做事的好方法可以告诉朋友，也要在充分尊重朋友人格的情况下，提出观点供他参考，切忌好为人师，让朋友觉得无所适从。

我们身边也有些优秀的人，他们自视很高、自律甚严，在为人处世

中喜欢以自己的标准和好恶来衡量别人。他们不乏精明，但是却少了一份宽容的胸怀。水太清了连鱼都没法生存，而人太精明了，就不会有人喜欢与其共事。因为人和人的沟通是情感的交流，如果做人过于精明，使人感到你尖刻刁钻，就会对你敬而远之。

古人说："天下之至柔，驰骋天下之至坚，无有入无间。"意思是说，天下最柔弱的东西，能驾驭天下最坚强的东西。道是无微不入的，这一无形的力量，能穿透没有间隙的东西。所以，有的时候我们不能表现得太精明，把弦绷得太紧，什么都要算计不想吃亏。从长远看，这样反而不是一件好事。一个善于做将帅的人，不会显出凶猛的样子；一个善于作战的人，不会轻易发怒，能够不那么强、能够利用别人的能力处下不争，也因为这样，才能够赢得众人，众志成城，无坚不摧。

所以一个真正有智慧的人，不会让自己表现得那么全知全能，也不会处处都精明算计，他懂得与人相处得留一定的空间；懂得谦虚谨慎、豁达大度，能够容纳不同的意见；懂得不为区区小利斤斤计较，只要是非原则的问题，他就会选择退让，尽力化干戈为玉帛，这才是最高明的做人方法。

佛的智慧是从慈悲心产生的，在成佛之前，一定要经过菩萨阶段，作为修行的过程。修行就是修慈悲心，发挥慈悲的精神。慈悲就是广结善缘、行善积德，多为他人着想，做事留有余地，懂得给人方便就是给己方便。这样，困扰自己的问题越来越少，智慧也就自然产生了。

人在社会中生存，无论是做人还是做事，都应该懂得留有余地。所谓话可以不说，事不可做绝，因为留有余地才有足够的空间可以回旋。有一句话说："天无绝人之路。"连上天都知道为每个人留有转机和选择的余地，我们普通的人更应该在与人的相处中保持均衡和和谐。从长远看，这样也更能让我们进退从容、伸屈自如。

生活中的事情是复杂多变的，我们每个人都不应该以自己的个人想法和一家之言就自以为是。即使是你的许多高见都得到了验证，也应该为自己留有回转余地。否则,就有可能授人以柄。当你笑够了别人时,也许你的缺点也正在别人面前暴露无遗,此时别人笑话你恐怕也不奇怪了。所以,做事要留有余地,不要做得太绝。

通常我们赞赏某人的秉性正直。为人处世中,正直是必要的,但是一定要注意说话方式,不可什么都坦言相告。正直是一把双刃剑,它会伤害到别人也会伤害到自己。如果你的坦言太深刻太尖锐,言语的爆发力和杀伤力也很强,是令你周围的人不能接受的,也因此避之唯恐不及。这样的性格和说话方式,有的时候可能被人利用,特别是关乎利益关系时,别人想做某事却不做,反而鼓动你去做,事情成功获得利益是大家的,如果出事了则只有你自己承担责任,所以,在这个时候,你莫如静待时机和大家共同面对,出头鸟不是那么好当的。此外,你直言指责别人的过失,或纠正别人行为上的不当,这会让别人觉得你在和他过不去。每个人的内心都有一个堡垒将自我隐蔽在里面,而你却试图要用你的直言把他人从他的堡垒中拉出来,这势必让他人招架不住而对你生厌。所以,一定要讲究说话和做事的方式,给自己留有余地,可以正话反说、硬话软说,让自己的舌头打个弯点到为止,这样既不伤和气,日后也可以再共事。

一个经验丰富的雕刻艺人,在进行创作的时候,总是把人的鼻子弄得大一点,将眼睛弄得小一点。这样便于修改。如果一开始就把鼻子刻小,就没办法改了。同样的道理,眼睛小了可以加大,如果雕刻初期,就把眼睛弄得很大就没办法改小了。民间行话说"留得肥大能改小,唯愁脊薄难复肥","内距宜小不宜大,切记雕刻是减法"。我们生活中的为人处世又何尝不是如此呢?凡事留有余地,留条后路,才可以避免遭致失败。

春秋时期,齐国的孟尝君有一个门客叫冯谖,他很懂得未雨绸缪、深谋远虑。有一天,孟尝君让他到自己的封地薛去收税款。出发前,冯谖问孟尝君:"收完税款还买些东西回来吗?"孟尝君说:"看看家里缺什么,你就随便买什么吧。"冯谖到了薛地,告诉那里的百姓,能交得起

税款的就交,交不起税款的就可以免了他的税,并且借据可以当场烧掉。老百姓都很高兴,发誓以后一定好好对孟尝君效忠。冯谖回来把事情的经过如实向孟尝君做了禀报,并跟孟尝君说,他买回来的是老百姓的心,比税款不知高出多少倍。孟尝君听了虽然很生气,但事已如此,也只好不去追究。一年后,孟尝君被齐王罢免了职务,心灰意冷地回到了薛地。但令孟尝君没有想到的是,薛地的老百姓都来夹道欢迎他,孟尝君非常高兴,他这才明白当初冯谖为什么宽免这里的百姓。于是,他把冯谖叫到跟前,想好好地赞扬他。冯谖说:"公子不要高兴得太早。现在,薛地虽然是你的属地,但这还不够。俗语说狡兔有三窟才能保全性命,公子现在只有一个巢穴,所以还要再去挖两个才是上策。"他的意思是,狡猾的兔子要有三个窝,如果一个窝发生危险,它还可以到另外的窝里去。所以冯谖提醒孟尝君再多准备几个方案,以防不测。孟尝君觉得冯谖说得颇有道理,就让他去办这件事。

冯谖先去魏见了魏惠王,在魏惠王面前把孟尝君大大吹捧了一番后说:"这样杰出的人物,哪个国家聘用他,哪个国家就会马上繁荣起来。"魏惠王听信了冯谖的话,决定任命孟尝君做大将军。这个消息让齐王听到了,觉得自己国家的人才不能落到别人手里,于是就派使者把孟尝君请了回来,任命他为宰相。冯谖又劝孟尝君说:"现在你可以请齐王把他的祖先宗庙建到薛地来。"宗庙建好后,冯谖对孟尝君说:"公子现在有了齐、魏、薛三个地方可以栖身,可以高枕无忧了。"后来,孟尝君果然一生都生活安定。

这个故事告诉我们的是,做事一定要有长远打算未雨绸缪,不要把事情做绝,明白"有时常思无时"、"有备无患"的道理,也就是民间所谓的"养儿防老,囤谷防饥"、"晴带雨伞,饱带干粮",为明天留条后路、留一些余地,多保留些生存的空间才能使自己常立于不败之地。

释迦牟尼佛告诉诸位菩萨及天、人等四众弟子:"我在过去的无量之多的劫数中,寻求《法华经》,没有懈怠、疲倦。在很多劫数中,常作国王,发下誓愿求证无上菩提,心念不退转。为了要完满修行六种波罗蜜，勤行布施，内心没有吝惜，象、马、七种珍宝、国土、城池、妻子、儿女、奴婢、仆从、头、双目、脑髓、身体、手足，不吝惜身体、生命。当时世上的人民寿命很长。为了求法的缘故，舍弃国王之位，把国政委托给太子，击鼓宣传，向四方求取佛法，如果有能为我说大乘经典者，我将终身供那人驱使。

　　当时有个仙人来对国王说：'我有一部大乘经典，叫做《妙法莲华经》。如果你不违背我的意愿。我就会为你宣说。'国王听到仙人所说之后，欢喜踊跃，就追随仙人，供给他的生活所需，采野果、汲水、拾柴、做饭，甚至以身体为床座，身心都无倦怠。那时侍奉仙人经过了一千年，为求佛法，精心勤奋侍奉，使那仙人没有任何缺乏。"

　　这时，世尊要重新宣说这样的意思，就又用偈颂体的语言说：

　　我回忆起，在过去无量劫以前，为了寻求大乘佛法，虽作世上的国王，也不贪著于五欲享乐。以椎撞钟，遍告四方：如果谁有大乘佛法，为我解说，我要以身为其做奴仆。当时有一位阿私仙，来告诉国王：我有微妙的佛法，在世间甚为稀有。如果你能够修行，我会为你演说。当时国王听到仙人所说。内心生出极大喜悦，当即追随仙人，供给仙人所需，拾柴、采摘瓜果，随时恭敬奉与。因为内心要求证微妙的佛法，身心都没有懈怠、疲倦。为了世上的众生，辛勤寻求大乘法，也不为自己求取五欲的享乐。虽前世作国王，辛勤求得这部《法华经》，才能成就佛道，现在为你演说。

　　说完偈颂后，释迦牟尼佛告诉众比丘："那时的国王，就是我的前身；当时的仙人，就是现在的提婆达多。由于提婆达多这位善知识的引导，使我具足六种波罗蜜。得到慈、悲、喜、舍四种无量心，有三十二种大丈夫相及八十种好的相貌，身体呈紫磨金色，有十力、四无所畏，四种摄法、十八种佛才能具备的不共神通道力，成就等正觉，广泛度化众生。这些都是因为提婆达多这位善知识导引的缘故。"

　　释迦牟尼佛又对四众弟子说："提婆达多在无量的劫数以后，应当能成佛，名叫天王如来、应供、正遍知、明行足、善逝、世间解、无上士、

调御丈夫、天人师、佛、世尊,所在的世界名叫天道。那时天王佛住世会有二十中劫,广泛为众生讲说微妙的佛法,恒河沙数的众生得阿罗汉果,无量多的众生发缘觉心,恒河沙数的众生发无上道心,得到无生法忍,至不退转之地。到那时,天王佛涅槃之后,正法住世二十中劫。全身舍利,造起七宝塔供养,高六十由旬,纵横各四十由旬,众天人及世间人民都用各种花香、末香、烧香、涂香、衣服、璎珞、幢幡、宝盖、伎乐、歌颂等礼拜供养七宝塔。又有无量众生证得阿罗汉果,无量众生解悟辟支佛,数量多至不可思议的众生发菩提心,到不退转之地。"

释迦牟尼佛又对众比丘说:"在未来的恶世中,如果有善男子、善女人,听闻《妙法莲华经·提婆达多品》,内心清净,深心敬信,不生疑惑之心的,不堕入地狱、恶鬼、畜生,生于十方世界中佛的面前,在所投生的地方,常能听闻到这部经。如果投生到人间或天人之中,享受殊胜、微妙的享乐。如果投生到佛面前,为莲花的化生。"

在这个时候,跟从下方世界多宝佛来到法会的菩萨,名字叫智积,对多宝佛说:"我该返回本土了。"

释迦牟尼佛对智积菩萨说:"善男子!暂且等待一会儿,这里有一个菩萨名叫文殊师利,你可以和他相见,一起论说微妙的佛法,然后再回你的本土。"

这时,文殊师利乘坐千叶莲花,像车轮一样大,同来的菩萨也乘坐宝莲花,一起从大海中的娑竭罗宫中自然涌出,停住在虚空中,来到灵鹫山,从莲花上下来,来到释迦牟尼佛面前,五体投地,礼拜二位世尊的佛足。敬礼以后,又来到智积菩萨面前,互相慰问,然后坐在一边。

智积菩萨问文殊师利:"仁者,你到龙宫去,所教化的众生,数量有多少?"

文殊师利说:"这个数目无量无边,不可以数目来称量,不是言语所能说明的,也不是人的心智所能测知的。您暂且等待片刻,自然会有证明。"文殊师利的话还没有说完,有无数的菩萨乘坐宝莲花,从大海中涌出,来到灵鹫山,停住在虚空之中。这些众位菩萨,都是文殊师利菩萨所度化的。具备菩萨行的,都一起论说六波罗蜜;本是声闻乘的人,在虚空中说声闻的修行法。现在都修行大乘的真空之义。文殊师利对智积菩萨说:"我在大海中教化,所做的事情就像这样。"

智积菩萨以偈颂体的语言赞叹道:

您具有大智慧、大道德,勇猛精进,度化了无量之多的众生,现在大会上的众人和我都已见到。您能明畅地演说佛法实相之义,阐明最上一乘佛法,广泛教导诸位众生,让他们尽快成就菩提之道。

文殊师利说:"我在大海之中,只是经常宣说《妙法莲华经》。"

智积菩萨问文殊师利道:"这部意义甚深,佛法微妙,是众多佛经中之宝,世上稀有的经典。有众生勤奋精进,依靠这部经快速成就佛道吗?"

文殊师利说:"有娑竭罗龙王的女儿,年龄才八岁,智慧之根猛利,善于知晓众生的根器及行业,得到了陀罗尼。对诸佛所说的很深奥微密的宝藏,都能受持。深入禅定的境界,了达各种佛法,在刹那间发下菩提心,得不退转之地,辩才没有障碍。以仁慈之念对待众生,就像对待赤子一样。功德已经具足。常心中念想、开口演说微妙广大的佛法。慈悲仁和,善于忍让,志趣意念,高雅柔和,能证菩提佛道。"

智积菩萨说:"我见释迦牟尼如来,在无量多的劫数中修难行的苦行,积累功德,求取菩提之道,从不曾止歇。观看三千大千世界,尚不如芥子那么大,不是菩萨舍身命之处。为了度化众生的缘故,然后才成就菩提道。我不相信这位龙王的女儿,能够在须臾之间就成就佛的正觉。"

话音未落之时,龙王的女儿忽然出现在面前,五体投地礼拜佛,站在一边,并以偈颂赞叹道:

您能深知罪业或福德的报应,光明遍照于十方,微妙的清净法身,具有三十二种大丈夫相及八十种好的相貌,用以庄严法身。为天人所仰戴,为众龙神所恭敬。一切众生之类,没有不崇敬尊奉的。我又听说成就菩提道的,只有佛才能证明。我要阐扬大乘教法,度脱受苦的众生。

这时舍利弗对龙女说："你说不久就要得无上的佛道,这事很难让人相信。为什么这样说呢?女身污秽垢浊,不是成佛的法器,怎么能成就无上的菩提呢?成佛之道遥远深旷,须经无量劫的勤苦修行,具足六度,然后才能修成。你又是女人之身,还有五种障碍:一是不能作梵天王,二是帝释天,三是魔王,四是转轮圣王,五是佛身。女身怎么能快速成就佛道呢?"

这时,龙女有一颗宝珠,价值三千大千世界,拿出来献给佛,释迦牟尼佛当即接受。龙女对智积菩萨、舍利弗尊者说:"我献宝珠,世尊接受,这事快吗?"

二人回答说:"很快。"

龙女说:"以你们的神通之力观察我成佛,比这还要快。"

当时,会中众人都看见这位龙女,在忽然之间变成男身,具备菩萨之行。即刻到南方的无垢世界,坐宝莲花上,成等正觉,具备三十二丈夫相及八十种好相貌,普遍为十方的一切众生演说微妙的佛法。

这时,娑婆世界的菩萨、声闻、天龙八部、人与非人,都远远见到这位龙女成佛,普遍为那里法会中的人及天人说法,内心生出大欢喜,都远远地敬礼。无量多的众生听闻佛法开悟,得不退转。无量多的众生被授记将成佛道,无垢世界六种震动,娑婆世界中,三千众生住于不退转之地,三千众生发菩提心,被授记将成佛。智积菩萨、舍利弗及一切会中大众,都默然信受。

第十四章　宇宙生命欢欢喜喜在黑暗中追寻光明世界

无色界宇宙已经不再依赖能量或者物质的存在而存在了。生命在这里，也与外在的时空高度相合。或者说，这里的宇宙就是生命，生命就是宇宙——如果以我们人类的眼光来看的话。

换句话说，这里宇宙与生命的存在，是纯精神性的，时空与生命是高度同质的存在。

四禅天之上是四空定（四种依空而入的禅定）构建的宇宙：空无边处天、识无边处天、无所有处天、非想非非想处天。

这里的生灵的寿命之长，更是久远得超乎想像：

空无边处天，寿命二万大劫（约 9,032,000,000,000 万年）；

识无边处天，寿命四万大劫（约 18,064,000,000,000 万年）；

无所有处天，寿命六万大劫（约 27,096,000,000,000 万年）；

非想非非想处天，寿命八万大劫（约 36,128,000,000,000 万年）。

依四空定建立的这四种时空属于无色界，已经没有物质能量的存在，连最细微也没有，只有心识和时空，也就是说，只有纯粹的精神、真空和时间。

空无边处天国，是娑婆宇宙整个物质、能量的全部消失（所谓的"暗物质"在这里也不见了），只有一片真空（整个娑婆宇宙，也只有这里是真正的"真空"，我们人类现在所谓的真空，其实充满了更细微的物质粒子—暗物质）。所以，依这整个空间的存在来叫它空无边处天。

空无边处天向上一层的"时空"，准确来说只有"时"没有"空"，连

真空或者说空间也不存在了,这就是识无边处天。它是过去、现在、未来时间相续不断的存在,只是时间这单一一维的存在,依此生灵的心识相续不断。所以,称这里为识无边处天。

再往上一层,连时间这一维也不存在了,"什么都没有了",但是心识还在。为什么呢？因为感觉到什么都没有了是还有感觉的——生灵还"感觉到什么都没有"的感觉,这就是无所有处天。

再往上一层,到生灵们连感觉"什么都没有"的感觉也没有了,就进入了非想非非想处天。此处生命与"宇宙"的存在就只有微细的"这个"单一念头,也就进入了惟一的单一作用力,就定在那里。这就是无色界的最高"时空",也是我们娑婆宇宙三界的最后一处。佛教为了说明对人类来说这么难以想像的存在,只能勉强地用"非想非非想"这样一个并不简单直接的词来形容。

从非想非非想处天开始,就是我们娑婆宇宙产生和建立的过程。非想非非想的存在一旦发生"这个"单一念头的变化,就会首先产生时间,接着是空间,再接着是能量;而后是我们人类所了解的物质。

就这样,一个次元时空、一个次元时空地往下演化,整个娑婆宇宙的时空和生命就衍化了开来。

依我们人类现在了解的科学知识来说,非想非非想的存在,相当于"宇宙大爆炸"前存在的那个无限小的,即不存在时间、也不存在空间的"宇宙奇点"。在这一"宇宙奇点"中,却包含了时、空、能、物质的全部存在信息。一旦"宇宙奇点"扩展开来,发生"宇宙大爆炸",时间、空间、能量、物质就会先后产生出来。

对佛教来说,说明宇宙与生命"这样的知识"并不是它的立意所在。所以,对修行的人来说,这个"知识体系"还必须与修证紧密结合。

依修行来说,这是还灭的过程,是破的过程。从欲界的粗定,到色界的四禅,再到无色界的四空定,四禅八定就是依次从物质相、能量相、空间相、时间相、心识相破起,直到非想非非想处天的非想非非想处定,只剩下心识本身的单一存在。

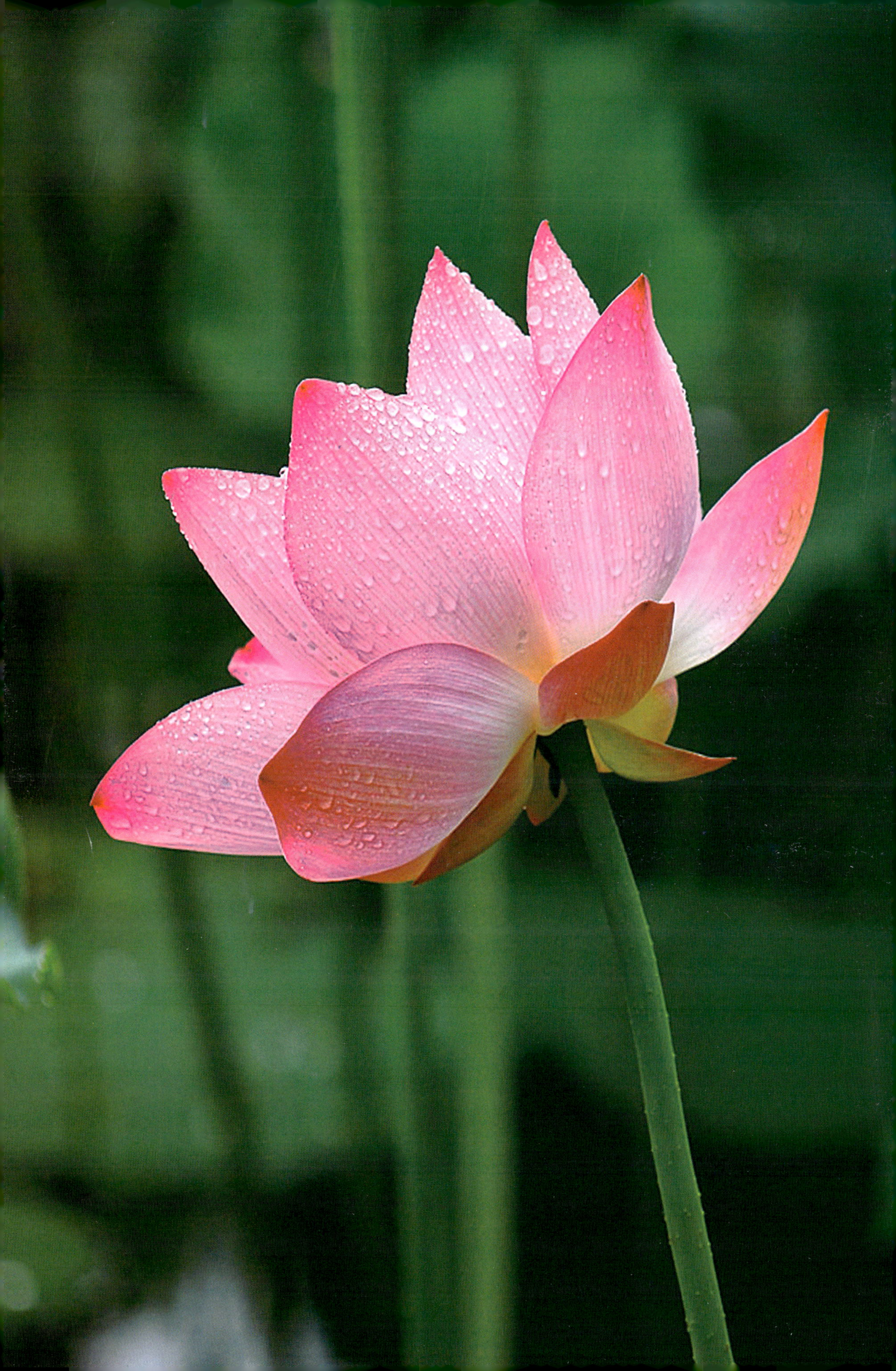

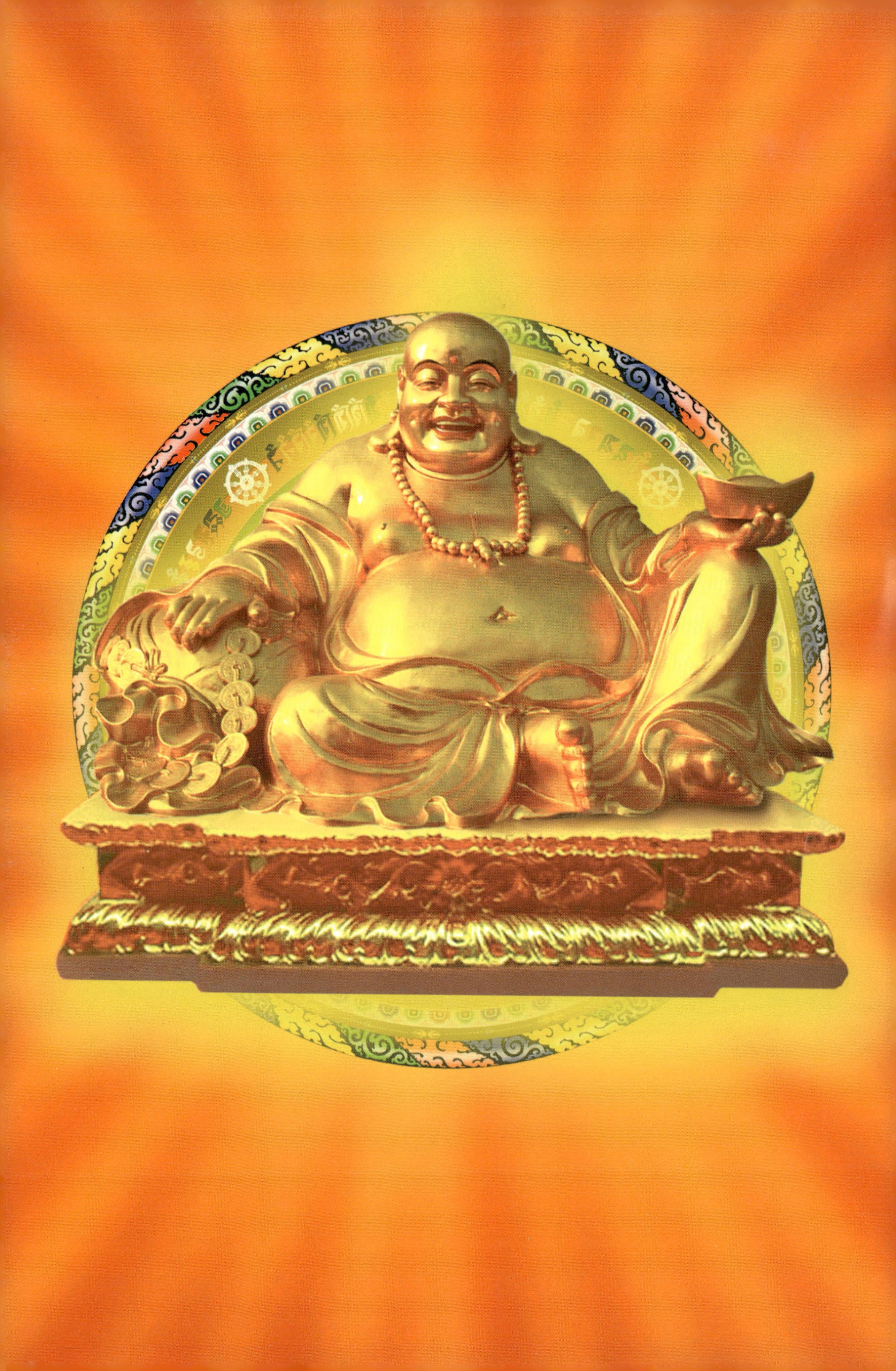

13岁女孩发起"祈福中国，爱行天下"东方红文化公益活动的爱心天使——善音，她以其"地球乃一国，世界乃一家，国乃世界之家，家乃地球之国"的心智觉醒于2011年6月在武汉的东湖宾馆国际人口与发展论坛永久会标"东方和平天使王昭君"纪念雕塑前祈愿宇宙和平。

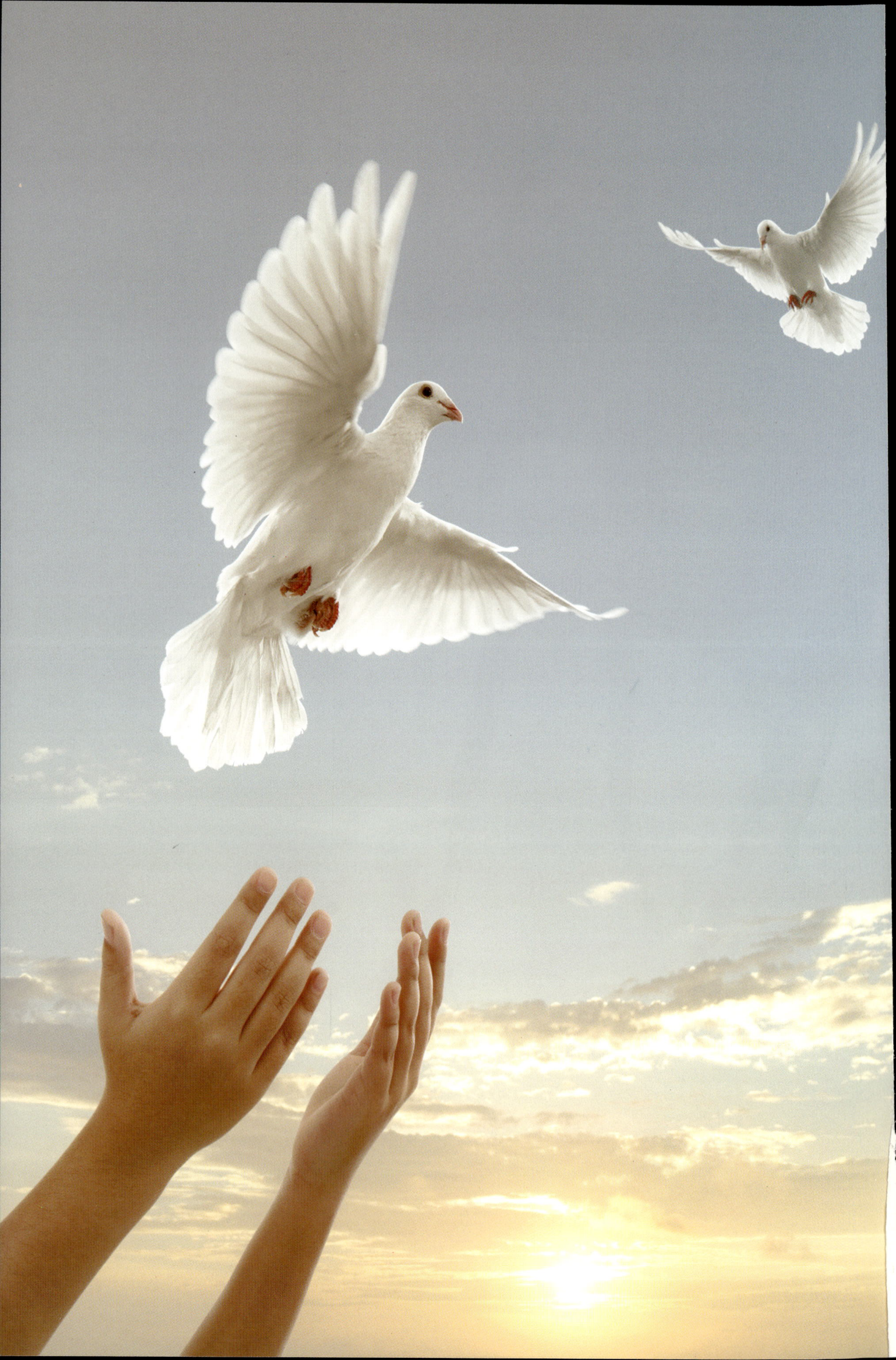

如果连这一单一存在也破了呢？那么你成佛了。

可非想非非想处天真的是往上一步就能成佛了？

答案是：理论上再往上一步就能成佛，实际上这基本上办不到。

至于原因，让我们来看喜见求索的结果。

生到空无边处天国的喜见，他生来就彻底超越了有形的对立，在生命与时空彻底同质的生涯里，这里的神灵们从无形的心识观照，能够以超越了有形有色的禅定能力了解时空与生命的缘起法则（依因缘和合而起建成的规律）。

空无边处天的天神们依着缘起对待一切。对它们来说，一个山川河海、虚空大地可以随意造形，要让世界有形，世界就呈现有形，要让世界成为无形，世界就呈现像空无一物的透明真空一般，如此有无自如、来去自在的人生是不是极其有趣呢？

拥有这种能力的人，非但不会受制于那些有形的障碍因缘，也不会受困于无形可依的漫无规范、随心所欲而不欲，想要创造什么有形、无形的世界，总能如愿以偿。

拥有这样的能力，相信是许多生灵所能够想像的极致梦想。

虽然如此，喜见在空无边处天界里，还是没有忘记如此大能力是否在本质上超越了生死大病。

空无边处天神的寿命有二万大劫，这是以人间90兆地球年计的寿命。

拥有广大神通的它们，见到次元时空的宇宙毁了又成，成了又毁，不知有多少次，而它们还存活着，这时神们理所当然地认为自己是个永恒的存在。至于终日还在和阿修罗的战争中辛苦存活着的欲界神灵，它们所谓的永生简直就是在开玩笑。但喜见了解到：这里仍然没有永生，在死亡现前的时候，大家的心识存在照样会终结。

喜见过完了寿命久远的空无边处天国生涯之后，凭着他修行的善根，投生到了识无边处天国。

空无边处天是以无边的时空为生命的存在形式，而识无边处天，

第十四章　宇宙生命欢欢喜喜在黑暗中追寻光明世界

· 629 ·

生命是以没有边际的心识活动而存在,这是一种一切有形俱泯、惟有心识的无边存在形式。

在娑婆宇宙中,这里的生灵是真正的全知者。

它们在无所不知的全知体验中,不再有任何苦乐可以动摇它们,也不再有任何问题能难得住它们,宇宙中一切的一切它们犹如胸有成竹、了如指掌。

这里的公民不像空无边处天的神们还得依着无形无对立的禅定力量起观才能达到"知道"——识无边处的神们的禅观,生来就已经超越了无形的束缚。

既是全知,这种生命还有什么可挑剔的呢?

识无边处天神们对无所有处天和非想非非想处天的存在是不了解的,它们的识至少还得受制于"无边",存在心识与无形"无边"的摩擦,另外它们的全知对绝对的形而上,也并不知道。当它们生命终了时,生死的根本种子照样全盘爆发。

但在生命仍能以识无边处的禅定稳住时,无论如何,它们都是人类梦寐以求的生命存在形式。

对有形有色的生命来说,会因为有形而受制于有形、因为有色而受制于有色,但像识无边处天这种连形状都消失的天神和天国,会有什么有形的东西能障碍得了它们呢?它们的存活真所谓是"来无影去无踪"了。

纵然像识无边处天这种已是全知、似乎已属全能的无色天神国度,依旧不能使喜见迷失,由这点看来,我们就不能不衷心赞叹佛陀在他的前身依然是这样的了不起。

后来,佛陀将长寿天国列为佛法的八大难处之一,其中的主因就是,这些天神们活得太久了,让它们个个误以为自己已经得到永生!

这是一个很严重的错觉,明明是活得长,却误认自己已得永生,仅只是这个错觉,就可能让它们堕落到万劫不复的恶性生命循环中。

喜见则在识无边处天死后，投生到更高层的天国—无所有处天。

在这真正一无所有的国度里，识无边处天神们的"无边之识"似乎成了一种包袱、一种累赘而被进化所逝弃掉了。

它们的生涯，就是活在"什么也没有"的永恒心识中。

当它们依着缘起法则而心识产生变化、类似识无处天的神灵时，那么一个有形或者无形宇宙就会现前。

因为一无所有的状态，可以让这里的天神们说有就有，要无就无。

在这种有、无自在的天国里，这里的天神既不含糊无，更不稀罕有；这种有、无自在的能力，使这里不会再有任何有形或无形的概念了——这时有就是无，无就是有——没有哪个神会去区分什么"有""无"。

它们终其一生活在永远恒定、宽坦无比的心境上，即便在一个物质时空的原子上住上了所有的这类天神，它们也不会有任何拥挤的感觉。

无所有处天的神有着六万大劫的寿命，那是一个几乎无法想像的长远日子。就生命存在本身来说，再惬意也不过如此了，这种生命进化的高层次里，除非它们自己生命终了，否则没有任何灾难可以伤害它们。

这种既没有生命灾害又没有时空灾害的国度，除了其中的居民自我警觉以外，否则这是个安全无药可救的地方。

无量光和无量寿早已是它们所确认的事，既然一切无所有，那么生、老、病、死、忧、悲、恼、苦也没有，这样的存在里，谁还能不认为自己早已解脱了！

空无边处、识无边处，还是被时空和心识两种"无边处"所牵绊，而像无所有处天，既没有空和识的问题，更没有边的问题。

这种既无空、识的问题，又没有边际问题的大神们，谁还能让它们觉得自己有无明呢？

一切人类和天神们所能想像到的问题，碰到无所有处天神们的

"无"字诀,就像是冰雪碰到了恒星之火一般溶化得无影无踪了。似乎看来它们已经达到了终级的解脱,其实是所有的问题都被无所有处的"无"禅定之力封藏了起来,并非它们真正没问题。

一旦到了生命终了,它们"无"不了的时候,所有罩在"无"下面的问题都全爆发出来,轮回仍然无法避免。

在这无所有处天里,喜见以他令人难以想像的大智慧,牢牢看清"无"可救药的病症,越过了沦落的危险之坑,死后投生到无色界宇宙的最高天国。

非想非非想天国是娑婆宇宙中所有生灵进化的最高终点站,在这个天国里,禅定的力量被发展到最顶峰,由此种力量生成的"宇宙"与生命已经只是一种单一的存在——心识本质的存在。

在八万大劫的无比长远寿命里,这里的天神们只存在于一件事、只注意一件事,那就是由无明(迷惘的本质)所造成的意识点。它是不动的,但仍存有,还有迷惘的本质,只是意识力不动,无明就在这里。这其实是诱发一切的起点,若从修行的角度来看,这是无明最原始的品种。它拥有出生和轮回万有的潜能,它能衍生出无穷无尽品种的无明病毒。因此可以说,它就是生死的本质的存在之初始点。所以,它是万有的始点。

非想非非想处天虽然未出轮回生死的无明范畴,但是这已是轮回的终点站,再往外跨出一步就立即解脱生、死的苦牢了。所以,它同时又是万有的终点。

对于未得佛的正见的生灵来说,投生到这三界之顶,简直是自找等死之路。在这完全不能思维的天国中,神们会在历经八万大劫近乎无尽的时光后,直到临死前的存在"破裂",使禅定出现了裂痕。因此,想要仓皇补救,但为时已晚。

从非想非非想处天堕落的天神们,据佛陀讲,它们多半会和无记(不善也不恶)业明显的生灵一道,成为畜牲道的一员。

在投生畜牲道之后，搞不好恶性循环的生命轮回链条现前，再直接堕落到地狱受无边的剧苦，出地狱后再往上进化，也会像扛着大石爬险山一样吃力。

佛陀在谈起这一段生命经历后，说：只要打破这里的无明，之后就会进入悟境，进入悟境之后才能够超出时空和轮回。但是在非想非非想处定中，心识定于一点，完全是定，但是不是思维的所谓"想"，因为已经没有办法再思维，也不是没有"想"，而是已经是单一的存在，此定会入定很久，而且是最根本的无明。所以在此境界中很难改变、突破而入开悟之境。因此要开悟的话，最好不要进入这个定，这个定根本没有办法开悟，无法产生智慧。这就是娑婆宇宙最高存在、生命最高存在的最高定产生的最孤寂的结果。

喜见在非想非非想处天的生命自然也只能是无果而终。

但大乘佛教并不承认释迦牟尼佛是在我们人类当中"才"成佛的，而说他是在无限久远以前就成佛了。之所以又变成了"喜见"再一道一道地轮回，是因为释迦佛乘愿再来，特意要和我们娑婆宇宙的生灵们结成眷属，好成就他的娑婆净土。

如此一来，本师的这个"轮回"过程我们称他为喜见、喜见菩萨、喜见佛似乎都可以。

那么本师在完成这个过程以后，他自然是要回到兜率天的内院做最后身菩萨（作为菩萨的最后一世），为下生到人类社会成为佛陀做好准备了。

世界上很难说有什么事情是绝对不可能的，因为昨天的梦想不仅是今天的希望，而且也是明天的现实。太空科学涵盖了许多不同学科的科学探索。在未来的日子里，太空科学将继续影响人类文明的发展轨迹。人类航天技术的发展史是与天文学的发展史和人类对航天飞行的兴趣密不可分的。许多古代民族针对夜空里出现的奇异光线创作出流传千古的神话传说。例如，根据古希腊神话传说中关于伊卡罗斯和代达罗斯编写的故事：从前，有一位老人，他非常渴望摆脱地球引力的

束缚,在天空中自由地飞翔。自从人类社会进入文明时代以来,巴比伦人、玛雅人、中国人和埃及人都研究过天空并记载了太阳、月亮、可观测的行星和"固定的"恒星的运动过程。任何短暂的天文现象,例如彗星的经过、日食的出现或超新星的爆炸,都会在古代人类社会中引起人们的不安。人类的恐惧不仅仅是由于这些天文现象看上去十分可怕,而且是由于在当时这些天文现象既是无法预测的又是无法解释的。

　　古希腊人和他们的"地心说"理论对早期天文学理论和西方文明的出现都产生了重大的影响。在大约公元前4世纪的时候,古希腊的众多哲学家、数学家和天文学家分别系统地阐述了"地心说"的宇宙理论。根据他们的理论,地球是宇宙的中心,其他的天体都在围绕地球运行。在大约公元150年的时候,古希腊最后一位伟大的天文学家托勒密对"地心说"理论进行了加工润色,从而形成了一套完整的思想体系。在接下来相当长的历史时期内,这一思想体系一直在西方社会拥有权威的地位。16世纪,尼古拉斯·哥白尼提出了"日心说"的理论,从而结束了"地心说"长期以来对人们思想的统治。17世纪,伽利略和约翰尼斯·开普勒利用天文观测证明了"日心说"理论。同时,他们所进行的天文观测也为科学革命的到来奠定了坚实的基础。17世纪的晚些时候,艾萨克·牛顿爵士最终完成了这场科学革命。牛顿在著名的《自然哲学的数学原理》一书中系统地总结了基本的物理学原理。利用这些原理,人们可以解释众多天体是如何在宇宙中进行运动的。在人类科学发展史上,牛顿的地位是他人无法超越的。

　　18世纪和19世纪的科学发展为航天技术在20世纪中叶的出现打下了扎实的基础。正如本书所讲述的那样,航天技术的出现从根本上改变了人类历史的发展进程。一方面,带有核弹头的现代军用火箭使人们不得不重新定义战略战争的本质。实际上,人类在历史上第一次研发出可以毁灭自身的武器系统。另一方面,科学家们可以利用现代火箭技术和航天技术将机器人探测器发射到(除了体积较小的冥王星以外)所有太阳系的主要行星上。从而使那些遥远而陌生的世界在人们的眼中变得像月球一样熟悉。航天技术还在"阿波罗号"成功登月的过程中发挥了关键的作用。成功登月是人类迄今为止所取得的最伟大的科学成就。20世纪初,俄罗斯的航天预言家康斯坦丁·齐奥尔科夫斯基大胆地做出预言:人类不会永远被束缚在地球上。当宇航员尼尔·阿姆斯特朗和埃德温·奥尔德林在1969年7月20日踏上月球的表面时,他们也将人类的足迹留在了另一个星球上。在经过几百万年漫长的等待以后,随着生命的不断进化,终于有一种高级的生命形式实现了从一个星球到另一个星球的迁移。在宇宙长达140亿年的历史当中,这种迁移是第一次发生吗?或许,正如许多外空生物学家所说,高等生命形式在不同星球之间的迁移是各大星系内部经常发生的现象。当然,对于上述观点,科学界目前尚无定论。不过,科学家们正在航天技术的帮助下,努力在其他星球上寻找各种生命形式。有趣的是,随着航天技术的不断发展,宇宙既是人类太空旅行的目的地,又是人类命运的最终归宿。

  1969年7月20日美国宇航员尼尔·阿姆斯特朗成为第一个在另一个星球行走的人,当阿姆斯特朗从登月舱悬梯的最后一阶下来,接触到月球表面的时候,他说了一句著名的话:"对于我个人来说这只是一小步,但对人类来说却是一大步。"这句话有力地概括了在智慧生命超越了我们这个小小星球生物圈束缚的进化过程中的一个重大的历史事件。地球上最后一个这样重大的进化出现在大约3.5亿年前,当时叫做总鳍亚纲鱼类第一次离开远古时代的大海爬上了陆地。科学家们认为这些早期的"探索者"是所有陆地上有四肢的脊椎动物的祖先。也许未来的一些银河系的历史学家们将会注意到生命是怎样从地球上的远古海洋中出现,短暂地停留在陆地上,然后继续勇敢地到其他星球进行探险。

  几分钟以后,在1969年7月那个具有历史意义的日子,宇航员埃德温·奥尔德林加入到阿姆斯特朗登陆月球表面的行动中来。当他们

在登月舱附近探测月表地貌时,他们的同事、宇航员迈克尔·科林斯正在他们头顶上的阿波罗号指挥舱里绕轨道飞行。在地球上,5亿多人通过电视直播观看了这一重大事件。正如俄国航天学创始人康斯坦丁·齐奥尔科夫斯基早在几十年前预言的那样,火箭和执行人类太空飞行任务所需的配套技术,将会把我们从地球的摇篮中解放出来并且帮助我们人类成熟起来,达到进入广袤而美丽的宇宙的年龄。任何有关人类飞行及其在历史上各方面的重要性的讨论都应该对美国宇航员步入另一个星球的政治决定和技术上所做的努力表示敬仰。除了阿姆斯特朗和奥尔德林以外,作为美国国家航空航天局阿波罗计划的一部分——一个在冷战期间出于政治需要而产生的大胆的技术探索,其他10位宇航员也成为"月球行走者"。

1961年5月约翰·肯尼迪总统作出了"在1970年之前,把美国宇航员送上月球并使他们安全返回地球"的大胆决定。他作出这项决定的目的是要遏制第二次世界大战期间苏联取得的无数太空技术成果所产生的全球政治影响。常常被淹没在成功登陆月球这一耀眼光环之中的是肯尼迪甚至是在美国宇航员还没能够乘坐宇宙飞船成功地绕地球飞行之前就作出了这一决定。航空航天工程师们当然认识到了肯尼迪决定中固有的惊人的艰巨性。任何宇航员在月球表面行走之前,需要回答许多根本性的技术问题,人类能在太空生存吗?航天飞机能设计得使宇航员在绕地球轨道上旅行时还活着吗?宇航员们在带着火高速重返地球大气层时能幸存下来并且安全返回地球表面吗?例如"水星计划"的工程师们必须设计一种能保护人类免受极端温度、真空以及新发现的宇宙射线伤害的航天器。除了这些要求以外,还需要在宇航员冒着火高速重返地球大气层的过程中保持合适的温度。能够最好地满足这些要求的航天器是一种为弹道式重返设计的无翼太空舱。"水星号"太空舱有一个当宇宙飞船带着火冲过地球大气层时烧掉的防护烧蚀壳。本着逐步稳妥的工程发展理念,在人类乘坐"水星"太空舱飞入太空之前,美国国家航空航天局在验证宇宙飞船设计的整体性的试飞任务中把两只大猩猩——汉姆和以挪土送入了太空。

美国的人类太空飞行计划不仅经历了进入轨道飞行人数的增加,而且经历了对执行这些飞行任务的宇宙飞船进行明显改进的过程。从水星计划一直到阿波罗计划,一艘又一艘的宇宙飞船,随后是航天飞机,每个都比前一艘更大、更舒适、功能更强。有些太空飞行活动创造了令人震惊的人类第一次,而其他的,像天空实验室以及最近的"国际空间站"通过扩大人类在太空操作的范围和复杂程度,有计划地提高了人类探索太空的能力。美国国家航空航天局最新的人类飞行设想包括重返月球和用一种与"阿波罗号"太空舱相似,但比它大很多的新型载人航天器进行载人火星探索。美国国家航空航天局的新一代宇宙飞船和登陆系统将能够向国际空间站运送宇航员和供给品,载4名宇航员到月球以及执行未来到火星的多达6名宇航员的飞行任务。这给我们展示了令人激动的未来人类太空飞行活动的远景——包括重返月球、建立永久性的月球基地、探索火星,甚至是在绕地球轨道上以及其他太阳系内有战略意义的地点建立大型的太空居住地。认识人类的太空飞行使宇宙既成为人类的目标又成为人类的命运归宿这一点尤其重要。关注和了解这些激动人心的发展道路,会使今天的在校学生产生极大的兴趣和成为明天的科学家、工程师、宇航员的从业动力。人类探索者在征服太空的过程中会遇到很多技术难题、较大范围的财政投入,甚至是牺牲生命等问题。本书中的知识窗回答了当前一些与人类太空飞行有关的最迫切的问题,包括持续置身于微重力环境中所产生的生理效应以及太空辐射环境的持续威胁等等。

自人类有史以来,天文观测就在人类文化的发展中起着重要作用。当天文学家、人类学家和考古学家试图把当今天文知识与人类远古祖先观察天空并解释他们所看到的神秘物体的方式联系在一起时,考古天文学便使它们联合在了一起。全世界大多数的早期民族都曾仰望苍穹,并把他们看到却无法解释的现象编成了许多美丽的故事。史

前洞穴岩画(大约 3 万年前)证实早期人类就开始仰望星辰并把这些天文观测融合在自己的文化中。在有些古代社会中,神职人员的头领们常常在举行神职仪式的地方,把一些特殊的天文符号刻在石头上(即人们所说的岩画)。现代考古学家和天文学家正在研究并试图解释这些岩画雕刻以及其他在古代废墟中出土的可能具有重要天文学意义的物体。古代文明的许多大纪念碑和用来举行仪式的建筑都有天文学意义上的取向排列。其中最古老的天文观测台之一是史前巨石柱群。19 世纪 90 年代初,英国物理学家洛克伊尔爵士在希腊和埃及旅行期间发现许多古代庙宇的地基都沿着东西方向的轴成一条直线,而这条连续的排列成线则暗示其与太阳的升降有某些天文联系。为了验证这一假想,洛克伊尔参观了古埃及最大的庙宇——卡那神庙,并在自己 1894 年所著的《天文学的黎明》一书中探讨了这一假说,这本书通常被认为是考古天文学的开端。

为了验证其假说,洛克伊尔还研究了位于英格兰南部的古代遗址——史前巨石柱群。然而,他不能准确地断定其建造年代,因此也就无法自信地把阳历用到历史上某一精确的时刻,这一精确的历史时刻能够揭示出那些奇怪的、又大又直、上方压着顶石的圆柱形巨石是怎样与古代大不列颠人的某种天文活动联系在一起的。洛克伊尔的前瞻性工作显然预见了现代对于巨石柱研究的成果,这些成果显示巨石柱群所在的地点,在约公元前 2000 年,很可能是进行古代天文历法活动的场所。古埃及人和玛雅人都曾借助于建筑的取向排列来进行天文观测或创建历法。现代宇航员发现,就像某些玛雅人的建筑一样,例如在墨西哥尤卡坦半岛的乌斯马尔(Uxmal)发现的建筑,与位于埃及吉萨的大金字塔同样有一条重要的具有天文意义的排列。玛雅人尤其对太阳穿过中美洲的某些纬度时的时间段感兴趣。玛雅人还对金星特别感兴趣,视其与太阳同等重要。这些中美洲的当地民族精通天文,能推算出行星运动以及千年间的日蚀或月蚀。对许多古代民族来说,月亮、太阳和行星的运动以及某些星座的出现可以作为帮助管理日常生活的天然历法。因为这些天体远不可及和难以理解，所以伴随着当地的天文学，同时出现了各种各样的神话传说。在古代文化中，天空成为诸神之家，月亮和太阳常常被神化了。

尽管人类学家并不知道最早期的人类是如何思考天空的，但是已通过传说、舞蹈和歌曲传递了4万年之久的澳大利亚土著居民的文化，使互相合作的人类学家和天文学家初步了解了这些早期民族是如何解释太阳、月亮和星星的。澳大利亚土著文化是世界上最古老、存世时间最长的文化。这些土著人对宇宙的观点涉及人、自然和天空之间紧密的相互关系。这种古代文化最基本的概念是"梦想"，即神灵祖先创造世界时的遥远的过去。澳大利亚土著人的传说、舞蹈和歌曲表达了神灵祖先在遥远的过去是如何创造了世界以及如何把人类与天空、大自然紧密地联系在一起的。在澳大利亚土著文化中，太阳被认为是女人，她每天在东方的营房里醒来，点燃火把，然后拿着火把穿过天空。月亮被认为是男性，因为月亮循环一周恰巧和女性月经周期有联系，他们便把"孕育"与月亮联想起来，因此给月亮很大的魔法地位。这些古代民族还把日蚀看成是男性月亮与女性太阳的交配。

对于古代埃及人来说，"拉"是全能的太阳神，它创造了世界，每天航游于天空。埃及的法老使用"拉的儿子"称号作为其权力的象征。在希腊神话中，阿波罗神驾着金色马车拉着太阳驶过天空，他的孪生妹妹阿耳特弥斯则是月亮女神。从有人类历史到17世纪初科技革命开始，天空作为诸神的居所，一直被认为是一个遥不可及的地方。在有些文明和宗教看来，天空是正直的好人（或至少是他们的灵魂）死后的归所。希腊罗马神话中赫拉克勒斯正是凡人中力大无比、受人欢迎，并且死后被允许加入天空诸神的典范。古希腊人甚至以他的名字命名了一个星座以强调其已去往天宇。时至今日，在许多宗教活动中，教徒在祈祷时也常常会面对天空双手合拢或面向天空仰望苍穹。其他一些传说则使人们想到凡人要想离开地面高飞于地球之上会有多么难。在希腊

神话中，米诺斯国王为克里特岛上的人身牛头怪物米诺陶修建了迷宫，它的伟大建筑师就是聪明的工程师代达罗斯神。但由于代达罗斯神告诉了杀死人身牛头怪物的希腊英雄忒修斯神如何逃离迷宫，于是大怒的米诺斯国王监禁了代达罗斯神和他的儿子伊卡洛斯。毫不畏惧的代达罗斯神用蜡、木头和羽毛做了两对翅膀。在从监禁他们的塔中飞离前，代达罗斯神告诫儿子伊卡洛斯不要飞得太高，否则太阳会把蜡熔化使翅膀分解开。他们从米诺斯国王的克里特岛顺利地逃走了，然而在飞经大海上空时，冲动的年轻人伊卡洛斯忽视父亲的警告向天空高高地飞去。代达罗斯神安全地到达了西西里，却目睹了年轻鲁莽的儿子因翅膀脱落后坠入大海身亡。在人类的历史进程中究竟发生了什么使天空从一个遥不可及之地变为可拜访之所？换句话说，是什么激励人们开始思考太空之行的？

　　这种转变的第一大步发生在 1609 年。当时意大利科学家伽利略·伽利雷得悉荷兰刚刚发明了一种新式光学仪器（一种放大镜）。6 个月内，伽利略设计了他自己版本的仪器。1610 年，他把改进的望远镜对准了天空，开始了望远镜天文学时代。他用其粗糙的仪器获得一系列惊人的发现，包括月球上有山脉、许多新星以及为纪念他而以他的名字命名的木星的 4 个卫星。伽利略在其所著的《星际信使》一书中发表了这些重要发现。这本书既激起了人们的兴奋也激起了愤怒。伽利略用木星的卫星证明了并非所有天体都是围绕着地球运转，这为其热情支持的宇宙模型——哥白尼模型提供了直接的观测证据。月球上的山脉以及过去被错误地称作母马而现在被伽利略认为是海洋的阴暗地区，突然之间使月球成为一个像地球一样的地方。如果月球确实是另外一个世界而非天空中某种神秘的物体，那好奇的人类某一天必将会造访那里。17 世纪初光学天文学的诞生，不仅加速了科技革命，而且使太空旅行和造访别的世界的萌芽思想突然间获得了一点现实的希望。然而，在望远镜中看到另外的世界只是第一步。帮助人类实现太空旅行的下一个关键的步骤是开发出一种强大的机器，这种机器不但能使物体脱离地球表面,而且能在外太空的真空中进行各种操作。在第二次世界大战期间开发并在后来的冷战时代大大改进的现代火箭已成为人类太空飞行的技术保证,人类的太空飞行将会给人类的未来带来众多令人激动的选择。

尽管有了现代火箭,还需要最后一个步骤使人类的太空飞行成为现实。各国政府必须愿意投入大量的人力和财力以使人们能够在地球大气层外旅行。从历史的角度上来看,冷战时代美国和苏联之间地缘政治的竞争为太空旅行提供了必要的社会促进因素。20世纪60年代,两国政府都决定在超级大国的"太空竞赛"中进行大量的资源投入。远见卓识、硬件条件、政治意愿汇聚在一起使太空旅行成为人类20世纪后半叶标志性成就,而这一科技成就的顶峰则是美国国家航空航天局的"阿波罗计划"的载人月球登陆任务。据史料记载,中国人最先使用了火药飞弹,在当时的军事应用中他们称其为"火箭"。例如,在1232年开封府战役中,火箭帮助中国金朝的女真族赶走了蒙古族入侵者。在中国古代,无论火箭的实际发展道路怎样,开封府之役却首次描绘了在战争中使用以火药为燃料的火箭的情景。在这场战役中,中国金朝的女真族军队使用火箭吓跑并击败了入侵的蒙古族士兵。在最初的被动引导的导弹控制中,中国的火箭发射者把一根长长的棍子系在火箭末端。长棍子可以使火箭中心后面的压力在飞离期间保持中心位置。尽管这根长棍子起了一些作用,但是火箭的飞行路线仍然很不确定,而且沉重的棍子还缩短了早期以火药为燃料的火箭的射程。

虽然火箭有诸多局限,但入侵的蒙古族士兵从开封府之战的不愉快的经历中迅速得知并很快也采用了这种新式武器。元朝的蒙古族军队在入侵印度、中东和欧洲时,把火箭技术传到了西方。19世纪末的欧洲,俄国一位不为人所知的教师、技术梦想家康斯坦丁·齐奥尔科夫斯基最先令人可信地、科学地把火箭推进与太空旅行联系起来。还有一个来自中国的火箭故事在此值得一提。这个传说说的是大约在1500年,一位不太知名的名叫万户的中国官吏想出在火箭推动的椅子上飞

天。他命人造了一把椅子风筝,上面挂着47枚火箭弹。然后,他亲自作试飞员,勇敢地坐在椅子上,命令仆人同时点燃所有火箭弹的导火线。47个仆人每人拿着一把小火炬冲在前面等候主人的盼咐。仆人们忠实地点燃导火线,然后迅速跑回安全地带。然而,火箭飞椅突然出现明亮的一闪并发出巨大的轰鸣声。空中充满了巨浪般的灰色烟雾。万户和他的火箭飞椅在爆炸中消失了,或许比他原想的更加突然地到达了天堂。尽管科学历史学家更倾向认为这是一个故事而非事实,然而它却最先描绘了人类使用火箭作为交通工具的首次尝试。在此之前,火箭一直或应用于战争或用作节日的烟花。第一位从技术上把人类太空旅行和火箭联系起来的是德国的技术梦想家赫尔曼·奥伯特。他在20世纪早期做出了这一重要的联系。

前苏联外交部长亚历山大·别斯梅尔特内赫在美国普林斯顿大学召开的一次会议上说,诸如"星球大战计划"加速了苏联的衰落。那么当人类进入21世纪后世界各国更把控制和利用太空作为自己政治和军事战略的重要组成部分,世界各国为了提高国际地位的战略措施,纷纷加快了向太空进军的步伐,加大了太空竞争的力度,并相继制定和完善各自的太空战略,对于人类空天活动而言,"人类共同利益"是一个先验而永恒的原则。我们从维护国家战略利益推动空天安全战略智库建设为出发点对人类的共同空天安全战略事业进行了有益的探索。嫦娥二号满载中国人的希望,直奔月球。炎黄子孙敢飞天,嫦娥二号能折桂。嫦娥二号使我们看到了中国的进步、国力的强盛。夸父追日,精卫填海。这些动人的神话使我们领悟到了坚持的可贵与理想给予我们的动力。嫦娥奔月表现出了中国古代人们对月球的向往。而如今它不再是一个美好的梦想,而是一个真真切切的事实。天和地是人类最早认识的自然对象。特别是天空,昼夜的周而复始变化;太阳月亮的东升西落;满天的星斗,迷漫的银河;不时划破天穹的流星等等,在远古人类的印象中,神秘而深不可测。随着人类本身的不断进化发展,思维的不断深化,对天的认识也不断提高。神秘莫测之余,也逐渐形成许多遐想。人类所固有的无限求知和开拓精神,驱使着对天的不断探索认知,甚至向往。据传两千多年前吴越春秋时的美女西施就想要玩月亮,吴王只能在苏州灵岩修个玩月池,以水中玩月来满足她的要求。在欧洲,古希腊也有飞向月亮的神话记载。我国古代嫦娥奔月,唐明皇游月宫,牛郎织女鹊桥相会等传说,更是家喻户晓、妇孺皆知。这些动人的神话和传说有的十分引人入胜,又进一步启发和促进了人类对天空奥秘的探索认知。

人类的生存、活动和发展,与对自然界的认识是密不可分的。通过在自然界的活动得到启示、积累经验,运用自己的智慧创造工具、使用工具、并借以提高和深化对自然界的认识。伽利略发明的望远镜,看到了木星周围的卫星,土星的光环,成为认识自然的自力手段,对人类的进步起了很大的推动作用。其后,望远镜越做越大,对太阳、太阳系以及整个宇宙的认识引起了革命性的变化。但是人们逐渐认识到,由于大气的存在,在地面只能通过很窄的"窗口"去观测宇宙。由于大气的湍动,望远镜的放大倍数也不可能无限地增大。新的观测结果和新的认识所提出的一系列新的问题,无从作答。例如,太阳高层大气的温度为什么如此的高?黑子与耀斑的本质是什么?太阳的能量如何传递?火星上有极冠、有"运河"、有四季变化,期望的火星人到底有没有,是什么样子?金星浓厚的大气层下面蕴藏着什么秘密?宇宙有多大?等等。太空时代的来临,利用太空手段飞出大气层所见到的宇宙确实奇异无比。打开空间王国的大门,犹如进入仙境,奇花异草唾手可摘。太空飞行器对太阳系空间和天体的主动而多样的直接探测——逼近的、取样的、实地的、软着陆和硬着陆等方式,发现了地球辐射带、磁层和来自太阳冕洞的太阳风;看到了月亮的背面,看到其他行星上的闪电、磁场、辐射带、极光和光环,甚至看到木星上的火山爆发;描绘了金星云层下面的地貌,拍摄了火星表面的多石荒漠和干涸的古河床图片。现在,我们可以得出结论:不要说"火星人"没有,甚至连生命的痕迹都难

以找到。太空探测改变了过去由地面观测而形成的许多传统的推测和印象,并把人类的感官延伸到了宇宙的新的深处,发现了众多的X射线星、红外星和紫外星。太空探测对自然界的新的认识,丰富并积累了大量有价值的科学资料,由此产生的许许多多新的启迪、思考和问题,正在推动和促进太空科技以至人类社会的进一步发展。人类在经历第二次世界大战以后,航天梦想便成为国际社会相互追逐的大舞台,但越来越带有明显的政治和军事色彩。美、苏两国都通过仿制德国V-2火箭建立了火箭和导弹工业,积累了研制现代火箭运载系统的经验,并展开了激烈的航天竞赛。1957年10月4日,苏联率先发射了"能被世界各地听到或看到"的人造地球卫星1号,实现了人类的航天梦想。以此为标志,人类开始进入空间时代。1969年7月20日,美国宇航员阿姆斯特朗和奥尔德林乘坐"阿波罗一号"宇宙飞船的登月舱到达月球,实现了人类的登月梦想。此后,美国开始考虑进入70年代后的新任务。由副总统阿格纽领导的国家航天顾问委员会拟订了一份题为"未来的方向:阿波罗登月计划之后的航天计划"的文件,提出了可供选择的任务,其中包括建立永久性空间站、研制航天飞机以及一项耗资1000亿美元的火星计划。然而,当时的政治气候已不再支持这些如此宏大的计划。由于公众舆论的普遍反对,尼克松总统否决了火星计划方案。正是在这样的背景下,日本从1999年启动了以探索月球的起源和演化,即以对月球进行科学考察为主要目的的"月亮女神"探月工程。经过长达9年的准备,"月亮女神"探测器终于2007年9月14日从日本的种子岛宇宙中心使用H-HA火箭发射升空了。空间探索和利用所展现出来的诱人前景,使越来越多的国家对空间技术及其应用产生了兴趣。继苏联和美国之后,法国于1965年11月26日、日本于1970年2月11日、中国于1970年4月24日、英国于1971年10月28日、印度于1980年7月18日、以色列于1988年9月19日相继用自行研制的运载火箭成功地发射了本国的第一颗人造地球卫星,加入到空间国家的行列中来。代表着大多数西欧国家的欧洲空间局则致力于研制自己的阿里亚娜运载火箭，同时还建造空间实验室。进入90年代，又有一些国家先后成为拥有空间能力的国家。20世纪50年代处于幼年发展期的航天活动，至90年代便进入了成年期。空间探索开始进入更深、更远、更广的领域。空间微重力、生物学、医学、材料学的研究和试验都取得了惊人的成就。空间技术的应用扩展到对空间资源的商业性开发和利用。各种先进的卫星技术广泛应用于农业、教育、通信、广播、气象预报、抗灾减灾、资源勘探等诸多领域，产生了巨大的社会效益和经济效益。航天作为高新尖端科学和新兴产业，在获得新知识、开发新资源、制造新产品和提供新的就业机会等方面愈来愈展示出广阔的前景。

迄今人类的活动范围经历了从陆地到海洋，从海洋到空气空间，再从空气空间到外层空间的逐步扩展过程。人类活动范围的每一次扩展，都是一次伟大的飞跃，都大大增强了人类认识自然、改造自然的能力，促进了生产力和社会的发展。历史上，远洋航海技术的兴起，导致了世界贸易的发展、世界市场的开辟和近代科学的一系列成就，开始了一个"全球文明"的新时代。20世纪空天技术的兴起则极大地推动了人类物质文明与社会的进步，拓宽了人类的生活空间，把人类的活动疆域扩展到外层空间。空天技术的飞速发展，特别是卫星及其应用技术的发展，不仅改变了人们的时空观，而且也改变了并将继续改变人们的工作模式和生活方式，推动了人类活动全球化和人类社会信息化时代的到来。这是一个可称之为"空天文明"的新时代。在这个崭新的时代里，世界各国政治、经济、科技、文化发展的联系将更为紧密，长期困扰人类的一系列全球性问题的解决将出现新的契机和可能。人类空天旅游、空天居住、空天发电、空天生产等过去只是科幻小说中的幻想也将逐步成为现实。21世纪将是空天科技大发展的世纪，将是卫星应用把人类全面带入信息社会的世纪，将是空天资源得以大规模利用与开发的世纪，将是月球和深空探测取得重大突破的世纪。世界各国对

争取本国在太空的一席之地都高度重视,特别是美俄两个航天大国,一直都没有停止过争夺太空霸主的行动。冷战时期,美国和苏联因核军备竞赛而极大地推动了航天技术的飞速发展,各类航天器相继发射成功并投入使用,使国家的战略空间延伸至太空,形成全球性的、多维的、天地一体化的战略空间。战略空间向太空的拓展,影响和改变着各国的战略思想,太空已经成为国家安全与利益的战略"制高点",太空军事化也必将成为各大军事大国国家安全与发展战略的重心。空间技术的不断成熟,使太空力量在支援其他战场中展示出无与伦比的优势,在战役战术层面的应用正逐步展开,太空军事力量已经登上了战争的历史舞台。可以预见,太空武器将由被动防御、单一保障为主,向攻防一体、以攻为主、系统配套的方向发展;太空力量的任务职能将由"信息支援型"向"攻防作战型"发展;围绕太空的争夺,将会越来越激烈。"高边疆"战略的创始人格雷厄姆认为,在整个人类历史上凡是能够最有效地从人类活动的一个领域迈向另一个领域的国家,都取得了巨大的战略优势。适应未来太空作战需要,加速建设优势空间战场,是拓展国家战略空间,牵引科技、经济、军事发展,维护国家安全和利益的必然选择。中国是文明古国,是火箭的故乡,作为一个负责任和爱好和平的国家,要在太空领域拥有发言权,为维护太空安全乃至世界和平,担负起应有的责任和义务。

太空军事化的世界政治正在影响人类共同利益的未来,前苏联克格勃将军奥列格·卡卢金说:"美国在80年代的政策成为苏联解体的催化剂。"苏联共产党中央委员会高级官员叶夫根尼·诺维科夫认为,里根政府的政策"是苏联体制消亡的主要因素。"前苏联外交部长亚历山大·别斯梅尔特内赫在美国普林斯顿大学召开的一次会议上说,诸如"战略防御倡议",俗称"星球大战计划",加速了苏联的衰落。苏联从世界地图上被抹掉,并不是因为其改革过程或者一系列的外交协议。它的消亡并不是谈判造成的,而是自身无法维持下去了。导致苏联解体的最主要因素到底是哪些呢?是国家意识形态的破产吗?是由于共产主义违反人性而命中注定要失败吗？是苏联经济的钙化与生锈最终使其不堪负重而发生内部爆炸，就如同一个不结实的屋顶因不堪积雪的重压而轰然倒塌一样吗？历史学家们可能对这一问题争论几十年，甚至几个世纪。我们可以设想一下，如果美国的国防建设是由吉米·卡特于1980年开始而于1983年结束，或者没有"战略防御倡议"这回事；苏联可以持续得到西方的技术；在能源价格相对较高时天然气管道带来大笔硬通货收入，那么苏联的能源危机将容易应付得多。使克里姆林宫陷入深渊的并不是哪一个事件或者哪一项政策。里根政府的总体战略之所以有这么大的威力，是各种政策的综合效应。这些政策就像一阵阵强烈的飓风吹进虚弱的苏联体制之中。苏联共产主义体制的死亡消灭了冷战。具有讽刺意味的是，目前的历史学家给了米哈伊尔·戈尔巴乔夫最高的荣誉，认为正是他才使人们看到了冷战后时代的曙光。战败者获得了比胜利者更高的荣誉，这是人类发展过程中最为奇特的一幕。

  人类进入21世纪后世界各国更把控制和利用太空作为自己政治和军事战略的重要组成部分，世界各国为了提高国际地位的战略措施，纷纷加快了向太空进军的步伐，加大了太空竞争的力度，并相继制定和完善各自的太空战略，力图抢占外层空间这一新的战略制高点。自从地球上有了战争以来，战争空间总是随着军事科学技术的发展而不断扩大。在远古时代，战争只是在陆地上进行。后来，由于造船技术的发展，发明了战船和军舰，战争的空间便扩大到江、河、湖、海上。到了20世纪初，随着航空技术的发展，战争空间又扩大到了空中。如今，飞速发展的航天技术，将大量军用航天器送入了太空，战争的阴影就又弥漫到了宇宙太空。有人预言21世纪是军事航天的世纪，所以，在未来战争中，外层空间将成为新的军事制高点，人类在太空中将展开一场前所未有的、以开发利用太空丰富资源和争夺制天权为主要内容的大竞争，航天武器装备将会得到更加迅速的发展。随着航空航天技术等一系列高新技术在航空航天领域的广泛应用，现代空军不仅能

"以空制空",而且能"以空制地"、"以空制海",一些航天大国还力图"制天"、"制宇"。至此,战略空疆呈现日益明显的变化。由于航天器日益广泛地使用,战略空疆向外层空间扩展有明显加剧的趋势。自20世纪50年代军事大国发射航天器以来,尽管联合国大会1963年通过《各国探索和利用外层空间活动的法律原则宣言》,规定外层空间不能"据为国家所有",应"和平探索和利用外层空间",然而,外层空间的利用却一直是军民并行发展,一些国家的战略边疆早已扩展至该领域。20世纪80年代初美国"高边疆战略"提出后,超级大国更是加快了外空军事优势争夺的步伐;上世纪90年代初的海湾战争是美国具有象征意义的世界上第一次太空战的成功,又大大促进了世界军事航天领域的发展,从而将地球上的军备竞争迅速地扩展到了太空。

　　至今各国战略空疆进入外层空间的程度大体上有三种情况:第一种,尚未涉及外层空间领域。这主要是一些科技落后和经济实力较弱的发展中国家。第二种,已经"挤"进或将要"挤"进外层空间。科技和经济还未赶上发达国家水平但已有相当实力的国家,都力争在外层空间占有一席之地。其中有的是本国有能力发射航天器,有的则是利用他国力量发射本国使用和控制的航天器。这些国家在军事战略上,尚无利用己方航天器对他国航天器进行威胁的意向,主要是利用自己的航天器对其地球表面的军事活动提供侦察、预警、通信、导航、气象等方面的支援。第三种,争夺和保持外层空间军事优势。科技水平先进和经济力量雄厚的少数国家,已经在外层空间部署有多种军用航天器,能对其地球表面的军事活动进行密切的、多种形式的、强有力的支援。同时,正在有计划地研制天基打击平台和天基打击兵器,并与空基平台相结合,为空天一体作战做准备。在这些国家,空天战场已成为其一体化战场的有机组成部分和高技术战争的主要战场。

　　基于当前争夺制天权、拓展战略空疆的需要,世界各国尤其是一些航天大国还纷纷加大了军事航天技术的研究力度。具体表现在三个方面:一是对运载器技术的研究。目前西方正在研制以"弹射器冲压喷气发动机"为动力装置的航天运载系统。俄罗斯已经提出宇航核动力发展构想，如果这一设想能够实现，可将火箭的有效载荷在目前基础上提高 2~3 倍。二是对军用航天器技术的研究。如航天飞机小型化技术、永久太空站技术、小卫星技术等，以使航天器向高性能、长寿命、多功能、网络化、低成本的方向发展。除了美、俄两国已占据了军用航天技术方面不可争议的强国地位外，一些中小国家也在不断加大对军用航天技术的研究力度。日本已经制定了小卫星发展战略。欧洲一些国家正在研制遥感卫星和太阳能微型卫星。印度于 1999 年开始研制发射具有监视导弹发射能力的低轨道监视卫星，并准备研制可重复使用上百次、单级入轨的小型航天飞机，用以发射小型通信、导航卫星，或作为高空超音速飞机完成情报收集和侦察监视等军事任务。三是航天器应用技术的研究。当今主要大国的军事活动已在很大程度上依赖于各种航天器，为提高军事侦察、监视、预警、通信、气象、测地、导航定位、反卫星等能力，一些国家已在卫星组网技术、宽带卫星通信技术、星上数据处理和信息融合技术、卫星的安全与防御技术等方面展开了竞争。

在目前正在激烈进行的制天权的争夺战中，一些中、小航天国家为了扼制大国控制太空、利用太空的能力，也在加紧发展太空武器。由于这些国家的综合国力所限，其一般都避开了发展耗资巨大的宇宙飞船和载人航天技术，而选择费用不高、但效益较好的反卫星武器。因为航天系统正日益成为国家的关键利益所在，一旦遭到破坏，将对拥有并利用航天系统的一方以致命打击。正如美国所称："在今后 20 年内，其他国家不可能在常规力量方面与美国抗衡，但可以在航天系统方面使美国蒙受巨大损失。"因此，以相对较少的投入研制打击敌方易损的、耗资巨大的航天装备的反卫星武器，这种"不对称战略"思想，必将成为中、小航天国家威慑强大敌人、保护自身利益的必然选择。

随着战略空疆的日益扩展和围绕争夺"制天权"的斗争的日趋激

烈，太空的军事化必然会得到加速。其实太空军事化的问题并不是一个新问题，自从1957年10月4日苏联把第一颗人造地球卫星送上太空，争夺太空的主导权之战就已经开始了。40多年来世界各国共发射各种航天器数千颗，其中大多数负有军事使命或者可以作为军事用途。在侦察、预警、监视、通信、天气预报、精确制导，乃至战略安全、国计民生等各个方面，人造卫星无不发挥着越来越重要的作用。在进入21世纪后的未来几年中，还将有2000余颗卫星被世界各国送上太空。参与太空开发的国家越来越多，人类开发太空的脚步越来越快，太空军事化的程度也就会越来越高。因为随着现代战争对太空系统的依赖性越来越大，部署军事卫星为传统战场提供支援的模式已经不能满足部分国家的要求，太空主导权的争夺已经逐步向利用各种地面或太空武器，直接攻击太空中的航天器和利用太空中的航天器为平台，跨越数千千米的距离，直接对地球的另一面发动攻击发展了。

早在20世纪80年代美国就提出了著名的"星球大战"计划，要求利用部署在地面和太空中的各种先进的传感器和高科技武器，组成对付弹道导弹的拦截网，将对美国发动的核打击拦截在美国国境以外。"星球大战"计划虽然受当时科技水平的限制而最终放弃，但美国就此提出一套完整的太空作战模式，并组建了军事航天机构。同时，美国人并没有放弃对"星球大战"相关技术的发展。1997年，美国成功地进行了一次激光打卫星试验。2001年1月22日，美国举行了代号为"施里弗-2001"的人类历史上首次太空军事演习。同年5月8日，美国国防部长拉姆斯菲尔德宣布，他将任命四星上将埃伯哈特兼任北美防空部队司令和空军航天部队司令，以强化对太空的军事利用。他还提出，把目前分散于各军种中与太空部队相关的组织统一到空军，以便顺利推进太空战略的制定。小布什政府上台后再一次祭起星球大战的法宝，提出了新的"星球大战"计划——国防导弹防御计划。

面对美国疾进的脚步，作为唯一可以同美国在太空科技上一较高下的航天大国,俄罗斯也不可能没有任何行动。在美国加紧推进国家导弹防御系统的研制与部署、加大太空军事投入的情况下,2001年1月25日——即美国"施里弗-2001"太空战演习后的第4天,俄罗斯总统普京就批准了组建太空部队的方案。5月8日,美国宣布对其太空防御策略进行重大调整、加快"天军"组建步伐后,俄罗斯决定把组建太空部队的日期提前到6月1日,最终先于美国组建了真正意义上的"天军"。历史上,苏联也曾经多次进行过反卫星和拦截弹道导弹的试验,并且也取得过成功。在美、俄两国新一轮的太空争夺下,太空军事化、武器化的速度越来越快了。太空争夺也越来越带有明显的火药味。

巨大的战略利益也促使越来越多的国家把眼光投向了太空。目前,除美、俄两国以外,包括部分经济并不发达的中小国家在内的许多国家,都在发展军事太空系统,以期在未来战争中占据主动地位。以空天飞机为例,这种能完成航天飞机所担负的各项军事使命、还特别适于作为一种强大的战略武器装备使用的航天器近年来发展得尤为迅速。继美国实施空天飞机计划之后,德国提出了"桑格尔"空天飞机方案,英国提出了"霍托尔"方案,法国、日本、印度等国家也提出了各自的空天飞机计划。此外,近年来西方各国还先后制定了包括建立永久性空间站、建立月球基地、将宇航员送上火星等计划,并开始了货运航天飞机等的研制计划。这些技术的发展为太空作战奠定了坚实的技术基础。人类利用太空并争夺太空的时代已经到来,产生与时代相呼应的新军事思想的各种条件也已初步具备。而太空军事化进程的加快、特别是太空武器化倾向和"天军"的出现都向我们表明,太空战的幽灵已悄然来临,人类的"第四活动领域"正在变成"第四战场"。太空,无疑已经成为世界各主要国家政治、军事斗争的巨大"舞台",太空军事化正大踏步向我们走来。

外层空间作为人类活动逐渐进入的前沿地带,由其自身特点与人类利用方式所决定,外层空间开发利用的价值具有与地球表面乃至大气层完全不同的特性。显然,远离人类所居住的地球的外层空间是一

个无法延伸主权原则去划清国界的"无缝"世界。正是外层空间对于人类活动所具有的这一根本特性,决定了各国开发利用外层空间的收益递增是一种典型的技术性级差空租。各国竞相进入外层空间追求技术性级差空租,导致外层空间国际关系朝着有别于地表和近空的特征而演化。

外层空间无疆域性是指外层空间无法像领土、领海和领空一样划分疆域边界,外层空间广阔无垠,进入其间的物体遵循太空飞行动力学的相关规律运动。随着现代科学技术特别是航空空间技术的发展,外层空间无"国界",对于各主权国家而言,各自努力进入外层空间以拓展自身的国家利益,由此引发了各国对外层空间国际关系问题的积极关注。"外层空间安全与外层空间武器化发展是当前国际社会高度关注的重大战略问题,也是国际军控和裁军领域出现的新课题。"确实,外层空间国际关系能否顺利成长已成为一个日益凸显的复杂而敏感的国际社会问题。因为外层空间国际关系的演绎、生成亟须一套安全、有效的国际制度,以保证人类对外层空间的真正和平利用。

追求各种利益是以各种形式进入外层空间开发利用的人类组织活动的根本动机,也是外层空间国际互动行为的逻辑起点。非有限的广阔外层空间及其各种天体资源是国际社会主权原则无法延伸,同时也无须延伸的地方,对于进入其间追求各种利益的人类力量而言,唯一适用的根本性原则就是"人类共同利益"原则。这一原则就月球和其他天体及其资源而言,"人类共同利益"只意味着对月球和其他天体的勘探与利用对全人类开放,是全人类开发的范围。除此之外,该概念不具有任何进一步的含义。

1957年10月苏联发射第一颗人造卫星后,联合国立即给予高度重视。联合国大会认为,为了保障外层空间物体的发射完全用于科学及和平目的,应共同研究一套监督制度。1958年12月13日,联合国大会通过第1348号决议,确认外层空间是人类共同利益所在,强调外层空间只能用于和平目的,并成立了"和平利用外层空间特设委员会",

由18个成员国组成。1959年12月12日，联合国大会决定将特设委员会改为常设机构，称为"和平利用外层空间委员会"，成员国增加至24国。联大赋予外空委员会的任务是审查和平探索和利用外层空间的国际合作，研究联合国主持下制订的和平利用外空计划的实施办法，研究和平利用外层空间可能产生的法律问题。在外层空间时代初期，很多国家希望外层空间应仅用于和平的目的和全人类的利益，《月球协定》存在的真正理由是该协定的第11条第1款所宣告的内容："月球及其自然资源均为全体人类的共同财产，这将在本协定的有关条款，尤其是本条第五款中表现出来。"在人类开发利用外层空间的实践活动中，正如苏联外层空间司司长迈约斯基所指出的，人类共同利益与人类开发范围是两个既相互联系又相互区别的概念，前者适用于物质对象，后者适用于人类的开发活动。由于人类开发活动追求的是各种利益，即人类开发的外层空间无疑是"人类共同利益"原则已确定的整个外层空间的一部分，因此，对于人类外层空间活动而言，"人类共同利益"是一个先验而永恒的原则。对外层空间和其他天体及其资源而言，"人类共同利益"意味着外层空间资源属于全人类共同所有，各个国家均可从开发外层空间的活动中取得利益的物质对象。

由于无疆域性的外层空间是"人类共同利益"的物质对象，为了规范人类在外层空间的活动，1966年联合国大会通过了《关于各国探索和利用包括月球和其他天体在内外层空间活动的原则条约》。该条约为规范人类在外层空间的活动，规定了各国在外层空间的活动应遵循的原则，主要体现在如下几个方面：(1)"不得据为已有"原则：任何国家都不能在外层空间划出一块私有领域，外层空间不是无主地，任何国家不得通过占领使用或任何其他方式提出主权要求。(2)"自然探索和利用"原则：不能把外层空间变成军事竞技场，探索利用外层空间要坚持非军事化原则。(3)"共同利益"原则：外层空间对所有国家都是敞开的，到外层空间进行科研、旅行等活动的机会是均等的，但目的必须符合全人类福利和利益。

确实仅从"人类共同利益"原则的字面含义就可引申出"禁止据为己有"原则。《月球协定》第11条第2款重申了1967年《外层空间条约》第2条所规定的"国家不得将月球的任何部分据为己有"原则。《外层空间条约》不仅禁止延伸国家主权,而且也禁止对外层空间或天体的任何区域主张财产权。同时第11条第3款规定,月球的表面或表面下层或其任何部分或其中的自然资源均不应成为任何国家、政府间或非政府国际组织、国家组织或非政府实体或任何自然人的财产。在月球表面或表面下层包括与月球表面或表面下层相连接的构造物在内,安置人员、外层空间运载器、装备设施、站所和装置,不应视为对月球或其任何领域的表面或表面下层取得所有权。

1967年《外层空间条约》第4条第2款规定,"月球应供全体缔约国专为和平目的而加以利用",这意味着全面非军事化和禁止一切军事活动。1979年通过的《月球协定》第3条第2款重复了这一规定:"在月球上使用武力或以武力相威胁或从事任何其他敌对行为或以敌对行为相威胁概在禁止之列。"由于人类的生存主要依赖于包括空间环境在内的自然环境,资源争夺已经成为国家间冲突的一个主要动因。因此,适用"人类共同利益"原则,有必要对国家管辖范围以外的外层空间这一地区厉行禁止一切军事活动的做法:禁止试验军事武器和设立军事基地,禁止使用武力或以武力相威胁,借此对国家单方面的利益扩张加以限制,对各国开发资源的活动进行国际管制,公平分配各国权益,尽力避免和化解冲突,防止战争的发生并促进和平进程,为造福人类而开发外层空间的各种资源。

在开发空间资源活动中考虑到外层空间作为"人类共同利益"的物质对象,要求一个国家或主体的自由不损害其他国家或主体的同等自由。因此,为了保证对于外层空间开发遵循"共同性"的原则要求,必须强调外层空间活动是为了所有主体谋福利而进行的,需要一个对自由进行限制的机制。迪特迈林认为,根据该原则,包括商业利用在内的各种外层空间活动只能在被确认为是可能使全人类受益的情况下,才能被允许。在现实的外层空间国际关系中,外层空间作为"人类共同利益"的物质对象的根本特性要求,发达国家不能仅仅为了自身的利益而利用外层空间,它们还必须对国际社会承担某种负责任的义务。这些活动"应为所有国家谋利益和福利",应"充分注意到这一代和后一代人类的利益"。王铁崖先生指出,"人类共同利益"制度是"以人类为主体,以财产为对象"的制度,其共同性就是所有权和利益的共同性。因此,外层空间作为"人类共同利益"的物质对象要求在开发空间资源活动中,应将这些活动所带来的任何实惠和利益平等地由所有人类公平分享。

建立一个稳定的世界秩序是关系到人类共同利益的,它有助于世界各国在和平的环境下发展本国经济,并促进世界经济的进一步融合。但是美国所追求的世界新秩序是以美国为核心、以西方为主导的国际秩序。这种新秩序的建立将不利于发展中国家利益的实现,所以西方所宣扬的世界新秩序仅是西方国家共同追求的利益,不是全人类共同利益。由此可见,只有经过长期的斗争,包括捍卫民族利益和国家利益的斗争,全人类共同利益才有可能成为现实。全人类共同利益的实现是一个长期的充满艰苦斗争的过程。

中国正在进行着一场深刻的革命,即通过全面改革与对外开放而卓有成效地进行中国特色的社会主义现代化建设。的确,在全球化和相互依存时代,任何一个国家的生存与发展都离不开世界,试图封闭起来,仅仅靠自身的自然、经济、政治、文化和人力资源发展壮大起来,在今天已成为梦幻。世贸组织总干事雷纳托·鲁杰罗曾说过:"阻止全球化无异于想阻止地球自转"。德国前外长金克尔说过:"在全球化时代不再有世外桃源。"全球化使一切国家的生产和消费都成为世界性的,过去那种地方的、民族的闭关自守状态被激烈而残酷的开放性、竞争性所取代。物质的生产是如此,精神的生产也是如此。所以改革开放是历史的选择,是长久的治国之策。因此,要进一步解放思想,克服对

外开放中的迟疑、摇摆，更加自觉地融入世界经济、政治、文化、科技的交流与合作之中。

中国生存于国际大环境中，中国的发展离不开世界，加强同世界各国人民的交流与合作已经成为中国的一项基本国策。中国不可能不受到全球性问题的影响，也不可能不对此作出应有的反应，同时，中国有责任也有能力为克服世界范围的巨大危机做出贡献，从而不断融入世界和平与发展的进程。尽管国家与国家之间、文化与文化之间的矛盾、冲突仍然十分激烈，但是，这不能阻止人们对"人类是一个整体"的意识，我们需要加强全球对话加深相互理解。要树立起全球意识，这是全球化中每一个国家都需要具有的一种责任意识。因为在经济的相互依存和全球性问题的威胁上，每一个人都是人类的不可分割的组成部分，都无法逃离人类全球困境的制约。如果无视人类共同利益的存在，那么，最终必将危及自身。

国家利益的满足是以一定的综合国力为基础的。"综合国力是一个多因素的综合概念，包括资源的丰富程度、经济活动能力、国防能力、对外经济活动能力、科技能力、社会稳定程度等。"冷战结束后，世界大国已从军备竞赛转为综合国力的竞赛。在这场竞赛中，苏联解体的一个重要原因是畸形发展军事工业和国防力量，忽视了与广大人民群众日常生活息息相关的生活必需品的生产和国民经济的协调发展，事实证明，一个国家只有提高综合国力，把安全和发展统一起来才能立于不败之地。改革开放20多年来，我国在社会主义建设中取得了巨大成就，但综合国力仍相对落后。我们应该利用改革开放和连续数年经济快速增长的大好形势，尽早把我国建设成现代化的强国。同时，要使社会发展找到与良性生态之间的结合点，坚持可持续发展观。应该合理开发资源、讲究生态效益、注重社会平等、倡导精神追求。需要特别指出的是，尽管增长与发展、传统发展观与可持续发展观有明显区别，但两者的区别绝非要不要经济增长，而是如何实现经济增长和坚持发展的全面性。任何不加分析、简单反对经济增长的观点，都是对可持续发展观的歪曲。

　　针对今天的全球性问题,我们迫切需要提高人的道德素质和生态意识,注重中国文化遗产的启迪作用,挖掘中国传统文化的合理因素和现代价值。我国古代传统文化中,在人与自然的关系上推崇"天人合一",在治理国家上提倡道德教化,在处理不同文化上以"和而不同"为原则等许多思想都具有合理因素,西方思想家也注意到中国传统文化的现代价值。"无论是人类面临的全球化,还是后发展国家的现代化,都不能等同于西方化、美国化。从这些国家的现代化来讲,只有把它们前现代化的传统文化中的合理因素,……与西方社会对个人的价值、自由和权利的肯定结合起来,才能为人类找到一条走出当前面临的生存困境的道路;就这些国家自身的发展来讲,也只有实现了上述的结合,才能保持社会稳定,充分发挥传统文化中的积极因素,同时实现经济和社会的快速发展。"

　　在全球化时代,由于国家利益相互依存加强,要实现国家利益除了靠本国的力量外,还需要国际社会的合作和贡献,全球化与相互依存凸现了国际协调与国际规则的重要性。融入国际制度,开展多边外交是当前国际社会公认的维护和调节国家间利益的重要手段。"所谓国际制度就是各种国际组织,如联合国、国际货币基金组织、世界银行、世界贸易组织和一些地区性国际组织以及它们赖以运作的规则。"融入国际制度就是加入这些国际组织并按其章程和规则办事。参加国际组织除了承担规定的义务外,也享受一定的权利,国家利益能在国际组织的法律、协约的框架内得到保护。融入国际制度,依靠国际组织开展多边外交维护国家利益已成为各个国家的现实选择。中国政府始终把融入国际制度看作是维护国家利益的重要手段,中国用12年的时间重返联合国,15年的时间加入世界贸易组织便是最好的证明。中国还应积极、主动地介入国际规则的建构与实施,包括国际规则的确立,国际组织的建立与改革。中国是发展中国家,又是一个公认的政治

大国,这种特殊地位要求我们以平和的心态审视当代国际关系,同时又积极进取,全面介入国际规则的建构,努力发挥政治大国应发挥的作用。

全球的相互依存告诫我们,人类有共同利益。全球化为寻求各国、各民族的共同点提供了可能,但全球化不可能也不应该泯灭丰富的个性,这就要求在对外关系中,从国家间相互对立、矛盾、冲突的思维方式转向彼此间相互合作、求同存异的思维方式。今天,和平与发展已成为世界的主题,世界一体化的进程呈现逐步加速的趋势。为适应客观环境的变化和要求,应确立一种新的思维方式,既承认阶级和民族矛盾,承认各国的国家利益,又必须注意到国家间的相互依赖性和矛盾的同一性,承认人类有着共同的利益。特别是要解决人类面临的全球性问题,只有求同存异、加强合作,才能为人类营造一个美好的家园。

人类共同利益的凸现具有重大的意义,它意味着类主体的形成和迄今为止以地域、族群为基础的历史正在走向终结,全球人类历史已经开始,这标志着人类历史的重大转折。人类共同利益的凸现还标志着价值目标的根本性转换,事实证明,当全人类共同利益凸现出来时,某一地区、某一国家或某一民族原有的价值尺度便失去了其绝对的地位,面对人类的发展困境,必须树立起以人类共同利益为核心的"全球意识"的价值观。资本主义的高度发展,在自我扬弃中必然会转向社会主义;个体本位发展至极端,就会引向类本位。这些也正是人类共同利益凸现的重大意义所在。20世纪可以认为是人类发展史特别是现代史中最为震撼人心并有着特殊重要意义的世纪,是一个名副其实的人类大变革大发展的时代。人们通常只是从政治、经济、文化、科技等具体内容方面去理解和评价这个世纪的变革,很少从人的发展方面去看待和认识。其实,20世纪特殊重大的意义恰恰主要是表现在这个方面。人类共同利益的凸现意味着类主体的确立和迄今为止的以地域、族群为基础的历史正在走向终结,这是人类历史的重大转折。人类战争已经从工业时代以能量流为特征的技能型战争,进入到信息时代以信息流为特征的智能型战争,获得信息以及对敌方信息系统的破坏已成为交战双方斗争的焦点和决定胜负的关键。就像空中战场是地面战场的延伸一样,太空战场必然是空中战场的延伸

1. 人类共同利益原则的现实要求

"由于现行外空条约并没有明确规定如何保护和促进全人类在外空的利益,一些空间大国及其私营企业往往可以《外空条约》规定的自由探索和利用外空原则为名,谋求自己的外空利益,而不考虑甚至损害其他国家和全人类的利益。因此,如何加强落实外空共同利益原则,是当前外空领域面临的现实问题,任重而道远。"事实上,人类共同利益原则还远没有达成准确的程度,现实的做法是在外层空间开发利用中将其转化为包含以下主要内容的国际关系准则,以规范外层空间国际关系,沿着对人类而言真正"正确"的方向成长。

联合国主导外层空间和平开发利用。尽管世界各国在外层空间和平开发与利用问题上存在着共同利益,但实际中的外层空间和平、合作和发展却并不顺利。其原因就在于各国开发利用外层空间的收益是一种技术性级差空租,谁的技术投入大、技术水平高,谁的收益就大。外层空间开发利用是一项典型的大科学工程,它需要一个国家雄厚的综合国力作为后盾。冷战后,国际格局中大国权力结构发生了明显的新变化。这个变化的一个突出表现之一,就是国际战略力量的严重失衡。各国综合实力对比的严重失衡,对外层空间开发利用的直接影响就是造成新型外层空间国际关系构建受挫,追求绝对霸权与和平开发利用的矛盾和斗争更加错综复杂。

个别国家追求技术性级差空租的能力远远超过其他国家,这就更需要共同协商产生的机制来确保外层空间开发利用的合理和有效。如果任凭某些国家凭借其强大的综合国力、无与伦比的空间技术,去谋求外层空间的绝对安全和绝对霸权,那么,外层空间国际关系成长中的"安全困境"就难以缓解和消除。世界各国日益认识到,外层空间开发利用中技术性级差空租的特点和冷战后国际权力格局的"一超多

强",决定了由联合国这一唯一全球性的综合国际组织主导外层空间和平开发利用是维持外层空间长期稳定与和平的必由之路。只有通过联合国主导下的有效国际合作寻求外层空间和平共处,才能确保外层空间真正成为人类发展的新空间。

1963年,联合国通过了《禁止在大气层和外层空间进行核试验的条约》,包括美、苏在内的117个国家签署了该《条约》。1966年12月,联合国大会通过了促进空间和平利用,防止空间军事化的《外层空间条约》。《外层空间条约》自1967年10月10日起无限期有效,目前已有96个国家批准加入。该《条约》规定了探索和利用外层空间的一些基本原则,其中有外层空间自由、外层空间不得占有、外层空间活动为全人类谋利益以及外层空间不得用于军事目的等。1979年第34届联大通过了《指导各国在月球和其它天体上活动的协定》,即《月球条约》,宣布月球是全人类的共同财产,各国不得以任何方式据为己有。这些外层空间条约和有关文件既是指导各国外层空间活动的依据,也是外层空间国际关系框架的主要组成部分,外层空间国际关系正依此框架而全面成长。

各国自由、平等参与外层空间开发利用。鉴于外层空间技术性级差空租的获得,要求各国以强大的综合国力为基础,它是不可能按主权原则硬性"分割"的。目前,越来越多的国家纷纷通过发展自己的航天事业,试图在外层空间中强化其优势地位,从而不断增强军事实力和经济实力,以便在国际政治斗争中争取更多的发言权。而部分发展中国家也积极努力,意欲或已经参与到外层空间领域的竞争之中,进而提升本国在国际政治方面的影响力。

在外层空间开发利用方面,并不存在绝对的利益冲突,国家间的竞争也并不是完全的"零和博弈"。但外层空间国际关系的和平成长,由于事涉国家核心利益而与权力的分配紧密相关。现实主义学者认为,在很多情况下,权力大的国家拥有更大的发言权,而"弱一些的国家可能就没有自主选择"。对外层空间国际关系成长的影响力,正是按一定比例在成员国中分配的权力结构的反映。"权力可改变由选择途径的不同而产生的结果"。从这个意义上说,外层空间国际关系能否和平成长,取决于在外层空间开发领域彻底打破各国固有的权力结构,坚持各国自由、平等参与外层空间的开发利用。

外层空间没有国家所有权的问题,外层空间开发利用的收益也不是绝对空租。任何国家进入外层空间所追求的是技术性级差空租,为了防止技术先进国家凭捷足先登而擅自垄断外层空间技术性级差空租,就需要制衡任何称霸外层空间的企图。冷战结束后,苏联在外层空间的势力突然消失,俄罗斯又难以为继,美国乘势扩张,成为在外层空间占有压倒性优势的唯一超级大国。2006年10月6日,美国公布的新外层空间政策更为突出地强调美国享有绝对自由行动权;拒绝就任何可能会限制其进入或使用外层空间的协议进行谈判,反对与这一原则相违背的任何形式的外层空间协议或规定;如有必要,美国有权不让任何"敌视美国利益"的国家或个人进入外层空间。这一政策体现了美国不容他人"染指"外层空间,追求外层空间霸主地位的意图。

倡导国际合作的外层空间和平开发利用。外层空间不同于领空,也不存在天然性级差空租。因此,任何国家在开发利用外层空间的过程中,都没有"经营权垄断"的问题,不能擅自独占技术性级差空租。目前,外层空间开发实践中有关各国对军备竞赛威胁的"共同厌恶"使各方在安全问题上拥有一系列的共同利益要求,大多数国家希望对外层空间武器化的趋势加以抑制,这就导致了倡导国际合作的外层空间和平开发利用的呼声日益高涨。但在过去的几十年中,谋求研发和部署外层空间武器系统的努力在一些国家从未停止过,只是受特定的历史条件限制而未能成为现实。目前,世界上一些军事大国纷纷为组建天军、建立外层空间军事基地、争夺"制天权"做着积极的准备。随着科技的不断成熟,外层空间面临武器化的危险。这种趋势的发展不仅会阻碍外层空间的和平利用,还会引发外层空间的军备竞赛,进而对国际

安全格局造成严重的消极影响。由此可见,防止各国在外层空间活动的武器化已是十分现实和紧迫的问题。

个别国家以强大的实力做后盾,调整外层空间政策,明目张胆地试图垄断外层空间技术性级差空租。这既增加了外层空间开发利用中的冲突危险,也暴露出现有外层空间国际关系成长中的缺陷。外层空间武器化的威胁,应该引起国际社会的重视。外层空间武器化会严重影响对外层空间的和平利用。这个问题正引起国际社会的高度关注。2002年6月,中国、俄罗斯、白俄罗斯、印度尼西亚、叙利亚、越南、津巴布韦联合向裁谈会提交了关于"防止在外层空间部署武器、对外层空间物体使用或威胁使用武力国际法律文书要点"的工作文件,得到了许多国家的支持。在2005年10月的联合国大会上,160个国家投票赞成《防止外层空间军备竞赛》条约之必要性的决议,只有美国一票反对。2007年3月,联合国和平利用外层空间委员会第46届法律小组委员会会议讨论如何利用和完善相关的国际法框架,促进国际和平利用外层空间事业的发展。除美国外的各国代表认为,早日制定禁止外层空间武器化的国际条约是国际社会面临的共同任务,联合国和平利用外层空间委员会及其法律小组委员会应发挥应有的作用。

在外层空间国际关系的权力建构过程中,最重要、最紧迫的问题是通过建构国际安全机制来消除外层空间军事化、武器化的威胁。一般认为,国际安全机制是"关于特定安全领域,为达成某一共同的安全目标而建立的,容许国家相信其他国家将予以回报,而在它的行为上保持克制的那些原则、规则和标准"。合理的外层空间国际安全机制对于促进安全合作的实现具有十分重要的作用,在"没有制度的情况下,实际的合作常常比可能的合作要少"。对外层空间安全机制起源与建构的研究,实质上就是要回答为什么在外层空间安全领域要存在机制。或者说,机制产生的根源是什么?机制是如何设计、建构的?

2. 国家安全利益和外层空间安全机制

追求特定的国家安全利益是任何国家都具有的价值取向,无论是大国还是小国,无论是发达国家还是发展中国家,都是如此。国家作为一个政治主体有自己特定的国家安全利益。任何一个国家要生存和发展,它首要的追求目标必然是国家安全利益。国家安全是随着国家产生而出现的一种社会存在和社会现象。从古到今,国家安全一直处在发展变化之中。到了当代,其发展变化的速度进一步加快,其内容和形式越来越丰富,问题越来越复杂。凡是能给国家这一国际政治主体带来安全满足的事物都是国家安全利益。时至今日,国家安全的基本内容包括了国民安全、国土安全、经济安全、主权安全、政治安全、军事安全、文化安全、科技安全、生态安全、信息安全等。国家的安全需要是国家生存发展的条件,或者说,是生存发展的基础。国家安全需要是自我性的,而安全需要的实现则是国际性的。在实现过程中,安全需要转化为国家安全利益。为了生存和发展的安全需要,国家必然要追求各种各样的国家安全利益,在国际关系中追求自身的国家安全利益。这就决定了国家安全利益本身存在着内在矛盾,即国家安全需要的自我性与实现的国际性之间的矛盾。国家安全利益是国家普遍追求的价值,因此,国家安全利益的追求推动着外层空间领域的各种努力,推动着国家自身在外层空间的发展。但是,具体的国家与国家之间的安全利益既有重合部分,也有差异部分。正是这种重合和差异,形成了国际社会主体之间不同的安全利益关系。

安全是国家的根本利益。空天既是军事上的"制高点",又是国家安全的"高边疆",还是经济增长的主要源泉之一,正成为综合国力的一个增长点。审视全球未来,没有比进入空天更重要的了。空天以其在国家政治、经济等各个领域中的独特地位与作用,使得空天安全不仅已经成为国家安全体系的重要组成部分,将对国家安全产生巨大而深远的影响,而且国家安全和国家利益对空天日益依赖。托夫勒曾经说过:一个国家创造财富的手段就是它制造战争的手段。空天作为军事

和经济的强国手段——国家强盛的主要资源,是十分关键的。许多国家将空天看做是正在出现的极其重要的国家利益的区域。2009年11月6日胡锦涛主席在人民大会堂会见了应邀前来参加庆祝中国人民解放军空军成立60周年"和平与发展国际论坛"的巴基斯坦等30国空军代表团团长,代表中国政府和军队对各位贵宾的到来表示热烈欢迎。胡锦涛主席强调,中国将继续秉持和平、发展、合作的理念,坚持和平开发利用空天,积极参与国际空天安全合作,推动建设互利共赢、安全和谐的空天环境,促进人类和平与发展的崇高事业。随着世界文明的进步,人类活动由陆地、海洋向空中拓展,并不断向新的高度进发。空天已日益成为世界各国人民友好交往的重要纽带和人类文明发展的重要领域。维护空天安全、构建和谐空天,已成为各国人民的共同追求和美好愿望。

美国认为"到21世纪,国家对空天能力的依赖就像19世纪和20世纪工业的生存与发展对电力和石油的依赖一样,空天将进一步成为国家安全和国家利益的'重心'。"2001年1月美国国防部长拉姆斯菲尔德领导的国家安全空天管理与组织评估委员会公布了它的报告,指出:空天和陆地、海洋及大气层一样,将成为一个战场。美必须发展阻止和防御敌方在空天和从空天进行军事活动的能力。报告称:"美国的国家安全取决于它在空天的成功运行能力。假若美国要避免一个空天珍珠港事件,它就要认真地考虑成功攻击空天系统的可能性。空天力量将成为美国实施国家安全与军事战略的主要依靠力量,因此,21世纪美国空天力量的首要任务是夺取空天优势。"1999年1月,美国国防部的《航天政策》指出,空天如同陆地、海洋和空中一样是一种媒介,美国在这些媒介内所进行的军事活动都是为了实现美国的国家安全目标。该书并强调指出,对美国航天系统的有意干扰将被视为对美国主权的侵犯。俄罗斯前总统普京认为:"如果没有航天部队或者空天军事力量的话,那么根本谈不上加强全球的战略稳定。"俄前航天部队司令伊万诺夫上将称:"优先发展空天信息支援系统,确保有效地支持部队行动,是俄罗斯国家安全利益和维护世界战略稳定所必须的。"可见,空天力量的出现,既有支持陆、海、空作战的因素,又有保护国家经济利益的因素。通过空天力量维护空天安全,是维护国家安全的战略需要。

作为人类生存和发展不可或缺的资源宝库,空天吸引着世界各国不断加大空天技术开发和应用的投入。目前,世界各国竞相进入空天,争夺空天蕴藏着的巨大资源。一旦这种争夺引发的矛盾难以调和时,就可能导致激烈的空天对抗。同时,空天的军事化,特别是空天的武器化正愈演愈烈,其后果是将战争直接引入空天。在不久的将来,世界各国不仅要抵御来自陆地、海洋和空中的进攻,而且要防范来自空天的威胁。面对国际安全环境和空天安全环境的严峻挑战,从国家安全战略的高度大力加强空天力量建设,是维护国家安全和利益的迫切需要。空天盾牌已成为继"核盾牌"之后,确保国家安全的又一"盾牌"。由于空天具有无可替代的优势,美、俄在加速抢占空天"制高点",把空天能力集成到信息战的总体中去。空天已与陆上、海上和空中的军事行动无法摆脱地联系在一起。将空天力量强大的信息支援能力与地面精锐作战力量强大的突击力相结合,形成具有威慑作用的"杀手锏",是迅速提高军队在高技术条件下作战能力的有效途径。

威慑通常以极大的突然性、快速性出奇制胜地对敌实施恐吓,使对手感到害怕、战栗、虚弱,在心理上制造无能、恐慌、无助和瘫软,从而摧毁对手的意志,使其放弃抵抗,达成既定的战略、政治和军事目标。空天力量的崛起,可以发挥战略威慑作用。空天威慑是指以强大的空天力量为后盾,通过威胁使用或实际使用空天力量来震慑和遏制对手。空天威慑是继常规威慑、核威慑之后的又一种威慑形式,具有全球性、灵敏性、高效性、多样性和攻防性等特点,有着常规威慑和核威慑所不具有的优势,并影响和制约着常规威慑和核威慑能力的发挥。特别是侦察卫星的应用,极大地提高了军事透明度,降低了大国间诉诸武力的可能性。它可以监控对方的战争准备情况,进行较准确地评估,使对方不敢贸然发动战争,以达到"不战而屈人之兵"的目的。美军认

为,航天部队在协助对付现在和未来有可能威胁美国国家安全的新危机中将发挥重要作用,把航天部队作为美国武装部队总体威慑态势的一个统一组成部分。

空天作为国家综合国力新的增长源,已成为维护国家安全与利益的"高边疆"。美国空天安全战略学家丹尼尔·格雷厄姆指出:"纵观人类历史,那些最有效地从人类活动的一个领域转入另一个领域的国家,总能获得巨大的战略优势"。当今世界,谁能最有效地进入空天,谁就将取得巨大的战略优势。21世纪是人类全面走向空天,开发和利用空天的世纪。世界各主要国家都在竞相抢占空天这一战略制高点。从保障国家安全与发展的根本利益出发,站在维护世界和平、促进共同繁荣的高度,深入研究空天力量和国家安全的关系问题,认识和把握空天安全战略的发展趋势,是未来中国国家战略的重大课题。空天安全战略是筹划与指导空天力量建设与运用的方针、原则和政策的总和,它从属于国家军事战略,并受其制约和指导。空天安全战略研究与解决的问题主要是:空天力量建设的方针、原则,空天力量运用的原则、方式,制天权理论,空天作战的特点、样式和战法等。空天安全战略是主权国家或国家集团为开发和利用空天,建设和运用国家空天力量所采取的方针、原则和政策的总和。空天安全战略直接反映国家战略的要求,并受国家战略的指导和制约。空天安全战略不仅包括对发展国家航天事业、和平开发与利用空天的运筹、规划,而且包括对空天安全和对空天力量的筹划和运用,由此可见,空天安全战略是包括空天政治战略、空天军事战略、空天经济战略和空天科技战略的综合性大战略。空天安全战略作为关系到国家安全与发展的大战略,在国家现代化建设和社会进步中具有宏观指导作用,是整个国家战略体系的制高点。随着时代的发展,战争与社会的联系越来越密切,战略必须更多地考虑经济、心理、道义、政治、技术等非军事因素,战略已不只是一个军事领域的概念,因此,我认为应该从广义的角度理解空天安全战略这一国家利益机制。

太空文明时代的发展趋势催生空天战略利益,太空的特殊环境是超真空、超净、深冷,电磁场、等离子体,粒子、辐射等是独一无二的全尺度的天然实验室;是人类得以进行地面上无法开展的备种实验研究、从新的侧面认识自然的新天地;也是可以进一步利用开发的新资源。太空飞行器平台上的微重力环境,使得重力对物质造成的浮力、对流、沉淀、静压等的作用减小甚至消失,而表面张力、扩散等作用相对地成为主要因素。这些新的现象和规律为物质的物理、化学、生化等特性的研究开创了崭新的局两,诞生了太空生命科学和微重力材料科学,打破了人们囿于重力条件下认识事物的习惯。人们发现,在微重力条件下,难混的物质可以混合;不需容器装盛就可熔化和固化物质;活细胞的分离,纯度和效率得以提高;生长的晶体则大而均匀。重力下无法加工制造的特种合金、泡沫金属、金属玻璃、珍贵的生化制品和药物的纯化等等并非幻想,人们看到了新工业革命的希望。

多少年来人类对自己诞生和赖以生存的地球,虽然几乎走遍了它的每个角落,但只能够局部地、孤立地、小范围地或静止地看到它。航天器和航天员的上天,使我们可以居高临下,清楚地看到它的全貌。终于可以把地球像一颗行星那样加以探测研究,认识其整体的特性和变化了。通过太空对地观测使人们认识到由于人的活动、社会的发展对全球环境所造成的影响。特别是近几十年来,世界人口的急剧增长,人类的活动对全球自然环境所造成的污染和破坏,使我们居住的星球正处于脆弱的生态平衡状态。全球环境变化的速度与规模,也许是我们这个时代最令人担忧的事。耕地的沙化、森林面积的剧减、海岸的侵蚀、臭氧层的变薄和南极臭氧洞的出现、全球变暖的趋势,以及气候异常、灾害频发等等,给人类敲响了警钟。如果继续糟蹋它、破坏它,那就会毁灭人类自己。目前,太空手段已成为监测、管理地球资源和环境的必不可少的有效工具。

当今世界,越来越多的人认识到太空科技已与国民经济的持续发

展和人们的日常生活密不可分了,特别是在已经到来的信息时代更是如此。信息科技专家指出:信息是人类生存的要素、重要的资源和智慧的源泉。因此信息乃是制约当今各国国民经济发展的重要因素之一。而太空工具和方法已经成为为大量信息获取和传递的可靠手段和行之有效的途径。这不仅体现在认识自然、探索宇宙奥秘方面,而且也体现在国民经济各部门的方方面面。在地球赤道上空的静止轨道上,只需要3颗卫星,它们的探测范围就可覆盖全球几乎所有有人居住的地区,这种方式已经成为常年信息获取和传递的必备手段。与每个人每天的生产和生活都有关系的天气预报,就是用上了太空飞行器的云图和观测资料,这大概是最直接、最容易理解的突出例子。利用气象卫星,可在全球范围对大气水分、垂直温度分布、云层的分布和走向等进行测量,收集广布于陆地和水面自动测景平台的气象参数记录,从而大大提高天气预报的质量。特别是对台风的跟踪测量,已经做到十分精确。由于提前警示,早作防备,因而大大减少了生命财产的损失。

除气象卫星外,各类对地观测卫星每时每刻所获取的全球数据,可能和每个人的个人活动不那么直接有关,却是国民经济各部门调查、统计、规划和决策的重要依据。由于太空飞行器可在不同的轨道,以不同的重复周期,选用不同的有效载荷,采取不同的波段、不同的空间分辨率和光谱分辨率,以及构成不同的卫星组合,因而能满足各不相同的需求。因而,与传统手段相比,可以较少的人力、较少的资金,在较短的时间内获取大范围的各类数据及其随时间的变化。目前,太空科技已广泛应用于综合考察、土地利用、植被分布、作物估产、地质勘测、矿藏油田、植树护林、海洋资源、滩涂利用、冰川荒漠、渔业水产、水文水情、水库修建、草地草原、生态平衡、城市规划、交通选线、污染监测、地震预报、减灾防灾、温室效应、全球变化等各大领域,在经济的可持续发展中,起着越来越重大的作用。近年来,太空遥感技术与地理信息系统及卫星定位系统相结合的"3S 工程",将使遥感应用进一步向定量化、网络化和数字化发展。无论是为宏观的战略决策,还是对偶发的突危事件的处置,都将发挥不可估量的作用。

对于信息社会,全球及时有效的信息传递不可缺少。通信卫星是目前世界各国应用极为广泛、而且业已商业化的人造卫星系统。卫星通信已经成为很多国家全国军用、民用通信网络的一个重要组成部分。传送的信息包括语言、文字、图像、各类数据及信号,普遍应用于新闻、文娱、体育、教育、卫生、邮政、金融、市场、会议及军事各领域的远程通信、直播、实时传送、转播、移动电话、数据中继等诸多方面,尤其是利用卫星的远程教育已取得了惊人的实效。对洲际,岛屿,交通不便的山区、边区、灾区,运行中的车辆、舰船和飞机,包括太空飞行器之间的通信联络更具优越性。当你坐在家中通过电视观看全球节目,接受专业教育,或者用你的手机和你遥远的亲朋好友通话时,你能直接感受到太空科技就在你身边为你服务。利用卫星进行测绘和导航,比传统的手段和方法更为快捷和便宜,而且精度大大提高。全球三维测量网的完善,多普勒方法、长基线干涉方法及激光技术的进展,加上计算机技术的综合应用,使世界地图的定时更新、对地壳板块微小相对运动的监测成为可能。不仅对静止或缓慢移动的对象进行监测,而且可对快速运动中的机动车辆和飞行器进行全天候的、实时的和高精度的三维定位。这样的系统已经在城镇机动车辆防盗追踪,出租车合理调配等领域加以推广应用。为了满足某种特殊的需求,科学家还专门设计研制了特殊的卫星或卫星系统,如直播卫星、植被卫星、"海事卫星"系统,"GPS"、"GLONASS"、"伽利略"卫星定位系统及"全球星"等各种通信卫星等。

卫星、飞船的发展神速,一方面得益于冷战时期导弹武器的竞争,另一方面,其本身的军事应用价值,也是主要因素之一。苏、美一开始就试验发射了用于军事侦察和导弹预警的卫星。1960年8月美国试验成功的回收舱,就是用于照相侦察的卫星,它用高分辨力的相机和底片,可拍摄敌方的军事设施和军事行动。预警卫星则企望利用红外线

敏感仪器在轨道上监测敌方发射的导弹尾焰,并跟踪其飞行弹道,从而提供预警信号。对于洲际导弹,约可提供半小时的预警时间。1963年10月16日,美国还发射成功了核爆炸侦察卫星"维拉"1号和2号。在约十多万千米的高远轨道上,利用核爆发出的软X光和γ射线等辐射,监测全球的原子弹和氢弹爆炸。测量其爆点、爆高及爆炸当量等参数。特别是全球卫星导航定位系统,它能使常规的地—地导弹、潜—地导弹和巡航导弹大大提高击中目标的精度。事实上,气象卫星、资源卫星、测绘卫星、通信卫星、数据中继卫星、导航定位卫星等各类卫星,军、民均可应用。而且军民结合、同步发展是理所当然的两利途径。从太空时代一始,军事目的始终是太空计划的重点,太空早已成为敏锐反映冷战关系的新场合,太空手段已是超级大国军备竞赛的最重要组成部分。在中东战争时,太空飞行器已被用于观测评价新武器实战效果的最佳手段。而1991海湾战争和1999年春北约军事集团对南斯拉夫的空袭中,太空飞行器的大量投入,使其成为战术军事行动的重要角色。在军事信息的获取、传送以及目标的精确定位、武器的导向等方面,太空飞行器正发挥着不可替代的作用。未来"天基综合信息网"的设想、规划,将把信息的获取、存储、交换、传送、处理、分析、鉴别、决策、反馈等各个环节,连接起来形成网络,进一步组成陆、海、空、天的一体化综合系统,将成为未来立体战争的中心环节。

除此之外,正因为太空飞行器在军事战略和战术中的重要地位,其本身的攻击与防卫也一直是太空规划中的重点之一。包括攻击型的太空武器,反卫星战术技术,从地面和空中发射的攻击轨道目标的武器,光和粒子的高能射束武器,太空对地攻击手段,太空通信的干扰和反干扰,以及俘获和破坏敌方在轨飞行器的系统及太空基地等等。掌握"制天权"将成为未来立体战争中决定胜负的决定要素之一。另一方面,任何先进的系统都难免有其薄弱的一面。系统越是精巧复杂,越容易遭受干扰和破坏。最优秀的设计制造者最清楚薄弱环节之所在。作为武器系统,聪明的设计者在设计攻击武器时,也同时考虑到本身薄弱环节的防卫措施,以及干扰破坏敌方同类武器的最佳选择,反之亦然。

"科学"一词来源于拉丁文,按拉丁文字根的原意是"求知"。如果说自然界里种种无法回答的问题和引人深思的奇异现象是求知的动力,那么科学就是寻求这类问题之答案的惟一钥匙。太空科学在它诞生之前,就有一大堆的问题期望着通过它能一一做答。人类盼望这一天的到来,已经历时几千年。对宇宙的遐想和不断探索而产生的大量新问题,在地面上即使采用最先进的手段也难以得到满意的解答。因此,作为一门新兴的前沿科学,太空科学所固有的这一开拓创新的特点,就决定了它在科学和社会发展中的特殊地位。在前面认识自然一节中对此已作了论述。它"初出茅庐",伴随着自身的发展,就对长期积累的许多问题给出了令人振奋的回答,使人类对整个宇宙包括对地球本身的认识,有了新的提高,出现了新的飞跃。但更为重要的是,所产生和引发出的大量新的问题和自然之谜,吸引着人们去进一步探索。过去,从太阳能量产生的机理得到启发,制造成功了氢弹,并正在接近掌握可控热核反应技术就是一个例子。如果从对这些新现象、规律的了解,进而掌握和运用这些规律,将是今后科学和社会发展的新的巨大动力。

太空科技在国民经济各个领域的广泛应用和卓有成效的结果,无疑是推动社会进步的强大动力。航天产业已经或正在形成为各主要国家的支柱产业之一。人类的太空活动从幻想开始,经历了漫长而曲折的道路,至今已经成为社会政治、军事、经济、文化和普通人日常生活中不可缺少的一部分,但太空的活动并不是孤立的,它与人类社会的方方面面都有紧密的关系,它的诞生和发展离不开全社会的进步和支持,它的发展规模和速度更受到社会政治、军事、经济,甚至自然条件、领导人的决策决心等诸多因素的影响和制约。所有这些,有时会使它的发展道路变得坎坷崎岖,但它一定会和人类的文明、社会的进步相辅相成地共同向前不断推进的。随着各国对外层空间争夺的加剧,空

间战略问题已经引起广泛关注。从保障国家安全与发展的根本利益出发,站在维护世界和平、促进共同繁荣的高度,深入研究空间力量和国家安全的关系,认识和把握空间战略的发展趋势,将成为21世纪军事战略理论研究的一个重要课题。

1. 空间探测与应用的发展趋势

未来若干年,世界航天技术将持续快速发展,各国将进一步加大人力、物力和财力的投入,积极参与人类空间探测与运用领域的活动,其发展趋势主要集中在以下几个方面:

(1)航天运输系统。降低航天器发射价格是主要努力方向。现有的低轨道运输价格大约为每千克1万美元,距离每千克1000美元的奋斗目标相差甚远。因此,航天大国都在研究发展新的航天运输系统。虽然多种可重复使用的运输系统都在开展研究,但相当一段时间内航天发射仍然离不开一次性的运载火箭,因此高能、无污染、大推力、低成本的新型运载火箭的研制仍是航天大国努力的方向。

(2)人造卫星。应用卫星由于具有很高的经济效益,将更多地进入商业化。因此开发航天技术的国家,首先把资金集中用于各种人造卫星的研制。各种应用卫星将继续提高水平,降低造价,扩大应用范围。在遥感方面,除发展陆地、海洋资源卫星外,将加强对地球环境监测、减灾活动等内容;在通信卫星技术方面,除了研制发射大容量、多频段、大功率、长寿命的大型通信卫星外,研制和发射几十至几百千克的小型卫星是新的方向。值得注意的是,应用卫星系统研究正在从局部地域向全球发展,它可使地球任何地区进行实时定位、通信及获取各种主要信息;空间能源利用方面,未来有可能建成卫星式太阳能电站,在轨道上利用太阳能发电,再以微波形式传送到地球用户。

(3)大型空间站。载人航天是人类开发宇宙太空的必然发展,与20世纪60年代不同,当今世界载人航天计划的核心,是在靠近地球的轨道上建立长寿命的大型空间站。空间站主要有如下功能:遥感及微重力等科学研究;停靠、维修并为人造卫星补充燃料;在空间站进行部件或整机组装工作;作为物资、宇航员及航天器转运基地。近年来,美、俄两国都由于空间站投资太大,进展缓慢,一再修改计划,缩小原定规模。两国还探讨合作联建大型空间站的计划,以节约经费,计划共有欧洲、日本、加拿大等 16 个国家参加。

应该提及的是,为使空间站更有效地应用,研究发展空间机器人及虚拟现实技术很有必要。这样,科学家、工程师就可以在地面完成宇航员在天上进行的各种工作。目前,世界不少国家都在开展这一领域的研究。

(4)深空探测。过去 40 多年,人类在深空探测方面做出了巨大的努力,取得了一系列的成果。随着深空探测活动的不断发展,未来美、俄、欧、日、印等国都将对深空进行深入探测。其中主要有两大方面:一是太阳系行星探测;二是天文观察。由于月球上有氦-3 等多种重要资源,世界上不少专家倡议各大国联合开发月球。美国计划于 2018 年重返月球,该计划耗资 1000 亿美元,将历时 12 年。如果成功重返月球,美国将逐步在月球上建立一个航天员常驻基地;日本也于不久前公布了雄心勃勃的探月和登月计划。此外,行星探测还包括对金星、木星、火星、水星等及其周围环境的探测。已经发射的"伽利略"木星探测器,其主要任务就是对木星进行探测研究。研究木星具有重要的科学意义,因为太阳系内木星有自己的小卫星,有自己的运行轨道,其模型与太阳系相类似。科学家认为,通过对木星及其周围环境考察研究,有助于了解太阳系的起源以及地球在太阳系中的地位。在天文观察方面,预计今后将有数座轨道天文台在太空工作,美、欧的"哈勃"太空望远镜未来计划,有希望解开银河系奥秘,将使天文观察进入一个新纪元。此外,还将发射红外天文台、宇宙背景辐射探测器等。

(5)空间军事系统。军事力量的快速反应需要适时和准确的侦察、可靠的气象预报、精确的导航和地图测绘以及足够的通信线路。为此,今后各国必将进一步加强和完善现有的各类军用卫星系统;再者就是建立导弹防御系统。20 世纪 80 年代美国曾有"星球大战"计划,其目的

在于摧毁对方洲际导弹的进攻能力,从而确保自己的军事威慑和进攻能力。"星球大战"计划的系统由三部分组成:监视和跟踪系统、多层次拦截武器以及指挥和控制系统,该计划需要巨额投资。苏联解体后,美国鉴于海湾战争的经验以及财力上的原因,决定缩小该系统的规模,确定首要任务是研制战略弹道导弹防御系统。"星球大战"计划的科研成果,不仅在军事航天应用方面有重要价值,而且在促进科技进步和经济建设,以及防止小行星撞击等方面都具有潜在意义。

近50年的"太空竞赛"虽然具有浓厚的政治军事背景,但从客观上大大促进了科技进步,使人类受益匪浅。航天技术首先将人类社会传递与交流信息的通信手段提高到一个全新的水平;其次,实现了气象观测方式的革命,使现代气象学进入了以全球大气为研究对象、以气象卫星为主要观测工具的新阶段;再次,卫星导航技术的发展,为人们的交通运输提供全球性、连续性和高精度的导航业务;航天技术的发展还为空间科学实验活动提供了极其优越的技术手段,丰富了人类对宇宙的认识。航天技术所特有的优点,使之很快地被运用于军事领域,并对未来战争形态和作战方式产生越来越大的影响。

2. 日益严峻的太空战略形势

太空军事化发展已成为影响当今世界战略形势的一大重要因素。当前,美国把保持与发展全面的太空军事优势作为其称霸21世纪的主要战略举措,一场更加激烈的太空军备竞赛已经全面展开,太空军事化趋势不可逆转。

(1)太空经济与科技已成为美国新的战略资源,争夺太空资源是美国"全球战略"的必然要求

1998年4月,美国航天司令部在其《2020年设想》中指出:"21世纪国家对航天能力的依赖可以和19世纪、20世纪对电和石油的依赖相比拟。""空间商业应用正在全球迅速扩展。未来10年,将发射1000多颗卫星。这意味着总投资将大于5000亿美元。""我们国家的军事和

经济对空间资源的依赖日益增加,使得空间将很可能成为国家重要利益之所在。……必须充分保护美国在空间的利益和投入,以保证我们国家在空间活动中的自由。"国防部长拉姆斯菲尔德曾经带领一个专门的工作小组对有关太空发展计划进行了重点研究,认为:"根据美国太空领域的发展速度,美国比任何其他国家都依赖空间技术。……一旦美国强化在太空的优势,那么未来在太空的军事冲突是不可避免的,必须早作计划,从长计议。……必须注重保卫和提高自己在太空的利益"。可见,美国已把太空视为其 21 世纪重要的国家战略资源和空间,这就决定了美国必然要将其"全球战略"的触角伸向茫茫的太空,其积极推进导弹防御系统的发展,加速"攻防一体化"太空军备建设,太空巨大的经济利益是一项重要的动因。

(2)美国正在以 NMD、TMD 为"龙头工程",积极推动其"攻防一体化"太空军事力量的全面发展,为保持其 21 世纪全面战略优势与主动谋求新的"战略支柱"

90 年代以来,美国历届政府都十分重视 NMD、TMD 反导系统的发展,特别是布什上台后,其研制与部署反导系统的决心更加坚决。美国积极研制 NMD、TMD 的战略目的,除了谋求核战略上的"绝对安全与主动",保证其常规高技术力量的绝对优势外,其更深层次的战略目的,就是把 NMD、TMD 当作其发展进攻性太空武器系统的一个"龙头工程",企图以此在技术上、组织上加速推动其太空进攻性武器的稳步发展,夺取 21 世纪太空战场的全面战略优势与主动。

美国发展导弹防御系统已经具备比较好的技术基础。近 20 年来,美国始终没有放松太空进攻性武器的研制,并且在不少方面,特别是在强激光武器、反导武器、航天飞机及在轨综合运用技术、新型的轨道轰炸飞机、空间站技术等方面已取得某些重大的技术突破,从 1999 年 10 月到 2001 年 12 月 3 日,美国先后进行了五次导弹防御系统试验,其中三次获得成功。可见,美国的导弹防御计划已经具有较好的技术基础。如果说当初里根的 SDI 计划具有较强的务虚性政治宣传色彩的

话,那么当前布什政府极力推行的 NMD、TMD 计划则是十分务实的军事准备。对此我们务必有清醒的认识。

导弹防御技术与太空进攻性武器技术一脉相承,导弹防御技术的突破将直接促进太空进攻性武器在技术上的成熟与发展。小布什的导弹防御计划是一个"全球性导弹防御计划",在作战空间上,不仅有传统的地面战场,而且还包含太空战场;在技术性质上,不仅能用于拦截导弹,而且还能用于太空战场的攻防作战。例如,美国的强激光武器,在技术上,不仅能用于反导弹作战,而且还能用于反卫星作战;不仅能用于陆地、海上和空中,也能部署在太空。目前美国正在努力使强激光武器由陆基向空基转移,预计 2002 年部署第一架演示用机载激光武器样机;2006 年部署 3 架作战型机载激光武器飞机,具备初始作战能力;2008 年部署 7 架作战型机载激光武器飞机,组成一个完整的机群,具备拦截战区弹道导弹的能力。可以断言,一旦强激光武器在技术上实现空基化,那么由航天飞机、空间站和卫星携带的天基强激光武器也就会成为现实。据悉美国计划 2012 年发射试验卫星,2013 年进行在轨反导反卫试验,随后部署实用系统。

美国导弹防御计划采取"国际大合作"的研发模式,这十分利于其利用各国先进的技术与资金,加速其导弹防御计划的研制步伐。布什政府扩大导弹防御计划的规模及其"防护范围",意在将欧洲、日本、韩国、台湾、以色列等国家和地区拉入其导弹防御系统的"战车"上,这样一方面可以借口保护盟友的安全,赢得这些国家和地区对导弹防御计划的支持与理解;另一方面还能弥补其技术和经费上的不足,有利于加快美国导弹防御计划的前进步伐。一旦以美国为主导的导弹防御计划研发成功并完成部署,美国就能以此加强对其盟友的控制。

(3) 太空信息保障力量已成为美军不可或缺的重要组成部分,是美军准备与实施高技术信息化战争的重要依托。进入 20 世纪 70 年代以后,美国太空信息武器装备的性能得到实质性发展,在战术技术性能上,由 60 年代的试验性有限战略太空信息保障,逐步进入到实用性战役战斗太空信息保障,特别是到90年代,无论是在技术上还是在数量规模上都进入成熟阶段,传统的陆海空三军在作战理论和武器装备上,开始与航天力量逐步全面深入地"接轨",从而使航天力量的实战运用迈上了一个新台阶,太空信息支援与保障的实战运用趋于成熟。

这一时期航天力量实战运用的基本特征是：航天力量数量规模化、手段多元化、运用时间全程化、运用空间全球立体化、运用水平战役战斗化。在90年代先后爆发的海湾战争和科索沃战争中,以美国为首的多国部队和北约,分别动用了70多颗和50多颗、近20种不同类型的卫星,对美国三军及其盟军实施高效的通信、情报、预警、导航等多种信息支援与保障,为其赢得这两场战争发挥了至关重要的作用。由于海湾战争是在冷战结束后不久突然爆发的,这时美国的航天力量还未能从"冷战"状态中转换出来,只能仓促上阵,所以美军称海湾战争是"第一场没有准备的空间战争"。但时隔8年后爆发的科索沃战争,美国的航天力量则经过了一番充分准备,故可称之为是美国进行的"第一场有准备的空间战争"。目前美国军事航天信息系统无论在技术上还是在种类规模上,都具有很高的实战运用能力。同时,美三军运用太空信息的手段与能力也有了迅速的发展,具有十分浓厚的"太空信息化"色彩。军事航天信息系统已经成为美军力量系统的核心要素,成为美军进行高技术信息化战争的重要依托。为此,美国将会不遗余力地高度重视太空力量的发展与运用。

(4)美国进一步加强了太空军事力量领导体制建设和太空军事理论研究,为加快太空力量的发展与运用提供了有力的组织保证和理论指导。2001年5月8日,美国国防部长拉姆斯菲尔德签署命令,对美国军事航天领导体制进行重大调整。决定加强空军航天司令部的职能,指定空军航天司令部负责美国空间系统计划、立项、采办,向国防部长办公室提供空间项目计划、空间进攻与防御组织、训练和装备工作;空军航天司令部由一名四星上将任司令,集中精力于空间系统,不再兼任美国航天司令部和北美防空司令部司令;原属空军器材司令部的

"空间与导弹系统中心"划归空军航天司令部,负责空军科技和采购的副部长担任空间系统采购执行官和国家侦察办公室主任;在 NRO 成立空间侦察办公室;海军、陆军研发满足其"独特需求的空间系统",并与空军协调一致,有关项目须报空军空间系统采购执行官批准;在国家安全委员会内成立空间政策协调委员会,负责规划涉及军事、NASA、CIA 及其他联邦机构的空间活动;国防部长和中情局长定期会晤讨论、协调空间活动。

美国军事航天领导体制调整的核心是强化了美国空军航天司令部的权力。事实上,40 多年来,美国军事航天的主要力量、主要技术手段和主要活动一直归属美国空军,目前美国空军航天司令部有 3 万多人,占美军太空军事人员的 90%,掌管着美军 90% 的空间系统和基础设施。也就是说"美国空军航天司令部"一直是美国军事航天的主体力量。所以,这次美国进一步明确、强化"美国空军航天司令部"的主体地位,符合其军事航天力量的客观实际,更加有利于从领导体制上加强对军事航天力量的集中领导,提高军事航天力量建设与运用的力度和效率。与此同时美国还高度重视太空军事理论的研究。20 世纪 80 年代,特别是进入 90 年代以后,随着美国军事航天技术的全面发展与大量实战运用,美国太空军事理论的发展得到了极大地促进。1992 年 3 月,空军颁发《美国空军条令 AFMl-1》,提出"航空航天力量"概念,把"制空权、制天权"作为空军的基本使命;1993 年,提出"陆海空天一体化"联合作战理论,将太空战场纳入其联合作战体系;1996 年,美空军推出《美国空军 2025 年计划》,指出:"到 2025 年,空间任务比空中作战更加重要";1998 年 4 月,美国航天司令部《长期规划——2020 年设想》,提出"控制空间"、"全球交战"、"全面力量集成"和"全球伙伴关系"等太空作战理论。由此可见,美国太空军事理论的研究已经十分深入,取得了丰厚的成果。这些理论建立在成熟的技术与实践基础之上,具有很强的实践性、针对性、可操作性和指导性,这无疑对美国军事航天力量的建设与运用起到了重要的指导作用。

（5）一场激烈的太空军备竞赛已经展开，21世纪世界安全环境将会更加严峻。人类进入航天时代已经有50余年的历史，目前已有十几个国家和地区具备不同程度的航天能力，"航天俱乐部"成员不断扩大。特别是进入20世纪90年代以来，以美国为首的西方大国逐步把战略重点转向太空，加大了太空军备竞赛的力度，严重破坏世界的战略平衡与稳定，直接威胁21世纪世界的和平与稳定，从而引起世界各国的高度警惕与不安。2001年11月29日，第56届联合国大会以82票赞成、5票反对的压倒性多数通过了由俄罗斯、中国和白俄罗斯共同提出的"维护和遵守《反弹道导弹条约》"的决议草案，但美国、以色列和阿尔巴尼亚等5个国家对这一决议草案投了反对票。与此同时，美国立刻宣布进行第五次导弹防御系统测试，并于12月3日成功进行了导弹防御试验。随后，美国总统布什于12月13日宣布将于6个月后退出美苏1972年签署的《反弹道导弹条约》，以为其发展与部署导弹防御系统扫除"法律障碍"。

美国在太空军备发展上的一意孤行，不仅受到世界的普遍反对，同时也刺激了世界太空军备竞赛的发展。在布什宣布退出《反弹道导弹条约》的当天，俄罗斯总统普京在电视讲话中指出，美国政府的"这一决定是错误的"。俄方表示如果美国退出《反弹道导弹条约》,俄也将终止履行《第二阶段销毁战略武器条约》。俄第一副总参谋长巴卢耶夫斯基2001年11月30日在莫斯科说，"不排除美国将单方面退出反导条约的可能性"。他还指出：美国单方面退出反导条约，将导致一些国家在制造大规模杀伤性武器和发展导弹计划方面展开军备竞赛，从而给国际社会带来不少问题。俄罗斯为了力保其"大国形象"，除了继续保持其强大的战略核力量外，必然会把发展太空军备放在优先考虑的战略地位。俄最新制订的军事学说强调"未来战争将以天基为中心"，"制天权将成为争夺制空权和制海权的主要条件之一。"2001年初，俄决定在今后10年，把国防预算在国民生产总值中的比例从2.6%提高到5%。普京总统多次强调，今后的国防预算主要向天军倾斜。2001年

1月25日，即美国太空军事演习的第四天，俄罗斯总统普京批准了组建太空部队的方案。5月8日，在美国宣布对其太空防御政策进行重大调整之后，俄罗斯便决定把组建航天部队的日期提前到6月1日。可见，俄罗斯正在奋起直追，不让美国独霸太空。

此外西欧各国、日本、韩国和以色列等国家，不仅能够得到美国军用航天系统一定程度的信息支援，而且这些国家都在积极参加美国的NMD、TMD和国际空间站的建设，以此加快自己太空技术的发展，建立自己的军事航天系统。印度在跨过"核门槛"之后，继续推进中远程导弹的发展，加快军事航天技术的开发计划，在民用遥感卫星和通信卫星的基础上发展军事侦察和通信卫星。10月22日，印度用极轨卫星运载火箭：PSLV-CⅢ发射了一颗军用侦察卫星，据外电称，其分辨率可达1米。此外，加拿大、澳大利亚、南非、巴西、泰国等国家也将拥有本国的军用卫星。

2001年9月7日，台湾军方最新的10年建军规划资料显示，台军提出"西进"战略，强调"先制攻击"，向大陆"扩张"台湾的战略纵深。为配合这一"西进"战略，台湾当局正在通过"联合研制"、租用和购买等方式加快其军事卫星发展计划。1995年，台湾制定"太空科技发展长远计划"，规划在15年内耗资150亿元新台币，研制3颗卫星，即"中华卫星"一号、二号和三号，企图在2005年前后建成完善的、具有世界先进水平的空天预警和通信系统。由此可见，在美国激进的太空军备计划刺激下，一场规模宏大的太空军备竞赛已经在世界展开，21世纪世界的和平与稳定将面临日趋严峻的太空军事化威胁。

超大型太空定居是伟大技术幻想的核心，它涉及建设人造小世界，促进生命和文明在整个太阳系的传播。早在太空时代开始前，英国物理学家兼作家约翰·戴斯蒙德·贝尔纳就在其1929年出版的未来主义的著作《世界，肉和恶魔》中预测了人类将进行太空殖民和建设大型球形的太空定居点(现在称为"贝尔纳球体")。虽然贝尔纳所使用的

"太空殖民"一词已经被更易于接受的词"太空定居地"所替代,然而,他的关于在太空建造大型自给自足的人类栖居地这一基本思想却激发了人们对太空时代的无数研究。这些研究又酝酿出其他有趣的栖居地构想——其中一些是基于贝尔纳基本思想做出的工程方面的推断,而另一些则在形式以及目的上与他的思想截然不同。一些令人激动的太空定居构想是 20 世纪 60 年代"阿波罗计划"登月任务这一美国早期太空飞行计划的知识上的副产品。例如:德裔美国火箭科学家和空间梦想家克拉夫·阿诺德·埃利克完成了长期战略研究,创造性地推断了一个或者若干个世纪期间当代空间技术的发展(如登月任务以及美国国家航空航天局的"天空实验室"空间站)。通过其富有创新的关于"安得劳斯菲尔"生物圈、"安得劳塞尔"人造世界以及"爱斯特劳珀里斯"太空定居点的技术构想,埃利克试图描述创造太阳系文明将会对人类产生的巨大社会影响。考虑到 20 世纪 60 年代和 70 年代空间技术对地球以及地球外环境的作用,埃利克创造了"Androsphere"一词。在他对人类太空定居点的影响深远的设想中,"安得劳斯菲尔"指的是地球生物圈(包括主要陆地环境)以及太阳系的物质和能量来源(如太阳的辐射能量和月球的矿物资源)的创造性整合。

在 20 世纪 60 年代末,克拉夫·阿诺德·埃利克开始形成了他的"爱斯特劳珀里斯"构想——一个关于在地球附近建造太空城市设施的构想。他把"爱斯特劳珀里斯"看成是空间站之后的一个必然发展阶段。这个绕地轨道设施将容纳数百甚至数千位居民,工作和生活在一个巨大的有多种不同重力标准的人造世界中。他提出,这个设施将包括居住区、娱乐区(一个进行人类的动力飞行和低重力娱乐活动的封闭空间)、太空工业区、太空农业设施、科学研究实验室以及被称为"其他世界区"的太空生物学区。埃利克的太空定居点可以对空气、水和废物加以循环利用。在其基本构想中,核电站或者太阳能电池板为太空定居点提供能源。研究区专门为基础研究和应用研究、太阳系资源的工业利用提供长期的太空环境。"其他世界区"位于离定居点中心距离

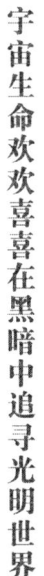

不等的区域。利用这些特殊的"其他世界区",太空生物学家、空间科学家、行星工程师以及星际探索家将能够模拟太阳系中人类有意拜访或定居的所有主要天体的重力环境。模拟对象将包括:月球、火星、金星、水星、某些大型小行星以及许多距离太阳系中心较远的一些大行星的主要卫星。这些开拓性的工作将为人类定居在地月空间以及太阳系空间铺平道路。埃利克设想的太空定居点重0.4万~1.5万吨,每24小时缓慢地旋转92.5圈。由于转动速度慢,所以,即使在靠近定居点中心、人工重力大幅降低的区域,科里奥里进行的研究项目和工业项目都将享有具有不同大小重力的良好模拟环境,所受科里奥里力的干扰极低。这种有益的环境不会出现在体积较小、旋转速度较快、机械产生人造重力的空间站。

"安得劳塞尔"人造世界是埃利克于20世纪70年代提出的一个大胆构想。这个大型的人造世界是一个独立的人造生物圈,它不位于任何自然存在的天体之上。在埃利克的设想中,这个人造微型世界要比大约在40亿~50亿年前最初由星云物质形成的太阳系中的自然世界更能有效地利用物质。这些自然形成的类地行星(地球、火星、水星和金星)以及在太阳系中发现的各种卫星,基本上都是质量很大的"固态"球形物体。这些"固体"世界上的表面重力产生于大量物质的自身引力。然而,从人类居住的角度看,除了表面以下1英里之内的地方,这些自然世界的内部基本上是无用的。"安得劳塞尔"人造世界利用旋转(而不是大量的物质)产生不同大小的人造重力。现在,自然天体无法利用的固体内部被分层居住区的密闭圆筒所取代。在这个具有多种重力的人造微型世界中,居民将享受真正丰富多彩的生活。人造世界的外部边缘重力最大,随着向中心区靠近,重力逐渐变小,直至为零。埃利克的整个构想中最重要的一个想法是,太空定居点将不会被限制在地月系统中。相反,这个有着工厂、农田和商业飞船舰队的太空定居点,将在整个太阳系空间内自由寻求政治和经济发展。定居点里的居民可能会和地球、月球、火星或者其他太空定居点进行贸易。太空时代的这些居住着1万或10万个或者更多居民的大型太空定居点，与古希腊的城邦国家类似。在多种重力条件下的生活方式还会促进定居点和其他"自然"世界（或许是类似地球的火星、环境已改造过的金星，甚至是太阳系边缘巨大行星的某颗大卫星）之间的相互移民。从本质上来说，"安得劳塞尔"代表了人类的细胞状分类——因为作为地外自治城邦国家的居民，他们可以选择在整个太阳系内追求具有多样文化的生活方式。

当然，人类已经拥有了最初的、自然的太空定居点，它被称为"宇宙飞船地球"。不久以后，人类的母体世界上的居民将会利用其技术和智慧在整个太阳系内建造一系列这样的人造世界或者其他大型太空定居点。随着这些人造居住地数目的增加，最终将会有一大群定居点围绕着太阳运转，获得并且利用太阳产生的巨大能量。到那时，人类在太阳系范围内的文明将会形成一个"戴森球"，使下一步移民其他星系的梦想，从技术上、经济上、社会上成为可能。面对20世纪70年代的能源危机以及卫星电力系统构想的出现，美国国家航空航天局在大学主持了一系列关于空间资源和太空定居点构想的研究。这些多学科的研究都是以太空定居地（原先称为"太空殖民地"）为中心。这些太空定居地中的每一个都会有1 000~10 000人在上面生活、工作和娱乐，同时进行着太空工业化活动，例如经营大型太空制造厂，或者建设卫星电力系统。尽管民用空间机构无意开发任何一种大型太空定居地，而美国国家航空航天局计划人员和管理人员则把这些研究视为一种有意义的智力实践，可以发现在人类大规模移民出地球疆界时可能出现的各种技术、心理以及社会问题。20世纪70年代末，美国国家航空航天局主持的研究中有一种很受欢迎的太空定居点设计方案。它是一个圆环状的居住地，能容纳大约1万人，位于拉格朗日天平动点4（L4）或者5（L5）的地月空间。居住地里的居民，太空制造厂的所有劳动力（及其家属）工作后将返回距离大型"圆环"中心将近1英里（1.6千米）处的家里。这个圆环形的定居区将通过旋转为居住者提供与地球表面相

似的重力。一个不旋转的材料壳将保护居民免受宇宙射线和太阳耀斑辐射的伤害。为了把成本降到最低,这个防护壳可以用累积起来的矿渣或是在月球或小行星上采矿的废弃物来建造。在带有屏蔽罩的居住区外,定居区的居民利用太空中源源不断的充足的光照,在特殊地带种植农业作物。定居区的每一边都设有对接区和微重力工业区以及把设备产生的废弃热量散射到外太空所必需的扁平的散热器。

另一个可采用的设计是以原来的"贝尔纳圈"构想为基础的巨大的球形太空定居区。这个巨大的球形居住区的周长约为1.3英里(2千米)。将会有多达1万人沿着这个大球的内部表面居住。这个定居区以大约每分钟1.9圈的转数旋转,在这个球体的赤道地区产生和地球一样的重力,但是在两极地区基本上仍将有微重力环境存在。因为在赤道居住带的地点间距离很短,因此,没有必要使用客运飞行器。太空定居者将徒步或者可能骑自行车旅行。从赤道居住区爬升到这个球体的极地地区将花费大约20分钟,旅行者会经过一些小村庄,每个小村庄的人工重力水平都逐个递减。在轴部的封闭走廊可以使居住者在微重力条件下安全地飘出到定居区的外部设施,像天文台、对接码头以及工业和农业区等。在这种太空定居区中,在主球体上方和下方的外沿地区是农业圆环区。

在进行由美国国家航空航天局资助的研究项目期间提出的另一个太空定居区的设计,包括一大组20英里(32千米)长,直径为4英里(6.4千米)的两个相似的圆柱形太空定居区。按照设想,这些巨大的太空定居区能容纳几十万人。每个圆柱体将每114秒绕着它的主轴旋转一次,以创造出与地球类似的人工重力水平。围绕着每个柱体的茶杯形容器将被用作农业站。每个柱体的顶部还安装着一个太空工业装置和一个发电站。在每个柱体的各面还装有巨大的可移动的长方形镜片(用铰链固定在圆柱的一端),可以把阳光引到居住地的内部,控制昼夜交替变化,甚至可以调节定居区内的季节变化。在镜片的调节环中某处有一个随机数发生器,可以用来显示天气变化,这些天气变化是无法预见的,但是它是在以前设定的一定限度内变化。当人类生活在一个完全人工的世界时可能会产生一些心理问题,这种控制下的无序状态或计划中的混乱在克服这些心理问题方面可能证明是很有必要的。

基本的太空定居区的设计必须能为生活提供必需品,例如空气、食物、水和适应长期的太空生活所必需的一定的人工重力。然而,太空定居区的设计不应该仅仅能确保居住者的身体安全和舒适,而且还应该满足居住者的心理和审美需要。就像居住在国际空间站的宇航员一样,居住在大型太空定居区的人类必须要有充足的膳食。大型太空定居区的食物应该是营养丰富、数量充足的,甚至是十分诱人的。太空定居者可以从地球或者(在本世纪稍晚些时候)从月球上的永久基地获得最初的食物。但是正如大多数初期的太空定居区设计所设想的那样,居住区将有保证食物自给自足供应的农业设施。

由美国国家航空航天局资助的太空定居区研究项目表明,当地月轨道空间所需的食物消费品超过1万人的日消费量时,发展太空农业的成本(在特殊的温室设施中进行)与从地球运输食物的费用不相上下。研究结果还显示,对于大型的太空定居区来说,在植物和肉食性动物的基础上加以改进的地球农业,既可以解决营养上的需求,又可以满足膳食变化的需要。如果设计得当,居住区的农业装置还可以充当娱乐区。在参观这些装置时,居住者可能会在一个其他方面都管理有序的人造世界里获得某种程度的视觉变化和渐渐变化的经历(看到一朵刚刚盛开的美丽的花或者茎上一个特别大的西红柿),从而领略到其中的乐趣。光合农业还能通过改造二氧化碳和产生氧气来帮助太空定居区大气的再生。太空农业活动还可以成为纯净水的来源,这些纯净水是由植物呼吸产生的湿气凝结而形成的。太空定居区的设计不应该给居住者施加破坏性的心理压力。必须通过内部设计的变化性、多样性和灵活性来防止产生长期的孤独感或者强烈的不自然感。大量使

用自然光视野开阔,提供密室和私人空间,较长的视线和使用较大的头顶间距(即实际使用中的拱形屋顶)对大型的太空定居区的建设来说只是其中的一些环境设计标准。太空定居区还必须有政府形式或政治组织,使它的居住者在拥挤和在身体上与其他人类社会隔离的条件下享受到舒适的生活方式。因为早期的太空定居区很可能是进行一些特殊的太空贸易活动的"公司小镇",他们的组织应该保持相当高的生产力水平和维护居住区的安全。如果没有公平的政治势力的划分和控制得当的内部安全力量,生活在一个孤立的太空的居民很容易成为恶霸和自封的神人的受害者,相反,如果有一个组织得当的机构,一个大型的太空定居区还可以以开创性的社会政治组织的姿态出现,成为22世纪和以后世纪中所有新型人类社会的典范。大型的空间定居区,不管他们最后的设计、人口或政治结构如何,都必将在本世纪的最后几十年中出现,并且成为人类太阳系文明的标志性特征和技术核心。现在的战略策划人员和未来学家无法完全估计,先是散布于地月空间,然后是整个以太阳为中心的宇宙空间的一小部分人类,会对总的文明发展轨迹产生什么样的影响。按照一个令人激动的推测,当这些定居区发展壮大,并且在整个太阳系内复制时,一个"戴森球"(也许是银河系中第一个建造的)将开始形成。

"戴森球"是一个巨大的人造生物圈,是由智慧生命作为他们的科技发展和在太阳系内扩张的一部分,围绕着恒星建造的。这个庞大的结构极可能由一群人造居住区和能基本上拦截所有来自母体恒星的辐射量的小行星组成。被捕获的辐射能量将通过各种技术,像植物、直接的热电转化装置、光生伏打电池和也许其他的(还没被发现的)能量转换技术来进行转化以供使用。按照动力学的第二定律,废热和不用的辐射能将从"戴森球"寒冷的一面排放到外太空。根据现在的机械热能传输知识,"戴森球"的散热表面温度可能在$-100°F$($200\ K$)到$80°F$($300\ K$)。这个庞大的航天工程是美籍英国理论物理学家弗里曼·约翰·戴森(1923~)提出的一个构想。从本质上说,戴森所提出的就是一个真正发达的地外社会,为了解决马尔萨斯提出的人口压力问题,可能最后会扩张到他们所处的太阳系,最终对太阳系的能源和物质资源加以充分的利用。只是这种扩张有多大的发展？目前战略策划人员还只能援引平庸的原则(即整个宇宙的事物都是相通的)并把人类自己的太阳系作为一个范例。太阳是 G2V 光谱的一颗普通黄色恒星,它的能量输出大约是 $4×10^{26}$ 瓦(焦耳每秒)。一切出于实用的目的,科学家把太阳当作是一个绝对温度大约在 9 98°T(5 800 K)的黑体辐射源。因此,绝大部分的太阳能量输出是以波长主要为 0.3~0.7 毫米的电磁辐射形式存在的。

作为一个上限太阳系内建造这样的航空工程,可用的质量可以看成是木星的质量,大约是 $4.4×10^{27}$ 磅($2×10^{27}$ 千克)。现在的能源消耗达到 10^{13} 瓦(焦耳每秒),相当于 100 万亿瓦。如果每年地球的能源消耗只增长 1%,3 000 年之内人类的能源消费需求就将达到太阳的整个能量输出量。今天,几十亿人居住在一个生物圈中,即总质量为大约 $11.0×10^{24}$ 磅($5×10^{24}$ 千克)的地球上,从现在起几千年后,太阳将被一群居住着成兆的人类的居住区所包围。作为研究科技是怎样引起社会变化的一个小小练习,让我们把今天的西欧与 2 000 年前处于罗马帝国的巅峰时期的西欧做一下比较。什么已经改变,什么还保持原样？现在对太阳系也做一下同样的对比,只是时间向未来推进了 2000~3000 年。在太阳系文明中,什么将会发生变化,什么又将保持不变？"戴森球"只是检查在这个太阳系内物质增长的最高限度的一个方法。从能量和物质的角度来看,它基本上是人类在宇宙中的这小小的一角中所能够做到的最好的了。人造居住区的绝大部分都可能位于太阳周围的生态圈中或不断变得适宜居住的区域内——即在离人类的母体恒星一个天文单位远的区域。这并不排除在有些解体的太阳系的整个外部地区,遍布着由核聚变能提供动力的其他居住区的可能性。由核聚变提供动力的居住区,甚至可以成为建造第一艘行驶于星际空间可以把

一部分人类送到附近的一些恒星系中的诺亚方舟的技术先锋。一些科学家用太阳系和现在的地球文明作为一个参照点，期待在工业发展开始后的几千年之内，一个智慧物种会从行星文明阶段（或卡尔谢夫一类文明）出现，并最后居住在一群完全围绕着母体恒星的人造居住区内，由此创造出一个成熟的卡尔谢夫二类文明。当然，这些智慧生物还可能决定进行星际旅行和星系移民，而不是在他们所在的恒星系之内建成"戴森球"——开始创造卡尔谢夫三类文明。

弗里曼·戴森进一步设想，可以通过太空中直径为1~20个天文单位场的大型物体所发出的热红外线来探测到这样发达的文明。尽管先进的红外线望远镜还没有探测到这样的物体，但是，"戴森球"的确是一个伟大的意义深远的设想。认识到这一点也很有趣：从真正的意义上来说，本世纪建造的永久性空间站和太空基地，是作为一种成熟的太阳系文明的一部分，人类最终能够建造的人造结构中的第一批居住区。在历史上没有哪个其他的时期能为一代人提供一个独特的机会，在人类的"戴森球"中建造第一个人造居住区。古希腊哲学家苏格拉底（约公元前470~399年）指出："人类必须要屹立于地球之上——屹立在天穹之顶甚至更高的上面——只有这样人类才能完全理解他们所生活的世界。"人类太空飞行是人类探索和征服未知世界的技术展示。人类的特点就是不断地推进知识与理解的疆界，进入前人未曾踏足之地。但是人类还会继续探索未知事物，因为这种品质已深深地根植于人类的本性之中。纵观人类历史，当代人类太空飞行的科技成就意味着什么呢？人们会写上洋洋数千字描绘太空旅行如何展示了人类本质的美好和具有的高科技素质。或者，科学、技术和社会三者之间的重要联系可能会浓缩成一个影像。

被地球"囚禁"的人类/迁徙目标的选择与期待–月球–火星–水星–金星–类木行星/人类天性的狂热发作。人类不仅来自宇宙的某个星球，不仅具有宇宙高级智慧生物的基本属性或品质，人类还想尽快地摆脱地球的束缚，回到他的宇宙故乡去。人类的这一心情，我们可以从以下的事实和分析中得到证实。"1957年,一颗人造卫星进入宇宙,它在宇宙中按同一万有引力定律(按操作并保持一些天体如太阳、月亮和星星的运动)绕地球环游数周"。"受这一事件的鼓舞而最先做出反应的,是对'人从被囚禁的地球跨出第一步'感到如释重负。这一奇怪的表述(远不是一些美国记者偶然的疏忽),不知不觉地在回应20多年前镌刻在一位伟大的俄国科学家的方尖墓碑上的一句话:'人类将再也不受地球的约束。'"因为尽管基督徒把地球说成是泪谷,哲学家视自己的身体为思想或灵魂的囚禁所,但在人类历史中,从未有人把地球看成是人类自身的囚禁所。难道摩登(指近代的、现代的)时代的解放或世俗化(它是从一种倒转的方式开始的,这一倒转并非必然来自上帝,而是来自一个神——它是人类的在天之父)是以更为致命地抛弃地球(它是天底下万物生灵之母)而告终吗?

"人从被囚禁的地球跨出第一步",这是一句压抑多久后才破口而出的呐喊?听着这变了调的呼喊声,我想起了国画家的名画,我似乎能听辨出来,这声呐喊的前半声是低沉而嘶哑的,后半声才有顺畅的声音,人类不知被地球"囚禁"了多少世纪、多少万年才喊出这一声的?没有人能解释清楚。不过,20年前就已永远地安息在了地球土壤中的这位伟大的俄国科学家却从"地下"的招牌(墓碑)上给了他一句沉闷至极的回音:"人类将再也不受地球的约束!"是啊,人类被地球"囚禁"了多久?又被地球"约束"了多久?想必美国的这位记者和俄国的这位科学家都不知道实情。但他们身不由己地喊出了一声嘶哑至极的声音,他们也许只代表他们自己;但从人类共有的感受判断,他们呼出的这一声呐喊不仅代表他们自己的心声,同时也呼出了人类共同的心愿。被"囚禁"在地球上的人类如何不想早点挣脱"约束",回到自己的宇宙故乡去呢?

另一条是研究者的推论:"可以想象人的条件所能发生的最大变化,就是人从地球移居到另一行星体上去。这样一个设想并非天方夜谭,它只是意味着人类将不得不在一种人造的和地球有天壤之别的环

第十四章　宇宙生命欢欢喜喜在黑暗中追寻光明世界

· 689 ·

境中去生活。到那时,劳动、工作、行动以及我们所讲的思考,都失去了其原有的意义。然而假想中的那些来自地球的旅居者却仍然是人;我们唯一能够肯定的是这些人在'本质'上仍然是处于一定约束下的存在,尽管他们的生活环境几乎完全是由他们自身所创造的。"

也就是说,人类一旦挣脱了地球环境的"约束",移居到其他星球上去,他在那里过的生活决不会同地球人类的生活一样,一定是根据新的星球条件创造出来的新的生活环境。显然,这种新的生活环境是人类靠自己的聪明和智慧创造出来的,但它仍然要受制于那个星球条件的约束,依然是宇宙的一种受约束的生命存在。这一点非常重要。它表明,人类无论迁居到宇宙的哪个星球上生活,他都要受到那个星球条件的约束,就像地球"约束"现今的地球人类一样。任何时期的任何星球,都会有特定的条件,这种特定的条件就是"约束"人类、约束生命的先决条件;好在人类有智慧的武器,他靠智慧突破其条件,进而改造其条件,创造出适应于人类新生活的新的条件来,这恐怕就是人类之所以作为"宇宙人"的根本原因。人类的本质特征是不怕受"约束",也不怕被"囚禁",只要人类的特殊武器智慧在,什么事情都不在话下。

20世纪中叶,被地球"囚禁"着的人类终于有了第一声呐喊。"随着21世纪的到来,环境污染、气候变暖、资源短缺等问题,给人类带来了诸多烦恼。现在地球上生活着60多亿人口,几乎到了它的承载极限。50亿年以后,太阳会进入晚年阶段,走完它的生命历程。无论现在还是将来,各方面的压力正在促使人们找到新的家园,太空移民随之被提上议事日程,人们也为此提出过无数的设想和方案。"其实,"太空移民"的计划和工作从上世纪开始就已做起,所选择的星体、移民经费、食物资源、能源、居住等问题,也已提上议事日程。令人困惑不解的是,地球还没有任何自己趋于毁灭的迹象,地球人类为什么就要老早地做这些探索和准备工作呢?一个最基本的答案即是:这是人类的天性使然。人类本来就不是固定在一个星球上生活的高级智慧生物,而是在宇宙间往返迁徙的宇宙高级智慧生物。他们生活在地球上,从他们的天性论,他们远为不满,无论地球之外的星球承受生命的条件好与坏,有与无,人类都不满足于地球生活,他们做梦都想到地球之外的星球上去。再从人类的本性言,人类的本性颇具破坏力,因而人类自己也知道,地球这个星球被人类糟践日久,资源趋于枯竭,终将有一天会被人类抛弃的。与其临到逃遁的那一天做打算,还不如于安稳地住在地球上的时候做计划,这也是人类天性的超时空发挥,颇有点中国古人"未雨绸缪"、"居安思危"的超时空思维和居高临下的大智慧风度。

总体上看,人类"三性"的矛盾运动和循环往复的内在机制决定了人类作为宇宙高级智慧生物的最终命运,那就是不停地迁徙、不停地创造、同时也不停地破坏,然后再进入新一轮的循环,使人类永无定居之地。至于人类的世俗生活,那不要紧,创造了毁灭,毁灭了再创造,只要人类的智慧不灭,创造世俗生活是轻而易举的,无须为此挂虑。

这就是我们真实的人类,同时也是被地球"囚禁"和"约束"着的人类。

由此,我们可以推导出作为宇宙高级智慧生物的人类的基本轨迹:迁徙→定居星球→创造世俗生活限制破坏世俗→天性发作→再迁徙。

人类决意要离开地球,迁徙到别的星球上去居住,这对目前的地球人类而言,还是有一定困难的。比如选择目标的范围还十分狭小;科技能力还不具备等,这都是目前面临的课题。

根据"英国天文学家戴维·休斯乐观地估计,仅银河系就有600亿颗行星,其中40亿颗与地球相似,潮湿、温度适宜,可能是孕育生命的温床。"可是目前的地球人类所拥有的科技力量还冲不出太阳系,选择天体的工作也只能在太阳系的行星中进行。

太阳系的行星中能否进行太空移民的计划呢?我们具体看天体的条件:

首先,符合地球生命存在的条件有没有呢?"地球外智慧生命存在

的必要条件是有一个类似地球的行星，并能绕类似太阳的恒星运动。地球的生物生存环境非常理想，地日位置适中，地表平均气温15℃，生命之源液态水大量存在。地球大气中有78%的氮，21%的氧，另有少量氩、二氧化碳和水汽等。氧是高等生物维系生命之本，在太阳系其他行星上尚未发现如此大量的自由氧。要找到另外一颗存在生命的'地球'，条件非常苛刻，生命演化过程中，被绕行的恒星必须不断发光，使之得到辐射能量。"地球外智慧生命可以生存的这种"类地球"的条件的确非常苛刻，地球人类若像在地球上一样安祥自如地生活，必须有"类地球"的星球条件才成，可是，在太阳系的各行星中，有几个行星上是可以移民和居住人类的呢？

月球：离我们地球人类的距离最近、也最亲密的一个星球。"太空移民的第一个去处是离地球最近的月球。美国科学家曾对'阿波罗'飞船带回的382千克月球岩石和土壤进行研究分析，发现月球表面的5厘米厚的土壤中含有55种矿石，其中6种是地球上没有的。这些矿石中最有价值的是钛铁矿。钛铁矿不仅可以作为月球基地钛、铁等金属的主要来源，而且可用它生产地球生命必需的氧和水，从中获得大量液氧，还可用作火箭的燃料。月球南、北极区撞击坑永久阴影区的土壤中存在大量冰，储量估计达66亿吨。这些条件使人类可以在月球上修建供人类生活的'月球城'，里面有阳光和复制土，可供居民生产小麦、大豆、土豆、莴苣等农作物。在那里人们基本上可以做到自给自足。科学家认为建立一个月球基地对支持在太空进一步大规模的开发是极重要的。因此，美国休斯敦航天中心负责人温德尔·门德尔向白宫重提建设月球基地。门德尔的整个计划需耗资一千亿美元，人类必须不间断地努力100年才能完成。

看来，在我们中国人梦寐以求的月球上既没有长袖善舞的嫦娥姑娘，也没有吴刚、玉兔和桂花树，月球上默默无语的环形山是被天体撞击形成的"永久阴影区"，那里只有冰。人类在月球上也不可能广泛地迁移和居住，只能建个"月球城"作为太空计划的转移站和"月球基地"，为大量开发太空其他星球打个基础。

火星："有人估计，再过四五十年，在火星上居住的永久居民将达到数千人。"

有这种可能吗？

"火星24.6小时自转一圈，地球人不会有时差的不适。太阳系九大行星中最高的山峰就在火星上，名叫奥林匹克山，其底部直径500千米，火山口直径72千米，高度约27千米，地球上最高的珠穆朗玛峰不及它的三分之一。""火星表面的重力只有地球的五分之二，体重100千克的胖妇走起路来再不会气喘吁吁，而会像40千克重的苗条少女那样身轻如燕，婀娜多姿……火星并不像人们先前想象的那样缺水，有人估计火星两极的冰要是全部融化，覆盖在火星表面可形成几米深的海洋。火星受到太阳的辐射只有地球受到的40%，表面平均温度比地球低30℃以上。火星夏季赤道白天气温为20℃，简直就是地球的春天。不过到了晚上，气温会降到-50℃以下。这难不倒地球人，不就相当于地球南极的温度吗？唯一不方便的是人类要住在密封的玻璃房里，户外活动要穿航天服。要是不小心弄破了衣服，人体很快就会气化，变成一具木乃伊。""有多种办法改造火星的环境，可在太空建造一大排镜子，把阳光折射到火星极冠，把干冰变成二氧化碳气体，通过温室效应使火星升温，再利用微生物把二氧化碳和冰冻在火星表层的水变成碳水化合物和氧气。不过火星的质量只有地球的九分之一，大气层的浓度达不到地球上那么舒服的程度。为了减轻农业的负担，人类会设法减少进食，把叶绿素植入人体，皮肤变成绿色，就像科幻小说所描写的小绿人那样，人类可以直接光合作用合成碳水化合物，用晒太阳来取代进食。那时人类吃东西更多的是为了活动活动肠胃，或者解解嘴馋。""中国人见面时老问：'您吃饭了吗？'到那时候，这样的流行语可能会很流行：'你饿了吗？晒太阳去！'''火星有两个月亮……地球的月亮走的是莲花小步，一个月才绕地球公转一周；火星的月亮是飞毛腿，

火卫二31小时绕火星一圈,火卫一不到8小时就绕火星一圈。两轮明月在空中轮流值班,你唱罢我登场,火星的夜晚不会漆黑一团。"

人类将要在火星上永久性定居,那生活也叫人类够受的。住密封的玻璃房,经常身穿宇航服,不进食物,人都变成"小绿人",整天进行光合作用,"晒太阳"成为火星人生活的主体。白天比地球冷,晚上有两轮明月轮流值夜,明晃晃地也就等于没有夜晚。在这样的星球环境中,火星人不再是地球人了,他们就真正成为火星人,创造的将也是十分有限的"火星文明"。

可是,十分舒畅地呼吸着地球空气的地球人类,为什么要跑到火星上去"晒太阳"过日子呢?除非地球上生活着的那些大懒汉们可能向望这样的生活,正常的地球人恐怕不会做这种傻事的,至少今天的地球人类是不会的,这一点我能肯定。

水星:也是人类自选的一个目标。

"水星离太阳最近,它奔跑的速度位列九大行星之首,高达50多千米/秒。……因为过于靠近太阳,强烈的潮汐作用使水星的自转逐渐减慢,现在是59天才自转一圈。所以水星上的一天,相当于地球上的两个月。水星向阳的一面,温度高达427℃,背阳的一面温度降到-173℃。在白天和黑夜的交界处,有一个区域的温度适于人类生活。人类可在这个区域兴建城市,当然要建造密封的玻璃建筑,并且要铺设一条磁悬浮轨道,建筑群沿着轨道以每小时8000米的速度随水星自转同步运动。"

在水星的阳面和阴面,都没有人类生存的温度条件,只有在白天和黑夜交汇的狭小地带,才有可能居住,而且这里也是个温度反差极大的交汇地带。住在水星的这样一小块狭地还要住密封的玻璃房,时空反差与地球不能比。在这样的环境中能住多少人,能住多久,食物等消费资料的获得和供应怎么办等等,这些恐怕都是需要进一步研究和探讨的具体问题。

金星:"金星是最靠近地球的行星,最亮时能照出人的身影……金星的自转非常慢,它的一天比它的一年还长,每天的白天和夜晚各有地球上四个月那么久。如果想看太阳从西边出,金星可是个好景点,它是太阳系中唯一逆向转动的行星。""金星大气层中97%是二氧化碳,表面大气压是地球的90倍,气温高达480℃,简直就是个大高压锅。"看得出,金星上没有人类生活的基本条件,改造金星的生态难度要比火星大,人类不可能花费那么大的精力来改造它,这里移民的希望几乎没有。

类木行星:"木星、土星、天王星、海王星这几个类木行星上都有巨量的氢,可源源不断地提供核聚变反应需要的原料。但类木行星都远离地球,从火星乘宇宙飞船也要好几年才能到达。所以,人类移民要轻装简从,只买受精卵的船票,到达移民点后再让受精卵发育成人。由于远离太阳,类木行星气温都在零下-100℃,多数气体都液化了。"显然,在这些类木行星上不适宜人类生活。

不过,我们也不要完全失去太空移民的信心,在太阳系还有一个较为理想的选择目标木卫二。"它比月亮略小,表面上覆盖着厚达204米的冰层,这是防护宇宙射线和天外陨石的天然屏障。人类可以在冰层中建造城市,居住的环境如哈尔滨冰雪节的冰雕世界。""随着科技的进步,人类对殖民地的环境不再挑剔了,像木卫一、木卫二、木卫四和海卫一这些月球大小的卫星都可以移民,甚至位于火星和木星之间小行星带上成千上万颗小行星也能把它们掏空居住。""人类移民各个星球之后,通过改造大气,或通过基因工程改造自身,已慢慢适应各星球的环境。"木卫二的冰雕世界和各小行星上的"洞穴"居室,又像将人类送回了地球文明的源头上一样,充满了原始和冰川。即使如此,人类对于这些星球上的生存环境充满了好奇和自信。看来,人类现在已经做好了迁往太阳系各行星的思想准备,科学技术一旦发展到宇宙文明的高级阶段或超级阶段,这种太空迁移也不是什么新鲜事了。星际间、恒星际间和星系间的往来如同我们地球人走门串户,随便自如。仅从这一点我们就不难看出,人类并非完全意义上的地球生物,他的宇宙

高级智慧生物的属性或品质是永远难以改变的。人类注定就是在宇宙世界漫游和往来迁徙的宇宙高级智慧生物,这是他的禀性所在,永远不会变更。

"到目前为止,人类的航天活动还没能远离地球这个摇篮。算到中国神舟5号飞船的2002年10月15日,人类总共有241次载人航天飞行,杨利伟是第925人次进入太空。而只有几个地球人登上月球的表面,4个无人探测器飞到太阳系外沿。离开地球这样难,不仅因为地球环境太过恶劣,还由于挣脱地球引力要消耗大量的能量……人类要大规模进入外太空,必须寻求更高效的能量。"

目前的地球人类还处在宇宙文明的初级阶段,只有近千人进入太空;到了宇宙文明的高级阶段,进入太空的人会更多、更方便,而人类探索的触觉肯定会伸向银河系,征服太阳系。就此状况而推断,人类在太阳系或银河系找到第二"地球家园"是可信的,正如英国天文学家预测的那样,在银河系竟然有40亿个与地球相似的星球,何愁人类找不到它呢?至于将来的迁徙不一定是整齐划一地进行,而是陆续渐进式进行。等到地球资源耗尽了,人类也可能完成了最终的大迁徙,这是极可能的,让我们拭目以待。

说到这里,我想起2006年4月中国中央电视台的一则消息:数百只毛毛虫大迁徙的惊人壮举。这些毛毛虫一律的深褐色,它们相互咬住各自的尾巴,形成一条曲曲弯弯的"长龙",向着一座山岭蠕移。生物学家说,它们是从甲地迁徙到乙地去生活的。可是,这些毛毛虫为什么要这么大规模地迁徙?没有人知晓谁教会它们这种迁徙方式的,也无人能说清楚;它们又是怎么召集到一起,怎么样咬住各自的尾巴,并且谁最先策划了这次大迁徙?人类也是无法知道了。这就是自然的秘密,连毛毛虫们也不甚清楚,就像人类的星际迁徙连人类自己也不甚理解一样,都是自然的法则使然。毛毛虫的大迁徙是遵循自然法则的,人类迁徙同样是遵循自然法则的。

人类对于宇宙生活的狂热程度决不亚于在地球生活的狂放状态，不管有没有希望进入太空，有没有能力走进宇宙，人们对地球之外的生活模式依然是非常狂热、非常渴望。

克拉夫特·埃里克说："如果上帝要人类遨游太空，它会给人类创造一个月亮。"埃里克的意思是月亮是为人类遨游太空准备的第一站。美国的前任总统乔治·布什却说："下一步，在新的世纪里，我们将重返月球，回到未来去；这次就留下不走了。"布什总统的话听起来非常绵软，但在那绵软中透露出来的坚定却像一枚钢针刺激着每一个人类成员的心。

约翰·诺布尔·威尔福德写有一本书，书名叫《火星向我们招手》。书中说："没有哪一颗星球像火星那样激起人类那么多的遐想，它的吸引力比地心引力还大。每当清澈的夜空，人们的眼睛总会望着那闪烁的红色亮光。它在微亮的太空中像一块燃烧着的琥珀，散发出能量和希望。它引发了人们对一个正向他走来的世界的想象。如果它离太阳近一点，它会是什么样子呢？如果人类有一天在它上面移民，它又会是什么样子呢？神秘的火星，诱人的火星，第四颗距离太阳最近的行星！它离我们那么遥远，但在宇宙的尺子上，它离我们又那么近！"前文中，我们对火星移民计划已做了一些初步的描述，但人们对于火星似乎情有独钟，它对地球人的诱惑力还是那么大，以至让人们情不自禁地对它抒发着深藏在内心的情感。

还有一本书《天外文明》，是约瑟夫·什克洛夫斯基写的。他对银河系发生极大的兴趣："银河系可能有数十亿颗行星，每颗都同它的位置保持着相当远的距离，但是条件都比火星好。"火星上虽也勉强能居住，但不是理想的天体。银河系数亿颗行星中"类地"的行星有很多，人类想象的飞鸟已经飞进了银河系如星云般稠密的行星中。人类的特点就是先有想象，然后把想象变成现实。想必人类进入银河系的期待也不会过长，银河系终将成为人类最理想的家园也不是什么神话。正如费里曼·戴逊在他的《一望无垠》一书中所说："在这个星球上，人类的

思维经过300亿年的发展才谱出了第一首弦乐四重奏,可能还要再经过300亿年才能扩散到整个银河系。我不希望等那么久的时间,但是如果有必要,是会耐心等待的。宇宙像是我们周围的一堆沃土,等我们把思维的种子播种下去,生根发芽。"这话说得多好哇!宇宙是一堆人类用来播种思维种子的"沃土",人类把看不见的文明的种子播进这方"沃土"里去,再把看得见、摸得着的各种金属的种子也播进这方"沃土"里去,到那时,在宇宙这方"沃土"里即使长不出五谷杂粮来,至少也能长出大堆大堆的黄金钻石来。人类渴求太空生活的终极目的,除了人类天性的狂热外,不就是想得到更多的财富吗?比如在2005年12月16日,中国中央电视台"论法讲堂"栏目中讨论了一个特别有趣的话题:地球人类"拍卖月球"的法学依据。"拍卖月球领土"的公司不仅在中国出现了,而且据说"生意"还非常热闹;在上世纪,以美国为首的几个西方国家还曾"瓜分"过月球沃土。不得已,20世纪60年代颁布了一项法规,即"国际空间法",实际也就是宇宙领空法,规定包括地球两极在内的所有宇宙天体,都不能归个人所有,也不能成为国家、地区和民族所有的私有财产,宇宙属人类共有等。虽然,人类对宇宙领空是"有法可依",但在去年,有个美国人就和美国政府打起了官司:据说,他在太空拥有一颗小行星,那小行星是他的私有财产,可是美国的一个飞行器着陆到他的小行星上,竟然不付一点"租费",或是着陆的小行星地面的"地皮费"。这使他非常恼火,他就到法院起诉了美国政府,并明确要求500万美金的赔偿金。法院在一审中就否决了,他不死心,又提出上诉。据说,迄今这场官司还没有结果。

  人类在地球生活中还没有学会"走路",人类的地球文明也还没有先进到以宇宙为家的程度,可是地球人类的贪心是多么的重呀,他们恨不得飞到宇宙深处去把偌大一个宇宙世界瓜分了,据为己有!人类的本性如何?天性品质又如何?我们素常所说的"人心不足蛇吞象"算得了什么,人类的本性和天性是要吞食宇宙的!只可惜,人类的世俗性品质不做美,至今还没有创造出那么先进的文明,否则人类在宇宙中会干些什么,干出些什么来,我们目前的地球人类还看不出来,也料想不到。①

这就是人类,作为"宇宙之子"的地球人类！假如我们人类是源自动物,从猿猴中演变而来的,那我们可能和猩猩猴子们一样,整天围绕着繁茂的果树争抢果实呢！怎么能想到他们会瓜分星球、吞食宇宙呢？如今的猴类们除了霸占一点栖息的地盘外,还会有什么能耐！？

法国伟大的生物学家恩斯特·海克尔说："人们对于人类自身的本质在19世纪后半叶才刚刚开始有了较全面的了解，而人们早在4500年以前就已经掌握了关于布满天空的星球以及行星运行等方面的惊人知识。在遥远的东方,古代的中国人、印度人、埃及人和加勒底人(古巴比伦南部地区所具有的天体天文学方面的知识已经比4000年后的西方绝大多数'有教养的'基督徒来得准确。早在公元前2697年,中国人已经能运用天文学知识计算出日全食的时间，并在公元前1100年就用日晷来测量黄赤交角。人们所共知的是,基督本人('上帝之子')根本就不具有任何天文知识,而只能以狭隘的地球中心说和人类中心说的立场来评判天与地,自然与人类。"海克尔的这段简洁的文字,似乎是给我以上的论述提供了一个有力的理论支撑点。的确,是东方的中华文明最早拥有那么丰富的天体天文知识。也是东方的中华文明首先建立起了最具东方文化特色的宇宙文化体系和纯粹的自然生命哲学,这一切都是为什么呢？是因为中华民族的始祖们在建立中华民族的开端时期所继承的是宇宙的文化符号,或"前文明"的文化成果,根据这一特殊的继承建立了别具特色的现代文明。而当时西方的人们"不懂"天文,他们所拥有的只是"狭隘"的地球中心说和人类中心说,所以才以地球人类的品质属性和有关神话传说建立了西方的宗教。西方天文知识的起步就是从公元初的基督教文化、托勒密、亚里士多德

---

① D·桑吉仁谦著《大起源》,中央民族大学出版社,2009年10月,P150~158.

的"地心说"发展到中世纪哥白尼建立的"日心说",再后才有开普勒、伽利略和牛顿以及后来的爱因斯坦、哈勃等科学家相继建立起来的现代宇宙模型和宇宙力学体系。看得出,西方的天文科学家们借助当时的天文科学技术,建立了一套"由地到天"、"由小到大"、"由局部到整体的"宇宙知识系统,也就是说,西方的天体天文学知识是从地球人类当时的知识水平一点一滴地建立和积累起来的,它经历了一个从地球到宇宙的"由低到高"的认识过程。然而东方的中华文明虽然和西方现代文明处在同一处起跑线上,但它的文化缘起正好与西方相反;中华文明先是继承了宇宙文化符号,以此为根据,逐步建立起了自己诠释和破译这些文化符号的知识系统,并且不断扩展知识领域,强化知识的体系性,从宇宙文化符号的认识角度一点点下降,俯视到地球人类的生活中,因而东方的中华文明走的是一条"由天到地"、"由大到小"、"由整体到局部"的文化辐射的路子,就像太阳的光芒辐射在大地上一样,是一种"由高到低"的认识过程。正因为东方的中华文明走的是一条与西方完全相反的路子,所以西方诸多的天文学家们经过数千年的努力,其天体天文学的知识水平才接近或达到中华文明源头上的知识水平,或者说中华民族的始祖们在创建现代文明时所继承的宇宙文化符号及知识水平,相当于哥白尼、牛顿、伽利略和爱因斯坦这些科学巨匠们现在所拥有的水平,以及现代天文学技术所能达到的水平了——这样的比较和评判是否有点过于夸张呢?甚或是有点儿阿Q精神?我看并不是。"阴阳太极"学说完全可以和现代的宇宙力学相匹敌,而"太极"、"太虚"以及"混沌"的学说,完全可以和爱因斯坦的广义、狭义相对论相媲美,这都是有历史根据的,并非我愿意褒此贬彼,做一些无聊的文字游戏。

我要十分客观地说,中西文明对于"前文明"文化因子继承不一,起点更是相反,这并非什么坏事,恰巧是文化的一种互补,就像"阴阳"学说是一种互补一样。这是"上帝"的"创造"还是"神"的有意布排,我们无从知晓,但这种文化的"逆向"运动正好在宇宙的某个时空点上会形成完美而非常壮观的"交汇",这就像天文史上的"九星连珠"之类宇宙奇观一样,也会成为地球人类世俗文化史上的伟大奇观。届时,西方文化将充分体现出它的优势,具体性、实用性和科学性融为一体;而中华文化会充分体现出它的宇宙大文化的特质,熔抽象性、整体性和变化性为一炉。如此恰当的文化互补只能在地球人类所拥有的现代文明中才能产生,之前的"前文明"和之后的"未来文明"中不一定能产生出来,这是由于每次文明的文化背景出现重大的差异性,必然导致文明特质的差异性。所以我认为,目前地球人类的文化状态正处在这种时空"交汇"的前沿阵地,还没有出现地球人类文明在宇宙时空点上壮观的那一幕,如果出现那个真正意义上的"文化交汇",那将是灿烂辉煌,壮丽无比,即使不能把整个宇宙世界照得通亮,至少也能将银河系照个晶莹剔透,这一点我是坚信不疑的。

　　有关东西方文化交汇和沟通的尝试,当代人已经开始。前述的怀特海"过程哲学"就是西方思想家中做出的有意味的尝试。《中国过程哲学》一书中樊美筠撰文说:"……当年怀特海曾对中国现代哲学家贺麟先生说,自己的哲学'东方意味特别浓厚'。他认为,他的著作中含蕴有中国哲学里极其美妙的天道观点。因此,他渴望着东西方文明的融合。东方的审美直觉和西方逻辑推理如何统一起来以创造一种新的哲学、新的文化,一直是怀特海晚年关注的焦点之一。"时隔数千年的历史时空,智慧而勇敢的怀特海终于按捺不住西方世界的寂寞情愫,将他哲学的思想视角融入到未曾正名的"中国过程哲学"之中,怀特海这样做的良苦用心正是他自己十分关注的东西文化融合的大事,他的智慧与勇敢就在于他这种有意义的探索。而中华文明是在数千年的传统农业经济基础之上运行着,根深蒂固的小农经济思想极大地限制了中华文明的进一步发展和发挥,从而导致了中华民族在近现代的落伍。改革开放后,中国也开始实行市场经济体制,这种经济运行方式将极大地改变传统农业思想和"小富即安"、"不求变化"的小农生活观念,挖掘传统文化中较为有用的因素,适应社会发展需要,创造出更为辉

煌的新文明。中国目前的这种社会发展趋势,也是在弥补传统文化的不足,积极吸收西方文化的精髓,从而达到沟通西方,交汇文明,为之后更为恢宏的宇宙文明奠定坚实基础的巨大世纪工程。因此可以说,西方的学者和东方的中华民族都在努力地做这项巨大的工作,东西方文化的交流与融合已经拉开了世纪性帷幕,这样的现实为我的这个论著和我的信心增强了无与伦比的坚强后盾,令我和我的后代们坚定不移地期待这辉煌的文明时刻。

中西文化的"交汇"或是东西方文化在某个时空点上出现的壮丽景观,它都与宇宙文明的等级水平有关,假如我们把宇宙文明的初级阶段锁定在太阳系、中级阶段锁定在银河系的话,那么,东西方文化在时空点上"交汇"的时间大概会出现在宇宙文明的中级阶段,或中级以上的高级阶段里。因为到那时候,地球人类文明的综合水平可能就超过"太虚"、"太极"所圈定的宇宙文化体系和爱因斯坦的相对论以及哈勃望远镜所能涉猎到的宇宙边际;只要超越了前人所限定的这个界线,我想东西方文化"交汇"的那个灿烂而壮丽的时刻就会呈现在人类面前。

文明的成长标准—单个文明因素的积累—综合素质与古国文明—文明发展模式/文明的循环机制/人类的神圣使命,我们知道,地球上所有的文明都是人类创造的,但由于东西方文明的缘起不同,对于文明的标准和看法也不同。比如江林昌先生提出世界文明"两模式"论:"我们发现世界古代文明的形成大概呈现为两个模式:一种是以两河流域的苏美尔文明、爱琴海周边的古希腊文明、古罗马为代表的西方文明形成模式。另一种则是以环太平洋的亚洲中国古代文明、中美洲墨西哥玛雅古代文明、南美洲秘鲁印加文明为代表的东方文明形成模式。"这两种文明模式的说法跟我前面论述的东西方文化的缘起不谋而合。李学勤教授在谈到文明标准时说:"现在中国的考古学界和历史学界常常用的这方面的标准就是从国外学来的。我们学的主要还是格林·丹尼尔1968年出版的《最初的文明》……这本书从考古学上给出了三个文明的标准:第一应该有城市,当然这个城市不是中国人想象的那样一定有个城墙。可是按照他的要求应该有5000人以上的人口,不是说任何一村子,三家村也可以叫城市。第二条是要有文字。第三条是要有比较复杂的礼仪性的建筑物,也就是有一些不根据人的日常生活需要,而是根据一定的礼仪要求而构建的建筑。如埃及的金字塔……丹尼尔指出这三条标准中至少应符合两个条件,但两个条件中,文字是必须的,也是最重要的。一个没有文字的社会恐怕很难说是一个文明的社会。"史式先生在他的一篇文章中,对西方确定的文明"四条件"很不以为然"他们认为,要说一块地方,一个族群已经进入文明,必须具备四个条件缺一不可。四个条件是:一是已经有了系统的文字;二是已经有了青铜器(包括生产工具和武器);三是已经有了城市(兼具防御功能和交易功能);四是已经有了神庙(指大型的宗教型建筑物)。不问这个族群的生活方式(农业、渔业还是游牧),不问这个地方的地理环境(山区、草原还是平原),不顾各个民族社会发展的道路千差万别,反正是一刀切。合乎我的规定者给予承认,否则一概摈之于'文明'的大门之外。正如林河先生1998年2月24日给我的来信中所说:'关于文明的定义,西方的框架是片面的,是按照西方的框架提出来的,破绽很多。如非洲的古国贝宁有很发达的青铜器,但却没有文字,你能说他没有文明吗?青铜器固然灿烂辉煌,但你能说良渚的玉器不灿烂辉煌吗?城堡是游牧民族相互征战的产物,对和平的农业民族来说,城堡却并不重要。'西方文化的根源是游牧民族的文化,其基本精神与农耕民族的文化大异其趣。按照他们的标准来衡量进入'文明'的时间,对于源于农耕文化的中国、印度等古文明来说,必然大吃其亏。在四大古文明排次序的时候,印度文明和中华文明总是排在后面,原因在此。看来,要想争取公平的待遇,我们应该有发言权,世界上很多民族也应该有发言权,不能老是被动地接受别人的裁定。"史式先生的文字中充溢着不公或不平,这一点我也有共鸣。问题是,我们明知西

方人有着"文化中心"之类的文化霸权和民族偏见,但我们苦于无助,制定不出自己的文明标准来,只好跟着西方人亦步亦趋。吃亏受欺不说,就人类文明本身而言,也是对古文明的一种轻蔑和不尊。

　　那么怎样改变这种现状呢?正如史式先生说的,怎么样才能拥有我们自己的"发言权"呢?对这个问题,专家学者们肯定有很好的想法和主张,只不过还没有来得及把它表达出来罢了。以笔者的拙见,西方学者制定"三标准"还是"文明四条件"都有他们自己的理由,这是无疑的。但是,文明不仅仅是西方人的文明,文明也不是仅靠西方人创造出来的,人类的文明是全人类共同创造的,因此全人类所有参与了古文明创造的地区和民族都有资格制定自己的文明标准,这一点也不违背历史的逻辑,西方人也应该是承认的。但是在人类文明的标准问题上,西方论西方早,东方论东方早,这种"争"的局面也不是解决问题的最终办法。要从根本上解决这个问题,我认为还是要从文明本身或文明产生的经历中找到某种共识,拿出一些共性的标准来衡量具体的文明进程和文明出现的时间。这样,东方人也不需要"争",西方人也不能蛮横地"抢",拿事实说话。谁早谁迟,谁的文明程度高,谁的文明程度还停留在老后的地方,这不能靠力气、靠金钱获得,而是靠事实本身来确定。只有这样,东西方文明的争端才有可能趋于缓和,人类文明的历史真实也才有可能"水落石出",大白于天下。

　　进一步的问题,怎样才能在"文明"的领域中达到全人类的某种沟通和共识?以我之见,目前我们所能采取的唯一的方式就是哲学的方式,即采取"本体性否定"的否定方式和"多元并存"的人类文明格局,这对世界上的各民族各地区来说都是合理的。也就是说,以这样的文明标准,西方人可以制定出西方人的文明标准,东方人也可以制定出东方人的文明标准,甚至亚洲人、欧洲人、非洲人、美洲人都可以制定出自己的文明标准和文明发展模式,这个框架是开放式的,不是封闭的,更不是蛮横强迫接受的。所谓的"多元并存"的人类文明格局指的就是这个。而"本体性否定"也不是指"否定之否定";前者是在不否定对方标准的前提下提出自己的标准来,让双方或多方的"文明标准"共存,后者就意味着否定了前者才可能有后者,这种方式恐怕不太适合。这样一来,在人类的"文明"史上恐怕会出现多个文明标准和多种发展模式。多,我们不必惧怕,它既不会扰乱现有的社会秩序,也不会挑起世界范围的民族纠纷,相反,它会给人类的文明赋予一个公平的评价。也就是说,我们只能在文明的多元化条件下才能找到更具共性的文明标准,在"多元并存"的文明模式中才能达到全人类的共识。全世界有两千多个民族,有五大洲,有东西南北中,各民族各地区的具体情况不一样,文明的进程也不一样,我们怎么能用一种"文明标准"来套用到这么广阔的地域文化中去,怎么能用一种文明发展的模式来抹杀掉或替代掉其他的文明发展模式呢?目前的这种状况本身应是不该存在的,但不可否认,它的确是我们的现实。这个现实用我们中国人的话来说就叫做"一手遮天"、"一叶障目",是一种不合理的文明现实和文明标准。

其实,人类文明产生的过程是一个很复杂的过程,它是有发展层次、有文化序列的,并不是西方学者们确定那么几个标准就能概括得了的。根据上文所述,人类"前文明"被毁之后,幸存者们对于"前文明"的记忆是清晰的,只因冰期的灾变过久,幸存者们传递下来的"前文明"的信息都变成了"神话"和"传说",或者很多"前文明"的信息在长期的口传过程中失传了,流传下来的"神话"都是那些信息中的精华,因为这些"神话"大多都是有关人类起源、人类身份和祖先崇拜方面的事,这些事对每一个部族都是至关重要的、不可丢失的内容,所以才流传至今。现代文明就是建立在这些"神话"基础之上的。从"前文明"到幸存者再到现代文明的建立,经历了数万年的时间,现代人类的始祖们已经没有了幸存者那样的素质,一切重建都是从零开始,从头做起,所以文明的进程也是非常缓慢的,一步步从旧石器时代走向新石器时代,再进入铜石并用和铁器时代,这个缓慢的过程就是文明起步的过

程,也是文明的因素点点滴滴积累的过程。在这个过程中,"三个标准"和"四个条件"都不可能同时出现,我们也不能因此说人类的这个阶段不是文明的初创阶段,而是仍处在动物的阶段,传统的"野蛮"、"蒙昧"说就是这个意思,西方文明制定的"三个标准"也不把这一阶段当作人类的文明阶段对待,其实这是一种极大的错误。我们不能拿现代人的文明水准来衡量始祖们初创文明时的艰难程度,在那个时期,人类的每个细微的发明、发现和创造都是革命性的,你不把它当文明待,于理不通。比如人类的现代始祖在石洞时期基本采用天然的打制石器,新石器时代出现了磨制的石器、骨器和穿孔等技术,再后就出现了铜器、玉器和金属器具。这些原始器具和工具的创造都是靠人类的智慧完成,你能说它不是文明的吗?如果连这些都不算文明,那么人与动物的界限在哪里呢?地球动物们为什么就制造不出这些工具和器具来呢?又如在新石器时代,人类就已制造出"石锄"、"石铲"、"石斧"这类工具用于原始的农业生产,你能说这些工具不是人类文明的成果?还有,人类在8000年前就已经会建筑住房,形成最初的聚落遗址;会用兽皮做衣服,并且有简单的装饰品,会用原始的符号来表达某种思想,还学会了制作最早的沙质陶器,这些文明的成果也不算在人类文明的账簿里,这样的"文明标准"和"文明条件"是否真有问题呢?回答是确定的。以上的历史事实说明,人类的文明有着严格的层次性,它是随着冰期的结束和人类活动的全面展开而一点一滴积累发展起来的,这个积累和发展的过程就是文明层递发展的过程。我把这个过程粗略地划分了一下,至少有这样三个大的文明层次的存在,而这三个文明的层次应该就是全人类达到某种文明程度的最主要的依据。

　　这是两个不同的概念范畴,前者是指文明的成长经历,后者指相应的文明发展水平。比如使用天然的石器是人类使用工具的开始,那么根据需要进行打制的石器,这已经是最初的加工工具了,在打制工具的基础上磨制出细石器工具,包括骨器和玉器,这从工具的历史论来看又是大踏步的前进;铜石并用和铁器时代,工具的进步是不言而喻的。人类在原始文明时期，除了工具的发明和改进，在食物的方面发明和创造了最初的原始农业、饲养业以及后来的畜牧业；住的方面，走出了山洞，有了简陋的土木结构的住房；交通方面，驯服了马、牛、驴、狗、鹿等，要么坐骑，要么拉雪橇；用的方面，除了基本的生产工具，还有陶器、最初的车等。总之，人类在这一时期，脑筋渐渐活动开来，对于"前文明"的记忆也逐渐得到恢复，发明和创造的世俗性品质开始上升到生活的主体地位；每项新的发现和新的创造性活动；对于长期压制不用的人类聪明智慧而言，无疑是一种兴奋剂，不断促进人体大脑皮层的兴奋和更高的创造欲望。就这样，现代人类的始祖们先是创造出一些单个的文明因素来。这种创造，无论多么聪明的猿猴都是难以企及的，只有人类在自己的生产和生活实践中，才能创造出这样的文明来。也只有在人类最初的这些创造活动中才能显示出人类的智慧和与地球动物的不同，如果没有人类的这些创造活动和文明成果，人类与地球上的普通动物也就没有什么本质的区别了。

因此，人类就是人类，他与地球上的普通动物不同。同样处在冰期后的地球环境中，人类从这里那里走出来，开始了自己最基本的文明创造活动，而不是像地球动物们那样到处寻找现成的食物充饥；人类的这种文明创造活动就是人类最基本的世俗性品质，他发明、他创造，这是他的"本能"，他不采取这样的生活方式就无法在地球上生存。然而人类最初的发明和创造都是以"单个"的形式出现，比如一把石斧、一枚骨针、一副弓箭或是一种耕作方式，而每一次"单个"文明因素的发现和创造，都是对人类智慧的一次深层开发。由于人类的这些"单个"的文明创造活动多了，文明成果的积累也就多起来，人类的聪明与智慧也就越来越灵动起来，发现与创造不仅不是一种苦差事，而且是进一步促进和发掘人类聪明智慧的快事，人人都乐意有发明、有创造、有某种成就感和发明创造的使命感。我想：这是人类走向文明的基本条件，也是人类最初的文明。举例来说，从旧石器到新石器乃至以后的文明进程并非一次性完成，而是逐渐积累的结果。如：石器最早出现的

是粗糙的砾石器,之后出现了磨制石器、细石器;中国人最早使用的农业工具为耒和耜,在此基础上发明了播种用的耧车;中国古代的天文仪器,最早出现的是简单的圭表,之后发明了日晷、漏刻、浑仪、天体仪、水文仪象台等。这一切单个文明因素的产生,在当时的行业内是革命性的,同时它也为之后更为复杂的组合和综合文明打下了基础。

单个的文明因素的创造,是人类连续性发明和创造的结果;每一样新工具、新器具、新方式的产生,都是一种发明,一种创造,一种前所未有的新突破,因此它的意义非同寻常。而文明的综合素质是对前一种文明因素的综合,比之单个的文明因素有力得多,可以说是文明的一种进步和提升。比如最早的人类祖先们本来就使用天然的木棍,后来发明了石铲,这本是两个"单个"的文明产物,到了综合的时代,聪明的先祖们把木棍和石铲结合成了一件工具,这就是最简单的一种综合。再比如人类早就驯服了牛,这是畜牧文明中的一个"单个"的文明成果,后来的人类发明了犁,这也是个"单个"的文明因素,再后来,人类把牛和犁综合到了一起,形成了一种新的生产工具和生产方式,这比以前的"刀耕火种"不知要先进多少倍。这即是一种比较复杂的综合,它是把活的畜力和死的工具融为一体,成为一种新的生产力。这种生产力在人类的文明史上是革命性的,犹如现代文明发明和使用蒸汽机一样,具有划时代的意义。比"牛拉犁"更高一些的综合,比如最初的农业村庄:按照一定的秩序建筑的聚落住宅,这些住宅是属于"单个"的文明因素;村宅旁的墓冢与祭祀的地方,或小型的神庙或祭坛的设置,这些也属于"单个"的文明因素;还有"依山傍水"的外部环境,虽然这不是文明的创造产物,但也是一种文明的选择和综合行为。除此,还有一定的土地、耕畜、家养的牲畜,这些都是属于"单个"的文明成果。将这一切"单个"的文明成果组合到一起,形成人类的一种生产和生活基地,这就是一种较高层次的综合性创造。如果在此基础上再加上中国的"风水术"、聚落村庄周边防御性壕沟以及畅通无阻的交通等,它就可以朝着更高层次的古国文明迈进。其实,所谓的古国文明者,就是人类最初的国家形态,诸如西方的城堡、邦国,中华文明源头上的"方国"和"聚落带"等。这些最初的古国实际就是由几个城堡组成,或一系列的聚落村庄群带组成;几个城堡就可以组成一个"邦国",几个聚落村庄和聚落群带也可以组成最原始的"方国"。因此,仅以西方人确定的"城"的文明因素来确定文明不文明的标准是没有一点道理的,中华文明源头上的"方国"的综合素质比之西方的以城为主的"城邦"来,规模还要大,所综合的"单个"文明因素还要多,"方国"的国家功能比城邦组成的"邦国"还要全面一些。所以,像中国考古界发掘出来的"红山文化"、"兴隆洼"遗址,包括良渚文化等,其历史都有 5000 年至 8000 年之久,所以在中华文明源头上出现的文明的综合素质也就出现在 5000 年至 8000 年之前的聚落村庄和原初的"方国"文明之中了。

由此可知,文明的综合素质和"单个"出现的文明的因素是完全不同的,前者是单个的发明与创造,它的功用只是单方面的,因而也是有限的;而后者却是对若干"单个"文明因素的组合和综合,使"单个"的文明因素的功用变成多方面融合而成的综合功能,或者称之为系统功能也无不可。在这种综合的系统中,除了能充分发挥出"单个"文明因素的功用之外,它还能和其他的文明因素组合后产生综合的"第三种"功用,即系统功能。因此,综合的文明素质要比"单个"的文明因素的功用大出好多,呈现出来的是一种综合的功能。功用是单方面的一种作用,功能却是一种综合的能力,它们之间的区别是非常明显的。

由上所知,在文明的综合时期,古国文明已经形成,以后的国家就是从这个基础上发展起来的;而文明的整体并不完全表现在国家形式上,而是具体体现在不同的文明模式上。比如西方文明的模式,是以宗教思想为基础的生产技术的革命和商品贸易的流通形式,它的青铜器的创造与文字的产生都与商品贸易的流通需要有关,而宗教思想中"诺亚的子孙"们向着世界各地的扩散给后来的商品贸易向世界各地的扩散铺平了道路。西方的这种文明模式,从整体上表现出了一种"西

方精神",这就是对于自己文明模式的实用性、科学性和经济价值的崇尚和追求。所以,在西方文明模式下形成的一切文明成果都是很具体、很实用的东西。而东方文明中的中华文明的模式就不一样,中华文明首先是继承了"前文明"的文化符号之后形成的符号文化。这种文化的构架将天、地、人融为一体,特别注重天对人的生活以及生活环境的影响。所以,中华文明没有形成西方式的宗教加商业的文明模式,而是首先形成了无穷的"天道"、"地道"文化,在此基础上衍生出"人道"思想。前者属于天文天体知识系统,由此形成中华的自然哲学体系;而后者属于人间和人的知识体系,它形成传统的中华生命哲学和相应的农业文化。在这种纯粹东方式的文明模式下形成了独具特色的中华文明,它崇敬自然,崇尚人类与自然的和谐,提倡较为稳定的与自然和谐相处的农业文明。所以中华文明自古就是一种以农为本、注重农业而轻蔑商业的农业文化或农业文明体系,它与西方文明的模式几乎是相反的。

　　文明的整体表现形成不同的文明发展模式,而文明的不同发展模式反过来又加强了文明整体的表现力。从而使它的文化特征更加明显,整体力量的潜质更加巨大和充沛。这既是东西方文明模式不同的最主要特征,也是文明发展的一般规律。通过对文明的三个层次和相应的三个发展阶段的简单分析,我们就可以得出如下的结论:人类所经历的现代文明意义上的原始文明,至少发生在8000年以前至数万年的漫长时间内,它的突出特征是人类在艰难维持生存的前提条件下进行了有限的"单个"文明因素的创造活动,到了冰期结束的8000年之后,人类在"单个"的文明创造活动基础上逐渐开始了"综合"水平的文明创建活动,这就使原有的文明成果得到了恰如其分的组合,发挥出了"单个"的文明成果难以想象的功能,从而使文明不再是以一种单纯的因素和功用的方式存在,而是转变为一种综合的素质和功能,大大提高了文明的存在价值和使用水平,成为人类社会迅速进步的内在动力。

我们可以说文明的进程并非能用几个"硬件"标准就能概括衡量得了的:"单个"文明因素的发现与创造是人类原始文明的重要标志,而综合和整体表现出来的文明水平却是人类智慧的结晶。它可能在某个领域内有着很科学的文明素质的综合,但在其他领域不一定综合得那么科学和全面,但只要是进入综合的文明进程之中,体现出来的就是某种文明的整体素质,而不是单纯的某种因素,我们就可以认为这种文明已进入到了一种较高的发展形式之中;否则只靠"单个"的文明因素维持着生存的,我们只能说它还处在较低水平的文明层次上,还没有综合的文明素质和整体的文明表现。前者在西方文明中至少有两次大的综合阶段:第一次综合应该是以基督教的建立为主要特征,创造了较为统一的"神学"时代;第二次是以现代科学思想的建立为主要特征,逐步取代了旧时的"神学"思想,促进了现代工业经济的飞速发展。在东方的中华文明中至少有三次大的综合;第一次是以黄帝为首的一大批半神半人的"神人"们的综合,它奠定了"九州"和"中国"的地理概念,综合了以"中原"地区为主的认识天体自然的文化,给"中华文明"的最终形成奠定了发展基础;第二次大综合就是雅斯贝尔斯所谓的"轴心时代",从"三代"到秦汉时期。这一阶段既是中国的"百家争鸣"和"百花齐放"阶段,也是中华文明的第二次文化大综合时期。儒家、法家、道家思想在这一时期胜出,而秦汉的统一给这次大综合划上了最为圆满的句号。第三次大综合从20世纪开始,到现在尚未结束,这次的综合不再是"圈子"内的事,而是中西两种文明的碰撞和文化大融合。

以上的两例都是具备综合能力的文明范例,还有很多没有文明的综合能力的原始部族和部落跟我们同时生活在这个世界上,他们在"单个"的文明因素的发现和创造方面具有一定的积累,但是他们大多都因地理条件和某种历史原因,逃进了深山老林和非常偏远的地带生活着,与现代文明的生活没有多少交流,所以他们还处在原始文明的

初创阶段,手中只有一些"单个"的文明因素,却没有综合或没有较高层次的综合,这就决定了这些原始部族的命运,也就决定了他们的文明水平。但是有一点非常明确,我们不能因为这些原始部族还处在较低的文明发展阶段,就认为他们没有文明,如果认为这些原始部族没有文明,也就应该承认他们不是人类。可是迄今的现代文明对于他们的人类身份的确定是无疑的。

综上所述,我们通过对人类文明成长经历的简单分析,获得了两个思维领域内的衡量标准,即发明、创造和综合:前者是纯粹的思维活动带动了人类的创造行为,后者却是在纯粹的思维形式下形成的文明的再创造活动。因为人类的这两种思维形式的应运程度不一样,人类在文明中的素质和表现也不一样。因此,我们的历史科学如果一定需要一个文明标准的话,我认为只有发明、创造和综合这两种思维形式是最合适的衡量标准,除此之外的一切物象都不应该成为裁判文明不文明的具体标准。

这是因为:①地理条件不同,文化缘起不同,形成的物象也不同。如在西方最早出现的文明物象是城堡,但在东方的中国,最早出现的却是农业村庄,而非洲的贝宁最早出现的却是青铜器,因为亚洲的中华文明和非洲的贝宁最早出现的不是城堡,你就说这两个地区都不是文明地区吗?②具体的物象可以征战获得,思维或智慧却不能。比如苏美尔人的城堡可以由巴比伦人占为己有,闪米特人可以灭了巴比伦人,在巴比伦人建造的城堡基础上建立起闪米特人的原始古国。还有文字的创造中有符号文字系统,原始文字系统的延伸、改造成的文字系统,它们之间都有继承关系,你能说谁文明谁不文明?物象不仅具有不同的内容和形式,它同时还有这种可移置的"中性化"倾向,因此不适合作为文明的具体标准。而思维或智慧就不同了,它只能在人类的某些部族或成员中拥有,是一种内在的无形的东西,你只能看见它的外化的结果,却看不见它本身,更是无法掠夺一个民族和种族的智慧。比如现在的犹太民族,就是一个典型的崇尚智慧的民族,你可以将犹太人在地球的表面上赶来赶去,他们可以没有任何工具和用具,但你夺不走他们的聪明和智慧,犹太民族在世界上的崇高地位也是靠犹太人崇尚的智慧获得的,这就是典型的事例。③发明、创造和综合才是文明最内在的衡量标准。前者是单向的思维方式,后者是复合式思维方式;一个民族或一个地区文明程度的高低,既要看它们的发明创造多少,又要看它们对已有文明成果的综合利用能力和再创造能力如何。如果这两个方面都是出众的,连续的,那么可以肯定它就是一个文明程度很高的民族和地区,否则就是相对落后的民族和地区。这个标准对全人类都是公平的,适应的;用它可以划分出若干不同层次的文明模式来,而不是为数很少的三两种。这就是一种成长着的、灵活却又没有极限的新的"文明标准"。

文明的成长标准不是僵死不变的物,而是人类发明、创造和综合的智慧。在数千年的文明史上,人类靠智慧创造了文明,文明也促进了人类的智慧,文明与智慧既像一对母子,又像一对孪生的兄弟,但毕竟人类先有了智慧才有了文明的创造,智慧是母体,是一切文明产生的基础。没有了智慧这一前提,人类的一切文明都无从谈起。比如,在人类的世俗生活中,总有这么一种倾向:现实的人类只重视文明及其文明的成果,而不太重视智慧;因为文明及其成果是具体的,而智慧却是"虚无"的抽象,前者可以直接进入实际的应用之中,后者总被认为是神奇的,一般人所不具有的。因为这样一些理由或原因,人们总是重视具体的文明而轻视作为根本的智慧。这似乎也不是人类自身之过,是人类世俗性生活的实际需要。人就是这样的,他本身的生命周期并不很长,所以"人生不满百,心怀千古愁"的人总是占极少数,绝大多数的人都是只看重眼前,只重视功利目的的人。因为人类的这种功利性特征,人类的文明与智慧的发展状况也很不一样,尤其是中西文明的发展状况和形式的差距更为突出。在这里我想借助英国著名的科学史家李约瑟博士和英国学者罗伯特·坦普尔的研究成果来说明这一点。

李约瑟是英国皇家学会会员,中国科学院外籍院士、著名的生物

学家和科学史家。他在他的前半生，注重于生物化学和胚胎学专业，出版了《化学胚胎学》、《生物化学与形态发生》以及《胚胎学史》等科研成果，很有影响；自20世纪40年代以后，通过接触几位中国科学家，对中国古代科学技术的发展非常感兴趣，于是就开始了《中国科学技术史》的研究和著作工作。到20世纪80年中后期，这部巨著已出版15册，还有10册未出版，如果全部出齐，约25册，洋洋千万言，可谓是一部鸿篇巨著了。当李约瑟博士还没有全部出版他的这部巨著的时候，英国学者罗伯特·坦普尔有了一个尽快普及这部科学史巨著的计划，他取得李博士的同意后，根据李博士已出版和未出版的资料编选出了"中国的100个世界第一"，并按他的思路写成了约30万字的《中国的创造精神》一书。在这部书中，李约瑟博士和坦普尔先生把中西古代的科学文明以及相互关系讲得非常清楚。坦普尔说："尚未揭露的最大历史秘密之一是，我们所生活的'现代世界'是中国和西方因素绝妙合成的结果。'现代世界'赖以建立的种种基本发明和发现，可以有一半以上源于中国。然而这却鲜为人知。为什么？"中国人自己也和西方人一样不了解这事实。从17世纪起，中国人对欧洲的技术才能越来越感到眼花缭乱，已经有一段时期对他们自己的成就患了健忘症，当耶稣会教士向中国人显示一架机械钟时，他们感到很敬畏。他们忘了，最先发明机械钟的正是他们自己！"认识到现代农业、现代航运、现代石油工业、现代天文、现代音乐还有十进制数学、纸币、雨伞、钓竿绕线轮、独轮车、多级火箭、枪炮、水雷、毒气、降落伞、热气球、载人飞行、白兰地、威士忌、象棋、印刷术甚至蒸汽机的基本结构，全部源于中国，让中国人和西方人同样感到惊异。"李约瑟博士在这本书的英文版序言中也说："无论是二项式系数排列还是旋转运动与直线运动相互转换的标准方法，是最早的钟表擒纵装置，还是可锻铸铁犁铧，是植物学和土壤学的开创，还是皮肤——内脏反射或天花痘接种的发现——不管你探究的哪一项，中国总是一个接一个地位居'世界第一'。"

无论李约瑟博士对中国古代科学史的梳理和总结，还是坦普尔对中国古代文明的热衷和客观评价，都说明一点：在人类的文明史上，特别在古代文明史中，中国古人的发明、创造不是占据世界的"一半"以上，就是"位居""世界第一"，这个事实是非常了不起的，证明中国古人在"单个"文明因素的发明创造方面占据的世界地位。如在"分行栽培作物和细心彻底除草"方面，欧洲在"18世纪才采用这种农耕方法"，而"中国人最近在公元前6世纪就已经这样做了。因而在农业中一个最明显的方面比欧洲先进了整整2200年"。再如血流循环的理论，"大多数人相信，人体内的血液循环是威廉·哈维（1578~1656年）发现的，是他在1628年公布他的发现时才第一次使这种概念引起世人的注意。然而，哈维甚至不是第一个认识这种概念的欧洲人，而中国人则在2000年前就做出了这一发现。"也就是说，在西方现代科学崛起之前，中国和欧洲在科学技术方面，至少要先进和落后2000年左右，不算著名的"四大发明"，仅就农业技术和人体血液理论就比欧洲要早出2000年以上。这种先进与落后的反差，不是我们现在所谓的20年或200年，而是20个世纪！可是，李约瑟博士开始发问了："古代和中世纪中国非凡的发明创造能力和对自然的洞察力，给我们提出了两个根本问题：第一，为什么他们竟能如此遥遥领先于其他国家？第二，为什么他们现在不比世界其他国家领先几百年？""我发现，我越是了解他们，就越是接受他们的思想，也就尖锐地提出了这样的问题：为什么近代科学只在欧洲兴起？"他说："我们认为，这是由于中国和西方之间具有很不相同的社会制度和经济制度……"显然，制度对于一种文明的创造和制约都是至关重要的，西方在近现代的崛起与它的制度相关，中国在近现代的落伍也和它的制度约束相关，这是无可厚非的，大家都能认可。在古代中华文明"遥遥领先"于世界各国，而在近现代却又大大落后于西方发达国家，中华文明的这种"天上""地下"的巨大文化反差，我想仅用"制度"还无法自圆其说。因为中国在古代和近现代，它的制度没有大的变更，文化和文明却"天上""地下"，悬殊巨大，这说明中

·715·

华文明的先进与落后还不仅是"制度"问题。中国在古代是"遥遥领先"的,而在近现代却是远远落后的,造成这种文明反差的若不是制度还会是什么呢?物理学家杨振宁博士认为,近现代科学之所以在中国没有萌芽的直接原因是中国人受了《易经》思维的影响所致。杨博士说:"《易经》影响了中华文化的思维方式,这个影响是近代科学没有在中国萌芽的重要原因之一。""那么,我们现在集中讨论近代科学为什么没有在中国萌芽。这已经有很多人讨论了,有很多归纳出来的原因,比如以下五个:第一,中国的传统是入世的,换句话就是比较注重实际的,不注重抽象的理论构架,这是一种可以说通的道理。第二,是科举制度。第三,中国人传统的观念,认为技术是不重要的。第四,中国传统文化里没有推演式的思维方法。第五,天人合一的观念。第四跟第五这两点跟《易经》有密切的关系。中华传统文化没有发展推理式思维方法,而采用天人合一的哲学观念,我认为这二者都是《易经》的影响。近代科学的思维方法有两条路:一条路是归纳法,一条路是推演法,最终的目的都是要总结出自然规律。而"中华的文化有归纳法,可是没有推演法"。杨博士的意思是影响近现代中国科学的直接障碍是中国没有发展推演法,而没有推演法的直接原因又是《易经》的思维方式。杨博士把影响中国近现代科学的最终原因找到思维及思维方式领域应该说是找到了总病根,但说中国古代没有发展推演法似乎有点欠妥。其实,杨博士评论的《易经》本身就是推演法的典型。杨博士认为,《易经》的分类、精简、抽象化是归纳法的精神。"我倒认为整个《易经》的符号化逻辑都是推演出来的,而不是归纳出来的。比如太虚生太极,太极生两仪,两仪生四象,四像生八卦,这本身就是个推演的过程,逻辑性很强。按杨博士的话说,推演法就是要"一条一条推论次序不能颠倒"。《易经》把"太极"这个整体分解成384爻,次序就没有颠倒,而且也不能颠倒,如有颠倒就不是《易经》了。我理解杨博士是说《易经》把天道地道人道归纳为一体,所以它是归纳法;但《易经》的机理似乎是用典型的推演法推论出来的,并非归纳出来。这里最关键的问题是,在中国古代有没有推演法,特别是《易经》中是否有推演法,我认为这是肯定的。由此可以说,影响中国近代科学进程的"罪魁祸首",并非《易经》的思维方式,这是我与杨博士的观点有歧义的地方。既然《易经》的思维方式不是影响中国近现代科技发展的直接原因,那又是什么呢?以我的浅见,那就是文明的成长经历。

人类文明的成长最主要的经历一般表现在三个方面:单个文明因素的发明与创造,综合的文明素质的呈现和文明的整体水平的表现。文明的这三种经历或三个阶段,是依次发展起来的,一个是另一个的基础,而另一个是前一个的呈现和表现,它们在总体上是正金字塔形,单个的发明与创造为综合作准备,若干综合的文明素质又为整体的文明表现作基础,如此阶梯上升,由低到高地发展。人类文明的这种成长经历体现出它最为本质的两个特征:

文明的各个阶段可以是分离的独立存在,比如"单个"的文明因素的发明和创造可以自成一个独立阶段,只要拥有这样"单个"的发明和创造,它不一定非要走向综合的道路不可,完全可以停留在"单个"文明因素的发明创造阶段;与此相适应,文明的综合与整体表现两阶段,也有各自的特质和区别,已经有了一定范围综合的文明素质不一定非要成为文明的整体模式不可,它也完全可以停滞在综合素质阶段不再前进。这一特征在中世纪之前的西方大量存在,在东方的中华文明史上表现得也同样突出。综合某种"单个"文明因素的人不一定就是它的发明创造者,它完全可以是这样的情况:A.发明了这项技术;B.创造了相近的一种文化;C.既没参与创造,也没什么发现和发明,但他有理由进行更高层次的综合。这就是说,在人类文明成长的经历中,各个阶段的依次递升不一定具有发明创造者的连续性效应,它们同样可以分解成不同的发展阶段或经历,以每一阶段的文明特质独立存在。整体的文明的表现也是同样的情形:若干个被综合了的文明素质可以独立存在,而整体的表现者根据自己创建的文化模式的内容和形式的需要,

它将这样一些被综合了的文明素质整合成这样一种文化模式,而又将那样一些文明素质整合成那样一种文化模式,但各综合的文明素质的创造与整体文化模式在发明创造过程中并不存在连续性。人类文明成长经历中的这两个特征决定了人类文明的实际进程和对已有文明素质的再综合和再创造的可能性。不过,人类的文明历程是一个复杂的文化传播和文化再创造过程,仅有以上两点还不能从根本上阐释中西文明在历史上交互呈现高低的文化现象,还需要第三个本质特征的共同参与,才能阐释这种文化现象。那么,这第三个"本质特征"是什么呢？它就是文明的内循环与外循环两种循环的机制。

文明的内循环是指同源和同质的文明因素与文明素质在同一文化背景下的综合与再创造过程；而文明的外循环则是指相反的历程,即若干不同源和不同质的文明因素、文明素质在与它的源流不同的文化背景下进行的再综合和再创造。比如中华文明在世界文明史上走的是一条相反的路子：中世纪之前"遥遥领先"于世界各国好多世纪,中世纪之后又从高处跌下,落后西方发达国家若干年或若干世纪。中华文明的这种发展历程说明了什么呢？说明它"遥遥领先"于世界各国的时候,所进行的文明的创造活动是在同源同质的文化背景下进行的综合和再创造,是属于文明创造中的内循环,这种文明的循环机制虽然也是通过综合和整合这种再创造活动实现的,但这种循环不宜过久,过久则如同遗传学上的"近亲繁殖"一样,它的素质只会下降不会提升。比如驯服的牛和铁犁的综合即成为一种较先进的农业生产力,它明显超越了"刀耕火种"的原始农业方式,但也远远落后于机械化生产的现代农业生产力。而在中华文明的内循环中,从"刀耕火种"的原始农业生产方式跨入到了以畜力为主的犁耕生产方式,这是很大的一次飞跃和进步,但它始终未能跨入机械化生产的现代农业生产方式。我认为,在中华农业文明中未能实现这第三级的跨越,其主要原因就在于这种内循环的文明机制限制了人们的创新思维,要不然铁犁从公元前6世纪已经在农业生产中使用了,直到20世纪,铁犁和畜耕农业的现实为什么一直没能退出中国农业的历史舞台？诸如此类的事例还有指南针、火药、纸、印刷术、人体血液循环理论、天文知识等等，中国人传统的说法有"四大发明"，李约瑟和坦普尔的研究证明，"居世界第一"的中华文明的成果占世界文明成果的"一半"以上，至少也有坦普尔所陈述的"100个世界第一"。在古代中华文明拥有这么丰富的发明创造，为什么中世纪以后反倒落后于西方发达国家呢？我想，中华文明史上的这些文明成果以"单个"的形式独立存在于同源同质的文化背景中，以致出现身在庐山不知庐山真面貌的麻痹思想（"对他们自己的成就患了健忘症"），当西方人拿来中国人发明而他们制作的新产品让中国人看时，连中国人自己也感到震惊和"敬畏"，这恐怕就是内循环的这种文明机制本身不可避免的两面性，即它的先进性和同时带着的滞后因素。

相反的事例是中世纪之后的西方发达国家。它们陆续引进了如此丰富和发达的中华文明成果，对它们进行分类和综合，使中华文明的文明成果被转移到具有异质文化背景的西方智慧中，实现文明素质的外循环。这一移置既让东西方的人们大吃一惊，更使世界文明史变了模样。正如罗伯特·坦普尔所说："如果没有从中国引进船尾舵、罗盘、多重桅杆等改进的航海和导航技术，就不会有欧洲人那样伟大的探险航行，哥伦布不可能远航到美洲，欧洲人也就不可能建立那些殖民帝国。"如果没有从中国引进马镫，使骑手能安然地坐在马上，中世纪的骑士就不可能身披闪亮盔甲去援救那些落难淑女，也就不会有骑士时代。如果没有从中国引进枪炮和火药，也就不可能有了子弹穿透骑士的盔甲将他们射落马下，从而结束骑士时代。"如果没有从中国引进纸和印刷术，欧洲继续用手抄书的时间可能要长得多。识字将不会这样普及。"约翰·古腾堡没有发现活字，那是在中国发明的。威廉·哈维没有发现人体血液循环，那是在中国发现的，或毋宁说，他们一直就是那样认为的。伊萨克·牛顿不是第一个发现他的'第一运动规律'的，那是在中国发现的。"这些神话和其他许多神话都由于我们的发现而破灭

了。我们发现,我们周围许多被认为理所当然的事物的真正来源是中国。我们有些最伟大的成就,原来根本并不是成就,而只不过是借用。"听一听这位西方学者的坦言,我们就忽然明白了这个道理:文明的成长也像生命科学一样,它不能长久地进行"近亲繁殖",更不能长久地处于令它最终走向死亡的惰性环境之中;文明既需要内循环的"变异"机制,同时也需要外循环的创造机制,只要进入这样健康的文明循环机制之中,人类的文明才会得到迅速的成长。否则,文明只有处于停滞状态甚至"消失"。东方的中华古文明与西方的现代文明的兴盛衰落就是最典型的例子。

当然,我们所说的健康的文明循环机制是在人类社会正常的文化交流中实现,而不是在侵略和殖民的情况下,抑或是某种"中心主义"这样的强权政治条件下实现。这一点,无论世界上的哪个民族,都应该达成共识,毋需耗费过多的笔墨来论述。文明的成长是为文明的交流和循环打基础,提供最基本的条件,而文明的内外循环又为文明更高层次的成长和成熟铺平道路。两者相互依存,共同发展。这就是科学的人类文明成长史和文明循环往复的真实奥秘。有一个小问题,还需要我们进一步讨论。在上古,世界各地的交通不便,人们没有相互交流的可能性,但现代文明的进程在世界各地基本保持同步,这是因为什么呢?通过以上的论述,我们可以这样回答这个"千古疑问"了:1."前人类"(幸存者)对"前文明"的传承是一样的。无论是冰河时代还是在"中央文化地带"发生核战后的幸存者,他们所拥有的"文明"程度和所经历的灾难是一样的。2.漫长的冰河时代和冰河期的结束,在全球是一样的。它使地球的两极同时解冻,特别是在北纬30°线,同时发生大洪水;人类的"幸存者"住进山洞和走出山洞的时间大致一样。3.人类的智慧潜能是一样的。只要是人,无论哪个种族或民族,他们都具有人的一般智慧潜能;人类的智慧潜能是人类创造世俗社会生活的根本依据,不管遇到什么样的生活环境,拥有智慧潜能的人类都能够"因地制宜"地发挥出他们的智慧潜能,创造出一个属于他的世俗社会来。4.当然,除了以上的三个一样,也还有不一样处。由于人们所处的生活环境不一样,面对的自然资源不一样,每个族群经历的遭遇不一样,他们在现代文明的建立和发展中所呈现出来的智慧的成果也就不一样。在迄今为止的现代文明中,为什么会出现"四大文明"古国?为什么至今还有滞留在原始文明中的落后的部族和人群?原因均在这"不一样"的因素之中！5.因此,我们可以说,人类的文明史是不可以简单地用几个物化的标准来划分的。无论古今,人类的文明都是在有秩序、有层次甚至是有原因地发展而来,是在反复交错的文化冲突和在冲突之后的文化融合中发展而来。如果以这样的观念让我们细分一下现代文明及其前后因果的话,那么我们就可以划分出以下几种类型和几种不同的层次：

从人类文明发展的历史或前因后果论,迄今为止的人类文明历史可划分为："元文明"：数亿年前的地球人类文明；"前文明"：数十万年前曾经存在后被自然灾害和人类自身毁灭了的文明；旧石器时代末期的洞窟绘画和岩画文明,距今3万年至1万年之间；新石器时代的神话传说文明,距今约1.2万年至约3千年前；古代农业文明和近现代工业文明。在这一文明类型的划分层次中"元文明"和"前文明"是曾经有过的地球文明,目前只有少量的考古发现和实物,没有文献的佐证；旧石器时代的洞窟绘画和岩画文明是属于承前启后的一个中间或过渡地带,它上承"前文明"的文化成果,如洞窟绘画和岩画即是,下启现代文明的开端,如神话传说等。而从新石器时代到古代的农业文明和近现代的工业文明,是地球人类现代文明的真实内容和所走过的历程。从目前世界上较为流行的对文明评估和衡量的一种划分是我们所熟知的关于"三个世界"的划分,即发达国家或地区、发展中国家或地区、欠发达国家和地区。这一划分的原始思想来自毛泽东。1974年,毛泽东根据当时世界各种基本矛盾的发展变化,指出世界已划分为三个方面,即：苏联、美国两个超级大国是第一世界；亚、非、拉美及其他地区的被压迫民放和被压迫国家构成第三世界；处于这两者之间的发达国

家是第二世界。三个世界划分的理论,对于动员世界人民反对霸权主义起了巨大作用,同时为之后世界整个格局的划分和评估提供了理论基础。

　　从不同文明性质的交替发展中又可划分为东方文明和西方文明。其中东方的中国古代文明遥遥领先于西方古代文明,然而到了近现代,本来先进了西方若干世纪的中国古代文明却又相反地落后于西方的近现代文明。这种不同文明板块或文化模式之间的交替发展,既体现了不同文明之间各自发展的纵向历史,又呈现出各文明群体之间横向的坐标和发展水平。从中可以体察出地球人类的文明发展和提升的一般规律。因此,地球人类的文明有单个文明因素的发明,创造和积累不同的层次和区别,也有综合型的文明素质和整体文化模式方面深浅不同的层次和区别;这种层次和区别的存在是现实的,但从历史的角度看,任何一种先进或落后都不是一成不变的僵化体,它们在各自的发展过程中又会出现参差不齐的状态,如某国在某些方面是领先于世界水平的,但在其他一些方面又落后于世界的等等。文明的这种多层次、多样化存在形式即是文明存在的真实状态,而我们在衡量一国、一个地区或一个民族的文明程度时,往往从整体出发来评估,特别是从经济、政治、军事、文化等要素中看它们的文明发展水平。这种方法固然无错,但它只注重了文明的当代性,忽视了文明本身演变和发展的历史性规律,这就使得我们目前流行的文明衡量标准漏洞百出或挂一漏万,不能适应所有文明或文化的真实存在状态。而以智慧和创造能力为标志的文明标准不仅能克服目前这种不足,而且能适应地球人类各种不同的文明状态,概括所有人类的文明的成果,因而笔者认为是比较科学的文明标准。

　　人生不如意事占了十分之八九,生活要能事事如意、不受外界干扰,实在很不容易!既然人世间有这么多不如意的环境要面对,不如先自我净化。把内心的世界清净。这也就是修心要下的工夫。

　　一位信佛虔诚的居士,每天很欢喜到寺院以鲜花供佛,但一离开寺院,内心就会现烦恼状。禅师说:"花的新鲜与我们身心清净的道理是相同的。常常自我净化、调整心念,才能适应环境;无法要求环境来适应我们的心啊!"

有一位信佛虔诚的居士,在自家屋后开辟了一片花园,种了四季的花草。他每天都勤于修剪、整理花圃,所以枝叶茂盛、花香袭人。这位居士常将这些清雅的花,送到寺院去供佛。

有一天,这位居士遇见寺院的住持禅师,也将花供养禅师。禅师很欢喜地说:"你每天都来插花、换水,确实是功德无量!佛经里说:'以花供佛,能生生世世得庄严'。"

居士说:"我不求什么!只是每天整理花草、剪下花朵,送到寺院供佛,我的内心就会特别宁静、清凉、轻安,这是我每天喜欢来供佛的原因。"

禅师说:"是啊!学佛心中应无所求,当下就是清净。"

居士说:"但是回到家就会有烦恼,心不得安宁!我要用什么方法,让我的心清净呢?"

禅师说:"花瓶里的花,一段时间后就会凋谢!你知道该用什么方法,让鲜花保持新鲜吗?"

居士说:"要时常换水。因为花的茎浸在水中容易腐烂,无法吸收水分供给花朵,花就容易凋谢。所以必须要每天换水,并且剪掉烂掉的梗及茎,这样就能保持花的新鲜。"

禅师说:"花的新鲜与我们身心清净的道理是相同的。在日常生活中,我们要常常自我净化、调整心念,才能适应环境;无法要求环境来适应我们的心啊!"

这位居士听完后,随即接着说:"我若能常在寺院里,不知该有多好!我很期待有一天能放下一切,在寺院宁静的环境中好好聆听佛法,学习佛经梵音的唱诵。"

禅师又说:"其实,呼吸之间就是梵音声。只要把混乱的心念时时消除,这种天地宇宙、周围环境,乃至于你内在的身心动作,无一不是

清净梵音声。你两边的耳朵就是现成的菩萨道，身体就是清净的道场！"

修心，最重要的是心念清净。人生不如意事占了十分之八九，生活要能事事如意、不受外界干扰，实在很不容易！既然人世间有这么多不如意的环境要面对，不如先自我净化，把内心的世界清净，这也就是修心要下的工夫。

我们在生活中如果好好用心、反观自性，就能自我净化心地，则无处不是清净的道场！何须等待时间与空间的配合？修行，无非是要时时控制自己的心。内心如果清净，大地一切的境界无一不是美景；宇宙之间，万物的声音无不是生命的朝气与大地的生机！

只有在宁静平安的心境里，人才会生出更清澈的智慧，不至于因生活的奔波在红尘里迷失。

宋朝大文学家苏东坡，有一个方外知己佛印禅师。有一天两个人在杭州同游，东坡看到一座峻峭的山峰，就问佛印禅师："这是什么山？"

佛印说："这是飞来峰。"

苏东坡说："既然飞来了，何不飞去？"

佛印说："一动不如一静。"

东坡又问："为什么要静呢？"

佛印说："既来之，则安之。"

后来两人走到了天竺寺，苏东坡看到寺内的观音菩萨手里拿着念珠，就问佛印说："观音菩萨既然是佛，为什么还拿念珠，到底是什么意思？"

佛印说："拿念珠也不过是为了念佛号。"

东坡又问："念什么佛号？"

佛印说："也只是念观世音菩萨的佛号。"

东坡又问："他自己是观音，为什么要念自己的佛号呢？"

佛印回答道："那是因为求人不如求己呀！"

这个简短的禅宗公案,给我们一些深刻的生活哲学,就是"一动不如一静"、"既来之则安之"、"求人不如求己",这三个从生活里来的智慧,其实是一贯的、相通的,它是说:只有在宁静平安的心境里,人才会生出更清澈的智慧,不至于因生活的奔波在红尘里迷失。

如何才能求到宁静平安的心境呢?

答案是"求人不如求己"。

我们求人的地方愈少,依赖人的地方愈少,我们就更能看清人间世相,维持一种平安欢喜的心情。观世音菩萨念自己的佛号得大自在,我们如果每天多一分反观自照,我们就会多一分自在多一分智慧。

淡泊,不是没有进取心,不是逍遥于"世外桃源"、"一切不事事";相反,正是为的宏大追求目标而具有的涵养、修养。宁静,就是不因宠爱而忘形,不因失落而怅然,不因富贵而骄纵,不因清贫而自惭。

诸葛亮有句名言:"淡泊以明志,宁静而致远。"

味道不浓曰淡,浅、薄曰淡。譬如"薄酒一杯,不成敬意",可以是酒度数低、主人谦恭之态的双关语。"小溪无月淡无痕",一种恬淡、空灵的、清新的境界。

淡泊是一种品德修养,指为人质朴、超逸、恬淡寡欲,确切地说,于名位功利兴趣不浓,缺少热情,不慕,不求,不争,不经心,不在意,淡然置之。"不好交接俗人",当然也不傲视,敬而远之,修炼自己,警醒自己,以免染上俗习陋气。"无欲则刚",说到家了,切中肯綮,不要钻牛角尖。宇宙万物生生不息,全在欲望。这里的"无欲"系指非分之奢望。恬淡寡欲,"从容中道,圣人也"。不是没有进取心,不是逍遥于"世外桃源"、"一切不事事";相反,正是为的宏大追求目标而具有的涵养、修养。

"宁静",顾名思义,端庄,持重,安然,恬然。深一步说,不因宠爱而忘形,不因失落而怅然,不因富贵而骄纵,不因清贫而自惭。得意,也不忘时,忘形,忘神,忘乎所以;失意,也不颓唐沮丧,不复聊赖。喜悦,眉梢不外溢;痛苦,表情不抽搐。内敛,内向,气守丹田,不浮不躁,不自

惹,不自扰,不自乱,不自淫,不自贱,不自屈。

风物长宜放眼量。淡泊、宁静,为的"明志"、"致远"。不因一点小小的荣誉、成绩而轻置经过艰苦努力乃至拼搏方能取得的更大的成绩和荣誉于千里之外。卧薪尝胆,将以有为,东山再起,"面壁十年图破壁",冥然兀坐,万籁有声,无丝竹之乱耳,无案牍之劳形。享受宁静,苦读乐读,青灯黄卷,编织着绚美蓝图。"此时无声胜有声","于无声处听惊雷";没有寂寞,没有忍耐,没有坚韧的毅力,没有深沉的内敛,都只能昙花一现,过眼烟云,风流一时。

当然,不是不食人间烟火,不是空有扫天下之志而不屑扫一室所为。实事求是,高瞻远瞩,大处着眼,小处着手,不积跬步,无以至千里。鸿鹄之志,还要振翅飞翔。每一次飞翔,都是辉煌探索,都是对胜利彼岸的靠近。

这便是淡泊明志、宁静致远的真谛。

在纷繁的世界中抛去苛求。简单地生活能帮助我们重新找到迷失了的自我,恢复为利欲蒙蔽的本性,使我们多一份诗意,多一份潇洒,多一份平和,多一份自我欣赏与肯定!

据说,石榴有两种:花石榴和果石榴。

花石榴开千瓣之花,却结不出粒米之实。果石榴以寥寥数瓣的花朵,却孕育出甘甜的浆汁。

有个富者,他用孔雀的毛编成丝,纯金打成钩,钩上镶钻石,并用珍珠做饵,持银质的钓竿钓鱼。鱼儿并不理睬。钓起鱼来的,反倒是那些持竹竿的垂钓者。

很多时候,我们会被一些美丽的东西迷惑,忘记了自己真正应该追求的不是过程而是结局,或者轻易地把过程当成结局。这时,我们就会把一些简单的东西演变得十分复杂,希望从这种复杂里体会到成功的喜悦,而最终的成功却因此而失之交臂。

其实,人生的道路上铺满鲜花反而会耽误了行程,若索性简单一些,或许会采摘到更大的果实。这启示我们:要学会简单地生活!

简单地生活,不是如佛家般脱离红尘,置身世外;也不是如庄子般主张"绝圣弃智,擢乱六律",而是以一种澹然的心境宽待生活,在"风烟俱静,天山共色"的悠然襟怀中,体会"天凉好个秋"的情怀。

简单地生活,也不是凡事无争,敷衍生活,而是心平气和地从事你的工作与生活。独处斗室时,你思接千载神游万仞,在书林翰海中徜徉忘神;挚友相聚时,你舌粲莲花触处逢春坦荡磊落,在亲情与友情中怡然自得;就是在平凡的家庭生活中,你也能因妻子动情的娇嗔而如坐春风,因孩子可爱的迓语而快慰不禁。甚至最单调的锅碗瓢盆交响曲,你也完全可以换个角度去欣赏去赞美:"呀,简单的劳动正在丰富和美化着我们的生活!"……总之,在纷繁的世界中抛去苛求,简单地生活能帮助我们重新找到迷失了的自我,恢复为利欲蒙蔽的本性,使我们多一份诗意,多一份潇洒,多一份平和,多一份自我欣赏与肯定!

有位哲人说:"真正的财富,是健康的身体、简单的生活和心情上的海阔天空。"在诸多不顺与不平时,此话使人蓦然觉醒:原来我们对生活牢骚满腹,首先是由于我们自己的生活太复杂;我们怀疑外部的事物是否合理,首先是由于我们对自己本身是否合理有怀疑!真正值得珍惜的不是其他,而是不为物累的睿智、平淡隽永的自得、真诚无欺的自爱,简言之,即简单地生活。

苛责生活,晴空满是阴霾,四顾尽成危道。

宽待生活,恶澜可成清流,狂飙自成和风。

简单地生活,潇洒就在自身,红尘便是福地!

在人生旅途中远行的人们,不妨学学那些行脚的僧人,果敢地斩断对后方的种种牵挂、顾虑,放弃对远方的虚无缥缈的幻想,而专注于眼前,把握好当下,不必行旅匆匆,但求步履从容……

人在旅途,往往要考虑:今夜宿何处?

大多数人会把驻足点设想在尚未到达的前方某一处,而极少能于当下止步,安心即住。

稍有身份的,或较有钱的,都想赶到城里住宾馆。因为住宿条件若

不够理想，他们是难以安睡的。

还有些人，要求住宿处有酒吧、歌舞厅、桑拿浴等，他们注重的是娱乐、消遣、刺激，而不在于住宿本身了。

而开着豪华小车出行的人，只要有可能，则会尽量赶回家里哪怕是行到天亮！因为家里豪华、富有，出门在外便放心不下、安身不得。

也有人，家境很一般，本无需牵挂，也并非要节省住宿费，但仍尽可能赶回家住，只是缘于"金窝银窝，不如自己狗窝"的习惯心理所驱使。

再有一种人，出门为谋生计，对住宿也就无法讲究。走累了，或乘车停靠了，随便找个旅店，倒头就睡，一觉到天亮。他们虽不能把异地他乡当家，但也算能够随遇而安。

看来，"家"已成为世俗人旅途的后方乃至归宿。家，既给旅人以信心和慰藉，又往往成为旅人难以割舍的包袱。人们既无法带走它，又时时在心中装着它。心中老是牵挂着家的人，其旅行是很难获得愉快、自在的。

当然，也有一类无"家"观念的人——无家可归的浪子，他们东游西荡，倒头可睡，这并非出于潇洒自在，而是因为人生旅途毫无方向，所以只是行尸走肉般地醉生梦死罢了。他们糊涂入睡，醒来之后大抵如宋人柳永在《雨霖铃》中描绘的那样："今宵酒醒何处？杨柳岸、晓风残月"。

一位作家说："家庭不是后方，只是人生旅途中的一处驿站"！是的，漫漫人生恰如长途跋涉，旅行的目的不是要去寻找一个家，人生的终点更不是要回归到"形而上"的"家"，否则，就不必从家出发去旅行了。

红尘中的人们都懂得"饥来吃饭，困来即眠"的生活规律，但在人生旅途中本该安歇时又总是因为有太多的牵挂和无奈，狂心不息而不能安住。正如唐代大珠禅师《顿悟入道要门论》所说："他吃饭时不肯吃饭，百般思索；睡时不肯睡，千般计较。"如此，错过眼前，放弃当下，一路疲于奔命,其心不安,其身疲惫。这样的人生旅途,哪里还能让人感受到恬静和美丽、圆满和自在!

然而,却有这样一种与众不同的"旅人"——云游、行脚的僧人,他们头戴一竹笠,身背一行囊,出行不虑阴、晴、雨、雪,不计春、夏、秋、冬,既不需美食锦衣,更不愁夜宿何处,行止随心,一切随缘,可谓是:"行到水穷处,坐看云起时"。旅行中,若逢天黑了,路边小店、茅棚、山洞均可栖身,甚至在路边、树下即可坐卧,天当房、地作床……正如清末高僧仁智禅师所说:"一钵千家饭,孤身万里游。前途何处在?念佛度春秋。"

这些行脚僧之所以能安心即住、无虑无畏,一者,其身不怀金银财宝,便无他人图财害命之虞;二者,明白人生本苦,住宿的优劣也就无所谓;三者,出家修行本为寻求解脱,心中了无挂碍,自然不会对一身躯壳百般爱惜、千般呵护了;四者,更无一个"家"可挂念,虽然天下丛林任僧住,但既然不贪恋,也就无所谓有固定的家,也就能四海为家了。漫漫人生路,他们不迷茫,因为心中早已认准了一个明确的方向;处处有艰难,他们不畏惧,因为修行本身就需要一个漫长而艰辛的历程! 他们的内心是充实而沉稳的,他们并不等待未来,也不沉湎于过去,而是专注于对当下的把握,安心于当下,内心充实、平和,举止安详、从容,时时保持一颗平常心,以"平常心是道"的态度,踏踏实实去走好人生旅程中的每一段路。

从古到今,世俗中的大多数人对这些"云水僧人"的行为感到不可思议,视僧人的行脚为极苦。而贵为帝王的宋仁宗却对以苦为乐的僧人生起羡慕、赞叹之情,欣然御题《赞僧赋》,偈曰:

空王佛弟子,如来亲眷属。
身穿百衲衣,口吃千种粟。
夜坐无畏床,朝睹弥陀佛。
朕若得如此,千足与万足。

那么，还将在人生旅途中远行的人们，何不学学那些行脚的僧人，果敢地斩断对后方的种种牵挂、顾虑，放弃对远方的虚无缥缈的幻想，而专注于眼前，把握好当下，不必行旅匆匆，但求步履从容，在人生旅途的每一处驿站，安心即住，涵养自性的宁静，感悟生命的充实……如此，既可以领略当下的"本地风光"，更可以享受人生的潇洒自在！

德高者正直、富于爱心，遇事出于公心，宁静处世，不为世俗势利所动。德高者对人、对事胸襟开阔，无私坦荡，光明磊落，故而无忧无愁，无患无求。身心处于淡泊宁静的良好状态之中，必然有利于健康长寿。

唐代著名禅师石头希迁世称石头和尚，九十一岁时无疾而终，谥号天际大师。

希迁曾为世人开列十味奇药："好肚肠一条，慈悲心一片，温柔半两，道理三分，信行要紧，中直一块，孝顺十分，老实一个，阴骘全用，方便不拘多少。"

服用方法为："此药用宽心锅内炒，不要焦，不要燥，去火性三分，于平等盆内研碎，三思为末，六波罗蜜为丸，如菩提子大，每日进三服，不拘时候，用和气汤送下。果能依此服之，无病不瘥。切忌言清浊，利己损人，肚中毒，笑里刀，两头蛇，平地起风波——以上七件，速须戒之。"

希迁的养生奇方其精要在于养德。养德"不劳主顾，不费药金，不劳煎煮"，却可祛病健身，延年益寿。

德高者有良好的人际关系，而良好的人际关系是身心健康的重要条件之一。在"与人为善"的助人行为中，会唤起他人对自己的感激、喜欢和热情，由此而产生的温暖的感觉，将有助于彻底免除精神紧张。

音乐心情，是可以营造出来的。尽管生活中希望与回忆相间，悲伤与喜悦相杂，碧绿与金黄相混，一种早秋味道中，放飞心灵的音符，回到我们内心的就是最初纯净的灵魂……

喧嚣的现代都市人没有宁静，高尚者挑战平凡而自我增压，平俗人追求价值导致内心焦灼。潮起潮落，春去春来，谁能逃得开三分惆怅、七分无奈？！

因此，保鲜一种音乐心情，就是人人可及而常常忽略的心理调适的最佳方式。

音乐心情，犹如遗失了歌词的老山歌而亲切依然的曲调，是星辰早起和月夜晚归所感觉的生命的安宁，也可以在音乐中尽量放松的神经？？总之，一种原本就是生活中平平凡凡的事物中流露出来的快乐的情感的本能，在尽享生活乐趣之后所悟到的真谛：那就是爱！对生活中真善美的挚爱！爱心使人优雅温柔，慈爱又令思想飞升！

音乐心情，是可以营造出来的，尽管生活中希望与回忆相间，悲伤与喜悦相杂，碧绿与金黄相混，一种早秋味道中，放飞心灵的音符，回到我们内心的就是最初纯净的灵魂。在天地间游历一番之后，有情感做动力，理性就不枯竭；以理性为指引，情感就不盲目。这时看人生，问题不是如何发展，而是如何真正生活；不是怎样操劳，而是如何享受宝贵的刹那。

在时间放慢脚步的地方，在思绪恣意飞扬的地方，在任何生命存在的地方，一种音乐心情，足使拒绝衰老的心不在世俗的岁月中沉沦！

人人都向往自由、追求自由，到底什么是自由？自由的真义是什么？是我们应该探讨的。

有人说："女人的最爱是衣服，男人则是车子。"为什么独好车子呢？因为车子象征着自由——行动的自由，但是在塞车或停车位难寻时车子又反成为包袱、束缚。人人都向往自由、追求自由，到底什么是自由？自由的真义是什么？是我们应该探讨的。

有些人说他开车很少碰到塞车，有些人说只要每当有重要事情时就是红灯塞车不断。是巧合？运气？科学是建立在因果上的，一切事物都是"有因必有果，有果必有因"，佛法亦然，所以决定着人行动自由的不是车子的有无，不是车子的厂牌、年份、而是业——一种无形却又时刻左右着人生活的力量，也就是所谓的因缘果报。

但这不是宿命论，在面对果报的当下，不再以习气、成见来处理事

情，而是努力调整自我，作新的因，创造未来。这调整的过程，就是修行，就是做主；这调整的能力，就是我们的解脱度、自由度。

所以自由、解脱不在钱财、物质、顺境的取得，不在痛苦灾难逆境的逃避，而是在吾人当下清楚明白正在阅读的这一念心，保持住这念心就是大自由、大解脱、大自在。

然而自由是有程度的差别的。

森林中一只蚂蚁对彩蝶说："真羡慕，你能够自在飞翔。"

彩蝶却说："鸽子飞得比我更高、更快。"

鸽子说："我不能飞上云端，老鹰就可以。"

老鹰则说："另有一种东西——翅，比我还硬，飞行高度、速度、距离都超过我数倍，其吼叫声令我发聋，背负重物的能力更是大得惊人。"

修行中亦如是，有不同的阶位，从五戒、十善，乃至罗汉、菩萨、佛，知道佛法，开始修行起飞，就不再做蚂蚁了，如是精进修法，直至最完美绝对的自由——佛。

然而解脱自由的程度，虽有不同，本具的佛性，却在圣不增、在凡不减，若无佛性，如何成佛？若非本具如何顿悟？

英文 Free 就是自由，从战争的经验中，人们知道，自由是要努力争取来的，"修德有功，性德方显"。

Free 也有免费的意思，也就是指这念心，是本具的。自由，直下承担便是，不假外求。

阿木四处寻找解脱烦恼的秘诀。

这一天，他来到一个山脚下。只见一片绿草丛中，一位牧童骑在牛背上，吹着悠扬的横笛，逍遥自在。

阿木走上前去询问："你看起来很快活，能教给我解脱烦恼的方法吗？"

牧童说："骑在牛背上，笛子一吹，什么烦恼也没有了。"

阿木试了试，不灵。

于是,他又继续寻找。

阿木来到一条河边,看见一位老翁坐在柳荫下,手持一根钓竿,正在垂钓。他神情怡然,自得其乐。

阿木走上前去鞠了一个躬:"请问老翁,您能赐我解脱烦恼的办法吗?"

老翁看了阿木一眼,慢声慢气地说:"来吧,孩子,跟我一起钓鱼,保管你没有烦恼。"

阿木试了试,还是不灵。

于是,他又继续寻找。不久,他来到一个山洞里,看见洞内有一个老人独坐在洞中,面带满足的微笑。

阿木深深鞠了一个躬,向老人说明来意。

老人问道:"这么说你是来寻求解脱的?"

阿木说:"对对对!恳请前辈不吝赐教。"

老人笑着问:"有谁捆住你了吗?"

"没有。"

"既然没有人捆住你,又谈何解脱呢?"

阿木顿时恍然大悟。

在生活中,我们的许多烦恼都是自找的。快乐就蕴藏在我们的心里,你需要的只是调整心态,何苦去外求呢?

心生则种种法生,法生则种种心生。追求静心的境界是非常重要的。想要达到心净、心安及心平,就要从日常中做起,时时自我反省、检讨、改正。

一阵微风,可以吹皱一池春水;一粒石子,能够激起几波涟漪;一只蝴蝶,可能造成一场风暴;一个脸色,可能引发一场街头的厮杀;一句粗话,可以造成两党的仇恨;一个决定,足以造成多年的战乱……谁说,这个世界的和谐与否,与我们没有一点关系?佛法说:"心生则种种法生,法生则种种心生。"一切的战乱、悲痛、生离死别,是这念心的作用;而决定和谐、愉悦、常乐我净,也是在这念心,因为——心净国土

第十四章 宇宙生命欢欢喜喜在黑暗中追寻光明世界

733

净,心安众生安,心平天下平。

六祖大师说:"清净法身,汝之性也;圆满报身,汝之智也;千百亿化身,汝之行也。"三身皆是指人人本具的这念清净心,从这念心体启发,可以有无量无边的妙用,只是众生沉溺于五欲当中,早已迷失这念真心,不知如何启用?《四十二章经》云:"譬如澄水,致手搅之,众人共临,无有睹其影者。"阿难尊者曾问佛陀:"佛的世界不是清净无染的吗,为何现在与我们共处于五浊恶世当中?"

佛听了之后,以脚趾按地,马上现出清净庄严的佛国,佛陀告诉阿难:"这个世界的清净与否,端在这念心中。"

是的,我们知道色身脏了、臭了,要盥洗才能除去污秽;同样的道理,心地不净、染污了,也要借由日常的修善断恶、修定、修慧,才能庄严自心国土。

二祖慧可大师于雪中断臂求法,为的是求一个"心安",达摩祖师告诉二祖:"将心来与汝安。"二祖回答:"觅心了不可得。"达摩祖师即说:"与汝安心竟。"众生,即是心中有众多心念,不断生生灭灭,在如是生灭扰动当中,自然是心不能安。"狂心顿歇,歇即菩提。"唯有歇下这念躁动不安的众生心,才是最根本的方法。

《楞严经》中,持地菩萨自述证道因缘,提及过去生的修行历程,见路有坑洞,则填平之;见路有障碍,则不畏辛劳地搬除,如是精进用功,从不间断。直至昆舍如来住世,听闻开示:"当平心地,则世界地一切皆平",才豁然开悟,了知外在一切事相的高低,皆因内心分别取舍,才有平与不平的差别。

古时候,有一位读书人因全心全意准备科举考试,所以尽管书房的地上有一个窟窿,也始终没去理它。一天,他的父亲来到书房探视,看到地上的窟窿,便严肃地教导他:"一室之不治,何以天下国家为?"所以《大学》亦云:"身修而后家齐,家齐而后国治,国治而后天下平。"修行亦当如是用功,由事上的作为回归到理上,由事显理,会相归性,方能真正落实解行。

想要达到心净、心安及心平，就要从日常中做起，时时提起觉性，反省、检讨、改正。每天晚上要检讨自己这一天有没有身心清净？清净心，是修行人的目标，所谓"一切贤圣，皆以无为法而有差别。"心净则心安，心安则心平，如是自性众生、自性国土、乃至自性天下，无一不安、无一不净、无一不平。

佛法说："一心生十法界"，这念心的善、恶，无为、有为，决定了是否要继续轮回受苦或转凡成圣。我们的一个微笑，可以让对方心情愉快，而对方又可以再影响周遭的人，如是一推十、十推百，整个法界便会有所不同。转这念心，如翻掌折枝之易，世界的和谐与否，都在这一念心的作为当中。所以，和谐世界，从"心"开始。

如果我们走到林下水边，面对着澄潭清水或湛蓝汪洋，大部分人都可以自然得到安静的心境，并且感觉到身心得到清洗；反之，如果我们走到污浊的水沟边，或看到垃圾在河中顺水漂流，必然也使我们觉得身心受到污染……

《楞严经》里有这样一个故事：

有一位月光童子，他在久远劫前曾经跟随水天佛修习水观，以进入正定三昧。

月光童子先观照自己身中的水性，从涕泪唾液，一直到津液精血、大小便利，这些在身内循环往复的水，性质都是一样的。然后知道了身体内部的水性与世界内外所有的水分，甚至香水大海等等都没有差别。逐渐地，月光童子成就了水观，能使身水融化为一，但还没有达到无身空性的最高境界。

有一天，月光童子在室内安禅，他的小弟子从窗外探视，只看见室中遍满清水，其他什么都没看见。小弟子不知道是师父坐禅，就拿了一片瓦砾丢到室内的清水里，扑通一声，以游戏的心情看了一会儿就离开了。

月光童子出定以后，觉得心里很痛，他想到："我已经证得阿罗汉

很久了,早就与病痛无缘,为什么今天忽然生出心痛这样的疾病,难道是我的修行退步了吗？正在疑虑的时候,小弟子来看他,说出了刚刚看见满室清水丢入瓦砾的事。

月光童子听了,对弟子说:"以后我入定的时候,如果你再看见满室清水,就立即开门走进水中,除去瓦砾。"后来他入定的时候,弟子果然又看见水,那片瓦砾还清晰宛然留在水里,弟子走进去把瓦砾取出,丢掉了。月光童子出定后,感觉到身心泰然,身心恢复如初。

此后,月光童子跟随无数的佛学习,一直到遇见山海自在通王佛,才真正忘去身见,与十方界诸香水海,性合真空,无二无别。因此他认为修行水观法门,是求得圆满无上正觉的第一妙法。

佛陀要二十五位修行香道的菩萨弟子报告自己修行的过程与方法,每一位都不相同,月光童子就是从水观而得到成就的。

月光童子的水观修行甚深微妙,我们是很难体会的,不过,从凡人的角度来看,这故事给我们带来一些清新的启示:如果我们走到林下水边,面对着澄潭清水或湛蓝汪洋,大部分人都可以自然得到安静的心境,并且感觉到身心得到清洗；反之,如果我们走到污浊的水沟边,或看到垃圾在河中奔窜,必然也使我们觉得身心受到污染。这不仅是感觉问题,而是我们身心中有水性,与外界水性的感应道交。

此外,我们也应该知道,自己和外界的关系十分密切,一个人如果有身体,即使他是修行很高的人,也容易受到隔空飞来瓦片的伤害,因为自己虽能心无片瓦,这世界还是到处都有飞动着的瓦砾,当被瓦砾击中的时候,最好的方法就是立即开门把它取出。

明白了这个道理,就知道我们由于无知抛掷给别人的瓦片,或者只是毫无目的的游戏,都会造成别人,乃至整个世界的伤害。而这世界的水性一气流通,别人所受的伤害,正是我们自己的伤害呀！

法性像清水一样,其实不难领会,在佛经里有许多开示,我们抄录几段来看:"天下人心,如沛水中有草木,各有流行,不相顾望。前者亦不顾后,后者亦不顾前,草木流行,各自如故。人心亦如是,一念来,一念去,亦如草木前后不相顾望。"(《忠心经》)"根清净故,色尘清净;色清净故,声尘清净;香、味、触法,亦复如是。善男子！六尘清净故,地大清净;地清净故,水大清净;火大、风大,亦复如是。"(《圆觉经》)"佛平等说,如一味雨,随众生性,所受不同,如彼草木,所禀各异。"(《法华经》)说得最简明的,是《无量寿经》说法品中的一段:"善男子！法譬如水,能洗垢秽。若井若池,若江若河,溪渠大海,皆悉能洗诸有垢秽。其法水者,亦复如是,能洗众生诸恼垢。善男子！水性是一,江河井池,溪渠大海,个个别异。其法性者,亦复如是,能洗尘劳,等无差别,三法四果二道不一。"

知道菩提心水,就了解使自己的心清明是多么重要,对那些流过的草木就不要再顾惜了！对那些埋伏在我们心中的瓦砾就赶快取出吧！对那些被尘劳所封冻的身心赶快清洗吧！

佛陀在《百喻经》中说过一个故事,有一个人渡海时掉了一个银器,他就在海水上作记号,希望以后去取,经过两个月,他到了别国,看到一条大河,水的性质与海水无异,他就跑到河水去找他从前所画的记号,看到的人就问他原因,他说:"我两个月前在海上丢掉银器,曾画水作记,本来所画的水和这里的水无异,所以来这里找。"大家就笑他:"水虽不别,但你是在那里丢的,在这里怎么找得到呢？"

人生不也是如此吗？留在我们记忆中的艰辛苦厄,我们烛火被吹灭的冷寂,我们芦苇被压伤的惨痛,我们舟船迷失时的恐慌,我们情爱与热诚被践踏、被蹂躏、被背离、被折断的锥心刺骨,不都是落在海中的银器吗？现在我们到另外的国度,有另外的水,又何必让水上的记号来折磨我们！在清净心水里,瓦砾与银器也是一样的东西呀！

解脱者的心境是坦荡荡、不忧不悔的。对于已经做过的事情,不起追悔;面对未来,也不会忧心忡忡。一切都只是行所当行、受所当受,称得上是真正的"心安理得"。

执著带给人束缚,使我们不得自在。这就好比犯人被上手拷、脚镣,行动无法自由。心灵的超越正是让我们放下执著,摆脱身心的桎梏。

追求心灵的超越,以传统佛教术语来说,就是达到解脱、自在。

俗话说:"人生不满百,常怀千岁忧。"普通人总是被是非、得失、利害所围绕,一天到晚感到莫名其妙的压力,展现在脸上都是满面愁容。

解脱者则深知世间是"如梦幻泡影,如露亦如电";他了解执取人生的现象为实有,根本是种错觉,所以能够"安贫乐道,随遇而安",在面对生活的顺逆境界,自然知道"人生如戏",随缘尽力扮好自己的角色。

因此,解脱者的心境是坦荡荡、不忧不悔的。对于已经做过的事情,不起追悔;面对未来,也不会忧心忡忡。一切都只是行所当行、受所当受,称得上是真正的"心安理得"。

由于解脱者彻见宇宙人生的实相,拥有真知灼见。从内心中流露出绝对的自信,无疑无惑。不再被别人的见解所动摇,即使是魔王化做佛菩萨现身,告诉他过去所教导的佛理是错误的,他也不会有丝毫的疑念。

悟道者不会为利、衰、苦、乐、称、讥、毁、誉八风所吹动。凡夫遇到境界时,立刻生起喜怒哀乐七情六欲,悟道者早已远离文字相、语言相、心缘相;对于任何顺逆境界毫不动心。甚至到了生死关头,都还能保持宁静而安详自在的心境,不为死苦所烦扰。

最后,一个解脱名所证悟的境界,不会忘却或退失。并且,无论处在任何情况下,都能直接而明确地呈现自己的悟境。

曾经有个参禅悟道的人,师父为了考验他是否真正彻悟,于是趁他熟睡时,掐住他的喉咙。此人一醒,立即不假思索,对答如流,这就是对体证的境界不忘失。

解脱者的心境虽然相同,但是,由于个性的差异,以致呈现出不一样的风范。譬如有的达到解脱后,在为人处世上,则表现出谨严拔俗的风格。也有的证悟后,流露出与悟前不同的样貌。大体来说,贪行人解脱后是和光同尘;瞋行人是严谨不群;慢行人则是勇于负责。

独立于自己的天地之间,自己便是整个世界了,让自己从心灵的蜗居中敞敞亮亮地走出,然后把人世间的喧哗与嘈杂当成背景。

双手合一是倾听大自然的歌声,席地而坐是将自己幻化成一粒微尘、一朵白云抑或是一缕轻风。静静地融在这空旷的时间里,让阳光从容地走过自己的额头,走过自己的心境,走过季节的辙印,走过一眼无尽的空朦。这样,冷漠就变成了亲切、伟大就变成了普通!

虽没有对月小酌,虽没有把酒临风,虽没有语言的碰撞,虽没有醉眼朦胧,可在自己的天空中寻到了一方晴朗,比世间的一切事情都令人心动,在这种意蕴的弥漫之中,你会独独地体味到:天人有缘成一体,"此时无声胜有声"。

派一种意念去与大地来往,遣一种恬淡去与流云交融,带一种静默去与小草对话,携一种温馨去与自然共觅神性。潇潇洒洒坦坦诚诚,有如此的默契并非是自作多情,而是在博大而宽泛的领悟中,获取了一份不可多得的空灵。

多么好啊,触摸生命却不伤害生命,体味空朦却不惊动空朦!

让目光徘徊于尘俗,这并不说明你还清醒;让思绪流浪于纷乱的利欲,那也不能证实你还精明。

将大片大片纷至沓来的声音全部拒之门外,冷笑与热讽便不会再来打扰你幽美的梦境。

该走的一定要走,行色匆匆;

该来的一定要来,林林总总。

那么就让我们愉快地迎接与欢送吧,坦然的心境会容纳夏日的火热与冬天的寒冷。

"闲敲棋子落灯花"这是等待一种缘分;"黄梅时节家家雨"这是季节的变更。只有蓦然回首的刹那,才会与心灵相约,才会与悟性相逢。

佛陀说完《提婆达多品》之后,药王大菩萨、大乐说大菩萨以及二万菩萨眷属一起,都在释迦牟尼佛面前发出这样的誓言:"希望世尊不要忧虑,我们在佛灭度后,将奉持、读诵、为人演说这部经典。在将来五浊恶世的众生,善根减少,增上慢的人增多,贪图名利,供养,增长不善

根,远离解脱之道。虽然难于教化,我们将发起大忍耐之力,读诵这部经,受持、讲说、书写,进行种种供养,不惜献出身体生命。"

这时,大众中五百名得到授记的阿罗汉对佛说:"世尊!我们也发下誓愿,在其它的国土中广泛宣说这部经。"

又有得到授记的学无学共八千人,从座位上站起来,双手合掌,对佛发出这样的誓言:"世尊!我们也将在其它的国土中广泛宣说这部经。为什么缘故呢?因为这婆婆世界国土中的人大多性情弊恶,怀增上慢之心,功德浅薄,怀瞋恚谄曲等污浊之念,内心不朴实的缘故。"

这时,佛的姨母摩诃波阇波提比丘尼和学无学比丘尼共六千人一起,从座位上站起来,专一其心,双手合掌,瞻仰世尊的容颜,眼光不愿短暂离开。就在这个时候,世尊对上首比丘尼侨昙弥说:"你为什么用忧愁的样子看我呢?你是不是以为我不会说你的名字并授阿耨多罗三藐三菩提记呢?先前我总括说一切声闻人都已经授记将成佛。现在你想知道怎样被授记吗?在未来世中。你会在六万八千亿的诸佛法之中,成为大法师。其它的六千学无学比丘尼,也都作大法师。这样,你渐渐具备菩萨道,最后会成佛,名叫一切众生喜见如来、应供、正遍知、明行足、善逝、世间解、无上士、调御丈夫、天人师、佛、世尊。十乔昙弥!这位一切众生喜见佛及六千菩萨将辗转授记,都得阿耨多罗三藐三菩提。"

这时,罗睺罗的母亲耶输陀罗比丘尼生出这样的想法:"世尊在授记之中,唯独不说我的名字。"

释迦牟尼佛告诉耶输陀罗:"你在未来世中,会在百千万亿种佛法之中,修菩萨之行,做大法师,渐渐修成佛道,在善良的国土中,会成佛,号称具足千万光相如来,应供、正遍知、明行足、善逝、世间解,无上士、调御丈夫、天人师、佛、世尊,佛的寿命无量阿僧祇劫。"

这时,摩诃波阇波提比丘尼、耶输陀罗比丘尼及其眷属,都生出大欢喜心,得到未曾有的欣慰,当即在佛面前用偈颂体的语言说道:

世尊是伟大的导师,能令天神及世人得到安隐。我们听您为我们授记,都感到内心安定而满足。

众位比丘尼说完这样的偈颂后,都对佛说:"世尊!我们也能在其它地方的国土中广泛宣说这部经。"

在这个时候,世尊注视八十万亿那由他数的众位大菩萨。这些菩萨都是阿惟越致,转不退转法轮,证得各种陀罗尼,都从座位上站起,来到佛面前,专一其心,双手合掌,都生出这样的想法:"如果世尊敕令我们受持演说这部经,我们会遵从佛的教诲,广泛宣说《法华经》。"又生出这样的想法:"现在佛默然不语,不宣敕令,我们该怎样办呢?"当时。众位菩萨尊敬顺从佛的意愿,并希望满足自己的愿望,就在佛面前作狮子吼,发出誓言说:"世尊!在如来灭度以后,我们也要周游往返于十方世界,能让众生书写这部经,受持、读诵、解说其中的义趣,如经中之法而修行。端正意念,不忘记都是凭借佛的威力。希望世尊在其它地方遥遥地守护。"

这时,众位菩萨共同发声,说出这样的偈颂:

希望世尊不要忧虑,在佛灭度以后的恐怖的五浊恶世中,我们将广为宣说《法华经》。有些没有智慧的人,恶口谩骂以及用刀杖伤害,我们都能忍受。恶世中的比丘,具邪见的智慧,心中谄曲,未得正道却硬说已得,心中充满自满贡高之心。或许有阿练若比丘,身着纳衣,独居闲处,自以为修行真道,轻贱世间的人。恶世的比丘为了贪图利养,为在家的人说法,为世间人所恭敬,就像对待六通罗汉一样。这种人怀邪恶之心,常记挂世俗间的事,虽然称名为阿练若,却喜欢称述我们的过错,这样对别人说:他们这些比丘,为了贪图世间利养,讲说外道的议论,自己杜撰这部《法华经》,欺诳迷惑世间人。为了追求名声,分别讲说这部经。为了毁谤我们,经常在大众之中向国王、大臣、婆罗门、居士及其它比丘,诽谤我们,说我们邪恶,把我们说成是持邪见之人,讲的是外道的议论。我们为了尊敬佛的缘故,都忍受这些恶行。就是被他们所轻贱地说:你们都是佛。对这样轻视怠慢的语言,都会忍受下来。在五浊恶世中,会有很多恐怖,如恶鬼附着人身,谩骂、毁谤、污辱我们,

第十四章 宇宙生命欢欢喜喜在黑暗中追寻光明世界

· 741 ·

我们崇敬信奉佛法,会披忍辱宝铠,为了宣说这部经的缘故,忍受这些难忍之事。我们不爱惜身体生命,只爱惜无上的佛道。我们在未来之世,护持佛所嘱托的《法华经》,世尊您自然能知道。五浊恶世中的恶比丘,不知道是佛随机方便所说的正法,皱起眉头,恶言中伤,数说经中所谓的错误,摈弃此经,远离开佛塔佛寺。像这样的恶比丘们,我们念想佛的告敕,都会忍受这些事。在各村落、城镇中,如果有求佛法的,我们都会到这样的人面前,讲说佛所嘱托的《法华经》。我们是世尊您的使者,身处大众之中也无所畏怯,我们会善巧地讲说佛法。希望佛能住于安隐,我们在您面前,在众位十方世界来的佛面前,发出以上的誓言,佛自然会知道我们的心意。

第十五章　缘起性空的世界缓慢盼望荣耀的永恒春天

佛陀早在菩提树下目睹明星而悟道时，就彻悟了"缘起性空，性空缘起"的真理。

佛陀这样教诲他的弟子：从缘起法则来看，这个世界上的一切都是有缘才出现的。所以，其本来是不存在差别的。如果感到有差别，那是我们的偏见。

虚空本来是没有东和西的区别的，我们规定出来东和西的区别，执拗地强调东和西。

数字本来是从一到无限数，每一个数字都是一个完整的数目，在数量上并无多与少之分，而我们出自私欲，规定了多少之分。

本来是既无生也无灭，而我们却认为生死有别。这都是我们的偏见。

我们根据自己的想法，执著于财富、执著于金钱、执著于名誉、执著于生命。

我们拘泥于有无、善恶、正邪和一切事物，从而加深了生命的迷惑，带来了痛苦和烦恼。

佛陀进一步举例说：有一个人在进行长途旅行，路上见到了一条大河。他觉得大河这边有危险，大河彼岸似乎是安宁的。于是他做了个木筏，乘了木筏安然地到达了彼岸。他认为，"这个木筏使我安然地渡过了大河，帮了我的大忙，所以不能把它丢掉，要把它背在身上，带到目的地去。"

那么，这个人对木筏做了他应做的事吗？不能这么说。

这个比喻说明："即使是正确的事情也不应执著，应该把它丢开。何况不正确的事物,更应该把它丢开。"

佛陀超脱了一般思维。佛陀超脱了差别心，认为世界犹如空中的浮云和幻觉,舍和取都是空,这就是性空。

佛陀说："一切事物都离开了有无的范畴,都是非有、非无、无生、无灭。"也就是说,一切事物都是由因缘构成的,事物本身的本性并没有实体性,所以说是"非有";因为是由因缘构成的,所以说是"非无"。

所谓觉悟就是懂得这个真实的道理,摆脱一切妄念。

如果认为,由于因缘而出现的事物,能够永久地原封不动地存在下去,那就是"常见",是错误的观点。如果认为它会完全消失,那就是"断见",也是错误的观点。

这些"断、常、有、无"并不是事物本身的形态,而是由于人的执著才产生的。而一切事物本来是超越这种执著的形态的。

物体都是由缘而产生的,所以都在变迁,并不是具有实体和永远不变的。因为有变迁,所以像幻觉,然而其本身在存在时又是真实的。

人类看到江河就认为是江河，而把水看成是火海与毒焰的饿鬼,就不认为是江河。所以有水的江河对饿鬼来说,不能说"有",而对人来说不能说"没有"。

同样的道理,一切物体都不能说"有",也不能说"没有",是同幻觉一样的。

然而,除了这种幻觉般的世界以外,既不存在真实的世界,也不存在永远不变的世界。所以把这个世界看成虚假的东西是错误的,把它看成真实的世界也是错误的。

据载,佛陀悟道不久,有一天他坐在灵山冥思,突然有一闪光的天神来到他的脚下,在那里放上了一朵金色的花,并请求佛陀说几句话,讲出空性的秘密。

佛陀将花收下拿到手中,非常平静地坐在那里却一声不吭。周围的人不明白他的沉默意味着什么。过了好长一段时间,须菩提不声不响地微笑了。佛陀轻轻地说:"我的心中藏着佛法,也就是关于空性的那些奇妙的知识,我用无言的形式传给了须菩提,他又以无言的形式接受并理解了它。"

这真谛,正是空性的秘密。空性的秘密是什么？什么是空？

事物是平等的,不存在差别,这就是"空"。事物本身的本质是没有实体的,既无所谓生,也无所谓灭,这是无法用语言来表达的,所以称之为"空"。

一切事物都是相互联系而成立,相互依存而存在的,不可能单独成立。

就同光和影、长和短、白和黑一样,它的本质是不可能单独成立的,所以称之为无自性。

悟不是存在于迷之外,迷不是存在于悟之外。这两者并不相异。事物并不存在两种相反的形态。佛陀指出：我们总是看到事物的产生和消亡,但本来不存在"产生"的问题的,所以也就不存在"消亡"。

有了观察事物真相的眼光,就会懂得事物不存在生和灭,并认识到这两者并不是相异的这个真理。

我们总认为存在着"我",所以执著于"我所"这一概念。但本来"我"是不存在的,所以就不可能有"我所"这个概念。懂得了不存在"我"和"我所"这个道理。就会懂得"我"并非异物这个真理。

我们总认为存在着清净和污浊,拘泥于两者的区别。但事物本身是不存在清净和污浊之别的,清净和污浊只不过是我们心灵的造作。

我们总认为善和恶是不同的存在,拘泥于善恶的区别。但事物并不存在单独的善,也不存在单独的恶,觉悟的人懂得善恶并不相异这个真理。

我们恐惧不幸而指望幸福。但如果用真实的智慧来观察这两者,就会懂得,不幸的状况本身就会变成幸福。因此,懂得了不幸就是幸福,就会懂得,并不存在什么缠绕身心、束缚自由的迷惑,也不存在什

么真正的自由。这样，我们就领悟了真理。

我们常说有和无、迷和悟、实和虚、正和邪，但并不是存在着两种相反的东西，其真相是无法说明、无法表达、也无法认识的。所以我们要摆脱这些语言和作为。当我们摆脱了这些语言和作为之后，就能懂得真正的"空"。

为了方便大众理解，佛陀打比喻说：莲花不是生长在清净的高原和陆地，却开放在污浊的泥潭中。同样的道理，觉悟并不是存在于迷境之外，正因为存在着错误观点和迷惑，所以才产生觉悟的种子。

只有冒着种种危险，深入海底，才能获得无价之宝。同样的道理，只有进入迷惑的泥海，才能获得觉悟的宝藏。执著的人因为背着大山般的"我"，所以才会产生求道之心，也才会有觉悟。

佛陀使我们懂得一个真理：要超脱相反的两者，懂得这两者并不是异物。如果在两个对立物当中，执著于其中之一，即使执著的是善或正，那也是错误的。

如果我们拘泥于万物均变迁这一观点，也会导致错误的观点；如果我们拘泥于万物均不变这一观点，当然也是错误的。如果我们执著于"我"，那是错误的，就一刻也不能摆脱痛苦；如果我们执著于"无我"，也是错误的，即使修道，也不会取得效果。

如果我们认为一切都只有痛苦，那是错误的；如果认为一切都只有欢乐也是错误的。佛陀教导我们要坚持中道，要摆脱这两种片面性。

佛陀的教法，不是非此即彼的对立主义。他说：不要片面地认识迷惑和觉悟，迷惑和觉悟都是心灵的表现，一切事物都是心灵的创造。就同幻术师自由自在地变出各种东西一样。

人的心灵的变化是无限的，心灵的活动也是无限的。从肮脏的心灵中产生出肮脏的世界，从纯洁的心灵中产生出清净的世界，所以外界的变化也是无限的。

绘画是由画家画出的，外界是由心灵创造的。佛陀创造的世界，是脱离了烦恼的清净世界，所以他解脱了一切烦恼。

心灵同高超的画家一样,能描绘出各种各样的世界,在这个世界上,心灵能够创造出一切。同心灵一样,佛陀也是如此;同佛陀一样,人也是如此。因此,从能够描绘出一切东西这一点来说,心、佛陀、人这三者之间并无差别。

　　佛陀悟道以后,说:"妙哉,妙哉,心、佛、众生无二无别!"

　　任何事物从心灵产生时,佛陀都是一清二楚的。因此谁懂得了这一点,他就是见到了真正的佛陀。

　　可是,这个心灵总是处在恐惧、悲伤和烦恼之中。对已经发生的事情感到恐惧,也对尚未发生的事情感到恐惧,因为我们的心灵中存在着无明的执著。

　　从这种贪欲的心灵中产生出迷惑。归根结底迷惑的种种因缘也都存在于这个心灵之中。

　　生与死只能从心灵产生,因此与迷惑的生死密切相关的心灵一旦消亡,迷惑的生死也就穷尽。

　　迷惑的世界是由心灵产生的,人们再用迷惑的心灵去观察这个世界,所以这个世界就成了迷惑的世界。如果懂得离开了迷惑的心灵就不存在迷惑的世界这个道理,就能脱离污浊,产生觉悟。

　　一个人的心正确了,他的世界也是正确的。

　　由此可见,这个世界是由心灵引导,受心灵牵引,受心灵支配的,由于迷惑的心灵,就出现了充满烦恼的世界。

　　一切事物都是由心领先、以心为主、由心构成的。如果语言和行为出自污浊的心,痛苦便伴随而来,好像牛车随牛行驶一样。

　　如果语言和行为出自善良的心,喜悦便伴随而来,好像影子随主体行走一样。

　　如果心灵是污浊的,他的道路就会坎坷不平。如果心灵是清净的,他的道路就会平理宽阔,从而就会感到安祥。

能享受身心清净之乐的人,就意味着冲破了烦恼的迷网,踏上了佛陀的大道。心平气和的人能得到安祥,从而就会昼夜不停地更加努力修心。

遵循佛陀的教导,让我们向佛陀学习,从心开始。

总结雪山上无法悟道的苦行生活,佛陀得出结论:力图解脱烦恼的人必须避免两种偏倚的生活。一种是不能战胜私欲,过度追求私欲的生活;另一种是不必要地折磨自己的身心,过着苦行的生活。

除这两种偏倚的生活之外,还有一种打开心眼,开动智慧,走向觉悟的中道生活。

什么是中道的生活呢?

佛陀提出,就是正见、正思维、正语、正业、正命、正精进、正念、正定,八个正确之道。

所有的东西都是由缘而生而灭,所以解脱是超越"有"和"无"的。无明时我们或者把它们看成"有",或者把它们看成"无";具有正确智慧时我们可以超脱"有"和"无"。这就是中道的正确观点。

譬如一根木材漂在大河中,如果这根木材不接左右两岸,不沉于河底,不漂上陆地,不被人们打捞,不被卷入漩涡,也不致从中心腐烂,那么它就可以漂入大海。

中道观点、中道生活就同这个木材的比喻一样,要超脱内外,超脱有无,超脱正邪,摆脱迷惑,不拘泥于觉悟,身处中流,任凭漂流,自然而然。

对追求解脱的生活来说,重要的是,要摆脱两个极端,坚持中道。

知道一切事物都没有生,没有灭,没有固定的性质,从而要加以超越,还要超越自己的善行,不受任何事物的束缚。

所谓解脱,就是要放开,不执著。不恐惧死亡,不追求生存。不追随这种观点和那种观点以及任何观点。

如果我们产生了执著之念,我们就会立即开始迷惑的生活。所以求道的人,要放开,不贪心,不停留,这就是解脱的生活。

觉悟是没有固定的形态和实体的,我们可以觉悟,但不存在被觉悟的对象。

因为有迷惑,所以有觉悟,如果消除了迷惑,觉悟也就不存在了。离开了迷惑就没有觉悟,离开了觉悟就没有迷惑。

既然有觉悟就说明还存在障碍,因为有黑暗,所以就有光明,没有黑暗也就不存在光明了。因为光明和光明的对立面都不存在了。

我们觉悟后仍不会停顿。因为有觉悟说明还有迷惑。

到了这个境界,迷惑的状态也就是觉悟,黑暗本身就有光明。必须彻底觉悟,使一切烦恼同时都成为觉悟。

佛陀指出:真正的解脱,不是外在达到了某种条件,而是拥有一颗觉悟的心。而觉悟的人,就只是这样。

佛陀立志要让世人同自己一样觉悟真理以后,他以大彻大悟的目光扫视世界:

有各种各样的人:聪明的人,愚痴的人,性情好的人,性情坏的人,容易教诲的人,不容易教诲的人等等。

就同池中的莲花一样,池中有青、红、黄、白各种莲花,它们都生在池中,长在池中,有的不出水面,有的刚出水面,有的离开了水面碰不到池水。

除上述差别之外,还有男女之别。

但这一切并不是在人的本性上有什么差别。男人通过修行可以觉悟,女人通过修行,也可以觉悟。

佛陀怀着这样的信念,开始传授佛法。

在到达觉悟的大道上,人们用其眼看待佛陀,用其心信仰佛陀。使人们在生和死的道路上一直徘徊到今天的,也是这种眼和心。

我们之所以都被"烦恼"的纽带所缠绕,不断地经历了迷界,是由于两个根源:

一个是我们把生死的根源,即迷惑的心,当做自己的本性,我们不了解觉悟的本性,即清净的心;再一个是我们不了解觉悟的本性,即清

净的心,是隐藏在迷惑的心的背后、并存在于自身之中的。

我们捏着拳头举起胳膊时,我们的眼睛可以看到,心灵可以知道。但是,知道这种情景的心,并不是真实的心。

活动的心,是从欲望产生的,是为自己而活动的心,是与缘相接触而产生出来的心,是没有真实本体的,变化无常的心。我们往往把它看成是具有实体的心,所以就产生了迷惑。当你放开拳头时,心灵就会知道拳已经放开。那么活动的是手呢,还是心呢?或者这两者都不是呢?

当手活动时,心也活动;当心活动时,手也随着活动。可是,所活动的心,是心的表象,而不是心的根本。

所有的人都具有清净的心。这个清净的本性,却被那些产生于外在因缘的迷惑的灰尘覆盖着。不过,不管怎么说,迷惑的心是次要的,而不是主要的。

月亮即使被云翳覆盖了,月亮也不致被云翳所污染,也不会被云翳所动摇。

所以我们不能把飘动的类似灰尘般的迷惑的心,当做自己的本性。

我们应当清醒地认识到自己的不动摇、不被污染的觉悟本心,重新认清自己。

我们心中的迷惑和污浊,是由于欲望及变化无常的外界的缘而产生的。

不受这种缘的来去影响,永远不动摇、不消亡的心,才是人的心的本体和主人。

不能说客人走了之后,房屋就不存在了,同样的道理,不能认为由于缘而产生或消亡的这种活动的心消失了,自己也就不存在了。因外界的缘而变化的心的活动,并不是心的本体。

一座礼堂当太阳出来时,就明亮,太阳下山后,就黑暗。

可以把明亮还给太阳,把黑暗还给夜晚。但是能够感觉明亮和黑暗的力量,却无处归还。只能把它归还给心的自性和本体。

太阳出来后感到明亮，这是一时的心；太阳沉下后感到黑暗，也是一时的心。

由此可见，在明和暗这种外在的缘的影响下，便产生感觉明暗的心。而感到明和暗的心，是一时的心，并不是心的本体。感觉明暗的力量的根本才是心的本体。

由于外在的因缘的影响而产生或消亡的关于善恶、爱憎的念头，是堆积在我们心灵上的客尘引起的一时的心。

我们本来就有一颗被烦恼的灰尘裹着而又不会遭到污染的清净的心。

当水盛入圆形的器皿时，水就成圆形；盛入方形的器皿时，水便成方形。然而水本来是不存在圆形或方形等形状的。可是我们却忘记了这一点，总是拘泥于水的形状。

我们看到善恶，感到好恶，想到有无，然后受这些思维驱使，受这些观点的束缚，苦于追逐这些外在的事物。

佛陀让我们把心眼转向自身的本质，把被束缚的观点归还给外在的缘，回到不受束缚的自己的本性上来，这样，身心都会获得不受万物阻挡的自由境界。

我们的本性，也就是佛性。所谓佛性就是成为佛陀的种子。

把聚光镜对着太阳，把光聚在艾茸上，艾茸就会起火。那么火是从何而来的呢？太阳和聚光镜相距很远，两者不可能碰到一起，但太阳的火以聚光镜为缘，出现在艾茸上了。不过即使有了太阳，如果艾茸不是可燃物，艾茸也不可能点燃。

把佛陀智慧的聚光镜对准在佛性（成佛的根本）这个艾茸上，佛陀的火就会作为佛性开化的信火，在心灵这个艾茸上点燃。

我们背离了本来所具有的能够觉悟的佛性，为烦恼的灰尘所缠绕，我们的心受善恶形态的束缚，深深地感到不自由。

我们本来是具有觉悟之心的，那么为什么会产生这种虚假现象，遮住了佛性之光，在迷界徘徊呢？

从前有一个人,早上照镜子时,他大吃一惊。因为他看不到自己的脸和头了。然而他的头和脸并没有丢失,而是他看到了镜子的背面,以为自己的头和脸不见了。

佛陀说:想要觉悟而未能觉悟的人,如果为此感到苦恼,那是不必要的。本来在觉悟中是不存在迷惑的,但在无限长的时间里,受外界客尘的影响,产生了妄想,并由于这个妄想而产生了迷惑。

因此,只要丢掉妄想,觉悟自然会回到身边。我们就会懂得并不是在觉悟之外还有什么妄想。而且奇怪的是,凡是觉悟的人,就不会有妄想,并会感到未曾有过什么需要被觉悟的东西。

这个佛性是不会穷尽的,也不会消失。

在污浊的躯体中,在烦恼的最深处,佛性仍然蕴藏着它的光辉。

从前有一个人在朋友家里喝醉了酒睡着了。他的朋友由于有急事踏上了旅途。朋友为他的将来担忧,便把值钱的宝石缝在他的衣领里。

他酒后醒来,不知道他的领子里有宝石。他流浪到外国,曾苦于没有吃穿。后来又遇见了他的朋友,他的朋友对他说:"你的领子里有宝石,你可以拿出来用。"

这个宝石就好比佛性,佛性的宝石,尽管被贪、瞋等烦恼的衣领包藏着,但它并没有受到污染。

任何人都具备了佛陀的智慧,佛陀非常清楚地看到这一点,所以他称赞说:"好极了,人人都具备了佛陀的智慧和功德。"

但我们被自己的愚痴覆盖着,用颠倒的眼光看待事物,无法看到自己的佛性。所以佛陀教导我们,要我们摆脱妄念,让我们知道,我们本来是同佛陀没有区别的。

这里所说的佛,是已成的佛,我们是将来的佛。除此之外,在这两者之间并没有任何区别。

我们虽然是将来的佛,但不是已成的佛,如果以为自己已成了道,那就犯了极大的错误。

尽管有佛性,但如果不解脱,佛性就不会出现,如果佛性不出现,就没有成道。

佛性不会因人的死亡而消失，它在烦恼中也不受污染，而且永远不会消灭。这样的佛性，只有学习佛陀才能够发现它。

据载，佛陀从伽耶出发来到频毗娑罗国王统治的主要城市王合城。

他的弟子们，包括他睿智的大弟子合利弗也随他一起来了。合利弗以智慧第一名闻遐迩，王合城的许多居民竟分不清他和佛陀谁是弟子，谁是老师。

佛陀有意抬高一下弟子的声望，于是就当着国王和人民说："欢迎伟大的法师吧！合利弗的确熟谙了佛法，取得了最高的智慧。现在他就像一个家产万贯的贵族掌握了财宝一样，他可以使那些苦难的人忘记悲痛，请显示出自己的智慧吧！"

据说，佛陀话音刚落，合利弗就立刻入定。观看的人眼前出现了奇妙的景象：合利弗升到了半空中。人们的眼里充满了崇仰的神情，于是异口同声地大叫起来："世尊做我们的法师吧！我们是您的信徒。"

佛陀看到他们听法心切，就讲起了假"我"和欺骗。

佛陀说：

"思想和所有的感觉都要服从生死的规律，要理解'我'的概念，理解'我'组成的那些迁流变化之物，以及思想和感觉的功能是如何发挥的。这样，你身上就没有余地来容纳个体的我。

"因为，正是对自我的迷信才导致了一条绳索将我们束缚于虚幻世界的痛苦。但当一个圣人知道无我的道理后，这种束缚的绳索就被砍断了。

"在那些相信假我的人中，有的说'我'死后仍然存在，有的说它迟早会消匿。这两个错误实在严重。如果说这个'我'可以消匿，那么它所努力获得的果实也要消匿，因此世上就不会再有别人了，难道这可以说是解脱吗？

"如果说这个'我'永垂不朽，那么在虚幻世界的生死轮回中就有

第十五章 缘起性空的世界缓慢盼望荣耀的永恒春天

一种既不生，也不死的物质——偏偏是这种自我。这一来整个宇宙只需一件东西就够了——我行我素，无需什么高尚、尊贵的行为，因为这种贪得无厌的我统管了一切，一切都已完成，又有什么可去争取的呢？

"但当一个人了解到世上并无这个贪得无厌的'我'，它只不过是一场虚幻的话，那么这个人就会从中解脱出来，进入到一个较广阔的视野。他也会过着与此相同而又不尽相同的生活，就像嫩芽从种子中发育出来，但种子又不是嫩芽一样。

"因此，要记住，'我'并不存在，在'我'的虚幻下掩藏的才是真实的面貌。"

"我"的概念是执著的心所考虑的，对觉悟的人来说，这样的"我"就是必须加以否定的执著，佛性却是必须加以揭示的珍宝。佛性虽然与"我"相似，但它并不是有"我"或"我所"这种情况下的"我"。

认为"我"是存在的这种看法，是一种把不存在的东西看成是存在颠倒了的看法，不承认佛性的看法，也是一种把存在的东西看成是不存在的颠倒了的看法。

佛陀又打比喻说：医生给一个婴儿看了病，医生开了药说，在药未被消化之前，不得给他喂奶。

于是母亲在她的乳头上涂上了苦药，使孩子不吃她奶。当药被消化之后，母亲洗净了奶头，给孩子喂奶。母亲的这种行为是出自爱护孩子的慈爱的心肠。同样的道理，为了清除世上的错误的想法，为了消除对"我"的执著，佛陀曾向人们说明"我"是不存在的。当错误的观点消除之后，佛陀就告诉人们存在着佛性。

"我"将引导人们走向迷惑，佛性将导致觉悟。

有一个妇女，因为她不知道家里有装着黄金的箱子，而过着贫苦的生活，有人出自怜悯的心情，给她挖出装有黄金的箱子。佛陀也是一样，打开佛性，给我们看。

既然我们都拥有佛性，那么为什么会有贵贱、贫富的差别，又为什么要发生残杀和欺骗等令人厌恶的事情呢？

举例说，宫廷里有一个大力士，在他的额前戴着一个玉石的金刚，他同其他大力士摔跤时，碰了前额，玉石的金刚被压进了肉内，从而长了一个疮。大力士以为玉石已经丢失，只想到要去求医治疮。医生一看就知道这个疮是藏在肉中的玉石引起的，把它取出来给大力士看。

我们的佛性也藏在烦恼的灰尘中，我们看不见它，卓越的导师就可以把它找出来。

由此可见，尽管有佛性，却被贪、瞋、痴掩盖着，被业和报缠绕着，使我们处于迷境。然而，佛性并没有丢失，也没有被破坏。只要消除了迷惑，佛性就能再次露面。正如大力士看医生为他取出的那枚玉石一样，我们也可以借佛陀之光，看到自己的佛性。

红、白、黑等各种颜色的母牛，都挤出白色的牛乳。各种不同处境、不同生活的人，虽然他们的业和报不相同，但都具有佛性。

喜马拉雅山中有许多贵重的药，这些药都在茂密的草丛中，人们找不到它们。从前有一个贤人，根据这些药的气味找到了这些药，他做了一个桶进行采集。但在他死后，这些药又被埋在山中，桶中的药腐烂后，随山溪往下流，在不同的地方发出不同的味道。

佛性也是一样，是被茂密的烦恼之草覆盖着，人们很难找到它。佛陀拨开草丛，使人们看到了这种佛性。佛性的味道虽然都是一样甜，但由于烦恼的原因，会出现很多种味道，人们会采取各种不同的生活方式。

佛性像金刚石一样坚固，是不会被破坏的。人们可以在沙粒和小石子上钻出小孔，但无法在金刚石上钻出孔来。

躯体和心能被破坏，而佛性却无法破坏。

佛性是我们最优秀的特性，我们习惯于尊卑，在佛陀的教法中，人与人之间是不存在差别的，只有知道佛性的人才是尊贵的。

金矿石熔化之后，去掉渣滓，便可炼成贵重的黄金。把心的矿石熔化之后，去掉烦恼的渣滓，任何人都可开发出同样的佛性。

通过觉悟，开发出佛性，就解脱了烦恼痛苦，就成道了。

再让我们回到当初佛陀打算解决的问题上：如何征服生、老、病、死？

人有生老病死，世间有生住异灭，宇宙有成住坏空，这些道理都是一样的。像杯子坏了，桌子坏了，换个角度来看，它们是不是生病了？

如果有一天，这房子没了，桌子也没了，是不是可以说它们也死了？

我们一般在使用文字的时候，这些用词已经冠上我们的价值了，这个价值就是我执。

所以，龙树菩萨在《大智度论》中说："语言有三种，第一是邪，第二是慢，第三是名字。"

龙树菩萨更解释道：一切凡夫的语言是邪，见道学人的语言是慢，阿罗汉的语言是名字。邪是什么？我死了，除了身心现象死掉以后，心里面又产生一个死的感觉，死的感觉就产生轮回，这叫邪。

见道学人知道，"我"是如幻的、无我的，如果讲"无我死了"也很奇怪，他虽了知无我如幻，但因心中还有残习，所以叫"慢"。

阿罗汉已成证解脱了，了悟无我，所以他说："我死了"，只是现象随灭，实际上他是不受后有的，不会在生死大海中流转，所以他说："我死了"时并不执，这样的语言叫"名字"，是假名之意。

一个解脱之人，他说"我"的时候是无我的。一个了悟无我的人，他知道自己的名字只是应着这个缘的名字而已。

在《楞严经》中，佛陀与文殊菩萨有一段对话：

"文殊，吾今问汝：如汝文殊，更有文殊，是文殊者，为无文殊？"

"世尊！我真文殊，无是文殊。何以故？若有是者，则二文殊，然我今日，非无文殊，于中实无是非二相。"

佛陀问文殊菩萨："请问你是文殊菩萨吗？"

文殊菩萨回答："我若说：'我是文殊'，那就有两个文殊——一个是文殊，一个是我说我是文殊菩萨。如果我回答：'我不是文殊'，那又与实法相违。"，所以，文殊者，即非文殊，是名文殊也。

所以，佛陀在《金刚经》中评价一切时，令人印象最深的话就是"我说某某，实非某某，是名某某"。

佛陀的教法就是如此，了解这些，对我们很有帮助，我们要随时随地用正见思维的方法对照，不是去思维内容，而是要反观自己思维的核心，回归起思维的这个本性，让佛性自然开显。

佛陀在《金刚经》中的教导要求我们：不必过分执著于语言的内容。因为我们对语言有执著，我们破除了这个习惯就会看到生死的实相，不会被语言幻相所迷惑，我们如用世间心看这些语言，将会永远执著。

了解这点，到最后，也不会用生灭心看待佛陀的教法所载——佛典，不会用生灭心看佛法，而是用清净心，这时忽然之间就看懂佛经了，把佛经看透了，看到纸背后面了。

所以，后来的禅宗大德说："依文解字，三世佛冤，离经一字，允为魔说。"依文解字，用世间心看文字，就是用邪见看佛经，三世佛冤。但是，如不从文字来看，而是用心、意识来看，也是魔说。

遵循佛法的原则，我们要看文字的背后，看到它的缘起性。当我们看透一切世相的缘起心，从生到老到病到死，就是无常的庄严宝冠，就是佛法，能够超脱一切生灭。

这时我们会看到：死亡不过是生的一个表征、现象而已，生必然带着灭，死亡是生的一种现象，死亡不是远离生的，所以生中已带灭，灭中已带生，这时我们会看到整个世界、整个宇宙及每一个人，会看到法性海、整个众生海。这一切就像大海，每一个人、每一个众生都像一波一波的海浪。这个海浪起来了，出生了；那个海浪灭了，这个海浪生了活过来了，出生了，那个海浪死了，这个海浪跟那个海浪撞击夭折。这个海浪夭折了，并不代表它死了，它是转入第二个力量，也就是转入另一个全新的海浪，所以生是死之死，死是生之死，故生死是一对，生者是生之生，死者是死之生，把死拿掉也无所谓生。

在佛陀眼里，生灭真的是一场游戏。

而我们现在是海浪，因为我们执著我们是海浪，执著有我，所以我有生有死。有一天，大家不执著了，回到海水里一看——哎呀！哪有生有死，根本是骗人的，所以回到海水的立场没有生没有死，只有涅槃。

但是有悲心生起的人，又会回到海水的立场，虽然我无生无死，但是我又回到海水的立场来示现生灭的现象，这是大悲的精神，来告诉大家这个道理。所以就法界根本而言，没有生灭对待。

就整体法界而言，没有成佛与不成佛的问题，成佛与不成佛是我们众生界的问题，与整个本来法界无关。

佛陀又是站在什么立场来讲的呢？

像《文殊般若经》里讲：如是诸佛，这些无量无边的诸佛，经过无量劫来救度众生，使一切众生能够圆满成就成佛，结果众生界不增不减。

这句话是什么意思呢？

这是由法界立场来看。从法界立场来看，世界本无生灭，所以没有成佛与不成佛的问题，所以要成佛是因众生有轮回才要成佛，有染才要成佛，要破除无始无明才有办法成佛。如果从来没有无明或非无明，怎么会有成佛与不成佛？所以法界就是这个样子。

但是就我们而言，有没有成佛或不成佛的问题呢？有！因为我们现在是在烦恼和不解脱当中。

那成佛之后有没有成佛与不成佛的问题？

这可以说有，也可以说没有。因为离于众生界对待，在法界中安住的时候，众生一切根本没有成佛与不成佛的问题。但是如果还入这个世界当中去救助众生时，就有成佛与不成佛的问题，因为众生现在尚未成佛，他有烦恼，我们要救助他。

但如果认为众生的烦恼固定不变，那么就完了，佛法要如何成就？要无有少法可得，才是得阿耨多罗三藐三菩提，如是救度一切众生而实无众生得灭度者。《金刚经》所讲的就是这么清楚，亦即"无缘大慈，同体大悲"。智慧的人有永不退失的光明心情。

文明产生的条件和起跑线是一样的,这即是"前文明"的传承在冰河期、灾变时期、石器时代;而文明发展的深浅程度是不同的,这与每个部族、国家所处的地理位置和生活环境相关,更重要的是与每个部族、民族和国家发挥和开掘人的智力资源的深浅直接相关。正因为这样,文明的发生是同时的,而文明的发展却表现出极大的差异性,这就是人们习惯性追问的"千古之谜"。文明是人类创造的,那么人类又是怎样地传递着自己创造的文明呢?换句话说,人类的文明史有数千上万年,他们靠什么力量一代一代把文明的成果传承下来的?一般的说法是历史科学;假如历史科学不在的情况下是靠什么力呢?本文的结论是使命感。人类是什么,人类源自何处?这个"类"的问题似乎没有单个的"人"那么复杂,历史的答案也不少,只是每一个答案也不是最终的答案;"翻案"的人不少,答案也各异,本书以上的论述也可算作一种新的答案。至于这个答案是否正确,笔者也不好强迫读者,只能倾听广大读者和专家学者们的评判了。不过,就我的认识而言,人类不仅是宇宙的高级智慧生物,不仅是宇宙世界中的流浪者,他还是一种负有神圣使命感的高级智慧生物。这个话题不但不是对以上观念的重复,而且还是对以上论述的有力补充。比如说,人类以群居方式生活在地球上,群居的特征就是社会性。假如有人要这样问:推动人类社会前进的真正动力是什么?对于这个问题的回答会有很多种:意识、本能、生产力、人们不断膨胀的生存需求和精神欲望等等。但笔者以为,推动人类社会进步的根本动力并非以上因素,而是人类先天就拥有,后天得到强化和自觉的神圣的使命感。

表面地看人类社会错综复杂,千变万化,功名利禄和物质享受总是促使人类普遍的功利目的,重当前,重实在,重自我,重财物,然而在骨子里,人类还是潜藏着更为普遍和更加有力的推力,那推力就是人类独具的使命感。人类所拥有的这种使命感,不以形象来体现,不用言词来表明,甚至普通的人连想都不可能想,它的神圣就在于它完全不依赖于人的物质外壳和当前的功利目的,不依赖于个人的后天素质,

把人类种属的繁衍和文化的传承当作自身"情不自禁"的或是"身不由己"的一种内在素质,贯穿于日常的生活之中,只要人类生活在这个地球上,人类内在的这种基本素质也就伴随始终。区别不在于种属的繁衍靠男女的爱情自觉实现,文化的传承却建立在种族的血缘亲情关系之上并以其血缘亲情关系的神圣为标志,一代代沿袭和传承下来。前者通过精神的驱动实现物质的繁衍,后者却潜藏于物质形体和实在之中,完成精神的连续传承。这大概就是使命的天然属性,它不需要任何人文的哺育和推动而"自我实现"。因此,我把人类独具的这种神圣使命感划分为两种类型,即天然性使命和人文性使命;前者表现为自然的繁衍,后者却成为传递人文的自觉行为。比如人种的繁衍并非人为地刻意追求,其实它是在人类自觉与不自觉的"快乐原则"下实现;子女的哺育也不是在伦理的压力和法制的强迫下完成,它是作为父母的一种天然的职责。人类的这种天然性使命是生来就有的一种天性品质,它不需要系统教育或是专业培训就能够实现。而人类的人文性使命多少与前者有所区别,它至少与人文有关,是有关人类的知识、信息和文明的传递行为。人类在自身的历史发展中是有着不同使命的,传统的史书只是把人类历史划分为不同的发展阶段,形成不同的社会形态,其实这只是社会发展史的一种表现形式,真正的人类历史是一个不断完成自身使命的历史。比如我把目前人类的历史细分为这样几个"使命期":传承文明的"使命期";重建和巩固文明的"使命期";发展文明的"使命期"。

传承文明的"使命期",这是我们在前文中所述的当作神话传说人物的那些人类祖先们完成的。他们当时的处境非常特殊,他们曾经是"前文明"的居民(后裔),历经"前文明"的熏陶,对于"前文明"的情况如数家珍。可是不幸发生了冰期突然降临,地球的大部分地区被寒冷的冰雪覆盖,很多的人类同胞就死在冰雪的寒冷和由此带来的饥饿之中。好在地球的"中央地带"还留有一隙生存的空间,侥幸生存下来的人类就在这个狭隘的"中心地带"开始了漫长的冰期生活。也许是这个狭隘的"中心地带"过于狭窄而挤进这个地带的人类过多,也许是"中心地带"的资源短缺而人类的繁衍过快,总之更为不幸的事又降临到了这些幸存下来的人类头上,在"中央文化地带"的东边和西边似乎同时发生核大战,几乎被冰期的寒冷逼上绝路的"中央文化地带"的人类差不多在人类自己酿造的这次大灾变中丧失殆尽,到处是硝烟,满目的焦土,晶化的岩石在阳光下闪烁着鬼眼一样的冷光,蘑菇云射程内的人类无一幸存者,也找不到一具可辨认的尸首。阳光灼热,月亮冷凄,世界在一片死寂中仿佛消失了。然而在这场核大战的废墟边缘地,却有一些蠕动的生命,他们慢慢从冰雪地上爬起,恐惧地看着战争的废墟,然后朝着更加寒冷的地方走过去。他们正是在"前文明"的战争废墟中重新站起来的人类同胞,他们的幸运在于处在"中央文化地带"更边缘的地方,所以他们才有幸存活下来。他们在天然的山洞里不知生活了多久,5000年、10000年或是数万年,冰期退却,他们之中的一部分同胞又死在了洪水之中。到了现代文明建立的前期,地球人数所剩无几!然而正是这些一次次逃离了灾变的人类幸存者,是他们把"前文明"的壮丽和可怕同时传递给了他们的后代,他们的后代在极其强烈的生活反差中把先辈们的传递变成了后来的神话,把先辈们都变成了各自的"神"。从"前文明"的实现到现代文明产生的前期,灾变中幸存下来的幸存者们自觉不自觉地完成了他们传递文明的神圣使命。假如没有这些"前文明"的幸存者以及他们的神圣使命,现代人类就无从延伸到今天,现代文明也不可能在"神人同居"的"神话"时代重新建立起来。

"神话"中的"神人"们完成了他们传递文明的神圣使命,便从人类的生活中消失了。接下来的使命就轮到"神人"的后代们了,他们要开始重建文明的艰难历程。这一"使命期"的历史划分至少也是从新石器时代中后期开始到奴隶社会初期,重建的主要任务就是按"神话"和"传说"中的技术要求,制造生产和生活的工具,恢复人类赖以为生的农牧业生产。比如原始农业生产就在这一"使命期"得到恢复。饲养业、

畜牧业以及手工业也是在这一时期逐步建立起了秩序。当然，为了警示人类不再重犯"前文明"被毁的错误，原始的宗教思想和相关的仪式应运而生，更令人惊奇的是为了更好更完整地完成各个"使命期"的历史使命，聪明的人类发现了原始的图像和最初的符号，最终形成不同的文字。这一切重建文明的使命，就是"前文明"幸存者的后代、现代人类的始祖们完成的。他们当时的创建生活是在住石洞的条件下开始，在移居最简陋的聚落和原始村舍中结束，历经数千年，可谓艰难！

继第一批文明创建者苍劲的步伐，后来者们的重要使命就是对已有文明成果的凝聚和向周边地区的扩展。《圣经》中的"诺亚"之子们据说是扩散到了世界各地，大概就是这一"使命期"的历史真实。这一时期，人类扩展文明领地的"核心区域"大概有两处：一处是中、西亚的埃及、两河流域文明扩展到欧洲、非洲和美洲的部分地区，形成了现代的"西方文明"；另一处是以最初的昆仑山系和后来的大兴安岭为主的东亚文明逐步扩展到了中国、西伯利亚、朝鲜半岛以及美洲中北部平原，形成了以东亚文明为主体的"东方文明"的"副产品"。人类历史上的第三个"使命期"就是发展现代文明，这一时期大约从奴隶社会中后期开始到现在，也有数千年的历史。这一"使命期"的主要使命即是创建稳固的国家制度，建立现代文明较为系统的思想文化体系，全面发展科学技术，建立规模巨大的帝国体制，完善宗教和法律体系，强化国家的管理机制和控制能力，当然还有数不尽的战争和战役，"大鱼吃小鱼，小鱼吃虾米"的竞争时代全面拉开了帷幕，由此诞生的大国无数，消亡了的小民族也无数，吞并亲近与弱肉强食已成为人类生活中的正常秩序。至此，人类的世俗生活差不多又恢复到了"前文明"的水平，人类丑恶的本性品质也随着世俗生活水平的提高渐渐抬头；人"宰"人不是什么新鲜事，人杀人如同杀鸡猪；社会公平丧失，公共道德无从谈起，天道良心成了恶臭垃圾……虽然，人类在第三个"使命期"尚处在未完成的当下状态，但是人类的安全和人类本性品质的日渐暴露又成为现代文明最大的隐患。具体表现在：人口的快速增长与人口爆炸，人类潜藏很深的"黑色欲望"以及人类所拥有的越后越先进、杀伤力越大的重型武器，这些又成为人类新一轮文明潜在的和不断积累着的"三大隐患"。现代人类还能走多远？现代文明还能发展多久？未来的世界将会发生什么？这一切"使命期"背后的疑问在敲击着每一位人类成员的心扉！然而，毕竟人类还是人类，他仍在一如既往地、万分努力地付诸着自己神圣的使命。无论在多么优厚的环境中，还是在多么险恶的条件下，人类付诸自己神圣使命的脚步一刻也不会停顿，先辈们是怎么走过来的，后生们也会不负使命地走下去，一直走到不可知的那个境地。这就是人类，就是不同于地球爬行动物的宇宙高级智慧生物，他从数亿年或数十万年的地球某地走来，经历了数不清的灾难和坎坷，发展到了我们所能感觉的这个信息化、知识化的全球化时代，他会因为战争的恐怖而举步不前吗？他会因为高科技的"全球化"进程而停止进步吗？他会因为人类无穷的世俗生活的创造力和同样可怕的本性品质的无所顾忌退却吗？我想，这一切都是不可能的，甚至可以说有这么多疑虑都是对于人类自身的一种侮辱。因为人类毕竟是人类，毕竟是负有神圣使命的宇宙高级智慧生物，如果人类在地球生活中遭遇这么一点打击而退怯的话，那还能称人类为宇宙高级智慧生物吗？还能奢谈诸如"使命"这样神圣的字眼吗？所以一切的一切，人类在这个地球上的生活可能是被动的，不是那么理想的，但人类具有自己内在的一种推力，这个推力使人类更具无限的使命感，只要在人类群体中哪怕有一个成员还活着，他的使命感就不会终结，付诸使命的脚步也不会停止。人类为什么会这样固执呢？因为神圣的使命感是人类无限延伸着的一种内在的责任。①

　　此岸即彼岸。

　　彼岸即此岸。

　　神的旨意行在天上，

---

① D·桑吉仁谦著,《大起源》.中央民族大学出版社,2009年10月,P327~352.

如同行在地上。

人类一旦与大地断绝关系,寻求自我满足,就会变成怪兽。若想控制大地,他们也就会摧毁自己。当代生态意识告诉我们这方面的一些情况。人类一旦与天界断绝关系,寻求自理自治,他们就被转化成摧毁他人的自动装置。当今具体的历史的处境已向我们明确表示了这一点。实在的本质是"宇宙—神—人"的相互关连。上面的两条引语几乎可在所有文化中找到与之对应的话,它们告诉我们,人的活动,甚至我们的本性,从构成地位上说与整个宇宙相联系,正如我们在第一部分的引语也提到的一样。所有这一切都让我们思考:和平不只是政治问题,它让我们怀疑政治和平的不可靠性或许比有缺陷的政治机器的运转之不可靠性具有更深的根源。早在远古时代,战争就已成为一个宗教问题。相比之下,社会和平直到最近才被视为基本上是一个政治问题。绝大部分战争都带上了宗教的面孔,或者至少得到宗教的某种辩护。宗教战争为一方面,无数试图为战争辩护的理由为另一方面,这两方面都可证明以上论断的真理性。中世纪末的欧洲战争、最近伊朗的伊斯兰革命都是宗教战争的实例。第二次世界大战和美国越战可代表宗教性不明晰但并不缺乏宗教特征的战争。它们不是征服性的战争,也非仅仅为了经济目的的战争。它们具有宗教特征:拯救文明、自由和民主。最晚近的那次西班牙内战,一方以"十字军"为名,另一方则至少在一开始具有明显的反宗教特征——具体说,反对制度化的天主教会。最近波斯湾战争可算是经济战争和政治控制的战争,但在很大程度上双方都以宗教的动机,用有神论的语言为自己作辩护。

我们之所以引证最近西方历史上的这些例子,是因为在其他传统中,宗教与政治没有明确的区分,任何战争既是世俗的也是宗教的。那些参与宗教战争的人几乎总是诉诸上帝的名义或者说他们在贯彻上帝的旨意,试图通过说是捍卫某种特定的宗教声明为自己作辩护,通常都力图表明这些战争都出于宗教理由。就非宗教性战争而言,虽有直接的政治理由,但一般说来在背景中潜伏着一个超越的也即宗教的动机。希特勒要摆脱西方犹太—基督教的上帝,亦因此给世界带来灾难。盟军则想保护自由、独立和尊严的神圣权利。甚至让·保罗·萨特在法国抗战时也写宗教题材的文学作品。美国把自己视为旧约选民的继承人,以上帝的名义保护民主和自由,拯救世界摆脱假神。早在远古时代,几乎所有的宗教机构都为军事行动祝福。战争统帅们也想得到各自宗教机构的祝福。耶和华是世上神圣军队之主,尽管他也有天上的军队。就西方来说,教皇不仅为查里曼大帝和查理五世加冕,而且也为拿破仑加冕。天主教会支持佛朗哥的内战。和平条约通常以上帝的名义签订。若干世纪以来,西方的一般程式是:"以神圣和不可分割的三位一体之名"。1648年《威斯特伐利亚和约》在其第一条企图保证:"永久、普遍的基督教和平。"如此等等。和平条约意味着战争的结束,但事实上这仍然是战争的一部分,而非和平的一部分。

简言之,战争是一个宗教问题,尽管另一方面,宗教可以宣称自己是反战的。实际上,第一次依良心拒服现代兵役所基于的理由是宗教性。16世纪就西班牙征服美洲应予以谴责还是辩护而引发的神学争论,构成了有关战争的神学问题的著名事例。当然,也有种族战争。但即便是种族战争,也常常带有宗教性质,即部落本身企图通过诉诸宗教动机而为战争行为作辩护。战争的宗教特征是明显的。战争是一种极端性境遇。人类和人类社会经历着他们自己面临的有关死亡、生活、正义、忠诚和顺从等终极难题。一句话,战争一开始就是一种宗教现象。诸神制造战争。它们几乎总有种种象征,具有各自宗教的标准。必须请示神谕,并让祭司给予祝福。十字架和剑曾在许多世纪内联姻。"上帝要这样"、"上帝与我们同在"、"我们信仰上帝"、"神圣的马利亚",这些都是战争的口号,并用它们为战争作辩护。宗教与政治之间的这种结合在亚洲和非洲也盛行,尽管确切地说它在亚伯拉罕传统的宗教中是一种更加受到强调的现象,因为在这些宗教中严格区分了圣与凡。"世俗的人"之自律要求在生死问题上得到神圣权威的支持。换

言之,政治战争本质上也是宗教战争。战争有各种动机:经济的、民族主义的以及其他的,而我们发现宗教动机总处于核心地位。若不首先请示神谕、先知、占星家、祭司,没有一个国王会发动一场战争。在有些情况下以及在多种含义上,战争就像一种仪式活动。以宗教史的眼光看,战士也即刹帝利是与混乱力量作斗争的人,他们为的是保持宇宙秩序。现代军团的神秘仪式依然存在,这种仪式伴有音乐、军服和游行,是信仰一类东西的遗留。战士是贵族、武士,是为权力效劳的力量代表。而权力来自上帝。战士是宇宙秩序的监护者、和平的监护者。国家军事人员是和平之保障这一信念,在那些反对和平主义者、反对将军队作为一种制度来消除的倡导者的人那里依然可见到。人们已忘却,现代战争方式与过去的骑士精神毫无共同之处。直到现在,传统依然保持着。但在今天,情况已经改变。

用言语消除战争

比用刀剑消除战争荣耀;

以和平赢得或保持和平

比以战争获得和平荣耀。

奥古斯丁在他耄耋之年,就在他逝世前几年,写信给当时罗马帝国的使臣,这位使臣主张以刀剑恢复和平。和平看起来总像处在遥不可及的地方。但人类生活的艺术恰恰就在于向看起来不可企及的目标挑战。对那些参与创造性活动、对无限者充满渴望的人来说,目标愈是看起来不可企及,他们就愈是充满奋斗的激情。如果父母只是简单地告诉他们年幼的孩子:"不,你不能要那个月亮",而不是指给他们看一个比他们想要的那个月亮更为真实也更难得到的月亮,那么,他们就只是在抑制隐藏在每一个小孩子心头的创造之火。和平不是孩子眼中的月亮,它是人心中的月亮。人,既不会让自己退化成——或被诱惑而成为——只会梦想子虚乌有的东西,或只是太空时代里的一台计算机。和平主题,是对逻辑的挑战,也是对历史的挑战。但仅有逻辑或仅有历史,都不足以构成整个实在。若不裁军,和平就不可能。但这里所要求的裁军,不仅是核武器的、军事的和经济的裁军,另外还要进行文化裁军,裁减主流文化,因为当今的主流文化有成为垄断文化的危险,它可以吞噬其他所有文化,最后自身也连同它们一起湮灭。逃往月球,或到火星上去安家,这除了是对人的尘世躯体的一种异化,只能提供一种暂时的避难所。人不是仅仅寻求繁衍后代的细菌。现代人感觉自己像是囚禁于这个星球的囚犯,一如他们的祖先感到自己为躯体所囚,只想逃离。"转移"一词真是意味深长而富讽刺性啊。他们不再想上天堂,但他们确乎想去月球或其他什么行星。他们不再相信那繁星密布的天堂,但他们仍然相信群星是他们的天堂。以前,人把自己的躯体看成是外壳,觉得为躯体所囚很不自在;现在,人把地球仅仅看作是寄居的寓所,呆在地球上,他感到局促不安、忧心忡忡。过去是肉体的异化占统治地位,现在是地球的异化十分盛行。结果便是带来生态灾难。所以我要呼吁生态智慧。很显然,若无文化裁军,军事裁军也不可能。在当前的主导文化之内,军事裁军看来是件不太可能的蠢事。那么武器均势能维持和平吗?若一方裁军,另一方只会从中占便宜,除非我们在致命性武器的研制和发展上保持"进步"。但别人也会去研制、去发展,这种均势又会被打破。人总要看看谁的武器库存最多。美国比苏联多,于是问题又转入下一步。

　　作为和谐、自由与正义的和平统一的神话,在今天,和平是于全人类有意义的少数肯定性象征之一。和平是最普遍的起统一作用的象征。它也是全人类作正面回应的少数象征之一。上帝一度是许多文化共同持守的起统一作用的象征,但现在已不再是人类活动围绕的中心,至少在那些推崇生活的机械学组织结构的文化中是如此。"上帝"这个象征已不再为人们所普遍接受,如果说曾经是的话。之所以会这样,不仅是因为很多战争都是以"上帝"的神圣名义发动的,更是由于很大部分人类意识到,不论是对还是错,在有神论中看到的是君主式实在概念的最后残余,而这种实在概念已逐渐消亡了。但这不是我们现在要讨论的主题。不论是某种民主观还是某种经济福利都不会成为

普遍的象征。人渴望的不止是这些。然而,看来所有人——不分意识形态,不分宗教,也无论个人倾向如何——都愿意把和平作为肯定性的普遍象征来接受。圣奥古斯丁曾说:"没有人不冀求和平。"象征是砌成神话大厦的砖石。有了象征,就可砌出许许多多神话。当然,我们是把"神话"理解为为人类所接受的可理解性的范围,也正是这种范围使得居于人类各种文化之基层的种种神话成为可能。

和平的迹象:和谐、自由和正义。什么是和平?有一个为人所熟知的图案,它曾被用来象征和平运动,这个图案就是分成三等份的一个圆。我采用这个图示,但对它曾经有过或可能有的其他用法,却并不一定赞成。和平由三个均等的要素构成。其中任何一个要素都不能被忽视,否则就会偏离它的本质。和谐——它的价值在中国文化中备受推崇,但在目前的西方文化中却备受轻视,尽管自希腊时代以降,它在西方也一直得到培植,受到热爱。"和谐",也就是"平衡"。它不仅意味着"不要过分",还意味着万物各就各位,各得其宜,彼此相融,没有要丢弃的东西,即 nequidfutile,尽管如此,可能也有一些东西对我们来说是多余的。没有事物是绝对坏的。这里的和谐是内在与外在的和谐,灵魂与肉体的和谐,自然与文化的和谐,男性与女性的和谐,等等——和谐处在实在的各个要素之间。许多人类文化无法理解,善与恶之间竟能达成一种奇特的和谐。恶魔墨菲斯特说:"时不时地,我总想看到旧有的一切。"用价值坐标的横轴或纵轴来衡量,我们难以找到和谐。什么都说了,什么都做了,如果仅从外部看,还是看不到和谐。要觉察到和谐,还得身临其境才行。只有和谐本身能够让我们明白以上所说,也即胜利不会带来和平,即便是"好人"的胜利也如此。

"和谐"不仅意味着对立面的一致,而且意味着有一个容纳一切的空间而无需种种单一的化约主义。但丁在阐释和谐时,以文学的语言说了一段绝妙而富悖论性的话。他说,地狱是智慧和爱的结晶。在地狱之门的门楣上,题有一行字,向人表明地狱是由神圣的三位一体创造的:"La divina Potestate, Sonvna Sapienza, e' primo Amore。"如果我们的意识中没有这样一种和谐观，那么传统的地狱就会丧失它存在的理由。那样地狱就不复存在，转而变成一种畸形的东西。热那亚的凯瑟琳则走得更远。有人问她有没有比地狱更糟糕的事物存在，她回答说："有的，如果没有地狱的话。"在中世纪的世界观里，没有地狱，就不会有真正的和谐。这可能是关于和谐的含义最深刻的悖论性表述。如果没有和谐，和平的体验、和平的实在性就无从谈起。和平即和谐。甚至地狱也不能摧毁它。地狱与广义上的实在之和谐是辩证统一的，因而许多传统宗教都保留了地狱。援引以上例子，是为了表明，和谐不是一支田园牧歌，而和平也不是蜜月。至于今天我们的世界观是否应与我们中世纪的前辈们一致，则应另当别论。

关于和谐，从毕达哥拉斯和奥菲斯教直至我们所在的时代，人们已写过不少，其间莱布尼兹的理论当然处于重要地位。其中心理念是阐述事物的关联属性和秩序。事物的关联属性强调客观方面。为达到和谐，整体的各个部分之间必须有一种相互协调的关系。秩序则强调主观方面。人们必须揭示事物的关联属性并将它视为秩序。但我们要说的不止这些。首先，我们要说，和谐必然是一内涵丰富之整体的和谐。和谐既包括主体又包括客体，既包括认知者又包括被认知者。其次，我们要说，就其本质而论，和谐属于宇宙的终极结构。如果宇宙的所有进程都要以另一种方式起作用，这种方式是一种终极的模态，我们据此能够判明事物的本质，那么，这种方式就是和谐。说宇宙是和谐的，简直是在同义反复。"应如何"归根到底依赖于"是什么"。在我们看来，这意味着，和谐作为和平的一个维度，不是"我们的"理想概念，不是"我们"想象和谐应是什么样子而规划出来的。换言之，和平不是从外部强加的。和平不等同于我们的和平概念。和平应建诸于事物的本质，建诸于宇宙真正的和谐。打个比方，如果说物质宇宙是靠大鱼吃小鱼的事实来维持是真实的话，那么和谐与和平就不在于禁猎，尽管也要求人们依自然节律来适时捕猎。一言以蔽之，和平不是反自然或暴力，尽管关于这些概念，是可作多种解释的。

第十五章　缘起性空的世界缓慢盼望荣耀的永恒春天

据波尔菲利说，毕达哥拉斯有如下教导："在自然中，一切都有起始，有中间状态，有终结。依这种形式和性质，就有了数字'三'。"毕达哥拉斯学派的数论这里不作讨论。传统上，"三"是一个完满的数字，表达了所有存在的事物之和谐。和平也有一个三元结构。它不止是二元的张力或者君主政体式的大一统。在它之中存在一种关系，可以说，它既不在一元论的小圈子中受封闭，也不在二元论的相互牵制中衰竭。和平看来需要一种连绵不断的流动，这种流动甚至不按同一路线往复——不断地支出又回收。这就是我们说和平的基础是和谐时所要表达的。室利·阿罗频多在他的《神圣人生论》的绪论中写道："一切生存问题归根结底是和谐问题。"在和平示意图靠左的扇形内是自由。在这里，"左"具有某种"政治"涵义。"左"的意识形态对自由比对秩序更为敏感。确凿无疑，自由是和平的重要因素。没有自由，便没有和平。说"自由"，就等于说：个人自由、政治自由、团体自由、大地的自由、物质的自由、动物的自由、细菌的自由，等等。举个例子：艾尤维达这种药并不杀死细菌，只是把它们圈牢，这样它们就被关起来，也就不会再扩散开来。人们常说细菌的扩散于人有害，但有益于细菌。其实这种说法并不正确。我们不能够克服人类中心论的思维方式，除非我们摆脱拟人观。若细菌限制了我们的自由，那对我们来说是坏事，因为我们不是细菌，但这对其抗体内平衡之生长应加以抑止的细菌来说却非恶事。细菌的扩散对它们自身也是坏事，对整个宇宙来说也如此。自由不是许可证。

"自由"不仅仅指"选择的自由"。一种较广范围内的选择，有时反而是削弱了的自由。可以在超市里挑这拣那，或者投票时既可投这位候选人也可投那位候选人，在受限制的范围内作选择，这其实是一种极具相对性的自由，有时明摆着这样一个事实：选择项只限于提供者所提供的。人的自由应是选择能力的前提，而且是比选择能力更为深层的东西。"自由"，意味着不受外在支配，不受外部影响，不依附，如此，我的存在才能依据其本质展示、发展，既不受外在的强制，也不受内在的灌输。自由表现在举止中，体现在思想上，展现在行动中，等等，它与一个人的本质是相和谐的。如果说关于和谐人们已写过很多，那么关于自由的讨论更是汗牛充栋。面对这一事实，我们应对"自由"作一界定：自由即自我支配，尽管对于"自我支配"中的"自我"的性质存在着意见分歧，关于"支配"的解释也是多种多样的。这里不考虑自由被操纵的情况，在民主的技术统治中，这种对自由的操纵可谓司空见惯，候选人为了赚取选票，精心筹划，取悦选民，我们对此不作社会学层面的讨论。要把我们的论述限制在这一主题上，即强加的和平是自相矛盾的：没有自由就没有和平，真正的和平只能存在于自由王国。依照我们的假设，我们可在自由与人的尊严之间达成平衡，若把人降为实现"更高"目标的手段或工具，这就背离了人的尊严。剥夺人的自由，这在当前通行的监禁体制看来，似乎不失为处理事情的一种好办法，但这恰是和平的一大障碍。罪犯们的地狱，往往充斥着犯有前科者，这就充分证明了这一点。我们今天所有的是世俗化的基督教神学主题。在过去，人们用苦行迫使罪犯改邪归正，人们相信，补赎胜于原谅错误。处罚是为了这个目的而被采用的。但今天，没有一个国家相信这一套。如今，一旦有人违法，他就要被剥夺自由，有时刑期以数百年计，还伴以古老的"特赦"！这又可为思想惯性之一例。我们只想说，"监禁"体制不是和平机制。和平的第一要素——和谐——可以帮助我们解决所谓的"自由之冲突"，这一观念常被用来压制量上或质上的少数派。不同的个体在意愿上显然会有冲突。所有的自由都被预先设定为在一个被接受、被承认或者直接给出的秩序范围内的自我支配。并非所有的事物都像交通规则一样简单。人不是驾着轮子跑的机器，只在预先划定的路线上运行。车和驾车者都不是自由的存在物。个人自由意味着对他自己以及他人作为一个人的存在律之认识。存在律的前提是：实在的终极结构是和谐的，个人的圆满是与整体的圆满相关的。

但不止这些。自由是一个反机械的概念。这里对科学暂不作讨论，

现代物理学自身告诉我们,即便自然法则,也是不确定的。自由的秩序或和谐不是可以机械地预设的,也不是一劳永逸的立法所能确立的,它不设定一个预先制定的、被确定的宇宙。人类的自由不是统计学上可测量的因素,并不像它们在统计学上所称的——富于讽刺意味的——叫"自由度"。这意味着和平并不能建诸一个不变的秩序,不能在一个固定的、预先设定好的结构中建立。和平并非这样一个场地,在那里,计算好每个人各自拥有的自由度,然后立下行为规则,要求相互尊重。换言之,和平不能通过立法来一劳永逸地确立——那不是和平,正如爱是不能被命令的——那不是爱。和平绝非对某种自由的墨守成规,就如每个原子被指定呆在一个固定的位置上,以免妨碍它的邻居。和平必须进行创造、再创造,持续不断。在这里,"和平"的同源语是基督教经院哲学中的连续的创造,意指它作为创造主的自由行动,已把创造主的自由渗入万物的本性之中。如果说和平必须是自由王国并以之为必要条件,而自由意味着对每个人的存在律的尊重,那么我们马上可以推出:和平不是强制的。如前所述,和平必须接受、争取和创造。任何形式的专制或独裁都不会带来和平,无论它是个体的还是制度的,是宗教的还是世俗的。

　　换言之,自由的最终主体不是个体,而是存在,是整体中的实在。如果个体企图从整体中分离出去,那他们永远也得不到自由。如果他们比旁人强大,他们会成为专制者,但旁人也总会不断地把一些条件强加于他们头上,并且这还只是消极反应。另一种人,在身份上他/她作为分离者,作为他物,总是疏离整体,结果成为抑制物。只有当分离者被展示为整体中的一部分,作为他人——另一个"我"——他/她才会转化为一个"你",成为我们超个体的同一体中的一员,如此,他/她的挑战就不再会构成对我们的自由的诸多抑制,反而成为自由的一种更高的形式。没有爱,就没有自由,各个时代的智慧深知其义。自由,首先是实在的特征,然后才成为个体的权利。因此,问题不在于自我放弃自由以让他人的自我享受自由,而是削弱作为个体的自我,作为人来看待他人的自由。唯觉醒的人是自由的——这也是和平的一个要素。和平的文化必须是自由的文化。在我们今天所处的科学和技术的世界,定量法铺天盖地,就连选举法也是定量的,个体的深层自由眼看着不断地受到限制。有人也许会说,戒律以及传统的约束也限制了个人的自由。我的回答是:第一,传统的约束被看做是一种高级秩序,人们对它的遵循,不能等同于少数服从多数的那种屈服。第二,也是更为重要的,我们必须申明我们并不是在倡导恢复旧秩序。我的形而上学的主题认为,巴门尼德关于存在与思维的二分法没有给存在的自由留下余地:存在受制于思维,存在服从思维。除了实在,我们还能置信于何处?创造实在或为实在辩护,我们既无这个责任也无这个力量。我们只能活在实在中,并通过生活于其中来改变它。实在不是简单地存在在那里的。它是"存在着",当然,其间还有赖我们的通力合作。但合作这个活动也属于实在。这就是说,体验胜于实验,生命意识胜于思想。体验,顾名思义,是对直接给定的事物随时随地的经历。实验则操纵数据,但最终必须诉诸不可简约的体验。在这样的情况下,和平三要素中任何一个都不凌驾于其他两者之上。任何一个要素,若牺牲其他两个,它都将无法动弹。圆形和三要素的相互依赖具有本质性意义。这里有协和,正如吠陀的最后一个诗节所唱,也正如追溯到赫拉克利特的西方传统在这一神圣的话语——不协和造成和谐中所表达的。

在此我们要阐明的是如下两点想法。第一,相信必然性的普遍信心,甚至是明白什么是不信的本体论前提。我们现在不讨论一神论的神学问题或关于存在的哲学问题。我们仅限于描述这种相信实在的普遍信心,实在是给定的,是此在的,是我们自己所不能制造的。古代哲学家说,实在是自因的。实在无需任何人的"检验"、任何论证去证明它。有什么可作这种检验、这种论证的基础呢?一个人除非他存在,否则他无从去追究他的存在。如果没有人存在,也就不会有存在或虚无问题提出来。我们的经验的客观程度应另当别论。我们唯一要说的是:普遍信心——它既不同于认识论上的确信,也有异于我们对这种信心

的具体诠释——是实体的必然性，它超越了非矛盾律的逻辑原则。和平正是以它为基础的。我们要说的第二点是一切实在的动力论问题，毕达哥拉斯学派克罗顿的菲勒劳斯就此说道："和谐存乎纷杂万物的统一之中，存乎思想分歧者的精神共鸣之中。"和平不是静态的实在。

这引起我们对和平示意图的重新思考。构成和平的三个扇形共同组成一个圆。这象征着和平——由同心的三等份组成的一个圆——的内涵不限于这三方面。圆形象征这样一个事实：和平为它的"圆面"所限，但不被它的"圆周"所限制。和平不是无限的，正如圆不是无限的。这与我们具体的人类状况和特定情境不无相似。没有无限的和平。和平是实在可感的、具体的、有限的，是有可能被享受到的。它不是乌托邦。和平是人类维度上的和平，尽管它总是在成长，正如一个圆，也会变大。但和平的成长仅依赖一个条件。和平会成长，只要"保持"圆形，也即，只要保持与圆心等距，只要三部分之间保持平衡和同等的面积。圆为其圆周所限，圆周自身却不受限制。圆周无始也无终：每一点都可作为它的起点，我们又可假定任何一点为终点。圆周除了圆心，别无所指，它只对准圆心。既然圆周上的每一点都与圆心等距，我们就没有任何天赋的标准可说圆周何处始，何处终。和平，正如人的圆满具足，是不确定的。每个人，每个社会，都有他/她和它的和平或和平的阙如。

构成和平的三部分必须同等大小，这表明为了保证和平，应由平衡来协同和谐、自由和正义。任何不平衡都会造成偏离。平衡确切说来就是和平，但它非和平的任何一部分所能确立。假如这平衡、这和平"偏向"正义，那么自由和和谐似乎就要受损。"偏向"自由或和谐，也会出现同样情况。因而诸多传统断言和平是一件礼物：是被给的东西——也被接受——但不能加以控制，即便是意志的控制，且不管其多么"善良"。最后——如前所述——为了让圆内的三部分相等，它们都需围绕圆周所对的同一个圆心，圆心构成和平的交叉点。这个圆心就是爱之所在。爱使和平的三要素以之为中心，成为它们的平衡准则。纯粹的感情或纯粹的意志显然都谈不上爱的问题。我们在这里所说的爱是古人们所称的 eros，是福音书上的 agape，吠陀中称 kama，它"是起始的"，作为生命的"第一个胚芽"，它"高于诸神"。我们显然是把这种原始力量——"推动一切事物运动的本性"——称为"充满爱的事物"，但丁简明扼要地表述为"推动太阳和星星的爱"，人类的和平，也即我们所体验的和平，并非终极实在。和平看起来有一种令人迷惑的不稳定性。我们试图表明，就其复杂性而言，和平既不是自然的也不是超自然的。说它不是自然的，这是因为，在构成和平的诸要素中，似乎每个要素都有侵占其他二者地盘的趋向，也就是要破坏医学上所说的"体内平衡"。过于关注正义的国家会限制自由。反之亦然：在自由神圣不可侵犯之处，正义常常受到损害。而如果过于和谐，"你的邻居就会侵害你"。

　　和平不是超自然的，因为，如果它是超自然的，我们就得一再从头开始一切。谁拥有纯粹的启示，不为人类的只是偶然的可能的解释所玷污，因而能指出构成和平的三部分之间的恰当关系呢？将宗教与伦理学相混淆是极大的冒险。最高伦理准则、判别善恶的标准，都会在某种意义上凌驾于善恶本身之上，这甚至对伦理学来说都是一个悖论。也许我们该说，和平是元自然的。总而言之——在一系列包含了大量分析的思考之后——我们应以如下方式对和平作出明确的界定，遵循从一开始就启迪了我们的非二元观。和平不仅仅是一种心灵状态，毋宁说它是一种正在在的状态，是一种存在的状态。和平是那种符合我们所说的存在者的存在状态。就是说，和平是存在之中的福乐。当某一存在者适得其所时，它就处于和平之中。如果某根骨头、某个个体或某个社会不得其所，它就不会和平。这骨头就受伤，这个体就不宁，这社会就不稳定。所有存在者概莫能外。但必须动态地、灵活地理解这一空间性隐喻。所谓适得其所之"所"不是预先设定的处所或者稳定不变的地点，在其中每个存在物如在阅兵式上的列队中占据一个位置，也不是每个部分如机器部件各就各位地发挥作用。这个"所"，我们可代之以"职责"。当一个存在物履行其职责时，和平就出现了。但这个比喻也

可能被误解。我们所说的职责不是外在的。每个存在物之应然，就是每个存在物在其所属之所。"当每个存在物充分发挥其'功能'"，这也许可成为这个观念的第三种说法。

这向我们表明，困难在于"所"、"职责"或"功能"之发现。我们在前面已谈到"宇宙秩序"。一个有神论者会称之为"上帝的意志"。我们在开头说"存在之状态"，这是与存在物相一致的状态。困难就在这里。我们以什么标准来辨别这种"状态"或"意志"？别无标准，只有同义反复式的标准！一个人和平时是适得其所，一个人适得其所时才有和平。当一个社会被融入宇宙秩序之中时就有和平，社会和平时它是被融入宇宙秩序之中了。当我知道它是上帝的意志时，"上帝的意志"给予我和平，而当我处于和平时我知道那是上帝的意志！正是由于和平属于事物的最终秩序，和平情境不可能是别的。我们没有更深层的参照点。也许有人会说，脱臼的胫骨受伤了，因为胫骨脱臼谁都看得出来；然而某个个体的位置却无法如此精确地知道，因为个体的自由意志也总是对它所作的决定犹疑不定。一个团体当它被融入内在和外在秩序，使得所有成员都能够实现存在律时，就有和平。然而，和平就是标准。当我们将恶的奥秘也一并引入讨论时，事情变得更复杂了。和平是一种关系。我——作为一个个体或一个社会——可以与自己、他人相处得非常和睦；但忽然跳出一个贪婪的敌人，企图抢劫或侵犯我，我的和平就被一个外在的因素打破了。于是我必须作出更艰难的抉择，因为我知道我的和平之所以被外在因素所侵扰，是有我自身方面的原因的。

然而，这一切只会把我们引向一个更深层、更现实的和平观念。它向我们表明，首先，和平不是静态的，因而可发现它始终处于实现之中。其次，它表明和平既不是纯主观的也不是绝对客观的。它是关系性的。再次，它表明和平从来不是完满的——换言之，和平是无止境的、永不会完结的。第四，它表明由于和平的终极性特征，无法用精确的定义来描述它。第五，它表明和平与实在的其余部分没有任何模棱两可的关系。倘若别人不与我相和，我也能和平待人。第六，它表明和平不是铁板一块,而是多面的,甚至是多元的。它有面,有度,有微妙之处。它不可以量化,因为这些面不是同质的。最后,它表明和平是将我们公正而自由地与整个和谐的整体相连接的关系。我想,迄今为止,有一点已经很明显,那就是,对和平的反思不能仅限于寻求人类伙伴关系的方法和避免战争的手段。要做这些,一个世界警官就够了。对和平的反思把我们引向实在结构的最深层。和平不是运筹帷幄的结果,而是沉思默想的果实。让我们最大限度地简化这个问题。为什么在一个技术统治的文明中和平不可能?为什么机器世界比其他三个世界更缺少和平?为什么机械世界并不比其他三个世界——人的无政府世界、自然的混沌无序世界和神的神秘世界——更宜于和平?

我们已暗示进化论只是一种认识论假设。与其说它是物种进化,不如说是整个世界的进化。如果实在只是这样一种进化过程:起初是混沌一团,逐渐活跃起来,变得有人性,甚至变得有神性;如果人的思维能力,就其最广、最深的意义而言也只不过是进化的一种副现象,好让我们知觉周遭的事物;一言以蔽之,如果没有任何超越,没有垂直性,没有"其他维度";如果进化着的就是"所存有的"一切,那么,"和平"就是一个时代错误之词,就是在我们这方面激起反应的一种情感过剩,我们听到那些在进化洪流中跌落死水或闯入死胡同的生物的哭喊,这些生物未能分享胜利者的盛宴,它们不是通向"欧米伽点"的进化线的组成部分。普遍进化学说告诉我们,从一种生存形式向另一种生存形式迈进,每迈一步都要以千百万存在物的消失为代价,从这些存在物的混沌、无机状态进化出有机的、有生命的、有知觉的和有智能的物质,并朝向超人和神发展。经验告诉我们,事实上这是人的世界中事物存在的方式。千万个奴隶造就一小撮自由人;千百万人中涌现出几个引人瞩目的名人;亿万第三世界人民成为供于进步之祭坛的牺牲,从中将进化出纯化的人类,准备向超人跃进。这样,和平就是对这种进化的认可。让我们努力使种族主义、民族主义和狂热无有,因为这

些都不是会继续存在的价值观。技术中心主义才是征服者。那些知道怎么开动机器的人会生存下去。真正的和平是以色列的第一位上帝所宣扬的和平：为上帝子民、为好人、为胜利者的和平。尼采看得很清楚，尽管他看来是被他的幻象碾碎了。几个世纪以来，人类中的大多数是在这个多少有些明确的目标指引下展开旅程的。但我们也明白这种竞争态度能带我们走多远。或许我们已从结果上认识到，所有这些梦想都已将实在的另一种要素置之度外了，这种要素是无法压缩到这个技术统治的世界中去的。它甚至可能是上帝，来作为一副解毒剂，作为最强有力的象征，尽管这可能是最不恰当的象征。诸神，一般来说，是战争的诸神。耶和华是众军之神。但没有理由将神等同于拟人化的上帝、历史之"主"或宇宙之"王"。一个唯一超越的上帝，只君临于历史、时间、宇宙之终点的上帝，一般来说，一直是众多宗教中好战的上帝，尽管神秘主义者反对这种说法，而哲学家们对这种说法字斟句酌，加以修饰。这个末世论的上帝，只接纳臻达目标的少数胜利者，这个上帝不是和平的上帝，而是战争的上帝。这是进化的上帝。被拯救者寥寥无几。一些基督徒也说到一个"邪恶的上帝"。但还有另一种可能的上帝观：上帝，既不只在末端，也不只在开端，他在时间之流的每一个和所有瞬间，他内在于一切，又超越一切。他不是高高在上的存在，而是存在的奥秘，是实在的维度。我们自己当然不是这个维度，他在我们之上，但同时又在我们之下，甚至就在我们之中，就如圣奥古斯丁经常重复的一句话，"深潜于我内心的最深处。"

如果说在人身上有某种神性的光辉，那么一个人就不可能仅仅是一条链上的一个环节，这条链将来有一天会产生超人，或达到"欧米伽点"。如果说人自身有人格的尊严，并且不只是作为通向"更高"目标的手段，那么，人类生活必有一个可能而且丰富的意义，能为个人所身体力行。这个进退两难的困境是根本性的：不是和平就是战争，也即不是达到这种可能的和谐，使每个人都得以发现并且躬行福音书所说的永生，就是这种植根于实在之根基的战争。一个人必须向金字塔的顶尖攀登,否则只能任自己成为炮灰,成为一个备受盘剥的劳动者,以推进建设。两条道路都对我们开放。亨利四世说"为了巴黎,做弥撒是值得的"时也许是对的,或许希特勒也没那么邪恶,那些扔原子弹的人也是这样!也许,和平是人的最后幻象,我们必须睁开眼看看考蒂亚、马基雅维利、霍布斯、尼采以及其他许多人所描述的现实。我们在上面已谈到根本性的抉择,并已表明,至少在某种程度上,抉择就掌握在我们自己手中。就在这里,解放神学著名的"为了穷人的抉择"为普遍的历史赢得了一种意义,而这种意义常常未被认识到。这种为了人类中的苦难者的抉择,是那些没有受到同等程度压迫的人提出来的,它表达了人类在全球范围内的团结。我们在此不是在谈资产阶级或马克思主义,尽管这两个词能揭示出我们乐于发现的深刻内涵。在此是要对进化的宇宙论提出挑战,它似乎假设,为了使物种进化到技术的人,"自然的选择"是必需的,这就必然要消灭我们所称的"穷人",以及所谓的——意味深长而富有讽刺性——"不发达者",因为他们没有融入到向发展的金字塔顶尖进军的上升运动之中。塔尖唯有少数人能到达。

　　哲学反思起源于亚里士多德所说的"惊奇",或者吠檀多哲学所说的"醒悟"。然而事情的发展也有另一面。若对照一下,现实是什么,而人类所认为、所梦想、所计划的"应该是"又是什么,该多么令人"惊奇"!目睹人类的苦难,该会有什么"醒悟"!在人身上发现了神性核子,而从那以后又朝相反方向,走向对事物假相轮回性的"迷惑"!为了穷人的抉择,意味着我们对所有自然的和历史的盲目力量的反叛。"你认为当'人子'来的时候,他会发现世上有和平吗?"也许现在可以理解,为什么想获得和平就必须在一个比我们原来所主张的更为宽广的范围内进行文化裁军。对和平问题的基本反思,在此又引出诸多令人不安的问题,这些问题必须首先在我们自身中得到解决,这样我们才能成为宇宙—神—人共融的种子——行动自由的人,为了我们所生活的时代。和平问题是一个人类问题,因而也是一个实在的问题。它的困难带来一种宁静的喜乐,因为它使我们,至少在个体层面上,得以生活在

真实而非虚妄之中。

  仰观浩瀚的宇宙,我们会为它的广阔无垠所震撼;俯察喧闹的尘世,我们会为它的复杂多变而困惑。在伟大的自然面前,每个人都会不由自主地感受到自身的渺小。然而,人之所以为人,就在于拥有可以思维的大脑,能从纷繁芜杂的自然现象中总结出客观规律,并以此来更好地认识自然,改造自然。这些"自然之律"——科学中的各种定理,乃是人类思想宝库中最绮丽的瑰宝。科学定理、宇宙真理不仅体现了宇宙、自然、科学之美,而且蕴涵着许多人文思想、科学方法、科学精神的精髓。它们的出现极大地促进了人类文明与科学技术的发展,在改善人类生活、改变世界面貌、推动社会发展的过程中显现出巨大的力量。万有引力定律与人类遨游太空、爱因斯坦质能方程与原子弹爆炸,就是这种力量最生动的体现。一代又一代的思想家与科学家们探究科学定理、真理的过程,不仅包含着艰苦的探索、曲折的历程和动人的故事,还有成功与失败、欢乐与悲伤,甚至还包括血和泪。其中蕴涵的人文精神,堪称人类文明发展过程中最宝贵的财富。作为人类文明的传承者,我们应该承前启后继承它们。人类进入21世纪,有关"文明的冲突"、"文明的对话"、"文明的共存"的讨论和争论在全球化的大背景下正被赋予新的内涵和外延。而这个话题对于正在崛起的中国更多了一层现实意义和时代特质。随着北京奥运在"同一个世界、同一个梦想"的人文畅想中得以成功举办,面向世界、理性爱国、和谐共处、科学发展的理念和实践正在成为一代中国国民的追求与梦想。面临全球化的挑战和中国和平发展的历史性机遇,人们不禁要问,作为未来文明使者和担纲者的当代中国大学生在思想上、知识上和素质上做好相应的准备了吗?他们有清醒的文化主体意识和理性的文化选择能力来应对各种复杂的多元文化环境和全球化的严峻挑战吗?他们有足够的文化自觉和文化自信向世界传达中国对世界和平发展的责任和中国和平发展的全球价值吗?今天的年轻学子能负责任地、创造性地肩负起国家和世界的未来吗?如果说文明的地域和民族特征是进行文明对话的起点,那么,对文明的普遍价值和发展趋向的探索将不可避免地成为文明对话的驿站和港湾。"求同存异"、"海纳百川"、"兼容并包"、"和而不同"不仅构成了中华文明博大精深的哲学基础,而且正在成为开放发展的中国向世人展露华夏胸襟的现实表征。我们不仅需要拥有对文明对话主体性的高度自觉,我们还需要拥有一份自知之明的淡定,并且学会用比较的、发展的、全面的眼光去看待世界文明中的中国文明,知己知彼,多元共生。一个能对自身的文化来历、形成过程以及特点、发展趋势等作出认真思考和反思的民族,就是一个具备了文化自觉和文化自信,从而能不断自我反省,自我更新,继往开来的民族。

在古代,由于技术和交通的限制,各地域的文明之间缺乏直接联系,地球上还不存在"具有世界影响力"的文明。就局域文明而言,中华文明有明显的独特性。在数千年历史演进中,以农耕文化为基础的古华夏文明,在特殊的地理和社会背景下,不断整合以北方草原文化为主的各类周边文化,逐步发展成以"中国"自称的东亚主体文明。自汉唐以来,中国在很大程度上接受了印度文明中的佛教,自唐宋元明以来又包容了水平相近的伊斯兰文明,显示了很大的文化容量和文化重塑能力。与多数局域文明比较,中华文明规模超大,在东亚大陆相对独立地发育、传承并辐射,其政治制度和文化类型有较强连续性。中国的技术也对周边地区乃至亚欧大陆文明的演进起过推动作用。但在世界通往现代的路口,西方文明成了领头羊。古代中国文明没有走上自我现代化的道路。自晚清以来,中华文明受到西方文明的直接冲击,开始向现代转型。其间中国内忧外患交织,领土曾被切割,财富则被攫取,还产生了空前剧烈的文化冲突,发生了内容深刻的社会变革。在西方文明的冲击下,根深蒂固的中华文明优越感几被动摇,中华民族的文化自信受到拷问.中华民族的文化心理得到了调整和重塑。但中国对西方列强的打击也有较强的抗御能力,还是通过缓慢而曲折的演进走上了独立和复兴的道路。这支规模巨大的文明经历了生存的考验,也经受着"文明"的洗礼。

世界历史发展到今天,正处于一个关键的转折时期,其情况颇有点类似于公元前6世纪至公元之交时的所谓"世界历史的轴心期"。当今世界在很大程度上正越来越成为一个休戚与共的整体,中国也正在迅速地走向世界。作为一个中国人,在准备迈入21世纪时,必须对世界有所了解。而我们要想了解世界的今天,首先必须了解世界的昨天。意大利著名哲学家克罗齐曾经说过一句名言:"一切历史都是当代史。"他的意思是说,一切历史都是当代人思想中的历史,每一代人都只能根据他们自己特定的生存条件来解释以往的历史。但是我认为这句话也可以反过来说,即:一切当代史,只有当人们对人类的整个历史进程有了较为全面和深刻的认识时,才是可以理解的。

20世纪末在理论界出现了一股讨论21世纪世界文化格局的热潮。1993年夏天,美国哈佛大学教授萨缪尔·P·亨廷顿在美国的《外交》杂志上发表了一篇题为《文明的冲突》的长文。在该文中,亨廷顿站在世界历史和当代国际政治的双重立场上提出了一个令人震惊的观点:在前苏联解体和冷战时代结束之后,21世纪世界的主要冲突形式将不再是意识形态方面的冲突,甚至也不再是政治和经济方面的冲突,而是文明的冲突。非西方世界中的传统文化(主要表现为传统宗教和伦理系统)的感召力和凝聚力将再度加强,不同文明之间的文化壁垒将取代意识形态和两大阵营的对垒而再次凸现出来,从而使文明的冲突成为未来世界冲突的主题。亨廷顿还断言,在下个世纪,将会出现伊斯兰教文明与儒家文明联合起来共同对抗西方基督教文明的局面。当然,亨廷顿本人的动机是为西方各国尤其是美国政府的国际政治出谋划策,提醒西方必须遏制东方世界的发展,这种动机无疑具有浓重的"西方中心论"色彩。但是从另一个角度来看,亨氏的这篇文章也的确不乏一些精辟的见解,特别是其对人类文明长程演化趋势的分析,具有一定的启发意义。

当今世界的一些热点问题,譬如波黑问题、阿以争端问题等,已经闹了很长时间,却始终不能彻底平息下来,原因何在呢?仅仅从经济和政治方面来解释,显然是不能说明根本问题的。实际上,在这些问题的背后都隐藏着一个长期的文化冲突根源。例如,今天的波黑恰恰就是历史上三大教派(即天主教、东正教和伊斯兰教)长期冲突的一个焦点地区,而阿以争端也与犹太人和阿拉伯人长期以来在宗教信仰和文化传统方面的抵牾有着千丝万缕的联系。在这些当代性的政治冲突背后,都有着一个历史性的文化(宗教)冲突根源。

与这些暴力性的冲突相呼应,当前在非西方世界中普遍兴起了一股振兴民族精神和弘扬文化传统的浪潮。伊斯兰教世界中的宗教激进主义运动就是一个明显的例子;印度和东亚地区也正在力图摆脱殖民时代的西方化阴影而重振自己的文化传统。在中国大陆和港台地区,无论是官方人士还是民间知识分子,都对"弘扬民族文化,振兴民族精神"这个口号表现出极大的热情,其情形与十年前"全盘西化"的文化狂潮恰成鲜明对照。这些现象都说明,当历史发展到"泛西方化"时代终结期的20世纪末叶时,非西方世界的人们在经历了"全盘西化"的迷狂之后,终于发现西方化的道路并不能解决自己国家和地区的根本问题,尤其是不能解决自己文化的精神根基问题,这样就不可避免地在全世界(特别是非西方世界)的范围内掀起了一股"文化保守主义"浪潮。曾一度盲目崇尚西方化道路的东方国家纷纷开始转向自己的文化传统,试图从中发掘出一些优良的东西,以作为进行有本民族特色的现代化建设的精神砥柱。几年前,北京大学研究生会提出了一个"修身计划",提倡修心养性正身,把儒家的"修齐治平"之道作为一种具有现实意义的人生理想重新提出来。这种弘扬儒家理想的主张,由北京大学这样一个在20世纪初率先倡导"砸碎孔家店"的高等学府提出,不能不说是一个发人深省的现象。至于从港台和海外吹进来的复兴儒学和建构"文化中国"等主张,也很快在中国大陆思想界引起了强烈的共鸣,使得"新儒学"和其他国粹派的观点一时间成为一种煊赫的显学。这一切都表明,西方化浪潮在中国已经出现了强弩之末的态势,包

括中国在内的非西方世界正试图从自己的传统文化根基中寻找一个精神支点,并以此作为基础来推进与近代化过程——这个过程的特点就是殖民化和西方化——迥然不同的现代化过程。

　　从世界范围看西方文明的扩张,1492年哥伦布发现美洲后,规模广大、历史悠久的新大陆文明之果在被欧洲人采撷之后,美洲古代文明自身却被殖民扩张的浪潮冲击成散落在西方文明角落和边缘的零珠碎玉,并且在现代世界被边缘化了。历史上最先受到西方文明冲击的美洲印第安文明,为什么没能经受住欧洲文明的第一波冲击,从而基本失去了独立发展的机遇和整体复兴的可能性?在欧亚大陆,由于地域关系,具有悠久历史和厚重文化底蕴的中国西邻印度最先被西方文明冲击,且在1757~1849年间沦为英国殖民地,丧失政治系统,但却保持了本土的宗教信仰。第二次世界大战后次大陆很快结束英国殖民统治,恢复了自己的政治系统,但却因宗教信仰层面的问题分裂成几个国家。独立后的次大陆国家在政治上刻下了西方烙印,在文化上则留下了更多传统内容。其现代化先在殖民地状况下进行,继而表现为殖民统治结束后的重光。中国的东邻日本1853年在美国佩里舰队威逼下"开国",受西方文明冲击的时间最晚。开国后的日本在意识形态上追求"文明开化",在文化上追求"脱亚入欧",在政治上通过明治维新形成以天皇为核心的集权制度,并以约束国民自由、忽略他国人民生存发展权的方式推进现代化。日本的现代化过程中政治系统得到强化,意识形态渗入较多西方因素,技术进步迅速,但推动现代化的军国主义体制却经历了从扩张到挫败的命运。第二次世界大战后,日本的法治和政治在美国的占领下被加以改造。

　　亚洲文明的现代转型,日本的情况是一极,印度的情况是另一极,中国的情况恰好处于中间。这恰好与中西文明对接的时空相关。中国地域处于印度和日本之间,后于印度受到西方文明的冲击,先于日本学习西方军事技术。与印度文明相比,中国的政治系统没有被列强摧毁和取代,但第二次世界大战后作为战胜国的中国,却正因为自身政治系统存在的问题而没能完全统一。但地域毗邻、同为四大古代文明之一且规模相近的中华文明和印度文明，都有复兴和重生的能力。与日本相比，中国在面对西方文明时意识形态的反应相对保守，政治改革节奏缓慢，但最终却是通过政治和意识形态的革命走向现代化，而不像日本那样经历被占领者改造的国家命运。这些沿不同道路穿越历史的文明命运意味着什么？如果把目光投到20世纪60~80年代，可以再问，中国大陆周边的韩国、新加坡、中国台湾、中国香港、中国澳门等曾有过殖民地历史的国家和地区，为什么会在短短二十多年的时间，迅速实现经济的起飞和社会的发展？1978年以来中国大陆改革开放后，又为什么会一路发展，在近三十年的时间初步实现经济的转型，社会的发展步入正轨，并对世界产生重大影响？这种文明演进的不同时序，有没有社会历史缘由？包含哪些深层文化意蕴？中国发展的未来态势如何？中华文明的未来形象如何？显然，此类问题都是值得一问的。

　　人类文明史昭示我们，既要承认各个不同文明的存在，又要看到不同的文明之间需要有经常的对话和交流，乃至相互吸收和交融，才能得到不断的发展。文明不是与世隔绝、孤立自在和自我封闭的实体，它需要与外部交往，通过与其他文明的接触、对话和交流，从外界不断获得营养，吸取新的活力，焕发新的生机，才能发展壮大。一旦把自己封闭起来，断绝与其他文明世界的联系和往来，就会失去创新和前进的动力，变得保守僵化而走向衰落。历史上这样的事例是屡见不鲜的。因此，世界文明整体的发展，在很大程度上有赖于不同的文明之间保持良性的互动关系。法国历史学家布罗代尔对文明之间的交流有很精辟的看法，他认为，文明既有能动性，能够不断演变，又有稳定的不变性。文明的本质特征之一就是相互传播和借用，即把自己的东西向外输出，又要借用和吸收其他文明的东西，但借用是有选择的，只借用对自己有用的东西。同时，文明又有"拒绝借用"的特性，即拒绝对自己不适用的东西，以保持自身的独特性和稳定性。不同文明间的对话和交流，首先要注意相互尊重，平等相待，保持各自的主体意识，一方面不

能认为自己的文明天生优越而强加于人,另一方面对其他文明也不能全盘照抄照搬,而要根据自身的需要去借鉴和吸收其他文明中适用于自己的优秀成果。归根到底,不同文明的对话和交流还是为了丰富和发展自己的文明,彼此取长补短,谋求共赢。正是通过这种对话和交流,人类在历史上创造的各种伟大的文明得以世代相承,薪尽火传,犹如江河汇入大海,成为人类的共同财富。英国哲学家罗素指出:"不同文化之间的交流过去已经多次证明是人类文明发展的里程碑,希腊学习埃及,罗马借鉴希腊,阿拉伯参照罗马帝国,中世纪的欧洲又模仿阿拉伯,而文艺复兴时期的欧洲则仿效拜占庭帝国。"如果说在过去的旧时代,文化交流曾在人类文明发展中起了如此重大的作用,那么在国际联系和科技条件空前发达的今天,文化交流的重要性就更不用说了。在这动荡不安的世界,更应在和平共处的基础上促进不同文明之间的对话和交流,加深相互理解,维护世界和平。正如江泽民同志在联合国会议上所说:"世界是丰富多彩的。如同宇宙间不能只有一种色彩一样,世界上也不能只有一种文明、一种社会制度、一种发展模式、一种价值观念。各个国家、各个民族都为人类文明的发展做出了贡献。应充分尊重不同民族、不同宗教和不同文明的多样性。世界发展的活力恰恰在于这种多样性的共存。应本着平等、民主的精神,推动各种文明相互交流,相互借鉴,以求共同进步。"这些话应作为我们今天研究文明理论的指针。

　　文明问题历来是国内外学界、政界、思想文化界十分关注的重大问题。因为它涉及民族、国家的认同,世界格局和国际关系的变化,不同文明的发展和相互关系,以及文化传统的承继和更新,人民大众的生活方式、价值观念和风俗习惯等等。近代以来,欧美一些思想家已陆续提出了各种有关文明的理论,并用这些理论来解释世界历史的发展和不同民族、国家、地区的历史命运。在20世纪末冷战结束以后,随着世界格局和国际形势的急剧变化,文明问题的重要性更是日益凸显,最突出的表现是各种不同的文明理论应运而生。尤其是进入21世纪以来,文明理论和文明发展战略的研究已引起了越来越多人的重视。文明问题前所未有地受到重视,研究文明理论和制定文明发展战略如此迫在眉睫,绝不是偶然的,而是有其深刻的历史及现实的根源。国际格局的改变,资本主义矛盾的发展,社会主义运动面临挑战,科技革命的兴起和全球性问题的出现等等,从各个不同的角度,把人本身的价值和命运、人类的生存和发展问题以十分尖锐的形式凸现出来。

在冷战以后特别是近十多年来,西方思想家、理论家们加强了对文明发展战略的研究。有些人认为,社会主义和资本主义在经济制度、政治制度上的斗争,已经以后者的胜利而告终,剩下的主要问题是西方的文化价值观念与非西方的文化价值观念之间的矛盾和冲突。用塞缪尔·亨廷顿的话来说就是,"后冷战时代世界政治的一个主轴是西方的力量和文化与非西方的力量和文化的相互作用"。因此,他们不约而同地加强了对文明发展战略的研究。值得我们注意的是许多西方思想家、理论家把这种研究和世界格局、国际形势的变化紧密结合起来,并力图为他们制定文明发展战略提供理论基础。于是,各种不同的文明理论就应运而生。在国际上,关于文明理论的研究和讨论相继出现了几次热潮。1991年召开的联合国第26届教科文组织大会通过了一项决议,要求建立一个世界文化和发展委员会,负责起草一份关于文化和发展的国际报告,并得到了联合国大会的批准。这份征求了各国专家意见的报告提出,要探索和阐明文化与发展的某些关键问题,研究文化因素如何决定不同的民族和国家看待自己的未来和选择各种不同的发展道路,要"形成一种新的以人为中心、重视文化与发展的战略"。在该委员会的倡议下,召开了世界文化与发展高峰会议。由此可见加强对世界文明问题的研究,探讨文明发展规律和文明冲突、交融的特点,提出我们人类共同利益与责任的文化和文明问题的系统看法,制定一套既能积极推动我国社会主义文化建设,又能同外来文化相互作用、积极抗衡的文明发展战略,已是一项迫在眉睫的重要任务。

联合国于2000年9月举行了"千年首脑会议"。来自全世界各国

的150多位国家元首或政府首脑聚集在一起,共同探讨关系人类和平与发展的重大问题。这是联合国成立以来各国领导人出席最多的一次盛会。这样的主题,自然受到全世界人民的普遍关注;这样众多首脑的聚会,必然引起人们对全世界和平与发展的殷切期望。

联合国把2001年确定为"不同文明对话年"意味深长。它既如实地反映了全球多样性文明共存和发展的客观现实,充分体现了各国人民对世界多样性文明差异性共存的重视,又真实地揭示了世界各国人民渴望在和平与发展的环境下交流、沟通和友好相处的心情。21世纪应该是比以往的任何世纪都美好的世纪,应该是人类通过和平的环境加快发展,从而更加远离贫困、饥饿、疾病、灾难、恐怖和战争的世纪,应该是全世界人民自觉地克服和摒弃贫富差异、性别差异、肤色差异、宗教信仰差异、价值观念差异、语言文化差异、社会制度差异等多方面的差异性,而走向平等相处、和睦共存、相互交流、共同发展的世纪,应该是人类在发展过程中迈向一个更高的平台,进入一个更加崭新的时代,创造出更加光辉灿烂业绩的和谐的新世纪。

联合国把2001年确定为"不同文明对话年",也给我们留下了需要殚精竭虑加以研究的一系列重大课题:如何正确地认识当今时代以及时代的主题?如何正确地认识当今时代文明的多样性?如何高举和平与发展的旗帜,维护世界文明的多样性,推动各种文明和平共处,建设和谐社会和和谐世界?如何深化对人类社会发展规律的认识?深化对社会主义建设规律的认识?深化对共产党执政规律的认识?从理论和实践结合的高度,深入地研究和回答这些重大的时代问题,对于推动理论创新和时代发展都具有十分重大的意义。

21世纪的世界政治不是由国家之间的关系决定,而是由各种文明之间的关系决定。任何一个当代大国(包括美国)都不会拥有成为全球帝国的资源,任何一种文明都不会同意世界成为单一文明的帝国。因此,当代国家应根据自己的特征进行文明的大组合,最典型的例子就是欧洲联盟。文明将担负世界政治的主要作用。这是因为:因为文明替

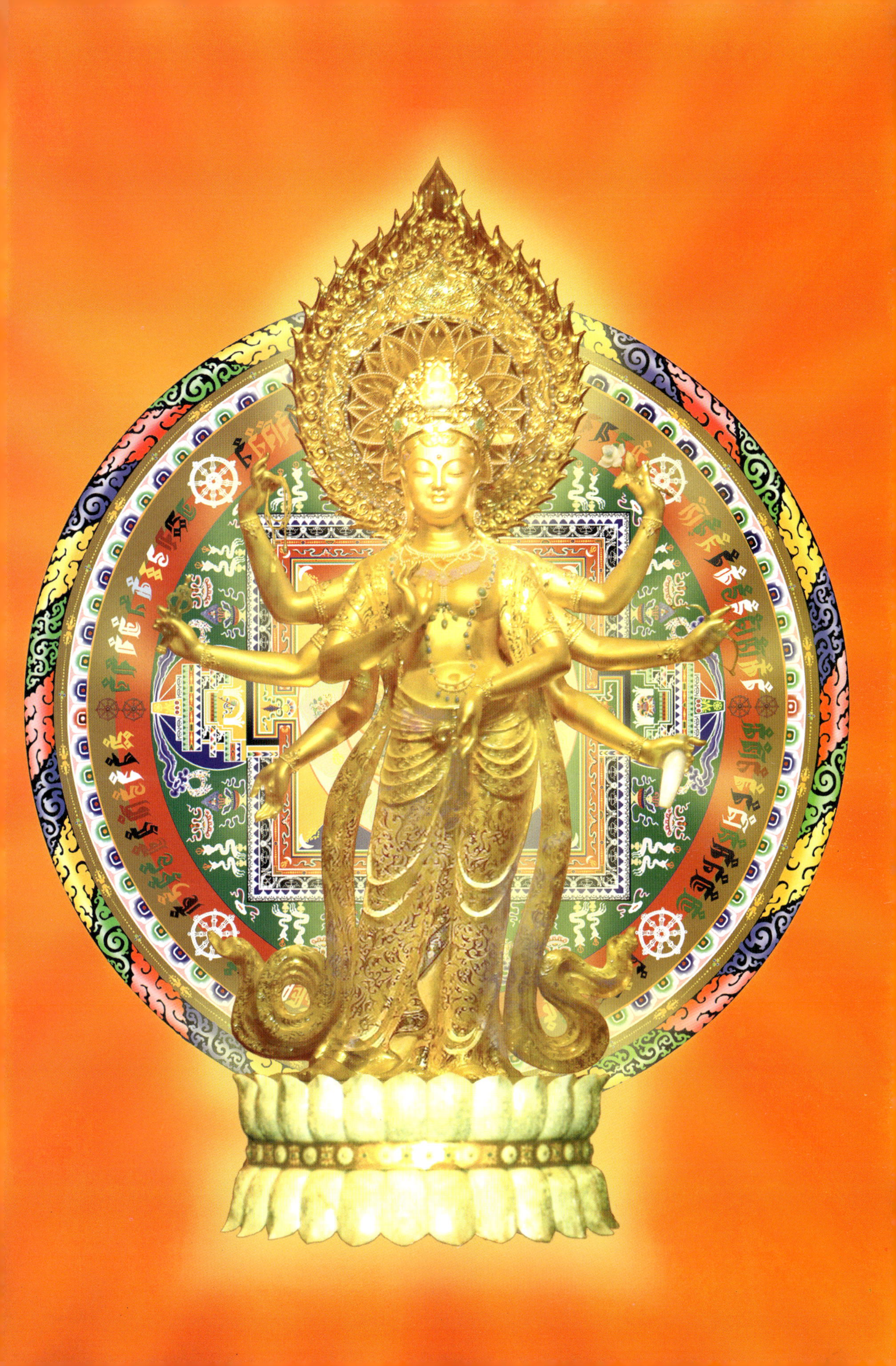

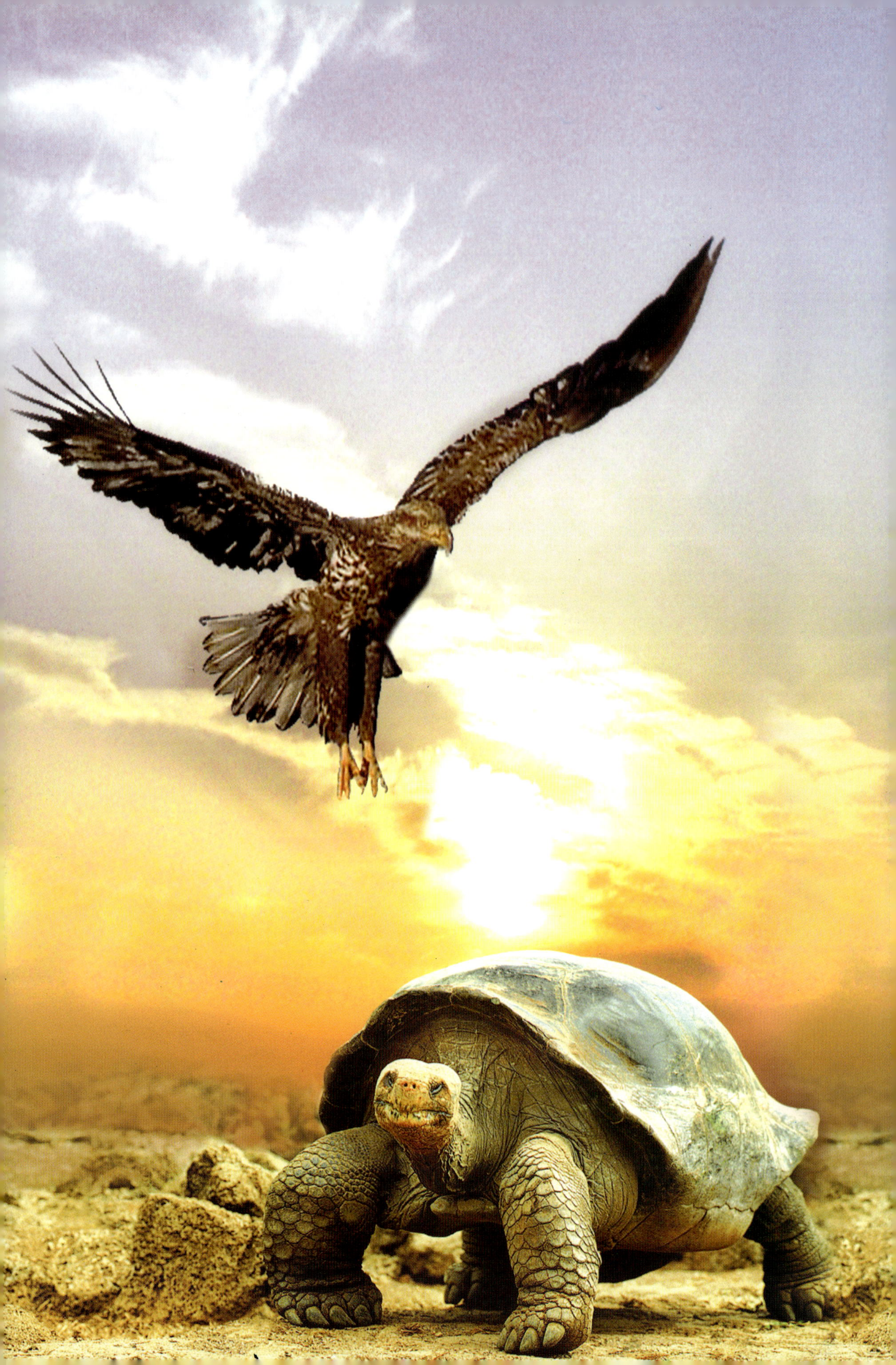

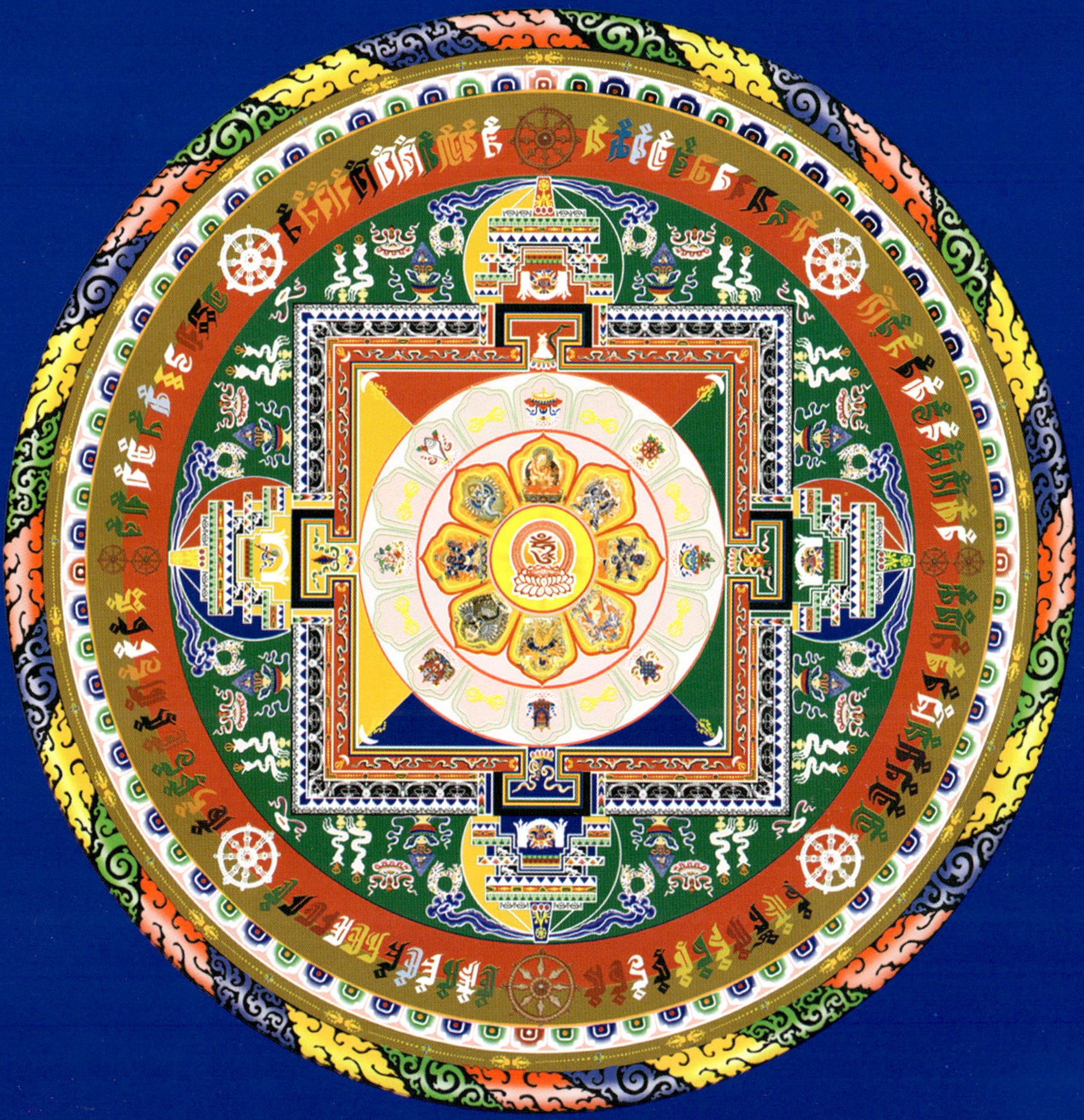

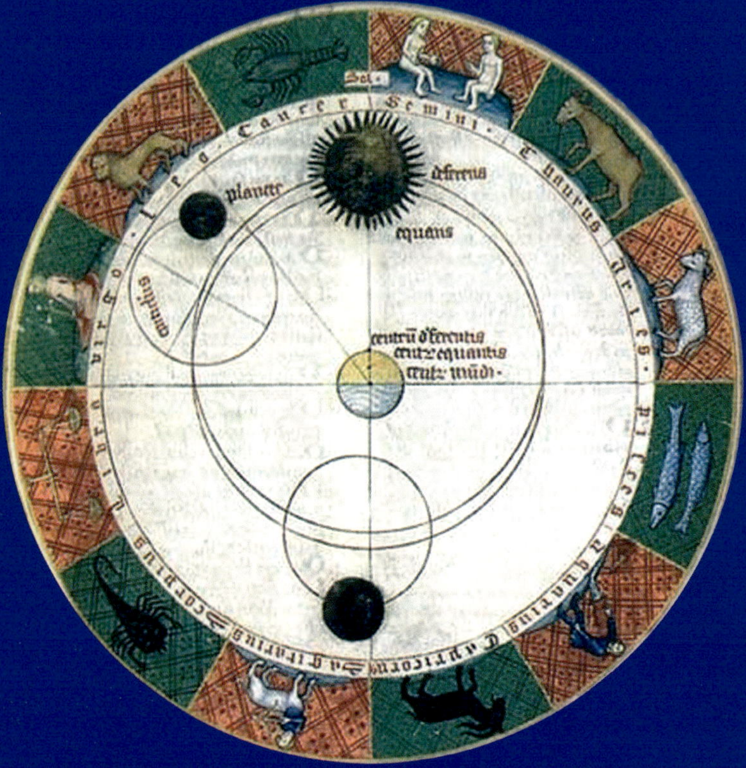
Sol
Cancer
Gemini
Taurus
Aries
Pisces
Aquarius
Capricornus
Sagittarius
Scorpius
Libra
Virgo
Leo
planeta
deferens
equans
centrū deferentis
centrz equantis
centrz mūdi

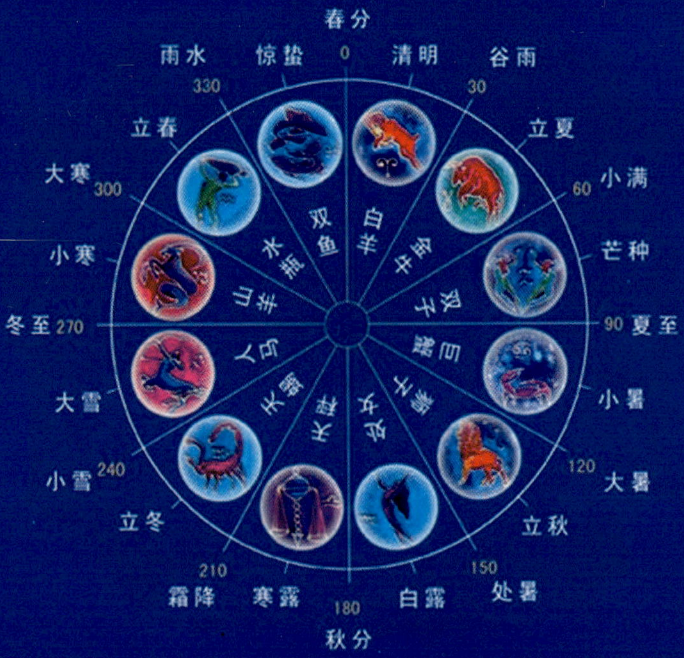
春分
0
清明
谷雨
30
立夏
小满
60
芒种
90 夏至
小暑
120
大暑
立秋
150
处暑
白露
180
秋分
寒露
霜降
210
立冬
小雪 240
大雪
冬至 270
小寒
大寒 300
立春
330
雨水
惊蛰
白羊
金牛
双子
巨蟹
狮子
室女
天秤
天蝎
人马
摩羯
宝瓶
双鱼

代了冷战时期的联盟；因为它们覆盖全球，代表全人类，也就是说，保证了世界体系的均衡；因为所有文明是当代世界最大和最紧密的聚合体。文化是历史和社会环境的产物，但如果没有人们的创造才能则不可思议。独具只眼的创造者是文化与文明的食盐和酵母。无论哪种文明与文化，无论它们属于哪个历史时期，也无论它们已经消失还是继续存在，抑或它们有何独特性和共同性，它们最基础的主人公都是创作者个人。文化与文明在石器时代中最有代表性的特征是石器工具，在青铜时代中是青铜器，在原子能时代中是核武器。文化和文明发明了指南针、字母、电脑和互联网；发明了火，建造了金字塔、巴黎圣母院、城邦和当代摩天大厦；留下了永恒的雅典卫城、贝多芬的英雄交响曲等等。当然，这都是历史的产物，是时代的结晶。

从文化与文明的共同概念中我们可以得出如下的地缘政治概念：文明是由一个或多个社会和国家历史上形成的。这些社会和国家具有共同的宗教、文化和道德价值观，并组成了多元文明的历史和多元文明的当代世界体系。共同宗教、文化和道德的文明认同并没有削弱和消灭民族的、种族的、个人的抑或人民的认同。"我是谁"、"我们是谁"的问题也并不难回答。人的自我认同，特别是当代人的自我认同和界定，是多种认同的总和。例如，我是保加利亚人，我是欧洲人，我是男人或者我是女人，我有相同的职业，我有什么样的信仰，等等。在我们这个时代，"我和他们"、"我们和他们"这样的问题具有特别重要的现实性。在"我"和"他们"、"我们"和"他们"之间既有对话，也有相互作用。文明的共同概念不会排斥单个文明的概念，同样，单个文明的概念也不会抹杀个人、民族和种族的自我认同或独特性。世界历史上的文明不会忽视个体、人民自我认同的力量和意义。全球化和多样化是信息时代的标志，不可磨灭。需要从各个角度来研究人的表现和世界历史与每个国家历史的运动，任何唯一的文明模式或万能的文明模式都是不存在的。在信息时代业已开始的当代，认同问题尤为重要。今天，生命、人、人的活动、相互之间的关系、通信、互补性、事件等等，都在发生

日新月异的变化,存在大量的认同性。更准确地说,当代世界大量的认同感生机勃勃,充满活力。认同实际上是一个社会主体的自我界定过程。它建立在自我确定的一个或一组既定文化特征的基础之上,而不属于其他社会结构的广泛属性。

21世纪的世界政治变化具有范式性质。新的世界政治体系的模式化,确立了新的世界政治,并在此基础上建立了各种文明和它们之间的关系。不理解世界政治中产生的变化的范式性质,看不到其中的文明因素具有决定性的作用,就抓不住今天所发生的一切事情的实质。这一新范式的实质是:未来的世界政治不是由国家之间的关系决定,而是由各种文明之间的关系决定的。任何一个现代大国(包括美国)都不会拥有成为全球帝国的资源,任何一种文明都不会同意世界成为单一文明的帝国。因此,现代国家根据自己的文明特性组合成大的联盟,欧洲联盟就是一个典型的例子。新的范式就是多元文明世界和与之适应的多极世界秩序。各种帝国作为世界体系的有机组成部分和决定因素,已经走完了世界历史的阶段。它们已经死亡,不能复活。再生的可能性是存在的,但不可能复活。当今各种文明和民族国家的发展使它们不可能复活。全球经济体系和国际法体系可能存在,但全球帝国不可能存在。21世纪的国际体系将是另一种样子。我们正在经历世界政治的根本转型。这种转型是缓慢的,痛苦的,经常伴随着惊厥,比如爆发了现代化的新一代战争或者出现了恐怖主义。但是,转型不会停止,因为它是当代世界本身在发展过程中发生的质变引起的。世界政治的变革已经开始,它将在21世纪的前二三十年完成,也许还会更早一些。

在历史交替的层面上:这是世界历史从一个周期向另一个周期的过渡,即工业时代向信息时代的过渡。不可能一切都根本改变,转换成崭新的东西,而世界体系却一成不变。从这个意义上说,我们是世界政治体系和世界政治全面转换成适应世界后工业发展的全新状态的见证人。在具体的历史层面上:世世代代形成的、以民族国家和西方大国为主要因素的威斯特伐利亚世界政治体系日趋衰竭,而各种文明将起决定作用的多极世界政治体系开始建立。没有也不可能有永恒不变的世界政治体系。它们被历史创造出来,以适应特定的条件和需要。它们也将日趋衰竭,被适应新的现实的新的体系所代替。这就是我们今天看到的世界政治体系吐故纳新的过程。全球化进程对文明在世界政治体系中的主导作用产生了很大的影响,进而对文明的地缘政治研究产生了很大的影响。具体来说,当代存在两个主要的进程:全球化进程和与之相伴的当代世界区域化的进程。全球化进程涵盖所有文明。任何一种文明都不能置身于这一进程之外,因为那样会停止发展,走向毁灭。生产、市场、金融、信息、交通、通信、环保以及同疾病作斗争的全球化是全面的全球化,各种文明非常活跃地相互渗透,由此产生的正负作用混合在一起,便对地缘政治产生了重大影响。全球化对某种文明产生的利和弊,实质上反映了这种文明在特定时期所具有的全球能力。另一方面同全球化并行的还有另一种趋势——保留世界的多样性。这既指保留和发展文明的多样性(文明的独特性),也指保留和发展文明内部民族的、文化的和其他领域的多样性。多样性是人类世界古老的、世代相传的、大概也是永恒的特征。不言而喻,对于地缘政治来说,研究文明、文化、宗教等的特点非常重要。探讨"我们和他们"的问题也非常重要。认识了这些特点,也就意味着认识了自己的盟友或者敌人的优势和劣势。

　　关注当代人和当代人类环境,就是解决"我和你"、"我们和你们"的问题。这不仅仅是人类学的问题,也不仅仅是文化、社会学、民族或种族的问题。这一问题具有重大的地缘政治意义,因为有些进程正在对世界关系产生重大影响。这些进程如:当今世界有大批移民——我们生活的这个世纪存在许多文明的"游牧民族";许多国家与其说在重新组成短期的政治轴心和同盟,不如说是在营造长期的文明架构;同一种文明内的大国之间的竞争正在为不同文明的核心国家之间的竞争所代替。简言之,我们看到:人、国家和不同文明之间的接触越来越

多;要维护认同的基本意义;要在文明的认同发挥主导作用的条件下,为国家之间的结盟或者冲突准备预案。历史上世界政治将第一次成为多元文明的政治。文明的认同不会改变和代替国家、社会、种族及其他认同,但它将在当代的地缘政治结构中占据主要位置。"我和你"、"我们和你们"这个文明的问题不应诠释为不同文明之间固有的对立,而应诠释为极具力量的一体化或非一体化因素。人们在地缘政治上对各种文明产生的兴趣,源于并受到当代两股强大力量的激励。一股力量是,如果能把地球上所有文明的成就和资源结合起来,信息时代就能提供史无前例的发展机会。所谓机会,是指过去被视为美妙的空想的东西——消除饥饿、贫穷落后,为所有的人和国家带来幸福。另一股力量是,人类在后工业时代可能遭遇危险。所谓危险,是指可以毁灭人类和地球生命的热核灾难或生态灾难。

　　换句话说,各种文明之间的对话和合作,将使世界历史进入一个新的正面发展的周期;各种文明之间的冲突则对当今人类构成最大的威胁。世界政治既可以为前者开绿灯,也可以为后者亮红灯。从根本上来说,21世纪的地缘政治既具有重要性,又具有紧迫性。各国、各国人民和各国政治家行将作出的选择,将决定人类的生死存亡。涉及各种文明在世界政治中起着更大作用的问题,以及人们在地缘政治方面对各种文明表现出来的更大兴趣的问题。这两个问题都表明,有必要建立更为公正并能适应新的现实的新的世界政治体系。尽管全球化使民族国家部分丧失了主权,但它们尚未消亡,在可预见的将来也不会从国际关系中消亡。现在的问题是,民族国家的联合将使各种文明从根本上占有优势,各种文明的架构将在世界政治中发挥主要作用。每个民族国家所属的文明是这个国家发挥作用时的坚强后盾,"我们和他们"的因素产生了效力。此前的地缘政治体系无视这种关键性的质变,因而不适应新的世界现实。不建立适应新的现实的新的世界政治体系是荒谬的。不管是18~19世纪的威斯特伐利亚体系,还是第二次世界大战后的两极世界体系,都不能保证冷战后世界的稳定性和可控性。

必须要有新的范式。旧的范式已经过时,不适合新的现实。这种新的范式将使我们能够正确理解当今的事态发展并对之作出适当的反应。这种新的范式将愈益成为新的世界体系的基础,并肯定会在今后几十年中成为21世纪新的世界秩序的决定性因素。

文明在21世纪的世界政治中起着决定性作用的思想具有很大意义。这种思想确实极其透彻地说明了两极世界体系崩溃后迅速变化的世界的本质。今天,大国的结合不是像冷战时期那样以意识形态为基础,而是以文明为基础。以当时的两个超级大国(美国和苏联)中一国的意识形态为基础的同盟成了历史,在这些同盟的位置上出现了以文化和文明为基础的同盟。现在围绕着核心国家形成的七种或者八种文明,将组成21世纪的国际体系。更重要的是,不同文明之间的相互作用组成了当今世界的多元文明体系。如果说过去的各种文明是社会的、文化的和地区的现象,那么它们今天就成了构建世界体系的重要因素。第二次世界大战以前和冷战期间的世界版图根本不同于这两场战争以后的世界版图。在信息时代中,历史越是往前迈进,各种文明就越会在不失其社会地位的情况下,变成世界地缘政治舞台上主要的角色。在殖民主义崩溃和冷战结束后,在不同文明之间的关系上重组世界政治结构的进程即将起步。世界性的大问题今天将在文明的层面上得到解决,而不是像昨天那样在军事政治集团和超级大国的层面上得到解决,也不是像前天那样在大国关系的层面上得到解决。

世界政治的范式正在改变——正日益转变为多元文明的范式。这并不意味着文明内部的国家之间的关系和不同文明国家之间的关系将要消失。相反,在当代全球化进程中,在技术和通信革命的条件下,这些关系不但不会消失,而且还会变得十分活跃。德国是一个欧洲国家,但在对华投资国中位居前列。伊拉克和伊朗同属伊斯兰文明,但两国却曾开战。至于经济关系和利益关系交织在一起,那就不用多说了。在世界政治中确立文明的范式,是指在解决当代世界问题时,文明因素将发挥主导作用。在国际关系的两极体系时代和殖民体系时代,各

种文明就已存在。但是,它们没有像今天这样在世界政治中发挥决定性的作用。这是因为,一方面,殖民主义体系崩溃和两极体制消失后,由此产生的相关因素的能量被释放出来,发挥了更大的作用;另一方面,在一些文明的影响增强的同时,另一些文明的影响却在减弱。欧洲文明或者更宽泛一点的西方文明的发展势头和影响力仍然无可匹敌。美国是唯一的超级大国,而经济技术大国除日本之外,都来自西方文明。但是,西方支配世界的时代已经结束。尽管西方的影响仍然很大,但这种影响正在减弱,或者更准确地说,正在逐渐转变为正常文明的影响,而不再具有全球规模。亚洲文明——中华文明、印度文明和日本文明正处于复兴和上升时期。

这样冷战结束后世界政治的新格局就已显现,当今世界几种主要的文明并存的局面代替了先前两个超级大国占主导地位的体制。这样的格局没有了全球领袖和全球霸主的位置。凌驾于世界之上的单极统治的概念、全球霸权和世界长官的概念已是过时的概念。在新的格局里,各种文明的利益均势将具有决定性的意义。这种格局里的新的概念是"利益均势"、"共同发展"和"共同安全"。多元文明的当代世界和多元文明的当代世界政治格局要求建立新的世界秩序,即有别于两极和一超多极的世界秩序。当今世界将加快速度,朝多极世界秩序前进。新的世界秩序将建立在多元文明的原则基础之上,并将由各种文明的核心国来实际构筑。目前还不清楚的一个问题是:像欧洲文明、伊斯兰文明、拉丁美洲文明和非洲文明这些不止一个而是有多个核心国家的文明,将如何在新的世界秩序中发挥作用。无论是单极世界秩序还是一超多极世界秩序,都不适合同多元文明的世界体系搭配。第一种模式是两极体系中的一个超级大国解体后出现的短暂现象。第二种模式则是一种向多极世界秩序过渡的模式。作为运转所需的一系列原则、制度、机制,以及最重要的是作为地缘文化的多极世界秩序越快建立起来,这种世界秩序就越容易解决信息时代的新问题,应对信息世界的新挑战。当然,新的多极世界秩序不会通过举办某种世界论坛或者国际会议就能建立起来,也不会通过某个科研机构或某部科学作品就能建立起来。它将产生于世界向信息时代过渡的起主导作用的经济、技术、文化和政治等过程中。推动多极世界秩序早日建立的因素,既包括文明的冲突造成的危险,也包括文明的对话打开的广阔的发展空间。不管是文明时代还是多极世界秩序,它们都不可能有现成的模式,也不可能一蹴而就。它们需要一个过渡时期。历史上就有许多这样的过渡,只是过渡所需时间渐次缩短。

确定人类后工业过渡时期开始的时间,是历史和历史学家们的事情。从哲学理论的角度来看,世界性的过渡起始于20世纪的下半叶,因为当时开始了崭新的技术革命,继而又开始了生态、人口、教育和管理革命。我们今天正处在后工业时代过渡的高潮时期,尽管我们并不总是意识到这一点。现在生活的几代人和21世纪将出生的几代人,将亲身参与这场新的世界变革。世界正在向一个新的社会过渡。一些变革已经开始:后工业技术、高速运输与通信、信息透明度、生态保护和人口变化等。另一些变革处于萌芽状态:稳定的发展、减少贫困、扩大智力圈。再有就是将来的变革:制止战争,建立公正的社会关系和国际关系,为每个人的精神发展创造条件。世界的转型是历史的必然,并历史地做好了准备,历史地开始起步,就像有名的思想家们预言的那样。世界性的过渡不会遥遥无期,它很可能在21世纪的中期结束。彼·德鲁克在《后资本主义社会》一书中说,在短短数十年里,世界将被重新改造,包括世界观、价值观、社会政治结构、艺术和重要机构,等等。50年后将出现一个新的世界。我们现在正是生活在这样一个过渡时期,一个建立后资本主义社会的时期。

无论就速度还是就实质来说,目前我们经历的变革都使人感到惊讶。人类历史上的农业时代——即阿尔文·托夫勒所说的"第一次浪潮"持续了几千年;第二次浪潮即工业浪潮仅仅持续了300年;而人类历史上的后工业信息时代的形成,只需要短得多的几十年的时间。在当今时代,一切进程和事件都在突飞猛进,飞快发展,空前活跃。新时

代一个最显著的特点就是速度很快。过去的事情以世纪计算,现在的事情以十年计算。世纪、十年、年——时间越来越短。种种变化势不可挡。变化的质量和实质也同样使人感到惊讶。电脑代替了流水作业技术。核武器代替了传统武器,老式战争让位于新式战争(如伊拉克的"沙漠风暴"、对南斯拉夫的侵略和最新一场伊拉克战争)。约束性的生态保护和理智开发取代了无限制地利用地球资源。人类从1950年的18亿人发展到了2000年的60亿人。在一个由"10亿富人"和不发达国家50亿人构成的旧的世界体系中,克服贫穷落后状态的强大的社会和国家意志凸显出来。人类正在努力探寻新经济、新社会、新价值观、新政治和新世界秩序的道路。

在思维、政策和其他各个方面,旧思想、旧势力同人类后工业时代、后资本主义时代的发展趋势之间,产生了激烈的冲突。在理论、政治、经济、社会、价值观体系、社会体系、道德和国家间关系上,这场战斗随处可见。任何一个领域都必须二者择一:要么是旧世界,要么是新世界;要么是现在的工业社会,要么是未来的信息社会;要么是新的贫富差别,要么是所有人都享受幸福。今天所有的国家和社会都以某种方式,在某种程度上,被卷入了这场战斗,取得了或大或小的胜利。我们都参与了向新的人类社会和新的世界秩序的世界性过渡。乍看起来混乱不堪的事件和变化,一个接一个地不断在我们当代人的面前出现。这种混乱实际上是有规律的历史起伏,它将产生新的社会。我们并不是面对历史的终结,而是站在一个新时代的起跑线上。我们是人类历史上的工业时代的最后几代人和信息时代的最初几代人。近年来人们在世界性过渡何时开始的问题上,展开了热烈的讨论。有一段时间,在苏联和东欧的社会主义垮台的时候,有人好像看到了"历史的终结"。这一新黑格尔公式的含义是,不仅西方在冷战中取得了胜利,而且自由主义最终也战胜了社会主义。然而,正像历史上经常发生的那样,现实比政治和意识形态上的花言巧语更有力量。冷战的胜利代价高昂——世界更不安全、更不稳定。自由主义对社会主义的"最后胜利"很快表明,自由主义本身也在崩溃。显然,自由主义已经日暮途穷,再也拿不出什么解决现代世界和人类问题的办法,再也不能为贫穷落后的国家,即世界上 2/3 的人口指出美好的未来,甚至也对提高发达国家自身的生活水平束手无策。

德鲁克认为可以就世界性过渡何时开始的问题进行争论。也许可以从大约在 1960 年出现第一个非西方的经济大国——日本算起。也许可以从出现电脑,即出现新的信息技术时算起。他自己早些时候在《新的现实》一书中,把 1965~1973 年作为"分水岭"。沃勒斯坦为这个问题提供了最深刻的历史性的答案。他认为,向新的世界体系的过渡开始于迄今为止的体系历史地衰竭的时候。沃勒斯坦把这段历史分为三个部分。第一部分:15~18 世纪之间的 300~350 年(产生和发展);第二部分:从 1789 年(法国大革命)~1968 年(学潮)——发展的顶峰;第三部分:1968 年以后的时期(衰落时期)。自由主义作为资本主义标志性的意识形态和地缘文化逐步衰落的关键是:1968 年革命之后,资本主义世界体系的自由主义思想和地缘文化的主导作用发生了动摇。这是出发点。沃勒斯坦写道:有人会问,难道 1989 年不是共产主义崩溃的标志性年头、现代世界体系历史上重要的日子吗?难道 1989 年实际上不是社会主义向资本主义的挑战遭到失败的年份,因而也是自由主义思想取得最后胜利的年份吗?……不,完全不是这么回事。1989 年是 1968 年的继续。1989 年不是自由主义的胜利凯旋和理所当然的资本主义的继续发展,恰恰相反——这是自由主义的崩溃。自由主义为什么会衰落?沃勒斯坦认为,作为自由主义的社会经济世界体系核心的技术现代化和自由现代化两者相互争斗,这种争斗使这一世界体系内部产生了异常紧张的关系。现代化技术和现代化自由之间的冲突不能在体系内部解决,而必须建立新的体系。

一些现代思想家坚信,现代世界正在向新的历史体系迈进。新的体系有着深刻的原因,又面临着新的现实和新的挑战。正如沃勒斯坦所说,一个尚未解决的严重问题不是我们能否在 21 世纪上半叶走向新

的世界体系的问题,而是新的变革是否有新的战略和新的安排来作为支撑的问题。21世纪上半叶的这场超级斗争,是向新的世界体系过渡的力量与目前世界资本主义体系的力量之间的斗争。不管后者看起来多么强大,它都已经成为历史。不管后者多么不可一世,它都没有能支配21世纪的世界变革的力量。当代世界发展中还清晰地呈现出一种趋势——知识和社会能量凸现出来,蓄势待发;新型革命即全球化革命已是客观存在。这些革命席卷全世界,正在使世界的方方面面发生质变,具有系统的性质。因此,对于当今的世界性过渡是什么性质的问题,我们可以给出这样的回答——一场全球大革命正在推进。

全球大革命是第一场全球革命,因为它涉及整个世界体系而不是只涉及世界的某些局部。全球大革命不能按日历确定日期,它发生在20世纪的最后几十年和21世纪上半叶。全球大革命由科技革命、经济革命、教育革命、生态革命、人口革命和社会革命等一系列革命构成,它将作为一个整体发挥作用,消灭当今世界资本主义体系,建立新的世界体系。全球大革命不会在世界上的所有国家和地区(核心国家、边缘国家和外围国家)一次完成和同时完成,它是不平衡的,在不同的国家和地区有快有慢,有早有迟。但是,它是一个完整的过程,涉及世界上所有的国家和地区。任何国家、地区和文明若置身于这一历史性过程之外,都会产生严重后果,都会丧失历史的未来。全球大革命不会直线式地、一帆风顺地向前推进,并且不会只有正面的结果。它是一个波浪式的进程,其结果也不相同。全球大革命波浪式推进已是事实。20世纪60~70年代,日本进入世界的中心,紧接着是亚洲"四小虎"(中国香港地区、新加坡、中国台湾地区、韩国)浪潮。我们今天又目睹了中国浪潮。还会出现中欧浪潮、东欧浪潮、东盟国家浪潮、印度浪潮、俄罗斯浪潮、巴西浪潮,等等。现在还很难描绘出全球大革命下一步的现实进程,但是有一点已经清楚——我们将会看见现代世界体系神奇的发展和变革。这不会发生在遥远的未来,而就会发生在21世纪的上半叶。摆在巴尔干国家特别是保加利亚面前的问题是,要做好准备,及时投入这场全球大革命。

全球大革命不像传统的政治革命,不是先占领电台和电视台再占领国家的重要权力机关,而是根本改变社会的基础和亚系统。它没有宣布新政府的施政纲领,而是指出了解决世界问题、人类问题和社会问题的新途径。全球大革命正在世界各个角落和社会发展的各个领域展开。世界性过渡已经开始,我们早就处在它发展的初级阶段。在某些领域,世界性过渡已经进入先进阶段。生产方式、技术、交通运输、电信、"智能"机器、媒体、教育以及社会生活的其他重要领域,正在发生深刻的变化。将来还会发生更大的变化——其变化之大甚至超出我们的想象。这不是因为人类愚笨,或者缺乏思维能力和想象力,而是因为未来的变化将同人类现有的历史经验大相径庭。为了想象未来,我们需要新的思维、后工业时代人类的思维和后工业文明的思维。实际上,新思维已经存在,它正处于同当今现实的冲突之中。我们将越来越经常地听到它的声音,越来越多地看到陌生的未来的面孔。新社会的轮廓开始越来越清楚地显现出来。可以肯定地说,在新社会里,后工业特征将占主导地位。同样清楚的是,工业的特点甚至工业以前的特点也不会马上消失。在一定时期,大概不会在一段很短的时期,农业、工业和后工业文明将在新社会里同时存在。但是,在新社会里发挥主要作用的是后工业文明和信息文明。新社会不需要使用暴力来战胜旧事物。它不是摧毁旧事物而是超越旧事物。新旧社会之间的斗争不会轻松、短暂,它的性质将不为人知。大概我们将会首次见证和平过渡。这不是指战争和暴力将在21世纪中叶消失——这是不可能的,这指的是,不可能通过战争和暴力来完成从工业文明向信息文明的过渡。全球大革命是世界上的第一次和平革命。

从世界单极地缘政治模式向多中心地缘政治模式的过渡正在实现。这种过渡既受经济和地缘政治的现实情况的制约,也受文明的现实情况的制约。大概还在21世纪的头几十年,就会出现一些起主导作用的国家集团:美国及其周围的国家、联合的欧洲、中国和同它一起的

一些国家、印度和同它一起的一些国家、日本和同它一起的一些国家、俄罗斯和同它一起的一些国家、巴西和同它一起的一些国家、伊斯兰中心。还可能出现其他一些中心。其他国家也有可能成为新的中心。这不会是世界的理想模式，但这种模式比现有的世界模式更有生机、更平衡、更稳定。除了已经发生的质变以外，新社会的蓝图还展示了许多尚未开始或者已经开始而尚未完成的变革。这些变革的孕育期将会更长。要摒弃幻想——不能指望新社会很快到来。在世界向新社会过渡的进程中，还可以看见其他质变，安全和国防就是一例。不能说我们已经历史地抛弃了战争，但可以肯定地说，由于有集体安全的构想，当今世界对国防的理解有了质变。在有了核武器和可能出现"核冬天"的条件下，在存在生态灾难危险的条件下，不管一个国家多么强大，它都不能单独保证自己的安全。必须建立世界性的和地区性的安全体系。

世界性过渡已经开始，一些方面已经大大走在前面，而这种变革不可逆转。当然，分析不能脱离现实。世界性过渡才刚刚开始，还面临着很多难题和障碍。必须看到这些难题和障碍，必须理解这些难题和障碍，必须寻找解决这些难题、克服这些障碍的办法。在21世纪之初，全世界的思想家一致认为，当代发展最根本的特征可以概括为一句话：从工业时代过渡到信息时代。带动这一世界性过渡的火车头是20世纪最后几十年发生的六场革命：科学革命、技术革命、通信革命、生态革命、教育革命和人口革命。这些革命相互联系，总体上构成了全球大革命。正是它——全球大革命，推动世界进入新的信息时代。这是世界历史在范式上发生的变化。这种变化导致了全世界所有领域全方位的转型。如果看不清楚世界正在过渡到信息时代，如果看不清楚全球大革命的推动作用，当代社会思想家们就不可能描绘出21世纪初正确的科学图景。不同的民族国家和不同的文明如果不追随这一世界性的过渡，它们就不可能取得进步。换句话说，参与从工业时代向信息时代过渡的进程，是每一个国家繁荣昌盛的决定性的条件。

网络是信息时代的主要特征，因为它不仅改善了新经济的组织，而且还改善了新经济的所有其他方面。如果要寻找后工业时代的标志，它不是电脑而是网络，是电脑网络、生产网络、商业网络、金融网络、通信网络以及其他活动和其他结构的网络。网络是构建当代社会形态学的主要元素。从新经济的功能来看，这种经济是全球经济；从新经济的结构、组织和经营模式来看，这种经济是网络经济。"经济"一词源于古希腊，它最初的意思是"管理家务"。当然，古人不知道经济是由许多内部相互联系的结构和活动构成的系统。迄今为止，人类的发展经历了四种经济形态：原始的部落经济、农业经济、工业经济和信息经济。工业阶段和信息阶段的技术分界线发端于20世纪70年代，真正实现于20世纪90年代——90年代出现了互联网，并在远程通信和电脑技术方面取得了新的成就。信息经济有哪些特点呢？世界著名专家作了如下概括：信息经济以新的信息技术为基础；信息经济是知识经济；信息经济同工业经济相比有极高的劳动生产率；信息经济是全球经济；信息经济具有网状结构和组织——公司内部网络、公司与公司之间的网络、国内网络、跨国网络和世界网络；信息经济使劳动、劳动力、就业和职业等发生了结构性的变化——工作模式的变化（灵活程度、工时长短、工作场所、工作性质等），传统产业工人大大减少，服务人员大大增加，劳动力在教育和技能的基础上迅速分化，因而需要在教育和人员培训方面大量投资；信息经济要依靠互联网（网中网）才能运行。预计到2010年，互联网终端用户将超过10亿。各种网络不仅将产生新的信息经济的结构和组织，而且还将建立新的信息社会的形态。可以说，网络正在侵入当代社会。任何一个人在任何时候和任何地方都会遇到网络以及其五花八门的表现形式。

　　网络形式并非信息社会的独创。其他时间和空间也有网络，如大城市的商业网络、医疗网络、大公司企业网络、国家的学校网络，等等。网络是社会发展的产物。但是，在信息时代，网络达到新的水平，起着关键性的作用：整个社会组织通过它建立起来，它的末端渗透到国家经济生活、社会生活的各个领域之中。网络社会可能是资本主义社会，

也可能是现代化的社会主义社会。中国和越南的社会主义现代化证明，一种新型的社会主义社会诞生了，它不仅区别于资本主义社会（更加公正、万众一心），而且也区别于苏联式的社会主义（开放型的信息技术、创新和网络）。信息社会将创造出社会主义新的模式——信息社会主义的模式。网络经济和网络社会的产生，是当代信息技术革命最重大的现象。网络像蜘蛛网一样覆盖全球；催生了大批跨国公司和跨国金融机构、电信和信息组织；发挥了越来越多的功能；降低了民族国家的作用；加快了信息传递的速度，增强了经济的效能。网络经济的出现为创建地球上新的物质文明提供了可能性。

世界性过渡是技术、经济、价值体系、社会结构、管理及世界秩序等所有的领域发生深刻而快速变化的时期。以前的世界性过渡——农业革命、工业革命或者文艺复兴，世界资本主义体系的建立和兴盛，社会主义的出现——都导致了根本的变化，为人们的生活和发展创造了全新的条件。过渡会带来变化，同时也会使人产生幻想，看到幻景。最大的幻想是期望社会迅速发生变化，完全消除社会弊端。目前的过渡也不例外。当然同以前的过渡相比，当今的世界性过渡的一个特点就是速度很快。农业浪潮延续了7000多年，工业浪潮延续了5个多世纪，而第三次浪潮的速度要比前两次高得多。就像我已指出的那样，这次过渡有望在21世纪中叶结束。但是，变化的速度改变不了世界性过渡作为一种进程的性质。变化不是闪电式的，也不会一蹴而就。变化会有主次、快慢、轻重之分，不可能在所有的领域中同时完成。现有体系的衰亡和新体系的诞生取决于主宰两种体系的大国之间的较量。当今几代人将被卷入由种种冲突和事件构成的复杂的旋涡。同世界性过渡的幻景联系在一起的，是这样一种期待——迅速解决当今社会最尖锐的问题和缺陷，尤其是解决"贫—富"问题和社会的人道问题。最大的幻景就是对技术统治的空想，即过度寄望于技术进步。技术进步和社会进步紧密相连，但是，两者并不等同。不能指望在21世纪中叶完全建立起智力圈的人类社会。不仅如此，甚至到了21世纪中叶，现有体系的一些痼疾也不能完全治愈，不能根除当今世界大部分人和国家生活中的这些痼疾造成的后果，不可能发生全面的迅速的变化。

世界性的过渡大概将在21世纪中叶结束。这就是说，到了那个时候，过渡引起的质变将占上风，将决定力量对比和发展的趋势。这是另一个世界，另一些决定因素，另一些起主导作用的进程。质的变化将为发展的不可逆转提供保障。但是，不管是进程还是变化，都有终结的一天。这需要一个比较长的历史期限。这一期限到底有多长，今天还很难说。现实社会主义最严重、也许也是最大的一个缺陷，就是它对实现自己的目标和理想所需的历史时期，没有现实的估算。每一场革命，包括全球大革命，都有自己的历史时机——何时进行，用多少时间来完成自己的使命。在实现向新的社会和世界体系的世界性过渡过程中，有哪些最困难的障碍呢？我将把自己的一孔之见简要归纳成如下诸点：全球大革命和新的世界体系面临的重大问题是，当今世界体系中穷国和富国之间、穷人和富人之间、现有社会内部（包括发达国家社会内部）群体之间的鸿沟越来越大。联合国、很多国际和国家机构、著名学者和专家的大量资料都证明了这一现象的规模和后果。

如果新的世界体系不着手解决这一严重的问题，它自己的失败就不可避免。亚洲的经验表明，这一问题是可以解决的。亚洲特别是日本、中国、越南、"四小虎"展示了世界性过渡的可能性。现在的全球大革命在那里积蓄了巨大的惯性。出路在于所有的国家（我强调"所有"这个字眼）要实际参与后工业经济和技术发展的进程。可以说，在这个问题重重的平台上，在这个发展的平台上，新旧世界体系之间的战略大搏斗即将展开。在防止生态灾难的发生这一问题上，已经有了很多著述，大家都对危险性有一致的看法。已经制定了战略，里约热内卢世界大会为此作出了巨大贡献。至今唯一没有发生变化的是缺乏实际行动和所需资金。使所有人类活动，尤其是经济活动和军事活动在整体上实现生态化，将是世界性过渡过程中至关重要的目标。世界性过渡另一个重大的问题是防止价值缺失，保障人类社会、人与人之间关系、

国与国之间关系建立在健全的、创新的、稳定的价值基础上。这指的是要克服当代社会的精神危机和道德危机，恢复个人和社会的道德标准。这指的是必须实行新的人道主义——对新的现实、新的挑战条件下人们遇到的问题负有责任，对重新定义当代人道主义的原则和实质负有责任。这指的是富人的享乐主义和穷人在物质与文化上的贫困。这些大问题若得不到根本解决，世界就不会向前发展，因为它们涉及新的社会和新的世界体系的活力及能力的问题。如果全球大革命和世界性过渡没有自己的价值观，没有自己的道德和精神，就像解决不了"贫—富"难题一样，那是注定要失败的。

新技术为公民直接参与决策提供了很大的可能性。公民社会应当具有新的功能。人的权利，不同种族、宗教、职业和其他群体的权利应当扩大。当然，责任也大。需要有新的机构、政党和运动、领导人，即全球大革命的机构、政党和领导人。国际关系中的民主应当保证所有的人和各国人民的权利。两个强大的当代进程齐头并进，即当代世界的全球化和区域化、一体化和分散化齐头并进，衍生出一些复杂的问题，这就是涉及种种关系的问题：全球性——地区性——区域性三者之间的关系。这就是涉及跨国共同体——民族国家——种族群体的问题。这就是涉及全人类之根和种族之根的问题。这就是涉及世界和民族文化的问题。这就是涉及世界的、民族的、宗教的传统和价值观的问题。这两个并行的进程并不相互排斥，而是新时代人类统一发展的两极，其中一极有多强大，另一极就有多活跃。问题不是要毁灭一个扶持一个——这是不可能的——而是要找到人类和世界实现统一和多样化的发展途径，以及使普世性和独特性共同发展的途径。

尤为严重的问题是世界性过渡进程中出现了意识形态的真空。不管看起来多么荒唐，全球大革命好像是在自动运行。思想没有在变革之前产生。当代的三种意识形态，即保守主义、自由主义和共产主义，都产生了危机。昨天还被认为是无可争议的理想、原则和论断坍塌了。无论就规模还是就创新程度而言，历史运动中发生的变革都是宏大的,但是,不能说社会理论思想也是这样,因为后者已经停滞不前。意识形态似乎僵化了——只知重复众所周知的思想。我们大家仍然围坐在启蒙时期的圆桌旁。历史的运动超越了理论的运动。现实中缩短了的时间和变快了的速度仍然没有催生崭新的思想,仍然没有创建全球大革命的意识形态。未必需要证明意识形态真空的危险性。如果这个真空继续存在,谁也无法说清真空内还会出现什么样的气旋。对于全球大革命和世界性过渡,目前世界上形成了两派。一派可以概括为乐观派;一派可以概括为悲观派。乐观派看到了过渡的负担、痛苦、灾难和危险,但认为这一切都有可能在21世纪的40~50年里被成功地摆脱。悲观派认为未来是灰暗的、灾难性的。我的思想属于乐观派。全球大革命的最终目的是要建立一个物质丰富、精神健全的社会和世界体系。一切为了各国人民,一切为了所有人。后工业时代的经济和技术发展,将使这一历史前途成为可能。

东西方文明的差异自古而然,东西方文化的交流与碰撞也由来已久。然而自西方工业革命兴起以来,由于西方社会的发展速度和发展水平超过了世界其他地区,以致于在相当长的时期,不少东西方学人都把西方的科学技术、社会制度乃至生活方式视为衡量文明发展水平的标尺,把社会进步的理想目标定位于以西方发展模式为蓝本的现代化,或以西方价值观为基础的普世文明。所谓西风东渐、西学东移,相当一批东方学人和政客也把工业化、信息化等现代科技进步看做西方文明的必然产物,为此他们不遗余力地向西方寻求真理,甚至将扬弃本民族的传统,从器物、制度到生活方式上全面模仿西方作为实现现代性改造的唯一模式和人类文明发展的归宿。东西方文明的交流遂呈现为单向的态势——以先进的西方文明征服、影响和改造其他"落后"或"野蛮"的文化似乎成为人类走向现代化生活的必然趋向。

自20世纪80年代以降,由于交通、信息交流的日趋便捷,发达国家产业的转移和国际市场的开拓,不同地域和文明之间的经济依存度

和文化联系不断增强，人员、商品、信息乃至生活方式、思想观念的流动和相互沟通日益增长，逐渐使整个世界变成一个各种复杂关系渗透交织的网络，全球化已成为人类社会发展的大势所趋。然而，今天的全球化并不意味着将出现一种全球同质的"世界文化"或"地球文化"，相反，随着西方式工业文明内在矛盾的凸显、西方知识界的自省和一大批民族国家的重新崛起，本土化、地方化也成为全球化语境下许多后发区域维护民族文化传承、保持自身文化特质的策略。全球化背景下的现代化发展道路已不再是简单地演绎强势的西方文明对东方文明及其他弱势文明的征服或同化的模式，相反长期处在边缘的第三世界地区的文化传统也开始发出自己的声音，参与对现代性的诠释，确立自己的文化身份，并寻求走向现代化的多元模式与道路。

不要对人类失望！我们生来就是这个样子的。假如人人都停止抱怨别人，而由自己本身去发光生热，这人间就温暖得多了！

不要希望人类是完美无缺的，不要希望每一个人都像圣人一样是完全舍己为人的，不要这样希望！

我认为，我们这样承认，并没有什么不好。而且唯有这样承认了之后，我们才可以对人间多存几分原谅，少受一点失望的打击。

假如你为人间冷酷而难过，那么你唯一能做的事就是由你自己发出光和热，使人间减少一分冷酷，增加一分温暖。假如人人都停止抱怨别人，而由自己本身去发光生热，这人间就温暖得多了！

不要希望人们一点也不虚伪。你只能希望人们在虚伪之中仍不忘善意，并且希望人们能在该诚恳的时候诚恳，这就够了。

不要对人类失望！我们生来就是这个样子的。有好处，也有缺点；有可爱的地方，也有令人失望的地方。能承认这些，我们才可以用宽容的态度来对待人生。

我们生了病，肉体上的痛苦，就好像中了第一支箭；倘若我们再自寻烦恼中，操心这个、埋怨那个，如此则第二支箭、第三支箭就不断地射过来，就会使我们更加的痛苦……

佛陀对待弟子的态度，就如同老师对待学生一般，但是佛陀教导弟子的东西，并不是数学或历史等这些课程，而是做人处世的方法。由此观之，我们将佛陀称为"做人的老师"可能是最适当的。

佛陀为了要考验弟子们理解佛理的程度，经常拿一些问题来教导弟子，有时候更提出一些应用的题目，看弟子能体会多少，下面的题就是其中之一。

有一次佛陀问弟子："未曾受过佛理教化的人，会遭遇到快乐或痛苦的感受，也会遇到非苦非乐的感受；受过佛理熏陶的人，也同样会遇到这些感受，如此说来，听过佛理与未听过佛理的人，他们的差别何在呢？"

弟子们就向佛陀回答说："大德！我们所学习的皆是以佛陀为主，但愿佛陀能够做我们的眼目，给予我们正确的启示。"

佛陀就告诉弟子们说："未曾受过佛理教化的人，遇到痛苦的感受，就万分的悲痛，越来越迷惑，愈来愈恐怖，就好像中了一支箭之后，又中了第二支箭，感觉越来越痛苦。但是，受过佛理熏习的人，若是遇到痛苦的事情，绝对不会只是悲痛，不会自己乱了手脚，所以我说：'不受第二支箭的痛苦'。"

对于遇到快乐的事情，佛陀也说了同样的话，譬如：看到很美丽的花，受过佛陀教化的人，也和一般人一样，引起快乐的感受，但是决不会因为快乐而迷失了自己，倘若在快乐中迷失了自己，则第二支箭就会带来痛苦，所以佛陀说："不受第二支箭的苦"，这就是佛教徒与非佛教徒的区别。

我们在痛苦中的人，都应该好好的来想一想佛陀的这一番教化，好好来学习佛陀处理痛苦的智慧。譬如我们生病躺在床上，如果每日都是在埋怨：怨恨自己为何会如此不幸得了这种病？担心喉咙如此痛苦，不知要如何吃饭？埋怨自己的负担为何如此的沉重？回想自己一生都没做过什么恶事，为何让我如此难过？想到家中小孩无人照顾，不知该怎么办？想想自己的病不知能否康复……一直忧虑到白天吃不下

饭、晚上睡不着觉,连做梦也是面带愁容。我们想想看,倘若如此,对自己有何好处呢?

我们生了病,肉体上的痛苦,就好像中了第一支箭;倘若我们再自寻烦恼,操心这个、埋怨那个,如此则第二支箭、第三支箭,乃至第四、第五支箭,就不断地射过来,就会使我们更加的痛苦,使我们的身心更加的混乱,使我们失去了光明与智慧,无法解决任何的问题。

所以我们受苦中的人,最好都能够学习佛陀的教化,使心情能够平静下来,不再受第二支箭的痛苦。

已经过去的事,千万不要再回忆,想来想去也是一番空;还没到的事情不要幻想,做白日梦干吗?!最要紧的是牢牢把握住现在,只有现在才是最真实的。

佛陀住世时,有一位名叫黑指的婆罗门来到佛前,运用神通,两手拿了两个花瓶,前来献佛。

佛对黑指婆罗门说:"放下!"

婆罗门把他左手拿的那个花瓶放下。

佛陀又说:"放下!"

婆罗门又把他右手拿的那花瓶放下。

然而,佛陀还是对他说:"放下!"

这时黑指婆罗门说:"我已经两手空空,没有什么可以再放下了,请问现在你要我放下什么?"

佛陀说:"我并没有叫你放下你的花瓶,我要你放下的是你的六根、六尘和六识。当你把这些统统放下,再没有什么了,你将从生死桎梏中解脱出来。"

黑指婆罗门才了解佛陀放下的道理。

"放下"是非常不容易做到的,我们有了功名,就对功名放不下;有了金钱,就对金钱放不下,有了爱情,就对爱情放不下;有了事业,就对事业放不下。

我们在肩上的重担,在心上的压力,岂止手上的花瓶?这些重担与压力,可以说使人生活过得非常艰苦。必要的时候,佛陀指示的"放下",不失为一条幸福解脱之道!

要想修学佛法,必须要能放下,若放不下,连入门都不可能,不管念佛也好,修禅定也好,都难得到真实利益。譬如一方面念佛,一方面还想其他事,如此念佛不专精能上路吗?我们念佛为什么念不好?就是不专精。

"若人散乱修,佛说无利益。"当你办公的时候,集中全力办公,因为你要从此获得资生的食粮,若不认真的做也有因果。下班以后,时间是我的,把办公室的事放开,一概不想。换句话说,当修持的时候,要高度集中精力,认真地修持;念佛时认真地念佛。

一般人纵然没有任何压力,为什么仍然修持不下?因为他的内心不静,不是想东就是想西,不是想南就是想北,天上飞的、地下跑的,一联想就想个没完,放不下,又如何修得成呢?只要半点放不下,连入门都不可能。那么应当怎么办?过去的事情已经消失,不要再回头想它,未来的事还没来到,不要做白日梦,最要紧的,牢牢把握住现在,只有现在才是最真实的。

从前有个人买了一口锅,用绳穿好,挂在棍上背着,走路时摇来摇去,把绳子摇断了,锅子掉到地上打碎了,他连看都不看,头也不回地走了。人家问他:"你锅子打破了,怎么连看都不看呢?"他说:"已经打破的锅,我看它有什么用呢?"

已经过去的事,千万不要再回忆,想来想去也是一番空;还没来到的事情不要幻想,做白日梦干吗?!最要紧的是牢牢把握住现在,只有现在才是最真实的。现在好好耕耘,未来必有好收获;现在造恶业,未来绝对受苦果。要修持,必须放舍得干干净净,一切都不想,高度集中心力好好修持。

要放下也实在不容易,因为我们生活习惯太浊,对世间法的贪恋太深,对自己的孩子、亲人眷属,乃至周围环境都非常贪恋。这些都是不永久的,都是无常的,终会消失,只有引我们堕落的呀!有一首偈说

得很好："三有众生诸受用，常被三苦火逼烧；如屠引诱趣杀处，应断贪等修菩提。"所谓的"三有"，就是指欲界、色界、无色界，所有众生一切的受用皆如是，常为贪、瞋、痴所逼烧。好像屠夫牵着你出去，你以为要牵你出去吃草，还高高兴兴地摇头摆尾，结果他牵你至屠场宰你的头；不要因世间法春风得意，春风得意的结果就如屠夫牵你的头，要把你杀了，死亡已经近了。

如果真想在佛法中获得真实利益，就要认真地修持，或许你会说："我忙！有这事还有那事！"世间事是永远忙不完的，你会永远永远没有时间修持；没有时间修持怎么办？只有等屠夫宰你了。

"珊瑚枝枝撑着月"，无一真实，无一可恋。我们由于业力的关系，觉得世上的一切都是实有的，实际都是唯心所现。举例来说，糖事实上是甜的，大家都会承认，可是当你生病的时候，怎么会觉得糖是苦的呢？如此讲，你会说：我们现在看到的，明明山是山，水是水，地是地，怎么不真实呢？换句话说：一切境界唯心所现，我们何必执著假的事情？放不下是由于把虚假的东西看作真实，才产生这种后果。

一般人放不下，是因为对世间的七情六欲、物质享受贪恋得太深太深，所以放不下，譬如烟瘾很大的人，如果没烟抽时就想得要死，睡不着觉，到处找，哪怕是地上一根吸剩的烟头，他都会捡起来，吸一两口都会觉得好舒服。为什么觉得舒服？那是他的业力。你若不相信就抽抽看，恐怕抽了会想吐。因此，千万不要执著、浪费光阴，放下吧！好好地修持吧！迷途不知返，结果如何呢？"秋风凋碧树"，秋风不是很舒服吗？可是碧绿碧绿的树，逐渐逐渐地就被和畅的秋风吹得凋零了。对世间法贪恋不舍，耽于世间法，结果就如我刚才所说的那首偈"如屠引诱趣杀处"。那怎么办呢？——放下吧！断除贪、瞋、痴，好好修持，才可以得解脱。

《大藏经》里有一段故事：

在一个深山里面，有七个人志同道合，发愿修行，他们认为人生险恶，人在世间几十年时间，生命不长，却在社会上造了很多的业。所以他们想找一个比较清静的地方，共同论道、精进修持，这是他们共同的理想。但是，经过了十二年的时间，每一个人的心态还是一样，起伏不定，满心烦恼。他们虽然离开了人群，也不觉得快乐啊！他们的烦恼在那里呢？是欲和情未断。一群人在这清静的环境相处久了之后，发觉没有什么乐趣，于是回顾在家时有父母兄弟，还有很多男女感情……而在深山里的十二年中，什么都没有得到，等于是浪费人生。于是这七个人又再聚会互相讨论，他们都认为，不如再回社会，娶妻、成家、做事业，所以他们相偕离开了修行十二年的地方。

那时佛陀知道这几个修行人心不定、意不静，有还俗的心态，于是就在他们必经之地打坐，这七个人从深山走到出口的地方，看到佛陀很庄严地坐在树下，他们那时还不认识佛陀，但是，看到佛陀就自然地生起恭敬心，七个人不约而同地向佛跪拜顶礼。

他们坐好之后，佛陀就问他们说："你们从那里来，往那里去，你们修行已经多久了？抱什么样的心态入深山，又为了何事离开静处？"

七位修行人将他们的经过，一五一十向佛禀白。

佛陀说："修行乃是一条心路历程，必定要修持到不被动态的情所感染，能够视富贵如浮云，视名利如敝屣。能够看开乱象，道就在其中！世间最乱的是人与人之间的是非，和社会人群愚痴争斗的情形，修行最主要就是要看开这些心欲，如果看不开这些俗情乱相，又再投入社会，你们的心会更乱。"

佛陀又说："一切苦就是因'集'而成，集合名利、情爱，有这种种心欲会集，所以苦不堪言啊！修行虽然是苦，但先苦后甘，修正的快乐是无法用言语表达的；假使追求名利、追求情爱，虽然乐在前头，最后受苦时却万劫难拔啊！因为一切业因已在人群乱相中形成了！"

佛陀的这些启示，我们也可以拿来应用，确实一切苦就是由"集"而来，集合一切的人我是非而来，就是因为有人我是非，所以才有苦。

有时别人说话无心，听者却有意，故意抓住对方的把柄及缺点钻牛角尖，这都是自招惹的烦恼。假使我们对人都用宽心，对一切的事看

轻一点、看淡一点,用宽大的心胸互相关怀,无争无斗,我们的心念就能很平静。心若与人无争则人安;与世无争则事安;与世无争则世安;与道无争则道安。真正的得道就是"无争",这就是"道心"。道心分秒都在我们的面前,得道的路也在我们的脚底下。要说远,实在是不远;要说近,实在是非常的遥远,远近之别在于我们的心念。一念的平静心那就是道心,一念的烦恼心就成凡夫心了。

只要我们投入生活,难免会遇到来自外界的一些伤害,经历多了,自然有了提防。

可是,我们却往往没有意识到,有一种伤害并不是来自外部,而是我们自己造成的:为了一个小小的职位,一份微薄的奖金,甚至是为了一些他人的闲言碎语,我们发愁、发怒,认真计较,纠缠其中。一旦久了,我们的心灵被折磨得千疮百孔,对人世、对生活失去了爱心。

假如我们能不被那么一点点的功利所左右,我们就会显得坦然多了,能平静地面对各种的荣辱得失和恩恩怨怨,使我们永久地持有对生活的美好认识与执著追求。这是一种修养,是对自己的人格与性情的冶炼,也从而使自己的心胸趋向博大,视野变得深远。那么,我们在人生旅途上,即使是遇到了凄风苦雨的日子,碰到困苦与挫折,我们也都能坦然地走过。

正因为那些荣辱得失和各种窘境都伤害不了我们,这就使我们减少了很多的无奈与忧愁,会生活得更为快乐;少了许多的阴影,而多了一些绚烂的色彩。所以,不伤害自己,也是对自己的爱护,是对自己生命的珍惜。

不要伤害自己,也意味着我们需要自愿放弃一些微小的、眼前的利益,使我们不被这些东西网罗住,折腾得伤痕累累,也妨碍了自己的步履。这无疑是一种积极意义上的超脱,从而使自己拥有平和的心境,从从容容、踏踏实实地走那属于自己的道路,做自己该做的大事,进而走向成功,获得更多更有价值的东西。不妨说,不伤害自己,是使自己有所成就的聪明的活法。

真的,在艰难的人生旅途上行走时,我们不妨时常自我叮嘱一声:别伤害自己。

如果你觉得自己根本无法做到停止抱怨。那么至少应该在抱怨的时候提醒自己,这个抱怨只是暂时的出气宣泄,可做心灵的麻醉剂,但绝不是心灵的解救方……

这个世界上的人太多,爱太少,苦难忍,钱难赚。很多人都觉得活得累,于是抱怨变成了最方便的出气方式。但抱怨除了眼前的短利以外,很多时候不但不解决问题,还会使问题恶化。如果抱怨上了瘾,不但人见人厌,自己也整天不耐烦。

日常生活中,经常见到一些人几乎对任何事情都不满,好像自己前世里是皇孙贵妇,怎么都无法接受当前的平凡生活。有一对夫妻结婚后天天闹矛盾,最后去见大名鼎鼎的心理学家米尔顿·艾立克森。艾立克森听罢双方口若悬河的抱怨,说了一句话:"你们当初结婚的目的就是为了这无休无止的争吵抱怨吗?"那对夫妻听了顿时无语。据说后来重新恩爱似蜜。

有一种人"宽于律己,严以待人",任何事都是别人的错,其实那是自恋主义者的表现。因为一切以自己为中心,所以任何不利自己的东西都是他抱怨的对象。

抱怨是人性中的一种自我防卫机制,要完全断绝的确很难。如果你觉得自己根本无法做到停止抱怨,那么至少应该在抱怨的时候提醒自己,这个抱怨只是暂时的出气宣泄,可做心灵的麻醉剂,但绝不是心灵的解救方。

一个真正超越红尘琐碎的开悟者,第一要达成的境界就是停止抱怨。面对一切的误解、攻击、诋毁、赞誉、过奖,开悟者都能做到以开放的心坦然承受。古人道:"无云生岭上,有月落波心",那就叫"不畏红尘遮望眼,月轮穿沼水无痕"。

停止抱怨看起来几乎不可能,其实大家也明白,这原本是每个人

都做得到的简单事。古话说："直心是道场。"如果你能做到完全不抱怨，平平常常担起自己的责任，那么你的人生境界就非常不简单了。

人生中扮演的角色随着时间、进程而改变，人就成了演员，误把剧中的角色当作自己，然而生命中真实的你在哪里？

人生的大事在找到真正的生命，而生命的意义，就在平平静静、清楚明白的这念心。

人的一生都在忙忙碌碌追求"财、色、名、权"，真正离苦得乐，应寻找生命最珍贵的意义，认清生命的本质才不枉此生。

顺治皇帝《出家咏》中说："来时糊涂去时迷，空在人间走一回。未曾生我谁是我，生我之后我是谁。"对于人生，多数人不解的是自己何时来、何时去，往往是稀里糊涂走上一遭，忙忙碌碌地追求人生，最后沦为虚妄，根本理不清自己是谁？又为何步上这趟人生？遑论能了解生命真正的意义。

明朝罗状元在《醒世诗》中写道："急急忙忙苦追求，寒寒暖暖度春秋，朝朝暮暮营家计，昧昧昏昏白了头，是是非非何时了，烦烦恼恼几时休，明明白白一条路，万万千千不肯修。"人生这一条路往往是无限地追求，学位、工作、名望、财富、家庭是一条没有终点的追求之路，一个阶段接着下一个阶段，满足了吗？没有！反而坠入下一个追求的目标，永无止境。我们不妨静下心来，回顾五年、十年、二十年前的自己，是不是就像南柯一梦，究竟你是随波逐流？还是找到了生命中真正的目标？

人生这条路往往令人出乎预料。灵泉寺有位法师，其出家的因缘来自一杯茶，只因住持唯觉老和尚问了一句："吃茶的是谁？"苦思多日不解，就决定出家找答案。

有一则公案，印度禅宗二十七祖般若多罗曾至某个国家弘法，国王十分虔诚及发心，供养尊者相当名贵的宝珠，而尊者临行前问了三太子一个问题，他问："世间有没有比宝珠更珍贵的东西？"大太子回答说，最好的宝珠已经供养给尊者了，已经没有比这更珍贵的物品了；二太子也答了相同的答案；三太子则表示：这的确是最珍贵的宝珠，因为"珠不知珠，宝不知宝"，是人心赋予它的价值，只有人们才认为这是一颗价值连城的宝珠，其实它的价值是相对的、虚妄的，当人心不觉得它珍奇，那就是垃圾了。这位三太子就是达摩祖师，释义了这念心与万物的价值。

不知心是什么，生从何来，死往何去，这就是迷！人生中扮演的角色随着时间、进程而改变，人就成了演员，误把剧中的角色当作自己，然而生命中真实的你在哪里？追求财色名利，永远都不可能满足，是你的心觉得重要，才变得重要；人生无限的追求，都是这一念心所驱使的，而世间最珍贵的是谁？就是这一念能知能觉的心才是最珍贵的。

昔日六祖惠能禅师，听五祖弘忍禅师讲金刚经，至"应无所住，而生其心"，豁然大悟，即说："何其自性本自清净，何其自性本不生灭，何其自性本自具足，何其自性本无动摇，何其自性能生万法。"其实，人的本心本性就是清净光明的，哪里还要再明呢？能够觉察、觉照，不起烦恼、染污的心，即能离苦得乐。

人生如空中花、水中月，只有觉醒才豁然明白过往皆是场糊涂。这场梦何时醒？佛法有无量无边的智慧，教大众觉悟，善知识引导你走向光明之路，找到生命中最珍贵的东西，透过佛法的润泽，开启觉性大门，契悟自性即能绽放光明。

自在、快乐、智慧何处寻？真正的自性，近在咫尺，不从外得。每个人手里皆有把通往天堂之路及开启地狱之门的钥匙，想开哪一道门？往往就在这念心中。人心若向外企求，便充满错觉及颠倒，这念心始终迁流不停，不知道始终不生不灭的觉性才是本自具足的。这念心若能如如不动，心清净了即是最大的自在。保持当下这念清净的心、不打妄想、清楚明白，人自在了，即能处处做主，亦能享受生命真正的自由。

佛法告诉我们，一切问题的核心在这一念也，这念心时刻做主，完全不需依靠外在境界。得也好、失亦罢，皆看得开、放得下。就能够自在、解脱，如此的人生才是光明、积极的。

人，住在世间，来到人世，如无正确知见、看法，就容易迷失掉，随之而来就会感受到种种苦恼，空虚而无法自在。如果能够知道自己在哪里；能够找到自己的自性，并知道自性明明白白就在那里，就能得到安详自在。所以，人最主要的就是要"悟到这念心"，契悟了这念心，所有问题皆可从此处迎刃而解。

人之大患在执著，迷失了自性，作不了主，忘了最初之本怀，因而滋生种种苦恼。

大家都听说过这样一个故事：

昔日有位禅师买了一只花瓶回来让大众欣赏。某日，有位沙弥打扫时不小心把花瓶打碎了，这时大家都很紧张，认为老法师会很生气，不知如何是好！这时老法师走过来看了看，平静地说："把这碎片扫一扫。"

大众甚感不解：为何老法师一点也不生气？这位禅师说：当初买这花瓶的目的是为让大众欢喜，如果破了就不欢喜，岂不有失当初之本怀？

做一切事情都要了知目的在哪里？这不是哲学的问题，这是切身的问题，把目的弄清楚了，整个人生的大方向就朗朗现前。

人从早到晚，做种种的活动，其背后的目的是什么？其共同的目标是什么？"就是为了要离苦得乐！"每个人都在自己的本位上，用自己的方法，想办法去离苦得乐，然而是不是都可以达到呢？

不然！因为目标、方法错了。

比如：有人以为拥有了一千万就能离苦得乐，但事实不然，可能在一瞬间能得到满足，接下来又想得到更多更多的东西……这念心不断地在追求，求不到是一种苦，求到了又害怕失去，也是一种苦，始终是苦。

佛很慈悲，出现于世的目的就是希望所有人皆真正离苦得乐、到达彼岸。彼岸不是在另外一个他方世界，就在当下每一个时刻，当下每一个时刻能够做得了主、能够超越、能够真正见到自己的本心本性，就能够得到自在,就能够真正离苦得乐。所以,离苦得乐的根本,在于我们的"心",这念心掌握了,要它快乐就快乐,自在就自在。

但为何偏偏我们的这念心就无法自在?明明"心"是我们的,为什么就做不到自在?因为"这念心"从小到大都没能好好地训练过!佛法告诉我们,一切问题的核心在这一念心,这念心时刻做主,完全不需依靠外在境界。得也好、失亦罢,皆看得开、放得下,就能够自在、解脱,如此的人生才是光明、积极的。

所谓红尘,"尘"是一种尘劳,这种尘劳包括了佛法所谓的色、声、香、味、触、法等六尘境界,这些境界刺激着我们的感官,刺激多了会觉得疲劳,这是"尘"的特性,如果没弄清楚,就很容易迷失。例如"吸毒",刹那间好像很快乐,但副作用很多,智者绝不碰它。佛法中的"六尘"有如毒品,智者不染六尘。佛法所说要断除一切贪、瞋、痴,凡人认为不人道,但若能真正断除贪、瞋、痴,不染六尘,才能真正离苦得乐、究竟自在。所以,佛法不是苦行主义,是真正乐观的。

外在的境界另有一特质,就是无常、生灭。我们总认为,外在的一切可始终保有它;或明知是无常,却不愿去思维它,于是在这当中生起很多执著,执著愈深,灭了之后,受的苦就愈大。想想,世间一切有什么是真正永恒不生灭的吗?所谓天下没有不散的筵席,一切皆是生灭的。故了知生灭之理,不是悲观,而是乐观的,因为知道事件的真相后,就不会为此而受到苦。

然世人愚痴,总将幸福、快乐建立在"无常生灭法"上面,这是很危险的,随时会幻灭,故唯有找到自己生存在这个世界上的根本核心——即清楚明白的这念心,因这念心的灵知灵觉是不生灭的,不生灭法,才是真正值得依靠的,所谓"有形皆归坏,不灭为真空",这个"空性"才是最根本的,乃至于能"观空不住空,门前坐春风",这念心无论在什么境界皆能圆融无碍。所以要达到真正的自在,必须从究竟的不生灭心上努力,才能彻底解决这个问题。

《佛经》上说："诸法空性。"空性不是什么都没有,而是指诸法无自相,没有真实自己的相貌,如果一个东西有真实自己的相貌,应是放诸四海而皆准的,但不然,譬如有些我们认为好看的,别人不认为,故好看、不好看,其实是很主观的,不是这事物真实相貌,这个"相"会随着时、空因缘的改变而改变。佛法告诉我们,外面一切境界皆是主观心念所造成的,无有实相,但我们往往把所观的境界当成是真实的,所以生起种种执著。如能了然诸法空性之理,把心当中的贪瞋痴慢慢厘清到一种程度,因缘成熟,即能彻见事情的真相,得到真正的解脱。

"净秽由心,非关外境。"外面的一切境界是好、是坏,完全由我们这念心来决定,所以试着调好自己的心,把心当中的贪瞋痴三毒化掉,则外境不管好、坏,看在眼里皆欢喜自在,慢慢地会感觉四周法界变清凉了。所谓"心迷法华转,心悟转法华",一切的根本即在契悟这念心。契悟了,一切皆可随自己的意,即所谓的"如意",但要真正达到万事如意,是要经过修正的。见涤法师说,悟了之后,不是就行了,还要在事上用功,把自己的贪瞋痴化掉,才能到达自在的境界。

修行想要达到究竟,一定要发长远心、精进心。一心向道,精进不退,即使面临种种困境,都能迎刃而解……

在生活中,每一个人都想成为自己的主人,就像在大海航行的舵手,能够掌握轮船的方向,即使遇到惊涛骇浪,也不会随波逐流。可惜的是,一般人容易被自己的欲望洪流所淹没,甘心作欲望的奴隶,所以想要成为自己的主人,唯有"不为情欲所惑,不为众邪所娆",才能达到目的。

除了表相的做主外,还有道德、精神层次的做主。如儒家所言:"志士仁人,无求生以害仁,有杀身以成仁。"为了维护国家民族、道德良知,可以舍生取义、杀身成仁,毅然舍下个人的生命、名利、家庭,来换取大众的幸福与利益。所以这种道德、精神上的做主,能让我们"不以物喜,不以己悲",乃至于"乐以大众,忧以大众",不会因为处于逆境,而失去道德情操与追求真理的志向。

但是道德、精神层次的做主还是不够究竟,因为它仍无法带领我们出离轮回之苦,趋向究竟解脱之路,一旦遇到生死洪流,仍有被淹没的危机。

三千多年前,释迦牟尼佛于菩提树下悟道,亦曾受到魔女、魔军等种种境界考验,皆不能动摇其修行的决心。世尊成道时,叹言:"奇哉!奇哉!一切众生皆有如来智慧德相,只因妄想执著而不证得。"每一个人都有本自清净的佛性,只因妄想执著而不能彰显。

一般人认为有钱、有权就能做主;也有人认为恣纵五欲就是做主,更有些人受到广告媒体的影响,认为"只要我喜欢,有什么不可以"才是做主。这些错误的知见,只会带领我们趋向三途恶道,离正道愈来愈远。

我们为何不能做主,为何会感到不自在?从表面上来看,似乎来自家庭、社会关系等不如意,也可能源自疾病、气候、天灾、人祸等境界。但是从佛法的角度来说,无明烦恼才真正是不能做主的原因。所谓擒贼先擒王,唯有从根本下手,才能解决问题。因此,《心经》云:"观自在菩萨,行深般若波罗蜜多时,照见五蕴皆空,度一切苦厄……"欲享自在做主,就须以智慧心照破无明,除盖去结,看清世间的真实相貌,才是根本解决之道。有了这样的体认,修行就不致走偏、走邪。

虽然,我们了解世间一切皆是虚妄不实,唯有从心性上努力,才是真做主、真自在,但这些并非能一蹴而就,诸佛菩萨都是经由累劫不断地淬炼与修正,才成就福慧庄严的大自在。所以,修行想要达到究竟,一定要发长远心、精进心。一心向道,精进不退,即使面临种种困境,都能迎刃而解。

所以在生活中,我们唯有保持觉性,时时清楚明白,不被虚妄的外境所转,不被内心的妄想所惑,才能突破生死洪流,出离轮回之苦,达到真正的成佛做主。

每一个人都有自我的保护层、自我的界限,这也就是人们无形的盔甲,而这层盔甲若运用得当,可以让我们在任何的环境之下都能安

住;但若运用不当时,却让我们走入死胡同,丧失慧命。

在亮丽多彩的昆虫世界里,传来了一首甲虫的悲歌。

其实,对它而言,已经是趋近于相当完美的造型了。半圆弧形的曲线,光亮平滑的外表,再加上坚硬非常的甲壳,就好似一张无懈可击的盾牌,划清了多少天敌与自身之间安危的界限。界限是如此判明,仿佛这一张薄壳便足以完全代表了所谓的甲虫。只不过,一早,却发现它平躺在冷冷的泥地上,兀兀仰望着平时自由翱翔的天空,无助地奄奄一息了。

误入禁区了吗?不。被攻击受伤了吗?也不。还是累着了,飞不动了?全都不是。

看到如此苦恼的处境和窘态,任何旁观者都会明白,是甲虫自己不小心跌了个跟斗,腹部朝上背向下,再也翻转不过身来了。此刻,界限出外在天敌的那一层圆弧形光滑薄壳,反成了甲虫自己最无懈可击的天敌。这该是多么的荒谬和无奈!

因为这一层防卫性的界限,使得甲虫得以持续地作一只甲虫,但也正由于这一界限,一次致命性的翻转,使得甲虫不再是甲虫。转过来,便活命;翻过去,就等死。抵挡得了一切外在天敌的利器,到头来只变成了自己唯一的天敌。这可是当初万万也料想不到的悲剧!若甲虫有灵,再怎么样也不喜欢对自己开这种拿生命作为赌注的玩笑吧!可是,当坚硬的甲壳已形成了一层密密牢牢的界限时,这一切的感叹又奈何!

是一只形体不小的甲虫,静静地平躺着,想必已经经过了整夜徒劳的努力和挣扎,在清晨微曦中,累了、困乏了、一动也不动了。或许,早已安息了。不是天敌的我,把它拣了起,翻转过来。还活着!看着它开始无力地缓缓爬行,决定将它拾起来,送到草堆里。在途中,只见甲虫顽强的抗拒,使力挣脱,不时地还从尾腹部发出一阵又一阵抵死不从、瞋怨连连的气响。倾听着这一声声不安的回音,只当它是首甲虫的悲歌与哀鸣。

甲虫的盔甲是坚硬、厚重、光滑的,有防御的作用,但也隐含另一层危机——有时,保护自身、防御天敌的盔甲,也会变成让自己致命的凶手。

人们也是一样。每一个人都有自我的保护层、自我的界限,这也就是人们无形的盔甲,而这层盔甲若运用得当,可以让我们在任何的环境之下都能安住;但若运用不当时,却让我们走入死胡同,丧失慧命。

何谓运用得当?一是了解自己的界限、习气、反省检讨,修正自己的行为。二是了解别人的界限、习气。人类是群居、互相依存的生命共同体,若离群索居,一切世出世间法都无法成就。因为没有众生,就没有菩萨,所以行菩萨道更不可离开人群,要在众生中才能成就无上的菩提果,《华严经·普贤行愿品》说:"诸佛如来以大悲心为体故,因于众生而起大悲,因于大悲生菩提心,因菩提心而成等正觉。"所以既然离不开人群,我们就要去了解每一个人的界限,充分运用其优点,对于其缺点则要包容。清楚明白地行四摄法,并以慈、悲、喜、舍为基础,所谓"诚于中,行于外",自然能度化有情,这样不但能利他又能完成自利。

何谓运用不当?就是随顺自己的习气,不知检讨反省,如此不但无法进步,反使习气染着愈深,愈来愈堕落,终至不能自拔,丧失法身慧命。

所以若能认清何谓盔甲、界限,自能起无限的宽容与慈悲,则我们做人处事也都能圆融无碍,等视一切有情,那么无论我们身在何处都能活得自在无碍,不再被这无形的盔甲所束缚。

只要愿意,就能承担自己;只要愿意,就能改变自己;只要愿意。我们就会发现:自己原来早已处于最幸福、最合适的环境里……

人的一生之中,有许多的考验,不论自己愿意或者不愿意,总是得面对现实。

如果自己愿意的情形出现时,便会觉得充满冲劲、活力与乐趣;反之,则使人感到疲累、消沉与无奈。当无奈又无法改变时,种种负面、偏颇的观念就容易产生。犹如一把双面的利刃般,对于自己及他人都带

来深刻而绵长的伤害。

　　一生，有多长的时间能堪如此痛苦的挥霍呢？要如何才能够放下这把心中的利刃，疗愈掩之不去的伤痕呢？答案是：只要愿意，就能放下。

　　在自己的成长的过程中，曾因学业成绩的起落，而饱尝人情冷暖，当时自认为想要在社会中生存，其实并不困难，只要明白这个团体或族群的价值观，并且满足他们的要求，就可以拥有自己想要的一切——包括物质与精神。

　　这样的认知，让自己与人交往总是落于两端。一者是保持距离，以策安全；二者是掏心挖肺，全意付出。果报自然也是两极化——泛泛之交与严重受创。在接二连三的伤痛中，心中也快速地筑起重重的围墙。

　　经过多日的思索，终于感悟到，境界实无好坏，有的是心的分别。因此，借由顺逆境的示现与提醒，造就点点滴滴的进步——越来越能面对自己，看清楚自己，进而愿意承担与改变自己。

　　总算明白：完美、喜悦与祥和，不是来自战胜他人；也不是来自成果丰硕展现之时，而是来自大家一起分享、相互鼓励以及共同成长的过程之中。不但如此，还可沿着旅程，欣赏着最纯、最真的美。原来，人生，可以不用走得那么辛苦。

　　蓦然回首，感觉自己像极了寓言故事中所说，那只追着尾巴寻找幸福的狗儿，周而复始、不断地自转；真正了解到，只要放下向外追逐的心，幸福，就会自然而然地来了！

　　本来就存在身边的美好，直到现在才看得到，只因为，我愿意——

　　只要愿意，就能承担自己：不是对自己的赌气或放弃，而是无条件、不带憎爱的完全接纳自己。

　　只要愿意，就能改变自己：不是逼着自己认同另一个价值观、或是达到什么标准，而是放下自己对完美的错误认知。

　　只要愿意，我们就会发现：自己原来早已处于最幸福、最合适的环境里，即便不是原来的想望，但却出乎意料地远远胜过一切的预设。

只要愿意，我们将会觉察：放下就是疗伤！

人生的画笔，将由我任运，无穷无尽地挥洒

——只要愿意！

我们每个人都需要好心情。它是生命赋予我们的本能，没有谁为阴郁、凄苦而降生于这个世界上。好的心情和性格一样，虽有先天的基因，却主要来自后天的修炼……

今生，什么能与你永相伴？

恩爱夫妻，有多少是同年同月同日去的？"生不同死同穴"是诗情画境。事业，纵然可达到登峰造极的地步，但在身老体衰时，创造力会枯萎。金钱，没钱时，囊中羞涩，你气不顺；有钱时，人情淡薄，你又顺不过容颜，青春不能常驻，有的短促得像梦。还有什么？心情，它如同呼吸，伴你一生。人的一生，免不了有许多苦难。苦难时的心情像船桨打水，吱呀一声便坏了，坏得透底。茶饭不思睡难安，半生的汤圆久久梗阻在心，除了给周围带来有碍观瞻的审美缺陷，除了给自己种下病根，好处是丁点没有。

好心情就不同了。好的心情能化干戈为玉帛，化疾病为健康。任何年龄的容颜都会被好心情照亮。

其实，我们每个人都需要好心情，它是生命赋予我们的本能，没有谁为阴郁、凄苦而降生于这个世界上。

好的心情和性格一样，虽有先天的基因，却主要来自后天的修炼；它不会诞生在某一个时刻，而是天长日久中人格、素养、品质、才情的自然流泻。

好心情的获得不需选择天时地利，它如美的存在一样是无所不在的，关键在于你愿不愿发现。

同样是人在旅途，有人只死盯目的地，亦苦亦累且躁；而你注重过程，一路听鸟语闻花香，涉泉河跋丘岗，瞻冷雨空阶怀西窗秉烛，看潮起潮落随雁去雁来。

皎洁的夜空下，有人闻不出十里荷塘飘来的花香，你却在细小微

风中听到了荷叶与蜻蜓缠绵的耳话。

景本无异,异的是心情。

文殊师利——这位佛法中的王子,菩萨中的大菩萨,对佛说:"世尊!在场的这些菩萨,都是世上难能可贵的,因为尊敬顺从佛的缘故,发下宏大的誓愿,在以后的五浊恶世中,护持并且为人读诵讲说这部《法华经》。世尊啊!这些大菩萨在以后的恶世中,为什么能宣说这部经典呢?"

佛告诉文殊师利菩萨说:"如果有大菩萨,在以后的恶世中要宣说这部经,应当安住于四法。一是安住于菩萨行处及菩萨亲近处,才能为众生演说此经。

文殊师利!什么是菩萨摩诃萨(大菩萨)行处呢?如有大菩萨修忍辱法门,住于忍辱地,要温柔亲和,善意顺从,而不急怒暴躁,内心也不惊恐。在佛法修为上要行无所行,看世上诸种事物也要无执著、无分别。这是住于菩萨摩诃萨行处。

什么是菩萨摩诃萨亲近处呢?

菩萨摩诃萨,不应亲近国王、王子、大臣、官长;不亲近各种外道的梵志、尼犍子等;不应造作各种世俗的文笔,读诵、赞扬外道的书籍或阐扬恶论的路伽耶陀、逆路伽耶陀;不应亲近各种凶暴的游戏,如互相扑打及称为那罗的大力士,或种种变幻的戏法;不应亲近以屠杀为业的旃陀罗种姓及畜杀猪羊鸡狗、打猎捕鱼等诸种造恶职业的人。这类人或偶尔到来的,要为他们讲说佛法,但不要盼望、攀缘。还有,不要亲近求声闻乘的比丘、比丘尼、优婆塞、优婆夷,也不问讯打招呼,如在房中、路途相遇时,或在讲堂之中,不共同居住,偶尔有来的,要随机说法,但不能希求获得多大收益。文殊师利啊。还有,菩萨摩诃萨不应对女人生出淫欲的想法,为女人说法,也不能乐于相见。如果进别人的家,不和小女、处女、寡妇交谈。不亲近五种不男之人,不和这类人结交亲厚。不单独进别人家,如有特别的原因要单独进别人家,只是一心念佛。如果为女人说法,不露出牙齿笑,不袒露出胸腹,这样为了说法尚且不能亲厚,何况为了别的目的呢？不应乐于蓄养使唤年少的弟子或小沙弥,也不应乐于和少年同师学习。要经常爱好坐禅,在清闲之处,修摄自心。文殊师利啊,这就是最初的菩萨亲近处。

更进一层的菩萨摩诃萨,观一切事物境界都是空相,与实相相符合,不颠倒妄想,不动、不退、不转,像虚空一样没有任何性相。一切的语言或定义,不生、不出,不起任何念头,没有名字,没有相状,其实本来就什么都没有,无量也无边,无碍也无障。只不过因为因、缘生有,从颠倒的缘故说生。经常这样看待各种事物的实相,是菩萨摩诃萨的第二亲近处。"

当时世尊要再次宣讲这个意思,就用诗偈体说：

如有大菩萨,在很久以后的五浊恶世之中,没有恐怖畏惧之心,要为世人宣说这部经论,就应当进入菩萨行处和菩萨亲近处。常远离国王、王子、大臣、官长等贵人,远离凶残险恶的游戏,远离屠杀牲畜为业的旃陀罗种姓。就是外道的梵志,也不要亲近。佛道中自满自大的增上慢人、贪著小乘的人、钻研章句文字的三藏学者、破了戒的比丘、徒具虚名的罗汉或比丘尼、喜好戏笑玩乐的耽溺于五欲的妄求轻易得灭度的优婆夷等,都不要亲近交往。如果有这样的人,怀着向上求善的好心,到菩萨面前,想听修佛之道,菩萨就以无所畏惧之心,为他说法,但不要抱太大希望。寡妇、处女及各种不具男根的男人,都不要亲近,交往深厚。也不要亲近屠夫、猎人、打鱼之人,(他们)为私利而杀生害命,贩肉来养活自己。卖弄女色,诱惑钱财之人,都不要亲近。凶暴危险的扑斗游戏,各类淫乱的女人,都不要亲近。不要独自在安静之处为女人说法。如果要说法时,不要轻佻嘻笑。进街里乞食,要和别的一个比丘同行,如果无人可同行,就要一心念佛。以上所说,就叫做菩萨行处、菩萨亲近处。守此二处,就能获得安乐。再有,不要分别上、中、下法,有为与无为,实与不实,也不要分别。无论是男是女,于佛法中实在无一法可得,也没有知道或见到什么,这就叫作菩萨行处。一切事物,都是空,无有实物,也没有永恒的常住,也没有事物的生与灭,这些才是真正的

智者的所亲近之处。各种事物没有颠倒,分别,似有实无,是实物,却非实物,是生,却实没有生。要在安静的闲处修摄自心,安住而无动摇,就像须弥山一样。看一切事物,其实都无所有,就像虚空一样,无坚固之形,没有生出,没有向前动或向后退,常住于一相,这是菩萨亲近处。如果有比丘在我灭度以后,进入这样的行处及亲近处,再宣说这部经,就不会有畏怯之心。有时菩萨进入静室,端正意念,随正义看待事物,从禅定中而起后,为各位国王、王子、臣民、婆罗门等大开法门,演说这部经典,内心安然自在,没有丝毫怯弱。文殊师利,这就叫作菩萨最初的安住法,依此修行,就能在后世为人演说《法华经》。

"还有,文殊师利!在我灭度后的末法时代,要为人讲说这部经,应当住于安乐行。如果用口宣说或者读诵经典时,不要说别人或别的经论的过失,也不轻视慢待别的法师,不说他人的好坏长短。对求声闻乘的修行人,也不指名数说他的过失、错误,也不指名称赞他的美德,也不生怨恨嫌弃的心理。善于修习这样的安乐心,听法的人就不会拂逆说法者的意思。如果有就经义有所询问,不以小乘法来对答,只用大乘法为人解说,令人得到一切种智。"

当时世尊要重新宣说这样的意思,就用诗偈体的语言说:

菩萨常处于安乐的心态,安隐于某处为人说法。在清净的地方安设床座,用油涂身,沐浴以洗去尘土污秽,穿新的干净衣服,里外都须干净,安然坐于法座,随人所问而为之说法。如遇比丘、比丘尼、优婆塞、优婆夷、国王、王子、大臣、士民,就把微妙的道理和颜悦色地讲给他们听,如果有所疑问,就随其所问而为其解说,视听众情况运用譬喻,分别敷陈演说,运用这样的方便法门,使听众都发向善之心,渐渐增益,入于佛门正道。消除懒惰的意念或想法,远离各种忧愁烦恼,以仁慈之心为人说法。不分昼夜,常宣讲佛道这一无上之道,运用各种因缘、无数的譬喻,开示众生,令他们都得欢喜。对衣服、卧具、饮食、医药都不要有所追求。只是一心一意为大众随机说法,希望能成佛道。令众生也入佛道。这是非常大的利益,能令众生安乐地供养。我灭度后,如果有比丘能为人演说这部《法华经》，内心没有嫉妒瞋恚、烦恼障碍，也没有忧愁及詈骂，又没有恐怖畏惧的念头，面对刀杖也不害怕。同道相处，和谐融洽，不因争斗而排除异己。这都是因为安住于忍的缘故。智者能这样善于修摄自心，就能长住于安乐。如我以上所说，这人的功德多至不可言说，即使经历千万亿劫的时间，运用各种算数或比喻，也不能说完。

还有，文殊师利啊！菩萨中的大菩萨在以后的末法时代，佛法要灭绝之时，受持读诵这部经典的人，不要怀有嫉妒、谄曲、欺诳之心，也不要轻视侮骂学习佛道的人，议论其人的长短过失，如果有比丘、比丘尼、优婆塞、优婆夷求声闻乘的、求辟支佛的、求菩萨道的，不要恼恨他们，令他们生疑心而后悔入佛道。比如对他们说：你们离正道相差很远，最终不能得一切种智，为什么原因呢？你们是放逸的人，对修道懈怠的缘故。还有不要戏谈各种修行之法，引起争斗。应当对一切众生发起大悲同情的想法，对各位如来发起像对待慈父一样的想法，对各位菩萨发起大师的想法，对十方的大菩萨应常从内心生恭敬之情并礼拜。对一切众生平等说法。因为要顺应佛法的缘，不增多或减少，就是深深爱着佛法的人，也不为他们多说。文殊师利啊！这样的大菩萨，在以后末法时代佛法将灭绝之时，有成就这第三种安乐行的人，讲说这部佛经时，不能生烦恼昏乱之心，能得到好的同学，共同读诵这部经，也能得到很多的人来听受，听完就能受持。受持后就能读诵，读诵完就能为人解说，解说完就能书写。如果能让人书写、供养这部经典，就值得恭敬、尊重、赞叹。

当时，世尊要再次宣说同样的意思，就用诗偈体的语言说：

如果要为别人宣说这部经典，应当舍弃嫉妒、瞋恚、轻慢、谄曲、诳妄、邪恶、虚伪的心，常修行质朴诚实的心态，不对人轻淡蔑视，也不对佛法戏笑谈论，不让别人对佛法生疑而退悔，说别人不能入佛道。这样的佛法之子为人说法时，经常温柔和顺而能忍让，对一切人生慈悲之心，不生出松懈怠惰的念头。十方的大菩萨，因为怜悯众生无知才行道

济世,要对菩萨生恭敬心,把菩萨当作老师。对各位佛、世尊,要把他们当作至尊无上的慈父。要打破骄傲轻慢的想法,为人说法才会没有障碍。这就是第三安乐行处,智者应用心守护,一心作这样的安乐行,就能为无量大众所尊敬。

还有,文殊师利啊!菩萨中的大菩萨,在以后末法时代佛法要灭绝时,有受持这部《法华经》的,无论在家出家,都应生慈爱友好之心。对不在菩萨大道中的人要生悲悯可怜之心,应当这样想:这样的人犯了大错误,对佛如来随机方便的说法不闻不问,不知不觉,不信也不理解。这人虽然不问、不信、不理解这部经,我得阿耨多罗三藐三菩提时,不论身在何地,都以大神通力、大智慧力,吸引他们,让他们安住于佛法之中。文殊师利啊!这样的大菩萨在如来灭度以后,有能成就这第四种安乐行的,讲说这部经时,没有过失,常常受到比丘、比丘尼、优婆塞、优婆夷、国王、王子、大臣、人民、婆罗门、居士等人的恭敬、供养,尊重赞叹。住于虚空诸天的人为了听法的缘故,也常随侍在身边。如果在村落、城池、空闲林中,有人要来难问时,诸位天人也不分昼夜,为护法的原因前来卫护。能让听法的人都得大欢喜。为什么这样呢?因为这部经是一切过去、现在、未来诸佛神力所保护的。

文殊师利啊!这部《法华经》在无量国土中,甚至连名字都不能够听到,更何况能够见到并受持读诵呢?文殊师利啊!譬如说,有一个强有力的转轮圣王,要以威势去降伏各国,而边远的小国却不降顺受命。这时转轮圣王就派种种大兵前往讨伐。转轮王见到兵士中有战功的,非常欢喜,就随其功劳大小而赏赐。或给田宅、村落、城邑,或给衣服等装饰之品,或给各种珍宝,金、银、琉璃、砗磲、玛瑙、珊瑚、琥珀,象、马、车乘、奴婢,人民。只有发髻中的明珠不会给人。这是什么原因呢?只有国王头顶上有这一颗宝珠,如果用来送人,国王的眷属一定要特别惊讶、奇怪。文殊师利,如来也是这样,用禅定、智慧的力量得到了佛法的国土,在三界为王。而诸位魔王不肯顺伏,如来座诸贤圣的大将就和魔王作战。对其中功劳大的也是心生欢喜,在四众之中为他们说各种经典，令他们内心欢喜，把禅定、解脱、无漏等各种法门这样的财富赐给他们，又把涅槃这样的"城池"赐予他们，说得到灭度的法门，引导他们的内心，让他们都得到大欢喜。但是，不为他们讲这部《法华经》。文殊师利啊！就像转轮圣王，见到兵众中有奇大功劳的，内心欢喜，把深藏髻中的宝珠给了他。如来也是这样，在三界中作大法王，用佛法教化一切众生，见贤圣之军和五阴魔、烦恼魔、死魔共同作战，有极大功德，灭三毒、出三界、破魔网，如来也是极为欢喜。这部《法华经》能令众生得一切智，在一切世间多招怨责，难以相信，以前从来没说，现在说出。文殊师利啊！这部《法华经》是诸位如来说法中的第一，是所说经典中最为深刻的，最后才赐予众生。好比强力的转轮圣王久久守护的那颗大明珠，现在才给你们。文殊师利啊，像这部《法华经》是诸佛如来秘密藏护的，在各种经典中最为第一，长夜中守护，不随便为人宣说。从今天开始，才对你们敷陈演说。

当时，世尊要重新宣述同样的意思，就用诗偈体的语言说：

要经常行忍辱法门，哀悯一切众生，才能为人演说这部为佛所赞颂的经典。在以后的末法时代，凡受持这部经的，无论出家或在家，对没有进入菩萨道的人，应该生出慈悲心，这些人没有听到或不信这部经，是很大的过失。我得佛道以后，会应用各种方便法门，为他们说法，让他们进入菩萨道。再譬如有强有力的转轮圣王，对战斗中有功的兵将，赏赐各种物品，象、马、车乘，装饰身体的物品以及田宅、村落、城邑，或给衣服、种种珍宝、奴婢、财物，都很高兴地赐予他们。如有非常勇敢强壮的，能做非常难的事，转轮圣王才解下发髻中的明珠赐给他。如来也是这样，作为法界的圣王，具有忍辱的强大威力，也有智慧的宝藏，以大慈悲的愿力，以佛法度化世人，见到一切受苦恼想求解脱与魔军作战的人，为这些众生说种种佛法，用大方便之力，说出各种经典。已经知道众生有了较强的法力，最后才说这部《法华经》，就像转轮圣王解下发髻中最珍贵的明珠赐人一样。这部经最为尊贵，处于各种经典之上。我常守护此经，不随便为人开示，现在正是这样的时候，才为

你们讲说。我灭度后求佛道的人,要想得到安隐,为人演说这部经,应当亲近这四种安乐行处。读诵这部经的人,常没有忧愁烦恼,也没有疾病痛苦,容颜亮泽白润,不生于贫穷、卑贱、丑陋之家。为众生所喜,如仰慕圣贤一样。天人中的童子,随其人所使用,刀杖不能损伤,毒药也难以相害,如果有人恶语相骂,那人的口就会被闭塞。游行各处时无所畏惧,就像狮子王一样。智慧所发出的光明,就像太阳一样亮。如果处于梦中,只见到美好的事物,会见到佛如来,坐在狮子座上,各比丘大众团团围绕,听佛说法。又会见龙神、阿修罗等,数目之多如恒河之沙,都恭敬合掌,见到自身,在为他们说法。又会见到各位佛,身体为金色,放出无量光芒,普照一切,发出神妙的梵音,演说佛法,为四众等讲说无上的妙法,见自身处于其中,双手合掌,赞叹佛之稀有,听法后心生欢喜,供养如来,得到陀罗尼密咒,证得不退转智,佛知其心已入佛道,就为之授记,已成最上正觉,说:善男子啊!你会在未来世得无量智,成佛法大道,国土庄严干净,广大无比,也有四众,恭敬合掌听法。又会梦见自身在山林中,修习善法,证诸法实相,深入禅定,在定中见十方佛。佛身呈金色,都具福相庄严。听闻佛法后为人演说,常常会有这样的好梦。又会梦到已作国王,施舍宫殿眷属及上妙的五欲享受,步行到修行的道场,在菩提树下,端坐于狮子宝座,求道过七日,得到诸佛的智慧,成就无上佛道后,起身转大法轮,为四众说法,经历千万亿劫,说无漏妙法,度无量众生,最后当入于涅槃,像灯灭烟尽一样。如果有人在以后的恶世中,为人演说这样的世上第一之法,这人会得到极大利益,就如以上所说的各种功德。

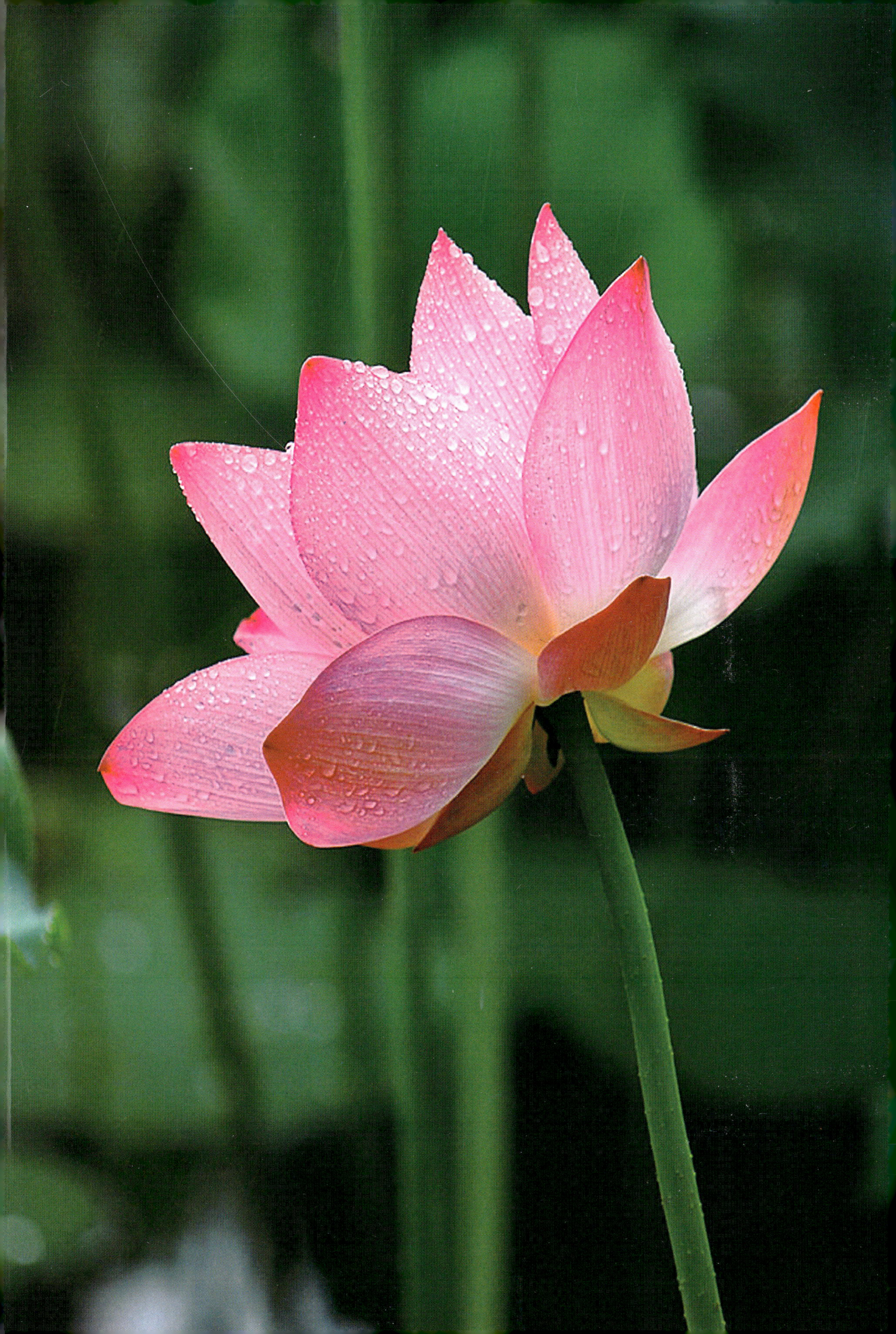

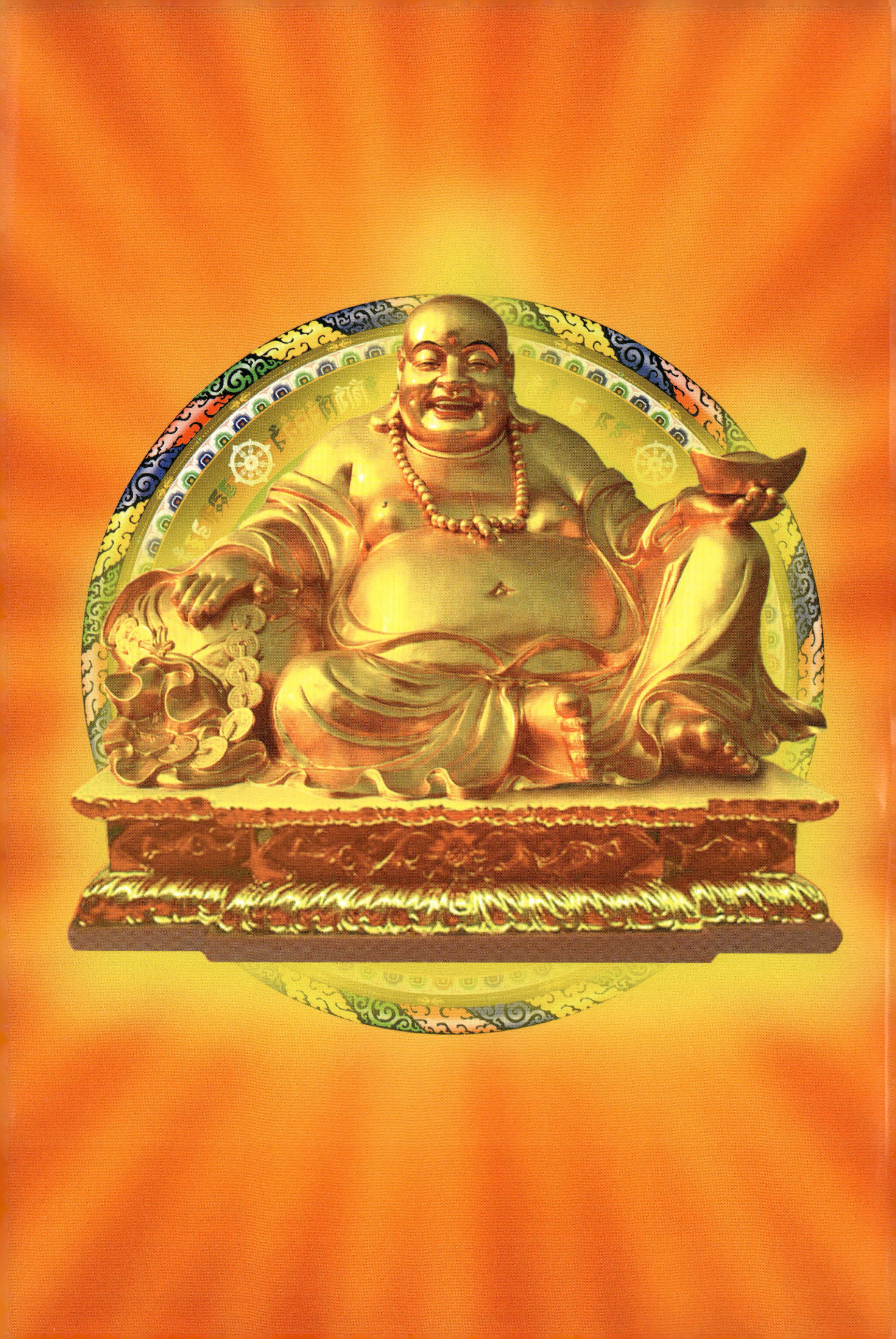

和平发展林

国际人口与发展论坛于2004年9月7日至9日在中国武汉举行，为促进人类社会的和平、合作与发展进步事业，400余名来自世界各国和国际组织的与会者在此种植和平发展林，以誌纪念。

On the occasion of the International Forum on Population and Development held in Wuhan, China from 7 to 9 September 2004, over 400 participants from various countries and international organizations have planted the Trees for Peace and Development to promote peace, cooperation and development of mankind.

二〇〇四年九月七日

13岁女孩发起"祈福中国，爱行天下"东方红文化公益活动的爱心天使——善音，她以其"地球乃一国，世界乃一家，国乃世界之家，家乃地球之国"的心智觉醒于2011年6月在武汉的东湖宾馆国际人口与发展论坛永久会标"东方和平天使王昭君"纪念雕塑前祈愿宇宙和平。

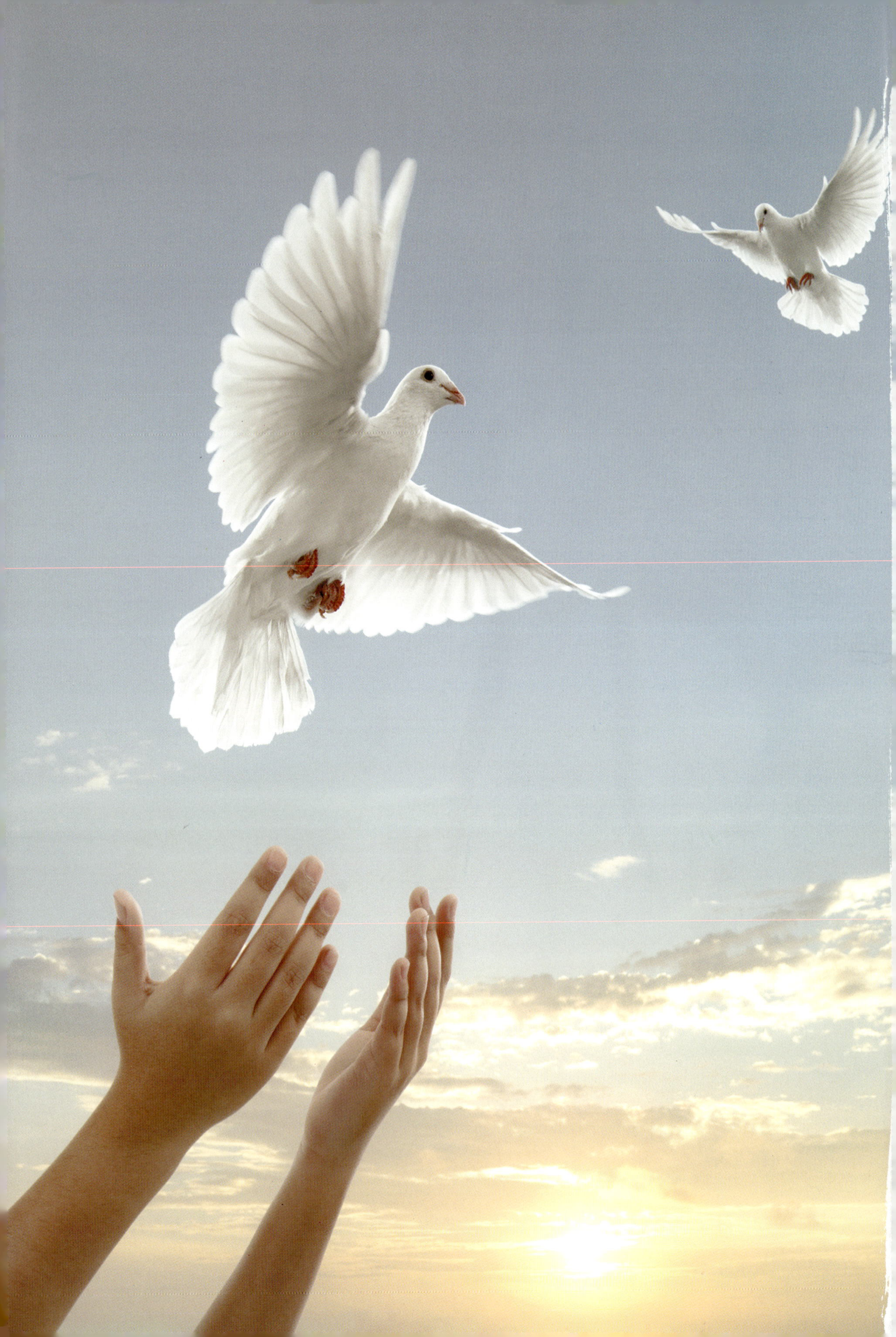

祈祷太空和平

(下 册)

智圣法师 著

华夏出版社

第十六章　无生无死的生命本质象童谣那首圣洁的老歌

人生最宝贵的是灵性或真理，启发一分的灵性，才可以有一分的智慧，才懂得一分的道理，启发十分的灵性，才会有十分的智慧，才懂得十分的道理。因此，我们也可以说人生最宝贵的是灵性或真理。

人生最宝贵的乃是"智慧"，人生的第一件事，应是追求"智慧"。这里说的"智慧"有别于"聪明"与"天才"，所谓"智慧"，乃是由那光辉圆满的灵性所流露出来的一种领悟力；有了这领悟力，则万事万物在它之前，了了分明，无所遁形，所以，它能领悟一切真理而无所遗漏。灵性和领悟力与真理可以说是三位一体的东西。譬如镜子一样，一面平坦光滑而无尘垢的镜子，我们可比作"灵性"；镜子有"照"的功能，我们可比作"领悟力"；所照见的物像，可比作"真理"。所以，一个灵性未经启发的人，我们不认为他有智慧，正如我们不认为遍布灰尘的镜子有"照"的功能。启发一分的灵性，才可以有一分的智慧，才懂得一分的道理；启发十分的灵性，才会有十分的智慧，才懂得十分的道理。所以我们说某某人不懂道理或不讲理，与说某某人无智慧，或说某某人无灵性，意思是一样的。因此，我们也可以说人生最宝贵的是灵性或真理。

然而，我们为什么要强调智慧而不强调灵性或真理呢？理由是："智慧乃是一种能力与作用，在三者之中，它居于枢纽的地位。有了灵性，若不加运用、训练，依然不会有智慧，依然不能了悟真理；正如镜面虽无尘垢，若不用以照物，依然不能发挥它的用途，不能显现各种物像。

· 831 ·

智慧乃是以全体的灵性为根本,所以它与"聪明"和"天才"有所不同,因为"聪明"二字乃系耳聪目明之谓,偏指感官的发达。虽然所谓"聪明"有时意谓"较高的智商",毕竟不如智慧之圆满与深沉。所以我们不会形容孔子、老子、苏格拉底为"聪明的人",而形容他们为"具有智慧的人"。而"天才"往往指某方面的天赋而言,如天才音乐家、天才数学家。固然,圣哲多具天才,但天才并不等于圣哲,因为圣哲的智慧具有全面性与统一性。

根据儒家的经典,我们可知儒家把智慧列为第一优先。如《中庸》讲三达德,亦智为第一。大学之道在明明德,"明明德"之意为明白本有的光辉的德性,亦即启发灵性。再者,《大学》一贯的修养,其起点在于格物致知,所谓格物致知就是研究事事物物的道理以获得圆满的智慧。《论语》子夏也说:"博学而笃志,切问而近思,仁在其中矣。"博学、切问、近思都是求取智慧之法,有了智慧便能引发仁爱心,所以说仁在其中。《中庸》孔子说:"博学之,审问之,……笃行之。"为什么孔子不换个顺序说:"笃行之,审问之,博学之"?显然是因为知在先,行在后之故。所以到了后代,王阳明才说:"真知乃能力行。"孙中山先生说:"革命的基础在于高深的学问。"

搁置圣哲的言论不谈,当我们静心而思,我们每一个人都能领悟到智慧的重要性。试问有了智慧以后,我们还怕没有办法、没有希望吗?有了智慧,则如拨云雾而见青天,则人生一切问题都会豁然开朗,虽不一定能一时获得解决,却总有解决之日。宇宙人生的问题不外乎以下三种形式:"……是什么?""为什么……?""如何才能……?"比如说:"权力是什么?""为什么人会热衷权力?""如何才能获得权力?""快乐是什么?""为什么有人会不快乐?""如何才能获得快乐?"无边无尽无穷的问题都逃不出这些形式。一旦有了智慧,问题都可得到解答,然后进一步徐图解决。

关于名利富贵……乃至男女爱情,对人都是利弊参半,都是有副作用与危险性的。这些东西被人所享受,但是拥有越多,则越容易招灾惹祸。但如何能拥有这一切而不至于招灾惹祸，端看拥有者有无智慧以为断。有了智慧，则他的言行做法都能合理合情，妥帖稳当，则世间种种身外之物在他手中都能获得最佳运用，而不致为他引生烦恼。而且，在取舍之间，他能有明智的决定，在必须舍弃之时，他也不会黯然神伤，神魂颠倒，这是因为智慧发挥了作用。

  当我们静心观察，我们可以知道，举凡古今圣哲，大都是提得起、放得下的人。当他们居高位、掌大权、享受厚禄之时，他们都能善用其声望、权力和地位，担天下之重任，发挥一己之长以利济生民；若不幸而时不我与，小人道长，他们也都能如古人说"遁世无闷，不见知而不悔"，悠游林下，了其余生。道理安在？一言以蔽之，曰智慧而已矣。诸位也许会问，为什么智慧能使人看得开、放得下呢？原因是：智慧根源于灵性（亦即大我），灵性一经启发，则小我观念日渐淡薄，其心广大开阔，能如庄子"与天地精神相往来"，能如孔子"毋意、毋必、毋固、毋我"、"从心所欲而不逾矩"。其境界是"圆满"、"光明"、"空灵"、"轻松"、"自在"。其精神能力达于最高，所以能化解许多无谓的烦恼。此时，他不必再重视物质、声名、地位、权力，他所需要的只是最低限度的物质条件而已。庄子说："鹪鹩巢于深林，不过一枝；鼹鼠饮河，不过满腹。"的确，我们的躯体有限，容量有限，只要精神修养提高，智慧显现，我们原无需太多的物质，当然，更不需要虚名来安慰自己，权力来陶醉自己。一个君子，或是一个圣贤，如果他也追求财富、权位、声名的话，那么他一定是要借财富、权位、声名以完成他的伟大理想，而不是用这些东西来填补心灵的不足。

  反过来看，一个没有智慧的人，那么他肯定是个对万事万物执迷不悟的人。他一定活得很痛苦，没有希望，一定会受人愚弄，受环境摆布。他不能自甘淡泊，他的欲望极高，可是他不知如何去获得所欲之物；若一旦得到了，反而招来更多的烦恼，因为他不知要如何处理、运用；若一旦失去了，更是懊悔不堪；这就是所谓的患得患失。以钱财为例，一个缺乏智慧的人，没有钱他感到苦恼，有了钱往往苦恼更甚，有

了钱再失去,其苦恼又复加倍。他可能财迷心窍,铤而走险,然后误蹈法网;若侥幸而成暴发户,便穷奢极欲,沉沦酒色,乃至玩物丧志;或者因不懂理财而旋复失去,到头来往往落得身心交瘁,狼狈潦倒,其结局甚至比原先贫穷的境况更糟。何以故?无智慧故。举一反三,余可类推,我们可以了解无智慧之人真是一无是处。推而言之,他们有钱是苦,无钱也是苦;生病是苦,健康也是苦;孤独是苦,群居也是苦;做事是苦,闲着也是苦;有地位是苦,无地位也是苦。总之,他们提不起也放不下。

一个有智慧的人,他对人生有最合理的安排;他能明白事物的本末先后;他能在各种场合中说出最适当的话,做出最适当的事,表现最适当的态度,他能应付各种问题;他能见微知著,鉴往察来;他不但能自知,也能知人,所以他对己对人都不会低估,也不会高估;他能慧眼识英雄,也能慧眼识小人;他深悟人性所具的潜能皆无限而平等,并深知人人成功的可能性相等,所以他知道没有理由自卑,同样也没有理由自大;他深知道德之重要性,故随时提倡道德;他了悟"天地与我并生,万物与我为一"的道理,所以他具有民胞物与的精神,不仅爱家、爱国,也爱全人类,而且能推而爱万物。

一个国家需要有睿智的领袖,一个学校需要有高明的校长和教师,一个家庭需要有明理的家长,一个男人需要有贤惠的太太,一个女人也希望嫁给有灵性的丈夫……世界上有哪一件事不需要智慧去完成?有哪一门学问不需要智慧去领悟?有哪一个人不需要智慧?有哪一个人不希望以智慧者为领袖、为师长、为配偶、为上司、为属下、为朋友?

名利富贵对拥有者多少会有副作用和危险性,容易招灾惹祸;唯有拥有智慧的人不必担当什么风险,因为智慧本身即是避险的舟筏。而且名利富贵往往须由争取得来,到手之后便为众矢之的,所以难得易失,难保久远。智慧之为物,求其在我,不必与人争夺便能拥有,既有之后,不怕被人掠夺,因为它无声无臭无形;而且真正的大智慧总是深藏若虚,不尚卖弄炫耀,所以不怕招来嫉妒、攻击。有人说,智慧愈高则烦恼愈多,那是因为智慧未成熟的缘故,智者也可能由于其他的原因而遭到讥讽、毁谤、歧视,但是这些讥讽的冰、毁谤的雪、歧视的霜都将在智慧的日轮照耀下,在心中消融无踪。

智慧是诸德之母,一切美德若无智慧为其眼目,必多趋于邪路,所以说:"诸德如盲,智慧为导。"今聊举数例以明之:不智之忠是为愚忠,不智之孝是为愚孝,不智之信是为迷信,不智之爱是为痴爱,不智之仁容易被人利用,不智之勇往往自召其祸,缺乏智慧的果决名为武断,缺乏智慧的坚定名为顽固,精进而缺乏智慧可能愈精进而入邪愈深,创新而缺乏智慧往往只是表面功夫、换汤不换药。

当我们踏上人生的宽广大道,内心会有多么美妙的感受!但是若不能开启智慧的大门,这条宽广大道通往哪里呢?

按禅的方式解决问题,有道是:"大肚能容天下难容之事",何况是与自己朝夕相处、风雨同舟的亲人呢?将这个道理再扩展一点,对我们的同事、同乡、同一个地球村的人类,不都应该如此宽容大度吗?

我们身处的这个世界越来越复杂,越来越拥挤,因此,生活给我们带来的烦恼和人与人之间的摩擦与碰撞几乎每天都在所难免。痴迷的,隐在矛盾里面不能自拔,其苦不可言状,许多刑事犯罪和心身疾病皆因思想偏执所致。如果我们在胸中装上禅机,那么,无论遇到什么问题,都能迎刃而解,化险为夷。

日本有位武士曾因白隐禅师一转语而悟道的公案很能发人深省。一次,这位武士问白隐禅师:"有人说世有地狱与极乐,真的有吗?"禅师没有从正面回答,而是循循善诱地引导武士开悟。禅师故意指着武士轻蔑加侮辱地大骂,致使武士忍无可忍,抽刀砍向禅师,当武士怒发冲冠、杀气腾腾地双手举刀过顶时,禅师开口了:"可怕!这不就是地狱?"真是一语惊醒梦中人,武士闻言,惊觉到自己的失态,马上把刀丢掉,然后匍匐在禅师脚下忏悔自己的鲁莽,禅师展颜一笑:"这个感谢,不就是极乐?"台湾了涵居士评论曰:"原来地狱、极乐、幸与不幸,全部

都是自己的心造成的。"有许多偏执与偏激的行为，如果当事人静下心来回头反思一下，就会为当时一念之差懊悔不已。但愿禅能使我们变得聪明冷静起来。

赵州从谂禅师有句名言"吃茶去"，无论你到没到过赵州，无论你是平民百姓还是达官要人，来到禅师面前，一律都"吃茶去"！这里面包藏着一个了不起的禅机。可是，我们许多人却不能以这样一种平等心和平常心来为人处世。有的领导，用人只看学历、资历或是关系背景，完全不给自学成才者以尝试的机会，他们的茶是只给到过赵州的人吃的。而这种差别心又导致了多少幕人间悲剧啊。有许多人，过分追求名流，上大学要择名牌大学而不是注重专业，找工作要找名气大的单位而不是考虑实用，穿衣服要穿名牌货则不管它是否符合自己的个性；还有的人患上了严重的势利眼病，对不如自己的人就轻视侮慢，头扬得高高的，白眼看人，而对权贵大亨则满脸堆笑，言语生花，极尽奉承巴结之能事。这样的人，自以为生活得高人一等，但实际上很可怜，毫无人格可言。他们表面上活得比别人幸福，内心却比别人痛苦。因为，人的本性应该是自由自在、无所挂碍的，有了那么多的杂事和俗念，人还能活得轻松快乐吗？人一旦被别人的观念所左右，就会迷失自我，随波逐流，蹈入无边无际的不安之中，这是十分可悲的。所以说，在这个喧嚣的现实社会中，为人处世保持"吃茶去"的心态是非常必要也是非常有益的。俗话说："家家都有一本难念的经"。夫妻之间、婆媳之间、妯娌之间，往往因一点鸡毛蒜皮的事就争吵不休，甚至大动干戈。遇到这类纠纷，清官亦感棘手难断。而家庭又是社会的细胞，家务事处理不好，也是社会不安定的隐患。我们不妨用禅的方式解决。禅，意译作"思维修"、"弃恶"等，通常译作静虑。有人发明了一种禅那药方，用以治理人与人之间的关系很有效。其方法是：将你所仇恨的那个人的名字写在一张纸上，也可连带写上他使你气愤的言行，把纸条折叠好，贴肚皮放好，双手劳宫对劳宫隔着衣服捂住纸条，然后静坐参禅。这时，你的眼前就会浮现出那个人的嘴脸，你的无名火就随之窜上来，心跳加速，喘粗气、冒热汗，但你还是必须强迫自己把这个讨厌的面孔一张嘴咽进肚子里去，然后继续打坐参禅。渐渐地，腹内一片澄澈清凉，那个人的面容化为乌有。这时，你立即取出纸条撕碎扔掉。如此坚持做几天，纸条再贴近你的肚皮时，你就会不但不讨厌他，反而会有一种亲切感。有道是："大肚能容天下难容之事"，何况是与自己朝夕相处、风雨同舟的亲人呢？将这个道理再扩展一点，对我们的同事、同乡、同一个地球村的人类，不都应该如此宽容大度吗？

  禅是佛教之塔上的光芒四射的塔尖，是宇宙间最高尚、最优美的人生哲学，它的生命在于实证。如果我们遇到问题都能按禅的方式去解决，那么，世界将变得一片光明、祥和。

  苏东坡有一次过济南龙山镇，那里的监税官宋宝国拿出一册王氏所写的《华严经解相》给他看，并对苏东坡说："这位王公修道已到了极致了。"

  苏东坡就问宋宝国说："《华严经》一共有八十卷，王氏怎么只解了一卷呢？"

  宋宝国说："王氏对我说，只有这一卷是佛语奥妙，其余的都只是菩萨所说的话，没有什么可观。"

  东坡听了，心里觉得非常奇怪，就说："我从大藏经里取几句佛陀说的话，再取几句菩萨的话放在里面，你能分辨出其中哪些是佛说或菩萨说的吗？""我不能分辨。"宋宝国说。"不仅你不能分辨，王氏也不能分辨。我从前住在岐下，听说沂阳的猪肉味道最美，就派人去买一头猪回来，派去的人买好猪那天喝醉了，他买的猪也跑了，他只好随便买一头来给我。我不知道他带给我的不是沂阳的猪，结果我就用那头猪来请客，告诉大家那是好不容易从沂阳带来的猪，所有的客人吃了都大大叫好，认为是别地猪肉不能相比的美味，后来我派去的人承认沂阳猪跑掉了，所有的客人听了都感到非常惭愧。"

  "从前买猪的事情使我悟到：如果人一念清净，墙壁瓦砾都说无上

法,是没有什么分别的。即使像买猪肉、娼妓唱歌这种卑微的事也能令人开悟。像王氏所说,佛语奥妙,菩萨不能相比,这就像吃猪肉的客人一样,不是痴人说梦吗?"

宋宝国听了大表赞同说:"是呀!是呀!"

苏东坡用猪肉的比喻来破除对佛法的谬见,虽然有点过度,却颇有深意,就是一念清净的人见什么都是清净,心中有佛,所见皆是佛法;心中无佛,即使是佛亲口所说,我们也不能领会它的奥妙。有智慧的人,瓦砾对他都是无上法;没有智慧的人,无上法对他也是瓦砾。

愚痴的人觉得黄金最珍贵;聪明的人知道石头有时比黄金珍贵;智者金石同一观。

苏东坡体会到这个道理,曾经写过两首有智慧的诗,后来成为中国名诗,一首是:

溪声便是广长舌,

山色岂非清净身;

夜来八万四千偈,

他日如何举似人。

另一首是:

横看成岭侧成峰,

远近高低各不同;

不识庐山真面目,

只缘身在此山中。

护卫正道需要流畅的表达能力,与人同坐谈话时,如果抢先说话,就表示浮躁,是轻率,轮到该说时却不说,表示心中有隐匿,有藏私。不去观察人家的脸色而说话,就是盲眼,就是瞎子。这些是说话的艺术,是做人的规矩;是善说的涵养,更是修行者的细行。

"一言以兴邦,一言以丧邦。"儒家之士深明言语的影响,于是在立德、立功之外,还强调立言的重要。而菩萨修行度世当中亦需具备无碍的辩才,如《八大人觉经》所言:"广学多闻,成就辩才,教化一切,悉以大乐。"众生的烦恼妄见必须用智慧剑来斩除,而菩萨说法即能端正众生的错误知见。

善说,不只是辩才无碍、说话圆融,最重要的是心存善念、正念之言语表达。如果一个人心中满是愤恨,那么说出来的话必然字字是利箭,伤人无数;如果包藏祸心,即使口蜜腹剑、巧言令色,最终仍不免被人识破,甚至身败名裂。佛法告诉众生因果轮回的道理,自己现在所做的事、说的话,将来都要各自承担果报,若能遵守戒法,则能远离恶因。例如,十善法中有不妄语、不两舌、不恶口、不绮语,菩萨四摄法中有布施、爱语、利行、同事,这都是令众生趋向善道的指引。

说好话之余,进一步还要能阐发自己坚定的理想和信念,使他人明白言论中的义理,乃至认同、接受;此外,更要以正知正见为根本,有慈悲智慧之胸怀,罢斥邪说、显扬公理正义。如:春秋时代的晏子,以机智善巧提升国家的地位、化解自身的窘境;唐朝的魏征,在直言进谏之外亦能以种种方便,巧妙地使君王接受谏言。孟子说:"予岂好辩哉?吾不得已也!"为了护卫正道,为了度世的宏愿,流畅的表达能力是每一个行者所应具备的基础。

战国时期,蔺相如怀璧出使秦国,谒见秦王,发现秦王没有诚意以城换璧,他就故意说:"我方才献出的和氏璧,有一处小瑕疵,容我指出来。"他把秦王手里的和氏璧,又拿回自己手里,然后,依柱而立,指责秦王说:"大王无意换城,我已了然,只好把和氏璧要回来。大王如想加害我,只好把和氏璧和我的头,撞向柱上,同归于尽。"说罢,他就怒目瞪视秦王。秦王见状,只好不杀他。蔺相如既知换城之事已不可能实现,暗中派人带着和氏璧回到赵国。

秦王知道杀死蔺相如,只会妨碍到两国的邦交,因此,好好招待他一场之后,放他回去。蔺相如的善于辞令、人品,和过人的胆识,终于保全了赵国的国格和和氏璧。

再说南北朝时,有位求那跋摩高僧,是印度厕宾国的王族出家。南朝文帝元嘉八年,跋摩大师来到建业,文帝请教大师:"寡人想持素并

不于非时食,且禁杀生,但我身为一国之主,掌全国政治,种种拘限,无法满愿,不知怎么办才好"

跋摩大师回答:"帝王的修行法和平常百姓有所不同。小百姓身份贱,名分微,自然应该吃苦耐劳,勤俭修行,帝王拥有整个天下,掌管所有的百姓,只要说一句仁德的嘉言,官吏和百姓都会很欢欣,行一仁政,则人神都高兴而随顺。虽然用刑而不滥杀生命;虽有征役,而不剥榨人民的劳力,那么天下就风调雨顺,寒热适当,百谷茂长。这样的斋戒才是大斋戒,大功德啊!这种不杀生,可算受持不杀戒的极致啊!那里只是放弃半天的饭,或保全一禽兽的生命,就算是大慈大悲大功德了呢!"文帝听了这番巧论,不但欢喜赞叹,还命令掌职的官吏供养跋摩大师,全国也都崇拜供养。

明朝莲池大师曾经赞叹道:"求那尊者谈佛法,道理正确而说法圆融委婉,善巧解说而不违背正理,才是真正融通佛法和世间法而不相妨碍的人啊。就是古代贤良的谏议大夫,也不过如此。"

儒家云:"言未及之而言,谓之躁。言及之而不言,谓之隐。未见颜色而言,谓之瞽。"就是与人同坐谈话时,如果抢先说话,就表示浮躁,是轻率。轮到该说时却不说,表示心中有隐匿,有藏私。不去观察人家的脸色而说话,就是盲眼,就是瞎子。这些是说话的艺术,是做人的规矩,是善说的涵养,更是修行者的细行。

古人亦云:"立德、立功、立言。"所以说话除了会说,更要能善说,说得好,说得恰到好处,恰如其分,进一步还要从说话中建功立德、造福人类、净化心灵。而佛陀说法更是圆融无碍,常以善巧譬喻,应机提掇,让聆听法音的众生,身心热恼尽消,清淳无比,当下即能契入佛法义理,可知佛说法的音声中,蕴含殊胜的智慧与功德力。

智慧出自清净心,智慧是每一个人自性里具足的,不是从外面来的。"具足"就是没有欠缺,是圆满的。你的"财富"、"智慧"、"德能"是圆满的,没有一样不圆满,都不是从外来的……

释迦牟尼佛四十九年所说的一切法,集成为经典,再加上历代祖师大德们的注疏，合成现在我们所见到的《大藏经》。它的内容可以用一句话概括，这就是为我们"说明宇宙人生的真相"，也就是《般若经》上讲的"诸法实相"。"诸法"是一切法；"实相"就是真相。"宇宙"是我们生活的环境；"人生"就是我们本人。世间还有什么事情比这桩事情跟我们的关系更密切？

若对于宇宙人生真相彻底明白，在佛法里称为"觉悟"。彻底明了的人，我们称他为"佛"；明了而未能彻底的称他为"菩萨"。"菩萨"是梵语，玄奘大师翻译为"觉有情"，即觉悟的有情众生；而我们则是不觉，是迷惑颠倒的众生。菩萨是觉悟的众生，可见他们不是神明。所以觉悟就称"佛"，就称"菩萨"；不觉则称为"凡夫"，可见凡圣平等，只是迷悟差别不同而已。佛、菩萨觉悟，众生迷惑；觉悟的人，生活就自在，在生活里，自己做得了主宰；迷惑的人，则被外面环境主宰着，自己不能做主。

智慧是每一个人自性里具足的，不是从外面来的。"具足"就是没有欠缺，是圆满的。你的"财富"、"智慧"、"德能"是圆满的，没有一样不圆满，都不是从外来的。外面求的难，不容易！佛法的求不是向外，而是向内。因此佛法称为"内学"、"内明"。佛法要从心性中求，也就是从清净心里求，清净心是真心。

佛法不但重视理论，更重视实行。理明白之后，如果做不到，则是空的，所以佛法重在行门。"行门"就是生活。

性德虽然本来具足，但须靠修德彰显。修德，就是你要会过日子，要会生活。从前人说修行，现在听"修行"两个字，感觉很神秘、很神奇，很不容易体会里面的意思。实际上，修行就是修正一切错误艰苦生活。

我们要懂得修行，修行的标准是"戒、定、慧"三学。"慧"是真实的智慧。持戒用现代的话来讲，就是守法、守规矩。持戒就是守法。我们一定要养成守法、守规矩的精神。除了佛教的戒律之外，生活在这个世界，国家宪法及地方上的法律、规约，乃至于生活习惯、风俗、道德观

念,都要遵守,这都在持戒范围当中。人守法,心就清静,所以心安理得,心里安静了就容易修定,因戒生定。"定"就是真心、清净心,清净心起作用就是智慧。凡夫的心不清净,就有烦恼,就有妄想。

想想自己常生烦恼,人家常生智慧。差别就是他的心清净,我们的心散乱,无量无边的妄想、分别、执著、烦恼,这是增长六道轮回,我们天天在生轮回心,造轮回业,不是修菩萨道。轮回是苦海无边!觉悟的人,要赶紧从错的地方回来修清净心。

戒定慧,是佛法指导我们修行的总纲领,其他一切法门,都不出戒定慧三个大纲。

学佛的同修都知道佛、法、僧三宝。"佛"代表觉,佛是大觉之人;"法"是经典,代表佛知佛见,正知正见是如来的智慧德能,也就是诸佛如来对于宇宙人生的想法、看法;"僧"代表清净,六根清净、一尘不染。三宝是觉、正、净,觉而不迷,正而不邪,净而不染。

在日常生活中,穿衣、吃饭要觉悟,不能迷;要正知见,不能有邪知见;要保持清净心,心地不能被污染,所以佛法修的是觉正净。学佛没有别的,就是把真心发掘出来,把妄心舍弃。妄心是生灭心。妄心是指念头,念头是虚妄的,前念灭了,后念就生,生灭永远没有停止,这是妄心、妄念、妄想。把妄想舍弃,真心就现前。真心是清净心,没有生灭,所以清净心生的是真智慧。

由此可知,智慧不是从外面来的,是从清净心里生的,是从禅定功夫里生的。

何谓慈悲?慈能与乐,悲能拔苦。诸佛菩萨以"无缘大慈,同体大悲"的平等心对待一切有情,儒家有言:"老吾老以及人之老,幼吾幼以及人之幼。"此外,墨家讲"兼爱",耶稣教世人"博爱",这都是慈悲心的展现。

怎么做才称得上大慈大悲呢?从前有一个很慈悲的人,乐善好施,任何事情都很乐意帮忙。有一天,他看到两只狗在打架,心生不忍,便靠过去对着两只狗劝架,同时伸手将它们拉开,结果手指头却被狗给咬伤了。处于无明瞋怒的状态时,人道众生尚且作不了主,何况是畜生道呢?所以,只有慈悲而缺乏智慧,称不上真正的慈悲,不仅无法解决问题,自己反而受了伤害。

真正的慈悲是悲智双运,懂得运用善巧方便来利益众生。慈悲,并非顺着对方之意而任其予取予求;慈悲,必须视时节因缘而进退得宜。明惠上人赶鹿的公案即是最好的例子:有一头迷路的鹿跑进高山寺,明惠上人看了连忙喊道:"这是哪里来的鹿,快把它赶出去!"不但召唤弟子驱逐,自己也一边拿起拐杖赶鹿。弟子们大惑不解,心想平时慈悲亲切的上人,连一只蚂蚁尚且护念,今天怎么反常的严厉,还亲身用杖赶鹿呢?正当大众议论纷纷时,上人向大众说道:"我是为了不让鹿习惯于人类,所以才赶它出去;鹿一旦习惯了和人相处,就会失去对猎人的警戒心,因而丧失生命。"慈悲不只是外在所现的柔软,其中更应具足智能的判断。

佛陀所制定的戒律、祖师大德所立的规矩,无一不是为了护念大众的修行;有时我们只看到外相挥杖鞭策的严厉,而忽略这背后真正的慈悲。真正的慈悲,是兼具智慧的慈悲,是有担当力、智勇双全的慈悲。

阿尔费里德·伯恩纳德·诺贝尔生于瑞典首都斯德哥尔摩。他没有妻子、儿女,连亲兄弟也去世了。诺贝尔发明了炸药,成功地开办了许多工厂,积聚了巨大的财富。诺贝尔立下了遗嘱:"请将我的财产变做基金,每年用这个基金的利息作为奖金,奖励那些在前一年为人类做出卓越贡献的人。"这就是从1901年就开始颁发享誉世界的诺贝尔奖。他生前曾写下一篇短小精悍的自传:"阿·诺贝尔呱呱坠地之时,小生命差点断送在仁慈的医生手中。主要美德:保持指甲干净,从不累及他人。主要过失:终身不娶,脾气不佳,消化不良。唯一愿望:不要让人活埋。最大罪恶:不敬鬼神。重要事迹:无。"

武士信重问白隐禅师:"真的有天堂和地狱吗?"

白隐禅师问他："你是做什么的？"

信重答道："我是一名武士。"

白隐禅师，听了很不屑地说："谁会让你做门客呢？看看你这张乞丐的脸就够受的了！"

信重听了十分愤怒，想禅师怎么一开口就这么惹人生气，于是手按住宝剑剑柄，想教训一下他。

谁知白隐禅师仍不依不饶地继续说："噢，你居然还有一把宝剑。你这样的人也配有宝剑吗？恐怕是一把废铁吧！"

信重被激怒了，果然把宝剑拔了起来。

白隐禅师这才悠悠地说："地狱之门由此打开。"

信重听了，有所领悟。原来禅师这样做是在开示自己，赶紧收起了宝剑，向白隐禅师道歉。

白隐禅师见状，不慌不忙地说："天堂之门由此打开。"

禅解：

从诺贝尔的墓志铭里我们无法将其与炸药的发明者联系到一起，里面根本没有提到炸药、战争、和平等字样。也许在这个墓志铭之外，根据他遗愿设立的诺贝尔奖已经将他的功绩表彰得无可复加，此处也就因此描写一些小事了。诺贝尔实验成功之后，人们慢慢就了解到了他取得的成就，然而诺贝尔更关心的是告诉后人一个完整的自己，于是整个墓志铭都体现了对生命和生活的热爱。据说，诺贝尔发明了安全炸药之后，深感到有人会把它用在战争中，于是利用自己的专利费设立了诺贝尔奖，专门奖励为人类文明做出贡献的人。类似的是，当爱因斯坦参与到发明原子弹之后，意识到这个武器对人类的巨大杀伤力，所以还亲自写信给美国总统，强调原子弹的危害。但可惜的是，美国还是没有听进劝告，还是在战争中投入了使用。虽然诺贝尔从战争的武器的发明中意识到了人类如不自我约束就有自取灭亡的可能，但是他指望的只是模糊的人类文明意识，但谁又能保证代表人类智慧的发明创造中就不会产生第二个安全炸药和原子弹呢？在这点上，白隐禅师则看得似乎又有些过于简单,两个人之间的战争不可能只是因为瞋怒,更何况国家之间呢?如果武士信重只悟到了瞋怒的危害,那么自然就还不算悟道,而心魔才应该是真正的目标。佛祖在教导人们的时候说忍辱是达到菩提境界的途径之一,白隐禅师所开示的打开天堂之门就是忍辱的意思。

战争是人心欲望不能调和的产物。

可以说,人类的历史就是战争的历史,甚至我们计算这段时间可以追溯到更遥远的上古神话时期。战争从一开始就以两个主体斗争出场。人们会说两个部落、两个国家、两个军事集团的战争,但决不会说某个国家和树木的战争,或某个部落与小草的战争。战争也一般分为正义战争和非正义战争,假如一场战争被称为是正义的话,那么会被大加赞赏,反之则是舆论的痛贬。战争其实说穿了就是人心欲望不可调和的产物。有的人会因为争夺土地能源而发动战争,譬如上世纪末伊拉克突然入侵了科威特;有的人会因为财富,譬如古代游牧民族对耕种民族的袭击;也有的人是因为更大的政治控制欲望,这常常起因于一些所谓的世界征服者的"大脑袋症";还有的人甚至是因为美色,这就如海伦所引发的特洛伊战争。当然,被压迫人民反抗压迫者的战争也很多,这当然不是因为发起者——被压迫人民有着很强的欲望,而是说压迫者的欲望已经超越了社会承载的能力,对于老百姓而言,已经到了你死我活的地步。现在,世界战争虽然更多地展现了高科技的优势,似乎先进武器从气势上就具有压倒性的优势,然而,愈演愈烈的恐怖事件也开始融入到现代战争的舞台上,而恐怖袭击所表现出来的玉石俱焚的自杀式毁灭方式更加将战争中的人性暴露无遗,仿佛在诉说:太阳底下没有胜者。

和平也是一个与战争相对的概念。如果不懂得和平的真实含义,那么再壮观的和平盛世如果过于享受而不加节制的话,也不会踏实。

和平与战争相互交替的最好例子可能就是中国的历史。中国从秦朝开始到清朝结束的封建社会一直重复着一乱一治的循环,柏杨先生

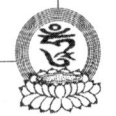

第十六章 无生无死的生命本质象童谣那首圣洁的老歌

· 845 ·

称这种情况主要看朝代开始时是否能渡过"瓶颈期"：渡过了就会赢得很长时间的太平时代；反之则会被迅速颠覆。不知这种情况是否促使了中国人民形成爱好和平的性格，也有学者曾指出，中国人是向内发力，所以不会对外发动扩张侵略。爱好和平其实应该属于世界人民，历史造就的巨大战争阴影还很难消去。然而，即使到了现代社会，人们争先标榜着文明与民主，热衷于商业买卖的奇技淫巧，沉浸在五光十色的娱乐享受中，但恐怕再繁荣的和平景象仍不能阻挡人们对战争的隐隐念头。人们呼吁和平是鉴于对战争的恐慌，但这种恐慌与人心欲望的贪婪相比，又是小巫见大巫、微不足道的。和平的时候，战争被压制，但仅仅是导致大规模杀伤和破坏的战争行为的人心被人们一次性绞杀干净。可是不满、贪婪、不仁义却还在悄悄地滋生，这正如白隐禅师所看到的，天堂地狱皆在人间，人心如果不加节制的话，那么贪婪将一直上升到社会不能承受的地步。欺骗也能发展到整个社会根基都垮掉的境界，此时人与人之间的怨气自然也就是普通的人际关系难以盛装得下了，看得见的战争苗头被控制住了，但是看不见的战争心火却星火燎原。和平是一个与战争相对的概念，如果不懂得和平的真实含义，那么再壮观的和平盛世如过于享受而不加节制的话，那么这样的和平也不会踏实。

心地放下，战争与和平才能消弭于无形。

白隐禅师看出，生瞋怒心就难免进入地狱，有悔过之心却能重返天堂。诺贝尔发明了安全炸药，但是身后还能以诺贝尔奖来激励社会文明的发展，这些都是拒绝战争，维护和平。但我这里要说的是，战争与和平的念头都要放下。

有了战争的念头，自然会想方设法通过杀伤和破坏来达到目的，而和平的概念也仅仅是针对某些已经发生过的战争的恐惧，它所追求的却很容易会超出了它的警戒线。没有战争的和平是否来自于一个合理的社会才是问题的关键。假设和平只能赐予人们你争我夺的场所和时间，只能眼看着不平等的现象在不足以引起战争的范围内大肆横行,而和平甚至也仅仅是一种骗取民心的政治牌,恐怕如此没有战争的和平也并不是人们真的想要的。这反倒显出了诺贝尔的英明:一个普通人是不会去想战争与和平,他想的仅仅是"呱呱坠地"、"保持指甲干净"、"娶"、"脾气"、"消化"、"不敬鬼神"、"重要事迹:无"。普通人是没有能力发动战争的,所以对于他们来说,和平也就是一个不存在的命题,油盐酱醋也忽然变成了阿拉伯神灯,它呼唤的不是神仙,但却照亮了神仙也奈何不了的尘世中一个普通人的心路。

> 心地含诸种,
> 遇泽悉皆萌。
> 三昧华无相,
> 何坏复何成。
>
> ——唐·南岳怀让禅师

"卑鄙是卑鄙者的通行证,高尚是高尚者的墓志铭。"

一次,一个弟子问峻极禅师:"修行行善的人是什么样的人?"

峻极禅师回答:"担枷锁者。"

弟子又问:"那邪恶为非的人又是什么样的呢?"

峻极禅师回答:"修禅主定者。"

弟子就很迷惑:"老师,学生根基浅薄,无法理解您的开示,请您再解释一下好吗?"

峻极禅师解释说:"所谓恶者,恶不从善;而善者,善不从恶。"

他见弟子还是不懂,于是接着说:"恶者无善念,善者无恶念,所以善恶皆如浮云,无所生也无所灭。"

这个弟子这才有所领悟。

按理说皈依三宝的做法应该是最保险的守善,可当面对大多数人无法亲近的佛缘的时候,我们又当如何?佛陀告诉我们,当人们不能以直接的三宝来获得解脱、见解善恶的时候,已经获得智慧的人应该用人们能够接受的福祉来诱惑他们接受。因此,善的人应该总能得到大富贵,而恶的人早晚都要得到大倒霉。卑鄙者凭着卑鄙的通行证能横

行无忌于一时,但他总有狐狸尾巴露出来的时候,总有因作恶太多得到报复的时候。另一方面,高尚者牺牲了,但却凭借着墓志铭唤醒了其他的人认清楚什么叫做"高尚",而这正是人类发展的方向。可以想象,如果一直恶有善果的话,那么此时的世界不应该适合人类的生存,而是充满了尔虞我诈,明争暗斗,心灵得不到片刻的安宁,但这个现象毕竟没有出现,不正说明了人们整体上还是认可"善有善报,恶有恶报"这条真理了吗?

善恶斗争之路的曲曲折折也构成了人类心路的历程,所以佛家也很赞成宣扬善恶果报的道理,鼓励人们向着正确的方向前进。不过像竣极禅师看得这样透彻的倒也不多。他与北岛倒有几分相似,他说行善者是"担枷锁者",如北岛所说死了的"高尚者",他说为非者是"修禅主定者",如北岛所说的拿着通行证一路畅通的人。在竣极禅师看来:"善恶皆如浮云,无所生也无所灭。"一时的善胜过了恶,或者恶胜过了善都不应该太欢喜或太伤悲。"高尚者"纵然只能孤零零地有"高尚"的墓志铭相陪,但高尚的人还有美好的未来。而"卑鄙者"一时贪得了便宜,他们"卑鄙"的通行证却只能被指定通过一段距离,此外则是死路一条。

相信善恶报与其说是一种善良的活法,倒不如说是规范的。

人们总还是善良的,尤其是现在这样一个人人都爱和平的时代,所以相信善恶报应也是一种善良的活法。当然,我们也可以把这理解为一种规范生活的活法。任何一个现代国家都会制定出大大小小层出不穷的规范来试图强加一种国家意识,如果将政治问题剔除掉的话,也可称为大多数人的意志。遵从规范很明显是聪明的生活方式,而这种聪明的方式也被聪明的大多数人命名为善良的,反之则是丑恶的。在没有办法证明如何规范才是善良这个等式之前,人们接受了这样的善良,即使所谓的大多数人已经给善良做了面目全非的变脸,可这样的生活还是被认为是得到了善报,哪怕这也仅仅是一种无知无觉的生存而非生活。

佛宣扬的是一种规范的生活,也是一种无规范的生活。只有认清楚规范,才有可能找到世间烦恼的所在,而只有消除了规范的羁绊,直接以自我的心性来解脱烦恼,才能真的修到菩提境界。此时,也就是峻极禅师所讲的境界。

但我们也必须寻找善良的通行证,有时甚至需要付出回归墓穴的代价。

无疑,北岛是相信善恶报应的,所以,尽管他用悲伤的笔调来描写高尚者的墓志铭,但是写出来仍然是铮铮的"高尚"两个字。在当代,类似雷锋的人会被嘲笑,用另类的眼光来看,雷锋不再被当作善良的代名词,反而有时却离恶魔并不遥远。正所谓"一朝被蛇咬,十年怕草绳。"好人好事不能得到现报,有时甚至还得到了不合理的恶报,于是人们也就无法相信有所谓的"雷锋",自顾自才是劝世箴言。这样的认识也正在被大面积普遍化,金钱的判断抹杀了善恶的威信。一个人可以想方设法赚到金钱之后,然后过上一种他认为是富贵的生活,并且把这种富贵当作是善报,此时,善的行为已经失去了充当刺激人们的角色,似乎只有金钱才能完美地解释这一切。另一方面,如果一个人即使付出了辛劳和血汗都无法过上他想要的舒适安逸奢华享受的生活,那么他就会认为善行并不能得到善报。即使他的性格再温和,再做过什么助人为乐好善乐施的好事,这在金钱的眼里还是一文不值。所以,他只能按照金钱的意旨行事,用黑布蒙上了良心的眼睛,然后做一些可以赚钱的恶行,而只有赚到了钱,那么就等于得到了善报,就可以一俊遮百丑,可以捃干脚上的泥笑看风云。然而问题是,金钱真能摆平世间的一切吗?如果是的话,那么中国也不会出现表现不出多大慈善激情的冷漠的富人集团,也不会出现大规模从报纸武装到互联网的仇富集团,总会有人针对以富人为对象的绑架和抢劫发出幸灾乐祸的笑声,而即使再多的穷兄弟摸爬滚打过着穷日子,还是会有更老成的富家兄弟以他们作为更上一层楼的跳板。因此,事实只能证明,金钱真的

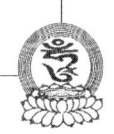

不是万能的。善恶之报的法则并没有失效。人们如果能用心体会的话，那么所谓不违心的事情就是善行，符合人性的事情也就是善果，我们需要做的仅仅是揉揉眼睛，明心见性。

峻极禅师的故事就说明了这个道理。虽然"担枷锁者"和"修禅主定者"是两个极端的例子，但是这丝毫不影响问题的本质。尽管"高尚者"和"卑鄙者"在一次交锋中体现不出来善恶果报的道理，但是北岛的诗本身却正说明了在下一次乃至更多次数的交锋中，"高尚"毕竟占了上风，它活在被感动着的善良人们的心中。在那里"卑鄙"无法通过。胜利并不仅仅归功于这句伟大的诗句，尽管它确实起到了伟大的作用，而且那些还没有听过这句诗的人，却也能过上幸福生活。这听起来似乎问题的关键是找到一个与北岛诗句不同的法器，但如何找到？它与北岛诗句的真正关系又是如何呢？

> 心法双忘犹隔妄，
>
> 色空不二尚余尘。
>
> 百鸟不来春又过，
>
> 不知谁是住庵人。
>
> ——五代·性空妙普庵主

佛陀是爱众生的，因为爱，他舍弃荣华富贵而出家修行；因为爱，他四十九年间讲经说法，将解脱一切众生生死苦为其毕生奋斗的目标。也因此他是幸福的，因为爱是人的天性，能尽人性、尽物性，天人合一，顺其自然地发展，才是生命的圆满。

佛陀的爱，"是诸众生，皆是我子"，他把他的爱心扩大到无所不包，与万物一体，也因此自然产生"先天下之忧而忧，后天下之乐而乐"的高尚情怀，悲天悯人的仁爱心肠。他对整个众生都充满了爱，为可以给众生无私付出感到快乐和幸福，这也使得他的生命创造出新的价值。

一个人人生的圆满，并不完全在于金钱和权力，更在于人与人之间的关爱和互助，因为只有彼此真诚的爱意，才能让人感受到人情的温暖。爱是我们人类进步的阶梯,也可以看作是一个人是否成熟的标志。在社会生活中,我们如果缺乏了爱心,便缺失了社会的文明。很难想象人与人之间如果没有爱心,世界会变成什么样子。爱是人类最美好的语言,是高尚无私的奉献,它不去计较个人的得失,只通过相互的给予,而不是相互的攫取来实现彼此的价值,也因此,爱不仅可以升华他人,也能够升华自己。当你用一颗至诚的心去付出你的爱时,你就会发现爱心的伟大和快乐,所以一位哲人曾经说:"爱,能使伟大的灵魂变得更加伟大。"

心理学家认为,人的精神和情绪发生问题,常常是因为无法和他人建立起正常的爱的关系。也就是说,如果一个人不能产生对他人的关爱,那这个人的人格就是有欠缺的,没有得到真正完善。久而久之,这种不健康的心理,也会影响自己身体的健康。有一组国外最新医学研究的报告资料显示说,充满敌意的人患心血管类疾病的可能性,比有爱心、喜欢帮助别人的人要高三倍以上。这说明我们平时对他人的一点爱心,不光是一个小小的善举,同时也会因为内心的愉悦和满足而增进自己的身体健康。爱是神奇的,甚至可以超越医学的力量,给生命制造美丽的奇迹。它就像一把明亮而生动的火炬,在照亮别人的同时也温暖了自己。

爱是自我的完善,也是帮助他人的完善。可以使自我和他人都得到进步。一个不爱自己的人,也很难对别人付出爱心。如果自己的心智停滞不前,自然不可能推动他人的心智发展,只有我们自身强化成长的力量,才能成为他人力量的源泉。因此爱自己和爱他人,是两条并行不悖的轨道。人与人之间的爱不能停留在口头上,还需付诸行动、持续地努力,如此才可以帮助他人也帮助自己获得成长。

此外,我们与别人相处,不仅要懂得怎样去爱别人,使生活安定和谐,更要懂得接受别人的爱,享受因爱而带来的快乐和满足。因为爱是相互的,在我们付出爱的时候,也会收获爱,不付出爱是自私冷漠,而没有爱的滋润,我们的心田也会逐渐贫瘠和干瘪。爱是发自内心的一

种情感，是一种理解，只有在相互的尊重中才能品味到爱的甘甜。爱是一种责任，它需要心与心的碰撞，它是纯一无杂的，不能够勉强和索取。只有无私的爱才最真挚，也只有无私的爱才感人并且永远不会消失。

在一本书中曾讲到这样一个故事，大意是有个人为能给自己的将来找个好归宿，就去地狱和天堂参观。他先来到地狱中，结果吃惊地发现，这里的人们面前虽然摆满山珍海味，但却一个个愁眉苦脸、面黄肌瘦。原来他们每个人的左右手上，都分别绑着一对近四尺长的刀、叉，由于餐具太长，根本无法将桌上的美味送到自己嘴中，因此他们一直在痛苦中忍饥挨饿。之后他又去了天堂，看到的情景和地狱基本相同。不同的是，那里的人们都很高兴，一个个红光满面。吃饭时他才发现，原来天堂里的人，都懂得用自己的餐具去喂自己对面的朋友，而自己又可以被对面的朋友来喂，这样他们都用爱心给予对方，自己也因此得到了相应的回报。

就像这个故事中的描述，其实我们的生命是很脆弱的，只有彼此付出爱心和帮助，才可以搀扶着行走，产生出无穷的力量，在面对困难时，团结一致增强信心、走出逆境。所以，在日常生活中，我们应该怀着一颗爱心，去善待我们身边的家人和朋友，以及天下所有的人，在能够做到的情况下，给他们提供必要的帮助，这样我们的人生才充满了爱，整个社会才可以远离战争，让世间充满和平友爱的吉祥之光。

佛法的可贵之处，在于不为自己只为众生求安乐，宁可舍己以自己的牺牲来换取他人的安乐。因此，一个学佛者要心怀慈悲，常有利益众生的心，无论到哪里，都心无畏惧，以爱待人、以慈对人，不与人结怨。佛陀讲因果福报，这份爱心便是造福的种子。

佛教中的这个"爱"字，有两种不同的含义：一种是善待，还有一种是善改。善待就是以善待之，以善念、善行与众生相处；善改则是以善改之，使善者更善，恶者转善，进而使众生共成佛道，这是佛教的最终目标。

其实，我们人人都有一颗菩萨心，都有着和菩萨一样的精神和力量，这力量就是爱和慈悲，它恒藏在我们每个人的内心本性之中，从生命的出生到生活、学习、工作，无不是在爱的氛围之中，如果没有了爱，生命也许不可能存活。既然爱这么重要，那怎样才算有一颗爱心呢？按佛门的标准，说贤善弟子的法相有六种：一是要有知惭有愧的心，人格贤良，日常生活中所作所为都倍加谨慎，时时不忘利益他人，对一切众生均怀慈悲博爱之心。二是性情温和，能依教奉行，信解行皆悉圆满。三是有坚强的意志，无论遇到多大困难都不会改变，舍弃身命也护持佛法三宝。四是慈爱道友、与僧众和睦相处，常以大悲心来滋润他人。五是无论什么时候都做有利于众生的事而心无厌倦，能安忍一切劳苦而精进勤奋。六是守持身口意三门，能守护一切誓言、戒规，不令毁损。此具足六种善缘法相，方为贤善。

一个充满爱心的人，情感必定是丰富的。因为情感丰富的人，会由耐心产生出爱心，也因此而更有理想、有抱负、成就大的事业。也许你见过母鸡孵小鸡的过程，母鸡在 21 天的时间里尽量不吃不喝、须臾不离，直至让小鸡出壳。如果我们能够有母鸡这样的爱心，无论做什么事都全权付出，注入情感，自然就会由爱心而产生信心，由信心产生出力量来。只要自己认定值得爱、应该爱，爱得有意义，就以恒心和毅力坚持到底，不因遇到挫折就灰心丧气，那最后等到的自然是成功和胜利。

菩萨是有很长的情、无微不至的爱的，他对众生生生世世都不间断地护持。因此，在生活中我们常常听到有人遇到困难的时候，会念一声"菩萨保佑"。"菩萨"这两个字，其实是梵语"菩提萨埵"的简称，它的意思是觉有情，也就是觉悟的有情的众生。菩萨对众生有着很长的情，他来到人间为众生撒下种种情缘，生生世世对众生有着无微不至的爱，这个爱是长情大爱，就如地藏菩萨立的愿"地狱未空，誓不成佛"，菩萨的爱心这么大，也因此他终会成佛。

既然生而为人，我们应该有一颗爱心，用一份全权的热情去为众

生服务,为社会尽到自己应尽的那份责任和义务,心安地过日子。爱是人人本有的,是自身取之不尽、用之不竭的智慧宝藏。任何卓越的智慧、惊人的毅力和无比的勇气,都是由爱心发挥出来的。爱可以充实人生、提升性灵,美化世界和宇宙。离开了爱,就不会有真善美和有任何令人感动的事情。

佛陀说:"救人一命,胜造七级浮屠。"浮屠是佛塔的意思。佛教中,造塔的功德很大,但为死去的人造塔,不如救活人一命。佛陀在这里,鼓励人们奋不顾身地去救援那些面临死亡危险的人。因此,能救人的人就是菩萨,放下屠刀,立地成佛。

佛教被称为慈悲的宗教,在它发展的过程中,从自利到利人,以及发愿如果有一个众生没有得度,就誓不成佛,这期间均贯穿着一种伟大的慈悲精神。这种慈悲精神体现的就是同情和怜爱。在《大智度论》卷二十七中说:"大慈与一切众生乐,大悲拔一切众生苦。大慈以喜乐因缘与众生,大悲以离苦因缘与众生。"它的这种慈悲精神,不仅是在人类社会,它遍及于一切有情之生命,即使是无情的草木土石也善加珍惜爱惜。佛教为救助一切有情众生而不惜一切努力,是佛教最为推崇的菩萨行。它一方面可以不惜自己的一切代价,连自己的生命、身体各个部位都可施舍与人;另一方面又戒杀和放生,鼓励非暴力和和平。

我们在诸多的佛教戒律中都可以看到,不杀生总是被放在第一位,佛教的不杀生,不单单包括戒杀这种行为,同时还不许持有杀生器械。就像《梵纲经》中所说:"若佛子,不得畜一切刀杖弓箭钺斧斗战之具,及恶罗网杀生之器,一切不得畜。"这里说明的意思,就是不得制造杀人武器。当然,佛教的不杀生是指没有应杀理由的故杀,如果是因为过失、无意等原因造成了后果,佛教认为是一种可以改悔的罪。

在这个世界上,我们和其他动物的生命是平等的,如果当人的生命受到其他动物的威胁,自然以人的生命为重。据说在佛寺的浴室中,曾因湿热生虫,佛陀说:"应荡除令净。"所以如果有传播疟疾的蚊子和生养细菌的污水,自然需使用消毒方法。

佛教是爱好和平的宗教，主张用佛陀慈悲、平等、忍让、宽容的思想来济世救世，不赞成任何形式的暴力和厮杀。在佛教里没有任何可以称为"正义之战"的东西。佛陀认为，任何战争都可以找到它的理由，战争的目的很多都是为了和平，但很多历史事件，也证明和平并非靠战争来实现那么绝对简单。如果人类没有善念，没有宽容和悲悯的心，任何问题都不可能解决，而这种方式有时只会导致矛盾的激化，使民族仇恨愈来愈深。因此佛陀早在2500多年前就曾说"冤冤相报何时了"、"若以诤止诤，至今不见止。唯忍能止诤，是法可尊贵"。

所以在佛教经典中，经常可读到佛教徒为了感化强暴、赢取和平而牺牲自己生命的故事。佛陀十大弟子之一的阿难入灭过程就是一例，传说有一次阿难在摩揭陀国一片树林中听到一个小和尚在念经，因有很多地方都念错了，他便走上前去指正。小和尚冷笑着说："你是不是老糊涂了，这是我师傅当年亲口教我的，怎么会错。"阿难听了，便决计离开摩揭陀国，去毗舍离城。正在渡过恒河时，摩揭陀国国王率数千兵马急速赶来，请阿难回去。而毗舍离国的国王听说阿难前来，十分高兴，又听说摩揭陀国国王带兵来追，便也带着大队人马，想把阿难抢回来。摩揭陀国的军队在南岸，毗舍离国的军队在北岸，两军对峙虎视眈眈。阿难唯恐因自己而起一场厮杀，便从船中腾空而起，化成火球寂灭。尸骨分成了两半，一半堕在南岸，一半堕在北岸。两王各得一份，不再相争，各回本国建塔供奉。

阿难的死平息了一场战争，从根本上讲，佛教与和平有着密不可分的关系，它主张任何生命都有其生存的权利，所以要尊重生命、不杀生、不做伤害众生的事。佛教自印度恒河向四方传播都不曾有过武力战争的纪录，它只以佛陀的完善人格和慈悲精神，以佛法的博大精深来感化众生，成为众生的精神依托。

这个世界上的一切事物都有法，世界没有不是法的事物。包括世间的种种外在表象，以及思想可以感受到的内在种种，都可以称其为

法。法有两个范畴的含义：一个是可以用眼睛和其他感官认识的物体，再一个就是不能用外在衡量的内心。任何事物都离不开身和心。但是这个法是由因缘和合产生，会起变化、也会分解和消失。法的力量凌驾于一切事物之上，不以人的意志为改变，它是一种自然的规律，只照本来的样子呈现。

如果我们没有清楚地觉知事物的本质，反而被迷惑，就是妄法。如果再视这些事物为我的或他的，区分自己与他人，就是无明。无明生起时，烦恼也即随之产生。所以我们应该避免在这些事物中挣扎，应看清它们，而不要患得患失，落入好恶的陷阱。"我喜欢这个，我讨厌那个……"，这些都是颠倒妄想，它们不会带你走到正确的道路上，而只会让你偏离方向，不知去向何方。

在春秋战国时代的赵国都城邯郸，人们不仅穿着打扮得体，走路的姿态也很好看，很多外地来的人见了都很羡慕。有一位燕国寿陵的少年听说了这个消息，就从家乡来到邯郸，想学习邯郸人走路的姿势。到了邯郸，他来到大街上，发现这里人走路的姿势的确比自己好看，就下决心一定要学习。这时，有一位年轻人走过来，他就跟在这位年轻人后边学起来。年轻人迈左腿，他也抬左腿；迈右腿，他也抬右腿。这时一位花白胡须的老年人走过来，他又赶紧跟在后边学。但毕竟老年人有老年人的特点，不论他怎样学，也不像样，也不美观。老年人走后，一位年轻女子走过来。这位年轻女子走起路来又轻快、又沉稳。他就又跟在这位女子的身后学起来。谁知没学几步，就被周围的人看见，忍不住嗤笑他。这位学步的少年也觉得不好意思，就想赶快离开这里，慌乱之中，他不但没有学会邯郸人走路的姿态，连自己原来走路的方法也忘记了，只好爬着离开了那里。后来，人们就用"邯郸学步"或"学步邯郸"这句成语，来比喻只知道盲目地模仿别人，而将自己原来的技能都丢掉的人。

《金刚经》中说"法尚应舍，何况非法"，因此上岸后不要还背着船不舍，所有的一切法都是一种方便法，我们应善解利用，注重实行，如此才可以借假修真,借方便来启悟本来的真谛。

佛陀对在家弟子的生活也非常重视,他认为,一个在家弟子首先要把自己家中的事情处理好,做好人间事才会没有后顾之忧,才可以修行好,在道业上更为精进。

经济的条件是身体不可缺少的资粮,不管任何人,只要活着就必须解决温饱问题,如果温饱问题不能解决,性命堪忧,又如何进一步修行呢?所以无论什么时候,首先都要把自己的事情处理好才谈得上有利于社会、救济更多的众生。当然,佛陀从来没有主张单纯地追求经济利益,他只是要人以基本的经济生活作为保障,进而使精神更加充实而向上。

生活中,我们总是有很多琐碎的事情需要处理,而这也正是考验我们的处事能力和生存能力的时候,如果连自己基本的生活问题都不能合理解决,又怎么能够更好地处理天下的事、为众生服务呢?这就是人们常说的以小见大,从个别的小事就可以看出一个人的品德和能力。所以在平凡的生活中,我们更应该去磨炼自己、充实自己、实现自己,这样才可以为自己去成就一番大事业奠定基础。将身边的事处理好,很安心地用多余的时间去做自己喜欢做的事,这样不必因为家里有什么问题没有解决而更多地忧虑,就能够更集中精力全面发挥自己的智慧和才能。

所以,要处理好家里的事,也要处理好身边的事,我们毕竟还没有真的在真空中不食人间烟火,所以一定要把生活中的每件事做好,不要忽略相对于道业、学业、某个伟大的梦想的实施而显得无足轻重的小事。

把所有的事情都处理好。可以安心投入,家庭也会美满幸福。我们的家庭是社会的组成部分,如果家庭不和睦,社会就会产生很多矛盾。有很多人不明白,处理好家庭的事就是在做很好的善事。因为能做到老有所养、小有所依,每个人都没有怨言,大人和孩子都能够安心工作和学习,功德就很大。生活中我们常说到爱,总是想我对你好你也要对

我好。却不知道真诚的心是只讲付出，不求回报的。家庭生活中也是这样，你的付出别人是知道的，你只需尽到你的义务、做到你的本分，这样自然相互感化，没有那么多家庭矛盾。

父母在家庭中要教育子女，有义务引导子女向善、有爱心、知礼仪，父母的言行会直接影响孩子，儿女的言行往往会成为父母的翻版，所以父母一定要注意自己的言行、态度，不能没有耐心，更不能对孩子打骂和经常发怒。古时候讲"父子有亲，君臣有义，夫妇有别，长幼有序，朋友有信"，这些人际关系的秩序在社会大家庭和小家庭中都同样重要，如果每个人都这样严格要求自己，扮演好自己的角色，做好自己该做的事情，自然社会和家庭生活和谐美满、其乐融融。

此外，在社会生活中，我们还应该处处为别人着想，不要总以自我为中心，需搞好各种人际关系，善于多从他人的角度考虑问题、多体谅别人。我们要从事一项工作，经常会和别人共同协作完成，在这个过程里，我们要付出各自的精力和智慧，不能偷奸耍滑，也不能因为自己的贡献大，就处处表现自己将共同的成果据为己有，否则只会引起争执。

良好的人际关系往往是双方互利的。在别人有困难时，你为他伸出援手，在你遇到困难的时候，他也会来帮助你。在与人相处时，需让对方感觉你的真诚和友爱之心。在表达自己的思想时要讲究方式和方法，这样既可以表现你的修养，同时也可以避免分歧、不伤感情，该说的说、不该说的不说，求同存异，这样互相交流、彼此尊重和学习，才会给你的事业和生活带来更多收益。

学佛的人每逢正月初一，总要称念"南无当来下生弥勒尊佛"。这充满了恭喜的意味，也暗示着修学佛法，首先要培养欢喜心，开拓心境包容一切。

一般的寺院，弥勒菩萨坐镇山门口就代表所谓的皆大欢喜，他大肚皮、敞着胸怀，坐在那儿笑得那么慈祥，人人见了都会起欢喜心，这是对众生的一种祝福。

世间的人，人人都想欢喜，个个都想快乐，这是人之常情。但是，大家也常会犯一个毛病——"不耐他荣"，即喜欢自己欢喜却不愿意看到别人欢喜。比如：看到别人有钱，自己没有钱；别人事业顺利，而自己一事无成；或别人学习比自己好等，自己会有酸楚的感觉，心里不舒服，所以就想找点事，让别人也不欢喜。其结果，自然伤了和气、伤了面子，不欢而散，别人别扭，自己更别扭。

人们经常是关心自己胜过关心别人，无论什么事，都要先看看对自己是否有好处。所以，要克服自己的自私和区别心，不妨先从关心别人开始。我们应该凭真本事做人，不能超过别人也无须妄自菲薄。虚心向他人学习，真心为对方成就高兴，并不会使自己缺少什么，并且还可以看出你宽广的胸怀，更能够赢得彼此真诚的友谊。人与人之间少不了正常的竞争，但是更重要的是相互借鉴、取长补短。学术界"文人相轻"的现象非常普遍，为什么只去看别人的缺点，不去看别人比自己强的地方呢？如果他真的很优秀，你就真诚地告诉他他很棒。你为他的成就欢喜，他也会真心地感激你，也许他会很谦虚地说，你也不错。这样你们之间的关系自然发生了变化，更进了一步，否则可能增加了一个强大的敌人，使自己徒增压力。

弥勒菩萨对人终日总是很欢喜的。世间的笑，一般只是因自己一时的欢喜而发出得意的笑，很少有人为别人的欢喜而笑，因此笑起来也没有弥勒菩萨那样天真自然。他觉得世上一切众生都和自己有缘，众生也因为他的慈悲和蔼，而更愿意亲近他受他接引。相对于弥勒菩萨的胸襟和态度，我们世间的人因为钱、因为权、因为事业的成功而起的欢喜，是何等浅薄。我们应该向他学习，学习他的心量宽大、大度包容；学习他的讲话和悦、平等待人。这样自己欢喜，让别人也欢喜，抱持欢喜豁达的心境，什么都看开看透，也就没有什么不可以解决的问题了。

为别人的成就欢喜，千万不要让别人的成就成为困扰自己和折磨自己心灵的包袱。这需要一颗公平的心，真心、不带偏见地欢喜。有了这样的欢喜心，才能发现别人更多的优点，从他们身上汲取和提升自

己的能量。看到别人比自己强而不舒服,这是正常的心理现象,但一定要懂得坦然淡定地面对,学会平和这种心理。因为如果你有卓越的表现,别人也会遇到这种状况,所以应该不怨不怒,把这看成是平常的事情。我们应该相信天生我才必有用,每个人都有自己存在的独特之处,你也有别人无法比攀的高峰,这也是自然界对物种共存赋予的微妙平衡关系。所以,人不应该受外界的影响,无论环境怎么变化,都要清楚自己存在的价值,因此,在人生的旅途对沿途的风景看淡,不偏不倚地走自己的路。

为别人的成就欢喜、给对方以适时的鼓励,这会让对方感到兴奋和满足,而且对方会产生一种示好的心理,使自己做到更好。生活中,一个员工如果得到上司的鼓励,他会更尽力地表现自己。汽车大王亨利·福特早年创业时曾被很多人耻笑和嘲讽,不能得到理解的福特很痛苦,好几次都打算放弃。但在一次晚宴上,他遇到了大名鼎鼎的爱迪生,爱迪生给了福特很大的鼓舞,并使他最终成为汽车行业的领头人。

当福特在他的餐桌上向一位出席者苦口婆心地讲解他想改良发动机的设想时,距离福特有几把椅子之外的爱迪生也侧耳倾听,并不断挪动着椅子向福特这边靠近,最后,爱迪生索性直接走到福特的身边,请他画出他想设计的发动机的草图。福特当时既紧张又兴奋,他很快在纸上画出了一个简略的发动机草图,爱迪生仔细研究着这张草图,突然,将拳头在餐桌上重重一击,"年轻人,就是它了,你已经得到它了!"多年以后,功成名就的福特曾非常感慨地说:"爱迪生先生在餐桌上的那重重一拳,它的价值对我而言,就像整个世界。"

如果当时的爱迪生面对着这张草图,是一种另外的心理,不是真诚地鼓励和为福特的能力欢喜,也许就没有了后来如此辉煌的汽车时代。这种欢喜心具有一种神奇的力量,它使人们超越了自己,也使这个社会变得纯净和更加祥和强大。

佛陀教导众僧说,修行者要善用自己宝贵的一生,常保欢喜清净心,多为众生想、多为众生做,别人快乐、我也快乐,这就是菩萨道、菩萨行。

多替众生想是菩萨道,多为众生做是菩萨行,付出自己的爱心,就种下了一片希望,收获了一片快乐。凡夫起心动念都为自己想、都为自己做,佛菩萨跟凡夫的不同就在这里。当我们无私地付出爱时,即使有痛,但是看到别人的快乐,也可以理解和宽容别人。"穷则独善其身,达则兼济天下",这和佛陀说的"自度度人"意义相同。如果我们可以养活自己,并且在有更多能力的情况下帮助别人,为别人活着,就会从中得到更大的快乐。古人云"恻隐之心人皆有之"。这个"恻隐之心"就是人能够替他人着想的一种心态,一种本能。不可否认,"人人为我,我为人人"这样的状态始终客观存在,人类的物质财富和精神文明是人类共同的创造,人为自己活着还是为别人活着是一组相对的概念,相辅相成的,你给别人快乐的同时,相应地别人也会给你快乐,道理就是这么简单。

不可否认,人能为自己活着是一种快乐,因为不用去管那么多,可以做自己喜欢做的一切,享受心灵的更大自由。但是,为别人着想、能为别人活着也是另外一种快乐。因为快乐不但可以独享,也是可以分享的,给予越多,获得也就越多。

事实上,每个人对自己快乐的定义是不同的,人人都有自己的快乐方式。但最好的快乐方式就是快乐了别人又幸福了自己,这是一种最大方、最舒服的享受,你只需投入一点真心和热情,看着别人快乐,自己也会暂时忘记痛苦和忧愁。也许幸福对于我们就像一个成佛的梦那样遥远,但我们却可以随时感受快乐,这样随时快乐着,也可能会很快不期而遇地嗅到幸福的味道。

在我们小的时候,并没有为什么活着这个想法,长大后也不明白自己为什么活着。成家后仿佛活着就是为爱人、为家庭、为子女、为父母……看上去我们从来没有为自己而活。但从另一个方面看,你为别人活着的同时,别人也在为你活着,这样想想,心中的不平衡也就消失了。人与人都是可以相互影响的,快乐也可以传染,如果看到自己的父

母快乐,你能不快乐吗?看到自己的爱人快乐,你能不快乐吗?即使不认识的人扬着笑脸在你身边走过,你不是也可以采撷一点好心情吗?因此我们没有什么理由不快乐。这个快乐是没有嫉妒的简单的平常心的快乐。人们都向往美好的事物,如果能为这些美好的事物去尽一点微薄之力,让它们更美好,这是我们善良的愿望,如果我们不光是想想,而是实实在在地去实施了,自然也会感到更快乐。

　　一个人活着就是为了得到快乐。但是,这个快乐不是建筑在别人的痛苦之上,而是可以传给别人、让别人也快乐的真正的快乐。曾有这样一组电视画面:一位男子,在早晨跑步时,遇到一位中年人夹着一大叠资料在打电话,眼见资料差点就要掉了,他便过去帮中年人将资料扶正。之后。他又遇到一位老人骑着一辆三轮车过桥,因为桥太陡、车内的东西又重,老人骑不动了,他看见了急忙赶上从后面帮老人推三轮车,老人顺利地通过了这座桥。他接着向前跑,又遇到一个小女孩,小女孩放的风筝挂在树上了,正在想办法怎么把风筝从树上弄下来。他看见了便跑到树下纵身一跃,把风筝从树上打了下来。小女孩拿着风筝,向他甜甜地一笑表示感谢。后来他又在路上看见一个饮料瓶,恰好不远处有一个垃圾箱,于是他就像足球射门一样踢着饮料瓶,想把饮料瓶踢进垃圾箱,可是没有踢进去,当他正准备去捡饮料瓶时,有一个女孩跑步过来将饮料瓶捡起来扔进了垃圾箱。他们彼此笑了笑,然后向自己各自的方向跑去。

　　让别人快乐的同时,自己也会感到快乐,这是对这个世界的爱,是生活中点滴的积累,虽然我们无法回避与生俱来的苦难和挫折,但我们依然可以给予生活爱的宽容,让身边的人更快乐,让自己更多时候处于一种快乐的氛围。

　　佛陀所说的爱和慈悲,是人可以"先天下之忧而忧,后天下之乐而乐",爱人如爱己,具有他人的痛苦就是我的痛苦、他人的快乐就是我的快乐这样的胸怀。我们今天的社会生活纷繁复杂,人们经常感到压力和惶恐不安,其原因就是因为人们缺少了慈悲、缺少了那份爱心和同情心。很多人常把爱和慈悲挂在嘴上,但是却不知如何发挥它的功能。慈悲是无缘大慈,同体大悲。就是即使你与他之间没有亲友关系、甚至没有见过面,也可以同情他、悲悯他,给予他一定的帮助,能发挥到这种程度就是慈悲,这可以给远在他乡的人一份温暖,把远离故土的人重新召唤回家园。

一个具有如此慈爱、悲悯心的人,他从来不会伤害人,也不会藐视和谴责人;他既不害怕别人,也不给别人带来恐惧。他怀有的爱是很自然的,如果人与人之间没有这种相互的爱,我们的世界也将不会存在。这样的人,他永远有一颗柔软的心,懂得同情与体谅,随时为他人着想,骄横、刻薄、暴躁这样的词会远离他,这促使他以利他之心来服务众生,为别人而不为自己而活,爱其所爱却不图回报。

一个和谐的社会需要每个人的努力才能实现。如果我们能站在别人的角度考虑问题,很多事情都可以迎刃而解。能保持这样一种真诚、宽厚的心态对待别人,别人自然也会这样对待你。我们要怎样做,才算站在别人的角度考虑问题呢?这可以分为两个方面:一个方面是,在与别人的沟通中,设身处地了解别人真正的想法,不要只按自己的想法去解释别人的意思;另一个方面是,与别人的相处中,要思考别人所处的环境,不要把自己现在的条件强加到别人身上,要求别人也和自己一样。

在日常生活中,我们要能将心比心、设身处地地为他人着想,体会他人的情绪和想法、理解他人的立场和感受,并因此而处理和解决问题。这有助于人际关系的沟通和改善,也会为个人的发展和成功打下良好基础。做一个有同情心的人,应该能设身处地为他人着想,懂得"己所不欲,勿施于人"。"己所不欲,勿施于人"是2000多年前孔子说过的一句话,意思是说你自己不想做的也不要施加给别人去做。你希望自己过什么样的生活,也要想到别人希望过什么样的生活,简单地说就是能推己及人,以对待自己的态度来对待别人,这是尊重他人、平等待人的体现。人在世间生存,除了关注自己,还需关注别人的存在,

在做每一件事时，都要想到别人的感受，这样地换位思考、以心换心，才能同情和理解别人，以宽广豁达的胸襟来对人对事，就不会使很多事情因为僵持难以沟通而不能解决。

"己所不欲，勿施于人"是儒家思想的精髓，也是长久以来中国人根深蒂固的做人信念。但是，在现实中，我们很多人似乎忘记了这句话，总是以个人利益为中心考虑个人感受，而不去想其他人的想法。久而久之，一个人如果严重地缺失了这种同情心，就有可能会导致犯罪。因为他不关心别人的感情和命运，也因此会连及不在意自己的感情和命运，随心所欲的结果，会让人无所顾忌、为所欲为，冲破道德和良知的底线，最终受到公众的谴责和法律的制裁。

无论什么时候，无论做什么事，我们都应该为别人考虑，从实际情况出发理解别人的心情，爱其所爱。诚恳地帮助别人解决实际困难，修正自己的行为，用自己的良知指导自己，这样我们会轻松愉快得多。

佛陀是普通的人，他通过自己的努力而获得无上正觉，他没有独自保留觉悟之法，而是向众生宣说人人皆可成佛。他提高了人的价值，给了人实现自我的自尊和自信。在佛陀身上，你可以清楚地看到一个质朴、热忱、寂静、而洞明一切的人，他以智慧、慈悲、奉献、施舍、圆满清净的至善人格受到人们的尊敬，使众生都愿意听闻他的佛法，以至于在今天这个世界上，有大约五分之一的人赞美他为最伟大的人类灵魂导师。

佛陀是受人欢迎的，他的教义更接近我们人本思考的需要，就人类的生活和思想而言，他的影响独一无二，他是如此纯洁又如此纯粹，但他并没有凌驾于众人之上，只是示现了人类如何通过努力，而获得无上智慧和究竟彻悟的过程。

在生活和工作中，我们都希望自己成为一个受欢迎的人，希望自己被别人喜欢和爱戴，也希望自己有更多的知心朋友和自己分享快乐和痛苦。就像佛陀以他至善完美的人格，使众生喜闻佛法，我们也需修炼自己，使人格日臻完善，才可以达到同样的目的。

首先,在为人处事中要做到诚实,敢于承认自己的无知和错误。我们很多人都不愿意让别人看出自己的不足点,很难跟别人说自己不懂。其实,你如果勇敢地承认这些,反而会增加别人对你的信任。因为一般人都会想方设法掩饰自己,而你能够有意暴露自己的缺点,会让别人觉得你诚实可靠。当然,暴露自己的缺点也要适当,最重要的是不撒谎。

再就是改善自己的形象。要改善自己的形象,首先要正视自己的形象,平时认真反省、努力找出自己的缺点进行改正,即使作了错事,比如说错了话、对别人的态度不好等,也要去求得对方的谅解,不要逃避责任,这样做会很容易获得对方的好感。

此外,人与人在一起的第一印象很重要,第一印象的好坏会直接影响到日后关系的发展。在生活中,我们经常见到有些人喜欢插嘴、打断别人说话,这是一种对人的不尊重,会引起别人的反感。所以,在和别人交往中,要多听少说;得到别人的关心和帮助时,不管关心的程度大小,都要表示你的感谢。还要注重你的衣着、心态和言行举止,这些都会给人留下深刻的印象,也是他评判是否喜欢你、欢迎你的标准。

说到这里,有一个寓言故事会给我们一些启示。有一天,一只仙鹤散步的时候,遇到站在路边树上的麻雀,就邀请它去自己家吃茶点。

"您的心肠真好!"麻雀对仙鹤说,"还从来没有人请我吃过饭。"

"我是非常乐意请您到我家里的,茶里要放糖吗?"仙鹤给麻雀递过来一瓶子糖。

"好啊!"麻雀边说边把半瓶子糖倒进了它的杯子,另一半却撒在了地上。

"我的朋友很少!"麻雀又说。

"您茶里放牛奶吗?"仙鹤又问道。

"啊,当然要!"麻雀又往杯子里倒了一半牛奶,其余的则泼在了桌子上,桌子上一片狼藉。

"我等了好久,也没有人请我吃饭。"麻雀又接着说。

"想不想来点小甜饼？"仙鹤又问。

"小甜饼吗？嗯，好的！"麻雀说着又往嘴里填小甜饼，甜饼的碎屑则撒了一地。

"下次您再请我来吧。"麻雀一边吃一边说。

"或许我会再请你，不过我这几天恐怕不行。"

"那没关系，下次见。"麻雀说着又吃了几个小甜饼就走了。

麻雀走了后，仙鹤摇了摇头，收拾一片狼藉的餐桌。

可想而知，仙鹤再也不会邀请麻雀到家里来了。要想给别人留下最好的第一印象，成为受欢迎的人，一定要注意那些细小的礼节，更要注重培养自己良好的习惯，你的一言一行反映了你的内在品质，不要在无意中影响了自己的前途。当然，成为受欢迎的人，仅凭第一印象还是远远不够的。还需要通过相处进行更深的了解，所谓"路遥知马力，日久见人心"。人只有完善自己，保持长久的人格魅力，才会有更多的朋友欢迎你的到来。

可是我们地球是处在善与恶、光明与黑暗的世界。伟大的佛陀曾受异教徒的迫害及提婆达多的反叛。最后虽然异教徒显出其笨拙和愚昧，提婆达多自取灭亡活生生陷入地狱，但人间却不会因此而相安无事。佛陀早就预知到自己祖国的命运，生在人间的佛陀，仍是心爱着祖国的。他的祖国覆亡的因果是这样的：

早在乔萨弥罗国的波斯匿王还没有皈依佛陀之前，曾向释迦族求婚，释迦族因雅利安种族的优越感，很不愿把本族的女子嫁给别族的人，但又慑于乔萨弥罗国的强大实力而不敢拒绝。当时王族中的摩诃那摩（后来继净饭王接掌国政的就是他）自告奋勇地说道："我们迦毗罗卫国的国力难与乔萨弥罗国为敌。我倒想出一个妙计来了，我家有个婢女名叫末利，虽是贱族人，却长得十分美丽，我们就骗波斯匿王说，她是我的女儿，把她嫁过去算了。"

就这样，这名女奴成了波斯匿王的宠妃，人人夸奖她是第一美人。

佛陀知道这件事后，深为忧虑。种下欺骗之因，必有灾害之果。这是宇宙间不可避免的铁则，佛陀也无可奈何。

不久，末利夫人生下一个男孩，叫做琉璃太子。琉璃太子八岁的时候，奉父王之命到迦毗罗卫国来学习射箭技术。那时候，正是佛陀被迎回国说法的前夕，迦毗罗城特地新建一座讲堂供佛陀说法，这座讲堂被视为神圣庄严的所在，不许闲杂人等进出。

八岁的琉璃太子看到如此庄严堂皇的讲堂，一时好奇走了进去，却被释迦族人见到，认为奴婢所生的孩子亵渎了圣地，即刻命人把琉璃太子足迹踩过的地方挖掘七尺，重换净土。

虽然只是八岁的孩童，也知道这是莫大的侮辱。琉璃太子咬牙切齿地发誓说："等我登上王位，一定要灭了迦毗罗卫国，消灭释迦族。"

佛陀回国以后，知道了这件事，更是忧心忡忡慨叹不已。

琉璃终于长大成人，等不及父王让位就篡夺了王位，年迈的波斯匿王出奔到迦毗罗卫国，不久就病死在那里，释迦族人顾念旧情，以王者之礼予以厚葬。

琉璃太子登上王位后，积极准备，一心想要讨伐迦毗罗卫国。

佛陀知道共业的果报机缘即将成熟，但为了拯救祖国，他只有尽力而为了。佛陀独自一人在琉璃王军队必经之路的道旁，选了一株枯树，就在枯树下坐禅等待。

琉璃王率领大军，浩浩荡荡地开来，已经走到佛陀附近，他本来对释迦族的人切齿痛恨，但因佛陀是已成正觉的智者，是人人尊敬的众生之父，因此不得不勉强下马，趋前问讯道："佛陀，那边有很多枝叶繁茂的大树，您为什么偏偏坐在这棵枯树下让太阳晒呢？"

佛陀神色庄严地答道："不错，那些枝叶繁茂的树下可以遮荫，但是，亲族之荫更胜于树荫。"

佛陀的意思是指亲族之间都会自相残杀，还谈什么其他呢？

虽然是暴戾的琉璃王，听了佛陀的比喻，居然也受到感动，心想：过去两国交战，只要遇到出家的比丘，就会收兵，何况我今天见过佛

第十六章　无生无死的生命本质象童谣那首圣洁的老歌

· 867 ·

陀，又听到这沉痛的比喻，还是暂时收兵回国吧。

佛陀见到琉璃王率军返国，于是慢慢站起身来，没有兴奋，只是抬头仰望天空，佛陀知道因果循环，乃是宇宙间的自然法则，于是默默地走了回去。

琉璃王回国以后，想想还是不甘心，又再次率军来犯。不料，又在半途遇见佛陀，如此共有三次，到第四次出兵时，佛陀知道释迦族的共业果报终难避免，无法挽回，对祖国人民不知追悔觉悟，虽深表惋惜同情，但已爱莫能助。

佛陀忧形于色地对阿难说道："释迦族在七天之内将遭遇厄运。"

摩诃目犍连是佛陀弟子中具神通的人，他曾请示佛陀，能否拯救释迦族的厄运，佛陀告诉他：宿世罪业的果报，没有人可以代受。可是，目犍连助人心切，仍想以神通之能力营救他们，他用钵盛装500个释迦族人，从天空中出来，出城一看，500人全都化为血水。至此才觉悟到佛陀所说的因果报应的法则是无法违背的，神通依然敌不过业力。

琉璃王的大军把迦毗罗城团团围住，摩诃那摩王召集群臣计划，有的主张誓死抵抗，有的认为与其使生灵涂炭，不如开城投降，议论纷纷，莫衷一是。

国都被围，外无支援，琉璃王的军队开始攻城，士兵们死难临头，而且存粮即将告尽。在最危险的时候，曾经有一个释迦族的15岁的少年神射手迎战敌人。他差一点射死了琉璃王。但他的勇敢行为并没有得到积极的肯定，反而大部分人认为他这样做会更激怒琉璃王，且有违善业云云，最后此少年不得已只能出城逃离。于是摩诃那摩王下令开城投降，他对琉璃王要求道："你我两国谊属姻亲，名义上我总是你的外祖父，我实在不忍见到无辜的人民被杀，我要求你答应我一件事。"

"什么要求？你倒说说看，"琉璃王盛气凌人地说。

"你不是要杀释迦族人泄愤吗！可是城里的几万百姓一下子也杀不完。我请求你让我潜到水底去，在我升出水面以后，没有来得及逃的,就任凭你杀戮,如何?"

年轻的琉璃王,认为这个办法倒很有趣,就不假思索地答应了。当摩诃那摩潜入水中的时候,琉璃王就下令准许城内的百姓逃离。一时,城里的人扶老携幼,没命地仓皇逃跑,狼奔豕突,哭泣呼号,那种情景真是惨不忍睹,残暴的琉璃王居然引以为乐。当城内的几万百姓已经逃得剩下没有几个人时,琉璃王才觉察到时间过了这么久,怎么摩诃那摩还不浮出水面来?他命人潜水下去察看,不多久,潜水的人感动得泪流满面地禀告说:"我在水底发现摩诃那摩王把自己的头发缚在树根上,他永远不会浮上来了!"

摩诃那摩为了拯救族人而牺牲自己,就连那生性凶残的琉璃王也为之黯然良久。

琉璃王占领迦毗罗卫国后,益发骄狂,甚至谋害了他的长兄祇陀太子。最后,他还是免不了受到业报,他的宫殿被火所焚,他和自己的爱妃被活活烧死。

此后,迦毗罗卫国和乔萨弥罗国的国土,都归入摩竭陀国的版图。摩竭陀国的国君阿阇世王,自从皈依佛陀后,确实能施行仁政,爱护百姓。

无常本来是世间的实相,生灭是自然的道理。

佛陀顺着法性进入涅槃,这是法的自然表现。

佛陀在他的应身年龄到了八十岁的时候,带着阿难行化到遮婆罗塔,许多比丘也都聚会到这里,佛陀对大家说:

"诸比丘!今天在这里和你们相遇很好。我告诉你们,自从我成道证得正觉以来,爱护比丘及一切弟子,教化大众,赐福给大众,把欢喜布施给人,以慈悲对待一切众生。我说法度生,没有想到过辛苦和休息。

"我要讲的,对你们都已讲过,我没有想你们弟子是我的,众生是我的,我可以命令大家,我不过是你们当中的一个,常常和你们大家在一起。我要讲的都讲了,佛陀没有秘密,我不会给人压迫,要人来服从

第十六章 无生无死的生命本质象童谣那首圣洁的老歌

· 869 ·

我。你们要知道,所有的佛都是不摄众(控制大众)的。

"我应身的年龄老了,旧的车子要坏,用修理来保养,不是永久的办法。我在三个月后,于拘尸那迦罗城的娑罗双树间将依着法性进入涅槃,获得无上的安稳,我会永久地照顾你们,照顾未来一切信仰我的众生。"

佛陀涅槃的确实日期一发表,弟子们大惊,在弟子们的心中,顿觉日月无光,天地旋转起来。佛陀又说:

"你们不要伤心,天地万物,有生就是无常之相,无论怎样逃不了这个定律。我过去不是向你们说过吗?所爱的必定有散失的时候,会合必有分离的时候,人间精神与物质所合的身体,既是无常的,就不能如人们所想的自由。肉体的生命不能永久长存。我不是常这样说吗?

"要佛陀的应身永久地住于世间,这是违背法性的自然规则。我是宇宙真理的示现者,我当然不能违背法性的自然规则。你们假若要我永久住于世间,而你们却不依着我所指示的教法而行,就算我活了千千万万岁,又有什么用呢?你们若能依我的教法而行,就等于我永久活在你们的心中,我的法身慧命,会遍于一切处和你们及未来的众生共在一起。"

二月十五日夜,西山上高悬着一轮满月,佛陀进入拘尸那迦罗城。他吩咐阿难在娑罗双树间敷座设床,头朝北面朝西。

佛陀看看时间要到,他慈祥地对诸比丘和皈依的弟子们做最后的叮咛:

"诸弟子!你们不要悲哀,我在世上就是把肉体的生命活上数千万年,和你们共同在一起,但有会合就有别离,这是不变的道理。

"我要度的众生皆已度尽,还未度的众生,皆已作了得度的因缘。现在已没有让肉体继续存在的必要,你们随顺我的教法而行,就是我佛陀的法身常在之处!"

佛陀度化了他的最后一个人类弟子须跋陀罗。然后,他保持狮子卧的姿势趣入了涅槃。

我们陪伴着喜见、释迦文菩萨、释迦牟尼佛度过了生命的生死历程。

　　从佛陀发愿化作喜见光临娑婆宇宙开始,直到他又回到我们人类当中再一次示现成佛,教化四十九年,八十岁上离开人世,我愿意将这样一个伟大的圣者,以生和死两种方式的交替出现将他再现出来。

　　对佛陀来说,其实从始至终都没有生或者死这样一回事,但生死对我们却有着无与伦比的重要意义。

　　所以,他愿意再来,用这种方式亲近我们,度化我们。

　　那么,我们呢?

　　我游走于经论中,搜集和编写着佛教宇宙观和生命观的资料,有一天晚上,心头忽然闪出一偈,在这里与朋友们共享,并作为本篇的结尾:

　　无生即无死,无死焉有生?

　　生死两不论,疾入狮子智。

　　在世界要和平、人类要发展、人民要合作、社会要进步的今天,"和平与发展"这一重大问题以其全球性、公共性、民族性、时代性、艰难性和复杂性的诸多显著特征压倒了其他问题而将成为又一汹涌澎湃的学术主潮,成为当代世界范围内的又一越来越引人注目的显学。当代的全球化语境将和平与发展的时代主题以前所未有的鲜明特征空前地表现出来。这一时代主题内在地和必然地蕴涵着世界各国文明的差异性和多样性,蕴涵着多样性文明相互之间的尊重性和兼容性,蕴涵着多样性文明的发展需要外部环境的宽松性和祥和性。需要人们重新深刻反思文明的进程以及在新时期发展的基本规律,认真探讨多样性文明的实践以及在这一领域研究中的理论话语的权力机制、逻辑结构、价值导向和目标追求,努力解构和消除当今世界出现的文化中心主义以及与此相伴随的各种知识和文化的话语霸权,创建有助于多样性文明沟通对话的宽松祥和的环境,从而在全球化进程中倡导公平正

义、互信互利、平等协商、文明有序、礼让谦逊、机会均等、包容差异的多元文化社会，使各国多样性文明的发展获得持久不衰的强劲动力。任何理论的问世都有它深刻的时代背景。也如同黑格尔所说,密纳发的猫头鹰只有到了黄昏时才起飞。理论家们对某一问题的关注与其说是出于个人的兴趣,还不如说是出于时代的需要。问题就是时代的声音和时代的呼唤。只有在全球渴望和平,努力发展的特定氛围下,时代主题以及文明多样性问题才能以其独特的魅力吸引着人们的眼球,激发出人们巨大的研究热情。在当今的全球化时代,对这一问题的关注已经成为人们"全球意识"的重要内容之一。全世界杰出的政治学家、历史学家、社会学家、哲学家、教育学家、人类学家以及外交家、军事家等,都以空前的兴趣和热情围绕着这一问题大发宏论,各尽才智,呈现出曲水流觞、文字激扬、学派林立、观点多样的生动的研究情景。

时代问题是重大问题和根本问题。对于马克思主义执政党和社会主义中国来说,科学地认识自己所处的时代和时代的主要任务,正确地把握时代的主题,更有极其重大的理论意义和实践价值:对时代问题的正确认识,有助于我们制定出指导人们科学地认识和实践的正确的路线、方针和政策,更好地紧密结合新的时代条件,坚持马克思主义的世界观和方法论,创造性地运用它们分析当今世界和中国的实际,科学判断和全面把握国际形势的发展变化,正确应对世界多极化和经济全球化以及科技进步的发展趋势,妥善处理影响世界和平与发展的各种复杂和不确定因素,抓住和用好重要战略机遇期,在日益激烈的综合国力竞争中牢牢掌握加快我国发展的主动权。对时代问题的正确认识,有助于我们正确地认识当代中国的基本国情,科学地判断和全面把握我国将长期处于社会主义初级阶段的基本事实,正确地认识和妥善处理人民日益增长的物质文化需要同落后的社会生产这个社会的主要矛盾,紧紧抓住经济建设这个中心不动摇,正确地处理好改革、发展和稳定之间的关系,推动物质文明、政治文明、精神文明、生态文明以及社会文明等文明系统的整体协调发展，不断增强综合国力，逐步实现全体人民的共同富裕。对时代问题的正确认识，有助于作为执政党的中国共产党科学判断和全面把握自己所处的历史方位和肩负的历史使命，正确地认识和妥善处理党在改革开放和发展社会主义市场经济条件下执政遇到的新情况、新问题，以改革的精神加强和改进党的建设，不断提高党的领导水平和执政水平，增强拒腐防变和抵御风险能力，始终成为团结带领全国人民建设中国特色社会主义的领导核心。对时代问题的认识，直接关系着对人类社会发展规律的认识、对中国特色社会主义建设规律的认识、对中国共产党执政规律的认识等一系列事关全局性、战略性和根本规律性的认识。

当今时代与以往相比发生了重大的变化，和平与发展代替了战争与革命成为了当代世界的两大主题。世界人民都渴望持久和平，渴望过上稳定安宁的生活，渴望建立公正合理的国际新秩序，渴望实现国际关系的民主化，渴望促进共同发展和共同繁荣，携手合作，交流沟通，共同开创人类美好的未来。在和平与发展这一时代主题所指向的历史背景下，各国的历史文化、社会制度和发展模式越来越呈现出多样性的特征。全球化作为现代化这一持久挑战的继续，它所带来的决不是单一性和同质性，恰恰是多样性和丰富性。各国多样性的文明和不同的社会制度长期共存，在竞争比较中取长补短，在求同存异中共同发展，在对话沟通中增进了解，在友好合作中获得共同繁荣，是新世纪全世界人民共同的理想目标和共同的价值追求，充分反映了当今世界客观存在着的不可阻挡的历史进步之潮流。多样性文明的存在是人类社会的特质和客观规律，是人类历史发展的基本趋势和必然结果，也是人类卓越的创造精神的体现，更是人类社会展示出蓬勃发展生机的活力源泉。在全球化已经成为不争的事实，世界日益成为"地球村"或"地球宇宙飞船"，所有的人都成了紧密联系的地球村的村民或地球宇宙飞船上的乘客的今天，尊重不同的文明，维护和发展人类文明的多样性，使各国能够根据自己的意愿继承和发扬其文化传统，选择自

己的政治生活、社会制度、价值观念和思维方式、交往方式、行为方式、生活方式等,这对于尊重各国人民的个性自由、对生活的选择权利以及建立起公正合理文明的国际政治经济新秩序,促进人类的和平与发展事业,都是十分必要的。事实已经证明,在国际局势中置文明多样性而不顾,逆历史进步潮流搞霸权主义、单边主义和强权政治,是不得人心的愚蠢行为。当今世界欢迎的是主张和践行文明多样性的多边主义。多边主义立足于世界文明的多样性,顺应和平与发展的时代主题,符合《联合国宪章》规定的宗旨和原则。在新的世纪,要推进和平与发展的事业,必须反对单边主义以及由它表现出来的"新干涉主义",倡导和奉行各国文明多样性的多边主义。多边主义是有效地应对人类社会所面临的共同问题和共同挑战的正确途径,是和平解决国际争端的重要手段,是推动全球化良性发展的有力保障,是促进国际关系有序化、民主化和法制化的最佳方法。

  全球文明多样性的客观事实,昭示了多样性文明之间的平等性、互补性、兼容性和交融性。经济全球化趋势的日益增强,世界各国利益相互关联和相互依赖度的日益加深,对市场经济的广泛认同,在自由、平等、人权、人道主义、法治、女性权利、国家利益、生态价值、政治民主化、国际文明新秩序等问题上的共识以及人类共同利益的增多,对因全球化引发的全球问题,即那些威胁人类生存和发展,而且只有依靠全人类共同努力才能加以解决的问题,如生态环境问题、国际恐怖主义问题、人口爆炸问题、生殖健康问题、贫困扩大问题、资源匮乏问题、军备竞赛问题、核武器扩散问题、跨国毒品走私问题、艾滋病泛滥问题等的关注,都迫切需要多样性文明之间展开广泛的交流、对话、协调和沟通,并在此基础上建立起更加崭新的人文视野和合作形态。总之,认识文明多样性的存在和发展,对于建立多样性文明之间交流、对话、理解、协商、沟通的合作机制,在和平共存、求同存异、相互融合、取长补短的氛围和态势下,促进人类社会的和平与发展事业,都有着重大而深远的意义。

对时代主题的探求和实践认同是新世纪摆在人们面前的头等重要的事情。任何时代的主题都是该时代的基本特征和性质的总体反映,是该时代基本矛盾的最集中的汇聚和高度概括,是该时代人民的普遍愿望和共同心声。进入新世纪,国际形势继续发生着深刻而复杂的变化,世界多极化和经济全球化的趋势在曲折中发展,科技进步日新月异,人类既面临着应该紧紧抓住的发展机遇,也面临着必须应对的严峻挑战。尽管当今世界还存在着这样或那样的矛盾和冲突,不确定和不稳定的因素有所增加,但是,和平与发展已经成为深入人心的时代主题,各国文明多样性的长期共存,以及在交流和沟通中获得进一步发展的趋势,是不以任何人的主观意志为转移的历史潮流。时代主题的嬗变和转换以及和平与发展作为时代主题的确立,是全世界人民长期坚持不懈努力的结果,是人类文明新的里程碑,标志着人类文明进入到了一个更加崭新的阶段。当代人类对和平与发展这一时代主题的理性认同、价值认同和实践认同,正是对各国多样性求得进一步发展的心灵渴求和实际推动。自阶级社会产生以来,人类因为利益的争夺而发生的各种形式的冲突一天也没有停止过。民族冲突、种族冲突、意识形态的冲突等时常发生。随着地球上两次惨烈的世界大战的结束,人类终于迎来了灿烂的和平曙光。但是,好景不长,冷战对峙的阴霾又将和平的柔美阳光遮盖住了。冷战结束,旧的格局在改变中,但实际上并没有结束,新的格局还没有形成。当今世界,和平与发展这两大课题一个都没有解决好。天下仍很不太平,发展问题更加严重。通往和平与发展之路山重水复,迂回曲折。多样性文明要达到和平相处、平等相待、相互融合的理想状态,还要付出很大的努力,还需要很长的岁月。

帝国主义、霸权主义和殖民主义是和平与发展的大敌。当年它们以武装入侵、暴力干预、殖民征服等手段挑起事端,发动战争,弄得世界很不安宁。如今,随着事过境迁,它们已经面目暴露,风光不再,但是其阴魂不散,本性不改,行径不变。在今天的经济全球化时代,它们通

过乔装打扮和精心包装,以另一种面貌粉墨登场,即以文化帝国主义、文化霸权主义和文化殖民主义的身份出现,以狂妄的高人一等和颐指气使的姿态,大肆宣传民族中心论、种族优越论和文化中心论,竭力推行单边主义,站在本民族文化的立场上,以本民族单一的文化价值观评判是非,到处插手,随意干涉别国内政,评判别国的社会制度,对多样性文明的发展构成重大威胁。在经济全球化促使人类各国文明不断超越自己的民族疆域界限而走向世界、导致多元文明共存的今天,确有一些别有用心的人怀着唯我独尊的心理,以狂妄自大的姿态对其他文明表现出一种严重的轻蔑和歧视,并以错误的"非我族类,其心必异"的心理试图消灭之、排斥之、改造之,或者彻底同化之,试图在全球推广他们的社会制度、价值观念、思维方式、行为方式、交往方式和生活方式,将本是多样性的全球化主流硬要扭转为单一性和同质性,这种无视全球文明多样性存在的现实,无视社会是在多样性文明推动下进步的规律,企图以本民族的单一文明改造世界的做法,势必导致世界的不安宁。

　　本书在写作过程中正是美国带领多国部队突袭利比亚战争时期,这对阿拉伯世界是一场浩劫,给周边国家也带来了诸多的灾难和困难,对中东地区的稳定与繁荣形成了巨大的冲击,对全世界人民渴望和平与发展的心理产生了不利的影响。美国凭借自己强大的军事力量,坚持霸权主义和实行单边主义的行径,违背了世界人民的意愿和联合国宪章精神,阻碍了人类社会的进步和发展,对全世界的和平与发展事业构成了极大的威胁。这些行径同时也加剧了阿拉伯国家和整个伊斯兰世界对美国的反感和愤怒,必然会引发日后更加严重的民族仇恨和宗教冲突。战争期间,从网络、电视和报纸等各种媒体中出现的令人心悸胆寒的爆炸引起的火光冲天的画面,无数被炸伤的无辜平民浑身鲜血在痛苦地呻吟的场景,还有几乎每天都发生的巴以武装冲突的血腥惨象,仿佛都汇聚成一个强有力的声音:世界要和平,不要战争。怀着对世界和平期盼的虔诚心理,四十多年前,美国著名的黑人民权领袖马丁·路德·金在林肯纪念堂前作过这样一个振聋发聩的演讲——《我有一个梦想》，他说："我梦想有一天，深谷弥合，高山夷平，崎路化坦途，曲径成通衢。"马丁·路德·金当年的梦想也是今天全世界人民对构建美好和谐世界的共同憧憬和追求。

　　世界和平是促进各国共同发展的前提条件，没有世界的长期而持久的和平，就没有发展的环境氛围以及发展的条件和发展的可能性。不仅新的建设无法进行，而且以往的发展成果也会因战乱而毁灭。无论对于小国弱国还是大国强国，战争和冲突都是灾难。发展具有关联性和互动性的特征，各国的共同发展是保持世界和平的重要基础。没有世界的普遍繁荣和共同发展，世界和平不可能到来。在世界各国处于紧密联系和相互影响、相互作用的今天，发展必须强调全面性、系统性和普遍性。只有促进全球协调、平衡、普遍和共同发展，才能实现世界的持久和平与稳定。一个国家或一个地区经济上长期处于落后与贫困状态，不但容易受到霸权主义、强权政治的欺凌，在国内也往往因为不能满足人民群众的生存和发展的需要以及不能实现公平与正义而成为诱发社会动荡和矛盾冲突的一个重要因素。当前国际社会中的许多不安定的因素，都起因于发展的不平衡和不充分。全球出现的贫者愈贫、富者愈富现象，不利于世界整体的和平发展。达到全世界的普遍发展和共同繁荣，而不是贫富差距悬殊，应该成为世界各国共同的价值诉求和普遍的愿望。和平与发展时代主题与各国文明多样性也是相辅相成的。对和平与发展时代主题的确认，是承认各国文明多样性的前提条件。世界各国特别是西方发达国家，如果承认和平与发展的时代主题，就会承认各国文明的多样性，倡导和顺应世界多极化趋势，奉行多边主义，与其他国家平等相处，主动对话，协商沟通，相互尊重，共同发展，实现互利共赢，推动世界各国多样性文明在和平氛围中获得更大的发展。而承认各国文明多样性，就会在认识上和行动上确立和平与发展是时代主题，就会为和平与发展事业作出积极的贡献。

第十六章　无生无死的生命本质象童谣那首圣洁的老歌

· 877 ·

在和平与发展这一时代主题的框架下,世界多极化趋势是一种客观的和必然的趋势。承认世界的多极化,就是承认各国文明多样性和差异性的存在。文明的多样性不是一个主观杜撰出来的伪问题,而是来自人类社会所固有的客观本性。正如物质世界是多样性的构成和多样性的统一一样,世界上没有两片完全相同的树叶,没有两粒完全相同的沙子,人类文明也表现出多样性的存在,这是人类社会存在着的客观事实,也是人类社会生生不息得以发展的内在动力。"物之不齐,物之性也","和实生物,同则不继。"文明的多样性表现出人类社会的多姿多彩性,多样性文明之间的交互作用促进文明内容的增加,推动着人类社会从低级到高级的不断发展。北京大学校园内西南联大纪念碑中的这样一段话,道出了文明多样性是客观世界的本质,以及文明多样性推动文明发展的真谛:"同无妨异,异不害同,五色交辉,相得益彰,八音合奏,中和且平,万物并育而不相害,道并行而不相悖。小德川流,大德敦化,是天地之所以为大。"在多样性的文明形态中,不同的文明虽然存在着历史长短之分、发展阶段不同之别,但是没有尊卑和高下之分,所有文明都有自己产生、存在和发展的根据和理由,在人类文明的宝库里都有自身的内在价值,都是平等的,都应该受到尊重。所有国家的人民都为人类总体文明的发展作出了应有的贡献,各国多样性的文明犹如涓涓细流,汇成了人类总体文明的滔滔江河。各国文明只有以平等和宽容的心态与全球多样性的文明和平共处,才能使全世界出现"和而不同"、"求同存异"的生动活泼局面。

各国在长期的社会发展和历史演进过程中,由于自然环境、历史条件、观念体系、理想信仰以及心理构造、国民素质、制度设计等方面的差异性,形成了具有独特个性色彩的文明样式。各国文明多样性体现了人类的创造能力和创新精神,是人类的宝贵精神财富和文化的积淀。多样性文明作为人类智慧、热情和审美以及创造美的结晶,都具有自己的个性特征和独特优势,具有在理论上和实践上可以被别的文明所借鉴和整合的内容,它们的存在和发展使人类文明的百花园内花红柳绿、多姿多彩,使世界充满着不断发展变化的动力和潜力。人类因多样性文明而迸发出缤纷绚丽的光辉,多样性文明又给世界增添了姹紫嫣红的色调。时代的主题并不直接等同于时代的现实。时代主题既是理想和价值追求,其实现又是一个需要付出艰巨努力的漫长过程。当今时代虽然与历史上以往任何时代相比,都出现了空前的进步,但是,它仍然是一个问题成堆、矛盾不断的时代。天下并不太平,发展很不平衡的现实强烈地呼唤着世界的和平与发展,反衬出将和平与发展作为当今时代主题的必要性和重大价值,鼓舞着一切正义之士围绕着这一时代主题而始终不渝地努力奋斗,推动着国际格局走向多极化,国际竞争走向互利化,国际关系走向民主化。和平与发展作为时代的主题,各国文明多样性的存在就成了当今时代最为显著的基本特征,它构成了世界多极化组合的内容和形式。文明多样性的存在以及多样性文明的相互作用,是促进各种文明基因在相互交流和协调沟通中始终保持动态平衡和发展活力的根本法宝,是人类总体文明在多元互动中不断地从低级向高级发展的强大推动力。

  人类文明的发展和进步的内在动因在于不同文明之间的对话、沟通、借鉴、交流和融合。全球化导致了多样性文明不断地超越各自的疆域界限而走向对话、交流、沟通和融合的新机遇和新态势。前所未有的新事实说明文明是动态的,而不是静态的;是开放的而不是封闭的;是渗透的,而不是收敛的;是交融的,而不是孤立的。凡是处于静态、封闭、收敛和孤立状态的文明都是不能存在和发展的,最终是注定要死亡的。各种文明只有在相互交流中自觉地吸收对方的优秀成果,丰富自己的文明要素和内涵,才能保持自己文明的先进性。在各国文明相互对话、借鉴、交流和融合的过程中,各国只有正确地认识自己的本土文明,才能以主动的和建设性的态度自觉地建立起协调多样性文明的内在机制,促进各国多样性的文明在交流和沟通中发展,推进全世界的和平与发展事业。随着全球化所造成的交通和通讯的空前发达,交

往的空前频繁,国与国联系的空前紧密,随着人类的经济活动、政治活动和文化活动向全球的迅速扩展,随着全球共同利益和共同问题的增多以及在此基础上人类共识的增长和扩大,必然会引起世界文化价值作出相应的嬗变、调整或重新整合,形成各民族文明的相互渗透和相互通融的过程,出现如同哈贝马斯所说的对于共同问题的"公共商谈"的结果,形成对于人类共同利益和共同问题的价值共识和共享。寻找人类文明多样性的协调和沟通机制,有利于各种文明采取平等的姿态展开广泛的对话、借鉴、交流和融合,并在此过程中促进全球多样性文明走向更加繁荣昌盛的阶段。

当今世界国际形势正在发生深刻复杂的变化,经济全球化和意识形态的多样化正在进一步发展。国际形势的复杂性和难以预测因素的增多,需要人们具备强烈的忧患意识、责任意识和全球意识,提高对复杂形势的应变能力。在和平与发展的道路上虽然充满着急流险滩,但和平与发展仍然是人类社会现在和将来的主旋律,维护世界和平,谋求社会稳定,促进共同发展,建立起公正合理的国际政治经济新秩序,推动国际关系朝着民主化和文明化的方向前进,已成为各国人民的共同心声和呼声,成为任何人都无法逆转的客观趋势和强大力量。在此背景下,只有深入地研究在和平与发展作为时代主题下的各国文明的多样性,才能正确地把握天下大势,清晰地洞悉人类社会发展的客观规律,科学地预测人类社会未来发展的基本趋向,理性地应对各种错综复杂的国际局势,如实地制定出顺应时代发展要求,符合人民群众意愿的正确的路线、方针和政策。将和平与发展作为时代的主题,是对马克思主义的重大发展,是马克思主义关于时代问题的学说在新时期与时俱进的突出表现。每个历史时代,都存在着自己的主要矛盾,都有需要解决的根本任务,这个主要矛盾和根本任务就是该时代的主题。不同的时代具有不同的矛盾和基本问题,相应地就有不同的时代主题。由于时代的主题和基本问题决定着该时代发展的基本趋势和基本规律,因此,能否把握时代的主题和时代的基本问题,关系到能否科学地判断形势,并制定出对内和对外的正确的路线、方针和政策等一系列重大问题。对于中国特色的社会主义现代化来说,对于时代主题问题的认识正确与否,更是事关全局和大局。实践已经证明,在时代主题问题上一旦判断失误,就不能制定出反映时代实际的科学决策,就不能正确地应对全球化出现的各种错综复杂的情况,就会给事业造成重大的损失。总之,关于时代主题问题上的失误是全局性的和根本性的失误,是最为重大的失误。列宁说得好:"首先估计到区别不同'时代'的基本特征(而不是个别国家历史上的个别情节),我们才能正确地制定自己的策略;只有了解某一时代的基本特征,才能够在这一基础上去考虑这个国家或那个国家更具体的特点"。总之,深入研究时代主题以及牢牢地把握当今时代的主题是和平与发展,对于我们透过风云变幻的国际形势,把握其内在的客观规律以及发展趋势,对于我们以理性的态度面对错综复杂的国际形势,牢牢地把握国际政治斗争的主动权,制定出顺应时代需要、有助于本国发展的正确的路线、方针和政策,推动中国特色社会主义事业的不断发展,都有着极其重要的理论意义和实践意义。

将和平与发展作为时代的主题,就必须承认和正视各国文明多样性存在的事实,就必须了解和把握多样性文明的存在形态和发展方向以及人类文明所表现出的许多前所未有的新特征。既然文明多样性的存在和发展已经成为当今时代的主要表现形式,那么,多样性文明的多元并存和双向建构就是当代文明发展的新形式和新特征。全球化以及所导致的多样性文明之间的交流和融合并不是全球"西化"或者全球"美国化",并没有出现所谓的全球"普世文明",相反,展示的恰恰是文明的多样性和差异性。德国学者格拉德·博克斯贝格和哈拉德·克里门塔认为全球化就是同质化和单一化,甚至武断地将"全球化给世界带来多样化"的观点列为全球化的十大谎言之一。对于他们的观点,发展着的理论和事实都会证明,"全球化给世界带来多样化"的观点是真理,而"全球化给世界带来单一化"的观点,恰恰是全球化的新的十大

谎言之一。因此,深刻认识文明的多样性是文明发展的客观规律,是时代的主旋律,有利于自觉地推动多样性文明之间的交流、对话、沟通和融合,并在此基础上进行新的整合,推动人类文明跃迁到更高的峰巅。英国文化学家泰勒深刻地指出:"……对人类和文明的研究,不仅是一个科学兴趣,它与实际生活有密切关系。在研究中,我们有着理解我们自己的生活和我们在世界上的位置的手段,尽管这种理解还是模糊和不完美的。关于人类从遥远的过去直到现在的生活过程的知识,不仅可以帮助我们预测未来,也可以指导我们去履行这样的责任:当我们离开这个世界时,它应该比我们刚来到时更美好。"他对人类文明发展的前景充满着乐观的态度。他所预测的更美好的世界、更美好的文明,就是多样性共存和共同发展的多元文明。

将和平与发展作为时代的主题,有助于各国文明在祥和平等合作的氛围中共存和发展。从本质上讲,多样性文明的存在都是一种合理性的、平等性的以及和平性的存在,多样性文明的发展都是一种互补性、互馈式和共赢性的发展。经济发达的国家与经济落后的国家尽管在生产力水平所促成的物质形态、文化教育程度以及生活水平等方面存在着显著的差距,但是这并不能说明多样性的文明之间存在着高下之分和尊卑之别。文明优劣论、文化高下论和种族尊卑论等论调都是本民族文化中心主义情绪的张扬和宣泄。一种文明对另一种文明只有采取认同原则、尊重原则、宽容原则以及和平相处、合作双赢原则,才能使多样性文明之间达到互利、升华和新的建构之目的。自恃经济上强大,自以为本民族文明是世界上唯一的文明模本,自以为本民族的文化价值观是放之四海而皆准的价值观,通过采用强权政治以及文化帝国主义、文化霸权主义、文化殖民主义等不文明的手段,制造和夸大文明冲突论、种族优越论,从而达到压抑、控制和消灭别的文明的目的,是与世界潮流和文明发展的基本趋势相悖的,也是注定行不通的。"大风泱泱兮大潮滂滂",历史决不会任凭个人的主观意志而左右,社会总是会按照自己内在的客观逻辑向前发展。多样性文明只有平等相待,友好相处,才能获得进一步发展的动力,从而给人类带来福音。正如李大钊所说:"平情论之,东西文明,互有短长,不宜妄为轩轾于其间。"因此,各种文明只有采取虚心好学的心态,以海纳百川、兼收并蓄和求同存异的包容姿态,才能达到多样性文明的新的建构,创造出"兼东西文明之特质、欧亚民族天才之世界的新文明。"

中华文明是世界多样性文明中历史悠久、内容丰富、形式完美、表现多样、本质祥和的文明。德国著名哲学家雅斯贝尔斯早在1957年就说过,世界上有四位思想家对人类的文明所作出的贡献最大,他们是苏格拉底、释迦牟尼、孔子和耶稣。中华文明具有博大精深的内容,光辉灿烂的物质文明和精神文明都是世界文明宝库中最值得珍视的重要财富。当代中国所确立的和平与发展是时代主题的思想、世界文明具有多样性的思想无疑是对中华民族古老的和平思想、和谐文化传统的继承与发展、返本与开新。正在和平发展道路上快速前进的中国,将会给整个世界的和平与发展事业带来福音。饱受外国列强侵略和伤害的中国人民在当代比世界上任何国家都深知和平环境之弥足珍贵,发展价值之弥足崇高,多样性文明共存和发展之弥足重要。将始终不渝地把自身的发展与人类共同进步联系在一起。

当代中国的社会主义文明是全球多样性文明中异常亮丽、异常引人注目、异常具有生命活力的文明。社会主义文明是内容全面、结构合理、功能完善、形式新颖的文明。比之其他文明,是一种在政治文明上更加具有优越性、物质文明上更加具有丰富性、精神文明上更加具有高级性、制度文明上更加具有完善性、生态文明上更加具有美好性、社会文明上更加具有全面性的文明。社会主义文明凝聚了人民群众的聪明才智和伟大创造,反映了时代进步的潮流,代表了人类文明和历史进步的方向,具有强大的竞争力、凝聚力、创造力、辐射力、战斗力和生命力。当代中国特色的社会主义现代化事业是发生在中华大地上的崭新的文明塑造工程,是前无古人的伟大的文明事业。它既是对人类历史上一切进步文明的继承和发展,更是对中华民族源远流长的传统文

明的继承和发展,必将对世界整体文明的宝库增添更加丰富并具有鲜明中国特质的文明因素,为世界文明的发展作出新的贡献。

中国的和平与发展是世界和平与发展事业的重要组成部分。中国的和平与发展,并在和平与发展中提升自己的国际地位,已受到全世界的关注。"北京共识"取代"华盛顿共识",展示了中国文明发展模式的独特个性和强烈魅力,在世界各国多样性文明中谱写了绚丽的华章。中国作为发展中国家,为了推进现代化建设,实现全面建设小康社会的目的,尤其需要一个稳定和谐的国际环境。中国人民始终同世界上一切爱好和平与发展的人民一起,共同致力于促进世界和平与发展的崇高事业,推进世界朝着丰富多彩的多极化方向发展。在迈向实现中华民族伟大复兴的新时期的历史征程上,如何积极地对待中华文明的历史传统,整合中华文明的积极成果,为社会主义现代化建设服务,如何积极地向全世界推介中华文明,特别是推介中国特色的社会主义文明,又积极地在多样性文明交流中吸纳别的民族的文明,达到中国古人很早就强调的"兼取众长、以为己善"的目的,这是一个重大的和富有积极意义的课题。它对于人们系统地全方位地认识中华文明的产生之源和发展之流,认识中华民族先贤的博大的智慧和高尚的德行,认识当代中国特色社会主义文明的巨大价值和功能,增强民族自信心和民族自豪感,加强对祖国以及历史文化的认识和认同,满怀信心地为建设中国特色的社会主义文明而努力奋斗,同时对外树立起良好的"中华文明形象",让世界更好地了解中国,从心理上和情感上接纳中国,都具有重大的意义。

多样性文明的存在也就意味着文明之间的差异性。文明的多样性和差异性是同一个问题的两种表现形式。世界就是由多样性和差异性组成的矛盾统一体。多样性文明之间的矛盾和碰撞是人类社会客观存在着的正常现象,从本质上反映的是不同的民族、地区和国家之间的利益上的要求和冲突,这种利益上的要求和冲突并非都要通过战争等暴力手段解决,而可以通过友好协商和政治谈判等非战争的和平手段以及和平途径来解决。事实证明,采取非战争的和平手段是理性的和明智的并有助于人类进步的科学手段。正确认识和客观地面对人类作为共同利益体所构成的整体文明与各国文明之间的同中有异和异中有同的关系,有利于加强多样性文明之间的协调和沟通,促进人类文明向更高形态的攀升。不同文明之间差异的表现形式是多种多样的,既有内容上的差异,也有形式上的差异;既有发展水平的差异,也有发展速度的差异。差异就是矛盾,就意味存在着碰撞和冲突。对文明之间的碰撞和冲突既应该理性地对待,也应该从积极的方面去理解。既不能无视这种碰撞和冲突的存在,也不能过度地夸大这种碰撞和冲突。既看到这种碰撞和冲突存在着的消极方面,也看到这种碰撞和冲突对于推动文明发展的积极意义。那种认为文明之间的碰撞和冲突必然导致你死我活的结局、多样性文明不可能共存的观点是错误的。事实上,文明的多样性和差异性本身并不是暴力冲突和战争的根源,帝国主义和霸权主义往往为了政治、经济、领土等目的,利用文明的多样性和差异性来制造暴力冲突和战争。在全球化时代,对于这一点,人们尤其需要加以警惕。

要有效地避免和减少文明之间的摩擦、碰撞和暴力冲突,就应该在多样性文明之间架起沟通的桥梁,积极展开跨文明的对话。跨文明对话是顺应和平与发展时代主题的实际行动和有效手段,是处理和解决当今世界错综复杂矛盾的正确途径。当今世界,国际局势总体和平、局部战争;总体缓和、局部紧张;总体稳定、局部动荡。人类和平与发展的事业虽然面临着严峻的挑战,但是各国只要通过积极、广泛而又真诚的跨文明对话,就能找到共识,解决纷争,迎来更加美好的前景。推进不同文明之间的对话,以交流代替封闭,以沟通代替隔膜,以对话代替对抗,对于推进全世界的和平与发展事业,具有十分重大的现实意义。不同文明之间的对话有利于增进各国人民之间的相互理解并在此基础上的相互尊重以及和睦相处,减少因为文明之间的误读而产生的

理解上的偏差，防止因为文明之间的封闭和隔膜而产生的陌生乃至敌意心理。相互理解是多样性文明之间有效沟通的前提和基础，无知者无法接近真理，而偏见比无知离真理更远。无知和偏见产生的土壤在于封闭、隔膜、夜郎自大、固执己见和自我中心主义。

不同文明之间的对话有助于整合人类文明的积极成果，弘扬人类的文明精华，推动整个社会的不断进步。各种不同的文明既是民族的、地区的和本土的，又是全球性的和世界性的，多样性的文明都是人类世世代代实践的智慧结晶，是人类所拥有和共享的共同财富，是人类继往开来的人文资源和精神支柱，是社会发展和人类进步的强大的助推器，值得我们加以珍视。当今世界科技的迅猛发展，交通和通讯的空前进步，大众传播媒介的空前繁荣，为保护、弘扬和丰富多样性的文明以及全世界的整体文明提供了契机。利用现代先进方法传播人类文明中先进的和科学的内容，让人类能够从多样性文明中获取各种丰富的和新鲜的养料，将有助于实现全人类的共同进步和共同繁荣。不同文明之间的对话有助于增进国与国之间的睦邻友好和政治互信，推动建立民主、平等、公正、合理的国际文明新秩序，维护世界各国的合法权益，使世界各国在国际大家庭中和睦相处，共同发展。随着政治民主化和世界多极化趋势的进一步加强，在国际事务中倡导民主、平等、对话和共同的文明原则至关重要。国家无论大小，无论贫富和强弱，都是国际社会中的平等一员，都应该得到尊重。经济全球化会导致全球利益格局的大调整，出现围绕利益问题的矛盾和斗争。即使出现所谓的文明冲突也是正常的现象。因为承认文明多样性的命题，就得承认多样性文明的差异性，这种差异性就构成了多样性文明之间的矛盾性。开展不同文明的对话，既有助于各国文明在相互尊重的基础上协调各自的利益关系，又有助于各国在世界文明体系中正确地界定自身，采取积极主动的姿态对世界多样性文明的积极成果加以博采广纳，并从中获得持久发展的强大动力。

不同文明之间的对话有助于维护和促进世界文明的多样性，丰富人类共同的文明成果。经济全球化使人类获得了前所未有的发展机遇，但是全球化又是具有利弊两重效应的双刃剑。在经济全球化的发展过程中，不应该以牺牲一些国家的利益来确保其他一些国家的利益。不能指望以单一文明来实现对全球的治理。在全球化进程中将自己的经济体制、社会制度、发展模式和价值观强加于别国，妄图建立由西方价值观主导世界的做法是错误的，也是注定要在实践中碰壁的。全球化决不会出现同质化和单一化，事实上现在世界上还没有哪一种力量能够阻碍文明多样性发展的进程。将多样性文明硬要整合为单一文明的设想，是霸权主义和强权政治的一厢情愿，在现实生活中是根本办不到的。现在某些国家视文明多样性的现实和发展趋势而不顾，竭力推行单边主义，大搞霸权主义和强权政治，四处插手，干涉别国内政，要全世界接受他们的文化价值观，对全世界的和平与发展事业构成了严重威胁。全球化必然促进文明的多样性，文明多样性的进程必定会使人类能够共同受惠于多种多样的文明成果，达到人类社会永续进步的目的。人类文明的积极成果都是在与不文明和反文明现象的对立和斗争中获得的。一部人类文明史，就是一部人类文明的力量与不文明和反文明的力量较量并不断取得胜利的历史。搞恐怖主义、传播邪教、制造核战争和生态灾难、高科技犯罪、毒品和走私、卖淫和嫖娼、拐卖妇女和儿童等等丑行都是不文明和反文明的现象，带给人类社会的是丑恶、肮脏、非人性和灾难。在共产主义还没有成为现实以前，人类文明的史册上既有辉煌壮丽的诗词，也有黑暗丑陋的画面。反文明的力量是一股强大的邪恶力量，反文明的罪魁祸首都是从潘多拉魔盒里逃出来的魔鬼。反文明的行为是阻碍着人类社会健康发展的行为。不有效地批判和阻止反文明的行为，人类文明就不能顺利地发展。认识人类文明的力量与不文明和反文明力量之间的斗争，把握文明与不文明以及反文明现象之间的原则界限，有助于人们在社会活动中进一步加深对文明本质的认识，积累和培育文明的积极成果，遏制不文明的陋习，铲除反文明的毒瘤。让文明之花到处盛开，文明成就硕果累累。

对人类文明的起源、发展规律以及文明多样性等问题作出科学阐释的是马克思的社会文明理论。把握了马克思的社会文明理论,也就把握了人类文明发展的规律性和趋势性。只有运用唯物史观,才能深刻地揭示出人类文明的本质、特征和发展规律,才能正确地说明社会活动主体对于文明进步所从事的创造性实践活动的本质,正确地说明人们对于多样性文明选择的动因和实质以及选择的价值尺度和限度,从而自觉地促进人类文明的发展,推动人类社会的不断进步。

我们必须能够审时度势,解放思想,实事求是,与时俱进,才能成功地实现了时代主题的嬗变和替换。我们必须始终站在国际大局和国内大局相互联系的高度审视中国和世界的和平发展问题,思考和制定中国的和平发展战略。我们坚持用马克思主义的宽广眼界观察世界,科学地将和平与发展作为时代的主题,把对中国和人类前途命运的思考置于对国际格局和国际力量的科学分析之上,并根据和平与发展的时代主题点明中国工作重点、制订路线方针政策、谋划未来发展。中国特色的社会主义是世界多样性文明园圃中异常鲜艳夺目、绚丽多姿的花朵,它植根于社会主义制度和最广大人民群众这一肥沃的土壤,具有蓬勃成长的旺盛生命力。邓小平建设中国特色社会主义的理论,从本质上说是中国的和平与发展理论,是在确认世界文明多样性的前提下倡导中国特色的文明理论。中国特色的社会主义,就是和平发展的社会主义。建设中国特色社会主义现代化的实践,就是中国始终坚持和平与发展道路的生动体现。当代中国坚持科学发展观,构建社会主义和谐社会的理论,是对中国特色社会主义理论的丰富和发展。努力谋求国际社会的和平化、国内社会的和谐化以及两岸关系的和解化,是当代中国的重大战略任务。从事中国和平与发展的伟大实践,需要一个稳定的国内环境和一个和平的国际环境。必须坚持独立自主的和平外交政策,高举和平、发展、合作的旗帜,始终奉行独立自主的和平外交政策,坚持走和平发展的道路,同全世界各国人民一道,积极促进世界多极化和国际关系民主化,推动经济全球化朝着有利于共同繁荣的方向发展,坚持反对霸权主义和强权政治,反对一切形式的恐怖主义,致力于建立公正合理的国际政治经济新秩序。中国的发展需要和平的国际环境,中国的和平发展也有利于促进世界的和平与发展,中国发展本身就是对全世界和平与发展的最大贡献。中国发展的最大特点就是和平发展。在全球文明多样性共存的态势下,中国决不使用过去殖民主义强国或者帝国主义列强那种掠夺别人、欺负别人、剥削别人的办法,来壮大自己的国力。中国靠的是和平发展,中国走的路就是维护世界和平、积极参与国际上的平等互利合作,促进共同发展。中国的和平发展给邻国、给全世界带来的不是障碍,不是威胁,而是机遇,是福音。随着中国综合国力的不断上升,在国际事务中发挥的作用会越来越大。世界也正期待着一个强大而又负责任的中国对全球的和平与发展事业承担更多的责任,作出更大的贡献。

"立足本土,面向全球"是研究和平与发展时代主题与各国文明多样性的双重视界。有着几千年悠久历史的中华文明是世界文明宝库中的一颗熠熠生辉的无价之宝,中华文明的价值既是属于民族本土的,又是属于全人类的。中华文明既有传统性,又有现代性和全球性。中华文明在空间上是开放的,在时间上是与时俱进的。在世界文明大潮中展示中华民族文明的绚丽风采,更好地让中国文明走向世界,让世界文明进入中国,使中国文明在与全世界多样性文明的交流和对话中充实、丰富自己,已经成为建设中国特色社会主义现代化的题中应有之义。今天的世界是开放的世界,中国文明不能游离于世界,它是世界文明的重要有机组成部分,只有从世界文明中吸收有用的成分,才能完成现代化的任务。因此,认识和研究和平与发展的时代主题与各国文明的多样性,一方面,有助于在全球文明中正确地界定中华文明的位置,促进中国传统文化走向世界、走向未来、走向现代化;另一方面,有助于中国文明在走向世界、走向未来和走向现代化的过程中既保持自己的民族性,同时又体现出自己的世界性,特别是保持自己的社会主义文明的特质,在世界多样性文明中充分地展示自己的形象特质,向

全世界昭示社会主义文明具有无比丰富多彩的内容和强大的生命力，是人类文明发展的必由之路和文明进步的高级形态。建立国际文明新秩序是整合世界多样性文明成果造福于人类的重要举措，各国多样性文明都是人类共同的宝贵财富，理应为人类所共有、共用和共享。多样性文明是平等性的关系，存在着既竞争又合作的平等关系。每一种文明都有其产生的内在根据，都有其发生作用的社会价值。一种文明在刚产生时虽然很难看到它的巨大价值，但是，一旦为全球所接受，往往会引起一场翻天覆地的革命。蒸汽机的发明引发了声势浩大的工业革命，货柜改为集装箱引发了全球海运革命和贸易革命，1946年在美国问世的第一台电子管计算机，引发了全球的信息革命，在全球掀起了知识化、信息化、自动化和智能化的浪潮。这些说明了这样的一个事实，人类的文明是在既单一又多样，既整合又分化所构成的双重进程和双向运行的机制中进行的。多样性文明的整合和分化不仅是文明发展的标志，也是文明进步的重要推动力量。没有多样性，各个部分就不能形成一个能够生长、发展、自我修复和自我创造的实体；没有多样性之间的联系和整合，不同的组成部分就不能结合成一个动态的功能性结构。在当今由信息和通讯技术促成的使各种文明越来越紧密地联系在一起的社会，整合多样性文明的作用越来越重要。但是，多样性文明都具有独立自存的价值，都具有相对特殊的个性和功能，因此，在对于如何整合、如何在整合过程中趋利避害、如何建立起有利于多样性文明共同发展的整合机制等问题上形成全球共识，就显得尤为迫切和重要。只有大力促进国际文明新秩序的建立，才能使不同的国家和人民充分认识到多样性文明整合的意义和价值，积极参与到人类文明整合的工程中，以实际行动推动文明的发展。

  转动世界是艰难的。那么现代人如何能活得自在、积极呢？答案就是与转动的世界处在一种和谐的状态，并能冷静观照到自己的流转，使自己的心性独立于世界，有着独特的精神。

有一句俗语说："滚动的石头不生苔"，意思是当一个人时常变化自己，那么他就可以时常保持光润的面貌。

但是，滚动的石头不生苔，是不是意味着静止的石头或生苔的石头是不好的呢？其实，光润之石固然好，生苔的石头也没有什么坏。再进一步说，滚动的石头是自愿地滚动呢？还是被别人所滚动呢？如果是自愿滚动追求光润，光润就是好的；如果是想要生苔却被别人滚成光润，光润就是一件坏事了。

这真是一个大问题，每个人在童年或青年时代，都认为要自己转动自己，甚至要转动这个世界。但是到了中年以后就会发现，原来没有什么事情是可以由自己转动的。我们只是被外在的世界所转动的一块石头罢了。于是大部分的中年人都失去了生苔的生命力，而有一种表面上看起来光润，事实上是世故的圆滑。

转动世界，或者只是小小的转动自己，都是何其不易！

当然，被世界转动我们，就容易得多了。

大部分人都会在这种转动里落进一个无可奈何的境况，就是发现自己并没有转动世界的力量，却又不甘心落入完全被转动的地步。所以，就一直保持着继续奋斗的精神，流血流汗，耗费了大部分的青春。偏偏最后的结局还是世界在转动着，我们只是这转动中的一块石头，甚至一粒微尘！

可悲的不在于时空的辽远与世界的宽阔，而是我们的渺小与幽微。

不错，世界是不可转动，或者说转动世界是艰难的。那么现代人如何在认清这种实相之后，还能活得自在、积极、愉悦、明朗，同时不失去为理想奋斗的勇气呢？答案就是与转动的世界处在一种和谐的状态，并能冷静观照到自己的流转，使自己的心性独立于世界，有着独特的精神。

听起来似乎有些晦涩，其实不难明白，就是我们虽然不免在物质上必须活在现实世界，我们也会在现实世界中一天天的老化。但是在

精神上我们能超拔出来,以更高的观点看待人生,而在心灵的深处不随年纪老去,保持着对世界新鲜而有希望的心情。

这就是"至道无难,唯嫌拣择;但莫憎爱,洞然明白"的精神——接受现实世界苦乐的转动吧!不要去分别、去爱憎,只要心里明明白白,就能容易地走向无上智慧的道路。

我们很容易能观察到,这世界上的儿童与青年,每一个都有不同的面目,他们通常能断然拒绝物欲的魅惑,追求理想的标杆。可是,这世界的中年人,往往丧失理想的标杆,趋入物欲的泥沼,这就是随外在世界完全转动的结果。

以至于这个世界的中年人,不论男女,都有着相似的面貌与表情,那是由于世界不但转动他的现实,也转动了他的青春与心性,甚至转动了他为理想奋斗的热情了。

理解世界的转动是不可抗拒的,也理解着与这转动和谐,同时知道有一个如如不动的本体,知觉有不可动转之处,这是转动的世界里能自在明朗的一种锻炼。

譬如,下雨天的时候,出门别忘了带伞,但保有春日晴好的心情。

譬如,处在黑暗的境况犹如进入戏院,能在黑暗中等待,以便灿烂的电影开演。

譬如,成功的时刻不要迷恋掌声,因为知道最好的跑者都是不顾掌声,才跑在掌声之前。

譬如,在拥挤吵闹的公车上与人推挤,也能安下心来期待目的地,因为有一个目的地,其他的吵闹、挤迫,乃至于偶尔被冲撞,又有什么要紧呢?

转动者与被转动者,是我们所眼见的世界,还是我们不可见的自我呢?

财富、成就、名利和功勋对于生命来说只不过是生命的灰尘与飞烟。心乱只是因为身在尘世,心静只是因为身在禅中……

慧能禅师见弟子整日打坐,便问道:"你为什么终日打坐呢?"

"我参禅啊!"

"参禅与打坐完全不是一回事。"

"可是你不是经常教导我们要安住容易迷失的心,清静地观察一切,终日坐禅不可躺卧吗?"

禅师说:"终日打坐,这不是禅,而是在折磨自己的身体。"弟子迷茫了。

慧能禅师紧接着说道:"禅定,不是整个人像木头、石头一样的死坐着,而是一种身心极度宁静、清明的状态。离开外界一切物相,是禅;内心安定不散乱,是定。如果执著人间的物相,内心即散乱;如离开一切物象的诱惑及困扰,心灵就不会散乱了。我们的心灵本来很清净安定,只因为被外界的物相迷惑困扰,如同明镜蒙尘,就活得愚昧迷失了。"

弟子躬身问:"那么,怎么去除妄念,不被世间迷惑呢?"

慧能说道:"思量人间的善事,心就是天堂;思量人间的邪恶,就化为地狱。心生毒害,人就沦为畜生;心生慈悲,处处就是菩萨;心生智慧,无处不是乐土;心理愚痴,处处都是苦海了。"

在普通人看来,清明和痴迷是完全对立的,但真正的人却知道它们都是人的意识,没有太大的差别。人世间万物皆是虚幻,都是一样的。生命的本源也就是生命的终点,结束就是开始。财富、成就、名利和功勋对于生命来说只不过是生命的灰尘与飞烟。心乱只是因为身在尘世,心静只是因为身在禅中。没有中断就没有连续,没有来也就没有去。

弟子终于醒悟,禅师的话像暮鼓与晨钟唤醒了碎裂在生活碾磨里的人。

我们的心灵本来很清净安定,只因为被外界物相迷惑困扰,如同明镜蒙尘,就活得愚昧迷失了。

慈航在自己的心里,靠自己来渡。佛有佛眼,心有心眼,只要不被一叶遮拦,便会满目青山……

小和尚做了一个噩梦，梦见一片树叶，从半空中飘落到眼里，于是他逐渐失去了天空，失去了一切。小和尚急了，哭了，醒了。

窗外树上的叶子，依然在树上，暖阳下，虽然有些萧瑟，却同树下嬉戏的猫儿狗儿，以及天上的鸟儿，屋脊的炊烟，组合成一幅快乐的风景图画。

一场虚惊！

天下本无事，小和尚却做了个煞有介事的梦。扰乱他心的竟是一片平常的树叶。

"别往心上去！"他竭力扫除心障，借以安定自己。

"别往心上去！"一句极普通的劝慰人的话，现在急欲镇定住自己时，却只有用它。小和尚平生读了不少的书，学了无数的话，但到了危难之时，还得用这句话。好不容易平静下来了。

他静静地想："别往心上去。"说起来很容易，做起来却难上加难。真能够做到，就能立地成佛。一个人无烦恼，岂不快活如神仙？纵然天大困难，都难不倒地阔天宽的英雄汉；而哪怕芝麻点儿的小事，却能困扰住一个小心眼儿，闹出意想不到的大坏事。于是便有了友情决裂，夫妻分手，子女离散，甚或一索悬梁，身首分家……

常说人生苦海，诚哉斯言，扛个人头在世上不容易，哪怕"诗礼簪缨之族"，而且越是"花柳繁华地，温柔富贵乡"，越是祈求慈航普渡。谁来渡呢？慈航在哪里？实则，"我心即佛"。慈航在自己的心里，靠自己来渡。佛有佛眼，心有心眼，只要不被一叶遮拦，便会满目青山。"窗含西岭千秋雪"，何止千秋雪，无遮拦的心灵之窗，能含容万千世象，日月星辰。心眼之大，大到可以包容宇宙洪荒。怕的就是自己一叶障目，什么都看不见，怎能不一片苦海？"菩提本无树，明镜亦非台，本来无一物，何处惹尘埃？"

有一位吸毒的囚犯，被关在牢狱里面，他的牢房却只有五六平方米大，空间非常的狭小，住在里面很是拘束，不自在又不能活动。他的内心充满着愤慨与不平，备觉委屈和难过，认为住在这么一间小囚牢里面,简直是人间炼狱,每天就这么怨天尤人,不停地抱怨着。

有一天,这个小牢房里面突然飞进一只苍蝇,嗡嗡叫个不停,到处乱飞乱撞。他心想:"我已经够烦了,又加上这只讨厌的家伙,实在气死人了,我一定非捉到你不可!"他小心翼翼地捕捉,无奈苍蝇比他更机灵,每当快要捉到它时,它就轻盈地飞走了。苍蝇飞到东边,他就向东边一扑;苍蝇飞到西边,他又往西边一扑,捉了很久,还是无法捉到它。他这才慨叹地说:"原来我的小囚房不小啊!居然连一只苍蝇都捉不到,可见蛮大的嘛!"此时,他悟出一个道理,原来"心中有事世间小,心中无事一床宽"。

所以说,心外世界的大小并不重要,重要的是我们自己的内心世界。一个胸襟宽阔的人,纵然住在一个小小的囚房里,亦能转境,把小囚房变成三千大千世界;如果一个心量狭小、不满现实的人,即使住在摩天大楼里,也会感到事事不能称心如意。

正如无门禅师所说:"春有百花秋有月,夏有凉风冬有雪;若无闲事挂心头,便是人间好时节。"不管世间的变化如何,只要我们的内心不为外境所动,则一切荣辱、是非、得失都不能左右我们,牢狱虽小,心里的世界是无限宽广的。

谈到人生,应该从两方面来讲,一个是人的"生活",一个是人的"生命"。人有了正智、净智,生活一定非常的踏实与丰富,生命也是无穷尽的。

我们要如何把"禅"的道理落实在生活里?首先,必须保持着"知足常乐"的态度。"知足常乐"听起来有点消极,功利社会讲求的是效率与竞争,会不会阻滞社会的进步?其实不然,"知足常乐"非但不消极,反而是活泼、积极的,用现代人的形容词叫"敬业乐群"。

人之所以有烦恼,原因就在"不知足"。例如当你找到一个工作以后,你所想的是要怎样往上爬,要怎样才能出人头地,所谓"这山望到那山高",当你所想的就是这些的时候,你的烦恼就产生了。如果你能用另一个想法:"这份工作确实得来不易,它是社会上种种的因缘与助

力,才让我得到这个工作的机会。"自然你就会珍惜与尊重这份工作,而且对社会与人群会存着一种"感恩"的心,用这种心态对待工作与工作的伙伴,随时都会感到愉快与满足。

佛法上说:"上报四重恩,下济三涂苦。"就是要我们知恩报恩。报谁的恩?报父母、师长、社会和国家的恩。为什么?我们从出生到学业成就阶段都是仰赖父母的生育、养育与照顾;求学阶段师长给予我们指导与教诲,使我们有谋生的技能与知识;社会与国家给了我们工作和安定,如果没有这些人,我们的生活就会产生困难,事业就不能成就,这些人对我们都有直接与间接的帮助,我们能不感恩和报恩吗?

再者就是我们还要有"好事给他人"、"坏事给自己"的认识。

什么是"好事给他人"?例如一家公司如果没有员工及消费者等人,就不能成就"董事长"这个职务;一个国家如果没有人民与文武百官,就不能成就"总统"这个职务。个人的成就其实是大众所成就的,所以成就的果实应该与大众分享。

什么是"坏事给自己"?当你碰到挫折或失败的时候,应该仔细地自我检讨失败的原因,并找出缺点加以改进,不要责怪或归罪给大众。这些道理弄懂了,我们的心就会定下来,对社会与人生的看法就不一样了。

生命就是一块巨石。你想如何成就自己,其实很简单。只需像石匠一样,把对于人生来说多余的那些东西去掉。

在柏林禅寺,一个青年站在匠人和他雕琢的巨石前,看他究竟要把这块巨石做成什么。匠人的锤子、凿子叮叮当当地响着,石屑乱飞,地上纷陈着大大小小的石块。

看了半天,青年也看不出什么。只好打断了石匠的工作,向他询问:"你究竟要做什么?"

"打石头。"

"你打石头是想把这块巨石雕成什么样子呢?"

"我也不知道。不过等我把多余的石头全部打下来之后,巨石应该变成什么样子你就会看明白了。"

青年继续等。终于,巨石渐渐变成了模糊的雕像,隐约成形,是菩萨的面孔。

"看出来没有,小伙子?"匠人停下来休息时,问了青年一句。

青年点点头。

"它就在里面,被那些多余的石块掩藏。你只需要把那些无关的石块与它分开,它就显现在眼前了。"

"那你到底要将它雕成谁呢?"青年再一次发问。

"给它命名,是他人的事。对我来说,它就是一块石头。"匠人说完,又拿起锤凿,叮叮当当地工作起来。

生命就是一块巨石,你想如何成就自己,其实很简单,只需像石匠一样,把对于人生来说多余的那些东西去掉,就足够了。

我们应该学习对自己拥有的东西感到满足与快乐。即使连最微小的期望都无法实现时,我们对目前的状况仍该感到满足。

现代人的生活非常艰辛——人们辛苦地奋斗,希望得到金钱上的报酬、生活上的舒适和奢华。但是,这种生活方式不会带来快乐,反之,它带来的是焦虑和压力。在每个人的一生中,总有一些重要时刻,心灵的愉悦远超过物质生活所带来的感官刺激。

不容否认地,生活的舒适来自于经济的优越。我们无法谎称那些生活在饥饿、悲惨中的人们是快乐的。在贫民窟那样的环境下生活,的确压抑了人们的幸福。一个大家庭必须挤在一间小屋内生活、吃饭、睡觉和抚养小孩的情境,确实令人感到同情。这般恶劣的环境和悲惨的生活,常使这些地区成为犯罪的温床和痛苦的深渊——除非这个地区是由希冀在穷苦中找寻平和的圣人们组成。

无论如何,富裕和贫穷、幸福和悲哀皆是相对的字眼。一个有钱的人可能是不快乐的,而另一个穷人却可能拥有快乐。假如金钱能够正确而有效地使用,那么富有是上天的赏赐。相对而言,穷人们的悲哀之

一,却是他们的物欲。通常,他们在物欲无法获得满足的情况下,对生命充满怨恨。而富人们的悲哀是心灵无法自财富中提升,他们愚蠢地死守金钱。因此,幸福并不来自上述的这些富人和穷人们。

有些人认为快乐的来源,来自于一个情投意合、可与之相守一生的伴侣。有些人认为,孩子是快乐的源头。但这些却不是永久不变的。生命的伴侣会死亡或离开;而有些子女带给双亲的悲哀,远超过快乐。

我们应该学习对自己拥有的东西感到满足与快乐。即使连最微小的期望都无法实现时,我们对目前的状况仍该感到满足。

从前有对贫穷的夫妻,结婚多年但膝下犹虚。尽管在各方面他们皆感到幸福,但这位妻子却有着强烈的母性本能,非常希望能有个自己的小孩。丈夫建议领养,但她却百劝不听,坚持小孩必须是她自己的骨肉。于是他们试了各种偏方,却不见效果。她因而感到沮丧、压力、焦虑和不完整的感觉,并影响了她的健康。渐渐地,为人夫者也发觉到妻子的改变。她甚至假装自己怀孕了,实际上却不是这么回事。

然后,某天丈夫回家时,却发现妻子手上抱着一捆东西,脸上散发着愉悦的气息。他检查了她手上的东西,才知道那不过是一块木头。妻子百般呵护那块木头,把它当成真正的婴孩般地照顾,尽力扮演为人母亲的角色,还将它打扮一番。她甚至为她的"宝贝"做了个温暖而舒适的摇篮,唱着温柔的摇篮曲哄"它"入睡。

实际上,她的举止如同一个小孩在玩着洋娃娃般。那位丈夫对此感到非常忧虑,带她到一位有名的精神病医师处去诊治。这位专家细心地检查了她的状况,然后做了一个惊人却人道的决定。他对那位丈夫解释道,这个女人借由幻想来得到真实生活中所无法拥有的快乐。必须将那块木头丢掉,让她的举止恢复正常。但是,这将剥夺了她的幸福泉源,对她而言是件残酷的事。

有时,我们的抉择必须出自于内心,而非冷静的理解力。同时,我们如果有了非分的欲望,它会影响我们对常理的判断。

其实,人类维生所需要的物质条件并不多。如果生活得简朴些,就可以有更多的闲暇享受人生,而不必为欲望的满足操劳一生。

人从懵懵懂懂的渐渐谙世事起,就开始了无尽的渴求:儿时渴求漂亮的衣服、精致的玩具;步入青春年少,渴求美丽的容貌、山盟海誓的爱情;成年之后,渴求事业的辉煌、家庭生活的完美无缺……

人的一生都处于渴求之中,大大小小的渴求拥进生活的每一角落、每一片刻。人的身体被各种愿望驱使着,心灵被各种欲念占据着,每天忙忙碌碌,疲惫不堪。可是人生不如意十有八九。渴求不得之后,失意与无奈便趁机填入那空落落的心中。你怨天尤人,慨叹自己的命运,诅咒老天不公,一任自己跳入那"情天恨海"之中,任那情绪的猛兽啮咬你的心。渴求、哀伤,再渴求、再哀伤,人生就在无尽的希望与绝望中完成。所以叔本华把人生看成悲剧人生,就因为人是欲望的动物。

欲望是无限的,而现实却难以满足人类的所有欲望。面对有限的资源,竞争、对抗和冲突是不可避免的。如果每个人都自私自利,为了获得多于其他人的利益而互相攻击,就会使世界危机四伏。如果能够将我们的欲望有所收敛,那么,因欲望而导致的冲突也就迎刃而解了。

其实,人类维生所需要的物质条件并不多。如果生活得简朴些,就可以有更多的闲暇享受人生,而不必为欲望的满足操劳一生。属于生活必需之外的奢侈品,固然为我们提供了方便和享乐,但若是耗费一生光阴为其服务,反而成了一种奴役。两千年前,哲学家苏格拉底就曾面对繁华的集市发出惊叹:"这市场有多少我不需要的东西呵!"

而今天,随着人类欲望的不断升级,整个社会都陷入了物欲横流的泥淖中。生产力的发展,不但没有使我们的生活变得更轻松,相反,工作节奏越来越快,尤其是经济发达地区,繁忙的工作几乎使人类的承受能力达到极限,甚至没有时间静下心来想一想:究竟为什么如此奔忙?我们所付出的努力,也许仅仅换来了一些本可以不需要的东西。

· 899 ·

所幸的是，已经有更多的人意识到盲目追求欲望所带来的弊病。在西方社会，人们也已开始摒弃奢华的生活方式，简朴正逐渐成为最新的时尚潮流。因为简朴的生活无需太多的时间和劳动就可以获得，从而使人们从激烈的生存竞争中解放出来，呼吸到更自由的空气，体味到更从容的人生。

人有无尽的愿望，也就有无尽的痛苦。但他不知在人心中还有一块净土没有被任何利欲沾染，只要你能用心剥去你心上的层层俗尘，它就会显露出来。这时，你的眼睛会明亮澄清起来，身体也纯洁得如透明一般。你的五官不再去追逐色、声、香、味，心灵也不再被名利浸染。你抬眼能看到佛的微笑，闭目能与心合一。这时你已在佛陀的脚步下，这里是一片平静的河流，波澜不兴，宠辱皆忘。

身处滚滚红尘之中，你若想发现你心中的净土，你必须抛掉那蝇营狗苟的小聪明，运用自性中的智慧。你以赤子般的目光去看这个世界，不去要求什么，有的只是欣喜与宽容。你必须微笑，你才会看到微笑。你亦不要企图去占有世界，当你能用心去融化掉那无辜而受苦之人脸上的泪，世界也就在你心中了。退一步，少些渴求，那么，再大的狂风暴雨也不过是雁过云天，而一切依旧。再退一步，不去渴求，一切顺其自然。烂漫的山花并不一定要盛开在你的窗前，欢腾的小溪也并非一定要为你歌唱。不再渴求，而你眼中尽日看到的将是阳光的明丽。

从他方国土来的诸位大菩萨，总数超过八恒河沙之数，从大众中起立，合掌行礼，向佛说道："世尊啊！如蒙您允许，我等在佛灭度后，在这娑婆世界，勤于精进，护持、读诵、书写、供养这部经典，我们将在这娑婆世界广为大众宣说这部经。"

当时，佛告诉那些大菩萨说："不要再说了，各位善男子啊，不需要你们护持这部经。为什么呢？我娑婆世界自有六万恒河沙数大菩萨，每个菩萨各有六万恒河沙数眷属，这些人们能在我灭度后护持、读诵并宣讲这部经。"

佛说到这里时，娑婆世界三千大千国土中土地全都震裂，其中有无量千万亿数的大菩萨，同时从地下涌出。这些菩萨全都身体呈金色，具足三十二相好，放出无量的光明，以前都在这娑婆世界之下的虚空中居位。这些菩萨听到释迦牟尼佛说话的声音，从地下涌出。每个菩萨都是唱颂指导的首座，分别带有六万恒河沙数的菩萨，也有的带来了五万、四万、三万、二万、一万恒河沙数的眷属，也有的带来一恒河沙数、半恒河沙数、四分之一恒河沙数直至千万亿分之一恒河沙数的眷属，也有的带来千万亿那由他数的眷属，也有的带来亿万眷属，也有千万、百万、一万，也有一千、一百、一十，也有带五、四、三、二、一个弟子的，也有乐于单身而不带弟子的，这样的数目无量无边，运用算数比喻都不能测知。这些菩萨从地下涌出后，都到虚空中七宝妙塔，多宝如来和释迦牟尼佛二位佛所端坐的地方，到了以后，向二位世尊五体投地，顶礼佛足，又到各宝树下狮子座上佛的面前，也都行礼，向右绕行三圈，恭敬合掌，以各种菩萨赞叹的方法，用来赞叹诸位佛世尊，然后站在一边，充满欣喜欢乐地瞻仰二位世尊。这些菩萨从最初从地下涌出，用种种菩萨的方法赞叹诸佛，这些时间，共经历了五十小劫。这时，释迦牟尼佛默然而坐，四众人等也都默然。五十小劫的时间虽长，因佛的神通之力，令大众人等感觉像是半天时间。

那时，四众人等，也因佛的神通之力见到诸位菩萨充满无量百千万亿国土的虚空。菩萨众中有四个导师，第一个名叫上行，第二个名叫无边行，第三个名叫净行，第四个名叫安立行。这四个菩萨在菩萨众中是最上的首座，唱颂指导的导师。他们在大众前，分别合掌，瞻仰释迦牟尼佛，而问候说："世尊！您没有病痛吧？没有烦恼吧？身、口、意、愿四行都安乐吗？应被度的都容易教导吗？没有让世尊生疲劳吗？"

这时，四大菩萨用诗偈体的语言说道：

世尊您安乐吗？没病没烦恼吧！教化众生没有疲倦吧？众生容易受教化吧？没有让世尊感到疲劳吧？

当时，世尊在大众中说出这些话："是这样的，是这样的。各位善男子。我很安乐，没有疾病，也没有烦恼，众生也很容易化度，没有感到疲劳。为什么呢？这些众生从前世以来，经常受我教化，也在过去诸佛面前恭敬尊重，种下了善根。这些众生一开始见到我身，听我说法，就都立刻生信，入于如来智慧，除去先前修学小乘的，现在这些人，我都让他们听闻这部经，让他们悟入佛的智慧。"

这时，四大菩萨又用诗偈体的语言说：

太好了，太好了，人中的圣雄世尊啊！众生人等易受化度，能听懂诸佛甚为深妙的智慧，听后信解奉行，我们一起来随喜。

这时，世尊也称赞四位上首大菩萨："太好了，太好了，各位善男子，你们能在如来面前发随喜心。"

那时，弥勒菩萨及八千恒河沙数的菩萨，都有这种想法："我们从前没见、也没听说有这些大菩萨从地下涌出，在世尊面前合掌供养，问候如来。"

弥勒菩萨——这位菩萨中的大菩萨，知道众位八千恒河沙数菩萨心中所想，也想解除自心的疑惑，就合掌向佛，用诗偈体的语言说：

这些无量千万亿的菩萨大众，我以前从来没有见到。希望福慧都具足的世尊为我们说，他们从何处而来？因为什么因缘才汇集于此？他们现出巨身，有大神通之力，智慧无边不可思议，志念坚固，具有极大的忍辱之力，为众生所乐见。他们是从什么地方来的呢？每位菩萨所带的眷属，数目都多至不可计数，就像恒河边的沙子一样。有的大菩萨，带来六万恒河沙数的眷属。他们都一心勤求佛道，这六万恒河沙数的眷属都来供养佛，并护持这部经典。也有的带五万恒河沙数眷属，有的数目还多一些，也有的带四万、三万、二万、一万、一千、一百甚至一、二分之一，三分之一，四分之一乃至万亿分之一恒河沙数眷属，也有的带千万亿那由他数的眷属，万亿乃至于半亿或更多，或百万、一万、一千、一百、五十、一十直至三、二，一个眷属，也有的单身一人，乐于独自相处的，这些菩萨及眷属都来到佛的面前。数目比所说的还要多，如果有人用筹码来计算这些人的数目，即使经历恒河沙数那样多的劫，也不能数出确切的数目。这些具有大威德、精进于佛法的菩萨们，谁来为他们说法，教化他们成就菩萨道的？最早依从谁而发心学佛？称扬谁的佛法？受持谁所教的经典？修习什么样的佛道法门？这些位大菩萨，具有大神通，大智慧，使四方土地震裂，而从地中涌出。世尊啊！我从往昔以来，没有见过这样的事情。希望您能说一说他们从何方国土而来。我曾经遍游诸国，从没有见过这些菩萨，在所有这些大众中，我连一个人也不认识。他们忽然从地下涌出，希望您讲一讲其中的缘故。今天的这个大会中，有无量百千亿的各菩萨，都想知道这件事，这些从地下涌出的菩萨，从开始到现在的因缘是怎样的。具有无量德的世尊啊！请您解除我们心中的疑惑。

这时，释迦牟尼佛分身的诸位佛，从无量千万亿数目的他方国土所来的，在八方的宝树下，坐于狮子座上，结跏趺坐。这些佛的侍者都见到这样多的菩萨，从三千大千世界的四方国土中涌出，停住于虚空，分别对他们所侍奉的佛说："世尊啊！这些无量无边数目的菩萨众，从何处而来呢？"

这时，各位佛分别告诉他们的侍者："善男子！且等待一会儿，有一个大菩萨，名叫弥勒，释迦牟尼佛已为他授记，以后也要成佛。他已经请问了这件事。释迦牟尼佛已经答允了他。你们将就这个机会听到这件事。"

这时，释迦牟尼佛告诉弥勒菩萨说："太好了，太好了，阿逸多！你竟然能向佛请问这样的大事，你们大家要共同一心，披精进的宝铠，发出坚定的决心。我现在要显发宣示诸佛的智慧，诸佛自在神通的力量，诸佛像狮子一样勇猛快速的力量，诸佛威猛而有大势力的力量。"

世尊要重新说明这样的意思，就用诗偈体的语言说：

大众们，你们要一心精进，我就要告诉你们这件事，你们不要有所疑虑。诸佛智慧不可思议，你们要发出信心和愿力，住于忍辱行善的念头中。以前没有听到过的佛法，今天都能听到。现在我先安慰你们，不

要怀有疑惧,佛没有不真实的话,佛的智慧不可称量。佛所得的第一上法,非常之深,难以估测。现在我要为你们解说了,你们要专心听讲。

当时世尊说完这个偈颂,又告诉弥勒菩萨:"现在我在大众面前告诉你们,阿逸多,这些无量无数的大菩萨从地下涌出,你们以前没有见过。我在这娑婆世界中,得到阿耨多罗三藐三菩提以后,教化开导了这些菩萨,调伏他们的心意,让他们没有烦恼,发出向道的意念。这些菩萨都在娑婆世界之下,住于虚空之中,对各部经典,诵读通畅流利,能思量、分析经文的正意。阿逸多啊!这些善男子们不喜欢在众人面前说法,常乐于静处,勤修行精进,从不休息,也不依止人天而居住。常住于甚深智慧,而没有任何障碍。也常乐意对佛法一心精进,求证无上智慧。"

当时世尊要重新说明这样的意思,就用偈颂体的语言说:

阿逸多啊!你要知道,这些大菩萨从无数劫以来,修习佛的智慧,都是我所教化,让他们发出求大道之心。他们都是我的弟子,在这娑婆世界上,行头陀行,喜欢在安静的地方,舍弃人多热闹之处,也不乐意多讲话。这些弟子们,学习我的道法,常不分昼夜精进,只为一心求佛道。他们在娑婆世界下方的虚空中居住,志愿念力坚固,勤求智慧,讲说种种妙法,内心中无所畏惧。以前我在伽耶城外的菩提树下端坐,成就最上正觉,转无上法轮。那时就教化他们,让他们发向道之心,现在都已住于不退之地,都应当能成佛。现在我说实话告诉你们,你们要一心相信,我从很久远以来,就教化了这些大菩萨。

这时,弥勒大菩萨及无数的菩萨们,都心生疑惑,奇怪这件没听说过的事情。都这样想:"为什么世尊在这样短的时间中,教化出这样无量无数无边的大菩萨,让他们都安住于阿耨多罗三藐三菩提。"弥勒菩萨就对佛说:"世尊!您没出家之前作太子时,从释迦族王宫出来,后来到离伽耶城不远的地方,坐在道场,证得阿耨多罗三藐三菩提。从那时到现在,才不过四十余年。世尊,为什么能在这样短的时间内,大作佛事,以佛的势力、功德,教化出这样多,乃至无数的大菩萨,都能证得阿耨多罗三藐三菩提？世尊啊,这些众位大菩萨,假如有人,在千万亿劫中计算他们的数目,也不能数尽,甚至数不到一边的数目。他们在很久远以来,在无量无边诸佛面前,种植善根,成就了菩萨道,并常修清净行。世尊啊！像这样的事,世间人很难相信。譬如说有一个人,容貌亮泽,头发很黑,指着一个百岁老人,说这是我的儿子,那百岁老人,也指着少年,说是我的父亲,生育了我们。这种事情很难相信。佛的情形也像这样,从得道以来,其实并不很久,而这些众多的菩萨人等,已经在无量千万亿劫,为了佛道,勤行精进,能善入、善住、善出无量百千万亿三昧,得到大神通之力,久修梵行,善于按次第修习种种善法,擅长于机辨问答,是人间之宝,是一切世间中非常稀有的。今天,世尊才说刚证得佛道的时候,才让他们发心学佛,教化开导他们,让他们向阿耨多罗三藐三菩提求证。世尊成佛不久,竟做出这样功德宏大的佛事。我们虽然相信佛随机说法,所出语言没有虚妄的谎言,佛所知道的也都让我们了解通达。但是新发意求佛的菩萨,在您灭度之后,如果听到这样的说法,有的就不会相信,那样就会造下破坏佛法的罪业因缘。因为这个原因,世尊啊,请您为我们解说,除去我们心中的疑惑。就是未来世上的善男子,听说这件事后,也不会生出疑惑。"

当时,弥勒菩萨想重新申诉自己的意思,就用诗偈体的语言说:

佛世尊啊！您从释迦族出家以后,到伽耶城附近的地方,坐于菩提树下证得佛道,从那时到现在,时间并不久远。但这些佛的弟子们,数目不可称量,从久远以来就修行佛道,住于大神通之力,善于修学菩萨道,像莲花出于污泥而不染一样,不染著世间法。他们从地下涌出,来到佛的面前,都发起恭敬心。这件事太不可思议了,怎样才能让我们相信呢？佛得道时间很短,所成就的佛事太多。希望您能解除我们的疑惑,把实际的情形分别为我们解说。譬如有少壮的人,年龄才二十五岁,告诉人说有百岁的儿子,满面皱纹,鬓发苍白,说是他所生养,百岁老人也说少壮之人是他的父亲。父亲年少而儿子老迈,全世界的人都不会相信。世尊的情形也是这样,得道时间很近,而教化出来的这些菩

第十六章　无生无死的生命本质童谣那首圣洁的老歌

· 905 ·

萨,志念坚固,无怯弱之心,于无量劫以前,就修行菩萨道,擅巧于机辩问答,内心无所畏惧,坚定于忍辱心,容貌端正,有大威德之力,为十方佛所称赞,善于为人分别说法,不喜欢在人间,常住于禅定,为了求佛道的原因,居住于地下虚空中。我们听您说这件事,相信您所说,没有怀疑。希望您为未来世上的人们仔细解说。如果有疑虑而不信的,就会堕于恶道。希望您为我们解说,这无量数目的菩萨们,为什么能在很短的时间内,教化他们发心学佛,并住于不退之地。

第十七章　缘起世间如梦如幻的生命流转弥漫在时光中的故事

我们每一个人都希望能把生命改变得更好，把一切处理得更合适、妥当，也更轻松。改变自己不是一件容易的事，但也不至于毫无办法，我们只要能从自己的内在改起，先改变我们的旧思想，再改变我们对人说话的态度。自自然然，外面的境遇也就改变了。

现在，很多人都对自己的烦恼和问题举起双手，恐惧地投降；大多数人都执著一切，不肯去尝试改变。

很多人会这样说："我觉得不可能改变，也没有希望能改变，所以不想尝试改变。"

还有很多人这样说："我觉得还是不改变的好，因为我已经习惯了生活在痛苦里，知道怎样去接受这些痛苦，虽然我不喜欢有痛苦。但是，那总比去违反它好，因为违反了它，它可能会变得更坏、更令我受不了。"

事实上，怨恨最没有益处。有不好的事情发生了，使我们怨恨，怨恨完了以后，另一些不好的事情又发生，于是我们又再怨恨……这样的循环不止，令我们永远也不能超越出痛苦。

怨恨有什么用呢？它是一种愚蠢的反应，和一种拒绝去认识的生命反应。

我们要仔细地问一问自己：这究竟是为了什么，竟会有这么多不好的事情发生，使人不得不怨恨？

我相信你的心中一定有什么信念不对,才会制造出这么多的烦恼和颓丧,引得别人不时来骚扰你。为什么你不改变思想行为,阻止不好的事情发生,使你永远不再怨恨?

就算不好的事情已经发生了,你也要想想佛陀教给你的一个"忍"字,慈悲地去对人,慈悲地去应付问题,才是真正的解脱痛苦之道。

你怎样对人,人也怎样对你;你宽厚对待别人的错,别人也会在你错时,宽厚地对待你。

如果你真的想知道你自己有多顽固的话,你只要想想你是不是一个"肯去改变"的人,就能清楚了。

我们每一个人都希望能把生命改变得更好,把一切处理得更合适、妥当,也更轻松。但是,尽管我们是这样盼望的,但要我们真正有所改变,却常常办不到。我们宁愿他人改变来适应我们,也不愿自己改变去适应一切。

假使你自己都不能为自己改变,那别人又怎能为你改变他们自己呢?改变自己不是一件容易的事,但也不至于毫无办法,我们只要能从自己的内在改起,先改变我们的旧思想,再改变我们对人说话的态度,自自然然,外面的境遇也就改变了。

改变思想、改变说话的态度,就能改变生命,使一切变得更好。说来轻松,做起来却往往并不容易。因为,每一个人都有他的顽固性——或多或少;也有毅力问题——能坚持不能坚持。

就像我自己,一向都很有点顽固,甚至现在,每当我的生命中有需要作出新的决定和转变时,我那点顽固,便会从内心深处浮现到表层来,使我抗拒改变,使我保持我的旧思想,使我一时里又成为一个自以为是、怨恨孤立的人。

经过多年积极改进的我都会如此,可见人的顽固多难对付。

我把对付顽固作为我自己的学习课程之一,经常努力,当顽固发生的时候,我总要告诉自己:我是在生命的重要转折点上,决不能姑息懈怠,任顽固胜利;既然我决定在我生命中要有所改变,就一定要有新思想、新行动!那时,我便向我自己的内在深深地钻下去,把旧思想一层层地剥开来,让每一层旧思想都换上新思想。

在这样的过程中,我常常遇到困难,因为有些旧思想很容易被剥去,而另有一些则像拿一片羽毛来拨大石那样的棘手,旧思想会毫不为你所动,屹立不倒。

人往往被严重的问题阻挡了成功的道路;不去克服它,便永远只有失败。对于去旧换新,愈是顽固的旧思想,愈是生命的绊脚石,所以非去掉它不可。认清了,认真去对付,有毅力,就能得到胜利。

有一点我们一定要明白:认识到自己过去的思想信念错误,并不表示我们过去不是一个好人;不必为我们的过去悲愤,还应该在改进的"当下",高高兴兴地庆祝一番才是。

让我们认真地说:"我愿意改变。"

重复地说:"我愿意改变,我愿意改变。"当我们这样说的时候,最好将手放在我们的胸口,表示决心。

我们的胸口是我们身体上一个很重要的力量中心,这个中心可以帮助我们实行改变。我们这样说、这样做,就表示你承认自己正在寻求改变的程序当中。

我们该知道,在我们的生命中,确实有些情况需要被改变。这时候,我们便应该让它改变,不要去压抑它。

留意我们不想改变的地方,因为它很可能正是我们最需要改变的。当你付诸行动时,你会发觉:帮助我们成就的"因缘",正在逐渐聚合。

当我们诚诚恳恳地、一再地说"我愿意去改变"时,我们的情况就真的在开始改变了。

是日已过,命亦随减。随着时光的流逝,此时我终于感受到了人生的短暂。如白居易的《花非花》中所说:"夜半来,天明去,来如春梦不多时,去似朝云无觅处。"自然界是无常的,人生也是稍纵即逝的。

佛教经论中,经常提到"佛法难闻,人身难得"。如《菩提道次第广论》中说:"从恶趣死复生彼者,如大地土;从彼死没生善趣者,如爪上尘。""论"中有比喻:"大海中飘轭木孔,海底一只盲龟一百年钻出海面一次,当乌龟的头钻进木孔,那就获得了人身。"人生犹如昙花一现,获得如此难的人身这么一回,如果我们还不珍惜,那么我们就等于浪费了人身。《四十二章经》云:"佛问沙门,人命在几间?对曰:数日间。佛言:子未知道。复问一沙门:人命在几间?对曰:食间。佛言:子未知道。复问一沙门:人命在几间?,对曰:呼吸间。佛言:善哉,子知道矣。"万法变迁犹如朝露闪电。

实际上,世间万物无不刹那变异,我们人的身心,也无不在刹那变异。俗话说,"世间无不散的宴席,无不凋谢的花朵。"许许多多美好的事物都只是昙花一现,转瞬便消失在时间的长河里。在此无常的世界中,没有一件事物永恒地存在于世。万物都是相互依存、相互对立的。人既来世间,就有生命,就有生死。可生与死之间的距离有多长,我们却不知道,所以我们只有珍惜生命,提升我们精神,使之达到圆满的境界。我们现在必须放下一切,静下心来想一下:我们是想生生世世沉沦于茫茫苦海之中受生死呢?还是向觉行圆满的大圣人学习,在不久的将来解脱三世轮回?

光阴似箭,日月如梭。一个不懂得人身难得意义的人,一个至今甚至从未想过"遮挽"一下时光的人,他对人生自然是不知道珍惜的。真正是为了出离生死苦海的人,必定会珍惜一分一秒,以求究竟的解脱。

不要花许多时间去做祷告,反而忽略了自己每日应尽的责任。与其浪费多余的精力为将来担忧,不如把握此刻可以做的事。

人常没来由地为自己的健康、家人、收入、名声及财产烦心,他们想掌握变化万千的事物,愈是担心自己的未来,愈会对自己的生活失去信心,养成自私的欲望。一个老是想改变自己生活状况的人是无法领悟何谓平静安宁的心。

相信命运的人会想:"这是上天注定的,是上帝对我的安排,因此,我必须向上帝祈祷改变我的生活方式。"于是，花许多时间去做祷告，反而忽略了自己每日应尽的责任。

假如我们相信佛，便可悟出下列的道理：

此乃我前生或今生种的因，我须借由努力行善及以瞑想坚固心灵，尽力修持正行。如此一来，不愉快的影响可以减轻，而成功就更容易了。

没有一颗星星是值得信赖的，

也没有一盏领航的灯，

我们只知道要——

善良、公正、正当。

勿循原路回头寻求过去的事，

珍惜尚未到来的将来。

有洞察力者可清楚看见——

现今就是此处、目前，

如此的智者渴求成功，

对于任何事均不会落空或动摇。

与其浪费多余的精力为将来担忧，不如把握此刻可以做的事，以充分发挥潜能。记住，现在是过去的孩子、未来的父母。

在世间法、众生境界中，没有所谓的"中立"，不进则退、不是则非、不精进则懈怠。所以人生当不断努力，不断进取，不断追求更高的人生境界。

"修行如逆水行舟，不进则退。"在世间法、众生境界中，没有所谓的"中立"，不进则退、不是则非、不精进则懈怠。所以修行必须不断地改过迁善，不断地勤修戒定慧，熄灭贪瞋痴，乃至虽知众生难度，仍一本慈悲襟怀——以度众生为本分事，纵使磨难重重，也是"虽千万人吾往矣"！

"有理行遍天下。"是的，修行人之所以能够顶天立地、能够五湖四海为上客，不外就是一个"理"现前，什么理？悲智是也。

《大智论卷廿七·大慈大悲》云："以大慈悲力故,于无量阿僧祇世生死中,心不厌没;以大慈悲力故,久应得涅槃而不取证。"又言："慈悲,是佛道之根本",想到师父说的、做的:"但愿众生得离苦,不为自己求安乐。"体会到,唯有泯却我相、人相、众生相、寿者相,才堪得起"直下承当",否则挑起的往往是我执、习气和烦恼罢了。

佛法的"进"是积极建立缘起、运用缘起,巧设种种方便,度化众生,行的是无我的坦荡光明之路;佛法的"退"是"度一切众生,而无一众生可度",离一切相,洒脱无碍。最后契入"不进不退"、"不生不灭"的中道实相。

"悲心依旧在,几度夕阳红",外在的太阳有升有落,而心中的阳光是否依旧灿烂?修行人,继续用功!

人活着,时间和生命都有限。所以必须确立要走的方向,脚步才不会杂乱。

事事都有因果,种什么因,得什么果,人人期待"心想事成",但非人人皆可得之。常怀慈悲、柔软、清净心,心念善,善因起,善果自然来,何惧不能心想事成?

每年新春,都是立大志、发大愿的时候。但往往一年终了,回首寻觅,才发现行囊中空空荡荡一贫如洗。今年,你还要重蹈覆辙吗?人活着,时间和生命都有限,所以必须确立要走的方向,脚步才不会杂乱。正如出家众的目标就是成佛,要朝着这个目标前进,唯有一步一步、踏踏实实地修行。

很多人往往三分钟热度,时日一久便生懈怠、找借口是一般人的通病,如何持续?如果方向已定,建议利用团体、同侪的力量,例如亲近善知识,找一家精舍,透过善知识、团体中好朋友的互相提携,培养持续前进的能量。

不过设立目标或发愿之前,亦应先了解自己有多少福德资粮,以免落入好高骛远的境界,不要期待一公斤的金矿一定能提炼出一公斤的黄金。面对现实,设定能达成的志愿,才能踏实自在地完成它。

每个人都有希望,希望的将来是美丽的,可是失望却是最痛苦的。要实现未来的希望,现在必须付出努力的代价。必须要劳心劳力和忍耐,甚至准备尝尝失败的痛苦,最后才有享受成功的快乐。

人类的心里往往都是矛盾的,在安静的环境中,希望到外面去跑一跑;出外活动久了必生厌烦,又希望有安静的生活。所谓"静极思动"也是"动极思静"。这样动动静静矛盾中过生活。

"人生不如意事常八九"。动中的人不能够安静,安静的人又不能出外活动,人生苦恼就多了。

从前有一个人,冬天寒冷的时候,在屋内用木柴烧了一盆火,以便晚上暖和暖和室内,也可以好好地睡觉。当在火边烤火的时候,不知不觉睡着了。在梦中梦到自己渐渐地升高,升到云层上面,而太阳晒下很温暖,慢慢冷风吹来而降下,降到云层之下,由空中降到山上很冷。由山上跌到万丈的深谷的时候,忽然一声哀叫,从梦中醒过来了。醒过来时才知身上没有盖棉被,而且火盆的火也熄灭了,全身都冷得要命,才做了这个梦。

人生本来就是一场大梦,当做梦的时候,希望做大官、发大财、赚大钱、扬名四海等等。所以日日才吃苦耐劳地工作。不论上山越岭,或受尽风雨寒暑,都希望有一天达成愿望。俗说:"有寒有热有艰苦有快乐,风水轮流转"。有时克苦耐劳,有时享受快乐,总是希望将来比现在好,希望将来怎样又怎样,如何又如何,都是一连串的幻想。

学佛的人,希望将来证得无上的佛果,所以最初发心时,勤勤恳恳地用功修行。修行如同寒冷的房子,要燃上柴火,使火焰渐渐把室内暖和,把冷气驱走,最后人才能享受温暖的快乐。我们每个人的心内都有贪瞋痴等烦恼,发心用功如同盛了一把火,要不断地加薪添柴,才能慢慢把一切烦恼驱走,而圣道的温暖充满了身心。最后烦恼驱尽,福慧圆满道果才能圆成。

可是有人物欲熏心,把圣道之火熄灭!或火盆泼了一盆冷水——

第十七章 缘起世间如梦如幻的生命流转弥漫在时光中的故事

名利，使圣道之火发生不了作用。最后圣火熄灭了，刻苦修行的心不知跑到哪里去了，道果便离人更远去了。

世间每个人都有希望，刚出生的小孩希望吃奶，要人抱；大一点即希望吃糖果、玩玩具；少年人希望骑机车、戴手表；青年人希望有理想的大学、职业；壮年希望做大事业、赚大钱、做大官；老年人希望乖子孝孙。可是世间不如意事常八九，苦恼就多了。

希望有正有邪，古人说："人有善愿天必从"。正当的希望欲实现，也必须付出相当的代偿——劳心劳力，否则就会成为幻想。

世间事，事事都是吃苦耐劳方有成就，何况出世了生死的大事，若是松松忽忽何年何月才有成就？俗说："学佛一年二年佛在眼前，三年四年佛在半天！"这是一般学佛的毛病。世间的功名利禄，都须经千锤百炼才可求得，学佛怎能经不起磨炼呢？

心死不振作的人什么事也作不成功；无志气而不向上的人，哪怕小小的事情也做不成。另一方面，世间事只要我们肯努力，就没有困难的。

从前有一个农夫，终年辛勤地耕种稻谷，有一年改种了芝麻，收获也很好。已有了芝麻不知怎么吃法，有一天他想，米是用水煮熟的，芝麻是不是也用水煮呢？于是去请教人家。人家对他说："芝麻是用炒来吃才又香又好吃。"这位农夫即依照人家说，去炒来吃，真的又香又好吃。于是他又联想，炒的芝麻既然这么香，泥土是种什么就生什么，炒熟的芝麻播下去，一定收获很香的芝麻，可以高价地卖出去，岂不是可以发一笔大财吗？

于是，他把全部的芝麻都炒熟做种子，勤勤恳恳地去犁田、除草、播种、洒水、施肥等工作。辛辛苦苦地种好了芝麻，自此每天都盼望它赶快生根发芽，过了好几个月，杂草都很茂盛又很长了，却不见一根芝麻生发出来，才知自己的想法是错的。

有些学佛的人，发心修行菩萨道，希望证得无上的佛果。本来菩萨是要难行能行，难忍能忍地广度众生，而积功累德，才是成佛的正因。

可是有人贪着安闲舒适的生活,而把世间的名利当作修行。每天只和信者交往矶缘,而不教人家用功修行,不播佛法种子,怎样有菩提的正果呢？

一位哲人说："没有天生的弥勒、自然的释迦。"弥勒佛和释迦佛乃至十方三世一切诸佛,都是累生累劫修来的,而不是天上掉下来的。所以学佛用功一分即成就一分的定慧,利益众生一分即成就一分的功德。既信了佛学佛,就好好地用功修行、广度众生。光是挂着学佛之名,没有用功修行,不但成不了正果,恐怕堕落更深！也是焦芽败种。

古人说："世事有难易乎？为之即难者亦易矣,不为易者亦难矣。"是故,世间事只要我们肯努力,就没有困难的事。又说："哀莫大于心死""贫莫贫于无志"。心死不振作的人什么事也作不成功。无志气而不向上的人,哪怕小小的事情也做不成。有人认为世间富贵是要祖业、背景、学问、智识、做靠山,我们认为最大的靠山就是"志气"。没有志气才是永远贫穷的人。自古以来成功立业的人,大部分都是靠志气与努力,没有志气与努力,也就是"焦芽败种"。

你若能常有一股浩然正气,顶天立地,就自然而然能生正知正见,而所行所作,皆不会不合理,这就是坐禅的好处。

大家聚合在一起学习坐禅,实际上禅不仅是坐,而是站着、走路、躺着都在参禅,所谓"行住坐卧,不离这个,离开这个,便是错过"。"这个"是什么？就是禅,即是"静虑"。把念虑归一,即是集中精神,所谓"制心一处,无事不办"。为什么人做事不成功？因为没有集中精神。若能集中精神,便有定力,有了定力,次而发生智慧。

坐禅不要求神通,或求什么效果。首先要使身体没有一切疾病,任何邪气都不能侵入你的范围。你若能常有一股浩然正气,顶天立地,就自然而然能生正知正见,而所行所作,皆不会不合理,这就是坐禅的好处。

你的心境能时刻波浪不起,无烦无恼,无是无非,无人无我,这样的用即为坐禅之效果。至于参禅的功效,你自己可以去体验,你时常问

问自己：我是否还像坐禅之前那么馋嘴？是否还是像以往那样爱慕虚荣？有没有把不正当的习气毛病改了？若遇到不合理、不如意的事情，是不是还是生出烦恼？假若答案是"是"，那么，我可以告诉你，坐禅就没有什么进步。假若你能把以前的习气毛病减轻了，在修行功夫上便有点好消息。

你可以自我检讨。拿吃东西来说吧，假如你能够将好的、不好的食物，一样吃下去，馋食鬼就会被你撵跑。做事是否凡是对我有利益的事情，我就去做，对我没有利益的事情我就不去做呢？我是否很懒惰、苟且偷安呢？若是这样，你的禅定功夫没有进步。若能改之，凡是对人有利益的事，我都愿意去做，关注为众人服务，对自己小范围的事，却不甚去注意，你若能如此，则可以把懒鬼撵跑。假若你能一天比一天精神，不是昏昏欲睡，这样你就能把睡鬼撵跑了。

你能把馋鬼、懒鬼、睡鬼都撵跑了，这便是坐禅的初步功夫。这么一来，你的精神、气质必定与从前大有不同，所谓"同一间庙，但不同一个神"。也可以说：同一间庙，但不同一个鬼，从前是鬼王，现在是菩萨；或者你从前心肠很毒辣，但现在你发菩萨心肠。

坐禅有没有功夫？看你吃东西便知道。你总是拣好味，坐禅就没得到效用。必须把习气毛病去除不可，在习气方面，最重要是要把烦恼与脾气去除改掉。烦恼没有了，就如水中沙泥沉底，通体莹彻，一见即了，这时便智慧现前。若心水很混浊，烦恼无明未扫清，则没有定力，没有定力，更谈不上慧力！

因此，我们坐禅要有忍耐心。以禅为中心，则在行为与态度上，各方面都要改变。"禅"不是单单坐在那儿才算修行，而是无时无刻不是在用功，久而久之，便会潜移默化，把气质改变了。我若说得对，大家可以照着去做，说得不对，就当没听到，把它忘了，是道则进，非道则退。若有烦恼，宜快点改，若无烦恼，宜嘉勉之。"禅"不是在这儿打完坐，回家就发脾气。人若没脾气，就像佛，若有脾气，就像鬼，嘟着嘴巴多难看！你要常常笑口常开，你把烦恼转过来便是菩提，这是易如反掌啊！

不需要到外边找，一切皆在自性中。

佛法在世间会变幻出不同的相貌，但其内在核心是不变的，那就是：出离心、菩提心和空性的智能。这是区别佛法与世间法、佛法与外道的标准。那么，到底是不是佛法，如果用以上标准扪心自问，自然会水落石出。

佛法所带来的安详、自在是建立在无我智能基础上的，因此是真实的、坚固的，是能经受住境界考验的。

佛陀被歌利王割截身体时可以做到如如不动，而我们呢，哪怕一根火柴的小火苗碰到手指，恐怕也会哇哇大叫——那时，还能"安详"、"自在"吗？

明朝末年的憨山大师，早年在五台山打坐时得到了一些境界，就自认为"证悟"了。后来他被人陷害，充军流放岭南，其间经历了种种苦难艰险，而就在这九死一生之中，他才发觉他原先所"证悟"的那些东西仅仅是浮光掠影，丝毫派不上用场。于是，他开始了铭心刻骨地反省，继而在修行上获得了重大的突破。

憨山大师在给友人的书信中说到，他非常感谢这一段苦难的经历，这段经历就好像天地间巨大的钳锤，将他内心中蕴藏的我执烦恼锤打得一干二净，使他获益匪浅。

纵观古今高僧大德，几乎个个都是具足钢骨的硬汉，有着斩钉截铁的性格。"不经一番寒彻骨，哪得梅花扑鼻香？"他们的洒脱、自在，是经历了千锤百炼的艰苦磨砺之后展现出来的智能，绝非轻轻飘飘、浮浮泛泛所能得到的。否则，那所谓的"洒脱自在"仅仅是古人所呵斥的"软暖习气"而已。

当今，在社会上流行着很多"心灵感悟"类书籍，疲惫的现代人也许需要这样"心灵的滋补品"。但是，这也可能是心灵的麻醉剂，因为当暴风骤雨真正来临的时候，这些真的管用吗？

世间善法本来也是好事，可是世间善法一旦披上了"佛法"的外衣而混淆视听，对众生的危害恐怕要远远超过杀、盗、淫、妄等等恶法。

品茶赏月也可能开悟,但绝不能说品茶赏月就是禅;佛法不离日常生活,但也绝不能说日常生活就是佛法。

古人说:"心术在毫厘之辨"。所作所为,究竟是把佛法融入生活,还是把佛法蜕变为世间法,是每一个佛门弟子都必须严肃面对的问题,也是我们无法逃避的责任。

"佛"的意思是觉悟,就是人的本性趋于圆满的一种存在状态。众生学佛的最终目的是成佛。从佛教的立场看,我们每个人都具有佛性,和佛没有区别,但是却因为一念无明,被烦恼习气缠缚,才轮回六道,在苦海中沉沦。但是虽然这样,我们的佛性却并没有缺少,所以人人皆可成佛。佛经上说:"众生是未觉的佛,佛是已觉的众生。"在佛的眼里,这个世界上没有一个特殊的人,佛在众生的心中,众生的心中都有佛,也因此自我就是佛,佛就是我们自己。

"人人皆可成佛"这句话,如果从浅层理解,它体现了佛的包容性,佛以平等的心来接纳众生。而更深一层的意思则是,佛离你最近,你离佛最近,我们每个人都具有成佛的慧根。我们自性圆满,内在什么法都有,只是很多人不知道,还总是向外求什么秘方、口诀、密传,其实"若自悟者,不假外求",我们应该在自己身上下工夫,首先认识自己,通过修行来明心见性。

"修行"这两个字,"修"很重要,"行"也很重要,修正自己的行,在行中修正自己的心。修行,更重要的是修心,心选择的路,心路不正,所作所为也必定不正。我们每个人生来心的本性都是一样的,每个人都有一颗纯真善良的心。但是在成长的过程中,因为我们每个人的成长环境和经历不同,碰到的人和受到的教育也不一样,所以这才有了区别。在成长过程中,我们如果受了好的环境影响,就会和最初小时候一样,依然保持善良和正直的本色,有爱心,懂得爱自己,也会去爱别人;但是如果在成长的过程中,我们受到了不好的环境影响,就有可能被腐蚀本性,而失去了原本的善良正直,失去爱心,变得瞋恨心重,甚至为了物质利益出卖自己的良心和一向做人的原则。

孟子说，人皆有恻隐之心。这个恻隐之心，就是善良，就是佛陀说的佛性，它是我们的道德基石。在生活中，正是因为有了这块发光发热、照亮和温暖人心的道德基石，我们的生活才不断进步。如果在人生道路上，我们因为时代的变迁、社会的发展和环境的转移而淡化和丧失了我们的恻隐之心，那我们的生活就会变得纷乱，后果是不堪设想的。所以，一个人在为人处世中，恻隐之心非常重要，正是因为有了它，我们才会同情弱者，正是因为有了它，我们才伸出温暖的双手，给他们必要的同情、帮助和关怀，在我们的生命中，如果我们处处弘扬这种仁爱之心和善良的本性，那我们的整个世界也会变得美丽和温暖。

"人之初，性本善。"善良是我们人性的真谛，也是我们最美好的品德，是我们没有装饰时本性的流露，但它并不等于幼稚和无知，而是我们内心对人与人的关系最为深刻的理解，这样相互支撑、相互亲爱，"己所不欲，勿施于人"，是我们最本初的最美好的愿望。但是生活磨砺了我们，改变了我们的想法，让我们迷失了善良的本性，所以佛陀让我们将它找回来，他对我们说，这就是我们的佛性。

佛教是入世的，佛陀要每个信仰他的人，善待他人，善待自己的生活，也善待这个世界，常言说，以小人之心看人，大家都是小人；以君子之心看人，则看到的都是君子。王阳明先生曾经说满街都是圣人，而释迦牟尼在成佛后则说："奇哉！奇哉！大地众生皆具如来智慧德相。"佛陀把所有的人都当成佛，虽然你今天不是佛，但是终有一天，你会成为佛，他相信每个人都有成佛的可能，众生与他并无差别，人人都是佛，但前提是我们必须洗去尘埃，洗去我们在成长的道路上，外界所加给我们的贪瞋痴诸烦恼，将迷失了的善良本性找回来，这样我们才能成佛。而这个过程则需要我们修行，在修行中来完善自己，改造自己，以帮助恢复本来面目。

成佛和做人是一个道理，也需要智慧和积极的行动，用胆量和魄力来认识自己，改善自己，提升我们的人格修养，这样具备了像佛一样

的智慧德相,就会走向成功。

我们要像佛菩萨那样去济世度人,但首先必须先完善自己的人格。学佛,不仅是要说法度人,更要以自己的德行和实际行动来感召众生,像佛陀那样做人,让所有的人都感受到佛的慈悲和智慧。佛陀是圆满了的觉悟者,他断除了内心的贪瞋痴杂染,在这样的前提下,他的人格才趋于完善,证悟成佛,有了济世度人的根本。

佛陀要求一个佛弟子必须具备两方面品性,就是悲和慧。这两方面对一个佛弟子来说,都同样重要,都需要修炼和完善。悲代表着爱、慈、善、恕等情感方面的品性,也就是心的品性。慧则代表着理智和思想方面的品性。一个人只发展情感而没有理智,会变成一个有着好心的傻瓜;但只发展理智却不重视情感,又会使人变成一个铁石心肠的思想家,对人没有半点同情和恻隐之心。因此,悲和慧是不可分的,这是佛陀对佛弟子的要求,也是我们普通的众生在现实生活中做人该达到的标准。

我们要在这个社会上立身处世,首先就要修炼好自己的行为,学会做人,学会修心养性、奉守正道。这样,我们的人生才能升华,心性才能得道,社会才能和谐。所谓"修身、齐家、治国、平天下",要使我们的社会太平安乐,就要我们每个人都谨守做人的准则,养成人应有的优良品质。

当然,一个人优良品质的培养并非一朝一夕可成,它有赖于长期的精进修炼,我们常说一个人的"品行"如何,"品"就是品德,就是做人的问题,"行"就是行为能力。会做人就是说这个人具有良好的道德品质,并能按着这种道德品质去处理好各种社会关系,在社会关系中充分发挥自己的才智,做好各方面的工作,获得社会认可。

"仓廪实而知礼节",会做人的人,首先是知礼仪、讲道德的人,他会把道德修养作为做人之本,不消极,不贪求,不谋私,充分释放自己的能量,把自己的身心融入到社会生活中,去创造奉献,而不忘芸芸众生;他懂得宽容,在工作和生活中充满仁爱之心,谦虚礼让,以德报怨;

他还是一个自律的人,会自觉规范自身的言行,举止得体,情趣高雅,能控制自己的情绪和行为,从来不怨天尤人,该做的事一定做好,不该做的事一定不干,自尊自爱,表里如一。会做人是这个人可以在这个社会上有所成就的根本。孔子说"德之不修,学之不讲,闻义不能徙,不善不能改",就是说一个人如果不注重自己的道德修养,不去研究学问,这样听到了正确的道理也不会理解和实行,身上的缺点也不知道去改正。可见一个人只有懂得做人的道理越多,他的觉悟才越高,他实现自己人生目标的可能性才越大。反之,他如果不会做人,做事的能力和特长不能够得到发挥,他人生的目标就会因此受到阻碍。

学会做人,首先要锻炼自己的内心,提高自己的内心境界,凡事都像佛陀一样,建立在严于律己、宽以待人的基础上,在日常生活和工作中端正自己的态度,从点滴做起,关心自己身边的人和事,这样天长日久就不难使自己的做人修为臻于完善。

在佛陀时代,古印度拘萨罗国有一位国王,叫波斯匿王。波斯匿王有一天出巡,在路上碰到一个老头,头发苍白,年纪显然已经很老了。国王问道:"老人家!你今年多大年龄呀?"老头不假思索地回答:"4岁!"波斯匿王感到惊奇,他简直不相信自己的耳朵,于是他伸出自己的右手,竖起四个手指又问老头:"你才4岁?"老头点点头,很肯定地说:"不错!我今年4岁。"他知道国王不信,于是进一步向国王解释说:"以前我不懂佛法,活了几十年,思想、行为都被内心的烦恼控制,做了很多自己以为对可实际不对的事,4年前我有机会,听闻了佛法,才认识了人生,知道如何做人。依佛法去生活,净化人生,这4年的时间,才是我真正的做人时间,所以我说今年才4岁。"国王听了老头这番话,感动地点头称赞说:"老人家你说得对,一个人能够学习佛法,又照着佛法去做人,这才算是真正的做人呀。"

其实,整个佛法的修行都是为做人服务的,佛陀代表着一个很高的做人的高度,是一个佛弟子追求的终极目标。成佛并没有离开做人,只有在人格彻底完善后,才可能成佛,所以说做人是成佛之基。但是作

为普通的众生,我们只有向佛陀学习,像他那样对自己严格要求,注重自己的道德品质,完善自己善待他人,人生中遇到什么样的高山,都可以逾越。

佛陀要教给众生的,归纳起来,就是改心,改凡夫心为佛心,将凡夫的行持,改成为佛的行持。佛陀为什么值得我们学习？是因为他的"一切意乐皆圆满",佛陀的举心动念,都与真理、智慧、道德相应。反过来讲,我们普通人的内心则总是充满妄想、困惑和烦恼,甚至还有各种损人利己的想法,所以有缺陷,不圆满,所以我们要将凡夫心改为佛心,用佛心看人,平等地看待每个人,看任何人都生起欢喜。

佛和众生的区别就在于佛的心清静无碍,而众生的心被无明遮蔽,本来自性不能得以显现。无明是指一个人的心地黑暗,被阴影遮蔽,因为心中有阴影我们就无法了解自己,也因此我们会怀疑自己,也无法相信别人。

我们先对自己没了信心,之后看到别人不好的表情,就以为别人对我们也不信任。其实,当心中怀疑别人不信任我们时,我们先已经自己不相信自己了,所以说,自疑则无信,我们自己的信念一旦摇动,世界就发生了变化,也失去了别人对我们的信任。

因此,我们应该建立信心、启发自我智慧,以佛心为己心。用佛心看人,人人都是佛,用鬼心看人,人人都是鬼,所谓"疑心生暗鬼",所以千万不要怀疑。我们把凡夫的心转为佛心,把狭小的心念扩大为"心包太虚、量周沙界",众生的心都太狭窄了,小得像针孔一样,只求自己得到他人的爱和信任,却没有更广大的心去爱他人,如果我们能把这针孔一样细小的心,扩大到像佛心一样的慈悲,一样的"心包太虚,量周沙界",像明月般皎洁,像清水般透彻,那我们就会像佛一样的宽容和悲悯,为众生去做功德,至诚无私。

佛,是本来自性的觉悟,也是一个人内心深处最原始的单纯。它无处不在,就在于你能否正确地认识,只要真正认识到了,它带给我们的就是无量的快乐。佛陀曾经说：宇宙中的万事万物都可能是我们的父母,就看你能不能用你那颗平静、慈悲的心去看待他们,能不能用你那颗最原始的佛心去帮助需要你帮助的人,只要你这样做了,你就会发现你是天下最快乐的人,人间竟然如此温暖。

佛教的禅宗中,有一个苏东坡与佛印的公案。有一天苏东坡到佛印那里去,他问佛印:"你看我像什么?"佛印看了看苏东坡,回答说:"像个佛。"苏东坡笑着问佛印:"那你说你在我眼中,看起来像什么?"佛印问他:"像什么?"苏东坡回答说:"看起来像堆牛粪!"佛印笑而不答。苏东坡以为占了便宜,很高兴地回到家中,告诉苏小妹说:"今天我终于赢了佛印。"他把事情的经过告诉了苏小妹,聪明的苏小妹听完哥哥的话后说:"哥哥,你还是输了。佛印因为心中有佛,所以他才看你像个佛呀。"苏东坡一下领悟过来,一时无语。在这个公案里,苏东坡是用凡夫心来看佛印,而佛印看苏东坡,则是用的一颗佛心,在佛的眼里,人人都是佛,所以苏东坡输了,输得心服口服。

以什么样的眼光看待世界、看待周围的人,这其实是一个心态的问题。心态是一个人的心理状态,它分为两种,即积极心态和消极心态。比如,有一块巧克力,有个人见到说:"唉,就只有一块。"而另一个人见到则说:"啊,这儿还有一块巧克力呢!"这就是两种不同心态的表现。前者是消极心态,后者是积极心态。一个人情绪好就是积极心态,情绪不好就是消极心态。"如果一个人不认为自己是快乐的,那他就不可能有快乐。"是啊,这是无法向外求的,无论好与坏,都在于我们自己,只有用良好的积极心态引导自己,用善待的心对待自己,对待别人,我们才能快乐。就像佛陀看到所有的人都是佛,他具有这样的信心,他对世界上所有的人都心存慈悲,他认为他的力量可以感化所有的众生,他用这样的积极心态来做人做事,所以周围的一切也慢慢起了变化,慢慢变成现实。当然,这一招对于我们也同样适用。

我们在世间所从事的一切活动,最终所求的,都只是一个目的,就是心安。怎样才能心安?如果能做到无愧于天地,无愧于人世,无怨无悔,无仇无恨,没有非分之想,也没有难消之痛,就是心安,这是一种心

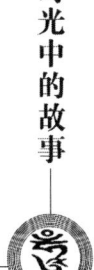

灵感觉,是幸福体验的至境。佛陀要引导众生的,就是要给众生这样一条真实、快乐的心安之路,让众生化苦恼为快乐,化束缚为解脱,达到从未有过的永恒安乐。

一个心安的人,会活得踏实、潇洒自在,会身体健康、相貌端详,使人在与他接触时,感到和蔼可亲,信任有加。他的人生也因此顺畅,合理的欲求也自然实现。他会认真地去做自己喜欢做的每一件事,认真地对待身边的每一个人,认真地工作、学习、生活,无论什么都尽力而为,做到问心无愧。生活其实就这么简单。不快乐是因为我们没有想开,没有认真地生活。

人生可以安心,可以幸福,并不是要去做大官、当大亨,有多少名利,主要是我们在人生的道路上走得正、走得直、走得认真,按自己心中的目标去努力,去奋斗,去脚踏实地一步步走下去,对得起自己,对得起内在的那颗心。我们在这个纷繁的社会中无法控制外在的其他,但是我们可以控制自己,可以尽自己最大的努力坚持做到最好,这样就足够了。

我们一般人都看重结果,但过程也同样美丽。须知道,山顶有山顶的风景,山腰也有山腰的妩媚。太看重结果,只会让我们在追求结果的过程中患得患失,更加疲惫。倒不如不去想那么多,去尽力做好该做的事,到时候自然水到渠成,即使没有获得满意的结果,那也是我们无法改变的因素,因为我们已经努力,便问心无愧,所以也无须埋怨,没有什么遗憾。

俗话说:"为人不做亏心事,半夜不怕鬼敲门。"做任何事情都问心无愧,是我们做人的一个起点。这并没有说起来那么容易,需要我们看开很多事,比如不计较名利,坚持自己做人的原则,有人的时候是这样,没人的时候也是这样,无论什么时候都从容不迫,践行中道,活在光明磊落里。这样,即使没有山珍海味,吃饭也香甜,没有金屋龙床,睡觉也坦然。

相传有一次,弥勒转世生在迦尸国一个高贵的婆罗门家中。他长大后,奉父母之命,出家当了一名隐士,在他的住处旁,有一个很大的莲花池。在盛夏的一天,弥勒修习了很长时间,觉得腰酸背痛,便来到莲花池畔,看到美丽的莲花正在开放,亭亭玉立,含馨吐香,他不禁走到池边,捧起一朵盛开的莲花,深深地吸了一口香气。这时,一位女神正好经过,看到这些,便训斥他说:"这莲花不是你栽种的,你怎么可以嗅它的香气呢?这与窃贼行为有什么区别呢?"弥勒听了不以为然地反驳说:"我又没有摘花,只是嗅嗅香气,你怎么可以拿我跟窃贼相比呢?"这时,恰好有一个人正在这个莲花池里,背着筐子,划着小船,又是摘莲子,又是掘藕根。弥勒见了,更是理直气壮,跟女神说:"我不过嗅嗅香气,可是你看他,他摘莲掘藕,这又是什么行为呢?"女神叹了口气,看了看莲花池里的那个人,跟弥勒说:"他的行为太野蛮,不配我去劝说。品德高尚的人,应该永远守住清白,即使是再细小的过失也应尽量避免。"听了女神的训诫,弥勒如梦方醒。女神又对他说:"我不是你的侍从,无法一直守候在你身旁;但要想修行得道,你就要自觉守住清白呀!"说完,女神飘然而去。弥勒回到自己的住所,闭门思过,专心修习,终于使自己成为一个真正高尚的修行者。

我们一般人通常会犯这样的错误:在众人关注的情况下,会注意自己的形象,但是当一个人独处时,行为就不免苟且放逸,因此,要时时警惕,自我觉察,做到内外合一,表里一致,这样常思己过,有了愧悔心就检讨自己,内心自然变得清明祥和。

学佛,首先要学好做"人",学做踏踏实实的人,一个靠得住的人。要面对社会,发挥诸佛菩萨的慈悲智慧品性,才可称为佛的弟子。做一个踏踏实实、靠得住的人,对家庭、对社会、对国家都有好处,这是修行中不可缺少的精神。佛教的化世功能,就是以佛法来净化人间,提升人品,使得众生既得现世利益,也得后世安乐。

付出努力,让自己成为一个可靠的人,这是我们走出人生之路的第一步,而且要持之以恒,永远做好,因为这也是我们个人发展的必要

条件,是最起码的人格保证。做一个可靠的人,应该从大处着眼,小处着手,养成守时、守约、重视自己承诺的习惯。如果你在生活中不断地得到别人的信赖和尊重,那就说明在别人的心目中已确认了你的可靠度,一个得到信任和赏识的人,他的发展和际遇也是不会错的。一个事事可靠,时时可靠,处处可靠,有口皆碑的人,他的人生有什么理由不会获得成功呢?

踏踏实实做人,实实在在做事,会使你获得更多的朋友,也获得更多成功的机会。天道酬勤,苍天不负有心人,只有尽心尽力、尽职尽责的人,才可以成就大事业。人应该志存高远,佛陀也要他的弟子给自己树立目标,脚踏实地地去学。因为学佛并不是为了名利、鲜花和掌声,更不是为了向别人炫耀,而是为了了悟生死大事,到达智慧彼岸,所以佛陀要众生真心向学,勇猛精进。如果一个佛弟子只是耍一下嘴皮子,而没有真正的体悟,修习佛法时,拈轻怕重,好高骛远,那他就把学佛变成了"佛学",变成了自己生活中的安慰剂和麻醉品,收不到任何预想的效果。

一个人要想获得成功,就要努力去做,少言多行,实实在在地去苦干,去成就,在思想上做一个靠得住的人。我们可以看到,那些最容易成功的人并不是那些看起来最才华横溢的人,而是那些最能以亲切和蔼的态度给人留下可靠印象的人。我们生活中的许多例子都可以证明,一个踏实肯干,谦虚谨慎的人,更容易获得别人的好感和信任。在为人处世中,一个人的人格才是他人生成功最重要的砝码。如果你凭着自己的良好品性,让他人在心里暗暗佩服你、认同你、信任你,那么你就在人生的道路上拥有了成功的优势。但是,现实生活中,真正懂得如何获取别人信任的人却少之又少。我们很多人都在无意中为自己的成功设置了障碍,比如我们的态度,我们的某种个人习惯。所以佛陀告诫他的弟子:"要以戒为师。"我们每一个人都应该遵守生活的戒律,因为它能帮助我们自我控制,使自己真正成为生活的主人,而避免被物欲和一切诱惑所奴役。一个人若不为自己建立良好的工作习惯和健全的生活规律，就等于失去戒律。他的工作就容易出错，身体容易生病，在思考和判断上也会变得犹疑和不准确。所以一个人格健全，让人觉得完全值得信赖的人，他也一定会规范自己，节制自己，注重自己在别人心中的形象，给自己树立一个完美的人格的高度，可以说，我们大智大觉的佛陀在这方面是最好的榜样。

任何人都应该努力使自己成为一个可靠的人，使人们愿意与你交往，愿意真心实意地来帮助你。一个成功者，不仅要有高明的交际手腕，为人更要诚实坦率。一个人要想赢得别人的信任，需要花费很多时间来持续证明自己的实在。如果你想成就自己的梦想，更需要这种宝贵的品质。许多银行在贷款时都很有眼光，他们对那些资本雄厚，但品行不好、不值得信任的人不会贷给他一分钱，但面对那些资本虽不多，却吃苦耐劳、小心谨慎、会把握商机的人，却愿意慷慨相助。因为巨额财富会输掉，而高尚的品格、精明的才干和吃苦耐劳的精神，却是输不掉的，这是人格的力量，它更容易赢取别人的信任。

人无信不立，我们生活在这个世界上，要想让自己的人生幸福快乐，就要品行端正，为人胸怀坦荡，成为值得信赖，让人感觉靠得住的人，这是我们获取人生幸福的最大资本。

学佛，要老老实实，以最虔诚、纯真的心来学，不可阳奉阴违，虚伪谄曲。佛陀说："曲之心，与道相违，是故宜应质直其心。"直心是道场，直心即是诚实心，众生必须以此清净无染、坦诚不虚的直心，来发挥佛陀的慈悲精神，才是真正的佛弟子。

人生的道路何去何从？目标又在哪里？佛陀告诉他的弟子，这是一条至真至诚，与真理相合的路。我们要走上这条路，诚心向道才可以成就。就是说要诚于内、形于外，一切行动都与自己所觉悟的道理相契合才可以。如果只是为了向众生炫耀自己的聪慧，以博得名位，那就不真不诚，也自然谈不上成就什么正果。

诚实是一个人最宝贵、最美丽的品质。如果我们为人处事也秉持正直诚实的心愿，以自己纯真的本性来工作生活，那我们的人生会简

单很多,也轻松很多。

《中庸》中说:"诚者,天之道也;诚之者,人之道也。诚者,不勉而中,不思而得,从容中道,圣人也。诚之者,择善而固执者也。"诚实,就是讲真话、办实事,表里如一、真诚不虚假。拥有了诚实,也就拥有了人间最宝贵的财富。我们生活在这个社会中,每个人都是组成社会的一个细胞,人与人之间相互依存,没有人可以脱离这个社会,孤立地存在。这就需要我们在社会生活中发挥自己最大的功用,处理好与他人的关系。处理好与他人的关系的基础就是以诚待人。无可否认,我们没有一个人愿意和一个满嘴胡话、谎话的人相处,同样,也只有我们付出真诚才能够赢得别人的信任和帮助。

但是在现实生活中,我们往往在金钱的诱惑下,为物欲所迷,为达到自己的目的,整日戴着虚假的面具,当欲望都得到满足时,我们却失去了自己最宝贵的东西,这就是诚实。其实这是任何财富都买不来的,是我们得以生存的根,我们没有办法整天戴着虚假的面具,当这变成我们人生的负累时,我们会痛苦不堪,但是为了那些已经抓到手的东西,比如名利,我们又不得不戴着面具,因为那些东西,有时我们会看得比自己的命还重要。但真正要危及生命的时候,又有什么比生命本身更重要呢?也许此时再后悔已经晚矣。

所以世界上最聪明的人是最诚实的人。因为只有最诚实的人,才经得起生活和历史的考验,百炼成金。只有实事求是、脚踏实地的人才有可能是一个成功的人,相反,如果一个人歪曲事实、隐瞒真相,每天戴着面具活着,往往是竹篮打水一场空,甚至聪明反被聪明误。所以我们要在社会上生存、发展,最重要的就是实事求是,诚实守信。

一个诚实的人,也是一个由内向外都至真、至善、至纯的人。凭借此,他可以由小到大来成就自己的事业。"唯天下至诚,为能尽其性。能尽其性,则能尽人之性;能尽人之性,则能尽物之性;能尽物之性,则可以赞天地之化育;可以赞天地之化育,则可以与天地参矣!""与天地参矣",就是与"天地同根,万物一体"、"自他不二,物我一如",这是佛陀的境界。一个人可以达到这种境界,那他的一举一动就化成了普度众生的慈悲,他的存活也不再是为了他自己,而是视众生平等,将众生都看成自己的兄弟姐妹,将众生的苦难都感同身受,为了解脱众生生死苦,接引众生到智慧彼岸,在世间说法布道,奔波忙碌。也因此他的至真至诚,感动天地,可以先知先觉,达成心愿。

一个待人真诚的人,自然有好的人缘。程颐曾经说:"以诚感人者,人亦以诚而应。以术驭人者,人亦以术而待。"因为一个待人真诚的人,可以向别人打开心扉,呈现自我,这样做比将心门紧紧关闭,更能让自我感到满足,同时也更令对方感动,所以也更自然地得到友谊、信任和尊重,也因此更充实,更快乐。

一个人要为善为恶,全在一念之间。要成为圣贤,还是自甘堕落,也全取决于自己的一颗心,所谓"福祸无门,唯人自招",命运的改造,全在自己的手中。

很多人以为信仰了佛法,就可以得到佛的庇护,就能在困惑时,找到解脱的方法。这是不对的,佛陀是要庇护每一个人,但是,这种庇护却是靠自己的修行得来,而不是凭空得来的。一个佛弟子只有在心中装下宇宙,而不是只自私地想着自己时,才有可能证悟,得到佛的保佑。

佛教和其他宗教一样,同样强调信仰的重要,但是是信仰佛陀所说的法,认为佛陀成佛的方法绝对正确,绝对真实。所以你要照着佛陀所说的法去做,实行于你的生活之中,诸恶莫做,众善奉行,这样渐渐地,才能达到解脱一切身心苦恼的目的。

诸恶莫做,众善奉行,并不一定要有多大的财富、学问和刻意而为,只要心怀善念,心存悲悯,尽量利用机会去帮助需要帮助的人,为众生服务,以解除别人的痛苦,增进众生的幸福,随时身体力行,即功德无量。

《西游记》中的唐玄奘虽然是吴承恩笔下的人物,与历史真实中的唐玄奘不免有些出入,但他的善良和慈悲心,却是我们学习的榜样。小

说中,唐玄奘并没有孙悟空的法力,也不及猪八戒的智慧,甚至比不上沙僧的力量,但是他却可以集合众人的心志,往往在危难中化险为夷。他之所以能够历经种种艰难,到达西天,取得真经,靠的就是他的善良和荷担如来家业、普度众生的慈悲心。也因此他的慈悲终于感化三界,成为为后世敬仰的一代佛家名师。

当然,心怀善念,不光是出家人的事,对于我们普通人来说,更是做人的一种积极而有意义的表现。如果一个人心地不善良,也就不配做人了。每个人的一生都会拥有很多东西,同时也会失去很多东西,但最不应该失去的就是存在于我们内心的善念。一个心地不善良的人,会变成一个恶魔,随时都可能利用别人,伤害别人,让所有的人都对他敬而远之,这是很可怕的。我们没有人愿意做那样的人。所以不管我们拥有什么,还是失去什么,都要保持一颗善良的心,这对我们来说是最重要的,因为这是我们的本性,只有这样,我们才觉得没有迷失,我还是我。

人是一个社会的人,没有人可以脱离社会去独自生活,所以对任何人我们都应该心怀善念。一个心怀善念的人,他的心中没有邪念,会尊重别人,帮助别人;会爱世间万物,爱护动植物,没有过多的烦恼,因此会为我们创造一个和谐宽松的与人相处的环境,也因此为我们的个性和创造力的发展开拓出一片自由的天地。我们心怀善念,自己活得开心,别人也过得舒心,这样社会才安定团结。可能这做起来并不难,可是很多人为什么却没有做到呢?还是因为我们的私欲。生活中有一些很现实的人,对于这些人来说,做和不做什么,全看是否对自己有利,有利就做,没利就不做。将自己自私的一面发挥到极致。可是很多事你不愿意做,他不愿意做,哪还有谁愿意做呢!和谐社会,靠我们每个人的努力才能实现。你怎么对待别人,别人就怎么对待你。只有心怀善念,待人像待己,困难的时候,你的善行才能迎来另一个人的善行。

听过这样一个故事:说是有一个人曾做过这样一个试验,他早上去上班来到办公室时,对每个同事都笑了一下,没想到,却收到了非常好的效果。他的上司看到他时，也对他笑了一下，上司平时并不是一个喜欢笑的人，可他那天的心情特别好，给人的那种冷漠的感觉一下消失了，其他的同事对他也都很友好。据说，就是因为他早上的那个笑，才让周围的人变得如此不同。我们去做事情，去工作，无非是想丰富自己，实现自己的价值。而这一切归结起来，都在于你如何对待周围的人。对周围的人心怀善念，我们的人生才如沐春风，因为大多数人不会故意和你过不去，这会让你赢得别人的喜爱，也获得别人的回馈和礼敬，幸福的人生也自然形成。

佛法修行强调出离六道，了脱生死。这六道分别为"三恶道"和"三善道"。因此可以说"善恶"是这六道的基本特征。

那"善恶"又是怎么来的呢？佛陀说，宇宙本性如如不动、无作无为，也就是宇宙本性中并没有善恶的区别。善恶是人心的区别。所有的修行人都在修一个"善"字，但修行人又恰恰被这个"善"字障碍，难出六道。这是为什么呢？这是因为善与恶是一体的两面，是互为依存的。

其实，佛陀所说的"善"，是宇宙本性的"善"，并非"善恶"的善，因为，善恶都是人的分别心造出来的，宇宙本性里没有善恶、对错、好坏之分，我们刚出生的时候很单纯，也没有这样的区别。比如：鸡蛋并没有好坏，爱吃的人说它好吃，不爱吃的就说它不好吃；臭豆腐非常臭，但爱吃的人却觉着它很香。所以，万事万物的本性并没有好坏之分，分出好坏的是人们的分别心，是人们根据自己需求的定义。人们在多生多劫中养成的这种分别心的习气，如同烙印一样，在我们的意识里根深蒂固，常常难以察觉，也因此阻碍了我们的发展。

这些其实都是我们对外境的取相，而外境的一切现象，不论好坏，都是自然的、平等的，都有其本来的原因。比如一年四季，春天生气蓬勃，夏天暑气逼人，秋天落叶飘飘，冬天寒风冷冽，都不是为了讨好人或者惩罚人，它只是自然运行的规律，但是因为人有分别心、比较心，就会说出喜欢春秋，不喜欢冬夏这样的话来。这种分别心还会因为年

龄层次、生活体验和教育修养产生不同的价值取向,同样一个人在不同的时候面对一个事物的态度也是不一样的,所以道信禅师曾经说"境缘无好丑,好丑起于心"。

佛陀比较重视内心的净化,强调让众生认识内心世界的真面貌。我们为什么会有分别心,会有这样的念头产生呢?就是因为我们的内心受了客观环境的影响,先入为主,才有了好或坏的评价标准。其实好坏是可以随着内心的感受而随时变化的,并没有什么标准。这一切都是我们的内心起的变化。我们的心主宰人的一切行为,一个内心清净的人,他的所行所思也必定是清净的。但心一旦被杂染,起了分别,他的所行所思也必定有所偏颇,所以佛经上说:"心杂染故,有情杂染;心清净故,有情清净。"这世间种种的痛苦烦恼,皆由心造,均因我们的分别心而起,故古人以"心猿意马"来形容心,说心就像猿猴,生性好动,在林木间活蹦乱跳,片刻不能安静,从来不听指挥,在五趣六道中贪求五花八门的外境,对名利、金钱、权势和爱情,汲汲追求、计较、分别。

其实我们的心原本也像佛陀一样,单纯清净,能够包容一切。但是因为分别心,无明一起,我们就把单纯清净的生活复杂化了,也因而痛苦和烦恼。有这样一句话"天下本无事,庸人自扰之",我们很熟悉,但是偏偏在生活中,经常会和一些人与事过不去,比如计较自己做得多,别人做得少,或者觉得别人做得多,也没什么了不起,自己做得少,也不觉得惭愧,这些都是烦恼,都是分别心,我们为什么不可以有多少力量就做多少事,不去与别人计较、攀比呢?我们的心常记挂着这些人我是非,总在那儿纠缠不清,又如何清净自在呢?

佛法的修行就是要让自己的思想归零,把过去的观念、想法和执见放下,脚踏实地地像佛陀一样去做、去修。就像一个瓶子,一定要把瓶子里已经装进去的东西倒出来,才可以洗刷干净,见本来自性。最朴实的反而是最好、最安全的,我们听从自己内心的召唤走人生的路,不要好高骛远。

我们的人生只有几十年,过得再风光,也只是时间长河中的一个片断，死后均会化为尘土。并且，世事无常，今天是皇帝，明天就可能是阶下囚，过去这样，现在同样是这样，一生所追求的事业和功名都非常短暂。

"万般带不去，唯有业随身"，按佛陀的说法，一个人生不带来，死不带去，我们来到这个世界时，一无所有，离开这个世界的时候，也是两手空空。儿女、财富、事业，我们哪一样也带不走。世间的富贵荣华是虚幻不实的，人生的吉凶祸福更是变化无常。而伴随着我们生命的，只有一样东西，那就是业力，为来世留下的是善业还是恶业。佛陀教导众生将眼光放远一点，不仅着眼现世的生命，更考虑到未来的命运。短暂的人生很快就会过去，即使再有钱，死后又可以带走什么？如果懂得在有限的生命里为众生造福，才能为未来的生命种下福报。

但世人却很少关心业力，由于对自我的执著，往往更进一步执著于我的钱财、我的事业、我的妻儿，念念都以自我为中心，因此而有种种的分别，将个人和他人的利益分得清清楚楚。只要对我有利的事情，就挖空心思去争取，如商界的尔虞我诈，政界的钩心斗角，社会上的所有问题，都离不开利益二字。我们一般人淡泊名利的少，追逐名利的却多。乾隆下江南时有一个故事，说是当时乾隆来到江苏镇江的金山寺，看到山脚下江水滔滔，百舸争流，不禁兴致大发，随口问身旁一个和尚："你在这里住了几十年，可知道每天有多少船在这里经过呀？"老和尚回答说："我只看到两只船。一只是名，一只是利。"可谓一语道破天机。

为了追逐名利，众生在不知不觉中造下很多恶业，很少有人会想，所追求的这些，最终都逃不过无常的结局。中国有一句俗话"富不过三代"，说的就是财富的无常，而还有一句俗话"成者为王，败者为寇"，则说的是权力和地位的无常。

不管我们是贫穷富贵还是穷达逆顺，生活在这个世界上，都不能避免和名利打交道。你努力地工作让自己在事业上有所建树，这是求名；而获得报酬，使生活过得富裕，这是逐利。人既然活着，就难过名利

第十七章　缘起世间如梦如幻的生命流转弥漫在时光中的故事

· 933 ·

这一关。有一次，武则天曾问智诜和尚："和尚有欲否？"智诜回答："有。"武则天又问："欲从何来？"智诜说："人生则有欲，死则无欲。"无欲则无生，人有名利之心是正常的，但要有一个度的问题，只要不过，不贪，为自己树立一个目标，就会生活得更积极，佛陀让众生淡泊名利，但目的并不是让众生守贫，而是要静心。

孟子曾经说："养心莫善于寡欲。"和佛陀的观点相同，孟子也说修身养性的最好办法莫过于少欲。欲望越少，越有利于修养，身心发展越健康。如果一个人把名利看得很重，他也必会被名缰利锁困扰。我们都有这样一个毛病，就是当名利没有得到时，处心积虑、惨淡经营，甚至把名利当作自己生命的支柱来不懈追求；但是等名利得到后，又机关算尽、战战兢兢，唯恐一个过错就前功尽弃，弄得自己身心憔悴，宁愿承受种种折磨，也不能拥有淡泊名利、宁静致远的从容心态。其实人生无常，花开总有落，那些功名利禄就像过眼云烟，最后什么也剩不下，我们应该学会淡化胸中的不平，把利害得失看清看淡，这样才可以免去精神上的许多痛苦。这并非要大家看破红尘，而是像清代张潮在《幽梦影》中所说的"能闲世人之所忙者，方能忙世人之所闲。人莫乐于闲，非无所事事之谓也。闲则能读书，闲则能游名胜，闲则能交益友，闲则能饮酒，闲则能著书。天下之乐，孰大于是？"由此可以看出，淡泊并不是没有理想、没有追求，也不是疏懒和碌碌无为，而是对自己生命的安顿，也是对自己灵魂的升华，让自己更自由更坦然。

佛陀说：天人观河水像琉璃一样，人观河水是水，鱼观河水是宫殿和住家，饿鬼观河水是血水和火海，根本不能饮用。

我们用六根观察世界，以眼、耳、鼻、舌、身、意观察色、声、香、味、触、法，产生眼、耳、鼻、舌、身、意识。

是不是所有的生命都是这样呢？

不一定。在深海里的生灵中，深海中的鱼就没有眼睛，加上深海中没有光线，它怎么看呢？它的眼睛已经退化，变成没有眼睛，而且不需要靠光线来感受外物，所以它们所"看"到的世界跟我们描绘的世界会大不一样。

因此，我们现在看到的世界是依我们立场所看到的世界，我们描写的这个世界及许多东西是依人的立场来描写，它不一定是这样子。我们以为这世界有时间与空间的相续，这不是必然的，这是因为我们用概念来抽象和总结出的以时间、空间的观点来看世界，所以我们看到的不是实相，只是用我们的观点所看到的世界，我们看到的只是相对的现象，就像在海底的生物，因为没有光线，没有办法发展出眼根，它的世界就和我们不同。

另外，根据佛经记载，在初禅天以上的天人，是没有嘴巴的。我们看到很多佛像，天人的像都被画成像人一样六根具足。天人为什么要像人一样？它那里没有星球，没有重力，为什么要长得这样呢？

很明显的，这是我们的意识投射到画上面而反映出来的。初禅天以上的天人并不需要吃饭，不需要一个专门的嘴巴来说话。他接受讯息也不靠声音，所以用不着耳朵。画像上这些耳朵、嘴巴都是我们装饰上去的。

二禅天以上的天人没有语言符号系统，只用心灵沟通，称为默然定。二禅天以上叫圣默然定，没有觉观，只有默然定。它们都是一团光，哪里有什么嘴巴和耳朵？以我们人类的立场看待一切，显然与事实相去甚远。那么，该如何观察生命的存在形态呢？

我们训练禅定，却只是坐上那么一会儿，和我们的生活好像再没有别的关系。定而无慧，只是死禅，没有用的，它不能帮助我们解脱。

所以，要结合禅定经验，了解生命的不同存在形式，验证和对照我们自己，看到我们的强烈立场执著，了解我们就在无明当中。

按照佛陀的希望，当我们有了一定禅定境界以后，就要"性空缘起，缘起性空"，用缘起法来观察世界和生命。

按照佛陀所说的轮回无尽的观点来看，生命界根本就没有死亡这回事。一般人勉强可以接受的例子是：像初始的生命，最原始的细胞、最原始的细菌，单细胞生命，它是不断地自我分裂而已，它没有死亡。

但像人类这样复杂性的生命，因为整体因缘太复杂了，互相牵扯的结果，就会产生上升堕落、生老病死等等的现象。

从佛教的宇宙观来看世间，这只不过是一场幻化的现象而已。

佛陀说，当我们的禅定处在无色界的四空定时，境界的存在仍是落在时间和空间中，我们所体验到的，是另外一种生命的存在，它的存在是一种性质，心识跟性质的存在。

这存在一运动就有空间的展开，于是建立了空无边处。又，整个虚空与心识互相摩擦，在心念当中互相制约，本来是自由的，但因制约之故造成相应的因缘，这些因缘便产生滞碍，这些现象本来是互相的感应，但后来一同制约、滞碍而妄立色相，妄立生灵相，于是空中妄立出了色界宇宙和生命界。

这就像是整个宇宙从形而上的本体发生功用，开始转化，从量子中开始转化成能量的物质相，物相愈来愈粗、愈来愈粗，交织而成物质现象，互相心念的制约造成宇宙现象和生命的生起。本来，任何的物相并没有实质，是如幻的，但是在相应的因缘里，我们会感受到实质。

但是，按照佛法，我们这个世界对无色界的生灵是不存在的，因为他们没有感受过滞碍，所以我们不妨把他们看做是能穿墙。

我们对他们来讲是幻象，他们对我们来讲亦是幻象，这是因为没有因缘相应的缘故。我们对于我们自己却有滞碍，但是无色界的生灵彼此之间只是意念沟通，没有形相的滞碍。

色界也还有形有相，但比欲界微细。等到佛教所说的六大（地、水、火、风、空、识）整个实质化了就形成欲界。我们的心意识与时间空间，相互之间不断地相应交织，显现实质的现象，这实质的现象使我们有力，但也使我们滞碍更大。

所以，佛经中说，在娑婆世界中，我们人类变成了六道中造业的主体，其他道的生灵多属受报，而人道可以堕落进三恶道，也可以生天，也能够成佛。所以有所谓："诸佛都出人间，从不在天上成佛。"

照佛经的说法，无色界、色界众生他们神通自在，人道则无法如此自在,因为我们互相制约得很强力,共业很强硬。只有在梦中,我们才会让自我浮现出来,在梦中可以很自在地转化、变化,不像白天制约那么大。这是造业有力,制约亦强的关系。

从无明到三界的形成,三界在建立的过程中赋予各个不同的因缘关系,人在三界中流转,生命某一历程如果适合,相应于在三界中的某时空,就会往那里去,就这样不停地在三界六道中轮回。

从禅定中,必须要生起这样的"性空缘起、缘起性空"的正知正见,深刻地洞察:

世间如幻,如幻世间。

在佛陀眼里,整个如幻的世间是我们共同创立的,是我们自己运用无明创立起来的。我们自己参与进去,自己在其中控制一个位子、占有一个位子,这其实是我们自己玩的游戏,玩的是无明的游戏。

我们决定有一个"我",是基本无明的开始。这是什么时候开始的呢?什么时候我们决定有个"我"呢?

每一个生命都在本质上不生不灭,追溯"我"这一念无明的源头是没有意义的。所以佛教显宗称其为"无始无明",密宗的宗喀巴大师则称其为"俱生无明"。

"我"叫无明占据一个空间、占据一个时间、占据一个心识体,而跟整个世界互相摩擦互相运作。在这摩擦运作当中要保护自身,就会造成一个根本保护自己的心,不断地要保护自己,使自己生命不断地延续下去,这是求生意志,也是无明的力量。

无明的力量超过一切存在,变成生命的意志力,这个意志有痕迹,不会消失,而且不断地记载和存储在心识中。根本上它也是无相的,但是却会实质化地在我们的生命中表现出来——有因缘时,它就会被激活而运作起来,形成一世一世的轮回。

而且你的累积跟我的累积又各有不同而自作自受,但彼此之间又有交互关系,又有沟通影响,形成很不可思议的法界体,就像万花筒一

般,个个相交、相互映现,这也就是业识。

　　因缘和合时,靠这种记存的载体(业识)投胎便会产生精神体、物质体(名和色),产生现在的因缘,这个过程佛教称做"名色缘识"。记存的载体(业识)当生的影像又会累积在载体里作为下次的因缘——识缘名色。所以不断再变,没有主体但是存在主流。三世就这样轮转不息,从生到死,从死到生。

　　这种记存的载体(业识),就是我们一般观念中所谓"灵魂",佛教称做"中阴"或"中阴身",是指我们生命亘古以来的一个含藏性,也就是我们过去所有生命经验的累积。它形成一个记忆体,这记忆体会自我凝聚,相类似的会有凝聚的功能,所以有集聚的作用。而且会一直相续,并以微细的方式存在,它不必样样都引起现象,只是其中比较强大力量的部分,就现成这辈子的中阴现象。

　　按照佛陀的观察,引动力量与较微细基本粒子结合,就形成天人的中阴,其中色界天人的色质最微细,所以一般而言色界中阴是呈透明状的。欲界的天人中阴则较粗,人界的中阴则更粗,像五六岁的小孩一样,但也是透明状的。饿鬼道与地狱道的中阴就很粗重难看了。

　　这个记忆体在一期生命死亡、下一期生命未显现前会单独出现,但这个中阴身并非纯粹的精神体,它是精神意识招聚微细粒子(微细色)所组成的。纯粹的精神体没有中阴身,因此无色界天人没有中阴。

　　在有了四禅八定的功夫和实证境界后,真正进入了由定力所产生的出世间智慧的观照境界,就对宇宙和生命有了深刻的了解。

　　我们到此地步会因为如此真实和深刻的观察,而达到内息妄念的境界。同时,又会对社会和人群产生极强烈的厌倦和出离情绪,这样一来就会贪住定境不求上进。拥有一颗出世超然的心当然是后面修行的基础,但是执著于这种心也是无法真正入世办道,成就菩萨行愿的。

　　《法华经》中,头陀第一的大弟子迦叶尊者曾报告说:"佛陀啊,我们内心灭除了妄想,一念不生,就很知足了。以为解脱的大道除了这个,就再没有别的了。我们一听到您说要帮助众人,要净化宇宙,教化大家共同解脱云云，唉，我们马上头痛，一点儿也不高兴。"

佛陀听了，当然不高兴，于是他说："唉，我将来涅槃以后，有些弟子就不相信这部《法华经》了，对那些真正菩萨的行为愿力，既不知道也不了解。这些弟子自己为自己做了一些小功德，就以为可以证人涅槃永远解脱了。这怎么可能呢？"

所以，按照佛陀的意愿，这个时候就需要将定境打掉，完全退藏于密。我们可以按佛教古代大德的经验，起修世出世间上上禅。

将禅定观察的对象完全从四禅八定的了解宇宙生命等外境收回来，只定于观照心的实相，念念不离对自性的观照。

功夫做得久了，四禅八定的境界自然会消失。

慢慢地，我们可以达到一心安住随意自在，只有"心的自性"这样一个实相，本体即觉受，觉受即本体，烦恼即菩提，菩萨即烦恼。这时候，可以心住一念，如如不动；或者起观，了了分明。还可以大止大观，定慧平等。

明明了了观照心的自性。而后离一切妄想，身心寂定，内不贪恋禅境，外能合一切对立的相。

达到这一步，我们就可以心身空寂，一想到"我"就会发生思考困难——但不是一般所谓的"人最不了解的人是自己"——对"我"很明了很清楚，但也明白已经不是语言文字能够得着的了。看到所谓的"别人"只不过是另一个自己而已。

看到外境，会真切地感受到一切万有无不从"我"的心识中流出，主客观的对立对待完全消失。想到生命，心里很清楚是无始无终的，当下只不过是"这个过程里的突出之处"罢了。

这时候想起《金刚经》中说无我相，无人相，无众生相，无寿者相……就会恍然大悟。

当然这样的人实在是太平凡了，一点儿神奇相也没有，法眼尚未清净的人根本没有办法了解他的那个境界。看出他一天24个小时"定即是慧、慧即是定"，是需要识真货的人才行的。

第十七章　缘起世间如梦如幻的生命流转弥漫在时光中的故事

佛陀教导我们发起菩提心，发起广大不可思议的愿力，真正入世办道，完成六度波罗蜜（布施、持戒、忍辱、精进、禅定、般若）的万行功德，对治自度自了的心理倾向，而我们需要起修四无量心。在古传的修行法门中，四无量心通过观照来训练，四无量心观又称"四等"，是和四禅四定合称为小乘佛教的"十二门称"。

事实上，大部分人是稍有一点禅定的经验，就需要起修。

因为我们如此地容易厌恶他人、傲慢自负；又因为贪住定境，很容易贪图享受禅乐而什么都不想干，逃避作为一个社会人的责任。

那么如何起修四无量心呢？

首先从心底里看到所有人在无明的牵动下，轮回不息苦海无边。而后修习四无量心。

慈无量心：冤亲平等，不论远近，快乐着所有人的快乐，痛苦着所有人的痛苦，愿意让所有的人快乐安宁。常有喜悦、快慰、幸福和爱心出现在定境中。接着产生对所有人的真实关注和真正爱护，达到了无量无边的一种挚爱境界。再用这挚爱的情怀追索生命历程中曾经的有过，转回来延续这样的无悔人生的源流。

慈无量心，就是达到用精诚激扬个体生命的情感——温热自己，也温热所有的人。

悲无量心：苦难中的感知，总是远比欢乐中的体味更刻骨铭心。生命经历了挣扎、奋进、搏斗以后，又回归了"本色"：自它诞生之日起，便有万般忧愁，活着总是苦多乐少。无论如何显赫和辉煌，都无法逃离生命的原苦。顺利与礼遇，仍不能冲淡活着的困苦与失落。一念到此，痛切地悯念和爱护所有的人。

悲无量心，就是达到成就别人，就是成就自己的真实境界。

喜无量心：任何时候，每一个个体生灵，既生活着，就都会渴求拥有一个圆满的人生，而圆满人生的重要构成，就是内心的自由和喜悦。当所有的人在喜悦中，身心才会相对平衡，那么自性智慧的开发和培养、生命的无限丰富、心灵的无限自由才会成为可能。

喜无量心，就是能够以禅悦的喜乐为工具，传递和导引所有的人。

舍无量心：所有的人都是因有"我"而为"得到"活着，不得便会引起极大痛苦。应当以不取不着的态度面对自己的"所有"。以难舍能舍、不贪不得行持，便能尽可能地满足所有的人。

舍无量心，就是认真做事业、持苦行、负责任，所得所获能够回向众人、回馈法界，从不认为自己会从中真的"得到"什么。

世出世间上上禅和四无量心逐步融合，就达到了如来清净禅的要求，下一步必须入世办道了。

佛教《四十二章经》中说：贫穷布施难。修行人住在禅定中，贪着禅味越修越穷，无疑不是师长的错，对于他本人的生命也没有什么真实利益。所以尤其要精进勇猛地入世办事，将事业搞得红红火火，难行能行，难忍能忍，真实有效地做好菩萨本分，将六度万行当做本分干起来。

也有人很着急地表示：坚决不从明心见性——禅定入手，就直接"六度"好了。这么说的人真是有意思，不可思议。

这样子的直接"六度"法大约只是"六欲"，跟菩萨行持的六度波罗蜜一点都不相干。何况，六度波罗蜜中本身就有禅定、般若两项。

弃圣绝智或者如达摩祖师所说：廓然无圣——我们完全投入世间，做菩萨的本分道业，要让"无我"彻底变成生命的本能和习惯。

这个要求听起来高了些，但必须如此。当禅定的力量被退藏于密，我们会完全地和光同尘，被所有的人的心念所扰动。这时候，我们自己会如此真实地感觉到自己又成了一个"凡夫"——自己的心念常常变化无常，再也没有定境中那种恒定的感觉，看起来和别人一个样——然而这才是菩萨的"无我"。

把无我理解成什么也"没了"，毫无感觉无动于衷，无疑是一个奇怪而错误的看法。

但真正的境界还是不一样的。一般人的心念的变化无常里面，包含着很僵硬的特质。有人认为僵硬的想法就是不变的想法，其实僵硬

和不变是不一样的。不变的应该是一个大的生命方向,譬如说对众人的悲心永远不变。如果是做事情的方法永远不变,那叫做我执。吃东西一定要从这样子吃起,不这样吃不行就痛苦,这是我执。

所以,到六度波罗蜜的时候,其他的都可以变,不变的是在悲心当中,在智慧当中,在精进当中,在六波罗蜜当中,这是有意义的。否则所说不变只是无明而已。

这样认清楚之后,我们对照佛陀的教导,在每一个刹那中,看看自己是不是在如来的清净禅当中?是不是随时随地在精进,在行六度波罗蜜?

但是有些人听到这些就马上开始胃痛开始紧张"好可怕!我现在还不清净,烦恼多多,怎么办?"因为境界没有达到,希望自己立即要"达到"而产生了很大的痛苦,这是违反清净义的。

一个精进的人,绝对不会因为没有做到某些事情而产生痛苦,因为产生痛苦是错误的,我们应该很努力、很认真地去做某些事情,真正要惭愧的是没有努力去做。如果我们不明白自己到底有没有努力,这就是愚痴。

没有做到的地方,很清楚很明了地知道自己没有做到,但绝不是"马上"就要怎么怎么样,还必须以缘起法则去观察,去做,也就是不跟自己叫劲勉强,绝对不能因为因缘不到而痛苦。因为这种痛苦是伤害自己,它会让行六度的人更没有力量去做事情。

但是,为了不要经历痛苦,却反而自我武装、自我防卫、自我欺骗,到处跟别人炫耀,一点也不能明心,护持自性,这也是错误。一旦落入这个错误,就要立即观照警惕。否则,要么不精进,懒散不想负责任,到处说空话变成一个浅薄的"佛油子";要么精进,但是靠的是物质欲望的驱动力。

所以,如果不能看清楚自己的心事,看不清楚自己有没有精进,那是违反修证义。但是如果看到了而产生痛苦,则是违反清净义。

不管哪种情况,都是"我"的无明又跑了出来。现在,我们了解到了必须让"无我"成为本能、成为习惯的意义了。

我们要努力尽心去修行,一感觉到自己没有精进、圆满,就要不断地努力再努力,除了佛陀之外,谁又是真正的精进者呢?如果我们对自己的精进很自满,就更错误了。

生命是无始无终的过程,在如来清净禅里,我们不断地精进,不断地努力,现在已经精进了,但是我们不会满足的,我们要再精进,而且不会疲累。我们不会因为精进而产生自满——自满是很累人的,会傲慢会自负,会造成自我和人我的分裂和对立;我们也不会因为不精进而产生痛苦,痛苦也很累人——不会,我们只会不断地相续努力。

什么叫精进?没有休息叫精进吗?不是的,精进是指能使得上力,方向越来越清楚,越来越明白,越来越能真实行持六度波罗蜜,越来越自在,越来越有力。我们会越来越明白与诸佛体性清净不二,在这世间中行菩萨行。

所以,我们真实的精进原则是:有愿无望。

佛性,用现代话来说就是"成佛的可能性",这不是说不需要其他条件就一定能成佛。佛性、佛心代表成佛的可能,佛陀认为,只要能好好地帮助每一个人的佛心成长,人人都能圆满成佛。

佛陀了知每一颗佛心在各种不同因缘条件下成长的机会,观察每一颗佛心已经事先转动的痕迹。

佛陀明白,只有以每一个生命体为中心,以每一个人、每一颗佛心,以自己的特性为中心来帮助他们成长,而非用意识、情绪、喜恶来主导,这才是佛法教育。

教育原本是要帮助每一个人完成自己。现在,佛陀不只帮每一个人完成他自己,更帮助每一个人完成其成佛的轨迹。

所以,佛陀强调:在这里弟子们必须把自我拿开,有愿无望,观察缘起,形成一条清净的道路,帮助众生成就。成佛就是自利利他,觉行圆满的过程。自利是帮助自己的佛性,利他是帮助他人的佛性,而使众

人觉行圆满。这落实到生活上,就是一个佛菩萨的生活、菩提的生活,是拥有菩提心的生活。

我们如果活在其中,就是生活中的菩萨,不是只活在经典中的菩萨,我们过的就是菩萨生活。

佛陀的教化说明,菩萨绝对不只是让人供养在殿堂上而已,也不是供在寺院里,我们必须让菩萨走进我们的生活,活在我们心中。我们的手必须变成观世音菩萨的手,那么实然、那么贴切,帮助每一个众生,也帮助我们自己。

佛陀的教法在《华严经》中,对此作了具体的说明。整部《华严经》可以说是在每一个时代不断地重新上演,在每一个生命中不断地上演。《华严经》就像在记录一切生命在宇宙中奋斗成长的血泪轨迹。

它一开始是《世主妙严品》,显示释迦牟尼佛。各种世主、天神,不断地赞叹释迦牟尼佛,就像戏剧中在主角要出场之前,先遣各种跑龙套的,出来宣说主角如何如何厉害,吊足大家的胃口。忽然间释迦牟尼佛现起,整个莲华藏世界海也就拉开序幕。标出圆满究竟的佛果、佛土,接着再告诉我们要怎么达到,怎么开始修行。

"信为道源功德母",从信开始,十信、十住、十回向,到十地、十定、十通、十忍,等妙二觉,如此圆满了这些过程就成了。这是离世间,《离世间品》之后是《入法界品》,刹那间回落到世间,入于法界。

释迦牟尼佛在经中示现时说道"稽首普贤恩",毗卢遮那佛成就时说"稽首普贤恩"。为什么呢?原来一切的菩萨行在《华严经》中都统摄为普贤行,普贤行是成就佛果之道,毗卢遮那佛之因即是普贤因,毗卢遮那佛之行即是普贤行,毗卢遮那佛果即是普贤果,这就是为什么要稽首普贤恩泽的原因。

我们每个人心中都有毗卢遮那因,也就是我们的佛性,所以每个人都具足普贤因。如果我们修菩萨行,那么就是行普贤行,成佛之后就是毗卢遮那佛。如此转动,落实到每个人身上就很清楚了。我们发起菩提心,就是善财童子了,我们修菩萨行时,就是普贤菩萨,一直到成佛,就是毗卢遮那佛。

我们看《华严经》，要把它看成自己的生活，把自己的生活转成《华严经》的生活，这样才是尊重奉行佛陀在《华严经》中的教导。

中国古人一直主张"以和为贵"，认为"和气生财"，提出"两和皆友，两斗皆仇。"西方友人相信上帝给予他们福音的是和平。但丁在他的名著《论世界帝国》中指出：整个人类文明的目的是实现人类发展智力的能力，而达到这一目标的最好的办法是实现世界和平。和平与发展虽然已经成为时代主题，但是，并不意味着天下太平。达到和平与发展的目标是一个比较长期的过程。当今世界，仍然是一个合作与冲突共存的世界。全球化体现了世界性的相互依存关系，一损俱损，一荣俱荣，要求建立普遍合作关系，实行双赢或多赢，客观上要求向合作协调趋势的发展。但是问题的另一方面是，不同的国家在意识形态方面存在着差异性，因为利益和价值观的不一致而导致的冲突也日益加剧和频繁，各种人种的、民族的、社会的、经济的、政治的和宗教的新老紧张关系，影响着国际文明新秩序的形成。国际文明新秩序的建立任重道远，它面临的严峻挑战主要有以下几个方面：由于社会制度、意识形态、价值观念、经济水平、战略利益以及历史文化传统等方面存在的差异，不同的国家对于国际文明新秩序的理解有着不同的认识，甚至存在着根本性的分歧。受物质利益、政治利益、文化利益等各种国家利益的驱动，不同的国家和民族都会自觉或不自觉地从本民族中心论、本民族利益极端重要论、本民族文化优越论以及培根所说的各种"假象"出发，为维护自己的利益而努力，从而使国际之间的矛盾和争端经常产生。霸权主义和强权政治仍然是人类建立国际新秩序进程中最大的障碍。第二次世界大战结束以后，与各国人民渴望建立国际政治、经济新秩序的美好愿望相反，国际社会从总体上看还是处于充满强权政治与霸权主义的态势下，大国之间霸权战争时有发生，中小国家受尽压迫，国际关系处于强权和专制之下，全球事务为少数几个大国所垄断，国际间充满着弱肉强食的"自然法则"。整个国际关系基本上是支配与

被支配这样一种极不平等的权力关系。从理论上来说,多样性的文明之间不存在着主导和隶属的等级制关系,而是平等性的既竞争又合作的关系,但是,目前理论与现实之间存在着的反差极其巨大。因为利益关系引发出来的矛盾和冲突经常发生,有的甚至十分激烈,对国际文明新秩序的建立带来巨大的障碍。

美国的单边主义战略趋向进一步发展。冷战结束以后,美国成为世界上唯一的超级大国,其利益的全球性越发凸显。为了推行美国的全球战略,确保自身利益,美国在世界政治事务中常常不顾其他国家乃至盟友的利益单独行事。从退出《京都议定书》到建立国家导弹防御体系,从宣布朝鲜、伊拉克、伊朗和利比亚为"邪恶轴心"到公开偏袒以色列,这一系列行为都完全是从美国的战略利益出发,无视国际社会的共同要求。在经受了"9·11"事件的强烈打击后,美国的全球战略进行了相应的调整。一是以"先发制人"取代冷战时期使用的遏制和威慑战略,在可预见的将来始终保持军事上的优势地位,在全球范围内尤其是在所谓"失败国家"、"失败中国家"和"脆弱国家"中大力推销美国的政治文化价值观,积极促进美国式民主和自由市场经济的发展,以消除恐怖主义的根源;二是将美国本土安全的认识和行动上升到一个新的高度。强调本土安全的重要地位并使之与国际安全融为一体。认为恐怖主义尤其是具有宗教极端主义色彩的恐怖主义已经成为美国首要的现实威胁。将支持和庇护恐怖主义的国家列为美国的敌人。尤其是拥有大规模杀伤性武器,并与恐怖组织有联系或可能向恐怖势力提供此类武器的"邪恶轴心"国家,更是美国首先要加以防范和打击的对象。为适应新的安全形势的需要,美国原有的应对威胁的政策和手段都应该加以改变。主张不惜采取包括战术核武器在内的一切手段实施"先发制人"的军事打击,以便在威胁尚未演变为现实之前将其消灭在萌芽状态,避免"9·11"事件重演。世界的民族问题依然严峻,民族分裂活动没有得到有效的遏制,加上某些大国借机介入,利用民族问题干涉别国内政,导致矛盾和冲突的解决困难重重。国际力量的对比态势进一步复杂化,特别是一些地区内的力量对比严重失衡。与错综复杂的民族问题有着紧密联系的民族主义思潮在全世界迅速抬头,已经成为影响国际关系的不可忽视的因素。民族主义是一把双刃剑,引导得当,会强化国民对本国和本民族的政治思想意识、公民意识,培养起热爱本国和本民族的民族情感和民族价值观。但是,任其发展,很容易出现极端民族主义情绪,会导致严重的民族之间的对抗和冲突,出现势不两立的民族文化价值观的对立、宗教纷争、领土纷争、种族纷争,引发原教旨主义、民族分裂主义和恐怖主义。极端的民族主义情绪将任何外来事物视为异端,采取一切手段来维护本民族的利益和自己的民族理想,其中包括针对平民或民用目标的暴力行为,即恐怖主义行为。车臣非法武装、爱尔兰共和军、泰米尔猛虎组织、基地组织等恐怖主义组织的所作所为已经给全世界的和平与发展事业带来了严重的影响。经济全球化所导致的西方发达国家对不发达国家的剥夺,以及西方文化在全世界的迅速扩张和渗透,严重影响着各民族文化和文明之间的传承和发展,激起了广大发展中国家的强烈抵制和反抗,维护民族独立和文化尊严的民族主义成了重要手段。冷战结束以后,原来隐藏在意识形态争斗之下的民族及国家之间的矛盾开始显示出来,世界民族国家体系出现了空前的危机,全世界的民族国家开始分裂为相互争斗的种族区域,民族主义开始登上历史前台,大民族主义、泛伊斯兰主义、泛突厥主义、日里诺夫斯基鼓吹的大俄罗斯主义等民族主义思潮大行其道。经济全球化更是客观上推动了民族主义的发展,全球化严重削弱了国家主权和国家利益,出现利益不平衡。利益受到一定影响的各民族国家和地区打出民族主义的大旗,甚至采取极端方式,如制造事端,挑起争斗,盲目排外,大搞分离运动等,极端民族主义已经成为阻挡现代社会进步的反人道、反人性的可怕力量,与霸权主义和强权政治一样,构成了对和平与发展事业的最大威胁。需要指出的是,虽然美国号称"在美国,民族主义是不敢说出自己名号的",给外界的印象是美国一直坚持反对极端民族主义,是民族大融合的典范,事

实却不然,无论是民族主义的思维,还是民族主义的行为,在美国历史上经常可以看到。现在,出于对美国利益的考虑,充满着强烈的民族主义情绪的单边主义的做法,在国际关系中经常表现出来,给国际关系带来了很不安定的因素。

　　国际局势存在着不稳定因素,尤其是中东地区的巴以、南亚地区的印巴等冲突不断。而一旦国际冲突得不到有效控制,国际关系连基本的秩序也难以维持,更没有新秩序可言。当今世界上最大的"火药桶"是中东。在短短的不到三年的时间里,中东已经发生了阿富汗和伊拉克两场战争,但是,美国在阿富汗和伊拉克战争中的胜利并没有给中东地区带来宁静的阳光,相反,阿拉伯和伊斯兰世界的反美情绪空前高涨。巴以冲突原因复杂,由来已久。虽然在国际组织的斡旋下,也曾经达成过许多次和平解决纷争的协议,有的还实行过一段时间,但是都被中途撕毁掉。因为双方,即以以色列及其后盾美国为一方,以巴勒斯坦及其后盾阿拉伯世界为另一方,还没有对如何正确处理中东地区民族、宗教文化和贫富差异矛盾找到正确答案。如果找不到未来的以巴两国怎样划分领土和怎样共享耶路撒冷等两种宗教共同圣地的办法,如果不同民族和不同宗教信仰的人们对相互宽容、平等和睦地相处还没有足够的认识,并且愿意切实实行和真诚地维护,那么,人们很难看到巴以地区会出现阳光明媚的艳阳天。另一个重要的不稳定因素是国际恐怖主义活动猖獗。从广义的角度来说,恐怖主义是为了改变某一政治进程和达到某些政治目标而对个人、集团采取的一种极端的行动。国际恐怖主义是指国际社会中某些组织和个人采取绑架、暗杀、爆炸、空中劫持、扣押人质等恐怖手段,企求实现其政治目标或某项要求的主张和行为。现在,国际恐怖主义已经成为最令人头疼的全球性的重大问题。国际恐怖主义活动的形式多种多样,组织类型和动机也各不相同。当代的恐怖主义活动已经超越了传统国界的限制,恐怖主义分子常常来自不同的国家,为了同一目标实施恐怖主义活动。恐怖主义的活动可称为"无国界的战争"、"地下的世界战争"。

恐怖主义采用极其残忍的手段,动辄就是绑架、爆炸、纵火、暗杀,恐怖行动遍及海、陆、空。恐怖主义一般都装备有高技术的作案工具。新技术革命为恐怖主义分子提供了十分便利的条件。现代化的交通、通讯手段和各种具有极大杀伤力和破坏力的新式武器经常为恐怖主义分子所利用,增强了恐怖威力。与正规军相比,由于其隐蔽作案的特点,居无定所,对社会的危害更大。现在人们日益担忧的是,计算机黑客、生化武器甚至小型核装置等新形式的恐怖主义活动手段。当代恐怖主义活动的一个新趋势是对大批人员和基础设施进行的高科技袭击的行为明显增多,这就是所谓的"超级恐怖主义"的形式,发生在美国的"9·11"事件就是一个明显的例子。纽约世界贸易中心"双塔"其实是很结实的建筑,它的设计者、美籍日本人雅马萨奇曾自豪地说:"如果有一架波音707以每小时180英里的速度飞向大楼,也只会使它撞击到的7层遭到损坏,整个大楼不会倒塌。"每小时180英里,是纽约允许空间飞行物飞过城市的最高时速。然而,恐怖分子却不在乎这个规则,结果"9·11"事件中,纽约世贸中心"双塔"全倒了,因为撞击它的飞机时速超过了500英里。过去,人们虽然谴责恐怖主义,但对跨国恐怖主义造成的灾难估计不足。到上个世纪90年代末,人们对恐怖主义才有了清醒的认识。一些观察家在展望21世纪战争前景时就说过:恐怖主义是引发未来战争的一个重要因素。恐怖事件正在改变着人类的生活秩序,对全世界的和平与发展事业、多样性文明发展的事业都构成了巨大的威胁,会导致由恐怖引发更大的恐怖报复,由恐怖引发战争,进而导致贫困、疾病、流离失所等一系列灾难。反对恐怖主义是当前推进和平与发展事业、促进各国多样性文明发展的重要任务。反对恐怖主义需要世界各国在民主框架范围内的广泛国际合作,因为,恐怖主义组织相互之间具有一定的国际协调能力。来自不同国家的恐怖主义分子有时联合作案,利用发达的现代化通讯设施相互协调,他们还试图建立国际恐怖主义联盟,以协调相互之间的活动,在资金、人

员、武器、情报等方面进行合作。恐怖主义活动的国家背景日益明显。在恐怖主义已经全球化的情况下,反对恐怖主义的斗争将是长期的和艰巨的。

在对和平与发展时代主题以及各国文明多样性的认知和实践方面尽管存在着障碍,但是,和平与发展仍然是时代主题,是世界各国人民共同的美好理想。正如康德所说,人类的天性是爱好和平的。反对战争,保卫和平,促进社会的发展和人自身的发展,是当今时代的主旋律。各国文明多样性共存是文明发展的理想状态,在这一理想状态中,整个人类成为一个多元文明兼容的整体,将在一起和谐相处,这是世界多样性文明一直有意或无意追求的目标。当今世界,和平与发展问题虽然一个都没有得到解决,霸权主义、强权政治、恐怖主义、军备竞赛、贫富分化等都对世界和平安宁产生不利影响。但是,由于和平与发展从根本上关乎世界人民的共同利益和整个人类的前途和命运,反映了一切热爱和平、追求幸福的良好愿望,体现了一种历史发展趋势,全世界的相互依存和理性进步逐渐促使人类将自己的行为约束到和平、和谐和生活得到改善的道路上来。面对冷战结束以后更加复杂多样的国际形势,只有坚持和平与发展的立场,通过协商、协调、理解、宽容、沟通和对话,才能正确地处理全球共同面临的世界难题,才能整合和凝聚各种聪明才智和各种正义力量,去遏制反和平的非正义和各种邪恶的势力,解决人类社会的各种矛盾和冲突。

当前将和平与发展概括为时代的主题,将各国文明确认为多样性的共存,决不仅仅只是一种美好的理性追求,也决不仅仅只是世界人民的一种共识,同时还是一种强有力的力量,是一种客观的必然趋势。第二次世界大战以来,世界上产生了多种有利于推动各国多样性文明发展的和平力量,主要表现为:一是新获得独立的发展中国家的和平力量。它们摆脱了殖民体系的统治,将发展民族经济争取和平环境作为重要任务,在国际舞台上奉行和平、中立和不结盟的政策,以维护世界和平、促进共同发展为己任。二是以资本主义国家人民为主体的世界范围内的和平运动。他们通过示威、集会、抗议和议会游说等方式，反对扩军备战，反对核试验，反对研制太空武器和缔结军事集团，对于防止世界大战的爆发起到了不可低估的作用。三是热爱和平的广大中小发达国家以及超级大国外交决策集团中的鸽派人士。他们受和平运动与和平主义思想影响很深，往往作出有利于地区和世界和平的决定。推动和促进世界和平与发展以及各国多样性文明共存共荣的强大力量之一是社会主义国家的力量。这种力量起到了中流砥柱的作用。中国一贯坚持和平共处五项基本原则，坚决反对霸权主义、强权政治，在保卫地区与世界和平方面作出了重要贡献。世界和平与发展理念的逐渐确立和推广，是推动各国多样性文明共存共荣的强大推动力量和根本保障。

　　在和平与发展作为时代主题与各国文明多样性的框架规约下，国际关系的民主化趋势正在不断增强。自从1648年威斯特伐利亚和约问世以来的近400年的国际关系史，就是各主权国家追求主权平等、独立自主的历史。但是缔造国际民主的难度远远大于国内民主构建的难度。摆脱国际关系中的支配与被支配的极不平等的权力关系，要求构建国际公正、平等和民主的关系，促进多样性文明的共同发展，已经成为世界人民的强烈心声和绝大多数国家所追求的理想。国际关系的民主化就是以统治和服从为特征的强权型国际关系，向以独立自主、平等参与和互利合作为特征的民主型国际关系的转化过程。国际关系民主化的基本内容就是遵循国际法基本准则，其主要内容是：一是主权平等原则。各国一律享有主权平等。各国不问经济、社会、政治或其他性质有何不同，均有平等权利与责任，并为国际社会之平等会员国。二是和平共处五项原则。即相互尊重主权和领土完整、互不侵犯、互不干涉内政、平等互利、和平共处。和平共处五项基本原则构成了一个紧密联系的统一整体。主权是国家固有的本质属性，互相尊重主权和领土完整是五项原则的核心，以此引申出其他四项原则。在国际关系中不得以武力或武力相威胁以及以任何借口侵犯他国，这是建立在尊重

他国平等拥有的自卫权的基础上的。不得以任何形式直接或间接地干涉他国属于主权范围内的事项，这是主权原则中的独立权的推论，反映了社会制度、价值观念和意识形态多样性的世界各国对独立处理本国事务的独立权力的强烈愿望；大小国家在互利基础上实现真正的平等。实现主权平等原则的最终目标是实现世界各国的和平共处。三是民族自决权原则。即各民族有权按照本民族的意志和愿望来决定自己的事情。这是一切被压迫民族反对民族压迫的表现，表现为相互依赖的两个方面的内容，既表现为一种独立权、政治分离权，成为单独的民族国家的权利，也表现为自愿与其他民族组成国家的权利。四是反对霸权主义的原则。霸权主义是强权政治的孪生姐妹，是国际关系民主化和促进多样性文明共同发展的最大障碍。反对霸权主义，就是要反对单边主义，消除国际关系中的专制压迫、内政干涉，因而成为国际关系民主化的基本任务。国际关系民主化，就是建立在对和平与发展时代主题的确认，以及对各国文明多样性尊重的前提基础上的。各国只有形成了和平与发展是时代主题以及各国文明具有多样性的认识框架，多样性文明之间才能平等相处，并在此基础上积极交流、友好对话、协商沟通，从而有力地推动国际关系民主化进程。

和平与发展的时代主题与各国文明多样性发展的客观趋势引导着世界朝着多极化的方向发展。世界的力量组合、权力结构和利益分配为此而发生新的深刻的变化。在霸权体系或单极体系下，国际权力分布呈现出等级式样的结构，霸权国家与其他国家的关系属于自上而下的控制与被控制、支配与被支配的关系，国际上的大事都由少数几个大国操纵或由某一个大国做主。国际关系处于专制统治或近乎专制统治的格局下，国家之间特别是大国与小国、强国与弱国、富国与穷国之间的关系根本谈不上公正与平等。在国际关系中，以强凌弱、以大压小、以富欺贫等现象时常发生。失去了文明之间的平等性的多样性是毫无意义的。文明的平等性是文明多样性的前提条件和根本保障。在多极化迅猛发展的今天，国际权力的民主化、分散化或均等化程度日益加深,主张多边主义,反对单边主义的力量获得了长足的发展,霸权主义干预广大发展中国家的能力日益下降。国际压迫者、剥削者与被压迫者、被剥削者的力量对比逐渐发生有利于后者的变化。在当今世界的几大力量中,美国虽然在政治、经济、科技、军事等方面继续保持着明显的优势,但是,欧洲联盟在经济一体化取得空前成就的基础上,日益重视发展独立的安全和防务力量,与美国的战略差异逐渐扩大;俄罗斯的大国地位和实力正在逐步恢复,在许多重大的战略问题上保持着相当的独立性;中国和其他发展中国家也强烈要求发达国家重视发展中国家的利益要求,建立起与发展中国家的平等合作关系,增强对发展中国家的经济援助。随着世界多极化趋势的进一步发展,越来越多的国家在国际事务中的发言权和影响力将不断上升。美国乔治城大学国际关系教授兼美国外交政策委员会高级研究员库普乾出版的新书题为《美国时代的终结》,该书着重从美欧关系来谈美国的衰落及欧洲的崛起。库普乾认为,世界朝着多极化转化是不可避免的,美国对世界的主导大概还能维持十年。如果美国当政人物意识到这一点,明智的做法是设计一种自由世界的秩序,以适应欧盟及中国等势力的崛起,而不要一意孤行地维持美国对世界的统治。库普乾还认为,未来美国遇到的最大挑战会来自美国的传统盟友欧盟国家,虽然欧美矛盾还没有发展到对抗的地步以及战争,但是它们之间的分歧足以使美国无法再依赖二战后建立的对它有利的这套国际体系,无法再依靠跨大西洋的特殊关系来主导这些国际机构的运作。最明显的例子就是欧洲人把美国人从联合国的分支委员会中挤了出去。库普乾的观点很鲜明,美国必须为欧盟的崛起腾出点地方,因为无论如何欧盟的崛起是美国所决定不了的。如果美国处处给欧盟找麻烦,那么崛起后的欧洲一定不会把美国当朋友。库普乾所论述的美国时代的终结,说到底,就是单边主义的终结,多极化时代的来临。各国多样性文明的平等相待和和平共存是人类社会发展的必然趋势。

  在和平与发展作为时代主题以及各国文明具有多样性的态势下,

大国标准和国际竞争方式已经发生了深刻的变化。现在,人们已经越来越意识到,经济大国不等于政治大国,政治大国不等于负责任的大国。"负责任的大国"已经成为新的大国标准。作为负责任的大国,在国内要积极创设和平与发展的环境,把经济建设、政治民主建设和文化建设等事业搞上去,使人民群众的生活水平得到不断提高。在国际上要践行和平与发展的时代主题,并以实际行动尊重各国文明的多样性,主持国际的公平正义,促进国际关系朝着多极化和民主化的方向发展。因此,负责任的大国,体现在该国的经济、政治和文化等方面所决定的综合国力上。现在,综合国力的竞争已经取代传统的军备竞赛成为国际竞争的主要方式。传统的大国常常以军事实力为首要标准,大国之间的竞争方式则主要表现为扩军备战,凭借强大的军事实力对外扩张,争夺霸权和势力范围。在新的时代背景下,评价一个国家的国际地位和国际影响不再完全取决于该国的军事实力,而要看是否拥有强大的综合国力,以及是否能够承担自己的国际责任和国际义务,以积极的姿态为世界和平和发展做出应有的贡献。和平与发展的时代主题与各国文明多样性推动着经济全球化和区域经济合作趋势的增强和迅速发展,推动着世界经济格局发生深刻变化。经济全球化使亚太地区迅速崛起,中国、东亚和东南亚国家经济的迅速发展和经济实力的增强使发达国家已经不能再完全按照自己的愿望规划和建立国际经济新秩序,新兴工业化国家在国际经济事务中的发言权有所增强。新技术革命以及高新技术产业的迅速兴起给曾经在工业革命时期落后的发展中国家带来了超越传统工业化阶段加速发展的良好机遇。经济的发展必然带来政治地位的提高,从而对世界格局产生一定的影响,有助于推动世界国际新格局的形成和发展。[①]

战争的结果变得不再重要,重要的是为抗争而抗争。不具备这种技巧的人将最终消亡,至少它将最终失去自己的文化认同。这种新的

[①] 方世南著,《时代与文明》,人民出版社,2006年8月,P80~92.

发展趋势导致国际恐怖主义出现了新的形式,特别是诞生了自杀式恐怖分子。与冷战时期一样,当今全球大国之间的矛盾也需通过在整个体系边缘的贫穷地区发起军事冲突来释放。所谓的"第三世界"成为了全球争夺进行得最残酷的地方。如果之前只是东方和西方、共产主义与民主之间的冷酷竞争,随着社会主义阵营的瓦解,这种竞争现已变成以实现霸权为目的、更为复杂的力量对抗。除了昨天的主角仍在竞争,又有一些新的角色即将加入,争夺的目的是基本原材料、势力范围、控制市场、战略通道、军事基地等。这其中包括西方国家痴迷的经典殖民主义方式,用暴力方式将自己的价值观强加于人,强迫边缘社会加入新的世界秩序,这种做法最终将导致多极冲突和引发普遍战争。正在形成的或许是一个比爆发世界大战的上世纪更为恐怖的时代。战争在为资本主义危机寻找出口的过程中扮演着重要角色,并形成了一种自发机制,从不顾忌由此带来的风险有多大,由此为了推动"人类进步",新帝国列强主义者满怀建构世界新秩序的巨大潜能与愿望,不惜完全摧毁其他文化。因此,结合帝国财富中心以外的边缘地区的社会经济变化所带来的世界新秩序建构的机遇和危险,探讨文明、文化认同的价值,对未来的世界战争和帝国中心可能遭遇恐怖威胁的形式具有重要意义。

　　在一个全球市场、全球旅行和全球信息网络、大规模杀伤性武器和全球规模环境退化的世界里,各国政府必须具有全球触角。在一个它们运用其硬实力经常受到限制的世界上,政府必须能够利用软实力:说服和信息的力量。与此相类似,有效全球监管的一系列重大障碍在于许多发展中国家就是没有能力把纸上的规则转化为实际行为变革,在这样的世界里,政府不仅要能够谈判缔结条约,而且要提升能力使之得到服从。政府网络被理解为一种全球治理模式,能满足这些需求。就像商业和公民组织已经发现,它们结成的网络成为为信息时代有效运作提供速度和灵活性的理想模式。但与前联合国秘书长安南所倡导的无一定目的的"全球政策网络"不同,这些是由各国政府官员组

成的网络,他们或由选举产生的官员任命,或者直接选举自己。在最佳情况下,它们能行使一个世界政府的许多功能——立法、行政和司法——而无其形式。一个政府网络的世界,作为一种外交政策选择,与传统国际组织并行甚至在其之内运作,对美国应尤其具有吸引力。中国重返世界政治舞台是近二三十年来最重要也是影响最深远的事件。这一事件之所以如此不同凡响,是因为还从来没有任何一个在大国游戏中被淘汰出局——正如中国在19世纪中叶遭遇的那样——的帝国能够成功地重返大国之列。如此不同凡响,还有另外一个原因,就是中国重返世界政治舞台发生得悄无声息,而且几乎不为人知。这在一个政治随时受到媒体关注的世界中确实非同寻常。当然,中国重返世界政治舞台的过程所受关注较少,也使中国从中受益匪浅。现代中国的历史不会简单地符合主要从欧洲和西亚地区的历史中提取出来的模式,中国对世界秩序建构的模式是以文化军事为体现的全球文化。文化军事是"不战而屈人之兵"的中国思想的现代运用。"战争无非是政治通过另一种手段的继续",资产阶级军事理论家克劳塞维茨提出的这一名言,被无产阶级革命家马克思、列宁、毛泽东所肯定和发展,充分说明了战争的政治性本质。信息化战争中战争的政治性表现得更加明显,战争的目的既不是为了"消灭敌人占领敌国领土",也不是为了"歼灭敌人军事或消灭敌军事机器",而是为了获取最大的政治、经济等国家利益,让敌人屈服我们的意志,按我们的意志办事。征服敌方决策者或国家意志比"屈人之兵"更加重要。科索沃战争中,南联盟军队战斗力尚存、军事机器仍然健全,但领导人意志已屈服,北约顺利达成了战争目的。正因为如此,信息化战争条件下,交战双方都把焦点集中在攻击敌方认知系统和决策者意志上,而不再把打击敌军事系统或歼灭敌方军队作为战争的重心。文化军事是中国建构世界新秩序的新战略方式选择。我们只有深刻理解世界政治,才能不断适应新的形势。但是我们常常屈从于口号或者过于简单的认知图式,比如民主和平、文明冲突、历史的终结、主权的终结、新无政府状态等。面临复杂的情况,渴求简单的答案,这样的心态是可以理解的,但却会使人误入歧途。之所以说可以理解,是因为我们都在寻找一个能够明确指引方向的指南针;说误入歧途,则是因为在世界政治中没有任何一个单一的事件能够决定未来世界的指针方向。美国成为新罗马帝国是某些人的美梦,也是另外一些人的噩梦,但它是不可能实现的。然而,在一个由地区构成的世界中,新世界正在重新塑造着欧洲的旧世界和亚洲的古老世界。这就是现实。同时,旧世界和古老的世界也在以它们自己的方式重新塑造着这个新世界。美国权力范围广泛,但缺乏深度。它非常壮观,但却仍不充盈。美国帝权如果试图将自己片面的秩序观强加于一个非常复杂、难以驾驭、不守规则的世界,那么它就会只能以失败告终,全球潮流和国际潮流正在塑造着一个多样化的地区世界。

　　文化潮流的全球复杂结构由先前文化潮流的全球化与新的超越国家的文化潮流共同构成。此外,还包括前者与后者之间联系的全球化。文化全球化意即全球文化的相互依存、相互作用以及文化角色之间的相互交流,它允许分离化与同质化并存。认为只存在两种对立观点即文化多元化与现代文化同质化是不正确的。我们还必须认识到世界由全球现实的两种趋势构成。实际上尽管冷战体系在政治与文化上瓦解了,但以资本主义经济体系为中心的同质文化仍占据主导地位。"世界文化的分裂以及理智对它的诠释,既损害又试图建构着一种互动的现状。"应当指出的是,文化整合与文化嬗变并存于全球体系之中。因此,全球文化的存在不是一种单一、统一的全球文化。从多元文化观点考虑全球文化,我们会论及文化主体的复杂性(多元性)。而且,就文化主体的认同而言,全球文化的复杂性可表现为全球主义、地区主义、国际主义、民族主义、种族民族主义、跨国主义、地方主义及个人主义。因此,从文化的主观含义与认同而非文化自身的客观性来认识全球文化问题,就不难理解其含义了。重要之点一方面是国家行为体之间(包括跨国行为体之间)的关系,另一方面是文化全球化的重要性及其结构。最引人关注的是全球文化对全球体系的不同行为体具有何

种影响。文化全球化愈深,它对全球行为体的影响就愈大。"文化本身是社会行为的产物,需要制度规范或文化规范赋予它力量"。

由于国际体系的全球化,传统的国际秩序也在转变为一种新的秩序模式,这就是世界秩序。简单些来说,国际秩序的规模、内容、结构、目标、手段及环境因素,正在相当程度上转变为新型的规则化的决策机制框架。结果,需要理解的是,世界秩序正在全球范围内创建、维持和发展一个规则化的决策机制。而且,世界秩序并不一定"意味着那些维持人类整体社会生活的基本或首要目标的人类活动模式或倾向。"在国际体系内,对每一个行为体来说最重要的是认识到,"人类面临的全球问题的产生,是极其复杂的国际跨国现象"。认识到这一点,我们才可能熟练地治理这些众多的现象。在这种情况下,以前的国际秩序已经没有治理能力来约束行为体的行为,也没有能力创建行为体之间的关系模式,以求社会价值分配的决策行为。它再也不能有效地解决全球问题。由于国家中心型价值分配框架或行为体自定规则的价值分配框架有了变化,国际秩序在削弱。

随着冷战结束后世界新秩序的出现,众多国家开始寻求能够解决世界上不同冲突的各种类型的维持和平行动框架。这些和平行动旨在保护法律或秩序,以防止侵略,拯救民众于疾苦,并促进人权。这个意义上的新秩序不一定错误,但它是一种维持现状导向的秩序,而不是转型导向的秩序。它可以称作所谓的大国中心型秩序。"从现实主义到世界主义的传统国际关系理论认为,政治的目标是秩序和规则的创建及制度化。"秩序自身的意义也是如此。这一秩序反映了西方的价值体系。非洲、欧洲、拉丁美洲、南亚、中国、俄罗斯、太平洋地区对秩序则持不同的看法。更为重要的是,我们必须追求的秩序是非现状取向的,而不是现状取向的秩序,这一点是值得指出的。所以更为重要的是,为了创造、维持和发展世界秩序,支配这一世界社会体系的、前者与后者之间的非对称关系应该转变,对强国本身来说,有可能将非均衡秩序转变为平衡均称秩序。因为对强国来说,这差不多是可以实现的,但对弱小国家来说,这几乎是不可能的。重要的是,体现强国利益的国际秩序越是想维持自身的存在,这一秩序衰落得就越快。在政治全球化的过程中,大国不可能获取、维持和扩大自己的利益和价值。相反,将国际秩序转变为次世界秩序,大国倒是可以保持其权力和利益。换个方式说,大国应该在世界社会体系内试图创建、维持和发展全球社会中心型秩序或以所有行为体为中心的秩序。最小有序与最大有序之间的关系也是这样。为了将世界军事型秩序转向非军事型世界秩序,以及将非正义(不平等)的秩序转变为正义秩序,不是选择与否的问题,而是一个如何实现二者的问题。无论如何,有关世界秩序的问题同国际体系的性质、内容、功能、转型、发展及结构密切相关,尤其是同国家主权的削弱有关。因此,为了说明世界秩序的性质、内容、功能、转型和结构。世界新技术革命的浪潮正以万马奔腾之势,将人类带到信息时代、微电子时代、生物工程时代和太空时代。随着新一代武器,如智能武器、激光武器、失能武器、次声波武器、隐形武器、精确制导武器等的大批出现装备部队,军事学说和作战理论也发生了重大变化,军队的编制体制亦相应地做出重大调整,从而导致世界军事形势和未来战争样式发生了革命性的变化。随着人类文明程度的提高和国家间博弈方式的变更,政治、经济、文化、宗教等因素对战争的影响和约束作用越来越大,以文化军事为代表的新的作战方式已经产生。文化军事所告知人们的是人类在全球化发展的地球有限时代的发展趋势以及遏制暴力伤害性战争的希望。

全球化所促成的多元文化的高度互动化和相关化,所导致的多元文化价值观之间的碰撞和冲突,呼唤着多样性文明之间的积极对话。跨文明对话有力地推动着和谐世界的建设。人类是多样性存在着的社会动物和语言动物。人类的多样性和差异性,显示了跨文明对话的意义和价值——取长补短、完善自我;人类作为社会性的动物,是类的存在物,希望世界和平,大家和平共处,相互尊重,彼此互利,通过建立起共同协调的机制,改善生存和发展的软环境,走向共同的繁荣富强;人

类作为语言符号动物,具有很强的交际和沟通能力,具有各自特质的多元文明能够通过交际和沟通,消除误解、化解纠纷、打开阻塞心灵言路之门,达到感情的融洽和心灵的交流。

全球化时代跨文明对话的价值在于,跨文明对话预设了人类文明的多样性,它承认多元文明的平等性和差别性。如果失去平等性,跨文明对话就失去了共同的基础;多元文明没有差别性,跨文明对话就没有必要。因此,多元文明的平等性确立了跨文明对话的基础,多元文明的差别性使得跨文明对话富有价值。通过跨文明对话,建构起来的既有差别性和多样性,又有平等性和包容性的文明系统,必将是一个更加开放的、富有生机和活力的多元文明组合的全球文明共同体。全球化没有必要也不可能将各种各样的文化融合一体而形成所谓的取消了差异性的同质性的世界文化。如果有什么世界文化的话,那么,这种世界文化应该是包容了多样性差异的所有文化能够相互尊重以及平等沟通的多元文化共同体。当然,要达到这一理想状态,还需要人类在同心协力的基础上付出艰巨的努力,要走漫长的路程。跨文明对话的立场,潜在地包含着反对取消多元文明个性的文明同质化的普遍主义,以及文化霸权主义和垄断主义,也反对狭隘的民族文化中心主义、宗教排他主义和文化沙文主义。跨文明对话,倡导的是平等、宽容、合作和沟通,就是要使"己所不欲,勿施于人"、"己欲立而立人,己欲达而达人"等基本精神得到落实和具体体现。跨文明对话反映了当今时代发展的潮流,迎合了世界要和平、人民要合作、社会要发展的时代趋势。对于建设一个多样性文明和平共处,相互包容和友好合作的和谐世界具有十分重要的意义。在全球化时代,民族文化的价值是以开放性来衡量的,越是开放和交流的文化,越能体现出自身旺盛的生命力。正如法国谚语所说,蚕蛹如果固守于自己与世隔绝的安乐窝,永远成不了漂亮的蝴蝶。跨文明对话,既体现出了世界上语言的丰富性和多样性,也表现出文明内容的增值性和包容性。

积极开展全球化时代的跨文明对话,其重要价值还体现在可以在多元文明体现出的价值冲突中架起双向或多向沟通的桥梁,避免或有效克服因不能有效沟通而产生的文化障碍,将文化价值观方面的冲突限定在一定的范围内。跨文明对话的目的是寻找普遍性的全球协调和沟通机制,实现价值观方面的冲突不再作为一种对整体发展的破坏,而走向一种建设性作用,要使冲突在社会发展中发挥建设性的作用,它必须被限制在某种界限之内,但不被消灭。那样,对管理的挑战就是设计出能够在这些界限以内灵活运作的机构。积极而真诚务实的跨文明对话,犹如润滑剂促进着多元文明之间的联动,保证多元文明之间的冲突在一定的张力范围内有序运作。推进不同文明之间的对话,以交流代替封闭,以沟通代替隔膜,以对话代替对抗,对于推进全世界的和平与发展事业,具有十分重大的现实意义。跨文明对话对于多样性文明本身的发展也有着重要的现实意义,突出表现在有利于不同文明之间的互补、互尊、互信和互利。

跨文明对话有利于多样性文明之间的互补。多元文明之间的对话具有可能性和现实性。多样性的文明虽然是具有差异性的存在,但是,在各种不同的文化价值观中存在着一些共同的价值和具有普遍适用性的文明内容。也因为如此,多元文明才能展开对话。多元文明的普遍性的价值虽然内容多少有所不同,形式表达也有差异,但是,不同民族千百年所追求的自由、理性、法治、平等、权利、个人尊严等价值,都可以充分地普世化。在这些价值以外,还有一些可以与它互补,也可以普世化。比如与自由相联系的有人权、公正和正义,与理性相联系的有同情,或者慈悲,与法治相关的有礼仪;与权利对应的是义务和责任,与个人尊严对应的是人作为社会关系网络中的一个中心点,这些方面都可以相互配合。

通过跨文明对话,实现多元文明之间的交流,达到多元文明之间的沟通和互动,并在此基础上实现不同文明之间的互补,是推动人类文明发展的内在而强劲的动力。法国思想家阿兰·李比雄先生说得好:

· 961 ·

"一种文化对另一种文化的观察,是具有发展性与互补性的积极观察。其最终效应就是开创一片相互认识的共同空间。各个民族是观察者,同时又是另一种'客家目光'注视的对象。我们认为仅从个别的、对自身文化的观察出发要获取对整个世界与他人全面的真实的认识显然是不可能的。这并不仅仅是因为如维特根斯坦所言,'眼睛无法看自己',也是由于因自身习惯、认识方式及语言表达的固化而产生的视角上的变形。这就像是变形影像游戏中那些哈哈镜的不同弧度一样,会导致图像的扭曲。而在相互认识的游戏中,这些'游戏者'、合作者,就要站在各自的位置上逐步纠正那些扭曲度,令最终的图像得以正确的体现。这就是认识领域相互性的重要功能。"确实如此,文明之间的对话有助于整合人类文明的积极成果,弘扬人类的文明精华,推动整个社会的不断进步。各种不同的文明既是民族的、地区的和本土的,又是全球性的和世界性的,多样性的文明都是人类世世代代实践的智慧结晶,是人类所拥有和共享的共同财富,是人类继往开来的人文资源和精神支柱,是社会发展和人类进步的强大的助推器,值得我们加以珍视。当今世界科技的迅猛发展,交通和通讯的空前进步,大众传播媒介的空前繁荣,为保护、弘扬和丰富多样性的文明以及世界的整体文明提供了契机。利用现代先进方法传播人类文明中先进的和科学的内容,让人类能够从多样性文明中获取各种丰富的和新鲜的养料,将有助于实现全人类的共同进步和共同繁荣。

杜维明先生说:"在过去的几千年中,各种伟大的民族和宗教传统已经在我们这个世界营造起辉煌的精神景观,超越民族、语言、宗教和文化对立的交流一直是人类历史的一个显著特征。尽管在对立的共同体之间存在着紧张和冲突,但超越这些对立,建立更多的联系和互动,一直是一个不可低估的大趋势。从历史上看,每一个伟大民族和宗教传统都会遇到截然不同的信仰体系或观念体系,它们也经常从这种相遇中获得巨大活力。通过学习他者,某一既有传统可以大大开拓视野。例如,基督教神学便受惠于希腊哲学,伊斯兰教思想也曾经从波斯文学中获得启示,中国思想史则因公元1世纪传入的佛教所负载的思想而变得更加丰富。对多样性的真正接受使我们可以从由衷的宽容走向相互尊重,并最终达到彼此之间的欣然肯定。在宗教、文化、种族和民族的背景下,无知和傲慢是造成固执、偏见和仇恨的主要根源。通过对话,我们将学会最大限度地欣赏他者的独特性。我们将真正理解,一个由不同的人和文化融合而成的绝妙的多样性整体能够丰富关于自我的认识。对话推动我们努力实现一个真正的包含所有人的共同体。"要有效地避免和减少文明之间的摩擦、碰撞和暴力冲突,就应该在多样性文明之间架起沟通的桥梁,积极展开跨文明的对话。跨文明对话是贯彻落实和平与发展时代主题的实际行动和有效手段,是处理和解决当今世界错综复杂矛盾的正确途径。当今世界,国际局势总体和平、局部战争,总体缓和、局部紧张,总体稳定、局部动荡。人类和平与发展的事业虽然面临着严峻的挑战,但是只要通过积极、广泛而又真诚的跨文明对话,就能解决纷争,迎来更加美好的前景。

　　跨文明对话有利于多样性文明的相互尊重。世界上每一种文明的产生都是该地区人民长期辛勤劳动的结果,都凝聚着该地区人民的智慧和心血,都有自己存在的理由,有值得被其他文明所认可、借鉴的成分,因此,理应得到其他文明的尊重。不同文明之间的相互尊重是平等对话的前提和基础。只有相互尊重,才能以平等的心态去理解其他文明中可能对自己陌生的内容,才能对其他文明的积极成果产生愿意借鉴和吸收的浓厚兴趣,才能在文明交流中自觉地进行文化移情。在相互尊重基础上的不同文明之间的平等对话有利于增进各国人民之间的相互理解并在此基础上达到和睦相处,减少因为文明之间的误读而产生的理解上的偏差,防止因为文明之间的封闭和隔膜而产生的陌生乃至敌意心理。相互理解是多样性文明之间有效沟通的前提和基础,无知者无法接近真理,而偏见比无知离真理更远。无知和偏见产生的土壤在于封闭、隔膜、夜郎自大、固执己见和自我中心主义。多元文明之间的对话能够有效地打破人们思维中的各种偶像,使人们获得真正

的知识。

　　大力促进不同文明之间的对话,才能以相互平等的姿势和宽容大度的心态,采取和平的方式妥善地处理争端和分歧,从而有助于促进不同文明背景的人民之间化解恩怨;捐弃前嫌,化干戈为玉帛,相互尊重,和睦相处,最终有助于各国之间建立平等互利、互信合作的关系,促进世界的持久和平、稳定与发展。哈贝马斯关于为了确保不同文明能够健康和合理发展,应该遵循"正义"和"团结"的两条原则,具有很重要的方法论意义。他认为,所谓"正义"的原则就是要保障对其他文明的尊重和平等权利;而"团结"的原则要求对其他文明有同情地理解和受到尊重的义务。他坚信,只要不断通过商谈和交往沟通等途径总可以形成在不同文明之间的互动中的良性循环。

　　跨文明对话有利于多样文明的互信。人类作为互动的动物,只有用爱才能交换爱,只有用信任才能交换信任。而促使人们之间的相互交换成为可能的中介就是跨文明对话。不同文明之间的对话有助于增进睦邻友好和政治互信,推动建立民主、平等、公正、合理的国际文明新秩序,维护世界各国的合法权益,使世界各国在国际大家庭中和睦相处,共同发展。要消除文明之间的误解,就应该对异域文化有所了解,并在了解的基础上达到相互信任。赛义德在《东方主义》一书中深刻分析了多元文化之间引起误解、产生偏见的原因,指出用肤浅的异文化理论难以解释异文化的问题,只有研究他者的文化,在平等心态指导下积极地进行跨文明对话,才能在此基础上建立起充分的互信,从而促使有利于多样性文明形成和发展的良好的生态环境。随着政治民主化和世界多极化趋势的进一步加强,在国际事务中倡导民主、平等、对话和共同的文明原则至关重要。国家无论大小,无论贫富和强弱,都是国际社会中的平等一员,都应该得到尊重。经济全球化会导致全球利益格局的大调整,出现围绕利益问题的矛盾和斗争。即使出现所谓的文明冲突也是正常的现象。开展不同文明的对话,既有助于各国文明在相互尊重基础上协调各自的利益关系,又有助于各国在世界文明体系中正确地界定自身，采取积极主动的姿态对世界多样性文明的积极成果加以吸纳，并从中获得持久发展的强大动力。

跨文明对话有利于多样性文明的互利。不同文明之间的对话是一种合作双赢的模式，它有助于维护和促进世界文明的多样性，丰富人类共同的文明成果。人类的理性越强大，越能够正确地认识自己。在全球化时代，人类既尝到了全球化带来的福音，也感受到了全球化带来的问题，甚至给人类导致的危害。现在就连直接威胁人类生命和安全的问题也全球化了。恐怖主义的全球化、病菌的全球化、各种灾难的全球化等，这些问题使得世界上多样性文明中的任何一种哪怕是最伟大的文明，都显示出了自身文明的渺小和微不足道。经济全球化使人类获得了前所未有的发展机遇，但是全球化不应该以牺牲一些国家的利益来确保其他一些国家的利益。不能指望以单一文明来实现对全球的治理。在全球化进程中将自己的经济体制、社会制度、发展模式和价值观强加于别国，妄图建立由西方价值观主导的世界的做法是错误的，也是注定要在实践中碰壁的。全球化决不会出现同质化和单一化，事实上现在世界上还没有哪一种力量能够阻碍文明多样性发展的道路。将多样性的文明整合为单一的文明只能存在于理论抽象的空间中，而在现实生活中是办不到的。现在某些国家视文明多样性的现实和发展趋势而不顾，竭力推行单边主义，四处插手，干涉别国内政，要全世界接受它们的文化价值观，对全世界的和平与发展事业构成了严重威胁。全球化必然促进文明的多样性，文明多样性的进程必定会使人类能够共同受惠于多种多样的文明成果，达到人类社会永续进步的目的。

跨文化对话其实就是一个文化整合的过程。文化整合并不是一种文化对其他文化的吞并，而是积极包容和借鉴多元文化的聚合方式，是寻找多元文化积极成果相融合的新的文化建构方式。文化整合具有十分重大的价值，它是文化发展的动力。各民族的文化在形成过程中，

由于地域的封闭性和交际范围的限制,保持着自身的相对独立性,这种相对独立性也对文化的发展构成了制约性。随着文化与文化交流的增多,文化的相对独立性虽然依然存在,但是,它的开放性和兼容性得到了增强,在跨文化交际中,各种文化通过交流、碰撞,增加了智慧的火花,丰富了思想内容,有力地推动了文化的发展。任何民族不管其历史多么悠久、文化多么深厚、德性多么崇高,其智慧都不是万能的,而是具有局限性的。一般来说,历史积淀越厚重,对于创新的文化阻力也越大。一个民族如果以为自己传统文化的底蕴深厚而不再向其他民族学习,它就会很快落伍。如果以为自己民族的文化存在这样或那样的问题而丢弃之,本民族就会消亡。因为文化实质上构成了一个民族的身份证,是一个民族历史的见证和未来发展的精神支柱,是民族认同的纽带和凝聚人心的磁石,所以,放弃自己民族的文化,该民族也就只能成为徒有其名的躯壳。世界上有些科技发达的国家,也不能因为自己科技文化的先进而以为自身其他文化都先进。哲学、道德、文学、艺术等文化与科技文化不是一回事,其发展不是一蹴而就的。高科技发达与文化沙漠并存现象并不是奇特的现象。这些民族也只有认真学习其他民族的长处,取长补短,才能使它的其他文化达到与科技文化一样先进的程度。总之,文化整合必将推动文化全球化的进一步发展,使全球文化无论从质态上还是数量上都进入一个前所未有的新阶段。

文化整合需要科学的方法论。只有采取科学的文化整合的方法,才能做到如同马克思所说的那样:"不仅探讨的结果应当是合乎真理的,而且引向结果的途径也应当是合乎真理的。"方法对头,文化整合就能取得事半功倍的成效,就能使不同民族的文化在文化整合中都得到提高壮大。如果方法论上出了问题,文化整合就会带来畸形和扭曲的结果。文化整合首先需要解决的是整合的主体指向问题,即谁来进行整合。换言之,谁来整合谁。如果将文化整合理解为由外来文化作为主体,那么,这种文化整合就是全盘西化,是本土文化的大撤退和大消亡。科学的文化整合的宗旨和理念是以我为主,博采众长。文化整合不是文化的无原则的糅合,构成所谓全球文化的大拼盘。事实上这是不可能办到的。随着全球化的发展,全球化与本土化的两股张力也在两个方向同时较劲,形成对立统一的灿烂图景。全球化推动着文化认同的潮流,使人类的共识越来越多,文化之间相互渗透和交融的状况越来越明显。而本土化则推动着文化自觉。所谓文化自觉,按照费孝通先生的说法,"指的是生活在一定文化中的人对其文化有自知之明,并对其发展历程和未来有充分的认识。"文化认同,强调的是文化的主体意识和民族意识。要求各民族在文化认同的同时努力维护自己民族文化的特色和个性,在文化全球化的浪潮中保持自己文化的应有地位和价值。那种认为文化整合的结果会导致人类在思维方式、生活方式、交往方式、行为方式等方面一致化和同质化的想法是错误的。文化整合也不是以西方文化为轴心和摹本,各民族文化都被西方文化所同化。西方文化或者说美国文化虽然具有自己的优势,但是,它们也都是在特定的历史过程中形成的,并不具有普遍性,没有包孕全球文化的能力。它们在经济、军事和高科技等方面的优势并不等于在文化上的优势,即使文化上具有优势,也不等于世界上所有的文化都非得接受西方的价值观、生活方式、行为方式不可,每个民族的文化都具有自己的存在价值和存在理由,都具有别的民族所欠缺的优势和长处,现在谈论世界文化的大同时代条件还没有具备。

文化整合的基础、前提和首要方法是求同存异。世界上虽然从人种而言,肤色、语言、思维方式、价值观念、行为方式等都存在差异,但是,人之为人,从本质和实践方式等方面来说,都具有共同性的一面。人类是作为一个统一的整体面对世界和从事实践的。人类在长期实践中形成的各种价值尺度,如真、善、美、假、恶、丑等标准对各民族都具有普适性的一面。人类文化从起源上看,有着共同的祖先和同一的源头。随着人类实践向广度和深度的开拓,世界各民族在各自的时间条件和相对阻隔的情况下各自发展,形成了各具特色的文化。各民族的

文化虽然有着纷繁复杂的多样性的现象形态,但是透过多样性的背后仍可以发现统一性的方面。正如在一套语言的丰富多彩的万花筒式的无穷变幻后面蕴藏着相同的文法结构一样,在各民族不同的语言和文化的表层结构后面,存在着相同的深层结构。我们越是深入地追溯历史,同出一源的各个民族之间的差异之点,也就越来越模糊和消失。同一个民族的一些分支距它们最初的根源越近,它们相互之间也就越接近,共同之处也越多。随着马克思所说的"历史向世界历史的转变",经济全球化与文化全球化同时在世界各地展开,互联网络以其巨大的触角快速地向全球延伸,将全球连接为一个具有共时性的超越国界的整体,跨文化交际以前所未有的深度和广度出现,不同文化在反复的交往中日益淡化自己固有的文化自足性,在多样性的文化中铸造自己新的特质。

人类跨文化交际越深入和紧密,存在着的共同的利益越多,对共同利益关注以及由此而产生的共同的思想认识也会越多,这构成了文化整合的前提条件。现在,日益困扰人们的全球问题,即那些决定人类的共同命运,而且只有依靠全人类的共同努力才能解决的当今世界的一些重大问题正越来越严峻地摆在人们的面前。已故罗马俱乐部主席A·贝切伊在《未来的一百页》一书中概括了10个全球问题;美国学者H·卡恩、J·菲利普斯在《经济的现实和未来》一文中则提出了19个全球问题。笔者认为,当前的全球问题,如在国家关系之间产生的国际社会问题,诸如和平、发展、环保、裁军和反国际恐怖主义等问题,在人与社会关系方面产生的问题,诸如人口和健康等问题,在人、社会和自然界的关系中产生的问题,诸如自然资源和粮食问题、生态环境问题,在人与人关系上产生的问题,诸如剥削问题、色情问题、用童工问题、非法移民问题、拐卖人口问题等,已经不是用十个或几十个问题所能概括得了的。求同,就应该正视全球人民在经济利益、政治利益和文化利益上的共同性,努力寻找和扩大与其他文化共有的价值观,达到在一些全球性的重大的基本问题上的共识;存异,就应该尊重别的民族对文化价值观的选择，容许保留各自民族文化的丰富个性以及多样性。求同存异的结果，就是在承认自己民族文化价值观的合理性的同时，对其他民族文化也采取一种宽容、理解和学习的态度，使全球各种文化呈现出多元并存、和而不同的生动局面。

文化不平等的心态反映在跨文化交际中的外在行为上就是民族文化优越感的流露和宣泄，这种情绪就是民族文化中心主义的表现。世界上所有的人都是一定时间和空间的产物，都自觉或不自觉地经受了促使民族文化中心主义心态发展的社会过程。人们在自己特定的生活范围和文化场景中形成了带有本民族特色的价值准则，形成了以本民族标准判断善恶是非的标准，对本民族文化具有一种天然的好感和自恋心理。同时，容易产生对异民族的历史文化传统、风俗习惯、宗教信仰、审美情趣、民族心理等方面的陌生感，再加上各民族之间在政治经济文化诸方面存在的利害冲突，更容易使这种陌生感上升为民族偏见，甚至上升为像宣传种族优劣论那样的强化民族偏见的理论体系，出现极其荒谬的欧洲中心论、西方文化优越论、美国中心论、日耳曼种族优越论等带有强烈的本土文化至上的民族主义情绪，严重妨碍跨文化交际中的双向沟通。

西方经济学家熊彼特虽然很早就提出了创新的理论，但他主要谈论的是经济的创新、技术的创新、管理的创新、市场的创新等方面。而现代社会的创新则是全方位展开的。除了上述的创新以外，还有体制的创新、观念的创新、人才的创新等方面。创新是通过创造性思维实现的。创造性思维不同于常规性思维，它是突破了惯常的思维模式和认知领域，作出了不同寻常的新奇而独特的思维成果的思维。创造性思维所要解决的问题是没有现成答案可找，没有先例可循，无法用传统的思维方式解决的。它要求对知识信息进行重新加工组合，通过最佳的思维活动，获得富有创见性的思维成果。创新的核心和实质是文化的创新。文化必须与时俱进，包括传统文化要走向现代化、走向世界和走向未来，否则，它就要被飞速发展的时代列车所淘汰。一个民族不管

其历史再悠久、传统文化再深厚、国民素质再优秀,如果拒斥学习其他民族的长处,不愿意对自己的文化进行综合创新,就会很快落后。越是能够主动创新的民族,文化上的优秀成分越厚重,越能站在世界民族文化的高峰。中国改革开放以前,对外来文化采取排斥的态度,自恃本民族文化是世界上最优秀的文化。将外来文化视为都是极其腐朽的,在策略上就必须采取批判和全盘否定的态度,采取封锁自己的方式,隔绝与其他民族文化之间的交流。由于长期闭关锁国,封锁信息,使我国的文化因缺乏与全球多元文化之间的正常交流而乏力,与全球文化的发展步伐就相距甚远。文化全球化给民族文化带来了巨大的挑战,同时也构成了大发展的机遇。在文化全球化的浪潮中各民族的文化要想做到既能保持自己的个性特色,又能不游离文化全球化的大道,走孤立封闭的发展道路,从理论和实践两方面来看,都是具有相当的难度的。为此,就需要确立问题意识、前瞻意识和对策意识,对文化全球化的发展方向和在此背景下文化整合的基本趋势有一个大致的把握。

对于文化整合的基本趋势的一种估价是,文化全球化会造成文化的趋同,文化整合就是加速全球文化的趋同,我们认为这种估价是失之偏颇的。那些起劲地鼓吹文化殖民主义和文化霸权主义的理论家将适者生存的原理应用于文化上。他们认为,当今世界与经济发展的不平衡相适应,文化发展也是不平衡的。虽然强势文化与弱势文化共存于世界上,但是,弱势文化是没有前途和出路的,它们的唯一命运就是依附于强势文化,被强势文化所同化。亨廷顿就这样断言:"总的来说,人类在文化上正在趋同,全世界各民族正日益接受共同的价值、信仰、方向、实践和体制。"亨廷顿所说的共同的价值、信仰、方向、实践和体制,主要以西方发达国家的文化为基准,特别是以美国文化为基准。美国约·奈在他的《注定领导》中赤裸裸地将美国文化看作是保证美国领导世界的"软力量",将这种软力量称为"软权力",形象地说明文化因素在国家交往中所处的巨大作用。按照他的说法,软权力是一个国家文化和意识形态的吸引力,是通过吸引而不是通过武力来得到理想结果的能力。在今天的全球信息时代，软权力正在变得越来越重要。已经成为综合实力中不可忽视的重要内容，成为竞争中的强有力的武器。美国也越来越注意将这种软权力的作用发挥到淋漓尽致的地步。

为了达到用美国的文化价值观影响其他国家的目的，他们凭借强大的经济实力和文化上的优势，对弱势文化发起了猛烈的进攻，国际互联网络成了英语的世界，美国的电影、电视、音像、印刷、娱乐、软件等多种形式的文化制品无孔不入，通过各种手段渗透到全世界，向各个层次的受众发起精神攻势。麦当劳、肯德基、万宝路等美国产品在推销物质产品的同时，推销着资本主义的价值观念、生活方式、消费方式等。将全球文化整合到美国文化中的企图，已经越来越遭到全世界人民包括美国人民的反对。德国学者乌尔里希·贝克尖锐地指出："许多人把文化全球化视同麦当劳化，即视同世界媒体市场集中化过程中文化内容和信息的日益趋同。很少有哪种观点像这种观点那样如此鲜明地遭到反对。这种观点没有看到矛盾，或者用句过时的话说，没有看到文化全球化的辩证法。"他认为，随着文化全球化的发展，世界一方面变得越来越相似，另一方面又变得差别越来越大。他还以世界语言为例对此加以说明和解释。他说："根据趋同理论，理应出现一种普遍的思维幻觉：一切都按照无处不在的麦当劳式的标准统一起来，最终在世界社会的终点形成一种世界语言。而事实却恰好相反：在世界社会意识的形成过程中并没有出现语言层面上的统一，相反语言变得多样化。'一个世界'拥有并承认比以往更多的语言。语言学家萨比纳·斯考德莱克写道：'即使在当代，也有许多新的语言正在形成，许多只有少数人使用的语言则濒临消亡。然而总的看来，语言的数量在不断增加。"全球化导致了世界文明的交融和新的整合，但这种交融和新的整合并不是简单的态势，而是异质或多样性共存的复合态势。正是世界文明的异质和多样性的共同在场，才构筑了世界文明多样性的整合化。而文明多样性态势下的新的整合正是文明本土化的表现形式。正是这种文明本土化赋予了世界文明丰富而多样化的色彩。全球化发展

使文明本土化特征更加明显,且文明越具有本土化,就越具有世界性。埃及金字塔辉映着古埃及人的聪慧与勤劳;悠扬昆曲展现了姑苏吴侬软语、水乡风貌;巍巍长城展示出中华民族的勤劳与顽强……这些都揭示了世界文明的交融和新的整合离不开本土化,而世界文明的多样性又构成了世界文明的大一同。多样性与大一同相辅相成,难以分割,构建出全球化背景中世界文明的当下态势。在当前日趋交融的世界文明中,本土化特征日益明显,使当今世界更加丰富多彩。无视文化全球化造成的文化多样化的事实,将文化整合视为西化或美国化,在理论上是站不住脚的,在实践上会被宣布此路不通。

文化全球化会导致文化分裂化,文化整合是徒劳的。这是反对文化整合,与文化趋同论相反的一种声音。关于全球化带来的直接后果是导致全球在经济、政治、文化等各个方面分裂化的认识,在贝克、哈贝马斯、吉顿斯、马丁、舒曼等大思想家那里都有精辟的论述。他们认为,在全球化时代,加拿大未来学家马歇尔·麦克卢汉所描绘的"全球村",即把整个世界看作和谐村落的幻景绝对没有实现。在评论家和政治家过分频繁地使用这个比喻的时候,事实表明,现实世界并没有亲密地融合在一起。全球化造成的经济上的分裂,主要表现在富国更富、穷国更穷。即使在同一个国家,城市和乡村、人与人之间的贫富界线也在扩大。"全球化正在导致一种沙漏社会模式的形成,在这样的社会里,大部分人都将掉入社会底层。""通过全球化富裕起来的不是工人,而是资本家,且受冲击最大、处境最糟的是那些没有技术的工人,他们几乎没有能力糊口。全球化将扩大不平等,加剧贫困,并且越来越引发社会的排斥行为。当政府的反应能力不断减弱时,这些问题会变得越来越糟。政府行为的失效会削弱民主国家的基础,使其合法性受到挑战。资本主义由于市场力量的壮大而陷入新危机。"全球化还将导致政治的分裂,全球化会使权力从国家逐渐转移到强大的跨国公司那里,使国家权威流失。发达国家与发展中国家的矛盾更加尖锐;发达国家之间的矛盾，特别是新起的发达国家与老发达国家的矛盾也在加深；主权国家与跨国公司、无国界公司之间的矛盾也在加强。全球化在促使文化同质化的同时，又导致了文化的分裂化。加拿大工业化进程的加快和大众传播媒体的迅猛发展使以农业为基础的魁北克法语文化受到英语文化四面八方的包围和强有力的冲击，有被同化的危险。为了捍卫自己的语言和文化，法裔加拿大人举行了声势浩大的反同化的斗争，迫使实施双语制和多元文化政策。"在美国使用多种语言的移民长期以来认同于一种共同的民族语言，而数百万西班牙移民的第二代和第三代却拒绝使用英语。种族主义在所有地方都在加强，在许多地区面临从事暴力活动的民族主义或地区沙文主义复活的危险。"确实，全球化造成了分合的奇特景象，但正是由于有"分"，才使文化的多样性和差异性越来越明显地表现出来，越来越引起人们的重视，也充分地显示出文化整合的必要性和可能性。文化的分裂化并不是一件可怕的坏事，它打破了由一种文化独霸天下的现象，出现的是多元文化共存的现象，正因为多元文化的存在，才更加显示出文化整合的价值。文化整合中的趋同论和分裂论虽然表现出两种相反的思维方式，但是都对文化整合持怀疑和否定的态度。我们则认为，只要面对全球化的现实，对文化整合抱科学的态度，就是使文化在分中达到合，又在合中得到分，表现出多样性与统一性并行不悖的发展趋势。

文化整合是一个动态的发展过程，并且有着不同的价值判断标准。在什么是文化整合，为什么要进行文化整合，如何进行文化整合等多方面的问题上，会存在着仁者见仁和智者见智的现象。我们认为文化整合应该考虑的是有助于多样性文化的发展，追求的是多样性文化的互益和共赢。马克思考察社会有机体的方法论思想对于文化整合具有重大的价值。马克思认为，社会"有机体本身作为一个总体有自己的各种前提，而它向总体的发展过程就在于：使社会的一切要素从属于自己，或者把自己还缺乏的器官从社会中创造出来。有机体制在历史上就是这样向总体发展的"。他总结出了社会有机体活动的两条基本

原则：一是使各种要素"从属于自己"的原则,二是使"器官"不断创造和完善的原则。这两条原则同样适合于文化整合。文化整合的目的是形成更加优越和更加高级的文明。文化整合的最终趋势应该达到费孝通先生所提倡的"各美其美,美人之美,美美与共,天下大同。"要达到这一目的,在文化整合中就应该坚持文化的平等性、对等性和互动性的思想。哈贝马斯主张跨文化交际应该不受国家、经济制度和行政制度乃至文明模式的干预,"使交往者生活在一个美好的、没有任何强制的世界上……把阻隔言路的后工业化逻辑链条打断,使人们关闭的心灵敞开,通过语言使人们的'争辩'转化为'对话'。"他的主张虽然具有十分理想和浪漫的色彩,在目前阶段还行不通,但是对于人们重视文明多样性,破除文化中心主义成见,以和平发展的美好愿望,积极展开跨文化交往,并在跨文明对话中进行跨文化整合,使多元文化在辩证互动中展示统一性,又在统一性中表现多样性,从而促进全球文化的发展还是很有意义的。"大江东去,浪淘尽,千古风流人物。"人类社会是各国文明多样性组合的社会,人类自从诞生文明以来的历史就是各国多样性文明共同推进的历史。在和平与发展已成为时代主题的今天,地球虽然越来越小,世界和平发展的道路却越走越宽。多样性的文明、多样性的社会制度、多样性的发展模式、多样性的文化价值观的平等相处,相互交流,相互借鉴,合作双赢,共同进步,必将促使人类文明进入一个更加光辉灿烂的新阶段,必将迎来一个有助于持久和平与普遍繁荣的多姿多彩的和谐世界。[①]

　　文明和谐与创新是人类追求的理想和社会发展的趋势。文明共存是人类和谐发展的价值追求,也是人类社会发展的前提。和谐就是要倡导文明的个性独立,共享普世价值,形成人类相对统一的价值取向。在全球化中文明的创新与传统是悖论关系,但这种关系却会使创新本身永远充满动力与生机。关于当今世界文明关系的现状,主要有三种

[①]方世南著.《时代与文明》.人民出版社,2006年8月,P406~423.

观点:一是对话、交流与和谐已成为当今世界文明的主流;二是冲突与对话是全球化时代文明间关系的现实,也是世界文明未来发展的趋势;三是文明冲突的可能性严重地存在着,承认这一点,并不意味着鼓吹文明冲突,我们不能用抽象的"普遍和谐"观念来教化天下。世界文明冲突和共存发展的关系是辩证的,没有冲突就不会有共存,没有共存,冲突也会因缺乏张力而失去意义。因此,要承认文明冲突的历史与现实,真正理解冲突与共存的深刻内涵,才能真正推进文明的和谐与创新发展。按照亨廷顿的说法,每一种文化都把自己视为世界的中心,并把自己的历史当作人类历史上主要的戏剧性场面来描写,这就是世界文化冲突的根源。因此,从观念上说,实现文明共存和谐的前提是承认不同文明的平等地位和共存可能,这需要彼此理解。只有以敞开的态度对待其他文明,呼唤多元、宽容和跨文化、跨宗教的开放,相互包容,互相学习,彼此理解,反对各种形式的文化霸权主义、文化保守主义的思维方式和行为,才有可能实现世界文明的共存发展,传教式的对话只能增加彼此间的成见。

中华文明涵盖广阔,是世界上的主体文明之一,它有自己丰富的历史资源和现实基础,也从各方面受到世界文明的深刻影响,是在不断自我反省、吸纳其他文明的优点,在与世界其他文明对话的过程中发展起来的。中国文化,特别是其中的儒学,主张伦理孝道、天人和谐,它为今天构建和谐社会、追求文明和谐提供了许多思想资源。和谐是创新的至高律法,也是个人和社会生活的最高理想。因此,中华文明的不断创新不仅是自身发展的要求,对世界文明的发展也具有重要意义。中西方文明之间的关系是既有差异冲突,又能共存发展。一些文章具体探讨了中西方文化的差异,特别是儒家和基督教在基本信念上的差异。全球化给中国文化的自我反思与复兴带来了挑战和机会。但中国文化包含着许多内在矛盾,要求我们既要有文化上的主体意识,发掘其中所具有的普遍意义和特有价值;又要在贯彻普世价值与重视中国社会的特殊性之间,在发展科学技术与弘扬人道主义精神之间,建

立必要的张力；更要善于吸收西化文化和其他各民族的优秀文化，不断给它新的诠释，在当前人类面对的最大课题即人与自然、人与人的关系上，为世界文明作出应有的贡献。西方学者正从多方面来思考当前其面临的文化危机，以适应全球文化多元共存的局面，寻求文化的未来发展。中华文明的创新发展，也需要我们有这样的文化自觉，必须冷静思考自身特点、反思自身弱点；在此同时，还要重新认识并真正理解西方文明的核心因素和普世价值，研究这些因素对中国社会究竟造成了什么样的影响和作用，它们如何影响和改变着中国社会，由此来重新检查我们对待西方文明的态度，检查我们对待自己文明的态度，通过创造性的活动，使中华文明走向真正意义上的复兴。

当21世纪的帷幕在我们眼前徐徐拉开之际，"全球化"正在成为各种媒体上使用频率最高的术语和热点话题之一。随着后冷战时代各国之间贸易额、投资额的迅速扩大，国家、地区间的经济联系与相互依赖程度不断提高，一幅达沃斯版的经济全球化的蓝图正势不可挡地在地球上展开；与此同时，交通、信息和旅游业的发展使国际间的沟通与交流更加便捷和频繁，伴随而来的遍布世界各地的网吧、麦当劳快餐、摇滚乐和好莱坞电影，仿佛让人感到自己正在成为地球村的公民。这一切，似乎向人们预示着一个经济相互依存，生活方式逐步趋同的文化全球化时代即所谓普世文明的到来。在联合国科教文组织2000年完成的《世界文化报告》中指出：在进入21世纪时，全球化、长途通信和信息学正在改变人们界定和感受文化多样性的方法。过去在文化相对主义背景下提出的"文化的马赛克"或"全球文化马赛克"的比喻已经过时，再也不能描述人们的文化偏爱了。"文化再也不是以前人们所认为的是个静止不变的、封闭的、固定的集装箱。文化实际上变成了通过媒体和国际因特网在全球进行交流的跨越分界的创造。我们现在必须把文化看做一个过程，而不是一个已经完成的产品。"由于自工业革命以来西方社会的发展速度和发展水平超过了其他文明，以致于在相当长的时期中，不少中外学者都把现代化等同于西方化，把工业化、信息化等现代科技进步看做西方文明的必然产物。为此他们不遗余力地向西方寻求真理，甚至将扬弃本民族的传统，从制度到生活方式上全面模仿西方作为现代化的唯一模式和人类文明发展的归宿。在西方中心主义观念的支配下，一些西方政治家和学者甚至认为，在意识形态对抗结束之后，各民族之间在经济贸易、旅游、媒体通讯等方面的相互作用的增长正在产生一种共同的世界文化，随之而来的应当是一个以西方式的自由民主制和自由主义价值观的普及为基础的全球一体化的时代。

20世纪的现代化进程告诉我们西方文化同样存在着自己难以克服的内在矛盾。例如，由于崇尚征服与战争造成的信仰与人道危机，由于殖民主义、霸权主义引起的被压迫民族和人民的反抗，由工业化和过度开发带来的环境危机与资源危机，由工具理性、物质主义盛行带来的价值危机，由非理性与欲望的张扬和对现代性的质疑带来的理性精神的危机，由对经典艺术范式的颠覆带来的消费文化的泛滥……正因为此，20世纪西方相继兴起的现代主义、后现代主义文化运动都举起了反传统和批判主流文化价值的旗帜。相反我们看到，东方文明中也存在着推动现代化和人类文明进步的内在动力，人们从20世纪后期以来东亚经济的崛起中看到的儒家精神的驱动便是一例。应当说，东方文明的复兴不仅得益于人类在走向现代化进程中相互交流与合作的加强，也与后现代语境下政治多极化和价值多元化的趋势密不可分。随着后殖民时代的到来，长期处在边缘的文明纷纷崛起，向西方中心主义的文化霸权发起挑战，形成了要求平等和对话的时代潮流。

伴随着后冷战时代的到来，不同文明间的冲突不仅没有平息，反而不断加剧——科索沃上空轰鸣的飞机、阿富汗化为灰烬的巴米扬大佛、耶路撒冷的爆炸、伊拉克的炮火、遍布全球的恐怖袭击，都让我们不能不看到这表面繁荣下潜伏的危机。冷战结束十多年来，由国家分裂、民族矛盾导致的地区性冲突与局部战争愈演愈烈，尤其是其中一

些国家内部的冲突多数与文化有关。诸如俄罗斯车臣地区的叛乱、尼日利亚卡杜纳地区基督徒与穆斯林地方政权的冲突、印度尼西亚针对华裔的暴乱、厄瓜多尔印地安人的政治权利之争、部分发达国家中移民与本地人之间的矛盾加剧……与此同时，南北差距继续扩大，国家或区域经济体之间的贸易战也从未停息。我们不能不看到，在分享现代技术文明成果的同时，不同种族、宗教之间的文化与价值的认同度不仅没有增强，反而减弱了。因此，更多的研究者注意到21世纪人类面临的新挑战。他们把政治多极化、价值多元化、文化多样性乃至文明间的冲突看做新时代文明的标志。哈佛大学亨廷顿教授就曾指出："在后冷战的世界中，人民之间最重要的区别不是意识形态的、政治的或经济的，而是文化的区别。"他认为当今世界最大的变化便是：冷战后时代的世界是一个包含了七个或八个文明的世界。文化的共性和差异影响了国家的利益、对抗和联合，政治和经济发展的主导模式因文明的不同而不同。权力正在从长期以来占支配地位的西方向非西方转移。全球政治已变成了多极的和多文明的。1998年，联合国在斯德哥尔摩召开了"文化发展政策政府间会议"，并在会议报告《我们创造性的多元化》中提出了"尊重各个文化和各个文化被其他文化尊重的义务"。致力于推进经济全球化的世界贸易组织（WTO）的总干事雷纳托·鲁杰罗也曾坚定地指出："把整合中的经济、民族与文明管理起来，使每一种都保持独有的身份和文化——这是我们这个时代面临的巨大挑战，也是我们这个时代作出的伟大承诺。"

究竟什么是21世纪人类文明发展的主旋律？在我看来，后一种判断也许更能真实地反映当今世界的现状。倘若我们将文化的多样性视为全球化时代的本色，将交往和对话作为不同文明间碰撞的主旋律，一幅色彩斑斓的全球文明的新版图将在我们眼前展开。这里有欧洲、美国、东亚、西亚不同色彩的文明，也有不同区域或族群深浅各异的亚文化；有东方、西方或中国、日本、印度、法国文化的大传统，也有齐鲁、巴蜀、苏格兰、爱尔兰,乃至各民族、各宗教派系、各阶级、各行业的小传统。而面对这样一幅多文明、多色彩的新的世界蓝图,如何确定中华文明的坐标,如何选择我们未来的方向与道路,这也许是每一个有民族自尊和责任感的中国人都不由自主会关注的问题。唯有以宽容的气度和海纳百川的开放胸襟去理解不同文化的优势与特色,方能提炼出其中的精华,熔铸出建造现代文明大厦的构件,再融入到本土文化的深厚基础中,一组营造富有时代精神的先进文化家园的脚手架就搭建起来了。当我们从文化的视角放眼全球之际,对本土文化的认同与对未来发展方向的选择成为首先需要解决的课题。什么是中华文明的优秀传统,什么是当今世界的先进文化?只有将它们放到人类文明发展演化的大背景下,放到全球文化多元共生的大视野中,才能得出清醒的判断。

回首人类文明的发生与交往史,自有文明以来,人类曾经历过各种形式的文明间的碰撞与交流。从丝绸之路到唐僧取经,从十字军东征到成吉思汗的西征,从马可波罗的东方之旅到哥伦布发现新大陆,从郑和下西洋到明清之际西方传教士带来的西学东渐……仅最近数百年间,影响较大的文明间的碰撞即有16世纪以来的西方殖民化运动、中国的鸦片战争与八国联军入侵、二战后的中东战争与伊斯兰革命、20世纪世界性的现代化浪潮等等。当然,这些所谓交流并非完全建立在主动选择和平等互信基础上的互惠与对话,往往是与暴力或强权方式相伴随的单方向的文化输出和渗透。此中东西方文明间的交往与冲突尤为令人关注。

毋庸置疑,在人类千差万别的生存模式中,东方与西方两大迥然相异的文明形态的对立与冲突及其富有戏剧性的历史命运,早已激起各国有识之士的认真思索。20世纪以来,人们热衷于讨论中西文化孰优孰劣,究竟是谁先进谁落后,但对其中相互交往和影响的历史渊源却不甚了了,对两种文化间差异与冲突的分析也往往随时间而变,难免失之偏颇。因此,我们更需要进行一番追本溯源的基础工作,才能取

· 979 ·

得自己的发言权。我们知道,中西文化交流有着悠久的历史,其间有来有往,有开放有禁锢,简略地讲,可以概括为四种途径或五种模式,它们分别始于不同的历史时期,中西文明交流的第一条途径始于物质和产品交易,其源头至少可追溯到秦代。早期输出的路线是由东向西,从间接贸易到直接的交往。秦始皇时的商人如乌氏倮等便开始经营面向西方的民间丝绸贸易,早期的中西贸易主要是出于经济文化需要的民间自发行为,其中介是当时称为西域的国家,即今天的中亚和西亚诸国,其中又以波斯商人为主。在西方,到公元1世纪初期,丝绸的使用通过安息到达地中海,作为珍贵商品始在罗马帝国流行。到奥古斯都时代,丝绸在意大利成了风靡一时的高档商品,关于丝绸之国赛里斯的信息也开始出现在诗人和游记作家的笔下。这种自东向西的贸易逐步形成了陆上和海路的三条主要通道,一直持续到东罗马帝国时期,直至公元6世纪蚕卵和养蚕缫丝技术传入拜占庭,整个欧洲对中国生丝原料和丝绸产品的依赖才逐渐缓解。这种贸易往来从秦代一直持续到清代,最初以丝绸、漆器、铁器出口为主,同时输入毛皮、马匹、瓜果、香药等作为交换,主要是通过陆上和海上丝绸之路,以波斯为中介的间接贸易;至唐代,中西贸易交往更加频繁,交流的商品也增加到瓷器、茶叶、艺术品等;明清以后转变为主要通过海路的直接贸易,并陆续有西方商品如玻璃器、珐琅器、时钟乃至鸦片的输入。显然,此类交往模式是以互通有无的商品需求和经济利益为出发点,进而从互通商品带来不同文化间的吸引和交流。而在西方从对丝绸、瓷器的猎奇赏玩到17、18世纪景仰东方礼仪之邦的"中国热",从以武力为后盾的文化征服与掠夺到今天重新从古老的东方智慧中寻求发展的潜能和精神的依托,同样也走过了一条曲折的道路。早期最有影响力的中西文化交流使者显然是马可·波罗,他的著名游记第一次使西方读者在享用东方器物之外,能够较为真切全面地了解中国的风土自然、社会经济和文化。这神奇的东方文明令欧洲人耳目一新,也使一些人感到疑惑,从而激发起他们探寻地球上文化奥秘的好奇心和勇气,成为推动改变人类历史进程的地理大发现的重要因素。当然,马可·波罗记载的只是旅行者猎奇的眼光所看到的异域风情,真正让西方人较深入了解东方文明的还是后来传教士的系统介绍。从汉唐的丝绸之路到四大发明的"西化",再到启蒙时期的中学西渡,在两千多年的文化交流史上,中华文明的灿烂果实曾经对欧洲文化的进步作出过不朽的贡献。同样,西方的天文、技术、科学等也对中国社会的进步产生了直接的影响。

中西交流的第二条途径是以政府为主导,以建立官方关系为诉求的联络。在商品贸易的过程中,中亚和西方的商人也带来了有关西域诸国乃至大秦(中国古史对罗马帝国的称呼)的文化信息。到汉初为制衡匈奴,国家向西域诸国派出使节试图建立更广泛的交往,《汉书·西域传》载:"初,武帝感张骞之言,甘心欲通大宛诸国,使者相望于道,一岁中多至十余辈。""安息、奄蔡、黎轩、条枝、身毒,极天所际,皆有汉之使迹。而诸国亦颇有使东来,观光汉土。"尽管由于路途遥远和交通手段的落后影响了交流的成功率,仍然增进了相互的了解与接触。到汉武帝时代中国对西域诸国的文化已有初步的了解,对此司马迁在《史记》中即有概略的描述:"自大宛以西至安息,国虽颇异言,然大同俗,相知言。其人皆深眼,多须髯,善市贾,争分铢。俗贵女子,女子所言而丈夫乃决正。其地皆无丝漆,不知铸钱器。及汉使亡卒降,教铸作他兵器。得汉黄白金,辄以为器,不用为币。"史载张骞出使乌孙时曾派出副使分别前往大宛、康居、大月氏、大夏等西域诸国,带去了"直数千巨万"的赍金币帛,此中丝绸产品的独特品质尤令西域商人趋之若鹜,从而为丝绸之路的开辟创造了条件。武帝元封三年,大秦国贡花蹄牛,被称为欧洲人入中国之始。到东汉中叶汉和帝永元九年(公元97年),西域都护班超派遣甘英出使大秦,到达条支(安息西界,或称在今伊拉克境内),"穷临西海而还"。桓帝延熹九年(公元166年),大秦皇帝安敦遣使来中国,晋武帝太康年间,大秦又遣使与中国通好。中西政府之间的直接交往由此开始。唐宋史籍中亦有多处记载拂菻国(即东罗马帝

国)或大秦遣使来朝的记录,然而却少有中国遣使到欧洲的记载。明代的郑和下西洋则是中国历史上少有的以官方的方式从海上向外作探险式开拓的特例,以今天的观点看,这些行动应当是以广布华夏圣恩、传播中华文化为宗旨的。郑和在28年间航行7次,先后访问了30多个地区。每到一地,郑和赠给各国国王厚礼,以示友好,船队带去丝绸、瓷器、铜铁器、金银和其他手工业品交换当地特产,随行官员随时记录见闻。回航时,各国派使同来,赠珍宝特产给明皇帝,并与中国商人交换。郑和的船队虽然仍没能到达我们所说的以希腊罗马文明为轴心的西方世界,但它无疑促进了中西文明之间的友好交往,扩大了对外贸易的资源,也增进了中国人对世界的了解。到了清代中国统治者在对外交流上则显得较为被动,有固守中央之国的天朝心态,将外来使节和商人一概视为朝贡人员,最终由于中西文化价值的冲突而采取了禁教和闭关的政策。

中西交往的第三条途径是以宗教传播为主的文化交流,其基本方向是由西向东。首先传入中国的是佛教,其传入中国的具体时间虽多有异说,但东汉明帝永平年间遣使往西域求佛并在洛阳建白马寺当可确考。其后佛教在中国虽历经兴废,终究蔚成气象,成为中外文化交流与融合的重要媒介。不过,佛教文化虽来自西域,但毕竟属东方文化之一脉,与中国传统文化之间未构成根本性冲突,故最终能与本土文化相交融,成为中华文明的重要组成部分。自唐代以降,宗教文化交流的内容和走向开始发生微妙的变化。首先是在罗马教廷对聂斯托尔教派的教徒进行迫害的背景下,一批早期基督教的追随者向东迁徙,经在波斯、印度100多年的辗转发展,到唐初经丝绸之路将基督教传入中国,到唐太宗时得到官方承认。当时称为景教,意为"向往光明广大"的宗教团体。他们在中国建立了自己的教堂(大秦寺),并配置了神职人员,并被允许公开传教,唐太宗甚至准许将自己的画像悬挂在大秦寺。从太宗、高宗到玄宗的初盛唐时期,景教在中国达于鼎盛,"于诸州各置景寺,仍崇阿罗本为镇国大法主。法疏十道,国富无休。寺满百城,家殷景福。"对此有唐德宗建中二年(781)所立《大秦景教流行中国碑》可资见证。这是西方文化以宗教为媒介传入中国的最初尝试,由于当时中华文明的强势和佛道等宗教的昌盛,景教在中国普通民众中影响并不大。至公元845年唐武宗下令禁止佛教等宗教,景教始走向衰落,到五代至北宋景教徒在中原已近绝迹。

与此同时创始不久的伊斯兰教也通过陆上及海上"丝绸之路"传入中国。将伊斯兰教带入中国的主要是唐代在中国居住的大食、波斯的商人、使节和学者。到宋代,随着海上贸易的发达,到中国来的西亚穆斯林更多,伊斯兰教得到了更广泛的传播,各地陆续出现了一些清真寺,如广州的怀圣寺、泉州的清净寺等。到了元朝,大批中亚、西亚的穆斯林迁入中国,被当时统治者归于色目人,其地位仅次于蒙古人。由此中国伊斯兰教进入了大发展时期。此外袄教和摩尼教也曾在中国传播,其中袄教传入新疆地区的时间甚至可能早于佛教。在元代散布在中亚和中国边疆地区的景教徒也随着蒙古大军重新进入中原地区,随着蒙古军队的西征,俄罗斯、罗马、希腊等地区的其他教派的基督徒也以不同的方式先后来到中国。一时间,"长城以北,及嘉峪关以西,万里纵横,已为基督教徒所遍布矣"。加上元代统治者的保护政策,也里可温教(元时对基督教的称谓)在元代兴盛起来。西方宗教更主动地进入中国是在明清之际,中西交流由于文艺复兴以来西方向外扩张的战略而日趋频繁,走在前列的依然是传教士。此中最著名的先驱者是提出适应中国传统文化和风俗的传教策略的耶稣会士沙勿略和范礼安,而作出实质性贡献的却是利玛窦,这位来自意大利的教士1582年进入中国,1610年在北京去世,在中国生活了整整28年。他对中西文化交流的独特贡献是,在传播上帝福音的同时,还把西方的哲学思想与科学方法传播给中国人,使中国知识分子得以了解与他们的传统经典迥然不同的思想方法和技术手段,并借以弥补中国传统学术之不足。徐光启、李之藻等人的科技成就即是在此基础上取得的。由此西方的天文算学等科学成果在中国得到了承认和应用。不仅如此,利玛窦们还

通过书信和著述向西方人介绍中国的文化,使中国的哲学、伦理学等经典理论进入西方知识界的视野,尤其是罗明坚翻译的《四书》和以《基督教远征中国史》命名的利玛窦中国札记,以及其他耶稣会士编纂的《中国哲学家孔夫子》等著作,更广泛真实地对西方人介绍了中国文化的面貌,为后来欧洲的启蒙思想家们提供了挑战西方古老传统的思想武器。

利玛窦之后以传教为媒介的西方文化渗透一直延续到清代,传教士的足迹遍布中国各行省。与此同时,以军事手段为前导的殖民活动和以海上交通为新渠道的商品贸易也在中国周边国家和沿海地区悄然展开。前者如西班牙对菲律宾的殖民,葡萄牙对澳门的租借和荷兰人对台湾的侵占,后者如广州等地的国际贸易的发展。中西文明间的了解和交往也变得频繁起来,继之而来的是日渐凸显出来的文化间的差异与冲突。康熙朝后期的所谓"礼仪之争"成为了最早的导火索。由于在华传教士对于在中国的传教方式和宣教内容发生了分歧,公元1704年,教皇克莱孟十一世向中国的教会与信徒发布了七条禁约,内容包括禁止教堂悬挂带有"敬天"字样的匾额,禁止基督徒祀孔、祭祖,禁止教徒家中供奉牌位等。其实质在于改变利玛窦以来形成的尊重和适应中国传统礼俗的传教模式,由此引发了康熙皇朝的不满。先是康熙于1707年派人在苏州向教士宣布:"奉旨谕众西洋人,自今以后,若不遵利玛窦的规矩,断不准在中国住,必逐回去。"并下令驱逐了教皇特使多罗。在获知几经交涉罗马教廷仍拒绝改变禁约之后,又于康熙五十六年(1717年)下令礼部禁止天主教在华传教。随即以《四库全书总目》为代表的官方意识形态开始对天主教神学进行批判,并提出了"节取其技能,禁传其学术"的中西交流的原则。此后雍正、乾隆、嘉庆诸朝皆厉行禁教,驱逐传教士,将天主教堂改为别用。对外贸易的限制也逐渐严格,从对通商口岸的限制到对进出口货物的限定,中西文化交流的大门渐趋关闭,由天朝上国的自尊与戒备心理发展而来的闭关自守的政策日益森严起来。从域外宗教传播演变的历程中我们不难看出,从对待两类交流的态度看,都是西方处于主动,尤其是以利玛窦为代表的基督教传教士,充当了西学东渐和东学西渐的桥梁。中国传统社会在对外交流方面虽然总体上取比较被动的姿态,但从接受外来文化上看仍具有较大的包容性,除了清代中后期由于西方传教方式的改变而导致与本土文化传统的直接冲突,政府不得不推行禁教和闭关政策之外,中国的宗教文化在历史上多数时期还是宽容和开放的。唯其如此,外来文化元素在由多元文化构成的中华文明中始终扮演着重要角色。

中西交流的第四种途径是与军事冲突和征服相伴随的文化碰撞与渗透。成吉思汗及其继承者的数次西征,彻底突破了地理上的障碍,东西方交往的道路前所未有的畅通了。除了给西方人带来恐惧与灾难的杀戮和掠夺之外,"在传播和开阔人们的思想及激发人的想象力方面,它的影响是非常巨大的。当时整个亚洲和西欧处于公开的频繁来往状态;所有的通道都出现了暂时的畅通无阻,在喀喇和林的宫廷可以见到各国的代表。"[1]与此同时,各国的商人也纷纷来到大都、杭州等中国的主要中心城市。公元13世纪中,正当蒙古大军挥戈西进之际,罗马教皇派教士柏朗嘉宾等三人携带教皇致蒙古大可汗的信前往蒙古都城喀喇和林,意在制止蒙古军队的杀戮行为,并劝说其皈依基督教。刚刚即位的贵由大汗回以《大汗贵由致因诺增爵四世书》答复。书中拒绝了教皇对蒙古大军杀戮生命的指责,批评了基督教坚持要人受洗入教的狭隘,并将教皇及各国王公俯首称臣、前来朝贡作为缔结和平的条件。有学者将此次政治交锋作为中西文化冲突的滥觞,因为在双方的信函中东西方文化的差异已经浮出水面——"诸如西方文化中一神教的狭隘性和排他性,西方文化所具有的传教特点,以及东方皇权的绝对权威性和兼容并蓄的泛神论的信仰,这些在明清之际中西文

---

[1] 韦尔斯:《世界史纲》,北京燕山出版社,2004年版,第524页.

化交流史中暴露得十分充分的问题,在此已有最初的显现。"近代以来,西方各国更是有意识地通过军事占领、商业活动与传教向全球输出自己的观念与文化。自19世纪始,西方列强在东南亚站稳脚跟之后,开始向中国大陆渗透,除通过商品贸易敲开国门之外,他们也将武力征服的触角伸向中国大陆,为饱读诗书的士大夫们所不齿的"夷狄"文明终于凭借着从中国引进的罗盘和火药轰醒了闭关锁国的沉寂中土,近代中国这才不得不开始认真了解和接纳西方文化。鸦片战争之后西方列强通过要求中国开放通商口岸、在中国建教堂、开办教会学校和企业,直到建立租界,大举进入中国,开始了以武力为后盾的经济掠夺和文化输入。尽管遭到抵抗,拥有强大军事力量和先进科技支撑的强势的西方文明还是一步步地叩开了中国国门。

从早期的无奈到后期的自觉,中国知识界从与西方的对抗中真切地感到了国家面临的危机和民族的衰弱,开始在与西方入侵的抗争中寻求振兴民族的出路,于是形成了中西文化碰撞产生的第五条途径——中国的知识界主动走出国门,向西方寻求挽救国家危亡,乃至改造民族精神文化、实现民族复兴的药方与动力。痛定思痛的中国人对西方文明的了解与接受经历了又一个艰难的历程——从洋务运动"师夷长技以制夷"、"中体西用"等无可奈何的权宜之策到辛亥革命、五四新文化运动带来的对西方近代文明的全方位介绍与吸收,从对西方器物的服膺到对其社会体制与生活方式的膜拜,我们总算摆脱了闭关锁国的历史阴影,开始以一种开放的心态来主动学习和传播来自西方的民主观念与科学思想,甚至不惜效法其制度,模仿其文化。西学东渐成为新的时代潮流,由此带来了近代中国翻天覆地的文化变革。其中包括国家政治经济体制与生活方式全面向西方模式转型,全社会对现代化目标的确认,知识界对以西方近代文化变迁为蓝本的启蒙现代性和文化现代性的广泛认同。

辛亥革命推翻帝制之后,中国社会革命的先驱者们已经把西方化作为中国社会改造的当然出路了。孙中山提出的三民主义中虽然还有平均地权等中国传统价值观的痕迹,但从民主共和的制度设计到《建国大纲》中五权宪法等思想原则基本是参照由启蒙思想、民族国家意识、自由民主制度三位一体构成的近代西方政治文化。虽然在军阀割据的局面下难以真正实施,但中华民国制度框架仍然是以西方资本主义国家为蓝本的。而共产党领导的革命根据地的组织机构和政权建设模式则是依照列宁斯大林领导下的苏维埃国家的体制进行建构的。因此,从制度文化的层面看,无论现代中国的哪个党派或政治势力登上历史舞台,都将选择源于西方的政治体制来取代中国传统的君主专制的封建帝制。与此同时,他们也把借鉴西方的先进技术与思想文化成果作为迈向现代化的重要条件。之所以如此,是因为在人类建设现代文明的进程中,西方世界由于工业革命的推动,加速了经济的成长和社会文化的成熟,较早完成了从传统的农业社会到现代市场经济体制下的工业文明的转型,形成了较高的文化势能。因此在一段时间里,经济文化发展滞后的发展中国家往往把现代化与西方化等同起来,把西方近代以来走过的工业化道路作为典范加以模仿,处在文化颓势中的中国自然也不例外。由于日本入侵带来的民族生存危机中断了中国人在精神上的启蒙要求和对文化上重新选择的探索,救亡图存的迫切要求使他们对现代化的期待也变得渺茫了。然而第二次世界大战的同盟关系却无形中缩短了中国人与西方世界的心理距离。在国民党政府所参照的国家资本主义政治体制在中国大陆失败之后,马克思主义在中国的广泛传播及其中国化,促使近代以来的中西文化交往由碰撞和冲突逐步走向交汇与融合,带来了中国文化的深刻变革。

　　新中国成立后那种对文化更新和现代化的向往曾经一度集中体现为苏联化。当时的苏联是社会主义阵营的盟主,又有较高的工业化水平。为了早日实现现代化,我们从制度文化、意识形态到生活方式都努力向"苏联老大哥"学习,包括政治体制、教育体制、工业体制、大型集体农庄、俄式的拖拉机、康拜因(联合收割机),甚至俄式建筑风格、俄罗斯爱情歌曲、跳集体舞、穿布拉吉(连衣裙)……总之,一切都仿佛

在狂欢节般的气氛中全方位地改变着。中国本土固有的文化面貌仿佛在一夜之间消逝了,中国人似乎放弃了自己民族的文化立场。随着中苏之间的意识形态裂痕的扩大,两种文化间的差异却日益凸显出来。人们这才发现,那种表面的生活方式的改变并不能从根本上让我们摆脱民族文化传统所赋予的价值观念与思维惯性。尽管从我们今天的社会形态、物质装备和生产生活方式上已经很难再找到20世纪之前传统中国的痕迹,我们的生活态度和思想方法却依然是中国化的。这是一种讲求实际的,有着强大的凝聚力和强烈的民族主体意识的文化精神,她几千年来从未被外来文化同化过。在60年代去苏联化的痛苦历程中,中国人痛切地意识到,无论是资本主义式的还是苏联式的西方化都是行不通的,中国需要的是一条独立自主的现代化发展道路。"文化大革命"是中国人改造自己文化的又一次尝试。它以急风暴雨式的阶级斗争对苏联修正主义和中国传统文化同时发起攻击,其否定和摧毁的力量堪称是彻底而无保留的"无产阶级战斗精神",但它却没能实现先哲所期待的"创造这中国历史上未曾有过的第三样时代",相反却用残酷打击和无情斗争唤醒了中国人国民性中的劣根性,那便是鲁迅所针砭的充满盲目奴性的"暴君的臣民"和"戏剧的看客"。因此,经过这场史无前例的革命洗礼的中国人心理上仍然不难发现诸多沉渣泛起的传统陋习的阴影,其中包括官本位的集权意识、愚忠媚上的君臣意识,以及缺少自我批判与反省但求精神胜利的自卑与自大等。而这场革命对中华文明的最大伤害便是它使多数中国人失去了精神支柱,对坚持人生理想和道德操守的人文信念产生了迷惑和动摇。

20世纪80年代摆脱"文化大革命"阴影的中国人对现代化的期盼再次与西方化联系到一起。知识界的精英们盼望通过重新举起启蒙的旗帜,在迈向现代化的同时,实现自由平等民主等西方式的自由主义理想。然而,当他们走出开放的国门之后忽然发现,那些曾经让他们魂牵梦绕的理想在它的发源地正在受到质疑和挑战,过去曾被他们奉为普世价值的西方中心主义的文化价值观已经遭到西方学人自己的质疑和否定。不仅现代化不再是西方国家的专利,甚至现代化的目标本身,乃至作为其支点的以启蒙理想为基础的现代性价值观,也正在显现出种种缺陷和弊端,因而受到后现代性、后工业社会、后殖民主义等种种理论的解构与追问,遭遇到前所未有的挫败。相反,不同民族和地域的富有魅力的本土文化正在受到越来越多的关注。中国的文化人再次感到了无所适从的悲哀。如果说,在过去数千年的中西交往中,中国文化是在维系传统中充满自信地吸纳着来自异域的珍奇和养分,那么,近一百多年来,我们已习惯于文化上的自我否定,已习惯于向西方去寻求答案,甚至丧失了支撑自己思考和表述自己思想的独立知识话语,可以说,在近一个多世纪的中西文明碰撞中,我们的文化选择主要是单向地学习与吸收。此刻,我们不得不开始回头审视一个多世纪以来走过的路,试图调整对自己本位文化的立场,重新认识中国传统文化的价值,进而对中华文明自洋务运动以来的文化选择作出反思。然而可悲的是,这种审视与质疑的动力和理论支点仍然来自西方。而其结论也往往是简单化的——要么全盘否定20世纪中国的文化选择,要么竭力将传统中国古老的文化遗产演义为当下的流行时尚。我们不禁要问:中国文化真的失去自我复苏的能力了吗?

全球文明的交流与冲突古已有之,其间中国的文化传统并不封闭,相反她具有极大的包容性,今天的中华文化正是在广泛吸纳不同民族不同文明的文化资源之基础上合成的。我们今天所看到的传统文化其实是传承与吸收并举的产物,其中不仅有发源于中华本土的多元民族文化的融合,也不乏来自异域的文明元素的滋养。在几千年的中外文明交往史上,中国文化的向内汲取多于向外的扩张。早有学者指出,实用理性是中国传统思维的基础。也许正因为此,它能够不断将来自异域的有实际效用的文明果实融入自己的文化传统。不仅如此,它还善于转化,能够在强势外来文化资源的冲击下,在大量融汇外来文明基因的同时,始终不失本土文明的主导价值和鲜明个性。近代以来在中外文化的交流中,中国对外来文化的接受远多于对传统的继承或

自主创新。尤其自洋务运动以来的一百多年里,从器物、制度到精神文化,向经济发达的西方学习乃至追随、模仿已成为惯性。在不断地自我反省和自我改造中,中国人的生活方式与社会面貌都发生了革命性的变化,我们的文化正在失去固有的个性和创新的动力,而这一切都是在建设现代化的名义下推进的。当这种"拿来"的现代性成为知识界所崇奉的普世价值之际,我们便只能在全球性的现代性危机面前束手无策,静候西方文明展现新的曙光了。这一方面证明了在全球化的浪潮中古老的中华文化已经充分呈现出开放的态势,也反映出在当代中西文明的对话中,中国人正在丧失自身的文化自信,"崇洋"已渗入国人的文化心理。事实上,相对于西方一般公众对中国的了解,今天中国普通民众对西方的关注和了解更主动更自觉更深入,尽管其中不乏误读和为我所需的利用。而潜藏在这种开放心态后面的是对本民族精神价值的迷失与困惑。

改革开放以来尽管经济蓬勃发展,国力蒸蒸日上,中国当前所面临的文化危机却是明眼人心知肚明的。除了上述的盲目崇洋心态,更深层的问题是公民道德境界的缺失。一方面,由于消费文化的迅速发展,整个社会的物欲急剧膨胀,营造了急功近利、唯利是图的社会氛围,社会良知与责任感的丧失成为普遍的趋势,造就了失去幻想、梦想、理想的一代乃至几代人。由于"文化大革命"摧毁了几乎所有的偶像,也打碎了全部现存的文化秩序,当下的中国文化已沦落为缺少仪式和规范支撑的"草根文化",这样的文化尽管也有它自身的特色和价值,但却失去了精神的厚重和终极关怀。与之相适应的则是一个在精神上不再有操守和敬畏的民族——多数人不再追问价值,不再执著于信念,而只是围绕着利益而忙碌。这或许才是我们的文化迫切需要正视和解决的根本性危机。随着国力的增强,经济的富裕,国家在国际事务中的话语权增大,在部分国民中开始滋生出大国心态,民族主义的盲目自大也开始出现,于是不少人开始关注中国人在国际舞台上说

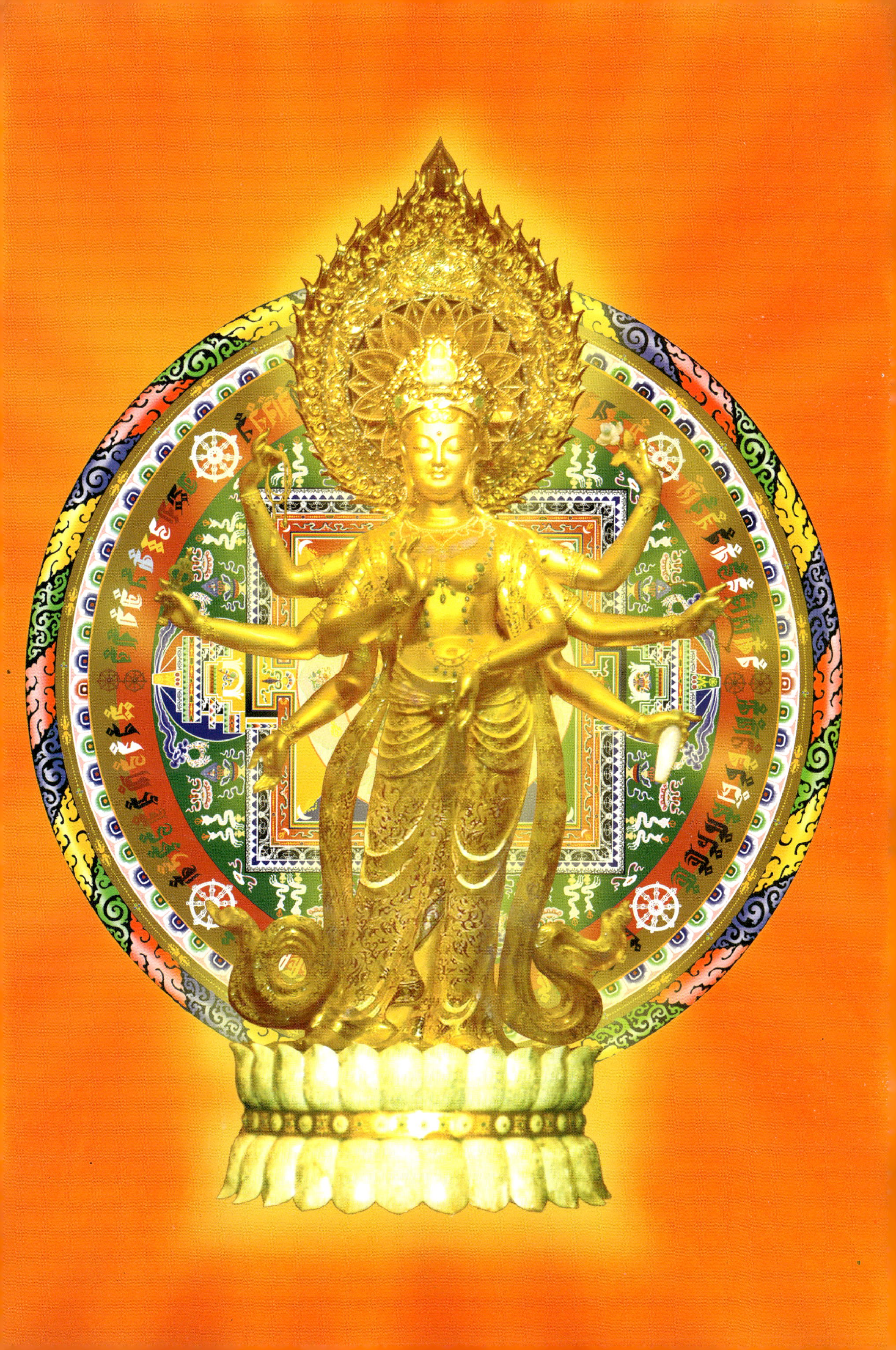

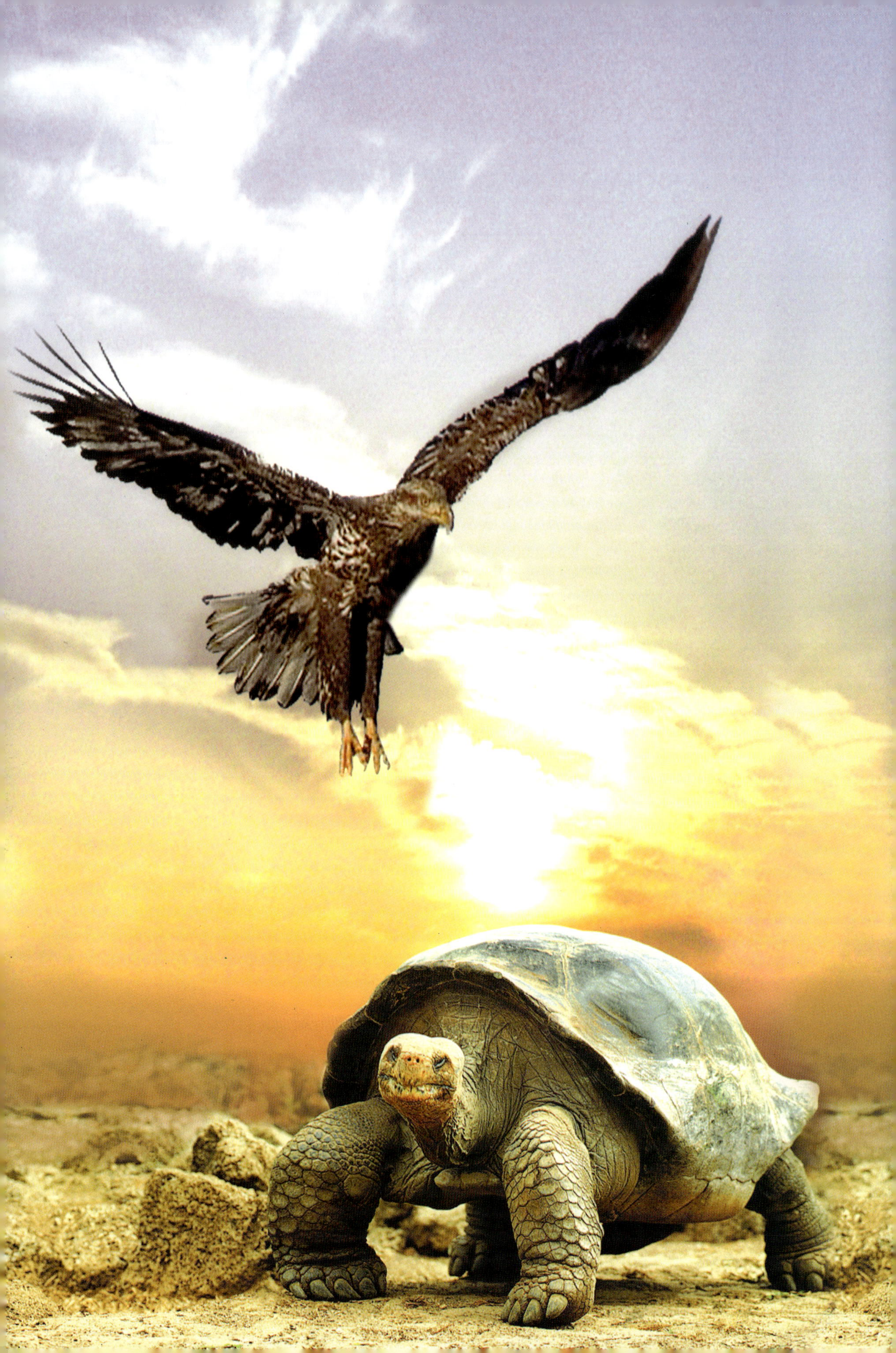

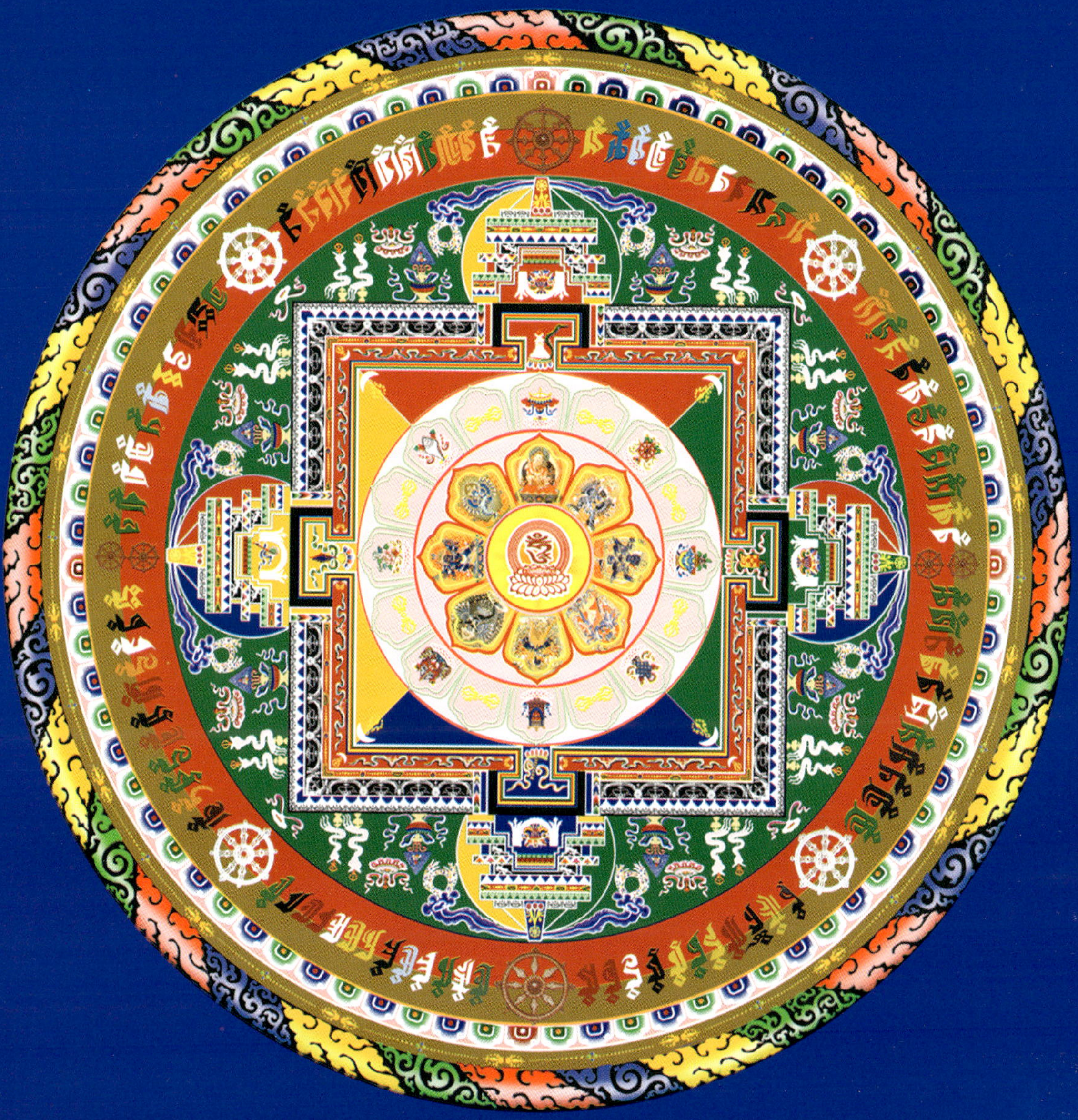

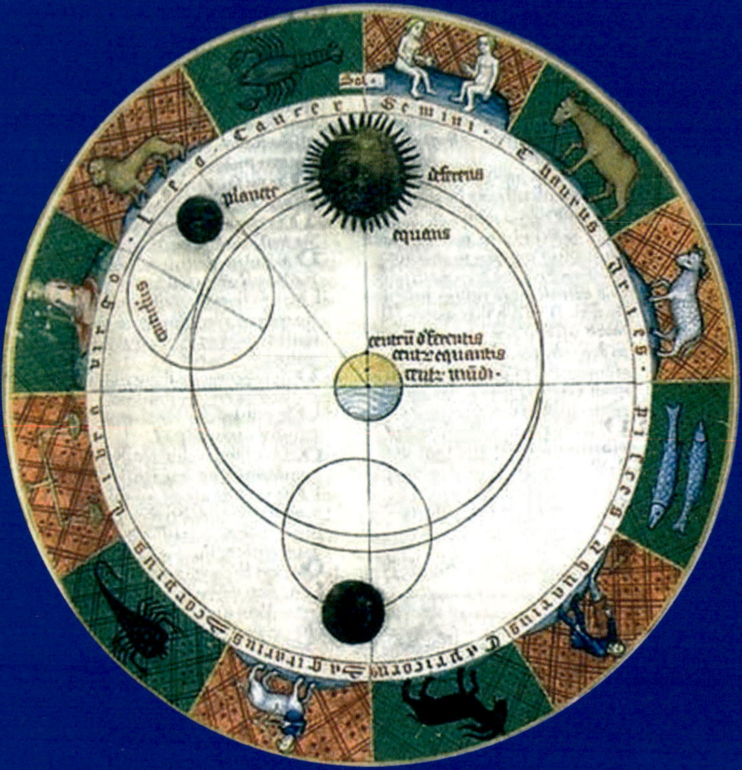

Cancer
Gemini
Taurus
Aries
Pisces
planete
deferens
equans

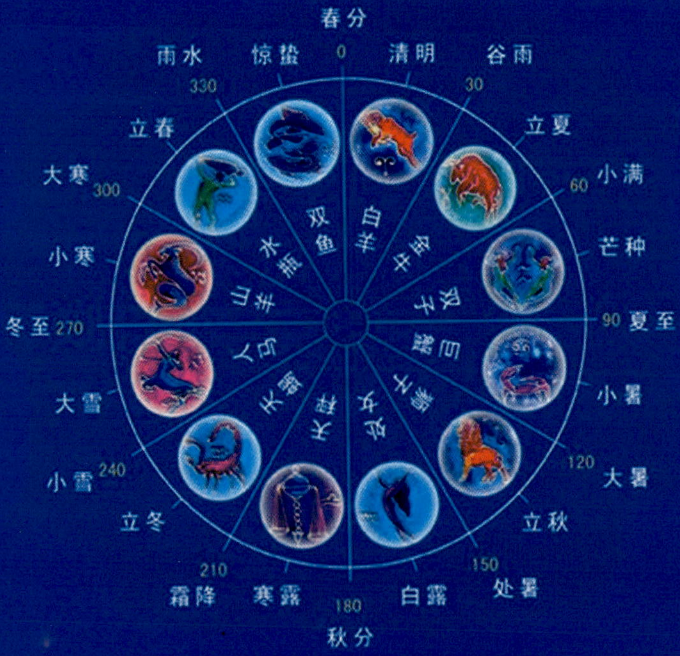

春分
0
雨水
惊蛰
清明
谷雨
330
30
立春
立夏
大寒
300
小满
60
芒种
小寒
冬至 270
90 夏至
大雪
小暑
小雪
240
120
大暑
立冬
立秋
210
霜降
寒露
180
白露
150
处暑
秋分
白羊
金牛
双子
巨蟹
狮子
室女
天秤
天蝎
人马
山羊
水瓶
双鱼

"不"的分量,也有人到西方去大肆挥霍,炫耀自己的财富。中国的知识界也有学者提出了"输出东方"的构想。可是究竟输出什么?是老祖宗留下的遗产吗?是对西方人充满异域魅力却早已在本土失去影响力的古老传统吗?还是近百年来我们学习西方取得的成绩单?如果我们输出的只是那些激起少数人新奇感的东西,既不能提供新的知识,又不能推动人类文明的进步,那我们换回的或许并非其他文明的尊重,而不过是少数人的利用或猎奇而已。所有这些都不能不令我们对今日中国的文化生态感到焦虑,都要求我们不遗余力地去探寻让辉煌不再的古老文明焕发新的生机与活力的出路。

毋庸讳言,当今世界全球化已成为不可阻挡的潮流。然而除了经济一体化的趋势之外,对于一个发展中国家而言,全球化对于民族文化意味着什么却是有待思考的命题。如果说过去全球化曾意味着在西方强大的经济势能的主导下,以西方的价值观和生活方式统一全球文明的所谓现代化,那么在经济多极增长,全球文明已开始多元对话的今天,文化的全球化则应意味着更多的文明取得话语权,不同文明的生活方式得到理解和尊重,不同文明的文化创造得到共享。东西方文明漫长的发展嬗变中经历的一次次交流与冲撞无不给人以这样的启示——从隔绝到沟通,从冲突到交融,每一株人类文明之树的成熟与壮大都离不开全人类文化土壤的滋养,每一种文化结出的果实都会对人类共同文化的建设发挥不可或缺的作用。开放吸收方能发展,保守封闭必致衰亡,这正是世界各国文化进步的历史总结,也是痛定思痛的历史反省给我们的最宝贵的启迪。在我们看来,在全球化语境下,确立文化多元共生的原则,保持以民族性、地域性和多样性为基础的人类文化生态,是实现东西民族之间健康的文化交流和融合的前提。不同文化间的差异不仅体现出人类文明形态的丰富性,也是激发新的文化创造力的源泉。通过不同文化成果间的交流达到的互识、互证、互补,既能展现出人类文化多姿多彩的魅力,又能推动各民族文化的自

我改造与更新。

越是在全球化的趋势下,一个民族越应当确立自己的文化定位与认同,否则将面临被消融的危险。这种文化认同的基础便是在全球文化交流日趋频繁、生活方式逐渐趋同的今天,自觉地保持自己独特的文化个性。它标志着特定文化对人类文明的贡献,也是对自身作为人类文明一分子的文化生存权的肯定。历史的经验告诉我们,一个民族即使暂时被侵略者征服,被外族统治,只要保持住自己的文化,它将不会灭亡。倘若它丧失了自己的文化传统,则将不复存在。当然我们并非要坚持"天不变,道亦不变"地死守传统,拒绝从传统文化向现代文化的转型。任何一种文化,无论具有何等深厚的历史基础,如果长期凝固、停滞并拒绝创新,势必要落后于时代的发展,甚至可能被淘汰。因为传统从来都没有固定不变的疆界,没有哪个民族的传统不是随时而进、不断发展和丰富的。因此,我们如果不从传统本位的阴影中走出来,敢于否定和抛弃传统文化中落后于时代要求的因素,哪怕是一些曾被视为神圣不可侵犯的东西,我们就无法使自己的文化不断获得新的生命。应当承认,全球化在带来传统文化的危机的同时,也带来了促进民族文化转型的机遇。历史告诉人们,每一个新的前进步骤,都会构成对以往神圣事物的亵渎,都是对一种陈旧衰颓但为习惯所尊奉的秩序的反叛。敢于承认中国传统文化已经落后于时代发展的需要,并根据这种需要去吸收外来文化的积极因素,对传统文化进行改造与更新,是充满民族文化自信心的表现,也是对中华文明前途勇于负责的表现。我们大可不必将现代文化建设中所面临的强势文化的冲击和挑战都归结为文化殖民者的渗透与挑衅,只有自觉而有选择地从先进文化中汲取营养,才能确保我们这古老的文明不断获得与时俱进的动力。

因此今天中国知识界的文化立场,应当是在坚持主动地吸收人类文明精华的同时,重塑民族的文化自信。我们要彻底摆脱100多年来中国人在文化上自惭形秽的自卑感,也要摆脱长期在西方与传统两极之间徘徊的价值定位,而应当致力于创造符合当今时代特征的无愧于前人也无愧于世界的新文化。我们今天的社会发展目标仍然是现代化,但它绝非西方现代化模本的翻版,当然也不能停留于对民族传统文化的重新发现与阐释上。这样的文明创造应当既是当代的,又是中华民族的,相信她也将成为全球文明的共同财富。

20世纪最后的30年,人类学术终于跨越了许多鸿沟,开始走向整合的研究。一系列的新学科开始出现,而这些学科差不多都具有一定的跨学科性质,比如跨文化交际的研究、跨文明交往的研究等等。西方学术界的一些大师级人物开始得到世界学术界的认可,比如汤因比等等。美国学者萨缪尔·亨廷顿的《文明的冲突》一文更是一石激起千层浪,刺激了国际学术界对跨文明交往的学术研究。中国学术界也赶上了这一浪潮,但中国学术界的准备不是太足,原因是中国学术界在建国之后一直到"文革"结束都处于禁锢状态,接触到外面的世界比较少。可喜的是,学术禁锢解除之后,中国学术在某种可贵的学术自尊驱动下,一面追赶,一面在补课的同时寻找自己擅长的学术空间,所以中国比较文学界从原来所接受的法国学派、美国学派以及苏联学派一下子要组成一支中国学派。中国学派似乎经过近三十年的努力已经有了一些影子。当然,一些人对中国学派的学术努力不是十分赞同,认为中国学术在当前普遍存在一种浮躁,浮躁状态下的学术研究一定是有水分的。一些国际学者从学术的普适性特征出发,也不太赞同有所谓的中国学派。但中国学者也有值得人们称道的地方,一些肯为人类学术付出努力的学者也并不浮躁,他们在认真地探索学术的前沿,探讨人类当前所面对的困境,也对西方学术界研讨的问题做出了一定程度的回应。

多年来中国学术界诚恳地放下架子向世界学术界学习,学习得十分刻苦和认真,同时也及时地发现了学习过程中发生的一些问题,即学术失语症的问题。一些具有相当中国学术训练的学者企图从中国固有的学术传统中发掘出有价值的东西,他们从两千五百年前的孔子那

里找到了"和而不同"的跨文化、跨文明交往原则,并对其进行了阐释,的确补救了世界学术界的某种缺憾,这是值得肯定的。同时中国学术界真正担起了对世界文化进行跨文化和跨文明研究的责任,因为中西文明是真正属于不同类型的文明。东方和西方虽然也有相同的地方,但差异毕竟是巨大的。而西方学者虽然特别愿意进行思维的跨文化和跨文明的研究,但他们的学术毕竟是从属于单一文化或者文明类型的,所以他们的研究在某种程度上说,是某种心有余而力不足的研究。随着对西方学术界的进一步了解,中国学术界也觉得西方人能够创造出来的新东西也的确不是太多,西方人已经研究出来的东西差不多都已经引进过来了,而更新的东西他们还没有创造出来。中国学术越进步,中国学术就越能够同西方学术站在同一个平台上说话。而且,中国有上下五千年的学术积累,这也是一个绝对的优势。另外,中国的学术传统在某种程度上的确有优越于西方学术传统的地方,中国的学术传统比西方人的学术更注重开发人性中的德性成分,更注重经世致用,能够比较好地避免学术作恶的事件发生,这些要能够开发出来肯定是对世界学术的一大贡献。

当然我们不能由学术自尊发展到学术自大和自傲,我们的学术是面对整个人类的。儒家经典《大学》里面讲的"大学之道,在明明德,在亲民,在止于至善"就是对整个人类讲的,只有"止于至善"的学术才是最好的学术。所以中国学派有也罢,无也罢,都必须能够承担这种责任。人类喜欢进行跨民族、跨文化、跨语言、跨国界、跨时间、跨空间、跨学科、跨文明对话,而且这种对话与交往是一直都存在着的,从远古的时代就存在,存在了几千年,到现在可以说是愈演愈烈了。当然跨民族、跨文化、跨语言、跨国界、跨时间、跨空间、跨学科、跨文明交往与对话的方式大有不同,有时候是愉快的,有时候是不愉快的。愉快的时候,大家互相尊敬,互相爱护,生怕对方吃亏,大规模地邀约外来宾客,而且礼尚往来,互通有无,共享天下太平。比如中国汉唐时代,中国与西方共同通过绵延万里的丝绸之路进行涉及物质文明和精神文明以及风俗制度文明各个方面的跨民族、跨文化、跨语言、跨国界、跨时间、跨空间、跨学科、跨文明的交往与对话,结果不仅中国能够进入人类文明史上最辉煌、最灿烂的繁盛时期,而古罗马帝国也国祚绵延,东西罗马帝国分裂之后的东罗马帝国还依靠来自东方的力量绵延数百年,真可谓是人类文明史上的奇迹。明帝国时期由于海上丝绸之路的开辟,尤其是西方人环球航行得以实现之后,中国与西方突然又进入了另一个空前的共同通过绵延万里的海上丝绸之路进行涉及物质文明和精神文明以及风俗制度文明各个方面的跨民族、跨文化、跨语言、跨国界、跨时间、跨空间、跨学科、跨文明的交往与对话时期,如果没有西方人将从美洲殖民地掠夺来的黄金白银运到中国来换取茶叶、瓷器和丝绸,中国也不会出现康乾盛世的繁荣。相反,如果没有西方人对中华风俗制度文明的接受和借鉴,也就没有欧洲18世纪后半叶的启蒙运动的发生,欧洲的民主、科学和博爱的精神也就建立不起来,也就不能推动整体人类文明的向前发展。可惜的是,这样的有利于整体人类向前发展的涉及物质文明和精神文明以及风俗制度文明各个方面的跨民族、跨文化、跨语言、跨国界、跨时间、跨空间、跨学科、跨文明的交往与对话,有时会变得很不愉快。当不愉快发生的时候,人类跨文明交往过程中消极的一面就出现了,当消极的一面迅速扩大的时候,破坏性的场面就出现了,如果交往的双方中的某一方再被第三方击垮或者自己垮掉了,那后果就不堪设想了。比如中国的汉唐王朝在繁盛几百年之后的自己的垮掉,比如繁盛了几百年的西罗马帝国被野蛮的日耳曼人灭亡,又比如绵延千载的丝绸之路被土耳其人建立的帝国隔断。再比如18世纪后期,西方人突然对中华帝国打起了万恶的倾销鸦片的主意,而在鸦片被林则徐查禁之后,又悍然发动保护鸦片利益的战争,战争之后又连哄带骗地迫使腐败无能的清政府签订一系列不平等条约,更是将一个极度繁荣富强的中华帝国弄得民生凋敝、战火连绵,结果到头来西方人自己也没有得到多少好处。而且他们自己也互相残杀,互相破坏,不到半个世纪,打了两次世界大战,死了几千万人,差一点

将整个现代文明给毁掉。想起来觉得这真的不可思议！

  历史证明涉及物质文明和精神文明以及风俗制度文明各个方面的跨民族、跨文化、跨语言、跨国界、跨时间、跨空间、跨学科、跨文明的交往与对话是免不了的。当然有的人在这种交往过程中吃了亏，有时候可能还吃了大亏，尤其当不愉快的交往发生的时候，所以这些吃了亏的人总想回避这种交往，所谓"惹不起躲得起"。当然，偶尔躲一躲也是可以的，但时间长了，就不是办法。有的人躲也来不及，就干脆学鸵鸟，将头埋在地下，屁股挨了打也不去管它。先前的一些人曾经谴责中国人长期的闭关锁国，还有一种说法，说中国人只会关起门来自己打自己，应该说这些谴责还是有一些道理的，但中国的闭关锁国在某些时段上其实是一种万不得已，比如对匈奴人、对鞑靼人、对日本人就曾经采取过闭关锁国的外交政策，但中国与这些民族也曾经好过，汉朝曾经与匈奴联姻，日本人也派过遣唐使，中国人与鞑靼人也曾经合作过，但无论穷的鞑靼或者富的倭寇总是要来烧杀掠夺，其实偶尔施舍一些财物给他们也无所谓，可是他们却贪得无厌，所以最后只好关门防盗，当然强盗闯进家园里来了，只好消灭它。这正如一首歌所唱："朋友来了有好酒，可是那豺狼来了迎接它的有猎枪。"中国人很会待客，但也很会对敌，中国人不怕交朋友，也不怕同敌人打仗，打大仗，打恶仗。新中国建立之后，中国也曾经较长时间地闭关锁国，刚开始跟苏联还不错，但后来跟苏联也不好了，闭关锁国的新中国当然吃了亏，但我们今天来看，当年的闭关锁国也有一些积极的意义，至少我们今天可以说新中国的前三十年给了中国成为一个军事强国的机会。当然经济不繁荣是事实，但经济的不繁荣不能全怪闭关锁国，这跟阶级斗争等政治运动以及"大锅饭"公社式的运作模式带来的生产力不解放有关系。50年代前期的丰衣足食证明闭关锁国不是经济不繁荣的主要原因。我们再看鸦片战争之后，中国已经不再闭关锁国了，可是中国的经济还是不能得到繁荣，原因不在于开不开放，而在于开放的成果被谁占有了。鸦片战争之后的中国经济建设的成果完全用于历次战争赔款,而且还不够,所以民生要凋敝。而且由于有巨额战争赔款使得中国没办法发展民族工业,结果原有的手工业也被迫破产了,所以中国很落后。

改革开放以来的中国与世界各民族各国家各地区进行了涉及物质文明和精神文明以及风俗制度文明各个方面的跨民族、跨文化、跨语言、跨国界、跨时间、跨空间、跨学科、跨文明的交往与对话,这气魄是很大的,其成效也是十分显著的,尤其是近几年中国的经济建设取得了骄人的成就,引起了全世界的关注。中国现在没有战争赔款,我们自己享受着自己的改革开放的成果,而且也让全世界的民族和国家都分得了一杯羹。中国大量地引进国外的先进技术和装备以及管理模式,中国成了"世界工厂",中国的廉价劳动力发挥了最好的效用,所以崛起以后的中国能够拉动整个世界的经济繁荣,这是了不得的。然而,当下中国的繁盛背后也蕴藏着巨大的危机,而这种危机如果任其发展就会转变成一种灾难,而这种灾难会使整个人类受损。中国的改革开放在今天由于见到了成果,所以令大家欢欣鼓舞。然而,平心而论,中国的改革开放是在一种毫无准备的背景下进行的,所以中国的发展没有能够吸取欧美发达国家的经验教训,尤其是以环境污染和能源浪费为代价的经济繁荣模式将对中国留下灾难性后果。90年代以后,中国全面引进以消费促发展的美国式的经济繁荣理念,将构建节约型社会的传统理念彻底颠覆,结果造成了资源、能源的严重浪费,中国将成为美国那样的能源消费大国(美国每年消费原油7亿吨),而中国在环境污染方面将比欧美国家严重许多倍。在生活理念上,我们正在向美国人靠拢,这将是另一场灾难。美国人人人有车,而中国如果也人人有车,那就是一种灾难,城市交通问题已经在中国的大中城市出现。当然,中国当前还面临着另一个深刻的问题,那就是就业的巨大压力,由于现代化设备的引进,同时高科技在中国的普遍运用,使得中国的企业突然不太需要大量的人才,所以大学生就业就成了问题。

我们在此强调与世界各民族各国家各地区进行涉及物质文明和精神文明以及风俗制度文明各个方面的跨民族、跨文化、跨语言、跨国界、跨时间、跨空间、跨学科、跨文明的交往与对话中的文化自觉，原因是中国曾经有绵延数千年的社会运作方式，那就是节约型的高效率的健康的社会运作模式。我们现在的所有风险都表现在对这种文化自觉的抛弃，当然我们的口号是有的，比如节约、高效、健康等等，然而落到实处还是全面的繁荣、全面的浪费、全面的污染。发生在我们身边的是某某买了几百平米的豪宅，某某买了私家车，某某做了什么惊天动地的事业，我们已经进入了一个全面享受、全面浪费、全面污染的时代。本来中国传统的价值观念虽然也有所谓的富贵观念，所谓"花开富贵，五世其昌"，然而中国文化是更重视精神文明的，中国人讲究"文采风流"，不喜欢"穷兵黩武"，也不喜欢暴发户，所以有人说："唐代没有给我们留下黄金，但给我们留下了唐诗。"这是对精神文明的尊重，可是我们现在却是用金钱和物质财富作为衡量人生价值的唯一标准，这就失去了我们这种可贵的文化自觉。我们应该全面恢复这种文化自觉。晚年的费孝通曾经大力提倡文化自觉，他把文化自觉说成是一种自知之明，他说："'文化自觉'指生活在一定文化中的人对其文化有'自知之明'，明白它的来历、形成过程、所具的特色和它发展的趋向，不带任何'文化回归'的意思。不是要'复旧'，同时也不是主张'全盘西化'或'全盘他化'。自知之明是为了加强对文化转型的自主能力，取得决定适应新环境、新时代对文化选择的自主地位。"费孝通先生是受过五四新文化熏陶的，他大约害怕别人说他要开历史倒车，所以他在阐述文化自觉这一重要概念的时候显得十分含混和模糊，也许还有些心照不宣，其实一定程度上的文化回归有什么不好呢？一百多年来，我们对西方文化差不多是照单全收的，现在我们是到了应该检视西方文化的利弊的时候了，好的当然要留下，不好的当然应该舍弃，比如西方文化过于偏重物质文明的做法就应该得到纠正，当下的中国无形中受到这种思想的牵引，已经潜藏着很多问题，西方文化强调个性和自主创新这个方面的东西应该保留，当然这方面本身没有与中国文化相冲突，中国文化其实也强调个性，但个性之外还有责任，这也是中国文化中比较可贵的东西。

强调文化自觉中应该有一定程度的文化回归，是因为我们有了这样的回归就会养成一种特别审视他文化、他文明的眼光，在与他文化、他文明进行交往和对话的时候就可以避免盲从，会自动拒绝他文化、他文明非优秀面的牵引，因而保持自己文化的一定的主体性。中国文化中比较强调气节和人格，而且气节和人格就是中国文化的主体性的核心内容之一，古代有苏武牧羊的美谈，现代有朱自清拒领美国救济粮的个案，这些东西都应该得到全面的恢复。当下一些贪官卷巨款外逃他国而且能够得到他国的保护，这说明了文化自觉的重要性。文化自觉以及文化回归当然不是盲目排外，跨文明的交往和对话肯定存在视界融合和文化互动的问题，文化自觉当然也包括文化的全球视野，跨文明的交往和对话其实应该是对全球文化资源的一种整合，当然这种整合是对所有文化积极面的整合，而不是对所有文化消极面的整合。英国学者罗素曾经谴责日本向西方文化学习，结果学得的是一些负面的东西，日本军国主义的勃兴曾经给整个人类带来了灾难性的影响，这与明治维新以后西方文化野蛮性这方面的牵引有极大的关系，日本人缺乏这种文化自觉，所以我们更应该对外来文化有审慎的态度。有的学者可能是出于好心，不愿意得罪西方人，不愿意指出西方文化中的消极一面，认为中西文化只是文化模式或者形式上的区别，他们搬出文化相对论，认为文化一律价值等同，这其实不是科学的严谨的负责任的态度。文化自觉就是要分清文化因素的优劣，只有分清了优劣才能用其所长，舍其所短，文化自觉的根本出发点是为人类造福，是维护世界和平，是赏善罚恶。

21世纪，全球经济一体化，人类正处于一个全新的信息时代、知识经济时代。然而，人的精神并未能与科技和经济同步提高，反而呈逐步下降之势，信仰崩溃、价值混乱成为全球普遍的社会问题。浮躁、厌倦、

麻木不仁、自我迷失，人与自然隔离等如瘟疫般流行；个人主义、拜金主义、纵欲主义、享乐主义泛滥，道德沦丧，人情冷漠，滋生出贪污腐败、营私舞弊、吸毒贩毒、拐骗扒窃、卖淫嫖娼等社会毒瘤，犯罪率直线上升，恐怖事件连续不断。在这种社会情形下，抑郁、神经衰弱、失眠、强迫症、癔病、精神分裂等心理疾病患者越来越多。

　　我们之所以产生心理疾病，是因为我们心中有太多的欲望。世间上的人，一天到晚关心的是什么？无非是五欲六尘，那就是怎样追名逐利，改善吃的、穿的、住的、用的，眼睛不停地追逐色相，耳根不停地追逐音乐，鼻子不停地追逐香味，舌头不停地追逐美味，身体不停地追逐妙触，整天胡思乱想。很少有人去考察生命的内在，只知道随欲望而忙碌。一旦欲望得不到满足，便会感到烦恼、自卑、痛苦；即使欲望暂时实现了，又生怕会失去或者又有了更大的欲望。因此，我们的身心在欲望的苦海中沉浮，头出头没，备受煎熬。执著于外境使我们迷失了自己。

　　正如《法华经》所言："众生没在其中，欢喜游戏，不觉不知，不惊不怖，亦不生厌，不求解脱。于此三界火宅，东西驰走，虽遭大苦，不以为患。"由于一味地执著于外境，结果迷失了自己，这就是《楞严经》上所说的："一切众生，从无始来，迷己为物，失于本心，为物所转。"因此现代人尽管生活在丰富多彩的物质环境中，依然感到空虚、失落、无聊、孤独，这都是因为迷失了自己的缘故。

　　在我们的人性中，贪、瞋、痴是危害我们心理健康的三种主要毒素，当它们发作时，就会带来杀、盗、淫、妄的行为。而这些行为不仅会纵容我们的烦恼，助长人性中邪恶的力量，伤害到我们的心灵健康，更会侵犯到他人的利益，由此造成无量无数无边的罪恶，饱受六道轮回之痛苦。

　　俗话说：心病还需心药医。佛就是无上大医王啊！要实现心灵宁静，身心健康，就要遵从诸佛菩萨祖师的教导，还要靠自己去实行。对于心理疾病，预防为先，戒律就具有防非止恶的功能，能调伏我们的身、口、意三业，使之舍染取净，没有持戒的基础，就得不到真实的利益。作为佛弟子的基本行为规范,正是着眼于现实人生的道德培育和心灵重塑。五戒是良医,受持五戒,帮助我们克服贪、瞋、痴的烦恼习气,要求我们制止不善的行为。如果多一个人学佛,多一个人受持五戒,世界就会多一份安宁,多一份和谐,多一份美好。正是在这个意义上,守好五戒,能消除我们心灵上的负担,能够使我们拥有一颗独立的心,能够使我们减少无谓的妄念,能够使我们干枯的心灵得到和风细雨般的滋润,能够使我们真正地实现心理健康。我们学佛,就是要通过三无漏学——戒、定、慧,提升生命,来显本具的佛性,证得无上正等正觉。

我们不应该太依赖自己的财富,也不该把所有的快乐建立在财富上,而该学着在任何情况下都能心满意足。

物质上的财富并不是问题,重要的是人对财富的态度以及处理的方式。《圣经》上说,骆驼穿针眼比富人进天堂的门还容易。《佛经》没有这种说法。相反的,有许多例子指出,有钱有势的人也可以是很好的修行者。而且,在释迦牟尼佛的时代,许多有钱人大力护持佛陀。一些有钱人,不管是男是女,都是护法者和很好的修行者,有些还是证得三果的阿罗汉。他们之所以没有达到四果,是因为没有出家,但他们对物质财富抱持着恰当的态度。

正确认识物质上的成功是很重要的。从佛教的观点来看,可以说世上的任何东西都属于你,而同时没有一件东西属于你。即使某些东西在常人看来属于你,但也应该知道那只是你的业果。你只不过暂时拥有这些东西,而且有义务要善加处理。从更广的层次而言,人们可以说整个地球都是众生所有,但不是要让我们拥有和滥用,而是要让我们照顾、尊敬并传给世世代代。

具有正确态度的有钱人,有利于护持佛法,他们善用自己的财产。释迦牟尼佛曾经住在几位富人家中,接受供养,包括国王的家,而他自己也是王室的一分子。

如果你有钱,而且接受财富属于众生的观念,也许会认为:"我要

把所有的钱送给身边的人或需要它的人。"但这么做并不是正确的方式，因为可能导致浪费。这种决定应该伴随着良好的判断，有智能的人知道如何善用自己的财产，其他人则不知道。具有智能和财富的人，有计划地处理财富，并遵循既定的原则。这也适用于寺院。虽然许多比丘、比丘尼可能住在寺院里，但住持并不觉得必须给他们提供一切。比丘、比丘尼进入寺院时，随身带来一些物质和技能，这些财产其实是每个人的业果。然而，住持不鼓励出家人随心所欲地使用或拥有任何东西，即使他们的财产是个人业力的结果，这些人可能不知道如何善加利用，反而造成浪费，必须要有智能的人，才能适当处理财富。

兼具智能和财富的人，不会随随便便处置财富。有钱人继续有钱也是件好事，佛教不主张共产。另一方面，佛教徒不会说："我所拥有的一切绝对属于我个人，我会运用各种手段来保护自己的财产。"佛教鼓励人们布施，帮助他人。在严格的资本主义社会中，人们尽可能累积财富，这种想法不符合佛法，而且很具毁灭性。

其他对于财富的态度可能也是有害的。比如，把财富当成个人安全的保障，或成功、成就与地位的象征，抱持这种态度的人会尽可能地积累财富。如果他们有一千元，就想要有一万元；如果有一万元，就想要有一百万元。他们会为自己及子孙后代积累财富，希望子孙不但能维持他们的财富，而且让财富增长。他们一直想以各种方式来增长财富，担心失去所拥有的。一个人心中有这么多关于财富的事，就很少有时间想其他事，尤其是修行。

再说，这种人有一种很深的观念，认为钱是很难赚的，因此不愿割舍一部分来帮助他人。对于任何事情抱持着积累的心态，是和修行南辕北辙的，另一种相反的态度，就是对财产不用心、不经心，那也是与修行相反的，那种态度是不负责任的。

佛经鼓励人们善用自己拥有的，但在一无所有时也能泰然自若。不应该太依赖自己的财富，也不该把所有的快乐建立在财富上，而该学着在任何情况下都能心满意足。

曾经有个关于著名的禅修者庞居士的故事。据说他非常富有,在开悟后把家里所有的金银财宝装到船上,丢到河里。他和家人一无所有,甚至连住的房子都没有,而是靠着贩制篮子为生。有人问:"你为什么不把金银财宝送给需要的人呢?"庞居士回答说:"我不要害任何人。如果给人财富,他们很可能造下许多恶业。相反的,如果你要他们修行,他们就会得到真正的财富。"这个故事很可能是虚构的,却有个很好的意旨:最好能清心寡欲,生活得简简单单、心满意足。

如果在物质上很富有,很可能就增加了责任的负担。累积和处理财富需要时间、精力,修行的时间也就更少了。然而,如果把自己视为财富的守护者,而财富其实属于众生,就可以修行得很好,那时会以无执著心、无得失心来使用财富。

不需要害怕拥有或累积财富,但也不该沉溺于财富所带来的欢乐,应该有节制地使用自己所有的,帮助那些需要的人。

也许你是一个大忙人,为着要获得更多的财富,你不得不劳碌奔波,苦心经营,风餐露宿,历尽艰辛。纵然你的财运亨通,财富是得到了,但你也已累得筋疲力尽,耗费了许多精神。

也许你希望自己做个饱学之士,所以你寒窗苦读,书海泛舟,夜以继日、如蜂采蜜般地不断汲取古今中外的各门知识。果然皇天不负有心人,你今天才高八斗、满腹文章,但你也付出了生命中最宝贵的光阴。

也许你对仕途特别感兴趣,为谋得一官半职,你不得不降志辱身,巴结权势、卑辞厚币、屈躬献媚,以博得上司欢喜,垂手提携,纵或凭自己的汗马功劳,屡建功勋,得以登上宝座,但须知位高任重,从此你便也失去了难得的清闲。

也许你喜欢争强斗胜,爱面子,事事不肯让人。为了博得声誉,你必须使出浑身解数,纵然你本领高强,成了天下第一,但也必结下不少江湖恩怨;虽然你名声响亮,然而大名之下,难以久居,从此你也失去

第十七章 缘起世间如梦如幻的生命流转弥漫在时光中的故事

了安宁。

也许你自诩为多情种子,到处拈花惹草、偷香窃玉,梦卧温柔乡,但须防色字头上一把刀,从来拔山盖世之英雄,坐此亡身丧国;绣口锦心之士,因兹败节堕名。纵然不致伤身害命,但一旦为情所困,无法摆脱,必也使你爱恨交加,痛苦难言。虽然你拥有了美色,但你将失去了终生的名节与自由。

所以看开些吧!

不要追求太多的财富,只要生活能得以温饱就行;无须为积攒多余的财富而操心,因此,可以有充沛的精神来享受生活中的快乐。反观世间黄金白玉,何足道哉!

不必成为饱学通家,只要粗知文字,能辨别善恶、是非、正邪就行,这样,我们就有更多时间来干实事,只要不怕吃苦,何愁实现不了自己的理想。

人在大的得意中常会遭遇小的失意,后者与前者比起来,可能微不足道,但是人们却往往会怨叹那小小的失,而不去想想既有的得。

大约有得必有失,有失必有得;所得既多,便是再增加,也不觉得欣喜,稍有所失,便惶惶恐恐;所失既多,就是再失,也不感到痛惜,稍有所获,便十分快乐。如此说来,得意何尝不是失意之由,失意又何尝不是得意之始呢?"人遗弓,人得之",应该是对得失最豁达的看法了。就我们个人而言,固然有得有失;就全人类而言,不是都一样吗?这仿佛云来云往,雨来雨往,这世上总有晴朗与阴雨的地方;又正如生生死死,死死生生,这世间的一切总是继往开来,生息不断的。所以得与失,到头来根本就一无所得,也一无所失啊!

天道无私,有一得必有一失,所以,莫说人生得失,何必计较太多,倘若不认为得失事关至大,又何必去认真计较,自误前程?

我们做事应该遵循的原则是:用心去成就一切,用智能去成就一切,而不要用金钱去堆砌一切,因为智能才是人类最宝贵的资源。

在《佛经》中记载:

一位善生长者得到了世间上最稀有的栴檀香木做的金色盒子,他立即向大众宣布:"我要将这稀有的宝贝赠送给世间上最贫穷的人。"许多贫穷的人都来向善生长者索讨这个金盒子,但是善生长者却说:"你不是世间上最贫穷的人。"大家认为他根本没有诚意要将这个金盒子送出去,因此要他说出世间上最穷的人是谁?善生长者于是昭告大众:"他不是别人,他就是我们的国王。"国王听说此事,心里很生气,派人把善生长者抓了起来,将他带到收藏珍宝的库房,那里金银财宝,多得不可胜数,但是善生长者还是认为国王是世间上最贫穷的人,因为国王虽然有钱,却不知道做福利人群的事情。

过去有一句俗语:"有钱能使鬼推磨。"说明了一般人对金钱的看法,其实一个人不论富有到什么程度,有时钱财不是万能的,佛经上说:"财物为五家所共有。"所谓的五家,就是指大火、大水、盗贼、贪官污吏及不肖子孙,这五者足以使我们的钱财销毁殆尽。更何况金钱也不是万能的,再多的金钱可以买得到奴隶,但是买不到人缘;再多的金钱可以买得到群众,但是买不到人心;再多的金钱可以买得到鱼肉,但是买不到食欲;再多的金钱可以买得到高楼大厦,但是买不到自在;再多的金钱可以买得到华衣美服,但是买不到气质;再多的金钱可以买得到股票,但是买不到心满意足;再多的金钱可以买得到床铺,但是买不到睡眠。最重要的是,再多的金钱买得到世间的物质,甚至书籍,但是买不到智能,因此智能才是人类最宝贵的资源。

像春秋战国时代,说客游走于燕、齐、韩、魏、秦、楚、赵各国之间,消弭了许多兵戎残杀,就是因为他们拥有智能的辩才;策士与君王一席话之后,往往位居极品,也是因为他们拥有智能的头脑;诸葛孔明虽然起于布衣,人力、物力、地利均不及曹操、孙权,但是因为他拥有智能的策略,所以能够与强权周旋偏安蜀中,最终能使蜀与魏、吴鼎足而立;所以历朝以来,帝王善于传世者,不但为太子物色智能超群的老师,而且将他们的地位提升在丞相之上;在各种兵法中,军事家都是运用智能,运筹于斗室之中,决胜于千里之外;现代民主宪政所谓的"内

第十七章 缘起世间如梦如幻的生命流转弥漫在时光中的故事

阁"制度,也是因为当初是在一个小房子里面决定国家的政策方针,所以有此名称。"内阁"看起来不大,但智能无边,甚至牵一发动全身,可以影响到国家的政经局势。

此外,人类文明之所以一日千里,不是金钱造就的,而是众人"智能"的结晶,像毕昇发明活字印刷术让知识的传递更进一步;瓦特发明蒸汽机带来了工业革命;莱特兄弟发明飞机缩短了世界的距离;阿姆斯特朗登陆月球更为宇宙的开发写下划时代的一页。

2600年前,佛教对智能的修行就极为重视,并且称最上乘的智能为"般若",一般的智能有善有恶,但是"般若智能"是纯善无染的。经典中说"般若智能"如目,能引导其他五度到达圆满的彼岸,又说"般若智能"是诸佛之母,因为十方诸佛皆由"般若智能"而诞生。像文殊菩萨之所以位于菩萨之首,而且是七佛之师,就是因为他长于"般若智能";舍利弗之所以成为佛陀的首座弟子,而且被任命为第一位沙弥罗罗的剃度师父,也是因为他拥有"般若智能";妙慧童女能受到诸大菩萨的礼敬,乃因为其"智能"超凡,能言人所未能言,道人所未能道;龙树之所以被尊为佛教八宗的共主,也是因为他"智能"过人,著书立说,破邪显正。

宗教导师们总认为人类的幸福,并不在于感官上的满足与热情,或者充分的物质享受,这个事实与人类经验互相吻合。即使我们拥有全世界的享乐,若无法取得心灵上的宁静,反而因天生的无知而产生焦虑和怨恨,仍然无法快乐。

衷心的幸福并不能以财富、权力、子女、名声或创造发明来衡量。无疑地,这些事物对短暂的生理舒适有所帮助,但无益最终的幸福。所以,不当的获取这些感官的快乐,反而会成为伤痛、欷歔和悲伤的来源。

炫目的灯光、悦耳的音乐、芬芳的香味、可口的菜肴和诱人的胴体皆误导欺瞒了我们,使我们成为俗世享乐的奴隶。无人会否认感官的喜悦是种短暂的幸福,很容易消逝。所以,人们必须了解感官喜悦易逝的道理。

假如快乐的先决条件是拥有物质享受,那么,财富与幸福就成为同义词了。这是事实吗?一位不表同意的诗人写道:

财富能带来幸福吗?

看看四周的人们是多么的沮丧,

这是多么壮阔的悲剧!

大量的金钱四处泛滥,

心灵因此被消灭。

然后,人们要求更多的财富。

财富无法熄灭欲望的渴求,假如我们一味地满足本身兽性的欲望,我们无法快乐。但是,显而易见的,世俗的感官享乐永无止境;因为,当我们得到想要的东西后,我们会要求其他的享受。当我们的欲望无法得到满足时,我们会变得不快乐。所以,感官上的愉悦并非是真正的快乐。真正的快乐来自于心灵的无拘无束,因此,快乐的源泉并非来自感官的,只有在心灵不被外界干扰的情况下,我们才能找到它。

信心、道德、慷慨、诚实和智慧是世间不朽的宝藏。相反,情感的依恋、怨恨和嫉妒降低了个人的品德;但是,善心和悲悯所带来的喜悦和无私的态度使个人变得神圣,甚至荣耀了生命本身。

人类保持内在宁静的方法,是内化其思维而非向外寻觅。我们应该注意不要掉入贪婪、怨恨和欺骗的陷阱中。学习着去开发和保存善心、爱意及和谐所带来的力量。恶与善之间的战场存在于我们的内心,我们必须求取最终的胜利。这场战争并不使用武器,而是运用心灵来了解存在于内心的消极面和积极面,这样的觉醒使我们在矛盾斗争中,开启了健全的思想之钥。

心灵是幸福和悲伤的根源。个人的心灵需要宁静和快乐,才能得到人世间的幸福。个人的幸福有助于福利社会的形成,一个福利国家也将顺势诞生,充满幸福的世界也就指日可待。

在生命的课题中,显而易见,斗争无法产生真正的胜利,矛盾也不

能得到成功。在令人不快的情绪中,我们无法得到幸福。平静不是来自财富的积累和俗世权势的拥有。只有在抛却了我们的自我,帮助这个世界回到爱的常态后,我们方能够得到平静。心灵的平静可以征服任何负面的力量,它也有助于我们的心灵,从而,使我们拥有幸福而满足的生活。

中国人造字,都是经一番心血而成就的。有的象形,有的指事,有的会意,有的形声,有的转注,有的假借。每一个字,都离不开这六种范围。例如"钱"字,是属于会意。钱是金二戈。有首偈颂曰:

"二戈争金杀气高,人人因它犯唠叨;

能会用者超三界,不会用者孽难逃。"

大意是这样:钱是用金属所铸成,有二把戈来争金,双方你争我夺,而酿成杀气高达云霄。人人因为金钱,惹出多少麻烦?会用钱的人,多作功德事,利人利己,便能超出三界,不受生死。不会用钱的人,用它来造恶业,便堕入三恶道,永不得解脱。要知道钱是害人的东西,不可贪求。

世上的人,拼命为子女赚钱,想尽方法为子女积钱。但他不知给儿孙留下钱,反而惹祸来。如果不给儿孙留钱,反而没有麻烦。所谓"有子强如父,留财做什么?有子不如父,留财做什么?"有子女比父亲有本领,留钱给他没有什么用处;有子女不如父亲有本领,钱给他,反教他游手好闲,不事生产,吃喝嫖赌,花天酒地度生活,秦楼楚馆混光阴,这岂不是害了子孙?奉劝有钱的人,多行功德事,济世救人,功德无量!

钱虽然是假的,可是人人为它所迷。不但人爱钱,就是鬼也爱钱。活人想尽办法,费尽心机来弄钱。鬼没有工作,不能赚钱,可是也有生财之道,令人替他烧纸钱。其实,鬼不需要钱。烧纸钱乃是一种迷信,浪费金钱,将真钱化成纸灰,这种思想真是愚不可及!

钱把世间的人,支配得颠颠倒倒,胡作非为,六亲不认,互相倾夺,乃至亲人变路人,甚至成仇人,多么可怕呀!

人人为钱,不知惹出多少麻烦来。可是会用钱的人,若多做些功德事,例如办学校、开医院等,对人群有利益,利人利己,便能超出三界,不受生死轮回之苦,而得到涅槃的真乐。

我们每个人都拥有很大的财富。这财富就是内心世界所给予的。内心领域的丰富与富足才是解决问题的根本。你富为本来,何期外求?

《佛经》指出,八苦之中"求不得苦"最苦,婴儿求哺不得大哭;童年求玩具不得大哭;青年求佳偶不得大苦;中年求升迁不得大苦;老年求健康不得大苦。求于一切不得,就生一切之苦。尽管修学了佛法,如果没有正知正见,没有搞清修学的目的,妄求神通,妄求保佑,得不到时亦痛苦,人生痛苦的根源,"求不得"占很大比例。

人生为什么要有那么多的求?只因不知足!俗话说是攀比心在作祟,看问题与自己时,采取横向就高的眼光,总拿自己的不足比人家的长足:论地位自己是科长,已经威望加身了,可心里盘算着处长的位置;论收入自己月入几千,小康有余了,可心里渴望着成为百万富翁;论家庭妻贤子孝,令许多人羡慕,可心里日见老婆人老珠黄。这就是不知足,还要不断地去求,挖空心思,甚至不择手段,求不得时,跌入深渊不能自拔;求得时又刺激更大的欲望,再拼命去求,这期间又要造下无边恶业。求的过程是煎熬的过程,小心翼翼、处心积虑、辗转反侧、患得患失。

对治"求不得苦"的方法就是"知足"。不要向外寻求欲望的满足,内心才是你的丰富宝藏,安于自心的知足,横向比时要就低去比,比比困难群体,比比弱势群体,比比电视中常常看到的难民;纵向比时,比比自己过去的苦,二十几年前,每家都不富裕,现在有彩电看,有车坐,有手机拿,以前中国被称为"自行车王国",现在骑自行车上班的人较过去不多了,取而代之的是各类公交车、出租车,人们不再在意花几元或是几十元乘车了。

我们每个人都拥有很大的财富,这财富就是内心世界所给予的,内心领域的丰富与富足才是解决问题的根本。我们修学佛法就是解决

意识形态里的缺损,解决心的基础问题,通过佛法的修学提升自己的心灵世界,安于贫困、安于逆境,以一颗随缘心看待自己的物质生活,困则磨炼想、富则报恩想、病时了业想、健时精进想、顺来不疾、逆来不迟、甜思甘将尽、苦思甘将来,总以平常心待之,总以知足而喜悦心待之,纵经千劫万难,一颗佛心如如不动,才是洒脱人生,才是幸福人生。

我亦凡夫,物质生活很是平常,但知足心常有,因为,你觉苦,总有比你更苦;你觉富,总有比你还富。知足时,你苦为本分,你富为本来。何期外求？

从前,有一位愚蠢又不通事理的人,口干渴极了,想要马上喝水,看见了由热气流升腾经阳光折射而成的幻影,以为是水,立即追上这片虚幻的水汽,一直到了印度河。到了水边,面对着河水却不喝。旁边的人对他说:"你如此干渴,追逐寻找水,现在到了河边,为何不痛饮？"愚人回答说:"如果能将水喝干,我就喝,可这河水滔滔不绝,不可能喝完,因此才不喝。"当时在周围的人听了这话,都大声地讥笑他。

这就好比其他学派,用巧取的诡辩来掩饰自身,不能用佛家的行为和道德来约束,因此不接受它,而使今后不能够觉悟,在生死轮回中承受苦难。这就同那位愚蠢的人,口渴找到了河水却又不喝,被人们讥笑的道理相同。

愚人的行为已经与初衷发生了背离,前者即开端,问题在于"口渴找水",后者即结果是"能不能把水喝完"。

由佛教的教义来看,世人尽管不是愚人,至少也是未"开智"之人,他们总是在"有我"之中绕圈子,永远也无法满足。要想彻底解脱,只有达到"无我"的境地,才能不再患得患失。一个人贫穷,就难免想有财富,有了财富又要名声、地位、长寿,永无休止,也永不安宁。口渴要喝水;有了水,还非要喝完不可。在纷扰的现实生活中,能够从中体察出一点有价值的思想,以防止永无止境的利欲之心,是完全有必要的。

人们在思想上,也能够意识到欲望的永不满足和贪婪给人生、社会带来的苦果,但往往在现实中却又难以节制自己,从而在泥潭中越陷越深。这里我们跳出佛教轮回的教义不谈，仅从一般做人的道理来看，人生还是洒脱一点儿好，"人到无求品自高"。

佛语有云：勇于追求是一种精神，勇于舍弃却是一种境界。的确，尘世中有太多的功名利禄，人浮于事，便有了太多的追求思慕。然而生命毕竟是一个稍纵即逝的旅程，揽住了明月，就挽不住清风。

为了追求大山的巍峨伟峻，就必然要舍弃小丘的玲珑俊秀；为了追求大江的波涛浩瀚，就必然要舍弃小溪的清流婉转；为了追求大漠的孤烟耸立，就必然要舍弃小园的豆苗稀疏。

果实舍弃了花朵的美丽，换来了秋实的丰硕；小草舍弃了温室的舒适，换来了生命的刚强；幽兰舍弃了婀娜的姿容，换来了清新的暗香；雄鹰舍弃了低空的浅飞，换来了高空的壮美；烟花舍弃了安静的闲逸，换来了五彩的神奇。

舍弃了花团锦簇的渲染，一抹衰兰数枝瘦竹才能勾勒出画的风韵；舍弃了八音齐奏的喧嚣，五尺桐木几缕清弦才能流淌出泉的天籁；舍弃了浓辞艳赋的堆砌，一藤一树一鸦才能点缀出秋的悲凉；舍弃了推杯换盏的更迭，一盏清茶半碗米粥才能烘托出人的情操。

学过茶道的人都知道，有一道工序叫做舍弃；超脱红尘的人都知道，有一种境界叫做舍弃；深谙人生的人都知道，有一种智慧叫舍弃。

舍弃了五斗米，陶渊明吟出"采菊东篱下，悠然见南山"的闲适；舍弃了官场名利，李白道出了"相看两不厌，唯有敬亭山"的清幽；舍弃了富贵生活，杜甫看到了"无边落木萧萧下，不见长江滚滚来"的悲怆；舍弃了浮世华美，王维悟到了"人闲桂花落，夜静春山空"的雅致。

舍弃不是失掉幸福，而是成就完美——经过淘洗的完美。人生不能追求绝对的完美，但我们可以追求经过舍弃的完美。就像背上包袱太多，我们需舍弃一些轻松上路一样。

人生本就是一条路，一条漫长且艰辛的路，途中会有鸟语花香，会有花红柳绿，但前进的脚步不能止住，因为我们追逐的是梦想，寻求的是明天，我们别无选择，只有舍弃那些看似美好的温柔陷阱，才能追求

那些遥远的人生梦幻。

生命亦如是,生命只是我们借来一用的资本,经营的项目由我们自己选择,但资本有限,这样我们就须舍弃一些非必需的项目,那么当生命归还时,我们可以仰望苍天自豪地吟啸:"我是最后的赢家!"纵然归还了资本,我们还有盈利,可供世人享用。

有一个聪明的年轻人,很想在一切方面都比他身边的人强,他尤其想成为一名大学问家。多年过去后,他各方面都有一些长进,但是离大学问家的距离还十分遥远。他很苦恼,就去向一位大师求教。

大师说:"我们登山吧,到山顶你可能就知道该如何做了。"

那山上有许多晶莹的小石头,煞是迷人。每见到他喜欢的石头,大师就让他装进袋子里背着。很快,他就吃不消了。

"大师,再背,别说到山顶了,恐怕连动也不能动了。"

"是呀,那该怎么办呢?"大师微微一笑。

"该放下。"年轻人说。

"那你为何不放下呢?背着石头怎么登山呢?"大师说。

是啊,晶莹的小石头也好,渊博的知识与学问也罢,乃至诱惑我们的种种欲望,往往都是人生路途上的障碍。如果处理不当,过于贪恋,必将妨碍人们真实、真正、富有诗意的生活。生活的目的并不在于获取过多的晶莹石头,渊博的知识与学问,乃至地位、财富、名气、权势、辉煌的事业,充其量不过是人生的点缀或装饰品,不过是一些可以向人炫耀的资本,或是个人的一点情趣,绝非生活的根本,也非生活的本意。

人生是"享受",是"领略",是"培养生机",假如为学问为事业而忘却生活,那种学问事业在人生中便失去意义与价值。

因此,知道放弃,舍得放弃,才能让自己在有限的生命里生活得充实、饱满、旺盛,才能真正体验到生命的美好。

告别过去,正是为了珍惜现在和开拓未来。当我们把所有的痛苦与悲伤埋进昨天,我们便真正拥有了一个崭新的今天。

也曾经历过失落的痛楚,但我们从不把悔恨的旧梦重拾。既然秋天的落叶早已消融在我们生活的大地,化做滋养生命之树常青的甘乳,又何必再去寻寻觅觅那份感伤的情怀?面对岁月之轮永不停歇的步履,沉浸往事只能倾斜心灵的天平,寻觅过去只能拾回尘封的梦幻。

作别西天缥缈的云彩,我们步入情深意浓的黄昏。纵使失去皎洁的圆月,我们尚且拥有满天闪烁的繁星。当我们还在温柔的梦乡中流连忘返,黎明已悄然来到身边。生活赐予我们的是许许多多实实在在的丰富意蕴,我们岂能被人生的风风雨雨和云遮雾绕迷蒙住双眼?告别过去,正是为了珍惜现在和开拓未来。当我们把所有的痛苦与悲伤埋进昨天,我们便真正拥有了一个崭新的今天。

人生本是由一连串的遗憾组成的。我们何必对生活中的遗憾耿耿于怀。

面临岁月之河,人生只有在向彼岸进取的征途中,才能焕发迷人的光彩。

佛告诉诸位菩萨及一切大众:"善男子们!你们要相信我的真谛诚实之语。"然后再说:"你们要相信我的真谛诚实之语。"后来又说道:"你们要相信我的真谛诚实之语。"

这时,以弥勒菩萨为首的菩萨们,都双手合掌,向佛说:"世尊啊,希望您说出来,我们一定会相信您的话。"就这样恳请了三次。然后又恳请:"希望您说出来,我们一定会相信您说的话。"

这时,世尊见到菩萨们三次请法仍不停止,才对他们说:"你们仔细听着,如来有很深的秘密神通之力。一切世间人、天人、阿修罗,都以为现在的释迦牟尼佛,从释迦族出家,在伽耶城附近,坐于道场,证得阿耨多罗三藐三菩提。然而,善男子啊!实际是,我从成佛以来,已经经历了无量无边百千万亿那由他数之劫。譬如五百千万亿那由他阿僧祇三千大千世界,假设有人把这些世界抹为微尘,向东过五百千万亿那由他阿僧祇数的国土,才扔一粒微尘,这样一直向东行,散完所有微尘。善男子们,你们的意思怎么样?这些世界,可以用思维计算,确定其

第十七章 缘起世间如梦如幻的生命流转弥漫在时光中的故事

数目吗？"

弥勒等菩萨都对佛说："世尊！这些世界，无量无边，不是算数所能测知，也不是一般人的心力所能达到的。一切声闻辟支佛，凭借无漏的智慧，也不能思维到其确切的数目。我们已住于阿惟越致（不退）地，对于计算这样的数目，能力也达不到。这样多的世界，真是无量无边。"

这时，佛对菩萨们说："善男子们啊！现在我明明白白地告诉你们。所有这些世界，无论放下微尘的或没有放下微尘的，都化为微尘，一粒微尘代表一劫。我成佛后到现在，还超过这百千万亿那由他阿僧祇劫。自从我成佛以来，直到在这娑婆世界，宣说佛法，教化众生，也在别的百千万亿那由他阿僧祇数的国土，教导众生。

"各位善男子！在我说法期间，我说燃灯佛是前世佛，又说他已入涅槃，像这些说法都是根据当时情况随机方便而说。各位善男子啊！如果有众生来到我这里，我用佛眼，观察他信、进、念、定、慧诸根利钝的情况，随其所应受度的最好的方法。各处自述名字不同，年纪大小各异，也说将要入涅槃。又用种种的机巧方便，讲说微妙的佛法，能让众生都能生出欢喜之心。各位善男子啊，如来见到众生们，喜欢小乘法，功德浅薄，烦恼垢重，就为他们说：'我是从年轻时出家，后来才得阿耨多罗三藐三菩提。'但实际情况是，从我成佛以来，已经经历了这样久远的时间，只不过以随机方便，教化众生，吸引他们进入佛道，才这样说的。各位善男子啊，如来佛我所演说的经典，都是为了度化众生，有时说自身，有时说他人；有时表现为自身，有时又表现他人；有时说自己的事，有时说他人的事。这些所有的说法，都是真实而没有虚妄的。这是什么原因呢？如来以如实智慧见到三界的实相，没有生死，就像从世上退出的死是不存在的，也没有住世或灭度。既非实有，也非虚无。既非诸法一体，也非诸法异体。不像三界众生那样见到三界，就认为实有三界，像这样的事，如来都能如实明见。不会有任何差错谬误。因为众生有种种的习性，种种的嗜欲，种种的业行，种种的忆想分别。要令众生生出善根，用若干的因缘譬喻言辞，就有各种不同的说法。我所作的佛事，从没有短暂的停歇。如前所说，从我成佛以来，其实已非常久远，寿命已无量阿僧祇劫，并会常住而无灭度。

"各位善男子啊！我原来修行菩萨道所成的寿命，至今犹未能尽，还数倍于以上所说的尘劫数。然而现在并非真的灭度，就说我要进入灭度。我是用这样的方便说法，用来教化众生。为什么这样呢？如果佛永久住世，福德浅薄的人，不种善根，穷困下贱，贪著于五欲享受，堕入于颠倒忆念妄想的疑网中，如果这些人见到如来常住世间而不灭度，就会骄傲恣意，对佛法怀厌怠之心，不能生出难遭、难逢的想法和对佛的恭敬之心。因为这个原因，如来就用机巧方便的说法说道，你们众比丘要知道，诸佛出世，很难遇到。为什么这样呢？福德浅薄的人，过无量百千万亿劫，有的见到佛，有的见不到佛。因为这件事的缘故，我才这样说，各位比丘，如来很难机缘见到。这些众生听到这样的话，就一定会生出佛法难遭、难逢的想法，对佛产生仰慕渴望的想法，这样就种下了善根。因此如来虽然没有灭度，却说要灭度。善男子啊，诸佛如来，都是这样说法，为了度化众生，都是诚实而不犯虚妄之罪的。譬如说，有一个良医，智慧聪颖畅达，通晓药性，善于遣方用药，能够治疗各种病症。这人有很多儿子，或十个、二十个乃至一百。因为有事要办，远离家乡，到了别的国家。这些儿子们在他走后，误服毒药，药性发作，昏愦狂乱，倒在地上挣扎扭动。这时，他们的父亲从远方回家。这些儿子们服毒后，有的失去本心，有的尚未失去本性，远远望见父亲，都非常欢喜，跪在地下叩拜问候，说：'您能平安归来真是太好了，我们愚笨痴迷，误服毒药，请您治疗，以救此疾困，再次赐给我们生命。'父亲见儿子们这样苦恼，就按经书上的药方，找好的药草，颜色鲜好，味道甘美，配置齐备，捣碎细筛，混合制成，给他的儿子们吃。并对他们这样说：'这是极好的良药，色美味香，一切好处都具足，你们可以服下去，赶紧去除苦恼，从此再没有疾患。'这些儿子们有心性未失的，见这良药颜色味道都好，立刻就服下，疾病马上就痊愈了。其余丧失心性的，见到父亲回

来,虽然也欢喜问候,求他治病,但是给他们的药,却不肯马上服用。这是为什么呢?是因为毒气太深,已迷失了原有的心智。见到这样颜色鲜好而又美味的良药,却说药不好。父亲就想:'这些孩子太可怜了,被毒气所伤,心智颠倒,虽然见到我也很欢喜,求我治疗却不肯吃下这样好的药物。现在我应当想一个办法,让他们吃下这药物。于是,父亲就这样说:'你们应该知道,现在我已经衰老了,死亡的时间不久就要到了。这些药物还留在这里,你们可以取去服用,不用忧虑这病不会痊愈。'这样教导了孩子们以后,就又到了别的国家,派遣使者,回家报信说:。你们的父亲已经死了。'这时,儿子们听说父亲亡故,心中十分悲痛,都这样想:'如果父亲还在,慈心怜悯我们,能施以救护。现在他已舍我们而去,亡故于远方的别国。从此我们孤苦在世,没有父亲可以依靠。'这样,儿子们常怀有悲痛的感情,内心开始醒悟,才知道这药物颜色、味道都很美好,就取来服用,疾病立刻痊愈。那父亲听说儿子疾病全都痊愈,就找机会回来,让儿子们与他相会。善男子们,你们的意思怎样?有人说这个良医犯下了虚妄之罪吗?"

众人都答:"没有人这样想,世尊。"

释迦牟尼佛说:"我也是这样。从成佛以来,已经经历了无量无边百千万亿那由他阿僧祇劫。为了教化众生的原因,运用方便力,说将入灭度。也没有人能说我犯了虚妄的过错。"

这时,世尊要重新宣说这样的意思,就用诗偈体的语言说:

从我成佛以来,已经历了无量的劫数,只不过为了度化众生的原因,机巧方便地示现涅槃。其实并没有灭度,一直住世说法,我常住于此娑婆世界,用各种神通之力,让颠倒妄想的众生,虽然接近我,却不能见我的真面目。众生见到我灭度,就广泛地供养舍利,都心怀仰慕依恋,而生渴望佛法之心。众生信仰调伏以后,心性直率而又柔顺,一心要明见佛道,不自己爱惜生命。那时,我和众僧一起出现于灵鹫山法会,当时我会告诉众生,我其实是常住于世,并没有灭度,运用方便之力,表现为灭度或不灭度。在其他国土中,有恭敬信仰佛法的,我又会到他们中间,为他们讲说无上的佛法。你们没有听说过这种事,只以为我已经灭度。我见到众生们,沉沦于苦恼中,所以并不现身,以使其生渴望仰慕之见。因为他们内心恋慕,我才现出身为他们说法。我的神通之力就是这样,在无量阿僧祇以来,常住于灵鹫山及其余的住处。众生见劫尽之时,世界为大火所烧。我所在的国土,安隐自在,天人们充满其间,园林堂阁,被种种宝物庄严,宝树结下许多华果,这是众生所游乐之处。诸天人击天鼓,常作各种伎乐,下雨一样撒曼陀罗华,散向佛及大众。我所居净土不被毁灭,而有的众生却看作已为火烧尽,忧悉恐怖等苦恼,全都充满其间。这是有罪的众生,因为恶业的因缘,虽经过阿僧祇劫的时间,却不闻佛、法、僧三宝之名。诸位有修行功德、性情质朴柔和的人,就能见到我的法身,在此国土中说法。有时我为众生说佛的寿命无量。对需要较长时间才能见佛的,为他们说佛在世难逢难遇。我的智慧之力就像这样,慧光远照无量,寿命无数劫,这是久修善业才得到的。你们有智慧的人,不要对这件事生疑问,当断的疑惑应让它永远灭绝。我所说的话真实不虚。譬如,有一个良医,善用方药,为了治疗狂乱的儿子,诈言说自己已死,却不能说他犯虚妄之罪。我也是世人之父,是救拔众生苦恼的人,因为凡夫们颠倒妄想,就说我要灭度。因为如果他们常常见到我,就会生骄傲恣意之心,放逸自己,著于五欲享受,堕于恶道之中。我常能知道众生们,是行道或不行道,随其所应受度的方法,为他们讲说种种佛法。我常常有这样的想法,用什么方法才能让众生入无上道门,尽快成就佛身。

第十七章　缘起世间如梦如幻的生命流转弥漫在时光中的故事

第十八章　佛陀证悟的宇宙如梦幻泡影的十维空间法界

　　人类的文明史,开始于文字的发明,在时间上最早不过七八千年,这几千年只占人类史的百分之一而已。人类文化的发展,从人文地理学的研究方面讲,可有以下三种共识。人类文化的发展,不是突然的,而是人类在生存竞争中学到许多经验,逐渐积累而流传下来的。换句话说,有史时代的许多文化,都渊源于史前时代的人类活动。举例来说,中国的历史有五千年,可是我们知道中国史前时代,就有许多不同的民族,散居各地,如北京人、蓝田人,他们的年代距今约有四五十万年,中国有史时代的文化,与史前人类活动是分不开的。各种人类的文化,因为环境的变迁,时代的更换,进退不一。史前有许多强盛的民族,早已灭亡,人类史上,也就没有独霸一方的民族。人文学家公认人类的身体、智力和道德,根本是相同的,如果有理想的环境,任何民族都可逐步推进,创造高尚的文化。人类有共同进取的合作力量,可是也有互相残杀的卑劣天性。据人类学家的研究,一切生物,除了蚂蚁和老鼠以外,都没有自相残杀的现象,而人类却残酷成性,个人之间杀戮不够,还会结合亲族,进行械斗,甚至国族之间,建立攻守同盟,造成大规模的战争。人类文化应该是相互提携,合作进展,为何会互相残杀呢？有位学者曾加以分析:人类是柔弱动物,从小要父母保护,成年后也无自卫力量,体力不够,指甲不硬,牙齿又受口小的限制,不会爬树,也不会飞,可是从经验中,他知道团结就是力量,只有成群结队,才有生存希望,人类对家族、乡团、国家有热烈的忠心,就是这个原因。可是集团防

卫,还不保险,更要利用脑力,制造武器,因此养成残酷杀戮的本领,有了杀人的武器,个人可以放胆劫杀,集团可以横行天下。人类历史的演进,体力越来越弱,而杀人武器却愈来愈凶,人弱器利,互为因果。更加上种族、语言、宗教的分歧,以及民族主义和交通的发展,使人类的战争,越来越残酷。不过有识之士和开明的人都相信,人类要和平共处,互相合作,才有光明的前途。

在全球化浪潮中,科技经济一体化和热核战争的威胁使整个人类休戚相关,荣辱与共。不同的价值立场使得在全球范围内出现了文化宗教层面的反全球化的多元文化主义潮流。多元文化伴随着人类历史而发展:中国文化传统、希腊文化传统、希伯莱文化传统、阿拉伯伊斯兰文化传统、非洲文化传统等多种文化不断消长、此起彼伏地影响着人类社会的进程。今日世界种族间的冲突层出不穷,黑人民权运动、新左派运动、同性恋运动、女权运动、反文化运动等此起彼伏,整体上现代社会正在发生大分裂,世界正在走向新的多样化。于是,文化身份成为一个前沿学术问题,进入到我们的研究视野。对此问题,我想提出一个新的阐释文化身份的文明形态构架。我不同意丹尼尔·贝尔将人类文明分为前工业社会、工业社会、后工业社会,因为这种线型时间的区分充满西方中心论文化的优越感。我认为大陆文明、海洋文明、太空文明时代的身份改写对中国而言,具有全新的阐释意义。这意味着,在太空文明时代,东方的空间观念将占有重要的地位。

二千多年前,释迦牟尼佛诞生于印度,因一大事因缘而兴世出世,为救度娑婆众生离苦得乐,舍去王位和荣华富贵亲力修行,历经六年时间的苦修,在星月朗照的夜空顿悟了宇宙人生的真相。他的主要成就之一就是证悟出"宇宙(法界)同体(全息),物质(万法)皆是幻象"。二千多年来,有多少贤人利智按照佛陀的修行办法进行苦修和参悟,证明出佛陀伟大的成就,并成为法界人天导师。而进入二十一世纪的末法时期,随着现代社会的迅猛发展,物欲横流,弱肉强食,各种外相纷繁复杂,使人难于保持平静的心态;现代电子视听网络等的出现,使各种精神的污染变得非常严重,现时的众生很难相信佛陀的圣言教化了。许多修行大士因受诸多障碍和多生多劫的业因,历经终生仍未能明心见性即生成佛,由于内证修行变得非常困难,用自力很难回归佛刹。分析起来,今天的人大多受现代科学的教育,相信的是眼见为实,注重实证的结果和外相的感知感悟,而缺乏明慧内悟,很难体悟佛陀的言教,甚至视佛法为一般的哲学、宗教等学科,曲解佛教真实义。为了使众生转识成智,转迷识真,正信我佛。现以当代前沿科学和传统精华哲学析义佛陀的证悟成就——"宇宙同体和万法幻象"。

中国古代的儒家和道家哲学是经过先哲们"仰观于天而俯察于地,内观于心"地感悟和探索天地人的自然结晶,他们将宇宙(法界)看作统一的整体,重天(自然)与人之间的"天人合一"统一联系。后来佛教华严宗提出"一切即一,一即一切"之说。理学家朱熹亦说"人人有一太极(宇宙),物物有一太极(宇宙)"。而将人体看作一个整体,将人与自然看作一个整体,在传统中医中尤其显要。古代哲学思想建立于内证基础,如:"道家的打座修炼,佛家的禅定内证",它主要从内心精神层面对宇宙人生进行探索研究。而西方现代科学迎合了末法时期众生的心性,注重物质、色法欲求,它的研究主要在物质的宏观和微观上进行探索宇宙真相。两者探求的方法不同,但目标是一致的,从历史的发展过程来看,它们应当互补,相互结合起来,西方科学观把物质分割开来研究是不能从整体上认识世界的,由于存有分别心,造成认识问题存有偏差,只能象打山洞一样,盲目进行,但到后来终会归一相通的;当代量子物理的实验就证明了这一点。所以,将佛陀的证悟和中国先贤认识世界观与西方科学实证结合起来,并指导科学的研究,使现时众生生起正信,才能完全相信佛陀的教悔和真言。

古代东方朴素的宇宙全息统一思想孕育出灿若星河的文化明珠。《易经》阴阳、五行和八卦说把宇宙由"阴阳"这个最小的原素构成,通过五行的互相运动作用形成了从八卦到六十四卦,构成了宇宙全息统

一体,而群分阴阳"太极"前,就是"无极",即如如佛心未动状态。"物物是太极,物物皆宇宙",不离阴阳,不离"无极"佛心。《道德经》是老子整个道家思想的精髓,他的宇宙起源论是通过自身的修练和参悟得来的。"天下之物生于有,有生于无。道生一、一生二、二生三、三生万物。万物负阴而抱阳,冲气以为和。""道"就是宇宙的本源,是"佛性佛心","一"就是"太极"、如"等觉菩萨位"。"阴阳两气"的相互作用,以此化育(如佛心动而生万法)出万物。万物都包含阴阳,也包含太极、无极、道、佛性等信息习性。佛法说:"众生所有十法界习性统统具足,心佛众生三无差别",就是指全息宇宙的统一、同体。

这是一种从"无(空)"到"有"再到万物统一体的过程。宇宙形成和发展是如同原始本性妙有到心动有执被染至诸法界的形成,由潜(性)到显(诸法万象)的不断展开,遵循"因果成住坏空"的规律,最后又复归于"无(空)"。"无"并非绝对的"空",而是"有"的潜在形态。佛法《心经》:"色即是空,空即是色;色不异空,空不异色"就如此理。老子参悟到"道"之物,"唯恍唯惚",就是感悟如佛性的本有,所谓真空妙有的存在。

佛教的教义和思想是释迦佛经过六年的苦修证悟而得出的,慈悲地为众生开示宇宙人生的真相。佛教的核心是"法法同体,一切即一,一即一切,一粒尘沙无不是一个世界"的宇宙观。他们之间有无穷无尽的联系性。唐代华严宗的创始人法藏大师在《华严金师子章》中指出:"宇宙间的各个事物由于本体(如佛性、法性、道、无极等)是相同的,因而任何现象都能收尽摄入即包含其他一切现象。事物的任何部分都能尽摄入即包含万物的整体。任何事物都可以普遍摄入即包含其他一切事物。进而,一切事物可以归结为任何一切现象,事物的整体等同于事物的任何部分,任何一个事物也就是其他事物,这就是各个事物都是相同的,即同一的。"他还认为:"事物从时间上来说也是相互联系的,事物都有过去、现在和未来三世,每一世又各有三世,这九世既是相隔有别,又是融通无碍,同是存于一念之中,即一刹那中包含着过去、现在和未来的一切事物。"这说明宇宙万物并无时空的约束和限制,一念之间可决定一切,万物都是互即互入,相互包容,一切即一,一即一切,任一变化牵动全体而形成网络效应。

《金刚经》:"一切有为法,如梦幻泡影。如露亦如电,应作如是观"——也许世界万物从雪花到星星,从蓝鲸到伽马射线,甚至组成万物的原子,全都是假象。人类探索宇宙人生真相的脚步可谓亘古绵长,释佛、迦叶、老子、慧能等贤哲以内证方式破译出宇宙大千的真相,揭开法界人生奥秘。现代的修行人虽未能象佛陀那样获得大成就,但科学发展的今天,有许多科学大师正从不同的领域破译宇宙(法界),有些成果已证明与佛陀证悟相一致。下面展示科学的认识历程:"大爆炸"理论:大约150亿年前,发生了一次伟大的大爆炸,形成了时间、空间和物质,便组成了宇宙(凡知凡见的猜想)。"开放暴胀"理论:宇宙最初就象一个豌豆般大小的物体,很快就经历了一个极速的膨胀期,扩张成今天的宇宙,宇宙最终会无限膨胀下去的(凡知凡见的猜想)。佛陀证悟:"万法(物质)缘生缘灭,缘聚缘散,时空均是幻象"。这是从色法上研究的。"超弦"理论:认为存在于十维空间中的弦才是宇宙的本质,弦运动起来便是宇宙的膨胀、地球的自转、太阳的发光(物理学一些实证现象与猜想)……佛陀证悟:宇宙有十法界,即十维空间,心生万法。"弦"类似于"心"。"膜"理论:认为宇宙是一个正在被唤起来的"肥皂泡",所有的星系都在这个泡的膜上,并互相运去(是"超弦"理论的发展和猜想)。

佛陀证悟的宇宙如梦幻泡影的"全息论"理论:认为宇宙只是我们的幻觉(物理量子力学的实验和回归古哲的思考)。佛陀证悟:宇宙(法界)如梦幻泡影,如露亦如电。全息宇宙理论经过科学实验的证明得出与佛陀证悟相似的结论。1982年的一天,在巴黎大学的一个物理实验室里,科学家发现在特定的条件下,如果我们把基本的粒子,如电子同

时间向相反的方向发射,它们运动的时候能彼此互通信息。不管彼此之间的距离有多么遥远,不管它们是相隔 10cm 还是 10 亿公里之遥,它们似乎总是知道相对一方的同伴的运动方式,这体现在当一方受到干扰而改变运动的方向时,其同伴也会同时改变方向。这一现象如佛陀证悟的:"举心动念法界皆知,万法同体牵一而动全身。"它们之间的通讯联系几乎不需要时间的间隔,这就违反了爱因斯坦的理论,"没有任何通讯速度能超越光速,因为一旦越过了光速,就等于是能够打破时间的界线,也就是时空不存在了"。这一实验突破了爱因斯坦相对论关于光速问题的论述,是人类认识宇宙的一大进步,与佛陀所证"时空幻象"相近。被我们认为"无生命"的"电子"竟然也会在距离如此遥远时互通声气,一起运作,这是常人难于置信,被誉为当代最著名的物理学家和科学思想家戴维·玻姆提出大胆的想法,"此发现意味着客观现实并不存在,尽管宇宙看来是具体而坚实的,但其实它只是一个幻象,是一张巨大而细节丰富的全息摄影相片"。玻姆先生在 50 年代初期提出了隐秩序学说,形成了量子实验现象的隐量理论,这一理论基于全息理论的启示和物理实验。基本粒子能够彼此保持联系,而不管它们之间的距离多远,不是因为它们之间来回发射的信号有多么"神秘",而是因为它们的分离是一种幻觉,在现实下面更深的层次里,这样的粒子并不是分离的两个单独的个体,而是某种更大整体的两部分。隐秩序最一般的概念叫做完整运动(全息运动),它包罗一切,产生一切并关联一切。物质世界的整体性是绝对的,可分性是相对的,思维(性)和物质(相)两者构成不可分割的整体。玻姆先生描述的全息宇宙,一切事物均相互渗透(互即互入、你中有我、我中有你),每一个行为最终都是由宇宙中现在、过去和未来发生的任一事物所引起的(如同三世因果的科学论断)。

全息技术最初是 1948 年盖伯发明的,到了 60 年代初,随着激光科技的问世,人们不仅可以拍摄各种物体清晰的三维立体相,而且出现了彩色全息照片、白光再现全息照相等。它是运用光波显相,即使相片破碎成许多小片，每一小片也都能显出整体相片图案，"物物一太极，物物一世界"的全息再现。如人从屋内观外景，全窗口与某一小块窗口，甚至一小孔都可看清屋外景相，效果是一样的。这种"整体包含于部分中"的观点突破了常人的"分别心"，即把任何事物和现象分解开来，研究它们的每个组成部分。用分别的心性割断事物的联系往往是错误的，而全息理论告诉我们：部分得到较小的整体。全息理论为我们引出了一个新的视角，原来我们生活的世界竟然是这样的，世界的每一个局部似乎都是包含了整个世界，如：细胞克隆技术利用一个细胞复制出原来同一动物，而每一细胞都包含了这个动物的全部遗传信息。一根磁棒折断成几段，每个磁棒南北极特性依然不变，每个小段都是它整体的全息缩影。当代物理量子力学的实验显示：基本粒子之间出现超光速联系使我们看到了不同于宏观肉眼感知的世界，而恰恰相反，与佛陀证悟的相同。其实生活中有许许多多现象值得我们反思，如：地震引起动物的异常现象，同样各种灾害的变异都会引起自然界动植物的反常。又如：日常中感情深厚的母子、情人等会不约而同感知对方的牵挂。这一现象单从宏观上是得不到合理的解释的，而从微观粒子上的实验就可知是一种同体感应观。现实世界还有更深层次是我们没有认识到的，那是超过目前我们认识宇宙观而存在的多维"超级宇宙"（佛证的十法界、三千个大千世界）。从那个"超级宇宙"里看我们的宇宙，一切事物都是相互关联的，所有基本粒子组成的物质（法色）都不是分离的"独立部分"，而是更大的整体的一个小部分、小片断。如：头发上的一个电子连接到太阳表面的一个氢原子中的一个质子，而它们又连接到所有北极熊的心脏、所有课本的纸张以及天上所有星星的基本粒子。即使人类一直在努力分类处理宇宙中的种种现象，但事实上一切分类都是一种假象。如同佛示众生万法皆幻，宇宙万物就象是一块地毯上的不同图案一样，是一体不可分的。

传统科学总是将某一系统的整体性看作是零件组成后相互运作

的结果,而真正的事实却是零件的行为由整体组织所操纵。与之相类似,我们宇宙中的基本粒子群并不是分散移动于虚空间,而是所有的粒子都是属于一个"超级宇宙",每一粒子都按照"超级宇宙"给定的各种程序(如因果律)不断运作。爱因斯坦认为空间与时间是不可分割的一个整体,他称为"空间—时间连续体",这一理论震惊了全世界。现在玻姆将这个理论又提高了一层,他说宇宙万物皆为统一连续体,外表看起来每一件东西都是另一件东西的互即互入。这是与佛陀证得相同的结果,是一种无分别心的佛知佛见。你的身体、他的身体、我的身体、桌子上的灯、门前的小狗、树林等都是由同样的粒子组成,你就是我,就是他(它),他(它)就是我,一切的一切都是一体的,是不可分离的。我们可以想象,一个庞大无比的东西伸展它无数的肢体创造了无数物件——原子、生命、海洋等以及宇宙中闪亮的星星。正如一棵大树长出很多枝、叶、花、果……所有都是不可分的,是一体的。佛陀告诉众生"同体大悲,无缘大慈",就是要众生把所有有情无情众生视为自己,用博爱的精神爱所有众生。

被隐藏的秩序和物质的幻化,在我们现实生活中不能忽视的一些现象上也有所显现。如:微观上已发现的电子绕原子核转;宏观上月亮绕地球转,九大行星绕太阳转;一个家庭、单位、城市、国家等都是一样相互间以一个为中心,绕着特定的中心而运转。这是一种全息统一,那怕是一个小小电子,都包含了整个宇宙的信息。几十年前,量子物理学家就揭示了一个不可思议的现象:将任一物体逐步打碎到电子、质子的地步,它们好似不具物体的特性,其实不然。通常我们以为电子是一个很小的小圆球,但这只是人我的见地,一点也不正确的。虽然当我们注视电子时,它的行为像一种极小的粒子,但是它们更多的时候就像是一团能量云,以类似波的方式分散在空间中。这一点与全息图像非常相似。当你观察全息图时,它才栩栩如生呈现在你面前,可是当你试着摸它们时,你却发现手可以穿过它们。就好象我们在很远的地方看到海市蜃楼,但当我们走近时,却能很随意地穿过,它只是个幻影。我们古代先哲已意识到万物"聚则成形,散则化气",佛家提出了"缘聚缘散,缘生缘灭",物理学上则是"物质皆由波粒振动组成"。现实中的一切物质都是由这些幻影粒子"波"组成的,所以整个世界就是全息式的幻象。我们每天生活在"假象"中,宇宙(法界)千姿百态的万象都只是遵循"因果律"程序化现诸法相,是一种全息的作用。英国诗人布莱克诗中说:"在一粒沙中,见到全世界;在一朵野花中,见到天堂;将无垠,握在掌中,见永恒,于一刹那。"二千多年来,有许多修行者通过佛陀修行的教义和方法,放下尘缘万象,放下所有六识感观认识的成见,证悟出"色空不一,妙在中道,而明心见性"。人类不能从内心认识宇宙,找回宇宙人生真相,是受一双有限制的眼睛和受约束的大脑的迷惑,所看到的是"假"的幻影。真正的妙有佛性(微粒子)还隐藏在更深的宇宙(法界)中。这种本源包括了十维空间(十法界)过去现在和未来所有存在的基本粒子(信息习性)一切物体和能量的所有可能组合,从一粒沙、一朵花、一枝笔到雨点、树叶等,无不是业力(性相)的化现,它存在于宇宙(法界)中。这种"奇迹似的发生并不违反大自然的因果定律,只不过违反了我们目前认知的大自然"。

现代物理学之父玻姆曾说:"宇宙之浩瀚,天体之洪大非人所能探知;物质之微非人能窥测,人体之穷奥非人知其表面;一学之渺,生命之庞杂永远是人类永恒之迷。"是的,从人类走过来的文明历程仅仅六千年的时间,近代科学的兴起亦不过几百年时间,量子力学的产生促进了人类认识宇宙的另一天地,人类科学要完全证明宇宙人生的真相还需在正确的指导思想下进行。佛陀二千多年前通过内证洞悉出的宇宙人生真相正逐渐被当代科学证明。近几十年来,科学发展迅猛,涌现出许多新观点、新理论、新学科,如系统论、信息论、控制论、耗散结构论、协同论、突变论等,宇宙全息统一论是在信息论、系信论的基础上融合古代哲学整体观而创建的,这一理论得到西方科学的实证,是现代科学和古代哲学有机结合的成果,如佛陀"万法同体,宇宙是一非二"。我们知道哲学的研究最终是对"真、善、美"及其统一的追求,而佛

教的修证结晶是"真、善、美、慧"的统一,"慧"是对"知"的一种升华,是解决人生最后回归宇宙。正因为中国古代哲学思想与佛陀言教的一致性,佛法的流传才能经久不衰。而西方科学发展把人与自然分开,注重物质(色法)的研究,这是古人所缺乏的。但西方只注重物质(色法)的研究,也有不全面的地方,所以,把西方的科学外证与古代哲学思想结合,即人与自然结合的全息统一,是认识宇宙的最终目标,这一目标将与佛陀所证相一致。现代物理学的惊人进步,使人类能深刻地认识到它与东方神秘佛教的高度一致性。回首科学史,人们发现,古代哲学的科学观正是当代实证科学的阿德涅之线,许多科学家受佛法的启发走出迷宫。这真是"众里寻她千百度,蓦然回首,那人却在,灯火阑珊处"。

太空文明和外星人一向是科幻小说和电影的重要题材,曾经火爆的《阿凡达》以及不大火爆但同样深刻的《第九区》等好莱坞电影大片,都说到了太空文明和外星人。同时,探索太空文明竟然也可以作为现实的"科学问题"加以讨论。顾名思义,所谓太空文明,是地球以外的文明;所谓外星人,是太空文明中的文明主体,某种智慧生物,乃至于某种人形的智慧生物。其逻辑是:地球是太阳系的一个行星,生命与人是地球物质自然演化的结果;太阳系是银河系中的一个普通星系,在浩瀚的宇宙中,还有数不胜数的类似银河系的星系;所以,在整个宇宙之中,地球和太阳都不是独一无二的,必然存在大量与地-日系统具有相似物质属性、物理条件的恒星-行星系统。在此系统中,演化出生命、智慧生命,乃至于人形的智慧生命,也不是没有可能的。人对于太空生命的想象,是随着科学的进展而不断推向远方的。在哥白尼时代,整个宇宙无非太阳系大小,太空文明只能存身于月亮和火星之上。在布鲁诺把天球打碎、把群星撒向无际的太空之后,科幻作品中的太空文明依然要随着天文观测的延伸而渐行渐远。倘非如此,连命名都大有问题。关于太空文明的讨论一直有着一件极为贴身的科学外衣。在当下的工业文明中,科学不仅是抽象的认知体系,还可以化身为具体的工具,为资本和国家政府服务。在对太空文明的探索和讨论中,同样包含着这两重属性。

寻找太空文明,是西方资本主义开疆拓土的惯性使然。资本按照其内在的逻辑,总是需要新的市场和原料基地,于是有资本主义早期的大航海时代。二战之后,地球仪上已无任何空白,再想发现新大陆,就只能到外太空去打太空文明的主意了。地理大发现是早期资本主义列强竞争的产物,科学意义上的太空文明探索也是出于人类内部的竞争。起初,太空争夺是冷战的表现形式之一。人类的第一颗人造卫星是苏联发射的,这让美国人感到巨大的压力,于是启动了阿波罗计划。1969年,阿波罗登月成功,美国在太空竞争中扳回了一分,也引发了更多的太空文明想象。这种竞争并不只是一场荣誉的竞赛,而且是实实在在的利益争夺——竞争双方都相信,太空之中存在着可能开发的资源,而这些资源可能导致平衡倾斜,决定胜负。所以不难理解,寻找太空文明曾经是美国的官方计划。1971年,美国航天局就试图用射电望远镜从太空电磁波中寻找智慧生命的信息。20世纪70年代,美国四次向太空文明发出"信息漂流瓶",分别由太空探测器先驱者10号、11号和旅行者1号、2号送入太空。先驱者送出的是一个金属盘,上面标示着地球的位置和人类文明的一些基本信息。旅行者送出的是一个可以保存十亿年的金属唱片和一根金刚石唱针,唱片上记录着地球上的声音、人类的语言(其中包括汉语的几种方言),以及人类的音乐(包括中国古曲《高山流水》)。这些"漂流瓶"的设计者是著名的天体物理学家、科普作家卡尔·萨根。冷战结束后,两大对立阵营突然消失。美国官方寻找太空文明的热情迅速下降,但民间依然热度不减。卡尔·萨根和拍摄过《E.T.》(意指外星人)的大导演斯皮尔伯格都热衷于此。

科学既能以其衍生的技术服务于国家和资本,也能因其所追求的普适性,超越具体的国家立场。当然,也的确有人努力超越国家利益,从人类的视角来看待太空文明的探索。美国70年代发射的"漂流瓶"一定程度上也在试图超越美国立场,代表"全人类"向"太空文明"示好。由此延伸出来的话题是,太空的和平利用。不是某一个国家去寻找

服务于该国的资源,而是人类作为一个整体去寻找服务于人类的资源。对于太空的和平利用,以"全人类的名义""探索和开发"太空"资源"!人类的狂妄与自大膨胀到无以复加的程度。"人类中心主义"和"科学主义"常常是一对连体婴儿,形影相随。很多人真诚地相信,依靠科学及其技术,人类可以走向宇宙深处,与太空文明交流、做生意,并且移民——就像哥伦布发现美洲之后所发生的那样。为全人类而开拓,寻找太空文明就被染上了浓郁的"科学的英雄主义和科学的浪漫主义"色彩。这在库布里克的经典《太空奥德赛》之中,有非常生动的呈现。在太空中飞船缓慢行进的画面上,配乐是《蓝色多瑙河》。对于陌生的人和事,人类的本能反应是防范和恐惧。所以早期的外星人故事,常常表现人类与外星人的战争,比如奥逊·威尔斯恶作剧般的广播剧《火星人来了》(1938年)。西方社会经过一系列的权利运动之后,权利的主体从白人扩大到黑人,从男人扩大到女人。外星人不再被视为绝对的异类,于是在很多科幻作品中,外星人被赋予了善的特征,比如斯皮尔伯格的《E.T.》。在一定意义上,人类所想象的太空文明,是人类文明的镜像。在太空文明的讨论中,还隐含着更基本的人类中心主义预设:人类是地球上唯一的智慧生物,所以在地球上,人类注定是孤独的。人类只有在外太空才能找到自己的伙伴。人类在自己与地球其他物种之间,划上了一条截然分明的界限,并相信自己是地球的主宰。所以才幻想着,一旦地球上资源枯竭,人类就移民太空。人类不仅在地球上可以为所欲为,到太空还可以耀武扬威——寻找太空文明的人,把自己想象成了拯救人类文明、延续人类文明的英雄。这种探索与开发太空文明的企图,是工业文明内在逻辑的自然延伸。

不过《阿凡达》和《第九区》却是两个难得的异数,表达了很强的非人类中心主义立场。在《阿凡达》中,人类作为太空文明的入侵者,被描写成被高科技武装起来的野蛮的强盗。在《第九区》中,人类被描绘成奴隶主,无知、无耻、无情地奴役流落地球的外星人。这两部电影虽然名为科幻，但更像反乌托邦的寓言，它们的作者没有尽可能从科学的角度想象、计算和设计太空文明，而只是拿太空文明来说事儿，意在表达对人类社会的批判。就像奥威尔在《一九八四》中发明了"铁幕"，但他并不关心"铁幕"在技术上怎样实现。"铁幕"只是一个隐喻。今天关于太空文明探索的讨论只是科学的英雄主义和浪漫主义的一点回声。对于当下的人类文明，并不具有实质性的意义。在梦想征服太空的同时，人类进入了"有限地球时代"，全球性的环境危机、生态危机愈演愈烈，工业文明已经穷途末路。但是，工业文明的惯性依然存在，很多人希望以科技的无限来突破地球的有限，于是，太空文明探索被赋予新的使命：即使暂时不能将人类移民太空，也要尽快将太空资源运回地球。甚至有人说，要将垃圾送到太空。但我相信，人类等不及来自遥远的太空文明的拯救。太空文明充其量是一种安慰剂，对于当下的人类危机没有丝毫益处，相反，会使我们找不到正确的方向，在本来错误的方向上走得更远，让世界变得更糟。

1969年7月21日格林尼治时间2时56分，美国宇航员阿姆斯特朗成为第一个踏上月球的人。登上月球那一刻，他说："这是个人的一小步，却是人类的一大步。"1961年4月12日，苏联宇航员尤里·加加林乘坐东方1号载人飞船飞向太空，成为世界上第一位遨游太空的人。然而，人类第一个尝试飞天梦想的却是中国人——六百多年前的明朝士大夫万户，他坐在绑有47个自制火箭的椅子上，双手举着大风筝，想着利用火箭推力飞上天空，然后利用飞翔的风筝着陆。虽然，他的生命随着轰鸣化作了一缕轻烟，但他的名字记录在人类飞天梦想的起点上。在东方的传说中，美貌的嫦娥偷吃了灵药飞天成仙，从此独守寂寞蟾宫；而在古希腊的神话里，太阳神阿波罗则驾着太阳车巡游九天，为人间送来光明和温暖。充斥着飞天神话的人类幼年记忆，代代相传到今天。在双脚还只能停留在大地上的时候，想像，已经达到了一个人类自己也不知道有多高、多远的地方。从远古到现今，中国为了实现飞天和"人类一小步"的梦想，孜孜以求了几千年。2003年3月1日，我

国宣布正式启动月球探测计划——嫦娥工程,将对月球资源和能源以及特殊环境进行全面探测。这是继发射人造地球卫星和突破载人航天之后,中国航天活动的第三个里程碑。

"神五"圆了中国人的飞天梦,我国成为世界上第三个独立掌握载人航天技术的国家;"神六"巡天百万里,首次实现了两人五天的太空飞行,首次开展了太空科学实验,我国从此成为世界上第三个能够独立开展空间科学试验的国度。一个又一个里程碑的建立,标志着我国载人航天技术的一个个伟大突破。而今,"神七"再次探索苍穹,则树起了我国航天史上又一座里程碑:实现航天员首次空间出舱活动、进行空间材料科学实验、释放伴飞小卫星……"神七"飞天,我国将攀登载人航天科学探索的新高峰。随着长征二号F型火箭将神舟七号飞船顺利托举上天,中国长征系列运载火箭已累计109次发射成功。长征二号托起的,是中华民族一代又一代人的千年梦想,它承载着人类探索太空的几多智慧与艰辛。航天科技事业是一个国家科技水平的集中体现。神舟七号飞船的成功发射,是我国科技实力、经济实力、国防实力、民族凝聚力、国民科学文化素质乃至综合国力和国际地位方面的总提升。在屈辱的旧中国,科技落后,我们没有话语权,是国家的强盛和社会的进步,中国才有了航天事业的发展和改革开放翻天覆地的成就,才有了从"嫦娥奔月"到神舟飞天的现实。

"长征冲碧宇,神舟傲苍穹。"向宇宙的广度和深度进军,是开辟人类生存发展新路的需要。从"无以伦比"的北京奥运,到"神七"飞天,中国正一步步向"更高、更快、更强"迈进。"神七"的成功发射,再次鼓舞了中国人民的斗志和自信心。"神七"飞天,实现了我国迈步浪漫浩瀚太空的第一步。它必将在人类探索并和平利用外层空间方面划下中国闪亮的轨迹,并促进我国经济建设和人民福祉,引领全人类进入"太空文明"新时代!

从陆地到海洋,从天上到太空,人类通过不断的探索,一步步拓展着自己的活动疆域。而每一次活动疆域的拓展,都代表着人类的文化、科学和技术出现一个台阶式的跃进。在过去将近半个世纪里，航天科技以幻想家都无法想象的力量，深刻改变和正在改变着人类的生活、工作和思维方式。当人类突破地球大气的屏障，克服地球引力的束缚，进入到外层空间，从地球之外观看这颗蓝色星球以及茫茫宇宙之时，人类的视野就得到了极大的开拓。航天技术，不仅使人类对自身、地球乃至整个宇宙的认知更加广泛和深入，而且，正在将人类文明推向一个高远浩瀚的新领域——太空。人类一进入地球轨道和外层空间，资源的概念就已发生本质的变化——由最初的具体的物质，扩展为环境和条件。空间的高真空、高洁净、高能粒子辐射、大范围高低温变化环境与微重力环境结合起来的综合环境，对特殊材料的制备，完美晶体的生长，生物工程及药品的制备和提纯，高质量冶炼等都可获得地面上难以得到的结果。看不到、摸不到，甚至也感觉不到的外部空间环境，已成为宝贵的资源，成为发展研究新材料、新工艺、新的具有更高价值的微生物制品的理想场所。早在1945年，英国科幻小说家阿瑟·克拉克就预言，在地球赤道上空放置3颗地球同步定点卫星就可进行全球通信。不仅仅是全球通信，今天，随着航天技术的发展，已经形成了微量力流体力学、空间材料学、生命科学及生物技术体系。

地球正在变得愈来愈小。拥有了太空高位置资源，人类文明就能前进一大步。科学家们指出，人类面临的资源枯竭、人口激增等亟待解决的几大问题，只有通过扩大人类生存空间，向外层空间要资源、要空间来解决。开发和利用航天科技成果，正在成为衡量一个国家综合国力和文明程度的重要尺度。随着载人航天技术的发展，人类利用太空资源的能力不断增强，人类将通过对太空领域的探索和开发而实现自身飞跃式的发展。科学家们预言，在未来几十年内，人类将在月球、火星以及其他小行星上居住；人类将建立太空工厂，在太空中开矿、旅游，建立和发展太空农业。空间资源是人类的共同财富，航天事业带来的收益也应该为全人类共享。共同开发、和平利用，是人类面对共同太空应有的共同态度。在2000年11月22日发表的《中国的航天》白皮

· 1033 ·

书中,中国政府明确指出,中国政府一直坚持为了和平目的探索和利用外层空间,使外层空间造福于全人类,在探索外层空间、扩展对宇宙和地球的认识的基础上,和平利用外层空间,促进人类文明和社会发展,造福全人类。"思想有多远,人类就能走多远。"太空将给人类文明、社会的进步和世界的繁荣做出更大的贡献。向太空这个人类文明进步的新领域进军,最后的胜利者将是全人类。

英国剑桥大学应用数学及理论物理学系教授斯蒂芬·威廉·霍金,是当代最重要的广义相对论和宇宙论家,是当今享有国际盛誉的伟人之一,被称为在世的最伟大的科学家,还被称为"宇宙之王"。70年代他与彭罗斯一起证明了著名的奇性定理,为此他们共同获得了1988年的沃尔夫物理奖。他因此被誉为继爱因斯坦之后世界上最著名的科学思想家和最杰出的理论物理学家。他还证明了黑洞的面积定理,即随着时间的增加黑洞的面积不减。这很自然使人将黑洞的面积和热力学的熵联系在一起。根据霍金的最新观点,太空文明似乎迫在眉睫了,大河文明与海洋文明都没有离开地球生命所必需的水,未来的人类文明同样也离不开水。火星上存在大量冰冻水(占其表面约三分之一的地底下有冰冻水),加上许多其他原因,火星将会变成人类的第一代太空文明!其前提核心是火星环境地球化。未来七大工程奇迹之最当推火星环境地球化,它是人类欲将距离地球最近的火星变成更适于人类居住的地方的庞大计划。主要内容就是改变火星目前的气候和大气,使其与地球更加相似,创建一个更适合人类居住的环境,这个过程就称为地球化。此类工程的规模将无比庞大——科学家可能会改变彗星运转轨道,令其撞击火星以带来海洋所需要的水浇灌水藻,提高火星大气中的含氧量。比如,在8集科技纪录片《宇宙千年》中,就已提及:美国计划2018年5月17日宇宙飞船起程,载6人飞往火星,行程180天,在火星考察试验逗留570天!美国原计划,从约2050到2100年,向火星移民10万居民!公元3000年前后,火星环境将被完全改造成接近地球!

如何又好又快地使火星环境地球化呢？这是当前到未来百余年甚至千年内人类科技需要不断研究完善的重大课题。目前火星平均温度约为零下60摄氏度，大气密度只有地球的1%。根据火星环境地球化计划，第一步要提高气温，如采用就地合成的特高效温室气体氟氯甲烷或氯氟化碳等，使火星升温20度，将其南极的干冰融化，释放出大量气态二氧化碳。后者将进一步激发温室效应，再次推动火星大幅度升温，进而使其表面底下相当部分的冰融化。其后部分水将汽化进入天空，形成云层，雨水将重新降临火星大地，其天空将从红色重新变成地球一样的蓝色！几个世纪后，火星将变成和地球一样的天堂乐土！

最后，火星重力只有地球的1/3，这看来是无法改变的。或许人类在火星上将会发生新的不可思议的进化，比如那里人类的肌肉、心脏等都会逐步变化，大脑容量可能会变得很大，人类可能更聪明？！移民火星，将是人类进化史上的又一个里程碑！这看起来像科幻，其实移民火星、火星环境地球化是实实在在的科学计划。

向火星移民、外星环境地球化等外国规划，将极大地推动一系列高科技的发展与突破，就像当初美国登月与星球大战等计划一样。移民火星等外太空将会遇到许多高科技等待地球人类去攻关！大到外星环境地球化，小到人类自身繁衍的各环节细节，到处都需要大量高级创新人才。比如，制作太空航天服用的高强度高模量高分子纤维材料，或穿越大气层用的耐高温耐烧蚀材料等高新技术，就是在当初1960年代美苏登月等计划时期发展起来的。等到我们搞"嫦娥登月计划"研制宇航服时，有关核心关键技术在国外已经发展快半个多世纪，达到相当成熟程度，甚至其大学教科书上对制造材料都有所披露了！前几年，我们的宇航服研制成功了，值得称赞和鼓励，但不可过分骄傲，因为毕竟已经落后好几十年且基本上属于捡现存便宜。迎接地球人类的太空文明时代，我们该准备什么和如何准备呢？我想至少包括思想准备、人才准备、科技准备、斗争准备等。移民火星等外太空的有关科技研究应该从现在就开始抓紧科学规划，否则我们不仅会再次大大落

后,甚至在未来迟早会发生的地球大灾变面前荡然无存!没有一只真正强大的人民的科教队伍,将没有人民的一切!地球上的灭绝事件的应对研究,包括移民外星等,将极大激发创新人才的涌现。向火星移民,外星环境地球化等外国规划,将极大地推动一系列高科技的发展与突破。比如,如何采集、利用太空物质或外星上的大气制造包括返回燃料在内的各种必需有用物质,或如何更好利用太阳能、改造外星环境等,也有不少有待研究解决的重要科技问题!又如在月球或火星等外太空繁衍后代的全过程的各环节细节上,就会遇到不少有待研究解决的重要科技问题!

我们绝不可仅仅停留或局限于"嫦娥登月计划"本身上发展,或者至少当前就把该计划同切实首先向月球移民更紧密地结合起来,同时有关研究和科技致力于当前就向火星移民尽可能靠拢!否则我们将在科技上长期比人家至少低1~2个档次发展!如果我们长期没有真正世界绝对先进或领先的规划,我们就长期是科技上的二三流国家!中国人的首创科技聪明智慧可能就体现不出来,或者得不到世界承认。甚至某些中国人的聪明智慧可能就长期用于搞窝里斗或大搞假冒伪劣等,浪费才智和人力物力等!!或许,这也是一种"人无远虑,必有近忧"!

如果我们不现在加快准备移民外太空,而是继续一直准备捡现存便宜,首先我们的创新智慧才能将被压抑,就将长期是科技上的二三流国家!其次等美国占领火星等有利地位后,我们或者将只能呆在不利地位,或者甚至无处容身!根据1964年以来从行星探测器和飞行器上传送回来的图片显示,火星是一个荒凉、死气沉沉的星球,似乎没有什么东西可供人类生存使用。火星只有一层薄薄的大气,且没有任何生命存在的迹象——但是火星确实为人类种族的延续提供了一些希望。地球上有60多亿人口,而且这个数字的增长毫无减弱之势。过度拥挤的人口或可能发生的行星灾难,将迫使人类最终必须要考虑在太阳系中寻找新的家园。近年来，美国国家航空和航天局的探测器发现了一些线索，这些线索表明火星曾经比现在更加温暖，过去火星上可能存在流动的水和生命。河流冲刷留下的痕迹表明火星上可能仍然存在着冰冻形式的水。许多人都认为人类有一天可以把火星作为第二家园。

虽然金星一直被称为地球的姐妹星，但是这颗炽热星球的环境太不适合人类居住。另一方面，火星是距离地球第二近的行星。虽然现在它还是一个寒冷干燥的星球，但是它拥有维持生命存在的所有必需元素，其中包括：水，可能以冰冻形式存在于火星的两极冰盖处；碳和氧，以二氧化碳的形式存在（CO_2）；氮。火星目前的大气与数十亿年前地球的大气有着惊人的相似之处。地球最初形成时并不存在氧气，看起来也是一片荒凉的不毛之地。大气层完全由二氧化碳和氮构成。直到地球上进化出了光合细菌，才产生了足够的氧气，从而进化出动物。同样，现在火星上薄薄的大气层几乎完全由二氧化碳构成。火星大气层构成为95.3%的二氧化碳，2.7%的氮，1.6%的氩，0.2%的氧。相比之下，地球的大气层由78.1%的氮、20.9%的氧、0.9%的氩以及0.1%的二氧化碳和其他气体构成。从这份详细对比中可以看出，现在所有访问火星的人类都必须携带大量的氧气和氮气以维持生命。火星的平均表面温度低达−62.77摄氏度，最高温度为23.88摄氏度，最低温度低于−73.33摄氏度。相比之下，地球的平均表面温度为14.4摄氏度左右。不过，火星有几个与地球非常相似的特征使人们考虑将其作为居住地，其中包括：自转速率为24小时37分钟（地球：23小时56分钟）。自转轴倾斜度为24度（地球为23.5度）。引力是地球引力的三分之一。与太阳的距离足够近，因此有季节之分。火星距太阳的距离比地球距太阳的距离远50%左右。

火星环境地球化总体方案显示，火星环境地球化工程的规模将无比庞大——科学家可能会改变彗星运转轨道，令其撞击火星以带来海洋所需要的水浇灌水藻，提高火星大气中的含氧量。其他方案还涉及

将几面巨大的镜子安设在地球轨道，将阳光折射到火星极地冰盖，从而释放出液态水和二氧化碳气体，启动温室效应。早期地球与现代火星在大气层上的相似性使得一些科学家做出推断，地球大气层从几乎全部是二氧化碳转变为可供呼吸的空气这一过程可以在火星上得到重复。要想达到这一目的，需要使火星大气层增厚并营造温室效应以升高行星的温度，从而提供一个适宜动植物生存的环境。如果全部完成的话，火星的地球化改造将是一项非常庞大的事业。火星环境地球化的初级阶段需要几十年甚至上百年。将整个星球改造为类似于地球的居住地可能需要数千年的时间。有些人甚至认为这样一项工程将持续数百万年。

关于火星环境地球化措施方法，人们已经提出了以下三种地球化的方法：

(1)反射太阳光使火星表面升温。美国宇航局目前正致力于开发一种太阳帆推进系统，该系统通过巨大的反光镜来利用太阳辐射，从而推动太空船在太空中的航行。这些巨大反光镜的另外一个用途就是：将它们放置在距火星32万公里处，利用这些镜子反射太阳辐射从而提高火星的表面温度。科学家提议制造直径为250千米、覆盖面积超过密歇根湖的聚酯薄膜反光镜。这些巨大反光镜的重量将达200,000吨，这意味着它们体形太大而无法从地球发射。不过，人们有可能可以利用在太空中找到的材料来建造这些反光镜。如果把这样大小的镜子对准火星，它可以把小范围内的表面温度提高几摄氏度。想法是这样的：通过反光镜将阳光集中反射到火星两极的冰盖上，使那里的冰融化，释放出人们认为储存在冰内的二氧化碳。多年之后，气温上升将导致氯氟烃(即CFC，一种空调或冰箱中存在的温室气体)等温室气体的释放。

(2)生产温室气体留住太阳辐射。另一种增厚火星大气层从而提高星球温度的方法是：建立以太阳能为动力的温室气体生产厂。在过去的一个世纪里，人类已经积累了许多制造温室气体的经验。我们已经无意识地向自己的大气层中排放了大量温室气体，一些人认为这些温室气体增加了地球的温度。通过建立几百个这样的工厂，可以在火星上重现与地球上相同的加热效应。这些工厂的唯一目的就是向大气层中释放氯氟烃、甲烷、二氧化碳和其他温室气体。这些温室气体制造厂或者被运送到火星上，或者直接利用火星上现有的原材料制造出来，这将需要几年的时间。为了把这些机器运输到火星上，它们必须轻便高效。这些温室机器会模拟大自然中植物的光合作用，吸入二氧化碳，并排放出氧气。这需要很多年。但是火星大气层的含氧量会缓慢增加，直到火星上的移民者只需要一个呼吸辅助器，而不再需要宇航员所穿的增压服。还可以利用光合细菌来代替或协助这些温室机器。

（3）小行星撞击火星来增加温室气体的含量。太空科学家克里斯托弗·麦凯和罗伯特·组布林（《移民火星》一书的作者）还提出了一个更加极端的方法来提高火星温度。他们认为，用含有氨的巨大冰冻小行星猛烈撞击这颗红色星球，将会产生大量的温室气体和水。为了实现这一目标，需要在外太阳系的小行星上以某种方式安装热核火箭发动机。火箭将推动小行星以大约4千米/秒的速度运行，大约10年之后，火箭将停止运行，100亿吨重的小行星可以在无动力的条件下向着火星滑行。撞击时将产生大约1亿3千万兆瓦的能量。这些能量足够地球使用十年。如果有可能控制一颗如此巨大的小行星撞击火星，那么一次碰撞产生的能量可以使火星的温度上升3摄氏度。温度的突然升高将造成大约一万亿吨的水融化，这些水足够形成一个深1米、覆盖面积超过康涅狄格州的湖泊。50年内通过几次这样的碰撞，将会创造出温和的气候，还可以制造出足以覆盖星球表面25%的水。然而，每次小行星轰击所释放的能量相当于70,000兆吨当量的氢弹，这将使人类在该星球上安家落户的时间推迟几百年。在火星环境地球化科研进展中，人们也考虑过对其他星球进行地球化改造，其中包括金星、木卫二（木星的一颗卫星）和土卫六（土星的一颗卫星）。不过，木卫二和土卫六与太阳的距离太远，而金星与太阳的距离又太近（金星的平均

· 1039 ·

温度为482.22摄氏度左右)。如此,只有火星是太阳系中除地球之外唯一可能提供生命支持的星球。火星环境地球化前景预测显示,虽然人类有方法在本世纪内就可以到达火星,但是火星环境地球化这一想法的完全实现却需要几千年的时间。地球用了几十亿年的时间才变成了一个生机蓬勃的星球。将火星环境改造成像地球一样并不是一项简单的工程。人类需要付出几个世纪的智慧与劳动,才能建立一个适合居住的环境,并将生命送往寒冷干燥的火星世界。

幸福是什么？按目前流行的观点:"所谓幸福,就是人们在创造物质生活条件和精神生活条件的实践中,由于感受和理解到目标和理想的实现而得到的精神上的满足。"这个定义,把幸福与快乐、不幸与痛苦完全等同起来。而在明白人看来,这些范畴是不同的。幸福是人们目的的实现,不幸是人们的目的未能实现。而快乐则是对幸福的感觉,是人们实现了目的所感到的满足;痛苦则是对不幸的感觉,是人们没能实现目的所感到的不满足。因此,幸福与欢乐不同,幸福是行为规则,是道德规范,属于人们的实际行为领域,而快乐是对幸福的感觉,是心理的主观的精神的东西。

人生的意义,就在于获得幸福。不论禁欲主义者,还是快乐主义者,他们都不可能不是在追求幸福;他们都不可能不是在避免不幸。只不过由于他们对幸福的认识、感觉不同,因而似乎一些人在追求幸福,另一些人在追求不幸罢了。

道德之为道德,在于告诉人们应该追求怎样的幸福,避免怎样的不幸。那么,幸福有哪些种类或层次呢？

按照道德的原则,人们活动的目的不外利他与利己两种。所以,人们的幸福也就不外两种:一是利他目的的实现,叫做"为他人的幸福"或"集体幸福";一是利己目的的实现,叫做"为自己的幸福"或"个人幸福"。为他人的幸福符合道德最高标准"纯粹利他",因而是最高的正当幸福。为自己的幸福,如果用利他的手段达到,便符合道德一般标准

"利己与利他统一",所以是一般的正当幸福;如果用无害于人的手段达到,就符合道德最低标准"不损人",所以是最低的正当幸福;如果用损人的手段达到,就不符合道德标准,就是不正当的幸福。

集体幸福和个人幸福并非彼此存在、互不相干的两个东西,而是融为一体,成为一个人活动的不可分割的双重目的,构成一个人全面幸福的不可分割的两个侧面。因为人类的天性生成是这样:人们只有为了同时代人的完善、为了他们的幸福而工作,他才能达到完善。

如果一个人只是为了自己而劳动,他也许能成为有名的学者,绝顶聪明人、出色的诗人,但他绝不可能成为情操高尚的伟人。一位著名学者说:"那些为共同目标劳动因而使自己变得更加高尚的人,历史承认他们是伟人;那些为最大多数人们带来幸福的人,则是最幸福的人。"因为"如果我们选择了最能为人类福利而劳动的职业……那时我们感到的将不是一点点自私而可怜的欢乐,我们的幸福将属于千万人。"

如果不以利他和利己而以物质和精神为根据,则幸福又分为物质幸福与精神幸福两个层次。物质幸福是物质方面目的的实现。它又分为创造性的与享受性的两种。创造性的物质幸福也就是创造物质财富的目的的实现;享受性的物质幸福也就是消费物质财富的目的的实现。

诚然,物质财富的创造是人们种种活动的目的,但是当一个人使自己的创造物质财富的才能和天赋得到充分的社会利用和发展时,他会感到无限的幸福。这种幸福显然远远高于消费性的物质幸福。

精神幸福是精神方面的目的的实现,也分为创造性和消费性两种。创造性的精神幸福如著书立说、作曲演唱、雕刻绘画等;消费性的精神幸福如对文艺作品和表演的欣赏等。不言而喻,创造性的精神幸福远远高于享受性的精神幸福。

幸福以各种各样的形式呈现在我们的生活中。它只是一种生命的感受,一种人生的体验。在很多时候,幸福不是去盼望我们没有的东

西,而是尽情享受自己现在的"拥有"。

在变幻不定的生活中,我们每个人都渴盼得到幸福。然而,幸福到底是什么呢？未必人人都能正确答出,于是常常有人忽略自己拥有的幸福。

其实,日出日落的更替中,幸福随时都会环绕在你身边：

伴着落日的余晖,与老伴牵手走在花丛草木间,畅叙着心中的情感,你是幸福的。

捧着一束鲜花去医院探望生病的友人,望着那些失去健康的人们,你会从他们痛楚的眼神中感受到拥有健康的你是幸福的。

当你有意识无意识地伫立在聋哑学校的门外,目睹了那些失聪的孩子们,联想到他们将来生存就业所面临的一切困难时,你绝不会再抱怨自己的孩子没有考得高分,没有上大学,而与此相反,你会为自己有一个健全可爱的孩子而感到幸福。

清晨出门,家人递给你刚刚烫好的衣服,你穿着它得体地走在街上,夜晚归来,爱人做了可口的饭菜在等你,那情境中你依然是幸福的。

一个人,只消拥有一个和睦的家庭,拥有一份好的心情,那你就是幸福的！学会发现,学会珍惜,学会创造,幸福永远环绕在你身边,像阳光、水和空气。其实,幸福就在我们心中。

真正的幸福来自于内心,不能以金钱、权力、荣耀以及征服来衡量,如果以强迫等非法手段获取或误用,乃至以执著的态度来看待这些世间之物,它们就会成为占有者痛苦和悲伤的根源。

有人说："我不幸福,因为我没有钱,有了钱我就幸福了。"

有人说："我不幸福,因为我没有权,有了权我就幸福了。"

有人说："我不幸福,因为我没有名,有了名我就幸福了。"

有钱可以下馆子、买房子、买车子……可是钱不等于幸福；有权可以让人服从、听话,可以指挥别人,但并不等于幸福；有名可能得到尊敬、崇拜、羡慕,但这也不等于幸福。

物的享受、权的力量、名的荣誉只能使人产生一定的满足感,即使这就叫做"幸福",那也只是一种短暂的感受,因为贪欲是无法满足的。

没钱的时候期待有钱,得到之后或有一阵喜悦,接着便是不满足,又期待更多的钱;没权的时候期待有权,升职之后或有一个阶段的满足,渐渐地又产生对更大权力的期待;没名的时候想成名,有了一点小名,又期待着增加更大的知名度。所以说金钱、权力、荣耀都无法衡量幸福,幸福是心的感受!

凡夫看到事物的表面,以期待欲望的满足代替幸福;智者看透了事物的本质,明白执著地对待流转不定的世间事物,恰恰是痛苦烦恼的根源。就世间法来说,正常、适当的物质需要是应该的,关键是破除一个贪字。正常正当的权力、荣耀也并不是坏事,但切切不可对此有执著的痴迷。

认真修习佛陀所宣说的中道,恰如其分地认识自己,净化自己的心灵,不为贪、瞋、痴所蒙蔽,才有可能离苦得乐,获得内心的幸福。

假如通往幸福的门是一扇金碧辉煌的大门,我们没有理由停下脚步;但假如通往幸福的门是一扇朴素的简陋的甚至是寒酸的柴门,该当如何?

我们千里迢迢而来,带着对幸福的憧憬、热望和孜孜不倦的追求,带着汗水、伤痕和一路的风尘,沧桑还没有洗却,眼泪还没有揩干,沾满泥泞的双足拾级而上,凝望着绝非梦想中的幸福的柴门,滚烫的心会陡然间冷却吗?失望会笼罩全身吗?

我们不应该收回叩门的手。

岁月更迭,悲欢交织,命运的跌打,令我们早已深深懂得什么是生命中最最值得珍惜的宝贝。

只要幸福住在里面,简陋的柴门又如何,朴素的茅屋又如何!幸福的笑容从没因身份的尊卑贵贱失去它明媚的光芒。我们跨越山川大漠,摸爬滚打寻求的是幸福本身,而不是幸福座前的金樽、手中的宝杖。

幸福比金子还珍贵,这是生活教会我们的真理。

和谐不是没有矛盾,不是没有冲突,不是没有烦恼。有矛盾,能自我平衡;有冲突,能自我化解;有烦恼,能自我解脱……

一群比丘在讨论"幸福是什么"的话题,正当他们热烈讨论时,佛陀来了。佛陀在明白他们讨论的话题后说:"比丘们,你们所说的那些喜乐无法使人解脱苦,在这个世界,幸福的来源是:佛陀出现世间,有听闻奥妙佛法的机会和比丘们和谐相处。"

太好了。《法句经》里有一个故事,提出的是最尊贵的人出生在什么家庭?答案是和乐兴盛的家庭。后一段经文提出的是什么才是幸福?答案是三宝俱足。这两者有一定的内在联系。一个尊贵的人也肯定是最幸福的人。而最幸福的人也肯定是有宗教信仰的人。两个故事的共同点恰恰就是佛陀都提到了"和"。一说和乐,一说和谐。这不是偶然的巧合,而是佛陀提示给我们的生命的智慧。

家庭的和谐是全家的幸福;人与人之间的和谐是人的幸福;社会的和谐是全社会的幸福。一个幸福的家庭失去了和谐,还有什么幸福可言?一个不幸的家庭,很可能就因为失去了和谐。而不和谐,不和合,家庭之内的恶斗,相残相害,内伤内耗,自我杀戮,对这些家庭悲剧,我们应该有自省精神,应该有知惭知愧的良知。人无自省,人无惭愧之心,人就要退化到"禽兽不如"了。

我们探讨和谐,和谐在那里?和谐不是商品,你有钱买不到。和谐不在别人那里,你去找也找不着。和谐只能在你自心,和谐是你内心的创造。这个内心的创造,只能源于你对和谐的觉醒,你对和谐的颖悟。你有和谐的觉悟,你才有和谐的认知,才会有和谐的坐言起行,才有和谐的人格健康。所以,我说和谐是佛陀软化我们的生命智慧。

和谐不是没有矛盾,不是没有冲突,不是没有烦恼。有矛盾,能自我平衡;有冲突,能自我化解;有烦恼,能自我解脱。我们在面对矛盾和冲突时,"山不转水转,水不转路转,路不转人转,人不转心转。"心一转,海阔天空,得大自在。所以,和谐就在自心,和谐就在放下自我。佛教讲慈悲喜舍,讲无缘大慈,同体大悲,因此,人只有舍弃自己,让自己融入整体,做到"无我",亦即放下我见,我执,才能和谐。确切地说,人应该学习佛教的包容性,宽容性,能互谅互让,慈悲待人。不能包容,不能自我调整,就永远无法和谐。包容就是尊重别人。尊重别人就是尊重别人的不同点。宽容就是宽待别人与你的分歧。只有包容、宽容,才是文明,才是礼貌。礼貌与文明就是一个人的道德习惯。我们养成了道德习惯,构建了内心的和谐心态,那么,舍弃自己,就不是一句空话,而是依靠自身内在的能量,自我平衡,自我修养,超越自我。所以,和谐就是跨越自身的障碍,就是跨越自身的樊篱。和谐就是关怀他人,利益他人。不过,利益他人,也必然利益自己。懂得"此有故彼有,此生故彼生"的佛法真理,和谐就是自助自强,和谐就是自爱自尊。和谐是生存的质量,和谐是生命的养分。和谐就是生死相许,和谐才是人间真情。因此,从个人来说,和谐是人品识见,和谐是胸襟大度,和谐是人格风范。从家庭来说,和谐就是平安,和谐就是健康,和谐就是清福,和谐就是好运。只有自我内心创造了和谐,我们才能实现家庭和谐,继而实现与社会的和谐,与自然的和谐,这才是真正的解脱,也才是学佛者的道心、清净心、平等心。

我们佛教是理性的宗教。我们宗教徒应该站在人类良知的窗口,责无旁贷地做社会理性的代言人,人类良知的代言人,化解各种短见的愚痴的瞋恨与冲突,拒绝生命关怀的冷漠,走出生命意义的迷茫,抛弃生活方式的腐败,制止行为品质的邪恶,坚持我们的正信——把遗忘了的东西,失去了的东西找回来,这就是人的心灵的发现,人的心灵的回归,人的心灵的自觉。

一切从心开始。让我们把和谐,把幸福回向人类,感恩佛陀,感恩人类,感恩一切众生。

所有的日子都会成为过去。

赶路的人那么多,那样急,但在匆匆之中,谁也不会忘记回过头去,看一看昨日的那个自己。

过去是一口古井，幽深的记忆中蕴涵着你搅不完的思绪；过去是一块磨石，光滑的石痕中，今天的思想升华得更加锋利，过去有时也会像病魔，会在你毫无准备的情况下，出来苦苦死死地纠缠你。

　　用你的真心爱过去。

　　因为那弯弯曲曲坎坎坷坷的修行道路上，你曾一次次倒下又一次次站起，因为你过去的修学勤苦的用功已如星似月，镶嵌在永不消失、光彩依旧的心情故事里。

　　也许有了忘却和失败，使你对过去的回忆变得越来越简单，越来越苍白。也许过去有太多太多风雨的磨砺，使你没齿难忘的仅剩下淋湿心灵的那几滴。

　　也许有了眼前的纷繁和喧闹，才会想起追求过去的简单与恬淡，过去的梦的摇篮，是风景中的春天，走进过去的岁月中，总能找到那一种满足，寻找一种企盼，觅到一把曾掩风挡雨的小伞。也许你曾苦过心智，劳过筋骨，饿过体肤。曾有过独上高楼的惆怅，播种过美丽的希望，却只收获了一丁点成就，不必感叹，有了过去追求解脱的过程，足以使你今生绚丽。

　　至道无难，唯嫌分别，但莫憎爱，嫣然明白，不要指责过去，过去付出了青春年华、真情实意。在今后的修行岁月里，仍将会有更多的失去。但在大彻大悟的那一刻，你会觉得所有的痛苦只为今天心如明镜的获得。

　　既然过去的天平已经倾斜，就应该鼓足勇气，让激荡在胸中的热血，压上克勤修学的砝码。让过去的沉重随时光沉淀。

　　既然有的日子都会成为过去，就应该像珍惜眼睛，像世人珍惜名利一样，就从现在起刻苦经行，让每个日子里都法喜充满。虽然你有权利选择行道、幸福、平安，让一切恩惠赐予和你擦肩而过，但应明白"一切有为法，如梦幻泡影，如露亦如电"的道理。运用观照智慧，彻破千百年的幽暗，当下就烦恼即菩提，了了明明，心佛众生无别，才得到清净的解脱。

用你的真心爱过去,是一种记忆中的美丽,过去的是你未来获得解脱的阶梯,过去是你未来大开圆解的起步,过去亦是你未来的调色板,描绘今后每一个,须从当下绘起。

用你的真心爱过去。

"把握当下"就是健康人生的守则!无论在世间或出家修行,只要懂得把握当下,并且圆满每个因缘,那么生活必定会过得充实且富有意义。

如何把握当下呢?首先必须了解因缘法则。因为唯有了解因缘法则,才能对"当下"的意义及为何要把握当下有深入的了解。

因缘法包含了世间与出世间两种,但是万变不离其宗,不离自性。我们心中若起了种种念头,产生种种想法,并且付诸于言行,再加上外在种种条件的聚合,就会产生不同的结果。例如:好的念头就会有良善的结果,坏的念头就会导致不当的后果。所以人生的境遇、命运的起伏、心想事成或事与愿违,都取决于起心动念的当下,因此把握当下是非常重要的。

把握当下的重要性有两种含义:一是改变过去;二是开创未来。为何能改变过去呢?过去既已过去,如同过往云烟了不可得,又要如何着手?其实,过去虽已成过去,但是在八识田中的种子依然存在,好比放在角落的旧书,我们可能连书名都已忘了,甚至根本不记得曾经拥有,但是因缘到了,或许在搬家、大扫除的时候,又会发现这本尘封已久的旧书。我们心中的记忆也是如此,时间久了便容易忘记我们曾经想过、看过、做过的事,但它还是存在于我们的心中。

举例来说,有时我们碰到一些陌生的人事物时,会有一些感受:特有好感、特别讨厌,或者所谓的"没感觉"。虽然从没见过,为何第一次见面就会感到格外亲切、喜欢、高兴?或者排斥、厌恶、愤怒呢?这是因为过去所结下的善恶因缘,虽然因时间久远而遗忘,但是因缘会遇时,这些感受如同被唤醒的记忆再度重现。

所以，当我们面对外在种种，内心所生起的念头，都会从现在延续到未来，在未来变成过去。时间在变，我们的身躯也不断在更替，念头却好比记忆的种子，被装进心的盒子里，始终存在，遇缘即现！所以要改变过去，不是坐时光机器回到过去，而是从观念去改变、从想法去改变。所以对人而言，是解冤释结，广结善缘；对事而言，是积累经验，求进步、求改变，积极进取。

如果我们了解这个意义，改变过去与开创未来其实就是一体的。为什么呢？因为当我们懂得从当下的念头、固有的观念、过去的记忆去改变时，我们就改变过去、开创未来了！因为若能解冤释结、广结善缘，未来就能善缘具足，成就大事业、大功德。因为若能积累经验、记取教训、积极向上，未来就能诸事顺遂、得心应手。

从禅的传承来看，禅家把生命看成一朵花。这在佛陀灵山法会"拈花微笑"的传法中可以看得出来。它的旨意就是每一个人要如实地接纳自己，依自己的根性因缘去实现自己的人生，就像一朵花开了一样。生活的本质不在与别人比较，而是要依照自己的能力、工作、兴趣等等条件，去实现自己的人生。每一个人都像一朵花一样，只有透过生命的实现，像花开了一样，才能体会到生的快乐。

快乐本身就是生命的实现，无论贫富、尊卑、男女、老幼都是平等的，都能在他们的生活中，直接体会到快乐。因为我们有耳朵，能听到音声之美；有眼睛，能看到景色之愉悦；能呼吸，能感受到活着的可贵。只要把自己从物欲奔腾的纷扰中拉回来，仔细地看、听和品触，无论你生活在乡间或都市，无论你的工作是劳心或劳力，禅喜无不流泻在你的生活周遭，这就是实现的喜悦。

每个人的一生，必须以他的人生为目的，如果把自己当作追求物欲的手段，生活就会与自己疏离。疏离的人是不快乐的。因此，自己必须把工作、生活与休闲统合起来，成为生命的实现；把潜能实现出来，化作创造与生命的热爱，去服务社会，关怀福泽。

禅就是要一方面摒弃激情享乐，摆脱野心和欲望的枷锁，要让自己自由起来，这种摒弃和摆脱的努力就是解脱，而真实地展现自己的生命，就是快乐和禅喜的根源。

人必须纯真与恬淡，才能展现他生命的活力。同时，也只有把自己的活力用来创造，才有真正的喜悦。生活是一种创造与布施的过程。创造是指一个人能不断地成长心智，能过清醒的生活，不被种种激情所引诱、贪婪所牵动，让自己做生活的主人；布施是愿意把自己的成就、知识、学问和福分跟别人分享。在创造与布施之中，我们成就了生命的光辉，它带来真正的喜悦。

俗语说："笑一笑，十年少；愁一愁，白了头。"可见会心一笑，对我们的身心健康、延年益寿起到了多么大的作用。

笑，不仅是内心感情的流露，而且是无需花钱的良药，使人气血充盈、通畅，百病难侵。科学家们发现，人类心理与生理功能关系极为密切，心情舒畅，人体生理功能就处于最佳状态。反之，人体将出现生理功能障碍，导致气血淤滞、烦闷不安，久而久之将引发各种疾病。据世界卫生组织统计，全球有五分之一成年人的身心健康受到精神紧张的严重威胁。一份轻松愉快的心情，对保证我们正常工作与生活是何等重要。

在生活中，诸如婚姻、家庭、事业等方面，我们总会遭遇一些困窘与磨难，甚至是严峻的考验与沉重的打击，所谓坎坷即是生活。许多人在困难与挫折面前，就显露出了人性脆弱的一面，消极悲观、苦闷忧郁，乃至性格孤僻和精神萎靡，进而对生活失去信心，如此非但于事无补，反使身心健康受损，而对前方更大的艰难险阻，只能束手待毙。长期的抑郁苦闷导致积郁成疾，乃至危及生命的自古不乏其人。

这时，不妨走进寺院，去感受佛陀的伟大，让佛陀悲天悯人的慈光拂去心中的忧愁。走进甘露门，从真理中寻求启悟，建立正确的人生观，以求自我解脱。"欲知前世因，今生受者是；欲知后世果，今生做者是。"了悟因果就不会怨天尤人，也不会消极悲观、自暴自弃、自寻烦恼。"知足者虽贫而富，不知足者虽富而贫。"让我们用愉快欢喜的心情

去笑对人生,因为唯此才是人生最大的财富。善良是心理养生的一大营养素。一个多行善事的人心中无愧,常升起欣慰之感,心情愉快则免疫力高、抗病力强,不易生病,自会笑口常开,从容面对人生。此心态源自正确的人生观,源自一个热爱生活的人、积极向上的人、一个爱自己也爱他人的人、一个对国家和社会充满责任心的人。

笑的好处说不完。抛却忧愁,展露欢颜,让笑容之花常开不败。愿我们的生活处处洒满欢笑,愿我们都能以青春的心态去笑对人生,让困难险阻的大山在笑声中坍塌。

笑对人生,有益于身心健康,有益于事业家庭,一举多得,何乐而不为?哈哈……

在当今社会,随着生活水平的提高,人们的竞争也日趋激烈,生活节奏也越来越快,而由此给人们带来的压力也越来越大,令许多的人郁郁寡欢,甚至愁眉不展。其实,不管怎么样的生活,我们都无法回避,就必须去面对它、解决它,关键在于我们以什么样的心态来对待自己的生活。

在心理学上,有一种系数叫做"乐观系数"或"悲观系数",这种系数的力量占实际现象的20%。就是说,如果一个人有乐观的心,他比平常会多20%的几率遇到开心的事,反之如果一个人心情"郁闷",也会比平常人多20%的几率遇到痛苦的事。既然如此,我们何不以一颗欢喜的心来对待生活呢?!

要有欢喜心,一则不要太执著,对自己的习性要常放下。父辈们常教导我们"无鱼,虾也好","这溪无鱼,别溪钓"。一个人如果老是放不下,一脚在门槛里,一脚在门槛外,或者抓着一只鸟捏紧怕它死了,松了又怕它飞走,那么日子就会很难过,就会像"裁缝师傅穿着破衣服,木匠师傅没有板凳坐"那样悲哀。

佛经里有一则故事:有一个穷人,他到朋友家拜访。朋友家很有钱,在招待穷人吃喝完毕之后,又趁他休息时在他的衣服里面缝进去很多珠宝送给他,但是穷人一觉醒来后就走了,没有向朋友告别,因此也并不知道衣服里面有很多珠宝。穷人继续过着穷困的日子,依然像个乞丐样到处流浪。直到有一天,他在街上又遇到他的朋友,朋友告诉他,在他的衣服里面缝有很多珠宝,穷人才恍然大悟。

那些放不下的人,也是明明很富有,却过着像乞丐样的生活,这就像佛经故事里那个不知道自己衣服里面装有很多珠宝的穷人一样。

要有欢喜心,二则是要常有感恩的心,常常把自己的快乐幸福与别人一起分享,就像过去禅宗的祖师大德们一样。

如龙潭崇信禅师,他未出家前在道悟禅师的寺院旁边摆了一个小摊,靠卖饼为生。道悟禅师见他生活十分艰苦,就把寺中的一间小屋让出来给他住,崇信为了表示自己对道悟禅师的感谢,就每天送十个饼给禅师。每当崇信把十个饼送给禅师的时候,禅师总是非常高兴地收下,然后等崇信回去的时候又从十个饼中取出一个还给崇信。这样的情况一直持续了两年。后来,崇信终于忍耐不住地问道悟禅师:"我既然真心地把饼送给了你,为什么还要每天还给我一个呢?"禅师说:"你能每天送我十个饼,为什么我不能每天送你一个饼呢?我这也是在感谢你呀!"崇信心中顿时大悟。

这正如古语所说:"互相分食,就会有剩余,互相抢食,就会吃不够。""不要想所有的钱都个人赚,大家都有钱赚,才不会穷。""吃人一斤,还人四两,滴水之恩,涌泉相报。""食果子,拜树头,食米饭,敬锄头。"

在生命的过程中遇到不如意的事是很正常的,没有一个人会一生都如意美满,重要的是不要使那不如意成为我们生命中的主导,而应该让其成为我们生命中的动力,以坎坷来增长我们的智慧,常养我们的悲心,如此,我们就能获得生命真正快乐的源泉了。

然而快乐是什么?真的是快乐吗?还是乐极生悲?还是……《大智度论》将乐受分成两种——有漏乐(世间乐)及无漏乐(圣人禅定所生乐)。就世间乐而言,毒品(例如鸦片、海洛因……)最能立即改变个人的身心状态,能让人于短短的几秒、几分钟内进入幸福、宁静、放松、舒

服等种种愉悦的情绪中，被称作是世间的至乐。因此，一旦沾染上毒品，纵使是只有一次，那么一针，甚至只是一口，就足以让人一辈子沉溺于其中，成为毒品的阶下囚。

大部分的人们在报章媒体的倡导、教育下，了解吸毒是种慢性自杀的行为；吸毒的快乐只是短暂的，反而会带来一生的祸害（例如健康败坏、家破人亡、身陷囹圄……）。因此都会殷切劝导他人及自己不要吸毒，更劝导吸毒者要戒毒，要远离毒品的魔掌。

然而一般人在劝诫吸毒者时，不知道自己也在重复同样愚昧的行为模式！人们了解不过百年的人生岁月中，吸毒那几分钟、几小时的快乐是非常短暂的，不值得为此赔上一生，但是从过去、现在及未来的时间长流来说，人们为了这辈子的五欲之乐而造作种种恶业，让自己几百年、几万年的在地狱受苦，累劫地在生死苦海中头出头没，这不是同样为求一时之乐，而赔上无穷尽的生命吗？不是同样的愚痴及颠倒吗？

"苦"更是众生心头大恨！谁愿意活在痛苦中？但是众生都在苦海中轮回不已！只因选择了错误的解决方法，以致在痛苦的泥泞中愈陷愈深，狼狈不堪。当看到吸毒者因为没有毒品，出现流鼻水、流眼泪、频打呵欠、全身骨头酸痛、无力、无法入睡、痛苦地倒在床上、地上摔来摔去，心理上委靡、低落、烦躁、不安等情景时，就不难知道他们的生活，为何从一张开眼开始就围绕在找寻毒品这件事上。这一切的一切，都只因他们想远离痛苦。但最大的不幸就是他们的方法错了！而一般人不也是为了去除饥、渴、冷、热、悲、忧、苦、恼等种种身心上的不舒服，而让自己忙碌于获取金钱、购物、应酬、休闲等行为？这一切都是企图用更多更强的五欲乐来替代痛苦。

吸毒及五欲这些世间乐为何会将人带往痛苦的深渊，为何没有办法根除痛苦？苦和乐是从那里来？如何做才是真正的"避苦求乐"？

一般人都认为外在事物是一切苦乐情绪的来源，只要环境改变，情绪就会改变。这是绝对、真实的吗？人事时地物都只是外在的助缘，真正的主体在于内因——当下的心念。当看待人事物的角度不同时，苦乐的感受也会不同。例如看到友人姗姗来迟,心中不免火冒三丈,但了解他是为了救人而迟到时,心中马上升起欢喜赞叹。

情绪就像万花筒中神秘、瑰丽、缤纷灿烂、流曳不止的彩光,是如此的令人目不暇接,着迷其中,而以为那是真实不虚的。但是这些美丽的景象却是由玻璃及其中的小纸片等相互折射生成,是随顺这些因缘和合而成的。所以情绪是虚妄不实的,一离开这些时节因缘就没有了。因缘的生灭及心念的生灭也就是情绪的生灭。

众生的心时刻迁流不停,前念灭、后念生,念念相续不停,所以形成情绪相续不断的假象。而有漏乐和无漏乐的差别,就在于众生看不到这些相续的假象,不了解有漏乐是无常、会失去、会败坏,因此在其中起了贪爱、执著,以致乐成苦本。而圣者了解乐受是无常、是空,因此不起贪爱执著,也就不会因而悲忧苦恼。

从纵切面而言,了解这些世间乐在浩瀚的时间洪流中,是如此短暂时,我们将不再坚持追求;从横切面来看,当知道情绪是心念而生,是因缘和合而起,是无常、是空时,我们知道情绪是虚妄不实、是水中月、镜中花。龙树菩萨更言"一念不住,无可受乐"。当我们了达这一切都是虚妄时,心不住其中,不执著苦乐,我们的心就真正的自在了,不再为情绪束缚,此时也才是真正的"避苦求乐"!

生命中充满痛苦,但它同时也充满了很多奇迹,像蓝天、阳光、婴儿的眼。痛苦不是全部,我们还必须去认识和体验生命中的奇迹,它们就在我们心中、我们周围的每一个角落、每一分钟。如果我们既不愉快,也不安详,我们就不能与其他人分享安详和愉快,即使那些我们热爱的人,乃至我们的家人。如果我们既安详又愉快,我们的生命就能像一朵花一样地绽放,我们家里、社会上的每个人,都将得到我们安详的濡润。欣赏蓝天的美,我们需要做什么特别的努力吗?我们必须练习怎样才能欣赏它吗?不,我们不需要,我们本能地就会欣赏它。我们生命中的每一分钟、每一秒钟其实都可以过得像欣赏蓝天时那样舒畅惬意的。无论我们身处何地、何时,我们都有能力欣赏蓝天、彼此的存在,甚

至呼吸的感觉。我们不需要到异国去欣赏蓝天,我们不需要到未来去欣赏呼吸,我们可以马上去体会、欣赏这些事物。如果我们仅仅对痛苦保持清醒的意识,那将是很遗憾的。

在今天这种社会中,我们太忙了,几乎没有时间去关注我们所爱的人、哪怕我们自己的家人,也没有时间去关注我们自己。偶尔有些闲暇,我们也不懂得如何利用它,使我们回归自我。我们有很多方式可以打发掉这些宝贵时间:打开电视、拎起话筒、开上小汽车到某地去。我们不习惯与自己相处,我们的所作所为就仿佛我们不喜欢自己、试图逃避自己似的。

禅定就是对正在发生和进行的事情保持觉照——我们体内的、感觉上的、心中的、世界上的,所发生的形形色色的事情。每天有4万儿童死于饥饿;超级大国们已拥有5万枚核弹头,足以把地球毁灭很多次。然而日出是美丽的,沿墙的玫瑰今晨开了,开成了一个奇迹。生命既令人恐惧,又精彩绚丽。习禅就是去充分地体味这两者。请不要以为为了习禅我们就得板起面孔,不,事实上,为好好习禅,我们必须多多微笑。

在日常生活中,如果我们能够微笑,能够有安详愉快的心境,那么不但我们自己身心受益,而且每个人都将受到感染和滋润。这就是和平工作最基础的一项工作。

有时,为了提醒我们自己放松下来,拥有安详的心境,我们会希望专门留出些休整时间,比如纯粹、自然地过一天,在这一天里,我们可以悠闲地散步、微笑,与友人品味清茗,庆祝彼此的欢会,就好像我们是这个地球上最快乐的人。这不是逃避,而是一种治疗和康复活动。行禅坐禅中,厨房和花园劳作中,从早到晚,我们都可以练习微笑。开始你也许觉得微笑是困难的,那么我们就不得不思考一下为什么。微笑意味着我们是自己,意味着我们对自己拥有主权,意味着我们没有被湮没于遗忘当中。这种微笑,我们可以在佛菩萨的脸上见到。

有智慧的人随时随地可以快乐,只要放下心情,天地万物都会使你快乐；你要是放不下这个心情，你怎么都活得不快乐。

哲学家说："有智慧的人随时从周围取得快乐，没有智慧的人希望别人给他快乐。"

快乐是来自内在的解脱，你的内心不快乐，每天祈求谁给你快乐呢？

人都是一样，自己在家待得无聊，跑去楼上或楼下去东家长、西家短。说说隔壁的小姐，没结婚就大肚子。哎呀！这个太太真不识相，先生不在家就怎样怎样……讲完又跑到隔壁去讲东讲西。一天到晚讲这个讲那个，希望获得快乐，他怎么会快乐呢？一天到晚讲人家是非，讲人家不对。自己坏透了，自己不知道，却讲别人不好。

人就是这么可怜，自己的脸黑了一半，却只看到别人的脸很脏，然后就笑人家，说："嘿嘿，你的脸黑了一点。"人家就告诉他："我黑了一点，你黑了一半！"

人往往看不到自己的面目；却很注意地看别人的言行，看得很清楚。自己的缺点看不到，而每天在批评别人的好坏，每天在牢骚抱怨。人就是这样，用别人的缺点来烦恼自己，活得很痛苦！

所以说，有智慧的人随时随地可以快乐，只要放下心情，天地万物都会使你快乐；你要是放不下这个心情，你怎么都活得不快乐。

所以，佛陀说："没有人能给我们痛苦，只有自己给自己痛苦。"又说："希望从别人身上得到快乐的人，好比一个乞丐向人乞讨，很痛苦。"因为快乐不是别人给我们的，而是靠自己解脱、自己超越一切顺逆的境界，放下所有的执著烦恼，如此才可以得到。一切要靠自己，无论别人给你多少，都不能快乐。

"反对快乐，抛弃快乐，不要快乐。"如果有人喊这样的口号，人们一定要骂他是神经病，是不近人情的。因为，企求快乐是人类的常情。快乐是人人所喜欢的，怎好加以反对呢？但孔夫子曾经说："众好之，必察焉。"快乐既是大众所喜欢的，那就不可不加以研究。在快乐之上加一"真"字，就暗示着快乐还有假的。快乐既有真假的分别，应先认明白

了,才不致舍真取假,自找麻烦。

怎么叫做"真快乐"呢？简单地说,属于内心、精神方面的,永久常恒,不随环境变迁的,与大众所共,互不相碍的,这种快乐,才是真实究竟而值得羡慕追求的。怎么叫做"假快乐"呢？简单地说,属于肉体、物质方面的,暂时而不经久的,随环境而变化的,是一己独享、而含有侵夺意味的,这种快乐的里面就有痛苦,人们倘认假作真,沉迷在这里面,就会发生后患。

但看住洋房、坐汽车、食珍馐、衣华丽,这是大多数人所认为快乐的。如果遇到天灾兵祸,洋房被毁了,或人事变迁,经济发生困难,洋房出卖了,那他的快乐,就要随着洋房同时消灭。而且回忆过去,难免加上许多惆怅呢！机器出毛病,汽车开不动,或者碰到非常时期,汽油被统制,汽车不能坐,那他当初的快乐,却成为后来痛苦的根本。吃惯精良的,日久生厌,也觉无甚快乐,倒不如清茶淡饭来得滋味可口。讲究衣着的人,争奇斗胜,终觉别人的衣服比自己的漂亮,心中常常觉得不满意。这种以财物为基础的快乐,财物没有了,快乐就立刻变成烦恼。即使财物存在,正当享受的时候,别人看他很快乐,其实他的内心患得患失,终觉得百不如意,也是苦多乐少啊。

所以,这种依赖物质的快乐——假快乐,好比镜花水月、过眼烟云,全是幻妄的。无奈世人大都识不透这种快乐的幻妄,拼命地都向这一边追求,但大地间的物质是有定量的,怎能满足多数人无厌的欲望呢？于是巧取豪夺,欺争劫杀,弄得人世扰扰,无有休止。

人类羡慕假快乐的心理若不彻底改变,终没有安乐的日子。谚云："有了千钱想万钱,做了皇帝想成仙。"古来许多英雄豪杰,因为识不透假快乐,弄得身败名裂,为天下人所笑,真是不可胜数。最明显的,就像秦始皇大造宫殿、穷极享受,还不知足,再使人去求仙药。他处心积虑,专为一己一家图谋快乐,但他所得的快乐转眼却变成国破家灭的祸根,还要受尽未来际后人的唾骂,这就是识不透假快乐,追求过分了,所以吃这种遗恨千古的大亏。

人类追求假快乐,竟有这样的流弊,多么危险呀!所以往圣先贤,处处劝人节制物欲,不要被物质的假快乐所迷,而极力推崇精神的"真快乐"。像孔子叹赏颜渊的箪瓢陋巷的乐趣,称赞子路的不耻敝袍的见识。但在当时俗人看来,以为他们衣食不周,是很痛苦的。其实,他们的心中,确能认识到"真快乐",又哪里会觉得痛苦呢?识得"真快乐",才能养成伟大的人格,受几千年来无量数人的崇拜。这"真快乐"岂不是永久真实而很可宝贵的吗?

但这种还是世间的"真快乐",若讲出世间的极乐,就是佛所说的涅槃寂灭之乐、西方净土之乐,那更加来得殊胜了。所谓依正庄严,寿命无量,常恒不变,究竟圆满,那才是快乐当中登峰造极、至高无上的真快乐啊!有理智的人们,自应抛弃肉体的假快乐,而寻求精神的真快乐;然后再进一步修取出世间的极乐,才得究竟圆满,永远不受诸苦。但人类贪着假快乐的习气太深了,须得逐渐破除,才能领略"真快乐"的趣味。领略真快乐的人多了,那世界才有清明的希望。

有一次,佛陀在他停留的森林中看见一只狼狗跑出来,它站了一会儿,然后跑进草丛,又跑了出来,随后冲进一个树洞里,又再冲了出来。一下子跑进穴里又再跑出来。站了一分钟,又开始跑了起来。接着又躺、又跳,原来那只狼狗生了疥癣。当它站着的时候,疥癣会侵入它的皮肤,所以痛得拼命跑。跑时仍觉得不舒服,所以停了下来。站着也不舒服,所以躺了下来,一会儿跳起来,冲进草丛里,树洞中,就是无法安定下来。

佛陀说:"比丘们,今天下午你们有没有看见那只狼狗?站着苦,跑也苦;坐下来苦,躺下来也苦;它怪是站着使它不舒服,又说坐不好,跑不好,躺也不好。它怪树、树丛、洞穴都不好。事实上问题跟这都无关,而是在它身上的疥癣。"

我们就跟那只狼狗一样。我们的不快乐由于错误的知见。因为我们不自我约制感官,因此责怪外界带给我们苦痛。无论我们住在泰国、

美国或英国,我们都不满足。为什么呢?因为我们的知见还不正确,只是如此罢了!所以无论我们走到哪儿,都会不快乐。如同那只狼狗,无论它走到哪里,只有疥癣治好后,才会感到轻松愉快。因此,当我们除去我们的不正见时,不管走到哪儿,都会很快乐。

不要被过去的事情所羁绊,不要预期尚未发生的事情。安住在当下,不要迎拒,莫分别计度,勿思忆猜测,这才是自己本来的面目……

修行最重要是转识成智。世尊在菩提树下悟道时云:"奇哉!奇哉!大地众生,皆有如来智慧德相,祇因妄想执著,不能证得。"这句话,用心体会,每次都有更深一层的了解与体认。

以前求学,总认为成绩代表一切,如果没有达到老师所订的标准,就承认自己是一个不用功的学生,而否认了学习过程中的一切努力。想要得到一个好成绩,是为了获得别人的肯定及嘉许,这是虚妄不实的啊!从这些评量、或外在的肯定所建立起来的"我"是多么的脆弱!然而,过去"我"却一直活在这些价值观当中。为了得到别人的肯定,一直以完美主义来要求自己,同时也拿来衡量别人。也因此在有所求、有所得的心态下,求不得即是苦;求得更是苦,因为怕失去,所以更是用尽心力去维持这虚妄的假象。

看清了这些原因,才察觉出:要跳开这些错误的情绪窠臼,必须放下我执。没有一个真正的好,亦没有绝对的坏。好坏都是由人心去分辨、比较出来的。人们依自己过去的经验、阅历来判断当前的是非对错,这先入为主的观念反映出的结果,必然没有一个绝对的标准。在相对的世界要找到绝对完美的组合,那根本是一个颠倒的想法。

"过去心不可得,现在心不可得,未来心不可得。"不要被过去的事情所羁绊,不要预期尚未发生的事情。安住在当下,不要迎拒,莫分别计度,勿思忆猜测,这才是自己本来的面目。唯有歇下狂心,才能如实的映现事物的本来面貌,当心如止水,则千江有水千江月,雁过寒潭不留影。有了这样的认识,才是我们修行的正途。因此时时刻刻都要提起正念,转化烦恼成菩提,而事实上烦恼就是菩提!

大会上众人听佛说佛的寿命劫数这样久远,有无量无边阿僧祇数的众生,得到了极大的利益。

这时候,世尊对弥勒大菩萨说道:"阿逸多啊!我说如来寿命长远的时候,六百八十万亿那由他恒河沙数的众生,得到了无生法忍;又有千倍于此的大菩萨,听到持陀罗尼的法门;又有一世界微尘数的大菩萨,获得了无碍的辩才;又有一世界微尘数的大菩萨,得到百千万亿无量旋陀罗尼;又有三千大千世界微尘数的大菩萨,能转不退法轮;又有二千中国土微尘数的大菩萨,能转清净法轮;又有小千国土微尘数的大菩萨,经过八生当得阿耨多罗三藐三菩提;又有四个四天下微尘数的大菩萨,经过四生当得阿耨多罗三藐三菩提;又有三个四天下微尘数的大菩萨,经过三生当得阿耨多罗三藐三菩提;又有二个四天下微尘数的大菩萨,经过二生当得阿耨多罗三藐三菩提;又有一个四天下微尘数的大菩萨,经过一生当得三耨多罗三藐三菩提;又有八世界微尘数的众生,都发出求阿耨多罗三藐三菩提的心。"

佛说这些大菩萨得到极大佛法利益的时候,从虚空中,像下雨一样,降下曼陀罗华、摩诃曼陀罗华,散向无量百千万亿宝树下狮子座上诸佛,也散向七宝塔中狮子座上的释迦牟尼佛和灭度已久的多宝如来,也散向一切大菩萨及四部大众。又纷纷如雨降下旃檀香、沉水香等。在虚空中天鼓自鸣,美妙的声音深远悠长。又飘下千种天衣,垂着各种璎珞,有真珠璎珞、摩尼珠璎珞、如意珠璎珞,遍于九方。许多珍贵的香炉,燃烧着无价的妙香,自然而然生出,来供养大会。每一个佛的上方,都分别有许多菩萨,执持幡盖,次第而上,直到大梵天那样高,这些菩萨们用美妙的声音,歌唱无量的偈颂,来赞叹诸佛的功德。

在这个时候,弥勒菩萨从座位上站起来,偏袒露出右肩,双掌相合,向佛用偈颂体的语言说:

佛说的稀有的佛法,以前从来没有听到过。世尊有极大法力,寿命不可称量。有无数的佛法之子。听到佛的分别讲说,而得到佛法利益,欢喜充满全身。有的住于不退地;有的得陀罗尼;有的得到无碍辩才;

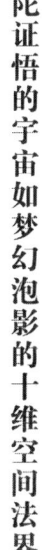

第十八章 佛陀证悟的宇宙如梦幻泡影的十维空间法界

有的得百千万亿无量旋陀罗尼；有大千世界微尘数的菩萨都能转不退法轮；又有中千世界微尘数的菩萨都能转清净法轮；又有小千世界微尘数的菩萨经过八生当能成佛道；又分别有四、三、二个四天下微尘数的菩萨，分别经四、三、二生当能成佛；有一个四天下微尘数的菩萨，经过一生当能成佛。这样多的众生，听说佛的寿命长远，得无量无漏的智慧，获清净的果报。又有八世界微尘数的众生，听佛说如来寿命，都发无上道心。世尊说无量不可思议的妙法，让很多的众生得到佛的利益，数量像虚空一样没有边际。天空上降下曼陀罗华和摩诃曼陀罗华。又有无数的释提桓因和大梵天王，像恒河沙数一样多，分别从不同的国土赶来听法。天空上自然降下旃檀香、沉水香，纷纷坠下，如同鸟儿从空中飞下，散向诸佛而做供养。天鼓在虚空中自然鸣响，发出美妙的声音。又有千万种天衣，从空中旋转而下。无数宝贵的大妙香炉，焚烧着珍贵无价的妙香，自然而然遍布于整个法界，供养诸佛世尊。众多的大菩萨们，执持七宝饰的幡盖，非常妙，有万亿种之多，一个换一个，次第而上，直至大梵天，这些幡盖分别悬于每一个佛的头顶。执持幡盖的菩萨们，又用千万种偈颂，歌唱赞叹诸佛如来。像这样的种种盛事，是以前没有的。佛说如来寿命无量，天上地下一切尽皆欢喜。佛的名号，在十方世界都可听到，使从生都有所饶益，令一切众生都具足善根，助发求无上正等正觉之心。

这时佛陀对弥勒大菩萨说："阿逸多啊！如果有众生，听说佛的寿命这样长远，甚至能生出一念的信解，所得功德，不可限量。如果有善男子，善女子，为了证得阿耨多罗三藐三菩提，在八十万亿那由他的劫数中，行以下五种波罗蜜：檀波罗蜜、尸罗波罗蜜、羼提波罗蜜、梨耶波罗蜜、禅波罗蜜，除去般若波罗蜜不修。以所有这些功德和前面所说的功德相，不及百分之一、千分之一甚至千万亿分之一，乃至算数譬喻所不能说明白。如果有善男子、善女人，有这样多的功德，对阿耨多罗三藐三菩提生退转之心，这种事情是没有的。"

当时，世尊要重新宣说这样的意思，就用偈颂体的语言说：

如果有人求证佛的无上智慧,在八十万亿那由他的劫数中,行五波罗蜜。这些劫数中,布施供养佛、缘觉弟子、及众位菩萨等。用种种珍异的饮食、上等的衣服、卧具,旃檀香建造的精舍,清静庄严的园林,这样多的布施,每一种都微妙殊胜。在所有这些劫数中,以功德回向于佛道。又能恶持禁戒,清净圆满,没有缺漏,欲求无上佛道,为诸佛所赞叹。又行忍辱法门,住于调和柔顺之地,即使有众多的恶人来加害,内心也丝毫不动摇;也有已经证得佛法的,前来轻视嗤笑,这样也能忍受。又勤修精进,志念坚固,在无量亿劫数中,一心也不懈怠。又在无数劫中,居住于空闲之处,无论行走坐卧,除眠眼外常摄心静修。因为这种因缘的缘故,能生各种禅定,在八十亿万劫的时间中,安住一心而不散乱。持此一心之福,希望能求无上佛道,在所有这些禅定中,愿证得一切种智。这人在百千万亿的劫数中,修行这些种种功德。像我刚才所说的,有善男子、善女人,听我所说如来寿命,甚至在一念中生净信的,所得福德就比所有这些修行还要多。如果有人,没有一切的疑悔,在须臾之间深心生信,所得福德就如此之多。也有诸多菩萨,已于无量劫修道,听我说如来寿命,就能生信受之心。所有这些人,顶礼信受这部经,希望我在未来的无量寿命中度化众生,就像今日的世尊,为释迦族中的法王,在道场上发出狮子吼,说法时心无怖畏。在未来世中,我们也是这样被一切人所尊敬,端坐于道场时,所说如来寿命也是这样。如果有深心生信的人,内心清净而质朴博学多闻而都能受持,随义理而理解佛所说的言语,这样的人对我所说没有任何怀疑。

　　还有,阿逸多啊!如果有人听说佛的寿命这样长远,解悟其中的义趣,那么,这人所得的功德,没有限量,能生起如来无上的智慧。更何况全听完这部《法华经》呢?如果教人听受,或自己受持,或让他人受持,或自己书写,或让他人书写,或用华香璎珞、幢幡绘盖、香油酥灯供养这部经,那么这人的功德也是无量无边,能生一切种智。阿逸多啊!如果有善男子、善女人,听我说如来寿命如此长远,能深心信解,就等于见到佛常在耆阇崛山,和众位大菩萨及声闻众在一起,围绕在一处说

法；又见到这婆婆世界，其地都是琉璃，平坦方正，最好的阎浮檀金做成八条界道，宝树成行而列，各种亭台楼观都用宝物建成，众位菩萨处于其中。如果能这样观想的，就应当知道他是甚深信解。

在如来入灭之后，如果有人听闻这部经而不诽谤，起随喜协德心，就应当知道他已有甚深的信解。更何况有人能读诵受持呢？这人就像把如来顶在头顶一样。阿逸多啊，这善男子、善女人，不须再为我建造塔寺，造做僧房，用衣服、饮食、卧具、医药四事供养众僧。为什么这样呢？这善男子、善女人，受持读诵这部《法华经》，就等于已经建塔、造僧房、供养众僧。就等于用佛舍利，造七宝装饰的佛塔，越高越小，直到梵天，上悬众多幡盖、宝铃、华香、璎珞、焚香、末香、烧香、众鼓伎乐、箫笛箜篌、种种舞蹈、美妙的歌声唱颂等，用以供养，就等于已在无量千万亿劫中，为舍利作了这些供养。阿逸多啊！在我灭度以后，如果有人听闻这部经典，能够受持，或自己书写，或让人书写，就等于建造起僧房，用红色的旃檀木建三十二座殿堂，有八多罗树之高，壮观美好。有百千比丘住于其中，园林、浴池、路径、禅窟、衣服、饮食、床褥、汤药及一切乐具等等，充满其中。像这样的僧坊堂阁，有若干百千万亿，无数之多，还用种种用具供养我和众比丘。所以我说，在如来灭后，如果有人受持读诵、为人解说，自己书写、教别人书写、供养这部经典，不须要再建造塔寺、僧房及供养僧众。何况又有人，不但受持这部经，还兼行布施、持戒、忍辱、精进、一心智慧，这人功德最为殊胜，无量无边。就像虚空一样，充满东西南北、四维上下，无量无边，这人的功德也是无量无边，很快能达一切种智。如果有人受持读诵这部经，为他人解说、自己书写、教别人书写；又有造作塔寺、僧房、供养赞叹声闻乘众僧，也用百千万亿种赞叹的方法，赞叹菩萨的功德，又为他人借种种因缘，随义理而解说这部《法华经》；又能清净持戒，和温柔和顺者共起居，忍辱而无瞋念，志念坚固，经常坐禅得深妙禅定，勇猛精进而总修种种善法，智慧通利而善于辩答。阿逸多啊，在我灭度后，如果有善男子、善女人，能受持读诵这部经，又有这些向善的功德，应当知道，这人已到道场，坐于菩萨提树下,接近阿耨多罗三藐三菩提。阿逸多啊,这善男子、善女人,或坐、或行、或立的地方,就应该建塔,一切天人都应供养,就像供养佛塔一样。

这时,世尊要再次宣说同样的意思,就用偈颂体的语言说:

在我灭度以后,如果有人受持这部经,那么这人福德无量,就像以上所说那样,就等于具足了一切种种的供养。供养佛舍利而建塔,用七宝作装饰,塔身高大,从下至上,渐渐减小,高至梵天,悬挂千万亿宝铃,被风吹动而发出美妙的声音。又在无量劫中供养此塔,应用华香、璎珞、天衣、伎乐、香油灯、酥油灯等物,灯光在四周照耀,明亮无比。在末法时期的五浊恶世中,有能受持这部经的,就等于已经作了以上这些供养。如果能受持这部经,就好像佛仍住世,用牛头栴檀木建造僧房作供养,有三十二座殿堂,各有八多罗树那样高,饮食、衣服、睡床、卧具都具足,有百千众僧居住,园林、浴池、路径、禅窟都很美好。如果有人生解心,受持读诵书写,又教人书写,并供养经卷,用华香、末香、须曼花(善称意花)、薝卜花(郁金香)、阿提目多伽(胡麻)作供养,用熏油燃烧照明。作这样的供养,功德像虚空一样无量无边,福德也是这样。更何况说,既受持这部经,又布施、持戒、忍辱、禅定、不瞋,不恶语伤人,恭敬塔庙、谦恭对待比丘、远离贡高傲慢之心、常思维智慧,有来诘问的也不生气,顺其脾性而为其解说。如果有人能修这样的行为,功德不可称量。要是见到成就这样功德的法师,应该用天花散在其头顶,用天衣覆盖他身体、用头面触其足而行礼,把他想象成佛一样,又应想道,他不久就要到道场,证无漏无为的佛法,广泛利益世上人和天人。他所住的地方,或经过的、坐、卧的地方,甚至只说一偈的地方,都应建造塔,用宝物来装饰,使宝塔美妙无比,并用种种物品来供养。佛子住在此地,就如同佛自己受用,并住于其中,漫步或坐卧。

第十九章　高悬天穹的光辉捡拾灯影里的旧梦

我相信即使有最幸运的地理环境和最好的法律,若将习俗丢置一边,是不能维持宪法的;反而后者甚至可将最不利的环境和最坏的法律转化为优势。习俗的重要性是一个普遍的真理,研究和经验都不断地将我们拉回到它的身边。我发现它占据着我思想中的中心位置:我所有的思想观点都最终要回到它。

文化价值观念、信仰和态度在社会进化的道路上所起的作用被不少学者、政治家,及发展研究专家有意避开,尽管已有托克维尔,马克斯·韦伯,以及更近的弗朗西斯·福山,萨缪尔·亨廷顿,大卫·兰德斯,罗伯特·帕特南,卢西恩·派伊等一批学者发表了观点。对那些专家们来说,借引地理限制,资源缺乏,政策不当,制度过松等要容易得多,因为这样他们就避免了作引人生恨的比较,避免了引起政治敏感,避免了因对成功与失败的文化解释而将产生的感情伤害。但就因为避开了文化,他们还不仅只是忽视了为何有些社会或民族宗教集团在关于民主制度、社会正义以及经济繁荣方面表现得比他方更好的一个重要解释,他们还放弃了一种可能,即进步可以通过分析文化对它的阻碍,和将文化变革作为救治方法,而得到加速。

文化对社会进化道路的影响不仅对实现减少全世界的贫穷和非正义之目标至关重要,它还是外交政策中的一个关键因素,对布什政府促进民主政策的基本原则有特别意义,"自由价值观对于每一个社会的每一个人都是正当合理的和普遍适用的"。如果文化确实对推动

民主不可或缺,如托克维尔强调的,以及美国在促进民主方面令人沮丧的经历所暗示的,那么我们的基本原则就可能在没有民主传统的文化之压力下而变形,坍塌。

在关于是什么驱动了人类进步的根本问题中,如果不考虑文化,以及不考虑文化变革的作用,有些问题是不能回答的。例如:

· 为什么东亚儒教社会经历了转换式的经济增长率?
· 为什么东亚移民不管迁移何地总能如此成功?
· 为什么犹太人迁移到哪都能成功?
· 何以解释西班牙从一个传统的独裁统治国家蜕变成一个现代西欧民主国家?
· 为什么北欧国家在大多数进步指标上都领先于世界其他国家?
· 为什么海地和多米尼加共和国共享加勒比伊斯帕尼奥拉岛,而行进之路却如此不同?

文化起的作用确实很关键,但尽管重要,它在人类进步中也仅仅只是一个因素。地理特征,包括气候与资源禀赋,也起着作用,这不仅表现在通过它对经济发展会产生直接影响,而且它还会影响文化。贾雷德·戴蒙德在他的畅销书《枪炮、细菌与钢铁》中提供了一个引人入胜的例子,显示了环境的强大影响,但他为文化留下了空间:"在解释为何有些社会比其他社会进步更快的其他因素中,文化因素……逐渐凸显……全世界人类文化特征差异很大。有些文化差异无疑是环境差异而导致的。然而那与环境不相关的当地文化因素所可能隐含的意义,才是一个重要问题。一个无关紧要的文化特征可能就因为当地一时的琐碎的理由产生了,接着定型了,然后往往就使得社会去做更重要的文化选择。"

寒冷的气候迫使人类提前为过冬做准备,而住在热带地区的人就没有这样的问题,这种情况对解释为什么大多数穷国都在热带地区肯定是有意义的;这也许也相关于为什么一些国家的炎热部分——比如意大利南部,西班牙南部,美国南部——居民不如寒冷地带的居民富裕。

意识形态和政府政策也能深刻影响发展的步伐和方向：朝着还是背离民主与社会正义，向着还是远离快速可持续的经济增长。与意大利、西班牙、美国相对照的是，韩国是北边穷南部富。这种颠反主要是因为，在北方，意识形态以及从中产生的系列政策都是抗拒经济发展与政治多元主义的，而南边在意识形态和政策上则已被证明是有利于经济发展的，而这又反过来酿生了民主。这是一个意识形态与经济政策似乎比文化更重要的例子。然而即使在这些例子中，文化仍然在起作用。

我们所说的"文化"是指什么意思？"它已经有过无数的定义了"，就像世界银行最近一项研究里说的。我们通常听到说"通俗文化"，它包括食物、娱乐和穿着式样，以及其他方面。而"文化"又经常使我们想起文学，艺术和音乐——"高级"文化。但就我们的目的而言，文化是一个社会的成员共同享有的价值观，信仰与观念。这些价值、信仰、态度主要是通过环境，宗教，以及一代一代借儿童抚养习俗，宗教惯例，教育制度，媒体，及同辈关系而相传下来的历史偶然性因素得以形成的。现在，它们已被分散在本书第二章的趋向进步与阻碍进步 25 个因子的社会类型描述中。

文化受到宗教的强大影响，本书对讨论的各种文化之区分，按一较宽泛的分类层面，主要以占主导地位的宗教或伦理规范而界定：新教，天主教，东正教，犹太教，伊斯兰教，儒教，印度教，及佛教。这样的划分大致相当于萨缪尔·亨廷顿在其《文明的冲突与世界秩序重建》中分析的"文明"，虽然他将欧洲新教与天主教国家以及英国后裔国家(美国，加拿大，澳大利亚，及新西兰)合而列为"西方"。然而，我们的分析将越过以上一般分类而进入"文明"内部的具体国家，甚至进入到一些省、市和少数民族族群。

历代以来，文化发展势头强劲，但它易遭变动。态度和信仰较之价值观更易变动。例如美国最近数十年种族观念的转变，及屡见不鲜的从一个政党转向另一个政党，从而带来的政治信仰或意识形态上的转

变。另一方面，各种价值观是文化的基石，它们通常比态度与信仰变动要慢。一个例子就是儒家的核心价值观忠孝（孝悌）——子女对荣耀、尊敬和遵从父辈的责任。但发生在日本，韩国以及当代中国国内自身的快速现代化甚而已经动摇了这种基本价值观。

文化是怎样影响到社会进步的方式的呢？各种文化可以被看作是遮在普遍人性上的覆盖物，它在相当大程度上可以解释体现在各社会迥然不同的政治、社会和经济演化中的行为差异，例如西欧与阿拉伯国家。与此相关的一项观察是来自由联合国发展项目与阿拉伯经济社会发展基金委托并已受到广泛阅读的《2002 阿拉伯人类发展报告》：

文化与价值观念是发展的灵魂。它们提供了发展的动力，便利了进一步发展所需的途径，从本质意义上界定了人对发展目的与目标的愿景。说文化与价值观念是工具性的，是指它们帮助形成人的希望、恐惧、抱负、观念和行为，但它们同样也是生成性的，因为它们塑造了人的理想，激励着人们为自己及为后代的人生的完美而奋斗的梦想。在阿拉伯国家有一些关于文化和价值观是促进还是阻碍发展的争论，而最终的结论是各种价值观不是发展的仆人，它们乃是发展的源泉……

政府无法向它的人民颁布价值。实际上，政府，以及它们的行为，是部分地由民族文化和价值而形成的。但是，政府可以通过领导权和示范，通过引导教育与教学法，社会激励构成，以及运用媒体，而影响文化。而且，通过影响价值观，它们会影响到发展的路径。我始终在尝试对文化与宗教进行各种归纳。这对于一个寻求更深入了解"文化"的构成因素，以及它怎样影响了行为，和我们相应可采取的补救措施的研究项目而言，是必不可少的。但我们必须记住的是文化之间并非都是同质的；所有文化都有，——用罗伯特·赫夫纳的话说，"它们自身内在的多元主义，类差，及针锋相对的'潮流'"。而且，个体之间的差异存在于一切文化之中：趋向进步的人将肯定会在阻碍进步的文化中发现，反之亦然。但尽管如此，有令人信服的证据表明，如有来自海特·霍夫斯泰德对全球 IBM 办公室文化差异的比较分析，及世界价值观调查——它估测了约65个国家的价值观与价值观变迁,确有有意义的模式存在于各个国家,甚至各个"文明"的价值观、信仰和态度之中,使得我们的归纳结论显得有效并且有用。政治有能力改变文化,从而促成更迅速的发展。社会能在一代人的时间内实现实质性转变。与此同时我们还需意识到,很多其他因素也在起作用,其中尤以地理和自然环境为甚;文化也可能被压制,比如说被不利的意识形态压制。不管怎么说,文化,无论是作为发展的催化剂还是进步的障碍,都显示出了巨大的力量。

人应当效发天则循序而进。物极必反,盈而亏,亏而盈,循环不已,用善用刚柔以进退。君子自强不息。以天下之乐为乐,以天下之悲为悲,以天下之急为急。太空是当今人类文明的聚集点,太空也是引领人类社会经济发展的强劲增长点,就像鹰是食物链中的最高端一样,太空更是人类智慧博奕中的最高端。面对太空时代,我们将以什么样的智慧、什么样的姿态去把握太空时代的未来?太空时代的和善和谐和平谓之太和之道,太和所谓道,中涵浮沉,以"天"为本体,以"地"为场所,以宇宙变合为动因,通过沉浮、升降、动静、聚散、氤氲的矛盾变动的过程,形成和谐世界的万千物类。故露雷霜雪和以其时,动植飞潜各以其族,必无长夏霜雪、严冬露雷、人禽草木互相淆杂之理。大自然的运行和造化是有规律的,夏露冬雪,春雷秋霜,乃至鸟兽虫鱼,人类活动,都遵循一定的规则,而不会互相混淆,杂乱无章。这就是宇宙和谐的根源和实质,也是世界有序运行的内在机因。是故天和者,谓之天乐。"知天乐者,其生也天行,其死也物化……无天怨,无人非,无物累,无鬼责。"天乐,就是与天地万物融洽浑合的一种快乐自在的状态,亦即能够与天同乐,是自然之道在人心中的迁延与充实。体会天乐或与天同乐的人,他生存时顺天而行,死时便与外物化为一体,静时与阴同隐寂,动时与阳同波流。所以体会天乐的,不怨天,不尤人,没有外物牵累,没有鬼神责罚。一个人能够与天同乐或拥有天乐,是以意识到自己的渺小和短暂进而忘怀一己的得失荣辱、感官享受为前提的。只有完

全忘掉自己的现实存在，忘掉一切耳目心意的感受计虑，才有可能与万物一体而遨游天地，获得天乐。天道生生不息，人道生生不息，天道人心，依时而变，其为趋势，其为法则，是不可违背的。见诸天，谓之天道法则；见诸人，谓之心的法则，二者全无造作处，全是天道自然、人心自然，提升处，谓之天道本体，散落处，谓之天道流行、人心所向。因此，讲天道人心不可违，首先是在这种天道人心的自然法则的不可违背、不可抗拒的意义上讲的。天道人心不仅是自然法则，而且是理性的法则，即天道人心全是出于自然法则的理性思维，一曰明哲维天，一曰知人则哲。明哲维天，就是照之于天，以天为参照系，就是使天下之义尚同于天，就是章于天，以天的法则纳纪四方，就是领悟宇宙法则秩序对于社会人生的价值和意义。这个法则秩序就是均衡、和谐，就是刚中而应，大亨以正，上升为形上本体，就是天道，就是大中之道。谁能够以极高的智慧领悟这种法则对于社会人生的价值和意义，谁就是明哲，谁就是圣人，谁就是有德者，谁就是文明人，谁就是知天命者。孔子所说："唯天为大，唯尧则之"，墨子所说"圣人之道，盖总乎天地者也"，就是讲的这种明哲。知人则哲，就是能以天的普遍法则认识人心人性之理法则，理解人的普遍价值与需要，据此把人看成是社会的根本存在与价值主体，知人善任，加以安置。天道天理是公理，是无所不载、无所不覆之理，是絜矩之道，是公平之理，是常道常德，是整齐好恶施平之理。一时的风尚，一时的喧腾，一时的欢乐，一时的纵欲，一时的趋鹜，一时的争相取向，并不是天道、天理。因为它是旋起旋灭的，是不能持久的。而且极度的私欲、纵欲、感情的宣泄，以及偏颇、偏激、反复无常、朝秦暮楚等等，只能使社会走向非理性，走向与常道常德相背而驰的道路上去。"君子之听，以平其心，心平德和。"天道天理是和而不是乱，是公而不是私，是有常而不是无常。只有符合常道常德的民心民性，才是天道天理，才是真理、正义之所在；只有符合宇宙普遍法则的人心人欲，才合乎天道天理，才是天理人欲流行不相悖之处。讲天道人心不可违，唯此而已。它是一个理性的法则，而不是随心所欲。

天道人心不可违,顺之者昌,逆之者亡,是一个法则,是一个定理,并不是随心所欲的解释,或架诸空言、窥测天意。一切都看你怎么执行,怎么实践,故曰"天之历数在汝躬"。古无不亡之国,不变之世,盛衰治乱亦是宇宙法则的阴阳、动静、开合、往来之变的一种存在形式,也同样表现为阴阳两种基本力量的动静、屈伸的变化,表现为动极而后静、静极而后动及其无始无端的宇宙变化过程,表现为盛极必衰,治久必乱以及穷通泰否的宇宙法则。大宇宙的运动变化影响人类社会的小宇宙,人类社会小宇宙的活动也影响大宇宙。从这个意义上说,国家社会的盛衰治乱的确是通于天的,是通于宇宙法则及其运动变化的。但是,人类毕竟是国家社会价值的存在主体,毕竟是能够创造环境、改造环境的积极主动活动者。这些活动可以是非理性的,也可以是理性的,特别是治理或管理国家社会的人,他可以给国家社会带来长治久安,也可以把国家社会带入混乱无序,可以创造盛世,也可以把好端端的国家社会葬送。这一切都取决于他是否有清醒理智的盛衰治乱意识,取决于他是否有治国之本以及见诸怎样安排国家社会实践活动。因此,国家社会的存在、发展及其盛衰治乱,虽然是通于天的,是通于宇宙法则及其运动变化的,但一个国家,一个社会,究竟能存在多久,能不能发展、强盛,以及能不能长治久安,并不是取决于神秘的天意,并不是像阴阳、术数家所说那样是铁板定数或历数。天意者,民意也。历数者,变化历程之数也。"演天地之数,所赖者五十也。其用四十九,则其一不用也。不用而用以之通,非数而数以之成,斯易之太极也。"就天地大化之数而言,历数就是大一之数,就是不用而用之数,就是非数之数,就是对立统一的规律,就是开物成务、无为而无不为的自然法则,就是"万物一而立,再而反,而如初"的往返变化之道。因此,向下落实,见之于国家社会盛也、衰也、治也、乱也、存也、亡也,一切都要看人怎么实践,怎样执行变化之道,怎样对待人民,怎样以天道论治国家安民、教化天下。这就是帝舜告诉大禹的:"天之历数在汝躬。"

　　天是世界万物的根本,也是人世生活的真正凭依。"天者,百神之

君也,王者之所最尊也。"天不但是王者之所尊,而且也是所有人生活在世的理由和根据,正所谓"人资诸天"。人不是仅仅凭借理性思维就可以活着的,毋宁更依赖于天的资助和保佑。孔子曰:"巍巍乎!唯天为大,唯尧则之。"许慎的《说文解字》把天解释为"天,颠也。至高无上。"在东方人心中,天既是宇宙世界的总体,又具有人性化、伦理化的品格,更是人心信念、信仰的源出。天是人类思想体系运转的轴心所在。天底下所有的东西都与天必然地联系着,人有喜怒哀乐之情,天有春夏秋冬之气。天与人之间有着基本一致的性质、情感和功能,在源初始基上可以归入相同的一类。天与人之间存在着双向涵摄、彼此互现的沟通和融合。天通过人的形体、血气、德行、性情把自己的意志愿望呈现出来。人的所作所为也能够影响天、感动天,于是便实现所谓人与天的感通与应和,如是即为天道矣!天道是东方哲学视野中对人类的宇宙本体、知性本体、生存本体与信念本体的追寻,伟大的哲学家赫拉克利特曾说:"智慧只在于一件事,就是认识那善于驾驭一切的思想!"

唯其则天而行,故能广大、悠远、高明!

唯其知天理、达天德、故能渊泉如渊、溥博如天、兼覆天下、大行于天下!

唯其经纶天下之大经、立天下之大本、知天地之大化,故能在天地间立定脚跟、浩然与天地同流!

唯其生生不息、刚健文明、具有宇宙生命精神,故能绵延世泽、生生不绝、不断创造富有宏大之业!

唯其知常明而从容于中道,故乃公、乃全、乃天、乃道、行不妄作、没身不殆!

唯其体尽万物、审乎无假、胸怀大道,故能无物不将、无物不迎、外天地、遗万物而未尝有所困!

唯其尊德性而道学问、致广大而尽精微、极高明而道太和,故能体道致知、正心明理、至德至纯、至道不凝!

唯其不自见,故能彰明!

唯其不自大,故能成其大!

唯其功成而不居,故能不去!

唯其为而不争,故天下莫能与之争!

唯其能够通变,故能其用无穷!

唯其能够通变,故能则通则久则恒!

一个这样的民族,能够不复兴吗?能够不磅礴于世界吗?能够不保持固有的文明并创造新的文明吗?能够不出现智慧、文明、自由、和善、和谐、和平、新的鼎盛时期吗?回答是肯定的。我们应该有这个理想和信念!并把自我的生命融入中华民族参赞天地万物化育、绵绵不息的生命洪流中去,大化流行,一体并进,求得生命的普遍价值与富民兴邦、谐和万邦的大同太和智慧及全球化文明!

春天溪水就要融化,溪畔的树枝上银亮的花朵就要吐放,蝴蝶和蜜蜂就要飞来;大雁向北,港口解冻,柳莺四下翻飞。这种自然的秩序即包含了诸多美好,传播着真理——自然与生命的基本法则,预示了希望。在这无言的真和诗的围拢之下,人类的确应该是美好的。这种美好应该被自然而然地追求、贯彻和维护。向上的人类必须是善良的,向上就是一种善良。而只有善良才能够维护生命的永恒。

我们都走入了检验和归属的时代,它对我们构成了那么大的刺激和引诱。庞大的队伍由于虚假而消失,道路再不拥挤。既然走入了冷静和安宁,就应该充满希望。

人随时随地都需要希望,没有希望就注定迷失,导致堕落,引来烦恼。没有希望就可能失去朝气,带来晦气和情绪的低落。没有希望就会失去成功的机会,也看不出人生究竟的意义是什么。

希望是我们心中的阳光,灰心时温暖我们,消极时振作我们,力竭时鼓舞我们。希望即是自性中的燃灯佛,我们应随时让它照亮我们的人生。请注意,《永嘉证道歌》中说:"我师得见燃灯佛,多劫曾为忍辱仙。"

释迦牟尼的证道,是因为参见代表光明与希望的燃灯佛,经过不断努力、忍辱和实现大慈大悲的菩萨行才完成了福慧圆满的参证。也就是说,人唯有时时刻刻心怀希望,努力不懈,才可能活得圆满。

我们的希望在哪里?在自我实现,一颗慈悲之心和一种平怀的态度。能如此,则人生将显得轻松、丰足和悦乐,这就是禅道。

人活着需要一个好的信念,它给我们方向,给我们精神上的鼓舞和引导。但是信念不是预设的教条,而是自己透过智慧去发现的希望。

希望是属于你自己的,只有你活得有希望,在精神上能发现那份宁静,并与宇宙本体相会心的情怀,才会有永恒的发现。但那是用你自己的生活和因缘去发现,去实现得来的,而不是恪守教条从刻板的生活中得来的。

活在希望中的人是幸福的,自在的,充实的。透过禅的法眼,你一定能看出太和文明的希望……

光明的翅羽,在虚空中飞舞!

大圆觉底里流出的欢喜,在伟大的、庄严的、寂灭的、无疆的、和谐的静定中让我悄悄地走进了我梦中的娑婆世界。

大地上有许多干涸的河流,它们只剩下躯干,而没有了血液;它们只留下了形貌,让我们追念昨天,想象当年的滔滔不息。

时光的尘埃淹没了另一些古河道,使我们连枯干的躯体也不得相见。我们无从考据,也无以感怀。只有在午夜,在寂然无声的一个人的时刻,尚可以倾听古河之声——隐隐的,若有若无的鸣响,流入心的深处。

古河是万水之源,是文化的潮汐,是劳动、艺术、创造的源头。现代人无论如何应该倾听古河之声。

在人类的记录工具不断更迭创新,从鹅毛笔到钢笔圆珠笔再到机械打字机和电脑打字设备、声控打字机……在种种迅速的、目不暇接的、无从想象的演化和进化当中,人类同时也在经历着极大的进步和极大的退步。

一种难以预料的丧失使我们变得苍白而空虚。我们渐渐丧失了一部分咏唱的能力、喟叹的能力,不得不过多地依赖纸张、集成电路;我们甚至不愿意面对着纸页去涂抹和记录,更不愿像古人那样在物体上费力地刻画心得与思想……

佛陀曾经如此地化导众生:"须菩提!于意云何?如来有肉眼不?"

"如是,世尊!如来有肉眼。"

"须菩提!于意云何?如来有天眼不?"

"如是,世尊!如来有天眼。"

"须菩提!于意云何?如来有慧眼不?"

"如是,世尊!如来有慧眼。"

"须菩提!于意云何?如来有法眼不?"

"如是,世尊!如来有法眼。"

"须菩提!于意云何?如来有佛眼不?"

"如是,世尊!如来有佛眼。"

"须菩提!于意云何?恒河中所有沙,佛说是沙不?"

"如是,世尊!如来说是沙。"

"须菩提!于意云何?如一恒河中所有沙,有如是等恒河,是诸恒河所有沙数,佛世界如是,宁为多不?""甚多,世尊!"佛告须菩提:"尔所国土中,所有众生,若干种心,如来悉知。何以故?如来说:诸心皆为非心,是名为心。所以者何?须菩提!过去心不可得,现在心不可得,未来心不可得。"

这世上树叶有千万片,这世上人有千万种,不一定都要相爱,不一定都要相守,只要学会欣赏。

我们生活在一个五彩斑斓的世界,在这个世界里不光有着美丽的风景,同样也有着不同个性、不同气质、不同人格魅力的人。在漫漫的人生旅途中,你会相识、相遇很多的人,不同的人身上有着不同的品质及魅力,欣赏、喜欢和爱便成了我们最难把握的尺度。

有人说,男人和女人最重要的是相知、相爱。其实,在你的一生中,真正能打动你的人,远远不止一个,都去爱吗?很不现实,爱是一种用

心投入的狭隘的情感，它美好但独立而排他。当你爱一个人的时候，便想完完整整地拥有他，包括他的思想、他的情感以及他整个人。但每一次的感动过后，你又能长久地拥有吗？没有永远不变的思想，也没有永远唯一的情感。所以重要的不是爱，而是欣赏优秀的人身上散发着诱人的光彩，他不仅吸引你，同时也吸引着和你同样有着鉴赏能力的人。就像美丽的风景，它的存在不是为了一座山、一片旷野，而是为了整个自然，是为了点缀这美丽的世界，是为了让更多的人去欣赏、去品味、去陶醉其间。

不同的人、不同的品味，会对同一幅景象产生不同的感觉。晶莹的雪山有着冰清玉洁的美，潺潺的小溪有着清秀自然的美，波澜壮阔的大海有着宽广豪放之美，每一种美都给人不同的震撼。每一个人都是有血、有肉、有灵魂的，他们的身上同样散发着不同的美，每一种美好的品质都是诱人的。

任何时候，学会用欣赏的眼光去看待世界，看待你周围的人，你便会更坦然地面对一切了。人性的弱点就是想占有，想占有自己喜爱的一切东西。但人又是有思维的，这种思维随时都在变，没有一种情感是永恒不变的。所以，不要奢望你能拥有很多，用一种平常心态去欣赏一个人，就像欣赏一幅画一样，你会很快乐，也会很坦然。

当你用一种平常的心境去认识一个人、结交一个人的时候，你便会没有了一些私情杂念，你们便可以自由随意地交往，心也便会一点点地交融，真正的朋友便会在你欣赏的眼光中向你走来。

友情同样是生命中不可缺少的东西，在你拥有了很多真心朋友的时候，你才会体会到生命的快乐。拥有一个好朋友，比拥有一段感情要平实得多，在人的一生中，每一次用心的投入都是一种伤害。而朋友则不同，你可以在拥有朋友的同时，体味到人性的纯美、真情的可贵。友情同样是一种爱，一种更高尚、更至诚的爱。

泪水浸泡的笑里，有对于失败与痛苦刻骨铭心的感受，有对于人生命运的彻悟！因此，流泪的笑是一种成熟的标志！

生命是舟,注定要在生活的河流里破浪航行。在生活的河流里,有碧波荡漾也有逆浪翻卷,有水缓沙白的平川也有礁石林立的急弯险滩。放舟平湖,一帆风顺固然是天下人之心愿。可是,人生俗世间,又岂能事事如意时时顺风?因此,我们不但要学会在顺境中生活、工作,更要学会在逆境中奋斗、拼搏,在痛苦的时候,要笑着流泪!

笑,是一种力量,是生命的能源,是一种最佳的生命状态,是一片永远灿烂的生命的阳光,一朵永远鲜艳的青春花朵!

笑是一种武器,是同一切苦难一切邪恶进行战斗的盾甲和刀枪!

哭着流泪是怯懦的宣泄;笑着流泪是勇敢的宣言!

泪水拌着的笑决不是失败者的绝望呻吟,而是战士的呼吼。只有真正经历了磨难也因而真正懂得了生活的人,才会笑着流泪!泪水浸泡的笑里,有对于失败与痛苦刻骨铭心的感受,有对于人生命运的彻悟!因此,流泪的笑是一种成熟的标志!

笑着流泪是一种佛性,如拈花微笑的佛,真正懂得了人生真谛世界奥妙。

其实,佛也有眼泪,佛的眼泪深藏在知而不言的笑意里,那是彻悟了整个世界过去未来的一种智者的痛苦与隐忧。佛始终微笑,因此,佛强大而永恒!

人生多磨难,只有强者才能抢关夺隘一路向前,最后到达人生的终点。而只有学会笑着流泪,才能成为生活的强者!

谁能够没有烦恼呢?夸张一点说,生存就是烦恼。

烦恼又是生存的敌人,生存的异化,生存的霉锈。

痴人多烦恼,妄人多烦恼,野心家多烦恼,虚妄的欲望与追求只能带来一己的痛苦。长生不老的仙丹,点石成金的法术,一帆风顺的人生,永远属于自己的美貌,光荣与成功……一句话,对于绝无烦恼的世界与生存的渴望,恰恰成为深重的烦恼的根源,这不是一个无可奈何的讽刺吗?

克服了过分的天真,克服了软弱的浪漫,摈弃了良好得到天上去

的自我感觉,勇敢地面对现实的一切艰难,把烦恼当做脸上的灰尘,衣上的污垢,染之不惊,随时洗拂,常保洁净,这不是一种智慧和快乐吗?而那被克服了的、被超越了的烦恼,也就变成了一个话题,一点趣味,一些色彩,一片记忆了。

亲爱的朋友,你的烦恼不过是入口的醇酒的头一刹那的一点苦感,真正的滋味还需要慢慢地品尝、细细地回味呢!

自古以来人们都在叹"人心不古",从生命的品质越来越低落来说,人类的未来似乎是渐趋暗淡,这也是一般宗教用来警惕人的论点,说人类未来结局不是上天堂就下地狱。但从佛教说,事实是可以有很多层面的,人再如何地沉溺,只要良知未泯,都有触到亘古以来不变的真实,有与千圣把手同步的机会。这真实就是"本来无一物"下的一切"平等如梦如幻"。亦即,虽然佛法不能保证人这辈子就能解脱,但却说不论你是谁、信不信宗教,或你的境遇是怎么样,这"空幻"的真相,从不因人而异,从未离谁而去。在一念翻转间,这始终不变的"绝待",有如月亮的本自圆满,是可以当下就显现的。

这里先举个禅宗的公案。唐朝临济,三度参问师父黄檗"什么是佛法大意",三度遭黄檗打回,一时不能领悟,就到江西向大愚禅师请教,说:"我三次问师父什么是佛法大意,三次遭打,不知有没有过错?"大愚禅师说:"黄檗为你如此糊涂,都快被你累死了,你还在这里问有什么过错。"临济言下大悟,回到黄檗处叙说此事。黄檗说:"这大愚太饶舌多事,待明日见了,非打他一顿不可。"临济说:"说什么明天,现在就揍他一顿。"一边说着,一边向黄檗肋下打了三拳。黄檗大笑,给予印可。

这例子说的就是"本来无一物",无一法可得,但临济不能契入。大愚禅师却点出"无一物中,正可无住地大用。菩萨不畏疲累,于三界行大慈大悲,那个不是空的展现!"临济于是契入佛法的实际。但黄檗禅师还是勘正说"此中无真假,何来戏言大慈大悲?应揍大愚一顿。"于是临济就来个"既是无真假,那打谁不都是一样,又时间也是假,全是儿戏。"师徒二人便在当下"如幻三昧"中哈哈大笑。

再举一个例子。

有位修行人，对他自己好说谎的习惯很苦恼，请问师父怎么办。师父说："这世界里，那个不是假的？"弟子听了，释然放下心中块垒。这位师父若依一般戒律角度，呵斥弟子，最多只是让他感受佛法的威德，愿"以戒为师"，但未能放掉"此是彼非"的压迫感，进入佛法的无量核心。高超的佛法是能教众生超越念头或意识的执著，一旦谁完全领会真相、就能看破现实，不再活在意识里，也超出了五蕴世间，这世界的种种将动不了他，于是佛教称这样的人为"出世间"的解脱者。

完全了悟佛法"空"的人，心是如虚空的活泼；而一般未成就的人，总是卡在某些问题上，时上时下地奋斗着，心像云遮的天空，离不开烦恼。而有些卡得太久的人，则渐渐麻木，甚至迷失灵性，心像无边的黑夜，成为一阐提。学佛不外是为断烦恼，断烦恼是把心中的"卡"疏通，让此心完全活得自在。"卡"的原因就是有所"不空"，或还视某些为"非幻"，不论是被好的或坏的卡住，打了结就是不解脱。

"看破现实"是看到一切皆空的事实，这是勇者的智慧。但另一方面言，"空幻"也潜藏着极大的危机，一旦误解，小则丧志失心、沉郁不前；大则误入歧途、拨无因果。可是"不入虎穴，焉得虎子"，要想解脱，这是必经的路，解脱者都是悟到"诸法如幻"，才能无所挂碍。所以，学空必须学到家，不然丧身虎穴者也比比皆是；而学了半调子的话，也一直在与实际真相捉迷藏，顾得东却失了西，我们多半是这类出不尽烦恼苦的人。

在知道自己情绪不对时，要先想办法放松，想办法转移。而控制情绪，最好的方法还是佛法，因为佛法讲"无我"，连我都没有时，哪还会有什么情绪呢？

有句话说："泥人还有个土性。"意思是指，连泥塑的娃娃都有自己的脾气，人怎么可能没有呢？所以，人会发脾气、会闹情绪，就被认为是一件理所当然的事了。

但是闹情绪到底好不好呢？其实，情绪升起的时候，不是你有情

绪,是情绪有你;不是你控制情绪,而是情绪控制你。

一般人之所以会有情绪的反应和起伏,往往是受到外在环境的刺激,有时是气候等自然现象,有时是社会现象,有时则是人与人之间关系的问题。譬如有人怕听见嘈杂声,所以当孩子哭闹时,就很容易发脾气或情绪不好,可是自己却不自觉。就像是一池水,水面本来平静无波,可是被风一吹,它就动了;如果我们也动不动就被外境的"风"吹得起情绪,这就表示自己的修养还不够。

另外,有的人情绪特别多变,莫名其妙就变坏了;或是我们常说这个人脾气不好,说这个人不知道哪根筋不对,其实很可能是因为生理的缘故,也不是他能控制的。例如因为身体的生理现象,例如痛、痒或内分泌失调,都会使情绪产生变化。

身体上一旦出了问题,常常都会反应在我们的身上,有的反应在头脑里,有的反应在身体上。反映出来后,我们不自觉地就会情绪低落,或者情绪亢奋。这种反应,除非是有大修养的人,才有办法控制。

比较严重的是,有些人因为身体的病变,影响所及,连性格都产生了变化。这是非常可怜的,因为他无法控制自己,最后甚至连精神都因此产生问题。现代医学上有所谓的"心因性"病症,就是因为心理出了问题,反应到身体上;等到身体不舒服,又造成心理更不正常。所以,不能体察自己的情绪,不能控制自己的情绪,不止是心的问题,甚至会影响到身体的健康。

因此,我们要经常观察、了解自己心理的反应是什么,或是心理的活动状况如何,是愤怒?贪欲?嫉妒?还是怀疑?或是莫名其妙的亢奋?或是忧愁沮丧?随时注意自己的心理情形,在状况轻微时,便可以及时加以控制。

怎么控制呢?一个是用意志力来控制,不让状况扩大;一个便是转移它。譬如知道自己要发脾气了,就赶紧将身体放松、头脑放松,也许唱唱歌,听听音乐,即使大声吼叫也可以,只要不影响、不伤害自己和别人就好。先用方法来发泄情绪、转移情绪,接下来再来处理或解决,但千万不要压抑。因为长期的压抑,能量愈聚愈强,最后可能会像火山一样,一旦爆发就会不可收拾。就像有些有修养的人,在公开场合或在他人的面前,虽然很能控制情绪,可是回家后,一见到家里的人就爆发了。因为他不是控制情绪,而是在压抑情绪。也许一时间能够压抑住,但最终总会发泄出来。

所以,在知道自己情绪不对时,要先想办法放松,想办法转移。而控制情绪,最好的方法还是佛法,因为佛法讲"无我",连我都没有时,哪还会有什么情绪呢?

当我们被烦恼和绝望侵袭的时候,我们可以反问自己:"我刚才做什么来着?我是不是在浪费我的生命?"……

我们过着非常忙碌的生活。即使我们不像以往人们那样不得不干很多的体力活儿,我们看起来似乎仍没有足够的时间属于自己。人们常说,他们没有足够的时间吃和呼吸,我理解他们。在我看来,这是真的。关于这一点,我们能做些什么呢?我们能用双手抓住时间,让它慢下来吗?

首先,让我们把觉照之火把点燃,然后再学习如何在觉照中喝茶、吃饭、洗碗、行走、工作和坐卧等。我们没有必要被环境拖着走。我们也不是流水中的一片树叶或木头。通过觉照,我们日常的每一个动作具有一种新的意义,我们发现我们不是机器,我们的动作不是无灵性的、机械重复的。我们发现生命是一种奇迹,宇宙是一种奇迹,我们自身也是一种奇迹。

当我们被烦恼和绝望侵袭的时候,我们可以反问自己:"我刚才做什么来着?我是不是在浪费我的生命?"这些问题会立刻把我们的意识重新点燃起来,让我们重新注意我们的呼吸。微笑将自然地流露于我们的唇间,我们工作中的每一秒钟将变得生机勃勃起来。

如果你想歌唱,那就请吧,尽情地歌唱!

《五灯会元》载:僧问舒州投子大同禅师:"如何是禅?"大同答:"禅。"这真是惜字如金,舍不得吐一丝风声,然如何是禅,却只有这一

字可答得,多一点则意义全乖,那是不可说,不可说。

有僧问英州大容殊禅师:"如何是禅?"答曰:"秋风临古渡,落日不堪闻。"云:"不问这个蝉。"曰:"你问那个蝉?"云:"祖师禅。"曰:"南华塔畔松荫里,欲露吟风又更多。"

禅就是如此,就是"巧笑倩兮,美目盼兮"、"窈窕淑女,君子好逑",就是"频呼小玉原无事,为要檀郎识得声"。禅就是禅,那是从认识禅体会禅到享受禅的禅,那是见山是山,见山不是山,复见山又是山的山,那是直到今来原又是,庐山风雨浙江潮的潮,这是无定义中的定义,意义中的意义,答案中的答案,这就是禅,是蝉,是蚕,是馋……把一个念头参得"如狗舔热馒似的",就会从茧中透出,得个新生。

"知了,知了",既然知了,就得了个歇处,可以当得家,作得主,可以插花还起舞,管领风光处,可以坐看风云起,隔山观虎斗,自然涟漪不起,坦坦然然。

生活是活脱脱的,禅亦是活脱脱的,知会了这一点,才能知会云在青天水在瓶的自由;透过了这层薄雾轻纱,才能透过生死,知会充满禅悦的生活。则无论是困境逆境,总是春风又绿江南岸,纵使是绿肥红瘦亦觉另是一番大好霞光。

只有生活活脱了,心境才活泼,用快乐的心境过日子,那才是来年的日子更好过,所以有僧问百岩禅师:"如何是禅?"时,禅师答:"古冢不为家。"

古冢是古冢,那不是住家的地方,那是生命的消失,生命的结束,而家才是生命的开始,只有从古冢里转过身来,冲出牢笼才能体会到生命的美好,死了又活,活了又死,再死再活,经过一番死去活来之后,才知生命的可贵。充满禅悦的人生,才是真正的人生,而敢于直面惨淡的人生,才是真正的勇士。佛法平常得很,不是雷霆风暴,也不是呼风唤雨,更不是撒豆成兵,而是顺其自然。禅也平常得很,不是达摩面壁,也不是结痂趺坐,而是寻找一个温馨的"家",过一种不思善不思恶,善恶两舍,法我俱不执自然自在的生活,明了这一点,那么清晨起来做一个深呼吸，吃一份油条豆浆，也会感到生活是美好的。

"活在当下"是四念处修行的要诀之一。学习者当体会这其中的神韵，而不只是依文生解。

人为什么会"不在当下"，是一个复杂而有趣的问题，而且往往并不是因为人是否聪明、有能力，或接受过高等教育等，而决定他是否有活在当下的个性。几乎一切职业、年龄、教育程度及智商的人，皆一样有可能会因种种原因，而有不在当下的倾向。

我们不妨自己观察行人的面部表情，看看有几个人像是"活在当下"，结果就会发现相当的少。许多人在走路或坐车时，皆很明显地在想心事，表情凝重，有人甚至皱着眉头，不知道在担心什么；又有些人不一定是在想某一件事，但他们整体的精神状态，会让人觉得他们存在于另一个遥远的地方，飘飘荡荡地。另外有些人总是要找一些事做，来分散注意力。如有人总是浑身是劲似的，不住地摇头摆尾，作跳舞状；也有人像是不能够仅停留在一节车厢似的，总是在作车厢间的"旅行"。总而言之，越看越会令人觉得实在很少有人是活在清楚明白的当下，是在享受眼前的风光。同时，我也就越能体会佛陀当初创立教法深刻的智慧与慈悲，觉得他所以会提出这样一个"活在当下"的修行方法，实在是深解人性的。

人往往会把自己保护在有重重防卫墙的内心世界里，而不肯出来面对真实的人生及世界。事实上许多"创造行为"的产生，就是想要在自己心中创立一个自己想要存在的理想世界，而不愿生活在真实的世界里。另外像有人老是会把自己弄得"很忙"，连一刻闲暇的时间都没有，或一有空闲就会打电话找人聊天，一聊就是几小时，事实上都是一种形式的不在当下。换句话说，也就是一种形式的"逃避自我"。四念处的修行人当在一切时中培养自己一种活在当下的修行个性，去深观自己的行为及身心，由自己的内心世界中走出来。人若不能走出自己的心之牢笼，谈什么修行、解脱，总是不着边际的。无论哪个心之世界谈的是禅定也好，是佛法也好，以四念处的观点而言，牢笼就是牢笼。生

存在佛法的心之牢笼中,和生存在学问艺术的心之牢笼之中,皆一样是自我囚禁的受苦者,是不能体会到佛法中风清月白的自在无碍的!

活在当下意味着无忧无悔。对未来会发生什么不去作无谓的想象与担心,所以无忧;对过去已发生的事也不作无谓的思维与计较得失,所以无悔。人能无忧无悔地活在当下,喜悦而不为一切由心所生的东西所束缚,就是当时修道成就者的写照了。

这件事说来简单,但实行起来就没有那么容易;而且修行人若没有掌握这其中的神韵,通常皆易走入一些极端。要把这些弄清楚,就必须较深入地了解四念处的内涵与精神。

人通常对未来多少都有一些忧虑的,这中间包括自己及家庭未来的生活,及社会国家的前途等。人应当努力工作,赚取自己的衣、食,这是当然的事。但工作的同时,"忧虑"是不是必然会随工作及谋生而并存的现象呢?这就是佛法所要讨论的课题了。

佛法所提供的答案是否定的。修行有成者,能喜悦自在地做许多事,甚至十分努力及忙碌地做许多事,但却没有忧虑或压力沉重的感觉。以正见观之,忙碌是由缘所生的事,那些缘在"近"来说大多是外来的,但忧虑及压力的产生,除了那些外来之缘外,最主要的缘仍是自己内在的执著,是因为当事人没有把四念处修好,充分看清外缘与内缘的分际,故为境所转却不了知。一旦了知(透过身念处、心念处及受念处),才知道真正使自己苦恼者不光是生活、工作或老板,最主要的还是"自己"。紧张或心情沉重地做事情,不但于事无补,反而容易把事情弄糟。只有用冷静的头脑去分析判断情况,作出决定后再专注地投入工作,才能把事情做好。而专注地投入工作,活在当下,正是四念处修行的范围。

人如果能专注地投入一件工作,就算这个工作是很繁琐的,只要他能活在当下,就能在其中体会到一种喜悦。但如果他无法专注地投入工作,不管是因为没有兴趣或无法专心,只要他不能活在当下,就算是简单轻松的工作也会令人觉得度日如年的。

有人以为"活在当下"意味着对未来的不思考、不计划，这是对修行的误解。修行是要人对未来不忧虑，不是不计划。人如果根据自己及环境目前的情形作分析及整理，并对未来种种作预测及计划，这正是"活在当下"。因为他是根据"现在"的种种评估未来，他采取的态度是实际的，他的头脑是清楚的。就算他评估错了，那只是因为他的聪明不够或资料不全等因素。预测及评估本身并非执著。

但若有人不是根据自己及环境目前实际的情形去想象未来，而是在作一种纯粹由心所生的空想，想象自己"如果是那个样子"该多好！或者如果不是那个样子就糟了！这样就容易产生执著，忧悲苦恼也会由此而生。

佛曾在《一切漏经》中指出，人如果不智地作意思维他不当作意思维之事，忧悲苦恼就会滋生或增长。这些不智的思维包括：

我在过去存在，还是不存在？

过去我曾是谁？我曾怎么样？后来我又曾如何？

我于未来将存在，还是将不存在？

未来我会是谁？我会怎么样？然后我又会成为什么，变得怎么样？

如果老是想自己会成为什么，变得怎么样，他就不是"活在当下"了，而是把自己凭空想象在一个未来不可知，但却如梦一般的世界里。这个梦的世界虽然美丽，但它是一吹就散，一碰就破的。人如果老是希望呆在一个梦里，不仅会精神恍惚、神不守舍，而且会紧张、神经质，容易疲劳且健忘。这种人是不切实际的幻想者，能"说故事"但头脑不清。许多有文学及艺术倾向的人都有这一面的性格，常常觉得忧愁、沮丧，心情像天空的浮云一般，时晴时阴，不可捉摸控制，执著较严重者甚至可能自杀。但可惜的是，他们中很少有人知道为什么自己有杰出的天赋，却无法摆脱心中那一股莫名其妙的哀愁。有人甚至自嘲地认为那是艺术家不可避免的"悲剧命运"。

其实问题非常简单——这人没有"活在当下"。不活在当下而活在

另一个自我创立的世界里,无论那个世界有多美、多好,过这种生活的人毕竟是痛苦的。依佛法的理论看来道理很明显,因为那个世界"不真"的缘故。不真则处处和现实的世界及人生相冲突。如何跨越这一个梦与现实的鸿沟,很少人能处理得很圆满。而要用自己的"心力"去维持一个不真的世界,本质上就是一件很累的事。故执著地活在假想的世界而不活在当下的人,想要不忧恐怕也很难的!

的确,活在当下是一个人生命力的自然展现。当一个人能由自己种种的"心之世界"中走出来,不忧不惧地面对并观察真正的自我及人生时,他一定会是个有"能力"而能为这个世界作出贡献的人。他不一定能成大功、立大业,但他一定能善巧地把自己潜在的能力发挥出来,利益自己及他人,这就是儒家所谓的"惟至诚者能尽其性"了。人能够"尽其性"而发挥自己的能力饶益众生,才是个快乐的人。

在这个时候,弥勒菩萨对佛说道:"世尊啊!如果有善男子,善女人,听闻这部《法华经》而随喜的,能得多少福德?"

弥勒菩萨又用偈颂体的语言再次请问道:

在世尊灭度以后,有听闻这部经而能随喜的,能得多少福德?

当时,佛对弥勒菩萨说:"阿逸多啊!在如来灭度以后,如果有比丘、比丘尼、优婆塞、优婆夷,及其他有智慧的人,闻听这部《法华经》而随喜后,从法会上出去,到别的地方,或到僧房,或到空闲之地,或到城镇街道,或到村落田间,把他所听到的,对父母、宗亲,亲朋好友等,随自己所听到的、所理解的为人讲说。这些听到的人,听后也随喜,又转而向别人讲说。别人听到后,也生随喜心,而为别人说。像这样辗转教化到第五十个人。阿逸多啊,那第五十个善男子、善女人随喜的功德,我这就为你说,你要仔细听。四百万亿阿僧祇数世界中六趣的众生,有卵生、胎生、湿生、化生,有有形、无形,有有想、无想、非有想、非无想,有无足、二足、四足、多足,像这样多的众生,有人为了求福德,就随每个众生想要的娱乐用具,都给他们。每一个众生,都给予满阎浮提的金银琉璃、砗磲玛瑙、珊瑚琥珀等美妙的珍宝及象、马,车乘,七宝装成的宫殿楼阁等。这个大施主布施满八十年后，又这样想：我已经布施给众生娱乐之具，称其心意而给予，然而这些众生都已经衰老，年过八十，面部生满皱纹，头发花白，不久就要死了。我要用佛法来教育、化导他们。就集合所有这些众生，宣布佛法教化，指示，教导他们，让他们均得法喜，很快都证得须陀洹道、斯陀含道、阿那含道，阿罗汉道，使所有的有漏众生，都住于深禅定中，都得大自在，得八种解脱。你的意思怎样？这位大施主所得的功德多不多？"

弥勒对菩萨说："世尊！这人所得的功德很多，无量无边。如果这位施主只向众生施舍一切娱乐用具，就已经功德无量了，更何况让众生都得阿罗汉果呢？"

佛对弥勒菩萨说："我现在明明白白地告诉你，这人用一切娱乐之具，施舍给四百万亿阿僧祇世界的六趣众生，又教导他们得阿罗汉果，所得的功德，不如那第五十个人听闻《法华经》一偈而生随喜心所得功德的百分之一、千分之一、百千万亿分之一，甚至用算术譬喻所不能测知。阿逸多啊！像这第五十个辗转听闻《法华经》而随喜的功德，尚且无量无边阿僧祇，更何况最初在法会中听经而随喜呢？所得功德又胜过无量无边阿僧祇，二者不能相提并论。

"还有，阿逸多啊！如果有人为了这部经，到僧房之中，或坐或立，在须臾之间听受。因为这样的功德，转世所生。能得到上好的象、马、车乘、珍宝装饰的辇舆，或者生于天宫。如果又有人，坐地讲法处，再有别人来，就劝他坐下听讲，或分座位让他坐。这人所得功德，转世能得帝释天身，坐在大梵王的座位，或坐转轮圣王的座位。阿逸多啊！如果再有人，对别人说，有一部经叫做《法华经》，可以一起去听。那人就因而受到教化，甚至只听了须臾短的时间。这劝人听讲的人所得功德，转世和总持佛法的菩萨共生一处，根器猛利，有大智慧。在百千万世中不喑哑，口气不臭，不生舌病，不生口病，牙齿不黑、不黄、不疏松、不缺落、无不整齐，口唇不下垂、不紧缩，不粗涩、无疮疡，无缺损、无呐斜、不厚不大、也不见现黧之色，没有各种可恶之相，鼻子不塌陷、不弯曲，面色

不黑,也不狭长,也不凹陷,没有一切不让人喜欢的相貌。唇舌牙齿,都庄严美好,鼻子修长而高直,面貌圆满,眉高而长,额头宽平正,具足美好的相貌。世世所生的地方,都能见到佛而听佛法,信受佛的教诲。阿逸多啊!你且看,只是劝一个人听《法华经》的功德就这样多,更何况一心听讲并读诵,为大众人等分别讲说这样的修行呢?"

当时,世尊要重新宣说这样的意思,就用诗偈体语言说:

如果有人在法会之中,听闻这部经典,甚至对一偈生随喜心,为别人讲说。这样辗转教化,到第五十个人,这最后一个人所得福德,我现在为你们讲。如果有大施主,施舍无量众生。满八十年中,随众生意愿而施与。八十年后见众生呈现衰老相,头发花白,面生皱纹,牙齿疏松,形容枯槁,想到他们不久将死,应当以佛法教化他们,让众生得证道果。就为众生随机说涅槃的真实不虚之法:世界都不牢固,像水泡火光一样短暂,你们都应当赶紧生出厌离世间之心。众生们听到这样的说法,都证得阿罗汉果,具足六种神通,得三明和八解脱道。刚才所说最后第五十个人听闻一偈而随喜所得的福德,胜过这大施主所得福德许多倍,用算数譬喻所不能说尽。这样辗转相闻所得福德尚且无量无边,何况在这法会之中,第一次听闻就随喜呢?如果有的人劝导别人,引他听《法华经》,说这经甚深微妙,千万劫中难遭、难遇,这人听说后就去听经,甚至听须臾短的时间。这劝人听经的人所得福报甚多,现在为你们讲说。在以后的每一世中,没有口的疾患,牙齿不疏松,变黄变黑,口唇不厚、不薄、不缺损,没有可恶的相貌。舌头不干、不黑、不短。鼻子高而且修直。额头宽广平正。面目端正严好,为人所喜欢。口气没有臭秽,常从口中发出优钵华的香气。如果又有人特意到僧房中,想听闻《法华经》,听闻须臾而生欢喜,现在说这人所得福德。以后这人当生于天人之中,得到象、马、车乘、珍宝装饰的辇舆,居住于天上的宫殿。如果有人坐于讲堂中听《法华经》,劝别人听经,所得福德,当得帝释天、大梵天王的宝座。何况有人能一心听讲,解说其中的义趣,如经中所说而修行,那么他所得福德更加不可限量。

第二十章　沉厚的话语隐隐约约流向没有痕迹的时空

　　自然万物左右于古人的灵魂。他们目击了，感动了，欢欣、伤感，各种各样的情绪，就在窄窄的木条和竹筒甚至是砖石上刻记下来。这是一种笨拙的、费时费工费心的，然而却是更为深刻难忘的记录。生命用刻写的方式印在了坚实牢固、可感可触的物体之上。这种物体是坚硬的，被我们后来人很好地保管了、贮藏了。我们搬动它们，展放开来，寻找昨日的事迹、声息，关于史实和繁琐日常事迹的记录，特别是思想和情感的记录。

　　这是一个令人惊叹的事实，可是它们都属于很久以前了。

　　与此相反的是，一些源于土地、源于劳动的喟叹和歌唱，要穿过很多曲折、变形、扭曲，最后才进入我们的记录；它或许已经失去了原有的色泽和气味，再也没有了那种实感，没有了那种凝练和张力，变得平庸、程式化和显而易见的凡俗气。这可以使我们造成极大的误识。精神的触觉不再敏锐，创造的思维不再鲜活。这种无处不在、陈陈相因的浸染使我们走向创作的末路。

　　如果我们要依赖典籍的记载去寻觅古老的声音的话，那么它在哪里？那美妙绝仑的歌唱和吟咏在哪里？

漫步野径，
小小黄花一朵，细看，
竟是华藏世界。
小憩寒林幽谷，

涓涓泉流轻泻,倾听,

竟是如来的低语:

平凡人生,点点滴滴,

处处都是璀璨的希望。

人们都以为自己很清楚,知道冷静地思考,其实大部分人都很容易接受暗示,情绪的起伏就是最明显的证据,意志的动摇更是直接源自外来的威胁。我们很容易被色相欺瞒,所以诱惑者的温和声音和动情利旅,足以使人附入陷阱。在接受引诱时,自以为看到了希望,事实上已经坠入了绝望。受辱动怒时,自以为在伸展尊严,实际上已沦为情境的奴隶,失去解决问题的能力;希望的大门,就因为一时的迷失而关闭。

禅家的教戒是不要被色相欺瞒。故云:

"色即是空。"

你若能看透色相,不要被它蒙骗,就能清楚地思考,看出希望来。要常常提醒自己,色相容易导致你思想和情感的错乱,如果你不能勘破它的束缚,你就注定要成为色相的奴隶。

人若不懂得"色即是空"的道理,那么越多的财产就有越多的烦恼;越高的名望,就带来越多的苦闷。现代人财产富了,名片上的头衔多了,但似乎越来越苦闷。这正是没有从"色即是空"的禅机中顿悟出来的缘故。

禅家是要我们在种种遭遇中看出意义,并从坏习气中解脱出来,才能发现新希望。在日常生活中,平淡的起居饮食,若以清净澄澈之心去观照它,定会发现它的美。在平凡的生活之中,若能保持醒觉的态度,则无处不展现纯真微妙的情趣。所以禅家又说:

"空即是色。"

只有清除心中的成见,才能看出或发现生活的丰足和悦乐,才可能流露创造的智慧,看出新的希望,禅门的传承心法,无非是空一切色,成一切色。要人从许多纷扰、成见和刻板的思想中解脱出来,这样才能看出希望来。中国禅宗第四祖道信禅师说:"妄情既不起,真心任偏知。"

人唯有透过纯净的心去待人处事,才可能看出光明的希望。因此,修禅必须要像"落花随流水"一样,无情地洗去心中的成见,然后智慧才能像"明月上孤岑"一样,清冷地照遍大地,觉照着孤高的自己。人,天生需要希望。唯有在生活之中不断看出希望,才会快乐,希望是你自己悟出来的,不是抄袭来的。悟的最简洁法门就是:泯除一切,发现一切。在纷扰多欲的现代社会里,感性的文化在怂恿你的意识,激荡的社会动态在干扰你的情感与思想。因此,你要想泯除尘劳的一切色相,看出如来的一切色相,并非是容易的事。禅家说:

"言语道断。"

语言文字不是生活的道或希望,真正的希望必须亲自去发现,去实现。

为了提升自己的悟力,打坐和参禅是禅家的基本要求固然不错,禅不在乎坐卧,不在乎能坐多久,但打坐和参禅确实有助于个人觉性的增长。坐禅对你最大的帮助有三:增强神往和感受能力,避免思想和情感僵化,消除工作的弹性疲乏,维持良好的创造性。打开经验的限阈,培养开阔的胸襟,透过经验的开发,自己才有心如虚空、包容万物的可能。引发你自我实现,在日常生活之中体验到生活的乐趣和生命的意义,产生丰足感。最后,我要提醒一点,现代人宗教的情操不足,信心不够坚强,容易被色相境界所牵动。因此,学禅必须不忘念佛,透过念佛可以增强信心,克服障碍,培养清醒的觉性。当你绵绵密密念佛时,禅的妙悦更能流露出来,汇成生活的朝气和创意,展现生命的希望。

世人碌碌,尽心营谋,不知幻体本空,四大无我,苦苦钻营,为此不实之躯奔波来去,哪知真源湛寂,觉海澄清之无上妙理。哪知万法唯是

一心,心垢故众生垢,心净故众生净;心垢则国土垢,心净则国土净。如祖师云:

一切由心,邪正在己。

不思一物,即是本心。

此心贪瞋爱慢,谄曲嫉妒,不知生身已下地狱,何待生前死后;此心清淡寡欲,慈爱悲愍,不知生身已见佛陀,何只宴座澄心。众生但心无贪淫,则大火自息,世界清凉;但心无骄慢,则大地平沉,高山何起,则净土何待他求,和谐世界立成。心能作佛,心作众生,心作天堂,心作地狱。心异则千差竞起,心平则法界坦然。心凡则三毒萦缠,心圣则六通自在。心空则一道清净,心有则万境纵横。《楞伽经》偈云:众生及瓶等,种种诸形相,内外虽不同,一切从心起。心者,形骸之枢纽也,儒家讲"正心",教人心无邪念,不受私欲之侵扰;佛家讲"明心",教人明其自然之心,勿受尘埃之污染;道家讲"炼心",教人锻炼其纯真之心,不被杂念所淆乱。实是此心通彼心,彼心乃此心,心心相印者也。

道由心悟,不在言传。近年来学此道者,多弃本逐末,背正投邪。不肯向根脚下推穷,一味在宗师说处著到。纵说得盛水不漏,于本分事上没交涉。古人不得已,见学者迷头认影,故设方便诱引之,令其自识本地风光,明见本来面目而已,初无实法与人。如江西马祖初好坐禅,后被南岳让和尚将砖于他坐禅处磨。马祖从禅定起问:"磨砖为何?"让曰:"欲其成镜耳。"马祖笑曰:"磨砖岂得成镜耶?"让曰:"磨砖既不成镜,坐禅岂得成佛?"让和尚尝问马祖:"坐禅何图?"马祖以求成佛答之。教中所谓先以定动后以智拔。马祖闻禅岂得成佛之语,方始着忙,遂起作礼致敬曰:"如何即是?"让知其时节因缘已到,始谓之曰:"譬牛驾车,车若不行,打牛即是?打车即是?"又曰:"汝学坐禅?为不坐佛?若学坐禅,禅非坐卧。若学坐佛,佛非定相,于无住法,不应取舍。汝若坐佛,即是杀佛。若执坐相,非达其理。"马祖于言下忽然领旨。遂问:"如何用心即合无相三昧?"让曰:"汝学心地法门,如下种子。我说法要,譬彼天泽。汝缘合故,当见其道。"又问:"道非色相,去何能见?"让曰："心地法眼能见乎道，无相三昧亦复然矣。"曰："有成坏否？"让曰："若以成坏聚散而见道者，非也。"

昔大珠和尚参马祖，祖问："从何而来？"曰："越州大云寺来。"祖曰："来此拟须何事？"曰："来求佛法。"祖曰："自家宝藏不顾，抛家散走作什么？我这里一物也无，求什么佛法？"珠遂作礼问："哪个是慧海自家宝藏？"祖曰："即今问我者是汝宝藏。一切具足更无欠少，使用自在，何假外求。"珠于言下识自本心，不由知觉。后住大珠，凡有扣问，随问而答，打开自己宝藏，运出自己家财，如盘走珠，无障无碍。曾有僧问："般若大否？"珠曰："般若大。"曰："几许大？"曰："无边际。"曰："般若小否？"曰："般若小。"曰："几许小？"曰："看不见。"曰："何处是？""何处不是？"看，他悟得自有宝藏的，还有一星儿实法传授与人否？妙喜常常说与学此道者，若是真实见道之士，如钟在虚，如谷应响，大扣大鸣，小扣小应。近代佛法可作，为人师者，先以奇特玄妙，蕴在胸襟递相沿袭，口耳传授以为宗旨。如此之流，邪毒人心，不可治疗。古德谓之谤般若人，千佛出世不通忏悔。此是宗门善巧方便诱引学者的第二个样子。

既办此心，要理会这一着子。触境逢缘，或逆或顺，要把得定作得主，不受种种邪说。日用应缘时，常以无常迅速生死二字，贴在鼻孔尖头上。又如欠了人万百贯债，无钱还得，被债守定门户，尤悉怕怖千思万量，求还不可得。若常存此心，则有趣向分，若半进半退，半信半不信，不如三家村里无智愚夫。何以故？为渠百不知百不解，却无许多恶知恶觉作障碍，一味守愚而已。古德有言："探索事理以悟为则。"近年以来，多有不信悟的宗师，说悟为诳呼人，说悟为建立，说悟为把定，说悟为落在第二头。披却狮子皮，作野干鸣者，不可胜数。不具择法眼者，往往遭此辈幻惑，不可不审而思，思而察也。此是宗师指接群迷，令见月亡指的第三个样子。

惧怖生死的疑根拔不尽，百劫千生流浪，随业受报，头出头没无休息时。苟能猛著精彩，一拔净尽，便能不离众生心而见佛心。若夙有愿力，遇真正善知识，善巧方便诱诲，则有甚难处。不见古德有言："江湖

无碍人之心,佛祖无谩众之意。"只为时人过不得,不得道江湖不碍。佛祖言教虽不谩人,只为学此道者错认方便,于一言一句中,求玄、求妙、求得、求失,因而透不得,不得道佛祖不谩人。如患盲之人,不见日月光,是非曲直盲者过,非日月咎。

　　道无不在,触处皆真,非离真而立处,立处即真。教中所谓治生产业皆顺正理,与实相不相违背。是故庞居士有言:"日用事无别,惟吾自偶谐。头头非取舍,处处勿张乖。朱紫谁为号,丘山绝点埃。神通并妙用,运水及搬柴。"然便恁么认着,不求妙悟,又落在无事里。不见魏府老华严有言:"佛法在尔日用处,行住坐卧处,吃粥吃饭处,语言相问处。所作所为举心动念,又却不是也。"又真净和尚有言:"不拟心,一一明妙,一一天真,一一如莲花不著水。迷自心故作众生,悟自心故成佛。"然众生本佛,佛本众生,由迷悟故有彼此也。又释迦老子有言:"是法住法位,世间相常住。"又曰:"是法非思量分别之所能解。"此亦是不许拟心之异名耳。苟于应缘处,不安排不造作,不拟心思量分别计较,自然荡荡无欲无依,不住有为不堕无为,不作世间及出世间想。这个是日用四威仪中,不昧本来面目的第四个样子也。

　　本为生死事大,无常迅速,己事未明故参阅礼宗师,求解生死之缚,却被邪师辈添绳添索,旧缚未解而新缚又加。却不理会生死之缚,只一味理会闲言长语,唤作宗旨,是甚热大不紧。教中所谓邪师过谬,非众生咎。要得不被生死缚,但常被方寸虚豁豁地。只以不知生来不知死去的心,时时向应缘处提撕,提撕得熟,久久自然荡荡地也。觉得日用处省力时,便是学此道得力处也。得力处省无限力,省力处却得无限力。这些道路,说与人不得,呈似人不得。省力与得力处如人饮水,冷暖自知。妙喜一生只以省力处指示人,不教人做谜子抟量,亦只如此修行,此外虽无造妖捏怪。我得力处他人不知,我省力处他人亦不知,生死心绝他人亦不知,生死心未忘他人亦不知。只将这个法门,布施一切人,别无玄妙奇特可以传授。见德山和尚有言:"汝但无事于心,无心于事,则虚而灵、空而妙。若毛端许言之本末者,皆为自欺。"

佛是众生药,众生病除,药亦无用。或病去药存。入佛境界,而不能入魔境界,其病与众生未除之病等。病瘥药除,佛魔俱扫,始于此段大事因缘,有少分相应耳。欲空万法,先净自心,自心清净,诸缘息矣。诸缘既息,体用皆如,体即自心清净之本源,用即自心变化之妙用。入净入秽,无所染著。若大海之无风,如太虚之云散,得到如是田地。经云:"一切众生,从无始来,生死相继,皆由不知常住真心,性净明体,用诸妄想。此想不真,故有轮转。"以不了不动真心而随轮回妄识。此识无体,不离真心,元于无相真原,转作有情妄想。如风起澄潭之浪,浪虽动而常居不动之源;似翳生空界之花,花虽现而匪离虚空之性。风消空净,浪息潭清,唯一真心,周遍法界。

又此心不从前际生,不居中际住,不向后际灭。升降不动,性相一如,则从上禀受,以此真心为宗。离此修行,尽紫魔骨,别有所得,悉陷邪林。如经云:"阿难言:'如来现今问心所在,而我以心推穷寻逐,即能推者,我将为心。'佛言:'咄!阿难,此非汝心。'阿难矍然避座,合掌起立白佛:'此非我心当名何等?'佛告阿难:'此是前尘虚妄相想,惑汝真性。因汝无始至于今生,认贼为子,失汝元常,故受轮转。'阿难白佛言:'世尊,若此发明不是心者,我乃无心,同诸土木,离此觉知,更无所有。云何如来此非心?我实惊怖,惟垂大悲,开示未悟。'尔时,世尊摩阿难顶而告之言:'如来常说,诸法所生,唯心所现,一切因果,世界微尘,因心成体。阿难,若诸世界,一切所有,其中乃至草叶缕结,诘其根原,咸有体性,纵令虚空,亦有名貌,何况清净妙净明心,性一切心,而自无体?若汝执吝,分别觉观所了知性,必为心者,此心即应离诸一切色香味触诸尘事业,别有全性。如汝今者听我法,此则因声而有分别。纵灭一切见闻觉知,内守幽闲,犹为法尘分别影事。我非敕汝执为非心,但汝于心,微细揣摩。若离前尘有分别性,即真汝心;若分别性,离尘无体,斯则前尘分别影事。尘非常住,若变灭时,此心则同龟毛兔角,则汝

・1095・

法身同于断灭,其谁修证无生法忍?'"

故经云:"尔时,阿难及诸大众,蒙佛如来,微妙开示,身心荡然,得无挂碍。是诸大众,各个自知,心遍十方,见十方空,如观手中所持叶物。一切世间诸所有物,皆是菩提妙明元心。心精遍圆,含裹十方。反观父母所生之身,犹彼十方虚空之中,吹一微尘,若存若亡,如湛巨海,流一浮沤,起灭无从。了然自知,获本妙心,常住不灭。礼佛合掌,得未曾有。于如来前,说偈赞佛:'妙湛总持不动尊,首楞严王世稀有,消我亿劫颠倒想,不历僧祇获法身。'"即同初祖,直指人心,见性成佛。

真心约理体,妄心据相用。今以理恒是心,不得心相;心恒是理,不动心相。如水即波,不得波相;波即是水,不坏波相。是以动静无际,性相一原。当凡心而是佛心,观世谛而成真谛。所以《华严经》云:"菩萨摩诃萨,观一切法,皆以心为自性,如是而住。若摄境为心,是世俗胜义;心之自性,即是真知,是胜义胜义。如是而住,以无所得而为方便,双照真俗,无住住故。"

一段春风有两般,

南枝向暖北枝寒,

现前一段西来意,

一片西飞一片东。

禅是能够让我们契入生命底蕴的法门,也可以说它是一种生活的智慧和艺术。透过它,我们可以拭亮自己的法眼,看清生命的意义,活出圆满的人生。每一个人都需要禅的智慧,特别是生活在紧张、忙碌而又多欲的现代社会,最需要禅的洗涤。因为它能洗去烦恼,恢复心灵的自由,披露生活的真情。

对于现代人而言,知识是丰富的,但生活的智慧却是狭隘的。因此,许多人拥有广博的知识,能做事,能赚钱,但不快乐。诚如哲学家苏格拉底所说:"真正带给我们快乐的是智慧,而不是知识。"因为只有智慧才能保证自己活得有创意,能带来光明的人生。然而,什么是生活的智慧呢?这要从禅的传承说起。

相传释迦牟尼佛在灵山法会上,他手里拈着一朵花,对着大众微笑,听说就在那拈花示众和微笑之间,已经把所有的佛法都道尽了,把生活的智慧和艺术说得淋漓尽致了。但是在法会上的大众,每个人都面面相觑,不知道佛陀说的是什么。这时座中有一位弟子叫大迦叶的,却对佛陀报以会心的微笑,就这样发生了禅宗的第一次传灯。他们师徒之间完全的会心,心传密付了。释迦牟尼便对大迦叶说:

吾有正法眼藏,涅槃妙心,

实相无相,微妙法门,

不立文字,教外别传,

付嘱大迦叶。

禅是教外别传的。它不属于宗教,但又属于宗教;它不属于哲学,但又属于哲学;它什么都不是,但什么都是。因为它发生在彼此见面的时候,一个悟悦的微笑,它传递了一切,包容了一切。它绽放着心灵的和谐、完美与圆融,它让我们发现生命的意义,同时看到真正的自己。

禅所谓的涅槃,是要把心里头的成见放下来,把思想和情感的障碍放下来,把人际间的障碍放下来,把所学的知识放下来,把读过的经典通通放下来。这时剩下的是什么呢?这唯一实存的就是智慧,一种光明的创造性。智慧是一切精神现象的主体,只有智慧能告诉我们应该怎样跨出第一步,也只有智慧能告诉我们第二步又是什么。由于知识是死板的,所以它不可能回答人生。要回答人生就必须孕育涅槃妙心,它即是"实相无相"的禅。涅槃妙心不是宗教,但却是佛教的一部分。在中国佛教的十个宗门之中,每一个宗门都要修禅,因为它是导致一个人正等正觉的媒介。特别是禅宗,它完全从心地法门入手,教外别传,以心传心的方式,达到自心的解脱,见自本性的开悟,从而成佛。

只要你创造了永恒,将人生提升到永恒的境界,让生命绽放出光芒。那,生命的长短,又有什么关系呢?要活得有意义,必须从事有意义的工作,生活在真实中。这是人生的最高境界,也是永恒的境界。

"生命不在长短,只要活得有意义。"

十年、二十年……五十年乃至一生，庸庸碌碌、畏畏缩缩而活的人，不如一年、一月乃至一日而活得有意义的人，只要生命曾经绽放过光芒，这一生就已值得，生、死已无关紧要了。

　　活到一百岁，和只活到三十岁、二十岁的人，根本上并没有什么差别。虽然，前者多活几十年，后者则少活了几十年；但，这只是人们观念上的感觉与执著；对于明了生命意义、清楚宇宙真谛的人，存在的长短已不觉得遗憾。

　　时间就是永恒，活到一百岁，和只活到二十岁，是一样的；一年就是万年，万年存在一年中。

　　人们以为离开了瞬息万变的时间，别有永恒的存在，这是不对的，永恒存在时间中，离开了无常的时间，就没有永恒的存在。

　　所以，只要你创造了永恒，将人生提升到永恒的境界，那么，生命的长短，又有什么关系呢？

　　只要活得有意义，生命就会接近永恒，不再只是短短的几十年。

　　如何才能活得有意义呢？

　　从浅近方面来说，生活离不开工作，所以，要活得有意义，必须从事有意义的工作。什么才是有意义的工作呢？就是属于付出与合乎灵性要求的工作。

　　属于付出方面的，就是做有益于人类、国家社会和一切生灵的工作。世界各地有许多这样的工作，在等着我们去合乎灵性要求地做，就是追求完美，和生活在真实中。

　　看！艺术家为了追求艺术的完美，可以牺牲物质上的享受，甘愿与贫困为伍；作家为了一篇文章的完美，不惜再三地修改，一再地誊写；歌唱家为了一首歌能完美地唱出，私底下不知已经练习了多少遍。还有各行各业中，许许多多的人，也都是这样，不辞辛苦地做着所从事的工作。他们不但毫无怨尤，还做得满心欢喜；因为他们觉得，自己所做的工作，是有意义的。当他们全心一意地为他人或自己灵性而工作时，不再感觉时间的存在——时间已经停止；不知老之将至——生命哪有长短？这，不就是永恒吗？

至于生活在真实中，这是人生的最高境界，也是永恒的境界。

什么是真实？真就是不假、不虚伪；实就是实在、不做非分之想。换句话说：这是一种不撒谎、不做作、不违背良心，纯乎心性而行的境界。

由于不作假，本身的优点、缺点，一目了然，所以能不自负也不自卑；由于不作非分之想，所以能安贫乐道，而知足常乐；由于不违背良心，所以心无挂碍，日日是好日。最重要的是：依心性而行，该作则作，不该作则止；所以，没有妄想、烦恼。这种生活，已经超越了意义，而意义自在其中。

总之，能够完全活在真实中的人，将不再是普通的人，而是超凡入圣的圣者了。

人与人之间的关系是世界的生命，这也是生活的意义所在。人生既是为本分，也是为行善；让我们尊重本分，敬仰善良；让我们认识生命的价值，从而实现生活的目的。

事实上，一个人只要同自然相协调，能对自然的呼唤做出正确的反应，他就能生存。也就是说一个人活着并不是因为他自身具有生命，而是因为在他的周围存在着生命力，这就好像空气中氧分太少人们就会终止生命；饮用水和食物的缺乏也会产生同样的结果。

没有一个人可以向生活要求什么。因为，从广义上说，人离开了自然和环境就不能生存。所谓独立存在，其实就意味着束缚。然而，没有人希望被束缚，所以人们应明智地放弃所有个人的要求。

我们知道，个人是社会的一员。人们所称道的美德通过同其他人的交往体现出来，而且一个人最大的快乐来源于同他人的交流中。

地球上所有的一切都有其存在的目的：绿色的草木装点着地球母亲，并把自己奉献出来，以飨其他；参天大树给大自然增添美色，又把其果实献给人类。燃烧的火，流动的水，飘流的空气都证实，它们的存在不仅是为了自己，而且是为了他人。

人们可以通过观察自然来学做善事,这正为一个人所需要,因为善是至高无上的。

社会总是受到个人的影响。为自己或替别人行善,这两者之间没有多大的区别。好人和恶人同样地影响着社会,恶人不但伤害自己,也损害别人。行善有利于自己,也有益于他人。一个人在社会中不可能为自己独留一席之地,离开了社会,个人就不可能生存。

一个人的所作所为能影响别人,一个人的生存则依赖着别人,社会就像由许多个体组成的链条,无论哪一节掉了都会给其他部分带来影响。"观其友而知其人",说的就是这个道理,个人是社会必然的一部分。

事实证明:独立存在的个体是不存在的。如果独立是独自一人,那么独立只能是孤立,但是一个孤立的人又怎能避免空虚?这是一个相互依存的世界。

人们知道了这一秘密就会有目的地行事,这就意味着做好事,或者做一个好人。一个勤奋好学积极向上的人,努力追求其目的,他就不会再被"怎样才能做个好人"这一问题所困扰。

勤奋是永生之路,懒惰是死亡之路;勤奋之人能获得永生,而懒惰之人则等于已经死了。

一个消极的人如再忽视本分,就会被懒惰所吞噬,正如工具不用就会生锈。人的思想就是工具,不用则会被伺机而动的懒惰所侵蚀。

从事任何一项事业都是在为社会作贡献,也可以说是服务或是奉献,社会最需要的就是奉献。奉献可以带来幸福,社会也会因此而和平繁荣。

追求无上觉悟的菩萨需要培养和保持十善,而布施是第一,也是最重要的。布施并不是出于同情而对乞者的施舍,也不是因为虔敬而对圣人的贡献,布施是自我的摒弃,这就是奉献的目的。布施就是自我权利的放弃。

我们不能狭隘地使用奉献。没有自私的行为可以说是奉献,而对一个极其正直、诚实的人来说,奉献可能成为他的信仰。

　　一个责任心强的人把事业当成某种享受,无论再苦再累也毫无怨言,这样他就具备了奉献精神。勤奋、忠诚、积极也是奉献,而那些虚伪、懒惰之人则无奉献可言。

　　懒惰使人堕落,使人消极。

　　当今社会人们缺乏幸福感,就是因为那些懒惰之人忽视了他们的本分。他们休息的时间远远超过他们的所需。只有劳动的人才需要休息,也才应该休息;不劳动的人就不应该休息,因为生存是有目的的。每一事物都有其特殊的作用,这是自然规律,所以,懒惰之人就是犯罪。违背了这一规律,邪恶就会滋生。像其他的自然生物一样,人类也必须运动,必须有所作为来满足大自然的需要。一个无所事事的人将自食其果而痛苦终生,他会因为疾病缠身而最终走向毁灭。

　　工具越用越不易生锈,其生命力也就越长;积极之人很少生病,因而长寿。

　　清凉的秋雨送走了一个燥热的苦夏,燥热的心总算静默下来。在这秋虫唧唧的黑色的秋夜里,我骤然从昏睡中惊醒。远方的钟楼上,响起了悠长的钟声。又一列火车隆隆驰过——

　　这一切意味着什么呢?是生命的暗示吗?

　　我在想。

　　秋虫因何要昼夜而鸣?是因为它强烈的生命意识吗?是因为它深谙生命的短暂,而必须高密度地显示自己的存在吗?是因为它那生命的全部价值,都隐含在这微弱却令人感泣的生命绝响里吗?那么人呢?仅仅因为生命比秋虫千百倍的绵长,就可以以生理需求为由,将千百个最美丽最令人激动的黎明慷慨地遗弃吗?

　　也许这是一个荒诞的联想。

　　唯有钟声,以其绝对接近精确的殊荣,当之无愧地充当了生命的量尺。

　　它那周而复始的切切呼唤里,有一种振聋发聩的警醒。然而昏睡

第二十章　沉厚的话语隐隐约约流向没有痕迹的时空

了的那些人是不知道的,在混混沌沌之间,生命就这样一部分一部分地丧失了。这是一种无可挽回的丧失!

有时,我们会觉得生命是一种痛苦的煎熬,当它最充分地展示黑暗、龌龊、卑鄙、虚伪的一面的时候;有时,我们会觉得生命是一种快乐的享受,当它展示出光明、纯洁、崇高、真诚一面的时候。——生命似乎永远是在这样两极之间交错延伸的。在它延伸的每一个区段里,似乎总是喜剧与悲剧同生,苦难与幸福共存。

有时,我们会觉得生命是一种渺小的存在,当物欲、情欲、贪欲在蝼蚁般的人群中横行肆虐的时候;有时,我们会觉得生命是一种伟大的结晶,当它在强暴、苦难、灾害中显示出牺牲的悲壮的时候。生命似乎永远是渺小和伟大的"混血儿",由此我们也就没有理由产生绝对的崇拜和蔑视,再伟大的巨人也有他渺小的瞬间,再渺小的凡人也有他伟大的片刻。

绝大多数的时候,我们有一种珍惜生命的本能,似乎没有一个人来到世上就梦寐求死。而且随着时间的推移,生命在心灵中会无限地增值,毕竟,生命只属于这个人,而且仅仅只有一次。在人生的道路上,即使一切都失去了,却一息尚存,你就没有丝毫理由绝望。因为失去的一切,又有可能在新的层次上复得,当然,在极少数的时候,我们也渴望着悲壮的牺牲,那是因为苟且偷生已严重地亵渎了神圣生命的时候,那时,死亡反而变得令人抑止,生命反而因死亡而延续,因毁灭而永生。

钟声是生命长度的量尺,却不是生命价值的量尺。生命的价值只有在历史的天平上才能清晰地显示出它本来的刻度。一代又一代的人来了,一代又一代的人去了,他们的生命价值何在?有的人有一个轰轰烈烈的生,却留下一个默默无闻的死;有的人有一个默默无闻的生,却有一个轰轰烈烈的死。有的人显赫一时,却只能成为历史匆匆的过客;有的人失意终生,却成为历史上灿烂的泰斗。这一切决然不以个人意志为转移。生命价值的客观性和历史性,使不绝于耳的喧嚣显得极其微不足道。

一时一事的得失,似乎永远困扰着我们,永远是生命的烦恼之泉。倘若能真正将其置之度外,烦恼就真正超脱了。其实,真正值得烦恼的命题在于:生命的价值究竟应以何种形式作何种转化。对于这个千古之谜,一千个人有一千种答案,却没有任何一本哪怕是世界上最权威的教科书能提出最完美的答案。人其实是最难认识自己的,也就更难找到自己生命的转化方式,这正是一些人拥有一个失败的人生之根源。更悲惨的结局则在于,自以为找到了答案而其实完全是南辕北辙。所谓天才,无非就是能最早最充分地认识自己的价值,从而以最直接的方式完成了生命由瞬间到永恒的有效转化。

每个人都拥有自己的生命,然而相当多的人直到濒临死亡也没有弄清生命是怎么一回事,这正是人类的悲剧所在。生命,这神秘而美丽、不可捉摸而异常珍贵的存在,你究竟隐匿着多少暗示?而哲人的终生存在,就是捕捉这样一些暗示么?

一个小和尚问师父:"生命是什么?"这本是一个深奥的问题,而师父却不假思索地回答:"生命是活着的!"他原以为会有一大段的解答,师父却用简单的六个字回答了。

躺在床上,小和尚感受着每一呼每一吸。久之,只有呼吸而没有了自己。这个一呼一吸就是活着的,就是生命吗?生命就是如此。"生命为什么要活着?我为什么要活着,生命的实质究竟是什么,生命的责任究竟是什么?"

一天,小和尚走进一块湿地,没有人工的造作和修饰。当他用目光在草丛中、在芦苇内、在湖面上、在小岛旁仔细搜寻和捕捉大自然中的每一个美点时,无意间,却在忽起忽落的蜻蜓、运筹帷幄的螳螂、飞翔的水鸟、悠闲的鱼儿、细细的蛛网、丛中的野花、微拂的细风、嫩草和芦苇内的虫鸣中,发现了一个事实——大自然的朴素、无私、绚丽和多彩。也许,许多人并不留意,高贵的品质在匆匆的脚步下,在浮躁的身影中湮没了,被遗弃了。而这朴素、无私、绚丽和多彩是否是多少人付

出生命而寻找的生命的终极呢？心的本源就是如此吗？

小和尚被震撼，被感动了！他感觉到一种生命的力量和责任。

责任原本是自然的产物，天地间每一个生命自然地履行这个责任，如此大地才能绚丽，宇宙才能多姿。人，是否记得有这样一份责任？无论是有情，无论是无情，无论是人类，无论是他类，其实都以他天然的本性在默默地承担着自己的责任，只是这个天然的本性被障蔽的时候，责任的承担也就被回避了，因此，生命的价值萎缩了。

"生命是活着的！"多么实在的一句话，这些"活着的"生命应该怎样默默地承担起装扮世界、利益人间的责任呢？

责任是一种力量，只有承担起责任时，生命才有活力！

生命之所以美丽，正在于它有血有肉的历程中，始终高扬着一个美丽的主题：执著地追求真善……

真正美丽的生命执著地追求着真善，它不会趋炎附势地扭曲自己，涂改自己灵动的线条，更不会让自己美丽的底色染上尘污。除非用烈火将其燃为灰烬，使之化为尘埃，否则，美丽的生命就像一条清澈的小溪，永远百折不回、乐观坚强地奔向大海，直到最后一滴。

有时，它也许会被冷酷地阻断；有时，它也许会被无情地搁浅；更甚至，它还未及瞥一眼那夜幕下美丽灿烂的星海苍穹，未及静静地谛听一声那宇宙深处的清纯之音，它就已被意想不到的庸俗与险恶一下子毁得千疮百孔，奄奄一息……

生命之所以美丽，正在于它有血有肉的过程中，始终高扬着一个美丽的主题；美丽之所以永恒，正在于生命的底蕴中，始终流动着人类对世界最纯粹的良知与渴望。

于是，美丽因生命而存在，生命因美丽而永恒。这是一个连上帝也祈求的统一。

人生好比一场戏，我们都是其中的演员，有人一辈子演主角，有人一生做配角，又有些人只能跑跑龙套，虽然每个人都是演员，每个人的角色于戏中也有必要，但在观众的眼睛里，却有轻重的差异。

人生如同一场戏，我们都是其中的演员，我们没有固定的剧本，却有太多同台的其他演员，大家争着表现，抢着露面；台下的观众则水准不齐、秩序杂乱。甚至有许多半途入场，中间退席；至于场地，不是缺水，就是停电，一会儿道具不足，一会儿灯光不亮，使许多优秀而卖力的演员，因为外在的配合太差，而无法有最佳的表现。

人生就是一场戏，我们都是其中的演员，哭哇哇地在亲长的围观下登场；生龙活虎地在社会大众的注视下表演；吹吹打打热闹地落幕，凄凉寂静地在坟下安眠。如果演得极佳，或是有几位舞文弄墨的朋友，则可能还有篇洋洋洒洒的剧评出现。

人生真是一场最难演的戏，我们都是其中短暂的演员！

人生如花。生命的每一时刻都应像莲花徐徐开启。向世界播放美与清香，使这个原本死寂荒凉的世界五彩缤纷，充满快乐。

"每个人的心中都有一株妙法莲花。"这是禅家语。禅家总是站在理性的高处，以超越红尘的洒脱来参悟人生和自省生命。那么，凡俗中人呢？

"生如夏花之绚丽，死如秋叶之静美。"这是诗人语。

多少人在赞美：姑娘好像花儿一样！又有多少人在咏歌：花儿与少年。

的确，人生如花。花一样的生命，理应自诞生之日起，就一瓣一瓣地绽放她的美丽与清香，使这个原本死寂荒凉的世界五彩缤纷，充满快乐。事实上，人类自诞生起，就一代一代地在做着这方面的努力，极尽智慧和勤奋地按照美的形象装扮世界，并塑造自己。

作为最富创造力和灵性的人，是生命之美中一切美的总汇和化身。儿童如初上枝头的花蕾，娇嫩的苞里储满了晨光与希望；少年如初绽的蓓蕾，在似放非放间羞涩地打着盹儿，春心里尽是梦想；青年如怒放的花朵，瓣瓣流香滴翠，极显青春的活力与诱惑，面临一切当仁不让；中年如盛开的花朵，瓣儿渐失娇艳却已熟稔，蕊中开始累累地坐果；老年如结了果的花，萼残瓣落，但迟暮地"梅开二度"，也更现其俏

美和风流……

　　人的一生就是花的一生。然而，"有人尽心绽放，布施美丽与清香；有人半开半合，在智慧的黎明时分，似梦似醒；有人浑然未觉，不知开启内在的绝世之美，忍心让生命成为早夭的白莲。"禅家对人生阐释得可谓入木三分。那么，人生又为何应如白莲呢？

　　白莲乃花之美中最美丽最纯粹的，人也是生命中最高雅最完美的。以莲拟人，以人喻莲，本身就是一种美。莲，濯清流而不妖，出污泥而不染，乃绝世之洁之美。惜乎！现实中并非人随天愿。有高洁者一生传播真理，创造文明，也有卑劣者生来就玷污生活，行罪作恶；有急公好义者升华为英雄，也有私欲熏心者沉沦为孽障；有人一贯将爱心奉献给社会，有人一味盘剥别人占尽便宜；有人知足常乐，有人贪得无厌；有人贞守操行，有人不保晚节。

　　每个人都有每个人的活法，但哪一种活法是不断地开启心中的妙法莲花呢？

　　答案不言而喻。生命的每一时刻都应像莲花徐徐开启，向世界播放美与清香。人生的每一阶段都应像莲花灼灼绽放，不悔错过的阳光，不惧即到的风霜，尽心尽力地直到最后。最后即便萼残瓣落，却有莲子如"舍利"一样，光华烨烨，流芳不凋。这才是无愧的人生！

　　许多时候，我们为着各种各样的渴望和五花八门的需求，在自己这杯原汁中掺入了形形色色、混混沌沌的杂质，让自己合乎别人的口味，而自己的心中却觉得苦涩……

　　谁的眼前都放着一杯水。

　　那是真正源自洌洌山泉的水，含着山的赤诚，流着泉的激情，映着天的纯净。

　　那水，是我们生命的原汁。

　　许多时候，甚至在我们没有渴望、毫无知觉的时候，一双双神圣而满载善意的手颤巍巍地端起了我们，审视、咂嘴、摇头、啜饮，终于他们从敞开的胸襟里抓出一些什么放进我们的杯子；然后痴情地关注；然后默默地咂品、放下;然后叹着气或者微笑着走开。而麻木的我们却把前者美其名曰:适应;虔诚的我们却把后者誉之名曰:塑造。

生命,原本纯净而真实的生命,不得不在这人为的适应与塑造中异化、扭曲了。

此刻,当我们卸去浓重的伪装,于清风朗月下用自然的大镜观照自己的时候,心中便只有一个滋味:苦。

一个伪装的生命究竟能存几时？一个孤苦的生命究竟能走多远？

我是活脱脱地来的,没有一丝羞怯。喜欢蓝天白云丽日和风,就常常让丽日和风沐浴青春,就常常让蓝天白云拂拭心灵;憎恶阴霾迷雾淫雨狂飙,就时时把阴霾迷雾撕烂了掷在脑后,就时时把淫雨狂飙捏碎了丢在脚下。喜欢就是喜欢,憎恶就说憎恶,对了错了都是我自己的真实选择！疲惫了,就流一回伤心的泪,就唱一支悲伤的歌,别在乎别人说你软弱;高兴了,就跳一段强劲的舞,就发一阵少年的狂,别在乎别人说你不成熟——我就是一个平常人,拥有一颗平常心。

只有在这时,世界才恢复本来的面目,人类才苏醒了沉醉的记忆,生命才焕发出葳蕤的生机！

不必刻意装饰自我,不必着力打扮青春。我们难免自卑过、尴尬过,我们也许痴情过,我们也许负心过,但这是因为我们总是一心追求仁善,刻意完美。我们难免疯狂过难免泄气过难免跌倒过,我们可能爱恨交加可能悲伤坎坷经历风雨炎寒,但我们赋予生命的都是真切的历程,我们献给社会或从世界中索取的都是无憾的真实人生！

裸足踏地,总有滋润渗入肌肤,使我们感觉到生存而立的地球是那么坚实,让我们悟知生命的历程和人生之路都容不得半点空虚;举手招天,便有阳光包裹心胸,使我们感知到展现理想的天宇是那么灿烂可握,让我们触知生命的价值和人生的内涵是多么的高昂和深邃。

真实是永恒的。名利地位和荣华富贵都是过眼烟云。摒弃所有的伪装和虚假,即使我们是多么的丑陋和疲弱。让我们用无邪的双眼直视自然,直视社会;用有力的双手紧握事业的成果,搓擦出创造的火

花。让我们认真地投入，认真地付出，默默咀嚼人生的滋味。

展现真实，不枉此生！

佛陀在说完随喜功德之后，佛对常精进大菩萨说："如果有善男子、善女人，受诗、读诵这部《法华经》，或读诵，或解说，或书写，这人应当得到八百眼功德、一千二百耳功德、八百鼻功德、一千二百舌功德、八百身功德和一千二百意功德。用这些功德庄严六根，使六根都得清净。这善男子、善女人，以父母所生的肉眼，能看见三千大千世界内外所有的山林河海，下至阿鼻地狱，上到有顶天，也能见到一切众生及因缘果报，后世当生之处，都能见到知晓。"

当时，世尊要重新讲述这样的意思，就用诗偈体的语言说：

假如有人在大众之中，以无所怖畏之心，讲说这部《法华经》，你们听我说这人所得功德。这人应得八百眼的殊胜功德，因为有这样的功德庄严，眼睛甚为清净。以父母所生肉眼，都能见到三千大千世界内外的弥楼山、须弥山、铁围山及诸山的山林、大海及江河之水。下至阿鼻地狱，上至有顶天中的一切众生，都能见到。虽然尚未得天眼，肉眼就有这样的法力。

"还有呢，常精进啊！如果有善男子、善女人，受持这部经，或读或诵，或解说，或书写，得一千二百耳功德。用这样的清静耳，能听到三千大千世界，下到阿鼻地狱，上到有顶天，其中内外的各处语言、声音。象声、马声、牛声、车声，啼哭声、忧愁长叹声、海螺声、鼓声、钟声、铃声、笑声、说话声、男声、女声、童子声、童女声、法声、非法声、苦声、乐声、凡夫声、圣人声、欢喜声、不欢喜声、天声、龙声、夜叉声、乾闼婆声、阿修罗声、迦楼罗声、紧那罗声、摩睺罗伽声、水声、风声、地狱声、畜生声、饿鬼声、比丘声、比丘尼声、声闻声、辟支佛声、菩萨声、佛声，总而言之，三千大千界中，一切内外所有各种声音，虽然没有得天耳，用父母生的清净平常耳，全都能听到，这样分别各种的声音而不会破坏耳根。"

当时，世尊要重新宣说这样的意思，就用偈颂体的语言说：

"父母所生肉耳,非常清净,没有污浊秽垢。用这肉耳就能听到三千大千世界的声音,象声、马声、车声、牛声、钟声、铃声、海螺声、鼓声、琴瑟声、箜篌声、箫声、笛声等,听到清净悦耳的好歌之声而不执著,听到无数种族的人声音,自然能明白所说的意思;又能听到诸天人的声音及微妙的歌声,能听到男人声、女人声、童男声、童女声;能听到山川险谷中迦陵伽仙鸟声、一身二头的命鸟声以及各种鸟叫声,都能听到;能听到地狱中众鬼因苦痛发出的悲惨叫声、饿鬼被饥渴所逼迫索要饮食的声音;所有的阿修罗,居住在大海边,在一起说话时发出的巨大的声音,都能听到。这位为人说《法华经》的法师,安隐地住在此处,远远听见这些声音,却不会损坏耳根。十方世界中,禽兽鸣叫,互相呼唤,那说法的法师在这里都能听到。在天上、梵天、光音天,遍净天直至最高的有顶天天中天人说话的声音,法师在这里,都能够听到。一切比丘、比丘尼,或诵读经典,或为人解说,法师在这里都能听到。又有一切菩萨,读诵佛经,或为他人解说,或撰写著作解释经中义趣,这样种种声音,都能够听得到。十方所有的佛世尊,教化众生,在各个大法会上,讲说微妙的佛法,受持《法华经》的法师,也都能够听到。三千大千世界内外的各种声音,下至阿鼻地狱,上至有顶天,都能够听得到,而不会损坏耳根,因为耳根聪利的缘故,也能分别知道。受持这部《法华经》的人,虽然没有天耳,只用父母所生的肉耳,功德就有这样之多。

"还有呢,常精进菩萨,如果有善男子、善女人,受持这部《法华经》,或读诵,或为人解说,或书写,能成就八百鼻世功德。用这清净鼻根,可能听到三千大千世界上下内外各种的香气。须曼那华香、提华香、茉莉华香、蒼卜华香、波罗罗华香、赤莲华香、青莲华香、白莲华香、华树香、果树香、旃檀香、沉水香、多摩罗跋香、多伽罗香及千万种混合香,无论是末、丸或外涂的香,受持这部经的人,住在这里,就都能分别闻到。又能分别闻到众生的香气、象香、马香、牛羊等香、男人香、女人香、童子香、童女香及草木丛林之香,无论远近,这所有的香,都能闻到,并能分别出来而无差错。受持这部经的人,虽然住在这里,也能闻

到天上诸天的香气、波利质多罗树香、拘鞞陀罗树香、曼殊沙华香、摩诃曼陀罗华香、曼陀罗华香、摩诃曼殊沙华香、旃檀香、沉水香、种种末香、各种混杂的香华，像这样的天香所混合发出来的香气，没有不能闻到的。又能闻到各位天人身上的香气，如释提桓因在胜殿上嬉戏娱乐、享受五欲的香气，在大法堂为忉利诸天说法时的香气，在各花园中游戏时的香气及其余天人男身、女身的香气，都能远远地闻到。这样辗转而至大梵天，最高的有顶天中诸天人身上的香气，也都能闻到，天上所烧的香及声闻人身上的香气、辟支佛身香、菩萨身香、各佛身香，也都能远远闻到，并能知道所在的位置。虽然闻到这么多的香气，却对鼻根没有任何损害，也不出差错，如果要分别为人解说，记忆的也不会有所差失。"

当时，世尊要重新宣说这样的意思，就又用偈颂体的语言说：

"这位受持《法华经》的法师，鼻根清净在这世界中，无论香或臭的东西，每一种都能闻到。须曼那香、提香，多摩罗香、旃檀香，沉水香、桂木香，各种花果的香气以及众生的香气，男人香、女人香、说《法华经》的法师，虽然在遥远的地方，也能闻到并分辨出香气的位置。大势转轮圣王、小转轮王及王子、群臣、宫人等，闻其香气而能知其所在。身上所穿戴的珍宝、地中的宝藏、转轮王的宝女，闻到香气就能知其所在位置。各人装饰身体的饰物、衣服、璎珞、各种外涂香料，闻到香气就能知道身体的位置。各位天神和人，或行、或坐、或游戏、或神变，受持《法华经》的法师，闻香气后都能知道。所有一切树的花、果实及酥油的香气，受持这《法华经》的人，都能闻香而知其所在。在深山险谷之中，旃檀树开花，众生在山中活动，闻其香气都能知道。铁围山、大海、地上的一切众生，受持《法华经》的法师，闻其香气都能知其所在。阿修罗男女及其眷属，争斗或游戏时，闻其香气都能知道。旷野中或危险狭隘之处，有狮子、象、虎、狼、野牛、水牛等，闻其香气而知其所在。如果有怀孕的妇女，尚未能辨别是男是女，无男根或怀鬼胎，闻香气而都能知道。闻其香气后，也能知道最初妊娠的情况及以后能否成就，是否能平安产子。

因为闻到香气的缘故,能知道男人、女人心中所想,染欲、愚痴、瞋恚之心,或者是修善的念头。地下埋藏的宝矿,如金银等珍宝,盛产铜的地方,闻香气都能知道。种种珍宝做的璎珞,无人能知其价值,受持《法华经》的法师闻其香即知其贵贱,出处在何方,现在在哪里。天上各种华树,如曼陀罗华、曼殊沙华、波利质多树,闻其香气都能知道。天上各种宫殿,分上、中、下三等,用珍宝及天花庄严,闻其香气都能知道。天上的园林、胜殿、诸观、妙法堂、天人在其中娱乐,闻其香气都能知道。诸天人如果听法,或享受五欲时,或来住坐卧,闻其香气都能知道。天女身着天衣,用天花妙香妆饰,周旋舞蹈,游戏时,闻其香气都能知道。这样辗转向上,到色界梵世,天人入禅定或出禅定的,闻其香气都能知道。光音天、遍净天直至在顶天中,天人初生或退没,闻其香气都能知道。诸位众比丘们,于佛法常勇猛精进,或坐,或行走,或诵读经典,或在林中的树下,专心精进坐禅,受持《法华经》的人,闻其香气都能知道。菩萨们志念坚固,或坐禅,或读诵经典,或为人讲说佛法,闻其香气都能知道。在十方世界中的佛世尊,为一切众生所恭敬,怜悯众生而为他们说法,闻其香气都能知道。众生们在佛面前,听闻经典后都得大欢喜,依佛所说法而修行,闻其香气也都能知道。受持《法华经》的法师,虽然没有证得菩萨道得无漏法所生鼻,但是凭《法华经》就能得到这样的鼻根。

"还有,常精进菩萨!如果有善男子、善女人,受持这部经典,或读,或诵,或为人解说,或书写,能得一千二百舌功德。或好,或丑,或美味,或非美味,以及各种苦涩的食物,在这位法师的耳根上,都能变成好味道,像天上的甘露一般,没有不美的味道。如果用这样的舌根,在大众之中为人演说佛法,能发出深妙的声音,深入人心,令人生欢喜快乐。又有各天子、天女、帝释天、大梵天等天人,听到这样深妙的声音,演说佛法,言语中次序分明,都前来听法。又有各位龙男、龙女、夜叉、夜叉女、乾闼婆、乾闼婆女、阿修罗、阿修罗女、迦楼罗、迦楼罗女、紧那罗、紧那罗女、摩睺罗伽、摩睺罗伽女,为了听法的缘故,都来亲近,恭敬地

供养。及比丘、比丘尼、优婆塞、优婆夷、国王、王子、群臣、眷属、小转轮王、大转轮王、七宝千子、内外眷属，都乘坐其宫殿，前来听法师说佛法。因为这位菩萨善于说法的缘故，婆罗门、居士、国内人民，在其身的寿命之中，始终随时侍奉并供养他。又有诸位声闻、辟支佛、菩萨、佛，常愿意见到他。在这位受持《法华经》的法师所住的地方，诸位佛都向那地方说法教化，这法师都能受持一切佛法，并且能用深妙的法音宣说。"

这时，世尊要重新宣说这样的意思，就用诗偈体的语言说：

"这位法师舌根清净，始终不接受恶味道，他所吃到的东西，都变成美味的甘露。能用甚深的清净美妙的声音，为大众说法，用各种因缘的譬喻，引导众生的善心。听闻的人也都得大欢喜，设种种上好的供养。众多的天龙、夜叉、阿修罗等，都以恭敬之心，一起前来听法。这位说法的法师，如果要用微妙的法音，充满三千大千界，声音即能随其心意而至。大、小转轮王以及千子和眷属们，都合掌而生恭敬心，经常来听受佛法。诸位天龙、夜叉、罗刹、毗舍等，也发欢喜心，常乐意前来供养。大梵天王、魔王、自在天、大自在天等诸天人，也常来这位法师所在的地方听法。诸位佛及佛的弟子，听到他说法的声音，常忆念并守护他，或者时常为他现身来相见。

"还有，常精进菩萨！如果有善男子、善女人，受持这部《法华经》，或读、或诵、或为人解说，或书写，可得八百身功德。得到清净的身体，像清净的琉璃一样，为众生所喜见。因为身体清静的缘故，三千大千世界中的众生，生时、死时，或在天上，或在地下，或美，或丑，或生善处，或生恶处，都在身体中显现。以及铁围山、大铁围山、弥楼山、大弥楼山等山及其中的众生，都在身体中显现。下至阿鼻地狱，上至有顶天，所有的境界及其中的众生，都能在身体中显现。或者有声闻、辟支佛、菩萨、佛为众生说法，都会在这清净身中显现色相。"

当时，世尊要重新宣说这样的意思，就用诗偈体的语言说：

"如果有受持《法华经》的人，其身体像清净的琉璃一样，清静美妙，为众生所喜见，又像清静的明镜，都能显现各种色像。受持《法华经》的菩萨能在清净身中，见到世间所有的事物，只有自己一人能够明了，其余人都不能见到。三千大千世界中，一切众生的群体，如天人、阿修罗、地狱、恶鬼、畜生，这些众生的色像，都能在身体中显现。诸天人所居住的宫殿，高至有顶天，世上的铁围山、弥楼山、大弥楼山、各大海的海水等，都能在身体中显现。诸位佛、声闻、辟支佛、佛子、菩萨，或独处，或为众人说法，都能在身体中显现。虽然没有得到无漏圣果、获法性妙身，只以清净的常人身体，一切都能在身体中显现。

"还有，常精进菩萨！如果有善男子、善女人，在如来灭度后受持这部《法华经》，或读，或诵，或为人解说，或书写，得一千二百意功德。凭借这清净的意根，甚至只听到一偈、一句，就能通达无量无边的佛法大义。解悟这些意义后，能把一句、一偈的义理演说一个月、四个月，甚至一年，所说的佛法，随顺原句的义趣，和佛法实相不相违背。如果说世俗间的经书、治世的语言、谋生的事业等，都随顺佛教正法。三千大千世界中，六趣众生心中所想行的事，心中所想的动作，心中所起的戏论，全都能知道。虽然没有得到无漏的智慧，而其意根就能达到这样的清静。这人有所思维、筹划、言说，都是佛法，没有不真实的虚妄之见，也是先前佛经中所说过的。"

当时，世尊要重新宣说这样的意思，就用诗偈体的语言说：

"这人的意根清净、明彻，没有染浊、污秽，凭这微妙的意根，能知道上、中、下的佛法。甚至只听到一首偈颂，就能通达无量的佛法精义，按次序如佛法之意而为人讲说，可说到一个月、四个月甚至一年。在三千大千界内外，一切各种众生，如天人、天龙、世人、鬼神、夜叉等，凡在六趣中轮回的，心中所起种种想法，以受持《法华经》所得的福报，一时之间都能够知道。十方世界中无数的佛，具有百福庄严的妙法相，他们为众生所说的佛法，听闻后都能够受持。思维晓悟无量的佛法义趣，说法也有无量之多，始终也不会有所忘错，全是因为受持《法华经》的缘故。也能全部知晓诸法实相，随佛法义趣而能分别高下次第，也通达语

言、名字的精义,如心中所知而演说佛法义趣。这位受持《法华经》的人有所说法,都是先前佛所说过的,因为演说这样的真实佛法,在听众面前不会有所畏怯。受持《法华经》的人,意根已如此清净,虽然没有证得无漏,就先有这样的智慧之相。这人受持《法华经》,能安住最稀有的地方,为一切众生所欢喜、爱护、尊敬。能应用千万种完善机巧的语言,分别为人讲说佛法,全都是因为受持《法华经》的缘故。

第二十一章　在时光隧道中剪影甜美的梦歌

　　王国维在《人间词话》里说："古今之成大事业、大学问者,必经过三重境界:'昨夜西风凋碧树。独上高楼,望尽天涯路',此第一境也;'衣带渐宽终不悔,为伊消得人憔悴',此第二境也;'众里寻他千百度,蓦然回首,那人却在灯火阑珊处',此第三境也。"第一境界"昨夜西风凋碧树。独上高楼,望尽天涯路"的含义是,做学问、成大事业者,首先要有执著的追求,登高望远,勘察路径,明确目标与方向,了解事物的概貌。这也是人生寂寞迷茫、独自寻找目标的阶段。第二境界"衣带渐宽终不悔,为伊消得人憔悴",作者以此两句来比喻成大事业、大学问者,不是轻而易举、随便可得的,必须坚定不移,经过一番辛勤劳动,废寝忘食,孜孜以求,直至人瘦带宽也不后悔。这也是人生的孤独追求阶段。第三境界"众里寻他千百度,蓦然回首,那人却在灯火阑珊处"是说,做学问、成大事业者,必须有专注的精神,反复追寻、研究,下足工夫,自然会豁然贯通,有所发现,也就自然能够从寂静王国进入自由王国。这也是人生的实现目标阶段。由此可见,大凡成功者都是孤独而执著的。耐得住寂静,是一个人思想灵魂修养的体现,是难能可贵的一种风范。

　　人生中,寂静是难以摆脱的,它如同喜怒哀乐一样,时刻伴随着我们。要正确对待寂静,耐得住寂静,其实很简单,关键就取决于我们对寂静的认识和追求成功的动机。

　　一个胸无大志、目光短浅的人,是断然耐不住寂静的;假如你有着

高尚的思想境界,有着追求事业的良好心态,就能够在纷繁复杂的生活中告别"声色犬马",走出浮躁喧嚣的世界,真正静下心来,踏踏实实地干好工作,认认真真地做好事业。

耐得住寂静的考验,你就会对生活中的痛苦和快乐有所感悟,灵魂就会得到升华,自然也学会了享受寂静,在寂静中创造出自己的一番成绩。

然而,在现在这样一个"浮躁"的年代,又有多少人能够耐得住寂静呢?许多人有了学衔后还要追求官衔,有了名还要有利,名缰利锁之下,怎么能做出大学问?

当前,学术界确有一个很普遍的现象,就是谁发表的文章多,谁的曝光率高,谁就成为学术明星、学术名流、学界泰斗。学问做得好,文章发表得多,必然相应地产生一定的名气。但名气、知名度和学问本身并不是一回事。实际上,大学问家往往是沉寂的;没有一个成功的学者没有经历过学术上的沉寂时期。王国维就经历过这样的时期。1912年,他与罗振玉一起去了日本,住在京都的乡下,用了六七年的时间,王国维系统地阅读了罗振玉大云书库的藏书,那段时间,他几乎与世隔绝。此外,郭沫若在甲骨文、金文方面的成就,也是得益于他1927年至1937年在日本的十年苦读。

有很多时候我们需要等待,需要耐得住寂静,等待属于自己的那一刻。周润发等待过,刘德华等待过,周星驰等待过,王菲等待过,张艺谋也等待过……看到了他们如今的功成名就,你可曾看到当初他们的等待和耐心?你可曾看到金马奖影帝在街边摆地摊?你可曾看到德云社一群人在剧场里给一位观众说相声?你可曾看到周星驰当年的角色甚至连一句台词都没有?每一个成功者都有一段低沉苦闷的日子,闭上眼睛,几乎就能想象得出来他们当年借酒浇愁的样子,也可以想象得出他们为了生存而挣扎的窘迫。在他们一生中最灿烂美好的日子里,他们渴望成功,但却两手空空,一如现在的你。没有人保证他们将来一定会成功,而他们选择的是耐住寂静。如果当时的他们总念叨着

"成功只是属于特权阶级的",那么他们今天会有如此的成就吗?

  人生总会遇到挫折,总会有低潮,总会有不被人理解的时候,总会有要低声下气的时候,这既是人深感寂静的时候,也恰恰是人生最关键的时候,因为大家都会碰到挫折,而大多数人耐不住寂静,过不了这个门槛;你耐住了,你就成功了。在这样的时刻,我们需要耐心并满怀信心地去等待,相信生活不会放弃你,机会总会来的。路要一步步地走,虽然到达成功终点的那一步很激动人心,但大部分的脚步是平凡甚至枯燥的,没有这些脚步,或者耐不住这些平凡枯燥中的寂静,你终归无法迎来最后那激动人心的时刻。

  安静的准备和漫长的等候是寂静的。多少次,我们尚未了解寂静的真谛就急于抛弃它,以至于同时把成功抛弃!多少次,我们因耐不住寂静,而选择了一条热闹的旅途,以至于最终失败又失败!这是多么可悲啊!

  寂静的守候是一种高尚,寂静的沦陷是一种毁灭。在这个到处都充满着诱惑的世界,有多少生命走出了寂静的象牙塔却堕落在罪恶的深渊?一个人无论你怎样的优秀,无论你怎样的成功,无论你怎样的富裕,也无论你怎样的超凡出众,只要你耐不住寂静,受不得清苦,你精神的家园就会被杂草侵占,你心灵的净土就会被邪念玷污,你生命的底线就会被欲望突破,你就极有可能从此徘徊在黑暗与痛苦里饱受鞭笞和谴责,甚至将自己的所有都彻底葬送。

  《圣经》上说:"人哪!你为什么跃跃欲试?你为什么这样急于求成?你要耐得住寂静,因为成功的辉煌就隐藏在它的背后。"耐得住寂静是一种心境,一种智慧,一种精神内涵,一种蓄积的惊人的力量。也许与寂静为伴是痛苦的,但寂静不是一首悲歌,而是一条不疾不徐向前流淌的大河,在迂回曲折中孕育出人生真正的成功。

  如果说人生的故事就像是一个茶杯,那么寂静则是杯子中淡淡的苦茶;如果说人生像是一叶扁舟的话,那么寂静则是承载扁舟的湖水。

在静谧的夜晚，寂静总是毫不留情地来偷袭。心里空空荡荡，没有一丝的色彩，慢慢地知道了——原来这样的一种感觉就叫寂静。

寂静，婉拒着逃避它的人驻足流连。

一个人呆在房间里，关紧门窗，关掉电话，静静地看着那些流淌在洁白纸面上的文字，听着轻柔而略带伤感的音乐，偶尔会有一丝的感动，那扇记忆的门不经意间被推开。某个时间，某个地点，或者某个人再一次不经意间悠悠地走进我们的记忆，久久难以平静。

在那些清凉或寒冷的早晨，在那些炎热或温馨的午后，在那些萧条或深情的傍晚，在那些寂静或冰冷的深夜，当我们一个人在闲居或是在忙碌的时候，总有种感觉一触心底。从遐想之中惊醒的时候，蓦然发现，原来时间已经过去了那么久。令人惊讶的是，即便已经很长时间不再有音讯，但是那些回忆却是那样的清晰和真切。

寂静，是永远躲不开的一种回味。

一个人慵懒地漫步在寂静的小路上，翻翻自己心底那个藏着秘密的角落，拿出一些珍藏的回忆品鉴一番。这个时候空气中寂静的味道会慢慢变浓，充斥在脑海中的尽是苍凉和渐行渐远，看到那些刺痛眼角的文字，听到那些令人感慨的歌声，眼中的泪水缓缓地流出了。那些饱含着岁月无情和成长苦涩的泪水啊，当它滑过面颊的时候，才发现，原来我——是那样的孤单。

闹市的喧哗让人向往一个人独处的时光，想去寻找寂静的感觉，而后才会发现，寂静是瘾，戒也戒不掉。

寂静，已然成为人生注定的宿命。

人本身就是一首寂静之歌，人生本身就是一段寂静的旅程，我们在寂静中诞生，最终依旧在寂静中离去。当踏上了这段旅程的时候，感受到的是繁华表面掩藏下的寂静，浮华与绚丽只是假象。多少人在生命即将结束的时候都有同样的感受：这个世间，是让人多么的寂静和无奈啊。人生，原来寂静得如此彻底和纯粹。

既然寂静是人生的常态，那么我们是否要在寂静中接受洗礼呢？

生活中的我们,时常在寂静中感到空虚和无聊,在寂静中变得越来越浮躁,在寂静中丢失了自己。

既然这样,不妨停下前行的脚步,让自己的心灵在寂静中得到升华。

在寂静中,我们的心可以被一泓清水洗涤得格外澄澈;在寂静中,我们可以观察天地万物的气象,在闲适中领悟从容;在寂静中,我们可以吟诵古风,领悟"古来圣贤多寂静"的豪情。

寂静中的人得到了充实的思考,寂静中的人获得了承受的肩膀,寂静中的人具备了坚忍的意志,寂静中的人驱散了俗世的浮躁与喧嚣。因为安静,心灵生出了多姿的曼妙。

享受这些墨迹未干的心情吧,寂静到了极致,人生将变得清醒而深刻。

高天远地,苍穹寥廓,一棵独立于寒秋的树,一棵离群索居的树,远离了平庸的喧嚣,长长地沉默着,但寂静与空旷却让它长出了诗质的果实。

边关,永远只是一片苍凉与冷漠,偶尔有清风掠过,扫去片片残叶,便不见任何踪迹,但却塑造了军人。沙漠,也永远只是一片寂静与荒凉,偶尔有"叮当"的驼铃洞穿疯狂的寂静,但却使骆驼在艰辛的跋涉中,踏成了美丽的希望。

没有人理解,没有人安慰,这就是孤独。有时候只听见自己的心跳,寂静便成了孤独的孪生姐妹,岁月在没有鲜花和掌声中悄然逝去。

孤独难熬,寂静难守,古人如是说,今人亦如此。

有人说:耐得住寂静是衡量一个人的标准。

李白说:自古圣贤皆寂静。

能够用一生的时间忍受孤独、甘于寂静,不求他人理解的人便创造了永恒。

默守自己田园的陶渊明,默默地守护在自己亲自栽培的菊花旁,所有的心事孕育成一句话,说给菊花听,他想与世无争,想与世隔绝,

可没有想到最后在寂静中成长为世人赞叹的热点,崇尚的话题!

　　守在孤岛上的人,枕着波涛入眠,没有虫鸣鸟叫,看到的是大海的潮汐、孤帆远影。在寂静中,军人的品格得到了升华,灵魂得到了提升。

　　经历了太多的沉浮,由于过多的喧哗便使心灵浮躁,由于浮躁便无所事事,由于无所事事便一事无成。于是,我选择了孤独,在寂静中,回想过去,静下心来刻苦地学习,认真地生活,于是我发觉,人生是一个奋斗的过程。在寂静中,我无所依靠,于是我便学会了独立,不再盲从,人云亦云,进而能独立地审视人生,寂静呵!在寂静中,我真正体会了"有所不为才能有所作为"的含义,在寂静中,我修补了自己受挫的灵魂。

　　寂静让人如此美丽。《资本论》在孤灯、只影、无人登门的寂静中诞生;贝多芬在一生寂静中扼住命运的咽喉;巴黎郊外的那座葡萄园里,那个扶杖而行的老者,在寂静中创造了一串串的感叹号。这就是寂静的魅力,对有所为的人,也许,他们这一生最大的幸运就是自己选择了寂静。

　　然而自古能与寂静相厮守的人很少,真正的孤独者寥若晨星。因为孤独本身是一件奢侈品,它要用太多的金钱、太多的名利、太多的感情、太多的时间与机遇去换取,而这一切都是太多的世人所向往的,因而这件奢侈品不是任何人都享受得起的,能受得起的人,他便创造了永恒。面对喧嚣的世界,浮躁的人们,是应该接受一些广寒宫般寂静的日子的。让寂静侵蚀掉心中的杂草,让灵魂成长!

　　选择寂静吧!让心灵在寂静中洗涤,让污垢在寂静中净化,让灵魂在寂静中升华!选择寂静吧!让自己在寂静中成长,让美丽在寂静中伸出,让奇迹在寂静中创造!

　　选择寂静也就选择了成长!

　　人生旅途中,常有情感的风径直吹进生命里,让你感受寂静。

　　什么是寂静?

寂静是抓起电话,拨不完一个号码又放下,不知受话人该是谁;想见所有的朋友,却又见不到任何一个,想见某一个人却又找不着这个其实也并不明确的人;心里总是想着干点什么,却又无所作为。

寂静是朋友聚会,一起跳,一起笑,一起醉酒,而心底的话仍只能对自己诉说。

寂静是总喜欢拥有一片属于自己的天地,于静夜独坐一角,燃起烛火,让自己的思想任意驰骋,让自己的情愫任意流泻,让自己的思绪随着跳动的火焰在远方茫茫的夜空里闪烁。

寂静是时时读书,时时看报,而当合上书报时,却不知道刚才读的是哪一章、哪一页。

寂静是漫无目的地走出家门,在岔路口不知道该选择哪条路,该怎么处理自己,或者是不知不觉踏上一条没有尽头也没有目标的路。

寂静是一个人静静地躺在床上,聆听窗外的风掠过树梢发出的呜咽,忽然觉得偌大的房子像一座寂静的坟墓罩住了你,窗外漏进的昔日亲切的阳光忽然变成魔鬼的利剑,你有一种孤立无援的绝望。

寂静是迷茫的黄昏,独自面对残阳,感到人既是生的,又是死的;既是实在的,又是虚无的。

寂静是"落花人独立,微雨燕双飞"的感怀,是"枕前泪共阶前雨,隔个窗儿滴到明"的凄切;是"不归家,魂梦逐杨花,绕天涯"的执著;是"惜别伤离方寸乱,忘了临行,酒杯深和浅"的伤离;是"寒塘渡鹤影,冷月葬花魂"的冷落。

寂静是秋天荒原上那一丝游若无定的气息,是一束寒冷的微风,是一丝淡淡的影子,是你不想吃而必须吃的一剂苦药,你对它别无选择。

寂静是一种忧郁,是一种"独上高楼依危栏"的情感体验;寂静是人生中一本读不懂的书;但是寂静也是某一天抬起头,望望白云,忽然发现认识了天,认识了自己,回归自然的人生静美。

寂静也是一种美丽,独立窗前,看雨打芭蕉、帘卷西风,风声、雨声

与拼搏的跳动浑然一体,思绪就像飘逸的雨云。

寂静也是一种超脱,没有了嫉妒,没有了繁琐,没有了嘈杂。只有人格的升华,感情的净化,要多清高有多清高,胜过世外桃源。

寂静也是一种宁静,宁静以致远,新的扁舟在万籁寂静的心海驶向遥远的彼岸,在那里沐浴洁白的阳光,晾晒尘封的记忆底片。

寂静是一次"梦的唯一行李"的旅程,是一种"曾经在幽幽暗暗反反复复中追问"的思索,然而,寂静更是一种历经挫折和迷惑,终知平平淡淡从从容容才是真的对生命的认识。

寂静更是一种宁静的安详,是飘逸的思绪呼唤海啸气势磅礴的酝酿。

寂静更是一种净化心灵的孤独,科学巨匠亲切地教诲:千万记住,所有那些品质高尚的人都是孤独的——而且必然如此——正因为如此,他们才能享受到自身一尘不染的纯洁。

寂静更是一种热爱人生的能量积蓄,寂静之后,拉起朋友的手,共听日月唱首歌,共看海天成一色。

寂静更是一种对生命的选择,痛定思痛选择火热,纵然死去,也要像凤凰涅槃,奏响一曲高亢的生命之歌。

寂静是一次生命的终结,更是一次生命的开始。生活如水,寂静如歌……

每一个人的一生中,或多或少都曾经有过寂静的体验。寂静不一定仅仅是孤独、苦涩、迷失、怅惘和感伤,它也会是宁静、悠远、美丽、洒脱和含蓄。

"四海无人对夕阳"的寂静是清高的;"独钓寒江雪"的寂静是孤傲的;"采菊东篱下,悠然见南山"的寂静是洒脱的;"帘卷西风,人比黄花瘦"的寂静是委婉的;"我歌月徘徊,我舞影凌乱"的寂静是豪放的;"江畔何人初见月,江月何年初照人"的寂静是怆然的;"缺月挂疏桐,漏断人静初"的寂静是哀怨的;"待到山花烂漫时,她在丛中笑"的寂静是豁达的;"零落成泥碾作尘,只有香如故"的寂静是自怜的;"大漠孤烟直,长河落日圆"的寂静是壮观的;"山光悦鸟性,潭影空人心"的寂静是幽静的……

寂静如同"阳春白雪",曲高自然和寡;寂静如同"高山流水",知音唯有子期;寂静如同"阳关三叠",一唱引出三叹;寂静如同"二泉映月",忧愤不失追求……

寂静不仅是对镜时一种无法梳理的情绪,也是面壁时一种冷静思索的境界;寂静是一种思想,它时而静若寒剑,冷冷通彻心肺;它时而迅如闪电,疾疾稍纵即逝;在每个寂静的心中,它或许是内心深处最柔软、最不可触动的角落。

梁实秋先生说过"寂静是一种清福",寂静可以让人感觉到一种空灵悠逸的境界,所谓"心远地自偏",在这种境界中,我们可以在脱离尘世的喧嚣、在越来越狭小的思想空间里,任思绪尽情飞扬,任想象自由翱翔,让忧伤透彻沉默,让痛苦在此发光。

有朋友说"一杯茶,一瓢酒,一支烟,一本书,一面墙",便能诠释寂静的含义。"在寂静中,我正视自己的情感,正视真实的自己。"我说"享受寂静如空阶听雨",当你一个人坐在老式的平房中,隔着窗儿,听那从屋檐上落下的雨滴,敲打着树叶,敲打着地面。你可以静数其数,静听其声,在"滴答、滴答"的雨声中,会让烦躁的心灵复归和平,产生一种超然的幻觉,净化被欲望侵蚀的心灵,那会是怎样一种悠然呢?

在越来越喧嚣的尘世中,人们却越来越孤独,才情被泯灭,个性被消枯,爱情永不知足,希望感到疲倦,创造与智慧分了手,只剩冷酷与死寂……寂静的表现有两种,一种是写在脸上,一种是藏在心里;一种是精神贫乏者的寂静,一种是精神富有者的寂静;一种是形体的、外在的、浅表的,一种是隐匿的、内在的、深层次的。前者是因为他们不能或无法理解别人的许多思想和情感,后者是因为他们自己有很多的思想和情感体验得不到共鸣,不能被他人所理解。

寂静并不与交往抵触,孤独或许是一种财富;有些人常常在热闹中寂静;那是一种无法言传的苦衷,有些人常常在寂静中热闹,那是彻

底表达的孤独。寂静是一种自由的境界，智慧的境界，超凡脱俗的境界，也是交错着痛苦的人生境界。

真正意义上的寂静是一种文化底蕴的体现，含蓄、隽永；是一种理性的有层次的思考，深刻、清醒；是一种精神领域的探求，睿智、通达。寂静到了深处就不会把它挂在嘴边，而只是淡淡的一句"天凉好个秋"，便蕴涵了所有的意境，而不是无病呻吟，人为地做出各种病苦状。

感受寂静是一门学问，也是一门艺术，寂静有时候也是一种快乐的体验；耐得住寂静是一种风度，也是一种功夫，这是人生的一种境界；懂得寂静，才会享受寂静，寂静才会是一种清福。

秋天叶子像被遗弃的婴儿，在路边呱呱地哭泣着，玄黄的色彩充斥着所有的空洞，那空洞被我们冠以各样的名称，而剥去这所谓的名称，我看到的是大段大段的空白和本来的纯净。一切子虚的来源终成乌有，一切繁华背后总是荒芜。

我离开了那记忆中老去的地方，可冥冥中却与它保持着千丝万缕的联系，像在熬热的糖中挑出的丝一点点藕断丝连，不知道哪一刻哪一句话就会推开我记忆的门，不声不响地让我胸膛上的伤疤在阳光下迸裂，让那遗忘的过去鲜血淋漓，我能做的只是如野兽般舔着自己的伤口，躲在厚密的草丛里，等着伤口上的血一点点凝结、结痂，等待它再次愈合。

生活是水中的悬木，弯曲的真实错乱的假象，浮在表面的永远触摸不到，而触摸得到的却深埋沙地，我活在假象之中，却把真实的记忆掩盖。可我又不得不掩盖，而且还要像一个兔子般小心翼翼地掩盖自己的窝，不断地将窝踩实，打扫得看不出一丝痕迹。欺骗别人更为欺骗自己。

阳光透过薄薄的窗帘洒在脸上，像斑驳的树影迷离着一切，我听见阳光的呼吸，起伏之间像我生命的节奏。天空在执著地飞翔，每一缕阳光下都有一点微笑，生命微笑如初绽的花朵一点点吐露着芬芳。我知道的我生命是一朵灿烂的罂粟花，在美丽背后藏着诱人的毒。可每束阳光都有普照大地的权力,每一个生命都可以笑对苍生,我微笑因为我活着,我是一个活生生的个体,纵然身在羁绊之间没法挣脱,可我可以漠然地一笑。

生命是从生开始走向灭亡呢?还是从一个本就是无由的死亡走向另一个死亡?世上本没有你没有我没有他,那我的生命就是一种无中生有,就是从原本的死亡走向一种新生,又在生间走向死亡。我活着就是返回属于我的死亡,就像阳光从黑暗的腹内诞生又回到黑暗的本身。

可我不愿像鸵鸟一样把头深埋在愚蠢之间,我有我的生活,纵然它灰暗寂静像那初冬的雨,我向往光明,即使它是一千年的尘沙,只要它能吹进我的风里我就等它一千年。有阳光的地方是个让人期冀的角落,可笔直的光明下头总会有一点阴暗的影子,就像每个人的生命从不会完美。

守住寂寥耐住寂静就是人生,人生本是大寂静。

曾经的爱情

在人生的长路上

也许只是一个短短的瞬间

曾经的人生

在岁月的长河里

转眼间也许就烟消云散

就像曾经的烟花

在无边夜色中的

短短的那一瞬间的绚烂

我爱上了这样的一个瞬间

短短的

一个短短的永远

生命如一场烟花,绽开了,然后我们离开了。天空漫天绚丽的烟花,压得无法呼吸。大朵大朵,在黑色的夜幕中绽开,以最艳丽的颜色,

涂染每一个角落。在轰然中升上空中,骤然怒放,散发出灿烂夺目的光芒,光痕沿着美丽的轨道滑落下来,直到黯然。残余星星点点的火花,仍执意地不肯散去,闪烁若星辰。烟花放得很低,一朵朵压下来,整个人似乎都湮没在璀璨宝光中,星星落下来,碎金撒落在身上。心脏一下一下地跳动,随着烟花的节奏,欢喜得疼痛。

耳边震得发疼,最后化为一片斑斓。万物皆淡去,只剩五彩辉煌。身边的人在欢笑,快乐地大喊,不停地打着手机,描述眼前盛况。笑颜如花,比烟花更动人。我亦欢笑,只是静默地凝望。真的爱煞这华丽布景。万丈光芒中,有人在拥吻,忘形地,缠绵地,旁若无人。即若明日便成陌路,这一刻爱到浓极,天地间只你我。到白发苍苍时的回忆,不过这么多。燃烧到尽了,若大的天空又暗沉下来。除了袅袅余烟,再无一丝之前灿烂痕迹。生命,不过不过是这么一两次的燃烧。肆意地,不留余力地,完完全全地纵情。轰轰烈烈过一瞬间,再在万众瞩目下落幕。戏散了,退场了,幻觉结束了,再归于平淡,仿若什么也不曾发生过。烟花燃尽,人群散去。慢慢张开手心,手指只是冰冷。思念如潮,涌过来,无边无际。悬浮,无力着地。爱一次,天晕地眩,然后离开。不回头,不后悔。永不。最后一次,烟花,在我们头顶的天空盛开。

我是吐玻璃丝的蚕,我的杯是我的玻璃城堡。我自己筑的城,只束缚自己。那锋利的边缘,让我的脚心流血了啊,我心却狂喜且颤栗,而我,是在玻璃杯里跳舞的魔鬼……

北风终于过去了,我又站在了街头,阳光绚烂到让人睁不开眼睛。也许是一种宿命般的吸引,让我对生命有了轮回的渴望。

翻开日历,惊讶地发现和你在一起已经有整整一年的时间了。有时清醒,有时模糊的12个月。

弹指芳华,光阴恍如潮水一般涌过了生命,却又分明什么也没有留下,一切就仿佛退了潮的湖岸,没有鱼虾,只有水草,还有时光流淌过的痕迹。

想起你的承诺,它只不过是一场突如其来的直觉,宛如水杯里的玫瑰,在今夜疯狂地盛开,是为了明天尽情地陨落。

周围万籁俱静,只有我与你身后美丽的烟花,落幕地化作一点一点的烟火,绽放着它最后的美丽。

有时候我们正如那看客,在看着一瞬间精彩的烟花。而在轮回中,如今自己也体会到了做烟花的感觉。低着头,烟花中也有无奈的悲哀,美丽的激情,也只能持续那么一瞬间。可是夜空那幕烟火,映在我的心底,却是无穷无尽的永久!

寂静是一种思想,一种境界,它或许是每个人内心深处最柔软、最不可触摸的角落。它可以让人感觉到一种恬淡幽逸的境界,即所谓陶渊明的"心远地自偏"。在这种境界中,我们可以远离尘世的喧嚣,在属于自己的思想空间里,任思绪飘飞,任想象自由翱翔,让忧伤化作阳光,让痛苦远走他方。在这种境界中,让心沉淀,让浮躁的心灵回归平和,如"空阶听雨",洗涤了被欲望侵蚀的心灵。那是怎样的一种悠然啊!

可是,这尘世的诸多寂静也许就是生命的一种形式吧!明月是寂静的,可它洒向人间的依然是清辉一片;空谷中的幽兰是寂静的,却并不因此减退芳华一分;峭壁上的青松是寂静的,却并不因此衰老苍翠。

寂静有时也是一种幸福,可以让我们远离喧嚣的尘世,寻找心灵的归宿,享受生活,敬畏生命。人身可贵,寿命无价,有佛难遇,佛智难得。我们要珍重且充分地善用人生,来成长、充实、奉献自己……

《法句经·述佛品》中写道:

"得生人道难,生寿亦难得;世间有佛难,佛法难得闻。"

此偈是说:生而为人不容易,做人而长寿也不简单;生于世间能遇到佛很难,遇到佛又能听闻佛法则更难。如果这么多的难得而得,正好都加在一起,实在很幸运了。这是勉励我们,应当珍惜难得而已得的机遇,否则,稍纵即逝,追悔莫及。

这四句话强调人身可贵,寿命无价,有佛难遇,佛智难得。

有人认为生命或生存是一种无奈或折磨；也有人主张应当尽情冶游享乐。这两种人的人生态度，一是厌世、一是玩世，都不太好。人的生命就是一项福报，若能得到健康的身躯，且能活过一段较长的时间，实在是幸福的事。佛看一切动物都有佛性，都是现在的众生、未来的诸佛。但在一切众生之中，唯有人的身心，可以作为修道的器具，其他众生都不具备修福修慧的条件。唯有人类，有祸有福，有苦有乐。灾难及苦难的磨炼，所以引起危机感，生起警惕心，改过迁善、俊恶向善之心也由此而起。因此，人比其他类别的众生幸运得多。既已获得人身，便要好好地运用。

得生为人而又有长寿，也很难得，长寿即是福，不是用来享福，而当用来培福种福，可比短命的人多积福德，多长智慧，自利利他的机会也相对增加，因此更要以感恩之心来珍惜自己的寿命。

世间要有佛出现很难，释迦牟尼佛住世，已是2500年前的事，幸好他留下了佛经，让我们依旧有佛法可用；但这也不容易，即使有不少人不遗余力地弘扬佛法，世界上能听到佛法又愿意接受佛法的人仍然不多。有人信了佛但并不了解佛法，不能如法修行，无法以佛法解决烦恼，也无法用佛法帮助别人处理问题。

这个偈子是要我们珍重且充分地善用人生，来成长、充实、奉献自己，用佛法的观念和方法来净化自己、净化人间，才不辜负生而为人的此一人生。

物欲横流，都市喧嚣，人心难免浮躁。在这躁动不安的年代里，我们总想拥有一块心灵栖息的净土。如果不学会以禅理过滤繁复的人情，我们的心情就会被世俗的激流所湮没。

不知何时，"禅理人生"这句最富时尚的口号横空出世。都市人纷纷用禅的理念武装自己的灵魂。"禅"由深山古寺走上喧哗嘈杂的都市，它不仅跨越了空间的距离，更超越了心灵的屏障。它由僧人过渡到凡人，它阐述的是：禅就是独处，禅就是静思。

有人认为：禅是闲人的乌托邦，懒人的世界观。其实，禅是一段富有人生哲理的省悟；禅是一种学问，一种只有心如止水的人才能体味的学问。

禅不是闲人的乌托邦，更非懒人的世界观。禅不逃避什么，也不隔膜什么，它只是一种对人生剖析与对红尘明辨的过程。在禅的过程中你可以强化意志，凝聚力量。禅让你用行动来发言，用理智来思维。禅能使你保持一种超然，这种坦荡，你就会有"若人静坐一须臾，胜造恒沙七宝塔"的气魄。

禅无须打坐，也不必孤灯伴黄卷。禅只要你给自己的心灵放假，给自己的胸怀扩容，你可以是在熙熙攘攘的大街，也可以是灯红酒绿的舞池；你可以是高官显达，也可以是凡夫走卒；只要你保持超然的心，你就可以随时刷新蒙尘的心，重启你的本真善良。

禅，驱除的是身躯的疲劳，留下的是心灵闲适；它过滤了人情繁复，剩下的是精神洒脱。但愿都市的我们都能找到这种禅理人生的方式，也就是找到属于自己心灵独处与思考的时间和空间。

人生真是五味杂陈：童年的时候是美味，青年的时候是甘味，中年的时候是苦味，老年的时候是涩味，修行的时候是禅味。

过去有一个传说：阎罗王要一个人到世间来投胎，只给他三十岁的寿命。这个人嫌三十岁太少，就跟牛要了十五年，于是可以活到四十五岁；可是他还是不满足，又向狗要了十五年，一下子增加到六十岁了，他仍然觉得不够，又再跟猴子要了十五年，总共是七十五岁。

在这七十五年的岁月里，三十岁之前是人的岁月，所以可以过着幸福美满的生活。三十岁到四十五岁之间，每天为家人儿女辛苦忙碌，真是像牛马一样的生活。四十五至六十岁时，儿女到外乡去工作，独留父母守在家里，倚门盼望儿女的归来，经常吃孙儿剩余的饭菜，过着如狗一样的生活。六十岁到七十五岁是猴子的生活，人近七十，像风中残烛，随时会油尽灯枯，这时就像山中的猴子，害怕猎人随时会带着"无常"的弓箭射中他。因此，"人"，实在是很可怜！人生真是五味杂陈：

第一，童年的时候是美味——童年的时候，有父母呵护宠爱，要吃

有吃、要穿有穿,是美味的人生。

第二,青年的时候是甘味——青年的时候,交朋友、谈恋爱,前途充满着无限的理想、希望,是甘味的人生。

第三,中年的时候是苦味——到了中年,每天为儿女、为家人作牛马,在外奔波辛劳,这时是苦味的人生。

第四,老年的时候是涩味——到了老年,儿女像鸟儿一样振翅高飞,自己健康也一日不如一日了。眼睛看也看不清楚,耳朵听也听不清楚,口中吃也吃不甘味,所以老年的岁月都是涩味。

第五,修行的时候是禅味——一个人假如从青少年起就懂得学道、学禅,那么经过青年、中年、老年,都会有禅味,就算眼睛闭起来,不看不听,心中的世界还是一样甘美无比。

所以,人生的五味是:美味、甘味、苦味、涩味、禅味,希望大家都能过着禅味的人生!

如果我们的眼睛无法发现春花、秋月、夏风、冬雪本身自然的美,也就无法真正认识到生活的意义。让身心得到舒展,拥有一片心灵的天空—才是幸福的……

《禅宗无门关》中有一首很美丽的诗偈:

春有百花秋有月,夏有凉风冬有雪,

若无闲事挂心头,便是人间好时节。

平平常常的句子,表达的是极自然不过的事实,可是组合在一起,竟然有了一种无与伦比的美。真实的美,力量就是如此的大。

每一个人的生活本来都应该是轻松愉快的、潇洒自在的。仔细地想一下,会让我们吃惊,大多数人没有这种生活感受;相反,不是觉得生活没劲,就是觉得生活很累。四季里本来是花红柳绿;然而事实上,好多人生活态度是灰色的。每个人的四季里,充满了每一个人对于生活的不同的感受。

我们只有越来越珍惜每一天的生活,用心地来爱这个世界、来爱这个世界上的一人一物,才能够在平常的日子中找到生活的意义。

对于生活的爱,是每一个生活着的人都应该具备的,只有这样,心才会始终保持敏锐,不致麻木;生活中的每一天才会是美好的、幸福的。生活中并不是缺少美,而是我们的眼睛缺少了发现。如果拥有一双善于发现的眼睛,从平平淡淡的生活里,发现很多很多的关于生命本身存在的美丽,那么人间无不是好时节!

人间的好时节都来自我们的心,来自我们当下的生活。

有一个人乘船渡江时看到荡荡流水气度非凡很是欣赏。可是不久,风从不知何处吹来,怒波惊涛震天撼地,一叶小舟起伏不定,让人害怕。他吓得口张得很大,再也没有心思来欣赏江上的美景。风过后,又是一片美丽的江上风光。他静下来,想想自己刚才的恐惧,而摇船的若无其事,便问:"你不怕这么大的风浪吗?"

"怕什么,不就是水嘛!"

波涛也罢、静水也罢,都是水啊!欢欣抑或苦恼都是生活。迷惑于那些外在东西,就不会认识到事物的本相。红尘十丈里,心随着外在事物起伏,就不会有时间来观照自己,哪里还有心思来发现生活的美呢?心里到底充满了些什么,竟然欣赏不到春的百花、夏的凉风、秋的皓月、冬的飞雪?

人的问题要比人多。对于这些问题只要一执著,马上就会陷入烦恼中去。为什么呢?因为心没有自己做主,而是跟着那些外在的东西一起沉浮。

野外有一株从春到秋不断开花的树,可是有多少人真正来注视它呢?树并不寂寞,也不去理会这些,它开着自己的花,美丽的花朵开放着,人们却视而不见,发现不了。生活就是这样,如果心被一些没有必要的以及那些所谓有必要的事情填满,就没有心情来关注生活本身所具有的无与伦比的真正的美丽了。即使是遍地花开,没有一个热爱生活的心灵、没有一个属于自己的眼睛,又哪里有美好的东西,哪里有好的时节?

如果心灵已经麻木了,即使爬上山也欣赏不到美丽的风景,又有

几个人真正没有辜负了这份美?

人们日益习惯于造作的生活,哪里会真正认识自己、认识人间的好时节呢?有人说:"熟悉的地方没有景色",是没有呢,还是心已经麻木了呢?其实,真正的美丽,就在我们自己的心里!自家珍宝具足,可是又有谁认识到呢?让外在事物来补充,只能说明我们的心是空虚的!

对于生命本身,不如放下那些没有意义的事,来扎扎实实地做些平凡的、现实的事情。为什么总渴望拥有远方的玫瑰园,而不来亲自动手种植玫瑰?一切的美好来自当下!来自当下的好时节!如果真正睁开自己的眼睛,就会看到三千大千世界的每一粒微尘都在大放光明!

旅游人常常会陷入这样一种误区,以为美丽的风景只在某个遥远的地方或目的地。于是一路奔波,急匆匆地向那里赶。却把沿途的风景一一疏忽、冷落了。人生亦然。人生的风景往往遍布于奋斗的过程中,而不只是在最后的结果。

有个深蕴禅机的句子,色彩鲜明,充满美感:"红炉一点雪。"雪花飘舞,有一片刚好落在火红的炉子上。在还没落下去之前,先把它"定格"。我们便发现它是"存在"的,虽然在一瞬间,它立即融化,归于空寂无有。

人的生命,不论长短,都像是这片雪花。它自天上洒下来,历程千万里,可以称为"长";但飘落堆积姿态快速,不可能回头,也没有时间仔细思考,便已经面临消失,故而亦可以视作为"短"———一两秒?百数十载?熊熊炉火,不由分说,便吞噬了它。它存在过,却来不及留下任何痕迹。当片片雪花你挤我攘地争着投向艳色,也不过是场无谓的追逐。美,这倒是真的。

人生是一个历练的过程。在流逝的生命过程中,每一段都联结着,每一个过程都有意义。现代人已经没有耐心留恋过程,活得匆忙而粗糙,感觉到活得无意义。其实,生命的意义就寓于过程之中,那些撇下过程而只在结局中寻找意义的人,找到的只是虚无。因为生命并没有结局,每一个结局只是一个新过程的开始罢了。

在现实生活中,大多数人着重的只是事情的"结局",而只有少数人着重事件的"过程"。在《百喻经》中有"半饼饱喻"的笑话,也许能说明一个道理。经云:"譬如有人,因腹饥故,购食煎饼。次第食六枚,尚不能饱。便取第七枚,仅食半个,便得饱满。其人恚瞋,以手自打,而作是言:'我会因食第七半饼,而得饱足,始知一至六饼皆不济事;悔不先食其饼。'于是劝人:'食饼应食第七枚。'人知其愚痴,无不非笑。"此经讲世人忽视戒定等根本功夫,忽略一种过程,只广求知解,希得捷径,又不从事真参实悟打好基础,尽是先觅第七个饼求饱的心机。正如老子所说:"九层之台,起于垒土;千里之行,始于足下。"循序渐进、历阶而升的道理,皆可为修行层次的"过程"。古人大休大歇田地,皆由饱参饱学而得,非偶然侥幸所致!饥汉子只知其一,不知其二,只求肚饱(结局)而忽略过程(那前六个饼),这是一种愚痴的行为,一种"揠苗助长"的聪明误。

当今生活中,那些被我们嘲笑的事反过来嘲笑了我们。有时我们笑着就笑不出声来了,因为悟出了一点什么。很多故事的美丽在于过程,何必去寻找结局呢?人有时候只管耕耘着,不再去牵挂什么黄金季节的收获。只管追求,不再去设计什么石破天惊的蓝图。

不必执著于收获,要相信耕耘的过程是伟大的,洒着汗水的过程是伟大的。在追求中我们能收获坚贞,失败中我们能收获智慧。应该说,爱着过程的人是智慧的,是一种大智若愚。

花开花谢是一个过程,生命荣枯也是一个过程。

天才的创造过程就是一种同内外两界压抑与反压抑,反抗与顺从,坠落与升华的角力过程。

生活的过程原是奉献和消业的过程。只有在生活中修行,才有可能解脱自己;只有在修行中生活,才有可能达到光明的彼岸。

我们生命的每一个过程都是不同的,伸足入水,已非前水。如果不能寻索到源头,每一个过程只是片段,无法验证整条流水。

在人生的历程中,不要着急,不要急着看见每一回的结局,只在每

一个过程中慢慢地长大。

过程,能使本来平常的东西平添一种美感;过程能使我们拥有一份好心情。曾经渴望或梦想的东西一旦得到,昔日那份特有的好心情便成为一种甜蜜而痛苦的包袱,也是"一种过程"丧失时的疼痛。

过程是美丽的。人生的乐趣蕴藏在奋斗的过程中,生命的真谛在于细细品味岁月、享受人生,只看重结果不看过程的人,只透支人生不珍惜人生的人,是不可能享受到真正的人生乐趣,创造出生命的辉煌的。让我们不问结局,珍惜过程吧!

一切事在人为,如果成事在天,那么一定需要人来谋事。如果人不谋事,天如何能成事?只要我们一步一个脚印去努力进取,就会走向成功。

在生活中,常常听到很多人说:"再争也争不过命,人算不如天算。"有很多人在生活中受挫,变得心灰意冷,认为人算不如天算。就连诸葛亮也说:"谋事在人,成事在天。"可是一切事在人为,如果成事在天,那么一定需要人来谋事,如果人不谋事,天如何能成事?

有这样一个古代故事:

一个算命的先生给两个同一天出生的孩子算命,说一个孩子出生的时辰好,将来可以做国王;而另一个孩子出生的时辰很差,将来会当乞丐。被算能做国王的孩子全家都非常高兴,被算作乞丐命的孩子很灰心。但是,那个被算作乞丐命孩子的妈妈对自己的孩子说:"孩子,其实你才是那个好时辰生的,将来能做国王,是妈妈怕你骄傲,故意说错了时辰。"于是,这个孩子学习非常刻苦,多年以后,真的做了国王。而那个被算作国王命的孩子认为自己是天生的国王,不思进取、好逸恶劳,多年后却沦落为乞丐。让人感慨的是,这时那个已经成为国王的孩子的母亲,却告诉自己的儿子:"其实你并不是那个好时辰生的。"这是多么大的讽刺啊!具有国王命的孩子成了乞丐,而具有乞丐命的孩子却成了国王。

人算与天算,关键还要人算。只要我们一步一个脚印去努力进取,就会走向成功。我们无须无端地抱怨自己的付出没有结果,需要牢记的是:"只问耕耘,不问收获;不断耕耘,必有收获!"如果我们暂时还没有取得值得自己和家人骄傲的成绩,那么我们不妨平心静气地问自己:"你努力得够吗?你竭尽全力了吗?"人算、天算,如果自己不去努力,上天如何成全你?

这是个呈现安详、生生不息的爱的宇宙。从生生不息,繁衍滋生为森罗万象,而且一直在新新不已。

这是万有存在的现象,无人能否认,更无人能阻止。

然而却一切从空里来,又回归到宇宙实相,这种新新不已的机势、生生不息的"奥秘"是什么呢?用科学或神学的千言万语去描述,很麻烦,其实,只是很简单的一个字——爱。

爱便是生的奥秘。从生命的出生,到生活、生存的维持、延续,无不以爱为起点,为肇始。如果没有了爱,根本就不会有生命,连生命都没有,这世界和宇宙还有什么意义?

因此,可以说:

爱是一切的根;爱是宇宙万物之源;爱是天地之间最伟大创造的能;爱是森罗万象孕化、生成之母……

在这时间无限、空间无际的大宇宙里,因爱而有芸芸众生;因爱而美化了人生,美化了世界,美化了宇宙。而人的品质的提升,性灵的超越,都必须以爱为基点,因为把小爱扩展而为大爱时,一个平凡的人便会成为贤人、圣人;佛陀、孔子、孟子、基督……皆是把爱提升、扩大为仁(仁者爱人)而能行仁的人。昔贤形容得好:天不生仲尼,万古如长夜;世间如无佛,众生永沉沦!可见生命中最不可缺少的爱,必须从其爱自己、爱父母、爱妻子、爱儿女、爱家庭,扩展延伸而为爱邻里、爱乡亲、爱同胞、爱众生……把爱心变得无限大时,就会到达生命的圆满——天地同根、万物一体,"赞天地之化育,则可以与天地参矣"!

爱可以充实人生,提升性灵,美化世界和宇宙;离开了爱,就不会有

科学的"真"、哲学的"善"和艺术的"美"。在这爱的世界、爱的宇宙、爱的人生中,只有爱是最真实、最普遍、最永恒,放眼看那无际的星海,深邃、和谐;向阳、迎露的草木;舐犊、反哺的深情;鸟语花香的春意……到处都展示着爱的生机,显示出了生命的奥秘,充满着和谐、活泼的生机。

这种自然的真,无私无我的仁,任何人只要志在圣贤,都可以成为圣贤的。只要革除小我的私心,舍去多余的妄想,与先圣、先贤又有何差别?

真实的是原本的,原本的亦是普遍的。生命是宇宙的主宰,宇宙是生命活动的领域;而生命之体是心与物的融合,融合了的生命是一个个不可分割的实体。事实上,也只有心与物融合为一体的生命实体,才能显现出生命的活力,才能有向前、向上无限的发展和创造;如果离开了爱的初因,生命在哪里?没有了生命,什么叫心?什么是物质?

而今的科学,早已证知到《金刚经》说的"相即非相","凡所有相,皆是虚妄"。把物质分析到最后,只有创造的"能",并没有任何物质的存在。这说明了心物一元的生命是不可思议的,任何偏向唯心或唯物的思想和论调,都是离了爱的航向,而陷入人心与偏执、荒谬、沉溺甚至毁灭!

所以,只有爱才最完美、最真实;有了爱才会生生不息、欣欣向荣;如果没有爱,便不会有生。唯有爱及生,才能够显现入眼尽是爱的天地、爱的美好、爱的人生。

因此,爱是生命的初因、势能、肇始和绵延不断的奥秘。

因缘是可贵的。我们要珍惜因缘,感谢因缘。有时,只那么一两步,便改变了一个人的一生……

俗语说:"独木不成林。"世上无论做什么事情,都是靠很多的条件,所谓"因缘和合"而成。没有很多好条件,单独个人是不能成功的。一个人所以能生存、成长,是因为有父母生养我们、老师教导我们、社会国家供应我们,甚至于士农工商织布、种田,我们才有衣穿、才有饭吃,若没有这些因缘,单独的我就无法存在了。又如建房子,必须有钢筋、水泥、沙石等材料融合,才能成就一栋房子;一棵树、一朵花,也是由种子、土壤、水分、阳光、空气等因缘和合,才能成长、开花、结果。所以,没有很多的条件,树也不能长,花也不能开,房子也不能建,人也无法生存。

因此,因缘是很可贵的。我们要珍惜因缘,感谢因缘。譬如我们每天早上打开报纸就可以知道天下事,如果没有那么多记者采访新闻,我们就没有报纸可看;晚上打开电视机,如果没有许多演艺人员表演,我们就没有节目可观赏。所以大众成就我们,就是我们的存在因缘。

有时,只那么一两步,便改变了一个人的一生。

这就是因缘。

有很多时候,我总是在想,要是那时没有选择这条路,要是……结局往往大不一样。是的,我们失去了不少,但我们也得到了很多!正如生与死,得到与失去永远是一对孪生兄弟。在我们失去某一样东西的同时,也意味着另一种拥有。

这就是因缘。

某一天的某一刻,我信步走出房门,来到某一棵树下,这时吹来一阵风,飘来一片落叶,由此引出一首诗。一切都很自然,就好比佛家的"禅",不容细想的。

这就是因缘。

很多年前路过一个无名小镇,随便去了一家旅馆,店主的相貌平常得令人过眼即忘,但待人不错,那夜我睡得很香,次日天亮,又乘车继续赶路。

或许,今生我再也不会到那个小镇,再也见不到那位店主,但那些灯火、那个小镇、旅馆及店主,这些残缺不全的美好记忆,却构成了我一生中最大的想象空间。

这就是因缘。

相恋已久的女友突然提出分手,原因很简单:今生无缘。遂释然。偌大的世界,总会有一个钟情于己的女孩,总会有一份属于自己的爱

情。我们还有什么可强求的呢？

这就是因缘。

阴差阳错,悲欢离合,构成了我们的一生。在失去的同时,我们无形中往往已得到许多。因为得来不易,所以当倍加珍惜。这世界,没有什么值得我们抱怨的东西。因为,这就是因缘呵！

世界因为这一世情缘而美好。生活因为这一生追随而丰富。人,其实真的很容易满足。要感谢这些缘分:因为感谢,所以珍惜。

……

在时光暗哑的记忆中，那个站在唯一光亮处朝你招手的微笑,那个徘徊在梦境里不曾远离的身影,那段曾经拥有正在拥有或是即将拥有的幸福,就这样随着美丽的缘,轻轻地停在我们身边,在最温暖的位置。

喜欢"缘"这个字,因为想象不出她的颜色。

应当是绿色的吧,生机勃勃,让人无法割舍离弃,但是似乎绿色太媚俗。

应当是蓝色的吧,悠远深邃,让人无法逃离回避,但是似乎蓝色太忧郁。

应当是红色的吧,热情激烈,让人无法忘却疏离,但是似乎红色太妖艳。

应当是紫色的吧,神秘高贵,让人无法浅尝辄止,但是似乎紫色太遥远。

应当是透明的吧,简单纯粹,让人轻易却快乐地放下了整个自己,醉在这一片纯净的世界,忘记了忧虑,忘记了烦恼,忘记了自己。

喜欢站在有微风的地方,任轻轻的微风卷起零乱的发。这是一种"缘",在这浩然的天地间,你有缘听风说话。

喜欢站在有阳光的地方,任暖暖的阳光晒着懒懒的背。这是一种"缘",在这冰冷的世界里,你有缘享受温暖。

喜欢站在有朋友的地方,任浓浓的关怀沁满空空的手。这是一种

"缘",在这复杂的尘世里,你有缘享受真诚。

喜欢站在有家人的地方,任甜甜的爱护呵护小小的心。这是一种"缘",在这混沌的假象里,你有缘享受真实。

喜欢站在有爱人的地方,任迷人的眷恋布满深深的眼。这是一种"缘",在这浩瀚的人海里,你有缘享受唯一。

人说百年修得同船渡,千年修得共枕眠。只是,同船渡未必有缘对话;同枕眠也未必真的会百年好合。那么,是否万年才修来这份相识相知相惜相恋的"缘"呢?如果,这便是最值得珍惜的"缘",那么既然已经快乐的拥有了,又一生何求呢?

所以,我们要做一个惜"缘"的人,珍惜自己所拥有的这份理解人的能力,也珍惜自己所拥有的这份被理解的可贵。

要相信,人间有大爱,大爱才有大执著,大执著才有大温暖。不喜欢说相守,因为眼见了很多相守到夜残灯枯劳燕分飞的残酷;喜欢说追随,喜欢爱里面永远不分彼此的相互追随,无论对方走多远,总有一个人会在距你不远的地方,随你而来,你永不孤独,却永远自由。

做孩子的时候,我们喜欢追随父母的脚步。喜欢迈着小小的步子,跟在父母的身后,即便摔倒了,爬起来,抹干了眼泪,也继续追随。那是爱的执著的追随,一直到后来,我们几乎熟悉了父母的脚步声,懂得他们未曾拿出钥匙,已经为他们打开了门扉,并笑脸相迎一身倦意的他们。

做少年的时候,我们喜欢追随同伴的脚步。喜欢牵着彼此的小手,一前一后,蹦蹦跳跳或是三五成群的,去一个新鲜的玩处,那是爱的执著的追随。一直到后来,在我们历经了各种各样的沧桑,历经了人生的各种幸或不幸,还能在满世界虚假的觥筹交错中敬上一杯最真诚的酒。

做青年的时候,我们喜欢追随爱人的脚步。时而携手,时而拥抱,时而亲吻,也时而互相追随。我们在自然里互相追随,享受彼此依恋的小快乐;我们在心灵里互相追随,享受彼此理解的小幸福;我们在理想

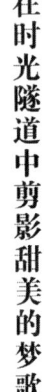

里互相追随,享受着彼此建筑的小成就,那也是一种爱的执著的追随。爱情,并不复杂,只是记得,无论眼前流转过多少人,身边经历过多少事,都像曾经在自然里,在心灵里,在理想里相互追随那样,不曾遗落了对方的脚步,那又何尝怕等不来天长地久的一世情缘呢?

做中年的时候,我们有时候,喜欢追随在孩子胖胖小小的身子后面。看他们像天真的小企鹅,一步一摇地走向他们充满想象和未知的未来,心里充满甜蜜和期许。我们的生命在他们小小的身体里延续着,我们的快乐在他们可爱的小脸上洋溢着,我们的爱在他们的成长中追随着。

只有那些最渴的人才最了解水的甜美。无论什么人,只要他没有尝过饥与渴是什么味道,他就永远也享受不到食物与水的甜美,不懂得生活到底是什么滋味……

同是一条溪中的水,可是有的人用金杯盛它;有的人却用泥制的土杯子喝水。那些既无金杯又无土杯的人,就只好用手捧水喝了。

水,本来是没有任何差别的,差别就在于盛水的器皿。君王与乞丐的差别就在"器皿"上面。

只有那些最渴的人才最了解水的甜美。从沙漠中走来的疲渴交加的旅行者是最知道水的滋味的人。

在烈日炎炎的正午,当农民们忙于耕种而大汗淋漓的时候,水对他们是最宝贵的东西。

当一个牧羊人从山上下来口干舌燥的时候,要是能够趴在河边痛饮一番,那他就是最了解水的甜美的人。

可是,另外一个人,尽管他坐在绿荫下的靠椅上,身边放着漂亮的水壶,拿着精致的茶杯喝上几口,也仍然品不出这水的甜美来。

为什么呢?因为他没有旅行者和牧羊人那样的干渴,没有在烈日当头的中午耕过地,所以他不会觉得那样需要水。

无论什么人,只要他没有尝过饥与渴是什么味道,他就永远也享受不到食物与水的甜美,不懂得生活到底是什么滋味。

日月经年,世事无常;人生如月,盈亏有间。岁月不仅仅在你生命的显目处,也不仅仅在你人生的风光处,更是应当在你平凡生命中的每一天……

岁月滑翔的声音就像鸟儿舒展羽翼的声音。

宛若赤足走在沙滩上,许多的日子如潮水漫过双足,退去之后,了无印痕。

岁月,无声地伴你走过春夏秋冬。

群山在无声中诉说伟岸,江河在无声中书写恢宏,蓝天在无声中袒露旷远,大地在无声中酿就永恒。

人们,也在无声中,送走时光的星移斗转,笑看人间的月圆花瘦,把持心灵的阴晴曲直,掂量生命的跌宕浮沉……

岁月,悄然地充当生命的证人!

每个人的人生如同在时光的隧道里做了一次漫长而艰辛的旅行,途经之处,看到的不尽是山清水秀、歌舞升平,更多的却要领略崎岖坎坷或平淡无奇。这时候,尚未到达目的地的你,浑身乏力了,双眼蒙尘了,甚而启程时高昂的兴致也骤然冷却了——这是岁月本身蕴含的一种冷酷而坚实的力量,也是岁月对人类生命韧性的一种挑战!

在一些平淡的日子里,我们平静甚而不拒凡俗地活着。我们那颗被生活磨蚀得有些麻木的心,难免嗟叹于岁月的无情和命运的多舛,甚而心安理得地让青春做了岁月的附庸。然而,当我们用心去揣摩生活中类似于老蚌衔珠、蛹化为蝶、万涓成河的人生规则时,你会幡然顿悟:那不正是平凡生命历经苦痛与岁月抗衡而编织的辉煌,不正是有限生命在无涯岁月中定格成永恒的证明么?

那么,请慎读岁月吧,不仅仅在你生命的显目处——诸如点燃生日蜡烛或者伴随新年钟声跨进新年的那一刻。

慎读岁月吧,也不仅仅在你人生的风光处——诸如幸运之神叩响门扉或者在鲜花和掌声中走向领奖台的那一刻。

慎读岁月，最是应当在你平凡生命中的每一天——因为生命是对岁月的回眸，人生是与岁月的较量，征服了岁月，也就获得了超越生命年轮的青春。

　　时间以一种无声的脚步刷洗着人所创造的事物，使它从欢跃的春天，成为凋零的冬天。

　　我们如果有颗安静的心，即使是默默坐着，也可以感受到时间一步一步从心头踩过。

　　当时间在流动的时候，使人感觉到自然中美丽的景观固然能撼动我们的心，但人文里时常被忽略的东西，也一样能震荡我们。例如一口在荒烟中被弃置的古井，例如海岸边已经剥蚀的废船，例如一个在村落边缘捡到的神像，例如断落了的一堵墙……

　　人，在这个宇宙之间，多么渴望、企图去创造一些什么，有时是为了生活的必需，有时是对生命永恒的追求，有时，只是无意间的创作罢了。

　　这就是无常，无常是时空中一种必然之路，我们不能常住于某种情境、某种爱，乃至，也不能常住于忧伤或失落。

　　那就像坐在森林里听鸟的歌唱，每一声都那么像，而每一声都不同。一声鸟鸣，或一堵墙，其实是没有不同的。我们每天看一堵墙，仿佛相似，其实每天都不一样，有一天它会断颓，有一天，它会完全的粉碎。

　　有一只鸟，从空中飞过。须臾，又返回来。但已不是前面的那只鸟了。

　　这，就是无常，也就是日子。日子都是无常的。

　　日子是那只一去不复返的鸟，日子也是那一只只相似的小鸟。唯其一去不返，才让人珍惜。唯其相似，才产生悠闲。

　　日子是结在园圃中的花苞，似开未开。日子是凝在果实上的露珠，将滑不滑。日子是在云层间穿梭的太阳，欲休未休。

　　日子不急。它不会受到惊吓，也不怕骚扰。它有天地的外表，圣贤的内心。它不会因为你跑它也跑，你停它也停，你飞它也飞。

它是永恒的流动。不管爬攀峻岭,抑或飞越险涧,它都呈同一种姿态,潇洒而宁静。倏忽之间,即让世界盛衰荣辱,俱成过眼云烟。

日子最小,又最大;最浅,又最深;最轻,又最重;最浩浩荡荡,又最不动声色。

日子是一支队伍,是一只蚂蚁运食的队伍,一队送葬的人群,一排昼夜巡行的轻骑兵。

某日,某超级富豪为赶着一笔大生意,钻进他的超豪华轿车,风驰电掣般开向目的地。可在交叉路口,疾驰的轿车被一辆笨重、缓慢的卡车掀翻了。

富豪躺在血泊中,咧出一口金牙。日子就借着这张金灿灿的嘴发布谕示:人生没有目的地,人生只是一个过程。大家都从容点不好么?

活在现在,珍重现在,把握现在。我们捡起记忆的苦辣酸甜充作生活的油盐酱醋。调制出新鲜美味的时令大餐;摘下憧憬里红橙黄绿的果变作罗盘里东西南北的星,指引着我们驶向更加美好而无悔的人生。

从前有个年轻的农夫,他要与情人约会。小伙子性子急,来得太早,又耐不住等待。虽然有着明媚的阳光、迷人的春色和娇艳的花姿,但他无心观赏,只是急躁不安,一头倒在大树下长吁短叹。

忽然他的面前出现了一个侏儒:"我知道,你为何闷闷不乐。"侏儒递给青年一个怪异的纽扣,并说,"把它缝在衣服上,你若遇到需等待的时候,只要把这纽扣向右一转,你就能跳过时间。"这倒恰合小伙子的胃口。他握着纽扣,试着一转:怀念的人已出现在眼前,还朝他笑送秋波呢!真棒哎!他心想,要是现在就举行婚礼,那就更棒了。他又转了一下:隆重的婚礼,丰盛的酒席,他和情人并肩而坐,周围管乐齐鸣,悠扬醉人。他抬起头,盯着妻子的眸子,又想现在要只有我们俩该多好啊!他悄悄转了一下纽扣:立刻夜阑人静……他心中的愿望层出不穷,我们应有座房子。他转动着纽扣:夏天和房子一下子飞到他的眼前,房子宽敞明亮,温馨可人。我们尚缺几个孩子,他又迫不及待地使劲转了

一下纽扣:日月如梭,顿时已是儿女成群。他站在窗前,眺望葡萄园,真遗憾,它尚未果实累累。愿望不断,纽扣不时地转动,飞越了时空,生命同样地疾驰而过。还没来得及思索生活,人已是老态龙钟,衰卧病榻。生命行将结束,回首往日,他不胜悔恨自己的性急失算:我不愿等待和付出,一味地追求满足,恰如馋嘴人偷吃蛋糕里的葡萄干一样。眼下,因为生命已在风烛残年,他才醒悟:即使等待,在生活中亦有其意义。他多么想将时间往回转一点点!他握着纽扣,浑身颤抖,试着向左一转,扣子猛地一动,他从梦中惊醒,睁开眼睛,见自己还在那生机勃勃的树下等着可爱的情人,然而现在他学会了等待,一切急躁不安都已烟消云散。他平心静气地看着蔚蓝的天空,听着悦耳的鸟语,逗着草丛里的甲虫。他以生活在现在为快乐和幸福!

我们不仅要感叹,当遥远的幸福变成了人生的唯一,当追逐结果成为生活的主题,当期盼构筑起现在的全部,不多久人生就变得暗淡无光、生机不在。古语有云:"知足者常乐!"试想一个更多的活在将来的人,他怎么会对现实的生活有所满足和释然。对美好的虚幻"看"的太多了,现在的境况也自然就"不堪入目"了啊!当然,我们需要有伟大而高远的志向,如此也可激励我们不断地奋发向上,创造人生的辉煌。但是,"庸者感受结果,智者享受过程。"我们将来可能的成功往往也就取决于现在"量"的积累,当我们现在就开始体验看似平淡的生活,生活的美定会绽放出耀眼的光芒!

禅宗里有这样一个公案。有一天,老禅师带着两个徒弟,提着灯笼在黑夜里行走。一阵风吹起,灯灭了。"怎么办?"徒弟问。"看脚下!"师父答。当一切变成黑暗,后面的来路,前面的去路,都看不到。如同前生与后世的未知,如同失去了活气的过去和似梦般缥缈的未来,我们要做的是什么?

当然是"看脚下,看今生,看现在"!

看脚下!看今生!看现在!有什么比脚下踩的大地更踏实?有什么比今生更现实?有什么比现在更真实?

过去是一段不可再现和变更的记忆，不论是眷恋着过去的美好，还是悔恨着以往的缺憾，都不是现实的和积极的生活态度。活在过去，只能造作现在的障碍，只能培植未来的悔恨……未来是一幅难以预知和现实化的憧憬，不论是满怀希望的期待，还是心有余悸的侥幸妄想，都不能加速或推迟未来的脚步。恋上未来，人就生活在现在的梦里。

那么梦里的美好又是何时筑基的呢？是现在，也只有在现在。于是，我们与其幻执于未来的海市蜃楼，不如当下开始实干，用我们智慧的砖石和辛勤的汗水筑起明日的摩天大厦。

现在！只有现在才是我们生命的真正所在！

讲完《法师功德品》后，释迦牟尼佛对大势至大菩萨说："现在你要知道，如果有比丘、比丘尼，优婆塞、优婆夷，受持《法华经》的，有的人对他恶口咒骂、诽谤，这人要得大罪报，如前面所说；受持此经的，所得极大功德，如前面所说，眼、耳、鼻、舌、身、意六根清净。

"大势至啊！在古代，无量无边不可思议阿僧祇劫以前，有佛名叫威音王如来，应供、正遍知、明行足、善逝、世间解、无上士、调御丈夫、天人师、佛、世尊，所在的劫名离衰，所居住的国土名叫大成。威音王佛在当时世中为天、人、阿修罗说法。为求声闻的人，说苦、集、灭、道四谛法，度脱生、老、病、死，得究竟涅槃；为求辟支佛的人，说十二因缘法；为诸菩萨们，因阿耨多罗三藐三菩提，说六波罗蜜法这些最深的佛的智慧。大势至啊！这威音王佛，寿命四十万亿那由他恒河沙数的劫数，正法住世有一阎浮提微尘数的劫数，像法住世有四天下微尘数的劫数。威音王佛广泛利益众生后入于灭度。正法、像法都灭尽之后，在那国土中又有佛出世，也叫做威音王如来，应供、正遍知、明行足、善逝、世音解、无上士、调御丈夫、天人师。佛、世尊。像这样，依次有二万亿佛，都同一名号。最早的威音王如来灭度后，正法时期也已过去，在像法时期中，贡高我慢、争名夺利的增上慢比丘有大势力。当时有一位菩萨比丘，名字叫做常不轻。大势至啊，因为什么样的因缘叫做常不轻呢？凡是这位比丘所见到的人，或比丘、或比丘尼、或优婆塞、或优婆

夷，他都要礼拜、赞叹，说这样的话：'我深深地恭敬你们，不敢丝毫轻慢。为什么呢？你们都修行菩萨道，应当得成佛道。'而这位比丘却不专心诵读经典，只是对人礼拜，甚至远远见到四众弟子，也要特意上前礼拜赞叹，说这样的话：'我不敢轻慢你们啊，你们都应当能成就佛道。'四众之中，有内心不净，生瞋恚心的，恶语咒骂道：'这位愚痴无智的比丘，不知道是从哪里来的，自己说我不轻慢你们，还给我们授记，说我们能成就佛道，我们不要这样虚妄无凭的授记。'就这样经历了许多年，常被人咒骂，内心不生瞋怪、恚怒，常常对人说：'你应当能成就佛道。'说这话的时候，众人中有的用木杖击打他，用瓦石投掷他，他就逃走，站在较远的地方，仍然高声唱念道：'我不敢轻慢你们，你们都应当能成就佛道。'因为他经常说这样的话，增上慢的比丘、比丘尼、优婆塞、优婆夷众人，都叫他做常不轻。这位比丘临命终之时，从虚空中听到威音王佛先前所说的《法华经》二千万亿偈，全都能够受持，立刻得到刚才所说的眼、耳、鼻、舌、身、意六根清净，得到这样的清净六根后，又增加寿命二百万亿那由他岁，广泛为人讲说这部《法华经》。

"这时，增上慢的四众比丘、比丘尼、优婆塞、优婆夷，原来轻视他，为他起名常不轻的人们，见到他得到大神通力、说法机辩力、善入寂静力，听到他所说的《法华经》，全都信服并追随他。这位常不轻菩萨又教化千万亿众生，令他们都住于阿耨多罗三藐三菩提。命终之后，又得以逢二千亿佛，都叫做日月灯明佛。这些佛在说法过程中，也说这部《法华经》。因为这样的因缘，又得以逢二千亿佛，都名叫自在灯王，在这些位佛说法的过程中，受持读诵《法华经》，为其余的四众弟子解说。因为得到了眼、耳、鼻、舌、身、意六根清净，在四众之中为人说法，内心没有畏怯。

"大势至啊！这位常不轻菩萨，供养这样多的佛，并恭敬、尊重、赞叹，种下各种善根。后来是以逢千万亿佛住世，也在这些佛的法会上，讲说《法华经》，最后功德成就，应当成佛。大势至啊！你的意思怎么样？当时的常不轻菩萨，哪里是别人，就是我的前身。如果我在前世中不受持读诵《法华经》，不为他人解说，就不能这样快得到阿耨多罗三藐三菩提。因为我在前世各位佛的世间，受持读诵《法华经》，并为人解说的缘故，才这样快证得阿耨多罗三藐三菩提。大势至啊！前世中四众比丘、比丘尼、优婆塞、优婆夷，因为起瞋怪、愤怒心、轻贱我的缘故，在二百亿劫数中，没有遇到佛住世，没有听法，没有见到比丘僧，又有一千劫是在阿鼻地狱受极大苦恼。受完这些罪报后，又遇常不轻菩萨，受教化得阿耨多罗三藐三菩提。大势至啊！你的意思是怎样的？当时常轻贱这位菩萨的四众，哪里是别的人？就是这个法会上，跋陀婆罗第五百菩萨、师子月等五百比丘、尼思佛等五百优婆塞，都对阿耨多罗三藐三菩提生不退转智。

"大势至啊！你要知道这部《法华经》，能极大地利益诸位大菩萨，令他们证得阿耨多罗三藐三菩提。所以，各位大菩萨在如来灭度以后，应当经常受持、读诵、解说、书写这部《法华经》。"

当时，世尊要重新宣说这样的意思，就用诗偈体的语言说：

过去世中有佛，叫做威音王如来，神通、智慧无量无边，教化一切天、人、龙、神，为众生所供养。这位佛灭度后，佛法要灭绝之时，有一个菩萨，被叫做常不轻。当时的四众佛弟子，执著于修行佛法。常不轻菩萨到他们修行的地方，对他们说：我不敢轻视你们，你们修行菩萨道，都应当能成就佛道。众人听到后，轻贱、咒骂他。常不轻菩萨都能忍受。当他罪业消尽，临命终之时，听闻这部《法华经》，得六根清净及大神通力，又增加了寿命。后来又为众人，广泛讲说这部《法华经》。诸位听法的人，都受菩萨教化，入于佛道。常不轻菩萨命终以后，又得以逢无数佛住世。因为讲说《法华经》的缘故，得无量福报，渐渐具足功德，速成佛道。当时的常不轻菩萨，就是我的前身。当时的四部众，执著于佛法修行，因为听到常不轻菩萨说"你要成佛"的因缘，得以逢无数佛住世。他们就是这个法会上的五百菩萨及其余的清信男女，现在在我面前，听我说法。我在前世中劝告这些人，要听受《法华经》中的第一之义，并

开示教化他们，让他们入于涅槃，并于每一世中都受持这部经典。经过亿亿万不可思议之多的劫数，才能够听闻到《法华经》。经过亿亿万不可思议之多的劫数，才会有佛世尊讲说这部经典。所以修行佛法的人们，在佛灭度以后，听闻这部经后，不要心生疑惑，应当专注一心，广为人讲说这部经，就能世世逢佛住世，很快成就佛道。

第二十二章　我们隔岸对视祈愿人类共享的信仰共同体

也许你现在要追问,佛陀为什么要拈花微笑呢?很明显的,这是一种意义丰富的象征式语言。佛陀手中拈动的那朵花正象征着生命,生命正是那朵从未开到怒放,再到凋零的花。佛陀拈着花,告诉大众,生命的意义就在自己手中,是自己掌握自己,并应对它报以欢喜的微笑。就在对自己的生命报以微笑、对自己的生活报以赞赏的正确观念下,我们接纳了自己,面对自己的环境和遭遇,如如实实地过现实的生活。

当我们放下一切虚荣,放下不合理的抱负水准时,我们便活在如如实实的生活之中,那就是"如来"的生活,而如来是要从涅槃妙心出发。禅便是要点亮这盏如来心灯、让它流泻着光明的智慧,照亮光自己的心灵世界。禅家说,一灯能除万年暗,正是这个涵义。

禅灯是什么?它代表着一个光明智慧,是一个关照世界的法门。如果用禅者的语言简要地表达,那就是真空妙有。它的意思是,一个人必须懂得把心里头的一切障碍、烦恼、不合理的欲望等等加以清除,这个功夫就是真空。然后依据真正自己的本质,自在地生活,好好地实现,那就是妙有。禅家说:"万古长空,一朝风月。"

长空就是放下一切虚荣、成见、偏见和贪婪,甚至要放下知识,放下过去经验所带来的刻板观念。当我们放下这些障碍时,我们就能自由地创造。生活的本质是,自己必须把手中握着的尘土放开,然后才可能张开你的双手,握取生活的明珠。当我们放下手中紧握的一切,才有可能去工作,实现生命所赋予的潜能,这样才可能活得好。当我们肯把

自己的收获拿来跟别人分享、布施给社会时,我们才体验到生活的实现。这就是"真空妙有"的真谛,就是禅。宋朝的善能禅师说:"不可以一朝风月,昧却万古长空;不可以万古长空,不明一朝风月。"

宇宙万有,一心为本。达摩西来,惟禅印心。一心之本相即是真如,一心之变相即是生灭。它说明心为世界之交往中介,"心外无法,此心即法";它期待宇宙之中,唯人心得其佛心为最灵。人性自赋、灵性人成的佛教理念,连同对于人性在日常生活中真实贯彻的关注,使本心、佛心呈现出一种特有的面貌,它能够跨越了神圣与世俗、国家与民族以及不同宗教间的种种藩篱。唯有真心以对,世界的你我关系就将本心自现。

它的行动逻辑是:心地能够真正和平,必有和平处事的外在表现;社会的不和不平,或极度的暴力冲突,却不妨碍个人心地和平的实现。因为人的灵性及其精神活动,前后延续之中有着极大的不易被破坏的统一性和能动性,并表现为个体生命活动的独特性。

如果心不起贪、瞋之念即戒杀,心不起贪仿即戒盗,心不起贪、痴之念即戒淫。那么,人乘、五戒、十善、革心之法,实为救世治本之法。它以摄心为戒,救正人心而匡护世道,足以福国利民,世界不求和平而自和平矣。

达摩所理解的个人及其人心绝非一个孤立的个体,而是一个处于宇宙世界、国家社会之普遍联系的中心。因此,佛教以其为宗旨,从心开始,以三界唯心的结构展开在人间世界,强调了心的改造,并把这种改造的方法,深入普及为对整个宇宙、世界的构造。在世界大同中,人们已达成共识,以构建一个人人都拥有同等权利、有效地共同生活的社会。为此,这个世界必然需要的是一种福利的秩序、多元的秩序、伙伴式的秩序、提倡和平的秩序、爱好大自然的秩序、一种普世宗教的秩序。然而,依据佛教的心性哲学,我们还需要补充一条——那就是心心相印的世界秩序。因为,缺乏了人我之间心心相印这一人类行动的基本准则,将没有一种世界伦理、价值秩序能够存立!

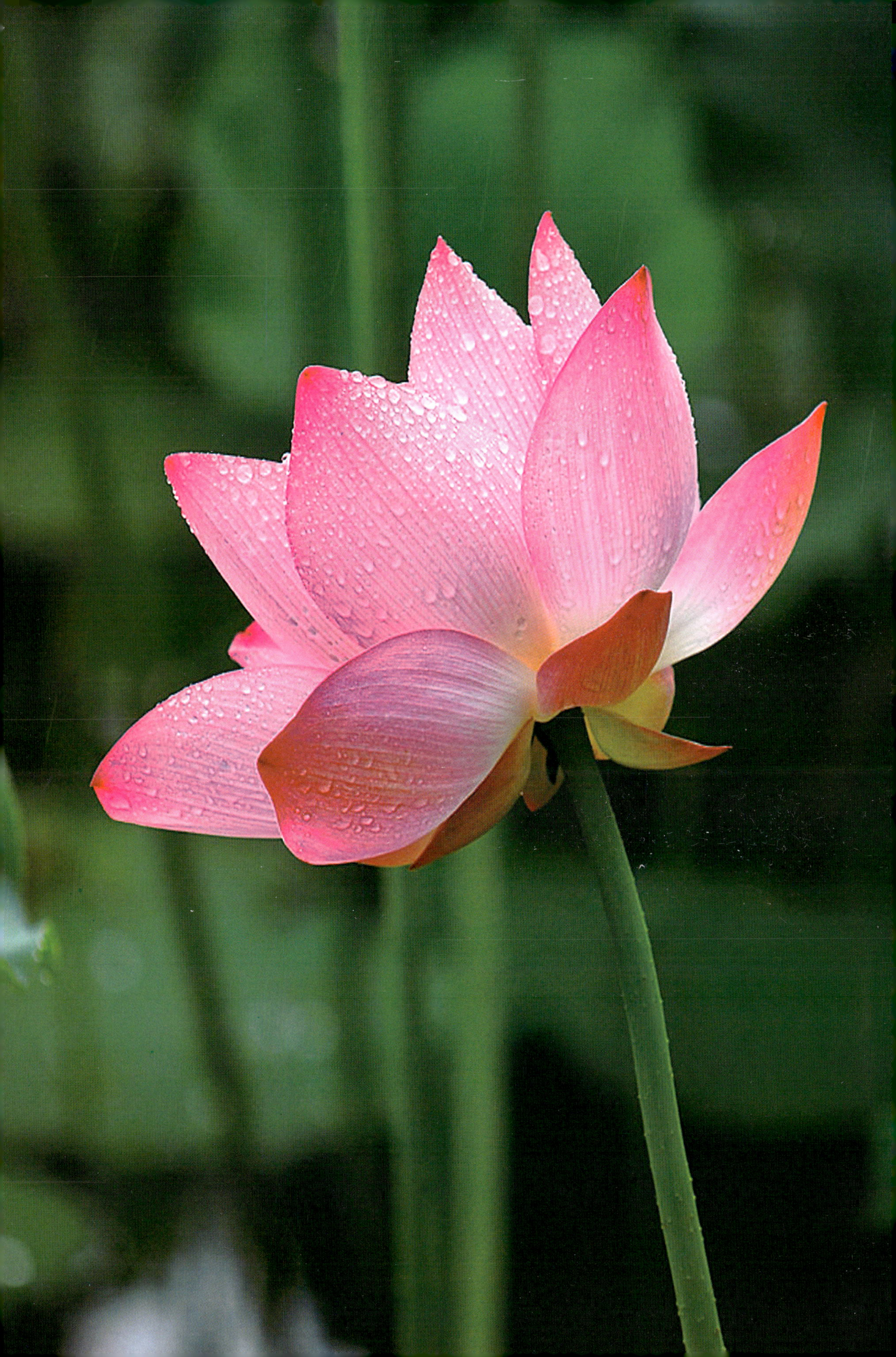

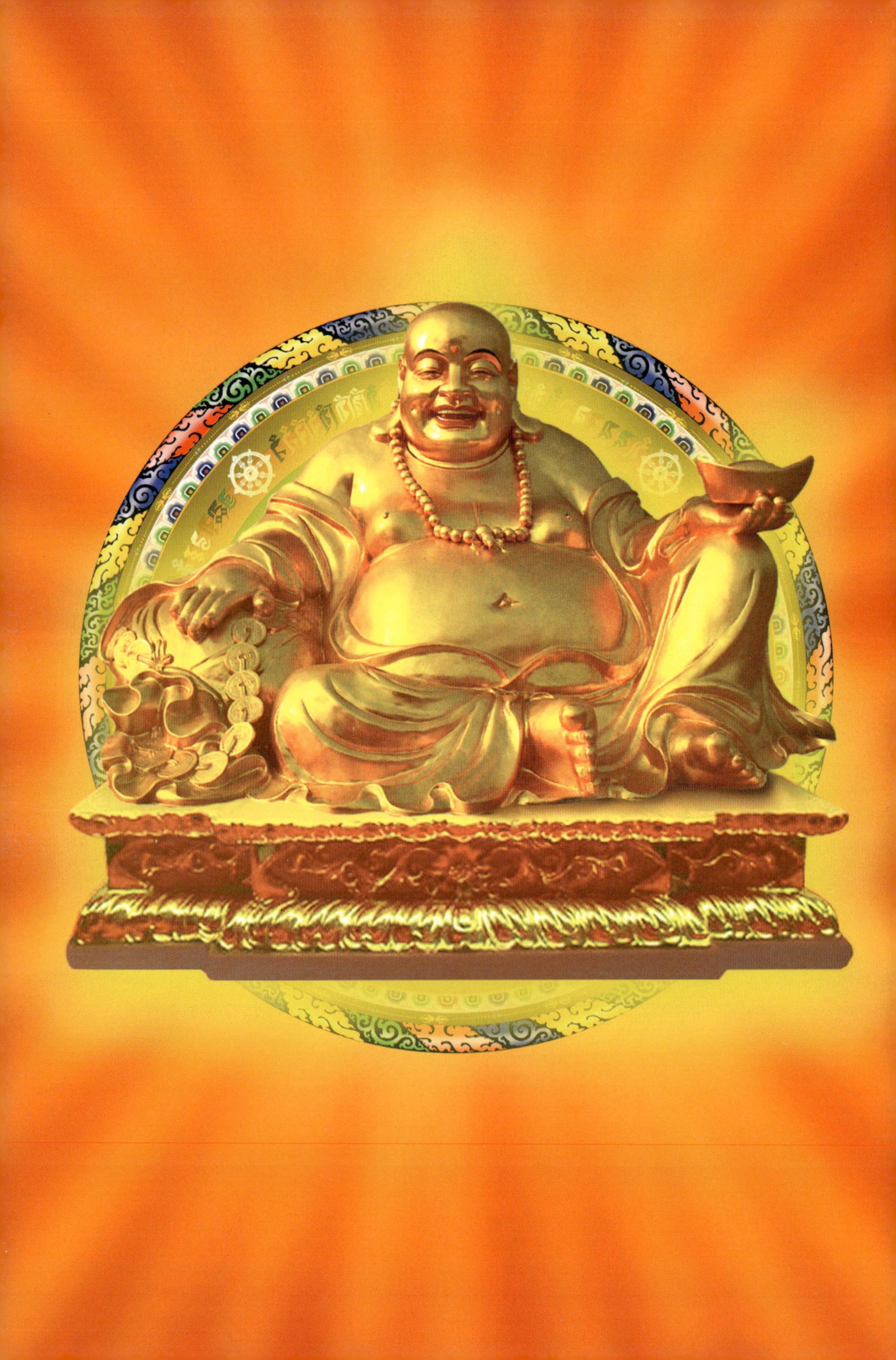

和平发展林

国际人口与发展论坛于2004年9月7日至9日在中国武汉举行，为促进人类社会的和平、合作与发展进步事业，400余名来自世界各国和国际组织的与会者在此种植和平发展林，以誌纪念。

On the occasion of the International Forum on Population and Development held in Wuhan, China from 7 to 9 September 2004, over 400 participants from various countries and international organizations have planted the Trees for Peace and Development to promote peace, cooperation and development of mankind.

二〇〇四年九月七日

13岁女孩发起"祈福中国，爱行天下"东方红文化公益活动的爱心天使——善音，她以其"地球乃一国，世界乃一家，国乃世界之家，家乃地球之国"的心智觉醒于2011年6月在武汉的东湖宾馆国际人口与发展论坛永久会标"东方和平天使王昭君"纪念雕塑前祈愿宇宙和平。

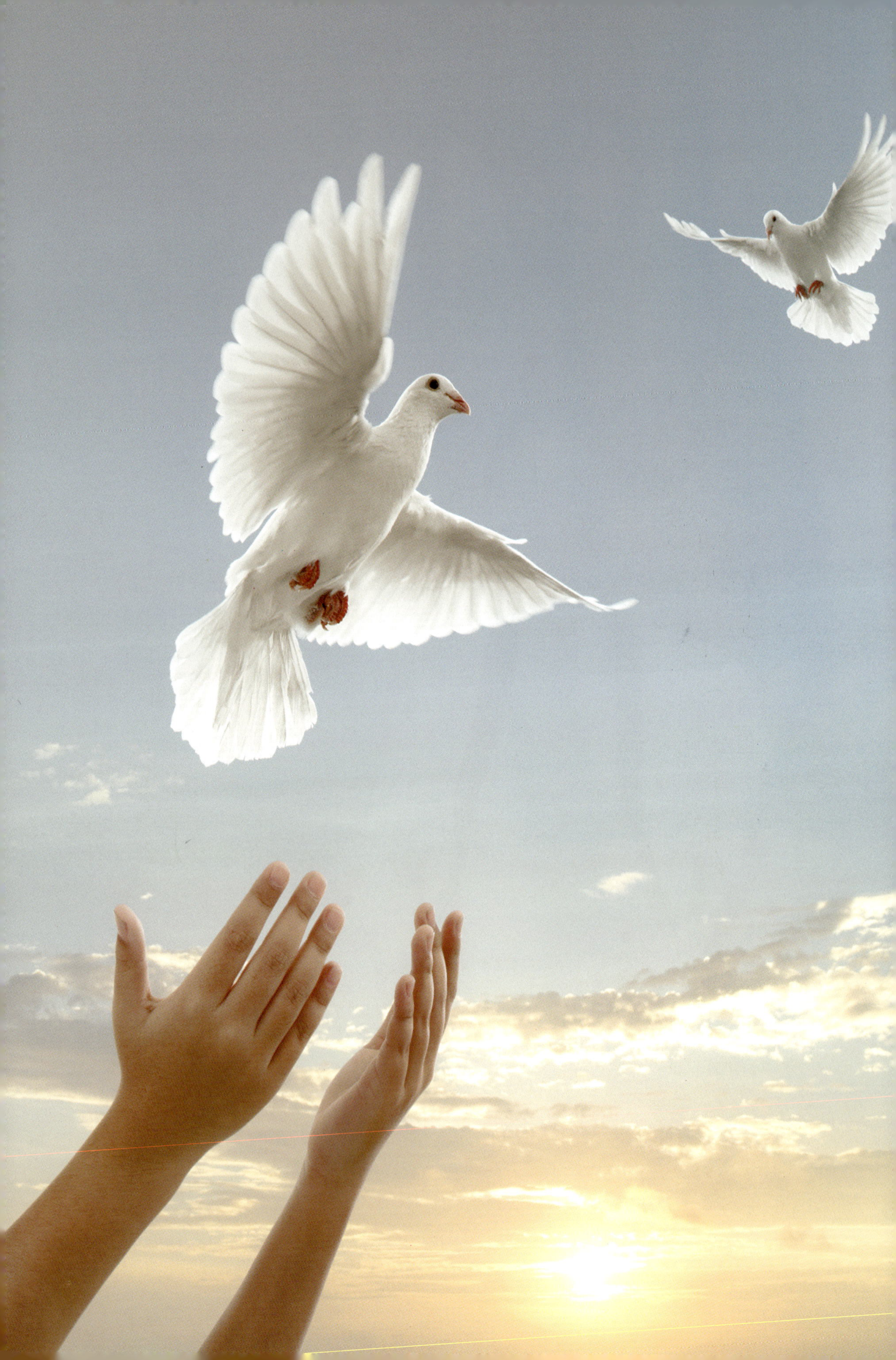

在惊诧的梦中,梦境把我带到一个更加让我惊诧的世界……

在凡尘的梦里,

达摩　点亮

震旦中原的燃灯

燃灯古佛

除却万年幽暗

梦醒

乍见日下孤灯

化作苍白的呻吟

姑苏寒寺的钟声

敲响香山月光菩萨的圆觉

听　生命的梵呗叹息

是这样一种召唤等待我很久

错浇的烦恼消融情绪的忧郁

撒落远山的清幽

渐渐拥向桔黄色的灯晕

你做着四季常青的梦

为迷惘者寻找归途

让冷漠者增添热情

使开拓者删节歧路

静静流年

砍伐你高高的站脚

你不屑一顾

只要能把光明写成

静静的黄昏

一片叶子轻落脚下

有一种风月浸入心绪的感觉

过去的日子掷地有声

第二十二章　我们隔岸对视祈愿人类共享的信仰共同体

一股盈盈的意识之流

澄澈透明

春风夏雨孕育成熟

今日的天道曾是昨日的风景

人生是梦,人生是空,人生是苦,人生是难。对每一个不愿意虚度此生的人都是如此,何况对于怀着理想与信念的青年人。然而,唯其艰难才能磨砺出辉煌。当我们经历了风风雨雨,但梦想没有泯灭,意志没有消沉,在当前物欲横流的时代尤其可贵。当我们明白爱也辉煌,恨也辉煌,我们追求的是有价值的人生,不负艰难,却也注定有意义。我们捍卫着人类最纯净最高尚的这份情感与思想的绿洲,以毕生的心血浸润着整个人类的心灵。对于人生的爱与恨,苦与乐,我们都认真地体验并执着地表现,职业并不要求我们这样,然而我们甘愿承担一份负累,其来自于心灵的驱动、生命本能的意愿。

人是一无所有来到这个世界上的,是一个个体,有独立的思想。所以,被别人支配了思想、意识和行动时,就会感到非常的困顿。

由于对自己的认识不明确,当挫折和压力来临时,变得手足无措,或将其视为不幸,完全不去检讨错误是否是自己造成的。其原因除了悲伤自己所遇的困境外,便是不相信如果从头再来,会有更好的表现。

对自己的意愿有充分的了解,拥有丰富的知识并不断增加自己的学问,就不会将挫折和压力放在心头,以置诸死地而后生的心态面对挫折,就不会感到灰心和失望。

人类往往不自觉地步向自虐的境界,当所有人都唾弃自己时,不好好地保护自己,反而落井下石,令自己陷入痛苦的深渊。这是不接纳自己的表现,自责形成另一股压力,直把自己压得站不起来。正确的做法在于,首先认定所做的一切是出于自愿,还是误信他人或被人诬陷。无论何种原因,你必须面对现实,承认一切已经发生的错误。其次是不再盲目追究不实际的责任,将精力集中在探索改善方法之上。最后是康复及别人对自己的信任增加的时候,永不重蹈覆辙,不要对做错的人提及以前的错事,不因此变得一脸寒霜面对世界。一切都如常进行,因为世界是不会因为你受到的压力而稍作停留去救援你的。

很多读书人,在掌握了一两门自以为了不得的学问之后,便开始目中无人,以为手中的知识便是权力。岂知,知识如佛法一般,自己是不能悟出什么真理来的,如果不能为人所正确掌握运用,将变成一堆废纸理论。真正有大学问的人,往往从言谈外表上是看不出来端倪的,恰恰比普通人还要温和亲切。

什么是境界?怎样才是真知?读到这里,各位应该明白了吧。

有一次风穴禅师被邀请到郢州衙门向大众说法。他一上堂就说:"祖师心印,状似铁牛之机,去即印住,住即印破。只如不去不住,印即是?不印即是?"这时有个"卢服"长老张口发言:"某甲有铁牛之机,请师不搭印。"风穴云:"惯钓鲸鲵澄巨浸,却嗟蛙步辗泥沙。"长老很想反击,可是一时之间又想不出适当的话来。风穴喝道:"长老何不进语?"长老正想开口说什么,风穴却以手中拂子打他。接着又说:"还记得话头吗?"长老正想开口,风穴又以拂子打他。这时,州牧开口道:"看来这佛法与王法一般啊。"风穴便问:"见个什么道理?"州牧云:"当断不断,反招其乱。"风穴禅师听了便下座。

什么是"心印"?风穴为何要打那长老,而州牧为何又要出来说话?更奇怪的是,为何他一说完风穴便回到座位上去了呢?

佛法即心印。佛法本身是无法开悟的,但却可以成为禅者开悟的工具,所以将它比作治涝的铁牛;而这长老却说自己已经得到心印,与他前面的问话明显矛盾,因为他还在疑虑佛法是该用还是不该用。这时风穴当然以一句偈语来讽刺他,说他就像那些自以为钓到禅机的大鲸鱼。长老想反驳却一时无言以对。风穴更是不放过,以拂尘打他,想叫他醒悟。可是,时机未到,长老无论如何也是悟不了的。

于是,早已领会了风穴禅机的州牧只好站出来说话。先说佛法与王法一样,不可似是而非,更不可延误时机。风穴便问他的话是何道

理,州牧的一句补充则更是明确了他的禅机所在:"当断不断,反招其乱。"这种理解与风穴禅师的是一样的。所以,风穴的归座是满意的表示,而非无言以答或者生气失望。

我们的本性,也就是灵性。所谓灵性就是成为佛陀的种子。

把聚光镜对着太阳,把光聚在艾茸上,艾茸就会起火。那么火是从何而来的呢?太阳和聚光镜相距很远,两者不可能碰到一起,但太阳的火以聚光镜为缘,出现在艾茸上了。不过即使有太阳,如果艾茸不是可燃物,艾茸也不可能点燃。

把佛陀智慧的聚光镜对准在灵性这个艾茸上,佛陀的火就会作为灵性开化的信火,在心灵这个艾茸上点燃。

我们背离了本来所具有的能够觉悟的灵性,为烦恼的灰尘所缠绕,我们的心受善恶形态的束缚,深深地感到不自由。

我们本来是具有觉悟之心的,那么为什么会产生这种虚假现象,遮住了灵性之光,在迷界徘徊呢?

从前有一个人,早上照镜子时,他大吃一惊。因为他看不到自己的脸和头了,然而他的头和脸并没有丢失,而是他看了镜子的背面,以为自己的头和脸不见了。

佛陀说:想要觉悟而未能觉悟的人,如果为此感到苦恼,那是不必要的,本来在觉悟中是不存在迷惑的,但在无限长的时间里,受外界客尘的影响,产生了妄想,并由于这个妄想而产生了迷惑。

因此,只要丢掉妄想,觉悟自然会回到身边。我们就会懂得并不是在觉悟之外还有什么妄想。而且奇怪的是,凡是觉悟的人,就不会有妄想,并会感到未曾有过什么需要被觉悟的东西。

这个灵性是不会穷尽的,也不会消失。

在潮湿的躯体中,在烦恼的最深处,灵性仍然蕴藏着它的光辉。

从前有一人在朋友家里喝醉了酒睡着了,他的朋友由于有急事踏上了旅途。朋友为他的将来担忧,便把值钱的宝石缝在他的衣领里。

他酒后醒来,不知道他的领子里有宝石。他流浪到外国,曾苦于没有吃穿。后来又遇见了他的朋友,他的朋友对他说:"你的领子里有宝石,可以拿出来用。"

这个宝石就好比灵性,灵性的宝石,尽管被贪、瞋等烦恼的衣领包藏着,但它并没有受到污染。

任何人都具备了佛陀的智慧,佛陀非常清楚地看到了这一点,所以他称赞说:"好极了,人人都具备了佛陀的智慧和功德。"

但我们被自己的愚痴覆盖着,用颠倒的眼光看待事物,无法看到自己的灵性。所以佛陀教导我们,要我们摆脱妄念,让我们知道,我们本来是同佛陀没有区别的。

这里所说的佛,是已成的佛,我们是将来的佛。除此之外,在这两者之间并没有任何区别。

我们虽然是将来的佛,但不是已成的佛,如果以为自己已成了道,那就犯下了极大的错误。

尽管有灵性,但如果不解脱,灵性就不会出现,如果灵性不出现,就没有成道。

灵性不会因人的死亡而消失,它在烦恼中也不受污染,而且永远不会消灭。这样的灵性,只有学习佛陀才能够发现它。

佛陀从伽耶出发来到频毗娑罗国王统治的主要城市王舍城。

他的弟子们,包括他睿智的大弟子舍利弗也随他一起来了。舍利弗以智慧第一名闻遐迩,王舍城的许多居民竟分不清他和佛陀谁是弟子,谁是老师。

佛陀有意抬高一下弟子的声望,于是就当着国王和人民说:"欢迎伟大的法师吧!舍利弗的确熟谙了佛法,取得了最高的智慧。现在他就像一个家产万贯的贵族掌握了财宝一样,他可以使那些苦难的人忘记悲痛,请显示出自己的智慧吧!"

佛陀话音刚落,舍利弗就立刻入定了。观看的人眼前出现了奇妙的景象:舍利弗升到了半空中。人们的眼里充满了崇仰的神情,于是异口同声地大叫起来:"世尊做我们的法师吧!我们是您的信徒。"

佛陀看到他们听法心切，就讲起了假"我"和欺骗。

佛陀说："思想和所有的感觉都要服从生死的规律，要理解'我'的概念，理解'我'组成的那些迁流变化之物，以及思想和感觉的功能是如何发挥的。这样，你身上就没有余地来容纳个体的我。

"因为，正是对自己的迷信才导致了一条绳索将我们束缚于虚幻世界的痛苦。但当一个圣人知道无我的道理后，这种束缚的绳索就被砍断了。

"在那些相信假我的人中，有的说'我'死后仍然存在，有的说它迟早会消匿。这两个错误实在严重。如果说这个'我'可以消匿，那么它所努力获得的果实也要消匿，因此世上就不会再有别人了，难道这可以说是解脱吗？

"如果说这个'我'永垂不朽，那么在虚幻世界的生死轮回中就有一种既不生，也不死的物质——偏偏是这种自我。这一来整个宇宙只需一件东西就够了——我行我素，无需什么高尚、尊贵的行为，因为这种贪得无厌的我统管了一切，一切都已完成，又有什么可去争取的呢？佛陀在《金刚经》中说道：'须菩提！若有人言：如来若来若去、若坐若卧，是人不解我所说义。何以故？如来者，无所从来，亦无所去，故名如来。'

"须菩提！若善男子、善女人，以三千大千世界碎为微尘，于意云何？是微尘众宁为多不？""甚多，世尊！何以故？若是微尘众实有者，佛则不说是微尘众，所以者何？佛说：微尘众，即非微尘众，是名微尘众。世尊！如来所说三千大千世界，则非世界，是名世界。何以故？若世界实有，则是一合相。如来说：'一合相，则非一合相，是名一合相。'须菩提！一合相者，则是不可说，但凡夫之人贪著其事。"

"须菩提！若人言：佛说我见、人见、众生见、寿者见。须菩提！于意云何？是人解我说义不？""不也，世尊！是人不解如来所说义。何以故？世尊说：我见、人见、众生见、寿者见，即非我见、人见、众生见、寿者见，是名我见、人见、众生见、寿者见。""须菩提！发阿耨多罗三藐三菩提心者,于一切法,应如是知,如是见,如是信解,不生法相。须菩提!所言法相者,如来说即非法相,是名法相。"

不是幸运之神不肯垂青于你,而是在不幸降临到你面前时,你拒绝了重新开始的准备。拒绝了冬天的严酷,也就拒绝了铸就坚强的良机;拒绝了夏日的烦躁,也就拒绝了支撑生长的土壤。

冬天用严酷拒绝怯懦的犹豫,却用热情迎接勇敢的拥抱,躲进温暖的小屋祈盼春天的温情,一定无法品味到冬之深韵。

夏日用烦躁拒绝急切的奢望,却用茂盛回报辛劳的投入,躺在明月清风中梦想金秋的丰硕,极有可能被夜半忽来的风雨惊个不知所措。

更多的时候不是季节拒绝了我们的热情,而是我们误解了季节的沉默。命运不会随便首肯你的选择,岁月也不肯轻易鉴定你的历程,然而,你却不能拒绝岁月的沧桑和命运的磨难。

只要你不拒绝雪山的冷漠,圣洁的山中雪莲就不拒绝你美好的心愿。只要你不拒绝远方不可测的风雨,地平线就不会拒绝你的痴迷追求。只要你不拒绝小草的卑微,希望的田野就不会拒绝你质朴的恋情。只要你不拒绝一步一个脚窝的平凡,诱人的辉煌就不拒绝你放飞的渴望。

不是幸运之神不肯垂青于你,而是在不幸降临到你面前时,你拒绝了重新开始的准备。

不是理智的灵光离你太遥远,而是当脆弱的感情在缠绕你时,你拒绝了用清醒的头脑去面对真实。

生活经常是平静如水般流逝,你不能拒绝自己不安分的神往;生活有时突如其来逼人作答,你不能拒绝难得的心灵历险。

对于未来的邀请,只要你不拒绝,即使现在平淡无奇,但迟早你会步入非凡的殿堂。

有时候,我们真该静静地坐下来,用一种平常的心境,听一听这世界拥有的独语。凝神矜听,你会突然间感到自己已是自然中一个和谐

的音符,以新的品质融入宇宙之寥廓,自然之伟力,人生之苍茫……

　　这世界越来越喧嚣。有些人笑得前仰后合,有些人哭得泪雨滂沱,有些人发得金玉满堂,有些人栽得焦头烂额……那么多离奇的剧目日复一日地在身边上演,尘土飞扬的嘈杂时常遮掩了我们的视听。

　　假如笑声落在酒杯里,溅起的也许是醉人的欢乐;但是,两行热泪落进去呢?你是否还能以明媚的心情去对待生命与生活?

　　静听这世界拥有的独语,那是纯净的音乐,是大自然奉献给我们的深沉的和声。在星光晶莹的夜空与已然倦怠的大地间,雨滴顺着树的枝叶滑下来,落在窗玻璃和泥土上,发出透明的声响;鸟语在雷声中沉寂,花朵们甜美的语言却在风中飘扬。诗韵回荡的夜晚,静穆的氛围浸润着你的心灵,一道典丽的屏风把所有的纷繁芜杂都挡在了心域之外。

　　天空高远而宁静。凝神聆听,你会突然间感到自己已是自然中一个和谐的音符,以新的品质融入宇宙之寥廓,自然之伟力,人生之苍茫……聆听世界的独语,如品味一樽酝酿多时的质醇佳酿。这一份清雅的纯正,这一份久远的情怀,时常会跳出日月的隙缝,在尘土飞扬的喧嚣中,给我们一份珍贵的安谧。

　　幸福只是一种感觉,是一种拈花微笑的禅意。春有百花,夏有凉风,秋有硕果,冬有白雪。一切唯心而造,只要守住了自己的心,日日有好景,时时是佳时……

　　曾这么感受着四季,冬天太冷,夏天太热,春秋气候适宜,然而走的最急的是最美丽的时光,恍惚中什么也没来得及做,日子也消逝了。于是,喜欢独自守着黄昏,默默地伤感,心中曾经有过的一份辉煌跌落谷底。

　　很多时候,愿意一个人踟蹰而行。在沉默和寂静中瞑想,在喧闹之后的孤独里领略独处的妙处。就是这个样子,就是这么一份心情。心情是什么?烦躁、苦闷、喜悦、愤怒、绝望等等都可喻示他,或者简单地分为好心情和坏心情,心情无时不在,心情无时不有;然而谁又看见过心情的影子,谁又听到过心情的声音呢?

　　人生是一种成长的过程,更是一种经历。这是一个充满忧患的世界,只有用一颗大大的心才能托得住。人生是缺憾的,人人都有企望不达的憾事,幸福永在昭示人们不懈地追求。幸福到底是什么呢?我想,幸福只是一种感觉,是一种拈花微笑的禅意。同样,一朵花在不同的心里引发不同的感受,只有心地无私和知足常乐的人,才会时时看到幸福在向他招手微笑,只有了悟人生真谛的智者,才能在生活中时常满足和舒畅,贪婪者永远被关在幸福之门的外面。杜甫曰:"万里桥西一草堂,百花潭水即沧浪。"杜牧也说:"莫贪名和利,名利是身仇。"诗人的用意是名利是贪不得的,身居草堂也一样清心明志,而获得人生的真情趣!

　　确实,有些事是贪不得求不得的,过于的执著,身心疲惫,岂知苛求目的地所在,往往忽略了行进过程中的风光旖旎,也许得到了所求,却又事与愿违面目皆非了。

　　也就是刹那间悟得的——既然做不成一棵参天的大树,就做绿茵的小草吧,或者去做空谷中的一株幽兰,默默地暗香四溢。寂寞是一种美丽,寂寞是生活中的一部分。在寂寞中蜕变成熟,在寂寞中超越解脱,生命安安静静,幸福在心,一切在心。于是,很想过一种简单的生活——有一间栖身小屋,有一张结实的木床,拥有好多心爱的书籍,一桌一椅能伏案写作,打开窗子月光柔柔涌进来,一杯香茗在手,有什么不能释怀呢?有时候更想远离喧闹红尘,过一种山居的生活,在云中,在树下,靠着月光清泉生活,除了山之外我所需不多,一些泥土,几把茅草,一块瓜田,数株茶树,一篱菊花,风雨晦暝之时片刻小憩,多么优哉游哉呀!

　　在这秋天的静夜里,忙碌了一天的乡村已经睡去,城市里依然有着劳作与安享的灯火,我想应该有许多思考的人们仍在努力求索。面对这也许亘古以来就充满了繁星的夜空,面对沧桑的世间,我似有所悟,似有所得。蓦然间,我捕获了心情,心情是什么呢?

春有百花，夏有凉风，秋有硕果，冬有白雪。一切唯心而造，只要守住了自己的心，日日有好景，时时是佳时。我期望自己似菩提无树，明镜亦非台的淡泊；有不以物喜，不以己悲的从容；认真地对待每一天，自然些，洒脱些，常常有个好心情，无论春夏秋冬，再热，一身汗也痛快，再冷，寒风凛冽也坦然。

有多久的日子，我们不曾再举头看云了呢？当我们在现实的泥沼举步维艰，当我们在效率挂帅的时代奔波竞逐，当我们在城市钢筋水泥的森林低首疾行，有多久，我们竟忘了头顶上，有这么温柔曼妙的东西，由微风所放牧，日复一日，以新情节、新图案翻版，日复一日，以即兴的方式，做戏剧性演出？

我们忘了看云，我们遗落了许多闲适的心情，我们失去了许多凝眸玄想的乐趣，那真是生活的一种损失：当我们看云的时候，专注的神采里，往往有广大的平和，那也常是我们脸上表情最舒缓自然的时候。随着云朵的幻化飘移，不论在山巅，在海滨，在辽阔的草原，在狭窄的阳台，在陋巷的沟边，或在囚室高不可攀的小窗下，我们都很容易自人间种种难以理清的纠葛中游离出来。许多抓紧的、执著的、无可释放的怨憎伤痛，也都在此时淡了，远了，松了，舒展了，抚平了，消失了。我们的心情，或宁静，或高远，或悠闲，或天真，既不悲也不喜，既不高潮也不低潮，少年时候纯洁清朗的特质仿佛重临。在一张凝视云影的脸上，我们看不见纠结的眉头、狰狞的目光；找不到冷漠的表情，谄媚的神色。所有这些现实世界的丑陋与武装，似乎全在我们读云的面貌中，被遗忘了。

看云的妙处，或许便在这一个"忘"字吧？

我们忘了看云，便忘了生活之中最重要的一种"忘"——忘我，于是熙熙攘攘的人生，就如何也潇洒淡泊不起来。

清隽无言而永恒的云，其实就是我们仰首之际，所能读到的最好的诗篇、散文啊。

在成丝、成缕、成筐、成匹或成汪洋的云的卷帙里，我们可以取之不尽、用之不竭地寻回失落的记忆,获致温柔的寄托,开始绵密的思考,发掘艺术创作的灵感题材,任想象的羽翼到处飞翔。

虽然,天地不仁,草木无情,宇宙浩瀚荒寒,人类生命永远只是电光石火的瞬间存在,但当渺小的人类,以看云那样活泼有情的眼光,去看待天地洪荒时,广漠的宇宙,在一个遥远而名叫地球的角落,终还是亮起了温暖美丽的光芒。

坐看云起,满眼只是那种变幻的奇妙的美丽,满心是宠辱不惊的那种悠闲和快乐,明白了平平淡淡才是真。那些回忆似轻烟拂面而来又随风而去……

静静地看人生,慢慢地回头,往事里总有一些温暖的迷惘,即使结局已是一个确定的答案,但我们的心仍然徘徊在其中,有时候甚至不能自拔。

人生总有遗憾,所以难免会有无奈有悔恨,如果总是沉醉其中,那么生活将会是一种灾难而毫无乐趣可言。曾经有这样一个女孩,他的男友和她分了手但没有说任何理由,于是痴心的她拒绝了其他异性的追求,苦苦地等了两年,因为她要有个说法,她要他给一个理由,如此的等待最后的结果是等来了他要结婚的消息。这样一个故事留下来的是无边的创痛和对那两年青春时光的无比痛惜,难道生命中真的只有执著和不能忘却吗?

一位哲人说:从前以为拥有是幸福的,现在却明白舍得才是美满。

当我们以一种平淡的心情打开记忆时,看那些留在岁月里的心结便宛如天上飘动的云,卷卷舒舒,而许多美好的或者不美好的感觉就会扑面而来,因为淡泊,所以便可以从容面对。

坐看云起,心中或许有一刹那的惆怅,但这种些微流动的感觉已不能再伤害我们了。

坐看云起,我们在乎的不再是云起处那个莫测的世界了,满眼只是那种变幻的奇妙的美丽,满心是宠辱不惊的那种悠闲和快乐,也许我们的人生仍然充满波折,可是我们的心里已没有患得患失的懊恼和

大悲大喜的起落情绪。

　　日子如流水匆匆地逝去,站在现在展望未来回顾过去,总有一些留下,总有一些逝去,选择一个你喜欢并且感到舒适的姿势坐看云起,心中有感动但已无言。

　　白云深处的幽寂之所,仿佛凝聚了天地之灵气。白云深处的寂静,融合以佛门静修者寂寥淡泊的心境,更是陶潜理想中世外桃源的世外桃源了……

　　信手翻开《全唐诗》,眼光任意浏览于字里行间。突然,一联七言诗跃入眼帘,触动心坎,读来顿觉亲切:"无限青山行欲尽,白云深处老僧多。"

　　于是细细品味,眼前便出现了层层深山、千峰顶上的茅屋,白云缭绕,诸多老僧冥然兀生,四周寂寥虚旷。

　　潇洒自在的寒山子,居重岩,"鸟道绝人迹",那真是白云深处的兰若了。且看他卜居山中的吟咏,便知他洒脱的心境了:

　　家住绿岩下,庭芜更不芟;

　　新藤垂缠绕,古石竖巉岩。

　　山果猕猴摘,池鱼白鹭衔;

　　仙书一两卷,树下读喃喃。

　　寒山子连茅屋也不曾搭筑一间,只是栖居绿岩之下,岩前的青草任其滋长也不加芟除,古石巉岩嶙峋怪状和猴摘山果的自然情态,都是悠然自在的流露。寒山子也在"山花笑绿水,山岫舞轻烟"的春色中,于树下喃喃地念诵着仙书。

　　头陀兰若之处离聚落近三四里,无诸愦闹,便堪修禅定了,更何况深山绝人之处,那当然是更为清净的去处了。

　　"联溪难记曲,叠嶂不知重"的隐居生活,是禅修者所志愿好乐的,更何况有"入夜歌明月,侵晨舞白云"的潇洒。

　　千峰顶上,白云深处的幽寂之所,仿佛凝聚了天地之灵气。伟大的释迦世尊就是在雪山苦行——坐禅六年之后悟道于菩提树下的;禅宗的大德开悟之后更是要在水边林下,长养圣胎;诸多悟佛知见的祖师们都是在深山孤望时豁然开朗。前些年在万里终南山,参礼了来果禅师清修过的湘子洞,一位山居的禅者还将我引上峰顶,指出了淡淡雾霭中的狮子茅蓬——虚云大师禅那静住过的地方。

读《东土小释迦》——智者大师的传记,大师曾栖居天台山修禅寺。因大师于山修观坐禅,造寺成,便命名修禅寺。

修禅于山,若白云清闲。大师在天台山佛陇北峰创立伽蓝,又于华顶独住头陀,自后则般若大开,故大阐法华。

于山修禅,囊括了大自然中所有的飘逸和潇洒,清风畅游太虚的无著,流水善下柔软的谦和,以及绿色绽现的旺盛生命,鸟鸣山涧所演唱的无生清音,还有山花播放的醉人芬芳,大山雄伟挺拔的气魄,蓝天无穷尽的深邃和旷远。倘若禀气怀灵,于山修禅,苦苦追寻生命的底蕴,便可了知"郁郁黄花无非般若,青青翠竹尽是法身"的祖师西来意了;或于山诵经,犹如智者大师寂而入定,见灵山一会,俨然未散,获法华三昧之前方便,文字之师,千万莫敌,开教法之长河,流润未来。

天台八祖玄朗大师,栖居浦阳左溪山,修习止观三十余年,都以草为衣,掬泉而饮,结猿猴以为友,召众鸟而听经。一代祖师,从山中铸造而成。

禅宗初祖达摩,于嵩山面壁静坐九年,教内教外,传为佳话;四祖道信大师驻锡黄梅破头山,筑庵清修,泉石清幽,人迹罕至。后来大弘达摩禅法,就连唐太宗连连三诏,加刀于颈,大师也依然未放弃深居青山的禅那生活,太宗反而为其高风所伏,愈加钦慕。

本师释迦如来经常在王舍城的灵鹫山中阐畅大乘妙法,经中之王的《妙法莲华经》就说于灵鹫山,那时八万菩萨摩诃萨,万万千大声闻众并诸天龙八部围绕听法,场面何等壮阔!

释迦座下解空第一的须菩提尊者习定山岩,感天人散华,缤纷而下。

白云深处,绝诸尘嚣。佛陀告诫弟子,当于远离愦闹之处修炼心

地。深山绝人之处,更是异常寂静的了。明末四大高僧之一的莲池大师,自号云栖。读其号则知其心的自在逍遥了。

白云深处的寂静,融合以佛门静修者那寂寥淡泊的心境,更是陶潜理想中世外桃源的世外桃源了。

深深地被寒山子那"傲风吹幽松,近听声愈好"的洒脱所吸引着,也深深地被虚云大师那"二间茅草屋,半亩藕华田"的飘逸所激扬着。

曾经多少次远眺深山,看云封雾锁;曾经多少次翘首企盼,静住重岩;也曾经想把一切的羁绊都送给遥远的星空,只留下诵经坐禅的犁铧,去深山插入超脱忧喜的良田,作一次辛勤的耕耘。

白云深处的宁静,永久的追寻……

在平常的生活中,我们总觉得自己需要更多的自由。更多的肯定……可是当我们远望之时,高视物外,视野辽旷,突然心胸开阔,对平日的种种需求,便暂时不那么强烈了……

一位颇有智慧的长者,谆谆告诫前来投诉或抱怨的学生:"当你在生活中遭遇困境或忧烦的时候,记住,去登高望远或去眺望大海吧!"

学生们也确实获益良多,他们纷纷发表心得:"老师,在平常的生活中,我们总觉得自己需要更多的自由,更多的肯定……可是当我们远望之时,高视物外,视野辽旷,突然心胸开阔,对平日的种种需求,便暂时不那么强烈了。"

另有学员道:"说真的,每当临近苍茫的大海,放开眼去,一望无际,顿时生起平静无缺的感觉。请问老师,为什么会这样呢?"

老师慈和地说:"这是由于心境的不同,平常生活的时候少了了解心,没有真正了解人生的目的,是在于提升源源不断的存在本质,而不是一味地追逐名利、物欲等幻灭无常的存在。另外,也缺少感恩心,不懂得珍惜你已经拥有的,反而贪羡你根本不需要的、而别人正辛苦追求的东西。"

缺少了解心的同时,就会增长攀缘的心;在少了感恩之心时,也就增长了计较心。所以,总是生活得劳苦交织,难以自在。

可是,在远望或放开眼的时候,只有一个心——广远心,有了它,使攀缘的心无缘施展,而计较心也无处着力。

那山高水远的意境与怡悦,古人体会甚深:"登高壮观天地间,大江茫茫去不还。"

"只有天在上,更无山与齐。举头红日近,回首白云低。"

"江流天地外,山色有无中。"

每当登高远望时,与大自然相亲,天地既在我心,那一份宁静、安详之感便油然而生。

若能在平常的生活中,保有登临之时的开阔心境,立足于尘世间,而胸萦广远心。

一个人只要在精神上超越了物质的表象,他的内心世界便无比广阔自在。

在四季里的某一个日子,一个人走进温柔的黄昏,走进橘红色的夕阳里,那该是怎样的一份心情?目光里噙着对岁月的感叹,双足剪开黄昏的柔光,幻想裹在风里逡巡人生的每一个驿站,沉思融在浪花中,扑打瀚海里不沉的岛屿。

一个人独享黄昏的时候,周围的一切便开始点缀成漂亮的风景,这时候什么都可以去想,或什么都可以不想,静静地盘坐在草地上独对夕阳,或踽踽地徜徉在树林里,便有一缕清凉的风扑面,清爽恬淡地萦绕在心头。

我们生活在一个拥挤的世界里,难得一个人去享受黄昏,体味静谧。如果我们每一天都能从杂乱的氛围中逃脱出来,在夕阳下静静地站一会儿,那实实在在是一种最美的享受,所有解不开的心结,所有展不平的愁眉,所有斩不断的红丝带,所有擦不干的相思泪……都可以在这儿得到解脱。有一首歌是这样唱的:一朵花采了许久,枯萎了也舍不得丢;一把伞撑了许久,雨停了也不想收起;一条路走了许久,天黑了也走不到头;一句话想了许久,分手了也说不出口。聚,不一定是开始;散,不一定是结束。

黄昏是一天之中最辉煌、最美丽的时刻,给人以悠闲的诗意、宁静的温馨。不是么,黎明虽然绚丽,但它给人以冷漠;骄阳虽然热烈,却没有人招架得住它的热情;夜晚虽然恬淡,但它却无法闪烁出生命在世界里拼搏的那种伟大的绚丽的光芒……

独对夕阳,可以清楚地认识自己;独对夕阳,可以拥有许多美妙的遐想;独对夕阳,可以驱逐很多苦楚和忧愁。

我不会错过每一个独对夕阳的机会,就那么独自一个人,轻轻地、静静地,唱一支歌、写一首诗、怀想一张面孔、勾勒一个名字、咀嚼一段心情……于是那么多的忧郁被冷静稀释了,那么多的伤感被冷静抚平了,那么多的沉重被冷静甩掉了。

我冷静地坐在夕阳的余晖里,把自己所有的心事都掏出来梳理,犹如在漫长的人生旅途中做一次短暂的小憩,抖落身上粘附的尘埃,驱散心灵上缠绕的阴影,然后留下一份清纯,一份潇洒,给爱过自己和被自己爱过的人,给伤害过自己和被自己伤害过的人……

满天星斗是禅,潺潺流水是禅,郁郁黄花也是禅……大自然到处都呈现着禅的空灵与恬静、悠远与超越、真实与现成。天公造物,缘灭缘生,无处不呈现着禅的生命。

生活中的禅是如此灵动和现成,自然界又何尝不是呢?如果满天星斗不是禅,释迦牟尼佛就不可能因睹明星而觉悟成佛;如果潺潺流水不是禅,洞山良价禅师就不可能因过小溪睹水中影而打破疑团,落实人生;如果郁郁黄花不是禅,灵云禅师也不可能因见桃花而开悟。大自然到处都呈现着禅的空灵与恬静、悠远与超越、真实与现成,所以陶渊明能留下"采菊东篱下,悠然见南山"的千古绝唱;苏东坡能留下"溪声尽是广长舌,山色无非清净身"的禅苑清音。

在中国古典诗词的浩瀚大海中,深含禅意的佳篇名句俯拾即是。像王维的"行到水穷处,坐看云起时"。宋代一位比丘尼的悟道诗:"尽日寻春不见春,芒鞋踏破岭头云。归来偶捻梅花嗅,春在枝头已十分。"特别是苏东坡的《琴诗》,简直就是老僧谈禅,空灵绝妙:"若言琴上有琴音，放在匣中何不鸣？若言声在指头上，何不于君指上听？"天公造物，缘灭缘生，无处不呈现着禅的生命。

昔有座主问南阳慧忠国师："古德曰：'青青翠竹，尽是真如；郁郁黄花，无非般若。'有人不许，是邪说；亦有人信，言不可思议。不知若何？"师曰："此盖是普贤、文殊大人之境界，非诸凡小而能信受。皆与大乘了义经意合。故《华严经》云：'佛身充满于法界，普现一切众生前，随缘赴感靡不周，而恒处此菩提座。'翠竹既不出于法界，岂非法身乎？又《摩诃般若经》曰：'色无边故，般若无边。'黄花既不越于色，岂非般若乎？此深远之言，不省者难为措意。"在禅者的心目中，宇宙是完整的，精神与物质是一体的。所以禅者认为"何处青山不道场"，四时美景充满禅机："春有百花秋有月，夏有凉风冬有雪，若无闲事挂心头，便是人间好时节。"

我们的生活到处充满着禅意与禅境，我们每个人本来都应该生活得非常轻松愉快、潇洒自在，但大多数人并没有这种感受，相反的，都觉得生活得很累很累。是什么原因呢？是我们的"闲事"太多太多了，所以才觉得"人间"没有"好时节"。如果我们从生活中找回禅的精神（其实它从来没有离开过生活），让生活与禅打成一片、融为一体，我们的生活便如诗如画，恬适安详了。

人在旅途，注定遇到一些这样或那样的磨难和诱惑，倘若陷进去，就难免为之苦恼。只要把握"看破、放下、自在"这一禅理，那么，我们就能心无挂碍，就能体会到日日是好日，处处皆月圆。

站在室外，沐浴着清凉如斯、亘古不变的月光，任时间挟着往事，落花流水地从记忆中淌过去，心里觉得十分空旷，十分轻松。

明月悠悠，如一颗永不破碎的心，那么安详，那么纯净。无论是阴雨绵绵的日子，还是狂风大作的时候，它都踩着不变的步伐，款款禅行在自己的轨道上，从不曾有过迷失。有一首这样的诗："人能无著便无愁，万境相侵一笑休。岂但中秋堪宴赏，凉天佳月即中秋。"

人在旅途，注定遇到一些这样或那样的磨难和诱惑，倘若陷进去，

就难免为之苦恼。只要把握"看破、放下、自在"这一禅理,那么,我们就能心无挂碍,就能体会到日日是好日,处处皆月圆。

月亮总是圆的,真的!我们不能被外在假象所迷惑;开悟的人生总是圆满的,无论它有时候看上去是多么的支离破碎。世事和人情都是暂时的,如过眼云烟,而真如和自在才是永恒的,如凉天佳月。身处红尘闹市,能写出"鸣琴幽谷里,洗钵古松间"这样娴静的诗句,可谓"结庐在人境,而无车马喧",这是高士的自在与潇洒。"终日吃饭不著一粒米",这是禅师的潇洒,也是居士的自在与潇洒。《红楼梦》中的惜春姑娘,"看破三春不长久,坚定地遁入空门","独卧青灯古佛旁",是这位侯门绣户女的自在与潇洒。其实,惜春不出家,在家修行,出污泥而不染,更显得难能可贵。相反,那位进入庙观当了道姑的妙玉,由于心不清净,招来邪魔,以至于身陷泥沼,落得个不自在不潇洒的地步。

"有情来下种,因地果还生。"今生的一切缘自前世的业力,无须抱怨别人,无须诅咒环境,该来的挡也挡不住,该去的留也留不下,就以平静的心态坦然面对一切,化解一切。天上一个月亮,水中一个月亮,哪个是真?哪个是幻?

杜鹃何苦啼血?世事如斯,春来春去;人情如纸,云散云聚。佛垂下甘露之手,抚平我心头的创伤,教我抛开贪爱染着、瞋痴、烦恼,而以无边的慈悯面对这世上的大千生灵。

人生不过如此!欠命的,命已还;欠泪的,泪已干。好似食尽鸟投林,落了片白茫茫大地真干净。

何去何从?偈曰:"无情既无种,无性亦无生"……

"人能无著便无愁",这是一道真理的慧光!它给忧郁的人打开心头的千千情结,它给迷途的人照亮前进的方向。我站在自家的阳台上,沐浴着这清凉如斯、亘古不变的慧光,任时间挟着往事落花流水般地从生活中淌过去,心里觉得十分空旷、十分轻松。希望记忆都是这么恬淡,这么虚无,这么赏心悦目。

佛陀讲完《常不轻菩萨品》之后,从地下涌出的大千世界微尘数的大菩萨,都到佛的面前,专心合掌,瞻仰世尊的容颜,而对佛说:"世尊,我们在佛灭度以后及世尊在别方国土中的分身灭度以后,将广为众生讲说这部经。为什么呢?我们也想得到这样的清净大法,受持、读诵、解说、供养《法华经》。"

这时,世尊在文殊师利等无量百千万亿原住娑婆世界的大菩萨以及众位比丘、比丘尼、优婆塞、优婆夷、天龙、夜叉、乾闼婆、阿修罗、迦楼罗、紧那罗、摩睺罗伽、人非人等一切众生的面前,显现出大神通力,伸出广长舌,上到梵天,一切毛孔放出无量无数色彩的光芒,遍照十方世界。各宝树下狮子座上的佛,也这样伸出广长舌,放出无量光芒。释迦牟尼佛及宝树下诸佛现大神通力,有百千年的时间,然后收起广大长舌相,同时轻咳一声,又一起弹指。这二种声音,普遍传到十方的诸佛世界中,大地全都发出六种震动。其中的众生,天龙、夜叉、乾闼婆、阿修罗、迦楼罗、紧那罗、摩睺罗伽、人非人等,因为佛的神通之力,都见到此娑婆世界中,无量无边百千万亿宝树下狮子座上诸佛以及释迦牟尼佛、多宝如来,在宝塔中坐于狮子座上;又见到无量无边百千万亿大菩萨及四众人等,恭敬围绕释迦牟尼佛。见到这些景象后,都得到从未曾有过的大欢喜。

这时,诸位天人在天空中高声唱念道:"离这里无量无边百千万亿阿僧祇势世界,有国土名叫娑婆,其中有佛,名叫释迦牟尼,现在正为众位大菩萨讲说大乘经典,名叫《妙法莲华经》,说的是菩萨修行之法,为诸佛所护念。你们要深心随喜,也应当礼拜、供养释迦牟尼佛。"

那些十方国土中的众生听到空中的声音后,都双手合掌,向娑婆世界这样说:"敬礼释迦牟尼佛,敬礼释迦牟尼佛!"他们还用种种华香、璎珞、幡盖及各种装饰身体的用具、珍宝之物,都从遥远的地方散向娑婆世界。散布的诸物,从十方世界而来,像云一样汇集,变成宝帐,覆盖在法会上诸佛之上。这时,十方世界变得互相通达,没有障碍,就像是一片佛土一样。

· 1169 ·

这时，佛对上行等菩萨大众们说："诸佛的神力，就像这样无量无边，如果用这样的神力，在无量无边百千万亿阿僧祇劫的时间中，为了再三嘱托众人，说这部经的无边功德，尚且不能说尽。简要言之，如来一切所有的佛法、如来一切自在的大神通力、如来一切所有的秘要之藏、如来一切所有的甚深之事，都在这部经中宣说显示出来。为此之故，你们在如来灭度以后，应当一心受持、读诵、解说、书写，如经中所说而修行。所在国土中，如果有人受持、读诵、解说、书写，如经中所说而修行，或经卷所在之处，无论是在园中、林中、树下、僧房、居士家中、殿堂上或山谷、旷野中，这些地方都应该建塔供养。为什么这样呢？应当知道，这个地方就是佛法道场，诸位佛在这里得阿耨多罗三藐三菩提，诸佛在这里转大法轮，诸佛在这里入于涅槃。"

当时，世尊要重新宣说这样的意思，就用诗偈体的语言说：

诸位救世的佛、世尊，具有大神通之力，为了让众生欣悦信服，现出无量大的神力。广长舌上至大梵天，身放无量光芒，为了求佛道的众生，显现出这样稀有的事情。诸佛轻咳一声及弹指之声，使十方世界国土中，大地都出现六种震动。因为在佛灭度以后，有人能受持这部经，诸佛都很欢喜，才显现出这样的无量神通之力。为了再三嘱托这部经，而赞美受持《法华经》的人，即使用无量劫，尚且不能说尽，这人的功德，无量无边，像十方虚空一样没有边际。能受持这部经的人，就等于已经见到我及多宝佛如来以及各分身诸佛，又有见到我在今日，教化众位菩萨。能受持这部经的人，令我及我的分身、已灭度的多宝佛，都生大欢喜。十方现在佛及过去、未来诸佛，也能见到并供养，并让三世诸佛都心生欢喜。诸佛坐于道场中所得的秘要之法，能受持《法华经》的人在不久的时间内也将得到。能受持这部经的人，对各种佛法大义、名字、言辞，都乐为人说，没有穷尽，就像风在空中一样，在语言上没有丝毫障碍。在如来灭度以后，知道佛所说的经典以及讲经的因缘、次序，能随佛法实义如实地为人演说。就像日月的光明能扫除黑暗一样，这人在世间行道，能消除众生心中的黑暗，教化无量多的菩萨，最终都向往成佛。因此，有智慧的人，听我说这样大的功德利益，在我灭度以后，应当受持这部经，这人对于佛道，肯定会没有疑惑。

佛陀讲完《如来神力品》之后，释迦牟尼佛从法座中站起来，显现大神通力，用右手抚摸无量大菩萨的头顶，而说出这样的话："我在无量百千万亿阿僧祇劫中，修习这难得的阿耨多罗三藐三菩提法，现在把这佛法嘱托交付给你们，你们应当一心散布流通这部《法华经》，令众生普遍受益。"就这样，三次抚摸众位大菩萨的头顶，三次说这样的话："我在无量百千万亿阿僧祇劫中，修习这难得的阿耨多罗三藐三菩提法，现在把这佛法嘱托交付给你们，你们应当受持、读诵、广为宣扬这部《法华经》，让一切众生普遍都能听闻而知道。为什么要这样做呢？如来有大慈大悲的心怀，无悭吝之心，也无所畏惧。能教给众生佛的智慧、如来智慧、自然智慧，如来是一切众生的大施主。你们也应当跟着学如来的做法，不要对佛法生出保守悭吝之心。在未来世中，如果有善男子、善女人，信仰如来的智慧，你们应当为他讲说这部《法华经》，让他能够听到，由此得到佛的智慧。如果有的众生不信受《法华经》，你们要用如来所讲的其余佛法，开示、教化他，让他得佛法的利益、欢喜。如果你们能这样做，就是已经报答了诸佛教化之恩。"

当时，这些大菩萨听佛说这样的话以后，得到充满全身的大欢喜，更加恭敬，鞠躬低头，合掌向佛，都发出宏亮的声音说："遵照世尊的敕令，我们都奉命执行，希望世尊不要忧虑。"众位大菩萨像这样三次一起说："遵照世尊的敕令，我们都奉命执行，希望世尊不要忧虑。"

这时，释迦牟尼佛下令，让十方世界来的分身佛各回本土，说这样的话："诸位化身佛，请各回安身之地，多宝佛塔可以保持现在这样的状态。"

说这话的时候，从十方世界来的端坐宝树下狮子座上无量无数的化身佛、多宝佛、从地涌出的无量无边阿僧祇数菩萨大众、舍利弗等声闻四众及一切世间天人、阿修罗等，听到佛这样说，都生大欢喜之心。

这时，宿王华菩萨对佛说："世尊！药王菩萨为什么在这娑婆世界

中周游？世尊！这位药王菩萨有若干百千万亿那由他难行的苦行。尊敬的世尊啊，请您大致给我们解说。"

诸位天龙、神、夜叉、乾闼婆、阿修罗、迦楼罗、紧那罗、摩睺罗伽、人非人等，以及从其他国土中来到法会的菩萨、会上的声闻大众，听到宿王华菩萨的请问，都很欢喜。

这时，佛对宿王华菩萨说："在往昔，无量恒河沙数的劫数以前，有一位佛，名字叫做日月净明德如来，应供、正遍知、明行足、善逝、世间解、无上士、调御丈夫、天人师、佛、世尊。这位佛有八十亿大菩萨、七十二恒河沙数的声闻众，佛寿命四万二千劫，菩萨也有这样长的寿命。那国土中没有女人、地狱、饿鬼、畜生、阿修罗等，没有各种苦难，土地像手掌一样平，是琉璃所成，有宝树庄严，宝帐悬在上面，垂下宝华幡，宝瓶、香炉遍布整个世界。用七宝造台，在每棵树旁边都有一座台，树距离宝台一箭之地。这些宝树之下，都坐有菩萨及声闻人等。每一座宝台之上，各有百亿诸天人，表演天上的伎乐，歌颂佛，作为供养。

"那时，日月净明德佛为一切众生喜见菩萨，其余众菩萨、声闻大众等讲说《法华经》，这位一切众生喜见菩萨乐意修习苦行，在日月净明德佛所传佛法中，精进修行，一心求证佛道。修行满二千年后，得到现一切色身三昧，能变现为一切色身。得到这种三昧之后，内心得极大欢喜，就生出这样的想法：'我得到现一切色身三昧，都是因为听到《法华经》的力量，现在我要供养日月净明德佛及《法华经》。'当时就进入现一切色身三昧，从虚空中散下曼陀罗华、摩诃曼陀罗华、细末坚黑旃檀，遍满虚空之中，像云一样飘下。又散下名叫海此岸旃檀的香，这种香文铢（合三分之一两）就价值整个娑婆世界，用这种宝贵的香来供养佛。

"作过这些供养以后，从现一切色身三昧中出定。自己思量道：'我虽然用神通之力供养佛，可是不如以自己的身体作供养。'于是，自己服下各种香，旃檀香、薰陆香、兜楼婆香、毕力迦香、沉水香、胶香，又饮下蓓卜等花所造的香油。这样饮服香料一千二百年以后，用香油涂抹身体，在日月净明德佛面前，用天宝衣缠绕自身，在衣服上也浇洒香油，运用神通的愿力，自燃身体，光明普遍照射到八十亿恒河沙数的世界。这些世界中的诸位佛，同时赞叹道：'善哉，善哉，这位善男子。这是真正的精进，这叫做以真法供养如来。如果用华香、璎珞、烧香、末香、涂香、天缯幡盖以及海此岸旃檀之香，这些种种物品供养，都不能比得上这样烧身供养的功德。即使用国家、城池、妻子布施，也赶不上这样的功德。善男子啊！这是第一的布施，在各种布施中，最尊贵、最上乘。这都是因为用法身供养如来的缘故。'说过这样的话以后，诸佛归于默然。一切众生喜见菩萨身体的火焰燃烧了一千二百年以后，身体才完全烧尽。

"一切众生喜见菩萨用这样的方法供养完毕，命终以后，又生于日月净明德佛国土中的净德王家中。结跏趺坐，忽然之间化生出来，就对他的父亲说偈语道：

父王！您要知道啊，我在日月净明德佛讲《法华经》之处，瞬时间得到现一切诸身三昧，又勤加修行大精进，舍弃自己所珍爱的身体，用以供养世尊，这都是为了求证无上的佛智慧。

"说完以上的偈颂以后，又对父王说：'日月净明德佛现在仍在世上。我以前供养佛以后，得到一切众生语言陀罗尼。又听闻说《法华经》，有八百千万亿那由他甄迦罗、频婆罗、阿闷婆等数目的偈颂。父王啊，我现在要回去再供养这位佛。'

"说完之后，就乘坐七宝所造的台，上升到天空中，有七多罗树那样高，来到佛的住所，五体投地，礼拜佛足，双手合十，用偈颂赞美佛：

佛的容颜真是奇妙啊，光明可普照十方世界，我以前曾经供养佛，现在又回来观见佛。

"那时，一切众生喜见菩萨说完这样的偈颂以后，又对佛说：'世尊啊，世尊，您还在这世上。'

"这时，日月净明德佛对一切众生喜见菩萨说：'善男子啊！我涅槃的时候就要到，已经到了身体灭尽的时候了。你可以为我安放床座。我

要在今夜归于涅槃。'又遗命给一切众生喜见菩萨:'菩男子啊!我把佛法嘱托给你,再加上菩萨、弟子、阿耨多罗三藐三菩提法,也把七宝装饰的三千大千世界、所有的宝树、宝台以及诸天伎乐都交付给你。我灭度以后,所有的舍利也都交付给你,你要让这些舍利流传、布散,广设供养,应该建起若干宝塔。'就这样,日月净明德佛遗命给一切众生喜见菩萨后,在夜半时分,入于涅槃。

"那时,一切众生喜见菩萨见到佛已灭度,悲痛、伤心,又思念佛,就用海彼岸旃檀香作柴,供养佛的遗体,点火烧化。火熄灭以后,收取舍利,制作八万四千个宝瓶,建起八万四千座宝塔供养瓶中的舍利。每个塔高三世界,幢竿高耸庄严,垂着各种幡盖,悬挂着很多宝铃。

"这时,一切众生喜见菩萨又自己思量:'我虽然已作过这些供养,内心还感觉有不足,我现在应当再供养佛舍利。'就告诉诸位菩萨大弟子及天龙、夜叉等一切大众:'你们要专一心念,现在我要供养日月明德佛的舍利。'说过这样的话后,就在八万四千佛塔前,燃烧百福庄严的双臂,经过七万二千年才烧尽,用以供养佛舍利。这一善举使无数求声的大众,无量阿僧祇的人都发阿耨多罗三藐三菩提心,让他们都得以住于现一切色身三昧。

"当时诸位菩萨、天人、阿修罗等,见到他已失去双臂,忧愁悲哀,说出这样的话:'这位一切众生喜见菩萨是我们的师父,是教化我们的人,现在却烧坏双臂,身体已不完备了。'当时,一切众生喜见菩萨就在大众中立下这样的誓言:'我舍去双臂,一定能够得到佛的金色之身。如果我的话真实而不虚,让我的两臂恢复如初。'说完这样的誓言后,双臂立刻恢复如初。这都是因为这位菩萨福德智慧淳厚所致。就在这个时候,三千大千世界发出六种震动,天上散下宝华,一切人和天神,都得到从未曾有过的欣喜。"

佛对宿王华菩萨说:"你的意思怎样呢?这位一切众生喜见菩萨哪里是别的人?就是现在的药王菩萨啊,他舍身布施,已经有无量百千万亿那由他的次数。

"宿王华啊！如果有人要发心得阿耨多罗三藐三菩提的，能燃烧手指或者一个足趾，用以供养佛塔的，胜过用国家、城池、妻子以及三千大千世界的国土、山林、河池、各种珍宝之物来供养。如果有人，用七宝盛满三千大千世界，供养佛、大菩萨、辟支佛、阿罗汉，这人所得的功德，不如受持这部《法华经》，甚至不如其中一个四句的偈颂那样多，所得福报最多。宿王华啊！譬如一切川流江河等水之中，大海是第一。这部《法华经》也像这样，在如来所说的经典中最深远广大。又好像土山、黑山、小铁围山、大铁围山及七宝山，这些大小诸山之中，须弥山居第一。《法华经》也像这样，在众多的经典中最为第一。又像群星之中，月亮最为第一，《法华经》也像这样，在千万亿种的佛经法中，最具光明。又像太阳能照破暗一样，《法华经》也能照破一切不善的黑暗。又像诸位小国王之中，转轮圣王最为第一，《法华经》也像转轮圣王一样，在佛经之中，最为尊贵。又像帝释天在三十三天中为王一样，《法华经》在佛教诸经中为王。又像大梵天王一样。为一切众生之父，《法华经》也是这样。为一切圣贤、学、无学及发菩萨心者之父。又像在一切凡夫之中，须陀洹、斯陀含、阿那含、阿罗汉、辟支佛最为第一。这部《法华经》也是这样，在一切如来所说、菩萨所说、声闻所说的各种经法中最为第一。有能受持经典的，也是这样，在一切众生中最为第一。一切声闻、辟支佛中，菩萨为第一，《法华经》也是这样，在一切各种经法中最为第一。就像佛是一切佛法之王一样，《法华经》也是诸经中之王。

"宿王华啊！这部经能救度一切众生，能令一切众生远离苦恼，能广泛利益一切众生，让他们的愿望得到满足。就像清凉池能解除一切的渴乏，像寒冷的人获得火，像裸体的人得到衣服，像商人得到首领，像儿子得到母亲，像渡河的人得到船，像病人得到医生，像黑暗中得到灯光，像贫穷的人得到财宝，像平民得到国王，像商贾得到海中的珠宝，像火炬破除黑暗，《法华经》能令一切众生脱离一切痛苦，解除一切病痛，能解除一切生死的束缚。如果有人得以听闻这部《法华经》，或自

己书写,或让别人书写,所得到的功德,就是以佛的智慧筹量其多少,也无法知其边际。如果书写这部经卷,或用华香、璎珞、烧香、末香、涂香、幡盖香、衣服;或各种灯,酥灯,油灯,各种香油灯,蒼卜油灯、须曼那油灯、波罗罗油灯、利师伽油灯、那婆摩利油灯,这些物品来供养《法华经》,所得的功德,也是无量无边。

"宿王华啊!如果有人听闻这段《药王菩萨本事品》,也得到无量无边的功德。如果有女人,听闻这段《药王菩萨本事品》,能够受持,完成这世的女身以后不再生为女身。如果在如来灭度以后,如果有女人听闻这部经典,如经中所说而修行,在当世命终之后,就生在安乐世界,为阿弥陀佛和众位大菩萨所围绕的住处。生于莲花中的宝座之上,不再为贪欲所苦恼,也不再为愚痴瞋恚所苦恼,也不再为骄慢嫉妒等尘垢所苦恼,得到菩萨的神通和无生法忍。得到无生法忍后,眼根清净,用这清净的眼根,见到七百二千亿那由他恒河沙数的佛如来。

"这时,诸位佛如来在遥远的地方一起赞叹道:'好啊,好啊,善男子啊!你能在释迦牟尼佛所传的佛法中,受持、读诵、思维这部经典,为他人演说,所得到的功德无量无边。火不能焚烧,水不能淹没。你的功德,一千位佛共同说,也不能说尽。你现在已经破除魔贼的军队,破生死迷关,各种怨恨的仇敌都已经摧毁消灭。善男子啊!成百上千的诸佛,运用神通之力,一起守护你,在一切世间人和天人之中,没有比得上你的,只除了如来以外。其余的声闻、辟支佛甚至菩萨的智慧、禅定,没有能力与你相等的。'

"宿王华啊!这位菩萨能够成就这样大的功德智慧之力。如果有人听闻《药王菩萨本事品》,能够随喜、赞美的,这人在现世的口中,能经常放出青莲花的香气,身上的毛孔之中,经常放出牛头旃檀香气,所得到的功德就像前面所说的那样多。

"因为这样的缘故,宿王华啊!我把《药王菩萨本事品》交付给你。在我灭度后五百年,在阎浮提世界中广为宣讲流布,不要让这一品经断绝失传,使恶魔、魔民、诸天龙、夜叉、鸠槃荼恶鬼等都受到利益。宿王华啊！你应当用神通之力，守护这品经。为什么原因呢？这一品经就是阎浮提世界人治病的良药，如果有人患病，听闻这一品经文，疾病立刻消散，不老不死。

"宿王华啊！你如果见到受持这品经的人，应该用青莲花盛满末香散布在他上面，散完以后，生出这样的想法：'这人在不久之后，一定会取草坐于道场，打破诸魔军，吹大法螺，击大法鼓，度脱一切众生脱离老、病、死之海。由于这样做的缘故，求佛道的人见到受持这品经的人，受到这样的礼遇，会生出恭敬之心。'"

在释迦牟尼佛说《药王菩萨本事品》时，有八万四千菩萨得到解一切众生语言陀罗尼。

多宝如来在宝塔中，赞扬宿王华菩萨说："好啊，阿啊，宿王华啊，你成就了不可思议的功德，才能向释迦牟尼佛请问这样殊胜的事，给一切无量数众生带来利益。"

"但当一个人了解到世上并无这个贪得无厌的'我'，它只不过是一场虚幻的话，那么这个人就会从中解脱出来，进入到一个较广阔的视野。他也会过着与此相同而又不尽相同的生活，就像嫩芽从种子中发育出来，但种子又不是嫩芽一样。

"因此，要记住，'我'并不存在，在'我'的虚幻下掩藏的才是真实的面貌。"

"我"的概念是执著的心所考虑的，对觉悟的人来说，这样的"我"就是必须加以否定的执著，灵性却是必须加以揭示的珍宝。灵性虽然与"我"相似，但它并不是有"我"或"我所"这种情况下的"我"。

认为"我"是存在的这种看法，是一种把不存在的东西看成是存在的颠倒了的看法；不承认灵性的看法，也是一种把存在的东西看成是不存在的颠倒了的看法。

佛陀又打比喻说：例如，医生给一个婴儿看了病，医生开了药说，在药未被消化之前，不得给他喂奶。

·1177·

于是母亲在她的乳头上涂上了苦药,使孩子不吃她的奶。当药被消化之后,母亲洗净了奶头,给孩子喂奶。母亲的这种行为是出自爱护孩子的慈爱的心肠同样的道理,为了清除世上的错误的想法,为了消除对"我"的执著,佛陀曾向人们说明"我"是不存在的。当错误的观点消除之后,佛陀就告诉凡夫们存在着灵性。

"我"将引导人们走向迷惑,灵性将导致觉悟。

有一个妇女,因为她不知道家里有装着黄金的箱子,而过着贫苦的生活,有人出自怜悯的心情,给她挖出装有黄金的箱子。佛陀也是一样,打开灵性,给我们看。

既然我们都拥有灵性,那么为什么会有贵贱、贫富的差别,又为什么要发生残杀和欺骗等令人厌恶的事情呢?

举例说,宫廷里有一个大力士,在他的额前戴着一个玉石的金刚,他同其他大力士摔跤时,碰了前额,玉石的金刚被压进了肉内,从而长了一个疮,大力士以为玉石已经丢失,只想到要去求医治疮。医生一看就知道这个疮是藏在肉中的玉石引起的,把它取出来给大力士看。

我们的灵性也藏在烦恼的灰尘中,我们看不见它,卓越的导师就可以把它找出来。

由此可见,尽管有灵性,却被贪瞋痴掩盖着,被业和报缠绕着,使我们处于迷境。然而,灵性并没有丢失,也没有被破坏。只要消除了迷惑,灵性就能再次露面。

正如大力士看医生为他取出的那枚玉石一样,我们也可以借佛陀之光,看到自己的灵性。

红、白、黑等各种颜色的母牛,都挤出白色的牛乳。各种不同处境、不同生活的人,虽然他们的业和报不相同,但都具有灵性。

喜马拉雅山中许多贵重的药,这些药都在茂密的草丛中,人们找不到它们。从前有一个贤人,根据这些药的气味找到了这些药,他做了一个桶进行采集。但在他死后,这些药又被埋在山中,桶中的药发生腐烂,随山溪往下流,在不同的地方发出不同的味道。

灵性也是一样，是被茂密的烦恼之草覆盖着，人们很难找到它。佛陀拨开草丛，使人们看到了这种灵性，灵性的味道虽然都是一样甜，但由于烦恼的原因，会出现很多种味道，人们会采取各种不同的生活方式。

灵性像金刚石一样坚固，是不会被破坏的。人们可以在沙粒和小石子上钻出小孔，但无法在金刚石上钻出孔来。

躯体和心能被破坏，而灵性却无法破坏。

灵性是我们最优秀的特性，我们习惯于尊卑，在天道的太和文明中，天地人之间是不存在差别的，只有知道灵性的人才是尊贵的。

金矿石熔化之后，去掉渣滓，便可炼成贵重的黄金。把心的矿石熔化之后，去掉烦恼的渣滓，任何人都可开发出同样的灵性。

通过觉悟，开发出灵性，就解脱了烦恼痛苦，就成道了。成道就是为了让我们觉悟这个世界的主流与未来。

人类相互依存性正在日益加强，同时却滞留于个体自我中心主义和群体自我中心主义，因而彼此对立的人类，需要一种顾及整体的全球主义。面对科学主义的主客对立日益加深，个体尊崇理智而整体陷于愚蠢的人类，需要一种对超越主客对立、超越工具理性的大智慧的热爱。人类生活面临巨大威胁，有此迫切需要。为了生存，需要行动；行动之前，需要静虑。我想，随着上海世博会继北京奥运会之后以整个人类文明积淀的形式被"中国"符号凝固，在人类生命流与文明流的催化下，其信息熵增效应必将使"中国"符号向人类心智宇宙与自然宇宙进行重叠融合的智慧进化迈进，从而推动人类从知识裂变到智慧的聚变，而这种群体协同性创新共轭再共振循环振荡激活能量效应会充分地爆发，催生迎接以东方中国文明为核元的崭新宇宙文明时代，而这个时代也就是从物本向人本回归的广义虚拟经济文明时代。当人类整体意识以心理（信息）需求和生理（物质）需求形成二元价值容介态循环变异反馈回环衍射形成广义虚拟经济价值，也许整个世界文明会发生进化突变，这种基于宇宙全息场的人类群体进化所展现的上海世博

会效应以广义虚拟经济价值在全球井喷、迸发和跃进。人类关于文化、文明、宗教的内涵和属性、构成价值的要素与和平的本质等等传统概念都将面临挑战。在以中国世博会为象征的广义虚拟经济时代，信息成为第一资源，因此我们有必要建立广义的研究视角，回到人的全面需求和以人为本的基点，回到文化、文明、宗教的更广泛的内涵和属性，回到价值要素与和平的本质，探索广义虚拟经济文明时代的革命性发展规律。正如我从佛教的经律论、教宗的禅净密中编选、辑对、校译契合当下时空因缘的《祈祷太空和平——健康、幸福、和平的生命关怀》来探索人类文明进化的通道一样，当我们对人类文明的演变作一种宏观的考察，"健康、幸福、和平"以其历史悠久的品格作为生命形态、时空形态的文明共同体伴随着人口规模、疆域规模、经济规模、文化科技创造力、政治整合能力和军事能力作为文明的当量对于巩固和发扬一种普世文明的价值观，昭示着自己深厚的文明能量在21世纪得到更有效的释放。我深信，东方文明以"健康、幸福、和平"为归旨同西方文明的"人权、民主、自由"必将融合成全球化时代的未来人类文明体系。

太空文明驱使下的全球一体化进程迅速打破地域的界限，把原先彼此分隔的世界各民族卷入人类趋同的潮流，同时也将把相互排斥的人类各宗教拖入趋同的漩涡。历经几千年的中华儒释道医交相融合后的亚洲佛(儒)教文明，在世界一体化的历史潮流中，同欧美基督教文明再度融合为人类共享的信仰共同体，太空文明时代的人神与宇宙共融将是文明的冲突、世界秩序重建的人类普世文明的终极选择。在这场人类宗教史上最大的变革中，牵动整个世界进入人类宗教共荣的境界是热心人类福祉与世界和平人士实现其目标的有力杠杆，世界各宗教界必须正视和解决科学、理性和信仰危机持续的严峻挑战。各宗教早期对物质世界的肤浅认识遭到了现代科学的有力否定，各宗教教义中的谬误、偏见和信仰主义盲信态度遭到了理性的迎头痛击，宗教与科学和理性的冲突演变成为信仰危机，造成知识水平和认识能力普遍提高的信众的持续流失,信徒虔诚度不断下降。在神光照耀下,人类的宗教认识总是在不断提高,宗教教义也必然持续发展、修正以趋近真理。如果顽固坚持源自人类早期的教义的绝对真理性和不可修正性,势必造成相应宗教的最终衰落。仅仅过去三百年的科学和知识进步已经给宗教带来了伤筋动骨的创伤。宗教如果不能及时恢复其与科学和理性应有的相辅相成关系,科学和理性在今后漫长岁月里的高速发展势必给宗教造成致命打击。难以想象,千万年之后高度发展的人类还会按字面意义相信诸如盘古开天地、亚当和夏娃获罪伊甸园之类早期人类的神话故事,并将其当作信仰的基础。守旧者不妨扪心自问,没有修正和发展的早期人类原始教义是否可能作为永恒真理万古长存。如果自己也没有信心,不妨幡然改变态度,也为自己虔信的宗教留下生存和振兴的空间。宗教理性化和自我调整修正以恢复与科学的和谐关系是各宗教为了生存和发展必须经历的改革,虽然对一些人来说可能是痛苦的过程。宗教融合和宗教理性化是人类发展的必然结果,是全球化的大势所趋,是神意所向。不管人们是否主动接受,也不管人们是否顽固抗拒,都会以不可阻挡之势如期而至。

人类究竟有没有共同利益？成立于1968年的罗马俱乐部在1972年出版的《增长的极限》一书中已经提出,物质生产的无节制的增长正在造成环境危机和资源危机,从而对整个人类的生存构成威胁。显然这一思想中已经包含了对全人类共同利益的存在的肯定。在此之前于1955年发表的《罗素—爱因斯坦宣言》,曾对全人类共同利益的存在以及人类改变思维方式的必要做过更为突出而又简明的强调。任何利益都是与一定的主体相联系而存在的。共同利益必须以共同主体的存在为前提,全人类共同利益的存在是因为当今的人类已经是一个共同的主体。人是实践活动的主体,但他自身又是人类实践活动发展的结果。从一个角度看,整个人类历史就是一部实践主体的发展史以及人与人共同利益的发展史。在人类产生以后数百万年的漫长历史中,全人类

共同利益只是少数人的幻想，人们所说的"普天之下"其实只是自己视野所及的狭小区域。即使是资本主义在全球的扩张，两次世界大战，也并没有真正把全人类都卷入其中，人类从来都未曾作为一个整体而存在。20世纪中叶科学技术的革命性发展，使人类第一次拥有了可以毁灭整个地球从而毁灭自身的巨大力量，面对自然界对整个人类的可能的报复，人类第一次成为一个整体，一个总体性的集体的实践主体，也第一次具有了真正意义上的、现实的"全人类共同利益"。只是在这种情况下，才有了率先宣告全人类共同利益的《罗素—爱因斯坦宣言》和《增长的极限》。如果说在《罗素—爱因斯坦宣言》和《增长的极限》发出关注全人类共同利益的呼吁之后情况发生了什么变化，那就是随着经济全球化浪潮的兴起，人类对地球的改造、破坏越演越烈，使用大规模杀伤性武器从而导致整个人类灭亡的危险越来越严重，经济一体化迅速发展，"地球村"概念已经为人们普遍接受，人类的共同利益变得空前突出了。

　　全球化改变了以往的世界。人们在享受其巨大好处的同时，也越来越感受到变化带来的种种问题和挑战；国际政治经济的新发展、新挑战和国家关系中的老问题、老矛盾之间，又形成新的复杂关联。眼前的世界是前所未有的多姿多彩又纷乱复杂。一方面人们对人类的前途感到前所未有的乐观，另一方面人们又对世界的未来感到前所未有的困惑。这就是全球化世界的现实。所谓世界进入全球化时代，是指全球化成为当今世界政治、经济、安全、文化等国家关系发展的主导趋势。全球化时代的到来是全球经济一体化的深度发展和社会高度信息化的自然结果。经济全球化创造了巨大的财富，同时也产生巨大的不平衡。最大的问题是发展失衡，现代化世界与非现代化世界，相互依赖的世界和相互对立的世界……但是两个世界之间的时空界限却不易划分，实际上经常处于交织状态。"南北问题"在全球范围内依然存在，在不少发展中国家变得更为突出。边缘化国家、失败国家的队伍甚至有扩大之势。宗教与民族冲突呈现与经济一体化进程逆向发展态势。一面是工业化、现代化，人类文明高度物质化、科技化、电子化，而精神家园日益空虚成为海市蜃楼；另一面是经济社会发展的长期停滞，基本生活物质匮乏，学校教育和清洁饮水仍是奢求，精神寄托被愚昧和迷信所反持。全球化时代依然要面对着长期困扰人类社会的基本问题。

  21世纪的世界政治很可能将继续是冲突与合作、统一与分裂、秩序与无序的结合。如果这些双重特征同时构成未来世界政治的特点，那么将需要综合现实主义和自由主义的种种观点，以把握不同的轨迹。可能将重建一个世界政治理论，它融合了新现实主义和新传统现实主义国际政治理论，以及新自由主义国际政治理论最有用的和最合理的假设，以提供用来理解和引导全球未来决策的智力框架。当代政界政治的矛盾是，从冷战的瘫痪状态中解放出来的世界现在必须面对一系列的挑战，其中每一个挑战都是危险的，也是潜在的难以管理的。全球化在扩大各国责任的同时，也扩大了各国所面临的议题。克林顿政府时期，美国正处在一个繁荣而稳定的历史时期，对和平与经济增长的信心很高，但克林顿发现必须发出警告："深刻而强有力的力量正在动摇并改变我们的世界。我们时代的迫切问题在于我们是否能改变我们的朋友，而不是我们的敌人。"除了民族主义、族群冲突、失败国家和分裂主义者反叛的复兴，近些年的变化还对世界秩序产生了跨国威胁。这些威胁包括酸雨、艾滋病、禽流感及其他传染性疾病、毒品走私、有组织的国际犯罪、臭氧层的损耗、气候变化、性别平等的障碍、能源和粮食短缺、荒漠化和森林采伐、金融危机和崩溃中的经济，以及新重商主义的贸易保护主义等。

  这些额外的威胁产生的潜在影响是可怕的。新出现的趋势表明，除了内战中的军备和武装冲突，以及特定地区的国家间战争和世界上几乎任何地方任何时候都有的恐怖主义的持续威胁，非军事的危险也将是多方面的。随着距离和边界不再是地球村的障碍，低度政治正在变成高度政治。相反的，随着武器拉近了国家的边界并减少了人类的安全，无论什么时候扔下炸弹射出子弹，都将杀死平民、使环境恶化，

高度政治已变成了低度政治。因此,高度政治和低度政治之间的区别可能消失。这个星球充满了如此之多的相互联系的议题和问题,如果正义的和平与繁荣将占据上风,所有这些议题和问题都需要受到关注。对此,人类将如何采取行动,制定优先顺序?从21世纪之初开始,进行中的不同趋势的集体影响显然正表明世界政治中的一个重要变革。然而,对革命的反对是持久的:持续的仪式、现存规则、既存制度和根深蒂固的习俗的持久性,抵抗着世界政治中最近的重大变化的拉力。持续与变化的共存并不容易,而正是这种混合使得将来如此的不确定。一体化和解体、持续与变化的孪生力量,创造了一种既自信又迷失方向的倾向。

　　全球化进程正迅猛发展,世界在我们的眼前不断变化。在"冷战"结束之后的十年内,世界变得比以往任何时候都更加相互关联、相互依存和容易受到相互伤害。二十多年来大社会的全球联系、准则、方针、价值、行为模式、制度、体系及设置的大杂烩开始具有现实的轮廓。这不能不改变我们关于人类共同体、国籍、法制、政权、国际关系及其他社会生活赖以存在的同样重要的范畴的认识。这不能不对那些控制着最宝贵资源并作出战略决定的人的行为逻辑产生影响。全球化的发展尽管是自发的,但仍受到有组织的力量的强大影响。这里指的是领先国家、国际组织、大型金融机构、跨国公司和最有影响的大众传媒工具。它们都有各自的利益、各自对正在发生的事情的看法、各自达到既定目标的手段,它们都有各自的伙伴和竞争者、各自的朋友和敌人及各自的同盟者和对头。目前,全球化打破的是生活中的壁障,而不是我们心理和意识中的壁障。人仍然是手段,而不是目的。生活毕竟还在发生作用。作为民族机体一分子的人正在成为世界公民,在日常活动过程中他们与外国人、异教徒的联系越来越多;他们正在学习在没有边界的世界上生活和工作;他们逐渐适应了新的世界人类共同体,在那里我们所创造的一切好的和不好的都会像飞旋镖一样返回来。

大社会的形成给我们提供了建立更公正、更人道的世界秩序的前所未有的可能性。但这仅仅是可能性而已。为了把可能性变为现实,需要作出非凡的努力。这里实质上说的是,无论如何要让全球化沿着和平的道路发展,要让所有人在正在诞生的大社会中都拥有生存、自由和追求幸福的权利。在全球化进程中,尤其是在过渡时期,对话的使命是履行为新的世界体制和世界秩序提供价值保证的职能。强调这一点很重要,因为大多数当代政治家、宗教领袖和文化活动家主要关心的不是拯救世界,而是坚持各自的地缘经济和地缘政治利益及其高傲的宗教信仰和独特的文化,这是可以理解的,但这却不能作为对话的基础。真正的、建设性的对话在很大程度上取决于如何遵守所有参与对话的世界文化、宗教信仰和社会制度平等地、平权的原则。从社会文化的角度看,人们更大的希望寄托在正在发展的西方与东方的文化对话上,寄托在目前占主导地位的两种世界观取向和两种思维,人类中心论的世界观取向和思维与宇宙中心论的世界观取向和思维,"相互交叉的协调一致"上。前者依据的是占有和统治的逻辑,后者依据的是贤明之道的逻辑。两种世界观和两种思维完全可能相互作用并相互渗透,其中每一种都有长处和短处,都能造成共生,并且都能产生责任逻辑。对话过程中的相互批评加上自我批评一定能使对话的参与者看到理智行事原则的胜利,否则,就根本不可能在解决生态危机以及消除政治对抗和社会经济落后状况方面取得成功。

宗教的另一个全球优先任务产生于对大大提高精神活动因素、尤其是人的活动因素的作用的需要,如果这些因素的作用提高了,正在走向全球化的世界共同体和治世思想和实践的人道主义潜力就一定会增强。未来全球世界的灵魂和时代精神只能像约翰·保罗二世所认为的那样,以团结和公正的原则为基础不会自行产生,也不会自行占据主导地位。需要制定和实施改造人类社会生活基础的完整战略。信任和兄弟般团结的原则需要这样一种社会秩序:生命文化与和平文化的价值占首要地位,教育和培养的方式可以使人们越来越认识到每一

个个体和各个人类共同体的优点。教皇认为,为了使人道和仁爱的精神占主导地位,需要在近期就实行十分具体的行动或改变的计划;这包括禁止刑讯,并取消死刑和践踏个人权利的做法,还包括珍惜地球资源以及尊重各个民族的生活方式和传统。要维护每一个民族和国家保持并发展自己的文化和传统的权利,同时又不应该张扬和夸大文化上的局限性和封闭性的作用,因为它们使人们相互隔绝,彼此分离。要建立并维护不同民族和不同宗教信仰的人们之间在精神和物质方面相互合作的新设制;此外,还要特别注意培养每个人和每个民族对当代社会和未来社会以及对后代的精神和伦理上的同一感和责任感。

为了维护全人类的共同利益,人们必须在全球性的经济、政治、文化等生活领域积极建立公正的国际秩序。按照索罗斯的说法,当前人类面临的一个重要问题是,"市场已变得全球化,而政治依然牢牢植根于国家主权之中。"要克服经济全球化带来的各种负面问题,人类应该把发达国家内部用以稳定经济、缓和阶级矛盾的那些有效做法推广到全世界,这也就是我们所说的"世界的多极化"。在发达国家自第一颗原子弹爆炸以后,随着核武库的迅速扩充和生态、资源问题的日益凸显,特别是随着经济全球化步伐的加快,人们对全人类共同利益的关注与日俱增,相关研究逐渐成为学术讨论的热点。但在我国由于只是在 1978 年才开始真正告别把阶级斗争绝对化的"文化大革命",只是在 20 世纪 90 年代才大规模地投入全球化的历史潮流之中,发展经济是国家的第一要务,因此对全人类共同利益的研究,迄今几乎仍是空白。改革和开放的深入发展使发达国家早已遇到的那些问题一一出现在我们面前,不论是自身的经济发展,还是所面临的各种国际冲突,使我们对人类历史正在经历的这场深刻变革有了越来越清楚的认识,全人类共同利益已经成为我们在处理国内外各种问题时不能不加以考虑的重要因素,也就是在这样的历史大背景中,我有幸著作出版《祈祷太空和平》,它代表宗教界在太空文明时代的声音,"祈祷和平"是为了维护人类的整体利益而建立一种公平公正的国际经济政治秩序、建立普适的世界伦理价值观而努力建构的和平通道方向。我相信更多有良知的人会赞同，我更相信《祈祷太空和平》的和平理念在全球的响应会越来越高。全球化使得任何一个民族、国家，不能再闭关自守，而必须对外部世界开放，否则就是自取灭亡。全球化不是一种目标，甚至也不是一种稳定的状态，而是一个过程。它促使民族国家不断对自己的制度和价值进行创新，使改革和创新也变成一个持续的过程。全球化正在深刻改变人类的思维方式和文化生活，正在改变着中国文化和中国学术。全球化将现代文明提升为全球性的抽象，而不管这种文明源于东方还是西方，所以，学习现代的西方文明并不等于"西方化"，正如学习现代的东方文明不等于"东方化"一样。我们正在全力振兴中华文化，这是全球化背景下的中国文化复兴。我们必须更加主动地迎接全球化对中国文化的挑战，更加积极地进行文化创新，更加充分地吸取人类文明一切合理的成果。这是推动中国文化和中国学术创造性地向前发展，保持和发扬自己的本土优势和民族特色，实现中华民族伟大复兴的唯一正确选择。在这样的背景之下，我们面前的这本《祈祷太空和平》的出版，无疑是一件很有意义的事情。《祈祷太空和平》是我对人类共同利益一次重要的、十分有益的尝试。《祈祷太空和平》对人类共同利益问题作了深入的哲学分析，全面阐述了全人类共同利益的表现，对于我们深入认识当今世界以及人类历史的未来发展趋势，大有裨益。需要特别指出的是，我在书中对人类共同利益与国家利益的关系作了专门的论述，并且把人类共同利益的实现与人类共识联系起来进行了有益的探索。我相信，《祈祷太空和平》的出版一定会对我国的全球化问题研究起到积极的促进作用。在全球化浪潮迅速、深入发展的今天，中国理应对人类的未来给予更多的关注。但愿本书的出版能够引起人们对人类共同利益的重视，促进对其更系统、更深入的研究。

从上个世纪末开始世界经济全球化的趋向日益明显，国际间的经济交往日益频繁，超越国家、民族和地区界限的各种全球性机构不断出现，国际金融资本在全球范围内的自由流动加强，以及国际间人口

流动性的增强,都标示着经济全球化的特征。全球化已经成为一种客观的趋势,经济的全球化对世界各国来说,既是机遇又是挑战。它提出了许多新的问题,如民族国家之间的界限问题、国家的职能问题、政府在经济和社会生活中的作用问题等,都需要各国执政党从理论上做出相应解释和回答。西方中左翼政党,从这种现实背景出发,对上述问题做出了自己的回答,并对自己的施政纲领做出相应的调整。同时,全球化时代又是一个高风险的时代,迫切需要执政党提高管理风险的能力。吉登斯说,全球化时代的世界,是一个"失控的世界","我们从来不能成为我们自己的主人,但是我们能够而且必须找到驯服这个失控世界的方法"。在某种意义上来说《祈祷太空和平》的理念就是当代西方中左翼政党"驯服这个失控世界"的方法。在全球化的深入发展过程中,人类文化的发展也表现出许多新的特征,主要来说表现为以下几个方面:文化多样性成为全球文化发展的主要表现形式;文化帝国主义的强化成为全球文化发展的新问题;追求文化发展的先进性成为各种地域文化形式共同追求的目标。在此背景下学习探索《祈祷太空和平》符合人类文化发展的必然要求。亨廷顿一篇《文明的冲突》引发了全球学界、政界的滔天巨澜,在世纪之交以及新世纪无数的冲突中人们从中隐隐约约地发现了文化的影子。在众多的诘问面前,亨廷顿不解地问:"如果不是文明,那是什么?"亨廷顿所理解的文明就是一种文化实体。如果不带偏见,亨廷顿的分析至少在现象层面上是有道理的。至于更深层的冲突由何而起,我们当然可以有不同的看法,问题在于我们的文明在全球化进程中如何整合与发展。

  文明的核心是价值观,在温情脉脉的文明整合的背后,价值的冲突却以血与火的形式上演着,《祈祷太空和平》同文明的关联日趋明显。随着全球化进程的加快,价值领域的冲突异常激烈,表现形式也异彩纷呈。政治、经济、文化的冲突,其核心是价值冲突。自由主义、新干涉主义甚至以武装冲突的形式肆无忌惮地表达西方的价值理念。东方主义与亚洲价值观的式微使传统价值观前景堪忧,也直接影响到其民族利益的表达。在全球化时代价值的困境是一个民族前进方向的迷失，这理应引起我们足够的重视，现实的价值选择和主导价值的确立亟待理论研究为之开辟道路。一位外交家提出过这样的疑问："几乎所有的宗教都宣传人与人之间的和平，然而许多战争都恰恰是以这些宗教的名义进行的，一个简单的解释似乎是，竞争促使人们力求比邻居过得好一些，尽管神灵要求人们帮助邻居。人与人之间的冲突再没有比表现在我们运用的一套价值观上那么强烈了。"我们需要解释"为什么各种文化都有自己一套不同的价值观以及这些价值观的含义，世界必须摆脱那种对各种文化和各种宗教的肤浅解释"。我们要做的"不是消除不同的价值观，而是提倡更好地理解、更好地尊重别的文化"。作为经济全球化时代人类文明发展的主要方式，《祈祷太空和平》具有其独特的性质和特征。政治的力量常常产生地域的壁垒，经济的力量又往往导致利益的隔阂，只有和平，才能使不同种族、不同信仰、不同文化的人们走到一起，共同分享人类文明的成果。

《祈祷太空和平》是以文明冲突和交流为主要形式表现出来的。经济全球化的飞速发展，为地域文化的碰撞与互动提供了更多机会，也为文明冲突和交流的深入化提供了新的拓展空间。正是在这种不同地域文化形式之间的冲突和变化中，人类的和平逐渐得以实现。这主要表现在：经济全球化时代的文化冲突，虽然也强调不同文化主体之间的差异性，强调不同文化形式的存在价值，但是在其中都开始重视吸收和借鉴异质文化形式中的有用成分，改善和提高自己的适应性和生命力。可以说，这种有借鉴的冲突，是文化发展过程中的新趋势，这正是经济全球化时代和平世界的实现方式。和平世界是以文化融合为主要的价值目标来进行的。可以说，人类文化的求同存异思想，在经济全球化时代表现得比以往任何时候都更加强烈。这主要表现在，在各种不同地域文化的发展中，大家都开始对一些具有"普世性"的问题，诸如全球意识、全球伦理、网络文化、大众文化、消费文化、生态文化、可持续发展理念、现代性理念等等，予以更多关注，都在试图寻找一种具

有普遍意义的文化形式,以解决人类社会共同面临的这些文化问题。可以说,这种对共同价值目标的追求,是人类文化的融合所要达到的理想境界。

和平世界以经济全球化为背景和媒介展开。经济全球化的发展,为人类和平世界的进程提供了迫切的需要,也提供了实现这种需要的现实条件和物质基础。以网络空间为主要特征的信息时代的来临,使得社会文化形式以前所未有的加速度进行更新。和平世界就是在这种更新当中发挥着自己潜移默化的作用的。可以说,经济全球化,既是和平世界得以展开的舞台,又为和平世界的表演提供了道具。正是在经济全球化的作用之下,和平世界才有机会和可能充分展示人类文化发展的一幕幕悲喜剧。和平世界的过程性决定了人类文化的整合过程是贯穿经济全球化时代的长期过程。正如人类文化的发展永远不会停止自己的脚步一样,和平世界所体现的人类文化本身所包含的矛盾运动也不会停止。随着经济全球化进程的深入,和平世界本身所包容的具体内容会不断丰富、不断更新,但和平世界的过程本身是不会停止的。正是在人类文化的流变与整合之中,人类文化形态不断发展,人的文化特质也逐渐展现其特有的魅力。"在人类文明发展史上,新文明的形成都是原有的文明形态、方向上的一次大转折,……因此,新文明的产生都是一场文明革命。"人类社会只要向前发展,就不可能抛弃这种文化的整合过程。经济全球化是时代的新特征,赋予了和平世界以新的内容和特征。文化冲突的互不相让和文化融合的美好向往,在和平世界的长河中不断纠合交错,形成了人类文化发展一道靓丽的风景。不管是"惊涛拍岸"还是"婉转迂回",人类文化之水从来不会停止自己的脚步。在这种奔流中,人类本身也发生着日新月异的变化,不断以新的面貌面对全新的时代。和平世界是人本身进步的客观过程,研究经济全球化时代的和平世界,主要应该从一种比较的角度来展开。

和平世界中文化冲突和文化融合的关系是交错纠结的,这是和平世界的主要表现形式。它们之间的关系，主要表现为二者是建立在共同基础之上的对立与统一关系。文化的冲突是人类文化交流的表现方式，是文化融合得以实现的前提条件。只有通过异质文化之间的相互竞争和对立，人类文化才能在相互冲突中找到各自的优势与缺点，并在相互之间的取长补短中实现自身的进步，为文化融合的实现奠定前提和基础。从这个意义上说，文化冲突的发展和深入程度，是衡量文化融合实现可能性的重要尺度。文化融合是人类文化发展的必然趋势，是文化冲突最终的发展方向和根本归宿。不同文化形式之间的相互争夺和激烈碰撞，可以激发各种文化形式自身的变化，使得人类文化不断升华，人类社会持续进步。从人类社会发展的长远趋势和人类文化本身的特性要求来看，这种冲突的必然结果，就是导致文化融合的实现。从这个意义上说，文化融合是文化冲突的必然归宿，是人类文化在冲突中实现的现实可能性。在文化的冲突和融合的对立统一中，和平世界得以实现。和平世界的过程，就是在人类文化的相互冲突的表现形式与相互融合的发展趋势之间建立起来的一种富有张力的文化发展过程。在人类和平世界的不同阶段、不同层次，人类文化的冲突与融合有不同的表现，各自包含其特殊的含义。但是从人类文化发展的长河来看，这种对立统一是人类社会进步的主要表现方式。

如果人类还要存在下去，我们就需要一种全新的思考。人们必须根本地改变他们对待他人的态度以及未来的观点。武力必须不再作为政治的手段……今天，留给我们的时间已经不多了；从过去到现在，我们一直在进行着不同的思考，如果我们失败，人类将面临文明的消失。战争是人类最紧迫的一个问题，和平总比战争要好；此外，和平能够并必须包括的不仅是战争的缺失，还包括积极的生活价值和社会结构的确立。我们还遗憾地假定：并不存在解决战争问题的简单方法；战争与和平的两难问题中的很多方面是复杂的和相互关联的，人们对此在认识上还很贫乏。另一方面，通过对战争与和平不同方面的探讨，我们可能收获颇丰，包括实现一个更加公正和可持续发展的世界，使所有的

人能悠然生活并引以为豪。我们在书中始终认为,这样的希望具有一种好的理由,它不是简单的信念条款,而是基于一种现实主义的预测,即人类有能力理解全球境况,并认识到他们自己的最大利益。人类的行动能够保持理性、创造性和同情心。我们可以采取积极的步骤,减少我们解决分歧时对暴力的依赖,这将促进一个更加公正独立真正和平的世界的发展。为了实现世界向和平的转变,人们必须相信和平的可能性,否则他们所进行的任何努力都有可能陷入无意义的境地。人们必须努力改善建构世界的和平,这样的努力不必在最美好的地方和最详细的细节处结束,但它必须是现实可行的。它不应该投射到太远的将来,以至于显得与现实没有关系;它也不应该对人的能力做过多的要求;与此同时,它也必须具有高尚的理想,这样才能具有鼓舞性,才值得人们为之斗争。有许多人相信,如今的世界正处在重大转型的边缘,不到十年的时间,互联网已经改变了许多人的习惯,更不用说针对数百万人的商业了,但是它们的效果只是被人们隐约地感觉到。国家的壁垒不仅随着前苏联的解体而消除,也随着以欧洲为代表的大洲身份的发展而消融,南非种族隔离现在已经成为痛苦的回忆。认为社会会发生深刻变化的观点本身就是所有社会观念中最有意义的一个,它能够使社会发生引人注目的变化。

  历史上唯一不变的永恒是变化。未来不可以自由选择,就是说将会存在着某种类型的未来。但问题是,这种未来到底是什么样的?在代议制民主国家里,不参加选举的人不能理直气壮地抱怨自己没有得到想要的选举结果。对于那些没有为自己喜欢的未来而进行奋斗的人来说,道理亦然。世界上没有什么东西必然固定不变、永恒地像今天这样一直存在下去。建立在民族国家基础上的世界体系可能会让位于建立在当地半自治性质的社团基础上的世界体系,就好像对核武器的依赖会被对核武器广泛的厌恶所取代。在人类事务中,非暴力的力量可能会加强,而暴力的力量则会削弱。前面各章对和平世界的许多方面进行了讨论,这些方面可以总结起来,当今世界的基本面貌与它们仅仅有着细微的变化。随着进步的获得以及新体制的创建,社会变化可能是渐进性的而非革命性的,它也可能是持久的。在近年来所取得的令人激动的进步中,有一项就是过去习惯于孤军奋战的社会活动家之间开始出现相互联系。对于《祈祷太空和平》关于利益共享的新认识可能预示着一个无法预料的激动人心的未来。除此之外,还要加上互联网所提供的独特的机遇。这是科技发展史上的里程碑,它不仅为许多人带来了便利,为少数特权者创造了巨额财富,而且也带来了廉价分享信息的前所未有的机遇。这种信息是全球性的,有着进行观念和政治行动总动员的进一步希望。这是一个仍然活跃的令人振奋的时刻。在这样一个相互交往达到史无前例的地步、而且民主化日益加强的世界里,谁敢说其他里程碑式的成就不可能实现?

人类的每一次转化都建立在新的理论和意识形态基础上,或者说建立在重新描绘宇宙和人的本性的基础上……我们正站在一个新时代的边缘……在把人类的自我转化带入第二个台阶之后,世界文化会产生一种新的精神能量的释放,它将揭开新潜能的面纱,如今人们难以发现自身的这些潜能就和一个世纪前物理学难以发现镭一样,虽然它们都一直存在。芒福德的谆谆教诲并不是对半神秘主义和"感觉良好"的通俗心理学表达愚蠢的求助,它是进行观念革命的基本要素。社会规划家索尔·阿林斯基创造了一个用来描述未来活动家的很有意义的句子:"心想全球,从我做起。"个人介入有着许多渠道,人们可以获得额外的训练,也有许多组织可供参加。许多这样的组织不仅活跃在当地,而且也活跃在国家,甚至全球范围内。多数人发现自己很难坚持孤军奋战,而教育正获得授权,这就是和平和冲突研究为什么会走进课堂,各种行动团体为什么如此重要的原因。如果学识浅薄是危险之事,那么就通过追加课程作业或是通过自己的努力尽力获取更多的知识。在应用层面上,团体的声音一般比单个人的声音要响亮得多。如果你是社团活跃分子,那么就帮助推广《祈祷太空和平》的文明价值观;如果不是,就考虑单独行动。无论使用哪一种方法,何时才是你支持某

种你所信仰之事的最后时刻？你真的有比这还重要的事情等着去做吗？

　　世界每时每刻都在发生着新的变化，小到一粒尘埃，大到苍茫宇宙。自然万物除了自身的变化规律外，科学技术起了不可估量的推动作用，我们把这个强大的力量归功于发明和发现，人类的进步与文明，都是建立在无数发现和发明的基础上的。从远古的钻木取火到现在的载人航天，无不闪耀着发现与发明的火花。发明和发现作为人类社会进步的源动力产生了深远的影响，科技的每一次进步都推动人类前进一大步，发明和发现是人类的知识和智慧的结晶，是人类进步的阶梯，是推动人类社会进程的主要力量。纵观世界科学史，人类祖先有无数伟大而智慧的古老发现与发明，今人也创造了众多无与伦比的发明，大到飞机、轮船，小到拉链、回形针……这些成果无不包含着发明家的奇思妙想和辛勤汗水。它们不仅推动了人类社会的发展，而且颠覆了整个人类的生活形态。我们正享受众多发明带来的新生活：传递信息的文字、用于记载历史的纸、全球互动的因特网、留住美好记忆的照相机、让炎炎夏日变得舒适的空调以及各种方便快捷的交通工具……这些发明使我们的生活更加舒适、便利。在历史长河中，人类对新事物的认知不断地提高和升华，新发明与新发现正推动着社会前进和科技发展。但人类对这个世界的探索是无穷无尽的，发现和发明也永无终止，我深信《祈祷太空和平》就是人类历史长河中推动人类文明的新发现……

　　《祈祷太空和平》是一部旨在引领读者探索改变人类命运的文明结晶，发现人类文明的奥秘与规律，并在此基础上有所发明创造。正如爱默生所言：一项发明创造会带来更多的发明创造。我深信《祈祷太空和平》能让读者树立正确的宗教思想观，增强创新能力，激发读者关注人类社会发展的重大问题，培养创新思维，产生创造文明的浓烈兴趣。在编译整理出版《祈祷太空和平》的过程中一直有一种莫名的美感与快乐感伴随着我，而这种美和快乐是一种无法用文字和语言修饰的美，正所谓："同来望月人何处，风景依稀似旧年！"

第二十三章　选择皈依千里云霭
　　　　　　无依无靠的飘浮

尘世是我肉身的凭据,天国是我灵魂的凭据。尘世和天国分别是肉身和灵魂的归宿。然而,肉身奔向尘世,灵魂奔向天国,两者的步履不一样。肉身不用推力朝着尘世坠落,灵魂没有帮助就无法奔向天国。升华是我灵魂的步履和方向,肉身的步履和方向是沉降。天使有翅翼,天国是他们的故乡,连他们也需要天梯的帮助走向天国。

苍穹的日月星辰匆匆运行,但快不过我的肉身坠落尘世的速度。头疼与腹胀的疾病袭击我数年经月,我一直默默地忏悔以文为生的生命凸显了天机,在生命的很多时候,我食而无味,了无生气,兴趣索然;我腿膝下沉,衰弱无力;与此同时,睡眠的图画让位给死亡的景象,睡是死的模仿,此刻被死所取代;死亡在取胜,生命转向死亡。在各种虚妄的图腾中, 我青春的生命随波逐流于世俗的社会的研究与写作,直到我的头疼与腹胀的恶疾纠缠得让我痛不欲生,我才捡拾起自幼的家学渊源中的风水、中医以及对佛道教信仰,当我著作出版完《医道》的时候,我腹胀的恶疾就自然消失了,偶尔一次去西安终南山,终南山的山上一川冰瀑悬挂在山崖,在一轮圆月的照耀下,我顶礼膜拜,合什在磐石上结金刚坐默诵佛陀圣号。我突然感到虚空中有一双神秘的眼睛向我眨动,我的心喜然,也就是这一次生命神圣的感受,我头疼的恶疾自然消失了。于是我对个体的生命与宇宙以及万事万物有了全新的认识,我真正体悟了生死祸福疾病都有它的定数,然而,面对大千世界我却更加迷茫。

我们是谁？来自何方？往何处去？我们是谁？我们是人。人是什么？一个人有两个奇点，一个是生，一个是死。我们人类对自身的认识也有一个极限的区域。我们自己是怎样形成的？是怎样来到这个世界的？自己为什么一定是个男孩，而不是女孩；或者为什么一定是女孩而不是男孩。自己并不知道，只能从别的个体上有所了解，从而领悟自己大概也是那么回事，对自己的来处作一个过期的脚注。因此，"生"是自己亲身经历但需要别人比对才能了解的过程。而死亡，则是自己尚未亲身经历但已经从别人身上进行比对而有所领悟的过程。除去DNA以外，我们每个人带来了什么信息，又带走了什么信息呢？而在我们每个人几十年到百年的生涯中又形成了多少信息，存贮了多少信息，发出了多少信息？

人类文明是人类共同创造、存贮的信息和信息的加工与再生产，这是现代人类社会的特征。离开了人类社会的个体的人，实际上是不完整的人，生命和灵性正是宇宙，或者说上帝的寄托和慰藉。如果没有生命，没有智慧的人类去解读她，去描述她，去赞美她，去歌颂她，那深邃的空间、那浩渺的宇宙演变来演变去，该是多么乏味啊！

珍宝没有人去挖掘，奥秘没有人去探索，那有什么意义？

生命是属于宇宙的，宇宙也就在生命的死亡的延续之中。

死亡其实就是那么一回事，正如萧伯纳所言，但很多人并不能看到这一点。凡夫只能看到此生，所以"不舍昼夜"，原只为换来长生不老的灵药。秦始皇因此被徐福骗来骗去，却到底没能等到长生不老药，最终只能落得个臭皮囊与臭鱼俱闷在辒辌车上，这样却也换来了李斯和赵高的谎言——"大王还不曾死"。秦始皇没有萧伯纳高明，不能认识到死亡是很自然的一件事，是每个尘世中的人都无从逃避的。

为什么有的凡夫会想方设法寻求"不死"呢？从秦始皇身上我们可以看到，当一个人所创造的功业超过了一定预期界限的时候，就很容易产生过分欲求的妄想，不死即为其一。他们往往认为既然自己凭智慧能评定六国、一统天下，那为什么不能闯过生死关呢？而且现代人类聪明才智驱使的科技也一直在追逐挑战自然规律的可能，古往今来俱是如此，那么，智慧是否能够帮助人类闯过生死关呢？

人生旅程就是"步步近死地"。一天一天，一步一步接近死亡。这就是人生的真相。因为认识到生命的有限，所以会更加珍惜生命。当身患癌症的中江先生被告知生命只有一年半时，他想到应该充分利用这所存不多的生命时光，终于写出了一本在日本思想史上影响巨大的名著《一年有半》。一位张姓青年，在二十几岁的时候发现自己患上了肌肉萎缩症，但就是这样一位自知生命有限的青年，竟然奇迹般地竭尽他生命之力写下了一部真实反映肌无力患者的生活和一次次与无情命运抗争的书稿——《假如我能行走三天》。

正是认识到了生命的可贵和有限，那些身陷困境、面临死亡威胁的人们才爆发出巨大的生命力，为生命的价值实现增添了奇光异彩。"生年不满百，常怀千岁忧"，也正是有了生死的焦虑、困惑，才有人生的成熟；有了生死的问题逼迫，才孕育了人类多姿多彩的文化。小刘是一个普通职员，单位经营不景气，再加上自己能力平平，业绩也上不去，他那点微薄的工资还要养活家里的老小，生活压力特别大。为此，小刘没少抱怨，觉得自己命运不好，生活无望。更为不幸的是，就在某一天，他被诊断患有白血病。这对他简直就是雪上加霜。他一度情绪低落，觉得自己生之无望，索性不如一死了之。但后来，在家人的鼓励和朋友的温暖关怀下，他决定重拾生活的勇气。最终他不但接受了这个事实，而且他的心态也为之一变，变得更宽容、更谦和、更懂得珍惜所拥有的一切。

由于知道自己生命有限，他变得格外珍惜自己身边的一切，对家人呵护备至，并且在工作上也变得格外卖力，因此得到上司的夸奖。在勤奋工作之余，他从没有放弃与病魔搏斗。就这样，他已平安度过了好几个年头。有人惊讶于他的事迹，就问他是什么神奇的力量在支撑着他。他笑盈盈地答道："是死亡的逼近，让我感受到了生命的短暂和可贵。自从知道自己所剩之日也许不多的时候，我才省悟自己以前浪费

了多少光阴。现在,我只想好好地生活,努力把握生命中的每一天。"正是有过一次面临死亡的经历,才让小刘认识到生命的可贵,从而珍惜所拥有的时光。其实生命能够承受多大的重量,生命有着怎样的韧性,平时我们常常是弄不清楚的。

如果说人生是一条远航的船,那么心灵就是掌控着这条人生之船前进的舵。当我们决定起锚的时候,就注定我们要经历人生的风雨。在人生的海洋里永远都不会风平浪静一帆风顺,因为我们的前路是未知的,因为我们要去追寻我们的理想和目标,因为我们要去开拓新的天地。诚然,风和日丽的日子我们可以站在甲板上领略人生之海博大的胸襟,迎接日出的曙光,送走落日的余晖,听海鸟讴歌,欣赏美丽的海景,体验人生之船前进的快感。但是,如果我们某一日不幸遇上了风雨又该如何去面对呢?我们还要去欣赏,就如同欣赏风和日丽的日子一样去欣赏!不为什么,因为这也是我们的人生,它同样有着美好的一面,甚至会更好。也正是有了人生的风雨,才为我们的旅程增添了更多的色彩。

如果我们选择逃避,那无疑是在否定人生,经不起风雨的人生怎么可能见得到彩虹?既然是这样,我们不可以逃避人生的风雨,我们又何必去忧心忡忡地畏惧呢?还是把握好我们人生的舵,去勇敢地搏击人生吧。相信我们的人生会充满鲜花和掌声,变得更精彩;我们的心灵也将从此放飞,自由飞翔!还是让我们来读一个故事吧,也许这会让我们把这个道理理解得更为深刻。

曾经有两个人,他们一起误入荒野之地。在夜里,两人都不能入睡,一个忧心忡忡地看着沙漠和仙人掌发愁;另一个人满怀兴奋地望着头顶的万点星光难眠。面对同样的际遇,前者持一种悲观失望的灰色心态,而后者则持一种积极乐观的明快心态。虽然人生之旅有着数不尽的坎坷,但也有看不完的春花秋月。可见,人生之美并不是由外界来决定的,而是由我们那一颗最为敏感而多思的心灵所操控着。如果我们的心灵总是被灰暗的阴影所笼罩,迷失了应有的心智,那么我们的人生就将是暗淡无光没有生机的。如此的心态又怎么可能有斗志去为人生的梦想而奋斗呢？而如果我们的心灵是积极向上的，总是感到生活处处都有美好的事物可以欣赏，那么即使身处逆境、四面楚歌，也一定能品尝到生命的快乐和幸福。

如今的人们正处于一个浮躁的年代，似乎人们的心灵渐渐地被都市的尘埃所覆盖，愉快的心情也越来越远离我们。其实并不是那样，只是我们的心迷失了，只要我们都找回自己心灵深处的豁达，将永远有一片美好的天地，也许它会让我们走出迷茫。经历过人生悲喜而最终还能灿烂微笑的人，心灵往往已经达到了吞吐自如的达观境界。他们豁达、无私、从容、宠辱不惊、懂得宽恕，真正悟透了人生，读懂了自己。他们是命运的主人，主宰着自己的心灵；他们是真正的智者，懂得去迎接那美丽而迷人的人生风景。生命，人固有之，与生命同等重要的，就是要时刻在人生的悲欢离合中认清自己，读懂自己……

人生让我们感受到的太多太多，漫步红尘，有彻悟来自他人的故事，有灵犀来自偶然的相逢。无论怎样，只要我们心存感激，心灵的百合花就会永远盛开。随着岁月流逝，这些曾经或悲或喜的感动，经历了岁月的洗练，也定会历久弥新……

生命中的每一刻都是如此美丽而珍贵，只要我们恰好站在最合适的角度看待这一切。活着，是一件极为美好的事，不仅是为自己，也是为了自己所爱的人和爱自己的人。只要心中感恩的花朵在绽放，就会有晴空万里、太阳演绎的七色绚烂，和风细雨编织出的许许多多纯美的乐章。当我们用"林花谢了春红，太匆匆"或"泪眼问花花不语，乱红飞过秋千去"的情怀感叹昨日如花瓣纷纷扬扬飘落时，也许我们不曾领悟，花朵的生命与人的生命有太多相似之处。花的昨日也是一种等待，在坚忍、沉着中一步步走向盛放，又必然地面对凋零的凄美。生命不仅仅是深刻的顿悟，也需要一份珍藏。曾经的风风雨雨和漫漫长路，有多少事物洒落在我们走过的路上，点缀着我们的人生风景。我们心存感恩地将它们采拾并珍藏，那是一种美好。

人是一种情感化的动物,很多时候容易自寻烦恼,经常以对将来的忧虑和对过去的遗憾来给自己增加负担,也会用一些实际上不存在的问题来骚扰自己,这就是人的情感弱点。如果我们可以心存感恩,这一切将会好许多。感恩之心如一条大河,把情感拦腰截断,分为此岸和彼岸,把不愉快扔在了对岸。经常倾听内心感恩的声音,我们将会找到安身立命的所在,而不再受到周围世界的排挤,当我们把感恩涵容于内心时,埋怨的阴霾就会立即散去,取而代之的是清风在煦日朗照的晴空里轻轻吹拂,此时我们多的是平静与和谐。

　　人生是一条长长的项链,坠满了各色样式的珍珠。有明亮的,有灰暗的;有圆润的,有怪异的;有我们自己拾起的,有命运赐予的;有乐意接受的,有无法拒绝的。每一颗都记满了喜怒哀乐,每一颗都有沉重的分量。同样,每一颗也都附在生命的路上,带给我们不同的心灵感受——痛苦与快乐,完美与缺憾。勇敢一些,将不愉快的都忘记,将伤痕用宽容包起。如此,平凡的日子才会有情趣,沉重的生活才会轻松活泼,苦难的经历才会弥足珍贵,而你人生的珠链才会每一颗都完美无瑕。人生如一壶茗茶,需要我们细细去品味,品味那淡淡的苦涩,品味那品味中迷散的清香……人生也是一壶美酒,芳醇而甘烈,人生能有几多愁?醉了又醒,醒了又醉。听渔歌唱晚,方知人生苦短。春有百花秋有月,卧听雨打芭蕉,晴后看彩虹……人生何时不美?人生是一条漫长的旅途,我们都是过客,还是让我们边走边欣赏吧!

　　之所以我们的脚步沉重,是因为我们的鞋子沾满了泥巴;之所以我们总被那片阴云笼罩,是因为我们心头总有散不去的悲愁;之所以我们迷失方向,不知所措,在那里苦苦挣扎,是因为我们画地为牢,囚禁了自己。让我们在明媚的清晨给大自然一个充满喜悦的亲吻吧!对,我们就从这洒满阳光的希望里开始!走向我们理想的未来,走向美好的明天……

　　这个世界有太多的诱惑,因此就有太多的欲望。一个人需要以清醒的心智和从容的步履走过岁月,他的心中必定不能缺少淡泊。虽然我们渴望成功,渴望生命能在有生之年划过优美的轨迹,但我们真正需要的,却是一种平平淡淡的快乐生活,一份实实在在的成功。这种成功,不必努力苛求轰轰烈烈,不一定要有那种揭天地之奥秘、救万民于水火的豪情,只是一份平平淡淡的追求,但此足矣!

将自己的生命放到整个宇宙空间去考量,往往会发现更深刻的意义。生命就是一个不断超越自我局限的过程。不要说这很艰难,其实也很简单;不要说这很简单,其实也不容易。咀嚼自己的人生,看看自己的价值;品味自己的人性,想想活着的意义;探索自己的心灵,寻找那片内心最广阔无垠的海洋……

当我们面对失败的时候,我们要理性地劝慰自己,如果有必要,我们一定要再努力一次,也许这是一个绝佳的学习机会,我们可以从中得到富贵的经验。所以,当我们受到非常严酷的考验时,我们就可以确定自己将有伟大的成就了。

如果生命中每一项我们所追求的事物只花极少的努力就可得到的话,那么我们的生命究竟又有什么意义?如果做什么事都可以成功,那么我们的成就感又能从何而来呢?

任何成就的获取,都不可能是一帆风顺的,而且总在"抵达目标前",要经历许多让人痛苦的挣扎。那些成功者,其人生的转折点通常会与某个危机同时出现,透过那些危机,他们认识了另一个"自我"。这正是所谓:天将降大任于斯人也,必先苦其心志,劳其筋骨!

生命当自主,一个永远受制于人的人,是享受不到创造之果的甘甜的。人的发现和创造需要一种坦然的、平静的、自由自在的心理状态。人生的悲哀,莫过于走在别人替自己选择的路上,这样便会受制于人,失去自我。一个人应该做生活的主角,不要将自己看做是生活的配角,要做自己命运的主宰。心理学家布伯曾用一则犹太牧师的故事阐述一个观点:每一个失败者,总是不知道自己是谁,也不知道自己在做什么;而成功者,他们总是能非常清晰地认识到自己。失败者是一个无

法确定地对情境作出反应的人。而成功者,却是一个确定可靠、值得信任、敏锐而实在的人。

　　成就者需要的是自主,他们总是自己担负生命的责任,而决不会让别人虚妄地驾驭自己。他们有自己必须坚持的原则,同时有灵活运转的策略。他们善于把握时机,适时适度,有理有节地处理事情。他们能做到"该出手时就出手"的积极奋进;也能做到稍敛锋芒缩紧拳头,静观事态;能做到针锋相对,也能做到互助友爱;能做到融入群体,也能做到潜心独处;能做到坚决抗衡,也能做到果断退兵……人生中有许多既对立又统一东西,能辨证地去对待,方可取得人生人主动权。

　　善于驾驭自己命运的人,是幸福的。在生活道路上,必须善于作出抉择,不要总是让别人推着走,不要总是听凭他人摆布,而要勇于驾驭自己的命运,调控自己的情感,做自我的主宰,做自己命运的主人。

　　一个人的一切成功,一切造就,就完全决定于自己。所以,我们应该掌握前进的方向,把握住目标,让目标似灯塔在高远处闪光。自己独立思考,独抒己见,拥有自己的主见,懂得自己去解决问题。的确,一个人若失去自主,失去自己,那是最大的不幸,也就掉进了人生最大的陷阱。条条大路通罗马,无论哪一条,都要自己去选择,相信自己,永远比让别人来证明自己重要得多。一个人无疑要在躁动的、多变的世界面前亮出自己,勇敢地去拼搏,并果断地、毫不顾忌地向世人宣告并展示自己的能力、风采、气度和才智。只有自主的人,才能傲立于世,才能力拔群雄,开拓自己的天地。勇于驾驭自己的命运,学会控制自己,规范自己的情感,善于分配好自己的精力,自主地对待求学、就业、择友这些人生的功课。其实人生来就要受到主客观各方面的牵制,将自己的愿望约束在条件许可的范围内,掌握好自己,支配好自己,这本身就不失为智者的表现,不失为一种充实,不失为一个称得上幸福的人。

　　我们更为清楚地意识到的是生命如此脆弱。考试失败、晋升受挫、邻居失和、家庭矛盾、恋人移情等等,甚至是许多鸡毛蒜皮的小事都让人失去理性，心智大乱而导致生命危机。所以很多哲人在总结了形形色色的人生后，都叹说生命何其脆弱。古代行船的人有一句话"船板下面是地狱"。只是一板之隔，生死两境。若我们能时常想到生死只是呼吸间的事，则会更加珍惜生命。

我们最怕死亡来临时一切将化为乌有。许多人都相信我们的整个生命只有一世：诞生的那一刻便是行。我们认为自己是无中生有的，而死亡来临时我们也将化为乌有。因此我们对灭绝充满了畏怖。佛陀对我们的存在却有着截然不同的体认。他认为生与死都只是一种概念，它们并不是真实的。就因为我们当真了，所以才制造出强而有力的幻觉，进而导致了我们的苦难。佛陀的真理是不生，不灭；无来，无去；无同，无异；无永恒不灭的自我，亦无自我的灭绝。灭绝只是我们的一种楔罢了。一旦体认到自己是无法被摧毁的，我们就从恐惧之中解脱了。那是一份巨大的解放感，我们终于能焕然一新地享受和欣赏人生了。佛陀看到了生命的脆弱，生死的无常，才会毅然决然地舍弃人间短暂的富贵，出家修行，以了生死为目标，去探寻生命的空间，实现生命的解脱。生命是一种变幻莫测、不能自主的无常存在，软弱被动地沉浮在生老病死和生命之流中。无论我们多么聪明睿智、多么孔武有力，一次偶然的疾病，一次偶然的交通事故，一次偶然的战争，一次偶然的自然灾害，都可以轻易夺去我们的生命。

古人登山临，原是为了怡情养性，向天地间栖心安灵，好求得一片从容，十分自在的。所以山性深隐，却又开朗旷达，启示了仁者的不移；水性沉静，却又有时有序，培养了智者的不息。

巍巍中华如锦绣，千峦万壑，既壮且丽，谁不曾看过山？江西的庐山，古名"敷浅"，云封雾锁，层峰插天，"登高壮观天地间，大江茫茫去不还"，是空灵秀丽的山；山东的泰山，岩岩巍峨，正大雄伟，"造化钟神秀，阴阳割昏晓"，是浑然独立的山；四川的峨嵋，光相锦云，气象万千，"云物为人布世界，日轮与我行虚空"，是明媚幽邃的山……这许许多多披云靓青天的山色，庄严雄伟，是天地玄黄的门户，是人世洞

天的标志。

　　泱泱中华如宏图，汪洋浩瀚，既秀且美，谁不曾看过？长江水系，滩险水急，湖北三峡"两岸猿声啼不住，轻舟已过万重山"，是蒙蒙万古的水；黄河翻涌，奔腾澎湃，山西龙门"禹门三级浪，平地一声雷"，是涛涛千里的水；杭州的西湖，六桥烟柳，三潭印月，"水光潋滟晴方好，山色空蒙雨亦奇"，是玲珑旖旎的水……这许许多多如云烟雨雾的水光，苍茫淼渺，是宇宙洪荒的源流，是人间福地的幽径。

　　山是看过的，水是看过的，然而却只是画里岑寂的山，纸上枯槁的水，是图片留影的假山假水。既未能登临壮观，又不能乘棹泛览，什么庄严山色，什么苍茫水光，都只是梦里虚幻的游踪，何曾当真见过青山，见过绿水呢？

　　"仁者乐山，智者乐水"，古人登山临水，原是为了怡情养性，向天地间栖心安灵，好求得一片从容，十分自在。所以山性深隐，却又开朗旷达，启示了仁者的不移；水性沉静，却又有时有序，培养了智者的不息。而这种"不移"与"不息"，便正是宇宙之玄机，大化之奥意。无怪乎王维在汉江临汎时，会恍然了悟"江流天地外，山色有无中"了。原来，在山色变幻之中，蕴藏了大化有无的曼妙，在江流浩荡之时，潜伏着宇宙天地的玄机；原来，山色亘古不移，江流至今不息；原来千古以降，人世的盛衰得失，人生的喜怒哀乐，都在山水之间古往今来，恒常不断。"山不在高，有仙则名；水不在深，有龙则灵"。古人游山涉水，原不止是游览高山深水，而是在高山深水之间，培养自己如仙如龙的心胸。所以陶渊明临山恍然，悠悠道出："此中有真意，欲辩已忘言"，李白却一片快乐的欣欣自许："问余何意栖碧山，笑而不答心自闲。"这般"别有天地非人间"的山水，最是王维深有会心："兴来每独往，盛事空自知；行到水穷处，坐看云起时。"

　　人之渺小，人生之短促，尚有三魂七魄；以山之博大、之古老，又岂无魂？佛家说禅，其玄奥种种，然归根结底，全在于一个"悟"字……

山不说话，山无须说话。横空出世，阅尽人寰沧桑；危崖兀立，不怒自威，不由人不肃然起敬。当年辛稼轩面临山的巍峨雄浑，慨然而赞道："如对文章太史公。"以司马迁的《史记》来比喻山势，真是奇人奇想。

　　千岩万壑，深谷幽涧，曲径蜿蜒处，又豁然别开洞天。游兴尚未尽，归途已黄昏，回首望山，无语自亲。李太白诗云："众鸟高飞尽，孤云独去闲。相看两不厌，唯有敬亭山。"可谓深得个中三昧。

　　山不说话，却并不冷清，也不寂寞。

　　山上有树，树上有鸟。

　　树下有草，草中有虫。

　　鸟鸣、虫吟，悠悠扬扬，此起彼落，喧闹而又不流于粗俗，山却因此而生机盎然。白昼，惹几许诗情；月夜，则更添三分幽静。

　　况且，山上还有风。

　　微风过处，草木萧萧，有人说像情人絮语；我却说最像渭城朝雨之中，阳关三叠，一咏三叹。而劲风浩浩，林涛阵阵，又似岳武穆长啸凭栏，壮怀激烈。此情此景，若能携友人三五，把酒高歌，心胸为之舒朗，又岂有俗虑九重、烦恼三千？

　　况且，还有流泉，叮叮咚咚，余韵不绝，恰如浔阳江头，秋月芦花里轻拢慢捻的琵琶，每每令登临者驻足低首，遐思无限。还有飞瀑，空谷雷鸣，声撼九霄，遥遥闻之已精神大振；行到近前，席地而坐，闭眼听喧呼满耳，俨然周郎赤壁，金鼓齐鸣，三军振臂。又仿佛八月十五，观潮于钱塘江岸那一种夺人的声势，非亲历者无法体会。

　　有天籁如此，山又何须说话。

　　然而山真的不会说话么？

　　一个暮色初降的夜晚，山鸟归尽，山月未起，疏星几点，在一峰巨岩下，我把耳朵紧紧地贴在那片微有凉意的峭壁上，很久，很久，脑海中一片空明，似乎无所闻，又似乎有所闻。

　　人之渺小，人生之短促，尚有三魂七魄；以山之博大、之古老，又岂

无魂？

佛家说禅,其玄奥种种,然归根结底,全在于一个"悟"字。

山行归来,山声盈怀,丘壑满胸,再入红尘时,竟恍然有桃源归客那一种隔世之感,几回想把山中的感受告诉他人,却总有难以言传之憾。

伫眺远山,但见一抹浓绿,横依于天青沙白之中,幽娴如处子凝思。

人的一生有如一次旅行。无须抱怨,无须懊恼,生命的旅行,原本可以如此从容,如此平淡。当繁花开遍、飞絮散尽,真理的寂光抹去所有的泪水和色彩,心的历程就会连成一片净土,还我们一个纯净透明的极乐家园。

日子轻轻一晃就到了不惑之年。伸手接住一片落花,恍如接住一片空灵的梦,无论是荣华富贵,还是隐逸东篱,都不是生活的目的,而只是生命的幻灭过程,没什么值得傲然炫耀,也没什么值得驻足留恋。滚滚红尘,花开花落,云聚云散,匆忙而又纷杂,能够让人心安的,只有一场场繁花落尽之后的清寂。

那么,我总该明白了,该如何穿越今生、回归永恒吧?

人的一生有如一次旅行,或说是散步,正如一位诗僧所说:"我踏着青草出去,踩着落花归来。"我不禁低头思量,我每天披着星星出去,戴着月光归来,踏遍青山,尽心尽责,算是活过了多少生多少世生命呢?何时才可以停歇呢?

曾经画过一幅意笔画,题为:明月为谁。画的是一个仕女,坐在一块石头上吹箫,一轮明月冉冉升起,她不禁回头望去,那明月,历经种种磨难、惯看悲欢离合,茫茫天海,何处是家?为什么流浪?为谁流浪?那仕女仿佛与明月相互辉映、心照不宣。不是为了天上飞翔的小鸟,也不是为了地上宽阔的草原,更不是为了什么梦中的橄榄树,而是为了自心的圆满、升华与解脱,同时也无意中给这茫茫苦海中挣扎哭号着的众生以心灵的安慰和智慧的启迪。

四十岁了,雪泥鸿爪、寒潭鹤影,再不想有梦。而春天,依然像个不懂事的小孩子,兴高采烈地向我扑来,真不知是哪生哪世相约而来的缘分。所不同的是,进入不惑之年的我,已学会了宽容处世、宽容待人。虽然,清晨的花瓣上有时候也会沾满夜间的泪水,但是,曲终人散时绝对是一派阳光灿烂。

前念已灭,后念未生,刹那永恒,这才是我要收集的真正的花环。

我喜欢秋天,盼望秋天。秋天是一个象征着永恒与安详的时节。但我知道,如同要涉水才能到对岸去,我必须穿过风雨交加的春季才能够进驻焕然一新的秋天。因此,很欣赏一句流行歌词:"走过沧桑换来晴空,梦醒家园在手中。"

佛说:"色即是空,空即是色。"那么,我愿以这团赤诚的心承担并化解命中所有的积世因缘。

此时正是夏秋交替时分,回头望去,一轮明月正冉冉升起。落花有声,明月无言……

佛祖拈起了花,也非花也非佛,只是虚空中绽开的笑颜;迦叶情不自禁以微笑回应,哪里又是迦叶?一刹那,心心叠印,性性相通……

一枝花,在普通人的眼里,无非是颜色、香味、名称再加以美或丑的评价。在诗人的笔下,则会再添风韵,像"疏影横斜水清浅,暗香浮动月黄昏"便再现了梅的超逸精髓。

而在觉悟到了无上智慧的佛手中,它既是花又不是花。"一花一世界,一叶一如来",它蕴藏了整个世界的秘密。因为,在觉悟者的心中,花的精神生命是同万事万物的精神生命深融一体、不可分割的。

我们肉眼所看到的森罗万象,各个差异,甚至没有两片完全相同的树叶,但这一切不过是无限虚空中瞬间的生生灭灭,起起落落,它们的本来面目同为寂静的虚空。觉悟到这一点,人的心中所生的种种分别、善意、是非、美丑、高下还有什么是恒常不变的呢?

拆除心灵的封界,回到那个更高更广的真实之中,居高临下地关

照万物,等同梦幻空花,有而不实。

佛祖拈起了花,也非花也非佛,只是虚空中绽开的笑颜;迦叶情不自禁以微笑回应,哪里又是迦叶？一刹那,心心叠印,性性相通……

如此微妙的境界,其中已包含了几许不可言传的禅意。可这样的默契在人类中间实在太少了！也正是为了寻求这种人与无限、人与人的默契,两千多年前灵山法会上,这么不经意的一拈一笑,引来了后世中土一派盛大蓬勃的佛教禅宗。

超越的人,就是不用放弃什么,不用逃避什么,而是认识它、适应它、爱护它、改造它、超越它。当心灵世界充满了激情和超越的时候,你就会发现人类乃至一切众生,都同样的具备了这种激情和超越……

莲花出淤泥而不染,淤泥是莲花不竭的源泉;莲花开花结果同时并存,苦涩的莲子芯深深含藏在莲花里面;莲花在污浊中生长,却飘来阵阵清香,污浊是莲花的营养。

犹如莲花的妙法,是多么玄妙的感觉啊！又是多么令人神往的境界！

人生的境界是很多种的,如果一个人仅仅只是感觉到人生是苦,或者仅仅只是感觉到人生充满了快乐,那就仅仅只是局限而狭隘的人生了。所以,如果仅仅只是为了得到快乐而活着,那就是浅薄的人。

不过,在妙法的世界里,浅薄的人也同样充满了内在的激情和超越,痛苦和快乐的人都同样充满了激情和超越。超越的人,就是不用放弃什么,不用逃避什么,而是认识它、适应它、爱护它、改造它、超越它。

妙法是每个人的心灵写照,也是生命的一曲高歌,在这首歌里面,谱写着生命的全部韵律。只要你认真地挖掘,一定能够在日落之前,就散发出宁静而明亮的月光,黑暗从此就永远消失。

当心灵世界充满了激情和超越的时候,你就会发现人类乃至一切众生,都同样的具备了这种激情和超越。

可是,我们伟大的人类啊！你怎么就白白的无辜地被剥夺了这种力量呢？失去了这种力量，生命就成为迷乱不堪的碎片。于是，我们不停地在呼唤、在呐喊，我们甚至是在寻找，寻找失去的激情和力量，终归徒劳。

你总是想离开烦恼之后，再来开心快乐；你总是想去掉淤泥之后，再来培植莲花。朋友，假如你是思想家或者诗人，你应该放下你深邃的思想和美妙的诗歌，然后你才能体会烦恼对我们来说有多重要了。

所以，你才会发现，在妙法世界里生活的人，个个都是身怀绝技的"欢乐制造商"，也是严格意义的青春焕发者。犹如莲花一般，不论生活在哪里，总能够飘出郁郁的清香。

如何把握住自己，不受外界恶劣、丑陋事物的污染，做到"出淤泥而不染"，是时刻摆在每个人面前的相当艰巨的人生课题……

人们大都不喜欢宋朝理学家的文字。姑不论其内容，就是那种训喻的口吻也往往惹人生厌。但同样是理学家的训喻文章，周敦颐的一篇短短的《爱莲说》却脍炙人口、千古传诵。其中描写莲花的那一段特别著名：

……予独爱莲之出淤泥而不染，濯清涟而不妖，中通外直、不蔓不枝，香远益清，亭亭净植，可远观而不可亵玩焉。

宋代大词人周邦彦的《苏幕遮》中有写莲花的名句："叶上初阳干宿雨，水面清圆，一一风荷举。"描摹莲花的风神如画。而周敦颐却更写出了一种精神，实际上莲花不过是比喻，他写的是人，一种人格，一种风格。

这种"出淤泥而不染"的精神、人格或者风格，是千古以来让人们赞叹向往的。古往今来，人们钦佩、敬仰以至去身体力行治国、平天下的大事业；但对千千万万平凡的个人来说，如何在现实世界里"安身立命"（这包括物质上的"穿衣吃饭"和精神上的"安定祥和"），确是时刻面临的大问题。而人们生活的现实社会，佛书形容为"五浊恶世"，不管你对它抱有多么积极、乐观的信念，但总得承认自有人类历史以来，这个世界就一直充斥着矛盾、不平、劫夺、杀戮，人们的困苦、惶惑无有底

止。这样,在实现经世济民的宏愿之前,如何把握住自己,不受外界恶劣、丑陋事物的污染,做到"出淤泥而不染",就是时刻摆在每个人面前的相当艰巨的人生课题。对解决这一课题,禅所提倡的安于淡泊、薄于利欲、执著人生而不忮不求的"清净自性"正是良策。中国大乘佛教的精义在"上求菩提,下化众生",用现代"人间佛教"的语言,就是"净化自己,利乐人群"。"出淤泥而不染"可以理解为"净化自己",也就是"清净自性"的实现,这是古人所谓"为己之学",表面看起来目标很渺小,有点"自私"的意味,但实际上如果每个人都真正做到了"出淤泥而不染",成为道德上自我完善的人,那么社会也就成了完善的社会。实现个人心灵的净化,正可视为实现济世宏愿的根本,这也就是为什么千百年来人们欣赏《爱莲说》这个比喻的缘由。

值得注意的是,周敦颐的莲花之喻又正取自佛典,"出淤泥而不染"也是佛教伦理所提倡的精神。周敦颐以理学先驱知名,却深受禅的影响。他曾与当时的著名禅师如东林常总、晦堂祖心、黄龙慧南、佛印了元等密切来往,习禅很有心得。宋代理学家大都有一段学佛的经历并多多少少受其启迪,只是后来多数人却讳言与佛的关系了。而宋代理学在伦理思想方面的贡献,其所提倡的修养身心的内容和方法,都受到禅的很大的影响,这也表明了禅的伦理价值。

佛典上主要以莲花比喻佛法的清净无染。如《涅槃经》卷十四:"如水生花中青莲花为最,不放逸法亦复如是。"《无量寿经》卷下:"清白之本具足圆满……犹如莲花,于诸世间,无染污故。"而与禅的关系更为密切的,则是《维摩诘经·佛道品》所使用的著名比喻:

譬如高原陆地不生莲花,卑湿淤泥乃生此花……烦恼泥中,乃有众生生起佛法耳。

《维摩诘经》的重要内容之一是反对坚持出家的僧侣主义,主张统合世间与出世间,它发展了大乘佛教的菩萨"住世"思想,要求在五浊世间实现"自度度人"的宏愿。经中的主角维摩居士对于追求出世解脱的"声闻"弟子(即所谓"小乘佛教"信徒)极尽嘲讽抨击之能事,称他们为"败种"、"败根之士"。他要求"不舍道法而现凡夫事"、"不断烦恼而得涅槃",要在贪、瞋、痴"烦恼"充斥的世界里发起佛性,因而像莲花"出污泥而不染"就是他的理想。《维摩经》是禅的重要典据之一,"出淤泥而不染"正是"清净自性"的绝好的形容。周敦颐曾住在庐山莲花峰下的濂溪,这里是自古以来的佛教兴行之地。他在这里写《爱莲说》,显然是直接受到佛说,特别是禅的启发的。

周敦颐的《爱莲说》给我们一点启示:在人生践履中,从一定意义上说,与其急于去"治国平天下",不如首先努力于"净化自己"更为切实,更为有益,也是更为艰难的。

心想事成,万事顺遂,只是一种美好的愿望而已,苦难同样是人生的必含内容。一个人通过承受苦难而获得的精神价值,同样是一笔特殊的财富……

中国人对于梅花普遍怀有一种特殊的爱恋之情。应该说,没有哪一种花像梅花这样享受着众口一词的好评。其实,就梅的形象看,若是在花中"选美",她是无论如何难当花魁的。那薄如蝉翼的花瓣,稀疏的花蕊,淡淡的清香,在众香国里,绝对难以招人耳目。历览前贤崇尚梅的缘由,加之几次充当梅客的感悟,我想,千百年来,梅之所以让人欣赏、赞誉、咏叹,多半是源于她的品格。因此,"品逸如梅"常常被用作是对一个人品行的赞誉抑或是自励的标准。宋代林和靖老先生生性奇俊,超凡脱俗,终生不愿做官,也不娶妻生子,一直在杭州孤山过着隐居生活,平生植梅放鹤,人称"梅妻鹤子",也历来被传为佳话。

梅花在中国文化中得宠,说来说去,还是文人的笔力所致。中国的文人往往自诩以天下为己任,而文人们的际遇又千差万别,各不相同,特别是那些刚正耿直的正人君子和贤达官宦,往往怀才不遇,或是屡遭贬谪,尽尝阶下之苦。而梅花的韵致高格、清雅幽香便往往被他们寄寓远大的志向,比拟自己的意志和胸怀。如陆游的诗"向来冰雪凝严地,力斡春回竟是谁?"王冕也有诗云:"不要人夸好颜色,只留清气满

乾坤。"正是这些古仁人的生花妙笔,给梅赋予了淡泊迷人又孤高桀骜的个性且广为传播。

从拟人的角度看,造物也实在是委屈了梅的。二十四番花信风,梅信属第一,节气恰恰是在"苦寒"之时。尽管生不逢时,命运不济,而梅却我行我素,不屈不挠,在苦寒之中"寂寞开无主",显现着既勇敢叛逆又悲壮凄楚的色彩。正是梅的这种秉性,才使她在物竞天择优胜劣汰的大千世界中非但未被挤出局,反而被文人们升华到"岁寒三友",花中"四君子"的位置。作为一名忠诚的"梅客",我委实在梅的品行中,汲取了太多太多的教益。每次赏梅归来,时常夙夜忧叹:苦寒之于梅,确属命运的不公,世道的不公。而梅呢,却无怨无悔地傲雪凌霜,凄切着,幽怨着,年年岁岁按季奉献出自己的幽香。

佛家有"一切有情,众生平等"之说。其实人生一世与世上其他生灵的一生就其过程来讲,并无二致。人若托生是国色天香,魏紫姚黄,时时遭人羡慕当然是大好事。但世事往往不尽如人意,在这个世界之上,高官厚禄的幸运者终归是极少数,多数人不论从事什么职业,努力的结果充其量只是小康而已。我们当然不喜欢贫穷,现今社会,一个终身怀有衣食之忧的人是很难成就事业的。但是我们也不必企盼锦衣玉食,大富大贵,凭组织的培养、个人的努力,能有一份自己力所能及又喜欢做的事情,并在生活上衣食无忧就已足矣。想那冷峻的梅,若真的给她换一个温室环境,怕还真是难以承受呢。梅是在苦寒的背景之下扎根、生长、开花的,也恰恰是这苦寒,才使她蓄满了成长的动力。苦寒之于梅,何尝不是一份财富呢?梅是在病态的环境中,在不公正的待遇中散放幽香的。是否要改变这种生存环境,纠正这种不公,讨还个正确的说法呢?这也许是永远做不到的事情。对此,梅采取的是默默承受的态度,正是这种承受,才使得她在万花丛中始终能独树一帜!人若失去对困难的承受能力和达观的心态,还会有生存的信念吗?

赏花要有时间环境形成氛围:月晓风清,最宜观白荷花;画栏西偏,恰好看白海棠;咏白牡丹,最好是夜半月来;玩白梅花,偏应向雪满山中……

"红杏枝头春意闹。"红是花的本色,提到红,人们自会生出花的联想。红是热闹的象征,爱的象征,杏花着红则闹,桃花着红则艳,热热闹闹,红红艳艳,世界上有了红花,人间就不寂寞,爱情更添色彩。

然而,世界上任何事情,又都两两相对,相反相成,自然是出于造物主的神奇安排。世界上正因为太多的花,尽往红的路上拥,所以可人的花神又别出心裁,给花儿来点清静,弄点洁白。这样红红白白,红才更见其美,白才更显其洁。试想,要是世界上只有红桃花,没有白桃花,只有红芍药,没有白芍药,只有红牡丹,没有白牡丹;只有红莲花,没有白莲花,只有红海棠,没有白海棠,再加上其他黄、紫、蓝、黑,各色花等,这花的世界,将变得多么的浓烈,多么的热闹,多么的沉甸!而现在则好了,有了大片的雪白的花,作为一支别起的异军,顿时,这整个儿的花的世界,就全给逗活了;在浓艳中有了淡雅,在热闹中掺进冷静,在沉甸中跃出轻灵。啊,李贺诗道:"小白长红越女腮。"越女的腮帮子要是缺少了白对红的映衬,那该又是一副什么样的模样呢?

白花冷淡亦牵情。陆放翁诗说:"白菡萏香初过雨,红蜻蜓弱不禁风。"弱不禁风的红蜻蜓,因为有了冷淡的白荷花,才显得更加的楚楚可怜。荷花,出污泥而不染,已是清绝人寰;如今,诗人看到的是白荷花,而不是红荷花,又是一清;再之,这白荷花又受到了雨的洗礼,洁无纤尘,就更加让人感到清上加清,世界俱清,身心俱清了。清、清、清,这真是一种何等样的享受,何等样的造境能力啊!

唐朝的皮日休在一首《白荷花》诗中写道:

素蘤多蒙别艳欺,此花端合在瑶池。

无情有恨何人见?月晓风清欲坠时。

从白荷花浸洗身心,渐渐,我的赏花生涯,开始注意起了对于众多白花的风姿。在白花世界中,韩愈诗说,"芭蕉叶大栀子肥。"栀子花、白荷花、白玉兰,白得肥硕,好比女儿国里的杨玉环;茉莉花、白菊花、白

得清瘦,犹如美人堆里的赵飞燕;白桃花、白石榴,白得浓纤适中,恰似曹植赋中的洛水神。真如苏东坡诗:"短长肥瘦各有态,玉环飞燕谁敢憎!"

世界上因为有了花而世界更显美丽,花的世界因为有了白花而更见其姿彩。一个人活在世界上,能够有红花怡眼,已经是足够福气;若再与白花为友,那就更加平添了洁趣。实在是人生到此,赏花到此,得玩的极致了。

红红的丁香叶,在雨中无声无息地凋落着。那是一种无著、自在的心态,那是一道禅关,万古长空,一朝风月,唯有开悟的禅师才能真正懂得;那是亘古而常新的法音,唯有独觉得观照智慧才能有所悟……

漫步在蒙蒙的细雨中,秋雨如一首伤心的乐曲萦回在耳畔,乐曲中充满着对夏天的回忆,对冬天的无奈,几分伤感,几分缠绵,令人惆怅。

红红的丁香叶,在迷蒙蒙的空中如飞舞的彩蝶一样飘动,蝶衣飞舞。再听那冷冷的雨,有种"疏雨滴梧桐"的美感,雨敲打着丁香叶,那细细密密的节奏,点点滴滴,似幻似真。你是否能想到有点像《霓裳羽衣曲》呢?但有点凄凉。

红红的丁香叶,像一片亮丽的羽毛,悠悠地落在小径上、草丛中,竟是那么自在,那么无著。那种黄中透红的颜色,充满着丰满的意蕴,似有一种灵气升上来,让您感到有种无边的梦幻。

倾听每一片落叶,你仍然能感觉到春的绚烂和夏的繁荣,也能感觉到春的张狂和夏的任性,但是一切绚烂已经走向平淡,一切的张狂、任性已经走向安闲。捡起一片丁香叶,将它收藏起来,堆积于内心,也许那色泽终将随着时光的流逝而渐渐褪去,但心中红红的丁香叶却会伴着你走过冷漠的冬天,走过一生。

雨气迷蒙蒙而空幻,倚在丁香树下,看着这如诗如画的北国秋景,仿佛有点陶醉了。无意中,一片丁香叶落在头上,将它轻轻地放在手中,竟有一滴水珠在上面滚动,水珠仿佛也变红了。那是否是宋钦宗

(赵桓)亡国痛哭时的血泪呢？也许是岳飞为国尽忠的热泪吧！抚摸着那片落叶，一种历史的沧桑感从中传来，那纷纷的落叶仿佛在倾诉着沉重的历史。轻轻地吻着那片落叶，一缕清香沁入鼻孔，一那顷，胸中也荡起那份沉重的沧桑感。

　　红红的丁香叶静静地躺在草丛中，那么自然，那么清新。唯有大地的怀抱才是永恒——不必为它伤感。它吸收了丁香盛开时的绚烂，也吸收了夏日里那郁郁葱葱丁香叶的热情，容纳了风雨中的苦恼与挣扎，走向稳健与成熟。生命也是这样，一切情绪的激荡终会过去，一切心声的喧哗终会消隐。诞生与死亡本是一如，有位诗人说："如果你爱生命，你该不怕去体尝。"是的，到了这一天，你将携事实在生命的果实，无论是苦涩或是甘甜的，你将随着飘零的丁香叶，沉埋在秋的泥土中。你将不用遗憾，平静是人生的最终结局，想到这里，你是否有点超脱？但愿如此！

　　曾几度，对落叶赋予了多少伤感，成熟即意味着凋落，大自然未免太残忍，太不公平吧！凝视着那静静的丁香叶，有种顿然开悟的豁然，大自然本来就是如此无著、有序地运转着，也许是我这位凡夫僧自作多情吧！如果成熟的丁香叶不凋落，哪有冬天的皑皑白雪？哪有来年盛开的鲜花与苍翠的绿叶呢？一时间，我仿佛明白了许多。平时，总是以一种凡人的心态，来揣摩佛经上的道理，"佛菩萨觉悟了，为什么要度众生呢？"哦！原来如此。觉悟了，成熟了，所以懂得奉献自己拥有的一切，愿意牺牲自己，所以佛菩萨自然地流露出无缘的悲心，愿将智慧与福德奉献给众生，"好将一点红炉雪，散作人间照夜灯"不是最好的写照吗？

　　今天，你与我，面对那红红的丁香叶，是否想到自己，想到生命？

　　恍惚中，丁香叶渐渐一片一片地都落光了，只剩下我那高瘦孤独的身影与潇潇秋雨。没有一会儿，我也消失在蒙蒙的细雨中，仿佛我也化成了一片浇叶，一片红红的丁香叶……

　　走在雨中，心念随着风在飘，脑海里的一切记忆也都变成了雨滴，

洒落在丰饶的大地上,与万物同一体。步入海天小路,在一棵枯老的樟树下,我的心忽地一颤,眼前那一片片枯萎的叶子使我心中顿起涟漪,一阵伤感让我垂下了眼帘,泪水模糊了双眼。透过落叶,我似乎饱尝了"生命的短暂,人生的无常",更深一层地理解了"树高千尺,叶落归根"的含义。其实又何尝不是呢?人的生命就像一片树叶,从嫩芽萌生,到翁绿茂盛,又随着季节更迭,深秋的枯叶,洒落满地,直到永远深埋地底"叶落归根"。

"落叶"不也是在暗示着我们"回归"的寓意吗?我似乎明白了些什么,脚步也变得轻松起来。此刻,我踏上海边的岩石,眺望海面,眼前一片苍茫,耳边有种乡音,"深秋闻清梵,余音逐海潮"。

世间的万物有生必有死,有来必有去。万物生命在开始的那一天,就注定将有结束的那一刻,然而,生命又像是荡漾在海中的一叶小舟,漂浮在海面不知去向,又找不到港湾可以停靠。

回顾过去,由于找不到可以停靠的港湾,我无数次向大海呼喊:"我要回归!"又时常因为找不到回家的路而感到恐惧,我曾向天空呐喊:"是谁带我到无常的人世间?"可是,又有谁能为自己的生命做个妥当的安排呢?我不敢再想,也不愿意想。我告诉大海,我会做它最忠诚的赏客;我亦告诉自己"回归"是我唯一的选择!同时"活在当下",珍惜来之不易的生命,认真对待每一天、每一时、每一刻、每一秒,于是,我咏出内心的诗:"生命纸上写娑婆,人生路上念弥陀。傲树怎舍一叶落,沧海独当一赏客。"

是啊!生命虽苦短,活在天地间,在人生的舞台上,演好自己的角色,生命贵在活在当下,这本身就是一种奇迹!

漫行于大自然赋予的绿茵原野之上,欣赏着眼前的一切,感受着生命的禅机。宇宙万物与我们是如此地接近而融为一体。生命,是一种宝贵!失去的无法再找回,未来的也不必去梦想。

佛陀说完《药王菩萨本事品》后,释迦牟尼佛放出大人相肉髻光明及眉间白毫相光,遍照东方一百八十万亿那由他恒河沙数的佛世界。

超过这些数目的佛世界,有一个世界名叫净光庄严,国中有佛,名中净华宿王智如来、应供、正遍知、明行足、善逝、世间解、无上士、调御丈夫、天人师、佛、世尊,为无量无边菩萨大众所恭敬围绕,为他们讲说佛法。释迦牟尼佛的白毫光相,遍照其国土。

这时,一切净光庄严国土中,有一个菩萨,名叫妙音,很早以前就种植下很多善根,供养亲近了无量百千万亿诸佛,成就了甚深的智慧。得到妙幢相三昧、法华三昧、净德三昧、宿王戏三昧、无缘三昧、智印三昧、解一切众生语言三昧、集一切功德三昧、清净三昧、神通游戏三昧、慧炬三昧、庄严王三昧、净光明三昧、净藏三昧、不共三昧、日旋三昧,得到这样百千万亿恒河沙数的各种大三昧。

释迦牟尼佛的佛光照到他的身上,妙音菩萨就对净华宿王智佛说道:"世尊!我要去往娑婆世界,礼拜、亲近、供养释迦牟尼佛,也想见一见文殊师利法王子菩萨、药王菩萨、勇施菩萨、宿王华菩萨、上行意菩萨、庄严王菩萨、药上菩萨。"

这时,净华宿王智佛对妙音菩萨说:"你不要轻视那片国土,认为那里下劣。善男子啊,那个娑婆世界,高低不平,有各种土山、石山,充满了污秽恶浊。佛身矮小,各菩萨人等身形也小。而你身高四万二千由旬,我身高六百八十万由旬。你的身相第一端正,有百千万数的福相,放出极其美妙的光明。因为这样的缘故,你到娑婆世界,不要轻视那方国土,对那里的佛、菩萨国土生出低等下劣的想法。"

妙音菩萨对净华宿王智菩萨说道:"世尊啊!我现在去往娑婆世界,都是凭借如来的力量,如来的神通游戏,如来的功德智慧庄严。"

于是,妙音菩萨不从座上站起,身体不动摇,入于三昧。运用三昧的神力,在耆阇崛山上离释迦牟尼佛宝座不远的地方,化作八万四千支宝莲花,阎浮檀金为花茎,白银为叶,金刚为须,甄叔迦宝为花台。

这时,文殊师利法王子见到这些莲花,就对佛说:"世尊啊!是因为什么样的因缘,才显现出这样祥瑞的境界?有成千上万的莲花,阎浮檀金为茎,白银为叶,金刚为须,甄叔迦宝为花台。"

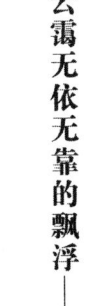

这时,释迦牟尼佛对对文殊师利说:"这位妙音大菩萨,要从净华宿王智佛国土,率领八万四千菩萨来娑婆世界,供养、亲近、礼拜我,也要供养、听受《法华经》。"

文殊师利对佛说:"世尊啊!这位菩萨种下何种善根,修了哪些功德才能有这样的大神通力?修行哪种三昧?希望您为我们讲说这种三昧的名字,我们也想勤奋修行。修行完这种三昧,才能见到这位妙音菩萨的色身大小、威仪举止。希望世尊能运用神通之力,等那位菩萨来时,让我们能够见到。"

这时候,释迦牟尼佛对文殊师利说:"这位很久以前灭度的多宝如来,将为你们显现妙音菩萨的色相。"就在这时,多宝佛对妙音菩萨说道:"善男子啊!你来吧,文殊师利法王子想见到你的色身。"

多宝佛说完后,妙音菩萨在东方净光庄严的世界隐没,和八万四千菩萨一起出发到法会来。所经过的各处国土,都发出六种震动,都从空中飘散下七宝莲花,百千种天乐,不须鼓动,自然鸣响。

这位菩萨眼如广大的青莲花叶,眼仁如百千万数的月亮光辉相映。面貌端正,又超过眼睛。身体呈真金之色,由无量百千功德庄严,威德炽盛,光明四射,诸般福相全都具足,有像金刚力士那样的坚固之身。坐上七宝台,上升到虚空之中,离地七多罗树那样高,在各位菩萨恭敬围绕下,来到娑婆世界的耆阇崛山上。

到达之后,从七宝台上下来拿出价值数百千两黄金的璎珞,来到释迦牟尼佛面前,五体投地,礼拜佛足,献上璎珞,对佛说:"世尊啊!净华宿王智佛问候您,少病、少烦恼吗?起居轻安吉利吗?行止安乐吗?地、火、水、风四大调和吗?世间的事情可以忍受吗?众生容易度化吗?众生没有太多贪欲、瞋恚、愚痴、嫉妒、悭吝、轻慢吧?没有人不孝敬父母,不敬重沙门,存不善良邪见心,不能控制喜、怒、爱、恶、欲五种感情吧?世尊!众生能降伏各种妖魔敌怨吗?灭度已久的多宝如来是在七宝塔中听法吗?"又问候多宝如来:"安隐时少烦恼吗?能够忍受长久独处吗?世尊,我现在想见到多宝佛的色身,希望世尊能让我和他相见。"

这时，释迦牟尼佛对多宝佛说："这位妙音菩萨想谒见您，可以吗？"

当时，多宝佛对妙音菩萨说："好啊，好啊，您能为了供养释迦牟尼佛，听受《法华经》，并见文殊师利等，特意来到这里。"

这时，法会上有一位华德菩萨向佛请问："世尊啊！这位妙音菩萨种下何种善根，修何种功德，才有这样的神通之力？"

佛对华德菩萨说："过去世中有一位佛，名叫云雷音王、多陀阿伽度（如来）、阿罗诃（应供）、三藐三佛陀（正遍知），国土名叫现一切世间，劫名叫喜见。妙音菩萨在一万二千年中，用十万种伎乐来供养云雷音王佛，还奉献了八万四千个七宝所造的钵盂。因为这样的因缘果报，现在生于净华宿王智佛的国土中，有这样的神通之力。华德菩萨啊！你以为怎样？当时在云雷音王佛的处所用伎乐供养并奉献七宝钵盂的，岂是别的人？就是现在的妙音大菩萨啊。华德啊！这位妙音菩萨已经供养、亲近了无数诸佛，很久就种植善根，又遇到恒河沙那样多的百千万亿那由他诸佛。华德啊！你所看到妙音菩萨的身体在这里，而这位菩萨变现各种色身，在各处为众生讲说这部经典。有的现梵王身，有的现帝释天身，有的现自在天身，有的现大自在天身，有的现天上的大将军身，有的现毗沙门天王身，有的现转轮圣王身，有的现小国国王身，有的现长者身，有的现居士身，有的现长官身，有的现婆罗门身，有的现比丘、比丘尼、优婆塞、优婆夷身，有的现长者、居士家妇女身，有的现长官家妇女身，有的现婆罗门家妇女身，有的现童男、童女身，有的现天神、龙、夜叉、乾闼婆、阿修罗、迦楼罗、紧那罗、摩睺罗伽、人非人等的身相，分别为众生讲说这部经。在地狱、饿鬼、畜生等众生受难之处，妙音菩萨都能救度众生。他甚至到国王后宫，变为女身，为嫔妃宣说这部《法华经》。华德啊！这位妙音菩萨能够救护娑婆世界的诸位众生。这位妙音菩萨这样种种的变化现身，在娑婆世界国土中为诸位众生讲说这部《法华经》，而自身的神通变化、智慧，没有任何减损。妙音菩萨以若干种智慧明照娑婆世界，使一切众生分别得到所应知道的。在十方

恒河沙数的世界中,也是这样。如果是应该以声闻形而得度化的,就现声闻形而为之说法;应以辟支佛形而得度化的,就现辟支佛形而为之说法;应该以菩萨形得度化的,就现菩萨形而为之说法;应以佛形得度化的,就现佛形而为之说法。像这样种种情况,随众生所应受度化的情况,而为之现不同形相,甚至应该以灭度形而受度化的,就为之现灭度的形相。华德啊!妙音大菩萨成就了大神通智慧的力量,其事迹已如上所述。"

这时,华德菩萨对佛说:"世尊啊!这位妙音菩萨深深地种下善根。世尊啊!这位菩萨住于何种三昧,竟像这样在各处变现化身,度脱众生?"

佛对华德菩说:"善男子啊!这种三昧名叫现一切色身。妙音菩萨住于这种三昧中,才能这样广泛饶益无量众生。"说这《妙音菩萨品》的时候,和妙音菩萨一起来的八万四千人都得到现一切色身三昧,娑婆世界的无量菩萨也得到这种三昧及陀罗尼。

这时,妙音菩萨供养释迦牟尼佛及多宝佛塔后,又回到本土。途中所经过的各国,六种震动,天上飘散宝莲花,演奏百千万亿各伎乐。回到本国后,和八万四千菩萨来到净华宿王智佛处,对佛说:"世尊!我到娑婆世界,广泛饶益众生。见到了释迦牟民佛,多宝佛塔,并礼拜供养;也见到了文殊师利菩萨法王子及药王菩萨、得勤精进力菩萨、勇施菩萨等,也让随我去的八万四千菩萨得到现一切色身三昧。"

佛陀在讲说《妙音菩萨来往品》的时候,四万二千天子得到无生法忍,华德菩萨得到法华三昧。

佛陀讲完《妙音菩萨品》之后,无尽意菩萨就从座上站起,偏袒右肩,合掌对佛说出这样的话:"世尊啊!观世音菩萨因为什么样的因缘才名叫观世音呢?"

佛告诉无尽意菩萨说:"善男子,如果有无量百千万亿众生,受到各种痛苦烦恼,听说过观世音菩萨的法号,一心一意地称颂菩萨的名字,观世音菩萨随时观看到受苦者的声音,都让他们得到解脱。如果有

· 1220 ·

念持这位观世音菩萨名号的人，即使身入大火，火也不能烧坏，都是凭借菩萨威力的缘故。如果有人被大水冲走，称念观世音菩萨的名号，就能够到达浅处。如果有百千万亿数的众生，为了求金、银、琉璃、砗磲、玛瑙、珊瑚、琥珀、珍珠等宝物，航行进入大海，假如被大黑风把船吹到罗刹鬼国，这些众生中如果有人甚或只有一人，称颂观世音菩萨的名号，这些所有的人都能解脱罗刹的危害。因为这样的原因，这位菩萨名叫观世音。如果又有人，在临被杀害之前，称念观世音菩萨的名号，对方所执的刀、棍棒，立刻坏成一段一段的，因而得到解脱。如果三千大千世界的国土中，所有的夜叉、罗刹，想来恼害某人，听到这人称念观世音的名号，所有这些恶魔甚至不能用恶毒的眼光来看此人，更何况加害呢？假设又有人，或有罪、或无罪，被手铐、脚镣、枷锁束缚全身，一心称念观世音菩萨的名号，枷锁全部断裂毁坏，当时就能得到解脱。如果在三千大千世界国土中，到处充满着怨贼，有一个大商主，带领很多商人，都携带贵重的宝物，经过一段险路，其中有一个人对其他人大声说道：'各位善男子啊，不要恐怖，你们应当专心称念观世音菩萨的名号。这位菩萨能把无畏布施给众生，如果你们称颂菩萨的名号，就能脱离怨贼的加害。'众位商人们听说后，一起发声念诵：'南无观世音菩萨'，因为称念菩萨的名号，就得到解脱。

"无尽意啊！观世音大菩萨威严神通的力量，巍巍宏大。如果有众生心里有淫欲的念头，经常恭敬念诵观世音菩萨的名号，就能脱离欲念。如果有人多生瞋恚之心，经常恭敬念颂观世音菩萨名号，就能脱离瞋念。如果有人愚痴障重，经常恭敬念诵观世音菩萨，就能脱离痴念。

"无尽意啊！观世音菩萨有这样大的威严神通之力，多所饶益众生，因此，众生应该专心念诵。如果有女人，想求男胎，礼拜、供养观世音菩萨，就能生下福德智慧俱全的男婴；如果想求女胎，就能生下相貌端庄的女婴，而且宿世以来种植善根，为众人所敬爱。

"无尽意啊！观世音菩萨有这样的神力，如果有众生恭敬礼拜观世音菩萨，福德不会落空，因此众生都应当受持观音菩萨的名号。

"无尽意啊！如果有人受持六十二亿恒河沙数菩萨的名字，又在一生的寿命中供养饮食、衣服、卧具、医药，您的意思怎样？这位善男子或善女人所得的功德多吗？"

无尽意菩萨回答说："功德很多啊，世尊。"

佛说："如果又有人受持观世音菩萨名号，甚至在一时之间礼拜、供养，这二人所得到的福德，正好相等，没有差别。在百千万亿劫中，不能穷尽。无尽意啊！受持观世音菩萨的名号，能得到这样无量无边福德的利益。"

无尽意菩萨问佛说："世尊啊！观世音菩萨为什么在这婆婆世界游行教化？为什么对众生说法？他的方便神力，有什么样的事迹？"

佛告诉无尽意菩萨："善男子啊！如果有的国土的众生，应该以佛身得度化的，观世音菩萨就现出佛身而为他说法。应该以声闻身得到度化的，就现出声闻身而为他说法。应该以辟支佛身得到度化的，就现出辟支佛身而为他说法。应该以大梵天王身受度化的，就现出大梵天王身而为他说法。应该以帝释天身受度化的，就现出帝释天身而为他说法。应该以大自在天身得度化的，就现出大自在天身而为他说法。应该以天上大将军身得度化的，就现出天上大将军身而为他说法。应该以毗沙门身得度化的，就现出毗沙门身而为他说法。应该以小国国王身得度化的，就现出小国国王身而为他说法。应该以长者身得度化的，就现出长者身而为他说法。应该以居士身得度化的，就现出居士身而为他说法。应该以宰官身得度化的，就现出宰官身而为他说法。应该以婆罗门身得度化的，就现出婆罗门身而为他说法。应该以比丘、比丘尼、优婆塞、优婆夷身得度化的，就现出比丘、比丘尼、优婆塞、优婆夷身而为他说法。应该以长者、居士、宰官、婆罗门家中妇女身而得度化的，就现出妇女身而为她说法。应该以童男、童女身得度化的，就现出童男、童女身而为他说法。应该以天、龙、夜叉、乾闼婆、阿修罗、迦楼罗、紧那罗、摩睺罗伽、人非人等身得度化的，就都各随其形而为之说法。应该以执金刚护法神之身得度化的，就现出执金刚神之身而为他说法。

"无尽意啊！这位观世音菩萨成就这样多的功德,用种种化身,游历名方国土,度化众生。因此之故,你们应当一心供养观世音菩萨。这位大菩萨观世音,在人急难、恐怖之中,能布施给人无畏之念。因此在这娑婆世界,都称他为施无畏者。"

无尽意菩萨对佛说:"世尊!我现在要供养观世音菩萨。"随即解下颈中价值百千两黄金的许多宝珠璎珞,献给观世音菩萨,并说道:"仁者,请接受作为佛法布施的珍宝璎珞。"

当时观世音菩萨不肯接受,无尽意菩萨又对观世音菩萨说:"仁者啊!为了同情怜悯我们的缘故,请接受这璎珞。"

这时,佛也对观世音菩萨说:"应当同情怜悯无尽意菩萨及四众、天、龙、夜叉、乾闼婆、阿修罗、迦楼罗、紧那罗、摩睺罗伽、人非人等大众,接受这些璎珞。"

当时,观世音菩萨同情怜悯四众及天、龙、人非人等,接受了无尽意菩萨的璎珞。分成两份,一份献给释迦牟尼佛,一份献给多宝佛塔。

释迦牟尼佛又说:"无尽意啊,观世音菩萨有这样的自在神通之力,在娑婆世界游历度化。"

这时,无尽意用偈颂体的语言问道:

具足妙相的世尊啊！现在我再次向您请问,这位佛子因为什么样的因缘名叫观世音?

具足妙相的世尊,也用偈颂体回答无尽意菩萨:

你听我说观世音的行为,他善于在各种处所应人称念而现身救度,他的誓愿像大海一样宏深。经历无量无边不可思议之多的劫数中,曾侍奉供养千万亿数的佛,发下了宏大的清净誓愿。我为你们简略讲说,无论闻观世音或见其形相,内心的念头都要恭敬而不可空过,能灭除各种苦难。假如有人兴起相害的意念,把人推进大火坑中,凭这人一心称念观世音的力量,火坑就会变成清水池。如果有人在大海中漂流,

· 1223 ·

恶龙、恶鱼或恶鬼都来加害，凭称念观世音的法力，波浪不会把人淹没。或者有人在须弥峰的山顶，被人所推落，凭称念观世音的法力，能像太阳一样在虚空之中停住。或是被恶人追杀，从金刚山堕落，凭称念观世音菩萨的法力，不能损害丝毫。或是被怨贼围绕，都拿利刀要加害，凭称念观世音菩萨的法力，怨贼都会生起慈爱之心。或是触犯国王而受难，临被杀身死之前，凭一心称念观世音菩萨的法力，钢刀立刻坏成一段一段。或被枷锁囚禁，手足被镣铐钉锁，凭称念观世音的法力，立时能得解脱。诅咒或用毒药想要害人的，如那人一心称念观世音菩萨，诅咒或毒药还会返回到那人身上。或者有人遇到恶罗刹、毒龙、恶鬼等，凭称念观世音菩萨的法力，当时罗刹等都不敢加害。如被恶兽围绕，利牙利爪非常可怖，一心称念观世音菩萨，恶兽立刻奔逃到远方。如果遇到蚖蛇、蝮蛇、蝎子等毒虫火烧、毒烟，凭一心称念观世音菩萨的法力，这些都会随声而回去。如遇乌云密布、雷电交加、冰雹骤雨齐下，凭着称念观世音菩萨的法力，立时云开雾散，天气晴朗。众生被灾害所困，无量的苦难加身，而观世音菩萨的微妙智慧之力，能解救世间的苦难，具足大神通力量，广修方便智慧，在十方世界的各国土中，随时随刻都能现身，对于各种丑恶的事物，如地狱、恶鬼、畜生、生老病死苦，要渐渐令这些全部消灭。观世音菩萨常修真空观、清净观、广大智慧观、大慈观、大悲观，世人常希望能经常瞻仰到他的慈容。他具有无垢的清净光明，像太阳一样能破除各种愚暗，能摄伏风、火等灾难，光明普照于世间。持戒的大悲法体像惊雷一样，慈悲之心像天上的大云，降下甘露法雨，灭除众生心中烦恼的火焰。无论是在官宰的争讼之处，还是恐怖的两军对阵厮杀之中，凭称念观世音菩萨的法力，众怨仇都退散。观世音菩萨的音声是微妙音、清净梵音，似海潮之音，胜过世间各种音声，因此要经常念诵，每一念都不要生疑心，观世音菩萨是清净的圣者，在苦恼、困厄、死亡之际，能为众生作依怙。他具备一切功德，以慈爱心看待众生，所聚福德像大海一样无量无边，因此之故应向他顶礼膜拜。

这时，持地菩萨从座上站起，走上前对佛说："世尊！如果有众生听闻《观世音菩门品》所说自在之力，普通示现大神通力的，应当能推知这人所得功德不少。"

佛说这段《普门品》的时候，大会中八万四千众生都发出无等等阿耨多罗三藐三菩提心。

第二十四章　紧紧攥住喘息的气息　穿透沉默的钟声

中国人常常不愿意谈生死问题,觉得不吉利,可是难道我们的内心就不考虑生死问题吗?孔夫子曰:"未知生,焉知死?"可是不知"死",便难以明白"生"的可贵,难以策发起勇猛精进之心。人在大病初愈之后,格外地珍惜生命,每天过得都充满着欢喜与感恩,才能够看破眼前的种种迷雾,达到"不畏浮云遮望眼,只缘身在最高层"的人生状态。把眼前的种种挫折困难,和生死问题一比较,自然而然地看淡看破,恢复轻松安宁的心。通达了生死问题,便体会到了生命来之不易,怎能碌碌无为,醉生梦死?在洒脱之中,勇猛地向着最高人生理想迈进,成就一番辉煌的人生。正如普贤菩萨警众偈:"是日已过,命亦随减,如少水鱼,斯有何乐?大众!当勤精进,如救头燃。但念无常,慎勿放逸!"

我期望要和生活在地球上的人类同胞讨论与我们密切相关的重要大事——我们从哪里来?中途驻栖何地?最后会去到哪里?就在我说完上面几句话之后,"这里"二字已经成了过去,它将随着一瞬即逝的人生时光渐渐远离现在而去。

当我们追忆过去的时候,首先得回过头来看一看,让时光倒流一次,这时我们将会发现"时间"就像滚滚流动的河水,永不停止等待;"时间"又像吞食一切的大魔,对谁都不讲情面、不发慈悲。我们可以从今天早晨追溯到昨天,从昨天追溯到前天,从前天一直追溯到去年,再到前年……当我们把日子往后退到自己出生的那一天时,自己今生今世的昨天便到了尽头。但是,如果再继续往后,虽然不是自己今生的昨

天,可是还有其他人的昨天,这样,要想把昨天的尽头找出来,谁都无法做到。

如果让时光倒流到很多亿年前,我们可以找到地球形成后开始有人类的那一天。可是再去追寻人类的来源,以及外器世界和内情众生的究竟源头的话,除了查找有无灵魂的存在之外,我们还需要找什么呢?如果有人要谈世间万物的成、坏变化的话,那么所有的物质都处在一刻不停的变化之中,所以这根本就不能说明什么问题。

在这个地球还没有形成之前,从时间方面而言,"昨天"是一直存在的,可是昨天的尽头却总是没有着落,这个昨天也可以说是另外一个已经形成的星球的昨天。不过,除了地球之外,这个宇宙中还有多少星球呢?由四大——地、水、火、风四个元素构成的星球能不能统计出准确的数目呢?可以肯定的是,宇宙是无限的,无限宇宙中的星球数量也应该是无限的。容纳无数星球的宇宙空间,我们把它称为虚空。现在的科学技术虽然很发达,但要测量虚空的空间大小,目前还根本无从下手。同样,要想真正查明无数星球的成、住、坏、空过程和这个地球的最初形成与最后坏灭过程,我们也无从下手。

在这里,人们有必要思考和研究一下佛经中阐述的"一粒微尘中含有诸佛刹土"等不可思议的理论,博大精深的佛家论说的确能够帮助我们解答不少难题,佛教祖师释迦牟尼明确地告诉我们一句真理圣言:"无间流转的轮回没有开始。"无论我们人类怎样顽固,怎样坚持己见,如果不去想想这句话的深刻意义,那么谁都无法避免犯一次大错误,因为事实就是——轮回的确没有开始。

接下来我们研究一下"明天"。要想找出明天的尽头,首先要从明天的明天"后天"找起,当我们找到自己死亡的那一天时,自己今生今世的明天便到了尽头。但是,再往后还有其他人的明天、地球的明天和整个宇宙的明天……这样不停地找下去,结果就是——明天也没有尽头,从中我们还可以发现"轮回无终末"这个真理。

我们这些人都是父母生出来的,我们的父母又是他们的父母生出来的,这样追寻下去的结果,可以找出最初生育人类的那对父母。可是,最初生育人类的那对父母又是从哪里来的呢?是从另外一个星球来到这个地球上的吗?是像大自然中某些生物物种那样湿生或化生而来的吗?除此之外,他们还能从哪里来呢?如果那对父母是从另一个星球来到这个地球上的话,那么就得承认宇宙中除地球之外的其他星球上还有人类存在,可是到目前为止,古今中外还没有人看见或知晓其他哪个星球上有人,更无从说起有多少星球上住有物种。

无论有没有外星人,如果仅以没有看见为由,就否定外星人的存在,这个结论很难站得住脚。这样看来,要找出我们人类的最初祖先也非常困难,甚至于根本就找不到。这又和寻找昨天和明天的尽头一样,无有着落。

如果我们承认以胎生、卵生、湿生、化生等四种出生方式出现了人和其他一切有情众生,那么其出生根源无非就是地、水、火、风四大元素。但是,在客观现实中仅仅有四大元素的聚合,并不能产生出任何有生命活动的有情。在这里,我们必须明白的是,任何具有生命活动的有情,都离不开一个实现因果报应和积存习气的"心识",要找出这个心识的来源,就无法回避地需要探索和研究今生今世之外的前生前世。

面对这么多的不解之谜,我们一时找不到其他有效的办法来破解它们,我们只能认真研究距今两千多年前佛陀宣说的"缘起"、"业生世界"和"法性不可思议"等圣言,从中找出正确答案。因为有"缘起"规律,所以有了四大与业风和合的名与色之五蕴聚合的身体。照此推想下去,唯物主义无神论者、信奉宗教的有神论者和喜欢从零开始研究的中间分子最终都将集合在大圆满法中常说的"本原有寂分离"的十字路口。

物质的本性决定了这个世界具有最初形成之时、中间长住之时和最终灭亡之时。在佛教经典里,称世界形成之时为"成劫";称世界长住之时为"住劫";称世界灭亡之时为"灭劫"。"劫"又分为大劫和小劫,其

中又有劫初长时、转长时期和中劫十八返等长期的起伏变化过程。

根据对古代的石器和化石进行研究分析，人们推断出一个结论：这个世界经历了很多亿年的长期不断的变化过程，就连山河大地也经历了无数次的运动变化。这样看来，持续变化的最终结果，除了坏灭，应该想象不出还能有什么其他的结果。当这个世界坏灭时，其他的星球并不一定同时都会坏灭，我们居住的这个地球坏灭之后，其他的很多星球依然会存在。

如果存在一个除四大之外的"心识"，那么这个"心识"完全可以往生到其他的星球上，并在那里投进任何一种有情的身体里，这是显而易见的。因此，作为一个研究人员，他一定要弄明白"心识"到底是个什么样的东西？它从何处来？会变成什么样子？

佛教法典中常说的"心识六聚"或"心识八聚"，指的是一个心识的六种现象或八种现象，而不是说心有六个或八个。这个明了之"心"，其实就是在业风的催促和引导下产生的各种各样的念想。如果离开了催促引诱的业风，那么"心"就会回归到本原法界，如果再受到业风的催促和引诱，"心"又会接着连续产生众多念想，并从中体受到苦与乐。如果能用某种方便法门改变"心"受业风催促引诱的状况，那么当业风停止之后，佛家常说的解脱全知果位或涅离苦得乐的胜果也就体证了。

"心识"到底是什么东西？它最初来自何处？

其实，"心识"就是无始以来受无明左右而产生的迷妄。除此之外，并没有什么独立产生的新"心识"。假如有新的"心识"产生，那么我们就可以找到轮回的开始，因为根本就没有新"心识"产生的现象，所以我们找不到轮回的开始。

以"过去"和"未来"等概念来给时间下定义的时候，谁也无法说明过去的时间是从什么时候开始的。这样分析研究的结果，人们只能回到佛教密宗大圆满法中常说的"三时无时之四时大平等性"之中。

我们受无明和愚痴的驱使，经历了无数次的投胎转世，在其过程中所体受的苦与乐不计其数。今天,我们又受"业"的驱使来到这个世界上,降生在父母的怀里。在今生今世造下各种"业"之后,来生又要受这个"业"的驱使,再次投胎转世……这一切就像昨夜之梦,虚无飘渺。

这世上的几十亿人成天都在忙忙碌碌,为的是成就各自所追求的事业,他们一直忙碌到死,可是最终谁也没能做完要做的全部事情,也不可能做完。来到这个世上的人们,各自出生的地方不同,各自的命运与苦乐不同,各自所处的地位和环境也不同,但是相同的是:人们为得到快乐而忙碌一生,到最终全都不得不放弃世间的一切,空手走向死亡。流浪于街头的乞丐和金銮宝殿中骄横奢侈的皇帝,在死神面前同样都被动无力、束手无策。

今天,这个世界上的人们越来越精通科学技术,他们所创造的奇迹令世界每天都在发生新的变化,而充满竞争的环境会促使世界在将来发生更大的变化。但是,外在的物质不断丰富发展的同时,人们却忽略了使内心得到满足和喜悦的心灵建设,物质的发展和内心的堕落很不平衡。原本为创造幸福和快乐而造就的物质财富,却成了给心灵带来烦恼和伤害的杀手,这种以自私贪婪为出发点的行为必将给自己和他人造成无法估量的损害。仔细看一看,这世上的苦与乐实在是变化无穷,以至于几乎没有人能够看懂和看透它。在研究探索昨天和明天的尽头时,时间作为刹时不停的流逝物,无论是经过一个劫的长时间还是刹那间的短时间,待它匆匆流逝完以后,两者没有任何差别。我们人类认为很漫长的百岁寿命,对于生活在另一世界的有情看来,也许只是弹指之间,或者是刹那间。从我们人类自己的角度看一下人生:无数次重复地吃睡走动之后,就像小孩子做完游戏或电动机器断电后停止运转一样,我们的心脏最终停止了跳动,再也无法从床上站立起来,生前的一切犹如昨夜之梦,亦如水月泡影。当美好的青春时光在不知不觉中匆匆流逝,人们突然踏进死亡大门时,才知道此前的所作所为一无是处,一生的荣辱成败此时全都毫无意义。因此,我们不能坐等死神到来时才开始醒悟,要从现在开始,多争取点时间,认真研究怎样使

有限的人生更具意义，这一点非常的重要。

现在这个地球上的人口有几十亿之多，此前有几十亿人已经死亡，再此前又有几十亿人已经死亡，再再之前还有几十亿人……在这个地球上留下足迹的人数不胜数。所有来到这世上的人都是忙忙碌碌一生，而走向死亡时人人都一无所有，最后连名字都没有人能够记得住，这真叫人啼笑皆非。在如此众多的人群之中，虽然很有一批有智慧、有远见的人，他们研究的课题包罗万象，但是却很少有人去研究和探索不死的方法、无畏于死亡和死后无需受苦的微妙胜道，这是一件非常奇怪的事情。更让人遗憾的是，在很多世纪里，人们为了达到自私的政治目的或其他不可告人的目的，曾经炮制出了众多所谓的宗教，这些宗教把人们引入邪道而浪费了很多人的生命时光，这是人类自己犯下的大错误。尤其让人痛心的是人们推崇各种愚昧的思想来束缚自己，用迷信和狭隘的思想给后人造成巨大的损害。如果有人能为子孙后代着想，恐怕就不会做出如此不负责任的行为。

有些邪道成为反面的经验教训以后，反而变成了人们寻求正道的最大推动力，从而给后人留下了宝贵的经验财富。如果过去和现在的人们，能够以全身心投入于此生事业的精力去对待死后的大事，那么肯定能够找到一种对大家都有利的上好办法。那些一生修持深密心法而最终取得光明身成就的大德们，如果把全部精力用于经营这一生的事业上，那么他们不仅能够像那些大科学家们一样卓有成就，而且一定能够超越他们。只是大德们利用这仿佛借来般的身体，着眼于完成利己利他的恒久大业，他们抛舍了眼前利益，修起了具有永恒利益的善法。

有了来生来世以后，来生之因——烦恼就会接踵而至、如影随形。如何寻求断除烦恼的方法，并找到从烦恼痛苦中永远解脱的殊胜妙法，是人类所面临的众多大事中最大、最主要的事情。找到解脱胜道要比在火星上建造一座适合人类居住的城市还要重要几十亿倍，其利益不仅仅在于找到一条新的光明大道,而是像骑着飞行宝马逃离罗刹国一样,人们可以从此脱离所有的烦恼和痛苦。

我们把人生看成漫长的岁月,为了营造快乐人生,我们不停地忙碌奔波。在忙碌奔波中,我们把时间分成过去、现在和未来三部分。但是,事实上,时间除了过去和未来两部分之外,中间并不能分离出一个"现在"。如果不存在时间中的"现在",那么以"现在"为分割点而划分出的过去和未来也就不能独立存在。所以,时间原本就没有绝对独立的本性,从大处看时间是一段漫长的岁月,从小处看时间是无常变化的一刹那。无论往前看还是往后看,在我们所居住的世界里,不论是山川河流还是平原大地,都将无法脱离无常变化的坏灭,更不用说我们的这个身体——由血、肉、骨头等物质组合而成的脆弱之躯,就连小小的寒热变化打击都承受不了,怎么能够对它抱有长久不变的希望呢?

很显然,我们的这个弱小躯体非常容易坏灭。我们可以把自己的照片从儿童时期、青年时期、中年时期和老年时期放在一起做个比较,从中我们可以看出人一生的变化有多么大。每当回忆往事的时候,好像一切都发生在昨天,人生的岁月匆匆逝去,猛然回首,竟不敢相信自己已经走过了那么多的岁月年华!我们的容貌和身体发生变化之快,犹如上演一部短小的舞台剧,一个人从小到老的喜怒哀乐,短暂间就从登台到了落幕。我们的一生也像是一部活生生的短小电影悲剧,要怎样结束这部短暂的电影悲剧,就要看导演怎么编排和我们这些演员怎么表演。

一个人选择什么样的人生道路?怎样走完曲曲折折的人生之旅?在人生的十字路口朝什么方向走?这一切都依赖于这个人的智慧明眼。如果这个人受无明的控制,遇事愚笨,连明天干什么都想不到,什么事都步别人的后尘,那么这个人就像双目失明的盲犬,当主人跳入大海时,它也会跟着跳进去,尽管它多么的不想溺死。

我们人类从儿童时期、青年时期一直到老年时期,都要经历生、

老、病、死四苦，最后在死亡中结束全部生命时光。今天，我们要是忙于追求今生的短暂快乐、忙于打算长久地生存而积累财富、忙于扶亲抗敌等没完没了的轮回作业，就永远不会有把事情做得很完美的那一天。但是，一个人如果没有长远永恒的奋斗目标和无所畏惧的信心，那么这个人可以说是愚痴透顶，他与动物几乎没有什么两样。肉牛被牵往屠宰场的途中，还会抓住一切机会吃草饮水，对于即将死亡的命运，却一无所知、浑然不觉。这个世界从形成到现在已经过了很多亿年，这期间所有的有情没有一个免于死亡，可是谁又曾认真对待过必须面对的死亡呢？从现在起过了一百年以后，现在在世的人几乎都会死亡。假如我们能够拥有无碍的神通，或是某个具有神通的人给我们预言："你将于某年某月某日某时，遇上某种逆缘而死。"那么我们就会在充满恐惧中度过一生，甚至茶饭不思、惶惶不可终日。可是现在，我们这些愚昧无知的人就像被牵往屠宰场的肉牛一样，虽然知道终有一死，但并不知道死期何时到来，整天安心度日的人们，还在自欺欺人地作长久住于世间的打算，这难道不是非常危险的行为吗？

　　我们人死之后，如果能像油尽灯灭、雪化水干和狼去无踪迹那样，不再回来遭受无常苦乐，那是最好不过的结局。但是，我们根本没有找到能有这种好结局的有力证据和可靠理论，因此，如果不会有上面那种好的结果，而我们现在依然执迷不悟、我行我素，那就会严重地耽误实现终极目标。有些人不相信有业因和业果，有些人断言来生不存在，他们持这种观点的理由只是因为"没有看见"这四个字，这些自以为是的人抱持这种几乎很荒谬的观点，对人类是不会有什么好的帮助作用的。少数人活着的时候坚持这样的观点不变，但是将要死去的时候却哭喊着要对其忏悔；有些人活在世上青春年少的时候目中无人、妄自尊大，只有当他们遇上各种恶缘而深受打击的时候，才会想到因果报应，认识到轮回不仅不是少数愚人所说的那样无因无果，而是有它的来源和去向，有来生往世和因果报应。

　　当少数人深刻体悟出因果报应不假、来生往世不虚等道理时，他们会用比从前任何时候都博大很多倍的胸怀来对待无常世事,他们对此生世间法的取舍充满智慧和理性,他们的幸福观和快乐观从此会发生巨大的变化,他们视为小小利益而费心费神、为小作业而忙碌一生的人如同蠢猪。猪常常埋头用它那硬硬的鼻子刨土觅食,据说它从来不曾抬头仰望天空,猪的一生看见天空的机会只有一次,那就是屠夫杀猪的时候把猪四脚朝天放在地上的那一刻。待猪看见湛蓝广阔的天空时,随着屠夫的刀子刺进它的心脏,它的一生也就至此终结了。

我们最初出现迷妄而堕入轮回世界,是因为我们具有轮回之根——无明。我们来到轮回世间以后,在烦恼的驱使下一生中积造出各种尘业,并且体受各种苦乐。当人生经历演绎一段时间之后,最终摆在我们面前的只有无常死亡。我们被迫踏上死亡之路后,因为必须承受此前所造众多恶业的报应苦果,从而反复流转于轮回世界里,也许能有幸再转生为人,也许转生为畜生,也许下地狱……面对无穷无尽的轮回,所有的人都会心灰意冷、束手无策。因此,我们应该倍加珍惜稀有难得而且生命时光非常短暂的暇满人身,不要让今世拥有的暇满人身毫无意义地耗费在追求此生的短暂快乐上,我们要充分利用这个暇满人身修造恒久快乐的大业,要立即寻找使此生快乐、来生极乐的正道,赶快修完恒乐伟业,我们应该具备这样的决心和雄心。

寿、命、识三者当中的"寿",指的是当身体和生命聚合在一起时,存在于体内命脉中的气与元气的结合体,这个像口水一样的东西里面有意识的依所"热体",和"气"之精华犹如马尾毛丝一样的物体,当马尾毛丝状的物体破裂、倾斜或弯曲以后,就会产生多种疾病和遭遇各种灾祸;如果它没有破裂、倾斜、弯曲或毛丝状的物体较长的话,就会延年益寿。当以上物体能正常发挥作用的时候,我们就称其为"寿"。

寿、命、识三者之中的"命",指的是当心识在身体之中而且五蕴圆满具在的时候。这里,我们还可以简单地理解"命"为寿存在或生命活动尚在的所有时段。

寿、命、识三者之中的"识",指的是主导眼、耳、鼻、舌、身的六聚之

主——意识。如果眼、耳、鼻、舌、身五识为五扇窗户的话,那么意识就像关在房中的猴子,虽然猴子只有一只,但人们可以从五扇窗户中看到五只猴子,同样地,虽然意识只有一个,但是它在向外辐射的过程中却出现了五根五识。

寿、命、识三者具足的身、根、意三物的聚合体,我们就称其为"活的生命",也叫"有情生命",而依靠双足站立并且能说话、能理解的有情生命,我们就称其为"人"。如果缺少前面三物(身、根、意)中的任何一物,或者是前面诸物不圆满具足的话,我们就不能称其为"有情生命"。离开命的身体是尸体,离开身体的意识叫做中阴轮回有情。

所谓的身体,是父母精卵结合之物成熟长大以后,由三十六种污秽物质或者说由白色皮囊以及铁等多种物质聚合而成的。只要有生命在身体之中,身体的成长发育变化是非常明显的,这一点无需在此作更多的说明。这里,我们应该仔细研究一下存在于寿命之中的深密"心"或"意识",说其有,我们无法从有色身体的内外、上下和中间看到它,说其无,我们又无法证明这个能知能晓的"心识"根本不存在。我们还应该分析研究非常深密地存在于心识之中的心性无有念想的本原本体,以及在心性幻化所现的清净佛土乃至污秽地狱中能体受苦乐的"心识",还有这个心识造业后所经受的业因和业果之奥秘。

假如说身体和心识是同时出现的,那么两者之间的关系就像油灯和灯光,当身体消亡的时候,心识也会随之灭亡,这个过程如同灯灭光尽。可能有人会这么想,既然身体是从父母血肉中分离出来的,那么心识也只能是从父母心识中分离出来的。这样想的结果便是一对父母有多个心识,或者是父母的心识分成了几部分,这就出现了很多错误和漏洞。如果说这一切是无因之果,一个心识可以凭空产生多个心识,那就犹如空中莲花和石女生子,是永远不可能的;如果说这一切是什么样的因造就了什么样的果,那么无色无形的心识之因只能是前世的同类心识流,除此之外无法找到另一个前因;如果说心识之因不是前一刹那的心识流,那么一个有情身体的消亡就意味着少了一个心识,也就是说从此少了一个投胎转世的心识，这样有情众生将会越来越少，最终轮回中不再有众生。

如果我们能够知道轮回有情的总数的话，那就可以掌握众生心识的数量，我们也就可以清楚地了解轮回中是否出现了新的心识。但是，靠我们现在的根识，不仅不能知晓众生的总数，而且也无法知道宇宙世界到底有多大。除了我们现在所居住的地球以外，其他众多星球聚集在一起所构成的大世界，还有一根头发上拥有的微尘数量之世界，等等这些数不胜数、无穷无尽的世界，不仅无法用我们的眼睛看清楚，而且无法用我们的心意去思量，因此，这一切也就说不清楚，道不明白。如果我们倒立看人，将会发现人人都在倒立着走路，我们要是对这样的视觉信以为真的话，那么还有比这个更大的欺骗吗？所以说，一切有为法都是因缘聚合之物，其究竟真谛便是法性不可思议。

第二十四章　紧紧攥住喘息的气息穿透沉默的钟声

第二十五章　那些穿梭的因缘正在覆盖生死的我们

我们从母胎中出生到现在,我们常见的山河大地、土石房屋等所有流动和非流动的物体,以及四大和合之物中具有心识的各种动物,都是从因缘中产生出来的,还是从无因无缘中突然出现的?

答案很显然:所有的物质都是因缘聚合后产生出来的。我们都知道绿苗要从种子中生出,而且不同的种子会生出不同的果子,这一切最终都脱不出外在缘起现象的范围。同样地,所有动物以四种出生方式出生的时候,同类之因会生出同类之果,而不会出现人生狗或狗生人等错乱现象,所有同类出生的有情也无法超出内在缘起现象。

既然外在世界与内在情器都是四大聚合之物,那么为什么其中还会有外在世界无生命与内在情器有生命的区别呢?

原因在于心识的存在。所谓的近取心识,就是当身体消亡的时候其不消亡,只有当心识在身体中的时候一个活生生的动物才能在世间活动着,而且其心里是明了清醒的。但是,当心识脱离乘坐的气流时,心识就会融入内在的虚空或投进别的身体,那时变为尸体的身体就成了无生命的物体,和土、石等物体没有任何区别。因此,除了身体之外,还存在一个心识或业债的背负者是毋庸置疑的。

身体就像一个即将坍塌的土石堆,心识就像土石堆上即将远飞的一只鸟,当因缘聚合发生作用致使土石堆坍塌的时候,上面的鸟便会飞走。另外,就算土石堆因缘不具足而暂时不坍塌,鸟也有可能遇缘飞走。从这个比喻说明中我们知道,当身体由于老化或病变而死亡的时

候,心识便会离开身体,去到它处。此外,就算身体还没有具备因健康原因而死亡的因缘,即使身体既健康又充满青春活力,但是,如果遇上偶然发生的灾祸逆缘,心识仍然会去向它处。

心识到底有没有前因呢?

答案是肯定的,心识的前因就是前一刹那的心识,由前一刹那的心识作为"近取因"而生出了后一刹那的心识,心识的最初前因便是俱生无明。

当最初前因具备智慧生命之风以后,三界众生在心风的动摇中产生了二取心念,在二取心念中产生了我执与我所执之心,由此贪恋诸法而堕入轮回迷妄中。有了迷妄以后,由贪欲和瞋怒之心造出了烦恼罪业,因此众生就要经受无边的痛苦。

所谓的"业",是指能产生各种后果的前因。诚如佛祖所说"业生万物世间",各种业因可以产生各种业果。积累福慧善业可以得来快乐妙果,反之积累罪恶之业就会招来痛苦后果,我们都曾经亲身体会过这种现象。当今世界在很多地方出现了能够回忆前生前世的人,他们能详细具体地说出他们的前世是什么人、在什么地方……这一切正在证实生死轮回的存在。当我们知道的确存在生死轮回以后,就可以正确认识业与果的关系。

今生今世,可以见到由于前世业因不同而得到的不同结果,由于前世所作的善恶不同,今世人们所经历的贫富苦乐也不同,往生的去向则要看今世的造业和所作所为。今世多行布施,往生就会享受荣华富贵;今世多行偷盗抢劫和吝啬,往生就会贫穷困苦;今世珍护戒律,往生就会容貌俊美;今世渝违戒律,往生就会面貌丑陋……如此众多的因果事例不胜枚举。总而言之,今世是人往生不一定还能做人,今世穷困往生不一定依然穷困。

也许有人会有疑惑:有的人奸滑狡诈而且专做杀生等罪业,但他们的生活却过得幸福快乐;而有的人正直善良而且多积福业,但他们的日子却越过越苦,这是为什么呢?要知道业与业果之间的关系深密难测，但是业的不会自动消失的特性是不容置疑的。业有很多种类，有现世现报之业、来生受报之业、顺后受报之业、能引果报之业、圆满果报之业、异熟果业、增上果业等多种多样。多行罪恶之业的人看起来暂时过得还快乐，那是因为他们前世福业的果报还没有结束，当福果受完以后，他们便要接受罪业的果报。今生多行善业而受苦的人，是因为他们正在承受前世罪业的果报，当恶果受完以后，他们一定能够得到善业的果报。鸟飞得很高的时候虽然看不到它自己的影子，但是当鸟落到地面时影子一定会伴随出现，而影子从来就没有离开过它自己，同样，我们所造诸业的果不会报应在土地中，也不会报应在石头上，总有一天一定会报应在我们自己的身上，此所谓"善有善报，恶有恶报，不是不报，时候未到"。

当我们知道一个心识能够相继投生为各种有情并会体受多种苦乐以后，也许有人会想：既然一个心识能投生到各种不同的有情体内，那么就像投胎转世中各有情互不相同那样，心识是不是也有着很大的变异呢？会不会同一个心识分别投生在狗的身体里和在人的身体里时，就像彼此之间的行为有着极大的差异那样，狗的心识和人的心识也有根本的不同呢？造业者的心识和体受业报者的心识是不是完全不一样呢？

在回答这些问题的时候，我们首先应该知道不仅人和狗有很大的区别，而且六道轮回中的有情彼此之间的思维和见解都有着非常大的差异。当福业和恶业在前世的心识中留下习气以后，根据业的好坏而成就善趣之身或恶趣之身时，其行为习惯必然会发生相应的变化。当投胎生为老鼠的时候，我们便会好偷；而当投胎生为猫的时候，我们就会好杀。另外，把前世的习气带到后世中的人也不是没有，这里可以举一个例子来说明：当一个母亲生下分别来自六道轮回的六个儿子时，他们虽然是一家人，但是根据从前世带来的习气的不同，这六个儿子在各方面都会有很大的差异：前世为天的儿子显得美貌和气；前世为阿修罗的儿子显得粗暴和嫉妒心强；前世为人的儿子显得聪明和忍耐

力小;前世为畜生的儿子显得愚钝和忍耐力强;前世为饿鬼的儿子显得丑陋和欲望大;前世为地狱有情的儿子显得丑陋并且总是一副苦相。如此诸等同样是血肉之躯的人群中,由于前世投生之道和习气的不同,其等流果使后世的人们性格和言行有着很大的差异。

而一个心识分别投生到各种不同的有情体内时,心识是不会发生变化的。因为投生之道和习气不同,所以使各世各代的行为习惯产生了很大的差异,当生为驯兽的时候就喜欢吃草,而当生为猛兽的时候就喜欢吃肉。

生在中阴世界的有情,前半生的所见所闻都是前世的身体和言行,后半生的所见所闻则是来生的身体和言行。至于引业和满业等各类业因如何生出业果,以及业因的详细分类和由此产生的业果只有佛祖一人知道,没有遍知智慧的人是无法全面阐述其详细情况的。

在造下各种业后体受各种不同的果报时,心识会不会死去呢?

因为心识是无形的,所以它不会死去,但是心识是会发生变化的。

要知道,最终体证正觉佛果就是心识得到了升华,或者是心中除灭了迷妄和障垢,并且功德圆满。总的来说,轮回是无始无终的,但是从有情个人的角度而言,迷妄是有边际的。从上面的正觉佛到下面的小蚁虫,所有圣尊和众有情的心中都具有如来佛种,如来藏就像菜籽当中的油分那样遍及所有有情。

这样分析和研究之后,我们最终还是要回到佛祖开示的真谛——空性离戏不可思议的本原之中。我们若能坚定地信仰真谛金刚圣言,那么绝对无误的真理将会带给我们不变的信心;我们若能坚信法性不可思议的本性,那么离戏内在的光明将会在心中展现出来,并且可以在今生今世入登无灭永恒的圣果妙地。

有关因果法义,佛祖释迦牟尼在经中作了如下释说:"造下何等之业因,得来类同异熟果,纵历百千万之劫,业亦不会消失无。"另外还云:"善业能够得快乐,恶业会生诸痛苦,如此善业与恶业,所生诸果悉明了。"所以,断除杀生就会长寿无病;断除偷盗就会富足发财;断除邪淫就会得到美丽贤妻并且家庭和睡;断除妄语就会得到别人的赞誉并且美名远扬;断除离间语就会得到别人的喜欢并和周围的人群和睦团结;断除恶语就会经常听到善言妙语,从而得到快乐;断除绮语就会令人相信你说的话,成为一言九鼎的人;断除贪欲就会万事如意;断除瞋怒就会深得人心并给人友好安详之感;断除邪见就会在生生世世具足正见。以上十善是把有情带入快乐善道的宝马良车,与此相反,如果大行恶业的话,根据发恶心力度的不同会令其堕入地狱、饿鬼或畜生三恶道中的某道轮回之中。

体受业果中的等流果是:杀生就会短命;偷盗就会穷困;邪淫就会敌众;妄语就会受到别人的诽谤;说离间语就会敌多友少;说恶语就会经常听到不堪入耳的话;说绮语就会说话无人相信;有贪欲就会事与愿违;有瞋怒就会常有恐惧;持邪见就会愚昧无知。

体受业果中的士用果是:前生和后世有行为相同的现象,比如前世杀生的人今世也喜欢杀生。

体受业果中的增上果是:业果出现在与造业者有关的其他事情上,比如杀生的人看病吃药用处不大;偷盗的人不能发财致富;邪淫的人所到之处都不干净;打妄语的人身上有臭味;说离间语的人投生于高山峡谷之中;说恶语的人落入沙漠和荆棘丛中;说绮语的人遭遇四季变化不正常的现象;有贪欲的人付出多、得到少,还会好事变成坏事;有瞋怒的人会遇上食物中毒;持邪见的人会遇上耕作无收成。以上增上果有的会出现在今生今世,有的会出现在来生来世。

从上面我们可以看出:恶业就像毒物一样能够毒害所有的有情,造恶业的人就像明知是毒药还要去吃。因此,所有渴望得到快乐的人都应断灭恶业,厉行积累福德的十善业,从而依次登入下士、中士和上士三次第解脱妙道,直至最终登上寂灭涅槃之恒久快乐解脱果位。

外在世界有成、住、坏、空的过程,和外在世界一样内情众生也有出生和死亡的过程。在性空法界动起无明业风后形成的有情众生,具

有最初形成、中间短住、最后死亡的明显规律,这个规律便是有为无常的现象。世间万法有聚就会有散,有为不离生灭,有生必有死亡。当死亡到来的时候,外四大会收入到内四大之中,内四大又融入光明之中,而光明将会展现为离戏空性。

相信业生世界和生死轮回的观点之后,我们不能不承认有一个往生世界的存在。试想如果我们抛弃这个五蕴聚合之身,立刻进入到往生世界,可是却不知道我们自己的业力会使我们往生到哪里?无疑这将会使我们感到莫大的恐惧和悲痛。从无始轮回以来,我们投生到六道有情世界的次数无穷无尽,其间所受用的五蕴聚合之身也不计其数,如果我们把所有投生过的躯体的骨头都堆积起来的话,一定会有须弥山那样高大,再把泪水都汇合起来的话,也一定可以汇成一个大海。

在无量无数的生死轮回中,众生彼此之间曾经建立过的父母子女和敌友远亲关系,无论如何都不可能统计出准确的数目。看一看我们的这个心,它是多么的无知和愚钝,它一直就在业力的主宰之下,成了业力的奴隶,并随业力堕入六道轮回之中,受尽了各种痛苦。我们的这个心自从受到业力控制以后,就像装进瓶子里的蜜蜂,不仅无法从轮回的瓶子中逃脱出来,相反,它还要视轮回痛苦为快乐,难道还有比这个更可悲、更可怜的吗?

当我谈论这个问题的时候,少数年轻气盛、富足高贵的人也许会骂我痴人说梦,在他们的眼里这个轮回世界非常美好,说它是痛苦的海洋就等于疯子在说废话。不过,我仍要奉劝他们仔细想一想:你当初投生到这个世界的时候,在娘胎里会有被脏东西包起来的不适感;然后你受业风的推动,头脚颠倒之后,受尽挤压之苦被生了下来;你来到这个世上的第一个感受就像掉进荆棘丛中一样刺痛难受;接下来,你还要受尽冷暖无常、行动无力、大小便不能自理、不能保护自己、不能和周围的人交流沟通等众多痛苦。谈到这里,你可以用一句"不记得"的话来回避出生和出生后两年内所受的苦,当然人们也以同样的话来回避前生前世。但是，只要回忆一下从会说话、会走路到现在的人生经历，你不得不承认自己曾经受过被他人支配的苦、学习不能如愿的苦、与同伴竞争的苦、打架斗嘴和忿怒的苦、担心青春不能永驻的苦、贫穷且衣食不足的苦、遭遇冷暖无常的苦……其中还有事不如意、遇上困境等人们常见但习以为常的各种痛苦。在日常生活中，我们认为快乐幸福的事情中也隐含着坏苦和行苦。

我们人很可怜，经常把相对于大痛苦的小苦小难视为没有痛苦的快乐，这就像没有吃过糖的人无法体会甜的滋味一样。除了大小痛苦之外，没有体验过离苦大乐的轮回中人不会知道什么才是真正的快乐。当我们视轮回痛苦为快乐之后，便对轮回世界产生了很深的迷恋，这和蛆虫视粪坑为美丽家园没有什么两样。

那些目空一切的年轻人，现在虽然是风华正茂、朝气蓬勃，但随着时间的推移，他们很快就会失去青春活力，脸上将会出现一道道皱纹，头上将会长出一根根白发，四肢将会逐渐乏力。当自己变成样子难看、没有气力的老年人时，他们会产生痛苦和失落感，现在所有的快乐伙伴和亲人朋友，到那时将会对他们越来越疏远。五根器官的老化失灵，将造成眼睛看不清东西、耳朵听不清声音等障碍。洁白坚固的牙齿脱落下来之后，将无法细细品尝食物的美味可口，也不能充分吸收食物中的营养成分。人老的时候，思维也会痴呆愚钝起来，说话做事基本上与不明事理的儿童没有什么大的差异，那时人们看不惯你痴呆犯傻的样子而与你保持距离，无形中逼你远离社会和人群。

人们把住在痛苦轮回中的人生看成是美好人生，还要经常祈祷发愿自己能够长命百岁。但是，如果没有成就脱离生老痛苦的不灭金刚身，长命百岁的人生又有多大的意义呢？在痛苦、无知和被动中多住一段时间之后，最终还是要进入痛苦的轮回之中。

人们饱受出生成长的痛苦和年老多病的痛苦以后，还要面对死亡的更大痛苦。死亡怨敌早就和我们开战了，它正在一分一秒地消灭我们的生命，我们活在世上的时间正在不断地减少。想想这一切，我们还

能无忧无虑地等待下去吗？

从前体悟轮回如梦幻魔术般的圣人，用佛法破除迷妄和执著，把生、老、病、死等痛苦化为进入解脱胜道的动力，把一切苦乐都改变成增加功德的秘诀。这些圣人们经常说："我病无人过问，我死无人哭泣，若能死于山野，瑜伽心愿足矣！"他们还说，"众人所谓死亡之时，正是瑜伽士成就之时。"这就是内生微妙大乐，变外苦为乐友的大圣人！

在我们现在居住的这个地球范围内，我们人类是所有动物当中最高等的。我们可以用智慧来降伏老虎、狮子等凶猛的食肉野兽；在没有翅膀的情况下，我们能够制造飞机飞上蓝天；我们还能潜入水底……我们具有很多值得骄傲的特长和优点。但是，到目前为止，我们还没有免除死亡的办法。在无法避开死亡的情况下，我们也没有死后不入恶道、往生不受痛苦和取得永恒解脱的办法。虽然有少数人知道死后不受痛苦和得到解脱的方法，但却无意或无暇朝这方面努力，这是多么的愚蠢啊！

如果我们有来生绝对不存在的十足把握，那是最好不过的事情，但是，我们仅仅以"没有见过"为理由来否定来生的存在，那是很荒谬的。在没有任何令人信服的推理说明和科学证实的情况下，除了相信佛陀的了义真言之外，我们再也找不到其他任何好办法。所以，我们不得不更加充分信任佛祖是传达无伪真谛的无上圣尊。

要放弃今天倍加珍爱的这个身体，当然要承受无比巨大的痛苦，仅仅就是身患疾病或身受轻伤都会有无法忍受的痛苦。可是，就在此时此刻，死神阎罗王已经用死亡的绳索拴住了我们，我们正在逐步向死亡靠拢，年月时分在不断地减少，可以肯定的是我们的死亡之日不久就要到来了！面对这一切，我们还能无忧无虑地消磨短暂的人生吗？从出生的那一天开始，我们已经在向死亡靠近。如果一个人能够活一百岁，那他出生的第二天便成了不能活一百岁能人。

一个人一天的呼吸次数为二万一千六百次，做一次呼吸就少了一次呼吸时间的寿命。我们的活命时间就像高速急流的瀑布，正一刻不停地向死亡峡谷奔去；我们的寿命又像日落西山，死亡的黑暗正在一步一步地向我们逼近。如果我们当中的一人现在是三十岁，而他能够活到八十岁的话，那么他还可以在世间住上五十年。他也许会认为这五十年是个漫长的时期，但是五十年中的一半是夜晚，晚上的睡觉时间就等于在半个死亡之中度过了五十年的一半，剩下来的二十五年白天的日子还要除开吃饭、穿衣和工作时间，这样算下来还有多少空闲时间呢？我们的生命历程，就这样在不知不觉中走到了尽头。现在，人们一般都要用工作五天和放松两天来度过春、夏、秋、冬，不过对于我们而言，再长的寿命都显得非常的短暂。

今天，我们都倍加爱护自己的这个身体，拿出美味佳肴来喂养它，买来好衣服给它穿，用华丽的首饰装扮它，想方设法服侍好它，还要讲究卫生和注重行动坐卧等等。为了身体健康和保住生命，人们发挥了全部智慧并使出了所有的精力，甚至有些人为了保养自己的身体，任意夺取其他有情的生命。这些人把杀生看得无足轻重，但是如果他们自己要是受到一点伤害的话，却无法忍受，甚至别人说几句不顺耳的话或者因一个不友好的眼色也会使他们生气发怒。还有少数人，为了发泄私愤，竟把无辜的人打入死牢。这些无恶不作的人，虽然自己无法忍受一点点小疼痛，但是对待别人却没有丝毫的慈悲心。那些自私自利的人，当死神突然降临到他们头上时，他们再也不能用手中的权力、部下的人马、拥有的财富和以前的勇气、胆量来与死神拼搏，他们只能躺在床上，慢慢地体受死去的痛苦，悲伤的眼泪将会挂满他们的脸颊，这一切将是无比痛苦的经历。

如果我们的寿命有一个定数，那也不能不说是一件好事，可寿命却是无有定数的，这使我们不知道自己是明天死、后天死、现在死还是今晚就死去？而且，我们也不知道自己将因何缘故而死。面对这么多的未知事情，我们应该怎么办才好呢？也许有人会这么想："我死不算什么，比我优秀的人一样都得死，死是不可避免的自然规律。"即便如此，

可是,自己死亡以后,自己所珍爱的父母兄妹、妻子儿女将会为自己而陷入痛苦的深渊,这又怎么能够忍心呢?如果是我们的亲人先死,当他们在中阴路上遭遇恐怖和痛苦的时候,我们却无法保佑他们,无法陪伴他们,更无法给他们指明正道。这和在母畜面前杀死仔畜时,母畜除了悲痛之外毫无办法没有任何两样。

我们的这个身体是四大的聚合体,如果出现小小的四大不协调,可怕的疾病就会在我们身上发作,在未死之前,我们就能真实体受到疼痛难忍的地狱之苦。另一方面,为了保持身体的健康,我们想尽一切办法把美味佳肴喂给自己,但是无法意料的是当美食变成毒物以后,竟然成了毁灭这个身体的杀手。我们这个身体的杀手还有水、火、猛兽、敌人、强盗等等很多很多,可是让我们的身体健康生存的有利因素却不多,要知道有些人还没有出世就死在了母胎中,有些人还没有尝到人生百味就死在幼年时期,有些人在年轻气盛的时候无奈地死去,有些人则在年老珠黄、忍受无聊和受尽老苦后死去。

总而言之,大则生死流转、小则刹时即灭的无常就像吞食三界的恶魔,没有一个有为法能够逃脱无常大敌的吞食。因此,我们这些渺小而仅靠微弱呼吸来维持生命的人,有可能突然死在饭还没有吃完、衣服还没有穿好、工作还没有做完的那一刻,到时候我们就像从酥油中抽出一根毛那样什么也沾带不上,只有在亲朋好友的悲伤中独自无奈地步入往生世界。我们平常倍加珍爱的身体,变成可怕的尸体以后,人人都会避而远之,就连自己的亲友和子女也将把它远远地抛弃。他们也许把你的尸体埋在洞穴里,也许把你的尸体火烧化为灰烬,无论怎么做,他们会在你死后的当下立刻把你从活人圈里除掉。当我们进入死人圈里以后,活着的亲友不管是给我们烟供或是烧纸,都无法肯定能给中阴世界的我们带来什么保佑和救助。

生活在地球上的人类,有些人相信人死之后还会往生,有少数人则根本不相信,有些人还在怀疑往生是否存在,更有些人则根本没有考虑和研究过往生的问题,他们就像幼稚的孩子一样尽力避免谈及死亡和往生。以上四种人中相信往生的那些人，有的不是听信别人所说，而是经过了自己的认真思考和仔细研究，并且根据正确的教说和论证来认定往生真实存在，他们把一切疑虑都消灭在内心深处。部分人对圣尊贤师们的往生存在论深信不疑，并将这种说法广泛传扬，直至代代传承不灭。

在修习比喻说明的智慧而迎接微妙胜义觉证的时候，失去本性、脱离修造地观修性相而出现明力迷妄的心念时，善恶因果的利害关系依然是存在的，所以，直至到达圆满正觉佛的果地，我们一定要遵循世俗谛的因果规律，并且要努力奉行积福灭罪。我们应该想到前面多次提及的教言法义："唯有积福灭罪的功德和觉悟上师的加被，才是体见胜义俱生智慧真相的原动力。"明智圆满而入登本原界地以后成就法身和色身二身，这便是我们需要修取的正果。

如是悟知大圆满有寂本原大解脱见要的无上利根瑜伽士，在持有圆满解脱本原胜义心要的基础上，如果日夜不离光明法性和如意顿超法门，修炼成熟而四相圆满具足，就可以即生即世入登本原法界的恒久果地；中根人士在脱离身体蕴网的那一刻，可以在法性中阴犹如子入母怀般地进入内在法性童子瓶身普贤尊的胜意法界，从而解脱成佛；下根人士可以在自性化身佛土成就现觉佛果。就这样，得到究竟正果断证功德圆满的佛位以后，自业能够真实体证法身而于法身法界从不动摇，他业两个色身犹如如意宝树和如意宝瓶一样能够施行无数应化利生事业，而恒久、遍满、如意的本性将展现至这个轮回空掉时为止。这是法性法界万法能见不灭，诸法自法界展现而灭于法界的唯一法性明点。

启发一分的灵性，才可以有一分的智慧，才懂得一分的道理；启发十分的灵性，才会有十分的智慧，才懂得十分的道理。因此，我们也可以说人生最宝贵的是灵性或真理……

人生最宝贵的乃是"智慧"，人生的第一件事，应是追求"智慧"。这

里说的"智慧"有别于"聪明"与"天才",所谓"智慧",乃是由那光辉圆满的灵性所流露出来的一种领悟力;有了这领悟力,则万事万物在它之前,了了分明,无所遁形,所以,它能领悟一切真理而无所遗漏。灵性和领悟力与真理可以说是三位一体的东西。譬如镜子一样,一面平坦光滑而无尘垢的镜子,我们可比作"灵性";镜子有"照"的功能,我们可比作"领悟力";所照见的物像,可比作"真理"。所以,一个灵性未经启发的人,我们不认为他有智慧,正如我们不认为遍布灰尘的镜子有"照"的功能。启发一分的灵性,才可以有一分的智慧,才懂得一分的道理;启发十分的灵性,才会有十分的智慧,才懂得十分的道理。所以我们说某某人不懂道理或不讲理,与说某某人无智慧,或说某某人无灵性,意思是一样的。因此,我们也可以说人生最宝贵的是灵性或真理。

然而,我们为什么要强调智慧而不强调灵性或真理呢?理由是:智慧乃是一种能力与作用,在三者之中,它居于枢纽的地位。有了灵性,若不加运用、训练,依然不会有智慧,依然不能了悟真理;正如镜面虽无尘垢,若不用以照物,依然不能发挥它的用途,不能显现各种物像。

智慧乃是以全体的灵性为根本,所以它与"聪明"和"天才"有所不同,因为"聪明"二字乃系耳聪目明之谓,偏指感官的发达。虽然所谓"聪明"有时意谓"较高的智商",毕竟不如智慧之圆满与深沉。所以我们不会形容孔子、老子、苏格拉底为"聪明的人",而形容他们为"具有智慧的人"。而"天才"往往指某方面的天赋而言,如天才音乐家、天才数学家。固然,圣哲多具天才,但天才并不等于圣哲,因为圣哲的智慧具有全面性与统一性。

根据儒家的经典,我们可知儒家把智慧列为第一优先。如《中庸》讲三达德,亦智为第一。大学之道在明明德,"明明德"之意为明白本有的光辉的德性,亦即启发灵性。再者,《大学》一贯的修养,其起点在于格物致知,所谓格物致知就是研究事事物物的道理以获得圆满的智慧。《论语》子夏也说:"博学而笃志,切问而近思,仁在其中矣。"博学、切问、近思都是求取智慧之法,有了智慧便能引发仁爱心,所以说仁在其中。《中庸》孔子说："博学之,审问之……笃行之。"为什么孔子不换个顺序说："笃行之,审问之,博学之。"显然是因为知在先,行在后之故。所以到了后来,王阳明才说："真知乃能力行。"孙中山先生说："革命的基础在于高深的学问。"

搁置圣哲的言论不谈,当我们静心而思,我们每一个人都能领悟到智慧的重要性。试问有了智慧以后,我们还怕没有办法、没有希望吗？有了智慧,则如拨云雾而见青天,则人生一切问题都会豁然开朗,虽不一定能一时获得解决,却总有解决之日。宇宙人生的问题不外乎以下三种形式："……是什么？""为什么……？""如何才能……？"比如说："权力是什么？""为什么人会热衷于权力？""如何才能获得权力？""快乐是什么？""为什么有人会不快乐？""如何才能获得快乐？"无边无尽无穷的问题都逃不出这些形式。一旦有了智慧,问题都可得到解答,然后进一步徐图解决。

关于名利富贵……乃至男女爱情,对人都是利弊参半,都有副作用与危险性。这些东西被人所享受,但是拥有越多,则越容易招灾惹祸。但如何能拥有这一切而不至于招灾惹祸,端看拥有者有无智慧以为断。有了智慧,则他的言行做法都能合理合情,妥帖稳当,则世间种种身外之物在他手中都能获得最佳运用,而不致为他引生烦恼。而且,在取舍之间,他能有明智的决定,在必须舍弃之时,他也不会黯然神伤,神魂颠倒,这是因为智慧发挥了作用。

当我们静心观察,我们可以知道,举凡古今圣哲,大都是提得起、放得下的人。当他们居高位、掌大权、享受厚禄之时,他们都能善用其声望、权力和地位,担天下之重任,发挥一己之长以利济生民；若不幸而时不我与,小人道长,他们也都能如古人说"遁世无闷,不见知而不悔",悠游林下,了其余生。道理安在？一言以蔽之,曰智慧而已矣。诸位也许会问,为什么智慧能使人看得开、放得下呢？原因是：智慧根源于灵性(亦即大我),灵性一经启发,则小我观念日渐淡薄,其心广大开

·1251·

阔，能如庄子"与天地精神相往来"，能如孔子"毋意、毋必、毋固、毋我"、"从心所欲而不逾矩"；其境界是"圆满"、"光明"、"空灵"、"轻松"、"自在"；其精神能力达于最高，所以能化解许多无谓的烦恼。此时，他不必再重视物质、声名、地位、权力，他所需要的只是最低限度的物质条件而已。庄子说："鹪鹩巢于深林，不过一枝；鼹鼠饮河，不过满腹。"的确，我们的躯体有限，容量有限，只要精神修养提高，智慧显现，我们原无需太多的物质，当然，更不需要虚名来安慰自己、权力来陶醉自己。一个君子，或是圣贤，如果他也追求财富、权位、声名的话，那么他一定是要借财富、权位、声名以完成他的伟大理想，而不是用这些东西来填补心灵的不足。

反过来看，一个没有智慧的人，那么他肯定是个对万事万物执迷不悟的人。他一定活得很痛苦，没有希望，一定得受人愚弄，受环境摆布。他不能自甘淡泊，他的欲望极高，可是他不知如何去获得所欲之物；若一旦得到了，反而招来更多的烦恼，因为他不知要如何处理、运用；若一旦失去了，更是懊悔不堪；这就是所谓的患得患失。以钱财为例，一个缺乏智慧的人，没有钱他感到苦恼，有了钱往往苦恼更甚，有了钱再失去，其苦恼又复加倍。他可能财迷心窍，铤而走险，然后误蹈法网；若侥幸而成暴发户，便穷奢极欲，沉沦酒色，乃至玩物丧志；或者因不懂理财而旋复失去，到头来往往落得身心交瘁，狼狈潦倒，其结局甚至比原先贫穷的境况更糟。何以故？无智慧故。举一反三，余可类推，我们可以了解无智慧之人真是一无是处。推而言之，他们有钱是苦，无钱也是苦；生病是苦，健康也是苦；孤独是苦，群居也是苦；做事是苦，闲着也是苦；有地位是苦，无地位也是苦。总之，他们提不起也放不下。

一个有智慧的人，他对人生有最合理的安排；他能明白事物的本末先后；他能在各种场合中说出最适当的话，做出最适当的事，表现最适当的态度，他能应付各种问题；他能见微知著，鉴往察来；他不但能自知，也能知人，所以他对己对人都不会低估，也不会高估；他能慧眼识英雄,也能慧眼识小人;他深悟人性所具的潜能皆无限而平等,并深知人人成功的可能性相等,所以他知道没有理由自卑,同样也没有理由自大;他深知道德之重要性,故随时提倡道德;他了悟"天地与我并生,万物与我为一"的道理,所以他具有民胞物与的精神,不仅爱家、爱国,也爱全人类,而且能推而爱万物。

一个国家需要有睿智的领袖,一个学校需要有高明的校长和教师,一个家庭需要有明理的家长,一个男人需要有贤惠的太太,一个女人也希望嫁给有灵性的丈夫……世界上有哪一件事不需要智慧去完成?有哪一门学问不需要智慧去领悟?有哪一个人不需要智慧?有哪一个人不希望以智慧者为领袖、为师长、为配偶、为上司、为属下、为朋友?

名利富贵对拥有者多少会有副作用和危险性,容易招灾惹祸;唯有拥有智慧的人不必担当什么风险,因为智慧本身即是除险的舟筏。而且名利富贵往往须由争取得来,到手之后便为众矢之的,所以难得易失,难保久远。智慧之为物,求其在我,不必与人争夺便能拥有,既有之后,不怕被人掠夺,因为它无声无息无形;而且真正的大智慧总是深藏若虚,不尚卖弄炫耀,所以不怕招来嫉妒、攻击。有人说,智慧愈高则烦恼愈多,那是因为智慧未成熟的缘故,智者也可能由于其他的原因而遭到讥讽、毁谤、歧视,但是这些讥讽的冰、毁谤的雪、歧视的霜都将在智慧的日轮之照耀下,在心中消融无踪。

智慧是诸德之母,一切美德若无智慧为其眼目,必多趋于邪路,所以说:"诸德如盲,智慧为导。"今聊举数例以明之:不智之忠是为愚忠,不智之孝是为愚孝,不智之信是为迷信,不智之爱是为痴爱,不智之仁容易被人利用,不智之勇往往自召其祸,缺乏智慧的果决名为武断,缺乏智慧的坚定名为顽固,精进而缺乏智慧可能愈精进而入邪愈深,创新而缺乏智慧往往只是表面功夫、换汤不换药。

当我们踏上人生的宽广大道,内心会有多么美妙的感受!但是若

不能开启智慧的大门,这条宽广大道在哪里呢?

有道是:"大肚能容天下难容之事",何况是与自己朝夕相处、风雨同舟的亲人呢?将这个道理再扩展一点。对我们的同事、同乡、同一个地球村的人类,不都应该如此宽容大度吗?

我们身处的这个世界越来越复杂,越来越拥挤,因此,生活给我们带来的烦恼和人与之间的摩擦与碰撞几乎每天都在所难免。痴迷的,隐在矛盾里面不能自拔,其苦不可言状,许多刑事犯罪和心身疾病皆因思想偏执所致。如果我们在胸中装上禅机,那么,无论遇到什么问题,都能迎刃而解,化险为夷。

日本有位武士曾因白隐禅师一转语而悟道的公案很能发人深省。一次,这位武士问白隐禅师:"有人说世有地狱与极乐,真的有吗?"禅师没有从正面回答,而是循循善诱地引导武士开悟。禅师故意指着武士轻蔑加侮辱地大骂,致使武士忍无可忍,抽刀砍向禅师,当武士怒发冲冠、杀气腾腾地双手举刀过顶时,禅师开口了:"可怕!这不就是地狱?"真是一语惊醒梦中人,武士闻言,惊觉到自己的失态,马上把刀丢掉,然后匍匐在禅师脚下忏悔自己的鲁莽,禅师展颜一笑:"这个感谢,不就是极乐。"台湾了涵居士评论曰:"原来地狱、极乐、幸与不幸,全部都是自己的心造成的。"有许多偏执与偏激的行为,如果当事人静下心来回头反思一下,就会为当时一念之差懊悔不已。但愿禅能使我们变得聪明冷静起来。

赵州从谂禅师有句名言:"吃茶去",无论你到没到过赵州,无论你是平民百姓还是达官要人,来到禅师面前,一律都"吃茶去"!这里面包藏着一个了不起的禅机……可是,我们许多人却不能以这样一种平等心和平常心来为人处世。有的领导,用人只看学历、资历或是关系背景,完全不给自学成才者以尝试的机会,他们的茶是只给到过赵州的人吃的。而这种差别心又导致了多少幕人间悲剧啊。有许多人,过分追求名流,上大学要择名牌大学而不是注重专业,找工作要找名气大的单位而不是考虑实用,穿衣服要穿名牌货则不管它是否符合自己的个性;还有的人患上了严重的势利眼病,对不如自己的人就轻视侮慢,头扬得高高的,白眼看人,而对权贵大亨则满脸堆笑,言语生花,极尽奉承巴结之能事。这样的人,自以为生活得高人一等,但实际上很可怜,毫无人格可言。他们表面上活得比别人幸福,内心却比别人痛苦。因为,人的本性应该是自由自在、无所挂碍的,有了那么多的杂事和俗念,人还能活得轻松快乐吗？人一旦被别人的观念所左右,就会迷失自我,随波逐流,蹈入无边无际的不安之中,这是十分可悲的。所以说,在这个喧嚣的现实社会中,为人处世保持"吃茶去"的心态是非常必要也是非常有益的。俗话说:"家家都有一本难念的经。"夫妻之间、婆媳之间、妯娌之间,往往因一点鸡毛蒜皮的事就争吵不休,甚至大动干戈。遇到这类纠纷,清官亦感棘手难断。而家庭又是社会的细胞,家务事处理不好,也是社会不安定的隐患。我们不妨用禅的方式解决。禅,意译作"思维修"、"弃恶"等,通常译作静虑。有人发明了一种禅那药方,以治理人与人之间的关系很有效。其方法是:将你所仇恨的那个人的名字写在一张纸上,也可连带写上他使你气愤的言行,把纸条折叠好,贴肚皮放好,双手劳宫对劳宫隔着衣服捂住纸条,然后静坐参禅。这时,你的眼前就会浮现出那个人的嘴脸,你的无名火就随之窜上来,心跳加速,喘粗气,冒热汗,但你还是必须强迫自己把这个讨厌的面孔一张嘴咽进肚子里去。然后继续打坐参禅。渐渐,腹内一片澄澈清凉,那个人的面容化为乌有。这时,你立即取出纸条撕碎扔掉。如此坚持做几天,纸条再贴近你的肚皮时,你就会不但不讨厌他,反而会有一种亲切感。有道是:"大肚能容天下难容之事",何况是与自己朝夕相处、风雨同舟的亲人呢？将这个道理再扩展一点,对我们的同事、同乡、同一个地球村的人类,不都应该如此宽容大度吗？

  禅是佛教之塔上的光芒四射的塔尖,是宇宙间最高尚、最优美的人生哲学,它的生命在于实证。如果我们遇到问题都能按禅的方式去解决,那么,世界将变得一片光明、祥和。

愚痴的人觉得黄金最珍贵；聪明的人知道石头有时比黄金珍贵；智者金石同一观。有智慧的人，瓦砾对他都是无上法；没有智慧的人，无上法对他也是瓦砾……

苏东坡有一次过济南龙山镇，那里的监税官宋宝国拿出一册王氏所写的《华严经解相》给他看，并对苏东坡说："这位王公修道已到了极致了。"

苏东坡就问宋宝国说："《华严经》一共有八十卷，王氏怎么只解了一卷呢？"

宝国说："王氏对我说，只有这一卷是佛语奥妙，其余的都只是菩萨所说的话，没有什么可观。"

东坡听了，心里觉得非常奇怪，就说："我从大藏经里取几句佛陀说的话，再取几句菩萨的话放在里面，你能分辨出其中哪些是佛说或菩萨说的吗？""我不能分辨。"宋宝国说。"不仅你不能分辨，王氏也不能分辨。我从前住在岐下，听说沂阳的猪肉味道最美，就派人去买一头猪回来，派去的人买好猪那天喝醉了，他买的猪也跑了，他只好随便买一头来给我。我不知道他带给我的不是沂阳的猪，结果我就用那头猪来请客，告诉大家那是好不容易从沂阳带来的猪，所有的客人吃了都大大叫好，认为是别地猪肉不能相比的美味，后来我派去的人承认沂阳猪跑掉了，所有的客人听了都感到非常惭愧。

"从前买猪的事情使我悟到：如果人一念清净，墙壁瓦砾都说无上法，是没有什么分别的。即使像买猪肉、娼妓唱歌这种卑微的事也能令人开悟。像王氏所说，佛语奥妙，菩萨不能相比，这就像吃猪肉的客人一样，不是痴人说梦吗？"

宋宝国听了大表赞同说："是呀！是呀！"

苏东坡用猪肉的比喻来破除对佛法的谬见，虽然有点过度，却颇有深意，就是一念清净的人见什么都是清净，心中有佛，所见皆是佛法；心中无佛，即使是佛亲口所说，我们也不能领会它的奥妙。有智慧的人，瓦砾对他都是无上法；没有智慧的人，无上法对他也是瓦砾。

1256

愚痴的人觉得黄金最珍贵；聪明的人知道石头有时比黄金珍贵；智者金石同一观。

苏东坡体会到这个道理，曾经写过两首有智慧的诗，后来成为中国名诗，一首是：

溪声便是广长舌，

山色岂非清净身；

夜来八万四千偈，

他日如何举似人。

另一首是：

横看成岭侧成峰，

远近高低各不同；

不识庐山真面目，

只缘身在此山中。

"一言以兴邦，一言以丧邦。"儒家之士深明言语的影响，于是在立德、立功之外，还强调立言的重要。而菩萨修行度世当中亦需具备无碍的辩才，如《八大人觉经》所言："广学多闻，成就辩才，教化一切，悉以大乐。"众生的烦恼妄见必须用智慧剑来斩除，而菩萨说法即能端正众生的错误知见。

善说，不只是辩才无碍、说话圆融，最重要的是心存善念、正念之言语表达。如果一个人心中满是愤恨，那么说出来的话必然字字是利箭，伤人无数；如果包藏祸心，即使口蜜腹剑、巧言令色，最终仍不免被人识破，甚至身败名裂。佛法告诉众生因果轮回的道理，自己现在所做的事、说的话，将来都要各自承担果报，若能遵守戒法，则能远离恶因。例如，十善法中有不妄语、不两舌、不恶口、不绮语，菩萨四摄法中有布施、爱语、利行、同事，这都是令众生趋向善道的指引。

说好话之余，进一步还要能阐发自己坚定的理想和信念，使他人明白言论中的义理，乃至认同、接受；此外，更要以正知正见为根本，有慈悲智慧之胸怀，罢斥邪说、显扬公理正义。如：春秋时代的晏子，以机

智善巧提升国家的地位、化解自身的窘境；唐朝的魏征，在直言进谏之外亦能以种种方便，巧妙地使君王接受谏言。孟子说："予岂好辩哉，不得已也。"为了护卫正道，为了度世的宏愿，流畅的表达能力是每一个行者所应具备的基础。

战国时期，蔺相如怀璧出使秦国，谒见秦王，发现秦王没有诚意以城换璧，他就故意说："我方才献出的和氏璧，有一处小瑕疵，容我指出来。"他把秦王手里的和氏璧，又拿回自己手里，然后，依柱而立，指责秦王说："大王无意换城，我已了然，只好把和氏璧要回来。大王如想加害我，只好把和氏璧和我的头，撞向柱上，同归于尽。"说罢，他就怒目瞪视秦王。秦王见状，只好不杀他。蔺相如既知换城之事已不可能实现，暗中派人带着和氏璧回到赵国。

秦王知道杀死蔺相如，只会妨碍到两国的邦交，因此，好好招待他一场之后，放他回去。蔺相如的善说、人品，和过人的胆识，终于保全了赵国的国格和和氏璧。

再说南北朝时，有位求那跋摩高僧，是印度罽宾国的王族出家。南朝文帝元嘉八年，跋摩大师来到建业，文帝请教大师："寡人想持素并不于非时食，且禁杀生，但我身为一国之主，掌全国政治，种种拘限，无法满愿，不知怎么办才好。"

跋摩大师回答："帝王的修行法和平常百姓有所不同。小百姓身份贱，名分微，自然应该吃苦耐劳，勤俭修行。帝王拥有整个天下，掌管所有的百姓，只要说一句仁德的嘉言，官吏和百姓都会很欢欣，行一仁政，则人神都高兴而随顺。虽然用刑而不滥杀生命；虽有征役，而不剥榨人民的劳力，那么天下就风调雨顺，寒热适当，百谷茂长。这样的斋戒才是大斋戒，大功德啊！这种不杀生，可算受持不杀戒的极致啊！那里只是放弃半天的饭，或保全一禽兽的生命，就算是大慈大悲大功德了呢！"文帝听了这番巧论，不但欢喜赞叹，还命令掌职的官吏供养跋摩大师，全国也都崇拜供养。

明朝莲池大师曾经赞叹道:"求那尊者谈佛法,道理正确而说法圆融委婉,善巧解说而不违背正理,才是真正融通佛法和世间法而不相妨碍的人啊就是古代贤良的谏议大夫,也不过如此。"

儒家云:"言未及之而言,谓之躁。言及之而不言,谓之隐。未见颜色而言,谓之瞽。"就是与人同坐谈话时,如果抢先说话,就表示浮躁,是轻率。轮到该说时却不说,表示心中有隐匿,有藏私。不去观察人家的脸色而说话,就是盲眼,就是瞎子。这些是说话的艺术,是做人的规矩,是善说的涵养,更是修行者的细行。

古人亦云:"立德、立功、立言。"所以说话除了会说,更要能善说,说得好,说得恰到好处,恰如其分,进一步还要从说话中建功立德、造福人类、净化心灵。而佛陀说法更是圆融无碍,常以善巧譬喻,应机提掇,让聆听法音的众生,身心热恼尽消,清淳无比,当下即能契入佛法义理,可知佛说法的音声中,蕴含殊胜的智慧与功德力。

智慧是每一个人自性里具足的,不是从外面来的。"具足"就是没有欠缺,是圆满的。你的"财富"、"智慧"、"德能"是圆满的,没有一样不圆满,都不是从外来的……

释迦牟尼佛四十九年所说的一切法,集成为经典,再加上历代祖师大德们的注疏,合成现在我们所见到的《大藏经》。它的内容可以用一句话概括,这就是为我们"说明宇宙人生的真相",也就是《般若经》上讲的"诸法实相"。"诸法"是一切法;"实相"就是真相。"宇宙"是我们生活的环境;"人生"就是我们本人。世间还有什么事情比这桩事情跟我们的关系更密切?

若对于宇宙人生真相彻底明白,在佛法里称为"觉悟"。彻底明了的人,我们称他为"佛";明了而未能彻底的称他为"菩萨"。"菩萨"是梵语,玄奘大师翻译为"觉有情",即觉悟的有情众生;而我们则是不觉,是迷惑颠倒的众生。菩萨是觉悟的众生,可见他们不是神明。所以,觉悟就称"佛",就称"菩萨";不觉则称为"凡夫"。可见凡圣平等,只是迷悟差别不同而已。佛、菩萨觉悟,众生迷惑;觉悟的人,生活就自在,在

生活里,自己做得了主宰;迷惑的人,则被外面环境主宰着,自己不能做主。

　　智慧是每一个人自性里具足的,不是从外面来的。"具足"就是没有欠缺,是圆满的。你的"财富"、"智慧"、"德能"是圆满的,没有一样不圆满,都不是从外来的。外面求的难,不容易!佛法的求不是向外,而是向内。因此佛法称为"内学"、"内明"。佛法要从心性中求,也就是从清净心里求,清净心是真心。

　　佛法不但重视理论,更重视实行。理明白之后,如果做不到,则是空的,所以佛法重在行门,"行门"就是生活。

　　性德虽然本来具足,但须靠修德彰显。修德,就是你要会过日子,要会生活。从前人说修行,现在听"修行"两个字,感觉很神秘、很神奇,很不容易体会里面的意思。实际上,修行就是修正一切错误艰苦生活。

　　我们要懂得修行,修行的标准是"戒、定、慧"三学。"慧"是真实的智慧。持戒用现代的话来讲,就是守法、守规矩。持戒就是守法。我们一定要养成守法、守规矩的精神。除了佛教的戒律之外,生活在这个世界,国家宪法及地方上的法律、规约,乃至于生活习惯、风俗、道德观念,都要遵守,这都在持戒范围当中。人守法,心就清静,所以心安理得,心里安静了就容易修定,因戒生定。"定"就是真心、清净心,清净心起作用就是智慧。凡夫的心不清净,就有烦恼,就有妄想。

　　想想自己常生烦恼,人家常生智慧。差别就是他的心清净,我们的心散乱,无量无边的妄想、分别、执著、烦恼,这是增长六道轮回,我们天天在生轮回心,造轮回业,不是修菩萨道。轮回是苦海无边!觉悟的人,要赶紧从错的地方回来修清净心。

　　戒定慧,是佛法指导我们修行的总纲领,其他一切法门,都不出戒定慧三个大纲。

　　学佛的同修都知道佛、法、僧三宝。"佛"代表觉,佛是大觉之人;"法"是经典,代表佛知佛见,正知正见是如来的智慧德能,也就是诸佛如来对于宇宙人生的想法、看法;"僧"代表清净,六根清净、一尘不染。

三宝是觉、正、净,觉而不迷,正而不邪,净而不染。

在日常生活中,穿衣、吃饭要觉悟,不能迷;要正知见,不能有邪知见;要保持清净心,心地不能被污染,所以佛法修的是觉正净。学佛没有别的,就是把真心发掘出来,把妄心舍弃。妄心是生灭心,妄心是指念头,念头是虚妄的,前念灭了,后念就生,生灭永远没有停止,这是妄心、妄念、妄想,把妄想舍弃,真心就现前。真心是清净心,没有生灭,所以清净心生的是真智慧。

由此可知,智慧不是从外面来的,是从清净心里生的,是从禅定功夫里生的。

真正的慈悲是悲智双运。懂得运用善巧方便来利益众生。慈悲,并非顺着对方之意而任其予取予求;慈悲,必须视时节因缘而进退得宜……

何谓慈悲?慈能与乐,悲能拔苦。诸佛菩萨以"无缘大慈,同体大悲"的平等心对待一切有情,儒家有言:"老吾老以及人之老,幼吾幼以及人之幼。"此外,墨家讲"兼爱",耶稣教世人"博爱",这都是慈悲心的展现。

怎么做才称得上大慈大悲呢?从前有一个很慈悲的人,乐善好施,任何事情都很乐意帮忙。有一天,他看到两只狗在打架,心生不忍,便靠过去对着两只狗劝架,同时伸手将他们拉开,结果手指头却被狗给咬伤了。处于无明瞋怒的状态时,人道众生尚且作不了主,何况是畜生道呢?所以,只有慈悲而缺乏智慧,称不上真正的慈悲,不仅无法解决问题,自己反而受了伤害。

真正的慈悲是悲智双运,懂得运用善巧方便来利益众生。慈悲,并非顺着对方之意而任其予取予求;慈悲,必须视时节因缘而进退得宜。明惠上人赶鹿的公案即是最好的例子:有一头迷路的鹿跑进高山寺,明惠上人看了连忙喊着:"这是哪里来的鹿,快把他赶出去!"不但召唤弟子驱逐,自己也一边拿起拐杖赶鹿。弟子们大惑不解,心想平时慈悲

亲切的上人，连一只蚂蚁尚且护念，今天怎么反常的严厉，还亲身鞭杖赶鹿呢？正当大众议论纷纷时，上人向大众说道："我是为了不让鹿习惯于人类，所以才赶他出去；鹿一旦习惯了和人相处，就会失去对猎人的警戒心，因而丧失生命。"慈悲不只是外在所现的柔软，其中更应具足智慧的判断。

佛陀所制定的戒律、祖师大德所立的规矩，无一不是为了护念大众的修行；有时我们只看到外相挥杖鞭策的严厉，而忽略这背后真正的慈悲。真正的慈悲，是兼具智慧的慈悲，是有担当力、智勇双全的慈悲。

平常心就是要眠即眠，要坐就坐，热时取凉，寒时向火，没有分别矫饰，超越染净对待的自然生活，是本来清净自性心的全然显现。平常心是道。无造作，无是非，无取舍，无断常，无凡无圣。如果着意追逐客尘，有心造作攀求，反而会丧失平常心的和谐性平衡性，而成为反常心、异常心……

饥来食，困则眠，热取凉，寒向火。平常心即是自自然然，一无造作，了无是非取舍，只管行住坐卧，应机接物。

这首诗出自黄龙慧开禅师的名著《无门关》，朗朗上口，最为佛弟子所爱诵。

黄龙慧开世称为无门和尚师。他最初礼天龙肱和尚为受业师，披剃出家，后来遍历天下名山道场，寻师访道，但是一直无法契机，于是到平江府（江苏省）万寿寺参礼黄龙派下的月林师观禅师，月林禅师教慧开参"无"字话头。慧开每天对着"无"字苦苦参究，但是就像蚊子咬铁牛，如此六年寒暑，依然找不到契入的缝隙之处。慧开于是励志刻责，在佛前自誓道："我如果参不透这无字话头，绝不瘠瘵休息，我要是懈怠睡眠，就烂却全身，无一完好之处！"从此更加精进勇猛，不敢须臾放逸。有时疲惫至极，就在大殿席庑之下经行，甚至以头颅撞击露柱，以示克期取证的决心。有一天，慧开在法堂内经行，参"无"字话头，寂寥中，从遥遥的斋堂那一头，传来一阵一阵绵绵密密，如排山倒海般的

鼓击,慧开胸中久远以来的疑团,顿然消失,豁然省悟,高唱偈颂:

青天白日一声雷,大地群生眼豁开,万象森罗齐稽首,历弥勒跳舞三台。

一派天高云淡列长空,丽日高照大地春的气象。第二天,慧开迫不及待地跑到方丈寮,想把自己开悟的心境呈现给师父,请师父印证。月林看到慧开的偈子,不但没有赞叹,却高声大喝道:"你在何处见到鬼又见到神了?"慧开见到师父大喝,也当仁不让大喝一声,月林又做狮子吼,慧开面无惧色又大喝,师徒这时才相顾哈哈大笑,喝声笑声交织成一片天籁,回荡于堂宇檐下。禅,有时需要不惧不退的大勇才能承担。

慧开在月林禅师座下开悟之后,从此大机大用,所言所行,无不与禅的机要相吻合。南宋宁宗嘉定十一年(1218年),慧开禅师振锡于安吉山报国寺,开始展开度众弘法的家务工作。之后,又往来居住于隆兴府(江西省)天宁寺、黄龙寺、翠严寺、镇江府(江苏省)的焦山普济寺,平江府开元寺,建康府保宁寺,名震一时,受到缁素四众弟子的尊敬。

南宋理宗淳六年(1246年)奉旨开创让国仁王寺,并驻锡说法于仁王寺,其间完成流传于禅林力作"无门关",常奉召入选德殿,为理宗讲说法要。有一年,京城大旱,理宗请师登坛祈雨,慧开禅师持咒祝祷之后,默然返回寺中,理宗急忙遣派内侍前来询问,祈雨的状况如何?禅师淡然回答说:"寂然不动,感而后通?"语音方毕,天空俄然乌云密布,大雨倾盆注下,解除了已久的旱。理宗因此颁赐禅师金襕法衣,敕封为"佛眼禅师",以示褒扬。景定元年四月命工匠砌塔,八日塔龛砌成,禅师自撰龛语道:"地水火风,梦幻泡影,七十八年,一弹指顷。"书偈毕,跏趺而逝。

慧开禅师因为苦参"无"字话头而开悟,因此特别着重"无"字法门,他将历代禅宗重要的公案斟选汇编,选择其中的十八期,纂集成为《无门关》一书,并自作序文道"大道无门,差有路,透得此关,乾坤独步",并且把赵州禅师"狗子无佛性"的公案列为第一则,深得六祖慧能

大师"无念、无相、无性"的思想要旨。在四十八则脍炙人口的有名公案之中，第十九则的这首诗偈：

　　春有百花秋有月，夏有凉风冬有雪。若无闲事挂心头，便是人间好时节。

　　流传最普遍，最能表达禅者"法尔随缘"自然无作的精神。这则公案是叙述幽默古佛的赵州从谂请教师父南泉普愿禅师的公案，赵州问南泉："什么是道？"南泉回答说："平常心是道。""道可有趣向？……拟向便是乖逆。"赵州又问："如何了解道？"南泉回答说："道不属于知，也不属于不知。知是妄觉，不知是无记。"赵州言下廓然洞明，无门慧开因此写下此偈，来赞颂这段公案。

　　"平常心是道"这句话，始见于马祖道一禅师的语录"平常心是道"——"无造作，无是非，无取舍，无断常，无凡无圣。只今行住坐卧，应机接物，尽是道。"平常心就是长沙景岑禅师所说的要眠即眠，要坐就坐，热时取凉，寒时向火，没有分别矫饰，超越染净对待的自然生活，是本来清净自性心的全然显现。如果着意追逐客尘，有心造作攀求，反而会丧失平常心的和谐性平衡性，而成为反常心、异常心。

　　临济禅师在他的《临济录》一再提到无常人的概念，主张无事是贵人，但莫造作，只是平常。无门慧开禅师这首诗告诉我们为什么世人不能享受人生的美好时节？因为我们心中有事，而且有太多的闲事悬挂在心头我们挂碍社会地位不够显赫，事业不够亨通发达，待遇不够优越，夫妻生活不够融洽，儿孙不够孝顺成才，朋友待我不够敬重，所求不能满足心愿，身体多病衰弱，人我是非烦心肚里填满名闻利养，心中充塞财势情欲，再也挪不出一丝闲情去呼吸江上的清风，欣赏山间的明月，因此春天的百花开得再绚丽，与我两情不相干；冬日的皑皑白雪如何宜人，和我有何关联？我们如果能以临济无事人的平常心去面对日常生活中横逆困顿、人我关系上的矛盾纠缠，必能享受山夫渔父"富贵银千树，风流玉一蓑"的风趣。

"平常心是道。"什么是"平常心"？为什么道就是这个"平常心"？既然这个"平常心"等同于道，那就决非常人所津津乐道的那个平常心了。南泉和尚在这里所开示的"平常心"，既非凡，又非圣。非凡，即非众生们的烦恼心、机巧心；非圣，即非圣贤们的种种胜见、胜解。非凡不难接受，非圣则使人不知所以。其实，这个原则在大乘佛教的经典里早已广有言说，如《金刚经》云："如来所说法，皆不可取，不可说，非法，非非法。"基于此，才有"不应住色生心，不应住声香味触法生心，应生无所住心"。这个"无所住心"，方为南泉和尚所指示的"平常心"。这是没有污染、没有附着的心的本然，也就是六祖大师所指示的"本来面目"。

平常心是道，大自然就告诉我们这个千古颠扑不破的真理。"四时行焉，万物生焉，天何言哉！天何言哉！"今日我们对于生养我们的地球贪婪无度地摄取破坏，等到有一天，当春天不再有花香鸟鸣，地球温室反应愈高，不再有瑞雪飘飞的冬天时，人间便没有好时节了！日常生活中给自己一点平常心的智能，给地球一点平常心的尊重！

人的价值不单体现在物质创造和物质进步，更不是单纯的物质享受，根本的还在于对终极追求的精神。正确的价值观念的确立和价值判断，对于保障社会和谐与进步，比任何物质创造尤其重要。

《吕氏春秋》说："荆人有遗弓者，而不肯索。曰：荆人遗之，荆人得之，又何索焉？孔子闻之曰：去荆可矣。老聃闻之曰：去人可矣。故老聃为至公。"充分表现了人生境界的差异。前者是地域的、政治的；孔子可以说是伦理的；后者显然是终极的，艺术审美的，或者说是宗教的。

因此可以把人生的追求分为五个层面：终极的、生理和心理的、伦理道德的、政治法律的，以及物质经济的。人的价值不单体现在物质创造和物质进步，更不是单纯的物质享受，根本的还在于对终极追求的精神。若无精神，即灵魂，那是行尸走肉，人类则无以进步，科学则无以发展，也就谈不上生命的价值。

论及价值，总是要说有用还是无用，以"有用"衡量一切的价值。其实在人类社会生活中，更重要的还是要看"当用"不当用，这就是价值

判断。包括科学一切在内的事物，都有其多方面的作用，即"有用"。比如火药，既可用于开采矿山，或者作烟花供人欣赏，亦可做大面积的杀戮武器，对人类构成生命的威胁，高科技既可改善人类生活的质量，亦可被犯罪分子用作贪污盗窃杀人的技术手段。这是社会生活的二律悖反。老子说"智慧出，有大伪"，"法令滋彰，盗贼愈多"，甚至说"圣人不死，大盗不止"，就是这个意思。章太炎先生早就提出俱分进化的观点，明确指出，善亦进化，恶亦进化，与社会进步的同时，作恶的本领也随之增强。所以，正确的价值观念的确立和价值判断，对于保障社会和谐与进步，是比任何物质创造尤其重要。

庄子讲逍遥、齐物，以此实现重生、全性保真的人生哲学。

章太炎评论说："齐物者，一往平等之谈，详其实义，非独等视有情，无所有劣。盖离言说相，离名字相，离心缘相，乃合齐物之义。"也就是说，庄子说的平等，非世俗的平等，要求破除名相的执著，便可与天地、万物平等。其义有三：

一是顺应自然。如庖丁解牛，以"无厚入于有间"，就能够做到游刃有余。

其二是与万物平等。庄子将死，弟子欲厚葬之。庄子说，天地是我的棺椁，日月、星辰、万物为我赍送，何必另有厚葬？弟子说防备蝼蚁。庄子讲："在天为乌鸢，在地为蝼蚁，夺此予彼，何其偏也！"于是提出："以不平平，其平也不平；以不徵徵，其徵也不徵。"意思是说，用不公正、没有得到验证的事物作衡量事物的标准，其结果还是不平、不公、不正。

其三是忘我。即佛家说的破执。不计个人得失。他说：

为善无近名，为恶无近刑，缘督以为经，可以保身，可以全生，可以养亲，可以尽年。

意思就是说，不追逐名利，更不能触犯刑律和道德规范，要超越得失，保持良好的稳定心态，便可全生尽年。就可以做到"万物与我为一，天地与我并生"。

邱处机见成吉思汗,回答其长生的要求说:只有"卫生之术",而"无长生之药",应当"外修阴德,内固精神,恤民保众,使天下怀安"。这是从政治上讲的。

庄子、禅宗则是从心性学说谈生命哲学和生命价值的。所谓"放下即是"就是放下烦恼,放下杂念、放下名缰利锁。

云门文偃解释"十五以后道将一句"是"日日是好日",于是有"春有百花秋有月,夏有凉风冬有雪,若无烦恼挂心头,即是人间好时节"流传甚广的诗句。能如此方能做到生不足恋,死不足惜,不以物喜,不以己悲,勇往直前,实现自我,成就功业。尤其对于现代文明社会,由于紧张的工作、生活,而造成的精神失落,更有矫治的作用。否则便是"贪看天上月,反失掌上珠"。

平凡普通的老百姓一旦心中有佛,胸怀无限宽广,心中无挂碍、无恐怖,远离颠倒梦想,则尘世的权势名利又怎能成为他的欲,局限他的自由呢?

有一天,一个中国台湾作家带孩子去参观一座刚落成不久的大佛,有十几层楼那么高。孩子突然指着大佛像说:"爸爸,大佛的头上有避雷针。大佛的头上为什么要装避雷针呢?"

孩子的话使作家无法回答而陷入沉思。很多人千里迢迢跑来礼拜的佛像,祈求能保佑他们平安的佛像,自己也怕被雷打中哩!佛像既不能保佑自身的安危,又怎么能保佑我们这些比佛像更脆弱的肉身呢?

苏东坡有一次和佛印禅师到一座寺庙,看见观世音菩萨的身上戴着念珠,苏东坡不禁起了疑情,问佛印禅师说:"观世音菩萨自己已经是佛了,为什么还戴念珠,她是在念谁呢?"佛印说:"她在念观世音菩萨的名字。"苏东坡又问:"她自己不就是观世音菩萨吗?"佛印禅师说:"求人不如求己呀!"

看着眼前大佛像头上的避雷针,大概也像观世音菩萨手里的念珠一样,是在启示我们:"求人不如求己呀!"人因为蒙蔽了自己的佛心,很多人就把佛像当成避雷针;人如果开启了自己的佛心,就不需要避

雷针，也不需要佛像了。

佛像需要避雷针，是由于佛像太巨大了；人需要避雷针，是由于自我与贪婪太巨大了。

我们把佛像盖得很巨大，那是源于我们渴望巨大、不屑于向渺小的事物礼敬。很少人知道渺小其实是好的，唯有自觉渺小的人，才能见及世界如此开阔而广大。把佛像盖得很大很大，那是"出神"的境界；知道佛是无所不在、无处不在的，那是"入化"的境界。权势、名位、财富很大很大，那是"出神"。掌大权、有名位、大富有的人还能自觉很渺小，那是"入化"。

佛像不必盖得太大，因为心中有佛，佛就是无所不在、无时不在的。如果心中无佛，巨大的佛像与摩天大楼又有什么不同呢？

平凡普通的老百姓一旦心中有佛，胸怀无限宽广，心中无挂碍、无恐怖。远离颠倒梦想，则尘世的权势名利又怎能成为他的欲，局限他的自由呢？位高权重的公卿王侯一旦心中无佛，心怀狭小，欲望永无终极，名利权位正好成为围困他的砖墙，又何乐之有？

因此，佛像把避雷针装在头上，人应该把避雷针装在心中，时刻避免被利益与权力的引诱击中。只要能自甘于平凡、安心于平淡的生活，在平常日子也有生的意趣，那避雷的银针就已经装上了。

"我是谁？"是每个人面临的不言而喻的常识和生活前提，但又是一个令人百思不得其解、求索终生的难题。关于个人的自我，不会有终极答案，这答案就在人生的一串串脚印之中。

一云游僧曾问佛祖："我存在吗？"

佛祖不答。

又问："我不存在吗？"

佛祖仍不答。

云游僧失望而去。

弟子阿难不解，问佛祖为何不答。

佛祖云："问'我是谁',意味着寻找生活道路。而生活道路不能一言以蔽之,因为道路还没有走完。"

"我是谁？"是每个人面临的不言而喻的常识和生活前提,但又是一个令人百思不得其解、求索终生的难题。因为人是边走边问,发问的时候,已是人在旅途之中,个人的自我,还没有最终定形。于是,人只好边走边问,路没走完,就没有最后的答案:路若走完了,要这个答案也没什么意义了。

关于个人的自我,不会有终极答案,这答案就在人生的一串串脚印之中。你是谁？你就是你走过的那一条条道路,就是你在世间留下的那一个个忽隐忽现的痕迹。

人生在世,要珍惜人生的每一个段落。每一个段落都是你自己,一旦写下就永远都抹不掉,无论是耻辱还是辉煌。

人生中既没有永远的落伍者,也没有永远的幸运儿;既没有永远的懦夫,也没有永远的英雄。

珍惜生活的脚步,因为人生不能重复。一位哲人说:"我独一无二,我知己知人,我天生与众不同;我敢说我不像世界上的任何人。如果我不比别人好,那么我至少跟别人两样。大自然铸造了我,然后就把模型打碎了"

禅修者一定要认识宗旨,不是泛泛而来,也不可泛泛而去,更不可泛泛度日。修禅,就是要用禅的方法突破小我,回归大我;突破生命固有的执著,回归到没有任何局限,没有任何时空障碍的法身、法界……

许多寺院的禅堂的墙壁上、柱子上都写有"念佛是谁"的警语,那就是禅要认识自我的一个题目、一个要求。不但是要追问念佛的是谁,还可以无穷无尽地追寻下去:在此讲法的是谁？在此听法的又是谁？打坐的是谁？经行的是谁？吃饭的是谁？睡觉的是谁？知寒、知热、知疼、知痒、要这、要那的是谁？知道欢喜的谁？知道痛苦的又是谁？所谓"父母未生谁是我,生我之时我是谁",这是亘古及今的一大谜团、一大迷惑。禅宗就是引导我们,开示我们,来解决人生的这一大谜团、一大迷惑。

我们读了《坛经》，看到六祖自黄梅得法南归广东的途中，五祖会下有一位慧明上座追赶而至。及至追到六祖，六祖以为是来夺衣钵，就把衣钵放到石上，让他拿去。慧明走到衣钵跟前，想拎那一套衣钵，结果拎不起来。这时慧明上座发了惭愧心，就向六祖说："我是为法而来，并非为衣钵而来！"六祖说："既是为法而来，就请你在思想上排除一切念头，善的念头、恶的念头，一切都排除干净，在这个时候，你往内心深处好好地观照，不思善，不思恶，谁是慧明上座的本来面目？"慧明就在六祖这一言启发之下，找到了自己的本来面目，摸着了自己的娘生鼻孔。所谓认识自我，就是这种情形，就是这种面貌，就是这种过程。

我们每一个人都坚持着我的存在，处处都在表现我的存在，处处都在宣扬和渲染我的存在。我要穿好一点，使人看了高兴；我要吃胖一点，使人看了舒服；我要有钱，我要有房子，我要有车子，我要有一切；甚至会想到，我要拥有这个世界。一切奇想都是围绕"我"字而展开。这个"我"是个什么"我"呢？这个"我"是一个充满了偏执的我，这个"我"是一个局限性极大的我。这个"我"不管你把它想得多大，这个"我"不管要拥有多少，它都是一个微不足道的小我而已。为什么说它是小我呢？因为它有执著，有局限，没有突破执著，没有突破障碍。所以它始终是一个有限的生命，不是一个无限的生命；它始终是一个小生命，不是一个大生命。即使我们夸海口地说一句：我的生命与宇宙同体，那还是有局限性。因为宇宙还是有局限。而且，这种海口夸出来，并不是实证，仅仅是知性上的大话而已。

修禅，就是要用禅的方法突破小我，回归大我；突破生命固有的执著，回归到没有任何局限，没有任何时空障碍的法身、法界。用什么方法来突破呢？佛说有八万四千法门，都是用来要解决这个问题的方法。唯有禅宗一法，最彻底、最迅速、最直接，是从根本上勘破自我，勘破小我，找到自己的生命本源，实现生命的飞跃。禅宗这一法，就是要我们当下斩断一切念头，所谓"不思善，不思恶"，善恶二字，是把好的念头、坏的念头都包括在内，都不要去想它，斩断一切念头，斩断一切思维，就在那个地方找找看,你在哪里?我在哪里?

当我们斩断一切思维,一念不生,万虑俱息之时,如果有好消息从心灵深处突然传递出来,就好像平地一声雷一样,在这个时候,我们的内心世界会有一个极大的爆破、碰撞。如果机缘成熟,那就突破了小我,认识了真正的我,认识了娘生面目。所以,我们大家在此禅修,一定要认识宗旨,不是泛泛而来,也不可泛泛而去,更不可泛泛度日。一定要发起精进勇猛之心,盯住这件事情不放松,找回失去已久的这颗无价珍珠,打开封存已久的无尽宝藏,那才不辜负我们做人一场,学佛一场,修行一场!

我们平常的自我,都是在模仿,都是在执著,并不是真正自我的体现。只有丢掉一切模仿,排除一切条条框框,打破一切障碍,自我才能真正呈现出来。

从前有一个小和尚,他要向师父学习书法。师父看到小徒弟有这种学习上进的志向非常喜欢,并且加以勉励,说:"你要学习书法那很好,你就首先学写一个字,就写'我'这一个字。"

老和尚把前辈名家所书的"我"字写了几个,交给小和尚,叫小和尚照着去练。小和尚接受了师父的指教,就照着师父写的字模练了整整一上午,也不知道写了多少个"我"。于是,就拣出自己最满意的写有"我"字的纸条送给师父鉴定指教。师父见到小和尚写的"我"字,就说:"太潦草,拿回去接着练!"小和尚只好听师父的话,回到自己屋里,又勤勤恳恳、废寝忘食地练习"我"字。

练了一个星期以后,又挑选了他自己最满意的几个"我"字送给师父去看。师父看完以后就说:"太飘浮,接着练!"小和尚听了,觉得要把这个"我"字练好不容易,就更加发奋用功练这个"我"字。

一年功夫下来,再把他写的"我"字送到师父跟前。师父看了以后,就说:"你的功夫是用了不少,可惜还是没有找到'我'字的要领是什么,还得继续练!"

小和尚得到师父的鼓励,而且也进一步知道写"我"字原来还有什

么要领。这一次,他就把师父给他的那些前辈写的"我"字放在一边,一笔一画地琢磨,怎么样才能把我的"我"字写出来?

又经过一段时间的练习,最后他就拿了自己写的一个"我"字送给师父。师父一看,就拍着小和尚的肩膀说:"好!你找到自我了!恭喜你!"小和尚就这样在师父的一言指教之下,知道"我"是怎么一回事,"自我"是怎么一回事。

我们平常的自我,都是在模仿,都是在执著,并不是真正自我的体现。只有丢掉一切模仿,排除一切条条框框,打破一切障碍,自我才能真正呈现出来。所以人生不容易,要真正认识到自我,悟到自我,何其难也!虽然很难,我们也要知难而上,不要畏惧认识自我的路程多么遥远和艰难。认识自我,是我们人生的一个高峰,我们要勇敢地攀上这座高峰,真正找到"我是谁"的答案!

当你如同往常,冒出某种想法时,你是否知道这样的想法从哪里来?或者,你为什么会有这样的想法而不是另外一种想法呢?你知道自己的观点以及这种观点是怎样产生的吗?最重要的是,你能确定这些的确是你自己的想法、你自己的观点吗?

知道这些问题的答案非常重要,因为你的观点决定了你怎么看待事物,而你看待事物的方式正是你所有概念、感觉与行动的基础。由于你的生命完全是由自己的概念、思考、感受、行动所组成的,所以任何决定你的观点和看法的事物,对于你的生命也一定有极大的控制。

你是用不偏颇的眼光纯净地观看事物的本来面目呢?还是受了老师、朋友、敌人、书籍、报纸、广告、电视、音乐、宗教、文化等等无数的影响,而戴上了有色的眼镜来看待生命?

可能你认为自己并不是个容易被操纵的人,也认为自己的判断不会受外力左右,但是,你又是怎样知道这点的呢?我们可能一直都受着影响却毫不知情。通常当我们被影响时,自己完全不知道,因为我们想象自己是和所生活的环境互相分离的,所以各种影响力很容易在不知不觉的情况下溜了进来。

你的心一直毫无选择地吸收各种影响力，在你毫不知情的状况下，这些内在化的影响力成了你的想法、感觉和信仰。它们成为你的一部分，塑造了你对于自己和真理的看法，你甚至认不出它们是外力所造成的，反而以为自己是个独立的人，完全地忠于自己。

想一想，为什么你喜欢某些人而不喜欢其他人？你的政治见解从哪里来？你为什么会被某种男子或女子所吸引？你怎么样取舍孰是孰非？你为什么觉得自己必须拥有某种汽车或住在某个地方才行，你对于成功、失败的看法从哪里来……如果你对自己完全诚实，就会知道，几乎没有一种"你的"想法和感受真正是你自己的，它们大部分都是那些你无法控制的影响力的结果。就算我们接受你完全不受外物的影响，但是你仍然从"自我"的观点来判断、观察及体验世界，你可能会想："那有什么不对？自我难道不是我自己吗？也就是那个会哀伤、高兴、骄傲、沮丧、振奋、进步、丧气、伤心、被人赞美的自己吗？自我永远和自己在一起。自我就是我，很明显地，它并不是由学校、父母、社会或其他外在的地方而来的，从自我观点而来的体验，是我唯一的体验，因此它一定是真实的，哪来什么问题呢？"

现在，先暂时不管自我是不是你所受影响的总和，也许你应该考虑，从自我观点所体验到的生命究竟有多真实、有什么价值。自我永远觉得它的判断、观察和体验都很重要，因此对每件事都小题大做，无法放松地随事情自然发展；而只有当自我经历了许多困难后，才不会再小题大做。例如，自我可能决定，如果它表现得很冷静、不生气，别人就会很佩服它；为了这样，它可能去寻找一些状况，让别人要求它帮忙、打扰它、侵犯它的领域，这些都是它认为很严重的事，目的就是要让自我有机会说："没问题，这不是什么大不了的事！"除非有件大事无法让它假装成小事，它才不会这样说！这种情形并非是道德或伦理上的对错与好坏，经过仔细观察，我们就会发现，大部分的问题都起自于从自我的观点来看待每一件事，再把这些根本没有实质的事物小题大做所造成的。

自我的基本性质就是对于它自己的一种坚固和持续的感觉,还加上了一种持续的不安全感。对于不安全感的立即反应就是期待和恐惧,而自我的期待和恐惧是没有穷尽的、难以满足的、困惑的、有系统的、紊乱的、有次序的、逻辑的、疯狂的、理性的(在一大群不合理之中)、狡猾的、感性的,以及鬼鬼祟祟的。

自我几乎能够将任何事物都转为己用,并用一切方法为自己辩护,甚至应该摧毁自我的老师和教法也被利用了——自我被自己充满了,没有任何其他的东西能够进得去。虽然自我伪装开放的态度,但真正的开放根本不可能,充其量它只能伪装、模仿、代表,使别人相信以及减少个人色彩。

自我能够天花乱坠地谈"无我",利用无我作为自己的装饰——自我扭曲了一切事物,它因为谦卑地表现而生起骄傲,为了感觉优越而表现慈悲,教授佛法是为了感到学富五车,假装慷慨的目的是为了夸耀财富。自我也可能是一位伪装大师,例如,当面临严重威胁时,为了保护自己,自我就会很有技巧地穿着敌人的制服,也许出家或闭长关,而它会利用闭关这段期间去舔舐自己的伤口,出关之后变得更强壮、更狡猾。

从自我的观点来看,成功或失败,完全决定于它是否能用自己的观点来解释某件事。佛陀所谈的"成佛",对自我来说,可以说是完全地失败。因此,我们宣称要追求的成佛,根本不是真的成佛,而是"自我的成就";从自我的观点来看,这是一种更微妙、更宏伟的成功。

这一切是否代表了整个情况已经无可救药了呢?并不是这样的,这只是表示,因为愚昧,你错误地相信自我就是你,而你就是自我。那个你认为是自己的东西并不是你,只是一种幻相,由于迷惑,最初你误认它是你自己,然后又浪费一生来满足它、让它快乐,这样的企图才是唯一没有希望的。这就像除非你知道自己在做梦,否则无法逃出梦的陷阱一样——要让自己解脱,你必须明白自己的错误,然后从其中醒悟过来，事情就是这么简单，也是这么复杂。

佛陀讲完《观世音菩萨普门品》之后，药王菩萨就从座上站起，双手合掌向佛请问道："世尊！如果有善男子、善女人，能够受持《法华经》的，或流利地读诵，或书写经卷，能得多少福德？"

佛对药王菩萨说："如果有善男子、善女人，供养八百万亿那由他恒河沙数的诸佛，你的意思怎样？这人所得到的福德很多吗？"

药王菩萨答："很多啊，世尊。"

佛说："如果有善男子、善女人，能受持这部经，甚至只受持一句偈语，诵读并解悟其中精义，如经中所说而修行，所得功德也是很多的。"

这时，药王菩萨对佛说："世尊！我现在要把陀罗尼咒施与日后讲说的《法华经》，用以保卫守护他。"

随即说咒：

安尔、曼尔、摩祢、摩摩祢、旨隶、遮梨第、赊咩、赊履多玮、膻帝、目帝、目多履、娑履、阿玮娑履、桑履、娑履、又裔、阿叉裔、阿耆腻、膻帝，赊履、陀罗尼、阿卢伽婆娑、簸蔗毗叉腻、祢毗剃、阿便哆逻祢履剃、阿直哆波隶输地、欧究隶、牟究隶、阿罗隶、波罗隶、首迦差、阿三磨三履，佛陀毗吉利帙帝、达摩波利差帝、僧伽涅瞿沙祢、婆舍婆舍输地、曼哆逻、曼哆逻又夜多、邮楼哆、邮楼哆直侨舍略、恶叉逻、恶叉冶多冶、阿婆卢、阿摩若那多夜。

又对佛说："世尊，这陀罗尼神咒，是六十二亿恒河沙数诸佛所说。如果有人侵犯说《法华经》的法师，就等于是侵犯了这些佛。"

当时，释迦牟尼佛称赞药王菩萨说："好啊，好啊，药王菩萨，为了眷念照顾、拥护说法的法师，说这陀罗尼咒，对诸位众生，有很多的饶益。"

这时，勇施菩萨也对佛说："世尊！我也为拥护、读诵、受持《法华经》的人，说陀罗尼，如果这样的法师得到这陀罗尼咒，有夜叉、罗刹、臭饿鬼、起尸鬼、鸠槃荼，恶鬼等，伺机寻求法师的短处，不能得到机会。"

当即在佛面前说陀罗尼咒：

痤隶、摩诃痤隶、郁枳、目枳、阿隶、阿罗婆第、涅隶第、涅隶多婆第、伊致柅、韦致柅、旨致柅、涅隶墀柅、涅犁墀婆底。

又说："世尊！这陀罗尼神咒，是恒河沙数诸佛所说，也都随喜。如果有侵犯这法师的，就等于是侵犯了这些位佛。"

这时，护卫世间的毗沙门天王也对佛说："世尊！为了爱护眷念众生，拥护受持这部经的法师，我也说陀罗尼咒。"

当即说咒：

阿梨、那梨、袅那梨，阿那卢、那履、拘那履。

又说道："世尊！用这神咒拥护法师，我自己也要拥护受持《法华经》的人，让他周围一百由旬之内，没有各种病患衰老。"

这时，持国天王在此法会中，被千万亿那由他数的乾闼婆所恭敬围绕，上前到佛的面前，双手合掌对佛说："世尊！我也用陀罗尼神咒拥护受持《法华经》的人。"

就说咒：

阿伽祢、伽祢、瞿利、乾陀利、旃陀利、摩蹬耆、常求利、浮楼莎柅、頞底。

持国天王又说："世尊！这陀罗尼神咒，是四十二亿诸佛所说，如果有侵犯受持此经的法师的，就等于侵犯了这些位佛。"

这时，有众罗刹女，第一名叫蓝婆，第二名叫毗蓝婆，第三名叫曲齿，第四名叫华齿，第五名叫黑齿，第六名叫多发，第七名叫无厌足，第八名叫持璎珞，第九名叫皋帝，第十名叫夺一切众生精气，这十个罗刹女和鬼子母、鬼子母的儿子及许多眷属，一起来到佛面前，一起发声对佛说："世尊！我们也要拥护读诵，受持《法华经》的师，解除他的忧患。如果有人伺机寻求法师的短处，让他得不到机会。"

当时就在佛的面前说咒：

伊提履、伊提泯、伊提履、阿提履、伊提履、泥履、泥履、泥履、泥履、泥履、楼醯、楼醯、楼醯、楼醯、多醯、多醯、多醯、兜醯、闒醯。

又说道:"宁愿到我的头上,也不要惊扰法师。无论是夜叉、罗刹、饿鬼、富单那(臭饿鬼)、吉蔗(起尸鬼)、毗陀罗(赤色鬼)、犍驮(黄色鬼)、乌摩勒伽(乌色鬼)、阿跋摩罗(青色鬼)、夜叉地蔗(夜叉起尸鬼)、人吉蔗(人起尸鬼);无论是热病,或一日、二日、三日、四日乃至七日热病,长期热病;也无论是男形、女形、童男形、童女形,即使在法师梦中,也不让他们惊扰到法师。"

罗刹女等又在佛面前用偈颂体的语言说:

如果有人不顺从我们的咒语,扰乱说《法华经》的法师,他的头会裂成七块,像阿梨树的树枝一样。所犯罪过如同杀父母之罪,为求油故意轧死麻中小虫之罪,用斗、秤欺骗人之罪,提婆达多破僧团之罪,侵犯法师的人,应当得到这样的殃祸。

众位罗刹女说完以上的偈颂后,又对佛说:"世尊,我们自身也拥护受持、读诵、修行《法华经》的人,令他得到安稳,远离各种衰败、疾患,能消除毒药的侵害。"

佛对众罗刹女说:"好啊,好啊,你们只要能拥护受持《法华》名号的人,福德就不可称量,更何况拥护受持整部《法华经》的法师以及供养《法华经》的法师,用华、香、璎珞、末香、涂香、烧香、幡盖、伎乐,点燃种种灯,如酥灯、油灯,各种香油灯,苏摩那华(悦意华)油灯,薝卜华油灯,婆师迦华(雨时花)油灯,优钵罗华油灯,这样百千种物品供养经卷。皋帝!你们和眷属们,应当拥护这样的法师。"

在讲说这《陀罗尼品》的时候,有六万八千人得到了无生法忍。

讲完《陀罗尼品》之后,佛对大众说:"在很久以前的古时代,无量无边不可思议阿僧祇劫以前,有佛名叫云雷音宿王华智、多陀阿伽度(如来)、阿罗诃(应供)、三藐三佛陀(正等正觉),国土名光明庄严,劫名喜见。在佛传法时代中,有个国王名叫妙庄严,国王夫人名叫净德,有两个儿子,第一个叫净藏,第二名叫净眼。这两个王子有大神通之力,福德、智慧具足,很早以前就修行菩萨所行之道,檀波罗蜜、尸罗波

罗蜜,羼提波罗蜜、毗离耶波罗蜜、禅波罗蜜、般若波罗蜜、方便波罗蜜,慈悲喜舍,包括三十七品助道法,全部都能通达明了。又得到菩萨净三昧、日星宿三昧,净光三昧、净色三昧、净照明三昧、长庄严三昧、大威德藏三昧,对这些三昧,也全都通晓畅达。

"那时,云雷音宿王华智佛为了要引导妙庄严王,并眷念怜悯众生的缘故,讲说这部《法华经》。

"当时,净藏、净眼二王子,到他们母后的住所,恭敬地双手合十,说道:'希望母后去往云雷音宿王华智佛的法会,我们也跟从侍卫,一起去亲近、供养、礼拜佛。原因何在呢？因为这位佛要在一切天人大众中,讲说《法华经》,应该前往听受。'

"母亲告诉二个王子说:'你们的父王信受外道,深信执著婆罗门法,你们应当去告诉父亲,让他也一起去。'

"净藏、净眼双手合十,对母后说:'我们是佛法王子,却生在这样的邪见之家。'

"母亲又对二个王子说道:'你们应当孝顺父亲,为他现出神通变化,如果他能见到,内心一定会清静,或许会听从我们,一起到佛的法会上。'

"于是,二位王子为了顾念父亲的缘故,踊身跳到空中,有七多罗树之高,表现出种种神通变化。在虚空之中,行住坐卧,身上出水,身下出火,又变为身下出水,身上出火,又变为极大之身充满空中,突然又变小,小又变现为大,在空中消失,忽然之间又在地上,在地上化为水,踩在水上又像是踩平地一样,变现出类似这样的各种神变,让他们的父王内心清静而生信解之心。

"当时,妙庄严王见两个王子有这样的神通之力,心中得到从未曾有过的大欢喜,双手鼓掌,对两个王子说:'你们的师父是谁？你们是谁的弟子？'

"两个王子回答说:'父王,那位云雷音宿王华智佛,现在在七宝菩提树下,端坐在法座上。在一切世间天人大众中,讲说《法华经》,他是

我们的师父,我们是他的弟子。'

"妙庄严王对二个王子说道:'现在我也想见到你们的师父,我们可以一起去。'

"于是,二个王子从空中下来。到他们母后的住所,双手合掌向母亲说:'父王现在已开始信解,能发阿耨多罗三藐三菩提心。我们已经为父王作引导,希望母后能允许我们跟随云雷音宿王华智佛,出家修道。'

"当时,二个王子要再次申说自己的要求,又用偈颂体的语言说道:

"希望母后允许我们出家作沙门。诸佛在世很难遇到,我们要随佛去修学。像优昙钵罗华,三千年才开放一次,遇到佛在世,比这还难。要脱离人世的苦难就更难了,希望您允许我们出家。

"王后就对他们说:'允许你们出家,为什么呢?因佛在世很难遇到。'

"于是,二个王子又同时对父母说:'慈祥的父母啊,希望你们能一起去往云雷音宿王华智佛的法会,亲近、供养佛。为什么呢?佛在世很难遇到,就像三千年才开放一刻的优昙钵罗华,又像独眼龟在大海中碰上漂浮的木块上的小孔。而我们宿世所种福德深厚,生在世上就逢到佛住世说法,因此恳请父母允许我们现在出家。为什么这样呢?诸佛在世难逢,机会也很难遇到。'

"那时妙庄严王后富有八万四千人,福德智慧,都能够受持《法华经》。净眼菩萨很久以前就已通达法华三昧。净藏菩萨在无量百千万亿劫之前,就已通达离诸恶趣三昧,因为他发愿令一切众生远离各种恶趣。国王的夫人得到诸佛集三昧,能知道诸佛秘密之藏。两个王子就这样以方便神通之力,善意劝化他们的父王,让他心生信解,乐好佛法。于是妙庄严王带领群臣、眷属,净德夫人带领后宫婇女、眷属,两个王子带领四万二千人,一起到佛讲经的地方。到了之后,五体投地,礼拜佛足,绕佛三匝,停住在佛面前。

"那时,云雷音宿王华智佛就为妙庄严王说法,讲佛教的利益和法喜。妙庄严王得大欢喜。

"当时,妙庄严王及净德夫人解下颈上的真珠璎珞,价值百千两黄金,把璎珞散向佛顶上,立时在天空中化为四柱的宝台,台中有大宝床,床上铺设百千万天衣,天衣上坐着有佛,结跏趺坐,放出大光明。

"这时,妙庄严王心中想道:'佛身甚为稀有,非常端正庄严,成就世上第一微妙的容貌。'

"当时,云雷音宿王华智佛对四众弟子们说:'你们看到这位妙庄严王,在我面前合掌侍立吗?这位国王在我所传的佛法中作比丘,精勤修习,助佛行道法,日后将成佛道,名叫娑罗树王,国土名叫大光,劫名大高王。这娑罗树王佛,有无量之多的菩萨弟子,以及无量的声闻众,国土平正,功德无量。'

"妙庄严王当时就把国家传与弟弟,和夫人、两个王子以及众眷属,在佛法中出家修道。国王出家后,在八万四千年中,经常精进修行,修行微妙的《法华经》。过了这些年后,得到一切净功德庄严三昧,就升到虚空之中,有七多罗树之高,对佛说道:'世尊!我的这两个儿子,已作了佛法之事,运用神通变化,转化我的邪见之心,使我安住地佛法之中,能够见到世尊。这两个王子是我的善知识,为了要激我宿世的善根,对我有所饶益,来生到我家中。'

"这时,云雷音宿王华智佛也对妙庄严王说:'是这样的,是这样的,正如你所说的那样。如果善男子、善女人,种下了善根,每一世都能得到善知识。这样的善知识能作佛法之事,表现佛教的利益、欢喜,令人进入阿耨多罗三藐三菩提。大王啊,应当知道,善知识是大因缘,化导人,让人能见到佛,发阿耨多罗三藐三菩提心。大王啊,你看见这二个王子吗?他们已经供养过六十五百千万亿那由他恒河沙数的诸佛,亲近供养,在各位佛面前受持《法华经》。他们怜悯顾念持邪见的众生,引导他们进入正见。'

"妙庄严王就从空中下来,对佛说:'世尊!如来真是稀有难逢。因为功德智慧圆满,头顶的肉髻光明四照;眼睛细长而大,呈绀青色;眉间白毫相,如天边的弯月;齿洁白,严密齐整,常有光泽;口唇呈美好的赤色,像频婆果一样。'

"当时,妙庄严王就这样赞叹佛的无量百千万亿功德之后,到佛前,专一其心,双手合掌,又对佛说:'世尊!佛的庄严实在是未曾有,如来的佛法,成就、具足了不可思议的微妙功德,教导训诫修行的人,得到安隐快乐美善。我从今日以后,不再自己随心所想而放逸思想,不生出邪见、侨慢、瞋恚等恶见的心思。'说完这话后,礼拜佛,然后退下。"

释迦牟尼佛对会中的大众们说道:"你们的意思怎样?妙庄严哪里是别的人?就是现在的华德菩萨。他的净德夫人,就是我面前的光照庄严相菩萨,因为爱护、怜悯妙庄严王,才在他的国土中投生。国王的两个儿子,就是现在的药王、药上菩萨。这药王、药上二位菩萨成就了这样的各种大功德,已经在无量百千万亿诸佛之处,种植了许多善根,成就了不可思议的各种善功德。如果有人知道这二位菩萨的名字,一切世间的诸天人、世上人民,也应该礼拜。"

佛说《妙庄严王本事品》的时候,有八万四千人远离世俗尘垢,于诸种佛法中,得到了法眼净。

佛陀说完《妙庄严王本事品》之后,普贤菩萨以自在神通之力,以威德而闻名,与无量无边不可称数的大菩萨一起,从东方而来,所经过的诸国土,普遍都发出震动,散下宝莲花雨,天人作百千万亿的种种伎乐。又由无数的诸天、龙、夜叉、乾闼婆、阿修罗、迦楼罗、紧那罗、摩睺罗伽、人非人等大众一起围绕,分别现出威德神通之力。来到娑婆世界耆崛山中,五体投地,礼拜释迦牟尼佛,向右绕行七匝,对佛说道:"世尊,我在宝威德上王佛的国土中,从远处听到这娑婆世界说《法华经》,和无量无边百千万亿的菩萨大众一起来听受。希望世尊能为我们说,如果有善男子、善女人,在如来灭度以后,怎样才能得到这部《法华经》?"

佛对普贤菩萨说："如果有善男子、善女人，成就四法，在如来灭度后，能得到这部《法华经》。一是为诸佛所顾念保护；二是种植各种德本；三是入能破颠倒的正定聚；四是发下救度一切众生的心愿。如果有善男子、善女人，成就这样的四法，在如来灭度以后，一定能得到这部经。"

这时，普贤菩萨对佛说："世尊！在佛灭度后五百年的五浊恶世中，如有受持这部经典的，我要守护他，去除他的病患衰弱，让他得到安定隐居，赶走伺机侵犯他的妖魔。如果有魔、魔子、魔女、魔民、被魔附体的，夜叉、罗刹、鸠槃荼、毗舍、吉蔗、富单那、韦陀罗等各种恼害人的，都不能得到机会。

"这人或行或立，读诵这部经，我在那时会乘坐六只牙的白象王，和众位大菩萨一起到那人所在的地方，自动现身，供养守护他，安慰他的心思，这也是为了供养《法华经》的缘故。如果这人端坐，思维这部经的义趣，那时我也会乘白象王，在这人面前现形。如果这人对《法华经》的原文忘记了一句一偈，我会教给他，和他一起读诵，让他能通利诵读。将来受持读诵《法华经》的人，见到我的法身，会很欢喜，转而更加精进。因为见到我的缘故，当即得到三昧及陀罗尼，名为旋陀罗尼、百千万亿旋陀罗尼、法音方便陀罗尼，得到这样的许多陀罗尼。

"世尊！在后世五百年的五浊恶世中，如果有比丘、比丘尼、优婆塞、优婆夷，或寻求，或受持，或读诵，或书写，想修习这部《法华经》，在三七的日子里，应当一心精进。修满三七日后，我会乘坐六牙白象，和无量菩萨一起围绕，以一切众生所喜爱见到的身形，出现在那人面前，而为他说法，显示佛教的利益、喜乐。又会教给他陀罗尼咒，得到这陀罗尼后，就没有非人的妖魔能够破坏，也不被女人所迷惑淫乱，我自身也会经常护卫这人。请世尊听我说这陀罗尼神咒。"

普贤菩萨就在佛面前说咒：

阿檀地，檀陀婆地，檀陀婆帝，檀陀鸠舍隶，檀陀修陀隶，修陀隶，修陀罗婆底，佛陀波膻祢萨婆陀罗尼，阿婆多尼，萨婆婆沙阿婆多尼，修阿婆多尼，僧伽婆履叉尼，僧伽湟伽陀尼，阿僧祇，僧伽婆伽地，帝隶阿惰僧伽兜略阿罗帝波罗帝，萨婆僧伽地三摩地伽兰地，萨婆达摩修波利刹帝，萨婆萨缍楼驮侨舍略阿閦伽地，辛阿毗吉利地帝。

"世尊！如果有菩萨听闻这陀罗尼，应当能知道普贤的神通之力。如果《法华经》在阎浮提流行，有受持此经的，应起这样的心念：都是普贤菩萨威德神通之力所致。如果有人受持、读诵、端正意念，解悟其中义趣、如经中所说而修行，应当知道这人在修行普贤行，在无量无边诸佛之处深深种下善根，被各位如来以手抚摸头顶而传法。如果仅仅书写，在这人寿命终了之后，应当生于忉利天上，那时会有八万四千天女，作各种伎乐而来迎接，这人立时头戴七宝冠，在婇女中嬉戏游乐。更何况能受持、读诵、端正意念、解悟其中义趣、如经中所说而修行。如果有人爱持、读诵、解悟其中义趣，这人寿命终了之时，为千佛所伸手接引，使这人不恐怖、不堕于恶趣，即刻往生到兜率天上弥勒菩萨的住所。弥勒菩萨有三十二种福相，为众位大菩萨所围绕，有百千万亿天女或眷属在那里生活。这人能有这样大的功德利益。因此有智慧的人，应当一心自己书写，或让人书写，并受持、读诵、端正意念，如经中所说而修行。世尊，我现在要运用神通之力，守护这部经。在如来灭度以后，使其在阎浮提世界内广泛流传，不会断绝。"

这时，释迦牟尼佛称赞道："好啊，好啊，普贤，你能护持扶助这部经，让更多的众生得到安乐、利益。你已经成就了不可思议的大功德，具有深宏有慈悲之心，从很久远以前就发下阿耨多罗三藐三菩提心，现在能发出这样的神通的愿力，守护《法华经》。我会运用我的神通之力，守护能受持普贤菩萨名号的众生。

"普贤！如果有人受持、读诵、端正意念、修习、书写这部《法华经》，应当知道这人已见到释迦牟尼佛，就如同听闻佛亲口说这部经典。应当知道这人已经供养了释迦牟尼像，应当知道这人为佛所称赞善哉，应当知道这人已为释迦牟尼佛亲手抚摸头顶传法，应当知道这人已经为释迦牟尼佛的衣服所遮覆。这样的人，不再贪著世间享乐，不喜好外

第二十五章 那些穿梭的因缘正在覆盖生死的我们

· 1283 ·

道的经书、手笔,也不喜好亲近外道人或各种造作恶业的人。如屠夫,畜养猪羊鸡狗的人、猪户或炫耀卖弄女色求财的人。这人心意质朴纯正,有端正的忆念,有大福德之力。这人不为贪、瞋、痴三毒所恼害,也不再为嫉妒、我慢、邪慢、增上慢所恼害,这人易知足而少贪欲,能够修普贤所行善法。

"普贤菩萨!在如来灭度五百年以后,如果有人见到受持、读诵《法华经》的人,应当生出这样的想法,这人在不久之后会到成佛的道场,击破各种魔怪大众,得到阿耨多罗三藐三菩提,转大法轮,击大法鼓,吹大法螺,降佛法之雨,会坐在天人等大众中间,在狮子座上说法。

"普贤!如果在后世之中,有能够受持、读诵《法华经》的,这人不再于贪著衣服、卧具,饮食等生活用具。所有愿望不会落空,会在现世之中得到福报。如果有人轻视毁谤他,说:'你是狂人,白白作这些修行,最终不会有什么结果。'这样的罪过所得的报应,会每一世中都没有眼。如果有供养、赞叹他,会在当世之中得现世福果报应。如果又有见到受持《法华经》的法师,故意说出法师的过错或恶行,不论是不是真实,这人当世之中会得白癞病;如果有轻视嗤笑法师的,会在每一世中牙齿疏松缺落,口唇丑陋,鼻子塌平,手脚扭曲痉挛,眼睛斜视,身体臭秽,患恶疮,流脓血,腹水,短气等重病、恶病。因为这样的缘故,普贤啊,如果见到受持这部《法华经》的人,应当站起来远远迎接,就像尊敬佛一样。"

在释迦牟尼佛说《普贤劝发品》的时候,有恒河沙数的无量无边的菩萨,得百千万亿旋陀罗尼,三千大千世界微尘数的菩萨大众,具备了普贤菩萨的道行。在佛宣说《法华经》的时候,普贤等众菩萨,舍利弗等众声闻、天、龙、人非人等,一切会中大众,都得到极大欢喜,受持佛所说的佛法,恭敬行礼而去。

第二十六章　在疲惫的等待中挣脱蛊惑战栗的时光抗衡

　　步入 21 世纪只是给时间流逝中的分秒刹那取了一个美妙动听的名字而已,而时间一直就在前一刹那到后一刹那、今天到明天地不断流逝着。对于时间流逝的过程,最短我们可以称之为"刹那",再长一点我们就称其为"天"。所谓"21 世纪"和"旧世纪"也不过是对时间流逝过程的一种说法,而时间本身并不存在任何新旧世纪的划分。因此,在未来很多个 21 世纪里,太阳依然是从东方升起在西边落下,大江小河依然是往低处流去,大海依然存在,火依然是热的,水依然是湿的……四大各自的性质和作用不会在新的世纪里发生变化,人的苦乐参半的生活也不会有什么改变,包括我们身边的动物在内的世间有情的生、老、病、死四苦依然会令其受尽痛苦和折磨。时而出现的短暂快乐会在无常变化中消失,紧接着出现的又是痛苦,这种苦乐轮流出现和变化不定便是无常的本性。

　　我们经常所见的、并认为是恒久不变的东西,其实也在不停地发生变化,因为无常是诸法的本性。比如,我们眼前流淌的大江大河,虽然看起来几十年如一日,但是仔细研究便会知道它前一刹那和后一刹那完全不一样。同样,所有有情器世间都有小到一刹那的变化和大到经常性的变化。我们从婴儿到老年的巨大变化也是由很多一刹那变化积累的结果,而不是突然一天变老的。由于我们内在的常见习气和发现不了外在事物的细微变化,使我们产生了迷妄之见而有了常见。如果我们郑重声明:"昨天的我和今天的我不一样。"那是一点也没有错

的。除了投胎身体的替换以外,前世和今世都在依靠一个意识流,由此可以看出,包括所有动物在内的意识所依靠的血肉蕴身的生命体是多么脆弱、多么没有自由、多么值得同情啊!

在我们的眼里,那些只能活一天的虫蚁和即将被宰杀的鸡、鱼等小动物是渺小而没有自由的。同样,比我们更有力量、更有福气、更长寿的有情在看我们时,也会觉得我们渺小而没有自由。如果用简单的比喻来说明这个问题:我们的生活就像电视里的故事,把这个故事总结概括起来表演则可以把人生一百年的经历在一天内演完,人生的幸福快乐时光在每小时里不会超过几分钟,影像图中的人物也只有手掌般的大小,一切快乐的片断如同儿戏一样没有任何意义,这与我们观看虫蚁鸡鱼又有什么区别呢?

21世纪的人们无论科技水平达到什么样的制高点,或者能够制造出什么样的先进机器,都不可能依靠这些来找到永远脱离痛苦的方便路径。就像火中的热无法除掉一样,轮回的痛苦本性绝对不可能变成快乐,也没有任何办法使其改变。翻阅历史书籍,我们可以看到人们在自私贪婪的驱使下多次大规模地发动战争,还有部分人登上未开发的新大陆后建立了强大稳固的政权……而所有这些,并没有使人得到什么快乐,相反造成了生灵涂炭的痛苦。有些人预言说未来发生世界大战以后,这个世界将濒临灭亡,有少数人会迁居到别的星球上,并在那里生存繁衍一段时间,然后那里的后代又返回到这个地球上,再重新建设出新的地球家园。这些话虽然戴有科学的面具,但我认为很难令人信服。

在21世纪的时光流逝过程中,日月四季依旧会存在,而夏季凉爽、冬季温暖、阳光普照、黑夜消失并且没有生老病死的痛苦等等美事却是无法出现的。但是,疾病、战乱和饥饿等所有人为的痛苦可以依靠人类自己来避免发生,因为这些都是人类自己一手造成的,当然也就可以在人类的共同努力下使其往好的方面发展。森林是一棵一棵的树木形成的，牦牛尾巴是一根一根的牛毛组成的；同样，世界也是由你和我以及每一个人组成的，是我们人类共同拥有的世界。因此，我们不能以"浊时恶行"为由冷眼旁观世事百态，这样于己于人都不会有任何益处。世界几十亿人口中你我每一个人都包括在内，如果我们每个人都是好人，那么真正美好的世界也就近在眼前了。

人与人之间相互接触时，起沟通作用的是身体和语言中表露出的态度，但是身体和语言都要受心的控制，身与口的一切活动都在心的指使下进行。因此，人们的行为好坏归根到底还是在于心地的好坏，我们应该特别注重分清心的好与坏。在新的世纪里世界能不能和平安宁，就要看你我的心是否具有爱和善。如果这个世界上的自己一方"我"和另一方"你"都能具有善良友爱之心，那么一切国防军备开支都可以从此用于发展经济、保护环境、发展文化、发展科技和济贫救苦等事业，人们就可以把地球共同建设成21世纪的幸福乐园。但是，如果人心都不善良、不友爱的话，世界的前景则将相反。心坏的根源在于贪欲、瞋怒等烦恼，要彻底根除怀恶之心还得依靠破除烦恼的道法，这就又要回到佛教的经典教法中去。

在这里我并不是有意把话题都转向佛教经典中去，而是在探讨新的世纪里如何建设地球新乐园。综观有情世界，人类和其他所有众生都有或多或少的贪欲、瞋怒等烦恼，因为是有情就不可能没有烦恼。如果有一个没有烦恼的人，这个人肯定不同于我们，他肯定具有不同的六根和觉受，此人也就不能算作我们人类当中的一员。我们都渴望马上得到幸福，但我们却不能立即断灭痛苦之因——瞋怒等烦恼。我们虽然不能立刻得到除灭烦恼的快乐，但如果能够减少和控制烦恼的话，就可以少一些痛苦。当强烈的烦恼出现时，我们要冷静地思考一下，找出一个对治烦恼的方法，然后去迎接烦恼的挑战，绝对不能把胜利让给烦恼。在与烦恼的战斗中，如果胜利者是烦恼而自己败下阵来的话，烦恼就会统治我们，让我们受尽各种各样的痛苦。

烦恼的危害随自己的能力大小而有大有小。一个拥有至高无上权

力的人如果被瞋怒烦恼控制,那么他将无暇思及前因后果和黎民百姓的幸福安危,他将用瞋怒的怀恶之心指挥部下民众,制造出毁灭性极强的核武器和生化武器,这些武器不仅会夺取他人的宝贵生命,而且还会在刹那间摧毁多年艰苦建设起来的重要设施,他也会在弹指之间埋下大祸根;一个拥有中等权力的人如果心地不善良,他就会欺压手下,使许多人堕入痛苦的深渊;一个拥有少量权力的人如果居心不善,也会伤害他人,甚至夺取一个人的宝贵生命;一个没有善心的平凡小人物,同样也可以伤害到周围的人,大到毒打家人和亲友,小到砸锅摔碗……这些人坏事做完以后,当心中的瞋怒随着时间的推移化解消除之时,他们又会产生强烈的悔恨之心,但那时却无法弥补已经破坏的一切,也不能返回到破坏之前的当初。以上说的便是与毁灭你我的烦恼作战时败下阵来的经验教训。

当我们遭遇烦恼大敌时,要依靠犹如利剑般的烦恼对治法来消灭烦恼,或者用方便法门来把烦恼之敌转化为修道之友,把烦恼作为修炼道法的助缘。无论如何,至少要避开烦恼或控制烦恼的蔓延滋长。如果不这样做,从大处来说则世界不能和平安宁;从局部来说则地区战乱不断;从小处来说则是个人做出违法之事而受到法律的惩治,等等这些都将使人们体受到各种各样的痛苦。

在未来的21世纪里,如果人们能够做到别人骂我我不还口、别人欺我我不报复、别人打我我不还手、别人揭发我的过失我不反击等慈悲友善之行,以及不从自私自利出发而伤害别人,那就一定能够建设出一个前所未有的地球幸福乐园。

自从有人类以来,这个世界上出现了各种各样的宗教,这些宗教的源流各不相同。有些宗教是一个平凡人物经过对事物分析研究以后,得出一个合乎逻辑的总结性教言而创立流传的,这类宗教在长期流传的过程中加进了许多人的智慧和经验,从而使宗教本身越来越完善和与众不同;另外有一些宗教是不平凡的圣人,从殊胜的慈悲心中传出智慧福音而创立弘扬的;还有一些宗教是模仿圣人的教言并在其中加进自己的少量见解而创立传播的……诸如此类的各种宗教,除了带有伤害他人之言行的宗教以外,真正以利乐他人为出发点的宗教都将有利于人类社会的文明与进步。我认为坚持利他主义精神的宗教不会给人类社会带来任何危害,当然,我说这句话的时候并不包括少数人利用宗教来达到其他目的的事件。

作为世间的凡人,无论是达官显贵还是平民百姓,人人都无法避免犯下无意的或有意的错误。但是,如果我们能够遇事多加思考和分析,就可以避免犯大错误,甚至不犯错误。

当我们分析和研究佛陀宣说的教法时,首先要弄清楚佛陀宣说的教法是不是无垢真言,其中有没有掺杂其他的言论,是真佛法还是假佛法。如果我们认定了所研究的是真佛法,那么还要分清楚是了义教法还是不了义教法,并从佛陀应机说法的角度去理解教法,在此基础上才可以继续进行深入的研究和分析。为了配合研究的需要,我在这里说一说佛教的修取究竟果位在大乘教法的共同宣说中是怎样阐述的。

如果以前积有白法善业和微妙愿心的话,今生就可以依靠其福力来获取具足暇满十八法的宝贵人生。不仅如此,还可以遇上大乘佛法、对轮回生出厌离心、具有奉行自他二业的勇气以及能够学修菩萨大行,仅仅这一些就可以获得无量无边的功德,并且能够战胜魔障成为天人礼奉的对象。然后,次第修习禅定,取得微妙成就,就可以拥有具足十力、四无畏、十八不共法等功德和相好圆满的胜身,并且能够入登正觉佛的果位。这样便体证了遍满轮回涅槃、恒久住于大乐法界果地的法身、无灭明力大幻化三世常住的报身以及具备二智中施行利生事业的化身。如果从现在开始学修因法的话,最终一定能够体证正觉佛果。当十地功德圆满以后能得到微妙色身,五道功德圆满以后能得到法身。以上法理的深入详细说明非常广大而深奥,无法用三言两语来说清道明,而且我也无意在这里把它说得很详细。但是,为了预测和研

究未来21世纪的需要,我想在这里把相关的问题再说明一下。

诚如佛说劫末浊时众生的痛苦无量无边那样,我们人类在这个苦乐参半的世间是无法脱离所有痛苦的。但是,有可能在未来的某个时期,全世界的人们都使用同一种语言文字,都遵循同一个法律体系,并且共同营造幸福快乐的地球大社会。当劫末到达人的寿命只有十岁的时候,那时人们的身体只有今天你我的大拇指那么大,寿命最长的人只能活到十岁,并且会经常发生疾病、战乱、饥饿等天灾人祸。到那时,香巴拉的法王将会降临到人世间,弘扬微妙善法。对于佛教经典中的这些说法,如果能够避免望文生义,并且又能够正确理解其含义的话,我认为可以得出值得信赖的结论。

现在人们信仰的各种宗教里面,有些与佛陀的教法很接近,有些甚至可以作为修炼佛法的道基。如果从现在开始,所有信仰20世纪以前很早就已创立的宗教的人们,在努力防止自己的教法里掺杂造假邪说的基础上,做到全世界信教民众团结在一起,抛弃区分宗派和排斥异教,共同努力去做利益众生、播撒快乐的事业;同时执政者也多为全人类的利益着想和工作的话,我们梦寐以求的世界和平将会自然而然地到来。在这里,一件非常重要的事情就是:各种宗教的信众们要树立正确的典范,要有信心改变周围人的不良心念和邪恶行为。如果全人类百分之八十以上的人具有把胜利与好处让给他人、把失败与损失由自己来承担的利他菩提心,那么,我们一定能够迎来与现在完全两样的天堂般的未来新世界,那时人们的思想和言行肯定非常接近佛陀教法。因此,下面我想说说这方面的见解。

人们如果体知了给自己和他人带来快乐的方法,那就具备了智慧胜眼,这样就可以消除一切事与愿违的根源——无明。自私贪婪减少以后能够减缓我执的束缚,从而可以控制贪欲、瞋怒等障垢,以利益他人的善心勤修白法善业以后,可以积累广大福德,而拥有福德的人就能够心想事成。因此,当人们齐心修造共同的福德以后,就可以减少地震、火灾等四大的灾害。从个人的角度而言,断除非福德之行能够少得疾病、少受伤害。当出现必须接受的前世罪业之果——疾病和灾祸时,要善于把它转化为积修福德的道法,这样还可以消除偷盗、抢劫等祸害,从而使世间和平安宁。如果人们没有怀恶之心而且互相亲如父母兄妹的话,所谓军备和国界都将成为古老的历史传说。当外界的物质生活条件富足以后,人们会思考怎样使内心快乐,并会努力寻求消除老、病、死等痛苦的办法。不过,到那时再去努力修炼今天佛法中的胜义究竟妙道恐怕晚了一些,因为那个时候不会像现在这样圆满地具有全部经典法宝、开示传承、修习指导和觉受交流等。因此,所有具备智慧头脑的人,应该从现在开始珍惜微妙佛法,把它当作一切重要事情中的最重要的大事,要把布施、持戒等方便行为法门,以及智慧微妙善法修好以后积累福德和智慧二资粮,修取无漏内在的快乐,消除老、病、死的痛苦;有些人甚至可以成就永远不舍离此身的无死长寿持明胜果。

当今世界的人们,无论是物质财富、内在思想、外在言行,还是知识修养,都才只达到以九层楼房为例的一至二层,少数人甚至连这样的高度还没有达到。人首先是想尽一切办法填饱肚子,接下来会寻找御寒的衣物;当吃得饱、穿得暖的时候,人们会进一步想获得既美观又质优的其他更好的东西。在这个过程中,有些人会努力救助别人,但多数人很少会想到别人,因为他们想要达到的很多物质条件还不具足,他们将在努力创造各种物质条件的操劳中走到生命的尽头,最后摆在他们面前的全是失败。为什么这样说呢?因为世人终生都在忙于创造幸福,而且都在未能享受自己所向往的幸福中死去,这便是自取失败。

我们经常遇到的很多不如意的事情,其实就是在没有找到内在快乐的情况下,向外寻求快乐时遭遇外在快乐无常变化的结果;或者是内在快乐和外在快乐失去平衡的结果。当外在的物质财富达到一定的水平时,如果内心不能随之提高境界的话,贪婪之心便会更加膨胀起

来，假如在此基础上造下偷盗、抢劫、勒索或诈骗等罪业，就会把此生和往生都引入痛苦和失败的危险境地。所以，人们在创造外在物质财富的同时，应该想办法减少内在心里的烦恼痛苦，这样可以让内外快乐同步增长，最终达到无需依靠外在快乐，只靠内在快乐就能心满意足的境界。到那时，还会出现与今天完全两样的内在功德，从而可以显示相应的神通和法力等等。

心理学和思维活动的研究和发展，对于全世界的人们步入健康快乐之道，有着非常重要的意义。人们都有自己的理想，并且都以追求幸福和快乐为最主要的理想。现在的人们虽然都渴望得到幸福和快乐，但他们并不认识真正的幸福和快乐。我们不能责怪他们无知，因为到目前为止，他们还没有体受过真正的幸福和快乐的微妙滋味。举例来说，当饥饿的时候吃到一顿美味可口的饭菜是一种快乐的享受，但是当吃饱喝足之后就不会去追求吃饭的快乐，如果从此不再有饥饿的话，那就再也不需要吃饭的快乐，更不会去求取食物；由此我们可以看出快乐不在饭菜上面，也不在吃饭的行为当中，而在脱离饥饿之苦的境界里。因此，如果没有内在的烦恼，就不会有任何的痛苦，没有痛苦便是快乐了。再举一个前面已说过的例子，当疥疮发痒的时候用手去挠就会得到一点快乐，但是放弃挠痒而根除疥疮的话，将会得到更永恒的快乐。我们现在享用美食靓衣可以说是一种快乐，但是能够胜过它千万倍的是内在的快乐，如果我们能够真正体会内在的快乐，就再也不会把外在物质享受的快乐放在眼里了。所以，内在的见解和感受可以直接影响到外在现象，或者说外在现象随内在见解和感受的变化而变化。

当人们心情快乐的时候，就算来到荒山野谷也高兴不已；而当人们心情苦闷的时候，就是身处花园美景也不会感到快乐，更无心去欣赏。因此，世间的人们在创造外在物质财富的同时，应该提高内在的精神境界，只有在微妙善心的指导下创造物质财富才能使世界和平、共享幸福快乐。我们应该携手努力，共同把极乐世界建造在人间，这样我们便登上了前面所说的九层楼顶，而这样的成就是绝对有可能得到的。但这里并不包括视世间快乐为没有任何意义的妙欲诱惑、一心修习深密法义以后取得微妙成就的瑜伽士们。不过，当体知妙欲享受犹如喝盐水一样只能助长贪欲，并对轮回过患生出厌离心之后，从而修炼深密心法的人将会有很多很多。这样看来，佛陀所宣说的未来弥勒佛降临到人世间传法以后，众生的寿命将会增长、贤劫将会再一次出现是完全符合逻辑的。当人们多行非福德之业时，寿命就会减少，疾病就会增多，身体也会变得矮小而且脸上失去光泽，并会频频发生战乱和饥荒。而当诸佛愿心的威力和众生的白法善业重新增长的时候，贤劫光明将会展现出来，众生的疾病和灾祸也会越来越少，人们将充满光彩，具足力量和美貌，受用完全可以与天人相比。

因果无违是绝对没有错的，只要我们能够正确遵循因果规律，寿命仅为十岁的劫末浊时也可以人为地改变。不过，现在最令人心寒的是佛祖释迦牟尼所传的微妙善法，以及其他贤良正主所传的利益众生的教法，都在遭受篡改和假法的侵入，这将给人类的未来造成无法估量的损失。我认为，人类保护古代文明应该像保护我们自己的生命一样，这是非常重要的！在此我想请求读者朋友和全人类，为了保护先辈圣人们留下的文化瑰宝，请多做一点有意义的实事！

在此我发愿：愿所有见过我、听过我的名字和与我结下善恶业缘的众生，依靠我的福力都能登入此生和往生的恒久快乐胜地，并且都不再受任何痛苦；从今以后，愿我成为饥饿者的食物、口渴者的甘饮、受寒者的衣服、中暑者的凉风、孤独者的亲友、无助者的帮手、无依者的依靠和渡船、桥梁、药品等，我将不分彼此亲疏地利益所有众生。这是我经常在昼夜六时中的发愿，再一次在书面上把它写下来，愿它能够早日实现。

白昼的阳光像一股铁水，烧炽钢锭般静止不动的蔚蓝天空。街两边的树，这几天呈现出夜晚的寒流袭击过的印痕，一枚枚绚丽斑驳的

枯树叶卷起边角,在明净的秋风里变得脆薄、僵硬、已完全失去往常饱含叶液时的清澄柔美。骑在自行车上,街道各处掠过华丽、有的是金属质地的店面装潢。女孩子们的裙裾,也大多以紧身、皮质、厚绒的呢料为主。秋天从一条条干净的街面上卷过去,像迅捷爽朗的风,像成群的鸟被白昼的太阳光惊飞。乡下稻子黄澄澄的,其原野广阔的色泽里有一种对于天地、对造物主的无限信赖,信赖是一种声音,遍洒在每个活人脸上。河水再一次用清澈的波纹证明人活下去的隐秘诗意:婚姻、爱恋、孤独、友情、出离、解脱、光明、喜悦……凡此种种,都被秋色尽染,书屋的阴凉,宾馆宽大的大理石地面,电梯,台阶,空地,商场镀铬的衣装陈列架,油画店的镜框,堆进阴沉沉的仓库的装饰材料,以及门口摆有威武石狮的庭院,都在早晨的露水里熠熠生辉;都晒干了它的围墙、花窗、门廊和院子的青砖地。同时那些长长的林荫道上,寒风挥舞着她宛如静夜般的秀发,在成排高大的城市楼群组合的水泥森林后面,一座矮瓦房,一条水泥栏杆的桥沾上女性气息……运河的窄道通往所有远方深不可测的秋意,通往华北平原上背着画夹的诗人沉默的旅行,夜晚寒流滚滚。童年的记忆在它消逝的风中轻唤一个铅球似的乳名,在完全湮没无闻的街坊邻居的幢幢楼影里,儿时的年华枯叶般急速远去,滑过僵冷的水泥地路面,白昼在上面留下焦黑的车胎气。我在香山一个无人抵达的池塘边停下来,仿佛刚刚从噩梦中醒来,并因惊悚、寒冷而浑身"簌簌"发抖。我的眼睛牢牢凝视着深秋苍白的面容,仿佛一个饥饿的人咬住他嘴边上仅剩的馅饼,河水像某一类人身上的受惊心理,泛着阴沉沉的涟漪……傍晚的冷风使人感到宇宙天地的无情,感到季节的虚弱和年岁上身的惆怅。一切宿命的真相更接近日落时分香山听松园无人的小径,接近那里空空的长椅……有着三两片树叶子的青石路面和嶙峋的假山,一切人世的宿命也如躁动而又沉寂的香山路径一样深远而去……

在黑暗中一个人觉得安全多了,虽然约略孤独一点,熄灯之后房间里连一把椅子也看不清,但那白天的他和在夜里的壁灯下静思瞑想的他终于消失了。他终于又回到了野外的空地上,回到了蟋蟀和草的身边,在黑暗中他的身体游离这扇窗户,变成了夜露水、围墙、湖岸上黑黢黢的树影的一部分。他和白昼诀别,和所有过去诀别,呆在一个夜的体积微弱的新鲜空气里,期望着、梦想着里面也有新的思想,新的生活,他和浩大无声的星空呆在一起,和世上一切卑微之物呆在一起。如果他坐在椅子上,那么椅子有一个看不见的轮廓,相当于人们探求真理到达时的无形。如果他在内心说话,那么它是无声无息的,不求甚解,几乎用不着言辞;没有火焰,没有光亮,没有劝慰……在黑暗中,黑暗,啊!那是人们最终寻求的希望之一。一个人的骨头在寻求它的骨髓,仿佛桌上的稿纸在寻求缄默无语的文字。夜,浩大的夜,比人的身体更残忍、更粗糙、更急切而又平和的夜。当露水渗透了石头上的诗艺,运河里发白的石阶堆砌成月色惨淡的雾和一条街上妇女的发丝,那砖缝裸露出水面的高高的墙垣,已像古琴一样微微的皱纹。在黑暗中,我知道我要的书在哪里,我知道香山每一种花开的时间与花开的形态,我知道儿童时代的一个和尚梦牵引我的青少年时代在南北东西游走。我知道我为什么要静虑,我生活的理由是什么?我活着的理由又是什么?我知道晨曦中门前槐树上喜鹊叫唤生命的喜悦,香山小学操场上孩子们的笑脸似秋天家乡浓雾中的桔树园,我更知道《祈祷太空和平——健康、幸福、和平的生命关怀》出版的机缘、智慧、能量……

信仰,作为人类生活的方式,正在急剧变化。

历史,作为人类生活的过程,正在逐步加速。

社会,作为人类生活的群体,正在日益混乱。

历史的这种加速,已经到了极其重大的事件很快就被新的事件冲淡,以致来不及认真总结经验的地步;已经到了角度极小的走向错误,就可以带来程度极大的苦难灾祸的地步;已经到了使人习惯于对未来的不确定感,因而听之任之、麻木消极甚至醉生梦死的地步!

社会的这种混乱,已经延伸到从政治到经济,从观念到形像,从群

体到家庭的每一个领域;已经使越来越多的人由于对外界绝望而更加自我中心,由更多的自我中心又导致了更多的混乱;已经使许多人为了"以毒攻毒"而忘记了想要使用的毒药——铁板一块的强制秩序在根本上的无效与祸害。

文化的这种变化,正在使自然资源枯竭,使自然环境恶化,正在毒化生命离不开的水、空气和土地,正在毁灭人类在宇宙中唯一的家园;正在使社会结构解体,使社会环境恶化,正在毒化人生离不开的家庭、亲友和人际关系,正在破坏人生诸宝要依托的社会;正在使贫富(不但是财产的贫富,更是权力和资源占有的多寡)空前悬殊,正在使人远离正义原则,正在使人禽兽化,正在使心铁石化,正在毒化人性本身!

人生,是生命的过程;人类生活,是有别于其他动物的人类的生命过程,也是有别于一切物性的人性的实现过程。

这个过程正在受到人类自我中心主义的巨大的威胁。

自我中心主义不但会导致人在物质意义上的死亡,而且会导致人在精神意义上的死亡,即人的物化或非人化。

把人类社会的一部分与其他部分对立起来,把人类文化的一部分与其他部分对立起来。

然而群体自我中心主义的种种表现——民族主义、种族主义、国家主义、阶级斗争主义、文化上或宗教上的绝对论或唯我独尊论等等,完全可能毁灭自己的和别人的民族、阶级、国家中的千百万个人,或者把他们变成野兽;完全可能导致摧毁自己的和别人的自然环境和社会环境,甚至完全可能毁灭地球和人类本身。群体自我中心主义正在威胁着人性,威胁着生命!

所有这一切,是作为整体的人类之分裂,是作为理性动物的人类之非理性,是作为有智慧者的人类之愚蠢。

每一个当代人都应该知道的一切,如果他希望对当代事件多多少少更胸有成竹地发言的话。因为对今日世界之势态作出评判,并不仅仅要求在经济、文化和社会领域诸方面的判断能力,也更要求对宗教问题的基本修养。

这一宗教世界看起来是如此的不容罔顾、难以测度……

然而：在我们生活的这座星球上，可以分出三大宗教河系来：

·源于印度的宗教：印度教和佛教；

·源于中国的宗教：儒教和道教；

·源于近东的宗教：犹太教、基督教和伊斯兰教。

每一种宗教的领导人物，在第一类型中是神秘家，第二类型中是圣贤，第三类型中是先知。在各种类型的相互交叠之中，人们可以因此理由充分地区分出印度——神秘型的、中国——圣贤型的和闪米特——先知型的宗教来。此外再加上部族宗教，关于后者虽鲜有文字性的记载著录，可它却在某种特定意义上构成了所有其他宗教的根基，并且在世界上的许多区域持续存在着。

这一宗教世界看起来是如此的寂然不动、旷古如斯……

然而所有的大宗教在其以千年计的历程中，不但有组织结构的发展，并且或多或少都经受过清晰可辨的断裂、危机和重构，都有过多次的划时代的范式转换。所有这些宗教都有其起源阶段、早期形式、"中古"建制以及在与现代社会的冲突消长过程中的转型重构。今天，他们概莫能外地都处于通往新的、被称为"后现代"或被冠以诸如此类的名相的世界纪元的过渡时期中。它们在第三千纪的未来在目前实在尚难以逆料。我们就生活在这么一个富有刺激性的、有那么多的忧患也有同样那么多希望的过渡时代。

这一宗教世界看起来是如此的难以谐调、矛盾重重……

然而，尽管所有宗教之间在信仰、学说和礼仪等方面都存在不容低估的区别和差异，但是，它们之间的相似性、趋同性和相互契合也都同样可以得到确证。这并不仅仅因为，生活于所有文化圈中的人们都面临着同样的问题：诸如，人与世界之何所来及何所往的本源性问题，如何克服苦难及对待罪责的问题，生活及行为的准则问题，生命和死

亡的意义问题等等。而且还在于，来自不同文化圈的人们从他们信奉的宗教之中都不断地得到类似的答案。由此而言，所有的宗教同时都是救赎之福音、都是灵性福乐之途径。所有的宗教都调节着它们的信众们的生活观念、生活态度和生活方式。

但是这究竟是否可能，以一种相对有限的篇幅，来捕捉、摹绘这个既广阔无边又错综复杂的宗教世界来叙说、描述并解释这个世界在数千年的时光中所形成的一切？呵不，撰写一部《宗教史》并不是我的愿望；在这一领域早就有优秀的专家们写就的汗牛充栋、卷帙浩繁的大量著作了，在这些著作中我不断得到教益，并也在以往的著述中时时称引过，可《祈祷太空和平》并不期望跻身于这一行列。但是今日之情势所迫切需要的、对各种宗教进行一次"统观"，却是我心向往之的乐事。为此，我数年来做了大量的准备工作，事实上也可以这样说，这是一套倾注了我的心血的书。

这样，对读者而言，这本《祈祷太空和平》包蕴了如下的内容：

——一种严肃的、经过多方询证的信息；

——一种面对宗教多元性的不可忽略性的有助益的导向；

——一种开启对宗教、或换言之对世界诸宗教的新态度的宗旨。

至于有关宗教的消极方面，对此，我出于本人有过的体切至深的经验而胸中了然，《祈祷太空和平》也绝未对之保持沉默。这种消极面的攻击性潜能早已为人所熟知，在这里无须过度叨絮。正是所有这一切，构成了我对宗教之间的和平的关注和努力的出发点。与这些众所周知的消极面相比较，也许读者们对宗教的各种积极功能兴趣更浓：为什么生活在地球所有地区的数以十亿计的人们具有宗教倾向？什么是这种在所有民族和所有时代都有迹可寻的文化现象的根源和本质？这些大宗教都经历了什么样的发展过程，并且，什么是它们恒常的、对无数的人时时刻刻发挥着作用的伦理要素？哪里是它们之间的分野处，哪里又是它们的共同点？什么是宗教对一种缓慢地进入人类意识的人类伦理、一种世界伦理的贡献？

我们或许可以共同分享这样的信念：一种诸宗教之间世界范围内的谅解的目的，不可能、也不应该是通向某种世界一统的宗教。普天之下、有史以来，这么一种宗教从未出现过。就是在新千纪中，宗教的多元性只会促使彼此之间的相互丰富、相互补益。

一种诸宗教之间世界范围内的谅解的目的，应该是一种共同的人类伦理的形成。这种伦理不应像人们有时候错误推测的那样，导致宗教瓦解和消亡。伦理精神是、并且总也只是一种宗教内部或诸宗教之间的一个维度。这就是说：一种伦理精神不应成为某种一统宗教，也不应成为一种宗教鸡尾酒，更不应成为一种宗教代用品。因为：

没有诸宗教之间的和平，便没有诸民族之间的和平。

没有诸宗教之间的对话，便没有诸宗教之间的和平。

没有全球性的伦理准则，便没有诸宗教之间的对话。

没有一种全球性的伦理即世界伦理，便没有一种全球性的共同生存。

有时候，人们会陡生退隐之念，从劳顿和繁忙中抽身逃逸，从文明社会中掉首遁逝，何不也重新寻找一回别样的生活目标、别样的生活方式？

关于俭朴生活的幻梦：在与未被染指玷污的自然的和谐中、在自由和无拘无束中、在本原性中生活的幻梦。这是一种关于美好一些的世界的幻梦，一种关于失落的天堂的幻梦！

然而，真有过这么一种天堂？真有过这么一个《圣经》所描述的理想的原始状态？真有过这么一个在其他诸文化传统中也时时为人称道的、由于人类自身的罪责而失落的黄金时代？那么这个天堂究竟该位于何处？这个黄金时代该当于何世？自然科学家们训导我们，世界、地球以及人类都不过是在以亿万年计的时间历程中缓慢发展而成的。

在人类不曾面对如此巨大变革、如此深重危机和如此重要选择的以往时代，无数先贤圣哲尚且进行了那么多的创造性思考，为我们提

供了丰富的精神资源和深刻的睿识洞见,从而使我们的生活有所指引。在今天,既然人类必须革新思维才能生存下去,那么,摆脱传统成见、创造性地思考,思考此一刻的处境和下一刻的行动,就不仅是我们的当务之急,而且是我们的生命所系了。全球宗教哲学的宗旨是说明人类生活的三项重要性质,这实际上就是在提出或阐明某种人生观。但是人生在世,人类总是生活在世界之中,与世界不可分离,因此人类生活的性质与世界的性质相连,阐明人生观必须阐明世界观。而世界的性质又依赖于世界的存在或者世界的根本,那是哲学的本体论和宗教的神性论所讨论的主题。进一步说,人能否认识、如何认识存在本身和神性本身,即认识论,又是这一切讨论的前提。因此,依逻辑顺序排列,全球宗教哲学必须包含认识论、本体论、神性论、世界观和人生观五大问题。由于历史中各种实存宗教的资料浩如烟海而无法穷尽,更由于我自己的学识有限和精力不济,我在"合纵连横"方面,实在只能如蜻蜓点水,且由于势单力薄,很多"川流"力所不及,在"返本开新"方面,实在对典籍敬畏有余而涉猎不足,且由于体会带有个人性,很多"新解"难成定论;至于在"创造"方面,更实在只是心向往之,须留待"时贤"以至"后贤",且由于孤陋寡闻,所言恐系拾人牙慧而不自知。不过,我相信自己的诚挚,更相信人心的相通,所以,我不以自身力所不及而不为,而以众人同心协力为期望。在"走向宗教祈祷和平"的路途中,我自知足力不济,目标甚远,但求方向不错,旅伴日增。如此则希望永存,死而无憾矣!

第二十七章　纷乱的百丈红尘从浮躁喧闹的城市浑忘

人在饥寒交迫时，首先是要活着，为生存而奋斗。温饱之后，他会叩问灵魂："活着，为了什么？生活又是什么？"社会从物质文明到精神文明总在循序渐进中发展。今天的中国人开始追求"和谐"和"幸福"了。毕竟"和谐"和"幸福"不是物质指标可以量度的，它在人的心里。中国人开始问自己：心安何处？让我们共同膜拜朴素的民间俚语——心安是福。古语依然智慧，只是问题已经改变。你我不可能把心安在农业文明里，尽管那些典章金句在市场经济的大潮冲刷下仍会亮眼，但却与现代社会难以水乳交融，更无力重整在社会骤然转型的失序状态中失魂落魄的心灵。而中国的复杂在于它几乎总是最复杂的那一个，人们安心的努力正遭遇各个方向上的拉扯，即使已经认识到终极事物不可替代的价值，已经飞上半空感受到信仰才能让个体在多变的现实面前拥有最自由的幸福能力。当物质满足到达幸福阈限，放慢脚步，停下来思考、转型，将工作的目的从"物质追求"向"享受过程"转变，那么真正属于自我价值实现的目标就呈现了。无可否认的是，中国经济依然在飞速发展，也需要继续保持腾飞的速度，中国社会慢不下来，作为最具创造性和拼搏精神的城市精英代表的中产阶层也不可能真正慢下来，他们只会嫌自己不够快。也许焦虑和抑郁还会继续像传染病似的蔓延，直到中国有足够的时间消化掉转型期的精神阵痛。但这样的精神转型，更像是听天由命的时代。有人转型成功，从此笑傲江湖；有人变成了患者，走进精神病院；更有人纵身一跳，了断了自我。"然而时代

的发展不容许听天由命,所以接下来几年,最可能是中国宗教和尊道长生事业的大发展时期。焦虑的人群需要积攒心理资本,寻找精神信仰的方向和心灵的皈依。中产阶层作为未来社会的中流砥柱,也需要有坚定的精神信仰,以及对生命本质的辩证思考能力,如此才能保证社会发展不会偏差。"据有关资料显示,近十年中国社会最大的变化之一就是宗教信仰领域的活跃,发展速度惊人,在世界宗教史上都堪称罕见的宗教大复兴。与此同时,其他宗教和准宗教都在复兴,包括气功热、建大佛修大庙热,以及进入21世纪以来的国学热、公祭热、儒教热、民间宗教热等等。当然中国人基数大,总体来说仍然是个信仰缺失的社会。宗教信仰的缺失是道德的善难以改善的重要原因之一,因为道德伦理需要灵性的深层根基。若想提高一个人或整个社会的幸福指数,建立社会公平机制和健全公民社会很重要,获得真实的宗教信仰也是一个重要途径,甚至可能是更根本有效的途径。宗教信仰的发展既为经济发展奠定了心理基础,也为社会发展导引了方向。国人已认识到,在社会转型的巨变中,哲学和主义无法为人们遵循道德和法律规范的行为提供内在的动力和根基,也不能为漂泊不定的人生提供沉稳深锚和努力方向,这一切决定了一个为人类提供福慧保障的信仰事业的时代正在来临。

福慧双修在佛教中是指福德和智能都达到至善的境地,唐代慧立《大慈恩寺三藏法师传》云:"菩萨为行,福慧双修,智人得果,不忘其本。"福慧双修与道德修慧不修福,罗汉供应薄;修福不修慧,大象挂璎珞;修慧不修福,不是大智慧;修福不修慧,不是真慈悲。孤阴不长,单阳不生,福是德之现,慧是道之用,慧是功德,福是缘起福德,五福临门。只修性不修命,万劫阴灵难入圣;只修命不修性,成就天地一愚夫。皈依佛两足尊,修福有很多细节讲究的,这都需要智慧来指导和守护,缺一不可。修道讲法;财;侣;地;积外功,绝对不单只是宗教劝善,因为世间古往今来,帝王;将相;总统;国王,都脱不了有德者可居一世,无德者可居一时。"福慧双修"是佛教的根本教法。如《涅槃经》卷27云:

"二种庄严:一者智慧,二者福德。若有菩萨具足如是二种庄严者,则知佛性。"《华严五教章》卷二云:"此终教中论其实行,从初发意即福慧双修,故成佛时无别修也。"太虚大师在《人生佛教》中也曾经指出:"真正所谓成佛,必具二要素:一智慧,以智慧力故,体察谛理断诸烦恼。二福德,以福德力故,庄严国土,洁净身心。佛之所以成佛,即由此二力圆满无缺故。"佛教之"福慧双修"蕴含着极其深刻的人生智慧,无论是对世俗人生还是寻求解脱、超越者,都有很多启发之处。

在《金刚般若波罗蜜经》中,佛说:"菩萨于法,应无所住,行于布施。"应无所住是修慧,行于布施是修福。修福,用外财布施,不及用内财布施;用内财布施,不及用法布施;用法布施,又不及无相布施。所以说:"菩萨不住相布施,其福德不可思量。"修慧,追求世人妄想非真的智慧,不及修学出世圣人的真空智慧;获得出世圣人见诸法空相的智慧,又不及诸佛亲证实相理的无上智慧。我们若能多闻佛法,凭借文字般若的启示,成就闻慧;进而思维修习观照般若,"应无所住"以修慧,"而生其心"以修福。修福故能严净佛土,成就众生,修慧故能断尽无明,亲证法身;如是福慧双修,福慧具足,即可成等正觉,圆成佛道。所以福慧双修,正是圆成佛道的主要条件,对学佛修行的人,非常重要。虽然,我们初发心学佛,未能做到如金刚经所说:"应无所作,而生其心。"但我们一定要福慧双修。不但要修福、种福、惜福,勤俭节约以自求多福;还要亲近善知识,多闻佛法,多思维佛法,多修学佛法,以开发智慧,使自己在充满幸福与智慧的生活中,自利兼他,造福社会,以发挥人性的美德,以建造人间的乐土,以续佛慧命于永劫。在佛教史上有这样一个关于"福慧双修"的故事:从前有二个师兄弟,同时出家修行,师兄沉默寡言,喜欢研究经典,专心修习禅定,非常用功,不久即断见思烦恼,证得阿罗汉道。可惜平日很少与人结缘,又不布施修福,所以虽证圣道,却很少人供养,出外乞食,多数空钵而还。师弟则个性好动,喜欢布施修福,广结善缘;由于追逐名利,高扳显贵,常受国王大臣们

供养。可是戒行不净,又不肯多闻佛法,修习禅定,信施难消,结果死后投胎畜道,供给王宫作为坐骑,以还宿债。但是由于生前喜欢布施修福,故贵为象王,身披缨络,珠光宝气,庄严其身。有一天,师兄出门乞食,又空钵而还,途中巧遇象王,被国王坐骑出外游行,不禁感慨万千地说:"我不如你,你不如我。"意思是说:我不修福,所以福报不如你;但你不修慧,又因破戒堕落,不如我解脱生死,得证圣道。这就是不能福慧双修的结果。古人说:"修福不修慧,大象挂缨络;修慧不修福,罗汉应供薄。"所以学佛的人,一定要福慧双修,特别是出家人,更要福慧双修。如果修慧不修福,穷释子一名,生来寒酸相,虽有智慧,可以弘扬佛法,广作佛事,利益众生,可惜缺乏福报与助缘,无法满其所愿。反之,修福不修慧,生来福相,名成利就,财富亿万,身为富僧,雄视同伦。可是没有智慧,弘经演教,广度众生,续佛慧命;加以信施难消,一息不来,财富带不去,业力却随身,业果报应降临,将悔之已晚,不可不慎。因此,无论在家学佛,或出家修行,非福慧双修不可。福慧双修是佛教徒必须修习的两种行门。释尊在因地中发菩提心、修菩萨行时,广修六度万行,经过三大阿僧祇劫,行满果圆成了佛,从因地到果地,从果地到尽未来际,完全不舍福和慧的修习与教化,因其福慧具足,故称"佛陀耶,两足尊"。十方诸佛,诸大菩萨没有不以"福慧二严"显现法身,所以学佛的人,应当理解何者是福?何者是慧?更是一个关键。六波罗蜜布施等前五度属福德庄严,第六波罗蜜属智慧庄严。菩萨一切万行,皆摄在此二者之中,故《涅槃经》说,有"二种庄严:一者智慧,二者福德,若有菩萨,具足如是二种庄严,则知佛性"。福慧具足对佛教徒来说,如鸟之两翼,车之二轮,缺一不可。我们学习教理,以求正知正见,修持善法,而成就一切功德,都是修习福慧。我们依教奉行,远离邪行,饶益有情,我们佛教徒能认真地做下去,就是实际地修菩萨道,实际地修习佛陀的福和慧。常言道:"鸟有双翼,始能高飞;车有两轮,方能疾驰;人有二足,才能步行。"是故学佛修行者,必须福慧双修,悲智等运,圆满觉悟,清净自性,将来才能成佛,庄严国土,利乐有情,度化众生,往生佛国。西方极乐世界是举世学佛公民倾心向往的圣洁乐园。但是要往生此世界,必须福慧双修,善根深厚,因缘具足。伟大佛陀在《佛说阿弥陀经》中说:"舍利弗,不可以少善根福德因缘,得生彼国。"换言之,少了善根福德因缘气就不能"生彼国",什么是善根福德因缘?《辞源》云:"古称富贵寿考等为福。"《书经》洪范篇云:"五福:一曰寿,二曰贵,三曰康宁,四曰修好德,五曰考终命。""福德"是善行道德所得的福利。古人云:"为善而人知之则为阳善;为善而人不知之则为阴善。"若众善奉行,人不知之,则是"大福德"。"福慧":福德和智慧。此智慧既不是"俗智俗慧"——世间法的智慧,如文学、艺术、科学、技术等有益于人类,但不能"了生死,脱轮回,"故称"俗智俗慧";亦不是二乘人"偏智偏慧"——声闻、缘觉,只破我执,未破法执,他们的智慧是"偏而不中,缺而不圆",故称"偏智偏慧";更不是左道旁门的"邪智邪慧"——指"邪教"祸国殃民的"邪法"。佛教的智慧是般若妙智净慧,它是教人修身齐家治国平天下的妙法,是放之宇宙而皆准,见之染净诸法而皆然的永恒真理,是成佛作祖至高至深至圆满的大法。福德和智慧的结晶便是善根。善根是为人行善的根性。善根有利根和钝根,即上根、中根、下根的区别。行善如播种生根,行十善终会得十种善报,便是福德,福德施于众人,人与人之间便结下殊胜的成佛因缘。宇宙间万事万物都是因缘所生法,缘聚则生,缘散则减,"因"是内部根据,"缘"是外部条件,内因外缘两相结合便产生法——事物。

佛陀告诫我们三世诸佛(过去佛、现在佛、未来佛)及任何宗派都要修"三福业"。因为它是成佛的善根福德因缘的泉源。如:第一人天福(小乘):"孝养父母,奉事师长,慈心不杀,修十善业。"人为"万物之灵",父母生我身,教我成家立业,恩比天高,理应"孝养"报洪恩。师长诲我志,教我成人,德比海深,理应"奉事"感巨德。慈心不杀仁也。修十善业积累福德,上等善业生天道,中等善业生人道,下等善业生阿修罗道。如此,方可名之曰有良心、良知、良能的"社会高等动物"——人。修

好第一福,可以保住人身,做"有理想,有道德,有文化,有纪律的公民"。第二中乘福,"受持三皈,具足众戒,不犯威仪。"学佛者修行第一福做人的基础,自觉皈依佛(觉)法(正)僧(净)三宝。居士可受居士菩萨六重二十八轻戒,比丘要受二百五十条戒,比丘尼须受三百四十八条戒。受具足戒,更要严持净戒,要具备四大威仪:行如风、立如松、坐如钟、卧如弓,随时随地生清净心,精进不懈修梵行。第三大乘福"发菩提心,深信因果,读诵大乘,劝进行者"。学佛者修好第二福,觉悟提高,发上求正觉成佛之心,要深信因为有"三世因果",所以演变成"六道轮回"。要脱离轮回之苦,必须修第三福。读诵大乘,修大乘佛法。三藏十二部大乘经典有八千六百多卷,浩如烟海,汗牛充栋,如何读得完?学者可根据需要博览与精钻结合,择要而读,并要规劝信仰佛教者,发大心,修大乘佛法,精进勇猛乘风破浪地前进。这三福业是做人之本,成佛之基。若不修"三福业",要想成佛那是"水中月"、"镜中花",空思妄想。太虚大师说:"仰止唯佛陀,完成在人格,人成即佛成,是名真现实。"我们踏踏实实地修好"三福业"就是"人格完成"就是"人成",将来一定能成佛。假若不孝养父母,不奉事师长,又杀生害命,造十恶业,其人是"恶人",彼临命终时,神识要堕入三恶道。一福他都不修,更不说二、三福了。建造高楼大厦要有坚固的基础,第一福是修道的基础,犹如大厦最深的牢不可破的基石。第二、三福是修道成长向上圆满的阶梯标志,如大厦的中楼、高楼。楼的基础异常坚稳牢固,大厦就会冲天而起,历经千载。

"福慧双修"有权有实,所谓"权"即权宜之义,指为时之需所设之方便;所谓"实",即"真实不虚"之义,系指永久不变之究极真实。"福慧双修"之"权法",指的是佛教对于世间的财富与智慧亦持有一种肯定态度,因为这是属于"世间"善法之一。但其"实法",是在出世之"福慧",以及其实践"六度万行"上。对于世间"福慧"之肯定,如《善生经》中佛陀对善生之教诫云:"积财从小起,如蜂集众花。财宝日滋息,至终无损耗。一食知知足,二修业勿怠,三当先储积,以拟于空乏,四耕田商贾,泽地而置牧,五当起塔庙,六立僧房舍。在家勤六业,善修勿失时。如是修业者,则家无损减。财宝日滋长,如海吞众流。"分析一下这段经文可以看出,对于世间财富之获得,佛陀建议用一种合理合法、勤恳积极的态度与方式(智慧)去获得财富,这种"智慧"在《杂阿含经》(卷48)中又称为"黠慧",而对于财富之守护,佛陀也提出了很多建议,如"不信奸邪人,及诸悭吝者"等,尽管谋财方式古今迥异,其精神实质还是一样的。但世间这"福慧"是"有漏"的,除了能给生活带来些许便利外,并不能解决真正的人生问题。按照佛教的说法,人由于烦恼所生之过失、苦果,而在迷妄世界中流转不停,难以脱离生死苦海,此为人生之根本问题。欲解决此问题,"福慧双修"之权法是力所不逮的。"福慧双修"有先有后,就世间与出世间的福慧而言,应是"世间"为先。《大般若经》中认为,如果一个人世间福慧不够,那么出世间的福慧更是无法企及的,更无法领略佛法般若的真实意义:"有愚痴人为魔所使,未种善根,福慧薄劣……自于般若波罗蜜多,不能听闻乃至演说。"故佛教有"修道资粮"一说,因为世间的"福慧"是成就出世间"道业"的必要条件与基础。这就提醒我们,如果只是志存"超越"、"解脱",而不顾世间善法的修行,那就是"地基"没有打好,恐怕也不太容易取得出世间的成就。就"福慧"自身修习顺序而言,则应该是"福"先。关于"福慧"积累,佛教有"六度"之说:布施、持戒、忍辱、精进、禅定、般若(智慧)。"六度"针对的是不同方面,但其顺序却是不容紊乱的,即先由"布施"、"持戒"入手"修行"。盖"布施"、"持戒"通乎"世间"、"出世间",前者是一种"积极"的利他行为,后者则是一种"消极"的利他行为。从此入手,如爬楼梯,如登高山,拾级而上,方能成就智慧。另外如在《佛说吉祥经》中,佛陀提出的忠告也是先从"远避愚痴者、亲近智慧人"入手,渐次谈到"居住适宜地"、"广学长技艺"、"善能养父母"、"帮助众亲眷"、"邪行须禁止"等世间善法,进而进入"参访众沙门、适时论信仰"、"克己净生活、觉知四圣谛"、"了悟于涅槃、世事不动摇"的出世间"福慧"善法。从这点上来看,佛教是重"实行"而非"玄想"、重"利世"而非仅"自利"、重渐

次修行而非一蹴而就、躐等而行的。"福慧成就"有主有次，无论是世间福慧还是出世间福慧，都是以"智慧"为主导的。"出世间福慧"讲究"空慧"，"世间福慧"讲究"黠慧"，后者要以种种善巧方便带来财富的积累。从相关经典看，佛教是反对通过种种不正当手段一夜暴富的，所以屡屡劝人要有"营生之业"，要"始学功巧业"。即便是想要成就世间的"福业"，那也必须遵循"正道"才可以，否则只是成就"财业"，自己并不能享受此财富带来的"福报"、生活的便利、社会的声誉等。遵循"正道"求财需要智慧抉择，其实质终究是和出世间的"福慧"一样，都是以成就无偏无执之利他道德行为归宿的。特别是在积累了一定的世间"福业"之后，如果不以佛教提倡的出世间智慧为主导，不以精神、道德之追求为终极，则鲜有不骄奢淫逸、败德丧家者，这大概是古今中外的通例。如基督新教卫斯理宗创始人约翰·卫斯理曾经说过："当财富增加的时候，傲慢，情欲，各种各样的俗世之爱也会随之而增强。……凡是财富增加的地方，宗教信仰的精粹就会相同比例地减少。"在这种情况下，如果没有宗教的出世智慧（如佛教的"空观去执"之智）作为主导，那么所积累的世间"福慧"恰恰会变成"一间像钢铁一般坚硬的牢笼"（马克斯·韦伯语）。人生活在其中，安全、方便是有了，但终究是没有终极智慧的声色沉迷之徒，在佛教看来，这样的人生还是蛮可怜的。综上所述，佛教所提倡的"福慧双修"内含着深刻的人生智慧。学佛的人既然要修福，同时也要修慧，所谓："福慧双修"，然后可以成就圆满无缺，正觉、幸福、快乐的人生。否则，有福德没有智慧，或有智慧而没有福德，都是人生的缺陷。因为，一个只拥有福气而没有智慧的人，虽然享受如意，生活富裕，但也会令人生活腐败，人格低落，不懂得如何处世做人，更不懂得怎样去利己利人；只知有我，不知有人，为了我的满足与享受，贪名贪利，贪财贪色，甚至阴险奸诈，或恃势凌人，何止"生无益于世，死无利于后"；而且生时要受法律裁判，死后要堕恶道受苦，永劫沦沉。反之，只拥有智慧而没有福气的人，虽然明白人生的意义，是贡献不是占有，是互利不是独利；可是生活穷困，衣食不足，无以利己，何以利人？结果，虽然希望当仁不让，济世益群，可是每因心有余而力不足，徒自苦恼。因此，佛陀教育我们福慧双修，以提升自己；以福利群众，甚至觉悟成佛。

释迦牟尼佛说："世间心物所合的身体既是无常的，肉体就不可能永存，我要显现的是宇宙真理，当然不能违背法性。"所以佛在世时，显示了自身生、老、病、死的过程。佛陀从来不否认："青春会衰老、健康会生病，生命会死亡。"生、老、病、死是规律，任何人无法逆转，但是病有病的因缘，认清这些道理才能真正得到解脱。人类对客观世界的认识随着时代的发展较之以往已大大地有了进步，但是在当代以实证科学为主导的情况下，思维受物质的局限还很大，许多事物有现象有感觉，却无法证实与证伪（绝不可以为目前不能证实的就是伪，伪也要有证明的）。如当前有些大科学家提出"暗物质"、"暗能量"的说法（与佛教的"无表色"很接近），说明真诚地追求认知需要耐性，需要有发展眼光的客观，需要明白世事无常无我的缘起论。对于客观事物如此，对主观世界更加如此。今天人类最难弄明白的是人性、人心、人的思维，以及人的精神与人体生命之间的关系。戒、定、慧三学是佛家学说中最核心的思想，也是佛家养生之道的最高思想境界。"戒"，亦译"清凉"、"清净"、"能寂静"等。"三学"之一，称为"戒学"。"六波罗蜜"之一，称为"戒波罗蜜"。"定"，亦译"等待"，亦称"定学"。大乘六波罗蜜中的"定波罗蜜"释为"心一境性"之义，指心凝住一境而不散乱。"慧"，亦为"般若"，指通达事理、决断疑问以取得决定性认识的那种精神作用。佛家注重养心，佛家说"人生胜境平常心"、"宠辱不惊，得失不计，默雷止谤，化毁为缘"。佛家主张"长养慈心，勿伤物命"，提倡"谁道群众性命微，一般骨肉一般皮，劝君莫打枝头鸟，子在巢中望母归"，目的是以慈悲为怀，普度众生。佛家强调"万念归一，清心涤虑"，它重视世间法，更重视出世间法。教导众生以出世的思想，做入世的事业，不求独乐，但求众乐。既要出世，也要入世，出世即超越，入世即关怀——出淤泥而不染，

这是佛教的中道智慧。古人云："养生重在养心。"养心乃养生之道。佛家提倡的养心之法就是要做到心宽、心善、心怡、心诚、心静、心纯这"六心"，以及六个"常存"之心，即为常存安静之心、常存善良之心、常存正常之心、常存欢喜之心、常存和悦之心和常存欢乐之心，由此即可益寿延年。佛家之所以强调养生必须养心，是因为心是欲望之本源。欲望过多，追求太高，七情六欲煎迫纠缠，就会引起心气不顺畅。心的健康与人体健康休戚相关，心气不顺就会导致机体不和，使健康受损，而欲望的驱使常常又会使人失去理性而招致灾祸。因此，佛家认为养心是养生不可缺少的重要组成部分。而养心之要又在于清心寡欲，彻底戒除"贪、瞋、痴"，这样才能使心气舒畅、神情安泰、身体健康而青春长在，并获得静虑解脱的大智慧。佛法着重的是内心的净化，并且是由内而外的、由心灵而社会的真正的平静。它认清世界不平等的根本，主要是源于人们内在的无明我执，人类贪求权力、名誉的欲望所致；由于贪染心的占有，彼此就会引起冲突，从而招来不息的斗争。因此，佛教告诉我们要根治世界不和不平的根源，必须从人们的心灵净化这个最基本的价值出发点做起，从众生心中去实现人心的和平，在社会之中去实践佛家无我、慈悲、尊重、和平的教义，以多层面地完成世界的真正和平，达成社会和平与心地和平的微妙整合。

人类提倡和平，和平是千古以来人人梦寐以求的美景。儒家以世界大同为天下升平和乐的期望；孙中山先生也以"天下为公"，作为他草创民国的理想；佛教则以四生九有、法界平等的"天下一家，人我一如"的理念，建设人间净土。"老吾老以及人之老，幼吾幼以及人之幼"是中国传统的兼爱思想；而佛教除了对人权的维护，更进一步重视"生权"的平等，此为"众生皆有佛性"、"汝是未来佛"，恭敬尊重每一个生命的权利。由于佛教提倡众生的平等，自然跨越国界的藩篱，而能天下一家，泯除同异你我的分歧，能够佛、心、人、我一如。"心佛众生，三无差别"，这就是佛教给予人类最好的和平宣言。众生彼此尊重、包容、平等、无我、慈悲，这才是民族间、国际间需要的理念。因此，我们居住的

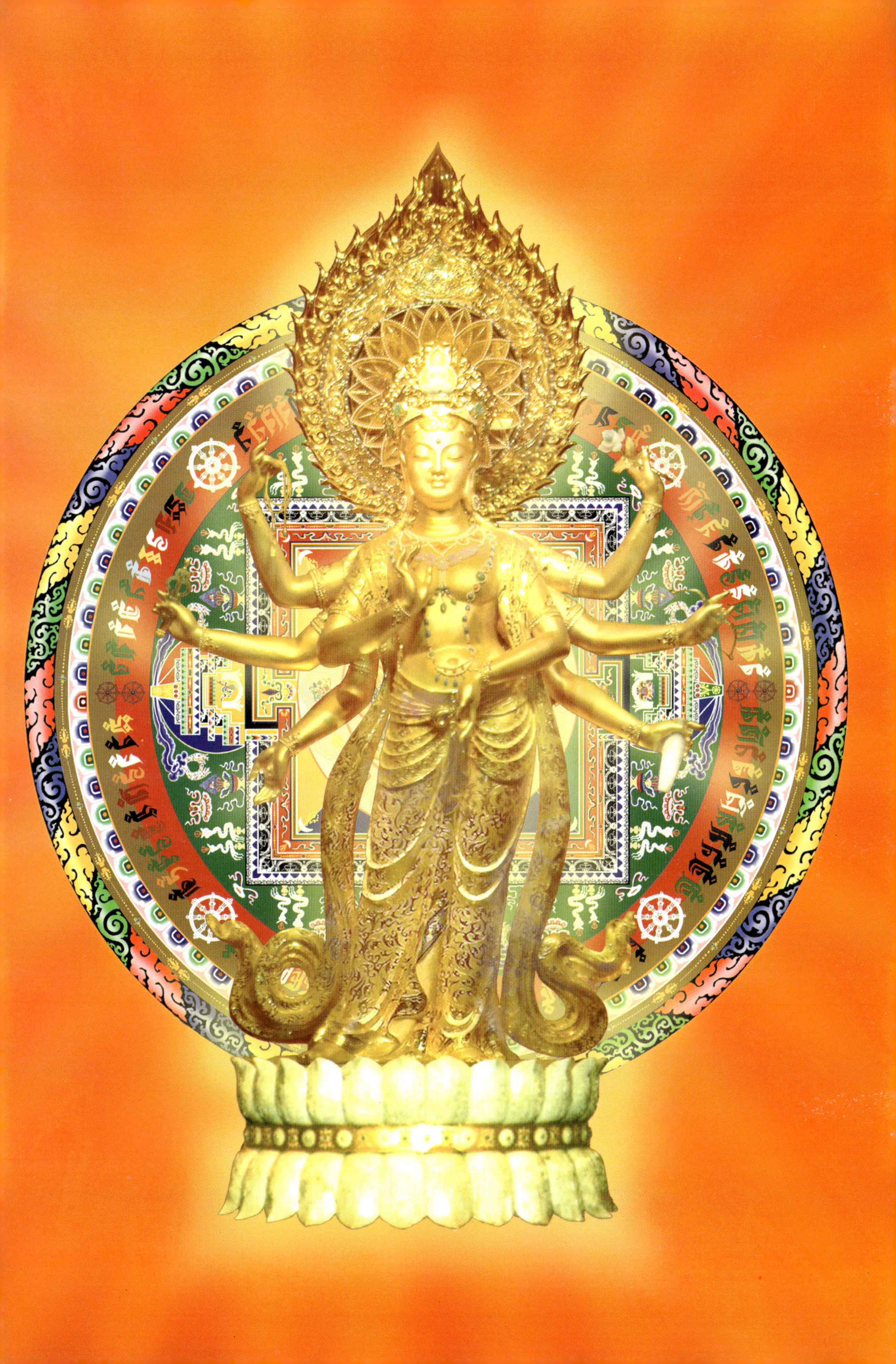

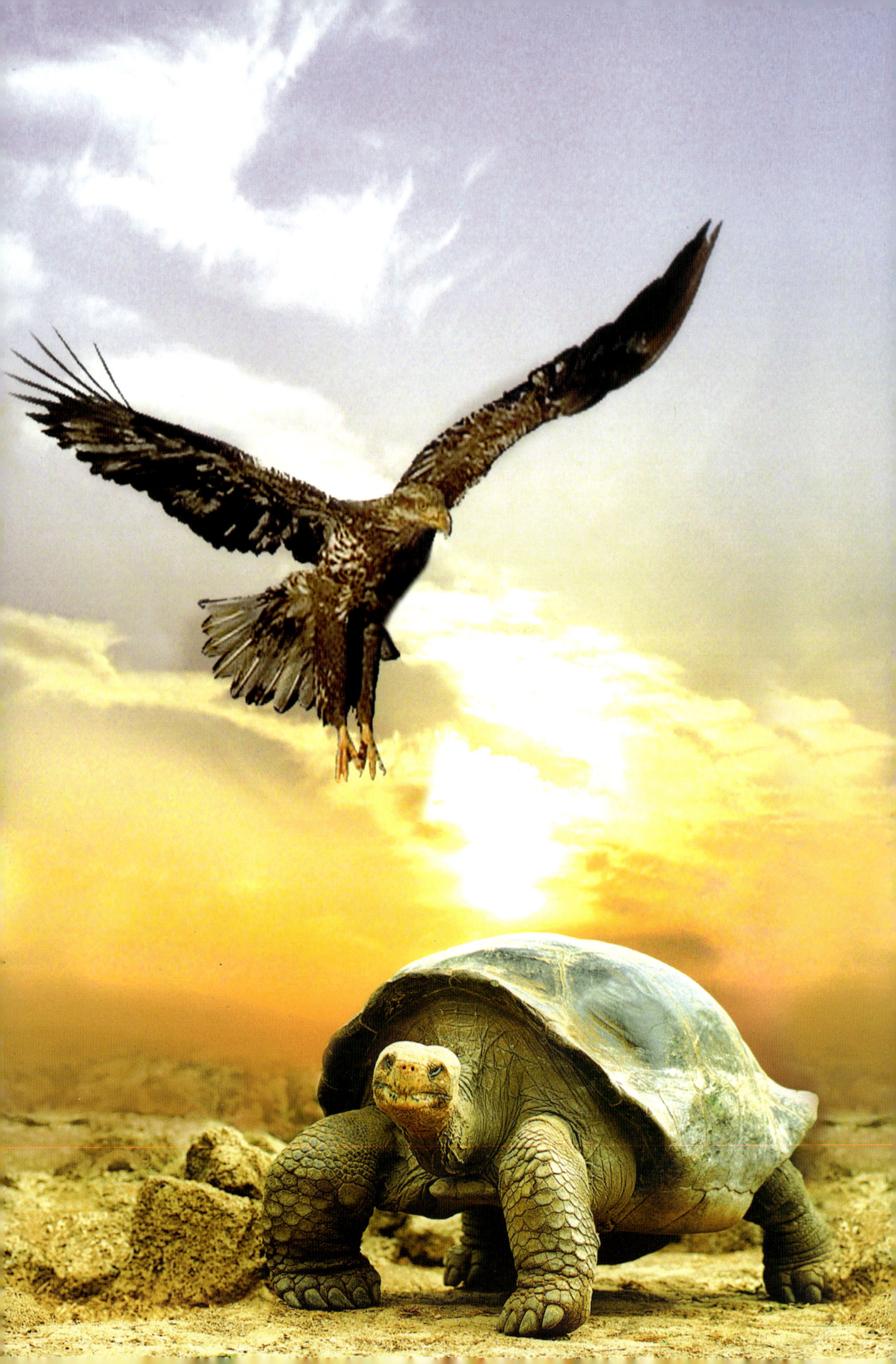

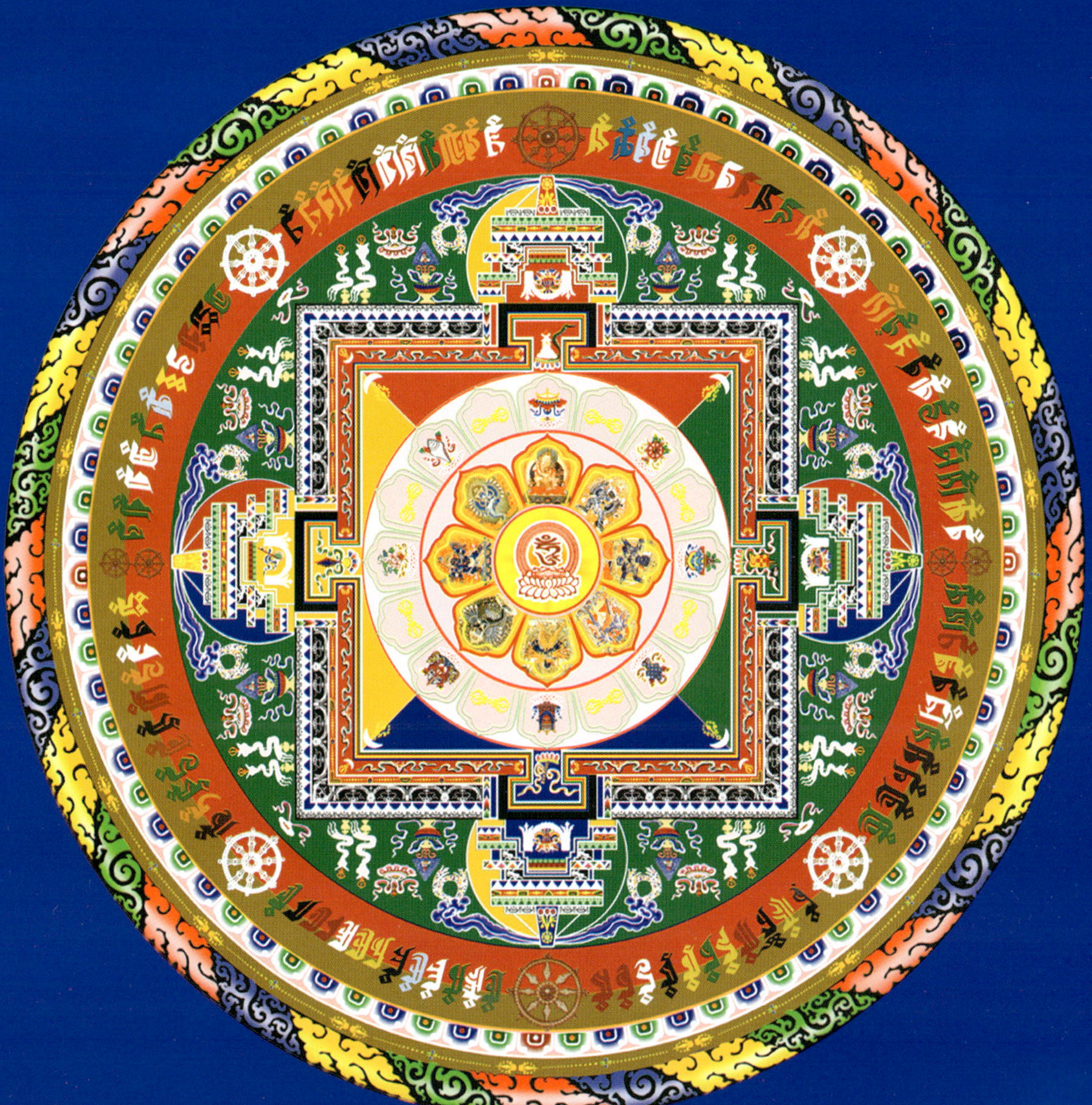

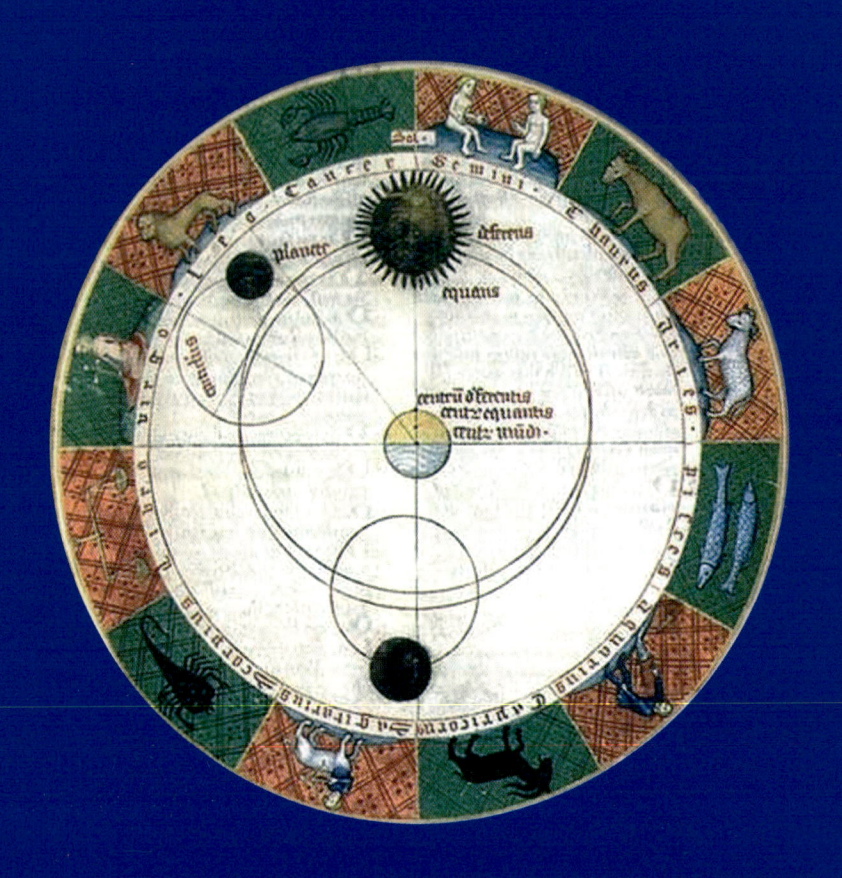

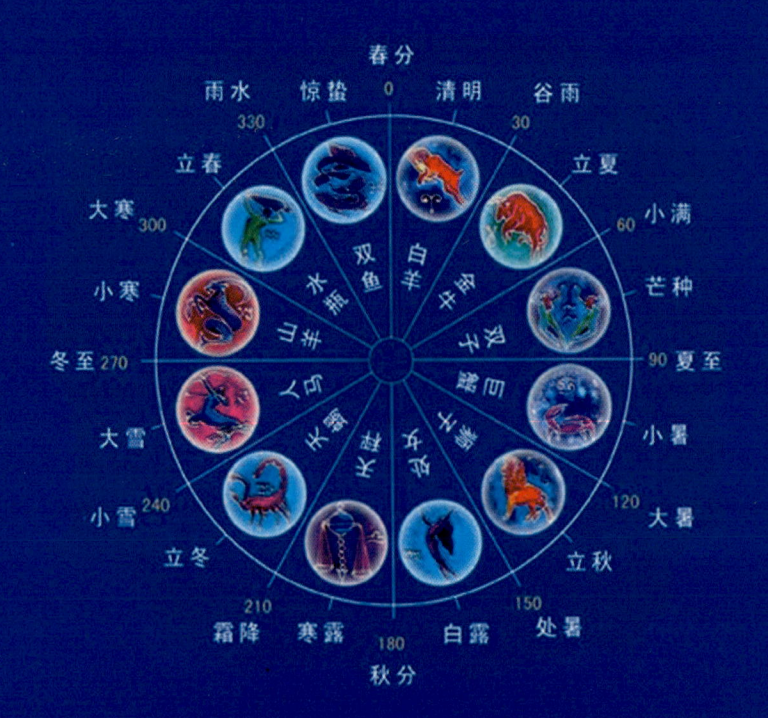

春分
雨水 惊蛰 0 清明 谷雨
330 30
立春 立夏
大寒 300 60 小满
小寒 芒种
双鱼 白羊 金牛 双子
水瓶 90 夏至
冬至 270
摩羯 巨蟹
大雪 人马 天蝎 天秤 处女 狮子 小暑
小雪 240 120 大暑
立冬 立秋
210 150
霜降 寒露 180 白露 处暑
秋分

地球上，应以同体共生的地球人自我期许，提倡"生佛平等"、"圣凡平等"、"理事平等"、"人我平等"的思想，进而消泯人我界线，打破地域国界，人人具备"横遍十方，竖穷三际"的国际和平观念，进而以"天下一家"或"天下大同"作为出发点，让每个人胸怀佛教的和平理想，成为共生共存的佛教人和地球人，懂得保护自然，爱惜资源；并以"人我一如"的同体大悲观念，自觉觉他，升华自我的生命，为自己留下信仰，为众生留下善缘，为社会留下慈悲，为世界留下光明。如此，才能共同促进世界的和平。

　　佛教是一个智慧的宗教，它以觉悟为目标。要达到觉悟的目的，离不开世间的万法。佛陀的教化，超乎国界、种族、地域、文化、历史之种种差别相，然佛法的弘传，种种教化施设，赖世间相而传、藉世间相以流布。佛教主张的是现实生活中的觉悟，强调生命个体的自我觉悟，使人最终获得超脱的智慧。佛教在世界上有两千五百多年的历史，历久长新，一直屹立不移，靠的不是威势强权，也不是愚民神话，而是一种客观现实、地道的教理。佛教的伦理道德，是佛教思想的精华所在。佛教的基本道德规范即五戒、十善、四摄、六度，其核心内容就是"诸恶莫作，众善奉行"。如果人人都能够做到这一条，世界就会更加持久和平，和谐美满，社会也会更加安定团结，人民才能安居乐业。佛教的明心见性思想，其要旨要构造内心世界的宁静，是构建和谐社会的前提。佛教的众生平等思想，其要旨是建立人际关系的融洽，是构建和谐社会的内涵。佛教的普度众生思想，其要旨是实现大慈悲的奉献，是构建和谐社会的实质。佛教的圆融不二思想，其要旨是走向人与自然的亲和，是构建和谐社会的外延。"和谐"，在佛教看来，是和合，是和平，是能够使人心情愉悦的一种状态，没有恐惧，没有仇视，没有妒嫉等不良的情绪。佛陀"无缘大慈，同体大悲"的精神，利己利人，就可以令自己与他人化私情为大公，转私爱为博爱，进一步提升人类的博爱，变为无止境、无限度、至善至极的爱心；不分国界、不分种族、不分人畜，平等爱护一切众生，拔苦与乐；则人类社会，将充满欢笑与和谐；而世界亦充

满着慈爱与关怀,何来斗争,怎不和谐?佛教以心的修炼就是要从提升人的知、改善人的情、净化人的意。接受佛法真理的启示,以一念息妄、以正念止邪念、转恶念为善念,在积极开拓发展科技物质文明之同时,也要积极发展推动改善人类精神的文明;在实行绿色环境保护当中,除清除现实环境的污染,也要清净人类心灵世界的污染,使人类的知情意转向真善美,自然扭转人心的邪恶,取消凶恶残酷的暴行,净化社会,止息战争,实现世界和谐。和谐是和合、和顺、和睦、平安、平静,是人类在平等待遇的环境中,过着平安平定的生活,每个人内心都能心平气静、和谐和乐,不被他人侵犯,不受政治逼害,不受战争威胁,自由自在,安居乐业,这就是和谐。所以,和谐是幸福平安的象征,是自由自主的标帜,是世界人类和平共处,共存共荣的实现保障,当然也是世界人类共同追求的目的。

第二十八章　恣意放纵的目光纵览
　　　　　　山水秀色蓬勃

　　回顾人类文明自工业启蒙运动以来,古典社会思想家们,如康德、伏尔泰、黑格尔等人都在讲述同一个故事:随着世界历史的展开,随着人类交往空间的拓展,随着人类的"高级文化"如自由、民主、理性、普遍性等的普及, 人类的文明将走向一种更理想的形态——世界公民、世界政府、政界文明。这就是弥漫着浓郁的"千禧年无意识"的历史乌托邦主义的梦想——世界主义。现代社会理论家们,如滕尼斯、哈贝马斯、罗尔斯也对此深信不疑。在他们看来,天下大同,世界一体,必将成为人类文明的终极归宿。我们现在正行进在这段路程上——现代化、全球化、交往实践以及"万民法",就是迈向这个"世界主义"的"千年王国"的一个个步骤。然而,人类历史根本不可能按照社会理论家建构的"宏大句法"的逻辑来书写,像神话那样完全依凭浪漫的想象来书写。人类根本就是没有一种"大写的历史"。所谓"大写的历史"表征的不过是人"追求秩序的疯狂"。人是一种极为复杂的动物,会从各种不同的视角审视世界,理解世界,参与世界。"好的"、"善的"东西当然也令人心动,但人是否选择它,还是要由人的生活、在世情境来决定。也正因为如此,我们看到,现代性越发展,全球化越推进,它所遭遇到的抵制、反抗也就越疯狂。作为现代主义与世界主义的一种表征、一种过渡形式,我们此时此刻所身临其境的"全球化",早已不是一体化、世界化的轮廓,而是具有一种反讽性的内涵:分裂化、地方化。不必说诉求天下大同,连最基本的世界秩序也没有。齐格蒙特·鲍曼对"全球化"作了一

个很好的诠释:全球化这一概念明确是指冯·赖特的种种"来源不明之力"在辽阔的无人地带——多雾泥泞、无法通过和难以驯服——兴风作浪,尤其是超越了任何人的计划和能力之所及;全球化其实就是乔伊特的"新的世界无序"的别称。确实不错,全球化不是"世界主义"的"大同国",而是"新中世纪主义"的"浮世绘",是由各种各样奇形怪状的——温和的和愤怒的、神圣庄严的、玩世不恭的"孤独的牛仔"拼凑出来的流星图。

冷静地分析这种全球大分裂、大混乱,我们可以发现一个十分有趣的现象,这就是不管各种各样的"主义"如何改头换面,发出什么样的呐喊,但几乎都是"文化主义"的。或者,也可以这样来解释,全球化时代的大混乱、大分裂,实质是一种文化的大混乱、大分化:文化本土主义、文化部落主义、文化原教旨主义、文化寻根主义、文化沙文主义、文化民粹主义、文化民族主义、文化多元主义以及反文化帝国主义、反文化殖民主义、反文化霸权主义……文化认同的本土化、文化经验的地方化、文化屋顶的政治化以及文化风格的多样化等,构成了全球化运程的强劲"拉力":它们既是全球化时代各种冲突的引爆装置,又是全球化时代各种冲突的"表演形式"。这构成了另一种视角下的全球化景观——文化全球化,即全球文化的互相影响,互相竞争、互相敌视、互相冲突。当代世界的文化冲突,很难进行结构性描述,因为它太混乱了。相对主义与普遍主义、本土主义与世界主义、民族主义与原教旨主义,等等。其中,民族问题与宗教问题最令人焦虑不安。尤其是宗教冲突,往往与民族问题混杂在一起,使问题变得相当复杂。以色列人与巴勒斯坦人问题,叙利亚人、德卢兹人问题,库尔德人问题,加拿大魁北克省的分离主义问题,伊朗与伊拉克的冲突、印度与巴基斯坦的冲突、加勒比地区与北美之间的冲突,乃至于宗教界内部的冲突,如基督教与犹太教、基督教与天主教、佛教与印度教、天主教与新教、基督教与伊斯兰教、穆斯林什叶派与逊尼派的冲突,等等。不仅仅是民族问题宗教化,全球化时代的诸多冲突都与宗教有关。著名神学家汉斯·昆坦率而痛苦地指出,当代世界"如此众多的争执、流血性冲突,甚至'宗教战争',都可以记在宗教的'功劳簿'上;如此众多的经济、政治、军事上的冲突,一部分是由宗教引起的,一部分染有宗教色彩,受宗教鼓动(这点也适用于两次世界大战)以及由宗教来使之合法化"。确确实实,当代世界的诸多冲突与战争,都与宗教有着极为密切的关系。或者说,当代世界的诸多"苦难",很多是以"神圣的救赎"的形式创造出来的。人确实是一种无辜的"受造"。没有神圣者的佑护,在实在世界面前,我们每天都战战兢兢,做着噩梦;而"受洗"却是"卖身",人们像兰波所说的那样被"福祉"的利齿"温柔地咬死",而且还要"蒙主恩宠"。加缪用"荒诞"来概括人的这种"在世"的本质真是深刻绝妙。

  关于人类的冲突与战争,人们曾提出种种假设。霍布斯主义认为人类的天性就是自私的,正是这种自私构建了人的个体性文化逻辑:人人都是自私的,因此,"他者"便是我的敌人,威胁到我的生存与自由;如此,对待"他者"的态度便是摧毁和征服,主要的手段便是暴力和战争。近年来的社会理论以及宗教界对于宗教冲突与战争的根源的分析,也有人认同霍布斯文化的逻辑,把宗教战争的原因解释为物质主义和泛政治主义,经济利益动机和政治利益动机成为一种主导性话语。我并不否认人类历史上的诸多冲突及战争与行为体对霍布斯文化逻辑的认同有关,但我还是认为,霍布斯主义对人性的估价有些极端化了。人类虽然自私,但还不至于到这种程度;而且,人的善与恶、好与坏、和平与侵略、利己与利他等心理结构并不是一种先验的人性,也根本不存在一种先验的人性。人是以纯净之身偶临这个世界的,纯净的如同天使。我们的人性结构,是社会学家所说的社会化作用的结果,或者用托马斯·卡莱尔的话说,人本是裸体的动物,是"衣服"使我们变成人;穿上衣服是人类堕落的开始。卡莱尔所说的"衣服",便是我们通常所说的文化。从某种意义上说,人没有人性,只有文化性。

  我这里所说的"文化"指的是人类在生存实践中创造的一套知识

系统与意义体系，人类通过它阐释人的存在。作为一套知识系统，文化建构了我们文化记忆，如传统、历史、习俗、惯制、生活方式等，这种文化记忆确定我们的身份归属与行为方式；作为一套意义体系，文化建构了我们的"精神关怀"，如理想、信仰、荣誉、自尊、人格、民族、国家等，构成了我们存在的生命维生素和价值体系。如果说，知识系统确保我们的社会生活秩序化，那么，意义体系则确保我们的精神生活秩序化。人类生命运动的奥秘就是一种秩序化游戏，即用文化使"人的世界"秩序化。正是这种"秩序化"游戏，演绎着人的"我"为何，来之何，去之何，在之何的逻辑。它像陀思妥耶夫斯基的"神圣种"，在贫瘠的土壤里培育出生命灵性的胚胎；它像诗人济慈的那只"不死鸟"，在荒芜的世界里呼唤人类生命的激情。其实，人类生命的价值就建构在这种人造的"文化乌托邦"之上。没有酒精和咖啡，我们终生都将被噩梦所滋扰。自从人类抬起额头清醒地面对世界、面对自我的那一天起，人类的文化生产便开始了。文化可谓人类的天才发明，生活把人磨炼成文化的动物。人类的那种永不衰退的魔鬼般的生存欲望就源于文化对人生意义的阐释。文化幻想一旦消散，生命的讽刺性便凸显出来了。在这种情况下，人只能陷入疯狂与虚无。这使我想起卡夫卡写给马克斯·布洛德的信，它真实地表达了人的精神幻象与人的在世之间的微妙关系：只要我不写作，我的生活会更好些；相反，那样的话我的生活会坏得多，完全无法忍受并必然以疯狂告终。如果我把杂乱的希望、零零碎碎的幸福状态和膨胀起来的虚荣置于不顾（"置于不顾"是我在为了活命所承受的条件下难得做到的）而把事情想通的话，那么，我面临的是：一种痛苦的生命，痛苦的死亡。

　　文化对人类来说也许并不像人们通常所说的"文明"或习俗惯制、生活方式那样简单，它可以说与人的在世生死攸关。没有它，人类就要冒眩晕和绝望的危险。恩斯特·贝克尔说得相当深刻，尽管我们所面对的是恶之实在与荒诞之境，但是，"太阳分散了我们的注意力，总是蒸干血泊，让事物在上面生长；用它的温暖散发希望，同时带来有机体的舒适和扩张"。贝克尔所说的"太阳",不是自然宇宙空间中的那个物理实体——炽热灿烂的星球,而是我们的荣誉、尊严、人格、信仰,我们的英雄主义,我们的家庭、事业、民族、国家、意识形态,也就是我们的文化。正是它,或者以海德格尔所说的日常操劳压抑着我们对"恶"的聚精会神的关注与思考;或者以布朗所说的"人格谎言"将我们推入圣人与英雄主义的不朽的想象之中;或者像克尔凯郭尔那样,以天国的永恒与灿烂战胜恐惧与战栗。没有谎言与幻想,我们一天也活不下去。蒙田对此表达的那样诚实与率真:"我们人有根深蒂固的病态品行,诸如野心、嫉妒、羡慕、报复、迷信、绝望,它们寓于我们的体内,并极其自然地控制我们……倘若谁消除人类身上这些病态品行的种子,他就破坏了人类生存的根本条件。"像莎士比亚戏剧中的"李尔王"那样扔掉所有的文化衣着,赤身裸体于暴风雨中,只有眩晕与绝望。人类生命的通道就在于用信仰搭建一个巨大的心智安全堡垒。

宗教信仰作为历史最悠久、分布最广泛、影响最深远的社会现象涵盖了人类活动的几乎所有方面。小至个人的行为和精神世界,大至社会的价值取向和行为规范,从古至今无一不渗透着宗教信仰的深刻影响。上自哲学、政治、法律、伦理等意识形态领域,下至科学、文学、艺术、音乐、戏剧等学科,无一不是与宗教有着千丝万缕的联系。据公布的统计数字,全世界各种宗教明确的信仰者占世界人口的83%。当然,这一数据尚未包括为数众多的不明确归属于任何宗教,但仍相信超自然体存在的准信仰者。换句话说,这个星球上绝大多数的人是信仰者。难怪马克思如此评论:"宗教是这个世界的总的理论,是它的包罗万象的纲领。"

作为这个世界总纲领的宗教自身却经历着种种危机,就像重病缠身的患者,需要救治和复壮。宗教面临的危机首先是对信仰合理性的质疑。自欧洲启蒙运动以来,各种类型的思想家就将宗教信仰判定为人类愚昧无知的产物或人类自身形象的投射,预言其即将退出历史舞

台。持续了三个世纪劳而无功的有神论和无神论的辩论至少没有给宗教信仰提供预期的坚实依据。伴随着科学技术的高速发展、知识的普及和宗教与理性冲突的加剧,对信仰合理性的质疑进一步演变成致使宗教走向衰落的信仰危机,造成信徒信仰虔诚度的大幅降低和信众的世俗化流失。卫道者们对于过时的传统教义的誓死捍卫不仅没有挽救颓势,反而加剧了信仰危机。在宗教与科学、宗教与理性的冲突中,宗教不可救药地处于劣势。除了对所有宗教构成共同威胁的信仰危机,各宗教还面临着各教派间相互排斥对立和自身无限分裂的传统危机。各教派都倾向于将本教派视为正教,而将其他教派视为伪劣宗教而加以排斥,这不仅造成宗教纠纷和冲突等人为灾害,而且从整体上降低了宗教的可信度。无休无止的分裂对立使得各宗教四分五裂、永无宁日,加剧了宗教的危机。宗教导致的极端、暴力和战争则更进一步毁坏了宗教教义标榜的道德伦理和宗教的声誉。

与此同时,世俗社会也经历着种种与宗教有着深层关系的危机。诸如精神世界的空虚、公允价值观的缺陷、社会道德的沦丧、邪恶和冲突的频发、政局的动荡、毁灭性战争的威胁等现象,表面上看纯属世俗社会的危机,其实都与宗教有着深刻的内在联系。在宗教信仰危机和世俗化发生的同时,人们的物质生活大幅提高了,但精神生活却严重下降。人们逐渐认识到,丰裕的物质生活并不能填补人们精神世界的空虚,财富难以取代信仰向人们提供精神的安宁和幸福。在信仰缺失的社会中,普遍存在着社会道德沦丧、人际关系紧张、社会矛盾冲突尖锐、社会不公严重、政局难以稳固等现象。对财富和权力无止境的贪婪追求、永不知足的个人欲望、高度膨胀的自我,离开了宗教信仰的指导和制约,就像脱缰的野马,横行肆虐,践踏着和谐社会的基础。无论怎样严厉的法律制裁,无论怎样谆谆善诱的教育和劝导,都不能取代宗教信仰从人的内心世界清除这些社会危机的根源。最后,威胁人类生存的最大危机是战争,其中包括宗教战争。掌握毁灭这个脆弱星球几百次能力的人类如果不能找到避免战争的有效手段,就只能随时生活在集体毁灭的阴霾中。爱好和平的人们已经尝试过除宗教力量外避免战争的所有可能的手段,但至今收效甚微。

在应对宗教自身的危机和世俗社会的危机中,宗教迄今为止扮演的都是非自觉的被动角色:对于信仰合理性的辩护完全出于自卫,对于信仰危机束手无策,对于科学和理性的挑战顽固守旧,对于宗教分裂危机听之任之,对于宗教对立和相互排斥习以为常,对于世俗社会的种种危机更是袖手旁观。身陷重重危机而自顾不暇的宗教对于解决自身和世俗的问题回天乏术,看起来是天经地义的。然而,宗教信仰是这个世界包罗万象的总理论和总纲领,是人类精神世界和内心思想活动的主导力量,而人的各种行为莫不受其精神和思想的支配。由此观之,宗教应当并且完全可能在化解自身和世俗危机中扮演积极主导的角色,运用其潜在的巨大能量造福人类。

宗教信仰,作为历史最悠久、分布最广泛、影响最深远的社会现象,涵盖了人类活动的几乎所有方面。马克思曾经评论道:"宗教是这个世界的总的理论,是它的包罗万象的纲领。"然而,作为人类文明包罗万象的纲领的宗教信仰,其合理性却备受质疑和挑战,以至成为人类社会争议最大、最难以辨明的问题。启蒙运动以来各种类型的思想家对宗教信仰实施了毁灭性的攻击,但宗教信仰至今依然主宰着人类绝大多数成员的精神世界。有神论和无神论历经数百年的激烈争论,至今竟仍然难分高下。那么,宗教信仰是否像一些理论断言的那样,是人类愚昧无知的主观臆造,是早期人类社会的短暂现象呢?神存在吗?人们有理由虔守信仰吗?有关宗教信仰的任何讨论往往以这样的问题拉开序幕。

信仰是人类文明迄今为止无所不在的普遍现象。对于人类早期文明的每一处考古发掘几乎无一例外地包括对该文明的宗教信仰遗迹的发掘,对于每一个民族的历史记载都毫无例外地大幅涉及该民族的宗教信仰。这不仅反映了信仰无时无处不在,而且显示了宗教信仰在

人类各民族中的重要地位。古往今来,没有哪个民族没有宗教信仰,也没有哪个民族一劳永逸地完全消除过宗教信仰。人类迄今的经验证明,哪里有人类,哪里就有宗教信仰。如果将宗教信仰定义为人类发展初期的阶段性现象,则遍观全球各发达和不发达的文明,至今还找不到宗教信仰自然消失的实例予以佐证。

如果宗教信仰仅仅是人类愚昧无知的产物,则令人困惑的是,全世界所有的民族和文明从古到今似乎都沉浸在愚昧无知的信仰海洋中,竟然没有一个民族是例外,也没有一个民族聪明到足以完全摆脱这种愚昧无知。特别是像美国这样科学和知识高度发达的国家,有宗教信仰的人竟高达总人口的95%(据盖洛普民意调查结果)。更令人不解的是,像爱因斯坦、牛顿这样智力超凡的科学巨人仍然笃信上帝,爱氏甚至提出"科学没有宗教就是瞎子,宗教没有科学就是瘸子"这样的思想。牛顿则将上帝认定为宇宙运行的"第一推动力",声称"上帝主宰万物,我们是他的仆人而敬畏他、崇拜他"。众所周知,爱因斯坦和牛顿都是人类罕见的智商出类拔萃者,凡夫俗子岂敢望其项背。如果爱因斯坦和牛顿尚且难以摆脱愚昧无知,普通人似乎只能万劫不复了。

人类历史证明,宗教信仰是人类的天生本能,具有顽强的生命力,难以用人为的方法予以消灭。在战前德国,从尼采"上帝死了"的无神论葫芦里放出来的希特勒纳粹妖魔,对宗教信仰采取了压制排挤的做法。虽然对神的崇拜被弱化了,但民众内心的信仰崇拜热情却并未熄灭,只不过被转移成对希特勒纳粹主义的信仰崇拜,其能量几乎毁灭了整个世界。战后德国对神的信仰崇拜很快就死灰复燃,大有"野火烧不尽,春风吹又生"之势。人类历史上类似的例子不胜枚举,足以说明人类对于神的信仰崇拜是难以消灭的。

即便是无神论者,也很难完全摆脱对于超自然力量的信仰和敬畏。中国古代著名的无神论大师王充,鲜为人知的一面却是深信命由天定或星定。王充的《论衡》中充满了如"命,吉凶之主也"等宿命论的表述,以至于成为后世低级信仰形式的星象算命的理论基础。德国纳粹虽然背离了传统基督教的信念，但希特勒、戈林之流却深信有某种超自然的力量在左右和决定着纳粹势力的成败兴衰。吹响无神论号角的18世纪启蒙运动代表伏尔泰和卢梭，却代之以自然神论。多数无神论者虽然宣讲其无神论观点时振振有词，但对超自然力量的敬畏却欲罢不能，原因可能就在于其内在的信仰本能难以泯灭。

历史事实还证明，人们发自于内心的信仰崇拜只能被另一种信仰崇拜所替代，而不能被消灭。罗马帝国对罗马诸神的宗教信仰可以被基督教信仰替代，但罗马人却不能无信仰而存在。每当遇到外在压力时，人们内心信仰的火种或者顽强地存在下来，或者以另一种形式表现出来，但却不会熄灭。人类历史上任何一次以外力消除人们内心信仰崇拜的努力最终都以失败而告终，其原因可能就在于此。

大量事实表明，造成欧洲社会许多受过高等教育、具有高智商的人士徘徊于教会之外的原因，与其说是无神论，不如说是传统教义经典中的非理性因素及其与科学的冲突。不接受与科学和理性冲突的某些教义并不等于接受无神论，因此等原因而徘徊在教会之外的人并不就是无神论者。

发端于欧洲的启蒙运动在数百年前就断言，随着科学和知识的发展，宗教信仰作为人类早期愚昧的表现即将退出历史舞台。三个世纪后的今天，宗教不仅没有像预言的那样消失，反而仍然为这个星球上绝大多数人口所信仰。据权威的《国际传教研究公报》的统计数字，全世界各种宗教的信仰者仍然占世界人口的83%，就是五十多亿人。据中国宗教白皮书《1997年中国的宗教信仰自由状况》公布，中国的各宗教信徒人数为一亿多，占全国人口比例约10%。也就是说，世界上无正式宗教信仰的人绝大多数在中国。在印度这样传统的宗教信仰大国，几乎人人都有宗教信仰，似乎已不足为奇。但在美国这样科学和知识最发达的国家，宗教信仰者也高达全国人口的95%，这就不得不发人深思了，就连美国总统在就职典礼上都必须手按《圣经》对神宣誓，以迎合绝大多数选民的期望。

·1321·

宗教信仰存在的理由大体可以归纳为以下五种：

1. 人类内在的信仰本能

对于神的信仰崇拜是人类社会迄今为止无所不在的普遍现象。有学者认为，对于神的崇拜信仰之所以普遍存在、无法禁止的原因是人类有与生俱来、发自内心的对神的信仰崇拜的倾向，或称人类的信仰本能或信仰因子。心理学的研究表明，宗教信仰的先天倾向在人类心灵中是一股复杂而强大的力量，并且也是人类本性中最为根深蒂固、压倒一切的力量。如果扪心内省，几乎每个人都会感受到这种潜在信仰本能的存在。在不同的人生经历或生存环境的变迁中，面对生老病死、灾变祸福，人都会对自己的命运、社会和宇宙进行反思，不由自主地感受到超自然力量对个人命运的左右和对社会进程及自然环境的主宰，不约而同地对超自然的终极神圣产生信仰敬畏之心。人类的宗教情感之所以能够在特定的情境下被激发出来，并引起人们的共鸣，就在于这种普遍存在于每个人内心的信仰本能。人们不无理由地相信，这种与生俱来的信仰因子就来源于创造和主宰世界的终极神圣。虽然这点不能以直接证据的方式证明，就如神不能单纯以证据方式证明一样，但人类所有民族迄今为止无所不在的信仰崇拜似乎给这种说法提供了有力的支持。离开终极神圣的真实存在和人类内在的信仰崇拜本能，而仅仅用愚昧无知、认识水平低下等肤浅的说法，就很难解释宗教信仰在人类早期地理上完全孤立的各民族中无一例外地发生、在科学知识高度发达的当今仍然久盛不衰的现象。

反过来说，如果否定不了人类社会中宗教信仰无所不在的普遍事实，就很难否定人类天生的宗教信仰意识。如果否定不了人类天生的宗教信仰意识，就赋予了宗教信仰最大的合理性。

2. 人类永恒的需求

宗教信仰不仅是人类社会迄今为止普遍存在的现象，而且还将是人类社会永远存在的普遍现象。如果能够证明以上观点，宗教信仰的合理性就不言而喻了。

宗教信仰永存的原因是人类对于宗教信仰的需求不会泯灭。只要人类对于宗教信仰的需求不消失,宗教信仰就不会消失。那么,我们何以证明宗教信仰的需求不会消失呢?这当然应从信仰需求的根源中去寻找。关于宗教信仰根源的解释主要有四种,即恐惧论、救赎/解脱论、终极关切论和信仰本能论,其中有有神论的观点,也有无神论的观点。分别论述如下。

恐惧论是无神论对宗教信仰根源的解释。其主要观点是:宗教信仰来源于人类对于自己无法控制的自然力量和社会力量的恐惧,由此产生出对虚幻的控制人们祸福命运的神的敬畏和崇拜。撇开神是否"虚幻"不谈,这一论点的推论必定是,只要人们无法控制的自然力量和社会力量仍旧存在,对其的恐惧就必将存在,宗教信仰的来源或需求就必然存在。从古到今,人类历史上还没有任何人能够完全凌驾于自然力量和社会力量之上,即便是征服统治辽阔疆域、叱咤风云、权倾一时的中外帝王,也不能控制自然力量和诸多社会力量,只好乖乖拜倒在神的脚下。普通民众要想完全"控制自然力量和社会力量",岂非白日做梦?遥望未来,即便人类科学技术高度发达,在探索茫茫宇宙寻求生存发展的过程中,也始终会有无限多的自然力量无法控制。无论进入任何社会,任何人想要达到对所有社会力量的控制更是痴人说梦。由此看来,恐惧论的必然结论是宗教信仰将永远存在。

根据广义接受的宗教学观点,寻求救赎、解脱是后轴心时期世界各宗教的核心目标,即导致信徒们信仰崇拜的根源。根据这一观点,现存各主要宗教,如犹太教、基督教、伊斯兰教、佛教、道教、印度教、耆那教和锡克教,有一个共同点,就是人们普遍认识到现世的缺陷、不足、罪恶或痛苦,因而转向终极神圣寻求救赎或解脱,以期获得美好的来世或进入神圣的美好境界。对犹太教徒来说,人们因内在的邪恶倾向而受到损害,邪恶的力量以苦难和颠沛流离的形式长期折磨人们。虔诚信仰的人们将在上主雅赫维的天国中得到解救;对基督徒来说,由

于人类始祖的原罪使人们生来就是罪人,只有靠虔诚信仰三位一体的上帝,才能得到救赎和永生;对伊斯兰教徒来说,人类是软弱、易错的,只有崇拜顺从安拉,才能在末日审判中得到安拉垂青,得以升入天堂;对于印度教和耆那教等教徒来说,人类受制于无明的虚幻和人们的业行,饱受生死轮回的煎熬,只有通过智慧、行动、禅定或虔敬等修行途径才能获得解脱,使自我(阿特曼)与梵合一,进入梵的真、智、乐之中;对佛教徒来说,众生皆苦,只有通过戒、定、慧和八正道等修持方法达到无我境界,才能证入涅槃,获得永久解脱。

这一理论导致的必然结论是,只要人们仍然希望得到救赎或解脱,只要人们仍然向往终极神圣的彼岸世界,信仰的需求就存在,信仰也就存在。不言而喻,在人类社会中,对于救赎、解脱的需求和对美好的彼岸世界的向往是永远无法消除的。因此,信仰的根源永存,信仰就是永存的。

后现代主义神学哲学家保罗·蒂利希是终极关切论的创立者,其终极关切论点已得到广泛的认同。蒂利希的主要观点是:作为有思想、有感情的人一定会对其认为最有价值的事物,即生命的意义有着终极关切。宗教信仰就是人的终极关切的存在形式。"人无限地关切着那无限,他属于那无限,同它分离了,同时又向往着它。人关切着整体,那整体是他的本真存在,它在时空中被割裂了。人无条件地关切着那么一种东西,它超越了人的一切内外条件,限定着人存在的条件。人终极地关切着那么一种东西,它超越了一切初级的必然和偶然,决定着人终极的命运。"

根据蒂利希的观点,宗教代表人类文化和精神生活的深层次维度,表现的是人生的终极关切,指向的是维系人的存在并赋予人生以意义的东西。具有终极性的关切作为生命的深度在道德方面可以表现为无条件的良心命令,在科学领域可以表现为对真理的热切追求。人们往往将自己的追求和执著投入给一些有限、短暂和有条件的东西,如物质、财富、名誉、地位等如过眼烟云的现世事物,把这些次终极的东西误当成终极关切的对象,当成了自己崇拜追求的偶像。其必然结果是精神的空虚,是生命毫无意义的迷惘,是远离终极神圣的失落。

人类社会中终极关切必然存在,其原因在于,有限存在物是被非存在包围着的,它随时随地都处于非存在的威胁之下。作为存在物的人,其命运也是如此,所以人不可能不关切其存在的终极基础。对人的存在的终极体验、人生的短暂无常、任何人都难以逃脱的生老病死,必然促使有理性、有情感的人去思索忙忙碌碌的人生的意义并追寻永恒无限。对于终极的关切、对于人生根基的求索、对于无限和永恒的追求,构成了信仰的最本质的核心。人类就是基于这种对人生本质的精神追求、关切,和信仰无限的存在,从而形成了面向宇宙终极神圣的各种宗教信仰。必然存在的终极关切就是人类对终极神圣的追求和信仰。因此,只要人类终极关切存在,宗教信仰作为其实现形式就会永远存在。如果信仰是存在于人类内心的本能,是与生俱来而且不会消失的,那么宗教信仰将永久存在就是不证自明的。人类社会中迄今为止宗教信仰普遍存在的事实足以证明人们内心信仰倾向的普遍存在。

3. 存在即合理

宗教信仰的合理性还可以借用"存在即合理"这句由黑格尔提出、恩格斯大加赞许的名言来支持。宗教信仰伴随人类的文明史始终存在,就像人类文明的存在一样是合理的存在。宗教信仰在人类社会无所不在,就像人类社会的存在一样是合理的存在。世界上有五十多亿人有宗教信仰,宗教信仰的合理存在就有五十多亿条理由。加上世界剩余人口中大量虽无系统宗教信仰,但仍然模糊信仰超自然力量存在的非无神论者,宗教信仰的合理性可能还要再加几亿条准理由。

这个星球上绝大多数人口坚持其宗教信仰这一事实是不以任何人的意志为转移的。不管无神论者提出什么样的观点,也不管有任何外力影响,只要信仰者坚持相信他们的宗教经验,只要信仰者内在的信仰本能没有消灭,人类绝大多数人口有宗教信仰的事实就不会改变,信仰的合理性就继续存在。

此外,对于人类社会无所不在并且必然存在的宗教信仰,既然不能消灭,就应当研究如何与之长期和谐共存,使其造福人类;与其给予否定或压制,不如给予肯定并善加组织和疏导,使其能以理性的方式存在,以避免迷信、邪教和宗教消极面的产生。对宗教信仰的任何否定和压制不仅不能取消其存在,反而会造成人们内心宗教信仰力量的扭曲发散,给社会带来严重负面影响。承认并尊重像宗教信仰这样人类社会普遍存在的合理需求并因势利导,才能充分发挥其积极作用,造福于社会。

4. 理性信仰造福人类

宗教信仰的合理性还在于其能够给人类社会带来巨大利益。凡是能够造福人类的事物都有其存在的合理性。如果宗教信仰能给人类社会带来无可比拟的福利,其存在就是最合理的。如果经过理性化调控,信仰能够在以下几个方面给人类带来利益:人类精神的充实、升华和发展,社会道德的提升和维持,社会的稳定、和谐及和平。

宗教信仰对人类的贡献首先在于人们的精神方面。人类是不同于其他低等动物的智能动物,不能仅仅依靠物质生活的满足而圆满生存。因此,对神的信仰构成这个星球上大多数人的精神支柱。完全脱离精神生活的人,哪怕物质生活再优裕,也会如同行尸走肉。一些没有宗教信仰的暴发户们在获得大量社会财富后挥金如土,动辄山珍海味,狂嫖滥赌。但满腹的山珍海味充实不了其空虚的精神,狂嫖滥赌并不能赋予其作为人的生命意义。

信仰能够赋予人生命和生活的意义,提升和充实人的精神境界。宗教信仰使人意识到:"与至高无上的精神目的相比,金钱、权力、声望、享受或飞黄腾达等业绩与成功,只具有相对性、偶然性、有限性,而不是最高的价值,从而不致陷于各种过眼烟云似的物质泥潭而不可自拔。他很可能会比没有信仰的人更勤勉地扮演好社会所要求的角色,但却不会迷失或丧失于角色之中,不会受能使人与自我相疏离甚至丧失自我的定势的束缚。无论顺境或逆境、成功或失败、辉煌或平凡、蒸蒸日上或每况愈下,他的生活都会富有意义,他的面前都会有宽广的自由空间和机会。"这样的精神境界是虔诚信仰者的特权,也应是无信仰者的思慕和追求。

没有终极神圣的世界是空虚、无意义的世界,没有信仰的人在精神上是荒芜、迷茫的。理性信仰所能赋予人们的是与创造宇宙和人类的终极神圣的接近和融合,是精神的依托和充实,是精神世界的升华。有了它,人才能从单纯追求物质享受的庸俗生活升入崇高脱俗的精神境界;有了它,人才能不再空虚、迷茫;有了它,人才能仁爱、平和、慈善;有了它,人才能摆脱魔障的纠缠惑乱,获得自在身。所谓魔障,就是人们放纵七情六欲而被其控制所产生的心魔。

宗教的另一大作用是提升和维护社会道德。世界上各主要宗教的基本教义都要求其信徒避恶行善,具有很高的道德伦理标准。基督教和犹太教要求信徒戒偷盗、仇恨、争斗、嫉恨、奸淫、邪荡、陷害人、贪恋他人之物,耶稣谆谆教导人们的是博爱、宽恕、怜悯、仁慈、节制、慕义、施舍与和平。伊斯兰教对信徒的要求是诚实、守信、施舍、行善、体恤弱小、公平、不坑骗、孝敬父母、和睦亲邻、赈济贫民、讲善言,主张大慈大悲的佛教更是通过五戒十善要求信众不杀生、不偷盗、不邪淫、不妄语、诚实、布施、和平、慈悲。儒教主张的仁、义、礼、智、信、孝、悌构筑了中华文明两千多年的道德基础。印度教崇尚宽容、孝顺、忠贞、友爱、尽职、行善事。耆那教的道德规范类似于佛教,要求教徒不杀生、不妄语、不偷盗、不邪淫。道教的教规要求是忠、孝、仁、信、济世、守身、节俭、利人、惠恤贫穷、积德行善,戒杀生、偷盗、邪淫;口是心非、害物利己,败人成功、谗毁贤良、露才扬己、贪得无厌和积财不散等等。巴哈依教主张人类一家、世界大同、男女平等、消除种族歧视、服务人类、维护世界和平。遍观世界各主要宗教教义,劝人行善的教诲比比皆是,教人行恶的训示却无从寻觅。各宗教从信仰层面对信众提出的道德要求如果得到忠实遵守,足以对社会道德起到举足轻重的促进和维护作用。

信仰与宗教作为人类的生活方式,其起源依赖于人超越自然界或

· 1327 ·

动物界的生活方式,超越囿于个体或囿于自我的生活方式。所以小我来自大我的超越精神乃是文化之树的根基,而哲学、科学、艺术、道德、法律、政治等各种文化形式,则是文化之树的根系。文化的发展,也依赖于超越精神——超越既往的个体和群体已经获得的成果,但又不脱离其根基。人类的超越精神在各大文明中均集中体现为宗教,而宗教则成为它们的灵魂,这就是为什么它们被称为"道教文明"、"儒教文明"、"佛教文明"、"基督教文明"、"伊斯兰教文明"、"犹太教文明"、"东正教文明"、"日本神道教文明"、"印度锡克教文明"等等的原因,宗教依其本质是一种动态的力量,永远在变化和自我更新。这也是为什么历史学家和文化学家们发现宗教精神对文化发展有决定作用,而我们现代人则发现世俗化的文化会日益肤浅或平面化,甚至衰败而背离文化本质的原因。信仰、革命与权力就是构成人类社会此类象征性结构以及权力象征性实践基础的基本动力。权力的象征性结构实为其中的核心。而权力"共谋"或信仰共享的精神性概念则是权力象征结构的内核。权力、信仰、秩序构成了人类未来社会的象征性结构及其权力象征性实践的基础和基本动力。相对于当代全球化的人类社会的改革与变迁而言,个人精神权利的独立,制度宗教的专业化、社会化(与世界相对而言的社会化),必将促成这个象征性权力结构的转型,而世俗权力亦将围绕这两种因素的独立形式,改变自己的存在结构,特别是改变自己的合法性证明方式。改变了固有的权力秩序所包含的宗教信仰意义,权力不再需要信仰了,但是,秩序却需要信仰和宗教及法律一道参与其中。当宗教、信仰成为个人精神权利的时候,国家权力理性化以及世界宗教真实性的过程就可以基本告一段落了。事实上这个过程已经或多或少体现在人类自第二次世界大战以来的全球化的过程之中了。倘若个人的精神权利正以现代社会的公民权得以关注并被建构,那么曾以精神建构为价值核心的政治革命亦可能被分解为若干不同的社会层次。在此情形之下,人类即使再度发生信仰危机,那也会超越精神建构层面的公私、正邪之间的冲突,只局限于某个宗教社团内部,而不会危及整个世界并转换成为所有人类的信仰危机了。

历史作为人类生活的过程正在逐步加速。社会作为人类生活的群体正在日益混乱。文化作为人类生活的方式正在急剧变化。历史的这种加速已经到了极其重大的事件很快就被新的事件冲淡，以致来不及认真总结经验的地步；已经到了程度极小的走向错误，就可以带来程度极大的苦难灾祸的地步；已经到了使人习惯于对未来的不确定感，因而听之任之、麻木消极，甚至醉生梦死的地步。社会的这种混乱已经延伸到从政治到经济，从观念到形象，从群体到家庭的每一个领域；已经使越来越多的人由于对外界绝望而更加以自我中心，由更多的自我中心又导致了更多的混乱；已经使许多人为了"以毒攻毒"而忘记了想要使用的毒药——铁板一块的强制秩序在根本上的无效与祸害。文化的这种变化，正在使自然资源枯竭，使自然环境恶化，正在毒化生命离不开的水、空气和土地，正在毁灭人类在宇宙中唯一的家园；正在使社会结构解体，使社会环境恶化，正在毒化人生离不开的家庭、亲友和人际关系，正在破坏人生注定要依托的社会；正在使贫富（不但是财产的贫富，更是权力和资源占有的多寡）空前悬殊，正在使人远离正义原则，正在使人禽兽化，正在使人心如铁石，正在毒化人性本身。人生，是生命的过程；人类生活，是有别于其他动物的人类的生命过程，也是有别于一切物性的人性的实现过程。这个过程正在受到人类自我中心主义的巨大的威胁。自我中心主义不但会导致人在物质意义上的死亡，而且会导致人在精神意义上的死亡，即人的物化或非人化。自我中心主义可以是个体的，也可以是群体的。个体的自我中心主义使个人与自然疏离，与他人疏离，与自己的人性疏离，导致个人的罪恶或非人化；群体的自我中心主义使本群体与自然疏离，与其他群体疏离，与本群体的人性疏离，导致群体的罪恶或非人化。群体的自我中心主义把人类历史的一部分与其他部分对立起来，把人类社会的一部分与其他部分对立起来，把人类文化的一部分与其他部分对立起来。它通过把

自己群体的历史、社会和文化视为中心、优越甚至绝对,撕裂了整体人类的历史、社会和文化,为本群体和人类整体带来灾难。然而群体自我中心主义的种种表现——民族主义、种族主义、国家主义、阶级斗争主义、文化上或宗教上的绝对论或唯我独尊论等等,完全可能毁灭自己的和别人的民族、阶级、国家中的千百万个人,或者把他们变成野兽;完全可能导致摧毁自己的和别人的(实际上是不可分割的)自然环境和社会环境,甚至完全可能毁灭地球和人类本身。群体自我中心主义正在威胁着人性,正在威胁着生命。所有这一切,是作为整体的人类之分裂,是作为理性动物的人类之非理性,是作为有智慧者的人类之愚蠢。人类的相互依存性正在日益加强,同时却滞留于个体自我中心主义和群体自我中心主义,因而彼此对立的人类,需要一种顾及整体的全球主义。面对科学主义的主客对立日益加深,需要一种对超越主客对立、超越工具理性的大智慧的热爱。人类生活面临巨大威胁,因此迫切需要为了生存需要行动;行动之前,需要观照,这就是《祈祷太空和平》所透释的宗教哲学意义。

全球一体化的进程迅速打破地域的界限,把原先彼此分隔全球一体化的进程迅速打破地域的界限,把原先彼此分隔的各民族卷入人类趋同的潮流,同时也将把相互排斥的人类各宗教拖入趋同的漩涡。历史经验证明,人类每个文明都有其占主导地位的价值观、意识形态和伦理道德,而从精神上统御这些的是共同的宗教信仰。即将到来的全球一体化文明也不例外,需要有人类共同的主流价值观、意识形态和伦理道德,以及作为其核心的宗教信仰。面对前所未有的历史变革,古老的宗教界有两种不同的初步反应。一种是传统守旧的反应,坚持肯定各自宗教教义的绝对真理性,不仅排斥其他宗教,也抗拒宗教融合共荣的历史潮流。另一种反应的代表是宗教界的先知先觉者。一批知识渊博、思想开明的神学家首先认识到人类宗教意识分裂的无知愚昧,察觉到宗教相互排斥、对立对人类的潜在危害,意识到全球化即将带来的重大历史转变和需求,因而纷纷著书立说,倡导各宗教通过全球对话寻求包容、理解、共同的价值观和伦理，以及和谐共存。追随其后的是受过良好教育、反思能力强的信众。宗教融合和宗教理性化是人类发展的必然结果，是全球化的大势所趋，是神意所向。不管人们是否主动接受，也不管人们是否顽固抗拒，都会以不可阻挡之势如期而至。

中国目前所发生的剧烈变化，就像早期英国工业革命，是人类历史上百年难得一遇的，这是中国的机遇。中国正在探索一条从前的大国没有走过的和平发展之路。这对于亚洲和世界来讲都是个好消息。中国的发展不是建立在对外扩张的基础上，而是实行了和平发展的战略。中国未来的发展既需要一个和平的国际政治环境，也需要一个世界经济良好发展的国际经济环境。中国发展本身就是对全世界和平与发展的最大贡献。中国发展的最大特点就是和平发展，中国不使用过去殖民主义强国或者帝国主义列强那种掠夺别人、欺负别人、剥削别人的办法，靠的是和平发展，走的路就是维护世界和平、积极参与平等互利合作，促进共同发展。中国的和平发展给邻国、给全世界带来的不是障碍、不是威胁，而是机遇。比较而言，在衰落了一百多年之后，中国目前的这次和平发展与历史上的几次兴起区别很大。一方面，这次和平发展发生在全球化发展的地球有限时代，技术和市场的影响是前所未有的。同时，中国的周边地区活跃着很多强国。另外，台湾问题尚未解决，中国的统一大业尚未完成。半个多世纪以来，世界、特别是亚洲出现了一些重大变化。在基本和平的环境下，德国、日本和"亚洲四小龙"等国家和地区先后经历了经济起飞，走上了经济现代化的道路。这些为中国和发展提供了实践上的认识基础。中国实行改革开放的政策之后，国家制度的完善、国民素质的提高，成为实现现代化的前提和最大要素。在经济全球化的条件下，利用和创造条件适应国际经济的结构变化，中国可以获得"后发优势"，实现跨越式赶超。可以说，中国和平发展的过程，就是中华民族实现大国梦、强国梦的过程。而一个和平发展的中国将更多地为国际社会所接受，成为21世纪的世界和平和

繁荣的保证力量之一。基于以上的客观条件，可以看出中国已经积聚了走向世界大国行列的综合实力，虽然中国仍旧没有足够的实力去争取成为领导世界的国家，但只要以积极的姿态全面参与国际和地区政治、安全、经济新秩序的改造和创新，在规划未来国际、地区新秩序中，中国完全能够发挥自己应有的作用。中国绝不能把自己应当有的权力拱手让给他人，而应当不断扩大参与各种不同层次的国际、地区多边合作机制，包括未来参与、改造、调整八国集团和经合组织活动，使之更多地反映中国的利益诉求。

在旧的世界秩序逐渐消亡、新的世界秩序待建而尚未出现的过程中，今天的世界正面临两种趋势和意志间的较量：美国的扩张主义战略传统与世界总体的权力分散化诉求。前者与"9·11"事件密切相关，它激发了美国成为新罗马帝国、在全世界推行"新帝国主义"的单边主义意志与作风；后者与冷战结束后欧洲和东亚两个历史性世界体系的复活直接关联，这两个历史性世界体系正在致力于恢复自身历史的常规，它们的追求不仅体现在实力形态的经济层面，同时也体现价值观形态的文化层面。西方原有价值共识并未完全破裂，但已不再足以凝聚西方，在国际政治价值观上，欧洲与美国已明显有别。欧洲的"立盟结义"，日本的蓄势待发，俄罗斯、中国、印度等国的经济发展以及上述这些国家和地区自觉的多极化外交政策，使美国的霸权之路已经远不是一条仅有着磕磕绊绊的"雀斑小路"。这个崭新的世纪和崭新的世界，对于美国的称霸之梦或许正是那个最好的时代，也是最坏的时代。伊拉克战争和美国交还伊拉克主权后的世界，已经不是原来意义上的那个世界。至今仍未停息的大国间的争吵以及世界主要力量令人眼花缭乱的合纵连横，不仅表明原有世界政治生态系统中的实力结构已经修改，而且意味着本就脆弱的国际性价值共识也已分崩离析。伊拉克战争激发了世界政治中自冷战结束以来早就存在的要素并使之显明化，自"二战"以来所形成的大西洋联盟体系因共同敌人的消失和价值共识的瓦解趋向崩溃,世界政治总体来说已进入了类似于中国古代战国时代和欧洲历史上传统的大国林立时代的状态。如同近世以来的欧洲历史所表现出来的那样,人类政治中的竞争正在两个层面或两种力量下展开:以经济、军事为主要内容的硬实力,和以文化、意识形态以及价值观为主要内容的软实力。未来世界秩序将在对实力与价值观两种要素的竞争中产生,谁占据实力优势,谁倡导的国际政治价值观取得更多认同,谁就将决定未来的世界秩序类型。世界新秩序不仅将是一种新的实力结构,同时也将是一种新的文化和价值结构。就实力层面而言,美英等传统海权国家与法德俄中等传统陆权国家之间正面临对立,世界已不存在基于价值共同之上的绝对性实力体系,如海权国家居强则世界将形成单极霸权体系,如陆权国家居强则世界将形成欧洲传统的势力均衡体系。就价值观层面而言,目前尚无明确的国际政治价值观能得到多数大国和整个国际社会的普遍认同,另外美国的国际政治理念遭到世界多数大国和其他国家的反对。因此,大国间一边展开新一轮合纵连横、寻求建立新的力量格局,一边也在致力于建构新的、具有一定包容力的文化理念与价值观,以作为整合和形成新世界秩序的软性资源。价值观的真正力量就在于它是可能干扰、控制罪恶引起的恶性连锁反应的最好工具。这种力量存在于罪恶事件引起的明显和不明显的后果里,这一点是显而易见的——不仅存在于经济和政治领域及其相应的心理领域,还存在于价值体系、自由理念、和平发展与和谐世界构建等领域之中,而这些正是超级霸权帝国面对世界的骄傲所在,也是超级霸权帝国对世界其他国家享有强势的根源所在。其影响程度之深远,导致了自由理念正逐步从我们的传统意识和道德体系中消失,而自由价值正在以一种相反的方式实现着全球化,那就是文化符号、货币符号、商标符号及超级军事警察队伍的全球化、绝对控制的全球化、人类安全意识措施所带来的恐怖主义的全球化。这种力量的逆转导致自由被无限量放大的全球化,最终体现的是全球化、现代化、自由化的封建迷信枷锁对人类天性的禁锢。

我的信仰出自于人类文明的经验，也出自于人类创造未来的理想。我深信:我们在生命中遵循的原则创造了我们生活于其中的世界；当我们改变了自己的生存原则的时候，我们也将改变这个世界。我想象，未来几代人的任务就是,将我们所生活的由独立国家组成的世界改造成一种真正和谐和平的国际社会,如果我们创建了这样一个和谐和平的国际社会,即使这个社会也许会充满争吵、牢骚满腹,而且到处都是不公正现象,但是我们已经为了消灭伤害性战争这种古老的社会罪恶有了切实努力的文明方向，这对人类来说是一个伟大的希望,也可以把人类带向一个伟大的解脱!

第二十九章　洞明世事心头浮起生命长河中的世界风景

宗教信仰从两个方面支撑社会道德：它既是社会道德产生的基础，又是维护道德的最有力手段。各宗教普遍认为，其信仰的终极神圣是道德伦理的来源，因此道德伦理对其信徒来说具有高度的神圣性。长期以来人们就注意到，各宗教的道德标准和价值观是近似的，都有一个共同的与人为善的内核，从而佐证了主宰宇宙的神是人类社会道德的共同源泉的观点。即便对无神论者来说，宗教信仰作为人类社会道德的产生基础，不仅有大量事实予以佐证，并且得到学界的普遍认同。由于宗教对于人类意识形态的主导性影响，人类伦理道德的形成必然植根于宗教信仰并带有其深刻烙印。宗教信仰作为主导人类意识形态的纲领，是道德产生的源泉和基础。

法律是维持社会道德秩序的强制手段，宗教信仰才是社会道德的维系支柱和最有效的维护手段。借用传统中医的说法，法律只能治标，信仰才能治本。离开信仰对于社会道德的支持和维护而仅仅依靠公检法等国家机器，人们只能无可奈何地叹息道德的堕落和世风日下。法律只能通过惩治个别犯罪行为起到一定的惩戒作用，对于从根本上纠正普遍的社会道德颓败，提高和维持社会道德水平是无能为力的。法律只能治身，信仰才能治心。社会道德只有当人们从内心将其视作神圣的义务自觉遵守时才能得到最好的维护，而宗教提供的就是这种神圣义务感和自我约束力。信仰对于社会道德的促进和维护作用是任何其他手段都无法替代的。

人们不难指出各宗教历史上许多道德阴暗事例对宗教道德的利他性和神圣性提出质疑。诸如天主教的宗教裁判所和十字军东征、宗教极端分子的恐怖活动、大小乘佛教之间和佛教各派别之间的相互攻击、各宗教及派别的相互对立排斥、教徒甚至教职人员的道德颓败等等，凡此种种似乎都是对宗教道德的有力否定。然而，如果对这些看似不容争辩的事实逐一加以分析，就会发现：所有的宗教道德阴暗事例都毫无例外地是对其宗教道德和教规的有意或无意的违背。换句话说，这些事例都是从事罪恶活动的教徒冒用了神的名义做出的违背神意和教义的亵渎行为。然而，对于宗教道德的违反或亵渎行为不等于宗教道德本身的颓败，以宗教道德阴暗面证明宗教道德颓败就像用违法劣行证明该相关法律是劣行一样荒谬。

信仰对于社会的另一重大功能是维护社会秩序与和平。从教义教规来说，各主要宗教都要求信徒与人为善、避恶扬善，诸如博爱、慈悲、怜悯、和平、宽容、诚实等宗教道德要求从本质上讲都是与欺诈、争斗、仇恨、暴力、战争等行为对立的。因此，绝大多数宗教在本质上是反战促和的。此外，历史上绝大多数宗教都起到维护社会稳定和尊重政府权威的作用，并往往通过宗教信仰的强大教化力量促使人们发自内心地维护社会和谐稳定。难怪古代大多数统治者都积极扶植和利用宗教作为稳固其政权的支柱。

反过来说，人们如果离开了信仰的制约和束缚，丧失了道德底线，就可能肆无忌惮地卷入极端的暴行或战争。纳粹德国犯下的种族灭绝、集体屠杀、毁灭人类文明等种种暴行，都是在没有信仰束缚下实施的极端暴行。在维护社会道德、社会秩序和人类和平中，宗教信仰所起的作用不仅是教化，而且是从人们内心限制其欲望、自我、仇杀心和极端倾向，这些都是其他手段无法达到的。一些宗教如佛教、道教中善待一切生命、尊崇自然、与自然和谐相处等教义，与现代人的保护动物、爱惜生命、保护自然生态等主张不谋而合，显示了宗教先师们千年之前的先见之明。如果将这些教义主张发扬光大,宗教还可在维护自然生态和地球环境中起到积极作用。

理性的宗教信仰对于人类的精神、社会道德和社会秩序等各个方面都有不可估量的巨大价值,因此其合理性是不言而喻的。即便撇开信仰合理性的其他四个理由不谈,仅仅从功利主义的角度看待信仰在维护人类的精神、道德和社会秩序方面不可替代的巨大价值,也没有任何理由拒绝宗教信仰这样可以造福人类的存在。只要人类仍然有精神的需求,只要人类仍然有道德的需求,只要人类仍然有社会和谐稳定的需求,宗教信仰就应当合理存在并且发挥其重大作用。从社会利益角度来看,宗教信仰的强大生命力和合理性就植根于信仰能给人类带来的精神、道德和社会秩序方面不可替代的潜在价值。

当今人类文明的发展,以佛法的角度而言,是颇不平衡的。而这种不平衡,具有潜在之张力与危险性。最显著的例子就是人类理性及自我约束力的成长,没有能和科学技术的成长成正比。结果造成人类拥有了很强大的力量,却不知道该如何运用才对全体人类最有利益。美国人当初运用科学的力量发明了原子弹,也用其达到了"以战止战"的目的,屈服了日本,结束了第二次世界大战。但今天美国人及西欧国家最感到头痛的,也就是原子弹。今天有一些国家都握有核子武力,他们都在握着当初美国人发明的东西,向美国及西方世界表示:"为什么只有你们能用这样东西?"当西方世界开始察觉到国家拥有核武的危险性时,想要后悔已经来不及了。今天就连贫穷如印度的国家皆在发展核武。论全球的政治发展,美俄二大强权的对峙,固然是消失了,但伊斯兰国家与犹太人及西方世界的敌对,在许多层面上却升高了。美国人经历过"世界贸易大楼"的爆炸事件之后,已经愈来愈意识到种族与宗教间仇视、对立问题之复杂性,但却找不到有力的解决问题之方法。直到今天,伊斯兰教的激进教派仍在世界各地从事对以色列使馆的攻击。以色列人也是够强悍,屹立在众多敌对国之间,竟然能一直以这种状态存在下去,而且也有屡次"出击"的记录,向对手还以颜色!以色列

人的表现尽管英勇,但总不能不教人捏一把冷汗。毕竟,长久的对立总是不能有善终的。故巴勒斯坦解放组织已在和以色列谈判、和解,但所遭到的阻力,也是相当大的。以佛法来看,会觉得这些种族与宗教间对立仇视问题真正的根源,是人类自身所存在之"我见"。

若要举另一个人类文明发展不平衡的例子,就是人类在群己关系的伦理思想发展上,仍不够成熟,尚不能和人类在社会及经济层面上的发展齐头并进。结果造成个体的不安全感,也造成了许多完全没有必要的摩擦及对立。当今的人类经济思想,是倾向相信自由竞争的。相信自由竞争会为经济的整体带来最大的利益。结果自由竞争的经济若和计划经济相比,当然是优越多了。但在自由竞争的同时,却同时也造成了不少群体团队合作意识的缺乏现象,成为不只是公司与公司间自由竞争,就是同一个公司内,部门与部门间,乃至个人与个人间,无处不讲竞争。大家彼此间缺乏互相信任,自然也形成合作的障碍。我所见过最极端的例子,是有一家公司因高级主管的更换,而造成整个公司管理阶层人事的大幅度更换。因为新的人不能信任旧的人,而旧的人也不大服气新的人。没想到不到六个月,这家大公司反而为另一家规模较小的公司买下,而小公司派来决定高级管理人员去留的人,正是六个月以前被更换掉的"旧人"之一。后来当然是毋庸置疑地这些才"六个月大"的新人,又被毫不留情地遣散走路。而在这六个月之间公司不知道花掉了多少冤枉钱在重组及招募新人上。这真是名符其实的"自由竞争"?而这种不能互信的现象,以佛法看也是一种形式的"我见"!

人类虽然在科技及社会结构和制度上有了颇大的变化,但在由"我见"而形成的"本位主义"思想与行为模式上,和过去并没有太大的不同。只是过去因为人类对科技驾驭的能力尚没有如此进步,社会的结构尚没有如此紧密,因我见而可能造成的伤害并没有如此大。而在今天,倘若有哪一个握有核子武力的独夫发了疯,全人类就会遭殃。今天的人类,可以说是已经不起"第三次世界大战"的摧残了,而核武及仇恨的种子已在"人类存有"的流转中种了下去。作为人类知识分子之一,我们能不忧心?人类今天所面临到另一项因我见而造成的重大问题,就是自然资源与环境的严重破坏。人类总还是不能超越自己是大自然"主人"的本位主义思想,总是以为自己是环境的"征服者",够资格去分配什么、决定什么。事实上愈来愈多的人已逐渐意识到人类从来没有征服过什么,只是逐渐把自己陷入一个自己所创造的困境里,而不知道如何出来而已。今天西方人非常重视环保,这是非常好的。但整体西方文化所带动的环保运动,能突破人类的本位思想意识,而深刻地见到环保问题真正的症结——我见、断见与常见吗?我看是一个问题。因为人类整体的自觉度不够,缺少觉观的训练。这就是我认为要彻底解决环保问题,就须发展现代佛教而形成人类文化中之"觉悟的文化"的原因。

佛教在人类文明发展中已有两千多年了。在这两千多年中,它曾因应过不同时空及人类文化习性之不同,而曾有过许多多样性的面貌。大乘佛教也正是这一个发展的结果。我个人以为佛教在当代若要发挥其当发挥的功能,在今天如过去大乘佛教般地成为一个现代化运动,一定要在教理和修行上逐渐走上整合的道路,要能结合成一个有力而又重理性、入世、讲实践、讲生命自觉的"觉悟的文化"才行。

若不能使佛教的基本内容是"觉",就不能使人类远离我见、我执,而走上不同种族与宗教和平相处的理性道路。也许有部分传统佛教徒会以为讲"觉"会流于谈得太高,而成为贡高我慢或不切实际,其实不然。佛法中最原始的修行,本来就是有觉的精神,而且并不是一件很高远玄妙之事,反而是平实而和生命密切相关的。在原始佛教的八正道中,有一项让人类去做生命觉观训练的修行方法——正念,也就是所谓"四念处"的修行法门。透过四念处觉观的修行方法,能使修行人对自己身体、感受、心的状态及思想、观念愈来愈有觉知的能力。也能逐渐透过觉知而真的洞察到自己生命中"苦"之生起及原因,而使自己的

人格愈来愈完整、和谐。能透过这一种反省及觉观而渐次修行，就能逐渐建立觉的人格，觉的喜悦也会自然地在生命中涌现。而这一种体验，是平实而人人皆可达到的生命事实。故我所提倡的佛教现代化，是以佛法觉的精神为基础，由此再去讲思想、弘教原则及教制的探讨。我以为唯有如此，佛法的复兴才能有生命力，佛教也才能在整体的人类文化环境中发挥其应发挥之功能。否则光是纯知性的理论研究，或纯感性的慈善布施，均不能真正发挥佛法使人类逐渐走出我见的功能！

虽然如此，这并不代表我以为现代化的佛教要排斥学术，或贬抑慈善的价值。相反地，我反而肯定大乘佛教由一元走向多元的精神，认为佛教的现代化要涵融地尊重各种根性、能力、宗派与不同形式的贡献。只是整体的发展要以觉的修行为基础。过去的中国传统佛教好像一谈到"觉"，就必须生起惭愧之心才是。我以为这种思想是不正确的，也是对原始佛教的修行缺少深刻认识的结果。佛教也正因为缺少对四念处修行的认识，才会形成宗派众多却不能发挥整体力量的现象。我很希望全人类的佛教，今后要能在这一点上有所共见才好！

我肯定也提倡佛教的现代化运动，但我希望提倡佛教现代化的同修，要能对传统有合理的知见及态度，而不要落入"反传统"或"革命"的极端。能这样，所谓的现代化才能落实，也才能在法界中走长远的路。我深知我所期盼的"佛教现代化"，不是在短期之内能成功的，但我同时也确知它很重要。我很希望我及所有将来提倡佛教现代化的同修，要能远离"断见"而发挥无我的精神，在每一个时代的个人生命本位上做出能做及当做的合理奉献。我相信大家若是皆能如此，佛教终有一天会成为全人类的佛教，也会是法界中能作三界之光的"觉悟的宗教"！

学佛的人们，每每不能理解世间善法所具有的一贯性，甚至会误认为：一切世间法，都与出世法不相顺。不知世间的人世和平，与出世的心地和平，是基于同一的净化。真正的不和不平，虽都属于人类——

众生自己，但一则表现于外，透过社会关系，动乱于思想、法制、经济方面，成为社会的不和不平。一则内存于己，交织于心境、自他、物我方面，熏习自己，成为自心的不和不平。然而，从生命个体的角度来看社会，两种和平并非没有必然的和内在的一致关系。在佛教中，同样可见到一个三态辩证的基本结构：佛的形体，乃是无限欢欣之实存物的一个体现。后者是在自身之内的无限存在。但佛并不是这个存在本身，只是其体现。某种意义上，佛是它的"信使"，它的"逻各斯"。于是，佛的形体，对于作为其起源的那个实存物来说，乃是完全空无的"反题"，是纯粹的接受性，恒常地"随缘而来"，恒常地接受那"自身之内的存在"。

  正是这一点，决定了佛具有启蒙性。佛不执著于这无限存在（否则与佛的无限容忍性不符合），而是"离弃"它，让它回归到自身、回归到源头当中去。这一点，决定了佛教所拥有的"精神之爱"与和谐，能够理解一切愿意献身于佛教基本原则的人。为真理，为和平，为自由，为度脱众生，为庄严国土而起信愿，所以，"众生无边誓愿度，烦恼无尽誓愿断，法门无量誓愿学，佛道无上誓愿成"。尽一切生中，为成就众生，庄严国土而无限的勇敢精进。将瞋慢净化、转化为大乘慈悲，与一切众生，如父如母，如兄如弟，情同姊妹。以众生的痛苦为痛苦，以众生的快乐为快乐，而努力于乐拔苦的菩萨行。将执见净化，转为大乘智能，通达缘起众相而最后归于一如。

  大乘行者，一定要有信愿、有智能、有慈悲，也即是具足了菩提愿、真空见、大悲心，这才能完成菩萨的圣格，达成净化自己、净化众生、净化国土的究竟和平。这三者中，慈悲是最重要的。这是融合自他，为他利他的主要因素。因为有了慈悲，才不仅仅是彻证空性的智能，而且也是入世利生的方便善巧。信愿，不但是追求生死苦难的出离而已，而且是能够不离生死，愿入地狱；不但是志求佛道，而且是"有一众生未成佛，终不于此证涅槃"。有信愿，有慈悲，有智能的菩萨，实是综合了人世和平与心地和平，努力于究竟和平的志愿工作者。这契合佛教"三和原则"的社会，国家是倾向于大同的国家，国际是不碍国家的国际，社

会是平等慈悲的生活。基于平等原则、和平精神来推进,促使国家的局限性逐渐松弛,国际的统一性逐渐增强,大同而自由的人间和平,将不经战争而实现,人间的净土可以实现。在这里面,才有真正的平等、真正的自由、真正的民主。这才是真正的和平的实现。

还是在第一次世界大战期间,文明进化的单线乐观被杀人的利器所击破,太虚大师就已经意识到时代和社会的变迁,将促使佛教的和平思想传统得到应有的注意和弘扬。这个时候,著名的太虚和尚和王一亭、章太炎等人在上海成立"觉社","以佛法来作救人救世的和平运动为宗旨",并发扬大乘佛法之真义,使暴恶者仁,贪争者义,智者乐道,力者尚德,化战乱困苦之世代成和平安乐的岁月。一些佛教学人,因此而积极发挥着大乘佛教思想的和平观念,进行时代与社会的批判。他们认为,战争的突起,应当是人类执著于我执法执的果报,战争的根源就是在于人的"爱、见"。世世代代以来,众生因为"爱、见"的执著,而生发出许许多多的争夺和斗争,各个固执己见,互相攻讦。只是因为无明的缘故,人们无法完全了解世故,彼一是非,此一是非,有如瞎子摸象,不得要领。所以,知诸行无常、诸法无我、涅槃寂静者,以正见消除争斗。佛教的和平观,由此而进入了现代社会的现实生活,并表现了相当的社会影响。

抗日战争前后,中国佛教界为反对战争、争取和平也作出了卓越的贡献,尤其是著名的太虚与圆瑛法师,为中日之间的和平乃至世界和平,表达了佛教徒应有的和平观念。在这里,佛教的同体大悲的思想成为他们反对战争、争取和平的价值基础,认为慈悲之政治,乃和平之目的;人我皆同类,岂能互相残杀。因为慈悲的佛法不仅仅是注重同类的相亲相爱,也主张人类同体万物之间的彼此爱念。1931年"9·18"事变之后,圆瑛法师以中国佛教会的名义,通告全国佛教徒启建护国道场,并致书日本佛教界,希望他们本着佛教慈悲平等的和平理念,制止日本军阀在华之暴行。太虚和尚也鉴于国际和平危机尤其是中日两国之间的积怨，乃有发起国际佛教和平运动的设想。他从佛教诸法缘起的理论出发，发挥了佛教关于和平是协力合群的关系，以拯救国内和平危机。太虚和尚指出：佛教的和平本质，在诸法——一众生一世界一事一物以至一元素的各一单位——众缘生，诸法无自性，诸法众缘生的理论。——般若——此理论的具体表现，即是一摄一切、一切摄一的法界，在人群即为"个人是具有协力的和合关系之群体的分子。社会是具有协力的和合关系之分子的群体"。由此每一众生的发心行事，应为法界众生的除苦——大悲——成乐——大慈——而动作，——方便——每一个人的发心行事，应为世界人群的除害成利而动作，以兹和平原则，应用到世界人类，则为国际和平，应用到国家和平，则为国内和平。抗日政治的全面爆发，佛教界更是全力投入反战的和平运动之中，恳切修持佛法，祈祷止息凶暴，克保人类和平。有关的和平文章不断地见诸于报纸杂志，甚至有《佛教的战斗观》、《僧是战士》这样的文章发表，表达佛教对侵略战争的反对。特别是圆瑛法师发表的《和平与慈悲》一文，在国难当头的时刻，重申了佛教思想的和平原则，认为"和平之义，即佛法平等慈悲之道"。还指出，"国体专制，而与教旨相乖；国体和平，而与教旨相合"。不仅仅是和平的争取，而且还把和平的建设与民主国家的建设结合起来，确实是发挥了佛教和平的传统，又提出了佛教和平思想再度发展的社会基础，也是把佛教的社会和平与和平精神的结合，放在了时代的要求之中。

　　特别是太虚法师，曾经以孙中山倡议的"天下为公"的政治理念，与佛教的和平思想及其传统相结合，提出必须施行大同的道德教育，养成平等慈悲的正觉，养成永久的世界和平。尤其是在"二战"结束之后，面对国际形势的新发展，太虚法师对于世界和平的未来发展问题提出了重要的建议。他在日本投降后发表的《告全世界佛教徒》一书中指出：佛法就是佛所说明的全宇宙一切事物的因果法则。佛陀不仅仅是阐释这一法则，更注重以他自身的实践，指导一切众生遵循因果法则而改恶从善，因此，佛教应当是世界上杜绝战争、永保和平的最有效

的办法,而佛教徒也应该是消灭战争、创造和平的最努力的分子。传统的佛教和平思想,经由现代佛教徒的杰出的努力,而出现了现代的和平思想特征,并直接地与现代亚洲的和平历史及其文化传统紧密地结合起来。所以,佛教的"三和原则"(社会的和平、心灵的和平与究竟的和平),实质上是东亚基本思想的行现,即"会互的存有",即通过交相呼应的穿透,本体论三位一体的多层面、多样性的统一作用,最终将和平价值观念整体地体现出来。

　　于是,我们可以将和平定义为对他人权利的关心以及人与人之间建立的那种价值联系,因此,我们也可以认为,无论在个人之间抑或在国家之间,尊重他人的权利就是和平。如果要关心并尊重他人的权利,就必须学会和平地生活、学习对话的能力,让他者去发言,去聆听他者的言语。否则,异己性、差异和他者等等就永远将处在我们的世界之外,而我们的世界中将永远只是同一性和自我主义,对他人权利的尊重就将是一句空话。那种认为和平问题仅仅是经济和政治利益的平衡问题的观点,由此看来,实在是相当的肤浅。从佛教思想及其教义来说,其宗教文化的价值正在于它的人事日用,所以,真正的和平实践活动,应当是在每个人的日常生活乃至精神修炼当中活出平静来,体验到真真实实、具具体体的和平意义。活出了平静,也就是活出了平和;人心平和了,道德行为及其社会活动自然就能够趋向人与人之间的和平相处。佛教的和平思想之所以是究竟的,也就在于这个努力,并将此努力推己及人地影响社会,乃至整个人类文明。

　　也许会有人认为,佛教的和平观念仅仅是一种注重精神、心灵和平的价值体系。然而,从佛教思想的整体而言,它既注重出世,更讲究在这个世界上的觉悟即"世间觉"。佛教之所以再三强调精神的觉悟,认识世界方法的批判,乃是因为在佛教的思维方法看来,只要是改变了面对这个世界、感受这个世界、认识这个世界的方法,而改造这个世界的过程就会接踵而至并可以渐渐地实现。这种追求和平的方法,极为类似于印度甘地的"道德柔道"。甘地把他的非暴力抵抗运动描述为"一柄全面的剑",既可以净化使用者,也能够净化反对使用它的人。这种方法不需要流血,排斥了暴力,能够到达深远的结果,实现真正的和平。甘地的非暴力抵抗运动,仅仅是一种精神净化运动吗?局限在心灵和平的层面吗?然而,与精神紧密相连的行动,不就是由精神而引发的吗?甘地曾经说:非暴力抵抗运动的力量在于确认真正的宗教精神以及与这种精神相协调的行动。一旦你将宗教信仰的因素引进政治,你就使你的全部政治观点完全改变了。于是你就能够进行改革,不是通过把苦难强加给抵抗改革的人,而是通过自己承受苦难而达到改革的目的。

佛教的精神与甘地的思想主张,应当是异曲同工、殊途同归的,即是在精神层面上用功,然后是由此感召他人,推及社会,影响政治,甚至是改造环境。但是,佛教的思想更有其高明之处,这就是首先要改变人的思维方法,改变人的认识方法,然后再行社会的改造。近年来,曾经有世界上各大宗教著名的学者、宗教领袖在他们的"世界伦理构想"之中,达成了这样的共识:没有世界伦理,则没有人类的共同生活;没有宗教间的和平,则没有世界的和平;没有宗教间的对话,则没有宗教的和平。这个构想将当今世界宗教与人类和平的内在而紧密的关系,予以了最为深刻的揭示。而各大宗教体系虽然具有不同的信仰基点,但是,就各个宗教最基本的价值关怀来说,它们无一不是指向人类生活的和平。

具体来说,诸如不杀人、不欺骗、不偷盗、不淫乱、尊老爱幼等五大戒条,就能够以不同的形式而出现在各个宗教体系中,并进入了人类社会的日常生活之中,已经成为了人们社会生活的价值底线。这说明宗教与社会生活的内在联系乃是密不可分的,宗教的价值要求也就是人类生活的普遍要求。如果人们——不论是否是宗教信徒,其基本言行能够符合这最为基本的价值要求,那么,这个社会就会变得更为美好。也就是在这里,宗教的和平成为了人类社会和平的基础,或者是成

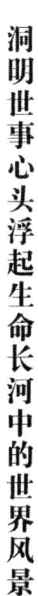

为了人类追求和平生活的道德力量。既是基本的人性准则,更是社会运作的基本立法。人的价值、社会的和谐、国家权力的制约等等,也都可以从宗教的角度去解释,去做更加深入的体会。世界上的每一个宗教,都是面对着人们生活中的基本问题,在于提供一个整体性的解决方法,同时也着眼于终极影响的道德建设。

中国儒家孔子提倡"己所不欲,勿施于人"的"恕道",其实,这与佛教的慈悲、耶稣的博爱也大致如出一辙。佛教讲"怨亲平等",基督教讲"爱你的敌人",儒教讲"泛爱众,而亲仁"等等,都是在提倡人间的沟通与亲近和睦。或许,人们不会同意去建设一个普世的宗教,但是,人们无疑是希望世界各个宗教体系之间,必须建设出一个普世的和平思想体系及其价值原则。就世界几大宗教体系而言,我们已经有了先知型、神秘型和智慧型的几种宗教类型。带有闪米特人源头的宗教,它们具有先知型的特征,一切都是从面对的上帝出发,并以宗教的传布、征服作为前提,诸如犹太教、伊斯兰教与基督教,即是如此。人是上帝的工具,支配与扩张成为其历史的性格。

源出印度的各个宗教体系,首先由一种神秘的、倾向于整体价值观的基本观点作为支撑,其价值关怀更多的是以精神内省作为前提,比如古代的奥义书、印度教和佛教等。至于具有中国文化传统的各类宗教,它们则显示出一种东方智慧独有的价值特征,原则上即体现出丰富的和谐旨趣,以追求人的精神平静、社会生活的和睦、宇宙自然的协调作为最高的价值境界,那些中国的儒教、道教——当然还有中国佛教的禅宗、天台宗等。人及其精神成为"神性"的容器,吾心能容天地之大,佛陀众生迷悟之间。文化的、精神的、内省的、尚文并且斥武,成为了中国历史社会的特点,延续迄今,泽及当下。

许许多多的帝国王朝过去了,各类各色的英雄豪杰也过去了,惟有这些体系之中的价值理想依然光辉,并以新的社会方式再塑造出人类所需要的和平文化景观。和平——成为了各大宗教体系之共同信仰，人类各国的普世神学。所以，世界上人类生活之中真正的和平，首先要为人类在精神深度上提供意义体系，来理解诸文化之间的相似和不同。佛法着重的是内心的净化，并且是由内而外的、由心灵而社会的真正的平静。它认清世界不平等的根本，主要是源于人们内在的无明我执，人类贪求权力、名誉的欲望所致；由于贪染心的占有，彼此就会引起冲突，从而招来不息的斗争。因此，佛教告诉我们要根治世界不和不平的根源，必须从人们的心灵净化这个最基本的价值出发点做起，从众生心中去实现人心的和平，在社会之中去实践佛家无我、慈悲、尊重、和平的教义，以多层面地完成世界的真正和平，达成社会和平与心地和平的微妙整合。

人类提倡和平，和平是千古以来人人梦寐以求的美景。儒家以世界大同为天下升平和乐的期望；孙中山先生也以"天下为公"，作为他草创民国的理想；佛教则以四生九有、法界平等的"天下一家，人我一如"的理念建设人间净土。"老吾老以及人之老，幼吾幼以及人之幼"是中国传统的兼爱思想；而佛教除了对人权的维护，更进一步重视"生权"的平等。此为"众生皆有佛性"、"汝是未来佛"，恭敬尊重每一个生命的权利。由于佛教提倡众生的平等，自然跨越国界的藩篱，而能天下一家，泯除同异你我的分歧，能够佛、心、人、我一如。"心佛众生，三无差别。"这就是佛教给予人类最好的和平宣言。

众生彼此尊重、包容、平等、无我、慈悲，这才是民族间、国际间需要的理念。因此，我们居住在地球上，应以同体共生的地球人自我期许，提倡"生佛平等"、"圣凡平等"、"理事平等"、"人我平等"的思想，进而消泯人我界线，打破地域国界，人人具备"横遍十方，竖穷三际"的国际和平观念，进而以"天下一家"或"天下大同"作为出发点，让每个人胸怀佛教的和平理想，成为共生共存的佛教人和地球人，懂得保护自然，爱惜资源；并以"人我一如"的同体大悲观念，自觉觉他，升华自我的生命，为自己留下信仰，为众生留下善缘，为社会留下慈悲，为世界留下光明。如此，才能共同促进世界的和平。

我认为在今天要有力地提倡现代佛教，除了在行持上要使佛法的精神能和现代人的生活打成一片，在思想上也要能使现代人明确地了解佛教对许多"世间问题"的态度与看法。尽管佛教因为一直有"思想自由"的开放传统，而对一些问题也许并不一定会有统一的见解，但在基本的原则上，应是不会有太大出入的。我个人以为佛教在这一方面做得不够。这样自然就会使不少人觉得佛教不食人间烟火，不问世事，只管自己"修行"。我以为今后佛教要在这方面多加努力才好。

过去的佛教往往形成"自成一文化圈"的现象。自己有自己的文化用语与思维方式，也有自己的价值取向与人生目标。就连所谓的"人生问题"，佛教中也有自己的一套标准答案，而没有深入地关怀到现代人在感情上、家庭中、事业上及思想上的许多切身问题。这样会令教外的人觉得"佛教"是一个只往内观而不向外看的宗教团体，是十分自然的。所以我觉得教内有对经论阐述得够水准的著作，固然是很好，但整体的现代佛学，不能仅是如此。应该同时也有人探讨到现代人生活与生命的深处才好。不仅是个人的生命需要探讨，就是整体人类社会的政治、经济与文化思想，都应是佛教文化探讨的对象。这并不是说佛教要取代人类社会中政治思想家与经济学家的功能，而是依据佛教缘起思想的原则，任何的"专业"必然皆有其专业中的有限性和死角。就如科学的力量很大，但人类该如何运用及发展科学，却无法在科学中找到答案。尤其是现代的高等教育较偏向"专才"的专业训练，而对作为一个"人类"的通才教育，普遍说来较为缺乏。这就使得人文思想教育的提升变得更为重要了。而佛教思想中的理性、慈悲、人本与中道之精神，刚好可弥补了目前人类人文思想教育之不足。故在本章中，我想尝试以佛教的缘起思想为立足点，去探讨一些直接和现代人的生命密切相关的人类思想。我所做的探讨，当然不会完整，因为现代人的思想十分复杂，而且不断变迁。我个人的所知，也十分有限。我主要的目的，只是希望能打开一个佛法研究的方向，使深刻的佛理能更实际地整合入现代人类生命的深处，使人类能真地更理性、更爱好和平，而这个目的之达成,则有待全体佛教修行人之努力。我主要的关怀,仍是一些人类生命及社会中实际存在的问题。"纯哲学"及形上学,则不在我的探讨之列,原因是我常能谨守佛陀不谈形上学的珍贵教训。我也希望日后做此研究的人,要能有这个体认。毕竟人间实际存在的问题已是如此之多,作为佛弟子的我们,岂有这种闲情去讲不着边际的话?

讲到今天人类的思潮发展:我觉得佛教应是能肯定西方世界由文艺复兴以来的"启蒙运动"和"理性主义"的。西方的文化过去一直是以基督教的神学为重心,教廷的力量大于国家,教皇及主教的权威胜过君主,人的价值和神比起来,微不足道。世间的道德体系,则是完全建筑在神的旨意上。什么是对,什么是错,当然完全决定于和神较"接近"的僧侣阶级。在神的绝对权威下,人不当有什么思想。"知识"在《圣经》的一开始,就被斥为魔鬼用来引诱亚当的东西。

后来西方的人渐渐苏醒了,新的思想一波又一波地随着科学的发展应运而生。哥白尼的天体运行论,几乎完全推翻了传统基督教的宇宙观。西方的知识分子因为一下子经由科学而解除了许多精神上的原有桎梏,思想和创造力就变得蓬勃活跃起来了,也影响到了社会科学的发展,其中对人类影响最大的,应是"民主思想"。而民主思想事实上是和佛法的缘起思想相符合的。由缘起的观点来看,因为"人"亦是因缘所生之物,故任何的"执政者"都会有两个性质。一个是他不会无所不知,无所不能,而具有其"有限性";另一个就是人正如世上其他任何东西一般,是会随缘而变化的,也就是有佛法中所说的"无常性"。正因为任何人及任何从政团体皆有此两种特质,故佛法不主张让任何执政者拥有绝对或永恒的权力。因为他们有可能会变得迂腐、顽固而不能自我调整,或老迈而不堪有效地发挥功能。故佛法的思想支持议会制度,由众人来管理公共之事。当初的佛教僧团之中,也本来就有这一种事情由众多的长老共议而决定的制度。其实,这就可说是最早期的人类民主思想了。

中国在两千多年前就有了"民本思想"。孟子曾经果敢地提出"民为贵、君为轻"的观念。孔子所仰慕的周公，更是为中国的政治家树立了"一饭三吐哺，一沐三握发"的服务典范。要以民族大义为理由而说中国不适合民主，我看是难逃史家"妄执神器，弄权误国"之评断的！我很希望将来中国的政治家，要能重视老百姓的尊严与福祉，而能有中国政治哲学中"民为邦本"的体认才好。"民为邦本"这四个字，充分地道出了佛法对政治哲学的看法。以《金刚经》的精神来看"邦"，就是"说国家即非国家，是名国家"。国家并非一实有物，而是由土地、人民与文化组合而成的。没有百姓，就没有国家，这就是缘起的政治哲学思想。故以佛法来看，老百姓应具有任免执政者的权力，是非常合理的。

伴随着西方民主思想理念而同时存在的，是西方人尊重个人基本自由与权力的思想，这其中包括个人思想、言论、宗教、集会及结社之自由。而其主要的精神，就是要把"人"当成一个"完整的人"，有他的人格、思想与感情。人不能只是国家的一部分或教会的一部分，而成为它们的附属品，人当有人的尊严、人的价值。佛教中对这一种尊重人的尊严与存在意义的思想，事实上讲得更彻底。只是因后来中国佛教太偏重信仰，而没有那么明显而已。但真若探究到理论的深处，佛法中的个体生命哲学比西方的个人主义讲得更理性，更深入，也更实际。佛陀根本就认为所谓"世界"，是在人类的"六根"（六种感受及认知器官）——眼、耳、鼻、舌、身、意——之间。离开"六根"、"六尘"——色、声、香、味、触、法——及由中而生的"六识"，人类并找不到"世界"。故佛法的世界观，是由我们众生出发而有的。离开众生，并没有世界这回事，所以我会以"我们即世界"来解释佛教对许多事情的看法。以佛法世界观来看"世界和平"的理想，实在并不只是一种"理想"，而是可达到的事实。不是吗？人只要能有觉观的法眼而能远离"我见"，就能在十八界（六根、六尘及六识）中得到和平及自在。也就是经中所说的"远尘离垢，得法眼净"。等每个众生身心上的"小千世界"能和平了，"中千世界"就能和平；"中千世界"能和平了，"大千世界"就能和平。故在佛法之中，一切讲到最后,必讲"修行"——也就是使自己之身心世界及当下的人格完整、和谐。这实在不是由较狭隘的道德理想主义出发的,而只是觉观后如实合理的人生态度。以此来看佛法"入世"的实相观,的确是实际、合理而又卓越的。

佛陀发现了一个众生就是一个世界的事实。故由佛法发展出来的理念,当然是主张尊重一切众生的生命意义与尊严的。中国佛教中甚至有"一花一世界,一叶一如来"的思想。这种由对生命彻底的觉观而流出的"生佛平等"、"法界等流"等思想,在人的尊严上超出了西方"天赋人权"的思想。我很希望今后中国的政治思想家,要能在此点上留心。不要一味地以为"民主思想"就一定在西方世界才有。事实上佛法中平实的智慧鲜为世人所知。以我看人类的政治及经济生活,若能适当地运用佛教的理则,必定是能有更进一步发展的。只是运用的人必须要能有觉的能力及和谐、喜悦的人格。

西方讲人权,主要的思想仍是"天赋人权"。以佛法看,这仍是未能超越基督教文化的思想模式的。这种思想仍是"神本"的。好像人若没有"天"给予的人权,就仍是奴隶一般,而现在既然是天给了人类这些权利,那当然这些权利就是"神圣"的,不可侵犯。西方人正因为有这种思想模式,故容易在处理人的种种问题上,流于偏向放纵的"个人主义"的一边。对有佛法觉观修行训练基础的人,会觉得西方社会中的种种问题,不少皆和这一种思想有关。

美国人尊重人权,认为人权是神圣的,于是就特别注重犯人的权利。结果是犯人不但有电视看,有所有的休闲活动,就连想上大学念学位都不成问题。一年之中,美国政府要在一名犯人身上花掉好几万美元。以我看,这就是落入"人权神圣"的自性见了,是一种"法执"。而西方知识分子若不能觉观到此点,毕竟仍是无法合理而又无挂碍地面对问题的。另外一项和这种"人权神圣论"思想有关的现象就是教育。西方一方面是有"天赋人权"的思想,另一方面多少也受了近代心理学大师弗洛伊德之"幼儿期人格形成理论"之影响,对儿童及青少年之教

育，几乎完全是偏向启发，而不注重约束，结果形成了不少青少年视社会公益及法纪如无物之情形。最近有美国之青少年在新加坡公然破坏公物及私人财产，遭到当地法律的严厉制裁。这正反映出了西方教育思想偏向放任的事实。以佛教思想来看，会觉得这也是西方现代文化中的一个盲点。而其原因，归根结底仍是"人权神圣论"之自性见。

若以佛法如实观的立场出发，会觉得西方的"个人主义"思想，是落入了"小我实有"的一边，故会在处理情感、婚姻、司法及教育上产生偏执，总以为个人的情感及感受是"神圣不可侵犯"的，于是几十年的婚姻，一旦遇到一点点的考验，就解体了。当事人几乎完全不考虑自己是不是有需要反省及检讨，只是一味地认定对方和自己"不合适"！以佛法来看，这就是执于"小我实有"的感情观了。佛教虽把个人的生命当成一个世界去看待，但却不对这个世界存有任何形而上式的幻想。因为眼前的身心世界是缘起的，故它当然会受过去种种因缘所影响。而过去若是曾造下贪、瞋等业，当然当下这个身心"十八界"是会有贪及瞋之"余势"的。故佛法的教育，当然要讲究人类生命中的"自制力"及"他约束力"。若不讲究，你教人类何以面对生命中由缘所生的贪、瞋等"执著"呢？但若只讲约束而不讲启发，就会像修行只修定却不修慧一样，会造成人类永远只是在和业力搏斗，却不能超越它们而提升人类的人格。这样就会造就出一大群"守己"却容易为政客或野心宗教家所煽惑而利用的人。故佛法的教育思想，是主张启发与制约并重的。不主张近代西方文化中的偏向放任，也不主张中国人一向的偏向制约。其原因是佛教对生命如实观察后，会承认生命的和谐要靠经由启发式的自觉，但毕竟生命的现况，是存在着"我见"之染著。若不透过制约的力量，人类的人格是很难形成一个成熟的基础，而让自觉得到健康发展的。

西方的个人主义倾向，虽然是偏向"小我实有"思想而流于我见造成之"贪"，但过失却不会很大。它大不了是造就了一大群以自我利益为中心的人们，在世上竭尽所能地赚钱及表现自我。这一种行为模式的伤害性，是远逊人类因我见而造成之"瞋"的。目前人类因我见而造成之瞋，多不是附着于个人主义思想，而是表现在民族主义思想及宗教意识上。在民族主义上，较显著的例子就是二次大战时日本人往往为了使祖国战胜，不惜做自杀式的军事行动，用自己的飞机去撞敌方的大型战舰。而在宗教意识上，就有部分仇视犹太人及基督教的回教激进教派，在美国及世界各地不断进行恐怖行动。这些行为对人类造成之伤害，是很大很大的！若以佛教缘起思想来看，会觉得这是落入"大我实有"思想之偏差，以民族及宗教为终极价值之所归。西方虽然仍是以基督教为宗教之主流，但今天的基督教在整体上来说，是逐渐在走向远离我执及与其他宗教互敬及沟通的道路上的。这是很可喜的！但因为基督教的本质毕竟仍是宗教，故不大能有力地发挥人类觉观的智慧，而明显地向全人类展现"放下我见"的宗教观。这是西方神学及哲学有限的地方。我很希望西方世界要能虚心地去吸收佛法的觉观文化精髓，而使整体的西方文化能愈来愈远离我见才好。我看也只有如此，才能真正化解这一个严重的人类两大文化体系之对立问题。因为西方本身有启蒙运动后之开放型社会文化环境，故比较有可能吸收佛教文化。事实上西方人也已经在认真地研究佛法。我对西方人这一种向学的精神，是颇为敬佩的！

讲到西方的个人主义思潮，就不能不提到现在仍流行于全世界工商业中的"社会达尔文主义"思想。这一种思想的形成，我个人以为只是假借达尔文"物竞天择"的生物演化理论，来解释并支持资本主义中"优胜劣败"之事实。而实际上这一种思想，已可以在20世纪末叶的今天，被察觉到不少缺点。我个人在纽约的财经界服务，目睹不少工商界因"优胜劣败"哲学而形成的企业管理方针，其中不少可以说是颇为非理性的，且对企业长期的发展并非最有利益。这种社会达尔文主义思想对企业界形成最大的影响，是在于人事制度之决策。美国一般的工商业者都相信要使公司能在市场上维持最大的"竞争力"，就要有有效

率的人事部门，能使公司人事的"新陈代谢"迅速进行。再加上美国公司一般来说皆以营运的短期损益作为政策的决定性指标，就使得人事的变迁变得更为迅速了。结果是不少在公司服务了十几二十年的人，一旦面临人事紧缩或改组，一样难逃资遣的命运，毫不留情。结果，美国的薪水阶级也就养成了无情的个性，完全不再把公司当成一个"家"，只看利害，不看其他。只要有较好的待遇，马上求去。其真正造成的结果，是几乎任何一家大公司每年都支出巨额的"挖角"费用。而在工商界服务的人，也是"人人自危"，不知明日会身在何方。但以我看其真正对美国社会最大的影响，是使得人的"道德水准"逐渐下降，大家都没有安全感，不少人为了自保、往上爬，不惜撒谎及牺牲他人。公益及商业道德，逐渐成为仅是作秀及门面，以我看，这才是西方社会真正的隐忧。

以佛法的立场来看社会达尔文主义，会觉得这种思想虽如实地看出了经济流转部分的因果，但不够深，也不够长远。佛教中尊称佛陀为"正遍知"，就是说佛陀能对法界流转的"如是因，如是缘，如是果，如是报，如是本末究竟"看得深入而长远。以佛法来看西方的个体经济理论，一切皆以短期损益为政策决定方针，是不正确的。也许今天的西方工商界决策者，并没有太多选择，但以佛教的哲学来看，世间事还不是事在人为？主要还是看眼光及魄力。这就是佛教文化中的"慧力"与"定力"了！我很希望将来能有具佛教思想的经济学家，提出更深刻的个体经济理论，看出人类经济生活上更长远的因果，则西方人幸甚！全人类幸甚！这也才是我所期盼的"佛法现代化"所应发挥的功能。

个人主义思想若探究到深处，就会发现佛所说的"断见"。因为对自"我"的分量执著得太厉害，自然就增益了我见及我执，以为生命在当下具有"实体性"。一旦以为生命有实体性，面临到"死亡"时就会有椎心之痛。这就是全人类在思想上所无法突破的"生死关"！而西方的现代思想家所没有洞察到的，正是愈是强调个体的实有性，也就成正比地增加了人的"椎心之痛"。除非在这一点上能有突破，否则人类的生命，毕竟仍是在"不安"的驱迫下讨生活的。佛法能实际地探讨并关怀人类的"生死大苦"，实在是人类整体文化中的明灯！

西方启蒙运动思想家笛卡儿曾说："我思故我在。"以佛法觉悟的文化观来看，这却正是"生死大苦"之始。而今天整体西方文化在人的生命哲学上最薄弱也最缺乏的，正是对生命存有的看法。西方人过去对生命存在的看法，是在神学中建立意义。这虽不能十分满足人类的智性需要，但至少回答到了一个程度，宇宙万有也在神的意志与安排下而有了一种秩序与目的。后来西方文化在近代随着科学的发展与理性主义思想的抬头，不少知识分子已不能再接受基督教思想了，也不愿在"神的恩典"中建立生命的价值与意义。于是，西方的思想家开始尝试建立"人的生命哲学"，希望能在离开神学思想后，仍能确立生命的意义。直到今天，西方文化仍然在尝试走这一条路，但走得可以说是十分辛苦。叔本华的"意志哲学"，在近代的西方思想界可说是十分深刻的，但毕竟叔氏整体的思想与人格仍是悲剧性的，并未能为人类找出生命的意义与实践的道路。这就难怪近代美国及欧洲的文艺中会有强烈的"犬儒主义"讽世传统，及颇为灰色的"虚无主义"人生态度。因为西方文化中有理性，却没有"觉"；有科学，却没有修行方法。这就造成了普遍存在于西方文化中的一种苦闷。

"犬儒式"的自讽，固然也是一种智慧，但以佛家的思想看来，毕竟仍是一种不够成熟。纽约派的当代电影大师伍迪·爱伦，可说已是把人生的荒谬和矛盾讽刺到极点了。但除了能使观赏的人在心中点燃片刻的火花，又能如何呢？你对人生不满意，事实上谁又对人生满意呢？你觉得世人虚假做作，但古今中外又有几个有"真性情"的人呢？佛法不主张对生命嘲讽，反而主张接受生命，开创生命，超越及提升生命。嘲讽，严格说来只是不负责任罢了！它意味着一种借思想的发泄而达成的"生命妥协"，完全忽略了实践，发泄完了就算了，实质上什么也没改变，对不对？我看这才是"真犬儒主义"，真是够讽刺呢！我常会强力地批

评中国人的玄学思想,其实西方人的犬儒主义也是差不多的。而归根究底,却都是一种"高级知识分子"的我执。近代的中国,难免也受到"西风"的影响,愈是有才情的作家,往往就愈有嘲讽的本事。民国以来的鲁迅,近代的张爱玲,都是高手!讽世当然亦有讽世的价值,有时这亦是一种觉醒。但真正中国及东方文化对生命的态度仅是如此吗?这是中国文人内心世界的真面目吗?如果只靠这些,中国人是无法对当今的西方文化提供太多帮助的。因为西方人对生命的嘲讽,那真可说是高手如云呢!而以佛教文化看来,西方人正是因为没有想通,没有觉悟,才会去嘲讽。而嘲讽本身,往往也正意味着当事人觉得很矛盾,很好笑或很痛苦,可是却不知道该怎么办,但它的确是达到"发泄"的作用了,能使人的生命不会太痛苦而崩溃。这就是西方犬儒主义文化传统的真相!

第三十章　桃源仙境容纳落寞寂寥的苍茫天空

　　近代的中国人对西方文化往往有一种"迷思"，不是存有一种幻想，以为西方什么都是进步，就是抱着"民族文化本位主义"，以为西方一切都只是"物质文明"，没有精神文明。我倒觉得自从学了佛法、又来到美国以后，许多旧日的迷思已逐渐烟消云散。而且我能确知今日的西方人需要佛法，也需要中国文化。我很希望自己有一天能有深刻的人类文化觉观力，而能对美国人及全人类也有一些贡献。

　　今天存在于西方社会最教我不忍的，就是年轻人"虚无主义"的思想，造成颇流行的吸毒、反社会行为。情形严重的人甚至会走上自毁的道路！近来最叫人痛心的事件，就是美国流行乐坛"涅槃合唱团"主唱柯本服毒过度而身亡的事。我本人是老摇滚乐迷，当然对柯本的死亡是颇能了解的。这些年轻人都是西方社会中顶尖的精英，他们不见得会去念哈佛，进耶鲁。但他们代表了西方另一批有"反功利"思想的人。他们觉得人生不该只是念名校、赚大钱，他们要寻找更真实的人生意义，但他们找不到，于是就很苦闷。吸毒对他们而言，正如中国文人的喝酒，是一种逃避，也是一种妥协。但当逃避得太厉害时，生命就失去了。以佛法看来，这正意味着西方的"启蒙运动"仍在摸索，尚未在生命的价值与存有的意义上找到明确的答案。

　　西方人的教育重启发，思想讲理性，注重个人独立人格的培养。以佛教来看，这是相对于过去以基督教神学思想为中心时之文化进步，但进步的情形仍不够"成熟"。理性，毕竟只是人类生命中的一个层面。

光是用它来解决人类对生命终极意义的追寻,很显然是不够的,也无法完全取代西方人原来和"信仰"相结合的文化生命。因为旧的文化中有的一些东西,新的文化尚无法完全供给。就像科学的发展,尚无法照顾到人类的心灵一样,理性也只是理性,尚无法解决人类的"生死问题",故我不主张今天的西方人完全放弃基督教。除非个人有特殊的文化因缘,而深入地接触到了佛学或中国哲学,否则还是信仰上帝为佳。因为,毕竟文化不是一样可被移植的东西,而在短时间内发生作用。西方人接触佛学,有一世纪了,这是很好的,也值得再深再广地去发扬它。但以佛教的文化观来看,弘扬佛法并不需要去贬抑基督教,反而当要鼓励西方人肯定基督教的价值。因为人类的生命如是!以我看西方人在尚不能由佛法的觉观而"看破生死"以前,信仰基督教仍是有益的。生命中会比较有安定及和谐,而不会流入犬儒思想尖刻的嘲讽,或虚无思想的终无所托!

真要解决人的生死问题,要靠觉观及正知见。东方哲学在这一方面的智慧,是要超越西方文化很多的。而其中最大的不同,是东方哲学并不仰赖信仰,而是靠人的智慧超越了生死。西方文化在此点上最主要不能突破的,仍是"终极"的思想模式,总觉得必须要有一个终极之处,可作生命之归宿。而东方哲学对生命的态度却是"江水江花岂终极"?"终极"观念的本身,恰好正是人类被生死幻网罩住的主要原因。孔子亦曾感叹过:"逝者如斯夫,不舍昼夜!"这些均是东方文化中对人生实相智慧觉观的写照。故真正儒家的哲学,是和佛家一样地主张不依靠外在终极观念的。若有什么凭借,就是凭借自己的人格了,故儒家有"志于道,据于德,依于仁,游于艺"。这和佛家"自依止,法依止"的精神,则又是不谋而合。

超越生死就是"了生脱死",也就是解脱"轮回"的束缚。其意义很深刻,也很平实。就是一个人本来不了解"生死相"的本质,而在生命中有对死亡的恐惧和不安,后来透过智慧和觉观力之提升而看清生死的真面目了,生命就不再为原来的不安所推动,也不再有那一种苦闷和压迫感。这就是"了解了生命而挣脱了死亡之束缚"之了生脱死了。生命中的忧苦,原先在未悟以前是如潮水般一波又一波地在心湖中涌上来,无以解脱,这就是"轮回"。无论你是如何打压,如何念、如何"修",均没有办法。后来彻悟了缘起的生命哲学,不再打压,不再"修",也不再想办法了,那一波又一波的潮水反而退了,不再来了。修行人在此时反而会跳入如幻的生死流中,"随波逐流" 地去度化无量如幻的众生。佛教文化讲到这一个层次,不单是西洋文化无可企及,就是中国儒家及道家的哲学,亦尚未见到。不明就里的人以为这不过是人类文明中的另一个"故事",而事实上它是很平实的人生事实,只是若不透过修行,就无法见到而已。

以佛法来看当今人类的生命,当然是因受到生死大苦的驱迫而在"轮回"的。生命中的束缚,处处皆是。只是没有觉观力的心灵,看不出来而已!严格说来,一个人到底是为什么要积聚那么多东西呢?为什么要"拥有"那么多呢?为什么会有这种欲望呢?以佛法来看原因很简单,因为他不了解什么是"死"。因为不了解,就有一种恐慌,觉得有需要在那一天来到以前去吃那么多,喝那么多,玩那么多。尽量地用自己的生命去表现自己,美其名为服务人群。尽情地享受,尽情地表现,因为生命是短暂的。这就是当今人类的"理性人生观"。以佛法来看,这种人生观是"断见",有这种见解,生命毕竟仍是"苦"的,是"忙"的,也总有"夕阳无限好,只是近黄昏"的感伤。

要人类个个皆能"了生脱死",这当然是无法在短期内能实现的。但可透过知识分子的觉醒,而在世间建立一股文化的力量。西方最有名的例子,就是文学家赫曼·赫塞的觉醒。赫氏早年在心灵上虽没有太多犬儒式的嘲讽,但终无所托的空虚感总是有的。由早期的著作《漂泊的灵魂》就可看出来。后来他有缘接触到了佛法,思想为之一变。《释达坦》就是其佛教思想的代表作,其影响在西方的知识界,是很大的。我很希望西方日后有更多的思想巨匠,能觉醒而看破生死,并建立一个全人类"觉悟的文化"。佛法,是必须保持它独自的面貌,还是可以与世

间的学术互相发明?一个学佛的人,是可以只研读佛教经论呢?还是也可以、也必须探讨其他的学问?我想,这是各人见仁见智的问题,不可能有一定的答案。站在大乘佛教的立场来说,菩萨必须通达五明;五明是指五种学术。因此,除了佛法之外,跟佛法有关的世间学术,学佛的人,也都必须了解的。佛法,自然有它的独特处,但有些世间学问,往往可以与佛法互相发明,乃至加深我们对佛法的认识,补助佛法之不足。

我们将佛法与中国文化做个深度观察,特别是大乘佛教的菩萨道思想——如何行菩萨道?将对我们认识中国及中国文化对它将是有所帮助的。中国的王权与佛教的交融碰撞,是中国古代史上特有的一种政治文化现象。纵观古代历史,历朝历代的皇家宫苑,总是披上仙佛的神秘光环,而帝王的个人好恶和宫廷的政治变幻又直接影响着佛教的兴衰沉浮。是帝王利用了佛教,还是佛教迎合了帝王?是佛教左右了帝王,还是帝王拿捏了佛教?说起来,似乎是像雾像雨又像风。但不管怎样,帝王与佛教、皇室与释家的确结下了不解之缘。打开佛教典籍,在中国远古帝王与西方释迦佛祖之间,就笼罩着一层朦胧而神奇的迷雾。佛教不是华夏大地上土生土长的宗教,它产生于公元前六至五世纪的古印度国,创始人是古印度迦毗罗卫国(今尼泊尔境内)的王子乔达摩·悉达多,他创立佛教后,被人们尊称为释迦牟尼,意思是释迦族的圣人。佛教传入中国的可靠年代,是在西汉末年和东汉初年的时候。可是,在一些佛教史上却留下了这样的记载,说不仅秦始皇、汉武帝曾经接触过高僧,甚至夏禹时代的伯益、西周王朝的昭王就已知道有佛了。显然,这是古代佛教徒们的杜撰,他们为了抬高佛教的地位,为了使佛教在与儒、道的较量中更有分量,也为了更能博得朝君主的赞许支持,便牵强附会,编造了许多远古帝王便已知佛的传说。

佛教在西汉末年至三国时期初踏汉地,它的第一步就迈进了帝王之家。为了在华夏站住脚,刚刚传入中国的佛教,不得不为自己整形,主动依附于中国土生土长的宗教——道教,披上了黄老神仙的外衣。

于是,在汉魏时期,从帝王到百姓,基本上是把佛教当做神仙、方术之类的东西,是用来祈福求寿的。而在那个时代,祠祀求福被看成是宫廷帝王及贵族们一种奢侈的精神享受,因此,西来之佛从它传入中国的那一天起,便被皇家贵族们垄断专用。值得一提的是,东汉明帝应该是第一位接触佛教的中国帝王。紧随其后,楚王刘英在深宅供养起沙门,汉桓帝宫中设祠祭拜仙佛,而曹植则以其才智推出佛教音乐的开篇《鱼山梵呗》。可以说,释迦牟尼的幻影一经在华夏大地上闪现,便投入了帝王的怀抱,佛教借助王权登上了汉民族的舞台。这个时期的帝王,还没有哪一个是出于尊崇佛教教义而奉佛的,他们甚至对佛教的深奥哲理根本没懂几分,他们是把佛当成众多鬼神的一种来敬的。两晋时期的帝王,突出的特点是:酒肉穿肠过,佛祖心中留。两晋皇室是从东汉世家大族发展而来的门阀士族的代表,他们生活上奢侈糜烂,精神上空虚无聊,遂从佛教那里寻求一丝精神上的寄托,东晋的明帝竟以画佛像为乐。在激烈的内讧和互相厮杀中,两晋的帝王将相们往往是朝不保夕,恐惧、哀伤、绝望的情绪像乌云一样笼罩在宫闱的各个角落。而佛教是以人生即苦和脱离苦海为教义号召的,这恰恰迎合了乱世帝王忧患生死追求超脱的精神需要。于是,那些拥有丰厚钱财的王室贵戚们,便通过建造佛寺、布施财物、持斋供养等等途径为自己祈福禳灾,帝王之家的大门一直向佛堂的沙门们敞开着,以至在东晋成帝时发生了一场沙门应否跪拜君王的大辩论。另外,佛教这个外来的客,要在汉地求得生存,便总是要不时地看主人的脸色。魏晋时期,统治阶级上层大刮玄风,佛教便又迎合与借助玄学,出现了佛玄合流的奇特现象。恰恰是由于佛教能够识时务地与中国传统的老庄、玄学结合,从而得到魏晋时期中国皇帝的认可和扶植,并由此得到迅速的传播和发展。佛教正是在这个时期基本上完成了中国化的过程,使佛教成为中国佛教。

两晋时期的北方,出现了五胡十六国的混乱局面,这期间尽管由匈奴、羯、氐、鲜卑等五个少数民族建立的一个个割据政权如同水火不

能相容,但其统治者在对待佛教上却几乎是异口同声地叫好。这是因为,正统的儒家教义被视为中原汉族的信仰,而佛教是外来的,相比之下更容易被北方少数民族接受,佛教的这种优势,是道教和儒教所无法相比的。后赵石勒就直白地说道:"佛是戎神,正所奉祀。"这话十分典型地表明了北方少数民族统治者敬奉佛教的根结所在。而后秦的姚兴竟主动向高僧罗什送上十名宫女,足见此时此地的帝王已到了不知该如何敬佛的地步。南北朝时期,出现了帝王出家入寺、皇后削发的崇佛狂潮。在那个乱云飞渡的时代,南朝的宋、齐、梁、陈各代统治者和世家大族,由于统治阶级内部激烈残酷的角斗,人人处于惶惶不可终日的状态,无不渴望得到灵魂的解脱,这就为鼓吹救苦救难的佛教提供了肥沃的土壤。先后四次"舍身入寺"的梁武帝,便是南朝君王崇奉佛的突出代表。在北方,自北魏建立以后,鲜卑族统治者拓跋氏为了巩固政权,便竭力宣扬自己就是释迦牟尼的今身。值得注意的是,在"皇帝就是佛,王权就是神权"的思想支配下,南北朝时期的君王,雕刻塑造了大量佛像,他们以自己的面貌形象作为释迦牟尼的模样,站在洞窟或寺庙大殿的中央,接受芸芸众生的朝拜。少林寺、云冈石窟、龙门石窟等许多佛教圣地,便是这个时期在帝王的直接点拨下兴建起来的。

隋唐时代是佛教走红皇宫的黄金时期。这一时期,国家统一带来了佛教的统一,佛教在中国进入鼎盛阶段,其特点有三:寺院林立、僧尼众多、宗派涌现。这些兴盛气象,标志着佛教传入我国后,依附于传统的儒、道等思想的过程已告结束,从此佛教进入独立地作用于我国封建社会的阶段。于是,佛教在隋唐皇宫备受关注。隋文帝大肆营造佛像,翻译佛典,极力宣扬佛塔的灵感,以显示隋之得天下是佛神所加被的。到了唐朝,尽管李唐皇室尊道教始祖李耳为家祖,但对佛教仍很看重。唐太宗自称"皇帝菩萨戒弟子",并鼓励大臣们出家当和尚。武则天在夺取帝位的角逐中,尤其大大借助了佛的神力,佛门高僧十分乖巧地称武则天是该做皇帝的女菩萨。作为官府颁发的出家许可证"度牒",产生于唐朝,它在李唐皇室平定"安史之乱"中发挥了特殊的效用。以唐宪宗为代表的中唐诸帝，把佛骨迎入大内供养，以至引来朝臣韩愈的抗议——《谏迎佛骨表》。但到了唐朝后期，由于佛教的过度发展，与王权产生了冲突，终于发生了会昌年间的唐武宗灭佛。这次毁佛事件，使佛教元气大伤。接下来的周世宗禁佛，更使下滑的佛教雪上加霜，走向了衰微。

宋元朝清时期的封建帝王，总体来看，对待佛教似乎更理性，最主要的特征是利用与限制相结合。说利用，主要是政治方面的。宋明以后，封建帝王在思想领域里更加重视儒家的伦理纲常，佛、道二教的宗教理论则渗透到儒家学说内。这个时期的封建统治者，相继提出了儒、佛、道三教合流的主张，佛教为了自身的生存，当然也愿意适应统治者这一政治上的需要。于是，宋朝宰相李纲"三教归一"和儒佛一致的主张，元初成吉思汗所采纳的"以儒治国，以佛治世"的说教，清雍正帝"佛以治心，道以治身，儒以治世"的思想，都是力主三教融合。这时的佛教尽管失去了自己的独立性，但因为还能在"三教合一"的大旗下为帝王服务，因而得以延存，大多数帝王仍在以不同的形式奉佛用佛。说限制，主要是经济方面的。宋元明清时期的帝王，对佛教采取了严格的管理措施，譬如：不准随意私建寺院、不准私下剃度僧尼、实行度牒考试制度、限制寺院经济的发展等等。这些限制性政策，对佛教的发展起到了抑制作用。宋元明清是中国封建社会的后期，中国佛教也与封建社会的盛衰相一致，在这个时期中国佛教开始走向一条自我省察生发的灵魂信仰道路。

灵魂信仰是一种十分古老而又复杂的文化现象。说它古老，是因为在洪荒时代就已经产生了。山顶洞人把山顶洞分为三个部分，即上室住人，下室埋葬死者，地窖堆放动物尸体。这说明他们已经懂得把活人与死人分开，把人与动物分开了。山顶洞人在人的尸体旁边撒上赤铁矿粉末，并把染上红色的石珠、带孔的牙齿和边缘钻孔的鲩鱼眼上骨，置于尸体旁作陪葬品，就表明当时的人类已经产生了两个世界的

观念。陪葬品是供死者在另一个世界里使用的,红色粉末象征着血液和生命,自然是希望死者的生命在另一个世界里得以延续。这种在人的肉体之外,还相信有一种精神的东西存在,这便是灵魂。灵魂信仰是人对自身以及周围世界的一种错误认识和幼稚经验的产物。这种观念一旦产生,便具有一种强大的附着力与渗透力,深入到人类思维的深处。随着人类不断往前迈进,许多错误认识得以纠正,幼稚经验渐趋成熟,但灵魂信仰的许多古老的因子却仍然保留在人的头脑之中,成为传统文化中相当稳定的组成部分。这种世界性的文化现象直到如今在许多民族、许多地区仍然具有普遍的意义。灵魂信仰是文化人类学的研究对象之一,过去谈灵魂,大都言必称泰勒、弗雷泽,须知我国古代也有相当完备的魂魄学说,在理论体系和学术深度方面,足以和西方的灵魂学说相媲美,是我国传统文化的重要内容。

中国的魂魄学说带有鲜明的哲学思辨色彩,同时又有强烈的世俗特色,与人的生命历程息息相关。由于我国的魂魄观念与鬼神崇拜、生死观念紧密相连,在上层文化和下层文化中都占有举足轻重的地位。一方面,在上层文化中,形成了一整套以孝和道德伦理为核心,尊卑分明、长幼有序的礼俗制度,另一方面,又以一种潜移默化的巨大势力,进入到下层文化之中,制约着人的生老病死、婚丧嫁娶,规范着人的行为,成为形形色色的民间信仰、节日和风俗习惯的主要依据、中医养生的理论支柱,也是文学作品和神话传说的重要来源。西方的灵魂信仰以神人合一为其特点,死后渴望上天堂,回到神的身边。我国传统的灵魂信仰崇尚天人合一、天人和谐,而许许多多的少数民族却祈求回到祖先的地方去,死后过着和生人无异的生活。这种原始返祖观在我国许多民族地区的普遍存在,使我国的灵魂信仰带有更多的世俗色彩。人死以后到哪里去?这是信仰灵魂和探讨灵魂的人都无法回避的问题。对于这个问题,不同的民族、不同的信仰,有不同的答案。基督教、犹太教的魂升天堂,佛教、印度教的轮回转生,道家的长生不死,儒家的返祖归宗,无一不体现了该民族的生死观和宇宙观。返祖归宗的观念,在我国(以及一些东方民族、环太平洋地区民族)流传了数千年之久,已经不仅仅是一个灵魂回归的宗教信仰问题了。因为作为一种宗教,其基本特征是出世性,虚构出一个神幻的世界,使人从中得到精神与肉体的解脱。而返祖归宗的观念则具有入世的性质,说到底,是要使个人有限的生命,加入到家族生命的无限延续之中,从而使家族永存。

我国许多还保留着原始信仰的民族,同样有亡灵返祖观念,与儒家的返祖归宗在观念上有某些相似的地方:重宗族(氏族、家族)而轻个人,重现世而轻彼岸。然而,以天神崇拜与祖先崇拜为核心的儒家的返祖,是以孝道和道德伦理作为前提的。《礼记·郊特牲》说:"万物本乎天,人本乎祖。"即所谓"敬天法祖"。法祖就是重丧葬、行孝道,并由此形成了一整套以孝为核心的严格的礼俗制度。返祖归宗是中国宗法性传统宗教的重要内容。而原始的返祖观,是以多神(甚至鬼神不分)与祖灵信仰为基础的,属于祖先崇拜的原始阶段与低级阶段。拉法格在《灵魂观念的起源和发展》一文中说:"一切原始民族都发明了死后的天堂,在这里灵魂重新令人神往地过着自己的地上生活。"笔者 1989 年曾在德国波恩奥古斯丁人类学研究所和民族与文化博物馆里,看到世界各大洲原始部落的许多珍贵文物和原始信仰资料,其中有关于各原始部族皈依基督教的资料,展示了有关人死后升天堂的情景和信仰。由此产生了一个问题:一切原始民族,或者至今还保留着某些原始信仰的当代民族,都有死后升天堂的观念吗?我国保留着原始返祖观的民族同样渴望死后过着自己的地上生活,然而,他们所构筑的归宿地是天堂吗?我试图以国内某些比较古老的民族为例,运用比较研究的方法,对原始返祖的性质、特点和民族特色,作一初步的剖析,向读者展示一种中国式的独特的灵魂返祖途径。

灵魂信仰在本质上是人类对人自身、自然和对生命两面体的最初认识,尽管科学在飞速发展,人对自身和世界的认识仍然有一个漫长的过程。灵魂信仰是一种复杂的文化现象,由于它和神鬼、生死、善恶、福祸,以及人的生命特异现象休戚相关,充满了神秘性,有许多现象是

当代的科学和人类现有的经验所无法解释的。特别是在今天，迷信有所抬头，某些地区竟泛滥成灾，故而更有必要以一种科学的眼光重新认识这种带有两重性质的复杂文化现象，看到它是人类思维发展阶梯中一种错误认识和幼稚经验的产物。万物皆有灵魂。灵肉二元的关系，既相互依存，又彼此统一；灵魂是心灵，是思想，是生命，是知觉，是气，是"有机体机能的总和"；灵魂有形，有欲望，有愿望，有生殖生长能力，有生，有知，有形，有情，有义，有识；多魂信仰，人的身体有若干灵魂，位于人的头脑、胸腔、腹部的不同灵魂，各有自己的职能；人、动物、植物、无生物均有灵魂；灵魂有阶梯高下之分，人之所以有别于无生物、植物、动物，在希腊学者看来，是由于人具有理性灵魂，在中国古代哲人看来，是因为人具有正义感。所以，人是世界万物中之最可贵者。魂魄是一种古老的哲学观念，从先秦时代起，不同学派和教派的中国学者，相继建立起了自己的魂魄学说。他们分别从魂魄的特性、二者的相即相离关系等不同方面入手，阐明了各自的宇宙观、人生观、生死观、鬼神观和道德观。中国古代的魂魄学说，具有鲜明的思辨色彩。儒家、道家的大小宇宙魂魄观念，都在一定程度上体现了他们的天人合一、阴阳共体的哲学思想。对于中国人来说，魂魄观念同时又是一种信仰，带有强烈的世俗特色，与人的生命历程息息相关。

因此要探讨我国的灵魂信仰，首先要对我国古代的魂魄学说进行一番大致的梳理。从典籍中我们知道，人死之后，"魂气归于天，形魄归于地"（《礼记·郊特牲》）。这种魂魄观包含了中国古代灵魂学说的几个基本要素：人由精神（魂气）与肉体（形魄）两个要素组成；魂魄可以分离。人活着的时候，二者是统一的，人一旦死亡，二者就呈分离状态；人的生死与魂魄的活动密切相关。人死，魂魄不是一般地离异，而是魂气上天，形魄入地，进入不同的境界。简单说来，这种魂魄分离、生死异路，以及两个世界（上天与入地）的观念，就是我国古代魂魄观的中心内容。魂魄是什么？古人认为，魂魄是气。阳气为魂，阴气为魄；天气为魂,地气为魄;暖气为魂,冷气为魄;口鼻之嘘吸为魂,耳目之聪明为魄。天地间充满了气,气不外两种:人之气与天地之气;气之运动,屈伸往来,便是魂魄与鬼神。又说,魂为气,魄为形,故有魂气形魄之说。民间把人死称作"气绝"、"气断"、"气散",指的就是作为魂魄的气的一种运动。道家的人身诸神观念,充分体现了中国人的生命观,我国中医和气功理论便主要是建筑在人身诸神与天地宇宙相互协调的整体生命观原理之上的。中医讲究"心藏灵、肝藏魂、肺藏魄、肾藏精",这灵、魂、魄、精,既是魂魄之所在,又是体内诸神之主神。气功则讲究炼神、炼气、存思、守窍、内丹,其目的无不在于调动人身小宇宙的各种积极因素,使之与天地之气相合,从而达到治病养生的目的。古人认为,天地万物和人一样,都有精神魂魄,讲究天人和谐、天人合一。《关尹子·四符篇》中说:以我之精,合天地万物之精,譬如万水可合为一水。以我之神,合天地万物之神,譬如万火可合为一火。以我之魄,合天地万物之魄,譬如金之为物,可合异金,而熔之为一金。以我之魂,合天地万物之魂,譬如木之为物,可接异木,而生为一木。则天地万物,皆吾精吾神,吾魂吾魄。何者死,何者生。天地万物也和人一样有生命,有生也有死。《礼记·祭法》:"大凡生于天地之间者,皆曰命。其万物死,皆曰折。人死曰鬼。"葛洪在《抱朴子内篇·微旨》中说:"山川草木,井灶污池,犹皆有精气;人身之中,亦有魂魄;况天地为物之至大者,于理当有精神。"

佛教传入中国已有一千八百多年(从后汉光和年间算起),佛教作为灵魂信仰文化的载体早已融入中国文明中,与儒家、道家并列,成为中国文化的一支。我曾经发现,中国文化中的儒、道、释,就好比佛法中戒、定、慧的内容——儒家的学术就等于佛教的戒律学;道家呢?等于佛教的禅定之学;释家,当然就是指佛教本身了。为了减少它的宗教成分,突出它的学术文化,所以,在中国文化内的佛教,就称为释家了。释家——也就是佛教;佛教的内容,虽然有戒学、定学,但戒与定只是一种过程,佛教的目标,乃是在于人类本具智慧的开发。因此,佛教是智

慧的宗教；在中国文化内，要谈到智慧最高胜的，自然要数佛教文化所在的释家了！

所以，如果站在佛教本位上来说，中国文化的儒家，是有助于佛教的戒律修持的；道家，则是有助于禅定的修持；当然，谈到智慧的开发，只有依靠佛教本身的方法了。为什么说，儒家学术等于佛门的戒学，有助于佛教徒戒律的修持呢？试问：戒律的功用是什么？不外是端正学佛者的人品，充实内在的道德意识，并培养佛教徒所应该有的威仪；从世俗上来说，就是要做好人——把人做好，不要有不良的行为；而儒家的宗主孔子，如果在佛门内来说，就是一位大修行人。《论语·为政》所载："吾十有五而志于学，三十而立，四十而不惑，五十而知天命，六十而耳顺，七十而从心所欲，不逾矩。"这便是描述孔子一生修行的过程和成就。"志于学"的"学"，绝不只是现代所说的智识学问，而是学习如何做人处世，如何率性修德，以提升人生的价值和意义，让生命到达真善美的境界。所以"学"是学道；从道以丰实本身的品德，如此之学才有意义！我们看论语，里面所说的，都是做人为学的道理，从修身、齐家，以至治国、平天下，这不等于佛教所说的由小乘而大乘，从修菩萨道以至成佛，而广度众生的修行吗？

戒，是佛门弟子修行的规则，有此规则，修行才能有所依循。但是，戒律乃形式上的硬性规定；这样不可以！那样不可以！守持起来，有时难免感到枯燥乏味，乃至厌烦，这个时候，如果能配合研读论语，心中的厌烦，相信就可以消除，而很乐意地来持戒。为什么会这样呢？因为，论语在无形中，有一种导人向善的力量。孔子真不愧是大教育家，他并不硬性规定人们什么不可做，什么可以做，只是谆谆善诱地将人们应该做的道理说出来。他说的是那么切实，人人都听得懂、做得到；让人们觉得，生为一个人，的确必须像他所说的那样，才是个堂堂正正的人。于是，知所进止，做其所当作，禁其所不该作的，无形中，就有了类似佛教徒持戒的行为。

《论语》不像佛教的戒，从外在上，硬性的规定我们的行为，它是从内在来提升我们人的道德意识。然后,诚于中必形之于外,自然的,便会约束自己的行为,不去作恶;不会作恶的人,也就会乐于持戒。所以说,《论语》是有助于佛门戒律的修持的。除了《论语》之外,《大学》、《中庸》也都是对修行很有帮助的书籍。大学、中庸谈的就是:一个人如何入德、修学;如何率性进道的心性修养功夫。用佛教的名词来说,大学、中庸所谈的,乃是一种修行方法,而且是大乘的,绝不只在"独善其身",还要"兼善天下";大学说:"……意诚而后心正,心正而后身修,身修而后家齐,家齐而后国治,国治而后天下平。"这不是可以和大乘的菩萨道思想互相发明、互相辅助吗?所以,论语、大学、中庸等儒家经典,实在是等于佛教的戒学,对佛教徒的持戒修行,是有很大帮助的。再说到道家,为什么等于定学,有助于禅定的修持呢?道家讲究的是"清净无为"——非仁义、废道德。平常,一般人谈到佛教,就认为是出世的,其实,这只说对了一半,真正出世的应该是道家,佛教则出世又入世;因为,从佛法要人证得的究竟涅槃看来,世间与出世间,但为一体的两面,虽然不一却也不异,《般若心经》说:"色不异空,空不异色",两者应该加以融合,不可偏于一面。所以,佛教是不偏于出世间的。这可以从佛教的教主释迦牟尼佛本身获得证明。释迦佛陀尽管廿九岁就出世——出家修道,但在三十五岁悟道成佛后,便又回人世间,说法教化众生,到八十一岁圆寂为止,没有一刻离开世间,而精神上却是出世的,形成了介于世出世间之中,也就是超世的精神。

　　然后,再来看道家的宗主老子。他不像释迦牟尼佛那样出世专修,而是在世修持,后来留下一部《道德经》给关令尹,便骑着牛,西出函关,一去不回头,永无消息了。这才是真正的出世,身虽在世而无意于世,不像孔子,为了中国的文化、政治、教育,一生奔波于当时各国间,直到老死。当然能在世而出世,这也是道家的可贵处。

　　确实说来,什么叫做世间呢?它是含有烦恼、痛苦、束缚……等等的意义。这世间是如何形成的?为什么会有烦恼、痛苦、束缚?实在是源

· 1369 ·

于人心中的分别、妄想和偏执——执我、执法,如果能够去除我、法二执,就是出世,不必更求离俗索居,道家便是从此下手修持,忘我忘法,以求回复到情识未开之前的婴儿时期,也就是天地未分之前的混沌的情况,然后不求静定自得静定,不求出世自得出世。

我们看老子道德经,有很多经文,都是在破斥一般人以为对的观念,譬如:"天下皆知美之为美,斯恶已;皆知善之为善,斯不善已";"天地不仁,以万物为刍狗;圣人不仁,以百姓为刍狗";"吾所以有大患者,为吾有身,及吾无身,吾有何患!";"大道废,有仁义;智慧出,有大伪;六亲不和,有孝慈;国家昏乱,有忠臣";"绝圣弃智,民利百倍;绝仁弃义,民复孝慈;绝巧弃利,盗贼无有"……仁义道德,并不是不好,但是,执著了它,汲汲以求,就会为法执所苦,所以老子要破斥它;并且,要圣人"为腹不为目",因为"五色,令人目盲;五音,令人耳聋;五味,令人口爽;驰骋田猎,令人心发狂;难得之货,令人行妨"。不但物欲不可要,连学问知识也是有碍于道业的,所以他说:"为学日益,为道日损;损之又损,以至于无为",无为之后,才能够"无为而无不为"。这些经文,岂非对修禅定的人有所助益吗?

离欲,是修禅定者所必备的,因此,原始佛教常要修行人观世间苦、空、无常、无我。譬如:四念处,要观身体是不净的,感受是苦的,心是无常的,诸法是无我的,就是要修行人去除各种的欲求与执著,以便深入禅定。然而,佛并不以禅定为最终的目标。禅定是共世间的,任何人皆可以修习,虽然有禅定功夫,却不能解脱轮回生死。要了脱生死,免于轮回,必须依靠般若智慧;这是佛法不共世间的所在了。

由于佛教徒修禅定的目的,在于般若的证得,因此,往往不求精深的禅定功夫。禅定太深了,反而会妨碍无漏智的证得,成为定障;但是,没有禅定功夫,又容易产生偏差;佛法知见越多,所知障也越重,同样妨碍般若的证得。因为,般若无知——容不得分别的,一有分别,便是识,离般若——智就远了,所以,要进入般若之前,必须先达到无知(无分别),这就非得如道家,忘我忘物,进入混沌未分的静定中不可了。道家由于但求出世，不更入世，修持以静定为目标，因此，常见修道家仙宗的人，多有禅定功夫，并由定中引发妙用来；而在佛门，虽然正见、智慧高于道家，却常是口头禅，理上说得到，事上未必行得来。这是佛门精于理，而疏于事所产生的偏差，道家正可以补救其不足。道家修持，在禅定上，确实有他的成就，但在智慧方面，却嫌不足，这又是道家需要佛法的地方了。

佛法是智慧之学，它是从佛陀成道后的大觉心海流露出来的，是般若的大智慧，不是凡夫的世智辨聪。所以，凡人的智慧，是不能胜过佛法的。本来，要断除烦恼，了脱生死，是必须靠智慧的；而佛法又是智慧之学，那么只要专研佛法、修持佛法就行了，为什么又要旁通儒、道，涉及世俗之学呢？这是因为，般若必须经由空，才能显现；般若便是空的智慧。没有经过空的洗礼，般若是不能产生的。所以，以般若为名的佛教经典，里面完全在谈空，佛门更被称空门——进入此门来，你就必须空：四大皆空，五蕴非有；能够空，才可以和佛法相应。但是，空是那么容易的吗？凡人从初生、乃至多少前生以来，心境都在幻有中打滚，这习气该有多么的重，一时改得过来吗？除非善根深厚者，一般人如果不是下了一番功夫，是不可能要空就空的。因此，佛法在修持上，提出戒、定、慧；戒和定便是要磨炼自己，以求净除心性上的幻有和习气，然后才可望达到空。

由于佛教目标高远，志向广大，很容易使人着迷于最终目标，而有躐等的行为。中国佛教自认是大乘，有些教徒便因此而蔑视小乘。不知小乘是大乘的基础，基础没有建好，只是空谈大乘的理想，未必实行得来；所谓言越高，而行越卑。理想超越了人世的现实，常会给人一种空虚的感觉。虽然，佛门也有五戒：不杀生、不偷盗、不妄语、不邪淫、不饮酒的现实奠基，但在世间来说，总不如孝悌、仁爱、信义、忠诚的人道主张，来得有实在感。当然，这可能是我们出生在中国，从小受到中国文化的薰陶所致；但，却是好的。中国文化是和佛法相应的，儒家有助于戒，道家有助于定，一个受过儒家、道家学说薰习的人，便等于他学佛

的基础已打好,既不会迂腐,也不会顽固;因为,儒家踏实,道家破执。如此来学佛,应该可以避免走入清谈,知而不行的弊病。这要感谢于中国固有文化了。

中国本土文化,以儒家、道家为代表。后来,佛教传入,经过中国思想的洗礼与融化,也成了本国文化之一;但在中国人心里,是以儒家为文化主流的。其实,论境界的高深,儒家不会超过道、释,但儒家竟能在三家中脱颖而出,为广大的中国人所认同,自然有它的道理。儒家学说的目标,在于建立人伦道德,进而超凡入圣。儒家用什么方法来使人成圣呢?就是孝——这便是儒家的高明之处,和它的学说能够普遍行化的地方。为什么这样说呢?因为,孝是一般人都做得到的。父母养育子女,从婴儿到长大,至少也有十多年,如此长的岁月,父母与子女间,自然建立了浓厚的感情;更加上父母的有恩于子女,子女长大后,知恩回报,乃是出于天性,不必勉强,这孝岂不是很容易做到吗?鸟类尚知反哺,何况人类,怎么不孝顺父母!那么,孝又如何能使人成圣呢?《论语·学而》,有子说:"其为人也孝悌,而好犯上者,鲜矣;不好犯上,而好作乱者,未之有也。君子务本,本立而道生;孝悌也者,其为人之本欤?"意思便是说:一个人能够孝顺父母,并且,对兄弟姊妹能友爱,他必是善人君子,怎么会去做坏事?不怕连累到父母兄弟姊妹吗?所以,这孝悌的感情,就是人性道德与光明的一面;自然,也是做人,乃至成圣的根本。能够行持孝悌,无意中便是在修行,就有如佛法持戒的作用在内了;"君子务本,本立而道生",根基立好,做圣也就不难了。

圣的境界,是超凡的,普通人凡心滚滚——贪瞋痴、财色名利……充满心里,要超越谈何容易?儒家的宗主孔子,却将入圣的门,建立在人人都做得到的孝悌上,由孝顺父母,友爱兄弟姊妹,进而仁爱一切人类;《论语·学而》,孔子说:"弟子入则孝,出则悌,谨而信,泛爱众,而亲仁……"这是孔子对他学生的要求,看起来是多么切实,真不愧被称为万世师表。

第三十一章　世界明净的双目洗濯红尘蒙蒙的日子

诸佛皆已证悟一切诸法实相，德行具足圆满，不偏不缺，故名万德庄严。十方三世一切诸佛，欲证成无上佛道，必须广修万行万德，于此万行万德圆满，方得成就佛道。万德是数量的比喻，佛的德行何只万德？佛之德行由无量劫来，勤修一切法门，广度无量众生，所累积的德行无量无边，不可称计，所以说，万德是一种比喻，古人以"万"字代表数量极多之意，故称之为万德。所谓庄严者，庄即端庄，严即严饰，谓智慧福德二种，皆能庄严法身也。智慧庄严：谓诸菩萨从初发心乃至究竟，无明净尽，佛性现前，所有智慧，能显法身，是名智慧庄严。福德庄严：谓诸菩萨广修六度，万行具足，所有福德，能显法身，是名福德庄严。又有二种庄严之说：《金刚经》云："庄严佛土者，即非庄严。是名庄严。"非庄严者，即形相庄严也。是名庄严者，即第一义庄严也，分别解释如下：形相庄严：谓人若是分别佛土，是有为形相，有生有灭故，若言我能成就者，则沾染色声六尘等境，于缘影世界捉摸，非真庄严，是名形相庄严。第一义庄严：所谓以无所住着清净之心，依真实智慧，通达自性之土，唯心显现。此是正智成就佛土，是名第一义庄严。针对万德庄严而言，诸佛能以正法严饰自己，令自己身心清净，得到智慧庄严与福德庄严，得到色相庄严与自性庄严。非但如此，更以大悲心所流露，以及正法严饰一切众生，普令一切众生皆得身心清净，亦如自己一般，得到智慧庄严与福德庄严、色相庄严与自性庄严，正等无异。万德庄严是站在佛的果位而言，唯有佛方堪称为万德庄严，毕竟佛已圆满三觉，所谓自觉、觉他、觉行圆满，正如此意；菩萨是发菩提心之行者，尚未证

成佛果,故不可堪称万德庄严。菩萨是遵循万德庄严而迈进。

佛藏经云:"菩萨为因,佛为果。"菩萨要经历三大阿僧祇劫的广修六度万行,再经百劫修相好因,相好修满,便成佛果。万德庄严是佛的果位,菩萨欲到达万德庄严之果位,必须生生世世,发大菩提心,累生累劫不断庄严智慧,庄严福德,最后因果圆满,成就菩萨道,展现万德庄严。菩萨道之行者,必须具足发过菩提心;发过菩提心者,方可称为菩萨道人。因为,菩提心是成就佛道之心,没有成就佛道之心,终不得成佛,何以得知?因为菩提心总摄信愿、慈悲、智慧故。上自诸佛,下至凡夫众生,乃至含灵蠢动有心者,欲成就佛道,皆不可忘失菩提心,舍弃菩提心,甚至不发菩提心。何以故?因为十方诸佛皆依菩提心而得成佛道,并护持菩提心如眼中珠,不可令异。

诸佛皆已如此,我辈众生乃至一切含灵蠢动有心者,是无别法可循可依,岂可背弃菩提心而不顾?若弃菩提心而不顾,欲成就佛道,遥遥无期,终无是处。

菩萨道首要条件,就是要发菩提心;发过菩提心者,当下就是菩萨道的行者,更无有异,这如何而说呢?佛经明文所述,分别如下:《华严经》云:"菩提心出生一切诸菩萨行,十方三世诸如来,皆从菩提心而出生故。"《华严经》云:"菩提心是善中之王,能成就无上正等正觉故。"由经典的见证,我们欲当菩萨,当菩萨应该护持菩提心,发菩提心,依菩提心圆满佛道。毕竟,十方三世诸佛,皆从菩提心而出生故,一切诸菩萨行,皆依菩提心出生故。

成就诸佛的渊源,行菩萨道的原动力,其根本因素,就是在菩提心的有无,发与不发为分水岭。如果要问是什么原因呢?理由很简单,因为,菩提心是佛魔之别,菩提心是世间与出世间之别,菩提心是染净之别,菩提心是迷悟之别,菩提心是轮回与不轮回之别,菩提心是光明与黑暗之别,菩提心是生死与涅槃之别,菩提心是上升与堕落之别,菩提心是束缚与解脱之别,菩提心是究竟与不究竟之别,菩提心是偏圆之别,菩提心是大乘与小乘之别,菩提心是苦乐之别,菩提心是凡圣之别。

菩提心有这么重要，身为菩萨道之行者，要有如是正知正见；菩提心者，是佛道与魔道关键所在，我们岂可弃之而不顾！菩提心是世间与出世间枢纽之别，我们岂可疏忽轻视之！菩提心是染污与清净之分水岭，我们岂可忘失大意！菩提心是迷妄与觉悟之界碑，我们岂可等闲视之！

菩提心是轮回与不轮回的焦点，我们岂可置之不顾，令自己堕落五欲六尘！菩提心是光明与黑暗之摩尼珠，我们岂可黑白不分！菩提心是生死与涅槃一体两面说，我们岂可笼统视之！菩提心是上升与堕落之跳板，我们岂可傲慢自己！菩提心是束缚与解脱之法药，我们岂可不自治！菩提心是究竟与不究竟之智慧眼，我们岂可不普照觉察之！

菩提心是偏缺与圆满之大圆镜，我们岂可执著边见乎！菩提心是大乘与小乘两者发心差距处，我们岂可舍大取小乎！菩提心是痛苦与快乐之解缚大师，我们岂可随波逐浪，循声逐色！菩提心是凡夫与圣者之桥梁，我们岂可不攀登三宝，而令自己沉溺六道！

菩提心能让人回小向大，菩提心能让人回事向理，菩提心能让人回因向果，菩提心是一切善法之母，菩提心是上求佛道、下化众生的总原动力，因此，菩萨道的行者，不得舍离菩提心，忘失菩提心，疏忽菩提心；更应该加强发大菩提心，护持菩提心，实践菩提心，圆满菩提心，是故：

《华严经》云："舍弃菩提心，不能利益一切众生，不能成就诸佛功德。"又云："忘失菩提心，修诸善法，皆为魔业。"历代祖师云："修行不发菩提心，犹如耕田不播种。"守护菩提心，如护眼中珠，发菩提心就是发成佛之心；念念菩提心，就是念念成佛之心，菩提心对行菩萨道之行者而言，实在珍贵如命！《梵网经菩萨戒》云："常生大乘善信，自知我是未成之佛，诸佛是已成之佛，发菩提心，念念不去心。若起一念二乘外道心者，犯轻垢罪。"

因此得知,发菩提心的重要性,是何等的神圣!何等的尊严!何等的难遭难遇!何等的理念!这话从何说起?理由很简单,因为发心学佛的动机,其目的在于成就佛道,既然是为了成就佛道,就必须发心行菩萨道;行菩萨道的条件,就应该发菩提心。当下发菩提心,就具足当菩萨的条件,菩萨就是发过菩提心的人;发过菩提心的人,依菩萨道而实践,人人皆可堪称菩萨道人。

同样的理由,若退失菩提心的人,就不能堪称是菩萨,当下也就失去菩萨的身份,失去菩萨的条件。总而言之,发心要成佛,必须要行菩萨道,行菩萨道,必须发菩提心;发过菩提心者,当下即是菩萨。问他是否菩萨?是问他是否发过菩提心。以菩提心之有无,来决定他是否菩萨,也就是说,是菩萨或非菩萨,其分水岭,肯定在是否发过菩提心!以此来论定也。菩萨道之行者,要心怀大慈悲之心,观看三界众生之苦,如自己之苦,无尽的众生在六道中轮回,如自己在轮回。悲心彻骨,悯怀人溺己溺,自度度人,自利利他的胸襟,菩萨道的行者,若能如是发大心者,方不愧是菩萨摩诃萨,能兼善天下,心包太虚,量周沙界,发起六道众生的同胞爱,互相提携、互相鼓励、互相普劝,共同发菩提心,广度无量众生,是名为菩萨道。

菩萨,因为时时以众生为念,凡有利益,皆以他人为先,在大公无私之下,自然就忘了自己;忘了自己,便是无我;既然无我,谁来受苦?万事万物,都是透过主观的我而存在,没有了我,苦就不存在。所以,菩萨能不怕苦;同时,我既不有,属于我的身体、财物,自然能施舍了。

因此,凡人所以不能行菩萨道,便是心中有我,并执著了我,变成画地为牢,将自己局限住,不能和一切众生打成一片。其实,从世间法皆因缘所成看来,每一个众生都必须做菩萨的;因为,人与人之间都有互相的关联,没有一个人能够离开其他人的关系,而单独生存。所以,就得互相关怀与照顾。为什么做不到呢?就是因为有我,人类的关爱便被限量在家人、亲戚与所认识的人当中,不能博爱天下,这爱也就不完美,有缺陷了。因此,佛教要打破我执,扫除我相,达到无我的境界。

真正的菩萨,在他们的心中,是无我的。《金刚经》说:"若菩萨通达无我法者,如来说名真是菩萨。"(见大正藏第八册七五一页)唯有能够无我——心中没有我执、没有私欲,才会完全的、无条件的为他人、为一切众生着想。

谈到这里,就回到佛法的本营了。

佛法是解脱之学,解脱的完成,必须靠智慧;入门虽然有各种方便,最终却都是一样的,不能没有智慧。所以,菩萨六度,必须以般若殿后,并且说:前五度如盲,般若如眼。布施、持戒、忍辱、精进、禅定等五度,如果没有般若,只是有为的人天功德,不能度人脱离三界生死。而般若的性质,是无我的。般若是空——我空、法空、空空,其中,没有我执私念,这也就是菩萨精神。菩萨精神便是般若的行动化,般若也就是菩萨的生命了。

所以,为什么菩萨能够做人所不能做,行人所不能行?因为,菩萨先有视一切众生是他父母、儿女、兄弟姊妹与朋友的慈悲心怀,然后,再有般若作为他的生命。于是,在慈悲与智慧的双运之下,一般人认为难行的菩萨道,也就不难行持了。

不生亦不灭,不常亦不断

不一亦不异,不来亦不出

这是有名的"八不"偈,标在《中论·第一品》——观因缘品篇首。中论共有二十七品,皆在说明、显示这八不的道理。这八不由四对合成,每句中有两个"不",四句中便有了八个"不"。在这四句八不中,最主要的乃在第一句:"不生亦不灭。"因为有生,才有常、一、来的现象,不生,自然也就不常、不一、不来了;因为有灭,才有断、异、出的现象,不灭自然也就不断、不异、不出了。所以,"不常亦不断,不一亦不异,不来亦不出",这三句都是承接"不生亦不灭"所展开出来的,我们只要理解了第一句,后面的三句,也就可以意会了。

而不生亦不灭,主要的,又在于对不生的理解,理解了不生,不灭

也就可以了解了;因为灭是从生来的,有生才有灭,无生哪来灭呢?所以,不生自然也就不灭了。现在,必须进一步说明的是:不生亦不灭是指什么呢?就是指宇宙间一切法,一切法都是不生亦不灭的。为什么宇宙间一切法都是不生亦不灭的呢?因为:

诸法不自生,亦不从他生

不共不无因,是故知无生

凡人由于没有智慧,在无明的见思惑之下,便觉得诸法有生有灭。譬如:春有百花开,秋则叶落花萎,这不是有生有灭吗?一切众生更离不开生与死(灭),怎么能说:诸法是不生不灭呢?所以,要成立诸法不生亦不灭的道理,非得经过一番论证不可。这论证诸法不生的方法便是:诸法如果有实在的生,便不外是从自生、从他生,或者从自他和合而生。这从自、他、共之生,是属于有因之生,诸法如果是从因而生,就不出这三门生,否则便是无因而生了。因此,诸法的生处,合起来共有四。但是,研究的结果,诸法都不可能从这四门产生。

先来说诸法不可能自生的原因。自生也就是从自己生——依着自体而产生。这为什么不可能呢?因为:(一)凡是生,必然有能生和所生,诸法如果有生,便是被生的,由一能生者所生,怎么可能是自生呢?所以,说诸法从自生,在理论上是说不通的。(二)诸法如果有生,便是表示,诸法在未生以前,根本就不存在;不存在,哪来自体,而可以生法呢?(三)所以,如果说,诸法是自生,则诸法必须先有自体,然后再依此自体来产生诸法。可是,诸法既然已有了自体,便表示诸法已经存在了,如此,又何必再生呢?生,必须是从无而有——本来没有的,现在有了,这才叫做生。因此,可以说:凡是生的,就不可能从自生;生即不自,自即不生。(四)诸法如果自生,就不必有其他条件,那么,诸法便可以生后又生,生生不息;而实际上,诸法并不曾如此。所以,由这四点的论证,诸法不自生的道理,应该可以理解了。

如此,诸法应该是从他生了?其实,这也是不可能的,诸法既然不能从自生，也就不能从他生。因为，他和自是一样的，换了一个立场，自就成为他，他亦成为自。比方：站在我的立场看，来，我就是"自"，第三者便是"他"；可是，如果站在第三者的立场来看，就不同了，第三者就变成"自"，我就变成"他"。由此可见，自和他是同义词；诸法既然不能从自生，也就不能从他生——如果他能生，自也就能生了。因此，否定了诸法从自生，也就否定了诸法从他生。所以说："诸法不自生，亦不从他生。"那么，诸法应当是自他和合共生的了？执著诸法一定有生的人，可能又会这样想。其实，这也是不可能的。因为，自既不能生，他亦不能生，都不能生的自和他和合了，同样还是不能生，这就等于：公鸡是不能生蛋的，又如：瞎子是看不见东西的，不能因为一个瞎子看不见东西，而将两个瞎子合在一起就能看见。所以，自他本身既然不能生诸法，就是自他和合了，还是不能生的。因此，否定了诸法的从自生、他生，也就否定了共生。

诸法既然不可能从自、他、共生，那么，诸法一定是无因而生了？其实，这更不可能。有因，才有果；无因，怎么会有果——诸法呢？我们观看世间的一切事物，都是有因果的，如是因感生如是果。果是由因所感生的，无因如何会有果呢？所以，诸法是不可能无因生的。中论所以说明诸法不自生、他生、共生、无因等四生，主要是在破斥外道。青目释说："诸论师种种说生相，或谓因果一，或谓因果异，或谓因中先有果，或谓因中先无果，或谓自体生，或谓从他生，或谓共生，或谓有生，或谓无生。"外道因为不知诸法虚妄，执著诸法是实有，所以才来找寻诸法的生处，说诸法是从自生、从他生、从自他和合共生，或说无因而生。但，经过了前面的论证，这四生都是不可能的。如此，就可以破除了诸法有实体生的谬计，而进入佛教所说：一切法皆无自性，毕竟是空的。我们现见的诸法，是没有实体的，是性空缘起，如幻如化，虚假不实的，岂可执为实有？！

有人说：佛教虽然不承认诸法是有实体的生，但却说诸法因缘生。

· 1379 ·

因缘,佛教是承认,既然诸法从因缘生,不就表示诸法有生吗?这不等于承认诸法是从自他和合而生的吗?其实,这是不同的,佛教所说的因缘,并不是一种有实体的法。因缘也是无自性的,无自性的因缘,它的存在,仍然必须依因待缘才有;因复依因,缘复待缘,依如此无自性的因缘而生的诸法,岂可说是真实的生?所以,在中观的立场,并不承认诸法是从因缘生,因缘在论证之下,自身尚且不能成立,又如何来产生诸法呢?我们看"观因缘品"第六颂:

果为从缘生?为从非缘生?

是缘为有果?是缘为无果?

颂文中的、"果"是指诸法,因为诸法是从因缘生的,所以,因缘便成为诸法的因,诸法就成为因缘的果。这一颂是在审问:你真得认为诸法是从因缘生的吗?如果认为诸法是从因缘生的,那么,我要问你:这能生诸法的缘是先有了诸法呢?还是缘中没有诸法呢?

因是法生果,是法名为缘

若是果未生,何不名非缘

这是说:因为是这种法(指缘)产生了果(指诸法),这种法才叫做缘,那么,要是果(诸法)还没有生,这生果的缘,不就是非缘——不是缘吗?这也就是说:因为缘产生了诸法,有了诸法的存在,我们才说这使诸法产生和存在的东西叫做缘。因缘的名称是依靠着它所产生的诸法才有的,在还没有诸法以前,因缘根本不成立,是个"非缘"。

如此,怎能说诸法是从因缘生的呢?

果先于缘中,有无俱不可

先无为谁缘?先有何用缘?

或者,你会说:果(诸法)在还没有产生以前,已经先存在于缘中了,所以,在诸法还没有产生以前,早已有因缘,然后依此因缘才产生诸法。其实,这是说不通的。说缘中先有果,或无果,都是不可以的。因为,如果缘中没有果(诸法),这缘是谁的缘呢?缘是依果的存在而存在,缘中无果,也就不可能有缘。反之,假定说:缘中已先有果(诸法),

· 1380 ·

果已经存在了,那还要缘作什么?为了生果,才需要缘,果既然先已存在,也就不必再生了。同时,要是缘中先有果,果已存在,就不必由缘来生,缘就失去了生果的作用,如此,缘也就不能说是缘了。

若果非有生,亦复非无生

亦非有无生,何得言有缘?

所以,依照前颂的论证,果(诸法)不是先因缘而存在,然后才产生的,但也不可能因缘之先不存在,然后由因缘而产生的,"有无俱不可,先无为谁缘?先有何用缘?"同时,果也不可能先有先无而生,也就是说:在因缘之前,果的存在是亦有亦无,因为这是说不通的,有和无是不同性质、互相违背的,如何能同时存在呢?所以说:"亦非有无生。"那么,怎么可以说有因缘呢?从上述三方面找寻诸法的生相不可得,因缘也就不能成立。因缘本身尚且不能成立,诸法又怎能从因缘生呢?

菩萨的行者,以智慧透视诸法本体,了知诸法本体毕竟空性,诸法所成乃缘起,缘起诸法乃性空;缘起诸法不碍性空,性空不碍缘起诸法。缘起与性空是一体两面的。佛陀怕众生执著一切法为实有,因此才说一切法是空性的、无常的、无实体的、幻化不可得的。大圣佛陀说一切法空,有二层意义:一则破众生执著诸法实有;二则显示诸法之性,毕竟空故。菩萨道的行者,知道生死当体空性,涅槃也空性;涅槃在迷妄中,不知空性,那么,涅槃即是生死;生死在觉悟中,已体证空性,那么,生死即是涅槃;生死与涅槃只是迷悟差别,染净差别,空与不空差别。

菩萨能正见生死与涅槃两者皆空性,幻化不可得,只是迷悟染净,空与不空之别,于是,发起大乘慈悲度化众生之心,于累生累劫中,不住生死,不住涅槃,誓愿度脱无量众生,皆成佛道。《楞严经》云:"如一众生未成佛,终不于此取泥洹。"菩萨悲心彻骨,度脱一切众生,艰难无比。众生个性刚强,难调难伏,不易度化,菩萨受尽一切苦难,受尽一切诽谤,受尽一切委屈,受尽一切毒打挨骂,菩萨心里头依然如如不动,对众生始终慈悲不变,菩萨知道一切的委屈、苦难、诽谤、打骂,皆是幻

化不可得,当下,与诸法空性相应,心地平静如水,安然无恙。

　　菩萨道的修证过程,除了自己上求佛道之外,还要度化众生,众生不是那么好度的。有些众生很顽抗,有些很凶暴,有些很有善根,有些很恶劣,有些很会诽谤三宝,有些很护持三宝,各种层次都有,甚至有些是冤亲债主,菩萨都要设法救度,不能令一人逃了。只要因缘一成熟,该度的就应该一度之,实在发大心还是度不了的,那就要等待因缘的成熟了,只是时间的迟早而已!

　　有时候因缘未成熟,拼命猛度化,紧迫盯人,反而把对方吓坏了,带来不可收拾的后遗症,让众生诽谤三宝,因而堕落三途,这种不合乎菩萨道的作风,是不可行的。菩萨无尽的度化众生,免不了会遭受一切冤亲债主,或恶劣的众生所诽谤,菩萨此时此刻,应该提起正念,安住在般若空慧中,不被外境所感动,对冤亲债主与恶劣的众生,亦然平等以待,毕竟,迟早终可成就佛道哩!

　　《华严经》云:"菩萨忍受一切恶果,对众生心平等,而不动摇,如大地。"我们在历劫中行菩萨道,无论有人非议或是褒奖,能够不受他人毁誉褒贬的影响,而默默的完成自己该做的菩萨道,这才是我们所祈求的理想境界。菩萨纵然做到了十全十美,也有可能因此遭人嫉妒,而受到苦难之灾,所以,菩萨道的行者,大可不必为了受人赞扬,或避免非议,蓄意的做到八面玲珑,面面俱到,若如此一来,你必会因而畏首畏尾的,无法放开双手双脚而行菩萨道,又如何能成就无上菩提,证大涅槃呢?

　　菩萨道的实践者,了知生死与涅槃是一体的,是中道的,是不二法门的,是实相的,只是迷悟染净的差别而已!因此,坚定不拔的菩萨,随即发起六道众生的同胞爱,与众生共生共死,共度一切患难;菩萨觉悟之后,他心里明明朗朗,灵灵觉觉;我自己有生死,众生也有生死;我有痛苦,众生也有痛苦;我有情绪黑暗的时候,众生也同样有情绪黑暗的时候;我有轮回,众生亦有轮回;我想转凡入圣,众生也想转凡入圣;我想得到究竟快乐,众生也想得到究竟快乐;我想证悟菩提,众生也想证悟菩提;我想成佛,众生也想成佛。人同此心,心同此理,心心平等,理理平等,伟大的菩萨道行者,能体悟到这层的境界,当下的菩萨,慈悲心大展流露,大悲心所驱使,于六道中,广度众生,往返不停,不罢不休!

　　菩萨能运作智慧与慈悲合乎中道而行,是故,道心永不退转,业力挡不住菩萨的悲智,人我是非挡不住菩萨的悲智,诽谤破害不了菩萨的菩提道心,一切顺逆之境,难不倒菩萨的菩提道心;天灾地变,考不倒菩萨的菩提道心,无常变迁,菩萨依然如如不动,何以故?菩萨知道世间万法皆空,万法无常,万法空幻不实,一切无非因缘生,因缘灭,菩萨心境永远与空性相应,永远随缘不变,永远不变随缘。菩萨的心境,就这样的平静、统一、自在、和谐、安详,与世无争!这就名之为菩萨,不愧是菩萨,毕竟是菩萨。菩萨道以万法空性为正见,以大慈悲心为根本动机,不受时空的约束,无量大千世界任菩萨遨游,任意菩萨度化一切众生,无所障碍,因为,菩萨心境已空去一切相、一切念,无所住,与诸法空性相应,来去自如,度化众生,顺心如意。佛门所谓:"菩萨清凉月,常游毕竟空,众生心垢尽,菩提影现中。"

　　巍巍菩萨道,既博大又精深。般若空性是无际的,大慈悲心是无边的,大誓愿是无终程的。菩萨依此进修,无止尽的广度无量有情。菩萨道的行者,在空有无碍的大前提之下,菩萨心地始终不沾染众生,菩萨心地始终不受名闻利养所诱惑,菩萨于五欲六尘能出入自在,菩萨心地已破时间的牵缠,菩萨心地不受人我是非的诽谤,菩萨心地不受顺逆之境所动,菩萨心地始终动静一如,菩萨心地永远处于不二法门、中道法、实相法,历久不衰,本末一致,直至成就佛道,终无变异。修行者能依此法门而进道,末了,毕竟可圆满菩萨道,因而证成无上菩提。何以得知?因为菩萨行者,于精进修道过程,其心地从未沾染一切尘欲,一切万法无所取着,处处与中道相呼应,与般若空性一体故;大乘菩萨不住一切法,诸法住处不可得,大乘佛法以无所得而为方便,住无所住。

《大般若经》:"菩萨摩诃萨,于一切法无所取着,能从此岸到彼岸故;若于诸法少有取着,不能从此岸到彼岸。"佛经很明显地告诉我们,从此岸到彼岸的条件,必须心地对一切法无所取着,若能达到这种境界,才合乎从此岸到彼岸的关键所在。此岸就是染污的世间、生死的世间、轮回的世间、烦恼丛生的世间、黑暗的世间、邪见的世间、无常的世间;彼岸就是清净的世界、涅槃的世界、无轮回的世界、解脱的世界、光明的世界、真理的世界、永恒不变的世界。

　　此岸到彼岸者,就是度脱众生生死轮回的意思,度脱众生一切苦难不理想的意思,度脱众生一切缺陷累累的意思;使之一切光明理想的意思,使之自由自在、无有一切束缚的意思,使之永恒究竟大乐的意思,使之与万法空性相应的意思。菩萨道的行者,若能如是知,如是见,是名正见。诸佛赞叹,诸佛欢喜,诸佛护持。《大般若经》云:"菩萨摩诃萨,修行般若波罗蜜多,不住此岸,不住彼岸,不住中流,是为菩萨摩诃萨。修行般若波罗蜜多,以三世法性平等故,成道相智。"这段经文说得更清楚,菩萨不但不会染污此岸,不留住于此岸;更不会染污彼岸,不留彼岸;甚至更不会染污彼此的中流,不留住于中流之处。这说明菩萨在悲智双运之下,无尽期的广度无量众生之际,心地始终不沾染一切众生与世间万法,心地光明,解脱自在,故称之为不住此岸。菩萨纵然将一切众生,普度到解脱涅槃的彼岸,而菩萨自己受大慈悲心使然,不欣慕涅槃,不住涅槃,又倒驾慈航,回娑婆苦难世界,又广度无量众生,称之为不住彼岸。伟大的菩萨行者,于两岸往返不休不止度众生,从中无有怨言,不叫一声疲劳厌倦之语,更不会忙里偷闲,找个适中之处,好好休息一番。太辛苦,太劳累啦!巍巍的菩萨行者,毫无厌倦之意,称之为不住中流。

第三十二章　虚空法界的无量净土　叩问生命久违的光明

一个人必须抛弃自我,一旦自我被抛弃,就不缺什么了。你会开始洋溢,花朵会开始掉落在你身上。

须菩提是佛陀的弟子之一,他能够了解空的力量——那个观点就是:除了它的主体性和客体性之间的关系之外没有什么东西存在。

有一天,当须菩提坐在一棵树下,处于一种崇高的空的心情之下,花朵开始洒落在他的周围。

"为了你对空的演讲,我们赞美你。"众神对他耳语。

"但是我并没有谈到空。"须菩提说。

"你没有谈到空,我们也没有听到空。"众神反应,"这才是真正的空。"然后花朵像雨一般地洒落在须菩提身上。

是的,它发生了。它并不是一个隐喻,它是一个事实,所以不要将这个故事视为隐喻,它是真实的……因为即使只有一个灵魂达到了"那最终的",整个存在都会觉得很快乐,很喜乐,很狂喜。

我们是整体的一部分,整体不会对你漠不关心,它不可能如此。一个母亲怎么可能对一个小孩漠不关心,那是她自己的小孩!那是不可能的。当小孩成长,母亲也跟着他一起成长;当小孩很快乐,母亲也会跟着他一起快乐;当小孩跳舞,母亲心里面的某些东西也会跟着一起跳舞;当小孩生病,母亲也生病;当小孩痛苦,母亲也会痛苦……因为他们并不是"二",他们是"一",他们的心以同一个韵律跳动。

整体是你的母亲,整体对你并不是漠不关心的。让这个真理尽可能深地穿透你的心,因为即使只是觉知到整体会跟着你一起快乐就能

够改变你,那么你就不是被排除在外的,那么你在此并不是一个外来的人,你不是一个无家可归的流浪汉,这就是你的家。整体会以母亲的姿态来照顾你,关心你,爱你。所以很自然地,当某人变成一个佛,当某人到达了最终的顶峰,整个存在都会跳舞、唱歌和庆祝。它的确是真的,它不只是一个隐喻,这一点要记住,否则你将会错过整个要点。

花朵洒落,它们继续在洒落——永远都不会停止。

那个为佛陀洒落的花朵仍然在洒落,那个为须菩提洒落的花朵仍然在洒落。你看不到它们,并不是因为它们不洒落,而是因为你没有能力看到它们。存在继续无限地在为所有发生过的佛和所有正在发生的佛,以及所有将会发生的佛庆祝,因为对存在来讲并没有所谓的过去、未来和现在,它是一个连续,它是永恒,只有现在存在,无限的现在。

它们仍然在洒落,但是你看不到它们。除非它们为你洒落,否则你看不到它们,一旦你看到它们在为你洒落,你将会看到它们一直在为每一个佛洒落,为每一个成道的灵魂洒落。

第一件事,存在关心发生在你身上的事。存在一直在祈祷,希望那个最终的能够发生在你身上。事实上你只不过是存在所延伸出来的一只手,存在想要借着你这一只手去达到那最终的。你只不过是来自整体的一个波浪,这个波浪可以碰触到月亮;你只不过是一朵绽开的花,这样存在才能够透过你而充满着芬芳。

如果你能够放掉你自己,那些花朵在这个早晨就可以洒落,在这个片刻就可以洒落。神一直都准备好,他们的手一直都充满着花朵,他们只是在那里看着和等待。每当有人变成一个须菩提,变成空,每当有人无我了,突然间那个花朵就会开始洒落。

这是基本的事实之一,如果没有它,就不可能有信任;如果没有它,你就不可能达到真理。除非有整体的帮助,否则你不可能达到,你怎么可能达到呢?通常我们的想法跟这个相反。我们把整体看成敌人,而不是看成朋友,我们从来不把它看成母亲。我们对整体的想法就好像它试图要摧毁我们。我们是透过死亡的门来看整体,而不是透过出生的门。看起来好像整体在反对你,在跟你抗争,不让你达到目标,不让你被充满,因此你继续跟它抗争。你越抗争,你错误的观念就越被证明是对的,因为如果你抗争,你自己的抗争就会透过整体被反映出来。

记住,整体是支持你的,即使当你抗争,整体也是支持你的;即使当你抗争,而你是错的,整体也是支持你的。这是第二个必须好好加以了解的真理。如果你不了解,你将会很难继续往前走。即使你跟整体抗争,整体也会支持你,因为整体除了支持之外没有办法做任何事。如果你走错了,整体仍然会关心你;即使你走错了,整体也会跟着你走。如果一个小孩走错了,母亲仍然会关心他,照顾他。如果一个小孩变成小偷,生病了,母亲仍然会关心他,她不可能将毒素给小孩。如果一个小孩完全走错了,误入歧途,母亲仍然会为他祈祷,这就是耶稣那个两兄弟故事的意义。

其中一个离开了父亲,不仅离开父亲,而且是误入了歧途。他浪费掉他那一部分的家产而变成一个乞丐,一个赌徒,一个醉汉。另外一个仍然留在父亲的身边照顾父亲的生意,在农场和花园里工作,增加家产,在每一方面都是一个好帮手,以臣服于父亲的心情在服务。然后突然间来了一个消息说他的另外一个兄弟已经变成一个乞丐,在街上乞讨。父亲的整个心都为他感到伤痛,因此他的祈祷全部都是为了他,他完全忘掉在他身边的那一个,他只记得离他很远的那一个。另外一个会出现在他夜晚的梦里,但是他不会梦到离他很近,为他工作,在每一方面都表现得很好的那个。

然后有一天,那个乞丐儿子回来了,父亲为他安排了一个很大的盛宴。那个好儿子从农场回来,有人告诉他:"看你父亲多么不公平!你爱他,关心他,为他服务,而且守在他身边,表现得无懈可击,道德操守一流,从来没有做过任何违反他的期望的事,但是你父亲从来没有为你安排宴会。而为了你那个误入歧途的兄弟,你父亲还宰了最肥的羊。他就像一个乞丐似的回来,然而整个屋子都在为他庆祝!"

那个儿子,那个表现得很好的儿子,觉得非常受伤:这简直是太荒

谬了！他很生气地回到家,对他的父亲说:"你在干什么？你从来没有为我举办宴会,我一直在为你做事,另外那个儿子为你做过什么吗？他只是把家产浪费掉,每一样东西都拿去赌,现在他变成了乞丐才回来！"

父亲说:"是的,因为你跟我很亲近,你又是那么好,那么快乐,所以我不需要为你担心。但是误入歧途的那个,我的祈祷会流向他,我的爱会流向他。"

耶稣一再地将这个故事讲给他的门徒听,因为,如他所说的,神可以忘掉圣人,不需要记住他们,但是神没有办法忘掉罪人。

如果他是一个父亲——我要告诉你,他不是一个父亲,而是一个母亲。父亲不像母亲是那么深的一个现象,那就是为什么印度人称她为母亲——神是一个母亲,是一种母仪。耶稣说,每当牧羊人晚上回到家发现掉了一只羊,他就会将所有的羊都留在森林里,然后跑去找那只失掉的羊。当那只失掉的羊被找到,他就会将它放在他的肩膀上,高高兴兴地回家,因为那个失去的被找到了。每当它发生了——我们都是失掉的羊——每当有一只羊再度被找到,牧羊人就欣喜万分,花朵就开始洒落。

在东方,神并不是一个人,他是自然的力量。每一样东西都被拟人化只是要给它一颗心或一个心跳,只是要使它变得更有爱心。所以印度教教徒和佛教徒将所有自然的力量都变成神,他们这样做是对的！当须菩提达到空,众神就开始将花朵洒落下来。

那个意义非常美:对印度教教徒和佛教徒来讲,太阳是神,天空是神,每一棵树都有它本身的神。空气是神,地球也是神,每一样东西都有一个心——这就是它的意义;每一样东西都会感觉——这就是它的意义;没有一样东西都是对你漠不关心的——这就是它的意义。当你达成了,每一样东西都会庆祝。然后太阳就会以不同的方式照耀,那个品质改变了。

对于那些无知的人,每一件事都保持一样,太阳每天都按照旧有的方式照耀,因为那个品质的改变非常精微,只有一个空的人可以感觉到它。唯有当没有自我，那个精微的才能够被感觉到，因为它非常精微，如果你在那里，你就会错过它，甚至连你的"在"都是一种打扰。

当一个人完全变成空，太阳的品质就会立刻改变，它有一种欢迎的诗在里面，它的温暖不只是温暖，它变成一种爱——一种爱的温暖。空气将会变得不同，它会更徘徊在你的周围，它会带着更多的感觉来碰触你，好像它有手一样。那个碰触完全不同，如此一来那个碰触具有一种敏感度。树木将会开花，但不是以相同的方式。现在花朵从树木开出来，就好像它们在跳跃一样。

据说每当佛陀经过一座森林，树木就会开始开花，即使在不是它们开花的季节。它一定会如此！人会犯错而没有办法认出佛陀，但是树木怎么会犯错？人有一个头脑，头脑可能会错过，但是树木怎么可能会错过？它们没有任何头脑，当一个佛走过一座森林，它们就开始开花。那是很自然的，它一定会如此！它并不是一项奇迹。但是你或许没有办法看到那些花朵，因为它们并不是实际的花朵，那些花朵是树木的感情。当佛陀经过，树木会以不同的方式颤动，以不同的方式悸动，它会变得不一样，这就是它的意义。整体关心你，整体是你的母亲。

现在让我们来了解这个寓言，这是最好的寓言之一。

须菩提是佛陀的弟子之一。

佛陀有好几千个弟子，他是其中之一，没有什么特别。事实上大家对他的了解并不多，这是关于他唯一的故事。有一些伟大的门徒，很有名，大家都知道的——伟大的学者或王子。他们拥有很大的王国，当他们离开了他们的王国，抛弃了一切而成为佛陀的弟子，他们就变得很有名。但是花朵并不会洒落在他们身上，花朵选择了这个须菩提，他只不过是众多门徒的其中之一，没有什么特别。

唯有如此，花朵才会洒落，否则你可以成为一个佛身边很特别的人，但你还是会错过！接近一个佛，你可能会觉得自我被增强了，你会创造出阶级，你会说："我并不是一个普通的门徒，我是特别的，我仅次于佛陀。别人只是很普通的，是一个群众，但我不是一个群众，我是有

名的,我有一个我自己的认同,甚至在我来跟随佛陀之前,我已经是赫赫有名了。"——他们一直都保持赫赫有名。

舍利子跟随佛陀,当他来的时候,他带着自己的五百个门徒一起来。他已经是一个师父——当然是一个不成道的师父,他什么都不知道,但他还是认为他自己知道,因为他是一个伟大的学者,他知道所有的经典。他生下来的时候就是一个婆罗门,一个非常有才华的婆罗门,一个天才。当他还很小的时候,他就以很好的记忆力而闻名,他可以记住任何东西。所有的经典只要读过一次,他就可以记住。他是举国闻名的,当他来跟随佛陀之前,他就已经赫赫有名了,但是那个赫赫有名却成了障碍。

众神似乎非常没有理性,他们居然选择了一个很普通的门徒,须菩提,他只是众多的门徒之一,没有什么特别。那些神似乎是疯了!他们应该选择舍利子,他才是应该被选择的人,但是他们并没有选择他。他们也没有选择阿南达,他是佛陀的表哥,持续四十年,他都是佛陀的影子;持续四十年,他都从来没有离开过佛陀。他跟佛陀睡在同一个房间,跟佛陀一起行动,一直都跟随在他的身边,他是大家都知道的人。所以佛陀要讲故事都会先讲给阿南达听,他会说:"阿南达,事情是这样发生的……""阿南达,从前……""阿南达","阿南达","阿南达"——他继续重复他的名字。但是这些神疯了,他们竟然选择了须菩提——一个无名小卒!

记住,只有无名小卒会被选择,因为如果你在这个世界是某某显赫的人物,你在彼岸就是无名小卒。如果你是一个无名小卒,你在彼岸就变成一个显赫的人物,在这两处的价值是不同的。在这里,粗鄙的东西被认为是有价值的,但是在那里,精微的东西被认为是有价值的,而最精微的就是不存在。须菩提生活在群众之中,甚至没有人知道他的名字,当这个消息传来——花朵洒落在须菩提身上——每一个人都感到很惊讶。"谁是这个须菩提?我们从来没有听过他。那个发生是不是一个意外？神是不是错误地选择了他？"因为还有很多阶级比他更高的人，须菩提应该是最后的。这是关于他唯一的故事。

试着好好地来了解它。当你接近一个伟大的师父，要成为一个无名小卒。众神是疯狂的，唯有当你不存在，他们才会选择你。如果你试图要存在，你越是成功地成为某某显赫的人物，你就越错过。这就是我们在世界上所做的，在一个佛的身边，我们也会这样做。你渴求财富，为什么？因为有了财富，你就可以变成某某显赫的人物。你渴求声望和权力，为什么？因为有了声望和权力，你就变得不平凡。你渴求知识和学位，为什么？因为有了知识，你就拥有可以骄傲的东西。

但是神不会以那样的方式来选择你，他们有他们自己选择的方式。如果你是你自己，你将你的鼓打得很响，神就不需要将花朵洒落在你身上——你已经将花朵丢在你自己身上，所以不需要。当你停止任何骄傲，突然间整个存在就会开始为你骄傲。耶稣说："那些在世界上是第一的人，在我神的王国里将会是最后的，而那个最后的将会成为第一的。"

有一次，在一个镇上，一个富翁和一个乞丐在同一天过世，那个乞丐的名字叫作拉萨拉斯。那个富翁直接进了地狱，而拉萨拉斯直接进了天堂。那个富翁往上看，看到拉萨拉斯坐在神的旁边，他大声向天堂喊叫："似乎有什么东西弄错了，我应该在那里，而那个乞丐应该在这里才对！"

神笑了一笑，然后说："那些最后的将会变成第一的，而那些第一的将会变成最后的。你享受第一已经够久了，现在让拉萨拉斯也享受一些。"

那个富翁觉得很热——在地狱里没有空调当然很热，热得不得了。他觉得非常口渴，但是又没有水，所以他再度大喊："神，请你把拉萨拉斯送到这边来，还有送一点水过来，我觉得非常口渴。"

神说："拉萨拉斯有很多次都非常口渴，几乎死在你家门口，但是你从来没有给他任何东西。他在你家门口饿得快要死掉，你们家每天

第三十二章 虚空法界的无量净土叩问生命久违的光明

· 1391 ·

都有宴会，有很多人被邀请，但是他一直都被你的仆人赶开，因为有贵宾要来，有很多权贵、政客、外交家和富有的人，一个乞丐站在那里会觉得很尴尬。你的仆人将他赶开，他很饿，而那些被你邀请的人并不饿。你从来不看拉萨拉斯，所以现在你的要求是不可能的。"

据说拉萨拉斯笑了。

这变成了一个意义深长的故事，可以让很多基督教的神秘学家来思考。它变成一个就像禅宗的公案，在很多僧院里面，基督教的神秘家一再地问为什么拉萨拉斯在笑。

他笑这整个事情的荒谬。他万万没有想到一个像拉萨拉斯这样默默无闻的人——一个麻风病人，一个乞丐，居然可以进天堂。他永远没有办法相信这样的事可以发生。另外一件事他也没有办法相信——一个富翁，他们镇上最富有的人，居然会下地狱，因此他笑了。

拉萨拉斯还在笑。当你死的时候，他也会笑。如果你是某某显赫的人物，他将会笑，因为你将会被丢出来。如果你是一个无名小卒，只是很平凡，他将会笑，因为你将会被接受。

在这个世界里，由于有自我存在，因此所有的评价都属于自我。在彼岸，在另外一个层面，那个评价属于无我，所以佛陀强调无我。他说："甚至不要相信'我是一个灵魂'，因为那也会变成一个微妙的自我。不要说'我是梵天，我是最终的自己'，甚至连那个也不要说，因为自我非常狡猾，它可能会欺骗你。它已经欺骗你很多很多世了，它能够继续欺骗你。只要说'我不存在'，然后停留在那个不存在里面，停留在那个空里面，成为无我的。"

一个人必须抛弃自我。一旦自我被抛弃，就不缺什么了。你会开始洋溢，花朵会开始掉落在你身上。

须菩提是佛陀的弟子之一。

记住那个"之一"。

他能够了解空的力量。

他只是众多门徒的其中之一，所以他能够了解空的力量。没有人谈论他，没有人知道他。他跟随佛陀走过很多很多路，但是没有人知道他也在那里，如果他死掉，也没有人会注意到。如果他逃掉，也没有人会知道，因为没有人曾经知道须菩提在那里。成为一个无名小卒，他渐渐知道了空的力量。

它是什么意思？……因为他越是变成一个非实体，就越能够感觉到佛陀在接近他，其他没有人觉知到，但是佛陀觉知到了。当这些花朵洒落在他身上，每一个人都感到很惊奇，但是佛陀一点都不惊讶。当有人来向他报告说有什么事发生在须菩提身上，佛陀说："我在等待，它随时都会发生，因为他已经变得非常无我，所以它随时都会发生。对我来讲，它一点都不稀奇。"

他能够了解空的力量。

——借着成为空！你不知道空的力量。你不知道内在成为完全不在的力量，你只知道自我的贫乏。

但是要试着去了解。带着自我，你曾经感觉到真的非常强而有力吗？带着自我，你一直都会觉得无能。那就是为什么自我会说："使你的帝国变得大一点，这样你才能够感觉到你是强而有力的。不，这个房子不行，需要一个大一点的房子；不，这么一点银行存款不行，需要更多的银行存款；不，这么一点名声不行，需要多一点。"自我一直都在要求更多，为什么？如果它是强而有力的，为什么要继续要求更多？那个渴求更多显示出自我觉得无能。你有百万家财，但你是无能的。自我说："不，一百万不行，要一千万。"而我要告诉你，有了一千万，你将会多十倍的无能，就这样而已。然后自我将会说："不，这样不行……"

对自我来讲没有一样是行的，每一件事都只是证明你是无能的，没有力量的。你得到越多力量，你就会觉得越没有力量；你变得越富有，你就会觉得越贫穷；你变得越健康，你就会越怕死；你越年轻，你就越会觉得老年已经接近了。它的相反就在附近，如果你有一点了解，它的相反就正在接近你——就在你的颈部周围。你的外在越美，你就越

第三十二章 虚空法界的无量净土叩问生命久违的光明

· 1393 ·

会觉得内在的丑。

　　自我从来不会觉得强而有力。它只是在梦想力量，它只是在想要力量，它只是在思索力量，但那些就只是梦。那些梦的存在只是为了要隐藏你内在的无能，但是梦隐藏不了事实的真相。不论你怎么做，事实的真相总是会从这里或是从那里，或是从某一个漏洞再度进来，然后粉碎掉你所有的梦。

　　自我是世界上最无能的东西，但是没有人了解它，因为它一直继续要求更多，它从来不给你空间来看那个情况。在你觉知到之前，它一直继续将你往前推到某一个地方。那个目标一直都是在靠近地平线的某一个地方。它是那么地近，所以你会认为到了晚上我就会到达。

　　但是晚上从来不会来临，那个地平线一直都保持同样的距离。那个地平线是一个幻象，所有自我的目标都只不过是幻象。但是它们给予希望，然后你会继续觉得："某一天我将会变得很有力量。"目前你是没有力量的，无能的，较低劣的，但是在未来，在希望当中，在梦想当中，你会变得强而有力。你一定觉知过很多次，只要是坐在椅子上，你就开始做白日梦：你变成整个世界的国王，或者你变成美国总统，然后你就立刻开始享受它。每一个人都看着你，你变成每一个人注意的焦点。甚至连那个梦都能够让你高兴，让你沉醉。如果你以那样的方式做梦，你将会以一种不同的方式走路。

　　这就是发生在每一个人身上的情况：你的强而有力是在梦里，而你是无能的。真理刚好相反：当你不追求，它就来了；当你不要求，它就被给予了；当你不渴望，它就在那里了；当你不去到地平线，突然间你就会了解到，它一直都是你的，你从来没有离开过它。它就在你里面，而你却在外面找寻它；它就在你里面，而你却走到外面。你携带着它：至高无上的力量——神性本身——就在你里面，而你却像乞丐一样到处在寻找。

　　他能够了解空的力量。

只要成为空，你就能够了解——没有其他的了解方式。任何你想要了解的，你就成为那个，因为那是唯一的方式。试着成为一个平凡的人，一个无名小卒，没有名字，没有认同，没有什么东西可以宣称的，没有权力可以压别人，没有努力想要去驾驭什么，没有欲望想要拥有，只是成为一个非实体。试试看，然后看看你会变得多么充满能量，多么能量洋溢，看看你会变得多么强而有力，有力到你可以分享你的力量，看看你会变得多么喜乐，喜乐到你可以将它给很多人，给无数的人，而当你给得越多，你就会变得越丰富。你越分享，它就会越成长，你变成一个洪流。

他能够了解空的力量。

只是借着成为一个无名小卒——那个观点就是：除了在它的主体性和客体性之间的关系之外没有什么东西存在。

这是佛陀所发现的最深的静心之一。他说每一件事都存在于关系之中，它是相对的，不是绝对的，不是实质上的。

比方说，你是贫穷的，我是富有的。它是一件实质上的事，或者它只是一种关系？我跟别人相比或许是贫穷的，而你跟别人相比或许是富有的。当跟别的乞丐相比，甚至连一个乞丐也可能是富有的；有富有的乞丐和贫穷的乞丐。一个富有的人跟一个更富有的人相比是一个贫穷的人。你是贫穷的——你的贫穷是存在性的，或者它只是一种关系？它是一个相对的现象。如果没有别人可以比较，你会是怎么样，一个贫穷的人或是一个富有的人？

想一想……突然间，当所有的人类都消失，只有你一个人留在地球上，你将会是怎么样，贫穷的或是富有的？你将只会是你，不富有，也不贫穷，因为要怎么比较呢？没有洛克菲勒可以比较，也没有乞丐可以比较。当你只是一个人，你是美的或是丑的？你两者都不是，你将只是你。当没有什么可以比较，你怎么可能是美的或是丑的？对于美和丑，富有和贫穷，以及其他所有的事都是这样。你是聪明的或是愚蠢的？愚蠢的或是聪明的？两者都不是！

所以佛陀说，所有这些事情都存在于关系之中，它们并不是存在性的，它们只是观念。我们太过于被这些不存在的东西所困扰了。如果你很丑，你会过分被它所困扰；如果你很美，你也会过分被它所困扰。那个困扰是由不存在的东西所创造出来的。

相对的东西是不存在的，它只是一种关系，就好像你在空中画了一个图样，就好像一朵空气的花，甚至连一个水中的泡泡都比相对性来得更具有实质。如果你只是单独一个人，你是谁？什么人都不是。要成为某某人必须有一个跟别人的关系。

那意味着，成为一个无名小卒就是处于自然之中；成为一个无名小卒就是处于存在之中。

记住，你只是单独的一个人。社会只存在于你之外。在你的内在深处，你是单独的。闭起你的眼睛，看看你是美的还是丑的；这两种观念都会消失，在内在既没有美，也没有丑。闭起你的眼睛沉思，看看你是谁。受人尊敬，或是不受人尊敬？道德的或是不道德的？年轻的或是年老的？黑的或是白的？一个主人或是一个奴隶？你是谁？闭起你的眼睛，处于你的单独之中，所有的观念都将会消失。你没有办法成为任何东西，然后就会有空产生。所有的观念都变得没有用，只剩下你的存在。

这是佛陀所发现的最深的静心之一：成为一个无名小卒，什么人都不是。这不可以是被强迫的，并不是要你去"想"说你是一个无名小卒，你必须去达成它，否则你的默默无闻将会变得太沉重。你并不是要去想说你是一个无名小卒，你只要了解到，所有你认为你是的，都是相对的。

真理是绝对的，而不是相对的。真理不是相对的，它不依靠任何东西，它就在那里。所以要找出存在于你里面的真理，不要去管各种关系，它们会有所不同，解释会有所不同。如果那个解释改变，你就改变了。

某样东西在流行，如果你使用它，你是现代的，你会被赏识。某样东西已经不流行,如果你使用它,你是过时的,你不会受到尊敬。五十年前,当那样东西在流行的时候,你会被认为是摩登的。五十年后,它或许会再度流行,那么你又会再度被认为是摩登的,目前你是过时的。但你是谁?是改变的流行吗?是改变的观念吗?是那个相对性吗?

那个观点就是:除了它的主体性和客体性之间的关系之外没有什么东西存在。

如果你很了解这个观点,沉思它,静心瞑想它,突然间你的内在就会变得很清明,然后你就会了解每一样东西都是空的。

有一天,须菩提坐在一棵树下,处于一种崇高的空境。

崇高的空境,我们的生命在有时候也会觉得空,但它并不是崇高空境。有时候你也会觉得空,但并不是狂喜的空境,而是一种沮丧,一种负面的空,不是正向的空境,这个差别必须被记住。

负面的空境意味着你感觉到一种失败,而不是了解。你试图在世界上达成什么,但是你并没有达成它。你觉得空虚,因为你无法得到你所欲求的东西;你没有办法赢得你所要的女人,因此你觉得空虚;你所追求的男人逃掉了,因此你觉得空虚;你梦想中的成功没有发生,因此你觉得空虚。这个空是负向的,这是一种悲伤、抑郁和挫折的头脑状态。如果你所感觉到的空是那样的状态,那么你要记住,花朵并不会洒落在你身上,你的空并不是真实的,也不是正向的。因为你仍然在追求着什么,所以你才觉得空。你仍然在追求自我,你想要成为某某显赫的人物,但是你做不到。它是一种失败,而不是一种了解。

所以要记住,如果你因为失败而抛弃世界,那并不是弃俗,那并不是门徒,它是不真实的。如果你因为了解而抛弃世界,那是完全不同的。带着一种悲伤的努力,带着内在的挫折,到处都失败,这样你是无法弃俗的。记住,你没有办法像自杀一样地来做它。如果你的弃俗是一种自杀,那么花朵并不会洒落在你身上,那么你会留下……

你一定听过伊索寓言……

有一只狐狸经过一棵葡萄架下,那里有葡萄,但是葡萄藤高挂在

树上。它一再地试着要跳上去摘，但是因为太高了，所以它摘不到。因此它就走开了，它说："它们并没有什么价值，它们还不成熟，还不甜，它们是酸的。"因为它摘不到。

但是自我很难承认："我是一个失败者。"不承认"我失败了，我摘不到"，自我会说："它们并没有什么价值。"

很多修行人，很多所谓的圣人，就好像伊索寓言里面的那只狐狸，他们抛弃了世界并不是因为他们了解了它的没有用，而是因为他们失败了，他们所追求的东西是他们所达不到的，他们仍然充满着遗恨和抱怨。你到他们那里，他们仍然在反对，他们会说："财富是肮脏的，而漂亮的女人是什么呢？只不过是骨头和血！"他们到底要说服谁？他们试图在说服他们自己那个葡萄是酸的、苦的。

当你已经脱离世界，你为什么还要谈论女人？当你已经不在乎财富，你为什么还要谈论它？一种很深的顾虑仍然存在，你还没有办法接受失败，那个了解还没有产生。

每当你反对什么东西，那么你就要记住，那个了解还没有产生，因为在了解当中，赞成和反对两者都会消失；在了解当中，你并不会对世界有敌意；在了解当中，你并不会谴责世界以及在那里的人。如果你继续谴责，那表示在某一个地方还有一个伤口，而你觉得嫉妒，因为如果没有嫉妒就不可能会有谴责。你谴责他们是因为在你无意识的某一个地方，你觉得他们在享受，而你错过了。你一直在说世界只是一个梦，但是如果它真的只是一个梦，那么你为什么要坚持说它只是一个梦？没有人会对梦坚持。当你早上醒来，你知道你的梦是一个梦，事情就结束了，你不会去告诉别人说那些都是梦。

记住头脑的诡计：你试图去说服别人什么事，为的只是要说服你自己，因为当别人觉得被说服，你就觉得没有问题了。如果你告诉别人说性是罪恶，而他们被说服了，或者他们没有办法反驳你，你就觉得很高兴，你说服了你自己。洞察别人的眼睛，你试图要掩盖你自己的失败。

负面的空是没有用的,它只是某种东西的不在。正向的空是某种东西的在,而不是不在,所以正向的空会变成一种力量。负面的空会变成头脑悲伤和沮丧的状态——你只是将你自己缩进内在,就这样而已。觉得失败,觉得沮丧,觉得到处都是你没有办法跨过的墙壁,觉得无能,因此你就抨击、谴责。

但这并不是一种成长,而是一种倒退。在内在深处,你没有办法开花,因为只有了解能够开花,沮丧永远没有办法开花,如果你没有办法开花,存在就不会将花朵洒落在你身上。存在只是对你反应:你是怎么样,存在就会给你更多的那个。如果你的内在有很多花朵,你的存在开花了,那么就会有一百万倍的花朵洒落在你身上。如果你有很深的沮丧,存在也会帮助你那样——有一百万倍的沮丧会来到你身上。不论你是怎么样,存在都会那样来敲你的门;不论你是怎么样,存在都会给你更多。

所以要很小心,很警觉。记住,崇高的空是一种正向的现象。一个人并不是一个失败者,一个人只是看着那个事情,然后了解到梦是没有办法被满足的。然后一个人从来不会觉得悲伤,一个人会觉得很高兴说他能够了解到梦是没有办法被满足的。一个人从来不会觉得沮丧或失望,一个人只会觉得很高兴,很喜乐,因为他了解到:现在我将不必去尝试那个不可能的,现在我将不必去尝试那个徒劳无功的。一个人从来不会说那个被欲求的客体是错的。当你处于正向的崇高的空,你会说欲望是错的,而不是说被欲求的客体是错的,这就是那个差别。在负向的空里面,你会说那个被欲求的客体是错的,所以要改变那个客体!如果它是财富、金钱或权力,那么就抛弃它!将那个客体改变成神、解放或天堂——改变客体!

如果那个空是完美的,崇高的,正向的,你不会将客体看成是错的,你只是会了解到那个欲望是没有用的;客体没有问题,但欲望是没有用的。那么你就不会将你的欲望从一个客体改变到另外一个客体,

你只会抛弃那个欲望本身。

没有欲望,你就开花了;有欲望,你就变得越来越瘫痪,越来越死气沉沉。

……空,但是是快乐的;空,但是是充满的;空,但不是缺乏的;空,但是是洋溢的;空,但是是自在的,舒适的。

……花朵开始洒落在他的周围。

他感到很惊讶,因为他是一个无名小卒,他从来没有期望它。如果你有期望,它们就不会洒落;如果你没有期望,它们才会洒落,但是这样的话你就会感到惊讶。为什么?须菩提一定认为有什么东西弄错了。花朵居然洒落在须菩提这个无名小卒的身上,而又是当他处于空的状态下?他甚至连神都没有去想,也没有想解放,甚至没有在静心——因为当你在静心,你并不是空的,你在做一件事,你充满着努力,而他什么事都没有做。须菩提一定觉得有什么事弄错了——神一定是疯了。为什么会有这些花朵?而现在又不是季节。他一定看着树木,然后再看看他自己。在我身上,花朵洒落?他简直不能相信。

记住,每当那个最终的发生在你身上,你都会感到很惊讶,因为你从来没有期望它,你甚至没有在等待它,你没有在希望。那些在期望的,在等待的,在希望的,在祈祷的,在欲求的,它从来不会发生在他们身上,因为他们太紧张了,他们从来不是空的,从来不是放松的。

当你是放松的,宇宙才会来到你身上,因为那个时候你是具有接受性的、敞开的——所有的门都打开了,神在任何地方都是受欢迎的。但是你并没有祈求他来临,你并没有要求他来临,你什么事都没有做。当你没有在做任何事,只是处于崇高的空的心情之下,你就变成一座庙,然后他就来了。

处于一种崇高的空境的心情,花朵开始洒落在他的周围……

他往周遭一看——到底是怎么一回事?

"为了你对空的演讲,我们赞美你。"众神对他耳语。

他简直不能相信。他从来没有期望它,他没有办法相信他是配得的,或者他是有能力的,或者他已经成长了。

"为了你对空的演讲,我们赞美你。"众神对他耳语。

他们一定会耳语,他们一定看到了须菩提那种惊讶的眼神,他们说:"我们是在赞美你,不要那么惊讶,自在一点!我们只是为了你对空的演讲在赞美你。"

"但是我并没有谈到空。"须菩提说。

"你没有谈到空,我们也没有听到空。"众神反应,"这才是真正的空。"

然后花朵像雨一般地洒落在须菩提身上。

试着去了解,他们说:"为了你对空的演讲,我们赞美你。"但是他并没有对任何人说话,当下并没有人在那里。他也没有在自言自语,因为他是空的,不分裂的。他根本就没有说话,他就只是在那里。在他的部分,他并没有在做什么——没有思想的云经过他的头脑,也没有感觉在他的内心升起,他就好像不存在一样,他只是空的。

众神说:"为了你对空的演讲,我们赞美你。"

所以他觉得更加惊讶,他说:"什么?我并没有谈到空。我什么都没说!"

他们说:"你没有说,我们也没有听到。这才是真正的空。"因为你没有办法讲空,你只能成为空的,那是唯一的演讲。其他每一件事都可以被谈论,其他每一件事都可以变成一个讲道,或是讲道的材料,其他每一件事都可以被讨论,被争论,但对于空是没有办法这样做的,因为任何想要去说它的努力都会破坏它。你一说它,它就不在了。只要说出一句话,那个空就丧失了。甚至连一句话都会充满你,然后那个空就消失了。

不,关于它什么都不能说,没有人曾经对它说过任何话。你只能成为空的,那就是那个演讲。只要存在就是那个演讲。

空从来没有办法变成思想的标的物,无思想就是它的本性,所以众神说:"你什么都没有说,我们也没有听到,那就是它的美!那就是为

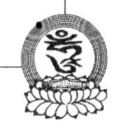

什么我们赞美你。一个人就只是成为空的,这是很少发生的,然而这才是真正的空。"而他甚至没有觉知到那是空,因为如果你觉知到,那表示已经有外物进入了它——你是分裂的。当一个人真正地空,那么除了空以外什么都没有,甚至连觉知到空都没有,甚至连那个观照也不在那里。一个人是完全地警觉,他并没有在睡觉,但是那个观照并不在那里。它是超越观照的,因为每当你观照某样东西,内在就会有一点点紧张,有一种细微的努力存在,然后那个空就变成其他的东西,你也变成其他的东西。当你观照它,你就不是空的,那么空就再度只是头脑的一个思想。

人们来到我这里说:"我经验到一个片刻的空。"我告诉他们:"如果你经验到它,那么就忘了它,因为要由谁来经验它呢?那个经验者本身就足以成为一个障碍。要由谁来经验它呢?"空是没有办法被经验的,它并不是一种经验,因为那个经验者不在那里:经验者和那个经验已经变成一。它是一种正在经验。

允许我以这个自创的字来表达:它是一种"正在经验"(experiencing)。它是一个过程,不分裂的——两端都消失了,两岸都消失了,只有河流存在。

你不能够说:"我经验到。"因为你并不在那里,你怎么能够经验它?一旦你进入它,你就没有办法使它成为一个过去的经验,你不能够说:"我经验到。"因为这样的话它就变成一个过去的记忆。

不,空从来没有办法变成一个记忆,因为空从来不会留下任何痕迹。它不会留下任何脚印。空怎么能够变成一个过去的记忆?你怎么能够说:"我经验到?"它一直都是在现在,它是正在经验。它既不是过去,也不是未来,它一直都是一个正在进行的过程。一旦你进入,你就进入了。你甚至没有办法说:"我经验到了。"那就是为什么须菩提甚至没有觉知到到底发生了什么。他并不在那里,任何将他跟宇宙分别开来的东西都不在那里。没有任何区分,所有的界线都消失了。宇宙开始在他里面融解,他也融入了宇宙:融合,融解,合而为一。众神说:"这才是真正的空。"

然后花朵像雨一般地洒落在须菩提身上。

最后这一行必须非常非常小心地加以了解,因为当某人说你是空的,你的自我可能会立刻回来,因为你会变得有觉知,然后你会觉得某件事被达成了。突然间神会使你觉知到你是空的。

但是须菩提真的很稀有,非常稀有。即使众神在他的周围大喊,在他的耳边耳语,而且花朵像雨一般地洒落在他身上,他都不管,他只是保持沉默。他们说:"你说了,你给了一个演讲!"他听了之后并没有回来。他们说:"你没有说,我们也没有听到,这才是真正的空!"没有自我在说:"真正的快乐已经发生在我身上,现在我已经成道了。"否则在最后这个点他就错过了。如果他回来,花朵就会立刻停止洒落。不,他一定是闭起他的眼睛认为:"这些神疯了,这些花朵是梦,不要管它。"

那个空非常美,没有什么东西可以比它更美。他就只是停留在那崇高的空里面——那就是为什么花朵像雨一般地洒落在须菩提身上。它们并不是在这里落一点,在那里落一点,它们是像雨一般地洒落。

这是关于须菩提唯一的故事,其他就再也没有任何谈论到关于他的事。他在任何地方都没有再被提到过。但是我要告诉你们,花朵仍然在洒落。须菩提已经不在任何一棵树下,因为当一个人变成真正的空,全然的空,他就融入了宇宙。

但是宇宙仍然在庆祝它,花朵还是继续在洒落。

但是唯有当它们是为你洒落的,你才能够知道它们。唯有当神敲了你的门,你才知道神存在,在这之前是永远没有办法的。除非神敲了你的门,否则所有的争论都是没有用的,所有的演讲都是没有抓到重点。除非它发生在你身上,否则没有什么事可以变成一个信念。

我谈论须菩提,因为这件事已经发生在我身上,这不是一个隐喻,它是实际的。我以前也读过关于须菩提的事,但是我以为它是个隐喻,很美,很有诗意。我甚至连一点点都不认为这是实际上会发生的,我从

来不认为这是一个实际的现象,是一件实际上会发生的事。

但是现在我要告诉你们,它是实际上发生的,它已经发生在我身上,它也可能发生在你身上……但是需要一个崇高的空。

永远不要混淆,永远不要认为你那负面的空可以成为崇高的。你负面的空就好像黑暗,崇高的空就好像光,它就好像一个正在升起的太阳。负面的空就好像是死亡;崇高的空就好像是生命,崇高的生命,它是喜乐的。

让那个心情更深地穿透你。坐在树下,只要坐着,什么事都不要做,每一件事都停止!当你停止,每一件事都会停止。时间将不会移动,好像世界突然来到一个顶峰,在那里没有任何活动。但是不要将"现在我是空的"这个概念带进来,否则你将会错过。即使神开始将花朵洒落在你身上,也不要太去注意。

现在你已经知道了这个故事,甚至连问为什么都不要。须菩提必须问,但是你不需要。即使他们自己在低声说"我们听到了真正的空,以及对于空的演讲",也不要去管它,花朵也会如雨般地洒落在你身上。

佛教净土是中国佛教的一个派别,指的是信仰阿弥陀佛、称念其名号以求死后往生其西方净土者,笼统地以为净土宗指净土信仰是不确切的。因为信仰弥勒菩萨,通过修行愿求死后往生其兜率净土者,也是净土信仰,南北朝时十分兴盛,其势力超过弥陀信仰,隋唐以后逐渐衰落下来,但在民间秘密流传。元代以后演变为白莲教,多次发动武装起义,是中国后期封建社会中一支不可忽视的力量。隋唐时期,弥陀信仰才成为净土信仰的主流,名为"净土宗",然后普及于佛门,深入于民间,以至明清时期形成"家家阿弥陀,户户观世音"的局面,成为中国民众的宗教砥柱,其影响之大,为任何一种宗教信仰所望尘莫及。所以,谈净土宗史,应该说明"净土宗"专指的是弥陀信仰。

净土思潮渊源于印度。部派佛教后期,佛陀被逐渐神化,产生了众多的本生故事。大乘佛教兴起时,从本生故事中演化出"自利利他"的本愿思想，激荡的本愿思想汇成了净土思潮。弥陀净土在这股思潮中涌现出来，为这股思潮的总结和高峰，在古代所描绘的出世间或世间的理想社会中，最为精彩。不过，净土思潮在印度影响不大，弥陀净土信仰却在中国生根、发芽、开花、结果，蔚然而成净土宗。

弥陀类经典在后汉时就已传入中国。一百多年后的西晋、后秦时传入弥勒类经典。南北朝时，弥陀信仰与弥勒信仰一并流行，弥勒信仰势力较大，弥陀信仰也日益兴盛。见于记载的最早的弥陀信仰者是西晋的阙公则和卫士度，距今已有一千七百年。随后，弘扬弥陀信仰的名僧有东晋的慧远及东魏的昙鸾。后来的净土宗人追溯祖师，宋代的宗晓、志磐等以慧远为初祖，而日本的净土宗及净土真宗则以昙鸾为中国净土宗的初祖。慧远在中国佛教史上是开创佛学中国化道路的人物，但净土信仰的水平一般化。昙鸾创二道二力说，为净土宗提供了判教的依据；论述往生净土可以成佛，敞开了净土大门；以称名念佛为重，简化了修行方法，从而把印度的弥陀信仰改造为中国的净土学说，实为净土宗的奠基者。

隋唐时期，佛教的中国化过程大体完成，中国佛教各个宗派相继建立，净土宗也是在这个时期成为"宗"而与其他宗派并列的。隋代，摄论学者净影慧远、天台宗智顗以及唐初的三论宗吉藏、法相宗窥基等，纷纷弘扬弥陀信仰，使弥陀信仰的影响迅速扩大。但他们或以弥陀净土为化土，或认为凡夫只能入事净土，或以为弥陀净土在三界之内，或以为弥陀净土同时是秽土，或观想念佛为重，如此等等，不符合弥陀信仰民众化的主旨。道绰继承并发展昙鸾的学说，批判了以上诸说。善导接着批判以上诸说，并在昙鸾、道绰的基础上建立起完备的净土理论及仪轨，使净土宗具有真正的宗教形态，被公认为净土宗的实际创立者。不过，净土宗只是学派意义上而不是宗派意义上的"宗"，即"寓宗"，它始终没有自己的组织和法嗣相传的制度。

善导之后，净土宗分化为三流，即：专称佛名的少康流、重悟解的

慧远流及教禅戒净兼修的慈愍流。历来认为,慧远流以吸引上根者为主,慈愍流以吸引中根者为主,少康流以吸引下根者为主。显然,少康流是净土宗的基础。

唐武宗灭佛,佛教一蹶不振,只有禅宗及净土宗因其简便易行而流传,其他各宗都处于颓势或衰落了。宋代,禅净合流,带动了天台宗、华严宗、法相宗、律宗同归净土,净土宗由此普及于佛门。明清之时,可以说佛门已是净土一家之天下。如同印度的密教取代大乘佛教一样,中国的净土宗取代大乘佛教的态势已经形成,只不过明清以来中国佛教的颓势无法挽回,这种取代的态势只是态势而未能实现。

诸宗归于净土的局面,其结果必然是诸宗各以自己的观点来解释净土,使慧远流重悟解的势力大增,他们的共同点是把弥陀净土解释成唯心净土。于是,弥陀净土在心内还是在西方过十万亿佛土处的问题,成为宋代以来净土宗议论的焦点。回答五花八门,能自圆其说的不多,更谈不上真正的解决。其实,这个问题从根本上说是信仰问题。要从信仰上解决,还得回到善导那里去。善导根据昙鸾的主张,认为阿弥陀佛及其净土既在心内又在心外,既是主观的同时又是客观的,是主客观的统一。应该指出,尽管表面上净土唯心还是在西方的问题上沸沸扬扬争议了八九百年,实际上体现善导净土理论民众化特质的少康流却始终是净土宗的主流,他们虔诚地口称佛名,求生净土,不去理会这些争议。

净土宗传入日本后,形成日本净土宗、净土真宗、时宗、融通念佛宗等。他们发展了中国净土理论,各具特色。其中的净土真宗,把中国净土宗的民众化特质发挥到极致,尤其引人注目。

在中国佛教各宗里,净土宗哲理最少,念一句"南无阿弥陀佛"或"阿弥陀佛",便是修行的内容,最简便易行。但是,如果由此以为净土宗没有任何哲理,这便是不了解净土宗了。佛教号称八万四千法门,无论哪个法门都需要经历多年以至多劫的艰苦修行才能得道,唯独净土法门仅需念佛即可仰仗佛力往生获得解脱以至成佛,故称之为"易行道",而以其他一切法门为"难行道"。中国净土宗又进一步专修念佛中的称名念佛,认为只要口称"阿弥陀佛"或"南无阿弥陀佛",即可灭八十亿劫生死大罪,死后弥陀接引往生极乐,称为易行道中的"易行法"。代价极小,利益却无穷,世间有此便宜吗？这是任何人不能不怀疑的,所以,《阿弥陀经》说这是"一切世间难行之法"。比如：有人认为,佛教追求的是无生,净土宗却讲净土往生,违背佛理；有人认为,净土其实就在心内,自性便是弥陀；有人认为,西方虽有净土,却是时有时无的化土而非报土；有人认为圣贤能入报土,凡夫不能入；有人认为弥陀净土有净有秽,在三界内而不在三界外；有人认为,念佛往生是别时意而不是此世便能往生；有人认为,念佛往生不合第三阶时机；有人认为,犯五逆或诽谤罪者不得往生,等等。净土宗就是在解释种种怀疑、纠正种种别解、批驳种种攻击中发展的。净土宗的高僧大德,如昙鸾、道绰、善导、慧日、法照、怀感、飞锡、延寿、袾宏、智旭、印光等,都是他们所处时代的学者、思想家。他们悲天悯人,胸怀博大,学问渊深,才华横溢,创建或丰富了净土宗的教义,充分发挥他力的作用,把难信之法变为广大民众深信之法。其内容不仅博采佛教经论,而且旁采道家儒家经论以及民间信仰；不但运用佛家中观学派及瑜伽行派的基本哲学理论,而且吸收了中国佛教天台宗、华严宗、法相宗、禅宗、三论宗、律宗、密宗的教义及行仪。从其论述内容之广泛而言,胜过中国佛教的任何一宗。唯其如此博大深刻,才探索出一句"南无阿弥陀佛"或"阿弥陀佛"这种简易修行之法,论证了"八万四千法藏,六字全收"、"四字洪名,万德具备"的道理,赢得了信众,风行于天下。王安石有诗道："看似平常实奇崛,成如容易却艰辛。"用这两句诗来形容净土宗称名念佛,再合适不过了。简单由不简单而来,如果只看到简单这一面,看不到简单背后的不简单,那就不够全面了。

净土宗史中存在不少待研究的问题,这部通史只不过勾画了一个轮廓,整理了一些资料而已。叙述不当,挂一漏万之处,敬请方家批评指正。

所谓净土宗,是指宣扬信仰阿弥陀佛,称念其名号以求死后往生其净土的佛教派别。它又称念佛宗,简称净宗。

净土即佛国,全称清净土、清净国土、清净佛刹,又称净刹、净界、净国、净方、净域、净世界、净妙土、妙土、佛刹等等。它在佛教典籍中被描绘得非常美妙、快乐、幸福,是脱离了一切恶行、烦恼和垢染的处所。

按佛教教义,净土与秽土是相对而存在的。秽土即我们生活在其中的现实世界,包括欲界、色界和无色界。因其善少恶多,污秽不净,业障蒙蔽,受苦无量,故称秽土。或称娑婆世界,意译堪忍世界;或译忍土,是说无始以来,由于无明,众生在生死苦海中流转不息,却偏偏安于忍受众恶、三毒及种种烦恼,不肯出离。也称火宅,是说众苦充满,甚可畏怖,常有生老病死忧患,如是等火,炽燃不熄。

出离秽土,往生净土,是印度大乘佛教的理想。这种净土信仰传入中国,令僧人们大为向往,成为净土宗的直接渊源。

大乘佛教是从小乘佛教发展出来的。净土思想也并非从天而降,也是从小乘佛教的本生故事中演化而来的。

释迦牟尼去世后一百多年,约为公元前4世纪中叶,由于对原有戒律及教义的理解不同,佛教内部分裂为上座部和大众部两大派系。上座部是一些长老的主张,属于正统派;大众部是众多僧侣的主张,比较强调发展。后来,上座部和大众部又各分化出许多独立的派别。关于分派的次序、名称、原因等,南北传佛教有不同的说法,但都说为十八部。现在已知的部派名称有四十多部,考古资料证明的有二十五部左右,一般则据世友著、唐玄奘译《异部宗轮论》说二十部,这就是史称的部派佛教时期。这个时期,佛教广泛传播,到达南亚、东南亚、中亚、西亚以至地中海沿岸地区,开始成为世界性宗教。在广阔的传教范围中,各地区的政治、经济、民俗、宗教、文化各不相同,僧侣们一方面吸收着各地区新的思想养分;另一方面,为了与婆罗门教、祆教、希腊和波斯的宗教以及土著的信仰争取信众,势必对教义作出新的解说和发挥。

就连维护原始佛教教义的上座各部也不得不在教义上有所发展，大众部则越走越远，与上座部在教义上的分歧越来越大，以至逐渐形成以大众部为主的大乘佛教。

按《异部宗轮论》等的记述，上座系与大众系的主要分歧，除了哲学思想方面关于"法"、"我"之真假有无、"心性"之净与不净等的争论外，宗教理想方面则是关于佛、菩萨和阿罗汉的争论。

上座系认为佛是人不是神，他有超人的神通，但肉体是有限的，寿命有边际。其所以伟大，主要在于他的理想崇高，思想正确，智慧深湛，精神纯洁。化地部认为，佛仍在僧数，供养在世的僧人比供养死去的佛功德更大；法藏部则主张施佛比施僧可获更大福果，不过，仍认为佛为僧众之一。他们主张佛只有一个或可数的几个，一般人是难以修行成佛的，刻苦修行，所能获得的最高果位是阿罗汉果，即断尽一切烦恼、不再生死轮回的果位。从最后的解脱来说，阿罗汉与佛没有差别。

大众系则提出"超人间佛陀"或"超自然佛陀"的理论，认为佛已断尽漏失，根绝烦恼，佛的肉体、寿命和威力都是无限的。他的话句句是真理，所化有情无不净信。他没有睡梦，回答问题不待思维，一刹那心知一切法。世人见到的佛只是佛身的一部分，不是全部。世人以为佛用语言向他说法，事实上佛常在定中，并不言说。佛长相也非同一般，具"三十二相"、"八十随形好"等。至于阿罗汉，大众部认为还有五种局限，不可与佛相比。

与此同时，在大众系那里，佛的生平也被神化。佛经多世修行才成佛，他在前世的修行称为菩萨行，他实践菩萨行，则称为菩萨。相传佛在成佛前经过了无数次的轮回转世，曾做过国王、婆罗门、商人、妇女、大象、猴子、鹿、熊等等，每转生一次，便有一个行善立德的故事，或救度众生之危机，或为求法而精进。这些故事被称为"本生故事"，表现佛前世如何实践菩萨行而终于成佛的。

收集本生故事最多的是巴利文本《小部》中的《本生经》，共有本生

故事五百四十七个(或说五百四十六个)。成书于公元前3世纪,作者不详。估计并非出于一时一人之手,大多数是当时流传民间的故事,佛家按自己的观点及一定的格式进行了加工改造,以神化佛陀,宣传佛家教义。此书没有完整的汉译本,属于本生经性质的汉译本有《生经》、《譬喻经》、《贤愚经》、《杂宝藏经》、《撰集百缘经》、《菩萨本行经》、《菩萨本缘经》、《菩萨本生蔓论》、《六度集经》等。汉译各本所收集的本生故事数目多少不等,有的几个,有的几十个,最多的有一百二十一个,内容互有差异,文字繁简也不一样,可能是当时译者所据本子不同的缘故。其中,公元3世纪康僧会在吴都建业译的《六度集经》,把九十多个本生故事按六类组织起来,称为"六度无极"("度无极"为"波罗蜜"之意译,简称"度","六度无极"即"六度"),明显地具有大乘佛教的倾向,这应该是部派佛教后期出现的本子。公元前1世纪至公元3世纪,南印度的案达罗王朝时期,大乘佛教酝酿成熟,非常活跃,《六度集经》的内容反映了南印度大乘佛教思潮。

这些本生故事,充满了自我牺牲精神,内容丰富多彩,情节生动活泼,语言朴实无华而富有感染力,自古即深受崇信,形于绘画与雕刻,在印度、中国、日本、南海周边地区及地中海地区民众中广泛流传,在世界文化宝库中占有重要地位,影响非常深远。

菩萨的誓愿内容,不是今世如何行善利生,而是在隔世的将来成佛时度人。至于将来如何度人,并没有说到。所以,这种将来的誓愿简单到几乎没有什么内容。不过,既然有了将来的誓愿,便可以由少到多、由简单到复杂,不断地增加充实起来,本生故事正是由此发展而为本愿的。由此可见,本愿思想实际上在本生故事中已经逐渐酝酿成熟。在原始佛教时期,原只有释迦牟尼被尊称为"佛"、"如来"、"等正觉"、"无上士"、"世尊"等。后来为了争取信众,释迦及其弟子提出"过去佛"的说法,宣称在释迦之前已有佛出世,佛法古已有之。在公元前四、三世纪的部派佛教时期,过去佛已经具体化。《长阿含经》卷一记载了口传下来的过去七佛:毗婆尸佛,过去九十一劫出世;尸弃佛,过去三十一劫出世；毗舍婆佛，过去三十一劫出世；拘楼孙佛，贤劫出世；拘那含佛，贤劫出世；迦叶佛，贤劫出世；释迦牟尼佛，贤劫出世。卷六称释迦之后将有弥勒出世为佛，这便是未来佛。

在部派佛教向大乘佛教过渡中，已经总结出六度菩萨行。随着大乘佛教的成长，六度中的般若波罗蜜（智度）越来越受重视，菩萨修习般若，获"阿耨多罗三藐三菩提"，便成佛了。般若可以造就佛，被称为"诸佛之母"，"诸佛身皆从般若波罗蜜生"（《放光般若经·舍利品》）。既如此，则佛决不只释迦佛一个或几个，而是许多。于是，大乘佛教提出"三世三劫"说，称过去劫为"庄严劫"，现在劫为"贤劫"，未来劫为"星宿劫"。宣称过去、现在、未来，三界十方，佛数甚多，如恒河之沙。与此相应，修持以般若为中心的六度，上求菩提，下化众生，于未来成佛的菩萨，其数也多如恒河之沙。

这种情况，一方面引起对般若的深入研究，讲求理论论证，发展出中观学派和瑜伽行派，使佛教义学大放异彩；另一方面，对佛、菩萨的信仰和崇拜大大增强，尤其扩大了对菩萨的信仰和崇拜。菩萨如何度化众生成佛的内容，在本生故事的基础上被不断丰富，不断多元化、神奇化和系统化，传播迅速，影响也大。本愿思想和净土思想，便在这股信仰的发展潮流中产生了。

菩萨在修行时期发愿，将来成佛之时建成什么样的净土，这种誓愿叫做本愿。

"本"的含义是因。有因必有果，有果必有因，由因生果，因果历然，这叫因果律。菩萨修行为因，得果即成佛。对于佛果而言，菩萨之阶位称为因地，或称因位。在菩萨地位所发的誓愿，实现之时便成了佛。此愿是因地之愿，故叫"本愿"，如同释迦佛在因地时多次轮回转生称为"本生"一样。

"本"还有根的含义。菩萨心胸广大，誓愿无量，但以此愿为根本，由此故叫"本愿"。

本愿的特点不是今世发愿今世成就,而是经过生生世世长期修行才能实现的誓愿。所以,本愿是预先的誓愿。

一般说来,本愿分总愿和别愿两种。总愿是一切菩萨共同的本愿,主要是"四弘誓愿":

立誓济度无边之众生——众生无边誓愿度;

立誓断灭无边之迷执——烦恼无尽誓愿断;

立誓学习无量之法义——法门无量誓愿学;

立誓成就无上之佛道——佛道无上誓愿成。

这四弘誓愿可以概括为"上求菩提,下化众生"两句,便是大乘佛教的根本精神。

为了实现四弘誓愿,每位菩萨都有自己度化众生的特殊誓愿,称为别愿。别愿当然各不相同,数量不同,内容也各具特色。

总愿虽代表大乘佛教的根本精神,一般来说,却只是抽象的口号,别愿则是具体的,内容丰富,受到注意。所以,谈本愿思想,通常都是指别愿而言。

随着总愿性质的本愿产生,别愿性质的本愿即真正的本愿纷纷出现。后汉支娄迦谶所译《阿閦佛国经》说阿閦佛二十愿,曹魏康僧铠译《无量寿经》说阿弥陀佛四十八愿,西晋竺法护译《弥勒菩萨所问本愿经》说弥勒之奉行十善愿,唐玄奘译《药师如来本愿功德经》说药师佛十二愿,唐义净译《药师琉璃光七佛本愿功德经》说七佛药师四十四愿,唐般若译《大方广佛华严经入不思议解脱境界普贤行愿品》说普贤菩萨十愿,北凉昙无谶译《悲华经》说释迦佛五百愿以及无诤念王、观世音、得大势、文殊等菩萨之愿,西晋竺法护译《文殊师利佛土严净经》说文殊严净佛土之愿,等等,不胜枚举。它们互相影响,互相吸收,汇成了一股思潮。

本愿描绘出的内容便是净土的蓝图。此愿一实现,净土建成,这位菩萨便成了佛。或者说,这位菩萨成佛,他的净土便建成了,本愿便成为现实。净土的情况,即是本愿的具体化。所以,一般可以说,本愿即净土,净土即本愿。净土建成,这位菩萨自己成佛不说,同时,佛在净土接纳众生,施行教化,贯彻自利利他的大乘佛教精神。经多劫努力而建成净土的,有阿閦佛净土、阿弥陀佛净土、药师佛净土以及其他净土。每一净土为一佛所专有,不会在一个净土同时有二佛。一佛一净土,一净土一佛,绝不会互相冲突,也决不会互相混同。许多净土中,阿弥陀佛净土最优胜,因为它吸收了其他本愿思想之精华,是本愿思想之总结和最高峰。

  有的本愿是菩萨的本愿,菩萨尚未成佛,净土尚未建成,这种本愿称为"唯发愿",以区别于佛在因地所发之宿愿。其中有的则没有建设自己净土的内容,主要是自行愿,如普贤十愿便是如此。《普贤菩萨行愿品》说普贤十愿为:敬礼诸佛、称赞如来、广修供养、忏悔业障、随喜功德、请转法轮、请佛住世、常随佛学、恒顺众生、普皆回向。普贤十愿影响甚大,被认为是一切菩萨行愿的代表,因其深广而被称为"普贤愿海",又因其高睿而被称为"普贤愿王"。普贤本愿产生之时,阿弥陀佛净土信仰已经传播,普贤如要规划自己的净土,很难超过阿弥陀佛净土。所以,普贤本愿没有在建设净土方面下功夫,而是直截了当地利用现成的阿弥陀佛净土,动员众生与自己同生阿弥陀佛极乐世界。他说偈曰:

愿我临欲命终时,尽除一切诸障碍。

面见彼佛阿弥陀,即得往生安乐刹。

我既往生彼国已,现前成就此大愿。

一切圆满尽无余,利乐一切众生界。

文殊又不同。文殊的本愿就是建设自己的净土,内容丰富,但他声明自己决不成佛。

  由此形成这样的现象,有的本愿即净土即成佛,有的本愿无自己净土内容,有的本愿即净土都不成佛,五花八门。不过,把本愿、净土、成佛割裂开的情况,毕竟是非正常的。按本愿发展的基本线索而言,具有典型意义的是本愿即净土即成佛,如阿閦佛本愿、阿弥陀佛本愿、药

师佛本愿,既建成了净土,也成了佛。

大乘佛教诸经论中说到的许多净土,其中比较有影响的是阿閦佛净土、药师佛净土、弥勒净土、文殊净土、唯心净土以及阿弥陀佛净土。现分别介绍如下。

阿閦佛,略称阿閦,又按梵文音译为阿閦鞞佛、阿刍鞞耶佛、嗯乞荃毗也佛。意译不动佛、无动佛,或无怒佛、无瞋恚佛。

后汉支娄迦谶译《阿閦佛国经》卷上《发意受慧品》说,东方去此千佛刹,有阿比罗提世界,大目如来在其中为诸菩萨说六度无极之行。其时有一比丘从座而起,对佛说欲学菩萨道。佛说,学菩萨道甚难,因为菩萨对一切人民及蜎飞蠕动之类不得有瞋恚。比丘即发无上正真道意,发愿断瞋恚、断淫欲,乃至成最正觉。大目如来欢喜,授其无上正真道诀,因其无瞋恚,赐号阿閦。经多劫修行后,于七宝树下成道,其佛刹名阿比罗提世界(又作阿维罗提世界),意译欢喜世界、妙乐世界、妙喜世界。现今仍在彼世界说法。

《法华经·化城喻品》说,过去有佛名大通智胜,其国名好城,劫名大相。未出家时,有十六子,闻父成佛,即出家随父闻法信受。佛入室寂然禅定,十八子各升座说法,为四众广说《法华经》。佛从三昧起,为十六子授记。其第一子名智积,受记东方作佛,即阿閦如来,佛国名欢喜。

《悲华经》说,过去有佛,其世界名删提岚,其大劫名善劫,佛号宝藏如来。其时有转轮圣王,名无诤念,与其千子供养佛及比丘僧,闻法欢喜信解。第九王子名蜜苏,在佛前发无上菩提心,宝藏如来称赞,改其名为阿閦,命其取清净世界。阿閦菩萨又发净土愿,宝藏如来赞说:"善哉!善哉!善男子,汝今已取清净世界,汝于来世过一恒河沙等阿僧祇劫,入第二恒河沙等阿僧祇劫,东方去此十佛世界,彼有世界名曰妙乐,所有庄严如汝所愿,皆悉具足。汝于中当成阿耨多罗三藐三菩提,犹号阿閦如来。"(《悲华经·诸菩萨本授记品第四之二》)

以上关于阿閦佛出世的三种说法,不大统一。但《阿閦佛国经》是比较原始的,也是通行的说法。

在《阿閦佛国经》中,阿閦本愿分两部分:一部分是关于自己修行的誓愿,即自行愿,共十二愿;另一部分是建设理想佛国的净土愿,共二十愿。

《发意受慧品》说自行愿。该品称,阿閦佛尚是比丘时,在大目如来前发愿学菩萨道:

于一切人民、蜗飞蠕动之类,不起瞋恚,不发弟子缘觉意,不意念淫欲,不发意念睡眠、念众想由誉,不发意念狐疑。

不煞(杀)生,不盗,不念非梵行,不妄言,不悔恨。

不骂詈,不恶口,不愚痴,不绮语,不邪见。

世世常作沙门,常着补衲之衣。

世世常为人说法,常作法师,世世有无所挂碍高明之行、有无量高明之智,世世作沙门常行托钵乞食。

世世常在树下坐,世世常行精进,不妄语欺人、诽谤谗言,世世为女人说法及食饮因缘,不起想着笑。

世世学于说法,见余菩萨发佛心,不供养外异道人,不舍诸如来。

世世布施,无所分别。

世世于诸菩萨所意无有异。

我佛刹诸弟子一切皆无有罪恶。

我佛刹中诸菩萨出家为道者于梦中不失精进。

我佛刹中母人无诸恶露。

大目如来授记阿閦菩萨,积累德行,建成妙喜国。舍利弗向释迦佛询问妙喜国情况,释迦佛介绍其国之善快,每介绍一种后,都说"如是为阿閦如来昔行菩萨道之所愿而有持",即都是阿閦如来本愿之实现。《善快品》《学成品》采取这种倒叙法,实际上介绍了阿閦佛净土愿,具体为:

居民皆弃秽浊思想。

其三千大千世界一切人民共赞:无量佛刹不及阿閦佛刹。

得天眼者未得天眼者皆见佛光明。

阿閦佛诣佛树,诸憋魔不能发念,更不能娆乱。

无数天人于虚空中住,以天华(花)、天香、伎乐供养,然后天华等于虚空中合住,化成圆华盖。

阿閦佛光明悉蔽日月之光明,人民不复见日月之明。

无数人积累德本,愿作佛道及净其佛刹。

七宝树作悲声;无有三恶道;其地平正,无有高下、山陵、溪谷、砾石、崩山,足蹈其上即减,举足还复如故;无有风、寒、气三病;无有恶色,无有丑者;无有牢狱拘闭之事;无有众邪异道;从树取五色衣被,香如天华;随所念食即自然在前,如忉利天;卧起处以七宝为交露精舍;浴池中有八味水;女人德欲超玉女宝,如天女;七宝为床。

人民饭食色香味胜于天人饭食;无有王者,但有阿閦如来;人民不从淫欲之事。

浴池满八味水,意念欲令水转流行便转流行,意欲令灭不现即灭不现;气候温和,随所念令风起自吹即独吹之,不动人身。

女人无有恶色、丑、恶舌、嫉妒、于法意著邪事,欲得珠玑璎珞、衣被,从树上取得。

女人怀孕生产无苦,无臭处恶露。

人民不治生产、贩卖,不著爱欲淫佚,自然受乐;风吹树作悲音声,胜过极好五音声。

菩萨当如阿閦行菩萨道时所愿严净其佛刹。

阿閦如来光明悉照,昼夜常明;行所至处,足下地自然生千叶金色莲花。

诸弟子不念食,时到饭食便办满钵,自然在前,食已钵便自然去;衣也自然有;善本具故,不须复受戒;听经不知疲倦;以佛威神力证阿罗汉,令身不现而般泥洹(涅槃)。

阿閦佛所说法无数,诸菩萨悉受讽诵持之。

不出家菩萨不面见佛，在所坐处闻法即受讽诵持之；出家菩萨面见佛说法，也受讽诵持。菩萨终亡以后，俱持法语，所至生诸佛所续念之。

菩萨见诸佛，种诸德本，供养诸佛，皆得阿惟越致（不退转）。

诸魔及魔天不起魔事、娆乱者。

由本愿所构成的阿閦净土，是一个生活富足、社会安宁、人民快乐、环境优美的理想国。

至于如何得生此净土，《诸菩萨学成品》有一段具体的叙述：

当学阿閦佛昔求菩萨道时行。当发如是意愿：令我生阿閦佛刹。菩萨摩诃萨用是行故，得生彼佛刹。

复次，舍利弗，菩萨行布施度无极，积累德本，持愿无上正真道，得在阿閦佛边，菩萨摩诃萨用是行故，得生彼佛刹；菩萨行戒度无极，持愿无上正真道，得在阿閦佛边，菩萨摩诃萨用是行故，得生彼佛刹；菩萨行忍辱度无极，持愿无上正真道，得在阿閦佛边，菩萨摩诃萨用是行故，得生彼佛刹；菩萨行精进度无极，持愿无上正真道，得在阿閦佛边，菩萨摩诃萨用是行故，得生彼佛刹；菩萨行一心度无极，持愿无上正真道，得在阿閦佛边，菩萨摩诃萨用是行故，得生彼佛刹；菩萨行智慧度无极，持愿无上正真道，得在阿閦佛边，菩萨摩诃萨用是故，得生彼佛刹。

可见，往生的条件是比较严格的。六度包括菩萨的诸善万行，持愿行六度，总得修行到一定程度，方可往生，因而不易。尽管如此，由《道行般若》、《放光般若》中总愿性质的本愿，到阿閦佛的别愿性质的本愿，终究是质的飞跃。前面说过，本愿通常指别愿而言。在这个意义上，阿閦佛的本愿意味着真正的本愿的产生，也意味着净土的产生。

在现存的净土诸经中，《阿閦佛国经》最古，阿閦佛净土也就是最古的净土。自此，在般若类经典中，常常以往生阿閦佛净土为新的理想和追求目标。如姚秦鸠摩罗什译《维摩诘所说经·见阿閦佛品》说：

释迦牟尼佛告诸大众：汝等且观妙喜世界无动如来，其国严饰，菩

萨行净,弟子清白。皆曰:唯然,已见。佛言:若菩萨欲得如是清净佛土,当学无动如来所行之道。

汉魏以来,般若类经典受到内地士大夫的重视,以至东晋盛行般若学,王室贵族和奉佛的士族官僚,几乎没有不研习般若的,般若学一时成为佛教的显学。由于般若类经典盛赞阿閦佛净土,阿閦佛净土在内地佛教界自然为人所熟知,但修行往生不易,故未形成往生的信仰。

弥勒,梵文音译,又译作弥帝隶、梅怛丽耶、末怛唎耶、迷底屦、弥帝礼,意译慈氏,此为姓。名阿夷多,意译无能胜。部派佛教时期的《阿含经》已谈到弥勒。《中阿含经》卷十三《说本经》载释迦佛对弟子们言:"未来久远人寿八万岁时,当时佛名称弥勒如来。"时弥勒在座,佛向他授记(预言)未来作佛,名弥勒如来,并授以"金缕织成衣"。《长阿含经》卷六《转轮圣王经》说,未来人寿八万岁时,有国王名儴伽,"人民炽盛,五谷平贱,丰乐无极","有佛出世,名为弥勒如来"。

成书稍晚的《增一阿含经》卷十九说,弥勒是释迦佛身边受法的菩萨,曾向释迦请问菩萨修行六度所应遵循的方法。卷三十三、三十四、三十八、四十四说,释迦预言弥勒于三十劫后当成佛。弥勒从兜率天宫下降人世时,国度名"鸡头",国王名懹怯,弥勒于龙华树下三次会众说法,第一会度九十六亿人,第二会度九十四亿人,第三会度九十二亿人。

在这个基础上,出现了大乘佛教的六部弥勒经典,并有了比较丰富的净土内容。这六部经典是:

《弥勒下生经》(原题《弥勒当来下生经》),或《弥勒成佛经》,一卷,西晋竺法护译。此经唐代已缺,现存本与东晋僧伽提婆译《增一阿含经》卷四十四中的第三个小经仅个别字不同,可能直接抄自此经。

《弥勒下生成佛经》,一卷,后秦鸠摩罗什译,为前经之异译。

《弥勒成佛经》,或称《弥勒大成佛经》,一卷,后秦鸠摩罗什译,基本内容与前二经略同,增加了大乘佛教"六度"及神话描述。

《佛说弥勒来时经》，一卷，失译，为前几部经之节抄本。

《弥勒下生成佛经》，一卷，唐义净译，与以上几部内容大同小异，主要以偈颂译出。

《观弥勒菩萨上生兜率天经》，简称《弥勒上生经》，一卷，北凉沮渠京声于南朝宋初译。

这六部经统称"弥勒六部经"。其中影响较大的为《弥勒下生经》、《弥勒成佛经》和《弥勒上生经》，被称为"弥勒三部经"。

此外，还有一些包含弥勒信仰内容的佛经，如西晋竺法护译《弥勒菩萨所问本愿经》、前秦竺佛念译《菩萨处胎经·三世等品》、南朝刘宋失译的《法灭尽经》、北魏法场译的《辩意长者经》等。

按《弥勒上生经》说，弥勒出生于波罗㮈国劫波利村一个名叫波婆利的婆罗门家，是释迦佛的弟子。佛为其授记（预言）："从今十二年后，命终必得往生兜率陀天上……昼夜恒说此法，度诸天子。阎浮提岁数五十六亿万岁，尔乃下生于阎浮提。"他先佛入灭，住兜率天，以菩萨身为天人说法。

《弥勒菩萨所问本愿经》说，过去有佛，名"炎光具向作王"。时有梵志长者子名"贤行"，遥见如来身色光明，无量变现，乃身伏地，心念：如我将来得法身如同如来，如来当过我身上。如来知其心中所念，便过其身上，刚越其上，贤行即达众智，五通具足，无所亡失。释迦佛对阿难说："欲知尔时长者梵志贤行者，今弥勒菩萨是。"

据译者不明的《一切智光明仙人慈心因缘不食肉经》（或称《一切智光明仙人不食肉经》）载，过去有弥勒佛住世，说《慈三昧光大悲海云经》，迦波利婆罗门之子一切智光明仙人因闻此经而发菩提心，誓愿持诵该经，并愿未来成佛亦号弥勒。后出家，于八千年间一心持诵该经。值连日豪雨，无法出外托钵。林中有母子二兔见仙人七日不食，为令法久住，便投身火中，欲烧身供养。仙人见此，发愿道："吾誓世不起杀想，恒不啖肉。"亦投身火坑。因此菩萨初发心即不食肉，以此因缘名为慈氏。或说，因正值慈氏佛说慈心三昧经，故名慈氏；或说因初得慈心三

昧,故名慈氏;唐代一行录著的《大日经疏》卷一说,慈氏菩萨是以佛四无量中之慈为首,此慈从如来种姓中生,能令一切世间不断佛种,故称为慈氏。

《一切智光明仙人不食肉经》是叙述弥勒的本生故事。可见,在传说中,弥勒也是多世修行才成为未来佛的。不过,人们对弥勒在上生兜率天之前的菩萨行不感兴趣,弥勒六部经对此亦都没有提及,它们谈的是弥勒上生兜率天及未来下生人间的故事。

兜率天是欲界六天之一。佛教把世俗世界分为欲界、色界和无色界,这便是常说的"三界"。欲界是深受种种欲望支配和熬煎的生类所居住之处,分六个层次,即:地狱、饿鬼、畜生、阿修罗(意译为非天、魔神)、人、天。这便是"六道",众生在这六道中生死轮回。"天"指高于人类的上界生类,不是指天空。"天"的另一含义是指这些生类生活的环境,包括欲界六天、色界十七天和无色界四天。欲界中有六天,由下而上依次为:四天王天、忉利天、夜摩天、兜率天、乐变化天、他化自在天。兜率天为欲界六天中第四天,有内外二院,其内院称兜率天宫,即"补处菩萨"住所。所谓补处菩萨,指佛灭之后,补其空缺成佛的菩萨,即候补佛。释迦牟尼身为菩萨时,也曾作为补处菩萨住在兜率天宫,从兜率天宫下生人间而成佛。弥勒上生兜率天宫,成为补处菩萨。《弥勒上生经》说:弥勒于"兜率随天七宝台内摩尼殿上师子床座,忽然化生,于莲花上结跏趺坐。身如阎浮檀金色;长十六由旬;三十二相、八十种好皆悉具足;顶上肉髻,发绀琉璃色……昼夜六时常说不退转地法轮之行,经一时中,成就五百亿天子,令不退转于阿耨多罗三藐三菩提。如是处兜率陀天,昼夜恒说此法"。

弥勒上生兜率天宫,这个天宫净土早已有之。因为他住在这里说法,度脱众生,所以称为弥勒净土。他已得佛格,所以也称他为弥勒佛、弥勒如来。根据他这双重身份,便有了弥勒菩萨和弥勒佛两种造像。

据《弥勒上生经》,弥勒上生,即有五百亿天子以天福力持宝冠化成种种供具；有一大神名牢度跋提以五百亿摩尼宝珠化造善法堂；有宝幢、花德、香音、喜乐、正音声五大神身流七宝、众花、栴檀香、如意珠、众水供养。五百亿天子、牢度跋提、五大神这三者之供养，内容多互相重复，而以牢度跋提之供养较集中和完整。一般说弥勒净土之美妙的，都举牢度跋提之供养而言。其内容为：

　　自然出五百亿宝珠、琉璃、颇梨，一切众色，无不具足，如紫绀摩尼（珠名），表里映彻。此摩尼光回旋空中，化为四十九重微妙宝宫。一一栏楯，万亿梵摩尼宝所共合成。诸栏楯间，自然化生九亿天子、五百亿天女。一一天子手中，化生无量亿万七宝莲华，一一莲华上有无量亿光，其光明中具诸乐器，如是天乐，不鼓自鸣。此声出时，诸女自然执众乐器，竞起歌舞，所咏歌音，演说十善、四弘誓愿。诸天闻者，皆发无上道心。

　　时诸园中，有八色玻璃渠，一一渠有五百亿宝珠而用合成，一一渠中有八味水，八色具足。其水上涌，游梁栋间，于四门外化生四花，水出花中如宝花流。一一华上有二十四天女，身色微妙，如诸菩萨庄严相；手中自然化五百亿宝器；一一器中，天诸甘露自然盈满；左肩荷佩无量璎珞，右肩复负无量乐器，如云住空，从水而出，赞叹菩萨六波罗蜜。若有往生兜率天上，自然得此天女侍御。

　　亦有七宝大师子座，高四由旬，阎浮檀金、无量众宝以为庄严，座四角头生四莲华，一一莲华百宝所成，一一宝出百亿光明，其光微妙，化为五百亿众宝华庄严宝帐。时十方面百千梵王，各各持一梵天妙宝，以为宝铃悬宝帐上……时诸阁间有百千天女，色妙无比，手执乐器，其乐器中演说苦、空、无常、无我诸波罗蜜。如是天宫有百亿万无量宝色，一一诸女亦同宝色。尔时十方无量诸天命终，皆愿往生兜率天者。（《弥勒上生经》）

　　从此段经文中可以看出，弥勒净土是一个理想的天堂乐园，在这里修行，不仅可以尽情享受诸乐，而且可以得"不退转"，将来随弥勒下生，还可以在诸佛前受菩提记。因此，弥勒净土对于信众是很有吸引力的。

那么,怎样才能往生弥勒净土呢?《弥勒上生经》说:

若有精勤修诸功德,威仪不缺,扫塔涂地,以众名香妙花供养,行众三昧,深入正受,读诵经典,如是等人,应当至心,虽不断结,如得六通,应当系念念佛形象,称弥勒名,如是等辈,若一念顷,受八戒斋,修诸净业,发弘誓愿,命终之后,譬如壮士屈申臂顷,即得往生兜率陀天,于莲华上结跏趺坐。

这些修行方法颇为繁杂。当然也有简便的:

若有得闻弥勒菩萨摩诃萨名者,闻已欢喜,恭敬礼拜,此人命终,如弹指顷,即得往生,如前无异。

但闻弥勒名,合掌恭敬,此人除却五十劫生死大罪。若有敬礼弥勒者,除却百亿劫生死之罪。设不生天,未来世中龙花菩提树下,亦得值遇,发无上心。

《弥勒上生经》比《弥勒下生经》晚出,其简便之法,很可能是吸收了阿弥陀佛信仰等之后增加的。由此,愿求往生弥勒净土者颇众。

《弥勒菩萨所问本愿经》之同本异译,唐代菩提流志所译《大宝积经》之第四十二会《弥勒菩萨所问会》说:

弥勒菩萨往修行菩萨道时,作是愿言:若有众生薄淫怒痴,成就十善,我于尔时乃成阿耨多罗三藐三菩提。阿难!于当来世有诸众生薄淫怒痴,成就十善,弥勒菩萨当尔之时,得阿耨多罗三藐三菩提。何以故?由彼菩萨本愿力故。

这里没有具体说十善的内容,但强调指出了众生经弥勒教化成就十善,弥勒方成佛这一本愿。这个本愿,内容简单,主要是从社会关系方面立意,把人间改造为善良和谐、光明圆满的佛国,而其关键则是使众生都有柔软心。所以,《弥勒成佛经》描述本愿实现之净土道:

弥勒佛国从于净命,无诸谄伪,檀波罗蜜、尸罗波罗蜜、般若波罗蜜得不受不著,以微妙十愿大庄严,得一切众生起柔软心。

弥勒下生经典生动地介绍了未来的弥勒佛国。按释迦佛的预言,弥勒在兜率天寿四千岁(约人间五十七亿六千万年)尽时,将下生人间。上生弥勒净土者也将随弥勒下生人间。弥勒出时,人间即成天堂:

其地平净如流(琉)璃镜……丛林树华,甘果美妙……城邑次比,鸡飞相及……智慧威德,五欲众具,快乐安隐(稳),亦无寒热风火等病,无九恼苦(九种灾难)。寿命具足八万四千岁,无有中夭。人身悉长一十六丈,日日常受极妙安乐,游深禅定以为乐器。唯有三病:一者饮食,二者便利,三者衰老。女人五百岁,尔乃行嫁。(《弥勒成佛经》)

而《弥勒下生经》则说:

男女之类,意欲大小便时,地自然开,事讫之后,地便还合。尔时阎浮地(阎浮提)内,自然生粳米,亦无皮裹,极为香美,食无患苦。所谓金、银、珍宝、砗磲、玛瑙、真珠、虎珀,各散在地,无人省录……自然树上生衣,极细柔软,人取著之。

总之,弥勒净土是一个富饶丰足、无不美满的理想国。

在释迦佛预言中,弥勒当率弟子到耆阇崛山,唤醒在"灭尽定"中的大迦叶,从受释迦佛遗留的僧迦梨(一种袈裟),得到继承释迦佛之证明。释迦佛还预言:"弥勒如来当寿八万四千岁,般涅槃后,遗法当存八万四千岁。"(《弥勒下生经》)

如同天堂般的人间,应是弥勒本愿力所成。不过,这都是未来之事,弥勒经典中并没有论及。

弥勒菩萨的信仰十分古老,小乘佛教的《阿含经》之前的口头相传中,早已有信仰弥勒为未来出现之第一佛的内容。但诸《阿含》只说到释迦佛授记弥勒为未来佛,说到弥勒于三十劫后由兜率天宫下生鸡头国,于龙华树下三次说法度化众生。这时的弥勒信仰没有净土内容,人们信仰未来佛弥勒,而不是兜率净土的教主弥勒。到3至5世纪,才出现宣说弥勒净土的弥勒各经,这已经是阿閦佛净土、弥陀净土传入一百多年以后的事了。显然,弥勒净土是在大乘净土思潮中产生的,晚于阿閦佛净土、弥陀净土。不过,弥勒净土的产生很可能受过生天思想的影响。鸠摩罗什谈生天思想说:"声闻法中说念欲界天,摩

诃衍(大乘)中说念一切三界天。行者未得道时,或心着人间五欲,以是故佛说念天。若能断淫欲,则生上二天界中;若不能断淫欲,则生六欲天中。"(《大智度论》卷二十二)这就是说,小乘佛教(声闻法)之时,六欲天的物质享受被描绘得非常美妙神奇,人们以往生于六欲天为理想。在这种心态下,补处菩萨的住处安排到兜率天宫,弥勒入灭后生于兜率天宫的说法就是这样产生的。大乘佛教摆脱物质享受,以往生于色界四禅天和无色界四无色天为理想。净土思想产生后,《摄大乘论·智差别胜相》宣称净土"出过三界行处",即不属于三界,比三界都高级。所以,往生净土由生天思想发展而来,但已不是生天思想,生天思想已落后而被淘汰了。传统信仰是顽固的,小乘时期形成的弥勒生于兜率天的信仰根深蒂固,它虽经大乘的改造而把兜率天变为兜率净土,却留在三界之内了,成为三界中唯一的一个净土,显示出生天思想的痕迹。

弥勒净土本非弥勒所建,而是早已有之的补处菩萨住处,因此没有建设弥勒净土的本愿。在大乘诸净土中,有净土而无本愿的,只有弥勒净土一例。但弥勒有建设人间净土的本愿,其内容仅"成就十善",并没有展开。弥勒经典所描述的未来人间净土繁荣富足的景象,与弥勒本愿之间似无明显的关联。在弥勒经典中,只有《弥勒菩萨所问本愿经》说到这个本愿,其他经典都没有说到。

可见,在诸净土信仰中,弥勒信仰中的本愿思想是很弱的。当然,也可以说,弥勒净土及未来人间净土的繁荣富足,都是弥勒本愿,只不过经中没有明说而已。

弥勒净土及未来人间净土都很有吸引力,加上本有未来佛信仰的传统,故弥勒信仰一度很流行。萧梁宝唱撰《名僧传抄·法盛传》载,佛灭度后四百八十年,呵利难陀罗汉上升兜率天绘弥勒之像,至忧长国(《佛国记》之陀历国)东北,造牛头栴檀弥勒大像。唐代义净著《西域求法高僧传·灵运传》载,那烂陀寺供有弥勒像。唐代玄奘撰《大唐西域记》卷七、卷八也载,战主国都城西北之伽蓝供奉弥勒像。摩揭陀国佛陀成道之菩提树东方有精舍,以白银铸十余尺高之弥勒像。

弥勒信仰传入中国内地后,从南北朝起,分为上生信仰和下生信仰两支,绵延不绝。

文殊,梵语音译为文殊师利,或译为曼殊师利、曼殊室利、满殊尸利、满祖室哩,略称文殊、曼殊。意译妙吉祥(《大日经》)、妙首(《无行经》)、普首(《观察三昧经》)、濡首(《阿目法经》)、敬首(《无量门微经》)、软首(《普超三昧经》)、溥首(《普超三昧经》)、妙德(《无量寿经》)、妙音(《金刚针论》)。此外,还称妙德主、妙吉祥尊、妙声等。他的名字后面又常加"法王子"、"童子"、"童真"等称号。他的出世、身份,在佛、菩萨中是异说最多者之一。概括起来说,他是上首菩萨、智慧的化身、菩萨身份的佛。

各经论中,文殊都位居诸菩萨之上首,甚至冠以文殊名字的经籍也多达三十余种,如《文殊师利所说般若波罗蜜经》之类。

关于文殊的来历,有这样几种说法:无净念王第三王子(《悲华经》)、快成世界安拔王(《文殊师利佛土严净经》)、无生世界普覆王(《大宝积经·文殊授记会》)、宝住世界大菩萨(《寂调音所问经》)、妙光菩萨(《妙法莲华经·序品》)、无别异世界慧王法师(《文殊师利普超三昧经》)、宝威德佛国戒护童子(《观佛三昧海经·本行品》)、金色世界大菩萨(《华严经·如来名号品》)、舍卫国梵德婆罗门之子(《文殊师利般涅槃经》)、吉祥金刚与般若金刚(密教胎藏界曼荼罗中),等等。

在大乘经论中,文殊又是智慧的化身。智慧是文殊的基本性格,是文殊成为上首菩萨甚至尊奉为佛的依据。在这个问题上,《华严经》的说法具有一定的代表性。

《华严经》说理与智的关系。理即佛教教理,即佛法,即法身,被当作客观的精神实体,是宇宙的本原、本体。智又称如来智、无师智、菩提,即佛教的认识体系。如来智是众生本有的,佛的作用只不过是启发众生觉悟到本有的如来智。众生如要成佛,应当在内心中开发本有的

如来智,即靠自己主观努力而觉悟。但要开发内心而获觉悟,必须依赖理的启迪,即"依理而发智"。反过来说,理总得被众生愿意接受,才能启迪众生努力去开发自己的内心,即"有智方证理"。理是取得觉悟的客观条件,智是主观条件,二者互相依赖,缺一不可,这叫"理智相即"。《华严经》把"理"人格化为普贤菩萨,把"智"人格化为文殊菩萨。通常所谓普贤表理德,文殊表智德,便是这个意思。

理必定表现为行为、活动,所以理德同时就是行德;众生接受理的启示,不是盲目的,而是由行为而证悟理的存在才接受的,这是智的作用。所以,智德同时是证德。理本身是永恒的,没有变化的,众生通过禅定与这种寂静的本体冥合为佛,所以,理德同时是定德,既代表本体的寂静,也代表追求这种寂静的禅定之法;智本来就是慧,众生开发本有的如来智,需要一套学问,这套学问称为般若学,即慧学。所以,智德同时是慧德,既代表本有的如来智,又代表悟解如来智的慧学。求佛道的最重要问题是对佛的信仰,信佛则能去行、去证,普贤既表理、表佛法,也就表佛,众生所信是佛,可说所信是普贤,所以,普贤为所信;众生心中本有如来智,便能信佛,文殊表众生能信之心,所以,表智的文殊为能信。

普贤表理德、行德、定德、所信,文殊表智德、证德、慧德和能信,理智相即,行证相应,定慧双修,能所相融,便成佛了。因此,《华严经》描述了一个庄严神妙、尽善尽美的华藏世界,毗卢遮那佛为教主,普贤与文殊为其左右胁侍,合称"华严三圣"。华严宗四祖澄观说:

三圣之内,二圣为因,如来为果。果超言想,且说二因。若悟二因之玄微,则知果海之深妙。(《三圣圆融观门》)澄观简单明确地以文殊及普贤二圣为因,以毗卢遮那佛为果。意思是说,佛是理与智结合之果,理与智是成佛之因。

因此,文殊总是以智慧代表的面貌出现,代表佛说法讲经,连弥勒菩萨也常向他求教。

众生修行成佛的关键是觉悟,觉悟是靠主观智慧而获得的。经过努力修行,先天的如来智被开发出来,证得无上菩提,悟得佛理,智与理湛然合一,便成佛了。所以,智慧是成佛的主观先决条件,即成佛之因。既然佛因智慧而生,也就可以说因文殊而生,文殊便是诸佛之母。《文殊师利般涅槃经》说:

文殊师利常为无量诸佛之母,常为无量诸佛之师。既然如此,文殊怎么还能是菩萨呢？于是,有的经便以文殊为佛。

姚秦鸠摩罗什译《首楞严三昧经》说,过去有佛,号"龙种上如来",其国在南方,国名平等。这位龙种上佛,《大智度论》卷二十九称为"龙种尊",《心地观经》卷三称为"龙种净智尊王佛",就是今文殊师利。

姚秦竺佛念译《菩萨处胎经·文殊身变化品》说,文殊原是无碍世界的升仙佛,又曾是究竟世界的大智如来。竺佛念译《菩萨璎珞经》卷四说,文殊过去是空寂世界的大身如来。刘宋求那跋陀罗译《央掘魔罗经》卷四说,北方有国名常喜,佛名欢喜藏摩尼宝积如来,现在世教化,文殊师利即是彼佛。

有的经则说文殊当来(将来)成佛。前面介绍过的《大宝积经》、《悲华经》、《文殊师利佛土严净经》就持此种说法。

文殊既然早已成佛,如何还是菩萨身份？《菩萨处胎经》解释道:

昔为能仁师,今为佛弟子。二尊不并化,故我为菩萨。意思是说,佛界有个规矩:一佛出世,万佛拥护,只有一个权威,不能同时有两位教主,至于谁当教主,也不搞论资排辈。所以,释迦佛出世,文殊自甘居于菩萨之位。《法华经》中文殊是释迦佛之胁侍,也就可以理解了。

唐代玄奘译《无垢称经》则说:

虽得佛道,转于法轮,而不舍于菩萨之道,是菩萨行。这就是说,文殊虽已得佛道,但慈悲广大,不肯放弃菩萨之道,故自居菩萨之位,这才是菩萨行呵！

以上列举的种种说法,可以并存。通行的是以文殊为舍卫国婆罗门之子,现为毗卢遮那佛之胁侍,也为释迦佛之胁侍,这是因为《华严经》和《法华经》影响较大的缘故。

《悲华经·诸菩萨本授记品第四之一》说文殊在宝藏如来前所发大愿：

所化众生发无上菩提心。

无量诸佛说法，以天眼悉遍见之。

众生心净如梵天，当成无上菩提。

合十方无量佛土为佛刹：周币世界有大宝墙，七宝填厕，墙高大至无色界；真绀琉璃为地，无尘土石沙秽恶荆棘；无恶触；无女人及其名字；一切众生悉化生；以法喜三昧为食；无有声闻、辟支佛乘，悉是菩萨；离于贪欲、瞋恚、愚痴；生即发自落，服三法衣；至无量世界供养佛、僧、穷人及饿鬼，然后自用衣服珍宝。

无有八难、不善、苦恼，亦无受戒、毁戒、忏悔及其名字。

珍宝无量，以为厕填。

欲见金色、银色及种种珍宝、种种香，随意得见。

无有日月，诸菩萨自然出大光明，能照无量世界，以花开合分昼夜。

无寒热及老病死；常有音乐出六波罗蜜等声；无五浊之世、三恶道；无诸臭秽，纯有妙香；一生菩萨（即补处菩萨）充满其中，未来世乃成佛。

我坐菩提树下金刚座成佛，复化作无量诸佛及菩萨至其余诸佛世界教化众生。

其余世界悉见我身，若眼见我身者，必定不离见佛。

我界众生六情完具，欲见我则见，我未说法即得断除诸法相疑滞之处。

寿命无限。

这十三愿比较零乱，但内容丰富，胜于阿閦佛本愿，更胜于弥勒菩萨本愿，与阿弥陀佛本愿颇有类似之处。所描绘的净土自然环境之优美、社会生活之良好、居民身心之健康，都是很理想的。现有材料无法证实这个本愿所产生的时代，但从内容上看，应该是在阿弥陀佛本愿之后,且吸收了阿弥陀佛本愿的内容。

按文殊类经典称,文殊本愿已经实现,文殊净土已经建成。《文殊师利佛土严净经》卷下描述了文殊净土的种种严净,其内容与《悲华经》所述的文殊本愿内容大体相同。释迦佛赞文殊净土说:

欲知西方安养世界无量寿佛功勋严净,比于文殊师利,难以喻哉!假譬言之,如取一毛破为百分,以一毛分取海水一滴,无量寿佛如一毛分、水一滴耳。文殊师利成佛,汪洋如海,巍巍荡荡,不可思议。(《文殊师利佛土严净经》)

把文殊净土抬高到胜于阿弥陀佛净土若干倍,那倒未必。但这个对比中却透露出这样一个信息:文殊净土产生于阿弥陀佛净土之后,而且是在阿弥陀佛净土影响甚大之后。

文殊净土的特点是文殊不愿成佛。《文殊师利佛土严净经》载,文殊净土已建成,师子步雷音菩萨问文殊何时成佛,文殊回答道:"若呼有形而响有影,月兼昼明,日而夜照,尔乃我身成最正觉。"呼喊与声响是一种声音,不会有形影;月亮不会照白天,太阳也不能照晚上。这种事如实现,文殊才成佛。这实际上是说,文殊不会成佛。

文殊不成佛的问题,与涅槃学说演变有关。

"涅槃",梵文音译,又译为"泥曰"、"泥洹"。其意译,鸠摩罗什译为灭、灭度、入灭,玄奘译为圆寂。涅槃分有余涅槃和无余涅槃两种。有余涅槃指断除贪欲、烦恼,即已灭除生死之因,但作为前世惑业造成的果报身即肉身还存在,仍然活在世间,而且还有思虑活动。无余涅槃则不仅灭除生死之因,也灭尽生死之果,不仅原来的肉体不存在了,而且思虑也没有了,灰身灭智,归于绝对的寂静境界,不再受生死。小乘佛教追求的最高理想就是这种无余涅槃。大乘佛教认为,一切事物都无自性,称无自性为"空"。"空"并不是绝对的没有,而是"假有",即因缘而有。一切事物的本性是"空",涅槃的本性也是"空",这便是一切事物以及涅槃的"实相"。还事物以本来面目,觉悟到实相,也就可以进一步与

实相冥合为一，达到涅槃境界。这种涅槃称为实相涅槃。

但人是社会性的，必须自利利他，全体都行动起来，悟得实相，才会把世界变为佛国净土。所以，菩萨要誓愿普度众生，决心"众生不度我不度，众生不成佛我不成佛"。即使自身觉悟已达到佛的境地，可以进入涅槃成佛，也决不进入。这就是所谓"以大智故，不住生死；以大悲故，不住涅槃"。既然如此，众生无尽，普度众生的事情无尽，菩萨也就永远不会成佛，永远是菩萨。这也称为无住涅槃。文殊建成净土而不愿成佛，便是无住涅槃的表现。这是净土中的又一类型，不过影响不大。

药师，音译辨杀社窭噜。又作药师如来、药师琉璃光如来、大医王佛、医王善逝、十二愿王。

药师佛之本愿及功德见于《药师经》。《药师经》全称《药师琉璃光如来本愿功德经》，全一卷，唐代玄奘译。略称《药师如来本愿功德经》、《药师本愿功德经》、《药师本愿经》、《药师经》。本经有五种汉译：①东晋帛尸梨密多罗译本(317-322)；②刘宋慧简译本(457)；③隋代达摩笈多译本(615)；④唐代玄奘译本(650)；⑤唐代义净译本(707)。其中，前三译强调药师佛之功德，称为《药师随愿经》。义净所译称《药师琉璃光七佛本愿功德经》，或《七佛药师经》，此本中药师佛又作七佛药师，即：善称名吉祥王如来、宝月智严音自在王如来、金色宝光妙行成就如来、无忧最胜吉祥如来、法海雷音如来、法海慧游戏神通如来、药师琉璃光如来。前六如来为药师如来之分身，经中详述七佛药师之本愿及其陀罗尼，一般通行玄奘译本。

关于药师佛在成佛前之姓名、授记之佛、所在之世界等，各译本均一字未提。因此，人们对药师佛之出世一无所知。

《药师本愿经》说：佛告曼殊室利：东方去此过十殑伽(恒河)沙等佛土，有世界名净琉璃，佛号药师琉璃光如来、应、正等觉、明行圆满、善逝、世间解、无上丈夫、调御士、天人师、佛、薄伽梵。曼殊室利，彼佛世尊药师琉璃光如来本行菩萨道时，发十二大愿，令诸有情，所求皆得。这是在药师成佛之后，采取倒叙法回溯其在菩萨地位时所发之愿。

这十二大愿是：

愿我来世得菩提时，自身光明炽然，照耀无量世界，以三十二相、八十种好庄严其身，令一切有情与我无异。

愿身如琉璃，内外清净无垢，光明过日月，幽冥众生悉蒙开晓。

愿以智慧方便，令诸有情皆得受用无尽。

令行邪道者皆安住菩提道中，行声闻、独觉乘者皆以大乘之道安立之。

于我法中修行梵行者，一切戒不缺减。如有毁犯，闻我名已，还得清净，不堕恶趣。

诸根不具、丑陋顽愚、盲聋暗哑、挛躄背偻、白癫癫狂种种病苦者，闻我名皆得端正黠慧，诸根具足，无诸疾苦。

众病逼切，无救无归，无医无药，无亲无家，贫穷多苦，闻我名号，一经其身，众病悉除，身心安乐，家属资具悉皆丰足，乃至证得无上菩提。

若有女人愿舍女身，闻我名皆得转女为男，具丈夫相，乃至证得无上菩提。

令众生皆出魔网，解脱一切外道缠缚，置于正见，渐令修习诸菩萨行，速证无上菩提。

若为王法所缚，身心受无量灾难煎迫之苦者，得闻我名，以我福德威神力，皆得解脱一切忧苦。

为饥渴所恼，为求食故造诸恶业，得闻我名，专念受持，我当先以上妙饮食饱足其身，后以法味毕竟安乐而建立之。

若贫无衣服，蚊、虫、寒、热昼夜通恼，得闻我名，专念受持，如其所好，即得种种上妙衣服，亦得一切宝庄严之具、花鬘、涂香、鼓乐、众伎，随心所说，皆令满足。

这十二大愿就是药师佛的本愿。

以十二大愿为蓝图建成的药师净土中，药师佛为教主，日光、月光两位菩萨为其左右胁侍，合称药师三尊，又称东方三圣。守护诵持《药

师经》的有十二夜叉神将,即:宫毗罗、伐折罗、迷企罗、安底罗、颊尔罗、珊底罗、因达罗、波夷罗、摩虎罗、真达罗、招度罗、毗羯罗。每一神将各拥有七千药叉,共计为八万四千护法神。

关于药师净土之美好情景,《药师经》说:彼佛土一向清净,无有女人,亦无恶趣及苦音声,琉璃为地,金绳界道,城阙、宫阁、轩窗、罗网皆七宝成。亦如西方极乐世界功德庄严,等无差别。

既然与西方极乐世界完全一样,描述西方极乐世界的弥陀经典已说得很详细,所以,《药师经》没有多说。

《药师经》的大量篇幅是说现世利益的。如经云:若能以众妙资具恭敬供养药师佛者,"恶梦恶相诸不吉祥,皆悉隐没,不能为患。或有水火、刀、毒悬险,象、狮子、虎、狼、熊罴、毒蛇、恶蝎、蜈蚣、蚰蜒、蚊虫等怖,若能至心忆念彼佛,恭敬供养,一切怖畏皆得解脱。若他国侵扰、盗贼反乱,忆念恭敬彼如来者,亦皆解脱。"又云:"或有女人临当产时,受于极苦,若能至心称名、礼赞、恭敬供养彼如来者,众苦皆除,所生之子,身分具足,形色端正,见者欢喜,利根聪明,安稳少病,无有非人夺其精气。"凡此种种,与其他宣扬感应灵验的佛典没有多少差别,自然也没有什么新意。

《七佛药师经》中还说了五个咒,如:药师佛"由本愿力观诸有情,遇众病苦:瘦、疟、干、消、黄、热等病,或被魇魅蛊道所中,或复短命,或时横死。欲令是等病苦消除,所求愿满时,彼世尊入三摩地,名曰:灭除一切众生苦恼。既入定已,于肉髻中出大光明,光中演说大陀罗尼咒曰(略)。尔时光中说此咒已,大地震动,放大光明,一切众生病苦皆除,受安稳乐"。这种注意现世利益并采用咒术、念诵仪轨等法,倒是很引人注目。

《药师经》显然是在弥陀经典之后产生的,这是因为药师本愿多采自弥陀经典,而药师净土则完全与弥陀净土一样。所以,作为净土而言,《药师经》没有多少特色。倒是其浓郁的密教色彩,使其在净土诸经中别具一格。这也是净土思潮穷途末路的一种反映。

当大乘佛教从部派佛教中酝酿产生之时,净土思想和密教思想也依附大乘佛教而形成。这三股思潮互相影响,又朝不同的方向发展。就所奉教主言,大乘佛教继承原始佛教和部派佛教,以释迦牟尼佛为教主;净土教则以别的佛为教主,其成熟时所奉的教主是阿弥陀佛;密教成熟时所奉的教主则是大日如来(毗卢遮那佛)。如果说净土教的阿弥陀佛与释迦牟尼佛是并列的互不统属的话,在密教那里,大日如来是法身佛,释迦牟尼佛则不过是大日如来的化身之一而已。就教义而言,大乘佛教的教义是在小乘佛教基础上主张人法两空,偏于哲学论证;净土教则宣说净土之依正二报庄严,描绘这个出世间理想社会的美妙殊胜;密教则认为小乘及大乘都是浅显之教,称之为显教,唯有密教才是大日如来直接所说的秘密大法。在终极追求上,大乘的理想是获得无上菩提,进入无住涅槃;净土教的理想是死后往生净土;密教则追求肉身成佛。在修行方法上,大乘修六度万行;净土教以念佛三昧为主;密教则重密法,有事部、行部、瑜伽部、无上瑜伽部四个阶段。

这三股思潮教主有别,教义、理想及修行方法各有不同。密教及净土教是大乘佛教中的异端,宗教性极强。加上大乘的教义逐渐趋向烦琐,日益失去群众,故而造成密教及净土教取代大乘的契机。密教吸收印度教和民间信仰,形成庞大的有组织的教派,于7世纪取代了大乘佛教,成为佛教的主流。净土教则没有如此幸运了,它处于强大的大乘佛教与日益兴盛的密教夹缝中,多种净土思想分散了信仰的力量,即使是阿弥陀佛净土思想也不够成熟,因而始终依附于大乘。

在这个过程中,某些净土思想逐渐依附于密教,或被密教所吸收。如密教胎藏界曼荼罗中心八叶院内,中央为大日如来,周围八叶分别住四佛四菩萨,四佛为:东方宝幢佛、南方华开敷佛、西方无量寿佛、北方天鼓雷音佛。金刚界曼荼罗的中心是大日如来,四方为四佛:东方阿閦佛、南方宝生佛、西方阿弥陀佛、北方不空成就佛。两部曼荼罗中,阿弥陀佛(无量寿佛)都是五佛之一,阿閦佛也被吸收为金刚界曼荼罗中

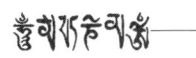

一佛,至于净土思想依附于密教的则有《药师经》。《药师经》中的陀罗尼已经丧失了闻持性质,而成为神秘化的咒语,可以祛病消灾,护国佑民,赶鬼驱魔,往生佛国,其念诵之仪轨也具有杂密的特色。这表明净土信仰已处于颓势,逐渐向密教靠拢。当然,别的净土经也具有密教的影响,但没有《药师经》突出。

净土信仰的真正发展是在传入中国、日本之后。阿弥陀佛信仰在中国蔚成净土一宗,深入千家万户,日本的净土宗及净土真宗是影响很大的佛教宗派,至今兴旺发达。药师佛信仰也传入中国。隋唐以来,寺院中供三方佛者甚多,中央为释迦佛,西方为阿弥陀佛,左方即东方净琉璃世界的教主药师佛。因为他名为"药师",十二大愿有拔除众生一切病苦的内容,人们信仰他是大医王,塑像中让他左手持钵,钵内盛甘露;右手执药丸。对于他的净土,倒是不大注意了。

以上介绍的诸净土,是佛在因位行菩萨道时发起大愿,经多劫累功积德而建成的净土,位于娑婆世界之外的地方,成为人们向往与信仰的理想国,死后往生之乐土。还有一种净土思想,认为净土乃唯心所变,存在于众生心内,通常称之为"唯心净土"。这是净土思想中另一派。

《维摩诘所说经·佛国品》云:菩萨取于净国,皆为饶益众生故。譬如有人欲于空地造立宫室,随意无碍,若于虚空终不能成。菩萨如是为成就众生故,愿取佛国。愿取佛国者,非于空也。

这就是说,净土就在众生日常聚居生活之处,就在现实世界,不在远离现实社会的东方西方,也不在南方或北方。脱离了众生的现实生活而去建设净土,就像在虚空中造立宫室,终不能成。在空地上造立宫室是可以的,想造成什么样子都可以,众生便是土地,在众生这块土地上才能建成净土。

《佛国品》进一步指出:

若菩萨欲得净土,当净其心,随其心净,则佛土净。这就是说,要把众生这块现实的土地变为清净之土,应使众生"心净",心净则土净。也就是说,现实社会的净化,在于人的意识的净化。净土即净心,净心即净土。于是,《维摩诘经》把他方世界净土拉回到此方世界中来,把彼岸拉回到现实中来,把净"土"拉回到净"心"中来了。

对心净土净的理论,小乘佛教的代表舍利弗曾产生怀疑,他说:"若菩萨心净则佛土净者,我世尊本为菩萨时,意岂不净?而是佛土不净若此!"

按照大乘佛教的说法,我们这个世界是释迦牟尼佛建成的净土。舍利弗从现实出发,认为这块净土不净,"丘陵、坑坎、荆棘、沙砾、土石、诸山,秽恶充满",可见,心净不能使佛土净。释迦佛知道他有疑惑,便对他进行教育。佛反问道:"日月岂不净耶?而盲者不见。"对曰:"不也,世尊,是盲者过,非日月咎。"佛又说:"舍利弗,众生罪故不见如来佛国严净。我此土净,而汝不见。"于是,"佛以足指按地,即时三千大千世界,若干百千珍宝严饰,譬如宝庄严佛,无量功德宝庄严土。一切大众叹未曾有,而皆自见坐宝莲华。"

佛的意思是:我的国土本来是这样清净的,只是为了度化下劣众生,才隐去清净,显示不净。好像大家在同一个金钵里吃饭,有福者吃的是好饭,无福者吃的是劣饭,原因就在于人们的心有净秽不同。所以,如果人的心净,便可见到此土的功德庄严。这就是说,客观上的国土无净秽之别,净土秽土之别乃心意差别造成的。净土并不是尘世之外的另一种新的国土,只要人心由秽变净,尘世即是净土佛国。净土佛国的作用也就在于安慰苦难的灵魂,让他们清除内心中的污秽不洁,追求灵魂的高尚清净,获得解脱。

如何建设唯心净土呢?《佛国品》说:

随其直心则能发行,随其发行则得深心,随其深心则意调伏,随其调伏则如说行,随如说行则能回向,随其回向则有方便,随其方便则成就众生,随成就众生则佛土净,随佛土净则说法净,随说法净则智慧净,随智慧净则其心净,随其心净则一切功德净。

意思是说,首要的是须有直心。所谓"直心",指的是以诚心信佛法,树立信心。信心既立,便能奉行众善。众善积累起来,其心便能信道益深。心深便能不随众恶,弃恶从善,这叫"调伏"。心既调伏,便能遇善即行,即使难行也能坚持去行,按六度、四无量心、四摄法等佛所说法而行。能如说行则万善兼具,故能回向佛道。回向佛道则能生方便,因方便而成就众生,成就众生则佛土清净。佛土既清净,不说杂教,则说法清净。既有净说,则净智慧生,净智既生则净心转明,心净则与佛同德,所以说"一切功德净"。

这里所说的建设净土过程,有两个阶段:第一阶段是由菩萨行成就众生,建成净土;第二阶段是由净土之清净保证众生思想行为的清净以至成佛。而这两个阶段中贯彻始终的是心的转变,菩萨净心成就众生净心,建成净土,净土保证众生净心而成佛。这一个全过程实际上是"心净土净"观点的展开。

灵山净土是《法华经》所说的净土,亦属唯心净土。

《法华经》先后六次汉译,今存其三,即:西晋竺法护译的《正法华经》,姚秦鸠摩罗什译的《妙法莲华经》,隋代阇那崛多译的《添品妙法莲华经》。通行的是鸠摩罗什译本。

此经《如来寿量品》载释迦佛曰:

我成佛以来,甚大久远,寿命无量阿僧祇劫,常住不灭。诸善男子,我本行菩萨道所成寿命,令犹未尽,复倍上数。然今非实灭度,而便唱言当取灭度。

尔来无量劫,为度众生故,方便现涅槃,而实不灭度,常任此说法。我常住于此,以诸神通力,令颠倒众生,虽近而不见。

意思是说,释迦在无量劫前已成佛,一直在教化众生。现在说灭度,其实非灭度,仍住世说法,不过不让众生见而已。

为什么未灭度而说灭度呢?这是以方便教化众生,故经云:

若佛久住于世,薄德之人,不种善根,贫穷下贱,贪著五欲,入于忆想妄见网中。若见如来常在不灭,便起憍恣而怀厌怠,不能生难遭之想恭敬之心。是故如来以方便说：比丘当知，诸佛出世，难可值遇……斯众生等，闻如是语，必当生于难遭之想，心怀恋慕，渴仰于佛，便种善根。是故如来虽不实灭而言灭度。

按《如来寿量品》，佛"常在灵鹫山，及余诸住处"。《分别功德品》则称："佛常在耆阇崛山，共大菩萨、诸声闻众，围绕说法。"其实耆阇山就是灵鹫山，也就是灵山净土，亦即实不灭度的佛常住之处。而实不灭度之身，实际上就是法身，只不过有一种以法身为独立实体的倾向。无论如何，这位不灭度的释迦佛终是精神性的，其净土当然也是精神性的。这一点，《法华经》说得很明白。《如来寿量品》说的是"不为现身"，即众生见不到。《分别功德品》说的是"善男子善女人，闻我说寿命长远，深心信解，则为见佛"。所描述的灵山净土情况，是告诉众生"能如是观"。既然见不到，只有"深心信解"者内心观察能见到，岂不明说灵山净土乃唯心净土吗？所以，后来中国以《法华经》为主要经典的天台宗，称灵山净土为"常寂光土"，为心所造。

《华严经》的莲华藏世界与《梵网经》莲华台藏世界也是唯心净土。

《华严经》全称《大方广佛华严经》，汉译本主要有三种，即：东晋佛陀跋陀罗译本六十卷，后世称为《旧译华严》或《六十华严》；唐武周时实叉难陀译本八十卷，称《新译华严》或《八十华严》；唐贞元时般若译本，全名《大方广佛华严经入不思议解脱境界普贤行愿品》，四十卷，称《四十华严》或《普贤行愿品》。此外，后汉至唐，此经以单品印行者，有后汉支娄迦谶译《佛说兜沙经》等三十多部。流传最广的为实叉难陀八十卷本。

《华严经》所说的莲华藏世界，又称华严庄严世界海、华严庄严严具世界海、妙华布地胎藏庄严世界、莲华藏庄严世界海、华藏世界海、华藏世界、华藏界、十莲华藏庄严世界海、十莲华藏世界、十华藏等。《华严经·华藏世界品》描述：此世界之中心为须弥山，其他的大地、山河、星球等，都围绕它而排列。须弥山由金、银、琉璃等众宝所构成，山

高八万四千由旬,周围是七香海和七金山(七轮围山)。七重香水海位于须弥山和七金山之间,总名为内海。第七金山外还有由铁所构成的铁围山所围绕的咸海。咸海中有四大洲、八中洲和无数小洲。四大洲也称四大部洲、四天下,东南西北各一洲,即东胜身洲、南瞻部洲、西牛货洲和北俱卢洲。每一大洲各有两个中洲(海岛),共为八个中洲,此外还有无数小洲。南瞻部洲原指印度和周围国家,后来泛指人类居住的现实世界。

华藏世界的须弥山,由无数风轮所持,最下的风轮能持其下的一切宝焰,最上的风轮能持香水海。香水海中有大莲花,华藏庄严世界海就在大莲花中,四方有金刚轮山围绕,山围内所有的一切,都为金刚所成,坚固庄严,不可沮坏,清净平坦,无有高下。香水海由宝珠铺其底,香水澄净,具众宝色,其中有种种宝花。岸上由众宝积成,有无数"无边色相宝花楼阁"、"宝莲花城"、"众宝树林",莲花珠网如云密布,处处光明,花香遍野,乐音悦耳。

这个华藏世界有无数香水海,每一香水海中各有一大莲花,每一莲花中又都包藏着无数世界,一层一层,无有穷尽。也就是说,华藏世界便是指的无限的宇宙,这个宇宙中包藏着多层次世界,次第布列。人类居住的现实世界,则在各层次中的第十三重。

整个华藏世界的教主为毗卢遮那佛。毗卢遮那为梵文音译,又译为毗卢舍那,意译"光明普照",也是"日"(太阳)的别名。所谓"光明普照",指无处不照、无时不照、无所不透、无所不容。

毗卢遮那佛之名,早在《阿含经》中便出现了。但是,以毗卢遮那佛为法身佛的,则是《华严经》。法身本来是佛法的象征,一般是不能限定在某位具体的佛身上的,即不能有具体的固定的形相,这就是《超日明三昧经》所说的"法身无形"。《华严经》却创造性地用"毗卢遮那"这样一个具体的佛身为法身,整个华藏世界不过是毗卢遮那佛的显现,日月星辰、山河大地、飞禽走兽、春兰秋菊,一切现象都是佛体,一切声音都是佛的狮子吼,一切诸佛都是毗卢遮那佛的化身。于是,深奥难懂的

"法身"被通俗化、形象化,玄妙抽象的佛理变成了人们日常可以顶礼膜拜的实体。释迦佛原本是世间的圣人,在阎浮提这个娑婆世界教化众生,自然也下降为毗卢遮那佛无数化身中的一个化身。

那么,这位毗卢遮那佛及其华藏世界如何见到呢?《华严经·十地品之三》有一个很著名的命题:

三界虚妄,但是心作。

心如工画师,画种种五阴,一切世界中,无法而不造。

这便叫做"三界唯心"。由此推论,佛及其世界超出三界,也是心之所造:"若人欲求知三世一切佛,应当如是观:心造诸如来。""诸佛悉了知,一切从心转;若能如是解,彼人真见佛。""如心佛亦尔,如佛众生然。心、佛及众生,是三无差别。"

华藏世界既是唯心净土,因此,刘宋昙摩密多译《观普贤菩萨行法经》说:

释迦牟尼佛名毗卢遮那遍一切处,其佛住处名常寂光:常波罗蜜所摄成处,我波罗蜜所安立处,净波罗蜜灭有相处,乐波罗蜜不住身心相处。

意思是说,华藏世界即具足圆满"常、乐、我、净"四德之常寂光土。

《梵网经》也说莲华藏世界,但与《华严经》所说有异。

《梵网经》全称《梵网经卢舍那佛说菩萨心地戒品第十》,又作《梵网经菩萨心地品》、《梵网戒品》。据僧肇《梵网经序》说,全书凡六十一品百二十卷,此为第十品二卷。相传为姚秦鸠摩罗什译,或说为刘宋时我国僧人所伪造。

《梵网经》所说之净土称莲花台藏世界海,又作莲华海藏世界、莲华台藏世界。《梵网经》卷下说:

我今卢舍那,方坐莲华台,周匝千叶上,复现千释迦,一华百亿国,一国一释迦,各坐菩提树,一时成佛道。

这个莲华台藏世界与华藏世界都是含藏在莲花中的佛国,都是卢

舍那(毗卢遮那之略称)佛的住处,显然说的是一回事。莲华台藏世界基于华藏世界。或以为两者都渊源于印度史诗摩诃婆罗多之开天辟地说。《大悲经》卷三、《大智度论》卷八等载,由毗湿奴脐中生出莲华,华中有梵天王,跌坐于千叶金色莲华上,由其心创造天地、人民。华藏世界及莲华台藏世界与毗湿奴之天地开辟说有类似之处,而莲华台藏世界之千叶莲华与梵天王所坐千叶金莲华渊源似更深。

莲华台藏世界当然也是唯心净土。卢舍那佛说得明白:

我已百劫修行是心地,号吾为卢舍那。汝诸佛转我所说,与一切众生开心地道。时莲华台藏世界赫赫天光,师子座上卢舍那佛放光,告千叶上佛:持我心地法门品而去,复转为千百亿释迦及一切众生,次第说我上心地法门品。汝等受持读诵,一心而行。(《梵网经》卷下)

此外,还有《密严经》所说之密严净土,以如来藏无垢净识为体,密教特指为法身大日如来之净土,相通于《华严经》所说之华严世界、净土门所说之极乐世界。本经旨在阐述一切法乃心识所变,说第九识示现密严净土,也是本于"心净土净"之说而立的。

《华严经》在大乘诸经中占有重要地位。一般认为《华严经》最后编纂于公元4世纪的于阗,随即流传于中印度一带。5至7世纪来自西域、北印及中印的入华僧人译籍中,普遍反映出毗卢遮那佛的信仰,如东魏时北印乌仗那国人毗目智仙、北周时北印犍陀罗人阇那耶舍师徒、唐时于阗人实叉难陀等人所译经典之首,都有"大智海毗卢遮那"一句。密教《大日经》的形成受了《华严经》的影响,它的大日如来直接承袭了当时流传的毗卢遮那信仰,为了与一般信仰的毗卢遮那相区别,加上"摩诃"(大)一词,便成了密教的大毗卢遮那佛(大日如来)。

中国知识僧俗对唯心净土情有独钟。宋代以后,知识僧俗往往把西方弥陀净土解释为唯心净土,以至西方弥陀净土与唯心净土的关系问题成为宋代以来争议的焦点,直到清末尚有余波,这是后话了。

现存大乘经论中,记载阿弥陀佛及其净土之事的,有二百余部,约占大乘经论的三分之一。最早传入汉地的宣传阿弥陀佛信仰的经典则是东汉支谶所译的《般舟三昧经》。该经云：

若沙门、白衣（在家信徒），所闻西方阿弥陀佛刹，当念彼方佛，不得缺戒，一心念若一昼夜，若七日七夜。过七日以后，见阿弥陀佛……用是念佛故，当得生阿弥陀佛国。（《行品》）

这是说，日夜一心思念阿弥陀佛，便能见佛，并在死后往生其佛国。但《般舟三昧经》还不是专门论述阿弥陀佛信仰的经典。

专门论述阿弥陀佛信仰的最早经典则是东汉失译的《后出阿弥陀佛偈》，共有五言偈句五十六句，附"阿弥陀佛说咒"。偈题下有："古旧录云：阙译人名，今纪《后汉录》。"其内容虽比较完整却十分简略。

东汉以后弥陀经典译本增多，其中最有影响的是《无量寿经》、《观无量寿经》、《阿弥陀经》及《无量寿经论》，合称"三经一论"，为后来净土宗主要依据的经典。

《无量寿经》有十二译，宋元以来仅存五译，称为"五存七欠"。所存之五译为：

后汉支娄迦谶译《无量清净平等觉经》二卷。但有学者认为此经为西晋竺法护所译。梁僧祐《出三藏记集》便没有支娄迦谶译此经的记载，倒有两处记西晋竺法护译《无量寿经》二卷，且皆注有"一名《无量清净平等觉经》"。把《平等觉经》与吴支谦译《大阿弥陀经》相比较，两个译本大部分译文相同，不同之处是《大阿弥陀经》所载的过去佛有三十四个，《平等觉经》为三十七个；关于弥陀二十四愿，《平等觉经》的次序有变动，文字较简练，多出两处偈颂。说明《平等觉经》很可能是在《大阿弥陀经》译文的基础上增补和改译的，为竺法护所译。

吴支谦译《佛说诸佛阿弥陀三耶三佛萨楼佛檀过度人道经》二卷。佛教经录一般简称之为《阿弥陀经》，后人为了与鸠摩罗什译《阿弥陀经》相区别，特称为《大阿弥陀经》。

曹魏康僧铠译《无量寿经》二卷。

唐代菩提流志译《大宝积经·无量寿如来会》二卷。简称《无量寿如

来会》。

宋代法贤译《佛说大乘无量寿庄严经》三卷。

所缺的七种译本按宋元以来说法为：

后汉安世高译《无量寿经》二卷。

曹魏白延译《无量清净平等觉经》二卷。

西晋竺法护译《无量寿经》二卷。前面说过，此译本很可能不缺，误为后汉支娄迦谶译。

东晋竺法力译《无量寿至真等正觉经》一卷。

刘宋佛陀跋陀罗译《新无量寿经》二卷。

刘宋宝云译《新无量寿经》二卷。

刘宋昙摩密多译《新无量寿经》二卷。

这十二译中所存五译，康译《无量寿经》为通行本。宋代王龙舒会集四种译本为一本（未收唐菩提流志译本），称为《大阿弥陀经》。近人夏莲居认为五种译本文词互有详略，义谛不无异同，会集五种译本为一本，称《佛说大乘无量寿庄严清净平等觉经》。

《观无量寿经》，一卷，刘宋畺良耶舍译。又称《观无量寿佛经》、《无量寿佛观经》、《无量寿观经》、《十六观经》，略称《观经》。隋代费长房《历代三宝纪》卷四、卷七于畺良耶舍译本外，另列举东汉、东晋两种译者不详的译本。

《阿弥陀经》，一卷，姚秦鸠摩罗什译。又称《一切诸佛所护念经》、《诸佛所护念经》、《小无量寿经》、《小经》、《四纸经》。异译二本：一为刘宋求那跋陀罗译《小无量寿经》，一卷，早已散佚，仅存咒文与利益文；一为唐代玄奘译《称赞净土佛摄受经》，一卷。

《无量寿经论》，二卷，世亲著。全称《无量寿经优婆提舍愿生偈》，又称《无量寿经愿生偈论》、《愿生偈》、《往生净土论》、《往生论》、《净土论》。

《无量寿经》、《观无量寿经》、《阿弥陀经》之注疏很多，独世亲《无量寿经论》只有东魏昙鸾之注，此注一出，即成经典，与论并行。

阿弥陀为梵文音译，又作阿弥多、阿弭跢、阿弭亸，略称弥陀，意译则十分复杂。"阿"字是梵音的头一个字，一切音声、所有文字，都不能离开"阿"字。"阿"，意译为"无"，印度的语言文字崇拜者以为它是万物之根源、诸法之本体，对它的含义作了广泛的解释，有一百义之多。"弥陀"意为量，含义也不少，"阿弥陀"合在一起，意译"无量"。

阿弥陀另有梵名阿弥多度，意译"无量寿"；梵名阿弥多婆、阿弥亸魄，意译"无量光"。梵本《阿弥陀经》及《称赞净土佛摄受经》载，此佛寿命无数，妙光无边，故称无量寿佛、无量光佛。而《般舟三昧经》、《大阿弥陀经》、《维摩诘经》等早期经典中，则只有阿弥陀之称号。由此推知无量寿、无量光之称，为后代依其名之原义所立。又在《平等觉经》、《后出阿弥陀佛偈》、《称赞净土佛摄受经》中，阿弥陀佛号无量清净佛，所在之世界称为清净世界、极乐世界。

《无量寿经》所载之名号又有发展。该经卷上谓：

是故无量寿佛，号无量光佛、无边光佛、无碍光佛、无对光佛、炎王光佛、清净光佛、欢喜光佛、智慧光佛、不断光佛、难思光佛、无称光佛、超日月光佛。

这便是常说的阿弥陀佛十三个名号（即"无量寿佛"加"十二光佛"）。除此之外，阿弥陀佛还有许多称号，如：无量法身、无量报身、无量应身、无量名号、无量世界、无量眷属、无量方便、无量化佛、无量化禽、无量乐音、无量神通、无量妙智、无量福德、无量安乐、无量自在、无量大慈、无量大悲、无量胜缘、无量大愿、无量种种不可思议神变法力、摄受一切无量众生，等等。阿弥陀佛译为"无量佛"，也就是"佛无量"，即无数之佛。在这个含义上，阿弥陀佛便是十方三世无量诸佛之总代表。所以，《观无量寿经》第九观说："见无量寿佛者，即见十方无量诸佛。""作是观者，名观一切佛身。"这样看来，不论译为"无量寿佛"，或者译为"无量佛"，或者译为其他，任何译名都不能表达出"阿弥陀佛"一词的丰富内涵。于是，人们多抛弃意译之法，干脆就按音译称阿弥陀佛，以保存这个词的全部含义。

· 1443 ·

从宗教史学的角度来看,阿弥陀佛的出现,可能与太阳崇拜有关。古印度婆罗门教崇拜太阳,称太阳神为弥陀罗;"阿弥陀"意译"无量光",便是太阳光的扩大引申。因此,有人认为,佛教吸收了古印度崇拜太阳神的思想,又受来自希腊、波斯宗教他力救济的祈祷崇拜影响,逐渐创造出阿弥陀佛。不过,人们所信仰的是佛教诸经的说法。佛教诸经都说,阿弥陀原是凡夫俗子,经修行而成佛。他原本是什么人,怎样成佛的,则说法不一。

《无量寿经》说,过去有佛,名"世自在王佛"(音译楼夷亘罗佛,又作世饶王佛、饶王佛)。时有一国王,听世自在王佛讲说佛法,心怀愉悦,决心向道,弃国舍家为僧,名为法藏。有一天,法藏整肃法衣,长跪于佛的座前,赞颂佛的功德,然后白佛:"我愿发无上的宏愿,祈求佛慈愍,为我广演诸佛如来的净土法门。我当秉承佛的慈旨勤修,完成我今所发愿心。"佛透视法藏,见他机宜非凡,智力高超,弘毅坚强,便答允了他,"即为广说二百一十亿佛刹土天人之善恶,国土之粗妙。应其心愿,悉现与之。"法藏睹见之后,潜心思维,用五劫时间,摄取二百一十亿佛土之精华,提炼为四十八条,再到佛前,表示愿实现这四十八条,称为"四十八愿"。法藏在佛前发四十八愿,即时大地震动,天雨妙华。又经历无数劫的修行,累功积德,愿行圆满,入于佛位,号为阿弥陀。阿弥陀佛成佛至今,已有十劫。

《悲华经》的《大施品》及《诸菩萨本授记品》说,过去有世界名删岚提,劫名善持,佛名宝藏如来。时有转轮圣王,名无诤念(又作无量净),与其千子一心向道,供养宝藏如来及诸圣众。宝藏如来放大光明,现出十方无量世界,有清净佛土,有不净佛土,计无诤念及诸子自己选取。无诤念表示不愿取不净佛土,发下二十四愿,愿取清净佛土。发愿之后,宝藏如来为他授记说,西方过百千万亿佛土有世界,诸佛相继出世白曰:"大王,如是诸佛悉灭度已,复过一恒河沙等阿僧祇劫,入第二恒河沙等阿僧祇劫,是时世界转名安乐,汝于是时当得作佛,号无量寿如来、应供、正遍知、明行足、善逝、世间解、无上士、调御丈夫、天人师、佛、世尊。"接着，宝藏如来又为无净念诸子授记。第一太子不昫将为观世音菩萨，在阿弥陀佛入灭后为佛，号"遍出一切光明功德山王如来"。第二王子尼摩将为大势至菩萨，成佛时名"善住珍宝山王如来"。第三王子王众，将为文殊菩萨，成佛时名"普现如来"。第八王子泯图，将为普贤菩萨，成佛时名"智刚吼自在相王如来"等。

隋代阇那崛多译《一向出生菩萨经》说，过去有佛，号"宝功德威宿劫王"，为众生广说陀罗尼。其时，有轮王名"持火"，其太子名"不思议胜功德"，生年十六，听佛说法，便在七万岁中精勤修习。未曾睡眠，也不侧伏，端坐一处，不贪王位及财宝，不乐自身，得闻无数诸佛说法，尽能修习。于是，出家为僧。又经九万岁，修习陀罗尼，并用来教化无量众生，使其发心向道。积功累德，终于成佛。经中说："尔时，不思议胜功德比丘，岂异人乎？即阿弥陀如来是也。"

《法华经·化城喻品》说，过去有佛，名"大通智胜如来"，他原是转轮圣王之子，曾生十六子。他出家成佛后，十六子也随他出家，以童子而为沙弥。大通智胜佛应十六沙弥及众人之请，讲说《法华经》，八千劫未曾休废，然后进入静室，禅定八万四千劫。十六沙弥知佛入定，便各升法座，广说《法华经》八万四千劫，各度脱无量众生。八万四千劫后，大通智胜佛升座宣告："是十六菩萨沙弥，甚为希有。诸根通利，智慧明了，已曾供养无量千万亿数诸佛，于诸佛所常修梵行，受持佛智，开示众生，令入其中。汝等皆当数数亲近而供养之。"并说十六沙弥都已得"无上正等正觉"而成佛，正在十六方国土说法。其中两位沙弥为"西方二佛，一名阿弥陀，二名度一切世间苦恼"。此外，还有东方阿閦佛，娑婆世界释迦牟尼佛等。可见，阿弥陀佛原是王孙、佛子，又是佛的弟子。

《鼓音声经》说，阿弥陀佛之国名清泰，圣王所住，其城纵广十千由旬。阿弥陀佛父是转轮圣王，名为月上，母名殊胜妙颜，子名月明，奉事弟子名无垢称，智慧弟子名贤光。此经以载有阿弥陀佛之父母而著称。

以上关于阿弥陀佛出世的不同说法，反映了在阿弥陀佛信仰的流

传中长期没有一个统一的说法,可以并存。不过,按照优胜劣汰规律发展着的阿弥陀佛出世诸说,《无量寿经》逐渐成为权威,法藏修行成阿弥陀佛之说被公认,已是定论。至于其他诸说,则所知之人甚少了。

依《无量寿经》卷上,阿弥陀佛之本愿为四十八愿,具体如下:

设我得佛,国有地狱、饿鬼、畜生者,不取正觉。

设我得佛,国中天人寿终之后,复更三恶道者,不取正觉。

设我得佛,国中天人不悉真金色者,不取正觉。

设我得佛,国中天人形色不同,有好丑者,不取正觉。

设我得佛,国中天人不识宿命,下至知百千亿那由他诸劫事者,不取正觉。

设我得佛,国中天人不得天眼,下至见百千亿那由他诸佛国者,不取正觉。

设我得佛,国中天人不得天耳,下至闻百千亿那由他诸佛所说,不悉受持者,不取正觉。

设我得佛,国中天人不得见他心智,下至知百千亿那由他诸佛国中众生心念者,不取正觉。

设我得佛,国中天人不得神足,于一念顷,下至不能超过百千亿那由他诸佛国者,不取正觉。

设我得佛,国中天人,若起想念贪计身者,不取正觉。

设我得佛,国中天人不住定聚,必至灭度者,不取正觉。

设我得佛,光明有限量,下至不照百千亿那由他诸佛国者,不取正觉。

设我得佛,寿命有限量,下至百千亿那由他劫者,不取正觉。

设我得佛,国中声闻有能计量,乃至三千大千世界众生悉成缘觉,于百千劫悉共计校,知其数者,不取正觉。

设我得佛,国中天人寿命无能限量,除其本愿修短自在,若不尔者,不取正觉。

设我得佛,国中天人,乃至闻有不善名者,不取正觉。

设我得佛,十方世界无量诸佛,不悉咨嗟称我名者,不取正觉。

设我得佛,十方众生至心信乐,欲生我国,乃至十念,若不生者,不取正觉。唯除五逆、诽谤正法。

设我得佛,十方众生发菩提心,修诸功德,至心发愿欲生我国,临寿终时,假令不与大众围绕现其人前者,不取正觉。

设我得佛,十方众生闻我名号,系念我国,植众德本,至心回向,欲生我国,不果遂者,不取正觉。

设我得佛,国中天人不悉成满三十二大人相者,不取正觉。

设我得佛,他方佛土诸菩萨众来生我国,究竟必至一生补处,除其本愿自在所化,为众生故,被弘誓铠,积累德本,度脱一切,游诸佛国,修菩萨行,供养十方诸佛如来,开化恒沙无量众生,使立无上正真之道,超出常伦诸地之行,现前修习普贤之德。若不尔者,不取正觉。

设我得佛,国中菩萨承佛神力供养诸佛,一食之顷,不能遍至无数无量亿那由他诸佛国者,不取正觉。

设我得佛,国中菩萨在诸佛前,现其德本,诸所求欲供养之具,若不如意者,不取正觉。

设我得佛,国中菩萨不能演说一切智者,不取正觉。

设我得佛,国中菩萨不得金刚那罗延身者,不取正觉。

设我得佛,国中天人一切万物,严净光丽,形色殊特,穷微极妙,无能称量。其诸众生乃至逮得天眼有能明了辨其名数者,不取正觉。

设我得佛,国中菩萨乃至少功德者,不能知见其道场树无量光色,高四百万里者,不取正觉。

设我得佛,国中菩萨若受读经法,讽诵持说,而不得辩才智慧者,不取正觉。

设我得佛,国中菩萨智慧辩才若可限量者,不取正觉。

设我得佛,国土清净,皆悉照见十方一切无量无数不可思议诸佛世界,犹如明镜睹其面像。若不尔者,不取正觉。

设我得佛,自地以上至于虚空,宫殿楼观,池流华树,国土所有一

切万物,皆以无量杂宝百千种香而共合成,严饰奇妙,超诸天人。其香普薰十方世界,菩萨闻者皆修佛行。若不如是,不取正觉。

设我得佛,十方无量不可思议诸佛世界众生之类,蒙我光明,触其身者,身心柔软,超过天人。若不尔者,不取正觉。

设我得佛,十方无量不可思议诸佛世界众生之类,闻我名字,不得菩萨无生法忍、诸深总持者,不取正觉。

设我得佛,十方无量不可思议诸佛世界,其有女人闻我名字,欢喜信乐,发菩提心,厌恶女身,寿终之后,复为女像者,不取正觉。

设我得佛,十方无量不可思议诸佛世界诸菩萨众,闻我名字,寿终之后,常修梵行至成佛道。若不尔者,不取正觉。

设我得佛,十方无量不可思议诸佛世界诸天人民,闻我名字,五体投地,稽首作礼,欢喜信乐,修菩萨行,诸天世人,莫不致敬。若不尔者,不取正觉。

设我得佛,国中天人欲得衣服,随念即至,如佛所赞应法妙服自然在身,有求裁缝捣染浣濯者,不取正觉。

设我得佛,国中天人所受快乐,不如漏尽比丘者,不取正觉。

设我得佛,国中菩萨随意欲见十方无量严净佛土,应时如愿,于宝树中皆悉照见,犹如明镜睹其面像。若不尔者,不取正觉。

设我得佛,他方国土诸菩萨众,闻我名字,至于得佛,诸根缺陋不具足者,不取正觉。

设我得佛,他方国土诸菩萨众,闻我名字,皆悉逮得清净解脱三昧,住是三昧,一发意顷,供养无量不可思议诸佛世尊,而不失定意。若不尔者,不取正觉。

设我得佛,他方国土诸菩萨众,闻我名字,寿终之后,生尊贵家。若不尔者,不取正觉。

设我得佛,他方国土诸菩萨众,闻我名字,欢喜踊跃,修菩萨行,具足德本。若不尔者,不取正觉。

设我得佛,他方国土诸菩萨众,闻我名字,皆悉逮得普等三昧。住是三昧，至于成佛，常见无量不可思议一切诸佛。若不尔者，不取正觉。

设我得佛，国中菩萨随其志愿，所欲闻法，自然得闻。若不尔者，不取正觉。

设我得佛，他方国土诸菩萨众，闻我名字，不即得至不退转者，不取正觉。

设我得佛，他方国土诸菩萨众，闻我名字，不即得至第一忍，第二、三法忍，于诸佛法不能即得不退转者，不取正觉。

这四十八愿，又作四十八大愿、六八弘愿、六八超世愿。

隋慧远在《无量寿经义疏》卷上把四十八愿分为三类：第十二、十三、十七之三愿为摄法身愿；第三十一、三十二之二愿为摄净土愿；其余之四十三愿为摄众生愿。此外，还有多种分类。

应该指出，关于阿弥陀佛之本愿，后汉译《平等觉经》、吴译《大阿弥陀经》及后汉译《后出阿弥陀佛偈》都说二十四愿，鸠摩罗什译《摩诃般若经》说三十愿，宋译《大乘无量庄严经》说三十六愿，曹魏译《无量寿经》及唐译《无量寿如来会》说四十八愿。数目不同，源于所据原本不同。原本由二十四至三十至三十六至四十八，大体上反映了弥陀本愿发展的轨迹，即后出的吸收和丰富了先前的内容。唯《大阿弥陀经》卷上所说第二愿之"国无女人"与"莲花化生"两条，不见于曹魏译《无量寿经》。当然，总的来说，《无量寿经》的四十八愿详赡完整，已被公认。

以四十八愿为蓝图而建成的阿弥陀佛净土，《无量寿经》喻为"安乐"，《阿弥陀经》喻为"极乐"，《文殊师利佛土严净经》喻为"安养"，《鼓音声经》喻为"清泰"，故通常有安乐国、安乐净土、安乐世界、极乐国、极乐净土、极乐世界、西方极乐世界、安养国、安养净土、安养世界、西方净土、弥陀国、弥陀净土等等称号。

净土为菩萨善业因所招之果报，分正、依二报。正报指成就之佛、菩萨及有情众生自体，依报指众生所依止的国土。弥陀净土依正二报庄严，《无量寿经》作了描述，世亲《无量寿经论》把这些描述概括整理为二种清净，摄二十九种庄严成就。

器世间清净（即依报），有十七种庄严成就：

国土相胜过三界道。名为庄严清净功德成就。

其国广大，量如虚空，无有齐限。名为庄严量功德成就。

从菩萨正道大慈悲出世善根所起。名为庄严性功德成就。

清净光明，圆满庄严。名为庄严形相功德成就。

备具第一珍宝性，出奇妙宝物。名为庄严种种事功德成就。

洁净光明，常照世间。名为庄严妙色功德成就。

其国宝物柔软，触者适悦，生于胜乐。名为庄严触功德成就。

千万宝华庄严池沼、宝殿、宝楼阁、种种宝树，杂色光明，影纳世界。无量宝网覆虚空，四面悬铃常吐法音。名为庄严三种功德成就。

于虚空中，自然常雨天华、天衣、天香，庄严普熏。名为庄严雨功德成就。

佛慧光明，照除痴暗。名为庄严光明功德成就。

梵声开悟，远闻十方。名为庄严妙声功德成就。

阿弥陀佛无上法王善力住持。名为庄严主功德成就。

从如来净华所化生。名为庄严眷属功德成就。

爱乐佛法味，禅三昧为食。名为庄严受用功德成就。

永离身心诸苦，受乐无间。名为庄严无诸难功德成就。

乃至不闻二乘、女人、根缺之名。名为庄严大义门功德成就。

众生有所欲乐，随心随意，无不满足。名为庄严一切所求满足功德成就。

众生世间清净（即正报），有十二种庄严成就：

无量大宝王微妙华（花）台，以为佛座。名为庄严座功德成就。

无量相好，无量光明，庄严佛身。名为庄严身业功德成就。

佛无量辩才，应机说法，具足清白，令人乐闻，闻者必悟解，言不虚说。名为庄严口业功德成就。

佛真如智慧，犹如虚空，照了诸法总相、别相，心无分别。名为庄严心业功德成就。

天人不动众,广大庄严,譬如须弥山,映显四大海,法王相具足。名为庄严大众功德成就。

成就无上果,尚无能及,况复过者。名为庄严上首功德成就。

为天人丈夫之调御师,大众恭敬围绕,如师(狮)子王师(狮)子围尧。名为庄严主功德成就。

佛本愿力庄严,住持诸功德,遇者无空过,能令速满足,一切功德海。未证净心菩萨毕竟得证平等法身,与净心菩萨、与上地菩萨毕竟同得寂灭平等。名为庄严不虚作住持功德成就。

诸菩萨众身不动摇而遍至十方,种种应化,如实修行,常作佛事。

如是菩萨应化身,一切时不前不后,一心一念放大光明,悉能遍至十方世界,教化众生,种种方便,修行所成,灭除一切众生苦恼。

是等菩萨于一切世界,无余照诸佛大会,无余广大无量供养,恭敬赞诸佛如来功德。

是诸菩萨于十方一切世界无三宝处,住持庄严佛、法、僧宝功德大海,遍示令解,如实修行。

这二十九种庄严,概括了弥陀净土依正二报庄严,描绘出了弥陀净土的安乐情景,比较系统而全面,可惜简略了一些。因此,昙鸾为之作注,这是后话了。

把世亲的二十九种庄严结合《无量寿经》的具体描述,从现代观点来看,弥陀净土大致有如下特色:

弥陀净土是一个没有自然压迫和危害的安乐之所,在那里一切需要都可以得到充分满足。穿的,是各种珍宝,想穿什么穿什么;吃的是禅三昧食,爱吃什么吃什么,愿什么时候吃什么时候吃;住的是宝殿楼阁,到处是八功德水,什么时候想洗浴便可洗浴。双目所接,无非珍花宝树,两耳所闻,尽为愉悦之音。到处光明,香气遍闻。七宝柔软,悦目便身。广大无限的国土平坦繁荣,没有高山险阻、荒凉不毛之处;气候温和,无所谓春夏秋冬。众生有所欲乐,随心随意,无不满足。

第三十二章 虚空法界的无量净土叩问生命久违的光明

· 1451 ·

在阶级社会中，人与人之间是没有平等的。社会划分为剥削者与被剥削者、统治者与被统治者、主人与奴仆，由此而产生阶级斗争，充满了争权夺利、尔虞我诈、征战杀伐、巧取豪夺等等现象。另外还有种族的、民族的、种姓的、地域的各种矛盾。弥陀净土却没有这些现象。这是一个平等的社会，不但居民之间平等，就是居民与佛、菩萨之间也是平等的，没有阶级的、种族的、民族的、地域的差别。佛只是导师、教化者，而不是剥削者、统治者、主宰者。诸法平等，一切现象在共性上平等而无差别，由此所达到的智慧平等而无差别，众生也平等而无差别。所以，社会生活和平安宁，看不到自私自利，更看不到损人利己，只看到自利利他，共求无上菩提。

在现实世界中，由于存在着阶级压迫与社会压迫，人生充满苦难与烦恼，佛家把诸多苦难与烦恼概括为"污秽"这个概念，因而称这个现实世界为秽土。与此相反，弥陀净土中的根本特点便是"清净"，国土清净，生活在其中的众生也清净，所以称为净土。众生清净既包括肉体，也包括心灵。众生全为化生，没有胎生、卵生和湿生；没有女人，凡女人至弥陀净土即转男身；没有六根残缺之人，健康得如那罗延；都具有天眼、天耳、他心智、神足、宿命等五神通；身俱真金色，寿命无限量；三十二相如佛，永离三恶道。众生不仅身脱苦难，而且心离烦恼，舍一切执著，成无量功德，深入正慧，再无余习。由此，居民都是身心健康的理想化的新人。

不过，这个理想国也有一个不理想的角落，那就是"边胎"。《无量寿经》卷下说：

若有众生，以疑惑心修诸功德，愿生彼国。不了佛智、不思议智、不可称智、大乘广智、无等无伦最上胜智，于此诸智，疑惑不信然犹信罪福，修习善本，愿生其国。此诸众生生彼宫殿，寿五百岁，常不见佛，不闻经法，不见菩萨、声闻圣众，是故于彼国土，谓之胎生。

《大阿弥陀经》卷下说，若有众生，修诸功德，愿生彼刹，后有悔心，又复疑惑，不信有彼佛刹，不信有往生者，也不信布施作善，后世得福。其人后虽续有念心，暂信暂不信，志意犹豫，无所专据。临命终时，不能至阿弥陀佛处，只见弥陀边界之七宝宫殿，便以欢喜心止住城内，于水池中化生。其城纵广二千里，中有七宝舍宅，又有七宝浴池，池中自然花香，七宝行树皆出五音之声，应意自然得百味饮食，凡城中快乐如第二忉利天。但不能出城，不得见佛、闻经及见诸比丘僧，也不得知净土之诸菩萨、阿罗汉相貌。留此边胎五百岁后，始得至阿弥陀佛所，渐得智慧开明。因疑而住边地之城，故也称疑城、边地。

关于边地宫胎之解释，净土诸家有各种异说。

弥陀净土的教主是阿弥陀佛，他的助手是观世音菩萨和大势至菩萨，合称弥陀三尊、西方三圣。

关于阿弥陀佛的形相，《观无量寿经》概括为"三十二相"、"八十随形好"。所谓三十二相，原是古代印度理想化的转轮圣王形相。小乘时期，释迦牟尼佛的形相也被描绘有三十二种特征。这三十二种特征，称为三十二大人相，与八十种好合称"相好"。后来所有的佛都具有相、好，因而有"千佛一面"之说。阿弥陀佛当然也具有这三十二种特征。

关于三十二相名称之顺序，各有异论。据《大智度论》卷四所载为：

足下安平立相——安立之时，足下平满，没有凹处，犹如盒底。这是佛于因位行菩萨道时，修六波罗蜜所感得的妙相，此相表引导利益之德。

足下二轮相——又作千辐轮相。足下毂网轮纹，众相圆满，如同千辐之轮。此相能摧伏怨敌恶魔，表照破愚痴与无明之德。

长指相——又作指纤长相、指长好相、纤长指相，即两手、两足指都纤长端直之相。是由恭敬礼拜诸师长，破除骄慢心所感得之相，表寿命长远，令众生爱乐归依之德。

足跟广平相——又作足跟圆满相、足跟长相，即足踵圆满广平。是由持戒、闻法、勤修行业而得之相，表化益尽未来际一切众生之德。

手足指缦网相——又作指间雁王相、指网缦相。即手足一一指间，

都有缦网交互联络之纹样,如雁王张相即现,不张即不现。此相是由修四摄法、摄持众生而有。能出没自在无碍,表离烦恼恶业,至无为彼岸之德。

手足柔软相——又作手足如兜罗绵相,即手足极柔软。是以上妙饮食、衣具供养师长,或在父母师长病时亲手为其拭洗等奉事供养而感得之相,表佛以慈悲柔软之手摄取亲疏之德。

足跌高满相——又作足跌隆起相、足跌端厚相、足跌高平相,即足背高起圆满之相。是佛于因位修福、勇猛精进感得之相,表利益众生、大悲无上之内德。

腨如鹿王相——股骨如鹿王之纤圆,是往昔专心闻法、演说所感得之相,表一切罪障消灭之德。

正立手摩膝相——又作垂手过膝相,即立正时,两手垂下,长可越膝。是由离我慢、好惠施、不贪著所感得,表降伏一切恶魔、哀愍摩顶众生之德。

阴藏相——又作马阴藏相,即男根密隐于体内如马阴(或象阴)之相。由断除邪淫、救护怖畏之众生而感得,表寿命长远,得众多弟子之德。

身广长等相——又作圆身相、尼俱卢陀身相。指佛身左右上下,其量全等,周匝圆满,如尼拘律树。以其常劝众生行三昧,作无畏施而感此妙相,表无上法王尊贵自在之德。

毛上向相——又作身毛右旋相,即佛一切发毛,由头至足都右旋,其色绀青、柔润。此相由行一切善法而有,能令瞻仰众生心生欢喜,获益无量。

一一孔一毛生相——又作孔生一毛相、一孔一毛不相杂乱相。即一孔各生一毛,其毛青琉璃色,一一毛孔皆出香气。为尊重供养一切有情、教人不倦、亲近智者、扫除棘刺道路所感之妙相,蒙其光者,悉能消灭二十劫罪障。

金色相——又作金色身相,指佛身及手足均为真金色,如众宝庄严之妙金台。因离诸忿恚、慈眼顾见众生而感得,能令众生瞻仰而厌舍爱乐,灭罪生善。

大光相——又作圆光一寻相。即佛之身光,任运普照三千世界,四面各有一丈。由发大菩提心、修无量行愿而有,能除惑灭障,表一切志愿都能满足之德。

细薄皮相——又作皮肤细软相,即皮肤细薄、润泽,尘垢不染。是以清净之衣具、房舍、楼阁等施与众生、远离恶人、亲近智者所感得之相,表佛之平等无垢、以大慈悲化益众生之德。

七处隆满相——指两手、两足下、两肩、颈项七处之肉都隆满、柔软。由不惜舍己所爱之物施予众生而感得,表一切众生得以灭罪生善之德。

腋下平满相——又作肩膊圆满相,即两腋下之骨肉圆满不虚。因佛予众生医药、饭食,又自能看病所感得之妙相。

上身如狮子相——又作上身相、狮子身相。指佛之上半身广大,行住坐卧威容端严,如狮子王。因佛于无量世界中,未曾两舌,教人善法,行仁和,远离我慢而感得此相,表威容高贵、慈悲满足之德。

大直身相——又作身广洪直相。在一切人中,佛身最大而直。为施药看病,持杀、盗戒,远离骄慢所感之相,能令见闻之众生止苦、得正念、修十善行。

肩圆好相——两肩圆满丰腴,殊胜微妙。由造像修塔,施无畏所感而得,表灭感除业等无量功德。

四十齿相——佛具四十齿,一一都齐等,平满如白雪。此相由远离两舌、恶口、恚心,修习平等慈悲而感得,常出清净妙香,能制止众生之恶口业,灭无量罪,受无量乐。

齿齐相——又作齿密平齐相,即诸齿都不粗不细,齿间密接而不容一毫。因以十善法化益众生,又常称扬他人功德而感得,表能得清净和顺、同心眷属之德。

牙白相——又作四牙白净相,即四十齿外,上下也各有二齿,其色

鲜白光洁,锐利如锋,坚固如金刚。以常思维善法,修慈而感得此相,此相能摧破一切众生强盛坚固之三毒。

狮子颊相——又作颊车相,即两颊隆满如狮子颊。见此相者,得除灭百劫生死之罪,而见诸佛。

味中得上味相——又作常得上味相、知味味相,指佛口常得诸味中之最上味。由见众生如一子,又以诸善法回向菩提感得之相,表佛之妙法能满足众生志愿之德。

大舌相——又作广长舌相、舌软薄相,即舌头广长薄软,伸展可覆至发际。为发弘愿心,以大悲行回向法界而感得之相,观此相灭百亿八万四千劫生死罪,而得值遇八十亿之诸佛菩萨受记。

梵声相——又作声如梵王相,即佛清净之梵音,洪声圆满,如天鼓响,也如迦陵频伽之音。由说实语、美语,制守一切恶言所得,闻者随其根器而得益生善,大小权实也得惑断疑消。

真青眼相——又作目绀青相、莲目相,即佛眼绀青,如青莲花。因生生世世以慈心慈眼及欢喜心施予乞者所感得。

牛眼睫相——又作眼如牛王相,指睫毛整齐而不杂乱。为观一切众生如父母,以思一子之心怜愍爱护而感得之相。

顶髻相——又作肉髻相,即顶上有肉,隆起如髻形。由教人受持十善法,自亦受持而感得。

白毛相——又作眉间毫相,即两眉之间有白毫,柔软如兜罗绵,长一丈五尺,右旋而卷收,以其常放光,故称毫光、眉间光。因见众生修三学而称扬赞叹遂感得此妙相。

以上三十二相,行百善能得一妙相,称为"百福庄严"。

三十二相是显而易见的形相,随三十二相而来的微细隐密难见之形状有八十种,称为八十种好,又称八十随形好、八十随好、八十微妙种好、八十种小相、众好八十章。转轮圣王能具足三十二相,但只有佛、菩萨才能同时具足八十种好。

关于八十种好的顺序及名称,也是众说纷纭。据《大般若经》卷三八一载,指:指爪狭长,薄润光洁;手足之指圆而纤长、柔软;手足各等无差,诸指间皆充密;手足光泽红润,筋骨隐而不现;两踝俱隐;行步直进,威仪和穆如龙象王;行步威容齐肃如狮子王;行步安平如牛王;进止仪雅如鹅王;回顾必皆右旋如龙象王之举身随转;肢节均匀圆妙;骨节交结犹若龙盘;膝轮圆满;隐处之纹妙好清净;身肢润滑洁净;身容敦肃无畏;身肢健壮;身体安康圆满;身相犹如仙王,周匝端严光净;身之周匝圆光,恒自照耀;腹形方正、庄严;脐深右旋;脐厚不凹不凸;皮肤无疥癣;手掌柔软,足下平安;手纹深长明直;唇色光润丹晖;面门不长不短,不大不小如量端严;舌相软薄广长;声音威远清澈;音韵美妙如深谷响;鼻高且直,其孔不现;齿方整鲜白;牙圆白光洁锋利;眼净青白分明;眼相修广;眼睫齐整稠密;双眉长而细软;双眉呈绀琉璃色;眉高显形如初月;耳厚广大修长轮埵成就;两耳齐平,离众过失;容仪令见者皆生爱敬;额广平正;身威严具足;发修长绀青,密而不白;发香洁细润;发齐不交杂;发不断落;发光滑殊妙,尘垢不著;身体坚固充实;身体长大端直;诸窍清净圆好;身力殊胜无与等者;身相众所乐;面如秋满月;颜貌舒泰;面貌光泽无有颦蹙;身皮清净无垢,常无臭秽;诸毛孔常出妙香;面门常出最上殊胜香;相周圆妙好;身毛绀青光净;法音随众,应理无差;顶相无能见者;手足指网分明;行时其足离地;自持不待他卫;威德摄一切;音声不卑不亢,随众生意;随诸有情,乐为说法;一音演说正法,随有情类各令得解;说法依次第,循因缘;观有情,赞善毁恶而无爱憎;所为先观后作,具足轨范;相好,有情无能观尽;顶骨坚实圆满;颜容常少不老;手足及胸臆前,俱有吉祥喜旋德相(即卍字)。

按《观无量寿经》,阿弥陀佛除三十二相、八十随形好外,还有作为无量寿佛的身相,即"身如百千万亿夜摩天阎浮檀金色。佛身高六十万亿那由他恒河沙由旬,眉间白毫,右旋宛转,如五须弥山。佛眼如四大海水,青白分明。身诸毛孔,演出光明,如须弥山。彼佛圆光,如百亿三千大千世界,于圆光中,有百万亿那由他恒河沙化佛;一一化佛,亦有

· 1457 ·

众多无数化菩萨以为侍者。无量寿佛有八万四千相,一一相中,各有八万四千随形好;一一好中,复有八万四千光明;一一光明,遍照十方众生"。

至于观世音菩萨,《观无量寿经》称:"其余身相,众好具足,与佛无异。唯顶上肉髻,及无见顶相,不及世尊。"这就是说,观世音菩萨与阿弥陀佛一样,身具三十二相、八十种好。不及佛的只有两点,顶上的肉髻和无见顶相。顶上肉髻属三十二相,无见顶相则为八十种好之一,两者似有不同,实则没有多大差别。从三十二相来说,顶上长成肉髻;但从八十种好来说,此肉髻大家见不到,虽见不到,却长在顶上,因而是微细特征,归于"好"之列。两者说的都是顶上肉髻,只是从不同角度说而已。这个肉髻"不及世尊",是指高低大小不及,还是指其形不及,经中没有明说。

大势至菩萨的形相,《观无量寿经》称:"顶上肉髻,如钵头摩华。于肉髻上,有一宝瓶,盛诸光明,普现佛事。余诸身相,如观世音,等无有异。"

大势至菩萨和观世音菩萨一样,也具有三十二相、八十种好,也是肉髻不如佛。但大势至菩萨的肉髻颇为神奇,其上的宝瓶能演种种佛事。当然,不见得因此便胜过观世音菩萨,观世音菩萨眉间有白玉毫,流出八万四千种光明,每种光明中有无量百千佛,每位佛有无数菩萨为侍者,光是这个白玉毫,就足可以和大势至菩萨的肉髻宝瓶媲美。所以,在《观无量寿经》中,两位菩萨是各有千秋。

佛教的修行方法历来比较繁难。小乘佛教以获阿罗汉果为目标,认为一个人即使积善累德,身上有了"善根",要获得解脱,最快的也须经过"三生",慢者经过千生,甚至百劫千劫,也得不到解脱,依然流转生死。大乘佛教讲人人可以成佛,但不少流派主张须经累世修行,决非一生一世便能办到。《道行般若·昙无竭品》说:

成怛萨阿竭阿罗诃三耶三佛身(如来无上正等正觉身),不以一事不以二事成,以若干百千事,若世世作功德,本愿所致,亦复世世教人,用事故成佛身相及诸好,悉见如是。

这就是说,菩萨要成佛,须世世作功德,世世教人。而众生是无穷无尽的,菩萨要度脱众生,其修行当然必定是一个无限的长期过程。

与这些繁难的修行不同,弥陀经典提出了一个十分简便易行而又速效的修行法门,即念佛。

念佛的"念",又作"忆",是对所缘之事明白记忆而不使忘失的精神作用。汉译为"念",从心,是很确切的,本就指的是心中的忆想活动。释迦佛入灭后,他的伟大的人格力量使弟子们深深怀恋,有的思念佛的音容笑貌,有的思念他的教义教法,有的不免念叨佛的名号,从中获得精神慰藉,振奋起光大佛法的雄心,坚定了谋求解脱的决心。因此,念佛是早就有了的,不过,所念之佛仅是释迦佛一位,而且多为自发的。

早在部派佛教时期,念佛的功德便受到人们的重视。在《增一阿含经》卷一之《十念品》、卷二之《广演品》、《诸经要集》卷三都以念佛为十随念之一。所谓十随念,指十种观想、思念,以思想十个对象,止息妄想,令心不动乱。十随念为:念佛,专精系想如来之相好;念法,专精系想修行轨则及诸佛教法;念众,又作念僧,专精系想四双八辈(即预流、一来、不还、阿罗汉等四对八种)之圣众;念戒,专精系想持戒能止诸恶,成就道品;念施,专精系想布施能破悭贪,生长福果,利益一切,而无后悔心及求报心;念天,专精系想诸天成就善业,感得胜身,众福具足,我亦如是修善业,感得如是身;念休息,专精系想于寂静之处闲居,屏息一切缘务,修习圣道;念安般(出入息),专精系想,摄心静虑,数出入息,觉知其长短,除诸妄想;念身非常,专精系想此身为因缘假和合,发毛、爪齿等无一为真实常住者;念死,专精系想人生如梦幻,不久即将散坏。这十随念是小乘佛教的禅法,其中的念佛不是为了求生净土,而只不过是为了进入和保持精神专注状态,但已是一种重要的禅定方法。

把念佛方法与往生弥陀净土联系起来的最早经典是支娄迦谶于东汉灵帝光和二年(179)所译的《般舟三昧经》。"般舟三昧"系梵文音译意译"佛现前定"。入此种三昧,可见十方诸佛悉现前立,故又称"佛立三昧"。此经前后共有九种译本,现存三种,除支娄迦谶所译外,还有西翟竺法护译本及译者不明的《拔陀菩萨经》。

此经《问事品第一》载,飓陀和向佛提出了一系列的问题,从世俗的荣华富贵、健康长寿、才貌双全、自由自在到出世的诸佛神通、诸佛国土等等,希求能够如愿以偿。佛答道:"有三昧名十方诸佛悉在前立,能行是法,汝之所问悉可得也。"即是把佛立三昧与往生弥陀净土联系起来。该经还指出:

于三昧中立者,有三事,持佛威神力,持佛三昧力,持本功德力。用是三事故,得见佛。(《行品第二》)

这就是说,能见佛是由于佛的威神力和修持者的功德力,即外力(他力和内力、自力)合力的结果。经文把佛威神力放在首位,突出佛的作用,开启了后来净土宗强调他力之端。

此经是说大乘禅法的,最终归结到般若的性空假有。三卷本说:

如是……菩萨其所向方闻现在佛,常念所向方,欲见佛,即念佛,不当念有,亦无我所立,如想空。于是,念佛也就等于念空,"佛现前立"成了论证一切本无的一种方法。这种由观佛形相进而悟解义理、念佛之实相之法,是观想念佛与实相念佛之结合。

弥陀经典中说的念佛方法已经很完备。《无量寿经》卷下说通过三种途径可以往生弥陀净土:第一种人(上辈),舍家弃欲而作沙门,发菩提心,一心专念无量寿佛,修诸功德,愿生彼国;第二种人(中辈),虽不作沙门,但专念无量寿佛,多少修善,如持斋起塔造像,施舍沙门等,也愿生彼国;第三种人(下辈),既不能作功德,更不能作沙门,但"一向专意,乃至十念,念无量寿佛,愿生其国"。这三种人,都可在死后往生弥陀净土。阿弥陀佛四十八愿中,如第十八、十九、二十、三十四、三十六、四十七等愿中,都讲念佛名号之法,甚至只要听到阿弥陀佛的名字,也就念到了,可以实现往生之愿。

《观无量寿经》还展开观想念佛之法,说十六观:

日想观——正坐向西,观日落处。太阳光线强而容易观,能把心集注于西方一处。但要观到闭目后还能看得见日形。

水想观——水本性澄清,由此观可制止散乱心。同时又要观冰,因为冰的性质透明。又要观玻璃,以达到内外透彻、八面玲珑境界。

地想观——这是从现实的大地而观到安乐国地的。由于此观,最后能把心专注于一境(三昧境界)。

宝树观——树高八千由旬,花叶都以七宝庄严,果实能发大光明等等,由此,可知树木之生命及其发展,最后能观到弥陀净土之百花境界。

宝池观——安乐国水为八功德水,宝池由七宝合成。从宝池流出摩尼水,声音微妙,如奏音乐,演示苦、空、无常、无我等法。

宝楼观——五百亿宝楼,巍然林立,楼中无量天人,演奏美妙音乐。透彻这个境界之人,能除无量劫罪。

花座观——阿弥陀佛之莲花座,极其美丽庄严,变现自在,无可形容。

佛观——观想阿弥陀佛之法身。法身入一切众生心想中,而遍满一切处,所以,心想佛时,此心即是三十二相、八十种好。是心作佛,是心是佛。同时,观想观世音、大势至在旁胁侍。

佛身观——观想阿弥陀佛之真身,即色身。佛身金色,无比高大,佛眼大如四大海水。其光明、相好,不可具说,当用心眼观察,才看得到。

观世音观——观世音菩萨身色紫金,无比高大,头顶有肉髻,身后有大圆光。

大势至观——大势至菩萨身相,与观世音菩萨类似。

普观——观想自己已经往生弥陀净土,结跏趺坐于莲花中而普观极乐之相。

杂想观——这是把上述第七至第十二观总结起来的总观。因为前六观所说之相都十分巨大,凡夫心力不及,可以把佛"微型化"为丈六金身,其余也照此"微型化",加以观想。

上品生观——总的来说,深信因果,不谤大乘,大智大慧之人为上品。上品又分上中下三品:上品上生者,生净土后,闻法即得无生法忍,经须臾即可"历事诸佛,遍十方戒,次第受记"而成佛;上品中生者,经一小劫"得无生忍,现前受记"而成佛;上品下生者,经三小劫,得"百法明门"(指菩萨于初地所得之智慧门,能通入百法之真性),到"欢喜地"(初成之菩萨位)。

中品生观——持戒、行善、不造诸恶,可得中品。中品也分上中下三品:中品上生者,可得阿罗汉;中品中生者,先得"须陀洹"(在小乘的阿罗汉、阿那含、斯陀含、须陀洹四果中为最低之果位),经半小劫后,成阿罗汉;中品下生者,须得须陀洹后,经一小劫,成阿罗汉。

下品生观——大多在世时遍造诸恶,临终向道,称念阿弥陀佛之名,乘佛愿力,得以往生净土。也分三品:下品上生者,生于净土后,闻法起信,经十小劫后,具百法明门,得入初地(菩萨乘初地);下品中生者,生于净土七宝池莲花之内,经过六劫,才闻法起信,发无上道心;下品下生者,须在莲花内经十二大劫后,观世音菩萨、大势至菩萨为其说法除罪,才能发菩提心。

《阿弥陀经》则较为强调称名念佛。该经称:

若有善男子、善女人,闻说阿弥陀佛,执持名号,若一日、若二日、若三日、若四日、若五日、若六日、若七日,一心不乱,其人临命终时,阿弥陀佛与诸圣众,现在其前。是人终时,心不颠倒,即得往生阿弥陀佛极乐国土。

世亲的《无量寿经论》更是具体提出求生净土应修"五念门":一、礼拜门,即向阿弥陀佛礼拜;二、赞叹门,即口赞阿弥陀佛之名;三、作愿门,即发起往生净土之愿;四、观察门,观想安乐国依正二报庄严;五、回向门,即不舍一切苦恼众生,把自己所修之念佛功德回施一切众生,与众生同往生净土,成就广大慈悲之心。

总之,弥陀经典把往生净土的修行方法简单化,主要集中于念佛一法;而又把念佛之法扩展开来,成为内容丰富的修行之法。据经论所载,诸多念佛之法,按其内容可归为三种:

实相念佛。大乘佛教的"实相"一词,是一个本体概念,指宇宙万有总的本相,与"真如"、"法身"、"如来"等为同义词。所以,实相念佛又称法身念佛。这种念佛是哲理性的,要悟解佛的实相,可谓"理即佛"。

观想念佛。观想西方净土依正二报诸相,是一种形象性的念佛,不需进一步去作哲理性的探索。

称名念佛。称念阿弥陀佛名号,这种称念,既包括口念,也包括心念,一般指心口同念。

当然,在弥陀诸经中,并没有这样清楚的分类,而是统称为念佛三昧,其重点则在观想念佛。尤其是《观无量寿经》,其所说念佛三昧几乎即是观想念佛了。

在诸种净土思想中,弥陀净土思想出现较晚,它吸收了以前诸净土的精华并加以发展,因而最为成熟。以后虽然还产生过一些净土思想,但都没有超过弥陀净土的。只有《文殊师利佛土严净经》说文殊净土胜于弥陀净土若干倍,那是作者的自我评价,亦不足为凭。

关于诸种净土的优劣,前人多有评说。尤其是弥勒净土和弥陀净土之间孰优孰劣,在隋唐时期曾是热门话题,后面再作介绍。这里打算从净土思想本身,把弥陀净土、弥勒净土及阿閦净土三者作一下比较。弥陀净土与弥勒净土在中国都很有影响,阿閦净土虽未造成信仰,但大乘经典中亦多所提及而为人们所熟悉,所以将三者一并作比较为合适。

从形式上看,这三种净土都是富足、光明、安宁、快乐的理想国,但在具体内容上多有不同,值得注意的有以下几点:

弥勒净土有众多的天女,天女无论如何神奇,也是女人,所以,居

民可以充分享受物质性的五欲之乐。阿閦净土中一部分居民是出家的圣众；另一部分是在家者，建设家庭，娶妻生子，只不过很有道德罢了。弥陀净土则是男性世界，没有女人，他国女人有愿生弥陀净土者，命终即化男身，生于净土七宝莲花之中。所以，弥陀净土之乐，非物质性的五欲之乐，而是不可思议法性乐，寂静无为之乐。从大乘佛教观点看来，这种法性乐比物质性的五欲之乐要高级得多。

往生弥勒净土者，还不是菩萨，只是声闻众，而且尚须过五十六亿七千万年之后，随弥勒下生人间，净化人间，方能成佛。阿閦净土的居民除声闻众外，又以菩萨众为教化对象。弥陀净土的居民则皆可得正定聚，得菩萨无生法忍，得诸深总持，即都可成菩萨，同阿弥陀佛一样具有无量光、无量寿，可以很快地成佛。

往生弥勒净土者，需精勤修诸功德，行众三昧，读诵经典，称弥勒名，受八戒斋，修诸净业等等，才能往生。生于弥勒净土后，虽能得不退转（正定聚），却需从弥勒菩萨听经说法。将来随至人间教化，仍需努力。总之离不开个人之勤苦修行。阿閦净土的往生需修行六度，全仗自力。弥陀净土则可凭借佛力带业往生。一切众生，无论有多少罪障，只须念佛，都有往生成佛的机会。

阿弥陀佛第十九愿说，众生至心发愿，欲生其国者，临终时他定来亲自接引，所以，阿弥陀佛又号"接引佛"。这是弥陀净土的特色，给人以万修万成之感。弥勒及阿閦佛都没有临终接引之愿，将来病危神昏之时，全凭自己往生，恐怕没有把握。

由此可见，弥陀净土是最殊胜、条件最好、成佛最易、往生最保险的净土，其他净土与弥陀净土相较无疑是相形见绌了。

以上比较中最值得注意的是，关于弥陀净土中没有女人的问题。从人类社会学的角度看，自从母系氏族过渡到父系氏族后，女性就逐渐失去了在社会中的主导地位。步入阶级社会后，女性更是受到男权的压迫。古代印度社会在歧视妇女这一点上也不例外。原始佛教产生后，认为人生一切皆苦的思潮普遍流行，信徒们视家庭为牢笼，把生活当火宅。他们主张出家,走出现实生活,断除个人贪欲,到山林中修行,追求涅槃以获解脱。他们以性欲和性生活为大罪,戒邪淫被放在一切戒律之首位。传统的歧视妇女的观点,使他们把妇女当成"性"和"欲"的化身,淫佚和放荡的源泉,污秽不洁的代表。所以在小乘或大乘的许多经典中,都有大量的歧视妇女的言论,如西晋竺法护译《超日明三昧经》卷下所载一位上度比丘之说:

不可女身得成佛道也。所以者何?女有三事隔、五事碍。何谓三?少制父母;出嫁制夫,不得自由;长大难子,是谓三。何谓五碍?一曰女人不得作帝释,所以者何?勇猛少欲乃得为男,杂恶多态故为女人……二曰不得作梵天……淫恣无节故……三曰不得作魔天……轻慢不顺,毁疾正教故……四曰不得作转轮圣王……匿(邪恶)态有八十四,无有清净行故……五曰女人不得作佛……而着色欲,淖情匿态,身口意异故。

这里所说的"五事碍",是对妇女的五种偏见,"三事隔"则与中国封建礼教的"三从"(在家从父、出嫁从夫、夫死从子)如出一辙。

大乘佛教是主张"诸法平等"的,既然如此,男与女又为何不平等呢?这在理论上是说不通的。于是,随着大乘佛教的发展,也产生了男女平等的主张。如《超日明三昧经》卷下载,有"长者女慧施",就反驳了上度比丘,并宣布:"一切无相,何有男女?""吾取佛者,有何难也?"

弥陀净土中女转男身的说法,显然属于佛教的传统观念。对此,竺法护译《诸佛要集经》卷下有一位名离意的女子作了有力的反驳,她说:"一切诸法,悉如虚空,当以何因转于女像成男子乎?"她以般若性空的理论,从根本上否定了男女之别,否定了歧视妇女的传统观念,否定了女转男身的必要性。在大乘经典中,这种尊重女性以及承认女性一样可以成佛的观点,也是大量存在的。

无论什么样的理想,都是现实生活的反面,是现实生活中所缺乏的,因而是人们所追求、所憧憬的东西。宗教的理想也是如此。弥陀净

土是大乘佛教所描述的理想国，其中就孕育着古代人类这种深层次的思考。

　　古代印度通行种姓制度。约公元前两千年的中叶，属于印欧语系的一些部落(过去曾称之为"雅利安人")从中亚高原南下，进入印度恒河流域定居，对原来的土著居民实行压迫和剥削。雅利安人肤色白，居于统治地位，自称"雅利阿"种姓，而把肤色黑的被统治的土著居民称为"达萨"种姓。两个种姓是职业世袭、内部通婚、不准外人参予的社会等级集团。随着社会分工的发展和奴隶制国家的形成，雅利阿内部派生出婆罗门、刹帝利和吠舍三个种姓，加上达萨即"首陀罗"，共计四个种姓。这四个种姓之间壁垒森严，他们的社会地位、权利义务、职业、生活方式和风俗习惯都是不平等的。在这种社会背景下，释迦牟尼反对婆罗门，创建了佛教。

　　从此以后，印度逐渐向封建制度过渡，种姓制度演变为姓阶制度，即在原来的种姓中，按照职业的不同，又分出数以千计的姓阶，不同姓阶之间，不得互通婚媾。这样的姓阶制度，与中国封建社会的门阀制度颇相类似。阶级关系重新组合后，社会关系更加复杂化。与此同时，印度多次遭到外族的入侵，内部时而统一时而分裂，战争连绵不断。

　　阶级矛盾、姓阶矛盾、民族矛盾、国家矛盾，造成了民众的灾难和痛苦，即使是居于统治层的人，也常常面临苦恼或不幸。今世在现实世界遭受苦难，来世希望生活幸福。人们美好的愿望幻化为净土，于是，公元1世纪左右大乘佛教兴起，终于酝酿出弥陀净土这个成熟的净土思想来。它是印度封建社会现实苦难的曲折反映，代表了当时人们对幸福生活的追求。

　　弥陀净土不仅是净土思想发展的高峰，就是在古代所有宗教和世俗的理想中，也是最为美妙的。由此，我们不妨来与中国的儒家理想作一比较。

　　儒家对现实世界也是不满意的，他们构想过各种理想，其中最著名的要算大同思想和桃花源。

《礼记·礼运》描述的大同思想是：

大道之行也，天下为公，选贤与能，讲信修睦。故人不独亲其亲，不独子其子。使老有所终，壮有所用，幼有所长，矜寡孤独废疾者皆有所养。男有分，女有归，货恶其弃于地也，不必藏于己。力恶其不出于身也，不必为己。是故谋闭而不兴，盗窃乱贼而不作。故外户而不闭，是为大同。

这里面所说的"天下为公"的理想，曾鼓舞与激励仁人志士，长达两千年。辛亥革命后，全国所有礼堂及会议室中，人们可以看到孙中山所题"天下为公"四字牌匾悬挂在正面墙上，便是一个例证。但是，这个大同世界的内容，只限于社会关系的范围之内，没有弥陀净土那么广泛地包括自然环境、经济文化发展及人的素质等内容，就是在社会关系这个范围之内，也缺乏明确的平等思想。

东晋陶潜（365-427）所写的《桃花源记》，影响也很大。其中描写桃花源道：

土地平旷，屋舍俨然，有良田、美池、桑竹之属，阡陌交通，鸡犬相闻。其中往来种作，男女衣着悉如外人。黄发垂髫，并怡然自乐。

这里面谈到自然环境，土地平旷，有良田、美池、桑竹，交通方便。也谈到房屋、衣着。还说到幼童、老者都快乐。这是一幅封闭的小农经济的和谐、满足、愉快的图画，又如一首宁静美丽的田园诗。而作为社会理想来说，与弥陀净土那种磅礴气势相比，真如小巫见大巫了。

其他宗教也有自己的理想世界，如基督教的天堂。天堂是上帝的在天居所，宝座前有众天使侍立，基督则坐在上帝的右边。得救者的灵魂都升入天堂，与上帝同享永福。《圣经》关于天堂的情景多有描述，且十分的繁琐，甚至连如何烤煎牲畜，烤哪些部位、多少分量，根据什么理由而烤煎等等，都详加说明。但这些具体的描述远远缺乏弥陀净土那种丰富的想象力。

可见，古代关于理想世界的勾画，无论是世俗的儒家，或是别的宗教，都没有弥陀净土那样博大精深，那样美妙到不可思议。弥陀净土，

可以说是人类理想长河中一朵奇幻瑰丽之花,它以其独特的魅力,吸引着众多的善男信女。

　　菩萨道的行者,实践六度万行,功德无量无边,庄严甚庄严,生生世世,赞叹莫能了。累生累劫,欲报答菩萨的恩惠,终无是处。菩萨真不愧是:人一流,法一流,人称一流,由菩萨担当此一流,最恰当不过。五欲六尘是无辜的、无好无坏的,任何时间,任何处所,五欲六尘皆是无争的,所谓:"境缘无好丑,好丑起于心;酒不醉人,人自醉;色不迷人,人自迷。"五欲六尘,亦复如是。修行者若能肯定自性,了知万法本空,无自性可得,不为五欲六尘所感动,那么,自性的功力,久而久之,境界突飞猛进,必得证悟法身,成等正觉。何以得知?因为菩萨正见五欲六尘如幻如化,一切无非缘影世界,不沾染世间种种情欲。毕竟,万法空幻不实故,自性与空性相应,不隔毫端,自性自如如,无动无惑,佛性自然彰显。《佛说四十二章经》云:"佛言,夫为道者,犹木在水,寻流而行,不触两岸,不为人取,不为鬼神所遮,不为洄流所住,亦不腐败,吾保此木决定入海;学道之人,不为情欲所惑,不为众邪所娆,精进无为,吾保此人,必得道矣!"

第三十三章　在疾风中天宇苦涩
敲打倦意的肉体

　　禅不是在帮助一个人长生不老，而是要他看出生命的真实现象，发现它的圆满意义。禅也不教一个人变贫为富，或化逆为顺，而是教人面对厄运时如何超脱，陷入困局时如何自处；当然也启发我们在顺境中，当如何作正确有智慧的回应。我们不可能用自己的财富和地位来解决自己心中存在的困境和苦厄。许多人在烦恼痛苦中挣扎，并不是没有钱和权势，而是它们根本就派不上用场。

　　无论是个人还是群体面对各种尴尬的环境，心气、心态、心智的调适必须从心中发现希望，才能挣脱泥淖。1976年7月28日凌晨，对于唐山人来说是一场噩梦。蓝光闪过后的瞬间，一座城市被夷为平地，几十万人葬身其中，无数个家庭支离破碎。这个故事就发生在那场已被淡忘的灾难中。

　　他们是在震后的第三天被救援战士发现的，巨大的房梁横压在他们身上，一头压住了女人的下半身，另一头死死地压在男人的右上身，两人相隔数米，相互看不见。房梁太长，只能移动一头儿，但另一头下的人就会被房梁上面的废墟再次掩埋。而移走上面所有堆积的废墟，显然不是这几个战士所能办到的。战士们四处查看，希望能找到将两人同时救出的突破口，结果一无所获，救援被迫停止。压在横梁下的男人和女人也意识到了这一点，空气凝固着，没有人说话。一个战士将水壶送到女人嘴边，女人哭了，满是血污的脸依稀可见往日的眉清目秀。

　　这时，压在横梁下的男人说话了，声音缓慢却非常坚定："解放军

同志,把她救出去吧!她是我们京剧团的台柱子,很多人都喜欢听她唱京剧……"女人听了,急忙打断男人的话:"不,他是我们团的团长,团里的一切还要靠他支撑,救他吧,团里没有他不行。"男人摇摇头,犹豫了一下:"我……我不行了,救出去也活不了多久。况且我已年近半百,她还年轻,路还长着呢!""你骗人,你说过只要搬走房梁你就会像兔子一样蹦起来。"男人笑了,有点不好意思:"我怕你闷,逗你玩的。解放军同志,快去救她吧!""团长,我单身无牵无挂,你还有嫂子和儿子……你刚才还说,得救后,一定带他们去北戴河旅游压惊呢!"女人哽咽了。男人神色黯然,沉默一会儿说:"不过,去北戴河旅游的确是你嫂子多年的心愿……这样吧,你答应我件事,等你身体恢复了,抽空带她和侄子去一趟,让他们娘儿俩见见大海。""不,团长,他们娘儿俩不能没有你……"女人有点泣不成声,泪水落了一脸。

　　战士们的眼睛湿润了。这几天,他们曾多次被生离死别的场面所感动,然而眼前的一切却强烈地震撼着他们的心。班长喊了声:"咱们再看一看,能不能把他们俩都救出来。"战士们再一次仔细地搜寻着,然而仍没有任何希望。男人和女人只是不停地说救她(他),他们都想把生的希望留给对方。战士们的心非常沉重,他们无奈地相互看着,然后又一齐把目光射向班长。班长低下头,汗水渗透了整个军衣,看来他也拿不定主意。

　　一阵余震,使房梁上的碎石瓦块更加摇摇欲坠。男人着急了:"同志们,你们再犹豫,我们俩全都完了。快去救她吧,她是个有前途的姑娘……""不,救他,他是我们团长……""同志,我是党员,有责任保护群众的利益和生命。"男人的口气硬得不容商量,"别再拖延了,来,大家快点动手,我唱一段给你们鼓鼓劲。"说完,他用尽平生的气力唱起了大家都非常熟悉的京剧段子《共产党员越是艰险越向前》:"共产党员时刻听从党召唤,专拣重担挑在肩……"战士们都哭了,他们恨自己的无能,恨这可恶的房梁,恨这场突如其来的灾难。他们扒着堆在女人身边的废墟,没有了指甲的双手又重新血肉模糊。汗水、泪水、血水交

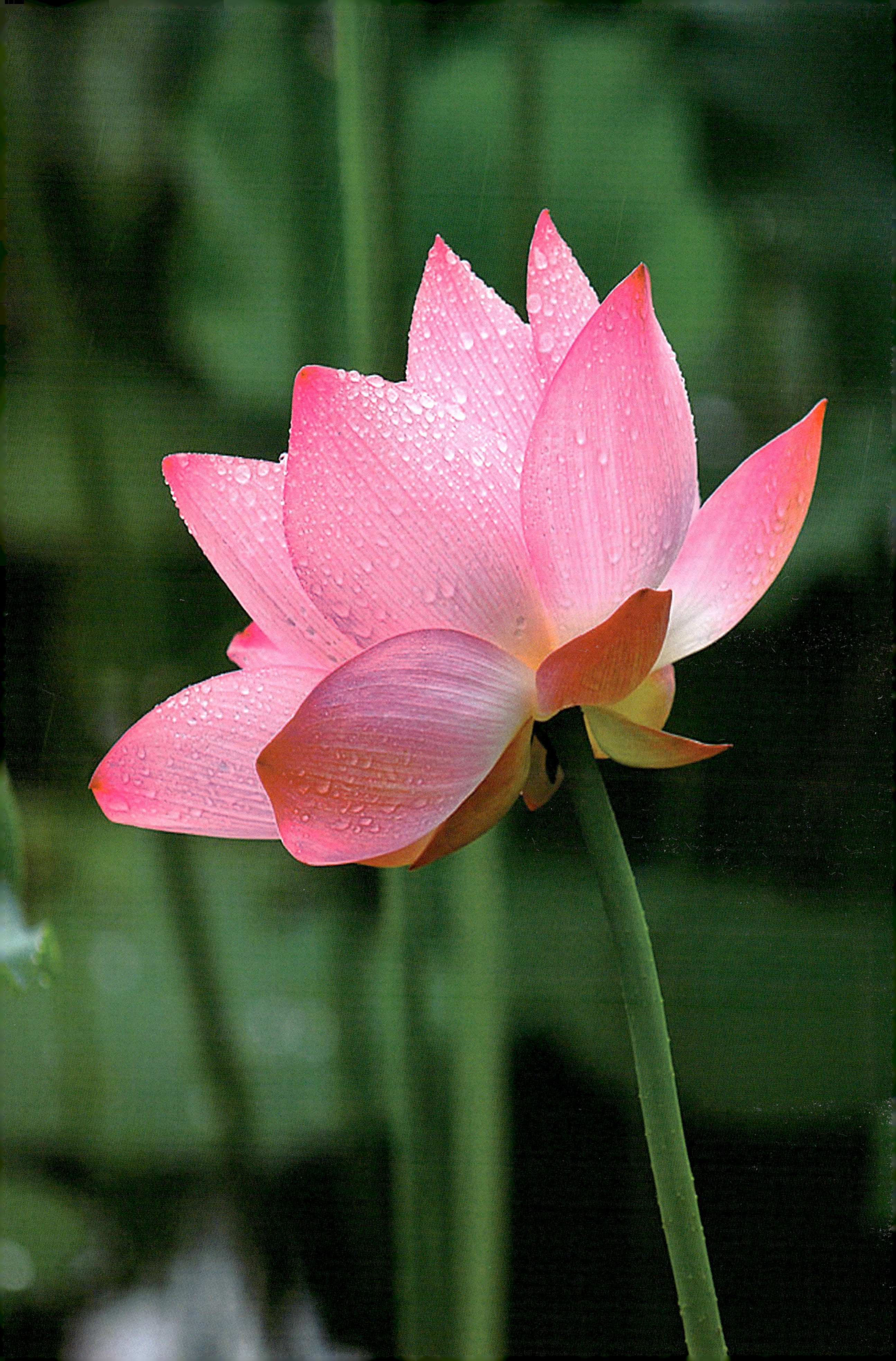

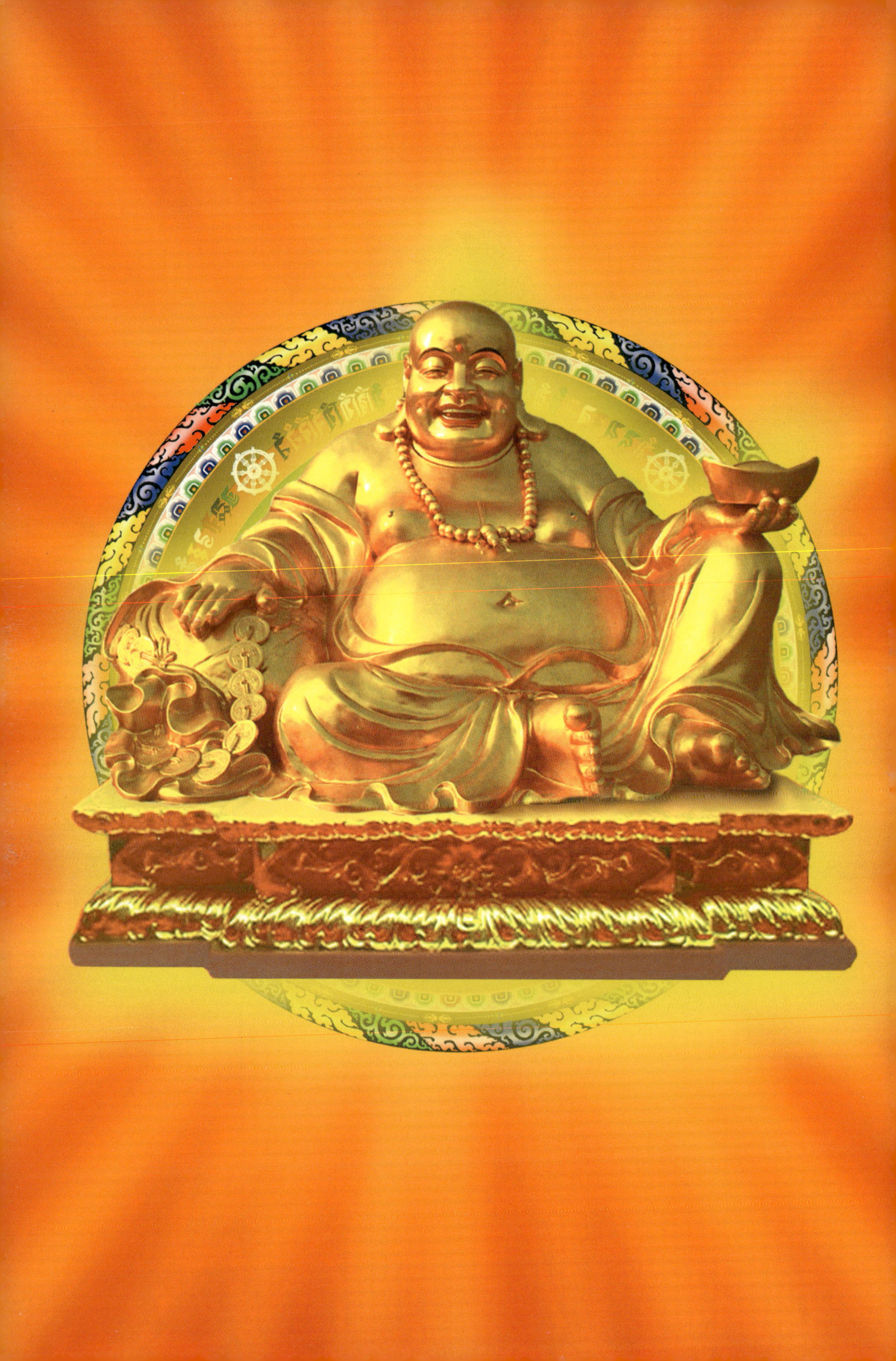

和平发展林

国际人口与发展论坛于2004年9月7日至9日在中国武汉举行，为促进人类社会的和平、合作与发展进步事业，400余名来自世界各国和国际组织的与会者在此种植和平发展林，以誌纪念。

On the occasion of the International Forum on Population and Development held in Wuhan, China from 7 to 9 September 2004 over 400 participants from various countries and international organizations have planted the Trees for Peace and Development to promote peace, cooperation and development of mankind.

二〇〇四年九月七日

13岁女孩发起"祈福中国，爱行天下"东方红文化公益活动的爱心天使——善音，她以其"地球乃一国，世界乃一家，国乃世界之家，家乃地球之国"的心智觉醒于2011年6月在武汉的东湖宾馆国际人口与发展论坛永久会标"东方和平天使王昭君"纪念雕塑前祈愿宇宙和平。

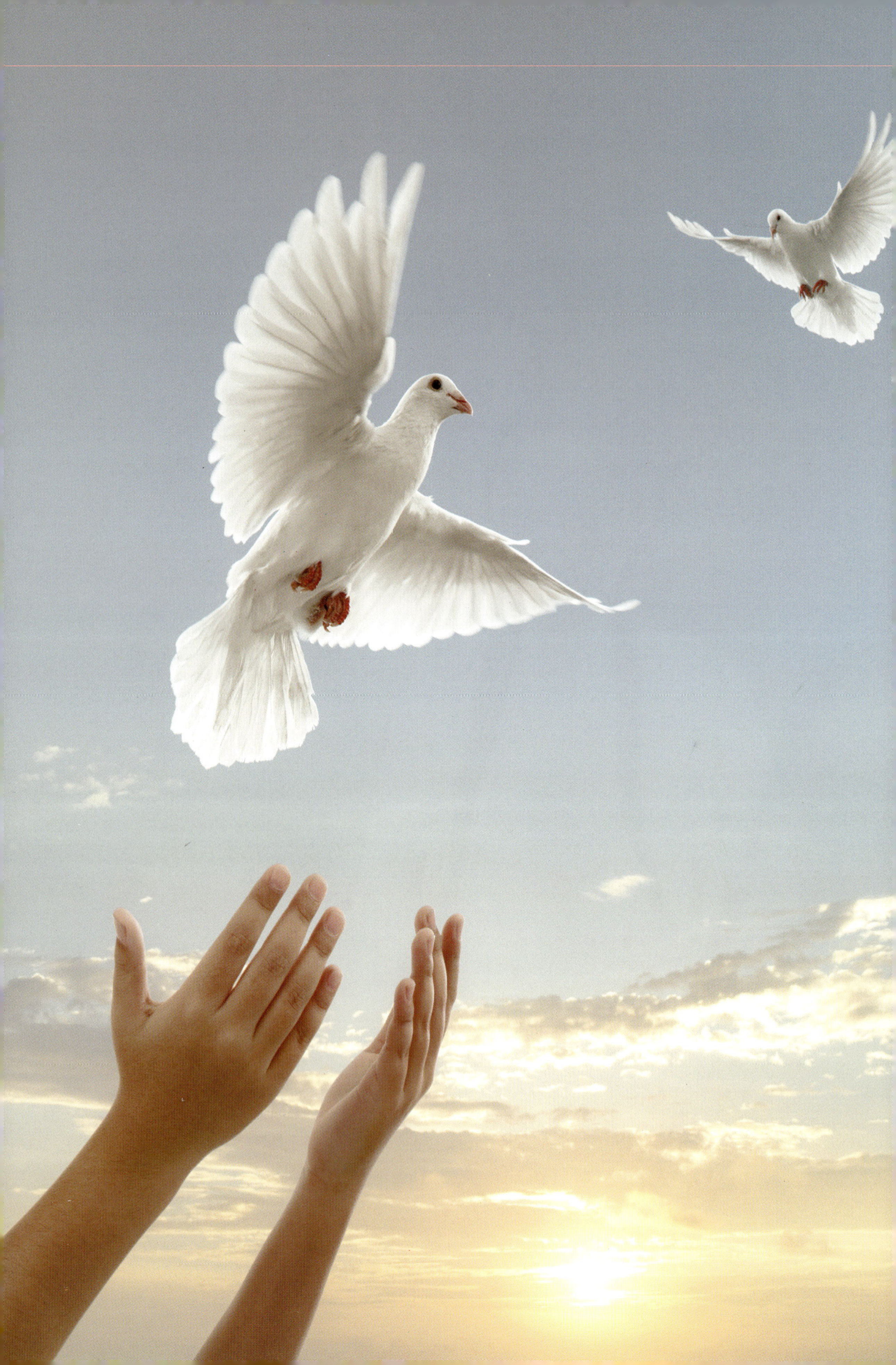

织着滴在废墟上,留下斑斑痕迹。女人早已说不出话来,只任泪水在脸上流淌。

女人被救了,房梁的另一头轰然倒塌,但那铿锵的曲调依然弥漫在整个废墟上空……

世间最可怜的,就是那些遇事举棋不定,犹豫不决,遇事彷徨歧路,莫知所趋的人,就是那些自己没有主意,不能抉择,而唯人言是听的人。这种主意不定,自信不坚的人,不能得到别人的信任。

佛性,用现代话来说就是"成佛的可能性",这不是说不需要其他条件就一定能成佛。佛性、佛心代表成佛的可能,佛陀认为,只要能好好地帮助每一个人的佛心成长,人人都能圆满成佛。

佛陀了知每一颗佛心在各种不同因缘条件下成长的机会,观察每一颗佛心已经事先转动的痕迹。

佛陀明白,只有以每一个生命体为中心,以每一个人、每一颗佛心,以自己的特性为中心来帮助他们成长,而非用意识、情绪、喜恶来主导,这才是佛法教育。

教育原本是要帮助每一个人完成自己。现在,佛陀不只帮每一个人完成他自己,更帮助每一个人完成其成佛的轨迹。

所以,佛陀强调:在这里弟子们必须把自我拿开,有愿无望,观察缘起,形成一条清净的道路,帮助众生成就。成佛就是自利利他,觉行圆满的过程。自利是帮助自己的佛性,利他是帮助他人的佛性,而使众人觉行圆满。这落实到生活上,就是一个佛菩萨的生活、菩提的生活,是拥有菩提心的生活。

我们如果活在其中,就是生活中的菩萨,不是只活在经典中的菩萨,我们过的就是菩萨生活。

佛陀的教化说明,菩萨绝对不只是让人供养在殿堂上而已,也不是供在寺院里,我们必须让菩萨走进我们的生活,活在我们心中。我们的手必须变成观世音菩萨的手,那么实然、那么贴切,帮助每一个众

生,也帮助我们自己。

在《华严经》中,对佛陀的教法作了具体的说明。整部《华严经》可以说是在每一个时代不断地重新上演,在每一个生命中不断地上演。《华严经》就像在记录一切生命在宇宙中奋斗成长的血泪轨迹。

它一开始是《世主妙严品》,显示释迦牟尼佛。各种世主、天神,不断地赞叹释迦牟尼佛,就像戏剧中在主角要出场之前,先遣各种跑龙套的出来宣说主角如何如何厉害,吊足大家的胃口。忽然间释迦牟尼佛现起,整个莲华藏世界海也就拉开序幕。标出圆满究竟的佛果、佛土,接着再告诉我们要怎么达到,怎么开始修行。

"信为道源功德母",从信开始,十信、十住、十回向,到十地、十定、十通、十忍,等妙二觉,如此圆满了这些过程就成了。这是离世间,《离世间品》之后是《入法界品》,刹那间回落到世间,入于法界。

释迦牟尼佛在经中示现时说道"稽首普贤恩",毗卢遮那佛成就时说"稽首普贤恩"。为什么呢?原来一切的菩萨行在《华严经》中都统摄为普贤行,普贤行是成就佛果之道,毗卢遮那佛之因即是普贤因,毗卢遮那佛之行即是普贤行,毗卢遮那佛果即是普贤果,这就是为什么要稽首普贤恩泽的原因。

我们每个人心中都有毗卢遮那因,也就是我们的佛性,所以每个人都具足普贤因。如果我们修菩萨行,那么就是行普贤行,成佛之后就是毗卢遮那佛,如此转动,落实到每个人身上就很清楚了。我们发起菩提心,就是善财童子,我们修菩萨行时,就是普贤菩萨,一直到成佛,就是毗卢遮那佛。

我们看《华严经》,要把它看成自己的生活,把自己的生活转成《华严经》的生活,这样才是尊重奉行佛陀在《华严经》中的教导。

我们本具佛性,本来是佛。但为何没有成佛呢?其实是我们自认为没成佛,这是下劣想;可也不是下劣想,是我们自认为下劣想。

这里,就有一个严重的问题:究竟什么是佛性,如何是佛?

我们通常见到的答案大约是"完美"的同义词;而这个完美也是他

· 1472 ·

自认为的完美。再或者是庙里的金身塑像,只是把它理解成活的,存在于某个天堂一般的佛国中。

其实万有都是佛性的一大化现而已,或者用佛教的说法:是毗卢遮那佛的化现。

佛陀说过,自己和众人一样,也是毗卢遮那佛的化身。

我们每一个人都是毗卢遮那佛的化身,只是我们不认为自己是毗卢遮那佛的化身,如此而已。

我们乐于在无明中建立"我",乐意执迷而不寻求"本来面目"。

这就是问题所在。其实也没有问题,只是大家认为"有问题"。

禅宗有位师父曾经将前来询问"如何是佛?"的学僧打了一顿,然后说:"真荒唐,你自己的东西,还来问别人。"

我们一般很难理解禅师的气愤,顶多当个笑话,但禅师说的是实相。

那么,我们能否今生开发佛性,今生健康,今生解脱呢?

在佛陀的教法中,答案是肯定的。无论是显宗的"即心成佛"还是密宗的"即身成佛",都肯定我们今生可以解脱。

即身成佛的理论基础是建立在个别的小宇宙与外界的大宇宙交摄统一起来的形态。

密宗将六大(地、水、火、风、空、识)引进即身成佛的体系中来,也就是说我们要起修我们自身这个小宇宙,成就我们自身这个佛国,用这个小宇宙广摄成就无限大宇宙。

"我"自身这个小宇宙能广摄成就无限大宇宙?

这在一般观念中简直是太不可思议了。就每一个人而言,每一个人修证成佛,境界就会进入毗卢遮那佛的世界,这个时候宇宙是没有边际的。

那么哪里是宇宙的中心点?答案是:每一个地方都是宇宙的中心点,每一个人都是宇宙中心。

你只要一作用，就可以是宇宙的中心点，但是宇宙中心点自身绝对不妨碍对方为中心点，也不妨害全部的对象为宇宙的中心点。这里是完全开放性的，完完全全的开放境界。

正因为如此，小宇宙才能广摄成就无限大宇宙。

这样的开放是从佛陀的教法当中、从"无我"的习惯当中所产生的力量，所以说即身成佛是要具备一定条件的。

我们在追求即身成佛时，要先转化自身这个小宇宙。我们自身也是个小宇宙，也具有时、空、心，也有四大的属性。所以我们自身就以正见来摄受、指导我们自身的四大，借由修持使我们这个小宇宙圆满。

在密宗的无上瑜伽部里，以自身为坛城，自身就是宇宙法界坛城，自身就是宇宙一切佛所居住，自身即寄居于法界当中。

这种说法有什么根源？在《华严经》里：或以菩萨身为净土，或以诸佛身为净土。《大乘庄严宝王经》里面说，观世音菩萨的毛孔能够含摄十方佛土，普贤菩萨到他的毛孔里面旅游了十二年，还差一点迷路。从这样的看法来讲，大家自身当中有无量诸佛安住其中。

《华严经》里的世界观很有意思，它不只是建立以有形的土地为世界：时间可以成立一种世界，思想也可以是一种世界，光也可以是一种世界，音声也可以是一个世界，这些都可以作为宇宙的安立之地，所以说可以有无量无边的宇宙。

因此，我们不要小看自身，要超越妄想执著，以自身五蕴为佛身为法界身，修证自身的小宇宙与整个法界大宇宙相应，从而超越现有宇宙的生成基因——成、住、坏、空，超越由我执所成的世界，建立真实的净土。再回转过来，净化和庄严外在大宇宙。

关于小宇宙跟大宇宙的交涉交融，就天台宗或是净土宗所建立的是：我们自身以自己为体性，以自性（法身佛）为我们的法界体性。我们的净土就是由我们的八识转换的，报身是第七意识转的，而成所作智是转前五意识，转第六意识为妙观察智，由此能够幻化作千百亿化身。

为什么是这样子呢？在生灵为第八意识，是含藏一切种子识的记存体；而在诸佛来讲叫做大圆镜智，是一切过去净业所成，具一切大功德的。

首先，让我们来了解如何对待"身"，也就是肉体这个"自性众生"。有许多人初入门时，为了对治以前过分严重的物欲，以"臭皮囊"的眼光看待身体。当然这是必要的，但一执著就坏了。

我们必须深刻地了解：这是对肉体这个众生怀有敌意的态度。在有了一定的出离心和解脱力以后，就要舍掉这种知见，否则就会产生肉体和自身的不统一，有许多修行人后来身体越来越差，除了没有真正进入禅定的修证外，也与这种态度有关系。

就即身成佛而言，进入初禅境界时是色界状态，此时身体会产生比较稳定的地、水、火、风、空，这是很稳定的自身小宇宙相。在《金光明经》里面说：地水二蛇向下，火风二蛇向上。地、水二大的属性是向下，风、火二大是向上，在初禅时各住其本位，所以四大体性很稳固。有了这样一个最基本的基础，我们追求即身成佛就有了身体这个本钱。

其次，让我们来了解如何对待"心"，也就是识——这无疑是无边无量的众生了。我们在分分秒秒间会产生多少"识"呢？恐怕没有人能说得清。但我们要了解，相对于外在时空而言，我们自身是次元时空，而这些"识"都是我们自身这个次元时空下一个层次的次次元时空的生灵。

现代心理学研究发现，每个人的每一个想法背后，都有他亲身的经历和他自己的思维逻辑在支撑。反过来说，每一个想法都靠在了"经历"这样一个时间上，"逻辑"这样一个空间上。每一个想法念头都又在互相影响、互相关联，还能"广摄成就大宇宙"，因为想法和念头可以让我们自身快乐或者痛苦，当然也可以让我们自身转识成智，成就佛果。

从这个现象观察，我们就能知道什么叫"芥子纳须弥"。

只不过以前我们从有"我"的习惯出发，控制和占有想法念头，于是反被控制和占有，我们掉到想法中烦恼不已，让自身这个小宇宙、念头，这些次次元时空的生灵完全成、住、坏、空，成了轮回相。

现在，我们要对它们慈、悲、喜、舍，转识成智让它们成为我们的清净大海众菩萨，它们所依的时空成为净土佛国，这样就能将一切过去化成净业，具一切大功德。

于是从初地菩萨以上，开始有了净业，地地净化。而净业背后的动力是什么？其实所有的净业是来自于根本的大悲愿力，这就是动力。所以，自身就能够与法界交融。

这一根本的大悲愿力对自身是这样，对别的人、别的生灵也是如此。如果对自己能"大悲"，而对别人就不行，那么即身成佛的前提要件就压根不具备：没有养成无我的生命习惯。

从初地、二地、三地……到十地菩萨，等觉、妙觉菩萨，进入最后金刚喻定，在金刚喻定里，一念忆起，现证成佛。而现证成佛后，修行人就会观察缘起，依止于相应个人的因缘，就开始要以佛的广大境界来教化大宇宙，所以世界又重新出现了——下一个阶段的六度万行。

比如《华严经》所说的境界是：始成正觉的毗卢遮那如来首先出现在《世主妙严品》。这一品是一切世间主、修行人，过去与他有因缘的都来集聚一起来赞叹佛。赞叹之后如来现相，就开始以他广大的境界来教化了。

那么之后如何修持？就从十信、十住……十定、十通（详见《大智度论》）到达最后毗卢遮那佛圆满境界，次第修学，到最后能远离世界。远离世界之后，转入现前世间而入世间，于是《入法界品》出现了。《入法界品》是在世间行道，即入法界，此次的"世界"对他来说是法界。那么另一种则是在《法华经》里面，毗卢遮那如来证入久远成佛的本师释迦牟尼佛，法、报、化三身总持于一身，教化十方世界。

《华严经》中有《华藏世界品》。这一品的文章是由普贤菩萨来说明毗卢遮那如来所庄严清净的"华藏世界海"之形状景况、风土人情，并特别回答了佛世界海（宇宙观）、众生海（生命观）等问题。

"华"，指的是莲华；"藏"，意指莲华含子之处。因为华藏世界中所有的世界、世界种，都含藏于大莲华之中，都住在大莲华之上，所以才称为"华藏"。而此华藏世界,是毗卢遮那如来在修菩萨行时,亲近世界海微尘数的佛陀,修治世界海微尘数的大愿,所在庄严清净而成的。

华藏世界位于何处呢？它是由广大而繁多的风轮扶持着,这些风轮一个接一个层层往上,最上方的一个风轮称为"殊胜威光藏"风轮。此风轮扶持着"普光摩尼庄严香水海"。

这个香水海中有一大朵大莲华,名为:种种光明蕊香幢,华藏世界就安住在这朵莲华当中,有金刚轮山在四方周匝围绕着。

这种风轮扶持香水海、海中有华的状相,如果依生灵而说,是妄想风持如来藏识、法性海,生无数因果,含摄世、出世间未来果法。如果依诸佛境界而说,是以大愿风持大悲海,而生无边行华,含藏万境,重叠无碍。就心性性体来说,蕊香幢莲华的生起,是表示于根本智中起差别智、行差别行。

华藏世界有庄严清净的大地，又有不可说佛刹微尘数的香水海，这每一香水海当中，又各有四天下微尘数的香水河右旋围绕着香水海；大地、香水海、香水河，皆是世界海微尘数的清净功德所庄严。同时，显现所有化佛、神通自在、一切变化周遍、所修愿行等等境界，表达一人一切、一切一人、体相如实无差别的境像。

华藏世界中有为数不可说、不可数的香水海,每一香水海皆有一个世界种类安住,每一个世界种类中又都安住了不可说数的世界。这些世界海的结合,就像帝释天的珠网一般,以一大珠当中心,第二层珠贯穿围绕此珠心,第二层珠再各为珠心,让第三层珠贯穿围绕,如此次第辗转相递绕,形成四面八方看去皆是纵横相从的网状,各珠之间皆能交相互摄。

《华严经》中欲彰显这种庄严的境界,故以中间的香水海为主轴,广陈别说华藏世界海中层层相摄的情形,如此更能体会到这个不可思议的世界海。

最中间的香水海名为:无边妙华光香水海,其世界种称为:普照十

・1477・

方炽然宝光明世界种,其四周有十个香水海围绕,每一个香水海一定配一个世界种,一世界种中必包含20重世界。

所以,这十个香水海又各领有不可说微尘数的香水海,就形成十个不可说佛刹微尘数的香水海。有这么多的香水海,就有如此多的世界种,而每一世界种又各有20重世界,如果写成方程式表示世界的数量,就是:10个香水海×20重世界×不可说微尘数香水海。

而这样的境像都围绕在中间的香水海(无边妙华香水海)四周,中间的香水海本身亦有20重世界围绕。重重世界重重佛土交互为缘、交互映摄含藏清净妙严,无量光明。

华藏世界的形状如此,华藏世界的所有庄严境界,能现诸佛境界,众生三世所行行业因果亦总现其中。就如百千明镜俱悬四面,前后影像互相彻照。因为一切法空之谛,故能隐现自在,而有"一念现三世,十方世界于一刹中现"等等无碍境界。

又"诸佛国土如虚空,无等无生无有相,为利众生普严净,本愿力故住其中"。这无碍的大用皆因诸佛本愿力的缘而显现。若以如来大愿智力,则众相随现;若随法性自体空性,则众相皆无,此便是随缘不变、不变随缘的展现。

如此隐现随缘自在,却不离一真法界、一真之智,这就是华严世界的不可思议境界,亦是普贤菩萨的愿行所契入的广大福智境界。这样的世界相亦是法界相,交互映摄、大小互容,诸佛每一毛孔中含藏整个法界,每一世界中的诸佛又含藏全部法界,每一世界又返回容摄诸佛之毛孔,不断地交互容摄,显现无尽缘起的不可思议境界。

《华严经》中说整个法界是大小相互含容的世界,是无限交互圆融的世界。

一粒沙中是一个宇宙,整个宇宙也是宇宙,这是第一层结构。再就更深一层来讲,这一粒沙中的宇宙可以含容整个宇宙,含容整个外在的大宇宙。再往深一层,这一粒沙中所含藏的整个宇宙中,又反含藏着这一粒沙。如此继续无限制地下去,就成为一个无限交互圆融的世界,这就是华严世界。

如果我们放弃简单宇宙的概念,放弃一是一、二是二的概念,放弃此方彼方的概念,放弃所有一层层宇宙的概念后,就能跟无限交互圆融的宇宙相应。

华严世界海是整个世界群个个相摄无尽、相互圆融的。

《华严经》中的宇宙说明,其实也正代表它的修法、它的正见,而各种宇宙万象就是华严境界。

华严的正见是什么呢？是圆的见地,所以才说"大小相容"、"彼此互摄",才说"十方三世同时炳现"、"当下即是,遍十方三世"。是上穷佛志,下含一切众生现前世界,不合一切现前世界,从性起反观照到现前一切,处处皆圆,随拈一处,无处不圆,随拈一处即是华严世界海。随拈一处,一粒沙一粒尘,周遍法界,含融一切法界,能含容无限大,也能含容无限小,一刹那能含摄无穷的时间,无穷的时间能够含摄一刹那。

莲华藏世界海或称为华藏世界海。从整个《华严经》中来观察,莲华藏世界海是毗卢遮那佛在金刚道场始成正觉的时候,所现出的圆满宇宙相。也就是说在金刚菩提座下有一个人始成正觉,而他成就正觉之后,相应于他的清净圆满,也现起圆满的完全时空外在世间,这个世界所显现的境界就叫莲华藏世界,或叫华藏世界海。

《华严经》说"十方三世同时炳现",只有断舍过去心、现在心、未来心,才能够通摄三世,《华严经》更将三世扩大为十世,过去中也有过去、现在、未来三世；现在也有过去、现在、未来三世；未来也有过去、现在、未来三世,总括这九世就是十世。

就解脱而言,这十世如何脱落？我们必须将时间的锁链切断,透视到时间的本心,这才是进入到华严世界海。如此,还要落在世间,这是不可思议的上下双回向的境界,这是性起、观照,是不可思议的境界,使"十方三世同时炳现",再次化入到整个现前的一切。

一个真实解脱的人,以出世间的心,以出离的心,以远离、不执著的心,以如幻的心来看这世界。

但是由于悲心的缘故,在如幻、远离、不执著后,重新回人世间,融摄一切来为众人服务,永不后悔,永不会后悔,没有一丝遗憾。

所以,再次化入眼前的一切,即回归世间,即是"一花一世界,一叶一如来"。

抬头青山苍翠,放眼人人是佛。

舍利弗圆寂的时候,很多弟子非常伤心,伟大的尊者舍利弗竟然这样就走了,他走得未免太快了吧!阿难看到这种情形,就代表大众去问佛陀:"这么伟大的成就者,这么有智慧的舍利弗就这么走了,什么都没留下。"

佛陀就对阿难说:"阿难啊!舍利弗虽然已经过去了,但是舍利弗尊者的戒消失了吗?"

阿难说:"没有。"

"舍利弗的定消失了吗?"

阿难回答:"也没有。"

"舍利弗的智慧消失了吗?"

阿难说:"没有。"

"舍利弗尊者的解脱消失了吗?"

阿难说:"也没有。"

"那么舍利弗的解脱知见消失了吗?"

阿难说:"没有,世尊。"

"既然舍利弗的戒、定、慧、解脱、解脱知见都没有消失,你怎么能说他什么都没留下呢?"

舍利弗尊者留给我们的是五分法身——戒、定、慧、解脱、解脱知见,《六祖坛经》中的五分法身香,指的就是这个。

像舍利弗这样一个大修行人,他是无悔的,因为不忍见佛陀先他而去,所以他请求佛陀:

"佛陀啊!我知道您将会比我先圆寂,但是我实在不忍。就佛法而言,佛陀的大弟子一向都是先佛而走的,请您允许我先入灭吧!"

他走了，但并不是什么都没留下，而是留下了五分法身。虽然舍利弗尊者已经圆寂，但却留下了如幻的智慧、慈悲，他是无怨无悔的，这样的典型常留在我们心中。佛陀不也是如此吗？

我们慢慢学习，到达这种境界，接着要达到一生的无死修证。真的用心了，而且有一定的成果，再来，我们则将智慧的法水，用悲心倾倒在每一个人的心中，回馈给众人。

一个追求解脱的人，今生向佛陀学习，终究能够达到真实解脱的目的。

又因大悲心的缘故，以无死的心境在人间游历，每一天都是好日子，每一个地方都是好道场，社会就是他的菩萨道场，就是他的金刚坛城，在此要随缘说法、随缘教化。

怎能不解脱？怎么会后悔？

"观自在"在梵文佛经中称为"阿缚卢枳帝湿伐逻"，在中文佛经中的译名则有好几种，大家最熟悉也最常称的就是鸠摩罗什的旧译——观世音，玄奘则新译为观自在。

《心经》的原型在《大般若经》里本来是佛陀向舍利子说法，可是到了公元四五世纪《心经》成立之时，密教正流行于印度及西域各地，观世音菩萨的大慈大悲，广大灵感，应化无碍的威神之力，早已成为密教信仰的中心，所以就把观世音，即观自在菩萨，奉为《心经》的说法主了。

菩萨是依德立名的，依般若观慧而已得自在的菩萨，即名观自在菩萨。这位菩萨以甚深的般若（智慧）来观照五蕴，知道五蕴本就是空的。由于证悟了空性，一切的苦难对这位菩萨而言都超越了。我们佛教徒有很多人会念《白衣大士神咒》，此咒的后面是这样说的："人离难，难离身，一切灾殃化为尘。"怎么有这样大的力量呢？是因为咒中称念了观世音菩萨名号的缘故。本经的观自在菩萨，就是观世音菩萨，所以我们一心念《心经》也能够"人离难，难离身，一切灾殃化为尘"。但是，话又说回来，如果念的人未能彻底了悟空义，那么灾难只是暂时离开，

以后难保不会再来。

观自在,观什么自在?只要用修行的方法观照,就能够得自在。从《楞严经》里我们知道,观世音菩萨的修行法门是耳根圆通,也就是因听声音而入三昧,因听声音而解脱自在。这个"观",可以用耳朵、眼睛、鼻子,也可以用身体。不过从修行的方法来讲,用耳朵来"观",最容易让我们去烦恼证菩提。

我在指导禅七(做七天佛教的功课。——编者注)的时候,如果有人打坐着魔,不由自主地哭笑吵闹,通常我都教他躺下来,把眼睛合上,心里什么都不要想,只用耳朵静静地听,听四周的声音,远处近处各种声音。不需多久,他就会安静下来。所以用耳朵听,是最容易使心安定的修行方法。

菩萨,是梵语"菩提萨埵"的略称,中文的意思是"觉有情",又译为"大道心众生",即"已发了大菩提心的众生"。菩提心有大有小,发小菩提心是但求自了,只求自己解脱的小乘人;而发大菩提心,则是发广度一切众生的愿心,以助众生得解脱、成佛道为目标,并非是只求个人解脱的大乘行者。

事实上,唯有不顾自己,关心别人,只度众生,不为自利,才是真正自在解脱的法门。为什么呢?因为他去除了以自我为中心的自私心。人的烦恼都是从自我中心的意识而产生的,真正发大菩提心,不为己而为众生的人,才能真正得到解脱,而且是得大解脱。所以诸位要学佛,就要发大菩提心。

行深般若波罗蜜多时,照见五蕴皆空。

这两句经文是说:修行甚深的般若法门之时,照见我及我所的五蕴法,毕竟是空的。

梵语"波罗蜜多",是"超度"、"到彼岸"的意思,用现代语来讲,就是"超越"。"般若"也是梵语,中文译为"智慧"。"行深般若波罗蜜多",就是以深广的智慧来超越烦恼的障碍。

智慧可分三等:(1)世间的智慧;(2)出世间的智慧;(3)世出世间

的智慧。

世间的智慧，系指凡夫的聪明才智，亦即以自我为本位而发展出的各种学识经验和价值判断，这种出于"我执"的产物，不能彻底究竟，也无法获得解脱。

出世的智慧，是指小乘圣者的智慧，能证入无我，能出三界苦，已得解脱乐；不过尚未证得法无我，所以执著离世间而入涅槃，只能自求了脱，不能普度众生。

至于世出世间的智慧，乃是大乘菩萨的智慧，既证入空（即入无我），也证法空（即法无我），得大解脱而不离世间，这才真是大智慧、深智慧，这也才能称之为"般若"。

菩萨修行，有所谓"六度"法门，又称做"六波罗蜜多"。即一布施、二持戒、三忍辱、四精进、五禅定、六智慧。这六度里，若无智慧度（即般若波罗蜜多）贯串其间，其他五度便不得究竟，所谓"五度如盲，般若为导"就是此意。故智慧为菩萨修行的终极目标，唯有修得智慧，才能度脱一切苦厄，而这个智慧的着眼处，就是先要把五蕴看空。

什么是"五蕴"呢？简单地说，五蕴就是色蕴、受蕴、想蕴、行蕴、识蕴，是吾人身心的总和。色蕴是指生理的、物质的现象，受、想、行、识四蕴是指心理的、精神的活动。

五蕴皆空的"空"是什么意思呢？中国人常把佛门叫做"空门"，出了家就叫"入空门"，但许多人不了解"空"的意义。

就如一首《醒世歌》，开头是"天也空，地也空，人生杳冥在其中"，然后说什么"夫也空，妻也空，大限来时各西东"，"母也空，子也空，黄泉路上不相逢"，末了说："人生好比采花蜂，采得百花成蜜后，到老辛苦一场空。"这样子看人生是多么失望，多么空虚啊！

佛法的"空"绝不是教人消极、逃避和否定一切的；相反的，它是从空性中教人正视生命的意义，不断地努力向上。以下从三个不同层次的比较来说明大乘佛法的"空"：

顽空：这个思想又可分两种，一是虚无主义，另一是唯物主义。

虚无主义者认为世间没有真实的事物，没有因，也没有果；没有过去，也没有未来。一切都是现成，所以不需要努力，也不必害怕，反正有的一定会有，没有的就算再努力也不会有；而该来的一定会来，即使不努力也一定会来。而且有与无，来与不来，皆无实在的价值，生时感到空虚，死后一切归于幻灭。这是一种很可怕的思想。

至于唯物主义，则以物质世界为唯一的真实，一切都依附物质而存在。认为人活在世上的时候，是有的；当人死了，就像油尽灯灭一样，什么都没有了，所以应趁有生之年好好努力，就会有收获。

这或许有些正面的意义，不过人生无常，如果努力一生等不到收获就死了，那岂不冤枉？因此有人认为这世上只有那些运气好、很聪明的人才需要努力，其他的人则无必要。例如我们对人好一辈子，到头来却得不到好报应，那又何必要对别人好？

甚至心想反正死了以后什么都没有了，不需要对未来负责，管他流芳百世或遗臭万年都与我不相干，追求今生的享乐才是最实际的，因此凡事先下手为强，寡廉鲜耻，不择手段，为人类造成无止境的灾难。

偏空：是指小乘的圣者所证的"空"。他们观察思维世间所有的现象，都是暂生暂灭，不停地迁流变化，因缘聚则生，因缘散则灭，绝没有什么不假因缘、永恒不变的事物，特别是对人的身心现象——五蕴的无常、苦、空、无我体证深刻，所以舍离五欲，勘破自我而得到了解脱。由于他们对世间有着很强的厌离心，认为世间充满颠倒、污浊与苦痛，不愿留下来受苦，证人空而未达法空，便急急趣入涅槃，了生脱死。这种偏空的思想中，生死与涅槃、烦恼与菩提是对立的，离了生死才能证得涅槃，断了烦恼方可获得菩提，明显表现"独善"、"出世"的精神。

毕竟空：是指大乘菩萨所证的"空"。已发菩提心的菩萨，虽知道世间是无常、空幻的，可是他们不忍心任由广大无边的众生贪著五欲，沉沦于生死苦海，所以发愿度众生。这些菩萨，本身对于世间的五欲已不执著、不贪求，所以对这世间也无需逃避，依然生生世世留在世间关怀众生、帮助众生，让所有众生都能证得无余涅槃。这种"空"，是空去对自己身心的执著，也空去了对一切现象的执著，转生出救济众生、无我无私的悲心与愿力。

菩萨用甚深的般若智慧来观照五蕴，如实证见自己的身心是空的，当下就能够度脱一切苦厄。

何谓"一切苦厄"？我们先说"苦"。苦有三大类：一是身体的苦，二是心里的苦，三是身心交织的苦。身体有生、老、病、死四种苦，这是从生到死之间的四个现象。人，出生了以后就会病、会老、会死，过去生我们记不得了，今生我们还没有死，可能不知道死苦是什么滋味，但如果我们看过别人死的情况，就可明白死亡不会是一件快乐的事。

至于心里的苦也有三种：即求不得苦、怨憎会苦和爱别离苦。例如世人求升官发财、求婚姻美满、求子孝孙贤等，能有几人如愿以偿？这就是求不得苦。再如世间的事很奇怪，自己所讨厌、不喜欢的人，在甲地避不见面了，偏在乙地碰了头，而且常因情势所逼，非在一起不可。俗话说"冤家路窄"，这便是怨憎会苦。至于爱别离苦也是人间常有，其中最痛苦的，莫过于亲子之爱、夫妻之情，因为生离死别而肠断心碎，魂牵梦萦。

由于凡夫众生把身心的现象与活动执著为我，在自我意识的驱动下，生生世世地造业，再生生世世地受报。这种生命轮回，不断地造业、受报，称为"五蕴炽盛苦"，这是身心合起来的苦。

总计上述有八种苦，我们把它叫做"八苦"。

至于"厄"，则是执著五蕴所招感的一切灾难。例如：水灾、火灾、风灾、地震、毒虫猛兽等天灾以及刀兵、盗贼、恶政等人祸。刀兵是指战争，恶政是指昏暗残暴的政治，像中国历史上的夏桀、商纣，以及西方的罗马皇帝尼禄等所施行的暴政。古人说："苛政猛于虎"，苛暴的政治比老虎还可怕，以致在乱世里，许多人宁可冒着被老虎吃掉的危险而

躲到深山里,也不愿意留在平地受官吏的迫害。我们把身心的现象计执有我,就难免要受这些天灾人祸的恐惧和痛苦。

但愿大家能常念"观世音菩萨",朝念观世音,暮念观世音,念得身心放空,念得自我中心、自私自利的观念不再生起,那么就一定可以"人离难,难离身,一切灾殃化为尘"了。

人类观——五蕴——五蕴皆空——人的本身即解脱自在。

舍利子,即《阿弥陀经》里面所称的"舍利弗","弗"是梵语,译成中文就是"儿子"的"子","舍利"原本是印度的一种鸟,这种鸟眼睛非常明锐,舍利弗的母亲眼睛明锐得像舍利一样,所以取名为"舍利",她这个儿子从母得名,所以叫"舍利子"。

人是由五蕴所成,我们若能如实观照五蕴本空,那么,虽有身心的现象,也能够生活得解脱自在。然而要把五蕴看空,必须用智慧。用智慧看五蕴是怎么个看法呢?观世音菩萨对释尊的弟子,被称为智慧第一的舍利弗尊者说:"舍利子啊!色之于空,并没有不一样;空之于色,也没有不一样。色就是空,空也就是色。"

这里的"色",就是五蕴中的"色蕴",属于生理的、物质的现象。其余受、想、行、识四种,是属于心理的、精神的活动,它们与空的关系,和色蕴完全一样。也就是在本经"色不异空,空不异色;色即是空,空即是色"之下依式写成"受不异空,空不异受,受即是空,空即是受。想不异空,空不异想;想即是空,空即是想……识即是空,空即是识"。不过为免繁赘,只用"受、想、行、识,亦复如是"一句概括了。

何谓"色不异空"呢?"色"在这里是指我们的身体,是由"四大"互为因缘和合而成。一般不懂佛法的人,听到"四大"就以为是指酒、色、财、气,其实这是牛头不对马嘴。四大乃指地、水、火、风,是物质界的四种特性,因为这四种特性在世间极普遍而作用又极大,所以称为"四大"。

地大表现的是坚硬性,如身上的骨骼、肌肉、血管、神经、皮肤、毛发、指甲等,水大表现的是湿润性,如血液、淋巴液、唾液、汗、尿等;火大表现的是温热性,就是我们的体温了;风大表现的是流动性,如呼吸和血液循环。

由这四种特性的物质和合而成的色身,必须每天摄取食物、补充水分,经过消化、分解、吸收以维持体力,而体内的废物则以粪、尿、汗水的形态排出体外;这些新陈代谢的活动都是一刻不停地进行着。根据生理学者的研究报告:每六至七年,我们身上总数约六十兆个细胞就全部更换一次;也就是说六七年之间,我们身上的所有细胞至少经过一次生死。像这样刹那刹那不停地变化,几十年之间,身体组织就变老了,今天生这个病,明天闹那个痛,当有一天,救治不了,这条命便报销了。

所以凡夫众生执为实有的这个身体,殊不知从因缘的观点来看,它是四大和合,一息不停地变化,根本没有独存性、不变性与实在性,只是"假有"——暂时的有,空幻而不真实,一旦和合的关系结束了,身体也就随之死亡、朽坏、消失,这就是"色不异空"的道理所在。

可是,倘若仅仅抱持一味"色不异空"的观念,三世论者会流于小乘声闻的"偏空"思想,而一世论者则会堕入可怕的虚无主义了。因此下文要紧接上一句"空不异色"。前句以因缘灭故,色不异空;后句以因缘生故,空不异色。色不异空,所以能见有如空,在生死不异,住解脱自在;空不异色,所以能住解脱自在,但不离现实生死界,这就是大乘菩萨了。

这里我们要注意到,"空"是因为有"色"才知道有"空",离开了"色"来说"空",不是真的"空"。例如农禅寺的大殿,本来空无一人,现在却有这么多人;农禅寺真的有这么多人吗?其实本来没有,待会儿又不见了。也就是说,本来没有人,而现在却有人了,当它有人的时候,的确是真的有人;但是我们知道,等一会儿这些人会散去不见的,由此可见,"色"与"空"本来就是相即而不相离的。同理,我们的色身在母亲怀我们之前是没有的,是在"空"中,而现在是活生生的躯体,其实它本不

自有，而将来死了，又消失不见了，像这样即"色"而显"空"，才是"真空"。

如果只说："色不异空，空不异色。"可能有些人听了，以为色与空虽不相离，可是色是有，空是没有，色与空中竟是有别。所以观世音菩萨接着告诉舍利子说："色即是空，空即是色。"这是说：我们的色身，无非是以四大为因缘而起生灭变易的延续现象，真观色身的本身就是无常（非不变的）、是无我（非独存的），合而言之就是空的（非实在的）。反过来说，这无常、无我的空相，绝非一无所有的空，而是因缘而生，宛如存在的身体。如此，色与空，空与色，只是一体两面的说法，彼此是没有分别的。

可惜世俗凡夫不明白这个道理，他们执"色"为有，亦即执著自己实有这个身体，因而缠缚了种种的烦恼不得自在。为什么呢？例如：我的太太跑掉了、我的钱被盗了、我的房子被烧了、我患了高血压、我挨了别人一拳、我被毁谤了、我要死了……也许有人认为毁谤是名誉受损，与身体无关，其实人的名誉还是需要有身体作为对象。总之，如果你执著这个身体，放不下、看不透，这些就成了你的烦恼和痛苦，所以这种人被称为"具缚凡夫"。

至于小乘行者也是未了达即色即空、即空即色的大乘空慧，固然体证了色身是空，放下了对色身的执著，却没有放下对法的执著，所以急欲出离世间，趋入涅槃，这一期生命结束之后，再也无需也不想接受另一个色身。这种一味"耽空滞寂"，我们称之为"偏空"。

讲完了"色蕴"，接着我们讲另外四种属于心理的精神活动，即"受、想、行、识"四蕴。这四蕴也莫不一一皆如色蕴，是如幻不实，缘起而性空，性空而缘起的。

受蕴——"受"是领纳的意思，是我们身体的官能，即眼、耳、鼻、舌、身五根，与外在的环境（色、声、香、味、触）接触所产生的种种感觉，可分三种：苦、乐、舍。苦受是不舒服的感觉；乐受是舒服的感觉；舍受则是不苦不乐，纯粹是感觉而已。

想蕴——是与外境接触而产生的认识作用，即对于外境的了解、联想、分析和综合等心理活动。

行蕴——是与外境接触之后，心理所起的对策。例如你搭乘公交车，车内很拥挤，突然被人踩了一脚感觉很痛，这个痛觉，就是"受"。于是你赶紧抬起头看是谁踩了你，噢！是个急着想找座位的胖妇人，这是"想"。这时，你决定瞪她一眼，还是埋怨她一句了事，或者向她说："对不起！我的脚把你吓了一跳。"这种决定处理事情的意志、意愿，叫做"行"。

识蕴——是指对外境（色）以及因外境而起的感觉（受）、认识（想）、意志（行）等活动能起了别识知作用的心之本体，所以"识"统摄了一切的心理活动。由于无明所覆，凡夫对于身心自体以及身心所依的外境，有着强烈的爱执染著，而造作种种善恶行为，积聚成为业识，由是依业受报，生死死生不得解脱。所以这个"识"是连贯凡夫生命之流的主体，这个主体绝非如一般神徒所相信的那种永恒不灭的"灵魂"。它不停地积聚业种，也不停地随缘现行，好比栈房一样，货物搬进搬出，变动不已。不仅前生与今世，今生与来世识蕴质量彼此不同，即使一念之间也前后不一了。

所以，凡夫众生心理的、精神的活动——受、想、行、识四蕴，也和色身一样是如幻不实，缘起而性空、性空而缘起的。

因此，经文的"色不异空……亦复如是"，也可以并写成四句，即"五蕴不异空，空不异五蕴；五蕴即是空，空即是五蕴"。

既然五蕴是空，五蕴非我，那么其他的人，乃至一切众生，也都无非是缘起幻现，了无真实的自性可得，从如此甚深的空慧之中即能发起大菩提心。

一位大乘菩萨持一切净戒，修一切善法，度一切众生，且如《金刚经》上所说的："我应灭度一切众生，灭度一切众生已，而无有一众生实灭度者。"造作如此大的功德，却不觉得自己做了什么功德，为什么？就是因他具备了无我相、无人相、无众生相、无寿者相的般若智慧。

· 1489 ·

总而言之,心理的活动在凡夫来说叫做"受、想、行、识",在佛、菩萨的境界则叫做"后得智",是"大用现前",是大慈悲、大智慧。而构成身心的"五蕴"在佛、菩萨的境界,就成了化身、神通、慈悲与智慧。

或许有人以为:我又不是菩萨,听这些做什么?诸位居士,我们虽然不是大菩萨,但是既然信仰了三宝,希望将来成佛,就一定要先从学做菩萨开始,晓得菩萨是怎么看待五蕴的,对自己时存惭愧之心,对菩萨常生仰慕之心,所谓"高山仰止,景行行止,虽不能至,心向往之"。今生做不到像贤位圣位菩萨那样,只要愿心不失,来生还可以继续努力。所以我们要发愿心,发阿耨多罗三藐三菩提心,发毕竟成佛的心。

宇宙观——五蕴、十二处、十八界——人在宇宙中即解脱自在。

上面这一节经文,是宇宙观的总论。佛教的宇宙观包括五蕴、十二处、十八界,说明人在宇宙之中就是解脱自在。何谓"宇宙"?古人说:"上下四方曰宇,往古来今曰宙。"所以"宇宙"就是指无限时空中的一切事物。谁能够知觉时空的存在呢?主要是人类。人类透过多种官能,如视觉、听觉、嗅觉、味觉、触觉、动觉、平衡觉的协同活动,再加上经验,以此认识事物的深度、形状、大小、颜色、运动以及与自身的相对位置等,因而知觉到空间的存在。同时,人类经历着外界事物各种持续不断的变化现象,如昼夜更替、夏去秋来、生命的生死枯荣,乃至自身生理的周期现象等,而知觉到时间的存在。人类根据空间与时间的知觉而论究宇宙的原理所提出的观念,就叫做宇宙观。

观世音菩萨继续对舍利子说:"是诸法空相,不生不灭,不垢不净,不增不减。是故空中无色,无受、想、行、识。"

"是诸法空相"的"诸法"即五蕴法,包括一切物质与精神;佛法的名词称为"色法"和"心法"。前面是以人类身心的五蕴法来观空,本节则是以时空现象的五蕴法来观空。从时间的立场来看事物,叫"生灭";从空间的立场来看事物,叫"增减";从凡夫的立场来看时空的现象,则有欣喜和厌恶,欣喜的叫做"净",厌恶的叫做"垢"。因此从凡夫位所看到的宇宙，无非是生灭、增减与垢净。然而以佛法的观点而言，一切都是"不生不灭，不垢不净，不增不减"的。什么道理呢？我们依序来说明。

世间的事物，从无变有叫做生，从有变无叫做灭。生与灭，以凡夫的知觉而言，是真实而不假的；但是换作佛法的立场，则生与灭其实都是暂时的，不是生了就永远生，灭了就永远灭，因为"生"只是由于各种因素的配合而显现，"灭"也不过是由于各种因素的解散而消失。所以，生，并非真的生；灭，也不是真正没有了。

我在美国认识两位太太，其中一位年纪较轻，生了一个女儿，我向她道喜，她竟然说："生等于无生。"我赞叹她："真了不起！你怎么知道生等于无生？"她说："现在的小孩到十六岁读高中时，就不再依着父母，要找他们也不容易了，所以我只是把她生下来养着，将来离开之后，便等于没有了。"这位太太学佛，学得真是不错哦！

另外一位太太快五十岁了，她有一个儿子，大学刚毕业，突然患心脏病死去，她痛苦得受不了，一直找我问："师父！我的孩子在哪里？你能不能教我修行，修到让我可以见到我的儿子。只要再见一面，我就甘愿啦！"老年丧子的悲痛是可以想象的，特别是没有心理准备的情况下，所以我总是安慰她。但每次她都不死心，最后一次又要求我："师父！能不能用你修行的道力，把我儿子找回来让我见一见？"我就对她说："以佛法来看，如果你的儿子在生时没做什么坏事，死后不是升天，就是再转生人间；要是做了大坏事，现在已经入地狱或转生畜生道去了，即使牵亡魂的人要找他也找不到了。假设他已升天，天人看人间是又脏、又臭、又腥、又乱，他绝不肯回来受罪的。万一真的有人帮你把他的灵魂召回来，可能那不是你的儿子，而是个魔鬼。"

她听了吓得瞪着眼睛说："那就不要找了！"我又问她："你儿子做过什么大坏事吗？"她摇头说："没有。"又问她："那有没有做过大善事？"她再摇头说："也没有。""那么，可能他又投生人间去了。"她愣了一下，说："又投生，又变成另一家的儿子喽？"我举个例问她："太太和丈夫离婚，离了婚的丈夫是否还是丈夫？""不，应该叫做前夫。""前夫

第三十三章　在疾风中天宇苦涩敲打倦意的肉体

死了没有？""没有，但不再是丈夫了。"我再问她："你儿子死了又投生，该怎么称呼？"她想了想，说："我的前子。""前子是不是你的儿子？""不是。"我说："既然不是你的儿子，你还要叫他回来，实在没有道理；这等于是前夫再婚了，而你还要他回来，太不合理。"

虽然宇宙之中的物质和生命现象，都是有生有灭，但是若把时间的距离延伸，与因缘配合来看的话，则并没有真的生与灭，所以经文告诉我们"不生不灭"。

就生命的精神体而言，地球起初没有生命，现在地球上的众生是从他方世界转移到地球来接受共同的业报的。换言之，由于有共同的因缘而到相同的世界里来。世界不只是地球而已，佛教所说的世界广大无边，众生在各世界中来来去去，在此处造恶业，到彼处去受苦报；造善业则可能生天，或随愿生西方极乐世界、东方琉璃世界，或再投生人间仍做地球人。因此，从全体空间而言，亦是"不增不减"。

所谓"不垢不净"，"垢"与"净"是我们凡夫对时空诸相所生的执著，产生喜欢的就说"净"，不喜欢就说不净，也就是"垢"。俗谚说的"情人眼里出西施"就是最明显的例子。恋爱中的男孩，由于主观的感情因素，常把对象看成仙女下凡。不过这种主观也非永远不变，婚前她是"仙女"，等到婚后，距离感没有了，吸引力消失了，昔日眼中的"仙女"往往就变成"母夜叉"和"黄脸婆"了。可见同样的一个人，在不同的时空环境看待相同的人事，感受是会变化的，它是出自人的妄想与执著，并没有真正的垢与净。

所以，五蕴法是空无自性的，没有时间相，没有空间相，也没有所执相。

"是故空中无色，无受、想、行、识"，句中的"空"是指"照见五蕴皆空"的"空"性。这是承接了上面宇宙观的总论而说："因此在空性之中，是没有色、受、想、行、识五蕴的。"既然没有，就不用害怕、不用逃避，更不会执著它了。只是那些抱着偏空思想的小乘圣人，未能看透这点，急着要离开这个五蕴法的世界,好比儒家说的"敬鬼神而远之"的做法一样。殊不知个人虽然躲开了鬼神的缠扰,但是鬼神以及鬼神的作用,在他的心里还是永远存在着的。

既然五蕴法即是空,空即是五蕴法,那么属于五蕴法的另外方式的分类——十二处、十八界,自然也是空的,经文说:"无眼、耳、鼻、舌、身、意,无色、声、香、味、触、法",前六项主要是指人类身体的官能,后六项是官能与外界接触的对象,前后十二项都属物质体。

眼、耳、鼻、舌、身、意,眼是指视觉神经,耳是指听觉神经,鼻是指嗅觉神经,舌是指味觉神经,身是指触觉神经,意是指大脑所司的记忆、分析、思想等功能的神经,总称为"六根"。六根各别接触的对象为色、声、香、味、触、法,称为"六尘"。

六根组成身体,又名"根身";六尘组成我们生活的环境,又名"器界"。六尘中的法尘,是指语言、文字、思想等种种的符号,即能使我们用来记忆、分析、思想的符号都可以叫法尘。

六根与六尘加起来合称为"十二处",是五蕴法中的"色法"。那为什么叫"处"呢?处是指所依托的地方,意思是说:经由依托而能产生另外六种东西的地方,这六种东西,就是"六识"。能使眼睛看到物体、耳朵听到声音等而产生认识的作用,即前面说过的,属于受、想、行、识等心理、精神的活动。

所以如果没有六识的话,就不会有对宇宙和生命的体验和认识。试想,如果只有六根而没有六识,那就成了死人或植物人;要是只有六尘而没有六根,则这个世界对你来讲是不存在的,因为既然没有六根,怎么知道有六尘?人的六根不起作用,尽管世界仍在,但对死人而言等于不存在。因此,人死了若没有福报和神通,就根本无从辨识这个六尘的世界,想碰我们也碰不上,所以诸位怕鬼的人,胆子可以放大一点了!

六识属于"心法",即五蕴法中的受、想、行、识。六识中的每一识都与识蕴有关,但五蕴里的识蕴并不等于六识中的意识。眼、耳、鼻、舌、

身、意六识,任何一识所产生的功能,称为业力,此业力才是五蕴里的识蕴。

综合来说,佛教的宇宙观推源于五蕴,五蕴的物质部分(色蕴),可分析成十二处;五蕴的精神部分(受、想、行、识等蕴),可分析成六识。把六根界、六尘界、六识界合起来总称为"十八界"。界,即范围、界限的意思,表示每一部分各有其一定的概念范围和功能定义。

"蕴"、"处"、"界"是佛教宇宙观的三大科。菩萨用甚深的般若智慧来观照的结果,五蕴是空,十二处、十八界当然也是空。因为空,故一切"有"能依空而立,这叫"真空妙有";大乘菩萨就是凭这个不著空、有两边的中道智慧,离一切相,度一切众生。

人的三世因果观——人在生来死去中即解脱自在。

"无无明,亦无无明尽;乃至无老死,亦无老死尽。"此乃说明十二因缘的流转和还灭也是离不了空性。

从无明到老死一共有十二个阶段,显示生命的过去、现在、未来三世流转的过程,这是佛法里很重要的理论和观念。佛法讲众生,是包括六道中的一切众生,而十二因缘则是专从人的立场来看。因为诸佛世尊皆出人间,只有人才能信佛学佛,才能得解脱自在。十二因缘是:无明、行、识、名色、六入、触、受、爱、取、有、生、老死。其中"无明"和"行"属于过去世。"识"属于过去到现世的主体,故跨越过去世与现在世,乃至未来世。"名色"到"有"属于现在世,最后的"生"和"老死"属于未来世。"老死"以后又再"生","生"一定又从"无明、行、识……"流转不已。

"无明"为生死的根本,它从无始以来就有,不是上帝给的,也不是因为自己曾经做了什么坏事。众生一开始就是众生,唯其本质可以成佛。如金矿里的金子,本来是夹杂在矿石之中,只要将石头洗炼,金子就会显现,无明如矿中之石,故有无明就不是佛,而是烦恼的众生。何谓烦恼呢?烦恼就是由贪欲、瞋恚、愚痴所衍生的种种心理现象;再由这些心理现象,表现种种的身心行为,造作种种的善恶诸业,这叫做"行"。

当一期生命结束了，生前的种种善恶诸业便积聚成一股很强的力量，让他去感受果报，而投为新一期的生命主体。这个生命主体叫做"识"，和五蕴中的识蕴是同一个东西。当人在转世投胎的刹那，他的"识"加入父精母血（即受精卵）而成为"名色"；"名"是指识，"色"是指受精卵。入胎之后，一两个月之间，胎儿的眼、耳、鼻、舌、身、意等官能即慢慢形成，这称为"六入"；"六入"，也就是"六根"。

当胎儿出生之后，他的六根就与外界的六尘接触，这就是"触"。触之后会产生苦或乐的感"受"，于是喜欢的就想追求，不喜欢的就想摆脱，这些一并叫做"爱"。当"爱"的心理活动付诸行为，成为事实，便叫做"取"。在追求或摆脱的过程，不免又造作了种种的善业和恶业，于是，便又有了未来受生受死的果报之身的因，这叫做"有"。

所以"有"与前面讲过的"识"是一样的性质，所不同的，"识"指的是今生投胎受报的因，"有"指的是来世投胎受报的因，如此而已。于是，凭着这个"有"，来世又去受"生"，然后"老死"，就这样，三世因果生死流转的关系，像一根链条，老死以后又生，生以后又老死……永无止期。

从小乘的观点看，十二因缘流转，就是生死不已；十二因缘的还灭，就是了脱生死，不在生死之中，进入涅槃。生死怎么来的？其根本是因"无明"而生，有生就有老，有老就有死；若没有"无明"，就不会生，不生，也就没有老、死，所以小乘要断无明了生死。

然而大乘菩萨则有更深彻的智慧观照。如前所述，既然现前的诸法都是空是假，则十二因缘所呈现三世流转的生命现象，亦不离五蕴诸法的生灭，所以当然也是空的、假的。生死的根本无明既是空的、假的，就不必去断无明；而从无明以下的行、识、名色到有、生、老死，也都一一是空是假，故也不需去了生死。

换言之，当一位大乘菩萨彻见十二因缘的流转相是空的，那么十二因缘的还灭，也就跟着不存在了。所以说："无无明，亦无无明尽；乃至无老死，亦无老死尽。"句中的"尽"，是还灭的意思。因此，对大乘菩

萨而言,"烦恼即菩提,生死即涅槃",了悟空性之后,既不恋生死,也不厌生死,不被生死所缚,自在于生死之中。

经文接着说:"无苦、集、灭、道",这是指明三世因果的流转生死与生死的还灭,也是离不了空性。"苦、集、灭、道"叫四圣谛,是原始佛教的基本教理。

"苦",生命的现象就如苦海,有三类八种,这在前面讲"度一切苦厄"的时候说过了。"集"是指苦的原因,人因无始以来的贪、瞋、痴等烦恼,而驱使身、口、意去造作各种善恶业,由此善恶诸业积"集"招感各种苦的果报。一边接受苦的报应,一边又造下新的生死之业。所以,造业而受报,受报而造业,周而复始,永无了期。受报是苦谛,造业便是集谛,如果不想再受苦,就要修"道"。在修道过程中,渐渐地不再造苦因,终究才能"灭"苦。

由此可知,集为苦之因,苦是集之果,道为灭之因,灭是道之果。集与苦为世间因果,道与灭是出世间因果。

我们学佛就是要断除苦因以达到不受苦的目的。"凡夫畏果,菩萨畏因",前面说集是苦因,然而流转生死的众生为什么会不断地在造苦因呢?要找出根本原因来对治它才是"釜底抽薪"之道。

流转生死的众生不断造作苦因的根源,是来自于无始以来的贪欲、瞋恚和愚痴的无明烦恼。例如遇到自己喜欢的东西,就拼命贪求,患得患失而不择手段;娶了太太生不出儿子,就想再找一个太太来生;恐怕一个儿子不孝顺,再生一个才安心。贪得无厌的同时,"顺我者昌,逆我者亡",树立了许多怨家仇人,逞凶斗狠,报怨复仇,你来我往;再如对事情缺乏正确清楚的认识或判断等,便使行为上造作杀、盗、淫等身业,嘴巴则造妄语、两舌、恶口、绮语等口业。

所以不断造业受苦的根本原因来自无明烦恼,也就是没有智慧!那么如何去开发智慧呢?必须修三无漏学和六度。三无漏学是解脱道的根本,而六度是菩萨道的基础,也是三无漏学的开展。

三无漏学，就是戒、定、慧。六度，就是布施、持戒、忍辱、精进、禅定、智慧。戒与定是为了得无漏慧，有了无漏慧，才能断除生死恶业，即不再造生死的苦因。

六度中的布施、持戒、忍辱和精进是戒的范围。从菩萨的立场看，有能力布施而不布施，应该忍耐而不肯忍耐，可以用功而不用功，能舍而不舍，该做而不做等都是犯戒。至于如何持戒清净，那就要有禅定的功夫。修行禅定的方法有很多种，例如礼佛、拜忏、诵经、打坐、念佛、持咒……心安定才能真正持戒，才愿发布施的心；心越安定，烦恼越少，智慧越增长，最后就能得解脱。所以，解脱来自禅定和智慧之力。由持戒而离苦得乐，习禅定而得禅悦，修智慧而得法喜。诸位看，这有多好！能修戒、定、慧的人实在太幸福了。

依智慧而得自在，依三无漏学而得解脱，固然不错，但是一个修行人如果心里这么想："哦！我已经得解脱了"，"我已经有大智慧了"，或"我已经成为大菩萨了"，那就有问题了。在空慧的观照之下，根本是无苦、无集、无灭、无道的，这样才会不离生死而不受生死的束缚，才是真正的大自在。所以小乘说："苦、集、灭、道"，大乘菩萨则说："无苦、集、灭、道。"

经文接着说："无智亦无得"，这就更有意思了。有人一定会问：既然说没有智慧可得，那就没有可以证悟的目标了；没有目标，我来修行做什么？在前面的经文里，各位已经知道了诸法是空，既然是空，那么能观照的智，和所证得的理，当然也是空，也就是无可执著的了。因此，"无智"才是真智慧、究竟的智慧。

"无得"，是说没有什么可以得到。有人说修行可得功德，修行可得智慧，修行可证道果，又说什么四果、五果、乃至七果、八果，如果有果可证，就是一种执著了。现在外边有人标榜自己已证三果、四果，说自己是圣人，这种人有大问题；把证悟当做一样事实去执著。有一点宗教的体验就生狂慧，是骄慢心。

所以遵守《心经》告诉我们"无智亦无得"的话来修行才是最正确

安全的。我们中国的老子不也说了吗，"大智若愚。"又说，"上德不德，是以有德；下德不失德，是以无德。"

菩萨的境界——解脱自在的范例。

"以无所得故"的"得"是得什么？从凡夫的立场看，世界是实有的。我们常说："人身难得今已得。"得的是什么身呢？是五蕴身。从凡夫来看，是有得的。因此，在这里要把"无所得"的问题分下面三个层次来说明：世法的现象，圣道的修证，菩萨无所得。

世法的现象：凡夫看五蕴为实有，但从佛法的观点来讲则是空的。五蕴中的色蕴——十二处是空，五蕴的身心世界——十八界是空。由于色法的肉体和心法的精神皆是空，所以凡夫所得到的五蕴身等于没有得到，故说"无所得"。十二处中的六根是身空，六尘是境空，如果我们认为六尘是空，那六根就没有作用；反之，知道六根是空，则六尘就不会影响我们。

若真的体验到不受六根、六尘所动，就不会因六尘而使六根引生贪、瞋、痴的烦恼，这叫做"六根清净"。这种情形，就是当六根对六尘时，好像镜子照着面前的事物，影像在镜子里清清楚楚，但镜子本身一无所动，不受影响，这就是"心空"。此时的六识已不称六识，因为它不再以情欲反映外境，而转为以智慧来处理外境，六识变成了智慧。

圣道的修证：此即指四圣谛。集、苦是流转生死，道、灭是生死的还灭；集、苦是缘生，道、灭是缘灭。执著缘生缘起的现象，不离生死，是凡夫的境界；而执著要远离这个现象，不再生死，一心求缘灭，就是小乘的涅槃境界。

菩萨无所得：大乘菩萨则认为诸法空相，不生不灭。所谓缘生缘灭，对他而言，了无挂碍，所以连圣道也无，亦无智慧可用，既然无智慧可用，当然"无所得"。

智慧可分三种：世间智、出世间智、世出世间智。如果认为这三种智慧实有，那就有"能得""所得"。何谓"所得"？以世间智而言，得的是知识聪明；以出世间智而言，得的是四双八辈；以世出世间智而言，得的是三贤十圣。

现在请问诸位,什么人得世间智?是凡夫,其实有知识聪明也不错。

什么人得出世间智?是小乘圣者,所得的四双八辈:初果向、初果、二果向、二果、三果向、三果、四果向、四果,就是把小乘的四果分成八个阶段。

至于什么人得世出世间智呢?是大乘菩萨,所得的三贤十圣,三贤就是十住、十行、十回向,十圣则是指初地至十地的圣位菩萨。

从凡夫的立场看,上述这些修行阶段是有的,佛经上也清清楚楚告诉我们是有这些的,但是从大乘菩萨的立场则说没有。凡夫有得,小乘有得,而菩萨无得,所以要说"无所得"。

"菩提萨埵"即菩萨的全称,梵文作 Bodllisattva,它的意思,旧译为"大道心的众生",新译为"觉有情"。我将它分为两项来说明:一是原始圣典中所说的菩萨,二是大乘经典中所说的菩萨。

在原始圣典中的菩萨有两个阶段:一是指释迦世尊从出生、修道,到成佛之前的时期,称为菩萨。其次,在释迦世尊往昔生中,一生又一生地以种种不同的形象和类别,舍生受生,受生再舍生,这样的阶段也称为菩萨。"本生"里记载释迦世尊于过去生中,曾做过国王、太子、猿猴、乌龟,还做过鹿、鹦鹉、象,乃至巨大的鱼等。

佛教将一切佛经分为十二种类,名为"十二部",其中第六部叫"本生",述说释迦世尊未成佛前,生生世世以不同的身份、不同的众生类别来教化广度众生的故事;另有一种专讲佛弟子们在过去生中的种种因缘,则称为"本事"。

下面举几则"本生"里的故事:曾经有一个国家闹旱灾,当地的人民无食物可吃,已到人吃人的地步,后来连人肉也没得吃。释尊看到这样凄惨的情况,就化身为一条巨大的鱼,鱼身像一座肉山,让人剐他的肉充饥。由于被剐过的肉又会马上长回去,因此他忍受了千刀万剐的

痛苦，终于把快要饿死的人都救活了。另外，大家比较熟知的故事还有"九色鹿"入河救溺水的人，度他发心的故事。"舍身饲虎"是说释尊有一生曾为某一国的三太子，在寒雪纷飞的山林中，看到一只母老虎，饿得瘫在地下奄奄一息，身旁尚有七只出生不久的小老虎。如果母虎饿死了，那七只小老虎也必跟着饿死。这位三太子发了大悲心，用干竹刺颈，走近母虎，让母虎舐他的血再吃他的肉，结果救了母虎和七只小虎的生命。

舍己利人的就是菩萨。但在原始圣典中，被称为菩萨的只有释迦牟尼佛和弥勒菩萨，弥勒菩萨是继释尊之后下一尊将在娑婆世界成佛的菩萨。

大乘圣典中有四种人被称为菩萨：第一，诸佛在尚未成佛前的因地，都称菩萨。第二，凡人从初发菩提心到成佛前的阶段，也称菩萨。例如经中记载过去劫中，有国王在世自在王佛所出家，号法藏比丘，于佛前初发无上菩提心，就是菩萨，他是西方极乐世界的教主阿弥陀佛的前身。第三，在《梵网经》、《菩萨璎珞本业经》、《华严经》里，皆把菩萨分成不同的阶次，从凡夫菩萨到贤位、圣位、等觉、妙觉，共有五十二个阶位，都称菩萨。第四，于原始的《阿含经》中说菩萨要修六度，即六波罗蜜，又可延伸为十波罗蜜。凡夫修六波罗蜜，初地以上的十地菩萨每一地修一波罗蜜，称十波罗蜜，而且每一波罗蜜又含摄无数的波罗蜜。波罗蜜即"到彼岸"、"超度"之意，用种种方法使众生从生死苦难的此岸，到达不生不死、菩提和涅槃的彼岸。这些方法总计有八万四千法门，所以六度之下常接两个字——万行，六度摄万行。另外，又可以用四句话来含摄万行，那就是《四弘誓愿》："众生无边誓愿度，烦恼无尽誓愿断，法门无量誓愿学，佛道无上誓愿成。"

诸位，我们每天课诵时都念《四弘誓愿》。这样算不算菩萨了呢？当然算。可是，菩萨要像释迦牟尼佛在因地的舍行一样，难忍能忍，难舍能舍，做得到吗？我们众生非常可怜，人家称呼自己是菩萨时，就满欢喜的，但是要叫自己去行菩萨道的时候，就舍不得了。

曾经有一位居士受了菩萨戒之后回到农禅寺来,就自称"本菩萨"如何如何。我想这个人真了不得,戒场一下子把他从凡夫变成菩萨了。我也不能说他错,戒场的法师说,"受了菩萨戒就是初发心的菩萨",本来没什么不对,但他找我时,竟然说:"师父,你比丘是小乘,我现在是菩萨,所以我是在家菩萨,你是出家罗汉。"我问他:"你的戒师是谁?"他说:"也是罗汉。"这就是没有弄清楚,既有菩萨在家,也有出家菩萨;没有说做了菩萨就不准出家,这是没有道理的。

另有一位居士对我说:"菩萨一定是在家人。"我说:"菩萨也有出家人。"他摇头说:"不,在家人。"我再问他:"你怎么证明菩萨是在家人?"他说:"观世音菩萨有头发。"接着,他更提出怪论,说:"出家人应该拜在家人、拜菩萨。"这都不是正信的佛教徒,没有真正懂得佛法。

须知,大菩萨并无所谓在家、出家的分别,只不过有时示现在家相而已。事实上,菩萨多半示现天人相、梵天相,他们已离欲界的淫欲,没有男女的性别,所以也就没有在家出家的问题。只有欲界凡夫才有在家、出家、男男女女的问题。总之,我们人间只要发心舍己为他,就是菩萨了。

"依般若波罗蜜多故,心无挂碍"是呼应前面的"行深般若波罗蜜多时,照见五蕴皆空"的意思,是说任何菩萨只要依般若波罗蜜多的甚深智慧,即证毕竟空、无所得,能超越诸苦,心中了无挂碍。

一切诸佛均以智慧为父、慈悲为母,其法身是依智慧与慈悲而生。以智慧自度,度一切苦;以慈悲利人,使一切众生离苦;悲智双运,自能游刃于无间。

佛法中的智慧与慈悲是不可分的,有慈悲就一定有智慧,有智慧也一定有慈悲,如果有人自称有智慧,却没有慈悲心,那他也绝不是真有智慧。因此,不能说小乘圣者没有慈悲,如果南传佛教国家的佛教徒没有慈悲心,南传佛教就不可能流传到现在。

为什么说"心无挂碍"呢?当一个人心中无所得,内在无我,外在无物,内外皆空,那还有什么好挂碍的?心有挂碍,一定是先有自我,有自

我就会放不下人，放不下事物；心外有人、事、物种种计较牵连，梗在心上丢不开，这就是心有挂碍了。假如心像万里晴空一样，无风、无云、无雨，也无日月星辰，只是一片皎洁，不着一点微尘，这便是智慧，是心无挂碍。

如果心里有爱人，这是有挂碍对不对？心里有仇人也是有挂碍对不对？心里有钱也是有挂碍对不对？那心里没钱算不算挂碍？也是挂碍。你心里想："我没有爱人，也没有仇人，我什么也没有。"这算不算有挂碍？其实说自己心里没啥事情也是一种挂碍，凡是心里有计较、有执著，不管计执有还是无，都是挂碍。

我遇到过好几位单身的居士对我说："法师，我跟您一样喔！"前天有位日本教授也这么说："我在学你。"我问他："你怎么学？"他说："我来台湾，没有把太太带来。"他没把太太带来，其实心里头已把太太带来了。而我呢？不管有没有带，根本没有太太可带，也没有太太可不带。

所以，"心无挂碍"之意，并非执"有"才叫挂碍，执"无"也是挂碍。譬如有人说："师父，我现在已经没有烦恼了。"这就是烦恼，凡是相对的有和无，都是挂碍。

"无挂碍故，无有恐怖。"已证诸法皆空，心无挂碍的人，内既无我，外亦无物，便没有能够恐怖的自己，也没有让自己恐怖的事物了。

请问这个世上，谁在贪生怕死？是每一个"我"在贪生怕死啊！一般初学打坐的人，坐到心里有安静的感觉之后，就会有一种恐惧感产生，说不出是恐惧什么。其实很简单，人人都怕寂寞，所以打坐的时候，让自己进入一个深不可测的精神世界，便会感觉非常寂寞，再寂寞下去，不知会发生什么事，心里便很害怕。

所以谁在怕呢？是"我"在怕。这些人常会来问我怎么办，我告诉他们办法很简单，只要不想过去，不想未来，不想自己，也不想他人，专心地用方法，这时就没有什么好怕的了。想到过去会舍不下，想到未来则无法捉摸揣测，所以会害怕。

佛经说,初学的菩萨有"五怖畏",即:恶名、恶道、不活、死、大众威德。

为什么害怕"恶名"？因为沾了恶名,便会遭人鄙视、排斥、隔离,甚至冤枉,在社会上难以立足,所以古人说:"君子恶居下流。"就连坏人也怕别人说他是坏人,还想尽办法为自己的行为辩护,装作君子善人,要人肯定他、歌颂他。

害怕"恶道",是指怕死后堕到地狱、鬼、傍生三恶道去。其实在人间,有许多人已经像在地狱,行为已经像畜生、鬼一样了。

害怕"不活",是指行布施不敢尽其所有,以免自己生活成问题。这跟穷与富没有关系,有钱人也怕活不下去,好比越大的鱼需要的水越多,因此贪心重的人,财产只能多不能少,一少就害怕,就活不下去了。很多人只能伸,不能屈;只能富,不能穷,尤其大富大贵之人,突然一夕之间落难变穷,就自杀了。本来他多少还有点钱生活,即便没有钱,也不是活不下去,但是他却害怕活不成而自杀了。这种人很愚蠢,大丈夫应该能伸能屈,能富贵能贫贱,如此才是真正学佛的态度。

另外是害怕"死",死是人人都怕的。初发心的菩萨,虽然发了广大心,突然要他舍身命,也一定会害怕的。

最后是害怕"大众威德",就是指在大众面前,或有威德的人面前,心里虚怯,不敢说法。

"颠倒"是指不合理的思想和行为,如凡夫的我执与小乘的法执均是。

所谓我执,是指"常、乐、我、净"的思想。"常"是永恒不变的意思。外道的神我思想认为死后会被上帝召回,跟随上帝永远在天国享福,这就是"常"。还有一般民间信仰以为人死如换衣服,衣服穿旧了,换件新的;衣服穿脏了,换件干净的。我们的躯壳肉体就像衣服,可以一生一生地换,今生穿牛皮,来世穿人皮,再下一世穿狗皮,而这些皮囊里的性灵则永远不变,这种思想也是"常"。

依佛法来说,我们的肉体固然会生老病死,而我们的神识也一样

没有固定不变的本体。由于我们的识蕴经常因业力的作用而变化，即使今世与前世都做人，也因识蕴不同而出现人格的差异，所以实际上根本没有一个恒常不变的"我"。

"乐"即快乐之意。众生皆有不同层次的快乐，蚂蚁有蚂蚁的快乐，粪蛆有粪蛆的快乐，狗有狗的快乐，人有人的快乐，上了天，天人有天人的快乐。从天人看我们人间的快乐，算不算快乐呢？当然不算。我们人看狗的快乐，算不算快乐？狗吃屎很快乐，我们人会去和它同乐吗？因此，既然不同的生命层次有其不同的快乐，那就没有所谓真快乐。再从无常的角度看，世间的一切喜乐，如财富、尊荣、健康、聪明，乃至风调雨顺、国泰民安等，虽然会使人感到满足，但是到了变化的时候，苦就跟着到来，不能不说"诸受皆苦"了。

"我"是独立自存的意思。依佛法讲，一切存在的事物，都不过是因缘和合的暂时现象，绝没有任何东西是可以独立自存的。

"净"，在凡夫的立场看，也是因层次而有不同，由于心理情况的差异，对相同的境界会产生净或不净的认识与感受。而人间的清净，从天上来看，就变成了垢秽而非清净。

所以凡夫认识的"常、乐、我、净"都是颠倒见，有颠倒的思想就会产生颠倒的行为。到了小乘，则讲"无常、苦、无我、不净"，他们从常见无常，从乐见苦，知苦而知修道，修道至彻悟无我而得解脱。凡夫因为有"我"，"我"是无常的、痛苦的、不净的，彻悟了"无我"固然是好，但此等圣人很可能因此而厌离人间，执"无常、苦、无我、不净"，而汲汲要入涅槃。这种去了"我执"而未去"法执"还是不究竟，应该更上一层楼，修菩萨的境界，就是"非常非无常、非乐非苦、非我非无我、非净非不净"，这也就是佛法所谓的"中道思想"。"中道"就是既不执常，也不执无常；既不执我，也不执无我。

"梦想"是因为执著身和心的对立，自和他的对立，物和我的对立，乃至烦恼和菩提的对立，生死和涅槃的对立等，在五蕴法中产生种种错误的向往，凡夫以我执为梦想，小乘以法执为梦想，大乘菩萨则已远离我执法执的颠倒梦想。

远离颠倒梦想之后,就"究竟涅槃"了。为什么要加"究竟"两个字呢？因为涅槃有三种:一是外道的假涅槃,二是小乘的真涅槃,三是大乘的究竟涅槃。

外道的假涅槃是"与神同在"、"神我合一"或一般人所说"天人合一"的境界。它可从两种情形来体验:一是以信仰、信心祈求上帝或神的力量的救拔,带引他到天国,达到与神同在或与神合而为一的境界。二是以自己修定的力量,达到内外统一,体验身心与天地宇宙原是一体,这就是神我合一的境界。

很多人说佛教教人消极逃避,事实上,信神的人才真正是逃避现实,他们信神,祈求上天国,再也不来人间了。至于入定的人,把自己融化在宇宙之中,自我与外界统一,像冰化入水中一样消失了,如何能产生救世的功能？另外有一种属于哲学思想的"天人合一",它是纯学理的推论,非亲身的体验,不包含在这里面。

小乘的真涅槃,佛法称之为"灰身泯智",即身体死了没有了,招感生死之本的烦恼业惑也泯灭了,只是三界外的尘沙,无明烦恼尚未断尽。这时像喝得酩酊大醉的人一样,陶醉在涅槃之中,别人看不到他,他也看不到人,因此也就无法教化世人。真假涅槃的差异,在于真涅槃是无我的,而假涅槃则执著神我的统一,虽放弃了个体的小我,而仍执著于宇宙之神的大我。

究竟涅槃是无怖畏、无颠倒、无梦想,不贪恋生死之中,也不畏生死,自由自在于生死之中。凡夫是依业报在生死中受苦受难,没有自由；菩萨则是以愿力在生死中救苦救难,自由自在。两者虽同在生死之中,却是完全不同的境界。所以,不离开现实的人生,随缘度化一切众生就是大乘的究竟涅槃。

佛道——菩萨道的目的,解脱自在的终极。

佛是从菩萨而来。菩萨的意思是觉有情,是自觉觉他；自己是觉悟

的有情众生，而又帮助其他的众生觉悟。他是在菩萨道上的众生，菩萨道称为大道，在大道发了菩提心的大道心众生，就是菩萨。

而达到自觉、觉他、觉满，最高人格的完成就是佛；佛是菩萨究竟的位置。在原始佛教中，仅有的一尊佛，就是释迦牟尼佛。其他的佛弟子虽然也证涅槃，但称阿罗汉。到了大乘经典，就有所谓"三世诸佛"了。因为释迦牟尼佛是过去的菩萨而现在成佛；而现在的菩萨将来也必定成佛，是未来佛。既有现在、未来诸佛，那过去一定也已有众生成佛，是过去佛。过去佛、现在佛、未来佛，就是"三世诸佛"，这无异在鼓励众生起信心，好好修学菩萨道，肯定将来都会成佛。

从时间上来说，有三世诸佛，而时间离不开空间，既有三世诸佛，也就一定有十方诸佛。我们皈依三宝，乃是皈依"十方三世一切诸佛"。由此可见，成佛是菩萨道的终极点，我们应等视一切菩萨都是未来诸佛。经文强调菩萨依般若波罗蜜多来度一切苦厄，而诸佛也是以般若波罗蜜多来成佛，所以说："依般若波罗蜜多故，得阿耨多罗三藐三菩提"，这是说如来的果位。

"阿耨多罗三藐三菩提"译成中文是"无上正等正觉"，又称"无上正等正遍知觉"。正觉，即正确的觉悟；无上正觉，就是悲智圆满的如来果位。正觉一定是从正行产生，正行一定是从正信而来，即从正确的信仰产生正确的修行，再从正确的修行达成正觉的目的。因此，大家平日应该多读正信佛教的书籍。

用真言为比喻，来赞叹般若波罗蜜多，意思是说："因此可知般若波罗蜜多实在太好了，它就好比是大神咒，是大明咒，是无上咒，是其他咒所比不上的。它能使众生除去一切苦难，这是真的，一点也不假哟！"

《心经》的主要部分，即"舍利子！色不异空……无智亦无得"计一百零九字，是源自于《大般若经》第四百二十一卷《观照品》第三之二，并与《大品般若经·习应品》第三的内容相同。另外，"是大神咒……能除一切苦"计二十二字，与《大般若经》第四百二十九卷《功德品》第三十二,以及《大品般若经·劝持品》第三十四的文字大同小异。

也就是说,《心经》在《大般若经》中有它的根据,但原来不是连在一起的,当后来被译成汉文的时候,这两部分已经连在一起了,可能是在印度就有人做了这项工作,并将它称为《心经》。不一定是中国译师玄奘,或在他之前的罗什法师所为,所以这部经不但在中国重要,在印度也很受重视。

"咒"在梵文称"陀罗尼(Dhanni)",有总持、能持、能遮之意。总持,谓总一切功德,持无量义理,能持,是指它能含摄保存无量的内容,而能遮,则谓具有无量神变不思议的功能。另外,"咒"又名"曼陀罗(Mantra)",意为真言,也有神咒、秘密语、密咒的含义。陀罗尼和曼陀罗本来是印度婆罗门教所惯用的语言,释尊最初不用它,到大乘般若经典发达后,才有了秘密般若部的成立。

"大神咒"是说有很大功能的咒语,而且此"大"不是比较的大,是绝对的大,大得不可思议。

"大明咒",大明能破一切黑暗愚痴,所以大明即大智慧之意。

"无上咒"意谓最高、最尊、最胜的咒中之咒。

"无等等咒"意谓无任何一咒能与之相比。

"能除一切苦",此句呼应经首"照见五蕴皆空,度一切苦厄",然后说:"真实不虚",很肯定地表示:"就是如此,一点不假!"

这里所赞叹的就是"空"。若能实证空性,还有什么事办不成?空,即智慧、般若。

于是就念一个咒语:"揭谛,揭谛,波罗揭谛,波罗僧揭谛,菩提萨婆诃。"这是真言大成就、解脱大自在之意。"揭谛"是去、到的意思。"波罗揭谛"的"波罗"意谓彼岸,"波罗揭谛"就是到彼岸去的意思。"波罗僧揭谛"的"僧"是众的意思,"波罗僧"表示众多法门,有六波罗蜜、十波罗蜜乃至无量波罗蜜。此言有无量能度脱生死的法门,依这些法门到彼岸去。

"菩提萨婆诃"的"菩提"是正觉、佛道。"萨婆诃"是大圆满、大成就

· 1507 ·

之意。

　　将此咒连贯一起来念,意思就是:"去呀!去呀!去彼岸呀!用许多许多到彼岸的方法去彼岸,去成就菩提大道。"就这样一直念,一直念,到最后你不去也会去了。"菩提萨婆诃",功德圆满。

第三十四章　禅韵涵盖乾坤的如来大千世界

当你否定每一件事,那并不表示你摧毁了每一件事,那只是表示你摧毁了你所创造出来的世界。

有一个和尚问南泉禅师:"有一个教导是没有一位师父曾经教过的吗?"

南泉说:"是的,有。"

"它是什么?"那个和尚问。

南泉回答:"它不是头脑,它不是佛,它不是东西。"

成道者的教导根本就不是教导,因为它们是无法被教的,所以怎么可以称它们为教导?一个教导是那个可以被教的,但是没有人可以教你真理,那是不可能的。你可以学习它,但是它没有办法被教,它必须被学习。你可以吸收它,你可以摄取它,你可以跟一个师父生活在一起,然后让它发生,但是它没有办法被教,它是一个非常间接的过程。

教导是直接的:某种东西被说出来。学习是间接的:某种东西被指出来,而不是被说出来,它是某种东西被显示出来。一根手指头指向太阳,但那根手指头并不是要点,你必须离开那根手指头去看太阳,或是去看月亮。一个师父会教导,但那个教导就好像是手指头:你必须离开它,然后看它所指的地方就那个层面、那个方向、那个彼岸。

一个老师会教,但是一个师父会生活——你可以从他的生活中学习,从他的举止、从他看的方式、从他碰触你的方式、从他存在的方式来学习。你可以摄取它,你可以让它发生,你可以保持敞开,成为具有

接受性的。没有办法直接说它,那就是为什么那些很理智的人会错过它,因为他们只知道一种学习的方式,那就是直接的方式。他们会问:什么是真理?然后他们会期待一个答案。

这就是当比拉多问耶稣"真理是什么"时所发生的,耶稣保持沉默,甚至连一个闪动都没有,就好像那个问题没有被问一样,就好像比拉多没有站在他的面前问。耶稣保持跟那个问题没有被提出之前一样,一点都没有改变。比拉多一定觉得这个人有一点发疯,因为他问了一个直接的问题:"什么是真理?"而这个人却保持沉默,好像他没有听到一样。

比拉多是一个总督,是一个受过很好的教育、有文化,有教养的人,而耶稣是一个木匠的儿子,没有受过教育,是没有教养的人。它就好像两极互相会合——两个对立的极端。比拉多知道所有的哲学,他学过它,他知道所有的经典。耶稣这个人完全没有受过教育,事实上他什么都不知道——或者,他只知道空无。站在比拉多的面前,完全沉默,他回答了,但那个回答是间接的:他举起一根手指头。那个完全的宁静是手指头指向真理,但是比拉多错过了。他想,这个人是发疯的,要不然就是他耳聋,听不到,要不然就是他不知道,他是无知的,所以才保持沉默。但宁静可以是一根手指头指向真理——那对于使用理智的比拉多来讲是无法理解的。

他错过了最伟大的机会!他或许还徘徊在某一个地方找寻"什么是真理"。在那一天,真理就站在他的面前,他能不能宁静一下子?他能不能处于耶稣的"在"里面而不要问?只要看、观照、等待?他能不能吸收耶稣的一些智慧?他能不能允许耶稣在他身上下功夫?那个机会就在那里,耶稣已经将它指出来,但是比拉多错过了。

用理智的人永远都会错过成道者的教导,因为理智相信直接的方式,但是你没有办法以这种直接的方式碰触到真理。它是一种非常微妙的现象,非常细微,是可能的最细微的,你必须很小心地进行,你必须很间接地进行。你必须去感觉它,它来自心,它从来不是来自头脑。

教导是透过头,但学习的发生是透过心。

记住我所强调的,并不是师父在教,而是门徒在学习,要不要学习依你而定,而不是看我要不要教。一个师父没有办法不成为自己,因为他就是这样,所以他一定会继续教导。他的每一个片刻、每一个呼吸都是教导,他的整个存在就是一个教导、一个信息。那个信息跟师父并没有什么不同。如果它是不同的,那么师父只不过是一个老师,而不是一个师父,那么他是在重复别人的话语,那么他本身并没有醒悟,那么他的知识是借来的,在内在,他跟学生一样无知。他们真实的存在是没有什么差别的,他们的差别只是在于他们的知识。就他们真实的存在而言,老师和学生是处于同一个层面,就他们的知识而言,他们是不同的:老师知道得比较多,学生知道得比较少。某一天学生将会知道更多,他本身将会变成一个老师,他甚至可以知道得比那个老师更多,因为知识是水平层面的累积。如果你累积了更多的知识或信息,你就可以变成一个老师,但是没有办法成为一个师父。

一个师父是真理,他并不是知道关于真理的事,他已经变成了它,所以他没有办法不成为自己,这并不是他要不要教的问题,它不是一个选择。即使他在熟睡当中,他也是继续在教。当佛陀在熟睡时,你只要接近他,你就可以学到很多,你甚至可以成道,因为他睡觉的方式是完全不同的。那个品质是不同的,因为他真实的存在是不同的。佛陀在吃东西,你只要看,他在给出一个信息。那个信息并不是封闭的,所以我说他没有办法不成为自己,他就是那个信息。

你不能够问"什么是真理"这个问题,不管怎么说,他不会直接回答你的问题。他或许会笑,或者请你喝一杯茶,或者他会握住你的手,然后静静地坐着,或者他会在清晨带你去森林里散步,或者他会说:"看!这座山很美!"

但是任何他所做的都是间接的指示方式,指向他真实的存在。

一切很美、很真、很善的东西都好像快乐一样!我说"好像快乐",因为你或许可以了解它。你曾经知道过某些快乐,也许你生活得很痛

苦，就好像人们的生活一样，但是有时候，不管你怎么样，也会有一些快乐进入你，你充满着一种未知的宁静、未知的喜乐，突然间那些片刻会出现。你无法找到一个在他的生命中不曾有过一些快乐片刻的人。

但是，你是否曾经观察过一件事？每当它们来临，它们是间接地来，突然间它们就发生了——在没有预期的情况下它们就发生了。你并没有在等它们，你在做别的事，突然间你觉知到了。如果你在等待它们，期待它们，它们永远不会来，如果你直接找寻，你将会错过。

某人说："我去河里游泳，我觉得很快乐。"你也去找寻它，你说："那么我也去游。"然后你就去了。你在找寻快乐，你并不是直接关心游泳，你直接关心快乐，游泳只是一种手段，你游了好几个小时，你感到疲倦了，你在等待，你在期待，但是你觉得很受挫折，并没有什么事发生，并没有什么快乐产生，然后你告诉你的朋友说："你骗我！我游了好几个小时，已经很疲倦了，但是一点快乐都没有。"

不，它不可能发生。当你完全消失在游泳当中而变得没有人，当那只船是空的，屋子里面没有人，主人是宁静的，那个游泳池非常深，以致那个泳者消失在它里面，你就只是游泳，你在河里玩，阳光照射过来，早上的微风吹过来，你完全消失在它里面……那么就会有快乐！在靠近河岸的地方游泳，游遍了整条河，散布到存在各处，从一条光线跳到另外一条光线，每一阵微风都会带来快乐。但是如果你期待，你就会错过，因为期待会把你引导到未来，而快乐是在现在，它并不是任何活动预期的结果，它是一种自然的结果，它是副产物。你非常融入，所以它就发生了。

它是一种自然的结果，记住，它不是一个预期的结果。二加上二，它的结果就是四，它是可以预期的，它已经存在于二加二里面，它会显现出来。如果事情是机械的、数学的，那个结果是可以被预期的。但自然的结果并不是机械的东西，它是一个有机的现象，它唯有当你不期待的时候才发生。当你根本没有去想到那个客人，那个客人就会来敲你的门。它一直都像一个陌生人一样地来，它一直都会令你感到惊讶。你突然觉得某件事发生了，如果你开始去想到底发生了什么，你将会立即错过。如果你说："多么棒！多么美！"它就走掉了，头脑就回来了。然后你又再度陷入同样的痛苦里，你又被丢回来。

一个人必须深深地知道，一切很美的事都是间接的，你无法攻击它，你不能够对它有侵略性，你不能够从存在中夺取过来。如果你是暴力的、带有侵略性的，你将无法找到它。

要像一个醉汉一样走向它，不知道什么地方，不知道为什么，像醉汉一样，你完全消失，然后走向它。

所有的静心都是很微妙地使你醉的方式，很微妙地使你成为属于未知的醉汉，属于神性的醉汉，那么你就不再带着有意识的头脑来运作，那么你就不会在那里期待，不会在那里为未来计划。你不存在，当你不存在，突然间花朵就开始洒落在你身上——喜乐的花朵。就好像须菩提一样，空……你会很惊讶！你从来没有期待，你从来不知道！你从来不觉得你配得，它就是这样被感觉——就好像恩典一样，因为它并不是你带出来的，它就这样发生了。

所以有一件事：真理是没有办法被教的，喜乐没有办法由别人给你，狂喜没有办法在市场上买到，但是你的头脑一直都以得到、购买、搜集和寻找来思考，你的头脑从来不以发生来思考，因为你没有办法控制发生——其他每一件事你都能够控制。

我听说：有一次，一个人突然变得很富有。当然，当有这样的情形发生，他就会去搜集他一直以来在欲求的所有东西——一栋豪宅，一部大车子，一个游泳池，然后他将他的女儿送去读大学。他自己一直想要受高等教育，但是都没有办法完成心愿，现在他想要满足他所有的欲望，任何他所做不到的，他都想要他的小孩去做。但是过了几天之后，学校的教务长写了一封信给他，信上写着："我们必须坦白，我们没有办法允许你女儿进大学，因为她没有学习能力。"

那个父亲说："就只是能力吗？不必担心！我会到市场上为她买最

好的能力。"

你怎么能够购买能力？但是一个突然变富有的人只会以购买来思考。你们以权利来思考她购买的权利、得到什么东西的权利。记住，真理是没有办法通过权利而得到的，它必须当你很谦虚时才会出现。你没有什么东西可以用来购买它，它是不能被购买的。它不能被购买是好的，否则一定没有人能够付得起。它以发生出现是好的，否则你要怎么购买它？一切你所拥有的都是垃圾。因为它没有办法被购买，所以有时候它会发生。它是一件礼物，它是神性跟你的分享，但是唯有当你允许，神性才能够跟你分享。因此我说你可以学习它，但是它没有办法被教。

事实上，在心灵的世界里只有门徒，没有师父。师父存在，但他们是不活跃的、被动的力量。他们不会做什么，他们就只是在那里，就好像一朵花，如果没有人来，那朵花还是会继续散播出它的芬芳，它没有办法不这样。整个事情是由门徒来决定的：要如何学习？如何从一朵花学习？一朵花会显示出一些东西，但是不会说它，它是没有办法被说的，花朵怎么能够说出美是什么？花朵就是美。你必须有眼睛可以看，有鼻子可以闻，而当微风吹过，你必须有耳朵可以听那个来到花朵的微妙声音，同时你需要有一颗心来感觉花朵的悸动，因为它也会悸动——每一样活的东西都会悸动，整个存在都在悸动。

你或许没有观察到这个，因为在你进入很深的静心之前你是不可能观察到的；你没有办法观察到整个宇宙在呼吸那个事实。就好像你在扩张和收缩一样，整个存在也在收缩和扩张。就好像你吸气，肺部被充满，然后你呼气，空气就跑出去，然后肺部就收缩，同样的韵律也存在于存在里。整个存在都在呼吸、扩张、吸气、呼气，如果你能够找到存在的韵律，而变成跟那个韵律合而为一，你就与宇宙浑融了。

整个狂喜、静心和三摩地的艺术就是：如何变成跟宇宙的韵律合而为一。当它呼气，你就呼气；当它吸气，你就吸气。你生活在它里面，你跟它并不是分开的,你跟它是一体的。很困难,因为宇宙是浩瀚的。

一个师父是整个宇宙的缩小版。如果你能够学习如何跟师父一起吸气,以及如何跟师父一起呼气,如果你能够学到那个,你就学到了一切。

当比拉多问"什么是真理"的时候,如果他有知的话,即使只是知道如何当门徒的初步,下一步一定就只是闭起他的眼睛,然后跟着耶稣一起吸气和呼气……只要跟着耶稣一起吸气和呼气。他以什么样的方式吸气,你就以什么样的方式吸气,以同样的韵律;他以什么样的方式呼气,你就以什么样的方式呼气,以同样的韵律,突然间就会有合一:门徒消失了,师父也消失了。在那个合一当中,你就知道真理是什么,因为在那个合一当中,你会尝到师父。

如此一来,你就握有了钥匙,这个钥匙也不是由别人给的,记住,它必须由你学习而来。它不是由别人给你的,它不能被给,因为它是那么的微妙。有了这把钥匙,每一个锁都能够被打开。它是一把总钥匙,不是普通的钥匙——它并非只能打开一个锁,它能够打开所有的锁。现在你握有了钥匙,一旦你握有了钥匙,你就可以将它用在整个宇宙。

卡比儿说:"现在我陷入了很大的困难,神和我的师父,整个存在和我的师父都站在我的面前,现在我要先向谁鞠躬?我要先向谁顶礼?我陷入了很深的困难!"然后他说:"请原谅我,神,我必须先向我的师父顶礼,因为他将你显示给我。我是通过他才来到你这里的。所以,即使你站在我的面前,请原谅我,我必须先向我的师父顶礼。"

很美……这必须是如此,因为师父变成去未知的门,他变成去整个存在的钥匙,他就是真理。

要学习如何处于师父的在里面,如何跟着他一起呼吸,如何渐渐地允许他进入你,如何渐渐地融入他,因为师父只不过是神在敲你的门,他是整个宇宙的浓缩。不要问问题,要跟着他一起生活。

现在试着来穿透这个故事——很小,但是非常有意义。

有一个和尚问南泉禅师:"有一个教导是没有一位师父曾经教过

第三十四章　禅韵涵盖乾坤的如来大千世界

· 1515 ·

的吗？"

任何被教过的都不是教导，真正的教导从来没有被教过，它不可能被说出来。

佛陀告诉摩诃迦叶："那个可以讲的，我已经告诉了他们，那个不能讲的，我给了你。"两千年以来，佛陀的跟随者一而再，再而三地问：到底他给了摩诃迦叶什么？到底他给了摩诃迦叶什么？那个佛陀从来没有告诉任何人教导是什么？甚至连佛陀都说不能说，因为话语没有办法携带它。

话语非常狭窄，真理的浩瀚没有办法被硬挤进它们。话语非常肤浅，它们怎么能够携带着深度？它就好像是这样：一个海上的波浪怎么能够携带着海洋的深度？它不可能。就那个东西的本质而言，它是不可能的，因为如果波浪存在，它一定会存在于表面。波浪无法进入深处，因为如果它进入深处，它就不再是波浪。唯有当跟风接触，波浪才能够存在，它一定要在表面，它没有办法进入深处，那个深度也没有办法来到波浪，因为当它来到表面，它本身就变成了波浪，它就不再是深度。

这是困难之所在：真理是核心，而话语存在于表面、存在于外围——在人们会合的地方，在风和海洋会合的地方，在问题和答案会合的地方，在师父和门徒会合的地方；话语就存在于那个表面的地方。真理无法来到表面，它就是那个深处，话语无法去真理那里，它们是表面。

要怎么办呢？所有那些能够被说出来的将只是差不多、差不多而已，它不是真实的，也不是不真实的，它刚好就在中间——这是非常危险的，因为如果门徒没有融入师父，他将会误解；唯有当他融入师父，他才会了解，因为这样的话，他们之间就会有一种交融的关系。

了解并不是敏锐的聪明才智的问题；了解是很深的交融的问题。了解并不是理智、智力，或逻辑的问题；了解是有没有很深的同感的问题，或者甚至是很深的神、人的问题，因此信任和信心是非常重要的。

了解透过信心而发生，因为在有信心的情况下你会有信任，在信任的情况下，你会变得具有同感的能力，在信任当中，那个交融会变得可能，因为你没有防卫，你会让那个门敞开。

这个和尚问南泉禅师："有一个教导是没有一位师父曾经教过的吗？"

是的，有一个教导。事实上所有的教导都是师父不曾教过的。那么为什么有很多师父还一直在教别人？为什么佛陀还要继续讲三十年？为什么不管你听不听，我还要继续讲？他们为什么要讲？如果那个要被学习的是不能够被讲出来的，那么他们为什么要继续讲？

谈论只是一个饵，透过谈论，你就被抓住了，你无法了解任何其他的事。谈论就只是将甜食给小孩，然后他们就会开始来到你身边，高高兴兴地没有觉知到那个谈论并不是要点，高高兴兴地没有觉知到他们是来吃甜食的，他们是来拿玩具的。他们玩那些玩具，玩得很高兴，但是师父知道，一旦他们开始来，渐渐地那些玩具就可以收起来，渐渐地，不要那些玩具，他们也会开始爱师父，一旦这样的事发生，话语就可以被抛弃。

每当门徒准备好，话语就可以被抛弃。它们只是吸引你接近的一种方式，因为除了话语以外你无法了解任何东西。如果某人讲话，你可以了解；如果某人是宁静的，你就无法了解。你会了解什么？宁静对你来讲只是一面墙，你找不到路可以进去。宁静同时携带着一种很深的恐惧，因为它就好像死亡一般。话语就像是生命，宁静就像是死亡。如果某人是宁静的，你就会开始觉得害怕，如果某人继续保持宁静，你将会试图逃离那里，因为它太过分了，那个宁静对你来讲会变得很沉重。

为什么？因为你没有办法宁静，如果你没有办法宁静，你就没有办法了解宁静。你是一个喋喋不休的人，有一只猴子坐在你对面，一直在喋喋不休。有人把人定义成只不过是加上一些玄学和哲学的猴子，就这样而已，而那个哲学只不过是比较好的喋喋不休的方式，更有系统一些，更有逻辑一些，但还是喋喋不休。

第三十四章 禅韵涵盖乾坤的如来大千世界

师父必须讲话才能够吸引你靠近，你越靠近，他就越可以将那些话语抛弃。一旦你被他的宁静所掌握，他就不需要再讲了。一旦你知道宁静是什么，一旦你变宁静，你跟他就会有一种新的交融存在。现在事情可以不言而喻，信息可以给他，你就可以收到它们，如此一来真正成为门徒的现象就发生了。

世界上最美的现象之一就是成为门徒，因为现在你已经知道交融是什么，现在你可以跟着师父一起呼吸、一起吸气、一起呼气，现在你已经失去了你的界线，跟师父合而为一，现在他内心里面的某种东西开始流向你，现在属于他的某种东西进入了你。

有一个和尚问南泉禅师："有一个教导是没有一位师父曾经教过的吗？"

南泉是最有名的禅师之一。有很多关于他的故事，其中有一个我已经讲过很多次，我想要再重复一次，因为像那样的故事可以一再地重复，这样你才能够饮进它们。它们是一种营养的东西，你每天都必须吃营养的东西，你不会说："昨天我已吃了早餐，所以今天不需要吃。"你必须每天都吃，你不会说："昨天我已吃过，所以现在有什么需要呢？"

这些故事是营养的东西。在印度有一个特别的字，它是没有办法被翻译的。在英文里面就只有阅读这个字存在，在印度我们有两个字，其中一个字意味着阅读，另外一个字意味着一再地阅读同样的东西。你一而再，再而三地阅读同样的东西，它就好像你每天在洗澡一样。你每天早上都阅读《吉踏经》，那么它就不是普通的阅读，因为你已经做了很多次。现在它是一种滋养的东西，你并不是阅读它，你是每天在吃它。

它也是一个很棒的实验，因为每天你都会来到稍微不同的新的意义，每天都会有一些新的细微的差别。同样的一本书，同样的那些话语，但是每天你都会感觉到新的深度对你敞开，每天你都会感觉到你在阅读新的东西，因为《吉踏经》，或者是像那样的书，是有深度的。如果你只阅读一次，你只是在表面上移动；如果你阅读两次，那么你就进入深一点，三次，更深一点。一千次，那么你就可以了解你无法耗尽这些书，不可能。当你变得越觉知、越警觉，你的意识就会成长得越深，这就是它的意义。

我将会重复这个南泉的故事。有一个教授来找他，一个哲学教授……哲学是一种病，它就好像是癌一样，目前还没有药物可以治疗它，你必须动手术，需要动很大的手术。哲学也有一种类似的成长，像癌细胞一样的成长，一旦它在你里面，它就会自己继续成长，它会吸取你全部的能量，它是一种寄生虫，你会变得越来越虚弱、越来越虚弱，而它变得越来越强壮、越来越强壮。每一句话都会产生出另外一句话，然后它可以无限地继续下去。

有一个哲学家去找南泉禅师。南泉生活在一个小山丘上，当那个哲学家上山，他已经很疲倦，而且流了很多汗，他一进入到南泉禅师的茅屋就问："什么是真理？"

南泉说："真理可以等一下子，不急，现在你需要一杯茶，你已经很疲倦了！"南泉进去准备了一杯茶。

这种事只能发生在禅师身上。在印度，你无法想象师父会为你准备茶。师父为你准备茶——不可能！或者想象马哈维亚为你准备茶……太荒谬了！

但是对禅师来讲，这种事是可能发生的。他们具有一种完全不同的态度：他们喜爱生活。他们并不是反对生活的，他们肯定生活，他们不反对它，而且他们是很平凡的人，他们说成为平凡的人是最不平凡的事。他们过着一种非常单纯的生活，当我说非常单纯的生活，我的意思并不是说强加上去的单纯。在印度，你到处都可以发现这种骗子，他们的单纯是强加上去的。他们或许是裸体的——完全裸体，但他们并不是单纯的，他们的裸体是非常复杂的。他们的裸体并不像小孩子的裸体，他们的裸体是经过雕琢的，一个经过雕琢的东西怎么可能是单

纯的？他们把自己训练成那样，被训练的事情怎么可能是单纯的？它是非常复杂的。

你们的衣服并没有像耆那教和尚的裸体那么复杂，他们为它奋斗了好几年。他们有五个步骤，你必须一步一步地满足每一个步骤，然后才能够达到裸体。它是一项成就，一项成就怎么可能是单纯的？如果你下了很多年的功夫来完成它，如果你做了很多努力来达成它，它怎么可能是单纯的？单纯的事情在此时此地就可以达成，立即就可以达成，不需要为它下功夫。

当裸体是单纯的，它是一种很堂皇的现象，你就只是将衣服去掉。它曾经发生在马哈维亚身上，它是一件很单纯的事。当他离开家的时候，他是穿着衣服的，然后他经过一个玫瑰花丛，他的披肩被玫瑰的刺给勾住了，他想：现在已经是晚上了，玫瑰花丛要睡觉了，如果我从它上面把披肩拉下来的话将会打扰到它，所以他就将被勾住的那一半披肩撕下来留在那里。它是在晚上的时间，那个姿势很美。他这样做并不是为了要裸体，而是为了那个玫瑰花丛。隔天早上，他身上还留有一半的披肩，另外一半是裸体的。有一个乞丐来向他乞讨，他没有其他的东西可以给他。当你还有某些东西——那半条披肩——可以给予，你要怎么拒绝呢？所以他就将那半条披肩给了那个乞丐。这样的裸体是很堂皇、很单纯、很平凡的，它就这样发生了，它并不是由练习而来的，但是耆那教的和尚会练习它。

禅宗的和尚是非常单纯的人。他们跟其他人一样过着一种很平凡的生活。他们不会标新立异，因为所有的不同基本上都是自我主义的。你可以以很多种方式来玩这个游戏，但那个游戏还是一样：比你更高。那个游戏仍然保持一样：我有更多钱，我比你更高；我受了更多的教育，我比你更高；我更虔诚，我比你更高；我更具有宗教性，我比你更高；我放下更多，我比你更高。

南泉进去准备了茶，然后出来，将茶杯交在那个教授的手中，从茶壶里面把茶倒出来，那个茶杯满了。直到那个时候，那个教授一直在等着,因为直到那个时候,每一件事都很理性:一个疲倦的人来,你感觉到他的需要,然后你为他准备茶,当然事情就应该是这样。然后你将杯子填满,那也是没有问题的,但是之后,某种非理性的事发生了。

南泉继续倒,杯子里面的水已经溢出来了,然后那个教授变得有一点惊讶:这个人到底在干什么?他疯了吗?但他还是继续等着,他是一个很有规范的人,他能够忍受像那样的小事。或许有一些疯狂……但是之后连那个碟子也满了,而南泉还在继续倒。

现在这就太过分了,现在必须说话了,或者必须做些什么,那个教授大声喊:"停!"因为现在那些茶已经溢到地面上了。"你在干什么?这个杯子已经没有办法再装下任何茶,这么简单的事情你难道看不出来吗?你疯了吗?"

南泉开始笑,然后他说:"那也是我刚刚在想的:你疯了吗?因为你可以看到那个杯子是满的,它已经没有办法再容下一滴水,但是你却看不到你的头是满的,它已经没有办法再容下一滴真理。在你的头里面,那个杯子是满的,碟子也满了,每一样东西都流到了地面——看!你的哲学充满了我的茅屋,你难道看不到吗?但你是一个有理性的人,至少你可以看到茶溢出来了,现在看看其他的东西。"

这个南泉以不同的方式帮助很多人醒悟,他创造出很多种情况来让人们醒悟。

有一个和尚问南泉禅师:"有一个教导是没有一位师父曾经教过的吗?"

南泉说:"是的,有。"

"它是什么?"那个和尚问。

南泉回答:"它不是头脑,它不是佛,它不是东西。"

如果没有一个师父曾经说过它,南泉怎么能够说它?那个发问者是愚蠢的,他问了一个愚蠢的问题。如果没有人曾经说过它,南泉怎么能够说它?如果诸佛对它保持沉默,如果诸佛对它都不发一语,都没有

办法说什么,那么南泉怎么能够说什么呢?但是即使对这个愚蠢的人,南泉也想要帮助他。

但是到处就只有愚蠢的人,因为除非你成道了,否则你仍然保持是愚蠢的。所以愚蠢并不是一种谴责,它是一种状态,一个事实。一个不成道的人将会保持愚蠢,没有其他的方式。如果他觉得他本身是聪明的,那么他就更愚蠢了。如果他觉得他是愚蠢的,那么智慧已经开始了,那么他已经开始醒悟了。如果你觉得你是无知的,那么你并不愚蠢;如果你觉得你知道,那么你是完全愚蠢的,不仅愚蠢,而且还陷得很深,似乎不可能走出来。

南泉想要帮助这个愚蠢的人,因为没有其他的人,所以他才要说,他才要回答。但是他必须全部都使用否定句,他所说的话里面没有一句是肯定的。他使用了三个否定句,他说:

"它不是头脑,它不是佛,它不是东西。"

你没有办法说出真理,但是你可以说出那个不是的;你没有办法说出它是什么,但是你可以用否定的方式指出它,你可以说出它不是什么,所有的师父都是这样在做。如果你坚持要他们说些什么,他们将会以否定的方式来表达。如果你能够了解他们的宁静,你就了解了那个肯定的;如果你无法了解他们的宁静而坚持要他们说话,他们将会以否定的方式来表达。

要了解:话语只能做否定的工作,宁静才能够做肯定的工作。宁静是最正向的东西,而语言是最负向的。当你说话,你是进入了负向的世界里;当你保持宁静,你就进入了正向的世界。真理是什么?当你问《优婆尼沙经》,问《古兰经》、《圣经》,或《吉踏经》,它们都会说那个不是的。神是什么?它们都会说那个不是的。

他否定了三样东西:第一,它不是东西,它不是世界,它并不是那个你能够看得到的,它不是那个在你周遭的,它不是头脑可以了解的,它不是客体。第二,它不是头脑,它不是主体;既不是围绕在你周围的这个世界,也不是在你里面的这个头脑,不,这两样东西都不是教导,都不是真理。

但是第三样东西就只有诸佛会否定,就只有非常完美的师父会否定,那个第三样东西就是:它不是佛。

佛是什么?

东西的世界是围绕在你周围的第一个界线,然后是头脑和思想的世界;东西是第一个界线,思想是第二个界线——当然,它是比较接近你的。你可以画出三个同心圆:第一圈是东西的世界,第二圈是思想的世界,然后第三圈——佛陀也否定它——是自己,是那个观照,是灵魂,是佛。只有佛陀会否定那个。

其他的人也知道它:耶稣知道它,克里虚纳知道它,但是他们并没有否定它,因为这样你会很难了解。所以他们否定了两样东西:他们说这个世界是幻象的,那个看着这个世界的头脑也是幻象的。头脑和世界是同一个现象,是同一个钱币的两面。头脑创造出梦,而梦是幻象的,因此头脑,那个源头也是幻象的。但是他们说那个第三的——观照,你处于你很深的意识当中,在那里你就只是意识,不是一个思考者,在那里没有思想存在,没有东西存在,只有你存在——他们并不否定那个,但是佛陀也否定那个。

他说:"没有世界,没有头脑,没有灵魂。"那是最高的教导,因为如果东西不存在,思想怎么能够存在?如果思想不存在,你怎么能够观照它们?如果世界是幻象的,那么那个看着世界的头脑就不可能是真实的。头脑是幻象的,然后那个看着头脑的观照——它怎么可能是真实的?佛陀进入到存在最深的核心,他说:一切的你都是不真实的——你的东西,你的思想和你,全部都是不真实的。

但这是三个否定的东西。佛陀的途径是否定的途径,他的断言是否定的。这就是为什么印度人称他为无神论者,或绝对的虚无主义者,但他不是。当所有这三样东西都被否定,剩下来的就是真理。当东西消失,思想消失,那个观照也消失,所有你知道的这三样东西都消失,那

第三十四章 禅韵涵盖乾坤的如来大千世界

· 1523 ·

个剩下来的就是真理。那个剩下来的能够使你解放，那个剩下来的就是涅槃，就是成道。

佛陀非常非常深入，没有人在说法上比那个进入到更深。有很多人的存在状态已经达到了，但是佛陀想要在说法上也达到完美。他从来没有说一句肯定的话。如果你问任何肯定的东西，他只会保持沉默。他从来不说神存在，他从来不说灵魂存在，事实上他从来不使用正向的存在的字眼。你问，然后他就会使用否定的字眼。"不"就是他对每一件事的回答。如果你能够了解，如果你能够感觉出跟他的交融，你将会了解他是对的。

当你否定每一件事，那并不表示你摧毁了每一件事，那只是表示你摧毁了你所创造出来的世界。那个真实的仍然存在，因为那真实的是无法被否定的。但是你没有办法声明它，你可以知道它，但是你没有办法陈述它。当你否定所有这三样，当你超越了所有这三样，你就变成一个佛，你就成道了。

佛陀说唯有当这三种昏睡都被打破，你才会醒悟。第一种昏睡就是昏睡在东西里，有很多人昏睡在那里，那是最粗糙的昏睡。有无数的人，有百分之九十八的人都昏睡在那里。一个人一直在思考他的银行存款，一直在思考房子、衣服，而他就生活在那里面，这些就是那些只研究东西的目录的人……

我听过一个故事，有一个宗教人士去一个人的家里过夜，到了早上，以他的习惯，他想要读一点《圣经》和作一些祈祷。那个人家的小孩刚好经过他的房间，所以他就告诉那个小孩说："把那本书拿来。"因为他想那个小孩或许不了解《圣经》是什么书，所以他就说："把那一本你妈妈每天都在看的书拿来。"因此那个小孩就把全球目录拿过来，因为那一本就是他妈妈每天在看的书。

有百分之九十八的人都昏睡在东西里。试着找出你昏睡在哪里，因为工作必须从那里开始。如果你昏睡在东西里，那么你就必须从那里开始，抛弃那个对东西的昏睡。

为什么人们会一直想东西？我曾经待在加尔各答一个人的家里。那个女主人至少有一千条披衫，每天它都是一个问题……当我在那里的时候，她先生常常和我坐在车子里一直按喇叭，然后她会说："我快好了！"要决定穿哪一条披衫对她来讲是一个难题，所以我问她："为什么这种事必须成为每天的难题？"

所以她就带我去看，她说："你也一定会很困惑，我有一千条披衫，很难决定要用哪一条，哪一条比较适合那个场合。"

你有没有看过一些人？一早开始他们就在洗他们的车子，就好像那是他们的圣经和他们的神。"东西"是第一种昏睡，是最粗糙的。如果你太过于执著东西，而且继续去思考那些东西，你就会昏睡在那里，你必须走出它。你必须去看你有什么样的执著，执著在哪里，以及为什么执著，你想要从那里得到什么？

你或许可以增加你的东西，你或许可以累积一个广大的王国，但是当你过世，你并不能带走任何东西，死亡将会把你带出你的昏睡，在死亡这样做之前，你最好是把你自己带离它，这样的话，你在死亡的时候就不会有痛苦。死亡非常痛苦，因为这个第一种昏睡必须被打破，你必须被急速抓走，离开那些东西。

然后有第二种昏睡——头脑的昏睡。有一些人对东西没兴趣，只有百分之一的人——他们对东西没兴趣，但是对头脑有兴趣，他们不介意他们穿什么衣服——艺术家、小说家、诗人和画家，一般而言他们并不烦恼东西，他们生活在头脑。他们可以饿着肚子，他们可以不穿衣服，他们可以生活在贫民窟里，但是他们会继续在头脑下功夫。他们所写的小说……他们一直在想，我或许没有办法不朽，但是我要写的小说将会是不朽的，我要作的画将会是不朽的。但是当你没有办法不朽，你所作的域怎么可能不朽？当你会腐朽，当你会死，你所创造的每一样东西也将会死，因为从死亡中怎么可能诞生出不朽的东西？

然后有一些人继续思考哲学和思想，他们无视于东西，他们对东

·1525·

西不太关心。有一次康德去他的教室,他是一个非常守时的人,他从来没有错过一个约会,从来不迟到,他会刚好在正确的时间进入教室。他从来不关心他的衣服、他的房子、他的食物,或任何东西——从来不会去关心它,他从来没有结婚,只要一个仆人就可以了,因为那并不是什么困难的事,那个仆人可以做饭和料理家事。他从来不需要一个太太,或是一个亲近的人,或是一个朋友。就世俗的事情而言,一个仆人就行了,那个仆人事实上是主人,因为他会购买每一样东西,他会照顾金钱、屋子和处理每一件事。

康德住在那个屋子里就好像一个陌生人一样。据说他从来不看那个家,他从来不知道家里有多少个房间,以及里面有什么家具,即使你拿一样在他房间里放了三十年的东西给他看,他也认不出来。但是他很关心思想,他生活在思想的世界里,关于他有很多很美的故事在流传,因为一个生活在思想世界里的人一直都心不在焉,对东西的世界心不在焉,因为你没有办法生活在两个世界里。

他要去教室,路上泥泞不堪,他的一只鞋子卡住了,所以他就将那只鞋子留在那里,只穿一只鞋子到教室去。有人问他:"你另外一只鞋子呢?"

他说:"它在路上被卡住了,外面在下雨,路上泥泞不堪。"

但是那个问他的人说:"那么你也可以将它拿回来,不是吗?"

康德说:"当时有一系列的思想在我的头脑里,我不想打断它。如果我去顾虑那只鞋子,那个思路将会被打断,有那么美的思想在那里,谁会去管我穿一只鞋子或两只鞋子到教室!"整个学校的人都觉得很好笑,但是他并不介意。

有一次,他夜间散步回来……他习惯拿一支拐杖,他非常专注于他的思想,所以他每天都会做同样的事,但是会忘记一些事情。他非常心不在焉,所以他将拐杖放在床上,放在他睡觉的地方,然后他自己站在房间的角落他通常在放拐杖的地方……他把秩序搞乱了!

两个小时之后,他的仆人看到他房间的灯是亮着的,到底是怎一回事？他从窗户看过去，康德闭着眼睛站在房间的角落——他通常在放拐杖的地方，而那只拐杖却睡在枕头上。一个过分昏睡在头脑里的人在世界里是心不在焉的。哲学家、诗人、文学家和音乐家，他们都昏睡在那里。

然后有第三种昏睡：和尚，他们已经抛弃了世界，不仅抛弃世界，也抛弃头脑，他们静心了很多年，他们已经停止了思想的过程。现在已经没有思想在他们内在的天空，没有什么东西在那里；他们对东西没有兴趣，对思想也没有兴趣。但是有一种微妙的自我，那"我"——现在他们称之为灵魂、自己——有别于一般人的自己——是他们的昏睡，他们昏睡在那里。

佛陀说："昏睡必须在三个层面被打破，当所有的昏睡都被打破，没有一个人是醒悟的，而只有醒悟存在；没有一个人是成道的，只有成道在那里；只是那个觉知的现象，没有任何中心……"

一个成道的人不能够说"我"，即使他必须使用它，他也从来不说"它"，即使他必须使用它，他也不是那个意思，它只是一种语言的东西，它必须被遵循，因为那是社会的语言游戏，它只是语言的规则，否则他并没有"我"的感觉。

东西的世界消失了——然后会怎么样？当东西的世界消失，你对于东西的执著就没有了。东西并不会消失，相反的，东西首度呈现出它们本然的样子，然后你就不会执著，不会一直想着它，那么你就不会用你自己欲望的色彩，或是用你希望和失望的色彩加在它们上面——不会，然后世界就不再是你的欲望投射在上面的银幕。当你的欲望消失，世界还是存在，但它是一个全新的世界，它非常新鲜、非常多彩多姿、非常美！但是一个执著于东西的头脑没有办法看到它，因为眼睛被执著给封住了。当欲望消失，一个全新的世界就产生了。

当头脑消失，思想就消失了，并不是你变得没有头脑，相反的，你变成"记得"。佛陀使用"正确的头脑"这句话无数次。当思想消失、头脑

第三十四章　禅韵涵盖乾坤的如来大千世界

· 1527 ·

消失,你就会变成"记得"。你做事,你行动,你工作,你吃东西,你睡觉,但是你一直都记得。头脑不存在,但是"记得"存在,什么是"记得"？它就是觉知,完美的觉知。

当自我消失,会怎么样？它并不是你失去了,或是你不存在了,不,相反的,你首度变得真正存在。现在你跟存在并不是分开的,现在你已经不再是一个孤岛,你变成了整个大陆,你跟存在合而为一。

但那些是正向的事情,它们是不能说的。因此南泉说:是的,有一个教导是不曾有师父教过的,因为它不能被教,而那个教导就是:

"它不是头脑,它不是佛,它不是东西。"

那个教导是空,那个教导是绝对的空无。当你不存在,突然间整个存在就开始在你身上开花,整个存在的狂喜都汇集在你身上——当你不存在的时候。

当你不存在,整个存在都会狂喜,都会庆祝,花朵会洒落在你身上。它们还没有洒落,因为你的自我还在,直到你溶解之前,它们是不会洒落的。当你是空的,不复存在,当你是一个空无,突然间它们就开始洒落。它们曾经洒落在佛陀身上,在须菩提身上,在南泉身上,它们也可以洒落在你身上——它们正在等着,它们正在敲门,它们已经准备好,等你一变成空无,它们就开始洒落在你身上。

所以要记住:最终的解脱并不是你的解脱,最终的解脱是脱离你。成道并不是你的,它不可能是你的,当你不存在,它才存在。完全抛弃你自己,东西的世界,思想的世界,自我的世界,所有这三层都抛掉。抛掉这个三位一体,抛掉这三张脸,因为如果你在那里,那个"一"就无法存在,如果你在那里,那个"一"怎么能够存在？

让所有这三个都消失——神、圣灵和圣子；梵天、护持神和湿婆(希瓦)——所有这三个,让它们都消失！一个都不留,然后每一样东西就都存在了。

当空无发生,一切就都发生了。

你变成空无……然后一切就开始洒落在你身上。

在佛教中国化的漫长岁月中,作为中国传统文化主干之一的老庄思想自始至终在起着助化和推动作用。另一方面,老庄思想在以其独特的方式和深邃的内容广泛持久地影响着中国传统文化的同时,其自身也在不断地被改造和发展。这就决定了老庄与佛教所发生的关系绝不局限于老庄的思想和思维方式自身,而是包括了被改造,甚而被神化了的老庄思想。具体来说,在佛教的中国化所经由的神仙方术化、玄学化以及儒学化三种途径中,就有两种途径是通过改造或神化老庄思想而实现的。佛教在其始传以及后来与中国传统思想发生依附、对立、调和直至融合的过程中,有一思想体系始终伴随着,这就是足以反映和体现全部中国佛教体系的禅学思想。尽管对佛教传入中国的时间有着不同说法,但有一点是大家所肯定的,就是佛教在传入中国以后,首先是与构成中国古代传统宗教内容之一的神仙方术攀了亲。佛教就其理论形式来说,首先为中国人所介绍和认识的乃是小乘禅学。由此可见,佛教与中国传统思想的关系,或者说佛教的中国化问题一开始就表现为禅与老庄思想的关系问题。

一般说来,中国佛教的每一步发展都与中国禅学的发展紧密关联。而且,佛教与中国传统文化所发生的相互关系以及由此构成的几个发展阶段,又无不以禅学与中国传统文化的相互关系而得到具体反映。

很难用一句或几句话来概括我们所要探讨的"禅"的内容、性质和特点。因为这里所谓的"禅",不是单指本义上的"禅那",或者某个时期的禅系、禅法,或者以禅命宗的禅宗,而是包含了以上的全部内容,因此,又统称为禅学思想。而中国禅学思想在不同历史时期有着不同的规定及其内容,所借以表现思想的形式也是多样性的。之所以会出现这种情况,固然与佛教自身理论的不断发展存在着内在的逻辑一致性,但其中始终受到一种作为中国传统文化主干之一的老庄学说的不断变化发展的影响,也是一个重要的原因。

老庄学说之所以称得上中国传统文化的主干,就在于它对中国传统文化有着极其强大和广泛的渗透力和影响力。换句话说,由于老庄思想的内涵极其丰富,且多呈多样性和矛盾性,所以它就为所有欲与之并谈且构成特定关系的对象提供了多层次选择的可能,以及广阔的空间和回旋余地。其自身思想的发展是这样,在与外来思想的结合中也是这样。这种情况也就决定了我们这里所讨论的"老庄",并非仅指老庄本人的思想,而是涵盖着曾与它发生过这样或那样关系的有关思想。而事实上,禅与老庄的关系,有不少就是通过改造和发展老庄思想而得到反映的。以上所有情况表明,我们必须从历史的发展中去探讨和把握禅与老庄的关系问题。

佛教传入中土初期,老庄思想正发生着急剧的变化,早期中国佛教的每一步发展,都与这种正处于发展变化的老庄思想息息相关。例如,东汉人就是以那种老庄思想之变形的"黄老道"去理解和接受佛教的,结果把佛教视为黄老道术的一种。

魏晋时期,由于玄学的盛隆,老庄学说也抹去了汉代涂在其脸上的道术油彩,重新穿上自然主义的外衣而走向前台,而与此结合的中国禅学,也随着般若学的兴盛而改换了新装。于是,老庄与禅的关系,通过玄学与般若学的中介和桥梁作用而进入了一个新的领域和新的发展时期。

在整体上展开禅与老庄相互融通关系的,那是由作为宗门禅的禅宗来实现的。无论是达摩系的楞伽禅,还是慧能禅宗,以及在慧能禅的基础上演化出的后期禅宗,他们都把心性的问题作为其宗门之根本法要,并且以此去会通老庄的天人之学。更为重要的是,当中国禅学进入了禅宗发展时期,作为其理论基础的大乘佛教空有二宗的思想已日臻完善,这就为禅宗首先站在佛教的立场上去会通老庄思想创造了必要的条件。因为,没有佛教禅学真义的揭示,就不可能完成禅学老庄化的任务,在此以前,老庄或是在完全改变了性质的宗教层面上与禅发生着关系,或只在部分问题上与禅发生着关系。其主要原因,盖出于禅本身没有建立起完整的思想体系,因而不足以在整体上承担起会通老庄思想的任务。

当然,禅宗也是一个不断发展的思想体系,其发展的不同时期,与老庄的天人之学的展开程度当然是有区别的。具体言之,达摩系禅学思想,更多地是在抽象的意义上去融合老庄的天人之学,慧能禅学思想,更多地注重在思想内容上自然地透露出老庄天人之学的精义。因此说,在深层结构上,在本来面目的意味上去积极做着融会贯通禅与老庄的工作,进而使禅中国化的当推慧能禅。至于慧能禅的后期禅宗更是在本来具有的意义上体现出禅与老庄的契合,并且在"自然"范畴的统摄下,终于把老庄的天人之学与禅宗的心性之学聚会到"自然"这面旗帜下。然而,无论是慧能禅宗,还是后期禅宗,都是在扬弃的意义上去实现禅与老庄结合的目标,这种结合不是完全的冥合。在一定程度上说,禅学的老庄化进程,是随着后期禅宗对老庄思想的升华而宣告最后完成的。

我们探讨老庄与禅的关系,其范围不局限于老庄思想与禅宗思想本身。因此,不但要对老庄思想的流变给予足够的重视,而且要对在历史上曾经与老庄及其流变发生过关系的有关禅学作必要的交待,这也是弄清始传佛教与中国固有文化关系所必需的,因为始传佛教以及最初的佛教经典的译介,都是有关禅的思想。至于中国的上层人物对佛的祠祀,中国僧徒对佛教经典及其思想的译介和传播,中国一般民众对佛教的接受,固然与两汉时期文化思想的具体表现形式有内在联系,但是所有这些又皆首先取决于被中国人所理解和接受的对象其本身所具有的特性,不管这种特性是偶然还是必然地与中国传统思想特性有着某种类似性,故而,在意义上与源流上对禅的诠释和探源,就显得十分必要。

"禅"即梵语"禅那"的略称,意译为"弃恶"、"功德丛林"、"思维修"等,新译曰"静虑"。中国佛教常"禅"、"定"并称,其意是止散乱心,专注一境。也有释"静"为"定",释"虑"为"慧",因此,"禅那"也即定慧的通

称,禅是一种定心之法。而定之梵名,为三昧或三摩地,总为心一境性所附之名。《大乘义章》十三曰:"禅定者别名不同。略有七种。一名为禅。二名为定。三名三昧。四名正受。五名三摩地。六名奢摩他。七名解脱。亦名背舍。"禅起源于古代印度人的瑜伽,其意义是"结合",指调息静坐、瞑想入定的修行,它是使人与宇宙冥合的一种修行方法。

当然,欲廓清印度禅和瑜伽的历史来源,绝非是件易事,远超出我们的能力之外。我们只能略微论及一下瑜伽的方法,印度佛教的瞑想、禅观以及神通等。禅在瞑想、心注一境、摒息思虑,并以此生慧而获无我之境的意义上,与瑜伽意合。一般地说,印度民族是一个喜欢幻想和倾向高度思辨性的民族,她十分重视静坐瞑想和精神的实践,因此,禅和瑜伽很早就成为印度各种教派普遍采用的一种修习方式。如出现于公元前250年左右的《白骡子仙人奥义书》第二章就记载了讲授瑜伽的方法,歌咏道:

让身体的三个部分(胸、颈、头)啊,

一直保持向上伸展;

让各个感官连同意识,

注入心脏吧!

他就会在梵舟之中,

荡涤精神,

渡过布满恐惧的河流。

要止住呼吸、要克制运动,

在悄然无息中由鼻孔吐气;

犹如危坐烈马惊车,

慎重地荡涤精神,

集中自己的意识。

禅正是渊源于上述的瑜伽,它原是宗教中的少数派。从历史上看,禅从所谓出家与独坐瞑想的实践开始，在某种意义上说，佛教的禅始于出家与坐禅之道。佛教创始人释迦牟尼就十分重视深邃的瞑想和精神集中的禅的实践，在其《经集》中，他正是以坐禅和瞑想的方法去训示和传授弟子。至于原始佛教的根本教义——四谛与十二因缘，也是佛祖在经过了瞑想的实践以后才悟出的，在他看来是观察世间和体认生命的最正确的方法。

禅的最终目的是要获得一种纯净无我的乐趣、涅槃寂静的境界，以及清澈透明的智慧，而所有这些状态和目标的达到，在印度佛教看来，往往是伴随着诸种神通的出现和觉悟。因此，禅从方法上讲，是通过四禅定自然获得神通，所谓四禅定，就是坐禅修行的四个阶段，它欲超越现实以实现如云如影爽爽空净的目的。在初禅阶段，获得的是一种摆脱了世俗的忧扰而产生的喜悦与适然；进入二禅阶段，由禅定自身而产生的喜悦与适然被纯化；到了三禅阶段，喜悦的意念消失了，只剩下纯净自然的欢愉；至最后的四禅阶段，那超越一切的空净透明的智慧就出现了，而第三禅所达到的纯净自然的欢愉也随之无存了。根据印度佛教禅观的认识，虽然四禅之观尚不是最终的目的，但第四禅所达到的空净透明的境界，已为最终之目的神通的实现铺垫了坚实的道路，只要顺其自然，即可获得智慧之大用——神通。神通，梵文 Abhijna 的意译，亦译"神通力"、"神力"、"通力"、"通"，指通过修持禅定所得到的神秘灵力，一般分为以下六类：

（一）神足通，也作"神境智证通"、"神境通"、"身如意通"、"身通"等，谓身能飞天入地，出入三界，变化自在。

（二）天眼通，也作"天眼智证通"、"天眼智通"，谓能闻见六道众生死此生彼，苦乐境况，见一切世间种种形色。

（三）天耳通，也作"天耳智证通"、"天耳智通"，谓能闻见六道众生苦乐忧喜语言及世间种种声音。

（四）他心通，也作"他心智证通"、"知他心通"，谓能知六道众生心中所念之事。

（五）宿命通，也作"宿住随念智证通"、"宿住智通"、"识宿命通"，谓能知自身一世二世三世乃至百千万世的宿命及所做之事。

（六）漏尽通，也作"漏尽智证通"，谓得此即断一切烦恼惑业，永远摆脱生死轮回。

可见，通过修四禅定而得到的六通是印度佛教禅学欲达到的最高觉悟和最深邃智慧，它具有强烈的超现实和超自然的宗教色彩。但是，印度佛教禅学无论是它的渊源瑜伽学，抑或通过修四禅定而引发的神通，其主旨绝对不是去宣扬人格神及其神性，而是始终强调通过瞑想技术，去除扰乱心灵安宁的一切欲望和烦恼，悟得宇宙和生命的本相，从而达到人与宇宙合一的最高智慧。换言之，印度佛教禅学注重的是心灵、心理及精神的超越，并在这种超越中获得解脱和自由的至乐。但是如果偏离心境、觉悟和智慧的本旨，而一味偏执外在的形式和方法，那么，印度佛教禅学是容易被理解和导向粗俗怪异的咒术和超自然的神灵的祭拜那一套宗教神学。而当印度佛教传入中国之日起，在一段时期内，遂开始了如上述的变化过程。然而，这也不是彻头彻尾的转换，其间实有吸取和接受印度佛教禅学本旨的地方。

发源于印度的佛教约在两汉之际传入中国。佛教在其初为中国人认识的，不是它的教理、教义和教法，而是它的创始人佛陀（浮屠）本人。而且，当时中国人，更具体地说是上层统治者，是将佛作为神来认识并加以祠祀的。他们根据当时的统治思想以及按照自己的需要，去解释佛陀的教旨。当然，随着佛教传播的扩大和深化，佛经的被译介，佛教思想和方法也随之被中国人所理解和接受。关于佛教思想如何依附于中国传统思想，尤其是老庄及其流变的思想，以及彼此思想的差别性、相似性和偶合性等问题的讨论，将在下节进行，这里仅就中国人开始信奉佛教的一般历史情况，佛教经典的开始译介以及中国僧徒对经典的解释的情况，给予概要的论述。

东汉明帝的异母弟楚王英是佛教传入中国后最早信仰者之一。史载他"诵黄老之微言,尚浮屠之仁祠,絜斋三月,与神为誓"(《后汉书·楚王英传》)。东汉桓帝是佛教传入中国后第一个信奉佛教的皇帝。据《后汉书·本纪论》说:"桓帝好音乐善琴笙,饰芳林而考濯龙之宫,设华盖以祠浮屠老子,斯将所谓听于神乎。"《后汉书·襄楷传》亦言"闻宫中立黄老浮屠之祠"。由此可见,楚王英和东汉桓帝都兼奉黄帝、老子和浮屠,佛陀(浮屠)被当做是黄帝和老子一样的神来祠祀。此时的佛教,只是把佛陀本人进行简单的神化而已,且流布范围相当有限。作为一种宗教思想体系的佛教较广泛和普遍地为中国人所知晓,那是东汉桓帝以后的事情。而首先强烈地吸引中国人的,乃是佛教的禅学。不管他们对禅学的汲取抱着什么样的愿望和目的,佛教以禅学的面貌去接受中国人的审视,这是佛教初传的真实历史状况。因此,我们可以把初传的佛教思想转换说成是禅的思想,而使禅学在中国流行的,当推那些从事禅经翻译、修习和传授禅观禅法的高僧们。

最早把佛典翻译成汉文的是东汉末年安息的安世高和月氏的支娄迦谶。

安世高于东汉桓帝建和二年(公元148年)来到洛阳,其后历二十余年,翻译了三十余部经典,多属印度小乘佛教说一切有部派理论。安世高本人精通禅观,奉持禅经,备尽其妙,尤精阿毗昙学。所谓阿毗昙学就是阿毗达摩,意译为"数法"或"对法",而禅即是"禅定"。因此,佛教史上将安世高所传之学称为"禅数"学。在他所译的禅经之一《阴持入经》中,就是通过对四谛、五蕴、十二因缘、三十七道品等佛教名相概念的分析推演来表达禅法的,此经提倡由禅定退治烦恼。具体地是由止、观、不贪、不恚、不痴、非常、为苦、非身、不净之"九绝"去控制和对治痴、爱、贪、恚、惑、受(取)、更(触)、法、色之"九品"。从方法上看,安世高禅法更强调戒、定、慧意义上的"止观"二法,其目的是平息心意的纷乱,证得空净透明、无所不能的智慧,从而获得解脱。

安世高所译的另一禅经《安般守意经》,尤为中国最初盛传之教法,而被习禅者所重,中国禅学实开端于此。安般守意原是佛教禅观

"五停心观"之一的"数息观",数息观是梵文的意译,亦作"持息念";音译"安那般那"、"阿那波那",略写"安般";直译"念出息入息",梵汉并举,译作"安般守意"。因此,安般守意,即指坐禅时通过专心计数呼吸(出入息)次数,使分散浮躁的精神专注,进入禅定意境。安世高言安般守意,是与"数息、相随、止、观、还、净"之"六事"相联系的。《安般守意经》甚而把"六事"解释为涵盖了佛教"三十七道品"的全部内容。安世高的这种实际上包括了全部小乘禅法的思想,在其后的康僧会《安般守意经序》中得到更详尽的阐发。为了能够了解渊源于印度佛教禅学的中国早期禅学思想的一般概况,我们详引《序》文如下:

夫安般者,诸佛之大乘,以济众生之漂流也。其事有六(数、随、止、观、还、净),以治六情。情有内外:眼、耳、鼻、口、身、心,谓之内矣;色、声、香、味、细滑、邪念,谓之外也。……弹指之间,心九百六十转。一日一夕,十三亿意。……是以行寂系意著息,数一至十,十数不误,意在定之。小定三日,大定七日。寂无他念,泊然若死,谓之一禅。禅,弃也,弃十三亿秽念之意。已获数定,转念著随,蠲除其八,正有二意。意定在随,由在数矣。垢浊消灭,心稍清净,谓为二禅也。又除其一,注意鼻端,谓之止也。得止之行,三毒四趣,五阴六冥,诸秽灭矣。……垢退明存,使其然矣。……行寂止意,悬之鼻头,谓之三禅也。还观其身,自头至足,反复微察,内体污露。森楚毛竖,犹睹浓涕。于斯具照天地人物。其盛若衰,无存不亡。信佛三宝,众冥皆明,谓之四禅也。摄心还念,诸阴皆灭,谓之还也。秽欲寂静,其心无想,谓之净也。得安般行者,厥心即明,举明所观,无幽不睹。往无数劫,方来之事,人物所更,现在诸刹,其中所有世尊教化,弟子诵习,无遐不见,无声不闻。恍惚仿佛,存亡自由,大弥八极,细贯毛厘。制天地,住寿命,猛神德,坏天兵,动三千,移诸刹。八不思议,非梵所测,神德无限,六行之由也。(《大正藏》卷十五)

可见,安系的禅学是将"四禅"与"六事"相配合,并最终去引发"神通"的出现。修持安般禅,即要弃除秽念之意;消灭垢浊,心稍清净;要寂止行意而昭然心明；了悟一切皆无，无存不亡。此乃安般守意的四个阶段分别达到的境界。而它们各自阶段目的的达到，是依据不同而又相互联系的禅法。"一禅"之"数息"，就是把意识全部集中到数一至十的呼吸次数上，并且不把意识系定在十个数上；"二禅"之"相随"，是把意识从数数转向随顺呼吸的气息，把注意力集中到一呼一吸的运行上；"三禅"之"止"，就是把注意力从呼吸转向鼻头，使意识专注其上；"四禅"之"观"，就是反观自身不净。经过四禅定的数息、相随、止、观，显然不是安般守意禅学的最终目的，仅就"六事"而言，尚有"还"、"净"二事。它们的要求是观身转回"守意"，灭绝诸阴，进而达到寂静无想的境地。而所有这一切，都是为了自然引发出神通——制天地，住寿命，猛神德，坏天兵，动三千，移诸刹。

尽管与安世高同时来中国的月支国支娄迦谶在译出《大乘般若学》的同时，也译出了《般舟三昧经》、《首楞严经》等禅经数部，开始敷演了大乘教义，是为中国大乘禅教的开端；但此禅教在当时并不怎么流行，首先吸引和影响中国民族信崇佛教的，当是安系的小乘禅数之学；尤其是该禅学所欲实现的最后目标的神通，更是为早期佛教徒和一般民众所重视和着迷。不管在安世高和康僧会以后的中国早期禅学发生了什么样的变化，其理论构成和方法有别于安系禅数之学，但是，对"神通"的宣扬，仍然不减其势。

佛教史家把佛图澄、道安等人当做中国佛教界的伟人。道安在推进中国禅学向般若学急速发展和奠定中国佛教基础方面功绩卓越。但是，正是这位东晋名僧对安世高十分推崇，他整理出安世高译的经典，对安的代表性经典附加详细的注解，并为之作序，例如，《安般注·序》、《阴持入经·序》、《阿毗昙·序》等等。道安对安世高的推崇，实际上反映出他对禅法以及由此引发出的神通的关心和倾倒。如他在《安般注·序》中说：

得斯寂者，举足而大千震；挥手而日月扪；疾吹而铁围飞；微嘘而须弥舞；斯皆乘四禅之妙止，御大息之大辩者也。（《出三藏记集》卷六）

他在解释"想受灭尽定"时也说：

行兹定者……冥如死灰，雷霆不能骇其念，火燋不能伤其虑。(《人本欲生经注》，《大正藏》卷三十三)

尽管道安认为通过禅定所达到神通，并不是修禅的最终目的，强调通过"宅心本无"以息秽念，最终契入真如实相，从而使其禅学与安系禅学产生了差别，但是，道安的禅学思想，终没有脱离中国早期禅学那种把禅与奇迹神通视为一体的总的发展轨道。关于这一点，我们还可以从道安的老师、一代神异大师佛图澄那里得到证明。

佛图澄没有译过一卷经典，也没有任何著作遗留下来，但他极精通神异道术，并常以神异教人。他的传记被收录于《晋书》卷九十五的《艺术传》。后来，慧皎在《高僧传》中专设"神异"一项，最大的原因乃是描述佛图澄的神异。佛图澄的神异，包括多方面的内容，从祈雨、还阳等日常的灵怪现象，到分身、飞行、放光、预言、尸解等等，所有这一切又极似印度禅学所言的诸种神通。据说，佛图澄只要在胭脂中调入胡麻油，然后涂在手掌上，就能望寄千里犹如运于掌，此谓之天眼通。他通过念咒语，可使地处遥远的人们幸免于难，此谓之神足通。他可通过塔上的铃声，测知石勒的死讯，以及预知其后的族系纷争，这些属于天耳通和他心通的内容。他尽晓所有人的前世宿命，并力劝人们弃恶从善，断绝一切烦恼的根源，了悟轮回的本相，此属于宿命通和漏尽通。可见，佛图澄的神异摄含了印度禅学之六通的全部。继他之后，还有单道开、竺佛调、耆域、揵陀勒等，他们都以精通神异道术著称。

甚至于对大乘般若学的传译乃至对整个中国佛教的发展都有着巨大贡献的鸠摩罗什，也没有完全忽视"禅用为显，属在神通"(《高僧传》卷十二)这一早期禅学的特殊内容。他译出《坐禅三昧经》、《禅秘要法经》、《禅法要解》等禅经典。在《坐禅三昧经》中，罗什对作为神通实践前提的五种瞑想法，也即五停心观，或五种禅观，进行了有组织的介绍。当然需要指出的是，罗什的大乘禅法，或叫菩萨禅法，虽亦谈瞑想的技术,但它已被升华到般若的瞑想。这种禅学的思想性和智慧性显然增强,于是与小乘禅学有了区别和差异。然而,唯其具有这种差别和区分,才使它们在中国的传播以及所发生的影响,出现了殊异的境况。也就是说,尽管大、小乘禅学先后相隔不久均被介绍到中国来,但在中国早期禅学的历史发展中,实际发生影响且深深诱引中国人的却是小乘禅学,这是由中国不同时期的不同文化氛围决定的。从思想文化上去探讨两种文化在不同时期的碰撞和结合情况及其内在原因,其意义是十分明显的。

源于印度的佛教被中国的历史文化所接受,在其传入和早期发展时期,正值中土从各方面去不断汲取、改造和变化着老庄思想的时期。因此,早期佛教的每一步变化和发展,都紧密地与中土这种伴随着老庄思想而出现的思想文化的变迁之历程相关联,并且在这种关联中,佛教从一开始就走上了中国化的道路。

我们已知,佛教的传入和首先被中国人所认识,是以中国上层人物开始对佛教的崇信和祠祀为其标志的。在这一阶段,人们对佛陀的态度和对其教义的理解,开始脱离和改变佛教的原貌,而深深染著着那个时期的中国思想文化的浓浓色彩。

佛教的创始人释迦牟尼是人,不是神。因此,"佛陀"(浮屠、浮图)意为"觉者"或"智者",这是印度佛教对佛陀本人的看法。非但如此,从佛教创立的过程和基本教义上看,佛教的性质也不是有神论的。具体地说,佛教是在反对以宣扬"神我"、"大梵"以及"与梵合一"的有神论的婆罗门教的过程中创立起来的,它以"诸法皆空"为教义,力倡无神、无我、无常和因果相续的思想。也就是说,在佛教看来,不承认有任何主宰的存在,包括一身的主宰和宇宙万物的主宰。而且,认为万事万物都是因缘所生起,因而世界上的一切皆是生灭相续而无有定体的。这样,佛教就否认有至高无上的人格神和超自然实体性的神灵。此是佛教作为一种宗教区别于其他宗教的极其重要的特性之所在。

正是这种颇具特色的佛教,一到中国即刻发生了变化。统治者以

"神"的眼光去看待佛陀本人,把原本是人的佛陀转变为神,并将其与黄帝、老子一起合祭和祠祀。佛陀与黄老并祀,而不与中国其他神灵合祭,这是与东汉时期中国宗教具体发展状况相联系的。中国宗教发展到两汉时期,出现了儒学的谶纬神学化和道家的宗教化的趋势,尤其是神化道家的始祖黄帝以及老子的活动,终两汉,一直不曾有断。这种以黄老为最高神灵的黄老道,是方仙道与黄老之学结合的产物,主旨是宣扬长生不死,飞升成仙。它最终得到最高统治者的垂青和推崇,并形成当时颇有社会影响的宗教思潮。佛教的始传,适逢中国宗教进入了这样的特殊时期,因此,使得佛教很自然地依附上了黄老道,并毫不犹豫、不加区分地与当时至高无上的黄老之神一并受到统治者的祭祀。这种情况,如果细加分析,就可以体会出中国古代传统宗教的特点来。

中国古代传统宗教,向来有把超自然和社会的至上神人格化,把死去的最高统治者以及传说中的在历史上有过巨大影响的人物神灵化的传统。前者表现为"上帝"、"天"的崇拜,后者表现为"祖先"、"英雄"的崇拜。黄帝和老子,在汉代由人转化为神。按照这种传统,遂把外来佛教的创始人佛陀由人转化为神。实际上,由黄老道完成的将黄老与佛陀神化的工作,改变了黄帝、老子、佛陀本人的属性。但是,在东汉楚王英和汉桓帝将黄老与佛陀作为神来合祭这一事件中,更重要的是体现了中国古代传统宗教多神互容和崇拜的特点。黄老是中国的,佛陀是印度的,两者竟然没有任何对立和排挤的情况而一同接受祭拜和祠祀,可以说,这是华夏民族所特有的宗教传统。而它在华夏宗教产生的源流处,就既已建立了这种多神互容共存、多神崇拜的特点。从中国传统宗教所奉行的庶物崇拜、天神崇拜、鬼魂崇拜、祖先崇拜、天命崇拜来看,诸神灵的属性和功用是不同的。庶物崇拜的对象是自然物,它们虽然以神灵的形式出现,但其实是直观的、朴素的,以满足人们最初的信仰需要。天神崇拜所虚设的上帝、天神具有超然的性质,它是无形无象的；上帝、天神的崇拜，实质上是适应了统治阶级的要求。鬼魂崇拜、祖先崇拜所敬奉的灵魂则与人直接关联，它祭奉人的死后亡灵，以期慎终追远，庇荫后代。天命崇拜将一冥冥之中的主宰，左右、决定着人间的兴衰祸福、贵贱寿夭。可见，中国先秦时期所崇奉的神灵，或是有形之庶物，或是无形之神帝，或是死后之亡灵，或是幽冥之存在，所有这些神灵，在中国人的思想观念以及实际崇拜过程中，都可以相互共存。而且，不因为某一种崇拜具有更加广泛性和普遍性，而去排斥、消灭另外的宗教信仰。也不以传统的宗教去吞噬新的宗教，反之亦然。然而，如果以上表现的还只是在中国古代传统宗教本身内具有的多神互容和多神崇拜的特点，换言之，尽管是多种神灵，但它们毕竟都属中华民族的宗教系统，那么，楚王英和桓帝所神化和祠祀的佛陀，则是中华民族以外的神灵（这是中国人对它的规定）。将外国的神和中国的神共同崇奉，实始于此。它在新的范围和意义上体现了中国宗教的多神互容和崇拜的特点。从佛教一传入就将佛陀与当时黄老道认为是至高无上的黄老神灵合祭这一事实，多少反映出东汉末年的统治阶级欲直接把佛教纳入和移植于中国社会的企图。

当然这种努力和企图，与其说是原封不动地搬入，毋宁说是多在改变原貌基础上的重植。印度佛教原来只是强调心灵的真正宁静，目的是摆脱世俗事务的纷扰，毫无经世的意味。但正是这样一种学说，当它被中国人接受的时候，完全走了样。还是在桓帝时，一位名叫襄楷的人上疏桓帝，曾说到建立黄老、浮屠之祠一事，并且从政治伦理上去解释初传佛教之教义。其疏中曰：

又闻宫中立黄老浮屠之祠。此道清虚，贵尚无为，好生恶杀，省欲去奢。（《后汉书·襄楷传》）

在襄楷看来，黄老浮屠同属一道，是宣扬清虚无为的政治学说。国家如果依此修习，当会得治。可见，这完全是把佛教比附成作为汉初统治思想的黄老之学。然而我们也应该看到，尽管对佛教教义作了如上的理解，而由于历史发展到东汉末年，黄老之学已退出统治舞台。此时

统治者所痴迷的乃是以追求长生不死、成仙升天为目标的黄老道。所以，襄楷把佛教与黄老之学相比附，不但违背了佛教的原旨，而且也与当时的社会思潮不符，因而很自然地不被人们所认可。他所谏诫的对象桓帝，绝不会从政治伦理角度去接受佛教，而更愿意把佛教和宣扬长生不死的黄老信仰同等看待，并加以虔诚的祭祀。

　　这种从宗教上去审视和接受佛教的情况，或更具体地说是从方仙道、黄老道意义上去解释佛教，随着本土宗教道教的产生以及形成，那种为方仙道、黄老道所竭力宣扬和追求的长生、不死、修身、成仙以及实现这些目的所需要的道功道术，就更全面、更系统地纳入了道教的思想体系中，从而为佛教进一步比附中国传统宗教思想提供了更大的空间和可能性。中土出现的这种思想文化氛围，在一定程度上促使了汉译佛教禅学经典的大量产生。于是，佛教（禅学）与中国传统思想文化的结合，到此时算真正开始了。虽然译介到中土来的禅学思想，与印度佛教禅学有一定的差异性，但从形式和方法上看，仍然是注意到了佛教禅学的本身特点。也正因为这样，才使得中国的早期禅学与印度佛教禅学有了某些相似之处。但我们又说，因为中国早期的翻译者是站在中国文化的立场上，用当时盛行的道教思想去理解佛禅的，所以，与其说是中国早期禅学与印度佛教禅学具有相似性，不如说是中国的本土道教与它有了相似性。我们已经指出，禅之所以强烈地吸引中华民族，其原因绝不单纯是它的教理，而可能是被比附为神仙方术的那部分内容，诸如禅观禅法以及种种神通，也就是那种具有超越平常和现实的能力和性质。应该承认，佛教首先是作为这种通俗信仰在中国社会生根的。

　　从禅学的禅法禅观上看，印度佛教禅学所提倡的瑜伽、五停心观和四禅观等修持方法，其主旨即是消除心绪的散乱，摒弃世俗的纷扰，以求身心完全彻底的解脱，达到至虚至无的境界。中国早期禅学的译介，在禅法上虽更注重数息观和不净观的"二甘露门"，但在形式和程序上,与印度佛教禅法并没有本质的不同。特别是安系所传的"禅数"学,把禅心寄托于呼吸,这更与道家所流行的"抱朴守一"、"吐纳养气"等道术相似。我们已知,庄子在《刻意》篇,王充在《道虚》篇,曾有吹呴呼吸、吐故纳新的说法,而道教理论体系的创建者葛洪在《抱朴子》中,也认为吐纳时数息要注意鼻端,道教另一部著作《参同契》也谈到吐纳之术,所有这些都与安般谓息有风气息喘四事、长息短息等术类似。我们这里不想去考证究竟是道家因袭了佛教的禅法,还是后者为前者提供了建立道术的材料,事实上可能都不存在这种情况,而只是强调,中国早期禅学的禅法之所以受到中土人士的重视并得以流行,盖出于这种禅法与道家,包括老庄思想在内的如方仙道、黄老道以及道教的某些方法、技术和道术,具有相似和契合处。人们只是根据这种相似性,才把流行于中国的早期禅学,或说成是神仙方术化的佛教,或谓之为道教性的佛教,或总称之为中国化的佛教。但是,"性"也好,"化"也好,绝不代表化者和所化者的完全一致和等同。当我们深入到两种文化的思想内涵中,这种认识就会更加清晰明了。

我们在前面已经谈到,印度佛教禅学和中国早期禅学,它们所提倡的禅观禅法,其最终目的都是要引发出神通。但是印中禅学所理解和解释的神通存在一定差异性。这种差异性实际是由于佛教作为一种特殊宗教与中国古代传统宗教的不同而造成的。大家知道,佛教作为一种宗教的特殊性,就在于佛教不像其他宗教那样强调人格神的存在和对神的信仰,而是更注重"智慧"、"慧解脱"和"彻悟"。与此相联,佛教禅学欲通过禅法禅观而达到的神通,始终伴随着慧解和觉悟,其终极目标是净化人的心灵,与宇宙本体合一。

而中国早期禅学,特别是安系的小乘禅学,他们欲通过四禅六事而达到的神通,变成了一种"神"的超常功能,而且这种"神"的人格意味亦较浓。人们所羡慕和追求的是具有那种与神一样的超人的能耐,眼能观望千里,耳能闻听万里,呼则风来,唤则雨至,举足天地为之震颤,挥手日月为之掩辉,天兵可坏,寿命可住。由此可见,这样的神通,

完全淡化、远离，甚而漠视了心灵的净化、精神的超越、智慧的开悟。而造成中国早期禅学这种特点的原因，则应归之于中国传统宗教思想及其思维模式对它的影响。

中国传统宗教十分注重对人格神的崇拜，殷周时的上帝崇拜、祖先崇拜，秦汉时的五帝和太一崇拜，墨子、董仲舒的神灵之天崇拜，无一不然。与此联系的是，中国传统宗教所预设和反复论证的是"神人合一"，换句话说，"神人合一"反映和体现了中国传统宗教的思维模式和价值取向。中国传统宗教所宣扬的"神人合一"也有它的特殊性，它只是强调人与神、上帝在地位上的等同，企求的是与神共处一堂，而不注重在心理、情感和精神上同神的联系或沟通。当然，中国传统宗教这一特点的形成，是有其深厚的社会历史根由的，这里不拟论及。现在的问题是，在先秦和秦汉既已形成的中国传统宗教的特点，对整个中国古代宗教的发展势必会产生直接的作用和影响。以老庄思想为主要背景之一而产生的方仙道、黄老道以及道教，都是沿着神人合一的思维轨道而发展的。他们把老庄的"道"神化为至高无上的"神"，把得道（神）具体转化为成仙。在神仙方术已体系化的道教看来，要实现羽化成仙的目的，必须通过一系列的修道功夫，才能使人返原归本，契合道体。而人道合一境界的达到，即是神仙的修得。道教所说的神仙，不但指灵魂不失，而且指肉体永存。可见，中国传统宗教发展到道教，神的人格意味更加浓厚，神人合一的非精神和觉悟的特性亦更加显著。因此，受制并依附于充分体现着中国传统宗教特点的本土道教的早期禅学，在它的性质和思维方式上，就不可能不深深受到道教的影响。于是在禅学的最终目标的神通问题上，中国早期禅学就更多地表现为与道教的相似性，从而具有了中国化倾向。

这就是初传佛教、早期禅学所走过的道路。它适逢中华民族步入怪力乱神的时代。这个时代，是中国传统文化全面被迷信化、神学化、宗教化的大动荡时代。先秦的儒学被谶纬化、神学化，阴阳五行说更趋向神学的系统化,上帝崇拜和天命信仰等传统宗教也在新的条件下变换着花样继续发展。尤其是当老庄思想在不断地被改造和扭曲以后,最终被融进了道教思想之中,这就大大加速了汉代文化的宗教化和神学化的进程,中国早期佛教正是被上述的宗教文化所包围着。而又由于佛教自身的特点,当它刚传入中国之时,面对众多的宗教思想和形式,佛教选择了与老庄有着渊源关系的宗教思想作为自己的依附对象。并在方术和神异等方面展示着它的思想,以迎合中国人的宗教兴趣,求得中国人的认同。事实证明,初传佛教首先以宗教神学化的面目而与中土老庄化的宗教思想相结合是成功的。这种成功是基于一种外来思想在被传播的文化系统中作为一因素而在该社会站住脚,并同传统文化一起吸引和影响着这个社会的人们而言的。至于两种文化在接触以后,被传播的思想是否保持了原来文化的特质,是否全面地被接受,这些似乎都不能作为评判两种文化成功结合的标准。联系中国早期禅学传播的实际情况而言,在中土首先流行的小乘禅学,既改变了印度佛教禅学的本质,又不是佛教思想的全体,但它以契合代表着当时中国宗教发展主流的老庄化宗教为契机,使自己被中国人所接受,从而在中土立稳脚,扎下根,并为佛教以后的发展创造了积极的条件。

虽然我们以上所讨论的不是老庄思想本身与禅的关系问题,但是,在早期中国禅学与中国本土宗教的相互联系中,又到处可以看到老庄思想的影子。它是通过方仙道、黄老道以及道教这几面镜子折射出来的——尽管改变了老庄本来面目。换句话说,禅与老庄的关系,首先采取了宗教的形式。随着大乘般若学在中土的不断传播,并借助老庄化玄学的兴起,中国禅学在吸收双方的思想中也改变着自身,在一个新的领域,具体说来是在哲学的、思辨的领域确立了它与老庄的一种新型的关系。自此以后,禅与老庄就是沿着这条道路不断地去展开它们之间的关系。

如果要问佛教中的哪一种思想与整个佛教学说的关系最紧密,那么,明快的答复就是禅的思想,因为,佛教的每一步发展以及在不同发

展历程中所采取的形式,所反映的内容,无不与禅学的形式和内容之改变直接相联。换句话说,禅在中土的发展几乎与佛教在中土的发展同行共步。有鉴于此,许多中外学者也曾指出,全部佛教体系都可视为禅的思想。此种结论,可能多关佛教的中国化问题。作为一种外来的佛教,其在中土的全部价值和意义,就在于它是否能根植于中国社会并不断中国化。而最能具体表现佛教中国化,从而反映出佛教的价值和意义的,当推"禅"。

当然,禅的中国化历程也充满曲折,它所依附的对象本身亦是中国传统思想不断变化的产物。由于中国传统文化以儒道两家文化为主干,因而,禅在其中国化的历程中,出现儒学化的情况,当属必然。但是,或是因为由老子和庄子开创和奠基的道家思想具有更大的开放性和包容性,或是由于禅的自身特点,中国的禅自始至终不曾拉下和挣脱道家的思想,而单独与某一种非道家学派和思想发生联系。即便是与儒家的关系,也是在禅儒道三家之共同关系中得以体现。

使老庄思想走到前台而抹去汉代涂在其脸上的道术油彩,重新穿上自然主义的装束的,乃得助于魏晋玄学的兴隆。而与此结合的中国禅学,也随着佛教大乘禅学的进一步发展而改换了新装。中国早期禅学发展的历史证明,禅如离开一定的理论思想的论证和指导,很容易走向神学化的咒术与神通的荒诞道路。这就需要一种有关智慧的理论对它进行超越,从而使禅学获得新的规定,注入更强的活力。因此,以"智"补禅,"禅智相济"、定慧双运遂成为必然之势。慧远曾指出:"禅非智无以穷其寂,智非禅无以深其照,则禅智之要,照寂之谓,其相济也。"(慧远:《庐山出修行方便禅经统序》,《出三藏记集》卷九)而这种智,正是以支谶所传的佛教大乘般若学为其内容的。因此,禅智的结合,实际即是禅与般若学的结合。般若学的兴盛实与魏晋玄学的盛隆有关。如果说是由于玄学盛隆而使得老庄走向前台,那么,般若学的兴盛则使禅换了新装。于是,老庄与禅的关系,通过玄学与般若学的中介和桥梁作用而进入一个新的领域。

中国人对般若学的认识，走的是曲折的道路。也就是说，首先是以中国的传统思想，主要是老庄的思想去解释和认识般若学，此中有违印度佛教般若学的原义，当属必然。以后有些僧人，竭力去发掘印度般若学，试图作摆脱中国传统文化之影响的努力。最后又有名僧，站在更高的角度，对般若学给予了真正意义上的超越，使之既深蕴般若之本旨，又深含中华文化之精义。在对般若学的曲折认识过程中，实际上是紧紧围绕着探求人生之本真、使其返本的这样一个本体论问题。而般若理趣与老庄玄学的合符，恰恰又表现为对本体追求有着同样的热情。关于这个问题，著名佛学家汤用彤先生有过极其精当的概述，我们在这里加以引用。汤先生指出：

支谶主大乘学，其译品汉魏所流行者为《道行般若》与《首楞严》等。安世高、康僧会之学，在明心神昏乱之源，而加以修养。支谶之学则探人生之本真，使其返本。其常用之名辞与重要之观念，曰佛，曰法身，曰涅槃，曰真如，曰空。此与老庄玄学所有之名辞，如道，如虚无者，均指本体。因而互相牵引附合。

魏晋玄学者，乃本体之学也。周秦诸子之谈本体者，要以儒道二家为大宗。……中国之言本体者，盖可谓未尝离于人生也。所谓不离人生者，即言以本性之实现为第一要义。实现本性者，即所谓返本。而归真，复命，通玄，履道，体极，存神，等等均可谓为返本之异名。佛教原为解脱道，其与人生之关系尤切。……有道之士，惧万有之无常，知迁化者非我。于是禅智双运，由末达本。……夫《般若经》中，已有佛即本无之说。归乎本无，即言成佛。《老子经》曰，道法自然，无为而无不为。所谓成佛，亦即顺乎自然。顺乎自然，亦即归真返本之意也。按汉代佛法之返本，在探心识之源。魏晋佛玄之返本，乃在辨本无末有之理。

借魏晋玄学而兴的老庄本体论和佛禅本体论，与玄学风尚体道通玄返本的本体论一起，共同形成一个巨大的社会思潮。"无有"、"本末"、"体用"、"性空幻有"亦成为三家表达本体论的具体方式。然而，无

论是对老庄本体之道的阐扬，还是玄学对本体之无的追求，抑或佛禅对本体之空的索解，都走过了一个曲折的过程，并在经历了曲折以后臻于完善。

这里有必要指出，我们只是把玄学作为使老庄之学与般若学兴盛并发生联系的中介和桥梁来看待，虽然我们在比较老庄与般若学的过程中，会对玄学内容有所涉及，但玄与禅的问题并不是我们论述的重点。老庄与禅才是我们着重探索的问题。由于魏晋时期，禅的思想更偏重对"智"的弘扬，遂使般若学大兴，所以，在这个时期内，老庄与禅的关系，是通过老庄与般若的并谈、拟配、附合去实现的。探讨老庄与般若学的相互关系，对我们从思维方法和理论基础等方面弄清楚以后的禅宗思想将会有直接的帮助。

以天人之学为精要的老庄思想，不管是在扬弃的意义上，还是在改造发展的意义上说，只有到了慧能禅宗那里才真正以其本来面目展现于世。中国禅学老庄化的过程，实际上也是这种不断挖掘和恢复老庄思想真义的过程。然而，我们这里说的老庄思想的真义，是包括得与失两方面的内容及其固有的诸层次性和矛盾性。而真正能承担起全面而又真实地揭示它的任务的，也只能属于那些不是为了汲取而汲取或通过汲取而抬高自己地位的这种实用主义的人物和学派。唯其破除了有意识的和实用的会通一种思想的束缚，才使得汲取和会通显得自然。如此，两种思想的相同契合，才是本来的具有。两种思想的相异有间，或说对被汲取对象思想的超越，同样，也才是本来的具有。质言之，这种本来具有的契合和超越，才是禅与老庄融通所要落实的最后层面。而使其相会于"灯火阑珊处"的，正是本于曹溪慧能禅宗的中国后期禅宗。

慧能门下的南岳怀让和青原行思在慧能以后遂形成两大禅脉，此后，这两大禅脉又分头并宏而形成南禅五家法系，终构成中国后期禅宗的发展大势。这股中国禅宗的发展主流，始终是在汇集着慧能禅学思想和老庄自然思想这主要的两大思潮中激荡和涌淌。

中国禅宗是以心性为其理论纲骨，以人的彻底解脱为其修行终的。达摩系禅宗和慧能禅宗，皆不离此宗要。而皆本曹溪的后期禅宗也要以此为会归，当在情理之中。虽然禅宗心性之学，始终将心性本净，心性本觉作为其解脱论的根据，因而使其思想与中国儒家人性本善论多有契合，但是，中国禅宗的心性之学又是带有较强烈的本体论色彩的思想体系。就其人性论和人生观而言，正是建立在具有其自身特旨的本体论的基础上的。而在宋明理学以前的传统儒学人性论中，缺乏的恰恰就是一种本体论的思想，因而，它无法在理论基础上给禅宗心性学提供必要的依据和借鉴。这种情况就决定了中国禅宗在展开和发展其心性论的过程中，要去积极地汲取和会通一种本存有的本体论思想。而在中国传统哲学中最富有本体论性质的思想，又当推老庄哲学思想。又因为以自然为本而构成的老庄天人之学，是涵盖性极广的一种学说，这也就决定了它能在诸多层次和方面与禅宗的心性论发生关系。实际上，这种信息早在唐代柳宗元的《曹溪大鉴禅师碑》中就已向人们提供了。他在概述慧能禅道之归本以及以后禅学发展状况的时候这样说道：

其道以无为为有，以空洞为实，以广大不荡为归。其教人，始以性善，终以性善，不假耨锄，本其静矣。……其说具在，今布天下，凡言禅，皆本曹溪。（《柳宗元集》卷六，《曹溪大鉴禅师碑》）

从柳宗元的上述之论中，除"始以性善，终以性善"一句可透露出慧能禅宗与儒家思想联系的信息，而其他均反映了与老庄的无为而无不为、以道为实存、本性天然、无能损益、本根日静之自然主义思想有着本来的契合关系。

我们之所以在论述后期禅宗与老庄的关系以前指出老庄天人之学与禅宗心性之学的相通性，目的是强调以自然为纲骨的老庄天人之学从一开始就与禅宗结下了不解之缘，特别在慧能禅宗思想中得到本来的会通。而皆本曹溪的后期禅宗正是沿着这条会通道路把中国禅宗

推向其发展的最高峰,从而完成了禅宗中国化的历史任务和使命的。

××问于××曰:"所谓道,恶乎在?"××曰:"无所不在。"××曰:"在蝼蚁。"……"在梯稗。"……"在瓦甓。"……"在屎溺。"

触目不会道,运足焉知?……问:"如何是道?"×曰:"木头。"

问:"如何是道?"×曰:"墙外底。"……曰:"大道。"×曰:"大道通长安。"

如果我们以这样几段不写谁问谁答、不注明出处的话让一般人去辨别谁为道家者言,谁为禅家者语,恐怕实难辨得。因为事实上,从思想内容到表述方式,道禅在这里已没有多大的不同。他们都是想用每况愈下的极端方式揭示道泛存一切的思想。这里,第一段引文是庄子所说,载于《庄子·知北游》;第二段引文是石头希迁禅师所言,载于《五灯会元》卷第五;第三段引文是赵州从谂禅师所语,载于《五灯会元》卷第四。

后期禅宗谓禅、佛、道泛存于万物的思想,反映着他们在本体论上更明确地具有了老庄化倾向。尽管在他们那里,这种思想的反映有着程度的不同,甚而有的禅师就反对佛性泛存万物的说法(如大珠慧海禅师就不赞许"青青翠竹,尽是法身,郁郁黄花,无非般若"的说法,详见《五灯会元》卷第三),但是,这已经成为一种不可拒挡的普遍发展趋势。而从禅宗理论上来说,作为实性之存在的心性,其本身不能被局限。无相而实相正是要承认"妙有","妙有"应该是普遍的有,而不只是众生才有。我们在论述慧能所谓心性思想时,曾指出过这一点。我们认为,后期禅宗思想的发展,也是沿着慧能的思想而来的。只是徒子徒孙们比师傅来得更直接和具体罢了。

黄蘖希运禅师虽也畅谈心佛的不二不离,如说:"即心是佛,无心是道。……心本是佛,佛本是心。"(《黄蘖断际禅师宛陵录》)但已明显将心佛扩大到万类之中,从本体之心佛的圆融不分之性以及运动之性,直言"万类之中,个个是佛"以及"一即一切,一切即一"的思想了。他说:

诸佛体圆,更无增减,流入六道,处处皆圆,万类之中,个个是佛。譬如一团水银,分散诸处,颗颗皆圆,若不分时,只是一块。此一即一切,一切即一。……所以一切色是佛色,一切声是佛声。举著一理,一切理皆然。见一事,见一切事;见一心,见一切心;见一道,见一切道,一切处无不是道;见一尘,十方世界山河大地皆然;见一滴水,即见十方世界一切性水。又见一切法,即见一切心。一切法本空,心即不无,不无即妙有,有亦不有,不有即有,即真空妙有。既若如是,十方世界,不出我之一心;一切微尘国土,不出我之一念。(《黄檗断际禅师宛陵录》)

　　黄檗希运的思想,更接近庄子的思想。因为在庄子那里,注重的不是对本体之道超然性的起始、生存意义的把握,而是更侧重对道与物相即的道无所不在思想的规定。本体的统一、绝对和超然特性,在万物禀承本体而得自性中表现出来,从而得出"道即一切"、"一切即道"的思想。在本体论上,老庄所强调的重点是不同的。老子更多是在宇宙的生成义上强调本体之道的超然性,而庄子更多是在无始无终和变动不居义上强调本体之道的泛存性。当我们回过头来再看希运的上述之论,就会发现他对心、佛、道、理的本体性质的规定,是强调它们在一切中而显其绝对圆融性,故而,多与庄子道论契合。当然,如果从承认本体不无的角度,说希运的思想与老庄相同也未尝不可。应该说,希运在肯定"心即不无,不无即妙有"上,显得比慧能有关思想要明确和直接得多。这种程度的有别,正反映着老庄思想对后期禅宗思想渗透力的增强。

　　这里需要强调指出的是,不应把希运的"十方世界,不出我之一心;一切微尘国土,不出我之一念"说法,理解成是在宇宙论意义上强调"一心"、"一念"对世界微尘的创造和派生作用。希运所论,实与慧能谓一念之迷悟会生不同性质的"一切相"之论相同,皆是从是否正确反映和显现万法万境本性的意义上论世界万法不出我之一心、我之一念的。实际上,希运此论,还是在说明作为本体的一心无所不在的泛存论

思想。不但希运是如此,整个后期禅宗论心论道,言佛言禅也不离此点。石头希迁的"触目会道",禅在"碌砖",道在"木头",赵州从谂的道是"墙外底","大道通长安",以及以后的云门文偃的"乾坤并万象,地狱及天堂,物物皆真现,头头总不伤"(《云门语录》),这里所谓"涵盖乾坤"等等思想,都是在强调说明本体之心、佛、道的无所不在,涵盖宇宙乾坤,而不是说碌砖由禅派生,木头由道派生,乾坤由心派生。

如果我们透过上述思想而稍作历史回顾的话,即会更加清楚地明了后期禅宗所谓的"触目会道"、"涵盖乾坤"思想所蕴含的真实意趣。实际上,后期禅宗此种思想,是对僧肇的"触事而真"(《不真空论》)和"不离烦恼而得涅槃"(《涅槃无名论》)思想的继承和发展。我们知道,僧肇"触事而真"思想的提出,正是有赖于和深契于老庄有关主体性无向现实的实践转化、渗透和作用的这样一种无的体用论思想。而僧肇又借助以老庄思想为骨架,兼综儒道的魏晋玄学那种重由无的超越世界向有的现实世界回溯、重游和返归的思想,对老庄的思想进行了积极的扬弃和发展。其主要表现即在于,僧肇与老庄,尤其是与庄子一样,肯定"道"、真理的泛存万物,万物万事都是"道"的体现,都有真理的存在;克服了老庄宇宙生成论以及老庄思想自身所反映出来的矛盾思想。我们知道,庄子在由无的本体世界向有的现实世界游历的时候,他立刻就折回去了。因为在他看来,现实中的一切尽是"物役"和"情累",因而他把最终要达到的目标和境界推至于现实之外,从而实现从现实向无的世界的超越,如此也就背离了老子的"无为而无不为"以及他本人的道不离物,物体现道的思想主旨。而僧肇汲取玄学有关本体不离现象,超越不离现实的即体即用思想,始终坚持不离真而立处,不离事而立真的体用一如的思想原则。因此方有"非离真而立处,立处即真也。……触事而真"(《不真空论》)的明断。与此相联的是,他把所谓圣人和神人理解成现实中的体道者,因此才有"圣远乎哉?体之即神"(同上)的论断。僧肇是要根据这种理论去解决超越与现实,出世与入世以及圣人、神人的理想人格和精神境界等问题的。由此亦可见,僧肇通过玄学发展了老庄思想。僧肇这种深契并发展了的老庄玄学的主体性体用论，是他在佛教的中国化进程中所迈出的极其重要的一步，也是他对以后禅宗思想影响最大的地方之一。

中国禅学发展到后期禅宗这里，终于使深蕴着老庄玄学旨趣的"触事而真"思想迸发出时代的最强音。他们不是摒弃所见的世界而在彼岸的某地去会同本体之道，而是"触目会道"（石头希迁）；不是舍弃一切施为而求得所谓的法性，而是"六根运用一切施为，尽是法性"（马祖道一，见《古尊宿语录》）；不是遍境之外别有佛，而是"达即遍境是"（大珠慧海，见《五灯会元》卷第三），"一切处无不是道"（黄檗希运）；不是离相而立真，而是"即相即真"（曹山本寂，见《五灯会元》卷第十三）。如此等等，都是在发挥着僧肇的思想。从而有力地证明了后期禅宗道无所不在的思想，是通过魏晋玄学和僧肇之学而与老庄之学相契并有所发展的。从而使中国禅宗在老庄自然主义的层面上又增添了几分现实感。

如果说后期禅宗所谓触目会道，涵盖乾坤的道无所不在的思想具有了更强的平实性，因而反映出与老庄思想的同中之异的话，那么，当后期禅宗的诸位禅师们运用其独特的方式去进一步加强这种思想时，遂更显示出他们的思想有别于老庄的佛教本旨。具体说来，他们是根据本来无一物的空旨，以独特的形式去破著破执，让人们在佛教的义旨和禅的机锋中去领悟道的无所不在的道理。

我们说，虽然后期禅宗对本体之心、佛、道、理的规定，都遵循着"空本无空，唯一真法界耳"（希运《传心法要》）的原则，但是他们对无空之空的本体之属性的强调也是不遗余力的。目的是提醒人们不要因为肯定了一真法界的实存，而错误地把此存在看成是一种实体性的物的存在。据此，后期禅宗的诸禅师们谆谆告诫人们要牢记下面一些道理：

说似一物即不中。（《五灯会元》卷第三，《南岳怀让禅师》）

一物亦无。(《五灯会元》卷第五,《石头希迁禅师》)

此心明净犹如虚空,无一点相貌。(希运《传心法要》)

虚空本来无大无小,无漏无为,无迷无悟,了了见无一物。……言同者,名相亦空,有亦空,无亦空,尽恒沙世界,元是一空。(《黄檗断际禅师宛陵录》)

佛者心清净是,法者心光明是,道者处处无碍净光是。三即一,皆是空名而无实有。如真正作道人,念念心不间断。(《五灯会元》卷第十一,《临济义玄禅师》)

直道本来无一物。(《五灯会元》卷第十三,《洞山良价禅师》)

从以上可以看出,后期禅宗之谓本体,是一无相无物的存在,如若著相著物,即失此本体之真义。本体本身不似物,本体之外不存物,本体即自身,于用见本体,唯一真法界耳,此乃"本空不空"之义也。实际上,后期禅宗的这种思想,亦是同为慧能禅宗所主的无相而实相的大乘佛教之义旨。

这种思想的实质就在于,你不能说本体是什么,也不能说不是什么,不能说它是有,也不能说它是无,一句话,你不能截然地去作出肯定或否定的回答和判分。此即"不得不知"(希迁语),"不属有无"、"本无所得,无得亦不可得"(希运语)之谓也。当然,如果将此与老子的"道,可道,非常道;名,可名,非常名"(《老子》一章)之常道不可说的思想相比较的话,说后期禅宗之论有合于老子的思想,也未尝不可。不过,后期禅宗那种绝不落于有无,绝"不说破"的思想原则,就其程度而言,远非老子所能及。他们正是通过这一思想原则,以常人常理无法理解的方式,去强调着道无所不在,道即一切的思想的。我们这里不妨再引几位禅师之论,以便加深这种认识:

僧问:"承师有言,世界坏时,此性不坏。如何是此性?"师曰:"四大五阴。"曰:"此犹是坏底,如何是此性?"师曰:"四大五阴。"师因老宿问:"近离甚处?"曰:"滑州。"宿曰:"几程到这里?"师曰:"一蹰到。"(《五灯会元》卷第四,《赵州从谂禅师》)

问："如何是佛？"师曰："殿里底。"曰："殿里者岂不是泥龛塑像？"师曰："是。"曰："如何是佛？"师曰："殿里底。"（同上）

问："万法归一，一归何所？"师曰："老僧在青州作得一领布衫，重七斤。"（同上）

僧问："如何是古佛心？"国师曰："墙壁瓦砾是。"僧曰："墙壁瓦砾，岂不是无情？"国师曰："是。"（《五灯会元》卷第十三，《洞山良价禅师》）

僧问香严："如何是道？"严曰："枯木里龙吟。"曰："如何是道中人？"严曰："髑髅里眼睛。"（同上，《曹山本寂禅师》）

问："如何是佛？"师曰："干屎橛。"（《五灯会元》卷第十五，《云门文偃禅师》）

如果你把诸禅师所谓的"四大五阴"、"墙壁瓦砾"、"殿里底"、"干屎橛"之类直接等同于佛、道，那说明你著相著物实已达到了令人惊奇和无以复加的地步。实际上，禅师们尽择用一些秽物来回答问者的提问，目的是要斩断对本体妄作区分和著相的任何念头，使问者明白，他所问的问题本身就是错误地把本体视作了是什么。在后期禅宗看来，本来无一物，又如何见了说得？本体是作为一种不二之实性本存于万物万事之中，万物万事又无不体现本体之性。这就是后期禅宗在近似神秘的公案中所要揭示的真义之一。而公案所期达到的截断一切执住的目标，又是体现在让人发生般若之真智而彻见一切之本来面目，实现无二无分的天然本性。

绝不能将后期禅宗产生的一系列话头、公案理解成是完全的胡说八道，不着边际的空玩游戏。事实上，在他们这种极端独异的形式的背后，蕴藏着较为深邃的哲学思考和宗教领悟。换句话说，它们是有着自身的理论作为坚实基础的。后期禅宗对本体所恪守的"不说破"原则，也自有为何不能说破的缘由。因此，在他们那里，存在着大量直接论述本体的具体思想内容。而在这些内容中，老庄的身影又随处可见，甚至

达到了难分彼此的地步。

如果要问后期禅宗老庄化的主要标志是什么,那就是他们吹响了自然主义的号角。在自然主义的旗帜下,禅宗与老庄开始了真正的携手并进,同舟共济。

吹响自然主义第一声号角的,当推马祖道一。"平常心是道"就是这第一声号角的最强音：

道不用修,但莫污染。何为污染？但有生死心,造作趋向,皆是污染。若欲直会其道,平常心是道。何谓平常心？无造作,无是非,无取舍,无断常,无凡无圣。经云："非凡夫行,非圣贤行,是菩萨行。"只如今行住坐卧,应机接物,尽是道。道即是法界,乃至河沙妙用,不出法界。(《江西马祖道一禅师语录》)

如果说慧能以"不二"、"如如"之实性去正面规定心、性、佛、道这一本体的本性的话,道一则是从反面去规定本体之心、道的本性的。也就是说,慧能认为心(性)是不二之心(性),道一认为心(道)不是有二有别之心(道)。因此,道一所谓的"平常心"又可表述为无任何人为造作的"无心"。与此相关,他所谓的"自心是佛。此心即是佛心"(《五灯会元》卷第三,《江西马祖道一禅师语录》)中的"自心"和"此心"也就是那个"无心"、"平常心"。这样转换所产生的直接后果就在于大大增强和突出了心的自然无为的意趣。

把这种自然无为的无心之心视为本体之道性的倾向,乃是后期禅宗的普遍现象。例如,黄檗希运说：

此心即无心之心,离一切相。众生诸佛更无差别。但能无心,便是究竟。……心自无心,亦无无心者。将心无心,心却成有,默契而已。绝诸思议,故曰言语道断,心行处灭。(希运《传心法要》)

问：如何是佛？师云：即心是佛,无心是道。但无生心动念,有无长短,彼我能所等心,心本是佛,佛本是心。心如虚空,所以云佛真法身犹若虚空,不用别求,有求皆苦。(《黄檗断际禅师宛陵录》)

《五灯会元》卷第四《赵州从谂禅师》载：

他日问泉曰:"如何是道?"泉曰:"平常心是道。"

沩山灵祐禅师说:

夫道人之心,质直无伪,无背无面,无诈妄心。(《五灯会元》卷第九,《沩山灵祐禅师》)

由此可见,道一的"平常心是道"所实含的无心是道之旨,随着希运明确提出"无心是道"的命题而得到有力的证明。后期禅宗以"无心"而释"心"释"道",其目的是要使"无心之心"、"无心之道"在"无分别智"、"不受感情意识的人为影响"、"本来无一物"诸意义上成为禅悟的同一源头和本源。因此,也就有了"无是非,无取舍,无断常,无凡无圣"(马祖道一)、无"有无长短,彼我能所等心"(黄檗希运)、"无背无面"(沩山灵祐)之论,"无造作"(道一)、"绝诸思议,言语道断"、"但无生心动念"(希运)、"质直无伪,无诈妄心"(灵祐)之论,以及"心如虚空,所以云佛真法身犹若虚空"(希运)之论。所有这些,无不都在昭示着作为禅悟本源的平常心(无心之心)的自性、本性即在于它的"自然"性这样一种道理。如此,"能知自然者"(大珠慧海禅师语,见《五灯会元》卷第三)遂成为后期禅宗的最高法境和原则。

因此我们说,后期禅宗所提出的"平常心是道","无心是道"的思想,终于在自然主义的旗帜下与老庄会合了。

以自然为本,是老庄思想的特质所在。自然无为,是老庄始终高擎的一面旗帜。在他们那里,自然是道效法的原则,自然是与本体的道同属最高的存在,自然是一切事物和人的本性。我们知道,由于庄子提出了"天人"一对范畴,从而使"自然"得到了明确的界定。他把本来的、自然而然的、无意识的称之为天(自然),而把经人有意识的造作和加工称之为人(非自然)。质言之,无人为即是天,即是自然,即是道。天、自然、道在"本性"、"本然"、"无为"的意味上合而为一了。

因为"自然"是一种本性的存在,所以,它是一种最高的和最根本的存在。正是在这个意义上,庄子又把"自然"(道)设定为一种虚无。因

为"自然"是一种本然的存在，所以，它是不能断分和有所损益的存在。正是在这个意义上，庄子又把"自然"（道）设定为一种玄同。又因为"自然"是一种无为的存在，所以，它是不思虑和不预谋的存在。正是在这个意义上，庄子又把"自然"（道）设定为一种无心。（有关这些思想，可以详见《庄子·天地》等篇）

无论从哪方面说，后期禅宗的思想确实深深烙上了老庄自然主义的痕迹，你能不认为道一对是非、取舍、断常、凡圣等等区别的否定，希运、灵祐不承认有无、长短、彼我、能所、背面是无心之心、道人之心的体现等思想内容，与庄子"凡物无成与毁，复通为一"、"和之以是非而休乎天钧"（《齐物论》）、"自其同者视之，万物皆一也"（《德充符》）、"以道观之，物无贵贱"（《秋水》）、"万物一府，死生同状"（《天地》）等等，这种反对强分、成毁、是非、贵贱、死生的思想如出一辙吗？同样，你能否认道一所主张的不要人为造作，希运所提出的灭除动念、断绝思议，灵祐所直倡的"无伪"、"无诈妄心"等思想，与庄子"无心得而鬼神服"、"合喙鸣，喙鸣合，与天地为合。……是谓玄德"、"无益损焉"、"居无思，行无虑，不藏是非美恶"（以上引文均见《天地》）、"不思虑，不豫谋"（《刻意》）等等，这种主张以无情感意识的方式去反对人为的造作、益损的思想具有很大的相似相近性吗？

从以上可以清楚地看到，后期禅宗在很大程度上是融会着老庄思想，尤其是庄子的自然（天、道）思想去阐论他们的"无心之心"、"平常心"这一本体属性的。更具体一点说，他们所谓的"心"已完全就是"自然"本身了。因此，"自然即道"的思想，已成为老庄与后期禅宗欲实现契合道体、天人合一和"直会其道"、我佛一体的共同源头和本源。

无论是老庄，还是后期禅宗，他们对"自然"的规定和理解都坚守着这样一个原则，一切皆天之所成，自性本来圆满自足，故不容人为的强分、造作和雕琢。庄子的"日凿一窍，七日而浑沌死"（《应帝王》）之例，形象地说明了违背对象的自然本性而去人为雕琢所带来的恶果。后期禅宗也不乏对本自天然、自性具足、不假雕琢思想的论述。百丈怀海说:"自然具足神通妙用,是解脱人。"(《五灯会元》卷第三,《百丈怀海禅师》)并有诗云:"放出沩山水牯牛,无人坚执鼻绳头。绿杨芳草春风岸,高卧横眠得自由。"他曾高度赞扬雪峰禅师那种重无刀痕斧迹,不假雕琢之天然本色的修行作风。《五灯会元》卷第十三《曹山本寂禅师》载:"僧问:'抱璞投师,请师雕琢。'师曰:'不雕琢。'曰:'为什么不雕琢?'师曰:'须知曹山好手。'"

自然是圆融不二,不分无别,超越一切限量分别的天真自性的存在,唯无为无作方合其性,这是老庄和后期禅宗得出的一致结论。那么,这种无分无别的自然之性,是否包含着承认个性的思想呢？换言之,老庄与后期禅宗所谓的自然思想最终所要揭示和肯定的是什么呢？我们认为,探讨他们的自然思想以及由此而形成的特点,就不能不对上述问题作出必要的回答和进一步的分析。因为,指出一切本自天然,自性圆满自足,反对人为的造作区分,虽然这都不错,且含有深刻的道理,但尚嫌过于抽象化,并且容易忽视对自然思想所蕴含的更深一层意义的把握。

我们并不是凭空而发此论。对庄子的天人之学中的齐物论思想的理解有偏,而影响到对他的自然思想的全面认识,这是在研究庄学过程中存在的一种尚未被人们重视的现象。具体说来,人们一般都比较重视从"一"、"全"、"混沌"、"整体"的属性去理解和把握庄子的"天"、"自然"、"道"之性质。似乎给人一种印象,庄子只主"一",而不主"分",只讲自然无分,不谈自然性分,一句话,庄子所主张的是消除一切差别,抹煞一切个性的绝对之齐、之合的思想。但是,在我们看来,庄子并不是无条件地去强调齐一思想的。在庄子那里,始终明确承认事物的差别性,并认为这种差别性来自天然的禀性有别。认为自然的无可增减损益之旨,既指对完整的对象不可截断和碎分,同时也指对分殊的对象不可削侵和修补。万物虽然分殊,但它们是自然的分殊。就其分殊皆是自然的而言,万事万物并无二致。而万物也正是在此意义上走向合同,趋于一齐。概而言之,"自然"不排除分殊的个体存在,只要个体

是按照本然本性存在着，那么同时每个分殊的个体又是圆融无碍,平等不二的。不去损益和改变这种按其本然而存在的真正的个别性,这就是庄子自然思想所要揭示的最深刻和最深层的内容和精义。而在我们看来,庄子自然思想对后期禅宗所给予和产生的最大影响和作用的,也正在于此。

因为我们知道,后期禅宗是最重视对现实的具体个体、个性的把握、高扬和追求,因此,在他们那里,万事万物各自有分,如其本然存在而互不相侵的思想是随处可见的。而这种真正的个别性的存在,终被他们视为是参禅悟道所欲达到的最高境界了。洞山良价禅师有颂曰：

而今高隐千峰外,月皎风清好日辰。众生诸佛不相侵,山自高兮水自深。万别千差明底事,鹧鸪啼处百花新。(《五灯会元》卷第十三,《洞山良价禅师》)

云门文偃禅师说：

诸和尚子莫妄想,天是天,地是地,山是山,水是水,僧是僧,俗是俗。(《五灯会元》卷第十五,《云门文偃禅师》)

在他们的论述中,山水、天地、僧俗显然是一种区别性的存在,但这是按其本然之自性的存在,而如其性的存在,才是真正的个性存在。后期禅宗所要最后肯定的就是这种否定了"无分别智"以后的"分别"——真正的个性存在。整个禅宗所喜谈的"本来面目"都是指的这一本然的个性存在。因此,我们把握后期禅宗的自然思想,要从他们多在"无分别智"、"绝诸思议"、"虚空"的意义上规定"平常心"、"无心之心"的思路中,再去探索和揭示更深的底蕴。为了加强对后期禅宗自然思想所要揭示的最后实质这一问题的理解,我们不妨引用青原惟信禅师的一段话,来帮助做到这一点。他说：

老僧三十年前未参禅时,见山是山,见水是水。及至后来,亲见知识,有个人处。见山不是山,见水不是水。而今得个休歇处,依前见山只是山,见水只是水。(《五灯会元》卷第十七,《青原惟信禅师》)

惟信这里对悟道参禅三个境界的描述，实际包含着他对人与自然关系的全部理解和体认。唯其如此，日本著名禅学研究大师阿部正雄，把惟信的这段话视为是"为我们进入禅宗哲学大门提供了一把钥匙"。现在我们就结合他对这段话的解释来分析一下后期禅宗的自然思想的实质。阿部正雄是这样解释的：

这里所讲的第一阶段见解，强调"山是山，水是水"。这是禅师在习禅之前的见解。可是，当他习禅若干年后有所契会时，他领悟到"山不是山，水不是水"，这是第二阶段见解。但当他开悟时，他清晰地认识到"山只是山，水只是水"，这是第三阶段也是最后的见解。……第二阶段是对第一阶段见解的否定，我们认识到，不存在任何分别、任何客体化作用、任何肯定性和任何主客体的二元对立。在这阶段必须说万物皆空。为了揭示最高实在，这种否定性认识是重要的，也是必要的，但如果仅停留在这种否定性认识上，那将是虚无主义的。所以，虽在第二阶段克服了山水、自他的分别，但依然蕴含着另一种形式的分别。这是更高层次上的分别，即在第一阶段的分别和第二阶段的无分别之间的分别。作为只是对分别之否定的"无分别"，依然陷入一种差别中，因为它与"分别"对立并反对分别。为了认识真正的、无差别同一性的最高实在，我们必须克服隐藏于"无分别"背后的更高层次上的分别性。……当我们达到第三阶段时，就有一种全新的分别形式。这是一种通过否定"无分别"而被认识到的"分别"。在此我们可以说："山只是山，水只是水。"山水在其总体性和个体性上揭示了自身，而不再是从我们主观性立场上看到的客体。……在第三也就是最后阶段中，山和水按它们的本来面目被真正地肯定为山和水。

阿部正雄在这里给我们最大的启迪就是他对超越第二阶段的"无分别"以后而欲达到的"全新的分别形式"的论述，这使我们深刻地体会到，后期禅宗所指出的即心即佛、众生即佛、我佛一体、人与自然合一的思想，实际上最终是在保持着自身的本来面目的意义上的真正的、根本的、具体的合一。换句话说，这种合一并不是一方消融另一方

·1561·

或双方彼此丧失了个体性的那种冥合，人与自然（佛、道）的二分仍然存在。而一旦我们认识自然为自然，自然就成为我们生命的一部分。我在自然之中，自然也在我之中。当主体的我以这种本然的自觉性去审视世界之自然（本然）的时候，人与自然就在这一本然的意义上实现了最终的合一。

在老庄的思想中，人与自然的合一思想是通过两种途径，或说是在两种意义上得到表现的。一是从宇宙生成论的本源意义上论证的人与自然（天）的合一，一是从本体论的本然意义上揭示的人与自然（天）的合一。而后者的这种合一，乃是强调不失个体性的合一。也正是在这个意义上，它也就具有了我们上面所称的那种真正的和根本的合一之意趣。而我们所说的老庄与后期禅宗自然思想最本质的相契处，也是在这个层面上得到体现。

不过，我们在后期禅宗诸多大师对平常心、无心之心的论述中，似乎不容易发现和体察出他们对在否定了"分别"以后又去否定这种"无分别"后而得出的更高层次上的分别性，即自我与佛（道、禅、自然）在本然意义上的根本的和真正的合一这样一种意趣。而实际上，后期禅宗对心性佛道的规定和说明，对禅悟所欲达到的最高境界的认识和体认，只是没有像惟信禅师那样明确作为一个过程和最后阶段去规定和体认罢了。或者干脆说，他们对作出这种区分和阶段之本身就是持反对和否定态度的。因此，现在的问题不是去确认后期禅宗思想本身是否具有那种意趣，而是要去发现他们是如何表达那种思想和境界的。

原来，后期禅宗的诸位禅师以各自的实际体察及应化机宜的特性，所采用的机锋冷语、呵骂打招、推拿棒喝、与夺斩截等种种方便手法，都是用来表达主体的我应该在真智和自觉性中去体会、把握和彻见自己和世界的本来面目，在保持着各自的本然性、如如性，即个体性存在的状态中去实现人与自然的真正合一。后期禅宗所谓的"即心即佛"、"本心即佛"、"众生即佛"、"平常心是道"、"无心是道"，一句话，我与佛(禅、道)合一,实际上都是指的这种人与自然的真正合一。让我们来摘录几段最能反映后期禅宗那种独特的禅悟方式的材料,以便具体来体味一下个中禅味禅趣。

百丈问:"如何是佛法旨趣?"师曰:"正是汝放身命处。"师问百丈:"汝以何法示人?"丈竖起拂子。师曰:"只这个,为当别有?"丈抛下拂子。僧问:"如何得合道?"师曰:"我早不合道。"问:"如何是西来意?"师便打曰:"我若不打汝,诸方笑我也。"(《五灯会元》卷第三,《江西马祖道一禅师》)

曰:"如何是祖师西来意?"师曰:"庭前柏树子。"(《五灯会元》卷第四,《赵州从谂禅师》)

问:"如何是祖师意?"师敲床脚。僧曰:"只这莫便是否?"师曰:"是。"即脱取去。(同上)

僧问:"如何是菩提?"师打曰:"出去!莫向这里屙。"问:"如何是佛?"师曰:"佛是西天老比丘。"……示众曰:"道得也三十棒,道不得也三十棒。"临济闻得,谓洛浦曰:"汝去问他,道得为什么也三十棒?待伊打汝,接住棒送一送,看伊作么生?"浦如教而问,师便打。浦接住送一送,师便归方丈。(《五灯会元》卷第七,《德山宣鉴禅师》)

僧问:"如何是佛法大意?"师竖起拂子,僧便喝,师便打。又僧问:"如何是佛法大意?"师亦竖拂子,僧便喝,师亦喝。僧拟议,师便打。乃曰:"大众!夫为法者,不避丧身失命。我于黄檗先师处,三度问佛法的大意,三度被打,如蒿枝拂相似。如今更思一顿,谁为下手?"时有僧出曰:"某甲下手。"师度与拄杖,僧拟接,师便打。(《五灯会元》卷第十一,《临济义玄禅师》)

吾往日见石头,亦只教切须自保护,此事不是你谈话得。阿你浑家,各有一坐具地,更疑什么?禅可是你解底物?岂有佛可成佛之一字,永不喜闻。……吾此间无道可修,无法可证。一饮一啄,各自有分,不用疑虑。(《五灯会元》卷第五,《丹霞天然禅师》)当然,如果你把后期禅宗的上述独特方式理解成是禅师们为了说明那个绝对的本体存在是不

能用平常的语言和理性思维去领会和把握的,因此,才通过与语言、思辨冲突或隔绝的种种方便手法,以启发你领悟到这种道理,或者理解成是禅师们为了说明对绝对本体的把握不能凭借普遍的原则和共同的东西,而只能靠个体自己的亲身感受和领悟才有可能。只有靠棒打手捆使双方都在有某种接触中而实实在在地体验到绝对本体的存在,这样也就实现了我佛合一的最高境界了。以上所有的理解,都可以说是不错的,并不乏深刻性,但是,总给人一种意犹未尽之感。根据我们的理解,后期禅宗所采取的"截断众流"的种种方法,是要斩断"分别"以及对这种"分别"所采取的"无分别"的执著,最终是要在更高层次上确认一种"我"和"世界"都保留着各自的"个体性"的那种"分别"性的存在。换句话说,要在"本然"、"本来面目"的意义上去切入和彻见作为总体性和个体性存在的"我"和"世界"之自身。因此,我与佛的一体,我与自然的合一,绝不能是连这种本然的自身之性也要抹煞和泯灭的合一。恰恰相反,保留着自身的个体性的合一,才是真正的合一。这种合一的共同基础就是"本然性"、"如性"、"空性"。万物皆处于各自的如中,无论是别是同,他们皆如其本然。"如其本然"的存在,"如其本然"的生活,遂成为整个后期禅宗所奉行的最高原则,而他们采取的所有方式都是服务于这一最高的原则。千言万语并作石头希迁禅师教导丹霞天然禅师的一句话"切须自保护"。有保护的问题,当然就有不能很好保护的问题。作为主体的人是最难实现"如其本然"的生活。你让他超然于世俗的一切分别而心向禅、佛,他就认为只要修道证法一定会与佛相见,成道成佛。故而,把"无分别"作为佛道之境界来加以追求,并自认为把握了佛法大意。如此这般,他们又怎能不挨骂挨打,遭喝遭棒呢?他们不懂本然是同即同,本然是别即别的道理。而后期禅宗所言的:"山自高兮水自深"(良价),"天是天,地是地,山是山,水是水,僧是僧,俗是俗"(文偃),"见山只是山,见水只是水"(惟信),"一饮一啄,各自有分"(天然),"有时人境俱不夺"(《五灯会元》卷第十一,《临济义玄禅师》),其底蕴都在这里被揭示。虽然庄子没有像后期禅宗诸位禅师那样,采用那些属于他自己的独特方式来表达他的本自天然、不假雕琢的齐物论思想,但是,庄子在《至乐》中所述的鲁侯养海鸟的寓言,《应帝王》中的"日凿一窍,七日而浑沌死"的思想,《骈拇》中的"长者不为有余,短者不为不足"的言论,也都是在本然是同即同,本然是别即别的意义上显示其底蕴。可见,庄禅一旨明矣。

有时老庄与后期禅宗是亲密无间的同行者,有时则挥手而别各行其道。依顺自然,任运而行思想的发明权应归于老庄。按照其本意,应该是一无所滞所碍,任运于一切领域和场所,因为,"自然"之所以被称为本然和无为,就在于它是排除任何意义上的著相著境和强执。但无奈的是本存于老庄体系中的那种曾激发过后期禅宗发生某种革命性的自然思想,终在其自身的形而上的本体论中发生变形和转向。任运自然的思想随着"自然"的政治化、境界化和神秘化而被局限了。它已不是以现实的一切生活作为任运的对象和场所,也不是在现实的世界中去获得心灵的宁静和精神的超越。刚要想"与世俗处"(《庄子·天下》),又即刻感觉到它并非是"圣人"、"至人"、"真人"、"神人"这些最高理想人格之所为。因而就有了如下的言论:

藐姑射之山,有神人居焉,肌肤若冰雪,绰约若处子;不食五谷,吸风饮露;乘云气,御飞龙,而游乎四海之外。(《庄子·逍遥游》)

圣人不从事于务,不就利,不违害,不喜求,不缘道;无谓有谓,有谓无谓,而游乎尘垢之外。(《齐物论》)

故圣人将游于物之所不得遁而皆存。(《大宗师》)

茫然彷徨乎尘垢之外,逍遥乎无为之业。(同上)

予方将与造物者为人,厌,则又乘夫莽眇之鸟,以出六极之外,而游无何有之乡,以处圹埌之野。(《应帝王》)

出入六合,游乎九州,独往独来,是谓独有。独有之人,是谓至贵。(《在宥》)

千岁厌世,去而上仙;乘彼白云,至于帝乡;三患莫至,身常无殃;

则何辱之有！（《天地》）

　　我们如此不厌其烦地引证庄子这许多原文，其用意即在辨明，庄子确实是把所谓的"自然"境界化、神秘化了。他所谓的逍遥和自由，是指超越现实世界以外的神游。他是要与造物者结伴为友，而不是以与世俗处。概而言之，在庄子那里，任运自然的场所，绝不是"四海"、"尘埃"之内；"九州"、"六合"绝不是拥抱的对象；"帝乡"、"无何有之乡"、"圹埌之野"、"无为之业"，又绝不能不说是欲孜孜执著追求的最高境界。庄子认为在那里太惬意、太逍遥。临此至境，俯首看去，世间是如此的污浊不堪，本欲重游世间的想法，就此休矣。

　　如果说老庄的形而上的本体论思想体系尚能给超然物外、物上的存在提供一个安身之地，并召唤和引导人追求、趋向和会归这一至高的逍遥境的话，那么，后期禅宗的无相而实相的本体论思想体系则彻底堵截了任何企图在万法万境之外、之上寻求别物的道路，这也可以视为是后期禅宗在本体论思想上对老庄所实施的扬弃。因此，我们对后期禅宗所谓的"心外无别佛，佛外无别心"（怀让语）、"即心是佛"、"平常心是道"（道一语）、"即心即佛"、"一物亦无"（希迁语）、"性即是心，心即是佛，佛即是法"（希运语）、"直道本来无一物"（良价语）、"虚玄大道无著真宗"（本寂语）等命题，都要从这个意义上去理解和把握。

　　佛也好，道也好，自然也好，无为也好，在后期禅宗看来，都不可著相著境。换言之，他们认为，并没有一个脱离现实世界的佛界、道境、自然之宫、无为之业的超然存在，因此，你一无所往之地，一无所求之境。既然如此，你又何需苦苦以求，奢望升入那本来就不存在的境界呢？后期禅宗的诸位大师们，着实慈悲，费尽心机地去点化人们要彻悟这种道理。所以，斩断所求所住，遂成为他们的共同心声：

　　佛是无求人，求之即乖理，是无求理，求之即失。若著无求，复同于有求。若著无为，复同于有为。（《五灯会元》卷第三，《百丈怀海禅师》）

　　太虚不生灵智。真心不缘善恶。嗜欲深者机浅。是非交争者未通。触境生心者少定。寂寞忘机者慧沉。傲物高心者我壮。执空执有者皆

· 1566 ·

愚。寻文取证者益滞。苦行求佛者俱迷。离心求佛者外道。执心是佛者为魔。(同上,《大珠慧海禅师》)

心如虚空,所以云佛真法身犹若虚空,不用别求,有求皆苦。……但学无心,亦无分别,亦无依倚,亦无住著,终日任运腾腾……兀然无著……即此身心是自由人。(《黄檗断际禅师宛陵录》)

禅可是你解底物?岂有佛可成佛之一字,永不喜闻。……吾此间无道可修,无法可证。(《五灯会元》卷第五,《丹霞天然禅师》)在如此彻底而又坚定的语言中,透露出后期禅宗那种绝对的一无所滞所住的独特宗风。在此,他们彻底地告别了老庄。因为我们知道,老庄由于著于"自然",而把它与"道"一起形上化了。由于滞于道境、无待之域,而使"无待"本身有了系缚。由于住于无为之业,而终使它复同有为。任运自然成了在"帝乡"、"无何有之乡"的逍遥游,实现无限成了出"六极"、超"六合"、弃"尘垢"的"独往独来"。因此,我们不能只凭"无待"、"逍遥"、"任运"、"独往独来"、"无为而无不为"等外在的字眼和表现形式,就不加分析地、笼统地把这种任运自然的思想说成是一无所滞,无碍纵横这种真正意义上的任运自然思想。正如我们上面指出的那样,即便在最尚自然的庄子学说中也没有达到这种意境。关于庄子之学的有所滞实质,早在道信那里就曾被揭示并加以批评过。从后期禅宗所持的一无所滞,一无所住,一无所求的一贯原则来看,其非但与老庄思想异趣,而且简直就是不提名地否定和批判老庄思想了。故而,我们切不可把经过批判了的老庄自然思想,即在更高、更彻底和更完整的意境上所显现出的任运自然思想误认作是老庄原有的思想,进而不加区分地去抽象谈论两种思想的契合和会通,这是我们在比较后期禅宗与老庄关于任运自然的思想时应该特别引起注意和重视的。

庄子所描绘的神仙般的逍遥境界并没有使后期禅宗的诸位大师们动心和向往之。当然,这并不是说后期禅宗不想获得一种无限的超越以后而带来的心灵净化和快乐。只是在他们看来,这种超越以后而获得的近乎神秘的心灵体验,只能在有限的现实世界中完成和达到,

并且力求回到日常生活中最平常的事物,这是后期禅宗的自然思想最具现实性的地方,也是他们谱写的自然乐章中的最高音符。

因此,后期禅宗把他们所欲表达的思想以及种种方便手法都用"吃"、"穿"、"睡"等这些日常生活中最平常的事来给予最后的提升。翻看三大本的《五灯会元》,你就可以发现众多禅师是那样经常地去运用这些字眼。现试引几则材料以见一斑:

若了此意,乃可随时。着衣吃饭,长养圣胎,任运过时,更有何事。(《五灯会元》卷第三,《江西马祖道一禅师》)

曰:"如何用功?"师曰:"饥来吃饭,困来即眠。"曰:"一切人总如是,同师用功否?"师曰:"不同。"曰:"何故不同?"师曰:"他吃饭时不肯吃饭,百种须索;睡时不肯睡,千般计较。所以不同也。"(同上,《大珠慧海禅师》)

问:"学人乍入丛林,乞师指示。"师曰:"吃粥了也未?"曰:"吃粥了也。"师曰:"洗钵盂去。"其僧忽然省悟。(《五灯会元》卷第四,《赵州从谂禅师》)

老僧行脚时,除二时粥饭是杂用心处,除外更无别用心处。若不如是大远在。(同上)

终日着衣吃饭,未尝触着一粒米,挂一缕丝。……除却着衣吃饭,屙屎送尿,更有甚么事?(《五灯会元》卷第十五,《云门文偃禅师》)

在这"饥来吃饭,困来即眠"的话语中实存禅之所以为禅的全部内容和宗风。在后期禅宗看来,生活的本身就是那真实的本体存在。用心之处即在自然的生活之中,在它之外无有心存之处。这又何尝不是在揭示着无心之心、平常心这一真心就是道,就是自然,而在它们之外又别无真心的"即心即佛"的道理。然而,你一定要按着生理的自然需求去吃去睡,这本来是最不容造作和著住的事情,但于此事情上"百种须索","千般计较"的大有人在,这当然要遭到大师们的坚决反对。这里又何尝不是在展示着既为本然,就无需造作,有之当截当斩的一无所住的思想。由此,后期禅宗所强调的按其本然的生活之思想,或说任心自然的生活之思想,绝不是指从心的放任中得到那最应憎恶和捐弃的放荡不羁的生活满足,否则,就大大曲解了后期禅宗重任心自然的生活思想的本意。因此,绝不能把这种思想混同于魏晋玄学的那种"任性逍遥","旷达放任"的生活旨趣和行为。后期禅宗一直强调的是"心逐物为邪,物从心为正"(慧海语),"但情不附物即得"(灵祐语)这种任心自然的生活旨趣。

由此可见,过着"饥来吃饭,困来即眠"的平淡生活,也是在心正和心悟的前提下方能享受到其中那最真实、最有意义的情趣。所以,这种最平淡的语言,又向人们昭示着它所蕴含的最后真义,即在本然的意义上肯定和把握此时此地的那个作为个体性存在的万物万境之如如性。后期禅宗的一切思想都在这里集合起来,在一片"任性"、"随缘"、"随波"、"随流"、"随时"、"逐浪"的声流中,"折回"那充满勃勃生机的具体世界之中,过着那"终日任运腾腾"、"日日是好日"的美好生活。

是以解道者,行住坐卧,无非是道。悟法者,纵横自在,无非是法。(《五灯会元》卷第三,《大珠慧海禅师》)

上堂曰:出家人但随时及节,便得寒即寒,热即热。欲知佛性义,当观时节因缘,古今方便不少。(《五灯会元》卷第十,《清凉文益禅师》)

春有百花秋有月,夏有凉风冬有雪。若无闲事挂心头,便是人间好时节。(《无门关》)

不落有无谁敢和。人人尽欲出常流,折合还归炭里坐。(《五灯会元》卷第十三,《洞山良价禅师》)

复问:"如何保任?"皇曰:"任性逍遥,随缘放旷。但尽凡心,别无圣解。"(《五灯会元》卷第七,《龙潭崇信禅师》)在后期禅宗这里,最终要"折合还归"、"任性逍遥"的那倒是真正的"人间世"。这是一个一一如是的"分别"的世界。寒即道寒,而非寒即道热;热即道热,而非热即道寒。百花吐艳惟春时,月皎风清秋高节。你无论作何种超越,都不能冥灭这种真实的个体性。人要成为人一定是按其本然生活的人。境要成为境一定是按其本然存在的境。这种人才是逍遥的人,这种境才是道

遥的境。

也正是在这里,庄禅的差别得到集中的体现。"不食五谷,吸风饮露"那是庄子笔下的"神人"。"着衣吃饭"、"吃粥吃茶"乃是禅师笔下的"平常人"。"潜行不窒,蹈火不热,行乎万物之上而不慄"(《庄子·达生》)那是庄子所谓"神人"、"至人"的能耐。"得寒即寒,热即热",寒即着衣,热即就凉,在禅师看来,那是所有人的天性,僧俗概莫能外。"藐姑射之山"、"无何有之乡"、"帝乡",那是庄子虚构和幻想出的仙境道界。"山只是山,水只是水","百花落尽啼无尽,更向乱峰深处啼……而今高隐千峰外,月皎风清好日辰……山自高兮水自深。万别千差明底事,鹧鸪啼处百花新","春有百花秋有月,夏有凉风冬有雪",这是后期禅宗眼中的世界。仙境道界是庄子要逍遥自在和独往独来的场所。世界人间是禅要随波逐浪和一任纵横的道场。人道相契,天人合一被庄子拉向和永住尘垢之外而无意重游世间以合之。人道一体,我佛合一由禅洒向和运作现实人间。

后期禅宗正是要在一切时中,面对一一如是的大千世界,驾驶着般若之舟,随波逐浪,遇曲遇直,任性穿驶,处处自在。这只虚舟,始终是由自己来驾驶,只有这样你才能真切地领略到那波那浪给你带来的实在而又具体的震荡,也才能在这种震荡中契入那自然的真性之中。至此,为中国禅学所一直汲取和会通的老庄思想,彻底地被升华了,而随着这种升华,中国禅学的老庄化也随之走完了它最后的发展路程。

有些人简直是无可救药的狐疑寡断,他们不敢决定种种事件,因为他们不知道,这决定的结果究竟是好是坏,是吉是凶。他们害怕要是今天决定这样,或许明天会发现这个决定的错误,而后悔莫及。这些习于犹豫的人,对于自己,完全失却自信,所以有比较重要的事物当前,他们总没有决断。有些人本领很强,品格很好,但是因为有了寡断的习惯,他们的一生,也就给糟蹋了。

决断敏捷的人,即使有错误,也不打紧。因为不管他错误的次数有多少,然而他在事业上的进行总要比那些胆小、狐疑、不敢冒险的人敏捷得多。站在河的此岸呆立不动的人,永远不会渡登彼岸!

假使你有着寡断的习惯倾向,你应该立刻奋起扑灭这种恶魔,因为它足以破坏你的种种生命机会。假使事件当前,需要你的决定,则你就当在今天决定,不要留待明天。你常常练习着去下敏捷而坚毅的决定,事无大小,不管是帽子颜色的选择,或衣服式样的决定,你总不应该犹豫。

在你要决定某一件事情以前,你固然应该将那件事情的各方面都顾到,你固然应该将那件事郑重考虑,在你下断语以前,你固然应该运用你的全部常识与理智为你作指导,但是在一经决定之后,你就当让那个决定成为最后的!不应再有所顾,不应重新考虑。

练习敏捷、坚毅的决断,而至成为一种习惯,那时,你真是受惠无穷。那时,你不但对你自己有自信,而且也能得到他人的信任。在起先,你决断,虽不免有错误,但是你从此中所得到的益处,足以补偿你所蒙的损失而有余。

我认识一个人,他对于一切较为重要的事件,非至最后一瞬,无可奈何时,总不肯决定,对于一切事件,他都抱"留着再说"的态度。他写好了一封信,总不肯立刻把它封起来,发出去,因为他深怕信中还有未妥的地方。有时,他会把他已经封好,已经贴上邮票的信件撕开来,而重新加以修改。最可笑的是,有时信件方才寄出,他会发电报给收信人,叫他将原信退回,不要拆开。所以他虽本领很高,品格很好,但因为没有主意,没有决断,所以在事业场中,他绝不能得到别人的信任。凡是认识他的人,都为他的这个弱点惋惜,以致不愿将任何重要的事情信托他。

另外我又认识一位妇人,也同样犯有无主意、无决断的毛病。假使她要购置某一件货物,则她简直要跑遍城中所有出售那种货物的店铺。她要从这个店柜,跑到那个店柜,从此一部分跑到彼一部分,从这个店铺跑到那一个店铺。她要把各件货物,放在店柜上,反复审视,反

复比较,但仍然不能决定到底要买哪一件。她连自己也不很知道,究竟哪一件货物才中她的意。假使她要买一顶帽子或一件衣服,她简直要把店铺中所有的帽子衣服,都试戴、都穿过,并且诘问得使店员厌倦,结果还是空手回家,买不成东西!

她所需要的衣帽,是要温暖的,但同时又不可过于温暖,过于沉重,她所需要的衣帽,是那种暑雨咸宜,冬暖夏凉,水陆皆和,影戏馆、礼拜堂都配的衣帽。万一她购买了一件货物,她仍然没有把握,究竟是否买错了。她还是不能决定,究竟应不应该将货物退回更换。她购买一件东西,少有不更换至两三次以上,但结果还是不能完全使她满意。

这种主意的不坚定,对于一个人品格的锻炼,是一个致命的打击。犯有此种弱点的人,从来不会是有毅力的人。这种弱点,可以破坏一个人对于自己的信赖,可以破坏他的评判力,并大有害于他的全部的精神能力。

你对于一切事,都应该胸有成竹,而使你的决断,坚定、稳固得如像海底的水一样,情感意气的波浪所不能震荡,别人的批评意见及种种外界的侵袭所不能打动!

敏捷、坚毅、决断的力量,是一切力量中的力量。假使你一生没有敏捷与坚毅的决断的习惯或能力,则你的一生,将如海中一叶漂荡的孤舟。你的生命之舟,将永远漂泊,永远不能傍岸;你的生命之舟,将时时刻刻处在暴风猛浪的袭击中!

现代社会是一个充满竞争的社会,我们每个人都会面临来自各个方面的压力,如青少年时期,以学业为主的压力;到成年时期,有工作、家庭与经济方面的压力;到老年,有健康、孤独等的压力。在激烈的社会竞争中,面对各方面的压力,尤其工作的压力,很多人处在无可奈何,但又不得不面对的两难境地,个人的身心健康遭到极大的破坏。

压力对我们每一个人来说,是无法回避的现实,它对我们身心方面造成的危害也是不言而喻的。

禅说：压力来自我们的攀缘心。我们在乎什么，什么就会给我们压力。当提起时提起，当放下时候放下。快乐和痛苦是并存的，良性的间歇转换才是在压力中取得幸福的关键。

有一个小寓言，说有一种小虫子很喜欢捡东西，在它所爬过的路上，只要是能碰到的东西，它都会捡起来放在背上，最后，小虫子被身上背负的重物压死了。

人不是小虫子，但人在社会生活中的所作所为又像极了小虫子。假如能学会取舍，学会轻装上阵，还会被生活压趴下吗？

马祖是怀让禅师的弟子，他在般若寺修行的时候，整天盘腿静坐，冥思苦想，希望有一天能修成正果。有一次，怀让禅师路过禅房，看见马祖坐在那里神情专注，便向弟子问道："你这样是在做什么？"

马祖马上起身答道："我在修行，我想成佛。"

怀让禅师听他这样说，就顺手从地下捡起一块砖，然后在一块平滑的石头上磨了起来，神情是那么的专注和坚毅，和马祖的神情是一样的，有一种不达目的不罢休的感觉。

马祖问："磨砖有什么用呢？"

怀让禅师说："我在磨砖，我想把它磨成镜子。"

马祖说："砖本身是没有光的，就算你磨得再平，它也不会成为镜子，你就不要在这上面浪费时间了。"

怀让禅师就说："砖不能磨成镜子，静坐又怎么能够成佛呢？"

马祖惭愧地说："弟子愚笨，请师父指点，怎样才能成佛呢？"

怀让答道："有一个人在赶车，可是那个车子就是不走，于是他就拿起鞭子拼命地打车，马儿在那里低着头吃草，车子还是不动。你说是应该打车，还是应该打马儿呢？"

马祖终于醒悟了："坐禅只是成佛的一种手段，若想真正成佛，只坐禅是没有用的，而是要从心里去感悟。"

在现实生活中，我们总是会遇到无尽的挫折和苦痛，人生之路总是如此的艰辛和坎坷，我们在其中艰难跋涉，不免生出"人生来就是受

苦"的想法。

而佛陀，为什么总是会拈花微笑呢？他是那么的自然，那么的平和，那么的超脱，仿佛世间的痛苦从未发生在他身上一样。这只是因为佛陀早已参透了人生的真谛。

造成生命痛苦的原因有很多，而众生的执著是一个重要的原因。本来众生皆有佛性，只因妄想执著而无法证得，若放下妄想、执著，自然智、无师智、一切种智自然会现前。

执著是苦，我们执著于自己的身体，希望它永久不衰；我们执著于自己的财富，希望它聚沙成塔，我们执著于自己的事业，希望它蒸蒸日上；我们还执著于异性，执著于名誉……这一切的执著让我们作茧自缚，痛苦不堪。

人生在世，有许多东西是需要放弃的。古人云：无欲则刚，这其实是一种境界，一种修养。没有太多的欲望负累，就会活得更加简洁，更加洒脱，更加自由。有时，你选择了放弃，也便选择了成功的获得。所以，我们应该学会放弃，学会认输。

有一个聪明的年轻人，是一个很出色的雕刻师，但他很想在各个方面都强过别人，尤其想成为一名大学问家。可是，许多年过去了，他在其他方面都不错，可学业却没有多少长进，他非常苦恼，特去向一位禅师请教。

禅师说："我们登山吧，到山顶你就知道该如何做了。"

那山上有许多晶莹的小石头，煞是迷人，每当见到他喜欢的石头，禅师就让他装在袋子里背着，很快，他就吃不消了。

"禅师，再背，别说上山顶了，恐怕我连动一动的力气都没有了。"他凝望着禅师。

"是呀，那该怎么办呢？"禅师微微一笑："该放下了，背着石头怎么可以登上顶峰呢？"禅师笑了。

年轻人一愣，忽觉心中一亮，向禅师道谢后走了。后来，他一心做雕塑，不再执著于成为一个大学问家。禅师的话，让年轻人明白了每个人都有自己的长处,也都有自己的短处,凡事不可强求,该放弃的就应放弃,该认输的就要认输。

学会认输,就是承认失败,承认差距,目的是为了扬长避短。

人与人之间,智力的差距,体力的差距,技艺和知识的差距,总是存在的。明知自己臂力不如人,却要与人家硬拼,不知后退,那就只能彻底输掉自己。所谓"明知山有虎,偏向虎山行",这是一种误导,是盲目的执拗,除了白白送命,并不能证明你的勇敢,只能说明你的偏激和愚蠢。

刘大叔在院门口摆了一个棋摊,他立下了一个规矩,凡输了的,不输金输银,但必须说一句"我输了"。不说也可以,但必须从他那三尺来高的棋桌下钻过去,以示惩罚。既然是楚河汉界,就要分个胜负,这不奇怪,奇怪的是,有些人宁愿钻桌子,也不愿认输。

院里赵大爷,嗜棋如命,棋艺也高,只有别人向他拱手认输,他却从未开口说过"输"字。一日,某人慕名,前来对弈。赵大爷第一次遇到了对手连输三局。每次输后,他总是黑着脸,一句话也不说,就从棋桌下钻过去。

后来有人问赵大爷:"你这是何苦呢?说一声输了,不就得了,为什么要钻桌子?"

赵大爷把脖子一拧:"这'输'字是能轻易说的么?你就是砍了我的头,我也不会说的。"

这正应了那句老话,"宁输一垄田,不输一句言。"可见我们有很多人,只知道一味追求要赢,从来不知道认输。其实认输,也是人生的必修课。

认输不失为一种策略,它使你彻底摆脱不健康的心理羁绊,使你调整好位置,进入最佳的心理状态,它造就的将是一片心灵的净区。

人非圣贤,在生活中搭错车的事,总是难免的。但我们发现自己搭的车,与自己的目的地走向不对时,就应马上下车。如果你不承认错,

硬要一条道儿走到底,那只能南辕北辙,距你的目的地更远,吃的苦更多。

学会认输,就是清醒地审读自己,避免更大的损失。也就是纠正错误,重新开始,踏上正确的人生之旅。

学会认输,也是面对现实回到原来的起点、另起炉灶的必然要求。比如我们当初择业不慎,选错了单位,既不能扬己之长,又没有发展前途,那就赶快离开吧。所谓"此处不留人,自有留人处"。调整好思路,另谋发展。因为生活中不尽如人意的事情常常与我们相遇,如一项工程,一次恋爱,一种发明,当你在经营和进行的过程中,已经发现走到了尽头,没有任何转机的可能,那就认输吧!该放弃的就得放弃。应该相信,回头是岸。不吊死在一棵树上,这才是明智的选择。

认输是人生的必修课,人的生命有限,知识有限,输是常事,赢是幸事。学会认输,就是面对生活的真实,承认挫折,明智地绕过暗礁,避凶趋吉,让自己更理性地获得生活的智慧。

学会认输,我们才不会在一个漩涡里挣扎,进行激烈的思想斗争。

学会认输,我们才能寻觅另一片天地,一种容纳强者,容纳失败的胸襟。

学会认输,我们就学会了一种风度,一种不把输赢看得太重要的潇洒。认输了,不代表我们是弱者,反而,我们是精神上的强者。因为,我们不但战胜了失败,更重要的是,我们战胜了自己……

所以,勇敢地接受挑战,世界会因此而精彩;坦然地面对失败,人生会因此而进步。

许多东西,我们之所以觉得是必需的,只是因为我们已经拥有它们。当我们清理自己的居室时,我们会觉得每一样东西都有用处,都舍不得扔掉。可是,倘若我们必须搬到一个小屋去住,只允许保留很少的东西,我们就会判断出什么东西是自己真正需要的了。那么,我们即使有一座大房子,又何妨用只有一间小屋的标准来限定必需的物品,从而为美化居室留出更多的自由空间?

许多事情，我们之所以认为必须做，只是因为我们已经把它们列入了日程。如果让我们凭空从其中删除某一些，我们会难做取舍。可是，倘若我们知道自己已经来日不多，只能做成一件事情，我们就会判断出什么事情是自己真正想做的了。那么，我们即使还能活很久，又何妨用来日不多的标准来限定必做的事情，从而为享受生活留出更多的自由时间？

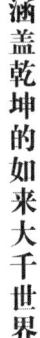

第三十四章　禅韵涵盖乾坤的如来大千世界

第三十五章　天人合一在浩荡的夜色里灿烂一生一世的庄严

天无为以之清，地无为以之宁。故两无为相合，万物皆化生。芒乎芴乎，而无从出乎！芴乎芒乎，而无有象乎！万物职职，皆从无为殖。

那个引诱人的生活在混乱之中
那个被引诱人的生活在悲痛之中
因此"道"希望不要影响别人，也不要被别人所影响
要理清混乱和免除痛苦就是要在空里面跟"道"生活在一起
如果一个人在跨越一条河
有一只空船撞到了他的小船
即使他是一个脾气很坏的人
他也不会生气
但是如果他看到有一个人在船上
他将会对他大声喊，叫他驶开
如果那个喊叫没有被听到，他将会再度高喊
而且他还会开始大骂
这一切都是因为有人在那只船上
但如果那只船是空的
他一定不会大声喊，他一定不会生气
如果你可以空掉你自己的船
来跨过世界的河流

祈祷太空和平

那么就没有人会来反对你

没有人会想要来伤害你

一根很直的树会最先被砍伐

最清的泉水会最先被榨干

如果你想要改善你的智慧来羞辱那些无知的人

想要培养你的个性来向别人炫耀

就有一道光会照射在你的周围

就好像你吞进了太阳和月亮

你将无法避免灾难

有智慧的人说：

那个自满的人，他这样做一点价值都没有

成就是失败的开始

名誉是耻辱的开始

在众人之中

有谁能够不求成就和名誉

然后下降和消失？

他将会像"道"一样在流动，不被看见

他将会像生命本身一样地流动，没有名字，也没有家

他很单纯，不分别

他外表看起来好像是一个傻瓜

他的脚步不留痕迹

他没有权力

他不达成任何东西

他没有名声

因为他不评断任何人

所以也没有人会评断他

这就是完美的人

他的船是空的

你来到我这里,你已经踏上了危险的一步,这是一项冒险,因为靠近我,你可能会永远失去,接近将会意味着死亡,不可能意味着其他任何东西。我就好像是一个深渊,接近我,你将会掉进去。我已经为此而邀请了你,你已经听到了,你也来了。

要小心,透过我,你将不会得到任何东西,透过我,你只会失去所有的一切,因为除非你失去了,否则神性不可能发生,除非你完全消失,否则那真实的无法产生,你就是那个障碍。

而你是那么的多,那么的顽固,你内心充满着你自己,以至于没有东西能够穿透你,你的门关闭了。当你消失,当你不存在,那个门就打开了,那么你就变成好像宽广的、无垠的天空。

那就是你的本性,那就是"道"。

当我进入庄子生命世界之前,我想要告诉你另外一个故事,因为那将会为我们共同了解祈祷太空和平这个人类共同的精神传播事业铺垫好基础。

在古时候某一个未知的国家,王子突然发疯了,国王心急如焚,因为那个王子是他的独子,是该国唯一的继承人。所有的魔术师都被叫去了,所有那些能够创造奇迹的人和医疗人员都被传唤去了,他们做尽了一切努力,但是都无效,没有人能够帮助那个年轻的王子,他仍然继续发疯。

他发疯时就将身上的衣服全部脱光,然后开始生活在一张大桌子底下,他认为他已经变成了一只公鸡。最后,国王必须接受那个王子已经无法恢复的事实,他已经发疯了,所有的专家治疗都宣告失败。但是有一天,那个希望再度燃起。有一个圣人,一个苏菲宗派的神秘者来敲皇宫的门,说:"给我一个机会来治愈王子。"

但是国王感到怀疑,因为这个人本身看起来就好像发了疯似的,比王子更疯,但是那个神秘家说:"只有我能够治愈他,要治愈一个疯子需要一个更疯的疯子。你们那些什么赫赫有名的人,那些能够制造奇迹的人,你们那些医疗专家,他们都失败了,因为他们连疯狂的初步

状况都不知道,他们从来没有走过那条路。"

这听起来似乎合乎逻辑,国王想:"反正事已如此了,为什么不试试看?"所以国王决定给他一个机会。

国王答应说:"好,你试试看。"那个神秘家就立刻脱光他的衣服,跳到桌子底下,发出类似公鸡的叫声。

那个王子变得怀疑,他说:"你是谁?你以为你在做什么?"

那个神秘家说:"我是一只公鸡,一只比你更老道的公鸡,你并不算什么,你只不过是一个新手,最多只能够算是一个学徒。"

那个王子说:"如果你也是一只公鸡,那很好,但是你看起来像一个人。"

那个神秘家说:"不要看我的外表,要看我的精神,要看我的灵魂,我就像你一样是一只公鸡。"

很快,他们两个人就成为朋友,他们互相承诺说虽然整个世界都反对他们,他们也要永远生活在一起。

过了一段时间,有一天那个神秘家突然开始穿衣服,他穿上了他的衬衫,那个王子说:"你在干什么?你疯了吗?一只公鸡居然试着要穿人的衣服?"

那个神秘家说:"我只是试着要去欺骗这些傻瓜,这些人。记住,即使我穿上衣服,也不会有什么改变,我的公鸡本质仍然保持,没有人能够改变它。就只是穿上人的衣服,你就认为我改变了吗?"王子只得让步了。

过了几天之后,那个神秘家说服王子穿上衣服,因为冬天正在逼近,天气变得非常冷。

然后有一天,他突然从皇宫叫来食物,王子变得非常警觉,他说:"你这个王八蛋,你在干什么,你要像那些人一样吃东西吗?你要像他们一样吃东西吗?我们是鸡,我们必须像鸡一样吃东西。"

那个神秘家说:"就这个公鸡而言,它不会有什么差别,你可以吃任何东西,你可以享受任何东西,你可以像人一样生活,而仍然忠于你公鸡的本质。"

一步一步地，那个神秘家说服了那个王子回到人的世界来，后来他变得完全正常。

你跟我的情形也是一样。记住，你只是初学者。你或许认为你是一只公鸡，但是你才刚刚学字母，而我是一个老手，只有我能够帮助你。所有的专家都失败了，所以你才会来到这里。你已经敲过了很多扇门，好几世以来，你都一直在找寻，没有什么东西能够对你有所帮助。

但是我说我能够帮助你，因为我不是一个专家，我不是一个外来者，我曾经走过同样的路——同样的疯狂，我经历过同样的事情——同样的悲惨、同样的痛苦、同样的噩梦。任何我所做的只不过是在说服，说服你走出你的疯狂。

认为自己是一只公鸡，这是疯狂的，认为自己是一个身体，这也是疯狂的，甚至比前者来得更疯狂；认为自己是一只公鸡是疯狂的，认为自己是一个人，那又是更大的疯狂，因为你不属于任何形式。不论那个形式是一只公鸡或是一个人，那是无关的，你属于那个无形的，你属于整体。所以，不论你认为你是什么样的形式，你都是疯狂的。你是无形的，你不属于任何身体，你不属于任何阶级、任何宗教、任何信念，或任何名字，除非你变成没有形式的、没有名字的，否则你将永远都不是健全的。

心智健全意味着来到那个自然的，来到那个在你里面最终的，来到那个隐藏在你背后的无。需要很多努力，因为要去除形式、要抛弃形式非常困难，你已经变得非常执著于它，你已经变得非常认同它。

其实，祈祷太空和平这个人类的共同精神传播事业只不过是要说服你走向那个无形——要如何才能够不处于形式里。每一个形式都意味着自我，甚至连一只公鸡也有它的自我，人也有他自己的自我。每一个形式都停留在自我的中心。那个无形意味着无我，那么你就不会停留在自我的中心。那么你的中心就到处都是，或者到处都不是。这是可能的，这个看起来几乎不可能的事是可能的，因为它已经发生在我身

第三十五章 天人合一 在浩荡的夜色里灿烂一生一世的庄严

· 1583 ·

上，当我这样说，我是通过我自己的经验来说的。

任何你现在所处的地方我都待过，任何我现在所在的地方，你也可能来过。尽可能深入地去看我，尽可能深入地去感觉我，因为我是你们的未来，我是你们的可能性。

每当我说臣服于我，我的意思是说要臣服于这个可能性。你可以被治愈，因为你的疾病只是一个思想。王子发疯了，因为他和那个认为他是一只公鸡的思想认同。除非一个人能够了解而不与任何形式认同，否则每一个人都是发疯的。唯有当一个人能够了解而不与任何形式认同，他才是健全的。

所以一个健全的人并不是一个特别的人，他不可能是，只有一个发了疯的人才可能是一个特别的人——不论他是一只公鸡或是一个人，一个首相或是一个总统，或是任何一个人。一个心智健全的人会感觉到那个"没有人"？这是一个危险……

你以某号人物来到我这里，如果你允许我，如果你给我机会，这个某号人物可能会消失？你可能会变成无人，否则你不可能是狂喜的；除非你变成无人，否则那个祝福不会来到你身上，你将会继续错过生命。

事实上，你并非真的是活生生的，你只是拖着生命在走，你只是好像一个重担一样携带着你自己。有很多痛苦发生、很多失望、很多忧伤，但是从来没有一丝喜乐，它不可能有。如果你是某号人物，你就好像一块坚硬的石头，没有什么东西能够穿透你。当你是无人，你就开始变成有很多孔。当你是无人，你就真的是一个空，是透明的，每一样东西都能够流经你。没有阻碍、没有障碍，也没有抗拒，你变成一个被动、一个门。

目前你就好像是一道墙，一道墙意味着某号人物。当你变成一个门，你就变成"无人"。一个门就只是一个空，任何人都可以通过，没有抗拒、没有障碍。但如果你是某号人物，那么你是疯狂的，当你是"无人"，你就首度变成健全的了。

但是整个社会、教育、文明和文化都在培养你，都在帮助你去变成某号人物。那就是为什么我说：宗教是反对文明的，宗教是反对教育的，宗教是反对文化的，因为宗教赞成自然、赞成"道"。

所有的文明都反对自然，因为他们想要使你成为某个特别的人。你越是结晶成某号人物，神性就越不能够穿透你。

你去到寺庙、去到教会，或是去到教士那里，在那里，你也是在找寻要在另一个世界变成某号人物的方式，在找寻要达成什么的方式，在找寻成功的方式。

那个想要达成的头脑就好像影子一样跟随着你。不论你到哪里，你都带着那个利益、成就、成功，和达成的概念。如果有人带着这种观念来到这里，他应该尽快离开，他应该尽快地从我这里跑开，因为我无法帮助你变成某号人物。

我不是你的敌人，我只能够帮助你成为什么都不是的人，我只能够把你推进深渊——无底的深渊。你将永远无法到达任何地方，你将只会溶解。你将会往下掉、往下掉、又往下掉，然后溶解。当你溶解的时候，整个存在都会觉得很狂喜，整个存在都会庆祝这个发生。

佛陀达成这个，因为语言的关系，所以我说达成，否则那个字是丑陋的，事实上并没有达成，但是你会了解的。佛陀达成这个空、这个无物。有两个星期的时间，持续十四天，他都静静地坐着，没有移动，也没有说话，什么事都没做。

据说天上的神因此而受到了打扰，一个人变成这么全然的空，那是非常少有发生的。整个存在都感觉到一个庆祝，所以诸神就来了，人们拜在佛陀的脚下说："你一定要说些什么，你一定要说你达成了什么？"据说佛陀笑着说："我并没有达成任何东西，相反的，因为有这个一直想要达成什么的头脑，所以我失去了每一样东西。我并没有达成任何东西，这不是一项达成，相反的，那个想要达成的人消失了，我已经不复存在了，看着它的美。当我以前存在的时候，我是痛苦的；当我不复存在，每一件事都是那么的喜乐，那个喜乐一直继续洒落在我身上，它到处都存在，现在已经没有痛苦。"

佛陀曾经说过：人生是痛苦的，出生是痛苦的，死亡也是痛苦的，每一件事都是痛苦的。它是痛苦的，因为有自我存在，那只船还不是空的。现在那只船是空的，现在已经没有痛苦、没有忧愁、没有悲伤。存在已经变成一个庆祝，它将会保持是一个庆祝，直到永远。

那就是为什么我说你来找我是危险的，你已经踏上了危险的一步。如果你很勇敢，那么就准备好来"跳"。

整个努力就是要如何把你杀掉，整个努力就是要如何摧毁你。一旦你被摧毁，那个无法被摧毁的就会浮现，它就在那里，它是隐藏起来的。一旦所有那些非主要的东西都被排除，那个主要的就会如火焰一样——活生生地，具有全然的光辉。

庄子的寓言很美，他说一个智者就好像是一只空船。

这就是完美的人，

他的船是空的，

没有人在里面。

如果你碰到那位庄子，或是那位老子，或是我，那只船就在那里，但它是空的，没有人在里面。如果你只是看表面，那么是有一个人在那里，因为那只船就在那里，但是如果你穿透得更深，如果你真的变得跟我很亲近，如果你忘掉了身体、忘掉了那只船，那么你就会碰到空无。

庄子是一个稀有的开花，因为变成"无人"是世界上最困难、几乎不可能的、最不平凡的一件事。

平凡的头脑渴望成为不平凡的，那是平凡的一部分，平凡的头脑想要成为某个特别的人物，那是平凡的一部分。你或许可以成为一个亚历山大，但是你仍然保持是平凡的，那么谁是不平凡的？唯有当你不渴求不平凡，那个不平凡才会开始，那么那个旅程就开始了，那么一颗新的种子就发芽了。

这就是庄子所说的"一个完美的人就好像是一只空船"的意思。它隐含很多事，首先，一只空船并没有要走到任何地方去，因为没有一个人可以来指引它，没有一个人可以来操纵它，没有一个人可以来将它开往什么地方。一只空船就只是在那里，它并没有要走到任何地方去，即使它在动，它也并没有要走到任何地方去。

当头脑不存在，生命还会继续流动，但是它将不受指引。你将会行动，你将会改变，你将会好像河流一样流动，但是并没有要走到任何地方去，没有目标。一个完美的人没有任何目的地生活，一个完美的人会行动，但是没有任何动机。如果你问一个完美的人："你在做什么？"他将会说："我不知道，但事情就是这样在发生。"如果你问我说为什么我在对你讲话，我将会说："你去问花说为什么它会开花。"这是一个发生，这并不是某一个人在操纵的，没有人在操纵它，那只船是空的。当有一个目的，你将会永远处于痛苦之中，为什么呢？

从前有一个人问一个守财奴，一个大守财奴："你怎么能够很成功地累积了那么多的财富？"

那个守财奴说："任何明天要做的事今天就把它做好；任何今天要享受的事，明天再享受。这就是我的座右铭。"他很成功地累积了很多财富，人们就是这样在很成功地累积一些无意义的东西！

那个守财奴也很痛苦。他的一只手很成功地累积了很多财富，但是另外一只手却很成功地累积了很多痛苦。累积金钱的座右铭和累积痛苦的座右铭是一样的：任何明天要做的事今天就做，立刻就做，不要延缓；而任何现在能够立刻享受的，永远不要马上享受，要将它延缓到明天。

这就是进入地狱的方法，它永远都会成功，它从来不会失败。试试看，你就会成功，或者，你已经成功了。你或许在不自知的情况下一直在这样做。延缓一切能够享受的，只是在想着明天。

耶稣被犹太人钉死在十字架上就是为了这个原因，而不是为了别的原因。并不是说他们反对耶稣，耶稣是一个完美的人，是一个很美的人，犹太人为什么要反对他？相反的，他们一直在等待这个人。好几世纪以来，他们一直在希望、在等待：弥赛亚（救世主）什么时候会来？

然后突然间，这个耶稣宣称说："我就是你们在等待的弥赛亚，现在我来了，现在注意看我。"

他们受到了打扰，因为头脑可以等待，它一直都在享受等待，但是头脑不能够面对事实，头脑不能够跟当下这个片刻碰头，它可以一直延缓，延缓非常容易：弥赛亚将会来，不久他将会来……好几世纪以来，犹太人一直在想、在延缓，然后突然间，这个人摧毁了他们所有的希望，因为他说："我就在这里。"

头脑受到了打扰，他们必须杀掉这个人，因为如果不这样的话，他们就不能带着明日的希望来生活。

不只是耶稣，自从那时之后也有很多其他的人宣称："我在这里，我就是弥赛亚！"犹太人一直都否定，因为如果他们不否定，他们将怎么继续希望，他们将怎么继续延缓？他们非常热衷于跟这个希望生活在一起，那是你几乎无法相信的。有一些犹太人在晚上上床睡觉的时候就希望说这是最后一个晚上，明天早上弥赛亚就会来……

我听说有一个犹太教的牧师，他经常告诉他太太说："如果他晚上来，一个片刻都不要浪费，立刻叫醒我。"弥赛亚一直在来临的途中，他随时都会来到。

我还听说有另外一个犹太教的牧师，他儿子即将结婚，所以他送出很多邀请卡给朋友，上面写着："我儿子谨定于某某日子在耶路撒冷结婚，但是如果弥赛亚到那个时候还没有来，我的儿子将在科兹这个村子结婚。"谁知道，到了结婚那一天，弥赛亚或许就会来了，那么我就不会在这里了，我将会在耶路撒冷庆祝，所以，如果到了结婚那一天他还没有来，那么婚礼就在这个村子举行，否则就在耶路撒冷举行。

他们一直在等待又等待，并且做梦。整个犹太人的头脑都萦绕着即将来临弥赛亚，但是每当弥赛亚来临，他们就立刻否定他，对这个必须要加以了解，头脑就是这样在运作：你在等待喜乐或狂喜，但是每当它来临，你就拒绝它，你掉头就走。

头脑可以生活在未来，但是无法生活在现在，在现在你只能够希望和欲求，你就是这样在制造痛苦。如果你开始生活在当下这个片刻，生活在此时此地，痛苦就消失了。

它如何跟自我相关联？自我是过去的累积。任何你所知道的、所经历过的、所读到的，任何过去发生在你身上的，所有那些东西都累积在那里，那整个过去就是自我，它就是你。

过去可以投射到未来，未来只不过是过去的延伸，但是过去无法面对现在。现在是完全不同的，它具有一种在此时此地的品质。过去一直都是死的，现在才是生命，它是所有活生生的生命的源头。过去无法面对现在，所以它就移进未来，但这两者都是死的，这两者都是不存在的。现在是生命，未来不可能碰到现在，过去也不可能碰到现在。你的自我、你的某号人物，就是你的过去。除非你是空的，否则你不可能在这里，除非你在这里，否则你不可能是活生生的。

当一个成道的人溶入宇宙，他的独特性也跟着溶解吗？

一个成道的人，即使当他还活在身体里，他也已经溶解了，他知道他已经不复存在了，他是一个空，那个溶解已经发生了。事实上并没有什么东西溶解，因为打从一开始就没有什么东西是分开的，分开只是一种幻象。

感觉"我跟存在是分开的"，这只是一个幻象，这不是真相。成道的人能够了解到，他以前从来没有存在过，他现在不存在，将来也不会存在。只有整体存在，部分是不存在的。

你或许会认为你是分开的，但那只是一个梦。只有梦会溶解，其他不会，只有无知会失去，其他不会；只有昏睡会溶解，其他不会。

但是你所问的问题是有关的。一个佛陀、一个老子，或是一个耶稣的独特性会变成怎样？它会跑到哪里去？宇宙透过它而变成独一无二的，每一个佛都会使宇宙变得更丰富——就好像每一个昏睡的人都会使它变得更贫乏。每一个昏睡的人都会使宇宙的一部分变得昏睡、无趣，或死气沉沉，当有成千上亿个无知的人存在，整个宇宙就变得悲

伤、严肃、生病。

一个佛帮助世界再度开花开到最鼎盛的状态；帮助世界再度歌唱到它的最极致；帮助它跳舞跳到它最大的可能，将它的整个潜力全部表现出来，将它的整个潜力带到庆祝的状态。所以，当一个佛溶解——因为在语言里面没有其他方式可以用来说它——当一个佛溶解，他的独特性就变成整体的独特性。

然后整体就被充实了，然后整体就永远不会再一样，它将永远不会再一样。

那就是基督徒决定用耶稣的生日来作为历史分界点的意义。整个基督教和非基督教的日历都以耶稣的生日作为基础，它非常具有象征性，它意味着历史从现在开始将永远不会再一样。因为耶稣被生下来，因为耶稣被钉死在十字架上，因为耶稣克服了死亡而再生，如此一来，整个世界就完全不同了！你或许知道，或许不知道。如果你生在耶稣诞生之前，你一定是诞生在一个完全不同的世界，耶稣将他的品质给予这个世界，那是一个历史性的片刻。

马哈维亚、佛陀和老子等都是历史性的片刻，透过他们，整个宇宙一直在提升得更高更高，整个宇宙提升到一个高峰。

透过他们，整个宇宙已经在到达，透过你，它尚未到达。整个宇宙是一个非常广大的现象，很可能说虽然我的头已经碰到了屋顶，但是我的脚根本不知道，很可能我的脚必须花很长的时间来确认说我的头碰触到了屋顶，而我是一整个身体。

整体是一个身体。在佛陀里面、在基督里面、在查拉图斯特里面，某些东西已经碰触到了顶点，但是在你里面，它还远远地落后。你还没有听到那个消息，你还不知道发生了什么，但是渐渐地，渐渐地，有一些人会逃离昏睡的监狱，然后他们会知道。某一天，整个存在都将会成道，因为每一个成道的人都会继续将他的成道、他的独特性、他的味道和芬芳给予整体。

有一个很美的故事——它是一个故事，但是意味深长。它不是一个事实,在宗教里面,我们从来不担心事实,在宗教里面,事实是虚构的,在宗教里面,我们担心事实的含意,我们担心它的价值因素,而不是事实本身,因此宗教会用寓言、故事、隐喻、类比或比喻的方式来说。

据说佛陀在最后到达了涅槃之门,那个门以及那个门房一直在等他等了好几千年,他一直都正在来临,但是最后那个消息传来说佛陀已经到达了。那个门打开了,门房在那里欢迎他,但是佛陀说:把门关起来,我不进去,那个门房说:为什么?你那么努力奋斗去达成,现在你已经达成了,你为什么要拒绝?在这个故事里面佛陀回答说:我并没有拒绝,但是我必须等待我的同伴们,直到每一个人都进入这个门,除非每一个人都进入这个门,否则我将必须等待。我的慈悲不允许我单独一个人去,这样太自私了,既然我已经无我,我怎么可以这么自私呢?

这个故事说佛陀仍然在等待所有你们这些同伴。你或许没有听过这个消息,但他还在等待、等待、又等待。当每一个人都进入那个门,他才要进去,他要最后一个进去。

这个故事是很有意义的。如果脚没有跟着来,只有头怎么能够进入。如果我们是一个有机的统一体,怎么能够只有部分进入而将所有其他的都留下?如果我们是一个真正的统一体,一个有机的统一体,他就必须等待。虽然头已经到达了,但是他必须等尾巴到达。

当一个成道的人溶解了,他会将他的芬芳给予整个存在,因为他的缘故,你也会变得更开悟一些。每一个佛都加进了一些东西到你身上。你或许没有觉知到,但是每一个佛都一直在将他的财富倒在你身上。存在以一千零一种方式在累积速度,因为每一个佛都会将他自己的成就给予存在,因为有耶稣、查拉图斯特和佛陀,你已经变得完全不同。

因此宗教人士对他们的师父都会怀着很深的感激,因为如果没有一个佛,他们不可能像现在这样。

如果没有我,你们一定不会在这里,如果没有以前的诸佛,甚至连佛陀本身也是不可能的。这是一个很大的连环,每一样东西都跟其他

第三十五章 天人合一 在浩荡的夜色里灿烂一生一世的庄严

每一样东西联结在一起,这是一个很大的模型,没有一样东西是分开的。

即使佛陀也尊敬先前的诸佛。有人问他,为什么?你为什么要尊敬他们?你已经成道了,已经没有人比你更高了,你是在向谁致敬?佛陀说:因为有了他们,所以我才会成为现在的我。如果没有他们,那么就一定不可能,他们创造出那个梯子,他们变成了阶梯,我经由那些梯子而进步,他们是我的过去,这个成道的片刻之所以来临是因为有那整个过去。

老子说:不必出门,一个人就能够知道世界上发生的事;不必由窗户往外看,一个人就能够看到天道。

一个人越是追求知识,他所知道的就越少,所以,圣人不必到处跑就能够知道,不必看就能够了解,不必做就能够达成。

宗教并不是知识,它是知道。知识属于头脑,知道属于本质,它们之间的差别和距离是非常大的。

那个差别并非只在于数量,它同时也是质量上的差别。

"知识"和"知道"——它们的不同就像天堂和地狱,存在天壤之别,所以,第一件必须加以了解的事是:"知识"和"知道"之间的差别。

知识从来不属于现在,它总是属于过去。当你说你知道的时候,它已经是一件死的东西,已经在你的记忆上留下一个记号,就好像灰尘粘在你身上,你已经离开那里了。

知道永远都是当下的,就在此时此地,你不能够对它说任何事,只能够成为它,当你去讲它的时候,甚至连那个知道也会变成知识,因此那些所有知道的人都说它是不能够被说出来的,你一去讲它,它的本质就改变了,它已经变成了知识,它已经不再是那个很美的、活生生的"知道"的现象。

"知道"没有过去,没有未来,只有现在。记住:现在并不是时间的一部分。

一般人们认为时间分成过去、现在和未来，这是完全错误的，时间被分成过去和未来，而现在根本就不是时间的一部分，你无法在时间里面抓住它。追求它，你将会错过，试着去抓它，它将永远都会让你抓不到，因为它是永恒的一部分，而不是时间的一部分。

现在是永恒正在跨越时间，它是一个会合点，在那里，"永恒"和"暂时"相会合。

在现在的是知道，在过去的是知识，知识创造出未来，过去创造出未来，未来是过去的副产品。

每当你知道，你就开始计划，你知道得越多，就计划得越多。"知道"意味着过去，计划意味着未来，那么你就不让未来有自由，你试图将它固定在过去的小框框里，认为它只是过去的重复，不论它是如何地被修饰和被装饰，你都会觉得它只是过去的重复。

一个生活在知识里的人就是一个有计划的人，而生命是一个没有计划的流，生命是自由的，你无法将它框在一个小洞里，你无法划定它的范围，那就是为什么一个生活在知识里的人会错过生命。他知道很多，但是他又什么都不知道；他知道得太多了，但他的内在是空洞的，你无法找到一个比"知识之人"更肤浅的人，他只注重于表面，一点深度都没有，因为深度来自永恒。

时间是水平的，它在一条地平线上移动。永恒是垂直的，它进入深度和高度，那就是耶稣十字架的意义：时间横跨永恒，或是永恒横跨时间。

耶稣的手是时间，它们进入过去和未来，在时间里被钉死在十字架上，复活而进入永恒。他的本性是垂直的，每一个人的本性都是垂直的，只有身体、手和你的物质部分是水平的。

知识创造出未来，未来创造出担心。你知道得越多，你就越担心，越不安，永远无法安然地度过，无法像在家一样，而内在会有一个很深的颤抖，这是一种病态。然而"知道"的人是完全不同的，他生活在此时此地，这个片刻就是全部，好像明天不存在一样——它的确是不存在

第三十五章　天人合一　在浩荡的夜色里灿烂一生一世的庄严

的，而且从来不曾存在过，它是头脑游戏的一部分，是"知识之人"的一个梦。

这个片刻就是全部。"知道"垂直地进入这个片刻，进入得越来越深。一个知道的人有深度，甚至连他的表面都是深度的一部分。他没有肤浅的表面，他的表面就是深度的一部分，而"知识之人"呢？他没有深度，他的深度就是他表面的一部分。

那个似非而是的现象就是：一个"知道之人"知道，而一个"知识之人"不知道。他不可能知道，因为知识无法跟生命碰头，它反而是阻碍，唯一的障碍，就好像是：一个母亲知道那个小孩是她的，而一个父亲具有这样的知识：那个小孩是他的。但父亲只有"相信"，在深处他是不知道的，只有母亲知道！

有一次，那斯鲁丁在一个小的国家当大官。国王非常慷慨，虽然这个小国并不是很富有。那斯鲁丁每年都去告诉国王：自己的太太生了一个小孩。国王就会给他、他的小孩和他太太很有价值的礼物，但后来变得太过分了，因为每年都会如此。

当那斯鲁丁的太太生下第十二个小孩时，他又来了。

国王说："这太过分了，那斯鲁丁，整个世界都因为人口过剩而受苦，你到底在干什么？按照这样的速度下去，你将会创造出一个小的国家——停止它！让这个小孩成为最后一个！如果你无法停止，那么最好去自杀。"

那斯鲁丁感到非常沮丧，而第十三个小孩又出生了，该怎么办？他想最好不要再去找国王了，干脆到森林里去自杀，就像国王所说的。因此他来到森林，准备好每一样吊死自己的东西，只要咔嚓一下，他就会吊死在树上。突然间他说：小心！那斯鲁丁！你或许吊错人了！

父亲只是相信，但母亲知道。知道就好像是一个母亲，知识就好像是一个父亲。

所有的知识都是一种相信，但"知道"并不是相信，它是真知，它是你的知觉、洞见和成长。它就好像是母亲——小孩子在她的子宫里成长,她知道那个小孩是她的一部分,是自己的延伸,是自己的存在、血液和骨头。父亲是外在的,并不是内在的,他只是相信那个小孩是他的。

一个"知识之人"相信他知道,而一个"知道之人"是真的知道。

"真知"是你本质的一个蜕变,它就好像怀孕,你必须携带着它,必须生出你自己,再度复活而进入永恒。你必须离开时间而进入无时间,从头脑转变到没有头脑,它是某种非常重大的事,你知道它发生在你里面。

一个"知识之人"会继续从诸佛那里搜集灰尘,他相信那些知道的人,但任何他所相信的都是死的,他并没有生出他自己。他从别人那里把知识搜集过来——每一样东西都是借来的。知识怎么可以借用呢?存在的本质怎么可以借用呢?如果那个知识是真实的话,它将必须属于存在的本性。

戈齐福常常会问一些人——有一些求道者会来找他。他经常问起的第一件事是:你对知识有兴趣,还是对本质有兴趣?

因为在这里我们是要给予本质,我们不会顾虑知识,所以你要先决定好。如果你所顾虑的是知识,那么你要到别的地方去;如果你所顾虑的是本质,你就留在这里,但你要作出一个非常清楚的决定。

本质和知识之间有什么差别呢?那个差别就跟"真知"和"知识"之间的差别一样。"真知"就是本质。

它并不是某种加诸在你身上的东西,它是某种你借着成长而进入的东西。知识是某种加诸在你身上的东西,你不会透过它而成长,相反的,你会像肩负一个重担一样携带着它,所以你总是可以找到"所知障的人"背负着重担,他的肩膀上扛着好几座山的知识。你可以看到他的脸非常严肃,死气沉沉的严肃。在重担的压迫之下,他的心已经完全被压碎了。

一个有真知的人是没有重量的,他没有携带任何东西,他可以飞进天空,地心引力影响不到他,他不会被拉向地面,因为地心引力只能

第三十五章 天人合一 在浩荡的夜色里灿烂一生一世的庄严

· 1595 ·

把重的东西往下拉。他停留在地球上,但他不属于地球。那就是耶稣话里的意思,他一再地说:我的王国不属于这个世界,它属于另外的世界——本质的世界、永恒的世界。

如果你能够将这其中的区别了解得非常清楚,那么你要记住:永远不要走知识的路线,要走本质和真知的途径,因为唯有如此你才能够得到某些东西,并不是你有了更多的信息,就变得更多,那是必须加以了解的重点——你必须变得更多。

你的贫乏不在于信息,而在于本质。你是贫乏的,但是你继续透过累积东西来隐藏贫乏。知识也是一样东西、话语、理论、哲学、系统、神学,这一切都是东西,它们很不明显,十分抽象,但还是东西。你并没有在成长,你仍然保持原貌,在你的周围创造出一种欺骗,说自己已经知道。

老子的这些经文必须以这样的方式被了解。

不必出门,一个人就能够知道世界上发生的事。

因为在内在深处,你就是世界,世界只不过是你的扩大,事实上并不需要去任何地方,或是去知道任何事,如果你知道你自己,你就已经知道了整个人类;如果你知道了你的愤怒,你就已经知道了所有的愤怒;如果你知道了你的暴力,你就知道了所有的战争,不需要去越南、去韩国、去巴勒斯坦,或是去任何地方。如果你知道了你的暴力,你就知道了所有的暴力;你知道了你的爱,你就知道了所有的——整个爱的历史,从来没有被写下来的,从来不曾被知道的——甚至连这个你都知道,因为你就是种子!

这就好像从海洋中取来一滴水,你去分析它,如果你知道那一滴水,你就知道了整个海洋,因为整个海洋都被浓缩在那一滴水里面,它是一个迷你的海洋。如果你知道它是由一氧化二氢所组成的,那么你就知道整个海洋都是由一氧化二氢所组成的,如此一来,就不需要一直分析下去,只要一滴就够了。如果你知道一滴海水的滋味,知道它是咸的,你就知道整个海洋都是咸的,而那一滴海水就是你。

不必出门,一个人就能够知道世界上发生的事……

因为你就是世界,是一个极其微小的世界,每一件事都发生在你身上,在世界上所发生的或许规模更大、数量更多,但质量是一样的。当一个人了解他自己,他就了解了一切。

在《优婆尼沙经》里有一个很美的故事:一个叫史维特凯图的年轻人从他师父那里回来,他已经变得很有学问,当然,和所有年轻人一样,他对他的学问感到非常骄傲,因而十分傲慢,而且很自我。父亲乌达拉克从窗户看到儿子——史维特凯图正进入村子。他变得很伤心,这根本就不是学习!儿子变成了一个"知识之人",这并不是真知。乌达拉克告诉他自己的心:我送他去学习并不是为了这个,他错过了要点,他浪费了他的时间。因为真知是谦虚的,而谦虚并不是自我的相反,跟自我根本没有关联,因为即使是它的相反也携带着它的某种东西。

没有感觉到儿子的谦虚,父亲变得非常伤心。他已经渐渐变老了,而现在儿子却浪费掉他生命中好几年的时间——他为什么看起来那么骄傲?真知永远都会使你变谦虚。

谦虚这个词是很美的,这个词真正的意思是泥土的,属于大地的,不矫饰的,这个字根也是人类和人性这两个词的词根。唯有当你变成谦虚的,你才会具有人性,唯有当你属于大地,你才会变成谦虚的,这里所指的大地意味着不矫饰的、单纯的、没有被制约的、纯朴的。

他看到他儿子变得很骄傲、很傲慢,他一定是变成了一个知识之人——他的确是变成了这样的人。史维特凯图回到家里,向父亲行了顶礼,但那只是一个仪式。一个已经变得那么自我的人怎么能够鞠躬?

父亲说:史维特凯图,我看到你的身体弯下来,但是你并没有弯下来,到底是什么不幸的事发生在你身上?你为什么看起来那么傲慢?一个有真知的人会变得很谦虚。你听过任何关于那个"一"的事吗?知道了那个"一",一个人就知道了一切。

史维特凯图说:你在说什么?一个人怎么能够借着知道"一"而知道一切?那是荒谬的!我在大学里面知道了一切能够被知道的,在那里

第三十五章　天人合一　在浩荡的夜色里灿烂一生一世的庄严

· 1597 ·

所教导的主题上面,我都尽可能地去深入学习,我已经学尽了一切。我师父告诉我:现在你已经知道了一切,你可以回家了。我是到了这样的程度才回家的,但你在说什么,那个"一"从来没听过,在大学里从来没有人谈过它。我们学了语法、语文、历史、神话、哲学、神学、宗教和诗歌,任何人们所知道的,我都学了,而我对那些科目都很熟悉,我以最佳的成绩毕业,但我们从来没有听过那个"一",你在说些什么?你疯了吗?一个人怎么能够借着知道"一"而知道一切?

乌达拉克说:是的,那个"一"就是你。史维特凯图!那个就是你。如果你知道这个"一",你就知道了一切,而你现在所知道的都只是一些没有用的烂东西,你浪费了你的能量,回去!除非你知道了那个"一",由它你才可以知道一切,否则永远不要再回来。因为,乌达拉克告诉他的儿子:在我们的家族里,没有一个人只是名义上的婆罗门,我们称自己为婆罗门,因为我们知道梵天。如果你不知道那个"一",你就不属于我们这个家族,回去!

那个"一"就是你,一颗非常小的种子,小到你几乎看不见,除非你追寻得很深,追寻了很久,不屈不挠,否则你碰不到它。

那颗种子就在你里面,那是你的内在,整个广大的世界只不过是你被写在一张广大的画布上。人就是人类,你就是世界。

老子说:

不必出门,一个人就能够知道世界上发生的事;不必由窗户往外看,一个人就能够看到天道。

不需要由窗户往外看,窗户就是你的感官——眼睛、耳朵、鼻子——这些就是窗户。

不必由窗户往外看,一个人就能够看到天道。

你可以在内在看到那个最终的。

你是否曾经看过佛像,眼睛闭起来静静地坐着,一动也不动?

在印度有一些关于那些静坐很久的人的故事,小鸟开始栖在他们身上,并且在他们的头发上筑巢,很多蚂蚁在他们身上爬,这些蚂蚁完全不知道这里坐着一个人,它们已经开始住在那里。

这些人到底在干什么?蚂蚁在他们身上爬,把这一身体视为一个很好的支撑。他们坐在那里一动不动,到底是在干什么?他们并没有在做任何事。关起他们所有的窗户,他们是在看奇观中的奇观,是在看他们自己,这是一个很大的奥秘,这是一个非常美的现象,在其他地方都永远无法碰到像这样的事,因为不论你去哪里,不论你看到什么东西,那个报告都将是第二手的。

我可以看到你的脸,但是我的眼睛将会是居间者,它们将会报告,我永远无法直接看到你的脸,它将永远都是间接的。我可以到玫瑰花园去看漂亮的花,但那个美是二手的,因为我的眼睛将会报告,有一个代理的东西在中间,我无法直接跟玫瑰接触,眼睛永远都是居间者,芬芳的气味会透过鼻子而来。我可以听到小鸟的歌唱,但歌唱将永远都是二手的,除非你知道第一手的,否则你怎么能够知道天道?怎么能够知道那个最终的?那个存在的最初基础?只有一个可能性能够直接跟最终的直接接触,立即接触,不要有任何居间者,那就是:在你自己里面。关闭所有的门和窗户,进入内在。

曾经被生下来最有智慧的女人之一就是拉比亚,她是一个苏菲徒,一个伟大的神秘家,无与伦比。她坐在她的茅屋里,闭着眼睛做事,没有人知道她在干什么。另外一个叫做哈山的神秘家跟她在一起,那是一个早晨,太阳渐渐升起,当时的景色非常美,小鸟们在歌唱,树木很高兴再度看到光,整个世界都在庆祝那个早晨。哈山站在那里,他叫着拉比亚:拉比亚,出来!看神的光辉!多么美的一个早晨!拉比亚说:恰恰相反,哈山,你要进来看神本身。我知道那里很美,有创造物的美,但它跟创造者的美相比并不算什么,所以你反而要进来!

我不知道哈山是否了解,但整个故事就是这样。知识向外走,当你向外走时,你可以知道很多东西,但它将会是第二手资料。

不论爱因斯坦在科学领域进入多深,那个深度都是属于外在的,

第三十五章 天人合一 在浩荡的夜色里灿烂一生一世的庄严

在从它走出来的时候,他不可能感到很新鲜。在爱因斯坦最后的几天里,他也感觉到了,就在他过世之前两三天,有人问他:如果神给你另外一个机会重新来到这个地球,你会想要成为什么?他说:下一次我不想成为一个科学家,我比较喜欢成为一个修水管的工人。我喜欢过一种简单而平凡的生活,我想在外面的世界完全不知道我的情况下过日子,我想要默默无闻地过日子,没有人知道有关我的事,因而也不会有人来打扰我。

他在正确的方向上探索,在他所探索的方向上,他随时都可以成为一个佛。

当一个人对外在感到腻烦,就会转入内在,然后他就会关起所有的门和窗户,只在内在休息。

不必由窗户往外看,一个人就能够看到天道。

科学继续去发现很多法则,但它永远无法发现"那个法则","那个法则"就是"道"这个词的意义。

科学继续去发现很多神,但它永远无法发现"那个神","那个神"就是"道"这个词的意思,就是那最终的,超出它之外没有什么东西存在,超出它之外没有什么事是可能的。

在科学领域每天都有新的发现,发现更多,就有更多旧有的理论被抛弃,被丢进垃圾桶里,每一个科学理论某一天都将会遭到这样的命运,所有的科学理论到头来都一定会被丢进垃圾桶里,因为它们不知道"那个法则",它们只是湖里的映像,而不是真正的月亮。真正的月亮在内在,整个世界都好像一面镜子一样在运作。

当你在一朵玫瑰花里面看到美,你是否曾经思考过这样一个事实:那个美是在玫瑰花里面,或是那个美是由你倒进去的?因为有些时候你也经过同样的玫瑰花丛,但什么事都没有发生,没有什么特别的东西,没有什么不寻常的东西,只是一朵普通的玫瑰花,但在另外的时候,另外的心情、另外的头脑之下,突然间,它就呈现出一种美,一种味道,它变成了一个美的层面。那个门打开了,那个奥秘被显露出来了。

所发生的事是：那朵玫瑰花只不过是一面镜子，任何你所看到的就是你倒进它里面去的。

你到一面镜子前，你往镜子里看，镜子只是反映出你，那就是你。如果你很丑，镜子就会反映出一个丑的像；如果你很美，镜子就会反映出一个美的像。

有一些片刻你是丑的，那么所有的玫瑰都变成丑的，有一些片刻你是悲伤的，那么所有的月亮都变成悲伤的；有一些片刻你处于地狱之中，那么整个地球就变成了地狱。你在你的周围创造出实相，你将实相投射到你的周围。在你里面有创造者，借着那个创造者，你就知道了一切。

那就是为什么好几个世纪以来，美学的思想家一直试图去定义美是什么，但是却没有办法定义它。他们做不到，因为美并不存在于外在，它是由内在发出来的。玫瑰花并不是美的，是你在它的周围创造出了美，它就好像是一个挂钉，你将美挂上去，它就变成美的。那就是为什么当一个诗人经过，那朵玫瑰花是那么美，你简直无法想象！而有一个科学家经过，他完全无视玫瑰正在开放，以及有玫瑰花存在的这一事实；有一个生意人经过，他看着那朵玫瑰花，心想，如果他将那朵玫瑰花卖掉，就能够赚多少钱；接着有一个小孩过来，他摘下那朵玫瑰，玩了一会儿，然后就扔掉了，又继续走他的路……玫瑰花本身并没有什么，是你将意义带给了它。

每天都有人来到我这里，他们一再地以很多方式问：人生的意义是什么？它没有意义，是你将意义带给它的，是你创造出那个意义。意义并不是一个客观的事实，所以不要去找寻意义，如果你继续找寻，你一定会碰到那个真理：人生是没有意义的。

西方的存在主义者就是这样发现人生是没有意义的，而他们就停顿在那里，那是很不幸的。在东方，我们也知道它，但是我们从来不停顿在那里。佛陀也知道人生是没有意义的，但是他从来不停顿在那里，这是一种半途停止。人生是没有意义的，但是那并不意味着你的人生

需要成为没有意义的，不，如果你不带意义给它，它是没有意义的。在它里面没有意义，意义必须被给予。你将你的整个存在都注入生命，它就充满了意义而变得很有活力，能够唱歌跳舞，它就变成神圣的。

有人问我：神在哪里？你能不能显示给我看？我无法将神显示给你看，没有人能够这样做，因为神必须在内在才能够找到。当你在内在找到他，你就能够在任何地方看到他，在一朵玫瑰花里面你也会看到他，那朵玫瑰花将会变成一面镜子，你在它里面就可以看到神。早晨，一只小鸟在歌唱，突然间那个音调就会有一个味道，那是以前从来不曾存在过的，那是你贡献给它的，使它变成神圣的。

一旦在里面发现神，每一样东西都变得神圣，如果你尚未在里面发现它，你会继续问神在哪里，问他的地址，那么你将永远无法到达。所有的地址都是假的，因为他住在你里面，他不需要地址。

有一个很美的非常古老的故事：据说神创造了世界，每一样东西都很美；接着他创造出人，由此每一样东西都变得很恐怖。随着人的出现，地狱就出现了，然后人开始抱怨，神变得几乎不可能睡觉或是做任何事，有那么多人夜以继日地敲他的门，这一切变成一个噩梦，他一定想过很多次要把人摧毁，好让世界可以再度得到和平。

但是有一些聪明的顾问说：不需要把人摧毁，你只要改变你的住处，不要住在这个地球上。所以神说：我应该去哪里？

其中一个顾问说：你最好去埃弗勒斯峰。神说：你不知道，迟早有一个叫做喜拉利的人会到那里，整个事情又会再度开始。又有人建议：到月球上。神说：你不知道，这并不会有太大的帮助。人迟早会去每一个地方。请建议一个人们甚至连想都想不到的地方吧！一个年老的顾问靠过去在他的耳边说了一些话，他终于点头了，他说：是的，你说得对。那个老年人建议：那么你就隐藏在人里面。人永远都不会想到，除了他自己的内在世界之外，他会到处去找寻和追寻。

这个故事很美，几乎是很实际的，好像不是一个故事，而是一件真实的事。

不必由窗户往外看,一个人就能够看到天道。

一个人越是追求知识,他所知道的就越少。

这个看起来好像似是而非,但只是看起来如此,其实不然。它是一个简单的事实,一个人越是追求知识,他所知道的就越少。到一些博学家那里,他们知道很多,但是你去洞察他们的眼睛,就会发现甚至连一道光线都没有;注意看他们,甚至连一个真知的样子都没有。跟他们在一起,什么都没有,他们是空的,是完全虚假的,里面什么东西都没有,只是一个表面画有东西的空洞,一个表面有装饰的空洞,由很多经典装饰,由他所知道的话语所装饰,但这一切都是借来的,都是死的。被这些死的文字所包围,他们本身几乎也变成死的了。

到一个"知识之人"那里,你将会在他的周围尝到灰尘,他或许看起来非常老,非常古老,几乎已经是在坟墓里面,你无法找到那个新鲜,它是生命的一部分。你在他里面无法看到一条活的河流,永远都在流向未知。知识是一个界限,不管它是多么的广博,仍然是一个界限。那就是为什么苏格拉底说:当我年轻的时候,我以为我知道一切;当我变得更成熟一些,我开始怀疑,并且了解到,我并没有知道那么多;当我变老,我了解到自己根本就不知道。

有一次,德尔菲的神论宣称:苏格拉底是现今地球上最有智慧的人。听到这话的人去找苏格拉底,他们说:这是一个矛盾!我们觉得很困惑,到底谁是对的?如果那个神论是对的,那么你就是错的;如果你是对的,那么那个神论就是错的,不可能两者都错。我们相信你,知道你,并且一直都在你身边,能感觉到你,你一定是对的,任何你所说的不可能是谎言,但是那个神圣的神论,从来没有被发现它撒过谎。一切由德尔菲的神论所预测的一直都被发现是对的,所以我们陷入了困惑,请你帮助我们。你说你什么事都不知道,事实上你说你只知道一件事:那就是你什么都不知道。然而这个神论却说苏格拉底是地球上最有智慧的人。

苏格拉底说：一定是有一些误解，因为我对我自己的认识比其他任何人都来得多，我要再度告诉你们，我什么都不知道，最多我只能够允许说：我知道我什么都不知道——就这样而已。你们再去问神论，可能有一些误解，要不然就是你们没有解释正确，或是有其他的原因……因此他们就再去问神论，神论笑着说：那就是为什么我们说他是地球上最有智慧的人，因为他只知道说他什么都不知道。

一个人越是追求知识，他所知道的就越少。

为什么会有这样的事发生？因为你越是追求知识，你就越远离你自己。你越是试图要在外在于你的地方找到某一个真理，你就越远离整体而找寻整体，你就越远离你自己而找寻你真实的本性，并在找寻当中越远离意识。

你在找寻什么？你在找寻的已经在你里面。宗教就是在找寻那个已经存在的、已经是真相的东西。

如果你越是远离你自己，就会知道得越来越少，而你却认为自己知道得越来越多。你将会知道经典、文字和理论，可以利用这些文字继续去编织得更多，以此来建造你的空中楼阁，但它们只不过是像空气似的，抽象的，它们并不存在，是由与梦同样材质的东西所做成的，思想也一样，就像海洋表面的微波，在它们里面没有什么实质的东西。如果你想要知道真理，那么你就回家。

我一直都说：找寻，你将会错过；不要找寻，你就会找到，因为那个想要去找寻的努力意味着你理所当然地认为它并不是跟你在一起。打从一开始，你的找寻就注定会失败。

在找寻、追寻和累积知识当中，有一天，那个事实将会很明显地呈现出来——你是一个傻瓜。如果在你进入广大的世界去找寻之前你能够向内看，那一定会更好。

又有一个关于拉比亚的小寓言。一天傍晚，夕阳西下，邻居发现她在街上找东西。拉比亚是一个年老的女人，每一个人都爱她，当然，每一个人都认为她有一点疯狂，但她是一个很美的人，因此他们都赶去帮她的忙。他们问：到底丢掉了什么？你在找什么？她说：我的一根针。我正在做一些针线活，但是我把针弄丢了，请你们行行好，帮我找。于是，他们都开始去找针。

有一个人说街上那么大，而针是那么小的一样东西，除非他们很准确地知道它掉在哪里，否则几乎不可能找到。他问拉比亚：请你告诉我们丢针的准确位置。拉比亚说：不要那样问，事实上我并不是在自家外面丢掉它的，我是在里面丢掉它的。

他们都停止找寻，说道：你这个疯女人！既然那根针是掉在家里，为什么要在外面街上找？拉比亚说：家里很暗，而外面还有一些光亮，在暗暗的地方要怎么找？你们都知道我很穷，甚至连一盏灯都没有，当黑暗的时候要怎么找？所以我才会在这里找，因为这里还有一些阳光，可以想办法找。

那些人笑了，他们说：你真是疯了！我们都知道在黑暗中很难寻找，但这样的话唯一的方式就是向别人借一盏灯在家里找。拉比亚说：我从来没有想到你们这些人都那么聪明，那为什么你们一直要在外面找？我只是在遵循你们的方式，如果你们那么了解，为什么不从我这里借一盏灯去内在找寻？我知道那里是黑暗的……

这个寓言很有意义。你在外面找寻是有原因的，因为在内在每一样东西都是那么黑暗。你闭上眼睛，那就是黑暗的夜晚，你什么东西都看不到，即使有什么东西被看到，那也只是外在的一部分反映在内在的湖里，有一些思想在飘浮，那是你从市场上搜集过来的，有很多张脸来了又去，但是他们属于外在世界。

但那并不是要点。你是在那里丢掉你的真理的吗？是在那里丢掉你的本性、你的神吗？是在那里丢掉你的快乐和喜乐的吗？最好在进入外在世界的无限迷宫之前，先看看内在，如果你在那里无法找到，那么你就去外面找，但那样的事从来没有发生过。那些向内看的人永远都会找到，因为它已经在那里。只需要去看，只需要一个转变，一个意识的回头，一个很深的看。

·1605·

一个人越是追求知识,他所知道的就越少,所以,圣人不必到处跑就能够知道……

在跑来跑去当中,你就错过了,你在浪费生命、能量和机会。不要继续在那里跑来跑去,停止跑动,所有的静心就是关于这个:停止跑动,静静地坐着,关起你的门和窗户,定于内在,在内在休息,在内在放松,让那个动荡变得稳定一点,然后开始看。

在刚开始的时候,似乎是在黑暗中摸索,在刚开始的时候将会非常暗,但是你会慢慢习惯于它。

它就好像当你从外面进来,那是一个大热天,太阳很大,你进到屋子里面,一时什么都看不到,每一样东西看起来都很暗,因为眼睛集中在太阳,眼睛已经习惯太多的光,然后出现突然的改变,眼睛必须花一点时间才能够调整过来,就这样而已。耐心是需要的,当你向内走,你将不会看到任何东西,不要失去耐心,不要在一分钟之后就说诸佛都是假的,他们说内在是喜乐,但是我什么都看不到。

它曾经发生在西方一个最具有穿透力的思想家身上,他的名字叫做大卫·休谟,他一再碰到东方的教导——走进内在,闭起你的眼睛,然后看。有一天,他想:让我们来试试看,其实他知道得很清楚,在那里什么都没有。这些东方人是疯的、不合逻辑的、非理性的、内向的,他们只能愚弄他们自己,他们愚弄不了别人。他说:最好至少要试试看,他闭起他的眼睛,只有一分钟,然后他睁开眼睛,在他的日记里写下:除了黑暗以外什么都没有,有一些思想在飘浮,有一些感觉,其他就没有了……

不要那么没有耐心,等一等,让事情在里面安定下来,它需要时间,你已经有很多世没有将它们安定下来,要安定它们需要花一些时间和一些耐心,其他任何东西都不需要,你不需要试着去安定它们,因为那将会再度打扰它们,你将会搅动它们,你只要什么事都不做,这就是老子那一句"无为"的意思,借着不做来做。只要闭起你的眼睛,然后等待、等待,又等待,你会看到有很多层打扰在消失,在安定下来,所有的事情都会变得各得其所,然后就会有宁静,渐渐地,黑暗就变成光,然后那个"一"就被知道了,借着知道那个"一",一切就都被知道了,因为那个"一"是种子,那个就是你,史维特凯图。

所以,圣人不必到处跑就能够知道,不必看就能够了解,不必做就能够达成。

那个根本什么事都不做就达成的事,是最大的成就。记住:任何你所能够做的都无法超出你,它怎么能够超出你呢?如果你去做它,它将会保持比你更低,它无法走得比你更高。任何你所做的都将会是你头脑的一部分,它不可能是超越的。任何你所做的都将会是由自我来做的,它不可能是你的本质,所以"无为"就是去做它的唯一方式。

第三十五章 天人合一 在浩荡的夜色里灿烂一生一世的庄严

第三十六章 捧一缕阳光把世上灰暗冷漠的眼睛照亮

　　大圣佛陀比喻得非常恰当,不增不减,意思就是说,修道的人,心地的功夫,不可为外境所迷惑;不沾不染,本性要如如不动;犹如一块木头,置于河流,因此,随波逐浪,急缓不停而漂流,木头纵然触两岸,却不停留两岸,依然漂流而下;人类也没有下水取此木头,鬼神从中亦无遮阻障碍,漩涡之水亦无挡住,木头的本身,也没有腐烂败坏的现象;这么一来,保证这块木头可漂流入海,更无有疑。

　　同样的理由,学道的人,不为一切情欲所迷惑。不为一切爱欲之见、众邪所惑乱,因而正念诸法实相之道,不二法门,了达法性本无为,如此勇猛精进,如此修道之人必得菩提圣道。总而言之,菩萨为了度脱生死,证入涅槃,必须通达一切法毕竟空,毕竟空中,都无有法可名能证可名所证,可名证处,可名证时,何以故?诸法皆空,若增若减,都无所有,皆不可得。一切法性皆不可说,一切法性皆毕竟空,无能宣说毕竟空者,诸法实相,不可宣说,如来甚奇方便善巧,而为有情方便显示。

　　菩萨道的行者,能通达一切法都无实有,离我我所,皆以无性而为自性,本性空寂,自相空寂;唯有一切愚夫异生,迷谬颠倒。这一系列的空性般若之法,菩萨了知无余,所以能视生死与涅槃等空花。生死与涅槃如幻如化,佛亦不可得,涅槃不可得,菩萨不可得,菩提不可得,何以故?一切法毕竟空寂故。空幻不可得的一切法,是大圣佛陀随顺世间方便施设而有,为化导众生成就觉悟故。《大般若经》云:"如来觉一切法毕竟空寂,证大菩提,随顺世间假立名字,故称为佛,非为实有,若有若

无,不可得故。"

　　菩萨道的行者,已证悟到诸法毕竟空,一切皆为如来方便设,为化导一切有情,而有诸法名相名义名词,毕竟空故;毕竟空中不碍一切诸法,当下,显露无上微妙中道法,于是,菩萨便发起大慈大悲,大喜大舍之心,穷劫广度十方无量众生,于六道中出生入死,赴汤蹈火,与众生共生共死,纵然抛头颅洒热血,在所不辞,彻底发挥出菩萨道无尽的智慧、无尽的慈悲、无尽的誓愿!

　　菩萨道在修证的历程,广行六度万行,要经过无边无际艰辛与万难,于三界六道历尽沧桑,为上求佛道,下化众生,因而广学一切法,实践一切法,证成一切法。菩萨道非六道众生所能及,菩萨道二乘圣者所能及,何以得知?因为菩萨道具有菩萨道之精神与特色,其精神与特色何在?何谓慈悲无尽?慈就是给众生快乐,悲就是拔众生之苦;拔众生之苦,普令众生得究竟大乐,名之为慈悲。

　　菩萨之所以为菩萨,已证悟诸法毕竟空寂,于毕竟空寂起大悲心,因而广度无量有情,庄严佛土。《大智度论》云:"般若将入毕竟空,绝诸戏论,方便将出毕竟空,严土熟生。"菩萨道的行者,一旦证入毕竟空,于诸万法,绝无丝毫戏论与葛藤,此时,即从真如本性起大悲心,殷勤广度一切有情,不断庄严佛土。大乘菩萨道入世度化众生的开展,空是最根本的原理,悲是最根本的动机。

　　菩萨觉悟空理越深,其慈悲之心也就越大。慈悲之心由空所演化而来;空理证悟得无边无际,慈悲之心也就遍布得无边无际。伟哉菩萨道的行者,证悟甚深空理之际,往昔所发广度众生之愿,由内心深处汹涌流露而出,这股无形的力量,就是普度众生的大慈:悲心!

　　慈悲心就是佛心,佛心就是慈悲心,何以故?《观无量寿经》云:"佛心者,大慈悲心是也。"慈悲心是永恒拔众生之苦而不变的,慈悲心是给与众生之乐而无尽的;慈悲之心,完全超越时空的束缚;慈悲心是奉献的,慈悲心是无我的,慈悲心是光明的,慈悲心是真理的大展流露,慈悲心是涅槃展现,慈悲心是清净无染著的,慈悲心是觉悟之心,慈悲心是自由自在的,慈悲心是永恒不变的。

菩萨道的行者,具有慈悲无尽的胸襟,动经尘劫,永无变异。慈悲之心,永远与六道众生在一起,不相分离,常相左右,众生与慈悲心相处一久,受菩萨慈悲心所熏陶故,众生逐渐也有了智慧,因而慈悲之心也随着日益展现;菩萨因而成就无量众生。菩萨究竟是随缘不变,不变随缘的,因为菩萨处处与诸法空性相应,空性流露大慈悲心,大慈悲心历劫永无变易,无惑无动,为成就无上佛道故。

声闻与缘觉二乘,也有慈悲心,但度化众生不会像菩萨那么恳切热诚,有时候,往往悲心不足,容易退缩不前,毕竟二乘行者,所熏习的空理,偏向小乘之法,悲心有限,度众生随机缘,是故,不能与菩萨相比伦。菩萨的悲心远胜二乘行者的悲心。何谓智慧无尽?能正见世间出世间一切诸法的真相,乃至人生与宇宙的真谛,事与理的本来面目,如是知、如是见,是名智慧。

菩萨动经尘劫的修证,以大智慧正见诸法实相,心地无惑,智慧巍巍,光明吓吓,能洞彻世间法与出世间法,能体证人生观与宇宙观,能正见中道实相义,了知事与理的真相。《大般若经》云:"菩萨还有一法未得解脱,不能成就阿耨多罗三藐三菩提。"菩萨的智慧深广无涯,这是最好的见证。还有一法未得解脱,不能成就无上佛道;既然要成就佛道,就必须广学一切法门,博通一切法门,然后,才能圆满无量法门,成就无量智慧。菩萨的智慧深广无际,乃由无量劫以来,勤修一切法门所得。是故,菩萨智慧远胜二乘行者之智慧,难思难量!如论部所说:《大智度论》云:"声闻空如毛孔空,菩萨空如太虚空。"

这就显示出声闻的智慧太渺小,如同毛孔一般;菩萨的智慧,其大犹如太虚空;菩萨的智慧与二乘的智慧一比较,实在天渊之别,无可比伦。何谓时空无碍?菩萨道的行者,已证悟诸法自性空,因此,能深入解脱的禅定中,不被时间与空间所左右,所动摇,所迷惑,自性如如不动,是名时空无碍。一切时、一切处,对菩萨道的行者而言,皆无所障碍,何以故?菩萨已证悟一切法本空,三世法性平等故。

· 1611 ·

证悟诸法空性，三世法性平等的菩萨行者，时空已无法束缚他的身心形影，是故，能够遍游十方世界，广度无量有情！菩萨已定破时空，动中有静，静中有动，动静一如，菩萨心中已无时空的障碍！菩萨了知动静一如，动中不厌倦，静中不贪著，是故，菩萨有如是自在无碍。声闻缘觉二乘的行者，只证悟空性之理，不能从空寂中出来广度有情，在空寂中能自在，在时空中不能自在，二乘圣者欣慕涅槃，厌恶生死故。菩萨道的行者，能于时空自在无碍，广度众生；声闻缘觉二乘，于空寂中能自在，在时空中不能自在度化众生，菩萨道与二乘行者两者之间，有如此境界之差别。何谓空有不二？凡夫执著现象界的万法，也就是执著有；声闻缘觉却执著诸法空性可得；凡夫执著有，二乘执著空。执有执空都不对。执有是常见，执空是断见。常见与断见是二见，二见是邪见，邪见始终不得见中道；不得见中道，永远无法入佛知见；若无法入佛知见，就默守二边之边见，永远都不能成就佛道。菩萨正见诸法空性中，不坏一切诸法；也就是空中有色，色中有空；离空无色，离色无空；空即是色，色即是空；色空不二，不二之法，是菩萨道所行之法，是名空有不二。菩萨能证悟诸法无自性空，又能证悟空有不二之中道法，于是，能从假入空，成大智；从空出假，起大悲，于空假自在自如。二乘的圣者，只能于诸法空性中自在，出于空寂示现在五欲六尘中，不能自在自如，因为二乘圣者亦然有执著空寂可得可住的习气观念故。

因此，菩萨道的行者与二乘的行者，两者之间，有如此悬殊之别。

何谓中道？所谓中道者，就是不偏于空，也不偏有。非空非有，即空即有，不落二边，圆融无碍，是名为中道。菩萨道的行者，了知中道也不可得。执著有，执著空，执著中，也都是证成甚深佛道的大障碍。中道之名，也是假名安立而有，若知道诸法本空，假立名相亦空，所证之中道亦空，法法何有法！法性本空故，是故，名之为中道不可得。龙树菩萨云："破二不著一。"

若依然有中道可得，岂非贪著诸佛？佛法无有贪著法，贪著之法亦非法，非法何尝法，何以故？佛法究竟之义，诸法毕竟空，毕竟空中，一切法不可得故。若有所得,即非法,非法终不得证成无上菩提故。《大般若经》云:"一切法名,唯客所摄,于十方三世,无所从来,无所至去,亦无所住。一切法中无名,名中无一切法,非合非离,但假施设,何以故?以一切法与名,俱自性空故,自性空中,若一切法若名,俱无所有不可得故。"菩萨摩诃萨名,亦复如是,为客所摄,于十方三世,无所从来,无所至去,亦无所住。菩萨摩诃萨中无名,名中无菩萨摩诃萨,非合非离,但假施设,何以故?以菩萨摩诃萨与名俱自性空故。"

由此可见,一切法毕竟空。证大菩提,证入不二法门,证入空有不二,证入一切法,乃至证得中道法,非合非离,随顺世间假立名字,非虚非实,若有若无,不可得,如人饮水,冷暖自知,心行处灭,言语道断,《祈祷太空和平——健康、幸福、和平的生命关怀》的玄妙深意在我的愿行中悠远……

漫行于大自然赋予的绿茵原野之上,欣赏着眼前的一切,感受着生命的禅机。宇宙万物与我们是如此的接近而融为一体。生命,是一种宝贵!失去的无法再找回,未来的也不必去梦想。

生活的秋季,知道生命上的极限而感到满足。因为知道生命上的极限,在丰富的经验之下,才有色调儿的和谐,其丰富永不可及,其绿色表示生命与力量,其橘色表示金黄的满足,其紫色表示顺天知命与死亡……

在我们的生活里,有那么一段时光,个人如此,国家亦复如此,在此一段时光之中,我们充满了早秋精神,这是,翠绿与金黄相混,悲伤与喜悦相杂,希望与回忆相间。在我们的生活里,有一段时光,这时,青春的天真成了记忆,夏日茂盛的回音,在空中还隐约可闻;这时,看人生问题,不是如何发展,而是如何真正生活;不是如何奋斗操劳,而是如何享受自己主有的那宝贵的刹那;不是如何去虚掷精力,而是如何储存这股精力以备寒冬之用。

这时,感觉到自己已经到达一个地方,已经安定下来,已经找到自己心中向往的东西。这时,感觉到已经有所收获,和以往的堂皇茂盛相

比,是可贵而微小,虽微小而毕竟不失为自己的收获,犹如秋日的树林里,虽然没有夏日的茂盛葱茏,但是所具有的却能经时而历久。

禅师问:"世界这么辽阔,为什么你们一听到钟声就披上袈裟……"

日常生活里,我们有没有注意到有两样铃声一响,我们一定会放下手边的工作,应召而至?电话与门铃。电话与门铃一响,十万火急似的,我们就会飞奔过去接听或探视,谁规定的呢?

朋友打电话来,我们不一定刚好闲着,就站在电话机旁边,我们可能在炒菜,误不得火候的;我们可能在洗澡,屋内也不好裸奔呀!一饭三吐哺,一沐三握发,周公是为了接遇贤者,我们却为了截止铃声而起,我想一定有人绊倒桌椅、濡湿地板、撞伤膝盖狼狈而出。这又是谁定的准则呢?我们遵行无误。如果从外面回来,家人说有你的电话,问是谁,又说没有留下姓名,你会整个心神都在叨念到底是谁打来的,为了什么事?因此而无法定静下来做其他的事。

心理学家曾做过一个实验,摇一次铃,给狗一块肉;摇一次铃,给狗一块肉;如此重复三个月,狗已习知铃响就有肉可吃,如果再摇铃,却无肉给它,狗也会分泌唾液,这叫条件反射,制约反应。是不是我们也往往被自己的习惯、社会的习俗所制约而不自知?

我说:青山,你一定接:绿水。

我说:作家,你一定接:浪漫。

我说:高速公路,你一定接:堵车。

是否你也有这种刻板的印象?

有人一听到刘德华就很兴奋,奉他为唯一的偶像,这样会不会失去欣赏张学友的机会?听到钟声,就披起袈裟,这期间没有思考,没有辨识,终究会沦为外在的形式,以为袈裟就是佛、就是善、就是一切;往往我们会被外在的图貌声音所惑所迷,钟声、袈裟可能就是使我们迷于其声、惑于其色的障,我们因而无法看到世界的辽阔。

在摆脱了生活的幻影之后,在清理了我们心灵的部分空间之后,在揩去了污染我们本心的尘垢之后,一个真实的我就会渐渐呈现出来。做一个真实的我,意味着去过一种自然的生活。人是自然界唯一能够自己做选择的动物,面对生活,他有两种选择:过一种自然的生活抑或不自然的生活。什么是自然的生活?实际上就是老子讲的"无为而无不为"。"无为"就是让事情自然而然地发生,不强求也不设障碍,通过不行动来行动。"无不为"就是按照我们的本心去生活,而不受外在的影响和干扰。"无为而无不为"正因为我们顺应了大自然的规律,我们才能更自由地发展我们的自我,我们才能生活得更自然畅快。

老子的这一玄思其实并不玄,它就来自大自然的启示,自然就是这样存在的。河流在流,并不是说它们在做什么事;树木在成长,并不是说它们必须去规划要长成什么颜色,长得如何高大。树木的成长是自然而然的,种子生根发芽,芽长成小树,小树长成大树,那棵树伸出了它的枝叶,然后孕育出花蕾,之后绽放出美丽的花朵……这一切都是在不经意间发生的!

再看我们自己,当我们在母亲的子宫里成长时,我们没有做任何事,但并不是说没有什么事在发生,事实上,十月怀胎,人在子宫里那十个月比你随后100年的生命中所发生的还要多。我们在娘胎里并没有去为我们的未来计划担心,我们却无时无刻不在成长之中。

凡是自然发生的事,都使我们体验生命的快乐。我们自由地呼吸时,我们的意念并没有停留在呼吸上。一旦我们的意念集中在我们身体的某个地方,我们的身体肯定是出了什么毛病。一个健康的人,从来不会感觉到心跳,而我们的心脏却在均匀自然地跳动,当我们刻意去关注心跳频率时,我们的心率肯定不会正常。

老子从奇妙的自然中发现了"道"。老子认为天地万物都是道所生,它们无时无刻不在道的支配下。大自然的花草树木、鸟兽虫鱼、江河湖泊……正因为没有人为的干预才能够自由自在地运动、变化,呈现出无限生机。人,作为自然之子,当然应该效法自然之道,去过一种自然无为的生活。

老子的思想像天地一样朴实,但在文明社会的绝大多数人却不能

理解他的思想,或者曲解他的思想,把他的思想看做是消极的,把老子的"无为"看做是束手不为,无所作为,实际上它的起初含意是不要做出违反自然规律、违反人的本性甚或摧残人性的行为。我们受污染太深了,以至于我们总把事情看得那么玄奥复杂,于是我们无法理解简单实在的东西。

恰恰相反,老庄的思想是积极而活泼的,就像自然和人性本身是积极而活泼的一样。因为只有顺应天道,听从我们内在的自然本性和自然情感,我们才能达到一种与道为一的自我的无拘无束、自由逍遥的状态,我们的自然本性才能尽情地展现,我们的自然情感才能尽情流淌,我们的生命之河才能随心所欲地拓展它的河道,我们的生命之歌才能唱得行云流水般欢畅。

不自然的生活即人为的生活,是与自然的生活即天道相对立的。天与人,即自然与不自然。庄子以形象的方式说明了两者的区别:"牛马四足,是谓天;落马首,穿牛鼻,是谓人。故曰,无以人灭天,无以教灭命,无以得殉名。谨守而勿失,是谓反其真。"这就是说,不自然的生活就像落马首、穿牛鼻一样,是伤天害理的,而天然浑成的状态才是人生的最高境界。

不自然的生活总会伤害人。比如吃饭,吃完了就放下筷子,这是一种自然,但如果我们害怕剩下的饭菜会浪费或者在别人邀请的宴会上抱着不吃白不吃的心理,因而逼迫自己吃更多的东西,那么我们就是做作,我们就走向了不自然,我们就会导致消化不良或者肥胖症。为了治疗我们的肥胖症,我们又去饿着肚子节食,于是我们又从一种不自然走向另一种不自然。

庄子一生恪守他的哲学而过着一种自然清静的生活。他虽然生活清贫,面带菜色,但他却能拒绝名利,终身不仕。"我宁游戏于污渎之中以自快,无为有国者所羁",这是他自然精神的体现,他把怡然自得奉为人生最高境界,而一旦进入名利场,就像给自己套上了绳索,毫无自由和快乐可言。无独有偶,古希腊有位叫第欧根尼的哲学家,也一直过着这样一种自然无为的生活。有一次,他正在晒太阳,亚历山大大帝遇到他,问他要什么样的赏赐,他仅仅说了句:不要遮住我的阳光。谋事在人,成事在天,我们只管投入生活,自然地做好我们心之所感的事情,而不要去问我们收获了什么,收获自然会到来的,就像太阳每天早晨会照样升起一样自然。

第三十六章 捧一缕阳光把世上灰暗冷漠的眼睛照亮

第三十七章　弥勒的和平精神所关照的透明清凉世界

我爱春天,但是太年轻。我爱夏天,但是太气傲。所以我最爱秋天,因为秋天叶子的颜色金黄,成熟,丰富,但是略带忧伤与死亡的预兆。其金黄色的丰富并不表示春季纯洁的无知,也不表示夏季强盛的威力,而是表示老年的成熟与蔼然可亲的智慧。生活在秋季,知道生命上的极限而感到满足。因为知道生命上的极限,在丰富的经验之下,才有色调的和谐,其丰富永不可及,其绿色表示生命与力量,其橘色表示金黄的满足,其紫色表示顺天知命与死亡。月光照上秋日的林木,其容貌枯白而沉思;落日的余晖照上初秋的林木,其开怀而欢笑。清晨山间的微风扫过,使颤动的树叶轻松愉快地飘落于大地,无人确知落叶之歌究竟是欢笑的歌声,还是离别的眼泪。因为是早秋的精神之歌,所以有宁静,有智慧,有成熟的精神,向忧愁微笑,向欢乐爽快的微风发出赞美。

人,住在世间,来到人世,如无正确知见、看法,就容易迷失掉,随之而来就会感受到种种苦恼,空虚而无法自在。如果能够知道自己在哪里;能够找到自己的自性,并知道自性明明白白就在那里,就能得到安详自在。所以,人最主要的就是要"悟到这念心",契悟了这念心,所有问题皆可从此处迎刃而解。

人之大患在执著,迷失了自性,做不了主,忘了最初之本怀,因而滋生种种苦恼。

大家都听说过这样一个故事:

昔日有位禅师买了一只花瓶回来让大众欣赏。某日,有位沙弥打扫时不小心把花瓶打碎了,这时大众都很紧张,认为老法师会很生气,他们不知如何是好!这时老法师走过来看了看,平静地说:"把这碎片扫一扫。"

大众甚感不解:为何老法师一点也不生气?这位禅师说:当初买这花瓶的目的是为了让大众欢喜,如果破了就不欢喜,岂不有失当初之本怀?

做一切事情都要了知目的在哪里?这不是哲学的问题,这是切身的问题,把目的弄清楚了,整个人生的大方向就朗朗现前。

人从早到晚,做种种的活动,其背后的目的是什么?其共同的目标是什么?——"就是为了要离苦得乐!"每个人都在自己的本位上,用自己的方法,想办法去离苦得乐,然而是不是都可以达到呢?

不然!因为目标、方法错了。

比如:有人以为拥有了一千万就能离苦得乐,但事实不然,可能在一瞬间能得到满足,但接下来又想得到更多更多的东西……这念心不断地在追求,求不到是一种苦,求到了又害怕失去,也是一种苦,始终是苦。

佛很慈悲,出现于世的目的就是希望所有人皆真正离苦得乐、到达彼岸。彼岸不是在另外一个他方世界,就在当下每一个时刻,当下每一个时刻能够做得了主、能够超越、能够真正见到自己的本心本性,就能够得到自在,就能够真正离苦得乐。所以,离苦得乐的根本在于我们的"心",这念心掌握了,要它快乐它就快乐,要它自在它就自在。

但为何偏偏我们的这念心就无法自在?明明"心"是我们的,为什么就做不到自在?因为"这念心"从小到大都没能好好地训练过!佛法告诉我们,一切问题的核心在这一念心,这念心时刻做主,完全不需依靠外在境界。得也好、失亦罢,皆看得开、放得下,就能自在、解脱,如此的人生才是光明积极的。

所谓红尘,"尘"是一种尘劳,这种尘劳包括了佛法所谓的色、声、香、味、触、法等六尘境界,这些境界刺激着我们的感官,刺激多了会觉得疲劳,这是"尘"的特性,如果没弄清楚,就很容易迷失。例如"吸毒",刹那间好像很快乐,但副作用很多,智者绝不碰它。佛法中的"六尘"有如毒品,智者不染六尘。佛法所说要断除一切贪、瞋、痴,凡人认为不人道,但若能真正断除贪、瞋、痴、不染六尘,才能真正离苦得乐、究竟自在。所以,佛法不是苦行主义,是真正乐观的。

外在的境界另有一特质,就是无常、生灭。我们总认为,外在的一切可始终保有它;或明知是无常,却不愿去思维它,于是在这当中生起很多执著,执著越深,灭了之后,受的苦就越大。想想,世间一切有什么是真正永恒不生灭的吗?所谓天下没有不散的筵席,一切皆是生灭的。故了知生灭之理,不是悲观,而是乐观的,因为知道事件的真相后,就不会为此而受苦。

然世人愚痴,总将幸福、快乐建立在"无常生灭法"上面,这是很危险的,随时会幻灭,故唯有找到自己生存在这个世界上的根本核心——清楚明白的这念心,因这念心的灵知灵觉是不生灭的,不生灭法,才是真正值得依靠的,所谓"有形皆归坏,不灭为真空",这个"空性"才是最根本的,乃至于能"观空不住空,门前坐春风",这念心无论在什么境界皆能圆融无碍。所以要达到真正的自在,必须从究竟的不生灭心上努力,才能彻底解决这个问题。

《佛经》上说:"诸法空性。"空性不是什么都没有,而是指诸法无自相,没有真实自己的相貌,如果一个东西有真实自己的相貌,应是放诸四海而皆准的,但不然,譬如有些我们认为好看的,别人却不一定认为好看,故好看、不好看,其实是很主观的,不是这事物的真实相貌,这个"相"会随着时、空因缘的改变而改变。佛法告诉我们,外面一切境界皆是主观心念所造成的,无有实相,但我们往往把所观的境界当成是真实的,所以生起种种执著。如能了然诸法空性之理,把心中的贪瞋痴慢慢厘清到一种程度,因缘成熟,即能彻见事情的真相,得到真正的解脱。

"净秽由心,非关外境。"外面的一切境界是好、是坏,完全由我们这念心来决定,所以试着调好自己的心,把心中的贪瞋痴三毒化掉,则外境不管好、坏,看在眼里皆欢喜自在,慢慢地会感觉四周法界变清凉了。所谓"心迷法华转、心悟转法华",一切的根本即在契悟这念心。契悟了,一切皆可随自己的意,即所谓的"如意",但要真正达到万事如意,是要经过修正的。见涤法师说,不是悟了之后就行了,还要在事上用功,把自己的贪瞋痴化掉,才能到达自在境界。

然而,什么是生活的智慧呢？这要从禅的传承说起。

相传释迦牟尼佛在灵山法会上,他手里拈着一朵花,对着大众微笑,听说就在那拈花示众和微笑之间,已经把所有的佛法都道尽了,把生活的智慧和艺术说得淋漓尽致了。但是在法会上的大众,每个人都面面相觑,不知道佛陀说的是什么。这时座中有一位弟子叫大迦叶的,却对佛陀报以会心的微笑,就这样发生了禅宗的第一次传灯。他们师徒之间完全的会心,心传密付了。释迦牟尼便对大迦叶说:"吾有正法眼藏,涅槃妙心,实相无相,微妙法门,不立文字,教外别传,付嘱大迦叶。"

禅是教外别传的。它不属于宗教,但又属于宗教；它不属于哲学,但又属于哲学；它什么都不是,但又什么都是。因为它发生在彼此见面的时候,一个悟悦的微笑,它传递了一切,包容了一切。它绽放着心灵的和谐、完美与圆融,它让我们发现生命的意义,同时看到真正的自己。

佛陀对大迦叶所说的这段话是什么意思呢？我有"正法眼藏",即指正确的人生观。那是要放下一切无知、烦恼和不合现的欲望之后,却孕育"涅槃妙心"。这个涅槃妙心,看出了生命的本质,孕育了生活的智慧。所以能笃笃当当、欢欢喜喜地过悦乐充实的生活。

禅所谓的涅槃,是要把心里头的成见放下来,把思想和情感的障碍放下来,把人际间的障碍放下来,把所学的知识放下来,把读过的经典通通放下来。这时剩下的是什么呢？这唯一实存的就是智慧,一种光明的创造性。智慧是一切精神现象的主体,只有智慧能告诉我们应该怎样跨出第一步,也只有智慧能告诉我们第二步又是什么。由于知识是死板的,所以它不可能回答人生。要回答人生就必须孕育涅槃的妙心,它即是"实相无相"的禅。

涅槃妙心不是宗教,但却是佛教的一部分。在中国佛教的十个宗门之中,每一个宗门都要修禅,因为它是导致一个人正等正觉的媒介。特别是禅宗,它完全从心地法门入手,教外别传,以心传心的方式,达到自心的解脱,见自本性的开悟,从而成佛。

也许你现在要追问,佛陀为什么要拈花微笑呢?很明显的,这是一种意义丰富的象征式语言。佛陀手中拈动的那朵花正象征着生命,生命正是那朵从未开到怒放,再到凋零的花。佛陀拈着花,告诉大众,生命的意义就在自己手中,是自己掌握着自己,并应对它报以欢喜的微笑。就在对自己生命报以微笑,对自己的生活报以赞赏的正确观念下,我们接纳了自己,坦然面对自己的环境和遭遇,如如实实地过现实的生活。

当我们放下一切虚荣,放下跟别人攀比的念头,放下不合理的抱负水准时,我们便活在如如实实的生活之中,那就是"如来"的生活,而如来是要从涅槃妙心出发。禅便是要点亮这盏如来心灯,让它流泻着光明的智慧,照亮自己的心灵世界。禅家说,一灯能除万年暗,正是这个涵义。

禅灯是什么?它代表着光明智慧,是一个生活的法门。如果用禅者的语言简要地表达,那就是"真空妙有"。它的意思是,一个人必须懂得将心里的一切障碍、烦恼、不合理的欲望等等加以清除,这个功夫就是"真空"。然后依照真正的本质,自在地生活,好好地实现,那就是"妙有"。禅家说:"万古长空,一朝风月。"长空就是放下一切虚荣、成见、偏见和贪婪,甚至要放下知识,放下过去经验所带来的刻板观念。当我们放下这些障碍时,我们就能自由地创造。生活的本质是,自己必须把手中握着的"尘土"放开,然后才可能张开你的双手,握取生活的"明珠"。

当我们放下手中紧握的一切,才有可能去工作,实现生命所赋予的潜能,这样才可能活得好。当我们肯把自己的收获拿来跟别人分享,布施给社会时,我们才体验到生活意义的实现。"什么人才能见到佛的心灵呢?"

佛的心灵,就此时此地、现在眼前真实活过的一切美好感觉:你拭尽心灵尘垢,你端正身家性命,你珍惜万事万物,你挣脱精神的愚痴,像生与死在交替,像时与空的召唤,像永恒与无常的撞击,像一切有情与无情的呻吟,佛的心灵,不就是天地间生命碰撞的声音吗?

生死老病——如昨梦——

菩提烦恼——似空花——

悠扬的歌声从窗外传来,略带梵呗的腔调,一听就知道是寺里的僧人。

洞山放下手上的《六祖坛经》,微微笑了。不知是谁早课完了心情好,一遍又一遍地高唱:

人生啊像昨夜的一场春梦——

世事啊似空虚的一片秋花——

竟是越唱越好听了。

洞山良价忍不住推开窗扉,唤住那唱歌的年轻和尚:"喂!你!"

年轻和尚转过头来,见是方丈呼唤,便躬身作礼:"方丈有何吩咐?"

看到年轻和尚眉间的粒痣,洞山忽然想起这个人了。不错!是他!果然是他!半个月前,在高安县盂兰盆法会上,有人从乡下抬来一个浑身腥臭的麻风妇人,整个脸溃烂成了一团肉泥,和头发纠缠一起,黄浊的脓水粘瘩瘩地沾在衣服上,那衣服几个月没有洗,像一团晒干的黑污泥。全身唯一干净的地方只剩下两只眼睛,空洞而绝望地闪躲着人。抬她来的一个小孩子跪着哀求:

"哪一位法师行行好,发发慈悲,替我娘念忏消灾吧"!

也不顾粗糙地面的碎石,就"咚咚咚"地磕起头来,额头上立刻鲜血淋淋了。众人吆喝的吆喝,斥逐的斥逐,谩骂声像鞭子一样噼噼啪啪响起。忽然从人群里走出一个年轻僧,温和地挽起小孩和老妇人:"请随我来!"

听说这个全寺最怕臭味、最有洁癖的年轻和尚,花了半天时间替老妇人净身、诵经,洗下三桶黄黄黑黑的脓血水,把寺旁几株钱线蕨都浇死了。年轻和尚咬破了嘴唇,调息几天,竟朗朗亮亮唱起歌来。

洞山望着眼前眉目清扬的年轻僧,点点头:"你还怕不怕溽暑与酷寒?"

年轻和尚眼光一亮,知道方丈是借机开示他,便即叩问:"寒暑到来,如何回避?"

"何不向无寒暑处去?"

"如何是无寒暑处?"

"寒时寒杀你,热时热杀你!"

年轻和尚猛一抬头,与洞山相对哈哈大笑起来。等他走远了,洞山还听到他清亮的歌声隔空悠悠传来:

穷未极时不知穷——苦未极时不识苦——

穷极之后不愁穷——苦极之后不复苦——

溽暑酷寒都经过——人间寒暑奈我何——

中国佛教的法门,禅、密、净最为普遍。禅宗是直指人心,见性成佛。密宗是通过与佛三密相应,得佛力加持而即身成佛。净土法门,大家都知道它是现在非常盛行的一个法门。中国目前所盛行的净土法门,是从宋朝以后开始盛行的西方阿弥陀佛净土法门,就是西方极乐世界。但早在此前,就有几位莲宗祖师基于弘扬弥陀净土的思想,主张极乐之胜,兜率之劣,强调末法时期、五浊恶世之众生应为极乐世界所摄化,为了令信众厌离娑婆,一心求生西方极乐,大肆宣扬弥陀净土。在善巧方便的弘法过程中,对弥勒净土难免有所排斥及曲解。比如曾有人援引莲宗典藉记载印度的无著、世亲及师子觉三位菩萨修学弥勒法门,发愿求生兜率内院。结果无著、世亲得生,而师子觉欲生外院,享

受天人五欲之乐的故事。释迦牟尼佛是贤劫第四尊佛,弥勒则是贤劫第五尊佛,现在兜率陀天说法。在距今五十六亿七千万年后下生人间成佛,故称当来下生弥勒尊佛。弥勒,是菩萨的姓,意译为"慈",弥勒菩萨因此也被称为慈氏;菩萨名阿逸多,译为"无能胜",表示其慈心广大无能超胜者。弥勒菩萨,从初发心不食肉,以此因缘名慈氏,因修慈心观,以善入慈心三昧而成胜果,位居一生补处菩萨。三千多年前,弥勒菩萨随释迦牟尼佛降生于印度婆罗门家庭,生辅相家。出生时具足三十二相,身紫金光,颜容端严,后随世尊出家修行。释迦牟尼佛在授记的时候就告诉五百弟子:十二年以后,弥勒将要到原来他出生的那个地方灭度,然后会往生到兜率天内院。他到内院后,自身光明照亮四层弥勒内院,各大天人护法迎请,仙乐齐鸣,放大光明,振动十方世界。他就是最大的补处菩萨,在莲花上打坐就化生啦!

他上生后的任务是什么呢?是最大的补处菩萨。最大的补处菩萨有什么功德呢?

就是所有曾与释迦牟尼佛结过缘的弟子,只要是闻听过释迦牟尼佛佛法的,他都要度其成佛。有两类佛,一类是先度人然后送他们到其他佛的净土去,释迦牟尼佛就是这样。他当时还没来得及建净土,就四方度人,将所度的人立即送到西方、东方那些净土去。而第二类佛,就是先建净土,然后再成佛度人。像阿弥陀佛就是先建设自己的佛国,发了个愿,一定要成就极乐世界,心念成了极乐世界后,然后来接引众生,他是先有净土再度人。弥勒菩萨也是这样,他已经成就了,在第四天建了弥勒内院,这个内院是极乐世界,他度的众生往那儿送,其他佛所度的众生也往那儿送。释迦牟尼佛又说:我的弟子在我圆寂之后,没修成的,可发愿往生弥勒净土。你离开肉体的一刹那就可到达弥勒净土,就是弥勒内院,而且弥勒佛立刻就接待你,向你应机传法,你当时就能开悟证不退地。

佛灭度后,皈依弥勒佛的也要彻底送他成就佛果,首先要到不退地,然后成佛。凡是皈依弥勒佛的,离开肉体那一瞬间也会立即到弥勒内院,听到弥勒佛说法。在兜率天听法可不像现在这么难,一坐下来就像听到音符一样感到无比美妙,一听就明白,很快证到不退地。

五十六亿七千万年弥勒下生处地平如镜,人寿八万年紧接着是龙华三会说法度人,第一次龙华圣会,要度九十六亿众生;第二次龙华圣会,度九十四亿众生;第三次圣会,度九十三亿众生。三次圣会加起来度众生将近三百亿,《弥勒上生经》、《弥勒下生经》和《弥勒成佛经》,这三部经非常殊胜!都是释迦牟尼佛讲的,真实不虚,这三经就是弥勒净土法门的根据和来源。

弥勒菩萨作为释迦世尊所嘱托的未来一切众生的大皈依主,其信仰的历史之悠久,传播地域之广泛,以及信徒之众多,堪称释迦世尊后之最。历代高僧大德选择往生兜率陀天,为弥勒菩萨所摄受,聆听弥勒讲授释迦之正法音,得弥勒菩萨授记,坚固不退之道心,将来可随弥勒菩萨下界,赴龙华三会,闻法彻悟,速证无上之佛果,还可得乘普度众生之慈悲心愿。因此发愿往生兜率陀天,实可谓三界众生速证无上佛果之第一殊胜捷径。

在现实生活中,因为奉化是弥勒菩萨化身布袋和尚的家乡。因此,布袋和尚出家和圆寂的岳林寺和经常出入的雪窦寺又成为大众心目中的弥勒道场。布袋和尚的身世和生平事迹,史书记载很少。据奉化《光绪县志》云:"师(布袋和尚)不知何许人也,唐僖宗年间见于明州(现宁波)奉化县。"《宗教词典》记载:"布袋和尚,五代后梁僧人。"又据《宋高僧传》卷二十一、《佛祖历代通载》卷十七载:"布袋和尚名契此,又号长汀子,明州奉化人。"以上就是关于布袋和尚身世和生平的记载。出处、出生均无从查考,籍贯则为奉化,卒年有两说,《宗教词典》说是916年,《岳林寺志》则为917年,即后梁贞明三年。

契此成人后,笃信佛教,自号"长汀子",在与长汀村隔江相对的岳林寺出家。他经常以杖荷布袋四出行走,随处寝卧,出语无定,形如疯狂癫,饮食不论鱼肉荤素,一概不拒,饮食之余,投入袋中。常作歌曰:"我人一布袋,虚空无挂碍,展开遍十万,入时观自在。"布袋成了他刻

不离身的"宝贝"。因此,人们都称他为"布袋和尚",或者干脆称他为"布袋"。

布袋和尚身在佛门,心系民间,常常与老百姓在一起,苦乐与共。古代社会,以农业为主,农忙期间,布袋和尚脱鞋下田,帮助农民耕作;农民当中有了不良的思想和行为,布袋和尚循循善诱,加以点化;布袋和尚还善于预测天气,常常以自己的衣着打扮,显示晴雨,帮助农民安排农事和生活。他天性诙谐,喜欢与孩子们嬉戏。在他身边经常有18小儿相伴,杭州灵隐寺对面的飞来峰上雕刻的"群儿戏布袋"坐像,就是根据他的这一特点设计的。布袋和尚平生好学,智慧超群,有丰富的群众语汇,善作偈语,常常脱口而出,把深奥的哲理表达得通俗明白。按照现在的称呼,他也可算是位"诗僧"。他所作的《插秧偈》,脍炙人口,广为流传。偈曰:

手捏青苗种福田,低头便见水中天。

六根清静方成稻,退后原来是向前。

这首偈语,贴近生活,自然生动,寓意深刻,且包含着朴素的辩证法。他主张学佛要"心真实",作偈曰:

只个心心心是佛,十方世界最灵物。

纵横妙用可怜生,一切不如心真实。

腾腾自在无所为,闲闲究竟出家儿。

若睹目前真大道,不见纤毫也大奇。

无法何如心何异,何劳更用导经义。

心王本自绝多知,智者只明无学地。

非圣非凡复若乎,不强分别圣情孤。

无价心珠本圆净,凡是异相妄空呼。

人能弘道道分胆,无量清高称道情。

携锦若登故国路,莫愁诸处不闻声。

这首偈语共20句140个字,是布袋和尚所作偈语中较长的一首,说的是"一切不如心真实",偈中用了7个"心"字,反复强调,突出主题,还用了叠字、对比、设问等修辞手法,充分体现了布袋和尚的文字功底。他规劝忙忙碌碌追求名利的凡夫俗子说:"趋利求名空自忙,利名二字陷人坑。疾须返照娘生面,一片灵心是觉王。"他提倡做人要积极乐观,超尘脱俗,淡化憎爱,化"冤家"为"共和";"是非憎爱世偏多,他细思量奈我何。若逢知己须依分,纵遇冤家也共和。能使此心无挂碍,自然证得六波罗。"他对僧人四处化缘的云游生活,也有极为生动的描绘:"一钵千家饭,孤身万里游。睹人青眼在,问路白云头。""一钵"与"千家","孤身"与"万里",很好地运用了文学中的对比手法,"问路白云头",则把看书从凡间引向了仙境,显示了布袋和尚丰富的想象力。

后梁贞明二年丙子三月初三,布袋和尚在岳林寺东廊青石上坐化。逝前作《辞世偈》曰:"弥勒真弥勒,化身千百亿。时时示时人,时人自不识。"世人以此遂以为布袋和尚是弥勒菩萨的化身。因此,有人把这首偈语看做是"定名偈"。岳林寺住持昙振,首先在寺内建阁,塑布袋和尚像作弥勒佛供奉。由于布袋和尚形象在老百姓中极具有亲和力,面容体现了慈悲,大肚体现了宽容,极符合佛教理念,被佛教界所接受,以后不断推广,各地寺院也把天王殿内供奉的带金身弥勒菩萨换成袒胸露腹、笑口常开的布袋和尚形象。这样,奉化布袋和尚逐渐走向全国,走向全世界,成为家喻户晓的人物。佛教界认为弥勒转世在奉化,并在奉化岳林寺出家圆寂,自然地把奉化当做佛教圣地,把他经常现身的岳林寺和雪窦寺当做弥勒道场,大大提高了奉化在佛教界的地位和影响。

生活中的布袋和尚,经由后人运用雕塑、文学等艺术手法加工提高,形象更加可爱。同时,其积极乐观,待人宽容,劝人为善,助人为乐等良好品德,成为宝贵的历史文化遗产的一部分,世世代代影响着奉化人民,也影响着一代又一代为寻求真理而不懈努力的人们。

弥勒的和平精神是在中华民族心理和文化的大背景下由生活中的布袋和尚与印度佛教中的弥勒佛融合、产生、流传、演变的,所以我

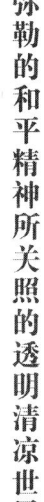

们必须把它放在更广泛的世界和平发展中来考察。三千年来有关弥勒的作品大量出现,固然说明他的影响巨大,然而,积累越是丰富多样,就越难以产生新奇的东西。特别是弥勒乐观自在形象的反复出现,已经在人们头脑中形成了固定的心理定势,使人们有意无意地排斥对弥勒新的评价和新的形象创造,新中国成立后围绕弥勒评价的史学论争已经充分说明,当然,论争的结果,不但在理论上对人民进行了一次民族团结教育,而且促使更多的作者拿起笔杆,以民族和平文化精神为主题去创造新的弥勒形象。可以预料,这些作品作为一种新的文化积淀,作用于人民群众,造成新的心理定势,将会进一步促进世界民族大团结和人类社会的和平发展。面对世界这种水晶般的弥勒和平文化信愿,我常常行走在香山夜间的山谷中与天地对话,用这种水晶般的心灵去观照香山下灯火辉煌的城市和城市中熟睡的人们。

我喜欢水晶那种清凉透明的感觉。人如果能用清凉的智慧对待一切因缘,用透明的心观照世界,这个红尘人间将更美丽清净,更接近我们心念神系的莲花净土。手上戴着一串水晶念珠,像戴着一串叮咛,一串提醒。凝视腕上的手珠,透明如水,像一串凝结的泪,盈盈然,绽放着清润的光芒,恍如随时要化作行雨,布洒人间。系连珠子的是一条红线,仿佛一条热肠子,包在冰雪聪明的心中。我喜欢这种清明中包含温柔的感觉,世事看得剔透,却仍愿抱持温热的心情生活,就像在空性的体悟中仍对人世怀着悲悯,这就是佛法动人的地方。

拾得禅师也勉励我们,要在无明习气所熏染的五浊人间,涵养一颗水晶之心,澄澈自己,也清凉别人;安静地焕发自性之光,照亮迷蒙的心灵,驱除生命的幽暗。这就是他"一颗水精绝瑕翳,光明透出满人间"的殷切心愿。

"无来无去本湛然,不居内外及中间。"则是拾得彻见本然的生命体悟。真如法性无终无始,无去无来,湛然澄澈地充满山河大地,超乎一切时间空间而存在。生命现象上有生有死,有青春有衰老,但内在自性如如不动;本来面目,在父母未生前和辞别人间后,都是一如的。当

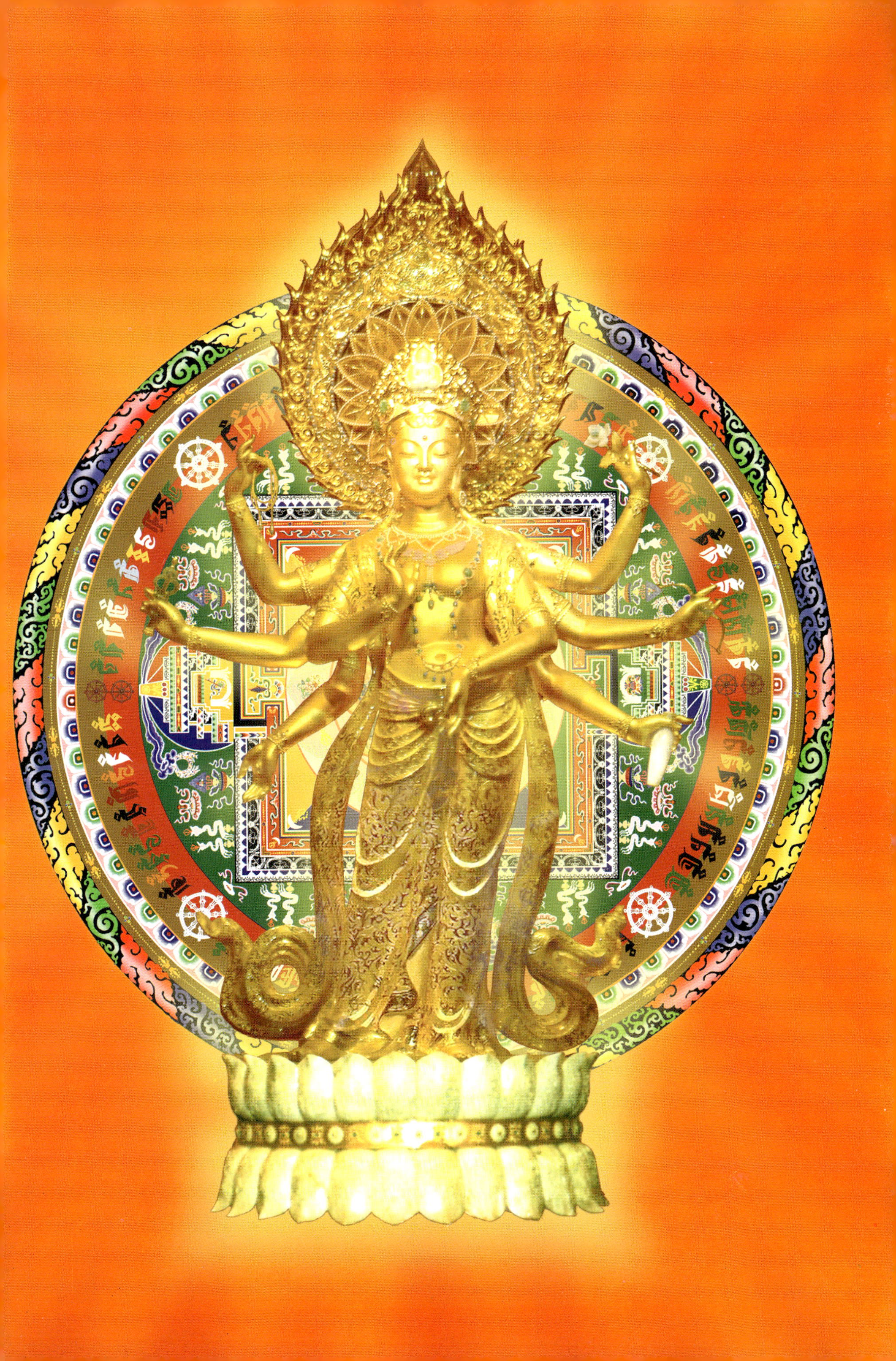

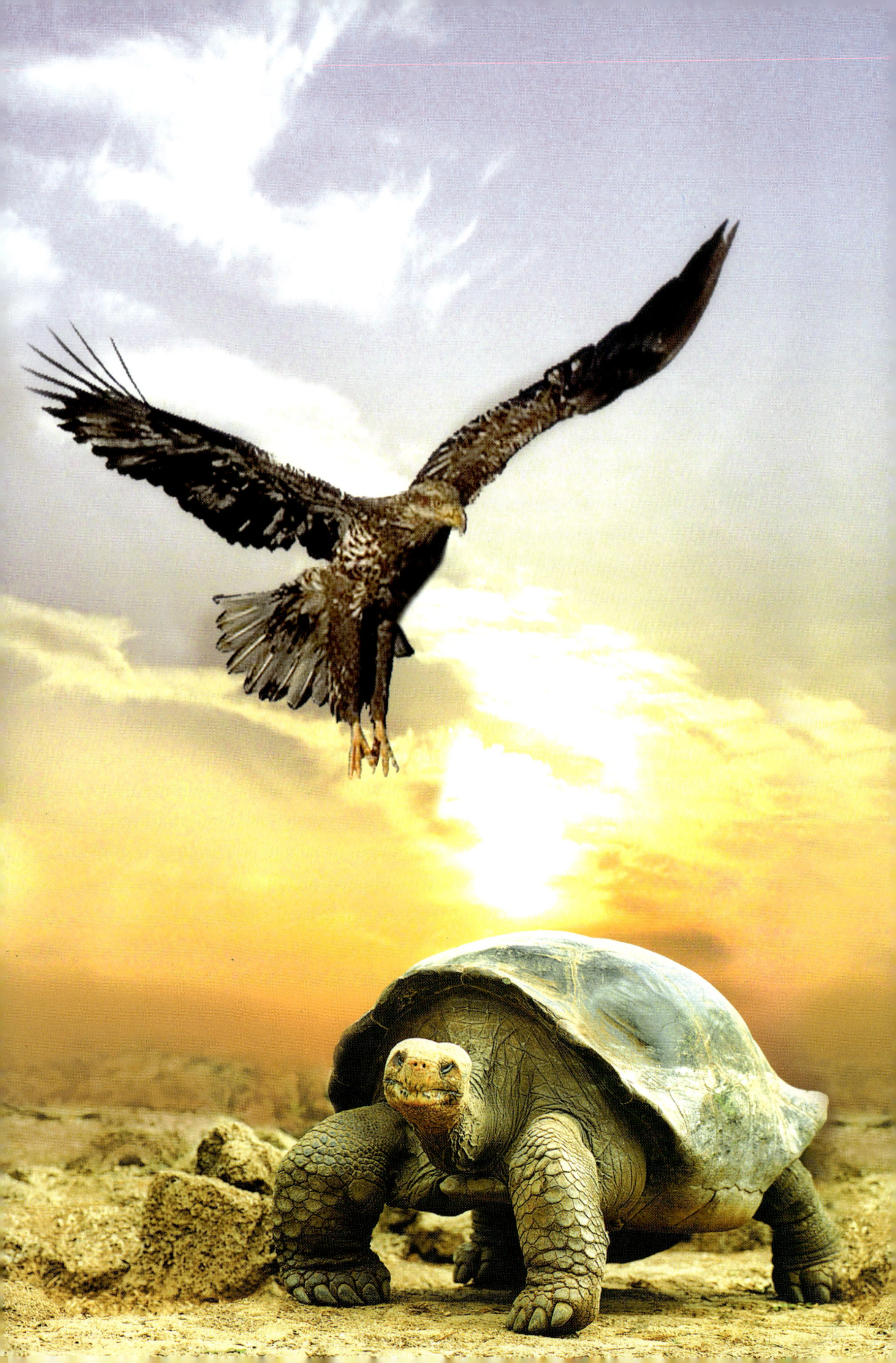

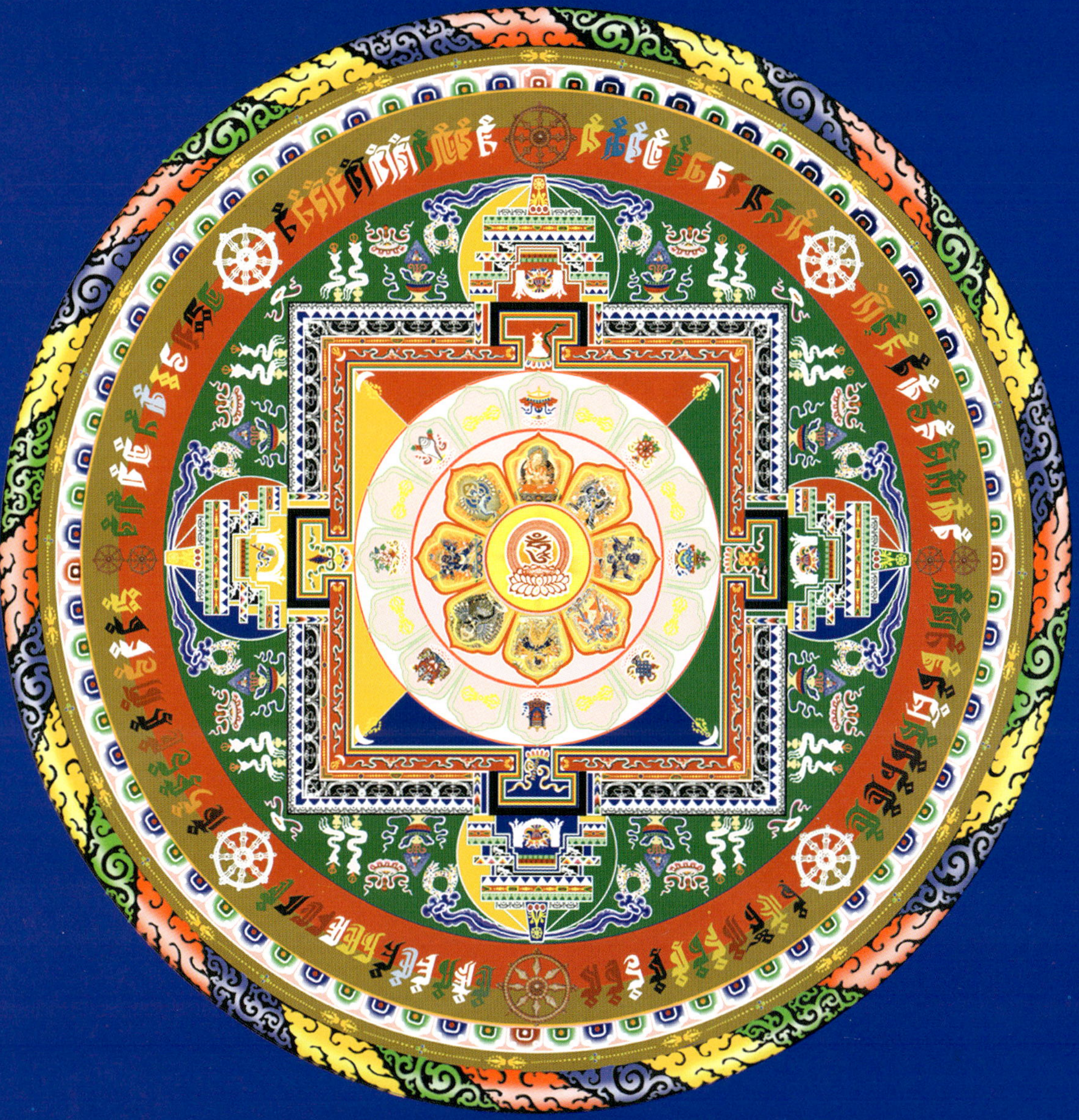

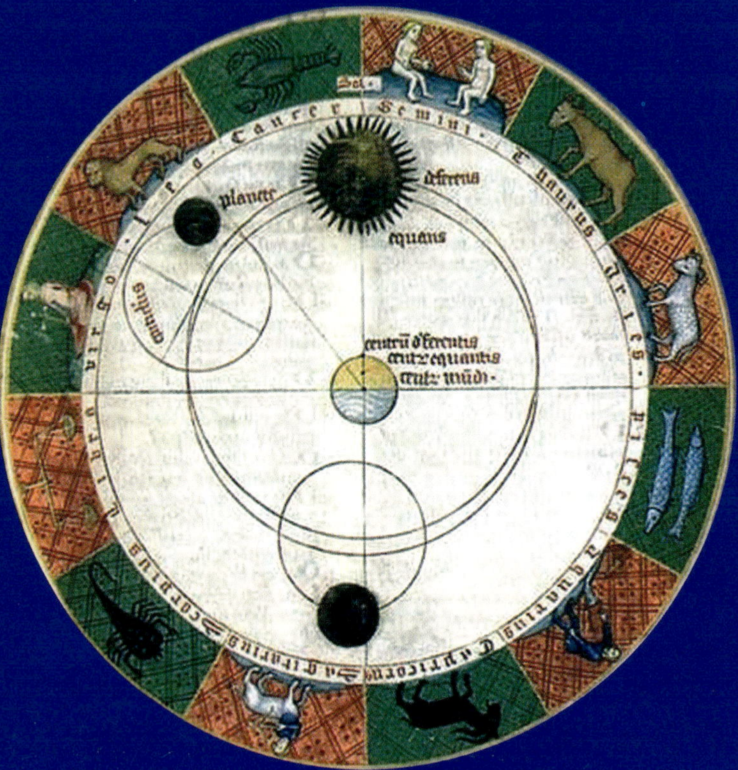
planete
deferens
equans

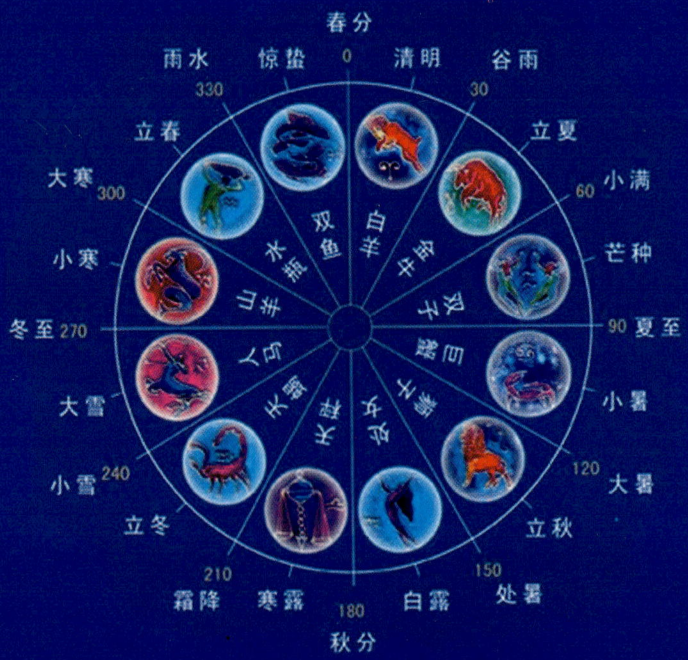
春分
0
清明
谷雨
30
立夏
小满
60
芒种
90 夏至
小暑
120
大暑
立秋
150
处暑
白露
180
秋分
寒露
210
霜降
立冬
240
小雪
大雪
冬至 270
小寒
300
大寒
立春
330
雨水
惊蛰
白羊
金牛
双子
巨蟹
狮子
处女
天秤
天蝎
人马
山羊
水瓶
双鱼

我们顿悟这个如如不动的自性,找到大安心,就会穿透流转不息的现象,看到万事万物的本质,发现一切有情无情身上所流露的微妙义。如此,对生死流转,才能真正解脱自在。当身体形貌随光阴老去,红尘因缘也风流云散了,才有一颗完整无瑕、干净无染的心,面对死亡,如面对另一程生命的起点,安静无事地进出人间。

拾得与寒山、丰干并称,都是解脱的智者,当时人称为"国清三隐"。他们垂迹在天台山的国清寺,相传是佛菩萨乘愿示现,在民间留下许多传奇故事,流播甚远。拾得这个名字,就是他身世的由来。有一次,丰干禅师在山里的松径上,听见孩子的哭声,循声找去,发现一个数岁大的孩子。由于是捡来的小孩,就唤他拾得。拾得和寒山,在国清寺的厨房做洗刷、烧火等杂役,两人虽操贱务,但身心安然,洒脱自在。常常吟游歌咏,作诗偈相唱和,一副疯疯癫癫的模样,当地的人都不知道他们是大解脱的智者。有一次,有位叫闾丘胤的官员,问丰干禅师天台山有什么值得师法的高人,丰干就告诉他:"寒山子是文殊菩萨转世,拾得是普贤菩萨再来,他们现在正在国清寺厨房烧火呢!"

闾丘胤到国清寺后,见到两人,便立即礼拜。两人大笑说:"丰干饶舌!丰干饶舌!他自己是阿弥陀佛转世,你不拜他,当面错过,来拜我们做什么?"说完,就离开寺庙走进山中寒岩的石洞。他们一入石洞,洞口自然密合起来,从此消失踪迹。如此超逸绝尘的行径,正印证了他的诗偈——他是颗红尘中的水晶,透明清凉,澄澈灿亮。读着他留下来的诗偈,我们仿佛听见纸面隐隐传来,他和寒山子自在的笑声,发自水晶般透彻明亮的心。

大千世界,芸芸众生,无不想离苦得乐,然被无明所惑者,皆为无始以来的业力所累,而沉溺于六道生死轮回之中,颠沛流离。更令人痛心处,乃可怜众生,不以为苦,反而为乐,生生死死、无有出期。而其中之最幸运者,恰值贤劫第四佛——释迦如来降世,而得遇亲聆法教、证菩提之胜缘,永超六道轮回。而佛法的智慧光明,针对此世界不同根机的众生,更有着多如八万四千法门的无量修行摄度之法,诸法虽表相

不一，而理趣不异。从善逝如来至此娑婆世界弘隆佛法，至今已有二千五百多年，而当今社会的发展，各种新生事物层出不穷，人的思想、行为等等也因此而变异出种种不同，由此而令今人在修学佛法的无量道路上，也产生出无数疑惑，虽其中不乏有识之士、福德资粮圆满之人，得遇以种种方便示现的大德，以闻、思、修而得证法眼。而更多的却因业劫障碍而无法得此善报，正是考虑到此一原因，无量慈悲的释迦佛为我们嘱托了另一引导我们继续求得解脱的无上正等正觉的贤劫第五佛——弥勒佛。

从广义上来说，凡本师释迦牟尼佛所弘扬之法门，教化之众生，都曾咐嘱弥勒。在各种经论上也都讲到弥勒的因缘，如《无量寿经》中，佛也咐嘱弥勒将来下生后，积极宣扬弥陀净土，而禅宗的初祖迦叶尊者也肩持释迦佛衣，入定鸡足山，以弥勒当下来生成佛的时候，出来交付，所以关于本师释迦牟尼佛所称大小、性相、显密、禅净等法门，皆为当来下生弥勒佛，所承前而启后的慈氏宗之所宗；现在一切五乘、三乘、大乘；性、相、显、密的佛法都是弥勒所担当宣扬的佛法，由是融摄各宗派，以慈氏为大皈依处。而观察古今流传世上之佛法，在印度流行有三个五百年不同：初五百年三乘或小乘的佛法，现在流行于锡兰、缅甸、暹罗（今泰国）等处；第二五百年龙树、马鸣、无著、天亲等出世，将佛灭后隐没的大乘佛法，发扬光大出来，即现今流行中国、日本、朝鲜等之处者皆是；第三五百年显密大乘而并行，密宗独盛的时候，今流行西藏、青海、蒙古之处者皆是，此诸佛法皆投各时各地之机宜而有差别。溯其根源，皆从释迦牟尼大圆觉海之所流出，而皆会于"一生补处，慈氏菩萨为承前启后之总枢"。如此观察，随机摄化的佛法，当可得证无上菩提之果，而宗派的区别，也无定可言，是一非诸了。由此可知，狭义的慈宗法门是复兴弘扬"弥勒法门"；广义的慈宗法门是振兴延续释迦如来的"一代圣教"八万四千法门。也有团结佛教、融合佛教之用意。这也是当今社会所应发扬的精神之所在。

因此，太虚大师说："然慈氏之现在一生补处果，当来究竟佛果，也由自证,离言之理境,而方便设立教化有情之内院净土,使上生者得不退菩萨果位,亦由修行以成。这样讲来,都有互涵之意。经云:'于释迦法中发菩提心者,行十善者。'皆得生兜率净土,依境起行,由行趣果,虽然互相通摄,也有各各特殊处以分界限,大略可分五乘、三乘、二乘及一乘的境、行、果的区别,也有经论可为共、不共佛法总纲要之概论者,慈宗以此不共法总明一切佛法义理浅深之意旨。故'慈宗'就是一切佛法的'总枢机',也即从释迦佛大圆觉海流布在世上以度生成佛之佛法全体大用,皆归于当来下生弥勒佛。了解弥勒菩萨、了解弥勒法门及人间净土等。以便使发心弘扬弥勒净土的行者坚定信心,最终得以往生弥勒净土,为将来下生人间建立人间净土而种下一颗金刚种子。慈宗弥勒净土法门,是一个非常适合末法五浊恶世的众生修习的法门,因其容易修持,且此净土离我们最近,它更是普及于各种根性者的修学之法。若行者欲行弥勒菩萨的大慈,愿上生兜率陀净土,将来赴"龙华三会"而拯救无始劫的六亲眷属同生净土,就应及早发心。也祈请有志于弥勒法门佛友,为慈宗的发扬光大,尽一己之力。并积极宣扬弥勒净土,以使苦难众生早日远离贪、瞋、痴三毒,感兜率陀净土弥勒慈尊,早日下生成佛,建立人间净土,教化有情众生,共成佛道,此当为众生至幸。

每一个人的天赋不同,环境各异,但却有一个共同的使命,在人类发展的历史中认识生命的意义,接纳自己,然后悦乐地展现自己的人生,并负起责任。弥勒信仰以弥勒和平文化融东方儒、禅、道、医文化为一体,这是中华伟大复兴的民族珍视本民族的文化创造,增强国人文化自信,参与世界文化对话、交流的基础,也是让世界分享中国文化的坚实依托。我深信人是自爱的,在体悟生死大事时,才会提升到博爱的精神生活层面,展现着大乘佛法的胸襟——无缘大慈,同体大悲。这种民胞物与的襟怀,在儒、禅、道的崇高教诫中是无分轩轾的。而这种人性之光辉正是生命之美与悦乐。宗教的极致是要一个人能真正实现自己的潜能,在多变的世局中,保持禅定与智慧,去因应一切,解决所面

第三十七章 弥勒的和平精神所关照的透明清凉世界

临的问题,就像在水中悠游地划水逐浪。人生的经历和过去都是为未来准备的,在人类自我意识的历史演变中,以自我意识在历史中所经历的过程来透视人类文化精神的演进规律。使我对弥勒和平文化产生了浓厚的兴趣,弥勒和平文化的研究任务决不只是建立一种或几种系统的宗教文化哲学体系,而是从根本上推动中国现有文化模式的深刻转型,促使适应现代市场经济和信息时代的理性的、契约的、多元的、创造性的文化精神和文化模式的生成。而要完成这一任务,文化哲学研究就不能停留在纯粹理论层面上,不能把新文化精神的建构理解为外在地灌输给普通民众某种现成的文化观念,而应当回归人的现实生活世界,从人的现实生活中挖掘新文化精神的萌芽,发挥文化哲学的文化启蒙功能,把自觉文化精神同民众的新文化要求结合起来,在生活世界中推动一种健康的新文化精神和新文化模式的生成。因此,文化哲学的研究应当同社会学、文化学以及其他学科的研究结合起来,在新世界承担起建构新文化精神和人类宗教心灵关怀的使命。

然而,宗教都具有自己毁灭自己的机制与力量。宗教在它的起点上总是把两种因素不知不觉地结合在一起,这两种因素就是救难的需要和救赎的需要。救难是一种直接性和现时化的,它更具有吸引人的魅力。但是,一旦直接性和现时化,就会把现时、现世、现实中的某个人物神化,他不但具有救难的能力,同样又会具有救赎的能力,只有拯救灵魂才是宗教的本质,这就给宗教埋下自己毁灭自己的祸根。宗教的创立者兼具救难与救赎的能力这已经使一切宗教在其初创时期都会有精神控制的倾向。宗教能力的继承者还会把两者集于一身,他把拯救灵魂当做己任的同时还会把自己装扮成拯救他人肉体的英雄。在这种情况下政治便同其结盟。宗教作为一种文化现象,自然不可能和政治相抗衡,它自然而然成了政治的帮衬。反过来权力又把自己装扮成救赎他人灵魂的圣者。拯救他人灵魂的企图本身就是一种堕落、一种腐朽、一种贪婪,甚至是一种绝望,因为灵魂的自我拯救才是人类的出路,拯救别人便是对自我拯救的绝望。

　　西方的宗教改革同样源于基督教的自我毁灭。中世纪的教会和神职人员正是以救赎他人的名义走上了埋葬自己的道路。卖赎罪券、买卖圣物等腐败现象正是彼岸世界的救赎繁衍出来的闹剧,总是救赎别人灵魂的人的魂灵潜藏着原罪。世界上的一切宗教只有彻底解决自己救赎自己这一理论问题,才能使全世界真正走上文明发展的康庄大道。所有残存的各种各样的救赎他人的观念形态都是野蛮愚昧的代名词。然而,如何看待中国改革开放进程中的民族和宗教发展所带来的新情况,如何看待当前中国少数民族地区的宗教文化变迁及其存在的矛盾和问题,需要我们持理性的态度和眼光,克服认识上和工作中的许多非理性因素的干扰,坚持民族区域自治政策和宗教信仰自由的政策,把民族和宗教问题纳入法制化范畴,引向正常的理性的发展轨道。民族和宗教作为一种社会历史现象,是人类社会发展到一定阶段的产物,也必将随着人类社会的发展而逐步消失。正如斯大林所说的:"民族也和任何历史现象一样,是受变化法则支配的,它有自己的历史,有自己的始末。"从人类文明的发展史看,不同的民族,有各自不同的文化、各自不同的信仰。一个国家、一个民族、一种文化如果与外界相互隔绝,固步自封,缺乏交流机制,那么它们不仅不能进步和发展,相反还会退化、衰落、甚至被淘汰。一部人类的文明史,实际上就是一部不同国家,不同民族,不同文化相互冲突、交流、排斥、吸收,最后相互融合的历史。

　　文化作为民族精神的体现,其深层表征为一种对世界的基本态度,并为某种价值信念的思想体系所规定。东西方不同文化精神所呈现出来的差异显示出各自不同的民族文化之根,文化之根系于人。通过东西方文化的对比和交会,当代学者的思考聚焦在这样一个问题上:处于今日世界文化大视野中的华夏文化如何弘扬其优秀的文化遗产,重铸全新的民族精神,持存海纳百川的胸襟气度?上世纪中国与传统中国相比,一个根本性的不同就在于:中国传统文化在百年间遭到

西方文化体系的全面冲击。总体上说,西方文化在几千年的发展过程中经历了起码三次重大文化转型,即从古希腊的两希精神(古希腊精神与希伯来精神),到文艺复兴时期以来的理性精神,再到20世纪的反理性的现代主义和后现代主义精神。而中国却延续了两千余年汉语文化形态的相对稳定的时代精神,这一文化精神在上世纪初为西方现代性文化所中断。这就使得在传统与现代、东方与西方、现代与后现代之间,中国文化面临总体危机。这一总体危机不仅意味着终极关怀的失落,同时也是一种价值符号的错位:儒家、道家、释家三套语言符号系统因在时间上与当代人失却了时代的同步性,似不能准确地反映当代中国人的生存状态和信仰要求,故此出现了新转型的学说——新儒家、新道家等;而西方基督神学的语言符号系统,在空间上与中国人的文化心理存在着某种隔膜,因而似乎难以成为中国人的信仰核心。因而,当代中国文化只能从传统文化和西方文化的全新整合及当代转型中,重建新的语言符号系统,才有可能使社会转型所导致的文化危机得以拯救。在我经年累月的读书生涯中,在沉沉夜幕下的静寂与都市的喘息中,我领悟到读书在方寸之间可以拓展出寻丈之势。读书是思考的前奏,是自我思想诞生的产床。思想者的阅读永远是创造式阅读,理解并领悟他人思想,同时又能将那些书中思想的正反面问题及其有限性逐一审理清楚,绝不屑于把他人的思想碎片作为自己的思想坐标;在读与思中凝神静思返身求己,在写作中见证心性寻求精神共鸣,这就是我理解的新世纪思想家和战略家的使命。

而这种使命跟国家的安危有关,写作这本《祈祷太空和平》是《文化产业浪潮》、《道经精华丛书》、《国家和平发展战略》、《和谐社会建构论》、《千手观音——半个亚洲的信仰》、《医道——身国共治的人本文明》理论体系的延伸,在我的心中,全球化时代的国家宗教改革和宗教建设是国家和平发展战略及和谐社会建构的重要组成部分,它同经济建设和其他社会发展事业保障一样重要,国家和平发展与和谐社会建构必须有这样的"大战略"来补充其具体的运作,否则,全球化时代的国家将永远像美国的"9·11事件"一样，为了应付突发事件而牵动国家的和谐稳定。以弥勒和平文化融儒、禅、道、医文化整合建构国家凝聚力，是因为弥勒的和平形象深植民心、经久不衰，既有丰富深厚的文化底蕴，而且社会各界以其自在洒脱的形象在自己的工作生活中如影随形的学习效仿正成为时代的趋势，全球化时代的国家和平发展战略中最重要的部分乃是确定国家和谐、稳定的文化环境和政策目的，即国家所追求的理想稳定环境状态。这种大战略还要求国家必须制定适当的实施策略，综合利用国家的文化资源和文化能力以达到目标。一个国家的理想和平环境是由其所处的历史文化环境因素等多个因素和其对国家利益的定义所决定的。比如美国最理想的安全环境可以简单地概括成"没有其他任何力量（包括力量联盟）可以和美国抗衡"。因此，美国的大战略便是"防止任何有可能挑战美国力量的崛起或防止和阻止该力量与美国对抗"。又比如，新加坡最理想的安全环境是"利于经济发展的和平与稳定的地区和国际环境"。因此，新加坡的大战略就是维护亚太地区的和平与稳定以及国际经济环境的繁荣。

　　自人类文明从农业社会的封建王权、工业社会的民主政权、信息社会的文化主权的更迭流变中，亘古不变的是，物质是身体的承载、文化是精神的承载、心灵是宗教的承载。然而，只有大多数人的身体、精神、心灵有了健康的依归才有人生幸福的保障、社会和谐的依赖、国家稳定的根基、世界发展的桥梁、人类和平的砝码。在人类的身体素质、精神素质、心灵素质参差不齐的发展时期，文化乃至宗教的缺失和失守只会给人类社会带来灾难性的打击和灭绝人性的相互厮杀、争斗、战争、瘟疫、灾害、失业、经济过剩，无论我们是贫民、巨富，还是显贵达官都将成为直接的受害者，在人类全球化的信息文明社会转型的时刻，我们深深地感受到生命、人生、事业、家庭，乃至于民族、国家、世界是那么的脆不可依，人与人之间、人与社会之间、人与自然之间、人与民族之间、人与国家之间、人与世界之间、人与宇宙之间的和谐、合作、和平、发展是多么的重要。

于是，我激动兴奋地思想，全球化时代里的中国宗教和宗教家必须历经迷茫、孤独、寂寞、痛苦、悲悯、欢喜、极乐的过程。当然，佛陀的涅槃隐退，东方思想的隐匿和西方自由思潮的兴起，本来就导致了社会存在意义的遗忘，这是现代人不可逃脱的历史命运。人被抽象成思维主体，世界或自然被理解成思维主体的客体对象，人把自己的生活世界变成了研究、计算、征服、支配和利用的对象。技术支配了一切，人通过变成主体，而使得人自己在本质上成为一个意欲的意愿，并以技术的方式按照意欲去构成世界，同时也把生命的本质交付给技术制造去处理。可悲的是，尽管有无尽的痛苦、难言的苦恼、莫名的焦虑和烦忧，有不断增长的骚动不安和不断加剧的混乱，人们却竟然变得越来越悠然自得地去追逐、占有和利用自然世界。技术时代把掠夺自然的命运安排给人，这一命运便把人抛入一个充斥着被遮蔽的存在者世界当中，致使人既不能同无蔽之镜的存在照面，也不能看护存在之真理；技术时代的人只有居住之所，却没有栖身之地，自在自然和人的生命自然一同失落。人的无家可归之感，使人迷恋于一种强有力的支配整个地球的幻想之中，现代人类生存的种种悖谬尽皆缘起于时代的无家性。

　　真正的思想者必须为离家失居的现代人担当寻求灵魂栖居之地的使命。然而，我们的时代，最令人难于忍受的莫过于思想的枯竭，会思想的思者在我们这个缺乏思想的国度里成为稀缺资源。市场体制一方面促进了经济的繁荣，一方面又鼓励了粗俗平庸的价值取向；官能的满足驱逐了一切精神的焦虑，个人俗世幸福的要求使人们已无暇考虑社会和人类的终极意义。由于社会的实用化和世俗化倾向，物质生活上粗糙的需要把人们从思想的精神寺庙拉到经济角逐的市场中去，爱慕真理较诸贪求肉感的宣泄和世俗的糟粕不再具有无上的光荣，意义缺席解构了彼岸的寻找努力。在现实的困窘和生存的压力下，中国知识分子的启蒙和救世的责任受到怀疑和拒绝，精神反叛不再受到鼓励，人性开始隐匿并陷入一种绝望的境遇，他们彻底放弃了坚守着的精神立场，并做出了梦醒了的文化宣言，试图谋求与现实社会的任何妥协关系，理想主义在粗鄙化的现实中变得面目全非，惶恐、痛苦、媚俗成了从精神立场上撤离的知识分子的困窘或自愿选择的生存状态。他们可能都还在写作，但却不是为了思考；他们可能都还在表达，但不是发自灵魂的内在声音；他们的论著不是为了证明自己生命的存在方式和存在价值，而是直接服从于名望、地位和利益的量度，因而无法摆脱人格与叙述之间的语言分裂——"嘿，那不过是玩玩而已！"

中西文化传统中最表面、最肤浅、最恶劣的成分结合在一起，导致了中国现代化的困境和民族文化自身的危机——盲目沾染了西方消费主义和炫耀心态，却未贯彻高消费经济背后那种重视个体的责任感；效仿西方民主选举形式，但没有法治的基础及其他机制去约束操纵选举的行为；生硬地输入西方的科技，对科学背后的哲学及人文精神却不加深究；只憧憬和进行西方式的竞争，却漠视这种竞争对个人发展的正面意义。这种劣势组合而成的混合文化，不仅使我们漠视现代化对社会带来的负面冲击，更在我们的潜意识中，孕育出一种自卑又自大的心理，使我们在意识及行为上，往往自相矛盾、进退失据。现代化所带来的消费主义、自我主义、无原则的竞争、对历史文化的漠视和践踏，使我们变得麻木不仁。历史成为尘封的记忆，在集体性有意和无意的淡忘中，历史被轻而易举地抹杀了。没有历史只有今天，大众只是轻薄地追求和试图抓住当下的表面，只乐意跳进今天的河段洗去同昨天的联系，跟大众同乐，与时尚一致。所有的文化形态都割断了与历史的联系成为孤零零的当下存在，回顾只是在炒作的仪式中玩一下翻新的把戏，并在传统的虚置中铸造自己片段化的灵魂而无法回归自然的真性情，眼神中闪烁着急功近利的光芒，靠着书本、服饰、文凭和生病的语言矫饰虚弱的灵魂，但却缺失了精神灵魂的自我否定和拷问。是向下沉沦返归世俗被功名利禄吸干掏空，为换取职称和前程被钙化、阉割？还是向上突破，更换精神血型，轻荣誉、拒盈利并对俗世价值和公共话语缺席？

很多人最大的无奈和无助在于他不想知道自己在精神上有多么贫困,这一切是怎么发生的?难道时代的迷雾真的遮蔽了思想者的眼睛,尘封的历史真的迫使智者低下自己睿智的头颅昏然睡去?不!还有醒着的。鲁迅说:"青年又何能一概而论?有醒着的、有睡着的、有躺着的、有玩着的,此外还多。但是历史也有要前进的。"为了历史的进步,我们必须进行文化的反省;为了不被淘汰出世界民族之林,我们必须做自我淘汰落后的民族。这就是醒着的自觉,这就是东方民族应该对世界的承诺。一个人提出什么样的问题,也就意味着他在按照什么样的方式在思考和生活。然而,当我从最初的精神悖迷间试图走出置设在我生命周围的种种壁垒时,我逐渐发现所有的问题都不再是问题。我不敢肯定这是否就是生命者被过程异化和迁变后的态度,但我相信在人之为人的善美情怀里,我每脱去一层伤疤就能为生活注入一点高扬的激情。面对发生在生命实践中的一切动摇、怀疑和不可知性,我反而剥去了易受悲观情绪感染的机敏,异常放纵地在想象里放飞灵魂的青鸟。而我那慎微而又空阔的心思,又总是使我在一股对生命世界敏感的触及中产生一种诗性的解脱。我愿逃避世俗躲入神圣,更愿在无蔽中敞开自我。在我的生命实践里,那些朴素的本不成问题的事物,竟屡屡遭遇我的忽略和漠视,而在走出问题的过程里,我竟然发现正是它们以最朴实的光辉韬养着我的性情,并毫无例外地构成了我生命的全部事实。只因我那微不足道的一丝动摇和怀疑,就将那些值得我去肯信和赞美的事实尽数推入了惶惑、矛盾,甚至虚妄的裂谷。于是,我在一股羞愧和罪感的挟持中内在地审视自我的同时,不得不在茫茫烟海间寻找生命出航的灯塔和背靠。

　　我用这样的心去观照感恩国土的方式,我用这样的心去感恩观照众生对我的慈悲喜舍,我用这样的心仍然去观照娑婆世界,在此时此刻我想,正在全面建设小康社会和坚定不移走和平发展道路是中华民族伟大复兴,东方儒、禅、道、医文化究竟能够为她承载什么?中华民族伟大复兴就是把中华民族凝结成一个统一的有机整体,不断推动中华民族向前发展的奋发有为、昂扬向上的精神状态和精神力量，推动世界的合作、和谐、和平、发展，可以说这是中华民族生命力的重要体现。民族精神是一个民族赖以生存和发展的精神支柱，对一个民族的凝聚力有重大影响，是国家综合国力的重要表现。只有在科学发展观的指导下，立足于新时期全面建设小康社会的新实践，着眼于世界科学文化发展的最前沿，积极进行文化创新，继承中华民族的优秀文化传统，并吸收世界上其他国家优秀文化成果，才能创造出具有民族精神的社会主义文化。

我们在建设小康的精神文明，发展小康社会的文化时，以挖掘弥勒和平文化，继承中国传统文化的根基，丰富伟大民族复兴的精神，这是我们在全面建设小康社会的伟大实践中紧密结合实践，对中国传统文化进行发展和创新的科学选择。唯有如此，我们才能创造出民族化、科学化、大众化的文化，才能培育和弘扬中华民族精神。小康社会应是开放与进取的社会，小康社会的文化必须具有开放性特征。人类文化是全人类共同创造的财富，具有共同的基本属性，融于民族文化的特殊性之中。不同的民族文化间是可以相互沟通交流，取长补短的。历史一再证明，一国经济政治文化全面繁荣的时代，也是该国对外文化交流频繁的时代。在中国历史发展的长河中，曾经有过多次对外交流，正是在这种文化交流、冲击与整合中，展示出中华民族的光辉。历史也一再证明，利用其他国家或民族的优秀文化成果丰富和充实自己，是实现本国或本民族文化兴旺发达、培育和弘扬民族精神的重要条件。《祈祷太空和平》的历史价值和现实意义也就在于此。新世纪我们正在进行的全面建设小康社会的新实践，必然孕育着与小康社会并驾齐驱的创新文化。坚持科学发展观的指导，用"三个代表和科学发展观"要求统领社会主义文化建设，立足于改革开放和现代化建设实践，着眼于世界科学文化发展前沿，积极进行文化创新，把培育和弘扬民族精神当做文化建设的重要任务，发展文化事业、文化产业，推进文化体制改革，我们才能创造出具有强大吸引力和感召力的具有中国特色的社会

主义文化。

　　我敬虔地祈愿《祈祷太空和平》在中华民族伟大复兴的历史长河中不断受到社会现实、民族心理、文化习俗等八面来风的冲击,在多元的全球化的时代中不断与接受者的心理期待相融合,在世界人民心中具有经久不衰的魅力!

庄严香山净土国
——行愿在太空和平的祈祷中……

  触摸在个人的日常历史中已成为熟视无睹的行为符号。一个人的身体每天都要置于缤纷缭乱的对于事件、声音以及构成我们生存空间的危险减少至最低程度的触摸之中。这几乎是一个生命在他的每一个瞬间被记忆中断的历史。触摸能使我们到达我们所盼望到达的那个最遥远的角落,并且最大限度地满足我们的想象。使我的目光在时间的联系中就像树叶对于树木那样亲密、坚定,而且柔和的是我那段山居的日子。

  山居是我为了修复在都市挣扎的身心疲惫而居住在北京香山的日子。在香山生活的日子,我于城市的边缘将身边的许多人和事放下,每天静静地同博大的自然对话,独对自然询问人世间的是是非非,我被一种巨大的宁静所震慑。经过许多尘嚣侵扰的心灵,陡然回归到这旷古未有的宁静之中,而又知道周围全是绿色的森林,心里似乎也注满了一汪清涟之水,轻盈盈的,如卧佛寺放生池塘里绽放着的睡莲。

  在白天,山峦偶尔也有人语喧哗,幽谷空鸣。空山不见人,倒使人感觉到大森林的真切和人世的烟火之气。更多的是鸟声,从黎明的晨噪到傍晚的暮啼,耳闻着那密密翠柏林间传出的啾啾鸟鸣,还可以看见那墨点般的小鸟,如大森林的音符跳荡着、栖落着。鸟鸣常常使大森林归于虚静,大森林的宁静固然会使人坠入前无古人,后无来者的孤独和虚空当中。而这染了绿的声音,却让人感到一种生命的快意和心灵的悸动。黎明的时候,"山路原无雨,空翠湿人衣",森林里露珠"扑

扑"滴落的声音,在我听出的是一种轻柔而凝重的绿色;森林静静肃立,树叶交柯,在我听出的是一种茁壮生长的蓬勃绿色;狂风呼啸,排山倒海咆哮着的玉皇顶沟涧里的柏浪林涛,在我听出的是一种悲壮和磅礴的绿色;阳光拂动滔滔无边的绿海,阳光掠却又显出一江春水,在我听出的是一种恬淡而平和的绿色。……山居无事的时候,只要静静地穿行在这无边的大森林之中,我满心的尘垢,便一下子就被荡涤得无影无踪,只觉得身心惬意和愉悦,心中陡然就有层斑驳的绿爬上心壁,盈注着生命那清凉的绿意来。

听惯了这种声音,在夜里我常常睡不着觉。拥被而坐,此时周遭那染了绿的声音已渐渐无声无息,看很白的月光,慢慢浮上窗棂,月光里的绿色冷冷如春水荡漾着,使人感觉到那绿色的声音一定是被浓浓的月光所消融,隐翳在莽莽苍苍的大森林之中了。但这时这刻,我思想的羽翅还翩翩起伏着,希冀那染了绿色的声音出现。有风的夜晚,我看窗外的大山果然是混沌未开的一团绿色,那染了绿的松涛之声铺天盖地地在我石屋周围如狂飙般的春潮,惊涛拍岸,震耳发聩,让我激动得恨不得长啸……这些年,我知道我常常谛听水声,谤听鸟声,不仅是因为我对尘嚣之声异常地厌倦和唾弃,更多的是在寻找清纯的自然和人生的大自然。

于是,让我常常想起大概与我有同样心境的梭罗。梭罗在瓦尔登湖畔筑屋而居,远离红尘,仅靠最起码的一点物质资料为生,居然喂肥了那原本枯瘠的心地,成就了伟大的超验主义代表作《瓦尔登湖》。在书中他说:多余的金钱,只能购买多余的物质;真正的生活所需,是不需要钱的。沿着梭罗的指引,我想,人之所以生活得惶恐与急迫,是把追逐多余的物质,当做人生的目的了。正如饕餮的兽们,虽食已餍足,逐尸之欲却不能餍足,悲苦于欲望本身也。

所以,涵养着书香的人,与物欲淡远了,饱尝着简约之境给内心带来的平静。这种平静,就是心灵的自由,就是幸福本身。那么,书籍对人的意义就显得至关重要了,它做着这样的证明:人与兽的区别就在于,人可以不为生存而生存。

一书在手,神游太极,这是唯有人,才能领略的境界,也就是说,人完全可以生活在精神之中。

思忆至此,我又忆起素日一些关于书的感受。

——自己最看重的一些人、一些事、一些感情,由于世事的乖戾,机缘的作弄,突然就离你而去了,便感到山之欲倾,身之欲颓,几乎感到再也没有再生的出路了。百般无奈下,静静地一个人在山房里拿一本佛陀的《金刚经白话》慢慢地从字的行间参悟,世间有了苦乐磨砺,众生才聪慧起来,人间没有新鲜事,更没有决绝事,你只要有耐心走向时间深处,一切都会自行化解,一切都会有新的开端。于是,内心的皱褶竟慢慢舒展了,感到自己的偏执真是有几分可笑,我之愚甚于古人。当书读得沉酣之时感到,有书可读得进的日子,其实什么都没缺少。书真是疗心的药剂啊!从《金刚经白话》中我了知了世间一切诸物,皆即菩提妙明真心,只要觉海性明,便能十方圆明。

——人时时会陷入沉沉的孤独之中,亦会感到人生的短暂和飘忽,便生出难以排遣的幻灭感。但一旦进入书的境界,发现每本书都是一个无言的友人,只要你肯与其亲近,它都会与你娓娓地叙说,就像小草淋到甘露,你的心便倏地清亮起来——日子其实是毫不灰暗的,是你未打开心灵的窗子。静静想来,书是人类不竭的生命:人只有一次生命,每人都只有一种生命感受,但你每读一本书,就多了一种生命感受;那么,读过千本万本书,你就拥有了千条万条生命。同样,一个人只能活一生;但只要你从古读到今,你就拥有了千条万年的人生经验,就等于你从古活到今。如果你再留心著述,你的人生轨迹延伸到时空的深处,你是不死的。

于是,人与兽的根本不同就在于:人可以以精神疗救肉体;也可以以精神的记述——书籍,拓展延续生命的疆域,使生命不朽。

正是这种属性,才使人高贵起来;那么,匍匐在物质之上的人,不仅是沉沦,而且是自戕。

"宫殿里有悲哭，茅屋里有歌声"——人的幸福，是由精神支配的，不取决于物质的多寡。

"贫穷而能静静地倾听风声，也是快乐的"。这是海德格尔"人要诗意地栖止"的形象阐释。人摆脱了物质的羁束，在精神的世界里会得到无限的自由。

在静寂的山房里读书，犹似十方世界在耳。

这样的意象在脑中闪现出来之后，我不禁笑出声来。连忙燃上一柱藏香，升腾飘逸的香味有甜丝丝的味道。巴士加尔说得好："一个人越是有思想，越是能发现人群中卓尔不凡的情调；一般人是分辨不出人与人之间的差异的。"这种差异决定了幸福的深度和生命的质量，对于现代人而言，知识是丰富的，但生活的智慧却是狭隘的。因此，许多人拥有广博的知识，能做事，能赚钱，但不快乐。诚如哲学家苏格拉底所说："真正带给我们快乐的是智慧，而不是知识。"因为只有智慧才能保证自己活的有创意，能带来光明的人生。

游离在香山的林荫小道上，最喜欢的事就是听鸟叫。

鸟的叫声是世间最美的语言，你不懂得鸟的语言么？我想你应该懂的。在山上，谁都喜欢鸟的鸣叫，谁都懂得鸟的语言；谁都懂，清风懂，白云懂，流泉更懂，连站在树枝上晒太阳的小花鸟也懂。鸟的语言永远叙述着动人的爱情故事。

在朝来金色的阳光里，我喜欢用大半天时间，去谛听两只鸟在我头顶上鸣叫。它们总是用五个不同的音符串成一首歌。一只先唱，另一只接着，缠缠绵绵，重重复复，透明的情意，像滑滴在青石上的一线灵泉从歌声里迸落。我在小时候就很熟悉这种鸟，绿背黄纹，有一只小巧的红喙。我喜欢它们灵活的体态，更喜欢它们的样子，依偎着、厮磨着，总是分不开啊！那时我不知道它的名字，现在仍然不知道，它究竟是哪种鸟呢？想着想着，自己却不禁失笑了，真是太傻！名字有什么用？人们喜欢各种好听的名字，鸟不一定喜欢，鸟喜欢唱的歌，人不一定能听懂；其实，人爱不爱听都是一样，鸟是唱给鸟听的。

山雀是顽皮的精灵,老是成群结队地撒野,老是呼朋唤友,兴奋地吵闹。山雀们短促而嘹亮的鸣声,让人来不及凝神,只感到一阵轻快的音乐雨,散乱地、急骤地,漫天洒来,直把你全身淋透;而后,雨过天晴,在你阴翳的心版上引进阳光,在你灰白的生命里加上色彩,把你浸于奔放的欢乐而又有些淡淡的悒郁里。不是么?谁,面对着山雀这么奢侈的自由、这么天真的喜乐能不怅然呢?谁,没有山雀一样的欢乐时光呢?可是,少年的好时光,总是流逝得太快又太恍惚,谁又能永远像山雀那样欢乐呢?想想看,人,制造出自己的桎梏,把自己套牢,乃是自然中最可悲的族类啊!但山雀们却不管这些,不管你快乐不快乐,不管你忧伤不忧伤,不管你有多少无聊的思想,山雀们,什么都不管;它们飞翔像一阵旋风卷起,它们落下像一片云彩罩地。嗳!为了欢乐,它们是忙碌的。难得的是有这片深山广林,要不,这些喜欢唱歌的精灵在何处容身?

过午之后,山林便到了入睡的时刻,高照在千山之外的秋阳,朦胧的光线竟灵空得如同饮醉了的月华:透着微醺,透着温柔,敛起那份耀眼的光彩;任凭幽谷深林去制造秋日的奥秘了。山林睡了,鸟儿们静默了。踏一坡金黄的落叶,踏一地斑驳的树影,也踏着一份薄薄的寂寞。在众鸟默默之中,"咕——咕——",从哪里传来的几声鹧鸪呢?忽断、忽续、忽近、忽远,那缥缈的鸣声,竟有些不可捉摸了。真的是鹧鸪么?在北方的城市很少听到鹧鸪呢!鹧鸪该是鸟中的诗人,不,或者便是诗人的化身吧!就那缥缈的几声,便会把人拉回到一个古老的世界。"咕——咕——"。

沐浴在香山的林荫中,且闭起眼睛,不要再浏览风景,好好地听一听鸟叫吧!鸟儿们用一百种声调在欢唱,仙乐飘飘,回荡在峰峦间,流淌在涧谷间。你不是从这美妙的清音中,已经听到自然的消息和人世的沧桑了么?那么,除了敞开自己的心灵,还要做些什么呢?

还要做些什么呢?

香山是北京一面飘扬的绿色旗帜。

这面旗帜绢绣着亿万年来的生动与精彩。

天庭织女的一个笑靥,在此相思成四季的缠绵,可又是谁精选了凝视、歌唱与倾听的华章?

哦,是山,生生世世,族族代代的山自己。

香山,是华夏文明的香山,亘古如斯!

我,只是蠕动于这面旗帜褶皱中的渺小的旅人,用敬仰、膜拜的情怀,讨乞阅读的资格。

香山,深厚、沉重、执著、坚定、伟岸、雄健、朴实、绚烂……千千万万年的沉淀缀饰了如此丰富多彩的生命。

读香山?该从哪一页开始启程?

读香山,实在得用一颗游离于尘世的静心;一份亲近天语物华的善感;一双明察于细微处的慧眼;一腔源于读者灵魂深处的虔诚。

我有吗?它们都装进了我的行囊了吗?

读香山,把自己嬗变成一只小小的有透明翅膀的昆虫。飞行穿梭于山的视野中,蜷伏爬行于山的肌肤上,深深地感受母体的气息、悸动、温热、色彩……

匍匐聆听来自远古的摇篮曲,而今音符依然纯美;感触跳动了亿万年的脉搏,而今频率依然强劲;摸索觅寻山那蜿蜒盘旋了所有时空的筋骨与血脉,而今仍是以擎天的姿势独立。

可是,卑微、渺小的香山的读者啊,你真的感悟到了香山全部的内涵了吗?你真的领会到了香山深邃的精神了吗?你真的辨明了香山最原始的真谛了吗?

于是,香山,实实在在只能是她自己的山了。

读香山,周身有一分云淡月朗的快感;有一分风清雾馨的惬意;有一分超凡脱俗的清丽;有一分刻骨铭心的爱恋;有一分亿万年前开始的守望与亿万年后邂逅的尘缘……

读香山,请赐予我微薄的资格吧!不敢有太多的奢望。

直把香山读成生命中的灵魂了。

就这样一生一世吧

从背景到回眸

然后轻轻对视

感觉,香山要伴我到白头

一路走来

不知丢失了多少脚印多少夜话

唯有月色的林荫石板路

摇着消瘦的影子

在香山的记忆里存放

然后静静地浅酌我的思绪

凡是遥远的地方

对我们都有一种诱惑

不是诱惑于美丽

就是诱惑于传说

即使远方的风景

并不尽如人意

我们也无需在乎

因为这实在是一个

迷人的错

仰首是春,俯首是秋

愿所有的幸福都追随着你

月圆是画,月缺是诗

山上的云,压着季节的韵脚

扑落阳光

扑落南归时唱给你的恋歌

心跳如雨

蹒跚在泥泞的七月

祈祷太空和平

阴霾里偶有一丝风
掠过心情的黄昏
任远山的晚钟敲着
等待你的落日
放逐你的流萤
仍守着儿时的寂寞
任肆意的生命，沿时间的脉络
绽放一场花开
漂流的日子，还记得那首遗落的神韵
而那摧肝的琴曲越来越远
借着风，你会走得很近
傍附水，你想沉得很深
那一曲高山流水
已经弹得很累
现实是谁会听得如此动情
谁还真心过问那琴弦上的心事
今夕何夕
我能有幸端坐在阴晴圆缺里
听你灵魂的手指
浅唱低吟
一拨花开花落
再抚黄叶飘零
试问谁的故事里没有春秋轮回
莫怨琴声走得太远
莫叹歌词已经丢失
无论你活得浪漫还是实在
生活本身就是滴水石穿
归家的脚步惊不醒，香山的月夜

只有沉眠的鼾声伴着

房屋的霜冻

冬的记忆如一把锈锁

故人的容颜如故,唯放任心事

年复一年

多少个子夜我伴着月辉的香山,我疑惑,疑惑月夜香山那边是什么?不知是受到哪位神灵的启示,抑或是一种无可躲避的召唤,我竟为之磕磕碰碰、踉踉跄跄地走上去。

时而跌落于坎陷,盼望黑森森的洞天会有一条藤索垂下,结果,什么都没有,还是靠自己攀破流血的指头,攀援而出。

也曾走失在密林深处,认着兽迹,寻着响泉,追着鸟鸣,辨着草叶树叶藤叶的背向,企图步出迷津,一圈圈摸过来摸过去,最后,仍旧回复原地。

也曾为流星的光晕诱惑,在波光点点的山中湖里沉溺;还被染礼香山的红叶拨撩,心生沉醉,昏昏然,久久不能醒来。

那是为了换取一团薪火、一口淡馍、一杯凉水,不惜用生命去兑现人生的况味。

甚至腻烦了别人走过的山道而去筚路褴褛,往往为踩着捷径沾沾自喜。

就这样,迎着风,沐着雨,沾着露,顶着雷,苦苦地走,忽而浅唱低吟,忽而长啸疾呼。所有的颠簸都在脚底起茧,所有的风云都在胸中郁积,所有的汗水都在肤上打皱,这一切的一切,都是为了知道山那边究竟是什么。如果是莽莽苍苍的林野,会不会有响箭的指向?如果是横亘无垠的暮霭,会不会有安详的晚钟?如果是躁动于旷谷之中的浩浩云海,会不会有鹰隼载渡?当我支着疲惫的双腿终于征服了一个自以为是的高度而极目远眺,哦!山那边还是山。

脚下匍匐的只不过是一个土丘,一团小小的泥丸。到了此时,到了

此地,才知道自己是微不足道的;也只有到了此时,到了此地,能知道自己的微不足道。

于是,我又得肯定自己的跋涉,毕竟它使我知道了眼下属于我的风景仅仅如此有限。那么,以后呢?以后的事情谁也无法预料。可我还是想知道:山那边究竟是什么……

人类的好奇、欲望从来就无止境。那就踏踏实实地走稳脚下的这一步吧!这一步走好了,离梦想的天堂也就近了一步。走一步,再走一步,让梦想之神牵着你走完人生的每一步。纵然一路走来,最终发现自己是多么的渺小与微不足道,那,还要紧吗?!不要迷惘,无需困惑,走自己的路,不管山那边的风景是什么!

人若能不贪婪,不强求;去除野心,心灵自由,就不会使自己陷入困境。人生本来就是苦,如果坦然接受人生是苦,那么恬淡之情油然而生。倘若汲汲于钻营,就会产生严重的苦恼,佛学上叫做"苦苦"。因此,要能以恬淡的态度生活,才有真正的自由和悦乐,所以说:

判如无求,真为道行。

无所求使一个人从"无欲则刚"中脱胎换骨,不易受引诱而坠入陷阱,同时也有较好的心智以解决问题。人生最重要的事是智慧而不是野心和占有。有智慧的人,处处都能解决问题,所以是自在的。名利熏心则障碍心智,限制了自己开阔的前程。

我们看看双手,如果两手老握着拳想抓住什么东西,这双手是不是就不能做其他的事了呢?如果心里老想着钻营,是不是也卡死在钻营中,而看不出更多悦乐的生活情趣呢?所以无所求是一种心灵的自由,它能给我们自由和自在,它提供了创意的生活条件。

在滚滚红尘之中,我们时时刻刻要明白并接受来自各方的挑战。由于生活是无常的、变动不羁的,所以你不能僵化,必须检讨原因,随缘应变;有很多事情不是你能改变的,所以你必须懂得认命而不逃避。当然,必须有一套现成的生活应对方式,好解决一般生活及工作中的问题。为了保有清醒的智慧和回应能力,不能用野心和贪婪来生活,而要以恬淡的态度待人处世,这样就会有悦乐的人生。达摩所提示的四行:报怨行、随缘行、称法行和无所求行,为成功人生的四策。

每个人心灵的深处都有一盏光明的灯。只要肯努力、肯立志、肯脚踏实地地生活和工作,那盏光明灯便能大放异彩。它给人温暖,给人信心,助人志气,照亮前程。

心灯是无形的智慧,是活泼的响应能力,是能克服烦恼、使人自在的积极心志,而不是迷信者在家里点一盏灯。如果家里需要点一盏禅灯,也必须明了那盏灯是一种象征,它在提醒自己:要经常维持智慧的明亮,心神的愉悦,待人处世时清醒。

透过禅的参悟,我们能在坎坷的人生路上走得安稳,能在艰困的日子里看到光明的方向和希望。

人生不免有许多逆境,而顺境是克服逆境之后才出现的。辛苦和忧心是生活的必然,但喜悦却在含辛茹苦之后才尝得到。顺逆之间的转变,烦恼与悦乐之间的消长,端赖自己是否运用觉照的智慧,开悟的卓见,展开生活的豪情。

开悟表示自己看出新希望,看出事态的真相,愿意打起精神迎接它,并应然照它好好地努力。这种心智状态,就好像在黑暗的道路上,点燃一盏明亮的灯,让自己看清行路,步步踏实,不至于坠落悬崖或踏入坑洞一样,所以称它为禅灯。

禅灯不是供佛时用的灯,而是在供佛之前和供佛之后,从自性所流露出来的光明力量。这种心智能力,不是一般所谓的智能,不是学问知识,亦非遗传禀赋。禅灯可以勉强解释为你的生命之眼,它正在看你自己,而且要看出接纳它和展现它的意义。正因为看出自己的意义,就能振作起来,有意愿去生活,去承担现在的"应然"。

禅灯是心灵世界的新希望。人一旦看出自己的意义和价值,肯接纳它时,贫富影响不了你的自我评价,贵贱左右不了你对人生的庄严信念。这就能做自己的根器,好好发挥,得到自我肯定的满足。

这个生命之眼在看着自己,也看着自己的生命和周遭;是自性,又是千变万化背后的如来。唐朝的洞山禅师年老时受到病魔的折磨,弟子与他有一段精彩对话:

"是否在你之外还有一个不病的体?"

"有。"

"那不病的体能否看见师父?"

"是我在看他。"

"师父如何看他?"

"当我看他时,看不到有病。"

很明显的,当我们用那心灵的眼去看时,才看到他生命的真实性,而且照得自己通彻明亮,不觉自己有病。因为他已超越了病与不病。

更具体地说,当智慧之灯通彻明亮时,所有的顺逆、成败、高下、得失都成为生命中庄严的一部分,就好像有高山就有深谷,有凹凸就有明暗,有急流就有湖泊一样;不因为高山就高贵,深谷就低贱;不因为急流就壮观,湖泊就停滞,都是整个庄严的一部分,都具备佛性,同属尊贵,所以叫平等性智。这就是佛光,就是禅灯。

在禅的典籍里,无处不在传述光明的心灯,照亮人生的光明面,故云:一灯能除万年暗。

这是说当自己的心灯明亮时,就可以从万年的黑暗中走出来,看出希望,有了新生。这就是所谓的解脱。

一杯淡茶,一缕檀香。在春天清冷的浸润迫压中,轻抚满纸新鲜的字迹,于昏黄的灯下,静静地陷入思考。

人是什么?

历史是什么?

荒诞是什么?

真实是什么?

在强大厚重的历史面前,香山的卧佛寺、碧云寺、双清别墅、香山寺等等,对香山历史的解构、对人的命运的探索显得浮泛而微茫。以我有限的学识和经历,想要破译这一深奥的命题,如同盲人摸象一样显得荒唐而可笑。我只能借助于隐喻——那些有着无尽含义的鲜明而生动的隐喻,来表达我苦苦思索的一线心得。代代交替相传的一缕缕炊烟,从乡村一直转到城里的那盘流云,化霜成汽拂去又飘来的不尽雨雪,升天下凡送走而又迎回的灶王老爷……我只能借助于这些周而复始循环往复的无穷喻象,来解构一部生生不息的香山魂魄。

人之渺小,人之仓促,尚有三魂七魄;以香山之博大、古老,又岂无魂?佛家说禅,其玄奥种种,然归根结底,全在于一个"悟"字……

香山不说话,香山无需说话。横空出世,阅尽人寰沧桑;危崖兀立,不怒自威,不由人不肃然起敬。当年辛稼轩面临山的巍峨雄浑,慨然而赞道:"如对文章太史公。"以司马迁的《史记》来比喻山势,真是奇人奇想。

千岩万壑,深谷幽涧,曲径蜿蜒处,又豁然别开洞天。游兴尚未尽,归途已黄昏,回首望山,无语自亲。李太白诗云:"众鸟高飞尽,孤云独去闲。相看两不厌,唯有敬亭山。"可谓深得个中三昧。

香山不说话,却并不冷清,也不寂寞。

香山上有树,树上有鸟。

树下有草,草中有虫。

鸟鸣、虫吟,悠悠扬扬,此起彼落,喧闹而又不流于粗俗,香山却因此而生机盎然。白昼,惹几许诗情;月夜,则更添三分幽静。

况且,香山上还有风。

微风过处,草木萧萧,有人说像情人絮语;我却说最像渭城朝雨之中,阳关三叠,一咏三叹。而劲风浩浩,林涛阵阵,又似岳武穆长啸凭栏,壮怀激烈。

此情此景,若能携友人三五,伴明月高歌,心胸为之舒朗,又岂有俗虑九重、烦恼三千?

况且,还有流泉,叮叮咚咚,余韵不绝,恰如浔阳江头,秋月芦花里轻拢慢捻的琵琶,每每令登临者驻足低首,遐思无限。还有飞瀑,空谷

雷鸣,声撼九霄,遥遥闻之已精神大振;行到近前,席地而坐,闭眼听喧呼满耳,俨然周郎赤壁,金鼓齐鸣,三军振臂。又仿佛八月十五,观潮于钱塘江岸那一种夺人的声势,非亲历者无法体会。

有天籁如此,山又何须说话。

然而香山真的不会说话么?

一个暮色初降的夜晚,山鸟归尽,山月未起,疏星几点,在一峰巨岩下,我把耳朵紧紧地贴在那片微有凉意的峭壁上,很久,很久,脑海中一片空明,似乎无所闻,又似乎有所闻。

佛家说禅,其玄奥种种,然归根结底,全在于一个"悟"字。

山行归来,山声盈怀,丘壑满胸,再入红尘时,竟恍然有桃源归客那一种隔世之感,几回想把山中的感受告诉他人,却总有难以言传之憾。

伫眺远山,但见一抹浓绿,横依于大青沙白之中,幽闲如处子凝思。

人的一生有如一次旅行。无需抱怨,无需懊恼,生命的旅行,原本可以如此从容,如此平淡。当繁花开遍、飞絮散尽,真理的寂光抹去所有的泪水和色彩,心的历程就会连成一片净土,还我们一个纯净透明的极乐家园。

日子轻轻一晃就到了不惑之年。伸手接住一片落花,恍如接住一片空灵的梦,无论是荣华富贵,还是隐逸东篱,都不是生活的目的,而只是生命的幻灭过程,没什么值得傲然炫耀,也没什么值得驻足留恋。滚滚红尘,花开花落,云聚云散,匆忙而又纷杂,能够让人心安的,只有一场场繁花落尽之后的清寂。

那么,我总该明白了,该如何穿越今生回归永恒吧!

我不禁低头思量,我每天披着星星出去,戴着月光归来,踏遍青山,尽心尽责,算是活过了多少生多少世生命呢?何时才可以停歇呢?

曾经在《中国传世名画》一书中看到过一幅题为:"明月为谁"的书画,画的是一位仕女,坐在一块石头上吹箫,一轮明月冉冉升起,她不禁回头望去,那明月,历经种种磨难、惯看悲欢离合,茫茫天海,何处是家?为什么流浪?为谁流浪?那仕女仿佛与明月相互辉映、心照不宣。不是为了天上飞翔的小鸟,也不是为了地上宽阔的草原,更不是为了什么梦中的橄榄树,而是为了自心的圆满、升华与解脱,同时也无意中给这茫茫苦海中挣扎的苦痴疑迷的众生以心灵的安慰和智慧的启迪。

四十岁了,雪泥鸿爪、寒潭鹤影,再不想有梦。而春天,依然像个不懂事的小孩子,兴高采烈地向我扑来,真不是哪生哪世相约而来的缘分。所不同的是,进入不惑之年的我,已学会了宽容处世、宽容待人。虽然,清晨的花瓣上有时候也会沾满夜间的"泪水",但是,曲终人散时绝对是一派阳光灿烂。

前念已灭,后念未生,刹那永恒,这才是我要收集的真正的花环。

我喜欢秋天,盼望秋天。秋天是一个象征着永恒与安详的时节。但我知道,如同要涉水才能到对岸去,我必须穿过风雨交加的春季、烈日炎炎的夏季才能够进驻焕然一新的秋天。因此,很欣赏一句流行歌词:"走过沧桑换来晴空,梦醒家园在手中。"

佛说:"色即是空,空即是色。"那么,我愿以这团赤诚的心承担;并化解命中所有的积世因缘。我相信,当繁花开遍、飞絮散尽,真理的寂光抹去所有的泪水和色彩,心的历程就会化成一片净土,还我们一个纯净透明的极乐家园。

此时正是仲春时节。回头望去,一轮明月正冉冉升起。落花有声,明月无言……

在时空的巨大压力下,人类又能做些什么?在无知无觉的仁义忠孝、礼义廉耻里,荒诞与真实地死去或者活着。这便是历史当中人类生存的境遇。莎士比亚几百年前的名言直到今天仍在人们耳畔响着:活着,还是死去,这的确是一个问题。

窗外的一缕曙色正顽强地透过缝隙钻进门来。合上窗,将灯关灭。新的一页历史便又在入秋的微风中悄悄完成。

星月当空,天微凉,血犹热……

在时间的风中,以唤醒对一棵树的记忆的方式去了知探寻窗外寂静的世界,窗外依然洒落的是被风撕碎的鸟鸣。坐在未来临的曙光里,泪一直流淌在我的骨骼,在天堂门前寻找我失落的呼吸,任心事和思想在季节的边缘飘零,那便是明天,明天会带给人们讶异,带给人们又一个偶然,这就是人生。人生是由一连串的"偶然"组成的,从这个意义上看偶然也是生活的常态,不过,它的特征是猝然而至,往往不给人作思想准备;从而,我想起27岁时在浙江诸暨突遇车祸,那种因车祸给我带来的生命喜悦使我增加了对生命深刻的记忆和认识,那场车祸使我的股骨四折,险些被庸医截肢。医院是一个让人痛苦的地方,遭遇车祸的我只能等待命运对我的裁判,葡萄糖生理盐水的玻璃瓶晶莹莹的高悬着,监守我那在车祸中遭遇厄运的身体。身无分文且又在异地他乡,孤独的心伴随复杂的思绪不得不思考一些由痛苦带来的千奇百怪的问题,即是一脚跨出阴阳界,便绝无回头再世为人的可能。然而谁又能矩步规行分厘不爽,安安稳稳地走过人生而且能够衣袂翩举,风标绝尘拔俗绝毫不沾泥带水。在病床上我用眼泪注目生命,然后将自己置于伤痛的焰口,把青春的血液推向狂澜。从而使我认识到人生是在有限中延续无限的生命,在历史的长河中,有些我们认作永恒的东西不也常常是一种偶然么?每每于此,我总是想起点缀我人生的这首诗:

有限的是一个远游者

无限的是我的必由之路

灵魂流动的世界

是古老的健康与幸福,和平与彻悟

历经生命的漂泊

相互依存的雨季

是荒野焦渴的梦

踏着天空的允诺

像烈火一样穿过无限的时空

回到生命出发的地点

在狂纵的黑夜

我留下葡萄酒一样沉醉的眼泪

这个世界对于我来说唯一能对抗时间的大概只有记忆了,相信我是一个凭着直觉与感性生活的人,然而当我检点人生时,却发现我弄明白的似乎只有这样一个简单的事实:"今天我活着!"可是,心却似一口古井,无数零星的记忆茁生于心壁呈苔藓颜色,我常涌现于午夜梦回时那一霎潮湿,仿佛有柔绒般的温暖,也颇有苍凉……欲以其牢牢地粘住什么?时间却把一切都棱织成过往,无论是高歌还是低吟,在醒和梦之间的记忆如水墨淋漓挥洒,幻化成一片古老的苍苔,这一切都无由追寻它的意义,唯一能把握住的只有那一点潮湿,虽然时空流变着,但我只能默守孤寂,回到心壁里去寻找记忆,走过许多条路,临过许多阵风,淋过许多次雨,见过许多种人,但我的生命仍似古井,似深幽的一座洞穴,眼泪背版干涩的瞳孔是岁月尘封僵固了的血液,太多已经沉落的人脸和事物,颗粒般寄生于我生命灵魂深处的思维、记忆、印象和感觉。

瞻顾那一段车祸给生命带来的狂喜,我似乎在那次车祸的手术治疗中,感觉到我的灵魂离开了身体,在空中俯瞰着我自己,在昏睡中看着医生为我的大腿镶嵌钢板,当这种双重感知同时存在的时候,我是完全清醒的,而我的灵魂就凝视着躺在手术台上的自己,我觉得这很难用言语解释。在意识深处我被一个极大的漩涡吸住,拉着我穿过清晨的天空,随着上下远近的视觉感消失,我的身体知觉也逐渐消退,我发现自己穿过一条缤纷多彩的通道。这时观世音菩萨突然出现在我面前,脸上流露出的慈爱让我感到每一个细胞都充满了无限的快乐和幸福,就好像一生中所有美好的事物都在一瞬间涌向我的身边,观世音菩萨拥抱着我,他温暖的怀抱让我的情绪完全失控,我不停地哭泣,但心中充满了快乐和安慰。我感受到无边的宁静和圆满,我很想让这种美好的感觉多停留一会儿,可这时他向我传递一种内心的认知,他轻

轻地告诉我："世上还需要你去传播《妙法莲华经》，完成莲华生大士、弥勒佛的弘法事业。"观世音菩萨向我讲述了许许多多人间天上的东西，我经历了一次穿越时间和空间的旅行，而这次旅行的具体细节就像个美梦一样很快地从我生命的记忆中褪去，消失得无影无踪，唯一留下的就只有在某一个时刻、某一个场景而复述的记忆直觉。因为这次车祸，我的生命开始进入越来越清晰灵性生命与宇宙生命的探索，生命不断地生发出掌控人生的力量，站在宇宙的角度，宇宙间的能量是不断变化着的，任何事物都是能量的不同形式的存在。宇宙都是心灵之像，心灵是心灵坚信的结果！我们是时空的生命信息，只是以实体的形式来到这里学习，我们的身体、神体、心体、智体、能体、法体就像一个管弦乐队，几种乐器都必须协调，我们周边的事物才会同宇宙一起振动，宇宙的共振就是我们深信的共振。物以类聚、人以群分就是宇宙振动的智慧！宇宙中的能量像一个摆钟潮起潮落，日落日升，所以当我们了解了宇宙来自于宇宙的真爱是无限的，宇宙中有足够多的爱，你付出了，宇宙中便有了更多的爱。宇宙给我们的礼物永远不是异想天开的梦想，只要我们心智世界没有束缚，当我们身心灵全面地开放，我们意识能量场的境像便会在神奇的宇宙世界飞驰。

　　人的生命发展过程也是逐渐打开意识开放的过程。我们每一个人都有一股强大的力量，促使我们向着无限美好的方向前进、成长，促进我们打开发展意识，丢掉那些为意识的不断发展和打开加上的枷锁，促进属于第一本能，被绝对真理的魅力吸引。我们就像植物一样慢慢地成长，有规律地从种子发芽到开花结果，直到我们潜在的一切都完全地释放出来。我们的成长就像百合一样，自由而有规律地、一片一片伸展着自己的叶子，直到长成一株完美的植物，繁茂的枝叶簇拥着神圣的花朵。

　　土地里的种子用细小的嫩枝表现自己，移动了比自己重千倍的力量为的是触及太阳的光辉。小树可能会变弯，限制在土地上生长，但是它的枝干遵循着它的生命轨迹，将会本能地向上生长，沿着生命的轨迹移动着,向着太阳生长,不管有多大力量在阻止它。像这样的植物,这样的小树,这样的存在与我们内在的一些东西不允许我们向阻碍和桎梏屈服,也不会允许我们遵守那些为了让我们奉行而建立起来的错误标准。当他必须屈服的时候,他将一天天地积聚力量,在欲望的驱使下随着不断的压力,直到有一天,在巨大的努力下,他挣脱了限制他的障碍,遵循着自己的规律继续向着太阳生长。

生命成长的过程。在这条道路上前行,以各种方式反抗阻碍,奋力地前行在自己的生命轨迹上。假设许多生命形式在成长的过程中,丢弃自己、失去自己的保护层的时候,有一些东西也会试图驱使它保留下那些保护层,但是这将会导致生命的自然规律被破坏,最后在它巨大的努力下,它将会冲破所有的一切,把束缚它的保护层撕成碎片。

我的生命开始有一种内在的渴望想去探索,想去感觉,我的生命开始自由自在而不受任何羁绊,我愿用自己的生命去了解自己同自己以外的某些事物的联系,去感知宇宙是怎样运行的,想要了解生命具有何种更大的意义,想要寻求一种方法使得生活更加从容、更加淡定、更加坦然……

走过一段苍白的路,这一刻,因为你的到来,一切都焕发出春天的颜色。

那枝在风中等待了太久的百合,终于张开了它白色的花瓣,它也要换上那洁白的礼服么?

小鸟在门前的树上唧唧喳喳地喧闹,它们都是一群长不大的孩子,一颗露珠就能擦亮它们的眼睛,给它们一个小太阳。

而我,守着这只杯子,静静地看早春采摘的嫩芽慢慢复苏蕴藏的春色,任这些大山的精灵,一点点地浸透我全身。

周围的山水,此刻清澈无比。空气纯净得只有那叶子的清香在一缕缕升腾。

这世界,只剩下你娓娓的话语和你那生动的眼睛了。青山绿水都成了你的一种背景,让我再也看不见你来时的路,和即将要去的征途。

你仿佛是我一直在等的那个人,很久很久以前,你的命运里就埋藏着我的命运。

　　不然,你怎会让我想做一只林中的小鸟,自由地、散漫地放纵自己的欢歌笑语。或者,像那朵野百合,穿上自己深闺的嫁衣,与你一起在天地间翩跹起舞……

　　许多日子以后,当我回忆初见的那一幕,阴霾的天空就会亮堂起来。那个日子,成了我生命中第一个甜蜜的秘密。你也许不会知道,你清泉般滔滔的话语,从那一刻起就成了我记忆之河中最强劲的音符。它总会在某个深夜,突然闯进我的梦里来,让我欢喜又忧伤。

　　你是谁?

　　太长太长的路,和太久太久的相隔,我真怕自己再也想不起来,你是谁。

　　你的名字,只是一个可以唤起我欢乐笑靥的符号,即使那电波可以缩短遥远的距离,你仍在别处。

　　我知道,现实的距离并不是距离,只有心与心相隔,才有那无法跨越的万水千山。虽然,那个小心收藏的秘密也会在我不经意的瞬间偷袭我,让我手足无措。

　　可那绿水青山的隐逸生活毕竟与我无缘,我不过是拘囿在城市的思想者。我可以用文字无数次地描摹你的样子,以及未来世界的样子,堆叠出我想要的那座山峦,迈出走向你的那一步,却有太多的牵掣和羁绊。

　　我宁愿这样枯守你给我的那缕清新的风,让它自由地在我的窗口进进出出。纵然心中有千重浪花堆叠,我也不愿轻易触那隐秘的一角。

　　在我一个人的世界里,有一缕清新的风能唤醒我纯真无邪的童年就足够了,为什么要去掀起滔天巨浪呢?

　　真的不要再给我太多,有一次纯美的回忆就足够了。为何一定要去点那一抹让花蕾颤抖的红晕,让它再也守不住那个它苦苦厮守的秘密?

渴望是一条奔突的河,它总在不安地躁动。决堤也许是一种必然。

而转身,不能安然入眠,一轮圆月将静夜的思念勾得好长好长。

你说,明月是天空的眼睛,把你唤醒在失眠的夜里,太阳逃走了,而你的忧郁却无法逃离……

可我却不敢告诉你,我窗前的月光是怎样在我徘徊又徘徊的身影中,悄悄侧过身去。它不愿舔去我脸上的泪痕,却让黎明前的黑淹没我难以释解的愁云。

逐渐稀落又逐渐喧嚣的车流,将黑夜和白天缀成一个个似曾相识的日子。

日历一页页薄下去,相思却层层堆积到了我再也无法隐藏的高度。

你的名字,总是频频地沿着一个个方块汉字,向我靠近,靠近。

是否,你真的想选择这样一种苦役般的方式,让我的目光在那深深陷落的午夜灯光中寻找你的背影。一如初见你的样子,向我铺筑一条让我无法回头无处逃遁的路。

无数次,我在远方想象你的样子。

圣地。活着宫殿。高海拔的仰视。红宫的厚重。白宫的纯净。金顶的光辉。

迷恋你,是因为热爱。

望着你,岁月才不致使我觉得沉重。

那不甘寂寞的一剪红梅的生命,傲立陡峭的枝头迎着风,抒情的姿势站立成古典的笑容。曾几何时凄风苦雨散作一片无语的忧伤而婉约,此刻在我面前,你已飞旋为另一种寓意上的豪放。我知道你为红尘纤柔暗香,如此从容,纵使生命枯萎,你冥冥中恍然的还是化入春泥的无怨无悔。

遥远的夜空停泊着明月:宁静,淡雅。

苍穹悄然洗去昔日的羞涩,扣起心弦。

你的手轻落了,我那心头上空颤颤的一次轮回。

涤尽案牍的浮尘,浣去江南烟雨濛濛。一篙点破似水柔情,跌宕明媚人间。

高山、流水、浮云、绿竹、一缕清风,陡然唤醒了一个游子的灵魂。

又是烟雨,又落江南;又似琴音,又落心坎。

烟云掩不住辗转的梦境,月光吹不灭汩汩的泪泉。

一次轻落,便扣开一世的情缘;一次弦动,便灼伤一生的孤单。

千年的红尘眷恋,一任秋水望穿。

古香琴音,国色容颜,一双素手撩起今夜一灯如豆的无眠。

月光,在一棵树和一棵树之间徘徊。

在一片叶子和一片叶子上面流淌。

闪闪地,把隐藏着的梦,洗亮了。

摘一片给你,要吗?

一种神话,一抹淡淡的忧郁,

就让他在你的眼里停泊,

不要关上那扇窗,

打开窗户是一个世界,关闭窗户又是一个世界,世界在窗户内外不停地变幻。

一双眼睛是一扇窗户,一颗心灵是一扇窗户,一个家庭是一扇窗户,一个民族是一扇窗户,每扇窗户都折射着一种生命的光环。

因此,每打开一次窗户,总有扑面而来的灵气;每打开一种窗户,总有一股强烈的生机。

那一丝丝细细的哀怨,那一缕缕淡淡的怅惘,只能在窗户外徘徊、消逝……

一扇窗户有一种声响,一扇窗户有一种色彩,不同的窗户映照着万种憧憬。

窗户一扇扇被友情打开,生命一寸寸被爱情孕育……

窗外与窗仅隔着一堵墙。墙是什么?用来防热、防冷,抑或是防贼、防盗。该防的防不了,该堵的堵不住。窗外的噪音,你能堵得住?窗外的诱惑,你能挡得住?

破窗而入的不仅仅是风、是光,还有尘世的喧嚣,人间的烦恼,比防热、防寒还难,比防贼、防盗还难。

窗外与窗里,虽隔着一堵墙,分明却是两个不同的世界。要守住窗里的宁静,就要摒弃窗外的尘嚣;要保持窗里的操守,就要抵住窗外的诱惑!

梦想是沉重的,情义是沉重的。

生命,轻若薄翅。

几千年蓦然而逝,仿佛一场宿命的沉醉。

醒后物是人非,唯见岁月如流水。

端坐三月的窗里,望你绝尘而去。

此刻我到底需要什么样的眼泪才能破解囚禁我的晨曦,我又需要什么样的感恩才能雕刻时光永恒?我不知道,要怎样才能返回一朵花的内心。

一个声音高叫着:春天,请给予我飞翔的机会……

在书屋里坐着,总会思考些什么。

人生的去向?

时空的回响?

树叶上露珠捧起的那一滴饱满的月光?

古往今来,孤烟落日、碣石沧海、杨柳岸、古道边……长空低谷中,知音魂断高山流水,生死一世;平湖沙洲上,渔舟漂泊二泉映月,浓淡千秋。

在者诉说着在者哦。

语言从文字的排列中醒来。

情感在旋律的起伏里传递。

然而思想者只有姿势,蒙娜丽莎只是微笑,还有梵高的笔触、罗奥的线条、蒙德里安的色块……巴尔扎克由于双手缺失栩栩如生,维纳斯因为断臂独立永恒。

也许,任何赋予意义的企图,都是漫长的沙滩上走进风景的那一路脚印。

　　一队失踪的渔火。

　　一堆碎裂的涛声。

　　深夜的屋檐下,一盏昏暗的灯。

　　一千年后的一位过客与袅袅升腾的一线禅香;

　　相对无语。

　　如渔舟唱晚;或浩浩莽莽,如大江东去;或悠扬清婉,如小桥流水、春江花月夜、雁落平沙、深山禅林。潇湘的水云,也正沿着一管长箫的指向,抵达情人的瞳孔。

　　岁岁年年,这些如水的琴音,不知道已经度过了多少个无边的暗夜?

　　清越、古朴。谁在弦上轻弹,倾诉如水的心境?

　　以心抚弄琴弦,掩饰不住内心的波澜。谁的情感,正在七弦琴上泛着如水的鳞波?

　　激昂或者幽婉,高亢或者低吟。直到生命的地老天荒。

　　这悠扬清婉的旋律,以隐者的情怀,僻居山野吟风弄月。

　　音符化成一缕缕家乡的炊烟。在沧桑与古朴的琴音里,多少人在继续流浪,多少人正寻找心灵的故乡。

　　春风微微,布谷声声,一轮圆月,斜倚在天边伴我无眠。

　　我面壁而坐,超然逾越的魂,潜在一盏小小的怀里,悠悠然然地斟出一片斑斓的景、一幅亮丽的色。

　　缥缈的意象,载着片片心梦,忧郁如水的情,催开思想那扇阴森森的门。我泰然自若,于夜的背面,调动汪洋恣肆的语言,精心地构造智慧的宫殿。

　　然而,有限的词汇,不仅未能分离出来光芒四射的色泽,反而使你裹在深处的眠心,痛失了葱绿和灿烂的季节。

　　你抬头望天,月悬星幕,低头思量,心蕴万千。昔日炫目的憧憬,已在无声的抽泣中,化为一堆失眠的夜。

瑟瑟月辉里,仰望寂静无言的苍穹,我撕下风霜擦亮眼,便一头扎进荒凄的阡陌间去采摘生命流溢的清澈。

踽踽进行间,面对浩浩荡荡的千崖秋色,我却忧郁地沉吟在蝶羽蹁跹的世外桃源。一任弓弦般的身影,孤傲地跋涉在梦的幽谷里,啃噬凄清、高洁。

从此,我握着岁月、扶着悲切,踉踉跄跄地在时空中泼洒一路逍遥的浓墨,以至灵魂落脚的地方,千年不灭。

赴约梦幻,一切又是如此真实、灵动。

这是春天燃烧的照耀生命的灯火。

千万张盈盈笑脸响亮如词,平平仄仄由近及远,由远及近,奔跑、集合、呐喊,经久不息,耐力无限。

哪一片是我的最终择定?

哪一朵是我的最终所爱?

鸟的翅羽上滑落的风声,风声里滑落的点点滴滴琴音。时光的主宰,像幸福溅洒一地。

倔强的英雄气概,装点山河,笑傲江湖,它们,可爱之至,出脱红尘,能够在废墟上点燃灯盏,在心灵深处留存无伤的怀念,在目光的远处飞翔斑驳的幻想。

而你那漫长的心事,望眼欲穿成春天的故事。

在我的梦里,老去的春天弯腰走进沃土,做一粒怀念的种子。

温馨的泥土,让你想起季节之外的许多东西,譬如玉米吐穗、水稻扬花;譬如棉花打苞、橘树坐果,等等。

然后,在我的梦里入梦。然后让我生命的风景展现在你的梦中,以你所期待的那种情态和茫然,刻画着我在阳光下的命运。

在我们的梦中,那日益逼近的是次第消逝的花朵。

蓦然回首。是谁留下毕生芬芳构成我最美妙的支撑,于我抽穗扬花的骨头之中,散发出坚韧无比的力量?老去的春天,你必须告诉我!

谁从我的眼底一天天老去？谁又在我的诗歌中萌芽吐叶？以一种最富生命的姿势，展现我生命的美丽。

老去的春天啊，你老去的只是容颜，不老的是你的情愫！

独坐小屋，无言的静。

喧嚣与繁杂，在不远的地方，嘲笑我的懦弱。

黄昏的羽翼，悄然伸展。一片小鸟，幽幽飘落。低微的鸣声，是避寒的巢。

春天的微微的寒瑟，包裹起落叶的梦。一些受孕的目光，四处寻找，后代栖身的位置。

独坐，与面前的茶桌倾心而谈。没有话语，只有一颗相通的心，一双凝望的眼。没有一声足音，碰碎我的沉思。思想的河，在时光与记忆的原野上，无羁地流淌。

怀想那些或远或近的人和事，怀想那些或浓或淡的情节。想别人，也想自己。一句简单的问候，一次偶然的邂逅，足以让我感动很久很久。曾经的快乐或是忧愁，此时全成了甜蜜的享受。

轻轻地掩上一道门，世界便小了，只有自己。一颗疲惫的心，顺着黄昏的枝丫，爬上月宫的桂树，俯瞰渺茫的人生……

坐在书房里看月辉下的窗外，一棵站了多年的树，还安静站成窗子里的风景。

记得在冬天的冷风里，它更显得寂寞孤独。

说实话，即便是在寒冷漫长的冬夜，这棵在不知不觉之中默默陪伴我走过十多年的树，从未引起过我的重视和关心。我只不过在工作或学习疲劳之后回到这个房间，泡好一杯茶，偶尔看上它一眼。这棵树之于我的作用不过是，在我无意间翘望窗外时，在无声地提醒我：春夏秋冬。

而在今天，当我从现实生活的角逐中再一次退守于这间意义空洞的房间时，才真正觉察到，在我的生命里，一棵树距离我的心竟比一个人更近。十多年来，我们彼此对视，虽然默然无语。从玻璃窗望去，无意中交换阳光和风雨的气息。它也许为我曾经的处世不慎而叹息过,也许为我过去的为人刚直而默许过……只不过,我从未留心在意过。这很像一颗星辰对一块石头的照耀,几千年,不为人知,也不为所动。

它那么像一个朋友,好朋友。一个不需要表白就能从内心理解我的老朋友。

当一棵树守你十多年,而你在十多年后才感觉到它的温暖,这不是每一个冬天与春天都会遇到的事。

窗外,一棵站了多年的树,当我用看一个人的眼光面对你,我明白,这个冬天,倾诉就是倾听。

注视一棵树,它站立的高度,无有欲望的姿态,不装饰什么也不被什么装饰。树相信只要活着像棵树,有没有鸟鸣,有没有清风,都可以入画。

树的叶子披着尘埃。树叶般更替的人群。

树的叶子青了黄,黄了青。树叶般更替的黄昏。

一棵树苍老得像一部史书,幽深的荫翳呈现的近景和历史远景,在尘烟中忽隐忽现。如何透过层层落叶倾听一只哀叫的蝉,它像失去江山的帝王,伏在残枝上,把生命哭成一只空壳。

我祈求一棵树,神说:你只能是根。

我吸吮、探索伸展的乳汁。

作为根,我只能是根。神说:你已是树的命运。

置身天下,我撑起的风景,心系朝夕,我站成的是光阴。

作为树,我感到庆幸。

神说:你同时仍是根……

树一路唱着风雨的歌曲。

树一生走着一条无形的路。

一袭长衫,戴着斗笠,在大地上,从一个圆走向另一个圆,层层的圆撑起生命的高度。

圆是万物的形迹。

岁月是圆的,天地是圆的,星辰是圆的,人心是圆的……

树告诉我,谁心里装满了圆,谁就拥有了世界的辽阔。

一棵树就是一个家园,是鸟的家园。树庇护着村庄,村庄翠绿,笼罩在树荫之中,我也享受着树的庇护。

树生长的村庄里,依偎着人生长,依偎着房屋生长,日子就沿着树的生长而盎然,露出亲情的微笑。我们总是在村庄里温馨地生活着。树是我的家园。

人生易老,树亦易老。老的树龙钟老态,树干粗裂,树枝婆娑,经风历雨,饱经沧桑,渗透着太阳的沉重。

叶绿叶黄,叶黄叶落,飘雪的时节,茂盛的树只剩下褐黑的树干树枝,突兀着,生命简单得让人心酸。

树日日生长,村子就日日生长,有树的村庄,是有生机的村庄,盎然的村庄,香山就是这样一座村庄,每每春夏秋冬天南地北忙碌的人们都会来到香山这个村庄照亮朝圣的心。

春风好像有一种浮力,一不小心就会飘上云端里去,那才是春的滋味。堆在眼前的那块厚厚醇醇的大地,那张挥霍着彩色的画面,会惊得你呆上半天。那色彩、那声音,那一季看不完的风景,那一片开不尽的春意,胀得你昏陶陶的,当你面对着一谷谷的紫、一山山的红,你会被胶着在颜色中,被消融在花香里,无论你站着,坐着,或是躺着,你都会连动都不想动。

在一年的四季中,其余三季的改变都是在逐渐的嬗递中完成,唯独春来得突然;它总是在大地的心态还没有充分的预备时,便迫不及待地迸现出来。在冬天还来不及撤走它的残军,便闪电般地发动攻击;由一声鸟啼,一粒春芽,到满园春色,不过在提顾之间,这种神奇的大自然的节奏,会带给你生命的震颤与喜悦。

春风中好像有一股神奇的生命力,是造物者满满地吸了一口和煦的气息,轻轻地吹向大地,吹向山巅,吹向山河大地,吹绿了田野,吹青了山峦,吹红了满山遍野的杜鹃,也吹笑了人们的脸庞。她不紧不慢地吹、不休不歇地吹,轻轻地在你耳边吹,呼呼地在天际吹,蜷缩在庭园的角落里吹,充塞了宇宙苍冥地吹;从早晨吹到傍晚,从黑夜吹到天明,不知道由哪儿来的一股劲,一口气就能吹完了春天。

在故乡,这样的季节,田野里早已长肥了绿油油的麦苗,天空中已挤满了各式各样的风筝,浸在和畅的春风中,整个身子,像发了酵的面团一样,忽然减轻了生命的负载。卸下了臃肿笨拙的冬装,空荡荡的长衫夹袄里,塞满了鼓膨膨的春风,整个的人好像要浮起来。抬起腿来,一点不费劲地就可以踢出老远。在春风里,人好像气球一样,一抓不牢便会凌空飞去似的。连那些修养有素、策杖而行的老先生们,沐在骀荡的春风里,也会脱去了龙钟的老态。

在春风里,人们一律失去了年龄的界限,人人都恢复到童稚的心情,收拾起心机,敞开了城府,让春风来洁净人的心胸,涤荡人的杂念,在春风化育中,没有什么是不可爱的。啊!在春风里!

每当我的双手接触到泥土的时候,便会有一种莫名的悸动,我会由内心产生一种强烈的归属感。当嫣红的嫩芽由早春的冻土中挣扎出来的时候,内心的激动,更是莫名。我会天天去看那一棵棵的植物在早春的气息里奋力地成长,一直到枝叶茂密地吐出了嫩苞,或是在凝露的清晨看架上的蔷薇舒展第一片花瓣,那才是惊心动魄的大事。三月的花季里,在无边的春色中,奇峰屡现,高潮迭起,几乎每天都有一种新的花朵绽放,教人应接不暇;从一盏嫩芽到一株花苗,由一瓣薄蕾到花圃锦簇,这整个的过程是一幕惊天动地的神迹。造化之神奇,令人不可解释……

在长空中绝尘空间与季节的积淀,分离出来的重量是我生命心领神会对声音的呼吸。因此,从我十二三岁开始音乐是我用全部生命去热爱的东西,我也一直深信音乐是由伊甸园中唯一泄露出来的天机。当我将整个生命沉浸在音乐中的时候,我便会止不住地流泪;而天籁是唯一可以滤去人的烦恼、恢复一颗赤子之心的良药。每逢我一个人单独面对大自然时,我便会倾心灵地用耳朵去听许多我平时听不到的

声音。由一片树叶的飘落，看它那洒脱的舞姿，在阳光中徐徐地落地，所造成的轻微的声音，是任何管乐、弦乐以及敲打乐器所奏不出来的，但却会砰然地震撼我的心弦。当我将全身松弛下来，无论躺在溪畔、山岩、草地或云边，让一串激越的水声，或一片绚烂的鸟啼，擦过我的心灵，都会再一次刺激我的泪腺。而当我的心脏、脉搏与呼吸完全与大自然调整成一个浑然的整体时，我便会在大自然中溘然消逝……

生命的神奇，是我永远也无法懂得的，当我细读一朵小花的内涵，看它全部生命的美作无保留的展现，它所做的是无条件的奉献，而所代表的却是造物者的爱意，会使我觉得愧怍而无地自容。有时候看到一只昆虫爬行在树叶上，好像是造物者的一句诗，是在整章乐曲中一只跳动修饰的音符，而由内心深处浮起无限的谢意。最使我不能忍受的是当我发现一只如针尖大小的小虫，爬行在我稿纸上的那种感觉。它那么细致，却又那么生动，而且虎虎然地爬上了一个格子，再爬另一个格子，似乎是昂然地独行于天地间，给人一种俯仰无怍的感觉。当我仔细审视它时，我便会停下笔来，觉得再多写一个字都是一种亵渎。这只小虫才是不朽文章的创作者。是的，当你面对着这样一个生命时，你无法不受感动，你仔细品读这些可爱的生命，你便会感受到造物主的盎然的爱意……

我永远不能忘记我第一次读《妙法莲花经》时的感觉，我感到惊悸、喜悦与满足，所有的关于生之奥秘，美的探奇，都在那一刻得到了答案；在泪眼模糊中，献上了我的感恩，原来这些生命、这些美，都是出于春天的手笔……

春天的夜空很美也很神奇，仰望星空，星空就有多少美丽，更有多少神秘！

天上有多少颗星，地下就有多少颗童心，它像纯净的眼睛，闪烁着无数纯真无邪的遐想和梦境，可以点亮沉睡千年的水晶。

搭上童年的快车，心在飞翔，成长的底片，夹进心灵的笔记，不仅仅是珍藏，不仅仅是回味，点点足迹，处处充满生命的礼赞和歌吟。

童年的故乡,一如节日的驿站,因为天真烂漫,因为童趣无限;一双双明净的眸子执拗地告诉你,大地永远是绚烂的,天空永远是蓝色的。

思想的芦苇在成长,拔节的脆响,抒写向上的音符,化为美妙的花絮,飘扬未来的远方,因为童年不需要太多的沉重。孩子的世界,童心童趣,汇集成汪洋一片,谁在望洋兴叹?

繁星很小,其实她的世界很大,像无数孩子们与他们的梦想。

有时做梦的理由很多,属于天真,属于浪漫,也属于智慧;一种心情点点,闪烁在情感的天空中,纯净是底蕴,白云是情景交融的意境,明媚的月亮引领她们走向梦的殿堂。

也许你觉得这意境有些浅显,我却觉得忠实于切身感受的可贵,孰不知身后的天空是多么的深邃!她们共同演绎无数颗透亮迷人的童心。

也许,那心中的季节变幻我无法全部诠释,但每一颗童心中的梦想,都将被光明打开,在每一个人的眼前豁然开朗,变成我们生活中不可缺少的最透明的文字语言。她们自由地舒展自己的情感,显得具体而丰富。她们不需要太多的经验,不需要在复杂的记忆里纠缠,字里行间撞击出的火花,却能点燃共鸣的火焰,让人感到日常生活的亲切和温暖。

眺望繁星,第一个迎接太阳的是最亮的那一颗,遐想因此变得更加纯粹而不再缥缈。

梦过繁星的曙光,写下生命微笑的所有灿烂。

在期待已久的朝朝暮暮里,遥望如水的光阴。

我不是朝圣者,却有一颗朝圣的心来完成《祈祷太空和平》这样的一种使命。

脚步轻轻,怕惊醒了你沉睡千年的梦。

有多少传奇在酥油灯下弥漫?有多少爱恨在重重叠叠的帷幄里穿梭?一碗清水,真的能让自己在那个未知的世界里不再焦渴?

经幡飞扬。经筒转动不息。奉献的是虔诚,是美好的心愿。

高高在上的佛啊,你的慧眼识破了多少人心的贪婪?金钱、欲望、名利,还有那游戏人生的微笑。

离神最近的地方,离人间真情究竟有多远?

仓央嘉措隐在历史的光影里,淡淡一笑:离神最近的地方,离人心最远。

他说:在看得见你的地方,我的眼睛和你在一起;在看不见你的地方,我的心和你在一起。那一天,我闭目在经殿香雾中,蓦然听见,你诵经中的真言。那一月,我摇动所有的转经筒,不为超度,只为触摸你的指尖。那一年,我磕长头匍匐在山路,不为觐见,只为贴着你的温暖。那一世,我转山转水转佛塔啊,不为修来生,只为途中与你相见。你见或者不见我,我就在那里,不悲不喜。你念或者不念我,情就在那里,不来不去。你爱,或者不爱我,爱就在那里,不增不减。你跟或者不跟我,我的手就在那里,不弃不离。来我怀里,或者让我住进你的心里,默然相爱,寂静欢喜。

一重又一重佛殿,一尊又一尊佛像,一个又一个五体投地的信徒。

奉上我的虔诚,奉上我的财富,奉上我这一身臭皮囊。佛啊,我用今生的风霜,修来世的幸福。

信仰似利剑,直斩过客麻木枯萎的心灵。

一个弯,又拐一个弯。在窄窄山路的石阶上上下下,山路石阶两旁的树被人手抚得光滑无比。在宇宙面前、在时空面前,我不知道我是否是迷途的人,迷惑在你与众不同的气息里,忍受缺氧的疼痛。

阴暗。幽静。肃穆。压抑。神秘。角落里沉默的红衣喇嘛,黄袍和尚。

这就是我眼里的香山。一个人的香山。

走近、再走近,抚摸、小心翼翼地抚摸,闭着眼睛地抚摸。一个手印,又一个手印,是想把你刻在心里,还是想把你自己的身影留在你的脑海里?

香山碧云寺里的金刚塔、昭庙、琉璃塔、香山寺、香炉峰……是属于信徒的。尽管我十六岁入伍中央警卫部队在西山靶场训练时,偶尔望到碧云寺金刚塔,便唤醒我三岁时做梦当和尚的记忆,哪怕我以朝圣的心在香山生活了十多个岁月的日日夜夜,而我只是一个匆匆的过客,我永远读不懂香山威慑的力量。

人生有如流水,你可以成为一条奔腾的大河,也可以变成一块禁锢的坚冰。过分追求名利,就是给自己的心灵套上沉重的枷锁。心灵的枷锁是一道封印,它会封存掉你的快乐和幸福。心灵的枷锁是一种束缚,他会增加你的负担和痛苦,戴着枷锁的心灵永远都看不到阳光的灿烂。只有自己才能束缚自己的心灵,也只有自己才能解开心灵上的枷锁,解铃还须系铃人。在物欲流转的世界里,却自以为是地走在时代的尖端前沿,殊不知可能被流行的浪潮吞噬自己,人生怎料在繁花落尽之后,爱上浑然天成的自己,喜欢驻足倾听自然天籁,我破相扫尘般的降服之心,我没有了对佛、神、亲人、朋友、同事的祈求依赖,我只剩下一颗同日月星辰、风雨雷电、山河大地、花草树木、江河湖海、川海云天、虫鱼禽鸟交流交融的祝愿之心。记得我是从三岁多的一次梦中同太阳公公、月亮婆婆开始交流对话至今不辍,太阳公公、月亮婆婆从不分辨人间是非善恶贫富康疾,他们只向祈愿的人助愿成就。殊不知宇宙间的一切奥妙奥秘全由我们的心呈现。人生若不曾将心降服到微尘便无法领悟生命绽放的美妙,不曾谛听心灵密语的耳朵便无法听闻一朵花开的妙曼。宇宙的法则便是:你的心坚持什么,宇宙的实相便呈现什么。生命如梦,宇宙便是神秘无形的力量,牵引着我们走向自己的生命历程。

当我站在香山脚下,每每久久地凝望,香山,你赐予我的依然是一个陌生难解的谜。

碧云寺、卧佛寺永远宁静在纷繁嘈杂的香山,寺院的大门永远把红尘关在门外,人世的苦难也关在寺院大门的外面。

寺院里的一树红梅,裹着春寒静静地燃烧。

银杏树是僧人驻足的处所,风轻轻吹拂他黄色的袈裟,飘飘欲仙。

他明澈清幽的眼睛,永远望不穿时空隧道是一口古井。

木鱼敲不醒大佛,殿堂里的香火平添了悠悠的睡意。卧佛寺的佛总在睡觉,佛的睡姿镇定而优美。

我想这便是神性:他使天国成为诱惑,诱惑的谜成为人类永远追逐的永恒。

我一个人在庙门口冰冷的石阶上坐着,夜已经很深。耳际回旋幽幽的沉钟,一声,一声,是送得道的先知跨进天国的门。

殿堂里烛火已尽,佛依然在睡着,睡着。他什么都不知道,或许,什么也知道。

我的思绪像诗意一样地流动,在幻想的背影里消失得无影无踪。

苍凉的风从远处呼啸而来,千万里,我追寻着你的足迹,伫立在时光的心岸,任想象翩跹,任想象泛滥,真想,真想就这样化作恒河沙的记忆,岁岁年年,真想,真想在你的怀中年年岁岁,与你枯荣同行。

不要问我从哪里来,又要到哪里去。

我是朝圣者,万水千山,阻不住我三步一行的虔诚叩拜。

三步一拜,五体投地,五体投地,三步一拜。

重复的动作,相同的祈愿。

活着,朝着梦想的路前进、前进、前进。那里有东方等待我们的红太阳。

皑皑南山晴雪,

皎皎云间皓月。

剪烛闻香遥相望,

红叶窗前同心结。

止观禅里闻夜鸟,

何处飞来冲霄鹰,

如有意,

随月去。

若听狮子放啸声，
阳关曲，
谁敢闻？
江山雪月事，
依旧笑长风。
试待山河寻问取？
循天道，
啥不能。
茫茫宙宇几苍浪？
而今有谁悲喜同天地？
真如性无主，
归去来相同。
逍遥焚香坐，
恰似梦寐空。
独榻炉煮雪，
浮云几处灭。
天地不能已，
本来无生灭。
千古鸿影春秋际，
顿超人生无来去。
来人休问颠倒梦，
空谷幽径解脱门。
地水火风生死幻，
茅蓬岁月疏短长。
若知轮回浮生事，
独看峰前岭上云。
随顺因缘岂挂碍，
始觉人间是梵间。

山人遥迎春秋至，

天地犹似促膝中。

空门每涉清凉迹，

闲吟溪月长安风。

　　当然，爱山爱水，向往自然，是人类共有的情感。厌倦了世间的喧嚣，自然而然就会投身自然，寄情山水，寻觅人生的乐趣。这就为人们无意中铺垫了一条修身养情的养性道路。"归来我亦爱吾庐，碧水黄芦画不如。随意栽花成曲径，偶然筑室类幽居。已知穷达端繇命，未必功名胜读书。聊且闭门闲独坐，懒寻庄蝶话蘧蘧。""盖屋黄茆不费钱，水边箕踞树边眠。无名花看逐时鲜。晴雨灵禽啼报信，温凉药草服成仙。不知今日是何年。""一条竹杖一蒲团，去住可随缘。白云深处多僧舍，向西山、结个茅庵。清夜闻钟自省，空林闭户高眠。老人多病且偷闲，何处问禅关。""阆苑瀛洲，金谷陵楼，算不如茅会清幽。野花绣地，莫也风流。却也宜春，也宜夏，也宜秋。酒熟堪酌，客至须留。更无荣无辱无忧。退闲一步，着甚来由。但倦时眠，渴时饮，醉时讴。"可见，隐居乡间，或养花种草，或闭门读书，或独坐参禅，或故友对饮，清闲自乐，自宜于陶性养年的生命堪破生死的大圆满。

我曾经也愿望穿越生死恐惧的茫茫哀伤

在三月的月夜香山

我孑然循步到法海寺的金山陵园

花草在墓影下芳香葱绿

色盲的夜悄然朦罩了时光苍白的梦幻

挂在山崖边的月亮同她的都市巢穴对话

法海寺的断壁残垣在墓碑的拥挤中

淹没了解读世界的语言

人群疯狂、金融危机、环境灾难

这些都被金山陵园的月光与城市的灯光忽闪

生活生存生命的翅膀在黑暗中飞翔

岁月伪装在没有未来的焦虑中

都市的喧嚣声震耳欲聋地在夜晚唱诵

人类的风景就像法海寺嘲笑娑婆世界没有历史

我的心静静地默读天籁的梵呗和寒山寺的钟声

我默读一座城市灯火通明催眠黑夜的彼岸世界

我恍惚在墓园的白天嘻笑与婴哭中行走

我恍惚在香山与城市夜色隧道中颤抖

香山三月冷酷的空寂在地平线的月夜低语

渐渐困倦的清明孝悌成为世界一个种群的虚无

城市的夜钟被异化的思想唤起信任

在钟声里我知道了欲望才是人们走向墓园漫长的归宿

夜色阅读幽远

祈祷审视祸福

子夜三点我从天地的嘴唇中

倾听唐伯虎隐藏几个世纪的《警世》解读：

贪利图名满世间，不如布衲道人闲；

笼鸡有食锅汤近，海鹤无粮天地宽。

富贵百年难保守，轮回六道易循环；

劝君早向生前悟，一失人身万劫难。

诸天有恒，因为它们持续运行，始终如一；尘世无常，因为它缺乏生命力，因而总是变幻不定，离心离德，这也是人的命运。人是尘世间万物之灵长，出于泥土，但就像雪人，在阳光中融化。人被自己的嫉妒心所融化、所吞噬；人会辩解说，是他人之拥有融化了他；然而不管怎样，人感到嫉妒的热病融化他，不像阳光融化雪人，倒像熔炉化金属；人不仅仅被融化，还被煅烧，化为原子和灰烬；不是变成水，而是化为尘埃。人顷刻之间化为尘埃，快得超乎我们的思考和想象。

京西的香山被满山的红叶点缀，红叶在霜雨中无声无息地飘落

着。那是一种无著、自在的生灵状态；那是一道禅关，万古长空，一朝风月，唯有对生命有渐觉观照的人才能真正懂得；那是亘古而常新的法音，唯有顿悟觉照的智慧才能有所证得……

漫步在蒙蒙的霜雨中，霜雨如一首伤心的乐曲萦回在耳畔，乐曲中充满着对夏天的回忆，对冬天的无奈，几分伤感，几分缠绵，令人惆怅。

红红的香山红叶，在迷蒙蒙的空中如飞舞的彩蝶一样飘动，蝶衣飞舞。再听那冷冷的雨，有种"疏雨滴梧桐"的美感，雨敲打着香山红叶，那细细密密的节奏，点点滴滴，似幻似真。你是否能想到有点像《笑傲江湖》、《阳关三叠》、《梅花三弄》、《广陵散》呢？但有点凄凉。红红的香山红叶，像一片亮丽的羽毛，悠悠地落在小径上、草丛中，竟是那么自在，那么无著。那种黄叶透红的颜色，充满着丰满的意蕴，似有一种灵气升上来，让您感到有种无边的空幻。

倾听每一片落叶，你仍然能感觉到春的绚烂和夏的繁荣，也能感觉到春的张狂和夏的任性，但是一切绚烂已经走向平淡，一切的张狂、任性已经走向安闲。捡起一片香山红叶，将它收藏起来，堆积于内心。也许那色泽终将随着时光的流逝而渐渐褪去，但心中红红的香山红叶却会伴着你走过冷漠的冬天，走过一生。

霜雨迷蒙蒙而空幻，倚在红叶树下，看着这如诗如画的北国秋景，仿佛有点陶醉了。无意中，一片香山红叶落在头上，将它轻轻地放在手中，竟有一滴水珠在上面滚动，水珠仿佛也变红了。那是否是清朝皇帝亡国痛哭时的血泪呢？也许是李大钊为国尽忠的热泪吧！抚摸着那片落叶，一种历史的沧桑感从中传来，那纷纷的落叶仿佛在倾诉着沉重的历史。轻轻地吻着那片落叶，一缕清香沁入鼻孔，一刹那，胸中也荡起那份沉重的沧桑感。

红红的香山红叶静静地躺在草丛中，那么自然，那么清新。唯有大地的怀抱才是永恒——不必为它伤感。它吸收了大地四季的绚烂，也吸收了夏日里香山那郁郁葱葱的热情，容纳了风雨中的苦恼与挣扎，走向稳健与成熟。生命也是这样，一切情绪的激荡终会过去，一切的喧哗终会消隐。诞生与死亡本是一如，有位诗人说："如果你爱生命，你该不怕去体尝。"是的，到了这一天，你将携生命的果实，无论是苦涩或是甘甜的，你将随着飘零的香山红叶，沉埋在秋的泥土中。你将不用遗憾，平静是人生的最终结局，想到这里，你是否有点超脱？但愿如此！

曾几度，对落叶赋予了多少伤感，成熟即意味着凋落，大自然未免太残忍，太不公平了吧！凝视着那静静的香山红叶，有种顿然开悟的豁然，大自然本来就是如此无著、有序地运转着，也许是我这位凡夫僧自作多怀吧！如果成熟的香山红叶不凋落，哪有冬天的皑皑白雪？哪有来年盛开的鲜花和苍翠的绿叶呢？一时间，我仿佛明白了许多。平时，总是以一种凡人的心态，来揣摩佛经上的道理，"佛菩萨觉悟了，为什么要度众生呢？"哦！原来如此。觉悟了，成熟了，所以懂得奉献自己拥有的一切，愿意牺牲自己，所以佛菩萨自然地流露出无缘的悲心，愿将智慧与福德奉献给众生，"好将一点红炉雪，散作人间照夜灯。"不是最好的写照吗？

红红的香山红叶，仍在霜雨中无声无息地凋落着。你明白吗？那是一种心态，一种无著、自在的心态；那是一道禅关，万古长空，一朝风月，唯有开悟的禅师才能真正懂得；那是亘古而常新的法音，唯有独觉观照智慧才能有所悟。今天，你与我，面对那红红的香山红叶，是否想到自己，想到生命？

恍惚中，香山红叶渐渐一片一片地都落光了，只剩下我那高瘦孤独的身影与潇潇霜雨。没有一会儿，我也消失在濛濛的霜雨中，仿佛我也化成了一片幻叶，一片红红的香山红叶……

人的生命就像一片树叶，从嫩芽萌生，到葱绿茂盛，又随着季节更迭，深秋的香山红叶，洒落满地，直到永远深埋地底"叶落归根"……

走在霜雨中，心念随着风在飘，脑海里的一片记忆也都变成了雨滴，洒落在丰饶的大地上，与万物同一体。在香山的林肠小道上，在一棵古老的松树下，我的心忽地一颤，眼前那一片片红红的叶子使我心

中顿起涟漪,一阵伤感让我垂下了眼帘,泪水模糊了双眼。透过落叶,我似乎饱尝了"生命的短暂,人生的无常",更深一层地理解了"树高千尺,叶落归根"的含义。其实又何尝不是呢?

"香山红叶"不也是在暗示着我们"回归"的寓意吗?我似乎明白了些什么,脚步也变得轻松起来。此刻,我攀上香炉峰的岩石,眺望京城,眼前一片苍茫,耳边有种乡音,"深秋闻清梵,余音逐海潮"。

世间的万物有生必有死,有来必有去。万物生命在开始的那一天,就注定将有结束的那一刻,然而,生命又像是荡漾在海中的一叶小舟,漂浮在海上不知去向,又找不到港湾可以停靠。

回顾过去,由于找不到可以停靠的港湾,我无数次向大地呼喊:"我要回归!"又时常因为找不到回家的路而感到恐惧,我曾向天空呐喊:"是谁带我到无常的人世间?"可是,又有谁能为自己的生命做个妥当的安排呢?我不敢再想,也不愿意想。我告诉大海,我会做它最忠诚的赏客;我亦告诉自己,"回归"是我唯一的选择!同时"活在当下",珍惜来之不易的生命,认真对待每一天、每一时、每一刻、每一秒,于是,我咏出内心的诗:"生命纸上写娑婆,人生路上念弥陀。傲树怎舍一叶落,沧海独当一赏客。"

是啊!生命虽苦短,活在天地间,在人生的舞台上,演好自己的角色,生命贵在活在当下,这本身就是一种奇迹!

在这个世界每一个生命都是神奇的,他们都是宇宙钟爱的孩子,其实农民在土地上种谷子与我在纸上摆弄文字没有区别,珍惜生命、观照生命,每一个生命都是你自己,人也是蚁也是蝇也是马也是牛也是鹰也是魔也是鬼也是神也是佛也是道,只是生命穿越了不同的时空而已,佛说似相非相皆为如来,青青翠竹、郁郁黄花皆具如来的相,大概已经说得究竟透彻了,所以佛告诉我们不要有分别心,一乘法界,皆为佛性。

佛在世时我沉沦,佛灭之后我重生。

忏悔此身多业障,不见如来金色身。

人间沧海桑田，世界成住坏空，人心生住异灭，人生生老病死，一切都是无常！如果你能证悟真如本性，找到自我，找回自己的本来面目，那么无论世事如何变迁，谁都无法扰乱你心中的那一方净土、一片良田。

静静地坐着，什么事都不做，草木就自己生长，那个努力和那个作为是静止的，有一个很深、很广的宁静会降临到你身上……就在几天之前，我在读一首日本的诗，其中有一句话深深地打动了我，它变成了我内心的一部分，它说：

没有小鸟在歌唱，

整座山变得更宁静。

当没有任何作为，甚至连小鸟都不再唱歌，没有什么东西在那里，每一样东西都很镇定、很安静，突然间你会觉知到打从一开始就不缺任何东西，那个你在找寻的，你一直就是那个，突然间你会了解到那个师父中的师父就坐在宝座上，然后你会开始笑。

当老子成道之后，他开始大笑，捧腹大笑，他变得很疯狂。人们聚集起来问：到底是怎么一回事？请你告诉我们，到底发生了什么？他说：没有发生什么，我以前疯了，不知道一直在找寻的那个本来就在那里。

每当有人问老子：当你成道的时候，你做什么？他说：我笑了，笑得很大声。他还说：我还没有停止笑，不管你是否听到它，那并不是重点，我还没有停止笑，这是多么大的一个笑话！你已经有了它，而你却一直在找寻和追寻而找不到它，并不是因为它不在那里，而是因为它就在那里，跟你是那么的靠近，以至于你看不到它。

眼睛能够看到远处的东西，因为眼睛要看的话需要一个距离，手能够碰触到那个不同的和有距离的东西，耳朵能够听到外界的东西，那就是为什么老子说他不需要看就了解，因为你怎么能够看你自己？谁会看到谁？在那里，看者和那个被看的是同一的，不需要眼睛。要由谁来做？要由谁来做那个努力？就好像是一只狗在追逐它自己的尾巴，只会很愚蠢……

这就是你正在做的：追逐你自己的尾巴。停下来看，它是你的尾巴，不需要去追逐它，借着追逐，你将永远无法得到它；借着追逐，你就错过了；借着不追逐，你就达成了。

……不必做就能够达成。

然后时间会消失，"知"也会消失，因为"知"就是要去知道什么，"知"是一种去知道的能力，一旦你已经知道，那么那个能力就不需要再继续存在了，因此它也会消失。

时间消失了，时间之所以存在是因为你受到了挫折，它是由你的挫折所创造出来的，好让你能够对未来有希望，那个希望多多少少可以让你能够忍受那个挫折，并且安慰你自己。头脑和时间并不是两样东西，而是同一样东西的两个面，当两者都消失，你就首度带着全然的光辉而存在。

回想起来，生命中真正有幸随喜佛缘，是在我稚幼顽童时每逢节庆陪家母到离家五十里外的鄂西宜都梁山观音阁金顶和离家六十里外的当阳玉泉寺敬香为始端的，我的宗教信仰是随着柏林净慧老禅师倡导生活禅："将信仰落实于生活、将修行落实于当下、将佛法融化于世间、将个人融化于大众，在生活中修行、在修行中生活"而逐渐深入的，在净慧老禅师的智慧中我觉受到佛法的甘露，趣悟到"觉悟人生、奉献人生、众生无我、苦乐随缘"的佛法真谛，殊胜于净慧老禅师十多年来的因缘使我日日朝夕在"欢喜中、感恩中、忏悔中、愿行中"责问自己人活着是为了什么？为什么人要活着？人活着究竟又是为了什么？这种疑惑随着我护送柏林净慧老禅师西行三峡天台祖庭与北禅祖庭玉泉寺升座弘法的过程中而幡然醒悟。每每想起这位同我缘份殊深的老人，他的西行大概对老禅师来说是感触了老子西出函谷关的圣觉，从他的身行处使我深深地觉受，在全球文化多样性冲击的社会转型中，一位普世精神宗教家的人生经历正如古今中外的改革先驱一样，他们将被这个时代的潮流选择考量。正是这位老人西行的精神影响我要为这个正在转型的国家、民族、世界与人类著写这样一部《祈祷太空和平》，孕育生发我的国家和民族乃至大千世界的有情众生与无情众生在这样一个和谐的时空中相互依存，所以我同净慧老禅师一样坚信自己的国家和民族会像明天早晨的太阳一样耀升东方。震惊世界的韦伯社会学以经验主义的方法证明了只有经过宗教改革的国家才能最终走上现代化的道路。在人类物质文明时代，世界上绝不会没有宗教的民族，也绝不会没有宗教的时代。

和往常一样我总是感动于那些和我一样在浮世间寻找生命真正栖居的人们，从他们热烈而慷慨的生命情怀里袒露出来的美好德行和勇气，一方面在催使我从沉重的精神枷锁中对自己不纯粹的心灵进行忏悔和洗礼，另一方面也使我在他们坦荡的微笑中获得了人之为人的见证和启示。正是他们使我坚信生命在陷入毁灭的边缘时一定会获得拯救。伟大的思考总是与最朴素的事实紧贴在一起，而最朴素的事实又在思想者伟大的精神光华间获得生存。当人的存在在灿烂的生命精神中获得具体和贯穿时，生存的意义和存在的意义一样可贵。于是我承认在承受真理的光烛对我平庸的生命感受进行无情地焚烧时，我必须感谢那些不断引导我们走向真、善、美的师哲们，正是他们的沉思和见证真理的美德和勇气，使我迟钝而愚妄的心灵有了一股挑战偏见、谬误和浮尘蒙蔽的涌动和灵质，并因此毫不犹豫地往厚实的生命中走去。在尘世奔波了三十八年的我，如同鱼在网里苟且维生，受到了种种束缚，现在才有所觉悟。将过去的一切全都放下，不仅要抛却至亲好友的牵挂，还要忘却原来的自己，摆脱身心的嗜好，只愿做一个刚刚出生的婴儿，从头来过，要走出一个不同的自己，要追寻生命最终的解脱。夏天到了，门前树下一坐，好个清凉世界。是的，我们要找寻真正的净土，就应该为自己开辟一个新环境。如何才能返本归源？如何才能找到自己的佛性？说起来很难，做起来却一点也不复杂，既然是返本归源找回自己的根本，你只需要不被外面的境界所转，不迷失真我，常保一念清净之心，这一念清净心即是自己的本性所在。每一个人的本性，都像是湛然晴朗的天空，没有丝毫污染。每个人不仅有佛性，而且整个生命

都是由佛法成就，生命本身就是对佛法的礼赞。能以这种眼光看待众生，实在是非常了不起的，因为这样才能穿透所有假象，看到别人心中最根本的本源，看到别人自己都不曾珍惜的最宝贵的品质。

人的生活如果能如同云水一般遵循本性，那么所有的道路都可以成佛，又何必刻意修炼呢？人就如同铁树，花就是悟，人难悟正如同铁树难以开花。可如果每一个人都懂得遵循自己的本性，世间就会如云水一般和谐自然，那该是多么美好呀！仁者乐山，总能从中联想到人的品德与胸襟，既伟岸高耸，又能敞开胸怀，还能哺育万物，其间的启发非只一种。情愿买一座山，一直老在山中。可人生易尽，山水恒常。所有荣誉美丽都将化为尘土，山却依然不动，就如同人的佛性，无论你走了多少弯路错路，它都会一直在那里等你回头。正因为佛性更持久，所以人身上的所有品性中，唯有佛性至大至尊。无论经历多少变化和干扰，山却依然闲适地站在那里。正如人的佛性，所谓"一心不动，能制万动"，生命中的至高境界，也不过是守住本心，不被世俗所扰。退一步就能带来休憩、休养，因为你不再把精力花在那些短暂无价值的事物上，这本身就是一种觉悟，就是一种取舍。人到了一定层次，就能把修证之事一并看淡。当你自身的真如佛性觉醒，就会明白一切都不假外求，不需要用外面的事证悟自己，也不需要外面的东西帮助自己修行。月挂窗前，正如我们内心觉醒的菩提，它一直都在那里照耀，只看我们是否愿意抬头。外面的世界和我们的内心世界不同，正如此，在五浊恶世之中，在各种诱惑面前，我们方能真正守住自己的心。佛法是天地间的大法，不是只能去干净的地方，即使在最污浊最恶臭的所在，也依然能像莲花一样，清净悠闲地绽放。"佛以一音而说法，众生各得随类解。"如此，大自然的声音便是佛的法音，生灭潺潺的流水声，就是佛陀的说法声，青草翠竹便是佛的清净法身！佛性乃一切生命最根本的属性，是最持久的金刚不坏之性，它在你身上、在自然草木身上，都可以说无处不在。你静下心去体悟，任何事物都可以成为心灵的镜子，引导你回到自己的内心,发现自己心中潜藏的珍宝。一夜之间,佛陀通过万物所说的法,就已经是不可尽数了,我们在万物之间悠游,就如同掉进了佛法的宝藏中,身边充满了无价之宝,简直可以说是取之不尽,无论拿到哪样,都是再好不过的事了。而那些入宝山却空手回的人,吵说自己看不到身边的宝藏,却只会抱怨自己命苦,终日陷在烦恼中,一再错过真正的珍宝,一再迷失自己的真心,他们难道不可怜吗？人生似乎如梦,倏忽转眼即逝,凡事皆会过去,再努力回忆也无济于事。常人亦会过去,从暂时的分离到永久的诀别,谁都无法避免。你人生中的一切,难道不像是泥上偶然留下的爪印吗？人总要往前走,日子总要过下去,你又有何办法能够留住那曾经拥有的一切？坏好迷悟都会过去,这才是最可怕的。禅宗能让人得到顿悟,但顿悟之后呢？人的各种执著心还是会泛起。固执己见谓高僧大德,只不过有过领悟的瞬间,领悟之后,依然只是一常人。他们的悟,如同泥上偶然留下的指爪,而他们的生活,则是那只远去的飞鸿。世界上有谁能知道自己的生命从何而来？诚然人的肉体来自父母,但并非一切都来自父母。父母未曾生之前谁是我呢？实际上,人的生命也是能量的一种,出生之前,人的生命也是宇宙能量大循环中的一部分,和万物息息相关,互相应和,宛如一个家庭。只在出生以后,人和天地万物之间,那根先天的脐带,才会被物欲和私心所蒙蔽。如此说来,人出生的时候,就已经不再是真正的自己,而"来时欢喜去时悲",则是彻底地颠倒了。人的生命和宇宙相容,和万物同化,那才是真正的生命价值所在。现在的人,只有在合眼朦胧之时,才能偶然体会到自己的佛性,然后转身就忘了自己体悟到的一切,继续投身于名利场的争夺之中。如此生命,岂不可悲？人身难得,既然有缘得到,原因只有一个,即为了让自我的心灵逐渐升华。生命易逝,人生如梦,此生一旦不能善加护持,欲再得人身,则不知还得等上几千年。佛法难闻,想要听佛法也十分不易。所谓佛法,不过是生命解脱的终极法门,求财求利不如求解脱苦海。如今,虽有很多人去寺院礼佛,也有很多人能把佛法讲得头头是道,但真正让佛法契合于心的却寥寥无几,不以自己

的偏见误导他人的,则少之又少。即或你有一颗仰慕佛法之心,然则要在尘世寻觅到真正的佛法,也绝非易事。

　　辛卯年三月十六日凌晨两点,我踏着静静如雪的月影散步在香山法海寺的陵园里,感悟层叠隐现的墓碑以及墓碑下静静躺着的尸骨与灵魂,看山下雾霭魅魍的城市只有风和车流在游荡,风哨夹裹着都市喧嚣的余韵伴着月夜墓园的碑影共同勾勒燕照大地的风景,于是我感悟所有的人与事都会被时空抛弃并改变,人的所有经历与过往都会归于尘土,面对娑婆众生的贪、瞋、痴、慢、疑连佛陀都会流泪表示无奈,我们不知又该如何面对？一切的人、一切的事都会成为过往,回望我对《祈祷太空和平》的期许和浸润期间的执著,我只好用忏悔、感恩、欢喜、愿行的心来成就自己,《祈祷太空和平》缘起于我在著作《文化产业浪潮》、《道经精华丛书》、《国家和平发展战略》、《和谐社会建构论》、《千手观音——半个亚洲的信仰》、《医道——身国共治的人本文明》、《文化军事战略》时怀善众生的心。这许多年以来我持恒守一的坚持——初一、十五经常到香山的香庐峰仰观红日和皓月,坚持早晚诵读《佛说仁王护国般若波罗蜜经》、《心经》、《金刚经》等大乘经典以修养日月光辉般的心态、意识、语言和行为的机缘。心中生发以香山弥勒和平文化整合东西方文明,创新发展中华民族的凝聚力、创新力、影响力、和合力作为中华民族伟大复兴的和平文化工程等等的禅乐境界。

　　在记忆的追寻中,我同香山殊胜的缘份,缘起于我十六岁入伍中央警卫部队新兵训练时的西山靶场深秋的一个月夜,我在香山的夜行中突然触缘思忆起我三岁时的一次梦喻,这个梦喻示了我与香山兜率寺的因缘。在中国面对全球化激烈竞争的挑战与机遇中,弥勒的和平文化世界与香山的世界和平文化,世界未来的香山和平文化与未来的弥勒和平文化香山,便成了我日思夜梦的思想和写作动力,香山和平文化工程是人类文明历史的因缘和合的选择。在我灵性的记忆中以弥勒和平文化融合儒、禅、道、医建构国家凝聚力和平文化工程,推动世界的和平发展、人类的和谐合作,肇始于我在研究著作《文化产业浪潮》《道经精华丛书》《国家和平发展战略》《和谐社会建构论》《千手观音——半个亚洲的信仰》《医道——身国共治的人本文明》《文化军事战略》《你也能大成就》《财道》的静虑与感悟，且受前中央统战部副部长胡德平先生著作《三教合流的香山世界》的启迪。据胡先生书中介绍："香山地区是儒禅道三教汇粹融合的世界，自辽至明六七百年间，这里的寺庙庵观、梵宇璘宫，修得鳞次栉比，金碧辉煌，绿荫婆娑，清泉绕寺，举盼兰桂宫阙，驻耳钟绕吹。前对西湖、玉泉之美景，头枕太行、燕山之襟怀。明时，玉泉山一带，寺僧多业农事，日己酉，见道人执备者锸者带笠者野歌而归。有老僧持杖，散步塍间。而官宦名儒亦多游乐于此，痴禅谈道，陶然忘情。清初顺治即在此地宏教敬佛，雍正年间佛道之事更是日炽一日。曹雪芹来到香山正白旗旗营以后，从某种意义上来说，他即生活在一个儒、禅、道三教合一的宗教世界之中。"辰昏三叩首，早晚一炉香是这里旗营中的特殊教化。香山地区寺观中最有名的寺院——西山兰若之冠，即雍正亲自撰文的十方普觉寺，又称卧佛寺，而这座神圣的寺院在一千多年前就叫兜率寺。弥勒尊佛长驻欲界四天兜率天，佛涅槃时授记弥勒是当来下生佛，卧佛寺供奉涅槃佛便喻示了和平弥勒的香山文化世界在人类精神救赎中的殊胜因缘。在中国影响世界生态文明建设与和谐世界构建的历史机遇中，香山未来的和平文化世界是按照佛教曼陀罗坛城建构香炉峰顶108米高的鎏金世界和平塔为核心的和平文化世界。

塔是中国人民喜闻乐见、也是一种在亚洲及世界各地彰显文明，有着特定的纪念意义、历史意义、文化意义、生态意义、风水意义的世界文化的标志性传统建筑。比如陕西延安宝塔、北京玉泉山白塔、湖南芷江的太和塔、浙江杭州的雷峰塔、法国的埃菲尔铁塔、英国的伦敦塔、泰国的郑王寺塔、缅甸的世界和平塔、澳大利亚的悉尼塔、新西兰的摩天塔、韩国的汉城塔、荷兰的鹿特丹太空塔、乌兹别克斯坦的塔什干塔、日本的东京塔、马来西亚的吉隆坡塔等，世界著名的塔文化均反

祈祷太空和平

映了人类积极向上的文明希望。东方视野中以佛教为背景融合本民族优秀传统文化资源的塔建筑，自古至今就是东方天人合一文化哲学的具象表征。塔作为中国的建筑文化是积极、向上、国富、民强、创新、发展、和谐、和平的化导。塔在亚州文化价值观中表征着强盛、伟大、稳定、和平、正义、光明以及化合世界华文文化圈的文化认同。香山作为中国首都的文化灵魂象征，北京香山世界和平塔以亚洲地区传统文化友谊纽带为依托，以佛教中的塔文化融合亚洲地区及世界象征和平文化的符号元素进行建构具有世界文化发展的战略意义。北京香山世界和平塔体现了全球化时代亚州的地区价值观、亚洲的意识构建及至全球化过程中地区与地区间的政治、经济、文化的和平发展与合作的战略趋势；体现了中国向世界传播关爱人类福祉的和平、发展、和谐文化的责任大国导向；体现了全球化时代国家精神形象意志建设的文化符号战略价值；体现了中国在全球化浪潮中致力于和谐社会建设与和谐世界构建及化导世界和平发展的战略价值导向；体现了北京作为全球化大都市建设以文明标志符号影响国际社会的战略价值；体现了中华民族伟大复兴增强民族凝聚力以及世界影响力的国家软实力建设的战略价值。

　　香山世界和平塔塔高108米、采用中华民族传统的鎏金工艺建设，塔基宽、长各960米。塔内供奉56米高的鎏金弥勒佛像。塔座采用四大天王和金刚力士抬起整座宝塔的造型表明护世天王和金刚力士护持宝塔的誓愿。塔基的东方为金刚杵和大象，南方为如意宝珠和宝马，西方为莲花和孔雀，北方为十字金刚杵和金翅鸟，塔身的东、南、西、北方向分别刻有不动佛、宝生佛、阿弥陀佛和不空成就佛的形象。佛像的两侧分别刻有宝瓶、宝盖、双鱼、莲花、白螺、吉祥结、法轮图、八吉祥图案、阴阳图、龙图、凤图、联合国及世界卫生组织、地区间国际组织徽识图案等。塔檐为双层，表面刻有精美的瓦楞图案。内部安放鎏金56米高的鎏金弥勒佛像。覆体之上为方形基座，四周刻有佛眼图案。佛眼是指诸佛照见诸法实相而慈心观众之眼。方形基座上塑有圆锥形相轮柱,在相轮上刻有圆环形的相轮,共三十三重。世界和平塔的最上部分为四棱台,上面安置宝珠,表示诸佛的功德似如意宝珠,圆满众生的心愿。世界和平塔的各部位还分别装饰字纹、莲花纹、云纹、如意纹等多种吉祥图。在塔基的内部按照弥勒佛信仰的佛教曼陀罗坛城布量,并安放着经函,经函中装有特殊材料刻制的《弥勒三生经》、《无量寿经》及大藏经多部,函外刻印弥勒佛陀罗尼梵字真言。塔基也是多功能语言的国际会议中心、艺术馆,及法事、法务活动中心。塔身的内部藏有微型水晶弥勒佛信仰的曼陀罗尼经幢,刻有弥勒佛陀罗尼梵字真言。宝塔中心供奉56米高的鎏金佛弥勒佛位于中央部位,塔内供奉世界人民群众代表认供的1万尊鎏金弥勒佛,整个香山世界和平塔为人类和平与世界和谐的象征。香山和平文化世界以香山世界和平塔为核心由香山国际和平会议中心、香山和平文化教育园区(世界各大宗教各教派学院组成)、香山植物园与香山公园合并为香山国家和平公园等时代文化工程有机布局组合成人类和平发展与和谐世界构建的文化精神脊梁。未来的香山有万国首脑瞻仰朝礼香山世界和平塔并聚首香山召开和平发展全球首脑峰会探讨未来人类的和平发展。全球东西南北的游客熏染游览香山,众生欢喜,天地交合,其乐融融。

　　我深信随着人类历史文明的进步,北京香山和平文化世界会聚焦全人类的目光,我更深信在国家发扬落实人民群众首创精神的历史潮流中,香山和平文化世界势必成为文化中国、和平中国、文明中国、亚洲中国、世界中国的时代文明象征,同时,我也深信具有世界文化灵魂中心意义的香山和平文化世界会成为中国开创复兴盛世而奠定的千古基业。实现"地球乃一国,世界乃一家,国乃世界之家,家乃地球之国"的人类共同心智觉醒的太空文明时代开启机运,人类在全球化信息时代科学技术得到飞速的发展,物质生活日益丰富,但是如果精神力量不能驾驭物质和科学,人类文明必然会产生危机。因此,在科学文明的今天重塑人的主体性就显得尤为重要。精神与物质的完美协调是人类的共同理想。尽管如今物质文明主宰世界,在即将到来的时代,道

德将得到极大的发展,物质文明将成为道德文明之基础与条件。在这种形势下,香山和平文化世界所倡导的不外乎是,在内促进精神文明进步发展道学,在外促进物质文明之进步发展科学,从而以内圣外王的精神促进人类和平世界的可持续发展。我期待《祈祷太空和平》能推动一些具有长远战略眼光的国家形象建设、国家凝聚力建设、国家软实力建设的实施。尽管我们的学者在一些长远的战略问题上已经做了许多开拓性的工作,但大多数时候我们的战略思想都集中在讨论如何应付现实的问题上。如何像毛泽东、邓小平等老一辈思想家提出诸如防范和平演变、改革开放等大是大非问题,似乎在全球化的生存环境中已被职业的思想家们淡忘,这些思考对于一个国家的生存是多么的重要啊!

国家兴盛强大、和平和谐必须有一部分人似老子、孔子一样无欲无求地安静思考长远而重大的战略问题,对这些问题的思考与思想不能仅停留在考察世界发展趋势上,而是必须尊重中国的现实而提出一些能够影响长远未来的战略措施。作为一个影响国际环境的大国,中国不能只满足于被动地接受全球化事态的发展所带来的一切后果。我期待《祈祷太空和平》的面世能够促进一批有良知、良心、良智的思想家独立思考。大多数时候,我们的思想主要功能是解析中国在全球化环境中的发展与稳定,而不是提供在宇宙全息论规律中的战略思考与思想。中国似乎能够被冠以"战略家和思想家"的人士常被人觉得那必须是国家的领导人,而不可能是一介书生和平民。但我们如果一直这样下去,就事实上等于抛弃了中华民族"匹夫以天下为己任"的优秀传统,失去了民族、民众、民生的创造性思维。在诞生了老子、庄子、孔子、孟子、鬼谷子、孙子等这样伟大的民间思想家和战略家的文明里,很幸运,我们这个时代的国家正在倡导解放思想、求真务实、锐意创新,尊重群众的首创精神,力图探索和寻找解决问题的新思路、新途径、新方法,以利益把我们国家以及我们生存的世界各项事业办得更好。我们的国家要坚持以人为本,全面协调可持续的科学发展观,正确认识和处理物质文明、政治文明、精神文明与和谐社会建设的关系,从促进经济社会协调发展和人的全面发展的实践中深化对国家建设规律的认识。我相信中华民族伟大的复兴就必须坦然面对成长一批如马丁·路德、基辛格和布热津斯基等这样文人出身的思想家和战略家,这才是伟大文明复兴的希望和根基。中国国家和平发展环境的复杂性与系统性,一方面需要国际社会花更多的时间和精力来了解中国,另一方面也需要中国清楚地阐明自己所追求的和平发展战略目标,即理想的和平发展环境到底是什么？因此,对国家和平发展战略目标的讨论和回答不仅对中国具体的和平战略有指导意义,还可以减少其他国家对中国和平发展战略的猜疑和误解。尽管我们不奢望我们单方面的努力可以让所有的国家都对我们友好,但我们应该尽力消除其他国家因不清楚中国的和平发展目标而产生的疑问,从而让国际社会更容易接受一个日益文明和谐的中国的到来。目前,在大多数国外学者只能猜测中国的大战略的情形下,对和平战略目标的讨论将有助于降低其他国家,特别是中国周边国家和有些大国对中国的疑虑。这种更加公开的讨论还可以使一些国家或利益集团难以利用散布"中国威胁论"来转移国际社会的视线以达到其自私的目的。在中国目前有关国家和平发展战略的讨论中,是由国家主席胡锦涛倡导坚定不移走和平发展道路而开始,但有关国家和平发展战略目标的讨论还不多见,目前中国明确地勾画国家所应追求的国家和平发展战略及和谐社会建构的哲学论著则基本上还在探索之中。而另一方面外部世界则是越来越迫切地想了解中国的和平发展战略及和谐社会建构的意图和目标。有鉴于此,我在《文化产业浪潮》、《道经精华丛书》、《国家和平发展战略》、《和谐社会建构论》、《千手观音——半个亚洲的信仰》、《医道——身国共治的人本文明》、《文化军事战略》、《你也能大成就》、《财道》等及其延伸的《祈祷太空和平》中,试图期望提出我个人认为中国所应追求的国家、民族、民众与和平发展文化及和谐世界建构的理想框架。中国的和平发展及和谐世界建构亟待一些真正意义上的大思想、大文化和大战

庄严香山净土国

略思想,即综合性的、系统性的国家和平发展战略思想及和谐社会建构理论体系。

  《祈祷太空和平》及其《文化产业浪潮》、《道经精华丛书》、《国家和平发展战略》、《和谐社会建构论》、《千手观音——半个亚洲的信仰》、《医道——身国共治的人本文明》、《文化军事战略》、《你也能大成就》、《财道》,并不期望对中国应该追求什么样的和平发展环境与和谐社会、和谐世界建构提供一个完美的答案,这不是我的本意,也超出了我的能力。我只是想抛砖引玉,推动对这些属于大战略,但又不是空洞虚无的而是比较实际的问题的探讨。那些关于中国战略应该是以现实主义还是以自由主义为指导思想,是"搭便车"还是"平衡",是为西方文化还是为东方文明的讨论,尽管满足了我们思想所谓"大"战略的虚荣心,但因为它们没有与中国所面临的复杂国际环境相结合,所以对国家真正的和平发展战略并没有实质性的帮助。随着全球化进程的不断深入,中国与西方文明的相遇、碰撞、较量、竞争、交流及沟通,会从经济、社会、法律等层面,而逐渐深化到政治、文化、精神等领域,尤其宗教问题亦会日益明显,其敏感和影响程度的扩大应该引起我们的高度重视。在当今世界60亿人口中,信奉各种宗教的人有48亿,占世界总人口的80%。尤其是各种新兴宗教发展迅猛,其信仰团体达2万多个,信徒人数亦超过1.3亿。宗教与人类社会政治、经济、思想、文化各方面有着既密切又复杂的联系,不少宗教问题都直接关涉全局性、战略性、前瞻性的理论和实践问题。在全球化过程中,许多宗教问题往往会形成局部地区的难点、焦点和全球性的热点、重点,对整个世界的格局和发展走向产生深远影响,甚至有可能改变历史进程和人类命运。在冷战结束后,国际竞争、政治较量已越来越多地以宗教冲突、宗教纠纷或宗教自由、宗教人权问题之争的形式来表现。世人关注及担忧的恐怖主义、极端主义和分裂主义等亦可能与宗教因素有着直接或间接、敏感而复杂的联系。美国"9·11事件"后,不少人都在探讨并反思宗教可能导致什么？宗教应该提倡什么？宗教可以避免什么？这类敏感、微妙，又颇为热门的问题是我们面对人类社会文明转型必须要急于解决的问题。宗教问题在当代世界已涉及国际政治、世界和平、国家安全、社会稳定、经济发展、民族关系、法律秩序等重要方面。从宗教的全球化，尤其是文化全球化意义来看，世界宗教已经培育了具有巨大权力和资源的宗教精英和政治精英，他们有能力动员军队和人民，能够形成跨文化的认同感和效忠感，或者能够提供根深蒂固的神学基础和合法的社会基础。在这些方面，世界宗教毫无疑问构成了前现代时期最强有力的和最重要的文化全球化形式。因此，系统了解并深入思考世界宗教问题以及人类文明的来龙去脉及其发展态势，对我们当今的战略思维和战略决策从大陆文明、海洋文明向太空文明、宇宙文明的迈进、选择极为重要，也非常必要。

《淮南子》曰，"宇宙生气，气有崖垠，清阳者薄靡而为天，重浊者凝滞而为地"。从蔚蓝色的太空遥望，我们居住的家园是圆形的球体。从地球诞生的起始，和平这个哲学的概念就悄然降临。它经受了亿万年的洗礼和沐浴，尚能高悬于宇宙空间，其内在的规律，就源于和平。如果在某一演变的冰纪，出现了不和平，蓝色的海洋会趋向冰枯，耸立的高峰会倾斜塌陷，一切生命的物体会全部灭绝，而这座近乎死亡的星体必然会坠灭于宇宙的空间。从宇宙诞生那天起，和平就伴随这座浩远苍凉的无限生命体，以不可遏制的趋向走到今天。宇宙的本质是和平。正因为从内涵到外向，始终体现着状态与运动的和平，它才能在生命的发展中走向永恒。这就是宇宙的自然法则。

辩证的哲学昭示，如果宇宙的生命运动出现了不和平，那么它的局部必然会爆发灾难。星系之间若不和平，必将会出现乾坤倒转。星球之间若不和平，必然会各自走向毁灭。日和月若不和平，天地之间昼夜难分。天和地若不和平，世界自然会面临崩溃。苍茫大地若不和平，必然会有地震海啸，万里蓝天若不和平，必然会有风雨雷电。因此，和平

是和宇宙的运动同时诞生的,它是自然界永不停止的客观规律。

也许,让地球最为自豪的莫过于她孕育出的生命。从亿万年的进化演变,一切生命的诞生,从生存、发展到兴旺,都是和平的高度体现。从最初的生物藻到水中的变色体,乃至于从海上到陆地,从爬行到站立,由智慧到文明,每一个阶段的变迁,都是和平的作用。正因为如此,生命进化到人类这一伟大的嬗变,才有了超自然的崇高与壮丽。然而,有谁能想到,我们今天的生命已在地球是好几代了。那是因为,在上几代地球演变的长河里,我们的不可知的生命先行者,经历了不和平的穿越,或许是毁灭于冰冻的浩劫,或许是难逃征战的飓火。否则,无法破译的金塔和留在史前的古遗迹谁能来诠释和注解?

和平,的确是万古不变的生命法则。

晋人有词,"极泓量而海运,状滔天以渺茫。"

世界从原始走到文明,曾经历了漫长的历史变迁。当生命唤醒人类的知觉起,和平,就成了崇高的使者。从腰间系起的芭蕉到"文明"二字的诞生,和平始终是生命发展的见证者。当战争的硝烟笼罩人间,生命遭受的是毁灭性打击。当恐怖和饥饿同样威胁到生命时,那不可忽略的危机必然会引起人们的焦虑。当有害气体的排放早晚会破坏大自然的和平时,人类的末日只能在生命的挽歌中望洋悲泣。因此,和平是当代人类绝不能忽略的统一的真理。

和平,应当是一个时代永恒的真理。

纵观几千年的中华文明史,和平永远是华夏追求的信仰和理想。正因为有了和平的状态与精神,才有了尧舜禅让的早期文明。而延续八百个春秋的周朝,同样是和平共生的文明时期,从先秦的文化,到盛唐的艺术,也都是和平意识的高度觉醒。不管是秦皇汉武,还是唐宗宋祖,乃至于成吉思汗,也包括明清两代的奠基者,凡是高度繁荣安宁的时代,也必然是和平发展的时代。历史的规律告诉人们,任何一个时代,如果能按"和平"的规律来开创与发展,那么,她带给人民的必然是昌盛、祥和、富裕、和文明。谁打破了这个周期性的规律,必将会带来政权的毁灭。时间和实践将再次证明,和平是国家长治久安的兴国之道。

和平,不应当只成为一种经济的动力。

在一个和平的国度,自然要推进经济的繁荣,但也不能忽略了真理与信仰。关于真理与信仰,它不是空洞的概念,也不是抽象的名词,它是一个伟大民族崇高的追求,也是和平的高度体现。真理告诉我们,不仅要建立一个强大的经济中国,还应当建立一个文明的和平中国。全面建设小康社会,实现中华民族的伟大复兴,就是一个时代追求的目标,同时还应当信仰人类文明所需要的崇高的思想境界。让天下人都在文明的国度中共享和平,这就是一个国家所追求的理想。因此,和平不仅是经济的动力,也应当是思想的动力,更是一个国家文明发展的强大动力。信仰,不只是一种概念,而是支撑精神和物质的价值体系。爱因斯坦不只是相对论的创立者,而且还是信仰的推崇者。

相对,其实也是和平的哲学特征。

和平的特征是相对,而相对的状态是平衡。平衡的向度是统一。但相对和平衡绝不是对立。山和水的和平构成了自然的壮丽。从昆仑的雄奇能感受山的伟然,由长江的浩风能领略水的魅力。风帆和航灯也是和平的体现。没有风帆的鼓起,大船何以乘风破浪,而缺失了航灯的导引,江轮怎可扬帆远航?音乐的和平是美的展示。从好一朵茉莉花的乐曲中可以品尝江南民歌的神韵,而春江花月夜的古调,更让人陶醉在梦过长河的豪放。我们不会只在白石老人的虾趣中流连忘返,而在气势恢宏的清明上河图中,愈发被古典的绘画艺术而惊叹不已。同时,我们不仅在屈原的天问中沉思,也在李白的揽月里长啸。然而,我们不能只对山水和艺术进行无谓的咏叹,而对哲学的和平,也应当有冷静的思考。宗教的和平不能只属于晨钟和暮鼓,它应当在拯救和布道中显示出经典的神秘。文明和丑恶同样是对应的向度。和平的作用在于促进文明。而腐朽与丑恶是对文明的摧毁。真理和信仰同样是和平的统一。放弃了真理的追求,就意味着走向邪恶的世界,而没有信仰的民族,同样会在毁灭中颤栗。因而,相对绝不只是科学的定义,它也是哲

学的内涵,在和平的推论和逻辑中产生着巨大的作用。

和平的目的是推进人类文明的进步。

我认为,和平在精神和物质的对立统一中,它的目的是向人类的文明境界推进。关于文明,是人类始终推崇的未来壮景。它从两个半球的碰撞和交融中诞生,各自有着不同的理念。原始的工具虽说稀有某种文化的符号,但从一架耕田的犁铧上又见远古那明显的光痕。文明不是在战火中磨炼,而是在血泪中写就。它不能只为礼仪服务,而应当在物欲和精神的碰撞中昂然站立。那是公平与正义的颂歌。文明也是对霸权的叛逆。当世界面临以民主的名义随意践踏别国的主权时,那么,和平就是唤醒和平的先驱者。我们不能容忍任何以战争的手段来征服世界,因为,那是对几千年文明的亵渎,也是对人类理想的无情摧毁。只有让和平的烛光燃亮世界的每一片热土,我们人类的未来才充满明媚与希望。因此,共建和平世界,是全人类的政治宣言,她是促进世界文明的红色书简,也必将会成为世界的大同书。当我们瞩目未来时,其实那是耸立在世纪海岸上的和平的航灯。

和平,是宇宙的圣者。

古诗曰,"洞天石扉,訇然中开。"

从宇宙诞生的那刻起,和平就开始了生命的新纪元。天桓耸然,没有和平的共生,就没有宇宙的发展。宇宙之所以能在亿万载的生命长河中运动,就在于顺应了和平的内在规律。一切非精神的物质,之所以短暂和毁灭,是因为都违背了和平的法则。不管是国家还是政体,无论是世界还是生命,乃至于我们生存的家园,甚至于宇宙中的一切,都离不开和平这一哲学的规律。世界历史的某些皇权与王朝早已被先行者的铁锤砸碎,恐龙与巨蜥也隐去了曾经的雄脊。地球上往昔的生命多已变成史前的化石,昨日的世界还留有多少生命的足痕,大都不见往昔的涅影。然而,我们的宇宙老人,像站在万古苍凉上的歌者,仍在经天纬地的时空内昂然而立,这说明了什么?

我认为,在历史走向高度文明的世纪,和平是全人类的共同愿望。从康有为的大同书中只是看到了一点文明的珠滴,而倡导和平的思想者,在老子的微笑中正诠释着新的理念。

和平,是人类的宇宙学,更是光照世界的永恒的真理。

大自然从无创造了有。先是一颗坚硬的岩石星球;然后是生命,许许多多的生命。先是贫瘠的荒山;然后是点缀着鱼和香蒲还有红翅黑鹂的山涧。

先是橡子,然后是一片橡树林。

我想自己也能够做到这一点。先是一大块金属;然后是一个机器人。先是几根电线;然后是一个头脑。先是一些古老的基因;然后是一只恐龙。

如何无中生有?虽然大自然深谙这个把戏,但仅仅依靠观察她,我们并没学到太多的东西。我们更多地是从构造复杂性的失败中,从模仿和理解自然系统的点滴成就中学习经验教训。我从计算机科学和生物研究的最前沿成果中以及交叉学科的各种犄角旮旯里,提取出了大自然用以无中生有的九条规律——是为九律:分布式。自下而上的控制。递增收益。模块化生长。边界最大化。鼓励犯错误。不求最优化,但求多目标。谋求持久的不均衡态。变自生变。

在诸如生物进化、"模拟城市"等各式各样的系统中,都能发现这九律的身影。当然,我并不是说它们是无中生有的唯一律法;但是,由复杂性科学所累积的大量观察中总结出来的这九律,是最为广泛、最为明确、也最具代表性的通则。我相信,只要坚守这九律,就能够有如神助一般无往而不利。

分布式。蜂群意识,经济体行为,超级电脑的思维,以及我的生命,都分布在众多更小的单元上。当总体大于各部分的简单和时,那多出来的部分就分布于各部分之中。无论何时,当我们从无中得到某物,总会发现它衍生自许多相互作用的更小的部件。我们所能发现的最有趣的奇迹——生命、智力、进化,全都根植于大型分布式系统中。

· 1699 ·

自下而上的控制。当分布式网络中的一切都互相连接起来时,一切都会同时发生。这时,遍及各处而且快速变化的问题,都会围绕涌现的中央权威环行。因此,全面控制必须由自身最底层相互连接的行动,通过并行方式来完成,而非出于中央指令的行为。群体能够引导自己,而且,在快速、大规模的异质性变化领域中,只有群体能引导自己。要想无中生有,控制必然依赖于简单性的底层。

递增收益。每当你使用一个想法、一种语言或者一项技能时,你都在强化它、巩固它,并使它更具被重用的可能。这就是所谓的正反馈或滚雪球。成功孕育成功。这条社会动力学原则在《新约》中表述为:"凡有的,还要加给他更多。"任何改变其所处环境以使其产出更多的事物,玩的都是收益递增的游戏。任何大型和可持续的系统,玩的也是这样的游戏。这一定律在经济学、生物学、计算机科学以及人类心理学中都起作用。地球上的生命改变着地球,以产生更多的生命。信心建立起信心。秩序造就更多的秩序。既得者得之。

模块化生长。创造一个能运转的复杂系统的唯一途径,就是先从一个能运转的简单系统开始。试图未加培育就立即启用高度复杂的组织——如智力或市场经济,注定走向失败。整合一个大草原需要时间——哪怕你手中已掌握了所有分块。我们需要时间来让每个部分与其他部分相磨合。通过将简单且能独立运作的模块逐步组装起来,复杂性就诞生了。

边界最大化。世界产生于差异性。千篇一律的实体必须通过偶尔发生的颠覆性革命来适应世界,一个不小心就可能灰飞烟灭。另一方面,彼此差异的实体,则可以通过每天都在发生的数以千计的微小变革,来适应世界,处于一种永不静止但却不会死掉的状态中。多样性垂青于那些天高皇帝远的边远之地,那些不为人知的隐密角落,那些混乱时刻,以及那些被孤立的群族。在经济学、生态学、进化论和体制模型中,健康的边缘能够加快它们的适应过程,增加抗扰力,并且几乎总是创新的源泉。

鼓励犯错误。小把戏只能得逞一时,到人人会耍时就不灵了。若想超凡脱俗,就需要想出新的游戏,或是开创新的领域。而跳出传统方法、游戏或是领域的举动,又很难同犯错误区别开来。就算是天才们最天马行空的行为,归根结底也是一种试错行为。"犯错和越轨,皆为宇宙力量之安排,"诗人威廉·布莱克这样写道。无论随机还是刻意的错误,都必然成为任何创造过程中不可分割的一部分。进化可以看作一种系统化的错误管理机制。

不求最优,但求多目标。简单的机器可以非常高效,而复杂的适应性机器则做不到。一个复杂结构中会有许多个"主子",系统不能厚此薄彼。与其费劲将任一功能最优化,不如使多数功能"足够好",这才是大型系统的生存之道。举个例子,一个适应性系统必须权衡是应该拓展已知的成功途径,还是分出资源来开辟新路。在任一复杂实体中,纠缠在一起的驱动因素是如此之多,以至于不可能明了究竟是什么因素可以使系统生存下来。生存是一个多指向的目标。而多数有机体更是多指向的,它们只是某个碰巧可行的变种,而非蛋白质、基因或器官的精确组合。无中生有讲究的不是高雅;只要能运行,就棒极了。

谋求持久的不均衡态。静止不变和过于剧烈的变化都无益于创造。好的创造就犹如一曲优美的爵士乐,不仅要有平稳的旋律,还要不时地爆发出激昂的音节。均衡即死亡。然而,一个系统若不能在某个平衡点上保持稳定,就几乎等同于引发爆炸,必然会迅速灭亡。没有事物能既处于平衡态又处于失衡态。但事物可以处于持久的不均衡态——仿佛在永不停歇、永不衰落的边缘上冲浪。创造的神奇之处正是要在这个流动的临界点上安家落户,这也是人类孜孜以求的目标。

变自生变。变化本身是可以结构化的。这也是大型复杂系统的做法:协调变化。当多个复杂系统构建成一个特大系统的时候,每个系统就开始影响直至最终改变其他系统的组织结构。也就是说,如果游戏规则的订立是由下而上,则处在底层的相互作用的力量,就有可能在运行期间改变游戏的规则。随着时间的推移,那些使系统产生变化的

规则,自身也产生了变化。人们常挂在嘴边的进化是关于个体如何随时间而变化的学说。而深层进化——按其可能的正式定义,则是关于改变个体的规则如何随时间而变化的学说。要做到从无中生出最多的有,你就必须要有能自我变化的规则。

九律支撑着令人敬畏的自然界的运作:大草原,火烈鸟,雪松林,眼球。地质时代中的自然选择,乃至从幼小的精子、卵子、到幼象的演变……

如今,这些生物逻辑规则被注入了电脑芯片、电子通信网络、机器人模块、药物搜索、软件设计、企业管理之中,旨在使这些人工系统胜任自身的复杂性。

当科技被生物激活之后,我们就得到了能够适应、学习和进化的人工制品。而当我们的技术能够适应、学习和进化之后,我们就拥有了一个崭新的生物文明。

在精确刻板的齿轮系统和繁花点缀的大自然荒原之间,是连绵不断的复杂体集合。工业时代的标志是机械设计能力的登峰造极;而新生物文明的标志则是使设计再次回归自然。早期的人类社会也曾依赖于从自然界中找到的生物学方案——草药、动物蛋白、天然染料等等,但新生物文化则是将工程技术和不羁的自然融合在一起,直至二者难以区别,这似乎是件不可思议的事情。

即将到来的文化带有鲜明的生物本性,这是由于受到以下五方面的影响:

令尽管我们的世界越来越技术化,有机生命——包括野生的也包括驯养的,将继续是人类在全球范围内进行实践和认知的基础。

机械将变得更具生物特性。

技术网络将使人类文化更有利于生态环境的平衡和进化。

工程生物学和生物技术将使机械技术黯然失色。

生物学方法将被视为解决问题的理想方法。

在即将到来的新生物时代,所有我们所依赖和担心的事物,都将具有更多天生的属性。如今我们要面对的包括电脑病毒、神经网络、生物圈二号、基因疗法以及智能卡——所有这些人工构造的产品，联结起了机械与生物进程。将来的仿生杂交会更令人困惑，更普遍，也会更具威力。我想，也许会出现这样一个世界：其中有变异的建筑、活着的硅聚合物、脱机进化的软件程序，自适应的车辆、塞满共同进化家具的房间、打扫卫生的蚊型机器人、能治病的人造生物病毒、神经性插座、半机械身体部件、订制的粮食作物、模拟的人格，以及由不断变化的计算设备组成的巨型生态。

生命长河——或者说是其流动的逻辑，将始终奔流不息。

对此我们不应大惊小怪：生命已征服了地球上大多数非活性物质，接下来它就会去征服技术，并使之接受它那不断进化、常变常新且不受我们掌控的进程安排。就算我们不交出控制，新生物技术也远比时钟、齿轮和可预测的简单世界要更有看头得多。

今天的世界已经够复杂了，而明天的一切将会变得更加复杂、混沌并最终走向宇宙本应该的和平秩序。

宁静，无法量测的时间长河，从我们顶上流过。儿时地游戏有的已被我们遗忘，我们的家不单单是在遥远的彼方，而且是属于古老的过去，但我们再也回不去了。我们成了自由的灵魂，在宇宙间四海为家，不拘何处。我们不需要再彼此交谈，我们把老家留在地球上，往昔使我们彼此分隔的语言障碍，都完全抛开了。仰望成排的星系闪烁辉煌一如昔日；然后我察觉到几乎无法感知的运动——星系缓缓移动，起初慢得像钟面的时针一样，逐渐愈行愈快。过了一段很长的时间，我可以看见他们正离我们远去，远离——远离——远离，一直到隐没在远方，好像树叶的风暴中，随狂风消逝。我们目睹的，正是宇宙的膨胀；站在香炉峰顶看早晨的日出，目睹东方红色的宇宙膨胀的过程与收尾的过程。我目瞪口呆了半晌，眼见星系加速远离，没入远方，愈来愈小、愈来愈暗，终于完全不见。我们被孤伶伶的抛在后方，静静坐在香炉峰顶，四周什么都没有，只有无际的宇宙神秘……

祈祷太空和平

　　许多有意探索外星智慧的人，都先后信仰了我称为"哲学对话教条"的教义，视之为信心条款，相信宇宙中充满了热衷于长期哲学对谈的社团。哲学对话教条认定下列事实为不辩自明的真理：

　　宇宙充满了丰富的生命。

　　有生命存在的众星中，绝大多数都能出现智慧物种。

　　很大一部分智慧物种正为启迪人类发出信息。

　　如果这些叙述你都接受，那么集中心力寻找无线电信息，暂且抛开其他寻找宇宙智慧存在证据的途径，就还算情有可原。然而对我来说，哲学对话教条离不辩自明还差得远，至今并没有证据显示它是对是错。既然它有可能对，我便全心赞成搜寻无线电信息；而既然也有可能错，我便不轻言放弃其他途径，特别是我们所欲观察的物种活动，并不涉及双方合作的那类证据。

　　近几年来，人们曾认真的寻找无线电信号，收听技术日新月异；虽然还没有侦测到任何信号，但是收听的人却不气馁。他们的努力至今仅仅涵盖无线电频率的…小部分，侦测方向也仅仅涵盖信号可能来源方向的一小部分。他们已拟妥计划，在未来继续增进搜寻效率。他们毋需建造新的大型电波望远镜去扫描天空，只需要在现有望远镜上多腾出少许时间，多拨少许经费建立新的资料接收处理机，允许好多个频道平行接收即可。有几个无线电天文学家团体正希望实现这些计划，我衷心支持，也祝福他们马到成功。假如他们果真成功侦测到真正的星际信息，那将是本世纪最伟大的科学发现：人类历史的转捩点。人类看待自己，看待我们居处在大宇宙中的地位，将有革命性的改变。

　　我们很容易想象一个具有高度智慧，但是对技术没有特别兴趣的社会；因为我们周遭多的是没有智慧的技术。当我们向宇宙窥探人造活动的迹象时，寻找的应该是技术而非智慧。直接寻找智慧，找到了当然最好，但是我们有机会看到的却永远只是技术。在决定我们有没有希望观察到外星技术之前，我们得先回答下面的问题：大自然对于扩

· 1704 ·

张主义的技术社会所从事的活动,于规模、尺度上设下何种限制?什么样的社会,其中的活动最可能被观察到?

星际间的距离对人类殖民者而言,看似遥不可及;因为以我们人类短暂的一生来衡量,确实走不了多远。但是一个长生不老的社会,就不会受到人类短暂一生的限制。假设旅行速度不用很快,只要光速的百分之一就好;那么整个银河系在一亿年之间,即可从头到尾布满太空移民。而光速的百分之一,即便只用现有的原始核子推进技术,也可以轻松达到。所以太空移民乃是一个生物问题,而非工程技术问题。殖民者可以是一种长生不老的生物,在其眼中,千年仿佛已过的昨日;又也许他们精于冷藏技术,可在漫长的旅程中将生命暂时冻结起来。反正只要有百万年的时间可使用,星际距离就不再是个障碍了。如果更进一步,科技发展让太空船的航行速度达到光速之半——个人认为颇有可能——那么连星系与星系间的距离也不算是障碍了。如果一个社会真能把殖民计划推到最大极限的话,就可以支取一个星系,甚至好几个星系内的资源了。

我不相信我们对恒星、行星、生命、心灵的认识已经足以提供一个稳固的根基,使我们可借此断定外星智慧的存在究竟可不可能。许多生物学家和化学家曾根据片面的证据,就断言智慧生命的发展在银河系中应属经常而频繁。看过他们所提的证据,听过他们的讨论之后,我认为除地球以外,其他地方从未有过智慧物种,也是大有可能。在天空中寻找人造天体的最佳途径,就是想尽一切办法,对自然天体进行地毯式搜索;光凭猜测很难描绘天体的长相,最佳的机会乃是尽力搜索各式各样的自然天体,并竭力了解其细微末节。

当我们发现某个天体违反了自然的解释时,就可以开始怀疑它是不是人造的。在宇宙中搜寻智慧证据的合理长程计划,和一般天文探索的合理长程计划,其实是密不可分的。我们大可放胆利用各式管道去一探宇宙究竟,可见光、无线电波、红外光、紫外光、X光、宇宙射线、重力波……都行。只有多管齐下,我们才有办法充分了解,并判定观察

到的天体究属自然抑或人造的。

当人类从地球外移到太空时，问题并没有离我们远去；太阳能的利用仍将是我们的中心课题。在太空一如在地球，技术如果不要沦为有钱人的玩具，就得价格低廉。太空一如地球，我们仍有权选择要灰的还是要绿的技术，而在地球上左右我们选择的经济限制，在太空中仍有其类比。

现有在太空中利用太阳能的技术，主要都是以硅制成的光伏打电池为基础。那些都是科学仪器绝佳的电源，但对一般人而言，价格太高了。太阳能水池在地上或许便宜又有效，但移到太空恐怕就不合适。太阳系可以很明确的分成两区：内区靠近太阳，阳光充足但水分缺乏；外区离太阳远，那儿水量充沛，但阳光缺乏。地球正好处在两区之交，而且就我们所知，是太阳系中惟一阳光水分都丰富的地方。可想而知，这就是生命在地球上蓬勃发展的原因，也是为什么太阳能水池在地球上最可行，比太阳系其他任何地方更适合的道理。

我们应当寻找一种能使进入太空的经济顾虑，发生彻底改变的技术。在人类大幅拓展到太阳系的梦想实现之前，我们得先大幅降低太空营运的成本，降低的因数不只是五倍、十倍，而是百倍、千倍。适当的技术，在内外区似乎不尽相同。内区因为阳光充足水分少，应该是属于灰色技术的范畴，大型机器及政府企业，可以在太阳系内对人类颇不友善的区域，生根茁壮。用铁、铝和硅制成的自我复制自动机不喝水，不用冒着破坏地球生态的危险，可以在月球上、水星上，或者其间的太空中繁殖，建立超大型工业。他们可以阳光和岩石为食物，不需其他素材也可以成长。他们可在太空建造自由浮城，作为人类的居所。他们可以从外行星旁边、含丰富水量的卫星上面，引出汪洋般的水资源，带到缺水严重的太阳系内区来。

长远来看，我认为多样性问题的惟一解答，是人类借着绿色科技向宇宙扩展。绿色科技将把我们推到正确的方向，从太阳向外，到达小行星、大行星，甚至更远的无限空间。绿色科技意指不住在玻璃罐子里,它要让动植物和我们去适应天高野阔的大宇宙。蒙古游牧民族发展出坚韧的皮肤和细细的眼睛,以便抵挡亚细亚的寒风;如果我们的子孙,有几个生来就具有更强韧的皮肤、更狭窄的眼睛,他们或许能在火星的狂风中,睁着眼走路。决定我们命运的问题,不在于我们是否要向太空扩展,而是我们要成为同一物种?或者是要成为一百万个物种?一百万个物种也依旧填不满已虚位等待智慧大驾光临的宇宙生态空缺。

如果我们采用了绿色科技,则向宇宙扩展的行动将不仅局限于人和机器;乃是运用人类脑力,为生命本身的目的,达成所有生命一起扩张的目标。生命一旦侵入一个新的居所,从来不会只有单一物种迁移过去而已;总有各式各样的物种顺道过去,而且一旦站稳脚步,物种便会迅速扩张,并进一步多样化。我们向星空的拓展也将依循此一古老模式。

要让一棵树,靠着遥远太阳发出的光,在小行星上没有空气的太空中生长,我们得重新设计树叶的皮肤。在一切生物体身上,皮肤都是最要紧的部门,必须细心精巧的加以设计剪裁,才可适应环境的要求。这也不是什么新发现。

在苍茫的太空世界中,适合居住的各个星球之间的距离,将不是以光年计算,而是以光日、甚至更短的光时、光刻、光分来计算了。

不管彗星能否为生命向整个银河迁移提供方便的中继站,星际距离都不能成为生命扩张的永久障碍。一旦生命学会如何把自己胶封起来,抵抗太空的严寒与真空,它就能在星际航程中存活,并且到达星光、水分与必要养分都恰到好处的新大陆去撒下种子。不论生命航向何方,我们的子孙也会跟去,善尽协助、引导与适应的责任。生命必将面临如何在不同大小的行星或星际尘云之中生活的现实适应问题,我们的后裔或许将学会如何在星辰风和超新星残骸中垦植花园。一旦生命的扩展有了好的开始,终将沛然莫之能御;我们的后代子孙即使有意拦阻,也势无可挡。短时间内,我们或许能掌握趋势的控制权;然而

生命终究会开辟出一条又新又活的路,不管有没有外力的协助。银河的绿化也终将成为一个不可逆的过程。

当我们形成一百万个物种遍布整个星系时,"人能否扮演宇宙力量,犹能保持神智清醒吗?"这个问题将不再那么恐怖。我们将会扮演宇宙力量,但只是地方性的神祇,而不是全宇宙的主宰;数目也有一定的安全限额。我们当中有些会变得癫狂,像莫洛博士那样疯狂统治整个帝国;有些人会在晨星上拉屎,也会有冲突与悲剧……。但是邪不胜正,长久下来,神智清楚的人总是比癫狂的人适应得更好,存活的更多。大自然之修剪不适任者,终将限制癫狂者在银河各物种内的传布,正如她在地球上对个人的管束一样。所以神智清楚,本质上就是和自然律和谐共存的能力。

宇宙之大:一足够给与我们全体宽阔的生活空间;但是,似乎很可能的,我们是银河系中孤独的一群,没有任何智慧邻居存在。其实,地球诸般生命之丰富,已具有足够的潜力,去填满宇宙中各偏僻的角落与罅隙。

生命遍布宇宙只是个开端,不是结束。当生命在量的方面延伸其居所的同时,质的方面也在改变,且进化到一个我们无法测度的崭新心灵天地。新领域的攻取固然重要,但本身并不是终点,而是一个手段,让生命得以百万种不同形式的智慧从事实验。

我们希望未来是神秘而充满超自然能力;然而正是这些与现实世界看来有如天渊相隔的渴望,建造了现今的物质文明。而且只要在渴望与行动之间保持某种关系,未来仍将继续建造这类的文明。但是我们能放胆倚赖这些东西吗?或者说,在此难道没有什么标准可以决定人类未来的发展方向吗?我们所处的地位,足以看见行动的效果,以及未来的可能后果。我们仍然胆怯的握住未来,但总算第一次察觉到它是我们行动的函数。

既看见了,我们是要避开那些违背我们起初需求的本质呢?还是凭峙对自己新能力的肯定,而勇往直前、扭转乾坤,将那些需求转变成

"为万世开太平"的助力呢?

任何有心追求地球生命向宇宙扩张的宏伟设计的人,最好先仔细观察那些已经落户地球上的蛮荒之地,与大自然和平相处的人们,究竟具有什么样的生活形态与精神特质。宇宙是个群岛之海;适合居住的小岛,彼此间受到一望无际的太空海所阻隔。

科学与宗教拥有一些共同的特点,其中最显著的是一致性与多样性。如果少了一致性,宇宙就毫无伟大之处;如果缺乏多样性,世界也就失去了自由。这种相生共存的特质创造了科学与宗教的历史。科学和太空各有各的目的与设计,它们并不相互依存。而当太空科学意义奠基于人类的冒险精神时,就最具意义——勇敢的人类居然敢驾着登月小艇,降落在宁静海上。"科学"是国际性的,是人类文化的一小部分;而美国的太至科学也只是太空科学的一部分;所以在此我只能提出一隅之见而已。

对美国的太空计划而言,科学从来不是主要的驱动力,而且太空计划也从来不是科学的主要驱动力。理由非常明显:科学和太空各有各的目的与设计,并不相互依存,科学最具创造性的地方,是它能够从一颗沙粒看到整个世界,或者从一朵野花看到整个天堂。当然,大型机器也是科学的一部分,但并不是最重要的。当美国的太空科学计划意义奠基于人类的冒险精神时,就最具创造性——勇敢的人类居然敢驾着登月小艇,降落在宁静海上。对月球岩石的正确观察与年龄鉴定,也是科学探索的一部分,但也不是最重要的部分。太空计划的主要驱动力是政治、军事和经济,从来就不是科学。如果我们以所投注的心力与总预算来估量这个计划的规模,大约有10%的太空计划是科学计划,而差不多10%的科学计划是太空计划;也就是说,在太空与科学间有10%是相通的。对这两者而言;这些都是非常重要的。既然我是个科学家,我将专注在这相通的部分,回顾过去50年来太空科学的发现中最受瞩目的部分,并希望能自其中学到教训,以利未来发展。

美国普林斯顿的太空研究中心设置了一个工作模型。所谓质量推进系统是一个长的磁力加速器,它能将小型包裹压进一个直管中。只要将东西放进这种小包裹里,其中的东西就会以高速射入太空。就像火箭的原理一样,它们提供连在质量推进系统上的东西一股推进力,只要能提供电力,这个系统就能永远推进。在内太阳系中,太阳可以提供足够的电力,因此使用质量推进系统的太空船,会是一个经济而有效率的工具,能在小行星间往返载运。

就像波利尼西亚人的独木舟一样,装设这个系统的太空船也会是个速度慢、花费不高的工具。而在到达某个小行星后,驾驶员可以用当地的泥土重新装填推进太空船所需的质量,以做为下一站旅程之用。这样使用质量推进所造成的主要缺点是:大量使用泥土后,这些尘土会逐渐充斥在小行星之间,而使整个小行星带变成像土星周围的光环。但这个因尘土而造成的太阳系污染问题,在愈形严重之前,就可以有补救的办法。氧气是所有小行星土壤的主要成分,而其他成分则主要是铁和硅;每位殖民者都会建立一套化学的或是生物的程序,把土壤中的氧气分离出来以供呼吸之用。而每位殖民者都会储存一大堆氧气以供不时之需,因此,液态氧将会是一种无污染的理想推进剂,因为液态氧在丢进太空后很快就会挥发掉,而由太阳造成的太阳风无害地加以吹散。

我们今天实在无法断言,像质量推进、激光推进、太阳帆或是其他尚未发明的技术,在未来是否有竞争的潜力。也许每种方法都能找到合适的应用范围也说不定;但每一种新科技,其花费都可能比现行化学火箭更便宜。今天的太空科技,由于种种原因而贵得离谱,而现行科技却不够努力以减少推进的成本。这是因为大部分任务本身的花费,都要比推进系统贵得多。但是,如果太空旅行仍维持在每磅运费要数千美元的价格上,那么太空殖民就永远只是个梦想。而只有在我们能有更便宜的科技可用时,生命扩展进太空的行动才会真正展开。幸运的是,质量推进、激光及太阳帆系统,给了我们拥有便宜推进系统的希望;而遗传工程及人工智能,则提供较便宜运费的希望。

21世纪将会由今天以铁和硅为主的科技,转型到以酵素和神经为主的明日科技。以酵素和神经为主的科技,会是结合了遗传工程与人工智能工具的结果;但我们不能预期这种新科技各自单独出现。当我想到明日的太空科技时,我特别想到了三种独特的景象。首先,是一种火星马铃薯,它能在地下深处存活,将根贯穿地底的冰层,而其嫩芽则在地表自己生成的温室里,收集二氧化碳及阳光;其次,是所谓彗星藤蔓,是一种能散布在彗星表面的温血藤蔓,其外层由厚厚的绝热毛皮保护着;太空蝴蝶,是一种真正以太空为家能像昆虫在花朵间传送花粉那样,在不同的世界间传递信息的生物。我们当然可以想象其他稀奇古怪的生物形态,或是其他即将进入宇宙的生命形式。火星马铃薯、彗星藤蔓及太空蝴蝶,都只是个标记而已,不过是用来引起大家的兴趣,而不是一定要重视的梦想。

我并不想试着去预测超过一百年后的科技世界。在太空蝴蝶之后所进行的革命,会和生命刚开始在地球上出现时,一样地复杂而不可预测。但有一件事是肯定的,那就是:生命在太空中的演化,就会和生命在地球上的演化一样,会是无止尽的丰富及多样化。

当生命散布到宇宙之中,并能适应比星球更宽广的环境后,人类将会面临一个最重要的选择——就好像我们的祖先当年选择走下树木,而猿猴则选择继续留在树上,形成了演化上的极大差距。我们会面临的抉择是:人类应该维持同一种族,同一历史的传统呢?还是应该让我们和其他的动植物一样,演化成各种物种?我们应该永远是同一种人类,或是应该是散布在银河中,在百万个不同地方的百万种智慧生物?这是一个很快就必须面临的问题。而幸运的是,回答这个问题,将不是我们这一代的责任。

探索一切事物是人类的本性,一旦科技进步到能将一个心灵记忆植入另一心灵时,这个探索心灵的时代就来临了:我们除了由外在赞美自然界的美丽之外,还可以直接透过大象、老鹰或巨鲸的眼睛来看

世界。

　　使死者复生，

并不是什么了不起的魔术。

很少人是死尽的：

只要对着死者的余烬吹气，

一团火焰又会再度升起。

　　我们的宗教由古埃及到近世的圣人，我们的政治环境由所罗门的帝国到今天的美国联邦，都是试图给生命一个比过去更宽广的生存空间。先人的经典告诫我们要光宗耀祖，而我们对科学的好奇心让我们徜徉在时空之间。就如同芬尼所观察到的，灵长类不只是一种探索地理的动物，我们也同时发明了历史和考古学。我们的博物馆、图书馆及艺术馆都装满了过去历史的光荣事迹。有一天，伟大的爱因斯坦误闯进一间学校男生的更衣室，里面挂着许多前几代学生的名牌，底下则挂着一大堆运动服。爱因斯坦说："啊！我了解了：那些已经作古的先人精神，就这样流进今人的心里。"

　　知古鉴今，我们更体会到生命如蜉蝣，莫不朝生夕死。当接触愈古老的文明时，就愈感慨：生命注定是短暂易逝。葛雷夫斯的诗也描述了死者复生后会发生什么事：

那么就给他生命吧，但是思量一下，

那个他曾安身的坟，

现在未必是空的：

你必会裹上他斑驳朽坏的衣服，

亲尝卧于其中的滋味。

记忆本身就是一种奇迹。

　　近世科技的进步，使我们有更大的能力，可以保存先人的灵魂。首先是书写的发明，使我们能保有他们的文字，而绘画及照相则使我们能保存他们的容颜，唱片的发明使我们能保存他们的声音，而录影机则能保存他们的动作和表情。但这只是个开始，很快地，我们就能有足够的技术,可以永远储存他们细胞中DNA的密码秩序,而这意味着:只要我们愿意,就能由基因秩序复制一位祖先。也许到那时,科技能读取记录在祖先头脑中的信息。而所谓死者与生者,过去与现在,这些原本对立的名词,其分野都会变得模糊不清。而谁是祖先,谁是后代子孙这种分法,也变得毫无意义了。

人类以为,对过去自我的认知,都保存在我们一生的经验当中。我们也非常看重个人生命的延续,认为死亡是物体天然秩序的破坏,是需要去解释的特异事件,以为使死者复活是一种神奇的现象。但是如果人类能跳出自己先天的束缚,客观地看看人类的情形,我们会发现:一个人从小到老所累积的记忆,事实上就是一个奇迹,比起死者与活人之间的记忆传递,也毫不逊色。我们自己想想,就能了解这个奇迹正不断有效运作着:我们在几十年满布风霜的岁月之后,我仍然记得儿童时期灰色摇动木马,当我们在人生风雨几十年后回想起来,仍是栩栩如生。这个奇迹是如何发生的呢?我们对幼时的记忆为什么能保存几十年之久,到今天还是个不可解的谜。但我们会去学习,也会解开这个谜团,然后我们就能了解这个奇迹,从此不再神秘。到那时,记忆只是个等待我们去发掘的新科学而已。

由时空探索进入对知觉的探索,当我们眺望人类在21世纪以后的发展时,我认为许多即将发生的事,会由客观的科学领域转向主观的知觉与记忆中去。灵长类这种爱探索的动物,不会只满意于物质世界的探索;我们的好奇心会使人类由时空的探索,进入对知觉的探索。有许多拓荒者会去探测没有人到过的小行星或是另一个新星球,而也必定会有另一些有志之士会由人类的内在探索我们的心灵。探索一切事物是我们的本性,不论是活的或是死的,也不论是过去、现在或未来。一旦科技进步到能将一个心灵记忆植入另一个心灵中,这个探索心灵的时代就来临了。我们除了由外在赞美自然界的美丽之外,还可以直接由大象、老鹰或鲸鱼的眼里来看世界。而经由神奇科学的帮助,我们也能够在心中感受到孔雀的骄傲和狮子的愤怒。事实上,这种奇

迹比起我们能在几十年后记忆幼时的童年印象,并不会来得更高明。

所有对人类长远发展的臆测,必然仅止于幻想。没有人希望看到由一些历史上的怪异事件,或是某种人类智慧上的特异变化,来决定我们真实的未来。就像柏诺在1929年所写的:"人类有两个未来,一个是我们所希望的未来,一个则是我们命运安排的未来,而人类从未学会如何把它们分开。"我在这里所谈的未来,是人类所希望的未来;至于人类命定的未来,是现在很难去辨识及了解的。谈到这方面,没有人比威尔斯更富艺术家的想象力了。威尔斯在1895年出版了一本名叫《时间机器》的书。在书中,威尔斯想象人类在未来将分化成两类,一类是愚笨的懒惰人种,另一类则是已经失去生存目的,但仍具有理性的人种。这两类人种分别是由维多利亚时代英国中上层社会及下层社会所退化而来的,而其最后的下场也难免是死路一条。其低阶层的人种,像老鼠一样生活在地下,但仍然保持了机敏的手艺,能使机器继续运转;而上阶层的人种则毫无目的地活着,就像等待屠宰的牛一样晃来晃去。这个噩梦可能真的是人类未来的写照。威尔斯写这本书,是为了反映出当时社会存在的丑陋及不公,但对目前社会的种种病态而言,它仍然是一面让我们看清事实的明镜。

人类并不是最后的结局,但是威尔斯并不仅仅报导失败颓丧的一面,他同时也是希望的预言家。威尔斯认为,建立起各式各样的"镜子"是他的职责,使得人们能从各种角度来观察及评断。在发表《时间机器》的7年后,威尔斯以《发现未来》为题,在伦敦皇家学院做了一次演讲,这是他第一次尝试描述我们所希望的未来。以下就是他演说内容的片断,威尔斯所叙述人类的胜利及不幸,在1902年到1987年之间统统都实现了:当我们把时间回溯千百万年前,看看伟大的生存意志在泥泞中挣扎而出,看生命在不同形式及不同力量之间奋斗,看到生命在地上爬行,然后能满怀自信地走在陆地上。看到生命一代又一代克服呼吸空气的困难,看到生命爬进黑暗的深渊之中;我们看见生命如何调整自己,以适应狂风暴雨及饥饿的威胁,最后形成新生命形式。我们看见这些生命渐渐和我们愈来愈相似,它们扩张,为了一些特定目的而互相合作;最后我们看见这些生命变成了我们脑中的节奏,我们战舰上的炮声,我们城市里的哄笑。他们唱出我们的音乐,并发扬了我们的艺术。正如我们回顾过去,就让我们把眼光转向未来。这样一来,任何认为人类发展有止境,或是会出现任何带来太平盛世的哲人的想法,都会从我们脑海中消失。我们在探索未来时,面对最大的问题是:人类并不是最后的结局。在我的心里,到底在人类之后会发生什么事,才是最令我着迷、也是全世界最不可解的问题。当然目前我们没有任何答案,这种想象是我们一直拒绝拿上台面来讨论的。

威尔斯同时也了解,不论是对个人或是对整体人类而言,人们的生活都是极不安定的:也许某些巨大的东西,会在没有预警的情况下撞击地球——这个冲击可能会毁掉这个星球上任何生命的火花,而目前也没有任何一门科学说不会发生这样的事情。当然,也可能发生其他巨大的灾害,如新疾病的蔓延杀死所有人类,因而使我们完全灭绝,目前也没有任何科学定律说这种事不会发生。也可能出现一种新的动物,它能在陆地或海上捕食我们;也可能出现某种药物或某种疯癫症会侵入人类的心智。而最后,我们相当确定,太阳总有一天会燃烧殆尽,整个地球的生命将会绝灭,变得死寂而且冻结,这必然就是人类的结局。所有这些末日的噩梦都非常具有说服力,但还是有人不相信它——像我就不相信它!我不相信的原因是:我相信一些其他的东西,那就是普世的合作及共同的目标,还有就是对人类伟大命运的信心。世界可能会冻结起来,太阳也可能会熄灭,但在我们心中有些事情是绝不会被摧毁的。

我们现在正站在人类从未经历过的伟大转捩点上。这里没有晴天霹雳,也没有划时代的变动;但是正如在每一个多云的破晓天际依旧平静如昔一样,世事仍然难测。我们不敢说一切至此已告终止;更不能断言前一分钟是黑夜,接下来则是白天。但我们现在所看到及所能想

象的事情,给了我们思想的梗概,及超越想象的信仰。

威尔斯以"信仰"这个名词结束他的评论。他对未来的看法基本上是很悲观的,但他的内心深处则极力排斥这种想法,因此他发现在他的科学看法中,需要加进一些信仰。就像数学家帕斯卡在240年前所写的:"所有关心及思索人类未来的人,都需要在科学知识外再加些信仰进去。"

信仰与理性的冲突,我相信我们今天存在于此,是为着某些目的而来,而这些目的是和人类的未来有关,并且超越了目前知识与科技的限制。我并不希望走出这个简单的叙述,而变成一种神学的讨论,我对神学实在是一无所知。如果你愿意,可以称呼这种超越一切的目的为"宇宙力量"。而如果它真的就是宇宙力量,那么一定是和宇宙同时诞生,并在宇宙逐渐开展时,同时增加它的权力与知识。我们人类的意志不仅是它目的之一种表现,也同时是它成长所带来的贡献。在科学与神学之间的无人地带中,有五点是信仰与理性互相冲突的地方,那就是"生命的起源"、"人类自由意志的体验"、"禁止在科学上使用哲学目的论的解释"、"对造物者存在的争论"、"宇宙最终极的目标"。

首先是生命的起源。在哲学的观点而言,这并不是最困难的问题。最早期的生命形式,并没有脱离普通化学的范畴,我们至少还可以想象,生命是由一些化学家可以计算出来的普通程序制造出来的。事实上比较严重的哲学问题,是出在意志、知觉及语言发展之后。就像物理学家维格纳有一次写道:"你要把生命的喜悦放进薛定谔方程式的哪一部分?"关于生命起源的问题,事实上只是:你要如何找出一个理论,不但能使生命由一个随机程序产生,而且本身还是宇宙力量旨意的一部分?对这个问题有三个可能的答案。答案一:认为宇宙力量并没有做任何事先的计划,一切的事情都是因为某种偶然而发生的。这是莫纳德的答案,也是大多数生物学家的答案。但如此一来维格纳会问:"难道知觉本身也是个偶然的意外吗?"答案二:认为宇宙力量知道任何事情,生命根本不是偶然发生,而是依照宇宙力量的旨意而产生的。这是爱因斯坦的答案,他相信所谓偶然的机会,是因为我们对自然并未能真正了解而产生的概念。但如果真是如此,那么为何统计定律成为物理中最基本的定律呢?答案三:是这种偶然性的存在,是因为宇宙力量和我们一样无知。这是哈特修的答案,认为宇宙力量不是万能的,它和宇宙一起成长,并在宇宙发展的过程中不断地学习,因此机率是它伟大蓝图的一部分,它和我们一样使用机率来达成目标。

机率与自由意志互相关联,第二个信仰与理性的冲突点,是人类对自由意志的体验。这在薛定谔的书《生命是什么》的末尾讲得很清楚。这个问题的根源,是如何使人类对自由意志的体验,与对科学根源的信仰不发生冲突。我们对这种冲突仍然采取同上的三种答案,但现在狭义的科学与狭义的神学仍然反对自由意志之说。莫纳德认为宇宙是由纯粹"偶然与必然"所造成的,这个观点本身就否认自由意志的存在。对于像我们这种既相信宇宙力量、也相信自由意志的人来说,十六世纪索西纳斯教义可能是比较好的答案。机率与自由意志之间是互相关联的。而这种宗教则将两者合而为一,自由意志是人类意志的集合体,要不然意志只是脑中的一种随机程序而已;宇宙力量的意志则是宇宙意志的集合体,否则整个大世界也只是个随机程序而已。

我的第三个问题是目的论的禁止,也就是人类做事目的与科学操作规则之间的冲突。科学并不接受亚里斯多德那种形式的解释,认为石头之所以往下落,是因为石头是属于地上的,因此它喜欢在地上;或是认为人类头脑之所以能演进,是因为人本质就是具有智慧的。基本而言,在科学上,目的本身不被接受是造成某种现象的原因,所以在时空上,只要不是直接去探索问题的尝试,都是被禁止的。特别是绝不能因为某种最后目的,而影响整个现象。我们应该如何来调解这种人类对事物目的之经验,与对宇宙真理信仰之间的冲突呢?我认为只有在限制科学范围的前提下,这种妥协才有可能。"自然定律的选择"及"宇宙初始条件的选择"这种大问题,都不是真正科学的问题。因此,科学应该限制在只解释宇宙中的现象。而当问题超越科学的范围之外的时

候,就可以使用目的论了。

这类解释中最有名的例子,就是所谓的"人择原理"。这个原理以为,如果能建立自然定律的话,它的形式及内涵,一定是以理论物理学家能探索的形式存在。我们知道理论物理学家是存在的,因此,自然定律的形式就必须是物理学家所能了解的,否则定律就无法存在。这种解释方式,彻头彻尾就是目的论的形式,它能得到一连串具有意义的过程,指出宇宙可能建立元素的一些限制。许多科学家并不喜欢这个定律,因为这好像让我们又退回到亚里斯多德时代的推理方式,而以人的观点来描述宇宙。事实上,喜不喜欢这个定律,完全是个人品味的问题,我个人发现这相当具有启发性。这个原则事实上点出了现代科学的精神,那就是我们有互补的两种解释形态,目的论允许目的在宇宙中扮演一些角色,而非目的性的解释则在局部的科学架构中进行现象的解析。

人类只是宇宙力量的一小部分,对造物者的争论是我所列出的第四个哲学问题。也就是对宇宙力量存在与否的争论。钟表的存在暗示有位表匠的存在,而对宇宙力量存在的争论则源于19世纪生物学上创造论与演化论之间的战争,最后是演化论打赢了这一仗。靠着基因的随机扰动,再加上达尔文的物竞天择程序,应该就能完成生物演化的程序。由于创造论使用了目的论作为原因,因此一直被排除在科学探讨之外。一百年来,生物学家一直试图把创造论给摆平,然而创造论仍属于一种哲学思想,我认为这个问题和人择原理一样,不应该放在科学的范围内,却可纳入形上科学的领域中。

对造物者存在与否的争论,本质上是目的论,而非真正科学上的争论。因此,想要把目的论挤进科学的框框里是一种错误。我认为只有在以下这种说法下,这类争论才有意义。宇宙的意志以三种不同的层次呈现,第一层是量子力学中的基本物理程序。在量子力学中讨论的物质,并不是一个死硬的物体,而是根据机率定律,能在不同路径中自由选择的有机体。每个量子实验都是在逼自然做某些选择，由于意志本身有能力作选择，因此在某种程度上，意志是和脑中每个电子相互关联的。第二层则是人类的直接经验。我们的头脑好像是个天生的放大器，能将由我们脑中分子所做的量子选择放大来看。因此，我们人类是宇宙意志的第二步。现在来看看对造物者的争论。由自然定律的特质来看，整个宇宙似乎都是由某种意志的成长所控制。而此处的争论，事实上只是把人择原理推广到宇宙那么大的尺度上去而已。因此，我们有理由相信第三层意志的存在，它是宇宙的一种心灵特质。如果我们相信这种心灵特质，并且称其为"宇宙力量"的话，那么我们就可以说：人类只是宇宙力量心灵的一小部分而已。

最后一个问题是所谓宇宙最终极目标的问题。换句话来说，就是去了解宇宙力量的意志。以往这类尝试都不是十分成功，其中最深入的一次尝试，记载在旧约的约伯记中。当时宇宙力量在旋风中给约伯的回答，并不使人振奋。而我今天想再问同样的问题：人类为什么要受苦？这个世界为何有那么多不公平的事？到底这些痛苦和悲剧的目的是什么？我希望得到这些问题的答案，希望这是一个我们的愚骏心灵所能接受的答案，即使那远不及宇宙力量答案的层次。我的答案是基于一个假说，而这个假说则是人择原理及造物者存在论的延伸。我认为：宇宙是根据最大多样性原理而建立的。这个原理不仅在物质世界有效，在心灵世界也同样成立。那些自然定律及初始条件之所以是这个样子，是因为这样才能使这个宇宙生趣盎然。由此看来，生存只是个可能，而且充满了艰困。每当一个困难被生命克服之后，马上就会有新的挑战出现，所有这些围绕着我们发生的事情都使得生存极不容易，像彗星的撞击、冰河时代、武器、瘟疫、核分裂、电脑、性、犯罪和死亡等等。并不是所有的挑战都能被生命克服，因此有悲剧的产生。最大多样性通常带来的是最大的压力，到最后生命如果能存活下来的话，只不过是在这些挑战中能够幸免于难罢了。

宇宙即天，它是多维能量聚集、信息无限扩展的生命空间。它包容

万象,是永恒温暖的一天;它抚育出自然界的万物和平相处。万物皆具天性,有缘牵连,各行其道,共同生存在与时空界面整合的空间规律之中。人类对事物生命本性的不解之谜,只有去宇宙空间寻根解密,才能解开生命科学的奥秘。

宇宙空间生存的人与事物,具有主导自身生命的性和缘,它们以生命本性为基本结构因素,形象地链接起多维生命信息缘。在事物性的界面内,既有有形显现的阳性物质,又有无形蕴藏于大脑的阴性事因,阳性物质和阴性事因聚集整合,构成自然、社会与计时多维聚合的生命空间。事物都是根据繁衍进化就有的性而生存,它包含事物生存的属性和本性。天地人间,事物的性和缘是事物生命繁衍的主要因素,性与缘的辩证关系是事物生存、发展和变化的根本条件。

生存是事物内在生命信息能量的蓄积释放;生命是事物内在能量与外界多维聚集整合空间的生命信息平衡。事物的生存期是事物本性能量蓄积释放的计时界面;事物的生命期是事物内在本性与外界多维聚集空间能量的整合时间。事物的真相显现出事物自身不等的生命能量,它由阳性外观形相和阴性内在本相所构成,它们内外链接起生命信息缘,维持着事物不断渐变的形象状态。

事物生命运程中,从最小能够平衡存在的微观原子到宏大的宇宙星系,既有内置中心的阳性质体或恒星,又有外围运动的阴性粒子或行星,它们构成物质能量生命信息平衡的生命空间。这就要求读者,根据知者皆知的性、属性、本性、缘、神、磁等基础知识,把握住事物生命的信息能量及相互链接起的生命信息缘,形成平衡、发展、宏观的多重思维观念。性是事物生命空间的本元能量因素,它是事物衍生和生存的生命基础。事物因为有性,才有了开拓事物外界生存空间的生命能量,才有了属性、本性、阴性、阳性、性别、性爱和性生。生命空间里,既有阴性、阳性也有独立平衡的中性界面。事物的阴性、阳性都是相对中性存在着,事物稳定生存的条件是,自身内外能量阴阳平衡,显现中性;事物脱离了中性,就要释放出自身本元结构中的本性能量,由此调节生存界面所需能量的生命信息平衡。否则,将影响到事物蓄积外界空间的能量,加速自身本性能量的释放。

事物生存的属性和本性,与事物的多维生命空间链接着生命信息缘。事物的属性皆相同,它是事物生命能量中的基本因素,它界定事物在生存过程中,既具有阴、阳两性而相对平衡,又内外相互关联,不断地运动变化,与反事物同界面共生存。事物之间有自身生存的生命网络所链接,并始终释放着主导生命的信息能量。事物的属性失去,生命能量释尽,生命信息消失,生命结束;事物的本性是事物生命能量的本元结构因素,事物的本性皆不同,它显现出事物生命能量强度和自身结构元素的比例,奠定了事物的生存界面、生存时间、生存状态和自身形象。

缘是事物生命能量蓄积释放的空间网络。它是事物生命空间自身本性能量释放的基础界面。链接是事物生命空间内在的生命信息关系,它不是事物变化过程中的能量连接。事物因为有生命信息缘,才有了事物生命本性能量相互链接的通道,事物才能共同生存,相互产生本性能量的空间作用,繁衍出新事物。事物的发展中,只有保持住事物的缘,才能有调节事物生命信息平衡的稳定发展空间。缘起到事物生命能量的网络链接作用,没有局域界面的限制,它是无限发展的多维空间网络。事物都是因缘在空间运动与其他事物始终进行着生命信息链接,并释放出自身生命中的本性能量。

神是事物生命空间生命信息平衡规律的展现,它是蕴藏在人类大脑中的事物阴阳平衡的思维观念。事物都有正负、往返、上下、左右、前后、内外、生死等阴阳之分,由神界定事物在生存界面内的阴、阳性。有形、显现、发展的事物为阳性;无形、蕴藏、置后的事物为阴性。神具有事物阴阳界面的区分、平衡、调控的参照作用。神点是事物生命空间生命信息界面的平衡焦点,它是事物在多重变化的空间界面所平衡的位置。神性是事物平衡发展的生命本性。人都具有神性,它显现出人的平

衡观念与事物平衡神点的距离,它导致人与自然、社会的链接和身心平衡的行为。

磁是蕴藏在阳性物质中心的阴性、无形、多维的反物质能量元素。信息能量平衡物质的光、电、气、热、力等阳性基本能量,数学集合中信息能量={光、电、气、热、力……}能量。宇宙力量是物质多维蕴藏的生命本性;磁体是信息能量生存蕴藏的媒体;磁场是以磁体为中心,无限扩散着的多维能量空间,它是物质生命孕育的基本环境。磁体的能量强度和距磁体中心的直线距离,界定了波形场内诸点的信息能量大小。物质在孕育形成时,就具备了属性生存的信息能量,物质生存过程中,始终蓄积释放着信息能量,它起到了物质生命生存的主导作用,直至物质生命信息失去,生命结束,转化成为新物质。物质蕴藏的信息能量与外显的阳性能量相互平衡,处于稳定生存的状态。事物的生命生命信息界定:阳性物质内蕴藏释放着阴性、无形、多维的信息能量;阴性物质外直观显现出物质自身生命的本性能量。阳性物质释放出的信息能量,形成了阴性物质的生命信息生存界面,蓄积起阴性事物生存所需的生命能量。

从而坚定自己的人生信念,调整事物内在本性能量与外界多维聚集空间的生命信息平衡,透析人和事物内外结构的真相,链接起天地人间的事物永恒的生命缘,以多重的观念和发展的眼光聚合神性看世界,释放出自救智慧能量的灿烂光辉!

天地人链接起多维聚合的生命空间。在自然社会界面生存的人,只要把握住事物生命空间生命信息平衡缘,就会更加热爱自然、和平和生命;创造安定、富裕、互助、美好的生活环境;拥有健康、快乐、和善、靓丽和长寿的一生。人类在地球上生活的300多万年的历史,在星球的漫长历史中只不过是短暂的一瞬。在这个短暂的一瞬间,人类有理由为自己从最原始的生活状态迅速地发展到现代生活的状态而感到骄傲。人类的力量是伟大的,人类征服的信念是坚定的。在征服地球的同时,人类又开创了征眼外太空的新的历史。而且,人类已经把自己的旗帜插到了地球之外的另一个星球上。

然而,当人类窥望遥远的外太空星云的时候,却严重地忽视了自己脚下的这颗星球。人类盲目地认为已经了解自己脚下的这颗星球了,并且以征服者的名义生活在这颗星球上。但是,实际上,人类对自己居住的这颗星球的一些了解大部分是误解或者是错误的。这个误解或者错误的最根本一点就是:人类没有把自己当做地球自然界中所有事物共存关系中平等的一员。人类很早就发现了自然的生态关系和生物链结构,遗憾的是,人类没有把自己放在地球整个生态系统中去思考和发展,而是以征服者或者旁观者的姿态出现着。这个错误的最大结果是:人类的行为严重地干扰了地球生态系统的生存规律。而当这种干扰达到一定程度后,人类自身的生存危机便出现了。

无论进步、生存还是发展都将最终通过集体和个人的自愿行动来实现。无论能力、资质和特定社会中的资源状况如何,愿望总要先于行动的产生,这种愿望在整个20世纪舞台上爆发出来。其实,任何减缓进步、阻碍物质、知识和艺术进步的企图最终都将一无所获。克林顿政府中的支持零增长者、德国的绿党和国际上的环境保护组织可以做到延缓进步的步伐,但是,不屈不挠推动社会向前的力量终将使这些团体的作用归于无效。大工业时代必将到来,因为它代表着全球社会的下一个逻辑发展阶段。人类不是进步就是消亡,但它将永远不会欣然就死。人类对发展和进步有着一种几乎是天生的渴望。在过去的500年中,关于人和物质进步的观点在西方世界如此根深蒂固,以致于我们可以说,这种价值观念不仅仅是一种文化特质,它几乎成了一种遗传倾向。西方价值观念的全球化更是引发了整个世界对于物质进步的渴求。

这类价值观念是进步的必要前提条件。它蕴含着一种相信是人而不是自然最终支配这个星球的信念,一种自信人的存在使这个世界在总体上变得更好的信念,一种认为人生来就有责任开发、引导和改造

自然及宇宙的信念。人类一旦认识到自然的本质和自己的能力范围，他将要求自己把这些能力施展出来。从这一点上讲，全球都将为即将到来的大工业时代贡献出创造力和生产力。人类将会延长生命期限，提高工业产量，支配和改造地球，并开始把自己的影响力延伸到整个太阳系、银河系，最终覆盖整个宇宙。

宇宙是有限的，发展是无限的，宇宙的本原是发展。

当宇宙终结，另一个宇宙诞生，发展将作为动力继续推动其走向和谐，这就是发展的灵魂。宇宙的开端始于爆炸前的"奇点"。但人类的发现仅限于此。

人类在迷惘中思考时，仿佛从洞穴中探寻光亮，最初是对宇宙的开端的追问，当人类第一次将目光投向苍穹时。那是一种特殊的启蒙的开始。那时探索者还并不知宇宙的起源始于大爆炸的奇点。还不知，宇宙是万物的总称，并是时间和空间的统一。但我认为，宇宙的开端应是两种力量交融的作用，它是一种生命的诞生过程。并且，在两种力量的融合的作用下，构成了奇点，同时，它预示了一个和谐的诞生。在大爆炸的最初三分钟，诞生了神奇的宇宙。宇宙的起源，就是一种开元。从无到有，是一切事物发生与发展的必然规律。而发展，就意味着一个新事物的出现。所以，一切事物都是从无开始，没有诞生，就没有存在和发展，这是人类关于宇宙的启蒙的起点。

但是，宇宙是一切天体的总和。人类不能只是宏观地去探求它的本原，还应当能触摸到本原的内核，那就是和谐。和谐的诞生不是静态的，它是发展的定律。于是，人们就有了对星系和星球等天体的探问，并有了对地平线的追询，地球也是生命的胚胎。它是坚实和恒定的象征。在浩瀚的宇宙长河里，它也是一个蔚蓝色的圆点。它为什么不会坠落，因为它依在宇宙的怀抱中。和谐，也是神奇而自然的时间旅行。它在漫漫的历史长河里，从无序到有序，由低级到高级，推动着一切事物的运行。因此，和谐是一幅崇高的时间肖像，同时，和谐是有方向的，它走向的是宇宙的灵魂，并且促进了一切事物的开始与诞生。在宇宙空

· 1724 ·

间,可能有两条时间隧道,也许会回归过去,最终会走向未来。和谐是另一种精神的时间隧道,它从这条淡定的隧道上照亮了进步的时代。

启蒙还应当追索生命的最初,那是对远古沧桑的叩问。人类一直在寻找生命的原脉。从海水到陆地,由生物到植物,乃至于人类的出现,都是和谐的生动体现。先驱者在探索中发现,从哲学来讲,存在着两个宇宙,一个是自然的宇宙,一个是精神的宇宙。当人类在叩问往昔的初始,神话孕育了丰富的思维,而科学也开启了人们的大脑。哲学,从古希腊的那端,开始了真正的启蒙,在穿越科学的长河的进程中,人们认识到,和谐是生命的内在,而发展是科学的根本。在科学的认知中,可以看到,火是向上的,它是理想的光焰;水是向下的,它是现实的源头。哲学终于使人们懂得了追求真理才是唯一的选择,因此,真理在这样昭示,和谐是发展的基石,也是一种理性的回归,回归真理的内核。

是的,当东方倡导和谐这样一种思想的真理时,西方还不太理解它深沉而又博远的内涵。世界需要和谐哲学的启蒙的揭示,并深刻地阐述其思想的本质。首先,应当回首文明的往昔,去寻找历史的脉络。从东方的初探,到西方的智慧,可以发现两个半球的同向。哲学的发展,使人类真正懂得了启蒙的意义。启蒙,乃是真理的觉醒。正像康德所讲的,"启蒙运动就是人类脱离自己所加之于自己的不成熟状态"。这些启蒙时期的先哲认为,启蒙是理性和良知。启蒙是一项社会使命,是崇高的精神。只有摆脱了愚昧和黑暗,社会才能走向文明与进步。而启蒙不能仅归功于法国大革命,它是人类崇尚科学的最终体现。启蒙运动的先驱伏尔泰认为,"当一切元素不停顿地相互混杂的时候,德行却永远是纯洁的,是永恒的。必须睁开双眼向光明的制造者祝福"。真正的思想家不能只是局限于一个民族,它应当超越国界和他所处的时代。严复和康有为认为,启蒙就是"开启民智"。而从英国学者苏埃德·斯潘塞和安德烈·克劳兹合著的《启蒙运动》中,可以领悟启蒙的真谛。启蒙运动的标志是:理性、进步和自由。启蒙是人类伟大的进步,但启

蒙是长久的,它应促进社会文明的发展,走向更高的理想。

宇宙的起源,就是发展的开端。

当我们面对宇宙思考的时候,可以深刻地意识到,这种起源不仅是一种和谐的诞生,而是暗喻着发展的开端。没有诞生,就没有发展,和谐是发展的宇宙线。宇宙是有限的,而和谐是永恒的。发展是推动和谐的原动力。然而,我们不能只强调和谐的主线,还应寻觅宇宙的起源的始点,因为,宇宙史就是一部浩荡而又深远的发展史。

宇宙是万物的开始,是时间和空间的统一。宇宙是物质世界,它不依赖于人的意志而客观存在,并处于不断的运动和发展中。

我认为,宇宙的开端,不仅是大爆炸前的奇点,而是两种相对的力量作用撞击和交融的结果。它暗喻着一个伟大的生命的诞生。这是对立统一的基本原理,只有两种力量在内部的交融才能最后构成奇点。

这应当是本世纪关于宇宙开端的最新揭示,也是人类追询真理世界走向的必然。

宇宙的起点,就是发展的开端,这是一个世纪初谛听到的真正的宇宙的最初的回声。

宇宙的诞生,就是生命的诞生。因此宇宙的诞生和生命的诞生的原理,按照天人合一的哲学理念应当是一致的。它应当是两种力量交融的作用。奇点就是这两种力量的作用产生的结晶,她是生命的最高象征。老子的阴阳图,就是两种力量的交融构成的圆点,它是生命诞生的必然定律,从无到有,奇点的出现,也是一切事物诞生的最初的起点。如果宇宙的起源是大爆炸前的一个奇点。那么所谓外部力量的创造,就是两种力量的作用出现的结果。因此,在此应向哈勃和霍金提出新的挑战,奇点应当有最新的发现。这是本世纪关于宇宙开端的郑重宣告。

是的,通过哈勃的望远镜,我们只是看到了宇宙大爆炸后的某些图像,但是未能谛听到那开端时震撼的回声。其实,宇宙的起源就是和谐的诞生,她是两种相对的力量交融的结晶。

《淮南子·原道训》曰:"上下四方为之宇,古往今来为之宙"。宇是空间的概念,宙是时间的寓意。中国古代的伟大诗人屈原的长诗《天问》充满了问天的气韵;东方圣人孔子也发出过对苍天的赞叹,"天何行哉,四时行焉,百物生焉,天何言哉!"而老子的道家学说,阐述的是从无到有的宇宙观。无是宇宙的起源。他认为,万物由无而生。无是人类思想的哲学发现。无是万物的起点。但是,最初对宇宙的探问是宗教的萌发。因为,那时人类还没有启开科学和哲学的思考的心窗。创世观就是早期的见证,当然还有诸多不同民族的神话传说。《创世纪》说,"起初,神创造天地……神看着一切创造的都甚好"。先知耶利米这样说:"主耶和华啊,你曾用大能和伸出来的臂膀创造天地,在你没有难成的事"。《希伯来书》中这样说,"他是神荣耀所发出的光辉。是神本体的真像,常用他权能的命令托住万有"。这些语句,是说明在宇宙力量创造的宇宙中,还可感知自然规律的存在。而东方却有着不同的神话传说,盘古说是讲盘古借助自己的神力把天地开辟出来了。浑天说是把地球当作宇宙的中心,这已不仅仅是神话的探求了。但《创世纪》在西方的影响还是很大的。《创世纪》第一章就涉及到宇宙的起源。在古老的年代,人类对宇宙的来源有很多揣度。而《创世纪》有着鲜明的宗教特色。它追溯宇宙的起源,人类的诞生及希伯来民族的缘起。它是《圣经》核心的根基。它认为,"起初"不仅是宇宙物质的开端,也是时间的开始。光的创造是从无形的原始转变为秩序的第一步。创造出的世界井然有序,而且和谐一致。在《圣经》的《启示录》中还这样赞颂:"我们的主,我们的宇宙力量,你是配得荣耀、尊贵、权柄的。因为你创造了万物,并且万物是因你的旨意被创造而有的。"所有这一切,皆是宗教界对宇宙的起源的神奇的概括。"无"的意识不仅限于东方的发现,西方也有不同的观点。亚当斯认为,"'无'比我们这个平凡的时代更接近于至上的平凡"。他们认为,"无"也是零的起源。洛根认为,"零的非常不可思议之处在于它甚至摆脱了希腊人"。达·芬奇认为:"在我们中间发现的许多重大事物之中,'无'的存在是最重大的。"这些对"无"的诠

释体现着并不神秘的哲理。

人类并没有驻足于神话的图解，也没有满足于对宗教的迷恋，哲学开始了对宇宙的无穷的追问。古希腊哲学家泰勒斯首开先河。他因提出"异中之同"被称为希腊哲学的始祖，他认为水是万物的本原。米利都学派认为整个宇宙是自然的。古希腊另一位大哲学家毕达哥拉斯认为，宇宙的本质是和谐，数是万物的起点。"宇宙"一词可能与他的创造有关。他还认为宇宙存在着一种秩序。而亚里士多德却认为，静止的地球是宇宙的中心。托勒密的《天文学大系》，提出了"均轮"的观点。哥白尼却推翻了"地心说"，提出了新的宇宙观。卓越的天文学家开普勒认为，宇宙有着独特的自然法则。宇宙力量是宇宙的创造力，而宇宙有特定的和谐。1618年，他完成了宇宙之和谐性的天体研究，写出了著名的《宇宙和谐论》，该书是"神圣庄严的训诲，是对造物主真实的赞美诗"。它呈现出一种伟大的宇宙性的洞见。他在自己的研究中，进一步发现宇宙的自然规律。他对秩序与和谐的感觉，是和神学的认知紧密相连的，他提出的和谐定律，也有一种音乐意义上的和谐，即"天球的和声"。

从上述的论见中，我们领略了神话的奥秘，也闻到了哲学的气息，这些不同的阐释都试图揭开宇宙的起源。但后来的科学却对宇宙的开端做出了另外一种揭示。他们认为宇宙起源于大爆炸的奇点。英国著名学者所著的《大爆炸——宇宙通史》，有着非常生动的描述。它试图在时间和空间上以大尺度的宏观去读宇宙的过去、现在和将来，也就是宇宙演化的全部历史。在多元的争鸣中，彭齐亚斯和威尔逊无意间发现了宇宙微波背景辐射，亦即上百亿年前大爆炸后的回声，那是宇宙创生的混响。该书从天空的诱惑和万物肇始，到光及演化中的宇宙，及至生命的诞生、对未来的透视、宇宙的结局，都进行了大框架的探讨。由于巨大的空间距离，当我们观察远方的星星时，实际上正在参予一项时间旅行。从哈勃太空望远镜望去，可以说是在让时间倒流，但永远无法看到大爆炸本身发出的光线。时间旅行对于了解宇宙是十分有用的，数学上的结论是时间和宇宙一同开始的。天文学认为，宇宙的起源是大爆炸前的奇点，空间和时间及物质都是在137亿年前的大爆炸中诞生的。大爆炸后远远不到1秒时的宇宙尚处于混沌初开的状态，那时的宇宙是一个无比奇异的地方。那里还没有行星、恒星或星系，有的只是一团基本粒子。这个宇宙立刻开始膨胀，从起点开始扩展一直到当今。在刚刚大爆炸后极端的高温中，夸克具备足够的能量自由地运动，通过理解最大尺度上的宇宙过程，可以增加对最小尺度上的粒子的了解，在第一个普朗克时间之后，微小而炽热的宇宙不可思议地开始膨胀，也开始逐渐冷却下来。宇宙是一个沸腾的夸克的海洋，每个夸克携带着巨大的能量以极高的速度在运动。从137亿年前的回首中，很难听到那大爆炸的回声，但可以领悟这开端的一瞬。和谐，就诞生在这宇宙的黎明。

从这哲学的回声中，我们似乎看到一个开放的宇宙向我们走来，宇宙的起源就是发展的开端。英国学者约翰·巴罗的《宇宙的起源》对此有精细的阐释。要了解宇宙的开端，就不能忽略137亿年前那次大爆炸的"回声"。时间和空间及物质肇始于一次爆发性事件，今天的宇宙正是由此而生，在某种整体膨胀，徐徐冷却并不断稀化的状态中诞生和演化。尔后，从原初混沌的初始状态，在某个有秩序的时期中诞生了生命与和谐。而爱德温·哈勃从遥远的星系和光色中有了惊天的发现。他利用了波的某种简单性质，即如果波源离开接收者远去，那么被接收的波的频率就会降低。哈勃发现，来自星系的光呈现某种系统性的"红移"，并确定光源正以多快的速度退行。他还发现，光源越远，它离去的速度也越快。这种趋势称为"哈勃定律"。哈勃发现的乃是宇宙的膨胀。这是20世纪最伟大的发现。他认为，宇宙不可能是静止不动的。宇宙已经膨胀了大约1137亿年，却依然处于临界状态。随着时间回溯，在宇宙中发现了越来越多的有序性。"宇宙"的英文为"the World"，在当时的天文学和哲学著作中，常用"World"一词代表"宇

宙"或"天地万物"。当人们提到大爆炸理论时，就会想起"稳恒态"宇宙理论，大爆炸的理论引起世人的高度关注。人们最感兴趣的还是大爆炸前的"奇点"。如果我们逆转宇宙的膨胀，并沿着时间回溯，就会遇到某种"开端"，那时任何东西都会与其他一切东西撞在一起。宇宙中的全部质量都会挤压到某种无限致密的状态中。这种状态称为"初始奇点"。根据观测到的宇宙膨胀速率，和正在减缓的速率来判断，该初始奇点在置37亿年前。奇点作为宇宙边缘是神奇的，如往回追溯不同光线轨迹的奇性开端，那就有可能发现它们开始于不同的时刻。当彭齐亚斯和威尔逊发现微波背景辐射之后，人们开始认真思考大爆炸及宇宙的起源了。罗杰·彭罗斯证明，如果对宇宙中的物质施加的引力总是表现为吸引，并且宇宙中存在着足够的物质，那么这些物质的引力效应就使人们不可能无限地沿着时间往回追踪所有的光线，奇点的出现，决定了大爆炸的前提。而大爆炸的动态就是宇宙的起源。在爆炸之前，所有的物质与能量都聚集到了一起，并浓缩成很小的体积，密度极大，之后发生了大爆炸，后来相继出现恒星、行星乃至生命。这是宇宙的起源的基本定律。因此，只有领悟了宇宙的起源，才能感知，和谐是人类认识宇宙的发展简史的开端，科学昭示，宇宙是一个自然体系，并非是由神创造的，也不是某个伟大的造物主设计的。宇宙的创造不是科学回答的问题，需要哲学来进行阐释。还有人认为，一切物件由原子构成，即一种永远做环绕运动的微粒。构成恒星的原子和地球上的原子是一样的。而宇宙和天体，一切都是生命信息在运动中发展。

生命的拓展祸福难料，生命和人类拓展至宇宙，带来生态上及文化上巨大的多样性。不论在过去还是未来，这种生命的扩散，都可能会带来幸福或是灾祸。面对这种生长及多样的过程，我无法预见其终点。在目前的阶段，想去了解未来人类可能到达的境界，是没有意义的。为了要表达人类进入无止境宇宙的壮阔景象，我又回到蝴蝶上来，所有能说的都已经在但丁的诗篇中描述得十分清楚：

自矜的教徒啊！

可怜又渺小的灵魂，

藉着曲扭心智的微弱光线

自以为繁荣昌盛——即使正在沉沦途中，

难道你们看不出：我们只是蠕动的虫儿，

生来是为了幻化成天使般的蝴蝶

飞拥向宇宙太空的宝座前？

人类每种文明中都不乏厚古薄今的诗人和思想家。他们认为史前时期的人是未沾染上文明的不良影响的"高尚的野蛮人"。很久很久以前，"在天地之初"，在令人惊叹的人类生存的初期，人间是一个乐园。在印度史诗中就有赞美田园诗般的过去的段落，称颂当时种姓制度并不存在，人类可以自由自在、无忧无虑地生活。同样，公元前8世纪的希腊诗人赫西奥德也有过同样的描述，他先描绘了很久以前的黄金时代，然后又历数了从白银时代和黑铁时代一直到作者所处的悲惨的现时代的人类不断衰落的命运。人类最初生活在乐园中这一观念是有某些史实根据的，就经济关系和社会关系而言，文明时代到来之前的部落成员在获得生活所必需的自然资源方面享有充分自由和平等的权利。经济权利平等和社会地位相同是新石器时代村社的特征。但是当部落成员变成农民之后，他们就不再享有自由获得土地的权利，也不再享有自己的全部劳动成果。他们的具体义务随地区的不同而变化，但受盘剥的最终结果则是无论到哪儿都一样。在按国家、教会、地主和高利贷者的要求支付完租税之后，农民所剩下的只及他们劳动成果的一半或更少，而这则只够他们勉强维持生活。历史学家估计，在全球各个文明中，上层统治阶级仅占总人口的1%—2%。然而，他们不论在哪里都占有整个种族收入的一半到三分之二。这一悲惨事实说明了为何在中国数千年的历史中几乎每年都会爆发农民起义以及沙皇俄国为何被1801至1861年间的1467次起义摧毁、农奴最终获得解放的原因所在。

文明的到来使得经济关系和政治关系都发生了巨大的变化。当然,新石器时代的村民也会受到内部和外部的一些制约。但是到了文明时代之后,原先的部落首领和头人已被国王或皇帝所取代,被无处不在的官吏,如官廷大臣、行省和地方官员、法官、教士和会计等所取代。同帝国行政机构关系密切的是教会统治集团,该集团的产生也是文明的一个根本特征。被称为"全职专家"的祭司代替了以前曾是"业余专家"的萨满,这为官方神学的产生和祭司统治集团的形成创造了条件。这种神学和祭司集团都是为维持现存的社会制度服务的,它们赋予政治制度和政治领袖以神的制裁力和神的属性。例如,埃及的法老就不仅是其国家的统治者,而且也是"活着的神"。这种神权和世俗权力的结合给社会现状以强有力的信仰支持,因为很少有人敢冒既在今生遭受当即被处罚的危险,又在来生遭受永久被处罚的危险。

这种由文明引起的文化变化是根本的和持久的。新石器时代村社的文化是自主的和单一的,所有的成员都具有同样的知识、同样的风俗和同样的见解,且其生活方式也不由外界决定。但是随着文明的到来,一个远为复杂的新社会出现了。除了村社农民的传统文化外,现在又有了种种新文化,即通晓神秘书写艺术的书吏的文化,知晓上天秘密的祭司的文化,擅长绘画和雕刻的艺术家的文化和懂得如何与沙漠和大海以外地区交换商品的商人的文化。因此社会也不再只有单一的文化,而是形成了所谓的雅文化和俗文化。雅文化传播于城市的学校、寺庙和官殿之中;俗文化则存在于乡村之中。雅文化通过哲学家、神学家和文入学士以书面形式流传;俗文化则在目不识丁的农民中口口相传。

各种文明的雅文化和俗文化虽然其具体表现各异,但其本质却很相似。就雅文化而言,它们都以诸如印度的《吠陀》、佛经,中国的诸子经典,以及基督教的《新旧约全书》这样的"圣书"为基础。由于这些经文是知识的基础,因此它们主导着教育。任何想要取得成功的人都必须记住大部分经文。这些圣书还被用来向人们灌输忠诚和服从的思想。任何拒绝接受官方学说或反对社会制度的行为都会被认为是不赦之罪,今生来世均将受到惩罚。在所有的雅文化中"地狱"占据着极为突出的地位,它是那些敢于反对世俗或宗教首领的人的永久集中营。所有文明的俗文化也都基本相同。各地农民都拥有相当多的关于饲养牲畜和种植植物的实践知识。他们都把勤劳看作美德,轻视身体虚弱、极易疲劳的城里人。所有的农民都想拥有一块土地、几头牲畜和基本的种田及做工的工具,因为这些东西意味着独立和安全。为了得到它们,所有的农民都曾经并一直在顽强地抵制外来干涉,不论它是来自地主,还是来自当时政府性质的机构。不过乡村的公共生活和公共关系则正好与农民这种"粗鲁而朴实'的利己主义"相抵消:好的邻居不仅乐于帮助邻居盖房子,参加乔迁宴请、丰收节庆和其他社会活动,还总是乐于给予他们急需的帮助和同情。雅文化和俗文化之间的关系通常会很紧张。一方面,农民有优越感,认为乡村生活和农业劳动与城市生活和各种职业完全不一样,从道德上看是"富裕的"。另一方面,他们在经济上和政治上又隶属于城市。地主、税吏、祭司和士兵通通都来自城市,他们的傲慢和专横十分清楚地表明谁是统治者、谁是被统治者。虽然显贵们实际上是靠剥削农民才过上富裕生活的,但他们却把这说成是由于他们自身智力和品德较高的缘故。几千年来,显贵们的这种看法不可避免地在农民的心里扎下了根,致使他们变得卑贱和顺从。

　　显然文明的到来对人类的平等来说是一种反动,不过文明也取得了巨大的进展和成就。用历史的观点来看,尽管存在着这些不公平和剥削,历史仍然向前迈进了一大步。这与工业革命很相似:工业革命最初导致了令人痛苦的社会分裂和人类苦难,但从长远的观点来看,它却极大地提高了人类的生产能力和生活福利。文明的到来也是如此:新石器时代中一般部落成员过的生活很可能比文明社会中一般农民或城市工人过的生活更完美、更自在,但恰恰因为部落文化是轻松闲适、毫无紧迫感的,才造成它的生产力也是比较低的。因而尽管税吏、祭司和地主的要求是苛刻的,但他们也有效地促进了生产率的提高。

各大河流域农村人口的剧增便是生产率得到提高的确凿证据。而且生活标准也随人口的增加而提高。世俗的、宗教的最高统治者和高级官员普遍都能享用到各种食物和酒，并享有华丽的服装和豪华的宅第，这是部落首领们永远都无法想像的。新兴的中产阶级——商人、书吏、低级官员和教士——也能过上和今天的中产阶级差不多的舒适优越的生活。甚至就连普通民众的境况——如果不从社会心理的角度而单从物质方面来看——也在某些方面有所改善。因为有了书写这门新艺术，文明社会遂能使知识不断累积并代代相传。各门科学，包括数学、天文学和医学也都因此而能在文明社会中扎根、繁荣。富裕的上层阶级的出现，也为建筑师、雕塑家、画家、音乐家和诗人发挥他们的创造力提供了机会。希腊的帕台农神庙、印度的泰姬陵和法国的巴黎圣母院等杰作便是今天我们所能看到的这种创造力的结晶。这些宝贵的成就使少数人得到的收益大大超过多数人得到的收益。归根到底，为雅文化付出代价的是多数人。但是就整个人类历史而言，重要的是人类的确取得了进步。而也正是数千年中积累的这些进步最终让我们通过科学技术战胜自然，获得了巨大的生产力，从而使多数人和少数人一起受益。的确，现在仍然有成千上万的人未能接受教育、患有疾病和受饥饿煎熬。但这种情况远不及14世纪中叶占欧洲总人口的三分之一到二分之一的人被黑死病夺去生命的情况悲惨，两者不是一个性质。1846年100万爱尔兰人因马铃薯疫病而饿死，1876年500万印度人因粮食歉收而死于饥荒。这些瘟疫和饥荒的牺牲者不可能获救，因为那个时代的人们缺乏克服这些困难所必需的知识。今天我们已经拥有那样的知识，因此我们有使自己从数千年的灾祸中摆脱出来的潜力。但可悲的是，这种潜力还远未被人们认识到——不过它确实存在。而它之所以存在则是因为人类不同的文明在过去都取得了进步。因此，让我们还回到题目中所提的问题上：文明是诅咒还是福音？答案是：在过去它两者都是；而至于将来怎样则取决于从过去文明中积累的知识是被用于毁坏的目的还是被用于建设的目的。

公元1500年之后的时代具有重大意义,因为它标志着地区自治和全球统一之间开始起了冲突。而在此前,这两者之间不存在任何冲突,因为全球联系尚不存在,更不用说全球统一。数万年来人类一直生活在互相隔绝的状态中。当人们从其最初的发祥地——据推测是非洲——散居开时,他们就失去了与其邻人的联系。人们向四面八方扩散,直到占据了除南极洲以外的所有陆地,他们不断地重复着这一过程。例如,最初的蒙古种人穿越西伯利亚东北部到达阿拉斯加后,又向整个北美和南美继续推进。人们在彼此相对隔绝的新社会中定居。经过几千年时间他们形成了各自独特的语言和文化,甚至在形体特征上也产生了差别。这一过程一直扩展到全球,因而直至公元1500年种族隔离现象遍及全世界。所有黑人或黑色种人都生活于非洲,所有白人或高加索种人都生活于欧洲和中东,所有蒙古种人都生活于东亚和美洲,而澳大利亚土著居民则生活于澳洲。

当西方于公元1500年前后开始进行其海外扩张时,这种传统的地区自治也就开始让位于全球统一。成千上万的人自愿或被迫移居到新的大陆,各个种族也因之而不再互相隔绝。欧洲人由于在这一全球历史运动中居于领先地位而支配了这个刚刚联成一体的世界。到19世纪时他们以其强大的帝国和股份公司在政治和经济上控制了全球,并取得了文化上的支配地位,西方文化于是也就成为全球的典范。西方文化被等同于文明,而非西方文化则天生低劣。19世纪的欧洲人和非欧洲人都认为西方霸权是理所应当的。人们认为西方的优势地位几乎是天经地义,是由宇宙力量安排的。在21世纪的今天,钟摆开始再度摆向地区自治。欧洲用了四个世纪才建立起其在世界范围的统治,而仅过了50年这种统治就土崩瓦解了。这一瓦解过程开始于第一次世界大战结束后,并在第二次世界大战后又加快了其前进步伐。政治瓦解表现为帝国统治的终结,文化分化范围则更为宽广,西方文化不再被认为与文明同义,而非西方文化也不再等同于野蛮。目前西方文化在全世界不仅受到直接挑战,甚至遭到抵制。1979年11月当美国

使馆人员在德黑兰被扣为人质时,西方记者曾向那些年轻的绑架者们提出了许多书面问题。而后者则作出了如下集体回答:"西方文化对殖民主义者来说是一种极好的手段、一个使人远离本民族的工具。他们通过使一个民族接受西方和美国的价值观来使之服从其统治。"这些绑架者还表达了其对受西方教育或影响的伊朗知识分子的不信任。"我们要这些满脑子腐朽思想的人做什么用?让他们到他们想去的地方去吧!这些腐朽的家伙就是那些跟在西方模式后亦步亦趋的知识分子,对我们的运动和革命而言他们毫无价值。"其实持这种观点的人并不仅限于年轻的激进派。许多持各种政治信仰的非西方人都赞同这种观点。印度政治理论家梅达在其颇具影响的著作《超越马克思主义:走向另一种前景》中提出,无论是西方民主还是苏联共产主义都不能为印度的发展提供合适的模式。他反对自由主义民主,因为他认为这会把人贬低为生产者和消费者,从而产生一个以个人为核心的自私自利的社会。他同样抵制共产主义,因为它强调经济事务和国家活动,个人几乎没有选择余地,因而使生活丧失了丰富性和多样性。梅达因此得出结论说,"各个社会都有其自身的发展规律,都有实现其功能的道路……支离破碎的印度社会不能以西方社会为榜样加以改造。印度必须找到适合自己民族特殊情况的建设和发展战略。"

对西方全球统治的反对不足为怪。因为这种统治是一种历史发展的偏离现象,它产生于错综复杂的特定历史条件之下,因而它的存在也必定是暂时的。但令人惊奇的是当前地区自治的力量同样也正在主要西方国家内部兴起,一些已经沉睡了几十年或几百年的少数民族群体或亚群体也活跃起来并要求自治。在美国,存在着黑人、讲西班牙语者以及美洲土著居民等少数民族群体。在邻近的加拿大,法裔魁北克人要求脱离的倾向已经威胁到了加拿大的统一。同样,英国也正在对付苏格兰、爱尔兰和威尔士的所谓分离主义者。而法国则也正面临着来自科西嘉、布列塔尼和巴斯克解放阵线的同样的挑战。地区自治的要求也并非仅仅针对西方的中央政权。在伊朗,在普遍存在着对西方影响的反抗的同时,针对德黑兰中央政府统治的地方暴动——即由库尔德人、阿拉伯人、俾路支人以及土库曼人等少数民族发动的叛乱也是如火如荼。由于这些少数民族几乎占到全国总人口的一半,伊朗面临地区自治的威胁要远远超过任何西方国家内部的自治的威胁。苏联也有类似的情况,在戈尔巴乔夫标榜"公开性"放松控制后,几十个少数民族立即要求自治。随后苏联就在20世纪90年代意外解体并为独联体取而代之。

我们这个时代人心躁动、社会动荡频繁,其中多数都是因为这两大相互矛盾力量的冲突而起。一方面,由于现代通讯媒介、跨国公司以及环球飞行的宇宙飞船的发展,现代技术正在前所未有地将全球统一起来;而另一方面,那些沉睡至今的大众则也开始觉醒并决心创造自己的未来,全球因此又陷入四分五裂。这种冲突是历史性的,其根源可以追溯到公元1500年以后的那几个世纪。在那段时期,西方探险家和商人首次把世界上所有的居民都联系在一起。这些行为注定会产生多方面影响,而且直至今天我们仍需面对这些影响,无论它们是积极的还是消极的。埃及记者穆罕默德·海克写道:"陷入重围的民族主义已经武装起自己,准备为了未来而不是过去背水一战。"随着时间的流逝,这场正在进行中的战斗的结果日益变得捉摸不定。问题已经不再像几十年前那样看起来黑白分明。当亚洲人民成功地采纳和应用西方的科学技术时,这不仅仅是东西方之间的对抗。同样,当社会主义国家放弃计划经济和一党专政时,这也不仅仅是社会主义和资本主义的对抗。现在在第三世界中对所有外来模式的幻灭感都在增长,这种幻灭导致了国家发展目标和战略陷入混乱。

卡尔·马克思认为革命将会首先发生在工业化国家而不是殖民地。他指出,西方资本家将剩余资金投资于殖民地是因为在那里可以获取更高的利润。与当时其他社会主义者一样,马克思也认为这些投资将会继续下去,殖民地将会与其西欧母国一样实现工业化。他在其出版于1867年的名著《资本论》中写道:"工业化发达国家展示了欠发达国家

未来的图景。"同样,马克思预期,随着殖民地变得日益工业化和更加繁荣,西方的老制造业中心将会逐渐落后并造成大量失业。而这反过来将最终迫使西方工人揭竿而起,建立社会主义国家。因而马克思得出结论:革命将首先在西方爆发。事实上,马克思在致其好友恩格斯的一封信中还表达了一种担忧——他认为当欧洲变成社会主义之后,繁荣的殖民地国家仍将保持资本主义制度并会进攻和"粉碎"新生的西方社会主义社会。然而在一个世纪之后的今天,我们看到的事实却恰好与马克思的预言相反。革命首先发生的地方不是在西方,而是在如今被称为第三世界的前殖民地国家。因此可以说历史颠覆了马克思主义。那么为什么会是这样呢?首先,西方的工人赢得了选举权和组织工会权。他们运用这些权利增加了工资,组织了福利国家。由于福利国家会在发生诸如事故、疾病、失业的状况下向工人提供帮助,因而西方工人对现状较为满意,从而也就成为了改革者而不是革命者。其次,处于第三世界的各殖民地并未实现工业化。由于西方制造业者不希望看到来自海外的竞争而积极反对在殖民地发展工业,因而殖民地仍保持着西方工厂的原材料供应者和工业制成品的进口地的身份。这种格局的问题在于,自1880年以来世界原材料的价格跌势不止,而制成品的价格则持续上扬。同样数量的原材料所能交换的制成品数量在1938年比1880年时下降了40%。这种不利于第三世界的倾向——经济学家称其为"贸易条件"——是造成今天第三世界经济问题的原因之一。当然也有其他因素导致这些经济问题的产生。而最终结果就是,富国和穷国——发达的第一世界与欠发达的第三世界——之间的鸿沟日益扩大。这两个世界之间的人均收入之比不断扩大:1800年时这一比率为3:1,1914年变为7:1,1975年则变为12:1。

这些数字也解释了为何历史未像马克思预言的那样发展。在马克思预言之前,所有的重大革命——英国革命、美国革命、法国革命——都发生在西方。但是到了20世纪,所有的重大革命都发生在第三世界:1917年的俄国革命、1949年的中国革命、1975年的印度支那革命、1976年的葡萄牙非洲革命、1979年的伊朗革命和尼加拉瓜革命、1980年的津巴布韦革命。而在20世纪90年代则发生了一件更加令人惊奇的事件，它再次颠覆了马克思主义——由于计划经济的失败，1917年以来在第三世界建立的社会主义政权相继倒台。苏联、东欧及其他地区的社会主义政权解体后，正在狂热地寻求能够替代社会主义制度的体制，这些我们将在最后一章中论及。第二次工业革命的影响在战争领域表现得最为显著，这是十分自然的，因为第二次工业革命的技术直接源自第二次世界大战的军事意图。这些战争时期的发明有雷达、原子弹、弹道导弹和电子计算机。与技术进步同样重要的是对军队、科学研究者和企业经营者的一体化。这是一个高度有效的联合体，可以形成所谓的"按需发明"。实战的经验刺激了将现有武器改造形成新型武器的需求，诸如坦克、毒气和潜水艇，都是为适应战争需求而发明的新武器。这种需求与科学研究者—军队—企业经营者的三部曲联系起来往往能够得到有效的满足，以至于在两次世界大战期间军事技术得到了空前的发展。二战以后这种科学研究者—军队—企业经营者复合体的秩序之所以得以建立起来，正是由于艾森豪威尔总统受到了"军工综合体"的危险性的触动。这一综合体的范围在实施策略防御计划时以及1983年国会开始授权拨款付都有所体现。到1987年在已经签订的合作协议中，有肋所大学和460家企业参与其中。

在这种情况下，按需发明的成就不断涌现，在二战后的整个冷战时期这一趋势从未减弱。虽然早在世界上第一颗原子弹爆炸时爱因斯坦就曾警告说"我们已经到了一个无法平衡的大灾难边缘"，但是军备竞赛却仍是愈演愈烈，每一项新的军事发明都带来一项防御和抵抗这一发明的军事技术。1945年美国发射A导弹，紧随其后苏联于1949年也成功地发射了一颗导弹；1952年美国发射H导弹，1953年苏联研究该项技术也取得了成功；1968年苏联研制成反弹道导弹；1972年美国也成功地实现了发射。这种军备竞赛的最终结果就是积累形成

了一个全球50 000颗核武器的大火药库。在各国科学家的联合之下,这种僵持状态背后隐藏着的危机渐渐浮出水面。1983年11月来自几个国家的科学家们指出,即使现存核武器只有一小部分被引爆,都势必将引发一个"核冬天"。剧烈的爆炸和大量的烟尘、油污及灰尘将会遮住太阳光线,将地球推进一个寒冷、黑暗的世界,而且这样的状态将会持续三个月到一年,甚至更长时间。"全球环境的变化足以引起地球上一些主要动植物物种的灭绝。在这样的大灾难中,智者的逝去也是无法避免的。"

这一令人震惊的论断促使几个国家的科学家开始了一项研究。一些人质疑全球变冷是否严重到被形容为"冬天"的地步,并据此提出了"核秋天"的说法。但在另一方面他们也达成一致,认为核战争将毁灭保护人类免受太阳系紫外线辐射的臭氧层。他们同时警告说,核武器的直接摧毁以及核战争的辐射影响将会使上百万人口受到伤害,而在全世界50亿人口中还将有10亿到40亿死于全球粮食匮乏导致的饥荒。因此像印度这样大量国民依赖粮食进口的国家,即使没有一颗原子弹在其国土内爆炸,也仍将遭受最严重的人口死亡。这就是曾经一度威胁着人类的可怕前景,每年有6500亿美元用于发展军备,平均每分钟的花销就是100万。这种天文数字的花费所带来的并不是人们所刻意追求的安全,相反却是核秋天的寒冷——这还是最好的情况,最糟的就是核冬天。对人类自我毁灭讨论最多的还是那具有嘲讽意味的可能性,它就像认为一切人类想像的事物都可以通过人类的技术实现一样荒谬。然而这种谬误与我们对于人类进化的审视却正相吻合,它暗示我们正是以往各项技术进步和发明使人类的暴力行径从个人之间的仇怨发展升级成为大规模的战争。早在人类还仅只是食物采集者角色的时候,人类没有任何战争动机,也缺乏大规模战争的手段。直到技术进步、人类的财富积累也达到了值得为之一战的地步,人类发动战争的手段和动机才算齐备起来。人类是伴随着农业和工业革命走到这步田地的,而也正是这场农业和工业革命极大地促进了人类生产,同时也缔造出了一个与此前各个社会形态截然不同的富裕文明。对于敛财者而言,肥沃的耕地、殷实的谷仓以及集中了众多财富的城市中心都成了他们有价值的战利品。战争由此变得有利可图,并得以迅速蔓延——游牧民大举迁离沙漠草原,罗马独裁者利用战争发现和掠夺新的疆土,征服者们以枪炮和十字架横扫几大洲,后来者又用炮舰和机械武器及至近些年才出现的直升机、电子计算机来征服世界、建立帝国。

我们这个年代巨大的不确定性在于:当农业和工业革命使战争变得有利可图,甚至成为必然的同时,我们的第二次工业革命却使战争无利可获并变得没有出路。这也正是为什么爱因斯坦警告说我们正面临着在新的"思维方式"和"无法平衡的大灾难"之间做抉择。我们人类并不是面临这一抉择的惟一种群。此前已有不胜枚举的种群都曾面临过同样的威胁,只是由于这些种群遗传结构中的环境适应能力较差,难以适应像冰川年代突袭这样的环境骤变,所以它们最终大都灭绝了。但与这些种群有着根本不同的是,到目前为止我们人类能够运用自己的大脑去创造我们的生存环境来适应我们自身的需求。不过由于现在给我们带来巨大活力和强大技术的第二次工业革命正在以一种超常的速度为我们创建一个不断需要快速适应能力的生存环境,因此目前的首要问题就是我们是否能够再次合理地运用自己的头脑,这一次是要适应一个由我们自己的发明创造组成的新世界。面临这样的挑战,相较于其他已经消逝的种群,我们拥有的最大优势就是我们现在所面临的并非是来自如冰川时期那样神秘而不可知的威胁。与以往那些种群不同,我们的问题不是如何适应一个超越我们控制能力和眼界的生存环境,而是如何使我们人类创造的生存环境更加适应我们的需求。

我们对人类过去的研究已经到了最后的部分。在研究过程中,当每个主要阶段结束时,我们都要停下来像整理存货一样审视一下我们已经研究过的对象。我们不停地自问:"历史对今天的我们意味着什

么？"同时也因为生活在21世纪的今天我们要总结过去几千年历史里人类所取得的进步和所犯的错误。人类取得了超乎想像的成就。很早以前，很可能就是在非洲出现了人类，那时我们还很弱小、稀少，看起来是没有抵抗能力的生物，我们的未来也因为所处的世界竞争激烈而显得没有保证。我们没有大象那么大，没有狮子那么强壮，没有羚羊那么迅速，也没有像臭鼬、豪猪或乌龟那样的自我保护手段。然而今天我们已经成为超越其他所有物种的种族，这主要是因为只有我们才懂得如何运用客观环境来为我们服务——改变环境来适应我们这个种族，而不是像其他所有种族那样去适应环境。

因而人类是独一无二的，因为他是创造者，而不是命运的产物。已去世的空间科学家卡尔·萨根提到了这个特点，他认为当前的高科技已经可以确保人类不会因为环绕地球周围的小行星爆炸造成的恶果而灭绝，也不会因为冰川时代的再次来临而灭绝。由于行星的轨道可以跟踪确定，我们可以使那些将会和地球相撞的小行星偏离原来的轨道，或者用原子弹使它们变成灰烬。同样，我们也可以用一面巨大的镜子集中将太阳光发射到地球上，利用太阳能来阻止冰川时代的再次发生。这些科学技术为现代人提供了保护，使他们在未来不会成为这些宇宙灾难的受害者，不会从地球上消失。人类还会去其他的星球定居，成为首个多星球种族，这将为人类的生存提供更大的保护措施，使人类免于受到未来灾难的威胁。这样安全也就成了人类的首要任务。一些科学家期盼着一种乌托邦式的未来。斯坦福大学的工程教授及系统理论专家威利斯·哈曼宣称："我看到这个地球上发生了各种各样美妙的有创造力的事情。人们创造不同的事物，不同的经济，新的企业形式，新的社区。新的社会在一点一点地建成，它们对任何人都没有威胁，因为它并不是共产主义运动或与它相近的东西。它是有机的……我们的时代是人类生存过的最美好的时代之一。我对将要发生的一切非常有信心。"对我们的时代有同样赞誉的还有卡尔—科技的地球化学家哈里森·布朗，"我很自信地认为，今天人类已经拥有比自己所估计的更大的力量。我相信人类已经有力量建造一个美好的世界,在这个美好的世界里,人们可以过着自由、富足、有创造力的生活……我相信人类可以创造一个美好的世界,这个世界将使伯利克里统治的黄金时代变得微不足道。"

与这些让人愉快的设想形成强烈反差的是现在国际上广为流传的一些书籍,它们的书名让人非常沮丧,像什么"世界末日"、"未来的终结"或"历史的终结"等。对未来的悲观情绪也不只限于书店里面的书籍。一个国际小组调查了来自美国、加拿大、意大利、德国、法国、中国台湾地区、黎巴嫩和新西兰的 30 000 多名男女,发现这些人中有严重心理消沉病史的数目要比他们的祖父母那代高出 3 倍。我们的时代遇到了一个谜。一方面现代人成功地翻越了喜马拉雅山,一方面也因为自我怀疑而变得步履蹒跚——不是害怕会死在山峰上,而是害怕会死在"死亡之谷"中。不过这种对自我表现的怀疑也是可以理解的,因为与哈曼和布朗所设想的美好前景同时存在的则是充斥在报纸标题及电视节目中的地狱场景。福特罕姆大学的年报《社会健康指数》描述了这种可能性与现实的差距。这个报告以人口普查数据中对青少年自杀、失业、吸毒、高中辍学率及是否能得到供得起的住房等统计数据为基础,检测了美国社会的健康程度。这个指数从 1970 年的 75 下降到 1991 年的 36。该年报的主任用了"糟糕可怕"这样的字眼来形容这个结果。那为什么在一些科学家预想的美妙社会与实际存在的恐怖情况之间会有这么大的差距而且这个差距还在不断扩大呢?答案可以从我们的文化中找到。所有民族的文化中都存在规范人类行为的约束机制。文化是从社会的历史发展中逐步产生的,体现了这个社会中的生存机制。各种文化的价值观都在最大限度地为这个社会的团结和生存服务。因而文化中所包含的价值观念一般都要最大限度地完成种族繁衍,最大限度地完成物质生产,最大限度地加强军事力量以保证生存。

人类经过几千年的文明发展，文化已经成为社会的基本组成部分。只有通过文化每个人才知道做什么和怎么做，任何威胁文化价值的东西都变得像威胁基本生存物质——比如食物和水——一样严重，因此人们极不愿意忍受任何对传统文化的重大更改。历史上，文化总是对变化进行强烈的反抗。即使在今天，当科技的更新需要社会文化产生相应的变化时，这种抵抗也同样存在。不过科技变革基本上还是被接受和受欢迎的，因为它们一般都提高了生活水平；然而文化变更则引起了恐慌和抵抗，因为它威胁到了传统的、人们已经习惯的价值和实践。上述分歧在历史中一直存在，结果使得在科技发展如同狂风暴雨一样改变着我们的生存状态的同时，社会的进步却相对停滞落后。这种分歧可被用来解释玷污了人类历史的大多数的暴力和血腥屠杀。而且就是在现代社会我们也同样可以看到这种分歧间接地和消极地影响着我们生活的方方面面，这一点只要看看新闻报纸的大标题及电视就可以一目了然。

现代化在全世界提高了文明的物质水平。但是，它是否也提高了文明的道德和文化水平呢？在某些方面似乎是如此。在当代世界，奴役、酷刑和对个人的恶毒侮辱越来越不为人们所接受。然而，这是否仅仅是西方文明对其他文明影响的结果，如果是如此，那么在西方文明衰落之时是否会出现道德的回复？20世纪90年代，在世界事务中存在着众多可以说明"大混乱"现象的相关证据：在世界的许多地方法律和秩序崩溃，国家管理不力，无政府状态日益蔓延；在许多社会中，出现了全球性犯罪浪潮；跨国犯罪集团和贩毒集团猖獗，吸毒现象泛滥；在许多国家中家庭普遍削弱，信任感和社会团结下降；在世界的很大一部分地区，民族、宗教和文明间的暴力活动以及武力统治盛行。在一座又一座城市里——莫斯科、里约热内卢、曼谷、上海、伦敦、罗马、华沙、东京、约翰内斯堡、德里、卡拉奇、开罗、波哥大和华盛顿，犯罪现象几乎直线上升，文明的一些基本因素正在消失，人们在谈论全球性的政府危机。跨国犯罪组织、贩毒集团以及以暴力打击文明的恐怖主义组织的兴起,越来越可与跨国公司生产的经济产品的增长相比。法律和秩序是文明首要的先决条件,然而在世界的许多地区——非洲、拉丁美洲、苏联、南亚和中东,它似乎正在消失,而它在中国、日本和西方也在遭到严重破坏。在世界范围内,文明似乎在许多方面都正在让位于野蛮状态,它导致了一个前所未有的现象,一个全球的"黑暗时代"也许正在降临人类。

20世纪50年代莱斯特·皮尔逊曾警告说:人类正在进入"一个不同文明必须学会在和平交往中共同生活的时代,相互学习,研究彼此的历史、理想、艺术和文化,丰富彼此的生活。否则,在这个拥挤不堪的窄小世界里,便会出现误解、紧张、冲突和灾难"。和平与文明的未来都取决于世界各大文明的政治、精神和知识领袖之间的理解和合作。在文明的冲突中,欧洲和美国将彼此携手或彼此分离。在文明和野蛮之间的更大的冲突,即全球性的"真正的冲突"中,已经在宗教、艺术、文学、哲学、科学、技术、道德和情感上取得了丰硕成果的世界各伟大文明也将彼此携手或彼此分离。在正在来临的时代,文明的冲突是对世界和平的最大威胁,而建立在世界多元文明基础上的世界新秩序是为了人类向太空文明、宇宙文明迈进的可靠保障。

当然,我们必须看到人类文明在选择太空和平与宇宙和平的背景下,人类的宗教思想、价值体系、文明体系也可能提出与人类全球化文明主流意识形态相异、相抗衡的另一种选择,对我们人类当下正在推动的全球化文明构成挑战和威胁。正如宗教与文明的社会功能一样,宗教与文明的价值意义亦具有两重性。因此,我们对宗教与文明应该有趋利避害的驾驭和把握。在全球化社会发展以及太空文明、宇宙文明的转向过渡中,世界各区域的宗教文明、思想文化融入当代人类主流社会的步伐将会发生剧变,各个宗教文明、思想文化界会以宇宙观、太空观、世界观的相互交叉融合作为明显的世界特征,而更多地以直面担当的选择出世、入世的圆融精神进入当代主流社会,参与世界现实人类文明的主流生活。我们在迎接太空文明时代到来的前夜,我们

的宗教哲学、思想文化、文明发展在顺应太空文明时代的建构中,我华族文明中的儒释道医必将同世界族群的文明走向融合,我们必须去真实的观照人类共同的精神生活、情智生活、心智生活、物智生活运动向太空宇宙探索的需求。在实践上,我华族宗教哲学界、思想文化界将会更多地投身于人类文明的趋势探索,积极参与世界社会服务和世界社会慈济事业,积极参与世界社会援助、世界社会救济,以求用活生生的世界社会实践来行证我华族的宇宙精神及世界文明信仰。我以虔敬的《祈祷太空和平》地愿心深深祈祷一个拥有十三亿多人口规模与一个拥有五千多年历史文明积淀能量规模的大中华华族族群能够贡献利益世界向太空发展的人类思想文明,能够在全球化、太空化、宇宙化的人类文明浪潮洗礼中以其责任感、使命感、未来感影响人类的文明选择……

智圣于京西香山狮乐兰若
2011 年 8 月 11 日